Archangelsk
NLAND
Ural-Gebirge
Jekaterinburg
SIBIRIEN
singfors
St. Petersburg
Reval
RUSSLAND
Wolga
Riga
Moskau
Düna
Wilna
Saratow
Brest-Litowsk
Pripet
Don
ARAL-SEE
Kiew
Wolga
Lemberg
Dnjepr
Donez
Astrachan
ICH-
Dnjestr
Don
Alexandrowsk
Czernowitz
KASPISCHES MEER
RN
Jassy
Odessa
Asowsches Meer
Kronstadt
RUMÄNIEN (1916)
Krim
Sewastopol
Kaukasus
Bukarest
SCHWARZES MEER
Tiflis
Baku
Donau
Armenien
Sofia
BULGARIEN (1915)
Adrianopel
Erzurum
Täbris
loniki
Konstantinopel
Angora
Kurdistan
Tigris
Teheran
ÄGÄISCHES MEER
OSMANISCHES REICH (1914)
Mesopotamien
PERSIEN
Athen
Smyrna
Aleppo
Dodekaden (ital.)
Rhodos (ital.)
Bagdad
Zypern (brit.)
Euphrat
Kreta
Basra
Damaskus
PERSISCHER GOLF
Jerusalem
Alexandria
Suezkanal
Suez
Kairo
ÄGYPTEN (brit.)
Nil
Arabien

Enzyklopädie

Erster Weltkrieg

Enzyklopädie Erster Weltkrieg

Herausgegeben von

Gerhard Hirschfeld, Gerd Krumeich, Irina Renz

in Verbindung mit

Markus Pöhlmann

FERDINAND SCHÖNINGH
PADERBORN · MÜNCHEN · WIEN · ZÜRICH

Titelbild:
Christopher Richard Wynne Nevinson (1889-1949):
»Column on the March«, Gemälde, Öl auf Leinwand, 63,8 x 76,6 cm, Birmingham Museums and Art Gallery/Bridgeman/Interfoto.

Bibliografische Information Der Deutschen Bibliothek

Die Deutsche Bibliothek verzeichnet diese Publikation in der Deutschen Nationalbibliografie; detaillierte bibliografische Daten sind im Internet über http://dnb.ddb.de abrufbar.

Umschlaggestaltung: INNOVA GmbH, D-33178 Borchen

Gedruckt auf umweltfreundlichem, chlorfrei gebleichtem und alterungsbeständigem Papier ⊗ ISO 9706

(Verlag Ferdinand Schöningh GmbH, Jühenplatz 1, D-33098 Paderborn)

Internet: www.schoeningh.de

Printed in Germany. Herstellung: Ferdinand Schöningh, Paderborn

ISBN 3-506-73913-1

Inhalt

DARSTELLUNGEN

STAATEN

GESELLSCHAFT IM KRIEG

KRIEGSVERLAUF

GESCHICHTSSCHREIBUNG

LEXIKON

CHRONIK 1914-1918

Vorwort

Der Erste Weltkrieg ist wie kaum ein anderes historisches Ereignis in der Erinnerung der Menschen gegenwärtig. Für die Franzosen ist er noch heute »la Grande Guerre«, für die Briten und Amerikaner stets »the Great War« und selbst in Deutschland und Österreich war er lange Zeit »der Große Krieg«. Die Menschen, die ihn erlebt haben, sind nicht mehr – selbst die Kriegskinder sind heute zumeist verstorben. Doch der Krieg ist nicht mit den Generationen, die ihn ausgetragen und erlitten haben, dahingegangen. Er war und bleibt das prägende Ereignis des 20. Jahrhunderts.

Der Krieg entwickelte sich von einem europäischen »Bürgerkrieg« zu einer weltumspannenden Katastrophe. Der durch ihn beschleunigte Zerfall von Vielvölkerstaaten und Kolonialreichen erzwang nicht nur die Durchsetzung des Nationalitätenprinzips, er brachte ethnische Konflikte, Vertreibungen und neue Formen radikaler Nationalismen. Bereits die Zeitgenossen sahen im Weltkrieg 1914-18 die Keimschicht eines nachfolgenden, noch weitaus totaleren Krieges.

Für die Historiker hat der Erste Weltkrieg stets seine zentrale Stellung in der Geschichtswissenschaft behauptet. Seit mehr als 80 Jahren dauert die internationale Weltkriegsforschung nun schon an, und doch eröffnen sich immer noch neue Felder, und die Ergebnisse der Geschichtsschreibung werden neu gewichtet. Beinahe im Generationenwechsel ändern sich Perspektiven und Interpretationen. Standen lange Zeit die militärischen Abläufe und die politischen Entscheidungen – insbesondere die umstrittene »Kriegsschuldfrage« – im Vordergrund, so widmeten sich die Historiker in den letzten Jahrzehnten zunehmend einer Geschichte der gesellschaftlichen Verhältnisse während des Krieges. Auch der seit nunmehr fast 20 Jahren vorherrschende Trend der internationalen Forschung zu einer Geschichte der Mentalitäten und des Alltags im Krieg steht, so ist zu erwarten, demnächst vor einer historiographischen Neuorientierung.

Die Forschungsintensität und Vielseitigkeit historiographischer Aneignungen hat zu einer ungewollten Fragmentierung in Spezialgebiete geführt, die nur mühsam oder gar nicht mehr miteinander in Beziehung gebracht werden können. So sind etwa zwischen der Geschichte der Schlachten und der Geschichte der Frauenarbeit im Krieg die Abstände derart groß, daß wir mittlerweile Gefahr laufen, die Gesamtheit des Weltkriegs aus den Augen zu verlieren. Die Verschiedenheit und Ausdifferenzierung der Forschungsansätze und -ergebnisse kann auf Dauer nur wissenschaftlich fruchtbar sein, wenn die Kommunikation zwischen den unterschiedlichen historiographischen Feldern erhalten bleibt. Doch nicht nur eine Aufsplitterung der Geschichtsschreibung über den Weltkrieg ist kontraproduktiv, sondern – mehr noch – die nach wie vor starke, wissenschaftlich überhaupt nicht zu rechtfertigende, national-kulturelle Beschränktheit der Forschung.

Die Überwindung sowohl der thematischen als auch der nationalen Grenzen ist das Ziel dieser ersten modernen deutschsprachigen Enzyklopädie des Ersten Weltkriegs. Dabei folgt das Werk einem klar definierten Editionsprinzip: Die Enzyklopädie Erster Weltkrieg ist (im Gegensatz zum positivistischen Anspruch der alten Enzyklopädik) weniger eine Sammlung des verfügbaren Wissens über den Krieg als der betonte Versuch, über die Grenzen der einzelnen Arbeitsfelder hinauszugelangen und vor allem den internationalen Vergleich zu ermöglichen.

Heute wissen nur noch wenige Spezialisten, was früheren Lesergenerationen an Worten und Begriffen selbstverständlich war. Was eine Feuerwalze ist, woher die AN-

ZAC-Truppen stammten, wer als »Franktireur« galt und welches die »Ideen von 1914« waren, ist inzwischen weithin unbekannt. Wie aber will man vom Weltkrieg sprechen, ohne die militärischen, politischen und kulturellen Begriffe von damals in ein heute nachvollziehbares Wissen umzuformen? Wir sind zuversichtlich, daß unsere Enzyklopädie, deren Fragestellungen und Ergebnisse auch aus einem solchen Bewußtsein historischen und kulturellen Wandels entstanden sind, der Geschichtsschreibung zum Ersten Weltkrieg neue Impulse geben wird. Doch das Werk richtet sich nicht nur an die Spezialisten und Forscher, an Lehrende sowie Studierende der Geschichte, sondern insbesondere auch an die allgemein historisch interessierte Öffentlichkeit.

Die Enzyklopädie Erster Weltkrieg verbindet essayistische Überblicksdarstellungen mit fundiertem enzyklopädischem Wissen. In einem ersten Teil informieren 26 Artikel ausführlich über die kriegführenden Staaten, die Entwicklung der Gesellschaft im Krieg, den Kriegsverlauf und über die Geschichtsschreibung zum Ersten Weltkrieg. In einigen Fällen kommen die Verfasser der Artikel zu unterschiedlichen, sich sogar widersprechenden Ergebnissen. Dies betrifft etwa die häufig mythisch überhöhten Opferzahlen der großen Schlachten des Weltkriegs. Doch selbst der Beginn und das Ende einer Schlacht kann in der nationalen Überlieferung unterschiedlich interpretiert werden. Vor allem stellen Angaben über Verluste und deren demographische Folgen ein Problem dar, insbesondere als Ergebnis der Kriegführung in Osteuropa oder auf dem Balkan, sowie vor allem Nachweise über die im Weltkrieg umgekommenen Zivilisten. Sollen beispielsweise die Opfer der Grippeepidemie von 1918 zu den Kriegsverlusten gezählt werden? Nach wie vor ungesichert sind die meisten Angaben über die infolge von Kriegsgefangenschaft, Deportation und Internierung verstorbenen Soldaten und Zivilisten. Eine »Synchronisierung« der unterschiedlichen Angaben ist hier nicht immer möglich oder sinnvoll. Dies ist nicht nur dem bewährten wissenschaftlichen Verfahren geschuldet, daß jeder Autor letztlich verantwortlich bleibt für seinen Beitrag, sondern auch dem Umstand, daß auch Zahlen und Daten mitunter befrachtet sind mit divergierenden Interpretationen, nationalen Sichtweisen und historischen Eigen- und Fremdstilisierungen.

Der lexikalische Teil mit über 650 alphabetisch angeordneten Stichworten bietet in knapper Form ergänzende Informationen zu Ländern, Personen, Begriffen und Ereignissen. Die Sach-Lemmata sind zusätzlich durch Verweisungen miteinander verknüpft. Das Hauptstichwort wird im Text des jeweiligen Lemmas nur mit seinem Anfangsbuchstaben wiedergeben, der auch für die flektierten Formen steht. Nur bei Personennamen wird auch die Genitivform angeführt.

Die Enzyklopädie Erster Weltkrieg ist für ein wissenschaftliches Werk relativ stark bebildert. Dies entspricht der Überzeugung der Herausgeber, daß historische Bilder und Objekte oft nicht allein ein Ergebnis, eine Person oder einen Zusammenhang »illustrieren«, sondern selber eine für die historische Erkenntnis nützliche Quelle darstellen können. Die Abbildungen stammen, sofern nicht anders angegeben, aus den Sammlungen der Bibliothek für Zeitgeschichte in der Württembergischen Landesbibliothek Stuttgart. Die Kartenentwürfe besorgte Dr. Markus Pöhlmann.

Ermutigend war, wie positiv die von uns angesprochenen Historikerinnen und Historiker, die sich auf den unterschiedlichen Feldern des Ersten Weltkriegs betätigen, auf unsere Einladung reagierten. So versammelt unsere Enzyklopädie die Beiträge von 146 Verfassern aus nicht weniger als 15 Nationen. Wir gedenken dankbar der verstorbenen Historiker Wilhelm Deist und German Werth, deren beider letzte Arbeiten für unsere Enzyklopädie bestimmt waren. Allen Autoren danken wir für ihre engagierte Mitwirkung bei diesem Unternehmen und nicht zuletzt auch für ihre Geduld angesichts der unausweichlichen Verzögerungen. Wir danken den Übersetzern der fremdsprachigen Texte. Unser besonderer Dank aber gilt den jetzigen und ehemaligen Mitarbeiterinnen und Mitarbeitern der Bibliothek für Zeitgeschichte, Stuttgart, und des Historischen Seminars der Heinrich-Heine-Universität Düsseldorf, die uns bei der nicht immer einfachen Redaktion und Eingabe der Manuskripte unterstützt haben, insbesondere Susanne Frank M.A., Edith Gruber M.A., Oliver Hebestreit, Dr. Uta Hinz, Anke Hoffstadt, Nina Jakobs und Prudence Lawday BA. Von unserem Lektor Michael Werner und unserem Hersteller Uwe Meier im Verlag Schöningh fühlten wir uns professionell betreut. Ihnen allen danken wir sehr herzlich.

Stuttgart und Düsseldorf, im Mai 2003 DIE HERAUSGEBER

DARSTELLUNGEN

Staaten

Gesellschaft im Krieg

Kriegsverlauf

Geschichtsschreibung

Deutschland

Wolfgang J. Mommsen

Der Erste Weltkrieg war die Apotheose des bürgerlichen Zeitalters und der Anfang vom Ende der europäischen Vorherrschaft in der Welt. Er endete mit dem Zerfall der konservativen Monarchien des Deutschen Reiches, Österreich-Ungarns und des zarischen Reiches. Das Deutsche Reich war während der Ära Bismarcks und der nachfolgenden Periode des Wilhelminismus zur Hegemonialmacht auf dem europäischen Kontinent aufgestiegen. Der Weltkrieg brach aus, weil sich die Deutschen, oder doch ihre führenden Schichten, nicht damit abfinden wollten, daß der ambitiösen »Weltpolitik« des Deutschen Reiches von den anderen Großmächten nur in beschränktem Umfang Expansionsmöglichkeiten eröffnet wurden. Der neue Nationalismus, der in erster Linie von den aufsteigenden bürgerlichen Schichten und den Intellektuellen getragen wurde, trieb die konservative Führungsschicht, die das Erbe Bismarcks angetreten hatte, sich aber ihrer eigenen Stellung innerhalb des halbkonstitutionellen Regierungssystems nicht mehr sicher war, teilweise wider Willen dazu, eine aggressive Außenpolitik mehr der Rhetorik als der Taten zu betreiben. In der deutschen Öffentlichkeit des Kaiserreichs mangelte es insgesamt an Verständnis für die vorgegebenen Begrenzungen deutscher Machtpolitik. Die pompöse »Weltpolitik« des Wilhelminischen Deutschland wurde von den anderen europäischen Mächten mit wachsender Irritation betrachtet und veranlaßte sie schließlich dazu, bündnispolitische Bollwerke gegen diese als bedrohlich wahrgenommene Weltmachtpolitik zu errichten. Die immerhin auch vorhandenen Bestrebungen, das sich im Deutschen Reich aufstauende explosive Gemisch imperialistischer Bestrebungen durch kolonialpolitische Konzessionen zu entschärfen, blieben am Ende folgenlos.

Der außerordentliche wirtschaftliche Aufschwung seit Beginn der 1880er Jahre, der das Deutsche Reich 1913 zum führenden Exportland der Welt gemacht hatte, ließ in den bürgerlichen Schichten die Forderung entstehen, daß die ökonomische Machtstellung Deutschlands eine Entsprechung in seiner politischen Weltgeltung finden müsse. Wenn es sein müsse, so könne dies auch durch Einsatz militärischen Potentials, vorzugsweise in Form eines »trockenen Krieges« (Hans Delbrück) geschehen, der die rivalisierenden Mächte durch die bloße Androhung militärischer Gewalt zum Nachgeben veranlassen werde. Der von der Öffentlichkeit weithin enthusiastisch begrüßte Bau einer deutschen Schlachtflotte, deren militärischer Wert unter seestrategischen Gesichtspunkten allerdings von Anfang an zweifelhaft war, und späterhin die bereitwillige Unterstützung der zunehmend kostspieligen Rüstungen zu Lande, entsprachen dieser Einstellung. Insgesamt mündete diese Politik in ein europäisches Wettrüsten ein, aus dem das Deutsche Reich am Ende als relativer Verlierer hervorgehen sollte. Seit der Marokkokrise 1911, welche die Versäulung der europäischen Bündnissysteme weiter vorantrieb, gewann in Deutschland zunehmend die Überzeugung an Boden, daß der gordische Knoten der deutschen »Weltpolitik« nur in einem europäischen Kriege durchschlagen werden könne. Umgekehrt breitete sich in weiten Kreisen eine fatalistische Stimmung der Kriegserwartung aus, welche die Gegenkräfte nachhaltig schwächte, die für die Erhaltung des Friedens in Europa eintraten. In den konservativen Eliten und bei den Militärs kam zusätzlich die Erwartung ins Spiel, daß es im Kriegsfalle gelingen werde, die sozialdemokratische Arbeiterbewegung zu unterdrücken, wenn nicht sogar zu zersprengen. Infolgedessen bedurfte es nur eines an und für sich zweitrangigen Konfliktes, um den angehäuften Zündstoff innerhalb des europäischen Mächtesystems zu einer Entladung zu bringen. Dies war das Attentat auf den österreichisch-ungarischen Thronfolger Franz Ferdinand und seine Gattin anläßlich eines Staatsbesuchs in Sarajevo am 28. Juni 1914. Die führenden Kreise Österreich-Ungarns waren entschlossen, diesen Zwischenfall zum Anlaß einer militärischen Aktion gegen Serbien zu nehmen, um das Ansehen der Donaumonarchie als Großmacht wieder herzustellen und der großserbischen Irredenta in Bosnien und der Herzegowina ein für allemal Einhalt zu gebieten.

Auf die Einzelheiten der Julikrise 1914 soll hier nicht eingegangen werden. Unbestreitbar ist, daß die deutsche Reichsleitung unter dem Einfluß der von höchsten militärischen Kreisen vorgetragenen Ansicht stand, daß die sich fortlaufend verschlechternde militärische Gesamtsituation der Mittelmächte am besten durch einen Präventivkrieg gegen Frankreich und Rußland stabilisiert würde, solange ein solcher noch mit Aussicht auf einen militärischen Sieg geführt werden könne. Demgemäß hatte die Reichsleitung den allseits erwarteten österreichisch-ungarischen Waffengang gegen Serbien zum Anlaß für eine großangelegte diplomatische Offensive nehmen wollen, die bei einem günstigen Ausgang zum Zerfall des Bündnisses Frankreichs mit Rußland führen würde. Eine solche Sprengung des gegnerischen Bündnisses erschien umso notwendiger als sich dessen endgültige Verfestigung durch ein Hinzutreten Großbritanniens im Frühjahr 1914 abzuzeichnen schien. Sollte hingegen, im ungünstigen Falle, ein europäischer Krieg ausgelöst werden, den man früher oder später ohnehin erwartete, konnte dieser nach Ansicht der Militärs zum damaligen Zeitpunkt noch siegreich für die Mittelmächte entschieden werden. Die deutsche Reichsleitung stand dabei unter dem Druck einer seit Jahren nationalistisch aufgeladenen öffentlichen Meinung, die greifbare Erfolge auf weltpolitischem Gebiete forderte und es aller Voraussicht nach nicht hinnehmen würde, wenn die deutsche Politik die sich aus der, wie man gelegentlich sagte, »dritten Balkankrise« ergebenden mächtepolitischen Chancen nicht genutzt hätte.

Es war von entscheidender Bedeutung, daß es der Reichsleitung gelang, durch eine doppelbödige Diplomatie, zugleich aber eine geschickte Manipulation der öffentlichen Meinung in Deutschland die allgemeine Überzeugung zu wecken, das Deutsche Reich sei durch die hinterhältigen Machenschaften der anderen Großmächte, nicht zuletzt Großbritanniens, schnöde überfallen worden und führe einen aufgezwungenen Verteidigungskrieg. Die wenigen Stimmen innerhalb wie außerhalb der Reichsleitung, die es besser wußten, wurden erfolgreich unterdrückt. So kam es im August 1914 zu einer überwältigenden Zustimmung namentlich der bürgerlichen Schichten und der Intellektuellen, in geringerem Umfang aber auch der breiten Massen unter Einschluß der großen Mehrheit der Arbeiterschaft, zu der Politik der Regierung. Die nationale Euphorie des »August 1914« war kein Mythos, obschon sie die einzelnen Schichten und Gruppen der deutschen Gesellschaft in unterschiedlichem Maße und mit unterschiedlicher Intensität erfaßte und zudem durchweg mit tiefer Sorge und Beklommenheit vor dem, was noch kommen werde, verbunden war. Doch handelte es sich um einen Mythos in dem Sinne, daß zahlreiche Gruppen der Gesellschaft, die solchen Stimmungen ferngestanden hatten, von der Idee der nationalen Einheit mitgerissen wurden. Die Armee vermochte die große Zahl der Kriegsfreiwilligen, die vor allem aus den bürgerlichen Schichten stammten, zunächst gar nicht sämtlich auszubilden; deren Wunsch, so bald wie möglich an die Front geschickt zu werden, wurde gewiß auch von Motiven der Abenteuerlust und von Männlichkeitsriten beeinflußt. Wichtiger aber war eine breite Stimmung in der Öffentlichkeit, die von den Medien sowie insbesondere an Schulen und Universitäten verstärkt wurde, daß die Nation in der Stunde der Gefahr des Einsatzes und Opfers aller Deutschen bedürfe und es verwerflich sei, beiseite zu stehen. Auch die christlichen Kirchen, die nach Kriegsausbruch großen Zulauf erhielten, unterstützten den Krieg als eine göttliche Mahnung zur Buße, aber auch als Verheißung einer großen politischen Zukunft für Deutschland. Der Soldatentod im Felde für die deutsche Nation wurde in Vergleich gesetzt mit dem Opfertod Christi für die Menschheit. Die kleine Minderheit, die diesen Krieg, wie Kriege überhaupt, aus politischen Gründen oder aus pazifistischer Gesinnung ablehnte, verstummte zunächst weitgehend. Die große Mehrheit der Intellektuellen und Künstler fühlte sich in einer Art von geistiger Selbstmobilisierung dazu aufgerufen, zur Stärkung der Kriegsmoral im Innern das Ihre beizutragen und die deutsche Kriegspolitik gegenüber dem Ausland mit Feder und Pinsel zu rechtfertigen. Auf diese Weise wurde der Weltkrieg von Anbeginn an auch zu einem »Krieg der Geister«, der tiefe Schluchten zwischen den europäischen Kulturen aufriß.

Die Reichsleitung hatte demgemäß anfänglich ein leichtes Spiel. Die große Sensation des Augenblicks war, daß nicht nur die bürgerlichen und konservativen Parteien, sondern auch die Sozialdemokratie den Kriegskrediten und einem Bündel von Ermächtigungsgesetzen für den Bundesrat zustimmten, durch welche das Heft der Politik einstweilen ganz in die Hände der Exekutive gelegt wurde. Dabei wurde geflissentlich übersehen, daß sich die Sozialdemokratie seit langem dem bestehenden politischen System angenähert und wiederholt kundgetan hatte, sie werde in einem Kriege, sofern dieser ein Verteidigungskrieg sei, ihre nationale Pflicht tun. Die Parole der nationalen Geschlossenheit in der Stunde der Gefahr wurde unter solchen Umständen weitgehend befolgt. Diese wurde weiter festgezurrt durch die Proklamation des »Burgfriedens«, mit anderen Worten der Einstellung des innenpolitischen Kampfes für die Zeit der militärischen Operationen. Im übrigen verfügte die Reichsleitung vermittels der allerdings durch die militärischen Behörden durchgeführten und daher von ihr nur in begrenztem Umfange gesteuerten Zensur über eine wirksame Waffe, um alle oppositionellen Strömungen zu unterdrücken und die Wahrung des »Burgfriedens« durchzusetzen.

Anfänglich verfolgte die Reichsleitung die Strategie, das parlamentarische Leben für die Zeit des Krieges so gut wie völlig still zu stellen und im Schutz der Zensur und des Burgfriedensgebots mit obrigkeitlichen Methoden zu regieren. Allerdings sollten mittels einer behutsamen »Neuorientierung« der inneren Politik die ärgsten Formen der Diskriminierung der Sozialdemokratie und der Freien Gewerkschaften, die sich als Pfeiler der inneren Geschlossenheit erwiesen hatten, beseitigt und diesen wenigstens oberflächlich eine gewisse Gleichberechtigung innerhalb der staatlichen Ordnung eingeräumt werden. Entsprechend wurden auch die Reste der Kulturkampfgesetzgebung stillschweigend aufgegeben. Substantielle Reformen, insbesondere die längst überfällige Reform des preußischen Dreiklassenwahlrechts, sollten hingegen bis nach Kriegsende verschoben werden.

Doch erwies sich dieses Kalkül schon bald als eine Fehlrechnung. Zum ersten zogen sich die militärischen Operationen in die Länge, und damit war auf die Mitwirkung des Reichstags, der anfänglich auf unbestimmte Dauer vertagt worden war, nicht zu verzichten. Bereits in der nächsten Sitzung des Reichstags am 2. Dezember 1914 ließ sich eine erbitterte Debatte über die Bewilligung der Kriegskredite, bei der nun erstmals die Argumente der Kriegsgegner öffentlich vorgetragen wurden, nicht mehr vermeiden. Außerdem mißbilligten die Parteien der Rechten das bescheidene Maß an Entgegenkommen, welches der Reichskanzler von Bethmann Hollweg der Sozialdemokratie und insbesondere den Freien Gewerkschaften entgegenbrachte. Das gab ihnen Anlaß, die innenpolitische Auseinandersetzung auf dem Felde der Kriegs- und Friedensziele zu suchen, in welchem die Sozialdemokratie isoliert war und leicht als national unzuverlässig angeprangert werden konnte. Bereits kurz nach Kriegsausbruch entwickelte sich ein regelrechter »Denkschriftenkrieg«, nämlich die mehr oder minder vertrauliche Versendung von Kriegszieleingaben und Denkschriften sowohl an die Staatsbehörden als auch an einflußreiche Persönlichkeiten des öffentlichen Lebens, und nicht zuletzt an die Militärs. In diesen Denkschriften wurden teilweise gigantische Kriegszielkataloge vorgetragen, die umfangreiche Annexionen in West und Ost vorsahen, und auf eine künftige uneingeschränkte Vorherrschaft des Deutschen Reiches in Europa abzielten. Gleichzeitig wurde die Reichsleitung des Kleinmuts und der Nachgiebigkeit in diesen Fragen bezichtigt und der Reichskanzler selbst als »Flaumacher« angegriffen. Infolgedessen wurde Bethmann Hollweg dazu veranlaßt, Stück für Stück aus seiner Deckung herauszukommen und wenigstens in allgemeinen Formulierungen kundzutun, daß die Reichsleitung keinesfalls daran denke, einen Verzichtfrieden zu schließen, sondern vielmehr einen Frieden anstrebe, der den großen bereits gebrachten Blutopfern entspreche und die notwendige Sicherung des Reiches gegen künftige Angriffe für alle absehbare Zukunft sicherstellen werde. Tatsächlich hatte die Regierung schon von Anfang des Krieges an intensiv an eigenen Kriegszielplanungen gearbeitet, zu denen insbesondere das späterhin wieder obsolete sogenannte Septemberprogramm gehört, welches noch in Erwartung eines unmittelbar bevorstehenden Zusammenbruchs Frankreichs konzipiert worden war. Dieses Programm konnte, da der Reichskanzler bei den Planungen zahlreiche Experten und Interessenten hinzugezogen hatte, schwerlich auf Dauer geheim bleiben.

Fortan bewegte sich die deutsche Kriegspolitik in einer unwirklichen Atmosphäre, weil sich die militärischen Operationen keineswegs so entwickelten, wie die Oberste Heeresleitung und mit ihr die Reichsleitung gehofft hatten. Trotz der höchst erfolgreichen Abwehrschlacht bei Tannenberg war weder im Osten noch im Westen, wo die Fronten nach ungeheuren Blutopfern Ende Oktober 1914 endgültig im Stellungskrieg erstarrten, Aussicht auf eine militärische Entscheidung im Sinne der Mittelmächte zu erkennen. Mit dem Kriegseintritt Italiens gegen Österreich-Ungarn im Mai 1915 entstand sogar zeitweilig eine von den Militärs als äußerst ernst eingeschätzte strategische Lage. Im gleichen Zeitraum steigerten sich die Kriegszielerwartungen in der deutschen Öffentlichkeit in schier unvorstellbarer Weise. Den Höhepunkt der Kriegszielbewegung bildete 1915 eine Denkschriftenkampagne der Fünf (später Sechs) Wirtschaftlichen Verbände, welche sich die bisher vor allem von dem Vorsitzenden des Alldeutschen Verbandes Heinrich Claß vertretenen, in ihrer Reichweite schlechterdings abenteuerlichen Annexions- und sonstigen Kriegsziele in großem Umfang zu eigen gemacht hatten. Zu ihnen gesellte sich außerdem eine von dem Theologen Reinhold Seeberg und dem Historiker Dietrich Schäfer zustande gebrachte sogenannte Intellektuelleneingabe, die an Maßlosigkeit der Ziele ebenfalls nichts zu wünschen übrig ließ, während eine von den Historikern Hans Delbrück und Friedrich Meinecke organisierte Gegendenkschrift nur vergleichsweise geringe Unterstützung erhielt. Jetzt tauchte auch in vermehrtem Umfang die Idee auf, die zu annektierenden Gebiete ohne deren Bevölkerung zu übernehmen. Insbesondere für den Osten wurde der Gedanke einer umfassenden »ethnischen Flurbereinigung« vorgetragen, durch welche die Errichtung eines deutsch besiedelten polnischen Grenzstreifens jenseits der östlichen Provinzen Preußens erreicht werden sollte.

Die Reichsleitung war weder imstande noch willens, dieser bedenklichen Agitation entgegenzutreten, obwohl diese zu der offiziellen Parole vom Verteidigungskrieg in krassem Widerspruch stand. Bethmann Hollweg weigerte sich, der Öffentlichkeit reinen Wein über die auch von Generalstabschef Erich von Falkenhayn höchst skeptisch eingeschätzte Kriegslage einzuschenken und damit der Kriegszielagitation den Boden zu entziehen: Entweder würde er dann selbst der »Flaumacherei« beschuldigt, oder dies würde einen schwerwiegenden Einbruch der Stimmung herbeiführen, welch letzteres im Hinblick auf die Erhaltung der Kriegsmoral nicht zu verantworten sei. Statt dessen fuhr die Reichsleitung mit ihrer doppelbödigen Strategie fort, einerseits gegenüber der Linken in immer elastischeren Wendungen zu beschwören, daß man einen Verteidigungskrieg führe und jederzeit bereit sei, einen maßvollen Frieden zu schließen, andererseits aber gegenüber den bürgerlichen Parteien und Interessengruppen in mehr oder minder vertraulicher Form zu bekunden, daß man entschlossen sei, den Krieg bis zu einem allseits befriedigenden Ergebnis fortzuführen. Unabhängig davon arbeitete man innerhalb der Reichsleitung weiterhin an umfangreichen Kriegszielprogrammen, um, wie es hieß, für alle Eventualitäten gerüstet zu sein und völkerrechtliche Formeln zu finden, diese Ziele ohne allzu krassen Gesichtsverlust gegebenenfalls gegenüber der eigenen wie der ausländischen Öffentlichkeit vertreten zu können.

Gleichzeitig setzten die Behörden alle Hebel in Bewegung, um die rückhaltlose Unterstützung der »Heimatfront« für die amtliche Kriegspolitik sicherzustellen. Alle öffentlichen Institutionen, und nicht zuletzt die Kirchen, wurden in die Kampagne zugunsten der Kriegspolitik einbezogen, mit dem Ziel, die vorhandene Bereitschaft zu nationaler Solidarität zu stärken und die Bevölkerung dazu zu bringen, die ihr in immer größerem Umfang abverlangten Opfer willig zu erbringen, beziehungsweise zu ertragen. Die Presse war zumeist bereit, sich den für national gehaltenen Bedürfnissen zu unterwerfen und ihre Berichterstattung an den Wünschen der Regierung auszurichten. Die Selbstzensur der Zeitungsverleger und der Journalisten im Interesse der öffentlichen Kriegsmoral war dabei auf die Dauer weit bedeutsamer als die, zumeist relativ unbeholfene, Zensur der Stellvertretenden Generalkommandos, die erst seit Oktober 1915 einer strafferen Kontrolle durch das mit der Reichsleitung kooperierende Kriegspresseamt unterworfen wurde. Die mit großem Aufwand propagierten Kriegsanleihen, denen ja nur im Falle eines »Siegfriedens« finanzielle Bonität zugesprochen werden konnte, hatten einen erstaunlich großen Erfolg, nicht zuletzt bei den unteren Schichten der Bevölkerung, die nicht selten ihre letzten Ersparnisse dafür einsetzten. Diese Tatsache zeugt davon, daß die alle Lebensbereiche durchdringende kollektive Propaganda zugunsten einer gemeinsamen Kriegsanstrengung der Nation zumindest in den ersten Kriegsjahren ungemein erfolgreich war.

Seit dem Frühsommer 1916 jedoch wurde der nationale Konsensus, der bislang mit nicht unerheblichen propagandistischen Mitteln aufrecht erhalten worden war, zunehmend brüchig. Die sich schon im Winter 1915/16 bedrohlich verschlechternde Versorgung der Bevölkerung mit Lebensmitteln und Gütern des täglichen Bedarfs drückte auf die Stimmung. Steigende Verlustzahlen kamen hinzu; bald hatte jede zweite Familie ein gefallenes Familienmitglied zu beklagen, und die ursprüngliche Idealisierung des Soldatentodes als eines Opfergangs für die Zukunft der deutschen Nation begann ihre Glaubwürdigkeit zu verlieren. Vor allem war nicht mehr zu sehen, auf welchem Wege ein baldiges Ende des Krieges zu erreichen sein würde. Unter diesen Umständen begannen immer breitere Kreise der Öffentlichkeit seit Frühjahr 1916 auf die U-Boot-Waffe zu setzen, die als ein angeblich unfehlbares Mittel propagiert wurde, um Großbritannien, in dem man weithin den Hauptgegner des Deutschen Reiches sah, niederzuringen und damit ein Ende des Krieges herbeizuführen. Die Admiralität hatte angesichts der Tatsache, daß sie über kein taugliches Mittel gegen die Fernblockade der britischen Flotte verfügte, schon seit Februar 1915 auf den rücksichtslosen Einsatz der U-Boote gedrängt. Weil aber der völkerrechtlich umstrittene U-Boot-Krieg bereits zu schwerwiegenden Konflikten mit den Neutralen, insbesondere den Vereinigten Staaten von Amerika, geführt hatte, aber auch wegen der geringen Zahl der einsatzfähigen U-Boote, hatte die Reichsleitung die Eröffnung des unbeschränkten U-Boot-Krieges wiederholt abgelehnt. Die steigende Agitation in der Öffentlichkeit zugunsten des unbeschränkten U-Boot-Krieges nahm die Formen einer Massenpsychose an. Diese erreichte im März 1916 einen ersten Höhepunkt. Bethmann Hollweg konnte das von den bürgerlichen und konservativen

Parteien unterstützte Verlangen des Admiralstabs auf den sofortigen Beginn des unbeschränkten U-Boot-Krieges mit äußerster Mühe noch einmal abwehren. Großadmiral Alfred von Tirpitz wurde zum Rücktritt gezwungen, weil er mit Hilfe des Reichsmarineamts auf die Presse und die Parteien eingewirkt hatte. Die bisherige Linie wurde im wesentlichen bestätigt, nämlich den U-Boot-Krieg nur in eingeschränkten Formen zu führen, was die Gefahr eines offenen Konflikts mit den Vereinigten Staaten verringern sollte. Der sogenannte verschärfte U-Boot-Krieg, den die Admiralität wegen der damit verbundenen erhöhten Gefährdungen für die U-Boote und ihre Besatzungen im Grunde gar nicht führen wollte, erfüllte freilich nicht die in ihn gesetzten militärischen Erwartungen und verhinderte gleichwohl nicht erneute schwere Konflikte mit den Vereinigten Staaten.

Unter diesen Umständen kam die U-Boot-Frage auch in der Folgezeit nicht zur Ruhe. Sie wurde vielmehr zu einem innenpolitischen Streitpunkt erster Ordnung. Die Parteien und Verbände der Rechten, die, koste es was es wolle, auf einen »Siegfrieden« drängten, setzten nunmehr alle Hebel in Bewegung, um eine grundlegende Kursänderung der Politik herbeizuführen, und dafür kam ihnen die Frage des »unbeschränkten U-Boot-Krieges« gerade recht. Sie hofften, den verhaßten Kanzler zu stürzen, dessen Nachgiebigkeit gegenüber der Sozialdemokratie ihnen ein Dorn im Auge war. Manche Kreise der Rechten, die seit 1915 im »Unabhängigen Ausschuß für einen deutschen Frieden« eine weitverzweigte Propagandaorganisation ausgebaut hatten, träumten sogar davon, Bethmann Hollweg zu stürzen und Tirpitz an seine Stelle zu bringen. In der Tat war die Machtposition des Kanzlers inzwischen angeschlagen. Seine Politik der »Diagonale« oberhalb der Parteien, bei gleichzeitiger Erhaltung der Geschlossenheit des August 1914, hatte schwere Rückschläge erlitten. Seine größte Trumpfkarte, nämlich daß er allein die Sozialdemokratie »bei der Stange zu halten« in der Lage sei – so stellten sich die Dinge aus der Sicht Wilhelms II. und seiner engeren Umgebung dar –, hatte seit der Gründung der »Sozialdemokratischen Arbeitsgemeinschaft« am 24. März 1916, die offen gegen die Kriegspolitik der Regierung und den Tolerierungskurs der Mehrheitssozialdemokratie Front machte, stark an Wert verloren. Es bedurfte nun weitreichender Konzessionen an die Sozialdemokratie und die Freien Gewerkschaften, wollte man sich diese weiterhin als tragende Kraft der Kriegspolitik erhalten. Insbesondere die preußische Wahlrechtsfrage ließ sich nun nicht länger nur dilatorisch behandeln. Vor allem aber hatte die Strategie des Kanzlers in der Kriegszielfrage, nämlich bei formellem Festhalten am Grundsatz, daß das Deutsche Reich einen Verteidigungskrieg führe, jeglicher Festlegung auf diesem Gebiete aus dem Wege zu gehen und sich alle Entscheidungen vorzubehalten, vollständig Schiffbruch erlitten. Das einzige, was dabei herausgekommen war, war der Tatbestand, daß das Ansehen des Kanzlers in allen politischen Lagern stark gelitten hatte.

Stärker denn jemals zuvor suchten 1916 die Parteien und Verbände der Rechten den Kanzler fortan auf ein weitreichendes Programm expansiver Kriegsziele festzulegen, und, als dies nicht gelang, eine Freigabe der öffentlichen Diskussion der Kriegszielfragen, die bisher durch die Zensur behindert war, zu erreichen. Die schwächliche Gegenstrategie der Reichsleitung bestand darin, einen »Nationalausschuß für einen ehrenvollen Frieden« regierungsamtlich anzuregen und zu fördern. Dies war eine nach außen hin unabhängige Propagandaorganisation, die für vergleichsweise maßvolle Kriegsziele eintreten und für Vertrauen in die Handhabung dieser Fragen durch die Reichsleitung werben sollte. Diese Initiative der Regierung endete mit einem vollständigen Fiasko. Sie provozierte die Gründung der Deutschen Vaterlandspartei, die sich als eine rechte Sammlungsbewegung zur Herbeiführung eines »deutschen Friedens« verstand. Bethmann Hollweg sah jetzt nur noch einen Ausweg, nämlich ein Friedensangebot der Mittelmächte an den amerikanischen Präsidenten

Woodrow Wilson zu richten. Dieses ging, nach schwierigen Verhandlungen innerhalb der Reichsressorts, vor allem aber mit der Obersten Heeresleitung und dem Bündnispartner, am 12. Dezember 1916 heraus. Das Friedensangebot war allerdings derart schwer mit weitreichenden Kriegszielforderungen belastet, die der Reichskanzler dem amerikanischen Präsidenten noch nicht einmal im vorhinein vertraulich zur Kenntnis bringen wollte, daß mit einer Annahme kaum gerechnet werden konnte. Bethmann Hollweg hatte damit ohnehin den Nebenzweck verfolgt, einem von seiten des amerikanischen Präsidenten zu erwartenden Vermittlungsangebot an alle kriegführenden Mächte zuvorzukommen. Günstigstenfalls hätte es zu direkten Verhandlungen zwischen der Entente und den Mittelmächten führen können. Doch sein Hauptzweck bestand ersichtlich darin, gegenüber der deutschen Öffentlichkeit den grundsätzlichen Friedenswillen der Reichsleitung zu dokumentieren, wie immer es auch mit der Aufrichtigkeit desselben stehen mochte. Zugleich gedachte er den Vereinigten Staaten einen Weg zu ebnen, um für den nunmehr zum 1. Februar 1917 beschlossenen Übergang zum unbeschränkten U-Boot-Krieg gegebenenfalls doch noch neutral bleiben zu können.

Die diplomatischen Manöver (denn zu Verhandlungen im eigentlichen Sinne war es nicht gekommen) im Umkreis des deutschen Friedensangebots und des wenig später ergangenen Vermittlungsangebots Woodrow Wilsons führten erwartungsgemäß nur zu einem propagandistischen Schlagabtausch der Mittelmächte und der Entente. Beide Lager waren am Ende entschlossener denn je zuvor, den Krieg mit aller Härte bis zu einer definitiven Entscheidung fortzuführen. Bethmann Hollweg behauptete sich in seinem Amt, indem er nun wider besseres Wissen der Eröffnung des unbeschränkten U-Boot-Krieges zustimmte. Allenfalls konnte er diesen Schritt, der mit einiger Sicherheit den Kriegseintritt der Vereinigten Staaten von Amerika nach sich ziehen würde, damit rechtfertigen, daß Friedensverhandlungen in jedem Falle erst dann möglich sein würden, wenn zuvor die vermeintlich letzte, angeblich todsichere Karte des unbeschränkten U-Boot-Krieges ausgespielt worden war. Im Grunde war dies ein Kalkül à la baisse, welches dem Umstand Rechnung trug, daß der Glaube an die Wirkung der U-Boot-Waffe längst die Form einer kollektiven Psychose angenommen hatte.

Genau besehen hatte sich die Lage schon seit dem Spätsommer 1916 aufs Äußerste zugespitzt. Der Fehlschlag der Verdun-Offensive, mit welcher Falkenhayn die französischen Armeen ausbluten und Frankreich somit auf die Knie hatte zwingen wollen, mußte im Herbst 1916 nach hohen Verlusten auf beiden Seiten – die Deutschen verloren über 300.000 Mann, kaum weniger als die Franzosen – abgebrochen werden. Die im Juli begonnene Somme-Offensive der Alliierten entwickelte sich zu einer mörderischen Schlacht von bislang unbekannten Ausmaßen. Sie wurde erst im November 1916, nachdem über eine Million Menschen in den einander folgenden Offensiven und Gegenoffensiven ihr Leben gelassen hatten bzw. verwundet worden waren, endgültig eingestellt. Hier entwickelte sich eine neue Art von Kriegführung, die mit den herkömmlichen Formen des Kampfes schlechterdings nichts mehr gemein hatte. Die Erfahrung, daß persönliche Leistung und Tapferkeit unter den Bedingungen des vom Artilleriefeuer immer wieder umgepflügten und sich zeitweilig in Schlammwüsten verwandelnden Kampffeldes nichts auszurichten vermochten, die Soldaten hingegen auf weiten Strecken passiv dem anonymen Feuerwirbel des mechanisierten Krieges ausgesetzt waren, hatte eine traumatische Wirkung auf die Truppen. Dem einzelnen Soldaten wurde das äußerste an physischer und seelischer Widerstandskraft abverlangt. Nur in der relativen Geborgenheit der eigenen Einheit vermochte er die unvorstellbaren Strapazen des Grabenkrieges zu überstehen; von Treue zum Vaterland, von Aufopferung und Heldentum war nicht mehr die Rede, geschweige denn von einem »Siegfrieden«. Die mörderischen Materialschlachten an der Westfront, die Woche für Woche Zehntausenden das Leben kosteten und Nordfrankreich in eine trostlose Mondlandschaft verwandelten, ließen immer weniger einen Sinn des Krieges erkennen; dieser hatte sich in eine blinde Maschinerie der Menschenzerstörung verwandelt, die sich gleichsam selbständig gemacht hatte. Die Soldaten wurden unter diesen Umständen von tiefen Ressentiments gegen die Zuhausegebliebenen erfüllt, die von den Lebensverhältnissen an den Fronten keinerlei Ahnung besaßen. Ohnehin kam es im Laufe der Entwicklung zu einer teilweisen Entfremdung zwischen den Soldaten an der Front und der Heimat, obschon ein Strom von Kriegsbriefen, die für die Soldaten vielfach die einzige Leitlinie zur Wahrung ihrer persönlichen Identität darstellten, die Verbindung zu den Angehörigen aufrechterhielt, ergänzt durch den zumeist kurzen Heimaturlaub. Dabei ist davon auszugehen, daß die Soldaten, von den Eingriffen der Zensur ganz abgesehen, in aller Regel ihren Angehörigen nur sehr zurückhaltend über ihre Lage und ihre Erfahrungen berichteten. Im übrigen waren die Soldaten mental gar nicht in der Lage, die Fürchterlichkeit des Frontgeschehens angemessen zum Ausdruck zu bringen. Die Schrecken des Grabenkrieges im Westen lassen sich nur indirekt erschließen; sie entziehen sich in aller Regel der narrativen Darstellung.

Auch Hindenburg und Ludendorff, die Ende August 1916 die Oberste Heeresleitung (3. OHL) übernommen hatten und als die »Sieger von Tannenberg« über ein gewaltiges Prestige verfügten, konnten den Ernst der Lage nicht länger übersehen. Die dramatisch geschrumpften Heeresreserven, die von einer Abwehrschlacht zur nächsten geschoben werden mußten, machten operative Maßnahmen größeren Stils unmöglich, und der Mangel an Munition und anderen Rüstungsgütern wurde immer gravierender. Ludendorff und sein Adlatus in diesen Dingen, Oberst Max Bauer, wollten nun alle materiellen und menschlichen Ressourcen mobilisieren, um mit einer erneuten gewaltigen Kraftanstrengung der ganzen Bevölkerung doch noch die Überhand über die an Menschen und Material überlegenen Streitkräfte der Alliierten zu gewinnen. Mit Hilfe des sogenannten Hindenburg-Programms, welches die Dienstverpflichtung der gesamten arbeitsfähigen Bevölkerung für die Rüstungsproduktion sowie gewaltige Investitionen in neue Industrieanlagen vorsah, sollte bis zum Februar 1917 eine Verdoppelung der Rüstungsproduktion sowie eine erneute erhebliche Steigerung der Förderung von Kohle erreicht werden. Obschon die Reichsleitung und der Reichstag einige Abstriche an dem schlechterdings maßlosen Programm durchsetzten, das Ludendorff und Bauer in Zusammenarbeit mit einigen Industrieführern ausgearbeitet hatten, führte dessen Umsetzung im Winter 1917 zu einem zeitweiligen Zusammenbruch des Transportsystems und zu schweren Engpässen in der Versorgung der Industrieunternehmen mit Kohle und anderen Rohstoffen. Zeitgleich brach in den industriellen Ballungszentren die Lebensmittelversorgung der Bevölkerung und die Versorgung mit Brennstoffen nahezu zusammen. Die Dienstverpflichtung der Bevölkerung und die radikale Schließung von sogenannten Friedensindustrien führten keineswegs zu einer nennenswerten Entlastung des Arbeitsmarktes in den industriellen Zentren, sondern hatten zunehmende Arbeitslosigkeit in abgelegenen ländlichen Regionen zur Folge. Der Mangel an qualifizierten Arbeitskräften führte zu wenig erfolgreichen Versuchen, belgische Arbeiter zwangsweise nach Deutschland zu verbringen und zur Arbeit in Industriebetrieben zu verpflichten. Aber gleichwohl blieb es erforderlich, auch weiterhin eine sogar noch gesteigerte Zahl von Facharbeitern vom Kriegsdienst freizustellen, sehr zur Erbitterung der Militärs, die eigentlich jeden gesunden Mann aus den Betrieben hatten herausholen und durch andere, nicht wehrfähige Arbeitskräfte ersetzen wollen, um die großen Verluste auszugleichen und wieder eine strategisch verwendbare Heeresreserve aufzubauen. Dies unter anderem gab dann Anlaß zu Bemühungen, als quid pro quo für die Gründung eines autonomen polnischen Staates die Bewohner Kongreßpolens dazu zu bewegen, eine Hilfsarmee gegen Rußland aufzustellen.

Das Hindenburg-Programm, das einer ohnehin überhitzten Kriegswirtschaft noch zusätzliche Beschleunigung verleihen sollte, hatte noch weitere gesellschaftliche Auswirkungen langfristiger Natur. Die Überdimensionierung des Rüstungsprogramms, bei dem nach Meinung der Militärbehörden Kosten keine Rolle spielen sollten, führte dazu, daß die bereits schnell sich drehende Preis-Lohn-Spirale den staatlichen Behörden vollends aus dem Ruder lief und eine immer krassere Verzerrung der bestehenden Lohn- und Gehaltsstrukturen nach sich zog, mit der Folge einer bedrohlichen Verschärfung der bestehenden sozialen Gegensätze. Während die Gewinne der Unternehmen und die Löhne der Industriearbeiter sowohl nominell als auch real erheblich stiegen, geriet die Masse der Bevölkerung einschließlich des alten Mittelstandes und der Beamtenschaft zunehmend in wirtschaftliche Bedrängnis, von den sogenannten Kriegerfrauen und der wachsenden Zahl der Kriegsinvaliden ganz zu schweigen. Auch die Verarmung der Unterschichten nahm bedrohliche Ausmaße an.

Insgesamt endeten alle Versuche, innerhalb des Deutschen Reiches zu den Methoden eines totalen Krieges überzugehen, in einem Fiasko. Mit noch so harschen administrativen Zwangsmaßnahmen war aus der ohnehin überforderten Kriegswirtschaft kaum nennenswert mehr herauszuholen. Die Versorgungslage der breiten Massen war sowieso schon seit geraumer Zeit äußerst angespannt, und im »Steckrübenwinter« 1916/17 hatten sich zeitweilig dramatische Engpässe in der Ernährung der Bevölkerung in den Großstädten eingestellt, die auch mit öffentlichen Suppenküchen und sonstigen Notmaßnahmen nicht behoben werden konnten. Blanker Hunger ging um und außerdem herrschte bittere Kälte, zumal angesichts einer völlig unzulänglichen Kohlenversorgung. Die Versuche der Staatsbehörden und der Kommunen, die Lebenshaltungskosten durch immer neue Preisverordnungen und Mietstopps niedrig zu halten, hatten sich längst als wirkungslos erwiesen. Statt dessen weitete sich der Schwarze Markt immer mehr aus. Die Menschen waren gezwungen, wenn sie sich dies finanziell nur irgend leisten konnten, über die kärglichen täglichen Lebensmittelrationen hinaus, deren pünktliche Lieferung noch nicht einmal regelmäßig gesichert werden konnte, für hohe Preise Lebensmittel und Güter des täglichen Bedarfs auf dem Schwarzen Markt hinzuzukaufen. Administrativer Druck auf die Landwirte, ihre Produktion zu steigern beziehungsweise den offiziellen Annahmestellen uneingeschränkt zu verkaufen, statt dies teilweise auf dem Schwarzen Markt zu tun, führte nur zu Verbitterung und Resistenz, zumal Fehldispositionen der Behörden unnötige Produktionsausfälle verursacht hatten. Der Erlaß von besonderen Gesetzen gegen Wucher, welche den Volkszorn über die angebliche Preisschinderei der mittelständischen Händler besänftigen sollten, schürte den Haß der Verbraucher auf die Kaufmannschaft und die Bauernschaft nur noch mehr. In den städtischen Zentren kam es bereits im Winter 1915 und dann insbesondere im Winter 1916/17 zu massiven Protestaktionen gegen die unzulängliche Lebensmittelversorgung, die sich nicht selten zu regelrechten Hungerkrawallen auswuchsen und mit polizeilicher Gewalt unterdrückt werden mußten. Im weiteren Verlauf des Krieges diskreditierten die behördlichen Maßnahmen gegen Schleichhandel und Schwarzmarkt nur die Autorität der Polizei und der örtlichen Behörden. Jedermann wußte, daß die großen Rüstungsbetriebe und viele städtische Kommunen längst dazu übergegangen waren, die Versorgung ihrer Arbeiter bzw. ihrer Bürger mit den notwendigsten Lebensmitteln selbst unter Umgehung des offiziellen Preisniveaus auf dem Schwarzen Markt zu gewährleisten. Nur der »kleine Mann« bzw. die »kleine Frau« wurden von engstirnigen Gendarmen drangsaliert, wenn sie Eier oder Butter gegen eigene Wertgegenstände einzutauschen versuchten. Die bürokratische Ordnungsgesellschaft war an das Ende ihrer Möglichkeiten gelangt, und alle Versuche, den Mangel unter zunehmender Anwendung von Zwang behördlich zu verwalten, untergruben langsam aber stetig die Legitimität der bestehenden Ordnung. Vorderhand freilich machte sich die aufgestaute Erbitterung über die bedrückende Versorgungslage, das Versagen der Behörden und die behördlichen Drangsalierungen, denen die »einfachen Leute« ausgeliefert waren, nur in Ausnahmefällen in politischen Aktionen Luft, zumal die Freien Gewerkschaften und die Sozialdemokratie ihren Einfluß auf ihre Anhänger durchweg in beschwichtigendem Sinne geltend machten.

Bei Kriegsbeginn hatte in großem Maße die Bereitschaft bestanden, kriegsbedingte Entbehrungen auf sich zu nehmen und sich in Notlagen gegenseitig zu helfen, sowie gegenüber den Maßnahmen der Behörden Verständnis zu zeigen. Diese Einstellung machte im weiteren Verlauf des Krieges, zumal keine Aussicht auf ein baldiges Ende der Misere abzusehen war, schrittweise einem stoischen Fatalismus Platz, der allerdings plötzliche Ausbrüche des Protests oder gar des Widerstands gegen die Obrigkeit nicht ausschloß. Die Lebenssituation der Frauen in der Heimat, vor allem solcher mit kleinen Kindern, verschlechterte sich zusehends. Die Frauen sahen sich mehr und mehr dazu gezwungen, für die wenigen in den Läden erhältlichen Lebensmittel und Güter des täglichen Bedarfs, namentlich für Milch und Fette, stundenlang anzustehen und, soweit dies möglich war, das karge Familienbudget durch Hamsterfahrten im Umland notdürftig aufzubessern. Hunger, Kälte und das Angewiesensein auf schäbige Ersatzstoffe in vielen Dingen des täglichen Bedarfs bestimmten den Alltag der Frauen und Mütter in der Heimat. In manchen Großstädten ließ der Schulbesuch der Jugendlichen zunehmend zu wünschen übrig; oftmals randalierten diese statt dessen in den Straßen. Dies alles drückte auf die Stimmung im Innern und ließ den Wunsch nach einem baldigen Frieden übermächtig werden.

Verstärkt bemühten sich die politischen Instanzen, die breiten Schichten der Bevölkerung auf die Verpflichtung zu nationaler Solidarität hinzuweisen, u. a. durch Indoktrination der Kinder und Jugendlichen in den Schulen und Universitäten, durch Inanspruchnahme der Pfarrer und Geistlichen, am Ende sogar durch besondere Vortragsprogramme. Außerdem wurde die Bevölkerung durch eine Vielzahl von öffentlichen Sammlungen und Hilfsaktionen zugunsten der Soldaten oder auch besonders hilfsbedürftiger Gruppen, durch die Nagelung von hölzernen Hindenburg-Statuen oder Siegessäulen und dergleichen mehr, fortwährend unter Druck gesetzt. Bei solchen Gelegenheiten wurde von jedermann erwartet, sich mit den Soldaten an den Fronten solidarisch zu zeigen und die Kriegführung in der einen oder anderen Form mit eigenen Taten oder eigenen Opfergaben zu unterstützen. Der kollektive Druck, sich in die nationale Einheitsfront einzureihen, war unter den obwaltenden Umständen erheblich und die bestehende Klassenstruktur wirkte sich zusätzlich in dieser Richtung aus.

Zudem sorgte die im großen und ganzen betont national eingestimmte Presse dafür, daß der in steigendem Maße auftretende Unmut über die drückende Versorgungslage und die wachsenden Entbehrungen in der veröffentlichten Meinung keinen öffentlichen Resonanzraum fand. Vielmehr überdeckten patriotische Stellungnahmen und Appelle zum Durchhalten die zahlreichen, zumeist lokal begrenzten Protestaktionen in den industriellen Ballungszentren. Hierzu paßt, daß die Kriegerfrauen von den Behörden, der Presse und ihren Pfarrern dazu angehalten wurden, die Kampfmoral ihrer an der Front stehenden Männer oder Söhne nicht durch »Jammerbriefe« über die katastrophale Versorgungslage in der Heimat zu beeinträchtigen. Auch die Presseberichte über die Kriegslage waren durchweg in einer beschönigenden Tonlage gehalten.

Die anfänglich großen Erfolge der U-Boote im Frühjahr und Frühsommer 1917 sowie die russische Februarrevolution, die begründete Hoffnungen weckte, daß Rußland nun als Gegner aus dem Kriege ausscheiden würde, führten zeitweilig wieder zu einer Hebung der Kriegsmoral in der Heimat, zumal die ärgsten Hungermonate des Winters vorüber waren und sich die Lebensmittelversorgung zwischenzeitlich geringfügig verbessert hatte. Der Unmut der Arbeiterschaft über die unzureichende Versorgungslage in den industriellen Zentren sowie die Unzufriedenheit mit der Politik der Reichsleitung, die offenbar keinerlei Anstrengungen machte, zumindest einen Sonderfrieden mit dem revolutionären Rußland unter Verzicht auf weitreichende Kriegsziele zu schließen, blieb freilich unverändert bestehen. Er machte sich nunmehr in einer ganzen Reihe von »wilden«, d. h. von den Freien Gewerkschaften nicht unterstützten Streiks Luft, die allerdings zumeist unter Gewährung von Zugeständnissen die Versorgungslage betreffend rasch wieder beigelegt werden konnten. Anders war dies mit dem großen Massenstreik in Leipzig im April 1917, bei dem erstmals nicht nur materielle, sondern auch politische Forderungen offen artikuliert wurden, insbesondere das Verlangen nach unverzüglicher Reform des preußischen Dreiklassenwahlrechts. Die Sozialdemokratie und die Freien Gewerkschaften setzten sich für eine baldige Beilegung dieser Streiks ein, auf die Gefahr hin, ihren moralischen Kredit bei der Arbeiterschaft zu verspielen, um so mehr, als die Opposition gegen den Krieg mit der Gründung der USPD soeben eine parteipolitische Basis erhalten hatte.

Die Reichsleitung wußte sich in dieser Situation nicht anders zu helfen, als mit der bisherigen doppelbödigen Politik der »Diagonale« fortzufahren, obschon diese niemanden befriedigte. Einerseits erwirkte der Kanzler nach mühseligen Verhandlungen bei Wilhelm II. im April 1917 den Erlaß der sogenannten Osterbotschaft, in der in unbestimmter Form die Gewährung eines allgemeinen, direkten und geheimen, nicht aber gleichen Wahlrechts nach Kriegsende in Aussicht gestellt wurde. Dies war jedoch viel zu wenig und kam viel zu spät, um die Linke zufriedenzustellen; im Gegenteil, die »Osterbotschaft« wirkte auf die breiten Massen wie eine Provokation. Die politische Rechte sah darin hingegen ein Alarmsignal und suchte den angeblich schlappen Kanzler, der der Linken unangemessene Zugeständnisse mache und Preußen der »roten Flut« ausliefere, nun endgültig aus dem Amt zu treiben. Zu diesem Zweck bemühte sie sich um die Unterstützung der Obersten Heeresleitung. Das Terrain, auf dem dies erreicht werden sollte, war einmal mehr die Kriegszielfrage. Während sich die Sozialdemokratie den Aufruf des Petrograder Sowjets nach einem Frieden ohne Annexionen und Kontributionen zu eigen machte, ließ sich Bethmann Hollweg von der OHL in den Kriegszielvereinbarungen vom 23. April 1917 in Bad Kreuznach auf ein neues, noch ungleich weitreichenderes Kriegszielprogramm einschwören. Er nahm dabei Zuflucht zu einer geheimen Aktennotiz, in der er aktenkundig machte, daß seine Handlungsfreiheit, sofern es wirklich zu Friedensverhandlungen kommen sollte, durch eine derartige geheime Vereinbarung nicht beschnitten würde und er sich im konkreten Fall darüber hinwegsetzen werde. Die gleichzeitigen öffentlichen Erklärungen des Kanzlers zur Kriegszielfrage zeugten von vollständiger Hilflosigkeit und weckten in allen politischen Lagern den Eindruck, daß es so nicht mehr weitergehen könne. Eine sich herausbildende Reichstagsmehrheit von Zentrum, Fortschrittlicher Volkspartei, Sozialdemokratie und der Nationalliberalen Partei beschloß im Mai 1917 die Einsetzung eines Verfassungsausschusses. Sie bekundete damit ihren Willen, nunmehr zwar nicht zum parlamentarischen System nach westlichem Vorbild überzugehen, wie dies Max Weber damals öffentlich forderte, wohl aber eine engere institutionelle Verbindung von Reichsleitung und den Reichstagsparteien herbeizuführen, um der bislang bestehenden »kontrollfreien Beamtenherrschaft« (Max Weber) im Reich und in Preußen ein Ende zu setzen. Nur wenige Wochen später, am 6. Juli 1917, übte der Zentrumsabgeordnete Matthias Erzberger im Hauptausschuß des Reichstages vernichtende Kritik an den Prognosen des Admiralstabes, die sich ungeachtet großer Erfolge der U-Boote nicht bewahrheitet hätten, und forderte eine öffentliche Erklärung des Reichstags zugunsten eines »Friedens des Ausgleichs«, welche den Weg für einen Verhandlungsfrieden freimachen sollte. Erzberger, der zu seinem Vorstoß allerdings auch durch seine Kenntnis der bedrohlichen inneren Lage in der Donaumonarchie veranlaßt worden war, sprach aus, was jedermann empfand, aber nicht öffentlich zu sagen gewagt hatte, daß nämlich in der Bevölkerung der anfänglichen Euphorie über die großen Erfolge der U-Boote ein tiefer Stimmungseinbruch gefolgt war.

In der durch Erzberger ausgelösten Julikrise 1917 offenbarte sich die ganze Hilflosigkeit der Führungselite des Kaiserreichs. Der Sturz Bethmann Hollwegs und seiner engeren Mitarbeiter war nunmehr unvermeidlich. Jedoch erwiesen sich die Reichstagsparteien außerstande, ihrerseits das Heft der Politik energisch in die Hand zu nehmen. Statt dessen setzten Hindenburg und Ludendorff die Berufung eines effizienten hohen Verwaltungsbeamten, Georg Michaelis, zum neuen Kanzler durch, obschon diesem jede politische Erfahrung abging. Offensichtlich sollte Michaelis nur als verlängerter Arm der OHL operieren. Unter solchen Umständen war der Versuch der Reichstagsmehrheit, die Reichsleitung durch die Einsetzung eines permanent tagenden Interfraktionellen Ausschusses gleichsam an die Kandare zu nehmen und zur loyalen Umsetzung der in ihrem Inhalt freilich nicht eindeutigen »Friedensresolution« anzuhalten, bereits im Ansatz zum Scheitern verurteilt. Seit dem Herbst 1917, insbesondere nach der Ersetzung des völlig unfähigen Michaelis durch Graf Hertling, einen ehemaligen Zentrumspolitiker, wurde das System eines gebremsten »Halbparlamentarismus« praktiziert, bei dem in vermehrtem Umfang Vertrauensmänner der Mehrheitsparteien in Regierungsämter berufen wurden. Dies hatte zwar zunächst eine günstige Auswirkung auf die Stimmung im Innern, insofern als nun der bisher vorherrschende obrigkeitliche Stil der Behörden im Umgang mit den breiten Massen der Bevölkerung einem elastischeren Vorgehen Platz machte, aber gegenüber der Reichsleitung und insbesondere der OHL vermochte sich die Reichstagsmehrheit in keiner Weise durchzusetzen. Richard von Kühlmann, der nun zum Staatssekretär des Äußeren berufen wurde und der in den Kriegszielfragen vergleichsweise maßvolle Ansichten vertrat, sah sich nicht an die Beschlüsse der Reichstagsmehrheit gebunden, sondern setzte weiterhin auf die klassischen Instrumente der Geheimdiplomatie. Ausschlaggebend war hierfür vor allem die Weigerung der Heeresleitung, von ihren maximalen Kriegszielforderungen abzugehen. Unter diesen Umständen scheiterte auch die päpstliche Friedensinitiative vom August 1917, auf die namentlich Erzberger große Hoffnungen gesetzt hatte. Der Versuch der Reichstagsmehrheit, der Reichsleitung auf außenpolitischem Felde eine feste Leitlinie vorzugeben, war mithin fehlgeschlagen. Das System des »Halbparlamentarismus« hatte sich nur dazu als tauglich erwiesen, die machiavellistische Strategie der deutschen Diplomatie in der Friedensfrage gegenüber der deutschen Öffentlichkeit einigermaßen zu bemänteln.

Die Ohnmacht des Reichstages zeigte sich dann einmal mehr, als es nach der Oktoberrevolution im Dezember 1917 zu Friedensverhandlungen zwischen den neuen bolschewistischen Machthabern und den Mittelmächten in Brest-Litowsk kam. Die deutschen Unterhändler dachten unter dem Einfluß der OHL und des Kaisers keinen Augenblick daran, das bolschewistische Programm eines »Friedens ohne Annexionen und Kontributionen« auch nur in Ansätzen aufzugreifen. Vielmehr legten sie es von Anfang an darauf an, unter dem Deckmantel einer höchst fragwürdigen Interpretation des Selbstbestimmungsrechts der Völker die Ablösung der östlichen Randgebiete des ehemaligen Zarenreiches, insbesondere Kurlands, Lettlands und Estlands sowie Litauens, Polens und der Ukraine, zu erreichen und auf diese Weise das alte Programm eines Gürtels von abhängigen Satellitenstaaten im Osten uneingeschränkt zu realisieren. Unter solchen Umständen kamen die Friedensverhandlungen in Brest-Litowsk, die eher öffentlichen Rededuellen über die Anwendung des Selbstbestimmungsrechts auf Osteuropa glichen, nicht vom Fleck. Sie gerieten in der ersten Januarwoche 1918 erneut in eine schwere Krise; der Abschluß eines Separatfriedens mit den Sowjets war vorerst in weite Ferne gerückt.

Die harsche Verhandlungsführung der deutschen Unterhändler hatte eine katastrophale Auswirkung auf die Stimmung der Bevölkerung in den Mittelmächten. In weiten Kreisen war die Hoffnung entstanden, daß mit der Oktoberrevolution eine neue Ära der Politik beginne, in der nicht mehr allein nur Gewalt über die Zukunft der Völker entscheide, und daß jetzt der Weg zu einem allgemeinen Frieden nahe sei. Diese Hoffnung ging in Rauch auf. Die Arbeiter der großen Industriebetriebe gaben ihrer bitteren Enttäuschung im Januar 1918 in einer Flutwelle von spontanen Massenstreiks Ausdruck, welche sich direkt gegen die deutsche Verhandlungsführung in Brest-Litowsk richtete. Die Streikenden machten sich die russische Forderung eines »Friedens ohne Annexionen und Kontributionen« auf der Grundlage einer fairen Anwendung des Selbstbestimmungsrechts in aller Form zu eigen. Angesichts ihres tiefen Mißtrauens hinsichtlich der Absichten der verantwortlichen Staatsmänner verlangten sie nun die »Demokratisierung der gesamten Staatseinrichtungen«, insbesondere die Abschaffung des preußischen Dreiklassenwahlrechts. Die Mehrheitssozialdemokratie und die Freien Gewerkschaften traten schweren Herzens in die Streikleitungen ein, in der Absicht, die Streikbewegung sobald wie möglich zu einem raschen Ende zu bringen und die seitens der Militärbehörden angedrohte Militarisierung des gesamten Arbeitslebens abzuwenden. Sie handelten sich damit von seiten der Rechten den Vorwurf des Landesverrats ein, obschon sie das genaue Gegenteil herbeiführen wollten, nämlich die Aufrechterhaltung der Kriegsmoral. Oberflächlich konnte die Lage im Innern dank des Einsatzes der Freien Gewerkschaften und der Mehrheitssozialdemokraten wieder beruhigt werden, aber die Stimmung blieb weiterhin äußerst angespannt, zumal die Not der Bevölkerung in den industriellen Ballungszentren immer größer wurde. Die ursprüngliche Hoffnung der Bolschewiki, daß es zu einem Überspringen der Revolution auf die Mittelmächte kommen werde, erfüllte sich freilich nicht. Auf Drängen Lenins, der nun die Parole vom »Sozialismus in einem Lande« ausgab, mußten sie schließlich am 3. März 1918 den Frieden von Brest-Litowsk unterzeichnen, dessen drückende Bedingungen in den folgenden Monaten noch durch weitere Unterwerfungsverträge verschärft wurden. Die Parteien des Reichstags hingegen zeigten sich außerstande, eine auch nur einigermaßen faire Anwendung des Selbstbestimmungsrechts auf die Randstaaten des russischen Reiches sicherzustellen. Eine große historische Chance war vertan, nämlich durch den Abschluß eines maßvollen, auf Dauer berechneten Friedens mit dem neuen Sowjetrußland die Weichen für einen erträglichen Frieden mit den Westmächten zu stellen.

Ganz im Gegenteil: Ludendorff war nun entschlossen, alles auf eine Karte zu setzen und unter Einsatz der im Osten frei gewordenen Truppenverbände durch eine neue großangelegte Offensive im Westen doch noch eine definitive Kriegsentscheidung zu erzwingen. Die Besorgnisse und die Beklommenheit in der Öffentlichkeit waren groß; Mutmaßungen über im vorhinein einkalkulierte gewaltige Verlustzahlen gingen um. Friedrich Meinecke und Alfred Weber appellierten vergeblich an die Reichsleitung, sie möge, noch bevor dieses blutige Armageddon beginne, einen letzten Versuch eines Friedensersuchens an die Alliierten Mächte unternehmen. Unter den Soldaten selbst, die in den kommenden Wochen hinter der in Aussicht genommenen Angriffszone konzentriert wurden, breitete sich dagegen neue Zuversicht und die Erwartung aus, daß es gelingen möge, mit einer letzten großen Kraftanstrengung eine Entscheidung zu erzwingen und einen baldigen Friedensschluß herbeizuführen.

Die große Westoffensive im Frühjahr 1918, bei der die deutschen Truppen erstmals über eine geringe zahlenmäßige Überlegenheit über die Gegner verfügten, hatte erhebliche Anfangserfolge. Erstmals seit 1914 standen deutsche Truppen wieder 50 Kilometer vor Paris. Aber der erhoffte Durchbruch konnte erneut nicht erzielt werden.

Am 5. April 1918 mußte die Offensive schließlich angesichts der völligen Erschöpfung der deutschen Truppen und der Unwegsamkeit des Geländes, in dem eine angemessene Versorgung nicht mehr möglich war, abgebrochen werden. Nachfolgende Angriffe an anderen Punkten der Westfront führten gleichfalls nicht zu strategisch entscheidenden Erfolgen. Auch wenn die OHL zunächst nicht bereit war, sich den Realitäten zu stellen, waren die deutschen Verbände nach diesen mit großen Hoffnungen und äußerstem Einsatz durchgeführten Offensiven ausgebrannt und nicht mehr in der Lage, und zunehmend auch nicht mehr willens, Angriffsoperationen größeren Stils durchzuführen. Es kam streckenweise zu einem »verdeckten Militärstreik« (Wilhelm Deist), der seinen Niederschlag in einer ungewöhnlich hohen Zahl von Verlusten durch Gefangennahme sowie zahlreichen Versuchen fand, sich dem Frontdienst zu entziehen. Der schwere Einbruch der Kampfmoral konnte auch nicht durch patriotische Appelle, geschweige denn den von den Offizieren zu erteilenden »vaterländischen Unterricht«, den die OHL angeordnet hatte, wieder aufgefangen werden. Zur Verteidigung waren die deutschen Armeen weiterhin bereit, aber es wurde zunehmend schwieriger, die eigenen Linien gegenüber den seit dem 18. Juli 1918 einsetzenden Offensiven der alliierten Armeen zu halten, in der nun auch Tanks, vor allem aber frische amerikanische Truppenverbände zum Einsatz kamen. In den folgenden Wochen und Monaten wurden die deutschen Armeen auf breiter Front zum Rückzug gezwungen. Der Anfang vom Ende, mithin der militärische Zusammenbruch der Westfront, zeichnete sich ab.

Die innere Politik dümpelte in diesen Monaten in einer nahezu unwirklichen Atmosphäre dahin. Die Politiker und die Öffentlichkeit erfuhren von der kritischen Lage an den Fronten nur wenig. Die amtliche Informationspolitik, der die Journalisten und Zeitungsverleger in falsch verstandenem Patriotismus weiterhin Hilfestellung leisteten, zeichnete weiterhin ein geschöntes Bild der militärischen Lage. Wie wenig man selbst in den Kreisen der Regierung über eine realistische Einschätzung der militärischen Lage verfügte, wurde schlagartig in der sogenannten Kühlmann-Krise vom Juni 1918 sichtbar. Kühlmann hatte im Reichstag dargelegt, daß durch »rein militärische Entscheidungen allein« ein Ende des Krieges kaum erwartet werden könne und diplomatische Bemühungen hinzutreten müßten. Diese Rede wurde von der OHL und einem Teil der Presse als verantwortungsloser Defätismus, der zum Zusammenbruch der Stimmung im Innern führen könne, ausgelegt, und der Staatssekretär des Äußeren wurde zum Rücktritt gezwungen. Die Beschönigung der wirklichen Lage blieb ein wesentliches Moment der offiziellen Politik. Diese nährte weiterhin die Hoffnungen auf einen »Siegfrieden«, an die sich die Rechte klammerte, weil nur dann die Aussicht bestand, die privilegierte Stellung der traditionellen Eliten auch nach dem Kriege uneingeschränkt aufrechterhalten zu können. Die Öffentlichkeit wurde bis zum bitteren Ende mit Durchhalteparolen gefüttert und mit geschönten Informationen über die militärische Lage versorgt. Die Deutsche Vaterlandspartei betrieb eine großangelegte Propagandakampagne für einen »Hindenburgfrieden«; allerdings hielt es die Führungsgruppe der Vaterlandspartei um den Generallandschaftsdirektor Kapp und den Großadmiral von Tirpitz – letzteren hatte man als Kanzler in Aussicht genommen –, nunmehr für ratsam, sich von allzu weitgehenden Kriegszielforderungen vorsichtig zu distanzieren, wie sie in einigen Landes- und Ortsverbänden weiterhin propagiert wurden. Auf diese Weise hoffte man, eine breite Sammlungsbewegung zugunsten eines »Siegfriedens« zustande bringen zu können, die nicht nur die Honoratioren im Lande, sondern auch die breite Masse der Bevölkerung umfassen würde. Die Konservativen aber suchten die überfällige Reform des preußischen Dreiklassenwahlrechts auch jetzt noch mit allen Mitteln zu hintertreiben. Die Mehrheitssozialdemokraten gerieten aufgrund dieser Entwicklungen in immer größere Bedrängnis und erwogen ernstlich, den Loyalitätskurs gegenüber der Regierung nunmehr aufzukündigen. Sie waren mit der Einstellung der Massen, die zunächst ihre bedrängte Lage mit einem gewissen stoischem Fatalismus hingenommen hatten, nun aber fanden, daß das Maß voll sei, besser vertraut als ihre innenpolitischen Gegner und hielten daher einen Aufruhr im Innern jederzeit für möglich. Sie verlangten nachdrücklich die Bildung einer parlamentarischen Regierung unter Einschluß von Vertretern der Sozialdemokratie, weil sonst ein völliger Einbruch der Stimmung im Innern kaum noch abgewendet werden könne. Nur eine vom Vertrauen der gesamten Bevölkerung getragene Regierung werde aussichtsreiche Verhandlungen über einen Verständigungsfrieden herbeiführen können. Auch die übrigen Mehrheitsparteien waren der Auffassung, daß ein Übergang zu parlamentarischen Regierungsformen nun nicht länger aufgeschoben werden könne.

Die Oberste Heeresleitung kam jedoch der Initiative der Parteien des Reichstags einmal mehr zuvor. Am 29. September 1918 verlangten Hindenburg und Ludendorff überraschend, daß unverzüglich eine parlamentarische Regierung gebildet und ein Waffenstillstandsangebot auf der Grundlage der Vierzehn Punkte an den amerikanischen Präsidenten Wilson herausgehen müsse. Der Schock nicht nur in der Öffentlichkeit, sondern auch in den Kreisen der Staatsmänner und Politiker war enorm; es erwies sich, daß auch die Politiker selbst ein Opfer der offiziösen Durchhaltepropaganda geworden waren. Eine neugebildete parlamentarische Regierung unter dem Prinzen Max von Baden ließ dann in der Nacht zum 5. Oktober ein entsprechendes Friedensersuchen an den amerikanischen Präsidenten hinausgehen. Dieser bestand in seinen Antwortnoten auf einer Auswechslung der bisherigen Führungselite des Deutschen Reiches und indirekt auch auf der Abdankung des Kaisers. Außerdem wurde zunehmend deutlich, daß die in Aussicht stehenden Waffenstillstandsbedingungen keineswegs nur eine Atempause schaffen, sondern die Niederlage ein für alle mal besiegeln würden. Es folgten Wochen erbitterter Auseinandersetzungen darüber, ob man nicht noch einen letzten verzweifelten Abwehrkampf aufnehmen solle, statt sich diesen niederschmetternden Bedingungen zu unterwerfen. Gleichzeitig versuchte Ludendorff, die Verantwortung für die Niederlage auf die politischen Instanzen und auf das angebliche Versagen der bolschewistisch verseuchten »Heimatfront« abzuschieben. Doch es gab keinen Weg mehr zurück. Die Friedenssehnsucht der Bevölkerung und nun auch der Soldaten und Matrosen war zu groß. Am Ende löste die Besorgnis, daß die Militärs doch noch einmal versuchen könnten, den Kampf wieder aufzunehmen, und vor allem die Erbitterung über Wilhelm II., der seine Abdankung unter dem Einfluß der Militärs ständig hinausschob und, wie man argwöhnte, dem raschen Abschluß eines erträglichen Friedens im Wege stand, zunächst die Matrosenrevolte in Kiel und dann die Revolution aus. Diese richtete sich anfänglich in erster Linie gegen die militärischen Machthaber, später dann auch gegen die staatliche Führung. Das Kaiserreich brach wie ein Kartenhaus zusammen. Es hinterließ ein Trümmerfeld nicht allein auf den Schlachtfeldern in Nordfrankreich, Flandern und im Osten Europas, sondern auch in den Hoffnungen und Erwartungen einer Nation, die vier Jahre lang der trügerischen Illusion eines künftigen Großmachtstatus Deutschlands angehangen hatte und nun vor einem Scherbenhaufen stand. Unter diesen Umständen fanden die noch schwachen und innerlich unsicheren demokratischen Kräfte denkbar ungünstige Bedingungen für den überfälligen Aufbau einer freiheitlichen Ordnung in Deutschland vor. Darüber hinaus entwickelten sich jetzt im langen Schatten des Krieges radikale politische Bewegungen, die am Ende Deutschland und Europa in einen mehr als dreißigjährigen europäischen Bürgerkrieg verwickelten, der erst in unseren Tagen mit dem Zusammenbruch des Sowjetsystems ein definitives Ende gefunden hat.

Literatur

R. Chickering, Das Deutsche Reich und der Erste Weltkrieg, München 2002.
W. Deist, Militär und Innenpolitik im Weltkrieg 1914-1918, 2 Bde., Düsseldorf 1970.
Der Erste Weltkrieg. Wirkung, Wahrnehmung, Analyse, hg. v. W. Michalka, München 1994.
Erster Weltkrieg – Zweiter Weltkrieg: Ein Vergleich. Krieg, Kriegserlebnis, Kriegserfahrung in Deutschland, hg. v. B. Thoß u. H.-E. Volkmann, Paderborn 2002.
Frontalltag im Ersten Weltkrieg: Wahn und Wirklichkeit, Quellen und Dokumente, hg. v. B. Ulrich/B. Ziemann, Frankfurt a. M. 1994.
H. H. Herwig, The First World War. Germany and Austria-Hungary 1914-1918, London 1997.
»Keiner fühlt sich hier mehr als Mensch...«. Erlebnis und Wirkung des Ersten Weltkriegs, hg. v. G. Hirschfeld u. a., Essen 1993.
Kriegsende 1918: Ereignis, Wirkung, Nachwirkung, hg. v. J. Duppler, Potsdam 1999.
Kriegserfahrungen. Studien zur Sozial- und Mentalitätsgeschichte des Ersten Weltkriegs, hg. v. G. Hirschfeld u. a., Essen 1997.
W. J. Mommsen, Der autoritäre Nationalstaat. Verfassung, Gesellschaft und Kultur im deutschen Kaiserreich, Frankfurt a. M. 1990.
W. J. Mommsen, Bürgerstolz und Weltmachtstreben. Deutschland unter Wilhelm II., 1890-1918, Berlin 1995 (Propyläen Geschichte Deutschlands, Bd. 7, 2).
W. J. Mommsen, Die Urkatastrophe Deutschlands. Der Erste Weltkrieg 1914-1918, Stuttgart 2002 (Gebhardt Handbuch der deutschen Geschichte, 10. Aufl., Bd. 17).
Eine Welt von Feinden. Der Große Krieg 1914-1918, hg. v. W. Kruse, Frankfurt a. M. 1997.
M. Salewski, Der Erste Weltkrieg, Paderborn 2003.

Frankreich

Jean-Jacques Becker

Die »Union sacrée«

Am 4. August 1914 verlas der Ministerpräsident Frankreichs, René Viviani, eine Botschaft des Präsidenten Raymond Poincaré vor der Abgeordnetenversammlung, der Justizminister seinerseits trug diese anschließend dem Senat vor. Der Vorgang illustriert zunächst einmal die Furcht der Politiker vor jeder Ähnlichkeit mit einer Monarchie: der Präsident der Republik besaß selbst nicht das Recht, vor die parlamentarischen Versammlungen zu treten, und »seine« Botschaft war zuvor im Kabinett besprochen worden. Von dieser Botschaft, die im Übrigen viel länger war als gemeinhin bekannt, ist im Gedächtnis der Nachwelt vor allem eine Passage haften geblieben: »Im nun beginnenden Krieg wird Frankreich [...] von allen seinen Söhnen heldenhaft verteidigt werden. Nichts wird vor dem Feind deren heilige Einheit (»Union sacrée«) brechen [...].« Die Verwendung des Begriffs »heilig« durch die laizistische Republik mag verwundern, doch in Frankreich erinnerte man sich in Zeiten großer Gefahr stets an die Bedeutung des Heiligen für die Nation, und fast instinktiv suchten die Franzosen daran Halt (Annette Becker).

Die Ausrufung der »Union sacrée« bedeutete allerdings noch nicht deren Verwirklichung. Es sollte einige Wochen dauern, bis die Presse die Formulierung aufnahm. Erst nach und nach erklärten alle politischen und geistigen Kräfte Frankreichs ihre Zugehörigkeit zur »Union sacrée«. Zunächst gab es kaum Opposition: nicht von den Katholiken, die teilweise Schwierigkeiten hätten haben können, sich zu diesem republikanischen Frankreich zu rechnen; auch nicht von den Syndikalisten, oder von einigen Sozialisten, bei denen die Marxsche Formel »der Proletarier hat keine Heimat« noch Gehör fand – auch wenn Jaurès diese in seinem Werk *L'Armée nouvelle* (1911) einige Jahre zuvor der Lächerlichkeit preisgegeben hatte. Alle waren sie Teil der »Union sacrée«. Man weiß lediglich von einigen Gewerkschaftlern aus der Gegend von Saint-Étienne, daß sie für ein paar Tage untertauchten. Der Schriftsteller Roger Martin du Gard hat nach dem Krieg lange recherchiert, um einen Kriegsgegner zu finden, der wegen seiner Verweigerung hingerichtet worden wäre und der als Vorbild für einen Helden seines Romans *L'Été 1914* (Sommer 1914) hätte dienen können, er fand jedoch keinen einzigen.

Die Verwirklichung der »Union sacrée« und das dabei vorgelegte Tempo waren höchst erstaunlich, denn wenn es ein Volk gab, das vor 1914 uneinig war, dann das französische. Während im 19. Jahrhundert die Prinzipien der französischen Revolution in Europa immer mehr Verbreitung fanden, entstand in Frankreich durch die gleichen Prinzipien eine tiefe Kluft, die das Land in zwei Lager spaltete. Am Ende des 19. Jahrhunderts machte die Dreyfus-Affäre diese Kluft noch einmal sichtbar. Zu Beginn des 20. Jahrhunderts standen sich dann tatsächlich ein republikanisches, anti-klerikales Frankreich und ein konservatives, klerikales Frankreich gegenüber, auch wenn ein Teil der früheren Gegner der Republik sich ihr lediglich nominal angeschlossen hatte. Die soziale Frage hatte zwar an Bedeutung gewonnen und erklärte auch den Zuspruch für die äußerst aktive sozialistische Bewegung, doch die Religionsproblematik blieb weiterhin die Hauptursache für die Spaltung der französischen Gesellschaft.

Tatsächlich hatten sich die Trennlinien zwischen den beiden Frankreich (les deux France) in den Jahren um 1910 etwas verwischt, vor allem als 1913 Raymond Poincaré, ein laizistischer Mitte-Links-Politiker, mit Hilfe der konservativen Stimmen gegen den »republikanischen«, also linken Kandidaten zum Präsidenten der Republik gewählt worden war. Von außen betrachtet erschien Frankreich als zu tief gespalten, um in einer großen kriegerischen Auseinandersetzung bestehen zu können, zumal es 1913 wegen des Gesetzesvorhabens über die Verlängerung des Militärdienstes von zwei auf drei Jahre, zu einer erneuten Spaltung kam. Nach den Wahlen vom Mai/Juni 1914, setzte sich die heftige Debatte weiter fort. Erst der beginnende Krieg veränderte die innenpolitische Situation grundlegend. Eine derartige Allianz, die frühere Gräben vergessen ließ – nicht nur zwischen den politischen Gruppen, sondern auch zwischen den einfachen Leuten in den Städten und denen auf dem Lande – konnte nur als Konsequenz einer bei Kriegsbeginn stark emotionalisierten Stimmung entstehen, zumal man allgemein davon ausging, daß der Konflikt nur von sehr kurzer Dauer sein würde. Die »Union sacrée« wurde zudem keineswegs als eine Seelenvereinigung verstanden, sondern nur als »Waffenruhe« der Parteien.

Die Franzosen stellten sich geschlossen der deutschen Aggression entgegen. Zu diesem Zeitpunkt bezweifelte niemand, daß Frankreich Opfer einer Aggression sei. Es gab keine Rufe nach einer Revanche, und selbst Elsaß-Lothringen wurde nicht besonders thematisiert. Der soziale Druck auf den Einzelnen war viel zu stark, um sich der Forderung nach der gemeinsamen Verteidigung der Heimat entziehen zu können, was indessen nicht bedeutete, daß die gewohnten politischen Standpunkte oder geistigen Einstellungen aufgegeben worden wären. Diese rückten lediglich in den Hintergrund, gleichsam in die Warteschleife. Provozierende Kundgebungen wurden vermieden. Das hinderte jedoch keine Gruppe, mehr oder weniger behutsam daran zu erinnern, wie sehr man doch selber Recht gehabt habe. So sahen sich die Sozialisten durch den beginnenden Krieg in ihrem Kampf für den Frieden bestätigt, die Nationalisten konnten genau umgekehrt argumentieren. Die Kirche ihrerseits konnte hoch erfreut beobachten wie die zuvor leeren Kirchen sich nun mit Rekruten füllten und, in noch stärkerem Maße, mit den für sie betenden Familien.

Es war beinahe zwangsläufig, daß die Mitte-Links Regierung, die aus den Wahlen vom Mai/Juni 1914 hervorgegangen war, Ende August 1914 zu einer Regierung der »Union sacrée« umgebildet wurde. Sie wurde auf ihrem linken Flügel durch die Aufnahme von zwei sozialistischen Ministern erweitert. Einer von ihnen war Jules Guesde, die wichtigste sozialistische Persönlichkeit seit Jaurès' Tod, aber mit 69 Jahren schon recht alt und zudem bei schlechter Gesundheit. Guesde wurde Minister ohne Geschäftsbereich und spielte keine bedeutende Rolle. Der andere war Marcel Sembat, der mit dem Bauministerium betraut wurde. Die Beteiligung von Sembat symbolisierte deutlich die durch den Krieg verursachten Veränderungen. Kurz vor dem Krieg hatte er ein Werk veröffentlicht, das einiges Aufsehen erregte, *Faites un roi, sinon faites la paix* (Schafft Euch einen König, oder schafft den Frieden!). Sembat argumentierte darin, Demokratie und Kriegführung seien unvereinbar, nun fand er sich in einer Kriegsregierung wieder!

Eine ganze Reihe von Persönlichkeiten, die mit wichtigen Ressorts betraut wurden, verstärkte bald die Regierung auch auf ihrem rechten Flügel. Aristide Briand wurde mit dem Justizministerium betraut, Théophile Delcassé mit dem Außenministerium und Alexandre Millerand erhielt das Kriegsministerium. Diese Politiker kamen ursprünglich zwar aus dem linken Spektrum, vertraten nun aber eher Positionen des national gesinnten Bürgertums. Jedenfalls waren sie während des Streits um die dreijährige Dienstzeit 1913 entschiedene Gegner der radikalen und sozialistischen Linken gewesen.

Die Regierungsumbildung vollzog sich nicht ohne Schwierigkeiten, Georges Clemenceau lehnte es ab, einer Regierung beizutreten, die er als kaum qualifiziert erachtete; Delcassé beanspruchte hochmütig und vehement das Außenministerium für sich. Fünf der von den »Radicaux« (den linken Republikanern) gestellten Minister mußten weichen, ungeachtet ihrer Verdienste. Selbst in einer »Union sacrée« schien es nicht erlaubt, auf die klerikale Rechte oder auf nationalistische Rechtsextreme zurückzugreifen. Es etablierte sich fortan eine Tradition, nach der die französische Republik sehr wohl von einer Regierung geführt werden konnte, deren Spektrum bis zur äußersten Linken reicht, aber niemals bis zu den Rechtsextremen. Wo dies – wie im Fall Vichy – dennoch Realität wurde, da hatte die Republik ihr Existenzrecht eingebüßt. Die »Union sacrée« auf der politischen Ebene war die der Republikaner, und zu diesem Zeitpunkt konnten zumindest erklärte Klerikale nicht an ihr teilnehmen.

Dennoch, um entscheidend wirksam zu sein, mußte die »Union sacrée« dauerhaft eingerichtet werden. Würde sie auch in einem unvorhersehbar lange andauernden Krieg Bestand haben?

Die Franzosen brauchten tatsächlich eine Weile, um sich im Krieg einzurichten. Sie taten es eigentlich erst in der zweiten Hälfte des Jahres 1917. Bis dahin hatte man alle sechs Monate das Ende des Konfliktes für die nächste Jahreszeit prognostiziert. Der Krieg verursachte zudem Schwierigkeiten, von denen man annehmen konnte, daß sie die innenpolitische Allianz schwer belasten würden.

Regierung – Parlament – Militärische Führung

Die Beziehungen zwischen der Regierung, dem Parlament und der obersten Heeresleitung entwickelten sich bald zu einem schwerwiegenden Problem. Im Prinzip waren die jeweiligen Zuständigkeiten im Dekret vom 28. Oktober 1913 geregelt worden: der Regierung fiel die Kriegführung zu, während das Oberkommando für die Durchführung der militärischen Operationen zuständig war. Die Rollenverteilung wäre in einem wenige Wochen dauernden Krieg leicht einzuhalten gewesen, auch wenn von Anfang an General Joffre, der Oberbefehlshaber der französischen Armee, eine maximalistische Konzeption der Machtverteilung vertrat. Für ihn bedeutete die Ermächtigung zur Durchführung von militärischen Operationen sogar, daß die Regierung über die Entwicklung der Lage nicht informiert werden mußte. Der Präsident der Republik, Raymond Poincaré, der Joffre eigentlich wohl gesonnen war, beschwerte sich bald darüber, daß er nichts erfahre. Die Heeresleitung betrachtete sich als allein verantwortlich für Frankreichs Schicksal; die Regierung war für sie zweitrangig und nur noch für die Beschaffung der von der Armee benötigten Mittel zuständig, ein Problem, das sich in den ersten Wochen noch nicht gestellt hatte. Diese Tendenz zu einer allmächtigen militärischen Führung verstärkte sich zusätzlich, als die Regierung durch den Vormarsch der deutschen Armee zum Umzug nach Bordeaux gezwungen wurde. Das Parlament seinerseits hatte seine Arbeit seit dem 4. August bis auf weiteres eingestellt.

Der Belagerungszustand wurde am 2. August 1914 durch ein von der Heeresleitung initiiertes Dekret des Präsidenten über das gesamte Territorium, einschließlich der algerischen Departements, verhängt, obwohl der Belagerungszustand im Sinne der Gesetze nur für einen Teil des Territoriums gelten konnte. In diesem Ausnahmezustand standen der militärischen Führung die Polizeibefugnisse der Bürgermeister und der Präfekten zu sowie weitere Polizeirechte wie Durchsuchungsrechte, das Recht auf Ausweisung und Verbot von Versammlungen. Die gewohnten demokratischen Freiheiten waren faktisch aufgehoben. Doch das schien noch nicht ausreichend zu sein. Die Regierung rief am 10. August für einen Teil des Territoriums den Kriegszustand aus, am 3. September dann für das gesamte Territorium, was die Einsetzung von Kriegsgerichten im ganzen Land erlaubte. Der Machtzuwachs des Militärs auf dem Gebiet der Rechtsprechung war beträchtlich. General Joffre hatte gar am 6. September 1914 die Einführung von Standgerichten durchgesetzt, um die individuellen Verfehlungen, die beim Rückzug häufig aufgetreten waren, schnellstens bestrafen zu können. Deren Urteile fielen oft überaus willkürlich aus.

So wurde allmählich eine regelrechte Diktatur des Oberkommandos errichtet. Sie war Ausdruck einer gewissen Verachtung gegenüber den Politikern, aber auch gegenüber der Demokratie. Dies war nicht nur das Ergebnis einer aktuellen Zwangslage; nicht ohne Hintergedanken entzogen sich die Heeresleitung und viele Offiziere, um das Land zu führen, der gewohnten zivilen Macht. Eine Art Revanchedenken spielte hier auch eine Rolle. Aber die Regierung war für diese Situation mitverantwortlich. Die Regierung Viviani – sowohl vor wie auch nach ihrer Umbildung – hatte sich nur wenig bemüht, den Einfluß der militärischen Führung zu verringern. Adolphe Messimy, im August 1914 Kriegsminister für etwa drei Wochen, und vor allem dessen Nachfolger Alexandre Millerand (bis 30. Oktober 1915), sahen ihre Rolle ausschließlich in der Unterstützung der Heeresleitung, auf keinen Fall in Opposition zu ihr. Sehr bewußt also ordneten sie die zivile Macht der militärischen unter und akzeptierten dadurch eine Preisgabe der Regierungsautorität zugunsten der Heeresleitung.

Dennoch mußte die Heeresleitung nach und nach zurückstecken. Bereits am 1. September 1914 erhielten die Bürgermeister und Präfekten der »inneren Zone« (zone de l'intérieur) ihre Befugnisse wieder, die Heeresleitung behielt ihre Position lediglich in der sogenannten Armeezone (zone des armées), die je nach Umständen variierte. Am 6. April 1915 wurden die Standgerichte aufgelöst und einige Tage später wurde beschlossen, daß Zivilisten von ordentlichen Gerichten abzuurteilen seien. Die Verlängerung des Krieges hatte sich für die Machtfülle der Heeresleitung negativ ausgewirkt, die Reaktion ging allerdings weniger von der Regierung als vielmehr von einem Teil der Parlamentarier aus.

Zahlreiche Parlamentarier und einige Minister hatten es eine Zeit lang ertragen, daß man sie von der Macht ferngehalten hatte. Doch nach der Marne-Schlacht und vor allem nach den Kämpfen des Herbstes, als offenkundig wurde, daß der Krieg länger dauern würde als anfänglich gedacht, hielten sie diesen Zustand für nicht mehr akzeptabel. Der Präsident der Republik und die Regierung verließen Bordeaux Anfang Dezember 1914 und kehrten nach Paris zurück, obwohl der Generalstab damit nicht einverstanden war. Das Parlament seinerseits, dessen »Beurlaubung« der alte und sehr patriotische Sozialistenführer Edouard Vaillant immer wieder als Angriff auf die Demokratie gegeißelt hatte, wurde zu einer außerordentlichen Sitzung am 22. September nach Paris einberufen; eine ordentliche Sitzung folgte dann im Januar 1915, bei der beschlossen wurde, fortan permanent zu tagen, um sich gegen eventuelle Überraschungen zu wappnen.

Die Rückkehr des Regierungsapparats nach Paris belastete noch zusätzlich das Verhältnis zur Heeresleitung und ihrer zivilen Gefolgschaft. Dem Parlament eröffnete sein regelmäßiges Tagen die Möglichkeit, den Kriegsminister Alexandre Millerand immer weiter unter Druck zu setzen. Im Verlauf einer großen Debatte am 21. August 1915 wurde ihm unter anderem vorgeworfen, sich nicht nur der eigenen Administration, sondern auch der Heeresleitung politisch unterworfen zu haben. Um den Übergriffen des Militärs begegnen zu können und um seine Arbeit effizienter zu gestalten, wurde er am 18. Mai mit vier Unterstaatssekretären ausgestattet, unter ihnen Albert Thomas, der dritte Sozialist in der Regierung, der mit der Artilleriebeschaffung und der militärischen Ausrüstung insgesamt beauftragt wurde.

Der »Fall Millerand«, eigentlich die Frage des Umgangs der politischen mit der militärischen Führung, vergiftete dauerhaft das Verhältnis zwischen Regierung und Parlamentariern. René Viviani nutzte die nach dem Rücktritt von Delcassé am 13. Oktober 1915 unumgänglich gewordene Regierungsumbildung – Delcassés Balkanpolitik war scharf angegriffen worden –, um das Amt des Regierungschefs an Aristide Briand abzugeben. Dieser nutzte seinerseits die Situation, um Millerand im Kriegsministerium durch Gallieni zu ersetzen (29. Oktober 1915). Als berühmter General, von vielen als wahrer Sieger der Marne-Schlacht angesehen, hätte Gallieni den Machtanspruch der Regierung symbolisieren können, eine Autorität, die Joffre sich angeeignet hatte. Doch Gallienis schlechter Gesundheitszustand zwang ihn im März 1916 zur Demission, er starb kurze Zeit später. Die einzige echte Lösung des Problems bestand darin, sich des General Joffre zu entledigen, was jedoch nicht einfach war. Joffre sah sich zwar heftigen Angriffen seitens der mächtigen Armeekommission des Senats unter dem Vorsitz von Clemenceau ausgesetzt, welcher seine Kriegführung scharf kritisierte. Doch der Clemenceau von 1916 hatte noch lange nicht die Autorität des Clemenceau von 1917, zudem blieb der Oberbefehlshaber in der Öffentlichkeit nach wie vor sehr populär. Nach dem Sieg an der Marne war Joffres Ansehen so groß, daß die Regierung, auch wenn sie es gewollt hätte, eine derartige Maßnahme niemals hätte wagen können.

Im Dezember 1916 wurde eine Lösung gefunden. Die Regierung war gefährdet, der Geheimausschuß (comité secret) vom 21. November bis zum 7. Dezember 1916 offenbarte ein nachlassendes Vertrauen in eine Regierung, die weiterhin die Kriegführung General Joffre überließ. Ministerpräsident Aristide Briand, Spezialist des politischen Manövrierens, übertrug Joffre zahlreiche, allerdings reine Ehren-Aufgaben und ersetzte ihn faktisch durch General Nivelle. Einige Monate später, nach dem Fehlschlag am Chemin des Dames, mußte Nivelle seinen Platz für General Pétain räumen. Von nun an konnte das Hauptquartier den Einfluß, den es sich selbst zugedacht hatte, nicht mehr ausüben, schon gar nicht seit Clemenceau an Bedeutung gewonnen hatte. Dieser wollte sich nicht in die militärischen Operationen einmischen. Doch durch seine ständigen Frontbesuche und seine Unterredungen mit den Generalen und dem Oberbefehlshaber, durch seine Rolle bei der Einrichtung einer einheitlichen Führung und der Berufung des General Foch zum Oberkommandierenden der alliierten Streitkräfte, und durch die Informationen, die er von seinem Kabinettschef General Mordacq erhielt, erarbeitete sich die zivile Führung, die er verkörperte, erneut die entscheidende Position. Nach einer langwierigen Entwicklung war die militärische Führung wieder auf ihre eigentlichen Aufgaben verwiesen worden.

Die parlamentarische Demokratie

Wesentlich aber war noch eine andere Frage: War der Krieg mit dem parlamentarischen System vereinbar? Diese Frage stellte sich auf mehreren Ebenen. Zunächst hinsichtlich der Geheimhaltung, die der gewöhnlichen politischen Auseinandersetzung ja vollkommen fremd ist. Die für militärische Operationen notwendige Geheimhaltung bereitete noch die wenigsten Probleme, jeder war damit einverstanden, zumal die Erinnerung an 1870 noch wach war, als die deutsche Militärführung den Weg der Châlons-Armee (diejenige, die in Sedan gefangen wurde) aus der Zeitung *Le Temps* erfuhr! Eine strenge Zensur der Kriegsberichterstattung wurde sehr bald eingeführt. Doch war es in einem modernen Krieg schwierig zu beurteilen und zu definieren, was nun ein militärisches Geheimnis darstellte und was nicht. Daher wurde die Zensur immer weiter gefaßt, bis sie zwangsläufig die politische Ebene berührte. Die Regierungen neigten sehr bald dazu, die Zensur immer wieder für ihre Zwecke zu instrumentalisieren.

Die Zensur blieb daher während des gesamten Krieges stets ein Reibungspunkt zwischen der Presse, dem Parlament und den aufeinander folgenden Regierungen. Sie war zudem selten kohärent, mal wurde einer Zeitung die Veröffentlichung einer Meldung untersagt, die jedoch in einer anderen erscheinen konnte, oder in einer Region, aber nicht in anderen. Die Zensur wurde je nach Lage unterschiedlich streng angewendet. 1916 konnte *Le Feu* von Henri Barbusse zunächst als Fortsetzungsroman, später als Buch erscheinen, obwohl einige Passagen als pazifistisch erachtet wurden. *Le Feu* wurde sogar mit dem Prix Goncourt ausgezeichnet. Eine satirische Zeitung wie *Le Canard enchaîné*, ebenfalls 1916 gegründet, konnte regelmäßig erscheinen und war nur wenig der Zensur ausgesetzt. Viele Parlamentarier der unterschiedlichsten politischen Richtungen empörten sich angesichts übertriebener Zensur, doch nur wenige wünschten ihre Abschaffung, wohl wissend, daß sie unumgänglich war. Sie blieb Gegenstand heftiger Debatten, aber nie wurde ihretwegen eine Regierung gestürzt, oder auch nur in ernsthafte Schwierigkeiten gebracht.

Das berühmteste Beispiel ist Clemenceau. Seine Zeitung *L'Homme libre* (Der freie Mensch) fiel bereits ab September 1914 der Zensur zum Opfer, was er als ungerecht empfand. Als Zeichen des Protestes änderte er ihren Titel in *L'Homme enchaîné* (Der Mensch in Ketten). Dennoch, als er selbst im November 1917 zur Macht gelangt war, sah er von einer Abschaffung der Zensur ab, auch wenn er sie anders als seine Vorgänger handhabte.

Es war jedoch eine ganz andere Frage, das Parlament und die Parlamentarier zensieren zu lassen. Wie sollte parlamentarische Arbeit stattfinden, ohne daß Abgeordnete und Senatoren sich in den Versammlungen frei äußern konnten? Gingen sie dabei nicht das Risiko ein, den Feind zu informieren? Es existierte ein Ausweg, der aber seit der Gründung der 3. Republik vierzig Jahre zuvor noch nie genutzt worden war. Die Versammlungen konnten als »comités secrets« abgehalten werden, unter Ausschluß der Öffentlichkeit und ohne die Debattenbeiträge zu veröffentlichen. Der erste dieser Geheimausschüsse tagte im Juni 1916, um die Schlacht von Verdun und die Art und Weise, wie die Heeresleitung sich hatte überraschen lassen, zu erörtern. Das Verfahren der Geheimausschüsse war in der Praxis eher unbrauchbar; ließen sich Debatten noch geheim abhalten, so war dies bei Abstimmungen nicht mehr möglich – eine Regierung konnte kaum durch eine geheime Abstimmung gestürzt werden! Dies schuf eine unklare Situation und die geheimen Sitzungen boten den Parlamentariern eher eine Gelegenheit, sich zu entlasten, als daß sie eine funktionierende Grundlage eines parlamentarischen Systems abgegeben hätten.

Acht Geheimausschüsse der Abgeordnetenkammer und vier des Senats haben stattgefunden. Der letzte tagte 1917, denn als Clemenceau an die Macht kam, beschloß er, auf dieses Institut nicht mehr zurückzugreifen. Clemenceau war der Ansicht, ein geheimes parlamentarisches Leben ergebe keinen Sinn. Dies hat ihn nicht daran gehindert, die Vertrauensfrage zu stellen so oft er es für notwendig erachtete, und große Debatten in den Versammlungen zu gestatten, ohne die Preisgabe von Geheimnissen allzu sehr zu fürchten. Und als er der Meinung war, die Zeit sei reif, selbst nach der Macht zu greifen – auch wenn er behauptete, »schreckliche« Angst vor ihr zu haben – hielt er im Senat am 22. Juli 1917 eine mehrstündige Rede, in der er scharf den Antipatriotismus verurteilte und den Innenminister Louis Malvy vehement angriff. Diese Rede hätte er in einer geheimen Sitzung nicht gehalten, behauptete er. Sie richtete sich mehr an das Land als an die Parlamentarier. Diese Symbiose von öffentlicher Meinung und parlamentarischem Leben bildete die Grundlage von Clemenceaus Demokratiekonzept.

Gleichwohl war ersichtlich, daß das parlamentarische System während des Krieges auf diese Weise höchstens in seiner groben Orientierung funktionieren konnte.

Der Parlamentsalltag spielte sich in den Kommissionen ab. Die Kommissionen der Abgeordnetenkammer und des Senats nahmen immer mehr Platz ein, sie schufen ein Netz neuer Beziehungen. Sie waren zugleich ein Abbild der Funktionsstörungen des öffentlichen Lebens, in der Armee und in der Kriegsproduktion. Die Kommissionen luden die verantwortlichen Minister vor, den Kriegsminister und den Rüstungsminister. Für diese wiederum stellten die Befragungen eine unerträgliche Belastung dar, doch so wurden sie immerhin auf Trab gebracht und gezwungen ihren Apparat zu kontrollieren. Die Senatskommissionen für die Armee und die Außenpolitik, deren Vorsitz Clemenceau bald übernahm, entwickelten sich zum Hauptinstrument dieses neuen parlamentarischen Systems.

Neuwahlen hingegen waren in der damaligen Situation völlig undenkbar. Die Abgeordnetenversammlung beschloß am 23. Dezember 1914, die Wahlen bis zum Ende der Feindseligkeiten auszusetzen. Dies betraf in erster Linie den Teil des Senats, der im Januar 1915 neu gewählt werden sollte. Einige Senatoren behielten so ihren Sitz 13 Jahre lang anstatt der üblichen neun.

Die Formulierung »bis zum Ende der Feindseligkeiten« blieb nicht folgenlos, sie bedeutete letztendlich: bis zur Ratifikation von Friedensverträgen durch das Parlament. Man hatte sich nicht vorstellen können, daß mit einem Federstrich damit die Wahlen für fünf Jahre abgeschafft wurden. In Großbritannien wurden Parlamentswahlen sofort nach Beendigung der Kämpfe im Dezember 1918 abgehalten, in den Vereinigten Staaten für beide Kammern des Kongresses zum regulären Zeitpunkt, am 5. November 1918. In Frankreich fanden Wahlen hingegen erst am 16. und 30. November 1919 statt! Auch die Zensur wurde erst am 12. Oktober 1919 aufgehoben, zeitgleich mit dem Ende des Belagerungszustandes.

Auch wenn in den ersten Wochen des Krieges die Demokratie von den Ereignissen sozusagen überrascht worden war, wurde das parlamentarische System Frankreichs im Verlauf des Krieges eher gestärkt als geschwächt. Dieser Prozeß verlief natürlich nicht immer harmonisch. Gleich vier Regierungen folgten 1917 aufeinander, bevor man schließlich auf Clemenceau zurückgriff. Am 18. März 1917 war Aristide Briand zurückgetreten, er wurde durch Alexandre Ribot ersetzt, ihm folgte am 12. September Paul Painlevé, der am 13. November gestürzt wurde – die einzige Regierung, der während des Krieges ein derartiges Mißgeschick widerfuhr.

Das parlamentarische Leben verlief allerdings nicht in gewohnten Bahnen, die Regierungsmehrheit befand sich in ständigem Wandel. Der Fall von Alexandre Ribot, einem wichtigen Parlamentarier der Rechten, ist exemplarisch. Als Poincaré ihn im Juni 1914 als Ministerpräsident hatte durchsetzen wollen, war er gleich am ersten Tag durch die Linke gestürzt worden; 1917 dann, setzte ihn die gleiche Deputiertenkammer ein. Dies ist nicht nur eine Anekdote, hierin zeigt sich auch, daß die Mehrheit inzwischen von der Linken auf die Rechte übergegangen war. Daher konnte Aristide Briand im Oktober 1915 einen führenden Vertreter der katholischen Rechten, Denys Cochin, in seine Regierung aufnehmen. Dieser gab sein Amt im August 1917 allerdings wieder auf und bezichtigte die Regierungen, an denen er teilgenommen hatte, des Antiklerikalismus. Kein katholischer Politiker war bereit ihn zu ersetzen. Aber wesentlich ist die Tatsache, daß die Regierungen immer mehr von den Rechten und immer weniger von den Linken unterstützt wurden. Je geschlossener sich die Rechte hinter die Regierungen stellte, desto unsicherer wurde die Linke. Nicht daß die zu den linksbürgerlichen »Radicaux« zählenden Minister früher zahlreich gewesen wären, aber die Radikale Partei hatte die Prüfung Krieg nur mühsam bestanden und zeigte starke Auflösungserscheinungen. Im Lauf der Zeit wuchs die Minderheit innerhalb der sozialistischen Partei immer mehr an, die den Regierungen zwar nicht vorwarf Krieg zu führen, wohl aber, daß sie nicht intensiv genug Wege zum Frieden suchten. Diese Minderheit wuchs bis Juli 1918 gar zu einer Mehrheit heran. Inzwischen hatten die sozialistischen Parlamentarier die »Union sacrée« auf der politischen Ebene verlassen; sie hatten eine Beteiligung an der Regierung Painlevé abgelehnt, obwohl dieser ja links stand. Painlevés Außenminister Alexandre Ribot hatte kurz zuvor den Sozialisten, die zur Stockholmer Konferenz reisen wollten, die Ausstellung ihrer Reisepässe verweigert. Diese weigerten sich daraufhin, der Regierung Clemenceau beizutreten. Dieser hätte sich eine Beteiligung der Sozialisten an seiner Regierung durchaus gewünscht. Die Opposition blieb dennoch ziemlich schwach, sie kam ausschließlich aus dem linken Lager und bestand aus den Sozialisten und einigen »Radicaux«.

Die Beibehaltung eines parlamentarischen Systems im Krieg bedurfte auch einer veränderten Regierungspraxis, die vor allem von Clemenceau betrieben wurde; er sah sich deshalb sogar dem Vorwurf der Diktatur ausgesetzt. In Wirklichkeit entwickelte er eine Methode, bei welcher der Ministerpräsident nicht mehr wie eine Art Moderator zwischen den Ministern wirkte, sondern bei der dieser tatsächlich die Regierung führte. Anders als sonst üblich wählte er seine Minister zum größten Teil unter eher zweitrangigen Persönlichkeiten aus, deren Rolle darin bestand, Beschlüsse umzusetzen, nicht diese zu diskutieren. Die Autorität, die Clemenceau an den Tag legte, und die ihm vorgeworfen wurde, nahm eigentlich nur jene Regierungsform vorweg, die in Frankreich, allerdings sehr viel später, zur Regel werden sollte.

Auch wenn der Krieg dem Parlamentarismus schließlich nicht geschadet hat, ihn sogar festigte, als es sich wies, daß er auch in Kriegszeiten funktionieren konnte, so stellt sich doch die Frage, ob die Einstellung der meisten Franzosen gegenüber den Parlamentariern sich durch den Krieg verändert hat.

Diese Frage war nicht erst durch den Krieg aufgekommen. Sie stellte sich bereits bei der Abstimmung über das Militärdienstgesetz von 1889, das eine Gleichheit aller vor dem Militärdienst vorsah. Die Senatoren waren fast ausnahmslos aufgrund ihres Alters von militärischen Verpflichtungen befreit, für eine Reihe von Abgeordneten war das aber nicht der Fall. Dies stellte indessen kein wirkliches Problem dar, denn die meisten der zum Militärdienst verpflichteten Abgeordneten waren in einem Alter, das ihnen erlaubte, den Ersatzreserven zugewiesen zu werden, die selten zum Fronteinsatz kamen. Es schien jedoch unmöglich, die Parlamentarier ganz vom Fronteinsatz auszunehmen, zumal die Institution des Parlaments in der französischen Mentalität nicht derart integriert und somit gleichsam sakralisiert war, um sie über alles zu stellen.

Die Frage war zwar häufig aber keineswegs abschließend erörtert worden, und als der Krieg 1914 ausbrach, sollten sich auch die Parlamentarier, in Ermangelung von Sonderregelungen, bei ihren Einheiten einfinden. 213 Abgeordnete wurden dann auch eingezogen. In einem kurzen Krieg mit einem beurlaubten Parlament wäre dies bedeutungslos geblieben, aber die Situation gestaltete sich anders als das Parlament seine Arbeit wieder aufnahm. General Joffre schlug im Januar 1915 eine Lösung vor: Die Parlamentarier sollten sich aussuchen, ob sie lieber im Parlament oder an der Front sein wollten. Die militärische Führung drang vor allem darauf, den Abgeordneten-Soldaten obsolet zu machen. Persönliche Kontakte zwischen Parlamentariern und Generalen, aber erst recht in der Armee dienende Parlamentarier waren der Heeresleitung ein Dorn im Auge. Aber einige Parlamentarier lehnten Joffres Vorschlag ab. Sie wollten ausdrücklich in der Armee dienen und zu den parlamentarischen Versammlungen erscheinen, wann immer sie es wünschten. Die Heeresleitung war darüber stark verärgert. Aber die meisten Parlamentarier – bis auf wenige Offiziere – verließen die Armee im Lauf der Jahre, um ihre Arbeit als Abgeordnete zu verrichten. Es entsprang dem gleichen Geist, als die Militärführung alles in ihrer Macht stehende tat, um Frontbesuche der Parlamentarier zu verhindern. Erst nach dem Desaster vom 16. April 1917 am Chemin des Dames setzte sich tatsächlich das Prinzip einer parlamentarischen Kontrolle der Armee durch, im Oktober 1917 erhielten die Armeekontrolleure die nötige Untersuchungs- und Bewegungsfreiheit. Die parlamentarische Kontrolle hatte triumphiert.

Auf diesem wie auch auf anderen Feldern obsiegte im Verlauf des Krieges die Institution des Parlaments nach langen Konflikten über die militärische Führung. Aber auf der Mentalitätsebene bestand weiterhin ein Widerspruch zwischen der militärischen und der parlamentarischen Pflicht, zwischen dem psychologischen und dem institutionalisierten Verhalten, und er blieb auch nach dem Krieg Gegenstand vieler Debatten.

Die zivile Führung hatte zwar im Verlauf des Krieges über die militärische den Sieg davongetragen, allerdings scheint die Institution des Parlaments in der politischen Kultur zu diesem Zeitpunkt noch unzureichend verankert gewesen zu sein.

Das Nationalgefühl

Das Nationalgefühl stellte die dritte Säule Frankreichs im Krieg dar. Neben der »Union sacrée« und der parlamentarischen Demokratie war es sogar die wichtigste, schließlich bauten diese auf dem Nationalgefühl auf.

Es fand seinen Ausdruck in einem für den Weltkrieg spezifischen Begriff, der »culture de guerre« (Kriegskultur). Die gesamte Bevölkerung, sowohl die Zivilisten als auch die Soldaten, war nicht nur mehr oder weniger vom Krieg betroffen, sie brachte sich vollkommen ein. Für die Menschen war der Weltkrieg ein »totaler Krieg«, nicht auf materieller, sondern auf mentaler Ebene. Außer in den besetzten Gebieten im Norden Frankreichs waren die Zivilisten nicht unmittelbar betroffen, die Angriffe aus der Luft oder gar durch weitreichende Geschütze, deren Geschosse Paris 1918 erreichten, blieben zeitlich und räumlich begrenzte Erfahrungen. Die »Kriegskultur« war eine Verlängerung und Erweiterung der »Union sacrée«, sie entwickelte sich zu einer vielfältigen Kultur des Konsenses, in der patriotischer Diskurs und Propaganda nach innen wie nach außen einen bedeutenden Platz einnahmen. Die Bevölkerung machte mit, obwohl schließlich die Presse immer stärker gegen diesen Trend aufbegehrte. Die wichtigsten Intellektuellen des Landes hatten ihren Anteil an der Kultur des Krieges, Philosophen wie Henri Bergson, Soziologen wie Emile Durkheim, Historiker wie Ernest Lavisse, Literaturprofessoren wie Joseph Bédier. Sie verfaßten patriotische Broschüren und verurteilten die deutschen Kriegsverbrechen. Die überwältigende Mehrheit der Schriftsteller, auch die berühmtesten, nämlich Maurice Barrès und Anatole France, stimmten (zumindest anfangs) dem Krieg zu. Später äußerten sich einige von ihnen nuancierter bzw. realistischer, oder sie flüchteten sich in das Schweigen wie Anatole France. Romain Rolland, der sehr früh seine ablehnende Haltung gegenüber dem Krieg zu erkennen gab, zog es vor, während des gesamten Konfliktes in der Schweiz zu bleiben. Die Kirchen übertrumpften sich gegenseitig in patriotischem Eifer. Die Richter sahen sich eher als Diener des Vaterlandes denn als Diener der Justiz. Die Schulen, die Gymnasien und die Universitäten wurden zu Orten eines eifrigen Patriotismus. Die durchdringende Wirkung des Krieges manifestierte sich am nachdrücklichsten im Verhalten der Kinder.

Natürlich bedeutet dies nicht, daß die Moral und die Haltung der Bevölkerung von Anfang bis Ende des Krieges keine Veränderungen erfahren hätten. Die Schicksalsschläge im Krieg hinterließen ihre Spuren, allein schon wegen der enormen Verluste. Insgesamt wurde dieses Geheimnis gut gehütet, doch in jedem Dorf wußte man, daß die Zahl der Toten auf erschreckende Weise zunahm.

Die historische Forschung zur moralischen Verfassung und den Ansichten der Franzosen während des gesamten Krieges ist noch lückenhaft, es gilt jedoch als gesicherte Erkenntnis, daß die patriotische Entschlossenheit vom Ausbruch des Krieges auch während des Jahres 1915 und eines Teils von 1916 kaum abnahm – trotz der Panik von Anfang September 1914. Ende 1916 hingegen verschlechterte sich die Stimmung, insbesondere bei den Soldaten. Nach dem Scheitern der blutigen Offensiven von 1915, vor allem in der Champagne, nach der Schlacht von Verdun 1916 und den unerhörten Opfern, die erbracht wurden, war das Kriegsende langsam nicht mehr auszumachen. Insbesondere die Schlacht von Verdun blieb im Gedächtnis der Franzosen als einer der Höhepunkte des nationalen Bewußtseins haften. Sie hatte allerdings eher darin bestanden, den deutschen Angriffen standzuhalten, und sie hinterließ nicht den Eindruck, daß man dem Ende des Krieges näher gekommen sei. Dies galt umso mehr als beim Gegenschlag der Somme-Schlacht ab Juli 1916 die französischen und britischen Soldaten – letztere hatten die Hauptlast der Schlacht zu tragen – nicht vermochten, den Gegner zu bezwingen. Und wenn die Somme-Schlacht überhaupt zu einer Art Symbol wurde, dann für den Aufopferungs- und Widerstandsgeist der britischen und deutschen Soldaten. Es war also nicht verwunderlich, daß der nationale Konsens zerbröckelte, und daß die »marginaux de la guerre«, also die Kriegsgegner im Innern, immer zahlreicher wurden. Diese Abschwächung des Konsenses manifestierte sich in der »Krise von 1917«.

Diese war zunächst eine soziale Krise. Auch wenn die Franzosen zeitweise auf bestimmte Produkte verzichten mußten, litten sie nie unter echter Hungersnot, wie sie in Deutschland, Österreich-Ungarn und Ost- und Südeuropa vorgekommen ist. Die Preise hingegen stiegen unaufhörlich. Nach über einem Jahrhundert der Währungsstabilität setzte nun in Frankreich ein Inflationszyklus ein, den man, in Unkenntnis des Phänomens, »la vie chère« (das teure Leben) nannte. Zur Finanzierung des Krieges wurden Finanzmittel in bis dahin unvorstellbarer Menge benötigt, die aber weniger durch das Steueraufkommen, als durch den Rückgriff auf die Notenpresse und durch Anleihen aufgebracht wurden. Die Inflation blieb bis 1916 dennoch moderat, um dann 1917 in ungeahnte Höhen zu steigen.

Unter den Arbeitern herrschte zwei Jahre lang ein unausgesprochenes aber selbstverständliches Einvernehmen, keinen Streik auszurufen. Gewerkschaftliche Aktivitäten während des Krieges konnten nur als unpatriotischer Akt aufgefaßt werden, doch allmählich wandelte sich das Klima. Eine gewisse Kriegsmüdigkeit machte sich bemerkbar, gleichzeitig wurde offensichtlich, daß die ungeheure Menge der von der Armee benötigten Waren es den Unternehmern ermöglichte, sich zu bereichern. Wie man viel später erfuhr, war dies zwar in weit geringerem Maße der Fall als gemeinhin angenommen, doch auch hier ist die Realität nicht so wichtig wie die Vorstellung, die man sich von ihr macht. Warum sollten unter diesen Voraussetzungen nicht auch die Interessen der Lohnempfänger verteidigt werden? Zumal unter ihnen die Zahl der Frauen stark zugenommen hatte, von denen viele in Abwesenheit des Ehemannes die gesamte Familie versorgen mußten. Auf dem Lande waren die den Soldatenfrauen und den Kindern zugewandten Sozialleistungen oftmals der Beginn eines bis dahin unbekannten Wohlstandes, aber in der Stadt stellte sich die Situation anders dar.

Die ersten Protestbewegungen von Bedeutung wurden von Frauen dominiert, sie betrafen keine kriegswichtigen Industrien, beinhalteten aber noch nie dagewesene Forderungen, etwa die nach der »englischen Woche«, also den arbeitsfreien Samstag nachmittag. Die »midinettes« der Haute Couture, die Näherinnen, veranstalteten die ersten spektakulären Streiks während der zwei Streikwellen 1917. Sie wurden bald von anderen Berufsgruppen begleitet, vor allem im Mai/Juni; schließlich griff der Streik auch auf zahlreiche Rüstungsunternehmen über. Sogar in diesen Firmen waren oft Frauen die Wortführerinnen. Unter den Arbeitern befanden sich viele Soldaten, die vom Dienst an der Front befreit waren aber nach wie vor der Wehrpflicht unterlagen, und die sich deshalb zurückhalten mußten.

Deuten diese sozialen Unruhen auf einen Bruch des nationalen Konsenses hin? Nicht unbedingt, denn diese Streiks waren im allgemeinen sehr kurz und ihre Ziele berührten in keiner Weise die Fortführung des Krieges, ihre Forderungen waren zudem systemimmanenter Natur. Sobald die Forderungen erfüllt wurden – und die Regierung drängte die Arbeitgeber energisch dazu – gingen die Arbeiter wieder ihrer Arbeit nach. Ein Tabu war dennoch gebrochen worden: in Kriegszeiten nicht zu streiken und keine Forderungen zu stellen. Man fürchtete, solche sozialen Unruhen würden anderen den Weg ebnen, die dann aber revolutionären Charakter annehmen könnten. Genau dies geschah dann auch: Ende 1917 und Anfang 1918 versuchte eine neue revolutionäre Syndikatsorganisation, das Comité de défense syndicaliste, eine breite Streikbewegung zu organisieren mit dem Ziel, den Krieg zu beenden. Ihre Erfolge blieben bescheiden, aber Ende Mai 1918 riefen die Arbeiter der Metallindustrie in den beiden wichtigsten Zentren der Kriegsproduktion zu großen Streiks auf, im Loire-Becken und in der Region um Paris. Wenn sich allerdings viele Arbeiter relativ leicht zu einem Streik bewegen ließen, um damit die Beendigung des Krieges zu erreichen, so gingen sie doch schnell wieder ihrer Arbeit nach. Sie wollten eine tiefempfundene nationale Grenze nicht übertreten. Sie wollten das Land nicht gefährden. Diese Streikbewegungen wurden übrigens durch die beiden Syndikalisten, die sehr bald nach Kriegsbeginn den pazifistischen Flügel des französischen Syndikalismus repräsentiert hatten, nicht unterstützt – ganz im Gegenteil. Die Rede ist von Alphonse Merrheim, Vertreter der Metaller, und von Albert Bourderon von der Föderation der Faßmacher. Sie waren sogar die beiden einzigen Franzosen, die an der Zimmerwalder Konferenz der Sozialisten (September 1915) teilgenommen hatten. Aber im Moment der großen Gefahr durch die breit angelegten deutschen Offensiven des Frühjahrs 1918 kämpften sie gegen eine Niederlage Frankreichs, wie die allermeisten Arbeiter.

Die Krise von 1917 war vor allem auch eine militärische Krise. Die Moral der Armee hatte sich Anfang 1917 eindeutig verbessert, als das Gerücht verbreitet wurde, General Nivelle bereite eine entscheidende Offensive vor. Als ihr Scheitern sich bereits am ersten Tag der Schlacht am Chemin des Dames, dem 16. April, abzeichnete, war die Enttäuschung um so größer. Angesichts der Dauer der Auseinandersetzung ist es das erstaunlichste Phänomen des Weltkriegs, daß sich weder in der deutschen noch in der britischen Armee Meutereien ereigneten. Dagegen erlebte die französische Armee eine derartige Bewegung in jenem Frühjahr 1917. Zahlreiche entmutigte Soldaten weigerten sich, zur Front zurückzukehren, Offiziere und sogar Generale wurden bedroht, Demonstrationen wurden organisiert, revolutionäre Embleme getragen, die Züge der Fronturlauber waren Schauplatz von Gewaltausbrüchen. Bestand die Gefahr, daß die französische Armee zu diesem Zeitpunkt aus dem patriotischen Konsens ausbrechen und sich weigern könnte den Krieg fortzuführen? Tatsächlich war sie eine Zeit lang nicht mehr in der Lage anzugreifen, die Soldaten verweigerten jedoch niemals den Verteidigungskampf. An der Front gab es keinerlei Störungen. Die französischen Soldaten, nicht nur die »Meuterer«, lehnten die Art und Weise der Kriegführung ab, sie protestierten gegen den Zustand der Schützengräben, gegen die eingeräumten Erholungsmöglichkeiten, gegen die Urlaubsregelungen. Die patriotische Entschlossenheit der ersten Zeit war natürlich im Laufe der Monate etwas verblaßt, die Soldaten waren jedoch überzeugt, den Kampf fortführen zu müssen. Sie konnten es allerdings nicht mehr ertragen, in Angriffe geworfen zu werden, die ebenso ineffizient wie blutig verliefen. Sie waren auch nicht länger bereit, die unzulängliche Versorgung zu ertragen, solange sich Möglichkeiten auftaten, diese erträglicher zu gestalten. Die Wiederherstellung der Ordnung durch General Pétain, den neuen Oberbefehlshaber der französischen Armee, gelang verhältnismäßig einfach. Pétain stand im Ruf, schonend mit dem Leben von Soldaten umzugehen. Nach einigen moderaten Ahndungsmaßnahmen verzichtete er vor allem auf größere offensive Operationen. Er meinte, nicht genug Mittel zur Verfügung zu haben und wartete auf die Amerikaner und auf neue Waffen, wie etwa die Panzer. Pétain konnte so das Selbstvertrauen seiner Truppen wieder aufbauen und diese auf die entscheidenden Schlachten von 1918 vorbereiten. Es ist jedoch paradox, daß zum gleichen Zeitpunkt, im Sommer 1917, die britischen Soldaten es ertrugen, in Flandern in eine Offensive geworfen zu werden, bei der sie sehr große Verluste hinnehmen mußten, ohne dabei ein nennenswertes Ergebnis zu erzielen.

Die sozialen Unruhen und die Krise der Armee waren darüber hinaus von einer moralischen Krise der Nation begleitet. Nach einer Untersuchung der Präfekten vom Juli 1917 waren Auflösungserscheinungen deutlich feststellbar. Pazifistische Bestrebungen waren zweifellos auf dem Vormarsch. Allerdings waren die Auflösungserscheinungen je nach Region oder sozialer Gruppe unterschiedlich stark. Bei den Arbeitern waren sie erheblich, auf dem Land war die Entschlossenheit einer gewissen Mutlosigkeit gewichen, auch in der Mittelschicht herrschte Überdruß, doch insgesamt hielten die Menschen durch. Die überwältigende Mehrheit der Franzosen sehnte den Frieden herbei, der unbedingte Wille zum Sieg hatte sich abgeschwächt, doch die »Defätisten« blieben auf jeden Fall eine Randgruppe. Die Stimmung der Bevölkerung verbesserte sich in den Sommermonaten, um allerdings im Herbst wieder zu sinken. Verantwortlich war die Häufung schlechter Nachrichten – die Revolution der Bolschewiken und der damit zusammenhängende Kriegsaustritt Rußlands, das eigentlich schon seit Monaten kampfunfähig war, sowie die Niederlagen Italiens im Alpenkrieg. Auch wenn der Regierungsantritt Clemenceaus keinen sofortigen Effekt hatte wie manchmal behauptet wird, so bekam das Land jedoch bald das Gefühl, nach dem Durcheinander von 1917 wieder regiert zu werden. Dies drückte sich nicht in einer Welle der Begeisterung aus, sondern trug eher zur Schaffung einer Art von allgemeiner patriotischer Schicksalsergebenheit bei. Die Franzosen scharten sich hinter dem alten und vertrauenerweckenden Politiker, der sie dazu brachte, bis zum Schluß durchzuhalten.

»Union sacrée«, Sieg der Demokratie, Kraft des Nationalgefühls – all dies vermischte sich am größten Tag der französischen Geschichte, dem 11. November 1918. Vor den Abgeordneten und dann vor den Senatoren gab Clemenceau den Sieg Frankreichs bekannt, auf der Straße feierten die Massen enthusiastisch die Nachricht vom Waffenstillstand. Niemals in ihrer langen Geschichte hatten die Franzosen ein derart tiefes Empfinden für die von ihnen gebildete Nation gehabt.

Es ist jedoch notwendig, die überwältigende Erinnerung, die von diesem Tag geblieben ist, etwas zu nuancieren: die Fronttruppe zeigte weniger Begeisterung als die Etappe, der Kampf war bis zum Schluß zu hart gewesen. Mehr noch als die Zivilisten hatten die Soldaten von jenem Moment an das Gefühl, auch wenn es nicht ausgesprochen wurde, keinen weiteren Krieg mehr führen zu können.

Kaum war der Sieg gesichert, zeigte sich die Mehrheit der Franzosen vom Friedensvertrag enttäuscht. Auch das besiegte Deutschland erschien ihnen als ebenso mächtig wie zuvor und stellte daher nach wie vor eine Bedrohung dar. Die Rückgabe Elsaß-Lothringens konnte keineswegs die unglaubliche Zahl der Opfer legitimieren. Der Versailler Vertrag wurde von einer Mehrheit als zu milde, von einer Minderheit als zu hart empfunden. Er wurde von der öffentlichen Meinung Frankreichs schließlich resigniert und oftmals gleichgültig zur Kenntnis genommen. Das erklärt die Verbitterung in der Öffentlichkeit, den Rückzug auf das Private, den Rückgang der patriotischen Kraft. Stärker als an den Sieg wurde an die Toten erinnert. Das Grab des unbekannten Soldaten und Abertausende von Monumenten für die Toten wurden errichtet. Das Gedenken galt dem Opfer, das von den vom Krieg Entstellten, den Gasopfern, den Witwen und Waisen erbracht wurden. Es war der Tag vom Ende der Kämpfe, der 11. November, der gefeiert wurde. Mehr noch bei den Linken, aber auch bei den Rechten überwog bald eine pazifistische Grundstimmung. Jene, die den Krieg tapfer geführt hatten, lehnten ihn nun ab. Die eher moralische als ökonomische Krise, die Frankreich in der Zwischenkriegszeit befiel, hatte im Weltkrieg ihren Ursprung. Sie war bereits ein Vorzeichen für den Zusammenbruch Frankreichs im Jahr 1940.

Übersetzung: David Artichouk

Literatur

S. Audoin-Rouzeau, La guerre des enfants (1914-1918). Essai d'histoire culturelle, Paris 1993.
S. Audoin-Rouzeau/A. Becker, La Grande Guerre, 1914-1918, Paris 1998.
A. Becker, Les monuments aux morts, mémoire de la Grande Guerre, Paris 1998.
J.-J. Becker, The Great War and the French People, Leamington Spa 1985.
J.-J. Becker, 1914, comment les Français sont entrés dans la guerre. Contribution à l'étude de l'opinion publique printemps-été 1914, Paris 1977.
J.-J. Becker/S. Berstein, Victoires et frustrations (1914-1929), Paris 1990.
J.-J. Becker, La France en guerre 1914-1918, la grande mutation, Paris 1998.
J.-J. Becker, 1917 en Europe, l'année impossible, Paris 1997.
F. Bock, Un parlementarisme de guerre. Recherches sur le fonctionnement de la IIIème République pendant la Grande Guerre, 3 Bde., Paris 1998.
P. J. Flood, France 1914-1918. Public Opinion and the War Effort, Basingstoke/London 1990.
The French Home Front, 1914-1918, hg. v. P. Fridenson, Providence, RI/Oxford 1992.
Guerre et cultures, hg. v. J.-J. Becker u. a., Paris 1994.
G. Pedroncini, Les mutineries de 1917, 3. Aufl., Paris 1996.
L. V. Smith, Between Muting and Obedience. The Case of the French Fifth Infantry Division during World War I, Princeton, NJ 1994.
D. Stevenson, French War Aims against Germany 1914-1919, Oxford 1982.

Belgien

Laurence van Ypersele

Belgien nahm im Ersten Weltkrieg eine Sonderstellung ein. Als ein kleines, neutrales Land, das gegen seinen Willen in den Krieg hineingezogen worden war und als ein besetztes Land, das nur die Unterscheidung zwischen Front und besetzten Gebieten kannte, erlebte Belgien den Krieg anders als die übrigen kriegführenden Staaten. Entsprechend unterschiedlich entwickelte sich nach 1918 die Erinnerung an den Weltkrieg. Eine zusätzliche Belastung lag in der Tatsache, daß Belgien ein vergleichsweise junger Nationalstaat war, mit einer noch nicht klar definierten Identität, in der der Traditionalismus und die katholische Kirche eine sehr wichtige Rolle spielten. Auch die Selbstwahrnehmung Belgiens veränderte sich durch den Konflikt radikal. Die belgische Identität, emblematisch verkörpert im Soldatenkönig Albert I., definiert sich seitdem durch ihre Selbstwahrnehmung als verhöhnte Unschuld, aber auch durch ihre Treue zum Gesetz, durch Mut und Ehre, Heldentum und Martyrium. Die Märtyrerrolle ist wichtig für die Stiftung der belgischen Identität. Konsequenterweise nimmt die Figur des Soldaten in der belgischen Erinnerung an den Ersten Weltkrieg nicht den gesamten Raum ein, sondern läßt Platz für die Gestalt des Hingerichteten und für die des Deportierten. Die Trilogie »Soldat-Hingerichteter-Deportierter« findet sich auf zahlreichen Monumenten und in den meisten politischen Reden wieder: In Belgien sind Kriegsruhm und Martyrium daher unauflöslich miteinander verwoben.

Tatsächlich mobilisierten die großen patriotischen Demonstrationen der Zwischenkriegszeit – anläßlich der Hundertjahrfeier der belgischen Unabhängigkeit 1930 und anläßlich des Todes von König Albert 1934 – immer noch die Erinnerung an den Weltkrieg, aus dem sich die Begründung dieser nationalen Identität herleitet. Neben der idealisierten Darstellung Belgiens steht jedoch die Realität des Krieges: die unerhörte Gewalt, die Brutalisierung, der Schrecken der Gräben, die Massaker an Zivilisten im August 1914 und die nahezu vollständige Zerstörung mehrerer Städte, die Deportation von Zivilisten im Oktober und November 1916, das tägliche Elend und die systematische Plünderung der besetzten Gebiete.

Zu dem Zeitpunkt, als Europa durch das Pulverfaß auf dem Balkan in den Krieg schlitterte, war Belgien neutral. Diese Neutralität war seit 1830 die Voraussetzung für die Existenz des Landes und sie wurde von der Mehrheit der Belgier als Garantie für die Unabhängigkeit Belgiens und des europäischen Gleichgewichts schlechthin angesehen. Am 2. August 1914 jedoch verlangte Deutschland – immerhin eine der fünf Garantiemächte der belgischen Neutralität – von Belgien in ultimativer Weise den Durchmarsch seiner Truppen nach Frankreich. In Belgien betrachtete man dieses Ultimatum nicht nur als Angriff auf die Neutralität, sondern auch als Bedrohung für die eigene Unabhängigkeit. Im Ministerrat ergriff der König das Wort: Das Ultimatum sei nicht akzeptabel, das Land müsse sich verteidigen. Es handle sich um einen infamen Vertragsbruch und um einen Angriff auf seine Person. In dem darauf folgenden Kronrat schlossen sich die Minister nach einer lebhaften Diskussion der Meinung des Königs an. Belgien müsse sich mit aller Macht verteidigen und werde die Garantiemächte erst nach einer etwaigen Verletzung seiner Grenzen zu Hilfe rufen. Am 4. August drangen deutsche Truppen in Belgien ein. Die Nachricht war noch nicht offiziell bekannt gegeben worden, als der König sich am Morgen des 4. August zu einer außerordentlichen Sitzung des Parlamentes begab. Auf dem Weg dorthin wurde der Monarch von der Bevölkerung mit unbeschreiblichem Enthusiasmus begrüßt. Nie zuvor hatte ein belgischer König eine derart patriotische Begeisterung und soviel Zustimmung und Konsens in der Bevölkerung und im Parlament erlebt.

Mit der Invasion verstummten die kurz zuvor noch sehr heftigen politischen und ideologischen Auseinandersetzungen; sie verschwanden für die Dauer des Krieges. Die Bedrohung durch den äußeren Feind einte das Land. Sozialisten und Liberale erhielten Ministerposten. Der König schien im Zentrum dieses Gefühls der allgemeinen Überraschung und Empörung zu stehen. Allerdings konnte er sich mit dieser Begeisterung selbst nicht ganz identifizieren.

Die belgische Armee befand sich zum Zeitpunkt der deutschen Invasion in einer Phase der Umstrukturierung. Bei der Generalmobilmachung vom 31. Juli 1914 umfaßte sie ungefähr 200.000 Mann aus 15 Jahrgängen, deren Einberufungen drei verschiedenen Militärgesetzgebungen unterlagen. Die älteren Jahrgänge waren noch nach einem Konskriptionsprinzip mit der Möglichkeit zur Ersatzstellung rekrutiert worden; zwischen 1910 und 1912 war jeweils nur ein Sohn pro Familie eingezogen worden; danach wurden die Rekrutierungen auf der Grundlage der allgemeinen Wehrpflicht durchgeführt. Die soziale Zusammensetzung der Armee war durch diese drei unterschiedlichen Rekrutierungssysteme stark geprägt. Sowohl bei der Festungsarmee als auch bei der Feldarmee mangelte es an Offizieren. Diese Situation wurde dadurch verschärft, daß sich flämische, wallonische und Brüsseler Soldaten in denselben Einheiten wiederfanden, daß Instruktionen und Befehle jedoch nur auf französisch gegeben und die gesamte Verwaltung auf französisch abgewickelt wurde. Das Fehlen einer kohärenten Militärdoktrin führte dazu, daß die belgische Militärführung in den letzten Friedensmonaten sehr unsicher war, in welcher Zone sie die Armee konzentrieren sollte. Schließlich entschieden die von außen gesetzten Bedingungen über den Aufmarsch der 3. Infanteriedivision in Lüttich, der 4. Infanteriedivision in Namur und der anderen zwischen den Flüssen Gette und Dyle.

Unmittelbar nach dem 4. August stieß die deutsche 2. Armee (von Bülow) auf die strategisch wichtige Festung und Stadt Lüttich vor. Die Stadt wurde durch einen Gürtel von zwölf Forts geschützt. Die Verteidigung von Lüttich hat lange als ein glorreiches Kapitel der belgischen Geschichte gegolten. Tatsächlich demonstrierten die belgischen Truppen unter dem Befehl des General Léman dort ihren Willen, tatsächlich Widerstand zu leisten. Am 15. August setzten die Deutschen ihre Artillerie gegen das Fort Loncin ein, dessen Trümmer schließlich seine Verteidiger unter sich begruben. Der schwerverletzte General Léman geriet in Gefangenschaft. Zwar weiß man heute, daß die Kämpfe um Lüttich die Deutschen nur geringfügig zurückwarfen, doch hatten sie eine immense psychologische Wirkung und zwar sowohl auf die Belgier als auch auf ihre Gegner. Während dieser ersten Kriegswochen kam es gegenüber der Zivilbevölkerung durch die deutschen Truppen zu Ausschreitungen und völkerrechtswidrigen Hinrichtungen, denen in den Ardennen, in Dinant, Tamines, Aarschot und Rossignol mehrere hundert Menschen zum Opfer fielen. Am 22. August waren im besetzten Löwen nächtliche Schießereien zu hören. Die deutschen Soldaten, die sich von Heckenschützen bedroht fühlten, gerieten außer Kontrolle und griffen wahllos die Bevölkerung an. Im Verlauf der Feuergefechte und der in den folgenden Tagen angeordneten Repressalien wurden Teile der Stadt und die berühmte Bibliothek der Universität zerstört, rund 200 Zivilisten wurden getötet.

Nach dem Fall von Lüttich konzentrierte das belgische Oberkommando seine Anstrengungen auf die Verteidigung von Namur und Gette, eine Position, die den Rückzug auf Antwerpen sichern sollte. Am 20. August besetzten die Deutschen Brüssel. Bis zum 25. August fielen die Forts um Namur. Anfang Oktober räumte die belgische Armee die Festung Antwerpen. Sie zog sich mit Hilfe der britischen Marine und der

Franzosen auf die Yser zurück. Zwischen dem 10. und 16. Oktober fanden zahlreiche Treffen zwischen dem König, dem belgischen Generalstab und dem französischen General Pau statt, dem Vertreter Joffres bei der belgischen Armee. Nach hitzigen Diskussionen beschloß man, daß die belgischen Truppen sich nicht an alliierten Offensiven beteiligen, aber bis zum Ende die Front an der Yser halten sollten. Die Kämpfe gestalteten sich extrem hart, bis die dortigen Überschwemmungen ab dem 29. Oktober weitere Auseinandersetzungen unmöglich machten. Angesichts des Pegelanstiegs mußten sich die Deutschen auf das rechte Ufer der Yser zurückziehen. Für die belgische Armee war damit die Yser-Schlacht zu Ende: Die Front begann zu erstarren. Von diesem Zeitpunkt an bis zum Herbst 1918 lehnte der König, der während des gesamten Krieges an der Front blieb, jegliche Beteiligung an alliierten Offensiven ab. Er betrachtete die Alliierten weiterhin lediglich als Garantiemächte. Die belgische Regierung hatte sich unterdessen nach Le Havre zurückgezogen. Im Gegensatz zu dem als Held verklärten König wurde die Regierung von der in den besetzten Gebieten zurückgebliebenen Bevölkerung ebenso verachtet wie die etwa 800.000 ins niederländische oder französische Exil geflüchteten Landsleute.

Für die Soldaten war der erste Winter in den Schützengräben eine der schlimmsten Phasen des Konfliktes. Allgemein war man der Ansicht, der Krieg werde nur wenige Monate dauern. Aufgrund dieser Annahme hatte die Militärführung keine Vorkehrungen für eine entsprechende Ausrüstung und Versorgung der Soldaten getroffen. Eine rasche allgemeine Impfung konnte gerade noch eine Typhusepidemie verhindern. Die Deutschen, die mit denselben Schwierigkeiten konfrontiert waren, unterbrachen mit Beginn des Winters ihre Offensiven. Die belgische Armee nutzte diesen Aufschub, um sich neu zu organisieren.

Im Juni 1915 wurde die allzu gut sichtbare blaue Uniform der belgischen Soldaten durch eine khakifarbene ersetzt. Im Abstand von zehn bis 15 Kilometern zur Front wurden vier Feldlazarette eingerichtet: Das bekannteste war das Lazarett des Roten Kreuzes, das von dem Mediziner Lepage im Hotel »L'Océan« in La Enne eingerichtet und von der belgischen Königin Elisabeth häufiger besucht wurde, was ihr den Namen »Krankenschwesterkönigin« eintrug. Die Bedingungen, unter denen die Soldaten kämpften, waren nahezu unerträglich. Ebenso schlimm war die jahrelange Trennung von den unter deutscher Besatzung lebenden Familien. Mangelnder Kontakt, die Entbehrungen und die ausschließlich in französischer Sprache gegebenen Befehle führten bei den flämischen Soldaten zu einer Protestbewegung, dem »Frontismus«. Die Forderungen der flämischen Soldaten nach sprachlicher Gleichberechtigung wurden von einigen Politikern und flämischen Intellektuellen unterstützt.

Zwischen Februar und August 1915 wurde die belgische Armee durch 34.000 neue Rekruten verstärkt, die ihre militärische Grundausbildung in französischen Ausbildungslagern in der Normandie erhalten hatten. Diese Männer stammten aus den nichtbesetzten Gebieten, vor allem aber aus dem Ausland. Insgesamt wurden im Laufe des Krieges 60.000 Männer einberufen, abgesehen von den 32.000 Kriegsfreiwilligen. Auf diese Weise zählte die Armee im September 1918 schließlich mehr als 168.000 Mann. Abgesehen von der Yser und den acht Dörfern, die »den letzten Fetzen des Königreiches« ausmachten, mußte der gesamte Rest des nationalen Territoriums vier Jahre deutscher Besatzung ertragen.

Die deutschen Massaker an etwa 5.000 Zivilisten in der Anfangsphase des Krieges wurden von der alliierten Propaganda weidlich ausgeschlachtet. Die Deutschen ihrerseits rechtfertigten ihr brutales Vorgehen mit dem Hinweis auf belgische Freischärler. Zahlreiche deutsche Soldaten waren in Belgien schon mit der Furcht vor allgegenwärtigen und hinterlistigen »Heckenschützen« einmarschiert, eine Vorstellung, die sich aus den Kämpfen gegen die französischen Franktireurs im Krieg von 1870/71 nährte. Zwar hat es vereinzelte Aktionen von Freischärlern und der Zivilgarde gegeben, vor allem jedoch kursierten wilde Gerüchte über das »Franktireurunwesen«, die die Anspannung der kriegsungewohnten Soldaten weiter ansteigen ließen. Nach dem unerwarteten Widerstand von Lüttich wurden diese Anschuldigungen von der deutschen Presse und der deutschen Regierung erneut vorgebracht und dies wurde so zum öffentlichen Hauptthema. Darüber hinaus kam das Gerücht auf, daß Belgier vielfach Grausamkeiten an verletzten deutschen Soldaten bzw. deutschen Einwohnern verübt hätten. Deutschland betrachtete die kriegsvölkerrechtswidrigen Aktionen seiner Soldaten daher als gerechte Antwort auf die Angriffe der »Heckenschützen«. Im Januar 1915 erschien ein erster offizieller Untersuchungsbericht in Den Haag. Ihm sollten mehrere Berichte der belgischen Kommission zur Untersuchung deutscher Verletzungen des Völkerrechtes in Belgien folgen. Deutschland entsandte seinerseits Ermittler in die betroffenen Gebiete und veröffentlichte die Resultate ihrer Untersuchungen in dem berühmten Weißbuch vom 10. Mai 1915, das offiziell die These von der Existenz der »Heckenschützen« bestätigte. 1916 antwortete Belgien mit seinem Graubuch. Aber der Streit war noch lange nicht beigelegt. 1927 wurde im Rahmen des parlamentarischen Untersuchungsausschusses des deutschen Reichstages ein Gutachten des Würzburger Völkerrechtsprofessors Christian Meurer zum »Belgischen Volkskrieg« veröffentlicht, in dem sich dieser die Thesen des deutschen Weißbuches weitgehend zu eigen machte. Seit Kriegsende war auch von alliierter Seite Kritik an den Übertreibungen in der alliierten Kriegspropaganda zu vernehmen. Tatsächlich gab es keine – wie von der Propaganda behauptet – abgeschnittenen Kinderhände oder Kreuzigungen von Soldaten an der Westfront. Aber diese Richtigstellung ging einher mit dem Zweifel, ob es in Belgien besondere Grausamkeiten gegeben hatte. Für die neuere Forschung besteht allerdings kein Zweifel daran, daß sich die deutsche Armee insbesondere in der Frühphase des Krieges tatsächlich brutaler Verbrechen an der belgischen und nordfranzösischen Zivilbevölkerung schuldig gemacht hat.

Die Legende von den belgischen »Franktireurs« erklärt zum Teil, warum im besetzten Gebiet kein bewaffneter Widerstand geleistet wurde. Gleichwohl gab es Informationsnetzwerke, deren bekanntestes, die »weiße Dame«, mit den Briten zusammenarbeitete. Etwa 6.500 Belgier beteiligten sich an dieser Form des Widerstandes, einige bezahlten ihr Engagement mit dem Leben. So beispielsweise Gabrielle Petit, eine 23jährige Frau aus Tournai, die von den Deutschen am 1. April 1916 erschossen wurde, oder Omer Lefèvre, ein 38jähriger Telegrafenbeamter aus Löwen, der am 15. Mai desselben Jahres hingerichtet wurde. Andere verhalfen Gefangenen zur Flucht oder Freiwilligen über Holland an die Yser-Front. Die bekannteste unter ihnen war Edith Cavell, eine in Belgien arbeitende englische Krankenschwester, die am 12. Oktober 1915 von der Besatzungsmacht hingerichtet wurde. Ihr Tod löste eine internationale Welle der Empörung aus. Andere Belgier wiederum produzierten heimlich Flugblätter, etwa das berühmte *Libre Belgique*, welche die Besatzer demoralisieren und die Moral der Bevölkerung stärken sollten. Schließlich erhoben sich auch einige belgische Honoratioren offen gegen die Besatzung, die Plünderungen und die Deportationen: Adolphe Max, Bürgermeister von Brüssel, wurde wegen seines Widerstandes gegen Maßnahmen der Besatzungsmacht selbst deportiert, Kardinal Mercier, Primas von Belgien, wurde zum Symbol des öffentlichen Widerstands gegen die Besatzer.

In der Tat waren die Lebensbedingungen im Generalgouvernement Belgien schwierig und sollten es während des gesamten Krieges bleiben. Die Probleme der Lebensmittelversorgung und der ständige Hunger bestimmten das tägliche Leben trotz aller Anstrengungen von Hilfsorganisationen wie der Commission for Relief in Belgium des Amerikaners Herbert Hoover und des von den Belgiern Ernest Solvay und Emile Francqui gegründeten Nationalkomitees für die Hilfe und Versorgung mit Lebensmitteln. Die meisten Fabriken waren infolge des Mangels an Rohstoffen stillgelegt; Schwarzmarkt und Schmuggel etablierten sich allmählich. Schließlich begannen die Deutschen von November 1916 an, belgische Arbeiter gewaltsam zu deportieren, um deutsche Arbeitskräfte zu ersetzen. Diese Maßnahmen riefen heftige nationale und internationale Kritik hervor, so von Seiten der belgischen Regierung, der katholischen Kirche, aber auch der Vereinigten Staaten. Mehr als 120.000 Belgier erlitten dieses Schicksal, 3.600 von ihnen starben in Deutschland. Die aus rein wirtschaftlichen Gründen Deportierten wurden bei Kriegsende als nationale Märtyrer anerkannt und erhielten ihren Platz auf den Kriegerdenkmälern. Im belgischen kollektiven Gedächtnis überschattete die Figur des Zwangsarbeiters dabei diejenige des aus politischen Gründen Deportierten.

Ein besonderes innenpolitisches Problem stellte die sogenannte Flamen-Politik dar, die von den deutschen Besatzern mit dem Ziel betrieben wurde, das Land zu spalten; sie veranlaßte etwa 15.000 flämisch sprechende Belgier zu einer aktiven Kollaboration. Der deutsche Generalgouverneur von Bissing kündigte am 31. Dezember 1915 die Bewilligung eines Kredits zur Wiedereröffnung der Universität zu Gent an. Flämisch sollte dort zur Amtssprache werden. 1916 wurde die Universität Gent wieder eröffnet. Das Dekret über die administrative Teilung Belgiens vom 21. März 1917 vertiefte die Spaltung des Landes. Schließlich erklärte am 22. Januar 1918 der von den Deutschen protegierte Rat von Flandern die einseitige Unabhängigkeit Flanderns. Bezeichnenderweise wurde lediglich diese Form der politischen Kollaboration nach Kriegsende gebrandmarkt, während man über die häufig anzutreffende wirtschaftliche Kollaboration diskret hinwegsah. Die Strenge im Umgang mit den flämischen Aktivisten nährte die Verbitterung zahlreicher Flamen in der Zwischenkriegszeit.

Bei der letzten, von General Foch koordinierten, Offensive 1918 engagierten sich die belgischen Streitkräfte zum ersten Mal voll an der Seite der Alliierten. Der König, seine Armee und die alliierten Truppen zogen unter dem Jubel der Massen in die befreiten Städte ein. Später sprach man von der »freudigen Heimkehr«. Der Höhepunkt war der Einzug des Königs in Brüssel am 22. November 1918. Bevor der König jedoch Brüssel erreichte, empfing er im Schloß von Lophem in der Nähe von Brügge eine Delegation des nationalen Hilfs- und Ernährungskomitees, um sich über die Situation der Bevölkerung nach Ende der deutschen Besatzung zu informieren. Bei den Gesprächen in Lophem überzeugte sich der König auch von der Notwendigkeit einer sofortigen Wahlrechtsreform. In der Tat schien die Gewährung des allgemeinen Wahlrechts den Menschen dabei zu helfen, die Leiden des Krieges und des Wiederaufbaus zu ertragen. Der König handelte schließlich die Formierung einer Dreiparteien-Regierung aus, die diese Reform auf ihre Tagesordnung setzen sollte und kündigte sie in einer Thronrede vom 22. November 1918 an. Das Gesetz selbst wurde ohne größere Schwierigkeiten angenommen. Bei der Wahl im November 1919 büßten Katholiken und Liberale Stimmen ein, während die Sozialisten mehr als ein Drittel der Sitze erhielten. Dank dieser Entwicklung blieb Belgien bei Kriegsende von größeren sozialen Unruhen verschont, die in den meisten Nachbarstaaten ausbrachen.

Ein weiteres politisches Problem stellte die flämische Universität dar. Das Sprachenproblem hatte sich während des Krieges verschärft und die flämischen Aktivisten mobilisiert. Viele waren zwar wegen ihrer Kollaboration mit dem Feind nach 1918 rechtskräftig verurteilt worden. Dennoch waren der König und andere sich der Tatsache bewußt, daß die legitimen flämischen Ansprüche befriedigt werden mußten. In seiner ersten Thronrede nach Kriegsende kündigte der König die Schaffung einer flämischen Universität in Gent an. Aber die Stimmung im Land war diesem Projekt nicht zuträglich. Im Parlament war die flämische Elite noch weitgehend französischsprachig und die öffentliche Meinung assoziierte die flämische Universität in Gent weitgehend mit der deutschen Besatzungszeit und der Flamenpolitik. Erst 1930 wurde die angekündigte Wiedererrichtung der Universität in Gent umgesetzt. In der

Zwischenzeit hatte sich der Sprachenstreit weiter verschärft: Die Frankophonen verquickten belgischen Patriotismus und französische Sprache und kolportierten Schimpfnamen wie »Flamboche«; die flämische Universität erhielt von ihnen den Namen des deutschen Besatzungschefs »Université von Bissing«. Dies alles hatte zur Folge, daß die Aktivisten in den Augen vieler Flamen allmählich als Märtyrer der flämischen Sache erschienen.

Das Land war befreit; der Krieg war zu Ende. Belgien hatte seine Neutralität aufgegeben. Die Exilanten kehrten ohne Fanfarenklänge ins Land zurück. Nur die Toten fehlten. Das trauernde Land mußte sich der Erinnerung stellen. Das zerstörte Land sah sich mit dem Problem des Wiederaufbaus (und damit auch mit der Notwendigkeit von Reparationen) konfrontiert. Im Vertrag von Versailles erhielt Belgien einige territoriale Gewinne entlang der deutschen Westgrenze (Eupen-Malmedy), jedoch vor allem eine Vorschußzahlung von zwei Milliarden Goldmark und einen ständigen Sitz in der Reparationskommission.

Trotzdem hatten viele Belgier das Gefühl, die Verlierer des Friedens zu sein, von den Alliierten im Stich gelassen oder sogar verachtet zu werden. Tatsache ist, daß die belgische Delegation um diese Vorschußzahlung kämpfen mußte, und dabei geschickt von der Uneinigkeit Frankreichs und Großbritanniens profitierte. In der öffentlichen Meinung entstand jedoch der Eindruck, daß die Rechte der kleinen Völker gegenüber dem Egoismus der Großmächte immer ins Hintertreffen gerieten. Die anfängliche Empörung wich der Enttäuschung, schlug um in Bitterkeit und schließlich in Schweigen. Ingesamt blieb die belgische Selbstwahrnehmung von einem charakteristischen Selbstmitleid geprägt. Zunächst war man eine »Märtyrernation unter der teutonischen Barbarei« gewesen, um schließlich dem egoistischen Verhalten der Alliierten zum Opfer zu fallen. Dieses Einrichten in der selbst stilisierten Opferrolle prägte in starkem Maße die belgische Erinnerung an den Weltkrieg in der Zwischenkriegszeit.

Übersetzung: Sandra Pfister

Literatur

La Belgique et la Première Guerre mondiale. Bibliographie, hg. v. P. Lefèvre/J. Lorette, Brüssel 1987.

H. Haag, Le comte Charles de Broqueville, Ministre d'Etat, et les luttes pour le pouvoir (1910-1940), 2 Bde. Brüssel u. a. 1990.

J. Horne/A. Kramer, German Atrocities 1914: A History of Denial, New Haven/London 2001.

S. de Schaepdrijver, De Groote Oorlog. Het Koninkrijk België tijdens de Eerste Wereldoorlog, 4. Aufl., Amsterdam 1999.

A. Vrints, Bezette stad. Vlaams-nationalistische collaboratie in Antwerpen tijdens de Eerste Wereldoorlog, Brüssel 2002.

D. Vanacker, Het aktivistisch avontuur, Gent 1991.

L. Wils, Flamenpolitik en Activisme. Vlaanderen tegenover België in de Eerste Wereldoorlog, Leuven 1974.

L. van Ypersele, Le roi Albert. Histoire d'un mythe, Ottignies 1995.

R. Zilch, Okkupation und Währung im Ersten Weltkrieg. Die deutsche Besatzungspolitik in Belgien und Russisch-Polen 1914-1918, mit einem Anhang: Katalog des deutschen Besatzungsgeldes im Ersten Weltkrieg (Europa) v. J. Koppatz, Goldbach 1994.

Großbritannien

Jay Winter

Kriegsverlauf

Für Großbritannien begann der Krieg zunächst zur See. Die Royal Navy blockierte die deutschen Nordseeküsten und -häfen und überließ der kaiserlichen Marine damit praktisch nur die Ostsee. Diese Maßnahme war von entscheidender strategischer Bedeutung, weil damit der britische Nachschub von Nahrungsmitteln und anderen wichtigen Gütern auf dem Seeweg gesichert wurde. Obwohl die deutsche Marine im weiteren Kriegsverlauf durch eine umfassende U-Boot-Kampagne gegen britische und neutrale Schiffe die Nachschubwege zu unterbinden versuchte, gab die britische Marine ihre Seeherrschaft, die auch durch die Seeschlacht vor dem Skagerrak vom 31. Mai 1916 bestätigt wurde, nicht mehr ab.

Während die Aufrechterhaltung der Überlegenheit zur See langfristig von Bedeutung war, bestand die größte unmittelbare Herausforderung für Großbritannien bei Kriegsbeginn in der Aufstellung eines Heeres für die Westfront. Zunächst wurde im August 1914 eine erste Armee von 100.000 Mann, bestehend aus Berufs- und Zeitsoldaten, nach Belgien und Frankreich entsandt, um die deutsche Invasion abzuwehren. Diese Verbände erlitten im September 1914 an der Marne und im Oktober in der 1. Flandern-Schlacht schwere Verluste, konnten jedoch die ihnen gestellte Aufgabe insgesamt erfüllen.

Bis zum Sommer des Jahres 1915 hatte die britische Armee in Frankreich ihre ersten Erfahrungen mit dem Gaskrieg gemacht und bei den Dardanellen auch ihre erste Niederlage hinnehmen müssen.

Unter den vielen Schlachten, in denen diese Armee kämpfte, stechen drei durch ihr Ausmaß und die erlittenen Verluste hervor. Die erste war die Somme-Schlacht vom 1. Juli bis November 1916. Ohne nennenswerte Geländegewinne erzielt zu haben, verlor die britische Armee mehr als 400.000 Mann. Ein Jahr später, in der 3. Flandern-Schlacht vom 31. Juli bis 10. November 1917, beliefen sich die Verluste auf ca. 275.000 Mann, ohne daß sich die Situation an der Westfront entscheidend verändert hätte. Bei der dritten größeren Schlacht handelt es sich um den Durchbruch der Briten bei Amiens am 8. August und die sich anschließenden Kämpfe im Sommer und Herbst 1918. Für 1918 beliefen sich die britischen Verluste auf etwa 350.000 Mann. Damit waren allein in diesen drei Schlachten eine Million britische Soldaten getötet und verwundet worden oder galten als vermißt.

Die letzte deutsche Offensive von 1918 im Westen traf vor allem die britischen Einheiten. Seit Ende März hatte die deutsche Armee die 5. Armee aufgerieben und die britischen Stellungen südlich von Amiens durchbrochen, ohne daß dieser spektakuläre Anfangserfolg jedoch die strategischen Kräfteverhältnisse zwischen beiden Seiten entscheidend verändert hätte. Nach weiteren Angriffen westlich und südlich der Somme wurde der deutsche Vormarsch gestoppt und in mehreren aufeinanderfolgenden Gegenoffensiven bis zur Waffenstillstandslinie vom 11. November 1918 zurückgeworfen. Ab Anfang August wurde die Frontlinie beständig nach Norden und Osten zurückgedrückt. Gemeinsam mit den französischen und amerikanischen Armeen trugen die britische Infanterie und die Feuerkraft der Artillerie dazu bei, die deutsche Armee zum fortwährenden Rückzug und schließlich zur Kapitulation zu zwingen. Die deutsche Armee ist, entgegen allen Nachkriegsmythen, 1918 im Felde geschlagen worden. Wie wurde dieser Sieg errungen, und welche Folgen hatte der Krieg für Großbritannien?

Rekrutierung

Zu keinem anderen Zeitpunkt in der britischen Geschichte befand sich ein so großer Anteil der britischen Bevölkerung im wehrfähigen Alter wie während des Ersten Weltkrieges. Die Gesamtbevölkerung belief sich 1914 auf ca. 42 Millionen, darunter waren knapp 12 Millionen Männer im Alter zwischen 18 und 49 Jahren. Insgesamt dienten während des Krieges etwa sechs Millionen Männer, davon mehr als fünf Millionen im Heer und der Rest in der Marine und in der Luftwaffe, die erst im April 1918 aus ihrem Vorläufer, dem Royal Flying Corps, als eigenständige Teilstreitkraft entstand.

Die Rekrutierung der Soldaten verlief in mehreren unterschiedlichen Phasen: Bis zum Jahresende 1914 meldete sich eine Million Männer freiwillig, 300.000 davon allein im Monat August. Nach den erheblichen Verlusten während der Somme-Schlacht meldeten sich noch einmal 700.000. Viele traten gemeinsam mit ihren Freunden, Nachbarn und Arbeitskollegen in die Armee ein. Es waren damit private Loyalitäten, die diese sogenannten Pals Battalions aus den Mittel- und Arbeiterschichten massenweise in die Armee führten. Das Freiwilligensystem der ersten Kriegshälfte erwies sich einerseits als beeindruckender Ausdruck gesellschaftlicher Selbstmobilisierung, andererseits aber auch als quantitativ letztlich unzureichend. Seit dem 17. Jahrhundert hatte es in Großbritannien kein stehendes und auf der Basis der Wehrpflicht ergänztes Heer mehr gegeben, sondern nur ein zahlenmäßig kleines Berufsheer.

Für einen modernen Massenkrieg wurden aber mehr als die eine Million Mann benötigt, die sich in der ersten Kriegsphase freiwillig für »Kitchener's Army« – benannt nach dem ersten Kriegsminister Großbritanniens während des Weltkrieges – gemeldet hatten. Ende 1915 galt es als sicher, daß die Wehrpflicht eingeführt werden würde. 1916 traten dann auf der Grundlage des neuen Gesetzes drei Millionen Wehrpflichtige neben die drei Millionen, die sich bis dahin schon freiwillig gemeldet hatten. Aufgrund ihres früheren Eintritts hatten die Freiwilligen demzufolge die Hauptlast des Krieges zu tragen.

Die soziale Struktur der britischen Weltkriegsarmee unterschied sich von derjenigen der Gesamtgesellschaft. Die Mittelschichten waren gegenüber der Arbeiterschaft überrepräsentiert, weil es einerseits Männern aus dem Mittelstand leichter fiel, ihre Arbeitsplätze zu verlassen, ohne die Existenz ihrer Familien zu gefährden, und weil andererseits viele Arbeiter an ihren Arbeitsplätzen in der Rüstungsindustrie unabkömmlich waren. Schließlich scheiterten auch verhältnismäßig mehr Arbeiter an den Musterungskriterien, die einen minimalen Standard an körperlicher Fitness voraussetzten. Wegen der oft unzureichenden Lebensverhältnisse in den Arbeiterquartieren mußte die britische Armee wahrscheinlich auf etwa eine Million Rekruten verzichten, die für den Militärdienst einfach zu schwach oder zu krank waren.

Demographie

Der Vergleich mit anderen europäischen kriegführenden Nationen weist aus, daß die Auswirkungen des Weltkriegs auf die britische Bevölkerung aus zwei sich überlagernden Entwicklungen zusammengesetzt waren: Zum einen waren unter den Mobilisierten erschreckend hohe Verluste zu beklagen, zum andern hatte jedoch die Mobilisierung der Heimatgesellschaft für die meisten Bevölkerungsgruppen ein Absinken der Sterblichkeitsraten und einen Anstieg des Lebensstandards zur Folge. Mehr als sechs Millionen Briten und Iren leisteten Kriegsdienst, etwas mehr als 40 Prozent wurden Opfer des Krieges: Mehr als 700.000 starben und mehr als 1.600.000 erkrankten oder wurden verwundet. Damit fielen etwa 12 Prozent aller mobilisierten Männer. Mehr als 40 Prozent von ihnen wurden Opfer des Krieges, jeder vierte Mobilisierte kehrte verwundet zurück.

Die sozialen Eliten, Oberschichten sowie Wirtschafts- und Bildungsbürger, waren in den britischen Verlustlisten überrepräsentiert. Dafür gab es drei Gründe: Erstens war die Wahrscheinlichkeit, von Anfang an in Kampfeinheiten zu dienen, um so größer, je höher ein Rekrut in der sozialen Hierarchie rangierte. Freiwillige Meldungen waren in der Oberschicht und im Mittelstand häufiger als in der Arbeiterschaft, und andererseits wurden Rekruten aus den Arbeitervierteln bei der medizinischen Musterung relativ häufiger für dienstuntauglich oder nur für den Dienst in der Etappe tauglich befunden. Zweitens lagen die Verlustraten unter den Frontoffizieren etwa doppelt so hoch wie unter den Mannschaften, was wiederum besonders die sozial Etablierten traf. Und drittens rekrutierten sich viele Subalternoffiziere (der gefährdetste Dienstgrad an der Front) aus den Absolventen der traditionsreichen Privatschulen und Eliteuniversitäten. Nahezu alle Kriegsteilnehmer der Universitäten Oxford und Cambridge gelangten in die unteren Offiziersränge. Beinahe jeder fünfte von ihnen wurde getötet. Diese ungewöhnlich hohen Verlustraten wurden an anderen Universitäten nicht erreicht – im Fall von Liverpool oder Birmingham lagen die entsprechenden Ziffern näher am Gesamtdurchschnitt von etwa 12 Prozent. Diese Differenz mag sich durch die Tatsache erklären, daß Absolventen der übrigen Universitäten seltener als Offiziere dienten als diejenigen aus Oxford und Cambridge. Außerdem muß die Länge der Dienstzeit berücksichtigt werden. Weniger privilegierte Rekruten waren einfach auch deshalb nicht so lange der Gefahr an der Front ausgesetzt, weil sie sich nicht so leicht die Abwesenheit vom Arbeitsplatz oder der Schule leisten konnten, um in der Armee zu dienen. Die meisten Soldaten aus der Arbeiterschaft dienten als Mannschaftssoldaten. Dies mag auch erklären, warum die Kriegsteilnehmer aus den Universitäten Oxford und Cambridge mit größerer Wahrscheinlichkeit im Krieg getötet wurden als andere Akademiker oder der Durchschnitt der Gesamtbevölkerung. Abgesehen vom Dienstgrad spielte auch das Alter eine Rolle. In England und Wales waren die unter 25jährigen am stärksten betroffen. Schätzungsweise 500.000 Männer unter 30 Jahren fielen, d. h. jeder siebte. In der Altersgruppe zwischen 25 und 40 lag die Wahrscheinlichkeit getötet zu werden bei etwa 10 Prozent. Jenseits der 40 halbierte sich die Rate. Dieser Knick in den Verlustziffern spiegelt die abnehmende Wahrscheinlichkeit wider, im Alter von mehr als 40 Jahren für den Fronteinsatz rekrutiert zu werden. Im Hinblick auf die Verluste spielte es auch eine Rolle, wo der einzelne Soldat eingesetzt wurde. Es überrascht nicht, daß Flandern und Nordfrankreich die gefährlichsten Frontabschnitte waren, wo etwa 55 Prozent aller Soldaten und Offiziere getötet, verwundet oder als vermißt gemeldet wurden.

Doch auch unter der Zivilbevölkerung gab es Verluste. Über 15.000 Tote waren allein unter den Passagieren und Besatzungen der Fischerei- und Handelsflotte zu beklagen. 1.266 britische Zivilisten fielen deutschen Luftangriffen oder der Kriegführung zur See zum Opfer. Dazu kam die Grippeepidemie von 1918/19, die allein in Großbritannien 200.000 Opfer forderte, darunter 10.000 Soldaten. Schließlich wurde auch ein deutlicher Anstieg anderer Atemwegserkrankungen beobachtet. Insgesamt läßt sich aber wohl sagen, daß der Krieg erst die Bedingungen schuf, um eine lokale Grippewelle in eine weltweite Epidemie zu verwandeln. Andererseits machen einige

Charakteristiken der Grippe einen ursächlichen Zusammenhang mit dem Krieg problematisch: So wurden z. B. in neutralen Staaten ähnliche, wenn nicht sogar höhere Erkrankungsziffern festgestellt. Besonders hohe Mortalitätsraten der Grippe fanden sich in den USA oder Indien und nicht im kriegsmüden Europa. Genauso rätselhaft stellt sich die Tendenz dar, daß viele Opfer unter den Erwachsenen mittleren Lebensalters zu beklagen waren und nicht unter den gefährdeten Gruppen, wie z. B. der älteren Generation.

Im Hinblick auf die langfristigen demographischen Auswirkungen des Weltkrieges bietet der britische Fall ein interessantes Paradox: Im Gegensatz zu anderen europäischen Ländern konnten in Großbritannien einige soziale Gruppen demographische Vorteile verzeichnen, die die demographischen Verluste der Frontgeneration zum Teil wettmachten. Für die untersten Schichten war die Armeeverpflegung wohl besser als die Ernährung, die sie mit ihren Vorkriegslöhnen finanzieren konnten.

Diejenigen Soldaten, die den Dienst in den Schützengräben vermeiden konnten, hatten im Vergleich zu Friedenszeiten eine ebenso hohe, wenn nicht sogar höhere Lebenserwartung. Eine Auswirkung des Krieges auf die Zivilgesellschaft war eine Verminderung des Gefälles im Lebensstandard und der Lebenserwartung innerhalb der Arbeiterschaft. Zwischen 1911 und 1921 stieg die durchschnittliche Lebenserwartung für Männer von 49 auf 56, für Frauen von 53 auf 60 Jahre. Gleichzeitig ist zwischen 1900 und 1930 ein drastischer Rückgang der Kindersterblichkeit zu beobachten, der in den Kriegsjahren besonders deutlich ausfiel. Dabei waren die größten Fortschritte in jenen Gebieten zu verzeichnen, die vor dem Krieg zu den Brennpunkten der großstädtischen Armut gehört hatten. Diese langfristigen Entwicklungen hingen mit der während des Krieges verbesserten Ernährungslage von Müttern und Kindern zusammen, besonders derjenigen, deren Ehemänner und Väter zu den an- oder ungelernten Arbeitern zählten. Der Krieg wirkte sich insofern egalisierend aus, als Nahrung – auch während der durch den U-Boot-Krieg verursachten Versorgungsengpässe – sozial gerechter verteilt wurde als vor 1914. Außerdem stiegen durch die erhöhten Beschäftigungsraten die Familieneinkommen und konnten mit der Preisentwicklung mithalten, wenn nicht sogar reale Zuwächse verzeichnen. Davon profitierten – sowohl in relativen wie absoluten Zahlen – wiederum besonders die ärmsten und schlechtest ausgebildeten Gruppen unter den Arbeitern. Die daraus resultierenden Verbesserungen des Ernährungsstandards ließen in der nachwachsenden Generation die Sterberaten sinken. Dafür war besonders die verbesserte Ernährung von Müttern und Kindern während der Kriegszeit verantwortlich, die sich in einer langfristig erhöhten Widerstandsfähigkeit gegenüber Infektionskrankheiten bemerkbar machte.

Die Vorkriegsentwicklung sinkender Geburtenraten und die damit verbundene Veränderung der Altersstruktur setzte sich während des Krieges fort. Der langfristige Trend der Bevölkerungsentwicklung bewies auch angesichts des Verlusts von beinahe einer dreiviertel Million britischer Männer seine Kontinuität. Das Ausmaß dieser Verluste war zwar von großer gesellschaftlicher und kultureller, jedoch weniger von statistischer und demographischer Bedeutung. Was die demographischen Diskontinuitäten betrifft, so griff der Krieg einerseits in die internationalen Wanderbewegungen und andererseits in das britische Heiratsverhalten ein. Mit dem Krieg ging eine Auswanderungsbewegung zu Ende, in deren Verlauf mehr als 30 Millionen Menschen das Land verlassen hatten. Bis zum Kriegsbeginn hatte die Auswanderung einen durchschnittlichen jährlichen Bevölkerungsverlust von mehr als 200.000 Einwohnern verursacht. Durch die Rückkehr ausgewanderter Männer als Kriegsfreiwillige, die Einführung der Wehrpflicht und die kriegsbedingte Vollbeschäftigung fiel die Auswanderungsrate nahezu auf null, und obwohl die Auswanderungsbewegung nach dem Krieg andauerte, erreichte sie nur die Hälfte des Vorkriegsniveaus. Der Krieg sorgte insgesamt für eine Zunahme der Heiratsziffern, insbesondere unter den jüngeren Erwachsenen. Der britische Heiratsmarkt wurde dabei durch den Krieg weniger verändert als in anderen europäischen Ländern, jedoch nahm die Scheidungs- und Wiederverheiratungsfrequenz zu.

Großbritannien wurde durch den Krieg – so merkwürdig dies klingen mag – gleichsam eine gesündere Gesellschaft. Soziale Ungleichheiten wurden gemildert und die durchschnittliche Lebenserwartung stieg nach 1914 in allen Bevölkerungsschichten an. Das wirkte sich auch auf das Verhältnis der Arbeiterschaft untereinander aus. Je schlechter eine Gruppierung der Arbeiter vor 1914 gestellt war, desto größer war der Anstieg der Lebenserwartung, von dem sie profitieren konnte. Die größten Fortschritte beim Rückgang der Sterblichkeit fanden im Bereich der ernährungsbedingten Krankheiten statt, die während des Krieges besonders stark zurückgingen. Bei der Sterblichkeit unter Säuglingen und Wöchnerinnen war besonders in den überfüllten städtischen Wohnquartieren der ärmsten Arbeiterviertel ein deutlicher Rückgang zu verzeichnen. Diese Fortschritte waren zunächst der medizinischen Versorgung und Gesundheitsfürsorge während des Krieges zu verdanken, die – mit wenigen Ausnahmen – eine Verschlechterung des Gesundheitszustandes verhinderten. Der Hauptgrund war aber die Verbesserung der Ernährung. Der deutschen Kriegswirtschaft gelang zu keiner Zeit eine adäquate Aufteilung der Versorgungsgüter zwischen militärischem und zivilem Bedarf und sie war damit der britischen deutlich unterlegen. Dieser relative Versorgungserfolg der britischen Seite gehört zu den Gründen für den alliierten Sieg.

Nach dem Waffenstillstand wurde klar, daß nicht alle Bevölkerungsgruppen in Großbritannien in gleicher Weise vom Krieg profitiert hatten. Die wohlhabendsten Schichten hatten im Vergleich mit anderen gesellschaftlichen Gruppen wenig, wenn überhaupt etwas gewonnen. Die sozialen Eliten hatten nicht nur einen überproportionalen Anteil an den Gefallenen und Verwundeten des Krieges, sondern viele wohlhabende Familien litten auch unter den zurückgegangenen Miet- und Pachteinkünften. Facharbeiter, Dienstleistungs- und Verwaltungsangestellte wiederum mußten reale Einkommenseinbußen hinnehmen. Insgesamt läßt sich feststellen, daß der Krieg eine Nivellierung und Verdichtung der britischen Klassenstruktur bewirkte. Die städtische und ländliche Armut der Vorkriegsgesellschaft sollte nicht mehr zurückkehren, und auch die Rückkehr der Stabilitätspolitik nach 1920 machte diese Annäherung der verschiedenen sozialen Klassen nicht mehr rückgängig. Ein Beispiel dafür ist die Tatsache, daß die Gesundheitsstandards sich auch während der Massenarbeitslosigkeit der frühen dreißiger Jahre nicht mehr wesentlich verschlechterten. Es ist denkbar, daß im Zuge dieser positiven Entwicklung die während und nach dem Krieg geborenen Frauen weniger unter Komplikationen der Schwangerschaft litten und ihre Geburten häufiger überlebten, als sie während der dreißiger Jahre selbst Familien gründeten. Selbstverständlich waren auch andere langfristige und nicht kriegsbedingte Faktoren für diese Verbesserung der Gesundheit von Müttern und Kinder verantwortlich, aber der Erste Weltkrieg trug wesentlich zu diesen Entwicklungen bei.

Kriegswirtschaft

Während der ersten Kriegsmonate änderte sich an den Strukturen der vordem weltbeherrschenden britischen Wirtschaft nur wenig. Doch nur zwei Jahre später waren die bisherigen Grundpfeiler des britischen Erfolgs – der freie Verkehr von Waren, Kapital und von Arbeitskräften – eingestürzt, nachdem eine liberale Regierung 1915 in Gestalt der von Finanzminister McKenna durchgesetzten neuen Steuern und Zöllen mit allen liberalen Freihandelsgrundsätzen gebrochen hatte. Im selben Jahr wurde der Goldstandard für die Dauer des Krieges ausgesetzt und schließlich erst wieder 1925 eingeführt. Durch die Einführung der Wehrpflicht und die Kontrolle der rüstungswichtigen Arbeitskräfte, die bis Kriegsende etwa 90 Prozent der verarbeitenden Industrie betraf, war der freie Arbeitsmarkt im Prinzip beseitigt worden.

Nicht öffentliches Eigentum, sondern staatliche Kontrolle und Regulierung sollten fortan die Wirtschaft bestimmen. In der Praxis entstand so seit 1915 eine Art Staatskapitalismus, der viele zukünftige Experimente einer »mixed economy« vorwegnahm. Eine Alternative dazu gab es nicht. Angesichts der Tatsache, daß Großbritannien aus dem Stand heraus 60 Divisionen zu bilden, auszubilden, zu bewaffnen, auszurüsten und schließlich als Expeditionsheer nicht nur nach Europa, sondern auch in den Nahen Osten und an andere Kriegsschauplätze zu schicken hatte, war an eine Fortsetzung des freien Marktes während des Krieges nicht zu denken. Staatliche Stellen setzten Höchstpreise fest, sei es durch Requirierung, indirekte Kontrollen oder im weiteren Kriegsverlauf auch durch die Rationierung wichtiger Waren und Dienstleistungen. Als eine der wichtigsten Maßnahmen erwies sich dabei die Mietpreisbindung, da die Rüstungsindustrien ohne eine Organisation des Wohnungsmarktes in den Industriegebieten nicht ausreichend große Mengen von Arbeitskräften rekrutieren konnten. Diese staatliche Kontrolle des Wohnungsmarktes wurde zugleich rückwirkend zum Kriegsbeginn eingeführt. Die Gewerkschaften einigten sich im März mit dem Schatzamt auf eine bis zum Kriegsende befristete Aussetzung von Streiks und Tarifverträgen. Im Mai wurde ein Rüstungsministerium geschaffen, dem der Schatzkanzler David Lloyd George vorstand. Seine Aufgabe war die Sicherstellung des militärischen Bedarfs an Waffen, Ausrüstung und Material. Gleichzeitig wurde eine Koalitionsregierung unter dem bisherigen liberalen Premierminister Herbert Asquith gebildet. Zum ersten Mal waren auch Mitglieder der Labour-Partei an der Regierung beteiligt. Auch aus Wirtschaft und Wissenschaft wurden Experten herangezogen. Naturwissenschaftliche und technische Kenntnisse aus Deutschland hatten die Grundlage für viele kriegswichtige Güter gebildet, so daß britische Wissenschaftler nunmehr die entstandenen Defizite ausgleichen mußten. Die dabei entstehende neue Partnerschaft von Wissenschaft und Industrie zahlte sich für die britische Wirtschaft auch langfristig aus, selbst wenn zunächst nur der Krieg im Vordergrund stand. Chaim Weizmann, ein Chemiker aus Manchester, entwickelte so ein Verfahren, mit dem die Produktion von Aceton um das Zehnfache gesteigert werden konnte – ein wichtiger Beitrag zur Sicherung der Herstellung von Sprengstoffen. Viele Wissenschaftler und Ingenieure beteiligten sich in ähnlicher Weise an der Entwicklung kriegswichtiger Produktionen.

Die Produktivität der Landwirtschaft wuchs während des Krieges noch stärker als die der Industrie. Vor Kriegsausbruch waren drei Viertel der britischen Nahrungsmittel importiert worden. Während des Krieges wurden viele Weideflächen für den Getreideanbau nutzbar gemacht und effektivere Produktionsmethoden entwickelt. Der Einsatz von Traktoren wurde forciert, und die Arbeit regionaler Landwirtschaftsräte konnte die Produktionsmengen anheben.

Engpässe in der Warenversorgung führten allerdings rasch zu einer inflationären Preisentwicklung. In den ersten beiden Kriegsjahren stiegen die Preise um etwa 50 Prozent, und diese Preissteigerung wiederholte sich in der zweiten Kriegshälfte. Insgesamt blieb die britische Inflationsrate jedoch deutlich unter den entsprechenden Daten für Deutschland und Österreich-Ungarn.

Diese Differenz reflektiert einerseits die größeren Versorgungsengpässe der Mittelmächte, weist aber auch auf effektivere Preis- und Gewinnkontrollen der britischen Kriegswirtschaft hin, wodurch – anders als in Deutschland – das Entstehen einer Schwarzmarktwirtschaft im Großen und Ganzen verhindert werden konnte.

Die Reallöhne erlitten in Großbritannien während des Krieges keine Verluste, und in einigen Sparten stieg die Kaufkraft sogar. Für viele bedeuteten Akkordlöhne und bezahlte Überstunden eine deutliche Steigerung ihres Lohnniveaus, und obwohl Frauen für gleiche Arbeit kaum denselben Lohn wie ihre männlichen Kollegen erhielten, reduzierte sich die Einkommensdifferenz zwischen den Geschlechtern. Ähnlich verhielt es sich mit dem Lohngefälle zwischen Stadt und Land sowie zwischen gelernten und ungelernten Arbeitern. Von Ausnahmen abgesehen kann für die 80 Prozent der Bevölkerung, die ihr Einkommen mit körperlicher Arbeit verdienten, sogar von einer Milderung der Einkommensunterschiede gesprochen werden.

Die kriegsbedingte Inflation traf in erster Linie mittelständische Familien und Pensionsempfänger. Feste Einkommen und Kapitalrenditen hielten mit den steigenden Preisen nicht Schritt und die Mietpreisbindung traf vor allem die Einkommen mittelständischer Hausbesitzer. Aufgrund der Inflation erbrachten langfristige Pachtverträge den Landeigentümern nur stark verminderte Einnahmen. Die nach Kriegsende ausbrechende Verkaufswelle von Landeigentum führte zur größten Besitzverschiebung des britischen Grundbesitzes seit der Reformation. Außerdem stieg die Einkommenssteuer während des Krieges auf für damalige Verhältnisse astronomische sechs Schillinge pro Pfund, d. h. auf etwa 30 Prozent. Die meisten Lohneinkommen blieben allerdings unterhalb der Bemessungsgrenze. Der Krieg traf damit besonders die kleineren mittelständischen Einkommen, ganz besonders die der Rentner, die mehr als andere Bevölkerungsgruppen unter der Inflation zu leiden hatten.

Wenn auch die Vermögen der Arbeiterschaft – mit Ausnahme einiger besonders gutbezahlter Handwerker – in absoluten Zahlen erheblich niedriger blieben als die des Mittelstandes, so verschob sich doch insgesamt die soziale Einkommensverteilung während des Krieges von Gehältern und Renditen zugunsten der Lohneinkommen. Angesichts des äußerst niedrigen Niveaus industrieller Löhne vor 1914 bedeutete dies eine gewisse Milderung des Einkommensgefälles, allerdings sicherlich noch keine Angleichung der verschiedenen Einkommensarten.

Die Entwicklung eines Staatskapitalismus und der »mixed economy« hatte weitreichende Auswirkungen auf die Zukunft der britischen Gesellschaft. Noch einschneidender war jedoch die Veränderung der Position Großbritanniens innerhalb des weltwirtschaftlichen Kräftespiels. Bis zum Kriegsausbruch bestimmten britische Reedereien und Bankhäuser einen Großteil des Waren- und Dienstleistungsverkehrs zwischen dem industrialisierten Europa und den sich entwickelnden Volkswirtschaften in aller Welt. Großbritannien verkaufte Fertigprodukte ins Ausland und machte gleichzeitig aufgrund seiner Zwischenhandelsposition zusätzlich »unsichtbare« Gewinne.

Die Differenz zwischen dem britischen Bruttosozial- und Bruttoinlandsprodukt hatte bis dahin etwa zehn Prozent betragen. Dieser Überschuß von auswärtigen Investitionen fiel als erster dem Krieg zum Opfer. Zunächst mußten britische Auslandsguthaben zugunsten der Kriegsanstrengungen flüssig gemacht werden. Darüber hinaus war es notwendig, nicht nur, aber vor allem auf den amerikanischen Finanzmärkten, erhebliche Anleihen aufzunehmen, um die Rüstungsanstrengungen zu finanzieren. Und schließlich begannen Länder, die bisher Abnehmer britischer Exporte gewesen waren, britische Güter durch heimische Produkte zu ersetzen, anstatt sie wie bisher mit den von der britischen Wirtschaft benötigten Rohstoffen und Halbfertigprodukten im Tauschhandel zu erwerben.

Das Ergebnis war, daß Großbritannien vom Status der bedeutendsten auf den einer nur noch großen Wirtschaftsmacht reduziert wurde. Und im Zuge dieses relativen Abstiegs schwand gleichzeitig auch seine ökonomische und politische Macht. Bis 1917 war das Verhältnis zwischen Großbritannien und den USA das eines Gläubigers und seines Schuldners. Bis 1917 – und damit für den Rest des 20. Jahrhunderts – hatte sich dieses Verhältnis umgekehrt. Amerikanisches Kapital finanzierte die britische Kriegswirtschaft, zunächst durch private Kredite – z. B. durch die wichtige (und für ihn sehr lukrative) Vermittlung J. P. Morgans – und seit 1917 auch durch staatliche Kredite. Damit war die ökonomische Unabhängigkeit Großbritanniens in Frage gestellt – und zugleich auch der Status einer ersten Weltmacht. Die Kosten des militärischen Sieges erwiesen sich damit als weitaus größer als der Nutzen. Die Reparationsbestimmungen des Versailler Friedens sollten auch den der britischen Wirtschaft entstandenen ökonomischen Schaden ausgleichen, doch die Weimarer Republik hat ihre Reparationsschulden gegenüber Großbritannien oder den anderen Alliierten nur in geringem Ausmaß getilgt, und damit konnten die verlangten Reparationen auch kaum etwas an der britischen Verschuldung gegenüber den USA ändern. Die Kriegsschulden belasteten die britischen Haushalte der Zwischenkriegszeit und führten zu Einschränkungen der öffentlichen Ausgaben, mit denen z. B. Kriegsrenten und andere Folgelasten hätten finanziert werden können. Letztlich verarmte Großbritannien durch den Sieg.

Der militärische und damit politische Erfolg von 1918 verstellte zunächst den Blick auf diese ernüchternden Realitäten. Die Zeitgenossen nahmen nur wahr, daß sich die ältere und weniger moderne britische Wirtschaft gegen die aufstrebende und dynamischere Deutschlands durchgesetzt hatte, und viele Fachleute in Regierung oder Wirtschaft erwarteten für die Nachkriegsjahre einen Wirtschaftsboom. Dieser Aufschwung von Handel und Investitionstätigkeit hat jedoch nie in überzeugender Form stattgefunden. Die britische Kriegswirtschaft wirkt daher eher wie ein explodierender Stern, ein Aufleuchten der viktorianischen Wirtschaftsmacht, der ersten Industrienation der Welt, auf dem Weg in ihren langen Niedergang.

Einige gegenläufige Tendenzen trugen dazu bei, diesen Trend zu verschleiern: Investitionen in neue Technologien waren bei der Entwicklung neuer Industriezweige im Leichtmaschinenbau und der Konsumgüterindustrie von großer Bedeutung. Unternehmerische Konzentrationsbewegungen, die für die Rüstungswirtschaft Rationalisierungsvorteile geschaffen hatten, setzten sich auch nach dem Krieg fort. Unter dem Dach des Konzerns Imperial Chemical Industries fanden sich Unternehmen, die sowohl innerhalb der Rüstungswirtschaft als auch für das Nachkriegswachstum von zentraler Bedeutung waren. Die Verbindung zwischen wissenschaftlicher Qualifikation und wirtschaftlichem Erfolg war ebenfalls von Bestand. Die staatliche Förderung der Hochschulbildung, besonders in den technischen und naturwissenschaftlichen Fächern, wurde 1919 in der University Grants Commission institutionalisiert und leistete einen wichtigen Beitrag zur Entwicklung einer langfristigen Zusammenarbeit zwischen Wissenschaftlern, Unternehmern und der öffentlichen Hand. Diese Entwicklungen waren zwar schon vor 1914 angelegt, doch der Krieg hat auch hier – ähnlich wie bei den unterschiedlichen Aspekten des ökonomischen Niedergangs Großbritanniens – die laufenden Trends verstärkt und die Unebenheiten der wirtschaftlichen Wachstumsentwicklung akzentuiert. Der Krieg schuf damit einige Vorteile aber zugleich viele Schwierigkeiten und Belastungen, die auch noch Jahrzehnte nach Kriegsende nicht beseitigt waren.

Politik

Eine der wichtigsten Auswirkungen des Krieges auf die britische Politik war eine deutliche Aufwertung der Exekutive gegenüber dem Parlament. Bis 1914 bestand die Regierung aus Parlamentariern, die in erster Linie dem Parlament verantwortlich waren. Das änderte sich mit dem Ausbruch des Krieges. Zum einen verabschiedete das

Parlament eine Blanko-Vollmacht, den Defence of the Realm Act (DORA), der der Exekutive in Fragen der Verteidigung des Königreiches in fast allen Politikbereichen weitgehend freie Hand ließ, so daß das Parlament damit seine Kontrollfunktionen aufgab. Zum andern bewirkte die mangelnde Erfahrung oder auch Inkompetenz vieler Parlamentarier in militärischen Angelegenheiten eine Auseinanderentwicklung der militärischen und der politischen Bereiche mit weitreichenden Konsequenzen für die Kriegführung und das Schicksal der sechs Millionen Soldaten. Noch am Tage der Kriegserklärung an Deutschland (4. August) wurde Lord Kitchener of Khartoum, ein allseits verehrter Held afrikanischer Kolonialkriege, zum Kriegsminister ernannt. Kitchener gehörte nicht dem Parlament an. In seine Zuständigkeit fiel bis 1916 die gesamte Organisation der britischen Kriegsanstrengungen, bis er als Passagier eines englischen Schiffes einem Torpedoangriff zum Opfer fiel.

Während seiner Amtszeit achtete Kitchener auf eine klare Trennung von Militär und Politik, so daß die gewählten Verantwortlichen in Parlament und Regierung letztlich kaum Einfluß auf die Kriegführung hatten. Die Begründung lautete, daß militärische Fragen in die Hände militärischer Experten gehörten. Sollten die regierenden »Amateure« militärische Entscheidungen beeinflussen oder ändern wollen, würden sie die Verantwortung für die Opfer unter Soldaten und Seeleuten übernehmen müssen. Das bedeutete, daß das Parlament z. B. keinerlei Einfluß auf die Planung und Durchführung der Materialschlachten von 1916 hatte, die allein drei Viertel aller britischen Kriegsopfer verursachten.

Eine Ausnahme bestätigte hier die Regel: Als First Lord of the Admiralty, also in einer Position, die etwa einem Marineminister entsprach, gelang es Winston Churchill, Abgeordneter für Preston und zu dieser Zeit ein wichtiger Kopf in der liberalen Partei, gegen Ende des Jahres 1914 seine Kabinettskollegen von seiner Idee zu überzeugen, daß britische Verbände eine neue Front eröffnen müßten, um zu verhindern, daß sich britische Soldaten in Flandern – wie er sich ausdrückte – »im Stacheldraht festbeißen«. Er entwickelte den Plan, die mit Deutschland verbündete Türkei bei den strategisch wichtigen Dardanellen anzugreifen und schließlich zur Kapitulation zu zwingen. Das Ergebnis wäre eine neue offene Kontinentalflanke der Mittelmächte gewesen – und eine deutliche Warnung an bis dahin neutrale Mächte vor einer Allianz mit dem kaiserlichen Deutschland.

Diese amphibische Operation war schlecht vorbereitet und wurde ebenso schlecht durchgeführt. Die Meerenge selbst war durch türkische Seeminen blockiert. Am 24. und 25. April 1915 erfolgte eine Landungsoperation an der Küste von Gallipoli mit dem Ziel, auf dem Landwege Konstantinopel zu erobern. Angesichts der vollkommen unzulänglichen Aufklärung und einer beinahe typischen Unterschätzung der Kampfkraft nichteuropäischer Armeen war das Unternehmen von Anfang an zum Scheitern verurteilt. Das Debakel bei Gallipoli endete im Januar 1916 mit einer vollständigen alliierten Niederlage und einem immerhin geordneten Rückzug. Churchill trat von seinem Amt zurück.

Von nun an bestimmten die Militärs die britische Kriegführung. Als Gelenkstelle zwischen dem Oberkommando des Expeditionskorps unter Sir Douglas Haig und dem Kabinett fungierte das Committee of Imperial Defence. An der Spitze des Imperial General Staff stand Sir William Robertson, der einzige einfache Soldat, der es in der britischen Armee bis zum Rang eines Generals gebracht hatte. Haig verteidigte erfolgreich seine Machtposition gegenüber allen Versuchen des Premierministers Asquith oder seines Nachfolgers Lloyd George, auf taktische und strategische Entscheidungen Einfluß zu nehmen. Auch nachdem Robertson im Februar 1918 entlassen worden war, blieb Haigs alleinige Kontrolle über die Kriegführung unangefochten. Seine Ansichten waren entscheidend – und führten in den Materialschlachten an der Westfront zu unglaublichen Verlusten. Was immer die (ungeschriebene) britische Verfassung über die Rolle des Parlaments sagen mochte, es war Haig, der den Krieg »führte«.

Der Krieg verwandelte auch in anderer Hinsicht die parlamentarische Regierungsform in eine reine Akklamation administrativer Akte der Exekutive. Im Mai 1914 hatte das Parlament weitgehende Autonomie (»Home Rule«) für Irland beschlossen. Dieser Beschluß kam der Anerkennung einer Selbstregierung der Provinz gleich, so wie sie innerhalb des Empire bereits Australien, Neuseeland und Kanada zugestanden worden war. Doch der Parlamentsbeschluß wurde niemals geltendes Recht – der Krieg verhinderte das. Fast zwei Jahre später, am Ostermontag 1916, führte eine kleine Gruppe irischer Republikaner in Dublin einen Aufstand herbei. Dieser Versuch, die Provinz Irland in einen unabhängigen Staat zu verwandeln, wurde innerhalb von fünf Tagen niedergeschlagen, die Anführer wurden verhaftet, ausnahmslos hingerichtet und damit zu Märtyrern eines Kampfes gegen die britische Unterdrückung.

Während der zweiten Kriegshälfte und der ersten Nachkriegsjahre entwickelte sich der irische Bürgerkrieg, und wie in solchen Konflikten üblich, mußte der Rechtsstaat der Gewalt weichen. Liberale hatten 1914 Deutschland den Krieg erklärt, und zwei liberale Premierminister hatten den englischen Parlamentarismus durch den Krieg hindurch geführt, die Unterdrückung der unbotmäßigen Provinz sprach allerdings allen liberalen Prinzipien Hohn. Der irische Republikanismus konnte letztlich nicht gebrochen werden, an seiner Stelle ging der britische Liberalismus zugrunde.

Die Kriegführung und der Übergang von der freien Marktwirtschaft zu einem Staatskapitalismus hatten den Liberalismus in der Regierungsverantwortung bereits untergraben. Ähnlich wirkte sich seit 1916 die Wehrpflicht aus. Die Niederschlagung des irischen Aufstandes war schließlich ein dritter Faktor, der das Ende des liberalen Projekts begünstigte.

Widerstreitende Persönlichkeiten und Ambitionen taten ein übriges, um die Liberale Partei zu destabilisieren. Der Premierminister von 1914, Herbert Asquith, hegte eine kaum verborgene Abneigung gegen seinen Schatzkanzler David Lloyd George. Die Abneigung beruhte auf Gegenseitigkeit. Lloyd George drängte Asquith schließlich im Dezember 1916 aus dem Amt, was dessen politische Freunde ihm nie verziehen.

Doch für den Niedergang der Liberalen Partei gab es noch tiefere Gründe. Die Veränderung des Wahlrechts war einer davon. Bei Kriegsausbruch hatte nur etwa jeder zweite männliche Brite das Wahlrecht – ausgeschlossen blieben vor allem ungelernte Arbeiter. Die Tatsache, daß sie zwar nicht wählen, aber doch für England sterben durften, entwickelte sich angesichts der immer länger werdenden Verlustlisten zu einem offensichtlichen Widerspruch. Der Representation of the People Act von 1918 gab allen erwachsenen Männern sowie allen Frauen das Wahlrecht, die über 30 Jahre alt waren und entsprechenden Besitz nachweisen konnten.

Damit entstanden auf der Linken und in der politischen Mitte neue Wählerpotentiale für eine Umgestaltung der politischen Landschaft. Die Labour-Partei war 1900 als politischer Arm der Gewerkschaften gegründet worden, doch der Weltkrieg hatte sie in dreifacher Weise verändert und gestärkt: Erstens hatten viele Liberale das Gefühl, daß ihre Partei nach vier Jahren Krieg moralisch und politisch am Ende war. Manche hatten sich nicht mit der Wehrpflicht anfreunden können, weil sie die den Liberalen gewissermaßen heilige individuelle Gewissensentscheidung mißachtete. Andere waren über die Behandlung der Kriegsdienstverweigerer entsetzt. Und schließlich empfanden zahlreiche Liberale den Kampf gegen die irische Nationalbewegung als unverhältnismäßig und ungerecht. Insgesamt fragten sich viele von ihnen, was von den liberalen Prinzipien übriggeblieben war, die in diesem Krieg angeblich verteidigt werden sollten Darüber hinaus sind hier die Auswirkungen der innerparteilichen Palastrevolte zu nennen, die Lloyd George an die Macht und den bis dahin amtierenden Premierminister Asquith ins Abseits befördert hatte. Die Kraft der Liberalen Partei war 1918 gebrochen.

Ein weiterer Grund für den Aufstieg von Labour war das kriegsbedingte Anwachsen der Mitgliederzahlen der Gewerkschaften und ihre Schlüsselrolle bei der Organisation der Kriegswirtschaft. Damit hatte sich die Partei im Hinblick auf die Nachkriegsreorganisation für eine weitere Zusammenarbeit empfohlen. Ein dritter Grund war schließlich das Erwachen einer radikalen linken Bewegung, die die bestehende Wirtschaftsordnung in Frage stellte und mit der russischen Revolution sympathisierte. Alle diese Faktoren trugen insgesamt zum Aufstieg der Labour-Party bei. Das neue Programm von 1918 etablierte die Partei als eine landesweite Organisation, die sich nur in allgemeinen Formulierungen sozialistischen Zielen verpflichtet fühlte.

Auf der anderen Seite des politischen Spektrums konnten sich die Konservativen ebenfalls regenerieren, wobei der Kriegsnationalismus von Nutzen war. Der Krieg und die Trauer um die Toten hatten Ressentiments wachgerufen, die sich in einer volkstümlichen Verehrung der Armee, des Empire und eines sogenannten British way of life manifestierten. Obwohl die Konservativen sich unter dem liberalen Premierminister Lloyd George von 1916 bis 1918 an der großen Kriegskoalition beteiligt hatten und diese auch nach den sogenannten Khaki-Wahlen von 1918 noch weiterführten, dominierten letztlich konservative Politiker wie Balfour, Bonar Law und Curzon das Kabinett. 1922 wurde schließlich Lloyd George gestürzt, und damit bestimmte fortan der Dualismus zwischen den Konservativen und Labour die englische Politik. Unter den Opfern des Krieges war auch der englische Liberalismus.

Kultur

Daß sich in den ersten beiden Kriegsjahren drei Millionen Freiwillige zur Armee meldeten, war ein bemerkenswerter Ausdruck gesellschaftlicher Mobilisierung, die ohne den Beitrag der Alltagskultur des Krieges nicht denkbar gewesen wäre. Die Music Hall, das Theater, der Stummfilm oder das Grammophon erklärten der Kriegsgesellschaft in einer allgemeinverbindlichen Sprache – mit Worten, Bildern und Melodien –, wofür gekämpft werden sollte. Zwei Motive standen immer wieder im Mittelpunkt: der British way of life und der britische Humor – und beide verkauften sich gut.

Eine sentimentale Note diente der Alltagskultur der Kriegszeit als gemeinsamer Nenner. Lieder wie *Roses of Picardy* oder *If you were the only girl in the world* zelebrierten inmitten des Massensterbens eine Sphäre naiven Erlebens. Charlie Chaplin, ein Londoner Kleinkünstler, der in Hollywood zum Star geworden war, verkörperte die Perspektive des »kleinen Mannes« und dessen Überlebenswillen unter widrigsten Umständen. Millionen leidgeprüfter Männer und Frauen konnten dank der einfachen Bilder des Kinos ihre trostlose Lebenswelt für einen Moment vergessen.

Die Freiwilligenarmee der ersten Kriegshälfte bestand aus Zivilisten in Uniform, die ihre zivile Unterhaltungskultur mit nach Frankreich nahmen. Im Hinterland der Westfront fanden überall Fußballturniere, Theaterabende oder rührselige Travestieshows statt. Durch Gesang, Tanz oder Schauspiel vergewisserten sich die Soldaten ihres zivilen Habitus, den sie nur vorübergehend gegen die militärische Disziplin eingetauscht hatten.

Besonders die in eigener Verantwortung herausgegebenen Frontzeitungen sparten nicht mit Spott über die militärische Hierarchie und offenbarten damit auch eine enge Bindung an die Zivilgesellschaft in der Heimat. Obwohl die Entfremdung von der Heimatgesellschaft ein Problem darstellte, führte sie in den meisten britischen Einheiten nie zu offenen Konflikten. Das kulturelle Leben in der Heimat war demgegenüber Beschränkungen unterworfen. Die Fußballiga wurde 1915 eingestellt, weil der Spielbetrieb einerseits die Rüstungsproduktion beeinträchtigte und weil andererseits zu viele Spieler im Militärdienst standen. Die Pubs wurden durch die Einführung der Sperrstunde um 23 Uhr, durch die Reduzierung des Spirituosenausschanks und eine Bierverdünnung getroffen – Maßnahmen, die helfen sollten, Getreide zu sparen. Obwohl überall neue Kinos entstanden, erlebte die Massenunterhaltung erst nach Kriegsende ihre Blütezeit.

Ein großer Teil der Massenunterhaltung war von Nostalgie gekennzeichnet. Im Mittelpunkt stand die Vorkriegszeit eines friedlichen Königreiches. Einer der Gründe war ein vorübergehender Wandel der Familienstrukturen und der Geschlechterverhältnisse. Der britischen Kriegsgesellschaft fehlten die Männer, die jenseits des Kanals gebraucht wurden. Viele Berufssparten »verweiblichten«: Frauen führten Bauernhöfe und prägten zunehmend das Bild in Banken und Büros. Auch die Rüstungsindustrie griff auf weibliche Arbeitskraft zurück, wenn auch ausdrücklich nur für die Dauer des Krieges. Die erhöhte öffentliche Sichtbarkeit weiblicher Arbeit wurde von höheren Löhnen begleitet. Viele Frauen genossen zumindest vorübergehend größere Freiheiten und einen neuen Lebensstandard, wobei ihnen bewußt war, daß dieser Zustand eine Ausnahme darstellte, und die meisten kehrten später in ihre Vorkriegsverhältnisse zurück. Doch während die Fabrikarbeit bald wieder eine Domäne der Männer wurde, war die Entwicklung in Verwaltung und Handel nicht mehr rückgängig zu machen.

Der Krieg hatte Millionen Familien auseinandergerissen, und nach Kriegsende bemühten sich viele Frauen, sie wieder zusammenzuführen. Angesichts der Massenarbeitslosigkeit in den frühen zwanziger Jahren, von der besonders die typischen Frauenberufe in der Textilindustrie betroffen waren, verwunderte es nicht, daß die traditionellen Muster von Berufstätigkeit und Familienleben schnell wieder auflebten. Die Geschlechterverhältnisse hatten sich während des Krieges kurzzeitig gewandelt, aber die gesellschaftliche Situation der britischen Frauen unterschied sich danach kaum von den Vorkriegsverhältnissen.

Der Krieg wirkte sich in zweierlei Hinsicht unmittelbar auf die gebildeten Schichten aus. Einerseits verloren die Universitäten ihre Studenten und jüngeren Dozenten, andererseits ging für die Intellektuellen der Kontakt mit ihren deutschen Kollegen verloren. Cecil Rhodes hatte die nach ihm benannten Stipendien auch jährlich acht deutschen Studenten zukommen lassen wollen – über die Vergabe sollte der deutsche Kaiser entscheiden. 1915 änderte das britische Parlament den Verteilungsschlüssel, und die freiwerdenden Plätze gingen an Studenten aus Kanada und der Karibik. Eine derartige auf Konfrontation ausgerichtete Bildungspolitik hatte ungünstige Auswirkungen auf die Entwicklung der britischen Forschungslandschaft. Nachdem die Zusammenarbeit mit der deutschen Wissenschaft zum Erliegen gekommen war, entwickelte sich die britische Wissenschaft langsamer und isolierter. Die alten Verbindungen zur internationalen Forschungsgemeinschaft wurden nach Kriegsende nur teilweise wieder aufgenommen.

Diese Nationalisierung des kulturellen Lebens hatte auch Auswirkungen auf die Literatur. Schon während des Krieges wurden Kriegserinnerungen publiziert, doch nach Kriegsende setzte eine wahre Flut von Veröffentlichungen ein. Die Ausrichtung blieb dabei bis in die frühen zwanziger Jahre hinein eher traditionell – mit Rückgriffen auf eine Welt, die durch den Krieg zumindest in Frage gestellt worden war und nun einer ungewissen Zukunft entgegenblickte. Ein Beispiel dafür ist die Tetralogie von Ford Madox Ford *Parade's End* (1924-1928). Aber mit der Lyrik von T. S. Eliot (*The Waste Land*, 1922) und dem aus den USA stammenden Ezra Pound (*Hugh Selwyn Mauberly*, 1920), und darüber hinaus in den ironisch gebrochenen Romanen von Robert Graves, Siegfried Sassoon und Edmund Blunden entwickelte sich eine eigenständige Richtung. Im Mittelpunkt stand der Widerspruch einer jüngeren Generation gegen einen Krieg, den die ältere herbeigeführt hatte. Dieser Übergang aus der Naivität in die Erfahrung des Krieges, aus der Blindheit in die Einsicht der Realität, aus dem Patriotismus in den Zynismus hatte eine ironische Brechung alter Gewißheiten zur Folge. In Romanen wie *Good-Bye to All That* (Graves' Erinnerungen von 1929) oder *Memoirs of an Infantry Officer* (Sassoons kaum kaschierte Autobiographie von 1930) fand die Kriegsgeneration einen Ausdruck für ihr verbreitetes Gefühl, verraten worden zu sein.

Das kulturelle Leben Großbritanniens ist bis heute tiefgreifend von der Erinnerung an den Ersten Weltkrieg geprägt. Bereits am ersten Jahrestag des Waffenstillstandes vom 11. November 1918 wurden zwei Schweigeminuten eingeführt, die man als weihevolles Ritual öffentlich zelebrierte. Diese Praxis wurde bis 1938 am Armistice Day – dem 11. November – beibehalten, seitdem findet das schweigende Gedenken alljährlich am Remembrance Sunday, dem darauffolgenden Sonntag, statt. Das unbestreitbare Faktum des Sieges und des Heldentums ist dabei immer von Gefühlen des Verlusts und der Trauer überschattet. Der Sieg wurde für Großbritannien mit unglaublichen Verlusten an Leben und Zukunftshoffnungen erkauft. Die einzige Rechtfertigung dafür wäre die Erlangung eines ewigen Friedens gewesen, so wie ihn die Kriegerdenkmäler im ganzen Land beschworen. Viele Tausende seien gestorben, damit der Krieg niemals zurückkehren würde. Doch der Frieden hielt keine 20 Jahre, und mit seinem Ende scheiterte in den Augen vieler Briten auch diese Lesart des Ersten Weltkrieges. Seit 1939 galt er als Katastrophe – und als erster Schritt des Niedergangs der großen und ruhmreichen britischen Nation. In der zweiten Jahrhunderthälfte wurde der Armistice Day zu einem Symbol für den Pyrrhus-Sieg in einem Krieg, der zwar gerecht gewesen sei, dessen Kosten das Land allerdings zugrundegerichtet hätten. Von diesem Sieg scheint sich Großbritannien nie mehr erholt zu haben. Diese Ambivalenz ist für die andauernde und prominente Rolle mitverantwortlich, die die Kriegsjahre in der britischen Kultur immer noch spielen.

Noch heute sind viele Formen der Erinnerung sichtbar, die eine Art symbolisches Tauschgeschäft implizieren: Die Kriegstoten hatten alles gegeben, und im Gedenken gaben die Lebenden wenigstens etwas – in Frankreich schöne Soldatenfriedhöfe, zu denen die Menschen noch heute pilgern, und in England ein Denkmal in der eigenen Gemeinde, einen Krankenhausbau, ein Stipendium, ein Cricketfeld, einen Brunnen oder auch z. B. jährliche Weihnachtskonzerte am King's College in Cambridge. Die Mohnblumen (Poppies) aus Papier verkaufen sich in jedem November immer noch millionenfach, und die Erlöse kommen weiterhin den Familien der Kriegsinvaliden zugute. An dieser Stelle läßt sich die Tradition protestantischer Wohltätigkeit in ihrer großartigsten Form beobachten. Doch diese Gesten können den Eindruck von Verlust und Leere, der den Ersten Weltkrieg umgibt, nur teilweise überdecken.

Mit den Jahren ist die Formel von der »verlorenen Generation« zu einem Schlüsselbegriff in der Geschichte vom Niedergang Großbritanniens geworden. Die eigentliche Bedeutung des Weltkrieges liegt vielleicht in der Art und Weise, wie die Überlebenden und ihre Nachfahren ihr Wissen über diesen Krieg mit einem unbestimmten aber unbestreitbaren Verlust ihres Glaubens an die Zukunft in Verbindung brachten, einem Nachlassen ihres Fortschrittsglaubens und der Vorstellung, daß die Geschichte einen Sinn habe. Eine populäre Verballhornung englischer Schulbücher, die zwei Veteranen des Weltkrieges unter dem Titel *1066 and All That* (in deutlicher Anspielung auf den Erfolgsroman von Robert Graves) veröffentlichten, parodierte u. a. die Tatsache, daß in den Schulen die britische Geschichte 1914 endete. In den Augen der Autoren konnte dies nur bedeuten, daß die Geschichte in jenem Jahr tatsächlich an ihr Ende gekommen sei. Im Sinne des fortschrittsgläubigen 19. Jahrhunderts war dem vielleicht auch so.

Übersetzung: Aribert Reimann

Literatur

J. M. Bourne, Britain and the Great War, 1914-1918, London 1989.
Facing Armageddon. The First World War Experienced, hg. v. H. Cecil/P. H. Liddle, London 1996.
N. Ferguson, Der falsche Krieg. Der Erste Weltkrieg und das 20. Jahrhundert, Stuttgart 1999.
D. French, British Economy and Strategic Planning, 1905-1915, London 1982.
Ireland and the First World War, hg. v. D. Fitzpatrick, Dublin 1986.
J. Keegan, Der Erste Weltkrieg. Eine europäische Tragödie, Reinbek bei Hamburg 2000.
F. S. L. Lyons, Ireland since the Famine, New York 1971.
P. Simkins, Kitchener's Army. The Raising of the New Armies, 1914-16, Manchester 1988.
H. Strachan, The First World War, Bd. 1: To Arms, Oxford 2001.
T. Wilson, The Myriad Faces of War. Britain and the Great War, 1914-1918, Cambridge 1986.
J. M. Winter, The Great War and the British People, London 1985.

Österreich-Ungarn

Manfried Rauchensteiner

Kurzgefaßte Darstellungen des Kriegsbeginns 1914 lauten häufig so: Am 28. Juni 1914 wurde in Sarajevo der österreichische Thronfolger ermordet, daraufhin brach der Erste Weltkrieg aus. Manches an dieser Formulierung ist falsch, anderes fragwürdig, der eigentliche Fehler aber liegt in der vermeintlichen Kausalität, die viel mehr ein Konstrukt der Kriegsschuldfrage ist, als daß man hier historisch sorgfältig reiht und begründet. Richtig ist, daß der österreichisch-ungarische Thronfolger zusammen mit seiner Frau von einem serbischen Nationalisten, der aber österreichisch-ungarischer Staatsbürger war, ermordet wurde. Richtig ist, daß dieser Mord einen sehr eigentümlichen Mechanismus in Gang setzte, bei dem sich aber letztlich die Politik abkoppelte und den Mord nur mehr zum Anlaß nahm. Und richtig ist auch, daß wenig später ein Krieg entfesselt wurde. Doch das hatte eigentlich nichts mehr mit den Toten und nicht einmal mit Österreich-Ungarn zu tun. Und merkwürdigerweise spielten dabei auch die Militärs eine untergeordnete Rolle.

Die Habsburgermonarchie hatte verglichen mit anderen europäischen Großmächten keine nennenswerten außenpolitischen Probleme. Sie wollte kein Territorium zugewinnen und kämpfte eigentlich schon Jahrzehnte nur um den Fortbestand. Gebietsteile Österreich-Ungarns seinerseits waren sehr wohl Ziel nationaler Aspirationen und territorialer Forderungen, vor allem Serbiens und Italiens sowie Rußlands. Wenn der Monarchie etwas vorgeworfen wurde, dann der Umstand, daß sie im Sinne der Nationalstaatsideen hoffnungslos unmodern war, andererseits aber keinesfalls als Hort der Demokratie gelten konnte. Bis zu einem gewissen Grad war sie sogar unregierbar. Letztlich wurde der Monarchie ihre Politik der Eindämmung zum Verhängnis. Denn in dem Augenblick, als die Regierung dazu überging, mehr zu tun als nur abzuwiegeln, die Okkupation Bosniens und der Herzegowina 1908 in eine Annexion umwandelte und Serbien gegenüber deutlich machte, daß großserbische Träume nicht auf Kosten Österreich-Ungarns gehen durften, machte sich eine Krieg-in-Sicht-Stimmung breit. Die Eindämmung des serbischen Expansionstriebs im Verlauf der beiden Balkankriege 1912/13, die verhinderte, daß Serbien die Okkupation der westlich des Kosovo gelegenen albanischen Gebiete vornahm, sorgte in Belgrad für Aufruhr. Durch die Schaffung eines unabhängigen Staates Albanien durch die europäischen Großmächte wurde Serbien der Weg an die Adria versperrt. Daraufhin hegten wohl viele Serben Mordgedanken. Als schließlich eine Reihe von teils unreifen jungen Männern vom serbischen Geheimdienst gewonnen werden konnte, um bei dem lange angekündigten Besuch des Erzherzogs Franz Ferdinand in der Hauptstadt Bosniens ein Attentat auszuführen, ging es letztlich um Mord, und nicht um Krieg.

Doch der Krieg hatte sich aufgestaut. Und alle hatten sich selbstverständlich darauf vorbereitet. Am wenigsten aber auf einen serbisch-österreichischen Krieg. Den anderen Großmächten, dem Deutschen Reich, Frankreich, Großbritannien und Rußland, ging es um Vorkehrungen für einen großen Krieg. Eine Sonderrolle spielte Italien, das mit Österreich-Ungarn und dem Deutschen Reich verbündet war, aber sehr wohl bereit war, zu lavieren.

Um den Ablauf der Entfesselung des Kriegs einigermaßen stringent darzustellen, gilt es festzuhalten, daß sich nach der Ermordung des Thronfolgers die Politik des Zwischenfalls bemächtigte, und in Wien konsequent darauf hingearbeitet wurde, Serbien in die Schranken zu weisen. Da kein Vertrag gehalten hatte und schließlich die Spuren des Mordes eindeutig nach Belgrad führten, wurde der Einsatz militärischer Mittel vorbereitet. Die Habsburgermonarchie wollte sichergehen, daß sie dazu freie Hand hatte und verfing sich dabei in den Netzen der Bündnisse. Berlin gab Wien Rückendeckung – bedingungslos. Italien wurde gar nicht gefragt. Und schließlich übersah man nicht nur in Wien vollkommen, daß sich die zwar noch nicht sehr konkreten, aber erkennbaren Drohgebärden zu verselbständigen begannen. Serbien erhielt Unterstützung von Rußland, dieses seinerseits von der britisch-französischen Allianz, der Entente. Und als schließlich das Wiener Kabinett, mehr als drei Wochen nach dem Mord, an Serbien ein Ultimatum richtete, waren die Weichen für den großen Krieg gestellt. Es lag aber noch einmal an Belgrad und Wien, wie es weitergehen würde. Das Ultimatum war so abgefaßt worden, daß es den Serben wenig Spielraum ließ. Die Forderungen zielten darauf ab, nicht nur Genugtuung zu fordern, sondern die Hintergründe des Mordes restlos aufzuklären und Serbien international bloßzustellen. Als Frist zur vollständigen Annahme des Ultimatums waren 48 Stunden genannt worden. Belgrad taktierte, glaubte noch einen Verhandlungsspielraum zu haben und antwortete – sehr wohl innerhalb der gestellten Frist – in zwei Punkten ausweichend. Daraufhin brach Wien die diplomatischen Beziehungen ab. Dennoch meinte wohl nicht nur Kaiser Wilhelm II., daß damit der Kriegsgrund eigentlich weggefallen wäre. Doch jetzt konstruierte Österreich einen bewaffneten Zwischenfall an der serbischen Grenze, aus dem dann die Kriegserklärung abgeleitet wurde.

Mit einer gewissen Sturheit (andere meinten: endlich einmal konsequent) war man in Wien darangegangen, die Verhältnisse auf dem Balkan zugunsten der Habsburgermonarchie neu zu ordnen. Für den einen oder anderen kam sicherlich der Gedanke an Rache ins Spiel. Aber eines war gewiß nicht gewollt worden, nämlich die Auslösung eines großen Krieges. Als dann – für Wien sehr wohl überraschend – die Bündnisse insgesamt in den Krieg eintraten und somit der große Krieg da war, reagierte man gelassen. Den Rest überspielten die verantwortlichen Politiker und Militärs mit Hyperaktivität. Die war nicht zuletzt in den Reihen der k. u. k. Armee anzutreffen.

Daß mit Erzherzog Franz Ferdinand auch der mögliche Oberbefehlshaber getötet worden war, konnte leicht kompensiert werden. Einer der älteren Erzherzöge, Friedrich, übernahm seine Funktion. Denn daß der 84 Jahre alte Kaiser Franz Joseph bei der effektiven Führung des Krieges keine Rolle mehr spielen würde, war klar. Die eigentliche Führungsrolle kam dem Chef des Generalstabes, General Franz Conrad von Hötzendorf zu. Er hatte sämtliche Kriegsfälle und alle Kombinationen schon längst ausarbeiten lassen und auch nach vielerlei Friktionen die Gespräche mit dem Bündnispartner in Berlin intensivieren können. Dennoch wußte man eigentlich erstaunlich wenig voneinander, war aber plötzlich auf Gedeih und Verderb miteinander verbunden.

Die Kriegserklärung an Serbien löste in der Doppelmonarchie Begeisterungsstürme aus. Allenthalben brandete jene Begeisterung für den Krieg auf, die innerhalb von wenigen Tagen einen Großteil Europas erfaßte. Es zeigte sich auch ein Phänomen, das gerade in der Habsburgermonarchie überraschen mußte: Die Nationalitäten des Reichs wurden unterschiedslos von dieser Begeisterung erfaßt, und auch die politischen Parteien machten ihr Ja zum Krieg von nichts abhängig. Es wurden keine dramatischen Gesten gesetzt, »Burgfrieden« geschlossen und vielleicht Skeptiker mißhandelt oder umgebracht. Der Krieg schien die natürlichste Sache der Welt zu sein!

Emotionales kam auch ins Spiel, als bekannt wurde, daß es ein Land gab, das seiner Bündnisverpflichtung nicht nachkommen wollte, nämlich Italien. Doch im Überschwang der Kriegsbegeisterung und voller Zuversicht auf einen frischen, fröhlichen Krieg wurde dem zunächst keine große Bedeutung beigemessen. Es war wohl auch den wenigsten Österreichern zu Bewußtsein gekommen, daß die Fixierung auf Serbien auch eine Katastrophe beim militärischen Aufmarsch zur Folge hatte. Gegen Serbien und gegen Rußland waren zunächst jeweils drei Armeen angesetzt worden. Mittlerweile war aber schon längst klargeworden, daß der Krieg gegen Rußland weit mehr Kräfte erfordern würde, als zunächst verfügbar waren, also wurde noch während des Aufmarsches damit begonnen, alles herumzuwerfen.

Was hingegen gut funktionierte, war die Mobilmachung selbst und ebenso zeigten die politischen Maßnahmen, mit denen die Habsburgermonarchie kriegsbereit gemacht wurde, Wirkung. Fast überraschend ließen sich dabei auch die markanten Unterschiede zwischen den Reichsteilen ausgleichen. In der ungarischen Reichshälfte, in der die Magyaren klar dominierten und die zwei anderen größeren (Kroaten und Slowaken) sowie zwei kleinere Nationalitäten (Serben und Rumänen) in Schach hielten, funktionierte der Parlamentarismus einigermaßen. In Österreich hingegen funktionierte er gar nicht, der Reichsrat war seit März 1914 aufgehoben, ohne daß dadurch der Streit, vornehmlich zwischen Deutschen und Tschechen, abgeflaut wäre. Italiener und Slowenen, Polen und Ruthenen (Ukrainer) waren aber ebenso auf ihre nationalen Rechte erpicht. Doch sie alle fügten sich den Zwangsmaßnahmen, die im Juli 1914 in Kraft gesetzt wurden und nahmen auch – mit verschwindenden Ausnahmen – die Einschränkungen der persönlichen Freiheit in Kauf. Schließlich schien es ja nur für kurze Zeit zu sein. Schlagartig traten Ein-, Aus- und Durchfuhrverbote in Kraft. Die Reisemöglichkeiten erfuhren eine drastische Einschränkung. Ganze Kronländer wurden zum Hinterland der Front erklärt und militarisiert. Die Zensur wachte mit Argusaugen über sämtliche Presseorgane, den Brief- und Telefonverkehr. Es kam zu einem dramatischen Anstieg der Arbeitslosigkeit und es gab Massenentlassungen wegen des zusammenbrechenden Exports. Ersatz fanden die Daheimgebliebenen in der Kriegsindustrie, die fast zwangsläufig einer ungeheuren Konjunktur entgegen ging. Wo die Männer fehlten, wurden Frauen eingesetzt. Eine Arbeitszeit von 80 Wochenstunden sollte nichts Ungewöhnliches werden. Am Höhepunkt des Krieges stieg sie in einigen Werken bis auf 110 Wochenstunden, was einem 16-stündigen Arbeitstag entsprach. Der internationale Warenaustausch brach zusammen und das allermeiste mußte aus der Binnenwirtschaft gewonnen werden. Die Versorgung der Bevölkerung bereitete schon nach Tagen Probleme, vieles wurde knapper und teurer. Ein Zukauf von Getreide in Italien und Rumänien schlug fehl, ein Ermächtigungsgesetz zur Streckung der Mehlvorräte wurde erlassen. Die Militarisierung erfaßte praktisch alle Lebensbereiche. Die österreichische Reichshälfte – weniger die ungarische – wurde zum Paradebeispiel einer kaum zu kaschierenden Militärdiktatur. Doch diese wurde von der Bevölkerung hingenommen.

Währenddessen entwickelte sich der Krieg ganz anders als erwartet. Der Rachefeldzug gegen Serbien scheiterte bereits im Ansatz. Er war letztlich doch überhastet begonnen worden und wurde vom Kommandanten der k. u. k. Balkanstreitkräfte, Feldzeugmeister Oskar Potiorek, ohne Rücksicht auf Verluste geführt. Was von Generalstäblern in Friedenszeiten ausgedacht worden war, stellte sich im August 1914 ganz anders dar. Um nicht eine Katastrophe zu erleben, mußten die Truppen auf die Ausgangsstellung zurückgenommen werden. Noch war die Idee vom Rachefeldzug aber nicht tot. Eine zweite Offensive wurde vorbereitet. Und bei der politischen Evaluation hieß es, schon mit Rücksicht auf Rumänien, Bulgarien und die Türkei, die an die Mittelmächte gebunden werden sollten, brauche man einen Erfolg gegen Serbien.

Doch auch in Galizien ging es nicht so wie erwartet. General Conrad schickte 34 Divisionen an die Nordostfront, denen 52 der Russen gegenüberstanden. Dennoch – ja gerade deshalb – wollte das k. u. k. Armeeoberkommando (AOK) eine Offensive beginnen und das Gesetz des Handelns an sich reißen. Die Österreicher waren aber so schwach, daß nur ansatzweise ein Stoß gegen Norden zustande kam. Am 23. August überschritt die 1. Armee die Waldzone nördlich des San und begann ihren Vorstoß. Ihr folgte die 4. Armee. Siege bei Krasnik und Komarów überdeckten die gerade gemeldete Niederlage am Balkan. Doch angesichts der zunehmenden numerischen Unterlegenheit gegenüber den Russen erlahmte die Stoßkraft der k. u. k. Armeen rasch, und bei der Schlacht um die galizische Hauptstadt Lemberg forderte Conrad erstmals deutsche Hilfe an, ohne allerdings etwas zu erreichen. In den wenig konkreten militärischen Absprachen der Zwei- bzw. Dreibundpartner und bei Gelegenheit des Kriegsbeginns war den Österreichern gesagt worden, das deutsche Westheer würde Frankreich in sechs bis acht Wochen besiegen. Dann sollte alles herumgeworfen werden, um auch Rußland eine Niederlage zu bereiten. Bis dahin müßten die k. u. k. Truppen im Mittel- und Südabschnitt der Ostfront die Russen mehr oder weniger auf sich allein gestellt aufhalten. Lemberg ging am 2. September verloren. Auch hier stiegen die Verluste der k. u. k. Armeen dramatisch. Das ließ sich aber nicht nur damit erklären, daß die Soldaten unterlegen und die Offiziere ihren Aufgaben nicht gewachsen gewesen wären. Vielmehr war dies auch die Folge schwerer Versäumnisse der letzten Jahrzehnte. Die Russen waren in einigen Waffengattungen überlegen, hatten mehr Geschütze und Maschinengewehre. Auch die Munitionsausstattung der österreichisch-ungarischen Armeen war unzulänglich. Infolge des unaufhaltsam scheinenden Rückzugs und etlicher kleinerer Katastrophen gingen zudem große Mengen an Waffen und militärischen Ausrüstungsgegenständen verloren. Vielleicht kamen dabei auch sehr wohl nationale Eigenschaften zum Tragen, eine gewisse Sorglosigkeit und auch Großzügigkeit wurden auffällig. Feigheit ließ sich aber wohl den allerwenigsten Soldaten vorwerfen.

Nach dem Fall Lembergs gab das AOK zunächst der 3. Armee die Schuld, bald aber mußte man erkennen, daß überall das Chaos herrschte. Auch in der Folge konnte das Tempo der heranrückenden Russen nur verzögert werden. Es folgte ein großes personelles Revirement, ohne daß damit ein Erfolg erreicht werden konnte. Endlich traf vom Balkan her Verstärkung ein. Die Russen drängten nach, und am 11. September sah sich das AOK gezwungen, den Befehl zum Rückzug über den San zu geben. Die Festung Przemyśl, mit einer rund 40 km² messenden befestigten Zone die größte Lagerfestung auf dem Boden des alten Österreich, mußte der Einschließung durch die Russen preisgegeben werden. Jetzt kam es zu einer strategischen Kehrtwendung.

Das Scheitern des deutschen Westheeres bei der Niederwerfung Frankreichs hatte nicht nur den Stellungskrieg im Westen zur Folge, sondern zwang auch nach strategischen Alternativen zu suchen. Und dabei wandte sich der neue deutsche Generalstabschef, Erich von Falkenhayn, selbstverständlich Rußland zu. Freilich wurde diese Möglichkeit mit der Frage gekoppelt, ob man dann nicht für diesen Kriegsschauplatz gleich ein neues gemeinsames Oberkommando bilden sollte. Conrad wehrte sich mit aller Macht dagegen und begann damit einen Jahre währenden Kampf gegen die deutsche Suprematie, den er schließlich verlieren mußte. Denn die österreichisch-ungarische Monarchie, die sich vom Krieg die Überwindung ihrer Probleme erhofft hatte, büßte immer mehr reale Macht ein, obwohl das von kaum jemandem erkannt wurde. Durch das Zusammenwirken der deutschen 9. Armee unter General von Hindenburg und der k. u. k. 2. Armee (Böhm-Ermolli) gelang es den Mittelmächten, die Russen über Weichsel und San zurückzudrängen, und auch die russische 8. Armee unter General Brussilow vermochte Przemyśl nicht zu erobern. Zwischen dem 7. und 12. Oktober wurde die Festung entsetzt. Doch dann setzte eine neue russische Offensive ein. Die k. u. k. 3. Armee hatte westlich von Przemyśl schwere Verluste erlitten, wobei die Festung wieder weit zurückgelassen wurde. Die Russen standen in den Karpaten und bedrohten Ungarn.

Conrad setzte alles auf eine Karte: In einer gewagten Operation führte er zusätzliche Truppen bis an die Beskiden heran, bildete die Armeegruppe Roth und schlug mit ihr die Russen im Raum Limanowa-Lapanów. Dadurch war zumindest ein Atemholen möglich. Somit verloren vorübergehend auch die Pläne der Alliierten zur Aufteilung der Habsburgermonarchie an Aktualität. Und diese vor allem von seiten Rußlands gedachten Pläne waren weitreichend.

Der Zar hatte unter anderem vorgeschlagen, Deutschland wieder die Kaiserwürde zu nehmen und es auf jeden Fall territorial und machtmäßig zu beschneiden. Im Falle Österreich-Ungarns war er sich aber nicht darüber im klaren, ob es überhaupt einer regelrechten Zerschlagung der Habsburgermonarchie bedurfte, denn die zentrifugalen Kräfte würden vielleicht ohnedies die völlige Auflösung des Vielvölkerstaates bewirken. Auf jeden Fall, so der Zar, wäre der Krieg so lange zu führen, bis die Alliierten keiner Friedenskonferenz mehr bedürften, sondern den Frieden diktieren könnten. Noch war dies Spekulation, und der Zar sollte das Ende der Habsburgermonarchie auch nicht mehr erleben. Doch angedacht war dieses Ende schon längst!

Hätte es etwas geändert, wäre die Habsburgermonarchie Ende 1914 zum Bruch des Bündnisses und zu einem Waffenstillstand bereit gewesen? Wäre das damit honoriert worden, daß das Reich in seinen wesentlichen Teilen und Strukturen erhalten geblieben wäre? Hätte es überhaupt die Bereitschaft der Nationalitäten der Monarchie gegeben, wieder dort fortzusetzen, wo man schon vor dem Krieg am Rande des Scheiterns gewesen war? Skepsis ist angebracht. Der einmal eingeschlagene Weg mußte wohl zu Ende gegangen werden. Der Krieg blieb für die politisch und militärisch Verantwortlichen die einzige reale Größe.

In Serbien war die Front erstarrt. Die Erfolge der k. u. k. Truppen waren auch in der zweiten Offensive gering, die Verluste um so größer gewesen. Dann wurde eine dritte Offensive gestartet. Der Oktoberregen ging in Schnee über. Schließlich gelang es der Armeegruppe Krauß, die Front zu durchbrechen und die Serben zum Rückzug auf Kragujevac zu zwingen. Die Offensive ging weiter, und obwohl die k. u. k. Truppen nach mehreren Wochen des Angriffs total verblutet waren, jagte ihr Oberbefehlshaber, Feldzeugmeister Potiorek, einem Prestigeziel nach: Belgrad. Am 2. Dezember wurde die serbische Hauptstadt besetzt. Kurz darauf erfolgte ein serbischer Großangriff mit 200.000 Mann, die dank eines französischen Munitionstransports wieder über ausreichend Kriegsmittel verfügten, um die unterversorgten und erschöpften k. u. k. Truppen anzugreifen. Belgrad mußte aufgegeben werden und die gesamte Front brach zusammen. Die österreichischen Truppen befanden sich kurz darauf dort, wo sie bereits im August gewesen waren: auf österreichisch-ungarischem Boden. Nach dieser Katastrophe wurde Potiorek abgesetzt und Erzherzog Eugen übernahm das Kommando über die Balkanfront. Serben und Österreicher waren aber nicht mehr angriffsfähig.

Es war eine trostlose Bilanz, die Ende 1914 gezogen wurde. Von August bis Dezember waren 189.000 Offiziere und Soldaten gefallen, über 490.000 verwundet worden und 278.000 waren vermißt oder kriegsgefangen. Das Heer Österreich-Ungarns war also bereits 1914 eine »Miliz« (Déak) geworden. Die Führung ging immer mehr von Berufssoldaten auf Zivilisten in Uniform über.

In allen kriegführenden Staaten war Durchhaltewillen aufgekommen, wurden die wildesten Spekulationen angestellt und das nächste Kriegsjahr analysiert, noch ehe es richtig begonnen hatte. In französischen und englischen Zeitungen konnte man beispielsweise lesen, die Russen würden im Juni 1915 in Budapest einziehen. Um dies unter allen Umständen zu verhindern, wurde abermals an den deutschen Bundesgenossen der Wunsch nach Truppenaushilfe gerichtet.

Da schließlich der deutsche Oberbefehlshaber Ost, Hindenburg, und sein Generalstabschef Ludendorff eher einer Offensive in den Karpaten zuneigten als einer anderen Verwendung, und auch Kaiser Wilhelm der Verlegung deutscher Truppen in die

Karpaten zustimmte, kam es zur Aufstellung der deutschen »Südarmee«. Conrad von Hötzendorf seinerseits steuerte den Plan für die Karpaten-Offensive bei. Am 23. Januar 1915 begann das Unternehmen, dem von Anfang an kein Erfolg beschieden war. Zuerst machte die ungeheure Kälte den Truppen zu schaffen, dann folgte Tauwetter, und im Februar waren die Straßen unpassierbar. Dann fielen wieder große Mengen Schnee, und die Truppen gingen erneut gegen die Russen vor. Nach anfänglichen Verlusten gelang es General Brussilow mit der russischen 8. Armee, die k. u. k. Truppen zurückzudrängen, er stieß in das Hinterland vor und betrat damit ungarischen Boden. Conrad gab aber nicht auf, und so wurde im März ein weiterer Versuch unternommen, in den Karpaten anzugreifen und Przemyśl zu entsetzen. Die Karpaten-Offensiven hatten schließlich zur Folge, daß die k. u. k. Truppen weit mehr Tote und Verwundete zählten, als die Besatzung Przemyśls ausmachte. Auffallend waren erstmals tschechische Massendesertionen, die sehr wohl als Signal verstanden werden konnten, daß sich die Nationalitäten Österreich-Ungarns mit den ihnen meistens ohnedies schleierhaften Kriegszielen nicht mehr identifizierten. Für die Besatzung von Przemyśl war die Lage hoffnungslos, und so wurde der 22. März als Tag der Kapitulation festgelegt. Die Werke wurden gesprengt, Waffen und Kriegsmaterial zerstört, die wenigen Pferde, die nicht bereits verzehrt worden waren, getötet; rund 120.000 Soldaten gingen in russische Gefangenschaft.

Die Auswirkungen dieser Katastrophe waren, wie befürchtet, dramatisch. Das Berliner Auswärtige Amt überlegte bereits, Österreich-Ungarn fallenzulassen. Es war ja immer wieder ins Gespräch gebracht worden, daß sich das Deutsche Reich für die Interessen des Bundesgenossen oder – wie er ironisch genannt wurde – den »Kameraden Schnürschuh« opferte, statt auf seinen eigenen Vorteil bedacht zu sein. In solchen Augenblicken hätte man sich eigentlich fragen müssen, ob nicht der Zweibund ohnehin etwas Künstliches an sich hatte. Mit ihm sollte ja nur verhindert werden, daß sich die Habsburgermonarchie in ein anderes Bündnis flüchtete, doch war er wirklich eine Allianz, die über das Zweckbündnis hinausging? Klar war nur eines: Auf sich allein gestellt wäre Österreich-Ungarn nicht mehr kriegsfähig gewesen, allerdings konnte auch davon ausgegangen werden, daß Deutschland einen Krieg ohne Bündnispartner nicht lange durchstehen würde. Doch einen anderen einigermaßen starken und zuverlässigen Bündnispartner gab es nicht, also mußte man die »Austerungarn«, wie sie der preußische Kriegsminister Wild von Hohenborn nannte, weiter in Kauf nehmen. Mehr noch: Man mußte sie in eine möglichst enge Umarmung nehmen, damit sie sich auch nicht aus dem zu retten suchten, was häufig gerne »Schicksalsgemeinschaft« genannt wurde.[1]

Dem Deutschen Reich, der deutschen Obersten Heeresleitung und einzelnen Befehlshabern wurde von einer ganzen Reihe von österreichischen Kommandanten Überheblichkeit vorgeworfen, zudem grenzenloses Unverständnis für die fragile Konstruktion der Habsburgermonarchie mit ihren elf Nationalitäten attestiert und geargwöhnt, daß eine noch stärkere Verknüpfung mit dem deutschen Heer unweigerlich zu einer Verweigerung der nichtdeutschen Nationalitäten führen würde. Für den österreichischen Generalstabschef war es daher sicherlich nicht leicht, im April 1915 abermals um deutsche Truppenhilfe bitten zu müssen. Für ihn überraschend stimmte General Falkenhayn nicht nur zu, sondern versprach Conrad mehr Truppen als erwartet, nämlich vier Armeekorps statt der gewünschten vier Divisionen. Allerdings sollten die Truppen zwischen Tarnów und Gorlice unter dem Kommando des deutschen Generals von Mackensen stehen. Conrad willigte ein.

Man setzte sich ein relativ bescheidenes Ziel, nämlich die Rückeroberung des Gebietes bis zum San. Die Offensive wurde am 2. Mai mit einem vierstündigen Trommelfeuer eingeleitet und führte bald zum Erfolg. Der Durchbruch weitet sich von Tag zu Tag aus und brachte einen kompletten Umschwung. Die Schlacht von Gorlice-Tarnów wurde somit zu einem Meilenstein der Geschichte des Weltkrieges, weil von da an Rußland als nicht mehr offensivfähig gelten konnte. Am 3. Juni zogen bayerische Truppen in Przemyśl ein und Mackensen legte die wiedereroberte Festung Kaiser Franz Joseph »zu Füßen«. Dann ging es weiter nach Lemberg und Tarnopol bis in den Raum Brest-Litowsk, ehe die gemeinsame Offensive endete und wieder eine Entflechtung der Truppen begonnen wurde. Als eine Art Nebenwirkung dieser Offensive war festzustellen, daß Rumänien, dessen Eintritt in den Krieg auf seiten der Gegner der Mittelmächte sich abgezeichnet hatte, diplomatisch wieder sehr zurückhaltend zu agieren begann und seine Ambitionen zurückstellte. Ganz anders als Italien, das mit dem Erfolg der Mittelmächte bei Gorlice-Tarnów nicht mehr zu beeindrucken war.

Schon im Juli 1914 war deutlich geworden, daß Italien den Absprung aus dem Dreibund suchte. Es erklärte sich zunächst für neutral, wobei die Erklärung, der Appenninenstaat sei über die Absichten Österreich-Ungarns gegenüber Serbien nicht rechtzeitig informiert worden, bestenfalls eine Ausrede war. Vielmehr sah Italien eine Chance gekommen, durch sein Abwarten und einen eventuellen späteren Kriegseintritt Vorteile zu erlangen und Territorien zu gewinnen, die ihm bei unbedingter Bündnistreue wohl kaum zufallen würden. In Österreich-Ungarn wurde dieses Ausscheren Italiens denn auch ganz anders bewertet als in Deutschland: Sofort wurde damit begonnen, gegen den Noch-Bündnispartner Sicherungen aufzubauen. Die Italiener loteten in der Folge aus, zu welchen Konzessionen Österreich-Ungarn bereit sein könnte, und parallel wurde mit der Entente verhandelt. Konkret ging es darum, daß Italien das Trentino, Friaul und Triest erhalten wollte. Das Deutsche Reich drängte Österreich zur Herausgabe der geforderten Gebiete und bot seinerseits als eine Art Kompensation das schlesische Kohlenrevier um Sosnowice an. Österreich-Ungarn aber wehrte diese Forderungen energisch ab. Anfang März 1915 intensivierte Italien seine Verhandlungen mit der Entente und forderte u. a., daß die Entente keinen Sonderfrieden mit einer der Mittelmächte schließen dürfe; eine Militärkonvention sollte gewährleisten, daß Österreich-Ungarn nicht seine ganze Kraft gegen Italien konzentrieren könne. Des weiteren wurde eine Zusammenarbeit mit der britischen und der französischen Flotte im Mittelmeer verlangt. Der Kern der italienischen Kriegsziele aber war die Forderung nach dem Trentino und Südtirol bis zum Brenner, die Grafschaften Görz und Gradiska, Istrien bis zum Quarnero und Dalmatien vom Norden bis zur Narenta. Die Alliierten stimmten zu.

An diesen italienischen Zielen, die mit einem keineswegs nur verhohlenen Nationalismus artikuliert wurden, fällt auf, daß sich Italien mit dem Zugewinn von Territorium zufrieden geben wollte, während Rußland die Auflösung der Habsburgermonarchie anstrebte.

Frankreich und England brachten schließlich einen Kompromiß mit Italien zustande, der im sogenannten Londoner Vertrag vom 26. April mündete. Daraufhin wurde dem österreichisch-ungarischen Minister des Äußern, Stephan Graf Burián, von Italien am 3. Mai 1915 eine Note übergeben, mit der der Dreibund aufgekündigt wurde. Drei Tage später wurde die gleiche Note in Berlin überreicht. Österreich-Ungarn reagierte damit, daß es die Kündigung nicht zur Kenntnis nahm, da der Austritt aus diesem Vertrag erst 1920 möglich sei. Italien blieb unbeeindruckt. Am 23. Mai setzte die Generalmobilmachung ein und der Habsburgermonarchie wurde der Krieg erklärt. Keine Kriegserklärung gab es zunächst an die Adresse des Deutschen Reiches.

Nun mußte die k. u. k. Armee eiligst die Kriegsbereitschaft gegen Italien herstellen. Allerdings war man im AOK sehr pessimistisch und befürchtete, daß es den Italienern gelingen könnte, innerhalb von sechs Wochen bis Wien vorzustoßen. Auf Hilfe durch das deutsche Heer war nicht zu hoffen. Deshalb machte sich zeitgleich mit den großen Erfolgen in Galizien und Polen Enttäuschung breit. Kaiser Franz Joseph gab sogar Anweisung, künftig in Telegrammen an deutsche Heeresstellen den Ausdruck »Waffenbrüderschaft« zu vermeiden.

Der Gedanke an eine Offensive der k. u. k. Truppen in Italien schien illusorisch, und das einzige Instrument der »Rache« wurde plötzlich die k. u. k. Flotte. Sie war nach einem rasanten Aufbau zu einer der größten Seestreitmächte der Welt geworden und auf Überlegenheit im Mittelmeerraum ausgelegt. Allerdings war die gedachte Suprematie auf die italienische Komponente abgestimmt gewesen. Nach deren Wegfall beschränkte sich der k. u. k. Flottenkommandant Admiral Haus darauf, Küstenschutz zu betreiben, da ihm ein Kampf gegen die britischen und französischen Mittelmeerstreitkräfte zu riskant erschien. Daher blieb bis Mai 1915 die Straße von Otranto die südliche Begrenzung des Aktionsradius der Kriegsmarine. Gegen Italien ließ Haus die Flotte aber sofort auslaufen. Doch die Italiener blieben vorsichtig und rührten sich kaum aus ihren Häfen heraus. Beide Seiten spielten daher »fleet in being« und warteten auf die Ergebnisse des Landkrieges.

Dort, wo man österreichischerseits längerfristige Vorbereitungen gegen einen italienischen Angriff getroffen hatte, im Bereich der Sperrforts in den Dolomiten, setzten die Italiener zwar ihre überlegene Artillerie ein und suchten die Forts in Trümmer zu legen. Dies gelang ihnen nicht; auch unterblieben die infanteristischen Angriffe. Das eigentliche Schwergewicht aber lag im Raum des Isonzo. Der italienische Generalstabschef, Luigi Cadorna, konzentrierte hier seine Hauptmacht. Am 24. Mai überschritten die italienischen Truppen die Reichsgrenze und entwickelten ihre Übermacht. Doch sie konnten zwei Handicaps nicht überwinden: Sie waren nicht so kriegserfahren wie ein Teil ihrer Gegner und vor allem deren Befehlshaber. Und sie trafen auf eine Abwehrfront, die ähnlich der in Flandern keinen Bewegungskrieg zuließ und die Kampfhandlungen im Stellungskrieg erstarren ließ. Ein zusätzliches Element war dadurch gegeben, daß die k. u. k. Truppen so gut wie unterschiedslos Erbitterung wegen des Bündniswechsels der Italiener empfanden und dementsprechend kämpften. Es entwickelte sich eine jahrelange Abnützungsschlacht, die elf aufeinanderfolgende italienische Offensiven scheitern ließ.

Nach dem Abwehrerfolg der ersten Schlacht unter dem Kommandanten der k. u. k. 5. Armee, Feldzeugmeister Svetozar Boroević, eines Kroaten serbischer Abstammung, waren die Befürchtungen dahin, Wien würde womöglich innerhalb von sechs Wochen von den Italienern zu erreichen sein. An eine Gegenoffensive wagten aber die wenigsten zu denken. Vier Wochen später leitete Cadorna den nächsten Großangriff ein, der jedoch trotz der sechsfachen Überlegenheit der Italiener nur geringe Erfolge brachte. Die Kämpfe bei Redipuglia und dem Monte Sabotino zeigten, daß die Verteidigung für die k. u. k. Truppen im Moment genau die richtige Methode war. Die dritte und die vierte Isonzo-Schlacht arteten, wie die Kämpfe an der Westfront, immer mehr zu Materialschlachten aus. Erfolge für die Italiener blieben aus, was ihnen zugleich harsche Kritik ihrer Verbündeten einbrachte. Im Dezember 1915 erlahmten die Kämpfe in allen Abschnitten. Im Osten gingen die Kämpfe unterdessen weiter.

Der Befehlsbereich Mackensens wurde um die k. u. k. 2. Armee erweitert, und am 22. Juni Lemberg wiedererobert. Die Ruthenen, die mit den Russen kollaboriert hatten, wurden auf persönlichen Befehl Kaiser Franz Josephs geschont und damit Massenexekutionen verhindert. Da das Ziel erreicht war, wollte Falkenhayn die deutschen Truppen wieder nach dem Westen verlegen, Conrad aber wollte die Offensive nach Osten weiterführen. Ein Treffen der beiden Generalstabschefs verlief angespannt, doch die Offensive in Polen wurde fortgesetzt. Im Juli wurde Lublin genommen, im August eroberten deutsche Truppen Warschau und die k. u. k. Armee Iwangorod. Das Ende des großen Feldzugs im Osten schien gekommen zu sein. Rußland ließ sich aber trotzdem nicht an den Verhandlungstisch ziehen, da es u. a. eine Annäherung der Ukraine an Österreich-Ungarn fürchtete. Mitte August 1915 übernahm Zar Nikolaj II. selbst den Oberbefehl. Obwohl Falkenhayn Truppen abzog, setzte Conrad die Offensive fort. Er wollte damit unter Beweis stellen, daß er Handlungsfreiheit und Unabhängigkeit vom Deutschen Reich wiedergewonnen habe. Die k. u. k. Truppen nahmen Grodno und Luck ein. Man wollte die Russen einseitig umfassen, doch die zarischen Truppen profitierten von dem nun einsetzenden Schlechtwetter und bedrohten die Österreicher vom Brückenkopf Tarnopol aus. Statt umfassend wurde immer weiter nach Osten angegriffen, und als man nun Truppen für die Südwestfont freimachen wollte, schien das Chaos perfekt zu sein. Die Russen hatten sich wieder erholt, und es gelang den Generalen Iwanow und Brussilow, die k. u. k. 4. Armee hart zu treffen, so daß die österreichisch-ungarische Front wieder zurückgenommen werden mußte. Conrad und Falkenhayn berieten über die Auswirkungen des russischen Gegenangriffs; nach längeren Diskussionen entschloß man sich, die Stellung zu halten, da sich ein Rückzug nachteilig auf die Moral der Truppen ausgewirkt hätte. Ein weiteres Korps, ursprünglich für Serbien bestimmt, kam nach Syrmien (nordwestlich von Belgrad). Da sich allmählich eine Schlappe Österreich-Ungarns abzuzeichnen begann, sah Conrad wieder sein Heil nur darin, daß der deutsche Bundesgenosse Truppen in die k. u. k. Armee einschieben sollte. Falkenhayn stimmte unter der Bedingung zu, daß zwei deutsche Divisionen die k. u. k. 4. Armee unterstützen sollten, aber dies nur unter deutscher Führung. Die Lage verschlechtere sich dramatisch und am 23. September eroberte General Brussilow wieder Luck. Erzherzog Joseph wurde vom deutschen General von Linsingen abgelöst.

Bei allen diesen militärischen Vorgängen war auffallend, daß sich die politische Führung nur selten einmischte. Allein der ungarische Ministerpräsident, Graf Tisza, machte von sich reden, weil er Maßnahmen zur Wahrung der ungarischen Interessen forderte. In Österreich war nicht zuletzt wegen des nach wie vor aufgehobenen Reichsrates die Regierung des Ministerpräsidenten Graf Stürgkh die einzige nennenswerte Größe. Und Stürgkh sah seine Aufgabe primär darin, die Bestimmungen über die Ausnahmegesetzgebung umzusetzen. Nach Auffassung des Armeeoberkommandos waren die Maßnahmen aber noch immer viel zu wenig effektiv. Daher begann man im AOK nicht nur die Kriegszielpolitik mitzudenken, sondern auch die Neuordnung Österreich-Ungarns nach Kriegsende zu konzipieren. Was hier gedacht wurde, hätte zur Folge gehabt, daß Österreich-Ungarn ein zentralistisches Staatswesen mit einer klaren Dominanz der Deutschen geworden wäre. Die Überlegungen gingen bis dahin, eine neue Militärgrenze im Süden der Monarchie einzurichten, um das Reich entsprechend abschirmen zu können. Daß damit eine straffe Militarisierung hätte einher gehen müssen, war eigentlich nur eine logische Folge. Die hohen Militärs waren auch bei weitem nicht so zurückhaltend wie die Außenpolitiker, wenn es darum ging, territoriale Kriegsziele zu benennen.

Obwohl die Planungen des AOK letztlich unwirksam blieben und schließlich durch den Zerfall der Monarchie irrelevant wurden, bewirkten sie doch eine weitere Radikalisierung. Vor allem Graf Stürgkh war bereit, Maßnahmen zu ergreifen, die seine Effektivität unter Beweis stellen sollten. Die Lenkungsmaßnahmen, die mit massiver militärischer Unterstützung durchgesetzt wurden, griffen denn auch, und die Bewirtschaftung Österreichs und Ungarns mit Rohstoffen und Nahrungsmitteln gelang im großen und ganzen ab dem Winter 1914/15. Die Zensur war lückenlos, die Einschränkung der persönlichen Freiheiten wurde ziemlich rigoros überwacht. Das Ergebnis war, daß man in der österreichischen Reichshälfte einer Militärdiktatur dadurch zu entgehen suchte, daß eine Zivildiktatur praktiziert wurde. Dem konnte und wollte offenbar auch der Kaiser nicht entgegenwirken. Vielmehr ging es ihm darum, einen Krieg, den zu entfesseln er in letzter Verantwortung geholfen hatte, in einer – wie er sich ausdrückte – »anständigen« Art zu Ende zu führen. Dabei nahm er es auch hin, daß er in den großen Fragen der Kriegführung eigentlich keine Rolle mehr spielte.

Er ließ sich wohl regelmäßig berichten, konnte aber beispielsweise auf die Bündniskriegführung so gut wie nicht mehr einwirken. So wurde Franz Joseph auch nur darüber informiert, daß die deutsche Oberste Heeresleitung für den Herbst 1915 einen Feldzug gegen Serbien wünschte, um den Landweg in die Türkei zu öffnen. Auch dabei sollte allerdings die Führung bei den Deutschen liegen. Der Armeeoberkommandant Erzherzog Friedrich und der Generalstabschef Conrad taten zwar alles, um nicht vollständig ausgeschaltet zu werden. Doch die deutsche Oberste Heeresleitung (OHL) war primär daran interessiert, die inzwischen als Kriegsverbündete gewonnenen Bulgaren stärker in das Bündnis einzubinden und machte daher nur Scheinkonzessionen.

Der Feldzug gegen Serbien begann am 6. Oktober, und die Serben hatten dem gemeinsamen Angriff deutscher, österreichisch-ungarischer und bulgarischer Truppen unter Generalfeldmarschall Mackensen kaum noch etwas entgegenzusetzen. Die serbische Armee war in einem derart desolaten Zustand, daß sogar Soldaten der Mittelmächte über so viel menschliches Leid erschüttert waren. Reste der serbischen Armee flüchteten nach Montenegro.[2]

Am 6. November trafen Conrad und Falkenhayn im deutschen Hauptquartier in Pleß zusammen, um die Zukunft des Balkans zu planen. Man wollte die geflohene serbische Bevölkerung zurückführen, ebenso sollten die Rüstungswerkstätten in Kragujevac möglichst rasch wieder in Betrieb genommen werden. Österreich-Ungarn, Deutschland sowie Bulgarien stellten Besatzungstruppen. Die wichtigste Frage war aber, ob man sich mit der Besetzung Serbiens begnügen oder nach Saloniki vorstoßen sollte, wo mittlerweile ein alliiertes Korps unter Bruch der griechischen Neutralität eine neue Front errichtet hatte. Conrad plädierte nachdrücklich für die Fortsetzung des Feldzugs. Doch er konnte Falkenhayn genausowenig überzeugen wie den Widerstand von Kaiser Wilhelm II. brechen. Da Conrad aber deutlich machte, daß er auch zu Alleingängen bereit war, schlug ihm der deutsche Generalstabschef einfach das Instrument aus der Hand: Noch im November zog Falkenhayn acht von zehn deutschen Divisionen vom Balkan ab. Conrad gelang es gerade noch, die Ententetruppen aus dem südserbischen Raum zu vertreiben, doch das Überschreiten der griechischen Grenze blieb ihm verwehrt und bewahrte Griechenland davor, Kriegsgebiet zu werden.

Das Verhältnis zwischen Falkenhayn und Conrad steuerte seinem Tiefpunkt zu. Damit lebten die Generalstabschefs aber auch nur eine eigentlich irrationale Seite des Krieges vor, die ebenso in anderen Bereichen anzutreffen war. Österreich-Ungarn kämpfte verzweifelt gegen die deutsche Suprematie an, benötigte aber deutsche Truppenhilfe, Lieferungen von Rohstoffen und vor allem Kredite, um den Kriegsbedarf zu decken. Daraus ergaben sich unterschiedliche Spannungen, die sowohl von den Einzelpersonen als auch von den Nationalitäten abhängig waren, die in diesem unausweichlichen Konflikt eine erhebliche Rolle spielten. Es waren beispielsweise nur die Deutschen Österreichs, die sich mit den Mitteleuropaplänen eines Friedrich Naumann beschäftigten und selbst dahingehende Vorstellungen entwickelten. Ungarn suchte mit Blick auf die Nachkriegszeit ein höheres Maß an Unabhängigkeit zu erlangen, wollte aber letztlich am Dualismus festhalten. Doch weder für die nordslawischen Polen, Tschechen und Slowaken, noch für die südslawischen Serben, Kroaten und Slowenen der Habsburgermonarchie war eine solche Zukunft attraktiv. Daher wurde auch die Kriegszieldiskussion von Wien aus mit äußerster Zurückhaltung geführt, wobei insbesondere territorialer Zugewinn fast ausgeschlossen wurde. Denn mehr Territorien bedeuteten noch mehr Nationalitätenprobleme.

Und die militärischen Erfolge gaben diesen Überlegungen sehr wohl Auftrieb. In der sogenannten Neujahrsschlacht vom 20. Dezember 1915 bis zum 26. Januar 1916 errangen die k. u. k. Truppen einen bemerkenswerten Abwehrsieg an der russischen

Front. Die Zuversicht stieg gewaltig an. Wohl rechnete Conrad mit einer Frühjahrsoffensive der Russen, aber die gegen den Willen der Deutschen gemachte Eroberung Montenegros und die Vertreibung der Reste der serbischen Armee schienen Conrad zu bestätigen. Diese Lage beflügelte auch die Diskussion um die Kriegsziele Österreich-Ungarns. Conrad sprach nur mehr von einem »Siegfrieden« und verwarf wesentlich moderatere Vorstellungen des Ministers des Äußern, Graf Burián, aber auch des Kriegsministers, Baron Krobatin.

Im Januar 1916 verlangte Conrad die bedingungslose Kapitulation Montenegros und den Verlust von dessen Eigenstaatlichkeit. Als die k. u. k. 47. Infanteriedivision das Lovcenmassiv eroberte, bot Montenegro von sich aus Waffenstillstandsverhandlungen an. Nach längeren Verhandlungen kam es am 23. Januar zur Kapitulation. König und Regierung flohen. Die k. u. k. Truppen stießen nach Albanien vor, sie gelangten an den Skutarisee, und da in Albanien eine Zentralmacht fehlte, besetzten sie etwa zwei Drittel des Landes, bis sie bei Valona auf italienische Truppen stießen und diese einschlossen. Dieser Erfolg brachte Conrad dazu, ein Versöhnungsschreiben an Falkenhayn zu richten. Der Geburtstag Kaiser Wilhelms bot den Anlaß zu einer großen Versöhnungsfeier in Pleß. Die Gespräche drehten sich fast ausschließlich darum, wie es gelingen könnte, einen weiteren Gegner aus der Ententefront herauszubrechen. Und genau bei dieser für die gemeinsame Kriegführung ungemein wichtigen Frage schieden sich nicht nur die Geister, sondern zeigte sich, daß die Versöhnungsgeste nicht viel besagte. Denn angesichts der Unmöglichkeit, gemeinsame Ziele zu definieren, begann jeder für sich zu planen und hielt dies vor dem Bundesgenossen geheim.

Conrad bereitete eine Offensive gegen Italien vor, weil er den Italienern den Kriegseintritt auf Seiten der Entente als besondere Perfidie ankreidete und sie schlagen und demütigen wollte. Falkenhayn waren solche Gedankengänge fremd. Er plante das Ansetzen der »Blutpumpe« bei Verdun, worüber er wiederum Conrad im Unklaren ließ. Das deutsche Große Hauptquartier übersiedelte nach Charleville-Mézières.

Und so begannen getrennte Unternehmungen, die letztlich beide scheiterten. Conrad zog zwei k. u. k. Armeen in Südtirol zusammen, die unter dem Kommandanten der Südwestfront, Erzherzog Eugen, eine überraschende Offensive aus der Region der Hochfläche der Sieben Gemeinden machen und in die Tiefebene nördlich von Venedig vorstoßen sollten. Ein kühner Plan, der aber von einer Reihe Unwägbarkeiten abhing, und den jegliche Friktion scheitern lassen konnte.

Aufgrund von wetterbedingten Schwierigkeiten verzögerte sich der Aufmarsch, und dieser Umstand konnte letztlich nicht geheimgehalten werden. Noch vor Angriffsbeginn gelang den Italienern ein spektakulärer Erfolg: die Sprengung des Gipfels des Col di Lana. Der Gipfel gehörte nun den Italienern. Der Beginn der österreichischen Offensive mußte immer wieder verschoben werden. Das war aber nicht nur eine der üblichen Friktionen, sondern offenbarte ein Dilemma ganz anderer Art. Das Armeeoberkommando führte den Krieg von Teschen aus. Und Conrad weigerte sich nicht nur, sich gelegentlich an der nahegelegenen Ostfront von den wahren Verhältnissen zu überzeugen und das Gespräch mit den Armeekommandanten und Kommandierenden Generalen zu suchen; er fuhr auch nie an die Südwestfront und litt daher zunehmend unter einem Realitätsverlust, der schließlich groteske Ausmaße annahm. Endlich, am 15. Mai 1916, ließ die Schneelage den Beginn der Offensive zu, deren Namen bezeichnenderweise »Die Strafexpedition« lautete. Die Wucht des österreichisch-ungarischen Angriffs, der von schwerer und schwerster Artillerie eingeleitet wurde, war so groß, daß die ungefähr ebenso starken Italiener nirgends standhalten konnten. Sie verloren ihre Sperrforts und wurden aus ihren Stellungen geworfen. Da es das Bestreben der k. u. k. Befehlshaber war, den systematisch begonnenen Angriff fortzusetzen, kam es aber sehr rasch zu erheblichen Verzögerungen. Die schwere Artillerie ließ sich nur unter außerordentlichen Anstrengungen und dementsprechend langsam nachziehen. Der Grund für dieses Verfahren, das erstmals in diesem Krieg unter ausdrücklichem Verweis auf die Schonung von Menschenleben gewählt wurde, lag aber nicht in einer geänderten Militärdoktrin, sondern darin, daß der österreichische Thronfolger, Erzherzog Karl, ein Korps befehligte und unmißverständlich angekündigt hatte, jene Offiziere zur Verantwortung zu ziehen, die nicht so rücksichtsvoll wie möglich mit den ihnen anvertrauten Soldaten umgingen. Das war sicherlich ein notwendiger Hinweis, doch die Auswirkungen des daraufhin einsetzenden zögerlichen Vorgehens bestanden darin, daß der während der ersten Tage erzielte Erfolg nicht ausgenutzt wurde. Man wartete auf die schwere Artillerie. Und mittlerweile warfen die Italiener von anderen Frontabschnitten alles nach Südtirol, um eine Katastrophe zu verhindern. Der Krieg stand auf des Messers Schneide – und vielleicht ist er wirklich am Pasubio und am Monte Meletta verloren gegangen. In weiterer Folge wurden die Österreicher am Austritt in die Ebene gehindert und in einigen Abschnitten sogar auf ihre Ausgangsstellungen zurückgedrängt. Doch nicht nur in Italien kam die k. u. k. Armee in eine Krise. Noch mehr war das in Rußland der Fall.

Bereits zehn Tage nach Beginn der Südtirol-Offensive erwarteten die Italiener einen russischen Entlastungsangriff, um den österreichischen Druck auf dem italienischen Kriegsschauplatz zu vermindern. General Brussilow begann seinen Angriff mit einem von den Russen bis dahin nicht angewendeten intensiven Trommelfeuer, das die k. u. k. Truppen unvorbereitet traf. Sie räumten die vorderen Stellungen. Die Führung der 4. Armee versagte, eine ganze Front geriet ins Wanken. Falkenhayn schickte keine deutsche Verstärkungen und so entstand eine Einbuchtung der Front von 75 km Tiefe und 20 km Breite. Erzherzog Joseph Ferdinand, der Kommandant der 4. Armee, wurde seines Kommandos enthoben und durch General Tersztyánszky ersetzt. Die Russen griffen bei Luck an und brachen durch. Auch der Angriff ostwärts von Czernowitz war erfolgreich, außerdem liefen hier die Ruthenen in großer Zahl zu den Russen über. An einen geordneten bzw. gestaffelten Rückzug war nicht mehr zu denken, es gab keine Gefechtsleitung mehr.

Das AOK war zunächst wie gelähmt. Conrad konnte sich nicht entschließen, Truppen aus Italien abzuziehen, da die Bestrafung des »perfiden« ehemaligen Bündnispartners in seinem Denken absolute Priorität besaß. Zwei Divisionen wurden dann doch an die russische Front umgeleitet; auch Falkenhayn sprach plötzlich davon, Truppen zur Verstärkung zu schicken. Um noch zu retten, was zu retten war, mußte Conrad die Südtirol-Offensive abbrechen. Trotzdem drangen die Russen immer weiter vor, vermieden es, mit deutschen Truppen zusammenzutreffen, und die Österreicher erlitten immer schwerere Verluste. Schließlich wurde der deutsche Befehlsbereich schlagartig ausgeweitet und auch die k. u. k. 4. Armee der deutschen Führung unterstellt.

Nach einer vorsichtigen Schätzung betrugen die Verluste der k. u. k. Truppen ca. 200.000 Soldaten. Czernowitz wurde ein zweites Mal den Russen überlassen. Was jetzt folgte, entsprach einem schon geübten Ritual: Conrad trat einen weiteren Canossagang an und fuhr zu Falkenhayn nach Berlin. Der deutsche Generalstabschef wußte natürlich, daß der Bundesgenosse wieder einmal vor einem Zusammenbruch stand und daß nur eine gemeinsame größere Operation Erfolg haben konnte. Man nahm auf die Empfindlichkeit des österreichischen Bündnispartners sehr wohl Rücksicht und unterstellte eine neue 12. Armee dem Thronfolger Erzherzog Karl mit dem deutschen General von Seeckt als Generalstabschef. Da auch die k. u. k. 7. Armee und die deutsche Südarmee Karl unterstellt wurden, führte der Erzherzog nominell drei Armeen, die aber de facto von Hans von Seeckt kommandiert wurden.

Ein zusätzlicher Brennpunkt entstand im Raum Baranowitschi nördlich des Pripjet. Doch hier scheiterten die Russen an der deutschen Abwehr. Das erhärtete die Meinung, daß »Kamerad Schnürschuh« einen deutschen Oberbefehl brauchte. Da es der deutschen Obersten Heeresleitung geraten schien, den Bündnispartner weit stärker als bisher von den Entschlüssen der OHL abhängig zu machen, nahm der Gedanke eines gemeinsamen Oberbefehls immer konkretere Gestalt an. Zunächst kam es zur Bildung der sogenannten Hindenburg-Front im Osten und damit auch zur Unterstellung weiterer k. u. k. Truppen unter das Kommando des deutschen Generalfeldmarschalls. Conrad stemmte sich zwar gegen diese Neuregelung, doch er hatte keinen Verhandlungsspielraum mehr. Die österreichisch-ungarische Nordostfront stand vor dem Zusammenbruch, es kam zu Munitionsengpässen und erstmals gab es auch zu wenig Soldaten.

Damit erhielten jene Auftrieb, die schon seit langem meinten, nur eine komplett veränderte Kommandostruktur würde noch in der Lage sein, die endgültige Wende im Krieg zu bringen und jenen »Siegfrieden« zu ermöglichen, der in dem Ausmaß mehr und mehr das Denken beherrschte, wie die Verluste und Opfer zunahmen. Da schließlich sowohl der Armeeoberkommandant Erzherzog Friedrich als auch Kaiser Franz Joseph der Bildung einer »Gemeinsamen Obersten Kriegsleitung« zustimmten, war ein entscheidender Schritt getan worden. Nicht so sehr aber, wie man in Wien vielleicht gehofft hatte, in Richtung Entmachtung des AOK, sondern vielmehr dahin, daß Österreich-Ungarn einen markanten Verlust an Souveränität erlitt und sich letztlich auch der österreichische Kaiser dem deutschen Monarchen unterordnete.

Conrad sah den Tag seiner Enthebung immer näher rücken. Doch er überdauerte noch einmal, während Falkenhayn aus eher vordergründigen Motiven kurz darauf seinen Abschied nehmen mußte. Er hatte mehrfach in Abrede gestellt, daß Rumänien doch auf der Seite der Entente in den Krieg eintreten würde. Und er hatte sich geirrt. Doch nach dem Kriegseintritt Rumäniens im August 1916 wurde Falkenhayn die Genugtuung zuteil, den Feldzug gegen Rumänien zu führen. Deutschen, österreichisch-ungarischen und bulgarischen Truppen war ein ähnlich rascher und vollständiger Erfolg beschieden wie ein Jahr zuvor im Feldzug gegen Serbien.

Angesichts der Veränderungen im Inneren der Habsburgermonarchie verloren aber die militärischen Ereignisse zunehmend an Bedeutung. Den Beginn dieser Veränderungen markierte die Ermordung des österreichischen Ministerpräsidenten. Graf Stürgkh hatte allen Versuchen getrotzt, ihn zum Rücktritt zu bewegen. Solange Stürgkh das Vertrauen seines alten Kaisers hatte, wollte er nicht weichen. Insbesondere weigerte sich der österreichische Ministerpräsident, den Reichsrat wieder einzuberufen, weil er eine öffentliche Absage der Nationalitäten an die Monarchie befürchtete. Am 21. Oktober 1916 wurde Stürgkh im Hotel »Meisl und Schadn« in Wien vom Sohn des Führers der österreichischen Sozialdemokraten, Friedrich Adler, erschossen. Das Entsetzen über diesen Mord war zwar groß, aber nicht sehr nachhaltig. Franz Joseph schien der einzige zu sein, der betroffen war, das Reich aber ging zur Tagesordnung über. Der neue Ministerpräsident, Baron Koerber, bildete zwar wieder eine Art Beamtenkabinett, dessen Übergangscharakter war aber deutlich zu erkennen.

Noch ehe die Arbeit des neuen Regierungschefs zur Beurteilung stand, starb Kaiser Franz Joseph am 21. November 1916. Der Tod des Kaisers war schon lange erwartet worden, war aber letztlich doch ein Schock. Man betrauerte nicht den Tod eines alten Mannes, sondern den Hingang eines unvergleichlichen Symbols, einer integrativen und Autorität ausstrahlenden Persönlichkeit. Zunächst aber galt die Aufmerksamkeit dem neuen Herrscher, Kaiser und König Karl. Als Vertreter einer wesentlich jüngeren Generation setzte man in ihn große Erwartungen. Der Thronfolger trat mit einer Mischung aus Unerfahrenheit, Idealismus, Trotz, persönlichen Präferenzen und Abneigungen sein neues Amt an. Karl brachte den Deutschen keine Sympathien entgegen und war bemüht, für den Frieden und gegen den Krieg zu kämpfen. Er nahm von allem Anfang an deutlich persönlichen Einfluß auf die Regierungsgeschäfte beider Reichshälften, handelte rasch und zielstrebig, wies sich gegenüber der Armee als »Allerhöchster Kriegsherr« aus und übernahm den Oberbefehl über Heer und Kriegsmarine.

Bald begann der neue Kaiser die Personen an der Spitze auszutauschen. Um den Veränderungen die Schärfe zu nehmen, verteilte Karl Ernennungen und Ehrungen im Überfluß. Die Veränderungen begannen damit, daß Karl darauf bestand, daß das AOK in die Nähe Wiens verlegt werden sollte. Des weiteren machte er deutlich, daß er die Dominanz der Deutschen nicht so hinnehmen würde. Er wünschte, daß die deutsche Oberste Heeresleitung nur die Verhandlungen mit den Verbündeten führen sollte, aber keinerlei Befehle erteilen dürfe. Ludendorff und Hindenburg blieben aber hart und bestanden auf dem bisherigen Vertrag, denn sonst könnte es sein, daß Bulgarien und das Osmanische Reich ihre Vereinbarungen aufkündigen würden. Karl mußte dieser »Erpressung« nachgeben. Er mußte sich auch einem geheimen Zusatzartikel fügen, wonach das Deutsche Reich keinerlei Verpflichtung zur Wahrung der Integrität der Habsburgermonarchie hatte. Karl untersagte weitere Verhandlungen und urteilte zutreffend, das Deutsche Reich werde von einer Militärdiktatur regiert. Am 5. Dezember fand das erste Treffen der beiden Kaiser in Pleß statt. Anschließend übersiedelte man nach Teschen, beide Male kam Karl zu spät. Es ging nicht nur um gemeinsame rüstungspolitische Fragen und um die Gemeinsamkeit der Obersten Kriegsleitung, sondern auch um Ernährungsfragen. Ministerpräsident Koerber begleitete den Kaiser und war genauso erfolglos wie dieser. Doch dem Ministerpräsidenten konnte sein Scheitern zum Vorwurf gemacht werden. Koerber reichte seine Demission ein, die Karl sofort akzeptierte. Ein fast nicht mehr abreißender Reigen von Ministerpräsidenten wurde eröffnet. Es folgten die Ersetzung Graf Buriáns als Minister des Äußern und des kaiserlichen Hauses durch Ottokar Graf Czernin, zahlreicher anderer Regierungsmitglieder und schließlich als vorläufiger Abschluß der Veränderungen im militärischen Bereich die Ablösung des Chefs des Generalstabs. Conrad wurde durch Arz von Straußenburg ersetzt und übernahm ein Heeresgruppenkommando an der Italienfront.

Die Personen wechselten zwar, doch die Probleme blieben und türmten sich. Tatsache war, daß in der österreichischen Reichshälfte trotz der strengen Bewirtschaftung die Not zunahm. Eine Hungerkatastrophe ließ sich nicht mehr verhindern. Die Zahl der Menschen, die allein in Wien Kriegsküchen frequentierten, war bis Ende 1916 von 54.000 auf 134.000 gestiegen. Die Abendmahlzeiten mußten eingestellt werden, da kein Geld mehr dafür vorhanden war. Die Armen waren somit vor allem auf private Spender angewiesen. In Ungarn gab es zwar noch mehr Lebensmittel, aber es kam auch hier zu Preistreiberei und Wucher. Da zu allem Überfluß auch zu wenig Schienenkapazitäten frei waren, um die Waren zu befördern, war auch hier nichts zu erwarten. Der ungarische Ministerpräsident Graf Tisza vertrat einen klar protektionistischen Standpunkt und spielte bei den Verhandlungen die eindeutig stärkere Position Ungarns aus. Kaiser Karl brauchte aber in seinem Vielvölkerreich die Unterstützung Ungarns, daher mußte er der »atavistischen« Verfassung Respekt zollen. Er ließ sich noch im Dezember 1916 in Ungarn krönen und vermied damit einen Streit, der etliche seiner Vorgänger jahre- bzw. jahrzehntelang beschäftigt hatte. Doch zum König von Böhmen ließ auch Karl sich nicht krönen und verspielte damit vielleicht die letzte Chance, sich die Sympathien der Tschechen zu erwerben.

Zur Zeit der Krönung in Budapest durfte Karl noch hoffen, in die Geschichte als Friedensfürst einzugehen, da Rumänien besiegt war, die Kraft Rußlands erlahmte und auch Italien nicht mehr als gefährlich galt. Doch diese Möglichkeit währte nur kurze Zeit. Karl unternahm die ersten Friedensschritte und richtete ein Schreiben an die neutralen Schutzmächte USA, Schweiz und Spanien, zur Weiterleitung an die Entente. Die Antwort der Alliierten war ernüchternd: es wurde nicht mehr und nicht weniger verlangt als die Zerschlagung der Habsburgermonarchie.

Nun mußte wieder kalkuliert werden: Wie waren die Menschenverluste auszugleichen, und war es noch möglich, weitere Kontingente auszuheben? Wie konnte der Krieg künftig finanziert und materiell genährt werden, und wie ließ sich die innenpolitische Situation ruhig halten?

Zunächst einmal tat Österreich-Ungarn alles, um nicht wie das Deutsch Reich den Bruch mit den USA herbeizuführen. Das gelang auch vorübergehend, denn die USA erklärten nach Beginn des uneingeschränkten U-Boot-Kriegs wohl dem Deutschen Reich nicht aber Österreich-Ungarn den Krieg. Unbeschadet dessen warf die öffentliche Meinung in den USA Deutschland und die Doppelmonarchie in einen Topf. Die Friedenspolitik Karls geriet in eine Sackgasse. Anfang 1917 planten die Alliierten verstärkte Angriffe an der italienischen Front, zur gleichen Zeit begannen Gerüchte über eine Revolution in Rußland zu kursieren. Als die Revolution wirklich losbrach, schien sie vorerst nur Beweis dafür zu sein, daß es auch anderswo zu kriegsbedingten Versorgungskatastrophen kommen konnte. Doch dann begann man in Österreich das ganze Ausmaß der Vorgänge in Rußland zu erahnen. An der Front tauchten die ersten Flugblätter auf, die Russen kamen aus ihren Schützengräben heraus und suchten die Verbrüderung mit ihren Gegnern. Sie stießen zwar auf wenig Gegenliebe, und die k. u. k. Armeekommandanten gaben Befehl, die Anbiederungsversuche abzuweisen. Die Mittelmächte stellten aber dann doch ihre Kampfhandlungen ein und warteten ab. Nachdem sich die bürgerliche Regierung in Rußland etabliert hatte und gegenüber der Entente ihre Bündnistreue beteuerte, ging der Krieg weiter. General Brussilow wurde Oberbefehlshaber des russischen Heeres, der militärische Alltag war wieder eingekehrt. Allerdings begannen Rußland und die Ententemächte in ihre Propaganda immer mehr einfließen zu lassen, daß es nunmehr gelte, die monarchischen Diktaturen in Deutschland und Österreich-Ungarn zu bekämpfen. Gerade die Habsburgermonarchie wurde als Hort der Repression dargestellt – und das zu einer Zeit, da sich tatsächlich demokratische Verhältnisse zu entwickeln begannen. Doch die Zeichen standen auf Sturm.

Am 30. Mai 1917 trat der Reichsrat Cisleithaniens zum erstenmal seit dem März 1914 zusammen. Ministerpräsident Clam-Martinic sah keine Chance, sich gegen die Nationalitätenvertreter zu behaupten und demissionierte. Ihm folgte Ernst Ritter von Seidler.

Auch in Ungarn gärte es. Im Ausbruch der Russischen Revolution sahen die Ungarn den Beweis dafür, daß es höchste Zeit für Reformen sei. Allein der ungarische Ministerpräsident Tisza sah sich und Ungarn als Garant für Kontinuität, Stabilität und Gewaltenteilung in einer immer chaotischer werdenden Welt. Der Monarch deutete Tisza an, daß er Erzherzog Joseph an seiner Stelle sehen wollte, Tisza nahm dies nicht zur Kenntnis. Karl forderte die Ausarbeitung eines neuen Wahlgesetzes aufgrund eines allgemeinen, gleichen und direkten Wahlrechts. Das einzige wozu Tisza bereit war, war eine geringe Ausweitung des Wahlrechts. Sowohl Karl als auch die ungarische Opposition sahen das als zu wenig an, und als sich Tisza weigerte, seinen Vorschlag zu ändern, wurde er zur Demission gezwungen. Sein Rücktritt blieb nicht ohne Wirkung. Das Wahlrecht wurde aber trotz einer neuen Regierung nicht geändert, und damit war sein Sturz eigentlich unsinnig geworden. Wohl aber drängten in der Folge auch in Ungarn die Radikalen an die Macht.

Mittlerweile war die Lage an der Ostfront durch den Versuch gekennzeichnet, einen Waffenstillstand mit den Russen zu schließen. Aber am 1. Juli begann eine neue russische Offensive, die ihre Ziele, sowohl die österreichischen als auch die deutschen Armeen zum Wanken zu bringen, nicht erreichte. Es war ein klarer Abwehrsieg der Mittelmächte. Mit einer Ausnahme: Im Raum Zloczów brachen die Russen nach drei

Tagen den Widerstand der k. u. k. Truppen und erreichten durch den gezielten Einsatz von tschechischen Legionstruppen, daß große Teile der vornehmlich tschechischen Infanterieregimenter Nr. 35 und Nr. 75 zu den Russen überliefen. Die Niederlage der Österreicher war nicht wirklich gravierend gewesen, aber wieder saß der Stachel im Fleisch, daß den Russen der Durchbruch nicht bei den Deutschen, sondern bei der k. u. k. 3. Armee gelungen war. Am 19. Juli erfolgte der Gegenangriff der Mittelmächte, der das rasche Zurückweichen der Russen zur Folge hatte. Für sie brach kurz darauf die zweite Phase der Revolution an, die schließlich zum Sieg der Bolschewisten führte. Die österreichisch-ungarischen Truppen stießen über Stanislau und Kolomea bis Czernowitz vor und konnten dieses wieder einmal in ihren Besitz bringen.

Noch vor der Entscheidung im Osten unternahm Kaiser Karl einen weiteren Versuch zur Einleitung von Friedensverhandlungen. Es wurde ein Akt der reinen Geheimdiplomatie. Über seine Schwiegermutter Maria Antonia von Bourbon-Parma nahm er Verbindung mit seinem Schwager Prinz Sixtus auf, der in der belgischen Armee diente. Dieser erklärte sich bereit, in einer Nacht- und Nebelaktion nach Laxenburg bei Wien zu kommen und ein Schreiben seines kaiserlichen Schwagers entgegenzunehmen. Die drei wesentlichsten Punkte waren: Österreich-Ungarn habe kein Interesse an Serbien; Belgien sollte wieder souverän und Elsaß-Lothringen an Frankreich gegeben werden. Prinz Sixtus gab den Brief an die Franzosen weiter. Bei einem Treffen des französischen Ministerpräsidenten Ribot mit dem englischen Premierminister Lloyd George kam der Brief zur Sprache, aber man war sich sofort klar, daß das verbündete Italien gegen diese Vorschläge heftig protestieren würde. Die Gespräche verliefen im Sand.

Obwohl von dieser Aktion vorderhand nichts verlautete, war der deutschen Führung klar, daß Österreich-Ungarn seine eigenen Wege gehen wollte. Daher sollte ihm sein letzter »Privatkriegsschauplatz« genommen werden. Ähnlich unerwartet wie seinerzeit bei Gorlice-Tarnów wurde Österreich-Ungarn massive Truppenhilfe für die Italienfront zugesagt. Wieder begann ein getarnter Aufmarsch, der eine deutsche Armee in das obere Isonzotal brachte. Und dann, am 24. Oktober 1917, begann ein Unternehmen, das als 12. Isonzo-Schlacht in die Geschichte eingehen sollte. Der Giftgasangriff nach Ende des Vorbereitungsschießens brachte einen unerwarteten Erfolg, da die italienischen Gasmasken von den deutschen Giftgassorten durchdrungen wurden. Anschließend begannen drei deutsche und ein österreichisches Korps durch die Talengen und über die angrenzenden Gebirgszüge vorwärts zu stürmen. Nach insgesamt 72 Stunden stand die italienische 2. Armee vor der Vernichtung. Inzwischen hatten die zwei Armeen der k. u. k. Heeresgruppe Boroević begonnen, an die adriatische Küste vorzugehen und drängten die 3. italienische Armee zurück. Der Wettlauf zur Piave begann. Der Fluß wurde von k. u. k. Truppen Anfang Dezember überschritten, ehe die Front erstarrte. Doch sie war für die Italiener bedenklich nahe an Venedig herangekommen.

Für Österreich-Ungarn hatte diese Durchbruchsschlacht kurze Zeit den Gedanken an einen »Siegfrieden« wieder aufleben lassen. Über 300.000 italienische Kriegsgefangene wurden in die Lager gebracht. Für einige Zeit konnten sich die k. u. k. Truppen mit dem versorgen, was sie bei den Italienern erbeutet hatten. Doch eines blieb dabei unberücksichtigt: Da die Eisenbahnen der Monarchie wochen- und schließlich monatelang fast nur Truppen und Kriegsmaterial transportiert hatten, war es nicht möglich gewesen, das für den Winter wichtige Brennmaterial und kälteempfindliche Lebensmittel zu transportieren. Von daher war der Sieg über die Italiener gleichzeitig der Grund für eine Hungerkatastrophe in Österreich und den Ausbruch von Revolutionen. Die Doppelmonarchie hatte einen klassischen Pyrrhussieg errungen.

Die Entente begann, Truppenverstärkungen nach Italien zu schicken. Und die USA erklärten Österreich-Ungarn den Krieg. Doch in Wien und Budapest nahm man das nicht so recht wahr. Man war auf Sieg eingestellt und hoffte auf Friedensverhandlungen.

Der 2. Allrussische Kongreß der Arbeiter- und Soldatenräte billigte den Friedensvorschlag der Revolutionsregierung unter Lenin und bat um Einstellung der Feindseligkeiten. In Wien wurde der Vorschlag veröffentlicht, in Berlin versuchte man dies zu verhindern, aber die Kontakte zwischen deutschen Sozialdemokraten und Bolschewiken waren bereits in Schweden intensiv gepflegt worden. Nach längeren Verzögerungen kam am 29. November ein Vorschlag der Russen, daß die Verhandlungen in Brest-Litowsk geführt werden sollten.

Wien und Berlin hatten vorerst grundsätzliche Differenzen, mit welchem Ziel die Verhandlungen zu führen waren. Zuerst wurde ein Waffenstillstand geschlossen, die Waffenruhe sollte bis 14. Januar 1918 dauern, mit einer automatischen Verlängerung, bei siebentägiger Kündigungsfrist. Auch Rumänien bat um einen Waffenstillstand und schloß sich den Verhandlungen an. Seine Lage war aussichtslos, und so kam es am 9. Dezember zum Vertrag von Focşani.

Doch für Österreich-Ungarn war es eigentlich schon zu spät. Zu Beginn des Jahres 1918 kam es in Ungarn, Siebenbürgen und Polen zu Streiks. Die Versorgungslage war schlechter denn je, aber nun mischten sich auch nationale und radikale Elemente in diese Unruhen ein. Die Tschechen und Südslawen forderten ein Mitspracherecht bei den Verhandlungen in Brest-Litowsk, aber ihre Forderungen stießen auf taube Ohren. Eine Proklamation der Tschechen wurde nicht veröffentlicht, was der Regierung Seidler ein Mißtrauensvotum der tschechischen Abgeordneten einbrachte. In den Daimler-Werken bei Wiener Neustadt, einem der großen Rüstungsbetriebe, kam es zu Arbeiterunruhen, diese griffen auf das gesamte Gebiet des Steinfelds über und erreichten schließlich Wien. Die Streiks weiteten sich auch nach Mähren, Böhmen und Schlesien aus. Viele meinten, das zentrale Thema sei der Hunger, aber das war ein Irrtum. Das zentrale Thema war der Frieden!

Ministerpräsident Seidler gelang es nicht, Ordnung zu schaffen. Czernin riet dem Kaiser, von den Deutschen eine Lebensmittelhilfe zu erbitten, in Ungarn schärfer durchzugreifen und auch von dort noch eine zusätzliche Aushilfe zu bekommen. Auch er glaubte, daß es primär gelte, den Hunger zu bekämpfen. Aber den Streiks war damit nicht beizukommen, es bereitete sich ein Massenaufstand vor. Die Bevölkerung begann sich zu fragen, ob die Russische Revolution auf die Monarchie übergreifen würde. Nun erscholl der Ruf nach dem starken Arm des Militärs. Die Regierung stellte mobile Truppen im Hinterland auf, die allerdings nicht zum Einsatz kamen, da der Kaiser eine große Abscheu vor jeglicher Militärdiktatur hegte. Seidler begann mit den Spitzen der Sozialdemokratie zu verhandeln und ging auf alle Forderungen ein. Daraufhin wurde zur Beendigung der Streiks aufgerufen. Die Radikalen sahen sich um den Erfolg der Ausstände betrogen.

In Brest-Litowsk waren unterdessen die Verhandlungen weitergegangen. Die Ukraine wollte sich von Rußland lösen und führte separate Friedensgespräche. Auch kurländische und litauische Diplomaten mischten sich ein, das Selbstbestimmungsrecht war zum Stolperstein geworden. Am 9. Februar kam es zum sogenannten Brotfrieden, die Ukraine sollte Getreide liefern, dafür würden die Mittelmächte sie im Falle einer Bedrohung durch die Russen unterstützen. Die Russen brachen daraufhin die Verhandlungen ab und drohten mit der Fortsetzung des Kriegs. Doch es war letztlich eine leere Drohung und die Russen mußten das Diktat akzeptieren. Am 3. März wurde der Friede von Brest-Litowsk unterzeichnet, der den Russen – außer der Abspaltung der Ukraine – den Verlust von Finnland, dem Baltikum und Polen brachte.

Außenminister Czernin hatte sich bei den Verhandlungen nicht durchsetzen können, denn seine von Kaiser Karl vorgegebene Linie der Konzessionen konnte die deutschen

Verhandler weder überzeugen noch beeinflussen. Der Zwiespalt wurde denn auch immer wieder deutlich, und sogar in einem Fall, wo dies eigentlich nicht zu erwarten gewesen war. Als nämlich die Ukraine Österreich-Ungarn aufforderte, seine Zusage einzulösen und mit Schutztruppen in die Ukraine einzumarschieren, wollte Kaiser Karl davon nichts wissen. Erst die Drohung, daß Österreich dann auch keine Lebensmittellieferungen aus der Ukraine zu gewärtigen hätte, ließ ihn seine Haltung revidieren.

Gemeinsam stießen nun deutsche und k. u. k. Truppen nach Kiew, Charkow, Odessa und Shitomir vor. Am 13. März räumte die k. u. k. Donauflottille die letzten Minen im Donaudelta und dampfte zur Sulinamündung ins Schwarze Meer. Österreich-Ungarn besetzte die Gouvernements Podolien, Cherson und Jekaterinoslaw, alle anderen fielen an die Deutschen. Vom »Brotfrieden« blieb jedoch bald nichts mehr, da es zeitweilig nicht einmal möglich war, die zur k. u. k. 2. Armee zählenden »Schutz«-Truppen aus dem Land zu versorgen.

Auch der Friede mit Rumänien hatte seine Tücken. Kaiser Karl wollte auf alle Gebietsabtretungen verzichten, doch da trat Ungarn auf den Plan und verlangte das Gebiet um Turnu-Severin und die Herausgabe einiger Ölfelder in Moldavien. Rumänien zeigte sich diesen Vorschlägen wenig geneigt. Erst als das Deutsche Reich mit Kampfhandlungen drohte, lenkte Rumänien ein. Schließlich meldeten sich Bulgarien und das Osmanische Reich, die alle territorialen Wünsche befriedigt sehen wollten. Man begann sich in klassischer Weise über die Beute zu streiten. Im Mai 1918 kam endlich der Friede von Bukarest zustande.

Ein neues Problem tauchte am Horizont auf: Durch die Friedensschlüsse im Osten waren mehrere Millionen deutscher und österreichisch-ungarischer Soldaten frei geworden. Von den österreichischen Truppen sollte der Großteil nach Italien verlegt werden. Dazu kam, daß auf Grund der friedensvertraglichen Bestimmungen die Kriegsgefangenen ausgetauscht werden sollten. Auch sie waren im Fall Österreich-Ungarns dazu bestimmt, den Krieg fortzusetzen. Doch die Soldaten rebellierten. Hatte man im Februar 1918 noch einen Aufstand im Flottenhafen Cattaro so sehen können, daß unterbeschäftigte, schlecht versorgte und schikanierte Matrosen gemeutert hatten, so war das Zeichen, das von den neuerlichen Meutereien im April ausging, ein ganz anderes. Jetzt begannen jene den Aufstand, von denen bis dahin angenommen worden war, sie würden immer und überall gehorchen. Die Heimkehrer aus der Kriegsgefangenschaft hatten sich Freude und Dankbarkeit erwartet, statt dessen empfing sie Mißtrauen. Statt sie vorbehaltlos aufzunehmen, wurden sie häufig drangsaliert und bei der ersten sich bietenden Gelegenheit an die Italienfront verfrachtet. Die ersten Meutereien gab es in Judenburg und Graz. Doch auch im Befehlsbereich Krakau und anderswo kam es zu Meutereien. Meist brachen die Rebellionen nach wenigen Stunden und Tagen zusammen, Standgerichte und ordentliche Militärgerichte amtierten, und dann erfolgte die Exekution der Rädelsführer oder jener, die man dafür hielt. Doch es wurde nur an den Symptomen herumgedoktert und überhaupt nicht erkannt, was hinter diesen Meutereien wirklich stand, nämlich die beginnende Auflösung. Auch die Streiks rissen nicht ab: böhmische, mährische, ungarische und schlesische Gruben wurden bestreikt, ebenso die Fabriken. Plünderungen und Demolierungen der Geschäfte durch die verarmte Bevölkerung waren an der Tagesordnung. Die Menschen scherten sich um keine Autorität mehr, denn schließlich hatte mittlerweile auch der Kaiser seinen Vertrauensvorschuß verspielt. Dabei machten ihm die einen zum Vorwurf, daß er es nicht geschafft hatte, Frieden zu schließen, während die anderen ihm gerade seine Friedensbemühungen vorwarfen.

Ein dummer Zufall hatte zur Folge, daß der Versuch Kaiser Karls, über seinen Schwager Sixtus die Entente friedenswillig zu machen, zu einem regelrechten Skandal führte. Im April 1918 hielt Graf Czernin vor dem Wiener Gemeinderat eine Rede, in der er Forderungen des französischen Ministerpräsidenten Georges Clemenceau für einen Friedensschluß als irrelevant abtat. Daraufhin ließ ihm der Franzose über die Agence Havas ausrichten, diesbezügliche Vorschläge seien einige Zeit zuvor auch von Österreich gemacht worden. Czernin, der nicht wußte, daß sein Kaiser gemeint war, höhnte zurück. Daraufhin ließ Clemenceau den Brief, in dem Karl das Anrecht Frankreichs auf Elsaß-Lothringen erwähnt hatte, veröffentlichen. Als Karl leugnete, das geschrieben zu haben, veröffentlichten die Franzosen die gesamte Korrespondenz. Jetzt war der Skandal da. Der Kaiser beschwor Czernin, die Verantwortung zu übernehmen, dieser weigerte sich, drohte mit Selbstmord und versuchte Karl zu überreden, temporär abzudanken und die Regentschaft einem Erzherzog zu übertragen. Doch unter dem Einfluß der Kaiserin Zita weigerte sich Karl abzudanken und ließ statt dessen seinen Minister demissionieren.

Das Ansehen Karls war schlagartig ins Bodenlose gesunken, und man zollte weithin Czernin Anerkennung für seine Haltung. Auch Kaiser Wilhelm war empört, und es gelang Karl trotz großer Worte und Solidaritätsversicherungen nicht, das Odium des Verrats abzustreifen. Kaiser Wilhelm verlangte von Karl eine Entschuldigung, die dieser schließlich abgab. Was aber viel schwerer wog, war der Umstand, daß deutscherseits von Österreich-Ungarn ein noch weitergehender Souveränitätsverzicht gefordert wurde. Karl unterwarf sich regelrecht, und aus der »Gemeinsamen Obersten Kriegsleitung« wurde eine »Oberste Kriegsleitung«, die der Donaumonarchie eigentlich keinen Spielraum mehr ließ. Die Reaktion der Feindmächte erfolgte prompt: Die Entente hielt weitere Friedensgespräche mit Österreich-Ungarn für sinnlos, und die USA wollten nicht nur das in den Vierzehn Punkten Präsident Wilsons festgelegte Selbstbestimmungsrecht für die Völker der Donaumonarchie angewendet wissen, sondern begannen auch schon mit der Anerkennung von Exilregierungen. Damit war das Todesurteil über den Vielvölkerstaat Österreich-Ungarn gesprochen.

In dieser Phase des zu Ende gehenden Kriegs plante das AOK in Baden eine weitere, die letzte Offensive der k. u. k. Armee. Sie sollte in Italien geführt werden und nach den Vorstellungen der Operationsabteilung den Truppen zumindest die Möglichkeit geben, noch einmal ihren Bedarf bei den Alliierten einzudecken. Doch die Offensive wurde schon in der Planungsphase zum Debakel. Es gab keinen klaren Schwerpunkt, weil sich der Generalstabschef Arz von Straußenburg nicht gegen die Heeresgruppenkommandanten Conrad und Boroević durchsetzen konnte. Der eine wollte aus dem Gebirge, der andere an der Piave antreten. Zum Schluß wurde jedem etwas und allen nichts gegeben. Die Heeresgruppe Conrad griff am Tonalepaß an, ohne großen Schwung und obgleich es Mitte Juni war, bei strömendem Regen und Kälte. Die Alliierten hatten über den Zeitpunkt des Angriffs Bescheid gewußt und begannen mit heftigem Artilleriestörfeuer. Die k. u. k. Truppen kamen über ihre Ausgangsstellungen nicht hinaus. Zur gleichen Zeit begann die Heeresgruppe Boroević den Brückenschlag über die Piave, die Hochwasser führte. Trotz örtlicher Erfolge auf dem Höhenrücken des Montello scheiterte die Offensive schon im Ansatz und mußte nach 72 Stunden beendet werden. Bei dieser »Piave-Offensive« genannten Schlacht zeigte sich aber nicht nur das Versagen der Führung, sondern ebenso deutlich die Unmöglichkeit, rüstungsmäßig mit den Alliierten Schritt zu halten. Hatte Österreich-Ungarns Kriegsindustrie anfänglich sowohl Russen als auch Serben und Italiener regelrecht »niedergerüstet«, so war sie seit 1917 immer mehr ins Hintertreffen geraten. Es fehlten die Rohstoffe und die notwendigen Innovationen, auch wenn beispielsweise weder in Rußland noch in Italien oder auf dem Balkan von einem der Alliierten Tanks eingesetzt wurden. Doch die Artillerie war abgenutzt und konnte nicht mehr erneuert werden, die Flugzeuge waren zu langsam und ihre Motoren fielen schon nach verhältnismäßig wenigen Flugstunden aus. Die Uniformen der Soldaten waren zerschlissen, die Fußbekleidungen lösten sich auf, und der Zusammenhalt ging mehr und mehr verloren. Jeder verdächtigte jeden, nicht mehr kämpfen zu wollen, absichtlich kurz zu schießen und damit das Artilleriefeuer auf die eigenen Truppen zu leiten.

Als das Scheitern der Offensive im Reichsrat thematisiert wurde, hagelte es Verdächtigungen und Vorwürfe, ja bisweilen trat blanker Haß zutage. Das Führungschaos hatte nur wenige Konsequenzen. Feldmarschall Conrad von Hötzendorf wurde vom Kaiser seines Kommandos enthoben und in den Grafenstand erhoben. Doch damit war es eigentlich nicht getan. Es gab heftige Kritik am AOK, aber der Kaiser nahm sie ebensowenig zur Kenntnis wie die Kritik an seiner Person.

Auch die Kriegsmarine hatte kaum mehr Erfolge. Am ehesten galt dies noch für die U-Boote, doch auch die hielten sich in Grenzen, da der Aktionsradius der Boote mehr und mehr eingeschränkt wurde. Und die Schlachtschifflotte, einstmals der Stolz Österreich-Ungarns, die Anfang des Jahres von der Meuterei in Cattaro betroffen gewesen war, konnte wegen Brennstoffmangels nicht mehr auslaufen und erfüllte mittlerweile auch nicht mehr jene Funktion des Drohens, die man ihr zeitweilig zugutehalten konnte. Am 8. Juni wollte der Flottenkommandant, Admiral Horthy, noch einen Ausbruch wagen und abermals in die Seestraße von Otranto vorstoßen. Die Alliierten waren aber durch den starken Funkverkehr und die vermehrte Fliegertätigkeit aufmerksam geworden und lauerten der Eskadre auf. Es gelang, die *Szent István*, das modernste Schlachtschiff der k. u. k. Flotte, zu torpedieren und zum Sinken zu bringen. Daraufhin brach Horthy das Unternehmen ab. Wenig später kam vom AOK der Befehl, nur mehr die Dalmatinische Küste zu verteidigen.

Das Ende der österreichisch-ungarischen Monarchie war aber eher ein politischer als ein militärischer Akt. In Ungarn gärte es, und man sah sorgenvoll auf den Balkan. Sorge galt aber nicht nur der herannahenden Front, sondern auch den sich in Kroatien ausbreitenden südslawischen Tendenzen. Auch in der österreichischen Reichshälfte war zu spüren, daß sich die Nationalitäten bereits neu orientiert hatten und nur mehr auf einen geeigneten Zeitpunkt warteten, um sich vom bisherigen Staatsverband loszusagen. Der österreichische Ministerpräsident Seidler konnte kein Budget mehr verabschieden, doch der Kaiser nahm seine Demission nicht an. Bei der Reichsratseröffnung warf Seidler den slawischen Parteien vor, sie wären zu keiner Zusammenarbeit bereit gewesen. Er sprach davon, wenn es einen politischen Kurs in Österreich gäbe, so könne es nur ein solcher sein, der den berechtigten Interessen des deutschen Volkes vollen Schutz gewährte. Das Haus tobte, Seidler ging noch weiter und ließ die Deutschradikalen Tumulte veranstalten. Dabei handelte der Ministerpräsident durchaus im Einvernehmen mit dem Kaiser. Doch schließlich war Seidler einfach nicht mehr tragbar. Als Nachfolger wurde der frühere Unterrichtsminister Max von Hussarek-Heinlein bestimmt. Er hatte als Nahziel einen polnisch-ruthenischen Ausgleich vor Augen und plante zusätzlich einen Ausgleich mit den Südslawen. Hussarek begann auch die nationale Trennung der Deutschen von den Tschechen in Böhmen voranzutreiben; tschechischerseits sprach man von einer »Landeszerreißung«.

Die Reichsteile und die einzelnen Länder waren so mit sich selbst beschäftigt, daß sie es wohl gar nicht wahrnahmen, daß das AOK nach Aufforderung der Obersten Kriegsleitung begonnen hatte, k. u. k. Divisionen an die Westfront zu verschieben. Letzte zaghafte Einwände dagegen waren mit der Drohung beantwortet worden, daß das Deutsche Reich die Mehllieferungen nach Österreich einstellen könnte. Daraufhin wurden vier Infanteriedivisionen in Marsch gesetzt. Sie wurden schließlich in den Strudel des Zusammenbruchs gerissen.

Das Ende kündigte sich an. Noch hielt die Front an der Piave und in den Bergen, aber niemand wußte wie lange dies noch dauern würde. Die Soldaten waren schwach und unterernährt, und allein die Heeresgruppe Boroević meldete täglich 700 neue Malariafälle. Bei einem Treffen zwischen Kaiser Karl und Kaiser Wilhelm in Spa meinte letzterer, die Friedensverhandlungen müßten noch etwas hinausgezögert werden, um die eigene Position zu verbessern. Karl aber hatte keine Hoffnung mehr. Endlich raffte er sich dazu auf, wieder einen eigenständigen Schritt zu tun. Er ließ dem Deutschen Kaiser mitteilen, daß er einseitige Friedensverhandlungen aufnehmen werde. Am 14. September schickte Österreich-Ungarn eine Friedensdemarche aus. Diese blieb ohne Folgen, da die Entente zuerst mit den Deutschen verhandeln wollte, dann erst würde man mit Österreich-Ungarn reden können. Die letzte Runde war damit eingeleitet.

Die bulgarischen Truppen zeigten Auflösungserscheinungen, vergeblich forderten sie unter Berufung auf die Militärkonvention von 1915 vom AOK Verstärkung. Britische Truppen marschierten in Bulgarien ein, und am 26. September schickte die bulgarische Regierung einen Parlamentär zu den Ententetruppen, um einen eventuellen Frontwechsel Bulgariens anzubieten. Die Entente zeigte sich desinteressiert. Bulgarien streckte die Waffen.

Infolge dieses Zusammenbruchs mußten sich die k. u. k. Truppen schleunigst aus Albanien und den besetzten Teilen Serbiens zurückziehen. Der Vorschlag von Generaloberst Arz, eine Heeresgruppe unter Feldmarschall Hermann von Kövess zu bilden, die eine Front von Skutari über Ipek und Mitrovica bis Niš aufbauen sollte, erwies sich als undurchführbar. Als Kövess endlich in Belgrad ankam, hatte Bulgarien seinen Waffenstillstand bereits abgeschlossen, und die Hauptmacht der Alliierten auf dem Balkan war auf 28 Divisionen angewachsen. In dieser ausweglosen Situation ließ Kövess den Entwurf für einen Waffenstillstand ausarbeiten.

Kaiser Karl taktierte weiter. Es sollte kein Selbstbestimmungsrecht der Nationen geben, sondern nur Ansätze zu einer Autonomie. Als es über diese Vorschläge des Monarchen zu keiner Einigung mit den Regierungen der beiden Reichshälften kam, traten sowohl der österreichische Ministerpräsident Hussarek als auch sein ungarisches Pendant, Sandor Wekerle, zurück. Karl nutzte die Regierungskrise und formulierte ein Manifest, mit dem er den Ausgleich der nationalen Gegensätze, basierend auf den Vierzehn Punkten Wilsons, verkünden wollte. Der gemeinsame Ministerrat von Außen-, Kriegs- und Finanzminister erteilte diesem Völkermanifest wohl seine Zustimmung. Doch die Südslawen und die Tschechen machten sofort deutlich, daß sie keinerlei Bindungen an das Haus Habsburg oder eine andere Nation des Reiches mehr eingehen wollten. Für sie kam nur mehr die vollständige Unabhängigkeit in Frage.

Am 20. Oktober kam eine Antwort Präsident Wilsons auf die letzte Friedensnote des österreichischen Kaisers, in der festgestellt wurde, daß die Entwicklung über die seinerzeitigen Prämissen für einen Frieden schon hinweggegangen sei und daß auf der Basis der Vierzehn Punkte nicht mehr verhandelt werden könne. Der Krieg mit Österreich-Ungarn werde erst dann als beendet gelten, wenn es diesen Staat nicht mehr gäbe.

In Agram hatte sich ein südslawischer Rat gebildet, in Budapest gab es Straßenschlachten, in Prag wurde am 28. Oktober die Republik ausgerufen. Um die Reichsangelegenheiten kümmerte sich niemand mehr. Plötzlich war es sogar schon schwierig geworden, das Reich zu liquidieren.

Am 24. Oktober starteten die Italiener bei Vittorio Veneto mit Unterstützung von Briten und Franzosen eine letzte Offensive gegen die Habsburgermonarchie, die ihr den Todesstoß versetzen sollte. Die angegriffenen k. u. k. Truppen verteidigten sich zwar noch, obwohl sie bei einzelnen Truppenteilen bis zu 70 Prozent Verluste hinnehmen mußten, doch die Soldaten kämpften nur mehr um ihr Leben und um die Möglichkeit, sich absetzen zu können. Die Front löste sich einfach auf und die Alliierten konnten leicht durchstoßen.

Kaiser Karl benachrichtigte den deutschen Kaiser, daß er ohne Rücksicht auf die Gemeinsame Kriegsleitung und die deutschen Wünsche innerhalb der nächsten 24

Stunden einen Waffenstillstand abschließen werde. Doch auch die Waffenstreckung wollte nicht mehr so einfach gelingen. Zwar wartete in Trient schon seit Anfang Oktober eine österreichische Waffenstillstandsdelegation unter General Weber, doch sie harrte eines Befehls, Kontakt mit den Alliierten aufzunehmen. Merkwürdigerweise gehörten dieser Delegation nur Militärs und keine Politiker oder Diplomaten an. Am 1. November 1918 war es dann soweit, daß ein Parlamentär über die Linien geschickt werden konnte. Von da an wurde auf italienischer Seite taktiert, denn jede Stunde mußte den italienischen Sieg vergrößern und die Situation für die Österreicher noch aussichtsloser machen. In der Nacht zum 2. November übergab die alliierte Kommission unter Leitung von Generalleutnant Pietro Badoglio die Waffenstillstandsbedingungen. Die wesentlichsten Punkte waren: 1. Unverzügliche Einstellung der Feindseligkeiten. 2. Rückzug von allen Fronten und komplette Demobilisierung. 3. Rückzug auch aus dem Gebiet südlich des Brenners und 4. Besatzungsrechte für alle Alliierten und Bewegungsfreiheit für sie innerhalb Österreich-Ungarns.

Im AOK war man erschüttert, was aber nur darauf schließen läßt, daß man sich noch immer einer Fülle von Illusionen hingegeben hatte. Was gefordert wurde, war eine mehr oder weniger bedingungslose Kapitulation. Die Antwort wurde bis 3. November erwartet, andernfalls würde die alliierte Offensive mit voller Kraft wieder aufgenommen werden.

Eine halbe Stunde vor Mitternacht nahm Kaiser Karl die Bedingungen an, und den Truppen wurde die Einstellung der Kämpfe befohlen. Der Kaiser versuchte aber auch, die Verantwortung für das eingestandene Scheitern loszuwerden und den Oberbefehl niederzulegen. Mit einem rückdatierten Befehlsschreiben wurde schließlich die Fiktion geschaffen, nicht Kaiser Karl, sondern der von ihm ohne Rücksprache ernannte neue Armeeoberkommandant, Feldmarschall Kövess, hätte die nominelle Verantwortung für das Ende der k. u. k. Armee zu tragen. Doch auch dafür interessierte sich eigentlich niemand mehr. Was wesentlich schwerer wog, war der Umstand, daß Österreich-Ungarn einen Waffenstillstand unterschrieb, in den erst nachträglich die Fristen eingebaut wurden. Und das bedeutete, daß die k. u. k. Truppen 24 Stunden vor den Alliierten die Waffen streckten. Über 300.000 Angehörige der österreichisch-ungarischen Armee gerieten in italienische Gefangenschaft. Doch die Italiener hatten zur Kenntnis zu nehmen, daß die meisten von ihnen Angehörige der neu gebildeten Nachfolgestaaten waren, von denen nur Österreich und Ungarn den Feindstaatencharakter behalten sollten.

Als in der Villa des Senators Giusti bei Padua der Waffenstillstand zwischen den Alliierten und assoziierten Mächten einerseits und Österreich-Ungarn anderseits unterschrieben wurde, hatte die Habsburgermonarchie schon längst aufgehört zu bestehen.

---

1 Deutlichster Ausdruck der mitunter tiefsitzenden Antipathien sind nicht die bald nach dem Krieg erschienenen Memoirenwerke, die sich zumeist im großdeutschen Gedankengut bewegten, sondern die Aufzeichnungen, die erst sehr viel später aus den Nachlässen veröffentlicht wurden. Beispielhaft etwa: Franz Conrad von Hötzendorf, Private Aufzeichnungen. Erste Veröffentlichung aus den Papieren des k. u. k. Generalstabs-Chefs, hg. v. K. Peball, Wien 1977, oder Adolf Wild von Hohenborn. Briefe und Tagebuchaufzeichnungen des preußischen Generals als Kriegsminister und Truppenführer im Ersten Weltkrieg, hg. v. H. Reichold/G. Granier, Boppard 1986.

2 Als Ergänzung zu den deskriptiven Darstellungen sind die bildlichen Quellen von besonderer Aussagekraft, insbesondere zu den Geschehnissen in Serbien, Kosovo, Montenegro und Albanien. M. Rauchensteiner, Der Tod des Doppeladlers. Österreich-Ungarn und der Erste Weltkrieg, 2. Aufl., Graz 1994; A. Holzer, Augenzeugen. Der Krieg gegen Zivilisten. Fotografien aus dem Ersten Weltkrieg, in: Fotogeschichte, 85/86 (2002), S. 45-74.

Literatur

G. Artl, Die österreichisch-ungarische Südtiroloffensive 1916, Wien 1983.

Die Auflösung des Habsburgerreiches. Zusammenbruch und Neuorientierung im Donauraum, hg. v. R. G. Plaschka/K. Mack, Wien 1970.

I. Deák, Der k. (u.) k. Offizier 1848-1918, Wien 1991.

P. G. Halpern, Anton Haus. Österreich-Ungarns Großadmiral, Graz 1998.

E. Hanisch, Der lange Schatten des Staates. Österreichische Gesellschaftsgeschichte im 20. Jahrhundert, Wien 1994.

R. Jerabék, Die Brussilovoffensive. Ein Wendepunkt der Koalitionskriegführung der Mittelmächte, 2 Teilbde., Wien 1982.

Österreich-Ungarns letzter Krieg, hg. v. Bundesministerium für Heerwesen und vom Kriegsarchiv, 7 Text- und 7 Beilagenbde., Wien 1930-1938.

R. G. Plaschka u. a., Innere Front. Militärassistenz, Widerstand und Umsturz in der Donaumonarchie 1918, 2 Bde., Wien 1974.

M. Rauchensteiner, Ich habe erfahren, daß mein Kaiser lügt, in: Politische Affären und Skandale in Österreich. Von Mayerling bis Waldheim, hg. v. M. Gehler/H. Sickingen, Thaur 1995.

M. Rauchensteiner, Der Tod des Doppeladlers. Österreich-Ungarn und der Erste Weltkrieg, 2. Aufl., Graz 1994.

R. Riedl, Die Industrie Österreichs während des Kriegs, hg. v. der Carnegie-Stiftung, Österreichische und ungarische Serie, Wien/New Haven 1932.

H.-H. Sokol, Österreich-Ungarns Seekrieg 1914-1918, Zürich 1933.

W. Steglich, Die Friedenspolitik der Mittelmächte 1917/18, Bd. 1, Wiesbaden 1964.

W. Steglich, Die Friedensversuche der kriegführenden Mächte im Sommer und Herbst 1917, Stuttgart 1984.

M. Uhlirz, Handbuch der Geschichte Österreichs und seiner Nebenländer Böhmen und Ungarn, Bd. 3: Weltkrieg 1914-1918, Graz 1940

R. J. Wegs, Die österreichische Kriegswirtschaft 1914-1918, Wien 1979.

S. R. Williamson, Austria-Hungary and the Origins of the First World War, Basingstoke 1991.

Rußland

Dittmar Dahlmann

Am Vorabend des Ersten Weltkrieges stand das Russische Reich vor schweren inneren und äußeren Krisen. Die Wahlen zur Duma, dem Parlament, vom Herbst 1912 zeigten deutlich die innere Zerrissenheit des Landes, ebenso wie die zahlreichen Streiks und die bäuerlichen Unmutsäußerungen als immer wieder aufflackernde Unruheherde. Ein Ausgleich zwischen den zerstrittenen politischen Parteien, zwischen den Interessen der Arbeiterschaft und denen der Unternehmer und zwischen der Bauernschaft und den Großgrundbesitzern schien kaum möglich, denn sie zeigten sich als diametral entgegengesetzt. Zugleich erlebte das Land seit 1908 einen wirtschaftlichen Aufschwung mit erheblichen Wachstumsraten, was zugleich zu einem starken Anstieg der Zahl der Industriearbeiter führte. Rußland schlug deutlich einen beschleunigten Weg der Industrialisierung mit allen damit verbundenen Problemen ein. Dabei übernahm die Rüstungsindustrie in den Jahren vor dem Ausbruch des Weltkrieges eine führende Rolle und löste den Eisenbahnbau ab.

Auf außenpolitischem Felde erlitt Rußland in der Annexionskrise um Bosnien und Herzegowina von 1908 und den Balkankriegen von 1912/13 erhebliche Prestigeverluste, als es seine Ziele auf dem Balkan weder gegen die deutsch-österreichischen noch gegen die britischen Interessen durchsetzen konnte. Die politische und wirtschaftliche Konfrontation mit dem Deutschen Reich verschärfte sich ab Ende 1913 durch das Ringen um den neuen Abschluß des Handelsvertrages, die Liman-von-Sanders-Affäre und die deutsch-russische Pressefehde. Dies stärkte im Russischen Reich neo-panslawistische nationalistische Tendenzen, die auch bei dem russischen Kaiser und Zaren Nikolaj II. mit Sympathie rechnen konnten.

Auf militärischem Gebiet erwiesen sich nach der als schmachvoll empfundenen Niederlage im Krieg mit Japan 1904/05 grundlegende Reformen als unabweisbar. Wichtigster Punkt des Programms war der Wiederaufbau einer Flotte, in den erhebliche Mittel investiert wurden. Dadurch gerieten die Landstreitkräfte in einen gewissen Rückstand. Zwischen 1908 und 1914 stiegen die Rüstungsausgaben erheblich an und machten schließlich rund 30 Prozent des Staatshaushaltes aus. Jedoch gelang es trotz aller Anstrengungen nicht, eine grundlegende Militärreform durchzuführen und die Armee auf einen zu erwartenden modernen Massenkrieg einzustellen. Wie in vielen anderen Bereichen auch, so blieben die in Angriff genommenen Maßnahmen auf halbem Wege stecken. Auch auf militärischem Gebiet zeigte sich der Dilettantismus des Herrschers, der immer noch glaubte, die wesentlichen Entscheidungen selbst treffen zu müssen. Aber seine militärische Sachkompetenz war gering und seine Entschlußkraft wenig entfaltet. Während des Russisch-Japanischen Krieges wurde 1905 ein Reichsverteidigungsrat geschaffen, dem der konservative Großfürst Nikolaj Nikolajewitsch, ein Onkel des Zaren, vorsaß. Das Gremium wurde jedoch vier Jahre später, 1909, wieder aufgelöst. Im gleichen Jahr wurde General W. A. Suchumlinow zum Kriegsminister ernannt, der bald darauf eine Dauerfehde mit dem Generalstab begann.

Die Führungsschicht des russischen Militärs zeichnete sich dadurch aus, daß sie zur Gruppenbildung tendierte und ein allgemeiner Korpsgeist kaum zu spüren war. An vorderster Front dieser Entwicklung stand der wegen seines direkten Tones im Umgang mit den Offizieren durchaus populäre Großfürst Nikolaj Nikolajewitsch, um den sich ein Kreis von jüngeren Obersten und Generalen scharte.

Ein entscheidendes Manko der Armee war die Tatsache, daß es keine einheitliche Militärdoktrin und folglich auch nur bedingt übergreifende Kriegsplanungen gab. Hinzu kam, daß auch keine für alle Truppenteile gemeinsamen Richtlinien der Ausbildung existierten. So bestimmten die Distriktkommandeure lange Zeit eigenmächtig deren Kriterien und legten auch den Zeitpunkt der Einsatzbereitschaft fest. Es gab weiterhin Kavallerieverbände, die unzureichend geschult waren. Erhebliche Defizite bestanden in den neueren Technologien, vor allem in der Kommunikation, d. h. der Ausstattung mit Telefonen und dem Einsatz von Telegraphen. Auch die Motorisierung war eher bescheiden und die Zahl der Autos und Lastwagen gering.

Erst 1910 kam es zu einem von Heer und Marine gemeinsam geplanten Finanzierungskonzept, einem Entwurf für die kommenden zehn Jahre, wobei die Flotte in der Ostsee eindeutig bevorzugt wurde. Diese Politik wurde in den nächsten Jahren vor allem auf Drängen des Marineministers I. K. Grigorowitsch fortgesetzt. Doch blieben die Erfolge eher gering. Auf Drängen des französischen Verbündeten änderte Rußland seine Aufmarschplanung für den Kriegsfall. Die Planungen des russischen Generalstabes liefen seit 1912 darauf hinaus, daß nach Abschluß der Mobilmachung der Übergang zur Offensive erfolgen sollte. Die Versorgungs- und Nachschublinien liefen durch Russisch-Polen. Dabei bestanden zwei Varianten: entweder ein Hauptschlag gegen Deutschland oder, was eher erwartet wurde, gegen Österreich-Ungarn. Der Generalstab konzentrierte sich allerdings auf eine Attacke gegen die k. u. k. Armeen.

Das letzte große militärische Reformkonzept der russischen Regierung passierte erst im Juni 1914 die Duma und konnte somit keinerlei Bedeutung gewinnen. Es war auf einen Zeitraum von drei Jahren angelegt und sah vor, eine halbe Milliarde Rubel sofort sowie jährlich 140 Millionen Rubel für die Rüstung bereitzustellen. Dadurch sollte eine Erhöhung der Rekruten von bis dahin 435.000 auf 585.000 Mann ermöglicht werden, was die Präsenzstärke auf zwei Millionen Soldaten erhöht hätte. Zudem sollte die Feuerkraft der Artillerie, vor allem der schweren Feldgeschütze, erheblich gesteigert werden. Das Programm zog die Konsequenzen aus den jüngsten militärischen Ereignissen, vor allem den Balkankriegen, an denen das Russische Reich nicht unmittelbar teilnahm, sich aber doch in erheblichem Maße engagierte.

In der Mehrheit gingen russische Militärs und Politiker, wie in vielen anderen Ländern auch, davon aus, der Krieg werde von kurzer Dauer sein. Allerdings hatte General Nikolaj N. Obrutschow, Generalstabschef der Armee, bereits im Jahre 1892, vor dem Abschluß der Militärkonvention mit Frankreich, in einem ausführlichen Memorandum an Kriegsminister P. S. Wannowskij auf die Möglichkeit eines längeren Krieges bis zur Erschöpfung des Gegners verwiesen. Er stellte zugleich fest, daß einer schnellen Mobilmachung entscheidende Bedeutung zukäme, da »die Seite, die auch nur vierundzwanzig Stunden im Hintertreffen ist, dafür möglicherweise bitter bezahlen muß.«[1]

Neben kriegstreiberischen Tönen im Lande fehlte es nicht an Stimmen, die vor einer Beteiligung Rußlands an einem künftigen Krieg warnten. Im Februar 1914 führte der ehemalige Innenminister Petr N. Durnowo in einem Memorandum für den Zaren aus, daß Rußland einen längeren Krieg kaum unbeschadet überstehen und das derzeitige System in einer Revolution hinweg gefegt werden könne. Durnowo nahm dabei keine dezidiert anti-französische bzw. prodeutsche Haltung ein, sondern vertrat die Meinung, daß ein zukünftiger Krieg die schlechteste Lösung der aktuellen Probleme nicht nur für Rußland sein würde.

Doch in der Krise vom Juli 1914 favorisierten große Teile der russischen Presse, die liberalen und konservativen Parteien und zahlreiche Minister und Militärs eine militärische Lösung des Konfliktes, nachdem ihrer Meinung nach Rußland keine weitere Einbuße seiner Macht und seines Prestiges in der internationalen Arena mehr hinnehmen konnte. Nach dem Ultimatum Österreich-Ungarns an Serbien vom 23. Juli 1914 erklärte der russische Kronrat in Zarskoje Selo am 12./25. Juli, das Land werde Serbien auch unterstützen, falls eine Mobilmachung notwendig sei und es zu Kriegshandlungen käme. Zunächst erfolgte eine Teilmobilmachung der Streitkräfte, der am 30. Juli die Anordnung der Generalmobilmachung folgte. Eine weitere Verzögerung hätte Rußland aufgrund seiner geographischen Lage hoffnungslos benachteiligt. Die Armee hatte kurz vor dem Ausbruch des Krieges eine Friedenspräsenzstärke von 1,34 Millionen Soldaten. Im Kriegsfalle sollte eine Sollstärke von rund 3 Millionen Mann erreicht werden.

Am Vorabend des Weltkrieges erlebte vor allem die Hauptstadt des Russischen Reiches eine starke Streikwelle, die sogar zum Bau von Barrikaden führte. Doch blieb es in den übrigen Teilen des Landes ruhig. Mit Kriegsausbruch kam es dann zu einem Ende der Streikaktionen. Am 1. August erklärte das Deutsche Reich Rußland den Krieg. Der Krieg war in Teilen der Bevölkerung durchaus populär und brachte eine Welle nationaler Begeisterung hervor, doch kam es unter Bauern und Arbeitern auch zu einigen Unruhen im Laufe der Mobilmachung. Im Parlament erklärten im Juli/August 1914 fast alle politischen Parteien und die Vertreter der nationalen Minderheiten ihre Zustimmung zur Regierungspolitik, so daß zunächst durchaus von einem »Burgfrieden« gesprochen werden kann. Auch die anfängliche Opposition der Sozialdemokratie und der Trudowiki, einer sozialistischen Partei, gegen den Krieg wich rasch einer Unterstützung der nationalen Verteidigung. Sogar die Bolschewiki zögerten anfangs, ob sie der von Lenin geforderten kompromißlosen Haltung gegen den Krieg zustimmen sollten. Sie entschieden sich schließlich für die radikale Opposition, und die bolschewistischen Dumaabgeordneten wurden deshalb zu lebenslanger Verbannung verurteilt.

Für die russische Regierung war es das wesentliche Ziel des Krieges, die politische, militärische und wirtschaftliche Kraft des Deutschen Reiches entscheidend zu schwächen. Dazu legte Außenminister Sergej D. Sasonow, der bis zum Juli 1916 im Amt war, im September 1914 ein 13 Punkte umfassendes Programm vor, das Gebietsabtretungen Deutschlands an Rußland, Frankreich, Belgien und Dänemark und die Aufspaltung Österreich-Ungarns in eine dreigeteilte Monarchie sowie territoriale Abtretungen an Rußland vorsah. Auch sollte das Deutsche Reich eine Kriegskontribution zahlen. Solche Pläne fanden zwar die Zustimmung Nikolajs II. und auch der russischen Verbündeten, blieben aber im wesentlichen Makulatur.

Ähnliches läßt sich von den Konzeptionen gegenüber dem Osmanischen Reich sagen. Allerdings fanden die Pläne des Landwirtschaftsministers Kriwoschein, der eine Vertreibung der Türken aus Europa favorisierte und die Eroberung Konstantinopels als Erfüllung der historischen Mission Rußlands propagierte, nicht sofort die Zustimmung des Außenministers, sondern dies war eher eine Vorstellung, die von liberalen Politikern, wie etwa dem ersten Außenminister der Provisorischen Regierung, P. N. Miljukow, durchaus geteilt wurde. Außenminister Sasonow ging es bezüglich des Osmanischen Reiches vorrangig um die uneingeschränkte Verfügung des Russischen Reiches über die lebenswichtigen Meerengen. Erst im April 1916 kamen die Alliierten mit dem Sykes-Picot-Abkommen zu einer Einigung über die Aufteilung der asiatischen Gebiete des Osmanischen Reiches, wobei Rußland erhebliche territoriale Gewinne im Nordosten Kleinasiens zufielen. Der Norden Persiens war bereits 1915 von russischen Truppen besetzt worden.

Anfang August 1914 überschritten russische Truppen die Grenze nach Ostpreußen und stießen nach Galizien vor. Sie operierten an der Nordwest- und Südwestfront gegenüber Deutschland und Österreich in den ersten Kriegswochen durchaus mit Erfolg. Dort waren sechs russische Armeen mit rund einer Million Soldaten konzentriert. Die Rückschläge begannen mit der Niederlage bei Tannenberg Ende August sowie an den Masurischen Seen Anfang September 1914, als die 1. und 2. Armee unter den Generalen Alexander Samsonow und Paul Rennenkampf von der deutschen 8. Armee unter Hindenburg und seinem Stabschef Ludendorff eingekesselt und vernichtend geschlagen bzw. vertrieben wurden.

In Galizien war der Vormarsch russischer Verbände, der 3. und 8. Armee, hingegen erfolgreicher. Diese erreichten schließlich Przemyśl und konnten die Festung im März 1915 erobern. Nach ersten Rückschlägen stießen auch die 4. und 5. Armee mit der neugebildeten 9. Armee im September 1914 vor und zwangen die k. u. k. Armeen zur Räumung von Galizien und der Bukowina. Im Oktober 1914 trat schließlich das Osmanische Reich auf der Seite der Mittelmächte in den Krieg ein. Daraufhin erklärte am 2. November 1914 Rußland der Pforte den Krieg, nachdem die Hafenstadt Odessa beschossen worden war. Rußland stand damit vor dem Problem einer Blockade seiner Schwarzmeerhäfen und mußte zudem eine weitere Front im Kaukasus und in Armenien errichten.

Im April und Mai des Jahres 1915 erfolgte die deutsche Gegenoffensive nach Litauen und Kurland und die Besetzung dieser Gebiete. Das weitere Jahr 1915 verlief für die russischen Truppen wenig erfolgreich. Dem deutsch-österreichischen Angriff konnten die russischen Einheiten nicht standhalten, so daß im Sommer Warschau, Kowno, Wilna und Brest-Litowsk aufgegeben werden mußten. Erst im Laufe des Herbstes stabilisierte sich die Front wieder. Sie verlief nun von Riga entlang der westlichen Düna über Dubno bis Tarnopol.

In Rußland kam es zu Beginn des Krieges zu antideutschen Kundgebungen, die sich auch gegen die übrigen Mittelmächte richteten. Sie gipfelten in der Erstürmung und Verwüstung der deutschen Botschaft in St. Petersburg wenige Tage nach Kriegsausbruch. In der Folgezeit suchte die russische Regierung diese Stimmungslage durch eine Gesetzgebung auszunutzen, die sich vor allem gegen die deutsche bzw. deutschsprachige Minderheit im Lande wandte. Erste Maßnahmen richteten sich gegen deutschen Grundbesitz, der nach einem bestimmten Stichtag in den westlichen, also grenznahen Gouvernements erworben worden war, dann ab 1915 auch gegen deutsches Eigentum in Gewerbe und Industrie. Allerdings gab es immer wieder Ausnahmeregelungen, so daß von einer effizienten und konsistenten Politik nicht gesprochen werden kann.

Darüber hinaus herrschte im Lande eine massive Angst vor Spionen, die vor allem von Teilen der Presse geschürt wurde. So wurde im Juni 1915 Kriegsminister W. A. Suchomlinow, der sich den Oberkommandierenden, den Großfürsten Nikolaj Nikolajewitsch und seinen Stabschef Januschkewitsch zum Feind gemacht hatte, entlassen und im März 1916 verhaftet. Zu einer Anklage konnte man sich lange nicht entschließen, so daß Suchomlinow lange unter Hausarrest stand und erst nach der Februarrevolution, im August und September 1917, zwar vor Gericht gestellt und verurteilt wurde, aber wegen seines hohen Alters im März 1918 entlassen wurde. Wegen vorgeblicher Spionage gehängt wurde hingegen im Frühjahr 1915 ein enger Vertrauter Suchomlinows, Oberst S. N. Mjasojedow. In dieser aufgeregten und aufgeheizten Atmosphäre sproß auch erneut ein massiver Antisemitismus. Vor allem die Juden der westlichen Provinzen wurden kollektiv der Kollaboration mit dem Feind verdächtigt.

Im August 1915, nach den Niederlagen gegen die deutsch-österreichischen Verbände, hatte der Zar selbst den Oberbefehl über die Streitkräfte übernommen und löste damit den bisherigen Höchstkommandierenden, den Großfürsten Nikolaj Nikolajewitsch ab, der das Kommando an der Kaukasusfront übernahm. Ein weiterer Grund dafür lag in der vehementen Weigerung des Großfürsten, der Clique um die Zarin Alexandra Fjodorowna und Grigori Rasputin irgendeinen Einfluß auf die Armee zu gestatten. Vor allem in der Innenpolitik Rußlands türmten sich gewaltige Probleme auf. Nachdem Nikolaj II. die Hauptstadt und damit das Machtzentrum verlassen hatte, erlangte seine Frau zunehmenden Einfluß und wurde eine der politischen Schlüsselfiguren des Landes. Der Zar erlag immer häufiger den Einflüsterungen Alexandras, die ihrerseits immer stärker von Rasputin und seiner Clique abhängig wurde. Sie suchte in noch höherem Maße als der Zar das autokratische System zu erhalten, um es ungeschmälert an den bluterkranken Thronfolger Alexej übergeben zu können.

Im Herbst 1915 löste der Zar auf Anraten seines greisen Ministerpräsidenten Iwan Goremykin die Duma erneut auf und entließ jene Minister, die sich dagegen stellten. Als die Unruhe im Lande wuchs, wurde Boris Stürmer zum neuen Ministerpräsidenten ernannt und zugleich die Wiedereinberufung der Duma für den Februar 1916 in Aussicht gestellt. Stürmer war allerdings im wesentlichen auch nur eine Kreatur der Zarin und ihrer Kamarilla; er verfügte über wenig Popularität im Lande und hatte keinen tiefgreifenden Rückhalt bei den Parteien und Verbänden.

Militärisch gelang den russischen Truppen im Sommer 1916 allerdings noch einmal ein erheblicher Erfolg, als die von General Alexsej A. Brussilow geleitete Offensive an der Südwestfront zu größeren territorialen Gewinnen führte. Große Teile Wolhyniens, der Bukowina und Galiziens wurden erobert. Aufgrund dieser Siege trat nun auch Rumänien am 27. August 1916 auf seiten der Entente in den Krieg ein, nachdem zugesichert worden war, dem Land nach Kriegsende Siebenbürgen, Teile der Bukowina und das Banat zuzuschlagen. Allerdings waren mit dem Kriegseintritt auch erhebliche militärische Probleme verbunden, denn der Frontverlauf verlängerte sich für die russische Armee, und die Besetzung Bukarests durch die Mittelmächte konnte auch durch russische Einheiten nicht verhindert werden.

Während der gesamten Zeit des Weltkrieges stellte sich in der Regierungspolitik keinerlei Kontinuität ein. Vom Juli 1914 bis zum Februar 1917 gab es vier Ministerpräsidenten, fünf Innen-, drei Außen-, drei Verkehrs- und vier Landwirtschaftsminister. Ein politisches Konzept ließ sich dahinter nicht erkennen. Es ging ausschließlich um den Erhalt des autokratischen Systems und zu häufig basierten die Entscheidungen sowohl des Zaren als auch seiner Minister auf den Launen der Zarin und den Einflüsterungen der sie umgebenden Clique. Der Widerwille gegen eine solche Politik bestand nicht allein bei den liberalen Oppositionspolitikern, sondern erfaßte auch die konservativen und kaisertreuen Parteien und Personen, die über grundlegende Veränderungen des Systems nachdachten, die spätestens unmittelbar nach dem Kriege in die Wege geleitet werden sollten. Selbst in den Reihen der kaiserlichen Familie formierte sich erheblicher Widerstand gegen die verderblichen Einflüsse der Zarin.

Als Zentrum der liberal-konservativen Opposition im Lande kristallisierte sich der Progressive Block heraus, der im Sommer 1915 entstand. Zu ihm gehörten die Parlamentsfraktionen der Konstitutionellen Demokraten, der Progressisten, der Oktobristen, des Zentrums und der Progressiven Nationalisten und Mitglieder des Reichsrates, dem Oberhaus, aus verschiedenen Gruppen. Der Block, an dessen Spitze der Führer der Konstitutionellen Demokraten, Pawel N. Miljukow stand, forderte ein »Ministerium des gesellschaftlichen Vertrauens«, die Autonomie für Polen, eine politische Amnestie, größere Rechte für Juden und andere nationale Minderheiten, die Wiederzulassung der Gewerkschaften und weitere Reformen. Von seiten der Regierung war es der als liberal geltende Agrarminister A. W. Kriwoschein, der diesem Konzept nahestand. Nach ersten Annäherungsschritten der Regierung erfolgte allerdings recht bald eine Verhärtung der Positionen, da keine Seite zu Zugeständnissen bereit war.

Beinahe schon in aller Öffentlichkeit befaßten sich Politiker, Militärs und Mitglieder der kaiserlichen Familie mit Ideen und Plänen für einen Staatsstreich, bei dem der Zar, insbesondere jedoch die Zarin, entmachtet werden sollten. Die in der Öffentlichkeit kursierenden Gerüchte über angebliche Orgien am kaiserlichen Hofe, an denen die Zarin, ihre Töchter und Hofdamen teilnähmen, trugen ebenfalls zum Verlust des Ansehens der Herrscherfamilie bei. Zugleich wurden Alexandra Fjodorowna und die sie umgebenden Kreise verdächtigt, insgeheim mit den Deutschen zu paktieren.

All dies traf in keiner Weise zu, doch die Schuldzuweisungen waren eindeutig und ließen sich in der stark von Gefühlen geprägten Öffentlichkeit kaum entkräften. Der Führer der liberalen Konstitutionell-Demokratischen Partei, Pawel Miljukow, brachte im November 1916 während einer Rede in der Duma die Situation im Lande auf den Punkt. In dieser Rede stellte er mehrfach die rhetorische Frage an die Regierung: »Ist es Dummheit oder Verrat«? Er gab damit der Stimmung in der Öffentlichkeit Ausdruck, die seit längerem am Geisteszustand der Regierung zweifelte.

Politiker und Mitglieder der Hocharistokratie schmiedeten in jener Zeit ein Mordkomplott gegen den Mönch Rasputin, der als der unheilbringende Verderber angesehen wurde, auf dessen Einfluß und vorgebliche Macht der Niedergang von Sitte und Moral des Russischen Reiches gründete. Die Verschwörer, zu denen einer der reichsten Männer Rußlands, Fürst Felix Jusupow, verheiratet mit einer Nichte des Herrschers, der Großfürst Dmitri Pawlowitsch, Cousin des Zaren, und der extrem konservative Politiker Wladimir Purischkewitsch gehörten, hatten vorgeblich die Rettung der Monarchie im Auge, als sie in der Nacht vom 16. auf den 17. Dezember 1916 den sibirischen Mönch ermordeten. Diese Tat allerdings änderte an den Verhältnissen im Lande kaum noch etwas. Das politische System ließ sich auch durch einen Mord nicht mehr stabilisieren.

Der Krieg beanspruchte zudem die russische Volkswirtschaft in hohem Maße. Wie in allen anderen kriegführenden Ländern auch mußte die Produktion auf die Erfordernisse des Krieges umgestellt werden. Dies rief erhebliche Probleme hervor. Zwar konnte die Waffenproduktion zwischen 1914 und 1916 um rund das Vierfache gesteigert werden, doch entsprach dies bei weitem nicht den Erfordernissen. Auch der Ausbau des Schienennetzes ging nicht schnell genug vonstatten; es mangelte darüber hinaus weiterhin an Rohstoffen, an Transportmitteln, vor allem Lokomotiven und Waggons, und an einer effizienten Organisation.

So mußte die Regierung es bereits 1914 hinnehmen, daß ein Allrussischer Verband der Semstwa, der vom Adel dominierten ländlichen Selbstverwaltungsorgane, und ein Allrussischer Städtebund entstanden, die neben den Regierungsorganen die Versorgung der Verwundeten und der Truppe übernahmen. Die beiden Organisationen schlossen sich kurz darauf zusammen (Semgor) und erfuhren ein wachsendes Prestige in der Öffentlichkeit. An der Spitze der Organisation stand mit Fürst G. E. Lwow ein seit Jahrzehnten in der liberalen Bewegung aktiver Politiker, der in der Februarrevolution des Jahres 1917 auch der erste Ministerpräsident der Provisorischen Regierung wurde.

Trotz einiger Anstrengungen gelang es Regierung, Unternehmerschaft und Großagrariern nicht, eine geplante und konsequente Organisation der Kriegswirtschaft aufzubauen. Dem standen die divergierenden Interessen nicht nur der Einzelkräfte, sondern auch jene innerhalb der Unternehmerschaft des Landes entgegen. Auf Anregung der Moskauer Unternehmerschaft entstanden im Mai 1915 sogenannte Kriegsindustriekomitees zur besseren Lenkung und Mobilisierung der wirtschaftlichen Ressourcen. Doch fühlten sich die Petersburger Industriellen nicht ausreichend berücksichtigt und zogen es nach kurzer Zeit vor, unmittelbar mit den staatlichen Stellen in Kontakt zu treten und einen eigenen Apparat aufzubauen. Diese Politik war aus der Sicht der Unternehmer der Hauptstadt durchaus erfolgreich, denn ihnen fiel der Großteil der Staatsaufträge zu, so daß sich bald auch die Moskauer Industriellen direkt an die staatlichen Behörden wandten, um ihren Anteil zu sichern. Die Unternehmerschaft des Landes verfolgte damit eine Schaukelpolitik, indem sie ökonomisch mit der Regierung zusammenarbeiteten, um ihre Profite zu steigern, politisch weiterhin Kritik übte, was in den Augen der Öffentlichkeit durchaus unglaubwürdig wirkte.

Das massive Wachstum der Rüstungsindustrie führte zu einem verstärkten Zuzug in die wenigen großen Städte, die noch stärker als vor 1914 zu industriellen Ballungsgebieten wurden. Vom Lande kamen neue Arbeitskräfte, darunter viele Frauen, die kaum eine Berufsausbildung hatten und auch politisch nicht organisiert waren. Die Zahl der Beschäftigten in der Metallindustrie stieg von 1914 bis Anfang 1917 um 66 Prozent, in der chemischen Industrie immerhin noch um 14 Prozent.[2] Dabei wuchsen vor allem die Großbetriebe, die schon bis 1914 in St. Petersburg und Moskau dominierend gewesen waren, noch einmal erheblich. In rund 130 Betrieben der russischen Hauptstadt arbeiteten über 80 Prozent aller Arbeiter der Stadt.[3] Aufgrund des Arbeitskräftemangels stiegen die Löhne bis 1916 in vielen Branchen erheblich an, zugleich kam es jedoch zu einer inflationären Entwicklung im ganzen Lande. Darüber hinaus wurde der Mangel an Arbeitskräften durch eine Erhöhung der täglichen Arbeitszeit, durch zahlreiche Überstunden und ab 1915 durch eine Aufhebung des Verbotes der Nachtarbeit für Frauen und Kinder abgebaut. Diese Anspannung aller Kräfte erschöpfte die menschlichen Ressourcen des Landes in sehr hohem Maße. Zur gleichen Zeit verschlechterten sich auch die Bedingungen und Verhältnisse der Arbeit, also Sicherheit, Hygiene und Gesundheit.

Die Inflation wurde verschärft durch eine allgemeine Krise der Versorgung, die hauptsächlich auf die massiven Transportprobleme zurückzuführen war. Als ein weiteres verschärfendes Element trat der Rückgang der landwirtschaftlichen Produktion hinzu. Die Gründe dafür lagen in dem massenhaften Fortzug der männlichen Dorfbevölkerung, die entweder zum Militärdienst eingezogen wurde oder als Arbeitskräfte in die Städte ging, und dem Verlust von Zugvieh, also der Beschlagnahmung der Pferde durch die Armee. Da die Ernteerträge zurückgingen, gelangte auch weniger Getreide auf den Markt.

Als Folge davon florierte der Schwarzmarkt spätestens seit dem zweiten Kriegsjahr. Die ärmere Bevölkerung der Städte war davon besonders betroffen. Von 1914 bis 1916 sank beispielsweise die Getreidelieferung nach Petrograd um 44 Prozent, einige Lebensmittel gelangten gar nicht mehr in die Geschäfte, so etwa Weizenmehl, Fleisch und Zucker.[4] Diese Krise kulminierte zu Beginn des Jahres 1917. In der Hauptstadt Petrograd beschloß die Stadtverwaltung die Einführung einer Lebensmittelrationierung. Die Stimmung wurde zusehends erregter, die Arbeiterschaft radikalisierte sich immer stärker. Nach einer Phase der Ruhe im ersten Jahr nach Ausbruch des Krieges waren seit Herbst 1915 Streiks und Demonstrationen wieder an der Tagesordnung. Dabei ist festzuhalten, daß im Verlauf des Krieges die sozialistisch-revolutionären Parteien keinen nennenswerten Einfluß auf die Arbeiterbewegung auszuüben vermochten.

Einen weiteren Unruheherd stellten die nationalen Minderheiten im zarischen Vielvölkerstaat dar. Die »nationale Frage« bildete vor allem in den westlichen Gebieten des Reiches ein zentrales Problem. Weder gegenüber Polen noch gegenüber der Ukraine, den baltischen Völkern oder Finnland zeigte die zarische Regierung ein nennenswertes Entgegenkommen. In den meisten Fällen wurde die Existenz eines eigenen Volkes – nicht nur von großrussischen Chauvinisten – bestritten. Hatten die Sprecher der einzelnen Nationalitäten noch zu Beginn des Krieges in der Duma ihre Loyalität bekundet, so führte die zarische Politik zu einem massiven Anwachsen der Separationsbestrebungen und sorgte damit für zusätzliche Unruhe im Lande, insbesondere in den vom Krieg besonders betroffenen Westgebieten.

Am 8. März 1917, dem internationalen Frauentag, kam es zu spontanen Straßendemonstrationen von Arbeiterinnen und Hausfrauen, die eine Verbesserung der allgemeinen Versorgung verlangten. Am nächsten Tag griff die Welle der Unruhen von den Arbeitervororten auf das Zentrum der Hauptstadt über; den unorganisierten Arbeitern schlossen sich trotz der ablehnenden Haltung der sozialistischen Parteien auch die organisierten Arbeiter an. Die Bewegung kulminierte im Generalstreik, der von politischen Parolen wie »Nieder mit dem Krieg!« und »Nieder mit der Autokratie!« begleitet wurde. Innerhalb weniger Tage kam es zwischen den Streikenden und der Bevölkerung zu Fraternisierungen. Am 26. Februar meuterten die Soldaten in der Hauptstadt und noch am selben Abend trat die zarische Regierung zurück.

Vom Hauptquartier aus, wohin der Zar erst am 22. Februar aus Zarskoje Selo zurückgekehrt war, versuchte Nikolaj II. die revolutionäre Erhebung niederzuwerfen. Zwischen ihm und seinem Generalstabschef Alexejew war es in den Monaten zuvor zu einer heftigen Auseinandersetzung gekommen, als der General Rasputin kategorisch verbot, die Einheiten an der Front zu besuchen. Alexejew legte nun seinem Kaiser die Abdankung nahe.

Während am 15. März 1917 in der Hauptstadt eine Provisorische Regierung aus Mitgliedern der bürgerlichen Parteien und einem Vertreter der Sozialisten, dem Anwalt Kerenski, gebildet wurde, unterzeichnete der Zar die Abdankungsurkunde für sich und seinen minderjährigen Sohn Alexsej und setzte seinen Bruder Michail zum Regenten ein. Dieser verzichtete am folgenden Tage ebenfalls, da sich die Provisorische Regierung außerstande sah, seine Sicherheit zu garantieren. Denn neben ihr war als ein zweites Machtzentrum in Petrograd inzwischen der Sowjet (Rat der Arbeiter- und Soldatendeputierten) entstanden, der im wesentlichen über die bewaffnete Macht verfügte. Es kam in den folgenden Monaten zur sogenannten Doppelherrschaft von Provisorischer Regierung und Petrograder Sowjet.

In weiten Teilen des Landes herrschte Kriegsmüdigkeit, obwohl die militärische Lage seit etwa Mitte 1916 einigermaßen stabil war. Die Provisorische Regierung setzte allerdings auf einen Sieg und erklärte, daß sie an der Seite der Alliierten den Kampf fortsetze und zu ihren Bündnisverpflichtungen stehe. Es waren vor allem Außenminister Miljukow, Führer der linksliberalen Konstitutionellen Demokraten, und Kriegsminister Gutschkow, Führer der rechtsliberalen Oktobristen, die die Eroberungspolitik gegenüber der Öffentlichkeit vertraten und schließlich Anfang Mai 1917 nach heftigen Friedensdemonstrationen zurücktreten mußten. Allerdings war die Armee aufgrund der revolutionären Wirren zunächst kaum zu weiteren Kraftanstrengungen zu motivieren. Auch finanziell war das Land ziemlich erschöpft und selbst die Anfang April 1917 aufgelegte »Freiheitsanleihe« brachte nur wenig ein.

Im Juni 1917 versuchte die Regierung noch einmal, die Armee zu einer Offensive zu führen. Alexander Kerenski, seit Anfang Mai Kriegs- und Marineminister, agitierte massiv an der Front, doch das Unternehmen blieb nach einigen Anfangserfolgen stecken. Mehr und mehr zeigten sich in der Armee erhebliche Auflösungserscheinungen. Desertionen waren an der Tagesordnung, obwohl die im März 1917 abgeschaffte Todesstrafe Mitte Juli des Jahres wieder eingeführt wurde.

Der Machtverfall der Provisorischen Regierung setzte sich aufgrund ihrer Konzeptionslosigkeit immer weiter fort. Nach einem erfolglosen Putschversuch von Soldaten im Juli 1917, an deren Spitze sich die Bolschewiki stellten, erfolgte schließlich am 7. November 1917 der revolutionäre Umsturz durch die Partei Lenins, die unter anderem ein schnelles Ende des Krieges versprach. Mit der Veröffentlichung des *Dekretes über den Frieden*, am 8. November 1917, das »sofortigen Frieden ohne Annexionen und Kontributionen« forderte, setzte sich die Zerrüttung der Kampfbereitschaft und die Auflösung der Armee fort.

Seit Anfang Dezember 1917 verhandelten die Mittelmächte und die revolutionäre Regierung in Brest-Litowsk über einen Separatfrieden. Nachdem die deutsche Seite sehr harte Friedensbedingungen gestellt hatte, unterbrach die bolschewistische Regierung die Gespräche auf der Grundlage der Losung Leo Trotzkis, Volkskommissar für Auswärtiges im Rat der Volkskommissare, »Weder Krieg noch Frieden«. Er ging dabei davon aus, daß möglicherweise der deutsche Befehl zum weiteren Vormarsch der Armee die revolutionäre Entwicklung in Deutschland befördern würde. Doch der am 18. Februar 1918 begonnene Angriff der Deutschen stieß weder auf nennenswerten Widerstand der sich auflösenden russischen Armee, noch kam es zur sozialistischen Revolution in Deutschland. Eine Mehrheit der Bolschewiki, in sich und mit ihrem Koalitionspartner, den Linken Sozialrevolutionären, stark zerstritten, akzeptierte schließlich die Leninsche Linie des bedingungslosen Friedensschlusses, weil sie davon ausging, daß die sozialistische Revolution in jedem Falle auch Deutschland ergreifen und sich dann weiter ausbreiten werde. Zudem glaubte sie, daß das von innen gefährdete System gerettet werden könne, wenn nur der äußere Druck nachließe. Es war zudem deutlich geworden, daß die kriegsmüde und völlig desintegrierte Armee nicht in der Lage war, gegen die Mittelmächte längerfristig Widerstand zu leisten. So kam es schließlich am 3. März 1918 zum Abschluß eines Friedensvertrages, dem »Frieden von Brest-Litowsk«. Dieser Friedensschluß (sowie ein ergänzender Vertrag vom 27. August) bedeutete zugleich den Verlust wichtiger Teile des Russischen Reiches: der Ukraine, Polens, des Baltikums sowie von Gebieten im Kaukasus und schließlich Finnlands.

Bei den militärischen Auseinandersetzungen von 1914 bis 1918 kamen fast zwei Millionen russische Soldaten ums Leben. Hohe Verluste gab es auch unter der Zivilbevölkerung in den frontnahen Gebieten. Die Fluchtbewegungen vor allem am Ende des Krieges sind bis heute nur unzureichend erfaßt.[5] Millionen Menschen flohen bereits in den letzten beiden Jahren des Krieges aus den westlichen Gebieten, die von deutschen Truppen bedroht wurden. Hinzu kamen die sich seit Ende 1916 und vor allem seit den Ereignissen der Februarrevolution des Jahres 1917 verstärkenden Desertionen. Die wohl zu Hunderttausenden desertierenden Soldaten zog es vor allem in ihre ländliche Heimat, wo die wilde, sogenannte schwarze Landverteilung bereits in vollem Gange war.

Vom Ende des Weltkrieges taumelte Rußland in die Schrecken des Bürgerkrieges, der sich seit Ende 1917 abzeichnete und der im späten Frühling 1918 mit voller Schärfe entbrannte. Hier standen sich wechselnde Koalitionen in unterschiedlichster Anordnung gegenüber. Dabei spielte die ausländische Intervention nur eine geringe Rolle. Während es den Gegnern der Bolschewiki nie gelang, ihre Kräfte zu koordinieren, vermochten diese es, das Zentrum des Landes und damit die wichtigsten Ressourcen unter ihre Kontrolle zu bringen und auch zu behalten.

Zu den Exzessen des Bürgerkrieges gehörte auch die Ermordung der kaiserlichen Familie im Juli 1918 in Jekaterinburg, später Swerdlowsk, wohin sie von Tobolsk in Sibirien gebracht worden war. Die Lage war zu jener Zeit für die Bolschewiki recht bedrohlich, denn die Truppen des Admirals Koltschak rückten auf die Stadt im Ural vor. Der Zar und seine Familie durften unter keinen Umständen in die Hände der gegenrevolutionären Kräfte fallen. So wurden Nikolaj II., Alexandra, ihre fünf Kinder, der Leibarzt der Familie und vier Bedienstete in der Nacht vom 16. auf den 17. Juli im Keller des Hauses des Kaufmanns Ipatjew von einem Kommando der örtlichen Tscheka, der Geheimpolizei, erschossen, weitgehend unkenntlich gemacht und im Wald vergraben. Es ist davon auszugehen, daß die Zentralregierung in Moskau vorher von den lokalen Sowjets informiert wurde und ihr Einverständnis signalisiert hatte oder sogar selbst die Entscheidung zur Ermordung fällte.

Der Bürgerkrieg und der Krieg mit Polen endeten Anfang 1921, so daß Rußland insgesamt sieben Jahre lang von militärischen Auseinandersetzungen erschüttert wurde. Sie führten zu einer weitgehenden Zerstörung der industriellen und agrarischen Ressourcen, zu Krankheitsepidemien, mangelhafter Ernährung, katastrophalen hygienischen Verhältnissen, zu massenhaften Flüchtlingsströmen, extremer wirtschaftlicher Not und außerordentlichem Elend, vor allem auch unter den Kindern. Schätzungen gehen davon aus, daß im Verlaufe des Bürgerkrieges mindestens eine Million Menschen unmittelbar starben und mehrere Millionen obdachlos wurden. Nach den auch heute noch zugrunde gelegten Berechnungen aus den 1930er und 1940er Jahren verlor Rußland zwischen 1914 und 1921 rund dreißig Millionen Menschen.[6] Die Gewalteskalation des Bürgerkrieges traumatisierte darüber hinaus große Teile der Bevölkerung nachhaltig. Nach rund sieben Jahren Krieg, Bürgerkrieg und Revolution war das Land weitgehend zerstört, die politische und soziale Ordnung grundlegend umgestürzt.

---

1 G. F. Kennan, Die schicksalhafte Allianz. Frankreich und Rußland am Vorabend des Ersten Weltkrieges, Köln 1990, S. 351.

2 M. Hildermeier, Die Russische Revolution 1905-1921, Frankfurt a. M. 1989, S. 117.

3 Ebd., S. 118.

4 Ebd., S. 121.

5 T. Steffens, Demographische Wandlungen seit 1914, in: Handbuch der Geschichte Rußlands, Bd. 3, hg. v. G. Schramm, 2. Halbbd., Stuttgart 1992, S. 1071-1104, hier S. 1071-1083 und S. 1085 ff.; F. Lorimer, The Population of the Soviet Union. History and Prospects, Genf 1941, S. 41; L. I. Lubnyj-Gercyk, Dviženie naselenija na territorii SSSR za vremja mirovoj vojny i revoljucii, Moskau 1926.

6 W. G. Rosenberg, Introduction, in: Rossija i Pervaja Mirovaja Vojna. Materialy meždunarodnogo naučnogo kollokviuma, St. Petersburg 1999, S. 9.

Literatur

P. N. Apostol u. a., Russian Public Finances during the War, New Haven 1928.

D. Beyrau, Das Russische Imperium und seine Armee, in: Militär und Gesellschaft im 19. und 20. Jahrhundert, hg. v. U. Frevert, Stuttgart 1997, S. 119-142.

D. Dahlmann, Russia at the Outbreak of the First World War, in: Les Sociétés européennes et la guerre de 1914-1918. Actes du colloque organisé à Nanterre et à Amiens du 8 au 11 décembre 1988, hg. v. J.-J. Becker/S. Audoin-Rouzeau, Paris 1990, S. 53-63.

O. Figes, Die Tragödie eines Volkes: Die Epoche der russischen Revolution 1891-1924, Berlin 1998.

Der Friede von Brest-Litovsk, hg. v. W. Hahlweg, Düsseldorf 1971.

D. Geyer, Der russische Imperialismus. Studien über den Zusammenhang von innerer und auswärtiger Politik 1860-1914, Göttingen 1977.

N. N. Golovine, The Russian Army in the World War, New Haven 1931.

H. F. Jahn, Patriotic Culture in Russia during World War I, Ithaca/London 1995.

G. F. Kennan, Die schicksalhafte Allianz: Frankreich und Rußland am Vorabend des Ersten Weltkrieges, Köln 1990.

D. C. B. Lieven, Russia and the Origins of the First World War, 2. Aufl., London/Basingstoke 1987.

H. G. Linke, Das zarische Rußland und der Erste Weltkrieg: Diplomatie und Kriegsziele 1914-1917, München 1972.

N. Stone, The Eastern Front 1914-1917, 2. Aufl., London 1998.

J. W. Wheeler-Bennett, Brest-Litovsk: The Forgotten Peace. March 1918, London/New York 1963.

A. K. Wildman, The End of the Russian Imperial Army, 2 Bde., Princeton 1980-1987.

Italien

MARIO ISNENGHI

Der Ausbruch des großen europäischen Krieges überraschte das seit Februar 1914 von einer Mitte-Rechts-Regierung unter Antonio Salandra geführte Italien in einer ausgesprochen schwierigen Lage. Die Deputiertenkammer war 1913 aufgrund eines allgemeinen (allerdings ausschließlich männlichen) Wahlrechts gewählt worden. Bis dahin hatte die Regierung in den Händen des liberalen Ministerpräsidenten Giovanni Giolitti gelegen, der seit 1892 maßgeblich die Politik des Landes geprägt hatte, eine Politik, die auf politischen und sozialen Ausgleich gerichtet gewesen war. Der Krieg bot nun Giolitti die unverhoffte Möglichkeit, sich wieder politisch zu profilieren. Ministerpräsident Salandra und sein Außenminister San Giuliano hatten unmittelbar vor dem Krieg die Entscheidung getroffen, Österreich-Ungarn nicht in einen Krieg gegen Serbien zu folgen, sondern statt dessen die Trennung vom Dreibund einzuleiten. Der Tod San Giulianos – er war der eigentliche Architekt des Gleichgewichts der Jahre 1910-14, des Bundes mit Deutschland und Österreich, der verbesserten Beziehungen zu Großbritannien und Frankreich – machte die strategisch wichtige Position des Außenministers frei für Sidney Sonnino. Sonnino war Führer der gemäßigten Rechten und entwickelte sich nun zum starken Mann in den kommenden drei Kriegsregierungen: Antonio Salandra (bis Mitte 1916), Paolo Boselli (bis Nov. 1917) und Vittorio Emanuele Orlando (bis 1919). In dieser politischen Situation erwiesen sich die gegen Giolitti eingestellten Konservativen als die innovativen Kräfte, die Reformer hingegen erschienen als Bremser, die durch ihr Festhalten an einer Neutralität auch das System Giolitti verteidigten. Ohne wirklich Interventionisten zu sein, entschieden sich Salandra und Sonnino nach Monaten des Taktierens und Verhandelns und mit ausdrücklicher Zustimmung des Königs für die Kriegserklärung gegen Österreich-Ungarn. Sie folgten damit dem Druck der öffentlichen Meinung. Giolitti hingegen scheiterte in seiner Rettung des Friedens, auch wenn er weiterhin die zentrale Figur innerhalb der großen Neutralitätsströmungen Italiens blieb. Katholiken, Sozialisten und Liberale sahen in ihm den Führer einer Schattenregierung.

Doch läßt sich »la Grande Guerra« (Große Krieg) – mit diesem Namen ist der Weltkrieg unauslöschlich in die nationale Erinnerung Italiens eingegangen – keineswegs auf eine Zufälligkeit oder auf einen Mechanismus oder das Ergebnis der internen Machtkämpfe der politischen Klassen reduzieren. Tatsache ist, daß Hunderte von Parlamentariern noch vor der Kriegserklärung dem neutralistischen Giolitti inoffiziell ihre Unterstützung versicherten, und daß Salandra dem König am 13. Mai 1915 seinen Rücktritt anbot. Doch war das Parlament längst nicht mehr der eigentliche Ort der politischen Entscheidung; es wurde lediglich zur Bestätigung von Entscheidungen einberufen, so am 20. Mai anläßlich der Bewilligung der Kriegskredite. Dies geschah gemäß dem am 26. April 1915 in London unterzeichneten Geheimvertrag mit der Entente. Nur die Sozialisten stimmten gegen die Kredite, während die Giolitti-Anhänger und die Katholiken ihre patriotische Einstellung mit der Annahme der Kriegskredite zu beweisen suchten.

In den zehn langen Monaten zwischen August 1914 und dem Kriegseintritt im Mai 1915 veränderte sich Italien politisch und gesellschaftlich rasch. Selten wurde ein Krieg von derart breiten und intensiven Diskussionen vorbereitet: auf Konferenzen und Versammlungen, mit Zeitungsartikeln und Proklamationen, bei Universitätsversammlungen und Futuristen-Soirées, durch Aufmärsche und Demonstrationen. Die Interventionisten waren zwar zahlenmäßig weit unterlegen, arbeiteten aber aktiver und waren eher als die Neutralisten in der Lage, ihre Kräfte zu bündeln – und dies unabhängig von der Frage der Kriegsziele. Die politischen Kräfte, die sich bislang als Vertreter der Volksinteressen gegenüber den Eliten der liberalen Monarchie verstanden hatten – namentlich die Sozialisten und die Katholiken –, gerieten nun in Konkurrenz zueinander. Während des Kolonialkrieges in Libyen 1911/12 und auch bei den Wahlen von 1913 hatten die Katholiken der laizistischen Regierung nicht wenige Zugeständnisse gemacht: Seid weniger säkular und wir werden zusammen moderat und antisozialistisch, so hatte ihre Botschaft gelautet. Und so war die erste politische Tat des frisch ernannten Oberbefehlshabers des Heeres, Luigi Graf Cadorna, auch die Einrichtung der Militärseelsorge. Nach einem halben Jahrhundert Säkularismus entdeckte der liberale Staat, daß er nicht in der Lage war, mit der Landbevölkerung zu kommunizieren. Doch gerade diese bildete das italienische Massenheer. Wer konnte zu ihr sprechen, wer vermochte sie in den Schützengräben zu halten oder sie zum Angriff zu bewegen, ohne auf bloße Zwangsmaßnahmen zu setzen? In Friedenszeiten erfüllten einzig die Geistlichen diese Mittlerrolle; jetzt, im Krieg, waren es eben die mobilen Priester, die Militärkapläne. Sie waren die einzigen Intellektuellen, die die Militärführung in der Nähe des uniformierten Volks duldete. Sie lehrten den Minimalpatriotismus, der aus Sich-Fügen und Gehorsam bestand. Die politische Klasse der aristokratischen Großgrundbesitzer, zu der auch die Außenminister San Giuliano und Sonnino gehörten, erwartete nicht mehr als das.

Die politische Lagerbildung wurde dadurch kompliziert, daß der Interventionismus eine prätentiöse, mobilisierende Legitimation über die kalte, institutionelle Macht gestellt hatte. Es existierten ein demokratischer Interventionismus (Republikaner, Radikale, Sozialisten und Reformisten) und außerdem sogar ein revolutionärer Interventionismus (Anarchisten, revolutionäre Gewerkschaftler, Futuristen, Feministinnen, einzelne maximalistische Sozialisten wie Benito Mussolini). Salandra, Sonnino, Cadorna und auch dem Philosophen Benedetto Croce – dem großen moderaten Meinungsführer, der in seiner Zeitschrift *La Critica* und in seinen Stellungnahmen in der Tagespresse die Bewunderer der Entente und der »revolutionären Prinzipien« von 1789 klein zu halten versuchte – diesen neuen klerikal-moderaten Partnern des liberalen Staates genügte ein Volk von Untertanen. Die Befürworter eines Prinzipien- und Wertekrieges forderten demgegenüber ein Volk von Bürgern.

Die Nationalisten schließlich stellten die Realpolitik über alles. Seit Beginn des Jahrhunderts hatten sie sich für den Krieg ausgesprochen. Sie verfügten über eine Tageszeitung (*L'Idea nazionale*) sowie dank ihrer militär- und expansionspolitischen Ziele über Unterstützung aus der Großindustrie. Diese neue Rechte predigte Autorität und eine neue Ordnung. Sie wollte das Bürgertum psychologisch mobilisieren, ja sogar notfalls einen Klassenkampf von oben führen. Gegen das Proletariat und die Arbeiterrevolution wurde die alles bestimmende Autorität der Besitzenden gesetzt; gegen den Pazifismus des Auslands und den sozialen Konflikt im Inneren standen gesellschaftlicher Zusammenschluß und die wirtschaftlich-militärische Expansion nach außen; gegen die vagen internationalistischen Gefühle von Völkerfreundschaft stand ein freier italienischer Imperialismus, der adriatische Nationalismus. Dies bedeutete auch Krieg gegen Österreich-Ungarn, nicht weil es als »Erbfeind« galt, sondern weil der Nachbar im Norden ein direkter Konkurrent bei der militärischen und wirtschaftlichen Expansion in der Adria und auf dem Balkan war.

Gegenüber Deutschland verhielten sich die politischen Eliten eher distanziert: Unter den Nationalisten bestand große Bewunderung für jene wirklichen oder vermeintlichen deutschen Charakterzüge, etwa den autoritären und militaristischen Geist, der wiederum den Gegnern des »Prussianismo« als ein weiterer Kriegsgrund erschien.

Im Sommer 1914 waren die Republikaner die ersten Befürworter des Krieges auf der Linken, die Nationalisten die ersten auf der Rechten. Als Enrico Corradini, Alfredo Rocco und andere nationalistische Denker erkannten, daß sich der einzig mögliche Krieg gegen und nicht an der Seite der Mittelmächte anbahnte, zögerten sie keinen Augenblick: In ihren Augen glich ein Feind dem anderen, da das Ziel der Krieg an sich war. Über die Partner in der interventionistischen Allianz lächelte man, jene liberalen Nostalgiker der italienischen Nation des 19. Jahrhunderts, die Bewunderer des englischen Parlaments und der Französischen Revolution. Hinzu trat ein politisch hochbrisanter Irredentismus. Die Nationalisten hatten anfangs keine Skrupel, Nizza, Savoyen, Korsika oder Malta bei ihrer propagandistischen Mobilmachung zu instrumentalisieren, indem sie ihnen die Unabhängigkeit versprachen. Was zählte, war der Staat und die Stärke seiner Armee; und natürlich der Wunsch, in der großen Politik mitzumischen, die historischen Chancen nicht zu verpassen, aus dem darwinistischen Konflikt siegreich hervorzugehen. Nach einem gewonnenen Krieg schien es den nationalistischen Patrioten legitim, Bozen zu besetzen, die liberalen und demokratischen Patrioten hingegen wollten Trient und Triest befreien. Die Rechten in der Regierung sahen sich als Realisten, weil sie monatelang diskret mit beiden Mächtegruppen über die Position Italiens verhandelten. Ein Kriegsbeitritt mit einigen Millionen Soldaten und der Eröffnung einer neuen Front konnte schließlich das Gleichgewicht der Kräfte verschieben. Salandra deckte zu früh seine Karten auf, als er offen vom »sacro egoismo« sprach, von dem Italien, wie jede andere Gesellschaft beseelt sei. Das Schlagwort überzeugte niemanden: Im Ausland nicht, weil es das Vorurteil vom italienischen Machiavellismus nur noch bestätigte, im Inland nicht, weil dieser Topos sowohl für die Kriegsbefürworter wie auch für die Befürworter des Selbstbestimmungsrechts der Völker abgeschmackt und kläglich klang. Und er klang wenig beruhigend für all jene, denen der Friede am Herzen lag.

Die Intellektuellen spielten schon seit Mai 1915 eine entscheidende Rolle bei der Legitimierung des Krieges und der Aufheizung des politischen Klimas: Den »Strahlenden Mai« taufte ihn der berühmteste aller zeitgenössischen italienischen Dichter, Gabriele D'Annunzio. Unter den Irredentisten war der Trienter Deputierte Cesare Battisti die zentrale, tragische Figur, die gleichsam alle symbolischen Bedeutungen in sich vereinigte. Battisti war Sozialist und er war im Wiener Parlament jahrelang für die Autonomie des Trentino eingetreten. Zudem war er zu der Überzeugung gekommen, daß das Reich nicht von innen heraus veränderbar war, daß den nationalen Minderheiten nur die Bindung an den jeweiligen Nationalstaat blieb: »Es ist die Stunde von Trient, jetzt oder nie« – so lautete die Devise. Anders als die Nationalisten, die auf die alte Rechte Druck ausübten, führte Battisti die Linke aus dem Internationalismus heraus und wieder an die Nation heran. Als Verbannter wirkte er 1914/15 zunächst mit Worten, danach als Freiwilliger bei den Gebirgsjägern. In den Bergen über dem Gardasee wurde Battisti gefangen genommen, in Trient vor Gericht gestellt, des Hochverrats für schuldig befunden und im Juli 1916 im Schloß seiner Heimatstadt erhängt. Das brachte die Neubelebung des Risorgimento: »Delenda Austria!«. Viele Italiener fühlten sich mehr denn je berechtigt, nun Gaetano Salvemini und andere Repräsentanten eines hochgradig symbolisch aufgeladenen Befreiungskrieges zu rächen. Am 28. August 1916 erklärte Italien schließlich auch Deutschland den Krieg.

Der Weltkrieg war ein Krieg der Massen und der Maschinen. Doch in der unmittelbaren Nachkriegszeit und in der späteren Kriegserinnerung – in Italien sprach man stets von »unserem Krieg« – traten Einzelne als Helden hervor, deren Botschaften sich an Zeitgenossen richteten. Der revolutionäre Syndikalist Filippo Corridoni, Mussolini und die Reformsozialisten Battisti und Leonida Bissolati wurden zu Deutern und Ikonen des Übergangs von der Internationale zum Vaterland. Corridoni fiel, der siegreiche Faschismus sollte aus ihm einen Blutzeugen machen. Battisti wurde in der zivilen Religion Italiens zu einer der eindrucksvollsten patriotischen Märtyrerfiguren. Mussolini, der als Chefredakteur der sozialistischen Parteizeitung *L'Avanti* im Oktober 1914 seinen Übertritt von der absoluten zur bedingten Neutralität ankündigte, stilisierte sich in die Rolle des Tribuns hinein, einer der die Transformation des ganzen Volkes antizipierte. In seiner neuen Tageszeitung *Il Popolo d'Italia* veröffentlichte er zwischen 1915 und 1917 sein Kriegstagebuch. Die Verwundungen des mediengewandten Mussolini wurden später als Zeichen seiner Vorbestimmtheit vermarktet, dafür instrumentalisierte er sogar den Besuch des Königs im Militärhospital. Auch Bissolati war ein »redento«, ein Erlöster, und zwar ein vom Antipatriotismus Erlöster. Er trat freiwillig mit weit über 50 Jahren als Verbindungsmann zwischen den politischen und den militärischen Autoritäten in die Regierung Boselli ein: Bissolati pendelte zwischen der Regierung in Rom und der »Regierung in Udine«, dem Oberkommando, wo Cadorna stets eifrig seine Unabhängigkeit von der Politik zu demonstrieren suchte.

Militärisch wurde der Weltkrieg durch den Schützengraben und das Maschinengewehr geprägt, beides Ausdruck der anonymen Serialität des modernen Krieges. Das Leben spielte sich in den mehr oder weniger tiefen Furchen in der Erde des Cadore oder im nackten Stein der Dolomiten ab, auf der Hochebene und im Karst. Der Krieg im bis zu 3.000 Meter hohen Gebirge geriet zur prägenden Erscheinungsform des Konfliktes zwischen Italien und Österreich-Ungarn und machte Alpini und Kaiserjäger zu Protagonisten in Dramen, Filmen, Liedern, Erinnerungen und auf Fotografien. In diesem Kampf überdauerten trotz der feindlichen Natur Traditionen und Tugenden aus Friedenszeiten, da die Alpini regional und nicht, wie sonst in der italienischen Armee, national rekrutiert wurden.

All dies wurde in dem anonymen Gemetzel auf der karstigen Hochebene zwischen Görz und Triest weggefegt. Hier stand die Werkstatt des Krieges, die »officina della guerra«, in der die Persönlichkeit ausgelöscht wurde, wo der Zufall Herr über Leben und Tod war. Auch wenn die Geographie anders beschaffen war, ähnelte das Geschehen der grauen Trostlosigkeit der Westfront. Gerade in Sichtweite der bis Kriegsende unerreichten symbolträchtigen Stadt Triest, deren Anblick der Brutalität des Kampfes Sinngebung verhieß, schien der wahre Sinn des Krieges auf dem Kopf zu stehen. Die Toten in den italienischen Reihen beliefen sich auf etwa eine halbe Million Soldaten, bei fast sechs Millionen Mobilisierter. Die Desillusionierung findet sich in den Tagebüchern und Memoiren der Soldaten im Karst. Sie waren voller sehnsüchtiger Melancholie, wenn sie von Verbannten aus Triest stammten, die als graugrüne Freiwillige dienten, wie im Falle der Autors Giani Stuparich. Ein großer Teil der heutigen Geschichtsschreibung scheint geneigt zu sein, insbesondere diesen Topos aufzugreifen und die Desillusionierung zu einer allgemein gültigen Interpretation der europäischen Kriegsjugend machen zu wollen. Dem steht aber gegenüber, daß Ereignisse wie die Offensive gegen Triest im August 1916 oder die Einnahme von Trient und Triest in den letzten Kriegsstunden außerordentliche Reserven an Genugtuung und Begeisterungsfähigkeit freisetzten, wie sie sich in zahlreichen Quellen dokumentiert finden. Hierauf gründeten sich kollektive Erinnerungen und Gemeinschaftsvorstellungen und es wäre unzureichend, diese durch reduzierende postmoderne Erklärungsmodelle zu ersetzen. Die Primärgruppensoziologie bietet hierfür eine bessere Erklärung. Nicht zuletzt unter den ländlichen Schichten war der Sinn für Solidarität und die Vorstellung, »seine Arbeit« gut machen zu wollen, sehr ausgeprägt. Dies trägt zur Erklärung bei, warum das Heer bis zum Schluß durchhielt und schließlich siegte, auch wenn eigentlich die politische Geschichte Italiens und die Verschiebung der politischen Kräfte bei Kriegseintritt vermuten lassen, daß die Zahl der Kriegsgegner zahlreicher war als die der Befürworter.

Der Gegensatz zwischen jenen, die den Krieg gewollt und jenen, die ihn erlitten haben, prägte die ersten beiden Kriegsjahre. Die politischen und militärischen Behörden versuchten, dem Antagonismus auf zweierlei Weise zu begegnen: Die erste war die Annahme, daß jede Art von politischem Bewußtsein grundsätzlich gefährlich sei. Die soldatischen Massen sollten sich fügen. Doch General Cadorna unterstützte auch jene Studien der Militärpsychologie, die von einem Mönch, Agostino Gemelli, durchgeführt wurden. Dieser war Arzt und Psychiater und galt Jahrzehnte lang als einer der wichtigsten katholischen Kulturschaffenden. 1917 veröffentlichte Gemelli mit *Il nostro Soldato* das Ergebnis seiner Forschungen. Er hatte den Schützengraben, die Bombardements und die Angriffe untersucht und die Mechanismen von Anpassung und Widerstand analysiert. Dabei war er zu dem für die Militärbehörden beruhigenden Ergebnis gekommen, daß die Front die Männer passiv werden lasse, Willen und Persönlichkeit auslösche. Das Leben im Schützengraben vertiere den Menschen. Demnach – so die Argumentation des mönchischen Wissenschaftlers – leide der Ungebildete weniger als der Intellektuelle, der mit größeren Erwartungen in den Krieg gehe – wahrlich eine Hymne auf das Bauern-Heer. Den Intellektuellen und Politikern, den Interventionisten und Freiwilligen war mit derartigen Thesen gut gedient. Cadorna selbst neigte eher der Vorstellung des Soldaten als »Automaten« zu. Er ließ keine Gelegenheit aus, um auf die Politiker Druck auszuüben, schrieb Brandbriefe an Boselli, in denen er klagte, daß man mit den anhaltenden Kontroversen das an sich gute »Menschenmaterial« zerstöre. Er suchte das Militär vor der Kontaminierung durch alles, was ihm zivilistisch erschien, zu bewahren. Doch der Unterschied zum 19. Jahrhundert lag darin, daß die breiten Bevölkerungsschichten in diesem Krieg nicht allein nur Zuschauer waren. Nun war es unabdingbar, daß Militärs und Zivilisten eine gemeinsame Kriegsanstrengung zustande brachten.

Ein Rest von Mißtrauen der konservativen Eliten bewies sich auch an dem äußerst harten Verhalten gegenüber den eigenen Kriegsgefangenen. Dies ist ein lange vernachlässigtes Thema. So wurden von den nahezu 500.000 Kriegstoten etwa 100.000 als »unbekannt« deklariert und dies allein, weil sie in Kriegsgefangenschaft gestorben waren. Dieser Anteil war höher als bei den anderen Nationen: Kriegsgefangene starben an Hunger, Kälte und Krankheit, da diejenigen, in deren Hände sie gefallen waren, schon Schwierigkeiten hatten, die eigenen Männer zu ernähren. Doch für Männer wie Cadorna und Sonnino waren diese Gefangenen keine Opfer, sondern die Schlauen, die sich davongemacht hatten, also eigentlich Deserteure. In dieser letztlich sehr abfälligen Sichtweise gegenüber den einfachen Menschen und dem italienischen Volk offenbarte sich zugleich die Unwahrheit von Cadornas ständigen Beteuerungen, die Situation stets im Griff zu haben.

Zweifellos gelang der italienischen Gesellschaft eine außergewöhnliche Kraftanstrengung. Nach anfänglichen, strukturellen Mängeln hielt sich das System Italiens im Vergleich zum großen Habsburgischen Kaiserreich gut; die Armee blieb zunächst in der Offensive. Die Krise eskalierte erst in der zweiten Hälfte des Jahres 1917: Kriegsmüdigkeit, Protest und Repression herrschten an allen Fronten. Am 12. Juli sprach der Reformer Claudio Travese im Parlament einen denkwürdigen Satz, der fast zur Losung wurde: »Herren meiner Regierung und aller Regierungen Europas hört die Stimme, die aus allen Schützengräben hochsteigt [...]: Im nächsten Winter sind wir nicht mehr im Schützengraben!«

Noch bedeutsamer und wegen seiner Konsequenz für die Moral der Truppen – keineswegs nur der italienischen – skandalöser war die ungewöhnlich scharfe Formulierung des »unnötigen Blutbades«, die in der Friedensnote von Papst Benedikt XV. an die kriegführenden Mächte vom 1. August enthalten war. Zwar war seit 1915 so mancher Landpriester aus dem Friaul oder Venetien verhört und wegen des Verdachts auf Klerikalismus oder Feindbegünstigung vor Gericht gestellt worden. Doch konnte man den Papst vor Gericht stellen? In den Augen der Hardliner unter den Patrioten wurden die Katholiken durch die eigene Hierarchie anscheinend ermutigt, mit den defätistischen Sozialisten um Friedensappelle zu wetteifern. Im selben Monat steuerten die sozialen Unruhen in Turin einem Höhepunkt entgegen, dort in der großen Industriestadt, in der Fiat und andere Rüstungsbetriebe Maschinengewehre, Lastwagen, Munition und Flugzeuge produzierten, die dem italienischen Heer zu Beginn des Krieges gefehlt hatten. Jetzt handelte es sich nicht mehr nur um die traurigen Schlangen von Hausfrauen vor den Bäckereien. Vielmehr waren es die Arbeiterinnen und Arbeiter, die aus den Fabriken auszogen, um Brot *und* Frieden zu fordern. Zur Niederschlagung der Unruhen wurden Truppen eingesetzt. Die Zensur bemühte sich, die Nachrichten darüber zu unterdrücken; in der Politik aber wurde Kritik laut, denn Turin stellte nicht nur einen neuralgischen Standort für die Kriegsproduktion dar, es war auch die Hauptstadt des Piemont, wo man ein folgenreiches Zusammengehen der unterschiedlichen neutralistischen Bewegungen befürchtete. Tatsächlich war das Piemont jene Region, aus der Giolitti stammte, und wo er die stärkste Unterstützung erhielt. Hier beherrschten seine Parteigänger die Führungsebenen, einschließlich der Tageszeitung *La Stampa*. Die Turiner Sozialisten gehörten zu den hartnäckigsten Kriegsgegnern. Sie blickten mit großer Hoffnung auf die Ereignisse in Rußland. Man fürchtete, daß sie jetzt von ihrer bisherigen Losung »Nicht einwilligen, nicht sabotieren« abrücken könnten. Die Repression zeitigte Erfolge, das Feuer in Turin wurde gewaltsam gelöscht. Es brach weder in Mailand noch woanders aus.

Während dieser ganzen Zeit kam es zu keiner Einschränkung der militärischen Operationen. Die 11. Isonzo-Schlacht war erfolgreich und brachte bis September 1917 die Bainsizza-Hochebene ein. Das österreichisch-ungarische Heer stand am Rande des Zusammenbruchs und rief die Deutschen zur Unterstützung. Nun trat die Wende ein. Im Oktober 1917 wurde die 2. Armee durch den überraschenden Durchbruch der Mittelmächte bei Caporetto (Karfreit) zerschlagen, die Front brach zusammen: Zehntausende Tote, Zehntausende Vermißte und Gefangene; Einkesselungen, unerklärlich schnelle Vorstöße, Kanonen, die nicht feuerten, Divisionen, die ohne in Aktion zu treten, abgeschnitten wurden. Alles geschah sehr schnell, in wenigen Tagen. Wichtige Stellungen wurden aufgegeben.[9] Das Oberkommando befahl den Rückzug, um drei weitere Armeen zu retten. Cadorna und die Interventionisten riefen sofort »Verrat«, sie beschuldigten die Defätisten, die Soldaten aufgehetzt zu haben. Mit der Niederlage bei Caporetto wurden ihre lange gehegten Ängste wahr. Vermutlich war es aber nur eine gigantische Passivitätskrise, die die Soldaten rufen ließ: »Alle nach Hause«. Der neue Ministerpräsident Orlando – Innenminister unter Boselli und nach der Meinung der Kriegsbefürworter der Hauptverantwortliche der Niederlage – besuchte die Region und versicherte, daß die Soldaten auf der Flucht keine Waffen trügen und kein feindseliges Verhalten aufwiesen. Es war schließlich Bissolati, der eine Formulierung prägte, die dieses Massenverhalten zu erklären suchte: nicht Revolution, nicht Revolte, sondern ein Militärstreik (sciopero militare) sei es gewesen.

Noch 1917 gelang es der Militärführung, an der Piave eine neue Front zu organisieren; von Dezember 1917 bis Juni 1918 folgten Monate der Defensive. Die wieder gewonnene Kampfkraft der italienischen Truppen zeigte sich in der Abwehr der österreichisch-ungarischen Offensive an der Brenta und an der Piave ab 15. Juni. Nun wandte sich das Blatt zugunsten der Italiener, die nun ihrerseits die strategische Initiative ergriffen, die zum Durchbruch der Front bei Vittorio Veneto führte. Diese Entwicklung war das Ergebnis mehrerer Umstände. Wichtig war die militärische Unterstützung durch die Alliierten, die aber erst im Dezember 1917 handelten, als sich der italienische Wille zum Weiterkämpfen gezeigt hatte. Die Verlegung britischer und französischen Divisionen an die italienische Front und die Anwesenheit eines italienischen Armeekorps in Frankreich markierte eine weitere Internationalisierung des

Krieges. Der Zusammenhang zwischen Caporetto und Vittorio Veneto – zwischen Katastrophe und dem darauf folgenden Sieg – dürfte definitiv in der Entlassung Cadornas nach der Niederlage bei Caporetto liegen. Mit dem neuen Oberbefehlshaber Armando Diaz änderten sich die Strategie, die Doktrin und auch die Beziehungen zwischen Generalstab und Regierung. Mit ihm wurde vom Vorwurf der Subversion und des Verrats Abstand genommen, statt dessen hieß es nun, die Losung »Alle nach Hause« sei einzig ein Zufall, die Folge und nicht die Ursache der Niederlage gewesen. Das Problem schien nun lösbar, indem die Verbände reorganisiert, aber auch die Moral der Soldaten und die militärischen Loyalitäten wiederhergestellt wurden. Aus dem Erlebnis des sogenannten Militärstreiks suchte man zu lernen: Er ebnete den militärischen Reformen den Weg, den Orlando von Rom und Diaz von Padua, dem neuen Sitz des Oberkommandos, aus einschlugen. Heimaturlaub und Ablösungen wurden nunmehr fallweise und human geregelt. Ein sogenannter Ernteurlaub wurde eingeführt – für eine Armee, deren Soldaten zu großen Teilen aus der Landbevölkerung stammten, war dies eine unerhört wichtige Entscheidung. Dazu kamen Fürsorgemaßnahmen, Versicherungen und Renten für die Familien der Soldaten, der Versehrten und der Gefallenen. Auch für die Nachkriegszeit wurden Versprechen gemacht, die soziale Verbesserungen und Landreform verhießen. 1918 war ein Jahr starker patriotischer Kultur. Die Intellektuellen stellten sich als Psychologen, Pädagogen, Journalisten und Redner in den Dienst der nationalen Sache. Zur Indoktrination der Soldaten wurde ein Propagandadienst, der »servizio P«, gebildet.[10] Unter dem Einfluß der russischen Februarrevolution, dem Kriegseintritt der Vereinigten Staaten und den Vierzehn Punkten von Wilson gewann allianzpolitisches Denken wieder an Bedeutung. Selbst Sonnino übernahm nun teilweise Ideen von Salvemini und anderen demokratischen Interventionisten. Diese sahen nur in der Zertrümmerung der habsburgischen Monarchie einen Weg zur Befreiung der unterdrückten Völker. Das bedeutete auch, daß man einem »slawischen Risorgimento« positiv gegenüberstand. Die Nationalisten und die Anhänger des sacro egoismo hatten zwar ihre außenpolitischen Vorstellungen nicht verändert, wie die Nachkriegszeit bald zeigen sollte, sie stellten sich diesem politischen Trend aber auch nicht länger in den Weg. Caporetto und Vittorio Veneto standen in enger Beziehung zueinander, nicht nur weil die Operationen am Monte Grappa und der Piave am 24. Oktober, dem ersten Jahrestag der Niederlage am Isonzo, begannen, sondern auch, weil sich beide nicht in der rein militärischen Dimension erschöpften. Der Durchbruch durch die feindlichen Linien gelang nach fünf Tagen und hatte eine vernichtende Wirkung. Am 3. November marschierten die italienische Truppen siegreich in Trient und Triest ein. Zu den militärischen Ursachen gehörte auch der Hunger, Tausende von Soldaten der k. u. k. Monarchie ergaben sich, weil sie wußten, daß Rückzug Hunger bedeutete. Dazu trat der Widerstand bei den Soldaten derjenigen Volksgruppen, die sich vom Kaiserreich lösen wollten. Ein Jahr zuvor war Italien nicht bereit gewesen, Österreich einen Waffenstillstand anzubieten. Nun tat dies am 3. November 1918 Österreich.[11] Das Datum, das für die Habsburgermonarchie ihr Ende bedeutete, verhieß für Italien den Abschluß seiner nationalen Einigung.

Übersetzung: Claudia Zonta/Markus Pöhlmann

Literatur

L. Ambrosoli, Né aderire, né sabotare 1915-1918, Mailand 1961.

H. J. Burgwyn, The Legend of the Mutilated Victory. Italy, the Great War and the Paris Peace Conference, 1915-1919, Westport, Conn. 1993.

E. Forcella/A. Monticone, Plotone d'esecuzione. I processi della prima guerra mondiale, Bari 1968.

L. Ganapini, Il nazionalismo cattolico, Bari 1970.
A. Gibelli, L'officina della guerra. La grande guerra e le transformazioni del mondo mentale, Turin 1991.
M. Isnenghi, Giornali di trincea, Turin 1977.
M. Isnenghi/G. Rochat, La grande guerra 1914-1918, Mailand 2000.
M. Isnenghi, Il mito della grande guerra, Bologna 1997.
G. Lenci, Le giornate di Villa Giusti. Storia di un armistizio, Padua 1998.
R. Morozzo della Rocca, La fede e la guerra, Rom 1980.
G. Procacci, Soldati e prigionieri italiani nella grande guerra, Rom 1993.
G. Rochat, Caporetto. Le cause della sconfitta, in: Kobarid, Caporetto, Karfreit 1917-1997, Kobarid 1998.
G. Rochat, Die italienische Historiographie zum Ersten Weltkrieg, in: Der Erste Weltkrieg. Wirkung, Wahrnehmung, Analyse, hg. v. W. Michalka, München 1994, S. 972-990.
G. Stuparich, Guerra del '15. Dal taccuino di un volontario, Mailand 1931.

USA

Ronald Schaffer

Als sich die europäische Krise 1914 zum Weltkrieg ausweitete, suchten die USA zunächst einem Kriegseintritt aus dem Weg zu gehen. Die Regierung unter Präsident Woodrow Wilson hielt die Amerikaner an, die Neutralität zu wahren – im Denken wie im Handeln –, verfügten die USA doch in der westlichen Hemisphäre, namentlich am Panama-Kanal, über strategisch wichtige Positionen. Gleichzeitig pochte die Regierung auf die Freiheit der Meere, die Freiheit des eigenen Überseehandels und das Recht ihrer Staatsbürger, auch in Kriegszeiten ungehindert reisen zu können. Sie war bemüht, Friedensgespräche zu vermitteln, bevor das Land selbst in den Krieg verwickelt werden würde, wobei den Amerikanern einem derartigen Vermittlungsversuch eine Schlüsselposition zukommen sollte. Drei Jahre lang hielten diese Bemühungen an, bis das Land schließlich doch noch in den Krieg hineingezogen wurde. Die USA konnten nicht wirklich neutral bleiben in einem Konflikt, in dem ganze Gesellschaften gegeneinander kämpften, zumal sie selbst einen beträchtlichen Teil der Ressourcen beisteuerten, die diesen Krieg in Gang hielten. Die britische Blockade verhinderte jeglichen Überseehandel mit den Mittelmächten, so daß die Amerikaner am Ende nahezu ausschließlich die Entente belieferten: mit Nahrungsmitteln, Rohstoffen und anderer Konterbande des totalen Krieges sowie den Krediten, die diese Ankäufe erst ermöglichten. Die Alternative – den Handel mit allen kriegführenden Staaten ohne Ausnahme einzustellen – hätte gravierende Folgen für die amerikanische Wirtschaft gehabt.

Deutschland konterte die Blockade mit seinen Unterseebooten, die, sollte der Einsatz erfolgreich sein, ohne Vorwarnung operieren mußten und kaum Rücksicht auf traditionellen Seekriegsbrauch nehmen konnten, der die Sicherheit neutraler Passagiere garantierte. Wiederholt schickten deutsche U-Boot-Angriffe amerikanische Staatsbürger und Waren auf den Grund des Meeres, was in den USA zu heller Empörung und Rufen nach einem Kriegseintritt führte. Schließlich mußten die Deutschen vor den Drohungen zurückweichen. Doch Ende 1916 kamen die Verantwortlichen des Deutschen Reichs zu dem Schluß, daß es wichtiger sei, die Briten rasch niederzuzwingen als eine amerikanische Intervention zu vermeiden, zumal es Monate dauern konnte, bis sich eine solche auf das Kriegsgeschehen auswirken würde. Sie ordneten die Wiederaufnahme des uneingeschränkten U-Boot-Krieges an. Vor die Wahl gestellt zwischen Krieg und einem erniedrigenden Macht- und Glaubwürdigkeitsverlust, entschied sich die US-Regierung für den Krieg.

Präsident Wilson formulierte sogleich eine Reihe von Kriegszielen. Die meisten zielten auf die Ursachen des Konfliktes, wie sie Wilson erkannt zu haben glaubte. Im Januar 1917 forderte er einen Frieden ohne Sieg, das Mächtekonzert der Vorkriegszeit wollte er durch eine internationale Friedensliga ablösen. In seinem Appell an die Volksvertretung vom 2. April 1917 versprach er, daß die USA für die Freiheit unterdrückter Völker kämpfen würden. Für Wilson bezog dieses Versprechen das deutsche Volk mit ein, welches er als ein Opfer autokratischer Herrschaft sah. Nachdem die Bolschewiki die Forderung nach einem »Frieden ohne Annexionen und Kontributionen« auf der Basis des Selbstbestimmungsrechts der Völker verkündet hatten und damit begannen, alliierte Geheimverträge über die Verteilung der für einen Sieg in Aussicht genommenen Kriegsgewinne zu veröffentlichen, legte Wilson im Januar

1918 in seiner Rede zu den »Vierzehn Punkten« weitere amerikanische Ziele dar. Diese beinhalteten die Forderung nach einer Friedensregelung ohne Geheimdiplomatie, ein System kollektiver Sicherheit, das die Bündnissysteme der Vorkriegszeit ablösen sollte, Rüstungsbeschränkungen, die Freiheit der Meere und Autonomie für alle Völker, wodurch Religionsfreiheit, wirtschaftliche und kulturelle Entfaltungsmöglichkeiten und die Entscheidungsfreiheit über die eigene Regierungsform garantiert werden sollten. In Wilsons Vorstellung würden solche Regierungen vom Volkswillen getragen sein und damit ihren Nachbarn weniger gefährlich werden als autokratische Herrscher. In diesem Weltkrieg, so der Präsident, sollte für die Demokratie gekämpft werden, und er sollte ohne einen einseitigen Triumph enden, der nur erneut Ursache für einen zukünftigen Konflikt werden konnte.

Da die Kriegsziele der Alliierten, wie die Geheimabsprachen gezeigt hatten, eher traditioneller Natur waren und weil sie bislang die überwiegende Last der Kämpfe getragen hatten, benötigten die USA, die sich selbst nicht als eine »alliierte«, sondern als »assoziierte« Macht bezeichneten, für die Durchsetzung der Ziele Wilsons besonders gute Argumente. Der Präsident sah diese zum einen in Amerikas wirtschaftlicher und finanzieller Macht für die kommende Periode des Wiederaufbaus. Doch würde es auch einer ungeheuren militärischen Anstrengung bedürfen, um den USA einen führenden Platz am Verhandlungstisch zu verschaffen. Zu dem Zeitpunkt, als das Land in den Krieg eintrat, waren seine Streitkräfte alles andere als kriegsbereit. Gleichsam aus dem Nichts mußte ein Heer aufgestellt und ausgebildet werden, um an feindlichen U-Booten vorbei nach Übersee transportiert zu werden. Die ohnehin schon ausgelastete US-Wirtschaft mußte entsprechend der Bedürfnisse der amerikanischen und der alliierten Zivilbevölkerungen und Streitkräfte reorganisiert werden. Ebenso wichtig war es, die amerikanische Bevölkerung für die gemeinsame Kriegsanstrengung zu gewinnen.

Der Übergang zur Industriegesellschaft hatte in den USA tiefe soziale Verwerfungen hervorgerufen, so unter anderem schärfste Arbeitskämpfe. Im Jahrzehnt vor dem Krieg hatten viele Angehörige der Mittelschicht die Macht der radikalen Gewerkschaften ebenso gefürchtet wie die der großen Firmen und deren Einflußnahme auf die Regierung. Das Land war tief gespalten. Latente Konflikte zwischen den ethnischen Gruppen schienen eine große Gefahr darzustellen für die Einheit eines Landes, in dem Millionen von Bürgern vorväterliche Bindungen zu den Staaten der Mittelmächte oder aber traditionelle Feindschaft gegenüber England pflegten. Kurz vor Kriegsbeginn war zudem ein lange schwelender Geschlechterkonflikt offen ausgebrochen, als sich radikale Frauenrechtlerinnen daran machten, die Regierung über einen Verfassungszusatz zu zwingen, das Frauenstimmrecht einzuführen. Religionsgemeinschaften und Intellektuelle stritten sich darüber, ob die USA in dem Krieg Partei ergreifen sollten. In einigen Klassen und Regionen war die Einstellung schon seit jeher für den Krieg und für die Entente gewesen. Doch noch im Herbst 1916 war die antiinterventionistische Meinung im ganzen Land derart stark, daß Woodrow Wilson unter dem Slogan »Der hat uns aus dem Krieg rausgehalten« wieder kandidierte.

Um Amerika zu einer Nation zu formen, die stark genug war, um die Art von Krieg zu kämpfen, wie er in Europa geführt wurde, setzte die Regierung massive Propaganda ebenso wie eine Reihe von Anreizen ein. Sie zögerte nicht, Individuen und Organisationen zu bekämpfen, die sich ihrer Politik offen entgegenstellten. Doch sie wählte auch indirekte Methoden, die auf Freiwilligkeit abzielten und die durch Anreize unterstützt wurden. Aus dem sich nunmehr ausformenden Kriegs-Wohlfahrtsstaat zogen diejenigen den größten Nutzen, die ohnehin schon mächtig waren, diejenigen, von denen die Mobilmachung am meisten abhing, und diejenigen, die gut genug organisiert waren, um ihren Forderungen gegenüber der Regierung ausreichend Nachdruck zu verschaffen. So gingen in Amerika Patriotismus, Selbstsucht und Idealismus nebeneinander einher: mit nicht endenden Bemühungen von privater Seite, vom großen Kriegsgewinn zu profitieren, mit dem Management der verschiedenen Interessengruppen durch die Regierung und mit der Manipulation der Regierung durch jene, die sie zu kontrollieren gedachte.

Die zentrale Institution zur Einflußnahme auf die amerikanische Kriegsmoral war das Committee on Public Information (CPI), das auf Weisung des Präsidenten ins Leben gerufen worden war. Es wurde von George Creel, einem Journalisten und engagierten Sozialreformer geleitet. Das Komitee wollte, in den Worten seines Leiters, das amerikanische Volk zu »*einer* weißglühenden Masse« aus »Brüderlichkeit, Hingabe und unvergänglicher Entschlossenheit« im Dienste des Krieges zusammenschweißen. Das CPI trat eine riesige Werbekampagne los, mit Presseerklärungen und Flugblättern, Annoncen in Zeitungen und Magazinen; es organisierte Konferenzen, ließ Plakate und Poster kleben und organisierte Umzüge und Paraden. Es verpflichtete Dozenten, um Studenten die offiziellen Begründungen für den Krieg nahezubringen und sie mit Patriotismus und Bewunderung für die amerikanische Sache zu erfüllen. Die Analphabeten suchte man mit Filmen anzusprechen und dadurch, daß man Redner in die Kinos schickte, die dort patriotische Ansprachen hielten.

Das CPI überschwemmte die Medien mit derart viel Pressematerial, daß Journalisten, die das Material nicht mehr verarbeiten konnten, schlicht die Schlußfolgerungen des CPI als die ihren übernahmen. Es errichtete Frontorganisationen wie die Friends of German Democracy, durch die Einfluß auf die Deutschamerikaner genommen werden sollte, oder die American Alliance for Labor and Democracy, die unter der Führung des konservativen Gewerkschaftsführers Samuel Gompers dasselbe unter den Arbeitern leisten sollte. Der Leiter der Filmabteilung des CPI bemerkte dazu, eines der Probleme des Komitees sei es, »überzeugende Propaganda« auszustreuen, die »nicht zu offensichtlich sei, gleichzeitig aber den erwünschten Effekt« erbringe. Schon die Bezeichnung CPI war ein Euphemismus, da man vorgab, Information zu verbreiten, nicht jedoch Propaganda.

Obschon das CPI eine ganze Reihe von Themen auf seiner Agenda hatte, kehrten doch drei mit großer Häufigkeit immer wieder: daß die Amerikaner ungeachtet ihrer sozialen Klasse, ethnischen Herkunft, Beruf oder Geschlecht sich im Interesse des Kriegseinsatzes einig sein sollten; daß alle Feinde kaum menschliche, bösartige Wesen seien, die schreckliche Grausamkeiten gegen unschuldige Zivilisten verübten; und daß sich die Vereinigten Staaten auf einem Kreuzzug befänden, mit dem Ziel, derartige Grausamkeiten zu vergelten und der Welt dauerhaften Frieden und Demokratie zu bringen.

Wie die meisten anderen kriegführenden Mächte setzte die US-Regierung aber auch schärfere Überzeugungsmittel ein, um die Gefühle und Meinungen der Amerikaner zum Krieg zu beeinflussen. Mit dem 1917 erlassenen Spionagegesetz oder dem Aufruhrgesetz von 1918 schränkte sie den Vertrieb von Publikationen ein, von denen die Behörden eine Beeinträchtigung des Kriegskurses der Regierung befürchten. Obwohl der Präsident ursprünglich das Verhältnis zu Sozialisten und Liberalen hatte verbessern wollen, unterdrückte die Regierung die Kritiker auf der politischen Linken, während man es konservativen Kommentatoren, unter ihnen Ex-Präsident Theodore Roosevelt, gestattete, die Politik der Regierung ungestraft anzugreifen. Die Bundesbehörden verhafteten Mitglieder der radikalen Gewerkschaft Industrial Workers of the World, die mit der Störung der Produktion von Kriegsmaterial drohten. Sie schickten den früheren sozialistischen Präsidentschaftskandidaten Eugene Debs und viele weit weniger prominente Personen ins Gefängnis für Äußerungen, die die Staatsanwälte für gefährlich hielten. Sie verhaftete Hunderte tatsächlicher oder vermeintlicher Kriegsgegner. Doch wie in ihrem Propagandaprogramm operierte die Regierung auch bei den Unterdrückungsmaßnahmen mit undurchsichtigen Methoden.

Das CPI drängte die Journalisten zur Selbstzensur ohne ihnen wirklich Richtlinien vorzugeben, was sie veröffentlichen konnten oder womit sie ein Verbot ihres Organs riskierten.

In ihrer Kampagne gegen Pazifisten und Radikale konnten sich die Bundesbehörden breiter Unterstützung sicher sein. Rund eine viertel Million Freiwilliger wurde in der American Protective League mobilisiert, um Kriegsgegner mundtot zu machen. Die Regierungen einzelner Bundesstaaten unterstützten Bürgerwehren, deren Tätigkeit aktive Unterstützung der Mobilmachung umfaßte, die aber auch jeden attackierten, den sie als deutschfreundlich, gegen den Krieg eingestellt oder nur als zu liberal einschätzten. Private Organisationen beteiligten sich an dieser öffentlichen Gedanken- und Verhaltenskontrolle. Das Ergebnis all dieser Aktivitäten und der Reaktionen auf Sabotageberichte und die amerikanischen Verlustzahlen war eine Periode des Terrors, in der sich die Menschen gegenseitig zu bespitzeln begannen, wo sie andere drängten, in die Armee einzutreten, wo Verdächtige gezwungen wurden, Kriegsanleihen zu kaufen, die amerikanische Flagge zu küssen, wollten sie nicht mit gelber Farbe angemalt werden; wo Menschen, die als Kriegsgegner betrachtet wurden, bedroht, mißhandelt und in zwei Fällen sogar ermordet wurden. Patrioten griffen die deutsch-amerikanischen Gemeinschaften an, unterdrückten deren Musik, bedrohten deren Religionsgemeinschaften, verboten die Lehre und das Sprechen der deutschen Sprache und benannten Produkte mit deutschem Namen um: So wurden aus Frankfurter Würstchen schließlich »Freiheitswürstchen«.

Manche dieser Aktionen waren ein Auswuchs des Kriegspatriotismus. Andere waren das Ergebnis alter ethnischer Konflikte, das Resultat politischer Besitzstandswahrung oder des Versuchs, den Krieg im Dienste des ökonomischen Vorteils zu instrumentalisieren. Diese Aktionen zeigten auch die Interessenidentität von Regierung und den Gruppen, die den Krieg für ihre eigenen Zwecke nutzten. Ähnliche Vorfälle und Verhaltensweisen lassen sich bei der Mobilmachung der Kriegswirtschaft beobachten. In den Jahrzehnten vor dem Krieg hatten Bundes- und Staatsregierungen ansatzweise mit der Regulierung einiger Großunternehmen begonnen, wobei man damit vornehmlich auf öffentlichen Druck reagierte. Doch war der Ausbau derartiger Regulierungsbürokratien in den Kinderschuhen geblieben, einmal weil die meisten Unternehmen dem Widerstand entgegensetzten, aber auch deshalb, weil manche Amerikaner (der Präsident eingeschlossen) fürchteten, daß die Kontrolleure von den Firmen, deren Aktivitäten sie eigentlich kontrollieren sollten, umgedreht werden könnten. Noch zum Zeitpunkt des Kriegsbeitritts wurden die großen Unternehmen von der Öffentlichkeit mit Mißtrauen betrachtet; gleichzeitig war deren Unterstützung essentiell, wollten die USA ihre militärischen Ziele verwirklichen. Nur die Verwaltungen der großen Firmen verfügten über die zum Management einer Kriegswirtschaft erforderlichen Informationen und Befähigungen. Ein ausreichend großer Staatsapparat zur Zwangsverwaltung der kriegswichtigen Industrien, der einspringen konnte, falls die Unternehmen die Umstellung auf Kriegsproduktion verweigert hätten, existierte nicht. Auch die Streitkräfte wären dazu nicht in der Lage gewesen.

Die Regierung war somit auf die Kooperation mit dem Big Business angewiesen, lebte aber gleichzeitig in ständiger Sorge sowohl vor zuviel staatlicher Regulierung als auch vor einem exzessiven Einfluß der Unternehmer. So steuerte sie die Kriegswirtschaft weitgehend über ad hoc-Agenturen, die sie in der Masse mit sogenannten dollar-a-year-Männern besetzte, also mit vom Waffendienst freigestellten wehrpflichtigen Fachkräften. So schuf sie, als das Transportsystem landesweit zusammenbrach, die Railroad Administration, die dem Schatzamt unterstand und von nun an die Verkehrsplanung übernahm. Das eigentliche Strecken- und Fahrplanmanagement überlies man ehemaligen Angestellten der Eisenbahnunternehmen, die nun vorübergehend unter staatlicher Leitung arbeiteten. Die wichtigste und möglicherweise mächtigste Kriegswirtschaftsbehörde war das War Industries Board (WIB), mit dem die amerikanische Industrie auf den Bedarf der Streitkräfte und Zivilgesellschaften in den USA und bei den Verbündeten eingestellt wurde. Das Gremium rekrutierte sich überwiegend aus Unternehmerkreisen. Doch ließ die Regierung seinen rechtlichen Status bewußt unklar und sicherte sich die Kontrolle dadurch, daß sie dem Kriegsministerium beträchtliche Kompetenzen im militärischen Beschaffungswesen einräumte.

Anhand der Tätigkeit des WIB lassen sich die zentralen Charakteristika des amerikanischen Kriegs-Wohlfahrtsstaates gut beobachten. Gemeinsam mit den Behörden, die Kraftstoffe, Arbeitskräfte und Transportmittel kontrollierten, und in Zusammenarbeit mit den Unternehmen, die Rohstoffe und andere Produktionsmittel bereitstellten, entwickelte das WIB ein System der Prioritäten. Entschloß sich eine Firma zur Produktion von kriegswichtigen Gütern, so wurde sie ganz oben auf der Liste eingestuft und erhielt so die erforderlichen Produktionsmittel. Hielt eine Firma dagegen an der Fertigung von kriegsunwichtigen Gütern fest, so fand sie sich am Ende der Liste wieder – was in der Praxis bedeutete, daß sie wenig oder nichts mehr produzieren konnte.

Abgesehen von der Genugtuung, mit ihrer Produktion ihren Teil zum Sieg beizusteuern, erhielten amerikanische Unternehmen eine Reihe nicht zu verachtender Anreize. So konnten sie sich weit oben auf der Prioritätenliste plazieren. Sie konnten sehr hohe Profite erwirtschaften, wenn sie etwas anbieten konnten, was die Regierung dringend benötigte. Zwar sollten derartige außergewöhnliche Gewinne eigentlich über eine Kriegsgewinnsteuer wieder hereingeholt werden, doch blieb die Anpassung dieser Steuer hinter den Gewinnen zurück. Auch war es oft der Fall, daß diejenigen, die für die Regierung die Verhandlungen führten, selbst aus der Wirtschaft stammten. Sie kannten die Probleme der Unternehmerseite und verprellten nur selten die Firmen, für die sie nach dem Krieg wieder arbeiten wollten. Zunächst bestimmten innerhalb der einzelnen Wirtschaftssparten die Spitzenverbände die Prioritäten. Dem WIB und den anderen Behörden mangelte es hierzu an Sachkenntnis. Somit organisierten im Endeffekt einige wenige Großunternehmen die industrielle Mobilmachung der USA.

Auch anderen gesellschaftlichen Gruppen oder Berufen gelang es, aus ihrem Kriegsengagement Vorteile zu ziehen: die Psychiater, die psychische Kriegsverletzungen behandelten, oder die Psychologen, die Eignungstests für die Truppen entwickelten. Für die Intellektuellen, die in einem Land lebten, das ihnen im Allgemeinen nur geringe Aufmerksamkeit schenkte und sie mitunter sogar verachtete, bot sich nun eine Gelegenheit, ihrer Nation zu dienen, beispielsweise indem sie Propagandaschriften verfaßten oder die amtliche Version der Ursachen des Krieges in der Öffentlichkeit verbreiteten. Konservative Gewerkschaften, die den Kriegskurs unterstützten, stärkten ihre Stellung als Tarifpartner der Regierung und erreichten Verbesserungen bei Löhnen, Arbeitszeiten und -bedingungen, vor allem mit dem Argument, daß dadurch die Produktion gesteigert werden könne. Reformerische Stadtplaner konnten nun mit derselben Begründung Modellsiedlungen in der Nähe von Fabriken und Docks entwickeln. Millionen von Amerikanern erwarben sich durch den Militärdienst sozialstaatliche Unterstützung, von der Sozialreformer bis dahin nur geträumt hatten: staatliche Gesundheitsfürsorge für Angehörige der Streitkräfte, Kriegswitwen- und Kriegswaisenrenten sowie eine Reihe von Maßnahmen zur Unterstützung von Kriegsversehrten.

Ein landesweites und von der Regierung unterstütztes Programm zur Bekämpfung der Prostitution entsprach den Forderungen jener Gruppierungen, die sich der Wacht über die öffentliche Moral verschrieben hatten. Alkoholgegner argumentierten mit Erfolg gegen die Verwendung von Getreide für Bier, um so die Brotversorgung sicherstellen zu können. Der Arbeitskräftemangel ermöglichte es mehr als einer Million Frauen, vor allem in der Rüstungsindustrie Beschäftigung zu finden. Frauen arbeiteten als medizinisches Hilfspersonal in der Etappe, als Nachrichtenhelferinnen in der Armee oder sie übernahmen die in einem Krieg unverzichtbare Aufgabe, allgemein die Moral von Heimatfront und Truppe zu stärken. Frauenrechtlerinnen gewannen somit eine Vielzahl von Argumenten für ihre politische Forderung nach der Einführung des Frauenwahlrechts: etwa daß sich auf diese Weise der Kriegseinsatz der Frauen würdigen ließe und der vielbeschworene Krieg für die Demokratie das Wahlrecht für die Frauen unerläßlich mache.

Allerdings wurden nach dem Ende des Krieges eine Reihe dieser Entwicklungen wieder rückgängig gemacht, auch profitierten nicht alle gesellschaftlichen Gruppen gleichmäßig vom Krieg. Die Erfahrung der Farbigen zeigt in beispielhafter Weise auf, wie der Kriegs-Wohlfahrtsstaat eher die Starken und Organisierten als die Schwachen belohnte. So hatte der Intellektuelle und Journalist W. E. B. Du Bois argumentiert, der Kampf für die Demokratie in Übersee würde den Farbigen zuhause die gesellschaftliche Gleichstellung erleichtern. Doch das war genau, was diejenigen befürchteten, die eine strikte Rassentrennung befürworteten. Als nun die schwarzen Arbeiter in die Großstädte des Nordens zogen, um dort Arbeit zu suchen, und als sie nach dem Kriegseinsatz aus Frankreich zurückkehrten, da trafen sie auf Rassenunruhen. In Übersee hatten die farbigen Truppen vornehmlich als Arbeitssoldaten gedient. Die wenigen schwarzen Offiziere wurden von ihren weißen Soldaten mit Respektlosigkeit und von ihren weißen Offizierskameraden, die das System der Rassentrennung nach Frankreich exportiert hatten, mit Verachtung behandelt. Farbige Kampfeinheiten, darunter auch diejenigen, die von den Franzosen wegen ihres Einsatzes gelobt wurden, erfuhren von seiten des Oberkommandos kaum Beachtung. Wo ein unzureichend ausgebildetes Regiment im Kampf versagte, wurde dies von vielen Weißen, einschließlich der militärischen Führer der US-Armee, für alle farbigen Einheiten verallgemeinert, auch wenn sich bei manchen schlecht ausgebildeten und unerfahrenen weißen Regimentern ähnliche Defizite feststellen ließen. Jene Farbigen, die gedacht hatten, daß ihnen der Militärdienst an der Westfront die vollen Bürgerrechte einbringen würde, sahen sich schwer getäuscht.

Ursprünglich war es der Plan des Oberkommandierenden der Amerikanischen Expeditionsstreitkräfte (AEF), General John J. Pershing, gewesen, die US-Truppen so lange aus den Kämpfen herauszuhalten, bis diese voll ausgebildet waren und sich in einer eigenen Armee zusammenfassen ließen. Darin befand er sich in Übereinstimmung mit Präsident Wilson. Wenn die Ententetruppen nach Jahren des Kampfes erschöpft sein würden, sollte die riesige Armee aus ausgeruhten amerikanischen Soldaten 1919 oder 1920 die Westfront durchbrechen und die Truppen der Mittelmächte schlagen. Damit würde den USA in der Friedensfrage eine Schlüsselposition zufallen.

Die Umstände gestalteten sich jedoch anders. Mit dem Zusammenbruch Rußlands konnten die Deutschen im großen Umfang Truppen nach dem Westen verschieben und dort ab März 1918 eine Serie von Großoffensiven starten. Bis zu diesem Zeitpunkt hatten die Alliierten amerikanische Soldaten im Verband mit ihren Truppen in ruhigen Frontabschnitten oder in der Etappe ausbilden wollen, um sie dann den alliierten Verbänden als Mannschaftsersatz zuzuführen. General Pershing widersetzte sich mit Unterstützung Wilsons hartnäckig dieser militärischen Integration. Seiner Meinung nach hatten sich die Alliierten zu sehr mit dem Stellungskrieg abgefunden, statt dessen wollte er die eigenen Truppen vornehmlich für den Bewegungskrieg und für den Infanterieangriff mit Gewehr und Bajonett ausbilden. Pershing fürchtete, wenn er seine Truppen den französischen und britischen Armeen zuteilen würde, daß diese durch deren defensive taktische Grundsätze demoralisiert und erschöpft würden, bevor er sie wieder zu einer den Krieg entscheidenden eigenen Armee zusammenfassen konnte. Seine Bemühungen wurden aber vom schleppenden Tempo der Mobilmachung in den USA vereitelt. Obschon sich die U-Boot-Gefahr durch die Einführung des Konvoisystems weitgehend vermindert hatte, schränkte der Mangel an hochseetauglichen Schiffen den Nachschub an Versorgungstruppen für den in Aussicht genommenen, selbständigen Großverband ein. Hinzu kamen Produktionsengpässe, so daß Pershing auf Waffen- und Materiallieferungen der Alliierten angewiesen war.

Zunächst verfügten also die Alliierten über die größte Zahl an Schiffen. Als diese von den Amerikanern forderten, zuerst Infanteristen und MG-Truppen zu verschiffen, war Pershing gezwungen, nachzugeben. Zudem machten die deutschen Frühjahrsoffensiven von 1918 die vorübergehende Integration von US-Truppen erforderlich. Diese kämpften nun zusammen mit Briten und Franzosen an verschiedenen Stellen, unter anderem bei Château-Thierry, wo die 3. US-Division im Rahmen der französischen 6. Armee am 31. Mai den deutschen Vorstoß über die Marne abwehrte, und am Belleau-Wald, wo die 2. US-Division die Franzosen gegen einen deutschen Angriff unterstützte.

Im Verlauf der alliierten Gegenoffensiven trat dann erstmals die amerikanische Armee unter Pershings Kommando in Lothringen an. Dieses Ereignis wirft eine Reihe wichtiger Fragen auf: Wie unabhängig war diese Armee? Wie ist ihre militärische Leistung zu bewerten? Brachte ihr Einsatz einen kriegsentscheidenden Durchbruch? Und erfüllte sie den ihr von der Wilson-Regierung zugedachten politischen Zweck?

Die Antwort auf die erste Frage ist einfach: Die Armee blieb im Hinblick auf die militärischen Mittel weitgehend von den Alliierten abhängig. Briten und Franzosen versorgten sie im großen Umfang mit Waffen, Ausrüstung und Ausbildungseinrichtungen und stellten die Artillerieunterstützung. Wenn die Armee als geschlossener Großverband kämpfte, dann tat sie das unter dem alliierten Oberkommando unter Führung des französischen Marschalls Foch. Die amerikanische Armee war also nie selbständig. Ihre militärische Effektivität läßt sich allerdings feststellen, wenn man die Kämpfe in Lothringen betrachtet, wo sie unter ihren eigenen Befehlshabern operierte. Am 12. September 1918 griff die amerikanische 1. Armee mit französischen Verbänden einen alten deutschen Frontbogen nahe der Stadt St. Mihiel an und verkleinerte diesen – mit einigen Schwierigkeiten. Da hier über eine halbe Million amerikanische »Doughboys« und über 100.000 Franzosen den Bogen angriffen, der von nur 23.000 Deutschen und Österreichern (mit ganzen sieben Divisionen in Reserve) verteidigt wurde, kann dieser Angriff kaum als ein sonderlich guter Test für die Kampfkraft der AEF gewertet werden. Auch hatten die Deutschen schon am Vortag begonnen, den Abschnitt zu räumen. Eine bessere Bewährungsprobe bot der Angriff von 1,2 Millionen Amerikanern gegen die deutschen Linien zwischen Maas und Argonnen am frühen Morgen des 26. Septembers. Die gegnerischen Divisionen waren unter Sollstärke und entkräftet, vermochten aber eine Reihe gut befestigter Positionen zu halten. Zunächst ging der Angriff voran, doch dann blieb er über drei Wochen stecken und kostete über 100.000 Mann Verluste. Erst Anfang November, als die Deutschen im Zuge der alliierten Generaloffensive auf der gesamten Westfront den Rückzug antraten, gelang der AEF in ihrem Sektor der Durchbruch.

Die Kampfkraft der US-Truppen war in dieser Offensive wie auch über den ganzen Krieg gesehen, recht unterschiedlich. Oft kämpften die Truppen mit großem Mut, wobei sie sich dem Feindfeuer rücksichtslos aussetzten. Doch hatte es ebenso häufig den Anschein, als ob eine Reihe höherer Offiziere für ihren Auftrag nicht geeignet war. Einige Befehlshaber blieben hinter ihren Verbänden viel zu weit zurück, um diese noch effektiv unter Kontrolle zu haben. Sie erließen widersprüchliche Befehle und duldeten Disziplinlosigkeit: Auf dem Höhepunkt der Maas-Argonnen-Offensive schätzte der neu ernannte Oberkommandierende der 1. Armee, General Hunter Liggett, daß rund 100.000 Mann irgendwo hinter der Front zurückhingen. Es gab Schwierigkeiten, Infanterieangriffe und die Feuerunterstützung der Artillerie zu koordinieren und es gelang nicht, riesige Verkehrsstaus in der Etappe und schließlich den allgemeinen Zusammenbruch der Logistik zu vermeiden.

Für diese Defizite gibt es einleuchtende Erklärungen. Die Offiziere und Mannschaften, die im Herbst 1918 in die Schlacht geschickt wurden, waren in der Regel unerfahren und ungenügend ausgebildet. Die »amerikanische Taktik«, d. h. Massen von langsam vorgehender Infanterie dem Feindfeuer auszusetzen, war das einzige, was man mit derart unerfahrenen Truppen tun konnte. Der Zusammenbruch der Logistik war unvermeidlich, nachdem man bei den Verschiffungen die wichtigsten Nachschubkomponenten der Armee zugunsten der Kampftruppen hintangestellt hatte. Auch wenn die Amerikaner ihre Taktik zum Ende hin weiterentwickelten, so kamen die Abschlußkämpfe für sie zu früh, um das volle Potential der AEF noch zur Entfaltung bringen zu können. Doch trägt eine derartige Analyse nicht weit genug, denn sie würde die Fehleinschätzungen in der Führungsebene der AEF ausklammern. Die Entscheidung für den Angriffssektor Maas-Argonnen war fragwürdig, denn die Region hatte schlechte Straßen und das Terrain bot dem Verteidiger Vorteile. Die Entscheidung, die AEF in Lothringen zum Einsatz zu bringen, war wohl auch von der zweifelhaften Annahme beeinflußt gewesen, daß die Angriffsziele in dieser Region – Eisenminen, Kohlereviere und die verkehrstechnisch bedeutende Festung Metz – für sich schon Kriegsziele darstellten. Schließlich war es vom rein militärischen Standpunkt aus problematisch, derart früh auf die Schaffung einer unabhängigen amerikanischen Armee zu drängen, anstatt die Soldaten zunächst unter erfahreneren britischen und französischen Kommandeuren Kampferfahrung sammeln zu lassen.

Trotz dieser Defizite darf der Beitrag der AEF zum alliierten Sieg nicht zu niedrig eingeschätzt werden. Die Amerikaner unterstützten die Alliierten bei der Abwehr der deutschen Frühjahrsoffensive und in einer entscheidenden Serie von Gegenoffensiven. Je mehr die US-Truppen an Kampfkraft gewannen, desto mehr stärkten sie die alliierte Kriegsmoral. Durch ihr Eintreffen konnten geschwächte alliierte Verbände aus der Front genommen werden. Und die Ankunft von Hunderttausenden von frischen amerikanischen Soldaten an der Westfront – ob nun gut ausgebildet oder nicht – verbunden mit der Aussicht auf noch größere Truppenzahlen, entmutigte den Feind und brachte die deutsche Führung schließlich zu der Einsicht, daß man um einen Waffenstillstand nachsuchen mußte. Gemessen an der Dauer, der Zahl der Schlachten und Truppen sowie der Verluste war der Beitrag der Alliierten sicherlich weitaus größer. Es ist klar, daß der AEF nicht allein der entscheidende Durchbruch gelang. Doch brachten die Amerikaner das ausschlaggebende Gewicht auf die Waage, um den Kampf siegreich zu beenden. Denn abgesehen von ihren Soldaten und der Kriegs- und Handelsmarine verfügten die Vereinigten Staaten über Finanzkraft, große Mengen an Lebensmitteln und andere kriegswichtige Güter, die bald schon sichere Hoffnung auf einen Sieg und mit Wilsons »Vierzehn Punkten« auch eine für die deutsche Regierung akzeptable Grundlage für eine Friedenslösung bieten sollten. Am Ende aber waren sowohl die Amerikaner als auch die Deutschen mit dem Friedensvertrag alles andere als zufrieden.

Aus amerikanischer Sicht lag das Problem darin, daß der militärische Beitrag der USA nicht entscheidend genug gewesen war – im Vergleich dazu, wie er hätte sein können, wenn sich der Krieg über 1919 hinaus hingezogen hätte und eine riesige, besser ausgebildete und erfahrenere US-Armee die erschöpften alliierten Armeen abgelöst hätte. Wenn auch eintraf, was Wilson vorhergesehen hatte, nämlich daß die Alliierten zum Zeitpunkt des Waffenstillstandes bei den Amerikanern tief verschuldet waren und daß sie deren Finanzkraft zum Wiederaufbau benötigten, so wäre es für die Amerikaner doch abwegig gewesen, jetzt die Schrauben zu scharf anzuziehen, da dies die Kriegskoalition noch vor dem Friedensschluß erschüttert hätte. Auch wären die Alliierten dazu verleitet worden, die Streichung der Schulden zu fordern oder diese noch stärker den Deutschen aufzubürden. Der Regierung und auch den Finanz- und Handelskreisen in den USA wäre eine derartige Entwicklung in hohem Maße unerwünscht gewesen. Ohne entscheidenden militärischen Einfluß oder die Fähigkeit, effektiv wirtschaftlichen Druck zu entfalten, konnte Präsident Wilson, der die USA persönlich bei den Friedenskonferenzen vertrat, die Verhandlungen nicht dominieren. Seine bisherige und vom Committee on Public Information genährte Popularität war bei den Europäern bald schon im Schwinden begriffen. Im Dezember 1918 entschieden sich die britischen Wähler mit überwältigender Mehrheit für ihren Kriegspremier David Lloyd George, in der Erwartung, daß seine Regierung die Deutschen streng bestrafen werde. Gleichzeitig hatte in Frankreich Premierminister Georges Clemenceau in der Deputiertenkammer ähnlichen Erfolg, als er versicherte, sich bei den Friedenskonferenzen von den Interessen seines Landes leiten zu lassen. Die amerikanischen Wähler hatten Wilson dagegen einen Monat zuvor einen Denkzettel verpaßt, indem sie seinen republikanischen Gegnern die Mehrheit im Kongreß verschafften.

Der Präsident und die alliierten Verhandlungsführer waren an einem schnellen Friedensschluß interessiert, nicht zuletzt, weil sie die Ausbreitung des Bolschewismus in einem instabilen Europa fürchteten. Sie gaben Elsaß und Lothringen an Frankreich zurück und nahmen den Deutschen ihre Kolonien. Doch sie versuchten gleichzeitig, Deutschland im Rahmen des kontinentalen Mächtegleichgewichtes intakt zu erhalten, während sie seine Kriegsfähigkeit beschnitten: durch Rüstungsbeschränkungen, die vorübergehende Besetzung von Landesteilen und den Aufbau von Pufferstaaten an seinen östlichen Grenzen. Um die von der deutschen Armee verursachten Zerstörungen wiedergutzumachen, bestanden die Alliierten nicht nur auf Reparationen für unmittelbare physische Schäden, sondern auch für mittelbare, wie etwa Pensionen. Da sie von den USA keinen Schuldenerlaß erreichen konnten, erlegten die Siegermächte den Deutschen eine hohe und zunächst unbefristete Reparationslast auf.

Insgesamt bedeutete das Ergebnis für Wilson, der in den Verhandlungen große Flexibilität bewies, keine völlige Niederlage. Sein eigenes Prinzip öffentlicher Verhandlungen ignorierend, verbrachten der Präsident und die britischen, französischen und italienischen Minister viel Zeit in Geheimverhandlungen. Dies kam Wilson sogar zugute, da es ihm hierbei gelang, jene Interessengruppen auf Distanz zu halten, die noch schärfere Sanktionen gegenüber Deutschland forderten. Auch war Wilson nicht länger auf einen »Frieden ohne Annexionen« aus und wollte auch nicht mehr zwischen dem deutschen Volk und seiner Regierung unterschieden wissen. Seit er die öffentliche Unterstützung in Deutschland für den drakonischen Frieden von Brest-Litowsk registriert hatte, betrachtete er das deutsche Volk als ebenso militaristisch wie dessen Führer. Die Friedensbedingungen, so Wilson gegenüber der US-Delegation, seien hart, aber die Deutschen hätten diese verdient: »Ich denke, es ist hilfreich, wenn eine Nation ein für alle Mal begreift, was ein ungerechter Krieg bedeutet.« Er stimmte der französischen Besetzung des Rheinlandes ausdrücklich zu und bot sogar amerikanische Beteiligung an einem Pakt an, der Frankreich vor einem unprovozierten Angriff schützen sollte. Letzteres war eher eine außenpolitische Finte, denn Wilson mußte wissen, daß der Senat einen derartigen Vertrag nie ratifizieren würde.

Im Hinblick auf Wilsons Ziele der nationalen Selbstbestimmung und Volkssouveränität waren die Ergebnisse zwiespältig. Zwar hatte die Friedensregelung nicht jeder ethnischen Gruppe ihren eigenen Staat zugesprochen – Hunderttausende von Deutschen etwa blieben unter fremder Herrschaft –, doch es war auch nie Wilsons

Ziel gewesen, jeder Volksgruppe eigene politische Grenzen zuzubilligen oder die Vielvölkerreiche der Vorkriegszeit von der Landkarte zu streichen. Doch wenigstens in Teilen von Europa erhielten bis dahin unfreie Völker ihr Selbstbestimmungrecht und die politischen Grenzen der Nachkriegszeit entsprachen nun eher den Sprachgrenzen als dies 1914 der Fall gewesen war. Die Kolonien der Mittelmächte erhielten zwar keine Unabhängigkeit, doch war dies auch nie Wilsons Absicht gewesen. Anstatt den Siegern die direkte Herrschaft über die Kolonien zuzugestehen, erreichte Wilson die Einrichtung eines Mandatssystems, in dem die Siegermächte als Treuhänder dieser Kolonien auftraten (wobei die Bewohner diesen Unterschied wohl kaum wahrnahmen). Die Verfechter einer Selbstbestimmung für die Kolonien der Ententemächte wurden allesamt ignoriert. Schließlich setzte der Präsident ein Ziel durch, das ihm – weniger den Alliierten – am Herzen lag: den Völkerbund.

Woodrow Wilsons Verhängnis hierbei war, daß dieser Völkerbund letztlich am US-Senat scheiterte, wobei Wilson selbst daran nicht unschuldig war. Bereits vor dem Kriegseintritt hatte sich der Präsident heftiger Opposition seitens der Republikaner gegenüber gesehen, die ihm unter anderem vorgeworfen hatten, angesichts der deutschen U-Boot-Angriffe schwächlich zu handeln. Beim Waffenstillstand forderten einige dieser Republikaner, daß die USA auf einer bedingungslosen Kapitulation bestehen müßten. Dafür waren sie bereit, US-Truppen nach Deutschland einmarschieren zu lassen. Mit der Zeit gewannen mehr und mehr Amerikaner den Eindruck, daß mit dem Friedensvertrag nicht die Ideale verwirklicht worden waren, von denen man ihnen im Krieg immer erzählt hatte. Auch wurde der Vertrag als eine Mißachtung jener ethnischen Gruppen in Amerika gesehen, deren Herkunftsländer dabei angeblich ungerecht behandelt worden seien – die Italoamerikaner etwa, die verärgert waren, daß Italien nicht die Kontrolle über Fiume erhalten hatte. Wilsons Gegner behaupteten nun, daß der Völkerbund Amerika in sinnlose Kriege verwickeln werde und daß die nationale Souveränität durch Schlichtersprüche des Bundes oder durch einen ständigen internationalen Gerichtshof eingeschränkt werde.

Der Präsident hatte es versäumt, Unterstützung auf der politischen Rechten zu suchen. Er hatte es abgelehnt, prominente Republikaner nach Paris mitzunehmen, etwa den früheren Präsidenten William Howard Taft, der ein Befürworter des Völkerbundes gewesen war. Durch den scharfen Kurs seiner Regierung gegenüber Pazifisten und Radikalen hatte er zugleich mögliche Verbündete auf der Linken verprellt. Als ein erfahrener Politiker, als einer, der wußte, wie man mit Kompromissen innenpolitische Ziele absichert, als einer, der sich keine Illusionen darüber machte, wie sehr der Krieg den Haß fördern würde und wie unrealistisch die Kriegsziele der Alliierten waren, hätte Wilson dem amerikanischen Volk weniger Hoffnungen auf das Ergebnis des Krieges machen dürfen.

Dennoch hatte der Präsident, als die Einzelheiten über den Friedensvertrag und den Völkerbund bekannt wurden, immer noch Unterstützer im Senat. Doch er weigerte sich, Einschränkungen hinzunehmen, die ihm u. a. von dem gemäßigten Senator Henry Cabot Lodge vorgeschlagen wurden, und die die amerikanischen Zugeständnisse an den Völkerbund eingeschränkt hätten, ohne dabei die Liga ernstlich zu gefährden. Der Präsident ging auf eine Vortragsreise, mit der er die Öffentlichkeit dazu bringen wollte, auf ihre Senatoren Druck auszuüben. Bei dieser Reise erlitt er einen Schlaganfall. Nun deutete manches darauf hin, daß Wilson bereits an den Folgen vorangegangener Hirnschädigungen litt. Unter dem gesundheitlichen Druck und getrieben von persönlicher Feindschaft zu Lodge drängte er die Senatoren seiner eigenen Partei, gegen den Kompromißvorschlag zu stimmen, obwohl der Vertrag dann wahrscheinlich eine Mehrheit gefunden hätte. So wurde Lodges Vorschlag abgewiesen und mit ihm der Friedensvertrag und die Anerkennung des Völkerbundes. Am 20. Mai 1920 erließ der Kongreß eine gemeinsame Erklärung, die den Krieg für beendet erklärte. Am 18. Oktober 1921 ratifizierte der Senat bilaterale Verträge mit dem Deutschen Reich, Österreich und Ungarn.

So endete die amerikanische Teilnahme am Weltkrieg. Zahlreiche Nachwirkungen stellten sich ein. Militärisch und politisch zogen die USA aus der Erfahrung des Ersten Weltkrieges Lehren für den Zweiten; dazu gehörten auch die Bemühungen ihrer Präsidenten, sich stets der Zustimmung aller Parteien für ihre Diplomatie zu versichern und die Vorstellung, daß eine unbedingte Kapitulation einem Waffenstillstand vorzuziehen sei, der es dem Gegner ermöglichte, zu behaupten, seine Armee sei ungeschlagen geblieben, wobei der Zivilbevölkerung die schlimmsten Schrecken des Krieges noch erspart blieben. So kam es, daß Präsident Franklin D. Roosevelt im August 1944 seinem Kriegsminister eröffnete: »Es ist von höchster Bedeutung, daß jeder einzelne Deutsche begreift, daß Deutschland eine besiegte Nation ist [...] Die Tatsache, daß sie eine besiegte Nation sind, muß ihnen kollektiv wie jedem einzelnen derart eindringlich vor Augen geführt werden, daß sie [künftig] zögern, einen neuen Krieg zu beginnen [...].«

Der Kriegs-Wohlfahrtsstaat wurde während der Großen Depression noch einmal zum Leben erweckt, als die Regierung erneut Bundesbehörden einrichtete, ähnlich wie einst das War Industries Board, um so die Wirtschaftskrise zu bekämpfen, und als Sozialprogramme erneut aufgelegt wurden, die auf die Maßnahmen von 1917/18 zurückgingen. Andere Nachwirkungen blieben länger spürbar. Die Amerikaner errichteten ihren Weltkriegstoten Denkmäler, die Angehörigen der Gefallenen pilgerten zu den Friedhöfen. Veteranen fanden sich in Vereinigungen wie der American Legion zusammen, um für die Überlebenden des Krieges Pensionen und die Fortsetzung der medizinischen Betreuung zu erstreiten. Eine Zeit lang produzierte die Filmindustrie Streifen über die »Doughboys« von 1917/18 oder die Erfolge amerikanischer Piloten. Aber heute, wo die letzten Veteranen gestorben sind, da verblaßt auch in den USA die Erinnerung an den Ersten Weltkrieg und die Rolle Amerikas darin – überschattet vom Zweiten Weltkrieg.

Übersetzung: Markus Pöhlmann

Literatur

E. M. Coffman, The War to End All Wars. The American Military Experience in World War I, Madison, Wis. 1986.

D. M. Esposito, The Legacy of Woodrow Wilson. American War Aims in World War I, Westport, Conn. 1996.

J. D. Keene, Doughboys, the Great War, and the Remaking of America, Baltimore 2001.

D. Kennedy, Over Here. The First World War and American Society, New York/Oxford 1980.

R. Schaffer, America in the Great War. The Rise of the War Welfare State, New York/Oxford 1991.

C. C. Tansill, Amerika geht in den Krieg. Der Erste Weltkrieg als Türöffner nach Europa, Selent 2001.

D. F. Trask, The AEF and Coalition Warmaking, 1917-1918, Lawrence, Kan. 1993.

The United States in the First World War. An Encyclopedia, hg. v. A. Cipriano Venzon, New York 1995.

R. H. Zieger, America's Great War. World War I and the American Experience, Lanham, Md. 2000.

Frauen

Ute Daniel

Ein eigener Artikel zu diesem Stichwort könnte Anlaß für Mißverständnisse sein: Er könnte vermuten lassen, Frauen seien so etwas wie das Andere des Krieges, seien also eine gesondert zu behandelnde Gruppe, während der Krieg in einem irgendwie engeren Sinn, der Krieg »als solcher« gewissermaßen, »Männergeschichte« sei. Und weiter könnte daraus der Schluß gezogen werden, weibliche Kriegserfahrungen seien vergleichsweise homogen, ließen sich also leichter als ihre männlichen Gegenstücke auf einige gemeinsame Nenner bringen. Beide Annahmen sind jedoch (nicht nur) für den Ersten Weltkrieg unzutreffend. Als sinnvoll erscheint die gesonderte Betrachtung der Frauengeschichte des Ersten Weltkriegs aus anderen Gründen: Frauengeschichte bekommt die sogenannten Heimatfronten in den Blick, die in der »totalen« Kriegführung 1914-18 von ebensolcher Bedeutung waren wie die eigentlichen Fronten. Sie trägt der Tatsache Rechnung, daß Frauen in allen kriegführenden Staaten in verschiedener Hinsicht Schlüsselfunktionen der Kriegsgesellschaften innehatten. Nicht zuletzt von den Frauen hing es ab, ob die Menschen die kriegsbedingten Umstellungen und zum Teil erheblichen Erschwerungen des Alltagslebens meisterten. Frauen mußten einen erheblichen Teil des Arbeitskräfteausfalls kompensieren, der durch den Kriegsdienst vieler Männer hervorgerufen worden war. Vor allem sie entschieden darüber, ob unter Kriegsbedingungen Kinder zur Welt gebracht wurden, die die physische Fortexistenz der Gesellschaft garantierten. Und schließlich waren Frauen entscheidend für eine zunehmend als kriegswichtig erkannte »Ressource«: nämlich für die Stimmungslage der Bevölkerung.

Darüber hinaus erschließt erst der Blick auf die Frauengeschichte des Weltkrieges, in welchem Ausmaß und mit welchen weitreichenden, teilweise widersprüchlichen Folgen dieser Krieg die Ordnung der Geschlechter neu akzentuierte und politisierte. Vor dem August 1914 war in vielen Ländern die Selbstverständlichkeit, die den geschlechtsbezogenen Ordnungsmustern eigen zu sein schien, in Frage gestellt worden: Immer mehr Frauen waren im außerhäuslichen Bereich erwerbstätig; Frauen und Männer machten die Frage, ob, wann und wie häufig sie Kinder zur Welt bringen wollten, öfter als bisher zu einem Gegenstand bewußter Entscheidung; und die immer zahlreicheren Organisationen, Aktionen und Publikationsorgane der verschiedenen Frauenbewegungen artikulierten öffentlich Interessen und Sichtweisen des weiblichen Teils der Bevölkerung. Kurzum: Die überkommene Zuordnung der öffentlichen Sphäre als »männlich« und der sogenannten Privatsphäre als »weiblich« war bis zu einem gewissen Grad als kulturell-gesellschaftlich geprägt – und damit als Gegenstand von Diskussionen, als etwas, was auszuhandeln ist – statt als quasi natürliche Tatsache erkennbar geworden. In den Kriegsjahren verwandelte sich diese aufbrechende Vielfalt und Gestaltungsmöglichkeit wieder in ein dichotomisches Wahrnehmungsmuster: Es hieß jetzt allerdings nicht mehr öffentlich/männlich versus privat/weiblich, sondern Front versus Heimat. So wie der Frontsoldat zum Inbegriff von Männlichkeit wurde, wurde Weiblichkeit zu einem Attribut, das von dieser Form von Männlichkeit ebenso abhängig war wie die Heimat vom militärischen Erfolg an den Fronten. Dieses neue dichotomische Modell der Geschlechterordnung ließ – ebenso wie das überkommene mit seiner Trennung zwischen Öffentlichkeit und Privatheit – nur begrenzte Formen von Weiblichkeit zu, aber zum Teil andere als bisher. Es konnte jetzt durchaus »weiblich« sein, als Schaffnerin oder Arbeiterin in der Pulverfabrik »Männerarbeit« zu leisten – vorausgesetzt, daß dies von den Frauen nicht aus eigenem Recht beansprucht, sondern als (vorübergehende) Unterstützung der Kriegsanstrengungen getan wurde. »Weiblichkeit« und »Männlichkeit« erschienen wieder als zwingend komplementär aufeinander bezogene Zuschreibungen, jetzt jedoch mit einer Logik, die der Vorstellungswelt des Krieges entsprang. Dies sollte die kriegführenden Gesellschaften noch weit über das Jahr 1918 hinaus prägen – unter anderem mit der Folge, daß die Vielfalt der kulturellen Frauen- und Männerbilder auch der verschiedenen Frauenbewegungen wieder stärker als in den Jahren um 1900 zur komplementären Grundform tendierte, der zufolge die Frauen für die familiären Innen- und die Männer für die familiären Außenbeziehungen verantwortlich sind. Doch nicht nur die kulturellen Vorstellungen über Männer- und Frauenrollen blieben lange von der Geschlechterordnung des Krieges bestimmt, sondern auch diejenigen über Politik: Die Jahrzehnte nach 1918 wurden von einem Politikertyp geprägt, der – von Hindenburg und Hitler über Churchill und Pétain, Mussolini und Atatürk bis Stalin – sein Charisma aus der Verschmelzung von politischer und militärischer Führerschaft bezog, welche zum Inbegriff individueller und kollektiver »Männlichkeit« wurde.

Vom Kriegsbeginn unmittelbar betroffen war an der Westfront neben der Einwohnerschaft Elsaß-Lothringens, das zum Kampfgebiet wurde, die Bevölkerung Belgiens und des französischen Nordostens, die den Durchmarsch der deutschen Armeen zu erleiden hatte. Im nordöstlichen Frankreich vertrieb der deutsche Einmarsch ca. drei Millionen Menschen und machte mittelfristig eine weitere halbe Million, vor allem Frauen, Kinder und ältere Menschen, die in die unbesetzten französischen Gebiete umsiedelten, zu Heimatlosen. Nahezu 6.500 belgische und französische Zivilpersonen, darunter zahlreiche Frauen, wurden bei Geiselerschießungen und anderen Übergriffen auf die Zivilbevölkerung, den berüchtigten »German atrocities« bzw. »atrocités«, während des Vormarsches getötet. Aus Belgien wurden mehrere zehntausend, aus Frankreich etwa 10.000 Männer und Frauen nach Deutschland deportiert und dort monatelang festgehalten. Ansonsten waren Frauen in dieser ersten Kriegsphase bis Ende 1914 vor allem von der erzwungenen Trennung von einberufenen Männern und Söhnen, Vätern und Freunden betroffen.

Zu den ersten sozialpolitischen Maßnahmen der Behörden, um die hierdurch entstehenden sozialen Härten aufzufangen, gehörte überall das Einfrieren der Mieten. Die »Kriegerfrauen« und »Kriegerfamilien«, wie sie in Deutschland hießen, erhielten, soweit sie als »bedürftig« galten, zum Ausgleich für den Ausfall des männlichen Verdieners staatliche Unterstützung; sie war für kinderlose Ehefrauen am niedrigsten und erhöhte sich mit der Kinderzahl. Die Anzahl der unterstützten Familien wurde in Deutschland Ende 1915 auf ca. vier Millionen, die der unterstützten Personen insgesamt auf elf Millionen geschätzt; zu Staatspensionären wurden damit etwa ein knappes Drittel der deutschen Familien bzw. Haushalte und über ein Sechstel aller Personen im Heimatgebiet. In Frankreich, wo in manchen ländlichen Regionen erst mit der Familienunterstützung für die Soldatenfamilien die Geldwirtschaft Einzug hielt, konnten nur bedürftige Frauen und andere Angehörige Anspruch auf Unterstützung erheben; Frauen mit minderjährigen Kindern hatten diesen Anspruch jedoch unabhängig davon, ob sie »bedürftig« waren. Hier wurde in den Wirren der ersten Kriegswochen die Unterstützung an die Soldatenfamilien mitunter verspätet oder nur zum Teil ausgezahlt. Auch den russischen Soldatenfamilien stand eine staatliche Unterstützung zu; sie wurde jedoch häufig nicht ausgezahlt, was zur Verschärfung der spontanen Revolten und Unruhen beitrug, mit denen die Eingezogenen, die bäuerliche Bevölkerung und die städtische Arbeiterschaft auf die Ausrufung des Kriegszustands reagierten. An der Tatsache, daß es im Herbst 1914 mehrfach vorkam, daß französische Soldaten desertierten, nachdem ihren Familien die Unterstützung verweigert worden war, wird ebenso wie am russischen Beispiel deutlich, welche Bedeutung die soziale Absicherung für die Einsetzbarkeit von Wehrpflichtigenarmeen hatte. In Großbritannien bestand zu diesem Zeitpunkt noch keine allgemeine Wehrpflicht, und die Berufssoldaten, aus denen das britische Expeditionskorps bestand, hatten mit wenigen Ausnahmen nicht heiraten dürfen. Staatlich-militärische Unterstützungszahlungen (»separation allowances«) wurden hier also anfangs nur in geringem Umfang geleistet: an die wenigen offiziellen Soldatenfamilien und an diejenigen Familien, die unter Umgehung des Heiratsverbots gewissermaßen illegal zustande gekommen waren. Nur die einberufenen Reservisten wurden aus dem Zivilleben gerissen, als das 120.000 Mann umfassende britische Expeditionskorps nach Frankreich in Marsch gesetzt wurde. Die Zahl der unterstützten Soldatenfrauen und -familien hatte unmittelbar nach Kriegsbeginn 1.100 betragen, stieg aber bis Ende 1914, als die erste Welle von Freiwilligen angeworben wurde, auf etwa eine halbe Million an. Die britischen Berufssoldaten hatten ebenso wie die angeworbenen Freiwilligen einen Anspruch auf diese an ihre Angehörigen ausgezahlten Unterstützungsleistungen, unabhängig davon, ob sie Kinder hatten oder ihre Angehörigen »bedürftig« waren.

Der Unterschied zwischen Berufs- und Wehrpflichtigenarmeen wirkte sich auch auf das Ausmaß der städtischen Erwerbslosigkeit aus, die dem Kriegsbeginn folgte. In Frankreich und in Deutschland mußten zahlreiche Geschäfte geschlossen und in vielen Betrieben die Produktion eingeschränkt oder ganz eingestellt werden, nachdem die männlichen Arbeitskräfte eingezogen worden waren. Die französische Industrie beschäftigte im August 1914 nur noch 34 Prozent des Arbeitskräftebestandes vom Vormonat. Demzufolge verloren zahlreiche Arbeiterinnen und weibliche Angestellte ihre Arbeitsplätze. In Paris stieg die Zahl der unterstützten erwerbslosen Arbeiterinnen im August auf knapp 90.000, bis Oktober auf knapp 160.000. In Groß-Berlin erhöhte sich der Prozentsatz erwerbsloser weiblicher Gewerkschaftsmitglieder von 2,4 Prozent im Juli 1914 auf um die 18 Prozent in den Monaten September und Oktober. Die britischen Städte hatten eine vergleichsweise geringere Erwerbslosigkeit zu verzeichnen, da ihre männliche Erwerbsbevölkerung nicht erheblich dezimiert wurde und darüber hinaus auch der Export nicht so abrupt einbrach. Setzt man die industrielle Beschäftigung der Bevölkerung von London, Paris und Berlin im Juli 1914 = 100, so sank sie bis Mitte September 1914 in London auf etwa 90, in Paris auf knapp 30 und in Berlin auf 76 ab. Um diesen Zeitpunkt herum waren von den männlichen Arbeitern in London ca. 6 Prozent, in Paris und Berlin etwa 30 Prozent eingezogen. In den ländlichen Gegenden Deutschlands und Frankreichs führten die Einberufungen dazu, daß viele Frauen den Hof nun alleine führen und dabei auch noch die requirierten Pferde durch eigene Arbeitsleistung ersetzen mußten.

Es waren Kommunen, Gewerkschaften und Frauenbewegungen, die die ersten Unterstützungen für einkommens- und erwerbslos gewordene Daheimgebliebene organisierten und verteilten. Überall hatten die Organisationen der Frauenbewegung unmittelbar nach Kriegsbeginn ihre Bereitschaft verkündet, in den Dienst der Kriegsanstrengungen zu treten und politische Forderungen, insbesondere diejenige nach Einführung des Wahlrechts für Frauen, zurückzustellen. Nur wenige Gruppierungen und Einzelpersonen überwiegend aus dem sozialistischen und pazifistischen Spektrum und dem radikalen Teil der britischen Suffragettenbewegung entzogen sich diesem nationalen Konsens. Sie bemühten sich in den folgenden Monaten darum, ihrer grundsätzlichen Ablehnung des Kriegs internationales Gehör zu verschaffen. Im März 1915 versammelten sich die sozialistischen Frauenverbände in Bern unter Beteiligung auch einiger französischer Sozialistinnen; im April desselben Jahres tagte der Internationale Friedenskongreß der Frauenbewegungen in Den Haag, an dem neben den ca. 1.000 niederländischen Teilnehmerinnen mehr als 230 Frauen aus anderen europäischen sowie außereuropäischen Ländern teilnahmen. Aus Deutschland kamen 28 Frauen, unter ihnen Lida Gustava Heymann und Anita Augspurg. Die französische Frauenbewegung boykottierte den Kongreß, weil seine Forderung nach Beendigung des Kriegs angesichts der Tatsache, daß die deutschen Truppen auf französischem Territorium standen, bei ihnen keine Unterstützung fanden. So wie sie dachte auch die weit überwiegende Mehrheit der britischen und – unter umgekehrten Vorzeichen – der deutschen Frauenbewegungen.

In Deutschland gründeten der Bund deutscher Frauenvereine, die konfessionellen Frauenverbände, die Vaterländischen Frauenvereine und die sozialdemokratische Frauenbewegung den Nationalen Frauendienst (NFD), der sich auf kommunaler Ebene ehrenamtlich an der Auszahlung der Familienunterstützungen an bedürftige Angehörige eingezogener Soldaten und anderen Aktivitäten der Kriegsfürsorge beteiligte. In Frankreich schlossen sich die Frauenbewegungen im Conseil National des Femmes Françaises zusammen. Die mitglieder- und aktionsstarke britische National Union of Women's Suffrage Societies (NUWSS) baute gemeinsam mit den lokalen Behörden unter anderem die »maternity centers« aus, in denen Schwangere vor und nach der Geburt ihres Kindes materiell unterstützt wurden. Das Women's Employment Central Committee bemühte sich darum, erwerbslos gewordene Arbeiterinnen wieder in Lohn und Brot zu bringen. Die Unterstützung an die Familien kriegsdienstleistender Männer wurde in Großbritannien von einer philantropischen Organisation, der Soldiers' and Sailors' Families Association (SSFA), ausgezahlt, die solche Hilfsmaßnahmen schon während des Burenkrieges organisiert hatte; ab 1916/17 übernahmen staatliche Behörden die Regie. In Frankreich und in Großbritannien begannen die Frauenbewegungen darüber hinaus, Frauen auszubilden, die männliche Militärangehörige für die Front freimachen sollten: das Corps Volontaire de Défense Nationale des Femmes Françaises et Belges und die Women's Volunteer Reserve (WVR). Hier zeigte sich allerdings, daß der öffentlichen Begeisterung für das weibliche Engagement deutliche Grenzen gesetzt waren: Anfang 1915 erregte sich die britische veröffentlichte Meinung darüber, daß die Frauen der WVR das geheiligte Khaki der »boys« jenseits des Kanals trugen, was (noch) als Entweihung betrachtet wurde.

Über die militärischen Ereignisse und insbesondere die immensen Verluste an Menschenleben erfuhr die Zivilbevölkerung nur das, was die jeweilige Militärführung nicht der Zensur unterwarf oder selbst verlautbarte. In Frankreich war man wegen der Nähe der Front dennoch vergleichsweise gut über die militärischen Ereignisse informiert. Der deutschen Bevölkerung wurde von der gelenkten Kriegsberichterstattung vor Augen geführt, wie schrecklich sich die Zerstörungen französischer Städte und Dörfer ausnahmen – daraus sollte die Heimat lernen, was ihr durch die deutsche Offensive erspart geblieben sei. Was hier anklingt, ist ein Motiv der Kriegsdeutung, das in allen beteiligten Ländern von hoher sinnstiftender Bedeutung war: An den Fronten und an den »Heimatfronten« gleichermaßen fanden die Menschen den Sinn des anhaltenden Tötens und der zunehmenden seelischen und materiellen Entbehrungen darin, daß nur so noch größeres Leid und vollständige Zerstörung von der Heimat ferngehalten werden könne. Das größte internationale Medienecho fanden in den ersten Kriegswochen die brutalen Vorgehensweisen der deutschen Militärs gegen die belgische Zivilbevölkerung, die durch massenhafte Erschießung von zivilen Geiseln davon abgebracht werden sollte, Widerstand gegen den deutschen Durchmarsch zu leisten. Angereichert durch weitere – wie sich später herausstellen sollte, in diesem Ausmaß unzutreffende – Greuelmeldungen von Massenvergewaltigungen (die in Frankreich eine Diskussion darüber in Gang setzten, ob es vergewaltigten Frauen erlaubt sei, abzutreiben), von abgehackten belgischen Kinderhänden und abgeschnittenen Ohren französischer Soldaten verbreiteten diese Meldungen ein

Bild des deutschen Gegners, das es undenkbar erscheinen ließ, über einen Friedensschluß zu verhandeln. In Österreich-Ungarn zirkulierten ähnliche Gerüchte über serbische Ritualmorde an österreichischen Frauen und Kindern, die Eingang in zwei Rotbücher der Regierung fanden.

Mit dem Spätherbst 1914 ging der Krieg als Ereignis in den Krieg als Zustand über. An der Westfront begann der Stellungskrieg, in dem sich die Heere bis 1918 gegenüberlagen und auf dessen Erfordernisse sich die kriegführenden Gesellschaften mehr und mehr ausrichten sollten. Der Krieg wurde »total« – ein Ausdruck, der die unvorstellbaren quantitativen Dimensionen der Menschen- und Materialvernichtung wiedergibt und anklingen läßt, wie unentrinnbar für die Zeitgenossen die Folgen waren, die von diesem Krieg auf alle und alles ausgingen. In gewisser Hinsicht jedoch verdeckt die Bezeichnung als »totaler« Krieg das eigentliche Spezifikum des Ersten Weltkriegs. Was die europäischen Zeitgenossen der Jahre 1914 bis 1918 erstmals erlebten, war, daß die systematische Menschenvernichtung, in diesem Ausmaß und über einen so langen Zeitraum hinweg betrieben, einen Menschenmangel herbeiführte, der seine eigene widersprüchliche Dynamik entfaltete: Der Bedarf an immer mehr Soldaten geriet in Konflikt mit dem Bedarf an immer mehr qualifizierten Arbeitskräften, ohne welche Soldaten ohne Munition und Waffen und damit nutzlos waren. Der Bedarf an Arbeitern und Arbeiterinnen für die Rüstungsproduktion geriet in Widerspruch zum gleichermaßen wichtigen Arbeitskräftepotential der Landwirtschaft, ohne deren Erträge niemand essen und also auch nicht arbeiten konnte. Die Notwendigkeit, die knapp werdende Ressource Mensch durch Neugeborene zu ersetzen, vertrug sich weder mit der verstärkten Mobilisierung von Frauen für die Kriegsproduktion noch mit der Tatsache, daß Männer nicht zu Vätern werden konnten, solange sie an der Front waren. Es waren diese Widersprüche und die Versuche, sie zu lösen, die – in unterschiedlichem Ausmaß – die kriegführenden Gesellschaften prägten und soziale, wirtschaftliche, politische und kulturelle Wechselwirkungen mit eigenen Dynamiken hervorbrachten. Frauen und Männer waren davon gleichermaßen betroffen, aber in anderen Formen und mit unterschiedlichen Folgen. Charakteristisch für diesen ersten »totalen« Krieg auf europäischem Boden ist also nicht, wie der Ausdruck implizieren könnte, daß unter seinem Einfluß die Gesellschaften irgendwie homogener und einer mehr oder weniger gut funktionierenden staatlichen Steuerung unterworfen wurden, sondern eher das Gegenteil: daß sich nämlich nur die aus der Vorkriegszeit stammenden inneren Widersprüche – etwa die Konflikte zwischen Gewerkschaften und Unternehmern oder diejenigen, die vor dem Krieg über das Frauenwahlrecht entbrannt waren – unter Kriegsbedingungen entschärften, während sich die kriegsbedingten strukturellen Widersprüche vertieften.

Ein Plakat, das die Section Cinématographique der französischen Armee verbreitete (siehe Abb. der englischen Ausgabe, S. 121), zeigt *Die französische Frau während des Krieges*: eine Industriearbeiterin, eine Landarbeiterin und, in der Mitte zwischen beiden, eine Mutter mit einem kleinen Mädchen und einem Säugling an der Brust. Das kleine Mädchen hält in einem Arm eine Puppe und in der anderen Hand einen Brief. Im Hintergrund sind Kopf und Torso einer übermenschlich großen Frauenfigur angedeutet, die Helm und Rüstung trägt und wohl als Siegesallegorie interpretiert werden kann. Dieses Bild gab der öffentlichen Wertschätzung Ausdruck, die in allen kriegführenden Ländern den Frauen in den dargestellten Funktionen zuteil wurde – auch seitens des notorischsten aller Männerbünde, des Militärs. Es läßt sich jedoch auch als Illustration der strukturellen Widersprüche lesen, die die (Frauen-) Geschichte der am Krieg beteiligten Länder unter den Bedingungen des beschleunigten Menschenverbrauchs im Krieg kennzeichnete. Die männliche Bevölkerung ist hier ausschließlich in Gestalt des Briefes gegenwärtig, bei dem es sich nur um einen Feldpostbrief des eingezogenen Vaters handeln kann. Das verweist auf die große Bedeutung des Briefverkehrs, des wichtigsten Mediums für die Verständigung getrennter Familien und Freunde untereinander, vor allem aber auf die zunehmende Verweiblichung der Zivilbevölkerung durch den Abzug von immer mehr Männern an die Front. In Deutschland wurden bis zum 1. Dezember 1916 über zehn Millionen Männer eingezogen; das entsprach knapp 30 Prozent der männlichen Gesamtbevölkerung. Von ihnen war weit über ein Drittel verheiratet.

In Großbritannien ging die Regierung in großem Maßstab zur Freiwilligenwerbung über, um die Reihen des Expeditionskorps aufzufüllen. Sie richtete sich vor allem an unverheiratete junge Männer, denen entsprechende Plakataktionen androhten, die Frauen würden sie verachten, wenn sie sich »drückten«. Jedoch nicht nur die Mobilisierung von Rekruten griff auf Motive des zwischengeschlechtlichen Verhältnisses zurück, sondern auch der eigentliche Beweggrund des anhaltenden Krieges wurde in der britischen und französischen Öffentlichkeit als Wiederherstellung der von der deutschen Seite gestörten Friedensordnung zwischen den Geschlechtern gedeutet. Zum Grundakkord dieser alliierten Sinnstiftung wurden weniger die tatsächlichen deutschen Terrorakte gegen die belgische und französische Zivilbevölkerung als die Gerüchte über angebliche sexuelle und sadistische Greueltaten deutscher Soldaten. Die Berichte der französischen und der britischen Kommission, die zur Untersuchung dieser Vorgänge eingesetzt worden waren, bekräftigten in der ersten Jahreshälfte 1915 den Eindruck massenhafter Vergewaltigungen und Verstümmelungen durch deutsche Soldaten. Keine andere »Sinngebung des Sinnlosen« (Theodor Lessing) sollte bis 1918 stärker wirken als diese: An allen Fronten standen sich Männer gegenüber, die Frauen und Kinder schützen und Übergriffe auf sie rächen wollten. Keineswegs nur die Propaganda, sondern, wie sich zahlreichen Formulierungen der Kriegsbriefe entnehmen läßt, auch die einzelnen Menschen deuteten das Kriegsgeschehen als Kampf um den Schutz und die Wiederherstellung dieser geschlechtlich-familiär gedachten Ordnung.

Die deutsche Militärführung trug wesentlich dazu bei, diese alliierte Sinnstiftung zu bekräftigen, als sie im Oktober 1915 die 50jährige Krankenschwester Edith Cavell, die vom deutschen Vormarsch überrollten alliierten Soldaten zur Flucht verholfen hatte, in Brüssel als Spionin hinrichten ließ: Die aus Norfolk stammende Mitbegründerin der belgischen professionellen Krankenpflege wurde in Großbritannien zur ersten nationalen Märtyrerfigur des Krieges gegen Deutschland. Daß es sich dabei um eine Krankenschwester handelte, war kein Zufall. Die sakralisierte Figur der Krankenschwester wurde weit über die Kriegszeit hinaus zum Inbegriff echter, und das hieß hier: von jeder sexuellen Beimengung freien Weiblichkeit. Nur in dieser entsexualisierten Gestalt durften Frauen die geschlechtsspezifische Grenze zwischen Front und Heimat überschreiten, ohne Irritationen hervorzurufen. Das zeigte sich spätestens, nachdem im Frühjahr 1917 das britische Women's Army Auxiliary Corps

(WAAC) gegründet worden war, mit dem bis zum Kriegsende über 8.500 Frauen auf den Kontinent gebracht wurden – weitere knapp 32.000 WAAC-Angehörige dienten im November 1918 in Großbritannien –, um dort unmittelbar hinter der Front zu arbeiten. Der öffentliche Skandal über diese Frauen, die drohten, die »boys« zu verführen – nicht etwa umgekehrt –, nahm derartige Formen an, daß eigens eine Untersuchungskommission eingesetzt wurde, die die angebliche sexuelle Haltlosigkeit der WAAC-Angehörigen untersuchte (und im März 1918 bekanntgab, daß nur 21 Schwangerschaften und zwölf Vorkommnisse von Geschlechtskrankheiten aktenkundig waren).

Wie stark die Deutung des Krieges als eine zwar in dieser Form neue, aber dennoch vertraute Ordnung, die durch »männliche« Fronten und »weibliche« Heimat konstituiert wurde, dazu beigetragen haben mag, dem Erlebten den Anstrich von Normalität zu geben, läßt sich erahnen, wenn man sich die heftigen Reaktionen der deutschen veröffentlichten Meinung auf Meldungen vergegenwärtigt, die im Sommer 1917 von mehreren russischen Frauenbataillonen zu berichten wußten. Sie gaben Anlaß, das organisierte Töten zu verurteilen – nicht als solches, sondern weil es Frauen waren, die daran beteiligt waren, und damit Angehörige des Geschlechts, das Leben geben und nicht nehmen sollte. Über die wenigen Kombattantinnen des Ersten Weltkriegs – ein russisches Bataillon von 300 Frauen hat es tatsächlich gegeben – ist kaum etwas bekannt.

Es stand in einem eigentümlichen Spannungsverhältnis zur stabilisierenden Wirkung der geschlechtsspezifischen Kriegsdeutung, daß die symbolisch überhöhte komplementäre Geschlechterordnung mehr und mehr zu einer Unordnung zu werden schien. Hinter der Zentralfigur der weiblichen Kriegsdreifaltigkeit, wie sie auf dem französischen Kriegsplakat abgebildet und propagandistisch erwünscht war, der (Soldaten-)Frau und Mutter, traten andere Existenzformen weiblicher Sexualität und Gebärfähigkeit hervor, die mit diesem Bild der Ehefrau und Mutter kollidierten. Am einschneidendsten und augenfälligsten war sicherlich die massenhafte Verwandlung von Ehefrauen in Witwen. Diese hatten, auch wenn sie häufig noch sehr jung waren, in Abwesenheit der Männer nur wenig Chancen auf Wiederverheiratung. Statt dessen hatten insbesondere die Kinderlosen und Älteren unter ihnen dort, wo sich im Lauf des Krieges die Lebens- und Gesundheitsverhältnisse verschlechterten, alle Chancen, sich mühsam mit ungenügenden Witwenpensionen durchschlagen zu müssen. Die zahlreichen Frauen in Trauerkleidung, die das Straßenbild prägten, verliehen der ersten Kriegsweihnacht in Berlin eine düstere Stimmung.

Ein weiterer Frauentyp, den die Kriegsrealität in unübersehbarer Menge hervorbrachte, war die (vorübergehend oder dauerhaft) alleinerziehende Mutter. Sie vertrug sich besonders schlecht mit der komplementären Geschlechterideologie, der zufolge nur die väterliche Autorität in der Lage war, halbwüchsige Jugendliche zu lenken. Dementsprechend wurde diesen Frauen und Familien ein hohes Ausmaß von Kontrolle und Kritik zuteil: Militärische und zivile Behörden und die Fürsorgeeinrichtungen stellten sie unter Beobachtung. In Deutschland wurde seit Frühjahr 1916 von mehreren Stellvertretenden Generalkommandos – den militärischen Befehlshabern des Heimatgebietes – ein Sparzwang für Jugendliche eingeführt, der mit großem Aufwand, aber geringem Ergebnis den Ausfall väterlicher Autorität auf dem Verordnungswege wettzumachen versuchte.

Einen kriegspolitisch besonders brisanten Typ von Weiblichkeit verkörperte die sexuell aktive Frau. Sie wurde in unterschiedlicher Gestalt sichtbar, als die Millionenheere lediggehender Männer in ihren Heimatgebieten Millionen lediggehender Frauen zurückließen, als deutsche Besatzungstruppen über Jahre hinweg in belgischen und französischen Territorien stationiert waren, deren eigene männliche Bevölkerung ebenfalls weitgehend abgezogen worden war, als britische und später amerikanische Soldaten in Frankreich standen, als ausländische Arbeitskräfte und Kriegsgefangene in Frankreich und Deutschland (nicht nur) die Arbeitsplätze der einheimischen Männer übernahmen. Was vor dem Krieg als Regelfall sexueller Beziehungen gegolten hatte, nämlich ihre Einbindung in die Ehe, wurde zwischen 1914 und 1918 zur Ausnahme.

Das rief Ängste und Kontrollbedürfnisse auf den Plan, die sich durchgängig auf die Frauen, sehr viel weniger auf die Männer richteten. Die gewissermaßen klassischen gewerbsmäßigen Prostituierten, also die polizeilich registrierten Anbieterinnen von Sex gegen Geld, stellten in diesem Zusammenhang in Deutschland und in Frankreich weniger das Problem als einen Teil seiner Lösung dar: Sie unterlagen ohnehin medizinischer Kontrolle; die Bordelle standen jetzt meist in Frontnähe und dienten der sexuellen Entspannung der Soldaten. Nur in Großbritannien wurde die Reglementierung der gewerblichen Prostitution zu einem Stein des öffentlichen Anstoßes, weil sie hier bereits Ende des 19. Jahrhunderts nicht zuletzt auf Drängen der Frauenbewegung abgeschafft worden war. Das Hauptargument gegen behördlich kontrollierte Bordelle, die auf der Grundlage der Contagious Diseases Acts von 1856 zur Verhütung von Geschlechtskrankheiten möglich gewesen waren, lautete, daß es den Inbegriff doppelter Moralstandards darstelle, nur die Prostituierten einer solchen Kontrolle zu unterwerfen, nicht aber ihre Kunden. Genau diese Doppelmoral, die in anderen Ländern noch selbstverständlich war, kehrte aber nunmehr zurück, als etwa in Cardiff unmittelbar nach Kriegsbeginn Prostituierte mit einer nächtlichen Ausgangssperre und bei Zuwiderhandeln mit Gefängnisstrafen belegt wurden. Dadurch sollte verhindert werden, daß die Soldaten mit Geschlechtskrankheiten infiziert wurden. Die Frauenbewegung protestierte erfolglos gegen diese Maßnahmen oder dagegen, daß Frauen, die Geschlechtskrankheiten weitergaben, kriminalisiert wurden. Im März 1918 stellte eine Verordnung der britischen Regierung es unter Strafe, wenn Frauen mit ansteckenden Geschlechtskrankheiten »with any member of His Majesty's Forces« sexuell verkehrten oder diesem Personenkreis entsprechende Angebote machten. Bordelle wurden auf britischem Territorium nicht wieder eingerichtet. Doch fanden die »boys« diese jenseits des Kanals in Frankreich vor, wie die britische Öffentlichkeit spätestens im März 1918 mit Unbehagen zur Kenntnis nehmen mußte, als die französische Regierung der Einrichtung von Bordellen hinter der Front zustimmte.

Viel schwerer zu handhaben war jedoch das, was auf deutsch »geheime Prostitution« genannt und auf französisch und englisch als Skandal der »jeunes filles« bzw. der »amateur girls« diskutiert wurde. Gemeint war damit, daß sich erotische Verhältnisse zwischen Frauen und Männern verallgemeinerten, die weder verheiratet noch Prostituierte und Freier waren. Das war zum einen wegen der Verbreitung der Geschlechtskrankheiten, die überall stark zunahmen, unerwünscht. Deswegen wurden Frauen, die sich »unzüchtig« verhielten, in Deutschland unter sittenpolizeiliche Kontrolle gestellt; in Frankreich mußten Cafés und Restaurants bereits um 21 Uhr schließen, der Alkoholausschank an Frauen und Soldaten wurde verboten. Schon die Zeitgenossen vermuteten, daß diese Verdrängung zwischengeschlechtlicher Umgangsmöglichkeiten aus dem öffentlichen Raum eher eine Zu- als eine Abnahme erotischer Verbindungen zur Folge gehabt haben dürfte. Eine vom britischen Parlament 1917 verabschiedete Strafrechtsnovelle sah für junge Mädchen, die Männer in einschlägiger Weise ansprachen, eine Inhaftierung bis zur Erreichung ihres 19. Lebensjahres vor. Darüber hinaus jedoch gefährdete diese frei flottierende Sexualität, an der auch Ehefrauen von Soldaten teilhatten, das zentrale gesellschaftliche Deutungsmuster des Krieges: Untreue Frauen paßten nicht in das Bild einer Heimat, zu deren Schutz die Männer an der Front ausharren mußten. Entsprechend scharf wurden diese Frauen beobachtet und kritisiert. Britischen Frauen wurden wegen sittlichen Fehlverhaltens in einer Reihe von Fällen die Familienunterstützung gestrichen. Deutsche »Kriegerfrauen«, die sich mit Kriegsgefangenen einließen, wurden durch Bekanntgabe ihres Namens in der Presse öffentlich an den Pranger gestellt.

Und schließlich bestand ein weiteres Problem der weiblichen Lebenswirklichkeit des Krieges darin, daß das Mutterwerden – die Mutter ist auf dem französischen Plakat nicht zufälligerweise die zentrale Figur – erschwert bzw. unmöglich wurde. In allen Kriegsgesellschaften ging die Geburtenzahl deutlich bis drastisch zurück. Die Abwesenheit der Männer konnte durch den alsbald eingeführten Fronturlaub – die ersten französischen Soldaten erhielten ihn im Juli 1915 – nicht kompensiert werden. Der Kinderwunsch der Paare selbst wurde durch die kriegerischen Zeitläufte alles andere als befördert, und die Kenntnisse betreffend Verhütung wuchsen vor allem dank der eingehenden Unterrichtung, die die Militärführung den Soldaten zuteil werden ließ, damit diese sich vor der Ansteckung mit Geschlechtskrankheiten schützen konnten. Schon vor dem Krieg hatte es in den meisten Ländern, allen voran in Frankreich, Bestrebungen gegeben, eine pronatalistische, d. h. geburtenfördernde Sozialpolitik im Katalog des öffentlichen Aufgabenbereichs zu verankern. Diese wurde jetzt allerorten von Behörden und privaten Vereinigungen vorangetrieben: Unehelichen Müttern wurde verstärkt Unterstützung zuteil. War der Vater des Kindes ein Soldat, so wurde in nahezu allen kriegführenden Ländern den unehelichen Müttern Familienunterstützung gezahlt. Mütter, die selbst stillten, erhielten Zuwendungen, Kurse in Säuglingspflege wurden angeboten und die Einrichtung von betrieblichen Kinderkrippen und -gärten wurde gefördert. Der deutsche Bundesrat verabschiedete im Dezember 1914 die Verordnung über Reichswochenhilfe, die Wöchnerinnen, deren Männer eingezogen und die vorher krankenversichert gewesen waren, Zuschüsse zu den Entbindungs- und anderen Kosten gewährte, die durch die Geburt anfielen. In Großbritannien, wo pronatalistische Initiativen in verstärktem Umfang erst in der zweiten Kriegshälfte einsetzten, fand im Juli 1917 eine »National Baby Week« statt. An der Grundtendenz änderte all dies nichts, die Geburtenraten fielen weiter. Das einzige, was anstieg, war die Dringlichkeit, mit der der Geburtenrückgang in den Blickpunkt des öffentlichen Interesses und seine Kompensation ins Zentrum der weiblichen Lebensaufgaben gerückt wurde. In Bild, Film und Schrift wurde überall einschlägig geworben, am flächendeckendsten in Frankreich, wo schon vor 1914 entsprechende Tendenzen besonders ausgeprägt waren, die sich unter Kriegsbedingungen intensivierten und sprachlich militarisierten: Es ging jetzt, wie der Titel einer bekannten Veröffentlichung von Ferdinand-Antonin Vuillermet aus dem Jahr 1917 besagte, um die *Mobilisierung der Wiegen.*

Noch ein weiteres Charakteristikum der Kriegsgesellschaften geriet in Widerspruch zur Ordnung des Geschlechterverhältnisses, wie es durch die Trennung zwischen Front und Heimat bekräftigt wurde. Es zeigte sich nämlich mit zunehmender Verschärfung der Menschenknappheit, daß die drei Frauengestalten der Ehefrau und Mutter, der Landarbeiterin und der Industriearbeiterin in der Realität des Kriegs nicht so gut auseinandergehalten werden konnten wie im Bild. Es waren nicht zuletzt die ländlichen Arbeitskräfte, die in die städtischen Kriegsindustrien abwanderten, wo Löhne und Arbeitsbedingungen besser waren – und die dadurch den ohnehin bestehenden Mangel an ländlichen Arbeitskräften verschärften. In der Kriegsindustrie wiederum wurden eigentlich auch die potentiellen bzw. tatsächlichen Mütter gebraucht. Eigens deswegen sorgten Behörden und Frauen- und Sozialverbände für die Verbesserung der betrieblichen Sozialpolitik und Kinderbetreuung sowie für einen Arbeitsschutz, der die gesundheitlichen Risiken für Arbeiterinnen mildern sollte. Doch letztlich erwiesen sich Frauen mit Kindern oder anderen zu versorgenden Angehörigen als für die Kriegsindustrie schwer mobilisierbar. Sie waren örtlich gebunden und an ihrem familiären Arbeitsplatz meist nicht ersetzbar. Und in den meisten Ländern gab es prinzipielle Widerstände von Regierungen, Öffentlichkeit und Unternehmern gegen die Beschäftigung von Ehefrauen, Schwangeren oder Müttern – vergleichsweise am wenigsten in Frankreich, wo bereits vor dem Krieg die Bereitschaft, Mutterschaft und Erwerbstätigkeit besser vereinbar zu machen, um dem Geburtenrückgang entgegenzuwirken, spürbar geworden war.

Die Frauenlöhne stiegen zwar in den kriegswichtigen Industrien gegenüber der Vorkriegszeit an, blieben aber weiter unter den Männerlöhnen und waren somit nur bedingt attraktiv. Überall dort, wo sich in der zweiten Kriegshälfte die städtischen Lebensbedingungen drastisch verschlechterten, verlor darüber hinaus der Arbeitslohn an Bedeutung. Stundenlanges Schlangestehen, »Hamsterfahrten« aufs Land, illegale Tauschaktionen oder auch der Diebstahl von Feldfrüchten trugen unter diesen Bedingungen vergleichsweise mehr zum Überleben bei. Der Geldbedarf für die rationierten Lebensmittel konnte weitgehend durch Familienunterstützung, Sozialunterstützungen oder Heimarbeit gedeckt werden. Wo, wie in Deutschland und Österreich-Ungarn, der Arbeitsverdienst auf die Familienunterstützung angerechnet wurde, gab es für die Soldatenfrauen nur eine geringe materielle Motivation, Lohnarbeit aufzunehmen. Nur für Großbritannien kann man von einer durch den Krieg verstärkten Bereitschaft sprechen, zumindest das Prinzip gleicher Löhne für gleiche Arbeit anzuerkennen. Die Gewerkschaften machten diese Forderung zum Programmpunkt, um ihren männlichen Mitgliedern an der Front die Arbeitsplätze zu sichern. Zwar blieb die Realität in vielen Branchen weit hinter dem Prinzip zurück; doch immerhin streikte die Londoner U-Bahn-Arbeiterschaft im August 1918 erfolgreich für gleiche Kriegslöhne für Männer und Frauen. Spürbare Auswirkungen auf den Geldbeutel der Arbeiterinnen dürfte das Zirkular der britischen Regierung von 1917 gehabt haben, welches Unternehmern untersagte, bestimmte Mindestlöhne für Frauen auf bisher von Männern besetzten Arbeitsplätzen zu unterschreiten.

In den Jahren 1915 und 1916 setzten Bemühungen der Behörden ein, den immer stärker spürbaren Arbeitskräftemangel auch durch die Mobilisierung von Frauen zu mildern. Die französische Regierung rief ebenso wie das preußische Kriegsministerium 1915 die Betriebe der Rüstungsindustrie dazu auf, mehr Frauen, ausländische Arbeiter und Kriegsgefangene zu beschäftigen. In London fand, gesponsert durch die britische Regierung, im Juli 1915 der letzte der berühmten Suffragettenmärsche statt – jetzt aber nicht mehr unter dem Motto »Women's Right to Vote«, sondern mit der Forderung »Women's Right to Serve«: Die beiden Zentralfiguren der patriotisch ausgerichteten Women's Social and Political Union (WSPU), Emmeline und Christabel Pankhurst, marschierten mit einer zwei Meilen langen Suffragettenkolonne begleitet von 90 Musikgruppen zum Embankment. Ziel dieser Aktion, deren Aufnahmen später in Tausenden von britischen Kinos mit der Unterschrift »Der britische Löwe ist erwacht, und ebenso die Löwin« in den Wochenschauen gezeigt wurden, war die Bekanntmachung des »Women's War Register«, mit dessen Hilfe Frauen für die Kriegsarbeit mobilisiert werden sollten. Die Gewerkschaften hatten sich bereit erklärt, die, »dilution«, also wörtlich die Verdünnung bzw. Verwässerung der Beschäftigten, zu akzeptieren und der Zerlegung komplexer Arbeitsgänge – für die nur Facharbeiter beschäftigt werden durften – in einfachere Arbeitsschritte – die auch an- und ungelernte Frauen ausführen konnten – keine Hindernisse in den Weg zu legen. Die Bedingung dafür war jedoch in Großbritannien wie anderswo, daß dieser Wechsel ein vorübergehender sein sollte: Frauen durften nur dann an »Männerarbeitsplätzen« eingestellt werden, wenn sie ausdrücklich als Platzhalterinnen der Frontdienst leistenden Männer fungierten und keine Ansprüche erheben konnten, die eine Wiedereinstellung der Männer auf ihren alten Arbeitsplätzen in Frage stellten. Deutsche Rüstungsbetriebe ließen neu eingestellte Frauen zu diesem Zweck eine Erklärung unterschreiben, in welchem sie diese Bedingung akzeptierten. Längerfristige Beschäftigungs- oder gar Qualifikationsmöglichkeiten waren somit ausgeschlossen, was den Wechsel in die Kriegsindustrie nicht attraktiver machte und einmal mehr belegt, daß der Krieg überkommene geschlechtsspezifische Trennlinien keineswegs aufweichte, sondern vielmehr bekräftigte.

Gab es somit für die Frauen eine ganze Reihe von Gründen, die ihrer Bereitschaft, Arbeit in der Kriegsindustrie aufzunehmen, Grenzen setzten, so galt dies umgekehrt auch für die Betriebe. Weibliche Arbeitskräfte waren zwar nach wie vor billiger als männliche. Sie hatten jedoch aus Unternehmersicht den Nachteil, daß mit ihnen pfleglicher verfahren werden mußte als mit Kriegsgefangenen – die man in Deutschland, je schlechter dort die Ernährungslage wurde, völlig unzureichend versorgte. Vor allem aber konnten Frauen das eigentliche Problem nicht lösen: Der kriegsindustrielle Arbeitskräftemangel war weitgehend ein Facharbeitermangel. Um Facharbeiter zu bekommen, ließen die Betriebe eingezogene Arbeiter zurückstellen oder von der Front reklamieren; pro Kriegsmonat pendelten nicht zuletzt aus diesem Grund im Durchschnitt ca. 130.000 deutsche ebenso wie zahlreiche britische und französische Männer ständig zwischen Front und Heimat. Den nicht kriegswichtigen britischen Betrieben wurde es zwecks Behebung des (Fach-)Arbeitermangels im Frühjahr 1917 untersagt, Männer im Alter zwischen 18 und 61 Jahren zu beschäftigen. Deutsche Unternehmen zogen vielfach die Beschäftigung von Kriegsgefangenen, unter denen viele qualifizierte Arbeitskräfte waren, vor: Ende 1916 arbeiteten über 330.000 Kriegsgefangene in der deutschen Industrie, weitere 735.000 in der Landwirtschaft. Die deutsche Kriegsindustrie und auch die Landwirtschaft beschäftigten außerdem eine nicht unerhebliche Zahl von Zwangsarbeitern und -arbeiterinnen, die insbesondere in einer internationale Entrüstung hervorrufenden Aktion seit November 1916 aus Belgien nach Deutschland deportiert wurden. Ebenfalls im Jahr 1916 wurden zahlreiche französische Frauen und Mädchen innerhalb der besetzten Territorien deportiert und zu Arbeitsleistungen gezwungen.

1915/16 erreichte der Stand der weiblichen Erwerbstätigkeit im Schnitt wieder den Vorkriegsstand. Dieser war in Frankreich, wo Frauen ca. 37 Prozent der statistisch erfaßten Arbeitskräfte insgesamt ausgemacht hatten, vergleichsweise am höchsten; in Deutschland betrug die Frauenquote in den Jahren vor dem Krieg ca. 27 Prozent, etwa 46 Prozent aller Frauen im erwerbsfähigen Alter gingen einer Erwerbsarbeit nach. Die Zahl der krankenversicherten weiblichen Erwerbstätigen erreichte hier erst April/Mai 1916 wieder den Stand vom Juni 1914. In Großbritannien waren im Juli 1914 – einem wegen der Arbeitslosigkeit zahlreicher Textilarbeiterinnen untypischen Vergleichsmonat – knapp 24 Prozent der statistisch erfaßten Erwerbstätigen weiblich und damit etwa ein Drittel aller über zehn Jahre alten Frauen erwerbstätig gewesen. Die Zahlen können nur als Annäherungswerte verstanden werden, da die statistischen Erfassungskriterien von Land zu Land variieren und auch innerhalb des jeweiligen nationalen Bezugsrahmens erhebliche Unsicherheiten aufweisen. In den kriegswichtigen Branchen überstieg der Frauenanteil den Vorkriegsstand häufig und erhöhte sich in den folgenden Jahren zum Teil erheblich über den Stand vom Juli 1914 hinaus. In der österreichischen Maschinenindustrie, wo 1913 nur 14,5 Prozent der Beschäftigten Frauen waren, betrug der Frauenanteil einiger kriegswichtiger Betriebe 1916 nahezu die Hälfte der Beschäftigten. In Großbritannien verzeichneten die Statistiken für Juli 1916 gut 4 Millionen weibliche Erwerbstätige gegenüber etwas über 3,2 Millionen im Juli 1914. Den größten Zugang verzeichnete die Industrie im Juli 1916 mit knapp 2,5 Millionen Arbeiterinnen gegenüber 2,2 im Juli 1914, was einer Zunahme von 362.000 entspricht. Was Rußland betrifft, so hatte sich im Bereich St. Petersburg die Zahl der Arbeiterinnen in den von der Fabrikinspektion erfaßten Fabriken von Ende 1913 bis zum 1. Januar 1917 von ca. 64.000 auf etwa 124.000 erhöht; der

Frauenanteil an der gesamten Arbeiterschaft dieser Region war im selben Zeitraum von ca. 30 auf ca. 46 Prozent angestiegen; der Zustrom insbesondere in die Betriebe der Metallindustrie bestand hier überwiegend aus Frauen, die bislang anderweitig erwerbstätig gewesen waren.

Doch handelte es sich bei den Arbeiterinnen, die in Pulver- und Munitionsfabriken und in der Metallindustrie tätig waren, überwiegend entweder um junge, jetzt ins Erwerbsleben eintretende Frauen oder um solche, die bereits zuvor erwerbstätig gewesen waren, nur an anderen Stellen: Neben den Landarbeiterinnen waren es insbesondere die Dienstmädchen, für die der Wechsel in die Industrie attraktiv war. Sie konnten dadurch den notorisch schlechten Arbeitsbedingungen als »Mädchen für alles« in den städtischen Bürgerhaushalten entgehen, wo ihnen kaum Freizeit und sehr niedrige Löhne und nicht selten als Dreingabe noch die Rolle des sexuellen Freiwilds für den Hausherrn und seine Söhne geboten wurden. Sehr viel stärker als für die Fabrikarbeit interessierten sich Frauen auch der Mittelschichten für Büroarbeit: Die Zahl der weiblichen Angestellten und der Sekretärinnen stieg überall stetig an und reduzierte sich, im Gegensatz zur kriegsbedingten Industriearbeit von Frauen, auch nach Kriegsende nicht wieder. Begehrt waren auch Stellen bei den deutschen Militärbehörden der Etappengebiete, die ab 1917 eingerichtet wurden und den bis September 1918 hier tätigen gut 17.000 »Etappenhelferinnen« oft eine erste Reise ins Ausland ermöglichten.

So ähnlich die strukturellen Bedingungen waren, die in den kriegführenden Ländern die Frauenarbeit und alle Versuche, sie für Kriegszwecke zu mobilisieren, beeinflußten, so unterschiedlich waren die kulturellen Formen, in denen diese weibliche Seite der Kriegsgesellschaften Ausdruck fand. Das galt nicht nur für den erwähnten Demonstrationszug der britischen Frauenbewegung zur Werbung für die weibliche Kriegsarbeit, der in dieser Form wohl nur in Großbritannien möglich war. Für das, was ein unbekannter Fotograf im walisischen Swansea im August 1917 im Bild festhielt (siehe Abb.), gab es ebenfalls in Deutschland kein Pendant. Der Leichen-

zug für eine bei der Arbeit zu Tode gekommene Munitionsarbeiterin verwischt die Grenzen zwischen zivilen und militärischen Beerdigungsbräuchen: Auf dem Sarg liegt die Nationalfahne; die Sargträgerinnen, die die Kutsche begleiten, tragen die Kleidung der Munitionsarbeiterinnen, die vordere mit dem ordensähnlichen Messingabzeichen »On War Service«, mit dem alle Arbeiterinnen der Munitionsfabriken ausgezeichnet wurden.

Ab 1916 verdüsterte sich auch an denjenigen »Heimatfronten«, deren Bereitschaft zum »Durchhalten« bislang – wie in Deutschland, Frankreich oder Großbritannien – nicht ernsthaft zur Debatte gestanden hatte, die Grundstimmung. Was die kriegführenden Länder in den Jahren 1916-18 immer stärker voneinander unterschied, war allerdings nicht die Radikalität, mit der die Fortsetzung des Krieges in Frage gestellt wurde. Kriegskritische Positionen wurden zwar vor allem in Großbritannien und Frankreich häufiger artikuliert als in den Jahren 1914-16, jedoch ohne den nationalen Konsens grundsätzlich in Frage zu stellen. In Deutschland und Österreich-Ungarn war die politische Unterdrückung stärker ausgeprägt und die Möglichkeiten, kritisch zum Kriegsgeschehen Position zu beziehen, infolgedessen geringer. Dennoch waren es diese Länder, in denen die »innere Front« zum Nebenkriegsschauplatz wurde. Der Widerspruch, der hier virulent wurde, war derjenige zwischen einer Obrigkeit auf der einen Seite, die eine immer umfassendere Lenkungskompetenz an sich gezogen hatte – von der politischen Repression und umfassenden Zensur über die Bewirtschaftung noch des letzten Nahrungsersatzmittels und die Zusammensetzung des Kriegsbrots bis zur Lenkung der industriellen Produktion – und einer Bevölkerung auf der anderen Seite, die dieser Obrigkeit gerade deswegen alle Mißstände, die erkennbar und immer fühlbarer wurden, als Versagen anlastete.

Eine entscheidende Schlacht, die die Regierungen des Deutschen Reiches, Österreich-Ungarns, Italiens und Rußlands verloren, war die Ernährungsschlacht. Die agrarische Basis Deutschlands war zu schmal, um nach dem Ausfall der Importe infolge der alliierten Blockade neben der Stadtbevölkerung auch noch die riesigen Heere zu ernähren; die Umverteilung zugunsten des Militärs verschärfte die Situation für die Zivilbevölkerung weiter. Der ungarische Teil der Habsburgermonarchie verweigerte die Nahrungsmittellieferungen an den österreichischen. Die österreichischen Rekruten erreichten 1916 die Front, wo das Essen auch schon knapp wurde, bereits in unterernährtem Zustand. In Wien, wo die Ernährungslage besonders katastrophal war, zogen statt der durch den Futtermangel entkräfteten Pferde Hunde die Lastkarren durch die Straßen.

In der zweiten Kriegshälfte gab es in Deutschland und Österreich kein Nahrungsmittel mehr, das nicht der Bewirtschaftung unterlag. Doch das, was auf den Lebensmittelkarten stand, war jetzt in den Städten oft nicht mehr zu bekommen. Die langen Schlangen vor den Lebensmittelgeschäften wurden zur Dauereinrichtung und nebenbei zu einer von den Behörden gefürchteten kommunikativen Schlüsselstelle für die Verbreitung schlechter Stimmung und defätistischer Gerüchte. Viele Familien konnten ihr Leben nur fristen, weil sie noch über Verwandte auf dem Land verfügten – die Abwanderung in die Städte lag vielfach erst ein, zwei Generationen zurück. Bei den ländlichen Verwandten waren Lebensmittel ohne Karten zu bekommen; oft wurden ihnen auch die Kinder überantwortet, weswegen in den Lebensgeschichten derjenigen deutschen Generation, die ihre Kindheit im Krieg erlebte, die Jahre 1914-18 oftmals als ländliche Idylle erscheinen, die dann in der harten städtischen Lebenswelt der Revolutions- und Inflationszeit nach 1918 zerbricht.

Viele Frauen und Familien waren auf illegale Wege der Nahrungsmittelbeschaffung verwiesen: auf den Schwarzmarkt mit seinem inflationären Preisniveau, auf Hamsterfahrten aufs Land oder aufs Stehlen. Wer das nicht konnte, mußte hungern. Der Gesundheitszustand der Zivilbevölkerung verschlechterte sich unter diesen Bedingungen rapide. Ein Indikator dafür ist die erhöhte Frauensterblichkeit: Starben in Großbritannien 1916 11,7 von 1.000 Frauen, so waren es in Deutschland 15,2; 1917 waren es in Großbritannien 11,4, in Deutschland 17,6. Im letzten Kriegsjahr, in welchem die Grippeepidemie überall zahlreiche Opfer forderte, starben 14,6 von 1.000 britischen gegenüber 21,6 von 1.000 deutschen Frauen. Die Einwohner der deutschen Städte und der besonders schwer betroffenen österreichischen Hauptstadt gingen angesichts dieser Not zur Selbsthilfe und zum öffentlichen Protest über; Streiks waren in den beiden letzten Kriegsjahren häufig. Frauen spielten bei diesen Unruhen eine zentrale Rolle: Sie waren es, die für die Ernährung ihrer Angehörigen verantwortlich waren; sie hörten in den Schlangen, die sich vor den Läden bildeten, und in den Fabriken und Geschäftshäusern, in denen sie arbeiteten, die neuesten Gerüchte über ausbleibende Rationen und unfähige Behörden; und gegen streikende und demonstrierende Frauen und Jugendliche konnte das Militär nicht mit aller Härte vorgehen, ohne die gesamte Bevölkerung und auch die Soldaten gegen sich aufzubringen.

In Wien gab es bereits im Mai 1915 die ersten Hungerunruhen, als Frauen Lebensmittelläden plünderten; im Oktober desselben Jahres stürmten hier über 1.000 Frauen mehrere Ämter, um gegen die Nahrungsmittelknappheit und die hohen Preise zu protestieren. Es gab zu diesem Zeitpunkt kaum noch Mehl, Kartoffeln oder Fett zu kaufen und Milch und Butter nur zu astronomischen Preisen. Der Berliner Polizeipräsident berichtete in der zweiten Jahreshälfte 1915 von einer besorgniserregenden Stimmungsverschlechterung unter den Arbeiterfrauen, die ihrer Meinung Ausdruck verliehen, es sei Zeit, Frieden zu machen, und die wegen der Preissteigerungen auf die Obrigkeiten schimpften. In Berlin kam es im Oktober 1915 zu ersten Lebensmittelkrawallen, denen hier und andernorts zahllose weitere folgen sollten.

Da die gewaltsame Niederschlagung dieser spontanen Unruhen oder ihre gerichtliche Ahndung das Problem nur verschlimmert hätten, gingen die Behörden der meisten kriegführenden Länder ab 1916 dazu über, die Propagandatätigkeit nach innen auszuweiten. Bisher waren die meinungsbildenden Aktivitäten vor allem auf konkrete Ziele – das Zeichnen von Kriegsanleihen oder die Mobilisierung von Arbeitskräften – ausgerichtet gewesen und hatten als wichtigste Zielgruppe nicht die eigene Bevölkerung, sondern die öffentliche Meinung des neutralen Auslands, insbesondere der USA, im Blick gehabt. Jetzt schlug die Stunde der Werbeleute und Propagandisten. In Preußen waren es die Stellvertretenden Generalkommandos und das 1917 gegründete Bild- und Filmamt, in Bayern das Innenministerium und auf Reichsebene seit 1918 die »Zentralstelle für Heimataufklärung«, die die zunehmend kriegsmüde Bevölkerung und die behördlicherseits besonders in den Blick genommenen städtischen Arbeiterfrauen propagandistisch bearbeiteten. Hinzu kamen zahlreiche weitere Organisationen und Verbände – von den Gewerkschaften bis zu den Frauenvereinen, von den Kirchen bis zu den Unternehmerverbänden –, die das Land mit Vortragsreisen und Lichtbildvorträgen überzogen; und ganze Heerscharen von Vertrauensleuten wurden seit 1916 von den Behörden ausgesandt, um regelmäßig über die Stimmungslage, die neuesten Gerüchte und über die Teilnehmerinnen und Teilnehmer an den zahlreichen spontanen Protestaktionen Bericht zu erstatten. In den Ländern der Habsburgermonarchie war in der zweiten Kriegshälfte der Kampf um die öffentliche Meinung im Grunde bereits verloren. Das lag an den erbärmlichen Lebensverhältnissen daheim wie an der Front, aber auch daran, daß die ethnischen Nationalismen im Vielvölkerstaat auseinanderdrifteten.

Italien, dessen innere Probleme es in vielerlei Hinsicht den Mittelmächten oder auch Rußland sehr viel ähnlicher machten als seinen Alliierten, stellte einen Sonderfall dar. Hier konnte die Bevölkerung der Regierung das Vertrauen im weiteren Kriegsverlauf gar nicht aufkündigen, weil sie von vornherein keines in sie gesetzt hatte. Die Regierung war 1915 mit der Kriegserklärung gegen Österreich-Ungarn in einen Krieg gezogen, den die weit überwiegende Mehrheit der Bevölkerung ablehnte. Vor diesem Hintergrund setzte die Obrigkeit auf harte Repression: Die Betriebe der Rüstungsindustrie, in denen seit 1916 wie anderswo die weibliche Beschäftigung stieg, wurden der militärischen Kontrolle unterstellt, die sogenannten Kriegszonen seit dem Sommer 1917 auf nahezu ganz Norditalien ausgedehnt und damit die zivile durch die Militärgerichtsbarkeit ersetzt; eine scharfe Zensur auch des privaten Briefverkehrs sollte verhindern, daß der Zivilbevölkerung bekannt wurde, was an der Front passierte. Aus demselben Grund wurde italienischen Soldaten in der Regel kein Heimaturlaub gewährt. Die sozialen Härten wurden von privaten Initiativen – staatliche gab es praktisch nicht – kaum abgefedert, und die wenigen Unterstützungsgelder, die ausgezahlt wurden, wurden zu vier Fünfteln von der Inflation aufgezehrt. Seit dem Winter 1916/17 kam es insbesondere in den südlichen Regionen Italiens zu heftigen Unruhen auf dem Land, das die weit überwiegende Mehrheit der Rekruten zu stellen hatte. Sie entstanden meist aus spontanen Protesten gegen die Einziehung von Rekruten oder die Beschlagnahmung von Agrarprodukten. Angeführt wurden sie vor allem von Frauen, die auch bei den seit der zweiten Jahreshälfte 1916 zunehmenden industriellen Streiks eine wichtige Rolle spielten.

Anlaß der städtischen Unruhen waren meist die schlechten Lebensverhältnisse: Nahrungsmittel waren knapp und teuer, die Bewirtschaftung funktionierte schlecht, es herrschte oft ein empfindlicher Wohnungsmangel, die Gesundheitsverhältnisse verschlechterten sich drastisch – in keinem anderen kriegführenden Land stieg die Kindersterblichkeit so stark an wie in Italien. Was die städtischen Arbeiter und die zahlreichen Frauen, die seit Kriegsbeginn in den Rüstungsbetrieben arbeiteten, zusätzlich aufbrachte, waren die drakonischen Militärgesetze, unter denen die Fabriken standen: Wer Arbeitszeit versäumte, um Nahrungsmittel zu beschaffen, einem Trauergottesdienst beizuwohnen oder eine Krankheit auszukurieren, wurde ins Gefängnis geschickt oder mit hohen Geldstrafen belegt; das traf Frauen, die in der Regel für die Versorgung von Angehörigen verantwortlich waren, mit besonderer Härte. Im August 1917 brachen, ausgelöst auch durch Nachrichten über die russische Februarrevolution, in Turin Unruhen aus, die beinahe revolutionäre Ausmaße annahmen; nach der verheerenden militärischen Niederlage von Caporetto im Oktober desselben Jahres begannen die Frauen, wie ein Journalist aus der Umgebung von Mailand berichtete, für die herbeigesehnten österreichischen Invasoren Risotto zu kochen.

Was Rußland betrifft, so fielen hier die ersten Toten des Ersten Weltkrieges an der »Heimatfront«: Die einberufenen Soldaten, die Landbevölkerung und die städtische Arbeiterschaft machten durch spontane Revolten und Aufstände, bei denen es viele Tote gab, die Mobilmachungstage zu einem Szenario sozialen Protests gegen die Einberufungen, die Requirierung von Pferden und die Preissteigerungen; nicht selten endete der Abmarsch der mobilisierten Männer zu ihren Sammelpunkten beim nächsten Spirituosenladen in alkoholisierten Exzessen. Eine weite Kreise der Bevölkerung umfassende nationale Sinnstiftung des Kriegs fehlte völlig, Verwaltung und Wirtschaft waren den Anforderungen nicht gewachsen. Die Grundnahrungsmittel wurden in den Städten bald knapp und unerschwinglich teuer. Aus den Nahrungsmittelunruhen, die daraufhin endemisch wurden und an denen Frauen wesentlichen Anteil hatten, entstand in Petersburg im März 1917 die Revolution, die die Zarendynastie stürzte.

Nur in Mittel-, Süd- und Osteuropa verelendeten die »Heimatfronten« und versagten den kriegführenden Obrigkeiten den Gehorsam. In Großbritannien verbesserten sich während der Kriegszeit die Gesundheitsverhältnisse (bei gleichzeitiger Halbierung der verbliebenen Ärzteschaft durch den Militärdienst) und auch der Lebensstandard der Arbeiterbevölkerung: Auf beides war noch nie zuvor so viel behördliche und private sozialfürsorgerische Aufmerksamkeit verwendet worden, so daß die Kindersterblichkeit sogar deutlich zurückging. Erst 1918 mußte zu Nahrungsmittelrationierungen gegriffen werden. In Frankreich konnten die Lebensverhältnisse zumindest so weit stabilisiert werden, daß sie den Namen weiter verdienten. Hier gab es zwar Phasen, in denen wie ab Januar 1917 Kohlen knapp wurden, und der Wohnungsmangel, der durch den Zustrom von Menschen und die Verlagerung von Industrien aus den besetzten Gebieten verschärft wurde, war akut. Die Nahrungsmittelproduktion ging in den Kriegsjahren um ein Drittel zurück, und 1917 begannen auch in Frankreich Rationierungen, die 1918 flächendeckend wurden. Doch die Lieferungen des britischen und später des US-amerikanischen Verbündeten sowie des neutralen Auslands konnten die entstehenden Engpässe an Rohstoffen und Nahrungsmitteln weitgehend ausgleichen. Auch in diesen Ländern nahm die kriegskritische Stimmung unter den Soldaten ebenso zu wie unter der Zivilbevölkerung; auch hier protestierten Hausfrauen gegen ungenügende Versorgung und hohe Preise. Die Einführung der Wehrpflicht im Januar 1916, die im Mai auf Verheiratete ausgedehnt wurde, war in der britischen Öffentlichkeit durchaus umstritten; es gab Arbeitskämpfe wie im Januar 1917 in Leeds, wo unter anderem über 2.000 Munitionsarbeiterinnen streikten. Die massiven Streikbewegungen der französischen Arbeiterschaft von 1917 und 1918 kämpften – vielfach erfolgreich – um Lohnerhöhungen. Die Januarwelle der Streiks hatte 1917 in Paris und Umgebung mit dem Streik der Arbeiterinnen von zwei Betrieben der Konfektionsindustrie begonnen; bei den ausgreifenderen Streiks im Mai und Juni desselben Jahres waren drei Viertel der ca. 100.000 Streikenden in der Pariser Region Frauen; hatten sich in der ersten Kriegshälfte die Streikenden dieser Region überwiegend aus Männern rekrutiert, so dominierten in der zweiten Kriegshälfte die Frauen, über den ganzen Kriegsverlauf hinweg kam die weibliche der männlichen Streikaktivität zumindest gleich. In Toulouse legten am 13. Juni die 5.000 Arbeiterinnen einer Pulverfabrik die Arbeit für mehrere Tage nieder.

Auch in Frankreich und Großbritannien wurden kriegskritische und pazifistische Äußerungen unterdrückt und verfolgt. Zu den spektakulärsten Fällen gehörte der Militärgerichtsprozeß gegen die französische Lehrerin Hélène Brion 1917/18 wegen »Defätismus«. Doch überwiegend setzten die Regierungen beider Länder eher auf die sanfte Repression der Propaganda. Im Gegensatz zu Italien und Deutschland waren die Organisationen, die ab jetzt das Land mit Plakataktionen und Propagandapostkarten, Ausstellungen, Wanderkinos und Vortragsreisen überzogen, nominell durchweg unabhängig, de facto jedoch regierungsnah. Das in Großbritannien nach den Maistreiks 1917, an denen zahlreiche Frauen beteiligt gewesen waren, gegründete National War Aims Committee bediente sich des neuen Mediums Film in besonders intensiver Weise: Es produzierte unter enormem finanziellen Aufwand einen eigenen Film, *The National Film* geheißen, der die britischen Inseln unter dem Ansturm einer deutschen Invasion zeigte. Drehort war Chester, aus dessen weiblicher Einwohnerschaft die Darstellerinnen rekrutiert wurden, die sich der brutalen Attacken von in deutschen Uniformen steckenden britischen Soldaten zu erwehren hatten und schließlich zwecks Massendeportation in Waggons verladen wurden.

Auch die Bemühungen um eine weitergehende Ausnutzung des weiblichen Arbeitskräftepotentials für die Kriegsindustrie wurden in der zweiten Kriegshälfte überall stärker institutionalisiert. In Großbritannien wurde dem Ministry of Reconstruction das Women's Employment Committee eingegliedert. In Deutschland geschah dies nicht im zivilen, sondern im militärischen Bereich, nämlich im Ende 1916 neu errichteten Kriegsamt, wo zwei Frauen, Marie-Elisabeth Lüders und Agnes von Harnack, die Mobilisierung von Frauen für die Kriegsindustrie und den Ausbau der dazu erforderlichen Arbeitsschutz- und Fürsorgeeinrichtungen leiteten. Ihnen gelang es, bis Frühjahr 1918 zahlreiche Frauenarbeits- und Fürsorgestellen einzurichten, in denen ca. 1.000 Frauen tätig waren, um Betriebe zur Einstellung von mehr Frauen zu motivieren und für die in der Kriegsindustrie beschäftigten Arbeiterfrauen gesundheitliche und soziale Minimalstandards durchzusetzen. An dem Grundproblem, daß der industrielle Bedarf an weiblichen Arbeitskräften ebenso wie das Interesse von Frauen an einer kriegsindustriellen Tätigkeit nur geringfügig zu steigern war, konnte auch dies nichts ändern. Es blieb daher in Deutschland wie anderswo dabei, daß zwar in den kriegsproduzierenden Industrien 1918 sehr viel mehr Frauen arbeiteten als dies in den betreffenden Branchen zuvor der Fall gewesen war, doch kamen die meisten dieser Frauen aus anderen Branchen oder Erwerbszweigen oder sie rekrutierten sich aus den jungen, erstmals ins Erwerbsleben eintretenden Jahrgängen.

Als der Krieg im November 1918 endete, kehrten von den über 70 Millionen mobilisierten Männern viele verwundet, verstümmelt und traumatisiert und an die zehn Millionen gar nicht zurück. Soweit die Rückkehrenden dazu in der Lage waren, nahmen sie ihre alten Arbeitsplätze wieder ein. Frauen, die an »Männerarbeitsplätzen« beschäftigt waren, verließen diese teils freiwillig, teils unter Zwang. Die weibliche Erwerbstätigkeit kehrte quantitativ und qualitativ weitgehend zum Vorkriegsstand zurück. Nur wenige Veränderungen, die die Kriegszeit auf diesem Gebiet zwar nicht hervorgebracht, aber verstärkt hatte, erwiesen sich als dauerhaft. Dazu gehörte die zunehmende Verweiblichung der Angestelltenschaft und die Abwanderung der Frauen aus dem häuslichen Dienst. Auch aus den Reihen derjenigen, die als erwerbslos und unterstützungsberechtigt registriert waren, wurden Frauen in den Monaten nach Kriegsende weitgehend eliminiert.

Es verbietet sich von selbst, die vielfältigen und nicht selten widersprüchlichen Erfahrungen, die Frauen in den Jahren während des Weltkrieges gemacht haben, und deren Auswirkungen auf die Lebensgänge und -entwürfe auf einen Nenner bringen oder gar insgesamt bewerten zu wollen. Viele Frauen – und Männer – hat der Krieg erstmals in fremde Länder gebracht; dies galt besonders für die Etappenhelferinnen und die Frauen des WAAC; unter letzteren machten diejenigen, die ab Juli 1918 dem Hauptquartier des US-amerikanischen Expeditionskorps beigeordnet wurden, erstmals Bekanntschaft mit amerikanischen Männern – Reisen in die USA waren bis dahin ein Privileg der Oberschichten gewesen. Sehr viele belgische und französische Frauen hat der Krieg jedoch ganz gegen ihren Willen aus ihrer Heimat vertrieben – so noch in den letzten Kriegsmonaten mehrere Tausend Französinnen, die das deutsche Heer während seines Rückzugs verschleppte. Für manche Frau war die lange Abwesenheit des Ehemannes offensichtlich eine befreiende Erfahrung, für andere jedoch eine unerwünschte Herausforderung. Nach dem Krieg wußten mehr Frauen als zuvor, wie sie ungewollte Schwangerschaften vermeiden konnten; andere wiederum konnten wegen des Todes so vieler Männer keine Familie gründen. Ein neues Selbstbewußtsein mochte aus der Erfahrung erwachsen sein, als Hausfrau, Arbeiterin oder Bäuerin schwierige Aufgaben gemeistert zu haben; doch konnte auch das Interesse an neuen Lebenswegen durch die Bekräftigung überkommener Geschlechtsrollen eher entmutigt worden sein. Die Kriegsunterstützung hatte das familiäre Geldeinkommen erstmals ausschließlich in die Hände der Frauen gelegt und diesen damit einen vor dem Krieg ungewohnten Entscheidungsspielraum über das Haushaltsbudget eingeräumt; aber gleichzeitig und nicht zuletzt gerade wegen dieser neuartigen Verfügungsmacht über Bargeld war in allen kriegführenden Gesellschaften die Figur der leichtsinnigen, konsumorientierten »Kriegerfrau« zu einem Topos geworden. In einigen vor dem Krieg ausschließlich »männlichen« Branchen, beispielsweise in der Metallindustrie, war seit 1914 die Beschäftigung von Arbeiterinnen zum Normalfall geworden; doch verlief die geschlechtsspezifische Trennlinie, die bislang vor den Toren dieser Fabriken lagen, nunmehr durch sie hindurch: Innerhalb der Betriebe wurde im Zuge der Rationalisierung scharf zwischen »männlichen« und »weiblichen«

Arbeiten geschieden und den Arbeiterinnen diejenigen fragmentierten Arbeitsprozesse zugewiesen, die auf der Qualifikations- und Lohnskala im unteren Bereich lagen.

Und was war mit dem Frauenwahlrecht, das so häufig als Anerkennung der weiblichen Beiträge zu den Kriegsanstrengungen gewertet worden ist? Kann nicht wenigstens dieses demokratische Grundrecht als etwas angesprochen werden, das der Krieg den Frauen »gebracht« hat? Diese Deutung hat nicht allzu viel für sich. Ihr zufolge wäre die französische Nation ihren Frauen gegenüber außerordentlich undankbar gewesen: Das französische Abgeordnetenhaus nahm zwar im Mai 1919 eine Vorlage an, die die Einführung des Frauenwahlrechts vorsah. Doch die Vorlage blieb im Senat hängen und wurde im November 1922 nach langen Debatten schließlich abgelehnt – französische Frauen mußten bis 1944 auf das allgemeine Stimmrecht warten. Die britischen Frauen haben zwar Anfang 1918 das Wahlrecht erlangt – aber unter Ausschluß derjenigen, die das 30. Lebensjahr noch nicht überschritten hatten, was gerade für die Mehrheit derjenigen die Teilnahme an den Wahlen im Dezember 1918 nicht gestattete, die in der Kriegsindustrie tätig gewesen waren. In Deutschland wiederum wurde das Frauenwahlrecht 1919 ohne derartige Einschränkungen von der Verfassunggebenden Versammlung eingeführt. Nach obiger Lesart wäre damit genau dasjenige Land seinen Frauen am dankbarsten gewesen, dessen gescheiterte Militärführung gerade dabei war zu erklären, daß die Heimat an der Niederlage schuld sei. Die Dolchstoßlegende, die sich in den folgenden Jahren als unheilvoll erfolgreich erwies, machte zwar auch die politische Linke und andere angebliche Vaterlandsverräter für das Zusammenbrechen der deutschen Fronten verantwortlich. Doch letztlich galt die darin enthaltene Kollektivschuldthese der gesamten »Heimatfront«, die angeblich der feindlichen Propaganda erlegen sei, und damit explizit oder implizit auch den Frauen. Unter diesen Bedingungen wurde das Frauenwahlrecht möglicherweise weniger als Errungenschaft denn als Stigma empfunden, reihte es die Frauen doch, ebenso wie dies den deutschen Juden widerfuhr, in die Reihen derjenigen ein, denen das aus dem Zusammenbruch entstandene neue System Vorteile gebracht hatte.

Literatur

Authority, Identity and the Social History of the Great War, hg. v. F. Coetzee/M. Shevin-Coetzee, Providence/Oxford 1995.

Behind the Lines. Gender and the two World Wars, hg. v. M. R. Higonnet u. a., New Haven/London 1987.

G. Braybon/P. Summerfield, Out of the Cage. Women's Experience in two World Wars, London 1987.

Capital cities at war. Paris, London, Berlin 1914-1919, hg. v. J. Winter/J.-L. Robert, Cambridge 1997.

U. Daniel, Arbeiterfrauen in der Kriegsgesellschaft. Beruf, Familie und Politik im Ersten Weltkrieg, Göttingen 1989.

M. H. Darrow, French Women and the First World War. War Stories of the Home Front, Oxford/New York 2000.

B. Davis, Home Fires Burning. Food, Politics, and Everyday Life in World War I, Berlin u. a., 2000.

K. Hartewig, Das unberechenbare Jahrzehnt. Bergarbeiter und ihre Familien im Ruhrgebiet 1914-1924, München 1993.

J. Horne/A. Kramer, German Atrocities 1914. A History of Denial, New Haven/London 2001.

S. K. Kent, Making Peace. The Reconstruction of Gender in Interwar Britain, Princeton, NJ 1993.

B. Kundrus, Kriegerfrauen. Familienpolitik und Geschlechterverhältnisse im Ersten und Zweiten Weltkrieg, Hamburg 1995.

S. Pedersen, Family, Dependence, and the Origins of the Welfare State. Britain and France, 1914-1945, Cambridge u. a. 1993.

A. Reimann, Der große Krieg der Sprachen. Untersuchungen zur historischen Semantik in Deutschland und England zur Zeit des Ersten Weltkriegs, Essen 2000.

S. Rouette, Sozialpolitik als Geschlechterpolitik. Die Regulierung der Frauenarbeit nach dem Ersten Weltkrieg, Frankfurt a. M./New York 1993.

R. Schulte, Die verkehrte Welt des Krieges. Studien zu Geschlecht, Religion und Tod, Frankfurt a. M./New York 1998.

State, Society and Mobilization in Europe During the First World War, hg. v. J. Horne, Cambridge u. a. 1997.

F. Thébaud, La femme au temps de la guerre de 14, Paris 1986.

D. Thom, Nice Girls and Rude Girls. Women Workers in World War I, London/New York 1998.

The Upheaval of War. Family, Work and Welfare in Europe, 1914-1918, hg. v. R. Wall/J.Winter, Cambridge 1988.

B. Ziemann, Front und Heimat. Ländliche Kriegserfahrungen im südlichen Bayern 1914-1923, Essen 1997.

Kinder und Jugendliche

Stéphane Audoin-Rouzeau

»Der Krieg hat ein jugendliches Gesicht« schrieb Gabriele d'Annunzio 1915 beim Eintritt Italiens in den Krieg. Und tatsächlich entwickelte sich der Erste Weltkrieg in allen kriegführenden Gesellschaften auch zu einem »Jugendphänomen«. Dennoch widmen sich nur wenige historische Forschungen der Schnittstelle von Krieg und Jugend. Der Erste Weltkrieg ist selten auf seine jugendspezifischen Aspekte hin untersucht worden, und wenn, dann eher im Zusammenhang mit der Einberufungsproblematik und weniger unter dem Gesichtspunkt des Kampfes. Doch eine gemeinsame Untersuchung beider Bereiche, der Jugend und des Krieges, lohnt sich durchaus. Gerade der Versuch, die Anziehungskraft kriegerischer Aktivität auf die jüngsten Jahrgänge der Jahre zwischen 1914 und 1918 näher zu bestimmen, liefert eine Reihe wertvoller Erkenntnisse sowohl über den Krieg als auch über die Jugend. An dieser Stelle sei noch eine semantische Anmerkung erlaubt: Zu Beginn des 20. Jahrhunderts wurde der Zeitpunkt des Übergangs zwischen »Kindheit« und »Jugend« nicht näher bezeichnet, heutige Begriffe wie »Jugendlicher« oder »Heranwachsender« waren ungebräuchlich. Aus diesem Grunde wird in diesem Beitrag auch keine künstliche Trennung der unterschiedlichen Alterstufen vorgenommen.

Rekrutenjahrgänge

Die Altersstruktur der wichtigsten Armeen an der Westfront soll am Beispiel Frankreichs nachgezeichnet werden.[1] Im August 1914 bestand die aktive französische Armee aus den drei Rekrutenjahrgängen[2] 1911, 1912 und 1913. Die Rekruten waren zum Zeitpunkt der Mobilisierung zwischen 21 und 23 Jahre alt; zu ihnen gesellten sich sehr bald die während des Krieges zwischen September 1914 und April 1918 mobilisierten Jahrgänge. Doch die furchtbaren Verluste von 1914 zwangen zu einer Absenkung des Mobilisierungsalters, das bis dahin 21 Jahre betragen hatte. Wie die anderen europäischen Wehrpflichtarmeen sah sich auch die französische Armee gezwungen, die Truppe nach und nach zu verjüngen; die nachfolgenden Jahrgänge wurden daher vorzeitig rekrutiert: So wurden die Rekrutierungsjahrgänge 1914 und 1915, einberufen am 1. September bzw. 15. Dezember, von 20- bzw. 19jährigen gebildet. Der Jahrgang von 1916, der am 8. April 1915 einberufen wurde, bestand aus noch jüngeren Männern; diese waren 18 oder 19 Jahre alt. Der Jahrgang 1917, einberufen am 7. Januar 1916, war erst 18 Jahre alt, und die Rekruten von 1918 und 1919, die jeweils im April des Vorjahres einberufen wurden, waren wiederum zwischen 18 und 19 Jahre alt. Die Altersgrenze von 18 Jahren wurde von den Franzosen bereits 1915 und nach der Somme-Schlacht 1916 auch von den Deutschen erreicht; zum Ende des Krieges wurden in den deutschen Armeen noch jüngere Soldaten eingesetzt.

Die Erfordernisse des Krieges und die hohen Verluste haben zu einer fast vollständigen Mobilisierung einzelner Jahrgänge geführt: Die maximale Ausschöpfung wurde in Frankreich beim Rekrutenjahrgang 1917 erzielt, welcher zu 95 Prozent mobilisiert wurde. Zu diesem Zeitpunkt dauerte eine Musterung im Durchschnitt anderthalb Minuten. Zudem wurden von nun an 55-70 Prozent der tauglichen jungen Franzosen in immer stärkerem Maße den kämpfenden Einheiten zugewiesen. Die Infanterie, die 65,3 Prozent des Rekrutenjahrgangs 1914 aufgenommen hatte, nahm bereits 91 Prozent des Jahrgangs 1915 auf. In allen Armeen schwanden die demographischen Ressourcen, und im Verlauf des Krieges wurden immer jüngere Leute in immer stärkerem Maße der mörderischen Erfahrung einer Schlacht ausgesetzt.

Der Krieg war jedoch keineswegs ausschließlich ein Phänomen der Jugend. Durch die Mobilisierung der 21 bis 24jährigen im Jahre 1914, und noch jüngerer Männer während des Krieges, hat man auf französischer Seite insgesamt 2,6 Millionen Soldaten stellen können, bei insgesamt 8 Millionen französischen Mobilisierten. Ein Großteil bestand also aus etwas älteren Männern (zwischen 24 und 34 Jahren im August 1914) aus der mobilisierten Reserve der aktiven Armee. Andere waren schon reife Männer (1914 zwischen 35 und 41 Jahren) aus der mobilisierten Territorial-Armee, also der Ersatzreserve; nach der Mobilisierung der Reserve der Territorial-Armee wurden sogar 47jährige Soldaten einberufen. Bei ihrer Entlassung im Dezember 1918 waren diese bereits 51 Jahre alt! Es sollte also nicht übersehen werden, daß der Krieg zumindest teilweise auch ein Phänomen der »Alten« war. Der Dichter D'Annunzio war bereits 52 Jahre alt, als er sich 1915 der Infanterie anschloß; er wurde erst mit 56 entlassen, nachdem er bereits zum Held der italienischen Flieger geworden war. Oberstleutnant Driant war schon 59 Jahre alt, als er den Dienst bei den Feldjägern wieder aufnahm, im Februar 1916 fiel der über 60jährige im Caures-Wald. Angesichts einer durchschnittlichen Lebenserwartung von ungefähr 45 Jahren bei einem im Jahre 1914 20jährigen Mann war der Einsatz solcher schon recht alter Männer umso spektakulärer.

Aufgrund der sehr breiten Mobilisierung war die Zusammensetzung der großen Wehrpflichtarmeen der Westfront, wie etwa die französische oder die deutsche, den modernen Armeen recht ähnlich: sehr viele junge, aber auch viele reife Männer und eine beträchtliche Zahl von älteren Männern. Aus diesem Umstand erklärt sich die extrem hohe Sterberate von Familienvätern sowie als Konsequenz daraus, die bemerkenswerte Anzahl an Waisen in allen kriegführenden Gesellschaften. Die Mobilisierung von älteren Männern hat letztendlich dazu geführt, daß gerade deren Kinder den vom Kriegstod verursachten Verlust dauerhaft haben erleiden müssen.

Und dennoch, in demographischer Hinsicht hatten tatsächlich die jüngeren Soldaten den höchsten Preis zu zahlen: Sie wurden in größerer Zahl in den gefährlichsten Armeeinheiten der Infanterie eingesetzt und sie waren in den mörderischsten Sektoren und in den am meisten dem Feind ausgesetzten Einheiten überrepräsentiert. Weniger der eigentliche Krieg, sondern das Sterben im Krieg besaß ein jugendliches Aussehen. Die französischen Rekruten von 1914, 20jährige Männer, die dem Bewegungskrieg voll ausgesetzt worden waren, wurden zu 27,8 Prozent getötet. Von den Jahrgängen 1914 und 1915, die erstmals während der großen Schlachten von Verdun und der Somme an der Front eingesetzt wurden, überlebten 22,3 Prozent bzw. 27,8 Prozent den Krieg nicht. Da die Zahl der Verletzten regelmäßig drei bis vier Mal höher war als die Zahl der Getöteten, kann davon ausgegangen werden, daß die jüngeren Jahrgänge, auch weil sie stärker exponiert wurden, fast ausnahmslos die Erfahrung des Todes oder einer Verwundung machen mußten.

In den westlichen Gesellschaften der Zwischenkriegszeit – vor allem in den europäischen – sollte der Tod so vieler junger oder gar sehr junger Erwachsener eine Schlüsselrolle beim Prozeß der Trauer einnehmen. Die zeitgenössische Psychiatrie betont die Einzigartigkeit der psychischen Katastrophe, die der Tod eines jungen Erwachsenen bei dessen Eltern hervorruft. Sie stützt sich dabei auf Studien zu Konflikten der jüngeren Vergangenheit, wie etwa die arabisch-israelischen Kriege. Die Trauer erreicht in solchen Fällen fast immer pathologische Dimensionen, alle Gedanken der Eltern werden bis zu ihrem Tode von der Erinnerung an den Verstorbenen überlagert. Zudem erschwerten die dem Ersten Weltkrieg spezifischen Todesumstände der jungen Menschen die Trauerarbeit ihrer Angehörigen zusätzlich: Kein Beistand für den Sterbenden, die Vorstellung von erlittenen Todesqualen, keine den Friedenszeiten entsprechende Bestattung und häufig das Fehlen jeglicher Grabstätte, wenn der Körper auf dem Schlachtfeld verschwunden war. All diese Elemente riefen über die reine Trauerarbeit hinaus noch heftige Schuldgefühle bei den Eltern, Großeltern und den Geschwistern der Toten hervor. Die erhöhte Sterberate unter den alten Menschen innerhalb der Zivilbevölkerung von Paris, London und Berlin während des Krieges kann zudem durch ein den Alten spezifisches, durch die Konfrontation mit dem Tod der ganz Jungen hervorgerufenes, psychisches Leiden erklärt werden.[3]

Die Freiwilligen

Eine Darstellung der Kriegserfahrung der Jugend ausschließlich als eine Geschichte von Opfern zu betrachten, würde das Phänomen kaum in seiner ganzen Bandbreite erfassen. Dieses kann auch aus ganz anderer Perspektive gesehen werden: Der Krieg übte auf die Jugend eine gewisse Attraktivität aus, insbesondere auf diejenigen, die das Einberufungsalter noch nicht erreicht hatten. Der Rekrutierungsdruck war in den Ländern mit allgemeiner Mobilmachung (nur Großbritannien hat bis Januar 1916 darauf verzichten können) derart hoch, daß sich in erster Linie sehr junge Leute, die das Rekrutenalter noch nicht erreicht hatten, freiwillig meldeten. In Frankreich, wo zwischen 1914 und 1918 ca. 130.000 Freiwillige rekrutiert wurden, wurde das Mindestalter auf 17 Jahre festgelegt, zusätzlich war eine Erlaubnis der Eltern erforderlich. Die 17- bis 21jährigen stellten in Frankreich 72 Prozent der während des gesamten Krieges verpflichteten Soldaten dar, und mehr als 96 Prozent derjenigen aus dem Jahre 1918. In Großbritannien, wo zwischen 1914 und 1916 2,5 Millionen Freiwillige rekrutiert wurden, lag das Mindestalter bei 18 Jahren; auch die Freiwilligen der sogenannten Kitchener-Armee waren überwiegend junge Leute.

Bei der Betrachtung des komplizierten Verhältnisses, welches die westliche Jugend mit dem Krieg zwischen 1914 und 1918 verband, ist dieses Phänomen des Freiwilligendienstes ganz offensichtlich von überragender Bedeutung; es ist jedoch nach wie vor unzureichend erforscht. Seine patriotische Dimension ist unbestritten, auch wenn diese zumindest in Frankreich in der ersten Kriegshälfte eine weitaus größere Rolle spielte als in der zweiten. Im Verlauf des Krieges wurde der Freiwilligendienst nämlich eher mit der Möglichkeit in Verbindung gebracht, sich die Waffengattung selbst aussuchen zu können. Indem die Infanterie zumeist vermieden wurde, erhoffte man sich einen etwas ungefährlicheren Kriegseinsatz (ab 1916 entschied sich, ganz im Gegensatz zu 1914-1915, nur noch eine kleine Minderheit der jungen Freiwilligen für die Infanterie). Aber der Freiwilligendienst profitierte auch davon, daß der Krieg vielfach als »unverhoffte Chance« empfunden wurde. Der Krieg verhalf der Jugend gleichsam zur Emanzipation, er diente der Initiation, als plötzlicher Übergang zum Mannesalter. In diesem Sinne hat der Freiwilligendienst, durch eine soziale und psychologische Individualisierung der Jüngeren, durchaus eine subversive Wirkung auf den Familienverband entfaltet. Hier wurden zweifellos mehrere Elemente wirksam. Einmal abgesehen von der Attraktivität des ideologischen Nationalismus bei Teilen der Jugend, hatten Bewegungen wie der Wandervogel in Deutschland oder wie die Pfadfinder in Großbritannien, die bereits seit Kriegsbeginn ihre Mitglieder für den Fall einer Landung der Deutschen in England mobilisierten, diese patriotische und emanzipatorische Lesart des Krieges verstärkt.

Krieg für das Vaterland, emanzipatorischer Krieg für die Jugend: Unbestritten ist, daß die bürgerliche, urbane und gebildete Jugend zu den sozialen Gruppen innerhalb der kriegführenden Gesellschaften gehörte, die der Attraktivität des Krieges am stärksten verfielen. So meldeten sich die Studenten von Oxford und Cambridge massenhaft als Freiwillige. Ähnlich verhielten sich die noch jüngeren aus den britischen Public Schools, diese waren zudem häufig Mitglied im vormilitärischen Officer Training Corps ihrer Schule. In Frankreich, wo der Nationalismus – allerdings weniger als seinerzeit angenommen – bei der »schulischen Jugend« eine weite Verbreitung fand, hat der Krieg in einigen Fällen die Schüler aus den Gymnasialklassen, den Hörsälen der Universitäten und den Promotionsklassen der Grandes Écoles abgezogen.

Doch vor allem in Deutschland war der Mythos des »jungen Kriegsfreiwilligen«, der in der Erinnerung an das Jahr 1813 verankert war, wie der Historiker George Mosse[4] eindrücklich gezeigt hat, schon vor 1914 äußerst lebendig, wodurch wiederum die äußerst mobilisierende Vorstellung eines »mythischen Krieges« verstärkt wurde. In den Regimentern, die ihre Feuertaufe in der Schlacht von Langemarck (November 1914) erlebten, haben die jungen Freiwilligen aus den Universitäten und den Schulen eine mythisch verbrämte Rolle gespielt. »Diese siebzehnjährigen Jungen waren Männer geworden« schrieb der Kriegsfreiwillige Adolf Hitler in *Mein Kampf*. Folglich entwickelte sich Langemarck mit seinen jungen Freiwilligen zum Identifikationsmythos der Hitlerjugend. Aber die Erfahrungen der jungen Freiwilligen waren derart tiefgehend, daß diese auch zur Herausbildung der pazifistischen Tradition der Zwischenkriegszeit beigetragen haben: Eines der größten literarischen Kriegszeugnisse – *Im Westen nichts Neues* von Erich Maria Remarque, 1929 veröffentlicht – erzählt von dieser Welt der aus den Schulen kommenden Freiwilligen, deren Geschichte als »Helden« der Ich-Erzähler beschreibt, bevor der Autor auch ihn kurz vor Kriegsende, im Oktober 1918, sterben läßt. Remarque schrieb 1931 *Der Weg zurück*, eine der wenigen europäischen Erzählungen über die Rückkehr der jungen Soldaten. Der Student Remarque war selbst erst 18 Jahre alt, als er im November 1916 eingezogen wurde. Der überwältigende Erfolg seines ersten Werkes nicht nur in Deutschland, sondern auch in den anderen ehemals kriegführenden Ländern war kein Zufall: zweifellos hatte es der Autor verstanden, den unerbittlichen und besonderen Charakter der Kriegserfahrung eines Teils der Jugend zwischen 1914 und 1918 für ein großes Lesepublikum nachvollziehbar werden zu lassen.

Die heroischen Kinder

Die Anziehungskraft des Krieges hat nicht nur auf junge Leute, sondern auch auf Kinder gewirkt. Die Trennung zwischen den Erwachsenen und den Kindern, die Grenze zwischen der für die Gewaltausübung im Krieg zuständigen Welt und jener, die davon verschont werden sollte, wurde durchlässig. Dies war nicht unbedingt eine neue historische Erfahrung: Schon die neuzeitlichen Armeen zählten in ihren Reihen oder in ihrem Umfeld zahlreiche Kinder; auch die Französische Revolution hat Kinder zu mythischen Helden und Märtyrer des patriotischen und republikanischen Kampfes verklärt. Allerdings waren, abgesehen vom amerikanischen Sezessionskrieg, bei dem sehr viele und manchmal sehr junge Kinder den Nord- und Südarmeen angehörten, die Kinder des 19. Jahrhunderts weitgehend aus dem Bereich kriegerischer Kampfhandlungen verdrängt worden: sogenannte Armee-Kinder waren in Frankreich nach dem Gesetz vom 19. Juli 1884 überhaupt nicht mehr anzutreffen. Im Ersten Weltkrieg hat die Gewalt die Kinder wieder in ihren Kreis aufgenommen – ein besonders bestürzendes Element der soziokulturellen Entwicklung des Krieges von 1914-1918.

In allen kriegführenden Ländern scheint sich bei einigen Kindern mitunter ein »Drang zum Heldentum« manifestiert zu haben, wobei sie danach strebten, es dem Vater, dem Onkel oder dem älteren Bruder gleichzutun. Doch umgesetzt wurde dieser Prozeß wohl am häufigsten in Frankreich, auf dessen Territorium die Front verlief. Das »heldenhafte Ausreißen« von zu Hause setzte bereits 1914 ein; anhand der regelmäßig in der Presse veröffentlichten Suchanzeigen können wir die Ausreißer heute sogar identifizieren. An mehreren Pariser Grundschulen wurde das Problem in den Jahren 1914-1916 derart akut, daß in den Schulen eine Untersuchung vorgenommen wurde, um das Phänomen überhaupt zu verstehen und zu interpretieren. Die meisten Kinder, die sich so von der Front angezogen fühlten, haben es natürlich nicht geschafft, diese auch zu erreichen. Unbestritten ist allerdings, daß während des Bewegungskrieges das Ausmaß der sozialen Unordnung in den überfallenen Gebieten es manchen Kindern ermöglicht hat, sich Regimentern anzuschließen und sogar in diese aufgenommen zu werden. Einige wurden verwundet, und Joffre hat 1915 sehr entschiedene Maßnahmen ergreifen müssen, um ihre Rückkehr ins Zivilleben zu erreichen. Ein junger Bretone, Jean-Corrententin Carré, wurde zu einem der Helden der Kriegskultur in Frankreich: er hatte sich bereits als 15jähriger mit falschen Personenstandsangaben verpflichtet und als Infanterist heroisch gekämpft, bevor er sich unter seiner wahren Identität mit 17 Jahren erneut verpflichtete. Diese »kämpferische« Einstellung findet sich auch bei Kindern wieder, die in besetzten Gebieten lebten: einige bis heute erhaltene Kindertagebücher belegen gleichsam eine gegen die Besatzer gerichtete Selbst-Mobilisierung von Kindern[5]. Auch Mädchen waren von diesem Phänomen nicht ausgenommen: Die junge Anaïs Nin, die bereits 1914 im Alter von zwölf Jahren seit einem halben Jahr in den USA lebte, hat, einer kindlichen Johanna von Orleans gleich, das Leiden Frankreichs während des Krieges tief mitempfunden.[6] Einige Pariser Schulen verzeichneten sogar die Flucht junger Mädchen, die an vorderster Front als Krankenschwester dienen wollten.

Natürlich steht die Anziehungskraft kriegerischer Aktivitäten auf die Jugend auch im Zusammenhang mit der öffentlichen Propaganda, welcher die Kinder in allen kriegführenden Ländern während des gesamten Krieges ausgesetzt waren. Demgemäß besaß der Krieg für die Zeitgenossen gleichsam einen erzieherischen Wert, er stellte eine ungemein wertvolle Lektion für die Kinder dar; durch die kollektive Herausforderung sollten sich außergewöhnlich befähigte künftige Erwachsene herausbilden. Alle Verantwortlichen für die Kindererziehung haben zur »Mobilisierung« der Kinder beigetragen: zu nennen sind das familiäre Umfeld, aber auch die Schulen, die Kirchen sowie die Hersteller von Spielzeugen und die Verfasser der einschlägigen Literatur. Diese »Mobilisierung« der Kinder war zweifelsohne Ausdruck der einzigartigen und ungeheuren Herausforderung, als welche der Krieg innerhalb sämtlicher Kriegsgesellschaften empfunden wurde; eine Herausforderung, die eine durch den eschatologischen Charakter der Konfrontation gerechtfertigte Mobilisierung der Kinder erlaubte, oder geradezu erzwang. Diese Totalisierung des Krieges bei den Jüngsten ist in Frankreich scheinbar noch extremer als in Italien, Großbritannien oder Deutschland vonstatten gegangen. Während in den beiden letztgenannten Staaten die Bemühungen um die Kinder sich eher auf die kognitiven Inhalte beschränkten, wurde in Frankreich, zumindest in der ersten Kriegshälfte, auf eine umfassende ideologische Integration der Kinder in die Kriegskultur hingearbeitet. Vor allem die Grundschulen erhoben den Krieg bewußt zu einem »Interessenschwerpunkt«, indem sie das aktuelle Kriegsgeschehen zum Bezugspunkt des gesamten Unterrichts nahmen. Aber Kinder wurden auch physisch und finanziell mobilisiert, und sie wurden zudem instrumentalisiert: als Propagandaträger in die Familien, etwa anläßlich der großen Kampagnen für die Kriegsanleihen. Oder wie ein französischer Leiter eines Lehrerfortbildungsseminars anläßlich einer Preisverleihung im Sommer

1916 formulierte: »Eine außerordentliche Epoche wie die Unsere könnte gewöhnliche Kinder nicht dulden«.

Präzise Aussagen über die Reaktion der Kinder auf diese Propaganda sind nach wie vor nur schwer zu treffen. Doch alles deutet darauf hin, daß die Kinder auf die Erwartungen der Erwachsenenwelt hinsichtlich ihrer Vaterlandsliebe und Mobilisierung insgesamt recht folgsam reagiert haben: ihre Hausaufgaben, ihre Zeichnungen und auch ihre Spiele lassen den Schluß zu, daß die Kinder sich die großen Themen der Kriegskultur eindeutig zu eigen gemacht haben, zumal sie diesen auch kaum entfliehen konnten. Doch Kinder haben sich dem vielfältigen und erpresserischen Druck der Erwachsenenwelt auch zu entziehen gewußt. Unabhängigkeit war nach wie vor möglich, die Kinder bewahrten sich eine eigene Sicht auf den Krieg, schon deshalb, weil sie unter der Abwesenheit der männlichen Familienmitglieder und dem Verlust mit am meisten gelitten haben. Dies ist ein weiteres Paradoxon des Krieges: In dem Augenblick als die Erwachsenenwelt sich anschickte, die Kindheit im Dienste der Kriegskultur zu mobilisieren, zeigten die Betreuungs- und Erziehungsstrukturen unwiderrufliche Zeichen einer Schwäche, in erster Linie innerhalb der Familien. Und so erfuhren die Kinder soziale und private Freiheiten, wie sie vor dem Krieg unvorstellbar gewesen wären.

Waisenkinder

Die gewohnten erwachsenen und männlichen Bezugspersonen wie Vater, Onkel, Brüder und Cousins waren den Kindern abhanden gekommen.

Für die meisten bedeutete der Krieg zunächst eine lange Abwesenheit des Vaters. Doch die Briefe der Väter zeugen von deren Bemühungen, auf diesem Wege ihre Pflichten als Erzieher zu erfüllen. Von der Front aus versuchten manche, die Schulleistungen ihrer Kinder zu kommentieren; sie gingen sogar so weit, ihnen zugesandte Hausaufgaben zu korrigieren. Immer wiederkehrende Themen des väterlichen Briefverkehrs von der Front waren die Sorgen um die Kinder, und das Gefühl, für sie und ihre Zukunft zu kämpfen. Doch die physische Anwesenheit war selten, und die Abstände zwischen zwei Fronturlauben derart lang, daß bei der Entlassung Väter und Kinder vor der manchmal schweren Aufgabe standen, gemeinsam ein Familienleben neu aufzubauen, von dem erstere jahrelang ausgeschlossen gewesen waren.

Eine unbekannte, aber wahrscheinlich bedeutende Anzahl von Kindern hat zudem die Erfahrung der Trauer durchleben müssen, Trauer um einen Bruder, Cousin, Onkel und vor allem um den Vater. Die Gesamtzahl der Waisen in Europa läßt sich nicht mit letzter Gewißheit bestimmen. Geht man allerdings wie der Historiker Jay Winter davon aus, daß jede Kriegerwitwe im Durchschnitt zwei Kinder hatte, so kann man die Zahl von 6 Millionen Waisenkindern in Europa annehmen[7]. Aber nur Frankreich erhob die Kriegswaisen zu »Mündeln der Nation« und signalisierte den ca. 1 Million Waisen sowie den Kindern von schwer Kriegsversehrten, daß das Vaterland sie adoptiert hatte. Das Vaterland wollte nicht nur den Vater ersetzen und die mit dessen Tod einhergehenden sozialen Nachteile kompensieren, vielmehr wollte es aus seinen Kindern »neue Ritter« bilden, welche sich der Helden, die ihr Leben geopfert hatten, würdig erweisen sollten[8]. Das Scheitern eines derartigen Projektes, wie es in den 20er Jahren offenkundig wurde, spiegelt das Maß wieder, in dem sich die französische Gesellschaft von den großartigen Kriegshoffnungen zehn Jahre nach dem Konflikt freigemacht hatte. Andere Kinder mußten mit dem Trauma eines verstümmelten Vaters leben; dessen verminderte körperliche Unversehrtheit schlug sich auf die väterliche Identität nieder, und berührte dadurch auch die Identität seiner

Kinder. Diese Trauer der Kinder – Trauer um den Vater, Trauer um das Bild des Vaters – ist bislang kaum erforscht. Die Kinder des Ersten Weltkrieges stellen auf jeden Fall eine Gemeinschaft des kollektiven Gedächtnisses dar, sie haben die Erinnerung an Kriegserfahrung und Kriegstrauma bis zum äußersten Ende des 20. Jahrhunderts transportiert.

Übersetzung: David Artichouk

1 Siehe hierzu: P. Boulanger, Géographie historique de la conscription et des conscrits en France de 1914 à 1922 (Dissertation an der Université de Paris IV-Sorbonne, 1998).

2 In diesem Zusammenhang bezeichnet der französische Begriff »classe« seit dem »Jourdan-Gesetz« von 1798 alle Franzosen in dienstfähigem Alter, d. h. sie müssen in vorangegangenem Jahr 20 geworden sein und auf den Rekrutierungslisten der Armee erscheinen. Seit 1905 wurden sie zu Jahresbeginn auf kantonaler Ebene registriert, im Frühjahr erfolgte die Musterung und im Oktober wurden sie, 21jährig, in die Armee aufgenommen.

3 J. Winter/J.-L. Robert, Capital Cities at War. London, Paris, Berlin, 1914-1919, Cambridge 1997.

4 G. Mosse, Fallen Soldiers. Reshaping the Memory of the World Wars, New York/Oxford 1990.

5 Etwa der junge Yves Congar, 1914 zehneinhalb Jahre alt, der während des gesamten Krieges im besetzten Sedan lebte (L'enfant Yves Congar, Journal de la guerre 1914-1918, Paris 1997.)

6 A. Nin, Das Kindertagebuch, Bd. 1: 1914-1919, München 1981.

7 J. Winter, Sites of Memory, Sites of Mourning, Cambridge 1995.

8 Siehe hierzu O. Faron, Les enfants de la violence. Orphelins de guerre et pupilles de la nation de la Première Guerre Mondiale (1914-1941), Paris 2001.

Literatur

S. Audoin-Rouzeau, La guerre des enfants (1914-1918), Paris 1993.

P. Boulanger, La France devant la conscription. Géographie historique d'une institution républicaine, 1914-1922, Paris 2001.

O. Faron, Les enfants de la violence. Orphelins de guerre et pupilles de la nation de la Première Guerre Mondiale (1914-1941), Paris 2001.

G. Fiedler, Jugend im Krieg. Bürgerliche Jugendbewegung, Erster Weltkrieg und sozialer Wandel, 1914-1923, Bielefeld 1989.

Kindheit im ersten Weltkrieg, hg. v. C. Hämmerle, Wien 1993.

G. Mosse, Fallen Soldiers. Reshaping the Memory of the World Wars, New York/Oxford 1990.

State, Society and Mobilization in Europe during the First World War, hg. v. J. Horne, Cambridge 1997.

La Guerra dei bambini. Da Sarajevo a Sarajevo, Università degli Studi di Perugina 1998.

Arbeiter

DICK GEARY

Die Erinnerung an den Ersten Weltkrieg ist vor allem von den unzähligen menschlichen Opfern und den materiellen Entbehrungen, die er verursachte, geprägt worden. Diese waren die Ursachen für die seit 1917 erfolgenden revolutionären Erhebungen in Mittel- und Osteuropa. Der Erste Weltkrieg wird deswegen mit guten Gründen als ein Wendepunkt in der europäischen Geschichte eingestuft, als ein traumatischer Bruch mit der Politik eines Ancien Régime. Die Vorstellung eines fundamentalen Bruchs mit der Vergangenheit ist ein wichtiger Bestandteil sowohl der Geschichtsschreibung über die europäische Arbeiterschaft als auch anderer Forschungsgebiete. Sie ist aber vor allem in die Varianten einer Arbeitergeschichtsschreibung eingegangen, die für die Jahrzehnte vor 1914 einen allmählichen Siegeszug des Reformismus postuliert haben. Da die Zwischenkriegszeit von einem radikalen sozialen und politischen Aufruhr geprägt war, blickten viele Zeitgenossen damals nostalgisch auf die Phase eines vermeintlichen sozialen Friedens in der Vorkriegszeit zurück. Davon ist sicher einiges richtig. Denn die Politik wurde seit 1919 in weiten Teilen Europas in einem bis dahin nicht gekannten Ausmaß durch Gewalt geprägt. Es mag auch zutreffen, daß der Krieg die Menschen zu töten gelehrt hatte. Es ist gleichermaßen zutreffend, daß viele Männer bewaffnet nach Hause kamen, was die revolutionären Aufstände in Mittel- und Osteuropa zwischen 1917 und 1921 überhaupt erst ermöglichte. Es sollte jedoch ebenso nicht vergessen werden, daß die Mehrzahl der Heimkehrer in Frankreich und Deutschland zunächst nichts anderes wollte, als nach Hause zurückzukehren, zu ihren Verwandten und Freuden, einfach um in Frieden zu leben.

Unruhe und Gewalt in der europäischen Politik seit 1918 haben sich in vielfacher Form geäußert. Auf der politischen Rechten ergriffen in fast ganz Osteuropa autoritäre Regime die Macht, genauso wie dies die Faschisten in Italien 1922 und in Deutschland 1933 taten. Auf der Linken führte die Nachkriegszeit zum Aufkommen kommunistischer Parteien in Frankreich, Deutschland und Italien, während Lenin und die Bolschewiki 1919 eine neue revolutionäre, internationale Bewegung begründeten, die sogenannte Dritte Internationale. Am berühmtesten sind die beiden Revolutionen im Jahr 1917 geworden. Die erste vom Februar 1917 (eine Revolution alten Stils) führte nur zur Ersetzung des zarischen Regimes; aber die zweite, die Machtergreifung der Bolschewiki im Oktober, begründete ein Regime, das manche Zeitgenossen als den ersten sozialistischen Arbeiterstaat in der Welt betrachtet haben. In Österreich und Deutschland folgten im November 1918 weitere Revolutionen, in denen die Arbeiter- und Soldatenräte die Macht ergriffen. Obwohl in beiden Ländern keine Revolution bolschewistischen Typs vonstatten ging, kam es in den darauffolgenden fünf Jahren zu einer Serie von Arbeiteraufständen in Deutschland, während Ungarn 1919 eine gescheiterte sozialistische Revolution unter der Führung von Bela Kun erlebte. Außerdem wurde 1919/20 sowohl das ländliche als auch das städtische Italien von massiven Unruhen erfaßt, die vor allem durch Land- und Fabrikbesetzungen gekennzeichnet waren. Die Streikwellen im vergleichsweise friedlicheren Frankreich und in Großbritannien übertrafen bei weitem diejenigen früherer Zeiten, und in beiden Ländern stiegen die Wahlstimmen für die sozialistischen Parteien beträchtlich an.

Mithin scheint der Weltkrieg zu einer Radikalisierung in den Reihen der europäischen Arbeiterschaft geführt zu haben, deren politische Vertreter im August 1914 mit großer Mehrheit für die Unterstützung ihres jeweiligen Landes eingetreten waren. Dieser Vorgang ist von zahlreichen Kommentatoren als Triumph einer nationalen Identität über die Klassenidentität sowie als Beleg für die Integration der Arbeiterschaft – nur in Serbien und Rußland stimmten die sozialdemokratischen Parteien gegen die Freigabe der Kriegskredite – eingestuft worden. Dies gilt es jedoch im einzelnen zu überprüfen. Die Erfahrung der europäischen Arbeiterschaft in den vier Kriegsjahren war ambivalenter als es die Hypothese einer fortlaufenden Radikalisierung nahelegt. Es ging letztlich um mehr als um materielle Not und wachsende Unzufriedenheit.

Der Krieg und die Integration der Arbeiterorganisationen

In allen kriegführenden Staaten hat der Weltkrieg – soweit die organisierte Arbeiterschaft betroffen war – zu einer weitreichenden Einbeziehung der Arbeiterschaft in die Regierungsverantwortung und zu einem beträchtlichen Ausbau der Sozialleistungen geführt. Alle Regierungen erkannten, daß sie nicht ohne die Unterstützung der Heimatfront und ohne eine nachhaltige Rüstungsproduktion den Krieg erfolgreich zu Ende führen konnten. Deswegen wurden Vertreter der Labour Party in Großbritannien und der Sozialistischen Partei in Frankreich in die Kriegskabinette aufgenommen. Das gilt ebenso für die Gewerkschaftsfunktionäre, die in den beiden Ländern in die Verwaltung der Kriegswirtschaft einbezogen wurden. In Frankreich galten sie nicht länger als Staatsfeinde. Sie nahmen außerdem als Mitglieder an verschiedenen gemischten Ausschüssen teil, die sich aus Regierungsvertretern und Unternehmern zusammensetzten. In Großbritannien sah die Lage ähnlich aus. Dort übernahmen Gewerkschaftsfunktionäre Aufgaben im Rahmen des Munition of War-Gesetzes. In sogenannten Gemeinsamen Industrieräten (Joint Industrial Councils) führten Gewerkschaftler zusammen mit Unternehmern und Regierungsvertretern Verhandlungen über Lohnfragen oder auch über Wandel und Veränderungen von Arbeitspraktiken. All das verweist darauf, daß in beiden Staaten den Gewerkschaften ein bislang unbekanntes Maß an Anerkennung zuteil wurde, das dann zum Aufkommen von nationalen Tarifvertragssystemen führte.

Obwohl die deutsche Regierung niemals soweit gegangen ist, Sozialdemokraten in das Kriegskabinett zu berufen, haben die politische Führung, aber vor allem auch das deutsche Oberkommando – darunter insbesondere Wilhelm Groener – die Anerkennung der Unterstützung durch die Gewerkschaften für notwendig erachtet. Aus diesem Grund wurden mit Beginn der Feindseligkeiten noch ausstehende gerichtliche Verfahren gegen einzelne Gewerkschaftsführer aufgehoben. Diese blieben außerdem von der Rekrutierung ausgenommen. Zum ersten Mal wurde den Gewerkschaften überhaupt die Möglichkeit eingeräumt, Landarbeiter und Regierungsangestellte als Mitglieder zu rekrutieren. Das Hilfsdienstgesetz vom Dezember 1916 sah die Wahl von Arbeitsausschüssen in allen Firmen mit mehr als 50 Beschäftigten vor, wobei Arbeitgeber und Arbeitnehmer gleichermaßen repräsentiert waren. Diese Einrichtung ermöglichte den Gewerkschaften zum ersten Mal, Mitglieder in großen Firmen der Schwerindustrie anzuwerben. Diese waren berüchtigt gewesen für ihren Herr-im-Haus-Standpunkt und für ihre fehlende Bereitschaft in den Jahren vor 1914, mit den Gewerkschaften in Verhandlungen zu treten.

Selbst im zarischen Rußland führte die Notwendigkeit der Mobilisierung der Arbeiterschaft zur Gründung von Kriegsindustrieausschüssen. In Italien wiederum führte die mobilizazione industriale, die 1915 als eine Abteilung des Ministeriums für Rüstung und Munition eingerichtet worden war, Beamte, Unternehmer und Vertreter der Arbeiterschaft zusammen. Bis 1918 ist rund die Hälfte der italienischen Arbeiterschaft unter dieser Schiedsautorität in einem neuen System zentralisierter Tarifpartnerschaft zusammengeführt worden.

Die Beteiligung der Gewerkschaften an diesen Körperschaften setzte allerdings den Verzicht auf Streiks während des Krieges voraus. Eine weitere Voraussetzung bildete die Zustimmung der Gewerkschaften – besonders im Vereinigten Königreich – zur Aufgabe bisheriger Arbeitspraktiken. Dies bezog sich vor allem auf die Herabstufung der Arbeitsplätze (dilution), worunter man die Beschäftigung von Frauen, Jugendlichen oder angelernten Arbeitskräften in Stellen verstand, die vorher Facharbeitern vorbehalten gewesen waren. Dabei wurde allerdings von Beginn an klar zum Ausdruck gebracht, daß diese Konzessionen nur für die Zeit des Krieges gelten sollten.

Die Folgen des Krieges (Arbeitslosigkeit zu Beginn, die Trennung der Familien von ihren männlichen Ernährern, Probleme von Kriegerwitwen, Kriegswaisen und Invaliden sowie Inflation und Nahrungsmangel), aber auch die Notwendigkeit, eine breite Unterstützung zu mobilisieren, verwiesen in den meisten Staaten nachdrücklich auf den Ausbau der sozialen Wohlfahrtsleistungen. In Großbritannien intervenierte der Staat – etwa bei den Eisenbahnen –, um die Profite der Unternehmer einzuschränken; er intervenierte ebenso, um die Mieten zu kontrollieren und indem er Trennungsgelder für die Ehefrauen und Familien von Soldaten gewährte. Zusätzlich gab es Sonderzahlungen für Kriegerwitwen und Kriegsversehrte. In Frankreich erreichten die Sozialleistungen während des Kriegs eine neue Höhe. Um die Bevölkerung hinreichend versorgen zu können, förderte der Staat die Genossenschaften. In den Städten, in denen die Sozialisten und radikalen Parteien regierten, wurden zusätzliche Metzgereien und Lebensmittelläden eröffnet. Außerdem baute man die nationale Arbeitslosenunterstützung beträchtlich aus. Im Deutschen Reich fand ein analoges System aus Kindergeld, Mietgeld und Preiskontrollen Anwendung. Die Zahl der Frauen, die Mutterschaftsgeld beziehen durften, wurde erhöht; der Staat subventionierte sogar Arzthonorare. Kriegsversehrte erhielten, ähnlich wie Arbeitslose, staatliche Unterstützung. Im Vergleich zu Frankreich und England fielen die Nahrungsmittelzuweisungen allerdings deutlich geringer aus. Zusätzlich verschärft wurde die Lage durch hohe Inflationsraten sowie den Mangel an Nahrungsmitteln und Brennstoffen. Aber auch der Schwarzmarkt sowie das Durcheinander und die Ineffizienz der deutschen Verwaltung, die sich zuletzt als unfähig erwies, die notwendigen Nahrungsmittel und Brennstoffe bereitzustellen, verschärften die soziale Krise im Reich.

Sowohl der Ausbau des Sozialstaates als auch die Beteiligung der Gewerkschaften bzw. der Sozialisten an der Verwaltung zeitigten paradoxe Konsequenzen. Die regierungsamtliche Intervention zur Kontrolle von Preisen und Mieten wie auch die Versorgung mit Nahrungsmitteln und Rohstoffen bedeutete im Zusammenhang mit einer wachsenden Akzeptanz neuer sozialpolitischer Verpflichtungen, daß die Aufmerksamkeit der Öffentlichkeit auf die Möglichkeit der Kontrolle des Privatkapitals gelenkt wurde und nun die Vorteile einer Planung in den Vordergrund traten. Insofern war es kein Zufall, daß die britische Labour Party im Jahr 1918 erstmals den Artikel 4 ihres Parteiprogramms (Verstaatlichung der Industrie) aufnahm. Genauso wenig kann es überraschen, daß in der Zwischenkriegszeit in Europa mehr Arbeiter sozialistisch wählten als jemals zuvor. Zweifellos hatte die Beteiligung von Sozialisten an der Kriegsverwaltung ihre gestiegene Anerkennung in der Öffentlichkeit zur Folge.

Wo sich die Staaten in der Lage zeigten, die notwendigsten Versorgungsmittel bereitzustellen (wie dies größtenteils in Großbritannien und Frankreich der Fall war), ist es ihnen weitgehend gelungen, alle sozialen Gruppen für die Sache der Nation einzunehmen. Wo sie daran scheiterten, sahen sie sich einer Welle steigender Erwartungen ausgesetzt, die sie oftmals selbst durch die Ausweitung sozialpolitischer Maßnahmen hervorgerufen hatten. Das erwies sich insbesondere in Deutschland, Österreich-Ungarn und Rußland als ein Problem und führte zum Sturz der politischen Regime in diesen Ländern. Gleichzeitig bedeutete die regierungsamtliche Anerkennung der Gewerkschaften und ihre wachsende Bedeutung auf dem Feld der Tarifauseinandersetzungen, daß die Mitgliedschaft in diesen Organisationen nun für viele Arbeiter deutlich attraktiver wurde als in Zeiten, als die Gewerkschaften gegen feindlich gesonnene Regierungen und Unternehmer hatten ankämpfen müssen. Das gilt zumindest für das kontinentale Europa. Infolge dessen verzeichneten die Gewerkschaften einen beträchtlichen Mitgliederzuwachs während oder direkt nach dem Krieg. Die Bereitschaft der Gewerkschaften zur Beteiligung am Kriegseinsatz und die Einstellung von Arbeitskonflikten führte jedoch zu einer wachsenden Unruhe an der Basis, insbesondere in der Metallindustrie. Diese Unzufriedenheit fand ihren Ausdruck insbesondere im Auftreten radikaler Gewerkschaftsfunktionäre in den Rüstungsbetrieben von Glasgow, Wien, Berlin Budapest und Turin, die sich oft gegen die offiziellen Gewerkschaftsführer in eine feindselige Position manövrierten. In den meisten Ländern gingen die Streikwellen – besonders die der Jahre 1917 und 1918 – mehr von diesen Arbeitervertretern als von den hauptamtlichen Gewerkschaftsfunktionären aus.

Materielle Bedingungen und Unzufriedenheit

Während Gewerkschaftsfunktionäre und sozialistische Politiker sich ihrer gestiegenen Bedeutung erfreuten und entsprechend von den Regierungen belohnt wurden, verschlechterte sich der Lebensstandard der meisten Arbeiter in Europa. Dieses Problem trat allerdings erheblich schärfer in Mittel- und Osteuropa als in Großbritannien und Frankreich zutage.

Die erste Schwierigkeit, die durch den Ausbruch des Krieges hervorgerufen wurde, war ein beträchtlicher Anstieg der Arbeitslosigkeit in einer Phase, als die Wirtschaftssysteme auf die Produktion von Kriegsgütern umgestellt und die Konsumgüterindustrie zurückgefahren wurden. Im August 1914 erhöhte sich der Anteil der in Großbritannien gemeldeten Arbeitslosen von sieben auf zehn Prozent. In Deutschland stiegen die Zahlen arbeitsloser Gewerkschaftler bis Anfang September auf 21,2 Prozent. In Paris wiederum führte der Ausbruch der Feindseligkeiten zu einer noch schwereren Krise in der Beschäftigung industrieller Arbeitskräfte als in London und Berlin. Auf den Anstieg der Arbeitslosigkeit reagierten die Regierungen in Großbritannien, Frankreich und Deutschland in den ersten Monaten des Krieges, indem sie die bestehenden Sozialleistungen ausweiteten und systematisierten. Als Folge des wachsenden Arbeitsplatzangebots in den kriegswichtigen Branchen – vornehmlich im Maschinenbau und in der Rüstungsproduktion – sanken die Zahlen jedoch bis zum Frühling 1915 deutlich. Obwohl sich die Lage auf dem Arbeitsmarkt entspannte, verschärften sich allerdings andere wirtschaftliche Probleme, vorneweg die Lebensmittelversorgung. In Großbritannien und Frankreich kam es jedoch nicht zum vollständigen Zusammenbruch in der Versorgung, obgleich der Mangel bei einigen Gütern zu einer Verschlechterung der Kost führte. Beide Länder blieben nicht von der Preisinflation verschont, die in Frankreich 1917 den Hintergrund für große Streikwellen bildete und in Großbritannien – wenn auch in einem nur geringen Maße – eine Bedrohung des Lebensstandards darstellte. Dennoch bedurfte es keiner drastischen

Kürzungen bei den Rationen. Die Reallöhne mancher britischer Arbeiter stiegen ab 1916 sogar. In Italien wiederum war der Konsum von Fleisch, Butter und Zucker rückläufig, und die Kluft zwischen den Löhnen und den steigenden Lebenshaltungskosten verbreitete sich, insbesondere ab 1916. Obwohl die Lage alles andere als katastrophal und lange nicht so schwerwiegend wie in Deutschland oder Rußland ausfiel, kam es dennoch am 21. August 1917 zu einem Aufstand in Turin, bei dem die Forderung nach »Frieden und Brot« eine wichtige Rolle spielte.

Die Lage in Mittel- und Osteuropa war jedoch unvergleichlich dramatischer. In Deutschland und Österreich hatte die Rekrutierung von Landarbeitern und Bauern, aber auch die Blockade der Ententemächte ab 1916 zu immer größeren Versorgungsengpässen geführt. Diese Lage wurde zusätzlich verschärft durch ausufernde staatliche Verwaltungsapparate, die zunehmend zur Delegitimierung der bestehenden Regierungssysteme beitrugen. Offiziellen Statistiken für die deutsche Hauptstadt zufolge lagen die monatlichen Kosten für Nahrungsmittel am Ende des Krieges 278 Prozent über denen von 1914. Die offiziellen Berechnungen verdecken aber die Tatsache, daß viele Nahrungsmittel nur auf dem Schwarzmarkt erhältlich waren, wo die Preise das Zehnfache erreichen konnten. Das mußte zwangläufig die Wahrnehmung sozialer Ungleichheit vertiefen. Wenn man berücksichtigt, daß ein Siebtel bis ein Achtel der Versorgung mit Kartoffeln, ein Viertel bis ein Drittel aller Molkereiprodukte und nahezu die Hälfte der Verkäufe von Eiern und Fleischwaren über den Schwarzmarkt abgewickelt wurden, dann erst erschließt sich das düstere Schicksal deutscher Familien im Krieg. Eine Folge hiervon war die rapide Verschlechterung der Gesundheit breiter Bevölkerungsschichten und ein Anstieg der Sterblichkeit in Berlin, die vergleichbar in der britischen und französischen Hauptstadt nicht aufgetreten ist. Einen zweiten Faktor bildete eine geradezu eskalierende Delegitimation des deutschen Staates. Insbesondere Frauen mußten feststellen, daß die öffentlichen Verwaltungen immer weniger ihrer Aufgabe nachkamen, die lebensnotwendigsten Güter bereitzustellen. Der Handel auf dem Schwarzmarkt oder Hamsterfahrten auf das Land führten die Beteiligten zwangsläufig in zunehmende Konflikte mit den staatlichen Instanzen. Auf diesem Weg wurde die Achtung vor dem Gesetz untergraben, was sich in einer wachsenden Zahl von Lebensmittelunruhen und Hungerdemonstrationen äußerte. In Rußland, wo die Reallöhne von Arbeitern in den kriegswichtigen Industrien bis 1916 anscheinend gestiegen sind, was folglich steigende Erwartungen nach sich ziehen mußte, verschlechterte sich die Versorgungslage und die Preissituation im Anschluß daran dramatisch, insbesondere weil sich die Bauernschaft, ähnlich wie in Österreich und Deutschland, nicht dazu bereit zeigte, die Nahrungsmittel zu den offiziell festgelegten Preisen zu verkaufen.

Selbstverständlich litten nicht alle Teile der Arbeiterschaft im gleichen Maße, denn im Laufe des Kriegs stieg etwa die Kluft zwischen den Löhnen der Arbeiter in kriegswichtigen Industrien und dem Rest immer weiter an. Mit Hilfe des Kindergelds konnten zudem teilweise die Einkommensverluste von größeren Familien – so vor allem in Frankreich – ausgeglichen werden, wobei sich zwischen 1914 und 1918 pronatalistische Maßnahmen in allen kriegführenden Staaten ausmachen lassen. Es bleibt aber zu konstatieren, daß Arbeiter in der Konsumgüterindustrie größere Opfer erbringen mußten als Facharbeiter in der Metallindustrie und im Maschinenbau. Die Nachfrage nach letzteren führte zu einem immer höheren Anstieg ihrer Löhne, wobei jedoch selbst dieser Anstieg in Deutschland, Österreich und Rußland mit den steigenden Preisen nicht Schritt halten konnte. Auch gingen die großen Rüstungsbetriebe dazu über, ihre Arbeiter mit billigen Nahrungsmitteln zu versorgen, die zuvor auf dem Schwarzmarkt erstanden worden waren.

Aber die Klagen der Arbeiterinnen und Arbeiter reduzierten sich nicht auf Lohn- und Gehaltsfragen. So rief, erstens, die Tatsache, daß die Unternehmer im Krieg große

Profite gemacht hatten bzw. weiterhin machten, massive Ressentiments hervor. Das gleiche gilt für den Schwarzmarkthandel. Dies verstärkte die Wahrnehmung sozialer Ungleichheit in den Reihen der Arbeiterschaft. Zweitens führten die Wohnbedingungen in den Zentren der Kriegsproduktion zu einer immer spürbarer werdenden Bevölkerungskonzentration und Überfüllung, während sich die Regierungen gleichzeitig gezwungen sahen, rapide ansteigende Mieten zu kontrollieren oder Wohngeld zu zahlen. Drittens hoben die Regierungen die Arbeiterschutzgesetzgebungen auf, um den Krieg erfolgreich führen zu können und um die maximale Produktionsauslastung in den Rüstungsbetrieben zu gewährleisten. Sie taten dies genau zu dem Zeitpunkt, als die Arbeiter längere Schichten arbeiten mußten (60 Wochenarbeitsstunden waren die Regel im Vereinigten Königreich, Frankreich, Österreich-Ungarn und Deutschland) und als die Arbeitsproduktivität durch die Einführung neuer Technologien und eine neue Arbeitsorganisation nach dem amerikanischen Modell Fredrick Taylors erhöht worden war. Eine weitere Ursache für viele Klagen waren regierungsamtliche Versuche, die Mobilität der Arbeiterschaft einzuschränken. Die Facharbeitskräfte wandten sich gegen eine Zunahme der Kontrollen innerhalb und außerhalb der Fabriken, aber selbst ihre hohen Löhne wurden rasch vom Anstieg der Inflationsrate übertroffen. Auch sie hatten mithin Grund zur Klage. Gleichzeitig sahen sie sich aufgrund ihrer Qualifikation und wegen des wachsenden Arbeitskräftemangels in einer starken Verhandlungsposition. Diese Situation prägte die Arbeitskämpfe, die sich 1916 in Österreich, Frankreich, Deutschland und Rußland intensivierten. In Frankreich fiel der Umgang mit Fragen der Mobilität der Arbeiterschaft anders aus. All diejenigen, die den sogenannten reservierten, d. h. kriegswichtigen Berufen angehörten, wurden in Österreich, Großbritannien und Deutschland als Zivilisten an der Werkbank eingesetzt, nachdem sie von der Front abberufen worden waren. In Frankreich hingegen kehrten sie im Status eines Reservisten in die Fabriken zurück, wo sie weiterhin der Militärgerichtsbarkeit unterworfen blieben. 1915 waren also genaugenommen 35 Prozent der Pariser Arbeiterschaft Soldaten. Aber auch in Österreich, Deutschland und Rußland war das Militär in den Fabriken präsent, um die Arbeiterschaft zu kontrollieren, insbesondere im Gefolge der großen Streiks (wie im Januar 1918 in Wien und Berlin). In diesen Ländern wurden immer wieder auch Streikführer an die Front abkommandiert. Daneben sorgten weitere Aspekte staatlicher Kontrolle für zusätzlichen Unmut. In Österreich galt während des Krieges ein Verbot öffentlicher Versammlungen, und die bürgerlichen Freiheiten waren eingeschränkt. In den Fabriken herrschte das Kriegsrecht und außerdem strenge Zensur. Die deutsche Regierung erließ bei Ausbruch des Kriegs den Belagerungszustand, der die stellvertretenden Generalkommandos im Reich mit einem umfangreichen Instrumentarium zur Kontrolle der öffentlichen Ordnung ausstattete. Außerdem bestimmte die Oberste Heeresleitung seit 1916 weit mehr als die zivile Reichsleitung die Politik.

Die Klagen der Arbeiterschaft über die entsprechenden Mißstände manifestierten sich immer häufiger in Demonstrationen, Hungerunruhen und zuletzt in den Revolutionen von 1917/18. Die Art des Arbeiterprotests wurde aber auch durch den strukturellen Wandel der Industrieproduktion beeinflußt. Das bezieht sich zunächst auf die massive Zunahme der Zahl der Beschäftigten, darunter insbesondere denjenigen in den kriegswichtigen Industrien des Maschinenbaus und in der Metallindustrie. Auch in Italien bewirkte die kriegsbedingte Nachfrage ein großes Wachstum in den Metallbetrieben, der Automobil- und Luftfahrtindustrie um Mailand und Turin. Diese Entwicklungen führten teilweise zu steigenden Mitgliederzahlen der Gewerkschaften. Sie bildeten gleichzeitig die Vorstufe zu einer neuen Form der industriellen Militanz und zwar in mehrfacher Hinsicht: So verlagerte sich beispielsweise in Italien endgültig das Rückgrat der wachsenden industriellen Militanz und des politischen Radikalismus weg von den kleinen Städten mit ihrer Handwerkertradition hin zu den großen Firmen. Die gelernten und angelernten Arbeiter dieser Großunternehmen spielten eine ebenso entscheidende Rolle bei den revolutionären Ereignissen in Rußland 1917 wie bei den Streiks in Österreich-Ungarn und Deutschland 1917/18. Die Konzentration der Arbeiter in großen und immer stärker mechanisierten Betrieben bildete eine Voraussetzung dieser Militanz, die in der Regel im Widerspruch zu den Vorstellungen der Gewerkschaftsführer stand. Die neuen bzw. expandierenden Betriebe wandten oft moderne Techniken der Serienproduktion an, und sie rekrutierten deswegen beträchtliche Zahlen angelernter Arbeiter. Diese neuen Arbeiter wurden erst an ihrer Arbeitsstelle in ihre jeweiligen Aufgaben eingewiesen. Sie ähnelten daher weder dem Facharbeiter, der eine lange Lehrzeit hinter sich gebracht hatte und der bis zuletzt den Kern der Mitgliedschaft in den Gewerkschaften und sozialistischen Parteien ausgemacht hatte, noch dem ungelernten Arbeiter, der sich von einer Beteiligung an industriellen oder politischen Streiks ferngehalten hatte. Der massive Zustrom der »neuen« Arbeiter führte zu einer Fülle von Problemen für eine alternde Gewerkschaftselite, die noch in den Traditionen des Handwerks aufgewachsen war und die darüber hinaus mit der Regierung kooperierte. Im Gegensatz dazu legten die »neuen« Arbeiter in den Großfabriken zwischen 1917 und 1920 eine außerordentliche Protestbereitschaft an den Tag, und sie bildeten nach Kriegsende den Kern der kommunistischen Parteien in Europa.

Viele der »neuen« Arbeiter waren Jugendliche oder Frauen, die benötigt wurden, um jene älteren Männer zu ersetzen, die einberufen worden waren. Die Beschäftigung von Jugendlichen (14-16 Jahre) stieg in Deutschland um 59 Prozent im Maschinenbau und ungefähr zehn Prozent in allen übrigen Fabriken. Es kam außerdem zu einem beträchtlichen Anstieg der Beschäftigung von Industriearbeiterinnen, obwohl das Ausmaß und die Art dieses Zuwachses umstritten geblieben ist. Den Berechnungen von Diana Koenker und William G. Rosenberg zufolge machten die Frauen in Rußland 1914 30,5 Prozent der Beschäftigten in der Industrie aus, während es 1917 34,2 Prozent waren. Patrick Fridenson wiederum hat festgestellt, daß Frauen, Jugendliche und Einwanderer 1916 nicht weniger als die Hälfte der Arbeitsplätze in der französischen Rüstungsindustrie bekleideten, wobei allerdings, darauf hat Jean-Louis Robert hingewiesen, ein hoher Grad der Beschäftigung von Frauen in der Industrie schon vor Ausbruch des Krieges (30-40 Prozent) in Rechnung zu stellen ist. Auch in Großbritannien kam es zu einer beträchtlichen Zunahme der Beschäftigung von Frauen. Auf je 100 Frauen in Lohnarbeit im Jahr 1914 kamen 150 Frauen vier Jahre später. In 24 Industriebranchen verdoppelten sich die Zahlen der Arbeiterinnen sogar und in zwölf kam es zu einer Verfünffachung. Nach dem Krieg jedoch stellten sich in Großbritannien und anderenorts rasch wieder die Vorkriegsverhältnisse ein. Im Hinblick auf Deutschland hat Ute Daniel einige Anstrengungen unternommen, um die These zu untermauern, daß im Laufe des Krieges ein spektakulärer Anstieg in der Beschäftigung von Industriearbeiterinnen ausgeblieben sei. Ihrer Ansicht nach hatte ein großer Teil derjenigen, die im Kriege in der Industrie arbeitete, schon vor 1914 Lohnarbeit ausgeübt. Außerdem sei die tatsächlich feststellbare Zunahme vor allem auf die Heimarbeitsindustrie beschränkt gewesen. Es kam jedoch tatsächlich zu einer Neueinstellung von Arbeiterinnen in Industriebranchen, die vorher rein männliche Reservate dargestellt hatten. So ist die Zahl weiblicher Beschäftigter in der Metallindustrie sowie in der Elektro- und Chemieindustrie beträchtlich angestiegen.

Unzufriedenheit und Revolution

Vor dem Hintergrund dieser Gesamtentwicklung kam es zu wachsenden Ressentiments und Feindseligkeit in den Reihen der europäischen Arbeiterschaft. Immer auffälliger traten Frauen und Jugendliche als Teilnehmer an Nahrungsmittelunruhen und Hungerdemonstrationen hervor. Die große Sorge aller Regierungen – vornehmlich aber der deutschen – galt der Jugendkriminalität. So stieg in Deutschland die Zahl der Festnahmen von Jugendlichen, vornehmlich wegen Eigentumsdelikten, von 54.155 (1913) auf 84.840 fünf Jahre danach. Dies war teilweise eine Folge des neuen Jugendgesetzes, aber teilweise auch die Folge eines kriegsbedingten Zusammenbruchs traditioneller Muster der Jugendsozialisation. Viele Väter waren abwesend und die Mütter arbeiteten in den Kriegsindustrien. Gleichzeitig bedeutete der Krieg für viele wegen der Einberufung von Lehrern oder der Zweckentfremdung von Schulen als Hospitäler oder Militärgebäude eine Unterbrechung ihrer Schulzeit. Daneben führte die Möglichkeit vergleichsweise hoher Löhne in der Kriegsindustrie zu einem Niedergang der formalen Lehrzeit und veranlaßte viele Jugendliche zu einem Wegzug in die Zentren der Rüstungsproduktion.

Neben den Lebensmittelunruhen und Demonstrationen erwiesen sich auch Streiks als ein immer häufigeres Phänomen. Obwohl viele Arbeiter bereit waren, den Kriegseinsatz zu unterstützten, blieben sie sich gleichzeitig ihrer materiellen Interessen und der wachsenden sozialen Ungleichheiten bewußt. So stieg die Zahl der Streiks im Vereinigten Königreich von 972 mit 326.000 Teilnehmern im Jahr 1914 auf 1.116 mit 923.000 Teilnehmern vier Jahre später. Frankreich erlebte in der Metallindustrie zwischen Juli 1916 und Mai 1918 drei Streikwellen, und im Frühling 1917 befand sich fast die gesamte französische Arbeiterschaft in einem Ausstand, der sich nicht nur auf die Rüstungsindustrie, sondern auch etwa auf die Bekleidungsindustrie erstreckte. Ungefähr 75 Prozent der Streikenden waren Frauen, die Lohnerhöhungen und ein Ende des Krieges forderten. Auch in Österreich und Deutschland nahmen die Streiks in den Rüstungsbetrieben 1916 zu, besonders im Frühling 1917 und dann massiv im Januar 1918, vornehmlich in Wien und Berlin. Dort traten 300.000 Arbeiter unter der Führung der Revolutionären Obleute in einen Ausstand. Die Regierung antwortete darauf, indem sie Truppen in die Fabriken entsandte und die Streikführer zwangsrekrutierte. Am schärfsten aber trat die Eskalation der Beziehungen zwischen Unternehmern und Arbeitern in Rußland zutage. Bereits im Frühling und Sommer 1915 kam es hier zu vereinzelten Streiks, die sich dann im Januar und Februar 1916 ausweiteten. Nach dem Sturz des zarischen Regimes im Februar 1917 wurden die Streiks in ganz Rußland geradezu endemisch. Den Berechnungen von Koenker und Rosenberg zufolge haben zwei Drittel aller russischen Arbeiter (2,4 Millionen Beschäftigte) zwischen dem 3. März und 25. Oktober 1917 wenigstens einmal an Streikhandlungen teilgenommen.

Es ist zwar zutreffend, daß sich die Streiks der Arbeiter in Frankreich im April 1917 und die Mehrzahl der Streiks in Deutschland zwischen 1916 und 1918 primär um Fragen der Nahrungsrationen und Lohnhöhe drehten. Selbst in Rußland bestimmten noch im März und Oktober 1917 wirtschaftliche Forderungen das Geschehen, obwohl in manchen Arbeitsniederlegungen schließlich auch die Frage der Herrschaft in den Fabriken zum Thema gemacht worden war. Im Laufe des Krieges läßt sich allerorten ein Vordringen ausgesprochen politischer Forderungen in den Arbeitskämpfen beobachten. In diesem Sinne warfen Streikende 1917 in Frankreich und Italien die Forderung nach Frieden und Brot auf. Einige Streikende in Deutschland forderten 1916 die Freilassung politischer Gefangener (insbesondere des radikalen Abgeordneten Karl Liebknecht). Ähnliches kam im Forderungskatalog eines großen Streiks Leipziger Rüstungsarbeiter im April 1917 zum Vorschein: Diese forderten einen Frieden ohne Annexionen, die Befreiung politischer Gefangener, das Ende der Zensur und des Kriegsrechts sowie freie, gleiche und direkte Wahlen im ganzen Reich und zuletzt die Abschaffung des Hilfsdienstgesetzes, mit dem die Rechte der Arbeiter eingeschränkt wurden. Daß den politischen Forderungen in den Streiks eine wichtige

Rolle zukam, zeigte sich zuletzt in Rußland. Die große Mehrzahl der dortigen Streiks drehte sich zwar um wirtschaftliche Fragen, aber an entscheidenden Zeitpunkten (Ende 1916 und Anfang 1917, Juli 1917 und Oktober 1918) war die Bedeutung der politischen Konflikte und Hintergründe nicht zu übersehen.

Daß es im Laufe des Krieges zu einem Ineinanderwirken wirtschaftlicher und politischer Forderungen kam, war alles andere als ein Zufall. Denn, erstens, stellten sich die Arbeiter in ganz Mittel- und Osteuropa immer öfter die Frage, warum sie Opfer zur Verteidigung von Staaten aufbringen sollten, die wegen ihrer autokratischen (Rußland) oder halb-autokratischen Regierungssysteme (Österreich und Deutschland) in keiner Weise die Interessen der Arbeiterschaft repräsentierten. Insofern mußten sich die Streikenden in Österreich, Deutschland und Rußland geradezu zwangsläufig nicht nur mit der Größe der Brotrationen und dem Inhalt ihren Lohntüten beschäftigen, sondern auch mit politischen Reformen. Dies erklärt gleichzeitig, warum sich der Protest der Arbeiterschaft in den demokratisch regierten Staaten nicht zu einer politischen Revolution erweiterte. Zweitens veranlaßte die wirtschaftliche Not und deren Rückwirkungen auf den Lebensstandard die Arbeiter zu weitergehenden Forderungen an ihre Regierungen. Deren Weigerung oder Unfähigkeit, den Krieg zu beenden, konnten daher zu Forderungen nach dem Sturz des Regimes führen. Genau das geschah in Rußland sowohl im Februar als auch im Oktober 1917. Gleichermaßen gab die Weigerung von US-Präsident Wilson und seiner Alliierten, einen Frieden mit dem deutschen Kaiser und den alten Eliten in Deutschland abzuschließen, einen mächtigen Anstoß für die Forderung nach demokratischen Reformen in der Novemberrevolution 1918.

Immer dann, wenn die Betriebe besonders modern und groß waren, fiel die Streikintensität besonders hoch aus und die Forderungen der Arbeiter erhielten einen ausgesprochen politischen Charakter. Dies läßt sich deutlich in den Betrieben der Metallindustrie und des Maschinenbaus in Berlin, Wien, Budapest, Mailand, Turin und St. Petersburg beobachten. Es gab anscheinend eine enge Verbindung zwischen der »neuen« Arbeiterschaft in den großen, mechanisierten Betrieben sowie der industriellen Militanz und dem zunehmenden politischen Radikalismus. Dieses Beziehungsgeflecht prägte in der Mehrzahl der Staaten auf dem Kontinent die massive Offensive der Arbeiterschaft zwischen 1918 und 1921. Bemerkenswert war dabei auch die Teilnahme von angelernten Arbeiterinnen und Jugendlichen in Frankreich, Deutschland und Österreich. In Rußland ergab sich hingegen ein etwas komplizierteres Bild, obwohl beträchtliche Zahlen von Frauen auch dort in den Ausstand gingen und es waren in der Tat die Wäscherinnen, die mit ihrem Protest die revolutionären Ereignisse im Februar 1917 in Gang brachten. Aber es gibt ansonsten kaum Belege dafür, daß Frauen eine bedeutende Rolle bei der Auslösung großer Streiks spielten und sie waren zudem kaum in den Führungen der lokalen Gewerkschaften und Betriebsausschüsse vertreten. Dies ist jedoch teilweise damit zu erklären, daß im Krieg die Streiks mit politischen Obertönen fast immer von unzufriedenen Gruppen gelernter Metallarbeiter angeführt worden sind, die Männer waren. Die Streikführer der Facharbeiterschaft – so etwa die Revolutionären Obleute, die auf der Vereinigung der Dreher im Deutschen Metallarbeiterverband aufbauten oder auch die Fabrikausschüsse in der Putilow-Fabrik in Petersburg – haben es jedoch verstanden, auch die Angelernten in die großen Streikwellen des Jahres 1917 einzubeziehen. Die Umwidmung von Arbeitsplätzen von gelernten auf an- oder ungelernte Arbeiter stellte für die Arbeiterschaft in Deutschland und Rußland nie in dem Maße ein Problem dar wie in Großbritannien, weil sie nie den gleichen Grad einer gewerkschaftlichen Kontrolle hatten ausüben können. Außerdem waren die deutschen Gewerkschaften ohnehin mehr auf der Basis von Industriebranchen als nach Handwerk organisiert. Zuletzt erzwang die größere materielle Not in den beiden Ländern und der autoritäre Charakter der politischen Herrschaft hier das Bündnis der Arbeiter unterschiedlicher Ausbildungsstufen.

Bis hierhin wurde noch kein Bezug auf politische Parteien genommen. Mit gutem Grund: Denn zunächst zeichneten nicht politische Aktivisten, sondern Fabrikausschüsse und Betriebsratsorganisationen dafür verantwortlich, daß die Arbeiter auf die Straße gingen. Die sozialistische Opposition hingegen profitierte von deren Arbeit. Gleichwohl führte der Krieg zu einem wachsenden Einklang der Kritik aus wirtschaftlichen und politischen Gründen sowie zwischen Streikenden und der politischen Opposition. Am Ende aber bewirkte der Weltkrieg eine Spaltung der europäischen Arbeiterbewegung in ein sozialdemokratisches und ein kommunistisches Lager. Diese Spaltung baute auf älteren ideologischen Gegensätzen in den Reihen der europäischen Linken auf und sie erhielt zusätzliche Nahrung durch den offensichtlichen Erfolg der bolschewistischen Revolution. Von Beginn des Krieges an hatten kleinere Gruppe radikaler Sozialisten und Anarchisten ihren Widerstand gegen den Krieg erklärt, weil er ein »imperialistischer Krieg« sei, der durch die Konkurrenz der Kapitalisten verschiedener Nationen verursacht worden sei. Diesem Argument zufolge war der Feind des Proletariats nicht die Arbeiterschaft anderer Nationen, sondern das Bürgertum der eigenen Gesellschaft.

Quantitativ betrachtet fiel die Unterstützung der Arbeiterschaft für diese oppositionellen Gruppen zu Beginn des Krieges jedoch nur sehr gering aus. Als die wirtschaftliche Not jedoch wuchs und als immer offensichtlicher wurde, daß alle Staaten einen Krieg mit annexionistischen Zielen und nicht einfach einen Verteidigungskrieg führten, wie viele Arbeiter noch 1915 geglaubt hatten, wuchs der Widerstand gegen den Krieg an. Diese radikale Ablehnung des Krieges mündete in Deutschland 1917 in die Spaltung der weltweit größten sozialistischen Partei in zwei Flügel: die Mehrheitssozialdemokraten, die weiterhin den deutschen Kriegseinsatz unterstützten, wenn auch mit Einschränkungen, und die oppositionelle Unabhängige Sozialdemokratische Partei Deutschland (USPD). Die USPD selbst aber war wiederum gespalten zwischen marxistischen Revolutionären und Pazifisten. Sie wurde allerdings mehr durch ihre Gegnerschaft gegen den Krieg als durch eine gemeinsame Ideologie zusammengehalten. Der Weltkrieg führte also nicht nur zur Radikalisierung von Teilen der Arbeiterschaft, sondern auch zu einer schicksalhaften Spaltung der sozialistischen Bewegung in Europa in ein reformerisches und ein revolutionäres Lager.

Der zeitweilige Wegfall politischer und sozialer Kontrollen am Ende des Weltkriegs war für die Arbeiter in Europa zudem in einer außerordentlich wichtigen Hinsicht bedeutsam. Vor 1914 hatte sich die Mehrheit der Streikenden, der Gewerkschaftsmitglieder und der Sozialisten aus Gruppen gelernter Arbeiter zusammengesetzt, die von der Würde ihrer Arbeit aufgrund des Instituts der Ausbildung und Lehre überzeugt waren und die dank ihrer Fertigkeiten hoffen konnten, einen relativ sicheren Beruf ergriffen zu haben. Sie verfügten über die Ziele, die Zeit, die Energie und das Geld, um sich an gewerkschaftlichen und politischen Organisationen zu beteiligen. Die Proteste der weniger gelernten Arbeiter und die der Industriearbeiterinnen erwiesen sich hingegen als konjunkturabhängig, während sich die große Mehrheit der Arbeiterschaft in Europa ruhig verhielt. Die Erfahrungen des Krieges ließen dann aber die Erwartungen steigen, insbesondere auf seiten der Frauen, während die Zerstörung des Ancien Régime in verschiedenen Ländern in Verbindung mit einer starken Nachfrage nach Arbeit im Nachkriegsboom Hundertausenden aus der Masse der vormals Schweigenden zum ersten Mal eine Bühne zur Artikulation ihrer Vorstellungen bot. Dies war die Folge einer quantitativ in dieser Stärke zuvor noch nie erreichten Mobilisierung von Arbeitskräften in Rußland zwischen März und Oktober 1918, die Arbeiter aller Ausbildungsstände und aller Branchen umfaßte. Dies erklärt auch, warum sich Arbeiterinnen, Ungelernte, Landarbeiter und Angestellte an den Streiks zwischen 1917 und 1921 beteiligten, wohingegen sie zuvor in den Reihen der Protestierenden fast nie in Erscheinung getreten waren. Ihre frühere Abwesenheit und ihr Schweigen ist also nicht als Ausdruck ihrer Zufriedenheit mit dem Status quo zu verstehen, sondern diese war vielmehr die Folge ihrer begrenzten Möglichkeiten und ein Eingeständnis der Machtverhältnisse zwischen Arbeitern und Unternehmern sowie zwischen Arbeitern und dem Staat vor 1914. Als sich das im Krieg änderte, als die Auflösung der hergebrachten Machtstrukturen neue Möglichkeiten für potentiell erfolgreiches Handeln eröffnete, brachten auch diese Gruppen ihre Not und ihre Hoffnungen zum Ausdruck. Doch die Restauration der europäischen Ordnung zwischen 1922 und 1924 hatte zur Folge, daß viele von ihnen erneut im Dunkel der Geschichte verschwanden.

Kontinuitäten

Die tiefgreifenden Entbehrungen des Krieges haben ohne jeden Zweifel zur Unzufriedenheit der Arbeiterschaft in erheblichem Maße beigetragen. Ebenso sicher ist, daß der Erste Weltkrieg die Stellung der herrschenden Schichten im östlichen und mittleren Europa untergraben hat. Es ist allerdings fraglich, inwiefern die genannten Folgen allein das Resultat des Krieges gewesen sind.

Obwohl gerade die Zerstörung der drei Kaiserreiche (Deutschland, Österreich-Ungarn und Rußland) in vielfacher Hinsicht die Folge der militärischen Niederlage oder kriegsbedingter Probleme gewesen ist, lagen die Wurzeln dieser Vorgänge bereits in der Epoche vor 1914. So waren die dortigen politischen Systeme alles andere als stabil, und auch viele der Probleme bei der Mobilisierung für den Krieg erwiesen sich als durch die vorgegebenen politischen Strukturen bedingt. Die unsoziale Wirtschaftspolitik in den drei Ländern, die hohe Einkommen unbesteuert ließ, bildete nur einen Teil des Problems. Als ein noch größeres Problem erwies sich die Herausforderung, die Loyalität der Arbeiterschaft in dem Moment zu bewahren, als der Krieg einen für diese Länder ungünstigen Verlauf nahm. Die nichtparlamentarische Regierungsweise in Österreich, Deutschland und Rußland vor 1914 schloß die Arbeiterschaft und ihre Repräsentanten von einer sinnvollen Beteiligung an der Regierung weitgehend aus. Genau darin lag die Ursache der gegenseitigen Beeinflussung von wirtschaftlicher und politischer Revolution zwischen 1914 und 1918 begründet. Eine weitere Konsequenz läßt sich aufzeigen: Der Radikalismus der Arbeiterschaft war keineswegs nur eine Folge des Krieges, sondern er läßt sich in verschiedenen Staaten bereits lange vor 1914 ausmachen.

Die Tatsache, daß im August 1914 die Arbeiter- bzw. die sozialistischen Parteien aller kriegführenden Staaten (außer in Rußland und Serbien) für den Kriegseinsatz ihrer jeweiligen Regierung gestimmt haben, ebenso wie auch der Entschluß der Gewerkschaften, im Verlauf des Krieges auf Streiks und Ausstände zu verzichten, sind oftmals als Bestätigung für die weitgehende »Integration« der Arbeiterorganisationen in die politische Kultur ihrer Länder sowie als Ausdruck des Triumphes reformerischer über radikale Bewegungen verstanden worden. Dieser Eindruck trügt jedoch aus mehreren Gründen: So ist die genaue Botschaft des August 1914 durchaus unklar, denn die Entscheidung zur Unterstützung der eigenen Regierung war in der Regel an Bedingungen geknüpft worden. Die Mehrzahl der sozialistischen Parteien in Europa verfügte beim Ausbruch des Kriegs sowohl über revolutionäre als auch über reformerische Elemente, und in der Phase zwischen 1905 und 1915 hatte der Protest der Arbeiterschaft in verschiedenen Ländern Europas zunehmend radikale Ausdrucksformen angenommen. Die Entscheidung des 4. August 1914 für eine Bewilligung der Kriegskredite legt nicht notwendig die Existenz einer »integrierten« oder zufriedenen Arbeiterschaft nahe. Dementsprechend dürfen die späteren Unmutsäußerungen nicht nur als Folge des Krieges verstanden werden.

Dieser Sachverhalt trat auch in der Kontinuität ideologischer Auseinandersetzungen offen zutage. Die Spaltung der Linken in einen sozialdemokratischen und einen kommunistischen Flügel nach dem Ersten Weltkrieg war das Ergebnis der institutionellen Verfestigung der ideologischen Konflikte aus der Vorkriegszeit. Das gilt nicht nur für die französische Seite, sondern noch mehr für die deutsche. Die deutsche Sozialdemokratie verfügte zum einen über eine konservative (oder eher vorsichtige) Gewerkschafts- und Parteibürokratie, reformerisch ausgerichtete Bezirke im Süden Deutschlands und einen Flügel revisionistischer Intellektueller. Zum anderen aber umfaßte sie auch radikal orientierte Parteigliederungen in Preußen und Sachsen. Entsprechende Tendenzen zeigten sich auch in Italien: Hier war es im Gefolge des Krieges in Libyen 1911/12 zu einem Zusammenbruch des von Giolitti beherrschten liberalen politischen Kompromisses gekommen. Im Gefolge dieser Entwicklungen war den reformistischen Kräften die Kontrolle der Institutionen der Arbeiterschaft schon vor 1914 entglitten. Das führte dazu, daß sich in Ancona, der Romagna und Teilen der nordwestlichen Toskana eine aufständische Tradition bewahren konnte. Außerdem übernahm nach dem Krieg der radikale Flügel eindeutig die Kontrolle der Sozialistischen Partei (PSI). Die revisionistischen Kräfte um Bissolati wurden hingegen aus der Partei gedrängt. Unter den Bedingungen des Krieges und bedingt durch das Aufkommen tatsächlicher revolutionärer Verhältnisse, aber auch angetrieben von der Auflösung der alten Regime und dem Vorbild des russischen Proletariats zerbrachen schließlich zwischen 1914 und 1918 die vorher eher unfreiwillig eingegangenen Bündnisse zwischen Radikalen und Reformern der sozialistischen Bewegungen in ganz Europa.

Der Erste Weltkrieg führte somit zu einer weiteren Radikalisierung von Teilen der europäischen Arbeiterschaft, darunter insbesondere denjenigen, die sich tiefgreifenden Notlagen ausgesetzt sahen. Obwohl manche Formen des industriellen und politischen Radikalismus schon vor 1914 beobachtet werden können, hob der Krieg diese jedoch auf ein neues Niveau und trug somit erheblich zu ihrer Intensivierung bei. Entscheidend aber war vor allem, daß mit dem Zusammenbruch des Ancien Régime auf dem Schlachtfeld ein Vakuum geschaffen worden war, in dem die Arbeiter die Chance für gekommen erachteten, ihre Zukunft zu gestalten, während viele von ihnen sich vorher zurückgehalten hatten. Als sie aber diesen Versuch tatsächlich unternahmen, sahen sie sich rasch überall, außer in Rußland, von den Kräften des industriellen Kapitalismus bzw. der bewaffneten Reaktion intellektuell ausgeschaltet oder sogar gewaltsam unterdrückt.

Übersetzung: Christoph Cornelißen

Literatur

Arbeiterschaft in Deutschland 1914–1918. Studien zu Arbeitskampf und Arbeitsmarkt im Ersten Weltkrieg, hg. v. G. Mai, Düsseldorf 1985.

S. Augeneder, Arbeiterinnen im Ersten Weltkrieg. Lebens- und Arbeitsbedingungen proletarischer Frauen in Österreich, Wien 1987.

R. Bessel, Germany after the Great War, Oxford 1993.

F. Boll, Massenbewegungen in Niedersachsen 1906-1920. Eine sozialgeschichtliche Untersuchung zu den unterschiedlichen Entwicklungstypen Braunschweig und Hannover, Bonn 1981.

G. Braybon, Women Workers in the First World War. The British Experience, London 1981.

Capital Cities at War. Paris, London, Berlin, 1914 – 1919, hg. v. J. Winter/J.-L. Robert, Cambridge 1997.

U. Daniel, Arbeiterfrauen in der Kriegsgesellschaft. Beruf, Familie und Politik im Ersten Weltkrieg, Göttingen 1989.

G. D. Feldman, Armee, Industrie und Arbeiterschaft in Deutschland 1914 bis 1918, Berlin 1985.
The French Home Front, 1914-1918, hg. v. P. Fridenson, Providence 1992.
D. Geary, Arbeiterprotest und Arbeiterbewegung in Europa 1848-1939, München 1983.
D. Geary, European Labour Politics from 1900 to Depression, London 1991.
J. N. Horne, Labour at War: France and Britain 1914-1918, Oxford 1991.
D. P. Koenker/W. G. Rosenberg, Strikes and Revolution in Russia, 1917, Princeton 1989.
G. Mai, Kriegswirtschaft und Arbeiterbewegung in Württemberg 1914-1918, Stuttgart 1983.
J.- L. Robert, Les ouvriers, la patrie et la révolution, 1914-1919, Paris 1995.
K. Schönhoven, Die Gewerkschaften in Weltkrieg und Revolution, 1914-1919, Köln 1985.
Strikes, Social Conflict and the First World War. An International Perspective, hg. v. L. H. Haimson u. a., Mailand 1992.
V. Ullrich, Kriegsalltag. Hamburg im Ersten Weltkrieg, Köln 1982.

Soldaten

BENJAMIN ZIEMANN

Die Soldaten des Ersten Weltkrieges sind seit 1914 in allen beteiligten Nationen ein wichtiger Gegenstand der historischen Vorstellung. Zugleich haben sie, wenngleich mit wechselnder Intensität, als Folie für historiographische Zuschreibungen gedient. Dabei wird unter Historikern vor allem um die angemessene Verortung jener breiten Bahn der physischen Gewalt gestritten, die für die deutsche und europäische Geschichte im 20. Jahrhundert kennzeichnend ist. Denn deren Auftakt symbolisieren die Soldaten der Jahre von 1914-1918. Einer von manchen Historikern verbreiteten Lesart zufolge waren sie geradezu von einem »Todesinstinkt« erfüllt, sie »hatten einfach Spaß am Töten«. Neben dem Wunsch nach Vergeltung für die auf der eigenen Seite eingeforderten Opfer sei somit die »Sucht« nach Gewalt das treibende Motiv gewesen, das die Soldaten unter den unmenschlichen Bedingungen des Schützengrabenkrieges zum Weitermachen bewegte.[1] Eine andere Lesart hebt dagegen das Gefühl der Sinnlosigkeit hervor, das die Soldaten frühzeitig empfanden, und betont die Traumatisierung, die sie durch die Kämpfe und das massenhafte Sterben erlitten. Verantwortungslos handelnde Eliten »verheizten« in dieser Sicht die Mannschaften rücksichtslos. Aber in der politisch motivierten Revolte der Soldaten gegen den Krieg und das Massensterben meint diese Interpretation, eine reale historische Alternative zur allgegenwärtig erscheinenden Militarisierung durch den »totalen« Krieg beschreiben zu können.[2]

Beide der hier nur mit grober Verkürzung dargestellten Interpretationen knüpfen an »große Erzählungen« an, in denen bereits die Zeitgenossen des Weltkrieges den durch ihn ausgelösten Massentod beschrieben haben. Für die erste Version stand die liberale Deutung des Weltkrieges als einer »Katastrophe« oder eines »Zivilisationsbruchs« Pate, der den bürgerlichen Fortschrittsoptimismus zerstört und an die Stelle kultureller Mäßigung ein Klima entgrenzter Gewalt gesetzt habe. In eingängigen, wirkungsgeschichtlich bedeutenden Bildern hat Sigmund Freud 1915 das damit verbundene, neue Verhältnis zum Töten beschrieben: Dieses entspringe einer nur oberflächlich verhüllten atavistischen Neigung der Menschen zur Brutalität, die unter den gegebenen Umständen neu hervorbreche und von ihnen Besitz ergreife. Die zweite Version steht im Banne der pathetischen Hoffnung auf den Weltkrieg als »Weltenwende«, die durch sozialistische Politik herbeigeführt werden könne. Die kriegerische Gewalt ist hier allein diejenige der Herrschenden. Dementsprechend hat sich nur die kommunistische Lesart dieser Erzählung relativ eindeutig über die Gegenwehr der Beherrschten und Ausgebeuteten geäußert, mit der die Gewalt schließlich gebrochen wurde. Die sozialdemokratische Variante hüllte sich über die pikante Frage einer militanten Beendigung des Weltkrieges dagegen in Schweigen.[3]

In der ersten Erzählung sind die Soldaten in einem eminenten und ausschließlichen Sinne Täter. Die zweite Sichtweise legt den Schwerpunkt dagegen ganz auf die Darstellung der Mannschaftssoldaten als Opfer und erhofft sich, die »einfachen Leute« dadurch von der Identifikation mit dem Gewalthandeln zu lösen. Die Wahrheit liegt nun keineswegs in einer imaginären Mitte. Das historische Begreifen erfordert vielmehr ein Verständnis der Widersprüche, die das Leben und Handeln der Soldaten bestimmten. Dazu soll im folgenden zunächst das Töten und Sterben im Krieg analysiert werden. Unser Wissen darüber entstammt allerdings zu einem großen Teil den Berichten derjenigen, die dem Töten entronnen sind. Die genaue Untersuchung des Überlebens muß in einem zweiten Schritt folgen, da die Bedingungen des Sterbens auch die des Überlebens sind.[4] Schließlich war das Töten eingebettet in tradierte Deutungsmuster der Soldaten und ihr Bemühen um Sinnstiftung. Erst in diesem dritten Analyseschritt kann anhand der kulturellen Aufladung des Krieges differenziert werden, ob und bei wem die Gewaltbereitschaft bereits in der Vorkriegszeit ausgebildet oder neu entwickelt, nur vorübergehend oder dauerhaft vorhanden, außergewöhnlich groß oder nur durchschnittlich war.

Töten und Sterben

Es folgen zunächst einige quantitative Daten, die ein Bild davon vermitteln, wer im Weltkrieg an der Front starb und wer bzw. was tötete. Dabei geht es nicht um diejenigen, die in den Materialschlachten der Jahre ab 1916, also bei Verdun, an der Somme und anderswo, »gefallen« sind. Diese Zahlen werden von einigen Sozialhistorikern gerne angeführt – und zwar zumeist falsch, nämlich um das Zehnfache und mehr überhöht –, um das Grauen des Krieges symbolisch zu verdichten.[5] Tatsächlich dienen solche Angaben eher der Dämonisierung des Kriegsschreckens denn seiner nüchternen Analyse. Die statistischen Daten vermitteln dagegen eine detaillierte Vorstellung von der inneren Schichtung der Gewaltopfer und -mittel.[6] Sie tragen damit nicht nur zu einer tieferen Kenntnis der demographischen Folgen des soldatischen Kriegseinsatzes bei, sondern geben auch erste Hinweise über strukturelle Hintergründe der Differenzierung des Fronterlebnisses.

Das Sterben der Soldaten war sehr ungleichmäßig über die vier Kriegsjahre verteilt. Die drei ersten, durch den Bewegungskrieg geprägten Monate brachten im Westen Verlustraten für die gesamte deutsche Armee, die auch während der Materialschlachten des Jahres 1916 im Durchschnitt aller Truppen an der Westfront nicht einmal annähernd wieder erreicht wurden.[7] Die Verluste der deutschen Truppen an der Westfront betrugen 12,4 Prozent im August und 16,8 Prozent im September 1914. Über den ganzen Kriegsverlauf bis zum Juli 1918 hin lag die durchschnittliche Monatsquote im Westen dagegen nur bei 3,5 Prozent. Einen Anstieg der Verlustzahlen, der den Verhältnissen der ersten Kriegsmonate gleichkam, hatten erst wieder die Frühjahrsoffensive des Jahres 1918 und noch stärker die Rückzugskämpfe der letzten Kriegsmonate zur Folge. Gravierend war auch die Differenz zwischen den Fronten. Die deutschen Verbände an der Ostfront wiesen 1916/17 nur noch ein gutes Drittel des im Westen gezählten Gesamtausfalls auf. Als Folge der seit dem 7. Dezember 1917 geltenden Waffenruhe sank diese Zahl im folgenden Jahr auf noch nicht einmal ein Zehntel des im Westen anzutreffenden Wertes ab. Dramatische Ungleichgewichte bestanden schließlich in der Verteilung des Sterbens auf die Altersgruppen. Annähernd die Hälfte aller Gefallenen in der deutschen und der britischen Armee war 19 bis 24 Jahre alt. Soldaten im Alter von über 35 Jahren stellten insgesamt etwas mehr als 30 Prozent der Mannschaften, machten aber nur gut ein Zehntel der Toten aus.[8] Dabei hatten sich die Gewichte erst im Verlauf des Krieges so zu den jüngeren Altersklassen verschoben. In den beiden letzten Kriegsjahren stellte bereits die kleine Gruppe der 18 bis 20 Jahre alten Soldaten knapp ein Viertel der Toten. Vor allem die während der Krieges neu eingestellten Wehrpflichtigen waren somit einem extrem hohen Risiko ausgesetzt.

Wer tötete, das läßt sich mittelbar an der Aufschlüsselung der Waffen ablesen, die für Verwundungen und Todesfälle sorgten. Dabei ergibt sich, daß Tod und Verwundung, zumal mit zunehmender Dauer des Krieges, in der Mehrzahl aller Fälle eine Folge artilleristischen Beschusses waren. 76 Prozent aller von Ende 1914 bis 1917 verwundeten französischen Soldaten wurden von Artilleriegeschossen getroffen. Dies ist ein Wert, der 1917 auch bei einer deutschen Armee gemessen wurde. Für die an der Westfront eingesetzten Truppen dürfte er somit repräsentativ sein. Infanteriemunition verursachte dagegen nur rund 16 Prozent, Handgranaten 1-2 Prozent und Giftgasangriffe knapp 1,7 Prozent aller Verwundungen im deutschen Heer. Durch die blanke Waffe (Säbel, Dolch, Seitengewehr) wurden über den gesamten Krieg gesehen gerade einmal 0,1 Prozent aller Wunden beigefügt.

Diese Auflistung der durch die Kampfmittel des industrialisierten Krieges verursachten körperlichen Verheerungen vermittelt allerdings noch kein vollständiges Bild vom Sterben der Soldaten. Denn trotz einer gegenüber früheren Kriegen stark verbesserten medizinischen Versorgung ist in der deutschen Armee knapp ein Zehntel, in der österreichisch-ungarischen etwa ein Sechstel und in der französischen ca. ein Fünftel aller im Verlauf des Weltkrieges gestorbenen Soldaten nicht der Waffenwirkung, sondern einer Erkrankung zum Opfer gefallen.[9] Vor allem in der enorm großen Gesamtzahl der erkrankten Soldaten werden die destruktiven Auswirkungen deutlich, die bereits die lange Dauer der Kriegsteilnahme, die Witterungsverhältnisse und vor allem die sich im Kriegsverlauf rapide verschlechternde Ernährungslage auf die Soldaten hatten. Immerhin behandelten die deutschen Militärärzte im Verlauf des Krieges genauso viele Magen-Darm-Erkrankungen wie Verwundungen.[10] Insbesondere die Grippeepidemie im Sommer und Herbst 1918 erreichte die erschöpften und physisch ausgelaugten Armeen aller Länder und machte auch an der Front sichtbar, daß der Weltkrieg in gewisser Hinsicht als ein Hungerkrieg zu verstehen ist.

Einige weitere der in diesen dürren Zahlen zusammengefaßten Sachverhalte gilt es anzusprechen. Im Hinblick auf die Frage nach den Bedingungen der Gewaltbereitschaft ist von Bedeutung, daß der Krieg gerade zu Beginn besonders verlustreich war, also zu einem Zeitpunkt, als ein Teil der Soldaten eine überschäumende, die anderen zumindest noch eine erhebliche Anfangsmotivation mitbrachten. Vergleichbares gilt für die jüngsten, familiär nicht gebundenen Soldaten, die den Selbstzeugnissen zufolge überaus positiv zu ihrer Rolle als Soldat und zur Möglichkeit der »Bewährung« im Kampf eingestellt waren. Denn gerade sie waren es, die insbesondere in der Infanterie die intensivsten Kämpfe erlebten und am Gewalthandeln aktiv wie passiv weitaus mehr beteiligt waren als ältere Soldaten.

Die Differenzierung der Gewaltmittel macht klar, daß die herkömmlichste wie auch die neueste Art zu Töten marginal waren. In Kriegsromanen und anderen Formen der populären Darstellung des Krieges kursieren unzählige Geschichten über Soldaten, die ihre Aggressionen gegen den Feind beim Sturmangriff auf grauenhafte Weise entluden, indem sie mit dem Bajonett in dessen Körper eindrangen. Töten als Handarbeit, ob aus entfesselter Gewaltbereitschaft oder aus Notwehr, war aber zumindest an den Hauptschauplätzen des Weltkrieges in der Realität eine sehr seltene Ausnahme. Dies gilt ebenso für das Giftgas, ein Kampfmittel, das allein wegen seiner Unberechenbarkeit und Unsichtbarkeit panikartige Reaktionen auslösen konnte und die Phantasie der Soldaten mit Furcht erfüllte.[11]

Die entscheidende, seinen Charakter schlechterdings prägende Destruktionskraft des Weltkrieges war die Artillerie, und dies hatte weitreichende Folgen sowohl für die Täter als auch für die Opfer dieser Waffe. Für die Tätigkeit des Artilleristen war zunächst die Unsichtbarkeit des Gegners prägend. Victor Klemperer, bereits 1914-1918 ein hellsichtiger Chronist der Zerstörung, hat mit Erstaunen registriert, daß es an den Geschützen seiner Batterie in Frankreich so ruhig zuging wie auf dem heimischen Übungsgelände auf dem bayerischen Lechfeld.[12] Diese distanzierte, mit den

Folgen ihres Tuns nicht unmittelbar konfrontierte Form der Gewaltanwendung ist ein typisches und wichtiges Beispiel des durch die moderne Waffentechnik bewirkten »prometheischen Gefälles« (Günther Anders). Die Intensität der technisch gesteigerten Tötungshandlungen des Artilleristen überstieg seine moralische Wahrnehmung bei weitem; denn wenn überhaupt, war er mit den Folgen seines Tuns erst in einigem zeitlichen und räumlichen Abstand konfrontiert. Und auch den Moment des Todes beobachtete er nicht, sondern nur die leblosen Körper. Eines »Todestriebes« bedurfte es für diese Form der Gewaltanwendung nicht, deren Normen durch die Technik vorgegeben waren.[13]

Auf der Seite der von ihr Betroffenen löste die flächendeckende Zerstörungskapazität der Artillerie eine analoge Reflexion aus. Obwohl in den Unterständen tief eingegraben, konnten die Infanteristen das Geheul der Granaten intensiv wahrnehmen. Als einzige Reaktion blieb ihnen nur das Abwarten, was den Eindruck des hilflosen Ausgeliefertseins an eine nicht beeinflußbare Gewalt provozierte. In der Wahrnehmung der Soldaten verselbständigten sich die artilleristischen Kriegsmittel deshalb, wurden zu einer gleichsam automatisch wirkenden Potenz. Sachen, nicht Personen töteten bzw. »forderten Opfer«, wie es in den Feldpostbriefen hieß.[14] Auf beiden Seiten der Front erschienen Töten und Sterben deshalb als ein anonymes Geschehen. Die Soldaten erlebten sich primär als Opfer des Krieges, welche, durchaus mit schonungsloser Genauigkeit, vor allem die ausgebrannte »Schlacke« dieser Form der Destruktion, also umgepflügte Landschaften, zerfetzte Körper, verendetes Vieh und völlig zerstörte Ortschaften beschrieben. Die Artillerie verheerte aber nicht nur Sachen und Körper, sondern ihre Gewalt drang auch in die Seele der Opfer ein. Dies ist ein im Verlauf des Weltkrieges erstmals aufgetretener, für ihn spezifischer Zusammenhang, über den auch die differenzierteste Analyse des »body count« keine Auskunft gibt und der dennoch nicht vergessen werden darf. Die schockartig hereinbrechende Erfahrung einer übermächtigen Waffe löste bei den Betroffenen die »kohärente Selbstwahrnehmung« der eigenen Person auf, zerstörte »die Grenze zwischen Selbst und Gewalt«.[15] Diese Eindrücke und die dadurch ausgelösten psychischen Erregungen fanden Ausdruck in Unruhezuständen, nervlichen Zusammenbrüchen und den Zuckungen der Kriegszitterer. Wichtiger als die sich um das Phänomen des »shellshocks« bzw. der Kriegsneurosen rankenden medizinischen Kontroversen ist hier die Feststellung, daß kriegerische Gewalt 1914-1918 nicht nur den Leib, sondern auch die persönliche Integrität der Soldaten töten konnte.

Der statischen Anordnung des Grabenkrieges war paradoxerweise eine Tendenz zur Begrenzung der Gewalt eigen, solange beide Seiten nur die Sicherung des Status quo betrieben. Um diese Situation aufzubrechen, waren Spezialisten der Gewaltanwendung erforderlich. Die britische Heeresführung setzte auf Scharfschützen (»snipers«), die jedes unvorsichtig über die Grabenböschung herausragende gegnerische Körperteil unter Feuer nahmen. In der deutschen und der österreichischen Armee vor allem bevorzugte man die Stoßtruppkämpfer, die in kleinen Gruppen der normalen Infanterie den Weg bahnen sollten. Bei dieser stießen sie wegen der von ihnen betriebenen Eskalation der Gewalt auf massive Ablehnung. Beiden Typen ist gemeinsam, daß diese Soldaten eine hohe individuelle Kampfmotivation aufwiesen und daß sie sich tatsächlich als Täter in einem emphatischen Sinne verstanden.[16] Es ist demnach auch kein Zufall, daß sich hier, neben den deutschen Stoßtrupps auch bei den italienischen Eliteeinheiten der »Arditi«, eine direkte Kontinuitätslinie zur faschistischen Ästhetisierung der Gewalt in der Zwischenkriegszeit ziehen läßt.

Neben dieser funktionalen ist mit Blick auf einen aus eigenem Antrieb tötenden Soldatentypus eine räumliche Differenzierung zu treffen. Vor allem auf dem Balkan, im Zusammenstoß von deutschen, österreichisch-ungarischen und serbischen Truppen, aber auch an anderen Teilen der Ostfront tobte ein »wilder Krieg«, ein Bewegungskrieg, der eine Spur der Verwüstung durch die Länder zog.[17] Der Krieg war durch ethnische Spannungen aufgeladen und mündete in Exzesse gegen gegnerische Soldaten und Zivilisten, in Vertreibung und zügellose Vernichtung ein. Auf seiten eines Teils der deutschen Truppen in Rußland spielten vermutlich neben dem generell anzutreffenden Gefühl der zivilisatorischen Überlegenheit auch rassistische Vorstellungen über die Minderwertigkeit der Slawen eine Rolle. Auf jeden Fall weist auch dieser Tätertypus auf direkte Kontinuitäten hin, und zwar zur konterrevolutionären Gewalt im Baltikum und in Rußland sowie zum Antibolschewismus der Nationalsozialisten.[18]

Überleben

Überleben konnten die Soldaten folglich in erster Linie überall dort, wo sie das Feuer der Artillerie nicht erreichte. Solche Orte konnte man auf verschiedene Weise erreichen. Zu berücksichtigen ist dabei eine funktionale, eine räumliche und eine nationale Differenzierung. Die funktionale Differenzierung folgte den Erfordernissen der militärischen Organisation unter den Bedingungen industrialisierter Kriegführung. In sicherem Abstand zur Feuerzone befanden sich zunächst einmal alle die nicht wenigen Soldaten von *Front*truppenteilen, die in der Küche und im Wirtschaftsdienst der Truppen, als Offiziersbursche oder bei der Instandsetzung Dienst taten. Hierzu muß man auch die nicht unbeträchtliche Zahl derjenigen nennen, die in Artillerieregimentern mit der Pflege und Fütterung der zahlreichen Pferde beschäftigt waren, welche zum Transport der Geschütze benötigt wurden. Die Fortentwicklung der Waffentechnik machte zahllose Ausbildungskurse nötig, zu denen die Soldaten für einige Wochen abkommandiert wurden. Die Intensivierung des Beschusses und die lange Dauer des Krieges machten darüber hinaus turnusmäßig kurze, insbesondere nach größeren Kämpfen aber auch längere Ruhephasen nötig, zu denen man ganze Regimenter oder Divisionen für einige Wochen aus der Front herauszog. Auf jeden Aufenthalt im Schützengraben folgte ohnehin eine kürzere Ruhephase. Ein britisches Bataillon verbrachte im Durchschnitt im Kriegsverlauf 42 Prozent der Zeit direkt an der Front, 38 Prozent in Reserve dicht hinter ihr und 20 Prozent in Ruhe.[19]

Diese Erholungsphasen waren ein kostbares Gut, weil sie – neben dem Urlaub – das einzige direkte Gegengewicht zu den Anstrengungen im Graben darstellten. Es ist kein Zufall, daß die Störung dieser Ruhe durch unnützen Drill in allen Armeen zu den gravierendsten Beschwerden der Soldaten zählte. Demzufolge bot auch der berüchtigte »bull-ring« des Ausbildungslagers der British Expeditionary Force in Etaples im September 1917 den Anlaß für die einzigen größeren Meutereien und Ausschreitungen, die sich in der britischen Armee im Weltkrieg ereigneten.[20] Zu jedem Zeitpunkt seit dem Frühjahr 1915 waren ferner zwischen drei und sieben Prozent der Frontsoldaten ständig im Heimaturlaub. In der französischen wie in der deutschen Armee fuhren Landwirte aufgrund der ernährungswirtschaftlichen Bedeutung des Ernteurlaubs weitaus häufiger und länger als andere Soldaten nach Hause. Dieses vielleicht unspektakulär anmutende, aber auch bei den Bauern selbst emotional stark besetzte Privileg machte sie nicht selten zur Zielscheibe verbaler Aggressionen ihrer Kameraden.

Frei von der Sorge um das eigene Leben konnten all jene Soldaten sein, die einer nicht im Feuerbereich eingesetzten Einheit angehörten. Dazu zählten etwa die Angehörigen des für den Nachschub an Munition und Verpflegung zuständigen Trains, ferner die mit dem Aushub von Gräben und der Befestigung von Stellungen beschäftigten, zumeist älteren Armierungssoldaten oder »Schipper«. Allein die Zahl dieser beiden Gruppen ging in die Hunderttausende. Weitab vom Feuer waren auch die vielen Angehörigen der Etappenformationen in den besetzten Gebieten. Nicht nur deshalb stand die Etappe bei den Frontsoldaten in dem Ruf, ein Hort der Korruption und des Lotterlebens zu sein. Hinzu kam, daß in der Etappe auch reguläre sexuelle Beziehungen möglich waren. Auch eine Verwundung oder Erkrankung hatte eine zumindest zeitweise Entfernung von der Front zur Folge. Insgesamt 3,2 Millionen deutsche Frontsoldaten kehrten erst nach einem längeren Lazarettaufenthalt in der Heimat wieder an die Front zurück. Für eine geraume Zeit oder gar die gesamte Dauer des Krieges gänzlich vom Dienst an der Front befreit waren schließlich jene Soldaten, die zur Arbeit in der Kriegsindustrie reklamiert wurden oder in den heimischen Garnisonen des Besatzungsheeres Dienst taten. Immerhin umfaßte das Besatzungsheer in Deutschland fast ein Drittel des Gesamtpersonalbestandes der Armee.

All diese funktionalen Differenzierungen werden fahrlässig unterschlagen, wenn man bei den Soldaten des Weltkrieges nur an »Verdun« denkt. Sie hingen im Kern von zwei Faktoren ab. Die »unsichtbaren Fronten«, an denen der Nachschub herbeigeschafft wurde, erforderten ein bis dahin in dem Grad der Spezialisierung und der Menge der Tätigkeiten nicht gekanntes Maß an organisatorischem Aufwand.[21] Die Millionenheere des Weltkrieges schufen bereits durch die schiere Größe ihrer bürokratischen Strukturen zahllose Nischen und Zonen der Desorganisation, funktional nutzlose Verbände, Dienststellen und Verrichtungen, in denen sich Soldaten, oftmals mit der stillschweigenden Zustimmung ihrer unmittelbaren Vorgesetzten, ungefährdet bewegen konnten. Aber auch in den Strukturen dieses Apparates konnte man durch Meldung zu einem bestimmten Truppenteil oder zu einem Ausbildungskursus, durch Zufall oder durch bestimmte berufliche Qualifikationen der Todeszone entkommen. Findige Soldaten wie der elsässische Bauernsohn Dominik Richert schöpften die Möglichkeiten, die ihnen diese »kleinen Fluchten« boten, bis zum letzten aus.[22] Andererseits streuten die Waffen ihre Destruktionskraft so breit und ungenau, daß sie weitaus mehr Menschenleben verheerten, als sie unmittelbar zerstören konnten. In den schätzungsweise insgesamt acht Millionen physisch und psychisch dauerhaft durch den Krieg beschädigten Soldaten manifestierte sich eine zweite charakteristische Form, die Fronten des Weltkrieges zu überleben.[23]

Die räumliche Differenzierung des Überlebens war in erster Linie eine Konsequenz der ungeheuren Überdehnung der Frontlinien, an denen sich die gegnerischen Truppen, über Hunderte von Kilometern hinweg eingegraben, gegenüberlagen. Mehr und mehr wurde Artilleriemunition knapp, und allein deshalb konnte nicht an allen Stellen mit gleicher Intensität gefeuert werden. So gab es viele Gelegenheiten, die Regeln des »leben und leben lassen« zu befolgen.[24] Der Kern dieser stillen Vereinbarungen war die unausgesprochene Übereinkunft zwischen den Truppen, das Feuer auf ein Minimum zu reduzieren, nur in die Luft oder überhaupt nicht mehr zu schießen. Damit konnten die Soldaten ihre nähere Umgebung unter eigene Kontrolle bringen und den verlustreichen Ausbruch massiver Gewaltsamkeiten verringern. Die Infanterie reagierte auf eine Reduzierung des Beschusses durch den Gegner mit der Einstellung des eigenen Feuers. Zudem konnten bestimmte Zeiträume vereinbart werden, an denen nicht geschossen werden sollte. Im Extremfall konnten solche informellen Waffenruhen mehrere Wochen andauern.

Günstige Bedingungen für stille Vereinbarungen fanden sich vor allem in den passiven Sektoren wie etwa in den Vogesen, wo dieselben Stellungsdivisionen mit vielen Soldaten von 35-45 Jahren sich meist monate- oder gar jahrelang gegenüberlagen. Dort war der Austausch von Aggressionen ohnehin auf ein Minimum reduziert, indem nur die nötigsten Patrouillenunternehmungen zur Information über Stärke und Absichten des Gegners durchgeführt wurden. Die im Grabendienst tätigen Offiziere und wohl auch die Kommandeure dieser zumeist unterbesetzten Einheiten hatten selbst ein Interesse daran, die Zahl der Verluste so gering wie möglich zu halten. Zumeist war es intensives Artilleriefeuer oder die Arbeit von Scharfschützen, wodurch diese Zonen des Überlebens wieder in Orte der Zerstörung verwandelt wurden.

Die nationale Differenzierung des Überlebens zielt auf jene Gruppe der Soldaten, die sich als »Drückeberger«, Deserteure, Überläufer oder Selbstverstümmeler dem Militärdienst entzogen und dadurch auch ihr Überleben sicherten. Es führt analytisch nicht weiter, in dieser Gruppe nach besonderen sozialen Merkmalen oder gar nach bestimmten Persönlichkeitsmustern zu fahnden, die ihr Verhalten erklären könnten. Dieses war die Vorgehensweise der Militärrichter, die über »Drückeberger« und Deserteure urteilten und die auch unter den neuartigen Bedingungen des Schützengrabenkrieges weiterhin am Ideal der vollständigen Kontrolle der Vorgesetzten über die Mannschaften festhielten. Arbeiter desertierten weitaus häufiger als Bauern, und mehr als drei Viertel der Fahnenflüchtigen waren ledig und damit familiär nicht gebunden. Ansonsten waren die Fahnenflüchtigen jedoch ganz »gewöhnliche Soldaten«, die sich in ihrem Sozialprofil und der Einstellung zum Krieg nicht signifikant vom Rest der Mannschaften unterschieden.[25] Anders als in der Wehrmacht 1939-1945 gab es in den Armeen des Ersten Weltkrieges keine tiefe Polarisierung zwischen den entschiedenen Befürwortern und den Verweigerern der Gewalt. Diejenigen, die auf eigene Faust und unter Verstoß gegen das Militärstrafrecht einen Weg zum Überleben suchten, führten in gewisser Hinsicht nur die Möglichkeiten der »kleinen Fluchten« auf erweiterter Stufenleiter fort. Dementsprechend zufällig waren oftmals die Anlässe, die zu einer Fahnenflucht führten, und ebenso vielfältig die Motive für diese Tat, sofern sie sich überhaupt einigermaßen eindeutig bestimmen lassen.

Gesichert ist dagegen die Feststellung, daß vor allem die Frage der Nationalität großen Einfluß auf die Bereitschaft hatte, das Überleben durch Fahnenflucht zu sichern. In der britischen wie der deutschen Armee waren es besonders die nach nationaler Selbstbestimmung strebenden Minderheiten der Iren bzw. der Dänen, der Elsaß-Lothringer und nicht zuletzt der Polen, unter denen es proportional gesehen eine hohe Zahl von Deserteuren gab. Sieht man von der besonderen Situation des Herbsts 1918 bei den deutschen Truppen ab, wiesen diese beiden Armeen ebenso wie die französische aber ein hohes Maß an innerer Geschlossenheit auf. Weitaus problematischer war die Situation in den Armeen jener Staaten, in denen noch sehr viel stärkere Nationalitätenspannungen herrschten oder gar eine Mehrheit von Soldaten bäuerlicher Herkunft noch kaum in die symbolische Ordnung des Nationalstaates integriert war. Das erste traf insbesondere für das österreichisch-ungarische Heer zu, wo der nationale Konflikt mit den deutschsprachigen Truppenführern bereits seit Anfang 1915 zu vereinzelter Massendesertion in mehrheitlich tschechischen Einheiten führte. Seit 1916 gab es aber eine wachsende Zahl von ähnlichen Nachrichten auch über Fahnenflüchtige italienischer, ruthenischer und serbischer Nationalität. Es ist bezeichnend für die Heftigkeit des Problems, daß ähnlich wie bei den Elsässern und Polen im deutschen Heer nicht nur Soldaten und Unteroffiziere, sondern auch Offiziere desertierten. Seit 1917 desertierten schließlich auch die bis dahin als zuverlässig geltenden Slowenen und Kroaten. Zu massiven Ausschreitungen und Meutereien kam es 1918 aber vor allem im Etappengebiet und im heimischen Hinterland.[26]

Das zweite Problem erschütterte neben der russischen auch die italienische Armee, die zu einem Großteil aus in Dorf und Familie verwurzelten Bauern und Landarbeitern bestand, deren Lebenswelt von Fragen der nationalen Politik noch kaum berührt war und die zudem zu über einem Drittel Analphabeten waren. Von den Offizieren sozial und kulturell durch eine immens tiefe Kluft getrennt, konnten sie bereits seit dem Eintritt Italiens in den Krieg überhaupt nur durch brutale Strafen bei der Truppe gehalten werden. Hunderttausende von italienischen Bauernsoldaten nutzten die

Fahnenflucht und die Selbstverstümmelung, um einen aus ihrer Sicht völlig sinnlosen Krieg vorzeitig zu beenden.[27]

Ein unter Historikern strittiger Punkt ist schließlich die Möglichkeit, durch die Flucht zum Gegner sein Überleben zu retten. Die Zahl der Überläufer zum Feind, die ihre Tat mit Bedacht planten, ist vermutlich eher gering gewesen, wegen der mannigfachen praktischen Probleme, aber gewiß auch wegen des Stigmas des Verrats an der Nation, das solche Soldaten und vor allem ihre Angehörigen traf. Weitaus höher war aber die Zahl derjenigen, die als Kriegsgefangene auf die andere Seite des Grabens gerieten; viele von diesen Soldaten mögen spontan eine Gelegenheit genutzt haben, die sich ihnen bot, um sich ohne letzten Widerstand oder den Gebrauch ihrer Waffe zu ergeben und damit das Leben zu retten. Nun ist die These vertreten worden, daß Franzosen und insbesondere Engländer oftmals wehrlose Gefangene sofort getötet hätten, und daß dies die deutschen Soldaten bis 1918 davon abhielt, sich ohne Widerstand zu ergeben.[28] Das Quellenmaterial für diese Behauptung ist jedoch dürftig und hält einer kritischen Überprüfung nicht stand. Festzuhalten bleibt, daß der Übergang einer mehr freiwilligen zu einer mehr gezwungenen Gefangennahme fließend war und hier eine Grauzone vorlag, die viele Soldaten zum Überleben nutzten. Sie konnten sich dabei der Zustimmung der meisten Kameraden sicher sein, in deren Wahrnehmung die Vorzüge der Gefangenschaft mögliche Risiken weit überwogen.[29]

Demzufolge ist es auch nicht die Furcht vor dem Überlaufen gewesen, die dazu führte, daß seit dem Spätsommer 1918 ca. drei Viertel bis eine Million deutsche Soldaten auf eigene Faust einen Weg zur Kriegsbeendigung suchten und so die militärische Niederlage Deutschlands damit rapide beschleunigten.[30] Diese These trifft bereits deshalb nicht zu, weil die große Mehrheit dieser »Drückeberger« nicht zum Gegner überlief, sondern in rückwärtiger Richtung durch die Etappe den Weg nach Hause einschlug. Das zentrale Motiv dafür war die tiefgreifende Enttäuschung jeglicher Siegeshoffnung und die verbreitete, allerorten durch eigenen Augenschein genährte Einsicht in die Unausweichlichkeit der deutschen Niederlage.[31] Mit dem von der Öffentlichkeit weithin unbemerkten »verdeckten Militärstreik« (Wilhelm Deist) sicherten die deutschen Soldaten in den letzten Wochen des Krieges ihr Überleben. Daß sie dies taten, war bereits eine Reaktion auf die kommende Niederlage; um dies zu verstehen, muß man aber auch berücksichtigen, daß der wilhelminische Staat und seine militärischen Eliten bei den Soldaten in vier Kriegsjahren einen tiefgreifenden Verlust an Legitimation erlitten hatten.

Deutungsmuster und Sinnstiftungen

In ihren Deutungsmustern und Sinnstiftungen des Krieges versuchten die Soldaten, der Erfahrung des Todes und der emotionalen Herausforderung der Gewalt einen für ihre Zwecke angemessenen Ausdruck zu verleihen. Für dieses Vorhaben konnten sie im Kern auf zwei informative Quellen zurückgreifen. Die eine war das briefliche Gespräch mit den Angehörigen in der Heimat, in dem die großen Geschehnisse des »Völkerringens« in der Perspektive familiärer Intimität verschlüsselt und kommensurabel gemacht wurden. Dabei ließ sich in unterschiedlicher Weise an die semantischen Traditionsbestände anknüpfen, die der öffentliche Diskurs über Vaterland, Opfer und Heldentod seit langem bereitstellte.[32] Die andere Quelle war das permanente Gespräch mit den anderen Soldaten im Schützengraben und in den Ruhequartieren. In dieser Kommunikation verfestigte sich ein Bild vom Krieg und vom eigenen Tun, das in den Quellen nur sehr schwer zu fassen ist, aber von großer Bedeutung für ihre kollektive Meinungsbildung war.[33]

Durch die massenhafte Veröffentlichung von Feldpostbriefen haben die (angeblichen) Sinnstiftungen der Soldaten das Bild des Krieges bereits zeitgenössisch entscheidend geprägt. Die »Stimme« der Front wurde allerorten in Anspruch genommen, um kulturelle Werte oder politische Entscheidungen zu begründen.[34] Es hat eine geraume Zeit gedauert, bis die Forschung sich von der Suggestionskraft dieser Kriegsbilder befreien und anhand archivalischer Quellen zu differenzierten Analysen vordringen konnte. Vor allem die französische Historiographie hat hier Maßstäbe gesetzt.[35] Ungeachtet aller noch bestehenden Ungleichgewichte in der Forschungslage läßt sich feststellen, daß es unterschiedliche Diskurse gab, in denen die Soldaten den Krieg deuteten.[36] Für die innere Struktur und Kohärenz dieser »Sprachen« waren soziokulturelle Gemeinsamkeiten der Soldaten weitaus bedeutsamer als nationale Unterschiede. Schließlich standen die Soldaten aller Nationen in gleicher Weise vor dem Problem, dem Massensterben und ihrer Beteiligung daran einen angemessenen Sinn zuzuweisen.

Die religiöse Sprache war vielleicht die wichtigste, auch wenn ihre Überzeugungskraft im Verlauf des Krieges einem unübersehbaren Erosionsprozeß unterlag. Ihre spezifische Form war verständlicherweise im hohen Maße von konfessionellen Unterschieden bestimmt. Ungeachtet dessen gab es viele Gemeinsamkeiten in der religiösen Antwort auf die Fragen des Krieges. Zunächst hatte die religiöse Bewältigung des Fronterlebnisses eine nonverbale, symbolisch-rituelle Dimension, die die sprachliche Benennung des nur mühsam Sagbaren umging. Sie war vor allem in den Rosenkranz- und Herz-Jesu-Gebeten und den Meßbesuchen der frommen Katholiken erkennbar. Aber auch konfessionell nicht gebundene Soldaten griffen auf Amulette, Kettenbriefe mit Gebeten und andere Devotionalien zurück, von denen man sich magische Wirkungen erhoffte. Es waren generell keineswegs nur aus Gewohnheit fromme Soldaten, die sich der religiösen Sprache bedienten. Denn die christliche Erlösungsreligion stellte für das drängende Problem, die Allgegenwärtigkeit und Zufälligkeit des Kriegstodes zu bewältigen, eine lang tradierte und vielfältig differenzierte Sprache zur Verfügung. Ihre besondere Stärke lag daran, daß drei dabei eng miteinander verflochtene Komplexe thematisierbar waren: Die Todesangst eines Soldaten konnte in individuellen Gebeten und in der geistlichen Kommunikation des Abendmahls oder der Eucharistiefeier angesprochen werden. Der Schmerz und die Betroffenheit über die Verwundung oder den Tod von Freunden und Kameraden konnte in der Sprache der christlichen Nächstenliebe und Zuwendung aufgefangen werden. Schließlich wies der christliche Totenkult eine Fülle eigener Formen und Symbole und nicht zuletzt sozialer Praktiken auf, in denen die Erinnerung an die Toten vergesellschaftet werden konnte.[37]

Die religiöse Sprache wies zugleich jedoch immanente Grenzen auf, die aus der Sicht vieler Soldaten ihre Vorzüge mit steigender Dauer des Krieges überwogen und ihre Überzeugungskraft abnutzten. Eines der Probleme lag in der lebensweltlichen Vermittlung des Glaubens, in der Abschwächung individuellen Leids und kollektiver Indienstnahme religiöser Werte. Dies war traditionell eine Aufgabe der Geistlichen. Alle Militärseelsorger waren jedoch in die patriotische Kriegstheologie ihres jeweiligen Landes und in die propagandistische Ausnutzung ihrer Überzeugungskraft durch die Militärbehörden eingebunden. Dies galt ohnehin für die anglikanischen und protestantischen Pfarrer, aber auch für die katholischen Militärseelsorger in Deutschland und Frankreich, wo die Katholiken jeweils bestrebt waren, ihren Kriegseinsatz als Mittel der Anerkennung in der nationalen Politik zu benutzen.[38] Ein zweites Problem lag im Begriff der Theodizee. Die Kriegspredigt wertete den Krieg als einen Anlaß zur inneren Läuterung und moralischen Erneuerung der Menschen. Demzufolge hatte die religiöse Sprache anfänglich einen Vorschlag zur Auseinandersetzung nicht nur mit den Folgen, sondern auch mit den Ursachen des Krieges anzubieten: Der Krieg mußte kommen, denn »die Menschen« waren zu »böse« gewesen. Ein solches Argument wurde durch das in grellen Farben ausgemalte, lasterhafte Leben in der Etappe und bei den heimischen Rüstungsarbeitern und Kriegsgewinnlern jedoch ad absurdum geführt. Mit wachsender Dauer und Intensität des Krieges wurde jedoch nicht nur der Glaube an moralische Läuterung brüchig. Auch die Vorstellung einer ausgleichenden Gerechtigkeit, die durch göttliche Vorsehung verbürgt sei, wurde problematisch. Die Religion verlor als universelles Deutungsangebot damit stark an Bedeutung, mochte sie als individueller Trostspender auch weiter benutzt werden.

Eine weitere wichtige Sprache war die der Nation. Diese wurde mehr noch als ohnehin mit sakralem Pathos aufgeladen, rückte also enger an die religiöse Ebene heran. Mit der Betonung des Nationalen stellte sich der Soldat in einen überindividuellen Kontext. Je nach politischem System signalisierte er zunächst dynastische oder republikanische Treue, solange ihm dies opportun erscheinen mochte. Und gerade dynastische Loyalitäten, dies zeigt das deutsche Beispiel, konnten kaum eine den Belastungen des Krieges entsprechende Bindewirkung entfalten. Die republikanischen Bindungen der französischen Soldaten waren weitaus stärker, wie sich paradoxerweise gerade am Beispiel der Meutereien zeigen läßt, die die französische Armee im Frühjahr 1917 erschütterten. Denn liest man die Forderungen der Meuterer genau, dann zeigt sich, daß ihr Ziel nicht der politische Umsturz oder der Friede um jeden Preis, sondern die Wiederherstellung der Balance zwischen ihren Friedenserwartungen und den konkreten Belastungen an der Front war. Als Adressat ihrer Forderung nach Verhandlungen diente die Abgeordnetenkammer, womit die Bürgersoldaten ungeachtet ihrer vordergründigen sozialistischen Rhetorik die Legitimität der Republik nochmals bekräftigten.[39]

Im nationalen Diskurs wurde das Leiden der Soldaten als ein zugunsten der Gemeinschaft geleistetes Opfer gleichsam überhöht. Dies war der wichtigste Aspekt dieser Sprache, und auch er war stark mit religiösen Konnotationen besetzt. Allerdings versagte diese Funktion angesichts des massenhaften Sterbens, das sich auf diese Weise nicht einfach beschreiben oder gar rechtfertigen ließ. Der Kriegstod blieb somit eine semantische Leerstelle in den Beschreibungen der Soldaten aus den bürgerlichen Mittelschichten, bei denen nationale Überzeugung am stärksten verbreitet waren. Weitaus erfolgreicher war diese Sprache in der Kodifizierung eines soldatischen Tugendkanons, in der bindenden Beschreibung von Pflichterfüllung, Gehorsam und Kampfbereitschaft als den von jedem zu erfüllenden Eigenschaften. In dieser Form färbte der nationale Diskurs sehr stark auf alle anderen ab, auch und gerade auf die Anhänger sozialistischer Bewegungen. Nicht zuletzt das Ideal einer schichten- und rangstufenübergreifenden Kameradschaft wurde zum Inbegriff der soldatischen Wahrnehmung des Krieges. Dieses Ideal erwies sich aber gerade in seiner romantischen Überhöhung bald als hohl, und existierte nur in elementaren Formen der Solidarität unter Männern fort.[40]

Die politische Aufladung der nationalen Sprache gelang in allen Ländern nur in sehr begrenzter Weise. Sofern damit Modalitäten des Friedensschlusses oder gar die Angabe konkreter territorialer Kriegsziele gemeint waren, konnten sich die Soldaten darin nicht wiederfinden, sondern reagierten im Gegenteil mit zunehmenden Aversionen. Als allgemeine Chiffre für die Gründe, warum es sich weiterhin auszuhalten lohne, war die Nation dagegen durchaus geeignet. Die spezifische Färbung hing von Traditionen aber auch von der Kriegslage ab. Der ausgesprochen intensive defensive Patriotismus der »poilus« z. B. war stark von der Tatsache bestimmt, daß zehn französische Departements von fremden Truppen besetzt waren. Das nationale Sendungsbewußtsein der deutschen Soldaten knüpfte an eine lange Tradition der Innerlichkeit an, war aber unter den konkreten Bedingungen des Krieges sehr viel schwerer zu aktualisieren. Schließlich war der Rekurs auf die Nation auch ein Mittel, um die eigene Kriegführung und den von eigener Hand bewirkten Tod zu legitimieren. Von West nach Ost reichte dabei die Kette der Feindbilder, in denen die eigene Anständigkeit beschworen und die Deutschen als »Hunnen« bzw. die Russen als »Barbaren« und Feinde der Zivilisation vorgestellt werden. Die nationale Sprache hat, dies bleibt festzuhalten, mehr noch als die religiöse im Verlauf des Krieges an Überzeugungskraft eingebüßt.

Die sozialistische Idee gewann dagegen vor allem seit 1916 zusehends an Attraktivität, in Deutschland, Italien und Frankreich, in geringerem Umfang aber wohl auch in Großbritannien. Sie war verständlicherweise vor allem bei Industriearbeitern verbreitet, strahlte aber in der zweiten Kriegshälfte weit über diese Gruppe hinaus.[41] Diejenigen Soldaten, die in der sozialistischen Bewegung heimisch waren, nutzten sie wie eine Religion: Die Leiden des Krieges waren ein notwendiges Martyrium, an dessen Ende die Revolution und damit die Verheißung irdischen Glücks stehen würde. Auch als solche universelle Deutung blieb die sozialistische Sprache allerdings dort ohne Aussagekraft, wo es um die unmittelbare Nähe des Todes ging. Die sozialistische Alternative nahm das Ganze in den Blick, blieb gegenüber den individuellen Problemen des Soldaten aber indifferent. Eine Ausnahme war das Beziehungsgeflecht zwischen Offizieren und Mannschaften, wo diese Sprache den Konflikt und die gegenseitige Abgrenzung hervorhob und damit an die tatsächliche soziale Praxis in den Armeen anknüpfen konnte.

Das eschatologische, universelle Deutungsmodell des Sozialismus war für diejenigen Soldaten ohne Belang, die sich erst während des Krieges für ihn zu interessieren begannen. Sie nutzten einige Bruchstücke, um sich die Tatsache erklären zu können, daß der Krieg auch nach Jahren des Kampfes noch unvermindert fortging, ohne daß sie selbst oder andere Leute aus dem Volk ein Interesse daran hatten. Es war ein angesichts der öffentlichen Kriegszieldiskussion plausibles Muster, statt dessen die »Großkapitalisten« und »Kriegsgewinnler« verantwortlich zu machen und im gleichen Atemzug alle persönliche Friedenshoffnung auf die Aktivitäten der Parteien der II. Internationale zu setzen. In dieser Form war die sozialistische Sprache synkretistisch, ließ sich mit religiösen, nationalen oder bäuerlichen Grundelementen verbinden.

Die Sprache der Bauern war ganz auf die Lebensverhältnisse und die Weltsicht dieser einen sozialen Gruppe zugeschnitten, deren quantitative und qualitative Bedeutung für die innere Struktur der Heere des Weltkrieges oftmals übersehen wird.[42] Die Spezifik dieser Sprache lag in der Art und Weise, in der sie Elemente der Religiosität und jene der Viktimisierung mit dem primären Interesse an einem eng umgrenzten Gesichtsfeld verband. Diese Sprache war eine Litanei. In den immer gleichen Formeln beklagte sie das Elend und die Grausamkeit des Krieges und des Lebens an der Front, das Leiden an den »Kameraden« und den Vorgesetzten. Sie verknüpfte dies mit einem idealen Gegenbild, das in dieser materiellen Präsenz, in der es den Lebensrhythmus der Bauern auch an der Front prägte und in ihren Briefen beschrieben wird, nur dieser Gruppe zu eigen war und sie damit in den Armeen isolierte. In dem Wunsch nach der Rückkehr zur Familie als einer Lebens- und Produktionsgemeinschaft und in der gedanklichen Beschäftigung mit der gewohnten saisonalen Arbeit auf dem heimischen Hof fanden Reden und Denken der Bauern ihren Ausdruck. Die religiöse Sprache in einer elementaren Form gab dem Leiden eine innere Struktur und bewahrte davor, in völlige Verzweiflung abzugleiten. Die nationale Sprache kam dagegen für die Bauern nur in denjenigen Elementen in Betracht, welche die Pflichterfüllung und die persönliche Unbescholtenheit des Soldaten als einen fraglosen Wert hinstellten. Aus der großen Bedeutung der bäuerlichen Sprache folgt zugleich, daß – vielen vorschnellen Behauptungen zum Trotz – die Sprachen des Modernismus, welche die Künstler und Literaten gebrauchten, bei den Soldaten ein marginales Phänomen geblieben sind.[43]

Die Sprache der Aneignung der Opferperspektive schließlich war keine eigene Formation, sondern ein Muster, das sich an alle anderen Sprachen anlagerte und diesen eine bestimmte Prägung verlieh. In der sozialistischen Sprache brachte man zum Ausdruck, daß die Soldaten Opfer der Kapitalisten und Heerführer waren, die sie für wirtschaftliche Interessen hinschlachteten. In der religiösen Sprache war es Gott, der tatenlos zusah, wie die Mannschaften geopfert wurden. Für die Bauern waren es verschiedenste Faktoren, die sie dazu zwangen, an der Front auszuharren und die Belastungen des Kriegs über sich ergehen zu lassen. Ihnen fehlte jede Vorstellung, daß dieser Situation durch kollektives Handeln abgeholfen werden könnte, und demzufolge waren ihre Beschreibungen des Sich-geopfert-Fühlens von einem starken resignativen Grundzug geprägt. In der nationalen Sprache wurde noch am meisten, gerade bei den französischen und den britischen Soldaten, das Gefühl zum Ausdruck gebracht, daß man von sich aus, also aktiv, ein Opfer für die übergeordnete Sache des Vaterlandes leiste. Aber die Krise der nationalen Sprache gerade in Deutschland bestand zu einem nicht geringen Teil darin, daß die Perspektive umschlug und die Empfindung hervortrat, im Namen des Vaterlandes geopfert zu *werden*.

Daß die Soldaten sich als Rädchen im übermächtigen Getriebe der Kriegs- und Militärmaschinerie empfanden, war nichts Neues. Spezifisch für den Ersten Weltkrieg war allerdings die Tatsache, daß die in den verschiedenen Sprachen der Soldaten vorkommende Selbstbeschreibung als Opfer anschlußfähig war an die oben hervorgehobene Tatsache, daß man der Artillerie als dem entscheidenden Destruktionsmittel weitgehend passiv ausgeliefert war. Dies unterschied den Weltkrieg an der Westfront von anderen Kriegen, die weitaus stärker durch das Töten von Hand und die aktive, aus eigenem Antrieb gewalttätige Partizipation des Infanteristen gekennzeichnet waren. Die Dominanz, welche die Selbstbeschreibung als »Geopferte« unter den Soldaten des Weltkrieges besaß, hat auch die Erinnerung an das Fronterlebnis beeinflußt. So bedurfte es einer hartnäckigen und langwierigen Erinnerungsarbeit, um inmitten der allgemeinen Viktimisierung das Schicksal einer bestimmten Gruppe von Opfern als ein Besonderes kenntlich zu machen. Das Beispiel der von den Militärbehörden in Frankreich wegen Verstößen gegen das Militärrecht hingerichteten Soldaten und Matrosen belegt dies eindringlich.[44]

Auf die Frage nach den Wirkungen und Folgen der von den Soldaten ausgeübten und erlittenen Gewalt nach 1918 kann abschließend nur kurz hingewiesen werden. Wichtig scheint hier zunächst die Feststellung, daß man bereits das Töten und Überleben im Krieg differenziert analysieren muß, um nicht von vornherein einseitige Kontinuitätslinien zu ziehen, wie dies etwa in der pauschalen These der »Brutalisierung« der Frontsoldaten geschehen ist.[45] Die Verarbeitung der an der Front gemachten Erfahrungen war, wie bereits diese selbst, nur zum Teil von nationalen Unterschieden abhängig. Mindestens ebenso bedeutsam waren soziale und regionale Kontexte der Kriegsverarbeitung und die spezifische Selbstverortung bestimmter Veteranengruppen in der politischen Kultur eines Landes. Eine allgemeine zivilisatorische Enthemmung der Gewalt durch das Fronterlebnis läßt sich entgegen den Thesen der früheren Forschung nicht konstatieren.[46]

---

[1] N. Ferguson, Der falsche Krieg. Der Erste Weltkrieg und das 20. Jahrhundert, Stuttgart 1999, S. 311-379, Zitate S. 311, 331, 375; diese Tendenz verallgemeinernd: J. Bourke, An Intimate History of Killing. Face-to-Face-Killing in Twentieth-Century Warfare, London 1999. S. Audoin-Rouzeau/A. Becker, 14-18, Retrouver la Guerre, Paris 2000.

[2] W. Kruse, Krieg und Klassenheer. Zur Revolutionierung der deutschen Armee im Ersten Weltkrieg, in: Geschichte und Gesellschaft, 22 (1996), S. 530-561, bes. S. 544; G. Kolko, Das Jahrhundert der Kriege, Frankfurt a. M. 1999, S. 128-141.

[3] B. Ziemann, Republikanische Kriegserinnerung in einer polarisierten Öffentlichkeit. Das Reichsbanner Schwarz-Rot-Gold als Veteranenverband der sozialistischen Arbeiterschaft, in: Historische Zeitschrift, 267 (1998), S. 357-398.

[4] M. Geyer, Eine Kriegsgeschichte, die vom Tod spricht, in: Physische Gewalt. Studien zur Geschichte der Neuzeit, hg. v. T. Lindenberger/A. Lüdtke, Frankfurt a. M. 1995, S. 136-161.

[5] Vgl. U. Frevert, Männer und Heroen. Vom Aufstieg und Niedergang des Heroismus im 19. und 20. Jahrhundert, in: Erfindung des Menschen. Schöpfungsträume und Körperbilder 1500-2000, hg. v. R. van Dülmen, Wien u. a. 1998, S. 323-344, hier S. 339; V. R. Berghahn, Sarajewo, 28. Juni 1914. Der Untergang des alten Europa, München 1997, S. 110.

[6] Im folgenden v. a. anhand von Zahlen zur deutschen Armee, wo detaillierte Angaben vorliegen; alle Zahlen, soweit nicht anders angegeben, in: B. Ziemann, Front und Heimat. Ländliche Kriegserfahrungen im südlichen Bayern 1914-1923, Essen 1997, S. 57-75; Sanitätsbericht über das deutsche Heer im Weltkriege 1914/1918, Bd. 3, Berlin 1934, S. 25, 71, 73, 177.

[7] Vgl. L. V. Smith, Between Mutiny and Obedience. The Case of the French Fifth Infantry Division during World War I, Princeton 1994, S. 39 ff. für eine französische Division.

[8] Für die britische Armee vgl. J. Winter, The Great War and the British People, Houndsmills 1986, S. 81.

[9] B. Z. Urlanis, Bilanz der Kriege. Die Menschenverluste Europas vom 17. Jahrhundert bis zur Gegenwart, Berlin 1965, S. 267-274.

[10] R. Bessel, Germany after the First World War, Oxford 1993, S. 6.

[11] O. Groehler, Der lautlose Tod. Einsatz und Entwicklung deutscher Giftgase von 1914 bis 1945, Reinbek 1989, S. 16-60.

[12] V. Klemperer, Curriculum Vitae, Berlin 1996, Bd. 2, S. 347.

[13] Vgl. den konzisen Überblick bei S. Kaufmann, Technisiertes Militär. Methodische Überlegungen zu einem symbiotischen Verhältnis, in: Was ist Militärgeschichte?, hg. v. T. Kühne/B. Ziemann, Paderborn 2000, S. 195-209.

[14] K. Latzel, Die mißlungene Flucht vor dem Tod. Töten und Sterben vor und nach 1918, in: Kriegsende 1918. Ereignis – Wirkung – Nachwirkung, hg. v. J. Duppler/G. P. Groß, München 1999, S. 183-199.

[15] Ebd., S. 196 (Zitate); vgl. P. J. Leese, A Social and Cultural History of Shell Shock, with Particular Reference to the Experiences of British Soldiers During and after the Great War, Diss., Milton Keynes, 1989; B. Ulrich, Nerven und Krieg. Skizzierung einer Beziehung, in: Geschichte und Psychologie. Annäherungsversuche, hg. v. B. Loewenstein, Pfaffenweiler 1992, S. 163-192.

[16] B. I. Gudmundsson, Stormtroop Tactics: Innovation in the German Army 1914-1918, New York 1989.

[17] M. Geyer, Gewalt und Gewalterfahrung im 20. Jahrhundert – Der Erste Weltkrieg, in: Der Tod als Maschinist. Der industrialisierte Krieg 1914-1918, hg. v. R. Spilker/B. Ulrich, Bramsche 1998, S. 241-257, S. 247 ff.

[18] V. G. Liulevicius, War Land on the Eastern Front. Culture, National Identity, and German Occupation in World War I, Cambridge 2000; einige dokumentarische Hinweise in: Militarismus gegen Sowjetmacht 1917 bis 1919. Das Fiasko der ersten antisowjetischen Aggression des deutschen Imperialismus, Berlin 1967.

[19] J. G. Fuller, Troop Morale and Popular Culture in the British and Dominion Armies, 1914-1918, Oxford 1990, S. 58-71.

[20] D. Gill/G. Dallas, The Unknown Army. Mutinies in the British Army in World War I, London 1985.

[21] Les Fronts Invisibles. Nourrir – Fournir – Soigner, hg. v. G. Canini, Nancy 1984.

[22] D. Richert, Beste Gelegenheit zum Sterben. Meine Erlebnisse im Kriege 1914-1918, München 1989 (hg. v. B. Ulrich/A. Tramitz). Norbert Elias verdankte sein Überleben der – zutreffenden – Meinung seiner Familie, eine freiwillige Meldung zu einer Funkereinheit werde ihn vor gefährlichen Einsätzen in vorderster Front schützen; vgl. N. Elias., Über sich selbst, Frankfurt a. M. 1990, S. 32, 35.

[23] D. Cohen, The War come Home. Disabled Veterans in Britain and Germany, 1914-1939, Berkeley 2001.

[24] T. Ashworth, Trench Warfare 1914-1918. The Live and Let Live System, London 1980; Smith, Mutiny, S. 157-162.

[25] Vgl. für die Westfront C. Jahr, Gewöhnliche Soldaten. Desertion und Deserteure im deutschen und britischen Heer 1914-1918, Göttingen 1998; auch zur Ostfront und den Polen und Dänen, mit abweichenden Schätzungen der quantitativen Dimension: B. Ziemann, Fahnenflucht im deutschen Heer 1914-1918, in: Militärgeschichtliche Mitteilungen, 55 (1996), S. 93-130; bestätigend: B. Durrer, Auf der Flucht vor dem Kriegsdienst. Deserteure und Refraktäre in der Schweiz während des Ersten Weltkrieges, in: Zuflucht Schweiz. Der Umgang mit Asylproblemen im 19. und 20. Jahrhundert, hg. v. C. Goehrlke/W. G. Zimmermann, Zürich 1994, S.197-216, S. 198.

[26] M. Cornwall, Morale and Patriotism in the Austro-Hungarian Army, 1914-1918, in: State, Society and Mobilization in Europe during the First World War, hg. v. J. Horne, Cambridge 1997, S. 173-191; R. G. Plaschka u. a., Innere Front. Militärassistenz, Widerstand und Umsturz in der Donaumonarchie 1918, 2 Bde., München 1974.

[27] G. Procacci, Soldati e Prigioneri italiani nella grande guerra, Rom 1993. Zum Zusammenbruch der russischen Armee 1917 vgl. A. K. Wildman, The end of the Russian Imperial Army, 2 Bde., Princeton 1980, 2. Aufl. 1987.

[28] Vgl. Ferguson, Der falsche Krieg, S. 335-372.
[29] Ziemann, Front, S. 212 f.
[30] So die irrige These von Ferguson, Der falsche Krieg, S. 353, 370 f.
[31] Vgl. B. Ziemann, Enttäuschte Erwartung und kollektive Erschöpfung. Die deutschen Soldaten an der Westfront 1918 auf dem Weg zur Revolution, in: Kriegsende 1918, hg. v. Duppler/Groß, S. 165-182.
[32] Siehe dazu jeweils in den vergleichenden Passagen für 1914-1918: K. Latzel, Deutsche Soldaten – nationalsozialistischer Krieg? Kriegserlebnis-Kriegserfahrung 1939-1945, Paderborn 1998; ferner: A. Reimann, Der große Krieg der Sprachen. Untersuchungen zur historischen Semantik in Deutschland und England zur Zeit des Ersten Weltkrieges, Essen 2000.
[33] Vgl. Smith, Mutiny, S. 84 ff.
[34] B. Ulrich, Die Augenzeugen. Deutsche Feldpostbriefe in Kriegs- und Nachkriegszeit 1914-1933, Essen 1997.
[35] Vgl. auch im folgenden: A. Cochet, L'opinion et le moral des soldats en 1916 d'après les archives du contrôle postal, 2 Bde., Paris 1986; S. Audoin-Rouzeau, Men at War 1914-1918. National Sentiment and Trench Journalism in France during the First World War, Oxford 1992.
[36] Mit dem Terminus *Sprache* oder auch *Diskurs* will ich darauf hinweisen, daß die Möglichkeiten der Beschreibung des Krieges bei allen den *Sprechern* vielleicht wichtigen Besonderheiten eng begrenzt waren, und daß es wenig sinnvoll ist, danach zu fragen, was die *Sprecher* in ihren Briefen *nicht* gesagt haben.
[37] A. Becker, La guerre et la foi. De la mort à la mémoire (1914-1930), Paris 1994.
[38] B. Ziemann, Katholische Religiosität und die Bewältigung des Krieges. Soldaten und Militärseelsorger in der deutschen Armee 1914-1918, in: Volksreligiosität und Kriegserleben, hg. v. F. Boll, Münster 1997, S. 116-136.
[39] Smith, Mutiny; ders., War and Politics: The French Army Mutinies of 1917, in: War in History, 2 (1995), S. 180-201.
[40] Eine auch nur annähernd kohärente oder hegemoniale männliche Sprache existierte nicht. Das Geschlechterverhältnis war für die symbolische Ausdeutung des Raumes ›zwischen‹ Front und Heimat von sehr großer Bedeutung. Vgl. B. Ziemann, Geschlechterbeziehungen in deutschen Feldpostbriefen des Ersten Weltkrieges, in: Briefkulturen und ihr Geschlecht. Zur Geschichte der privaten Korrespondenz vom 16. Jahrhundert bis heute, hg. v. C. Hämmerle/E. Saurer, Wien 2002.
[41] Viele Beispiele für beide Formen in: Frontalltag im Ersten Weltkrieg, hg. v. B. Ulrich/B. Ziemann, 2. Aufl., Frankfurt a. M. 1995.
[42] Vgl. Ziemann, Front, S. 229-289; Cochet, Soldats, S. 450-472; A. Bazzanella, Die Stimme der Illiteraten. Volk und Krieg in Italien 1915-1918, in: Kriegserlebnis, hg. v. K. Vondung, Göttingen 1980, S. 334-351.
[43] Dies wäre der Argumentation von M. Eksteins, Tanz über Gräben. Die Geburt der Moderne und der Erste Weltkrieg, Reinbek 1990, zu entgegnen. Vgl. ähnlich War, Violence and the Modern Condition, hg. v. B. Hüppauf, Berlin/New York 1997.
[44] Vgl. N. Offenstadt, Les fusillés de la Grande Guerre et la mémoire collective (1914-1999), Paris 1999.
[45] Vgl. v. a. G. L. Mosse, Gefallen für das Vaterland. Nationales Heldentum und namenloses Sterben, Stuttgart 1993.
[46] Vgl. B. Ziemann, Das »Fronterlebnis« des Ersten Weltkrieges – eine sozialhistorische Zäsur? Deutungen und Wirkungen in Deutschland und Frankreich, in: Der Erste Weltkrieg und die europäische Nachkriegsordnung. Sozialer Wandel und Formveränderung der Politik, hg. v. H. Mommsen, Köln 2000, S. 43-82.

Literatur

A. Cochet, L'opinion et le moral des soldats en 1916 d'après les archives du contrôle postal., 2 Bde., Diss., Paris 1986.
B. Davis, Experience, Identity, and Memory: The Legacy of World War I, in: Journal of Modern History, 75 (2003), S. 111-131.
J. Horne/A. Kramer, German Atrocities, 1914. A History of Denial, New Haven/London 2001.
A. Lipp, Meinungslenkung im Krieg. Kriegserfahrungen deutscher Soldaten und ihre Deutung 1914-1918, Göttingen 2003.
A. Reimann, Der Große Krieg der Sprachen. Untersuchungen zur historischen Semantik in Deutschland und England zur Zeit des Ersten Weltkriegs, Essen 2000.
L. V. Smith, Between Mutiny and Obedience. The Case of the French Fifth Infantry Division during World War I, Princeton 1994.
B. Ulrich, Die Augenzeugen. Deutsche Feldpostbriefe in Kriegs- und Nachkriegszeit 1914-1933, Essen 1997.
A. K. Wildman, The End of the Russian Imperial Army, 2 Bde., Princeton 1980, 2. Aufl. 1987.
B. Ziemann, Front und Heimat. Ländliche Kriegserfahrungen im südlichen Bayern 1914-1923, Essen 1997.

Wissenschaftler

Jürgen von Ungern-Sternberg

Wenn der August 1914 mit Recht als Auftakt zu der »Urkatastrophe Europas« im 20. Jahrhundert gilt, dann ist dieser Begriff ganz wesentlich mit dem Zusammenbruch der Internationale der Künstler und Wissenschaftler verbunden, der damals beinahe von einem Tag zum nächsten eingetreten ist. Allen Beteiligten war schon im Moment des Kriegsausbruchs klar, daß sich hier eine Kluft auftat, die sich nicht so bald mehr schließen werde. Niemand hat das sogleich so deutlich geäußert wie der französische Philosoph Henri Bergson, der vor dem Krieg gute Beziehungen zu Deutschland gepflegt hatte. Nun aber erklärte er am 8. August als Präsident der Académie des Sciences Morales et Politiques:

»Der Kampf gegen Deutschland ist ein Kampf der Zivilisation gegen die Barbarei. Dies ist sicher ein allgemeines Empfinden, aber unsere Akademie hat gewiß eine besondere Autorität, um dies auszusprechen. Denn da ihre Arbeit zum großen Teil psychologischen, moralischen und gesellschaftlichen Fragen gewidmet ist, erfüllt sie eine einfache wissenschaftliche Pflicht, wenn sie feststellt, daß Deutschlands Brutalität und Zynismus, seine Verachtung für Gerechtigkeit und Wahrheit, eine Rückkehr zur Barbarei darstellt.«[1]

Daß Kriege publizistisch und intellektuell begleitet werden, ist an sich ein uraltes Phänomen. Zu tief verankert ist das menschliche Bedürfnis, »gerechte Kriege« zu führen und die eigene »gute Sache« auch von der Mitwelt anerkannt zu sehen. Auch die Universitäten hatten sich im 19. Jahrhundert an diesen Kampagnen beteiligt, während der Befreiungskriege gegen Napoleon – man denke an Fichtes *Reden an die deutsche Nation* – wie im deutsch-französischen Krieg 1870/71. Schon damals gab es offene Briefwechsel zwischen Gelehrten, zwischen David Friedrich Strauß und Ernest Renan wie zwischen Theodor Mommsen und Numa-Denis Fustel de Coulanges. Vor allem im Falle Mommsens dauerte es einige Zeit, bis man in Frankreich über seine heftigen Angriffe hinwegkam.

Gegen Ende des 19. Jahrhunderts aber hatten intellektuelle Kampagnen einen ganz neuen Umfang, ja eine neue Qualität erreicht. Maßstäbe setzte die Dreyfus-Affäre in Frankreich; beträchtlichen Umfang nahm aber auch in Deutschland um 1900 der Kampf gegen ein Zensurgesetz, die sogenannte Lex Heinze, an. Andererseits begannen auch staatliche Stellen, Wissenschaftler publizistisch in ihren Dienst zu nehmen. Bekannt wurden die »Flottenprofessoren«, die Alfred von Tirpitz als Staatssekretär des Reichsmarineamtes seit 1897 für seinen Flottenverein mobilisierte; ganz ähnlich ging aber Charles Masterman im Jahre 1911 vor, um den National Insurance Act in England zu propagieren. Wiederum mit Unterstützung des Reichsmarineamtes versammelte sich seit dem Frühjahr 1914 eine größere Zahl liberaler Gelehrter um die neue Zeitschrift *Das Größere Deutschland*. Die Einwirkungsmöglichkeiten der »neuen Mandarine« auf die öffentliche Meinung begann in einer Zeit, in der die Wissenschaft ständig neue Triumphe feierte, zunehmend bewußt zu werden. Und die Mehrzahl der Professoren in allen Ländern empfand sich durchaus als »staatstragende« Gruppe.

Seit etwa 1900 begann aber auch die Internationalisierung der Wissenschaften rapide Fortschritte zu machen. Bahnbrechend waren zunächst die Akademien, angefangen mit den deutschsprachigen von Berlin und Wien, aber auch die Akademien von London und Paris, die sich im Jahre 1899 zu einer Internationalen Assoziation zusammenschlossen und im Jahre 1901 in Paris erstmals zu einer Tagung zusammentraten. Verschiedene Motive waren dabei maßgebend: neben echtem Verständigungswillen etwa die bessere Finanzierung von wissenschaftlichen Gemeinschaftsunternehmen. So kam es beispielsweise zu einer Vereinbarung zwischen der Berliner und der Pariser Akademie über die Edition der griechischen Inschriften aus den französischen Grabungen in Delos und Delphi im Rahmen der in Berlin betreuten *Inscriptiones Graecae.*

Wichtig war aber auch die Konkurrenz zu den immer zahlreicheren internationalen Fachverbänden, die ihrerseits sich zu wissenschaftlichen und gesellschaftlichen Anlässen zu versammeln pflegten, vorzugsweise im Rahmen der Weltausstellungen. Durch die Gründung der *Internationalen Monatsschrift für Wissenschaft, Kunst und Technik* im Jahre 1907 durch den preußischen Ministerialdirektor Friedrich Althoff wurde die Zusammenarbeit gefördert. Der ständige Sekretär der Berliner Akademie, der Altphilologe Hermann Diels, hat sie mit einem Aufsatz *Die Einheitsbestrebungen der Wissenschaft* programmatisch eingeleitet. Gleichzeitig sollte etwa der seit 1905 bestehende deutsch-amerikanische Professorenaustausch die internationale Verständigung fördern.

In den ersten Augusttagen schlossen sich nun aber in allen kriegführenden Staaten die Reihen im Zeichen der »Union sacrée« oder des »Burgfriedens«. Von den soeben noch geschätzten Kollegen in den feindlichen Ländern wollte man nichts mehr wissen. Hermann Diels konnte in der nämlichen *Internationalen Monatsschrift* nur noch eine Katastrophe der internationalen Wissenschaft konstatieren.[2]

An den Akademien und Universitäten aller beteiligten Länder kam es zu patriotischen Kundgebungen. Die Öffentlichkeit erwartete von den Wissenschaftlern Auskünfte über die Kriegsursachen und -aussichten sowie allgemein Orientierungshilfe. Richtig erkannte der Philosoph Ernst Troeltsch in seiner am 1. Juli 1915 gehaltenen Rede *Der Kulturkrieg* die Folgen der allgemeinen Wehrpflicht und der sich ausdehnenden politischen Partizipation breiter Schichten für die Psychologie des modernen Krieges: »Derart demokratisierte Nationen führen Kriege nur als Volkskriege, nur mit allgemein einleuchtenden moralischen Gründen. Sie schaudern im ganzen überhaupt vor ihnen zurück, weil sie ein ganz ungeheures Schicksal für jedes Haus und für jeden Besitz bedeuten. Um so zwingender, einleuchtender und prinzipieller müssen die Kriegsgründe sein, wenn es nun doch zu den Waffen gehen soll.«[3]

Die Schriftstellerin und Frauenrechtlerin Agnes von Zahn-Harnack schildert den Stiftungstag der Berliner Universität (3. August): »Max Planck sprach, nach akademischer Sitte, zunächst über ein wissenschaftliches Thema; dann wandte er sich mit einem ganz sparsamen, aber um so tiefer ergreifenden Pathos dem zu, was alle Gemüter erfüllte. Das Deutschlandlied erklang; hell und jung tönten die Stimmen der Studenten, und mit ihnen vereinigten sich die Stimmen der Lehrer. Sie standen in ihren Talaren, durchgearbeitete, von geistigem Ringen geprägte Köpfe: Waldeyer, Kahl, Lasson, Gierke, Delbrück, Harnack und viele Andere; zu vorderst Ulrich von Wilamowitz' fein gemeißeltes Gesicht, über das, während er sang, die schweren Tränen rollten [...].«[4]

Deutsche Reden in schwerer Zeit wurden gehalten, die allein an der Berliner Universität rasch drei Bände füllten (1914/15). Hervorragende Gelehrte beteiligten sich daran. Außer den bereits Genannten etwa der Philosoph Alois Riehl, der das Andenken Fichtes beschwor, die Theologen Adolf Deißmann und Friedrich Delitzsch, ferner der große liberale Strafrechtler Franz von Liszt, der als Österreicher die schwierige Aufgabe übernommen hatte, das vom Reichskanzler Fürst Bülow im Jahre 1909 geprägte Schlagwort von der »Nibelungentreue« zwischen dem Deutschen Reich und Österreich-Ungarn gebührend zu erläutern.

Gegenüber dem französischen Vorwurf der Barbarei galt es aber vor allem eine »deutsche Kultur« zu begründen und zu verteidigen. Das war angesichts des Einmarsches in Belgien, dem harten Vorgehen gegen wirkliche und noch mehr gegen eingebildete »Franctireurs«, der Zerstörung der Bibliothek von Löwen und der Beschießung der Kathedrale von Reims nicht ganz einfach. Die deutschen Gelehrten waren stolz auf ihre wissenschaftlichen Leistungen, mit denen sie damals – keineswegs nur gemessen an der Zahl der Nobelpreise – eine internationale Spitzenposition einnahmen. Wie aber sollten sie gegenüber den universell geltenden Ideen der Aufklärung und der Französischen Revolution der Weltöffentlichkeit eine »deutsche Sendung« nahebringen, deren (erst sehr allmählich im Lauf der nächsten Jahre sich ausbildenden) »Ideen von 1914« nur das Gemeinschaftserlebnis der ersten Kriegstage widerspiegelten?

Geradezu resigniert faßte der deutsche Philosoph Georg Misch die Flut der alliierten Anschuldigungen schon in den ersten Kriegstagen zusammen: »›Die Hunnen stehen vor der Tür!‹, the Hun is at the gate: Kipling. ›Unsere Akademie, die sich der Ergründung psychologischer Fragen widmet, erfüllt eine einfache Pflicht, indem sie darauf hinweist, daß in der Brutalität und im Zynismus Deutschlands eine Rückkehr zur Barbarei liegt‹: Bergson. ›Der deutsche Militarismus muß wie ein giftiger Pilz, der ein halbes Jahrhundert lang seine Zeit zerstört hat, ausgerottet werden‹: Maeterlinck. ›Die Elite Deutschlands ist dem schlimmsten Despotismus dienstbar, demjenigen, der die Meisterwerke verstümmelt und den Menschengeist mordet‹: Romain Rolland. ›Der deutsche Name ist auf ewige Zeit verabscheuenswert geworden: Wer kann noch daran zweifeln, daß die Deutschen Barbaren sind?‹: Anatole France.«[5]

Misch fährt fort, daß in den Anfängen eines Krieges immer viel gelogen werde, aber: »Hier schreien Männer, die nicht in das dumpfe Getriebe der Alltagszwecke eingespannt sind, Männer, die das Ewige im Menschen wogen, Denker und Dichter! Wir wähnten uns mit ihnen verbunden im Willen zur Wahrheit und Menschheit; sie haben das Band zerschnitten.« Und kommt schließlich zu der ihn gewiß ehrenden, aber doch hilflosen Frage: »Muß das sein, daß der patriotische Affekt, wenn er aggressiv wird, in der Herabsetzung des Feindes ausbricht?«

Auch auf deutscher Seite kam es zu Haßausbrüchen. Nicht so sehr gegen Frankreich, für das man die Epitheta ornantia »tapfer« und »ritterlich« reservierte, gepaart freilich mit einem Gefühl der Herablassung gegenüber einem Land, in dem man einen »willenlosen Vasallen des barbarischen Rußlands und des selbstsüchtigen, kühl rechnenden Englands« erblickte.[6] Der deutsche Haß galt England als dem gefährlichsten Rivalen, dessen Überlegenheit zur See man insgeheim anerkennen mußte. Ihn beschwor Ernst Lissauers berühmter *Haßgesang auf England*, und von ihm getrieben entstand das Pamphlet des Nationalökonomen Werner Sombart *Händler und Helden. Patriotische Besinnungen* (München/Leipzig 1915), von dessen Maßlosigkeit sich freilich selbst damals deutsche Rezensenten distanzierten.

Demgegenüber war das Bemühen eines Romain Rolland, *Au-dessus de la mêlée* zu bleiben, leider ebenso vereinzelt wie die Stimme des deutsch-schweizerischen Romanisten Heinrich Morf, der am 29. Oktober 1914 seine Vorlesung an der Berliner Universität mit einer Rede *Civitas Dei* begann: »Wir leben im Krieg. Der furchtbare Kampf der Waffen ist auch ein Kampf der Geister. Wer könnte sich rühmen – wenn es anders ein Ruhm wäre –, in diesem Kampf seine völlige Ruhe zu bewahren! Auch die nicht direkt in den Krieg der Waffen verwickelt sind, die Neutralen, nehmen geistige, moralische Partei. Die Welt ist in zwei große feindliche Heerlager geteilt, getrennt, zerrissen. Dabei ist der größte Teil der romanischen Welt uns feindlich gesinnt. Die geistigen Brücken, die die Völker verbinden, scheinen abgebrochen und über den klaffenden Abgrund gehen erregte, böse Worte hin und her. In der Respublica litterarum, in Wissenschaft und Kunst, die alle Menschen sonst verbindet und Weltbürger einer *Civitas Dei* aus ihnen macht, tobt der Bürgerkrieg. Dieser Weltbürgerkrieg gehört nicht hierher. Sie haben sich hier mit mir zu einem Werke des Friedens zusammengetan [...].«[7]

Fataler noch als der Vorwurf der Barbarei wirkte der wohlmeinende Versuch englischer Stimmen, zwischen dem »deutschen Geist« und dem »deutschen Militarismus« zu trennen. Während des Krieges konnte das in Deutschland nur als Spaltungsversuch verstanden werden, der im Gegenzug zu einer übertriebenen Solidarisierung mit dem Militär führen mußte – wiederum natürlich mit einer abschreckenden Wirkung nach außen, wo man die Verteidigung des Militarismus als einen Verrat am Geistigen interpretierte.

Angesichts des tiefen Grabens zwischen den beiden kriegführenden Lagern waren die eigentlichen Adressaten der Kundgebungen neben der eigenen Öffentlichkeit, die es ständig zu motivieren galt, die neutralen Länder in Europa, vor allem auch die Vereinigten Staaten. Zahllose Privatbriefe an befreundete Gelehrte sollten von der Gerechtigkeit der eigenen Sache überzeugen. Dokumentationen folgten, wie *Die Wahrheit über den Krieg* (Berlin 1914) oder die große Sammlung von Otto Hintze, Friedrich Meinecke u. a. *Deutschland und der Weltkrieg* (Leipzig-Berlin 1915), in der in fünf Abteilungen behandelt wurden: *Deutschlands Stellung in der Welt – Deutschlands Bundesgenossen – Die Machtpolitik unserer Gegner – Vorgeschichte und Ausbruch des Weltkrieges – Der Geist des Krieges.*

Besonders geschickt agierten auf diesem Gebiet französische Gelehrte mit der Reihe *Études et documents sur la guerre* (Librairie Armand Colin). Der Soziologe Émile Durkheim erzielte mit seiner dort 1915 erschienenen Broschüre *L'Allemagne au-dessus de tout. La mentalité allemande et la guerre*, aufbauend auf einer einzigen Schrift, Heinrich von Treitschkes *Politik* (2. Aufl., Leipzig 1899-1900), ebenso eine durchschlagende Wirkung wie mit seiner zusammen mit Ernest Denis herausgegebenen Schrift *Qui a voulu la guerre? Les origines de la guerre d'après des documents diplomatiques* (1915). Später verfaßte er zusammen mit dem Historiker Ernest Lavisse *Lettres à tous les Français* (1916), in denen nüchtern und damit um so überzeugender anhand eines Vergleichs des Wirtschaftspotentials und der Bevölkerungszahlen die Siegeschancen der Entente gegenüber den Mittelmächten dargelegt wurden. Über die Librairie Payot in Lausanne als Schaltstelle der französischen Propaganda in der Schweiz fanden sie auch den Weg in die deutschsprachige Welt.

Dabei ist bemerkenswert, daß auf beiden Seiten vor allem in der ersten Phase gerade nicht die Chauvinisten von ganz rechts das Wort führten, sondern eher die Liberalen. Sie hatten freilich auch mehr zu kompensieren. Durkheim, Lavisse, Bergson u. a. waren seit 1910 im Streit um die »Nouvelle Sorbonne germanisée« heftig unter Druck geraten, die deutschen liberalen Gelehrten hatten sich immer wieder gegen Zensurbestrebungen zur Wehr gesetzt (Goethebund gegen die Lex Heinze).

Ungemein folgenschwer war es, daß man sehr bald auf das seit der Dreyfus-Affäre und dem Kampf gegen die Lex Heinze eingeführte Mittel der Manifeste mit großen Unterschriftenlisten zurückgriff. Den Anfang machte man im September 1914 nahezu gleichzeitig in England und Deutschland. Schon am 1. September gab es einen *Aufruf Bonner Historiker*. Am 18. September erschien in *The Times* die Erklärung von 53 Unterzeichnern *Britain's Destiny and Duty. Declaration by Authors. A Righteous War;* am 4. Oktober veröffentlichten 93 deutsche Gelehrte und Künstler den Aufruf *An die Kulturwelt!* Ihm folgte am 16. Oktober die von Wilamowitz verfaßte *Erklärung der Hochschullehrer des Deutschen Reiches* mit mehreren tausend Unterschriften; am 21. Oktober antworteten in *The Times* 120 englische Gelehrte *Reply to German Professors. Reasoned Statement by British Scholars. Origin and Conduct of the War* und erhielten eine *Antwort des Kulturbundes deutscher Gelehrter und Künstler*, die Hermann Sudermann zusammen mit dem Juristen Gerhard Anschütz redigiert hatte. Oxforder Gelehrte begründeten *Why we are at War. Great Britain's Case* und forderten damit wieder eine *Erklärung gegen die Oxforder Hochschulen* am 3. Dezember heraus. Wenig Gefolgschaft fand dagegen der Versuch des Mediziners Georg Friedrich Nicolai, einen zur Völkerverständigung mahnenden *Aufruf an die Europäer* zu initiieren. Außer Albert Einstein fanden sich in Berlin nur zwei Gelehrte, die bereit waren, den Aufruf zu unterzeichnen.

Gegenüber den Kämpfern in geschlossenen Formationen traten die Auseinandersetzungen Einzelner sehr zurück. Adolf von Harnacks *Rede zur Deutsch-Amerikanischen Sympathiekundgebung* am 11. August 1914 erfuhr eine Entgegnung durch englische Theologen; der Nationalökonom Lujo Brentano geriet in einen offenen Briefwechsel mit seinen französischen Kollegen Yves Guyot und David Bellet. In beiden Fällen zeigte sich, daß individuelle Stellungnahmen gar nicht möglich waren. Wenn etwas bei der Durchsicht der Reden und Broschüren zahlreicher hervorragender Geister auf allen Seiten bestürzt und deprimiert, dann ist es die absolute Gleichförmigkeit der Gedanken und Argumente in den allermeisten dieser Schriften.

Wie sich inzwischen herausgestellt hat, wurden viele dieser Kundgebungen von amtlichen Stellen organisiert und finanziert, etwa durch das War Propaganda Bureau im Wellington House oder durch das Nachrichtenbureau des Reichsmarineamtes, später die Zentralstelle für Auslandsdienst beim Auswärtigen Amt. Inhaltlich brauchten diese Stellen aber gar nicht einzuwirken, alle dachten und schrieben ohnehin dasselbe.

Von all den Manifesten ist eines nachhaltig in Erinnerung geblieben, der Aufruf *An die Kulturwelt!* mit seinem provozierenden sechsmaligen »Es ist nicht wahr«, das den ausländischen Vorwürfen entgegengestellt wurde. Von ehrlicher Entrüstung getrieben, schufen seine Verfasser damit ein Symbol deutscher Gelehrtenarroganz, das vor allem in Frankreich erbittert, aber auch begierig aufgegriffen wurde. Einem Manifest der französischen Universitäten vom 3. November 1914 und feierlichen Erklärungen der verschiedenen Abteilungen der Pariser Akademie noch im Herbst 1914 folgte im März 1915 *Un appel des intellectuels français*, den 100 Gelehrte und Künstler unterschrieben. Die Akademie verbannte ihre korrespondierenden deutschen Mitglieder, soweit sie den Aufruf unterzeichnet hatten, aus ihren Reihen. Das assoziierte Mitglied Wilamowitz schloß der Präsident der Französischen Republik selbst mit Dekret vom 28. Mai 1915 aus der Akademie aus.[8] Zahlreiche französische Gelehrte – aber nicht alle! – verließen von sich aus die deutschen Gelehrten Gesellschaften. Dagegen sahen die deutschen Akademien beim Leipziger Kartelltag am 21. Mai 1915, ebenso die Berliner Akademie an ihrer Sitzung am 22. Juli nach heftigen Diskussionen von entsprechenden Maßnahmen für die Dauer des Krieges ab; auch die englischen wissenschaftlichen Vereinigungen, wie die Society for the Promotion of Hellenic Studies oder die Royal Geographical Society, hielten sich zurück. Der Bruch war jedoch unheilbar.

Im übrigen waren die Themen der Auseinandersetzung in den einzelnen Ländern durchaus verschieden. In England konzentrierte man sich, solange die allgemeine Wehrpflicht noch nicht eingeführt war, auf die Mobilisierung der Freiwilligen und dementsprechend auf die Verletzung der belgischen Neutralität und die deutschen Greueltaten. Dissidenten, wie der Philosoph Bertrand Russell, der seine Stelle als Dozent am Trinity College in Cambridge einbüßte, waren eher selten und sie hatten einen schweren Stand.

In Deutschland diskutierte man, ausgehend von der Frage nach dem Sinn des Krieges, bald Fragen der Kriegführung und der Kriegsziele, schließlich auch der inneren Reformen, vor allem des Dreiklassenwahlrechts in Preußen. Da die Debatte unter den Bedingungen der Kriegszensur in der Öffentlichkeit, insbesondere in den Zeitungen, kaum stattfinden konnte, erlangten die deutschen Gelehrten als Quasi-Öffentlichkeit einen ganz unverhältnismäßigen Einfluß. Im Jahre 1915 stand die »Seeberg-Adresse« mit ihren weitreichenden Annexionsforderungen in Belgien und Nordfrankreich, aber insbesondere im Osten, unterzeichnet von 1.347 Persönlichkeiten, u. a. von 352 Hochschullehrern, der gemäßigten Gegeneingabe von Hans Delbrück und Theodor Wolff, die freilich nur 141 Unterschriften (etwa die Hälfte stammte von Hochschullehrern) aufweisen konnte, entgegen. Aber auch die Propagierung des unbeschränkten U-Boot-Krieges fand u. a. in dem Althistoriker Eduard Meyer einen tatkräftigen Protagonisten. Später sammelten sich die radikalen Verfechter deutscher Großmachtpolitik in der Deutschen Vaterlandspartei, während sich die weniger zahlreichen gemäßigten Gelehrten im Volksbund für Freiheit und Vaterland zusammenfanden. Eine wichtige Rolle spielten die Kriegsvorträge, die prominente Professoren hinter den Fronten und in den besetzten Gebieten hielten, in Belgien ebenso wie noch im Frühjahr 1918 in den eben gewonnenen baltischen Provinzen, wo man in Dorpat die alte deutschsprachige Universität wiedereröffnen zu können hoffte. Ein bemerkenswertes Beispiel der Korrespondenz eines etablierten Berliner Gelehrten mit einem jungen Wissenschaftler an der Front, ist der Briefwechsel zwischen den Althistorikern Eduard Meyer und Victor Ehrenberg.[9]

In Frankreich war die Front nach außen sehr viel geschlossener und die Teilnahme an der politischen Diskussion nicht so erheblich. Propagandistische Bemühungen, z. B. des Althistorikers Camille Jullian, galten der keltisch-französischen, nicht etwa germanischen Identität des Elsaß. Dem Problem der Rheingrenze widmete sich seit 1917 eine ministerielle Arbeitsgruppe unter dem Vorsitz von Ernest Lavisse, unter Mitarbeit der Historiker Aulard, Seignobos, Jullian u. a. »Der Kampf um den Rhein« wurde dann zwischen deutschen und französischen Historikern bis lange nach dem Weltkrieg ausgetragen.

Bemerkenswert waren aber die inneren Frontstellungen. War schon lange vor dem Krieg eine lebhafte Debatte um den deutschen Einfluß im wissenschaftlichen Leben unter dem Signet der »Nouvelle Sorbonne« geführt worden, so sah nun die reaktionäre Rechte, katholische Klerikale wie Action Française, eine Gelegenheit gekommen, in dem deutschen Philosophen Immanuel Kant, den »Hausphilosophen« der Dritten Republik, für die Verirrungen des deutschen Geistes verantwortlich zu machen. Es entspann sich eine Diskussion, in der sich die Verteidiger Kants – zwar nicht besonders tiefgehend – genötigt sahen, Kants Konzeption ihrerseits von den Ideen der Französischen Revolution herzuleiten. Generell war die These weit verbreitet, daß die deutsche Wissenschaft ihre führende Stellung vor dem Krieg keineswegs ihrer Originalität, sondern lediglich ihrer guten Organisation zu verdanken hätte. Eine weitere Folge der Abgrenzung vom deutschen Denken und von deutscher Wissenschaft war die Rückbesinnung auf das klassische Erbe, das der Antike wie das der eigenen Klassik des 17. Jahrhunderts. Sie führte direkt zum Klassizismus in Kunst und Musik unmittelbar nach dem Ersten Weltkrieg, kurzfristig sogar zu einem Monopol des humanistischen Gymnasiums mit den Sprachen Latein und Griechisch.

Erst als die Waffen wieder schwiegen, wurden freilich die verheerenden Folgen des »Krieges der Geister«[10] in ihrem vollen Umfang sichtbar. Nicht nur der französische Ministerpräsident Georges Clemenceau prangerte in seiner Rede vor dem Senat im Oktober 1919 das »Manifest der 93« an. Es diente bereits am 3. Februar 1919 der geisteswissenschaftlichen Klasse der belgischen Akademie zur Begründung für den Ausschluß aller Mitglieder aus dem Deutschen Reich und den mit diesem im Krieg verbündeten Staaten. Generell fanden sich unter der Führung der Akademien und Fachvereinigungen der Entente die wissenschaftlichen Vereinigungen in einem neuen Internationalen Forschungsrat zusammen, von dem die entsprechenden Gremien der Mittelmächte explizit ausgeschlossen wurden. Der Boykott der Akademien dauerte von 1918 bis 1928, zum Eintritt in die Union Académique Internationale wurden die Akademien Österreichs und Deutschland aber erst im Jahre 1935 aufgefordert. Der Boykott der Fachverbände dauerte etwa gleich lange. Bei den Historikern war der Belgier Henri Pirenne (vor dem Weltkrieg in guten Beziehungen mit deutschen Gelehrten, u. a. mit dem Leipziger Historiker Karl Lamprecht), während des Krieges nach Deutschland zum Arbeitseinsatz deportiert, lange Zeit ein unversöhnlicher Gegner, bis es Mitte der 1920er Jahre allmählich wieder zu einer Annäherung kam. Bei den Mathematikern entschloß man sich erst im August 1928, die Deutschen zum Internationalen Kongreß in Bologna wieder zuzulassen. Dann freilich kam es zu dem alle Teilnehmer bewegenden Einzug des deutschen Mathematikers David Hilbert.[11]

Zwar gab es frühzeitig auch einige versöhnliche Signale, wie etwa im Oktober 1920 ein Manifest von Gelehrten aus Oxford, das sich für die Wiederbelebung der wissenschaftlichen Kontakte aussprach. Im Grunde jedoch ist die Internationale der Wissenschaft zwischen den beiden Weltkriegen nie wieder richtig zum Leben erwacht; so einfach ließen sich die abgerissenen Fäden nicht wieder zusammenknüpfen.

---

1 »La lutte engagée contre l'Allemagne est la lutte même de la civilisation contre la barbarie. Tout le monde le sent, mais notre Académie a peut-être une autorité particulière pour le dire. Vouée en grande partie à l'étude des questions psychologiques, morales et sociales, elle accomplit un simple devoir scientifique en signalant dans la brutalité et le cynisme de l'Allemagne, dans son mépris de toute justice et de toute vérité, une régression à l'état sauvage.« (H. Bergson, Mélanges, Paris 1972, S. 1102).

2 Internationale Monatsschrift, 9 (1914/15), S. 127-134.

3 E. Troeltsch, Der Kulturkrieg, in: Deutsche Reden in schwerer Zeit, Bd. 3, Berlin 1915, S. 218.

4 A. von Zahn-Harnack, Adolf von Harnack, Berlin 1936, S. 443.

5 G. Misch, Vom Geist des Krieges und des deutschen Volkes Barbarei, (Tat-Flugschriften, Heft 1), Jena 1914, S. 6.

6 E. Meyer, Die Einwirkungen des Weltkrieges auf die Kultur und die Kulturaufgaben der deutschen Zukunft, in: Weltgeschichte und Weltkrieg, Stuttgart/Berlin 1916, S. 25.

7 Immerhin ist diese Rede in vollem Wortlaut in der Internationalen Monatsschrift, 9 (1915), S. 487-494, abgedruckt worden.

8 Dazu U. von Wilamowitz-Moellendorff, Erinnerungen 1848-1914, 2. Aufl., Leipzig 1929, S. 316: »Die Streichung durch die Pariser habe ich damit beantwortet, daß auf den Diplomen meines Rektorats steht: *plerarumque in hoc orbe academiarum socius, e Parisina honoris causa eiectus.*«

9 Eduard Meyer – Victor Ehrenberg. Ein Briefwechsel 1914-1930, hg. v. G. Audring u. a., Berlin/Stuttgart 1990.

10 Der Krieg der Geister. Eine Auslese deutscher und ausländischer Stimmen zum Weltkriege 1914, hg. v. H. Kellermann, Weimar 1915, ist die früheste und zugleich umfassendste Dokumentation des politischen Engagements der Wissenschaftler im Ersten Weltkrieg.

11 C. Reid, Hilbert, Heidelberg/Berlin 1970, S. 188 f. Dabei wußten die Teilnehmer gewiß nicht, daß Hilbert der einzige deutsche Gelehrte war, dessen Ablehnung der Unterschrift unter den »Aufruf der 93« völlig gesichert ist (S. 137 f.).

Literatur

K. Flasch, Die geistige Mobilmachung. Die deutschen Intellektuellen und der Erste Weltkrieg. Ein Versuch, Berlin 2000.

K. Hampe, Kriegstagebuch 1914-1919, hg. v. F. Reichert und E. Wolgast, München 2004.

M. Hanna, The Mobilization of Intellect. French Scholars and Writers during the Great War, Cambridge, Mass. 1996.

Kultur und Krieg. Die Rolle der Intellektuellen, Künstler und Schriftsteller im Ersten Weltkrieg, hg. v. W. J. Mommsen, München 1996.

C. Prochasson/A. Rasmussen, Au nom de la patrie. Les intellectuels et la première guerre mondiale (1910-1919), Paris 1996.

B. Schröder-Gudehus, Deutsche Wissenschaft und Internationale Zusammenarbeit 1914-1928. Ein Beitrag zum Studium kultureller Beziehungen in politischen Krisenzeiten, Genf 1966.

M. L. Sanders/P. M. Taylor, Britische Propaganda im Ersten Weltkrieg 1914-1918, Berlin 1990.

K. Schwabe, Wissenschaft und Kriegsmoral. Die deutschen Hochschullehrer und die politischen Grundfragen des Ersten Weltkrieges, Göttingen 1969.
J. von Ungern-Sternberg/W. von Ungern-Sternberg, Der Aufruf ›An die Kulturwelt!‹. Das Manifest der 93 und die Anfänge der Kriegspropaganda im Ersten Weltkrieg, Stuttgart 1996.
S. Wallace, War and the Image of Germany. British Academics 1914-1918, Edinburgh 1988.

Kriegsliteratur

BERND HÜPPAUF

Der Erste Weltkrieg gehört zu jenen historischen Ereignissen, die sich im Abstand der Zeit nicht in die Erinnerung einpassen und damit verblassen, sondern sich verändern und dabei neue Bedeutungen annehmen. Seine Bedeutungen gewann der Krieg nicht nur auf den Schlachtfeldern, sondern vor allem in Literatur, Kunst, Film, philosophischen Reflexionen und öffentlichen Riten. Die kollektive Erinnerung verwandelte den Krieg dabei zum Gründungsmythos einer Epoche.

Literatur, Kunst und die neuen Medien wurden von diesem Krieg grundlegend erfaßt und verändert, aber zugleich prägten sie die Erinnerung an diesen Krieg auf ganz neue Weise. Die Beziehung zwischen Literatur, Kunst und modernem Krieg ist konstitutiv. Die Interpretation von Kriegsliteratur muß von dieser inneren Beziehung ausgehen und verfehlt ihre Frage, sobald sie Krieg als ein bloßes Motiv oder einen Gegenstand von Literatur und Kunst auffaßt. Das enge Verhältnis von Kreativität und dem Unbewußten, das der vom Krieg beeinflußte Surrealismus betonte, legt eine Beziehung zwischen dem Krieg als einer Manifestation des gesellschaftlichen Unbewußten und der Kreativität in Literatur und Kunst nahe. Symptomatisch ist der Zusammenhang von Krieg und Film, den der Surrealismus als das Medium interpretierte, das dem Unbewußten besonders nahe verwandt sei.

Kriegsliteratur steht im Spannungsverhältnis zwischen Geschichte und der imaginären Welt der Literatur. Ihr Bild vom Krieg ist häufig an den Wahrheitsstandards der Geschichtsschreibung gemessen und bewertet worden. Es sind jedoch unhaltbare Erwartungen, die in literarischen Werken nach realistischen oder richtigen, also dokumentarisch belegbaren, Bildern vom Krieg suchen. Diese Suche nach Geschichte muß notwendig scheitern und wird stets auf das Imaginäre stoßen, um es als Zeichen von willkürlicher Erfindung oder irrationaler Realitätsverweigerung, die als Mängel des Kunstwerks erscheinen, abzuwehren. Diese Erwartung läßt das literarische Werk zur Illustration von historischen Thesen verkümmern. Die Kriegsliteratur ist jedoch nicht als eine andere Form der Geschichtsschreibung mit einem erweiterten Anteil an Imagination zu verstehen. Für die Frage nach der Authentizität des Kriegsbildes in der Literatur war die Frage nach dem Subjekt (des Erlebens und des Schreibens) sowie nach der angemessenen Sprache von Anfang an konstitutiv.

Insofern sich in diesem Krieg das Unbewußte moderner Gesellschaften manifestierte, wie Freud in seinen Essays über den Krieg vermutet, konnten sich Literatur und Kunst nicht die Aufgabe stellen, seine »rauhe Wirklichkeit« in den Rahmen eines objektivierenden Geschichtsbildes einzufügen. Nur für einen kleinen Teil der Literatur ist der Krieg ein zu korrigierender kollektiver Irrtum, ein bloßer Atavismus, der durch Rationalisierung zum Verschwinden gebracht werden könne. Entgegen den Forderungen gesellschaftlicher Rationalisierung entwickelte die Kriegsliteratur vielmehr eine Mythologie, die einer inneren Notwendigkeit und eigenen Logik folgte und Bilder vom Krieg als Teil der Moderne entwarf. Die Literatur des Ersten Weltkriegs trug zum Entstehen einer Mythologie bei, für die geschichtliche Fakten zum Material werden, aus dem eine imaginierte Welt nach eigenen Regeln konstruiert wird. Diese Regeln sind unter Berücksichtigung der Wünsche und Bedürfnisse der auf den Krieg folgenden Zeiten zu verstehen. Die Kriegsliteratur diente den Bedürfnissen nach individueller und kollektiver Erinnerung. In ihr sollte die Erschütterung durch die Gewalt des Krieges nicht in der systematischen Methodik einer akademischen Disziplin verschwinden, sondern als existentielle Grenzsituation (Karl Jaspers hatte in der Nachkriegszeit diesen Begriff geprägt) aufbewahrt werden, so daß sie in gegenwärtigen politischen, moralischen und ästhetischen Kontroversen wirken konnte.

Ein Indikator ist der mentale Abstand, der die Zeit nach 1918 plötzlich von der Vorkriegszeit trennte. Der Blick zurück gleicht dem Blick Noahs nach der Sintflut: Eine neue Welt war entstanden.[1] Dies subjektivistische Verhältnis zur meßbaren Zeit war die Voraussetzung dafür, daß der imaginierte Krieg weit über die Ereignisse der vier Jahre hinauswuchs.

In diesen Jahren begann in der Literatur ein Prozeß der Konstruktion eines Kriegsmythos, der sich aus der Konkurrenz zum Wahrheitsanspruch der Geschichtsschreibung entfaltete und den Krieg auf je eigene und an spezifisch nationale, künstlerische und kulturelle Traditionen gebundene Weisen erinnerte. Kämpfen, töten und sterben, Schlachten und Schlachtfelder wurden auf eine Weise erzählt, daß das eigene Geschick mit dem nationalen Schicksal verknüpft oder aber der Gedanke eines Schicksals ganz und gar negiert und durch einen emphatischen Begriff individueller und nationaler Verantwortung ersetzt werden konnte. Nicht nach einer Dokumentation des geschichtlichen Ereignisses, sondern nach der Erinnerung an den erlebten Krieg als einem Eingriff in die Lebenswelt und die Mentalitäts- oder Geistesgeschichte Europas strebte die Literatur. An dieser Veränderung im Verhältnis zur Vergangenheit nahmen alle nationalen Literaturen Europas Anteil. Hier liegt ein Unterschied im Verhältnis zum Krieg während seiner Anfangsphase. Sie war vom Wunsch nach authentischer Dokumentation beherrscht. Zahllose Tagebücher wurden im Sommer 1914 begonnen, oft mit Zeitungsausschnitten, Postkarten, Fotos und anderen »Funden« aus der objektiven Wirklichkeit des Krieges durchsetzt. Fotos wurden gesammelt und zu Alben zusammengestellt oder Briefsammlungen angelegt, um die Wirklichkeit des Krieges auf immer dokumentarisch festzuhalten. Peter Rosegger publizierte einen Aufruf, Tagebücher zu führen, um den Krieg »genau« und »wahr« zu dokumentieren, und so die Erlebnisse unmittelbar und ohne dazwischentretende Zeit unverfälscht festzuhalten, so daß später »den fernen Enkeln« die Wahrheit des Kriegs zugänglich werde.[2]

In dem Maß, wie der Sinn dieses Kriegs verlorenging, schwand auch das Bedürfnis, ihn »richtig« festzuhalten. Nicht der Wunsch nach Erinnerung, sondern, im Gegenteil, das Bedürfnis zu vergessen stand am Ende dieses Wandels. Es wurde zu einem Topos der Kriegsliteratur, besonders ausgeprägt in der englischen Kriegslyrik, daß die traumatischen Erlebnisse des Kriegs über den Abstand von Zeit und Raum weiterwirken und, wie Freud in seiner Kriegsanalyse herausfand, trotz ihrer Schmerzhaftigkeit beständig nach Wiederholung drängten. Der englische Schriftsteller Siegfried Sassoon schreibt in einem Gedicht (*Repression of War Experience*) darüber, wie er beim Anblick einfacher Gegenstände oder Tätigkeiten des Alltags von Bildern des Schreckens der Schlachtfelder heimgesucht werde. Ein Gedicht Edmund Blundens (*1916 seen from 1921*) beginnt mit der Klage: »Von dumpfer Trauer erschöpft, vor der Zeit gealtert, sitze ich in Einsamkeit«. Im Sommer, friedlich und still daheim, hört er Geschütze. Sie hören nie auf. Er fürchtet irre zu werden wegen der Geschütze.[3] Robert Graves Kriegsbuch sprach von derselben Erfahrung und sein Titel, *Good-Bye to All That* (1929), entsprang einem Wunschdenken. Der Wunsch richtete sich nun darauf, die Erinnerung auszulöschen und die seelische Wunde zu schließen.[4] Schreiben wurde für einige Autoren zum Akt des Exorzismus; sie versuchten, den Krieg aus dem Gedächtnis auszutreiben, um sich von einem Alb, zu dessen Entstehen sie selbst beigetragen hatten, zu befreien. Im Spannungsfeld dieser Positionen zwischen dem Bedürfnis nach Erinnerung und dem Kampf um das Vergessen entwickelte sich eine den Krieg in Mythos verwandelnde Literatur.

Zum entscheidenden Problem der Kriegsliteratur wurden Fragen der Authentizität, und in ihrem Zentrum stand die Frage nach der Sprache. In welcher Sprache konnte die neue Welt des technologisierten Krieges und des abstrakten Schlachtfeldes, das keinen Raum für Identifikationen öffnete, erinnert werden, ohne sich durch die Sprache selbst an den Krieg auszuliefern? In einem Rückblick aus dem Abstand von zehn Jahren zog Ernest Hemingway Bilanz. In seinem Roman *A Farewell to Arms* (1929) läßt er den Erzähler Frederick Henry in einer kurzen Reflexion die zentrale Frage stellen: Ist ein authentisches Bild vom Krieg überhaupt möglich?[5] Die bedeutenden, großen Wörter wie »heilig«, »Ehre«, »Opfer« seien zu Lügen geworden, und die Toten auf dem Schlachtfeld bedeuteten nichts, waren nichts als verfaulendes Fleisch. Aus der Einsicht in die korrumpierte Sprache, der man nicht mehr vertrauen könne, stelle sich die Frage nach einer Sprache, die nicht die Lügen der Kriegsideologie befördert. Sie müsse auf das äußerst Konkrete, auf Ortsnamen, Zahlen und Daten, reduziert werden. Wenn die Wörter mit großer Bedeutung nun obszön erschienen, sollten sie durch die Namen von Ortschaften, Nummern von Straßen oder Regimentern, Flußnamen usw., die gegen eine Ideologisierung resistent seien, ersetzt werden. Aber läßt sich Krieg in einer solchen Sprache der schlichten und isolierten Wörter darstellen? Eine Ästhetik des Konkreten, Einfachen und der kunstlosen Beschreibung war gefordert.

Das Bedürfnis, den Lügen der Wörter zu entkommen und eine Sprache der Authentizität zu finden, ließ aus dem Rückblick auf den Krieg eine Ästhetik erforderlich erscheinen, die die Literatur davor bewahrte, eine durch den Krieg irreparabel beschädigte Welt zu beschönigen und den zerstörten Sinn unfreiwillig wieder zu restituieren. Das Problem der Authentizität hatte sich für die Kriegsliteratur jedoch von Anfang an gestellt. Aus ihrer frühen Phase stammt bereits die Forderung nach »Kunstlosigkeit« der Darstellung von »Erlebnissen«. Einfache Beschreibung galt als das Zeichen des Echten. Der Krieg sollte das Künstliche der Gegenwart beenden und zum Wesentlichen des Lebens zurückführen. Zur Darstellung des Wesentlichen war, so lautete der Tenor der Debatte, eine neue Sprache notwendig, die in die Zeit vor der Korruption der Wörter durch die Falschheit und Künstlichkeit der Zivilisation zurückführte. Diesen Forderungen entsprach eine Wertsteigerung der anspruchslosesten Gattungen Briefe, Tagebücher und Kriegsberichte. Ihre Schlichtheit ohne literaturgeschichtliche Bedeutung schien zu garantieren, daß das Echte des Erlebnisses nicht durch Rhetorik oder Reflexion verstellt werde.

In dieser Ästhetik von Kriegsliteratur wirkt ein Wahrheitsbegriff, der das Wort in eine direkte Korrespondenz zum Bezeichneten stellt, und da es ihr um die Authentizität subjektiver Erlebnisse geht, ist die Zeugenschaft, die Anwesenheit des Subjekts im Bezeichneten unabdingbar erforderlich. So legte eine weitere Bedingung fest, daß nur die Darstellung eigener Erlebnisse den Anspruch auf Authentizität stellen könne. Autoren von Kriegsbüchern mußten nicht nur die Front aus eigener Anschauung kennen, sondern mußten gekämpft haben und zwar in den Schlachten, die sie schilderten. Die Autoren dieser Kriegsliteratur waren mit den Kämpfenden im Krieg identisch; und diese Identität wurde zum erstenmal in der Geschichte der Kriegsliteratur zum ausschlaggebenden Kriterium für die literarische Wahrheit erhoben. Der Nachweis, ein Roman stelle dar, was der Autor nicht selbst erlebt hatte, kam einem literarischen Todesurteil gleich. So wurde immer wieder der Nachweis zu erbringen versucht, Remarque habe gar nicht selbst erlebt, was er schildere. Für seine Gegner wäre der Roman durch diesen Nachweis ohne Wert, da er »die Wahrheit des Erlebten« (R. G. Binding) entbehrte.[6] Die Sprache in Remarques Roman *Im Westen nichts Neues* steht dem Ideal des schmucklosen Berichts näher als die expressionistischer oder anderer avantgardistischer Werke. Darin könnte der Grund zu suchen sein, warum sich ein heftiger Streit über die Frage der Authentizität des Literarischen gerade an Remarques Roman entzündete.

Den Hintergrund dieses Streits bildete der unüberbrückbare Gegensatz zwischen einer affirmativen und am Ideal der Dokumentation orientierten Literatur von Kriegsteilnehmern ohne literarische Ambition und, anderseits, Expressionismus und Avantgarden, die das Thema Krieg ihren neuen Ästhetiken unterstellten und nach literarischer Innovation strebten. Seit Kriegsende erschienen zahlreiche Offiziersmemoiren, Bücherserien über Schlachten und einzelne Phasen des Krieges sowie Regimentsgeschichten. Sie bildeten eine besondere »Klasse« der Kriegsliteratur, zwischen Geschichtsschreibung und Fiktion schwankend, aber dem Ideal des abbildenden Realismus verpflichtet. Probleme der Repräsentation von Kriegswirklichkeit durch die Sprache wurden nicht gestellt und blieben für die Wirkung dieser Werke ohne Bedeutung. Sie erreichten oft beachtliche Auflagen und führten zur Ausbildung eines eigenen Realismus-Standards in den Schilderungen und Berichten vom Krieg. Diese Literatur war politisch und ästhetisch affirmativ und entsprach in den parteipolitischen Gegensätzen der Zwischenkriegszeit den politisch motivierten Forderungen an die Literatur sowohl der nationalistischen Rechten als auch der Kommunisten und organisierten Linken. Diesen Normen wurde auch die fiktionale Literatur unterworfen. An Romane und Erzählungen wurden Forderungen nach Kohärenz, Kausalität und Plausibilität gestellt, so daß in den logischen Strukturen der literarischen Sprache die Wirklichkeit des Krieges als ein den Regeln von Logik und Rationalität folgendes Geschehen abgebildet werden könne. Die lautstarke Debatte um Remarques Roman war symptomatisch. Die Realisten von links und rechts gaben den Ton an und definierten ästhetische Kategorien als Funktion ihrer politischen und moralischen Positionen. Damit war ein nahtloser Anschluß an die politisch und militärisch motivierte Debatte über die Aufgaben der Literatur möglich, die bereits während des Kriegs begonnen hatte. Die Ästhetik der kunstlosen und wahren Berichte hatte offen Partei für die nationale Mobilisierung durch Literatur bezogen oder aber, unter den Augen der Zensurbehörden, gegen den Krieg zu mobilisieren gesucht. Remarques Roman konnte vor den Forderungen nach politischer Parteilichkeit nicht bestehen. Nationalisten und Bellizisten maßen das fiktionale Kriegsbild an der Wirklichkeit des Krieges, den für sie Offiziersmemoiren repräsentierten, und erklärten es zu einer Fälschung. Das Ideal des Dokumentarischen konnte auch mit der entgegengesetzten Intention verwendet werden. Auch vielen Kriegsgegnern war der Roman nicht genügend dokumentarisch und daher mißlungen. Dokumente zu zitieren und für sich selbst sprechen zu lassen, versprach eine aufklärende und abschreckende Wirkung auf die Leser. In seinem Roman *Heeresbericht* (1930) vertraut Edlef Köppen der abschreckenden Wirkung der Kriegswirklichkeit selbst und kombiniert Originaldokumente mit einer fiktiven Erzählung zu einem Text, der den Krieg widerspiegeln soll, und durch Realitätsnähe eine pazifistische Wirkung auf den Leser auszuüben sucht.

In unversöhnlichem Gegensatz zu der mimetisch-dokumentarischen Auffassung von Literatur als dem klaren Spiegel der Wirklichkeit stand die Ästhetik der Moderne, für die der Krieg ebenso bedeutend war, die aber zu einer Radikalisierung ihrer konstruktivistischen Position führte.[7] Im Gegensatz zu dem Begriff einer vom Subjekt verantworteten referentiellen Wahrheit entwickelte sich in der Literatur des Ersten Weltkrieges die Ästhetik einer nicht-mimetischen Literatur der sprachlichen Konstruktion einer autonomen literarischen Wirklichkeit (Guillaume Apollinaire, August Stramm). Probleme der Wahrnehmung und Repräsentation, der Sprache und Bildlichkeit sowie der Bedeutung des Unbewußten und Nicht-Rationalen für die Konstruktion imaginierter Welten standen im Zentrum dieser Ästhetik. Sie bestimmten ihren Umgang mit dem Krieg als Thema und Herausforderung der Kreativität in Theorie und ästhetischer Praxis.

Der Expressionismus hatte sich schon vor 1914 von der Konzeption von Literatur als Spiegel der Wirklichkeit verabschiedet. Die jede individuelle Erfahrung übersteigende und abstrakte Natur des modernen Schlachtfeldes stärkte die Theorie einer konstruktivistischen Literatur. So tauchen in den Gedichten August Stramms zwar gelegentlich einzelne Wörter aus dem Tagebuch des Weltkriegssoldaten auf, etwa »Erde«, »Brände«, »Rauch« oder »Wunde«, und Titel wie *Schlacht*, *Sturmangriff* oder *Schrapnell* wecken die Erwartung, die Beschreibung eines Dinges oder eines Ereignisses, etwa einer Schlacht, zu lesen. Die Erwartung wird vollkommen enttäuscht. Diese Gedichte verletzen jede Erwartung von Kohärenz oder Referentialität. Stramm erfindet neue Wörter und Wendungen, führt eine neue Grammatik ein und vermeidet die sinnstiftende Interpunktion. »Der Himmel tapft/Die Sterne schlacken/Zeit entgraust/Sture weltet blöden Raum« (*Granaten*). Die Wahrheit dieser Literatur ist nicht in ihrer Dokumentation zu suchen, sondern gerade in ihrer radikalen Trennung von der sichtbaren Oberfläche der Schlachtfelder, deren Wirklichkeit jede realistische Schilderung überstieg. Der Authentizitätsanspruch dieser Literatur liegt in ihren sprachlichen Konstruktionen. Bildet das stabile, identische Ich das Zentrum der dokumentierenden Kriegsliteratur, so löst es sich in diesen Gedichten auf. Es war auf dem Schlachtfeld verschwunden, pulverisiert, hatte sich im Gaskrieg die Seele aus dem Leib gehustet. Den Gaskrieg machte Johannes R. Becher zum Gegenstand seines experimentellen Romans *Levisite* (1926).

Seit dem Ersten Weltkrieg gilt Propaganda als der absolute Gegensatz zur Wahrheit. Dieser Krieg wurde nicht nur mit Waffen und Soldaten auf den Schlachtfeldern ausgetragen, sondern bezog wie kein Krieg zuvor die beteiligten Gesellschaften als Ganze ein und schuf die Propaganda. Auch in Wissenschaft und Forschung, in den Universitäten als Institutionen mit einem öffentlichen Auftrag sowie in Publizistik, Literatur und Kunst fand Krieg statt. In Deutschland entstand das viel bemühte Wort vom »Krieg der Geister«.[8] Neben literarischen Werken der konventionellen Gattungen zeugte eine Flut von Reden, Flugschriften, Manifesten, Denkschriften und Predigtsammlungen von der Kriegsbeteiligung der geistig Schaffenden.[9] Die Propaganda schuf weltweit ein Schlachtfeld der Bilder und Worte, auf dem stereotypisierte Feindbilder und affektive Parolen um Sympathien, Geld und Verbündete kämpften. In Deutschland bereisten ausgesuchte Schriftsteller mit makellos deutsch-nationaler Einstellung, etwa Ludwig Ganghofer, des Kaisers Lieblingsautor, oder Sven Hedin aus dem neutralen Schweden, auf Einladung der Heeresleitung die Front und veröffentlichten unter der Aufsicht konkurrierender Zensurbehörden ihre Eindrücke und Meinungen in der Form von literarischen Reiseberichten.[10]

Der »Krieg der Geister« blieb die Fortsetzung eines Intellektuellendiskurses, der sich im literarischen Leben des 19. Jahrhunderts entwickelt hatte und die Mittel von Literatur und Essayistik in den Dienst der Konstruktion einer nationalen Identität stellte. Er blieb »literarisch« und verfehlte den Anschluß an das neue Zeitalter der Massenmedien. Seine Mittel wirkten bereits auf die Zeitgenossen obsolet, und sie merkten bald, daß der Krieg auf diesem Schlachtfeld verloren war. Auch die literarische Ausbeute war kläglich; kaum ein Werk dieser umfangreichen Literatur hat die Zeit des Entstehens überlebt.

In der Neuzeit hatte es keinen Krieg gegeben, in dem Sprache und Medien auf vergleichbare Weise zu Waffen im Krieg gemacht worden waren. Es ist wünschenswert, die Unterscheidung zwischen Propaganda und Kriegsliteratur aufrecht zu erhalten. Die Grenze ist jedoch fließend, und man hat, nicht ohne Berechtigung, von einigen Werken der Anti-Kriegsliteratur als »Propaganda für den Frieden« gesprochen. Auch für die bildliche Repräsentation des Krieges in Malerei, Graphik und Fotografie gilt, daß die Grenzen zwischen Kunst, Mobilisierung der Geister und Propaganda schwer zu ziehen ist. Kriegsfotografen, aus deren Tagebüchern und Briefen ihre Antikriegshaltung hervorgeht, folgten in ihrer Fotografie oft Bildkonventionen und entsprachen den Erwartungen ihrer Auftraggeber und Kunden (Individuen, Zeitschriften oder Regierungsbehörden), so daß eine Apologie des Krieges aus ihren Bildern gelesen werden kann. Die Fotografie hatte Schwierigkeiten, eine Ästhetisierung der Schlachtfelder zu vermeiden, und einzelne Fotos konnten nach dem Krieg sowohl in kriegsbegeisterten wie in pazifistischen Publikationen erscheinen. Fotos hatten es besonders schwer, eine negative Bewertung des Krieges zum Ausdruck zu bringen und visuell von einer Verharmlosung oder offenen Kriegsbejahung zu unterscheiden; aber für Malerei und Literatur lassen sich ähnliche Beobachtungen machen, die Hemingway die Frage nach einer neuen Ästhetik hatten stellen lassen. Werke, die sich nicht zum Sprachrohr einer politischen Ideologie machen wollten, entgingen nur schwerlich dem Sog, den Krieg und Gewalt auf Beobachter ausüben. Denn vom modernen Schlachtfeld, von Flugzeugen, gewaltigen Geschützen, Panzern oder U-Booten, von der Choreographie der Massenheere, von Gewalt und Destruktion ging auch eine Faszination aus, die den Blick fesselte und Furcht und Grauen vor der gigantischen Kriegsmaschine verdrängte. Diese Faszination konnte leicht in Kriegsbejahung nach dem Muster der Propaganda abgleiten. Für die Ambivalenz in der Wahrnehmung der Kriegswelt ist bezeichnend, daß Remarques Roman *Im Westen nichts Neues* nicht nur als ein Antikriegs-Roman, sondern auch als das Heldenlied des einfachen Soldaten und als Hymne auf den letzten erhaltenen Wert, die Kameradschaft, den Zusammenhalt der kleinen Männergemeinschaft, gelesen werden konnte.

Trotz erheblicher Schwierigkeiten der Unterscheidung ist es notwendig, die Literatur der naiven Unmittelbarkeit sowie die des »Kriegs der Geister« und der Propaganda von der Literatur und Kunst zu unterscheiden, die sich (ohne einen Auftrag und bekannte Abnehmer) mit dem Problem auseinandersetzt, was Krieg eigentlich sei und, insbesondere, wie die Bedeutung dieses Krieges für die Geschichte der modernen Zivilisation und das kulturelle Selbstverständnis Europas zu denken sei. Fragen nach der Ästhetik, nämlich der durch den Krieg veränderten Wahrnehmung, des gehärteten oder des teilnahmslosen Blicks, und der literarischen Repräsentation dieser neuen Welt sind für die Werke Ernst Jüngers und Walter Benjamins gleichermaßen zentral.[11] Sie dürfen nicht, wie es gelegentlich geschieht, mit einer Ästhetisierung des Schrecklichen verwechselt werden.

Die Literatur hatte etwa seit der Jahrhundertwende den Krieg erträumt. In der Öffentlichkeit konkurrierten dabei zwei sich gegenseitig ausschließende Diskurse. Die ökonomischen und militärischen Verhältnisse und die Konstellation der Bündnissysteme führten zu der Vorhersage eines unausweichlichen militärischen Konflikts. Demgegenüber führten philosophische und soziologische Interpretationen der Moderne aus dem Geist des Fortschrittsdenkens zu der Überzeugung, Krieg gehöre in die Welt eines vormodernen Primitivismus und sei eine bloße Folge von Mangel an Rationalität. Die moderne Zivilisation habe ein Stadium der Rationalität und intensiven Interessenverflechtung erreicht, das den Ausbruch kriegerischer Irrationalität verhindere. Krieg sei abgeschafft. Gegen diese rationalistischen Theorien rebellierten die Emotionen. Literatur, Kunst und Dokumente des Alltagslebens (Briefe, Tagebücher) sprachen vom Überdruß an der Enge und rationalistischen Banalisierung des Lebens und vom Krieg als einem Ausweg aus der Stagnation und Sterilität der Gegenwart. In der Literatur entstanden Visionen eines kommenden Krieges, oft in Bildern der Apokalypse, gefürchtet und ebenso herbeigesehnt.[12] In der deutschen Literatur war dieser Aufstand gegen den Rationalismus der Moderne zu dem Zeitpunkt tiefer verankert als in der Literatur Frankreichs und Englands. Die Opposition zur Dekadenz und ein Haß auf die Enge und Ereignislosigkeit einer von moralischem Verfall gezeichneten Welt der Väter ließen in der bürgerlichen Jugend der Städte nach der Jahrhundertwende ein Lebensgefühl aufkommen, das sich nach Ausbruch und Aufbruch sehnte und einen Weg ins Freie, jenseits der eigenen aber als fremd und unauthentisch empfundenen Lebensverhältnisse suchte. Arnolt Bronnen wünschte das Ende herbei, denn, wie er meinte: »Eine Lebensform hatte sich verbraucht.«[13] In der deutschen Lyrik und Prosa wurde der Zusammenbruch der modernen Zivilisation auf vielfältige Weise imaginiert. Aus dem Expressionismus der Vorkriegsjahre sind zahlreiche Beispiele bekannt, in denen Krieg, Revolution und andere Formen der Gewalt als Ausbruch aus der verachteten Zivilisation phantasiert wurden. Tagebücher und Gedichte von Georg Heym, Franz Werfel, Wilhelm Klemm, Albert Ehrenstein, Jakob van Hoddis verbinden eine vitalisierende Kraft mit dem kommenden Krieg und sprechen von einer Hoffnung auf einen gewaltsamen Stoß ins Leben. Die leblosen Städte einer von totaler Erstarrung bedrohten Zivilisation werden in diesen Texten vom kommenden Krieg nicht nur zerstört, sondern das Trümmerfeld wird die auch als Ort des wiedererweckten Lebens gefeiert (Ernst Stadler, *Aufbruch*). Literatur übernahm die Rolle der Prophetie und sprach, oft in Wendungen einer theologischen Sprache, vom Jüngsten Tag als dem Ende und der Auferstehung nach dem Gericht. Die Avantgarden in Kunst und Literatur reflektierten den Wunsch nach Destruktion, die auch vor dem Krieg nicht zurückschreckte. Sie suchten in Theorie und ästhetischer Praxis nach Korrespondenzen zwischen der hochtechnisierten Moderne und den magisch-animistischen ›frühen‹ Stadien der Kultur. In Marinettis einflußreichen Manifesten des Futurismus ab 1909 wird eine anarchistische Zerstörung von Institutionen, etwa der Museen, und herkömmlichen Formen von Kunst gefordert und die Schönheit der Maschinen und des Krieges gepriesen.

Vom ersten Tag an war dies ein Krieg, in den sich die Emotionen sowie die Einbildungskraft in Literatur und Kunst nicht nur hineinziehen ließen, sondern den sie zu ihrer eigenen Aufgabe machten und aus dem Innersten betrieben. Die innere Beteiligung entsprang in den ersten Kriegsmonaten einer Identifikation und Begeisterung von unerhörter Intensität. In diese Begeisterung flossen sehr verschiedene Motive und heterogene Haltungen ein. Aus der sprunghaft ansteigenden Flut an patriotischen, nationalistischen und offen militaristischen Gedichten spricht zweifellos die oft beklagte Kriegshysterie.[14] Aber das Bedürfnis nach einer anderen Welt ist von kriegerischem Nationalismus zu unterscheiden. Das (oft geschmähte) Gemeinschaftserlebnis vom August 1914 darf nicht ohne weiteres als romantischer Eskapismus oder verblendete Kriegseuphorie interpretiert werden. In seinen Essays berichtet Robert Musil von der im »Augusterlebnis« wirksamen Hoffnung, daß sich ein lang gehegter Traum erfüllen könnte und die Fragmentierung der Gesellschaft, die Beziehungslosigkeit, Kälte und Anomie des Lebens, von den Soziologen und Theoretikern der Moderne analysiert, aufgehoben und eine neue Form des Zusammenlebens gefunden werden könnte.

Aus dem Milieu solch hoch gespannter Erwartungen der bürgerlichen Jugend stammt der kurze Roman von Walter Flex *Der Wanderer zwischen beiden Welten* (1916). Seine treibenden Motive sind eine ekstatische Steigerung des Daseins durch Krieg und die Tiefe einer Freundschaft, die über den Tod hinaus lebt. Der Text reflektiert die Euphorie der frühen Kriegszeit und wurde alsbald zu einem Kultbuch. Flex' früher Tod – er fiel im Oktober 1917 – bot sich zur Legendenbildung an und verstärkte seinen Einfluß auf die national gestimmte, idealistische Jugend und die Wandervogelbewegung der Nachkriegszeit. Seine Bedeutung für die Mythisierung des Weltkrieges kann kaum überschätzt werden. Auch die zahlreichen Briefsammlungen der frühen Kriegsjahre sind Zeugnis der intensiven Anteilnahme am Krieg.

Die einflußreichste, in vielen Auflagen immer wieder erneuerte und durch Veränderungen der Einleitung dem jeweiligen Zeitgeist angepaßte Sammlung *Kriegsbriefe gefallener Studenten*[15] erhob die Gattung Brief zu einer neuen literarischen Prominenz. Bereits in diesen frühen Briefen ist aber nicht nur von Begeisterung und Hoffnung auf eine »neue Welt«, sondern auch von einer Ernüchterung durch den Kriegsverlauf und, was bedeutender war, durch die starren Realitäten des Militärs, Arroganz von

Offizieren, Dummheit von einfachen Soldaten sowie von Generalen oder durch die Berichterstattung der Presse, zu lesen. Die großen Hoffnungen auf eine Erneuerung des Lebens und der Gesellschaft lösten sich zu der Zeit vom Kriegsbild und oft wurde die Hoffnung ausgesprochen, daß nach dem Krieg, nicht mehr durch den Krieg, alles anders werde. Der Krieg lehrte diese Studenten, die soziale Welt mit anderen Augen zu sehen. Ihre Einsicht in die Konflikte zwischen den Generationen und sozialen Schichten, von denen ihre Briefe sprechen, blieben aber allgemein und ohne politische Konkretheit.

Nach dem Ende des frühen Bewegungskrieges im Westen breitete sich noch vor dem Jahresende 1914 Enttäuschung aus, die zu einer wachsenden Distanz zum Krieg, zur Kriegspolitik und gegenüber dem Erleben der militärischen Operationen auf den Schlachtfeldern führte. Aus Tagebüchern, Briefen und einem neuen Ton in der Literatur spricht seit Beginn des Jahres 1915 eine veränderte Wahrnehmung des Krieges. Repräsentativ für die Stimmung der Desillusionierung und den Verlust an Orientierung ist Fritz von Unruhs *Opfergang*. Bereits 1916 als Auftragsarbeit verfaßt, konnte das schmale Buch erst nach Kriegsende erscheinen, da es nach Meinung der Militärzensur offensichtlich ein zu negatives Bild der Front entwarf. Der anhaltende Krieg führte zunehmend zur Resignation bei vielen aktiven Kriegsteilnehmern, aber auch zu Aktivismus und aggressiver Opposition gegen die bürgerliche Gesellschaft, die als ein destruktives System interpretiert wurde. Karl Kraus' monumentales Drama *Die letzten Tage der Menschheit* (1918/19) entsprang dem Impuls, aus der Sprache dieser Gesellschaft ihre Destruktivität offenzulegen. Kraus trug die »offizielle« Sprache der Kriegsberichterstattung, der Regierungsverlautbarungen, der Presse, der Offizierskonversationen oder Caféhausnachrichten zusammen und montierte aus diesem Material ein bestürzendes Bild der österreichischen Kriegsgesellschaft. Seine Wirkung bezieht dieser Text in hohem Maß aus der Unglaubwürdigkeit einer Sprache, die doch nicht die Erfindung des Autors ist, sondern von ihm nur gefunden und zitiert wurde. Diese Sprache zeigt, ohne Anklage oder Klage zu erheben, ein autoritäres und militaristisches Denken, das die Straßen des friedlichen Wiens in ein virtuelles Schlachtfeld verwandelt. Bittere Satire, so demonstriert Kraus, brauchte er nicht zu erfinden, da sie zur Normalität des Alltags gehörte und ihre Sprache lediglich notiert werden mußte, um die Perversität der vorgeblich vernünftigen Zeit aufzudecken.

Die Kriegsgedichte Georg Trakls oder August Stramms, die beide die Front aus eigener Erfahrung kannten und dort zu Tode kamen, sprechen von der Schwelle zwischen Faszination und Grauen. Von dieser Schwelle kann nicht mehr in der Sprache einer unbeschädigten Grammatik und Lexik gesprochen werden. Der Ursprung des Dadaismus läßt sich auf eine radikale Opposition und provokante Reaktion auf den Sinnverlust zurückführen. In Zürich sammelte sich eine Gruppe von Kriegsgegnern und initiierte eine literarisch-künstlerische Bewegung, die durch die Zersetzung von Sprache und literarischen Konventionen und in schockierenden Aufführungen im Cabaret Voltaire ihre Verachtung der bürgerlichen Gesellschaft demonstrierte. Ihre Sprachkritik verstand sie als die Kritik eines Denkens, das die mörderischen Perversionen einer Gesellschaft hervorbrachte, die im Krieg ihr wahres Gesicht enthüllte. Dada war der Versuch, eine elementare Kunst zu entwickeln, »die den Menschen vom Wahnsinn der Zeit heile« (Hans Arp).[16] Hier knüpfte später der Surrealismus an.

Die steigende Technisierung, die Massenschlachten und Berge von Leichen des Jahres 1916 führten zu einem weiteren Wandel der Einstellung zum Krieg, die sich, zwischen Schrecken und Faszination schwankend, auf ganz neue Weise wieder auf das Konkrete der Schlachtfelder richtete. Nicht allein die Resignation vor der Übermacht der Kriegsmaschine, sondern auch der Wunsch nach Distanz, die Beobachtung und Erkenntnis ermöglicht, prägte das nun abgekühlte Verhältnis der, wie es in späteren Reflexionen gelegentlich heißt, gealterten Soldaten.[17] In der Metaphorik der militärischen Sprache war die Rede von den in den Schlachten zur Schlacke verglühten Regimentern und Kompanien. Das für Ernst Jüngers Kriegsbild bezeichnende Wort »Materialschlacht« kam nun auf. Das Schlachtfeld erschien einigen Beobachtern wie eine Kraterlandschaft oder wie die Welt nach dem Ende der Welt, andere bewerteten es moralisch als Ort der Inhumanität und unbegrenzten Destruktion. Aber es wurde auch als der von Emotionen und Identifikationen gereinigte Raum der Moderne aufgefaßt, als eine zweite Natur, ohne Ethik oder Sinn und unverständlich, der die Gesetze vorgeschrieben werden müssen und die zugleich die Welt der Menschen überschreitet und sie beherrscht.

In der Literatur erscheint nun die geographische und mentale Topographie des Schlachtfeldes wie die visualisierte Idee der Moderne in einer Weise, die das räumlich und zeitlich Spezifische dieses Krieges ins Universale der Gegenwart transformiert. Die Literatur des »fortgeschrittenen« Krieges entwickelt die größtmögliche Ferne zur Emotionalisierung, zum Utopismus und dem Nationalismus der ersten Kriegswochen. Unter weitgehender Vernachlässigung des spezifischen »Gehalts« (Stacheldraht, Bombenkrater, Gas, Flammenwerfer oder Panzer) wurde das menschenleere und durch Technisierung abstrakt werdende Schlachtfeld dieses Krieges als Raum der instrumentalisierten Vernunft der Moderne interpretiert. Die Literatur dieser Kriegserfahrung ließ eine kühle Beobachtung empirischer Faktizität in eine Form von Metaphysik umkippen, und Walter Benjamin spekulierte, daß die Schlachtfelder dieses Kriegs die nie erwartete Realisierung der Philosophie des Idealismus geleistet hätten.

In der Weise, wie dieser Krieg nicht mit dem Einsetzen der militärischen Feindseligkeiten begann, kam er auch mit dem Waffenstillstand von 1918 nicht an sein Ende. Als die Soldaten die Schlachtfelder verließen, nahmen sie den Krieg in Köpfen und Körpern mit. Sie kehrten in Gesellschaften zurück, in denen Heimatfronten entstanden waren, die weiterhin bestehen blieben und die Gesellschaften innerlich zerrissen. Literatur, Kunst und Populärkultur sprechen von der Fortsetzung des Krieges in den Jahren nach dem Frieden von Versailles, die als Abwesenheit von militärischen Auseinandersetzungen, aber nicht als Frieden erfahren wurden. Die Zeit empfand sich überschattet von traumatischen Erinnerungen an die Schlachtfelder und eine von vielen als schmachvoll empfundene Niederlage. In Bildern von Dix, Grosz und anderen Malern der zwanziger Jahre sind die Straßen der Städte bevölkert von den durch den Krieg entstellten Menschen, von Krüppeln, zerlumpten Bettlern in Uniformstücken, gemästeten Kriegsprofiteuren und ausgemergelten, syphilitischen Prostituierten. Auch in Romanen der Zeit setzte sich der Krieg in das zivile Leben fort.

Das Verhältnis von Literatur und Krieg ist nicht angemessen aus Werken zu verstehen, die den Krieg explizit zum Thema machen. Vielmehr hat Krieg das Schreiben selbst und das Bild von Wirklichkeit verändert. Seine Spuren sind in allen Gattungen und in vielen Werken zu finden, die sich mit dem Thema Krieg nicht ausdrücklich befassen.[18] In Robert Musils Roman *Der Mann ohne Eigenschaften* (Band 1 erschien 1930) lassen sich die Spuren des Augusterlebnisses im Versuch mit dem »anderen Zustand« deutlich wahrnehmen. Versuche, an die Erinnerung der kollektiven Erfahrung von »Gemeinschaft« oder »Vereinigungen« im August 1914 anzuknüpfen, waren in der Literatur und Populärphilosophie beliebt. Die verbreitete Wendung der Nachkriegsliteratur zur Mystik (die allerdings nach Musil »taghell« sein sollte) war ein Nachhall des Versuchs, die als schmerzlich empfundenen Modernisierungsverluste zu kompensieren. Musils gelegentliche Bemerkung über seine Arbeit, alle Linien liefen auf den Krieg hin, ist durchaus ernst zu nehmen, auch wenn sein Verständnis des Wortes »Krieg« eine genauere Untersuchung erfordert. Wie für Musil wurde für viele andere Schriftsteller nach 1918 der Weltkrieg zum Fluchtpunkt ihrer Arbeit, ohne daß ihre Werke ihn als Thema explizit behandelten. Dies gilt etwa für Thomas Manns

Roman *Der Zauberberg* (1924), der im Krieg auf den Rübenfeldern vor Langemarck endet oder für Hermann Hesses *Demian*, dessen Suche nach neuen Lebensformen in einer Zeit von Nihilismus den Roman sogleich nach seinem Erscheinen, 1919, zu einem Kultbuch der Nachkriegsjugend machte, oder für Gottfried Benns frühe Prosa und Gedichte, die den gewöhnlichen Alltag zertrümmern und als ein Schlachtfeld des Ichs stilisieren.

Die Struktur des Kinos sei identisch mit der des modernen Schlachtfeldes, argumentierte zuerst Paul Virilio. Seitdem mit dem Ersten Weltkrieg zum erstenmal ein Krieg »verfilmt« wurde, haben Filme einen bedeutenden Beitrag zum Bild des Krieges im 20. Jahrhundert geleistet, und umgekehrt lassen sich Zeitstrukturen des modernen Krieges in den filmischen Techniken des Schnitts oder der Montage wiedererkennen. Aus der engen Verflechtung von Narration – und den Techniken zu ihrer Auflösung – im Film und konventionellen Gattungen wie Roman und Erzählung entstand seit den späten zwanziger Jahren eine neue Art und Technik der kollektiven Erinnerung an Krieg, ein Bildgedächtnis, das kein Vorbild in der Geschichte der Kriegserinnerung hat.

Im Unterschied zur deutschen verknüpfte die englische Kriegsliteratur den entstandenen Riß zwischen Front und Heimat, Gegenwart und Vergangenheit mit Trauer über einen Verlust. Mit dem Frieden der Vorkriegszeit ging nicht nur eine Phase der eigenen Biographie zu Ende, sondern der Krieg war auch identisch mit dem Ende der bis dahin gekannten Zivilisation. Er schuf zwei Zeiten, ein Vorher der Zivilisation und ein Nachher, nach dem Zusammenbruch, das als Zeit von Abwesenheit, Mangel und Sinnlosigkeit erfahren wird. Die (schlechte) Gegenwart ist von der (guten) Vergangenheit unüberbrückbar getrennt. In der imaginierten Welt wirkte daher der Krieg als eine Phase der Barbarei, in der das Vertrauen in die Versprechungen der Zivilisation untergingen. Damit wurde er zur Scheidelinie, die über das Ende der militärischen Kämpfe hinaus wirkte und zu einem konstitutiven Element in der Konstruktion von Wirklichkeit auch derjenigen wurde, die nicht selbst gekämpft hatten, weil sie zu jung waren. Das Ende der Vergangenheit verbindet die englische Kriegsliteratur mit dem Verlust von Kindheit, Glück und Zukunftsoptimismus. Der Krieg wird als die Unterbrechung individueller Lebensläufe erfahren, da er zum Ende der europäischen Zivilisation führte, in der diese Lebensläufe verankert waren.

In der französischen Literatur war dieses Bild vom Krieg als dem irreparablen Ruin der europäischen Zivilisation weniger bedeutend, und in der deutschen Kriegsliteratur blieb es ohne Wirkung oder wurde von anderen Themen überdeckt. Selbst in Arnold Zweigs Romanzyklus, der sich unter dem Begriff »Gesittung« mit dem Thema der Zivilisierung beschäftigt und zu einer Idealisierung der Welt vor 1914 neigt, demonstriert ein Roman wie *Junge Frau von 1914* (1931), daß diese Zivilisation ihre eigenen Ideale verriet, den Keim ihres Untergangs längst in sich trug und eine Welt des *Vor*kriegs war. In dem Maß wie die Zivilisation der Zeit vor 1914 in Deutschland seit dem 19. Jahrhundert Gegenstand von Kritik und polemischer Zurückweisung war, konnte sich nach 1918 eine Erinnerung an den Krieg entwickeln, in der seine Zerstörungen auch eine kreative Leistung bedeuteten. Die Greuel der Schlachtfelder erscheinen in einem anderen Licht, sobald sie als der Preis für das Kreative und Innovative an der Destruktion des Bestehenden verstanden werden. Daraus läßt sich die erstaunliche Diskrepanz in den Stimmungen der Nachkriegszeit verstehen. In der Siegernation Großbritannien herrschte eine elegische Stimmung, und die Literatur reflektierte Resignation und Trauer über den Verlust von Zivilisation, während sich in Deutschland eine kämpferische Militanz der Zukunft zuwandte. Die tief unglaubwürdigen triumphalistischen Schlagwörter über den »moralischen Sieg« der »im Felde unbesiegten« Nation konnten Gehör finden, weil sie der Katastrophe des Kriegs eine positive Wendung abgewannen. Aus der militärisch-politischen Niederlage war so, gegen alle Plausibilität, Zukunftsorientierung zu schöpfen. Kunst und Literatur partizipierten an dieser Stimmung und beförderten sie. In dem Satz »Mit uns zieht die neue Zeit!« steckte das Glaubensbekenntnis der Kriegsjugend. Stärker als in England und Frankreich entwickelten die Avantgarden eine innovative Dynamik, die an die destruktive Radikalität des Kriegs anschloß. In der Erinnerung nahm der Krieg die Züge der Revolution an, und die Schlachtfelder wurden zu Räumen der Kreativität verwandelt. Bertolt Brechts anarchistisches Stück über Heimkehr und Revolution, *Trommeln in der Nacht* (1919), ist für diesen Übergang vom Krieg in revolutionäre Zerstörung und Konstruktion bezeichnend. Der Krieg wurde nicht als ein absoluter Bruch mit der Vergangenheit erinnert, sondern in den Trümmern der alten Welt suchten die Autoren nach Bruchstücken, aus denen die Zukunft gebaut werden könne.

In der Kriegsliteratur der europäischen Gesellschaften gibt es aber auch zahlreiche Gemeinsamkeiten. Übereinstimmung bestand darin, daß die Erinnerung an diesen Krieg nicht den Forderungen des Musealen entsprechen konnte; dafür war er zu emotional besetzt. Die Alternativen waren die einer monumentalisierenden und einer desillusionierenden Erinnerung. Diese Literatur wurde von aktiven Kriegsteilnehmern geschrieben, und es dominierten die Darstellungen aus der Perspektive der einfachen Soldaten und Offiziere niederer Dienstgrade, die als Truppenführer selbst am Kampf teilnahmen. Zu den verbindenden Themen gehörte, daß das konventionelle Feindbild verloren ging und die Gemeinsamkeiten mit den Soldaten auf der gegenüberliegenden Seite der Front in den Vordergrund traten. Dagegen entwickelten sich Aversionen gegen die eigene Kriegspropaganda, die planenden Offiziere, die Journalisten und alle, die auf der eigenen Seite zur Verlängerung des Kriegs beitrugen. Es ist bemerkenswert, daß trotz dieser und anderer Gemeinsamkeiten in der Kriegsliteratur das Angebot der Globalisierung, die im Weltkrieg angelegt war, in der Erinnerungskultur nach dem Kriegsende nicht aufgenommen wurde. Es entstand kein europäisches Kriegsgedächtnis. Die anhaltende Beschäftigung mit dem Krieg führte statt dessen zu einer Re-Nationalisierung der Erinnerungen. Kulte sind offensichtlich auf begrenzte Räume angewiesen. Nur in ihnen können leibliche sowie an gemeinsame Sprache und Erlebnisse gebundene Praktiken inszeniert werden. So konnte sich die Idee eines weder durch die Person noch durch Nationalität identifizierbaren Soldaten als dem Gegenstand eines Erinnerungskultes nicht allgemein durchsetzen, und selbst in den Gesellschaften ihres Ursprungs, in Frankreich und Großbritannien, ist dieser Kult nur sehr partiell wirksam geworden. Gegenüber dem Vorkriegseuropa bedeutete die Nationalisierung der Erinnerung einen bedauerlichen Rückschritt, der auch politische Gefahren in sich barg, da sie eine Form der Konfrontation über das militärische Ende des Kriegs hinweg bedeutete. In der Kriegsliteratur lassen sich allerdings auch Gegenbewegungen erkennen, die eigene Fragen entwickelten oder sich um Verständnis und Mitleid oder um Versöhnung bemühten.

Die Unterschiede in den Kriegsbildern machen es notwendig, die Unterscheidung zwischen nationalen Kriegsliteraturen aufrecht zu erhalten. Auch die österreichische ist von einer deutschen Kriegsliteratur zu trennen. Der Grundton der österreichischen Kriegsliteratur ist nach 1918 unkriegerisch und nicht so sehr durch die Enttäuschung über das Ende des europäischen Großmachtstatus und den Zweifel an der Überlebensfähigkeit des neuen Kleinstaats geprägt als durch Elegie und Trauer, die den Verlust einer Lebensform begleiten (Joseph Roth, Alexander Lernet-Holenia). Stefan Zweigs Erinnerungen *Die Welt von Gestern* (1939-41) machen den Versuch, über die Zeitenschwelle des Krieges zurückzuspringen und schildern ein Europa vor der aggressiven Nationalisierung in der Folge des Kriegs und der Neuordnung der europäischen Landkarte mit der Einführung von Reisepässen. Roth schildert das Ende Österreich-Ungarns nicht als einen Akt internationaler Politik, sondern in seiner Romanwelt führt die Auflösung dieses Staates im Krieg zum Ende einer europäischen

Idee, zum Ende des Vielvölkerstaates. Damit wurde der Weltkrieg zum Ende der kosmopolitischen Lebensformen. War die österreichische Literatur nach dem Untergang des »alten« Österreich aus offensichtlichen Gründen besonders tief in die Mythisierung des Krieges verwickelt, so ist in der Mythisierung selbst doch keine Abweichung von der Entwicklung der europäischen Literatur nach 1918 zu sehen. Der Österreich-Mythos, der die Vorkriegswelt der k. u. k. Doppelmonarchie als ein Modell für das Zusammenleben verschiedener Religionen und Ethnien verklärt, ist als eine idealisierende Erfindung ohne Basis in der realen Geschichte kritisiert und die Monarchie als ein Vielvölkergefängnis bezeichnet worden, das durch den Krieg zerstört wurde, so daß seine Gefangenen in die Freiheit nationalstaatlicher Selbstbestimmung herausgeführt werden konnten. Nach den späteren Erfahrungen mit dem Prinzip des Nationalstaats erscheint jedoch die Erfindung des Österreich-Mythos nicht ganz ohne Berechtigung gewesen zu sein.

Die etwa zehn Jahre nach dem Ende des Krieges in Deutschland entstehende und mit Arnold Zweigs Roman *Der Streit um den Sergeanten Grischa* (1927) und Remarques *Im Westen nichts Neues* (1929) einsetzende Welle an (Anti-)Kriegsliteratur wird oft mit der Literatur des Ersten Weltkrieges gleichgesetzt. Lediglich die zuvor veröffentlichten Werke Ernst Jüngers werden dieser Auswahl hinzugefügt. Diese Romane verarbeiten vorwiegend die letzten beiden Jahre der Kämpfe. Die These ist vertreten worden, daß alle ernstzunehmende Literatur des Weltkrieges auf die Zeit nach dem Einschnitt des Jahres 1916 zu datieren sei. Diese Auswahl ist jedoch eine weder ästhetisch noch literarhistorisch zu rechtfertigende Verengung des Blicks auf den Korpus der großen Romane über die späte Zeit an der Westfront und die von ihnen ausgelösten und oft politisch motivierten öffentlichen Debatten. Um eine Vorstellung von der Vielfalt und inneren Widersprüchlichkeit der Kriegsliteratur zu gewinnen, ist es notwendig, den Blick zu erweitern und auch die während des Krieges und im nachfolgenden Jahrzehnt entstandene Literatur in das Bild einzubeziehen. Ein ganz anderer Krieg wurde im Osten gekämpft. Von wenigen Ausnahmen abgesehen (Hans Carossa, Arnold Zweig) ist er in die kanonisierten Werke der Kriegsliteratur nicht eingegangen.[19] Auch der – neben Langemarck und Verdun – dritte kollektive deutsche Schlachtenmythos, Tannenberg, hat nur geringe Spuren im literarischen Kriegsbild hinterlassen. Eine der Westfront vergleichbare homogene Front hat es im Osten nicht gegeben, und aus der Vielfalt dieses Krieges ist kaum etwas ins kollektive Gedächtnis eingegangen. Die nennenswerten Werke behandeln den Zerfall der Donaumonarchie und blieben für die Konflikte um das Kriegsbild nach 1918 ohne Bedeutung.

Der erfolgreichste Kriegsroman, Remarques *Im Westen nichts Neues* (1929), repräsentiert die Literatur über den Krieg der einfachen Soldaten, der kleinen Leute oder, wie Ludwig Renn (*Krieg*, 1929) sie bezeichnet, der »armen Hunde« mit ihrer »jammervollen Tapferkeit«. Über die Ursachen für den einzigartigen, internationalen Erfolg von Remarques Roman ist viel spekuliert worden. Ein Grund dürfte in der konsequent durchgehaltenen Perspektive von unten liegen, die es ermöglicht, den Krieg als Erlebnis eines der zahlreichen Opfer von undurchsichtigen, aber schicksalhaften Entscheidungen zu erzählen. Das Grundthema des Romans, nämlich die Opferung der jungen Generation, führt zwar konsequent zum Tod der zentralen Figur; aber der Roman endet doch nicht in der totalen Hoffnungslosigkeit von Nihilismus, da ein letzter Wert erhalten bleibt: die Kameradschaft. Die konventionelle Narration, die auf dokumentarischer Wahrheit beharrt und auf formale Innovationen verzichtet, hat zweifellos den Verkaufserfolg der Romane Remarques (der nicht nur gekauft, sondern auch gelesen wurde und wird), Renns, Theodor Plieviers (*Des Kaisers Kulis*, 1930) und anderer Romane dieser Gruppe befördert. Die Perspektive der einfachen Soldaten nehmen auch zwei anonym publizierte Romane ein: *Schlump* und *Ginster* (Siegfried Kracauer), beide erschienen 1928 mit dem Untertitel »von ihm selbst erzählt«. Ihre Besonderheit liegt in der anarchistischen Haltung ihrer Protagonisten. Sie verweigern den Kampf im Krieg und den Kampf gegen den Krieg und versuchen sich in einer »ohne-mich«-Haltung.

Den Gegenpol zu diesen Versuchen einer absoluten Verweigerung bilden die Romane der Monumentalisierung. Sie ignorieren alle Zweifel am Sinn des Krieges und stellen die Erzählung in den Dienst der Nation oder der Heldenbildung (Hans Zöberlein, Werner Beumelburg, Edwin Erich Dwinger). Diese Texte müssen als aggressive Zurückweisung aller Fragen nach dem Verhältnis von Krieg und Zivilisation verstanden werden. Mit der entgegengesetzten politischen Zielsetzung nehmen die Romane von Autoren mit sozialistischem oder humanistischem Engagement an der Monumentalisierung der Kriegserinnerung teil. Arnold Zweigs ambitionierter aber unvollendeter Romanzyklus *Der große Krieg der weißen Männer* folgt dem Aufklärungsideal der Erziehung zum Frieden. Dem moralischen Verfall der bürgerlichen Gesellschaft setzt er die Idee der kantianischen Ethik entgegen und versucht, die ethisch-ästhetische Position einer vernünftigen Bürgergesellschaft nach dem Vorbild Fontanes wiederzubeleben. Er setzt seine Hoffnung auf die Einsichtsfähigkeit der einfachen Soldaten in die gesellschaftlichen Verhältnisse, die zum Krieg drängen und nur durch solidarisches Handeln verändert werden könnten. Andere Romane radikalisieren diesen moralischen Humanismus zu einer parteipolitischen Position und erzählen von einem Krieg, der in die sozialistische Revolution führt (Adam Scharrer, *Vaterlandslose Gesellen*, 1930). Das früheste Beispiel ist sicherlich Henri Barbusse' *Le feu* (1916 geschrieben und in der Schweiz erschienen). Der Roman beginnt und endet mit einer utopischen Phantasielandschaft, in der die Kämpfe auf dem Schlachtfeld in die sozialistische Revolution übergehen.

Die sprachkritische und experimentelle Literatur der Zeit ist immer wieder als ein Beitrag zur Anti-Kriegsbewegung gelesen worden. Es gibt gute Gründe für eine solche Sicht. Bedenklich ist jedoch die Politisierung oder Moralisierung einer Literatur, die einen radikalen Begriff von Ästhetik entwickelte und sich dagegen verwahrte, in irgendeinen Dienst genommen zu werden. Umstritten wie das Werk keines anderen Autors des Ersten Weltkrieges sind die frühen Texte Ernst Jüngers (*In Stahlgewittern*, *Der Kampf als inneres Erlebnis*, *Feuer und Blut*, *Wäldchen 125* und schließlich *Der Arbeiter*). Aus dem eindeutigen politischen Engagement Jüngers in der Weimarer Republik sind immer wieder Schlüsse auf sein literarisches Kriegsbild und seine Ästhetik gezogen worden. Mit wachsendem Abstand von diesem politischen Streit um die Literatur des Krieges kann Jüngers Frage in den Vordergrund treten: Was ist das Spezifische am modernen Krieg, und in welchem Verhältnis steht er zur anthropologischen Frage nach der Wahrnehmung und Konstruktion von Dasein in der Moderne? Mit dieser Frage kann die Diskussion, nachdem sie die Polarisierungen moralischer und politischer Positionen hinter sich gelassen hat, wieder bei den Anfängen anknüpfen und erneut fragen, wie die Welt der Moderne, der es nicht gelingt, Krieg und Gewalt zu bannen, eigentlich vorgestellt werden könne.

1 H. Cysarz, Geistesgeschichte des Ersten Weltkriegs, Halle 1931, S. 76. Richard Aldington spricht in »Death of a Hero« (1929) von der Zeit vor 1914 als Prähistorie.

2 Peter Rosegger, Tagebücher führen, in: Der Kunstwart, 21 (1914/15), S. 109.

3 »Tired with dull grief, grown old before my day, I sit in solitude [...]« Robert Graves sprach in einem Interview kurz vor seinem Tod und beinahe vierzig Jahre nach Kriegsende vom Töten im Krieg und seiner Schuld, die er nicht vergessen konnte. Dorgeles schreibt am Ende seines Anti-Kriegsromans »Les croix de bois« (1919), die Erinnerung habe sich »im Lauf der Zeit immer tiefer in uns eingegraben, wie eine ätzende Säure.«

4 Diese anhaltende und nicht abzuschließende Arbeit am Vergessen ist nicht mit dem Versuch einer kollektiven Anamnese zu verwechseln, von der in der Weimarer Republik geredet wurde. Vgl. die zahl-

reichen Beiträge zu dem Thema in der »Weltbühne« von Kurt Tucholsky, Carl von Ossietzky u. a. Remarque spricht in einem Interview darüber, daß er seinen Roman zu schreiben begann, um die Erinnerung an den Krieg und die Depression loszuwerden und »mich von etwas in meinem Innern zu befreien, das ich als einen Druck, als eine Fessel empfand. Ich fühlte diese Befreiung, als das Buch fertig war.« W. Scherp, Der Gefangene seines Ruhms. Remarque spricht über sich selbst, in: Kölnische Zeitung, 26. 11. 1929.

5 Ernest Hemingway, A Farewell to Arms, New York 1929, S. 196.

6 »Die Situationen in meinem Roman sind wahr und erlebt«, betont Remarque im Interview mit Axel Eggebrecht, Gespräch mit Remarque, in: Die literarische Welt, 5, Nr. 24, 14.6.1929, S. 1 f. Der ›Kampf um Remarque‹ ist ausführlich dokumentiert. Vgl. B. Schrader, Der Fall Remarque. Im Westen nichts Neues. Eine Dokumentation. Leipzig 1992; auch H. Rüter, Remarque, Stuttgart 1987; oder die frühe Sammlung: Der Kampf um Remarque, hg. v. Propyläen-Verlag, Berlin 1929.

7 Zum Verhältnis von avantgardistischer Kunst und Krieg vgl. R. Cork, A Bitter Truth. Avant-garde Art and the Great War, New Haven/London 1994.

8 H. Kellermann, Der Krieg der Geister. Eine Auslese deutscher und ausländischer Stimmen zum Weltkriege 1914, Dresden 1915.

9 Zur Beteiligung der Professoren gibt es eine umfangreiche Literatur: vgl. S. Meineke, Friedrich Meinecke und der »Krieg« der Geister«, in: Kultur und Krieg: Die Rolle der Intellektuellen, Künstler und Schriftsteller im Ersten Weltkrieg, hg. v. W. J. Mommsen, München 1996, S. 97-118; K. Flasch, Die geistige Mobilmachung. Die deutschen Intellektuellen und der Erste Weltkrieg. Ein Versuch, Berlin 2000.

10 Die Behandlung von Schriftstellern, Malern oder Journalisten folgte keinem Plan. Zahlreiche Schriftsteller und Maler wurden zum Militärdienst eingezogen oder meldeten sich freiwillig, kämpften an der Front, und viele kamen nicht zurück (Gustav Sack, Ernst Stadler, Reinhard Sorge, Georg Trakl, August Stramm, Wilhelm Klemm, Alfred Lichtenstein, Hermann Löns, Walter Flex, Franz Marc, August Macke und andere). Andere, die den Krieg überlebten, bildeten zeitweise Dichterkolonien in Brüssel, wo Gottfried Benn als Militärarzt praktizierte, und in »Oberost« (Kaunas), wo Arnold Zweig den Graphiker Hermann Struck traf, mit dem er ein Buch über die Ostjuden verfasste (»Das ostjüdische Antlitz«). Marc bemalte Flugzeuge mit Tarnfarbe, Arnold Zweig schippte als Armierungssoldat vor Verdun, Erich Heckel war 1915 bis 1918 Sanitäter.

11 Auf die Tradition »Krieg als Kunstwerk« in Bildern und Texten weist Jacob Burckhardt hin und widmet dem Thema ein Kapitel seiner »Kultur der Renaissance in Italien«. Nietzsches Idee vom Krieg und Kriegerischen zeigt eine deutliche Abhängigkeit von diesem Text.

12 W. Falk, Der kollektive Traum vom Krieg, Heidelberg 1977.

13 Arnolt Bronnen gibt zu Protokoll, Hamburg 1954, S. 34. Georg Heym schrieb ins Tagebuch: »Wenn doch einmal etwas geschehen wollte, was nicht diesen faden Geschmack der Alltäglichkeit hinterläßt [...]. Würden einmal wieder Barrikaden gebaut. Ich wäre der erste, der sich darauf stellte, ich wollte noch mit der Kugel im Herzen den Rausch der Begeisterung spüren. Oder sei es auch nur, daß man einen Krieg begänne, er kann ungerecht sein. Der Frieden ist so faul ölig und schmierig wie eine Leimpolitur auf alten Möbeln.« Georg Heym, Dichtungen und Schriften, hg. v. K. L. Schneider, Bd. 3: Tagebücher. Träume. Briefe, Hamburg/München 1960, S. 138 f.

14 Schätzungen schwanken beträchtlich zwischen einer Million Gedichte, die während des ersten Kriegsjahrs (Georg Schott) und 1,5 Millionen, die allein im August 1914 entstanden sein sollen (Carl Busse). Die bekannteste Äußerung zu dem Thema stammt von Julius Bab, der in der Zeitschrift »Das literarische Echo« die Flut an Gedichten auf 50.000 pro Tag schätzte. Vgl. auch J. Bab, Der deutsche Krieg im deutschen Gedicht, 11 Hefte, 1914-1918. Unter demselben Titel edierte Bab eine Sammlung von zwei Bänden Gedichte, Berlin 1916/19, die nicht identisch mit denen der Hefte sind. S. auch Bab, Deutsche Kriegslyrik 1914-1918. Eine historische Bibliographie, Stettin 1920, bes. S. 25. Auch Autoren wie Rilke und Hofmannsthal leisteten ihren Beitrag zu dieser frühen und begeisterten Kriegsdichtung.

15 Hg. v. Philipp Witkop, München 1918. Eine wesentlich erweiterte Ausgabe erschien 1929. Vorausgegangen war eine andere Sammlung unter dem Titel »Kriegsbriefe deutscher Studenten«, (Gotha 1916).

16 Vgl. H. Richter, Dada. Kunst und Antikunst, Köln 1964, S. 23 f.

17 Nach Ernst Jüngers literarischen und essayistischen Arbeiten zu diesem neuen Typus des Soldaten hat Herbert Rosinski 1933 auf diesen Wandel zu einem neuen Typ des Landsknechts aufmerksam gemacht: The German Army, London 1933.

18 P. Fussel, The Great War and Modern Memory, New York 1975, hat in Analysen von Werken der englischen Literatur, in denen vom Krieg nicht gesprochen wird, auf die Rolle des Krieges in der Geschichte der Literatur und im kollektiven Gedächtnis aufmerksam gemacht.

19 Eine erstaunliche Ausnahme kam aus England resp. Neuseeland: Hugh Walpole, The Dark Forest (1916), spielt an der Ostfront, wo Walpole mit dem Roten Kreuz bei der russischen Armee gedient hatte.

Literatur

Ansichten vom Krieg. Vergleichende Studien zum Ersten Weltkrieg in Literatur und Gesellschaft, hg. v. B. Hüppauf, Königstein/Ts. 1984.

A. Barlow, The Great War in British Literature, 3. Aufl., Cambridge 2002.

H. Fries, Die große Katharsis. Der Erste Weltkrieg in der Sicht deutscher Dichter und Gelehrter, 2 Bde., Konstanz 1994-1995.

P. Fussel, The Great War and Modern Memory, New York 1975.

Krieg der Geister. Erster Weltkrieg und literarische Moderne, hg. v. U. Schneider, Würzburg 2000.

Kriegserlebnis. Der Erste Weltkrieg in der literarischen Gestaltung und symbolischen Deutung der Nationen, hg. v. K.Vondung, Göttingen 1980.

Kultur und Krieg. Die Rolle der Intellektuellen, Künstler und Schriftsteller im Ersten Weltkrieg, hg. v. W. J. Mommsen, München 1996.

Mémoire de la Grande guerre.Témoins et témoignages, hg. v. G. Canini, Nancy 1989.

H.-H. Müller, Der Krieg und die Schriftsteller. Der Kriegsroman der Weimarer Republik, Stuttgart 1986.

W. Natter, Literature at War, 1914-1940. Representing the »Time of Greatness« in Germany, New Haven, CT 1999.

War, Violence and the Modern Condition, hg. v. B. Hüppauf, Berlin u. a. 1997.

Religion

ANNETTE BECKER

Während des Weltkriegs verteidigte man auf allen Seiten große Werte – oder glaubte es zumindest: die Werte des eigenen Landes, des Glaubens, der Heimat, der eigenen Familie, Werte, die durch Leiden, Angst, Verletzungen und den Tod auf eine harte Probe gestellt wurden. Ob als Familienmitglieder, Mitglieder einer Gemeinde, als Angehörige einzelner Berufsgruppen oder als Bewohner einer Stadt oder eines Dorfes, alle trugen ein individuelles Schicksal, das durch ihre Zugehörigkeit zu ihrem Land und/oder ihrer Kirche in ein kollektives Schicksal eingebettet war. Dies war der Kern eines Prozesses der allmählichen kulturellen Totalisierung des Krieges. Die Spiritualität des Krieges muß im Kontext des ständigen Austausches zwischen Front und Heimat verstanden werden: ein Hin- und Her von Munition und Verpflegung, aber auch von Propaganda und Liebe, religiöser und patriotischer Begeisterung, von Hoffnungen und Enttäuschungen, Tod und Trauer, männlichen und weiblichen Empfindungen.

Die Konfrontation mit einer vorübergehenden Trennung durch den Kriegsdienst, mit der Aussicht und Erfahrung der endgültigen Trennung durch den Tod, die umso schrecklicher war, als sie meist junge Menschen traf, die noch – entgegen jeder Logik der Generationenfolge – vor ihren Eltern starben. Die Konfrontation mit diesen Erfahrungen reaktivierte eine frühere Gläubigkeit ebenso wie den »Aberglauben« von Menschen, die noch nahe an ihren oftmals ländlichen Ursprüngen lebten. Zwischen traditionell praktiziertem Glauben und Spiritismus, zwischen Gebeten und Amuletten, zwischen dem Leiden Christi und der Fürsprache der Heiligen, zwischen gewöhnlicher Frömmigkeit und Zeichen des Außergewöhnlichen entfaltete sich der ganze Formenreichtum einer spezifischen Kriegsreligion.

Manche Menschen sahen darin einen Ausdruck der Angst und belächelten eine »Blitzableiter-Religion«, die durch die Allgegenwärtigkeit des Todes motiviert war. Dieses Argument erscheint jedoch allzu reduktionistisch, um die explosive Entwicklung der Frömmigkeit sowohl in der Heimat als auch an der Front zu erklären. Denn zweifellos existierte eine intensive Frömmigkeit, aus der sich ein »Homo credens« des Krieges herauskristallisierte. Die Kriegsreligion war nicht nur ein wichtiges Element der Kriegskultur, sondern auch, ohne daß dies paradox wäre, ihr doppelt konstitutives Element. Sie konnte sowohl konsensorientiert als auch verweigernd sein. »Mit Gott für Volk und Vaterland« gehörte ebenso konstitutiv dazu wie ein religiös motivierter Pazifismus, der manchmal bis zur Anprangerung des Krieges als äußerstem Ausdruck der Sünde ging.

Alle kriegführenden Völker nahmen für sich gleichermaßen den Beistand Gottes in Anspruch: »Dieu est de notre côté«, »God with us«, »Gott mit uns«. Der Glaube an Gott und das Vaterland waren oftmals unauflöslich miteinander verwoben. Dies bedeutete zwar nicht zwangsläufig, daß die sich auf Gott berufenden alle gläubige oder sogar praktizierende Christen waren, aber es wird deutlich, daß Kategorien wie »das Gute«, »das Böse« und das spirituelle Vokabular – wie z. B. der Begriff »Union sacrée« – der Vorstellung Nahrung gaben, man nähme an einem regelrechten Kreuzzug teil. Es war ein Kreuzzug, der seine Wurzeln im vorausgehenden Jahrhundert hatte, in dessen Verlauf sich die verschiedenen patriotischen Kulte entwickelt hatten. Im Krieg sollten nach eigenem Selbstverständnis »auserwählte Völker« aufeinandertreffen.

Die Kriegstheologie, wie sie sich im Weltkrieg herausbildete und insbesondere in den kirchlichen Verlautbarungen und den darauf basierenden Kriegspredigten formuliert wurde, nahm an diesem »Kulturkrieg« auf vielfältige Weise teil. Die Prediger wurden vom allgemeinen Nationalismus fortgerissen, verstärkten diesen aber ihrerseits. In einem Gottesdienst im Berliner Dom vom 4. August 1914 wurde geradezu paradigmatisch formuliert: »Wir ziehen in den Kampf für unsere Kultur gegen die Unkultur, für deutsche Gesittung wider die Barbarei, für die freie, deutsche, an Gott gebundene Persönlichkeit wider die Instinkte der ungeordneten Masse«. Es gab auch Überzeichnungen von der Art wie: »Gott will sich in uns Deutschen offenbaren«, wie der evangelische Theologe Friedrich Gogarten im Überschwang der Augusttage 1914 behauptete. Es hat den Anschein, daß alle Theologen aller kriegsbeteiligten Nationen im Krieg eine Offenbarung Gottes sahen, wobei ihre Reaktionen und Interpretationen allerdings durchaus unterschiedlich waren, wenn man den Duktus und den zeitlichen Rhythmus der Predigten näher betrachtet. So betonte die französische katholische Geistlichkeit noch stärker als die deutsche den »kulturellen« und eschatologischen Charakter des Krieges. Für die in der Französischen Republik immer mit Mißtrauen betrachtete offizielle katholische Kirche war der Krieg und die »Union sacrée« eine willkommene Gelegenheit, wieder zu einem Sprecher des Volkes zu werden. In der deutschen Kriegspredigt herrschten allerdings nicht nur Begeisterungstöne vor. Im Laufe des Krieges war in den Predigten zunehmend vom Leiden Christi die Rede, welches der Frontsoldat wieder erleide.

Allgemein läßt sich feststellen, daß in der Emphase des Kriegsbeginns für katholische und protestantische Theologen gleichermaßen das Motiv des gerechten und deshalb von Gott gesegneten Krieges vorherrschte, wobei der protestantische Diskurs wohl etwas »etatistischer« als der katholische ausfiel, welcher seinerseits stärker das »Wunder der inneren Einheit« betonte. Auch zeigt sich im deutsch-französischen Vergleich sehr deutlich, daß die »religiöse Mobilisierung« in Richtung auf einen »totalen« Krieg der Kulturen im laizistischen Frankreich weit fortgeschrittener war als im staatsprotestantisch dominierten Deutschland. Dies liegt natürlich in erster Linie an der Tatsache, daß Frankreich und die Franzosen den Krieg sehr viel direkter erlebten als die Deutschen und von daher auch eher bereit waren, alle Kräfte für die Verteidigung des Vaterlandes zu mobilisieren. Die Eschatologie des Untergangs, also ein zutiefst theologisches Motiv, hat hier ebenfalls eine größere Realität als in Deutschland gehabt. Angesichts der fundamentalen Bedrohung durch den im eigenen Lande stehenden Feind wurde der Deutsche nicht mehr nur zum kulturellen Barbaren erklärt, sondern sehr schnell auch zur Verkörperung des absolut Bösen. Im Kampf gegen die »deutsche Barbarei« fanden sich laizistische Intellektuelle ohne weiteres mit katholischen Intellektuellen oder antirepublikanischen Traditionalisten in gemeinsamer Aktion zusammen. Der Krieg für die »Zivilisation« wurde in Frankreich ganz selbstverständlich zum heiligen Krieg.

Im Ersten Weltkrieg wollte man »sich Gottes bemächtigen« (Alphonse Dupront). Sicher ist, daß sich der Wille zum Kampf gegen die Barbarei, ein zentraler Bestandteil des Krieges für Recht und Zivilisation, auf bezeichnende Weise mit einem »Heiligen Krieg« verquickte.

Der Große Krieg, gleichermaßen Heiliger Krieg und Krieg der Heiligen, stellte in erster Linie ein Diptychon dar. Die Soldaten-Ritter eiferten dabei den Heiligen nach. Der Krieg erschien als heilig, weil er »groß«, lang andauernd und wie eine Herausforderung eschatologischen Ausmaßes war. Er wurde, je nach Glaubenszugehörigkeit, in der Nachfolge Christi, der Jungfrau Maria und der Heiligen geführt oder als religiöse Identifizierung mit dem Vaterland verstanden. Die Gewißheit, daß ein »gerechter Friede« das absolut Böse des Krieges und des Feindes, der ihn gewollt hatte, überwinden würde, ist das Schlußbild des Triptychons vom »Heiligen Krieg«.

Der Glaube, gleichgültig woran, half durchzuhalten und das Leid zu ertragen. Auf einer französischen Postkarte von der Front findet man Seite an Seite eine katholische Schwester, ein vierblättriges Kleeblatt, eine Marianne. Eine deutsche Porzellanfigur stellt Germania dar, Botschafterin der Gesta Dei per Germanos, die einen Soldaten mit Pickelhaube segnet. Am 1. August 1914 sang die Menge nicht *Deutschland, Deutschland über alles*, sondern spontan den Luther-Choral *Gott, tief im Herzen*. Die Theologie des Krieges kulminierte in Deutschland 1917 anläßlich der Vierhundertjahrfeier der »95 Thesen« Luthers. Diese »Lutherfeier« stellte den deutschen Protestantismus in eine lange Tradition, die die Rechtfertigung des Krieges als Teil eines offensichtlichen »deutschen Schicksals« belegen sollte.

Der Synkretismus von religiösen und patriotischen Gefühlen aus den ersten Kriegsmonaten setzte sich auch in den folgenden Jahren fort. Immer noch und immer wieder von Neuem konnten der Glaube und zahlreiche spirituell anregende Ereignisse die Gläubigen mobilisieren. Man kann also die verschiedenen »Unions sacrées« als Zusammenspiel von Politik und Glauben lesen.

Für die französischen Katholiken, traditionell eine Mehrheit, die während der Kirchenkämpfe der Dritten Republik zur militanten Minderheit geworden war, wurde der Krieg überdies zu einem wichtigen Moment religiöser Erweckung, verbunden mit dem von allen geteilten Haß auf die Deutschen. Für manche Beobachter war die allgemein so bezeichnete »Rückkehr zu den Altären«, diese Vervielfachung der Kommunionen und die Zunahme des religiösen Eifers bei Kriegseintritt und an anderen wichtigen Punkten des Krieges, nur mit Blick auf die protestantische und angelsächsische »Revival«-Vorstellung verständlich. Sicher ist, daß sich während des Krieges religiöse und patriotische Begeisterung mischten, sich gegenseitig verstärkten und multiplizierten. Und die Katharsis, die zu anderen Zeiten durch Erweckungsprediger und Missionare erfolgte, die den Menschen die Hölle und die Sünden, die unweigerlich dorthin führten, vor Augen hielten, wurde durch den Krieg selbst bewirkt.

Die Unfähigkeit, im Feind ebenfalls einen Christen zu erkennen, erklärt weitgehend die Verständnislosigkeit, die alle kriegführenden Länder, ob katholisch oder nicht, dem Papst entgegenbrachten. Seit seiner Wahl im September 1914 war sich Benedikt XV der Tragik dieses Krieges schärfstens bewußt und hatte nur ein Ziel: die Wiederherstellung des Friedens. Wiederholt ermahnte er die Völker, einen gerechten Frieden zu schließen, und bot seine Vermittlungsdienste hierfür an. Auch die dauernden Mißerfolge hielten ihn nicht von der Verfolgung seines Zieles während des Krieges ab, obwohl er fast überall auf Unverständnis stieß. In der Tat wurde sein Wunsch, neutral – oder besser unparteiisch – zu bleiben, in beiden Lagern als Mangel an politischer Courage ausgelegt: Man ging davon aus, daß der Papst sehr wohl eine Präferenz hatte, daß er nämlich auf Seiten der anderen stand, dies aber heuchlerischerweise nicht zugab. Dieser ablehnende Reflex vollzog sich spiegelbildlich auf beiden Seiten: Auf der einen Seite sprach Clemenceau vom »pape boche«, auf der anderen Seite Ludendorff vom »französischen Papst«.

Wie konnten die Katholiken ihrer doppelten Verpflichtung gegenüber dem Vaterland, das im Krieg stand, einerseits, und dem Papst andererseits Folge leisten, wo doch letzterer in ihren Augen zwei unmögliche Dinge predigte: die Neutralität und den Frieden? In Frankreich gingen einige militante Katholiken, geblendet von dem unerhörten religiösen Aufschwung recht weit in ihrer Definition des Anteils, der Gott an den Handlungen der Menschen zukam: Sollte es zu einer Niederlage kommen, so wäre das die Strafe für ein gottloses Frankreich. Es ist nicht erstaunlich, daß sich militante Antiklerikale auf diese für sie unbegreifliche Theorie stürzten und die Kirche als Ganze verleumdeten. Wie hätten sie auch gleichgültig zusehen können, wie die Kirchen, denen vor 1914 die »Schäfchen« weggelaufen waren, vor religiöser Inbrunst widerhallten? Hier zeigt sich eine frappierende Parallele zwischen allmählicher Distanzierung vom Freidenkertum und der neuen religiösen Begeisterung während des Krieges.

Im Gegensatz dazu wurde jeder Hinweis auf eine Annäherung bzw. eine Ökumene der Konfessionen als Beweis für die geistige Allianz gelesen, die zum Sieg führen würde. In allen Armeen nahmen die Feldgeistlichen der Minderheitenreligionen (Katholiken und Juden bei den Deutschen und Briten, Protestanten und Juden im Falle Frankreichs) einen im Verhältnis zu der Zahl der Anhänger ihrer Religion überproportionalen Anteil ein. Denn alle »Kirchenmänner«, ob katholisch, protestantisch oder jüdisch, erfüllten dieselbe Aufgabe: Sie trösteten, ermutigten und halfen.

Unter den besonderen Bedingungen an der Front, kam es nun häufig zu Begegnungen, wie sie vor dem Krieg unwahrscheinlich gewesen wären. Die Gläubigen der verschiedenen Konfessionen konnten einen bis dahin undenkbaren Dialog miteinander führen. Darüber hinaus trafen sie auf Agnostiker bzw. Freidenker, die ihrerseits wiederum mit religiösen Bekenntnissen und Praktiken konfrontiert wurden. An allen Fronten gestaltete man die Gräber so sichtbar wie möglich, um den Gefallenen, von denen man oftmals nichts als verstreute Teile wiedergefunden hatte, wenigstens einen Teil ihrer Individualität zurückzugeben. Die Feldgeistlichen waren vor allem mit den Totenfeiern beschäftigt. Auf den Gräbern wurden häufig provisorische Holzkreuze angebracht. Solche Holzkreuze waren also nicht nur das Symbol für den christlichen Tod, sondern allgemein für den Tod im Weltkrieg. Das Kreuz einte also alle Soldaten, Freunde wie Feinde, Christen wie Nicht-Christen. So eiferten nach manchem christlichem Verständnis nicht nur die Kämpfer mit immer neuer Leidenschaft auf dem Schlachtfeld Christus nach, sondern noch der Tod selbst wurde als christliches Opfer gedeutet. Auf diese Weise war leicht eine Analogie zwischen dem Tod für das Vaterland und dem Sterben Christi hergestellt. Der Krieg war gleichsam eine »Abendmahlfeier«, bei der »der Wein Christi das deutsche Blut ist« (Walter Flex). So erwarteten vor allem die Deutschen, stets unter einem Kreuz begraben zu werden; dies war sogar bei einigen deutschen Soldaten jüdischer Konfession der Fall: Ihr absehbarer Tod im Feld führte dazu, daß sie sich eine Form des Christentums aneigneten, die sie allerdings nicht als Religion, sondern als symbolisches, sowohl spirituelles als auch politisches Bekenntnis zu Deutschland akzeptierten.

Nicht nur, aber vor allem in Frankreich übernahmen die militanten Gläubigen – »miles« im etymologischen Wortsinn –während des Krieges die religiöse Meinungsführerschaft. Sie, deren Eifer im strengsten Christentum wurzelte, verbanden ihr persönliches Opfer mit der himmlischen Liebe, die ihnen durch den Glauben zuteil werden würde. Für ihr Vaterland und für Gott waren diese neuen »Kreuzritter« bereit, ihr Leben zu opfern. Dieses spirituelle Opfer wurde als höchster Akt des Glaubens gedeutet, als Geschenk an Gott in der Nachfolge Christi: Sie waren bereit zum Martyrium. Diese heldenhafte Opferbereitschaft fand sich in gleicher Weise bei Katholiken, Protestanten und Juden.

Bei einigen Intellektuellen christlichen Glaubens wurde dieses tragische Denken noch genährt von dem Bewußtsein einer besonderen Leidenszeit. Der Krieg wurde zu einem großen Karfreitag, die Front zum Berg Golgatha. Es sind zwar eine Vielzahl von Bekehrungen überliefert, aber über Menschen, die ihren Glauben verloren, wird seltener berichtet. Es muß sie wohl gegeben haben, aber die Augenblicke der Hoffnungslosigkeit, des Verlustes, der Leere sind seltener überliefert und seltener veröffentlicht worden als die Augenblicke religiöser Ergriffenheit: »Wie aber soll ein Mensch nach Tannenberg oder Verdun noch glauben können?« (Etienne Fouilloux).

Für die glühendsten Anhänger der christlichen Lehre konnten sich die Freuden der Gnade nur in einem Zustand der völligen Verlassenheit einstellen: Der Tod, auch wenn er als »schön« und als vollbrachtes Opfer verstanden wurde, war immer auch eine persönliche und familiäre Tragödie. Dem konnten Gläubige auf zweifache Weise begegnen: Zum einen wurde der Tod als Bestrafung für Sünden wahrgenommen, zum anderen verursachte er ein immenses Bedürfnis nach Trost und Beistand. Diese beiden Einstellungen, beide ein Mittel zur spirituellen Vervollkommnung, waren im übrigen keineswegs widersprüchlich. In ihrer Verlassenheit wandten sich die Soldaten und ihre Familien der Fürsprache derjenigen zu, die ihnen einen irdischen Trost bieten konnten. In den durch das Elend der Zeit hervorgerufenen Nöten entdeckte man erneut das Christentum mit seiner zentralen Botschaft von Leiden und Auferstehung. Die Ausbreitung des Glaubens schloß übrigens Praktiken des Aberglaubens nicht aus: In der Ausnahmesituation des Krieges wurden unübliche und außergewöhnliche Glaubensformen oftmals zu etwas Alltäglichem.

Zwischen Front und Hinterland, zwischen Männern und Frauen entwickelte sich durch den gemeinsamen Glauben ein neues Einverständnis. Die Männer, in ihrer Gesamtheit sicher weniger religiös als die Frauen, wunderten sich selbst über ihre Religiosität, auch wenn diese sich häufig auf die Teilnahme an Beisetzungen ihrer Kameraden beschränkte. Gebete, Medaillen, Andachtsbücher und Bilder, ständig neue und von ihnen selbst dringend erbetene Devotionalien begleiteten die Soldaten an die Front. Die Verleihungen von Urkunden und Votivtafeln zur Anerkennung besonderer Leistungen bestärkten sie in der Wahrnehmung, daß es sich um einen Heiligen Krieg handele, was für sie auch durch das Eingreifen der Heiligen bestätigt wurde. Die Weihebildchen stellten Inszenierungen empfangener Ehren dar, theatralisierte Gebete, Hymnen auf das Leben von Männern und Frauen, die dem massenhaften Sterben entkommen waren: Sogar der industrialisierteste Krieg ließ noch Raum für Wunder. Die Katholiken verehrten in besonderem Maße die Jungfrau Maria, in Frankreich trat an ihre Stelle Jeanne d'Arc, überall verehrte man die heilige Theresa. Beide verdankten übrigens ihre Heiligsprechung in den zwanziger Jahren teilweise ihrer Popularität während des Krieges. Der Glaube an die Entschädigung für die erduldeten Leiden war die Grundlage dieser religiösen Inbrunst. Ebenso wie die Soldaten waren die »Heiligen« jung, hatten gelitten und sich geopfert, wie die Soldaten sich nun für das Vaterland opferten.

Um inmitten der »universellen Mobilisierung« (Charles Calippe) durchzuhalten, um inmitten der Toten weiterleben zu können, benötigte man vielfältige Absicherungen: Die Versicherung der Zuneigung der eigenen Familie, derjenigen des Vaterlandes, des Glaubens, auch die Sicherheit im Aberglauben. Statt sich gegenseitig aufzuheben, verstärkten sich diese Rückversicherungen wechselseitig. Es liegen zahlreiche Berichte von Soldaten vor, die von dem besonderen Schutz erzählen, unter dem sie in Notsituationen gestanden hätten: Einige waren überzeugt, eine mit der Korrespondenz ihrer Verlobten vollgestopfte Brieftasche habe ihnen das Leben gerettet, weil sie sie vor Granatsplitter geschützt habe; andere glaubten an den Beistand der Heiligen Jungfrau, der Heiligen, an ein Amulett oder an ein abgeschriebenes Gedicht. Nicht selten trugen protestantische Soldaten, ob sie ihren Glauben nun praktizierten oder nicht, eine Bibel in ihrem Marschgepäck; einige lasen sie tatsächlich, die Mehrheit sah hierzu keine Veranlassung. Aber allein die Präsenz der Heiligen Schrift, der physische Kontakt mit diesem Gegenstand gab ihnen Sicherheit, mehr noch als die geistige Auseinandersetzung mit seinem Inhalt. Auf diese Weise wurde die Bibel als Amulett benutzt. Auch der Spiritismus und der Glaube daran, daß Träume Vorzeichen und Vorahnungen sein könnten, gehören in diesen Kontext. Zwischen den verschiedenen Formen des Glaubens bestand eigentlich kein großer Unterschied. Sie bezeugen die Vitalität dieser Männer und Frauen und ihre Lebenskraft in der Auseinandersetzung mit der Zerstörung durch den Krieg.

Die Rationalität des modernen Krieges, die von vielen Menschen weder verstanden noch verarbeitet werden konnte, machte immer mehr einer neuen Irrationalität Platz und erfaßte Gläubige wie Ungläubige. Daß dieses Irrationale nach Kriegsende als zunehmend anachronistisch erschien, ist nicht weiter erstaunlich. Man konnte nun nicht mehr glauben, wovon man vordem überzeugt gewesen war, und so verlor selbst der Friede seinen mystischen Charakter. Der Eifer des »Kreuzzugs« schien einer Welt der Vergangenheit anzugehören, einer verdrängten Vergangenheit: Im Kommunismus wie im Faschismus triumphierte die Mystik des Neuen Menschen. Aber ohne Gott.

Übersetzung: Sandra Pfister

Literatur

G. Cholvy/Y.-M. Hilaire, Histoire religieuse de la France contemporaine, Bd. 2: 1880-1930, Toulouse 1986.
Chrétiens dans la première guerre mondiale, hg. v. N.-J. Chalin, Paris 1993.
A. Dupront, Du sacré. Croisades et pèlerinages, images et langages, Paris 1987.
Erster und Zweiter Weltkrieg. Demokratien und Totalitäre Systeme (1914-1958), hg. v. K. Meier, Freiburg 1992 (Geschichte des Christentums, Bd. 12).
J. Fontana, Les catholiques français pendant la Grande Guerre, Paris 1990.
K. Hammer, Deutsche Kriegstheologie 1870-1918, München 1971.
W. Loth, Katholiken im Kaiserreich. Der politische Katholizismus in der Krise des wilhelminischen Deutschlands, Düsseldorf 1984.
H. Missalla, »Gott mit uns«. Die deutsche Kriegspredigt 1914-1918, München 1968.
Nation, Religion und Gewalt im 19. und frühen 20. Jahrhundert, hg. v. G. Krumeich / H. Lehmann, Göttingen 2000.
»Pro Fide et Patria!« Die Kriegstagebücher von Ludwig Berg 1914-18. Katholischer Feldgeistlicher im Großen Hauptquartier Wilhelms II., hg. v. F. Betker/A. Kriele, Köln u.a. 1998.
H.-J. Scheidgen, Deutsche Bischöfe im Ersten Weltkrieg, Köln u. a. 1991.

Propaganda

MICHAEL JEISMANN

Eine bedeutende Zeitung habe die Kampfkraft von 20.000 Mann, schätzte der Zeitungsverleger und spätere Reichspostmeister Johann Wetzel während des Dreißigjährigen Krieges.[1] Das war eine Gleichung, die seit der Medienrevolution des 17. Jahrhunderts immer wieder neu aufgemacht wurde. So pflichtete Erich Ludendorff, seit 1916 faktisch Leiter der deutschen Gesamtkriegführung, im Rückblick auf die Propagandaschlachten des Ersten Weltkriegs einem der führenden englischen Propagandisten bei: »Lord Northcliffe hatte nicht unrecht, wenn er behauptete, die Rede eines englischen Staatsmannes sei für England 20.000 Pfund wert, 50.000 Pfund, wenn die Deutschen sie nachdruckten, und 100.000 Pfund, wenn sie nicht darauf antworteten.«[2]

Der Wechseleffekt zwischen Wahrnehmung und Gegenreaktion, auf den Ludendorff anspielt, zeigt an, wie sehr während des Weltkriegs die Propaganda selbst zum Einsatz im Kampf um gegenseitige Beeinflussung, um Selbst- wie Feinddarstellung vor der Weltöffentlichkeit geworden war. Es ging längst nicht mehr bloß um wahre oder falsche Nachrichten, um gute Stimmung an der Heimatfront oder darum, den Gegner zu beeindrucken. Vielmehr warfen die europäischen Nationen alles in die Waagschale, was das Erbe ihrer gemeinsamen Geschichte war und worauf stolz sein zu dürfen, man sich auf beiden Seiten einiges zugute hielt. Dabei wurde nicht um etwas Partikulares, Begrenztes gekämpft, bei keinem der Kontrahenten. Es ging vielmehr um das Ganze: Nicht allein um die Existenz des eigenen Volkes, sondern um einen universalen Wert, für den dieses einstand: »ein Zug von kalt-besessener Übertreibung und Schicksalsherausforderung, ein ›Alles oder Nichts‹, das das Motto einer ganzen Klasse war und das seitdem aus der deutschen Geschichte nicht wieder verschwunden ist.«[3]

Die deutschen Kriegszieldebatten waren Ausdruck dieser Maßlosigkeit, die im Grunde eine Ziellosigkeit war, ebenso wie die Bestrafungswünsche auf alliierter Seite die Verschmelzung moralischer und politischer Kategorien anzeigten. Die Möglichkeiten einer pragmatischen Politik wurden hierdurch eingeschränkt, der Verhandlungsweg aus dem Krieg blieb versperrt. Rasch geriet auch die klassische diplomatische Außenpolitik unter den Zwang der eigenen Propaganda, ihrer Versprechungen und Drohungen. Denn in ihrer radikalen Konsequenz mußte die Propaganda jene Brücken verbrennen, über die die Diplomatie zu gehen hatte. Mit anderen Worten: Die allgemeine Bereitschaft, Kompromißlösungen zu akzeptieren, sank innerhalb der kriegführenden Länden nicht zuletzt durch den propagandistischen Effekt, durch die Einschwörung der Bevölkerung auf den schließlich doch noch zu erlangenden Sieg – ein Grund mehr, warum der Erste Weltkrieg zu einem totalen Krieg wurde, der jedes Mittel rechtfertigte.

Alle Seiten verschrieben sich einer Modernität, die das Ideal der politischen und moralischen Selbstzügelung als uneffizient verurteilte. Der deutsche Giftgaseinsatz ist nur eines von vielen Beispielen dafür. Der Chemiker Fritz Haber, Gründer und Direktor des Kaiser-Wilhelm-Instituts für physikalische Chemie und Elektrochemie in Berlin, pries die Giftgaswaffe gar als eine besonders »humane Waffe«.[4] Die Verwendung von Gas zur Bekämpfung des Feindes war aber nicht nur ein Rechtsbruch, insofern er gegen die Haager Landkriegsordnung verstieß, sondern er war – in einem tieferen Sinn – auch ein Kulturbruch. Die vielbeschworene »Ritterlichkeit« stellte das

Dekor und das Blattgold, mit dem man eine Selbstpreisgabe schmückte. Dies war einem Teil der wissenschaftlichen Elite und der militärischen Führung durchaus bewußt, und so blieb der Gaseinsatz nicht ohne Widerspruch. Das Kriegstagebuch der 9. Armee stellte hierzu fest: »Es ist nicht zu leugnen, daß dem ritterlichen Sinn unseres Heeres die Anwendung dieses Kampfmittels zunächst nicht sehr sympathisch ist [...]. Angesichts des Umstandes, daß unsere Gegner unter Verzicht auf jeden Rassenstolz ein buntes Völkergemisch gegen uns ins Feld führen, ist die Anwendung dieses Mittels voll gerechtfertigt. Wir erreichen auf diese Weise unseren kriegerischen Zweck und sparen an kostbarem Blute.«[5] Wie sich bald herausstellen sollte, konnte davon keine Rede sein. Anders als bei der wegen Feindbegünstigung hingerichteten Krankenschwester Edith Cavell und der Torpedierung des US-amerikanischen Schiffs *Lusitania* durch ein deutsches U-Boot erhoben die Alliierten keinen offiziellen Protest.

Die Tendenz zur Maximierung aller technischen und wirtschaftlichen Anstrengung bei gleichzeitiger Minimierung politischer und moralischer Rücksichten erfaßte allerdings alle kriegführenden Länder, die Brutalisierung war eine allgemeine und bezog auch die kollektiven Vorstellungswelten ein.[6] So meinten die Deutschen bei der Einnahme des Forts Longwy, große Mengen von Dum-Dum-Geschossen gefunden zu haben, deren Verwendung für die grausame Kriegführung der Alliierten zu sprechen schien. Auch gab es in der Presseabteilung des Auswärtigen Amts mehrere Referate für »feindliche Grausamkeit«, in der tatsächliche oder vermeintliche Vergehen der Alliierten gegen geltendes Kriegsrecht aufgegriffen und propagandistisch verwertet werden sollten. Es ist bezeichnend für die mediale Situation des Weltkriegs, daß Wilhelm II. im Zusammenhang mit der Dum-Dum-Affäre ein langes Protest-Telegramm an den Präsidenten der USA sandte. Jede der kriegführenden Parteien stand unter dem erhöhten Druck, sich vor der Weltöffentlichkeit, vor allem natürlich vor den mächtigen Vereinigten Staaten und anderen wichtigen Neutralen, so gut wie möglich zu rechtfertigen und die Feinde der völkerrechtswidrigen Kriegführung zu bezichtigen.[7]

Dies führte dazu, daß man unter vielen Bekräftigungen, die Furie des Krieges zügeln zu wollen, diese tatsächlich immer weiter anstachelte. Die Kriegspropaganda konnte dabei durchaus als Antikriegspropaganda auftreten – gemeint war dann freilich immer nur der Krieg der anderen Seite. Denn jede Nation mußte nur diesen einen Krieg noch führen und gewinnen, damit es der letzte aller Kriege sein würde.

Propaganda und Kriegführung durchdrangen sich und bildeten auf die Dauer einen einzigen zweckrationalen Komplex. Die Vorstellung einer Zeit nach dem Krieg verflüchtigte sich in eine Ferne, für deren Herausforderungen man immer weniger gerüstet und immer weniger bereit war. Hatte die Propaganda in der Kriegführung sich bereits zur praktischen Mentalität fortentwickelt, so sollte sie auch die traditionellen Formen der Staatsführung berühren. Es stellte sich bald heraus, daß die Propaganda nicht allein die Außenpolitik empfindlich in ihren Handlungsspielräumen einzuschränken drohte; die Propaganda hatte darüber hinaus im Vergleich zum 19. Jahrhundert zwischen 1914 und 1918 einen bedeutend höheren Stellenwert erlangt, als sie ihn in den kriegerischen Auseinandersetzungen seit der Französischen Revolution besessen hatte. Sie war zum Medium nationaler Selbstartikulation geworden.

Alles war nun potentiell Propaganda. Das mußten insbesondere die Deutschen erfahren, zu deren Selbstbild es gehörte, sich selbst als antipropagandistisch, als unverfälschte und unverstellte Nation zu stilisieren. So stand von nun an jede politische Äußerung unter Propagandaverdacht, mehr noch, Propaganda und Politik waren häufig nicht mehr unterscheidbar, wie das Beispiel der Vierzehn Punkte des amerikanischen Präsidenten Wilson zeigt. Die totalitären Regime der Folgezeit sollten daraus den Schluß ziehen, eine Kultur der Propaganda auch in den Alltag des Friedens zu tragen, mithin den Kriegszustand täglich mental zu simulieren. Der Alltag selbst wurde zur propagandistischen Veranstaltung.

Der Appell an die tätige emotionale Einheit des Volkes hatte eine doppelte Funktion: Er war der politischen Führung Ausweis dafür, daß sie sich in Übereinstimmung mit dem Schicksal der Nation befand; die ständige Selbstlegitimierung der politischen Führung erpreßte zugleich die eigene Bevölkerung, indem sie jeden zum Verräter stempelte, der es wagte, die suggerierte Harmonie zwischen Führung und Volk mit Kritik oder dem Wunsch nach anderen politischen Legitimitätsforderungen zu stören. Die ewige »Union sacrée«, der ewige »Burgfrieden«, ist das letzte Ziel aller Propaganda bis zu dem Punkt, an dem sie sich selbst überflüssig gemacht hat. Dieses utopische Element, das der Propaganda des Weltkriegs innewohnte und das sich immerhin vier Jahre lang behauptete, hat Propaganda und Terror zu Geschwistern gemacht. Hierin ist die Modernität der Propaganda im Ersten Weltkrieg zu sehen, daß sie in einem qualitativ wie quantitativ zuvor nie dagewesenen Maß als politisches Instrument wie als Medium vermeintlicher nationaler Selbst- und Heilsfindung eingesetzt wurde und damit zu einem bestimmenden Faktor in der Geschichte der Mentalitäten wurde.

In Europa fungierte die Propaganda 1914-18 als ein Instrument, das die Völker durch gegenseitige Entfremdung in ihrem nationalen Selbstwertgefühl stärkte, in dem sich diese selbst als eins und gleich begriffen. Außerhalb Europas verknüpfte und lenkte sie Konflikte und Aspirationen anderer Regionen und Völker so, daß sie sich auf dem Hauptkriegsschauplatz in Europa zu Gunsten der eigenen Seite auswirken sollten. Damit war eine zweifache Dynamik in Gang gesetzt, deren Folgen bis heute andauern. Der Export der Konflikte ließ unter den Bedingungen verstärkter Migration die kriegerische Aggression grenzenlos werden. Jedem Export entsprach ein Import, bis sich schließlich ein Kreislauf der Gewalt bildete. Die Propagandisten des Weltkriegs glaubten, die Globalisierung des Konflikts, seine Dauer und Intensität nach den eigenen Maßgaben bestimmen und kontrollieren zu können. Das erwies sich als Irrtum. Schon die Zeitgenossen hatten ein deutliches Empfinden dafür, daß der Hauptgrund für den Krieg am Ende womöglich die Kriegspropaganda war. Sie sprachen spätestens nach dem Ende des Krieges vom »bourrage de crâne«, von Gehirnwäsche durch Propaganda, von Betrug und Lüge.

Tatsächlich begann das Deutsche Reich den Krieg mit einer handfesten Lüge: Am 2. August wurde gemeldet, bei Nürnberg seien von französischen Flugzeugen Bomben abgeworfen worden – was jeder Grundlage entbehrte.[8] Im Gegenzug wurden von der alliierten Bildpropaganda Bilder von russischen Pogromen als Beleg für Greueltaten der Deutschen ausgegeben.[9] Bei der Stilisierung der Kriegsgründe war entscheidend, den Gegner als Angreifer, sich selbst aber zunächst rein defensiv als Opfer zu stilisieren, dem allerdings Gerechtigkeit zustehe. Im Ersten Weltkrieg wurde von den Alliierten insgesamt aufgenommen, was Frankreich seit dem September 1870 vorgemacht hatte: die Viktimisierung als politische Waffe in einer Welt, in der militärische Siege zugleich moralische Triumphe darstellten. Preußen-Deutschland sollte bald schon von Kritikern im eigenen Land hören müssen, daß Sedan keineswegs Ausweis höherer Kultur war. Im Gegenteil: Wer das annahm, zeigte schon, daß er Grund hatte, sich unterlegen zu fühlen. Deshalb mußten auch die angreifenden Deutschen 1914 so entschieden betonen, daß sie sich nur verteidigten, auch wenn sie kaum 100 Kilometer vor Paris standen. Unter diesen Umständen war es schwer, dem alten Topos vom erobernden »Barbaren« zu entkommen. Das Schlagwort der »Einkreisung«, das die Deutschen zu ihrer Rechtfertigung aufboten, war freilich nicht Propaganda allein, sondern der Begriff für ein Gefühl, das seinen objektiven Grund zu einem guten Teil in der verfehlten Außenpolitik des Deutschen Reichs hatte, zu einem erheblichen Teil aber auch Teil jenes Syndroms war, das die europäischen Länder lange vor dem Krieg erfaßt hatte: eine darwinistische Sorge um Größe, um Macht, um Ausdehnung, kurzum: die Angst um das Überleben. Diese konnte sich scheinrational zwar auf viele Statistiken stützen – die vorhergehende Grundannahme über Bestehen oder Nicht-Bestehen von Völkern aber war vermessen und kollektiven politischen Handlungseinheiten und ihrer Verflechtung nicht angemessen.

Die Propaganda log aber nicht nur, um politisch-militärische Gegebenheiten vorzugaukeln oder zu verdecken: Sie log auch dann noch, wenn sie schwieg: Die ständige Wiederholung der Heeresmeldung »Im Westen nichts Neues« wurde zur Chiffre einer Informationspolitik, die die Fortdauer des ergebnislosen Abnutzungskrieges zur ereignislosen Normalität stilisierte und so den Glauben an den »Endsieg« lebendig hielt. Die Zeitgenossen, die sich nach dem Ende des Krieges bitter beschwerten, sie seien getäuscht worden, vergaßen dabei allerdings, daß in diesem Krieg der Betrug zuallererst ein Selbstbetrug gewesen war und die offizielle, staatlich organisierte und gelenkte Propaganda den Autosuggestionen der Mehrheit der Nation nur zu folgen brauchte. Die Sinndeutung des Krieges, die von zahlreichen Schriftstellern, Gelehrten, Künstlern und von Enthusiasten des Krieges 1914 und darüber hinaus betrieben wurde, war eine Propaganda der Überzeugung und der Überzeugten. Sie identifizierten im Innern wie im Äußern den Krieg vollständig mit allem, was das eigene Land an zivilisatorischen Leistungen hervorgebracht hatte. Die Hunderttausende von Gedichten, die in Deutschland während der ersten Kriegswochen an die Zeitungsredaktionen gesandt wurden, der Erfolg der Werbeaktionen, die in Großbritannien mit Hilfe berühmter Schauspielerinnen und anderer Prominenz durchgeführt wurden, schließlich die akademischen Rechtfertigungen, die literarischen Kriegshymnen – auf all das konnte die staatliche Propaganda in dem Moment aufbauen, als die Autosuggestion in den kriegführenden Ländern schwächer, das Leid des Krieges aber immer größer wurde.[10]

Vorangegangen war indessen die spontan anmutende, begrifflich und bildhaft binnen weniger Wochen komplett ausformulierte Verfeindung. Mit den ersten Kriegstagen stand in allen Ländern die Grundlinien der Feindschaft fest – ein Phänomen, das sich nicht schon durch die vorangegangenen gegenseitigen Animositäten und Rivalitäten erklärt. Gewiß, die Reizbarkeit zwischen den Völkern in den Jahren vor dem Krieg war groß gewesen. Stefan Zweig beschreibt in seinen Memoiren, wie im Frühjahr 1914 ein kleinbürgerlich gesittetes Publikum in einem Vorstadtkino von Tours reagierte, als die Wochenschau Bilder von Wilhelm II. zeigten: »In diesem Augenblick, da Kaiser Wilhelm im Bilde erschien, begann ganz spontan in dem dunklen Raume ein wildes Pfeifen und Trampeln. Alles schrie und pfiff, Frauen, Männer, Kinder höhnten, als ob man sie persönlich beleidigt hätte. Die gutmütigen Leute von Tours, die doch nicht mehr wußten von Politik und Welt, als was in ihren Zeitungen stand, waren für eine Sekunde toll geworden [...] Es war nur eine Sekunde gewesen, aber doch eine, die mir zeigte, wie leicht es sein könnte, im Augenblick ernstlicher Krise die Völker hüben und drüben aufzureizen [...].«[11]

Der »Boche« war schon da, bevor der Krieg ausbrach.[12] Denn was hier scheinbar spontan in Worte und Bilder gefaßt wurde, war tatsächlich ein Zusammenstoß, dessen Wucht aus einer langen Tradition herrührte. Jedes der kriegführenden Länder fühlte sich von Beginn an in seiner Substanz bedroht, von Beginn an auf eine Probe gestellt über Sein und Nicht-Sein. Diese blitzartige Verfeindung, die nur auf das Stichwort zu warten schien, steht in einem bemerkenswerten Kontrast zum Stand der administrativen Organisation der Propaganda bei Ausbruch des Krieges – übrigens in allen Ländern. In diesem vorgängigen Ungleichgewicht zwischen propagandatechnischer und mentaler Kriegsbereitschaft liegt ein Schlüssel zum Verständnis des außerordentlichen Charakters des Weltkriegs, dessen Omnipräsenz und Intensität durch zahlreiche semantische und piktorale Rückkopplungseffekte, durch das Ineinander von Überzeugtsein und Überzeugtwerden, von Tradition und Traditionsbruch, von Freiwilligkeit und Zwang erzeugt wurden.

In einem ideologischen Krieg – und der Weltkrieg war in hohem Maß ein ideologischer Krieg – wurde die Propaganda gleichsam zu einer Sinnindustrie.[13] Während man aber Ersatzstoffe herzustellen lernte für alle möglichen Rohstoffe, von denen man nun durch die britische Seeblockade abgeschnitten war, war die Sinnproduktion nach einigen Monaten Krieg schwierig. Wie hatte im August noch Ernst Lissauers Haßgesang gegen England eingeschlagen, für den der Autor vom Kaiser den Roten Adlerorden verliehen bekam; später wurde er für dieses Gedicht gemieden. Nach dem Machtantritt Hitlers sah Lissauer sich gezwungen zu emigrieren; er starb vergessen und verlassen. Der Sinn wurde indessen nicht nur schnell gereimt, sondern auch auf die Säulenbeine der Philosophie gestellt: Die »Ideen von 1914« gegen die »Ideen von 1789« gestellt, gerade so, als habe Deutschland das 19. Jahrhundert über im tiefen Schlaf gelegen und wolle nun eine Zeit ständisch gegliederter, historisch gleichsam vorbestimmter harmonischer Gesellschaftszustände wiedererlangen.[14] Glaubten die Deutschen tatsächlich, im August 1914 endlich jene nationale Einheit, jenes Gefühl der Einheit und Einigkeit, wiedergefunden zu haben, von dem seit den Befreiungskriegen und noch einmal mit ganzer Wucht im Jubiläumsjahr 1913 kontinuierlich Bilder und Geschichten verbreitet wurden wie von einem Traum, den man um nichts in der Welt vergessen möchte, so konnte diese Erlösungshoffnung zur Grundlage einer weltpolitischen Sendung in geschichtsphilosophischer Überhöhung kaum taugen. Sie verweist aber auf die religiöse Dimension, die der Kampf der Worte und Ideen angenommen hatte. Jener »letzte Krieg«, wie ihn die Alliierten ebenso wie die Deutschen zu führen meinten, war nichts anderes als die Eschatologie auf dem Schlachtfeld, der am Ende beide Parteien erlagen.[15] Selbst wenn »das Recht auf Differenz«, wie man heute sagen würde, von einigen Kolonialvölkern aufgegriffen wurde, so mußte die politische Sinngebung des Krieges als gescheitert angesehen werden. Und das bedeutete: Allein der Sieg konnte, so mußten die Zeitgenossen glauben, dem Krieg noch Sinn verleihen. Daher die fürchterliche Fatalität, mit der man weiter das »Menschenschlachthaus« (Wilhelm Lamszus) betrieb. Es liegt auf der Hand, daß die französische Bevölkerung, die einen Teil ihres Gebiets besetzt sah, die vertrieben oder zwangsrekrutiert worden war, in der Verteidigung Sinn und Rechtfertigung genug sah – selbst wenn die Meutereien von 1917 belegen, als wie unerträglich diese Form der Kriegführung auch von denen empfunden werden mußte, die sich selbst als patriotisch verstanden.

Walther Rathenau, der überaus einfallsreiche und effiziente Organisator der deutschen Kriegswirtschaft, mußte 1917, also nach drei Jahren Krieg und Millionen von Toten und Verwundeten, feststellen: »Wir wissen heute noch nicht, wofür wir kämpfen.«[16] Eine Propaganda-Industrie mit Arbeitern, Abteilungsleitern und Vorständen war den Krieg über damit beschäftigt, diesen Zustand zu verdecken, indem sie Gründe für den Krieg und seine Fortdauer herstellte. Die Propaganda wurde zum Schwungrad eines Kriegs, der nach und nach eine ganze Gesellschaft in seinen Dienst stellte und für Arbeiter und Soldat, für Mann und Frau eine gemeinsame Front schaffen sollte. Damit aber war in der sozialen Wahrnehmung eine Egalisierungstendenz freigesetzt, die der wilhelminischen Gesellschaft den Boden entzog. Je radikaler Krieg und Sieg geführt und propagiert wurden, desto rascher veränderte sich das Gesicht der Kriegsgesellschaften: Wilhelm II. mußte, übrigens mit mäßigem Erfolg, zum »Volkskaiser« stilisiert werden, um überhaupt noch in die Zeit zu passen, und die Revolution von 1918/19 machte klar, wie weit man sich von den Zuständen von 1914 entfernt hatte; in Rußland hielt das politische System den Kriegsbelastungen nicht stand.

Um den Sinn des Krieges mit industrieller Effizienz herzustellen, um in immer neuen Bildern und Geschichten die immergleiche Botschaft zu verpacken und um gleichzeitig jedes Anhalten der Bänder zu verhindern, jedes Innehalten zu vermeiden, wurden ganze Heerscharen von Journalisten, Propagandisten und Zensoren beschäftigt. Das Anwachsen des technischen und personellen Apparats von Propaganda und Zensur und nicht zuletzt die Verschärfung der rechtlichen Mittel zur Verhinderung von Kritik und öffentlichem Zweifel bedeuteten allein schon in quantitativer Steigerung eine neue Qualität der Kriegführung.

Die Engländer hatten schon im Krimkrieg erfahren müssen, daß die Armeen im Zeitalter der beschleunigten Kommunikationswege auf dem Schlachtfeld nicht mehr unbeobachtet und unkommentiert blieben, als der *Times*-Reporter William Howard Russel seine Berichte über die desaströsen und skandalösen Vorgänge bei der britischen Armee auf der Krim veröffentlichte.[17] Hinfort waren die Armeeführungen in ihren Bestimmungen vor allem darauf bedacht, daß die Presse keine Informationen über Truppenstärke, Ausrüstung und Bewegung veröffentlichte, aus denen der Gegner Nutzen ziehen konnte. Auch wenn man im Inland einige Erfahrung mit Presselenkung besaß, einen regelrechten Propagandastab gab es so wenig wie genaue Vorstellungen darüber, wie die Propaganda zu betreiben sei. Bei Ausbruch des Krieges kam es unter den Ministerien selbst und mit den militärischen Stellen zu einem Kompetenzgerangel, das sich auch im Verlauf des langen Krieges nie ganz legte. Ungeachtet der nationalen Unterschiede waren die deutschen Verhältnisse in juristischer und organisatorischer Hinsicht typisch auch für die anderen Länder.

Als Wilhelm II. am 31. Juli 1914 das Deutsche Reich in den Kriegszustand versetzte, wurde das preußische »Gesetz über den Belagerungszustand« vom 4. Juni 1851 wirksam.[18] Damit waren die Militärbefehlshaber im Reich zum Erlaß von Vorschriften zur Aufrechterhaltung der öffentlichen Sicherheit ermächtigt. Reichsrechtlich galt das Pressegesetz von 1874, das die Pressefreiheit suspendierte, vorausgesetzt dieses war ausdrücklich öffentlich bekanntgegeben, und das die Stellvertretenden Generalkommandos im Reich mit der Zensur beauftragte. Welche Meldungen und Berichtsarten hiervon ausdrücklich betroffen waren – außer denen, die die Geheimhaltung militärischer Angelegenheiten betrafen –, darüber herrschte indessen weithin Unklarheit. Der nationale Konsens und der Wunsch der Verleger, nicht unliebsam aufzufallen, förderte die freiwillige Selbstzensur. Allerdings wurden staatlicherseits rasch die Bedingungen dafür geschaffen, die Kriegsberichte zu uniformieren. So durften die Meldungen und Berichte des Wolff'schen Telegraphischen Bureaus weiterhin unverändert und unkommentiert gebracht werden. Der ehemalige Kriegsberichterstatter im Großen Hauptquartier, Heinrich Binder, warf in seiner 1919 erschienen Schrift *Was wir als Kriegsberichterstatter nicht sagen durften!* dem Chef der Presseabteilung des Großen Generalstabs, Oberstleutnant Walter Nicolai, vor, dieser habe Pressepolitik vornehmlich als Desinformation betrieben. Tatsächlich wurden die legislativen und organisatorischen Defizite der Zensur und Presselenkung nach und nach behoben. Dabei blieben gelegentlich Inseln der Offenheit bestehen. So wurde in Deutschland die Veröffentlichung von Verlustlisten anders als in den anderen Ländern nicht verboten. Gleichwohl schritten Reglementierung und Zentralisierung deutlich voran: Im Oktober 1914 entstand eine Zentralstelle für Auslandsdienst beim Auswärtigen Amt, im Oktober 1915 wurde das Kriegspresseamt gegründet. Eine Präventivzensur war lediglich für militärische Artikel vorgeschrieben, aber Zeitungen riskierten, unter »Vorprüfung« gestellt zu werden, wenn sie unliebsame Artikel veröffentlichten. Alle Generalkommandos erließen ständig aktualisierte *Anweisungen für das Verhalten und die Beaufsichtigung der Presse*, die detailliert festlegten, unter welchen Auflagen über welche Themen geschrieben werden durfte.

In Frankreich waren Pressezensur und Propaganda, anders als im föderalen Deutschland, zentralstaatlich in der Maison de la Presse zusammengefaßt, in Großbritannien kam es ähnlich wie in Deutschland erst nach und nach zu Zentralinstanzen. Die bedeutendste war das War Propaganda Bureau unter Leitung von Charles Masterman.[19] Allein bis zum Juni 1915 verfaßte, übersetzte und verschickte dieses Büro über 2,5 Millionen Bücher, Regierungsproklamationen und Broschüren in 17 verschiedenen Sprachen vor allem nach Amerika und in andere neutrale Staaten.[20] In Amerika lag die Propaganda und Zensur in den Händen eines erfahrenen Journalisten, George Creel, der dem von Wilson geschaffenen Commitee on Public Information (CPI) vorstand und in seinen Methoden gleichermaßen effizient wie skrupellos war.[21] Creel schätzte, daß das CPI um die 20.000 Zeitungskolumnen wöchentlich an die Leser brachte. Er erfand die berühmten Kriegsvorträge der »Four Minute Men«: Innerhalb von vier Minuten hielten die Redner, allesamt ehrenamtlich nach dem Schneeballsystem bis in kleine Ortschaften hinein rekrutiert, eine patriotische Rede über Sinn und Ziel des Krieges, über den Feind und die Alliierten – nach einer detaillierten Anweisung. Es wurde errechnet, daß während der 18 Monate der Kriegsteilnahme der Vereinigten Staaten rund eine Million solcher Reden von 400 Millionen Menschen gehört wurden.

Wie in Deutschland mit dem 1917 gegründeten Bild- und Filmamt (BUFA) der Filmmarkt mit patriotischen Filmen versorgt werden sollte, so ging in den USA Hollywood bei Kriegseintritt mit fliegenden Fahnen zur Produktion antideutscher Filme über, die in noch stärkerem Maß, als dies in Frankreich oder England bereits der Fall war, den Topos vom »deutschen Barbaren« sexuell konnotierten und Vergewaltigungs- und Überwältigungsängste, Sadismus und Brutalität aller Art außerordentlich effektiv andeuteten oder ins Bild setzten. Daneben wurden auch neue filmische Genres entwickelt wie zum Beispiel das dokumentarische Drama (*America will win*). Auch die Wissenschaften waren in hohem Maß an der Rechtfertigung des Krieges beteiligt und gaben ihr häufig eine historische Dimension. So erfanden die amerikanischen Sozialwissenschaftler im Verlauf den »deutschen Sonderweg« noch einmal neu – nach den Deutschen selbst und nach den Franzosen, die bereits im Krieg von 1870/71 die neuere deutsche Geschichte als einen Irrweg der Zivilisation gegeißelt hatten. Besonders John Dewey und Thorsten Veblen zeichneten in ihren Kriegsschriften von Deutschland das Bild eines Landes, in dem die technische Zivilisation und der industrielle Fortschritt in einem verhängnisvollen Mißverhältnis zu seiner politisch-kulturellen Rückständigkeit ständen.[22] Das erlaubte es den Alliierten insgesamt, sowie insbesondere den Amerikanern, »am evolutionistischen Fortschrittsparadigma mit kleineren Korrekturen festhalten zu können. Wenn der Krieg auf den deutschen Sonderfall zurückzuführen war, dann kamen sonstige Annahmen über den zivilisatorischen Charakter der Modernisierung nicht ins Wanken.«[23]

Was die Wissenschaft als Störfall erkannte, illustrierte die Propaganda. Mit anderen Worten: die zunehmende Feindschaft schuf auf beiden Seiten die Illusion, daß die Brutalisierung, Maschinisierung und Totalisierung des Krieges hauptsächlich oder allein auf den bösen Willen und Charakter des Feindes zurückzuführen sei. So blieb weitgehend verborgen, daß der Krieg mit all seinen Begleiterscheinungen und die Reaktion in der Bevölkerung in sämtlichen Ländern selbst Teil jenes Problems waren, das man glaubte, nur dem Feind zuschreiben zu können. Die Feindpropaganda unterteilte die Phänomene der Moderne in erwünschte und unerwünschte, und indem sie die unerwünschten auf den Gegner wälzte, erzeugte sie ein Bewußtsein, das eben dieser Moderne mit ihren Tendenzen in keiner Weise adäquat war. Es fand also eine Partialisierung des politischen Bewußtseins statt, die sozialpsychologisch insofern verheerend war, als ihre Überwindung in einer nunmehr bewußt angestrebten Einseitigkeit gesucht wurde. Der Barbarenvorwurf wurde auf deutscher Seite gelegentlich schon zum positiven Selbstbild umgedeutet; auf französischer und britischer Seite dagegen sollte die »Zivilisation« als Kernbegriff spätestens mit dem Jahr 1917 zurücktreten. Statt dessen traten nun Vorstellungen von »Rache« und »Gerechtigkeit« in den Vordergrund. Die Propaganda erzeugte eine Art von Bewußtseinsverspätungen, die nur dort übersprungen wurden, wo, etwa im Werk Ernst Jüngers, in der Kriegsmoderne die Koordinaten der modernen Existenz schlechthin stilisiert und angenommen wurden.

Neben diesen propagandistischen Anstrengungen gab es in den USA eine äußerst restriktive Zensur und eine »Spionage«-Gesetzgebung (der Espionage Act vom 5. Juni 1917), der nahezu alles, was als »Begünstigung des Feindes« und als »unpatriotisch« deklariert werden konnte, unter drakonische Strafen stellte. In seinem Buch *War Criminals and Punishment*, das er 1944 veröffentlichte, spricht George Creel im Rückblick auf die Deutschen des Ersten Weltkriegs von »Axis terrorists« und wirft damit ein Schlaglicht darauf, in welchen Kategorien die Mittelmächte vergegenwärtigt wurden. Es ist kein Zufall, sondern entspringt der amerikanischen Nationalgeschichte vom Bürgerkrieg über den Ersten und Zweiten Weltkrieg, daß auch heute noch von der US-Regierung wiederum dieselbe Semantik der »terroristischen Achse« verwandt wird – in einem Moment nationaler Bedrohung.[24]

Und um Bedrohung ging es in einem fundamentalen Sinn: Der Weltkrieg war in der Wahrnehmung der Zeitgenossen auf deutscher Seite ein Krieg um Identität, auf alliierter Seite ein Kreuzzug gegen das »Böse«. Und die Propaganda erfand immer neue Bilder dieser antagonistischen Identität in der Gegenüberstellung zum Feind. Das reichte traditionell von der Kultur, der Geschichte, den Bräuchen, in denen jeder Unterschied zu einem Qualitätsmerkmal umgedeutet wurde. Es steht außer Frage, daß Deutschland in diesem Krieg der Worte und Bilder mit seinem überkommenen Selbstverständnis und seinen nationalen Feindbildern eine neue politisch-propagandistische Selbstbestimmung nicht gelang. Das »Deutsche« in menschheitlicher Absicht zu fassen, war ein Unterfangen, das zwar von Geisteswissenschaftlern immer wieder begonnen wurde, aber teils nebelhaft, teils politisch naiv blieb. Das »Deutsche« war in politischer Hinsicht nicht zu universalisieren und damit propagandistisch nutzbar zu machen. Die »Ideen von 1914« gegen die »Ideen von 1789« zu stellen, verwies zudem auf die Anfänge der deutschen Nationalbewegung. So war es nur folgerichtig, daß in deutschen Zeitungen und Zeitschriften bis in das letzte Kriegsjahr hinein wieder und wieder die Frage behandelt wurde: »Was ist deutsch?«

Wie man schon Schwierigkeiten hatte, das »Deutsche« in diesem Krieg als Politikum zu bestimmen, so mißlang auch die Stilisierung der vielfältigen Feinde. Der traditionelle nationale Feind, Frankreich nämlich, konnte nicht für die feindliche Koalition stehen, der so unterschiedliche Staaten wie Rußland, Großbritannien und Italien angehörten. Dieses Defizit war nicht, wie die nationalistische Rechte nach dem Krieg meinte, propagandistischer Unfähigkeit zuzuschreiben, sondern hatte seinen tieferen Grund darin, daß der Krieg in letzter Konsequenz vornehmlich als nationaler Selbstbeweis erlebt und aufgefaßt wurde, hinter dessen Anforderungen die Konturen der verschiedenen Feinde an Wichtigkeit zurücktraten und sich gerade nicht zu einem bündelnden Oberbegriff verwischten. Hitler sollte aus diesem Erlebnis später die Konsequenz ziehen und mit der Stilisierung der Juden zum universalen Feind der Deutschen eben jene Universalisierung des Feindschaftsbegriffs vornehmen, die den Deutschen im Weltkrieg mißlungen war – von den Alliierten aber meisterhaft in Formeln wie »Barbaren« und »Hunnen« praktiziert wurde.[25]

Daß dies auf alliierter Seite möglich war, hatte vor allem damit zu tun, daß in allen Ländern die nationalen Feindbegriffe auf den Hauptfeind, Deutschland, übertragen werden konnten. In Frankreich war dies der Begriff des »Barbaren«, der politisch aufgeladen in der Großen Revolution und der Revolution 1848 verwandt, mit dem Krieg von 1870/71 außenpolitisch auf die Deutschen umgeleitet wurde, während man sich selbst vom kriegerischen Missionar der Freiheit zum friedliebenden Hüter der »Zivilisation« wandelte. In England entsprach der »Hunne« exakt einem kolonialen Negativklischee und dieses paßte in jeder Beziehung zum imperialen Selbstbild Großbritanniens. Amerika schließlich wurde durch den Weltkrieg vom Trauma des Bürgerkriegs endlich erlöst: Woodrow Wilson, der die Vereinigten Staaten in den Kreuzzug gegen das »militaristische« Deutschland führte, war seit der Sezession der erste Südstaatler im Präsidentenamt, und: »Was der Norden und der Süden einander gewesen waren – die Inkarnation der Barbarei und des Bösen – wurde nun Deutschland«.[26] Hier erhielten die französischen und englischen Aspirationen, einen Kreuzzug gegen den Hort des Bösen und der degenerierten Zivilisation zu führen eine enorme Belebung – durch eines der traumatischen Urerlebnise der amerikanischen Geschichte, das nun externalisiert werden konnte. Der alliierten Greuelpropaganda, die auf die radikalisierte Kriegführung, also auf Fakten, ebenso wie auf die Obsessionen der alliierten Nationalgeschichte, also auf vage, aber mächtige Gebilde des Imaginären, gründete, hatten die Deutschen aus einer immer fragwürdiger sich ausnehmenden Selbstverteidigung nichts entgegenzusetzen.

Sogar in der Körperbeschaffenheit wurde diese Differenz wiedergefunden und reproduziert. Wie Thomas Mann in seinen *Betrachtungen eines Unpolitischen* historisch begründete Unterschiede in der politischen und literarischen Kultur der kriegführenden Länder zu wesenhaften Differenzen stilisierte, so geschah dies wieder und wieder auf alliierter Seite auch im Hinblick auf den Körper des Feindes: Der deutsche Feind bilde eine »besondere Rasse«, er sei das Beispiel einer negativen Anthropologie wie bedeutende Kraniologen, Psychologen und Historiker nicht müde wurden zu betonen. In dieser Ethnisierung der Feindschaft lag ohne Zweifel das verheerendste Element der Weltkriegspropaganda. Der Feind war, ist und bleibt, wie er war und werde auch in Zukunft stets so sein, wie er war. Damit wurde der Konflikt in einer Weise rassisch stilisiert – ein Vorgeschmack auf die nationalsozialistische Propaganda- und Vernichtungspolitik, aber auch auf die stalinschen Massenverfolgungen, in denen Sozialzugehörigkeit durchaus rassisch definiert wurde.[27] Das Einzigartige der Propaganda im Ersten Weltkrieg ist nicht nur die Verbindung nationaler Autosuggestion mit staatlicher Manipulation. Auch das Amalgam aus Wissenschaftsethos und politischem Kalkül war so eng wie kaum je zuvor. Der *Aufruf an die Kulturwelt!*, den 93 namhafte Wissenschaftler im Oktober 1914 unterschrieben, kam einem Blankoscheck für die Reichsregierung gleich, der mit der Autorität der Wissenschaft eine Politik rechtfertigte, über deren Absichten man in keiner Weise hinreichend informiert war.[28] Es war die Bereitschaft, sich bedingungslos in den »Dienst am Vaterland« zu stellen.

Warum aber konnte die Propaganda solch eine zentrale Bedeutung erlangen, warum so tief in die Köpfe der Bevölkerung, aber auch in die politischen Institutionen dringen, daß es, überspitzt gesagt, eines weiteren Krieges bedurfte, um sie zu besiegen? Zum einen lag das daran, daß zunächst der Überzeugungsbedarf in allen kriegführenden Ländern außerordentlich gering war. Es gab bis 1916, bis zu den großen Schlachten bei Verdun, an der Somme und in Rußland, einen Überschuß an Überzeugung, von dem die Propaganda zehrte, als an die Stelle der Begeisterung eine mühsam kaschierte allgemeine Entgeisterung trat. Sie wirkte nun, indem sie an die frühere intensive Empfindung von der gerechten eigenen Sache erinnerte und an den Glauben der Augusttage appellierte. Selbst als man längst schon mit wehmütiger Bitternis auf die Naivitäten des August 1914 zurückblickte und einem Heroismus der Notwendigkeit huldigte, wirkte der erste Kriegsmonat als Erweckungserlebnis nach, wie selbst die Memoirenliteratur derjenigen bezeugt, die die Begeisterung nun als Mischung aus Betrug und Selbsttäuschung verstanden. So bildete die Propaganda das religiöse Motiv des Kampfes um den Glauben nach: Der im Glauben Gefährdete, der an den Erscheinungen der Welt irre werdende war demnach zugleich auch derjenige, der der wahren Erkenntnis am nächsten war. Trotz allem und gegen den Augenschein an den Sinn des eigenen Krieges zu glauben, wurde zum Ausweis der gerechten Sache. Hier konnte die Propaganda an den Volksglauben anknüpfen, an vielfach vermittelte Vorstellungen von Treue und Standhaftigkeit. Zudem durfte bei den vielen Opfern nicht plötzlich wertlos sein, wofür man zu kämpfen vermeinte.

So lag der zweite Grund für die Wirksamkeit der Propaganda paradoxerweise in ihrer Notwendigkeit angesichts der langen Dauer des Krieges, deren Opfer die Bevölkerung aufs äußerste belasteten: Die Toten, das Leid, den Hunger immer wieder und stets neu zu rechtfertigen, bedurfte vielfacher Anstrengung, die unbedingte Schicksalhaftigkeit des Krieges so glaubhaft wie möglich zu stilisieren. Es gehörte zu den bösen Überraschungen der Nachkriegszeit, daß man sich eingestehen mußte, daß die Überzeugungen, die man häufig genug geteilt hatte, in Form staatlicher Propaganda zur eigenen Täuschung benutzt worden waren. Dieser Eindruck blieb einerseits als verbreitete Reserve gegenüber allen Appellen an die Opferfreudigkeit und gegenüber aller Kriegsbegeisterung bestehen. Andererseits aber stellt der Fanatismus der Überzeugung, den man in der Nachkriegszeit bei zahlreichen politischen und weltanschaulichen Gruppierungen findet, auch eine Reaktion dar auf einen als zu schwach empfundenen »Glauben an die eigene Sache«, dem man die Schuld an der Niederlage im Krieg zuschrieb. Die Legende vom »Dolchstoß«, den subversive Propagandisten an der Heimatfront der kämpfenden Truppe versetzt hätten, geht hierauf zurück: Auf den Glauben an den Glauben, der nur stark genug sein mußte, damit alle Widrigkeiten überwindbar erschienen.[29]

Indem die Propaganda nur das Absolute kannte – und damit zutiefst unpolitisch war – mußte ein Verständigungsfrieden oder gar eine Niederlage undenkbar werden. Man konnte nicht verlieren, sondern nur untergehen. Und wer mit den Feinden verhandelte, beging Verrat. Daß ein solches Denken weithin verbreitet war, ist eine der Wirkungen einer jahrelangen intensiven Propaganda, deren politische Nachwirkungen für die Nachkriegszeit kaum zu überschätzen sind. Die Propaganda des Ersten Weltkriegs lieferte die Stichworte, schuf die Emotionen, die im Zweiten Weltkrieg noch einmal aufkommen sollten.[30]

Hinzu trat ein anderer Faktor, den die Propaganda selbst mitzuschaffen half: Staatsbürger und Soldat hatten sich in der politischen Theorie zunächst, in der Praxis der allgemeinen Wehrpflicht später angenähert; nun wurden sie fast zu Synonymen. In dem Moment war Propaganda zu einem unentbehrlichen politischen und emotionalen Band geworden, mit dessen Hilfe der politische Sinn der Staatsbürger zu stärken, ihre Opferbereitschaft und ihr Mut zu befördern und zu befestigen waren. Diese Entwicklung verweist auf einen fundamentalen Wandel des Politischen und seiner Erscheinungsform seit der Französischen Revolution.

So wurde das europäische Mächtekonzert seit 1789 nicht mehr nur hinter verschlossenen Türen, sondern auch auf offener Bühne gespielt – vor und schließlich auch mit einer Öffentlichkeit, deren Chancen, betrogen und in die Irre geführt zu werden, in dem Maß stiegen, in dem sie ihren Anspruch auf Informations-Teilhaberschaft durchsetzte: keine Identifikation ohne Information.

In Gesellschaften, deren Mitglieder sich mit dem Staatsverband formal wie emotional identifizieren, sind, in Gesellschaften, die nicht nur finanziell einen Einsatz zu leisten haben, hat die Propaganda die Sinnhaftigkeit des Einsatzes zu betonen, zu wiederholen – und nicht selten auch – zu erfinden. Langemarck ist ein Beleg hierfür, ein Beleg für die Umwandlung einer militärischen Unsinnigkeit in einen sinnstiftenden Mythos. Der Tod der Bürgersoldaten verlangt nach Rechtfertigung, und die einzige Rechtfertigung neben der christlichen Erlösungshoffnung besteht in der höheren Legitimation jenes Staates, in dessen Namen der Tod in Kauf genommen oder als Martyrium herbeigesehnt wird. Den Kriegstod zu erklären und zu verklären war nicht das einzige, aber eines der wichtigsten Motive der Kriegspropaganda.

Der Erste Weltkrieg war mithin ein globales Medienereignis, ein Kampf um Begriffe und Bilder, um Sympathie und Anerkennung, in dem entschieden werden sollte, nach welchen sprachlichen Mustern und nach welchen allgemein akzeptierten Legitimationsformeln internationale Politik zu betreiben sei. Das Bemerkenswerte daran war, daß von Beginn an festzustehen schien, daß die im Krieg sich befindenden Nationen keine gemeinsame Verständigungsgrundlage hatten, keine Werteordnung teilten, in die auch der Krieg noch eingefaßt war. Von den ersten Augusttagen 1914 an galt die Kluft zwischen der Entente und den Mittelmächten als unüberwindlich; der bloße Gedanke an einen Kompromiß und an Verständigung lag so fern wie der Sieg oft greifbar nahe schien. Die Propaganda war nicht die einzige Ursache für diese Selbstblockade der europäischen Gesellschaften im Krieg, aber ohne sie hätte dieser kaum vier Jahre lang Bestand haben können. Vor allem aber wäre auch der Nachkrieg nicht zu dem geworden, was er schließlich wurde: zu einem Vorkrieg.

---

[1] W. Behringer, Veränderung der Raum-Zeit-Relation. Zur Bedeutung des Zeitungs- und Nachrichtenwesens während der Zeit des Dreißigjährigen Krieges, in: Zwischen Alltag und Katastrophe. Der Dreißigjährige Krieg aus der Nähe, hg. v. B. von Krusenstjern u. a., Göttingen 1999, S. 39-81, hier insbesondere S. 80 ff.

[2] Erich Ludendorff, Meine Kriegserinnerungen 1914-1918, Berlin 1919, S. 303.

[3] So Haffner über Ludendorff, in: Sebastian Haffner, Die deutsche Revolution 1918/1919, 2. Aufl., München 1979, S. 28. Das Beispiel Ludendorffs zeigt, wie für jede Politik die entsprechenden Charaktere immer schon bereitstehen.

[4] Vgl. M. Szöllösi-Janze, Fritz Haber, 1868-1934. Eine Biographie, München 1998, S. 327.

[5] Zitiert nach: G. Kaiser, Wie die Kultur einbrach. Giftgas und Wissenschaftsethos im Ersten Weltkrieg, in: Merkur, 56 (2002), S. 216; D. Martinetz, Der Gaskrieg 1914-18. Herstellung und Einsatz chemischer Kampfstoffe. Das Zusammenwirken von militärischer Führung, Wissenschaft und Industrie, Bonn 1996.

[6] S. Audoin-Rouzeau/A. Becker, Violence et consentement. La ›culture de guerre‹ du premier conflit mondial, in: Pour une histoire culturelle, hg. v. J.-P. Rioux/J. F. Sirinelli, Paris 1997, S. 251-271.

[7] Für das deutsche Beispiel: J. Albes, Worte wie Waffen. Die deutsche Propaganda in Spanien während des Ersten Weltkriegs, Essen 1996, hier insbesondere S. 8-24 zur pressegeschichtlichen Historiographie sowie S. 85-124 zu den Institutionen der deutschen Auslandspropaganda. Zur zarischen Kriegspropaganda siehe: M. Ferro, Der Große Krieg, Frankfurt a. M. 1988, S. 24-28.

[8] K. Koszyk, Entwicklung der Kommunikationskontrolle zwischen 1914 und 1918, in: Pressekonzentration und Zensurpraxis im Ersten Weltkrieg, hg. v. H.-D. Fischer, Berlin 1973, S. 152-193, hier S. 174. Siehe auch: Ders., Deutsche Pressepolitik im Ersten Weltkrieg, Düsseldorf 1968, sowie: M. Creutz, Die Pressepolitik der kaiserlichen Regierung während des Ersten Weltkriegs. Die Exekutive, die Journalisten und der Teufelskreis der Berichterstattung, Frankfurt a. M. 1996.

[9] F. Avenarius, Das Bild als Verleumder, München 1916; ders., Das Bild als Narr, München 1918.

[10] Allein im August 1914 sollen 1,5 Mio. deutscher Kriegsgedichte entstanden sein. Hierzu: Deutsche Kriegslieder 1914/16, hg. v. C. Busse, 3. Aufl., Bielefeld/Leipzig 1916, S. VI.

[11] S. Zweig, Die Welt von Gestern. Erinnerungen eines Europäers, Frankfurt a. M. 1970 (Stockholm 1944), S. 157.

[12] W. Leiner, Das Deutschlandbild in der französischen Literatur, Darmstadt 1989, S. 181 ff.

[13] H. D. Lasswell, Propaganda Technique in World War I, Cambridge, Ma./London 1927.

[14] H. Lübbe, Politische Philosophie in Deutschland, München 1974, S. 171-236.

[15] Vgl. hierzu: G. Krumeich, Gott mit uns? Der Erste Weltkrieg als Religionskrieg, in: Nation, Religion und Gewalt im 19. und frühen 20. Jahrhundert, hg. v. G. Krumeich/H. Lehmann, Göttingen 2000, S. 273-285.

[16] Walther Rathenau, Briefe. Neue endgültige Ausgabe in drei Bänden, Dresden 1930, Bd. 1, Brief Rathenaus an Leopold Ziegler vom 28. Juli 1917, S. 303.

[17] R. Fabian/H. C. Adam, Bilder vom Krieg. 130 Jahre Kriegsfotographie – eine Anklage, Hamburg 1983.

[18] Koszyk, Entwicklung der Kommunikationskontrolle.

[19] M. L. Sanders/P. M. Taylor, Britische Propaganda im Ersten Weltkrieg 1914-1918, Berlin 1990; P. Buitenhuis, The Great War of Words. British, American, and Canadian Propaganda and Fiction, 1914-1933, Vancouver 1987.

[20] J. Verhey, Krieg und geistige Mobilmachung: Die Kriegspropaganda, in: Eine Welt von Feinden, hg. v. W. Kruse, Frankfurt a. M. 1997, S. 176-183.

[21] S. H. Ross, Propaganda for War. How the United States was conditioned to fight the Great War of 1914-1918, London 1996, S. 215 ff.

22 H. Joas, Die Sozialwissenschaften und der Erste Weltkrieg. Eine vergleichende Analyse, in: Kultur und Krieg. Die Rolle der intellektuellen, Künstler und Schriftsteller im Ersten Weltkrieg, hg. v. W. J. Mommsen, München 1996, S. 17-30.

23 Ebda, S. 26.

24 In der internationalen Terrorbekämpfung wurde also eine Semantik der Propaganda wiedereingesetzt, die aus den inneren wie äußeren Kriegen Amerikas entstanden ist und nun gleichsam globalisiert wird. Hierzu auch: W. Schivelbusch, Die Kultur der Niederlage. Der amerikanische Süden 1865, Frankreich 1871, Deutschland 1918, Berlin 2001, S. 51-122.

25 M. Jeismann, Der letzte Feind. Die Nation, die Juden und der negative Universalismus, in: Die Konstruktion der Nation gegen die Juden, hg. v. P. Alter u. a., München 1999, S. 173-190.

26 Schivelbusch, Kultur der Niederlage, S. 108.

27 M. Jeismann, Das Vaterland der Feinde. Studien zum nationalen Feindbild und Selbstverständnis in Deutschland und Frankreich 1792-1918, Stuttgart 1992, S. 349-363.

28 J. von Ungern-Sternberg/W. von Ungern-Sternberg, Der Aufruf »An die Kulturwelt!«. Das Manifest der 93 und die Anfänge der Kriegspropaganda im Ersten Weltkrieg, Stuttgart 1996.

29 G. Krumeich, Die Dolchstoßlegende, in: Deutsche Erinnerungsorte, hg. v. E. François/H. Schulze, Bd. 1, München 2001, S. 585-599.

30 Hitler war geradezu besessen von der Vorstellung, Propaganda »richtig« zu betreiben und so die »überwiegend feminin veranlagte Masse« in ihren Empfindungen und Gedanken beherrschen zu können. Als Vorbild nannte er immer wieder die englische Propaganda während des Ersten Weltkriegs: Adolf Hitler, Mein Kampf, München 1941, S. 193-204.

Literatur

J. Albes, Worte wie Waffen. Die deutsche Propaganda in Spanien während des Ersten Weltkriegs, Essen 1996.

P. Buitenhuis, The Great War of Words. British, American, and Canadian Propaganda and Fiction, 1914-1933, Vancouver 1987.

M. Creutz, Die Pressepolitik der kaiserlichen Regierung während des Ersten Weltkriegs. Die Exekutive, die Journalisten und der Teufelskreis der Berichterstattung, Frankfurt a. M. 1996.

M. Diers, Nagelmänner. Propaganda mit ephemeren Denkmälern im Ersten Weltkrieg, in: Mo(nu)mente: Formen und Funktionen ephemerer Denkmäler, hg. v. M. Diers, Berlin 1993.

K. Flasch, Die geistige Mobilmachung. Die deutschen Intellektuellen und der Erste Weltkrieg. Ein Versuch, Berlin 2000.

M. Jeismann, Das Vaterland der Feinde. Studien zum nationalen Feindbild und Selbstverständnis in Deutschland und Frankreich 1792-1918, Stuttgart 1992.

K. Koszyk, Deutsche Pressepolitik im Ersten Weltkrieg, Düsseldorf 1968.

H. D. Lasswell, Propaganda Technique in World War I, Cambridge, Ma./London 1927.

Pressekonzentration und Zensurpraxis im Ersten Weltkrieg, hg. v. H.-D. Fischer, Berlin 1973.

S. H. Ross, Propaganda for War. How the United States was conditioned to fight the Great War of 1914-1918, London 1996.

M. L. Sanders/P. M. Taylor, Britische Propaganda im Ersten Weltkrieg 1914-1918, Berlin 1990.

J. von Ungern-Sternberg/W. von Ungern-Sternberg, Der Aufruf »An die Kulturwelt!«. Das Manifest der 93 und die Anfänge der Kriegspropaganda im Ersten Weltkrieg, Stuttgart 1996.

Eine Welt von Feinden, hg. v. W. Kruse, Frankfurt a. M. 1997.

Medizin

Wolfgang U. Eckart und Christoph Gradmann

Auch für die Medizin war der Erste Weltkrieg der erste große Krieg im naturwissenschaftlich-technischen Zeitalter. Zugleich aber war sie das Ergebnis einer gleichlaufenden, schnellen Entwicklung militärischer und medizinischer Technologie. Mit dem Weltkrieg übertrafen Verluste durch Kampfhandlungen erstmals die durch Kriegsseuchen.[1] Dies allerdings erklärt sich nicht nur, wie häufig unterstellt, aus den Leistungssteigerungen der Medizin d. h. besonders der bakteriologischen Hygiene, die eine effektive Bekämpfung von Fleckfieber, Typhus oder Cholera erstmals ermöglichten. Das Schlachtgeschehen selbst wurde gefährlicher: Trotz medizinischer Versorgung stieg die Wahrscheinlichkeit, an einer Verwundung zu sterben, im Weltkrieg gegenüber früheren Kriegen ganz erheblich an.[2] Zu denken ist hierbei an die Verletzungsspezifika des Stellungskrieges durch Granatsplitter und Hochgeschwindigkeitsgeschosse.[3] Bestimmte Zweige, wie z. B. die plastische Chirurgie, die Prothetik aber auch im deutschen Fall die chemische Hygiene erlebten eine rege Weiterentwicklung. Gleichzeitig führte der Weltkrieg, zum Beispiel in Frankreich, zu einem nahezu völligen Zusammenbruch der zivilen Krankenversorgung.[4]

Neben diesen eher prinzipiellen Aspekten ist während des Weltkrieges eine zunehmende Einbindung der Medizin in den disziplinarischen Bereich zu registrieren, die für das deutsche Beispiel durchaus als Folge des Ausbaus der Gesundheitsversorgung im Kaiserreich erklärt werden kann. Die Etablierung von Unfall- und Krankenversicherung, von Invalidenrenten und der Ausbau des Krankenhauswesens hatten gleichzeitig dazu geführt, daß Definitionen von Gesundheit und Krankheit, ja selbst die Beschreibung des Körpers im allgemeinen zunehmend exklusiv in die Kompetenz von Ärzten fielen.[5] Erforderte doch die Teilhabe an Leistungen der gesetzlichen Unfall- oder Krankenversicherung die Unterwerfung unter eine entsprechende ärztliche Begutachtung, die dann verbindlich Gesundheit und Krankheit definieren konnte.

In Folge war im Weltkrieg die Frage der Bewertung von Krankheit oder Verletzung nicht eine des einfachen Augenscheins, sondern der ärztlichen Begutachtung. Der Arzt entschied über einen etwaigen Lazarettaufenthalt, seine Dauer, Rücksendung zur Front oder in die Heimat sowie auch über Rentenansprüche. Insofern war die Medizin bereits in allgemeiner Form konkret in die Aufrechterhaltung und alltägliche Durchsetzung der militärischen Disziplin eingebunden.

Dies betraf auch die Rolle der Soldaten als Patienten, die nicht minder durch rechtliche und medizinische Normen bestimmt war: Ärzte wurden im dienstrechtlichen Sinne zu militärischen Vorgesetzten ihrer Patienten; diese verloren dadurch das grundlegendste aller Patientenrechte, das der Einwilligungsfähigkeit in eine therapeutische Maßnahme. Therapien konnte nicht mehr widersprochen werden, sie waren jetzt militärische Befehle.

Modernität der Medizin

Zweifellos löste gerade der Erste Weltkrieg wegen seiner besonderen Anforderungen an viele Teildisziplinen der Medizin einen bedeutenden Modernisierungsschub aus. Diesem Aspekt soll anhand von drei Beispielen, der Bluttransfusion, der Kampfgasforschung sowie der Hygiene und Bakteriologie, nachgegangen werden.

Bei der Bluttransfusion handelte es sich um eine im Prinzip auch vor dem Krieg bereits bekannte Maßnahme.[6] Schon bei Karl Landsteiners Beschreibung der Blutgruppen von 1900 existierten Verfahren zum Test auf Unverträglichkeit von Spender- und Empfängerblut sowie auf gefährliche Infektionskrankheiten. Akute Lebensgefährdung durch Blutverlust trat allerdings im zivilen Bereich selten auf und die Bluttransfusion stand demgemäß vor dem Krieg im Geruch »eine ungewöhnliche Maßnahme, auf die man nicht leichtfertig zurückgreifen dürfe«, zu sein.[7] Der Weltkrieg förderte nun die Weiterentwicklung und Ausbreitung der Bluttransfusion auf vielfältige Weise, nicht nur durch die massenhaft auftretenden stark blutenden Wunden. Gleichzeitig standen mit den Soldaten erstmals eine Gruppe kontrollierbarer Blutspender, deren jeweilige Blutgruppe sich im voraus ermitteln ließ, zur Verfügung. Die Anwendung in Extremsituationen und der häufige Zwang zur Improvisation unterstützten zusätzlich das Experimentieren mit unterschiedlichen Verfahren – bei gleichzeitig hoher Risikobereitschaft. So wurde etwa auf die in Friedenszeiten unerläßlichen Tests vor der eigentlichen Transfusion von Fall zu Fall verzichtet.

Auf andere Weise beförderte die Kriegssituation zusätzlich die Verbreitung bereits entwickelter Verfahren aus den USA und Kanada. Die dort schon vor dem Krieg weit verbreitete Bluttransfusion kam auf dem Weg über die Feldlazarette in die zivile europäische Medizin – naturgemäß geschah dies in den Ententestaaten umfassender und schneller als im Deutschen Reich.

Mit dem Ende des Krieges durfte schließlich die vorher angezweifelte Nützlichkeit der Bluttransfusion als gesichert gelten, zumal ihre Verfahren inzwischen vereinheitlicht waren. Entsprechend ausgebildete Mediziner standen nun in ausreichender Zahl zur Verfügung, die Techniken waren so weit entwickelt, daß die Bluttransfusionen binnen kurzem zur Routineangelegenheit gerieten. Die Transfusion wurde als Regelleistung in die ärztliche Gebührenordnung integriert und zunehmend mehr Krankenhäuser organisierten den dafür notwendigen Blutspendedienst. Nicht zuletzt hatte – was sehr bedeutend ist – die ausgebildete Technik bereits im Kriege zur Erschließung neuer Anwendungsfelder außerhalb der Akutmedizin, etwa bei der Operationsvorbereitung, geführt.

Auch das Beispiel der chemischen Kriegführung zeigt die Verflechtung von medizinischer und militärischer Technologie.[8] Zwar setzt jede Waffe gewisse Kenntnisse des menschlichen Körpers, den man schädigen oder zerstören will, voraus. Im chemischen Krieg erforderten Entwicklung und Einsatz von Kampfgasen allerdings zwingend umfangreiche medizinische und pharmakologische Kenntnisse. Das Wissen über die physiologische Wirkung der meisten Kampfgase beruhte vor allem auf Tierversuchen. Hierbei wurden, wissenschaftlich exakt, Erkenntnisse wie die tödliche Dosis und Art und Ausmaß der Verletzungen ermittelt. Ohne solches Wissen aber war an die Entwicklung neuer Kampfgase und ihren Einsatz nicht zu denken gewesen.

Eine Grenze zwischen Forschung, die der Entwicklung von Waffen und solcher, die dem Schutz vor diesen oder der Therapie von Verletzungen diente, war kaum zu ziehen: Der Einsatz von Kampfgasen gegen den militärischen Gegner und der Schutz der eigenen Mannschaften vor gegnerischem (oder eigenem) Kampfgas basierten auf der gleichen Forschung. Entsprechend verfügte Fritz Habers Kaiser-Wilhelm-Institut für Physikalische Chemie in Berlin-Dahlem, das der Erforschung der Gaswaffen diente, ab 1916 über eine schnell wachsende Toxikologische Abteilung. Die deutsche Armee, die als erste seit April 1915 Kampfgas einsetzte, war aus diesem Grunde dem militärischen Gegner nicht nur in der Erforschung der Waffe, sondern auch in der medizinischen Versorgung weit voraus.

Entsprechend ihrer medizinisch-technologischen Modernität erweiterten Kampfgase schließlich das Szenario möglicher Bedrohung und Verletzung von Soldaten um eine neuartige Variante, die seitens der medizinischen Experten als extreme Angstwirkung gezielt untersucht und zum Maßstab der Weiterentwicklung der Waffe erhoben wurde.[9] Kampfgase verletzten den Körper weniger, als daß sie ihn binnen Stunden oder Wochen allmählich zerstörten. Die Symptome waren qualvoll und beängstigend und traten unter Umständen lange nach der Vergiftung auf. Gleichzeitig verräumlichte das Gas die körperliche Bedrohung und an die Stelle einer spezifischen körperlichen Bedrohung durch Projektile o. ä. trat eine lebensfeindliche, tödliche Umwelt.

Große Hoffnungen im Sinne der wissenschaftlichen Ausbeute verbanden auch andere medizinische Disziplinen mit dem Krieg, so etwa die Hygiene und Seuchenforschung. Schon bald nach seinem Beginn wurde der Weltkrieg von herausragenden Ärzten als grandiose Möglichkeit aufgefaßt, in einem gewaltigen in vivo -Experiment besonders hygienische und bakteriologische Erfahrungen zu sammeln, die in ereignismageren Friedenszeiten nur schwerlich zu gewinnen waren. So begeisterte sich der Hygieniker und Tropenmediziner Carl Mense im Januarheft 1915 des *Archivs für Schiffs- und Tropenhygiene*: »Vor unseren Augen aber spielt sich der größte Versuch [...] ab, den die Einbildungskraft ersinnen kann. Menschen der verschiedensten Zonen werden gegeneinandergeführt und leben und ringen unter den ungünstigsten hygienischen Verhältnissen. Die Völker des Erdballs stellen dadurch ein so riesiges epidemiologisches Experiment auf, wie es die Seuchenforschung nie erträumen konnte. Aber erst wenn die Friedensglocken läuten, winkt der Lohn aller Mühen und Kämpfe – hoffentlich auch der Wissenschaft«.[10] Mense stand zu Beginn des Krieges nicht allein; mit ihm faßten viele den Krieg als den »großen Lehrmeister« auch in medizinischen Fragen auf und erhofften sich neue Ruhmesblätter für die deutsche medizinische Wissenschaft, insbesondere für die Hygiene. Nach dem verlorenen Krieg war die anfängliche Begeisterung zwar erloschen, der Glaube an eine reiche Ausbeute für die deutsche Wissenschaft bei manchen Forschern freilich immer noch vorhanden.

Der Berliner Hygieniker Wilhelm Hoffmann, Herausgeber des Hygiene-Bandes der *Ärztlichen Erfahrungen im Weltkriege*, brachte solche Hoffnung 1922 in seinem Vorwort auf den Punkt: Die »angestrengte Geistestätigkeit« deutscher Ärzte auf den verschiedenen Gebieten der Hygiene sei nicht ohne Folgen geblieben: »Neue Entdeckungen bisher unbekannter Infektionserreger [...] mehrten den Ruhm deutscher Forschung; die unerbittliche Notwendigkeit von eingreifenden Einschränkungen in der Ernährung, die durch die Blockade unserem Vaterlande aufgezwungen waren, stellte führende Männer vor bedeutungsvolle Entscheidungen, die bis zur Grenze des für das ganze Volk hygienisch Zulässigen gingen; die übrigen hygienischen Fragen erheischten die Lösung komplizierter organisatorischer Probleme.«[11] Am Beispiel der Fleckfieberforschung zeigt sich sehr deutlich, wie der Krieg einerseits zur Modernisierung der bakteriologischen Forschung, andererseits aber auch zur Grenzüberschreitung der Hygiene auf das Gebiet anthropologischer und gesellschaftspolitischer Feststellungen beitrug. Der »Typhus exanthematicus«, besser bekannt unter seiner deutschen Bezeichnung Fleckfieber gehörte zweifellos zu den bedeutendsten Infektionskrankheiten, von denen Feld- und Besatzungsheer während der vier Kriegsjahre, vornehmlich im Osten, heimgesucht wurden. Fleckfieber, eine typische Kriegsseuche, wird durch den Erreger Rickettsia Prowazeki verursacht, der seinerseits nur durch Läuse von Mensch zu Mensch übertragen werden kann; die Krankheit verläuft fulminant, weist unbehandelt eine hohe Letalität auf, hinterläßt aber überstanden Immunität. Bei Kriegsbeginn war die Epidemiologie der Krankheit durchaus bekannt.

Die Erkrankungszahlen sind beeindruckend und sie stiegen von Kriegsjahr zu Kriegsjahr. 1914/15 waren es bei der Truppe und in den Lazaretten zusammen 929,

1915/16 schon 1.262, im nächsten Berichtszeitraum 2.633 und 1917/18 schließlich 3.900 mithin insgesamt 8.724. Von den insgesamt 5.982 in Lazarette aufgenommenen Fieberkranken starben 1.345 (22,5 Prozent). Die Fleckfieberletalität aller Behandelten in Feld- und Besatzungsheer belief sich in den vier Kriegsjahren auf 14,8 Prozent (1914/15 und 1915/16), 24,7 Prozent (1916/17) und 20,7 Prozent (1917/18).[12]

Dramatischer war freilich die Situation in den Kriegsgefangenenlagern. Schwerste Epidemien führten dort zu erheblichen Infektionsraten und forderten nachweislich Zehntausende Opfer. In der Frühjahrsepidemie 1915 erkrankten in den elf am meisten betroffenen mitteldeutschen Kriegsgefangenenlagern von insgesamt 127.700 Gefangenen 44.185 (34,6 Prozent), 3.650 starben.[13] Eine besonders schwere Epidemie brach im Januar 1917 im besetzten Rumänien aus und griff bald auch auf die Kriegsgefangenenlager über. Zwischen März und Juni 1917 starben im Lager Rimnicul Sarat insgesamt 1.559 Gefangene, davon sicher 325 an Fleckfieber; im Lager Buzau erkrankten 1.500 Kriegsgefangene an Fleckfieber, 1.000 verstarben daran.[14] »Für deutsches Sanitätspersonal«, so schrieb der Armeearzt der 9. Armee, Prof. Schumburg, an den Chef der Feldsanität, Otto von Schjerning, »war die Kommandierung in ein Kriegsgefangenenlager [...] fast gleichbedeutend mit einem Todesurteil«. In ständiger Infektionsgefahr befanden sich auch die Ärzte der 9. Armee, von denen zwischen Januar 1917 und März 1918 insgesamt 66 an der Seuche erkrankten. 27 von ihnen starben.[15] Infektionen erfolgten fast ausschließlich an der Ost- und Balkanfront. Die wenigen Fälle der Westfront gingen auf Ansteckungen im Osten zurück. Das Kaiserreich blieb durch massive Entlausungsmaßnahmen in den besetzten Gebieten und an der Ostgrenze von einer Ausbreitung des Fleckfiebers verschont. Im Reichsgesundheitsamt wurden für die Jahre 1914 bis 1918 insgesamt 1.279 Fleckfieberfälle registriert.[16] Selbstverständlich weckte gerade die in Friedenszeiten wenig bedeutende und deshalb auch kaum erforschte Kriegsseuche Fleckfieber das epidemiologische und bakteriologische Erkenntnisinteresse bei allen kriegführenden Parteien ganz erheblich. Es stellt sich daher die Frage, auf welche Weise der Krieg von den Forschern als Experimentalfeld und das Fleckfieber als Erkenntnisobjekt im Sinne des eingangs zitierten Carl Mense gesehen und von welchen wissenschaftlichen Vorstellungen der Umgang mit diesem Forschungsgegenstand begleitet wurde. Zwei umfangreiche zusammenfassende Darstellungen, die beide im *Handbuch der Ärztlichen Erfahrungen im Weltkriege* abgedruckt wurden, dürfen als repräsentativ gelten. Es handelt sich einmal um den Beitrag *Fleckfieber-Epidemiologie und -Bekämpfung* von Georg Jürgens[17], zum anderen um den Artikel *Fleckfieber (Typhus exanthematicus)* von Richard Otto.[18]

Georg Jürgens (1870-1966), nach dem Krieg Professor und leitender Arzt des Berliner Urban-Krankenhauses, konnte seine Fleckfiebererfahrungen als Kriegs-Sanitäts-Inspekteur der Gefangenenlager sammeln. Der zum Abdruck gekommene Bericht faßt daher persönliche Beobachtungen der Epidemiologie der Seuche zusammen, wie sie in Kriegsgefangenenlagern gewonnen wurden. Dabei lieferte der Krieg gleichsam die Bühne, die Natur gab den Blick auf sie und eines ihrer Schauspiele frei. Akteure waren zunächst nur Kriegsgefangene und Läuse. Der naturforschende Arzt saß im Parkett, beobachtete das sich entwickelnde Szenario und zog seine Schlüsse. Er beobachtete, so Jürgens, wie das »Fleckfieber von russischen Kriegsgefangenen in ein Gefangenenlager eingeschleppt« wurde und sich, »bis dahin unerkannt und unbeachtet, plötzlich zu ungeheurer Höhe« erhob, »unbekümmert um alle modernen Maßnahmen der Seuchenbekämpfung [...] von Mann zu Mann, von Haus zu Haus« ging.

Der zweite Akt entlarvte die Laus als Überträgerin; die Szene zeigte zwei Gefangenenlazarette des gleichen Lagers: eines, in dem täglich aufs neue verlauste Kranke eintreffen und schließlich alle erkranken; ein zweites, wenige Schritte entfernt, in das nur sorgfältig Entlauste Aufnahme finden, worauf jede Fleckfieber-Hausinfektion ausbleibt. Zweierlei wird hierbei deutlich: Läuse übertrugen Fleckfieber, doch der Seuche konnte nur Einhalt geboten werden, wenn die Quarantäne als »Absonderung aller Verdächtigen« – und Gefangenenlager waren für Jürgens zugleich Quarantäneanstalten – nicht Selbstzweck blieb, sondern ihrem »eigentliche[n] Sinn« entsprachen, der »sichere[n] Erfassung und Vernichtung der Infektionsherde«. Dabei würde es freilich – trotz sicherer Entlausung – niemals gelingen, ein Gefangenenlager auf die Dauer läusefrei zu halten. Noch weniger dürfe man mit der Möglichkeit rechnen, »die Ostgrenze des Reiches gegen russische und polnische Läuse zu sperren. Der alte Pettenkofersche Ausspruch, daß die Welt sich nicht parasitenfrei verkleben« lasse, habe sich »in diesem Kriege in einem Experiment größten Stiles aufs neue bewahrheitet«. Die Entlausung habe sich als eine »hygienische Notwendigkeit aufs glänzendste bewährt«, sie hätte »aber zugleich den Beweis geliefert, daß ein Parasitenkampf auch mit unbegrenzten Mitteln nicht bis zur Ausrottung der Parasiten durchgeführt werden« könne.

Jürgens Grundverständnis des Fleckfiebers war stark allgemeinhygienisch geprägt, aber auch soziale und besonders kulturelle Komponenten wurden einbezogen. »Eine Volksseuche«, so heißt es bereits im einleitenden Satz, »die der aufsteigenden Kultur eines Landes von selbst weicht und vollkommen verschwindet, bevor der Gedanke ihrer Bekämpfung überhaupt praktische Verwertung gewinnen konnte, muß in ihrer Epidemiologie eine Eigenheit haben, die sie von anderen [...] Seuchen unterscheidet. Zu allen Zeiten hat das Fleckfieber sich diese Eigenart bewahrt. Niemals hat es [..] gleichmäßig bei arm und reich Einkehr gehalten«. Soziale Not und geringere Kultur im Sinne Jürgens aber herrschten besonders in Rußland und Südosteuropa. Gleichwohl sucht man in seinem Beitrag vergebens nach Vorschlägen, der Seuche diese Entstehungsbedingungen in den besetzten Gebieten zu entziehen. Lösungsmöglichkeiten solcher Art fanden in seiner Deutung zwischen Naturschauspiel und epidemiologischer in-vivo-Beobachtung keinen Raum. Die Rolle der Laus war entscheidend, der Krieg im Kriege ausschließlich gegen sie gerichtet; kultur- und sozialanthropologische Überlegungen blieben noch weitgehend marginal, wenngleich die Grenzen bereits durchgängig wurden, wie etwa der Hinweis auf die »polnischen« und »russischen« Läuse zeigt. Nationalität kommt nur Menschen zu, nicht aber Tieren. Auch die Forderung nach »Erfassung und Vernichtung der Infektionsherde« als dem »eigentlichen Sinn der Quarantäne« entsprechend läßt aufhorchen, wenngleich es sich hier wohl noch um eine sprachliche Unschärfe handelt.

Dies gilt so nicht mehr für Richard Otto (1872-1952), im Krieg beratender Hygieniker im Osten, danach Geheimer Medizinalrat und Generaloberarzt der Reserve in Berlin. Ottos Krieg gegen das Fleckfieber im besetzten Osten bezog die Auseinandersetzung mit der als Hauptträgergruppe identifizierten jüdischen Bevölkerungsgruppe expressis verbis ein. Als »Hauptherd der Seuche« machte Otto »die größeren Städte mit ihrer zahlreichen armen und verschmutzten jüdischen Bevölkerung«[19] aus, wobei dem Autor der Hinweis auf die »rassisch« bedingte Widerstandsfähigkeit der jüdischen Bevölkerung wichtig war. Dieser Bevölkerungsgruppe gelte daher, neben Prostituierten, Gefängnisinsassen und Bettlern, die besondere Aufmerksamkeit des Seuchenhygienikers. Neben den üblichen Vorgehensweisen der Seuchenhygiene enthielt das Programm auch unmittelbare Eingriffe in die kulturelle Autonomie des Hauptherdes, wie etwa »die Schließung der jüdischen Chederschulen und Bethäuser«. Seuchentrupps suchten nach verheimlichten Kranken und überprüften die Entlausung, bei der Männer und Knaben völlig enthaart, Frauen und Mädchen jedoch »meist nur die Kopfhaare entfernt« wurden. Während der Entlausung der Wohnräume wurden deren Insassen in Quarantäneanstalten verbracht. Wo diese Maßnahmen auf Vorbehalte oder Widerstände stießen, kam es zur Erfassung der Unwilligen und zur Zwangssanierung. »Über Wohnungen und Personen«, berichtete Otto, »die sich nach der erstmaligen Sanierung alsbald wieder verschmutzt und verlaust fanden, wurden Listen geführt. Sie wurden wöchentlich solange zwangsweise gereinigt bzw. entlaust, bis Wandel geschaffen war«. Zu solchen »Zwangssanierungen« kam es etwa in Bialystok durch die deutsche und in Lublin durch die österreichisch-ungarische Verwaltung. In Litauen wurden, laut Otto, von Januar bis August 1918 »im ganzen rund 19.000 Wohnungen in 1.670 Orten saniert. Es wurden dabei ungefähr 3.500 Fleckfieberkranke und Krankheitsverdächtige ermittelt. Die Zahl der in Quarantäne Verbrachten betrug rund 6.000«.

Neben diesen beiden Wahrnehmungsebenen der Fleckfieberbekämpfung als Krieg gegen die Läuse sowie als Hygienisierung und Disziplinierung der – überwiegend jüdischen – Zivilbevölkerung trat bei Otto als dritte Wahrnehmungsebene der serum- und chemotherapeutische Heilversuch, der unter Laboratoriumsbedingungen bislang nur im Tierversuch möglich gewesen war. »Die Auffindung der Empfänglichkeit bestimmter Affenarten und des Meerschweinchens für die Fleckfieberinfektion«, so Otto, habe die Forscher schon vor dem Kriege in die Lage versetzt, »durch experimentelle Untersuchungen unsere Kenntnisse über die Natur des Fleckfiebers wesentlich zu bereichern«. Der Satz wird in seiner logischen Konsequenz nicht fortgeführt, es ist gleichwohl evident, daß der Weltkrieg im Verständnis dieses Forschers als gigantische Fortsetzung des Tierversuchs durch die Humanbeobachtung und auch durch das Humanexperiment gedeutet wurde. Solche Experimente wurden seit 1917 als Schutzimpfungs- und Serumtherapieversuche mit Rekonvaleszentenserum an Angehörigen von Seuchentrupps und Kriegsgefangenen durchgeführt. Positive Ergebnisse konnten dabei nicht erzielt werden.

Medizin in der Sozial- und Erfahrungsgeschichte des Krieges

Von allen Bereichen, die die Geschichte der Medizin im Ersten Weltkrieg betreffen, hat die Sozial- und Erfahrungsgeschichte bislang bei weitem die größte Aufmerksamkeit gefunden. Dabei sind die Perspektiven von Soldaten, Ärzten und Zivilbevölkerung – um nur die wichtigsten Personengruppen zu nennen – auf das Kriegserlebnis durchaus unterschiedlich und diese Geschichten haben wiederum höchst unterschiedliche Aufmerksamkeit gefunden.

Auf der Basis der allgemeinen Sozialgeschichte des Weltkrieges ist besonders der Kriegsalltag der Soldaten zu einem Thema der Medizingeschichte geworden. Hier läßt sich zeigen, wie Ärzte ganz konkret mit der Aufrechterhaltung und alltäglichen Durchsetzung der militärischen Disziplin befaßt waren. Klassisches Beispiel dafür sind die vergleichsweise gut erforschten Kriegsneurosen. Die Umdefinition eines disziplinarischen Vergehens, das man – wie andernorts geschehen – als Feigheit vor dem Feind hätte bestrafen können, in ein Krankheitsbild führte zu einer Therapie, die ihrerseits durchaus Strafcharakter hatte.[20] Entsprechend gab es im deutschen Heer nur die geringe Zahl von 300 ergangenen Todesurteilen (von denen 48 vollzogen wurden) wegen »Feigheit vor dem Feind« oder ähnlichem. Dem standen in der britischen Armee, wo der Begriff der männlichen Hysterie sich ungleich schwerer durchsetzte, 3.000 vergleichbare Schuldsprüche (346 Vollstreckungen) gegenüber.[21] Die medizinhistorische Betrachtung tendiert bei der Geschichte der Schockneurosen allerdings manchmal dahin, in ein einfaches Opfer-Täter Schema zu verfallen.[22] Eine ergänzende Betrachtung des Phänomens der Krankheitssimulation kann hier zu einem vielschichtigeren Bild verhelfen. Zwar ging es auch hier um die disziplinierende Rolle der Medizin, allerdings auch in dem Sinne, daß die ihr Unterworfenen sich ihr zu entziehen suchten bzw. versuchten, sie für ihre eigenen Zwecke zu instrumentalisieren.

Simulation und Selbstverletzung stehen dabei in einem anzunehmenden komplementären Verhältnis zu Präzision der Diagnostik und Ausbau der Therapie. Ihr Sinn liegt darin, daß etwa die simulierten Symptome einer Erkrankung zu einem medizinisch anerkannten Krankheitsbild führen, oder die Heilung einer selbst beigebrachten Verletzung mit einiger Sicherheit zu erwarten ist. Die Fähigkeit der Medizin, immer differenziertere Diagnosen zu stellen und Krankheiten zu kontrollieren, bedingt damit eine komplementäre Entwicklung des sozialen Umgangs mit Krankheit. Die Medikalisierung der Disziplin im Militär resultiert in nicht minder spezifischen subversiven Strategien der ihr Unterworfenen.

Allerdings läßt sich das Thema Simulation in der medizinischen Fachliteratur zur Medizin im Krieg kaum nachweisen. Zu finden sind lediglich stereotype Hinweise darauf, »daß Simulation bei unseren Soldaten selten ist«.[23] Aussagen über ihr Ausmaß sind hingegen oftmals Wunschdenken. Tatsächlich finden sich detaillierte Beschreibungen von Simulationstechniken russischer Kriegsgefangener, wobei deren Verhalten dann als Resultat von »Korruption« und »ethischem Tiefstande«[24] stigmatisiert wurde. Da wo es besonders nahelag, Simulation zu vermuten, also bei den Kriegsneurosen, bot sich zudem der Ausweg an, sie selbst als krankhaft und als Teil jener willensschwachen Konstitution zu begreifen, die für viele Psychiater die Ursache der neurotischen Störung war. »Ich habe bei sonst psychisch Unverdächtigen wirkliche Simulanten selten gesehen, und selbst die frechsten Übertreibungen betrafen zumeist Hysterische, Imbezille, Psychopathen, Minderwertige«, formulierte Kurt Singer, einer der großen Theoretiker der traumatischen Neurosen in einer Arbeit über das Simulationsproblem.[25] Für ihn bestand das überwiegende Gros der simulierenden Kriegsneurotiker aus »degenerierten Belasteten« und »Psychopathen«, von denen angeblich 40 Prozent nachträglich verblödeten.[26]In anderen Bereichen war das Problem der Krankheitssimulation aber unbestreitbar, zum Beispiel im Zusammenhang mit Verletzungen durch chemische Kampfstoffe. Kampfgase hatten in den von ihnen verursachten Krankheitserscheinungen Spezifika, die die Vortäuschung einer Verletzung nahelegten. So wurde vor allem die Pathologie der Senfgasvergiftung zeitgenössisch nur unvollständig verstanden, was die Diagnose auf die Beurteilung äußerlicher Symptome wie verbrennungsartiger Hautverletzungen, Augenreizungen und Verdauungsstörungen reduzierte. Diese Symptome wiederum ließen sich zum Beispiel unter der Verwendung von Kernseife oder Essig erzeugen.[27] Die Krankheitserscheinungen traten zudem nicht unmittelbar, sondern mit einer zeitlichen Verzögerung von etwa vier bis sechs Stunden auf. Die glaubwürdige Angabe einer Gasvergiftung konnte somit – auch ohne Symptome einer solchen – den in diesem Falle üblichen 24stündigen Lazarettaufenthalt zur Beobachtung einbringen. Da Senfgas eine hohe Persistenz aufwies, konnte eine Vergiftung auch ohne offensichtlichen Kontakt erfolgen und sogar zunächst unbemerkt bleiben.

Die Mediziner vermuteten dementsprechend viele Simulanten unter den Gasverletzten. Die wirklich Gaskranken waren, so Oskar Minkowski im *Handbuch der Ärztlichen Erfahrungen im Weltkriege*, »oft nur schwer von den Mitläufern zu unterscheiden, die nur befürchteten, giftiges Gas eingeatmet zu haben, oder nur die Gelegenheit benutzen wollten, um das Schlachtfeld zu verlassen.«[28] Der Nervenarzt Gaupp identifizierte in eingebildeten oder simulierten Gasverletzungen eine häufige Quelle von Kriegsneurosen.[29] Die enorme Angstwirkung, die besonders vom Gelbkreuz ausging und die im nachhinein als realistische Einschätzung der Gefahren erscheint, trug den Betroffenen die Verdächtigung als Simulant oder zumindest als »Aggravierer«, also Übertreiber seiner Symptome, ein. Dies ist aus einer ganzen Reihe von Maßnahmen ersichtlich, die Anfang 1918 in einer Situation getroffen wurden, die sich durch eine allgemein bedrohte Disziplin bei gleichzeitig zunehmender Effektivität der gegnerischen chemischen Kriegführung auszeichnete. So hob die entsprechende Dienstschrift die Analogie zum Problem der Vor- und Selbsttäuschung bei den Kriegsneurosen hervor und riet zu Vorsicht bei der Verwendung der Bezeichnung als Gasvergiftung: »Statt der bestimmten Bezeichnung ›Gasvergiftung‹ oder ›Nervenchok durch Verschüttung‹, was sich bei solchen Kranken zu der Dauervorstellung ernster Leiden verankert, ist besser nur ›Beschwerden angeblich nach Gasvergiftung‹ oder ›nervöse Beschwerden, angeblich Verschüttung‹ zu sagen.«[30]Zusätzlich galt für die Beobachtung vorgeblich Gasvergifteter die Regel, daß diese so frontnah wie irgend möglich zu erfolgen hatte. »Zurückhalten auf dem Kriegsschauplatze [...] ist nötig«, lautete die entsprechende Maßgabe. Bemerkenswert erscheint auch eine kriegsministerielle Anordnung vom August 1918, den Unterricht über Gelbkreuzschutz an die Rekruten »aus Gründen der Geheimhaltung« beim Ersatztruppenteil einzustellen.[31] Eine Geheimhaltung gegenüber dem militärischen Gegner, der mit über einem Jahr leidvoller Erfahrung längst über eine ausgebaute medizinische Versorgung verfügte, hätte keinerlei Sinn ergeben. Da sich außerdem Berichte über Vortäuschung von Gelbkreuzverletzungen finden, konnte der Sinn der Geheimhaltung nur in der Absicht liegen, die Kenntnis der Symptomatik der Gelbkreuzvergiftung bei den Mannschaften so gering als möglich zu halten. Für eine solche Interpretation sprechen auch Versuche der chemischen Abteilung des Kriegsministeriums, an der Front umlaufenden, »falschen Angaben über die Gelbkreuzwirkung auf den menschlichen Körper«[32] in einer Weise entgegenzutreten, die man zwischen Euphemismus und Desinformation einordnen muß. So etwa, wenn behauptet wurde, die durch Schwadenwirkung verursachte Bindehautentzündung, die mit zeitweiliger Erblindung einhergehen konnte, verschwände »bei ärztlicher Behandlung nach wenigen Tagen« und Schädigungen der Haut heilten glatt ab – womit der langwierige, mitunter monatelange Charakter des Krankheitsprozesses de facto bestritten wurde.

Deutlich wird hier zweierlei: zum einen die Einbindung der Medizin in den disziplinarischen Apparat des Heeres, indem in einer Situation von bedrohter Disziplin die Medizin als Druckmittel eingesetzt wurde. Zum anderen zeigt sich, daß für die einer derartigen Disziplinierung Unterworfenen die Verfügung über eigenes medizinisches Wissen gleichwohl eine Möglichkeit bot, die medizinische Disziplinierung zu unterlaufen. Eine zeitgenössische rechtsmedizinische Untersuchung hob in diesem Zusammenhang hervor, daß die anfangs des Krieges unbedeutende Simulationsfrage gegen Ende des Krieges besonders häufig auftrat.[33]

Deutung des Krieges

Die sozialdarwinistische Auffassung, nach der die neue Art des menschenverschlingenden Stellungskrieges in erster Linie die Stärkeren durch ihren Fronteinsatz gefährde und vernichte, gerade die Schwächsten aber durch ihre Untauglichkeit schütze, war in ärztlichen Kreisen – bei Kriegsbefürwortern ebenso wie bei Pazifisten – weit verbreitet. In ihren Schlußfolgerungen und Erwartungen schieden sich indessen die Geister. So fürchtete der Münchener Hygieniker Max von Gruber (1853-1927), ein alldeutscher, radikal anglophober, romantisch-idealistischer Mystiker des Deutschtums, zwar besonders um die »Gesündesten, Kräftigsten, Kühnsten, Unternehmendsten, Pflichttreuesten, Opferfähigsten, die geborenen Führer und Vorkämpfer«, war im Grunde jedoch optimistisch, diese Lücke durch »ausgiebige Fortpflanzung« der Gesunden und Leistungsfähigen nach dem Kriege ausgleichen zu können.[34] Im Unterschied dazu bewertete der führende Neurologe und Kriegspsychiater Max Nonne (1861-1959) in der Rückschau die negative Auslesewirkung des Weltkrieges eher pessimistisch. Ein Jammer sei es, daß der Krieg »Darwin'sche Zuchtwahl« gerade im »umgekehrten Sinne mit großem Erfolg« betrieben, »Minderwertige« aber erhalten habe: »Die besten werden geopfert, die körperlich und geistig Minderwertigen, Nutzlosen und Schädlinge werden sorgfältig konserviert, anstatt daß bei dieser günstigen Gelegenheit eine gründliche Katharsis stattgefunden hätte, die zudem durch den Glorienschein des Heldentodes die an der Volkskraft zehrenden Parasiten verklärt hätte«.[35]

»Für den Arzt existiert kein Krieg, oder braucht wenigstens kein Krieg zu existieren.«[36] Der berühmte Ausspruch des pazifistischen Arztes Georg Nicolai ist wohl als ein Versuch zu sehen, gegen die »Sachzwänge« einer Medizin im Kriege an einem humanistisch geprägten Verständnis ärztlicher Ethik festzuhalten, ja dieses gegen die Praxis der Medizin im Ersten Weltkrieg zur Geltung zu bringen. Tatsächlich war das Selbstverständnis der überwältigenden Mehrheit von Nicolais Standeskollegen von der überwältigenden Bejahung des Weltkrieges geprägt. Das führte in der Praxis dazu, daß ein Widerspruch zwischen militärischer Disziplinierung und ärztlicher Ethik kaum wahrgenommen wurde. Man konnte sich subjektiv an traditionellen Werthaltungen, wie etwa am Patientenwohl, orientieren und täuschte sich so über die Indienstnahme der Medizin durch den Krieg im »größten Laboratorium, das die menschliche Einbildungskraft ersinnen kann« hinweg.

---

1 R. W. Whalen, Bitter Wounds. German Victims of the Great War, 1914-1939, Ithaca/London 1984, S. 52.

2 J. S. Haller, Framcarts to Ford. A History of Military Ambulance 1790-1925, Carbondale 1992, S. 185.

3 Eine Statistik der Statistik der Verletzungen im Vergleich findet sich in: Sanitätsbericht über das Deutsche Heer (Deutsches Feld- und Besatzungsheer) im Weltkriege 1914/1918, bearbeitet von der Heeres-Sanitätsinspektion des Reichswehrministeriums, 3. Bde., Berlin 1934.

4 L. Murard/P. Zylbermann, The Nation Sacrificed for the Army? The Failing French Public Health, 1914-1918, in: Die Medizin und der Erste Weltkrieg, hg. v. W. U. Eckart/C. Gradmann, 2. Aufl., Herbolzheim 2003, S. 343-364.

5 Für den Bereich der Krankheiten wird dies am Beispiel der bakteriologischen Hygiene besonders deutlich: A. Labisch, Homo Hygienicus. Gesundheit und Medizin in der Neuzeit, Frankfurt a. M. 1992, bes. Kap. 4.

6 T. Schlich, »Welche Macht über Tod und Leben!« – Die Etablierung der Bluttransfusion im Ersten Weltkrieg, in: Die Medizin und der Erste Weltkrieg, S. 109-130.

7 Ebd., S. 114.

8 C. Gradmann, »Vornehmlich beängstigend«- Medizin, Gesundheit und chemische Kriegführung im deutschen Heer 1914-1918, in: Ebd., S. 131-154.

9 I. Kästner/S. Hahn, Der Toxikologe Otto Muntsch (1890-1945) und die deutsche Kampfstofforschung, in: 1999 (1994), H. 4, S. 42-50; M. Zeidler, Reichswehr und Rote Armee. Wege und Stationen einer ungewöhnlichen Zusammenarbeit, München 1993.

10 C. Mense, Zum neuen Jahre, in: Archiv für Schiffs- und Tropen-Hygiene, 19 (1915), S. 1.

11 Handbuch der Ärztlichen Erfahrungen im Weltkriege 1914/1918, hg. v. O. v. Schjerning, Bd. 7: Hygiene, hg. v. W. Hoffmann, Leipzig 1922, S. III.

12 Sanitätsbericht, Bd. 3, S.113.

13 R. Otto, Fleckfieber (Typhus exanthematicus), in: Handbuch der Ärztlichen Erfahrungen im Weltkriege 1914/18, Bd. 7: Hygiene, S. 403-460, hier S. 405.

14 Sanitätsbericht, Bd. 3, S. 116.

15 Ebd.

16 Veröffentlichungen des Reichsgesundheitsamtes (1919, Nr. 42): 1914: 14; 1915: 573; 1916: 120; 1917: 273; 1918: 379.

17 Handbuch der Ärztlichen Erfahrungen im Weltkriege 1914/1918, Bd. 3: Innere Medizin, Leipzig 1921, S. 205-237.

18 Ebd., Bd. 7: Hygiene.

19 Vgl. zum Zusammenhang von Parasitenbekämpfung, Antisemitismus und Holocaust P. J. Weindling, Epidemics and Genocide in Eastern Europe, 1890-1945, Oxford 2000.

20 E. Fischer-Homberger, Die traumatische Neurose, Vom somatischen zum sozialen Leiden, Bern 1975; D. Kaufmann, Science as Culture. Psychiatry in the First World War and Weimar Germany, in: Journal of Contemporary History, 34 (1999), S. 125-144; P. Lerner, »Ein Sieg deutschen Willens«. Wille und Gemeinschaft in der deutschen Kriegspsychiatrie, in: Die Medizin und der Erste Weltkrieg, S. 85-107.

[21] B. Ulrich, Nerven und Krieg. Skizzierung einer Beziehung, in: Geschichte und Psychologie. Annäherungsversuche, hg. v. Bedrich Loewenstein, Paffenweiler 1992, S. 163-192.

[22] P. Riedesser/A. Verderber, Aufrüstung der Seelen. Militärpsychiatrie und Militärpsychologie in Deutschland und Amerika, Freiburg 1985; dies., »Maschinengewehre hinter der Front«. Zur Geschichte der deutschen Militärpsychiatrie, Frankfurt a. M. 1996.

[23] G. Voss, Zur Frage der Simulation bei Soldaten, in: Deutsche Medizinische Wochenschrift, 42 (1916), S. 1476-1477.

[24] J. Flesch, Über Simulation in ärztlicher und über Dissimulation in versicherungsärztlicher Hinsicht, in: Münchener Medizinische Wochenschrift, 64 (1917), S. 1940-1942.

[25] K. Singer, Allgemeines zur Frage der Simulation, in: Würzburger Abhandlungen aus dem Gesamtgebiet der praktischen Medizin, 16 (1916), S. 139-156, hier S. 146.

[26] Ebd. S. 142 und S. 144.

[27] Gradmann, Vornehmlich beängstigend, S. 152.

[28] O. Minkowski, Die Erkrankungen durch Einwirkungen giftiger Gase, in: Handbuch der Ärztlichen Erfahrungen im Weltkriege, Bd. 3: Innere Medizin, S. 340-383, hier S. 370.

[29] R. Gaupp, Schreckneurosen und Neurasthenie, in: Handbuch der Ärztlichen Erfahrungen im Weltkriege 1914/1918, Bd. 4: Geistes- und Nervenkrankheiten, hg. von Karl Bonhoeffer, Leipzig 1922, S. 68-101, hier S. 71.

[30] I. Nachtrag zur Dienstschrift »Zur Kenntnis und Therapie der Gasvergiftungen«. Zitiert nach: Gradmann, Vornehmlich beängstigend.

[31] Ebd., 2621, Geheimes Schreiben des Bayrisches Kriegsministeriums, Armee-Abteilung an Generalkommandos der Armeekorps und ausbildenden Stellen vom 23.8.1918.

[32] Schreiben vom 27.9.1918, KM, chem. Abt, Nr. 3206/9.18 A 10. (Bayerisches Hauptstaatsarchiv, Stellvertretendes Generalkommando, I. Armeekorps, Sanitätsabteilung 135).

[33] M. Reichardt, Kriegsbeschädigung und strafrechtliche Zurechnungsfähigkeit, in: Würzburger Abhandlungen aus dem Gesamtgebiet der praktischen Medizin, 19 (1919), S. 75-162, hier S. 135.

[34] R. Eucken/ M. von Gruber, Ethische und hygienische Aufgaben der Gegenwart, Berlin 1916, S. 27-28; H.-P. Schmiedebach, Sozialdarwinismus, Biologismus, Pazifismus. Ärztestimmen zum Ersten Weltkrieg, in: Medizin und Krieg. Vom Dilemma der Heilberufe, 1865 bis 1985, hg. v. J. Bleker/H.-P. Schmiedebach, Frankfurt a. M. 1987, S. 93-121, hier S. 101.

[35] M. Nonne, Therapeutische Erfahrungen an den Kriegsneurosen in den Jahren 1914 bis 1918, in Handbuch der Ärztlichen Erfahrungen im Weltkriege 1914/1918, Bd. 4, S. 102-121, hier S. 112.

[36] G. Nicolai, Aufruf an die Europäer. Zitiert nach: Medizin und Krieg, S. 13.

Literatur

M. Harrison, Medicine and the Management of Modern Warfare. History of Science, 34 (1996), S. 379-410.

Medicine and Modern Warfare, hg. v. R. Cooter u. a., Amsterdam 1999.

Medizin und Krieg. Vom Dilemma der Heilberufe, 1865 bis 1985, hg. v. J. Bleker/H.-P. Schmiedebach, Frankfurt a. M. 1987.

Die Medizin und der Erste Weltkrieg, hg. v. W. U. Eckart/C. Gradmann, 2. Aufl., Herbolzheim 2003.

R.W. Whalen, Bitter Wounds. German Victims of the Great War, 1914-1939, Ithaca/London 1984.

War Medicine and Modernity, hg. v. R. Cooter u. a., Sutton 1998.

P. Weindling, Epidemics and Genocide in Eastern Europe 1890-1945, Oxford 2000.

Kriegswirtschaft

Hans-Peter Ullmann

»Kriegswirtschaft«, schrieb der deutsche Nationalökonom Franz Eulenberg 1916, ist die »Volkswirtschaft im Zustand des Krieges«. Diese folge nicht eigenen Prinzipien, sei also keine Wirtschaft des Krieges, sondern stelle »eine ganz bestimmte Modifikation der allgemeinen Volkswirtschaft« dar, die »unmittelbar und mittelbar durch den Krieg bedeutsame Störungen« erlitten habe: bei Produktion und Konsum, Märkten oder Preisen.[1] Solche Störungen der Friedenswirtschaft ergaben sich aus der völlig anderen Aufgabe, die einer Kriegswirtschaft oblag. Ging es in jener darum, den zivilen Bedarf optimal zu befriedigen, sollte diese den Staat mit einem Maximum an militärischen Machtmitteln versorgen. Tatsächlich verfloß die Grenze zwischen Friedens- und Kriegswirtschaft, gab es kürzere oder längere Phasen des Übergangs, aber auch Mischformen zwischen beiden. Wuchsen die Ausgaben für den militärischen Bedarf schneller als für den zivilen, lief die Entwicklung in Richtung Kriegswirtschaft. Dazu mußte das Sozialprodukt umgelenkt werden. Einem kriegführenden Staat lag, die Rüstungsindustrie ausgenommen, wenig an Investitionen. Denn diese schmälerten den öffentlichen Verbrauch. Gleiches galt für den privaten Konsum. In dem Maß wie es gelang, beide zurückzudrängen, standen mehr kriegswichtige Güter zur Verfügung. Diese vernichtete das Militär, indem es Gewalt produzierte. Die Wirtschaft derart auf Krieg auszurichten, konnte nicht allein den Mechanismen des Marktes überlassen bleiben, sondern bedurfte mehr oder minder kräftiger Eingriffe des Staates. So standen die Kriegswirtschaften Deutschlands und Österreich-Ungarns, Großbritanniens und Frankreichs, Rußlands und der USA, wenn letztere auch eine gewisse Sonderrolle spielten, grundsätzlich vor denselben Aufgaben und verfügten über dieselben Mittel, um sie zu lösen. Im einzelnen gab es jedoch Unterschiede: bei der Mobilmachung, bei zentralen Problemen der Kriegswirtschaft und nicht zuletzt bei der Demobilmachung.[2]

Mobilmachung

Mittelmächte und Entente gingen mit unterschiedlichen wirtschaftlichen Potentialen in den Krieg. In Rußland und den USA lebten mit Abstand die meisten Menschen (171 bzw. 98 Millionen); es folgten Deutschland (65 Millionen) und Österreich-Ungarn (52 Millionen), Großbritannien (42 Millionen) und Frankreich (39 Millionen). Ganz anders sah der wirtschaftliche Entwicklungsstand aus. Nimmt man das Sozialprodukt pro Kopf als groben Indikator, gab es ein klares Gefälle: An der Spitze lagen die USA mit 377 Dollar, gefolgt von Großbritannien (244 Dollar); Deutschland (184 Dollar) und Frankreich (153 Dollar) bewegten sich im Mittelfeld; Österreich-Ungarn und Rußland (57 bzw. 41 Dollar) bildeten die Schlußlichter. Alles in allem war die wirtschaftliche Überlegenheit der Alliierten nicht zu übersehen. Die Mittelmächte verfügten nur über 46 Prozent der Bevölkerung und 61 Prozent des Sozialprodukts von Großbritannien, Frankreich und Rußland.[3]

Alle Länder rüsteten vor 1914 auf, aber nicht mit gleicher Intensität. Obwohl die Friedensstärke des deutschen Heeres seit 1912 stark anstieg, fielen die Mittelmächte hinter Rußland und Frankreich zurück. Hatte deren Vorsprung 1904 rund 260.000 Mann betragen, erreichte er bei Kriegsausbruch fast eine Million. Offenbar gelang es den Staaten unterschiedlich gut, finanzielle Mittel für die Aufrüstung zu mobilisieren. Zwar lagen ihre Militärausgaben absolut gesehen nicht allzu weit auseinander und stiegen besonders seit 1909 stark an. Frankreich und Rußland gaben aber 1913 mit 4,8 bzw. 5,1 Prozent einen höheren Anteil ihres Sozialprodukts für Rüstung aus als das Deutsche Reich (3,9 Prozent), Großbritannien (3,2 Prozent) oder die Doppelmonarchie (2,0 Prozent).[4]

In bemerkenswertem Kontrast zur Aufrüstung stand die wirtschaftliche Vorbereitung des Krieges, allerdings nur, wenn man den Erfahrungshorizont der Zeitgenossen außer Acht läßt. Zwar gingen Militärs und Politiker aller Kriegsparteien davon aus, die Leistungsfähigkeit der Wirtschaft sei wichtig für die Schlagkraft des Heeres. Sie meinten aber, der Krieg werde oder dürfe nur kurze Zeit dauern, und ahnten bestenfalls etwas von der Dynamik, die er gewinnen, und den Dimensionen, in die er ausgreifen sollte. Darum erschien es ihnen weder notwendig noch wegen der einschneidenden ökonomischen und sozialen Folgen möglich, die Wirtschaft für einen langen Krieg zu mobilisieren. So beschränkten sich die Planungen darauf, Waffen- und Munitionsvorräte anzulegen, die Produktion der staatlichen »Heereswerkstätten« sicherzustellen und Lieferverträge mit privaten Rüstungsunternehmen abzuschließen. Auch waren vor dem Krieg Gesetze in Kraft getreten oder lagen für den Fall der Mobilmachung bereit, welche die Versorgung von Streitkräften und Bevölkerung gewährleisten sollten. Angesichts solcher – wie sich hinterher herausstellte – ungenügender wirtschaftlicher Vorbereitung des Krieges lief die wirtschaftliche Mobilmachung zumeist in drei Phasen ab.[5]

In der ersten Phase, die im August 1914 begann, traten jene Bestimmungen in Kraft, die für die militärische Mobilmachung vorgesehen waren und deren reibungslosen Ablauf garantieren sollten. In Deutschland wie in Österreich-Ungarn wurden Aus- und Durchfuhren kriegswichtiger Produkte untersagt, Lebensmittelimporte erleichtert, Höchstpreise für bestimmte Waren festgesetzt. Ähnlich begrenzte Maßnahmen ergriffen auch andere Staaten wie etwa Großbritannien. Diese reichten jedoch nicht aus, so daß es bald zu größeren Schieflagen kam. Für die Kriegführung am gefährlichsten war die Munitionskrise. Mitte September drohten dem französischen Heer die Granaten auszugehen, Ende Oktober den deutschen, britischen und russischen Streitkräften. Das lag zuerst am unerwartet hohen Verbrauch. So soll die deutsche Artillerie auf dem Höhepunkt der Marne-Schlacht mehr Munition verschossen haben als im ganzen Krieg 1870/71. Die Entstehung riesiger Kriegsmaschinerien ließ zudem den Bedarf an Rüstungsgütern emporschnellen, und der Schützengrabenkampf an den erstarrten Fronten verlangte nach anderen als den bislang produzierten Waffen.[6]

Die Munitionskrise von 1914/15 zwang dazu, die Wirtschaft stärker für den Krieg in Dienst zu nehmen, und leitete damit die zweite Phase der wirtschaftlichen Mobilmachung ein: den Übergang zur Kriegswirtschaft. Dieser Transformationsprozeß folgte unterschiedlichen Pfaden. Frankreich etwa hatte durch die deutsche Besetzung im Norden einen großen Teil seines Industriepotentials eingebüßt und hing nun von Lieferungen der Verbündeten ab, um diese Verluste auszugleichen. Für Rußland ging es weniger darum, eine industrialisierte Friedenswirtschaft auf Krieg umzustellen als vielmehr die Industrialisierung selbst voranzubringen. Den USA, die erst 1917 formell in den Krieg eintraten und Distanz zum Kriegsschauplatz wahrten, blieb es dagegen erspart, die Wirtschaft in gleichem Umfang zu mobilisieren wie die kriegführenden Staaten in Europa. Schließlich spielte die Position im Wirtschaftskrieg eine Rolle. Dieser sollte das Netz weltwirtschaftlicher Verflechtung zerreißen, in das die feindliche Ökonomie eingebunden war, und so die Kriegführung an der Front wie in der Heimat erschweren. Auch wenn die Blockade der Mittelmächte in ihrer Wirkung nicht überschätzt werden darf, gewann doch die Versorgung mit kriegswichtigen Rohstoffen und Lebensmitteln für Deutschland und Österreich-Ungarn eine größere Bedeutung als für Großbritannien und Frankreich oder gar für die USA. Daran änderte der deutsche U-Boot-Krieg, der die Transportwege der Alliierten zerschneiden sollte, trotz anfänglicher Erfolge nichts. Er zwang diese aber, die Ressourcen effizienter zu nutzen, besser zu verteilen und die Importe stärker zu reglementieren.[7]

Obwohl die Transformation der Friedenswirtschaft in allen Staaten weitgehend improvisiert ablief und von aktuellen Problemen, etwa dem Bedarf der großen Materialschlachten des Jahres 1916, angestoßen werden mußte, kam sie bis 1916/17 so weit voran, daß sich eine dritte Phase unterscheiden läßt: die Zeit der Kriegswirtschaft.

Zentrale Probleme der Kriegswirtschaft

In der Kriegswirtschaft gewann der Staat erheblichen Einfluß auf die Ökonomie, standen Produktion wie Konsum unter dem Diktat militärischer Notwendigkeit, verschlang die Finanzierung des Krieges riesige Summen. Damit sind die vier zentralen Probleme der Kriegswirtschaft benannt: das Verhältnis von Staat und Wirtschaft, die Umstrukturierung der Rüstungsproduktion, die Sicherung des Konsums und die Kriegsfinanzierung.

Während des Krieges traten Staat und Wirtschaft in ein Nahverhältnis, wie es in den Jahrzehnten vor 1914 undenkbar gewesen wäre: Der Einfluß des Staats wuchs, neue Institutionen entstanden, die staatlichen Interventionen dehnten sich aus. Alles das kam in der Staatsausgabenquote, dem Anteil öffentlicher Ausgaben am Sozialprodukt, zum Ausdruck. Diese lag vor 1914 in keinem der kriegführenden Länder über 20 Prozent. Im Deutschen Reich waren es recht hohe 17 Prozent, in Großbritannien dagegen nur knapp 13 Prozent, und in den USA machten die Bundesausgaben lediglich 1,4 Prozent des Sozialprodukts aus. Während des Krieges nahm die Quote drastisch zu. Sie stieg in Deutschland bis 1917 auf über 70 Prozent, in Großbritannien bis 1918 auf rund 48 Prozent und in den USA auf immerhin 22 Prozent im Jahr 1919.[8]

Um stärker auf die Wirtschaft einwirken zu können, brauchte der Staat neue Institutionen und mehr Personal. So setzte in allen kriegführenden Staaten ein Prozeß der Bürokratisierung und Zentralisierung ein, am stärksten dort, wo die staatlichen Institutionen vor 1914 am schwächsten entwickelt gewesen waren. In Großbritannien beispielsweise entstanden zwölf neue Ministerien und 160 neue Behörden, und in den USA gab es einen regelrechten »rush of boards, commissions, and committees« (Herbert Hoover). Parallel dazu wuchs die Zahl der Staatsdiener. Trotz des Krieges stellte Großbritannien rund eine halbe Million von ihnen neu ein; die französische Bürokratie vergrößerte sich um ca. 25 Prozent. Darüber hinaus griffen alle kriegführenden Staaten auf Experten aus der Wirtschaft zurück, verfügten diese doch über Leitungs- und Steuerungskompetenzen, die Militärs, Bürokraten und Politikern fehlten. Zahlreiche Faktoren, vor allem die Struktur des politischen Systems und besonders dessen Legitimität, die Partizipationschancen der Bürger sowie das Verhältnis von militärischer und ziviler Gewalt, beeinflußten die Expansion der Verwaltung und ihres Personals.

In Deutschland dominierten die Militärs, und die Organisation der Kriegswirtschaft war vor allem ihr Werk. Allerdings ging es nicht ohne die Hilfe von Unternehmern. So unterstand der bereits im Sommer 1914 eingerichteten Kriegsrohstoffabteilung im preußischen Kriegsministerium eine wachsende Zahl von »Kriegsgesellschaften«, privaten Unternehmen (meist Aktiengesellschaften), die unter staatlicher

Aufsicht arbeiteten. Die neuartige Kooperation von Staat und Wirtschaft verband Selbstverwaltung, industriellen Einfluß und staatliche Lenkung. Als das Hindenburg-Programm 1916 die Rüstungsproduktion nachhaltig steigern wollte, nahm das Gewicht der Militärs weiter zu. Der kriegswirtschaftliche Lenkungsapparat wurde reorganisiert, und eine neue Behörde, das Kriegsamt, faßte die zersplitterten Zuständigkeiten zusammen, ohne die Rüstungsindustrie freilich zentral steuern zu können.[9] Die Macht der Militärs reichte in Österreich-Ungarn weiter als in Deutschland, erstreckte sich aber nur auf die Rüstungswirtschaft. Unterstanden dem Kriegsministerium nach dem Kriegsleistungsgesetz von 1912 alle Waffen- und Munitionsfabriken sowie andere kriegswichtige Betriebe, kontrollierte das Handelsministerium die zivile Industrie durch sogenannte Zentralen, private Aktiengesellschaften wie im Deutschen Reich. Seit 1916 traten ihnen entsprechende Kriegsverbände öffentlich-rechtlichen Charakters zur Seite, die aus freiwilligen Zusammenschlüssen der Wirtschaft hervorgingen oder vom Staat eingerichtet wurden. Als das Generalkommissariat für die Kriegs- und Übergangswirtschaft, im März 1917 gegründet, schließlich die gesamte Wirtschaft korporativ zu organisieren begann, drohte ein »Super-Etatismus« (Roman Sandgruber). Doch blieb die Rivalität zwischen militärischer Führung und ziviler Regierung erhalten, verstärkt noch durch den Partikularismus der beiden Reichshälften.[10] Die Probleme autoritärer Regime traten in Rußland noch schärfer hervor als in Deutschland oder der Habsburgermonarchie. Obwohl sich der Zarenstaat mit der Organisation der Kriegswirtschaft schwer tat, zögerte er, den Sachverstand der Unternehmer zu nutzen, da das Wirtschaftsbürgertum dadurch an Macht gewonnen hätte. So entstanden zwar 1915 »Sonderberatungen« mit weitreichenden Kompetenzen, außerdem bei einzelnen Ministerien Kommissionen und Komitees, in denen auch Unternehmer saßen. Eine Mobilisierung der Wirtschaft auf der Grundlage der Selbstverwaltung, wie sie die Kriegsindustrie-Komitees forderten, erfolgte jedoch nicht. Obwohl sich die »Beratung der fünf Minister« seit Ende 1915 bemühte, die Arbeit der verschiedenen Gremien aufeinander abzustimmen, war die russische Kriegswirtschaft im Vergleich zu den anderen europäischen Staaten schwächer organisiert und administrativ schlechter koordiniert.[11]

In Frankreich spielte das Militär eine geringere Rolle als in Deutschland oder Österreich-Ungarn. Für die Rüstung war anfangs das Kriegsministerium verantwortlich. Doch ging die zuständige Abteilung 1915 in zivile Hände über und verselbständigte sich ein Jahr später unter Albert Thomas bzw. Louis Loucheur als Ministère de l'Armement et des Fabrications de Guerre. Dabei blieben Staat und Wirtschaft klarer getrennt als in anderen Staaten. So gewann das Ministerium keine Kontrolle über die Kriegsproduktion, und die Rüstungsindustrie organisierte sich unabhängig vom Staat in regionalen Gruppen, koordiniert vom Comité des Forges. Auch konnte das Handels- und Industrieministerium erst seit 1917 durch die Bewirtschaftung der Rohstoffe, die es Aktiengesellschaften unter staatlicher Aufsicht, sogenannten Konsortien, übertrug, mehr Einfluß auf die zivile Industrie gewinnen.[12] Entschiedener als in Frankreich, wie dort aber in zivilem Rahmen, organisierte der Staat die Kriegswirtschaft in Großbritannien. Nachdem das War Office vergeblich versucht hatte, die Fertigung von Waffen und Munition allein durch höhere Preise zu steigern, begann die Regierung, gestützt auf den Defence of the Realm Act, die Rüstungsindustrie zu regulieren. Dazu entstand 1916 das Ministry of Munitions unter Lloyd George, dessen Schaltstellen mit Unternehmern besetzt waren. Von der Rüstungsindustrie dehnten sich die staatlichen Kontrollen seit Winter 1916/17 auf die zivile Industrie aus. Doch ging die Regierung hier vor allem aus politischen Gründen vergleichsweise zögerlich vor.[13] Stärker noch als in Großbritannien übernahmen Experten aus der Wirtschaft in den USA die Aufgabe, das ökonomische Potential in militärische Stärke umzusetzen. Der Regierung fehlte es an Erfahrung wie an Personal, und die Militärs beanspruchten nicht, die Kriegswirtschaft zu kontrollieren. So entstand auf der Grundlage des Army Appropriations Act von 1916 und unter der Aufsicht des Council of National Defense eine Reihe neuer Behörden und Gremien, von denen das War Industries Board, seit Anfang 1918 unter Bernard Baruchs Leitung, die größte Bedeutung erlangte.[14]

Im Krieg dehnten sich die Interventionen des Staates aus. Am weitesten ging die Regulierung dort, wo eine eigene staatliche Rüstungsindustrie aufgebaut wurde. So entstanden in Großbritannien über 200 »national factories«, die mit modernen Fertigungstechniken militärische Massenprodukte herstellten. Die französische Regierung versuchte eine große staatliche Munitionsfabrik in Roanne zu errichten. Scharf griff auch eine direkte Kontrolle der Rüstungswirtschaft, wie sie Österreich-Ungarn praktizierte. Jenseits solcher unmittelbaren Zugriffe lagen staatliche Maßnahmen, welche die Kapazität der Rüstungsindustrie gezielt ausweiteten und deren Produktionsverfahren zu verbessern suchten. Das deutsche Kriegsamt zum Beispiel subventionierte den Bau neuer Fabriken, kontrollierte dazu die Investitionen und legte kleinere Betriebe still. Mittelbarer wirkten Eingriffe des Staates, die bei der Kontrolle von Importen und der Bewirtschaftung knapper Güter ansetzten. So war die Zuteilung dringend benötigter Rohstoffe in allen kriegführenden Staaten ein starker Hebel, um die privatwirtschaftlichen Aktivitäten zu koordinieren und die staatliche Regulierung, bisweilen unter Androhung von Requisitionen, auf Preise und Gewinne auszudehnen. Schließlich gab es staatliche Interventionen, die sich informeller Mittel bedienten. So koordinierte das amerikanische War Industries Board den Bedarf des Militärs wie der Alliierten und lenkte die industrielle Produktion, indem es in Absprache mit den betroffenen Industriellen Prioritäten setzte. Das Board setzte dabei weniger auf staatlichen Zwang als auf freiwillige Kooperation, drohte widerspenstigen Unternehmern aber damit, ihr Verhalten öffentlich als unpatriotisch anzuprangern.

Das Hauptziel staatlicher Regulierung bestand darin, im Zusammenspiel mit den Marktkräften die Produktion in der Kriegswirtschaft umzustrukturieren. In erster Linie sollten mehr Waffen und Munition hergestellt werden. Das ging durchweg zu Lasten der zivilen Industrien, aber auch der Landwirtschaft und führte zu Engpässen bei Rohstoffen und Arbeitskräften. Alle Kriegsparteien trieben die Produktion der Rüstungsindustrie in die Höhe. In Österreich-Ungarn zum Beispiel erhöhte sich der Ausstoß bei Geschützen von 1.700 (1915) auf 7.700 (1917), bei Maschinengewehren von 1.200 (1914) auf 15.400 (1917) oder bei Granaten von 0,3 (1914) auf 7,7 Millionen (1917). Die Fertigung von Waffen und Munition zu steigern, gelang unterschiedlich gut. Vergleicht man die Fabrikation je Kriegsjahr in »standard gun units«, lag Deutschland mit 80.000 an der Spitze, gefolgt von Großbritannien (72.000) und – trotz ungünstiger Ausgangslage – Frankreich (70.000), den USA (58.000) und Rußland (17.000). Bezogen auf das Sozialprodukt von 1913 wendete Frankreich das 7,7- und Deutschland das 5,3fache, Großbritannien das 4,7- und die USA das 1,4fache des russischen Anteils für Rüstungsgüter auf.

Im Unterschied zur Rüstungsproduktion ging die der übrigen Industrie in vielen kriegführenden Staaten zurück. Die Umstellung der Friedens- auf Kriegswirtschaft veränderte Angebot und Nachfrage, brachte die Märkte aus dem Gleichgewicht, zerriß nationale wie internationale Wirtschaftsbeziehungen, verschob Gewichte und Gewinne innerhalb der Industrie, überforderte das Verkehrssystem und ließ Arbeitskräfte knapp werden. So fiel die industrielle Produktion im Deutschen Reich um fast die Hälfte, von 100 (1913) auf 57 (1918), am schärfsten 1914 (auf 83) und 1915 (auf 67). Schwächer fiel der Rückgang in Großbritannien aus: Hier ging er über einen konjunkturellen Abschwung nicht hinaus. Nur in Rußland und den USA stieg die Industrieproduktion. Das Zarenreich konnte zumindest in den ersten beiden Kriegsjahren seine Industrialisierung forcieren und 17 Prozent mehr Industriegüter fertigen.

In den Vereinigten Staaten verschärfte der Ausbruch des Krieges zunächst die konjunkturelle Krise und ließ die industrielle Produktion um 18 Prozent absacken. Seit 1917 erlebten die USA dann einen Kriegsboom ungewöhnlichen Ausmaßes.

Den Ausstoß von Rüstungsgütern bei meist sinkender Industrieproduktion zu steigern, erzwang einen Umbau der Industrie. Am wenigsten weit ging dieser in den USA. Das Land verfügte über genügend menschliche und materielle Ressourcen, um sowohl den militärischen Bedarf als auch den zivilen Konsum zu befriedigen. Selbst auf dem Höhepunkt kriegswirtschaftlicher Anstrengungen und unter Einschluß der Lieferungen an die Verbündeten entfiel nur ein Viertel der gesamten Produktion auf Waffen und Munition. Auch Rußland stellte in den ersten beiden Kriegsjahren noch Konsumgüter auf Vorkriegsniveau her; 1917 ging die Fertigung dann auf zwei Drittel zurück. Die anderen Staaten schränkten die Fabrikation nichtkriegswichtiger Güter früher, wenn auch unterschiedlich stark ein. So arbeiteten in Großbritannien im Jahre 1915 gut 35 Prozent der Industriearbeiter für das Militär; 1918 waren es 61 Prozent. Die industrielle Kapazität war jedoch groß genug, um die Zahl der Beschäftigten in den Konsumgüterindustrien nur um 14 Prozent verringern zu müssen. Im Deutschen Reich entfielen dagegen im letzten Kriegsjahr 45 Prozent der Beschäftigten auf die »Kriegsindustrien«, 35 Prozent auf solche Branchen, die für den militärischen wie den zivilen Bedarf arbeiteten, und nur noch 20 Prozent auf die »Friedensindustrien«.[15]

Nicht nur die zivile Industrie, auch die Landwirtschaft zählte in den meisten kriegführenden Staaten zu den Verlierern der Kriegswirtschaft. Die deutschen Bauern erzeugten im Krieg ein Drittel weniger als vor 1914, weil nicht so viele Futtermittel eingeführt und angebaut werden konnten, Nutzfläche wie Zahl der Beschäftigten zurückgingen, die Arbeitsproduktivität sank, Dünger und Saatgut, Pferde und Maschinen fehlten. Vom industriell nicht so entwickelten Verbündeten kam keine Hilfe. Denn die Donaumonarchie stand sich kaum besser, obwohl der Unterschied zwischen den beiden Reichshälften groß war: 1916 wurden in Ungarn rund 203 Kilo Getreide pro Kopf der Bevölkerung geerntet, in Österreich dagegen nur 72. Auch in Frankreich sank die Agrarproduktion drastisch ab, nicht zuletzt weil die nördlichen Departements ausfielen. Bei Weizen war der Tiefstand 1917 erreicht, als die Ernte nur noch 40 Prozent der Vorkriegsmenge ausmachte. Selbst in Rußland, vor dem Krieg die Kornkammer Europas, fiel die Produktion seit 1916. Nur in Großbritannien und den USA expandierte die Agrarwirtschaft. Obwohl durch die Rüstung stark beansprucht, mobilisierte die britische Wirtschaft in der zweiten Kriegshälfte genügend Ressourcen, um von Veredelungswirtschaft auf Getreideanbau umzustellen, die Ackerfläche um fast ein Viertel zu vergrößern und im Vergleich zur Vorkriegszeit 70 Prozent mehr Weizen und 24 Prozent mehr Lebensmittel herzustellen. Zugleich stiegen die Gewinne der Landwirte. In den USA lag die Agrarproduktion, auch konjunkturbedingt, in den Jahren 1914 bis 1917 zwar unter Vorkriegsniveau, 1918 aber bereits wieder darüber.[16]

Die Umstellung der Wirtschaft auf Kriegsproduktion führte zu zwei Engpässen. Probleme bereitete erstens die Versorgung mit Rohstoffen. Die Rohstoffengpässe, etwa bei Kohle, waren eine Folge der Herstellungs- und Transportprobleme. Aber es kamen noch andere Faktoren dazu: bei den Mittelmächten der Wirtschaftskrieg, der den Import von Salpeter, Baumwolle oder verschiedenen Nichteisenmetallen erschwerte; bei Frankreich die Abtrennung der nördlichen Departements, aus denen rund 50 Prozent der Kohle und über 60 Prozent des Eisens gekommen waren; oder bei Rußland die Unterbrechung der Transportverbindungen über die Ostsee. Der Mangel an Rohstoffen, bei den Mittelmächten fühlbarer als bei den Alliierten, zwang dazu, diese zu bewirtschaften, aus Anlagen und Gütern umständlich zurückzugewinnen oder, nicht minder aufwendig, Ersatzstoffe zu produzieren.

Der zweite Engpaß waren die Arbeitskräfte. In den ersten Wochen und Monaten nach Ausbruch des Krieges ließen die wirtschaftlichen Turbulenzen, ausgelöst durch die militärische Mobilmachung, die Zahl der Arbeitslosen dramatisch ansteigen. So erhöhte sich die Quote in Deutschland von 2,7 Prozent im Juli 1914 auf 22,7 Prozent im September, in Österreich-Ungarn von 5 Prozent im Juli auf 18,3 Prozent im August, und in Frankreich hatten nach der Mobilmachung 40 Prozent der Arbeiter keine Beschäftigung. Nachdem dieser sogenannte Kriegsstoß überwunden worden war, fehlte es bald allenthalben an Arbeitskräften. Spätestens seit 1916, in Frankreich schon früher, herrschte eine scharfe Konkurrenz zwischen dem Heer, das immer mehr Soldaten, und der Industrie, die qualifiziertes Personal benötigte. Dem Mangel an Arbeitern sollten drei Maßnahmen abhelfen: Zurückstellung vom Wehrdienst, Disziplinierung der Arbeiterschaft und Rekrutierung zusätzlicher Arbeitskräfte.

Bei der Mobilmachung des Heeres nahmen die Militärs zunächst keine Rücksicht auf die Wirtschaft, nicht einmal auf die Rüstungsindustrie. In Deutschland zogen sie bis 1915 rund 4,4 Millionen und bis Anfang 1918 über 7 Millionen Männer ein, in Großbritannien, das bis 1916 nur Freiwillige rekrutierte, gut 2,2 (1915) bzw. 4,9 (1918) Millionen. Unter ihnen befanden sich viele qualifizierte Industriearbeiter. Ende 1914 diente ein Viertel der Arbeiter aus der britischen Chemie- und Sprengstoffindustrie in der Armee. Ein Teil der Eingezogenen mußte bald zurückgestellt werden, da die Rüstungsbetriebe dringend Facharbeiter benötigten. Bereits 1916 waren 1,2 Millionen deutsche Arbeiter vom Wehrdienst freigestellt, darunter 740.000, die als tauglich galten; 1918 lag ihre Zahl bei 1,3 von 2,2 Millionen. In Großbritannien, wo es bis zur Einführung der Wehrpflicht kein System von Zurückstellungen gab, erwies es sich als schwieriger, von den Militärs Beurlaubungen in ähnlichem Umfang zu erreichen, und in Frankreich, wo der Mangel an Arbeitskräften noch drückender war, wurden bis Ende 1915 lediglich 500.000 Arbeiter freigestellt.[17]

Um Rüstungsgüter zu fertigen, mußte es nicht nur genug Arbeitskräfte geben; Arbeiter und Gewerkschaften hatten die Anstrengung der Kriegsnation auch mitzutragen. So veränderten sich unter dem Einfluß des Staates die industriellen Beziehungen. Kooperation und Disziplinierung spielten dabei in unterschiedlichen Anteilen zusammen. Rigoros wurde die Arbeiterschaft im Habsburgerreich diszipliniert. In Betrieben, die dem Kriegsministerium nach dem Kriegsleistungsgesetz unterstanden, waren die Arbeiter sowohl an ihren Arbeitsplatz gebunden als auch militärischer Kontrolle und Gerichtsbarkeit unterworfen. Für alle nicht wehrpflichtigen Männer unter 50 Jahren herrschte Arbeitspflicht. In Frankreich blieben zurückgestellte Arbeiter nach der Loi Dalbiez vom Juni 1915 ebenfalls unter der Aufsicht des Militärs. In Deutschland fand keine Militarisierung des Arbeitsverhältnisses statt. Statt dessen brachte das sogenannte Hilfsdienstgesetz vom Dezember 1916, spät und in zivilem Rahmen, eine Dienstpflicht für alle Männer vom 17. bis 60. Lebensjahr. Korporatistische Regelungen, vor allem paritätisch besetzte Ausschüsse, sicherten die Zustimmung der Gewerkschaften und banden diese noch stärker in die Kriegsanstrengungen ein. In Großbritannien gab es wie in Frankreich und anders als in Deutschland keine allgemeine Dienstpflicht. Das Treasury Agreement, das mit den Gewerkschaften ausgehandelt wurde, und der Munitions of War Act schränkten aber bereits seit 1915 das Streikrecht und die Freizügigkeit der Rüstungsarbeiter ein. Solche Beschränkungen gab es in den USA nicht. Doch ließ sich der Selective Service Act, der 1917 die Wehrpflicht einführte, nutzen, um Arbeitskräfte in die Rüstungsindustrie zu lenken.[18]

Obwohl Millionen Männer zur Armee eingezogen wurden, ging die Zahl der industriell Beschäftigten in der Kriegswirtschaft kaum zurück. In Deutschland fiel sie lediglich um 8 Prozent, in Großbritannien sogar nur um 4 Prozent, und Frankreichs Industrie zählte 1917, allerdings auf verkleinertem Territorium, wieder so viele Beschäftigte wie vor dem Krieg. Das gelang nur, weil Arbeiter in die Industrie wanderten. Teils durch höhere Löhne, teils mit Hilfe staatlicher Regulierung zog vor allem die Rüstungsindustrie Arbeitskräfte aus anderen Bereichen der Wirtschaft an. So konnte sie, je weiter sich die Massen- und Fließbandfertigung ausbreitete, ihre Produktion steigern, ohne mehr Facharbeiter einsetzen zu müssen. In Deutschland stieg die Zahl der Beschäftigten in den »Kriegsindustrien« um 44 Prozent, in den »Friedensindustrien« sank sie dagegen um 40 Prozent. Zudem wurden in unterschiedlichem Umfang Kriegsgefangene, Zwangsverpflichtete und ausländische Arbeitskräfte eingesetzt, die Frankreich beispielsweise in seinen Kolonien rekrutierte. Nicht zuletzt rückten Jugendliche und Frauen nach. In Großbritannien stieg die Zahl erwerbstätiger Frauen während des Krieges um knapp 23 Prozent, in Deutschland um 17 Prozent. Eine massenhafte Mobilisierung bislang nicht erwerbstätiger Frauen gelang jedoch nirgends. Ein Großteil der Frauen, in Großbritannien wohl zwei Drittel, hatte vorher als Dienstboten oder in der Landwirtschaft gearbeitet. So lag der Zuwachs im Trend der Vorkriegsentwicklung, stieg die Frauenerwerbsquote nur moderat an.[19]

Der private Konsum, obwohl wichtig für die Moral der »Heimatfront«, war in allen kriegführenden Staaten das Stiefkind der Kriegswirtschaften. Diese differierten jedoch nicht nur darin, wie entschieden sie die Ansprüche der Zivilbevölkerung der Rüstungsproduktion und der Versorgung der Soldaten unterordneten; es gelang ihnen auch unterschiedlich gut, die knappen Güter einigermaßen gerecht zu verteilen oder wenigstens den Eindruck zu erwecken, solches zu tun. Die geringsten Probleme hatten die USA. Dort unterblieb jede Form der Rationierung, sei es von Lebensmitteln oder anderen Konsumgütern. Die Regierung, voran die Food Administration unter Herbert Hoover, versuchte lediglich, den Anstieg der Preise zu dämpfen, ohne den Bauern freilich den Anreiz zu nehmen, mehr zu produzieren. Appelle an das patriotische Pflichtgefühl sollten den privaten Konsum reduzieren und auf andere Waren umlenken. Tatsächlich sank der Verbrauch etwa von Zucker oder Weizen. Auch in Großbritannien blieb die Versorgung vergleichsweise gut, mußte der Konsum weniger eingeschränkt werden als in anderen kriegführenden Staaten. Dennoch gingen die Ausgaben für den privaten Verbrauch zwischen 1913 und 1918 um rund 20 Prozent zurück, besonders bei Lebensmitteln, Kleidung und Alkohol. Das lag nicht zuletzt an den steigenden Preisen. Erst Ende 1917 reagierte die Regierung entschiedener auf die Inflation. Sie legte für die meisten Lebensmittel Preisobergrenzen fest und dehnte die Rationierung aus. In der Endphase des Krieges wurden die wichtigsten Nahrungsmittel mit Ausnahme von Brot bewirtschaftet. So verschlechterte sich bei allen Unterschieden im einzelnen die Ernährung zwar im Vergleich zur Vorkriegszeit, da hochwertige Produkte wie Butter oder frisches Fleisch knapp wurden. Doch ließen sich diese wenigstens durch Grundnahrungsmittel ersetzen, die, von zeitweiligen Engpässen abgesehen, in ausreichendem Umfang verfügbar waren. Auch in Frankreich, wo die Regierung erst Anfang 1918 die Rationierung ausweiten mußte, konnte die Zivilbevölkerung trotz mancher Einschränkung noch verhältnismäßig gut versorgt werden. Dabei bewährte sich die Kooperation der Alliierten, die Kauf, Verteilung und Transport von Nahrungsmitteln aus den Kolonien, dem Empire und den USA koordinierten.

Die Bevölkerung der Mittelmächte mußte, bei erheblichen Unterschieden zwischen Stadt und Land sowie nach Einkommen und Vermögen, ihren Konsum stärker einschränken. Das lag nicht nur an der Blockade, sondern auch daran, daß sie in Staaten lebten, die andere Prioritäten setzten als die Alliierten. In Deutschland begann die Regulierung des Konsums bereits 1914 mit lokalen, dann reichsweiten Höchstpreisen und führte rasch in die Sackgasse staatlicher Zwangswirtschaft. An deren Ende stand nur noch die Verwaltung des Mangels; doch selbst diese gelang nicht. Denn das Bewirtschaftungssystem, überbürokratisiert und ineffizient, brachte gegen die Interessen der Bauern, die Ansprüche von Militär und Rüstungsindustrie sowie die wachsende Attraktivität des Schwarzmarkts keine einigermaßen gerechte Verteilung der vorhandenen Nahrungsmittel zustande. Hunger und Unterernährung in der zweiten Kriegshälfte, zumal im »Steckrübenwinter« 1916/17, waren Ausdruck dieser Versäumnisse. Vergleicht man Berlin mit London und Paris, zählte eine sinkende Lebenserwartung zu ihren langfristigen Folgen. Auch in Österreich-Ungarn gelang es nicht, das Versorgungsproblem durch Bewirtschaftung administrativ zu lösen. Hier kam zur Rivalität von zivilen und militärischen Stellen wie in Deutschland der Partikularismus der beiden Reichsteile, die heftig um die immer knapperen Nahrungsmittel rangen. Seit 1916 verschlechterte sich die Ernährungslage vor allem in der cisleithanischen Reichshälfte dramatisch. Nicht anders als in Deutschland untergruben die Versorgungsprobleme, mehr aber noch die Ungleichheit und Ungerechtigkeit bei der Verteilung der Lebensmittel, die Autorität des Staates, führten zu Hungerunruhen, Teuerungskrawallen und sich politisierenden Streiks.[20]

Große Versorgungsschwierigkeiten, vor allem in den Städten, gab es in Rußland. Zwar produzierte das Land mehr Getreide als es verbrauchte; die Armee genoß jedoch Priorität, und die Regierung betrieb zunächst keine, dann eine unstete und unkoordinierte Versorgungspolitik zugunsten der städtischen Konsumenten, die wegen fehlender Zwangsmittel meist im Sand verlief. Stärker noch als in Deutschland und Österreich-Ungarn brachen eingespielte Verteilungssysteme zusammen, vermarkteten die Bauern weniger von ihrer Ernte, weil sie selbst mehr konsumierten, zerfiel das Zarenreich in sich selbst genügende, die Städte ausgrenzende Versorgungsregionen. Bereits 1915 kam es zu Problemen, die sich im Winter 1916 so zuspitzten, daß sie den Autoritätsverfall des zarischen Regimes beschleunigten. Wiederholte Engpässe trugen schließlich dazu bei, auch die Legitimität der Provisorischen Regierung rasch zu verschleißen.[21]

Die Kriegsfinanzierung folgte dem Grundsatz »maximum slaughter at minimum expense« (Bertrand Russell). Sie sollte zum einen die notwendigen Mittel beschaffen, um die Kriegsanstrengungen der Staaten zu finanzieren. Denn sämtliche Güter, die das Militär im Krieg vernichtete, mußten bezahlt werden. Zum anderen half die Kriegsfinanzierung, das Sozialprodukt von Investitionen und privatem Konsum zum öffentlichen Verbrauch für den Krieg umzulenken, indem sie Gelder bei Unternehmen und Haushalten abschöpfte. Welche Rolle die öffentlichen Finanzen im Krieg spielten und wie sie sich im Übergang von der Friedens- zur Kriegswirtschaft wandelten, spiegelten Ausgaben, Einnahmen und Schulden wider.

Seit 1914 stiegen die öffentlichen Ausgaben drastisch an. Das letzte Kriegsbudget lag in Großbritannien 562 Prozent über dem ersten; in Deutschland waren es 505, in Frankreich 448 und in Rußland (bis 1916) 315 Prozent. Mit 47 Milliarden Dollar gab Deutschland am meisten für den Krieg aus; es folgten Großbritannien (44 Milliarden) und die USA (36 Milliarden), Frankreich (28 Milliarden), Rußland (16 Milliarden) und Österreich-Ungarn (13 Milliarden). Alles in allem kostete der Krieg rund 209 Milliarden Dollar in laufenden oder, da die Inflation die Ausgaben aufblähte, 82 Milliarden in konstanten Preisen von 1913. Den Krieg zu gewinnen war teurer, als ihn zu verlieren: Die Entente mußte für die Kriegführung 147 Milliarden Dollar, die Mittelmächte nur 62 Milliarden aufbringen.[22]

Im Prinzip ließ sich der Krieg durch Steuern, Anleihen oder Geldschöpfung finanzieren. Mittelmächte wie Alliierte bedienten sich dieser Mittel in vergleichbarer Weise. So bildete sich hier wie dort ein Rhythmus von Geldschöpfung und -abschöpfung heraus: Zunächst beschaffte sich die öffentliche Hand gegen kurzfristige Schuldtitel Geld bei der Notenbank, was die Geldmenge aufblähte. Dann wurde dieses zusätzliche Geld durch Steuern oder Anleihen wieder abgeschöpft, um die Preise nicht zu stark steigen zu lassen und die private zugunsten der öffentlichen Nachfrage zurückzudrängen. Dabei fiel die Relation Steuern zu Anleihen von Staat zu Staat verschieden aus. Frankreich finanzierte höchstens 15 Prozent seiner Kriegsausgaben durch Steuern, Deutschland knapp 17 Prozent und Großbritannien gut 26 Prozent. Das lag nicht zuletzt daran, daß die meisten Staaten, das Vereinigte Königreich ausgenommen, mit einem wenig leistungsfähigen Steuersystem in den Krieg gingen, das vor allem auf indirekten Steuern beruhte. Während des Krieges wurden zwar die Abgaben erhöht, bestehende Steuern ausgebaut und neue, oft mit weitreichenden Folgen, eingeführt; das galt etwa für die deutsche allgemeine Umsatzsteuer, die französische Einkommensteuer oder besondere Kriegsgewinnsteuern, die mit mehr oder minder großem Erfolg kriegsbedingte Mehrgewinne abschöpften. Für eine grundlegende Reform des Steuersystems war der Krieg jedoch die falsche Zeit. Die Steuern zu erhöhen war unpopulär und drohte, den »Burgfrieden« im Inneren zu untergraben.[23]

Deshalb vertrauten alle kriegführenden Staaten in erster Linie auf Kredite, um die rasch wachsenden Ausgaben für das Militär zu finanzieren. In der Hoffnung, der Gegner werde die Schulden durch Reparationen zurückzahlen, verschoben sie damit das Problem, die Kriegslast definitiv zu verteilen, in die Nachkriegszeit. Das Deutsche Reich legte bis 1918 neun Kriegsanleihen auf, Österreich acht und Ungarn siebzehn; in Großbritannien waren es bis 1917 drei, in Frankreich seit 1915 vier und in Rußland bis 1917 acht. Da die Kriegsanleihen freiwillig gezeichnet wurden, spiegelten sie die Siegeszuversicht der Bevölkerung wider. Die Staaten warben darum mit großem propagandistischem Aufwand für ihre Anleihen und bemühten sich, die Obligationen breit in der Bevölkerung zu streuen. So zeichneten zum Beispiel, oft in kleinen Beträgen, sieben Millionen Deutsche die sechste Kriegsanleihe vom März 1917. Lediglich Rußland war von Anfang an außerstande, genügend Staatspapiere beim Publikum unterzubringen. Dafür konnte sich das Zarenreich wie Großbritannien und Frankreich im Ausland, zumal in den USA, verschulden. Dadurch entstanden interalliierte Verbindlichkeiten im Gesamtumfang von 16,4 Milliarden Dollar. Großbritannien lieh seinen Verbündeten gut 7 Milliarden Dollar und nahm dafür in den USA 3,7 Milliarden auf. Frankreich war beim Vereinigten Königreich mit 1,7 Milliarden Dollar und den USA mit knapp 2 Milliarden verschuldet, Rußland mit 2,5 Milliarden Dollar bei Großbritannien sowie 955 Millionen bei Frankreich und 188 Millionen bei den USA.

Den meisten Staaten gelang es bestenfalls in den ersten Kriegsjahren, jenes Geld, das die Kredite der Notenbank zusätzlich in den Umlauf gebracht hatten, wieder abzuschöpfen. Deshalb entwickelte sich neben Steuern und Anleihen die kurzfristige Verschuldung zur dritten Säule der Kriegsfinanzierung. Wichtig war sie vor allem für Frankreich, das 42 Prozent seiner Kredite gegen kurz- und mittelfristige »Bons du Trésor« oder »Bons de la Défense Nationale« aufnahm, aber auch für das Deutsche Reich. Hier stieg der Anteil kurzfristiger Schulden seit 1916 und erreichte bei Kriegsende 40 Prozent der Gesamtschuld. In Österreich-Ungarn lag er bei zwei Fünftel, in Großbritannien, das seit 1915 »National War Bonds« ausgab, bei 22 Prozent. Soweit diese kurzfristige Schuld monetarisiert wurde, also bei der Notenbank verblieb, die Geldmenge vergrößerte und die Preise steigen ließ, lief sie auf eine Art »Inflationssteuer« hinaus. Diese traf, bar jeder Steuergerechtigkeit, jene, die sich ihr nicht entziehen konnten.

Als Folge der Kriegsfinanzierung explodierte überall die öffentliche Schuld. Deutschland stand am Ende des Krieges vor einem Schuldenberg in Höhe von 156 Milliarden Mark (1914: 5,4 Milliarden); in Großbritannien waren es 5,8 Milliarden Pfund (1914: 0,6 Milliarden). Die französische Staatsschuld hatte um 130 Milliarden Francs, die amerikanische um 24 Milliarden Dollar zugenommen. Verzinsung und Tilgung belasteten nicht nur die Nachkriegszeit; die Staatsschuld barg auch, je nach Struktur und Grad der Monetarisierung, ein mehr oder minder hohes Inflationspotential. Besonders stark war der inflationäre Druck in Österreich-Ungarn und in

Deutschland, wo die Geldmenge im Krieg um 285 Prozent wuchs, während es in Großbritannien nur 111 Prozent waren. Da die monetäre Expansion mit einem schrumpfenden Angebot an Gütern zusammenfiel, stiegen die Preise. Die Staaten kontrollierten sie mit unterschiedlichem Erfolg und stauten dadurch die Inflation mehr oder minder stark zurück. So erhöhten sich im Zusammenspiel von inflationärem Druck und staatlicher Regulierung die Großhandelspreise von 1913 (100) bis 1918 am stärksten in Frankreich (340), weniger in Großbritannien (227), Deutschland (217) und den USA (196). Was die Inflation verschleierte, waren die negativen wirtschaftlichen Folgen des Krieges, die erst nach der Demobilmachung deutlicher hervortraten.[24]

Demobilmachung

Bereits in der zweiten Kriegshälfte begannen alle kriegführenden Staaten, sich auf die wirtschaftliche Demobilmachung vorzubereiten. Denn es gab keine Illusionen darüber, welche ökonomischen Probleme die militärische Demobilisierung und vor allem die Umstellung der Kriegs- auf Friedenswirtschaft aufwerfen würde. Strittig war, welche Rolle der Staat dabei spielen, vor allem ob die Zwangswirtschaft der Kriegszeit aufgehoben oder zur Basis einer neuen Wirtschaftsordnung gemacht werden sollte. Letztere Option setzte sich weder in Großbritannien und Frankreich noch in Deutschland durch. Hier wie dort trat die Demobilmachung als eigenständige Phase zwischen Kriegs- und Friedenswirtschaft, wurde von besonderen Institutionen wie dem Ministère de la Reconstruction Industrielle in Paris oder dem Ministry of Reconstruction in London abgewickelt. So entstand ein starker Sog, die Vorkriegsverhältnisse wiederherzustellen. In den USA prägte sich die Kontinuität ohnehin stärker aus, weil die wirtschaftliche Mobilmachung weniger intensiv betrieben worden war. Lediglich in Rußland folgte der Revolution eine Transformation des Wirtschaftssystems.[25]

Besonders weit entfernte sich die Demobilmachung in Österreich-Ungarn von den Planungen, weil sie mit der Auflösung des Habsburgerreichs und der Konstituierung seiner Nachfolgestaaten zusammenfiel. Aber auch in Deutschland machte die Niederlage alle Pläne zur Makulatur. Trotzdem gelang es dem Reichsamt für wirtschaftliche Demobilmachung sowie der Industrie und den Gewerkschaften, die seit dem Stinnes-Legien-Abkommen eng kooperierten und großen Einfluß gewannen, in erstaunlich kurzer Zeit, die Wirtschaft umzustellen. Die entlassenen Soldaten wurden, freilich zulasten von Frauen und Jugendlichen, wieder in den Arbeitsprozeß eingegliedert, und die Friedensproduktion trat mit massiver staatlicher Hilfe wieder an die Stelle der Kriegsproduktion. Dabei blieben Neuordnungskonzepte wie etwa die Gemeinwirtschaftspläne auf der Strecke; doch hielt sich unter den Bedingungen der deutschen Nachkriegszeit eine Vielzahl staatlicher Regulierungen bis zum Ende der Inflation. Schneller und entschiedener als Deutschland stellte Frankreich seine Wirtschaft von Krieg auf Frieden um, baute die Kontrollen aus den Kriegsjahren bis Ende 1919 ab und kehrte damit wieder weitgehend zu den Vorkriegsverhältnissen zurück. Hier war die Stellung des siegreichen Staates stärker, der Einfluß der Gewerkschaften schwächer, und der Wiederaufbau im Norden des Landes drängte. In Großbritannien zog sich die Demobilmachung dagegen bis ins Jahr 1921 hin. Sie stand unter dem Eindruck von Forderungen der Arbeiterbewegung nach Reformen, sozialen Unruhen, hervorgerufen durch die militärische Demobilisierung, und verflocht sich deshalb mit dem Streit um die »Reconstruction«. Diese sollte die britische Nachkriegsgesellschaft nach der Devise »Land fit for heroes« durch weitreichende soziale Reformen neu gestalten. In allen Staaten, besonders in Deutschland, aber auch in

Frankreich und Großbritannien, erleichterten inflationär finanzierte staatliche Maßnahmen die wirtschaftliche Demobilmachung. Zugleich heizten sie den 1919 einsetzenden Nachkriegsboom an. Als eine deflationäre Politik Großbritannien 1920 in die Rezession führte und sich die Konjunktur auch in Frankreich, nicht aber in Deutschland abschwächte, wo die Inflation weiterlief, traten die langfristigen Folgen der Kriegswirtschaft klarer hervor.[26]

Zwar läßt sich kaum auseinanderhalten, welche Probleme der Zwischenkriegszeit dem Weltkrieg und welche langfristigen Veränderungen geschuldet sind, die jener allenfalls beschleunigte oder verlangsamte. Sicher ist jedoch, daß der Krieg die Gewichte innerhalb der Weltwirtschaft weiter zu Lasten der europäischen Staaten, zumal Großbritanniens und Frankreichs, sowie zugunsten vor allem der USA und Japans verschob. Auch beeinträchtigte er den Welthandel und reduzierte den Anteil Europas, erschwerte die internationale Kooperation und schuf, etwa durch die Reparationen, neue Konfliktpunkte, verstärkte die Neigung zum Protektionismus und vergrößerte die Vorbehalte gegenüber der internationalen Arbeitsteilung, führte zu strukturellen Ungleichgewichten und erzwang etwa beim Weltwährungssystem schwierige wirtschaftliche Anpassungsprozesse. Der Weltkrieg veränderte aber nicht nur die Strukturen der Weltwirtschaft; er wirkte sich auch, wiewohl unterschiedlich stark, auf die einzelnen Volkswirtschaften aus. Diese wuchsen in der Zwischenkriegszeit langsamer als vor dem Krieg, außerhalb des alten Kontinents oft schneller als dort. In Europa standen sich noch jene Staaten am besten, die neutral geblieben waren; ihre Wachstumsraten lagen in den Jahren 1913 bis 1929 im Schnitt zwischen 1,9 und 3,6 Prozent. Es folgten mit Raten von 1,4 bis 1,9 Prozent die Gewinner des Krieges mit Ausnahme Großbritanniens; Deutschland und Österreich (1,2 bzw. 0,3 Prozent), die den Krieg verloren hatten, bildeten die Schlußlichter. Allenthalben führte der Krieg in einer Art »displacement effect« dazu, daß der Einfluß des Staates auf Dauer wuchs. Nicht allein von Land zu Land fiel die Bilanz des Weltkrieges verschieden aus; es gab auch große Unterschiede innerhalb der nationalen Wirtschaften. So profitierten manche Industriezweige vom Krieg, förderte dieser technische Innovationen und moderne Herstellungsverfahren, brachte neue Produkte und entsprechende Investitionen. Insgesamt jedoch erlitten die Volkswirtschaften, wie schon Franz Eulenburg treffend analysierte, »durch den Krieg bedeutsame Störungen«, und diese machten die Kriegswirtschaft zu einer »Form des volkswirtschaftlichen Selbstmords« (Gerald D. Feldman).[27]

---

1 F. Eulenburg, Zur Theorie der Kriegswirtschaft, in: Archiv für Sozialwissenschaft und Sozialpolitik, 1916, Bd. 43, S. 349-396, Zitat: S. 350.

2 Gründlicher Vergleich, dem dieser Beitrag öfter folgt, bei G. Hardach, Der Erste Weltkrieg 1914-1918, München 1973; einzelne Aspekte bei W. H. McNeill, Krieg und Macht, München 1984, S. 279 ff.; H. Strachan, Economic Mobilization: Money, Munitions, and Machines, in: The Oxford Illustrated History of the First World War, hg. v. H. Strachan, Oxford 1998, S. 134-148, und N. Ferguson, Der falsche Krieg. Der Erste Weltkrieg und das 20. Jahrhundert, Stuttgart 1999.

3 P. Kennedy, The Rise and Fall of the Great Powers, New York 1987, S. 198 ff.

4 D. Stevenson, Armaments and the Coming of War, Oxford 1996.

5 L. Burchardt, Friedenswirtschaft und Kriegsvorsorge, Boppard 1968.

6 D. French, British Economic and Strategic Planning 1905-1915, London 1982.

7 J. P. Finnegan, Against the Specter of a Dragon, Westport 1975; A. Offer, The First World War, Oxford 1989.

8 G. Ambrosius, Staat und Wirtschaft im 20. Jahrhundert, München 1990, S. 58 ff.; R. Lowe, Government, in: The First World War in British History, hg. v. S. Constantine u. a., London 1995, S. 29-50, hier S. 32; D. M. Kennedy, American Political Culture in a Time of Crisis: Mobilization in World War I, in: Confrontation and Cooperation, hg. v. H.-J. Schröder, Providence, RI 1993, S. 213-227, hier S. 215.

9 G. D. Feldman, Armee, Industrie und Arbeiterschaft in Deutschland 1914 bis 1918, Berlin 1985; R. Roth, Staat und Wirtschaft im Ersten Weltkrieg, Berlin 1997.

10 R. J. Wegs, Die österreichische Kriegswirtschaft 1914-1918, Wien 1979.

11 H. Haumann, Kapitalismus im zaristischen Staat 1906-1917, Königstein/Ts. 1980; L. H. Siegelbaum, The Politics of Industrial Mobiliziation in Russia, 1914-17, London 1983.

12 The French Home Front, hg. v. P. Fridenson, Providence, RI 1992; J. F. Godefrey, Capitalism at War. Industrial Policy and Bureaucracy in France 1914-1918, Leamington Spa 1987; S. D. Carls, Louis Loucheur and the Shaping of Modern France, 1916-1931, Baton Rouge 1993.

13 R. J. Q. Adams, Arms and the Wizard, London 1978.

14 P. A. Koistinen, Mobilizing for Modern War, Lawrence, Can 1997; D. M. Kennedy, Over Here, New York 1980; R. D. Cuff, The War Industries Board, Baltimore 1973.

15 R. Schaffer, America in the Great War, New York 1991, S. 47 ff.

16 R. G. Moeller, German Peasants and Agrarian Politics, 1914-1924, Chapel Hill 1986; P. E. Dewey, British Agriculture in the First World War, London 1989.

17 J. N. Horne, Labour at War. France and Britain 1914-1918, Oxford 1991; K. Grieves, The Politics of Manpower, 1914-1918, Manchester 1988.

18 M. Grandner, Kooperative Gewerkschaftspolitik in der Kriegswirtschaft, Wien 1992; R. Armeson, Total Warfare and Compulsary Labor, Den Haag 1964; G. Mai, Kriegswirtschaft und Arbeiterbewegung in Württemberg 1914-1918, Stuttgart 1983; G. R. Rubin, War, Law, and Labour, Oxford 1987; N. A. Wynn, From Progressivism to Prosperity, New York 1986, S. 86 ff.

19 F. Thébaud, Der Erste Weltkrieg, in: Geschichte der Frauen, hg. v. G. Duby/M. Perrot, Frankfurt a. M. 1995, S. 33-91; U. Daniel, Arbeiterfrauen in der Kriegsgesellschaft, Göttingen 1989; S. Augeneder, Arbeiterinnen im Ersten Weltkrieg, Wien 1987.

20 C. P. Vincent, The Politics of Hunger, Athens, Ohio 1985; A. Roerkohl, Hungerblockade und Heimatfront, Stuttgart 1991; B. Davis, Home Fires Burning, Chapel Hill 2000.

21 L. T. Lih, Bread and Authority in Russia, 1914-1921, Berkeley, Calif. 1990.

22 E. L. Bogart, Direct and Indirect Costs of the Great War, New York 1920.

23 K. Roesler, Die Finanzpolitik des Deutschen Reiches im Ersten Weltkrieg, Berlin 1967; T. Balderston, War Finance and Inflation in Britain and Germany, in: Economic History Review, Bd. 42 (1989), S. 222-244; M. J. Daunton, How to Pay for the War: State, Society and Taxation in Britain, 1917-24, in: Economic History Review, Bd. 61 (1996), S. 882-919; H. Truchy, Les finances de guerre de la France, Paris 1926; C. Gilbert, American Financing of World War I, Westport, Conn. 1970.

24 G. D. Feldman, The Great Disorder, Oxford 1997, S. 25 ff.

25 G. D. Feldman, Die Demobilmachung und die Sozialordnung der Zwischenkriegszeit in Europa, in: Geschichte und Gesellschaft, Bd. 9 (1983), S. 156-177; F. Zundel, Der Kampf um die Wirtschaftsordnung in Deutschland, Düsseldorf 1974; P. B. Johnson, Land Fit for Heroes, Chicago 1968; S. Malle, The Economic Organization of War Communism, 1918-1921, Cambridge 1985.

26 R. Bessel, Germany after the First World War, Oxford 1993; S. Rouette, Sozialpolitik als Geschlechterpolitik, Frankfurt a. M. 1993; C. Maier, Recasting Bourgeois Europe, Princeton 1975; R. H. Tawney, The Abolition of Economic Controls, 1918-1921, in: History and Society, hg. v. J. Winter, London 1978, S. 129-186; M. W. Kirby, Industry, Agriculture and Trade Unions, in: The First World War in British History, S. 51-80.

27 C. H. Feinstein u. a., The European Economies between the Wars, Oxford 1997, S. 5 ff.; P. K. O'Brien, The Great War and the Dislocation of the International Economy 1914-1929, in: Wirtschaft, Gesellschaft, Unternehmen, hg. v. W. Feldenkirchen u. a., Bd. 1, Stuttgart 1995, S. 245-265; J. E. Cronin, The Politics of State Expansion, London 1991.

Literatur

R. Bessel, Germany after the First World War, Oxford 1993.

R. D. Cuff, The War Industries Board, Baltimore 1973.

G. D. Feldman, Armee, Industrie und Arbeiterschaft in Deutschland 1914 bis 1918, Berlin 1985.

G. D. Feldman, The Great Disorder, Oxford 1997.

D. French, British Economic and Strategic Planning 1905-1915, London 1982.

The French Home Front, 1914-1918, hg. v. P. Fridenson, Providence, RI 1992.

J. F. Godefrey, Capitalism at War. Industrial Policy and Bureaucracy in France 1914-1918, Leamington Spa 1987.

H. Haumann, Kapitalismus im zaristischen Staat 1906-1917, Königstein/Ts. 1980.

P. A. Koistinen, Mobilizing for Modern War, Lawrence, Can. 1997.

H. Strachan, Economic Mobilization. Money, Munitions, and Machines, in: The Oxford Illustrated History of the First World War, hg. v. H. Strachan, Oxford 1998.

R. J. Wegs, Die österreichische Kriegswirtschaft 1914-1918, Wien 1979.

Der Weg in den Krieg

Jost Dülffer

An der Schwelle zum 20. Jahrhundert schien der ewige Frieden ein mögliches Ziel zu sein, wenn man nur »die Anstrengungen aller Staaten versammelte«.[1] Es war der russische Zar Nikolaj II., der im August 1898 alle damals selbständigen Staaten Europas sowie die USA und Japan zu einer internationalen Konferenz einlud. Zwei Motive benannte er für eine Umkehr in der Staatenpolitik. Die seit zwei Jahrzehnten geknüpften Allianzen »haben [...] in bis dahin unbekanntem Ausmaß ihre Militärkräfte entwickelt und setzen deren Vermehrung fort, ohne vor irgendeinem Opfer zurückzuschrecken.« Das Wettrüsten habe aber keine Befriedung gebracht, sondern nun drohe das Gegenteil, »zu eben der Katastrophe [zu] führen [...], welche man zu vermeiden wünscht und deren Schrecken jeden Menschen schon beim bloßen Gedanken schaudern macht.« Ein zweites Argument kam hinzu: Die Wirtschaftskraft, die für die unproduktiven Rüstungsausgaben verwandt würde, zerrütte »nationale Kultur«, »wirtschaftlichen Fortschritt« und trage in einem beträchtlichem Maße zu den Wirtschaftskrisen der Zeit bei. Diese Diagnose einer Notsituation war in manchem sehr hellsichtig, erbrachte auch 1899 die erste (und acht Jahre später eine zweite) Haager Friedenskonferenz. Sie richtete Schiedsgerichte zur Lösung internationaler Konflikte ein und kodifizierte das Kriegsvölkerrecht, bewirkte aber in der Sache nichts.

Zwanzig Jahre nach dem Zarenmanifest schrieb der ehemalige deutsche Reichskanzler Theobald von Bethmann Hollweg an seinen späteren Nachfolger: »Der Imperialismus, Nationalismus und wirtschaftliche Materialismus, der während des letzten Menschenalters in der großen Linie die Politik aller Nationen bestimmte, setzte sich Ziele, deren Verfolgung für jede einzelne Nation nur auf Kosten eines allgemeinen Zusammenstoßes möglich war.« Hier drang der kurz zuvor abgelöste Bethmann Hollweg tiefer ein in Erklärungen der Motivationen für das Wettrüsten. Er sah zwar keinen spezifischen deutschen Beitrag, aber doch einen allgemeinen Trend in Richtung Krieg: »Die Regierungen, so in Frankreich und Rußland, folgten teils aus Überzeugung teils willenlos den Imperialisten. Wo sie es nicht taten, waren sie bald zu schwach, um das Ruder herumzuwerfen, bald wollten sie das überhaupt nicht, wie in England, wo man zwar den Krieg nicht direkt anstrebte, aber auch durchaus nicht perhorreszierte [...]. So scheiterten die allgemeinen Versuche, durch Schiedsgerichte und Abrüstung die Kriegsgefahr zu verringern, so scheiterte der besondere Versuch, durch eine deutsch-englische Verständigung den Frieden zu sichern.«[2] Das waren klarsichtige Ideen, die sicher auch selbstrechtfertigenden Charakter hatten. Auffällig an diesen beiden Diagnosen war, daß sie selbst keine Möglichkeit fanden, aus Einsicht einen anderen Weg für ihre Politik einzuschlagen. In grundsätzlichen Fragen dankte also die Politik ab, oder besser gesagt: Es gab zwar Anläufe zu Reformen, aber sie verpufften, bevor auch nur die Grundlagen des Systems zum Verhandlungsgegenstand gemacht worden wären. Das System wandelte sich, aber eher aus immanenten Trends, denn aus bewußten Entscheidungen für eine friedlichere oder kriegerischere Welt. Dennoch gab es keine Einbahnstraße in den Krieg.

Selbstverständlich gab es wie immer internationale Krisen, für die es dennoch pragmatische Lösungen gab. Kriege ließen sich also vermeiden, und dahinter steckte durchaus auch das von Nikolaj II. und Bethmann Hollweg gekennzeichnete Erschrecken vor den Folgen eines Krieges. Wie konnte es dennoch zum »großen Krieg« kommen?

Schon die Zeitgenossen sprachen von Imperialismus. Was zunächst einmal positiv gemeint war, die Ausbreitung von europäischen Großmächten und ihrer »Kultur« auf die übrige Welt, sahen Kritiker sehr bald zunehmend negativ. Das gilt für Ursachen und Konsequenzen. Wichtigste Triebkraft des Wandels war wohl das ungeheure industriewirtschaftliche Wachstum der Zeit, das jedoch zu vielfältigen Verwerfungen führte: innerstaatlich wie international. Expandiert und Kolonialreiche geschaffen hatten die meisten europäischen Staaten seit jeher. Mit den Mitteln von Dampfschiffahrt und Funktelegraphen, überlegener Feuerkraft von Maschinengewehren und Artillerie, aber auch infolge von Nahrungsmittelkonservierung und Malariaprophylaxe ergaben sich für die Europäer Durchsetzungsmöglichkeiten, gegen die traditionale Gesellschaften keine Chance hatten. Das erklärt in manchem die Schlagkraft, nicht aber die Motive. Zwischen 1800 und 1878 erwarben die europäischen Staaten in Übersee Territorien mit etwa 16.835.000 Quadratkilometern; in etwa der Hälfte dieser Zeit, bis 1914, kamen noch einmal 22.411.270 Quadratkilometer hinzu. Neu war die Formalisierung von Herrschaft also nicht. Aber es setzte sich mit der Aufteilung Afrikas in den 1880er Jahren allgemein das Bewußtsein durch, man müsse im folgenden Jahrhundert expandieren, um die Existenzmöglichkeiten des eigenen Staates zu sichern. Begründet wurde dies mit unterschiedlichen Vorstellungen. Zum einen: man brauche landwirtschaftliche und minerale Produkte, um u. a. die Ernährung der schnell wachsenden Bevölkerung im eigenen Lande zu sichern, um aber auch die verarbeitenden Industrien am Laufen zu halten. Dazu sollten zum anderen auch die Eldorados, die »Goldgruben« an mineralischen Rohstoffen und (seit Anfang dieses Jahrhunderts) auch an Erdöl und anderen Energieträgern dienen. Hinzu trat ferner die Vorstellung, man brauche Siedlungsland für die wachsenden proletarischen Bevölkerungsmassen, man müsse Waren exportieren und weltweite Finanzmärkte erschließen. Kurz: Man müsse »Hammer oder Amboß« sein – so der deutsche Reichskanzler Bernhard von Bülow –, es gebe »lebende oder sterbende Nationen« – so der britische Premierminister Lord Salisbury. Das nannte man auch Sozialdarwinismus. Insgesamt boomte die Weltwirtschaft in der Zeit zwischen 1894 und 1913. Das brachte in allen Staaten neben dem Optimismus eines Aufbruchs in neue goldene Zeiten zugleich auch die Sorge vor den sozialen Abgründen, den wirtschaftlichen Verwerfungen, dem jähen Absturz mit sich.

Alle wichtigen europäischen Großstaaten wuchsen gemäß den maßgeblichen Indikatoren der industriellen Entwicklung erheblich. Obschon je nach Sektor unterschiedlich, lassen sich aber doch einige Trends feststellen:

- Um 1880 stand Großbritannien fast überall an der Spitze, in manchen Sektoren lagen die USA aber bereits an zweiter Stelle. Auf dem europäischen Kontinent folgte das Deutsche Reich noch weit abgeschlagen, dahinter kam Frankreich, während Rußland und Österreich-Ungarn relativ am Ende rangierten, nur Italien lag noch darunter.
- Um die Jahrhundertwende hatten die USA Großbritannien in sehr vielen Bereichen bereits hinter sich gelassen, das Deutsche Reich hatte stark aufgeholt. Die übrigen europäischen Mächte blieben vergleichsweise zurück.
- Unmittelbar vor dem Ersten Weltkrieg (1913) hatte sich die Lage nochmals dramatisch gewandelt. Dies gilt etwa für die Stahlproduktion, einen der wichtigsten Indikatoren wirtschaftlichen Wachstums, der gerade auch für die Rüstung bedeutsam war: Die USA produzierten mit 31,8 Millionen Tonnen fast das Doppelte des Deutschen Reiches (17,6 Millionen Tonnen), während Großbritannien mit 7,7 Millionen Tonnen nicht einmal ein Viertel des US-amerikanischen Wertes erreichte.

Rußland hatte dafür aufgeholt und mit 4,8 Millionen Tonnen Frankreich (4,6 Millionen Tonnen) leicht überholt. Österreich-Ungarn (2,6 Millionen Tonnen), Italien (0,93 Millionen Tonnen) und Japan (0,25 Millionen Tonnen) bildeten klar das Ende der Skala unter den Großmächten. Belgien, zweifellos keine Großmacht, produzierte mit 2,4 Millionen Tonnen Stahl in etwa soviel wie Österreich-Ungarn.
– Bringt man diese Entwicklungen noch einmal vergröbernd auf einen Punkt, dann verlor Großbritannien in vielen Sektoren seine führende Position; die USA waren industriewirtschaftlich bereits die erste Weltmacht, ohne dies jedoch zu diesem Zeitpunkt in der internationalen Politik bereits auszuspielen. Das Deutsche Reich schickte sich an, Großbritannien in vielen Bereichen zu beerben – und leitete auch gelegentlich entsprechende politische Erwartungen davon ab. Rußland, vielfach als Koloß auf tönernen Füßen angesehen, entwickelte gleichfalls erste Trends zum modernen Industriestaat, ein Durchbruch war aber noch nicht erreicht. Die anderen Staaten blieben vergleichsweise zurück.

Es war bisher allein von wenigen Großmächten die Rede, und in der Tat waren es diese Großmächte, welche für das Staatensystem entscheidend waren. Natürlich waren auch kleinere und mittlere Staaten formal souverän, konnten theoretisch Krieg führen und beenden. Faktisch bildeten sie jedoch eine mehr oder weniger informelle Klientel von Großmächten, versuchten sich in deren Spannungsfeld eine gewisse politische Unabhängigkeit zu bewahren. Kritiker etwa aus der Friedensbewegung forderten die Durchsetzung einer faktischen Gleichheit aller Staaten; aber gerade die Vertreter kleinerer Staaten – sogar aus dem aufgeklärten Westeuropa – lehnten es strikt ab, eine Politik gegen die »Großen« zu treiben oder sich gar gegen diese zusammenzuschließen. Auch hierfür bilden die Haager Friedenskonferenzen ein anschauliches Beispiel.

Das traditionelle europäische Konzert der Mächte behielt also bis zum Ersten Weltkrieg eine bedeutende Rolle bei. Traditionell gehörten zu ihm Großbritannien, Frankreich, Rußland und Österreich-Ungarn. Das Deutsche Reich war hier seit 1871 an die Stelle Preußens getreten, während der italienische Nationalstaat (seit 1860) fast ausschließlich allein in der Orientfrage von Bedeutung war. Das europäische Fünfersystem oder die Pentarchie blieb also ein von der Arroganz der Macht bestimmtes informelles Lenkungsgremium. Ergänzt wurde es seit Ende des 19. Jahrhunderts durch die USA, die im Spanisch-Amerikanischen Krieg 1898 ihre machtpolitischen Ansprüche durchsetzten und zugleich für Nord- und Südamerika eine eigene Einflußzone, frei von europäischer Einmischung, beanspruchten. Hinzu kam Japan, das sich 1895 gegenüber China, dann aber 1904 in einem verlustreichen Krieg gegen Rußland behauptet hatte.

Man kann also bereits vor dem Weltkrieg von einem Weltstaatensystem sprechen, in dem neben den europäischen Mächten zwei außereuropäische Staaten, darunter Japan als erste nichtweiße Macht, Einfluß ausübten. Kriterium für eine solche Großmachtstellung war immer die Akzeptanz durch die anderen, und diese wurde – die Beispiele ließen sich auch für andere Fälle auflisten – fast immer durch eine militärische Behauptung im Krieg erreicht. Ein hochmilitarisiertes System also, das zum Wettrüsten gleichsam systemimmanent einlud! Und eben dies fand nun statt. Setzte um die Jahrhundertwende ein Wettrüsten zur See ein, das Großbritannien und das Deutsche Reich als Hauptantagonisten sah, so kam ab 1905 eine Spirale auch der Landrüstungen in Gang, die sich 1912/13 in schwindelerregende Höhen steigerte. Wirtschaftliche Macht, industrielle Leistungsfähigkeit, Außenhandel und Auslandsinvestitionen setzten sich also nicht direkt in Macht um, sie bedurften zur Begleitung oder zur Konkretisierung militärischer Machtmittel. Beides konnte jeweils dann eine brisante Mischung eingehen, wenn die entsprechende Mentalität einer militärisch gestützten Machtpolitik hinzukam. Natürlich war diese wiederum zusätzlich von innenpolitischen Krisensituationen und entsprechenden Strategien abhängig. Wirtschaftliche Leistungsfähigkeit, militärische Macht und expansive Mentalitäten – das waren die wichtigsten Komponenten auch für die Entwicklung des Staatensystems.

Nun wäre es grundsätzlich verfehlt, allein Konkurrenz und Antagonismus der Staaten zum Hauptmerkmal zu machen. Gerade der Handelsaustausch zwischen den wichtigsten Staaten Westeuropas machte annähernd die Hälfte des Welthandels aus, zwei Drittel des Welthandels zwischen 1909 und 1913 wurden zwischen den europäischen Ländern abgewickelt.[3] Erst danach kam der Austausch Europas mit den primär von Weißen besiedelten Überseegebieten, voran den USA, aber auch dem britischen Weltreich. Alles dies geschah vor ungleichen Strukturen, aber weitgehend kooperativ und allein im ökonomischen Wettbewerb, der sich kaum an nationale Grenzen hielt. Die vormals unabhängigen, dann in Abhängigkeit von europäischen Staaten gelangenden außereuropäischen Gebiete, die Kolonien und Schutzgebiete trugen rein quantitativ nur unwesentlich zur Handelsbilanz bei. Darüber hinaus gilt, daß zwischen Metropolen und Kolonialreichen kaum eine rein nationale Wirtschaftspolitik betrieben werden konnte. Für Deutsch-Südwestafrika blieb das Handelsvolumen mit dem Deutschen Reich z. B. wesentlich geringer als mit Großbritannien.

Ähnliches läßt sich auch für das finanzielle Engagement der Staaten sagen. London – und in einer anderen Form – Paris blieben die Weltfinanzzentren, die sehr häufig internationale Konsortien für Großinvestitionen an der europäischen Peripherie oder in Übersee bildeten. Darüber hinaus wurden auch auf finanziellem Sektor die größten internationalen Investitionen im Bereich der bereits industrialisierten Länder getätigt. Allerdings gilt für Außenhandel wie Direktinvestitionen, daß sich die politische Staatsführung in sehr unterschiedlichen Formen dieser Interessen annahm. Während etwa Großbritannien als zunächst wichtigste Weltfinanzmacht weitgehend auf staatliche Unterstützung der Unternehmer und Investoren verzichten konnte und nur bedingt Schutz für bereits geleistetes Engagement zusicherte, war in Frankreich der Staat bereits bei der Akquisition von Auslandsaufträgen seit jeher sehr stark engagiert. Das Deutsche Reich stand in etwa zwischen diesen beiden Vorgehensweisen. Dennoch erlangte die internationale Anleihepolitik gelegentlich beträchtliche politische Bedeutung. Bis 1887 etwa stellte das Deutsche Reich den Hauptfinanzier für Rußland dar. Danach aber wurde das republikanische Frankreich zum wichtigsten Geldgeber für den autokratischen Zarenstaat. Das bereitete die politische Annäherung dieser beiden Staaten ebenso vor wie die von Rußland und Großbritannien. 1905 hatte das Inselreich erstmals russische Anleihen gezeichnet, während das Deutsche Reich nunmehr ganz ins Hintertreffen geriet.

Europäische finanzielle Durchdringung erfolgte in einer Mischung von privater und staatlicher Initiative, aber gerade in Übersee weitgehend kooperativ zwischen den Geldgebern. In Kairo wie in Konstantinopel oder Athen bildeten sich multilaterale Schuldenverwaltungen, welche die finanzimperialistische Abhängigkeit dieser Staaten im Sinne der Metropolen gemeinsam kanalisierten und koordinierten. Auch im genuin politischen Bereich entwickelten europäische Diplomaten in vielen Staaten sehr häufig konzertierte Aktionen, welche kleine, aber auch große Krisen »im Konzert« zu regeln bestrebt waren. Die unterschiedlichen Interessen der Metropolen wurden von den Diplomaten in Konstantinopel oder Peking, in Tokio oder Kairo in mehr oder minder formellen Botschafterkonferenzen vor Ort zumeist einvernehmlich gelöst. Und wenn das nicht gelang, dann blieb als Lösung immer noch eine höherrangige Konferenz in einer der europäischen Hauptstädte, in die jeweils alle beteiligten Mächte einbezogen wurden. Die Londoner Botschafterkonferenzen der Jahre 1912 und 1913 im Anschluß an die Balkankriege sind Belege dafür, daß konzertierte Diplomatie nach wie vor Lösungen anbot und begrenzt handlungsfähig blieb. Auch eher internationale technische Konferenzen im vorpolitischen Raum – wie etwa über Rechtsangleichung, technische Normierungen –, wiesen schon länger in die gleiche Richtung.

Zweifellos gab es immer wieder Zusammenstöße zwischen den Großmächten und ihren Interessen in Übersee, aber diese konnten trotz zeitweiliger Kriegsgefahr friedlich gelöst werden. Eine Konfrontation militärischer Art vor Ort, wie sie das Zusammentreffen einer französischen Kolonialexpedition und eines britischen Heeres bei Faschoda im Sudan 1898/99 darstellte, war die Ausnahme. Bevor Paris und London selbst in den Krieg zu geraten drohten, steckte in der Regel vor Ort die schwächere Seite – hier waren es die Franzosen – möglichst unter Wahrung des Gesichts zurück. In Faschoda zog sich Capitaine Marchand auf Weisung aus Paris zurück, als die weit überlegenen britischen Expeditionstruppen im Sudan ihn zum Rückzug aufforderten. Den Grund dafür bildete die französische Einsicht, daß in einem allgemeinen Krieg die britische Seemacht die Franzosen international weit mehr schädigen könnte als dies umgekehrt der Fall war. Der koloniale oder imperiale Konflikt vor Ort endete also mit einer »lesson in seapower«. Auf der anderen Seite war es gängig, daß die europäischen Mächte »Unbotmäßigkeiten« und »Aufstände« von »Eingeborenen« konzertiert unterdrückten. Diese waren in heutiger Sicht zumeist Akte der Notwehr gegenüber einer durch europäische Arroganz bestimmten Invasion auf verschiedenen Sektoren der traditionalen Gesellschaften. Das Musterbeispiel hierfür ist die Niederschlagung des sogenannten Boxer-Aufstandes durch europäische und amerikanische Truppen in China im Jahre 1900. Nachdem europäische Streitkräfte bereits in Peking das bedrohte Gesandtenviertel gesichert hatten, sorgte eine formell unter deutscher Leitung stehende multinationale Truppe, die man damals noch nicht Friedenstruppe nannte, für eine brutale Niederschlagung jeden Widerstandes, der sich dem europäischen Anspruch entgegenstellte.

Charakteristisch blieb lange Zeit die parallele Expansion europäischer Mächte in Übersee, in der herrenloses Land zumeist durch das Hissen der Flagge in Besitz genommen wurde. Als herrenloses Land (res nullius) galt alles Territorium, das nicht bereits Europäern gehörte. Es genügte eine Besetzung von Küstenstreifen, dann gehörte zunächst einmal das »Hinterland« – ein deutscher Begriff, der in die internationale Rechtssprache einging – der Metropolmacht. Gewiß geschah dies häufig auch kompetitiv, gleichsam im Wettlauf, verursachte aber nur selten größere Konflikte. Das spielte sich etwa in Burma zwischen Großbritannien und Frankreich ab, es ging um die Philippinen zwischen dem Deutschen Reich und den USA 1898, um Samoa zwischen Briten, US-Amerikanern und Deutschen. Wichtig wurde hier im allgemeinen Bewußtsein, ob eine konkurrierende Macht legitime Ansprüche anmelden konnte, und dazu zählte man vor allem existierende Handelsinteressen oder ältere rechtsverbindliche Absprachen mit lokalen Würdenträgern. Gewiß begünstigte dies die Politik der »beati possidentes«, voran Großbritannien und Frankreich.

Die eingangs zitierte Erwartung, dynamisch für das nächste Jahrhundert vorsorgen zu müssen, ließ in vielen Staaten die künftige Aufteilung der ganzen Welt an die weißen Mächte erwarten. Die Wirklichkeit sah jedoch sehr viel bescheidener aus. Auch der »scramble for Africa« der 1880er Jahre blieb in manchem unvollkommen – so etwa für Zentralafrika. Zwar hatte sich der belgische König den Kongo zunächst persönlich gesichert – er wurde 1908 vom belgischen Staat übernommen –, aber gerade hier ließ eine nur schwache koloniale Durchdringung und Mißwirtschaft bald eine weitere koloniale Aufteilung von Mittelafrika erwarten, die dann tiefer reichen sollte. Obwohl sich hierin bis zum Weltkrieg nichts tat, dynamisierte es doch die Afrika-Erwartungen. Bei der Erwähnung Chinas bekamen Imperialisten aller Länder leuchtende Augen. Aber im weitgehend traditionalen »Reich der Mitte« stabilisierten sich die Verhältnisse durch innere Reformen ab 1911 soweit, daß es bei der informellen Durchdringung blieb. Lateinamerika, eine der bevorzugten Investitionsregionen der europäischen Mächte, voran Großbritanniens, hatte sich in der ersten Hälfte des 19. Jahrhunderts in unabhängige Staaten aufgegliedert und bewahrte gleichermaßen seine nationalen Unabhängigkeiten. Maßgeblich hierfür war der Anspruch der USA, keine neue europäische Intervention und schon gar keinen neuen territorialen Besitz dulden zu wollen. Diese Ausformung der »Monroe-Doktrin« aus dem Jahre 1823 führte zu Konfrontationen mit Großbritannien, dem Deutschen Reich und auch mit Italien. Die USA setzten sich durch und beanspruchten mehr oder weniger erfolgreich den Doppelkontinent als ihre informelle Interessensphäre.

Am längsten schwelte – und am gefährlichsten angesehen wurde – aber die Aufteilung des Osmanischen Reiches. Hier kam das erwachende Nationalgefühl vor allem südosteuropäischer Nationen, aber auch von Ägyptern oder Armeniern mit nachhaltigen europäischen Interessen in Konflikt. In dieser Orientfrage waren auch (fast) alle europäischen Großmächte in der einen oder anderen Weise beteiligt. Gerade das war einer der Gründe für das in Konstantinopel weiter praktizierte europäische »Konzert«. Stabilisieren oder Aufteilen – das war die je nach Situation und Großmachtinteressen unterschiedlich beantwortete Frage. Das ab 1903 vom Deutschen Reich energisch vorangetriebene Projekt einer international zu finanzierenden Bagdadbahn fügte neues Konfliktpotential hinzu, schoben sich die Deutschen doch zwischen die traditionellen Einflußsphären von Briten und Russen in dieser Region und zogen dort den bisherigen Gegensatz beider Mächte untereinander auf sich. Der »Balkanbrand« und die Frage nach Reformen beim »kranken Mann am Bosporus« bildeten trotz zeitweiliger Entschärfung zentrale Fragen der Staatengesellschaft, die direkt in den Ersten Weltkrieg einmündeten, als die neuen Nationalstaaten auf dem Balkan 1913 in einen Krieg um die Beute osmanischer Herrschaft gerieten. Dennoch: Die imperiale Aufteilung des türkisch-arabischen Kernlandes des Osmanischen Reiches unterblieb bis 1914; im Gegenteil war auch dort eine relative Stabilisierung zu verzeichnen.

Expansion möglichst mit friedlichen Mitteln, notfalls aber auch unter Inkaufnahme einer militärischen Auseinandersetzung – das war das Kennzeichen der Jahrzehnte vor 1914. Nach den Daten wirtschaftlicher Leistung waren die USA, das Deutsche Reich und Rußland in dieser Beziehung die dynamischsten Großmächte. Doch wiesen sie bedeutende Unterschiede in ihrem Politikstil auf. Die USA hatten ihre im 19. Jahrhundert vollzogene Binnenexpansion von Ost nach West vollendet und setzten sie selbstbewußt auf dem Doppelkontinent fort, faßten ökonomisch in Ostasien Fuß, mischten sich schon einmal in Südafrika ein und waren seit 1906 (Marokkokonferenz in Algeciras) auch bei europäischen Mächtekonferenzen vertreten. In diesem Falle bauten gerade die Briten die noch 1895 eskalierenden Spannungen in Venezuela zur »angelsächsischen Brudermacht« gezielt ab, als sie im Hay-Pauncefote-Vertrag von 1900 präventiv das Feld der Konkurrenz räumten. Das zarische Rußland, das in seinem »geborgten Imperialismus mit fremdem Geld« (Dietrich Geyer)[4] seit der Jahrhundertwende die industrielle Entwicklung vorantrieb, konnte dies vor allem im inneren Landesausbau in Richtung Mittelasien und Sibirien tun. Es trat dennoch von China über Indien, den Nahen Osten bis hin nach Mittel- und Nordeuropa als potentiell expansiver Staat auch gegenüber anderen Mächten auf. Aber gerade nach der Niederlage im Russisch-Japanischen Krieg im Jahre 1905 blieb unklar, inwieweit in Rußland eine unaufhörlich über die eigenen Grenzen hinausdrängende gefährliche Weltmacht entstand, oder ob es sich doch aufgrund struktureller Schwächen im Herrschaftsapparat nur um einen »Koloß auf tönernen Füßen«[5] handelte.

Im deutschen Fall dagegen war der weltpolitische Aufbruch seit den 1890er Jahren programmatisch. Vage Metaphern wie die Bülows vom »Platz an der Sonne« kündeten defensiv verpackt einen mehr oder minder ziellosen Anspruch überall auf der

Welt an. Oder anders gewendet: Wo es etwas zu verteilen gab, wo traditionelle Herrschaften zusammenbrachen, wo andere Mächte mit verwurzelten Ansprüchen ihre Ansprüche intensivierten, traten auch die Deutschen auf den Plan. Die deutschen Erfolge territorialer Art oder in Gestalt der Wirtschaftszonen blieben jedoch seit der Jahrhundertwende bescheiden. Es war schließlich der Stil deutscher Weltpolitik, welcher die zunehmende Isolation verstärkte. Bernhard von Bülow, 1898 noch als Staatssekretär, brachte dies auf den Punkt: Man habe im europäischen Konzert bislang immer nur die Pikkoloflöte gespielt, die man jetzt niederlege. In politische Kategorien gewandt kündigte das Deutsche Reich z. B. in völkerrechtlichen Standards jede in Richtung auf Friedenswahrung oder -sicherung gerichtete internationale Diskussion auf, wie die Haager Friedenskonferenzen unter Beweis stellten. Internationale Solidarität wurde hier programmatisch durch machtegoistische Expansion abgelöst. Das prägte die Wahrnehmung des Reiches in der Staatenwelt.

Gegensätze und Konflikte einerseits, Kompromisse und fallweise Bündnisse andererseits waren normale Vorgänge in der damaligen Staatenwelt. Beides gab es weiterhin, aber ein Trend war doch auszumachen: von einer relativen Offenheit zu einer Polarisierung. Das deutsch-österreichische Militärbündnis, der Zweibund von 1879, stammte noch aus der Bismarckzeit, läutete jedoch eine Militarisierung von Staatenbeziehungen ein. Wozu brauchte man mitten im Frieden die Vereinbarung gemeinsamer Kriegführung, wenn doch kein Krieg unmittelbar bevorstand? So wurden nur die anderen Staaten verunsichert, die sich bedroht fühlen konnten und in längerer Frist ihrerseits neue »Sicherheit« suchten. Das war die klassische Voraussetzung für ein Wettrüsten. 1892/94 gelang dem republikanischen Frankreich die Durchbrechung seiner relativen Isolierung durch ein Verteidigungsbündnis mit dem zarischen Rußland, das 1899 auf das Ziel einer Aufrechterhaltung des europäischen Gleichgewichts ausgeweitet wurde. Großbritannien suchte in Erkenntnis seiner drohenden weltpolitischen Überforderung nach Partnern, fand diese auch – wie erwähnt – 1900 in den USA, dann aber 1902 in einem Militärbündnis mit Japan. Verhandlungen mit dem Deutschen Reich 1898 und 1900/01 scheiterten dagegen an von beiden Seiten zu weit gesteckten Vorbedingungen. Dafür gelang 1904 eine britisch-französische Übereinkunft zum Interessenausgleich in fast allen überseeischen Fragen, die Entente Cordiale. An sie schlossen sich bereits ein Jahr später informelle militärische Absprachen an. Schließlich kam es 1907 auch zu einem britisch-russischen Interessenausgleich in Asien, der die beiden weltpolitischen Rivalen zunächst einmal auf diesem Gebiet annäherte, dann aber auch eine weitergehende Annäherung förderte, die 1914 bis hin zu einer geplanten Marinekonvention führte. Zum Teil in militärische Kategorien gefaßt, standen sich seither der deutsch-österreichische Zweibund und die Entente Großbritannien-Frankreich-Rußland gegenüber. Zusätzlich verstärkten sich die italienisch-österreichischen Gegensätze immer weiter, so daß die formale Verbindung mit dem Deutschen Reich und Österreich-Ungarn im Dreibund (seit 1881) immer deutlicher zur Makulatur wurde. Italien trat folgerichtig (wenn auch nicht alternativlos) 1915 auf seiten der Entente in den Krieg ein.

Das Mächtesystem polarisierte sich, und der Zusammenhalt der jeweils eigenen Bündniskoalition wurde bald wichtiger als Ausgleichsversuche, welche die Blöcke erodieren lassen konnten. Parallel hierzu kam es immer häufiger zu friedensgefährdenden Krisen: Nach Faschoda 1898 ging es 1904/05 um den auftrumpfenden deutschen Anspruch auf Mitwirkung in Marokko, der formal im Frühjahr 1906 international bestätigt wurde; aber Isolierung und Unverständnis der deutschen Politik nahmen auf der Konferenz im spanischen Algeciras zu. Nach dem ostasiatischen Krieg 1904/05, dessen Frieden in den USA geschlossen wurde, griffen die Konflikte wieder auf den Balkan über. 1908/09 führte die österreichische Annexion Bosniens und der Herzegowina an den Rand eines Krieges mit Rußland, das aber schließlich nachgab. 1911 waren es erneute deutsche Ansprüche in Marokko, die durch eine informelle britisch-französische politische Koalition abgewiesen wurden; das Deutsche Reich erhielt nur wenig bedeutsames Kolonialterritorium in Kamerun zugestanden, so daß man das Gesicht wahren konnte. Die Balkanstaaten, ihrerseits mehr oder weniger in loser Klientel zu den Großmächten, vertrieben 1912 im Krieg das Osmanische Reich weitgehend aus Europa, gerieten aber im folgenden Jahr untereinander in Krieg um die Beute. Fragen nach ethnischer Zuordnung und neuen Grenzen führten zu keiner Lösung und drohten sich im Dezember 1912 im allgemeinen Krieg zu entladen. Ende 1913 war es dann die Frage nach der Reorganisation des türkischen Heeres durch einen deutschen Oberkommandierenden, General Liman von Sanders, die zur Konfrontation mit Rußland und schließlich zum formalen deutschen Nachgeben führte. Ende Juni 1914 wurde schließlich der österreichische Thronfolger im bosnischen Sarajevo ermordet, aus der österreichischen Strafaktion gegen Serbien wurde wie befürchtet oder erwartet der allgemeine Krieg.

Die konkreten Krisen ließen sich vorerst jeweils lösen, ohne jedoch das ihnen zugrundeliegende Konfliktpotential zu beseitigen. Im Gegenteil: Die Krisen hatten zunehmend materielle Folgen im Rüstungswettlauf bzw. in mehreren Rüstungswettläufen.[6] Kleinere Staaten, vor allem aber die Großmächte begleiteten Krisen mit Teilmobilmachungen, beschlossen die Aufstockung von Heeresstärken, von Waffensystemen des Heeres oder von Schiffsrüstungen. Sie entschlossen sich zur Einführung technischer Innovationen, so vor allem im Schlachtschiffbau der britischen »Dreadnoughts«, sie verstärkten die Bevorratung für den Kriegsfall. In all diesen Dingen waren die Franzosen, Briten und Russen führend, die Deutschen standen vergleichsweise zurück, wollten sie doch nicht mehr Öl ins Feuer gießen als nötig. Internationale Krisen wurden also mehr oder weniger intensiv von militärischen Maßnahmen begleitet. Konkrete Absichten, nunmehr aktiv einen großen Krieg zu provozieren, standen aber jeweils nicht im Vordergrund.

Wohl aber war die Sorge um die eigene Position im Staatensystem entscheidend. Mit sehr unterschiedlichen Argumenten und aus verschiedenen Gründen glaubte man bei allen beteiligten europäischen Großmächten, in der Zukunft gegenüber einer gegnerischen Koalition im Kriege schlechter dazustehen.[7] War es in Frankreich die Sorge um die innenpolitische Möglichkeit, die dreijährige Dienstpflicht und das Bündnis mit Rußland beizubehalten, so waren es in Großbritannien Befürchtungen über irische Unruhen, in Rußland revolutionäre Umbrüche bei einem autokratischen System, in Österreich-Ungarn die Nationalitätenfragen und im Deutschen Reich der Widerspruch von industrieller Modernisierung und rückständigem politischen System, der sich nicht zuletzt in der Frage von Rüstungsfinanzierung niederschlug. Darüber hinaus sahen sich die Staatsführungen unter innenpolitischem Erfolgsdruck, den sie zum Teil selbst erzeugt hatten und an den sie auch glaubten. Die eingangs zitierte Dynamik des Zwangs zu sichtbaren und auf die Bevölkerung integrativ wirkenden weltpolitischen Erfolgen wies vielfach nur geringe oder gar keine öffentlich verwertbaren Erfolge auf. Das galt zumal für das Deutsche Reich, wo man nach weit verbreiteter Auffassung immer wieder zurückgesteckt und sich als schwächlich erwiesen hatte. Und je mehr man während derartiger Krisen in militärischen Kategorien dachte und sich entsprechend verhielt, desto mehr mußten auch militärische Erwägungen zu Erfolgen kommen. Während man überall nach außen den Optimismus eines kurzen und siegreichen Krieges zur Schau trug, beherrschte doch die Sorge vor einem »Sprung ins Dunkle« – so Theobald von Bethmann Hollweg – viele der führenden Politiker in Berlin und Wien, in Paris, London und St. Petersburg. Dieser Sprung wurde in der Julikrise 1914 gewagt – und endete in der Katastrophe des Weltkriegs.

[1] Schulthess' Europäischer Geschichtskalender 1898, München 1899, S. 326-328. Vgl. J. Dülffer, Regeln gegen den Krieg? Die Haager Friedenskonferenzen von 1899 und 1907 in der internationalen Politik, Berlin u. a. 1981.

[2] Theobald von Bethmann Hollweg an Prinz Max von Baden, 17. Januar 1918, in: Theobald von Bethmann Hollweg. Betrachtungen zum Weltkrieg, hg. v. J. Dülffer, Essen 1989, S. 441-446, hier: S. 442 f.

[3] G. Schmidt, Der europäische Imperialismus, München 1985, S. 33.

[4] D. Geyer, Der russische Imperialismus. Studien über den Zusammenhang von innerer und auswärtiger Politik 1860-1914, Göttingen 1977.

[5] A. Hillgruber, Deutsche Rußland-Politik 1871-1918. Grundlagen-Grundmuster-Grundprobleme, in: Ders., Deutsche Großmacht- und Weltpolitik im 19. und 20. Jahrhundert, Düsseldorf 1977, S. 70-90.

[6] D. Stevenson, Armaments and the Coming of War. Europe 1904-1914, Oxford 1996; D. G. Herrmann, The Arming of Europe and the Making of the First World War, Princeton 1996.

[7] G. Krumeich, Aufrüstung und Innenpolitik in Frankreich vor dem Ersten Weltkrieg. Die Einführung der dreijährigen Dienstpflicht 1913-1914, Wiesbaden 1980; J. Joll, Die Ursprünge des Ersten Weltkriegs, München 1988; Flucht in den Krieg? Die Außenpolitik des kaiserlichen Deutschland, hg. v. Gregor Schöllgen, Darmstadt 1991.

Literatur

J. Dülffer u. a., Vermiedene Kriege. Deeskalation von Konflikten der Großmächte zwischen Krimkrieg und Erstem Weltkrieg (1856-1914), München 1997.

N. Ferguson, Der falsche Krieg. Der Erste Weltkrieg und das 20. Jahrhundert, Stuttgart 1999.

I. Geiss, Der lange Weg in die Katastrophe. Die Vorgeschichte des Ersten Weltkriegs 1815-1914, München 1990.

K. Hildebrand, Das vergangene Reich. Deutsche Außenpolitik von Bismarck bis Hitler, Stuttgart 1995.

P. Kennedy, Aufstieg und Fall der großen Mächte. Ökonomischer Wandel und militärischer Konflikt von 1500-2000, Frankfurt a. M. 1989.

H. Kissinger, Die Vernunft der Nationen. Über das Wesen der Außenpolitik, Berlin 1994.

W. J. Mommsen, Großmachtstellung und Weltpolitik 1870-1914. Die Außenpolitik des Deutschen Reiches, Frankfurt a. M. u. a. 1993.

Vom europäischen Krieg zum Weltkrieg

STIG FÖRSTER

»Dieser Krieg wird sich zu einem Weltkriege auswachsen, in den auch England eingreifen wird. Nur Wenige können sich eine Vorstellung über den Umfang, die Dauer und das Ende dieses Krieges machen. Wie das alles enden soll, ahnt heute niemand«[1] Mit diesen Worten brachte der deutsche Generalstabschef Helmuth von Moltke in der Nacht auf den 31. Juli 1914 gegenüber seinem Adjutanten bereits unmittelbar vor dem Kriegsausbruch zum Ausdruck, daß er den bevorstehenden Konflikt von vornherein als Weltkrieg betrachtete. Mit seiner Befürchtung stand Moltke keineswegs allein. Zumindest in den politischen und militärischen Führungsetagen des Deutschen Reiches wurde schon seit langem die Vermutung gehegt, ein europäischer Großkrieg könne sich zu einem Weltkrieg auswachsen. So vertraute der damalige stellvertretende Generalstabschef Alfred von Waldersee bereits am 1. Januar 1887 seinem Tagebuch an: »In der ganzen Welt ist das Gefühl, daß wir vor großen Ereignissen stehen und daß ein Krieg zwischen uns u[nd] Frankreich unvermeidlich sei und durch Hintritt von Oesterreich = Rußland zu einem Weltkriege werden müßte.«[2]

Nach der Jahrhundertwende sprachen gerade auch weltgewandte Offiziere wie Colmar von der Goltz und Erich von Falkenhayn, die einige Jahre im Osmanischen Reich bzw. in China verbracht hatten, von einem zukünftigen Weltkrieg.[3] Führende Politiker sahen die Dinge durchaus ähnlich. So äußerte Reichskanzler Theobald von Bethmann Hollweg am 6. Juni 1914: »Wir treiben dem Weltkrieg zu.«[4] Bereits einen Tag vorher hatte der nationalliberale Parteiführer Ernst Bassermann wörtlich das Gleiche an seinen Parteifreund Eugen Schiffer geschrieben.[5]

Was diese Persönlichkeiten allerdings genau unter einem Weltkrieg verstanden, blieb offen. Waldersee scheint bereits einen Krieg zwischen den kontinentaleuropäischen Großmächten theatralisch übertreibend für einen Weltkrieg gehalten zu haben. Demgegenüber setzte sich nach 1900 allmählich die Überzeugung fest, ein Kriegseintritt Großbritanniens würde den Weltkrieg bedeuten. Dafür sprach ja immerhin die Tatsache, daß das britische Weltreich auch seine außereuropäischen Ressourcen in einem derartigen Konflikt mobilisieren würde. Es stand zu erwarten, daß Soldaten aus den Dominions und den Kolonien an den Fronten dieses Krieges kämpfen würden. Zudem war auch Frankreich entschlossen, Kolonialtruppen einzusetzen.

Weniger klar war allerdings, ob ein allgemeiner Krieg auch auf außereuropäischen Kriegsschauplätzen ausgefochten werden würde. Nachdem dieser Krieg dann tatsächlich ausgebrochen war und auf mehreren Kontinenten sowie allen Weltmeeren tobte und nachdem immer mehr Staaten hineingezogen wurden, setzte sich bei den Zeitgenossen schnell die allgemeine Überzeugung durch, es handele sich um einen Weltkrieg. Es wurde jedoch kaum der Versuch unternommen, dieses Phänomen näher zu ergründen. Auch die Geschichtswissenschaft nahm jahrzehntelang die Bezeichnung »Weltkrieg« für die Ereignisse zwischen 1914 und 1918 und später für die Vorgänge zwischen 1939 und 1945 einfach hin. Erst in jüngster Zeit hat die Forschung insbesondere das Problem des Zweiten Weltkrieges genauer untersucht und zumindest die globale Dimension des Konflikts ab 1939 ernsthaft wahrgenommen. Vor diesem Hintergrund wird es im folgenden darum gehen, im Zuge einer differenzierenden Betrachtung herauszuarbeiten, was eigentlich den spezifischen Charakter eines

Weltkrieges ausmacht und inwiefern der Konflikt von 1914 bis 1918 überhaupt als solcher bezeichnet werden kann.

Globale militärische Auseinandersetzungen waren keineswegs ausschließlich Phänomene des 20. Jahrhunderts.[6] Die seit dem Ende des 15. Jahrhunderts mit Macht einsetzende europäische Expansion resultierte in einem sich allmählich intensivierenden Globalisierungsprozeß, aus dem die moderne Welt hervorgegangen ist. Bis dahin hatten Gesellschaften und Zivilisationen unmittelbar nur auf regionaler, allenfalls kontinentaler Basis miteinander in Kontakt gestanden. Nun aber wurden immer mehr Zivilisationen in ein sich weltweit ausbreitendes Netz wirtschaftlicher, gesellschaftlicher, politischer und kultureller Beziehungen eingebunden. Diese Vernetzung schuf ein hochdifferenziertes Weltsystem, in dessen Zentrum der Verursacher stand, nämlich Europa. Die europäischen Kolonialmächte entwickelten weltweite Interessen auf der Grundlage einer auf allen Weltmeeren präsenten Schiffahrt sowie der Gründung von Niederlassungen auf allen Kontinenten. Dabei waren gewaltsame Auseinandersetzungen mit indigenen Mächten geradezu ein Kennzeichen der europäischen Expansion. Derartige Kolonialkriege waren jedoch durchweg regionaler Natur, auch wenn sie, wie etwa im Falle Amerikas, in der Summe allmählich zur Unterwerfung ganzer Kontinente führen konnten.

Auf der anderen Seite aber mündete die Konkurrenz zwischen europäischen Kolonial- und Seemächten in größere militärische Konflikte, die regionale Grenzen mühelos übersprangen. Bereits im 16. und 17. Jahrhundert lieferten sich Spanier, Portugiesen, Niederländer, Engländer und Franzosen mehrere global geführte Kolonialkriege. Als sich im 18. Jahrhundert die europäische Expansion weiter intensivierte, kam es zu großangelegten Kriegen auf verschiedenen Kontinenten. Der Österreichische Erbfolgekrieg (1740-1748), der Siebenjährige Krieg (1756-1763) und der Amerikanische Unabhängigkeitskrieg (1775-1783) stellten dramatische Höhepunkte in dieser Entwicklung dar. All diesen Kriegen war allerdings gemeinsam, daß es sich hierbei primär um Auseinandersetzungen zwischen Europäern handelte, die allerdings nunmehr weltweit ausgetragen wurden. Es handelte sich daher bei diesen Konflikten nicht um Weltkriege im modernen Sinne.

Erst die »Französischen Kriege« zwischen 1792 und 1815 nahmen wirklich den Charakter eines Weltkrieges an. Zunächst wurden diese Auseinandersetzungen noch als globaler Kolonialkrieg traditionellen Stils geführt, als nämlich Großbritannien den systematischen Versuch unternahm, so viel wie möglich feindliche Kolonien zu erobern. Doch während allmählich ganz Europa hineingezogen wurde, nahm der Krieg weltweit ein neues Ausmaß an. Wichtig hierbei war, daß bereits bestehende regionale Konflikte, etwa zwischen Persien und Rußland, mit dem allgemeinen Krieg strukturell vernetzt wurden. Neue Kriegsschauplätze, wie Ägypten und Syrien, kamen hinzu. Indigene außereuropäische Mächte beteiligten sich direkt am Krieg und – was entscheidend war – sie begannen ihre Politik und Strategie auf einen globalen Konflikt hin auszurichten. Neben Persien wurden auf diese Weise unter anderem das Osmanische Reich, die indischen Mächte, die Wahhabiten Arabiens und die Shawney-Indianer Nordamerikas zu kriegführenden Parteien. Schließlich griffen die USA als nichtindigene außereuropäische Macht in den Krieg ein. Auch wenn nicht der ganze Globus in Brand geriet, so handelte es sich bei diesen Vorgängen zweifellos um den ersten Weltkrieg der Geschichte, an dessen Ende die weltweite europäische Dominanz insgesamt weiter gestärkt wurde.

Die sich im Zuge des europäischen Imperialismus herausbildende Weltgesellschaft schuf somit die Voraussetzung für die Möglichkeit von Weltkriegen. Jene bestanden eben nicht aus in der ganzen Welt ausgetragenen Kämpfen zwischen Europäern, sondern aus der globalen Vernetzung von regionalen Konflikten, wobei außereuropäische Mächte maßgeblich an den kriegerischen Auseinandersetzungen beteiligt waren. Ausgangspunkt des Phänomens Weltkrieg blieb aber das Zentrum des Globalisierungsprozesses: Europa.

Der Prozeß der Globalisierung nahm im Verlauf des 19. Jahrhunderts durch Industrialisierung und die Revolutionierung des Transport- sowie des Kommunikationswesens neue Dimensionen an. Hinzu kam, vor allem gegen Ende des Jahrhunderts, das rasante Wachstum der Kolonialreiche, bzw. die Ausdehnung informeller Einflußzonen. Kaum ein Winkel des Planeten blieb bei diesen Vorgängen ausgespart. Die Gefahr einer substantiellen Ausweitung von Kriegen wurde unter diesen Umständen größer denn je. Bis 1914 konnte sie jedoch immer wieder eingedämmt werden.

Europäische Politiker blieben sich allerdings der Gefahr bewußt, daß ein größerer Krieg auf dem »alten Kontinent« auch auf Gebiete in Übersee übergreifen konnte, zumal die Zahl der Kolonialmächte anwuchs. Die auf der Berliner Afrikakonferenz von 1884/85 versammelten Mächte beschlossen deshalb ausdrücklich, ihre neuen Kolonien in Afrika im Falle eines Krieges aus den Kampfhandlungen herauszuhalten. Schließlich sollte den gerade erst unterworfenen »Eingeborenen« nicht das Schauspiel sich bekämpfender Europäer geboten werden.[7]

Doch derlei vertragliche Vorkehrungen erwiesen sich im Ernstfall als nutzlos. Der 1914 in Europa ausgebrochene Krieg wurde von Anfang an zum global geführten See- und Kolonialkrieg. Treibende Kraft war hierbei zunächst Großbritannien. Der völkerrechtswidrige deutsche Überfall auf das neutrale Belgien bot einen glänzenden Vorwand, die kolonialen Abmachungen für hinfällig zu erklären. Bereits am 5. August 1914 beschloß in London das Committee of Imperial Defence, alle deutschen Kolonien anzugreifen. Mit Hilfe indischer, südafrikanischer, französischer und britischer Truppen sollten Deutsch-Ostafrika, Deutsch-Südwestafrika, Togo und Kamerun erobert werden. Gleichzeitig würden australische, neuseeländische und japanische Einheiten die deutschen Besitzungen im Pazifischen Raum und in China attackieren. Damit und auch wegen des Kreuzerkrieges wurde der Krieg zu einem weltumspannenden Ereignis. Tatsächlich fielen die deutschen Niederlassungen in China und im Pazifischen Ozean nach kurzen Kämpfen in die Hände der Ententemächte.

In Afrika wurde der Krieg jedoch ungleich härter geführt. Togo, wo kaum deutsche Truppen stationiert waren, mußte sich zwar schnell ergeben. Doch in Kamerun wurde bis in das Jahr 1916 hinein heftig gekämpft. Der Feldzug in Südwestafrika dauerte länger als ein halbes Jahr und kostete 1.600 Soldaten das Leben.

Am schlimmsten aber entwickelten sich die Kämpfe um Deutsch-Ostafrika. Sie dauerten den ganzen Krieg über an und dehnten sich auf Britisch-Ostafrika, Rhodesien und Mosambik aus. Von der ortsansässigen europäischen Bevölkerung wurden fast zwei Drittel für den Kriegsdienst rekrutiert. Zudem kamen einige Hunderttausende »Eingeborene« als Hilfstruppen und Träger zum Einsatz. Ganze Landstriche wurden verwüstet. Hungersnöte, Seuchen und natürlich die Kampfhandlungen forderten Tausende von Toten. Dabei hatten der deutsche Gouverneur von Schnee und sein britischer Amtskollege in Nairobi zunächst noch gehofft, ihre Kolonien aus dem Krieg heraushalten zu können. Doch unter der weißen Bevölkerung machte sich sofort nach Bekanntwerden des Kriegsausbruchs in Europa eine regelrechte Hysterie breit. Im August 1914 wurde nachts in Nairobi wiederholt mit allen möglichen Waffen in die Luft geschossen, um vermeintliche deutsche Zeppeline abzuwehren. Vor allem aber waren die Militärs auf beiden Seiten nicht bereit, sich die Aussicht auf Kriegsruhm entgehen zu lassen. So begannen im Raum Mombasa im September 1914 erste, unautorisierte Kampfhandlungen. Männer wie Lettow-Vorbeck konnten in den folgenden vier Jahren tatsächlich militärische Lorbeeren ernten. Doch die ganze Region zahlte einen bitteren Preis für ihren Ehrgeiz.

Die Kämpfe in Ostafrika demonstrierten für sich genommen den globalen Charakter des Krieges. Truppen aus Indien und Südafrika, belgische Kontingente aus dem

Kongo sowie britische, deutsche und portugiesische Kolonialtruppen waren daran beteiligt. Dennoch waren es nicht derartige Kolonialkriege, die dem Geschehen den Charakter eines Weltkrieges verliehen. Hier bekämpften sich letztlich nur Europäer und ihre Hilfstruppen auf außereuropäischem Territorium. Die einheimische Bevölkerung stellte lediglich Spielmaterial dar, das unter den Auswirkungen der Kämpfe zu leiden hatte und zudem unterstützendes Personal lieferte.

Dieser Befund gilt streng genommen auch für die Rolle der Dominions und Kolonien in diesem Krieg. Zweifellos war deren Beitrag enorm. So entsandten Kanada, Australien und Neuseeland etwa eine Million Mann auf die verschiedenen Kriegsschauplätze. Aus Indien kamen 1,2 Millionen Soldaten und sogenannte Kulis hinzu. Auch wirtschaftlich und finanziell übernahmen die überseeischen Besitzungen Großbritanniens einen erheblichen Teil der Lasten. Allein Indien stellte bei Kriegsbeginn einen Kredit in Höhe von £ 100 Millionen bereit und zahlte anschließend jährlich £ 20-30 Millionen in die Kriegskasse des Empires. Das Engagement Australiens war derart umfangreich, daß sogar hier die Ansätze eines totalen Krieges erkennbar wurden. Auch Frankreich rekrutierte Zehntausende von Soldaten in Westafrika und im Maghreb. Massenweise wurden Kolonialsoldaten auch auf den europäischen Schlachtfeldern eingesetzt, wo sie schwerste Verluste hinnehmen mußten. Doch ihre Heimatländer waren keine souveränen Staaten. So entschieden die Kolonialherren über die Köpfe der Betroffenen hinweg, ob und inwieweit sie sich im Krieg zu engagieren hatten. Sogar die in Fragen der inneren Politik weitgehend souveränen Parlamente der britischen Dominions wurden von den Gouverneuren nicht einmal angehört, als es um die Entscheidung zum Kriegseintritt an der Seite des Mutterlandes ging. Auch wenn die verschiedenen Völker der Kolonialreiche in hohem Maß in den Krieg hineingezogen wurden und damit dazu beitrugen, dem Konflikt einen globalen Anstrich zu verleihen, so war es im engeren Sinne nicht ihre Rolle, die den eigentlichen Charakter eines Weltkrieges ausmachte. Dazu bedurfte es der Beteiligung mehrerer souveräner außereuropäischer Mächte, deren Entscheidung zum Kriegseintritt nicht unmittelbar vom Willen eines europäischen Vormundes bestimmt wurde. Der Krieg der Kolonialreiche nämlich war letztlich im Kern immer noch ein europäischer Krieg.

Bis zum Jahre 1914 hatten die Kolonialmächte einen großen Teil der Welt unter sich aufgeteilt. Außerhalb des amerikanischen und des europäischen Kontinents gab es nur noch wenige souveräne Staaten. Ein Weltkrieg im Sinne zwischenstaatlicher Auseinandersetzungen war daher eher unwahrscheinlich. Dennoch ist genau dies geschehen.

Das seit dem Jahre 1902 mit Großbritannien verbündete Japan trat sofort in den Krieg ein. Ohne den Verbündeten eingehend zu konsultieren und zur Beunruhigung der britischen Dominions im Pazifischen Raum nutzte das Kaiserreich die Gelegenheit, um sich deutscher Kolonien zu bemächtigen. Bereits am 7. November 1914 mußte die deutsche Besatzung in Tsingtau (China) vor den japanischen Angreifern kapitulieren. Den Wettlauf mit Australiern und Neuseeländern um die ozeanischen deutschen Besitzungen verloren die Japaner allerdings weitgehend. Fortan spielte Japan in diesem Krieg kaum noch eine aktive Rolle. Statt dessen konzentrierte sich die japanische Führung auf ihre imperialistischen Ziele in China, die aber letztlich wegen des Widerstandes der chinesischen Bevölkerung und des Einspruchs der USA nicht recht verwirklicht werden konnten.

Blieb die Rolle Japans im Weltkrieg eher marginal, so kam dem Kriegseintritt des Osmanischen Reiches eine immense Bedeutung zu. Hierbei handelte es sich um ein Imperium, dessen Territorium seit 1912/13 fast gänzlich außerhalb Europas lag. Auf Betreiben des Kriegsministers Enver Pascha griff das Reich am 29. Oktober 1914 offiziell an der Seite der Mittelmächte in den Krieg ein, wobei es in den Monaten zuvor bereits erste feindselige Akte unternommen hatte. Ziel osmanischer Eroberungsträume war die Schaffung eines pantürkischen Reiches auf Kosten Rußlands. Dementsprechend griff eine türkische Armee im Winter 1914/15 in der Kaukasusregion an, sie mußte hierbei jedoch eine vernichtende Niederlage hinnehmen.

Diese Vorgänge bewirkten eine fundamentale Wende in der britischen Nahoststrategie. Das traditionelle oberste Gebot, nämlich die Erhaltung des Osmanischen Reiches, wurde nun von den Londoner Regierungsstellen ad acta gelegt. Teile der britischen Führung, so auch Außenminister Grey, gingen dabei soweit, dem russischen Verbündeten insgeheim die Überlassung der türkischen Meerengen zu versprechen. In der Folgezeit schacherten zudem britische und französische Unterhändler um ihre jeweiligen Aufteilungsansprüche. Auch die italienische Regierung machte sich nach ihrem Kriegseintritt Hoffnungen auf einen wesentlichen Anteil an der zu erwartenden Beute. Auf der anderen Seite rief der Sultan in seiner Eigenschaft als Kalif den Heiligen Krieg (Jihad) aus, um damit, wenn auch letztlich erfolglos, die moslemischen Untertanen des britischen Reiches, vor allem in Ägypten und Indien, zum Aufstand aufzuwiegeln. Der Krieg im Nahen Osten wurde auf diese Weise sehr rasch zu einem Existenzkampf.

Die Folgen waren verheerend. Die ganze Region geriet in Brand. Im Verlauf des Jahres 1915 scheiterte der britische Landungsversuch bei Gallipoli. Mehr als 50.000 Soldaten des Empires, unter ihnen viele Australier und Neuseeländer, mußten dabei ihr Leben lassen. Gleichzeitig entlud sich der durch die Niederlage im Kaukasus angestachelte Haß der türkischen Behörden gegenüber den christlichen Armeniern in einem regelrechten Genozid, dem ca. 1,5 Millionen Menschen zum Opfer fielen.

Die Kampfzonen umfaßten darüber hinaus schon bald den Sinai, das Zweistromland und vor allem auch die Arabische Halbinsel. Der von der Haschemiten-Dynastie geführte und von den Briten halbherzig unterstützte arabische Aufstand wurde schließlich zu einem eigenständigen Faktor im Kampf um die Zukunft der Region. Von deutscher Seite wurden nicht nur Offiziere, Piloten und Material auf den nahöstlichen Kriegsschauplatz entsandt, sondern sogar ein eigenständiges »Asien-Korps«. Dabei gelang es den Deutschen jedoch zu keinem Zeitpunkt, ihren Verbündeten gänzlich unter Kontrolle zu bekommen oder ihn gar auf einen Vasallenstatus herabzudrücken. Die türkische Strategie behielt durchweg ihren eigenständigen Charakter.

Der Krieg tobte schließlich auch in Palästina, Syrien und im Libanon. Die Zionisten stellten eigene Einheiten zusammen, um durch die Unterstützung der Briten der Verwirklichung ihrer Ziele näher zu kommen. Während das Osmanische Reich 1917/18 im Süden auseinanderbrach, versuchte die türkische Führung durch eine letzte, fast aberwitzige Kraftanstrengung im Norden Kompensationen zu gewinnen. Unter Ausnutzung der Schwäche Rußlands drangen osmanische Truppen bis nach Baku vor, um die aserischen Brüder zu befreien und ein neues Reich zu gründen. Am Ende war der gesamte Nahe Osten im Chaos versunken. Die späteren Friedensregelungen sorgten dann dafür, daß dies noch lange so blieb.

So war der Kriegseintritt des Osmanischen Reiches ein wesentlicher Schritt auf dem Weg zum Weltkrieg. Als entscheidend nicht nur in dieser Hinsicht erwies sich aber zweifellos die Rolle der USA. Wirtschaftlich und finanziell betrachtet waren die USA schon in den ersten drei Kriegsjahren eine Art stiller Teilhaber des Krieges. Die Kriegsanstrengungen der Ententemächte wären ohne amerikanische Ressourcen kaum durchzuhalten gewesen. Darüber hinaus übten die USA indirekt einen großen Einfluß auf die Seekriegführung aus. Indem sie die britische Blockadepolitik gegenüber den Mittelmächten hinnahmen, den unbeschränkten deutschen U-Boot-Krieg aber entschieden zurückwiesen, verschafften sie der Entente weitere Vorteile. Mit dem durch das aggressive deutsche Vorgehen provozierten Kriegseintritt im Jahre 1917 verschoben sich die Gewichte endgültig. Zugleich war nun der Krieg endgültig zum Weltkrieg geworden. Eine neue außereuropäische Macht griff in die Kämpfe ein, und zwar eine Großmacht, die eigenständige Ziele und Interessen verfolgte. Diese Eigenständigkeit wurde öffentlich durch den Umstand unterstrichen, daß die USA nicht als Verbündete der Entente auftraten, sondern als »assoziierte Macht«. Wilsons Vierzehn Punkte gaben zudem dem Krieg eine neue Richtung, auch wenn sie sich am Ende nicht vollständig in die Praxis umsetzen ließen. Insgesamt wurde hier ein Prozeß eingeleitet, der langfristig zur Ablösung des von europäischen Mächten dominierten Weltsystems führte. Militärisch wie politisch schien Europa ohnehin nicht mehr in der Lage, ohne ein Eingreifen der USA aus dem Teufelskreis eines sich zunehmend totalisierenden Krieges herauszufinden.

Sinnfälligen Ausdruck fand der endgültige Übergang zum Weltkrieg auch in der Tatsache, daß im Schlepptau der USA nun sogar die meisten lateinamerikanischen Staaten in den Krieg eintraten, ohne allerdings noch einen wesentlichen Beitrag zur Entscheidung des Konflikts zu leisten. Immerhin aber durften sie an den Pariser Friedensverhandlungen teilnehmen, die schließlich einer Art Weltgericht über die Verlierer glichen.

Insgesamt kann daher nicht bezweifelt werden, daß der Krieg ein wirklicher Weltkrieg war. Entscheidend war nicht so sehr der Umstand, daß er mehr oder weniger global ausgetragen wurde. Gewichtiger war schon die Tatsache, daß die Kombattanten aus allen Kontinenten kamen. Ausschlaggebend aber war, daß die große Mehrzahl der souveränen Staaten des Planeten an diesem Krieg um eigener Interessen willen teilnahm.

Der Erste Weltkrieg war der erste seiner Art im 20. Jahrhundert. Im Zweiten Weltkrieg trat das Phänomen der Vernetzung von verschiedenen Kriegsschauplätzen noch weitaus deutlicher hervor, als etwa Ende 1941 der Krieg in Ostasien durch den Überfall auf Pearl Harbor direkte Verbindung mit dem Krieg in Europa und Nordafrika aufnahm. Erneut und mehr denn je wurden die USA zum entscheidenden Faktor bei der Verwandlung des Krieges zum Weltkrieg, diesmal aber mit bleibenden Folgen. Den Grundstein zu dieser Entwicklung jedoch hatte der Weltkrieg von 1914 bis 1918 gelegt.

---

1 Zitiert nach den Aufzeichnungen des Majors von Haeften, Bundesarchiv-Militärarchiv, N 35/1, Nachlaß Hans von Haeften.

2 Alfred Graf von Waldersee, Tagebuchnotiz vom 1.1.1887, Geheimes Staatsarchiv Berlin, I. HA Rep. 92, Waldersee, A.I., Nr. 14, 1887-1888. Alle Schreibfehler im Original.

3 Vgl. hierzu etwa H. Afflerbach, Falkenhayn. Politisches Denken und Handeln im Kaiserreich, München 1994, S. 17-48.

4 Zitiert nach K. Hildebrand, Das vergangene Reich. Deutsche Außenpolitik von Bismarck bis Hitler, Stuttgart 1995, S. 300.

5 Siehe F. Fischer, Krieg der Illusionen. Die deutsche Politik von 1911 bis 1914, Düsseldorf 1969, S. 656.

6 Zu den folgenden grundsätzlichen Überlegungen siehe ausführlich S. Förster, Der Weltkrieg, 1792-1815. Bewaffnete Konflikte und Revolutionen in der Weltgesellschaft, in: Kriegsbereitschaft und Friedensordnung in Deutschland, 1800-1814, hg. v. J. Dülffer, Jahrbuch für historische Friedensforschung, 3 (1994), S. 17-38.

7 Vgl. Bismarck, Europe, and Africa. The Berlin Africa Conference 1884-1885 and the Onset of Partition, hg. v. S. Förster u. a., Oxford 1988.

Literatur

B. Farwell, The Great War in Africa, 1914-1918, New York 1986.

D. Fromkin, A Peace to End All Peace. Creating the Modern Middle East, 1914-1922, London 1989.

A. D. Harvey, Collision of Empires. Britain in Three World Wars, 1793-1945, London 1992.
D. M. Segesser, Empire und Totaler Krieg. Australien 1905-1918, Paderborn 2002.
G. L. Weinberg, A World at Arms. A Global History of World War II, Cambridge 1994.

Die Kriegführung der Mittelmächte

WILHELM DEIST

Mit den tödlichen Schüssen von Sarajevo rückte für die militärischen Führungen der Mittelmächte der Krieg, auf den sie sich in langen Jahrzehnten vorbereitet hatten, wieder einmal in greifbare Nähe. Der deutsche »Blankoscheck« brachte für Österreich-Ungarn die notwendige Rückendeckung für die »Strafexpedition« gegen Serbien, beschwor aber gleichzeitig die Gefahr einer russischen Intervention herauf. Die Chance eines von deutscher Seite ursprünglich erwarteten, raschen Fait-accompli wurde durch die Schwerfälligkeit des politischen und militärischen Entscheidungsprozesses in Wien vertan. So dauerte es knapp vier Wochen, bis das Ultimatum an Serbien übergeben wurde (23.7.). Und obwohl Österreich-Ungarn auf die serbische Antwort noch am selben Tage (25.7.) mit der Teilmobilmachung reagierte, dauerte es bis zum 29. Juli, bis die ersten Reservisten in die Kasernen einrückten. Es war vorauszusehen, daß mit der österreichisch-ungarischen Kriegserklärung an Serbien vom 28. Juli Rußland auf den Plan gerufen würde. Die russische Teilmobilmachung am 29. Juli und deren Erweiterung zur Generalmobilmachung am 30. Juli machte jede auf eine regionale Beschränkung des Konflikts zielende Strategie illusorisch und konfrontierte die deutsche militärische Führung auf Grund der Bündniskonstellation mit der Perspektive des befürchteten Zweifrontenkrieges. Da das Kräfteverhältnis seit der Jahrhundertwende in einem immer stärkeren Maße zuungunsten des Reiches ausfiel, glaubten der Chef des Generalstabes Schlieffen und sein Nachfolger Moltke die Situation des Zweifrontenkrieges nur durch eine offensive Strategie in einem kurzen Krieg meistern zu können. Den Planungen beider war gemeinsam, daß sie beabsichtigten, unter Umgehung des nordostfranzösischen Befestigungsgürtels und unter Bruch der Neutralität Belgiens der französischen Armee eine derartige Niederlage beizubringen, die es erlauben würde, im unmittelbaren Anschluß daran mit starken Teilen der Armee gegen den östlichen Gegner, gegen Rußland, vorzugehen. Dieser Operationsplanung lag keine Strategie zugrunde, die den Krieg als Gesamtphänomen begriff. Und die Vorstellung der Militärs, Frankreich in einer Abfolge von Schlachten in kurzer Zeit besiegen zu können, war nach den Erfahrungen von 1870/71 schlicht grotesk – zumal die Unterstützung des Ententepartners Großbritannien durch den Bruch der belgischen Neutralität zweifellos noch verstärkt werden würde. Das hohe Risiko wird in der Abhängigkeit der zweiten Front im Osten vom Erfolg im Westen und von der Effizienz des Koalitionspartners ganz offensichtlich. In diesem Zusammenhang gilt es festzuhalten, daß die Absprachen zwischen den Generalstabschefs nie den Grad an Verbindlichkeit erreichten, der Voraussetzung einer gemeinsamen Planung gewesen wäre. In welchem Maße die Prinzipien einer Koalitionskriegführung vernachlässigt worden waren, zeigte sich am deutlichsten in einem Schreiben des deutschen Militärattachés in Wien an den stellvertretenden Generalstabschef in Berlin. Graf Kageneck meinte am 1. August 1914 (!), daß es nun an der Zeit sei, daß sich die beiden Generalstäbe in aller Offenheit über die Mobilmachung, über Aufmarschpläne und Truppenstärken gegenseitig informierten. Zusammenfassend wird man feststellen können, daß von einer gemeinsam erarbeiteten, vereinbarten und zielgerichteten Strategie keine Rede sein kann. Man gewinnt eher den Eindruck, daß der Gegensatz zwischen der realen, nahezu chancenlosen militärischen Lage gegenüber den Ententemächten einerseits und den hypertrophen, selbstproduzierten Erwartungen von der generellen Überlegenheit gegenüber den Armeen aller anderen Staaten andererseits zu einem aggressiven, aktionistischen Fatalismus führte, für den gerade auch das Fehlen jeglicher alternativer Planungen charakteristisch ist. Zu diesem Bild paßt auch, daß der Vorteil des vierwöchigen »Vorlaufs« von den Generalstäben der Mittelmächte weder intern noch im Verhältnis zueinander genutzt wurde.

Auf Grund der russischen allgemeinen Mobilmachung wurde in Berlin am 31. Juli für das Reichsgebiet der Zustand drohender Kriegsgefahr und am 1. August die allgemeine Mobilmachung erklärt sowie der 2. August als erster Mobilmachungstag festgelegt. In Wien war bereits am 31. Juli die allgemeine Mobilmachung angeordnet, allerdings erst der 4. August als erster Mobilmachungstag bestimmt worden. Nicht nur dadurch wurde der Aufmarsch gegen Rußland verzögert, sondern auch durch den laufenden Aufmarsch gegen Serbien und dem Festhalten der militärischen Führung an dieser Transportbewegung. Der Aufmarsch der k. u. k. Armeen gegen Rußland wurde im übrigen dadurch erheblich beeinträchtigt, daß die Verbände auf Grund einer verfehlten Planung erst nach tagelangen Fußmärschen ihre Ausgangsstellungen erreichten. Beim russischen Gegner war dagegen der Zeitbedarf für den Aufmarsch seiner Armeen wesentlich verkürzt, er konnte so mit erheblicher numerischer Überlegenheit den österreichisch-ungarischen Kräften gegenübertreten. Die mit dem 23. August beginnende österreichisch-ungarische Offensive endete mit dem Verlust Galiziens und dem panikartigen Rückzug auf die Karpatenlinie. Zur Katastrophe für die k. u. k. Armee wurde diese Niederlage aber durch die enormen personellen und materiellen Verluste. Da auch die »Strafexpedition« gegen Serbien zunächst mit verlustreichen Niederlagen endete, war die militärische Bilanz der ersten Kriegswochen ein Schock für die Monarchie. Die k. u. k. Armee hat sich von diesem, im wesentlichen von dem Generalstabschef Conrad von Hötzendorf zu verantwortenden, Desaster nie mehr ganz erholen können.

Die militärische Bilanz der deutschen Seite war zwar um einige Schattierungen positiver, aber keineswegs zufriedenstellend. Mit der Mobilmachung erfolgte am 1. August die Kriegserklärung gegen Rußland, die innenpolitisch geboten erschien, militärisch jedoch keinen Vorteil brachte. Denn laut Plan hatte die Kriegseröffnung im Westen zu erfolgen. Dem entsprach das Ultimatum an Belgien am 2. und die Kriegserklärung an Frankreich am 3. August. Mobilmachung und Aufmarsch der deutschen Armeen vollzogen sich planmäßig mit der erwarteten Geschwindigkeit. Bereits am 4. August begann die Offensive mit dem Handstreich auf die Festung Lüttich, der den Weg für die große Umfassungsbewegung des französischen Festungsgürtels freimachen sollte. Der erbitterte Widerstand starker belgischer Einheiten führte zu hohen Verlusten und dazu, daß erst am 16. August die letzten Forts genommen werden konnten. Nunmehr stießen die Truppen der 1. Armee unter dem Oberbefehl des Generalobersten Alexander von Kluck und die der 2. Armee unter dem Generalobersten Karl von Bülow tief nach Belgien hinein vor und setzten westlich der Linie Brüssel-Namur in südwestlicher Richtung zur Umfassung der Gegners an. Die 6. Armee unter dem Oberbefehl des Kronprinzen Rupprecht von Bayern hatte in Lothringen den Auftrag, möglichst starke Kräfte des Gegners auf sich zu ziehen, doch die Franzosen reagierten nicht »plangemäß« und der dann vorgetragene frontale deutsche Angriff kam nur unter hohen Verlusten mühsam voran. Im Elsaß schließlich gelang es den Franzosen, in die Vogesen und in das Oberelsaß bis Mühlhausen vorzustoßen, die 7. Armee unter dem Oberbefehl des Generalobersten Josias von Heeringen behauptete jedoch die Oberrheinebene und die östlichen Ausläufer der Vogesen. Die Hoffnungen richteten sich auf die Armeen des rechten Flügels in Belgien und Nordfrankreich. Diesen gelang jedoch die beabsichtigte Umfassung der französischen und britischen Verbände nicht. Die westliche Umfassung von Paris mußte aufgegeben werden, und die 1. Armee hatte den Flankenschutz gegen die in und um Paris vermuteten Kräfte zu übernehmen. Beide Armeen waren weit über die Marne hinaus vorgestoßen; die der Truppe abverlangten Marschleistungen waren enorm, die Grenzen der Belastbarkeit machten sich bemerkbar. Hinzu kam, daß die Kommunikation zwischen den beiden Armeen am rechten deutschen Flügel sowie zwischen ihnen und dem Generalstab des Feldheeres in Koblenz in keiner Weise den Notwendigkeiten entsprach. Die zur Verfügung stehenden Kommunikationsmittel wurden nicht genutzt. In dieser Situation gab der französische Oberbefehlshaber, General Joseph Joffre, den Befehl zum Gegenangriff, der am 5. September die Marne-Schlacht einleitete und in deren Verlauf die deutschen Armeen zum Rückzug über 50-75 km hinter die Aisne gezwungen wurden. Damit war der als kriegsentscheidend angesehene Angriffsplan für die Westfront ebenso gescheitert wie die Offensive des Koalitionspartners gegen Serbien und die russischen Armeen in Galizien.

Allein der 8. Armee in Ostpreußen unter dem Befehl des Generals Paul von Hindenburg gelang in der Schlacht von Tannenberg (26.-30. August) ein spektakulärer Erfolg. Durch eine gewagte Operation konnte die russische Narew-Armee eingekesselt und aufgerieben werden. Auch die zweite, bereits weit vorgedrungene russische Armee, die Njemen-Armee, konnte in der Schlacht an den Masurischen Seen (ab 7. September) zum Rückzug aus Ostpreußen gezwungen werden. Der russische Gegner war aber trotz dieser Niederlagen mit ihren enormen Verlusten an Menschen und Material noch keineswegs entscheidend geschwächt, die deutsche Seite hatte sich allerdings Handlungsfreiheit erkämpft.

Der erste Schlagabtausch, der in der Situation des Zweifrontenkrieges für die Mittelmächte von ganz wesentlicher Bedeutung sein mußte, war insgesamt negativ verlaufen. Eine Konsequenz dieses Mißerfolges war auf deutscher Seite die Ablösung des verantwortlichen Generalstabschefs, Helmuth von Moltke, durch den preußischen Kriegsminister Erich von Falkenhayn am 14. September. Die Vorstellung vom kurzen Krieg hatte sich als Illusion erwiesen, ein langer, ein industrialisierter Volkskrieg kündigte sich an. Aber noch waren die Fronten nicht erstarrt und der Generalstabschef versuchte erneut, den noch freien Operationsraum zwischen Lille und der Küste nutzend, die gegnerischen Kräfte überholend zu umfassen. Doch auch diese improvisierte Operation brachte nicht den erwünschten Erfolg und endete Anfang November mit dem vergeblichen Angriff auf Ypern und der völligen Erschöpfung der Truppen beiderseits der Front. Für die deutsche Seite symbolisiert bis heute der verlustreiche und vergebliche Kampf deutscher Regimenter aus Kriegsfreiwilligen um das Dorf Langemarck am 10. November 1914 die vernichtende Dominanz moderner Waffen gegenüber dem persönlichen Einsatz hochmotivierter, schlecht ausgebildeter und ausgerüsteter Soldaten, die zudem einer inkompetenten militärischen Führung ausgeliefert waren. Mitte November brach Falkenhayn die 1. Flandern-Schlacht ab, der Schützengraben dominierte von nun an die Westfront, die Situation hatte sich »versteinert«, wie der Historiker Hans Delbrück feststellte. Die deutschen Armeen dieser Front hatten seit Kriegsbeginn knapp 200.000 Soldaten durch Tod oder Gefangenschaft verloren und nicht ganz 900.000 Soldaten waren durch Verwundung oder Erkrankung zeitweise oder auf Dauer ausgefallen. An der Ostfront stellte sich die Situation etwas günstiger dar. Den schwachen deutschen Kräften war es in riskanten Operationen in der Schlacht von Lodz gelungen, den Gegner nach Osten abzudrängen. Auch der Koalitionspartner hatte ostwärts Krakau Boden gewonnen, aber durch die hohen Verluste der k. u. k. Armee blieb die Lage, insbesondere an den Karpaten-Pässen, prekär.

Mit der Stabilisierung der Fronten erhob sich die Frage, wie der Krieg fortgeführt werden könnte. Dies berührte nicht nur das kriegerische Geschehen selbst, sondern auch dessen vielgestaltige, komplexe Voraussetzungen. So hatte zum Beispiel der

Mangel an Artilleriemunition die Kampfführung ab Oktober in Ost und West erheblich beeinträchtigt. Daraus ergab sich generell die Notwendigkeit, die wirtschaftlichen Grundlagen der Kriegführung der Realität des industrialisierten Krieges anzupassen. Falkenhayn hatte auf diesem Gebiet als preußischer Kriegsminister überraschend frühzeitig die Weichen gestellt, vor allem durch das Eingehen auf die Vorstellungen Walther Rathenaus und die Gründung der Kriegsrohstoffabteilung als militärische Institution. Mit der Erfassung, Beschlagnahme und Verteilung kriegswichtiger Rohstoffe im Reich und in den besetzten Gebieten gelang es, den durch die britische Blockade bedingten Ausfall erheblicher Quantitäten so zu kompensieren, daß die Kriegführung an den Fronten trotz ständig wachsender Forderungen zunächst nur geringfügig beeinträchtigt wurde. Noch entscheidender jedoch war die Gewinnung eines Ersatzes für den bisher aus Chile bezogenen Salpeter, den Grundstoff der Pulverproduktion. Die Schaffung der industriellen Voraussetzungen für die Pulverproduktion durch die Gewinnung von Stickstoff aus der Luft und die dadurch mögliche Herstellung von Salpetersäure im sogenannten Haber-Bosch-Verfahren benötigte allerdings Zeit, bis das Verfahren quantitativ zu Buche schlug.

Den Konsequenzen des sich industrialisierenden Krieges waren die Institutionen des Reiches und der Länder nicht gewachsen. Im militärischen Bereich konnte sich das preußische Kriegsministerium, trotz seiner herausgehobenen Stellung, auch unter dem Druck des Krieges nicht zu der zentralen, alleinige Kompetenz beanspruchenden Institution für alle, sich ständig ausweitenden, Aufgaben des Militärs im Heimatgebiet entwickeln. In den ersten beiden Kriegsjahren war hierfür nicht so sehr der bekannte Gegensatz zwischen dem Kriegsministerium und dem Generalstab verantwortlich, auch nicht Schwierigkeiten der Abstimmung mit den Kriegsministerien in München, Stuttgart und Dresden. Entscheidend war vielmehr das mit der Erklärung des Kriegszustandes mit großer Machtfülle in allen politischen und auch wirtschaftlichen Fragen ausgestattete Regime der Militärbefehlshaber. Diese nahmen nicht nur sehr eigenständig ihre militärischen Aufgaben wahr, sie waren für ihre Bereiche in allen politischen und wirtschaftlichen Fragen nicht zu umgehende Institutionen. Der Kaiser, dem sie allein verantwortlich waren, wurde seiner koordinierenden Aufgabe auch auf diesem Gebiet nicht gerecht und dem Kriegsminister verblieb nur das Instrument genereller Direktiven. Mit der Berufung der 3. Obersten Heeresleitung (OHL) Ende August 1916 änderte sich dieses Machtgefüge insofern, als die Militärbefehlshaber in allen kriegswirtschaftlichen Fragen dem Kriegsministerium unterstellt wurden. Sie behielten aber im übrigen eine starke und eigenständige Position in ihren Bereichen. So blieb die zivile Exekutive aller Ebenen ihnen nach wie vor untergeordnet.

Die bereits für die Vorkriegsphase festgestellte gegenseitige Blockade der Machtzentren des Reichs fand während des Krieges eine Entsprechung im militärischen Bereich. Zwar blockierten sich die Militärbefehlshaber, die Kriegsministerien und die verschiedenen Befehlsebenen des Feldheeres nicht gegenseitig, jedoch stellten sie wegen der Vielfalt der konkurrierenden Institutionen das Gegenteil einer straff organisierten militärischen Hierarchie dar.

Annäherung an die Realität 1915/16

Für die Führung eines industrialisierten Volkskrieges schuf schon dieser Organisationsaufbau des Militärs keine besonders günstigen Voraussetzungen. Noch schwerwiegender war indes die besondere Stellung des Militärs im Kaiserreich, seine Extrakonstitutionalität, die Eigenständigkeit gegenüber allen anderen Institutionen des

Reichs. Dazu kam, daß weder bei der politischen noch bei der militärischen Führung klare, geschweige denn vereinbarte Vorstellungen über das Ziel dieses Koalitionskrieges bestanden. Diese Voraussetzung jeglicher Strategie war nicht gegeben und in der Folge des Scheiterns der deutschen Offensive im Westen zeigte sich diese fehlende Basis der deutschen Kriegführung in aller Deutlichkeit. In einem Gespräch mit dem Reichskanzler Theobald von Bethmann Hollweg am 18. November 1914 erklärte der Generalstabschef von Falkenhayn ohne Umschweife, daß er keine Möglichkeit sehe, die Feindmächte derart zu besiegen, daß das Reich die Friedensbedingungen diktieren könne. Angesichts der enormen Verluste, insbesondere an Offizieren und Unteroffizieren, sei auch eine erneute Offensive im Westen ohne jede Chance. Diese für einen deutschen Generalstabschef äußerst ungewöhnliche, realistische Beurteilung der Lage gegenüber dem politisch Verantwortlichen verband er mit der dringenden Aufforderung, angesichts der Niederlagen der russischen Armeen mit diplomatischen Mitteln einen Sonderfrieden mit dem Zarenreich herbeizuführen, sonst stehe ein »Abnutzungskrieg« bevor, den das Reich auf Grund seiner beschränkten militärischen und wirtschaftlichen Ressourcen kaum werde durchstehen können. Gelänge dieses Aufbrechen der gegnerischen Allianz, könnte auch Frankreich zu einem Abschluß bereit sein, der es Deutschland erlauben würde, alle Kräfte auf den Kampf gegen Großbritannien, den eigentlichen Gegner, zu konzentrieren. Man mag das entworfene politische Szenario für völlig unrealistisch halten, doch die militärische Lagebeurteilung eröffnete dem Reichskanzler die Möglichkeit, Zielsetzung und Strategie der künftigen Kriegführung mit dem Generalstabschef weiter zu erörtern und abzuklären und schließlich den Kaiser mit der Situation zu konfrontieren. Diese außergewöhnliche Chance in diesem frühen Stadium des Krieges, in dem sich die politischen Fronten im Reich noch nicht verfestigt hatten, ist vom Reichskanzler nicht genutzt worden. Im Gegenteil: kurze Zeit später wandte er sich an den Oberbefehlshaber der 8. und 9. Armee (Ober-Ost), Paul von Hindenburg, und von dieser Seite wurde ihm eine durchaus optimistische Einschätzung der militärischen Lage geboten. In der Folge ließ er sich auf eine von Ober-Ost gesteuerte Intrige gegen Falkenhayn ein, in der besonders deutlich die bis zum Ende des Krieges bestehende gravierende Disfunktionalität der Führungsstruktur zum Ausdruck kam. Der Klärung der von Falkenhayn aufgeworfenen Grundfragen zu der künftig einzuschlagenden Strategie war man keinen Schritt näher gekommen.

In krassem Gegensatz zu dieser Intrige unter den höchsten Repräsentanten des Reichs stand die Situation der Truppe an der Westfront, die sich seit Kriegsbeginn grundlegend gewandelt hatte. Das zeigte sich besonders deutlich Ende des Jahres 1914 im deutsch-britischen Frontabschnitt. Auf zwei Dritteln dieser Front, von Messines bis Neuve Chapelle, herrschte in den Weihnachtstagen, zum Teil bis in das Jahr 1915 hinein, Waffenruhe, eine Art spontaner Waffenstillstand, der dazu führte, daß Soldaten beider Armeen sich im Niemandsland begegneten, miteinander zu sprechen begannen und Habseligkeiten tauschen konnten. Bei der Deutung dieses ganz außergewöhnlichen Phänomens wird man bei aller Würdigung der besonderen Umstände zu dem Ergebnis kommen müssen, daß sich in ihm ein erstes massenhaftes Aufbegehren gegen die mörderische Realität des industrialisierten Krieges manifestierte. Und diese Realität wurde für den Frontsoldaten bestimmt von den Lebensumständen in den Schützengräben bei winterlichen, mancherorts eisigen Temperaturen, bei Regen und Schneestürmen. Soweit es der Untergrund zuließ – und nicht, wie in Flandern das in den Gräben stehende Wasser das eigentliche Problem war – boten tief abgesenkte, stollenartige Unterstände Schutz, erhöhten aber auch die Gefahr, verschüttet zu werden. Beiderseits des Niemandslandes entwickelte sich im Westen ein kilometertiefes Grabensystem, mit Lauf- und Verbindungsgräben zwischen einer ersten und zweiten Verteidigungslinie. Die Realität des industrialisierten Krieges zeigte sich für den Soldaten aber auch in der massenhaften Verwendung und der sich steigernden Wirkung der modernen Waffen: des Maschinengewehrs, des Minenwerfers und der Artillerie jeden Kalibers. Das Maschinengewehr erwies sich als die wichtigste Waffe des Verteidigers.

Gegen Ende des Jahres 1914 stand für die Heeresleitung vor allem die Festigung der Frontlinie gegenüber den Alliierten im Westen im Vordergrund. Falkenhayn befürchtete, daß die Truppe durch den Stellungskrieg die nötige Motivation für eine mobile, angriffsweise Kriegführung verlieren könnte. Er bestand darauf, die erreichten Linien unter allen Umständen zu halten. Diese starre Haltung hat zu Verlusten geführt, die auch unter militärischer Perspektive nicht zu verantworten waren. Die gebotene, kräftesparende Frontbegradigung fand aus diesem Grunde generell nicht statt. Eine Ausnahme ist zu erwähnen: der erfolgreiche deutsche Angriff am 12. Januar 1915 bei Soissons. Die Operation zeichnete sich dadurch aus, daß der Erfolg durch eine besonders intensive Abstimmung zwischen den beteiligten Infanterie- und Artillerieverbänden, beruhend auf einem dichten und intakten Kommunikationsnetz, erzielt werden konnte. Es war der damalige Oberst Hans von Seeckt, der mit diesem Erfolg auf sich aufmerksam machte. Im allgemeinen aber hatten sich die deutschen Armeen im Westen der mit großem Nachdruck geführten Offensiven der Alliierten zu erwehren. General Joffre versuchte in drei massiven Anläufen im Februar, Mai und September, unterstützt von der britischen Armee unter General John French, die deutsche Front in der Champagne und im Artois zu durchbrechen. Die Angriffe wurden durch mehrstündiges, im September tagelanges Trommelfeuer vorbereitet, das die deutschen Stellungen der ersten Verteidigungslinie völlig zerstörte und isolierte. Mit dem Angriff der Infanterie konzentrierte sich das Feuer der Artillerie auf den Rückraum der deutschen Stellungen. Auf diese Weise erreichten die Alliierten immer wieder den Einbruch in das deutsche Stellungssystem, nicht aber den geplanten entscheidenden Durchbruch. Unter hohen Verlusten gelang es den deutschen Verbänden, die alliierten Angriffe vor den rückwärtigen Stellungen zum Stehen zu bringen oder durch Gegenangriffe den Gegner wieder zurückzudrängen. Der deutsche Abwehrerfolg war um so höher zu bewerten, als der Schwerpunkt der Kriegführung der Mittelmächte 1915 im Osten lag und Falkenhayn unter dem Diktat dieser Prioritätensetzung der Westfront immer wieder Truppen entzog – selbst noch unmittelbar vor der alliierten Offensive im September, deren Umfang und Wucht Falkenhayn unterschätzt hatte.

Im Osten kam es erneut zu einer mobilen Kriegführung mit weitreichenden Ergebnissen. Legt man das von Falkenhayn im Gespräch mit Bethmann Hollweg im November 1914 entwickelte Szenario zu Grunde, so werden seine Entscheidungen in ihrer Zielsetzung und den dafür eingesetzten Kräften deutlich und verständlich. Er sah sich ja nicht nur den dauernden Angriffen und Forderungen von Ober-Ost gegenüber, sondern er hatte auch mit der gereizten Empfindlichkeit des Koalitionspartners und dem militärischen Unvermögen der k. u. k. Armee zu rechnen. Daneben wurden die Forderungen auf Herstellung einer Landverbindung mit der Türkei, insbesondere nach der Landung alliierter Kräfte auf Gallipoli, immer lauter und dringlicher.

Zu Beginn des Jahres 1915 war Falkenhayn nach wie vor gegen eine Offensive im Osten, weil er überzeugt war, daß in der Weite des russischen Raumes operative Erfolge allein keine strategisch wirksamen »Entscheidungen« herbeiführen konnten. Der Generalstabschef hatte sich in der Auseinandersetzung mit Ober-Ost nur unter Abstrichen durchsetzen können, mit drei der vier neu aufgestellten Korps wurde die Ostfront verstärkt, während die Lage der k. u. k. Armee an der Karpatenfront nach wie vor als bedrohlich eingeschätzt wurde. Die am 23. Januar eröffnete österreichisch-ungarische Offensive brachte bei extrem winterlichen Verhältnissen nur geringen Geländegewinn. So mußte am 22. März die seit September 1914 belagerte Festung Przemyśl kapitulieren und die russischen Truppen gingen zur Gegenoffensive über. Eine erneute Niederlage der k. u. k. Armee konnte nur durch deutsche, von der nördlichen Ostfront abgezogene Verbände verhindert werden. In einem losen Zusammenhang mit der Offensive des Koalitionspartners standen Überlegungen von Ober-Ost, die im Februar in der Winterschlacht in Masuren kulminierten. Wieder waren beeindruckende Erfolge erzielt worden, aber die strategische Situation gegenüber Rußland hatte sich in keiner Weise verändert. Die russische Armee hatte Niederlagen erlitten, aber sie zeigte sich nach wie vor in der Lage, einen operativen Durchbruch deutscher Kräfte zu verhindern. Raum und Witterung kamen ihr dabei zu Hilfe und die deutschen Verbände standen vor sich kontinuierlich verschärfenden logistischen Problemen. Falkenhayns ablehnender Skeptizismus gegenüber dem offensiven Aktionismus von Ober-Ost war demnach vollkommen gerechtfertigt.

Trotz seiner grundsätzlichen Überzeugung sah sich Falkenhayn im Jahre 1915 durch die Probleme der österreichisch-ungarischen und türkischen Verbündeten gezwungen, im Südosten Europas verstärkt militärisch einzugreifen. Gegen die divergierenden Forderungen der politischen Führung, von Ober-Ost und natürlich von Conrad von Hötzendorf, entschied sich Falkenhayn für eine Offensive zur Sicherung der aufs Äußerste gefährdeten österreichisch-ungarischen Front gegen Rußland. Für die geplante Operation wurde eine Heeresgruppe unter dem Befehl des Generalobersten August von Mackensen (Chef des Stabes: Oberst von Seeckt) gebildet. Mackensens Offensive begann mit dem 2. Mai und durchbrach die tiefgegliederten russischen Stellungen östlich von Krakau zwischen Tarnów und Gorlice. Der Erfolg erschütterte die gesamte russische Südfront und erzwang den Rückzug der russischen Armeen, der während des Sommers kontinuierlich anhielt und schließlich – nachdem auch Ober-Ost in die Offensive eingegriffen hatte – Ende September 1915 auf einer Linie Riga-Dünaburg-Czernowitz zum Stillstand kam. Dieser Erfolg war in seinen Dimensionen weder von Falkenhayn noch von Conrad erwartet worden. Die von den russischen Armeen ausgehende Gefahr für die Mittelmächte schien mittelfristig gebannt zu sein. Die Begrenztheit des militärischen Erfolges zeigte sich allerdings in seiner politischen Folgenlosigkeit; das zarische Regime war auch jetzt nicht bereit, in Verhandlungen über einen Separatfrieden einzutreten.

Auch gegenüber Italien, dessen Neutralität im Interesse der Mittelmächte lag, blieb die Demonstration militärischer Stärke ohne politische Wirkung. Der ehemalige Dreibundpartner erklärte am 23. Mai 1915 Österreich-Ungarn den Krieg und eröffnete unter der Führung von General Luigi Cadorna einen Monat später, am 23. Juni, die erste der insgesamt zwölf Isonzo-Schlachten. Sie sind zum Synonym des mit größter Erbitterung, aber ohne nennenswerten Erfolg für den Angreifer geführten Stellungskrieges im Gebirge geworden. Die Eröffnung einer weiteren Front belastete beide Mittelmächte sowohl militärisch als auch wirtschaftlich erheblich, obwohl das Reich zunächst vom Kriegseintritt Italiens nur wenig berührt wurde. Andererseits drängte die deutsche politische Führung seit der Landung alliierter Truppen auf der Halbinsel Gallipoli am 25. April 1915 auf eine wirksame Unterstützung der Türkei. Voraussetzung für eine Hilfeleistung war die Öffnung eines Landweges zu dem Verbündeten und hierzu war die Ausschaltung Serbiens und die Klärung des Verhältnisses zu Bulgarien eine notwendige Vorbedingung. Nach langwierigen Verhandlungen kam es schließlich am 6. September zum Abschluß einer Militärkonvention und eines Freundschaftsvertrages zwischen den beiden Mittelmächten – die Türkei trat später hinzu – und Bulgarien, die ein gemeinsames Vorgehen gegen Serbien und territoriale Kompensationen für Bulgarien vorsahen. Danach wurde wiederum der Heeresgruppe Mackensen die Planung und die Operationsführung der Offensive gegen Serbien übertragen.

Mackensen und sein Stabschef, Generalmajor von Seeckt, geboten über zehn deutsche und zwei k. u. k. Divisionen und kooperierten mit zwei bulgarischen Armeen. Die geringe österreichisch-ungarische Beteiligung an dem Feldzug gegen den »Erzfeind« veranschaulicht den Schwächezustand der verbündeten Armee, die bereits den Anforderungen der russischen und italienischen Front kaum mehr gewachsen war. Der Feldzug begann am 6. Oktober mit dem alles entscheidenden, von Oberst Richard Hentsch im Auftrag der OHL minutiös vorbereiteten Übergang über Save und Donau. Die anschließende Offensive der Heeresgruppe nach Serbien hinein wurde geprägt von einer Fülle sich verschärfender logistischer Probleme sowie von einem nur mangelhaften Zusammenwirken mit der bulgarischen Armee. Dennoch konnte die Operation innerhalb eines Monats abgeschlossen werden. Die serbische Armee war aus dem Feld geschlagen und der Landweg zur Türkei war somit geöffnet. Allerdings war es der Entente gelungen, einen Teil der serbischen Armee nach Korfu zu evakuieren. Diese Kräfte bildeten eine hochwillkommene und wesentliche Verstärkung der englischen und französischen Truppen, die einen Tag vor der Eröffnung der Offensive Mackensens in Saloniki gelandet waren. Diese Armee unter dem Kommando des französischen Generals Maurice Sarrail trat in ihrer Funktion als potentielle Bedrohung der balkanischen und vorderasiatischen Position der Mittelmächte an die Stelle des unter hohen Verlusten gescheiterten Gallipoli-Unternehmens.

Die militärische Bilanz am Ende des Jahres 1915 zeigte aus deutscher Perspektive durchaus positive Aspekte. Es war gelungen, dem Ansturm der personell und materiell überlegenen Armeen der Westmächte unter allerdings hohen eigenen Verlusten standzuhalten. Die vom Zarenreich ausgehende Gefahr war durch erfolgreiche Offensiven mit hohen Gefangenenzahlen und weitem Raumgewinn derart minimiert worden, daß der weiteren Entwicklung in diesem Bereich mit begründeter Zuversicht entgegen gesehen werden konnte. Auch auf dem Balkan hatte sich die Lage gegenüber dem Jahresende 1914 zugunsten der Mittelmächte geklärt. Der Erfolg gegenüber Rußland hatte zur Aufrechterhaltung der Neutralität Rumäniens beigetragen, mit der Zerschlagung der serbischen Armee war eine nachhaltige Unterstützung der Türkei möglich geworden und der Kriegseintritt Italiens hatte militärisch am Isonzo aufgefangen werden können. Aber diese positiven Aspekte konnten nicht darüber hinwegtäuschen, daß die personelle und materielle Überlegenheit der Entente weiter gewachsen war und die Beschränktheit der eigenen Ressourcen der militärischen Führung im Laufe des Jahres immer wieder vor Augen geführt worden war. Ein Ende des Krieges, geschweige denn ein siegreiches, war nicht in Sicht, eine Erschöpfung der Ressourcen jedoch voraussehbar. Hinzu kam, daß die politische und militärische Kooperation zwischen Deutschland und Österreich-Ungarn in keiner Weise der existentiell bedrohlichen Situation angemessen war. In beiden Ländern mangelte es an einer institutionell abgestützten Abstimmung zwischen der politischen und militärischen Führung und dies übertrug sich auf die für eine Koalitionskriegführung notwendigen Entscheidungen. Das Verhältnis der beiden Generalstabschefs war äußerst prekär, gegen Ende des Jahres nur mit Hilfe von Vermittlern aufrecht zu erhalten und von Prestigedenken geprägt. Dabei wird man Falkenhayn zugute halten müssen, daß er es bei Conrad von Hötzendorf mit einem Partner zu tun hatte, dessen Realitätsbewußtsein von Beginn des Krieges an außerordentlich eingeschränkt war und der immer wieder den durch seine Entscheidungen mitverursachten Niedergang der k. u. k. Armee durch prestigeträchtige Pläne und Aktionen zu kompensieren trachtete.

Falkenhayn war sich bewußt, daß ein militärischer Sieg im herkömmlichen Sinne auch in Zukunft nicht möglich sein würde. Wie sollte der Krieg fortgesetzt werden? Standen dem Generalstabschef vielleicht sogar mehrere Optionen offen?

Gegenüber Rußland war Falkenhayn überzeugt, sich generell auf die Defensive beschränken zu können, ja er plante, sie im wesentlichen den keineswegs kampfstarken k. u. k. Verbänden zu überlassen. Ebenso lehnte er ein offensives Vorgehen auf dem Balkan gegen die alliierte Saloniki-Armee sowie in Kleinasien zur Unterstützung der türkischen Armee ab. Die möglichen Erfolge in diesen Regionen standen für ihn in keinem Verhältnis zum notwendigen logistischen Aufwand und mußten zu einer Schwächung der Westfront führen, an der dieser Krieg entschieden werden würde. Conrad suchte die deutsche Unterstützung für einen Feldzug gegen Italien, obwohl das Reich sich nicht einmal im Kriegszustand mit diesem Staat befand. Falkenhayn versprach sich von einem Erfolg an dieser Front keine zu Buche schlagende Verbesserung der strategischen Situation der Mittelmächte. Sprach demnach nicht alles für eine strategische Defensive an allen Fronten? Ganz abgesehen von dem damit verbundenen militärischen Risiko angesichts der wachsenden Überlegenheit der Alliierten verlangte eine solche Strategie eine enge, vertrauensvolle und zielgerichtete Zusammenarbeit der militärischen und politischen Führung. Diese Voraussetzung war weder im nationalen Rahmen noch im Verhältnis zu Österreich-Ungarn gegeben. Falkenhayns militärische Bilanz hatte sich auf der politischen Ebene nicht in einer angemessenen Zielbestimmung niedergeschlagen. Bethmann Hollweg hat die ihm mit dem nüchtern militärischen Urteil Falkenhayns gebotene Chance nicht genutzt, um sich von den eigenen wie auch von den vollkommen überzogenen Kriegszielen der Alldeutschen und ihres wachsenden Anhangs zu befreien. Das Verhältnis beider zueinander war nach wie vor gekennzeichnet durch ein latentes Mißtrauen.

Die Planung für 1916 zeigt, daß Falkenhayn die Voraussetzungen für eine politische Lösung des Konflikts zu schaffen suchte. Vor diesem Hintergrund ist die Schlacht um Verdun konzipiert worden, die den Verbündeten Englands derart schwächen sollte, daß das kontinentale Engagement des Inselstaates in Gefahr geriet. Die zweite Komponente der Planung war die Eröffnung des unbeschränkten U-Boot-Krieges gegen die überseeischen Handelsverbindungen Großbritanniens. Falkenhayn hatte sich im Sommer 1915 aus politischen Gründen gegen die Aufnahme dieser Variante des U-Boot-Krieges gewandt. Nunmehr – ab Mitte Dezember 1915 – setzte er sich nach der Konsolidierung der Situation auf dem Balkan gegenüber Kaiser und Reichskanzler vehement für diesen direkten Angriff auf die wirtschaftlichen Lebensadern Englands ein. Weder die möglichen Reaktionen der USA noch die zu erwartende starke Beeinträchtigung des Verhältnisses zu den übrigen Neutralen konnte Falkenhayn in seiner Überzeugung erschüttern, daß die einzig zur Verfügung stehende Waffe gegen den eigentlichen Gegner des Reiches auch eingesetzt werden müsse. Falkenhayn scheiterte mit dieser Planungskomponente nicht nur an der ablehnenden Haltung Bethmann Hollwegs, sondern vor allem an der unklaren, schwankenden und letztlich verantwortungslosen Haltung der Marineführung. Die Prognosen – wann England auf Grund des unbeschränkten U-Boot-Krieges einlenken werde – schwankten zwischen zwei und acht Monaten. Außerdem stellte sich heraus, daß mit den Angaben zur Zahl der tatsächlich zur Verfügung stehenden U-Boote verantwortungslos umgegangen wurde. Mit nicht mehr als zwei bis drei kontinuierlich im Seegebiet westlich der Britischen Inseln patroullierenden Booten verwandelten sich die prognostizierten Erfolgsaussichten zur reinen Illusion.

Falkenhayn war demnach hinsichtlich des Handelskrieges mit U-Booten von unzutreffenden Voraussetzungen ausgegangen. Für die Operation gegen Verdun standen ihm dagegen alle notwendigen Informationen unmittelbar zur Verfügung, er trug die alleinige Verantwortung. Der Gedanke war, durch die Eroberung der nördlich von Verdun am östlichen Maasufer aufragenden Höhenzüge die französische Armee zur Verteidigung der Festung in ungünstiger Position zu zwingen und sie durch die erwarteten hohen Verluste entscheidend zu schwächen. Sollten die Franzosen es vorziehen, die Festung aufzugeben, so würde auch dies zu einem großen Prestigeverlust führen. Falkenhayn rechnete damit, daß ein Erfolg der Operation zu Entlastungsangriffen der Briten führen werde, für deren Abwehr er Vorsorge traf. In jedem Falle werde die Operation aber bewirken, daß die erwartete gemeinsame Offensive der westlichen Alliierten wesentlich geschwächt, womöglich ganz oder teilweise aufgegeben würde. Die größte Wirkung erwartete man von der bisher stärksten auf deutscher Seite erreichten Konzentration von Artilleriewaffen im Angriffsabschnitt. In einem Punkt allerdings stieß der Plan Falkenhayns auf die nahezu einhellige Kritik der mit dem Projekt befaßten Generalstabsoffiziere. Entgegen ihrem Rat lehnte er es ab, im Rahmen der Operation auch gegen die Höhen westlich der Maas vorzugehen. Er schätzte die von der dort stationierten französischen Artillerie ausgehende Gefahr gering ein und war nicht bereit, Divisionen der Heeresreserve für die Wegnahme der Höhen zur Verfügung zu stellen.

Der Angriff begann am 21. Februar 1916 mit einem neunstündigen Trommelfeuer, die Infanterieverbände kamen zunächst gut voran, die Panzerfeste Douaumont wurde erobert. Doch bereits am 28. Februar stockte der Angriff, der französische Widerstand versteifte sich, die französischen Verbände verteidigten mit Erfolg die entscheidenden Höhen des Ostufers, auch mit Hilfe der Artilleriebatterien des Westufers. Damit war der Plan Falkenhayns gescheitert und die sich über Monate hinziehende Schlacht um Verdun wurde im Bewußtsein der Soldaten und Zeitgenossen zur »Ausblutungsschlacht«, zur »Blutpumpe«. Entgegen den Erwartungen Falkenhayns reagierte die französische Armee kraftvoll und flexibel auf die existentielle Bedrohung. Falkenhayn hatte den Gegner Frankreich außerordentlich unterschätzt und zeigte sich darüber hinaus nicht in der Lage, seine Entscheidungen und Forderungen der gegebenen Situation anzupassen. Über Monate hinweg hielt er starr an der Verdun-Operation fest, obwohl die Fakten – sowohl was die Verlustziffern und den Zustand der eingesetzten Verbände als auch den Kampfraum betraf – das Scheitern der ursprünglichen Konzeption Tag für Tag bestätigten. Ähnliches gilt für Falkenhayns Forderung nach Eröffnung des unbeschränkten U-Boot-Krieges. Obwohl er die Unzuverlässigkeit der wechselnden Angaben der Marineführung registrieren mußte und die Zahl der Boote eine effektive Schädigung der britischen Zufuhr nach wie vor nicht erwarten ließ, plädierte Falkenhayn in Besprechungen mit dem Kaiser, dem Reichskanzler und den Spitzen der Marine für den unverzüglichen Einsatz dieser Waffe ohne Rücksicht auf die amerikanische Reaktion. In diesen Auseinandersetzungen konnte er sich nicht durchsetzen, so daß er schließlich am 2. Mai vergeblich seinen Abschied erbat. Die Starrheit, mit der der Generalstabschef an einer einmal getroffenen, aber sich längst als falsch erwiesenen, Entscheidung festhielt, ist erschreckend. Vom Realismus seiner militärischen Lagebeurteilungen war nichts mehr zu spüren. Eine zunehmende Isolation war die Folge.

In der zweiten Mai-Hälfte 1916 schien sich jedoch eine positive Wende anzubahnen, hervorgerufen durch Anfangserfolge der k.u.k. Armee in Norditalien, überraschende Fortschritte an der Verdun-Front, durch den taktischen Erfolg in der Skagerrak-Schlacht, vor allem aber durch diplomatische Berichte aus der Schweiz, die eine Verhandlungsbereitschaft auf französischer Seite signalisierten. Obwohl sich dadurch an der grundlegenden militärischen Situation nichts wesentliches geändert hatte, verfaßte der Generalstabschef unter Verwendung dieser noch ungesicherten Indizien eine geradezu euphorische Lagebeurteilung für den Reichskanzler. Falkenhayn erklärte, daß die Armee »bis zum Ausgang des Winters 1916/17 einen siegreichen Frieden erkämpfen« werde – auch bei Verzicht auf den unbeschränkten U-Boot-Krieg. Selbst in der Frage der Kriegsziele gab er seine, gerade gegenüber Frankreich stets geübte Zurückhaltung auf und forderte u. a. das Erzbecken von Briey. Es ist, als ob der politisch und militärisch isolierte Generalstabschef die besagten Indizien als beweiskräftige Rechtfertigung seiner weithin als gescheitert angesehenen strategischen Planung für 1916 betrachtete, als ob er verzweifelt glaubte, die von ihm vorausgesehenen Konsequenzen des Abnutzungskrieges auf diese Weise vermeiden zu können. Doch binnen kurzem verdrängte die harte Realität diese Fata Morgana.

Die erfolgreiche Offensive russischer Armeen gegen die österreichisch-ungarische Front südlich der Pripjet-Sümpfe verdeutlichte auf dramatische Weise die gefährliche Instabilität, den Schwächezustand der k. u. k. Armee, die Brüchigkeit des Verhältnisses zwischen den Mittelmächten, vor allem aber auch die Realitätsferne der jüngsten Falkenhaynschen Prognosen. General Alexej Brussilow, der Oberkommandierende der russischen Südwestfront, eröffnete – im Vorgriff auf die von den Alliierten für Anfang Juli beschlossene Generaloffensive und zur Entlastung der hart bedrängten Italiener – am 4. Juni die Offensive auf der ganzen Breite der Front. Dabei durchbrach die russische 8. Armee im ersten Anlauf die österreichisch-ungarische Front. Der sich rasch ausweitende Erfolg war weniger auf die personelle Überlegenheit als vielmehr auf die intensive Vorbereitung des Angriffs zurückzuführen, bei dem die russische Seite zum ersten Mal die Kooperation zwischen Infanterie und Artillerie mit Erfolg praktizierte. Der Rückzug der geschlagenen österreichisch-ungarischen Verbände – auch die angrenzenden Armeen waren betroffen – führte zu chaotischen Zuständen. Die personellen und materiellen Verluste waren enorm, die Armee sollte sich von diesem Schlag nie mehr erholen.

Conrad, der für diese katastrophale Niederlage die Hauptverantwortung trug, da er die galizische Front durch den Abzug bewährter, kampferprobter Divisionen für seine Offensive in Norditalien geschwächt hatte, sah sich erneut gezwungen, bei Falkenhayn um Hilfe zu bitten. Die Situation zwang den deutschen Generalstabschef, ab Anfang Juli insgesamt zehn Divisionen nach Osten zu verlegen, vier Divisionen allein aus der Heeresreserve der Westfront zum Zeitpunkt des Beginns der Somme-Schlacht. In wechselvollen Kämpfen gelang es schließlich, unter Aufgabe eines erheblichen Geländestreifens zum Herbstbeginn die Frontlinie zu stabilisieren. Die Krise führte nicht nur zu schmerzlichen Einbußen an Befehlsgewalt für die militärische Führung Österreich-Ungarns, sie schwächte auch die Position Falkenhayns gegenüber den Machenschaften von Ober-Ost und der offenen Gegnerschaft des Reichskanzlers.

Gleichzeitig entlud sich die mit beispiellosem Aufwand vorbereitete und vorgetragene Offensive der Allierten beiderseits der Somme. Das Inferno dieser Materialschlacht führte auf beiden Seiten der Front zu hohen Verlusten, brachte der Entente aber trotz immer erneuten Anläufen bis Mitte November nur relativ geringen Geländegewinn und nicht den erhofften operativen Durchbruch. Verdun und die Somme wurden zum Symbol der vernichtenden Gewalt dieses industrialisierten Krieges. Beide Schlachten demonstrierten überdies die generelle Unterlegenheit der deutschen Seite gegenüber den Ressourcen der Alliierten. Die Kriegserklärung Rumäniens an Österreich-Ungarn am 27. August, der am nächsten Tag die deutsche Kriegserklärung an Rumänien folgte, gab den Gegnern Falkenhayns in der deutschen Führung den letzten, entscheidenden Anstoß, seine Entlassung bei Wilhelm II. am 28. August durchzusetzen. Nicht nur hatte sich Falkenhayns Planung für 1916 als undurchführbar erwiesen, der Generalstabschef war an einer Aufgabe gescheitert, die er selbst als unlösbar bezeichnet, aber hartnäckig verfolgt hatte: die Entente militärisch zu besiegen.

Kriegführung im Zeichen illusionärer Projektionen 1916-18

Mit der Berufung Hindenburgs zum Chef des Generalstabes und Erich Ludendorffs zum Ersten Generalquartiermeister begann eine neue Phase der deutschen Kriegspolitik und Kriegführung, in der erneut der Versuch einer militärischen Lösung des europäischen Konflikts unternommen wurde. Der Sieg in der Schlacht von Tannenberg und ihre weiteren Triumphe über den »russischen Bären« hatten den Dioskuren Anerkennung und Verehrung in allen Bevölkerungsschichten beschert, die bald mythische Dimensionen annahmen. Sie verfügten damit im Gegensatz zu Falkenhayn über eine breite und politisch wirksame Basis für ihre nunmehr umfassende militärische Funktion. Die an sie gestellten Erwartungen zielten auf eine möglichst rasche Beendigung des Krieges, allerdings unter gänzlich gegensätzlichen Perspektiven. Während einflußreiche annexionistische Kreise nur einen militärisch herbeigeführten »Siegfrieden« für denkbar hielten, sahen andere, weniger einflußreiche politische Kräfte in einem wie auch immer gestalteten Verständigungsfrieden die allein noch mögliche und erstrebenswerte Lösung des Konflikts.

Gegenüber der Armee bemühte sich die 3. OHL unter dem dominierenden Einfluß Ludendorffs in erster Linie um eine Konsolidierung der nach wie vor äußerst gefährdeten Verhältnisse an der Westfront. So wurde jede offensive Aktion an der Verdun-Front endgültig gestoppt und die regelmäßige Ablösung abgekämpfter Truppen aus der Frontlinie auf Divisionsebene systematisch für die gesamte Westfront organisiert. Vor allem aber ergingen eine Reihe von Vorschriften, die das Abwehrverfahren auf eine neue Grundlage stellten. Nicht mehr die unter allen Umständen zu verteidigende Frontlinie, sondern der tiefgegliederte Raum bildete nunmehr die Basis des Verteidigungsverfahrens. Ein gestaffeltes Grabensystem erlaubte es, die vorderste Linie nur schwach zu besetzen und u. a. die Maschinengewehre im Raum wirkungsvoller zu positionieren. Es ist ein Verdienst Ludendorffs, daß er die Erfahrungen der Soldaten aus den Materialschlachten aufnahm und im Interesse der Truppe nicht nur in Vorschriften umsetzte. Im Herbst und Winter 1916 wurden in einer Welle von entsprechenden Schulungskursen Offiziere aller Kommandoebenen mit den neuen taktischen Grundsätzen vertraut gemacht und insbesondere die schon unter Falkenhayn begonnene Ausbildung von Sturmbataillonen intensiviert. An den übrigen Fronten im Osten und Süden bemühte sich die 3. OHL ebenfalls um die Konsolidierung in gesicherten Stellungen.

Nur gegenüber Rumänien sah sich die OHL gezwungen, das Gesetz des Handelns an sich zu reißen, um eine gefährliche Schwächung Österreich-Ungarns und Bulgariens zu vermeiden. Sie übertrug ausgerechnet dem gerade von ihr verächtlich behandelten Falkenhayn das Kommando über die neugebildete 9. Armee, die auf Grund der exzellenten Leistung der Eisenbahnabteilung des Generalstabs bereits Mitte September ca. 200.000 Mann umfaßte und sich gemeinsam mit der k. u. k. Armee den nach Siebenbürgen eingefallenen rumänischen Verbänden entgegenstellte. Falkenhayn gelang es bis Ende Oktober, die rumänischen Truppen aus Siebenbürgen zu vertreiben und anschließend bei Einbruch des Winters über den Szurduk-Paß in die Walachei vorzustoßen. Im Süden war die bunt zusammengewürfelte Heeresgruppe Mackensen gegen russischen und rumänischen Widerstand in die Dobrudscha vorgedrungen und hatte Konstanza erobert. Ende November schließlich, nachdem Mackensens Truppen die Überquerung der Donau südlich Bukarest gelungen war, kam es zur Vereinigung mit Falkenhayns Armee. Mit der Besetzung von Bukarest und den Ölfeldern von Ploesti am 6. Dezember näherte sich der rumänische Feldzug seinem Ende. Der Feldzug war ein aus der Defensive heraus erzielter, glänzender militärischer Erfolg, der von einer erstaunlichen Flexibilität und Improvisationsfähigkeit der deutschen militärischen Führung, angesichts der fortgesetzten, mit Überlegenheit geführten Offensiven der Alliierten zeugte. Weder der russischen Armee noch der Saloniki-Armee gelang es, die Rumänen in ihrer Kriegführung effektiv zu unterstützen; die Hoffnung der Entente, Rumänien als Verbündeter werde Österreich-Ungarn den Todesstoß versetzen, hatte sich nicht erfüllt.

Ludendorff und seinen Offizieren war bewußt, daß neben operativer Kreativität und effektiver Organisation der Verteidigung vor allem die Mobilisierung der personellen und materiellen Ressourcen der Nation für die Kriegführung im Zeichen der Materialschlachten notwendig war. Dafür stehen das von der OHL initiierte Hilfsdienstgesetz und das sogenannte Hindenburg-Programm. Der beispiellos massenhafte Einsatz von Munition und Waffen jeder Art bei den Alliierten hatte der militärischen Führung die materielle Unterlegenheit der deutschen Seite Tag für Tag demonstriert. Diese Erfahrung liegt dem Hindenburg-Programm zu Grunde, mit dem Ludendorff und Oberstleutnant Max Bauer, einer der Abteilungschefs der OHL, die Mobilisierung der materiellen Ressourcen mit Hilfe der Industriellen zu erreichen suchten. Bei mehreren Besprechungen im September wurden diese mit Forderungen konfrontiert, die alles bisher Geleistete in den Schatten stellten. So sollte die Sprengstoff- und Pulverproduktion verdoppelt und die Produktion der Granaten für die Feldartillerie von 2 1/2 Millionen auf 9 Millionen pro Monat gesteigert werden – und das alles natürlich in kürzester Zeit. Führende Industrielle waren mit dem bürokratischen Beschaffungswesen des preußischen Kriegsministeriums äußerst unzufrieden und begrüßten daher die energische Initiative der OHL. Doch einige von ihnen erkannten sehr schnell, daß die Militärs über die bloße Forderung nicht hinaus gedacht hatten und keine Klarheit über die Konsequenzen, über die Bedingungen der Erreichbarkeit der gesteckten Ziele und über angemessene Lösungsmöglichkeiten bestand. So wurden neue Produktionsstätten notwendig, deren Bau der unmittelbaren Kriegsproduktion Arbeitskräfte und Rohstoffe entzog mit der weiteren Folge, daß zum Beispiel der Bau der riesigen Kruppschen Artillerie-Werkstätten erst im März 1918 vollendet war. Das Hindenburg-Programm – auch in seinem reduzierten Umfang – hat zwar zur Mobilisierung der Ressourcen beigetragen, ihre effiziente Verwertung aber mehr behindert als gefördert.

Ähnlich verhält es sich mit der Mobilisierung der personellen Ressourcen. Bei den hohen Personalverlusten der Armee einerseits und dem erhöhten Arbeitskräftebedarf einer ständig wachsenden Kriegsproduktion andererseits war die Konkurrenz zwischen Armee und Industrie um den wehrpflichtigen, kriegsverwendungsfähigen Facharbeiter unausweichlich. Eine beide Seiten befriedigende Lösung konnte nicht gefunden werden, das zeigt allein die bis Kriegsende nach wie vor steigende Zahl von »uk« (unabkömmlich) gestellten Wehrpflichtigen der erwähnten Kategorie. Um den steigenden Bedarf der Kriegsindustrie zu decken und doch die Zahl der uk-Gestellten möglichst gering zu halten, schlugen die OHL und das preußische Kriegsministerium zum Teil ausgesprochen einschneidende Maßnahmen vor: Ausdehnung der Wehrpflicht vom 15. bis zum 60. Lebensjahr, die verstärkte Heranziehung von »abkömmlichen« Frauen, von Kriegsgefangenen und von Arbeitskräften der »Nichtkriegsindustrie«. Die Heeresleitung betonte den notwendigen Zwangscharakter der Maßnahmen und verlangte eine gesetzliche Regelung durch den Reichstag, gewissermaßen als propagandistischen Akt der nationalen Selbstverpflichtung. Im Ergebnis entsprach das nach intensiven, kontroversen Beratungen am 5. Dezember 1916 vom Reichstag verabschiedete Hilfsdienstgesetz kaum den ursprünglichen Forderungen und Vorstellungen der OHL. Das Hilfsdienstgesetz brachte vor allem die Anerkennung der Gewerkschaften durch die Regierung und stärkte ihr gegenüber die Position des Reichstages. Das eigentliche Ziel des Gesetzes, zunächst auf freiwilliger Basis Hilfsdienstpflichtige als Ersatz für Militärpersonen im Heimatgebiet zu gewinnen und einzusetzen, wurde nur in einem sehr geringen Maße unter hohem bürokratischen Aufwand erreicht. Wie beim Hindenburg-Programm hatte sich die OHL auch in diesem Falle darauf beschränkt, Ziele zu formulieren, Forderungen zu stellen und auf ihre Durchsetzung zu dringen, ohne sich tatsächlich fachlicher Beratung zu bedienen, und ohne sich um die politischen und wirtschaftlichen Gegebenheiten in dem jeweiligen Bereich zu kümmern. Insbesondere beim Hilfsdienstgesetz haben sich die Grenzen ihrer Macht deutlich gezeigt.

Bereits unter Falkenhayn hatten Generalstab und Kriegsministerium die Ausschöpfung der Ressourcen der Nation in einem geregelten Prozeß nachdrücklich vorangetrieben. Ludendorff griff jedoch im Bewußtsein des Rückhalts, den er in der Bevölkerung hatte, fordernd und drohend in alle Bereiche der Kriegspolitik ein. Im Herbst und Winter 1916 zeigte sich diese umfassende Aktivität bei der Bestimmung des Verhältnisses zu Österreich-Ungarn, bei der Frage des künftigen Status Polens sowie besonders intensiv im Zusammenhang mit dem deutschen Friedensangebot vom 12. Dezember 1916. Aber auch bei personalpolitischen Entscheidungen sowie bei rein innenpolitischen Problemen, z. B. in der Frage der Wahlreform in Preußen, hielt er sich nicht zurück. Er ging dabei von der zweifellos zutreffenden Überlegung aus, daß die Mobilisierung der Ressourcen nur durch die Motivation der gesamten Nation für den Krieg zum erwünschten Ergebnis führe. Die militärische Inlandspropaganda, der »Vaterländische Unterricht« waren die Folge. Bei diesen politischen Stellungnahmen und Initiativen nahm die Vorstellung der zu verfolgenden Kriegsziele einen prominenten Platz ein. Von Anfang an war hier zu erkennen, daß sich Ludendorff die Forderungen der annexionistischen Bewegung weitgehend zu eigen machte – einem politischen Programm, an dem er bis zum Herbst 1918 festhielt. Der militärische Sieg sollte in einen »»Siegfrieden««, in einen »Hindenburg-Frieden« münden.

Wie sah das Konzept aus, mit dem die 3. OHL den »»Siegfrieden«« militärisch zu erreichen suchte? Hindenburg und Ludendorff haben sich zu dieser grundsätzlichen Frage kaum im Zusammenhang geäußert. Ihre Entscheidungen lassen aber die Umrisse ihrer Vorstellungen erkennen. Es entsprach den defensiven, auf Konsolidierung bedachten ersten Maßnahmen, daß die Defensive auch für das Jahr 1917 ganz im Vordergrund stand. Im Laufe der Wintermonate wurde jedoch offensichtlich, daß die Position und der Zustand der Stellungen im Gebiet der Somme-Schlacht für die Truppe zunehmend unerträglich wurden. Die Oberbefehlshaber der 1. und 2. Armee bezweifelten, diese Stellung auf Dauer halten zu können und fürchteten um die Moral der Truppe. Aus dieser Situation erwuchs bei Ludendorff die Entscheidung für eine strategisch wirksame Frontverkürzung um ca. 50 km. Die Operation »Alberich«, die am 4. Februar 1917 offiziell befohlen wurde, betraf 39 Divisionen in der Front zwischen Arras und dem Chemin des Dames. Mit ihrem Rückzug in die ausgebaute Siegfried-Stellung gewann die OHL 13 Divisionen für die Heeresreserve. Die Operation war ein gigantisches logistisches Unternehmen. Nicht nur mußte die Fertigstellung der Siegfried-Linie auf ca. 120 km Länge vorangetrieben werden, auch die gesamte, in den Jahren des Stellungskrieges gewachsene, vielgestaltige und ausgedehnte Infrastruktur mußte aufgelöst bzw. verlegt werden. Neben dem enormen organisatorischen Aufwand wurde für die Durchführung dieser Teile der Operation »Alberich«, die dem Gegner verborgen bleiben sollte und mußte, ein Heer von Hunderttausenden von Soldaten, Bauarbeitern und russischen Kriegsgefangenen aufgeboten. Der eigentliche Rückzug aus der Front vollzog sich in den Nächten vom 16. bis 19. März. Man hinterließ eine Wüste: Nicht nur daß die noch verbliebene Bevölkerung – immerhin ca. 100.000 Menschen – Haus und Hof verlassen mußte, sondern auf Befehl der OHL wurde das Land und die Infrastruktur derart zerstört, daß dem Gegner ein schnelles Nachstoßen unmöglich gemacht werden sollte. Die »verbrannte Erde« auf französischem Territorium bescherte der alliierten Propaganda einen weiteren »Beweis« für die deutsche »Barbarei«. Für die deutsche Seite firmierten die Räumungsmaßnahmen der Operation Alberich unter dem Begriff der »Kriegsnotwendigkeiten«. Der militärische Nutzen war relativ gering, aber die Radikalisierung der Kriegführung hatte erneut eine Steigerung erfahren.

Die Defensive dominierte die Landkriegführung 1917, als offensives Element trat daneben erneut der U-Boot-Krieg. Hindenburg und Ludendorff ließen von Anfang an keinen Zweifel daran, daß sie auf den unbeschränkten U-Boot-Krieg als Instrument der Kriegführung nicht zu verzichten gedachten, daß sie zunächst aber die Beendigung des rumänischen Feldzuges abwarten wollten. Angesichts der ihrem Höhepunkt zustrebenden Ernährungskrise und den entscheidungslosen Materialschlachten stellte sich unausweichlich die Frage nach den noch zur Verfügung stehenden militärischen Mitteln, um ein siegreiches Ende des Krieges herbeizuführen. Der unbeschränkte U-Boot-Krieg erschien als der letzte Trumpf, den nicht zu ziehen keiner der führenden Militärs vor der Nation verantworten zu können glaubte. Die Marine drängte seit langem, da der Einsatz von U-Booten auch nach einer Änderung der Prisenordnung nicht zum Ziele führen werde. Im Admiralstab der Marine entstand im Herbst 1916 eine entsprechende Denkschrift, die Admiral Henning von Holtzendorff am 22. Dezember unterschrieb. Holtzendorff konnte sich dabei auf eine Reihe von Experten aus Wissenschaft und Wirtschaft berufen, die unter verschiedenen Gesichtspunkten die voraussehbaren Wirkungen auf Großbritannien untersucht hatten. Die Schlußfolgerung lautete, daß bei einer monatlichen Versenkung von 600.000 BRT Schiffsraum ab 1. Februar 1917 Großbritannien nach fünf Monaten friedensbereit sein würde und der Krieg im Herbst 1917 beendet werden könne. Die OHL setzte den Reichskanzler mit der Terminvorgabe unter Druck und forderte die Zustimmung zur Eröffnung des unbeschränkten U-Boot-Krieges.

Am 9. Januar 1917 fand die entscheidende Besprechung unter Vorsitz des Kaisers und in Anwesenheit Bethmann Hollwegs, Hindenburgs, Ludendorffs, Holtzendorffs und der drei Kabinettssekretäre des Kaisers statt. Die Militärs setzten ihre Forderung durch und erwirkten damit eine wahrhaft strategische Entscheidung, deren Grundlagen sich aber bald als sehr brüchig erwiesen. Die Marine verfügte am 1. Februar 1917 immerhin über 105 U-Boote im Frontbestand und diese Zahl erhöhte sich noch in den folgenden Monaten; ein Drittel dieser Boote befand sich jeweils im direkten Einsatz westlich der Britischen Inseln. Die Versenkungsziffern übertrafen im Durchschnitt der ersten fünf Monate bei weitem die vorgegebenen 600.000 BRT, aber der erwartete politische Erfolg blieb aus. Die Experten hatten die Fähigkeit der Briten, ihre eigene Agrarproduktion zu steigern, nicht berücksichtigt, die abschreckende Wirkung auf die Schiffahrt der Neutralen überschätzt und vor allem die Reaktionen der USA maßlos unterschätzt. Ganz abgesehen von der militärischen Unterstützung, die nach der Kriegserklärung mit der US-Navy sofort zur Verfügung stand, haben die USA durch die Beschlagnahme des bisher in ihren Häfen internierten deutschen Schiffsraums und durch die sofort aufgenommenen Anstrengungen im eigenen Schiffbau den überzogenen Kalkulationen der deutschen Experten die Realität entgegengesetzt. Ende April 1917 schließlich führten die Briten das Konvoisystem ein, das die Wirkungsmöglichkeiten der U-Boote ganz wesentlich einschränkte. Ab Juli 1917 sanken die Versenkungsziffern unter das vom Admiralstab vorgegebene Maß. Damit konnte auch für die deutsche Führung kein Zweifel mehr darüber bestehen, daß der unbeschränkte U-Boot-Krieg sein Ziel nicht erreicht hatte.

Die Konzentration auf die Stabilisierung der Westfront und die Neuorganisation der Verteidigung betrachtete Ludendorff als Vorbedingung für einen möglichst kräfteschonenden Abwehrerfolg gegenüber den erwarteten alliierten Offensiven. Den Anfang machte die britische Armee, die sie am 9. April 1917 nördlich von Arras angriff und im ersten Anlauf mit Tankunterstützung tiefe Einbrüche erzielte. Die von der OHL eingeführte neue Verteidigungstaktik hatte sich bei der betroffenen deutschen 6. Armee noch nicht durchgesetzt, hohe Verluste waren die Folge. Doch die Konsequenzen wurden gezogen und so konnten die weiteren britischen Angriffe, die sich noch bis in den Mai hinzogen, mit hohen Verlusten für den Gegner abgewehrt werden. Dieser britische Angriff war der französischen Offensive im Raum zwischen Reims und Soissons vorgeschaltet, die von dem neuen Oberkommandierenden Robert Nivelle vorbereitet und geführt wurde. Dieser Hauptstoß der Alliierten brach nach einem tagelangen Trommelfeuer und in der Luft begleitet von ca. 1.000 Maschinen am 16. April los, erzielte einige Anfangserfolge, lief sich aber schon am ersten Tag am Chemin des Dames fest. Die neue deutsche Verteidigungstaktik bewährte sich auch bei den folgenden, unablässig vorgetragenen Angriffen, die erst gegen Ende Mai nachließen. Der Mißerfolg der mit hohen Erwartungen begonnenen Offensive hatte tiefgreifende Konsequenzen, u. a. Meutereien, die aber von deutscher Seite nicht erkannt wurden.

Die britische Armee unter ihrem Oberbefehlshaber Sir Douglas Haig begann ihrerseits im Juni mit den Vorbereitungen zur 3. Schlacht um Flandern, die in verschiedenen Phasen bis in den November hinein anhielt. Ihr Ziel war die Wegnahme der Basen der deutschen U-Boote in Zeebrügge und Ostende. Die Schlacht von Messines begann am 7. Juni mit der ungeheuerlichen Sprengung von 19 Minen, mit der die deutsche Frontlinie zerrissen und die Eroberung des Wytschaete-Bogens südlich von Ypern ermöglicht wurde. Sie setzte sich nördlich von Ypern in Richtung auf Dixmuide fort und endete schließlich mit der Einnahme von Passchendaele durch kanadische Truppen am 6. November. Die Offensive verfehlte das gesteckte Ziel und brachte nur relativ geringen Geländegewinn. Während dieser Monate war die Situation auf der deutschen Seite zum Zerreißen gespannt und die Belastung der kämpfenden Truppe war enorm. Das zeigte sich schon allein am Umfang der notwendigen Ablösung der eingesetzten Verbände. Von Mitte Juli bis Mitte November mußten 51 abgekämpfte durch 67 »frische« Divisionen ersetzt werden, die Abwehr der Offensive erforderte den Einsatz von insgesamt 73 Divisionen.

Die Nivelle-Offensive und die 3. Flandern-Schlacht waren die herausragenden Ereignisse an der Westfront 1917, aber die Front kam während des gesamten Jahres nicht zur Ruhe. Darin zeigte sich die wachsende Überlegenheit der Alliierten an Menschen und Material. Die Krise der französischen Armee war durch kluge Maßnahmen des Oberkommandierenden Pétain überwunden worden. Im August und im Oktober gelangen der Armee Erfolge an der Verdun-Front und am Chemin des Dames. Auch die Briten ergriffen im unmittelbaren Anschluß an die Flandern-Schlacht erneut die Initiative mit dem überraschenden Angriff auf Cambrai am 20. November, der, mit 360 Mark IV-Tanks vorgetragen und von Geschwadern des Royal Flying Corps wirksam unterstützt, tief in den deutschen Verteidigungsraum eindrang. Der britische Befehlshaber nutzte den Überraschungserfolg nicht aus und so gelang es schwachen deutschen Kräften, den Einbruch örtlich zu begrenzen. Im Gegenangriff mit herangeführten Verbänden gelang es schließlich zehn Tage später, den Geländegewinn der Briten mehr als zu halbieren. Zwei Aspekte dieses Angriffs verwiesen auf kommende Dinge: Einerseits wurde die neue Angriffstaktik in kleinen, schnell beweglichen Gruppen der neu formierten Sturmtruppen mit Erfolg getestet, andererseits wurde ein voller Erfolg durch eine »gute« Division, wie Ludendorff vermerkt, verhindert, die der Attraktion eines britischen Proviantdepots erlag.

Die Nebenfronten standen im Schatten der schweren Abwehrkämpfe an der Westfront. Im Osten versuchte General Brussilow an seine Erfolge des vergangenen Jahres anzuknüpfen. Die sogenannte Kerenski-Offensive vom 1. Juli 1917 erzielte in Galizien in den ersten Tagen tiefe Einbrüche in die Front der Mittelmächte. Doch im Gegenangriff ab dem 19. Juli wurden die russischen Armeen zum Rückzug gezwungen. Die Verfolgung des geschlagenen Gegners, in dessen Verbänden sich die beginnende Auflösung deutlich bemerkbar machte, führte bis Anfang August zur Wiederinbesitznahme von ganz Galizien mit Czernowitz. Im Norden der Ostfront wurde am 3. September Riga genommen. Mit der dadurch erreichten Verkürzung der Front konnten zwei Divisionen für die Westfront frei gemacht werden. Im Oktober schließlich wurden die dem Rigaschen Busen vorgelagerten Inseln Ösel, Dagö und Moon –

eine Basis der russischen Ostseeflotte – in einer amphibischen Operation genommen. An der gesamten Ostfront kam es in der Folge zu keinen weiteren größeren Kampfhandlungen, auch an der makedonischen Front konnte die bulgarische Armee dem Druck der alliierten Kräfte standhalten.

An einer der Nebenfronten allerdings sah sich die OHL genötigt, mit starken Kräften einzugreifen: an der Front gegen Italien. Die 11. Isonzo-Schlacht hatte zwar zu Geländeverlusten geführt, aber ein Durchbruch war den Italienern nicht gelungen. Jedoch war die Kampfkraft der durch die enormen Verluste und die demoralisierenden Niederlagen geschwächten Verbände der k. u. k. Armee an einem Punkt angelangt, der Kaiser Karl und das Armeeoberkommando zwang, den Verbündeten zu einer tatkräftigen Unterstützung zu bewegen. Bei den gespannten Beziehungen war das für die österreichisch-ungarische Seite ein schwerer Schritt. Für Ludendorff dürfte ausschlaggebend gewesen sein, daß der an die Italienfront entsandte bayerische General Konrad Krafft von Dellmensingen ihn am 8. September darüber informierte, daß die k. u. k. Kräfte kaum einer erneuten italienischen Offensive an der Isonzofront standhalten könnten. Daraufhin übernahmen die OHL und der Stab der neugebildeten 14. Armee unter General Otto von Below die Planung einer gemeinsamen Operation aus dem Raum zwischen Flitsch und Tolmein in Richtung auf den Tagliamento. Die OHL stellte sieben Divisionen zur Verfügung, trotz der kritischen Lage in Flandern. Die Bereitstellung der Angriffskräfte bereitete wegen der wenigen Transportwege im Gebirge und der notwendigen Tarnung große Schwierigkeiten. Obwohl die italienische Führung durch Überläufer über den bevorstehenden Angriff informiert wurde, ergriff sie keine Gegenmaßnahmen. So traf der Angriff am 24. Oktober die italienischen Verbände unvorbereitet und der Durchbruch gelang. Der Rückzug der Italiener nahm fluchtartige Formen an, selbst der Tagliamento bildete nur für kurze Zeit eine gewisse Barriere. Erst an der Piave gelang es den Italienern mit alliierter Hilfe, die Offensive der Mittelmächte zum Stehen zu bringen. Nach einem Vormarsch von ca. 130 km unter widrigen Witterungsbedingungen war die Angriffskraft der Truppen erschöpft, am 2. Dezember wurde die Operation offiziell beendet, ihr Erfolg bestand u. a. darin, daß die österreichisch-ungarische Front um ca. 320 km verkürzt wurde.

Zur Jahreswende 1917/18 ergab sich somit für die deutsche Führung auf den ersten Blick ein positives Bild der militärischen Lage. Im Westen war ein Durchbruch der Alliierten verhindert worden. Nicht aus der Welt schaffen ließ sich allerdings das Faktum, daß der unbeschränkte U-Boot-Krieg Großbritannien nicht in die Knie gezwungen und der Aufmarsch der amerikanischen Armee bereits begonnen hatte – auch künftig gänzlich unbehelligt von deutschen U-Booten. Die Offensive gegen Italien diente zunächst ebenfalls der Stabilisierung der militärischen Lage und entwickelte sich zu einem spektakulären Erfolg. Dieses Ergebnis konnte allerdings nicht die Spannungen in den Führungskreisen der Zweibundmächte auflösen, die sich bei den höchsten Repräsentanten zu blankem Mißtrauen gesteigert hatten. Der Erfolg änderte auch nichts an der katastrophalen Versorgungslage von Armee und Zivilbevölkerung der Donaumonarchie. Wie lange würde sich dieser Zustand noch aufrecht erhalten lassen?

Die Hoffnungen richteten sich auf die Entlastung versprechende Entwicklung im Osten. Die Februar- und die Oktoberrevolution hatten chaotische Zustände in Rußland zur Folge. Im Herbst 1917 konnte die Armee nicht mehr als kampfkräftiges Instrument der Machthaber bezeichnet werden. Die Folge waren die am 3. Dezember begonnenen Waffenstillstandsverhandlungen, die am 15. Dezember zum Abschluß führten, drei Tage zuvor hatte bereits Rumänien einen entsprechenden Vertrag unterschrieben. Die militärische Bedrohung der Zweibundmächte aus dem Osten existierte nicht mehr. Die anschließenden Friedensverhandlungen, die von der OHL geführt und rücksichtslos dominiert wurden, zeigten, daß die militärische Führung nicht fähig war, dieses epochale Ereignis kompromißlos für die weitere Kriegführung zu nutzen. Auf dem Höhepunkt der Rückeroberung von Ostgalizien befanden sich Anfang August 1,9, im Dezember 1,5 und im März 1918 noch immer 1,1 Millionen deutscher Soldaten auf dem östlichen Kriegsschauplatz. Nicht militärisches Kalkül, sondern annexionistische politische Zielvorstellungen bestimmten die Entscheidungen der OHL gegenüber dem Osten. Als Trotzki am 10. Februar 1918 den Kriegszustand zwischen Rußland und den Mittelmächten für beendet erklärte, weitere Verhandlungen ablehnte und abreiste, ergriff Ludendorff die günstige Gelegenheit, seine hegemonialen Absichten zumindest teilweise zu verwirklichen. Auf dem Homburger Kronrat setzte er durch, die Sowjets durch Wiederaufnahme der Feindseligkeiten zum Abschluß eines Friedensvertrages zu zwingen. Mit ca. 50 Divisionen begann am 18. Februar die Offensive. Sie führte bereits am 3. März mit der Unterschrift Lenins unter den Friedensvertrag zum Ziele, nachdem deutsche Truppen bis zur Linie Narwa – Pskow (Pleskau) – Mogilew vorgestoßen waren. Gleichzeitig erfolgte der Vorstoß in die Ukraine, der zur Besetzung Odessas, der Krim und des Gebietes westlich des unteren und mittleren Don führte. Mit anderen Worten: in der unmittelbaren Vorbereitungsphase und dem ersten Schlag der entscheidungssuchenden Offensive im Westen betrieb die OHL im Osten nicht die Konsolidierung dieser Nebenfront mit Blick auf die schrumpfenden personellen Ressourcen, sondern eine unverhältnismäßige Ausdehnung des militärisch zu beherrschenden Raumes – ganz abgesehen von der Gefahr einer ideologisch gefärbten Demotivierung der Truppe im Osten.

Bei der Entscheidung, ob die Armee im Westen die Offensive ergreifen oder in der Defensive verharren solle, stand Ludendorff zweifellos unter dem Eindruck der günstigen Entwicklung im Osten und Süden. Er entschloß sich im November 1917 zur entscheidungssuchenden Offensive gegen die britische Front. Der Grundgedanke war, durch einen Triumph über die britische Armee den Kriegswillen der Alliierten zu brechen bevor die amerikanische Armee in den Kampf eingreifen konnte. Es ist aber festzuhalten, daß eine Reihe hochrangiger Militärs, unter ihnen Kronprinz Rupprecht von Bayern als Heeresgruppenbefehlshaber, dem Gedanken an eine derartige Offensive zunächst skeptisch, wenn nicht ablehnend gegenüber standen. Sie könnten sich auch gefragt haben, welche militärische Konsequenzen eine vernichtende Niederlage der Briten haben würde: Besetzung weiterer Teile Frankreichs und der Zwang, sich gegen die französische und die aufmarschierende amerikanische Armee zu wenden? Jedenfalls würde mit der projektierten Niederlage der britischen Armee nicht automatisch eine Situation geschaffen, die politisch eine Durchsetzung des annexionistischen Programms der OHL erlauben würde. Die strategische Zielbestimmung der Offensive war demnach unklar. Bemerkenswert ist, daß eine Strategie der Defensive als Alternative nicht mit der gleichen Intensität erörtert und geplant wurde. Eine militärisch vorstellbare defensive Strategie im Jahre 1918 mußte einen »Siegfrieden« ausschließen und konnte nur auf einen wie immer gearteten Verhandlungsfrieden abzielen. Ob die Alliierten unter der Führung Clemenceaus, Lloyd Georges aber eben auch Wilsons zu Verhandlungen bereit sein würden, war zweifelhaft, aber auch nicht auszuschließen. Voraussetzung hierfür war jedoch wiederum auf deutscher Seite eine überzeugende und durchsetzungsfähige politische Führung, über die das Reich während der gesamten Dauer des Krieges nicht verfügte. So blieb die Linie der OHL ohne Alternative. Die Offensive ohne überzeugende Zielbestimmung galt – wie ein Jahr zuvor der unbeschränkte U-Boot-Krieg – als letzte Trumpfkarte, die sie aber nicht sein konnte.

Die Operation »Michael« wurde von der OHL in der gewohnt umfassenden Weise vorbereitet. Im Winter 1917/18 wurden Divisionen des Ostheeres in den Westen verlegt. Die 200 somit an der Westfront zur Verfügung stehenden Divisionen wurden je nach Stärke, Ausrüstung, Beweglichkeit und allgemeiner Versorgung in mobile Divisionen (Mobdivisionen), Angriffs- und Stellungsdivisionen unterteilt, wobei die 44 Mobdivisionen für die erste Angriffswelle, die ca. 30 Angriffsdivisionen für deren Ersatz und Ablösung vorgesehen waren. Im personellen Bereich konnte die bisherige Unterlegenheit zumindest zahlenmäßig ausgeglichen werden. Die materielle Überlegenheit der alliierten Armeen blieb jedoch bestehen. Auf deutscher Seite wurden die Kommandeure aller Ebenen der für die Offensive vorgesehenen Divisionen in speziellen Schulungskursen mit der neuen, in Italien angewandten Angriffstaktik vertraut gemacht. Auch der Aufmarsch der Armeen wurde von der OHL umsichtig und mit bemerkenswerter Präzision organisiert; die Verbände wurden schließlich in den Nächten unmittelbar vor Angriffsbeginn in ihre Ausgangsstellungen geführt. Es ist sicher mit auf diese bis ins Einzelne durchorganisierte, die Bedürfnisse der Soldaten nach Möglichkeit berücksichtigende Vorbereitungsphase zurückzuführen, daß die Stimmung der Truppen allgemein als außergewöhnlich gut bezeichnet wurde. Die im Jahre 1917 immer wieder und massiv auftretenden Klagen über die »sozialen Mißstände«, die Nachrichten über Ausschreitungen bei Ersatz- und Krankentransporten blieben jetzt ohne Resonanz und waren der Entschlossenheit gewichen, mit dieser Offensive dem unerträglichen Krieg ein Ende zu bereiten.

Als am 21. März die Offensive im Raum zwischen Arras und La Fère losbrach, konnte das Überraschungsmoment weitgehend gewahrt werden. Die Truppen dreier Armeen durchstießen die erste feindliche Stellung, trafen dann aber, insbesondere auf dem rechten Flügel, auf hartnäckigen Widerstand. Das britische Stellungssystem konnte nur unter hohen Verlusten überwunden werden. Es gelang in den folgenden Tagen, weit in das Hinterland vorzustoßen, bis zu 60 km auf dem linken Flügel der Angriffsfront. Doch gegen Ende März erlahmte die Angriffskraft der Verbände. Trotz aller Bemühungen war es nicht gelungen, die Angriffsverbände kontinuierlich artilleristisch zu unterstützen und sie mit dem Notwendigsten zu versorgen. Der Angriffsraum – im wesentlichen die »Somme-Wüste« des Jahres 1916 und das Gebiet der »Alberich«-Operation – konnte für den Nachschub nicht zeitgerecht und im notwendigen Umfang passierbar gemacht werden. Die durch hohe Verluste geschwächten Verbände mußten in einer wesentlich verlängerten, natürlich nicht ausgebauten Frontlinie zur Verteidigung übergehen. Am 5. April wurde der Angriff offiziell eingestellt. Damit war das operative Ziel von »Michael« nicht erreicht worden, wenn auch der Erfolg dieses Ausbruchs aus dem Stellungskrieg ohne Beispiel war.

Bei den deutschen Verbänden hatte die Erkenntnis dieser Situation gravierende Auswirkungen. Die enttäuschten Erwartungen führten gerade bei dem Kern der Armee, den Mob- und Angriffsdivisionen zu einem Absinken der Motivation. Verstärkt wurde diese negative Entwicklung durch die Höhe der Verluste sowie durch die Erfahrung der eigenen Unterversorgung beim Beutemachen in den Depots der britischen Armee. Ludendorff schenkte dieser Entwicklung keine Aufmerksamkeit. Er hatte in seiner Operationsplanung von vornherein mehrere Angriffsunternehmen vorgesehen, um auf diese Weise an einem Schwachpunkt der alliierten Front den operativen Durchbruch doch noch zu erzielen. Angesichts der Beschränktheit der zur Verfügung stehenden Angriffskräfte war dies nicht nur ein risikoreiches Unterfangen, es war gemäß der Devise »Sieg oder Niederlage« ein Vabanquespiel. So folgte auf »Michael« ab dem 9. April der Angriff zweier Armeen in Flandern beiderseits der Lys. Wiederum gelangen tiefe Einbrüche in das britische Stellungssystem und die Wiedereroberung der Kemmel-Höhen, aber wiederum wurde der Durchbruch nicht erreicht, so daß der Angriff am 29. April eingestellt werden mußte. Der Schwung war verflogen, mit dem die Truppe in die Märzoffensive gegangen war. Jetzt mußte der

Generalstabschef der 6. Armee am 14. April der OHL melden, daß die Truppe nicht angreife, »trotz Befehlen«!

Auch wenn die Krise überwunden werden konnte, war diese Meldung ein Menetekel, doch Ludendorff weigerte sich, es wahrzunehmen. Im Gegenteil, er bereitete eine weitere Offensive im Raum zwischen La Fère und Reims vor, die am 27. Mai begann. Wiederum bildeten die gelungene Überraschung und die intensive artilleristische Unterstützung die Grundlage für den außergewöhnlichen Erfolg dieser Offensive, in der bereits nach vier Tagen die Marne erreicht wurde. Doch auch hier erlahmte die Angriffskraft relativ rasch, vor allem, weil der Nachschub von Munition und Verpflegung nicht funktionierte – und erneut war ein operativ wirksamer Durchbruch nicht erzielt worden. Ludendorff hatte bereits im April auf Kritik unwirsch reagiert und mit seinem Diktum – »Wir hauen ein Loch hinein. Das Weitere findet sich« – die ganze Hoffnungslosigkeit seiner »Strategie« offenbart. Die Taktik war an die Stelle von operativen oder gar strategischen Überlegungen getreten.

In den drei Offensiven hatten die Mob- und Angriffsdivisionen extrem hohe Verluste erlitten, dazu kamen ab Juni die nach Hunderttausenden zählenden Ausfälle infolge der Grippeepidemie. Die Armeen hatten die ausgebauten Stellungen der Siegfried-Linie verlassen und sahen sich nun in einem generell geschwächten Zustand gezwungen, in einer außerordentlich überdehnten, ungesicherten Frontlinie die zu erwartenden Gegenangriffe der Alliierten abzuwehren. Doch Ludendorff sah die Lösung der Probleme allein in der Fortführung der »Hammerschläge«. So erfolgte am 9. Juni zwischen Montdidier und Noyon ein weiterer Angriff in Richtung auf Paris. Doch schon nach zwei Tagen schwerer Kämpfe beendete der Oberkommandierende der alliierten Armeen Foch diesen Vorstoß durch Gegenangriffe, an denen sich jetzt auch zwei amerikanische Divisionen beteiligten. Schließlich unternahm Ludendorff Mitte Juli den – wie sich herausstellen sollte – letzten Versuch, sich durch einen Zangenangriff in den Besitz von Reims zu setzen. Foch setzte dem Versuch mit Gegenangriffen französischer und amerikanischer Truppen bereits nach 48 Stunden ein Ende.

Bei den zunehmenden Abwehrerfolgen und der rasch anwachsenden Zahl amerikanischer Verbände war es nur eine Frage der Zeit, bis das Gesetz des Handelns auf die Alliierten übergehen würde. Das geschah im unmittelbaren Anschluß an den Abwehrerfolg bei Reims. Am 18. Juli ergriff Foch mit dem Angriff aus den Wäldern von Villers-Cotterêts die Initiative und gab sie bis zum 11. November nicht mehr aus der Hand. Zwar konnte der alliierte Angriff nach zwei Tagen zum Stehen gebracht werden, aber die Gefahr für die gesamte Front im Marnebogen war damit nicht gebannt. General Fritz von Loßberg, Experte in allen Abwehrschlachten, schlug Ludendorff am 19. Juli vor, die Armeen hinter die Vesle und die Aisne zurückzunehmen und anschließend die gesamte Front zurück in die Siegfried-Linie zu verlegen sowie sofort mit dem Bau einer weiteren Verteidigungslinie, der Antwerpen-Maas-Stellung, zu beginnen. Loßbergs Vorschlag stützte sich auf die bei den Armeen gesammelten Informationen und zielte auf eine radikale Wende. Eine realistische Defensivstrategie sollte an die Stelle der Ludendorffschen »Hammerschläge« treten. Angesichts der Radikalität des Vorschlags ist die Erregung Ludendorffs, seine scharfe Ablehnung als erste Reaktion verständlich. Aber der Erste Generalquartiermeister war auch in den folgenden Wochen nicht bereit, die sich in dem Vorschlag Loßbergs spiegelnde militärische Lage als Realität anzuerkennen und die Konsequenzen daraus zu ziehen. Nur die Rückverlegung der Front im Marnebogen hinter die Vesle und die Aisne wurde ab dem 26. Juli vorgenommen. Und als am 8. August ein britischer Angriff östlich Amiens die deutsche Front durchbrach und nur dadurch Schlimmeres verhütet werden konnte, daß die Briten sich mit ihrer begrenzten Zielsetzung zufrieden gaben, verweigerte er erneut den Rückzug in die ausgebauten Stellungen der Siegfried-Linie. Unter dem Zwang pausenloser alliierter Angriffe an der Front zwischen Arras und Soissons mußte dieser dann doch Anfang September erfolgen.

Ludendorff hat den 8. August als den »schwarzen Tag des deutschen Heeres« bezeichnet, aber er war nicht bereit, die sich an diesem Tage in besonders eklatanter Weise zeigende Demotivierung der Truppe auf die totale Überforderung zurückzuführen, die er selber zu verantworten hatte. Nach wie vor forderte er die zähe und damit verlustreiche Verteidigung jedes Frontabschnitts. Die Verdrängung der militärischen Realität beherrschte auch den Kronrat vom 14. August, bei dem die politische Führung in blindem Vertrauen auf die übermächtige OHL verharrte. Auch der erfolgreiche, für die deutsche Seite außerordentlich verlustreiche Angriff starker amerikanischer Verbände am 12. September gegen den Frontbogen von St. Mihiel veranlaßte Ludendorff noch immer nicht zu Entscheidungen, die der hoffnungslosen Unterlegenheit der eigenen Kräfte einigermaßen angemessen gewesen wären.

Erst als Ende September im Südosten die bulgarische Armee unter dem Druck der alliierten Kräfte an der Salonikifront zusammenbrach, die bulgarische Regierung daraufhin am 30. September einen Waffenstillstand unterzeichnete und zur gleichen Zeit die alliierten Armeen an der gesamten Westfront erneut zum Angriff übergingen, sah Ludendorff sich zum Eingeständnis der Niederlage gezwungen. Das geschah am 28. September, an dem er in Übereinstimmung mit Hindenburg allein durch einen Waffenstillstand noch eine Katastrophe verhindern zu können glaubte. Am 29. September wurde der Kaiser informiert, der auch dem weiteren Vorschlag zustimmte, eine vom »Vertrauen des Volkes« getragene Regierung zu berufen.

In den folgenden Wochen bis zur Entlassung Ludendorffs wurde deutlich, daß der General die politischen und militärischen Konsequenzen seiner plötzlichen Entscheidung auch nicht im Ansatz mitbedacht hatte. Am 29. September hatte er noch mit dem Staatssekretär des Auswärtigen Amtes, von Hintze, vereinbart, daß die neue Regierung ein Friedensangebot an den Präsidenten Wilson auf der Grundlage von dessen Vierzehn Punkten, die Ludendorff zuvor nicht kannte, richten sollte, verbunden mit dem Vorschlag eines sofortigen Waffenstillstands. Und obwohl er in den folgenden Tagen mit massivem Druck die Bildung der Regierung des Prinzen Max von Baden und die Absendung der Note an Wilson zu beschleunigen suchte, mußte er als Repräsentant der OHL erkennen, daß er im nationalen Rahmen politischen Kräften gegenüberstand, die er nicht mehr in der gewohnten Weise zu steuern vermochte. Die Verhandlungen über die Beantwortung der ersten beiden Wilson-Noten zeigten, daß für das Reichskabinett die Argumente der OHL nicht mehr die allein ausschlaggebenden waren. Deren militärische Lagebeurteilung fiel nach der Absendung der ersten deutschen Note wieder günstiger aus, obwohl die Lage der ständig an Boden verlierenden deutschen Verbände sich in keiner Weise verbessert hatte. Militärische Kritiker vermuteten nicht ohne Grund, daß Ludendorff nunmehr glaubte, eine bloße Waffenruhe erreichen zu können. Als Wilson in seiner dritten Note vom 23. Oktober erklärte, daß die Waffenstillstandsbedingungen die Wiederaufnahme der Feindseligkeiten ausschließen müßten, wurden die Konsequenzen des eigenen Handelns für Hindenburg und Ludendorff unerträglich. In einem (vor der Ausgabe an die Truppe bereits wieder zurückgezogenen) Armeebefehl vom 24. Oktober lehnte Hindenburg die Forderungen Wilsons radikal ab, sie kämen einer Kapitulation gleich. Die Antwort könne nur darin bestehen, den Widerstand »mit äußersten Kräften« fortzusetzen. Darüber kam es zum Bruch zwischen der OHL und der Regierung, am 26. Oktober erhielt Ludendorff vom Kaiser den Abschied, während Hindenburg auf Befehl des Kaisers in seiner Stellung verblieb.

Nach den Vorstellungen von Hindenburg und Ludendorff konnte bei einem Widerstand »mit äußersten Kräften« damit gerechnet werden, daß die Westfront »den

Winter hindurch« halten werde. Sie erklärten dies zu einem Zeitpunkt, an dem – nach Ludwig Beck, damals Major im Stab der Heeresgruppe Kronprinz Wilhelm – »wir wochenlang auf ungeheuren Fronten ohne ein Bataillon Reserve gefochten und nur noch ein Spinnwebennetz von Kämpfern hatten«. Und an eben jenem 24. Oktober eröffnete General Diaz an der italienischen Front die Offensive mit überlegenen Kräften, der die geschwächte und demoralisierte k. u. k. Armee wenig entgegenzusetzen hatte. Der Abschluß eines Waffenstillstands gelang schließlich am 2. November. Ganz im Sinne des Armeebefehls handelte dagegen die Marine mit dem geplanten Einsatz der »Flotte zum Endkampf«. Der Einsatzbefehl trägt ebenfalls das Datum des 24. Oktober und er führte in seinen Konsequenzen zum revolutionären Umbruch im Reich. Oberste Heeresleitung und Seekriegsleitung – beide handelten auf Grund einer überkommenen, ständisch geprägten Offiziersehre, der die Realität des industrialisierten Massenkrieges die Basis vollkommen entzogen hatte.

Welcher Wandel sich seit Beginn des Krieges in der Armee vollzogen hatte, zeigte die Befragung von 39 Frontkommandeuren durch Oberst Wilhelm Heye von der OHL am 9. November. General Wilhelm Groener, der Nachfolger Ludendorffs, wollte wissen, wie die Truppe zum Kaiser stehe und ob sie gegen den »Bolschewismus« im eigenen Lande kämpfen würde. Die Befragung als solche und die Fragen waren mit den im Offizierkorps der Vorkriegszeit geltenden Grundsätzen unvereinbar. Das Ergebnis besiegelte den Zusammenbruch des monarchischen Systems im Reich. Nur ein einziger der Kommandeure beantwortete die erste Frage uneingeschränkt positiv und nur zwölf hielten es für möglich, daß die Truppe nach einer längeren Zeit der Ruhe gegen den »Bolschewismus« in der Heimat eingesetzt werden könne. Die Abdankung des Kaisers war die logische Konsequenz.

Noch aber tobten die Kämpfe an der Front. Die Festlegung der Waffenstillstandsbedingungen im Kreis der Alliierten erforderte Zeit. Als schließlich der Reichstagsabgeordnete Matthias Erzberger mit einer Delegation am 8. November in Compiègne eintraf, war von Verhandlungen keine Rede. Erzberger konnte nur die harten Bedingungen entgegennehmen und sie – nach Zustimmung aus Berlin und durch die OHL – am frühen Morgen des 11. November unterzeichnen. Noch am selben Tage um 11 Uhr schwiegen die Waffen, der Krieg war beendet.

Der Erste Weltkrieg als der erste industrialisierte Volkskrieg war eine Orgie der Gewalt, die Zerstörung, Tod, Leid und Hunger insbesondere über Europa brachte. Die Mittelmächte waren die Initiatoren dieses Unheils, auch wenn es nach offizieller Lesart ein Verteidigungskrieg, ein Kampf um die Selbstbehauptung sein sollte. Die militärische Niederlage zerstörte die staatliche und gesellschaftliche Ordnung und führte zu harten Waffenstillstands- und Friedensbedingungen. Deutschland hatte für diesen vierjährigen »gegenseitigen Massenmord« ca. 13 Millionen Männer mobilisiert, von denen über zwei Millionen einen gewaltsamen Tod erlitten und weitere vier Millionen Verwundete für ihr Leben gezeichnet waren – ebenso wie die Millionen von Witwen und Waisen.

Literatur

Handbuch zur deutschen Militärgeschichte 1648-1939, Bd. 3, Abschn. 5; Bd. 5, Abschn. 9, München 1979.

H. Afflerbach, Falkenhayn. Politisches Denken und Handeln im Kaiserreich, München 1994.

W. Deist, Militär, Staat und Gesellschaft. Studien zur preußisch-deutschen Militärgeschichte, München 1991.

Erster Weltkrieg – Zweiter Weltkrieg: Ein Vergleich. Krieg, Kriegserlebnis, Kriegserfahrung in Deutschland, hg. v. B. Thoß u. H.-E. Volkmann, Paderborn 2002.

H. H. Herwig, The First World War. Germany and Austria-Hungary, 1914-1918, London 1997.

P. Graf Kielmansegg, Deutschland und der Erste Weltkrieg, Stuttgart 1980.

M. Kitchen, The Silent Dictatorship. The Politics of the German High Command under Hindenburg and Ludendorff, 1916-1918, London 1976.
A. Mombauer, Helmuth von Moltke and the Origins of the First World War, Cambridge 2001.
Österreich-Ungarns letzter Krieg 1914-1918, hg. v. Bundesministerium für Heerwesen und Kriegsarchiv, 15 Bde., Wien 1930-38.
M. Salewski, Der Erste Weltkrieg, Paderborn 2003.
H. Strachan, The First World War, Bd. 1: To Arms, Oxford 2001.
Der Weltkrieg 1914-1918, hg. v. Reichsarchiv u. a., 14 Bde., 2 Sonderbde., Berlin 1925-56.
J. W. Wheeler-Bennett, Der hölzerne Titan. Paul von Hindenburg, Tübingen 1969.

Die Kriegführung der Entente

HEW STRACHAN

Wären wirtschaftliche Potentiale gleichbedeutend mit militärischen Möglichkeiten – was sie nicht sind –, dann hätte die Entente den Ersten Weltkrieg eindeutig und schnell für sich entscheiden müssen. 1913 verfügte sie über 28 Prozent aller Industriekapazitäten weltweit, die Mittelmächte über 19 Prozent. Die Gesamtbevölkerung Rußlands, Frankreichs, Großbritanniens, Belgiens, Serbiens und Montenegros belief sich auf 258 Millionen. Die Bevölkerungen Deutschlands und Österreich-Ungarns zählten nur 118 Millionen, mit weiteren zwölf Millionen in den deutschen Überseebesitzungen.[1]

Diese Ungleichheit verschärfte sich im Verlauf des Krieges: Japan trat der Entente im August 1914 bei, Italien im Mai 1915, Portugal im März 1916, Rumänien im August desselben Jahres und Griechenland im Juni 1917. Der Kriegseintritt der USA im April 1917 – wenngleich als »assoziierte« und nicht als alliierte Macht – ließ Thailand, Liberia, China, Brasilien, Nicaragua und Costa Rica folgen. Die Mittelmächte konnten mit dem Osmanischen Reich (Oktober/November 1914) und Bulgarien (Oktober 1915) nur zwei neue Bündnispartner gewinnen, auch wenn sich deren Kriegsbeteiligung energischer gestaltete als bei vielen der Ententestaaten.

Die Entente war somit im wahrsten Sinne des Wortes ein globales Bündnis. Schon bei Kriegsausbruch hatte sie starke außereuropäische Interessen. Neben das britische Empire traten die französischen Kolonien und Rußlands Macht in Asien. London war der weltgrößte Finanzplatz und der bedeutendste Seehandels- und Versicherungsmarkt. Die Strategie der Entente lief daher darauf hinaus, auf die Ressourcen der anderen Kontinente zu bauen und gleichzeitig den eigentlichen Krieg auf Europa zu begrenzen. Demgegenüber versuchten die Mittelmächte, durch eine Ausweitung des Krieges diesen Konzentrationsversuche auf den strategischen Schwerpunkt zu vereiteln. Hierauf zielten sowohl das Bündnis mit der Türkei als auch die Insurgierungsversuche in Zentralasien und in Nordafrika.

Die deutschen Versuche, den Krieg über Europa hinauszutragen, wurden vor allem dadurch vereitelt, daß die Entente die Meere kontrollierte. Die deutschen Kolonien wurden nicht aus Eroberungslust besetzt, sondern um das Netz an Funkstationen zu zerstören und den deutschen Kreuzern ihre Stützpunkte zu nehmen. Sobald die Verbindungen unterbrochen waren, blieben die Kolonien, in denen der Widerstand anhielt (Deutsch-Ostafrika und Kamerun), auf sich gestellt. Mit der Vernichtung von Graf Spees Ostasiatischem Geschwader bei den Falkland-Inseln (8. Dezember 1914) war die Gefahr, die einer alliierten Kontrolle der Seewege drohte, noch nicht gebannt. Danach bestand die Aufgabe der Royal Navy darin, die deutsche Hochseeflotte zwischen dem Jadebusen und der Bucht von Helgoland in Schach zu halten – ein »toter Winkel in einer toten See«, wie es der deutsche Admiral Wegener nannte.[2] Beim einzigen bedeutenden Aufeinandertreffen der beiden Flotten im Skagerrak (31. Mai 1916) ging die Rechnung für keine der beiden Seiten auf. Die Deutschen brauchten die Schlacht, um sich den Zugang zum Atlantik zu erkämpfen, waren aber gleichzeitig darauf bedacht, eine solche zu vermeiden, weil sie zahlenmäßig unterlegen waren. Die Briten strebten nach Entscheidung, bedurften ihrer aber nicht, weil sie sich ohnehin in der vorteilhafteren Position befanden. Das ergebnislose Treffen brachte also in operativer Hinsicht nichts, so sehr es taktisch zur Zufriedenheit der Deutschen verlaufen war.

Die strategisch offensive Verwendung der Seemacht der Entente war die Blockade. Die britische Grand Fleet lag bei Scapa Flow, sie stellte ihr mächtigstes Instrument dar. Sie sperrte die nördliche Ausfahrt aus der Nordsee und unterbrach so die deutschen Überseeverbindungen. Doch ebenso wichtig wie die Seemacht war im Wirtschaftskrieg die Diplomatie. Die neutralen Nachbarstaaten des Deutschen Reichs wurden im Interesse ihres eigenen Handels zur Kooperation mit Großbritannien genötigt. Durch die Errichtung einer Fernblockade statt einer küstennahen und durch die weite Auslegung des Begriffs der Konterbande sprachen die Alliierten dem Völkerrecht Hohn. Dazu kam, daß das eigentliche Ziel der Blockade nicht die deutschen Streitkräfte, sondern die Zivilbevölkerung war. Die Vereinigten Staaten waren damit nicht einverstanden, doch fürchteten sie mehr noch den Schaden, den amerikanische Interessen und Staatsbürger durch die deutschen U-Boote erlitten. Dies war natürlich eine Gelegenheit, die sich die alliierte Propaganda nicht entgehen ließ. Bei der Propaganda ergab sich die Überlegenheit der Entente nicht nur aus der kulturellen Wertegemeinschaft, aus der gemeinsamen Sprache und dem gemeinsamen politischen Erbe, sondern auch aus den Realitäten des Seekrieges, aus der weltweiten Verfügungsgewalt über die Überseekabel und aus der Herrschaft über die Meere, in denen diese verliefen.

Dies war ein Grund, warum die US-Wirtschaft auf die Bedürfnisse der Entente umgestellt wurde, lange bevor Washington dem Krieg beitrat. Der Konflikt in Europa rettete die amerikanische Industrie aus der Depression. Im Dezember 1914 waren 164 Hochöfen in Betrieb gewesen. Bis Juni 1915 war ihre Zahl auf 236 gestiegen. Die Produktion an Walzeisen und Stahl stieg 1914-16 um 76 Prozent an, der Kurs des Dollars vervierfachte sich zwischen Juli 1914 und Januar 1917.[3] Im November 1916 wurden 40 Prozent der britischen Kriegsfinanzierung für Lieferungen aus den USA aufgebracht. Großbritannien gab pro Woche 75 Millionen Dollar in den USA aus, der Hauptanteil wurde an der US-Börse aufgenommen und dann wenigstens teilweise zur Stützung des Pfundkurses verwendet.[4] Die Amerikaner waren von ihrer finanziellen Abhängigkeit zunehmend verunsichert, und am 28. November 1916 warnte die Federal Reserve Bank die Anleger in den USA vor dem Risiko kurzfristiger Auslandsanleihen. Das führte zu erhöhter Nachfrage nach dem Pfund und die Börse brach ein. Ende 1916 sah die wirtschaftliche Lage der Entente miserabel aus. Die deutsche Erklärung des uneingeschränkten U-Boot-Krieges, die die Amerikaner in den Krieg führte, rettete also die See- und Wirtschaftskriegsstrategie der Entente. Sie sicherte weitere US-Kredite und verschärfte und vollendete schließlich die Blockade. Jetzt, wo der bislang mächtigste Neutrale ins eigene Lager übergewechselt war, wurden die Handelseinschränkungen für Deutschlands Nachbarländer verschärft und damit deren Interesse, den Import auf den Eigenbedarf zu beschränken, gestärkt.

Großbritanniens eigene Zahlungsbilanz blieb bis ins Jahr 1918 ausgeglichen. Das Land agierte als Bankier für seine Verbündeten. Über 70 Prozent der Kredite, die bis 1917 von den USA an Frankreich und Großbritannien gegeben wurden, waren für Rußland bestimmt. Großbritannien transferierte £ 568 Millionen nach Rußland, das damit seine US-Importe bezahlen konnte. Diese beliefen sich 1916 auf einen Gegenwert von $ 640 Millionen (1913 waren es ganze $ 32 Millionen gewesen). Ähnliche Dienste boten die Briten auch den Franzosen und den Italienern. Das Land hatte damit nicht nur seine Flotte, sondern auch seinen internationalen Kredit wirkungsvoll in den Dienst des Bündnisses gestellt.

Großbritanniens Federführung im Wirtschaftskrieg erzeugte bei seinen Alliierten Spannungen: Sowohl Rußland als auch Frankreich stellten sich gegen Londons Forderung nach Goldtransfers, und Großbritannien wiederum war verstimmt darüber, daß es den Russen nicht gelang, ihre Überseeimporte zu koordinieren, und daß sich Frankreich den geforderten staatlichen Eingriffen in seinen privat organisierten Devisenhandel widersetzte. An der Verbesserung dieser Wirtschaftsbeziehungen wurde zunächst allenfalls gefeilt, institutionalisiert wurden sie aber nicht. Doch spätestens mit den Besprechungen in Calais (Februar 1915) und in Boulogne im August desselben Jahres war de facto das Prinzip einer Kooperation unter britischer Führung durchgesetzt worden. Zwischen Juni und August 1916 einigten sich die Verbündeten auf ein Paket an wirtschaftlichen Kriegszielen; dazu trat das Einverständnis, daß die Finanzkraft der Entente letztendlich mit dem Kredit der Briten stehen und fallen mußte. Im November 1916 wurde eine Weizenkommission gebildet, im November 1917 eine für Schiffstonnage. Im Jahr darauf wurden Pläne für einen interalliierten Ausschuß für Munition, Nahrungsmittel und Rohstoffe ausgearbeitet. Für Großbritannien boten derartige Kommissionen die Möglichkeit, die Bedürfnisse der Verbündeten zu kontrollieren; Frankreich dienten sie dazu, die britische Dominanz zu untergraben; und den USA halfen sie, die zügellose Spekulation im Schatten eines ungehemmten nationalen Wettbewerbs um Ressourcen im Zaum zu halten.

Die Strategie der Entente zur See, auf den Aktienmärkten und beim Wirtschaftskrieg blieb eher eine Kompromißangelegenheit als das Produkt rationaler Planung. Im Ergebnis aber funktionierte die Zusammenarbeit spätestens seit 1915. Aber nachdem man die Mittelmächte auf den europäischen Kontinent zurückgedrängt hatte, mußte nun dort – zu Land – auch der eigentliche Kampf ausgetragen werden, und hier gestalteten sich die Fragen von Kooperation und Unterordnung noch viel schwieriger. Im Osten lag die Verantwortung weitgehend in den Händen der Russen, doch klagten diese, daß ihnen die Mittel fehlten, um ihre überreichen personellen Ressourcen zu mobilisieren. Die Forderung, Großbritannien müsse mit Munition aushelfen oder hierfür die Mittel in den USA bereitstellen, konnte nie völlig erfüllt werden. Das lag zum einen an den sich daraus ergebenen Folgen für den Devisenhandel, zum anderen aber daran, daß die Briten 1914 selbst gerade damit beschäftigt waren, ein Massenheer aufzubauen. Und hierin lag auch im Westen eine Konfliktursache. Bei Kriegsbeginn stellte das britische Expeditionskorps (BEF) nur sechs Divisionen – Frankreich dagegen stellte 82. Und obwohl es keine formale Unterstellung gab, mußte das Korps doch in der Praxis gemäß den französischen Prioritäten eingesetzt werden. Diese ergaben sich schon aus der deutschen Invasion: der Schutz von Paris, die Wiedergewinnung der nordostfranzösischen Industriegebiete und die Befreiung des französischen Territoriums. Mit dem britischen Beitrag zum Landkrieg wuchs auch der Anspruch auf Gleichberechtigung, und dies sowohl im Hinblick auf Kommandofragen als auch im Hinblick auf Entscheidungen über die strategischen Prioritäten.

Frankreichs Anspruch auf die militärische Führerschaft innerhalb der Entente wurde durch den Sieg an der Marne im September 1914 gestärkt. Obwohl die Masse der Kämpfe von den Sümpfen bei St. Gond bis hinunter nach Belfort statisch gewesen war, hatte das spannende Drama östlich von Paris doch den Glauben an den Primat des Bewegungskrieges bestärkt. Auch hielten die deutschen Durchbruchsversuche im Westen bis November an. Somit stärkte die Marne auf kurze Sicht die französischen Forderungen. Auf lange Sicht aber sollte die Schlacht das Erscheinungsbild des Krieges radikal verändern. Dadurch, daß ein schneller Sieg der Deutschen verhindert worden war, hatten die Alliierten nun Zeit gewonnen, ihre überlegenen Ressourcen zu organisieren, die Industrie auf Kriegsproduktion umzustellen und ihre Reserven einzuziehen und auszubilden. Ein langer Atem – Kitchener sprach einmal davon, seine New Army 1917 auf dem Kontinent zum Einsatz bringen zu wollen – stand völlig im Einklang mit der britischen Strategie einer Seeherrschaft durch Blockade. Auch in Rußland sah man in der Dauer des Krieges kein großes Problem: Das Risiko, das ein langer Konflikt für die Autokratie darstellte, wurde kaum gesehen; statt dessen argumentierte man, eine bäuerliche Gesellschaft würde von den wirtschaftlichen Verwerfungen eines solchen Krieges weniger getroffen werden als eine industrialisierte und verstädterte. Im Osten ließ sich Zeit durch die Weite des Raumes gewinnen – und genau das geschah auch. 1915 räumten die Russen ganz Polen und gingen bis auf die Pripjet-Sümpfe zurück, ohne dadurch zu einem Separatfrieden gezwungen werden zu können.

Im Winter 1914/15 konnte allein Großbritannien sich den Luxus alternativer Strategien leisten. In Frankreich war der Oberbefehlshaber der BEF, Sir John French, entschlossen, den Durchbruch an der Westfront mit einer größeren Operation zu erreichen. Doch in London hielt sich die Begeisterung für ein kontinentales Engagement, zumindest zu diesem Zeitpunkt, noch in Grenzen. Mit der bislang verfügbaren kleinen Streitmacht glaubte man auf dem Balkan mehr erreichen zu können, etwa indem man dort neue Bündnispartner gewann oder Krieg gegen Deutschlands Verbündete führte. Lloyd George favorisierte eine Landung bei Saloniki zur Unterstützung der Serben, Kitchener liebäugelte mit einem Vorstoß auf Alexandretta quer durch die türkischen Hauptverbindungslinien im Süden ihres Reiches und Winston Churchill forderte einen direkteren Angriff auf das Osmanische Reich an der Gallipoli-Halbinsel. Die Attraktivität des letzten Vorschlags war zweifach: Zum einen würde es die Mittelmeerverbindung nach Rußland öffnen, wodurch man dorthin Waffen liefern könnte, mit denen die Russen dann die deutschen und österreichisch-ungarischen Kräfte an der Ostfront binden würden. Zum anderen könnte die Türkei aus dem Krieg geworfen und damit die Gefahr eines islamischen Heiligen Krieges von Marokko bis Indien vereitelt werden. Wenn Joffre selbst auch alle verfügbaren Divisionen im Westen konzentriert sehen wollte, waren andere französische Militärs hier geteilter Ansicht. Die Russen aufzurüsten war völlig im Einklang mit der französischen Strategie, außerdem war Frankreich auf lange Sicht durchaus daran interessiert, seine Mittelmeerpräsenz aufrecht zu erhalten, wie sie von den Briten in den Absprachen von 1904 und 1912 zugestanden worden war.

Das Ergebnis des Kompromisses war sein Scheitern. Die Gallipoli-Operation war unzureichend ausgestattet. Zunächst als Seeunternehmen angelegt, wurde sie zur Landoperation, als die Alliierten am 25. April 1915 an der Küste landeten. Nach Anfangserfolgen stellten sich auch hier die von anderen Fronten bereits bekannten Formen des Grabenkrieges ein. Der Versuch, durch eine Landung im Rücken der Türken an der Suvla-Bucht die Kampagne am 6. August noch einmal in Bewegung zu bekommen, scheiterte an einer zu laxen Führung. Zum Jahresende wurde die Halbinsel geräumt. Aber diese und eine weitere Niederlage in Mesopotamien, wo die britische Garnison von Kut al-Amara im April 1916 kapitulierte, führte nicht zu einem Zusammenbruch der Ententeposition in der islamischen Welt. Die Grenzen des Einflusses der Mittelmächte zeigten sich in ihrem Unvermögen, auch nur annähernd über die Grenzen Europas hinaus Waffen zu liefern oder Einfluß geltend zu machen. Auf alliierter Seite lief im Herbst 1915 die Saloniki-Kampagne an; zu spät, um Serbien zu retten. Dann aber mußte die Operation aufrecht erhalten werden, da dort mit dem französischen General Sarrail ein führender Republikaner das Oberkommando innehatte, und man so die Regierung Briand in Paris stützen wollte.

Am gefährlichsten aber war die Kette von Niederlagen der Russen. Die frühe Vernichtung der russischen 1. und 2. Armee bei Tannenberg und an den Masurischen Seen blieb, obwohl Paradebeispiele für eine erfolgreiche operative Bewegungskriegsführung, ohne größere strategische Bedeutung. Den Deutschen gelang es nicht, ihre Erfolge auszubeuten, teilweise aufgrund der Situation im Westen und teilweise wegen der zeitgleichen Triumphe der Russen über die Österreicher weiter südlich in Galizien. Der Plan des russischen Höchstkommandierenden, Großfürst Nikolaj, in das Herz des Deutschen Reiches vorzustoßen, um so die Franzosen unmittelbar zu entlasten, hing von keinem dieser beiden Kriegstheater ab, sondern gründete sich auf einen direkten Angriff aus der russischen Zentralfront in Polen heraus. Dies wurde durch eine zeitgleiche deutsche Offensive an eben dieser Front vereitelt. Im Mai 1915 durchbrachen die Mittelmächte bei Gorlice-Tarnów die russischen Linien und drängten die Russen in einer Folge von begrenzten Umfassungsoperationen bis September 1915 zurück. Der Zar übernahm nun selbst das Oberkommando, ein für die verzweifelte Lage symbolischer Akt. Franzosen und Briten unternahmen eine begrenzte und unzusammenhängende Offensive in der Champagne und bei Loos, um dem bedrängten Bündnispartner zu Hilfe zu kommen.

Die alliierte Strategie für 1916, wie sie im Dezember 1915 in Chantilly festgelegt wurde, gründete sich auf zwei Überlegungen. Erstens mußten alle Fronten, mittlerweile auch die Italiener, aktiv werden, um die deutschen und österreichisch-ungarischen Reserven zu binden und so den gegnerischen Vorteil des Operierens auf der inneren Linie zunichte zu machen. Zweitens mußten die Briten jetzt einen größeren Anteil der Kämpfe im Westen übernehmen, ein Ziel, das bereits durch die gemeinsame britisch-französische Offensive deutlich geworden war.

Weniger klar waren die operativen Methoden, die dabei angewandt werden sollten. Joffre sprach von »grignotage«, einem »sich durchfressen«, was den Eindruck erweckte, als ginge es eher um Abnutzung denn um den Durchbruch. Taktisch hatte eine derartige Vorgehensweise etwas für sich. Sie war in Einklang mit Pétains Doktrin, nach der die Kombination aus überwältigender Feuerkraft, sorgfältiger Artillerievorbereitung und begrenzten Zielen der Weg zur Vermeidung eigener Verluste war. Bei den Briten war es Rawlinson, Oberbefehlshaber der 4. Armee, der ähnliches meinte, wenn er von »zubeißen und festhalten« sprach. Seiner Meinung nach machte es angesichts der Feuerkraft der Defensive Sinn, dem Gegner zunächst einen Abschnitt seiner vordersten Linie zu entreißen und ihn damit zum Gegenangriff zu verleiten. Derartige Ideen, die unter dem Eindruck des Grabenkrieges aufkamen, ließen auch den wirtschaftlichen Vorteil der Entente zum Tragen kommen. Andererseits waren sie unter operativ-strategischen Gesichtspunkten weniger vermittelbar. Es machte doch nur Sinn, Territorium wiederzugewinnen, das auch von strategischer Bedeutung war. Und so entwickelten sich die »Abnutzungsschlachten« gerade in den Sektoren, in denen der Gewinn oder Verlust von Territorium den Kriegsausgang beeinflussen konnte. Die Abnutzungsphase der Kämpfe, so sehr sie sich auch hinzog, war letztlich nicht viel mehr als das Vorspiel zum Durchbruch. Wo die Abnutzung nicht als Mittel, sondern als eigentliches Ziel der Operation herausgestellt wurde, da geschah dies in der Regel rückblickend und zwar dort, wo eine Durchbruchsschlacht gescheitert war.

Die Strategie von Chantilly folgte letztlich den französischen Maßgaben. Das Somme-Gebiet wurde für die alliierte Offensive im Westen gewählt, weil dort eine Kooperation der Briten mit den Bündnispartnern möglich war und weil das Terrain für einen Durchbruch geeigneter schien als der schlammige Boden im Norden. Taktisch und technisch ging es im Endeffekt darum, allein durch Konzentration von schwerem Artilleriefeuer die Bedingungen für den Durchbruch herbeizuführen. Wenn die Somme-Offensive auch in ihren operativen Zielen scheiterte, so markiert sie doch einen Wendepunkt der Kriegführung, denn hier führten die Alliierten ein, was die Deutschen »Materialschlacht« nennen sollten. Bei der Anlage der Schlacht gingen die Meinungen auseinander. Nicht so sehr, weil Haig dem Durchbruch anhing und sein Oberbefehlshaber vor Ort, Rawlinson, der Abnutzungsidee (in der Praxis geriet die Trennschärfe ohnehin gering); sondern weil unklar war, wann man von der Abnutzung zum Durchbruch übergehen sollte. Nach dem Krieg sprach Haig von drei Jahren, während der Operation hatte er eher zu Tagen oder Wochen tendiert.

Rußlands Wiedererstarken blieb hinter den Erwartungen zurück. Sein Beitrag zum alliierten Generalangriff – die Brussilow-Offensive – lief ab dem 4. Juni 1916 so gut an, daß Rumänien bereit war, sich auf die Seite der Entente zu schlagen. Doch bis Jahresende war Rumänien überrannt und Rußland zurückgeschlagen. Die Ereignisse dieses Jahres hatten zur Folge, daß Großbritannien seine Politik eines begrenzten Engagements aufgab, die Wehrpflicht einführte und von nun an auf einen vollständigen Sieg an der Westfront setzte. Lloyd George, der im Dezember 1916 zum Premierminister ernannt worden war, zweifelte, daß Haig der Mann war, um dieses Ziel zu erreichen, und stellte die britische Armee dem neuen französischen Oberkommandierenden, General Nivelle, zur Verfügung. Mit dem Scheitern von Nivelles Offensive im April 1917 wurde Großbritanniens Dominanz im Landkrieg der Alliierten ebenso bestätigt wie sie zeitgleich im Bereich des Wirtschaftskrieges und zur See durch den Kriegseintritt der USA relativiert wurde. Haig war nun fest entschlossen, eine Strategie zu verfolgen, die an britischen Prioritäten ausgerichtet war: Sicherheit für die eigenen Küstenbasen, Kontrolle des Ärmelkanals und die Beseitigung der gegnerischen U-Boot-Häfen an der belgischen Küste. Eine Offensive in Flandern sollte nicht nur diesen Zielen dienen, sondern sie würde sich auch gegen den wichtigen deutschen Eisenbahnknotenpunkt bei Roulers richten. Eine solche »nördliche« Strategie war 1914-16 zweimal erörtert, aber beide Male zugunsten der Bedürfnisse der Allianz zurückgestellt worden.

Die 3. Flandern-Schlacht, die im Juli 1917 begann und bis November andauerte, wurde so zu einer Abnutzungsschlacht, denn sie drehte sich um Ziele, die zur Einleitung oder Verhinderung eines Durchbruchs von Bedeutung waren. Doch waren die Wetterbedingungen für die angestrebte technologiebasierte Artillerieschlacht völlig ungeeignet: Wolken verhinderten die Luftaufklärung und der Regen weichte den Untergrund der Artilleriestellungen völlig auf. Schließlich zerstörte der Beschuß die Drainage der flandrischen Felder, was das Schlachtfeld in ein einziges Meer aus Schlamm verwandelte.

Wieder wurde der zeitliche Rahmen der Abnutzungsphase zum eigentlichen Streitpunkt. In London kam der Chef des Generalstabes, Sir William Robertson, zu dem Schluß, daß ein Durchbruch im Jahr 1917 nicht mehr möglich sein würde. In Frankreich war General Pétain, der Nivelle abgelöst hatte, damit beschäftigt, seine Armee nach den Meutereien vom Mai/Juni wieder in Ordnung zu bringen. In Rußland war im März die Revolution ausgebrochen, und bei den Mächtigen in Paris und London fürchtete man ihr Übergreifen. Painlevés Regierung suchte dem Sozialismus mit einer zunehmend friedensgeneigten Politik zu begegnen. Erst mit dem Fall der Regierung und dem Antritt Clemenceaus im November sollte sich in Frankreich wieder Entschlossenheit einstellen. Bis dahin hatte Rußlands zweite Revolution bewiesen, daß die eingeleitete Liberalisierung nicht zur Maximierung der nationalen Kriegsanstrengung gereichte, sondern zu ihrem Zusammenbruch. Auch wenn er in der britischen Öffentlichkeit so resolut wie immer auftrat: Privat war selbst Lloyd George tief beunruhigt. Der U-Boot-Krieg hatte im April/Mai einen Höhepunkt erreicht, doch durch die Einführung des Geleitzugsystems war es gelungen, die Situation unter Kontrolle zu bringen. Doch der Premier sorgte sich um die Kriegsmoral der Heimatfront. Er fürchtete, daß sich die wegen der niedrigen Reallöhne und der Lebensmittelpreise ausbreitenden Streiks wie andernorts politisieren könnten. Die Nachrichten vom Isonzo, wo die italienische Armee in der 12. Isonzo-Schlacht ein Desaster erlebte, das von Meutereien und massenhaften Desertionen begleitet war, verstärkten diese düstere Stimmung. Mit einem substantiellen Kontingent an US-Bodentruppen war nicht vor 1919 zu rechnen, und bis dahin schien ein Sieg außer Reichweite. Selbst dann würde es, so schien es, ein Pyrrhussieg werden. Der einzige Lichtblick war die Nachricht vom Einmarsch der Alliierten in Jerusalem im Dezember. Für das bevorstehende Jahr 1918 schien sich also eine Strategie anzubieten, die gegen die Nebenfronten der Mittelmächte gerichtet war. Mit einem Sieg in Palästina ließe sich die Türkei niederkämpfen, und die vorbereitete alliierte Offensive in Makedonien könnte bis September Bulgariens Niederlage bringen. Damit wäre der Weg nach Österreich-Ungarn vom Süden her frei.

Haig war natürlich gegen derartige Pläne, die auf Kosten der Westfront gingen. Ganz offenkundig nahm er die Erschöpfung seiner eigenen Armee durch die Flandern-Schlacht nicht wahr, denn noch im November 1917 plante er, die Angriffe nach demselben Muster im Frühjahr wieder aufzunehmen. Als die Deutschen in der Folge des Waffenstillstandes in Rußland anfingen, Truppen vom Osten nach Westen zu verschieben, begann er doch, sich stärker auf eine defensive Strategie einzurichten. Außerdem wurde endlich, am 1. Dezember 1917, ein Alliierter Oberster Kriegsrat ins Leben gerufen, auch wenn dieser noch über keine eigenen strategischen Reserven verfügen konnte und den nationalen Oberbefehlshabern gegenüber nicht weisungsbefugt war. Es sollte noch bis zum Beginn der deutschen Offensive am 21. März 1918 dauern, bis die Entente schließlich einen gemeinsamen Oberbefehl für die Westfront einrichtete und hierfür am 26. März Foch zum Generalissimus ernannte.

Mitte 1918 war die Entente endlich so weit, daß sie ihre eigentlichen Stärken auf dem Schlachtfeld zur Geltung bringen konnte. Im Bezug auf das Menschenpotential verstärkte die neue Welt die alte. Das galt vor allem für den Beitrag der USA, die die Verlegung ihrer Streitkräfte nach Europa derart beschleunigen konnten, daß dort bis Juli über eine Million Mann eingetroffen war. Großbritannien setzte Australier, Kanadier, Neuseeländer und Südafrikaner in Frankreich ein, während die Last der Kämpfe andernorts Völkern auferlegt wurde, die man für eine Verwendung im nördlichen Klima für ungeeignet hielt, namentlich Indern und Afrikanern. Im Hinblick auf Letztere waren die Franzosen anderer Meinung, sie rekrutierten 171.000 Senegalesen für den Dienst in Europa. Doch zur Potenzierung der Kräfte war der Einsatz von Technologie mindestens so wichtig geworden, was sich an der Verschiebung im Verhältnis von Feuerkraft zu Mannschaftsstärken aufzeigen läßt. 1914 waren die meisten Heere mit zwei Maschinengewehren pro Bataillon in den Krieg gezogen; 1918 verfügte jedes französische bzw. britische Bataillon über zwölf schwere MGs und 64 leichte MGs. Gerade das geringe Transportgewicht der Letzteren ermöglichte so die Integration von Feuer und Bewegung, ein taktisches Ziel, das sich vor allem auch im Aufkommen des Tanks manifestierte. Die Einsatzmöglichkeiten des Tanks fanden ihre Grenzen in seiner mechanischen Unvollkommenheit, obwohl er ab Juli 1918 in wachsender Zahl in den alliierten Offensiven zum Einsatz kam. Noch wichtiger, ja zum eigentlichen Kernstück der ganzen militärischen Konzeption wurde die Artillerie, die Waffengattung, die 1918 auf über ein Viertel des britischen Heeres angewachsen war und bei Angriffen mehr als die Hälfte an Truppe stellte. Mittels Horchtechnik, Luftaufklärung und neuen Techniken zur Lokalisierung von Mündungsfeuer war sie nun in der Lage, ihre Ziele ohne vorheriges Einschießen zu bekämpfen und die lineare Statik des Grabenkrieges durch Schläge in die Tiefe des gegnerischen Stellungssystems aufzubrechen.

Taktische Kompetenz und technologische Überlegenheit sicherten der Entente 1918 entscheidende Feuerüberlegenheit. Dadurch, daß zudem begrenzte und klar bestimmte Ziele vorgegeben wurden, ließ sich diese Überlegenheit in operative Erfolge umsetzen. Offensiven wurden nicht über die Reichweite der eigenen Artillerie hinaus vorgetragen, sondern gegebenenfalls abgebrochen und an anderer Stelle neu angesetzt. Diese raschen Wechsel machten die logistische Effizienz und der Überfluß an Material möglich. Zugegebenermaßen gelang es bis zum Waffenstillstand nicht, den Durchbruch tatsächlich auf dem Wege der Abnutzung zu erringen, doch kam der Krieg wieder in Bewegung; die Grundlagen zur Führung eines Koalitionskrieges unter den Bedingungen des 20. Jahrhunderts waren geschaffen.

In vielerlei Hinsicht präsentierte sich der Krieg als eine deutsch-britische Konfrontation – so im Hinblick auf seinen ideologischen Überbau, den vielbeschworenen Gegensatz von Liberalismus und Militarismus, Zivilisation und Kultur, Ratio und Romantik. Aber auch die militärischen und wirtschaftlichen Stärken der beiden Mächte waren derart verschieden geartet, daß sich die beiden Staaten auf dem Schlachtfeld genausowenig mit gleichen Waffen gegenüberstanden wie das auf der ideologischen Ebene der Fall war. Großbritanniens Stärke lag auf dem Meer und im Handel; somit tat man sich schwer damit, Deutschland direkt anzugreifen. Die Stärken des Deutschen Reiches waren sein Heer und seine Industrie, und doch gab es auch dort verhältnismäßig große Probleme, den Gegner vernichtend zu schlagen.

Die Dauer des Krieges war teilweise eine Folge dieser fehlenden Kompatibilität der Kriegsmittel. Keinem der Gegner gelang es, dem jeweils anderen mit den zur Verfügung stehenden eigenen Mitteln schwere Schläge zuzufügen. Die Fähigkeit, direkte Schläge zu führen, hing von den jeweiligen Verbündeten ab. Dabei befand sich Großbritannien im Vorteil, waren doch Rußland und vor allem Frankreich nicht nur wichtige Landmächte, sondern grenzten auch direkt an Deutschland. Das Deutsche Reich konnte nur das britische Empire treffen, und dann auch nur auf dem Umweg über die Türkei. Die Bedeutung der Koalitionen für den Krieg wird deutlich, wenn man sich sein Ende vor Augen führt: Ludendorff begründete seinen Entschluß, einen Waffenstillstand zu erbitten, mit dem Zusammenbruch Bulgariens. Als Franchet d'Esperey's Armee im Herbst 1918 aus Makedonien heraus vorstieß, wandten sich seine französischen Verbände gegen die Habsburgermonarchie. Jetzt stand die Vereinigung mit den Italienern bevor, die die letzte österreichisch-ungarische Offensive im Juni an der Piave abgewehrt hatten und im Oktober bei Vittorio Veneto zur Gegenoffensive übergingen. Die britischen Verbände der Balkanarmee dagegen wandten sich nach Norden und Osten, in Richtung auf Konstantinopel.

Die Niederlagen Österreich-Ungarns und des Osmanischen Reiches waren total. Doch keiner dieser Siege über seine drei Verbündeten bedrohte das Deutsche Reich direkt, und seine unmittelbaren Folgen konnten sich in Westeuropa frühestens 1919 bemerkbar machen. Sucht man die Erklärung für den Sieg der Entente einzig in Nordwesteuropa oder in Deutschland selbst – so wichtig dies für den Ausgang des Krieges gewesen sein mag –, so verstellt das den Blick darauf, daß die Mittelmächte letztlich an der Mobilisierung und Konzentration einer im wahrsten Sinne globalen Allianz gescheitert waren. An den westlichen und südlichen Grenzen der Mittelmächte war es der Entente gelungen, die Fronten – von Ypern bis Mosul – derart weit auszudehnen, daß sie ihre überlegenen Ressourcen mit maximalem Effekt zur Geltung bringen konnte. Die Mittelmächte konnten so ihre Unterlegenheit nicht länger durch den Vorteil der inneren Linie wettmachen; statt dessen sah sich nun die Entente in die Lage versetzt, die äußere Linie sowohl durch ihre materielle Überlegenheit als auch durch die Abstimmung ihrer militärischen Handlungen zum eigenen Vorteil zu nutzen.

Übersetzung: Markus Pöhlmann

1 N. Ferguson, The Pity of War, London 1998, S. 92 f., S. 249 f.
2 W. Wegener, Die Seestrategie des Weltkrieges, Berlin 1929, S. 8.
3 C. Gilbert, American Financing of World War I, Westport, Conn. 1970, S. 33-35.
4 K. Burk, Britain, America and the Sinews of War, 1914-1918, Boston 1985, S. 5.

Literatur

D. French, British Strategy and War Aims, 1914-1916, London 1986.
D. French, The Strategy of the Lloyd George Coalition, 1916-1918, Oxford 1995.
N. Ferguson, Der falsche Krieg. Der Erste Weltkrieg und das 20. Jahrhundert, Stuttgart 1999.
K. Neilson, Strategy and Supply. The Anglo-Russian Alliance, 1914-17, London 1984.

G. Pedroncini, Pétain. Général en chef 1917-1918, Paris 1974.
W. J. Philpott, Anglo-French Relations and Strategy on the Western Front, 1914-18, Basingstoke 1996.
H. Strachan, The First World War, Bd. 1: To Arms, Oxford 2001

Kriegsrecht und Kriegsverbrechen

ALAN KRAMER

Völkerrecht und Kriegsrecht vor 1914

Angesichts der vielfachen Verletzungen von Vorschriften und Geist des Völkerrechts im Ersten Weltkrieg zweifelten manche Zeitgenossen am Sinn und den Möglichkeiten eines Völkerrechts im Zeitalter des Totalen Krieges. Bei Ausbruch des Weltkriegs existierte bereits ein Korpus von althergebrachten kriegsrechtlichen Gebräuchen und Gesetzen der einzelnen Länder und von neueren internationalen Vereinbarungen zum Kriegsrecht. Die Bestrebungen zur »Humanisierung« des Krieges und sogar zur Kriegsvermeidung fanden ihren Niederschlag in der Kodifizierung des Kriegsrechts durch die Genfer Konventionen von 1864 und 1906 zur Verbesserung des Loses der verwundeten Soldaten und durch die Haager Abkommen von 1899 und 1907. Die Genfer Konventionen wurde von allen späteren kriegführenden Nationen ratifiziert und umgesetzt; die in Den Haag 1907 verabschiedeten vierzehn Konventionen (Abkommen) und eine Schlußakte wurden von den späteren Hauptkriegführenden größtenteils ratifiziert, vor allem die im Mittelpunkt des Streits um das Kriegsrecht stehende Anlage zum IV. Abkommen betreffend die Gesetze und Gebräuche des Landkrieges (genannt Haager Landkriegsordnung, HLKO). Zwischen den Haager und Genfer Konventionen bestand eine enge Verbindung: Artikel 21 der HLKO von 1907 schrieb die Anerkennung der Genfer Konventionen vor. Es bestand also ein international anerkanntes Kriegsrecht, bestehend aus dem Recht zum Krieg (jus ad bellum) und dem Recht im Kriege (jus in bello).[1]

Zuweilen wurde der Versuch gemacht, die Gültigkeit der Haager Abkommen durch Hinweis auf die sogenannte Allbeteiligungsklausel überhaupt in Zweifel zu ziehen. Der deutsche Völkerrechtler Max Fleischmann etwa behauptete 1925, die fehlende Ratifizierung durch einen der siegreichen Verbündeten mache die Verbindlichkeit des ganzen Haager Kriegsrechts hinfällig, da beispielsweise Großbritannien die Erklärung über das Seekriegsrecht nicht ratifiziert habe.[2] Nach allgemeiner Auffassung aber stellten die Haager Abkommen kein neues Recht dar, sondern verkörperten die Regeln und Gebräuche des existierenden Völkerrechts, die auch ohne die Haager Abkommen für alle Kriegsteilnehmer bindend waren.[3] Auch Heinrich Lammasch, der international anerkannte österreichische Völkerrechtler, bejahte trotz der Allbeteiligungsklausel die prinzipielle Gültigkeit der Haager Regeln.[4]

Trotz der höchst ambivalenten und z. T. ablehnenden Haltung der deutschen Armeeführung gegenüber den Haager Abkommen, hatte die deutsche Regierung die Verträge de jure anerkannt. So wurde der Text des IV. Abkommens der 1911 veröffentlichten Ausgabe der deutschen *Felddienstordnung* als Anhang beigefügt. De facto aber existierte eine Kluft zwischen der deutschen und der alliierten militärischen Auffassung des Kriegsrechts, vor allem im Hinblick auf die Unterscheidung zwischen Kombattanten und Nichtkombattanten, d. h. auf das Recht der Zivilisten auf Schutz vor Gewalt.

Die Hauptstreitpunkte im Kriegsrecht

1. Kriegsbeginn und Kriegsnotwendigkeit

Der Weltkrieg begann mit einem Völkerrechtsbruch, der deutschen Invasion der neutralen Staaten Belgien und Luxemburg. Die Tatsache, daß die britische Regierung diesen Akt zum Anlaß nahm, Deutschland den Krieg zu erklären, hat mitunter zu der Annahme geführt, daß die belgische Neutralität lediglich als juristisch-moralischer Vorwand benutzt wurde, um traditionelle Machtpolitik zu kaschieren. Der deutsche Kanzler Bethmann Hollweg war sich der völkerrechtlichen Bedeutung des Neutralitätsbruchs jedoch sehr bewußt und gab in seiner Reichstagsrede am 4. August unumwunden zu: »Meine Herren, wir sind jetzt in der Notwehr; und Not kennt kein Gebot! Unsere Truppen haben Luxemburg besetzt, vielleicht schon belgisches Gebiet betreten. Meine Herren, das widerspricht den Geboten des Völkerrechts [...]. Das Unrecht – ich spreche offen – das Unrecht, das wir damit tun, werden wir wieder gutzumachen suchen, sobald unser militärisches Ziel erreicht ist.«[5]

Letztlich könnte die Doktrin der Kriegsnotwendigkeit dazu führen, keine Einschränkung von militärischen Handlungen zuzulassen: alles, was den Erfolg zu garantieren verspricht, wäre demnach erlaubt, etwa die Tötung von Kriegsgefangenen, die im Kriegsrecht absolut verboten ist. Diese Doktrin wurde in anderen Ländern anders gesehen: 1913 verwarf der britische Kriegsrechtsjurist John Westlake das Argument der Kriegseffizienz unter allen Umständen und betonte das Ziel der Humanität gegenüber dem Gegner.[6] Für den Österreicher Heinrich Lammasch waren »Notstand« und »Repressalien« die Begriffe, die geeignet waren, »das Kriegsrecht völlig aus den Angeln zu heben.«[7]

Gegen das Recht zum Krieg (jus ad bellum) wurde durch den Ausbruch des Krieges dennoch nicht verstoßen, auch wenn das erste Haager Abkommen von 1899 und 1907 zur »friedlichen Erledigung internationaler Streitfälle« ein Schiedsverfahren vorsah: das Recht auf Kriegführung wird im Völkerrecht als ureigenes Privileg von Staatswesen betrachtet.

2. Der Schutz von Nichtkombattanten und die levée en masse

Im Kriegsrecht (jus in bello) vor 1914 stand die Unterscheidung zwischen Kombattanten und Nichtkombattanten an erster Stelle. Letzteren sollte grundsätzlich Schutz vor Gewalt gewährt werden(Artikel 25, 46 und 50 der Haager Landkriegsordnung von 1907). So war etwa die Beschießung unverteidigter Orte nach Artikel 25 verboten. Das Problem bestand in der Definition: ein Ort ohne feste Verteidigungswerke konnte durch Truppen verteidigt und so mit Berechtigung beschossen werden, während es andererseits völkerrechtswidrig sein konnte, eine befestigte Stadt, die sich nicht zu verteidigen suchte, zu beschießen. Im August/September 1914 beschoß die deutsche Armee während ihres Vormarsches in Belgien und Frankreich in mehreren Fällen unverteidigte Städte (so Löwen, Mechelen); die Beschießung anderer Städte (z. B. Termonde, Pont-à-Mousson, Reims, Gerbéviller, Nancy, Nomény), die nach Auffassung der Alliierten ebenfalls völkerrechtswidrig war, geschah jedoch im Laufe von regulären Kampfhandlungen und war somit in Übereinstimmung mit dem Völkerrecht.[8] Nach Artikel 26 der Landkriegsordnung sollte der Angreifer den lokalen Behörden seine Absicht, den Ort unter Beschuß zu nehmen, rechtzeitig mitteilen, ein Aspekt des Kriegrechts, der natürlich in einem modernen Krieg illusorisch ist. Manche Bombardements, so die aus großer Entfernung erfolgte Beschießung von Paris im Jahre 1918, verursachten erhebliche Verluste unter der Zivilbevölkerung

(196 Tote), ohne daß sie mit einer Angriffsstrategie verbunden gewesen wären. Ähnlich gelagert waren die deutschen Marinebombardements der englischen Küstenstädte Hartlepool, Scarborough, Lowestoft und Yarmouth, die zahlreiche Opfer unter der Bevölkerung forderten. Da in diesen Fällen die Zivilbevölkerung offenkundig das alleinige Ziel war, waren sie direkt völkerrechtswidrig.

Den Ententemächten wurde von Seiten der Mittelmächte ebenfalls vorgeworfen, unverteidigte Städte zu beschießen: Memel (Ostpreußen) durch die Russen, Gallipoli (Türkei) durch Briten und Franzosen. Infolge des Luftkriegs stiegen die militärtechnischen Möglichkeiten für die Beschießung von unverteidigten Städten, auch wenn diese Form der Kriegführung 1914-18 im Vergleich zu den späteren Kriegen des 20. Jahrhunderts eine eher marginale Rolle spielte.

Die Grundforderung, Zivilisten stets zu schonen, betraf auch die Frage von Geiseln. Geiselnahmen wurden in der Haager Landkriegsordnung zwar nicht ausdrücklich verboten. Jedoch war laut Artikel 46 das Leben von Zivilisten zu schützen; zudem war laut Artikel 50 die Verhängung von Kollektivstrafen für die Taten Einzelner verboten. Ein deutscher Völkerrechtsexperte, Christian Meurer, hatte in seinem Kommentar zur Haager Konferenz von 1899 anerkannt, daß das »harte und grausame [...] Strafmittel«, das die deutsche Armee im Krieg 1870/71 angewendet hatte, nämlich Zivilisten zu zwingen, auf den Lokomotiven mitzufahren, um Militärtransporte vor Angriffen zu schützen, nach Artikel 44 und 50 nicht mehr erlaubt sei: »Wer nicht selbst als verantwortlich angesehen werden kann, gegen den darf auch keine Strafe in Geld ›oder anderer Art‹ verhängt werden.«[9]

Somit war das Recht, Geiseln zu nehmen, um etwa einen Angriff der feindlichen Armee auf einen bestimmten Ort abzuwehren oder für die Sicherheit der eigenen Truppe zu bürgen, zumindest zweifelhaft. Die Mehrheit der Kriegsrechtsexperten lehnten dies bis auf wenige eng definierte Ausnahmesituationen ab. Klar untersagt war es aber, Geiseln zu töten, sowohl nach der Landkriegsordnung als auch nach den nationalen Militärgesetzen. Nur Deutschland beharrte während der Invasion Belgiens und Frankreichs auf solchen Maßnahmen. Außerdem wurden »menschliche Schutzschilde« – eine Extremvariante des Geiselsystems – in 33 belgischen und nordfranzösischen Orten während der Monate August bis Oktober 1914 von deutschen Truppen genommen: beispielsweise bei der Einnahme von Lüttich, Namur, Tamines, Dinant in Belgien sowie in Lunéville, St. Dié und Senlis in Frankreich.

Nicht nur bei Artilleriebeschießungen und bei Geiselnahmen wurden Zivilisten häufig ein Opfer von Gewalt im Krieg. Während der Invasion Belgiens und Frankreichs wurden 5.512 belgische und ca. 900 französische Zivilisten von den deutschen Truppen getötet. Unbeabsichtigte Todesfälle, etwa durch Artilleriebeschuß, sind in diesen Zahlen nicht enthalten; in der überwiegenden Mehrheit handelte es sich um Massenexekutionen, in Einzelfällen auch um die Verwendung von sogenannten menschlichen Schutzschilden. Diese Vorfälle, besonders die Massenerschießungen in Löwen (248 Tote), Tamines (383) und Dinant (674, fast ein Zehntel der Bevölkerung) stellten für die Alliierten nicht nur deutsche »Kriegsgreuel« dar, deretwegen die deutsche Kriegführung moralisch zu verurteilen war, sondern konstituierten im eigentlichen Sinn Kriegsverbrechen, die nach Kriegsende juristisch zu verfolgen waren. Der große Stellenwert, den die Alliierten diesen Vorfällen beimaßen, ist an der Tatsache abzulesen, daß sie mit etwa 50 Prozent der Fälle den wichtigsten Anklagepunkt in der alliierten Auslieferungsliste von 1920 bildete (vgl. Versailler Friedensvertrag, Artikel 228-230).

Die deutsche Armeeführung sowie Regierung und Presse des Reiches rechtfertigten das Vorgehen damit, daß in Belgien und Frankreich die deutschen Truppen heimtückisch von »Franktireurs«, d. h. nichtuniformierten Zivilisten, die ihre Waffen nicht offen getragen hätten, überfallen worden seien. Die Vorwürfe erstreckten sich auch auf Frauen und Kinder und sogar katholische Priester, die angeblich den von der belgischen Regierung geplanten »Volkskrieg« organisierten, in dem deutsche Soldaten ermordet, gefoltert und verstümmelt worden seien. Tatsächlich jedoch handelte es sich zumeist um eingebildete Vorfälle und Wahnvorstellungen der Soldaten, gespeist von der bei den deutschen Truppen überlieferten Erinnerung an die realen Franktireurs von 1870-71 und durch die Legitimierung der Ausschreitungen durch die kommandierenden Offiziere. In keinem Fall gelang es den deutschen Militärbehörden, einen nachweislichen »Franktireur« etwa durch einen Kriegsgerichtsprozeß zu überführen. Die Kraft der Masseneinbildung unter Offizieren und Mannschaften war so stark, daß das Phantom der »Franktireurs« gleichzeitig an allen Teilen der 300 km langen Front von Lüttich in Belgien bis Französisch-Lothringen und sogar im deutschen Oberelsaß gesichtet wurde mit tödlichen Konsequenzen für Zivilisten.[10]

Analoge Vorwürfe über Kriegsgreuel und -verbrechen gegen die Zivilbevölkerung wurden auch der russischen Armee von den deutschen und den österreichischen Behörden zur Last gelegt. Aus den 1915 veröffentlichten amtlichen Berichten Österreich-Ungarns geht hervor, daß die russischen Truppen bei der Besetzung Galiziens und der Bukowina Requisitionen vornahmen, willkürlich Privatbesitz zerstörten und zuweilen auch Gewalt gegen Zivilisten, unter ihnen viele Juden, verübten. Die Gesamtzahl der Getöteten von August 1914 bis Mai 1915 betrug nach diesen Angaben 69 Personen.[11] Ähnliche Beschuldigungen wurden bei der russischen Invasion Ostpreußens im August/September 1914 erhoben; hier belief sich die Zahl der Opfer nach einer amtlichen deutschen Veröffentlichung auf 101 Zivilisten.[12] Das waren im Vergleich zu den Ereignissen im August/September 1914 an der Westfront überraschend geringe Zahlen. Tatsächlich handelte es sich bei den der russischen Armee vorgeworfenen Gewalttaten in der Regel um Einzelhandlungen undisziplinierter Soldaten. Wie eine offizielle deutsche Untersuchungskommission intern feststellen mußte, verhielten sich die russischen Truppen der deutschen Zivilbevölkerung gegenüber im allgemeinen korrekt.

Nach dem Weltkrieg versuchten deutsche Völkerrechtsexperten, immer noch fest im Glauben an den »belgischen Volkskrieg«, den die belgische Regierung stets abgestritten hatte und für den kaum Belege zu finden waren, die Haager Landkriegsordnung für die Tötungen von Zivilisten während der Invasion 1914 verantwortlich zu machen. So stellte Max Fleischmann 1925 die Haager Konferenz von 1907 so dar, als seien es ausschließlich die »kleinen Staaten« gewesen, wie die Schweiz, die »auf die Massenerhebung des Volkes nicht verzichten wollten«. Die Definition eines nicht besetzten Gebietes, in dem die Bevölkerung das Recht zum bewaffneten Kampf gegen die eindringenden Truppen hatte, hätte laut Fleischmann »völlig versagt«; die Unterscheidung zwischen dem bewaffneten Bürger als Soldat und als Mörder sei in der Praxis nicht möglich.[13] Mit anderen Worten, er plädierte dafür, das Recht zum Volksaufstand aus dem Kriegsrecht zu tilgen. Die deutschen Regierungen in der Zeit von 1918 bis 1939 unternahmen jedoch keinen Versuch, an den Artikeln 1 und 2 der HLKO etwas zu ändern. Vielmehr lebte trotz aller traditionellen, bis in die Zeit der Befreiungskriege zurückreichenden Skepsis des deutschen Offizierskorps gegenüber dem Volkskrieg die Idee der »levée en masse« immer wieder auf, beispielsweise in einem geheimen Plan der Reichswehr in der Weimarer Republik und in der Form des »Volkssturms« am Ende des Zweiten Weltkrieges. Damit war ersichtlich, daß die deutsche Armee die »levée en masse« nur dann als völkerrechtswidrig ablehnte, wenn sie vom Feind angewandt wurde.

Die entscheidenden Artikel der HLKO hatten folgenden Wortlaut:

Artikel 1

Die Gesetze, die Rechte und die Pflichten des Krieges gelten nicht nur für das Heer, sondern auch für die Milizen und Freiwilligen-Korps, wenn sie folgende Bedingungen in sich vereinigen:

1. daß jemand an ihrer Spitze steht, der für seine Untergebenen verantwortlich ist,
2. daß sie ein bestimmtes aus der Ferne erkennbares Abzeichen tragen,
3. daß sie die Waffen offen führen und
4. daß sie bei ihren Unternehmungen die Gesetze und Gebräuche des Krieges beobachten.

In den Ländern, in denen Milizen oder Freiwilligen-Korps das Heer oder einen Bestandteil des Heeres bilden, sind diese unter der Bezeichnung »Heer« einbegriffen.

Artikel 2
Die Bevölkerung eines nicht besetzten Gebietes, die beim Herannahen des Feindes aus eigenem Antrieb zu den Waffen greift, um die eindringenden Truppen zu bekämpfen, ohne Zeit gehabt zu haben, sich nach Artikel 1 zu organisieren, wird als kriegführend betrachtet, wenn sie die Waffen offen führt und die Gesetze und Gebräuche des Krieges beobachtet.[14]

Der »belgische Volkskrieg« deutscher Vorstellung, wenn es ihn denn gegeben hätte, wäre demnach sogar erlaubt gewesen, nicht jedoch die harten, manchmal als »Repressalien« beschriebenen Maßnahmen der deutschen Besatzungstruppen.

3. Wirtschaftskrieg und Seekriegsrecht

Die deutsche Propaganda während und nach dem Ersten Weltkrieg klagte die britische Blockade als ein Kriegsverbrechen an, da sie auch den Import von Lebensmitteln für die deutsche Zivilbevölkerung verhinderte. Indem sie die Ernährung der Zivilbevölkerung gefährdete, war sie zweifellos moralisch fragwürdig und stellte einen weiteren Schritt zum »totalen Krieg« dar. Das Mittel der Blockade selbst war jedoch nicht völkerrechtswidrig: wirtschaftliche Kriegsmaßnahmen durch Blockade und die Beschlagnahme feindlicher Waren oder Schiffe auf hoher See waren nach der Pariser Deklaration von 1856 erlaubt. Die rechtliche Lage war bei Ausbruch des Krieges aber noch offen, weil 1914 die Empfehlungen der Londoner Konferenz zum Seekriegsrecht 1908-09 von keinem einzigen Land ratifiziert worden waren.[15]

Allerdings konnten aus den Mitteln der Seeblockade mögliche Verletzungen des Völkerrechts entstehen, besonders in Bezug auf die Rechte der neutralen Länder: die britischen Maßnahmen tangierten vor allem die Niederlande, über deren Häfen ein Teil des deutschen Außenhandels abgewickelt wurde, sowie die skandinavischen Länder. Die primäre Absicht der britischen Seeblockade bestand darin, Deutschlands Einfuhr von »Konterbande«, d. h. kriegswichtige und zivile Waren (inklusive Lebensmittel), die Kriegszwecken dienen konnten, zu beschlagnahmen. Diese Waren wurden, wenn sie für die deutsche Rüstungswirtschaft bestimmt waren, auch auf Schiffen konfisziert, die neutrale Häfen anliefen. Ab März 1915 reduzierten die Briten die Einfuhren der neutralen Länder (z. T. nach Vereinbarungen) auf das Vorkriegsniveau mit Hinweis auf die verschärfte U-Boot-Kriegführung.[16]

Die These, die »Hungerblockade« sei völkerrechtswidrig gewesen, ist auch aufgrund wirtschaftlicher Faktoren unzutreffend. Anders als Großbritannien, das für etwa zwei Drittel seiner Lebensmittel auf Überseeimporte angewiesen war, war Deutschland weitgehend Selbstversorger: Vor dem Krieg importierte es lediglich etwa zehn Prozent seiner Nahrungsmittel.[17] So war das ab 1916 spürbar sich verschärfende und politisch destabilisierende Ernährungsproblem in Deutschland nicht das Resultat der alliierten »Hungerblockade«, sondern vor allem die Folge allgemeiner Engpässe der deutschen Kriegswirtschaft.

Deutschlands U-Boot-Krieg gegen den Seehandel Großbritanniens verstieß ebenfalls nicht gegen das bestehende Kriegsrecht: nur hatten die Mittel, die den U-Booten zur Verfügung standen, unausweichlich Kriegsrechtsverletzungen zur Folge, da sie vor allem nicht in der Lage waren, zwischen Kombattanten und Nichtkombattanten zu unterscheiden und die Schiffbrüchigen nicht, wie im Seekriegsrecht vorgesehen, in der Regel gerettet werden konnten.

4. Zivilisten im feindlichen Ausland

Die Behandlung der jeweiligen im Feindesland lebenden Ausländer stellte im Weltkrieg eine neue Qualität in der modernen Geschichte dar. Waren in früheren Kriegen Fremde weitgehend unbehelligt geblieben, wurden nun vor allem männliche Zivilisten im wehrfähigen Alter interniert. Das entscheidend Neue waren die Wehrpflicht, die fast jeden Mann zu einem potentiellen Soldaten machte, und ein sich steigernder nationalistischer Haß auf allen Seiten. Die Ausländer im Feindesland waren eine zahlenmäßig beachtliche Größe: 1914 wohnten über 50.000 Deutsche im Vereinigten Königreich; in Frankreich befanden sich bei Kriegsausbruch anderthalb Millionen Ausländer, darunter – Anfang August war schließlich Urlaubszeit – viele Touristen, von denen wiederum ein Großteil Deutsche waren; in Belgien wohnten mehrere Zehntausend Deutsche, 30.000 allein in Antwerpen; in Deutschland lebten allerdings nur 5.300 Briten und etwas mehr Franzosen. Viele der kurzfristig im Land weilenden Ausländer konnten allerdings in den ersten Kriegstagen ausreisen, und dies aus allen kriegführenden Staaten.

Die meisten in Großbritannien sowie in Deutschland verbliebenen »feindlichen Ausländer« blieben zunächst in Freiheit. Aufgrund einer sich sukzessive steigernden Xenophobie und Deutschenfeindlichkeit in Großbritannien, zumal nach der Versenkung der *Lusitania* im Mai 1915 und nach massiven Krawallen wurden zahlreiche Angehörige der Mittelmächte, darunter auch eingebürgerte Deutsche und Österreicher, in sogenannte Internierungslager verbracht: Ende 1915 waren in Großbritannien 32.440 »feindliche Ausländer« interniert; weitere 22.000, vor allem Frauen, lebten weithin unbehelligt, wobei ihnen allerdings verboten war, in bestimmten Gebieten zu wohnen, Autos, Fahrräder, oder Telefone zu besitzen, oder ohne Genehmigung ihren Wohnort zu verlassen. Ende 1915 waren in Frankreich etwa 45.000 Deutsche und Bürger Österreich-Ungarns interniert. Eine Ausnahme bestand für die Elsaß-Lothringer in Frankreich, die unbehelligt leben durften, soweit sie sich zum französischen Staat bekannten; andere Elsaß-Lothringer wurden wie Tschechen, Griechen, Polen und Armenier interniert. In Deutschland waren im November 1914 auf Betreiben der Militärbehörden alle 4.000 männlichen britischen Staatsbürger im wehrfähigen Alter interniert worden. Insgesamt betrug die Zahl der in Deutschland internierten Zivilpersonen 104.501. 1917 fand ein Austausch von ca. 7.000 Deutschen gegen ca. 700 Briten statt. Zwischen Frankreich und Deutschland hatte bereits 1914 ein Austausch von wehrunfähigen Zivilisten stattgefunden.

Zwar waren die Lagerbedingungen sowohl in Deutschland als auch in Großbritannien und Frankreich im allgemeinen durchaus human, dennoch stellte die Internierung der »feindlichen Ausländer« an sich bereits eine Verletzung des Völkerrechts dar. Lediglich den Vereinigten Staaten als einem Einwanderungsland gelang es, relativ liberale Vorgehensweisen gegenüber den im Land lebenden feindlichen Ausländern beizubehalten: nur 6.000 von insgesamt 4 Millionen wurden interniert.[18]

5. Kriegsgefangene

In den Militärrechtsvorschriften der einzelnen Länder und in der HLKO war als allgemeines Prinzip die menschenwürdige Behandlung der Kriegsgefangenen anerkannt. Gefangene waren in Bezug auf »Nahrung, Kleidung und Unterkunft ebenso zu behandeln, wie die [eigenen] Truppen« (HLKO Artikel 7). Sie konnten als Arbeiter beschäftigt werden, jedoch durften die Arbeiten »in keiner Beziehung zu den Kriegsunternehmungen stehen« (HLKO Artikel 6).

Abgesehen von weitverbreiteten Fällen leichterer Mißhandlungen (Anspucken, Tritte) war die Behandlung der Kriegsgefangenen im allgemeinen menschlich; schlechte Bedingungen waren zumeist das Resultat organisatorischer Mängel, Nahrungsmittelknappheit und Inkompetenz, nicht jedoch von Brutalität. Die größte Gefahr drohte wohl zum Zeitpunkt der Gefangennahme. Artikel 23 (c) untersagte die Tötung »eines die Waffen streckenden oder wehrlosen Feindes«. Zudem war nach Artikel 23 (d) die Erklärung ausdrücklich verboten, daß kein Pardon gegeben werde. Solche Tötungen kamen vor, auch wenn die Armeeführer sie im Interesse der eigenen Truppen nicht gutheißen konnten. Eine zuverlässige Statistik kann nicht erstellt werden, vor allem weil derartige Vorfälle sich zumeist noch in der Hitze des Gefechts ereigneten. In einem Fall war die Beweislage jedoch eindeutig. Am 21. und 26. August 1914 erteilte Generalmajor Stenger einen entsprechenden Befehl an die deutsche 58. Brigade. Deutsche Soldaten in französischer Gefangenschaft und ein noch aktiver Militärarzt im Infanterieregiment 112 bestätigten später die Existenz dieses Befehls, der 1921 zum Gegenstand eines Kriegsverbrecherprozesses wurde. Während der Somme-Schlacht (1916) erteilten auch einige britische Offiziere ebenfalls derartige der HLKO widersprechende Befehle.

An der noch weniger erforschten Süd- bzw. Ostfront war die Lage anders. Von den 1,4 Millionen russischen Gefangenen starben 70.000 in den Lagern in Deutschland, ca. 5 Prozent. In den russischen Kriegsgefangenenlagern herrschten harte Bedingungen und vor allem nach der Revolution chaotische Zustände. Von über 1,7 Millionen österreichisch-ungarischen Kriegsgefangenen starben in russischen Lagern etwa 450.000, eine Zahl, die nicht nur auf die katastrophale Ernährungslage, sondern auch auf Mißachtung der Bestimmungen zu deren Behandlung zurückzuführen ist.[19] Von den ca. 468.000 italienischen Gefangenen in Österreich-Ungarn starben 92.451 oder fast 20 Prozent, verursacht durch die Hungerkrise im Habsburger Reich, unmenschliche Behandlung seitens der k. u. k. Behörden und durch absichtliche Vernachlässigung seiner in Gefangenschaft geratenen Soldaten seitens des italienischen Staates.[20] Allerdings müssen alle Statistiken hinsichtlich der Zahl der Kriegsgefangenen und deren Todesraten bis zur Klärung durch die Forschung als provisorisch gelten.

6. Verwundete

Zu dieser Frage existierten (vor allem seit der Gründung des Roten Kreuzes 1863 und der Genfer Konvention 1864) eine breite völkerrechtliche Literatur und eine lange Erfahrungspraxis. Wie die Haager Abkommen von 1899 und 1907 wurde die Genfer Konvention von 1906, die diejenige von 1864 weiterentwickelte, von den meisten Staaten der Welt akzeptiert. Anders als bei der HLKO bestand zwischen Deutschland und seinen Gegnern im Ersten Weltkrieg kein grundsätzlicher Unterschied hinsichtlich der Genfer Konvention.

Die Kriegspraxis im Landkrieg 1914-18 stellte die gesetzliche Grundlage nicht in Frage. Der Austausch von nicht mehr wehrfähigen gefangenen Verwundeten fand mehrmals statt; zahlreiche Verwundete wurden zudem von beiden Seiten in die neutrale Schweiz abgeschoben. Zwar warfen beide Seiten einander die Verletzung der Genfer Konvention vor, doch wurde der Schutz des Personals und der Anlagen des Roten Kreuzes größtenteils gewahrt.[21] Im Seekrieg dagegen waren die Bedingungen anders. Lazarettschiffe waren nach dem Kriegsrecht genauso zu schützen wie Krankenhäuser zu Lande. Immer wieder jedoch griffen deutsche U-Boote klar markierte alliierte Lazarettschiffe an. Die deutsche Regierung begründete diese Angriffe mit dem Vorwurf, daß britische Lazarettschiffe für Truppentransporte mißbraucht würden; nur in einem Fall machte ein U-Boot-Kommandant von dem im X. Haager Abkommen enthaltenen Recht, das Lazarettschiff anzuhalten, Gebrauch, um dessen Bestimmung zu überprüfen.[22] Im U-Boot-Krieg gegen Lazarettschiffe lagen zweifelsfrei Kriegsrechtsverletzungen vor, die 1921 aufgrund eines Ersuchens der Alliierten durch das Reichsgericht Leipzig in einigen Fällen mit Erfolg angeklagt wurden.

7. Verbotene Kriegsmittel

Das Verbot von Waffen, Geschossen und Stoffen, »die geeignet sind, unnötiger Weise Leiden zu verursachen« (HLKO 1899 und 1907, Artikel 23 (e) entsprach der Intention der Signatarstaaten, zwischen der Vermeidung von nutzlosem Leid und dem Wunsch nach der Verwendung der effizientesten Kriegsmittel einen Kompromiß zu finden. Seit der Erklärung von Sankt Petersburg (1868), wonach die Verwendung von Sprenggeschossen unter 400 Gramm Gewicht verboten wurde, waren Spreng- und Dumdumgeschosse allgemein untersagt. Im Weltkrieg erhoben fast alle kriegführenden Parteien Proteste gegen die angebliche Verwendung von Dumdumgeschossen auf dem europäischen und afrikanischen Kriegsschauplatz; ebenso heftig stritt jedes Land die Verwendung vehement ab. Wahrscheinlich ist, daß keine Armee absichtlich oder systematisch solche Munition eingesetzt hat.[23] Es war jedoch für den einzelnen Soldaten relativ leicht (wenn auch verboten), die Spitze der Kugeln einzukerben oder abzuplatten. Das wird vielfach durch Anekdoten belegt. Andererseits wiesen zahlreiche Verwundungen Anzeichen auf, die auf ein Dumdumgeschoß deuteten; tatsächlich aber waren diese durch Schüsse aus geringer Entfernung oder durch abgeprallte Einschläge entstanden.

Das Verbot des Einsatzes von Giften aller Art hatte eine lange Tradition im Kriegsrecht. Die Verwendung von Gift war schon bei Cicero und Tacitus geächtet; nach Grotius (1583-1645), dem Begründer des modernen Kriegsrechts, war das Verbot eine der wichtigsten Kriegsregeln. Eine zusätzliche Konvention legte 1899 das Verbot von Giftgasgeschossen fest; manche Kommentatoren schlossen daraus, die HLKO verbiete »lediglich die heimliche und daher perfide Vergiftung etwa von Trinkwasser und Nahrungsmitteln und die besonders bei den farbigen Völkern verbreitete Übung, die Wirkung ihrer Waffen durch Giftstoffe zu verstärken«; sogenannter »offener Einsatz von Kampfgasen«, wie er 1914-18 praktiziert wurde, sei daher nicht verboten.[24] Sinn und Wortlaut von Artikel 23 (a) sind aber vollkommen klar: Sie lassen den Giftgaseinsatz, wie auch immer geartet, nicht zu.

Nachdem das deutsche Heer im April 1915 in Belgien erstmalig den Giftgaseinsatz ausprobierte, setzten ab September 1915 auch die Briten und Franzosen Giftgas ein und zwar mit dem dubiosen Argument, Giftgase seien zwar grausam und verboten, aber als Mittel für gleichwertige Repressalien geeignet. Der amerikanische Völkerrechtler James Garner bejahte ausdrücklich dieses Recht auf Repressalie.[25] Darin bestätigt sich die oben zitierte hellsichtige Kritik von Heinrich Lammasch zum Begriff »Repressalie«. Der Begriff »Repressalie« kam in der HLKO nicht vor. Jedoch galt als Konsens, daß Repressalien »als Erwiderung gleichartiger, von dem Kriegsgegner vorher vorgenommener Verletzungen des Völkerrechts« erlaubt waren.[26] Sowohl die Entente als auch die Mittelmächte wandten im Weltkrieg Repressalien an. So antwortete Frankreich auf deutsche Luftangriffe auf zahlreiche Städte (Bar-le-Duc, Amiens, Hazebrouck, Epernay, Reims, Lunéville, Saint-Dié) seinerseits mit Luftbombardements auf Freiburg, Trier, Stuttgart und Karlsruhe.[27]

8. Deportationen, Zerstörungen und Plünderung

Deportationen waren im Kriegsrecht (HLKO Artikel 46 – Grundrechte der Bürger) verboten. Die Deportationen von Zehntausenden von belgischen und französischen Zivilisten während des Krieges bildeten 1920 einen der Anklagepunkte der Alliierten gegen Deutschland in den sogenannten Auslieferungsforderungen.[28] Die Vertreibungen von Zivilisten auf eigenem Territorium, vor allem durch die russische Armee gegen nationale Minderheiten, die zahlenmäßig signifikanter waren als die auf fremdem Territorium gegen feindliche Bevölkerungsteile vorgenommenen Deportationen, stellten keinen Völkerrechtsbruch im eigentlichen Sinn dar.

Nach der HLKO Artikel 23 (g) ist die »Zerstörung oder Wegnahme feindlichen Eigentums« verboten, »außer in den Fällen, wo diese Zerstörung oder Wegnahme durch die Erfordernisse des Krieges dringend erheischt wird«. Demnach war die Zerstörung von Häusern in der Gefechtszone erlaubt, nicht dagegen eine systematische Politik der »verbrannten Erde«, die etwa bei den deutschen Rückzügen 1917 in die Siegfried-Stellung und 1918 während der Michael-Offensive vorgenommen wurden. Nach Artikel 28 war Plünderung ausdrücklich verboten. Artikel 56 stellte Kulturgut (geschichtliche Denkmäler, Werke der Kunst und Wissenschaft) unter besonderen Schutz. Während der deutschen Besetzung Belgiens und Nordfrankreichs wurde vielfach gegen diese Verbote verstoßen. Nach dem Krieg erkannte Deutschland die alliierten Anklagen in wesentlichen Punkten an und machte ernsthafte Bemühungen um eine Wiedergutmachung des entstandenen Schadens.

Änderungen des Kriegsvölkerrechts nach dem Krieg

Der hier aufgestellte Katalog von Verstößen gegen das Kriegsvölkerrecht und von Kriegsverbrechen soll keineswegs suggerieren, daß Kriegsrechtsverletzungen zur alltäglichen Norm des Weltkrieges gehörten. Auf vielen Gebieten wurden die Gebräuche und Gesetze des Kriegsrechts durchaus beachtet. Der überwiegende Teil der Kriegsgefangenen überlebte den Krieg und die Gefangenschaft – und zwar auf allen Seiten. Dank weitgehender Beachtung der Genfer Konvention von 1906 hatte sich die Lage der Verwundeten gegenüber früheren Kriegen erheblich verbessert. Erlagen im Krimkrieg (1854-56) nahezu 60 Prozent der Soldaten ihren erlittenen Verwundungen, betrug die Sterblichkeit von Verwundeten im Ersten Weltkrieg nicht mehr als 7,5 Prozent.[29] Auffällig ist jedoch die Tendenz zur Aushöhlung des Respekts für das Leben von Zivilisten. Die Tatsache, daß Zivilisten nicht massenhaft Opfer von Flächenbombardements wurden, ist weniger auf die Beachtung des Kriegsrechts als auf den Entwicklungsstand der Flugtechnik zurückzuführen.

Jedoch ließ die Entwicklung der Luftwaffe bereits am Ende des Weltkrieges ein bedrohliches Vernichtungspotential erkennen, das in späteren (ab 1936) Kriegen schreckliche Wirklichkeit werden sollte. Der strategische Luftkrieg gegen die Zivilbevölkerung ließ sich 1907 noch nicht voraussehen, und Haager Festlegungen zum Landkrieg enthielten noch keine Bestimmungen hinsichtlich des Luftkriegs. Im Jahre 1923 kam eine internationale Juristenkommission in Den Haag überein, im Kriegsrecht Bombardierungen aus der Luft nur zuzulassen, wenn die Ziele eindeutig militärischer Art seien; Terrorangriffe gegen die Bevölkerung seien zu verbieten. Jedoch konnte sich kein Staat, abgesehen von den USA und Japan, dazu entschließen, ein entsprechendes Abkommen zu unterzeichnen. Dennoch galten weiterhin die Grundsätze der HLKO Artikel 23 (e) betreffend den Gebrauch von Waffen und Geschossen, die unnötige Leiden verursachen und Artikel 25, der den Angriff auf offene Städte verbot.[30]

Doch versagte das Kriegsrecht in der Folgezeit. Abgesehen von dem Genfer Protokoll von 1925 zum Verbot des Giftgaseinsatzes, der Neufassung der Genfer Konvention über die Verwundeten, Kranken und Kriegsgefangenen von 1929 und der Londoner Vereinbarung zur U-Boot-Kriegführung von 1936 wurde kein weiterer Schutz der Zivilbevölkerung erreicht. Aber auch der bestehende Schutz war unvollkommen: Die meisten Staaten schränkten ein Verbot auf diejenigen Gegner ein, die ihrerseits das Verbot respektierten. Bekanntlich setzte Italien 1935/36 im Abessinienkrieg Giftgas ein; allerdings verzichteten die Achsenmächte im Zweiten Weltkrieg entgegen allen Befürchtungen auf die Verwendung von Giftgas als Kampfmittel.

Am Vorabend des Zweiten Weltkrieges war das Kriegsrecht noch weniger in der Lage, die Zivilbevölkerung zu schützen, als es dies während des Ersten Weltkrieges gewesen war. Hatte der Anteil von Zivilisten an den Toten des Ersten Weltkrieges fünf Prozent betragen, so betrug er im Zweiten Weltkrieg mehr als 50 Prozent.[31]

Nach 1918 hatten sich die Bemühungen der an einer Verbesserung des Völkerrechts beteiligten Politiker und Juristen vorwiegend auf das Kriegsverhütungsrecht konzentriert. Das ist aus der Stimmung der Zeit verständlich: So schockierend waren das Ausmaß des Leids und die Anzahl der Toten, daß das Hauptinteresse vom jus in bello auf das jus ad bellum verlagert wurde. Daher wuchsen bereits während des Krieges die Bestrebungen, die Institution des Völkerbunds mit diesen Fragen zu betrauen. Diese Idee, die den politisch weitgehend einflußlosen pazifistischen Bewegungen des späten 19. Jahrhunderts entstammte, wurde jetzt auf höchster Regierungsebene in den USA, Großbritannien und Frankreich aufgenommen und kam in der Gründung des Völkerbunds auf der Friedenskonferenz 1919 zum Ausdruck.[32]

Auch für den Völkerrechtsexperten Heinrich Lammasch, der 1918 Kanzler von Österreich werden sollte, war die Idee eines Völkerbundes und die Einschränkung des Rechts zum Kriege eine vordringliche Aufgabe des Völkerrechts in der Nachkriegszeit.[33] Völkerrechtsexperten waren durchaus keine Utopisten. Ein eher pessimistischer Aufsatz im *British Year Book of International Law* wies 1920/21 darauf hin, daß es wohl zwecklos sei, internationale Vereinbarungen zu treffen, um den Krieg »weniger unerträglich« zu machen. Der Autor ging von der schrecklichen Annahme aus, daß die Anwendung der wissenschaftlichen Technik in der Kriegführung künftige Kriege noch destruktiver machen werde. In Zukunft würden auch Frauen und Kinder, die in Munitionsbetrieben arbeiteten, legitime Ziele sein; vielleicht werde sogar die Zerstörung ganzer Städte im Luftkrieg kriegsrechtlich erlaubt sein. Das Aushungern der Zivilbevölkerung durch Blockade, das sich im Ersten Weltkrieg als ein effektives Kriegsmittel erwiesen habe, werde sich durch kein Kriegsgesetz verbieten lassen.[34]

Die Bemühungen um ein Kriegsverhütungsrecht, die sich aus diesen Erkenntnissen ergaben, können ebenfalls nicht als Überlegungen weltfremder Idealisten abgetan werden. Im Jahre 1928 wurde auf Betreiben der Regierungen Frankreichs und der USA der »Briand-Kellog-Pakt« unterzeichnet. Dieser Vertrag, dem die meisten Staaten beitraten, ist oft mißverstanden worden: als ein Vertrag, der den Krieg verbot. Er verurteilte zwar den Krieg als Mittel zur Lösung internationaler Streitfälle, untersagte aber nicht den Krieg gegen einen Nichtsignatarstaat. Keinesfalls wurde ein Krieg zur Selbstverteidigung verurteilt. Außerdem war ein Krieg zur Durchsetzung internationaler Verpflichtungen durchaus erlaubt. Der Vertrag scheiterte zwar schließlich aus Gründen, die nicht nur mit dessen Konstruktionsfehlern, sondern vor allem mit den großen Spannungen im internationalen System der Zwischenkriegszeit zu tun hatten. Das sollte aber den Blick dafür nicht verstellen, daß der Vertrag eine genuin neue Sicht zumindest in den liberaldemokratischen Staaten verkörperte, bei der Krieg als Mittel der Politik geächtet wurde. Seine Prinzipien waren in der Tat für die Grundlage der Vereinten Nationen in den Bestrebungen zur Vermeidung von Kriegen konstitutiv.[35]

Auf einem Gebiet wurde das Völkerrecht schließlich doch geändert: nicht in der Theorie der zwischenstaatlichen Beziehungen, sondern in der Praxis mit der nach 1918 Kriegsverbrecherprozesse in Deutschland stattfanden.[36] Aus formaljuristischer Sicht wären juristische Verfahren gegen an die Alliierten ausgelieferte Staatsangehörige Deutschlands und seiner Verbündeten anfechtbar gewesen, wie zunächst von den Alliierten gefordert, da diese nicht vor einem unparteiischen Gericht angeklagt würden (»Siegerjustiz«). Außerdem hätten sich viele Beschuldigte auf Befehlsnotstand berufen können, mit dem berechtigten Hinweis auf das bis 1944 geltende britische Militärrecht: »Angehörige der Streitkräfte, die Verstöße gegen die anerkannten Regeln der Kriegführung auf Befehl ihrer Regierung oder ihres Kommandeurs begehen, sind keine Kriegsverbrecher und können daher vom Feinde nicht bestraft werden.« Trotzdem schufen die Auslieferungsartikel (Artikel 228-230 des Versailler Vertrages) und die – wenn auch nur halbherzig durchgeführten und letzlich mißglückten – Kriegsverbrecherprozesse vor dem Leipziger Reichsgericht ein Präzedens im Völkerrecht. Die britischen und amerikanischen Völkerrechtsexperten, die während des Zweiten Weltkrieges die Prozesse gegen die Kriegsverbrecher des NS-Regimes planten, waren sich dieser Regelung und ebenso ihres Scheiterns sehr bewußt. Auch hinsichtlich der prinzipiellen Verantwortlichkeit eines Staatsoberhaupts (Artikel 227 des Versailler Vertrags: Auslieferung Kaiser Wilhelms II.) wurde 1919 ein bis heute gültiger Präzedenzfall geschaffen.

---

1 Zum Recht zum Krieg siehe L. Strisower, Der Krieg und die Völkerrechtsordnung, Wien, 1919.

2 F. von Liszt, Das Völkerrecht, bearb. v. M. Fleischmann, 12. Aufl., Berlin, 1925, S. 454. Ähnlich E. Lodemann, Kodifiziertes internationales Deutsches Kriegrecht, Berlin 1937, S. 1.

3 S. M. Cohen, Arms and Judgement. Law, Morality, and the Conduct of War in the Twentieth Century, Boulder, Col./London 1989, S. 11.

4 H. Lammasch, Das Völkerrecht nach dem Kriege, Kristiania 1917, S. 12-14.

5 Verhandlungen des Reichstags. XIII. Legislaturperiode, II. Session, Bd. 306. Stenographische Berichte, 4. August 1914, S. 6 f.

6 Cohen, Arms and Judgement, S. 36.

7 Lammasch, Das Völkerrecht nach dem Kriege, S. 17-21.

8 Die Alliierte Auffassung vertrat J. W. Garner, International Law and the World War, 2 Bde., London/New York 1920, Bd. 1, S. 417-419.

9 C. Meurer, Die Haager Friedenskonferenz, Bd. 2: Das Kriegsrecht der Haager Konferenz, München, 1907, S. 244 f.

10 J. Horne/A. Kramer, German Atrocities, 1914. A History of Denial, New Haven/London 2001.

11 K. u. k. Ministerium des Äußern, Sammlung von Nachweisen für die Verletzungen des Völkerrechtes durch die mit Österreich-Ungarn kriegführenden Staaten, 31. Jänner 1915, Wien 1915.

12 Auswärtiges Amt, Greueltaten russischer Truppen gegen deutsche Zivilpersonen und deutsche Kriegsgefangene, Berlin 1915.

13 Liszt, Das Völkerrecht, S. 469-471.

14 Anlage zum Abkommen Ordnung der Gesetze und Gebräuche des Landkrieges vom 18. Oktober 1907, Text in: Kriegsvölkerrecht. Völkerrechtliche Verträge über die Kriegführung, die Kriegsmittel und den Schutz der Verwundeten, Kriegsgefangenen und Zivilpersonen im Kriege, hg. v. J. Hinz/E. Rauch, 3. überarb. und erw. Aufl., Köln u. a., 1984, Abschnitt 1504.

15 G. Hardach, Der Erste Weltkrieg 1914-1918, München, 1977, S. 19-21.

16 H. Strachan, The First World War, Bd. 1: To Arms, Oxford 2001, S. 984-987.

17 Hardach, Der Erste Weltkrieg, S. 120 f.

18 Garner, International Law, Bd. 1, S. 56-76; C. Rousseau, Le Droit de Conflits Armés, Paris 1983, S. 43-44. Vgl. die abweichende Darstellung bei Liszt, Das Völkerrecht, S. 461, wo die Internierung britischer Zivilisten in Deutschland seit Ende 1914 als Retribution dargestellt wird, da die Feinde alle deutschen Zivilisten, »auch Frauen und Kinder«, interniert oder ausgewiesen hätten. Zum neuesten Stand der Forschung siehe C. Jahr, Zivilisten als Kriegsgefangene. Die Internierung von ›Feindstaaten-Ausländern‹ in Deutschland während des Ersten Weltkrieges am Beispiel des ›Engländerlagers‹ Ruhleben, in: In der Hand des Feindes. Kriegsgefangenschaft von der Antike bis zum Zweiten Weltkrieg, hg. v. R. Overmans, Köln u. a. 1999, S. 287-321.

19 H. Herwig, The First World War. Germany and Austria-Hungary 1914-1918, London 1997, S. 358.

20 G. Procacci, Soldati e prigionieri italieni nella Grande Guerra, Turin 2000.

21 W. E. Hall, A Treatise on International Law, Oxford, 1924, S. 476-478. Vgl. A. Mérignhac/E. Lémonon, Le Droit des gens et la guerre de 1914-1918, 2 Bde., Paris 1921, Bd. 1, S. 332-348; Auswärtiges Amt, Über die Verletzung der Genfer Konvention vom 6. Juli 1906 durch französische Truppen und Freischärler, Berlin 1914.

22 Garner, International Law, Bd. 1, S. 505-509.

23 Garner, International Law, Bd. 1, S. 262-270; Hall, Treatise, S. 636.

24 Diese Auffassung findet sich z. B. im heute noch gebräuchlichen Wörterbuch des Völkerrechts, hg. v. K. Strupp/H.-J. Schlochauer in Verbindung mit der Deutschen Gesellschaft für Völkerrecht, Berlin 1960, ›Giftwaffen‹.

25 Hall, Treatise, S. 636 f.; Garner, International Law, Bd. 1, S. 271-287.

26 Liszt, Das Völkerrecht, S. 457.

27 Rousseau, Le Droit de Conflits Armés, S. 14.

28 Garner, International Law, Bd. 2, S. 163-185.

29 D. Schindler, L'évolution du droit de la guerre des conventions de La Haye aux protocoles additionennels aux conventions de Genève, in: Forces armées et développement du droit de la guerre, Brüssel 1984, S. 26 f.

30 M. Messerschmidt, Kriege gegen die Zivilbevölkerung. Strategischer Luftkrieg und Völkerrecht, in: Ders., Was damals Recht war... NS-Militär- und Strafjustiz im Vernichtungskrieg, hg. v. W. Wette, Essen 1996, S. 293-306.

31 Schindler, L'évolution du droit de la guerre, S. 27 f.

32 Vgl. A. Pfeil, Der Völkerbund. Literaturbericht und kritische Darstellung seiner Geschichte, Darmstadt 1976, S. 36-45.

33 Lammasch, Das Völkerrecht nach dem Kriege, S. 172-191.

34 British Year Book of International Law, 1 (1920-21), S. 109-124.

35 Cohen, Arms and Judgement, S. 60-66.

36 Dazu W. Schwengler, Völkerrecht, Versailler Vertrag und Auslieferungsfrage. Die Strafverfolgung wegen Kriegsverbrechen als Problem des Friedensschlusses 1919/20, Stuttgart 1982.

Literatur

G. Hankel, Die Leipziger Prozesse. Deutsche Kriegsverbrechen und ihre strafrechtliche Verfolgung nach dem Ersten Weltkrieg, Hamburg 2003.

J. Horne/A. Kramer, German Atrocities, 1914. A History of Denial, New Haven/London 2001.

Das Ende des Ersten Weltkriegs

Klaus Schwabe

Der Erste Weltkrieg erfaßte nicht nur die ganze westliche Welt, sondern darüber hinaus auch Südosteuropa und die kleinasiatischen Gebiete des Osmanischen Reiches. Die Entscheidung dieses Krieges fiel dennoch in Mitteleuropa. Verantwortlich dafür war die deutsche Oberste Heeresleitung (OHL). Am 29. September 1918, als auch der Zusammenbruch der Verbündeten abzusehen war (Bulgarien streckte bereits am 30. September die Waffen), erklärte diese den Krieg an der Westfront endgültig für verloren und forderte den sofortigen Abschluß eines Waffenstillstandes und die Anbahnung von Friedensverhandlungen.[1] Auf Empfehlung des Auswärtigen Amtes richtete die deutsche Reichsleitung unter ihrem neuen Kanzler Max von Baden ein entsprechendes Ersuchen am 4. Oktober 1918 an den amerikanischen Präsidenten Woodrow Wilson. Sie stellte sich dabei ausdrücklich auf den Boden seines Friedensprogrammes, das er, in vierzehn Punkte gefaßt, am 8. Januar 1918 verkündet hatte.[2] Wilson forderte darin gleichsam als »Muß« die Bildung eines Völkerbundes und die Wiederherstellung der Souveränität Belgiens. Seine »Soll«-Forderungen waren: territoriale Regelungen, die insgesamt den Nationalitätengrenzen folgten, eine Wiedergutmachung des Unrechts, das Deutschland mit der Annexion von Elsaß-Lothringen Frankreich zugefügt hatte, Wiederaufbau der kriegszerstörten Gebiete Frankreichs (jedoch keine Kriegsentschädigung), die Errichtung eines polnischen Staates mit Zugang zum Meer, eine freie Schlichtung kolonialer Ansprüche mit Rücksichtnahme auf die »betroffene Bevölkerung«, die Wiederherstellung eines unabhängigen russischen Staates, Autonomie für die im Habsburger- und Osmanenreich lebenden Völker, Abrüstung, Freiheit der Meere und Freihandel. Die Friedensverhandlungen sollten öffentlich geführt, Deutschland sollte zu ihnen eingeladen werden, wenn es künftig von einer demokratischen Reichstagsmehrheit und nicht mehr den Militärs regiert würde.[3] Nicht nur aus deutscher Sicht war dieses Programm weitaus maßvoller als die Kriegszielforderungen der europäischen Alliierten.

Wie der deutsch-amerikanische Notenaustausch zeigte, der dem deutschen Waffenstillstandsersuchen folgte, mußte von deutscher Seite allerdings der Nachteil in Kauf genommen werden, daß Wilson auch die neue Regierung solange nicht als zu Friedensverhandlungen legitimiert ansah, wie die traditionellen Gewalten im Kaiserreich nicht entmachtet waren. In der deutschen Öffentlichkeit, vor allem bei den Arbeiterparteien, wurde dieser Vorbehalt, wohl eher zu Unrecht, mehr und mehr als Aufforderung zur Abdankung der Hohenzollern oder gar zu einer Revolution verstanden.

Das deutsche Waffenstillstandsersuchen, so erkannte Wilson, bot den USA die einmalige Chance, auch die militärisch geschwächten Alliierten auf einen »organisierten Frieden« auf der Basis der Vierzehn Punkte festzulegen. Bei den Mitte Oktober in Paris beginnenden Verhandlungen zwischen den USA und ihren europäischen Hauptverbündeten akzeptierten die USA, um den Verbündeten die Zustimmung zu Wilsons Friedensprogramm zu erleichtern, zwei britische Vorbehalte: den Verzicht auf eine britische Interessen verletzende Festlegung des Rechtes auf die »Freiheit der Meere« und die Interpretation des Begriffes »Reparation« in dem Sinne, daß »Deutschland allen Schaden wiedergutmachen müsse, den seine Aggression der zivilen Bevölkerung der Alliierten und ihrem Eigentum im Land-, See – und Luftkrieg zugefügt hat.«[4] Hinter der Definition der »Freiheit der Meere« verbarg sich die Gefahr einer nach dem Kriege zu erwartenden britisch-amerikanischen Flottenrivalität, die durch beiderseitiges Entgegenkommen während der Friedenskonferenz jedoch entschärft wurde. Mit seinem Reparationsvorbehalt hatte sich Großbritannien einen wesentlichen Anteil an den deutschen Wiedergutmachungszahlungen gesichert.

Der US-Außenminister leitete am 5. November 1918 die als »Lansing-Note« in die Geschichte eingegangene alliierte Annahme des deutschen Friedensersuchens nach Berlin weiter. In ihr übermittelten die Westmächte der (zu diesem Zeitpunkt noch) kaiserlichen deutschen Regierung ihre »Bereitschaft zum Friedensschluß [...] auf Grund der Friedensbedingungen«, die in der »Ansprache« Wilsons vom 8. Januar 1918 und seinen späteren Reden »niedergelegt« seien.[5] Die Siegermächte hatten damit die Rechtsgrundlage für den Friedensschluß zu einem Zeitpunkt (6.11.) geliefert, als sich die deutsche Reichsleitung bereits mit einer bedingungslosen Kapitulation abgefunden hatte, um so wenigstens den befürchteten bolschewistischen Umsturz im Innern bekämpfen zu können.

Verstärkt wurde die Panik der Berliner Regierung durch den Beschluß der Wiener Regierung am 26. Oktober, unabhängig von Deutschland um einen Waffenstillstand zu bitten, nachdem Wilson bereits nur noch die einzelnen Nationalitäten der Habsburgermonarchie als Verhandlungspartner anerkennen wollte. Der nach der Kapitulation der Türkei (30.10.) und vor der Waffenstreckung Ungarns (13.11.) von Vertretern des österreichischen Generalstabes am 3. November in der Villa Giusti bei Padua unterschriebene Waffenstillstand zwang Österreich, Südtirol bis an den Brenner zu räumen und den Durchmarsch alliierter Truppen nach Deutschland zu gestatten. Das Friedensprogramm Wilsons wurde in keinem dieser Abkommen erwähnt.

Aus deutscher Sicht dagegen erfüllten die Novemberrevolution und die Ausrufung der Republik am 9. November die innenpolitischen Hauptbedingungen, die Wilson an die Gewährung eines Friedens geknüpft hatte, und bekräftigten damit den deutschen Anspruch auf »gerechte«, das heißt maßvolle Friedensbedingungen.

Über die Grundlagen eines »Wilson-Friedens« und die Waffenstillstandsbedingungen für Deutschland wurde in Paris gleichzeitig verhandelt.[6] Aus amerikanischer Sicht mußten letztere zwar die eindeutige militärische Unterlegenheit Deutschlands festlegen, durften aber nicht auf eine bedingungslose Kapitulation hinauslaufen, die das Gewicht Deutschlands bei den Friedensverhandlungen ganz beseitigte und zudem den der deutschen Regierung gemachten Zusicherungen widersprach, die deutsche Annahme der Vierzehn Punkte mit der Gewährung eines Waffenstillstandes (im Gegensatz zu einer Kapitulation) zu honorieren.

Gegen diese Vorbehalte Wilsons setzten die europäischen Verbündeten ihren Wunsch nach harten Waffenstillstandsbedingungen durch: Deutschland mußte das Gros seiner schweren Waffen und des rollenden Materials abgeben, seine Truppen von allen Kriegsschauplätzen (außer dem Baltikum) sowie aus dem Rheinland abziehen, das, einer Forderung Frankreichs entsprechend, zusammen mit drei rechtsrheinischen Brückenköpfen, von alliierten Truppen besetzt wurde. Großbritannien erwirkte die Internierung der deutschen Hochseeflotte. Der mit Lenin geschlossene Frieden von Brest-Litowsk war ungültig. Nur die Zusage künftiger Lebensmittellieferungen zur inneren Stabilisierung Deutschlands ging auf amerikanisches und deutsches Drängen zurück. Der Waffenstillstand galt für 36 Tage mit der Möglichkeit einer Verlängerung.

Gleichzeitig mit diesem außenpolitischen Erfolg verlor Wilson zunehmend den innenpolitischen Rückhalt für sein Friedensprogramm: Bei den amerikanischen Zwischenwahlen vom 5. November 1919 erlitt seine Demokratische Partei nach einer mit chauvinistischen Schlagworten geführten Wahlkampagne eine Niederlage, während es den europäischen Regierungschefs gelang, ihre parlamentarische Position zu festigen.

Zwischen dem Waffenstillstand von Compiègne und der formellen Eröffnung der Friedenskonferenz tauschten die Siegermächte ihre Meinungen über das Verfahren des Friedensschlusses und die Friedensbedingungen aus. Frankreich forderte die Rückkehr von Elsaß-Lothringen und eine umfassende Kriegsentschädigung, außerdem, um sich militärisch Sicherheit zu verschaffen, die Abtrennung der Rheinlande von Deutschland und deren Verwandlung in einen französisch kontrollierten Pufferstaat. Um die seit 1871 gegebene Übermacht Deutschlands einzudämmen, war der Regierung Clemenceau einerseits an einer Stärkung von Deutschlands östlichen Nachbarn – in erster Linie Polens – , andererseits an der Erhaltung des Bündnisses mit den angelsächsischen Mächten gelegen.

Die Regierung Großbritanniens sah den Friedensschluß im Lichte ihrer imperialen Interessen, wenn nötig, auch im Widerspruch zu ihren Verbündeten. Deutschland sollte seine Flotte und seine Kolonien ausliefern und seine besonderen Beziehungen zum bolschewistischen Rußland beenden. Die britische Regierung unterstützte die Wiedergewinnung von Elsaß-Lothringen durch Frankreich, nicht jedoch die weitergehenden französischen Territorialforderungen. Gebunden fühlte sie sich auch durch zahlreiche im Kriege mit den Verbündeten geschlossenen Geheimverträge – so mit Italien den Londoner Vertrag von 1915 –, die sie zur Unterstützung von deren Ansprüche gegenüber den Mittelmächten verpflichteten. Nicht zuletzt mit Rücksicht auf die Dominions bestand Großbritannien auf einer umfassenden Kriegsentschädigung.

Wilson entging nicht der Widerspruch zwischen diesen Zielen und seinem Programm. Auch dem Hauptgegner Deutschland wollte er keine Kriegsentschädigung und gleichfalls nur ethnisch zu rechtfertigende Gebietsabtretungen auferlegen und es damit als Wirtschaftsgroßmacht erhalten wissen. Der künftige Völkerbund bildete für ihn, anders als für die europäischen Westmächte, den Angelpunkt eines »organisierten Friedens«, der die USA zu einer verantwortlichen Weltmachtrolle verpflichten und eine zweite Weltkriegskatastrophe verhindern sollte.

Für das Verfahren der Friedenskonferenz beugte sich Wilson den Wünschen der europäischen Sieger nach Vorverhandlungen (preliminaries) unter Ausschluß der Öffentlichkeit, der kleineren Kriegsteilnehmer und der Gegner, u. a. weil deren Regierungen als nicht legitimiert galten. Statt dessen sollte der den Großmächten vorbehaltene Oberste Kriegsrat (später »Rat der Zehn« genannt), der auch für die Verlängerung des Waffenstillstandes zuständig war, die Grundinhalte des Friedensvertragsentwurfes festlegen.[7]

Um die Form zu wahren, eröffneten die Großmächte am 18. Januar 1919 dennoch unter Beteiligung aller Verbündeten – von Belgien bis Uruguay – den Friedenskongreß mit einer Plenar-*Vor*friedenskonferenz. Dieses Plenum bildete einige Unterkommissionen, so für die Festsetzung der Reparationen und die Ausarbeitung der Völkerbundssatzung. Neben den Mittelmächten blieb auch das bolschewistische Rußland, weil demokratisch nicht legitimiert, von den Verhandlungen ausgeschlossen. Bemühungen der Sieger (die ihrerseits einige russische Häfen und deren Hinterland besetzt hielten) um einen in Rußland allseits anerkannten Verhandlungspartner blieben erfolglos. Als sie Ende Mai 1919 in dem »weißen« Admiral Koltschak einen solchen gefunden zu haben glaubten, näherte sich die Konferenz schon ihrem Abschluß.

General Foch, der alliierte Oberfehlshaber, versuchte, über eine extensive Auslegung der Waffenstillstandsbedingungen[8] bei der Verlängerung des Waffenstillstandes , im Rheinland und an der deutschen Ostgrenze, wo polnische Freikorps vorrückten, vor dem Friedensschluß vollendete Tatsachen zu schaffen. Demgegenüber setzte Wilson Anfang Februar die unbefristete Verlängerung des Waffenstillstandes durch, die auch eine provisorische Demarkationslinie zwischen deutschen und polnischen Truppen festlegte. Gemeinsam gelang es den angelsächsischen Mächten, mit einer am 14. März 1919 in Brüssel getroffenen deutsch-alliierten Vereinbarung, gegen Goldzahlung begrenzte Lebensmitteleinfuhren nach Deutschland in Gang zu bringen.[9]

Bei ihren Geheimverhandlungen im Januar und Februar 1919 waren die Sieger übereingekommen, die deutschen Kolonien in der Form einer vom Völkerbund verliehenen Treuhänderschaft (»Mandat«) an die Interessenten unter den Siegermächten abzutreten. Außerdem hatte die Kommission für die Ausarbeitung der Völkerbundssatzung unter dem Vorsitz Wilsons am 14. Februar einen Entwurf vorgelegt, der weitgehend amerikanischen und britischen Vorstellungen entsprach. Ein französisch-belgischer Antrag, den Völkerbund mit einer bewaffneten Macht auszustatten, wurde abgelehnt, hätte doch der amerikanische Senat einem solchen Ansinnen – als Einschränkung der Souveränität der USA – mit Sicherheit seine Zustimmung verweigert. Dafür enthielt das Statut für die Mitglieder die Verpflichtung zu umfassender Abrüstung und bei Streitfällen zur Einleitung eines Schiedsverfahrens. Insgesamt galt eine gegenseitige Garantie der territorialen Unversehrtheit und Unabhängigkeit der Mitgliedsstaaten. Die Formen, mit denen diese Garantie geltend gemacht werden sollte, blieben freilich offen. Dem Wunsche Frankreichs entsprechend blieb Deutschland so lange vom Völkerbund ausgeschlossen, wie es nicht die Gewähr für eine loyale Erfüllung des Friedensvertrages bot.[10]

Daß bei diesen geheimen Beratungen unter den Siegern heftige Gegensätze aufeinanderprallten, drang an die Öffentlichkeit. Im Interesse der Vertraulichkeit der Verhandlungen bildeten die USA und die drei europäischen Großmächte deshalb Anfang März zur Ausarbeitung des Vertrages einen Viererrat, der nur aus den Regierungschefs bestand. Nach wochenlangen und konfliktreichen Verhandlungen kamen hier die für den Frieden entscheidenden Kompromisse zustande. An erster Stelle stand das Übereinkommen über die deutsche Westgrenze: Frankreich verzichtete auf die Abtrennung des Rheinlandes, das dafür auf 15 Jahre – bei Nichterfülllung des Vertrages durch Deutschland auch länger – von alliierten Truppen besetzt und auf Dauer entmilitarisiert bleiben sollte. Gegen weitergehende französische Wünsche setzte Wilson mit britischer Unterstützung zudem eine 15jährige Oberaufsicht des Völkerbundes für das faktisch französischer Kontrolle unterstellte Saargebiet durch, bis eine Volksabstimmung über dessen endgültige staatliche Zugehörigkeit befand. Die entscheidende Konzession der USA und Großbritannien bestand aber in einem gesonderten Vertrag, in dem sie, unter Zurückstellung isolationistischer Denkgewohnheiten bei ihren Völkern, die Rheinland-Regelung gegen mögliche deutsche Verstöße garantierten. Die Sicherheit Frankreichs schien damit langfristig zu einer Sache der angelsächsischen Mächte geworden zu sein.[11]

Um die Abrüstung Deutschlands zu gewährleisten, fanden sich die USA und Großbritannien außerdem mit einer Herabsetzung der deutschen Truppenstärke auf ein sogenanntes 100.000 Mann-Berufsheer ab. Für die deutsche Ostgrenze gelang es dem britischen Premierminister Lloyd George und Wilson, Vorentscheidungen der Expertenebene zugunsten Deutschlands zu revidieren: Danzig erhielt den Status einer auf Dauer dem Völkerbund unterstellten Freien Stadt. Es blieben erhebliche weitere Abtretungen zugunsten des neuen Polen, die zunächst auch Oberschlesien umfaßten. In strittigen Grenzgebieten Ost- und Westpreußens, in Schleswig und Eupen-Malmedy (dort unter fragwürdigen Bedingungen) wurden freilich Volksabstimmungen zugestanden.

Bei den Verhandlungen über die deutschen Reparationen standen die USA – anders als bei den Territorialfragen, in denen die angelsächsischen Mächte meist gemeinsame Sache machten – allein gegen die europäischen Verbündeten.[12] Wilson lehnte die von den Verbündeten geforderten Kriegsentschädigungen traditioneller Art ab. Eine von dem späteren US-Außenminister Dulles angebotene Kompromißformel, die Vorform des berühmten späteren »Kriegsschuldartikels«, erkannte (wegen der, unter den Siegern übrigens unstrittigen, Verantwortung Deutschlands für den Kriegsausbruch) den *moralischen* Anspruch der Alliierten auf eine umfassende Kriegsentschädigung an. Diese Schuldzuweisung begründete jedoch weder eine *historische*, die die Vierzehn Punkte ausschlossen, noch eine *völkerrechtliche* Verantwortung.

Die Annahme dieser Formel blieb aber folgenlos, weil die europäischen Siegermächte – voran Großbritannien und seine Dominions – eine so weitgreifende Definition der Schadenskategorien, für die Deutschland aufkommen sollte, durchsetzten, daß die Gesamtforderung der Sieger dann doch gewaltige Ausmaße annahm, zumal eine von den USA geforderte Begrenzung der Frist für die Laufzeit der deutschen Verpflichtungen verworfen wurde. Im Endresultat mußte Deutschland kurzfristig 20 Milliarden Goldmark anzahlen und gleichzeitig einen weitgefaßten Katalog von Schadenskategorien anerkennen. In diesem Rahmen wurde die Vereinbarung einer Gesamtsumme mit Deutschland auf die Zeit nach dem Friedensschluß verschoben. Im Moment lastete auf Deutschland also eine numerisch nicht begrenzte Zahlungsverpflichtung.

Auch in der Frage einer Verurteilung deutscher Kriegsverbrecher waren die USA isoliert. Während sie sich anfangs zwar für die Strafverfolgung von Kriegsverbrechern, aber gegen eine formelle Anklage gegen den deutschen Ex-Kaiser aussprachen, weil dieser als juristisch nicht verantwortlicher Souverän gehandelt habe, stimmte Wilson schließlich dann doch einem formell eher politischen Verfahren gegen Wilhelm II. zu, bei dem die Verletzung der belgischen Neutralität den Anklagepunkt liefern sollte.

Daß sich die Regierungschefs trotz gravierender Meinungsverschiedenheiten in der entscheidenden Konferenzphase im März und April 1919 immer wieder zusammenfanden, erklärt sich nicht zuletzt aus der Verschlechterung der internationalen Lage, die in ihren Augen mit der Machtübernahme des Kommunisten Bela Kun in Ungarn eingetreten war. Auf britischer Seite vor allem wuchs die Einsicht, daß ein zu harter Frieden mit den Deutschen, der diese den Bolschewisten in die Arme trieb, unbedingt vermieden werden mußte.[13]

Die Grenze der amerikanischen Kompromißbereitschaft war in zwei primär Italien und Japan betreffenden Streitfragen erreicht. Italien versteifte sich auf eine Annexion der Hafenstadt Fiume. Unter Berufung auf das Selbstbestimmungsrecht der Südslawen unterstützte Wilson dagegen den jugoslawischen Anspruch auf die Hafenstadt. Trotz Vermittlungsversuchen der europäischen Westmächte führte der Konflikt im April zu einem zeitweiligen Auszug Italiens aus der Präliminarkonferenz und am 11. September 1919 zur Besetzung der Stadt durch italienische Freischärler unter Führung des Schriftstellers Gabriele d'Annunzio. Japan bestand auf der Übernahme der ehemals deutschen Rechte auf der chinesischen Halbinsel Schantung auf Kosten Chinas. Um Japans Mitgliedschaft im Völkerbund sicherzustellen, gab Wilson hier wider bessere Überzeugung schließlich nach. Mit Blick auf die Zerbrechlichkeit der bei den Verhandlungen erzielten Kompromisse und die nationalistische Erregung in ihren Ländern gestatteten die Siegermächte für die deutsch-alliierten Verhandlungen über den Mitte April in etwa fertigen Vertragsentwurf lediglich ein schriftliches Verfahren.

Unter der Federführung des neuen Außenministers Graf Brockdorff-Rantzau erarbeitete die deutsche Regierung ihr Friedensprogramm in Anknüpfung an ihre vorrevolutionäre Vorgängerin auf der Basis ihres Verständnisses von Wilsons Vierzehn Punkten.[14] Vor dem Hintergrund der neuerdings gemeinsamen demokratischen Ideale bei Siegern und Besiegten, gemeinsamer Wirtschaftsinteressen und des gemeinsamen Anliegens, den Bolschewismus zu bekämpfen, hoffte der Außenminister auf die Erhaltung Deutschlands als Großmacht mit Hilfe der USA und Großbritannien. Nur unter Verzicht auf jede Form militärischer Drohung und auf Beziehungen zu Sowjetrußland wäre Deutschland in der Lage, in Anlehnung vor allem an die USA seine verbliebene wirtschaftliche Stärke als wichtigsten Trumpf auszuspielen.

Im Mittelpunkt eines Friedens im Sinne der Vierzehn Punkte stand für Brockdorff der universale Völkerbund mit der Großmacht Deutschland als Gründungsmitglied. Territorialfragen sollten nur in wirklich strittigen Fällen durch Volksabstimmungen gelöst werden, das hieß in Elsaß-Lothringen, der Provinz Posen und Schleswig, nicht aber im Rheinland oder Westpreußen. Deutsch-Österreich und die sudetendeutschen Teile der Tschechoslowakei sollten das Recht haben, dem deutschen Nationalstaat beizutreten. Für seine Kolonien konnte Deutschland eine internationale Oberaufsicht akzeptieren. Reparationen schließlich sollte Deutschland entsprechend der »Lansing-Note« ausschließlich zum Wiederaufbau der kriegszerstörten Gebiete Frankreichs und Belgiens erbringen, nicht jedoch zum Ersatz von Schäden aus dem deutschen U-Boot-Krieg. In Reaktion auf Äußerungen in der alliierten Öffentlichkeit verwarf Brockdorff den Versuch, anstelle der Vierzehn Punkte die angebliche deutsche Kriegsschuld zur Grundlage für alliierte Entschädigungsansprüche zu machen. In Kauf genommen wurde, daß hier die neue deutsche Regierung das kaiserliche Deutschland nach außen verteidigte und damit ihren eigenen Anspruch, ein neues durch die Revolution geläutertes Deutschland zu vertreten, unterlief.

Insgesamt kristallisierte sich eine Hierarchie deutscher Friedensziele heraus: An oberster Stelle standen die nicht verhandelbaren »Ehrenpunkte«: die Zurückweisung des Vorwurfes der deutschen Kriegsschuld und von Verfahren gegen vermeintliche deutsche Kriegsverbrecher durch Siegerinstanzen. Es folgten die territorialen Rechte und an dritter Stelle die finanziellen Interessen Deutschlands, bei denen Konzessionen am ehesten denkbar erschienen. Vertrauliche Kontakte zur amerikanischen Seite und die Lockerung der alliierten Blockade bestärkten Hoffnungen auf einen glimpflichen Friedensschluß.

Der am 7. Mai 1919 der deutschen Delegation im Hotel Trianon Palace in Versailles vorgelegte Vertragsentwurf zerstörte diese Illusionen. Nur mündliche Verhandlungen schienen die unerläßlichen grundlegenden Korrekturen herbeiführen zu können. Das brüske Auftreten Brockdorffs bei der Entgegennahme des Entwurfs verminderte die Chancen dafür. Es blieben als einzige Druckmittel die allgemeine Sehnsucht nach Frieden und die Mobilisierung der gemäßigten Linken außerhalb Deutschlands gegen diesen »letzten entsetzlichen Triumph« einer »sterbenden Weltanschauung imperialistischer und kapitalistischer Tendenzen«.[15] Als äußerster Ausweg, falls die Sieger hart blieben, bestand für Deutschland die Möglichkeit einer Verweigerung seiner Unterschrift. Dies forderte auch die Mehrheit der deutschen Öffentlichkeit außer der USPD, die mit Blick auf eine baldige proletarische Revolution eine Unterzeichnung nicht ernst nahm.

Das deutsche Kalkül ging nicht auf. Das Echo der internationalen Linken auf den Vertrag blieb verhalten. Das deutsche Angebot einer zinsfreien Gesamtsumme von 100 Milliarden Goldmark als pauschale deutsche Reparationsleistung im Austausch gegen ein Entgegenkommen der Sieger in Territorialfragen wurde abgewiesen und führte nicht zu den erhofften mündlichen Verhandlungen.[16] In aller denkbaren Schärfe wiederholten die Sieger ihre Überzeugung von der deutschen Kriegsschuld und einem geschichtlich »fast einmaligen« Fehlverhalten Deutschlands.[17]

Allerdings konzedierten sie für Oberschlesien eine Volksabstimmung und für das Rheinland Erleichterungen des Besatzungsregimes. Dieses Entgegenkommen ging auf eine Vertrauenskrise unter den Siegern zurück. Angesichts des günstigen Eindrucks, den die deutschen Gegenvorschläge bei den Delegationen der USA und Großbritanniens gemacht hatten, stellte Lloyd George sogar die Bündnisfrage und drohte mit dem Fernbleiben britischer Truppen bei der Ausführung von gegen

Deutschland verhängten Sanktionen, falls der deutschen Regierung kein Entgegenkommen gezeigt werde. Wilson befürwortete Konzessionen in der Reparationsregelung, nicht dagegen bei territorialen Fragen. Er und Lloyd George empfahlen Gespräche mit deutschen Experten über die Reparationsfrage. Clemenceaus Veto verhinderte, daß Brockdorff sein taktisches Ziel erreichte.

In der Sache lehnten die Briten eine Änderung der Reparationsartikel ab. Sie konnten sich dabei auf die amerikanische Weigerung von Anfang Mai berufen, einen Plan des britischen Finanzexperten John M. Keynes zur Wiederherstellung des internationalen Kredits durch eine Kommerzialisierung der deutschen Reparationsverpflichtungen zu unterstützen. Mit einer Zinsgarantie der Siegermächte hätten danach Reparationszahlungen auch zur Begleichung der Entente-Schulden bei den USA verwandt werden können. Eine derartige »Verwässerung« der amerikanischen Rechte als Kreditgeber, so erwarteten die amerikanischen Experten, war dem hierfür zuständigen US-Kongreß nicht zuzumuten. Nicht zum letzten Male führte amerikanische Konzessionslosigkeit in der Frage der alliierten Verschuldung gegenüber den USA zu britischem Beharren auf der vertraglich einmal vereinbarten Reparationsregelung. Nur in der Oberschlesienfrage gaben Wilson und Clemenceau dem britischen Premier nach.

Indirekt profitierte Deutschland darüber hinaus von dem Mustervertrag über die Behandlung von Minderheiten, den die Siegermächte, am Tage der Unterzeichnung des Versailler Vertrages, zunächst dem neuen Polen auferlegten. Dort war neben der ukrainischen und deutschen insbesondere die jüdische Minderheit Opfer von staatlich geduldeten Verfolgungen geworden. Auf amerikanische Initiative und unter maßgeblicher britischer Mitwirkung kam in den letzten Konferenzwochen ein Minderheiten-Mustervertrag zustande, der zunächst Polen, später dann auch die Nachfolgestaaten der Habsburgermonarchie zur Beachtung von Menschen- und Grundrechten gegenüber ihren Minderheiten verpflichtete. Polnische Proteste bewirkten allerdings, daß der Vertrag die sprachliche Einheit Polens respektierte, daß nur individuelle Beschwerden beim Völkerbundsrat vorgebracht werden konnten und daß zum Schutz von Minderheiten lediglich ein juristisches Verfahren (Anrufung des Internationalen Ständigen Gerichtshofs über den Rat der Großmächte im Völkerbund), nicht aber etwa ein militärisches Eingreifen dritter Mächte vorgesehen war.[18]

Aus deutscher Sicht milderten diese Konzessionen den Friedensvertrag nur unwesentlich, zumal die Sieger bei den »Ehrenpunkten« – der Feststellung der deutschen Kriegsschuld, der Nichtzulassung Deutschlands zum Völkerbund, der Verfolgung deutscher Kriegsverberecher – nicht entgegenkamen. Nachdem die Antwort auf die deutschen Gegenvorschläge vom 16. Juni 1919 ultimativ eine fünftägige Frist für die deutsche Unterschrift gesetzt hatte, überwogen in Deutschland ebenso wie in der deutschen Friedensdelegation zunächst die Stimmen für eine Ablehnung des Vertrages. Ihr Wortführer, Brockdorff-Rantzau, erwartete für diesen Fall eine Krise im Bündnis der Sieger – gefolgt von einer wachsenden öffentlichen Kritik an den Verträgen und den »Friedensmachern«, die dann durch andere Regierungen ersetzt würden. Danach werde Deutschland bessere Bedingungen aushandeln können. Dem widersprach Matthias Erzberger, Führer der Zentrumspartei und Leiter der deutschen Waffenstillstandsdelegation. Er befürchtete nach einem Einmarsch der alliierten Truppen ins Innere Deutschlands gesonderte Friedensverträge mit einzelnen deutschen Ländern, die Abtrennung des Rheinlandes und somit ein Auseinanderbrechen des Reiches sowie die Wiederverschärfung der Blockade und den Ausbruch einer Hungersnot mit »russischen Verhältnissen«.[19] Zusammen mit der desolaten Ernährungslage gab General Groener, Erster Generalquartiermeister in der Heeresleitung, den Ausschlag für die Annahme des Vertrages, indem er jeden militärischen Widerstand gegen die Alliierten für aussichtslos erklärte.

Nach dem Rücktritt Brockdorff-Rantzaus und des übrigen Kabinettes Scheidemann verlangte die Nachfolgeregierung, ein Zweiparteienkabinett (SPD/Zentrum) unter Gustav Bauer (SPD), erfolglos die alliierte Zustimmung zu einer deutschen Unterschrift unter Vorbehalt der »Ehrenpunkte«. Vom Reichstag mit 237 gegen 138 Stimmen ermächtigt, mußte sie den Vertrag im Spiegelsaal von Versailles, wo das Bismarckreich knapp fünfzig Jahre zuvor ausgerufen worden war, am 28. Juni 1919 ohne Abstriche unterzeichnen.

Die heutige Kenntnis der alliierten Pläne für den Fall einer deutschen Unterschriftsverweigerung bestätigt eher die pessimistischen Prognosen Erzbergers: Den alliierten Truppen war der Einmarsch nach Deutschland auf jeden Fall bis zur Weser und den Main entlang befohlen. Entwürfe für separate Friedensverträge mit den süddeutschen Staaten lagen bereit. Der von der Regierung Scheidemann inspirierte nationalistische Protest gegen Versailles mit der dann doch erfolgenden Annahme des Vertrages kostete freilich der Weimarer Koalition, wie die Wahlen vom 6. Juni 1920 erwiesen, ihre Mehrheit im Reichstag. Ein größeres Entgegenkommen gegenüber den Siegern war von der national integrierten SPD indessen nicht zu erwarten, hätte es die Partei bei ihren Wählern doch noch stärker diskreditiert.

Der Vertrag von Versailles beendete den Weltkrieg mit dem Hauptgegner, nicht jedoch mit dessen Verbündeten. Der internationale Rahmen veränderte sich: Die Kämpfe zwischen den Nachfolgestaaten des Habsburgerreiches und mehr noch die peripheren Konflikte an den Ostgrenzen Polens und in der Türkei entzogen sich vielfach dem Einfluß der Sieger. Mit der am 19. November 1919 erfolgten Ablehnung des Versailler Vertrages (einschließlich des Garantievertrages mit Frankreich) durch den amerikanischen Senat, der bei einer Annahme um die außenpolitische Handlungsfreiheit der USA fürchtete, schied Amerika zudem als Verhandlungspartner und Garant für den Friedensschluß aus.

Die Pariser Vorortverträge mit den beiden Nachfolgestaaten Österreich und Ungarn sowie mit Bulgarien folgten mit der Verweigerung von mündlichen Verhandlungen, dem vorläufigen Ausschluß aus dem Völkerbund, Minderheitsverträgen, drastischen Abrüstungsauflagen und einem Kriegsschuldartikel, der die Reparationsbestimmungen einleitete, dem Muster des Versailler Vertrags. Österreich und Ungarn wurden nicht als Neugründungen, sondern als verantwortliche Rechtsnachfolger der Habsburgermonarchie behandelt.

Das Besondere an dem mit Österreich in St. Germain am 10. September 1919 geschlossenen Vertrag bildete die Zurückweisung aller großdeutschen Aspirationen der neuen Republik: Der Name Deutsch-Österreich wurde untersagt; die deutsche Bevölkerung der böhmischen Kronländer (»Sudetendeutsche«) fiel an die Tschechoslowakei; wie im Versailler Vertrag gab es ein Anschlußverbot, das auch gegenüber Ungarn galt und das nur der Völkerbundsrat aufheben konnte. Für das vormals ungarische Burgenland und Südkärnten – dort dank amerikanischer und italienischer Unterstützung – waren von den Alliierten beaufsichtigte Volksabstimmungen vorgesehen, nicht jedoch für das an Italien abgetretene Südtirol und die Jugoslawien zugesprochene Südsteiermark. Für Italien wurde wie für die übrigen Großmächte auf einen Minderheitenschutzvertrag verzichtet.

Der Friedensvertrag mit dem zeitweilig unter Räteherrschaft stehenden Ungarn wurde erst nach deren Beseitigung Vertretern des von Frankreich begünstigten Horthy-Regimes vorgelegt und von diesen am 4. Juni 1920 im Trianon Palast bei Versailles unterschrieben. Er zeichnete sich durch die beispiellose Härte seiner Territorialbestimmungen aus, die, im Rat der Zehn ohne Hinzuziehung des Viererrates ausgearbeitet, ohne Volksabstimmungen (außer im Burgenland) im Zweifelsfall den Wünschen der benachbarten Nachfolgestaaten bzw. Rumäniens entsprachen. Es entstand dort eine drei Millionen starke ungarische Minderheit (bei einer Restbevölkerung des Mutterlandes von 7,6 Millionen). Etwas besser erging es Bulgarien mit dem Frieden von Neuilly (27.11.1919), das u. a. seinen Zugang zur Ägäis verlor, dessen bis 1958 zu leistende Reparationszahlungen in einer Höhe von 2,2 Milliarden Goldfrancs aber immerhin festgesetzt wurden.

Bei dem Friedensschluß mit der Türkei überschnitten sich die Zielvorstellungen der Sieger: Wilson hatte im Namen der USA, die sich mit der Türkei nicht im Kriegszustand befanden, bereits in den Vierzehn Punkten die Autonomie für die nichttürkischen Teile des Osmanischen Reiches gefordert.[20] Schon die im Februar 1919 unter seiner Federführung ausgearbeitete Völkerbundssatzung enthielt eine Vereinbarung von sogenannten A-Mandaten für Palästina und die übrigen nichttürkischen Gebiete, deren baldige Verselbständigung zu erwarten war. Für die Übernahme solcher Mandate kamen die USA aber seit der Ablehnung des Versailler Vertrages durch den amerikanischen Senat nicht mehr in Frage, obwohl sich Wilson mehrfach dafür ausgesprochen hatte. Nach dem amerikanischen Rückzug verblieben die Ansprüche der europäischen Imperialmächte, die sich auf während des Krieges geschlossene Geheimabkommen berufen konnten. Zu ihnen gehörten Italien und Griechenland, die beide im April und Mai 1919 Truppen in die Westtürkei entsandt hatten. Außerdem machten zionistische, arabische und türkische Emanizipationsbewegungen ihre Wünsche geltend.

Mit dem Friedensvertrag von Sèvres (10.8.1920) wurde die Türkei faktisch ein Protektorat der Siegermächte. Sie verlor sämtliche Gebiete außerhalb Anatoliens und ihren europäischen Teil bis auf einen schmalen Streifen westlich der Meerengen. Konstantinopel blieb von den Alliierten besetzt. In Anatolien selbst mußte sie das Gebiet um Smyrna, Teile seiner Südküste, Armenien und ihre kurdisch bewohnten Gebiete abtreten. Frankreich und Italien erhielten wirtschaftliche Einflußzonen mit dem Recht militärischer Intervention. Zur Sicherstellung der Besatzungskosten wurde die Rumpftürkei einer Finanzkontrolle der Siegermächte unterstellt.

Dieser Frieden trat allerdings nicht in Kraft, weil sich eine national-türkische Revolutionsbewegung unter Kemal Pascha (»Atatürk«) gegen den Vertrag und die Konstantinopeler Regierung, die ihn unterzeichnet hatte, auflehnte. In der Folgezeit wurden die griechischen Truppen aus der asiatischen und europäischen Türkei wieder vertrieben. Frankreich und Italien distanzierten sich vom Frieden von Sèvres, während Großbritannien, der letzte Verbündete Griechenlands, hartnäckig auf der fortdauernden Besetzung der Meerengen bestand. Der am 24. Juli 1923, vier Jahre nach der Unterzeichnung des Versailler Vertrages, in Lausanne geschlossene Friede erkannte die uneingeschränkte Souveränität der Türkei in den von ihr militärisch wiedergewonnenen Grenzen an und beseitigte, bis auf die Freiheit der Dardanellen-Durchfahrt, sämtliche Vorrechte der europäischen Mächte. Ein griechisch-türkisches Abkommen legalisierte einen gegenseitigen Bevölkerungsaustausch auf der Suche nach einer unblutigen ethnischen Trennung. Lloyd George war schon im Oktober 1922 über dieses Fiasko der britischen Orientpolitik als letzter der »Friedensmacher« von Versailles gestürzt.

In dem aus dem Weltkrieg hervorgegangenem Konflikt um die polnisch-russische Grenze hatte der britische Außenminister Lord Curzon im Dezember 1919 aufgrund der Nationalitätenverteilung einen Vermittlungsvorschlag gemacht, den Polen indessen nicht anerkannte. Aus dem nachfolgenden Polnisch-Russischen Krieg gingen schließlich die von Frankreich beratenen polnischen Truppen siegreich hervor. Am 18. März 1921 unterzeichneten Polen und Sowjetrußland in Riga einen Frieden, der die Grenze soweit nach Osten vorschob, daß Gebiete mit sowohl weißrussischen als auch ukrainischen Bevölkerungsmehrheiten an Polen fielen. Erst der Hitler-Stalin-Pakt vom 23. August 1939 sollte diese Entscheidung rückgängig machen.

Dem Friedenswerk der Siegermächte des Ersten Weltkrieges ist keine Dauer beschieden gewesen. In gewisser Weise wurde seine Revision mit Mitteln militärischer

Gewalt schon mit den Verträgen von Riga und Lausanne sanktioniert. Diese mangelnde Dauerhaftigkeit hatte zum einen mit Ereignissen zu tun, die sich außerhalb Europas zugetragen hatten. Dazu gehörte einerseits das innenpolitische Scheitern Wilsons und der Ausstieg Amerikas aus dem zunächst von ihm selbst inspirierten Friedenswerk. Danach setzte sich vor allem auf dem Balkan und im Nahen Osten mehr und mehr die europäische Imperialpolitik alten Stils wieder durch. Zum anderen gehörte dazu der russische Bürgerkrieg mit dem schließlichen Sieg der Bolschewisten, der das Land als verantwortlichen Teilnehmer am Friedensschluß aus alliierter Sicht disqualifizierte. Um den Frieden zu erhalten, war Europa ohne die amerikanische und die russische Flügelmacht auf sich selbst zurückgeworfen. Dieses Ergebnis verstärkte langfristig das Gewicht Deutschlands als der wichtigsten Revisionsmacht, einerseits gegenüber Frankreich, andererseits in Osteuropa, wo ihm nur noch eine Vielzahl von untereinander rivalisierenden Mittelmächten gegenüberstand. Nur ein seiner Motivation nach folgerichtiger und damit von allen Seiten langfristig anerkannter Friedensschluß hätte destabilisierende Folgen dieses strukturellen Ungleichgewichts verhindern können. Dem Friedenswerk der Pariser Vorortverträge fehlte diese Qualität, nicht zuletzt weil die von der Kriegspropaganda aufgepeitschte zunehmend einflußreiche Öffentlichkeit aller Teilnehmerländer einen derartigen Ausgleich von vorn herein erschwerte. Die Friedenskonferenz erbrachte überaus prekäre Kompromisse zwischen den Geboten eines in seinen Folgen nicht immer durchdachten nationalen Selbstbestimmungsrechtes und den Großmachtinteressen der Siegermächte. Mit der Aufgabe, diesen Kompromiß in einem Gebiet zu verteidigen, das von der Saar bis an den Euphrat reichte, waren Großbritannien und Frankreich allein überfordert. Es fehlte ihnen dazu an materiellen Ressourcen, an beiderseitigem Vertrauen und letztlich auch an der dazu nötigen Entschlossenheit.

---

1 Zum Waffenstillstand : P. Renouvin, 1918. L'Armistice de Rethondes, Paris 1968; D. French, »Had we known how bad things were in Germany. We might have gotten stiffer terms«, in: The Treaty of Versailles. A Reassessment after 75 Years, hg. von M. Boemeke u.a., Cambridge 1998, S. 69-86 .

2 K. Schwabe, Deutsche Revolution und Wilson-Frieden, Düsseldorf 1971, S. 88 ff.; Amtliche Urkunden zur Vorgeschichte des Waffenstillstandes 1918, hg. v. Auswärtigen Amt, Reichsministerium des Inneren, Berlin 1927.

3 Woodrow Wilson, The Public Papers. War and Peace, Bd. 1, New York 1927, S. 155-162; A. Walworth, America's Moment: 1918. American Diplomacy at the End of World War I, New York 1977, S. 275 ff. Zeitgenössiche deutsche Übersetzung in: Quellen zum Friedensschluß von Versailles, hg. von K. Schwabe, 2. Aufl., Darmstadt 1997, S. 47 f.

4 Walworth, America's Moment, S. 70.

5 Text in: Quellen zum Friedensschluß von Versasilles, S. 65 f. und S. 67 f.

6 Text in: Renouvin, L'Armistice, S. 415 ff.; ferner Walworth, America's Moment, S. 32 ff.

7 P. Krüger, Versailles. Deutsche Außenpolitik zwischen Revisionismus und Friedenssicherung, München 1986; G. Goldberg, The Peace to End Peace. The Paris Peace Conference of 1919, New York 1969; G. Schulz ; Revolutionen und Friedensschlüsse, Bd. 2, München 1967; A. Walworth, Wilson and His Peacemakers. American Diplomacy at the Paris Peace Conference, 1919, New York 1986; Versailles 1919. Ziele – Wirkung – Wahrnehmung, hg. v. G. Krumeich, Essen 2001.

8 P. Mantoux, Les délibérations du Conseil des Quatre, 2 Bde., Paris 1955; Department of State, Foreign Relations of the United States, The Paris Peace Conferenc, 13 Bde., Washington 1946 ff.; British Documents on Foreign Affairs, hg. von M. Dockrill, Teil 2, Reihe 1: The Paris Peace Conference of 1919, 15 Bde., Frederick, Md., 1989.

9 L. Haupts, Deutsche Friedenspolitik 1918-19. Eine Alternative zur Machtpolitik des Ersten Weltkrieges? Düsseldorf 1976, S. 293 ff.

10 T. J. Knock, To End all Wars. Woodrow Wilson and the Quest for a New World Order, Princeton, NJ 1992, S. 210 ff.

11 S. A. Schuker, The Rhineland Question: West European Security at the Paris Peace Conference of 1919, in: The Treaty of Versailles, S. 297 f.

12 Schwabe, Deutsche Revolution und Wilson-Frieden, S. 498 ff.

13 A. I. Mayer, Politics and Diplomacy of Peacemaking. Containment and Counterrevolution at Versailles, 1918-19, London 1967, S. 510 ff. und S. 559 ff.

[14] P. Grupp, Deutsche Außenpolitik im Schatten von Versailles, Paderborn 1988; K. Schwabe, Einleitung zu : Quellen zum Friedensschluß von Versailles, S. 1- 38.
[15] Einleitung zu den deutschen Gegenvorschlägen, 29.5.1919, in: Quellen zum Friedensschluß von Versailles, S. 290. Der Entwurf stammte von dem deutschen Pazifisten Walther Schücking.
[16] P. Krüger, Deutschland und die Reparationen 1918/19, Stuttgart 1973, S. 181 ff.
[17] Alliierte Mantelnote zur Antwort auf die deutschen Gegenvorschläge, 16.6.1919, in: British Documents on Foreign Affairs, The Paris Peace Conference, Bd. 6 , S. 927. Vgl. dazu F. Dickmann, Die Kriegsschuldfrage auf der Friedenskonferenz von Paris, München 1964; A. Lentin, Guilt at Versailles. Lloyd George and the Pre-History of Appeasement, London 1984.
[18] C. Fink, The Minorities Question at the Paris Peace Conference: The Polish Minority Treaty, June 28, 1919, in: The Treaty of Versailles , S. 249-274.
[19] Erzberger, Denkschrift, 1.6.1919, in: Quellen zum Friedensschluß von Versailles, S. 308 ff.
[20] Walworth, Wilson and his Peacemakers, S. 485 ff.

Literatur

T. J. Knock, To End all Wars. Woodrow Wilson and the Quest for a New World Order, Princeton, NJ 1992.
P. Krüger, Versailles. Deutsche Außenpolitik zwischen Revisionismus und Friedenssicherung, München 1986.
A. Lentin, Guilt at Versailles. Lloyd George and the Pre-History of Appeasement, London 1984.
A. J. Mayer, Politics and Diplomacy of Peacemaking. Containment and Counterrevolution at Versailles, 1918-19, London 1967.
P. Renouvin, 1918. L'Armistice de Rethondes, Paris 1968.
K. Schwabe, Deutsche Revolution und Wilson-Frieden, Düsseldorf 1971.
The Treaty of Versailles. A Reassessment after 75 Years, hg. v. M. Boemeke u. a., Cambridge 1998.
Der verlorene Frieden. Politik und Kriegskultur nach 1918, hg. v. J. Dülffer/G. Krumeich, Essen 2002.
Versailles 1919. Ziele – Wirkung – Wahrnehmung, hg. v. G. Krumeich, Essen 2001.
A. Walworth, America's Moment: 1918. American Diplomacy at the End of World War I, New York 1977.

Die Geschichtsschreibung zum Ersten Weltkrieg

GERD KRUMEICH und GERHARD HIRSCHFELD

Die Geschichtsschreibung zum Ersten Weltkrieg begann bereits während des Krieges. Zunächst ging es vor allem darum, die »große und erhebende Zeit« sowohl für die Mitlebenden wie auch für die Nachwelt zu dokumentieren, wobei sich Dokumentation und Propaganda weithin überlagerten. Der Krieg von 1914 wurde auf eine neue Weise geradezu »medialisiert«. Die Entwicklung des Rotationsdruckverfahrens, die erst kurz vor Kriegsbeginn standardisierte Einbeziehung von Aktualitätenfotografie, die Möglichkeiten preiswerter Mehrfarbendrucke – all dies waren zusätzliche Anreize für das nun aufkommende massenhafte Interesse am Weltkrieg und die Identifikation mit der eigenen Kriegführung.

Allerorten entstanden Darstellungen, Chroniken und Dokumentationen eines von den Zeitgenossen von Anbeginn an als »groß« empfundenen und entsprechend apostrophierten »Weltenringes«. Privatleute, unter ihnen nicht wenige Unternehmer, aber auch Kommunen legten sogenannte Kriegssammlungen an, um die als historisch höchst bedeutsam empfundene Aktualität für die Nachwelt zu dokumentieren. Unter den sammelnden Unternehmern war auch der spätere Begründer der »Weltkriegsbücherei« Richard Franck. Die heute beinahe naiv anmutende Sammlerfreude, mit der Franck und seine Mitarbeiter derartige Erinnerungsstücke zusammentrugen, um sie später »als ein Dokument der großen Zeit möglichst umfassend und wertvoll irgendwie einer größeren Allgemeinheit zugänglich zu machen« war charakteristisch für den Eifer und das Engagement, mit denen zwischen 1914 und 1918 »Kriegssammlungen« sowie später auch »Kriegsmuseen« in nahezu allen am Krieg beteiligten Ländern eingerichtet wurden. Aus einer analogen Motivation heraus wie die Stuttgarter »Weltkriegsbücherei« (heute Bibliothek für Zeitgeschichte) entstanden im Weltkrieg auch die auf eine Initiative des französischen Unternehmerehepaares Leblanc zurückgehende Bibliothèque de Documentation Internationale Contemporaine in Paris oder das von britischen Industriellen angeregte Imperial War Museum in London.

Solches Sammeln und Dokumentieren verstand sich als Teil einer kommenden Weltkriegshistoriographie, ansatzweise bereits mit einem wissenschaftlichen Anspruch. Das große öffentliche Interesse an Darstellungen des Krieges brachte neben zahllosen »illustrierten Geschichten« und anderen volkspatriotischen Abhandlungen auch anspruchsvolle Dokumenten- und Berichtsammlungen hervor. Insbesondere zu nennen sind hier die kontinuierlich erscheinenden von Friedrich Purlitz herausgegebenen Jahresberichte *Der Europäische Krieg in aktenmäßiger Darstellung (1914-1919)* als Teil des bekannten *Deutschen Geschichtskalenders* von Karl Wippermann. Die Öffentlichkeit blieb auf die Propaganda-Berichte der Obersten Heeresleitung angewiesen – ebenso wie auf das zensierte Bildmaterial des Bild- und Filmamtes (BUFA). Zwischen den Zeilen solcher Berichte waren zwar manchmal auch Rückzüge und Widrigkeiten der eigenen Kriegführung zu erkennen, vom Informationswert her hatten diese amtlichen Berichte jedoch keinerlei Relevanz und fanden daher sie zunehmend weniger Interesse.

Um so bedeutsamer war hingegen die bereits seit 1917 erscheinende, später immer wieder neu aufgelegte, vierbändige Gesamtdarstellung *Geschichte des Krieges* des Schweizer Publizisten Hermann Stegemann, deren Wirkung auf die Kenntnis des

Weltkriegs in der deutschen Öffentlichkeit kaum überschätzt werden kann. In den 1920er und 1930er Jahren war »der Stegemann« derart populär, daß er bei späteren Editionen den Titel *Stegemanns Geschichte des Krieges* erhielt. Auch die von dem Militärautor und Generalleutnant a. D. Max Schwarte besorgte, jedoch nicht ganz so erfolgreiche, zehnbändige illustrierte Darstellung *Der Große Krieg, 1914-1918* (1921-1933) fand ihr Lesepublikum. Weit verbreitet waren auch *Der Große Krieg in Einzeldarstellungen* (herausgegeben vom deutschen Generalstab, 1918-1919), sowie das im Auftrag des Reichsarchivs publizierte Serienwerk *Schlachten des Weltkriegs* (von 1924-1930), das der Verlag auf Wunsch auch als einzelne Bände lieferte. Beide Werke wurden nicht zuletzt mit der Absicht veröffentlicht, Brücken zu schlagen zwischen dem Wunsch der ehemaligen Soldaten nach einer angemessenen Erinnerung an den Weltkrieg und einer weiteren Öffentlichkeit, die vor allem seit dem Ende der 1920er Jahre an der Mythisierung der Schlachten von Verdun und an der Somme sowie anderen militärischen Ereignissen teilnahm.

Zweifellos die wichtigste Publikation des Reichsarchivs – jener unmittelbar nach Kriegsende gegründeten Einrichtung zur Sammlung aller erreichbaren amtlichen (wie auch privaten) Dokumente zum Weltkrieg – stellte die 14bändige kriegsgeschichtliche Bilanz *Der Weltkrieg 1914-1918* (1925-1944, 1956) dar. Die letzten beiden Bände wurden elf Jahre nach dem Ende des Zweiten Weltkriegs, nun vom westdeutschen Bundesarchiv, veröffentlicht. Konzeptionell stand dieses Unternehmen noch ganz in der Tradition preußischer Generalstabswerke des 19. Jahrhunderts. Allerdings lassen sich beim militärgeschichtlichen »Weltkriegswerk« des Reichsarchivs, trotz der betonten Abgrenzung gegenüber der akademischen Geschichtsschreibung, auch Ansätze innovativer methodischer Vorgehensweisen (etwa mit der Befragung von Zeitzeugen bei fehlenden Primärquellen oder zu deren Ergänzung) feststellen. Gleichwohl blieb dieses Werk zutiefst geprägt vom Bemühen, die »Ehre des deutschen Heeres« (bzw. seiner Generalität) zu wahren und gegen jegliche »zivilistische« Kritik abzuschirmen.

Der Weltkrieg fand in Deutschland somit weder in den 1920er noch den 1930er Jahren eine historiographische Gesamtdarstellung, die jenseits eng gefaßter militärgeschichtlicher Fragestellungen wissenschaftlichen Ansprüchen genügt hätte. Trotz der Hinzuziehung einiger Zivilisten in die Forschungsarbeit der Archive waren die »Generalstabshistoriker« (Markus Pöhlmann) mit der Darstellung eines in vieler Hinsicht »modernen« Krieges schlicht überfordert. Da für Frankreich und England ähnliches zutrifft, stellt sich die Frage, warum der Weltkrieg als Gesamtereignis für die universitäre Geschichtsschreibung zunächst offensichtlich unzugänglich blieb. Dies hängt sicherlich mit der seinerzeit weit verbreiteten Scheu der Historiker vor einer unmittelbar zurückliegenden »Zeitgeschichte« zusammen, die zudem quellenmäßig noch ungesichert schien. Vielleicht ist aber auch ein wichtiger Grund hierfür die Tatsache, daß der Krieg mit dem Frieden von Versailles nicht wirklich aufhörte. Einmal auf der Ebene kollektiver Mentalitäten, aber auch ganz konkret durch die fortdauernden kriegerischen Auseinandersetzungen um die neuen nationalen Grenzen, vor allem in Ostmitteleuropa, setzte sich der »Krieg nach dem Krieg« fort. In den 1920er Jahren geriet die wissenschaftliche Aufarbeitung der Vorgeschichte des Krieges, besonders in Deutschland, zum Hauptthema, welches gleichsam als nationale Aufgabe alle anderen historischen Fragen überlagerte oder sogar in den Hintergrund drängte. Die Frage nach den Ursachen des Krieges und den »Verantwortlichkeiten« stand nunmehr für lange Zeit – eigentlich bis in die 1970er Jahre – im Zentrum der internationalen historischen Weltkriegsforschung.

Die Geschichte der »Kriegsschuld«-Diskussion in den 1920er Jahren kann inzwischen als erforscht gelten und braucht hier im einzelnen nicht nachgezeichnet zu werden. Die in Deutschland von regierungsamtlicher Seite geforderte bzw. verantwortete »Kriegsunschuld«-Forschung überwucherte angesichts der als vordringlich angesehenen Widerlegung der Versailler »Kriegsschuldlüge« alle anderen historiographischen Fragen. Insbesondere dem eigens eingerichteten Kriegsschuldreferat des Auswärtigen Amtes oblag die Aufgabe, gemeinsam mit Verbänden und Interessengruppen, die vollständige, zumindest aber die relative Unschuld Deutschlands am Krieg nachzuweisen. Da das Verhalten der deutschen Regierung in der Julikrise 1914 im Nachhinein auch von den engagiertesten Verfechtern deutscher Unschuld als ungeschickt bzw. wenig friedensorientiert angesehen wurde, war die deutsche Historiographie bemüht, die gesamte Zeit »von Bismarck zum Weltkrieg« (Erich Brandenburg) als »Vorgeschichte« des Krieges zu behandeln. Dabei suchte sie nachzuweisen, daß sich im Zeitalter des europäischen Imperialismus eine Mächtekonstellation herausgebildet habe, in der das spät erwachte, dann aber gleichsam riesenhaft wachsende Deutschland an der natürlichen Entfaltung seiner Kräfte gehindert worden sei. Deutschland habe sich vor 1914 – so die ganz überwiegende Auffassung dieser Historiker – in einem Zustand notwendiger »Verteidigung« nicht allein seiner Interessen, sondern geradezu seiner Existenz befunden. Immer wieder verwiesen sie darauf, daß diese gegen Deutschland gerichtete Konstellation auch in der Julikrise wirksam gewesen sei, symbolisiert etwa in dem Bemühen der späteren Kriegsgegner, die deutschen Anstrengungen zur »Lokalisierung« des Konflikts auf einen »Kleinkrieg« Österreich-Ungarns gegen Serbien zu hintertreiben.

Interessanterweise spielten Universitätshistoriker in dieser »wissenschaftlichen« Aufarbeitung der Kriegsschuldfrage nur eine recht untergeordnete Rolle. Diejenigen, die wie Dietrich Schäfer und Johannes Haller aus dem Engagement der Kriegspropaganda im nationalen Fahrwasser weiterfuhren und die Weimarer »Kriegsunschuld«-Kampagne mittrugen, bildeten nur eine Minderheit der deutschen Hochschullehrer. Im Unterschied etwa zur Fischer-Kontroverse der 1960er Jahre fühlten sich die meisten Universitätshistoriker, die zwar überwiegend einen »nationalen« Standpunkt einnahmen, sich aber tagespolitisch abseits hielten, von diesem propagandistischen Feldzug nicht angezogen. Symptomatisch hierfür erscheint die Klage des Herausgebers der (auf die »Kriegsschuld«-Diskussion thematisch festgelegten) *Berliner Monatshefte*, Paul Herre, von 1929, daß sich die historische Zunft nicht angemessen mit der »Kriegsschuldfrage« beschäftige, weil sie diese Frage als eine politisch-moralische und nicht als eine historisch-wissenschaftliche ansähe. Ein Blick in die wichtigsten Fachzeitschriften der deutschen Historiker, die *Historische Zeitschrift* und die *Historische Vierteljahrsschrift*, bestätigt diese Zurückhaltung sehr deutlich: Im gesamten Zeitraum von 1914 bis 1933 sind in der *Historischen Zeitschrift* nur neun Aufsätze zum Weltkrieg veröffentlicht worden.

Das wichtigste und heute noch zentrale Werk der deutschen Kriegsursachenforschung nach 1918 ist die 40bändige Dokumentensammlung aus den Archiven des Auswärtigen Amtes über die *Große Politik der Europäischen Kabinette, 1871-1914* (erschienen 1922-1927). Die Herausgeberschaft lag in den Händen des Orientalisten (und Missionars) Johannes Lepsius, des Völkerrechtlers Albrecht Mendelssohn Bartholdy und des Historikers Friedrich Thimme. Zwar hatte auch diese riesige Quellenedition vor allem die Aufgabe, die deutsche Unschuld am Ausbruch des Weltkriegs und die »Einkreisung« Deutschlands durch die anderen Mächte nachzuweisen. Doch die Forschung hat erwiesen, daß trotz mancher Auslassungen und Fehleinschätzungen die Dokumentensammlung insgesamt durchaus zuverlässig ist. Allein die verschiedenen erläuternden Fußnoten und die Anordnung der Dokumente, nicht in chronologischen sondern in thematischen Blöcken, sind zeitgebunden und politisch verhaftet. Gleichwohl stand die »Große Politik« für die Bereitschaft Deutschlands, die Quellen offenzulegen, nicht zuletzt um dadurch die Siegermächte zu veranlassen, nun ebenfalls ihre Dokumente zum Weltkrieg rasch zu publizieren.

Als erste westliche Nation folgte Großbritannien dem deutschen Beispiel. Die umfangreiche Sammlung wurde, unter der Federführung der bekannten Historiker George P. Gooch und Harold Temperley, als *British Documents on the Origins of the War* von 1926 bis 1938 herausgegeben. Vor allem die Einbindung der Historiker wurde als Ausweis und Garantie für »historical accuracy and impartiality« (so der britische Außenminister Austen Chamberlain) betrachtet. Demgegenüber reagierten die Franzosen zunächst sehr viel verhaltener. Ihre von einer 54köpfigen Kommission (unter Beteiligung zahlreicher Diplomaten) edierten *Documents diplomatiques français 1871-1914* erschienen erst seit 1929 (bis 1956). Da beide Serien auch Dokumente enthalten, die in der Kriegsschuldkontroverse durchaus gegen die alliierten Regierungen sprechen, kann ihnen trotz »aller möglichen politischen Manöver zur Purgierung der Akten« (Sacha Zala) die (besonders aus Deutschland immer wieder angezweifelte) Objektivität keineswegs abgesprochen werden.

Eine besondere Rolle in diesem sich international vollziehenden »Krieg der Dokumente« spielten die von der revolutionären Regierung Rußlands, auf persönliche Veranlassung von Lenin und Trotzki, seit Februar 1918 freigegebenen und in zahlreichen Ausgaben teilveröffentlichten Dokumenteneditionen »Aus den zarischen Archiven«. In Großbritannien erschien, im Auftrag der Union of Democratic Control, bereits im April 1918 eine englische Übersetzung einiger russischer Dokumente (*The Secret Treaties and Understandings*). In Deutschland bekannt wurden vor allem die von dem Berliner Legationsrat des Auswärtigen Amtes, Friedrich Stieve, publizierten Berichte des russischen Botschafters in Paris aus der Vorkriegszeit, welche geeignet schienen, das deutsche »Einkreisungs«-Argument zu stützen. Auch auf die französischen »Revisionisten« hatten die russischen Dokumentensammlungen (*Materialy po istorii franko-russkich otnoscheniiza 1910-1914* gg., 1922), die in Frankreich noch im gleichen Jahr im Verlag der kommunistischen Zeitung *Humanité* veröffentlicht wurden (*L'abominable vénalité de la presse française*), erheblichen Einfluß. Zweifellos die wichtigste sowjetische Aktenüberlieferung zum Weltkrieg ist die elf Bände umfassende, von 1931 bis 1944 veröffentlichte Edition *Meshdunarodnye otnoschenija w epochu imperialisma*.

Bereits im September 1919 veröffentlichte das Wiener Staatsamt für Äußeres *Diplomatische Aktenstücke zur Vorgeschichte des Krieges 1914*, mit denen die erste sozialistische Nachkriegsregierung Österreichs die Verantwortung der kaiserlichen Regierung für den Kriegsausbruch zu untermauern gedachte. Elf Jahre später erschien die vom Bundesministerium für Heerwesen gemeinsam mit dem österreichischen Kriegsarchiv besorgte amtliche Dokumentation *Österreich-Ungarns Außenpolitik von der Bosnischen Krise 1908 bis zum Kriegsausbruch 1914* (1930).

Was die großen Abhandlungen zum Weltkrieg angeht, so zeigt sich, daß auch die Historiker der »Siegermächte« zunächst keinen Versuch unternahmen, eine derartige Gesamtdarstellung des Krieges zu schreiben. Auch hier findet sich ein bemerkenswert starkes Übergewicht der Generalstabshistoriographie und – wie in Deutschland – eine grundsätzliche, und der historischen Betrachtung keineswegs förderliche Trennung von militärischer und politischer Geschichte des Weltkriegs. Dies gilt etwa für das große offizielle Werk des französischen Kriegsministeriums *Les armées françaises dans la Grande Guerre*, das von Aufbau und Struktur her verblüffende Ähnlichkeiten mit dem 14bändigen »Weltkriegswerk« des Reichsarchivs aufweist. Allerdings war die der französischen Darstellung zugrundeliegende Argumentation nicht annähernd so defensiv-militaristisch wie die der deutschen.

Eine herausragende Stellung in der französischen Forschung zum Ersten Weltkrieg behauptet zweifellos das Werk Pierre Renouvins. Wie kaum ein anderer der national eingestellten Historiker – der französische Staatspräsident Poincaré hat in seinen Memoiren immer wieder Bezug auf Renouvins Forschungen genommen – erreichten dessen Studien einen Grad von Objektivität und Vielseitigkeit der Gesichtspunkte –

insbesondere durch die Verschränkung politischer und militärischer Geschichte des Krieges –, wie er sich erst wieder in den Arbeiten von Jean-Baptiste Duroselle und Jean-Jacques Becker seit den 1980er Jahren findet. Renouvins erstes großes Buch von 1925 betraf die *Origines immédiates de la Guerre* und behandelte ausschließlich die Zuspitzung der Julikrise 1914. Der Historiker Renouvin, zugleich Sekretär der großen Regierungskommission zur Veröffentlichung der amtlichen französischen Dokumente, versuchte hier mit guten Argumenten zu zeigen, wie das deutsche Reich allen Vermittlungsbemühungen zum Trotz auf einer Lokalisierung der Krise beharrte, um die Machtstellung Österreich-Ungarns gegen Serbien zu stärken und die anderen Großmächte auseinander zu manövrieren. Er ist von dieser Analyse auch in seinen weiter gesteckten folgenden Darstellungen, insbesondere *La Crise européenne et la Grande Guerre* nie wesentlich abgewichen.

Für die Entfremdung zwischen der deutschen und französischen Weltkriegsforschung ist sicherlich kennzeichnend, daß die Arbeiten Renouvins weder ins Deutsche übersetzt noch über den Kreis der deutschen Fachkollegen hinaus rezipiert wurden. Von deutschen Regierungsstellen, vor allem dem Kriegsschuldreferat des Auswärtigen Amtes, hingegen finanziell unterstützt und weit verbreitet wurden in den 1920er Jahren die Arbeiten französischer und angelsächsischer Historiker sowie politischer Publizisten – zumeist aus dem linken Lager –, die die deutsche Kampagne gegen die Kriegsschuld untermauerten. Nie zuvor – und seitdem nie wieder – ist französische »Forschung« (etwa von Mathias Morhardt über die *Wahren Schuldigen*, 1925) in Deutschland derart stark rezipiert worden. Die in der deutschen Debatte um die Schuld am Kriege zweifellos am stärksten herangezogenen Veröffentlichungen aber waren die Bücher von Harry Elmer Barnes (*The Genesis of the World War*, 1926) und von Sidney B. Fay (*The Origins of the World War*, 1929) sowie die (wissenschaftlich durchaus solide) Studie von Bernadotte E. Schmitt *The Coming of the War 1914* (1930). Insbesondere der amerikanische Literaturprofessor Barnes wurde in Deutschland mit viel Beifall aufgenommen, versuchte er doch, die deutsche Schuld am Kriege insgesamt in Abrede zu stellen. Schmitt hingegen zeigte, unter Heranziehung amtlicher Quellen sowie privater Erinnerungen, hellsichtig auf, daß Deutschland die Österreicher zum Krieg gegen Serbien gedrängt und daß man in Berlin die Bereitschaft Rußlands, eine Erniedrigung Serbiens hinzunehmen, überstrapaziert hatte.

In den ersten Jahren der nationalsozialistischen Diktatur in Deutschland änderten manche deutschen Historiker gewissermaßen nur ihre Fragestellung zum Weltkrieg. Statt »Wer war für den Ausbruch verantwortlich?« lautete nun das verbreitete Leitmotiv: »Was ging schief, und wie können wir verhindern, daß sich ähnliche Fehler künftig wiederholen?« Auf der Basis erprobter historischer Stereotypen und der gleichsam mythischen Beschwörung von Schlachtenorten wie Tannenberg, Langemarck und Verdun vollzog sich diese intellektuelle »Wehrhaftmachung« der deutschen Geschichtsschreibung. Die militärischen Siege über Belgien und Frankreich im Frühsommer 1940 wurden vom NS-Regime als das wahre Ende des Ersten Weltkriegs gefeiert, wobei sich die Führung der Zustimmung der meisten Deutschen sicher sein konnte. Selbst liberale und konservative Gegner des Regimes, so auch der Historiker Friedrich Meinecke, empfanden diese Siege als persönliche Genugtuung. Im Herbst 1940 fanden in Verdun und auf dem Soldatenfriedhof von Langemarck militärische Gedenkfeiern statt, die gleichsam das Ende des Ersten Weltkriegs symbolisieren sollten. Bereits am 12. Juni 1940 erschien im *Völkischen Beobachter* eine Zeichnung, auf der ein Wehrmachtsoldat zu sehen war, der die Reichskriegsflagge (mit Hakenkreuz) in französischen Boden pflanzte. Darunter stand der Satz, den der Wehrmachtsoldat den Soldaten des Ersten Weltkriegs zurief »Und Ihr habt doch gesiegt«.

Die westdeutsche Geschichtsschreibung über den Ersten Weltkrieg während der späten 40er und in den 50er Jahren knüpfte nahtlos an die Geschichtsdeutungen der

Weimarer Republik an. Es wurden vertraute Interpretationen neu formuliert, die als Variationen des berühmten Lloyd-George-Verdikts gelten können: »All powers slithered over the brink into the boiling cauldron of war« (zumeist wiedergegeben als »Wir sind alle hineingeschlittert«). Neue Forschungen fanden so gut wie nicht statt; sie wurden zunächst auch nicht als notwendig empfunden, zumal der Schock von 1945 die historische Bedeutung der Jahre 1914 bis 1918 überlagerte. Bereits die programmatischen Schriften der beiden mutmaßlich einflußreichsten deutschen Historiker nach Kriegsende, Gerhard Ritters *Die Dämonie der Macht* und Friedrich Meineckes *Die Deutsche Katastrophe*, wiesen jeden Gedanken an eine veränderte Sicht des Ersten Weltkriegs weit von sich. Mit ihrem Beharren auf den Werten und den Verfahren einer älteren deutschen Nationalgeschichtsschreibung verstellten sich diese Historiker aber zugleich auch die Möglichkeit, überkommene Sichtweisen kritisch zu hinterfragen und dabei auch die inzwischen sehr intensive Forschung des Auslands zum Ersten Weltkrieg, insbesondere zum Kriegsausbruch 1914, einzubeziehen.

Die Summe dessen, was an vergleichender Quellenkritik und feinsinniger Positionierung der Absichten und Verhaltensweisen der Akteure in der Julikrise damals vorlag, war zweifellos das dreibändige Werk des prominenten italienischen Publizisten und Historikers Luigi Albertini *Le origine della guerra del 1914*, das dieser zuerst 1942/43 veröffentlichte, dessen englische Übersetzung aber erst in den Jahren 1952-1957 erschien. Kein Dokument der Julikrise scheint hier ausgelassen, die Entscheidungen so weit wie möglich aufeinander bezogen, der Weg der Depeschen bis hin zur Kenntnisnahme durch die Entscheidungsträger nachvollzogen. Berühmt ist Albertinis Versuch, die näheren Umstände der russischen Generalmobilmachung und die deutsche Kenntnis derselben nachzuvollziehen. Obwohl für ihn gewissermaßen alle europäischen Staatsmänner Verantwortung für den Ausbruch des Krieges trugen, sah er Deutschland jedoch als die eigentlich treibende Kraft, denn – so Albertini – ohne den deutschen Druck in der Julikrise hätte sich Österreich-Ungarn niemals zum kriegerischen Vorgehen gegen Serbien entschlossen.

Bei den deutschen Historikern der 1950er Jahre fanden Albertinis gründliche Nachforschungen und kritische Schlußfolgerungen kaum Gehör. Selbst die vorsichtig-kritische Position Ludwig Dehios, der bereits 1951 die »singuläre Dynamik« des wilhelminischen Deutschlands herausgestellt und die auf Veränderung des Status Quo in Europa zielende deutsche Politik vor 1914 als ein sich ständig verschärfendes »Kriegsrisiko« bezeichnet hatte, wurde nicht aufgegriffen. Statt dessen bemühte man weiterhin die Erklärungsmuster der Zwischenkriegszeit und beschwor die »militärisch-politische Zwangslage, die unsere Diplomatie im Moment der großen Weltkrisis im Juli 1914 geradezu in Fesseln schlug« (so Gerhard Ritter in seinem Werk *Staatskunst und Kriegshandwerk*, 1954-1968).

Aus eben dieser »Burgsicherungs-Mentalität« (Wolfgang Jäger) heraus erklärt sich auch die Heftigkeit der Reaktion deutscher Historiker auf Fritz Fischers Darstellung und Beurteilung der deutschen Verantwortung für den Ausbruch des Ersten Weltkriegs, die der Hamburger Historiker in seinem Buch *Griff nach der Weltmacht* (1961) der deutschen Öffentlichkeit präsentierte. Die »Fischer-Kontroverse« wurde zum ersten »Historikerstreit« der deutschen Nachkriegsgeschichte, dessen Auswirkungen weit über die historische »Zunft« hinausgingen und sogar deutsche Politiker auf den Plan riefen. Gerhard Ritter sprach sicherlich den meisten seiner schockierten Historiker-Kollegen aus dem Herzen, als er in einer Besprechung in der *Historischen Zeitschrift* Fritz Fischer der »wissenschaftlichen und politischen Verantwortungslosigkeit« beschuldigte.

Aber es war zu spät: Fischer hatte mit seinem bahnbrechenden Werk von 1961 und den nachfolgenden Studien den Anstoß zu einer neuen und nun überaus intensiven Debatte über den Ersten Weltkrieg gegeben. Seine Thesen und Schlußfolgerungen, die er in den folgenden Jahren selbst in einer Reihe von Punkten revidiert und ergänzt hat, stellen inzwischen natürlich keine Herausforderung für die deutsche Geschichtswissenschaft mehr dar. Zu ihrer Zeit jedoch trugen Fischers Arbeiten und ebenso die seiner Schüler mit dazu bei, die überkommene Nationalgeschichtsschreibung älterer Prägung zu überwinden und die Voraussetzungen für einen neuen Blick auf das Kaiserreich wie die Geschichte des Ersten Weltkriegs zu schaffen. Die Ironie der »Fischer-Debatte« war jedoch, daß Fritz Fischer in seinen großen Studien den eher konventionellen methodischen Ansatz einer klassischen Diplomatiegeschichte präsentierte. Seine Darlegungen basierten nahezu ausschließlich auf regierungsamtlichen und anderen offiziellen Quellen. Wirtschaftliche oder gesellschaftliche Fragestellungen waren von ihm weitgehend ausgeklammert oder blieben den politischen Entscheidungen untergeordnet. Erst allmählich – gleichsam mit jeder Neuauflage seiner Weltkriegsstudien – erweiterte sich Fischers politik- und diplomatiegeschichtlicher Horizont. Mit der von ihm schließlich postulierten Kontinuität zwischen dem wilhelminischen und dem nationalsozialistischen Deutschland trug Fischer auch zu der deutschen »Sonderwegs-Diskussion« bei, wie sie später von zahlreichen, vor allem jüngeren deutschen Historikern geführt wurde.

In den 1970er Jahren erschienen eine Reihe grundlegender Studien aus dem Umkreis der Hamburger Schule Fritz Fischers, aber auch von anderen deutschen Historikern, die nun verstärkt auch sozial- und wirtschaftsgeschichtliche Fragestellungen zum Ersten Weltkrieg aufgriffen. Naturgemäß stand dabei die Organisation der Kriegswirtschaft im Zentrum, aber auch Ursache und Auswirkung der kriegsbedingten Inflation, der Beziehungen auf dem Arbeitssektor sowie allgemein die politischen und ökonomischen Verwerfungen innerhalb der deutschen Gesellschaft als Folge des Krieges. In einem gewissen Sinne knüpfen diese Arbeiten an die zahlreichen Studien zu wirtschafts- und sozialgeschichtlichen Themen des Weltkriegs an, die vor allem in den 1920er Jahren von der amerikanischen Stiftung Carnegie Endowment for International Peace in Auftrag gegeben worden waren. Auch wenn der wissenschaftliche Ertrag der in 18 nationalen Serien (von 1911 bis 1941) versammelten Studien naturgemäß sehr unterschiedlich ausfällt, so enthalten doch etliche der von der Division of Economics and History dieser Stiftung veröffentlichten Forschungsarbeiten interessantes Material und aufschlußreiche Fragestellungen, die nach wie vor für den Weltkriegshistoriker unentbehrlich sind.

Die beiden wichtigsten und zugleich einflußreichsten Arbeiten dieser Forschungsperiode waren sicherlich die Arbeit des amerikanischen Historikers Gerald D. Feldman *Army, Industry and Labor in Germany 1914-1918* (das Buch erschien bereits 1966, die deutsche Übersetzung 1985) sowie Jürgen Kockas Studie über die deutsche *Klassengesellschaft im Krieg* (zuerst 1973). Insbesondere Kockas Anregung, die Ursachen der Novemberrevolution 1918 aus den gesellschaftlichen Wandlungsprozessen und Verteilungskonflikten der Kriegsjahre zu erklären, stieß auf große Resonanz. Von Gerald Feldman stammt ein weiteres Standardwerk der Wirtschaftsgeschichte des Weltkriegs, das sich mit der deutschen Inflation von 1914 bis 1924 und der Finanzierung des Krieges (*The Great Disorder*, 1993) befaßt.

Allerdings spielte der Krieg als eine existentielle und gesellschaftliche Ausnahmesituation in der nun zunehmend sozialökonomisch orientierten Forschung der 1970er Jahre eine immer geringere Rolle. Erst die Mitte der 1980er Jahren international einsetzende mentalitäts- und alltagshistorische Forschung hat hier wieder ein gewisses Gegengewicht geschaffen. Vor allem die verschiedenen Facetten und Ebenen des sogenannten Kriegserlebnisses wurden nun zu einem zentralen Thema der Geschichtsschreibung zum Ersten Weltkrieg – allerdings nicht mehr in patriotischer Besinnung wie noch in den 1920er und 30er Jahren, sondern als Gegenstand quellenorientierter Forschung. Der Alltag der Soldaten an der Front wurde insbesondere aufgrund von privaten Tagebüchern, Soldatenbriefen, Bild-Postkarten, Fotografien und Frontzeitungen näher erforscht. Vor allem die Entdeckung der Feldpost als einer bis dahin weitgehend »unbekannten popularen Geschichtsquelle« (Peter Knoch) erwies sich als ein wichtiger Umstand, zumal die Kriegsbriefe der Soldaten und ihrer Angehörigen Menschen eine Stimme verlieh, die für die meisten Historiker ansonsten nahezu stumm geblieben wären. Die Untersuchungen zum Frontalltag berührten vor allem die Frage, wie das Erlebnis der Materialschlachten und des Stellungskriegs die Einstellungen der Soldaten und ihre Verhaltensweisen prägte.

Während in Deutschland zunächst noch die Rolle der Intellektuellen und Künstler in der Darstellung und propagandistischen »Vermittlung« des Krieges im Vordergrund stand, widmete sich die angelsächsische und französische Forschung von Anfang an einer »Kriegsgeschichte von unten«, bei der die lebensweltlichen Erfahrungen der Soldaten und der Zivilbevölkerung in diesem ersten »totalen Krieg« des 20. Jahrhunderts aufeinander bezogen wurden. Vorbildlich waren hier die Arbeiten von Trevor Wilson *The Myriad Faces of War* (1986) sowie Jay M. Winters eindrucksvolle Darstellung *The Great War and the British People* (1986). Vor allem in Großbritannien bestand schon immer ein ausgeprägtes Interesse am einfachen Soldaten, jenem unbekannten Krieger, »known only unto God« (wie es in Rudyard Kiplings eindrücklicher Formulierung auf englischen Soldatengräbern eingemeißelt steht). Eine ähnliche Tradition existierte auch in Frankreich: Die beinahe klassisch zu nennende Dokumentensammlung *Vie et mort des Français, 1914-1918* (1962 herausgegeben von André Ducasse u. a.) trägt bezeichnenderweise den Untertitel »Simple histoire de la Grande Guerre«.

Die Vielfalt unterschiedlicher Quellen und die offene Herangehensweise der Historiker bei ihrer Suche nach dem Kriegsalltag weisen auf eine historiographische Tradition hin, die sich in Frankreich seit den späten 1920er Jahren unter dem Namen der »Annales-Schule« etabliert hat. Der Einfluß dieser historischen Schule auf die französische Geschichtsschreibung über den Ersten Weltkrieg ist evident. Besonders Jean-Jacques Beckers bedeutende Studie über die Reaktionen der Franzosen auf den Kriegsbeginn (*1914, comment les Français sont entrés dans la guerre*, 1977) evozierte ein starkes Interesse und ermutigte zahlreiche Historiker, sich mit unterschiedlichen Fragen des kollektiven Verhaltens während des Krieges zu beschäftigen. Der Einfluß und die Bedeutung der Annales-Schule beschränken sich im Übrigen nicht allein auf die französische Geschichtsschreibung. Auch in der englischen Weltkriegsforschung lassen sich zahlreiche Elemente einer Kulturgeschichte des »Großen Krieges« festhalten, die zumindest indirekt in der Tradition der Annales stehen. Samuel Hynes' Untersuchungen über die Entwicklung der englischen Kultur unter den Bedingungen des Weltkriegs *A War Imagined. The First World War and English Culture* (1990) ist ein solches Beispiel. Zugleich zeigt sich in der Arbeit von Hynes aber auch eine starke Ausrichtung an der vor allem literaturwissenschaftlich geprägten Erinnerungsforschung nordamerikanischer Wissenschaftler, deren berühmtestes Beispiel für die Zeit des Ersten Weltkriegs nach wie vor die Arbeit von Paul Fussell *The Great War and Modern Memory* (1975) ist. Fussel verdanken wir die sicherlich instruktivste Kritik an einer nur dokumentierten Darstellung der »front line experience«.

Eine große Bedeutung kommt, insbesondere in der deutschen Historiographie zum Ersten Weltkrieg, inzwischen den lokal- und regionalgeschichtlichen Forschungen zu. Einige dieser alltagsgeschichtlichen Arbeiten untersuchen die sich verändernden Lebensbedingungen der Menschen während des Krieges, nicht zuletzt auch die Frage der Beziehungen zwischen den Geschlechtern angesichts einer wachsenden Distanz zwischen Heimat und Front. Andere widmen sich den unterschiedlichen Phasen des Krieges, wobei insbesondere der Kriegsausbruch intensive Beachtung findet. So wurde beispielsweise der alte Topos vom »Augusterlebnis«

grundsätzlich in Frage gestellt bzw. erheblich differenziert. Tatsächlich kann von einer sorglosen »Begeisterung« für den Krieg höchstens für den Bereich der anonymisierten Lebenswelt der Großstädte die Rede sein. Damit unterstreichen diese Studien, die sich vor allem mit dem ländlichen Raum (Bayern) oder mit Grenzregionen des Deutschen Reiches (Freiburg) beschäftigten, daß die öffentliche Stimmung bereits während der ersten Tage des Krieges starken Schwankungen unterworfen war, die wiederum von örtlichen Gegebenheiten und schichtenspezifischen Bedingungen geprägt waren.

Die Historiographie der Mentalitäten als Variante einer Darstellung von Alltagskultur, einer »Geschichte von unten«, wie sie die Forschung der 1980er Jahre geprägt hat, wird also seit einiger Zeit modifiziert und erweitert durch die auch im internationalen Maßstab dominierende »Kriegskultur«-Forschung. Im großen Thema der »Kriegskultur« fließen Mentalitäten, Erfahrungswelten, Propaganda und Ideologie wieder stärker zusammen als dies in der früheren genuinen »Erlebnis«-Forschung der Fall war. In diesem Bereich kann es einmal um die Rolle der Intellektuellen, Künstler und Wissenschaftler im Krieg gehen (hier sind vor allem die Studien von Wolfgang J. Mommsen zu nennen), zum anderen aber um die Ausformung einer ganz spezifischen Kriegs- aber auch »Kriegsbewältigungs-Kultur«, wie sie inzwischen in zahlreichen Arbeiten über Formen der Trauer und des Gedächtnisses bzw. der Erinnerung thematisiert worden ist. Entscheidende Anstöße kamen dabei von dem amerikanischen Historiker George L. Mosse, dessen Arbeiten (*Fallen Soldiers*) zum »Kult der Gefallenen« und zum »Mythos des Kriegserlebnisses« in der europäischen Kulturgeschichtsschreibung des 20. Jahrhunderts starke Beachtung fanden. Insbesondere im Umkreis des Historial de la Grande Guerre in Péronne (Somme), dem derzeit aktivsten internationalen Forschungszentrum zum Ersten Weltkrieg, hat in jüngerer Zeit eine Forschungsrichtung Auftrieb bekommen, die den »aktivistischen« Charakter des Einsatzes der Soldaten im Krieg und die vielfach feststellbare »Kriegseschatologie« als Konsequenz eines teilweise als »heiligen Krieg« aufgefaßten »Kriegs der Kulturen« betrachtet (so Stéphane Audoin-Rouzeau und Annette Becker). Wieweit diese Forschungsrichtung einen Ausgleich findet mit der traditionell stärker das Leiden der Soldaten (und der Zivilisten) betonenden Kriegserlebnis-Forschung bleibt abzuwarten.

An ansprechenden Überblicksdarstellungen und Sammelbänden zur Geschichte des Ersten Weltkriegs, zumeist aus einer nationalen mitunter auch bilateralen Perspektive, besteht sicherlich kein Mangel. Die meisten Abhandlungen gründen zweifelsohne auf einem quellenmäßig und interpretatorisch gesicherten Fundament, bei anderen ist die (nicht immer fundierte) kontrafaktische Provokation (»was wäre gewesen wenn?«) gleichsam Teil der ebenso belehrenden wie spannenden Unterhaltung, mitunter aber auch ein »Tanz über Gräben«. Ebenso wenig mangelt es an eindrucksvoll gestalteten Bildbänden und teilweise hervorragend ausgestatteten Katalogen, die häufig aus Anlaß einer historischen Ausstellung oder Fernsehdokumentation der am »Großen Krieg« nachhaltig interessierten Öffentlichkeit präsentiert werden. Bedarf besteht nach wie vor an einer international vergleichenden Betrachtung politischer, wirtschaftlicher, gesellschaftlicher und mentaler Prozesse im Weltkrieg. Die von Jay Winter und Jean-Louis Robert zwischenzeitlich auf den Weg gebrachten sozio-ökonomischen und demographischen Forschungen zu drei europäischen Hauptstädten kriegführender Staaten (*Capital Cities at War*) stellen zweifelsohne ein beeindruckendes Zwischenergebnis dar.

Ein weiteres Desiderat einer Geschichtsschreibung zum Ersten Weltkrieg liegt in der Darstellung der Verbindung von kollektiven Mentalitäten und individuellem Entscheidungshandeln, beispielsweise in der Julikrise 1914. Heute stehen die Forschungen zu einer politischen Geschichte des Weltkriegs, etwa Georges-Henri Soutous wohl definitive Darstellung der Kriegszielpolitik der europäischen Mächte (*L'or et le sang*, 1989), und die auf »Entscheidungs«-Abläufe fokussierten Quelleneditionen und Darstellungen zur Politik im Krieg noch weitgehend unverbunden neben einer modernen Mentalitäts- und Kulturgeschichte des Krieges. Es wäre die zentrale Aufgabe einer künftigen Weltkriegsgeschichte als einer »verstehenden« Strukturgeschichte des Krieges die Mentalitätenforschung auch in die Geschichte der politischen und militärischen Entscheidungen zu integrieren und dabei zugleich die Grenzen des Verstehens, die Stereotypien der Wahrnehmungen und Einschätzungen, den Gruppendruck im Prozeß des »decision-making«, aber auch das schlichte Nichtwissen über den Verlauf des Krieges an der Front und in der Heimat deutlich zu machen.

Akteneditionen und Dokumentensammlungen (in Auswahl)

»L'abominable vénalité de la presse française...« D'après les documents des archives russes (1897-1917), hg. v. A. Raffalovitsch, Paris 1931.

Berliner Monatshefte. Zeitschrift für Vorgeschichte und Geschichte des Weltkrieges, 1932-1944.

British Documents on the Origins of the War, 1898-1914, hg. v. G. P. Gooch/H. Temperley, 15 Bde., London 1926-1938.

Deutsche Quellen zur Geschichte des Ersten Weltkrieges, hg. v. W. Bihl, Darmstadt 1991.

Documents diplomatiques français, 1871-1914, hg. v. Ministère des Affaires Étrangères, Commission de Publication des Documents Relatifs aux Origines de la Guerre de 1914, Paris 1929-1956.

Der Europäische Krieg in aktenmäßiger Darstellung (1914-1919), 9 Bde., 2 Ergänzungsbde., hg. v. F. Purlitz (= Deutscher Geschichtskalender, begründet von K. Wippermann, Jahrgänge 1914-1919, Leipzig).

Der Große Krieg in Einzeldarstellungen, unter Benutzung amtlicher Quellen, hg. im Auftrag des Generalstabes des Feldheeres, 14 Bde., Oldenburg 1918-1919.

Die Große Politik der Europäischen Kabinette 1871-1914. Sammlung der Diplomatischen Akten des Auswärtigen Amtes, im Auftrage des Auswärtigen Amtes hg. v. J. Lepsius u. a., 40 Bde., Berlin 1922-1927.

Die internationalen Beziehungen im Zeitalter des Imperialismus. Dokumente aus den Archiven der Zarischen und Provisorischen Regierung, dt. Ausg., hg. v. O. Hoetzsch, 11 Bde. in 2 Reihen, Berlin 1931-1936.

Un livre noir. Diplomatie d'avant-guerre d'après les documents des archives russes, novembre 1910-juillet 1914, hg. v. René Marchand, 3 Bde., Paris 1922-1934.

Österreich-Ungarns Außenpolitik. Von der Bosnischen Krise 1908 bis zum Kriegsausbruch 1914. Diplomatische Aktenstücke des Österreichisch-Ungarischen Ministeriums des Äußeren, hg. v. Ludwig Bittner, 9 Bde., Wien 1930.

Österreich-Ungarns letzter Krieg, 1914-1918, hg. v. Bundesministerium für Heerwesen und vom Kriegsarchiv, 7 Bde., 7 Beilagenbde., 1 Registerbd., Wien 1930-1938.

Schlachten des Weltkrieges. In Einzeldarstellungen bearb. und hg. im Auftrage des Reichsarchivs, 36 Bde., Oldenburg/Berlin 1921-1930.

The First World War and British Military History, hg. v. B. Bond, Oxford 1991.

The Secret Treaties and Understandings. Text of the Available Documents, hg. v. F. S. Cocks, London 1918.

Der Weltkrieg 1914 bis 1918, bearb. im Reichsarchiv, 14 Bde., 2 Sonderbde. Berlin 1925-1944, 1956.

Literatur (in Auswahl)

L. Albertini, Le origine della guerra del 1914, Mailand 1942-1943; engl. Ausgabe: The Origins of the War of 1914, 3 Bde., London 1952-1957.

S. Audoin-Rouzeau/A. Becker: 14-18, retrouver la guerre, Paris 2000.

H. E. Barnes, The Genesis of the War. An Introduction to the Problem of War Guilt, New York 1926.

J. J. Becker, Les Français dans la Grande Guerre, Paris 1980.

J. J. Becker, 1914, comment les Français sont entrés dans la guerre. Contribution à l'étude de l'opinion publique, printemps – été 1914, Paris 1977.

E. Brandenburg, Von Bismarck zum Weltkrieg, Leipzig 1939.

Capital Cities at War. Paris, London, Berlin, 1914-1919, hg. v. J. Winter/J.-L. Robert, Cambridge 1997.

Carnegie Endowment for International Peace: Summary of Organization and Work 1911-1941, Washington D.C. 1941 (mit detaillierten Angaben zu den nationalen Serien).

R. Chickering, Imperial Germany and the Great War, Cambridge 1998; dt. Ausgabe: Das Deutsche Reich und der Erste Weltkrieg, München 2002.

L. Dehio, Deutschland und die Weltpolitik im 20. Jahrhundert, München 1955.
J.-B. Duroselle, La Grande Guerre des Français. L'incompréhensible, Paris 1994.
M. Eksteins, Tanz über Gräben. Die Geburt der Moderne und der Erste Weltkrieg, Reinbek bei Hamburg 1990.
Der Erste Weltkrieg. Wirkung, Wahrnehmung, Analyse, hg. v. W. Michalka, München u. a. 1994.
Erster Weltkrieg – Zweiter Weltkrieg: Ein Vergleich. Krieg, Kriegserlebnis, Kriegserfahrung in Deutschland, hg. v. B. Thoß u. H.-E. Volkmann, Paderborn 2002.
The European Powers in the First World War. An Encyclopedia, hg. v. S. C. Tucker, New York 1996.
S. B. Fay, The Origins of the World War, 2 Bde., New York 1929.
G. D. Feldman, Army, Industry and Labor in Germany 1914-1918, Princeton, NJ 1966; dt. Ausgabe: Armee, Industrie und Arbeiterschaft in Deutschland 1914-1918, Berlin/Bonn 1985.
G. D. Feldman, The Great Disorder. Politics, Economics and Society in the German Inflation, 1914-1924, New York/Oxford 1993.
N. Ferguson, The Pity of War, London 1998; dt. Ausgabe: Der falsche Krieg. Der Erste Weltkrieg und das 20. Jahrhundert, Stuttgart 1999.
M. Ferro, Der Große Krieg 1914-1918, Frankfurt a. M. 1988.
F. Fischer, Griff nach der Weltmacht. Die Kriegszielpolitik des kaiserlichen Deutschland 1914/18, Düsseldorf 1961.
F. Fischer, Krieg der Illusionen. Die deutsche Politik von 1911-1914, 2. Aufl., Düsseldorf 1969.
P. Fussell, The Great War and Modern Memory, New York 1975.
La Grande Guerre 1914-1918. 80 ans d'historiographie et de représentations, hg. v. J. Maurin/J.-C. Jauffret, Montpellier 2002.
H. H. Herwig, The First World War. Germany and Austria-Hungary, 1914-1918, London 1997.
S. Hynes, A War Imagined. The First World War and English Culture, London 1990.
W. Jäger, Historische Forschung und politische Kultur in Deutschland. Die Debatte 1914-1980 über den Ausbruch des Ersten Weltkrieges, Göttingen 1984.
J. Keegan, The First World War, London 1998; dt. Ausgabe: Der Erste Weltkrieg. Eine europäische Tragödie, München 2000.
»Keiner fühlt sich hier mehr als Mensch...« Erlebnis und Wirkung des Ersten Weltkriegs, hg. v. G. Hirschfeld/G. Krumeich/I. Renz, Essen 1993 (Tb-Ausgabe Frankfurt a. M. 1996).
P. Knoch, Kriegsalltag. Die Rekonstruktion des Kriegsalltags als Aufgabe der historischen Forschung und der Friedenserziehung, Stuttgart 1989.
J. Kocka, Klassengesellschaft im Krieg. Deutsche Sozialgeschichte 1914-1918, Göttingen 1973.
Kriegsende 1918. Ereignis, Wirkung, Nachwirkung, im Auftrag des Militärgeschichtlichen Forschungsamtes, hg. v. J. Duppler/G. P. Groß, München 1999.
Kriegserfahrungen. Studien zur Sozial- und Mentalitätsgeschichte des Ersten Weltkriegs, hg. v. G. Hirschfeld/G. Krumeich/D. Langewiesche/H. P. Ullmann, Essen 1997.
Kultur und Krieg. Die Rolle der Intellektuellen, Künstler und Schriftsteller im Ersten Weltkrieg, hg. v. W. J. Mommsen, München 1996.
G. Mai, Das Ende des Kaiserreichs. Politik und Kriegführung im Ersten Weltkrieg, München 1987.
F. Meinecke, Die deutsche Katastrophe. Betrachtungen und Erinnerungen, Wiesbaden 1946.
A. Mombauer, The Origins of the First World War. Controversies and Consensus, London 2002.
W. J. Mommsen, Die Urkatastrophe Deutschlands. Der Erste Weltkrieg 1914-1918, Stuttgart 2002.
M. Morhardt, Die wahren Schuldigen. Die Beweise, das Verbrechen des gemeinen Rechts, das diplomatische Verbrechen, Leipzig 1925.
G. L. Mosse, Fallen Soldiers. Reshaping the Memory of the World Wars, New York u. a. 1990; dt. Ausgabe: Gefallen für das Vaterland. Nationales Heldentum und namenloses Sterben, Stuttgart 1993.
The Origins of World War I, hg. v. R. F. Hamilton/H. H. Herwig, Cambridge 2003.
M. Pöhlmann, Kriegsgeschichte und Geschichtspolitik: Der Erste Weltkrieg. Die amtliche deutsche Militärgeschichtsschreibung 1914-1956, Paderborn u. a. 2002.
M. Rauchensteiner, Der Tod des Doppeladlers. Österreich-Ungarn und der Erste Weltkrieg, Graz 1993.
P. Renouvin, Les origines immédiates de la Guerre, Paris 1925.
P. Renouvin, La crise européenne et la Grande Guerre (1914-1918), Paris 1934.
G. Ritter, Die Dämonie der Macht, Stuttgart 1947.
G. Ritter, Staatskunst und Kriegshandwerk. Das Problem des »Militarismus« in Deutschland, 4 Bde., München 1954-1968.
K. Robbins, The First World War, Oxford 1984.
R. Schaffer, America in the Great War. The Rise of the War Welfare State, New York/Oxford 1991.
B. E. Schmitt, The Coming of the War 1914, 2 Bde., New York 1930.
M. Schwarte, Der Große Krieg, 1914-1918, 10 Bde., Leipzig 1921-1933.
G.-H. Soutou, L'or et le sang. Les buts de guerre économiques de la Première Guerre mondiale, Paris 1989.
State, Society and Mobilization in Europe during the First World War, hg. v. J. Horne, Cambridge 1997.

H. Stegemann, Geschichte des Krieges, 4 Bde., Stuttgart 1917-1921.
H. Strachan, The First World War, Bd. 1: To Arms, Oxford 2001 (weitere Bde. in Vorbereitung).
The United States in the First World War. An Encyclopedia, hg. v. A. Cipriano Venzon, New York/London 1995.
Der verlorene Frieden. Politik und Kriegskultur nach 1918, hg. v. J. Dülffer/G. Krumeich, Essen 2002.
Versailles 1919. Ziele – Wirkung – Wahrnehmung, hg. v. G. Krumeich, Essen 2001.
Vie et mort des Français 1914-1918. Simple histoire de la Grande Guerre, hg. v. A. Ducasse u. a., Paris 1962.
Eine Welt von Feinden. Der Große Krieg 1914-1918, hg. v. W. Kruse, Frankfurt a. M. 1997.
T. Wilson, The Myriad Faces of War. Britain and the Great War, 1914-1918, Cambridge 1986.
J. M. Winter, The Great War and the British People, London 1986.
J. M. Winter, The Experience of World War I, London 1988.
S. Zala, Geschichte unter der Schere politischer Zensur. Amtliche Aktensammlungen im internationalen Vergleich, München 2001.

Die Weltkriegsforschung der DDR

Fritz Klein

Die Forschungs- und Publikationstätigkeit von Historikern der DDR zur Geschichte des Ersten Weltkriegs war weithin bestimmt durch politische Prämissen. Charakteristisch dafür war etwa die Formulierung in den einleitenden Passagen von *Deutschland im Ersten Weltkrieg*, dem Hauptwerk dieser Forschung. Angesichts der verhängnisvollen Rolle des deutschen Imperialismus bei der Vorbereitung und Entfesselung der beiden Weltkriege, so hieß es dort, habe die marxistische Forschungsarbeit zur Geschichte des Ersten Weltkriegs eine äußerst verantwortungsvolle, politische Aufgabe: »Der jahrzehntelang mit großem Erfolg betriebenen apologetischen bürgerlichen Geschichtsschreibung mußte ein wahrheitsgetreues Geschichtsbild entgegengesetzt werden, das vordringlich die Ursachen der nationalen Katastrophen untersucht, in die das deutsche Volk zweimal von seiner herrschenden Klasse gestürzt worden war.« Es wird sodann verwiesen auf die für die DDR prägenden Traditionen der kriegsgegnerischen, antiimperialistischen Linken der Sozialdemokratie – Karl Liebknecht und Rosa Luxemburg werden genannt.

Ein zentraler Punkt der Forschungen war immer der Zusammenhang zwischen dem Krieg und dem Gesellschaftssystem des Imperialismus, interpretiert nach dem Muster von Lenins Schrift *Der Imperialismus als höchstes Stadium des Kapitalismus* aus dem Jahre 1916. Der nach dieser Theorie den Imperialismus bestimmende Vorgang war der Übergang vom Kapitalismus der freien Konkurrenz zum Monopolkapitalismus an der Wende vom 19. zum 20. Jahrhundert. In den Profitinteressen der kleinen Schicht von Monopolkapitalisten wurden die entscheidenden Triebkräfte nicht nur für die Entwicklung der Wirtschaft, sondern auch für die Innen- und Außenpolitik der imperialistischen Staaten gesucht. Der Weltkrieg war in dieser Sicht das Ergebnis des von allen Großmächten für wirtschaftlich motivierte Expansionsinteressen geführten Konkurrenzkampfes. Der Platz Deutschlands in diesem Kampf ergab sich aus der Spannung zwischen dem relativen Rückstand des bei der Aufteilung der Welt zu spät und damit zu kurz gekommenen deutschen Imperialismus und dem enormen Tempo seiner ökonomischen Entwicklung an der Wende vom 19. zum 20. Jahrhundert. Am stärksten interessiert an einer Neuaufteilung der Welt ergriff deshalb das deutsche Kaiserreich 1914 die entscheidende Initiative zum Krieg und hielt bis an die Schwelle der Niederlage an weitgespannten Kriegszielen fest, die jeden Kompromiß unmöglich machten.

Einen hohen Stellenwert in der Wissenschaftspolitik der DDR hatte die Geschichte der Arbeiterbewegung. Sie sollte vorrangig betrieben werden mit dem Ziel, den Führungsanspruch von Kommunisten historisch zu untermauern, indem der radikale Flügel der Arbeiterbewegung als entschiedenste Kraft im Kampf gegen Ausbeutung und Reaktion, Imperialismus und Krieg gezeigt wurde. Der Erste Weltkrieg bot sich hier gleichsam als Paradebeispiel an. Hatte nicht sein Verlauf denen stets Recht gegeben, die schärfste Kritik an der Kriegspolitik der Regierungen, der herrschenden Klassen und der diese unterstützenden Sozialdemokraten geübt hatten? Es war daher kein Zufall, daß die ersten größeren Monographien zur Geschichte des Weltkriegs Ende der 1950er Jahre vorrangig Fragen und Probleme der Arbeiterbewegung behandelten: Walter Bartels materialreiche Untersuchung *Die Linken in der deutschen Sozialdemokratie im Kampf gegen Imperialismus und Krieg* und Jürgen Kuczynskis Schrift *Der Ausbruch des ersten Weltkriegs und die deutsche Sozialdemokratie*.

In beiden Büchern folgten die Autoren grundsätzlich den oben angedeuteten politischen Wegmarken, setzten aber zugleich – es waren die Jahre nach Stalins Tod 1953 und dem XX. Parteitag der KPdSU 1956 – einige neue Akzente gegenüber früherer marxistisch-leninistischer Orthodoxie. In Bartels Buch geschah das eher implizit. Er warf sozusagen Ballast ab, indem er nicht, wie bis dahin obligatorisch, seine Darstellung der deutschen Linken auf die abschätzige Kritik Stalins stützte, der diese 1931 als »halbmenschewistisch« verurteilt hatte. Bartel verfolgte damit die Tendenz, die revolutionären Verdienste der deutschen Linken gegen jahrzehntelang von der sowjetischen Partei geübte Herabsetzung zu verteidigen. Das bedeutete freilich auch, daß die grundsätzlich fragwürdige Konzentrierung auf die Linke als absolut maßstabsetzende Strömung noch unterstrichen wurde.

Kuczynski ging weiter als Bartel, mit Thesen, die für das bisherige Verständnis der Marxisten-Leninisten zum Verhalten der Sozialdemokratie 1914 geradezu umstürzlerisch waren. Er zeigte, daß die Antikriegsbewegungen im Juli 1914 weit überschätzt wurden. Die »Massen« taten wenig. Die Führer der Linken verkannten die konkrete Kriegsgefahr. Grundthesen bisheriger Dogmatik stellte Kuczynski allerdings ebenso wenig in Frage wie Bartel. Die Verwünschungen des »Verrats« von Rechten und Zentristen ließen an Schärfe nichts zu wünschen übrig. Die gleichwohl von ihm unternommenen Ansätze einer differenzierteren, realistischeren Darstellung der Dinge reichten hin, Kuczynski des »Revisionismus« zu beschuldigen und gegen ihn in einer von den Funktionären der Abteilung Wissenschaften im ZK der SED gelenkten Flut von polemischen Artikeln zu Felde zu ziehen.

Das vorrangige Interesse der Forschung galt dem Zusammenhang von Ökonomie und Politik. Wiederholt ging Jürgen Kuczynski, in verschiedenen Bänden seines großen Werkes über *Die Lage der Arbeiter unter dem Kapitalismus*, auf diese Probleme ein. Monographien von Werner Richter über *Gewerkschaften, Monopolkapital und Staat im ersten Weltkrieg und in der Novemberrevolution* (1959), von Alfred Schröter über *Krieg-Staat-Monopol 1914-1918* (1965) oder das umfangreiche Kapitel *Der staatsmonopolistische Kapitalismus im ersten Weltkrieg* von Dieter Baudis in dem von ihm und Helga Nußbaum verfaßten Werk über *Wirtschaft & Staat in Deutschland vom Ende des 19. Jahrhunderts bis 1918/19* (1978) seien als weitere Beispiele genannt. Generell litten Arbeiten zu dieser Thematik, besonders in der umfangreichen propagandistischen und populärwissenschaftlichen Literatur, unter dem Mangel einer vereinfachten, schematisierenden Sicht. Entlarvung einer unheilvollen Rolle war oft das vorrangige Ziel. Gleichwohl sollte diese Literatur nicht in Bausch und Bogen verworfen werden. Gegenüber einer traditionellen, rein oder vorwiegend personen- und ideengeschichtlich orientierten Geschichtswissenschaft hatte sie vor allem das Verdienst, auf früher unterschätzte oder gänzlich ignorierte Zusammenhänge aufmerksam zu machen. Zu beachten ist auch, daß im Laufe der Zeit, zwischen den 1950er und den 1970er und 1980er Jahren, die Tendenz zur Abkehr von plakativer Polemik und zur Hinwendung zu professioneller, wissenschaftlicher Analyse unübersehbar ist. Zeugnis dieser Tendenz legten auch einige gediegene, auf gründliches Aktenstudium gestützte Monographien ab, so die Untersuchung von *Deutschlands Annexionspolitik in Polen und im Baltikum 1914-1918* von Werner Basler (1962), sowie, besonders eindrucksvoll, das Buch von Heinz Lemke *Allianz und Rivalität. Die Mittelmächte und Polen im ersten Weltkrieg* (1977).

Zentrum der Forschungen war in den sechziger Jahren eine Arbeitsgruppe im Institut für Geschichte an der Akademie der Wissenschaften. Sie war 1959 gegründet worden, zusammen mit einer Arbeitsgruppe Zweiter Weltkrieg an demselben Institut. Mehrbändige Werke zur Geschichte Deutschlands in den beiden Weltkriegen auszuarbeiten, so lautete der offizielle Auftrag an die neuen Institutionen. Die Gleichzeitigkeit der Neugründungen war kein Zufall, spiegelte vielmehr die konzeptionelle

Vorstellung von einem 1914 herrschenden imperialistischen System, das sich, bei allen Unterschieden zwischen Kaiserreich und Naziherrschaft, in seiner sozialökonomischen Struktur auch 1939 nicht grundlegend verändert hatte. Die in der bundesrepublikanischen Diskussion zeitweilig heiß umstrittene Frage von Kontinuität oder Diskontinuität zwischen dem Ersten und Zweiten Weltkrieg war in der DDR-Geschichtsschreibung kein Streitgegenstand; die Kontinuität wurde a priori unterstellt.

Politik im Krieg, der Titel eines Studienbandes mit ersten Ergebnissen der Arbeitsgruppe Erster Weltkrieg (1964), bezeichnet den Themenbereich, dem die Aufmerksamkeit der Mitarbeiter dieser Gruppe vor allem galt. Politik war weit gefaßt. Bearbeitet wurden Aspekte der Innenpolitik sowie der Wirtschafts-, Außen- und Militärpolitik. Diese Schwerpunktsetzung blieb bestimmend, doch wurde sie in den folgenden Jahren wesentlich ergänzt und erweitert. Gestützt auf umfangreiche Studien in den einschlägigen Archiven beider deutscher Staaten, aber auch Österreichs und Ungarns, sowie durch eine gründliche Auswertung der Literatur legte die Arbeitsgruppe Ende der 1960er Jahre eine dreibändige Publikation über *Deutschland im ersten Weltkrieg* vor, die von der internationalen Geschichtswissenschaft ganz überwiegend positiv beurteilt wurde und die bis heute einen geachteten Platz in der Weltkriegshistoriographie einnimmt.

Die Darstellung, bemüht um Detailtreue, Quellennähe sowie eine Argumentation und Sprache, die sich von DDR-üblicher Propagandasprache abhob, war gleichwohl nicht frei von Grundmängeln der marxistisch-leninistischen Geschichtswissenschaft der DDR. Ungeachtet aller Bemühungen um eine differenzierende Anwendung theoretischer Vorgaben schlug der dem Imperialismus-Modell Lenins eigene ökonomische Reduktionismus an vielen Stellen durch. Problematisch war in den Abhandlungen zur Arbeiterbewegung die Übertreibung der Rolle der Spartakusgruppe um Liebknecht und Luxemburg, die mit der pauschalen Abqualifizierung aller anderen Richtungen einherging. Erstaunlich eigentlich für eine Geschichtsschreibung, die sich auf Marx berief und als ideologische Unterstützung des Kampfes von Unterdrückten und Benachteiligten verstand, fehlte in der Weltkriegshistoriographie der DDR – ausgenommen einige Ansätze in den Arbeiten von Jürgen Kuczynski – der Blick »von unten« als systematische Forschungsperspektive. Natürlich wurden die Verschlechterung der Lebensbedingungen, das Leid und die Not des Krieges an der Front und in der Heimat angesprochen und einschlägige Informationen vermittelt. Im Vordergrund stand dabei aber stets die Anklage gegen die an diesem Elend Schuldigen, die da »oben«, während eine gründlichere Untersuchung dessen, was in der späteren Forschung etwa unter dem Begriff der Alltagsgeschichte erfaßt wurde, nicht unternommen wurde.

Militärgeschichte wurde in der DDR hauptsächlich an einer Einrichtung der Nationalen Volksarmee betrieben, dem Deutschen Institut für Militärgeschichte, das später umbenannt wurde in Militärgeschichtliches Institut der DDR. In der Zeit der Ausarbeitung des dreibändigen Werkes zur deutschen Geschichte im Ersten Weltkrieg bestand noch eine kleine Abteilung Militärgeschichte im Institut für Geschichte an der Akademie der Wissenschaften. Mitarbeiter dieser Gruppe, die nicht zur Arbeitsgruppe Erster Weltkrieg gehörten, verfaßten die Abschnitte zum Kriegsverlauf für den Dreibänder. Später gingen die Militärhistoriker der Akademie an das Armee-Institut über.

Literatur

Für einen Gesamtüberblick über die Weltkriegsforschungen der DDR vgl. die einschlägigen Partien in den 1960, 1970 und 1980 herausgegebenen Berichtsbänden der *Zeitschrift für Geschichtswissenschaft* über »Historische Forschungen in der DDR«.

Deutschland im Ersten Weltkrieg, hg. v. der Arbeitsgruppe Erster Weltkrieg im Institut für Geschichte an der Deutschen Akademie der Wissenschaften zu Berlin, unter Leitung von F. Klein, 3 Bde., Berlin 1968-1969;

H. Otto/ K. Schmiedel, Der erste Weltkrieg. Militärhistorischer Abriß, 3. Aufl., Berlin 1977.

LEXIKON

Von A–Z

Aberglaube, religiöse Vorstellungen, die auf einer magischen Weltanschauung gründen. – Folgt man zeitgenössischen Schriften, so hat es den Anschein, als habe der Weltkrieg altbekannte Formen des Kriegs-A. wiederbelebt und darüber hinaus neue hervorgebracht. Die Ungewißheit des Kriegserfolgs, die Bedrohung durch einen vorzeitigen, gewaltsamen Tod, die Sorge um das Schicksal eines Angehörigen, die Entbehrungen und Notsituationen, die verheerenden Auswirkungen einzelner Schlachten mit riesigen Opferzahlen, dann das verbreitete Gefühl, einem unbegreiflichen, anonymen Kriegsgeschehen und modernen Waffensystemen mit bisher nicht gekanntem Vernichtungspotential hilflos ausgeliefert zu sein, förderten allenthalben Okkultbereitschaft und abergläubische Vorstellungen und Praktiken. Man erhoffte sich von ihnen einerseits den Schutz der an der Front kämpfenden Soldaten; andererseits sollten sie Aussagen darüber ermöglichen, wie der Krieg ausgehen und wann der Friede eintreten würde. Neben Schutzpanzern, Schutzhemden und Schutzsalben, deren Wirksamkeit bereits ein hohes Maß an Gläubigkeit bzw. A. voraussetzten, kam es bald nach Kriegsbeginn zur Wiederbelebung von aus früheren Kriegen bekannten okkulten Bräuchen und Praktiken. Hierzu zählten zunächst die allgemeinen Glücksbringer und Abwehrzaubermittel wie geweihte Amulette, Heiligenbilder, Kruzifixe und Rosenkränze; ferner vierblättrige Kleeblätter oder andere in den Familien überlieferte Talismane. Ferner verschiedene Formen von Schießzauber, die feindlichen Kugeln die Treffgenauigkeit nehmen sollten; Kettengebete, die fortgesetzt von Haus zu Haus gebetet wurden, Kettenbriefe, die neun Tage lang täglich abgeschrieben und an neun verschiedene Personen und, um das für jeden Schreiber am neunten Tag eintretende Glück nicht zu verspielen, von diesen dann nach demselben Prinzip weitergeschickt werden mußten. Schließlich Schutz- und Himmelsbriefe mit ihrer Verquickung von Gebetsformeln und Bibelzitaten mit unsinnig erscheinenden Wortaneinanderreihungen, die, sofern sie dauernd am Körper getragen oder verschluckt wurden, körperliche Unversehrtheit garantieren sollten. Himmelserscheinungen ließen sich als Vorzeichen auf kommende Kriegsereignisse deuten. Visionen und Traumgesichte kündeten vom Tod, von der Verwundung oder Errettung eines nahen Angehörigen an der Front. Zu den Kulthandlungen mit erkennbarer Nähe zum Okkultismus gehörte auch das Nageln sog. Kriegswahrzeichen. Von den Kirchen bekämpft und von staatlichen Stellen verboten oder in aufklärerischer Absicht zur Schau gestellt, hielten sich die meisten der beschriebenen Formen populären Volksglaubens bis zum Kriegsende. → *Nagelungen*

GERHARD SCHNEIDER

Wollpüppchen als Glücksbringer. Paris 1918

Adria. Für die meisten kriegführenden Mächte stellte die A. nur einen Nebenkriegsschauplatz dar, für Italien und Österreich-Ungarn war sie jedoch ein bedeutendes Seekriegstheater. Im Gegensatz zur italienischen Küste ist die dalmatische stark zerklüftet, die hiesigen Basen der österreichisch-ungarischen Marine lagen im Schutz vieler kleiner Inseln. Ihre schweren Einheiten waren in Pola stationiert, in Cattaro lagen die leichten Kriegsschiffe. Bei Kriegsbeginn stand die k. u. k. Marine unter dem Kommando von Admiral Anton Haus. Das Gros der französischen Flotte lag bei Kriegsbeginn nördlich von Navarino, während die deutsche Marine die österreichisch-ungarischen Basen nutzen konnte, vornehmlich für den U-Boot-Krieg.

Die Operationen der Ententeflotten waren wegen der Bedrohung durch U-Boote sehr eingeschränkt. Vor allem leichte schnelle Schiffe, U-Boote und Flugzeuge kamen zum Einsatz. Nach der Marinekonvention vom 10. Mai 1915, die von Italien, Frankreich und Großbritannien geschlossen worden war, erhielt Italien die Leitung über die Operationen in der A. Anfänglich zielte der italienische Flottenchef Luigi di Savoia, Duca delli Abbruzzi, auf die strategische Blockade der A. und auf eine Entscheidungsschlacht. Bald mußte er allerdings auf Küstenbatterien, Eisenbahngeschütze, Flugzeuge und Torpedoschnellboote (MAS) zurückgreifen, um die langen und offenen italienischen Küsten zu schützen. Dabei verzeichneten die kleinen Kriegsschiffe der italienischen Marine bald erste Erfolge. Um die österreichischen und deutschen U-Boot-Operationen zu unterbinden, richtete die Entente die Sperre der Straße von Otranto zwischen Italien und Albanien ein. Anfänglich geschah dies durch Schleppnetze, später wurde eine feste Netzsperre eingerichtet. Die Meerenge wurde vermint und durch britische und italienische Zerstörer geschützt. Nach den Vereinbarungen von Korfu im April 1917 ging man bei den Seetransporten zu einem Konvoi-System über, das unter britischer Führung stand.

Die k. u. k. Flotte setzte zunächst auf kombinierte Überraschungsaktionen gegen die italienischen Küsten; dabei beschoß sie mehrere Orte zwischen Corsini und Barletta. Dem Geheimdienst gelang es, durch eine Sabotageaktion zwei vor Anker liegende italienische Kriegsschiffe zu zerstören. Darüber hinaus versuchte die Marine im Frühjahr 1916, die Evakuierung der Reste des serbischen Heeres durch alliierte Flottenverbände zu unterbinden und griff den italienischen Stützpunkt Durazzo in Albanien an. Am 14. Mai 1917 gelang ihr schließlich der Durchbruch durch die alliierte Blockade der Straße von Otranto. → *U-Boot-Krieg*

Alessandro Massignani (Ü: C. Z./M. P.)

Alain-Fournier, Henri (eigentlich Henri Alban Fournier), * La Chapelle d'Angillon (Département Cher) 3.10.1886, † (gefallen) bei Saint-Rémy 22.9.1914, französischer Schriftsteller. – A. ist neben Charles Péguy einer der bekanntesten Dichter der sog. verlorenen Generation von Künstlern und Schriftstellern, die im Ersten Weltkrieg gefallen sind. Seine Eltern waren Grundschullehrer in der Region Berry. Nach dem Abitur am Lycée Voltaire besuchte er in Paris verschiedene Vorbereitungskurse für die Aufnahme in die École Normale Supérieure. Der Eintritt in diese Elitehochschule für geisteswissenschaftliche Studien gelang ihm jedoch nicht. 1909 heiratete er Isabelle Rivière, die Schwester seines besten Freundes und intellektuellen Weggefährten Jacques Rivière. 1912 Mitarbeiter der neugegründeten Literaturzeitschrift *La Nouvelle Revue Française* (NRF), veröffentlichte A. im Jahre 1913 seinen großen Roman *Le Grand Meaulnes* (dt. *Der große Meaulnes*), zunächst als Fortsetzungsroman. Dieser Roman wurde zu einem überwältigenden Erfolg und gilt noch heute in Frankreich als ein Hauptwerk der Nationalliteratur.

Im Aug. 1914 wurde A. im Rang eines Leutnants einberufen. Am 22. Sept. fiel er bei Saint-Rémy-la-Calonne in Lothringen, blieb aber jahrzehntelang vermißt. Im Jahre 1991 wurden nach langjährigen Bemühungen der Familie Rivière und Bewunderern des Schriftstellers dessen sterbliche Überreste gemeinsam mit den Gebeinen von 21 anderen Soldaten in einem Massengrab bei Saint-Rémy entdeckt und exhumiert. Da zwischenzeitlich der Verdacht aufgekommen war, der insbesondere durch deutsche Quellen genährt wurde, daß A.s Gruppe wegen eines Überfalls auf eine deutsche Sanitätskolonne standrechtlich erschossen worden sei, wurde die Ausgrabung unter gerichtsmedizinischer Aufsicht durchgeführt. Hierbei wurde nachgewiesen, daß die Gruppe keinesfalls füsiliert worden, sondern im Kampf gefallen war.

Lit.: L'archéologie de la Grande Guerre, in: 14-18 Aujourd'hui-Today-Heute, Bd. 2, Paris 1999.

Nicolas Beaupré

Albanien. Im Vergleich zu den anderen Balkan-Völkern hatten die Albaner erst relativ spät nationale Bestrebungen entwickelt. Die konfessionelle Spaltung der Bevölkerung, das Fehlen einer breiten Trägerschicht einer »modernen« Nationalbewegung und die traditionelle, stark in regionale und familiale Loyalitäten zerklüftete Sozialstruktur der albanischen Gesellschaft ließen Ansätze einer politisch organisierten nationalen »Wiedergeburtsbewegung« (Rilindja) erst im letzten Viertel des 19. Jahrhunderts entstehen. Als die Friedensverhandlungen nach dem Russisch-Türkischen Krieg 1878 zu einer Aufteilung des albanischen Siedlungsgebiets unter die Nachbarstaaten Serbien und Montenegro zu führen drohten, formierte sich im Juni 1878 die »Albanische Liga« (nach dem Ort ihres Entstehens auch »Liga von Prizren« genannt). Ihr Ziel war es zum einen, durch Einflußnahme auf die Großmächte, welche sich albanischen Interessen gegenüber völlig ignorant verhielten, die territoriale Einheit des albanischen Siedlungsgebietes zu wahren. Zum zweiten suchte sie, ohne die Zugehörigkeit zum Osmanischen Reich in Frage zu stellen, der osmanischen Staatsführung eine Selbstverwaltung für die von Albanern besiedelten Gebiete abzutrotzen. Der Versuch, eine solche Autonomie auch mit Gewalt durchzusetzen, mißlang freilich und die Liga von Prizren wurde 1881 aufgelöst. Die Forderung nach Autonomie verstummte jedoch auch in den folgenden zwei Jahrzehnten nicht mehr; er war der Grund für eine Vielzahl von Aufständen. Besondere Hoffnung setzten die Albaner dabei 1908 auf die jungtürkische Revolution, die unter ihnen beträchtliche Unterstützung fand. Die Hoffnung, mit Hilfe der Jungtürken einer Autonomie näher zu kommen, erfüllte sich jedoch nicht. In dem Maße, in dem die osmanische Herrschaft verfiel und die Wünsche der Albaner auf autonome Verwaltung in Konstantinopel nicht auf Gehör trafen, begann der Gedanke einer völligen albanischen Unabhängigkeit an Attraktivität zu gewinnen.

Entscheidend vorangetrieben wurde diese Idee wiederum von außen: durch die Gefahr einer territorialen Amputation des albanischen Siedlungsgebietes von seiten der Nachbarstaaten. Die Balkankriege 1912/13, welche die Staaten des Balkanbundes (Serbien, Montenegro, Griechenland, Bulgarien) mit dem Ziel führten, das Osmanische Reich endgültig aus seinen europäischen Besitzungen zu verdrängen, riefen starke albanische Befürchtungen hervor, daß diese Staaten sich im Falle eines militärischen Erfolges über das Osmanische Reich weite Teile des albanischen Siedlungsgebietes aneignen würden. Gegen diese Gefahr versammelte sich am 28. Nov. 1912 in der Stadt Valona (Vlorë) ein Nationalkongreß, der eine Unabhängigkeitserklärung verabschiedete, die künftige Staatsform A. als konstitutionelle Monarchie beschloß und eine provisorische Regierung bildete. Die Londoner Botschafterkonferenz der Großmächte bestätigte am 29. Juli 1913 die Unabhängigkeit von A. als selbständiges, erbliches Fürstentum. Maßgebliche Fürsprecher albanischer Interessen waren Österreich-Ungarn und Italien, denen die albanische Unabhängigkeit die sicherste Gewähr gegen die territorialen Ambitionen Serbiens und Montenegros war, die man zugleich als Stellvertreter russischer Balkan-Interessen betrachtete. Zum ersten Fürsten von A. wurde aus einer Vielzahl an Bewerbern auf österreichisches und italienisches Drängen hin der deutsche Offizier und Vetter des deutschen Kaisers Wilhelm Prinz zu Wied bestimmt. Doch die Regierung des Fürsten zu Wied währte nur 200 Tage. Von griechischer Seite geschürte Sezessionsbewegungen im nördlichen Epirus und Aufstandsbewegungen muslimischer Bauern in Mittel-A. verhinderten eine Stabilisierung der staatlichen Ordnung. Der Ausbruch des Weltkriegs entzog dem neutralen A. zudem auch die internationale Unterstützung der Großmächte und führte überdies dazu, daß die kriegführenden Mächte den Fürsten ohne militärischen Rückhalt ließen. Am 3. Sept. 1914 verließ zu Wied wieder A., allerdings ohne formell abzudanken.

Im Laufe des Jahres 1915/16 brachten Österreich-Ungarn, Frankreich und Italien den größten Teil der von Albanern besiedelten Gebiete unter ihre Kontrolle, wobei Österreich beinahe 2/3 des Territoriums zufiel. Durch maßvolle Beteiligung albanischer Führer und durch den Ausbau von Schulen und Infrastruktur versuchten die Österreicher, die Albaner für sich einzunehmen. Anfang 1917 stellte man den Albanern für den Fall eines Sieges der Mittelmächte im Krieg sogar die Wiederherstellung eines albanischen Staates unter österreichischem Schutz in Aussicht. Die Kriegsniederlage machte derartige Versprechen allerdings hinfällig. Der Sieg der Ententemächte bedeutete jedoch nicht gleichzeitig eine Wiederherstellung des albanischen Staates in seinen Grenzen von 1913. Im Gegenteil: Die Nachbarstaaten Griechenland und das neu entstandene Jugoslawien erhoben territoriale Ansprüche; Italien pochte auf die Einlösung der Versprechungen aus dem Geheimvertrag von 1915. Die Großmächte England und Frankreich waren zudem einer Aufteilung des Landes zwischen Griechenland und Jugoslawien nicht abgeneigt. Die im Jan. 1919 eröffnete Pariser Friedenskonferenz sollte hierüber eine Entscheidung fällen. Wie schon 1878 und 1913, als die Existenz eines einheitlichen albanischen Gebietes infolge von Friedensschlüssen der Großmächte gefährdet war, bemühten sich die albanischen Führer auch 1919 darum, ihre inneren Konflikte beizulegen und gemeinsam auf die internationalen Mächte einzuwirken. Der Kongreß von Durrës (Durazzo) am 25. Dez. 1918, an dem sowohl Vertreter der meisten Regionen, als auch aller politischen Gruppierungen und konfessionellen Gruppen teilnahmen, wählte eine Provisorische Regierung, welche die albanischen Interessen in Paris vertreten sollte. Dies war freilich alles andere als einfach: Da das Land selbst nicht zur Konferenz zugelassen war, mußten sich die Albaner unter den Großmächten einen Fürsprecher suchen und dies konnte angesichts der Besatzung großer Teile des Landes durch Italien nur die Regierung in Rom sein. Italien, das zeitweilig sogar ein Wiederentstehen A. unter italienischem Protektorat angestrebt hatte, schloß im Juli 1919 ein bilaterales Abkommen mit Griechenland, das langfristig eine Aufteilung von Teilen des Landes unter einem italienischen Protektorat über einen albanischen Reststaat vorsah. In Reaktion auf diese italienischen Pläne, wählte ein weiterer National-Kongreß im Jan. 1920 in Lushnjë eine neue albanische Regierung und verabschiedete eine Provisorische Verfassung, welche den Anspruch auf die staatliche Wiederherstellung A. erhob. Zugleich regte sich nun der organisierte militärische Widerstand gegen die italienischen Truppen, der die kriegsmüde italienische Armee schließlich bis Anfang Sept. 1920 zum Verlassen des Landes zwang. Nachdem zuvor schon die französischen Truppen ihre Besatzungszone aufgegeben hatten, verblieben nur noch jugoslawische Einheiten. Diese wurden von der Londoner Botschafterkonferenz im Nov. 1921 ebenfalls zum Rückzug aufgefordert. Nachdem A. schon im Dez. 1920 in den Völkerbund aufgenommen worden war, wodurch es der Wiederherstellung seiner Souveränität ein großes Stück näher kam, erkannte die Botschafterkonferenz nunmehr das Land auch offiziell in den Grenzen von 1913 an. Die Staatlichkeit A. war damit wiederhergestellt – allerdings weiterhin unter dem Schutz Italiens, dem damit erheblicher Einfluß verblieb. → *Balkankriege* → *Durazzo*

Lit.: M. Schmidt-Neke, Entstehung und Ausbau der Königsdiktatur in Albanien (1912-1939), München 1987.

WOLFGANG HÖPKEN

Alberich, Unternehmen, Deckname für die deutsche Rückzugsbewegung auf die Siegfried-Stellung im Febr./März 1917. – Die seit Herbst 1916 geplante Räumung der Bogenstellung zwischen Arras und Soissons sollte die alliierten Angriffsplanungen für das Früh-

»Unternehmen Alberich«: Gefällte Bäume an der Straße Bapaume – Cambrai. März 1917

jahr 1917 vereiteln und die deutsche Front verkürzen. Vor dem eigentlichen Rückzug war geplant, das aufzugebende Gelände beiderseits der Somme während der »A.-Zeit« (9. Febr. bis 15. März) planmäßig zu zerstören, um dem Gegner eine weitere militärische Nutzung zu erschweren.

Die erste Phase bildete dabei die Deportation von über 100.000 Zivilisten ins Hinterland. Dann begann eine in Umfang und Nachhaltigkeit bis dahin unbekannte Zerstörungsoperation. Das hierzu in Aussicht genommene Gebiet maß in seiner maximalen Nord-Süd-Ausdehnung 110 km, in der maximalen West-Ost-Ausdehnung 45 km und war teilweise schon durch die Somme-Kämpfe des Vorjahrs schwer verwüstet worden. Nun wurden sämtliche Verteidigungsanlagen, Straßen, Eisenbahnlinien, Magazine, Brücken, Brunnen und nicht zuletzt rund 200 Ortschaften zerstört; in den Trümmern brachte man zur Lähmung des feindlichen Vormarsches im großen Umfang Sprengfallen an. Militärisch und logistisch gesehen war das A. eine erfolgreiche Operation. Die mit dem 16. März einsetzende dreitägige Rückzugsbewegung (»A.-Bewegung«) verlief störungsfrei und überraschte die Militärführung der Entente.

Die Wirkung auf die öffentliche Meinung im neutralen und feindlichen Ausland war dagegen verheerend. Während Militärführung und Presse in Deutschland die Operation mit militärischen Notwendigkeiten rechtfertigten, war für die alliierte Propaganda ein weiterer Beweis für die barbarische Kriegführung der Deutschen erbracht. In der Debatte um den Versailler Vertrag wurde das A. wiederholt zur Begründung der französischen Reparationsforderungen herangezogen. → *Siegfried-Stellung* → *Untersuchungsausschuß*

MARKUS PÖHLMANN

Albert I., * Brüssel 8.4.1875, † (verunglückt) bei Namur 17.2.1934, König der Belgier. – A. war der jüngste Sohn von Philippe Graf von Flandern und Maria von Hohenzollern. Er heiratete 1900 Elisabeth von Bayern. Aus der Ehe gingen drei Kinder hervor: Leopold, Charles und Marie-José. 1909 trat er die Thronfolge seines Onkels Leopold II. an, und ganz im Gegensatz zu diesem erfreute er sich sofort großer Popularität. A. war von Pflichtgefühl durchdrungen, er erwies sich zudem als besonnener und nüchtern handelnder Mann.

Albert I. (rechts) bei einem Treffen mit Poincaré. Im Hintergrund (Mitte) Joffre und Millerand (mit Hut). Vermutlich 1915

In politischer Hinsicht strebte A. das Ende der katholischen Hegemonie in Belgien an (die Katholische Partei stellte seit 1884 die Regierung). Gleich nach seinem Machtantritt führte er die bereits von Leopold II. begonnene Heeresreform fort. Doch diese verspäteten Veränderungen blieben unzureichend: Die belgische Armee, die nach drei unterschiedlichen Wehrgesetzen gebildet war, sollte sich im Aug. 1914 als auf den Krieg schlecht vorbereitet erweisen.

Das deutsche Ultimatum vom 2. Aug. 1914, welches das Recht auf Durchmarsch deutscher Truppen forderte, empfand A. als persönliche Beleidigung, und es wurde sowohl vom Ministerrat als auch vom Kronrat zurückgewiesen. Am 4. Aug. begab sich A. unter den Ovationen der Menge zum Parlament. Der berühmte Satz seiner Thronrede (»Ich habe Zuversicht in unsere Zukunft; ein Land, das sich verteidigt, flößt allen anderen Respekt ein, es vergeht nicht.«) wurde nach dem Krieg auf zahlreichen Denkmälern eingraviert.

Beim deutschen Einmarsch in Belgien übernahm A. sofort das Kommando über die Armee, als deren Oberbefehlshaber er sich auch ohne förmlichen Regierungsauftrag betrachtete. Diese Verfassungsauslegung wurde von der inzwischen nach Le Havre geflohenen Regierung von Kabinettschef Charles de Broqueville keineswegs geteilt; es kam zu Spannungen mit dem König. A. war das einzige Staatsoberhaupt, das während des gesamten Weltkriegs an der Seite seiner Soldaten blieb. In der Vorstellung des belgischen Volkes wie auch in der alliierten Propaganda stellte er fortan den Soldatenkönig und Ritter dar, die Inkarnation des Rechts und der Ehre; er repräsentierte das Heldentum und Märtyrertum Belgiens und er symbolisierte den unerschütterlichen David im Kampf gegen den teutonischen Goliath.

Aber A. blieb gegenüber den großen Staaten beider Kriegsparteien mißtrauisch, auch die Alliierten sah er allenfalls als Garanten der belgischen Unabhängigkeit. Getreu seinem Prinzip der Verhältnismäßigkeit des Einsatzes der belgischen Soldaten, verweigerte er eine belgische Beteiligung an den großen alliierten Offensiven; damit ersparte er seinen Truppen die Blutbäder an der Somme und bei Verdun, doch zugleich erregte er das Mißtrauen, wenn nicht gar die Verachtung der französischen und britischen Heeresleitung. Auch als sich im Herbst 1918 das Kräfteverhältnis verschoben hatte, blieb der König seiner Linie treu, stimmte aber einer Teilnahme an der Schlußoffensive zu. In diesen letzten Kämpfen hat die belgische Armee einen hohen Tribut entrichten müssen. A.s Vorstellung eines europäischen Friedens entsprach dem Status quo ante bellum. Und in Versailles erhoffte er vergeblich bis zuletzt einen Versöhnungsfrieden.

Der König wich in der Zwischenkriegszeit, während der politischen Krisen von 1926, 1933 und 1934, von seiner Position der Zurückhaltung allerdings noch mehrmals ab. Diese Erstarkung der königlichen Macht wurde von der belgischen Bevölkerung geradezu gewünscht. Als er 1934 in Marche-les-Dames tödlich verunglückte, war er für viele Belgier nach wie vor der Soldatenkönig, um den das Land trauerte und den es rühmte.

Lit.: L. Schepens, Albert Ier et le gouvernement Broqueville, 1914-1918: aux origines de la question communautaire, Paris 1983; J. Willequet, Albert Ier, roi des Belges: un portrait politique et humain, Brüssel u. a. 1979.

LAURENCE VAN YPERSELE (Ü: D. A.)

Albion (kelt.: Weißland), früheste bekannte Bezeichnung der britischen Hauptinsel durch griechische Geographen des 5. Jahrhunderts v. Chr., überliefert durch den römischen Dichter Avianus. In römischer Zeit wurde der Begriff A. auch mit den weißen Klippen von Dover in Verbindung gebracht (lat.: albus = weiß). Seit dem Mittelalter entwickelte sich der Begriff zum Synonym für das englische Königreich bzw. später das britische Empire, meist in negativer Konnotation als »perfides A.«. Diese abwertende Kampfvokabel läßt sich auf französische Ursprünge bis ins 14. Jahrhundert zurückverfolgen. Im Verlauf des 19. Jahrhunderts wurde das Idiom »perfides A.« auch in Deutschland zur pejorativen Sammelmetapher für eine eigensüchtige, vornehmlich von ökonomischen Interessen geleitete britische Außenpolitik. Der britische Kriegseintritt führte in Deutschland in zahlreichen Leitartikeln, Pamphleten und patriotischen Gedichten schließlich zum Höhepunkt der deutschen Rhetorik vom »perfiden A.«, die die britische Diplomatie und Kriegspolitik des Verrats an den Interessen der »deutschen Vettern« und die politischen und ökonomischen Eliten des opportunistischen Kriegsgewinnlertums bezichtigte. → *John Bull*

ARIBERT REIMANN

Albrecht, Herzog von Württemberg, * Wien 23.12.1865, † Schloß Altshausen (Kreis Ravensburg) 29.10.1939, preußischer und württembergischer Generalfeldmarschall. – 1883 war A. in das Heer eingetreten; bei Kriegsausbruch wurde dem damaligen Generalobersten und württembergischen Thronfolger die Führung der 4. Armee übertragen, mit der er durch die Ardennen nach Frankreich vorstieß. Im Okt. wurde die Armee in Flandern neu gebildet, um dort in die Kämpfe um den Ypern-Bogen einzugreifen (1. Flandern-Schlacht). A., der am 1. Aug. 1916 zum Generalfeldmarschall befördert wurde, behielt das Oberkommando in diesem heftig umkämpften Sektor der Westfront bis Ende Febr. 1917, um dann an die Spitze der nach ihm benannten Heeresgruppe zu wechseln, die im vergleichsweise ruhigen Abschnitt zwischen Metz und der schweizerischen Grenze lag. Die Verwendung eines süddeutschen Armeeführers war wohl auch von Rücksichten auf die Politik in Elsaß-Lothringen geprägt gewesen. Im Frühjahr 1918 wurde A. vom Kaiser als Regent für das von den Mittelmächten geschaffene Königreich Polen ins Auge gefaßt, ein Projekt, mit dem Württemberg für die geplante Aufteilung Elsaß-Lothringens zwischen Preußen, Bayern und Baden kompensiert werden sollte. Nach Ausbruch der Revolution verblieb der Herzog bei seiner Heeresgruppe und führte diese ins Heimatgebiet zurück, wo er am 23. Dez. 1918 das Kommando niederlegte.

WOLFGANG KRESS

Alexejew, Michail Wassiljewitsch, * Provinz Twer 15.11.1857, † Jekaterinodar (heute Krasnodar) 25.8.1918, russischer General. – A. stammte aus einer Offiziersfamilie und absolvierte 1876 die Moskauer Junkerschule sowie 1890 die Akademie des Generalstabes. Er diente im Generalstab und war dort von 1898 bis 1904 Lehrer für Kriegsgeschichte. Von Okt. 1904 bis 1905 Generalquartiermeister der mandschurischen 3. Armee, war er danach erneut im Generalstab und als Chef des Militärbezirks Kiew tätig. 1914 zum General der Infanterie ernannt, war A. nach dem Ausbruch des Weltkriegs Chef des Stabes der Südwestfront. Ab Ende März 1915 war er Oberbefehlshaber der Nordwestfront. Von Sept. 1915 bis März 1917 führte A. als Generalstabschef in der Stawka, dem Hauptquartier, de facto die Operationen der russischen Armeen, nachdem Nikolaj II. den Oberbefehl übernommen hatte. A. galt als gebildet, intelligent und ausgesprochen fleißig; es fehlte ihm jedoch die Fähigkeit zur Truppenführung und die Willensstärke, sich gegen den Zar durchzusetzen. Bei Ausbruch der Februarrevolution riet er diesem, zugunsten seines minderjährigen Sohnes Alexej abzudanken. Von März bis Mai 1917 war A. Oberbefehlshaber, danach Berater der Provisorischen Regierung. Nach der Oktoberrevolution wurde A. einer der Anführer der antibolschewistischen »weißen« Bewegung.

DITTMAR DAHLMANN

Alldeutscher Verband (ADV), radikale nationalistische Organisation in Deutschland. – Der ADV wurde im April 1891 in Berlin unter dem Namen »Allgemeiner Deutscher Verband« (bis 1894) auf Initiative eines kleinen Kreises von Auslandsdeutschen, Kolonialpropagandisten um Carl Peters sowie dem damaligen Gerichtsreferendar Alfred Hugenberg als eine überparteiliche Organisation gegründet.

Programmatisch trat der ADV neben der Forderung nach einer Weiterentwicklung der Kolonialpolitik allgemein für die territoriale Expansion des Reiches ein. Ideologisch war der ADV für die Popularisierung sozialdarwinistischer und antisemitischer Ideen mitverantwortlich und propagierte einen radikalen völkischen Nationalismus. Seinem Selbstverständnis gemäß strebte er nicht nach Massenwirkung, sondern begriff sich als Koordinator und ideologischer Vordenker der sog. nationalen Vereinigungen. 1914 hatte der Verband 18.000 Mitglieder; am 9. Nov. 1918 sogar 36.300. Die Mitgliedschaft wies einen hohen Anteil an Akademikern, Universitätsprofessoren und Intellektuellen auf. Entsprechend blieb der ADV ein typischer Honoratiorenverband. Während sich der ADV in der ersten Zeit seines Bestehens mit Kritik an der Politik der Reichsleitung noch zurückgehalten hatte, geriet er spätestens seit der Übernahme des Vorsitzes durch Heinrich Claß im Jahre 1908 in zunehmende Gegnerschaft zur Regierung, der die Alldeutschen eine zu schwächliche Kolonial- und Außenpolitik vorwarfen. Unter Berufung auf den ehemaligen Reichskanzler Bismarck verstand sich der ADV jetzt als Speerspitze der »nationalen Opposition«. Der Ausbruch des Ersten Weltkrieges wurde von den Alldeutschen begeistert begrüßt, da nunmehr die Umsetzung des imperialistischen Expansionsprogramms des Verbandes in greifbare Nähe zu rücken schien.

Schon im Sept. 1914 hatte Claß folgerichtig eine *Denkschrift betreffend die national-, wirtschafts- und sozialpolitischen Ziele des deutschen Volkes im gegenwärtigen Krieg* verfaßt, welche die weitgehenden Forderungen des ADV bündelte. Diese Denkschrift wurde in 2.000 Exemplaren »als Handschrift gedruckt« und an die wichtigsten Vertreter von Regierung und Parteien versandt. Die außenpolitischen Kriegsziele wurden durch das Interesse an Rohstoffquellen und Absatzmärkten bestimmt. Belgien sollte in eine »flämische Mark« und in eine »wallonische Mark« geteilt werden, wobei diese »Marken« diktatorisch verwaltet und den Belgiern jegliche politischen Freiheitsrechte versagt bleiben sollten. Frankreich sollte politisch entmachtet und ebenfalls territorial beschnitten werden, wobei die Expansionsbestrebungen bis zum Rhone-Tal ausgedehnt wurden. Die russischen Ostseeprovinzen sollten annektiert und alle anderen Teile Rußlands westlich des Dnjepr von Rußland abgetrennt und in verschiedenen Formen dem Deutschen Reich untergeordnet werden. Die Denkschrift schlug auch vor, den »afrikanischen Weltteil in seinen nördlichen Zweidritteln wesentlich deutsch« zu bestimmen. Darüber hinaus sollte ein einheitliches Wirtschaftsgebiet in Europa unter Führung Deutschlands geschaffen werden, dem neben Österreich die Niederlande, die Schweiz, Norwegen, Schweden, Dänemark, Finnland, Italien, Rumänien und Bulgarien angeschlossen werden sollten. Auch wenn bereits nach Vorlage der Denkschrift massive Kritik an solch maßlosem Expansionismus geäußert wurde, gelang es dem ADV, sich rasch an die Spitze der »Kriegszielbewegung« zu setzen. Dabei wurde die Kritik an der Politik des Reichskanzlers Bethmann Hollweg immer stärker, und der ADV arbeitete – letztlich erfolgreich – zielstrebig auf dessen Sturz hin. Hierzu diente vor allem die konzentrierte Agitation für die Durchsetzung des (von Bethmann Hollweg abgelehnten) unbeschränkten U-Boot-Krieges, selbst auf die Gefahr eines Kriegseintritts der USA hin.

Die Versuche des ADV, während des Krieges eine eigene Partei sowie eigene Presseorgane zu lancieren, waren indessen wenig erfolgreich. Die Gründung einer eigenen Partei mißlang, und der ADV bemühte sich verstärkt um Einfluß in der 1917 gegründeten Deutschen Vaterlandspartei. Durch große Werbekampagnen gelang es auch, ca. 15.000 neue (zum Teil korporative) Mitglieder zu gewinnen. Angesichts der drohenden Niederlage verschärfte der ADV im Herbst 1918 seine antisemitische Tonart und bemühte sich noch im Okt. 1918, einen »Ausschuß für nationale Verteidigung« ins Leben zu rufen, um hierdurch einen erwünschten Staatsstreich unter Führung der Militärs durchzuführen, was allerdings vollständig mißlang. In der Weimarer Republik verlor der ADV trotz weiterhin steigender Mitgliederzahlen (wegen korporativer Mitgliedschaft vieler nationalistischer Verbände) an Einfluß. 1939 wurde der Verband schließlich aufgelöst.

Lit.: R. Chickering, We Men Who Feel Most German. A Cultural Study of the Pan-German League, 1886-1914, Boston u. a. 1984; H. Hagenlücke, Deutsche Vaterlandspartei. Die nationale Rechte am Ende des Kaiserreiches, Düsseldorf 1997; M. Peters, Der Alldeutsche Verband am Vorabend des Ersten Weltkrieges: 1908-1914. Ein Beitrag zur Geschichte des völkischen Nationalismus im spätwilhelminischen Deutschland, Frankfurt a. M. u. a. 1996.

Heinz Hagenlücke

Allenby, Edmund Henry Hynman, (seit 1919 Viscount A. of Megiddo and Felixstowe), * Brackenhurst Hall (Grafschaft Nottinghamshire) 23.4.1861, † London 14.5.1936, britischer Feldmarschall. – Nach der Ausbildung am Royal Military College in Sandhurst diente A. zunächst bei den 6. Inniskilling Dragoons (1884-1888) in Südafrika. Er nahm am Burenkrieg von 1899–1902 teil (5th Lancers). Zu Beginn des Weltkriegs war er Generalinspekteur der Kavallerie.

A. war ein Mann mit kräftigem Körperbau; dies und sein gewalttätiges Naturell trugen ihm den Spitznamen »Bulle« ein. Im Aug. 1914 wurde er zum Kommandeur der Kavalleriedivision ernannt, die das britische Expeditionskorps (BEF) nach Frankreich begleitete. Beim Rückzug von Mons gelang es seinem Verband, den Rücken und die Flanken der BEF weitgehend vor der starken deutschen Kavallerie zu schützen. Dennoch wurde A. beschuldigt, vorübergehend die Kontrolle über seine Einheiten verloren zu haben. Im Herbst 1914 führte er dann das neu geschaffene Kavalleriekorps in der 1. Flandern-Schlacht, und am 6. Mai 1915 folgte er Herbert Plumer als Kommandierender General des V. Korps. Im Okt. 1915 übernahm er die Führung der 3. Armee von General Sir Charles Monro.

A.s Verhältnis zu seinem Oberbefehlshaber Haig war distanziert. Dennoch erhielt A. die zentrale Aufgabe bei der britischen Offensive von Arras im April 1917. Seine gründliche und einfallsreiche Planung verhalf der 3. Armee zu außerordentlichen Anfangserfolgen. Als sich die Offensive jedoch zu einem verlustreichen Patt entwickelte, geriet A. in die Kritik, da er zu viele isolierte Angriffe befohlen hätte. General Sir Archibald Murrays Versagen auf dem nahöstlichen Kriegsschauplatz lieferte Haig den Vorwand, A. von der Westfront zu entfernen. Im Juni 1917 wurde er nach Palästina versetzt, um Murrays Platz als Befehlshaber des ägyptischen Expeditionskorps (EEF) einzunehmen.

A. reagierte zunächst verbittert, doch schon bald betrieb er erfolgreich die Reorganisation der EEF. Das Korps errang wichtige Siege bei Beerscheba (31. Okt.) und bei Gaza (1.-11. Nov.), bevor es schließlich am 9. Dez. Jerusalem einnahm. Da A. die Stärke der türkischen Verteidigung überschätzt hatte, setzte er einen Großteil der Kavallerie an der Ostflanke von Beerscheba ein und verhinderte so die rasche Ausnutzung des britischen Durchbruchs bei Gaza. Die folgenden Vorstöße über den Jordan auf Amman (März bis Mai 1918) endeten sogar in Niederlagen. Nachteilig wirkte sich aus, daß A. gezwungen war, britische Truppen aus Nahost für die europäische Westfront freizugeben. Mit der Hilfe von Verbindungsoffizieren – vor allem Oberst T. E. Lawrence – unterstützte er die Operationen arabischer Truppen gegen die Türken. Vor allem plante er jedoch eine Offensive im Küstenbereich. Bei Megiddo fügte A. den Türken eine schwere Niederlage zu (19.-21. Sept.) und erzielte den Durchbruch. Seine Truppen legten in 38 Tagen über 580 km zurück und besiegten drei türkische Armeen; sie nahmen Damaskus und Aleppo ein und beschleunigten so die Niederlage der Türken.

Nach dem Krieg wurde A. zum Feldmarschall befördert. Bis 1925 diente er als Hochkommissar von Ägypten und dem Sudan.

PETER SIMKINS (Ü: M. P.)

Alpenkrieg. Durch die Überreichung der italienischen Kriegserklärung am 23. Mai 1915 geriet Österreich-Ungarn in eine verzweifelte Lage. Zwar kam der Schritt Italiens nicht unerwartet, doch waren die Streitkräfte der Donaumonarchie fast gänzlich an der Ostfront und auf dem Balkan festgelegt, wo die Mittelmächte in diesem Jahr die Initiative ergriffen hatten. Nur schwache, improvisierte Kräfte standen zur Sicherung der 600 km langen Grenze zu Italien zur Verfügung, unter ihnen fast 30.000 Standschützen, eine Tiroler bzw. Vorarlberger Landmiliz, die im zweiten Kriegsjahr fast nur noch sehr junge und ältere oder invalide Männer aufbieten konnte – ein letztes Aufgebot. Hätte die italienische Armee rasch und energisch angegriffen, wären ihr große Erfolge sicher gewesen. Daß dies nicht geschah, lag daran, daß die Armee noch nicht schlagbereit versammelt war, und an dem großen Respekt, den General Cadorna, der italienische Oberbefehlshaber, vor dem kriegserfahrenen Gegner hatte. Er wollte nichts überhasten und erst nach sorgfältiger Vorbereitung methodisch vorrücken. Die Zeit, die Cadorna für seine Angriffsvorbereitungen brauchte, gewannen die Österreicher zur Organisation ihrer Verteidigung.

Die Grenze zwischen Österreich und Italien verlief, mit Ausnahme der Küstenregion, durchweg im alpinen Bereich, meist in Höhen

Alpenfront (1915-1918)

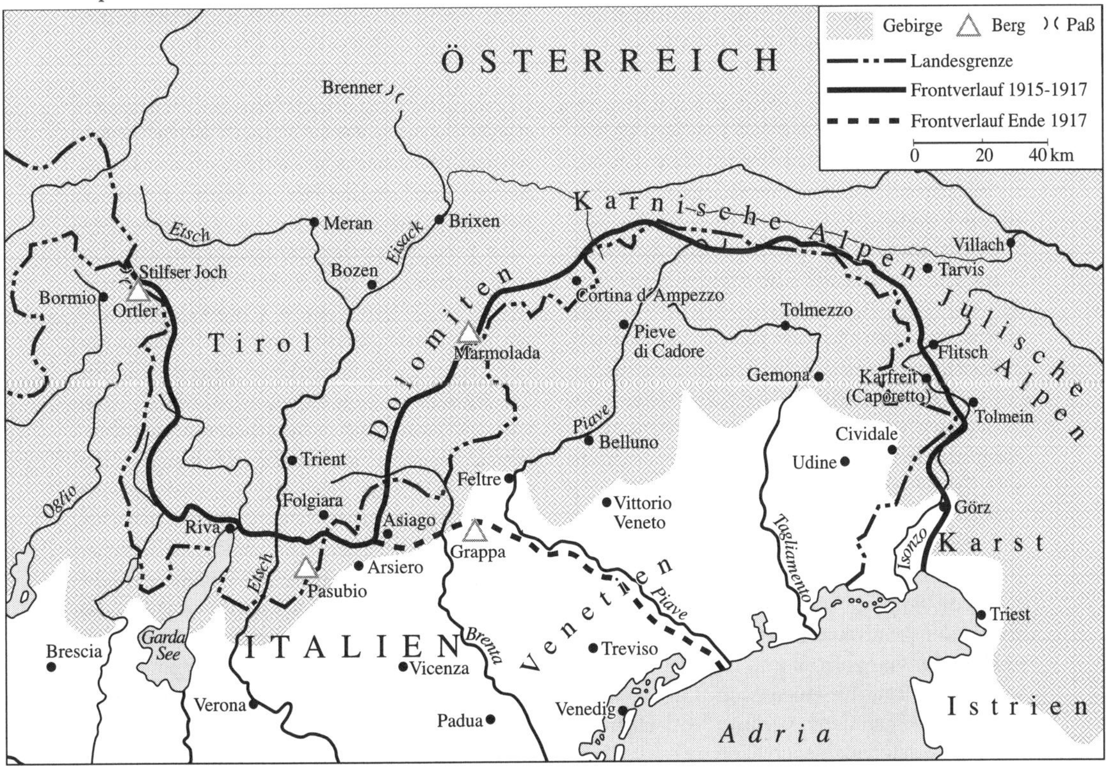

über 2.000, oft über 3.000 m. Die Kriegsgeschichte kannte bis dahin keine langdauernden Kampfhandlungen in solchem Gelände. Kämpfe in Gebirgen spielten sich um Engstellen, in Tälern und Senken ab, aber nicht auf den Bergen selbst. Zwar besaßen 1914 mit Ausnahme Deutschlands alle europäischen Großstaaten Gebirgstruppen, doch waren sie eher dafür ausgebildet, Gebirgsgelände zu überwinden, als in ihm zu kämpfen. Bei der Organisation der neuen Front gingen beide Seiten noch von der überkommenen Vorstellung der militärischen Ungangbarkeit hochalpinen Geländes aus. Diese Annahme wurde sofort durch die Tätigkeit kleiner Patrouillen aus alpinistisch erfahrenen Soldaten widerlegt. Kleine Trupps besetzten beherrschende Geländepunkte, von denen sie der Gegner angesichts der extremen Terrainverhältnisse nicht mehr vertreiben konnte. Immerhin dauerte es einige Monate, bis die Gebirgsfront als geschlossen gelten konnte.

Die Alpenfront begann im Westen am Stilfser Joch hart an der Schweizer Grenze, zog sich in einem großen Bogen um Tirol, durchlief die Dolomiten, setzte sich über den Kamm der Karnischen Alpen fort und bog in den Julischen Alpen nach Süden um. Dort ging die eigentliche Alpenfront in die zum großen Teil auch alpin geprägte Isonzofront über, wo die Italiener die Entscheidung suchten. Cadorna setzte auf einer Frontlänge von 90 km 14 Divisionen zum Durchbruch nach Triest und Laibach (Ljubljana) an, genausoviel wie auf den übrigen 500 km. Strategisch gesehen war die Alpenfront im Rahmen der Südwestfront, wie der neue Kriegsschauplatz aus der Perspektive Österreichs hieß, eine Nebenfront. Im Gefolge der 12. Isonzo-Schlacht (Caporetto) erfuhr sie eine erhebliche Veränderung. Das Vorrücken der deutschen und österreichischen Truppen zwang die Italiener, ihre Stellungen östlich des Brentatales aufzugeben. Den Zusammenhang zwischen der bisherigen, vom Stilfser Joch herkommenden Front zur neuen Front an der Piave vermittelte das Grappa-Massiv.

Bei Kriegsbeginn unternahmen die Italiener im Bereich der Alpenfront ihre größten Offensivanstrengungen gegen die Hochflächen von Folgaria und Lavarone. Dort ragte der Tiroler Frontbalkon nach Südosten in den Rücken der Isonzofront und eignete sich deshalb gut als Basis für einen Angriff in die norditalienische Tiefebene. Conrad von Hötzendorf, der österreichische Generalstabschef, hatte deshalb schon vor dem Krieg für die Anlage neuzeitlicher Befestigungen gesorgt, um diesen Aufmarschraum gegen den Zugriff des südlichen Nachbarn zu sichern. Zwar vermochte es die italienische Artillerie, die österreichischen Werke schwer zu beschädigen, ihre Zerstörung und Einnahme gelang aber nicht. 1915 kam in Tirol auch ein aus bereits existierenden Truppenteilen neu aufgestellter deutscher Spezialverband zum Einsatz, das »Deutsche Alpenkorps«, kräftemäßig eine verstärkte Division. Das Alpenkorps sollte dem Bundesgenossen helfen, die Schwächephase zwischen der italienischen Kriegserklärung und dem Aufbau einer starken Verteidigungsorganisation zu überbrücken. Schon im Herbst 1915 verließ es Tirol und kehrte nur noch einmal, während der 12. Isonzo-Schlacht im Herbst 1917, in die Landschaft zurück, deren Namen es trug. Mit dem Alpenkorps beginnt die Geschichte der deutschen Gebirgstruppe.

An der neuen Front mußten die Truppen vielfach Stellungen beziehen, deren bloßes Erreichen schon eine bedeutende hochalpinistische Leistung darstellte. Dabei kamen keineswegs nur Gebirgsformationen wie Alpini oder Tiroler Landesschützen (ab 1917 Kaiserschützen) zum Einsatz, sondern, je nach Verfügbarkeit, auch Verbände, denen das Gebirge völlig unvertraut war. Nicht nur Infanteristen mit leichten Waffen wurden in solche Extrempositionen gebracht, sondern auch Artillerie. Das höchste Geschütz des Weltkrieges stand knapp unterhalb des 3.905 m hohen Ortlergipfels, des höchsten Berges der k. u. k. Monarchie. Um das Hochgebirge militärisch nutzbar zu machen, waren ganz außerordentliche Infrastrukturanstrengungen nötig: Anlage von Wegen und Steigen, von Materialseilbahnen, beheizbaren Unterkünften und schußsicheren, in den Fels getriebenen Kavernen. Im Bereich der Ortlergruppe schufen die Italiener einen Strickleiteraufstieg, der von 2.900 auf 3.648 Höhenmeter empor führte und die angemessene Bezeichnung »Himmelsleiter« trug. Eine der spektakulärsten Bauleistungen gelang den Österreichern am Marmolatagletscher. Weil auf dem Gletscher jede natürliche Deckungsmöglichkeit fehlte, verlegten sie ihre Anlagen ganz in das Eis, das schließlich von einem Stollensystem von 8 km Gesamtlänge durchzogen war. Der personelle Aufwand zur Versorgung exponierter Stellungen war enorm; dieser Dienst konnte gefährlicher sein als der Aufenthalt in den

Kampfstellungen. Die ohnehin extremen Lebens- und Kampfbedingungen im Hochgebirge erfuhren im Winter eine dramatische Verschärfung. Noch 1915/16 hatten die Truppen fast alle Berge von über 3.000 m Höhe geräumt. Weil man aber bei der Wiederbesetzung dieser Gipfel im nächsten Frühjahr solche Positionen teilweise schon vom Feind besetzt vorfand, blieben in den folgenden Wintern auch sie ausnahmslos durchgehend besetzt, selbst wenn die Temperaturen auf 40 Grad Kälte absanken. Der Vorrang des taktischen Auftrags verbot auch das Räumen lawinenbedrohter Positionen. Schwere Schneefälle mit nachfolgendem Tauwetter führten zu zahlreichen Lawinenkatastrophen. Zwischen dem 5. und 14. Dez. 1916 kamen allein auf österreichischer Seite 1.300 Soldaten auf diese Weise ums Leben.

In den ersten Kriegsmonaten, in denen sich die Alpenfront erst bildete und zahlreiche Berggipfel noch unbesetzt waren, fand sich für Patrouillen unter der Führung bergerfahrener Soldaten ein weites Betätigungsfeld mit großen Erfolgsaussichten. In dem Maß, in dem sich die Front schloß, verringerten sich die Spielräume. Zwar behielten kleine Trupps alpinistisch hochqualifizierter Soldaten weiterhin Wirkungsmöglichkeiten, die weit über das hinausgingen, was Kleingruppen an anderen Fronten erreichen konnten, doch genügte ihre Kampfkraft nicht zur Bezwingung stark ausgebauter Stellungen. Festungsartig ausgebaute Berggipfel von beherrschender Lage wurden zu Kampfschwerpunkten. Der Angreifer beschritt zu ihrer Eroberung den gleichen Weg wie auch sonst im Stellungskrieg: Er vermehrte die Angriffsmittel, vor allem die artilleristischen. Die Folge waren Kämpfe von einer Intensität wie sie sonst nur die Großkämpfe an klassischen Stellungsfronten prägten. Weil aber das alpine Gelände die infanteristische Entwicklung des Angreifers begrenzte und gleichsam kanalisierte, genügten unter solchen Umständen wenige Soldaten, um selbst einem weit überlegenen Gegner das Vorrücken physisch unmöglich zu machen. Am Col di Lana scheiterten mehrere Versuche der Italiener, den Berg einzunehmen, unter schweren Verlusten. Deshalb unterminierten sie den österreichisch besetzten Gipfel und sprengten ihn am 17. April 1916 mit 5 t Sprenggelatine in die Luft. Minensprengungen gelangen auch den Österreichern, so am Pasubio, dem am heftigsten umkämpften Berg der Alpenfront. Das Pasubio-Massiv, beherrschend am Südrand der Trientiner Alpen gelegen, wurde 1916 zum Schauplatz schwerster Kämpfe. Allein im Okt. dieses Jahres verloren beide Seiten zusammen etwa 8.000 Mann. Also verlegte man sich auch dort aufs Minieren. Unter dem Berg entstand ein Netz von Minen- und Gegenminenstollen. Am 13. März 1918 konnten die Österreicher diesen hin und her wogenden Kampf für sich entscheiden, als sie eine mit 55 t Sprengstoff geladene Mine unter der italienischen Stellung zündeten, gerade 3 1/2 Stunden, bevor die Italiener ihre Mine zur Sprengung bringen wollten. Dabei fanden fast 500 italienische Soldaten den Tod.

Österreichisches Artilleriegeschütz (30,5-cm-Mörser) über dem Südtiroler Pustertal. 1917

Die Bergkämpfe wurden von beiden Seiten mit einem hohen Anteil an Elitetruppen geführt. Col di Lana und Pasubio galten den Österreichern als »Kaiserjägerberge«. Aber auch wenn Tausende von Soldaten dort Leben oder Gesundheit verloren, waren diese Auseinandersetzungen im Rahmen des Weltkrieges Ereignisse von lokaler Bedeutung, Stellungskrieg in der dritten Dimension bei oft äußerster räumlicher Konzentration der Kampfhandlungen. Die österreichische Frühjahrsoffensive des Jahres 1916 besaß ehrgeizigere Ziele. Sie sollte von den Hochflächen von

Folgaria und Lavarone her den Durchbruch in die norditalienische Tiefebene erzwingen und in den Rücken der italienischen Isonzo-Armee führen. Dies war ein alter Plan Conrads, und er suchte dafür die Unterstützung der deutschen Armee bzw. des deutschen Generalstabschefs von Falkenhayn zu gewinnen. Conrad wollte die 1915 so erfolgreiche Kooperation der Verbündeten fortsetzen. Er hoffte, Italien weitgehend aus dem Krieg ausschalten zu können, um dann die weiterhin vereinten Anstrengungen der Mittelmächte gegen Frankreich zu lenken. Falkenhayn verweigerte sich allerdings diesem Plan, weil er die Erfolgsaussichten einer solchen Operation bezweifelte (Gelände, Witterung, militärische Leistungsfähigkeit des Bundesgenossen) und selbst bereits – ohne Wissen der Österreicher – das Projekt einer Offensive bei Verdun verfolgte. So entschloß sich Conrad zum Alleingang. Die Offensive sollte mit den begrenzten Mitteln der Donaumonarchie unternommen werden. Schon die Vorbereitung des Angriffs bestätigte Falkenhayns Befürchtungen: Zwar gelang die Versammlung der Angriffstruppen zum vorgesehenen Zeitpunkt in der ersten Aprilhälfte, doch dann zwang ein überraschender Wintereinbruch zum Abwarten. Die Vorbereitungen blieben den Italienern natürlich nicht verborgen. Bis zum endgültigen Losbrechen des Angriffs am 15. Mai vermochten sie es, ihre Kräfte vor Südtirol von etwa 50 auf über 120 Bataillone zu verstärken. Die Offensive erzielte zwar bemerkenswerte taktische Erfolge, doch gelang es nicht, den Weg ins Flachland freizumachen. Die Schwierigkeiten des hochalpinen Geländes und der Widerstand der Italiener, die Mitte Juni, als die Offensive eingestellt wurde, den etwa 200 Bataillonen der beiden österreichischen Angriffsarmeen bereits über 300 eigene entgegenstellen konnten, erwiesen sich als unüberwindbar.

Genau zwei Jahre später traten österreichisch-ungarische Truppen zu ihrer letzten Offensive an, die den an der Westfront schwer bedrängten Bundesgenossen entlasten sollte. Dieser Angriff sollte ursprünglich nur an der Piave durchgeführt werden, doch gelang es Conrad, inzwischen Oberbefehlshaber der Heeresgruppe in Tirol, einen zweiten Angriff auf der Hochfläche der Sieben Gemeinden (Asiago) durchzusetzen. Dieser brach aber schon am ersten Angriffstag, dem 15. Juni 1918, unter schweren Verlusten zusammen. Conrad wurde daraufhin seiner Stellung enthoben.

Während die österreichische Armee im Sommer 1918 wahre Hungermonate durchlebte, bereitete sich im Hinterland der Zerfall der Monarchie vor. Italien rüstete indessen zu einem letzten großen Angriff, der im Okt. losbrach. Dabei gelang es den Österreichern zunächst, sich an der Gebirgsfront zu behaupten. Den italienischen Durchbruch an der Piave konnten sie aber nicht verhindern. Die jetzt rasch voranschreitende Desorganisation des Gesamtstaates führte zum Abzug zahlreicher Truppenteile in die sich bildenden Nachfolgestaaten. Damit wurde auch die Gebirgsfront unhaltbar, der militärische Zusammenbruch war da.

Über den Zeitpunkt des Inkrafttretens des endlich geschlossenen Waffenstillstandes entstand insoweit ein Mißverständnis, als die österreichische Seite von einem 36 Stunden früheren Termin als die italienische ausging. Die Italiener nutzten die Situation aus, indem sie die abziehenden österreichischen Kolonnen, die sich bereits im Waffenstillstand glaubten, überholten und zu Gefangenen erklärten. So geriet ein großer Teil der Truppen, die über mehr als drei Jahre hinweg die Alpenfront verteidigt hatten, zuletzt noch in eine oft viele Monate dauernde Kriegsgefangenschaft.

Zahlreiche Stellungsanlagen der Alpenfront hatte man in den massiven Fels gesprengt oder aufgemauert. Oft in schwer zugänglichem, wirtschaftlich nicht genutzen Gebiet gelegen, gab es nach dem Krieg keinen Grund, sie mit großem Aufwand wieder zu beseitigen. So kam es, daß sich die Spuren des Ersten Weltkrieges im Hochgebirge zumeist besser erhalten haben als an anderen Fronten.

→ *Caporetto* → *Isonzo* → *Doberdó*

Lit.: G. Langes, Die Front in Fels und Eis, 8. Aufl., Bozen 1983; H. von Lichem, Krieg in den Alpen: 1915-1918, 3 Bde., Augsburg 1993; H. J. Pantenius, Der Angriffsgedanke gegen Italien bei Conrad von Hötzendorf, Köln/Wien 1984; W. Schaumann, Schauplätze des Gebirgskrieges, 1915-1917, 3 Bde., Cortina d'Ampezzo 1972-1985.

DIETER STORZ

Annexionskrise, bosnische, internationaler Spannungszustand nach der Aneignung Bosniens und der Herzegowina durch Österreich-Ungarn (1908). – Auf dem Berliner Kongreß (1878) erhielt die Donaumonarchie das Recht, beide Provinzen zu besetzen und zu verwalten. Formal blieben diese Bestandteil des osmanischen Staatsverbands, faktisch aber waren sie dem österreichischen Machtbereich angegliedert. Eine Integration der ethnisch gemischten Bevölkerung gelang jedoch keinem der beiden Vielvölkerstaaten. Wien unternahm zwar große Anstrengungen, die strategisch bedeutsame Region wirtschaftlich zu entwickeln und enger an sich zu binden. Als aber in Konstantinopel die Jungtürkische Revolution einen Verfassungsstaat etablierte und Reformen in Angriff nahm, beschloß die österreichische Regierung am 6. Okt. 1908 die direkte Annexion. Auf diese Weise wollte sie einer Rückkehr Bosniens und der Herzegowina unter türkische Kontrolle zuvorkommen. Rußlands Außenminister Iswolski war bereit, dem Anschluß an Österreich-Ungarn zuzustimmen, wenn dieses eine Öffnung von Bosporus und Dardanellen für russische Kriegsschiffe akzeptierte.

Trotz dieser Billigung löste die Annexion eine internationale Krise aus. Vom schnellen Vorgehen Wiens überrascht und unter dem Druck einer antiösterreichischen Öffentlichkeit, unterstützte Rußland nun Serbien, das die Provinzen oder Teile davon für sich selbst beanspruchte. Um dieser Forderung Nachdruck zu verleihen, verlegte Belgrad Truppen an die Grenze. Österreich-Ungarn, vom Deutschen Reich unterstützt, drohte Serbien seinerseits mit Krieg, falls es seine Ansprüche nicht fallen ließ. In Berlin vertraute man darauf, daß Rußland, geschwächt durch die Niederlage gegen Japan 1905, einen österreichisch-serbischen Krieg nicht würde ausweiten können. So erhielten die Österreicher freie Hand für einen regional begrenzten Krieg. Rußland, ohne Beistand seines Alliierten Frankreich, welches den Bündnisfall nicht für gegeben ansah, fehlten zur Unterstützung Serbiens die Mittel.

Daß der Frieden gewahrt blieb, war die Folge des zu diesem Zeitpunkt herrschenden militärischen Kräftegefälles zwischen den Zweibundmächten und Rußland. Die eigene militärische und bündnispolitische Schwäche zwang Petersburg nachzugeben. In einem Notenwechsel akzeptierte Iswolski im März 1909 die Annexion. Doch die diplomatische Demütigung und die Kompromißlosigkeit, mit der das Deutsche Reich die Interessen seines Verbündeten vertreten hatte, bestimmten zukünftig die russische Politik wesentlich mit. Das Zarenreich suchte sich als Konsequenz noch enger an Großbritannien und Frankreich anzulehnen (Tripel-Entente). → *Entente* → *Zweibund*

MARTIN KRÖGER

Antisemitismus. In der Geschichte des A. markiert der Weltkrieg einen tiefen Einschnitt. Er bedeutete eine Radikalisierung judenfeindlicher Stereotypen und begünstigte Ideologien, welche den Ausschluß der Juden aus einer völkisch konzipierten deutschen Nation forderten.

Der vom Kaiser am 4. Aug. 1914 verkündete »Burgfrieden« erwies sich bald als »Schönwetter-Konstruktion«. Schon im selben Monat forderte der Reichshammerbund seine Mitglieder auf, die Aktivitäten der Juden genau zu beobachten. Zwar schritt die Zensur zunächst energisch gegen antisemitische Druckerzeugnisse ein, doch scheint dies die Diffamierung der Juden als »innerer Feind« sogar begünstigt zu haben. Jedenfalls bezichtigten deutsch-völkische Verbände seit Herbst 1914 die Juden der mangelnden Kriegsbereitschaft. Besonders agitierten sie gegen die herausragende Stellung einiger Juden in den sog. Kriegsgesellschaften und -verwaltungen.

Mit zunehmender Kriegsdauer und -härte gewann die antisemitische Propaganda erheblich an Bedeutung. Sie verband sich mit der Kriegszieldiskussion und richtete sich nicht zuletzt auch gegen Reichskanzler Bethmann Hollweg. Fast eine Million Leser erreichten die Kriegspublikationen des englischen Publizisten Houston Stewart Chamberlain, die zumeist einen antisemitischen Unterton besaßen. In seinen 1915 erschienenen *Kriegsaufsätzen* attestierte dieser den Engländern Charakterzüge, die den gängigen antisemitischen Topoi zum Verwechseln ähnlich waren, und verwies auf die Existenz eines »Krämervolks« in Deutschland. Mit ihrem Appell an Vernunft und Ethik standen die jüdischen »Abwehrorganisationen« dem an Emotionen und Instinkte appellierenden A. hilflos gegenüber.

Die am 1. Nov. 1916 von der 3. OHL durchgeführte Zählung der Kriegsdienst leistenden Juden bedeutete die endgültige Aufkündigung des »Burgfriedens«. Sie war eine Reaktion der militärischen Führung auf antisemitische Hetzkampagnen gegen eine angebliche »Drückebergerei« der Juden. Die jüdischen Soldaten fühlten sich gedemütigt und aus der propagandistisch beschworenen »Frontgemeinschaft« ausgeschlossen. Die Tatsache, daß die Ergebnisse der »Konfessionsstatistik« nie vollständig veröffentlicht wurden, begünstigte auch nach 1918 antisemitische Verdächtigungen. Die Aufklärungspolitik des Reichsbunds jüdischer Frontsoldaten und anderer jüdischer Verbände blieb hingegen von begrenzter Wirkung.

Nationalistische Vorstellungen von einer »Reinheit der Rasse« brachen sich in der Debatte um die Einwanderung osteuropäischer Juden Bahn. Bereits am 28. Aug. 1914 forderte der Vorsitzende des Alldeutschen Verbandes, Heinrich Claß, eine Schließung der Ostgrenzen, um den weiteren Zuzug von Juden zu verhindern. Eine Vielzahl von Flugschriften beschwor in rassistischer Diktion das Schreckbild »ostjüdischer Überfremdung«. Die Antisemiten schürten die Angst vor der Einschleppung von Seuchen und gewannen die regierungsnahen *Preußischen Jahrbücher* als Forum für ihre »medizinalpolitische Argumentation«. Bei der Diskussion um die »Grenzsperre« traten ihnen die Zionisten energisch entgegen, die im Ostjudentum eine Quelle kultureller Erneuerung sahen. Obwohl überall in Osteuropa Fremdarbeiter für die deutsche Kriegswirtschaft rekrutiert wurden, schloß man auf Anregung der Reichskanzlei am 23. April 1918 die preußischen Ostgrenzen für jüdische Arbeitskräfte. In der Folgezeit avancierte die Chiffre »Ostjudentum« zu einem Kristallisationspunkt der Krisensymbolik.

Die Russische Revolution führte zu einer Überlagerung und Durchdringung antikommunistischer und antisemitischer Feindbilder. Vor allem im deutschen Bürgertum, das auf einen erfolgreichen Kriegsausgang hoffte und um seine Kriegsanleihen bangte, verselbständigten sich Bedrohungsängste gegenüber dem »jüdischen Bolschewismus«, die streckenweise paranoide Züge trugen. Als sich im Sommer 1918 die endgültige militärische Niederlage abzeichnete, wurde für die OHL die Suche nach einem »Sündenbock« dringlich. Die Dolchstoßlegende von Rechts richtete sich nicht nur gegen die »Reichsfeinde« auf der politischen Linken, sondern auch gegen die »Verschwörung des internationalen Judentums«. Der Alldeutsche Verband setzte auf die Integrationskraft des A. und funktionalisierte die Juden als »Blitzableiter für alles Unrecht«, das dem deutschen Volk im Krieg widerfahren sei. In Berlin oder München galten Juden als Protagonisten der Revolution und wurden Opfer gewaltsamer Ausschreitungen. Spätestens in den pogromartigen Gewalttätigkeiten während der Hyperinflation 1923 wurde deutlich, daß die Radikalisierung des A. im Weltkrieg kein vorübergehendes Phänomen war, sondern gravierende Konsequenzen für die jüdische Gemeinschaft und die politische Kultur der Weimarer Republik besaß. → *Dolchstoßlegende* → *Judenzählung*

Lit.: C. Hoffmann, Between Integration and Rejection: the Jewish Community in Germany, 1914-1918, in: State, Society and Mobilization in Europe during First World War, hg. v. J. Horne, Cambridge 1997, S. 89-104.

Ulrich Sieg

Antwerpen, belgische Stadt und Festung. – Nach dem Fall von Lüttich Mitte Aug. 1914 und den Kämpfen am Fluß Gette lehnte der belgische König Albert I. einen gemeinsamen Rückzug mit den Franzosen nach Namur ab; er zog sich mit seiner Feldarmee (80.000 Mann) statt dessen in Richtung A. zurück. Die befestigte Stadt mit ihren 70.000 Festungssoldaten wurde als »Auffangstellung der Nation« (réduit national) angesehen. Der König und die Armee waren fest entschlossen, sich zu verteidigen und dort bis zur Ankunft der Alliierten als Garanten der belgischen Neutralität auszuharren. Um die französischen und britischen Verbände zu entlasten, aber auch um die Loyalität der belgischen Armee gegenüber ihren Garanten zu beweisen, wurden zwei große und verlustreiche Ausfälle unternommen, allerdings ohne nennenswerte Ergebnisse. Der erste Ausfall fand am 25./26. Aug. 1914 in Richtung Mecheln (Malines) statt und kostete 4.000 Opfer. Zwischen dem 8. und 13. Sept. verlor die Armee während des zweiten Ausfalls noch einmal 8.000 Soldaten. Nach der Marne-Schlacht schickten die Deutschen weitere 120.000 Mann unter der Leitung von General Hans von Beseler, um A. endlich zu Fall zu bringen. Die vorgerückten belgischen Truppen wurden am 27. Sept. zurückgedrängt, und vom 28. bis zum 30. Sept. wurde die Festung von schwerer Artillerie beschossen. Die belgische Armee war mit ihren Kräften am Ende, und die französischen Verstärkungen kamen nicht. Aber noch leisteten die Forts im Umkreis von A. erbitterten Widerstand. Trotzdem waren die Belgier gezwungen, sich bis zur Nethe (Nèthe) zurückzuziehen. Ab dem 3. Okt. wurden sie durch die Ankunft von 2.000 britischen Soldaten entlastet. Am 2. Okt. wurde nach langem Zögern die militärische Evakuierung der Stadt beschlossen. Vom 4. bis zum 8. Okt. tobten heftige Gefechte, die deutschen Truppen durchbrachen die Linien um die Stadt Lier (Lierre) und drohten die Schelde (l'Escaut) zu überqueren. Ein Rückzug wurde unvermeidlich, doch der König zögerte. Am 6. Okt. endlich befahl er den überfälligen Rückzug aus A. Die belgische Regierung ging nach Le Havre ins Exil, wo sie vier Jahre blieb. Am 10. Okt. bot der Bürgermeister von A. den Deutschen die Kapitulation der Stadt an. Die Evakuierung war zuvor höchst chaotisch verlaufen: 30.000 Soldaten waren in die Niederlande geflohen und noch einmal so viele gerieten in Gefangenschaft. Doch der Großteil der Armee war nach Osten, in den Westhoek (Flandern), ausgewichen. Nach heftigen Spannungen mit den Franzosen – sie verlangten von Belgien eine Wiederaufnahme der Angriffe, was der König ablehnte – entschloß sich Albert schließlich, die Stellung am Fluß Yzer (Yser) zu halten. Die belgischen Einheiten wurden dabei von französischen und britischen Einheiten unterstützt.

LAURENCE VAN YPERSELE (Ü: D. A.)

Plakatwerbung für den Eintritt in die australische Armee. Entwurf von Norman Lindsay. 1918

ANZAC (Westfront 1916-18). Die alliierte Operation auf der türkischen Halbinsel Gallipoli 1915 war der erste Auftritt des ANZAC auf dem europäischen Kriegsschauplatz. Im Jan. 1916 war dieses Unternehmen beendet und damit auch der Einsatz des Australian and New Zealand Army Corps (ANZAC) an dieser Front. Nun begann die Verwendung australischer und neuseeländischer Truppen an den wichtigsten Fronten des Weltkrieges.

Zunächst verlegte man das Korps zur Erholung, zur Ausbildung und zur Ergänzung nach Ägypten. Im Mai 1916 wurde es, aufgeteilt in ANZAC I und ANZAC II, nach der Westfront in Marsch gesetzt. Dort kam es zu einem für die britische Armee wichtigen Zeitpunkt an, da das Oberkommando gerade die Großoffensive an der Somme vorbereitete. Diese begann am 1. Juli – mit großen Hoffnungen, aber wenig Überlegungen, welche Ziele man sich eigentlich setzen wollte oder welche Mittel zur Erreichung dieser Ziele erforderlich waren. Der Angriff dauerte viereinhalb furchtbare Monate.

Für ANZAC sollte als Lehre aus dieser Offensive bleiben, daß jedes auch noch so starke und motivierte Korps nur dann erfolgreich kämpfen konnte, wenn die Operationsziele im Bereich des Möglichen lagen, wenn es ausreichend und gut bewaffnet war und wenn die Stäbe ihre Arbeit verstanden. Das war fast ausnahmslos an der Somme nicht der Fall. Der australische Stab hatte allenfalls Erfahrung in der Art Kleinkrieg, wie man ihn bei Gallipoli erlebt hatte, und war vor allem in der massierten Verwendung von Artillerie zur Unterstützung der Infanterieangriffe unerfahren. ANZAC wurde am 20. Juli in die Schlacht geworfen, in die, wie sich ein Australier später erinnerte, »schwerste, blutigste und übelste Keilerei, in die Australier je geraten waren«. Sir Douglas Haig, der britische Oberkommandierende an der Westfront, und General Sir Hubert Gough, Oberbefehlshaber der 5. Armee, ließen die ANZAC-Truppen gegen die Höhe von Pozières vorgehen, einen der am stärksten befestigten Abschnitte an der Somme. In einer Serie von Attacken, die in den meisten Fällen von der unerfahrenen australischen Artillerie nur unzureichend unterstützt wurden, kämpften sich die Truppen buchstäblich Meter für Meter gegen die Ruinen von Pozières und des Mouquet-Gehöfts vor. Die Einnahme dieser beiden Ziele kostete innerhalb von sechs Wochen 23.000 Mann – das waren dreimal so hohe Verluste wie in den acht Monaten vor Gallipoli.

Nach dem gescheiterten Angriff auf Pozières wurde ANZAC aus der Front genommen. Der Verband rückte über den Winter wieder ein, wurde zwar in keine größeren Kampfhandlungen verwickelt, verlor aber viele Soldaten durch Grabenkämpfe, Erfrierungen und Artilleriebeschuß. Er lag immer noch an der Front als die Deutschen im Febr./März 1917 auf die Siegfried-Stellung zurückgingen. Die Australier stießen mit einigem Geschick, aber ohne die Absetzbewegung stören zu können, nach. In der Frühjahrsoffensive 1917 blieben sie ebenfalls glücklos. Beim britischen Hauptangriff bei Arras im April spielten sie keine Rolle. Statt dessen wurden im Mai zwei australische Divisionen bei dem blutigen, weitgehend schlecht geführten und erfolglosen Angriff bei Bullecourt, südlich des eigentlichen Schlachtfeldes, eingesetzt.

Von diesem Zeitpunkt an begannen sich die Dinge für die Australier und Neuseeländer zu entwickeln. Im Juni 1917 spielte die 3. australische Division eine entscheidende Rolle bei der Eroberung des Höhenzuges von Messines (Wytschaete-Bogen) im Rahmen einer sorgfältig geplanten und von der 2. Armee (General Sir Herbert Plumer) durchgeführten Operation. Bedeutsam war der Anteil von ANZAC auch bei der einzigen erfolgreichen Phase der ansonsten katastrophalen 3. Flandern-Schlacht. Im Verlauf von drei Angriffen vertrieb man die deutschen Truppen von dem taktisch wichtigen Gheluvelt-Plateau.

Zu diesem Erfolg war es vor allem auch deshalb gekommen, weil ANZAC endlich der Führung eines sehr umsichtigen Planers, General Plumer, unterstellt war. Auch war dieser nun in der Lage, die inzwischen beachtlichen Ressourcen an Artillerie, die die britische Industrie produzierte, zum Einsatz zu bringen und sich auch die mittlerweile verbesserten Schießverfahren zunutze zu machen. Trotzdem folgte zunächst für ANZAC eine furchtbare Zeit in der Endphase der Flandern-Schlacht. Anfang Okt. 1917 blieb die Schlacht im einsetzenden Regen und im Schlamm stecken. Hier hatte Plumer übersehen, daß widrige Wetterbedingungen selbst die sorgfältigsten Vorbereitungen zunichte machen konnten. ANZAC wurde schließlich aus der Front genommen und verblieb in einer verlängerten Ruheperiode.

Dort befand sich das Korps immer noch, als die Deutschen im März 1918 ihre letzten Großoffensiven einleiteten. Für die Truppen bedeutete diese Abwesenheit einen glücklichen Umstand, denn im Verband der unzureichend ausgestatteten und schlecht zur Verteidigung eingerichteten 5. Armee hätten sie sicher schwere Verluste hinnehmen müssen. So spielte der Verband beim Auffangen des deutschen Einbruchs eine wichtige Rolle, und zwar sowohl in Flandern, wo die Deutschen Anfang April angriffen, als auch an der Somme, wo die Frühjahrsoffensive im März begonnen hatte und wo die Kämpfe immer wieder aufflammten. Von besonderer Bedeutung war dabei die Abwehr des Angriffs am 25. April bei Villers Bretonneux, des letzten und mithin erfolglosen deutschen Vorstoßes in Richtung auf den Eisenbahnknotenpunkt Amiens.

Auf dem Höhepunkt der Kämpfe wurde ANZAC umgruppiert. Die einzige neuseeländische Division wurde der britischen 3. Armee unterstellt, mit der sie Ende Aug. einen wichtigen Beitrag zur Einnahme von Bapaume leisten sollte. Die vier australischen Divisionen unter der herausragenden Führung von Sir John Monash bildeten fortan ein Korps im Rahmen der britischen 4. Armee. Zwischen Juli 1918 und dem Waffenstillstand kam diesem Korps eine bemerkenswerte Rolle bei einigen der größten Siege über das deutsche Heer im Westen zu. Dies gelang vor allem durch den Einsatz der Waffensysteme, die in der britischen Armee inzwischen zur Perfektion entwickelt worden waren: durch die Massierung der Artillerie, die zudem mit hoher Genauigkeit schoß, durch verbesserte Typen von Tanks und Flugzeugen sowie durch ein riesiges Arsenal an Maschinengewehren, Grabenmörsern und Gewehrgranaten.

Bei Hamel (4. Juli), Amiens (8.-12. Aug.), Albert (21.-23. Aug.) und Mont St. Quentin (31. Aug.) entwickelten die ANZAC-Divisionen im Verbund mit den Briten und unter massenhaftem Materialeinsatz bei ihrem Vorstoß ein ungeahntes Tempo. Der Höhepunkt kam Ende Sept., als die 4. Armee in kurzen und hervorragend geleiteten Angriffen die Siegfried-Stellung durchbrach, das letzte große Verteidigungssystem der deutschen Armee in Frankreich. Diese Schlacht sollte für die ANZAC-Truppen die letzte sein. Hieraus erklärt sich die mythische Bedeutung, die ANZAC später für die Begründung australischer und neuseeländischer Identität gewann.

Es ist bereits öfter festgehalten worden, daß die Dominionverbände unter den Kampftruppen des Weltkrieges herausragten. Daß sie mutige Soldaten waren, steht außer Frage. Doch müssen diese Leistungen in einem bestimmten Kontext gesehen werden: der technologischen und organisatorischen Entwicklung der britischen Armee. 1916, als sowohl die Waffen als auch ihre Anwendung mangelhaft waren, da erwies sich der Mut der ANZAC-Soldaten beim Kampf um das Gelände als genauso wenig ausreichend wie der aller anderen Kontingente. Als sie unter Bedingungen kämpften, bei denen neue Waffen und deren sorgfältiger Einsatz individuelle Fertigkeiten und persönlichen Mut zum Tragen kommen ließen, da erwiesen sie sich in der Tat als hervorragende Soldaten. → *Australien* → *Flandern* → *Gallipoli* → *Neuseeland* → *Somme* → *Streitkräfte Dominions*

Lit.: G. Kerr, Private Wars: Personal Records of the Anzacs in the Great War, South Melbourne u. a. 2000; J. F. Williams, Anzacs, the Media and the Great War, Sydney 1999.

Robin Prior / Trevor Wilson (Ü: M. P.)

Apollinaire, Guillaume (eigentlich Wilhelm Apollinaris de Kostrowitzky) * Rom 26.8.1880, † Paris 9.11.1918, französischer Dichter und Kunstkritiker. – Nicht zuletzt durch den Skandal um seinen 1913 erschienenen Gedichtband *Alcools* galt A., neben Blaise Cendrars, bei Kriegsbeginn als einer der wichtigsten modernen Dichter Frankreichs.

Da A. russischer Staatsangehöriger war – seine Mutter stammte aus Polen –, wurde er zu Kriegsbeginn nicht einberufen. Dennoch meldete er sich freiwillig und wurde Artillerist. Auf eigenen Wunsch wechselte er im Nov. 1915 zur Infanterie. Am 17. März 1916 wurde er von einem Granatsplitter am Kopf schwer verletzt. Nach der Genesung wurde er – inzwischen französischer Staatsbürger – 1917 zur Zensurbehörde nach Paris versetzt und zum Leutnant, später zum Oberleutnant, befördert. A. starb 1918 an der spanischen Grippe.

Obwohl er schon vor dem Krieg seinen eigenen Stil gefunden hatte, vertiefte er seine lyrische Sprache noch infolge des Kriegserlebnisses. Dies ist besonders in dem Band *Calligrammes* (1918) und in jenen Gedichten spürbar, die er für seine zwei großen Lieben der Kriegszeit, Lou und Madeleine, schrieb. Seine zugleich patriotische wie erotische Dichtung gehört zu den anrührendsten literarischen Zeugnissen des Weltkriegs.

Nicolas Beaupré

Arabischer Aufstand, Erhebung der Beduinen gegen die türkische Oberhoheit. – Der Emir von Mekka, Ibn Ali Husain, stand seit Juli 1915 in Verhandlungen mit dem britischen Hochkommissar in Ägypten wegen der angestrebten Unabhängigkeit Arabiens und der englischen Unterstützung für einen Aufstand gegen das Osmanische Reich. Großbritannien sah dies als Möglichkeit an, seinen Einfluß im Mittleren Osten erheblich zu verstärken. Während die Briten Husain Versprechungen machten, teilten sie gleichzeitig mit dem Sykes-Picot-Abkommen vom Jan. 1916 den Nahen Osten in eine englische und eine französische Interessensphäre auf. In Konstantinopel und Berlin wurde Husains Strategie nicht rechtzeitig durchschaut, was nicht zuletzt auf fehlerhafte Analysen des deutschen Orientexperten Freiherr Max von Oppenheim zurückzuführen war. Als jedoch im Juni 1916 in Medina ein türkisches, für den Jemen bestimmtes Truppenkontingent zusammen mit einer kleinen deutschen Mission eintraf, das in Südarabien ein Propagandazentrum aufbauen sollte, glaubte Husain fälschlich, seine Verbindungen zu den Briten seien aufgedeckt worden und befahl am 5. Juni den A. gegen die Türken. Der A. erfolgte verfrüht und unkoordiniert. Gleichwohl gelang den Arabern am 16. Juni mit Unterstützung englischer Kriegsschiffe die Einnahme der Hafenstadt Dschidda; bis zum 9. Juli brachten sie Mekka unter ihre Kontrolle. Die Eroberung von Medina gelang jedoch nicht. Husain übernahm den Oberbefehl über die Streitkräfte der Beduinen, seinen Söhnen Abdullah, Ali, Seid und Feisal unterstanden einzelne Abteilungen. Später wurden die Streitkräfte Husains umstrukturiert. Es entstanden die arabische Nordarmee unter Feisal, die Südarmee unter Ali, die die Garnison von Medina belagerte und die Ostarmee unter Abdullah, die in Zentralarabien den protürkischen Shammar Stamm unter Ibn Raschid in Schach hielt. Alle »Armeen« hatten kaum die Stärke einer Division. Großbritannien unterstützte den A. vorerst nur mit Beratern und Instruktionsoffizieren sowie einer monatlichen Zahlung von 200.000 £ in Gold. Ab 1917 begannen die aufständischen Araber mit einem intensiven Kleinkrieg gegen die Hedschasbahn, ohne jedoch die Garnison von Medina zur Aufgabe zwingen zu können. Immer mehr Stämme schlossen sich dem A. an. Am 6. Juli 1917 gelang 2.000 Beduinen die Einnahme der wichtigen Hafenstadt Akaba, die allerdings nur von 330 Türken verteidigt wurde. Mit diesem Erfolg im Rücken konnte der britische Hauptmann T. E. Lawrence (»Lawrence of Arabia«) die Führung in Kairo vom militärischen Wert des A. für die Sache der Entente überzeugen.

Die Briten führten den Aufständischen nun über Akaba ausgebildete arabische Truppen, Panzerwagen und sonstiges Material zu. Gleichwohl bestand die gesamte arabische Nordarmee Feisals – tatsächlich geführt von Djaafar Pascha – Anfang 1918 nur aus rund 3.000 Mann, unter ihnen Freiwillige, ehemalige Kriegsgefangene, Flüchtlinge, Deserteure und Plünderer. Im Zusammenhang mit dem Vorstoß des britischen Generals Allenby an der Palästinafront (1. Ostjordan-Schlacht) sollte die arabische Nordarmee, verstärkt durch ein kleines britisches und französisches Kontingent, im April 1918 Anschluß an die Truppen Allenbys finden. Der Plan scheiterte, da sich Allenby zurückziehen mußte. Feisals Beduinen unterbrachen jedoch die Hedschasbahn auf einer Linie von 80 km zwischen Mudewwere und Maan, konnten aber Maan, das erst am 24. Sept. fiel, vorerst nicht erobern. Bei Allenbys Großoffensive an der Palästinafront im Sept. 1918 fiel der arabischen Nordarmee die Aufgabe zu, einen Ablenkungs-und Fesselungsangriff gegen den wichtigen Eisenbahnstützpunkt Deraa zu führen. Hierfür bot die arabische Nordarmee weniger als 1.000 Mann auf. Der Vorstoß begann am 16. Sept. Am 26. Sept. unterbrachen die Aufständischen den Bahnverkehr zwischen Deraa und Damaskus, einen Tag später nahmen sie Deraa ein. Bereits am 25. Sept. hatten die Briten den Befehl herausgegeben, keine umfassenden Zerstörungen an den Bahnanlagen mehr vorzunehmen, die nun für den eigenen Vormarsch benötigt wurden. Der A. war zu Ende. Aus politischen Gründen ließen die Briten am 1. Okt. arabische Truppen als erste in Damaskus einziehen und unterstützten den Aufbau einer arabischen Verwaltung, um französischen Ansprüchen auf Syrien besser entgegentreten zu können. Die arabischen Hoffnungen auf Selbständigkeit und Unabhängigkeit aber erfüllten sich kaum. Zwar beschloß der Syrische Kongreß im März 1920 die Ausrufung des Königreiches Syrien unter Feisal und des Königreiches Irak unter seinem Bruder Abdullah. Die Briten überließen Syrien jedoch den Franzosen, die am 26. Juli 1920 in Damaskus einrückten und Feisal vertrieben. Er wurde schließlich König des Irak, sein Bruder Abdullah Emir, König von Transjordanien. → *Hedschasbahn* → *Osmanisches Reich*

Lit.: H. W. Neulen, Adler und Halbmond: das deutsch-türkische Bündnis 1914-1918, Frankfurt a. M. u. a. 1994.

HANS WERNER NEULEN

Arbeiter- und Soldatenräte, Vertretungen von Arbeitern und Soldaten auf der Grundlage des Rätesystems, einer Form der politischen Herrschaft, die auf Verwirklichung direkter Demokratie mit Hilfe von gewählten Räten abzielt. – Entscheidend wurde der Rätegedanke durch Marx und Lenin geprägt. In der russischen Revolution von 1905 formierten sich zum ersten Mal Selbstverwaltungsorgane in Form von spontan gewählten Räten (Sowjets). Nach der Februarrevolution 1917 versuchte Lenin unter dem Motto »Alle Macht den Räten« das Rätesystem als revolutionäre Herrschaftsform durchzusetzen. Bis dahin war der Begriff in Deutschland nahezu unbekannt. Die ersten Räte auf deutschem Boden entstanden im April 1917 in Leipzig und Berlin, lösten sich nach wenigen Tagen jedoch wieder auf. Während des Januarstreiks 1918 bildete sich in Berlin ein A., welcher die Interessen der rund 400.000 im Ausstand befindlichen Arbeiter vertrat. Dadurch breitete sich der Rätegedanke in der Arbeiterschaft immer stärker aus. Die Spartakusgruppe proklamierte im Okt. 1918 die landesweite Bildung von A. zur Vorbereitung der Revolution und trat für eine Räterepublik nach sowjetischem Muster ein.

Im Laufe des Nov. 1918 kam es, ausgehend von den Räten der norddeutschen Matrosen, zu improvisierten und spontanen Bildungen von A. im gesamten Reichsgebiet. Hochburgen der Rätebewegung waren Berlin, München, Hamburg, Bremen, das Ruhrgebiet sowie das sächsische Industrierevier. Nach der Revolution übernahmen die Räte fast überall die Macht. Sie sorgten für die Aufrechterhaltung der Ordnung, übernahmen die Sicherstellung der Lebensmittelversorgung und begannen mit der Umsetzung der angeordneten Demobilisierung. Der weitaus größte Teil der A. sympathisierte dabei mit den Mehrheitssozialisten. An der Spitze der A. in Deutschland stand die Berliner Organisation. Am 10. Nov. 1918 wurde der aus sieben Sozialdemokraten, sieben Revolutionären Obleuten und 14 Soldaten bestehende Vollzugsrat gewählt, der auch als Leitungsorgan der Berliner A. fungierte.

Im Laufe des Frühjahrs und Sommers 1919 wurden die Räte als politischer Machtfaktor in den Ländern und Kommunen überall ausgeschaltet. Das Scheitern der A. war vor allem bedingt durch die ablehnende Position der MSPD, die eine parlamentarische Republik anstrebte, sowie durch die antirevolutionäre

Haltung weiter Teile der kriegsmüden deutschen Bevölkerung. Trotz ihrer großen Bedeutung in den Anfangsmonaten haben die A. kaum tiefgreifende Spuren in der Geschichte der Weimarer Republik hinterlassen. → *Novemberrevolution* → *Januarstreik*

Lit.: Arbeiter- und Soldatenräte im rheinisch-westfälischen Industriegebiet. Studien zur Geschichte der Revolution 1918/19, hg. v. R. Rürup, Wuppertal 1975; U. Kluge, Die deutsche Revolution 1918/19. Staat, Politik und Gesellschaft zwischen Weltkrieg und Kapp-Putsch, 6. Aufl., Frankfurt a. M. 1997.

HEINZ HAGENLÜCKE

Argonnen, dicht bewaldetes Hochplateau zwischen Champagne und den Côtes Lorraines (Maas-Tal), ca. 12 km Ausdehnung in Ost-West-, ca. 50-60 km in Nord-Süd-Richtung. Während des Weltkriegs Nebenschauplatz eines hartnäckigen Klein- und Stellungskriegs am Rande der großen Entscheidungsschlachten. – Beim deutschen Vormarsch Ende Aug./Anfang Sept. 1914 ließen sowohl die deutsche 5. Armee (westlich von Verdun) und die 4. Armee wie auch die französische 4. und 3. Armee auf ihrem Rückzug die A. zwischen sich; erst im Verlauf der Marne-Schlacht besetzten die Franzosen, nun wiederum im Vormarsch, das von der 5. Armee aufgegebene Waldgebiet. Bedingt durch die Eigenart des Geländes sowie die zähe und geschickte, abschnittsweise geführte Gefechtstaktik der Franzosen, entwickelte sich hier der Stellungskrieg unter besonderen Bedingungen, die neuartige Angriffsformen und Kampfmittel (Methoden des Festungskriegs, Stoßtrupps, Grabengeschütze, Minensprengungen) erforderten. Geländenamen wie »la fille morte«, »homme mort«, »moulin de l'homme mort« gaben – in den Vorstellungen beider Seiten – den A. von vornherein ein düsteres Gepräge. Nach langanhaltenden Kämpfen von Sept. 1914 bis Juli 1915 in den westlichen und mittleren A., in deren Verlauf die deutsche Führung (AOK 5) vergeblich die Durchquerung der A. auf der Linie Varennes – Le Four de Paris – Vienne le Château (Biesme-Tal) zu erreichen suchte, verlagerte sich der Schwerpunkt der Kampfhandlungen 1916/17 in die östlichen A. Dort spielten sie sich hauptsächlich als unterirdischer Minenkrieg um die Stellungen bei »la fille morte« und Höhe 285 an der Römerstraße sowie um das Höhendorf Vauquois östlich des Aire-Tals ab. Im Dez. 1916 wurde im Bereich der Höhe 285 mit einer Ladung von ca. 100.000 kg Sprengstoff ein Krater von fast 50 m Tiefe gerissen, im Mai 1916 auf der Vauquois-Höhe durch eine Sprengung von ca. 60.000 kg ein Trichterdurchmesser von ca. 70 m mit einer Tiefe von ca. 30 m erzeugt. Das Dorf Vauquois wurde durch die Sprengungen völlig zerstört, Teile der A. entwaldet und verwüstet. Nach einer Sprengung vom Mai 1917 durch französische Mineure kam es in einer stillschweigenden Übereinkunft beider Seiten zur Einstellung des Minenkriegs. Im Verlauf ihrer Großoffensive an der Maas (Maas-Argonnen-Offensive) eroberten die Amerikaner im Sept. 1918 die A.

Während des Kriegs entstand im Bereich der Höhe 285/la fille morte sowie bei Vauquois ein tiefverzweigtes, unterirdisches Stollensystem; die deutschen Pioniere gruben bei Vauquois rund 12 km Wohn- und 5 km Kampfstollen mit rund 190 Räumen (Befehlsstände, Bereitschaftsräume, Lager-, Sanitäts-, Kücheneinrichtungen), die Franzosen rund 5 km Kampfstollen, jedoch keine unterirdischen Kasernenanlagen, da ihre Einheiten nach dem Gefechtseinsatz in Ruhequartiere hinter der Front kamen. Die trotz aller Kampftätigkeit im Grunde starre, vor Überraschungen sichere Front führte auf deutscher Seite zu einer Idyllisierung des »Maulwurfkrieges«. In der Etappe entstanden Ruhestellungen mit Gartenanlagen und Lesehallen, man sprach vom »Argonnenkrieger« als besonderem Typ des Frontsoldaten, den nicht parademäßiger Drill, sondern schon äußerlich eine unübliche Selbständigkeit (geflickte Uniform, bequeme Wickelgamaschen, Knotenstock) charakterisierte. Im *Lied vom Argonnerwald* kam eine Ideologie zu Wort, die von deutscher Standfestigkeit und Wachsamkeit kündete, ganz im Gegenteil zu den *Versen aus den Argonnen* (1917) von Max Barthel, der von »blutbeschmiertem Heldentum«, Mord und vom »Pesthauch des Todes« sprach.

→ *Maas-Argonnen-Offensive* → *Minenkrieg*

GERMAN WERTH

Armenier. A. siedelten zu Anfang des Ersten Weltkriegs relativ geschlossen im südlichen Kaukasus, im Westen Persiens sowie im Osmanischen Reich, wo sie aber nur in wenigen Städten – so in Musch und Van – die Mehrheit der Bevölkerung stellten. Als die ersten Turkvölker nach Kleinasien eindrangen, konnten die A. schon auf eine jahrtausend alte Geschichte verweisen. In der Folgezeit wanderten viele A. westwärts und bildeten in mehreren türkischen Städten, vor allem in Konstantinopel, bedeutende Minderheiten. In ihren eigentlichen Siedlungsgebieten arbeiteten sie hauptsächlich als Bauern und Handwerker, in den Städten beherrschten sie ganze Handelsbereiche. Als Christen war ihnen bis zum Anfang des 20. Jahrhunderts der Zugang zu hohen Verwaltungsstellen und zum Militär verwehrt. Politisch organisiert waren die im Jahr 301 n. Chr. als erstes Staatsvolk zum Christentum übergetretenen, mehrheitlich gregorianisch-orthodoxen A. lange Zeit – wie auch Griechen oder Juden – im Millet, einer begrenzt autonomen religiösen Gemeinschaft im Osmanischen Reich.

Seit dem Berliner Kongreß 1878 hatte die »armenische Frage«, die Suche nach Reformen für die A. im Osmanischen Reich, die Orientpolitik der Großmächte beschäftigt. Nachdem es schon Ende des 19. Jahrhunderts zu Pogromen gegen die A. gekommen war, bei denen es mehr als 200.000 Tote gab, arbeiteten die Großmächte, angeführt von Rußland und Deutschland, nach dem Balkankrieg von 1912 ein Programm aus, das im Febr. 1914 in ein Reformpaket mündete. Danach sollten die A. in zwei Ost-Provinzen eine gewisse, von den Großmächten zu überwachende Autonomie erhalten. Mit Ausbruch des Weltkriegs suspendierte die türkische Regierung die beschlossenen Reformen.

Bereits Ende des 19. Jahrhunderts hatten die A. politische Parteien gegründet, von denen die Hintschak, besonders aber die Daschnaksutiun politische Bedeutung erlangten. Während die von Studenten in Genf gegründete Hintschak aber nur in den westlichen Städten des Osmanischen Reichs Einfluß ausübte, beherrschte die in Tiflis gegründete Daschnaksutiun den Osten über eine straffe Parteiorganisation mit zahlreichen Ortskomitees.

Als 1908 die Jungtürken – zunächst indirekt – die Macht im Osmanischen Reich übernahmen, hatten sich die Daschnaken auf die Seite der westlich orientierten türkischen Reformer gestellt und den Regimewechsel begrüßt. Bei den Wahlen 1908 und 1912 schlossen sie sogar förmliche Bündnisse mit der türkischen Regierungspartei »Komitee für Einheit und Fortschritt« gegen die Liberalen. Während die Jungtürken anfangs mit einer »Osmanlicilik« (Osmanismus) genannten Ideologie alle Nationalitäten einbinden wollten, kamen sie 1910 zu dem Schluß, daß es unmöglich sei, alle Religionsgemeinschaften und ethnischen Gruppen zusammenzubringen. Nach dem verlorenen 1. Balkankrieg setzten sich dann die Nationalisten durch und definierten Osmanismus als Vorherrschaft des Islam und der Türken über andere Religionen und Ethnien.

Bereits 1914 hatten die Jungtürken offenbar Pläne entworfen, Anatolien von ihrer Meinung nach antitürkischen Elementen zu säubern. Damit waren vor allen Dingen die Griechen im Westen und die A. im Osten gemeint. Nach der vernichtenden Niederlage Anfang Jan. 1915 gegen die russische Armee in der Nähe der Stadt Sarikamisch östlich von Erzerum wurden ganz offensichtlich diese Pläne auf alle A. ausgedehnt.

Die militärische Führung des Krieges gegen die Ententemächte war zwischen Türken und Deutschen eng verzahnt. Denn nach einem bereits vor dem Krieg abgeschlossenen Militärabkommen war einem türkischen Armee-Oberbefehlshaber stets ein deutscher Generalstabschef zugeteilt und umgekehrt. Die verbündeten Deutschen haben zumindest die Absicht, die A. aus kriegsnahen Zonen zu deportieren, nachweislich unterstützt. Aus deutschen diplomatischen Dokumenten geht hervor, daß deutsche Offiziere die Entwaffnung der armenischen Rekruten verlangt haben, um sie in sog. Arbeiterbataillonen zusammenzufassen.

Im März 1915 kam es in der nördlich von Marasch liegenden Bergstadt Zeitun (heute Süleymanli) zu einem Zwischenfall mit armenischen Deserteuren, die sich in einem Kloster verbarrikadiert hatten und von türkischer Artillerie unter den Augen eines deutschen Offiziers zusammengeschossen wurden. Scharmützel gab es auch in anderen Städten. Der sog. Aufstand von Van, Mitte April 1915 , ebenfalls durch vielfältige Provokationen hervorgerufen, war für die Türken quasi der offizielle Anlaß zum Völkermord an den A. In der Nacht vom 24. zum 25. April 1915 verhaftete türkische Polizei 235 armenische Intellektuelle in der Hauptstadt Konstantinopel, in den folgenden Wochen insgesamt 2.345, von denen die meisten getötet wurden.

Die Methoden des nachfolgenden Genozids variierten zwar, folgten aber in der Regel einem Muster. In einigen Regionen töteten die Türken die A. vor Ort, so in Schwarzmeerstädten, wo sie aufs Meer gebracht und ertränkt wurden. In den Regionen von Musch und Bitlis pferchten Türken die A., Kinder und Frauen eingeschlossen, in Scheunen und verbrannten sie. Zumeist aber bestand die Tötungsmethode in endlosen Deportationen und Todesmärschen, für die weder ausreichend Nahrung noch Wasser zur Verfügung gestellt wurden, so daß die Opfer verdursteten, verhungerten oder an Entkräftung starben.

Täter waren zumeist Mitglieder einer ursprünglich für den militärischen Einsatz im Kaukasus und im Iran gedachten, ab März 1915 aber der Partei unterstellten Einheit, der Teşkilat-i Mahsusa (Spezialorgansation). Deren Angehörige rekrutierten die Organisatoren unter moslemischen und türkischen Flüchtlingen aus dem Kaukasus und dem Balkan, unter kurdischen Stämmen aber auch unter Schwerkriminellen in den Gefängnissen.

Selten erreichten Deportiertenzüge ihre Bestimmungsorte, nur wenige A. konnten einen Teil der Wegstrecke mit der Eisenbahn oder mit Ochsenkarren zurücklegen. Weil die Männer in der Regel gleich zu Beginn der Deportationen von den Frauen getrennt und nicht selten ermordet wurden, bestanden die meisten Züge nur aus Frauen, Kindern und Greisen, die zu Fuß weiter getrieben wurden, manchmal auch im Kreis, um sie zu erschöpfen. Die wichtigsten Vernichtungsorte der deportierten A. lagen in Syrien entlang des Euphrats in der Wüste, wo die Opfer zumeist verhungerten, wenn nicht bestellte Mörder ganze Deportiertenzüge umbrachten.

Nur die alteingesessenen A. von Smyrna (heute Izmir) und Konstantinopel entgingen der Vernichtung. In Smyrna hatte der deutsche Generalinspekteur Otto Liman von Sanders einer Deportationsorder aus militärischen Gründen widersprochen, die daraufhin rückgängig gemacht wurde. In Konstantinopel verhinderte offensichtlich die starke Präsenz ausländischer Beobachter Massenabschiebungen.

Die Rettungstat Limans blieb eine Ausnahme. Führende deutsche Offiziere unterstützten die Deportationen, ein deutscher Offizier, der für den Bagdadbahnbau zuständige Major Boettrich, unterzeichnete – gegen den Widerstand der deutschen Bahnbetreiber – Deportationsbefehle gegen die armenischen Ingenieure und Arbeiter. Selbst nach dem Krieg verteidigten einige führende deutsche Offiziere noch die Vernichtung der A. als patriotische Tat ihrer türkischen Waffenbrüder.

Die deutschen Botschafter in Konstantinopel nahmen zuvor häufig gegen die brutale Vernichtung besonders von Frauen und Kindern Stellung, doch diese Proteste hatten eher deklamatorischen Wert. In Wahrheit deckte die Reichsspitze die Vernichtung der A. im Osmanischen Reich. Als Botschafter Wolff-Metternich im Dez. 1915 eine schärfere Sprache gegen das türkische Vorgehen vorschlug, notierte Kanzler Bethmann Hollweg an den Bericht: »Unser einziges Ziel ist, die Türkei bis zum Ende des Krieges an unserer Seite zu halten, gleichgültig, ob darüber Armenier zu Grunde gehen oder nicht.«

Eine Mitverantwortung der Deutschen für den Völkermord wurde bei der einzigen Veröffentlichung deutscher Dokumente zum Thema, den von Johannes Lepsius 1919 herausgegebenen Akten des Auswärtigen Amts *Deutschland und Armenien*, entweder gestrichen oder abgeschwächt.

Nach Kriegsende ermittelten Istanbuler Staatsanwälte auf Druck der westlichen Alliierten gegen die Verantwortlichen des Völkermords. In mehr als 35 Prozessen wurden etwa 200 Personen angeklagt, 16 von ihnen, darunter in Abwesenheit die Führungselite der Partei, zum Tod verurteilt, aber nur drei untergeordnete Beamte hingerichtet.

Im Laufe des Jahres 1916 war der eigentliche Genozid an den A. abgeschlossen. Nach dem Zusammenbruch des Zarenreichs und der Oktoberrevolution zogen sich die russischen Truppen nicht nur aus dem Osmanischen Reich, sondern auch aus den von A. bewohnten und nunmehr abgetretenen Provinzen Ardahan und Kars zurück. Die Türken rückten in den Transkaukasus vor, wo die russischen A. siedelten. Es kam erneut zu Massenmorden, zumal die A. auf ihrem Rückzug ebenfalls Tausende von Moslems umgebracht hatten. Viele A. starben auf der Flucht oder verhungerten, selbst dann noch, als eine von der Türkei anerkannte, aber auch von ihr abhängige kurzlebige erste Republik Armenien gegründet worden war. Und selbst nach dem durch die Niederlage Deutschlands erzwungenen Rückzug ließen die Türken »verbrannte Erde« zurück. In manchen Gebieten verhungerte mehr als die Hälfte der armenischen Bevölkerung. Etwa 200.000 A. überlebten den Winter 1918/19 nicht, das entsprach 20 % der Gesamtbevölkerung der Republik Armenien.

Die Schätzungen der Opfer des Völkermords von 1915/16, der von den türkischen Behörden noch heute geleugnet wird, gehen weit auseinander. Die amtliche Türkische Historische Gesellschaft spricht von 150.000 Opfern, der türkische Innenminister nannte im März 1919 die Zahl von 800.000 Opfern, die der türkische Generalstab im Jahr 1927 als »armenische Verluste« übernahm. Die deutsche Botschaft in Konstantinopel ging in einem Bericht vom 4. Okt. 1916 bereits von 1,5 Mio. Umgekommenen aus, allerdings aufgrund einer sehr schmalen Basis für diese Hochrechnung. Der Abgeordnete Matthias Erzberger sprach ebenfalls von 1,5 Mio. Toten, eine Zahl, die heute auch von armenischer Seite genannt wird.

Als auch die A. von Smyrna nach Kriegsende und dem Rückzug der Griechen vertrieben wurden, blieb nur noch die armenische Bevölkerung von Konstantinopel übrig. In der Türkei gibt es heute nur noch vereinzelte A., aber kein armenisches Siedlungsgebiet mehr.

Lit.: T. Akçam, Armenien und der Völkermord. Die Istanbuler Prozesse und die türkische Nationalbewegung, Hamburg 1996; W. Gust, Der Völkermord an den Armeniern, München 1993.

WOLFGANG GUST

Artillerie, neben Infanterie und Kavallerie die dritte der Hauptwaffen der Landheere von 1914. – Ihre Aufgabe war es, andere Waffengattungen, v. a. die Infanterie, zu unterstützen. Da man sich den modernen Krieg als Bewegungskrieg vorstellte, waren Doktrin, Ausrüstung und Ausbildung der A. auf mobile Gefechtsführung zugeschnitten. Sie mußte in der Lage sein, der Infanterie im Gelände zu folgen. Diese Forderung begrenzte das Gewicht und somit Kaliber und ballistische Leistung des Geschützmaterials. Das Hauptgeschütz der A. bzw. Feld-A. waren Feldkanonen mit Rohrweiten zwischen 7,5 und 8,4 cm. Die A. war bei Kriegsausbruch bereits mit Richtmitteln für das Schießen aus verdeckter Stellung, also ohne Sichtverbindung zwischen Geschütz und Ziel, ausgerüstet. Die praktischen Höchstschußweiten blieben hinter den ballistisch möglichen zurück, da man glaubte, auch beim Schießen aus verdeckter Stellung Beobachtungsstelle und Feuerstellung nicht allzu weit voneinander entfernen zu können. Eine sichere Beobachtung des Feuers war aber auf Entfernungen über 5.000 m kaum möglich.

Neben den leichten Feldkanonen gab es auch schwerere Geschütze, deren Beweglichkeit noch eine Teilnahme an den Operationen des Feldkrieges erlaubte. In Deutschland rechnete man damit, daß im Krieg der Zukunft der Kampf um rasch zu schaffende Feldbefestigungen eine wichtige Rolle spielen werde, zu deren Zerstörung die Wirkung des verhältnismäßig kleinen Feldkanonengeschosses nicht ausreichte. Hinzu kam, daß Kanonen mit ihrer flachen, gestreckten Flugbahn viele Ziele hinter Deckungen oder in Geländefalten gar nicht erreichen konnten. Die deutsche Feld-A. erhielt daher zur Ergänzung ihrer Kanonenausrüstung leichte Feldhaubitzen vom Kaliber 10,5 cm, also Geschütze, die im Bogenschuß feuern konnten. Daneben erfolgte der Aufbau einer sog. schweren A. des Feldheeres, deren Hauptgeschütz eine schwere Feldhaubitze vom Kaliber 15 cm war. Eine 21-cm-Haubitze und Kanonen vom Kaliber 10,5 und 13,5 cm vervollständigten die Ausstattung. Sondergeschütze wie die 30,5- und 42-cm-Mörser (»Dicke Bertha«) waren für das Niederkämpfen moderner, mit Beton und Stahl geschützter Festungsanlagen vorgesehen. Bei Kriegsausbruch besaß das deutsche Feldheer neben 6.326 leichten Geschützen (davon 1.230 leichte Feldhaubitzen) 1.144 schwere, bespannte Geschütze moderner Bauart. Unbespannt, also nur bedingt beweglich, standen 420 schwere Geschütze bereit, daneben noch die Festungsausrüstung von 834 Geschützen. Das Deutsche Reich verfügte damit über mehr moderne schwere Geschütze als seine Gegner zusammen – das einzige Rüstungssegment, in dem die deutsche Armee Überlegenheit besaß.

In Frankreich herrschte die Auffassung vor, daß die vorzügliche 75-mm-Kanone M. 1897 (Soixante-Quinze) zur Lösung aller Aufgaben des Feldkrieges ausreiche. So besaß das französische Feldheer 1914 neben 3.840 leichten Feldkanonen nur 308 schwere Geschütze, deren modernstes eine 15-cm-Haubitze vom Konstruktionsjahr 1904 war, die ihren deutschen Gegenstücken noch dazu technisch nachstand. In den Belagerungstrains befanden sich 380 schwere Geschütze aus den Jahren 1877 bis 1881, die für den Kampf um Festungen bestimmt waren.

Die außerordentliche Leistungsfähigkeit der schweren A. Deutschlands erwies sich schon im Bewegungskrieg. Die ballistische und teilweise taktische Unterlegenheit der deutschen Feld-A. gegenüber der französischen wurde durch sie zumindest ausgeglichen. Betonte man vor dem Krieg beim Geschützbau die Beweglichkeit, also ein möglichst niedriges Gewicht der Waffe, lernte man nun sehr schnell, daß es vor allem auf die Wirkung im Ziel ankam, und das hieß auf die Wucht des Einzelschusses. Sie zeigte sich der Wirkung einer vergleichbaren Menge kleinerer Geschosse überlegen, und zwar nicht nur materiell, sondern auch psychisch. Nur schwere Geschütze waren in der Lage, der Infanterie den Weg durch befestigte Stellungen frei zu machen. Nur sie konnten solche Anlagen nachhaltig zerstören und die feindliche A. ausschalten. Die statischen Verhältnisse des Positionskrieges erlaubten die volle Ausnutzung der den Geschützen möglichen Reichweite. Auch diese war bei schweren Geschützen größer als bei leichten. Je nach taktischer Präferenz konnte man weittragende Geschütze verhältnismäßig weit hinter der Front aufstellen und so ihre Sicherheit erhöhen oder sie weiter vorn in Stellung bringen, um möglichst tief ins feindliche Hinterland hineinzuwirken. Das erste Verfahren bevorzugte im allgemeinen der Verteidiger, das zweite der Angreifer.

Die Vergrößerung der Reichweite durch konstruktive Verbesserung von Geschützen und Munition bestimmte die technische Weiterentwicklung des A.-Materials im Weltkrieg. Die Kriegführenden beschritten bei der Verstärkung ihrer A. den doppelten Weg der forcierten Produktion moderner, teilweise neukonstruierter Geschütze und der Aufstellung alter bzw. modernisierter Geschütze älterer Bauart. Neben den fast durchweg modernen Geschützen des Feldheeres besaßen die Armeen Europas nämlich beträchtliche Vorräte veralteter großkalibriger Belagerungsgeschütze, die zur Armierung der Festungen bestimmt waren und aus dem 19. Jahrhundert stammten. Ihr hohes Gewicht störte bei der Verwendung im Stellungskrieg wenig. Bis in das Jahr 1916 hinein bildeten solche Geschütze die Masse der französischen schweren A. Weil diese Kanonen noch keinen langen Rohrrücklauf besaßen, blieb ihre Feuergeschwindigkeit hinter der der modernen deutschen Geschütze zurück, doch war die ballistische Leistung ausreichend. Festungsgeschütze, Küstengeschütze und Marinegeschütze, den Beständen der Marinearsenale bzw. veralteten Kriegsschiffen entnommen, wurden mit behelfsmäßigen Lafetten versehen, die schweren Marinegeschütze teilweise auf Eisenbahnlafetten gesetzt, was ihre operative Mobilität erhöhte. Die langrohrigen Marinekanonen mit Rohrweiten bis 38 cm erzielten große Schußweiten und bildeten einen wesentlichen Bestandteil des sog. schwersten Flachfeuers (Kanonen über 15 cm Kaliber), das viele Kilometer ins gegnerische Hinterland reichte und durch die Beschießung von Kommandostellen, Verkehrseinrichtungen, Depots oder Truppensammelräumen eine tiefe Zone der Zerstörung und Beunruhigung schuf. Das »Parisgeschütz«, ein Ferngeschütz mit einer Reichweite von ca. 130 km, das im Frühjahr/Sommer 1918 die französische Hauptstadt beschoß, war dagegen eine »Terrorwaffe«. Seine Präzision reichte zum Treffen der kleinflächigen militärisch wichtigen Ziele nicht aus. Die Masse des schweren Flachfeuers bestand allerdings aus Kanonen von 10 und 15 cm Kaliber. Die ab 1916 an die Front kommenden neu konstruierten 15-cm-Kanonen erzielten mit Sondermunition Reichweiten bis über 20 km.

Der Ausbau der A. vermehrte also vor allem die schweren Kaliber. Dies waren alle Geschütze oberhalb der leichten Feldkanonen und leichten Feldhaubitzen, also Kanonen von Rohrweiten ab 10 cm und Steilfeuergeschütze ab 15 cm. Während Deutschland die Zahl seiner leichten Geschütze im Verlauf des Krieges nahezu verdoppelte, steigerte es die der schweren auf 7.170 (Höchststand im Febr. 1917). Legt man die Zahl der bei Kriegsbeginn vorhandenen schweren Geschütze zugrunde, bedeutet das eine Verdreifachung. Ältere und Beutegeschütze wurden, soweit noch vorhanden, im letzten Kriegsjahr weitgehend durch moderne Geschütze ersetzt, wobei die Zerstörungskraft der A. trotz sinkender Rohrzahl weiter stieg. Da der Betrieb schwerer Geschütze aufwendiger war als der von leichten, kommt der Aufschwung der schweren A. bei einem Vergleich des organisatorischen Rahmens noch deutlicher zum Ausdruck. Bei Kriegsbeginn verhielten sich leichte zu schweren Batterien wie 11 : 2, bei Kriegsende nur noch wie 9 : 7. Insgesamt setzte die deutsche Armee während des Krieges 168 verschiedene Geschützarten ein, wenn auch nie gleichzeitig. Allein 57 Geschütztypen stammten aus der Kriegsbeute.

Da Frankreich bei Kriegsbeginn nur wenige mobile schwere Geschütze besaß, nahm sich der Ausbau seiner schweren A., die auf 5.128 Rohre anwuchs, besonders spektakulär aus.

Die Vermehrung der Feld-A. von 3.840 auf 5.484 Kanonen blieb weit dahinter zurück. Dabei wuchs nicht nur die absolute Stärke der A., sondern auch ihr Anteil am Heer insgesamt. Machten die Artilleristen 1914 20 % der Gesamtkopfstärke der französischen Armee aus, so waren es bei Kriegsende 38 %. Der Anteil der Infanteristen hatte sich dagegen von 70 % auf 48 % vermindert. Im Verhältnis zur Zahl der Fußsoldaten hatte man die Geschützzahl dabei mehr als verdreifacht, und das bei erheblicher Steigerung der Leistungsfähigkeit der Geschütze.

In einer besonders schwierigen Situation befand sich Österreich-Ungarn. Seine 1.734 Feldkanonen waren zwar modern, aber den russischen nicht nur zahlenmäßig, sondern auch technisch unterlegen. Zwar besaß die Donaumonarchie 420 leichte und 112 schwere Feldhaubitzen, doch stammten beide Modelle noch aus dem Jahr 1899, besaßen keine Rohrrücklaufvorrichtung und schossen nur sechs Kilometer weit. Wirklich modern war nur der 30,5-cm-Mörser M. 11, ein Sondergeschütz zum Kampf gegen Befestigungen, von dem es bei Kriegsausbruch zwölf Batterien zu je zwei Geschützen gab. Immerhin verfügte das Land über mehrere bis zur Produktionsreife entwickelte Neukonstruktionen, die im Laufe des Jahres 1915 an die Front kamen (10-cm-Feldhaubitze, 10,4-cm-Kanone, schwere 15-cm-Feldhaubitze). Dazu traten noch mehrere während des Krieges geschaffene neue Geschützmodelle, so daß Österreich-Ungarn schließlich über eine hochmoderne und leistungsfähige, wenn auch zahlenmäßig nie den Anforderungen genügende A. verfügte. Die seit 1917 deutlich sinkende Wirtschaftsleistung des Habsburgerstaates setzte dem Ausbau der A. Grenzen. Immerhin verfügte die k. u. k. Armee im Frühjahr 1918 über 5.550 Feld- und Gebirgsgeschütze und 1.616 meist moderne schwere Geschütze. Dazu kamen 1.717 Rohre in »improvisierten und sonstigen Verbänden«, zumeist schwere Geschütze der älteren Generation, aber auch Beutegeschütze.

Um den ungeheuren artilleristischen Zerstörungsapparat wirksam und nach seinen Gesetzen ökonomisch einzusetzen, bedurfte es umfassender Informationen über den Gegner. Die klassische Beobachtung vom Boden aus wurde durch neu entwickelte Verfahren auf moderner wissenschaftlicher Grundlage ergänzt. Durch Messen der Licht- und Schallemissionen feuernder Geschütze versuchte man, deren Standort so exakt zu bestimmen, daß ihre Bekämpfung mit artilleristischen Mitteln möglich wurde. Dazu trat eine immer intensiver werdende Aufklärung vom Flugzeug aus. Luftbilder gestatteten eine sorgfältige Analyse des gegnerischen Stellungssystems und lieferten die Grundlage für präzise Karten, die eine vermessungstechnisch genaue Festlegung möglicher Ziele erlaubten. Das Flugzeug erwies sich auch als besonders leistungsfähiges Beobachtungsmittel zur unmittelbaren Lenkung des A.-Feuers. Während der Somme-Schlacht im Sommer 1916 besaßen die Briten und Franzosen über Monate hinweg die absolute Luftherrschaft und konnten so die Wirkung ihrer ohnehin stark überlegenen A. erheblich steigern. Um eine rasche Verbindung zwischen Feuerstellung und Flugzeug zu gewährleisten, stattete man diese seit 1915 mit Funkgeräten aus. Allerdings gelang es bis zum Kriegsende nicht, zwischen A. und Infanterie stabile Kommunikationsverbindungen einzurichten, die es den Batterien ermöglicht hätten, in das Infanteriegefecht rasch und dem Gefechtsverlauf angepaßt einzugreifen. Typische Unterstützungsleistungen der A. wie Sperrfeuer und Feuerwalze vollzogen sich nach einem zuvor eingestellten Plan, der sich während des Ablaufs der Aktion nicht mehr ändern ließ. Die Probleme, die sich bei der Leitung der A.-Tätigkeit auftaten, machen verständlich, wie es geschehen konnte, daß durch 16.477 A.-Geschosse, die im März und April 1917 auf eine bestimmte deutsche Infanteriedivision abgegeben wurden, nur 50 Soldaten getötet oder verwundet wurden.

Schon die Kämpfe des Jahres 1914 hatten gezeigt, daß die Infanterie nur dann mit Aussicht auf Erfolg gegen Feldbefestigungen vorgehen konnte, wenn ihr die A. mit erheblichen Mengen von Geschützen und Geschossen vorarbeitete. Alle Kriegführenden hatten bereits im Sommer des ersten Kriegsjahres den größten Teil ihrer Munitionsvorräte verbraucht, und die planmäßig angelaufene Neufertigung von Munition erwies sich als völlig ungenügend, um den gewaltigen Bedarf der Fronten zu befriedigen. Nachdem es endlich gelungen war, bedeutende Munitionsvorräte anzuhäufen, erfolgten 1915 an allen Fronten großangelegte Durchbruchsversuche. Dabei gingen Deutschland einerseits, Frankreich, England und Italien andererseits getrennte Wege. Die Deutschen strebten an, die Beschießung überraschend durchzuführen und zeitlich zu konzentrieren; so dauerte die Beschießung, die dem Durchbruch bei Gorlice-Tarnów im Mai 1915 voranging, nur vier Stunden. Die Westalliierten und nach deren Vorbild Italien strebten dagegen eine möglichst vollständige Zerstörung aller Verteidigungsanlagen an. Entsprechend erstreckte sich das Trommelfeuer, das im Sept. 1915 den französischen Durchbruchsangriff in der Champagne vorbereitete, über drei Tage. Allerdings wäre die französische A. zu diesem Zeitpunkt aufgrund der langsamen Schußfolge ihrer meist älteren schweren Geschütze zu einer zeitlichen Verdichtung der A.-Vorbereitung nur bedingt in der Lage gewesen. Alle Angriffsschlachten der Jahre 1915-1917 erzielten an der West- und Südwestfront (Alpen-Isonzofront) nur bescheidene Geländegewinne, obwohl der Angreifer seinen artilleristischen Aufwand dauernd steigerte. Hatten die Mittelmächte zur Vorbereitung ihres Angriffes bei Gorlice-Tarnów nur 15 Geschütze pro Kilometer eingesetzt, konzentrierten die Franzosen im Sept. 1915 in der Champagne schon 49 Geschütze auf solcher Frontbreite. Auch dies hatte nicht genügt, so daß man 1916 zur Somme-Schlacht 70 und im Okt. 1917 bei La Malmaison/Laffaux 160 Geschütze pro Kilometer zusammenzog. Diese Vergrößerung des Mengenaufwandes führte zu einem qualitativen Wandel des Kampfgeschehens: Die Materialschlacht entstand, deren Intensität von der Produktionskraft ganzer Volkswirtschaften bestimmt wurde. Der Masseneinsatz von Geschützen und Geschossen gaben ihr das Gepräge. Aus der Ferne verschmolzen Abschüsse und Einschläge zu einem gleichmäßigen Dröhnen, das noch aus Entfernungen von über 100 km zu vernehmen war.

Das tagelange Trommelfeuer des Angreifers setzte die betroffene Infanterie und die in solcher Lage stets unterlegene Verteidigungs-A. zwar einer ungeheuren Belastung aus, alarmierte aber die höhere Führung der angegriffenen Seite, die Reserven an den bedrohten Frontabschnitt schaffen konnte. Es zeigte sich, daß die Infanterie nicht in der Lage war, einen Angriff erfolgreich fortzusetzen, nachdem sie den Bereich des eigenen A.-Feuers verlassen hatte und dort auf bereitgestellte frische Kräfte des Verteidigers stieß. In diesem Fall scheiterten ihre Anstrengungen unter schwersten Verlusten. Dagegen erwies es sich, daß eine entsprechend intensive A.-Vorbereitung nahezu alle lebenden und toten Mittel des Verteidigers vernichten konnte, so daß die Infanterie in den Grenzen dieser Zerstörungszone mit nahezu mathematischer Sicherheit ihre Ziele bei verhältnismäßig geringen Verlusten zu erreichen vermochte. Alle Versuche des Verteidigers, verlorenes Gelände zurückzugewinnen, scheiterten dann am stählernen Vorhang der Angriffs-A. Der dazu notwendige ungeheure Aufwand setzte dieser Methode aber Grenzen: Bei La Malmaison/Laffaux eroberte die französische Armee 1917 auf einer Frontbreite von 10 km einen Raum von 6 km Tiefe. Für diesen beschränkten Gewinn hatten 1.600 meist schwere Geschütze in sechs Tagen und sechs Nächten 80.000 t Munition verschossen, also 8 t auf den laufenden Frontmeter. Im Jahr zuvor, bei Verdun, war es nie mehr als 1 t gewesen. Diese Beschießung verwandelte den Landstrich, immerhin französisches Gebiet, in eine unfruchtbare Mondlandschaft, in der alle Spuren menschlicher Betätigung außer solcher der Zerstörung getilgt waren. In den Flandernkämpfen des Jahres 1917 erzielte die britische Armee auf diese Weise zwar stetige, aber geringe Geländegewinne. Die deutsche höhere Führung berechnete den Munitionsverbrauch der A. in diesen Kämpfen nach Eisenbahnzügen.

Bei den entscheidungssuchenden Großangriffen an der Westfront folgten 1918 beide Seiten der deutschen Doktrin einer zeitlich auf

Britische Artilleriestellung an der Westfront

wenige Stunden konzentrierten, aber äußerst intensiven Beschießung. Dabei galt es, die Angriffsvorbereitungen unbemerkt vom Gegner durchzuführen. Sowohl Frankreich als auch Deutschland hatten Verfahren entwickelt, die es erlaubten, auf das verräterische Einschießen zu verzichten, bei dem das Feuer der Batterien vor dem eigentlichen Wirkungsschießen mit Probeschüssen in die Nähe des Zieles gebracht wurde. Man wußte inzwischen um die Einflüsse der Witterung (Temperatur, Luftdruck, Wind) auf den Geschoßflug und konnte diese sog. Tageseinflüsse mit Hilfe von entsprechenden Tabellen ausschalten. Die individuellen Eigenschaften jedes einzelnen Geschützes und der jeweiligen Fertigungslose der Munition wurden auf besonderen Übungsplätzen »erschossen« und eingerechnet, so daß das Feuer vom ersten Schuß an im Zielbereich liegen konnte. Ein hoher Munitionsaufwand sollte helfen, verbleibende Ungenauigkeiten auszugleichen. Weil es bei dieser Art der A.-Verwendung nicht darauf ankam, eine möglichst vollständige Zerstörung der Verteidigungsanlagen zu erzielen, sondern eine wirksame Abwehr des unmittelbar folgenden Infanterieangriffs zu unterdrücken, bestand ein großer Teil der verwendeten Munition nicht aus Brisanzgranaten, sondern aus Gasgeschossen. Zur Niederhaltung der feindlichen A. verwendeten die Deutschen überwiegend Gasmunition.

Der Infanterieangriff erfolgte ganz dicht hinter einem langsam vorrückenden Feuervorhang der A., der Feuerwalze. Diese sollte die Grabenbesatzung des Verteidigers daran hindern, zwischen dem Aufhören der A.-Beschießung und dem Eintreffen der Angriffsinfanterie ihre Waffen, vor allem die Maschinengewehre, in Stellung zu bringen.

Diesem Verfahren verdankten die deutschen Frühjahrsoffensiven 1918 ihre großen Erfolge; aber an den Gegenmaßnahmen des Verteidigers, denen es nicht angepaßt werden konnte, scheiterten sie: Der Angegriffene legte seine Hauptwiderstandslinie außerhalb des wirksamen Feuerbereichs der Angriffs-A. an, die ihr Feuer auf eine vorgeschobene Stellung verausgabte, welche nur die Funktion eines Stolperdrahts hatte.

Briten, Franzosen und Amerikaner setzten ihre A. 1918 noch wirksamer ein als die Deutschen, weil sie dank ihrer überlegenen industriellen Kapazität einen weit größeren Teil ihrer schweren A., aber auch Teile der leichten A. mit Kraftzug anstelle der weniger leistungsfähigen Pferdebespannung ausgestattet hatten. Daher konnten sie diese Geschütz-

Herstellung von Geschoßhülsen in einem deutschen Rüstungsbetrieb

masse weit schneller als ihr weniger beweglicher deutscher Gegner an die Brennpunkte der Front verschieben. Die Geschützkonzentrationen des Jahres 1917 wurden dabei nicht mehr erreicht. Sie hätten sich kaum mit dem Gebot der Überraschung vereinbaren lassen. Auch ersetzte ein Massenaufgebot von Tanks bis zu einem gewissen Grad die A. Allerdings übertraf der Munitionsaufwand im letzten Kriegsjahr alles, was dieser Krieg bis dahin gesehen hatte. 50 bzw. 58 % des Gesamtmunitionsverbrauchs während des Krieges entfielen bei Franzosen bzw. Engländern auf das Jahr 1918. Die Amerikaner verfeuerten am 12. Sept. 1918 beim Angriff auf den St. Mihiel-Bogen in vier Stunden 1,1 Mio. Granaten. Insgesamt sollen die A. der Großmächte während des Krieges 856 Mio. Schuß abgegeben haben. Dieser ungeheure Aufwand drückte sich auch in der Verluststatistik aus. Während des Stellungskrieges entstanden die weitaus meisten Ausfälle durch A.-Feuer. In der französischen Armee wurden in dieser Periode des Krieges 76 % aller Verwundungen durch A.-Geschosse verursacht, ein Anteil, der nach dem Wiederbeginn des Bewegungskrieges im Sommer 1918 auf 58 % sank. Für die deutsche Seite liegen ähnliche Zahlen vor. → *Dicke Bertha* → *Dreißig-fünf-Zehntel-Mörser* → *Feuerwalze* → *Soixante-Quinze*

Lit.: G. F. Herr, Die Artillerie in Vergangenheit, Gegenwart und Zukunft, Charlottenburg 1925; H. Linnenkohl, Vom Einzelschuß zur Feuerwalze, Koblenz 1990.

DIETER STORZ

Artois, Landschaft im nordfranzösischen Département Pas-de-Calais und 1914/15 Schauplatz von drei alliierten Offensiven. – Nach der Schlacht bei Arras vom 1.-13. Okt. 1914 versuchte das französische Oberkommando seit Mitte Nov. 1914, die Offensive wieder aufzunehmen. Hierzu plante der Oberkommandierende, General Joffre, zwei zeitgleiche Offensiven, durch welche der große deutsche Frontbogen zwischen Arras und Reims abgeschnürt werden sollte: in der Champagne sowie im A. Hier hatte sich die deutsche 6. Armee (unter Kronprinz Rupprecht von Bayern) nördlich von Arras vor allem auf der Lorettohöhe und auf dem Höhenzug von Vimy festgesetzt. Durch das Schienennetz im Hinterland verfügte sie über gute rückwärtige Verbindungen. Mit dem Angriff im A. wurde die verstärkte französische 10. Armee unter General Foch beauftragt. Diese 1. A.-Offensive begann am 17. Dez. 1914, lief sich jedoch schnell fest, da zum damaligen Zeitpunkt kaum Unterstützung durch schwere Artillerie vorhanden und bei der Feldartillerie die Munitionskrise noch nicht überwunden war. Die Verluste der Infanterie waren deshalb außerordentlich stark. Am 20. Dez. 1914 wurde der Angriff eingestellt.

General Foch, der ab Jan. 1915 offiziell die »Provisorische Heeresgruppe Nord« befehligte, glaubte, die gegnerische Verteidigung durch begrenzte Vorstöße erschüttern zu können. Der Oberkommandierende Joffre hingegen wollte sie weiterhin auf breiter Front zum Einsturz bringen. Tatsächlich blieb Joffre keine andere Wahl angesichts einer deutschen Armee, die im Westen in strikte Verteidigungsstellung übergegangen war, gleichwohl aber in der Lage blieb, beschränkte Gegenangriffe zu führen, wie sich in den Argonnen und bei Ypern gezeigt hatte. Die Franzosen sahen sich zu offensivem Vorgehen auch deshalb veranlaßt, weil sie den russischen Verbündeten entlasten wollten. Daher begannen sie im Frühjahr 1915 mit einer neuen Großoffensive, wiederum in der Champagne und im A. Die sog. 2. A.-Offensive begann als »Frühjahrsschlacht« am 9. Mai bei La Bassée und dauerte bis zum 18. Juli 1915. Dabei wurden die Franzosen durch die britische 1. Armee (Haig) unterstützt, die bei Neuve Chapelle angriff. Diesmal waren die Angriffe besser vorbereitet und artilleristisch besser unterstützt, doch hatte die deutsche 6. Armee den Winter zum Ausbau tiefgegliederter Stellungen nutzen können. Wiederum mißlang der von Joffre beabsichtigte Durchbruch. Noch einmal traten die Alliierten zu einer 3. A.-Offensive an, die vom 25. Sept. bis 11. Okt. 1915 dauerte. In der Frühjahrsschlacht hatten sechs französische Korps auf einer Breite von 15 km angegriffen; dabei waren sie durch 400 schwere Geschütze unterstützt worden; das Bombardement hatte vier Stunden gedauert. Im Herbst griffen ebenso viele Franzosen an, diesmal aber auf einer Frontlänge von 40 km. Auch kamen drei britische Korps und 650 schwere Geschütze hinzu, und die Artillerievorbereitung dauerte sechs Tage. Im A. kam es im April/Mai 1917 zu einer großen britischen Offensive (Loos, Vimy). Während der sog. deutschen Michael-Offensive im März 1918 fanden in der gleichen Gegend erneut Kämpfe statt. Für Frankreich war dies um so bedeutsamer, als die A.-Region z. T. hochindustrialisiert war und Städte wie besonders Lens stark betroffen wurden.

Wenn den Alliierten auch der Durchbruch nicht gelang, so war doch Ende Sept. 1915 ein wichtiges strategische Ziel erreicht: Das deutsche Oberkommando hatte 13 Divisionen von Polen an die Westfront verlegen müssen, wodurch die Russen für fast zwei Jahre entlastet wurden. Das Scheitern der Offensiven machte den Oberkommandos klar, daß die Front vorerst nicht zu durchbrechen war. Falkenhayn und Joffre kamen gleichermaßen zu dem Schluß, von nun an auf einen Abnutzungskrieg zu setzen. → *Loos*

JEAN-CHARLES JAUFFRET (G. K.)

Arz von Straußenburg, Artur Freiherr, * Hermannstadt (Siebenbürgen) 16.6.1857, † Budapest 1.7.1935, österreichisch-ungarischer General und Chef des Generalstabs. – Der Siebenbürger Sachse trat 1877 als Einjährig-Freiwilliger in das Feldjägerbataillon 23 ein. Nach der Kriegsschule (1885–87) dem Generalstab zugeteilt, stieg A. vornehmlich im Truppendienst auf. 1902 Oberst, erfolgte im Jahr darauf seine Ernennung zum Leiter des Direktionsbüros im Generalstab. Nach der Beförderung zum Generalmajor 1908 folgten zwei Kommandos als Divisionskommandeur. 1913 wurde A., nunmehr Feldmarschalleutnant, zum Sektionschef im Kriegsministerium befördert. Kurz nach Kriegsbeginn übernahm A. das Kommando über das VI. Armeekorps, mit dem er im Mai 1915 den Durchbruch bei Gorlice erkämpfte. Als Führer der 1. Armee war er dann ab Sept. 1916 am Feldzug gegen Rumänien beteiligt. Im März 1917 schließlich wurde er von Kaiser Karl zum General der Infanterie und Nachfolger des schillernden Conrad von Hötzendorf als Chef des k. u. k. Generalstabs ernannt. Trotz eines letzten Erfolgs gegen die Italiener in der 12. Isonzo-Schlacht gelang es A. nicht mehr, den Zerfall der österreichisch-ungarischen Armee aufzuhalten. Im Febr. 1918 wurde er noch zum Generaloberst ernannt und geadelt. Die ungeschickte Anlage der Venetien-Offensive vom Juni führte jedoch zu weiterem Vertrauensverlust in der Truppe. Nach der Niederlage zeitweise ohne festes Einkommen, war A. später publizistisch tätig.

MARKUS PÖHLMANN

Asienkorps, deutsches Expeditionskorps zur Rückeroberung von Bagdad. – Nach der Einnahme von Bagdad durch die Briten am 11. März 1917 beschlossen die deutsche und türkische Führung die Aufstellung der Heeresgruppe F (Jildirim) zur Rückeroberung der alten Kalifenstadt. Deutsche Kerntruppe sollte das A. (Pascha II) werden, das in Neuhammer/Schlesien gebildet wurde. Das gut ausgestattete A., zunächst geführt von Oberst von Frankenberg und Proschlitz, umfaßte anfangs 4.500 Mann und gliederte sich in drei Infanteriebataillone, drei Kavallerieabteilungen, drei MG-Kompanien, drei Infanterie-Geschützzüge, eine Pionierkompanie, eine Artillerieabteilung, Minenwerfertrupps, eine Flak-Batterie, Nachrichtenformationen und Kraftfahrertruppen. Durch weitere Verstärkungen im Frühjahr 1918 wuchs der Verband auf eine Stärke von 18.000 Mann an. Nachdem der Oberbefehlshaber der Heeresgruppe F, von Falkenhayn (am 1. März 1918 durch Liman von Sanders ersetzt), Ende Aug. 1917 einsah, daß ein Vorstoß auf Bagdad keine Erfolgsaussichten hatte, wurde das A. an die Palästinafront verlegt, wo erste Einheiten Anfang Dez. eintrafen. Die Truppen zeichneten sich in der 1. Ostjordan-Schlacht (21.-31. März 1918) aus, die mit einer britischen Niederlage endete. Auch in die 2. Ostjordan-Schlacht (30. April-5. Mai 1918) griffen Verbände des A. wirkungsvoll ein. Die Briten mußten sowohl Es Salt räumen als sich auch vom Ostufer des Jordans zurückziehen. Im Frühsommer verteilten sich die Kräfte des nun von Oberst von Oppen geführten A. an der Palästinafront zwischen dem Mittelmeer und dem Gebiet östlich des Jordans. Bei der Großoffensive der Egyptian Expeditionary Force (EEF) mit Schwerpunkt im Küstenbereich der deutsch-türkischen Front, die am 19. Sept. 1918 begann und rasch zu entscheidenden Durchbrüchen führte, geriet auch das A. in den Strudel des Rückzugs, konnte aber seinen Zusammenhalt wahren. Bis zum 31. Okt. nahm die EEF 3.700 Deutsche und Österreicher gefangen. Reste des Korps versuchten, eine neue Front bei Aleppo aufzubauen und wurden bei Alexandretta (Iskenderun) zum Küstenschutz eingesetzt. Nachdem das Osmanische Reich am 30. Okt. 1918 einen Waffenstillstand mit der Entente abgeschlossen hatte, sammelten sich rund 10.000 deutsche Soldaten in Haidar Pascha, Teile des A. wurden auf den Prinzeninseln interniert. Die Repatriierung der Asienkämpfer fand in den ersten Monaten des Jahres 1919 ihren Abschluß. Österreich-Ungarn hatte 1917 ebenfalls beabsichtigt, die im Osmanischen Reich stationierten Artillerie- und Kraftfahrereinheiten durch ein k. u. k. Orientkorps zu verstärken. Das Korps wurde zwar gebildet, dann aber an die italienische Front verlegt.

Lit.: H. W. Neulen, Feldgrau in Jerusalem. Das Levantekorps des kaiserlichen Deutschland, München 1991.

Hans Werner Neulen

Asquith, Herbert Henry, seit 1925 Earl of Oxford and A., * Morley (Grafschaft West Yorkshire) 12.9.1852, † London 15.2.1928, britischer Politiker und Vorsitzender der Liberalen Partei; Premierminister 1908-1916. – A. zählte zum liberal-imperialistischen Flügel seiner Partei. Seit 1886 Abgeordneter des Unterhauses, diente er ab 1891 als Innenminister unter William Gladstone. Nach dem erdrutschartigen Wahlsieg von 1906, der für die Liberalen eine beinahe zehnjährige Oppositionszeit beendete, wurde A. Schatzkanzler unter Henry Campbell-Bannerman, dem er 1908 im Amt des Premierministers folgte. A. war alles andere als ein dynamischer Regierungschef, doch er war ein fähiger und engagierter Politiker. Während seiner ersten Regierungsjahre hatte er eine Konfrontation mit dem House of Lords um die verfassungsmäßigen Rechte zu bestehen, die dem Oberhaus in Haushaltsfragen oder in bezug auf die geplante irische Autonomie (Home Rule) in Zukunft einzuräumen seien. Ansätze für politische und soziale Reformen wurden jedoch bald vom Ausbruch des Weltkriegs überschattet.

A. war nicht in der Lage, ein schlüssiges Konzept für die englische Kriegspolitik zu entwickeln. Er nahm zunächst irrtümlich an, daß es sich um einen kurzen Konflikt handeln würde, und erst nachdem im Herbst 1914 der Krieg an der Westfront zum Stellungskrieg geworden war, begann A., die staatlichen und verwaltungsmäßigen Strukturen den Erfordernissen des Kriegs anzupassen. Doch sein Verständnis für das außerordentliche Ausmaß und die Kosten der Kriegführung blieb begrenzt. Nach dem Munitionsskandal vom Frühjahr 1915, als Vorwürfe laut wurden, die Armee werde unzureichend ausgerüstet und versorgt, war A. gezwungen, sein Kabinett umzubilden und seinem Rivalen, Schatzkanzler David Lloyd George, mit dem Amt des Rüstungsministers eine weitere Schlüsselposition einzuräumen. Im Nov. 1915 setzte er einen fünfköpfigen Kriegsrat (War Council) ein, um politische Entscheidungsprozesse zu beschleunigen. Doch die militärischen Rückschläge und gravierende Mängel in der Rüstungsproduktion setzten seine Regierung heftiger Kritik aus. Nach den vernichtenden Verlusten der britischen Armee an der Somme traf der Tod seines Sohnes Raymond im Dez. 1916 A. auch ganz persönlich – was Lloyd George (inzwischen auch Kriegsminister) und seine Unterstützer nicht davon abhielt, in einer liberalen »Palastrevolte« A.s Rücktritt (5. Dez. 1916) zu erzwingen und selbst die Macht zu übernehmen. Die Gruppierung um den scheidenden Premierminister hat Lloyd George diesen »Verrat« nie verziehen.

A. blieb als Politiker aktiv, doch bei den Wahlen im Dez. 1918 verlor er sein Parlamentsmandat, was auch das Ausmaß der liberalen Niederlage verdeutlicht. Obwohl er 1923 wieder in das Unterhaus und schließlich auch in die Führung der liberalen Fraktion zurückkehrte, konnte er sein früheres politisches Gewicht nicht mehr geltend machen.

Jay Winter (Ü: A. R.)

Auffenberg von Komarów, Moritz Ritter von, * Troppau 22.5.1852, † Wien 18.5.1928, österreichisch-ungarischer Kriegsminister und General. – A. absolvierte die Theresianische Militärakademie und schlug die Generalstabslaufbahn ein. Als Brigadier in Györ und später als Divisionär in Zagreb begann er, sich mit den konfliktreichen inneren Verhältnissen der Habsburgermonarchie zu beschäftigen. Von 1909 an Korpskommandant in Sarajevo, profilierte sich A. durch Denkschriften vor allem zur südslawischen Frage und zur Situation in Bosnien und der Herzegowina. Auf Druck des Thronfolgers Erzherzog Franz Ferdinand wurde er 1911 Kriegsminister und trieb die Aufrüstung der Landstreitkräfte insbesondere mit schwerer Artillerie voran. Nach seinem Sturz Ende 1912 rehabilitierte sich A. durch einen spektakulären Manöversieg als Armeeinspektor. Bei Kriegsbeginn übernahm er das Kommando über die 4. Armee, die aus dem Raum Jaroslaw – Przemyśl nach Norden vorstieß und unter seiner Führung zwischen dem 26. Aug. und dem 2. Sept. 1914 die russische 5. Armee in der Schlacht bei Komarów besiegte. Nach dem anschließenden Mißerfolg bei Rawa Ruska – Lemberg wurde A. Ende Sept. 1914 seines Postens enthoben. Seine militärische Karriere war daher schon zu Ende, als 1915 gegen den früheren Kriegsminister Korruptionsvorwürfe erhoben wurden, die er nicht endgültig entkräften konnte.

GÜNTHER KRONENBITTER

Aufklärung, militärische Maßnahme, die der Feststellung der Feindlage sowie der Erkundung von Wetter und Gelände dient. Sie schafft die für die Entschlußfassung der Führung auf allen Ebenen notwendigen Grundlagen. – Abgesehen von der bereits im Frieden betriebenen nachrichtendienstlichen A. unterschied man, der Ordnung des Kriegsschauplatzes bzw. des Gefechtsfeldes entsprechend, zwischen Fern-, Nah- und Gefechts-A. Diente die großräumige Fern-A. dem Erkenntnisgewinn über den gegnerischen Truppenaufmarsch, so sollte die bis in 60 km Tiefe durchgeführte Nah-A. den vorderen Rand der feindlichen Verbände sowie deren Stellungsverlauf erkunden. Im Rahmen der Gefechts-A. wurden die gegnerischen Kampfhandlungen unmittelbar überwacht. Bis 1914 war bei allen Armeen die Kavallerie die Hauptträgerin der A. Diese Rolle verlor sie im Verlauf des Krieges weitgehend zu Gunsten der Luftstreitkräfte. Schon seit dem Ende des 18. Jahrhunderts waren zur Erkundung des Gefechtsfeldes aus der Luft verschiedentlich am Boden verankerte Fesselballone zum Einsatz gekommen. Die Erfindung der Fotografie ermöglichte von dieser Plattform aus auch bald die Dokumentation gegnerischer Stellungssysteme (Solferino 1859). Lenkbare Luftfahrzeuge schufen die Voraussetzung für eine bewegliche Luft-A. über dem gegnerischen Territorium. Bei allen kriegführenden Parteien war die Überlegung, mit Hilfe des Flugzeuges weitreichende, von der gegnerischen Verteidigung unbeeinflußte A.ergebnisse zu erhalten, konstitutiv für dessen militärische Nutzung überhaupt. Manövererfahrungen demonstrierten in Deutschland den Wert der Luft-A. und führten bis 1914 zur Aufstellung von 33 Feldfliegerabteilungen bei den Armeekorps. Spektakuläre Ergebnisse, wie das frühzeitige Erkennen russischer Truppenbewegungen bei Tannenberg, konnten jedoch nicht darüber hinwegtäuschen, daß sich während des Bewegungskrieges die Luft-A. weniger nach festen Einsatzprinzipien richtete, mehr improvisiert vonstatten ging. Nach dem Übergang zum Stellungskrieg traten gravierende Änderungen ein. Die Anzahl der Feldfliegerabteilungen stieg bis 1916 auf 81 an. Im Rahmen der Nah- und Gefechts-A. wurde das Gelände systematisch und kontinuierlich abfotografiert. Lag das Aufkommen an Bildmeldungen im Tagesdurchschnitt Anfang 1915 bei 400, so hatte sich die Quote im Frühjahr 1918 verzehnfacht. Allein an der Westfront wurde wöchentlich ein Areal von der Größe Sachsens aufgenommen. Mit zusätzlichen Daten wie Ortsnamen, Tages- und Uhrzeit, Wegerichtungen und Bemerkungen zu den Truppen versehen, wurden die Bildmeldungen, nach einer Phase häufiger Fehlinterpretationen der noch ungewohnten Luftbilder, zur Basis für die Herstellung exakter Karten. Sie wurden zunehmend zur entscheidenden Voraussetzung für die Operationsplanung und ermöglichten der Führung eine rasche Lageorientierung während der Kampfhandlungen. → *Luftkrieg*

WOLFGANG SCHMIDT

Aufmarschpläne, Pläne zur Bereitstellung der zuvor mobilgemachten Truppenteile des Feldheeres. – Bis zu welchem Grade die kriegführenden Staaten des Ersten Weltkriegs den Konflikt tatsächlich angestrebt hatten, gehört zu den am intensivsten erforschten und am schärfsten, diskutierten Fragen der Geschichtsschreibung des 20. Jahrhunderts. Dagegen besteht Einigkeit darüber, daß die meisten Mächte für den Fall eines Krieges detaillierte Mobilmachungs- und A. ausgearbeitet hatten, die sie dann auch mehr oder weniger so umsetzten, als der Krieg im Aug. 1914 ausbrach.

Der Kriegsplan des Deutschen Reiches wird gewöhnlich als »Schlieffen-Plan« bezeichnet, obgleich sein Nachfolger, Helmuth von Moltke (der Jüngere), an Schlieffens letzter Version umfassende Änderungen vorgenommen hatte. Das französisch-russische Bündnis von 1892/94 konfrontierte Deutschland mit dem Alptraum eines Zweifrontenkrieges. Anstatt nun darauf hinzuarbeiten, einen Krieg an zwei Fronten zu vermeiden, war der Generalstab bestrebt, einen solchen zu gewinnen. Der Versuch, diesen gordischen Knoten zu lösen, wurde nun über 15 Jahre lang der Fixpunkt aller militärischen Planungen des Generalstabschefs von Schlieffen. Die letzte Version war in ihren Zielen abenteuerlich. Im Mittelpunkt stand die Idee, zunächst gegen Frankreich aufzumarschieren. Dies ergab sich aus dem unterschiedlichen Tempo der Mobilmachungen in Frankreich und Rußland, wobei erstere als schneller eingeschätzt wurde. Die französische Armee würde als erste kriegsbereit sein, daher mußte sie als erste geschlagen werden. Um hierbei sicherzugehen, war Schlieffen bereit, 7/8 des deutschen Heeres gegen die Franzosen aufmarschieren zu lassen, so daß gegen eine russische Invasion in Ostpreußen nur schwache Kräfte zur Verschleierung übrig blieben. Das deutsche Heer sollte versuchen, die linke Flanke der Franzosen zu umfassen und dabei die bewaldeten Gebiete und Festungen entlang der deutsch-französischen Grenze vermeiden. Das bedeutete, die Neutralität Belgiens zu verletzen. Es bedeutete auch, die Masse des Heeres gegenüber der linken französischen Flanke zu konzentrieren und an der gemeinsamen Grenze in Lothringen nur schwache Kräfte zur Verteidigung stehen zu lassen. Die rechte Flanke der Deutschen sollte durch Belgien und Luxemburg stoßen, den Maas-Übergang erzwingen, dann in einer großen Bewegung, die sie westlich an Paris vorbeiführen sollte, nach Süden einschwenken, um so das französische Heer in einem klassischen Cannae-Manöver beidseitig zu umfassen.

Der Schlieffen-Plan hatte eine Reihe auffallender Merkmale. Deutschland war die einzige Macht, für die Mobilmachung gleich Krieg bedeutete. Alle anderen Staaten konnten mobilmachen und abwarten. Für Deutschland, so hatte es Generalstabschef Moltke dem Kaiser auf der Höhe der Julikrise klar gemacht, wäre dies verheerend, da es den eigentlichen Kern dieser Strategie zerstören würde. Es war der einzige Kriegsplan, der die Verletzung der Neutralität anderer Staaten vorsah. Auch war es sicher der unflexibelste und rigideste, denn er schrieb präzise Zeitpläne und Marschziele vor, und ließ für die »Friktionen des Krieges« (Clausewitz) keinen Raum. Er war wohl auch ohne irgendwelche Rücksicht auf Deutschlands Bundesgenossen, Österreich-Ungarn, ausgearbeitet worden. Für diesen war die Aussicht beunruhigend, daß fast das gesamte deutsche Heer im Westen stand, anstatt im Osten den Rücken der Doppelmonarchie zu schützen. Und schließlich war das deutsche Heer zu Schlieffens Lebzeiten schlicht zu klein, um die ihm gestellte Aufgabe zu lösen; und dies sogar noch dann, als man den radikalen Entschluß gefaßt hatte, von Anfang an Reservekorps neben den aktiven Korps einzusetzen. Tatsächlich wurde der Schlieffen-Plan nie umgesetzt. Schlieffens Nachfolger Moltke stärkte die linke deutsche Flanke und schwächte die rechte, und im Verlauf der Grenzschlachten des Aug. 1914 verschob er zwei Korps nach Osten, um den russischen Vormarsch nach Ostpreußen abzuwehren.

In Frankreich waren Kriegspläne immer untrennbar mit den Auseinandersetzungen um die Rolle der Armee im öffentlichen Leben verbunden. Der gewählte A. empfahl sich vor allem deshalb, weil er den geringsten innenpolitischen Konflikt verhieß. Der sog. Plan XVII war ursprünglich von General Ferdinand Foch entworfen, einem der führenden Vertreter offensiver Kriegführung, und war weniger rigide als der Plan Schlieffens. Er sah eine durch Lothringen geführte Invasion nach Deutschland vor als Reaktion auf die als wahrscheinlich angenommene deutsche Offensive im Süd-Westen. Richtung und Verlauf dieser Invasion würden vom Kriegsglück und der genauen Bewegung des deutschen Heeres abhängig sein. Die Franzosen besaßen gute nachrichtendienstliche Informationen über den tatsächlichen deutschen Plan, doch veranlaßten sie diese Informationen nicht dazu, ihre linke Flanke zu verstärken, um einem deutschen Vormarsch durch Belgien entgegenzutreten. Vielmehr glaubten sie, ein massiver Vorstoß nach Lothringen würde zwangsläufig die deutsche Offensive aus dem Gleichgewicht bringen. Dieser Schluß basierte jedoch auf völlig falschen Annahmen über die Stärke der von den Deutschen eingesetzten Kräfte, denn sie unterschätzten den Umfang, in dem der Gegner von vornherein Reservetruppen in der Front einplante. Tatsächlich endete die französische Offensive nach Lothringen in einer katastrophalen Niederlage, während im Norden das deutsche Heer fast ungehindert auf Paris vorstieß. Hierdurch fand sich der französische Oberkommandierende General Joffre in einer persönlichen wie auch nationalen Krise wieder, die er jedoch durch das »Wunder an der Marne« meisterte.

Um vor den französischen Verbündeten nicht ins Hintertreffen zu geraten, entwickelten die Russen eine Aufmarschplanung namens Plan XIX. Dieser basierte auf der korrekten Annahme, daß die Deutschen zunächst gegen Frankreich marschieren würden. Die Version von 1910 sah deshalb vier Armeen für

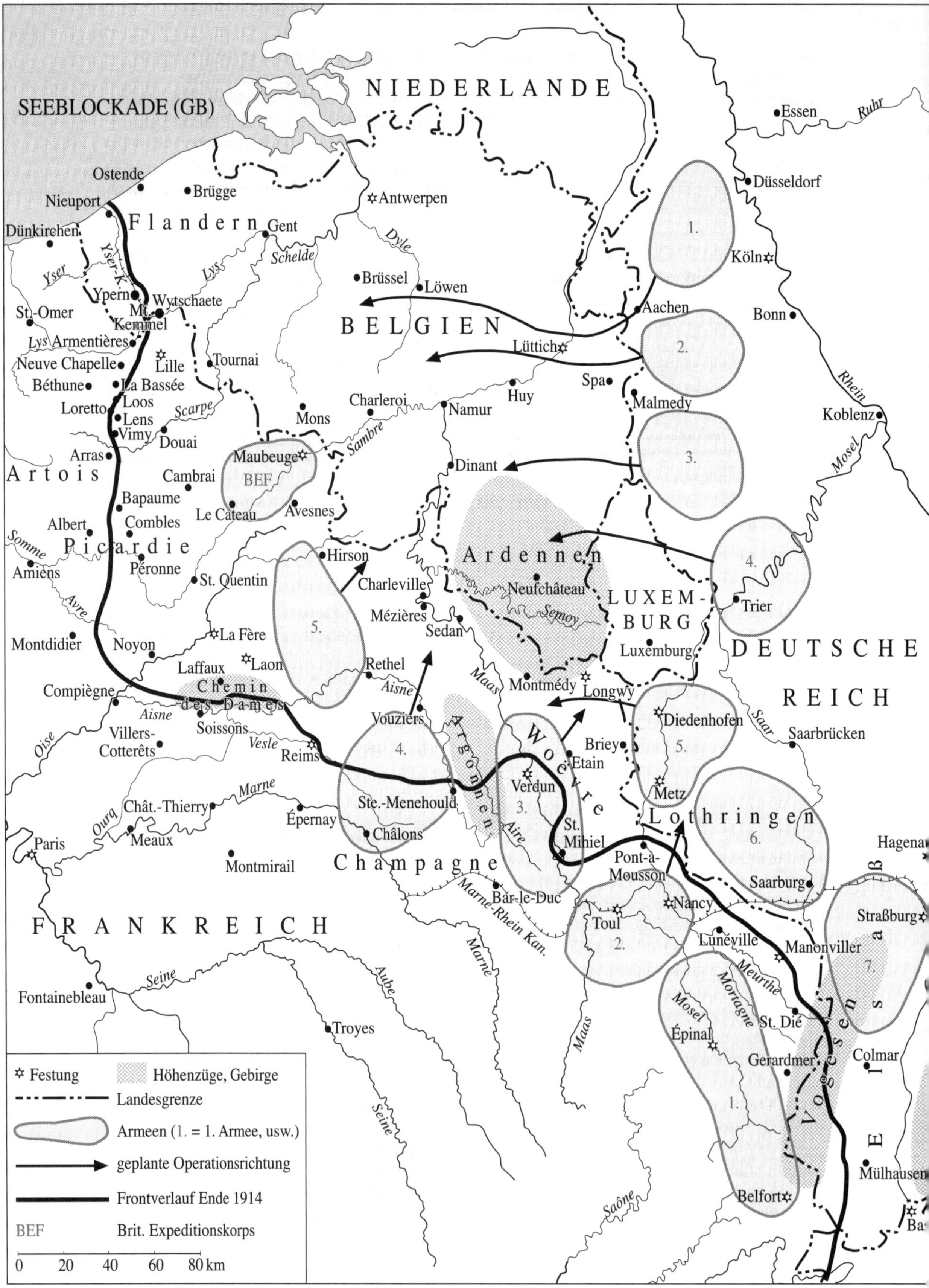

Aufmarschpläne (1914), Westen

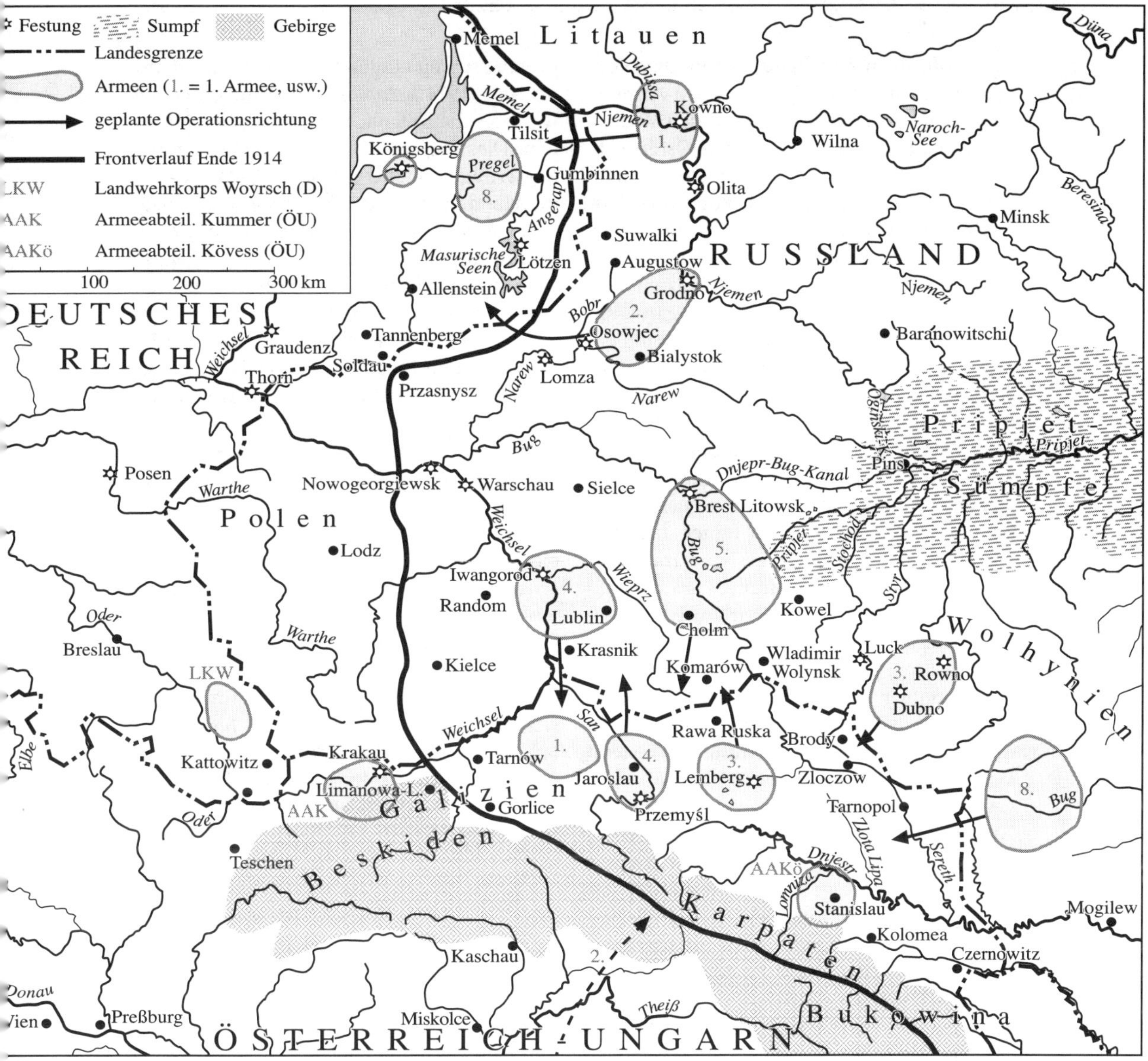

…ufmarschpläne (1914), Osten

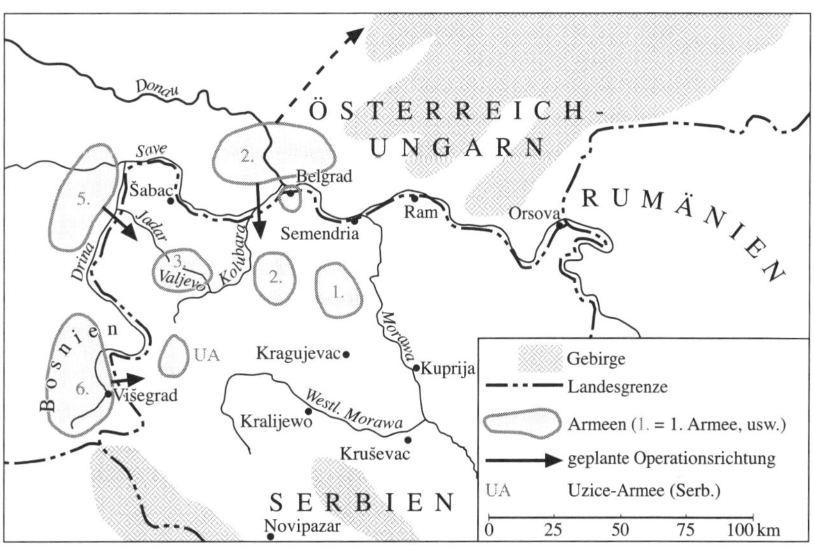

Aufmarschpläne (1914), Balkan

einen sofortigen Angriff auf Ostpreußen vor, mit 19 der insgesamt 29 russischen Armeekorps. Dieser Plan stieß nun auf den Widerstand derer, die zunächst gegen Österreich aufmarschieren wollten, und so einigte man sich im Mai 1912 auf einen Kompromiß. Für die Invasion Ostpreußens wurden nunmehr zwei Armeen eingeplant, während vier Armeen gegen das österreichische Galizien aufmarschieren sollten. Österreich-Ungarn sah sich wie sein Bündnispartner ebenfalls mit einem Zweifrontenkrieg, gegen Rußland und Serbien, konfrontiert. Tatsächlich erbrachte die Entscheidung, gleichzeitig gegen Deutschland und die Doppelmonarchie aufzumarschieren, auch für Rußland einen Krieg an zwei Fronten und minderte so gefährlich seine Kräfte. Diese wurden ferner dadurch verzettelt, daß – unter massivem französischen Druck in letzter Minute – am 7. Aug. 1914, ein weiterer Angriff mit zwei Armeen auf Schlesien angesetzt wurde. Tatsächlich verursachte die Präsenz russischer Truppen in Ostpreußen große Unruhe in Berlin und störte, möglicherweise kriegsentscheidend, den Einsatz der deutschen Kräfte im Westen. Denn die deutsche Heeresführung sah sich gezwungen, inmitten des Vormarsches zwei Armeekorps an die Ostfront zu verschieben.

Überraschenderweise hatten sogar die Briten einen Plan. Dieser sah die Entsendung eines kleinen Expeditionskorps (British Expeditionary Force, BEF) von sechs Infanteriedivisionen und einer Kavalleriedivision nach Frankreich vor, wo es an der linken französischen Flanke zum Einsatz kommen sollte. Der Plan war ein Ergebnis der sich intensivierenden diplomatischen Entente nach 1904. Diese war wiederum auf Seiten der Briten dem Gefühl eines Übermaßes an globalem Engagement entsprungen sowie dem Wunsch, die Beziehungen zu wenigstens einem seiner Weltmachtgegner zu verbessern. Diese Strategie war im wesentlichen das Werk des frankophilen Director of Military Operations, Generalmajor Henry Wilson. Nachdem er seinen Plan im Aug. 1911 mit großem Erfolg dem Committee of Imperial Defence dargelegt hatte, erging die Genehmigung zu ausführlichen Stabsgesprächen und Planungen mit den Franzosen. 1908 wurden erstmals die Mobilmachungspläne für die BEF niedergelegt und seitdem jährlich eingeübt und verbessert. Dies hat einige Historiker zu dem Schluß geführt, daß die Sachzwänge dieses Arrangements die Handlungsfreiheit der Regierung soweit eingeschränkt hätten, daß ihr im Aug. 1914 keine andere Wahl geblieben wäre, als die BEF nach Frankreich zu entsenden. Dies mag bezweifelt werden, denn die Regierung handelte gar nicht so, als seien ihr die Hände gebunden. Auf einer am 5. Aug. von Premierminister Asquith einberufenen Besprechung forderte Sir John French, gerade zum Oberbefehlshaber der BEF ernannt, daß das Kontingent nach Antwerpen entsandt werden solle, um von dort gegen die deutsche Flanke zu operieren. Douglas Haig, einer der Kommandierenden Generale der BEF, wollte sie noch zwei bis drei Monate in der Heimat zurückhalten, um zunächst die Vergrößerung der Armee abzuschließen. Wilson selbst befand, daß mehrere Optionen für den Einsatz der BEF offenstünden. Schließlich kam es zu einer politischen, nicht militärischen Entscheidung. Die britischen Interessen verlangten nach einer Unterstützung Frankreichs. Die Franzosen wollten die BEF, um damit ihre linke Flanke zu erweitern und zu schützen – und eben dorthin wurde das Kontingent bereits am 22. Aug. geschickt. → *Julikrise* → *Schlieffen-Plan* → *Streitkräfte*

Lit.: J. Snyder, The Ideology of the Offensive. Military Decision Making and the Disasters of 1914, Ithaca/London 1984; The War Plans of the Great Powers, 1880-1914, hg. v. P. M. Kennedy, Boston 1979.

John M. Bourne (Ü: M. P.)

Aufruf der 93. Am 4. Okt. 1914 erschien ein von 93 deutschen Schriftstellern, Gelehrten und Künstlern unterzeichneter Aufruf *An die Kulturwelt*, der Vorwürfe der Entente gegen den deutschen »Militarismus« und die von der deutschen Armee im neutralen Belgien nachweislich begangenen Greuel als »unwahr« zurückwies. Der Aufruf fügt sich ein in die Reihe zahlreicher, vor allem von bekannten Kulturgrößen getragener Manifeste beider Seiten im *Krieg der Geister* (so der Titel eines Sammelbandes von Hermann Kellermann 1915) zur Beeinflussung der öffentlichen Meinung vornehmlich in den neutralen Staaten, galt aber bereits zum Zeitpunkt seiner Veröffentlichung als ein verhängnisvolles Schlüsseldokument arroganter, freilich auch naiver deutscher Überheblichkeit.

Ausgangspunkt für den A. war zum einen der Artikel *Die Wirkung der englischen Lüge*, erschienen im *Berliner Tageblatt* vom 9. Sept. 1914, der den Kaufmann Erich Buchwald dazu bewog, den Schriftsteller Hermann Sudermann zu einer Stellungnahme anzuregen. In diesem Zusammenhang kam es zu einer systematischen Propagandakampagne des Chefs des Nachrichtenbüros im Reichsmarineamt, Heinrich Löhlein, gemeinsam mit dem Schriftsteller Ludwig Fulda, dem Berliner Archäologen und Vertreter des Auswärtigen Amtes Theodor Wiegand und dem Berliner Bürgermeister Georg Reicke. Unter Mitwirkung Sudermanns verfaßte Fulda den Text, den Reicke in rhetorisch einprägsamer, an Luthers 95 Thesen von 1517 angelehnter Weise auf ein sechsfaches »es ist nicht wahr« zuspitzte »gegen die Lügen und Verleumdungen, mit denen unsere Feinde Deutschlands reine Sache in dem ihm aufgezwungenen schweren Daseinskampfe zu beschmutzen trachten«. Am 19. Sept. setzte die reichsweite, zumeist telegraphische Werbung für das Manifest ein, das beispielsweise neben den Akteuren von den Gelehrten Emil Fischer, Adolf von Harnack, Franz von Liszt, Alois Riehl und Gustav von Schmoller, von dem Komponisten Engelbert Humperdinck und dem Maler Max Liebermann unterzeichnet wurde. 93 Unterschriften kamen bis zur Publikation zusammen. Sie repräsentierten ein geistig und politisch breitgefächertes Spektrum aus Kunst und Wissenschaft, das freilich entschiedene Pazifisten und Weltbürger wie Albert Einstein, Friedrich Wilhelm Foerster und Hermann Hesse nicht einbezog. Einige Unterzeichner wie der Ökonom Lujo Brentano und der Physiker Max Planck distanzierten sich wenig später von dem Aufruf, über dessen Inhalt sie nach eigenen Aussagen nicht oder unzureichend informiert waren; viele der Unterzeichner hatten sich ihm lediglich in blindem Vertrauen auf die Integrität bereits geleisteter Unterschriften angeschlossen.

Ironischerweise wurzelte der A. vielfach in kulturliberalen intellektuellen Netzwerken, deren Traditionen bis zu den Protesten 1900/01 gegen eine Knebelung künstlerischer und wissenschaftlicher Freiheit in der sog. *lex Heinze* zurückreichten. Dieser Befund mindert zwar die Verantwortung der Unterzeichner nicht; er verweist aber zum einen auf eine tendenziell defensive, auf einen Konsens hin orientierte Haltung vieler Unterzeichner, die freilich im Ausland so nicht verstanden wurde. Zum anderen offenbart er eine bezeichnende Diskrepanz zwischen intellektueller emphatischer Naivität und politisch kühl gesteuerter Kampagne.

Im Original und in zehn Übersetzungen gelangte der Text in mindestens 14 neutrale Staaten. Distanziert bis ablehnend wurde er etwa in den Niederlanden, der Schweiz und den USA aufgenommen. Gelassen-maßvoll blieben die Reaktionen in England, wo man allerdings wirkungsvoll spaltend zwischen einer positiv gewerteten deutschen Kulturtradition und einem nunmehr übermächtigen deutschen Militarismus unterschied. Voller Ablehnung reagierte Frankreich, dessen führende Akademiemitglieder die Verbindung zu den Unterzeichnern des A. lösten und auf internationale Isolation der deutschen Wissenschaftsinstitutionen drängten.

In der Sache konnte die vermeintliche Wahrheitsbeschwörung des A. nicht überzeugen, da allein schon der völkerrechtswidrige deutsche Einfall in Belgien die neutralen Staaten als Zielgruppe des A. bedenklich stimmen mußte: deutsche Kriegsgreuel wie Geiselerschießungen und die Zerstörung der einzigartigen Universitätsbibliothek in Löwen im Aug. 1914, sodann die Beschießung der Kathedrale von Reims (19. Sept. 1914) ließen sich nicht leugnen. Darüber hinaus bestätigte spätestens die Diktatur der 3. OHL von 1916 einen Politik, Gesellschaft und Militär umschließenden deutschen Militarismus. Vereinzelte distanzierende Stimmen vormaliger Unterzeichner des A. noch während des Krieges und eine von dem Völkerrechtler Hans Wehberg 1919 betriebene Gegenkampagne zum A. vermochten dessen verheerende Wirkung nicht wirklich einzudämmen. Er trug maßgeblich zu einer internationalen Ächtung vor allem der deutschen Wissenschaft bis Ende der 1920er Jahre bei. → *Löwen* → *Reims*

Lit.: K. Flasch, Die geistige Mobilmachung. Die deutschen Intellektuellen und der Erste Weltkrieg. Ein Versuch, Berlin 2000; J. von Ungern-Sternberg/W. von Ungern-Sternberg, Der Aufruf »An die Kulturwelt«: Das Manifest der 93 und die Anfänge der Kriegspropaganda im Ersten Weltkrieg, Stuttgart 1996.

RÜDIGER VOM BRUCH

Augusterlebnis, zeitgenössische deutsche Bezeichnung für die patriotische Begeisterung der Bevölkerung bei Kriegsausbruch. – Die bekannten Bilder aus den letzten Juli- und den Augustwochen 1914 zeigen Massen von Menschen in den Straßen. Die zeitgenössischen Unterschriften unter den Bildern suggerieren, diese Menschen seien ausnahmslos »kriegsbegeistert« gewesen. Die Bilder sind beeindruckend, doch sie erzählen nicht die ganze Wahrheit. Tatsächlich gab es im Aug. 1914 keine rauschhafte, alle Bevölkerungsschichten ergreifende Kriegsbegeisterung, weder in Deutschland noch in Frankreich, Großbritannien, Österreich-Ungarn und Rußland. Es gab vielmehr ein breites Spektrum ganz unterschiedlicher Reaktionen, die von Verweigerungshaltung über Ratlosigkeit und Erschütterung bis zu patriotischem Überschwang und sogar Hysterie reichten. Derartige Bekundungen waren davon abhängig, zu welcher Generation oder Gesellschaftsschicht jemand gehörte, oder auch wo er lebte, beispielsweise in der Großstadt oder auf dem Land. Obwohl es sicherlich kein einheitliches A. gab, erlebten die Zeitgenossen den Kriegsausbruch als einen Augenblick durchdringender Intensität und emotionaler Erregung.

Am 1. Aug. 1914 warteten viele Stadtbewohner zumeist auf öffentlichen Plätzen gespannt auf die Extra-Ausgaben der Zeitungen mit der Ankündigung des kommenden Krieges. Die meisten Menschen schienen ruhig, nicht selten herrschte tiefer Ernst. Als am späten Nachmittag die Mobilmachung bekanntgegeben wurde, entlud sich die Anspannung der Massen häufig in patriotischen Rufen und

Berliner Straßenszene. August 1914

in Jubel. In Berlin wie auch in anderen Großstädten marschierten singende Gruppen junger Männer in spontan gebildeten Demonstrationszügen durch die Straßen. In Gaststätten und Biergärten stand das Publikum immer wieder auf, um sog. vaterländische Lieder zu singen. Es ist von diesen Umzügen und Bekundungen die Rede, wenn in den folgenden Tagen insbesondere bürgerliche Journalisten von »Kriegsbegeisterung« in Deutschland berichteten. Die Artikel sind in zweifacher Hinsicht interessant: Zum einen beurteilen sie das Massenerlebnis durchweg positiv. Bis dahin hatten sich vor allem konservative Blätter häufig herablassend über Reaktionen des »Volkes« geäußert: diese hätten nichts mit der öffentlichen Meinung zu tun, sondern entstammten vielmehr der Dumpfheit einer im allgemeinen verantwortungslosen und letztlich destruktiven »Masse«. Zum anderen behaupteten die meisten Journalisten, die Massen brächten in ihrer Spontaneität unbewußt die Gefühle der gesamten Bevölkerung zum Ausdruck. Doch war es, gemessen an der Bevölkerungszahl Berlins oder anderer großer deutscher Städte, tatsächlich eine Minderheit, die sich öffentlich hervortat.

In Deutschland wie in den anderen Ländern erlebte der größte Teil der Bevölkerung den Ausbruch des Krieges auch als ein »umklammerndes Riesengespenst« (Theodor Wolff) und keineswegs nur als ein frohes Ereignis. In den Berliner und Hamburger Arbeitervierteln hörte man nur wenig Jubel und nur vereinzelt patriotische Lieder. Erst in der zweiten Augusthälfte kam es im Gefolge der anfänglichen deutschen Siegesserie zu einer Intensivierung des patriotischen Enthusiasmus, so daß selbst »rote« Berliner Arbeiterbezirke schwarz-weiß-rote Fahnen hißten. In einigen Wohnvierteln gab es vereinzelt sogar Anzeichen von Panik, so beispielsweise vor einer Sparkasse am Mühlendamm in Berlin, als sog. kleine Leute verzweifelt versuchten, ihre Sparguthaben abzuheben. Auch in den ländlichen Regionen des Reiches war nur wenig von einer Kriegsbegeisterung zu spüren; nicht selten traf man auf weinende Frauen und Mütter. Obwohl also die Mehrheit der Bevölkerung keineswegs kriegsbegeistert war, so vereinte sie doch die Gewißheit, daß Deutschland einen »gerechten Krieg« führen und sich verteidigen müsse. Die vier Mio. Männer, die allein im Aug. 1914 eingezogen wurden, folgten der Einberufung daher meist ohne Widerstreben.

In den Augen vieler Zeitgenossen war vor allem die hohe Zahl der Kriegsfreiwilligen der Gradmesser für die Begeisterung des Volkes. Die meisten der ungefähr 185.000 deutschen Kriegsfreiwilligen meldeten sich wohl aus Überzeugung und einem ausgeprägten Pflichtgefühl. Viele, die sich freiwillig meldeten, glaubten zudem, der Krieg würde ein »gewaltiges, berauschendes Abenteuer« (Carl Zuckmayer) sein, ein Ausweg aus der Langeweile; sie wollten den Reiz des »gefährlichen Lebens« (Nietzsche) genießen. Das Phänomen »Kriegsbegeisterung« ist sehr viel komplexer und vielschichtiger als bislang angenommen. Es läßt sich zudem fragen, ob die oftmals jugendlichen Teilnehmer an den patriotischen Umzügen sich tatsächlich für den Krieg begeisterten, oder ob, wie einige kritische Beobachter meinten, der »furor teutonicus« der Straße eher einem patriotischen Karneval glich. In einer Art Volksfeststimmung mit allen Zeichen (verfrühter) Siegeszuversicht vollzog sich auch der Ausmarsch der Truppen. Pickelhauben und Gewehre wurden mit Blumen umkränzt. Frauen und Kinder begleiteten die Soldaten und reichten ihnen kleine Geschenke (Liebesgaben). Manche Waggons waren mit frischem Laub, aber auch mit derben Zeichnungen und Sprüchen geschmückt, wie etwa: »Eilgut nach Paris« oder »Franzosen, Russen, Serben, alle müssen sterben, Deutschland allein soll erben«. Die Desillusionierung trat spätestens nach dem Scheitern des deutschen Angriffs an der Marne im Sept. 1914 ein.

Ihr A. haben die Menschen je nach Veranlagung und Erfahrung durchaus verschieden erlebt. Eine Zeit intensiver Gefühle, vielleicht ein naives Spiel mit dem erwarteten Heldentum oder ein Augenblick höchster Traurigkeit und Tragik – dies waren die Elemente des A., wenn man auf der Grundlage des individuellen Erlebnis nach ihm gesucht hätte. Doch statt dessen entstand schon im Krieg der Mythos der »Ideen von 1914«, der vor allem besagte: Das A. war nicht die Summe unterschiedlicher Erlebnisse, sondern war *ein* Erlebnis, ein affektiver Begeisterungssturm, der die deutsche Gesellschaft zu einer Volksgemeinschaft umformte.

Insbesondere viele deutsche Intellektuelle vermeinten im Aug. 1914 einen bis dahin entbehrten Gemeinschaftsgeist zu erleben, wobei sie sich vor allem an dem Gefühl zu erfreuen schienen, mit der Mehrheit ihrer Landsleute eins zu sein. In der Beschreibung ihrer eigenen subjektiven Erlebnisse verdichteten sie das A. zu einem Mythos, mit dem diese Gemeinschaft beschrieben und somit aufrechterhalten werden sollte. Als in den späteren Kriegsjahren Müdigkeit und Skepsis um sich griffen, wurde das A. erneut symbolhafter Ausdruck für die solidarische Kampfentschlossenheit zur Verteidigung des Vaterlandes: »Erhalte den Geist von 1914«, beschworen die deutschen Militärs und Propagandisten das deutsche Volk in Reden, Schriften und Verlautbarungen noch bis in die letzten Tage des Krieges. → *Ideen von 1914* → *Kriegsbegeisterung*

Lit.: C. Geinitz, Kriegsfurcht und Kampfbereitschaft. Das Augusterlebnis in Freiburg. Eine Studie zum Kriegsbeginn 1914, Essen 1998; J. Verhey, Der »Geist von 1914« und die Erfindung der Volksgemeinschaft, Hamburg 2000.

JEFFREY VERHEY

Auslandsaktion, Polnische. Unter der P.A. werden die Aktivitäten insbesondere der Nationaldemokraten unter Roman Dmowski und kooperierender polnischer Politiker im westlichen Ausland verstanden, die nach der Proklamation eines polnischen Staatswesens durch die Provisorische Regierung Rußlands vom 30. Mai 1917 und die dadurch angeregte Erklärung Poincarés zur Aufstellung polnischer Verbände in Frankreich vom 4. Juni 1917 einen politischen Durchbruch erzielten. Dank des Einsatzes der Amerika-Polen gelang es, den Aufbau der »Blauen Armee« (2 Divisionen) zu beschleunigen, so daß General Józef Haller nach seiner Ankunft 1918 das Oberkommando über eine gut ausgerüstete Truppe übernehmen konnte. Die dadurch möglich gewordene Anerkennung Polens als kämpfende verbündete Macht (Frankreich am 20. Sept., Großbritannien, Italien und USA bis Ende 1917) erfolgte in Verbindung mit der Gründung des Polnischen Nationalkomitees / Komitet Narodowy Polski (KNP) am 15. Aug. 1917 in Lausanne; nach der französischen Anerkennung etablierte es sich in Paris. Dem KNP, das sich als Exilregierung des künftigen polnischen Staates verstand und offizielle Vertreter bei den Regierungen ernannte, gehörten neben Dmowski und Ignacy Paderewski führende Nationaldemokraten aus allen drei Teilungsgebieten an. Es erreichte, daß am 5. Jan. 1918 der britische Premierminister Lloyd George ein unabhängiges Polen für im Interesse Westeuropas liegend erklärte und am 8. Jan. 1918 US-Präsident Wilson die Errichtung eines polnischen Staates mit »alle[n] Gebiete[n] mit unzweifelhaft polnischer Bevölkerung« und freiem Zugang zum Meer als 13. Punkt in seiner Liste der Vierzehn Punkte für eine künftige Friedensordnung verkündete. Diese Zielsetzung der USA als der inzwischen bestimmenden Macht des Weltkrieges stellte nicht nur einen erheblichen Erfolg Paderewskis und einen Prestigegewinn des KNP dar, sondern sie stärkte auch die Position des Regentschaftsrates in seiner Auseinandersetzung mit den Mittelmächten; zugleich war sie ein wichtiges Präjudiz für die späteren Friedensverhandlungen. Am 28. Sept. 1918 wurde die polnische Armee endgültig aus dem französischen Oberbefehl entlassen und dem KNP unterstellt. Das Wirken der P. A. kann insofern als erfolgreich gelten, als es ihr gelang, die frühere Anlehnung polnischer Politiker an die Mittelmächte weitgehend auszugleichen und einen unabhängigen polnischen Staat zu einem Kriegsziel der Westmächte zu machen. Für die Zweite Republik, die dann doch entscheidend von innen her errichtet wurde, vermochte die P.A. keine klare Entscheidung zwischen Dmowskis und Piłsudskis Konzeption durchzusetzen. → *Polen*

HANS HECKER

Australien. A. trat in den Weltkrieg ein als Dominion des britischen Weltreichs, nachdem es diesen föderativen Status erst 1901 erlangt hatte. Obwohl die australischen Kolonien zwischen 1899 und 1902 Truppen für den Burenkrieg entsandt hatten, gab es doch in A. keine nennenswerte militärische Tradition und Kriegserfahrung, besonders was höhere militärische Führung, Verwaltung oder Verteidigungspolitik betraf. Am Ende des Weltkriegs standen auf zwei Kriegsschauplätzen fast sieben australische Kavallerie- und Infanteriedivisionen im Feld. Die sich im Verlauf des Krieges ergebenden politischen Lagerbildungen blieben über eine Generation bestimmend und waren für die weitere Entwicklung der Innen- und Verteidigungspolitik bis wenigstens in die Mitte des Zweiten Weltkriegs von großer Bedeutung.

1914 bestanden die Streitkräfte mehrheitlich aus sehr jungen Soldaten, die als Wehrpflichtige nur für die Landesverteidigung ausgebildet worden waren. Dazu kam eine Flottille, die Royal Australian Navy (RAN), die sich aus einem Schlachtkreuzer, mehreren

Kreuzern und Zerstörern sowie zwei U-Booten zusammensetzte. Die RAN war 1911 unter dem Eindruck der Dreadnought-Krise von 1909 entstanden und stellte einen Kompromiß dar zwischen den Wünschen der Admiralität in London nach strikter Kontrolle der Marineausgaben für das Empire und den Forderungen der Commonwealth-Regierung nach einem Ausbau der Seestreitkräfte im südwestpazifischen Raum. Nach der 1909 erreichten Absprache ging die Führung der RAN mit dem Kriegsausbruch automatisch auf die Admiralität über. Dennoch drängten die Marinebehörde des Commonwealth und der Führer des australischen Marinekontingents, Admiral Sir George Patey, 1914 vergeblich darauf, die RAN zunächst zum Kampf gegen die deutschen Schiffe im Indischen Ozean und im Südpazifik einzusetzen. Nach der Besetzung der deutschen Kolonien auf Neuguinea und Samoa sowie von Nauru und den Karolinen wurden die Schiffe, zusammen mit einem Kontingent der japanischen Marine, für die Eskortierung der ersten australisch-neuseeländischen Truppentransporte verwendet. Von diesem Auftrag vorübergehend entbunden, versenkte der australische Kreuzer HMAS *Sydney* am 8. Nov. den deutschen leichten Kreuzer SMS *Emden*, der bis dahin einen erfolgreichen Kreuzerkrieg gegen die Handelsschiffahrt in den Gewässern zwischen Indien und Malaysia geführt hatte. Damit war die Bedrohung für die pazifischen Dominions beseitigt und die RAN konnte für den Rest des Krieges nach Maßgabe der in London ausgearbeiteten Seestrategie in der Nordsee und im Mittelmeer eingesetzt werden.

Das Wehrgesetz von 1903 verbot den Einsatz von Wehrpflichtigen außerhalb des australischen Hoheitsgebiets, weswegen eine Freiwilligentruppe für den Überseedienst aufgestellt werden mußte. Das Gesetz blieb über die gesamte Dauer des Krieges in Kraft mit dem Ergebnis, daß A. neben Südafrika der einzige kriegsteilnehmende Staat war, der Streitkräfte auf freiwilliger Basis aufrechterhielt. Von ihrem ersten Oberbefehlshaber, Generalmajor William Throsby Bridges, auf den Namen Australian Imperial Force (AIF) getauft, rekrutierte der Verband in den ersten Kriegswochen 20.000 Mann (eine Infanteriedivision und eine leichte Kavalleriebrigade). Drei weitere Brigaden wurden Anfang 1915 gebildet und nach Ägypten verschifft, wo sie zusammen mit dem neuseeländischen Kontingent zum Australian and New Zealand Army Corps (ANZAC) zusammengefaßt wurden. Nach einem kleineren Einsatz gegen einen vorschnellen türkischen Angriff gegen den Suezkanal im Febr., erhielt ANZAC eine zweitrangige Rolle beim amphibischen Angriff am 25. April 1915 gegen die türkischen Stellungen an den Dardanellen (Gallipoli). Den Truppen, deren Ausbildung noch nicht abgeschlossen war, gelang es nach der Landung nicht, ihre Ziele einzunehmen. Statt dessen entwickelte sich die Operation, bei der man die Abwehr der Türken gründlich unterschätzt hatte, im Laufe der folgenden Tage zu einem verzweifelten Kampf um den Ausbau des Brückenkopfs. Dies gelang bis Anfang Mai, woraufhin sich die Kampagne zu einem Abnutzungskrieg mit Gräben, Stoßtruppunternehmungen und regelmäßigen Angriffen entwickelte. Eine zweite Division wurde im Sept. aufgestellt und nach Gallipoli in Marsch gesetzt. Obschon sich Gallipoli im Vergleich zur Westfront noch als einigermaßen erträglich herausstellen sollte, betrugen die australischen Verluste dort bis zur Evakuierung der Halbinsel Ende Dez. 8.141 Gefallene und 17.970 Verwundete und Kranke.

Die AIF wurde daraufhin nach Ägypten zurückverlegt, wobei sie zugleich beträchtlich vergrößert wurde. Der Zustrom an Freiwilligen war 1915 anhaltend hoch geblieben, so daß das Kontingent auf fünf Infanteriedivisionen und Kavallerie in der Stärke von zwei berittenen Divisionen aufgestockt wurde. Die Kavallerie blieb im Nahen Osten, um dort die mobile Komponente der ägyptischen Expeditionsstreitkräfte zu bilden, die 1916-18 auf Sinai und in Palästina gegen die Türken kämpften. Aus den Infanteriedivisionen wurden, einschließlich der neuseeländischen 1. Division, zwei Korps gebildet (ANZAC I und II), die an die Westfront verlegt wurden. Die australische 5. Division wurde am 19. Juli 1916 in einem schlecht vorbereiteten und durchgeführten Ablenkungsangriff bei Fromelles (südlich Armentières) eingesetzt, wo sie innerhalb von 24 Stunden 5.533 Mann verlor, die anderen Divisionen nahmen zwischen Juli und Sept. an der Somme-Offensive teil, wo sie weitere 23.000 Mann verloren. Wie für die anderen Armeen des britischen Empires war der Krieg an der Westfront auch für die Australier etwas vollkommen Neues; und es brauchte Zeit, die notwendigen Gefechts- und Überlebenstechniken zu erlernen. Um wieviel intensiver die

Kämpfe hier im Vergleich zu Gallipoli waren, zeigt die Statistik: An der Somme verlor die AIF in 45 Tagen nur 2.000 Mann weniger als sie in den acht Monaten an den Dardanellen eingebüßt hatte.

Die Operationen von 1917 glichen denen des Vorjahrs in vieler Hinsicht, wenn auch mit höheren Verlusten für die australischen Formationen. Die 3. Division unter General Sir John Monash traf 1916 in Großbritannien ein und wurde im Verlauf des Winters ANZAC zugeteilt. Sie nahm im Juni 1917 mit schweren Verlusten an dem erfolgreichen Angriff bei Messines (Wytschaete-Bogen) in Flandern teil. Weitere australische Brigaden erlitten blutige Verluste im Verlauf von zwei desaströsen Aktionen bei Bullecourt im April und Mai; die Angriffe auf die Siegfried-Stellung kosteten sie schließlich mehr als 9.000 Mann. Daraufhin wurde die AIF nach Norden verlegt, um dort im zweiten Halbjahr 1917 bei Haigs 3. Flandern-Schlacht eingesetzt zu werden. Trotz lokaler Erfolge, etwa am Polygon Wald, an der Straße Menin – Ypern oder bei Broodseinde, führten die Unternehmungen doch zu weiteren 38.000 Mann Verlusten, woraus sich für 1917 eine Gesamtverlustzahl von 55.000 ergab. Derart hohe Ausfälle ließen sich auf die Dauer nicht verkraften, weswegen Planungen für eine 6. Division aufgenommen wurden. Die Masse der Freiwilligen hatte sich bis Mitte 1916 gemeldet, danach blieben die Meldungen zunehmend hinter den Anforderungen zurück. Die Einführung der Wehrpflicht für den Dienst in Übersee geriet nun zur am stärksten umkämpften innenpolitischen Frage. Auch in Kanada und Neuseeland war es 1916/17 hierüber zu scharfen politischen Auseinandersetzungen gekommen; in beiden Ländern wurde die Wehrpflicht schließlich dennoch durchgesetzt. In keinem der Fälle war die Verbitterung, mit der diese Debatte geführt wurde, jedoch so tief und die sich hieraus ergebenden gesellschaftlichen Frontstellungen derart dauerhaft wie in A.

Das Wehrpflichtsystem der Vorkriegszeit war nicht für militärische Aktionen jenseits der Landesgrenzen geschaffen gewesen, und solange die Freiwilligenwerbung funktionierte, gab es auch wenig Veranlassung, die Wehrpflicht auf die AIF auszudehnen. Premierminister William Morris Hughes war der festen Überzeugung, daß die AIF an der Westfront nur durch die allgemeine Wehrpflicht aufrecht erhalten werden könne. Seine Position spaltete die Arbeiterpartei, deren Vorsitzender er war, nach der ersten von zwei Volksabstimmungen zu diesem Thema im Okt. 1916. In A. lebte eine ansehnliche Minderheit von Katholiken irischer Abstammung, die sich unter dem Eindruck des irisch-republikanischen Osteraufstands in Dublin und wegen einer Reihe eher lokaler kirchenpolitischer Entwicklungen in großer Zahl gegen die Wehrpflicht aussprach. Das Thema lief gleichwohl quer zu allen Grenzen von Klasse, Geschlecht oder Konfession. Hughes regierte mit Hilfe der konservativen Parteien weiter, gewann im Mai 1917 die Bundeswahl und sicherte sich dadurch seine Position als Galionsfigur der nationalen Kriegsanstrengung – wenn auch ohne Wehrpflicht. Im Dez. 1917 versuchte Hughes ein zweites Referendum durchzusetzen, wurde dabei aber noch eindeutiger abgewiesen als beim ersten Mal.

Im letzten Kriegsjahr geriet die australische Politik immer unversöhnlicher, mit zahlreichen Streiks und einer wachsenden Ablehnung seitens der Mitglieder der Labor Party sowie den Gewerkschaften, sich an Rekrutierungskampagnen zu beteiligen. Ihnen gegenüber standen eine Anzahl gesellschaftlicher Gruppen, vor allem aus den höheren Berufsständen und der Mittelklasse, die den Krieg in ehrenamtlichen Organisationen aus politischen oder mutmaßlich moralischen Beweggründen unterstützten.

Die Meinungen der Soldaten zur Wehrpflicht und zum Krieg waren geteilt. Der alte Idealismus von »König und Empire«, der noch die frühen Freiwilligen stark motiviert hatte, war 1917 längst vergangen. Die australischen Soldaten waren sich ihres Status als Freiwillige sehr bewußt. Es war offensichtlich, daß Hughes versuchte, mit einem klaren Votum der Frontsoldaten für die Wehrpflicht die Abstimmung daheim zu beeinflussen, die Soldaten ließen sich aber nicht für diese Ziele gewinnen. Diejenigen, die in Frankreich dienten, votierten klar gegen die Wehrpflicht, während diejenigen im Nahen Osten (wo die Verlustrate im Vergleich minimal war) und jene in den Ersatzdepots in Großbritannien mit knapper Mehrheit dafür stimmten.

Ein weiteres Unterscheidungsmerkmal der AIF war die Disziplin. Von allen Armeen des Empires durften allein die Soldaten der AIF weder für Desertion noch für andere militärische Vergehen, für die das britische Armeegesetz die Todesstrafe vorsah, hingerichtet werden. Haig und die militärische Führung waren in zunehmendem Maße verärgert über die Weigerung der australischen Regierung, die Todesstrafe für Soldaten der AIF zu verhängen. Auch höhere australische Offiziere sprachen sich für Erschießungen aus, vor allem bei klaren Fällen von Desertion, die 1918 zu einem ernsten Problem wurde. Im Gegensatz zu anderen Staaten ist für A. nur ein einziger Fall bekannt geworden, wo sich eine Einheit weigerte, in die Stellung einzurücken bzw. einen Angriff anzutreten, und dieser wurde durch das vermittelnde Auftreten der Offiziere entschärft. Dagegen ereignete sich Mitte 1918 die einzige Meuterei eines australischen Bataillons, als bekannt wurde, daß dieses zu denjenigen Bataillonen gehörte, die im Zuge der Verkleinerung der Brigaden auf andere Einheiten verteilt werden sollten.

Im Nov. 1917 wurden die fünf Divisionen im australischen Korps zusammengefaßt, was weniger aus Rücksicht auf nationale Befindlichkeiten als vielmehr aus Gründen der sich verschlechternden Ersatzlage geschah. Nun fungierte jeweils eine Division als Ersatzdepot für die anderen vier. Bei Beginn der deutschen Märzoffensive 1918 waren die Australier gerade aus der Front genommen, doch spielten sie im April eine wichtige Rolle bei der Abwehr des deutschen Angriffs auf Amiens. Bis Juli ging die AIF zu einer »friedliche Durchdringung« genannten Taktik über, die darin bestand, daß kleine Trupps in örtlichen Vorstößen deutsche Stellungen auf der ganzen Länge der Front einnahmen und so mit minimalen Verlusten die eigene Linie allmählich vorschoben. Im Mai übernahm Monash die Führung des Korps, und Rawlinson, der Oberbefehlshaber der britischen 4. Armee, setzte die Australier und Kanadier für eine Serie von Angriffen an der Somme ein, die am 4. Juli 1918 bei Hamel begannen und am 8. Aug. in der Schlacht von Amiens gipfelten. Das australische Korps blieb bis zum 4. Okt. im Einsatz, um dann turnusgemäß zur Erholung aus der Front genommen zu werden. Bis zum Waffenstillstand sollte es nicht mehr zum Einsatz kommen. In dieser letzten, sehr erfolgreichen Phase des zunehmend beweglich geführten Krieges erlitten die Australier noch einmal schwere Verluste, über 21.000 Mann, von denen ein Viertel gefallen war. 83 % aller tödlichen Verluste der AIF im Verlauf des Krieges waren an der Westfront eingetreten.

Der Feldzug auf der Halbinsel Sinai und in Palästina war wohl anstrengend, aber bei weitem gefahrloser als in Frankreich, und noch heute erscheinen die leichten Kavallerieregimenter, die dort A. Beitrag zum Kampf gegen die Türken bildeten, in einem etwas verklärten Licht. Die Egyptian Expeditionary Force (EEF) stieß im Verlauf des Jahres 1916 über die Sinai Halbinsel vor, wobei das Tempo weitgehend davon abhing, wie schnell Wasser und Nachschub nachgeführt werden konnten. Anfang 1917 erreichten die Truppen des Empires den Süden Palästinas, wo ihr Vormarsch von einer starken türkischen Verteidigungslinie bei Gaza gestoppt wurde. Zwei Angriffe auf diese Linie scheiterten im März und April. Nach Umbesetzungen in den Führungsstellen und einer Reorganisation der Truppen wurde im Okt./Nov. 1917 ein dritter Angriff angesetzt. Dabei griffen zwei australische Kavallerieregimenter über offenes Gelände und unter dem Feuer gegnerischer Artillerie, MGs und Gewehre die Verteidigungslinie bei der Stadt Beerscheba an, die den östlichen Eckpfeiler der Linie bildete. Es gelang im Verlauf der folgenden Tage, diese Linie aufzurollen, Gaza wurde eingenommen, kurz vor Weihnachten folgte Jerusalem. Berittene australische Einheiten spielten im weiteren Verlauf des Vormarsches eine wichtige Rolle, da große Teile der britischen Reiterei im Zuge der deutschen Frühjahrsoffensive nach Frankreich verlegt wurden. Am 1. Okt. nahmen australische Einheiten Damaskus ein, nur um kurz darauf wieder abgezogen zu werden, da dieser Erfolg den Führern des arabischen Aufstands überlassen werden sollte. Der Vormarsch wurde dann Richtung Aleppo fortgesetzt, bis die türkische Armee am 31. Okt. 1918 kapitulierte. Die australischen Verluste beliefen sich an dieser Front auf 4.851 Tote und Verwundete, wobei ebenso viele Soldaten später ihren Verwundungen erlagen oder an Krankheiten starben wie im Kampf gefallen waren.

Wirtschaftlich hatte der Krieg auf A. nur minimale Auswirkungen, obschon Umstrukturierungsprozesse einsetzten, die insbesondere nach dem Zweiten Weltkrieg voll zur Geltung kommen sollten. Da die Frauen bereits vor 1914 das Wahlrecht besessen hatten, veränderte der Krieg die gesellschaftliche Rolle der Frauen in A. viel weniger als dies etwa in Großbritannien der Fall war. Ein weiblicher Hilfsdienst existierte nicht, die einzigen weiblichen Kräfte bei der Armee waren Krankenschwestern. Auch für die gesellschaftliche Stellung der australischen Ureinwohner (Aborigines) hatte der Krieg kaum Auswirkungen. Nach dem Wehrgesetz stand der Wehrdienst nur für britische Staatsangehörige mit »überwiegend europäischer Herkunft« offen. Obwohl mehrere hundert Aborigines in den AIF dienten und einige sogar für Tapferkeit vor dem Feind ausgezeichnet wurden, läßt sich ihre genaue Zahl nicht mehr bestimmen. Vieles vom Kriegserlebnis dieser Soldaten muß heute als verloren gelten.

1914 belief sich die Bevölkerungszahl A. auf rund vier Millionen. 331.000 wurden mit der AIF nach Übersee geschickt, das waren etwa die Hälfte aller wehrfähigen Männer. Von diesen fielen 60.000, 166.811 wurden verwundet. Im Verhältnis zur Gesamtzahl der mobilgemachten Soldaten ergibt sich hieraus eine Verlustquote von 65 % – die höchste unter den Armeen des Empires. Auf 1.000 mobilgemachte Australier kamen 145 Gefallene. Das war ein furchtbarer Preis.

Der Erste Weltkrieg war für A. die Quelle zahlreicher Gründungsmythen. Noch heute gilt der Tag der Landung bei Gallipoli – ANZAC-Day (25. April) – gleichsam als australischer Nationalfeiertag. Über das ganze Land verstreut finden sich Gefallenendenkmale, die oft auch die Namen all derjenigen aufführen, die aus Übersee zurückkehrten. Die Regierung schuf ein umfangreiches und generell gut finanziertes Fürsorgesystem für Veteranen und ihre Angehörigen, das bis heute auch die Veteranen der späteren Kriege, die A. führte, erfaßt. Die politischen und sozialen Folgen der durch den Krieg aufgeworfenen gesellschaftlichen Spaltungen hielten bis in die 1960er Jahre an, die Labor Party trat als politische Kraft seit Mitte der 1930er kaum noch in Erscheinung. Zwar förderte der Erste Weltkrieg in A. ein generell konservatives Klima, das am deutlichsten in kulturellen Fragen zutage trat, aber dies führte in den folgenden Jahrzehnten nicht, wie anderswo, zur Ausbildung eines politischen Rechtsextremismus mit Massenbasis. Der ANZAC-Mythos, der nicht zuletzt durch die zwölf Bände der von C. E. W. Bean episch erzählten amtlichen Kriegsgeschichte propagiert wurde, half den nachfolgenden Generationen auch, ihr nationales Selbstverständnis zu definieren. → *ANZAC* → *Streitkräfte Dominions*

Lit.: Australia's War 1914-18, hg. v. J. Beaumont, Sydney 1995; J. Damousi, The Labour of Loss: Mourning and Wartime Bereavement in Australia, Cambridge 1999; J. Grey, A Military History of Australia, 2. Aufl., Melbourne 1999; D. M. Segesser, Empire und totaler Krieg. Australien 1905-1918, Paderborn 2002.

JEFFREY GREY (Ü: M. P.)

Averescu, Alexandru * Ismail, 9.4.1859, † Bukarest 3.10.1938, rumänischer Generalfeldmarschall und Politiker. – Seine 1877 begonnene militärische Laufbahn führte A. 1888 in den Generalstab der rumänischen Armee. Militärisches Renommee und eine bis weit in die Gesellschaft hineinreichende Popularität erwarb er sich als Generalstabschef im Ersten Weltkrieg. Nachdem die Armee nach dem Kriegseintritt Rumäniens 1916 eine Reihe von Niederlagen hatte hinnehmen müssen, die am 6. Dez. sogar zur Einnahme Bukarests durch die Truppen der Mittelmächte geführt und das Land an den Rand der Kapitulation gebracht hatten, gelang es A. im Juli/Aug. 1917, die Offensive der deutschen und österreichischen Truppen in Moldawien bei Mărăşti und bei Mărăşeşti zum Stehen zu bringen und so die drohende Kapitulation zu vermeiden. A. suchte den geradezu legendären Ruhm als »Held von Mărăşti« nach dem Ende des Krieges in politisches Kapital umzumünzen. Nachdem er schon in den Jahren 1907 bis 1909 das Amt des Kriegsministers bekleidet sowie 1918 kurzzeitig als Ministerpräsident amtiert hatte, wurde A. nach den Wahlen vom März 1920, gestützt auf seine Popularität und eine eigene Partei – die Liga Poporului (Volksliga) – , von König Ferdinand I. zum Regierungschef ernannt. Konfrontiert mit der schwierigen ökonomischen Bürde des Krieges und der Aufgabe einer dringend benötigten, politisch aber stark umstrittenen Agrarreform, mußte er jedoch bereits im Dez. 1921 zurücktreten. A. scheiterte vor allem am Widerstand der einflußreichen Liberalen aber auch des Hofes und politischer Gegner in der eigenen Partei. Die erneute Ernennung zum Ministerpräsidenten 1926 sowie 1938 als Staatsminister in der autoritären Regierung Carols II. blieben Episoden ohne nachhaltige politische Folgen.

WOLFGANG HÖPKEN

Bäumer, Gertrud, * Hohenlimburg 12.9.1873, † Bethel (heute zu Bielefeld) 25.3.1954, deutsche Schriftstellerin und Frauenrechtlerin. –

B. war eine führende Vertreterin der gemäßigten Richtung innerhalb der bürgerlichen Frauenbewegung, eine bedeutende liberale Politikerin und Publizistin sowie Autorin historischer Romane. 1910-1919 war sie Vorsitzende des Bundes Deutscher Frauenvereine (BDF), der Dachorganisation der bürgerlichen Frauenbewegung.

Die ausgebildete Lehrerin und promovierte Germanistin kam Anfang der 1890er Jahre über den Allgemeinen Deutschen Lehrerinnenverein und dessen Vorsitzende Helene Lange in Kontakt zur bürgerlichen Frauenbewegung. Von 1916 bis 1944 war sie, zunächst zusammen mit Helene Lange, Herausgeberin der wichtigsten Zeitschrift der gemäßigten Frauenbewegung, *Die Frau*. B. trat nach Öffnung der Parteien für Frauen 1908 der Freisinnigen Vereinigung bei und arbeitete seit 1912 eng mit Friedrich Naumann in der Redaktion der national-sozialen *Hilfe* zusammen, in der sie während des Krieges auch ihre *Heimatchronik* veröffentlichte. Die Wahl B.s zur Vorsitzenden des BDF 1910 markierte eine Wende der bürgerlichen Frauenbewegung zu konservativeren Positionen und betonte auch zuvor schon präsente nationalistische und imperialistische Orientierungen. Wie viele andere Mitglieder der bürgerlichen Frauenbewegung sah auch B. im Nachweis, daß Frauen in der sozialen Arbeit zum Dienst an der Nation fähig seien, die entscheidende Basis für die Forderung nach politischen Rechten. In der Julikrise bereitete B. die Teilnahme von Frauen an den organisierten Kriegsanstrengungen vor und rief Anfang Aug. 1914 in enger Abstimmung mit dem Preußischen Innenministerium den Nationalen Frauendienst ins Leben, der in Zusammenarbeit mit kommunalen Ämtern und Verwaltungen sowie zahlreichen nicht im BDF organisierten Frauenverbänden, auch unter Beteiligung von SPD-Frauenvereinen ein »nationales Heer der Hilfe« bereitstellen sollte. Die zunehmende Integration von Frauen in die kommunale Wohlfahrtspflege, ab Ende 1916 dann auch in die staatliche Mobilisierung von Frauen im Rahmen des Hindenburg-Programms, schienen die Vorkriegsstrategien der bürgerlichen Frauenbewegung zu bestätigen und verstärkten die Hoffnungen auf eine politische Gleichberechtigung von Frauen nach Kriegsende. B., eine überzeugte Anhängerin der »Ideen von 1914«, akzeptierte den Krieg nicht nur, sondern sah ihn als Chance, die nationale Zuverlässigkeit der Frauenbewegung zu beweisen; entsprechend heftig bekämpfte sie die Kriegsgegnerinnen innerhalb des BDF und reagierte mit äußerster Schärfe auf die Vorbereitungen für den Frauenfriedenskongreß 1915 in Den Haag; um Propaganda für den Kongreß und die Teilnahme von Frauen aus der Frauenbewegung am Kongreß zu verhindern, organisierte B. einen Unvereinbarkeitsbeschluß des BDF-Vorstandes. Bis in den Okt. 1918 nutzte sie ihre publizistischen Möglichkeiten, um die Kriegspolitik der Regierung zu unterstützen. Ein Wiederanknüpfen an die früheren internationalen Kontakte der Frauenbewegung lehnte B. nach Kriegsende zunächst ab, erst 1926 wurde sie deutsche Delegierte beim Völkerbund.

Neben ihrem Engagement in der Frauenbewegung vertrat B. von 1919 bis 1932 die von ihr mitbegründete DDP bzw. die DStP im Reichstag, bis 1932 gehörte sie der Führungsspitze der Partei an. 1920 wurde B. zur ersten Ministerialrätin in das Reichsministerium des Innern berufen, zuständig für Schul- und Jugendwohlfahrtsfragen; 1933 wurde sie zwangspensioniert, konnte aber auch nach der Selbstauflösung des BDF und trotz Gleichschaltung bis 1944 weiterhin *Die Frau* herausgeben. In ihrer Staatsfixierung ließ die einstige NS-Gegnerin wie zahlreiche andere deutsche Liberale eine ambivalente Haltung zum Nationalsozialismus erkennen. 1949 noch Mitbegründerin der CSU, verlor sie in den frühen Jahren der Bundesrepublik rasch ihren partei- wie frauenpolitischen Einfluß.

SUSANNE ROUETTE

Baker, Newton Diehl, * Martinsburg (West Virginia) 3.12.1871, † Cleveland (Ohio) 25.12.1937, US-amerikanischer Politiker (Kriegsminister). – B. wurde nach einem Jurastudium Anwalt in Martinsburg, 1912-16 Bürgermeister von Cleveland. Er gilt als einer der Architekten des Progressive Movement und trug 1912 entscheidend zur Nominierung Woodrow Wilsons als Präsidentschaftskandidat der Demokratischen Partei bei.

Präsident Wilson schätzte B. stets als loyalen Gefolgsmann und engen Berater. Er ernannte ihn im März 1916 zu seinem Kriegsminister. Der bekennende Pazifist bereitete die USA zuerst nur sehr zögerlich auf einen möglichen Kriegseintritt vor, was nicht ohne öffentliche Kritik blieb. Als die USA dann am

6. April 1917 dem Deutschen Reich den Krieg erklärten, vollzog B. eine totale Kehrtwende in seiner Politik. Er konnte die pazifistisch eingestellten Abgeordneten im Kongreß davon überzeugen, daß eine zeitlich befristete allgemeine Wehrpflicht im Krieg für den Erhalt der Demokratie riskiert werden müsse. Mit der Einführung der Wehrpflicht oblag B. bis 1918 die Mobilisierung von rund vier Millionen US-Amerikanern.

Nach innen ging B. sehr behutsam vor. Er blieb stets um einen Ausgleich zwischen Kriegsministerium und Generalstab bemüht und suchte Korruption sowie die Verschwendung öffentlicher Gelder einzudämmen. Erfolgreich war er auch bei der Bewahrung der Unabhängigkeit amerikanischer Verbände im Rahmen der alliierten Streitkräfte. Sein vorsichtiges Auftreten trug ihm allerdings auch Kritik ein; so vermochte er Kompetenzstreitigkeiten in Kommandofragen nicht endgültig zu lösen, was immer wieder zu Mißverständnissen führte. Nicht geklärt wurde von ihm auch die brisante Frage nach einer Gleichstellung von farbigen Soldaten in der Armee.

Nach Kriegsende setzte sich B. wie Wilson für den Eintritt der USA in den Völkerbund ein. Als dies scheiterte, verließ er nach der Abwahl des Präsidenten im März 1921 das Kriegsministerium. Später ergriff er erneut den Beruf eines Anwalts und war außerdem als Mitglied einer nationalen Gesetzeskommission tätig.

HENNING HOFF

Balfour Declaration, in einem Brief des Außenministers Arthur J. Balfour an Lord Lionel Rothschild vom 2. Nov. 1917 niedergelegte Erklärung der britischen Regierung, welche die »Schaffung einer nationalen Heimstätte für das jüdische Volk« in Palästina in Aussicht stellte. – Für die Erklärung hatte sich das British Palestine Committee in Manchester eingesetzt. Der prominenteste Befürworter war Chaim Weizmann, der als Berater der britischen Regierung tätig war und über gute Kontakte zu Lord Balfour und Schatzkanzler Lloyd George verfügte. In den USA hatte Louis Brandeis, seit 1916 Richter am Supreme Court, dem zionistischen Anliegen breite Popularität verschafft und sogar die Unterstützung des amerikanischen Präsidenten Wilson gewonnen. Der Veröffentlichung der B. gingen Einverständniserklärungen Frankreichs und Italiens voraus.

Die an die Zionist Federation gerichtete Erklärung umfaßte zwei Teile. Im ersten Teil wurde der jüdische Anspruch auf Palästina formuliert, der zweite galt dem Ausräumen möglicher Bedenken: Die bürgerlichen und religiösen Rechte der vorhandenen nichtjüdischen Bevölkerung sollten anerkannt werden, und die Rechte sowie der politische Status von Juden anderer Länder gewahrt bleiben. Die betont defensiven Formulierungen sollten mögliche antijüdische Vorbehalte entkräften. Strittig in der B. bleibt bis auf den heutigen Tag der Begriff der »nationalen Heimstätte« (national home), für den es im Völkerrecht keinen Präzedenzfall gibt.

Die britische Regierung verfolgte mit der B. außenpolitische Ziele. Zum einen sollten die amerikanischen Juden für einen verstärkten Kriegseinsatz der USA gewonnen, zum anderen ein britisches Protektorat in Palästina legitimiert werden. Zugleich bekannte sich die britische Regierung allerdings auch zur »vollständigen und souveränen Unabhängigkeit der Araber« und machte ihnen Offerten, die im Widerspruch zur B. standen. Insbesondere Artikel 3 des im Mai 1916 besiegelten Sykes-Picot-Abkommens, der eine Internationalisierung Palästinas vorsah, war mit der B. unvereinbar.

Die B. wurde von Juden in aller Welt begrüßt und gab der zionistischen Bewegung beträchtlichen Auftrieb. In Deutschland legten die Zionisten eine lavierende Haltung an den Tag, da die Identifikation mit der Regierung und ihren militärischen Bündnisverpflichtungen sowie der »jungtürkische« Nationalismus keine eindeutige politische Option gestatteten. Die Bestätigung der B. auf der Friedenskonferenz von San Remo 1920 verstärkte die Palästinaorientierung der deutschen Zionisten, ohne vor 1933 zu einer Massenauswanderung zu führen. 1922 wurde die B. Teil der Präambel des Völkerbundmandats für Palästina und damit Großbritannien als Mandatarmacht auf die Vorstellungen der B. verpflichtet. → *Sykes-Picot-Abkommen*

ULRICH SIEG

Balkankriege, zwei Kriege in der Balkanregion (1912/13), durch die das Osmanische Reich seine europäischen Territorien weitgehend verlor. Gleichzeitig kamen die Großmächte in Konflikt über die Veränderungen, die sich daraus ergaben. – Vor dem Hintergrund des Italienisch-Türkischen Krieges

(1911/12) versuchten die ethnisch heterogenen und instabilen südosteuropäischen Staaten, allen voran Serbien, ihren Teil aus der Konkursmasse des Osmanischen Reichs zu bekommen. Eine direkte Folge der türkischen Schwäche war der unter russischer Vermittlung am 13. März 1912 gebildete Balkanbund Serbiens und Bulgariens, dem sich Ende Mai bzw. Anfang Okt. 1912 Griechenland und Montenegro anschlossen.

Montenegro eröffnete die Feindseligkeiten am 8. Okt., die anderen Staaten folgten am 17. Okt. Ziel war die Eroberung und Teilung Makedoniens. Schlecht geführt, unzureichend versorgt und an verschiedenen Fronten kämpfend, unterlagen die Türken in mehreren Schlachten: so in Makedonien den serbischen Truppen bei Kumanovo (24. Okt.), was diesen den Weg bis Bitola im Süden eröffnete. Gemeinsam mit montenegrinischen Einheiten eroberten sie Skopje. In Albanien fielen der Ort Shkodra (Scutari) an Montenegro und die Hafenstadt Durrës (Durazzo) an Serbien. Derweil besetzten die Griechen Salonica (Saloniki) und rückten auf Janina vor. Bulgarische Truppen trugen die Hauptlast des Krieges, sie konnten die Türken bei Kirk Kilisse (23. Okt.) und Lüle Burgaz (2. Nov.) schlagen. Doch gelang es der türkischen Armee, den feindlichen Vormarsch in den Außenbezirken Konstantinopels (Çatalca-Linie) zu stoppen. Am 3. Dez. wurde ein Waffenstillstand geschlossen, dem erste Friedensverhandlungen (17. Dez. 1912–6. Jan. 1913) in London folgten. Über die Frage der Abtretung Adrianopels stürzte die türkische Regierung (22. Jan.), und die Kämpfe flammten erneut auf. Wieder war der Balkanbund siegreich, nach der Einnahme von Janina und Adrianopel im März 1913 war der türkische Widerstand gebrochen. Die Großmächte vermittelten in London einen Präliminarfrieden (30. Mai): Die Türkei verlor ihren Besitz auf dem europäischen Kontinent jenseits einer Linie von Enez an der Ägäis und Midye am Schwarzen Meer, außerdem endgültig die Insel Kreta.

Der Streit um die Beute entzweite die Sieger. Serbien forderte einen größeren Gebietsanteil von Makedonien, Griechenland wollte sich für einen entgangenen Territorialgewinn in Südalbanien entschädigen. Beide Ansprüche waren nur auf Kosten Bulgariens zu verwirklichen. Zu diesem Zweck formten Serben und Griechen am 1. Juni 1913 ein Separatbündnis. Mit einem Angriff Bulgariens begann am 29. Juni der zweite B., in den auch die Türkei und Rumänien eingriffen. Am 22. Juli eroberten die Türken Adrianopel zurück. Hoffnungslos isoliert und militärisch unterlegen, gaben sich die Bulgaren geschlagen und traten in Friedensverhandlungen ein. Im Frieden von Bukarest (10. Aug.) verloren sie den größten Teil ihrer Zugewinne aus dem ersten B. wieder. Rumänien erhielt die Süddobrudscha mit der Stadt Silistria. Nordmakedonien und das Kosovo fielen an Serbien, das dadurch sein Territorium fast verdoppelte. Griechenland vergrößerte sich um Südmakedonien und im Nordosten bis an die Mündung des Mesta.

An den Verhandlungen zum Bukarester Frieden hatte die Türkei nicht teilgenommen und den Kriegszustand mit Bulgarien aufrecht erhalten. Gegen den Druck der Großmächte, die Bedingungen des Präliminarfriedens von London zu akzeptieren, erzwangen die Türken direkte Verhandlungen mit ihrem unterlegenen Gegner. In einem in Konstantinopel geschlossenen Friedensvertrag (29. Sept.) wurde die zukünftige Grenze festgelegt: Die prestigeträchtigen Städte Adrianopel und Kirk Kilisse fielen an die Türkei zurück. Bulgarien behielt einen Zugang zur Ägäis in der Region um Dedéagach (Alexandroupolis).

Zuletzt schlossen auch Griechen und Türken Frieden (Athen, 4. Nov.), wobei zuvor noch türkische Inseln an Griechenland fielen.

Die B. hatten die politische Geographie des Balkans grundlegend verwandelt. Die territorialen Verluste und Gewinne veränderten aber nicht bloß das regionale Gefüge. Bedeutungsverschiebungen erfuhren die Balkanstaaten auch in der Wahrnehmung der europäischen Großmächte, zwischen denen es vor allem während des ersten B. zu diplomatischen Auseinandersetzungen um die Vergrößerung Serbiens gekommen war. Österreich-Ungarn fürchtete ein Ausgreifen des slawischen Nationalismus auf den Vielvölkerstaat. Wien hätte ein eigenes militärisches Eingreifen in den Konflikt bevorzugt, war jedoch von deutscher Seite zurückgehalten worden (»Kriegsrat« am 8. Dez. 1912). Ein Engagement Rußlands zugunsten Serbiens hätte dem B. eine weitaus größere Dimension gegeben, der man 1912 noch auswich.

Immerhin vereitelten die Großmächte mit der Schaffung eines unabhängigen Albanien den von Serbien gewünschten Zugang zur Adria. Nicht verhindern ließ sich dagegen, daß das von Rußland unterstützte Serbien zur stärksten Regionalmacht aufstieg. Hiergegen bot sich für Österreich-Ungarn das nach dem zweiten B. enttäuschte Bulgarien als Verbündeter an. Die Feindschaft zwischen Wien und Belgrad aber war größer als je zuvor.

Lit.: R. C. Hall,The Balkan Wars, 1912-1913. Prelude to the First World War, London 2000; A. Gerolymatos, The Balkan Wars, New York 2002.

MARTIN KRÖGER

Ballon. Seit dem Beginn des 19. Jahrhunderts benutzte man B. für militärische Zwecke; große Aufmerksamkeit erregte die Verwendung von Frei-B. durch Frankreich im Deutsch-Französischen Krieg, um die Verbindung zwischen dem belagerten Paris und dem unbesetzten Teil des Landes aufrechtzuerhalten. Nach 1871 schufen die meisten Staaten ein militärisches Luftschifferwesen. Im Mittelpunkt stand dabei der Fessel-B., weil er einen kontrollierbaren hohen Aussichtspunkt bot. Durch das Aufkommen von lenkbaren Luftschiffen und Flugzeugen schwand das Interesse an B., die im angestrebten Bewegungskrieg aufgrund der schwerfälligen Natur ihrer Bodenstation ohnehin nur beschränkt einsatzfähig waren. Wie viele andere Kriegsmittel, die sich für die besonderen Verhältnisse des Festungskampfes eigneten, erlebte auch der Fessel-B. eine Renaissance, als der Feldkrieg zum Stellungskrieg überging. Mit leistungsfähigen optischen Geräten konnten Beobachter weit hinter die feindlichen Linien blicken. Die schwere Artillerie benutzte B. zur Leitung ihres weitreichenden Feuers. An Großkampffronten konzentrierte man zahlreiche B. zu einer dichten Reihe von Beobachtungspunkten. Diese gefährlichen Spähposten bildeten ein bevorzugtes Ziel für bewaffnete Flugzeuge, die seit 1915 in wachsender Zahl auftauchten. Der B. selbst besaß keine Abwehrmittel und war aufgrund seiner Wasserstoffüllung gegen Beschuß mit Brandmunition sehr empfindlich. Seit dem Herbst 1915 erhielten deutsche B.-Beobachter Rettungsfallschirme. Während des Krieges verlor die deutsche Armee insgesamt 471 B. durch Fliegerangriff und weitere 75 durch Artilleriefeuer.

Ursprünglich besaßen auch Fessel-B. die Kugelform von Frei-B. Diese erwiesen sich jedoch, vor allem bei Wind, als wenig stabil. Deutschland führte deshalb 1896 B. der Bauart Parseval-Sigsfeld ein. Sie waren von langgezogener Gestalt und schräg aufgehängt, um sich in die Windrichtung zu drehen. Deshalb nannte man diesen Typ »Drachen-B.«. Weder die Steighöhe, die bei häufigem Aufstieg wegen der abnehmenden Gasdichte der B. Hülle kaum 500 m übertraf, noch die Stabilität dieser Konstruktion waren befriedigend. Ein während des Krieges neu konstruierter B.-Typ der Engländer und Franzosen (System Caquot) übertraf das deutsche Modell erheblich. Während der Somme-Schlacht fiel ein Exemplar dieser B. in deutsche Hand. Man baute ihn in der Folge unter der Bezeichnung »AE-B.« nach. Er konnte bis zu 1.500 m Höhe aufsteigen. Bei Kriegsende besaß die deutsche Armee 184 B.-Züge, also selbständige Aufstiegsstellen.

DIETER STORZ

Baltische Staaten. Als B. gelten 1914 die zum Russischen Reich gehörenden Länder Litauen, Lettland und Estland. – Machtpolitisch gerieten die B. in der Geschichte immer wieder unter den Expansionsdruck ihrer größeren Nachbarn Deutschland, Rußland, Polen und Skandinavien.

Zu Beginn des Weltkrieges erfolgte von seiten des lettischen Dumaabgeordneten J. Goldmanis eine Loyalitätserklärung gegenüber der russischen Regierung. Obwohl vor allem auf der politischen Linken oppositionelle Bewegungen bestanden, kam es zunächst zu keinerlei Aktionen gegen Rußland. Sympathien für Deutschland gab es in Estland und Lettland kaum, und sie waren auch in Litauen eher gering. Die Forderung der Unabhängigkeit stand in keinem der drei Gebiete auf der Tagesordnung, allenfalls wurden gewisse Autonomieforderungen auf ethnischer Basis vertreten.

Von März bis Sept. 1915 wurde das litauische Gebiet von deutschen Truppen besetzt. Die russische Seite evakuierte den gesamten Verwaltungsapparat; große Teile der Bevölkerung schlossen sich dieser Flucht an. Am 8. Mai 1915 eroberten deutsche Einheiten das in Kurland (Lettland) gelegene Libau und stießen bis Anfang Aug. des Jahres bis Mitau (Jelgava) vor. Auch hier kam es zu einer Massenflucht der Bevölkerung Lettlands sowie zu Zwangsevakuierungen erheblichen Umfangs. Verlagert wurden auch die Industrieanlagen sowohl im besetzten Kurland als auch im unbesetzten Livland. Als Folge davon kam es zu einer starken Entvölkerung Kurlands und zu hoher Arbeitslosigkeit im angrenzenden Livland.

Ende 1915 erreichte die deutsche Armee die Düna und stand kurz vor Riga. Infolge der russischen Tatenlosigkeit gegenüber den Flüchtlingen aus Litauen und Lettland entstanden nationale Selbsthilfekomitees und Flüchtlingsorganisationen, die nicht nur karitativ und sozial, sondern sehr bald auch politisch aktiv wurden.

Des weiteren entstanden nach der Besetzung eines Teiles von Lettland auf Drängen von lettischen Dumaabgeordneten die ersten national-lettischen Verbände im Sommer 1915, die an der Dünafront auf Seiten der Deutschen kämpften. Die lettischen Schützeneinheiten trugen in nicht unerheblichem Maße zur Entfaltung eines nationalen Selbstbewußtseins bei, kämpften aber während der Revolution und des russischen Bürgerkrieges auch auf Seiten der Bolschewiki.

Erst Anfang Sept. 1917 stießen die deutschen Einheiten über die Düna vor und besetzten am 3. Sept. 1917 Riga und im Anschluß daran die Inseln Ösel, Moon und Dagö. Als die Friedensverhandlungen in Brest-Litowsk unterbrochen wurden, kam es zum weiteren Vormarsch ab Ende Febr. 1918 bis Dorpat (Tartu), Reval (Tallinn) und Narwa.

Die deutsche Besatzungspolitik der Jahre 1915 bis 1917 war gekennzeichnet von dem Bestreben nach Annexion und dem Erhalt des deutschbaltischen Landadels und des Besitzbürgertums als den Eckpfeilern einer monarchisch-konservativen Ordnung. Seit Mitte Aug. 1915 residierte eine deutsche Militärverwaltung in Mitau. Sie ging davon aus, daß es sich in Kurland um deutsches Gebiet handelte. Die Zentralverwaltung des deutschen Militärs saß im litauischen Kowno (Kaunas). In Litauen stützte sich die deutsche Heeresleitung auf litauische Kräfte, in Kur-, Liv- und Estland vornehmlich auf die Deutschbalten.

Als besondere Verwaltungseinheit existierte das »Land Ober-Ost«, das die Bezirke Litauen, Suwalki, Wilna, Bialystok, Grodno und Kurland umfaßte. Zunächst allerdings richtete sich die Besatzung nach den militärischen und kriegswirtschaftlichen Erfordernissen, jedoch galt Kurland als künftiges deutsches Siedlungsgebiet. In Litauen wurden vor allem Maßnahmen getroffen, um die Ablieferung von kriegsnotwendigen Agrarprodukten sicherzustellen. Angestrebt wurde die Anbindung Litauens an die deutsche Volkswirtschaft, die auch nach dem Kriege fortdauern sollte. Die politische Entwicklung in Litauen erhielt durch die Polen-Deklaration der Mittelmächte vom Nov. 1916 und durch die Februarrevolution 1917 ihre entscheidende Stoßrichtung. Unter den politischen und militärischen Bedingungen des Frühjahrs 1918 stimmte schließlich das Deutsche Reich einer Eigenständigkeit Litauens im März 1918 zu. Das Land verpflichtete sich aber zu einer engen Anbindung an Deutschland.

Aufgrund der unterschiedlichen Dauer der Besetzung (in Kurland 3 1/4 Jahre, in Riga eineinhalb Jahre und in Livland und Estland neun Monate) zeitigte die Okkupation unterschiedliche Folgen. Im Zentrum der deutschen Politik in Kurland und Lettland stand die »Eindeutschung«, die vor allem durch die Schulpolitik und Sprachpolitik erreicht werden sollte. In Kurland sollte die Anfang des 20. Jahrhunderts begonnene Ansiedlung deutscher Kolonisten aus den innerrussischen Gebieten fortgesetzt werden. Auch war geplant, demobilisierten deutschen Soldaten Land zuzuweisen.

Bei der einheimischen Bevölkerung, deren nationale Bewegung sich seit der Vorkriegszeit beständig entwickelte und die mit der Nationalstaatsbildung der Jahre 1918/19 einen Höhepunkt erreichen sollte, stießen solche Konzepte auf Ablehnung. Nicht wenige Vertreter der bürgerlichen Nationalbewegung in Estland und Lettland hegten die Erwartung, daß der Krieg zu einer Schwächung der zarischen Regierung und möglicherweise zu einer föderativen Umgestaltung des Russischen Reiches führen würde. Dies galt etwa auch für das 1915 im estnischen Dorpat (Tartu) gegründete Nordbaltische Komitee. Mit der Februarrevolution verstärkten sich die nationalen Bestrebungen, die zunächst allerdings immer noch in Richtung auf eine Autonomie gingen. Die Entwicklung zum Nationalstaat verlief in den einzelnen Gebieten durchaus unterschiedlich, wobei im Falle Litauens noch der Konflikt mit dem sich gleichfalls neu konstituierenden polnischen Staat hinzutrat.

Die Situation verkomplizierte sich in Estland und Lettland durch die Bestrebungen der deutschbaltischen Ritterschaft, die baltischen Provinzen als monarchischen Staat unter deutschen Schutz zu stellen, solange sie noch von deutschen Truppen okkupiert waren. Erst mit dem Wandel der deutschen Politik unter Reichskanzler Prinz Max von Baden wurde im Okt. 1918 eine Abwendung von diesen Bestrebungen und eine Hinwendung zur Politik der nationalen Selbstbestimmung der baltischen Völker vollzogen.

Verschiedene Gruppen kämpften zwischen 1918 und 1920 in den B. um die Macht. Dazu gehörten die bürgerlichen und sozialistischen estnischen bzw. lettischen Kräfte, die Bolschewiki und die monarchisch-russischen Verbände (die sog. Weißen) sowie die Deutschbalten. Im Kampf gegen die Bolschewiki, teils zum Selbstschutz, teils auch immer noch mit den Bestrebungen einer deutschbaltischen Vorherrschaft, entstanden seit dem Sommer 1918 Freiwilligenverbände unter deutschbaltischer Führung. Zumeist standen sie loyal zur Führung der neuen Staaten, doch kam es auch, im Juni 1919 bei Wenden, zu einer erbitterten Schlacht zwischen der Baltischen Landwehr und estnischen Truppen, in der die Deutschen unterlagen.

Im Gefolge des Weltkrieges und der russischen Revolutionen des Jahres 1917 entstanden im Baltikum drei selbständige Nationalstaaten demokratisch-parlamentarischer Prägung, in denen die Nationalitätenfrage und das gespannte Verhältnis zu den Nachbarstaaten eine erhebliche, letztlich sogar die entscheidende Rolle spielten.

Lit.: V. G. Liulevicius, Kriegsland im Osten. Eroberung, Kolonisierung und Militärherrschaft im Ersten Weltkrieg, Hamburg 2002; G. von Pistohlkors, Baltische Länder, Berlin 1994 (Deutsche Geschichte im Osten Europas, hg. v. H. Boockmann, Bd. 4).

Dittmar Dahlmann

Barbaren. In allen kriegführenden Gesellschaften spielte der Topos von den B. eine zentrale Rolle. In diesem Krieg schien es um nichts weniger als den Bestand der Menschheit und ihrer zentralen Werte zu gehen. So entstand eine Sprache, die den Krieg als Konflikt zwischen der eigenen, idealisierten Nation und einem dämonisierten Feind präsentierte. »Zivilisation« wurde dabei häufig der »Barbarei« gegenübergestellt.

Dieser Dualismus war aus zwei Gründen ein schlagkräftiges Konzept: Einerseits waren die Nationalstaaten des 19. Jahrhunderts durch eine kulturelle Konstruktion definiert worden, die die eigene nationale Gemeinschaft gegen wirkliche oder potentielle Feinde abgrenzte. Die Tendenz in Frankreich und Deutschland, die jeweils andere Nation als das Gegenteil des eigenen Wertesystems zu betrachten, datierte aus der Zeit der Französischen Revolution und besonders des Krieges von 1870/71. Die Feindbilder des Jahres 1914 bauten auf diesem nationalistischen Antagonismus auf. Andererseits existierte aber vor 1914 auch das Bewußtsein einer gemeinsamen europäischen Zivilisation. Der Krieg stellte für viele das genaue Gegenteil dieser Zivilisation dar, und die Friedensbewegung der Vorkriegszeit versuchte, das Risiko eines neuen Krieges zu vermindern. Der Ausbruch des Weltkrieges war insbesondere für Liberale und Philanthropen gerade deshalb ein Schock, weil deutlich wurde, daß – wie Siegmund Freud feststellte – »die großen weltbeherrschenden weißen Völker, denen die Führung des menschlichen Geschlechts zugefallen ist« unfähig schienen, eine »zivilisierte« Ordnung aufrechtzuerhalten und in einen »primitiven« Kriegszustand zurückgefallen waren. Selbst Sozialdarwinisten und Militaristen, die den Krieg als gesellschaftliche und kulturelle Notwendigkeit betrachteten, wollten öffentlich keine Verantwortung für den Kriegsausbruch übernehmen. Der Feind wurde für den Krieg und damit für seine »Barbarei« verantwortlich gemacht.

Die B.-Rhetorik verbreitete sich nach Kriegsausbruch schnell in allen Bereichen. Die Kriegführung selbst tat ein übriges, um die Vorstellung von der feindlichen »Barbarei« zu nähren. In den ersten Kriegswochen drückten sich kollektive Ängste in Gerüchten und Propagandageschichten aus, die von Angriffen auf Ausländer und Diplomaten in den Feindstaaten berichteten und die eigenen Kriegsvorbereitungen durch feindliche Spione und Saboteure bedroht sahen. Darüber hinaus lieferten feindliche Invasionen Stoff für die Vorstellung feindlicher B.: Der russische Einmarsch in Ostpreußen rief eine kurze aber weitverbreitete Welle von Geschichten über die Kosakengreuel hervor, die die Überzeugung bekräftigte, daß Deutschland die europäische »Zivilisation« gegen die russische »Barbarei« verteidigte. Die Erinnerung an den Franktireur-Krieg von 1870/71 führte bei den deutschen Armeen, die in Belgien und Frankreich einmarschierten, zu einem überaus harten militärischen Durchgreifen gegen eine lediglich eingebildete Bedrohung durch Franktireure. Für die Alliierten stellten diese Ausschreitungen und »Greuel« der deutschen Besatzungstruppen wiederum einen Beweis für ein wesenseigenes »Barbarentum« der deutschen Armee, der preußischen Eliten oder des gesamten deutschen Volkes dar.

Deutsches Plakat nach einem Entwurf von Louis Oppenheim. 1916

Neue Entwicklungen auf dem Gebiet der militärischen Technologie führten schließlich dazu, die neue und sich schnell weiterentwickelnde Praxis der Kriegführung der »Barbarei« der Feinde zuzuschreiben. Die schweren Verletzungen durch Explosivgeschosse der neuen Gewehre galten in der ersten Kriegsphase als Folge feindlicher »Dum-Dum«-Geschosse, und die klaffenden Schrapnellwunden als Beweis für absichtliche Verstümmelungen durch feindliche Soldaten. Im weiteren Kriegsverlauf wurden nahezu alle militärtechnischen Entwicklungen – Giftgas, der Bombenkrieg aus der Luft, der U-Boot-Krieg oder die »Hunger-Blockade« der britischen Marine – der »Barbarei« der Feinde angelastet. Dabei wurden auch reale moralische und völkerrechtliche Fragen berührt. Das Schlagwort von der »Barbarei« – und verwandte Begriffe wie z. B. »Greueltaten« – waren ein semantischer Gradmesser für die Brutalisierung der modernen Kriegführung. Gleichzeitig wurde diese Funktion des Begriffs dadurch eingeschränkt, daß er allein auf die Kriegsgegner bezogen wurde. So wurde z. B. der türkische Völkermord an den Armeniern – die größte Gewalttat an Zivilisten während des gesamten Krieges – von den Alliierten als eine »zweitrangige« Greueltat angesehen, da die Türkei nur der Juniorpartner der eigentlichen »Barbaren«, der Deutschen, war.

Im Zusammenhang mit der kulturellen Negativdefinition der Feinde war der B.-Begriff mit vielen Assoziationen verbunden. In historischer Perspektive erinnerte er an die Zerstörung des römischen Reiches durch die Invasion der B., woraufhin die alliierte Propaganda die Deutschen als Vandalen, Goten oder Hunnen porträtieren konnte, mit Kaiser Wilhelm II. als dem neuen Attila.

Alliierte Cartoonisten stellten die deutschen »Greueltaten« in Frankreich und Belgien als Taten von Wilden und Kannibalen dar. Auf der deutschen Seite wurde derselbe Gedanke wiederum dazu benutzt, Briten und Franzosen wegen des Einsatzes »barbarischer« Kolonialtruppen, z. B. aus dem Senegal, anzugreifen. Da beide Seiten jeweils für sich in Anspruch nahmen, die »Zivilisation« oder – in der deutschen Variante – die »Kultur« zu verteidigen, wurde schließlich umgekehrt die Zivilisation des Feindes zum Ausdruck von »Barbarei«. Das traf vor allem auf Deutschland zu, dessen Invasion in Belgien und Frankreich 1914 zu Grausamkeiten gegen die feindliche Zivilbevölkerung und zur Zerstörung kultureller Güter geführt hatte. → *Franktireur* → *Kriegsgreuel*

Lit.: J. Horne/A. Kramer, German Atrocities 1914. A History of Denial, New Haven/London 2001.

John Horne (Ü: A. R.)

Barbusse, Henri, *Asnières (bei Paris) 17.3.1873, †Moskau 30.8.1935, französischer Schriftsteller. – B. ist zweifellos einer der berühmtesten Kriegsschriftsteller Frankreichs. Er verkörpert zudem den Typus des engagierten linken Intellektuellen im Krieg. Durch seinen 1916 erschienenen Kriegsroman *Le Feu* (dt. *Das Feuer*, 1918) wurde er rasch auch außerhalb Frankreichs bekannt.

B. stammte aus dem intellektuellen Bürgertum. 1898 heiratete er die Tochter des einflußreichen Dichters Catulle Mendès. Zu dieser Zeit schrieb B. überwiegend Gedichte, in denen Anklänge an den Symbolismus und den Naturalismus zu spüren sind, sowie seine ersten Romane, die ihn bekannt machten, darunter *L'Enfer* (1908; dt. *Die Hölle*).

Henri Barbusse, 1915

Der Weltkrieg machte aus dem etablierten Dichter einen Fürsprecher der einfachen Soldaten. Am 9. Aug. 1914 erklärte er die Gründe für seine Meldung als Freiwilliger in einem offenen Brief an die sozialistische Zeitung *L'Humanité*: Als Sozialist und Antimilitarist, als Franzose, aber vor allem als Mensch sei er bereit, sein Leben zu opfern, um gegen die »Kaiser, Kronprinzen, Herren und Haudegen, die ein Volk gefangenhalten und die anderen Völker gefangennehmen wollen«, zu kämpfen. Als Soldat des 231. Infanterieregiments und danach als Sanitäter blieb er mehr als zehn Monate an der Front und wurde zweimal ausgezeichnet. Wegen seines schlechten Gesundheitszustandes wurde er zum Divisionsstab versetzt und dann entlassen. Ende 1915 begann er sein bedeutendstes Werk zu verfassen: *Le Feu* erschien zuerst als Fortsetzungsroman und wurde sofort zu einem großen Erfolg. Im Dez. 1916 erschien der Roman als Buch, ohne daß eine einzige Zeile zensiert worden war. Das Werk wurde mit dem Prix Goncourt, dem wichtigsten Literaturpreis Frankreichs, ausgezeichnet. Bereits während der Kriegsjahre verkaufte sein Verleger Flammarion mehr als 200.000 Exemplare.

B.s Stil oszilliert zwischen hartem Realismus und eschatologischem Mystizismus. Der

Soldat wird gleichermaßen als Held und als Opfer des Krieges dargestellt. Noch während des Krieges schrieb B. sein nächstes Werk, den Bildungsroman *Clarté* (dt. *Klarheit*), der jedoch erst im Febr. 1919 erschien. Er handelt von einer revolutionären Prophezeiung: Während des Krieges wandelt sich der Held, ein patriotischer, naiver, unbedeutender Angestellter, zum Revolutionär.

Die Erfolge der beiden Romane machten aus B. einen der einflußreichsten Intellektuellen seiner Zeit. Im Nov. 1917 gründete er zusammen mit anderen Kriegsschriftstellern den linksorientierten Veteranenbund ARAC (Association Républicaine des Anciens Combattants). 1919 gründete er die Clarté-Gruppe internationaler und revolutionärer Intellektueller, die auch eine Zeitschrift *Clarté* herausgab.

Von 1919 bis 1922 stritt er mit seinem größten Konkurrenten, Romain Rolland, über das politische Engagement des Schriftstellers. B. warf ihm Idealismus vor und plädierte für eine deutliche Zustimmung der Intellektuellen zur Oktoberrevolution in Rußland. Im Jahr 1923 trat er der Kommunistischen Partei Frankreichs bei und gehörte dann bis zu seinem Tod zu den berühmtesten, aktivsten und zugleich umstrittensten Propagandisten dieser Partei.

Lit.: P. Baudorre, Barbusse, Paris 1995; J. Relinger, Henri Barbusse. Écrivain combattant, Paris 1994.

NICOLAS BEAUPRÉ

Barrès, Maurice, * Charmes (Département Vosges) 22.9.1862, † Neuilly-sur-Seine 4.12.1923, französischer Schriftsteller und Politiker. – Der aus Lothringen stammende B. gehört zu den wichtigsten Exponenten des französischen Nationalismus der Vorkriegszeit. Bekanntgeworden als Autor der Romantrilogie *Le Culte du moi* (1888-91), wandte er sich im Gefolge der von General Boulanger in den 1880er Jahren ausgelösten gesellschafts- und staatspolitischen Krise der nationalistischen Politik und Ideologie zu, in der er einen Ausweg aus dem grenzen- und orientierungslosen Individualismus zu erkennen meinte. B. versuchte, den im Boulangismus (»Säbel-Populismus«) sichtbar gewordenen neuen Nationalismus, der zwischen 1897 und 1902 Gegenstand der Trilogie des *Roman de l'énergie nationale* wurde, theoretisch zu untermauern. B. blieb dem republikanischen Regime und dem »Erbe von 1789« verbunden, sein Nationalismus war, trotz fremdenfeindlicher und antisemitischer Elemente, tendenziell »integrativ«: er suchte, die verschiedenen »spirituellen Familien Frankreichs« (*Les diverses familles spirituelles de la France* – so der Titel einer Kriegsschrift B.s) unter dem Schirm der Nation zu vereinen.

B.s politische (er war 1889–93 und 1906–23 Parlamentsabgeordneter) und schriftstellerische Tätigkeit nach der Jahrhundertwende war eng mit dem »nationalist revival« (Eugene Weber) in Frankreich verbunden: Er bemühte sich, die Erinnerung an die »verlorenen Provinzen« wachzuhalten, in Elsaß-Lothringen die frankophilen Elemente zu fördern und einer Versöhnung mit dem wilhelminischen Deutschland entgegenzuwirken. Während des Krieges gehörte B. mit seinem täglichen Leitartikel im vielgelesenen *Echo de Paris* zu den wichtigsten Propagandisten der »Heimatfront«. Der Krieg und die »Union sacrée«, so B., sollten innenpolitisch zu einer Überwindung des parlamentarischen Systems und der Parteienkämpfe führen. Militärisch befürwortete er eine Kriegführung bis zur vollständigen Niederlage des preußischen Militarismus, die eine grundlegende Neuordnung Deutschlands nach sich ziehen sollte – eine Haltung, die bis zu seinem Tod 1923 auch B.s Positionen in der Nachkriegspolitik bestimmte.

DANIEL MOLLENHAUER

Bauer, Max, * Quedlinburg 31.1.1869, † Schanghai 6.5.1929, preußischer Offizier. – B. trat 1888 in das preußische Fußartillerieregiment Nr. 2 ein. 1908 wurde er als Hauptmann Artilleriereferent in der Aufmarschabteilung des Generalstabs und arbeitete dort im Rang eines Oberst mit Erich Ludendorff zusammen, dessen enger Mitarbeiter er auch während des gesamten Krieges bleiben sollte. B. galt als ungewöhnlich befähigter Offizier mit einem Stich ins Geniale; während des gesamten Krieges wurde er im Generalstab als Artilleriefachmann für nahezu unentbehrlich gehalten. In sein Ressort fielen die schweren und schwersten Geschütze, so zum Beispiel die 42-cm-Mörser. Er war auch maßgeblich an der Erprobung und Einführung von Giftgas als Kampfmittel beteiligt. B. versuchte mit wechselndem Erfolg, Einfluß auf die Planung militärischer Operationen zu nehmen, wie etwa am Anfang des Krieges beim Angriff auf Nancy oder 1916 bei Verdun. B.s historische Bedeutung beruht jedoch nicht nur auf seiner militärischen Tätigkeit, sondern auch auf seiner fortwährenden, aggressiven Einmischung in die Angelegenheiten anderer Ressorts, vor allem in die der Reichsleitung. Er besaß große Arbeits- und Durchsetzungskraft und taktisches Geschick, verbunden mit hohem patriotischem Verantwortungsgefühl; die Quellen heben zudem seine persönliche Uneigennützigkeit hervor. Erstaunlich war hingegen die »Primitivität seines politischen Denkens« (Gerhard Ritter); dieses setzte sich aus einer Mischung altpreußischer, antisemitischer, sozialdarwinistischer, national-sozialer, hochgradig antidemokratischer und patriarchalischer Elemente zusammen. Seine Schriften und unzähligen Memoranden verblüffen durch ein hohes Maß an Weltfremdheit; auch hier äußerte sich der überspannte Glauben an die alles überwindende Kraft des Willens. B. spielte eine wichtige Rolle bei der Ablösung Erich von Falkenhayns, den er durch Hindenburg und Ludendorff ersetzt sehen wollte. Nach dem Chefwechsel wurde er im Sept. 1916 Leiter der Operationsabteilung II des Generalstabs (Schwere Artillerie, Munition, Kriegswirtschaft, Ausbildung). Er griff aber in diesen Jahren weit über sein Ressort hinaus und wurde in innenpolitischen Fragen Ludendorffs Alter ego und unermüdlicher radikaler Antreiber. Eine ausschlaggebende Rolle spielte er im Juli 1917 bei der Entlassung Theobald von Bethmann Hollwegs, als er in Berlin bei den Parteiführern gegen den Kanzler intrigierte. Später betrieb er die Entlassung des Chefs des Zivilkabinetts, Rudolf von Valentini; er versuchte dann auch den Sturz Georg Hertlings und des Kriegsministers Heinrich Scheüch, ja sogar die Absetzung Wilhelms II. herbeizuführen, jedoch erfolglos. Nach 1918 nahm er zunächst eine publizistische Tätigkeit auf. Zugleich hielt B., ein scharfer Verfechter der Dolchstoßlegende, enge Verbindung zu nationalistischen und revisionistischen Kreisen im In- und Ausland. 1920 beteiligte B. sich an führender Stelle am Kapp-Putsch und mußte ins Exil gehen. Er starb 1929 in Schanghai als Militärberater Chiang Kai-sheks. B. war, gemeinsam mit Ludendorff, der Prototyp des sich gewaltsam in die politischen Angelegenheiten einmischenden Militärs. Seine Weltanschauung läßt manche Parallelen zu der des Nationalsozialismus erkennen.

Lit.: A. Vogt, Oberst Max Bauer. Generalstabsoffizier im Zwielicht 1869-1929, Osnabrück 1974.

HOLGER AFFLERBACH

Beatty, David (seit 1919 Earl B., Viscount Borodale of Borodale, Baron B. of the North Sea), * Howbeck (Cheshire) 17.1.1871, † London 11.3.1936, britischer Großadmiral. – B. trat 1884 in die Royal Navy ein und nahm an verschiedenen Kolonialoperationen teil, darunter 1896/98 im Sudan und 1900 in China. Nach mehreren Schiffskommandos 1902–10 wurde B. 1910 der jüngste Konteradmiral seit 100 Jahren. 1912 Marinesekretär des First Lord of the Admiralty, Winston Churchill, wurde ihm 1913 die Führung des Schlachtkreuzer-Geschwaders anvertraut.

Nach dem Ausbruch des Weltkriegs erschien B. bereits am 28. Aug. 1914 mit fünf Dreadnoughts sowie mit Kreuzern und Zerstörern vor Helgoland und versenkte drei kleine Kreuzer und ein Torpedoboot. In den folgenden fünf Monaten erreichten seine Streitkräfte elfmal die Deutsche Bucht, ohne jedoch den Gegner zum Gefecht hervorlocken zu können. Am 24. Jan. 1915 versenkte Vizeadmiral B.s Schlachtkreuzer-Geschwader den deutschen Panzerkreuzer *Blücher* und beschädigte die S.M.S. *Seydlitz* beim Gefecht auf der Doggerbank. Dabei erlaubte allerdings ein Signalfehler dem gegnerischen Konteradmiral Franz Hipper, sich der Vernichtung zu entziehen. B.s Flaggschiff, die H.M.S. *Lion*, wurde dagegen schwer beschädigt.

Nachdem der Nachrichtendienst der Royal Navy den Funkspruch des deutschen Flottenchefs Reinhard Scheer vom 30. Mai 1916, nach Norden vorzustoßen, abgefangen hatte, lief B. noch am selben Tag mit sechs Schlachtkreuzern sowie vier Schlachtschiffen aus dem Firth of Forth aus. Um 15.25 Uhr sichtete B. Hippers 1. und 2. Aufklärungsgruppe östlich des Skagerrak; bereits um 15.48 Uhr kam es zu schweren Gefechten. Die *Lion* wurde mehrmals getroffen, und innerhalb von 40 Minuten sanken sowohl die H.M.S. *Indefatigable* als auch die *Queen Mary*. »Es scheint heute etwas verdammt verkehrt zu laufen mit unseren Schiffen«, war B.s lapidarer Kommentar. Um 16.40 Uhr erspähte er das Gros der deutschen Hochseeflotte am Horizont und unternahm eine Kehrtwendung Richtung Norden, um die feindliche Flotte der britischen Grand Fleet entgegenzuführen. Nachdem sein Geschwader die deutschen Schlachtkreuzer *Von der Tann* und *Seydlitz* schwer beschädigt hatte, verlor B. um 18.34 Uhr allerdings Sir Horace Hoods Schlachtkreuzer *Invincible*. Trotzdem erschien er am nächsten Morgen mit sechs Schlachtkreuzern in der Deutschen Bucht; Hipper besaß dagegen nur noch einen einzigen.

»Jutland«, wie die Engländer die Schlacht am Skagerrak nennen, war kein »zweites Trafalgar« und B. kein Nelson. Verschiedene Konstruktions- und Signalfehler erlaubten Admiral Sir John Jellicoe, dem Oberbefehlshaber der britischen Flotte, keinen klaren Überblick über die Schlacht. Nachdem Jellicoe Ende 1916 zum First Sea Lord ernannt worden war, folgte ihm Admiral B. als Flottenchef nach. Am 21. Nov. 1918 leitete er die Internierung der deutschen Hochseeflotte. First Sea Lord seit 1919, nahm B. im Juli 1927 seinen Abschied.

HOLGER H. HERWIG

Beckmann, Max, * Leipzig 12.2.1884, † New York 27.12.1950, deutscher Maler und Graphiker. – Als B. 1914 als freiwilliger Krankenpfleger an die Ostfront ging, war er bereits ein bekannter Maler. Der Krieg, den er 1915 an der Westfront erlebte, erschien ihm zunächst wie ein gewaltiges Naturereignis, ein »Wunder«, von dem er sich eine Erweiterung und Bereicherung seiner künstlerischen Arbeit erhoffte: »Meine Kunst kriegt hier zu fressen.« B. reagierte jedoch zunehmend mit Verstörung und depressiven Zuständen. Im Sommer 1915 erlitt er einen Nervenzusammenbruch, der noch im selben Jahr seine Beurlaubung, später seine Befreiung vom Kriegsdienst zur Folge hatte.

B.s künstlerische Auseinandersetzung mit dem Ersten Weltkrieg veränderte seine Bildvorstellungen und sein Formenrepertoire grundlegend. Der »desorganisierte Stil« (Stephan von Wiese) seiner Zeichnungen im Krieg und die Tatsache, daß das 1916 begonnene Gemälde *Auferstehung* unvollendet blieb, lassen seine Schwierigkeiten erkennen, für das Erlebte eine neue Bildsprache zu finden. Die Vorstellung des Lebens als großes Spektakel, als Welttheater, die sein Werk fortan begleiten sollte, findet sich 1914 auf der Zeichnung *Mann mit Krücke im Rollstuhl* erstmals formuliert. In mehreren Selbstbildnissen, darunter das *Selbstbildnis als Krankenpfleger* (1915) und das *Selbstbildnis mit rotem Schal* (1917), reflektierte B. die Spuren, die der Krieg in ihm hinterlassen hatte. Erst in dem 1918/19 entstandenen Gemälde *Die Nacht* und in den nach Kriegsende veröffentlichten graphischen Folgen (*Die Hölle*, 1919, u. a.) gelangte er zu jener »transzendenten Sachlichkeit«, die er schon während des Krieges zu verwirklichen gesucht hatte – zu einem an der Wirklichkeit orientierten und in den Bilderfindungen gleichnishaft über sich hinausweisenden Realismus.

ANNEGRET JÜRGENS-KIRCHHOFF

Below, Otto von, * Danzig 18.1.1857, † Besenhausen (bei Göttingen) 9.3.1944, preußischer General. – Nach dem Besuch des Gymnasiums trat B. 1871 als Kadett in die preußische Armee ein. 1884-87 besuchte er die Kriegsakademie und wechselte anschließend in den Generalstab. 1897 wurde er Bataillons-, 1905 Regiments- und 1909 Brigadekommandeur. 1912 wurde er als Kommandeur der 2. Division in Insterburg zum Generalleutnant befördert.

Bei Kriegsbeginn war B. Kommandierender General des I. Reservekorps, das er in den Schlachten bei Tannenberg und an den Masurischen Seen anführte. Nach diesen Siegen wurde er zum General der Infanterie befördert. Im Nov. 1914 übernahm B. von General Hermann von François die Führung der 8. Armee. Im Febr. 1915 vernichteten seine 8. und General Hermann von Eichhorns 10. Armee gemeinsam die 10. russische Armee in der Winterschlacht in Masuren. Dafür erhielt B. den Orden »Pour le mérite«. Von Juli bis Dez. führte er den »Njemen-Armee« genannten Truppenverband nördlich des Njemen und anschließend wieder die 8. Armee, mit der er 1916 in Kurland und Litauen einrückte. Im Okt. 1916 wurde ihm das Kommando über die Heeresgruppe Below in Makedonien übertragen, deren Aufgabe darin bestand, Durchbruchsversuche der Entente-Truppen unter General Maurice Sarrail aus Saloniki zu vereiteln. Sie hielt hierdurch den zum Feldzug gegen Rumänien angetretenen Verbänden den Rücken frei.

Im April 1917 übernahm er den Befehl über die im Raum Arras aufgestellte 6. Armee, wechselte aber bereits im Sept. nach Italien. Dort führte er die 14. (deutsch-österreichisch-ungarische) Armee erfolgreich zum Durchbruch aus den Julischen Alpen (Caporetto). Im Jan. 1918 wurde B. Oberbefehlshaber der 17. Armee im Artois, die ab dem 21. März an der deutschen Frühjahrsoffensive teilnahm, sich aber schließlich auf die Siegfried-Stellung und später nach Cambrai zurückziehen mußte. Im Okt. wechselte er kurzzeitig zur 1. Armee und sollte am 8. Nov. den Oberbefehl über den Heimatschutz West in Kassel übernehmen. Dazu kam es jedoch aufgrund der Revolution nicht mehr.

Im Jan. 1919 wurde B. Kommandierender General des XVII. Armeekorps in Danzig, verließ jedoch im Juni wegen der seiner Meinung nach zu versöhnlichen Politik gegenüber Polen die Armee. Die von den Alliierten 1920 geforderte Auslieferung B.s als Kriegsverbrecher wurde nicht erfüllt.

ERIK KLEINE VENNEKATE

Benedikt XV., früher Giacomo della Chiesa, * Genua 21.11.1854, † Rom 22.1.1922, Papst. – Giacomo della Chiesa wurde im Sept. 1914 nach dem Tod von Pius X. zum Papst gewählt und nannte sich B., in Erinnerung an den großen Gesetzgeber Benedikt XIV. Die Herausgabe des *Codex Iuris Canonici* im Juli 1917 war zwar von großer theologischer Bedeutung, dennoch ging B. als der »Kriegspapst« in die Geschichte ein, zumal er wenige Jahre nach Kriegsende starb. Seine gesamte Amtszeit war geprägt von einem scharfen Bewußtsein für die Tragik des Krieges, den er als »unnötiges Massaker« bezeichnete. B. forderte die Völker wiederholt auf, einen gerechten Frieden zu schließen und bot den kriegführenden Parteien seine Dienste und seine Vermittlung mit Blick auf eine generelle Befriedung an. Die Friedensnote von 1917 ging in dieser Hinsicht am weitesten und verlieh ihm bei den vom Krieg hart getroffenen kriegführenden Parteien ein gewisses moralisches Prestige, hatte aber nicht die geringste politische Auswirkung.

B.s diplomatische Vorstöße trafen bei allen Kriegsparteien auf nahezu vollständiges Unverständnis; alle waren davon überzeugt, daß er im Grunde ein Doppelspiel treibe. In der Tat predigte der Papst zwei Konzepte, die in einem Weltkrieg kaum in Einklang zu bringen waren: die Neutralität – oder *impartialità* – und den Frieden. Seine Neutralität, seine Supranationalität waren jedoch keineswegs rein passiv: B. und sein Staatssekretär Pietro Gasparri versuchten zunächst, Italien aus dem Konflikt herauszuhalten und die besonderen Beziehungen des Heiligen Stuhls zum erzkatholischen Österreich-Ungarn, einem Bollwerk gegen die orthodoxen Kirchen Rußlands und Serbiens, aufrechtzuerhalten. Darüber hinaus initiierte der Papst umfangreiche Hilfsmaßnahmen für Verwundete und Kriegsgefangene, was Romain Rolland zu der Aussage veranlaßte, der Papst sei ein »zweites Rotes Kreuz«.

B. war jedoch nicht in der Lage, die Folgen einer Totalisierung des Krieges für den Frieden zu erfassen, und so bewegte sich sein utopischer Beitrag immer auf einer ganz anderen Ebene als jener der Kriegführenden. Allerdings stellte B. 1919 hellsichtig fest, daß »die Geschichte eines Tages gezwungen sein wird einzusehen, daß die neue Karte Europas von einem Verrückten entworfen wurde«.

ANNETTE BECKER (Ü: G. K.)

Beneš, Edvard, * Kožlany (Böhmen) 28.5.1884, † Sezimovo Ústí (Südböhmen) 3.9.1948, tschechoslowakischer Politiker. – B. war erster Außenminister seines Landes (1918–35), 1921/22 zugleich Ministerpräsident, dann Nachfolger Tomáš Masaryks im Präsidentenamt (1935–38), ab 1940 Präsident der Exilregierung in London, schließlich Staatspräsident der nach dem Zweiten Weltkrieg erneuerten Tschechoslowakei (1945-48). Vor seiner politischen Karriere studierte B. in Paris, Berlin und Prag, wo er seit 1909 als Dozent für Nationalökonomie wirkte. Nach Kriegsausbruch zunächst in der antiösterreichischen Geheimorganisation Maffie aktiv, folgte er Masaryk im Sept. 1915 ins Exil. Nach einem kurzen Aufenthalt in der Schweiz beteiligte er sich in Paris am Aufbau des Tschechoslowakischen Nationalrates, als dessen Generalsekretär er die von Masaryk geleiteten Auslandsaktionen organisierte. Nachdem Masaryk im Frühjahr 1917 ins revolutionäre Rußland gereist war, leitete B. die tschechoslowakische Propaganda in Westeuropa. Durch eine geschickte Verbindung von journalistischen Aktivitäten und diplomatischen Verhandlungen gelang es B. 1918, die Anerkennung des Nationalrates als politischer Repräsentant der künftigen Tschechoslowakei durch die alliierten Regierungen zu erreichen. In der noch vor Kriegsende geschaffenen Provisorischen Regierung agierte er als Außen- und Innenminister. Am Gründungstag der Tschechoslowakei (28. Okt. 1918) verhandelte B. in Genf mit den von Karel Kramář geführten Vertretern des Prager Nationalausschusses über die Bildung einer tschechoslowakischen Regierung. Als deren erster Außenminister vertrat er dann den neuen Staat auf der Pariser Friedenskonferenz. Im Sept. 1919 kehrte er nach Prag zurück. Seine Kriegserinnerungen *Světová válka a naše revoluce* (dt. *Der Weltkrieg und unsere Revolution*) erschienen

1928 unter dem Titel *Der Aufstand der Nationen* auch auf deutsch.

Lit.: Weg von Österreich!: Das Weltkriegsexil von Masaryk und Beneš im Spiegel ihrer Briefe und Aufzeichnungen aus den Jahren 1914 bis 1918, ausgew., übers. und hg. v. F. Hadler, Berlin 1995.

FRANK HADLER

Benson, William Shepherd, * Bibb County (Georgia) 25.9.1855, † Washington D. C. 20.5.1932, US-amerikanischer Admiral. – B. trat 1877 in die Marine ein und umsegelte die Welt 1888/89 auf dem Kriegsschiff *Dolphin*. 1890-93 und 1896-98 war er als Lehrer an der Marineakademie tätig, 1910–13 Kommandant des Schlachtschiffes *Utah* und 1913–15 Kommandant der Marinewerft Philadelphia. Am 10. Mai 1915 wurde B. als Chief of Naval Operations nach Washington berufen. Im letzten Friedensjahr 1917 führte er eine Reorganisation der Flotte durch und zentralisierte das Marinenachrichtenwesen. Nach dem Eintritt der USA in den Weltkrieg beschäftigte sich Admiral B. intensiv mit der Küstenverteidigung, da er einen deutschen Angriff auf die Ostküste des Landes nicht ausschloß. Zudem war der Großbritannien gegenüber äußerst kritisch eingestellte B. bestrebt, eine amerikanische Hochseeflotte aufzubauen, welche derjenigen der Royal Navy nicht nachstand. Doch eine Englandreise von Okt. bis Dez. 1917 überzeugte B. von der Notwendigkeit, die U-Boot-Gefahr gemeinsam mit der Royal Navy zu meistern. Bereits am 24. April 1917 hatte er sechs Einheiten der 8. Zerstörer-Flottille nach Irland verlegt; bald darauf folgten weitere zwei Dutzend Einheiten. Im Dez. 1917 schickten die USA fünf Großkampfschiffe nach Scapa Flow, wo sie sich als 6. Schlachtschiff-Geschwader der britischen Grand Fleet anschlossen.

1919 war B. in Paris als amerikanischer Marinedelegierter am Entwurf der Marineparagraphen des Versailler Friedensvertrages beteiligt. Er nahm noch in demselben Jahr seinen Abschied von der Marine.

HOLGER H. HERWIG

Berchtold, Leopold Graf, * Wien 18.4.1863, † Schloß Pereznye bei Ödenburg (heute Sopron, Ungarn) 21.11.1942, österreichisch-ungarischer Politiker. – B. trat 1893 in den diplomatischen Dienst Österreich-Ungarns ein und war von 1906 bis 1911 Botschafter der Donaumonarchie in St. Petersburg. Im Febr. 1912 übernahm er das Amt des Außenministers und sah sich schon im Herbst durch den 1. Balkankrieg überraschend mit einer massiven Bedrohung der Machtposition Österreich-Ungarns auf dem Balkan konfrontiert. B. bemühte sich zunächst, die Einflußmöglichkeiten des Habsburgerreichs mit Unterstützung der Großmächte zu wahren. Besonders wichtig war dabei, Serbien einen Zugang zur Adria zu verwehren und ein unabhängiges Albanien zu installieren. Diese Ziele wurden zwar erreicht, aber nur dadurch, daß B. während der Balkankrisen 1912/13 dreimal mit Kriegsdrohungen Serbien und Montenegro zum Einlenken zwang. Seine Versuche, nach dem Ende des 2. Balkankrieges Bulgarien zu unterstützen, verschlechterten das Verhältnis zum Verbündeten Rumänien nachhaltig, während die Beziehungen zu Italien unter der Rivalität der beiden Alliierten in Albanien litten. Den wichtigsten Mitarbeitern B.s im Außenministerium, die eine aktive Sicherung der Einflußsphäre Österreich-Ungarns in Südosteuropa forderten, erschien damit B.s Politik der Krisenbewältigung eher als Mißerfolg, ebenso den Militärs und Teilen der Öffentlichkeit.

Nach der Ermordung des Thronfolgers Franz Ferdinand, der B.s Kurs in den Balkankrisen unterstützt hatte, setzte auch der Außenminister Ende Juni 1914 auf eine gewaltsame Lösung der südslawischen Frage. Mit deutscher Rückendeckung betrieb B. die Eskalation des Konflikts mit Serbien und gewann nach der Ablehnung des Ultimatums durch die Belgrader Regierung Kaiser Franz Joseph für die Kriegserklärung gegen Serbien am 28. Juli. Eine Vermittlungsaktion der Großmächte konnte B. verhindern; Hoffnungen, das Eingreifen Rußlands hinauszögern zu können, erfüllten sich jedoch nicht, und so geriet Österreich-Ungarn in einen Zweifrontenkrieg. Mit Rücksicht auf die unsichere Haltung Rumäniens war zudem Bulgarien zu einem Angriff auf Serbien zunächst nicht bereit, und Italien erklärte seine Neutralität. Damit hatte B.s Diplomatie die Donaumonarchie in eine ausgesprochen ungünstige strategische Lage geführt. Um so wichtiger war es, den Kriegseintritt Italiens auf der Seite der Entente durch Zugeständnisse zu verhindern. Als B. schließlich unter deutschem Druck zur Abtretung des Trentino riet, stieß er beim Kaiser und beim ungarischen Ministerpräsidenten István Tisza auf Ablehnung. Im Jan. 1915 trat B. daher zurück und wurde nach kurzer Kriegsdienstleistung 1916 Obersthofmeister, schließlich Oberstkämmerer Kaiser Karls.

GÜNTHER KRONENBITTER

Bernhardi, Friedrich Adam Julius von, * St. Petersburg 22.11.1849, † Cunnersdorf (Schlesien) 10.7.1930, preußischer General und Militärschriftsteller. – Nach seiner Teilnahme am Deutsch-Französischen Krieg 1870/71 wurde B. als Militärattaché nach Griechenland und in die Schweiz kommandiert. 1898 folgte die Ernennung zum Chef der Kriegsgeschichtlichen Abteilung I des Großen Generalstabs, wo er seine Laufbahn als Militärschriftsteller begründete. Dieser Tätigkeit widmete er sich dann nach seinem Abschied im Jahre 1909 ausschließlich.

Im Zentrum seiner Schriften stand die Propagierung einer aggressiven Machtsteigerung des Deutschen Reiches, auch auf Kosten eines großen Krieges mit den anderen Mächten, den B. spätestens seit der Marokkokrise von 1911 für unvermeidlich hielt. Folgerichtig plädierte er auch öffentlich immer wieder dafür, alle Bereiche des gesellschaftlichen Lebens auf diesen Krieg vorzubereiten. B. wurde zum Herold der öffentlichkeitswirksamen Propaganda der »Alldeutschen« Kriegspartei. Wirksamsten Ausdruck fand diese Gesinnung 1912 in seinem Buch *Deutschland und der nächste Krieg*, das sieben Auflagen und zahlreiche Übersetzungen erfuhr.

Die Kernthese dieses Buches, daß für die Deutschen ein »Krieg um unsere Weltgeltung unter keinen Umständen« zu vermeiden sei und daß es daher auch eine »Pflicht zum Kriege« gebe, sorgte im In- und Ausland für großes Aufsehen. Bemerkenswert aber bleibt, daß B. – im Gegensatz zu vielen seiner Zeitgenossen – nicht daran glaubte, daß der kommende Krieg schnell zu gewinnen sei. Allein aus Regierungskreisen erschienen drei Repliken: *Deutsche Weltpolitik und kein Krieg* (1913) von Hans Plehn sowie die beiden Veröffentlichungen von Kurt Riezler *Die Erforderlichkeit des Unmöglichen* (1913) und *Grundzüge der Weltpolitik in der Gegenwart* (1914, unter dem Pseudonym J. J. Ruedorffer). Man fürchtete, daß B. aufgrund seiner Vergangenheit als Sprachrohr des Generalstabs verstanden werden konnte. In der Tat bot der Autor als einer der wichtigsten Exponenten eines aggressiven deutschen Nationalismus im »Krieg der Intellektuellen« der alliierten Propaganda eine breite Angriffsfläche. 1914 wurde er reaktiviert und nahm – zuletzt als Befehlshaber einer Armeegruppe – bis 1917 an den Kämpfen in Wolhynien teil. 1918 führte er eine Armeegruppe in Nordfrankreich, wofür er den Orden »Pour le mérite« erhielt.

THOMAS GERHARDS

Berthelot, Henri-Mathias, * Feurs (Département Loire) 7.12.1861, † Paris 28.1.1939, französischer General. – Nach einer Karriere in der Kolonialarmee war B. seit Dez. 1913 im Rang eines Brigadegenerals Adjutant von General de Castelnau in der Heeresverwaltung des Kriegsministeriums. Mit der Mobilmachung 1914 wurde er als Aide-Major-Général engster Mitarbeiter von General Joffre. Er war insbesondere für die Ausführung des von ihm mitentworfenen radikal-offensiven Aufmarschplanes der französischen Armee (Plan XVII) zuständig. Nach dessen Fehlschlagen in den sog. Grenzschlachten plädierte er für einen weiträumigen strategischen Rückzug bis auf die obere Seine. Obwohl er sich ursprünglich gegen Joffres Plan einer Offensive an der Marne und auch gegen Gallienis Vorstoß aus dem befestigten Paris ausgesprochen hatte, arbeitete B. effizient an der Durchführung der Marne-Schlacht mit und wurde im Nov. 1914 zum Kommandeur der 53. Reservedivision ernannt. Nach den Kämpfen im Artois (1915) erhielt er im Aug. 1915 das Kommando über ein Armeekorps, welches sich 1916 bei Verdun insbesondere bei der Erstürmung des Höhenzuges Toter Mann (Mort-Homme) auszeichnete. Nach Abschluß der Kämpfe vor Verdun erhielt B. als erfahrener militärischer Administrator den Auftrag, im Rahmen der französischen Militärmission in Rumänien die Armee des Verbündeten zu reorganisieren, was ihm für die Dauer eines Jahres gelang. Nach dem Zwischenspiel einer Mission nach New York war er mitverantwortlich bei der Planung der amerikanischen Truppentransporte nach Frankreich. B. erhielt am 5. Juli 1918 das Oberkommando über die 5. Armee und erwarb sich große Verdienste bei der Offensive im Frontabschnitt von Reims. Nach dem Krieg war er bis 1922 Militärgouverneur von Metz und Oberbefehlshaber in Lothringen, von 1923 bis 1926 Militärgouverneur von Straßburg. B. war Träger des Großkreuzes der Ehrenlegion.

GERD KRUMEICH

Besatzung (Osten). 1915 eroberten das Deutsche Reich und Österreich-Ungarn riesige Gebiete in Osteuropa, die einer Besatzungsverwaltung unterworfen wurden, darunter Russisch-Polen, Litauen, Teile der Baltischen Provinzen (heute: Estland und Lettland), Weißrußlands, der Ukraine und Rußlands sowie Serbien; 1916 kam Rumänien dazu.

Da keine detaillierten Vorkriegsplanungen existierten, zeichnete sich die B. zunächst durch Improvisation und eine ad hoc-Politik aus, wobei unterschiedliche Zukunftspläne für diesen Raum entworfen wurden. Zunächst, noch unter dem unmittelbaren Druck des Krieges, hofften die neuen Machthaber auf die Ausbeutung der dortigen ökonomischen Ressourcen, vornehmlich der landwirtschaftlichen, um so die eigene Heimatfront zu entlasten. Ein weiteres Ziel war es, die Arbeitskraft der dort lebenden Bevölkerung – auf freiwilliger Basis oder unter Zwang – zu nutzen. Diese Ziele wurden oft auf sehr harte Weise durchgesetzt, wodurch die Beziehungen zwischen Besatzern und Besetzten stark belastet wurden. Von langfristiger Bedeutung war die B. für die innenpolitische Kriegszieldebatte der Mittelmächte. Die Bandbreite der Überlegungen ging dabei von förmlichen Annexionen großer Gebiete, der Errichtung von Marionettenregimen und Herzogtümern, die von Mitgliedern der Dynastien der Mittelmächte regiert werden sollten, über den Aufbau von Pufferstaaten, die Deutschland indirekt regieren werde, bis hin zu föderativen Mitteleuropa-Ideen. Die Annexionen im unterentwickelten und agrarischen Osten sollten zudem dazu beitragen, die zu erwartenden Zugewinne an industrialisierten Gebieten im Westen (Belgien) auszugleichen und so das gesellschaftliche Gleichgewicht in Deutschland selbst zu erhalten.

Russisch-Polen wurde 1915 zwischen Deutschland und Österreich-Ungarn aufgeteilt, wobei beide Partner Zivilverwaltungen einrichteten, die Generalgouvernements Warschau und Kielce, später Lublin. Das Gebiet nördlich davon bis zur Ostseeküste fiel unter die Militärverwaltung des Oberbefehlshabers Ost (Ober-Ost). Polen stellte für die Zukunftsplanungen ein ernstes Problem dar. Auch eine Rückgabe an Rußland als Konzession in möglichen Sonderfriedensverhandlungen wurde ernsthaft erwogen. Pläne für die deutsche Besiedelung eines Grenzstreifens wurden entwickelt, um die polnische Bevölkerung im Griff zu behalten und um Deutschlands strategische Position zu verbessern. Das Projekt einer »austro-polnischen Lösung«, d. h. einer Einverleibung Polens in die Habsburgermonarchie, kollidierte mit den Plänen der deutschen 3. Obersten Heeresleitung. Ludendorff hatte gehofft, polnische Freiwilligenverbände rekrutieren zu können, indem man den Polen Hoffnung auf einen eigenen Nationalstaat machte. Im Nov. 1916 wurde ein Königreich Polen proklamiert, doch das Ergebnis blieb unbefriedigend; nur wenige Polen unterstützten die Kriegsanstrengungen der Mittelmächte.

Die unmittelbare B.erfahrung trug erheblich dazu bei, das Ostfronterlebnis der deutschen Soldaten zu prägen. Im Gegensatz zur Erfahrung der industrialisierten »Stahlgewitter« an der Westfront sahen sich die Soldaten hier mit Isolation, unwirtlicher Natur und unbekannten Ländern und Völkern konfrontiert. Besonders die sog. Ostjuden der Ghettos und Landstädte Osteuropas riefen bei den Besatzern gemischte Gefühle hervor. Einerseits ermöglichte deren Sprache, das Jiddisch, die Verständigung mit den Soldaten, und einige Deutsche verspürten Sympathie für diese ethnische Gruppe. Anderseits sahen manche antisemitisch eingestellten Offiziere und Soldaten angesichts der bedrückten sozialen Situation der Ostjuden ihre Vorurteile bestätigt.

In der amtlichen Propaganda wurde die B. mit kulturellen Argumenten gerechtfertigt, vor allem mit dem Slogan der »Kulturmission«. Während einige Intellektuelle den Weltkrieg als den Gegensatz zwischen einer ursprünglichen, deutschen Kultur und einer künstlichen, angelsächsischen Zivilisation zu interpretieren suchten, ließ sich diese Dichotomie auf den Osten nicht anwenden, weil sich hier die Besatzer nur »Unkultur« gegenüber wähnten. Dabei wurden traditionelle Vorurteile ins Feld geführt, etwa das der »polnischen Wirtschaft« oder die Vorstellung von einem »Kulturgefälle«, wonach Barbarentum und Chaos um so mehr zunahmen, je weiter man nach Osten gelangte. Diesen Vorstellungen stellte man vor allem das Konzept der »Deutschen Arbeit« gegenüber. Demzufolge verfügten die Besatzer über ein besonderes Talent, diesen höchst unterschiedlichen Völkern und Ethnien Ordnung und Kultur beizubringen, wozu diese selbst – etwa nach Ludendorffs Ansicht – nicht in der Lage waren. Derartige Vorstellungen schlugen sich nicht nur in der Propaganda, sondern auch in der ambitionierten »Kulturpolitik« von Ober-Ost nieder. Diese zielte darauf ab, die ethnischen Identitäten der einheimischen Bevölkerungsgruppen – in der zeitgenössischen Diktion sprach man lieber von »Völkerschaften« als von eigentlichen »Völkern« – so zu manipulieren, daß diese ihre »kulturelle Schuld« gegenüber der deutschsprachigen Welt dadurch abtragen konnten, daß sie sich als Puffer gegenüber Rußland oder Polen gleichsam nützlich machten.

Die auf traditionellen Stereotypen aufbauenden Besorgnisse und Befürchtungen bildeten die Rückseite der Medaille derartiger »wohlwollender« kulturimperialistischer Konzepte. Die Angst vor Epidemien führte zu extensiven sozialhygienischen Programmen und schuf Raum für Überlegungen zu einer »ethnischen Flurbereinigung« der besetzten Gebiete.

Mit den militärischen Erfolgen gegen den zerfallenden russischen Staat 1917/18 wuchs auch die Begierde nach weiteren Kriegsgewinnen. 1918 erreichte der Machtbereich der Mittelmächte seine größte Ausdehnung. Ein bleibender Erfolg schien greifbar, obschon die hieraus erwachsenden ernsten Probleme weithin unter der Oberfläche verblieben. Im Dez. 1917 trafen die Abgesandten der Bolschewiki in Brest-Litowsk ein, um über Rußlands Kriegsaustritt zu verhandeln. Als die Verhandlungen Anfang 1918 scheiterten, stießen deutsche und österreichisch-ungarische Truppen tiefer in das ehemals zarische Reich vor, besetzten die Ukraine und die Krim und drangen in Richtung auf den Kaukasus vor; ein deutsches Expeditionskorps besetzte sogar Finnland. Im März gaben die Bolschewiki schließlich nach und unterschrieben den Friedensvertrag, der den Mittelmächten große Teile des bisherigen B.gebietes sicherte. Der Vertrag, der in Deutschland naturgemäß auf große Zustimmung stieß und im Parlament nur von der USPD abgelehnt wurde, vermittelte bei den Mittelmächten vielerorts den Eindruck, nun sei der Krieg zur Hälfte gewonnen. Das Getreide aus der Ukraine, mit der man im Febr. einen Sonderfrieden geschlossen hatte, würde die Lebensmittelknappheit beenden, und mit den frei werdenden Truppen ließe sich nun der Entscheidungsschlag im Westen führen. Im Mai folgte der Frieden von Bukarest, der den Mittelmächten die wirtschaftliche Beherrschung Rumäniens versprach. Doch selbst jetzt noch sorgten sich die militärischen Führer um die B., die nach Hindenburgs Ansicht weiterhin notwendig war, um sich die Ausgangslage für einen zukünftigen Ostkrieg zu sichern. Ludendorff plante das

In einem Dorf in Russisch-Polen werden die Bewohner von der deutschen Besatzung fotografisch erfaßt. 1915

Unternehmen »Schlußstein«, um die Bolschewiki aus Nordrußland zu vertreiben und die dortigen alliierten Expeditionsstreitkräfte anzugreifen.

Mit der Niederlage im Westen im Nov. 1918 begann auch der Abbau der B. im Osten. Bei den B.truppen setzten rasch Auflösungserscheinungen ein. Unabhängige Nationalstaaten bildeten sich in Osteuropa und die Bolschewiki stießen – dieses Machtvakuum ausnutzend – weiter vor. Paradoxerweise war es die Entente, die in den Waffenstillstandsbedingungen vorschrieb, daß deutsche Truppen im Baltikum zu verbleiben hatten, um dort den Vormarsch der Bolschewiki aufzuhalten. Deutsche Freikorps, die sich selbst »Baltikumer« nannten, kämpften dort sowohl gegen russische Kommunisten als auch gegen einheimische Truppen, bis sie sich Ende 1919 zurückziehen mußten. In gewisser Hinsicht dauerte hier der Weltkrieg also noch an, als im Westen die Waffen längst schon schwiegen.

Das Urteil über den Erfolg der B.politik fällt zwiespältig aus. Einerseits konnten die Mittelmächte wichtige Ressourcen mobilisieren, andererseits waren die rigorose Wirtschaftspolitik und die scharfe Disziplin auf lange Sicht kontraproduktiv, da sie die Einheimischen entfremdeten und deren Widerspenstigkeit, vereinzelt auch Widerstand, erzeugten. Auch gestaltete sich die Verwaltung dieser Gebiete nicht reibungslos. So gab es permanent das Problem von konkurrierenden Interessen oder Kompetenzüberschneidungen zwischen den Armeeoberkommandos an der Front, der Etappe sowie den militärischen und zivilen Verwaltungen. Hinzu kamen Spannungen zwischen den Deutschen und ihren Verbündeten über Zuständigkeiten und gemeinsame Interessen. Schließlich band die B. im großen Umfang Truppen für die unterschiedlichsten Aufgaben: von der Verwaltung über Requisitionen von Versorgungsgütern bis hin zur Sicherung der Verkehrswege. Diese Truppen wurden jedoch im Westen dringend benötigt; noch 1918 stand rund eine Million Soldaten an der Ostfront. Auch der Friedensvertrag von Brest-Litowsk erwies sich als kontraproduktiv, da seine Bedingungen international Empörung hervorriefen und so letztlich den harschen Friedensbedingungen der Entente in Versailles den Weg bereiteten. Die B. hatte auch langfristige Konsequenzen im Hinblick darauf, welche Lehren die Besatzer selbst aus dem Scheitern ihrer Politik zogen. Die Schuld hierfür wurde den einheimischen Völkern angelastet, deren ethnische Eigenart eine ordentliche B. nicht zugelassen habe. Derartige Schlußfolgerungen schlugen sich später in den nationalsozialistischen Plänen von »Raum und Volk« nieder, die auf eine ethnische Flurbereinigung Osteuropas abzielten. Für Hitler war klar, daß sich die Frage nach einer Zivilisierung der dortigen Völker gar nicht stellte, sondern daß es in Zukunft nur noch um deren Versklavung oder sogar deren Vernichtung ging. Die B.erfahrungen des Ersten Weltkrieges bereiteten so auch den Weg für die viel radikalere Politik der kommenden Jahre. → *Generalgouvernement* → *Ober-Ost*

Lit.: V. G. Liulevicius, Kriegsland im Osten. Eroberung, Kolonisierung und Militärherrschaft im Ersten Weltkrieg, Hamburg 2002; P. Weindling, Epidemics and Genocide in Eastern Europe 1890-1945, Oxford 2000.

VEJAS GABRIEL LIULEVICIUS (Ü: M. P.)

Besatzung (Westen). Die B. (oder Okkupation) ist die temporäre Herrschaft über fremdes Territorium während eines Krieges. Völkerrechtlich gilt ein Gebiet als besetzt, »wenn es sich tatsächlich in der Gewalt des feindlichen Heeres befindet« (Haager Landkriegsordnung, Art. 42). Nicht als B. anzusehen sind die Herrschaftssysteme in Irland, Elsaß-Lothringen, den nichtrussischen Teilen des Zarenreichs usw., auch wenn deren Verwaltungen b.-ähnliche Machttechniken entwickelten, da es sich hier um aus der Friedenszeit übernommene Strukturen handelte, die völkerrechtlich gesehen nicht fremdes Territorium waren.

Durch die deutsche B. von Belgien hörte dieser Staat nicht auf zu existieren: er wurde nicht von Deutschland annektiert, belgische Gesetze blieben in Kraft und belgische Gerichte sprachen weiterhin Recht. Jedoch stand für Kanzler Bethmann Hollweg bereits vor der Formulierung eines Kriegszielprogramms fest, daß Belgien »als erobertes Land behandelt und [...] zur Entlastung des eigenen Landes nach jeder Richtung und mit allen seinen Hilfsquellen nutzbar gemacht werden« sollte. Die jährlichen Kontributionen an Deutschland – soviel geht aus den Diskussionen in der Reichskanzlei Mitte Aug. 1914 klar hervor – sollten der Summe der belgischen Steuereinnahmen entsprechen. Dieses Ziel bestimmte das Handeln des im Aug. 1914 gebildeten Generalgouvernements unter Feldmarschall von der Goltz, ab Nov. 1914 unter General von Bissing. Belgien war, so Bissing »in irgendeiner Form zur Machterweiterung Deutschlands« zu benutzen; durch strenge Führung würde »die Bevölkerung zur Ordnung erzogen und dem Deutschtum nähergebracht« werden. Damit waren drei Konstanten der B.politik umrissen: Ordnung, Ausbeutung und Germanisierung.

Zum Zweck der Sicherung der deutschen Truppen wurde ein strenges Besatzungsregime errichtet. Ständig wurde mit der Gefahr eines Aufstands des feindseligen belgischen Volkes gerechnet, vor allem im Herbst 1914 und wieder im Herbst 1918. Bald waren die Mauern mit Anschlägen bedeckt, die die Todesstrafe bei Waffenbesitz, Spionage oder der Beschädigung von Telegraphen und Eisenbahnen androhten und die vollstreckten Todes- oder Gefängnisstrafen bekanntmachten. Die Bewegungsfreiheit der Bürger wurde stark eingeschränkt. Nach der Invasion, während der über 800.000 Belgier nach Frankreich, England und den Niederlanden flüchteten, wurde das Land von der Außenwelt abgeschlossen. Ein Drittel der belgischen Bevölkerung lebte im Etappengebiet, das vom B.gebiet abgeriegelt war und unter strenger Militärverwaltung stand. Obwohl die Grenze zu den Niederlanden durch einen tödlichen Elektrozaun gesichert war, gelang mehr als 20.000 Belgiern die lebensgefährliche Flucht über den Zaun. Über 300 Belgier wurden während der B. wegen verschiedener Delikte hingerichtet. Ein weiteres Strafmittel waren die Deportationen.

Vergebens versuchte die B.macht, wichtige Gesellschaftsgruppen zur Kooperation zu gewinnen. Doch weder die politischen Parteien, die ihrer Entscheidungskompetenzen beraubt waren, noch die Kirche ließen sich einspannen. Das Oberhaupt der belgischen Kirche, Kardinal Mercier, kritisierte eloquent die Härte des Regimes und rief das Volk dazu auf, die Legitimität der B. nicht anzuerkennen. Die Deutschen versuchten, Mercier zum Schweigen zu bringen, konnten aber trotz repressiver Maßnahmen die Verbreitung seiner Botschaften kaum verhindern. Mit der erzwungenen Kollaboration der Behörden und einer allgegenwärtigen Überwachung, u. a. mit Zensur aller Druckerzeugnisse sowie der Kontrolle des Schulunterrichts, ließ sich zwar Ordnung schaffen, nicht aber die Loyalität der Belgier gewinnen.

Paradeaufstellung deutscher Truppen in Brüssel. 1914

Die ökonomische Ausbeutung begann schon während der Invasion. Bereits im Aug. 1914 waren beträchtliche Summen Bargeld auf dem Wege nach Deutschland, nicht nur in Form von scheinlegitimen Requisitionen und Strafkontributionen, sondern auch aus unkontrollierten Plünderungen und Diebstählen, die ein solches Ausmaß erreichten, daß manche Kommandeure vor den »bedauerlichen Ausschreitungen« warnten und dagegen mit rigorosen Befehlen einschreiten mußten.

Die B.verwaltung konnte die radikale Ausbeutung der belgischen Wirtschaft, wie sie von der OHL und der deutschen Kriegsrohstoffabteilung gefordert wurde, mit Rücksicht auf langfristige Erwägungen und die belgische öffentliche Meinung jedoch zunächst verhindern. 1916 aber wurde der Machtbereich der Kriegsrohstoffabteilung auf die belgische Wirtschaft ausgedehnt, und ab Febr. 1917 wurde die belgische Industrie trotz der Einwände der B.behörden verschärft ausgenutzt: Mit wenigen Ausnahmen mußte jetzt jede Fabrik eine Genehmigung beantragen, um ihre Produktion fortzusetzen. Das Ergebnis waren Betriebsschließungen, auf die die Demontage und der Abtransport von Anlagen nach Deutschland folgten. Die verbleibende belgische Industrie wurde zum reinen Zulieferer der deutschen Rüstungswirtschaft degradiert; was als »überschüssig« erschien, wurde verschrottet. Beispielsweise wurden zehn von elf Walzwerkanlagen der Firma Cockerill und sämtliche eisenverarbeitenden Betriebe im Lütticher Land und im Becken von Charleroi zerstört. Diese Wendung zur totalen B. spiegelte das Scheitern der gemäßigten Politik Bissings. Nach seinem Tod im April 1917 fungierte sein Nachfolger General von Falkenhausen nur noch als ergebener Befehlsempfänger, der die rücksichtslose Zerstörungswut der 3. OHL nicht verhindern konnte.

Durch Zwangsumtausch zu ungünstigen Kursen, eigenmächtiges Drucken von Papiergeld, Aneignung von Vorräten, Maschinen und Produktion entstanden bedeutende Vermögen, die nach Deutschland transferiert wurden. Die belgische Regierung bezifferte 1921 den finanziellen Schaden während der gesamten B. auf $ 2,22 Mrd. (einschließlich der Zerstörungen der Industrie 1918, ohne eigene Kriegskosten von $ 1,5 Mrd. und $ 0,5 Mrd. für Renten).

Um die deutsche Herrschaft langfristig zu konsolidieren, wurde die Germanisierungspolitik zu einem wichtigen Bestandteil der B.herrschaft. Sie umfaßte neben der wirtschaftlichen Durchdringung Belgiens durch deutsches Kapital vor allem die Kulturpolitik. Belgien sollte nach dem Krieg in »engste Abhängigkeit« von Deutschland kommen, so der Chef der 3. OHL Hindenburg. Die Flamenpolitik, d. h. die Förderung der kleinen flämischen Aktivistengruppe, zielte auf die Abspaltung Flanderns vom frankophonen Wallonien. So führte die B.macht die flämische Sprache in den Volksschulen ein und verfügte 1916 die Neueröffnung der Universität Gent als »Flämische Hochschule«. Den Gipfel dieser Bestrebungen stellte die Verwaltungstrennung dar: Zum Zweck der späteren Aufteilung wurde Belgien im März 1917 in zwei Verwaltungsgebiete, Flandern und Wallonien, geteilt. Als jedoch der von der B. ins Leben gerufene Rat von Flandern Ende 1917 die Selbständigkeit Flanderns ausrufen wollte, unterlief die B.verwaltung die Forderung nach einer »Autonomie« und verbot das Erscheinen eines politischen Programms. Analog dazu versuchten die Deutschen, für die Vorstellung eines separaten, an Deutschland angelehnten Walloniens zu werben, um den belgischen Staat auch bei den Frankophonen zu desavouieren. Weder die Flamen- noch die Wallonenpolitik vermochten aber in der Bevölkerung Rückhalt zu finden. Sowohl wallonische als auch flämische Volksvertreter (z. B. in den flämischen Städten Antwerpen und Gent) lehnten die Verwaltungstrennung als Anschlag auf die nationale Einheit ab; trotz Zwangsmaßnahmen wie Deportationen verweigerten zahlreiche Beamte den Dienst. Im Okt. 1918 mußte der isolierte Rat von Flandern nach Deutschland evakuiert werden. Zur Durchsetzung politischer Ziele erwies sich die Nationalitätenpolitik als Fehlschlag. Dennoch erschien dem Generalgouverneur von Falkenhausen noch während des endgültigen deutschen Rückzugs im Okt. 1918 das Ziel der Germanisierung Belgiens so wichtig, daß er eine Kampagne für die »Sicherung des Deutschtums in Belgien« in der Nachkriegszeit plante, die mit aus Belgien geraubten Geldern großzügig finanziert werden sollte.

Trotz allem genoß das Personal der B. in Belgien einen guten Ruf. Die Beamten, vor allem der Chef der Zivilverwaltung bis Mitte 1917, von Sandt, und der Chef der politischen Abteilung, von der Lancken, waren gebildet und gewissenhaft. Ihre Anweisungen wurden nicht durch brutale Gewalt durchgesetzt, sondern mußten in diesem hochentwickelten Industriestaat durch die Mitwirkung der Kommunalbeamten und -räte vermittelt werden. → *Generalgouvernement* → *Hochspannungszaun* → *Rohstoffbewirtschaftung*

Lit.: S. de Schaepdrijver, De Groote Oorlog. Het Koninkrijk België tijdens de Eerste Wereldoorlog, 4. Aufl., Brüssel 2002.

ALAN KRAMER

Beseler, Hans Hartwig von, * Greifswald 27.4.1850, † Neubabelsberg 20.12.1921, preußischer General. – Bei Kriegsausbruch übernahm B. die Führung des III. Reservekorps, das ab dem 17. Sept. die Belagerungsarmee von Antwerpen bildete. Der Fall der strategisch bedeutenden Festung am 9. Okt. 1914 begründete B.s Reputation. Im Aug. 1915 leitete er die Belagerung der Festung Modlin bei Warschau, deren Fall dazu beitrug, die russische Armee aus Polen zurückzudrängen. Am 25. Aug. 1915 wurde der begabte und gebildete Offizier, der allerdings weder über Erfahrung in der Verwaltung noch in der »polnischen Frage« verfügte, Generalgouverneur des Kaiserlich Deutschen Generalgouvernements Warschau. Um die deutsche Besatzungshoheit durchzusetzen, löste er bald nach Amtsübernahme die polnische Selbstverwaltung (»Zentral-Landeskomitee«) auf, die im Zuge des Zusammenbruchs der russischen Herrschaft entstanden war, und verbot sogar die Werbung für eine Polnische Legion. Beraten von Władysław Studnicki und anderen polnischen Politikern (»Aktivisten«), verfolgte er den Plan eines selbständigen, nach Osten ausgedehnten und an den Mittelmächten orientierten polnischen Staates. Im Zusammenhang mit der Proklamation des Königreiches Polen am 5. Nov. 1916 berief B. einen Provisorischen Staatsrat mit beratender Funktion ein. Während der letzten Kriegsjahre konnte B. sich zwischen den polnischen Unabhängigkeitsbestrebungen und der deutschen Vormachtspolitik immer weniger durchsetzen.

HANS HECKER

Bethmann Hollweg, Theobald von, * Hohenfinow (Kreis Eberswalde) 29.11.1856, † Hohenfinow 2.1.1921, deutscher Politiker (Reichskanzler). – Nach einem Studium der Rechtswissenschaften in Straßburg, Leipzig und Berlin legte B. 1879 das Referendarexamen ab. Ab 1886 war er zehn Jahre lang als Landrat in seinem Heimatkreis Oberbarnim tätig. Zunächst Oberpräsidialrat von Potsdam (1896-99), wurde er im Sommer 1899 Regierungspräsident von Bromberg und bereits nach drei Monaten Oberpräsident der Provinz Brandenburg (1899-1905). 1901 bot man dem glänzenden Verwaltungsjuristen das preußische Innenressort an, welches er zunächst ablehnte, um es im März 1905 doch anzunehmen. Zugleich verwaltete er ab dem 24. Juni 1907 das Reichsamt des Inneren und rückte zum Vizepräsidenten des preußischen Staatsministeriums und stellvertretenden Reichskanzler auf.

B. profitierte vom Sturz des Reichskanzlers Bernhard von Bülow, der nach der »Daily-Telegraph-Affäre« (1908) und dem Scheitern der Reichsfinanzreform das Vertrauen des Monarchen und die Unterstützung im Reichstag verloren hatte. Am 14. Juli 1909 ernannte ihn der Kaiser zum Reichskanzler, preußischen Ministerpräsidenten und preußischen Minister der Auswärtigen Angelegenheiten.

Dem Zerbrechen des »Bülow-Blocks« aus liberalen und konservativen Parteien begegnete B. mit einer »Politik der Diagonalen«, die sich fallweise auf wechselnde Majoritäten stützen sollte. Er selbst besaß kein ausgeprägtes politisches Profil, und seine oft zaudernde Bedenklichkeit wurde ihm zumeist negativ ausgelegt. B. gelang es, die Reichsfinanzreform behelfsmäßig zum Abschluß zu bringen, die Reichsversicherungsordnung (1911) und ein Reichsvereinsgesetz sowie die Verabschiedung einer Verfassung für Elsaß-Lothringen (1911) durchzusetzen; ebenso erzielte er Fortschritte in der Sozialpolitik. Eine Demokratisierung, wie sie sich besonders in der preußischen Wahlrechtsfrage (Abschaffung des Dreiklassenwahlrechts) aufdrängte, scheiterte am Widerstand der Konservativen; auf der anderen Seite blieb eine Integration der Sozialdemokratie aus.

B., der weder eine diplomatische noch militärische Schulung durchlaufen hatte, tat vieles gegen eigene Einsicht und Überzeugung. Sein Versuch, einen Ausgleich mit Großbritannien herbeizuführen, wurde durch die Flottenleitung torpediert und veranlaßte B. nach dem Scheitern der Haldane-Mission am 6. März 1912, ein Entlassungsgesuch einzureichen, welches aber vom Kaiser abgelehnt wurde. Während der Balkankriege (1912/13) wirkte er mäßigend auf Wien ein und erreichte in Zusammenarbeit mit dem britischen Außenminister Edward Grey zunächst eine Wahrung des Friedens. Großer politischer Schaden entstand durch die Zabern-Affäre (1913), welche B. am 4. Dez. ein vernichtendes Mißbilligungsvotum im Reichstag eintrug.

In der Julikrise ermutigte B. Österreich-Ungarn zu einem raschen Handeln gegen Serbien. Er trug so maßgeblich zur Eskalation des Konflikts bei, vor allem durch die Versicherung der unbedingten Bündnistreue des Deutschen Reiches, der sog. Blankovollmacht (6. Juli), die den diplomatischen Handlungsspielraum dramatisch einschränkte und die Gefahr eines Flächenbrands billigend in Kauf nahm. Die Politik des »kalkulierten Risikos« (Kurt Riezler), welche in der deutschen Außenpolitik als probates Mittel gegen die empfundene Einkreisung praktiziert wurde, stellt sich rückblickend als Auskreisung des Deutschen Reichs dar, welche durch fatale Fehler den nach eigenem Bekunden »Sprung ins Dunkle« vorwegnahm. Gegen die Eigenmächtigkeit der militärischen Führung war B. zu keiner Zeit in der Lage, den Primat der Politik zu behaupten.

Auf dem Höhepunkt der Marne-Schlacht übersandte B. trotz einer skeptischen Beurteilung der Gesamtlage dem Staatssekretär des Inneren, Clemens von Delbrück, im sog. Septemberprogramm (9. Sept.), welches nach der Konzeption Kurt Riezlers die bisherigen Kriegszielerörterungen zusammenfaßte, die *Vorläufigen Richtlinien über unsere Politik beim Friedensschluß*. Leitende Absicht war die »Sicherung des Deutschen Reiches nach West und Ost auf erdenkliche Zeit« sowie im Kern die Schaffung einer Hegemonialstellung des Reiches in Europa. Zwar blieben B.s eigene Kriegszielvorstellungen hinter jenen der Militärs aber auch denen der bürgerlichen Parteien und Interessenverbände deutlich zurück, doch bezog er nicht offen Stellung, was seine politische Position nachhaltig untergrub.

Obwohl B., erneut dem Druck des Militärs nachgebend, der Proklamation eines selbständigen polnischen Staats (5. Nov. 1916) zustimmte – womit ein Sonderfrieden mit Rußland unmöglich wurde –, kam es wegen des Friedensangebots der Mittelmächte (12. Dez. 1916) und seines Widerstands gegen den uneingeschränkten U-Boot-Krieg zum offenen Konflikt mit der 3. Obersten Heeresleitung unter Hindenburg und Ludendorff. Im Jan. 1917 gab B. in der U-Boot-Frage nach, wohlwissend, daß dies sowohl seine eigenen Bemühungen um einen Verständigungsfrieden beenden als auch den Kriegseintritt der Vereinigten Staaten provozieren würde.

In der Innenpolitik hielt B. am Ziel der inneren Neuorientierung fest und veranlaßte den widerstrebenden Monarchen, eine preußische Wahlrechtsreform nach Kriegsende in Aussicht zu stellen (7. April 1917). Als im Juli 1917 die Reichstagsmehrheit eine Friedensresolution (»ohne Annexionen und Kontributionen«) beschloß, geriet B. mehr und mehr in den Brennpunkt der Kritik. Auf der Höhe der Krise suchte er Wilhelm II. – erfolglos – für ein Volkskaisertum zu gewinnen. Im Reichstag fand B. keinen Rückhalt mehr, so daß er im Zusammenwirken von Heeresleitung, Hof sowie den Parteien des Reichstags am 13. Juli 1917 gestürzt wurde. Mit seinem Abgang trat an die Stelle des Nebeneinanders von ziviler Reichs- und militärischer Heeresleitung eine diktaturähnliche Rolle der OHL.

Lit.: G. Wollstein, Theobald von Bethmann Hollweg. Letzter Erbe Bismarcks, erstes Opfer der Dolchstoßlegende, Göttingen/Zürich 1995.

MARCUS A. TIEFEL

Bewegungskrieg, Form der Kriegführung, welche die militärische Entscheidung durch taktische Bewegungen von Streitkräften zum Zwecke vorteilhafter räumlicher Konzentration anstrebt, ohne sich dabei ständig auf befestigte Stellungen zu stützen. – Der B. war bei Kriegsbeginn 1914 Grundlage der militärischen Doktrinen und Operationspläne aller kriegführenden Mächte. Dies ergab sich zunächst aus dem strategisch-ökonomischen Motiv, den Kriegsschauplatz schon in der Frühphase des Kriegs durch offensive Operationen ins Staatsgebiet des Gegners zu tragen, sodann aus dem Wunsch nach Wahrung der eigenen militärischen Initiative. Darüber hinaus erklärte sich der ausgesprochene »Offensivkult« aber auch aus ständisch-mentalen und sozialpsychologischen Motiven innerhalb der Offizierskorps.

Die Operationen der ersten Kriegsmonate, z. B. die Grenzschlachten in Belgien und Frankreich, der russische Einmarsch in Ostpreußen sowie die sich daran anschließenden deutschen Angriffe in Südpolen und gegen Lodz, hatten dementsprechend den Charakter eines B. An der Westfront fand diese operative Dynamik aber spätestens Anfang Nov.

1914 ihr Ende. Hierfür ist als Grund zunächst die gesteigerte Waffenwirkung anzuführen, die Infanterieangriffen im offenen Feld in der Regel ein schnelles Ende bereitete. Auch die für die Führung der damaligen Massenheere unzureichenden Nachrichtenmittel und logistischen Kapazitäten beschränkten die Bewegung der Armeen. Schließlich ist die operationshemmende Wirkung moderner Festungen (Nancy, Verdun) zu berücksichtigen sowie die Tatsache, daß bald die geographisch vorgegebenen äußersten Flanken der Westfront, die Kanalküste bzw. die schweizerische Grenze, erreicht waren. Hierdurch wurde eine taktische wie auch die operative Umfassung des Gegners unmöglich.

Obschon die Kämpfe an der Westfront in der Folgezeit im Stellungskrieg erstarrten, behielt der Krieg an den anderen Fronten durchaus den Charakter eines B., so etwa im Verlauf der Balkan-Feldzüge der Mittelmächte gegen Serbien (1915) und Rumänien (1916). Auch in Abschnitten der weitläufigen Ostfront stellten sich über die gesamte Dauer des Krieges immer wieder Phasen mobiler Kampfführung ein, so in der Folge des Durchbruchs von Gorlice-Tarnów (1915) und während der russischen Brussilow-Offensive (1916). Auch in den deutschen Kolonien Kamerun und Ostafrika versuchten die isolierten deutschen Truppen, sich ihrer überlegenen Gegner durch ständige Bewegung und kleinere Überraschungsschläge zu erwehren.

Betrachtet man allein die geographische Verschiebung der Frontlinien, so legt dies den Schluß nahe, daß der B. ab Ende 1917 wieder stärker in Erscheinung trat. So drangen deutsche und österreichische Truppen im Verlauf der 12. Isonzo-Schlacht im Okt. 1917 bis zu 100 km in Italien ein. Ab Febr. 1918 stieß die deutsche Armee bis zu 1.000 km tief nach Weißrußland, in die Ukraine und nach Estland vor. Die Kämpfe, die daraufhin noch bis Ende 1919 im Baltikum entbrannten, repräsentierten B. in reinster und zudem bald auch kriegsvölkerrechtlich völlig enthemmter Form. Im Westen resultierte die deutsche Michael-Offensive im März 1918 in einem bis zu 60 km tiefen Einbruch in die französisch-britische Front. Dies stellte für dortige Verhältnisse einen außerordentlichen operativen und zugleich moralischen Erfolg dar, der gleichwohl nicht die erwünschte strategische und politische Wirkung zeitigte. Im Gegenzug drängten die Truppen der Entente ab Spätsommer 1918 im Zuge der »Hundred Days' Campaign« ihren Gegner in Frankreich weit hinter dessen Ausgangsstellungen vom Jahresbeginn zurück.

Als Grund für diese Entwicklung wird oftmals die Entwicklung neuer Waffen, vornehmlich des Tanks, angeführt. Tatsächlich verbesserte der Panzer die Chancen eines Einbruchs in die gegnerische Stellung; zu dem allerdings hierauf einzuleitenden Durch- und Ausbruch konnte die Waffe angesichts fehlender technischer Entwicklungsreife wenig beitragen. In der Regel war der Kulminationspunkt des Angriffs überschritten, sobald die eingebrochene Infanterie ihre Tank- und Artillerieunterstützung verloren hatte und ihre Versorgung nicht mehr zu gewährleisten war. So muß denn auch eher die verbesserte, integrative Verwendung der Kriegsmittel im sog. Gefecht der verbundenen Waffen als der eigentlich entscheidende Faktor in Rechnung gestellt werden. Seine wichtigsten Elemente waren eine aus den Kriegserfahrungen heraus erneuerte Infanterietaktik, die Verbesserung der Artillerie-Schießverfahren, der Einsatz von Gas, die Entwicklung der Luftaufklärung und der erhöhte Motorisierungsgrad der Heere. Trotzdem wäre es übertrieben, von einer regelrechten Rückkehr zum B. zu sprechen. Bei aller militärtechnischen und taktischen Innovation im Verlauf des Weltkrieges waren die Kriegsmittel von 1918 technisch nicht ausgereift (Tanks und Nachrichtentechnik bei allen Mächten) oder war die notwendige Massenproduktion angesichts der vorhandenen industriellen Kapazitäten nicht zu gewährleisten (Tanks und Heeresmotorisierung bei den Mittelmächten).

1914 war der B. als Folge eines Patts der militärischen Potentiale zum Stellungskrieg erstarrt. Wo eine Seite überwältigende qualitative oder quantitative Überlegenheit einbringen konnte, ergaben sich begrenzte Möglichkeiten für einen mobil geführten Krieg. Mit dem Eintreffen des US-amerikanischen Expeditionskorps und dem raschen Verfall der Kampfkraft der deutschen und österreichisch-ungarischen Armeen ab dem Sommer 1918 hatte die Entente endgültig die Oberhand gewonnen. Nun kam der Krieg wieder in Bewegung. → *Stellungskrieg* → *Tank*

Lit.: M. Howard, Men against Fire: The Doctrine of the Offensive in 1914, in: Howard, The Lessons of History, Oxford 1993, S. 97-112.

MARKUS PÖHLMANN

Bild- und Filmamt (BUFA), im Jan. 1917 auf Veranlassung des Kriegsministeriums geschaffen, um die staatliche Bild- und Filmpropaganda zu koordinieren und zu fördern. – Das Amt war der Obersten Heeresleitung und der Militärischen Stelle des Auswärtigen Amtes zugeordnet und hatte Weisungen beider Stellen zu erfüllen. Zu den Aufgaben des Amtes gehörte die Versorgung des In- und Auslands und der Front mit Filmen, die Einrichtung von Feldkinos, der Einsatz von Kriegsberichterstattern, die Verteilung des Rohfilmmaterials der Agfa, die Vertreibung von deutschen und neutralen Filmen und Bildern im Ausland sowie die Koordination der Zensur. Das B. produzierte Spielfilme, aber auch Streifen, die in den Kinos, ähnlich wie später die Wochenschau, vor dem eigentlichen Hauptfilm liefen. Nur wenige dieser Filme sind erhalten, dennoch lassen sich die Inhalte und Themen aus zeitgenössischen Quellen rekonstruieren: Das Leben an der Front, der Bau von Stellungen, der Umgang mit den Waffen, die Lage in den von deutschen Truppen besetzten Gebieten, der Luftkrieg, aber auch die »Heimatfront«. Schon den Zeitgenossen war bewußt, daß das B. der Propaganda diente. Diese Form der Propaganda wandte sich im Inland vor allem an die Arbeiter, die den größten Teil des Kinopublikums ausmachten. Ab 1917 wurde der Beginn von Filmvorführungen sogar auf das Schichtende der Industriebetriebe abgestimmt. Die Arbeiter sollten von den Strapazen des Kriegsalltags abgelenkt werden, zugleich aber wollte man sie daran erinnern, in welchem Maß der eigene Beitrag in der Rüstungsindustrie für den siegreichen Kriegsverlauf notwendig war. Die Propagandafilme richteten sich aber auch an das Publikum im neutralen Ausland, um dort die deutsche Position zu vertreten, d. h. die Zuschauer nicht nur von der Rechtmäßigkeit der deutschen Kriegführung, sondern auch von der Wahrscheinlichkeit eines Sieges zu überzeugen.

Im Sommer 1917 wurde auf Initiative von General Ludendorff das zweite für die deutsche Filmpropaganda wichtige Unternehmen, die Universum Film AG (UFA), gegründet. Ludendorff war davon überzeugt, daß der Krieg die überragende Macht des Bildes und Films als Beeinflussungsmittel bewiesen habe. Vor allem glaubte er, daß die Gegner Deutschlands auf diesem Gebiet einen enormen Vorsprung hatten, der mit der UFA-Gründung verringert werden sollte. Wie Ludendorff maßen viele Militärs und Politiker in Deutschland der Propaganda eine überaus große Einflußmöglichkeit zu, eine Einschätzung, die später von den Nationalsozialisten geteilt und von ihnen umgesetzt wurde. Aus heutiger Sicht wird aber deutlich, daß auch die raffinierteste Filmpropaganda den Kriegsalltag – zunehmende Lebensmittelverknappung und sinkende Hoffnung auf einen deutschen Sieg – nicht verdecken konnte.

SUSANNE BRANDT

Birdwood, Lord William Riddell (seit 1919 1st Baron B. of Anzac and Totnes), * Kirkee (Indien) 13.9.1865, † London 17.5.1951, britischer Feldmarschall. – B. war nach seiner Ausbildung bei den Scots Fusiliers 1885 Offizier bei den 12. Lancers, bevor er Ende 1886 zu den 11. Bengal Lancers versetzt wurde. Während des Burenkrieges diente er in Kitcheners Stab und schuf so eine persönliche Verbindung, die seine Karriere befördern sollte. Er ging mit Kitchener, dessen Protegé er war, nach Indien. 1912 wurde B. Secretary of the Indian Army Department und war bei Ausbruch des Krieges zentral daran beteiligt, indische Verbände nach Ägypten, Mesopotamien und Frankreich zu entsenden.

Im Dez. 1914 ernannte Kitchener – nun britischer Kriegsminister – B. zum Kommandeur des neu geschaffenen australisch-neuseeländischen Armeekorps (ANZAC). B. überzeugte Kitchener davon, daß es nötig war, bei der Dardanellen-Offensive eine kombinierte Land-See-Operation durchzuführen. B. überschätzte jedoch die Kräfte seiner schon durch hohe Verluste geschwächten Truppen. Dies wurde auch bei dem von ihm geführten, verlustreichen Vorstoß auf die Höhen von Sari Bair deutlich (6.-9. Aug. 1915). Dennoch blieb er beim ANZAC beliebt, zumal er die Moral der Truppen hochhielt. Sein effizientes Handeln beim Rückzug von Gallipoli im Dez. 1915 und Jan. 1916 bekräftigte B.s guten Ruf bei den Soldaten.

Im März 1916 wurde B. zum Kommandeur des I. ANZAC-Korps an der Westfront ernannt. Im Sept. erhielt er das Kommando über die gesamte Australian Imperial Force (AIF). B.s Divisionen kämpften 1916 in den verlustreichen Operationen an der Somme – besonders bei Pozières – und im April/Mai 1917 bei

Bullecourt. Der britische Oberbefehlshaber Haig hatte keine hohe Meinung von B.s operativen Fähigkeiten, was im übrigen auf Gegenseitigkeit beruhte. Doch erzielten B.s Einheiten im Sept. 1917 während der 3. Flandern-Schlacht bemerkenswerte Erfolge. Im Nov. wurden die australischen Divisionen an der Westfront in ein eigenes australisches Korps unter seinem Kommando umgewandelt, das im April 1918 einen wichtigen Beitrag zur Verteidigung von Amiens leistete. Von Mai 1918 bis zum Ende des Kriegs kommandierte B. die neuaufgestellte britische 5. Armee, die an der letzten alliierten Offensive beteiligt war. Von 1925 bis zu seiner Pensionierung 1930 diente B. als Oberbefehlshaber in Indien.

PETER SIMKINS (Ü: M. P.)

Bissing, Moritz Ferdinand Freiherr von, *Bellmannsdorf (Schlesien) 30.1.1844, †Trois Fontaines (Belgien) 18.4.1917, preußischer General. – Der Sohn eines dem sächsischen Adel angehörenden Rittergutsbesitzers und preußischen Kammerherrn schlug früh die militärische Laufbahn ein und nahm als Offizier an den Kriegen von 1866 und 1870/71 teil. 1887 wurde er Adjutant des Kronprinzen Wilhelm, nach dessen Kaiserkrönung im Jahre 1888 sein Flügeladjutant; damit wurde seine enge Verbindung zum Hof begründet. 1901 wurde B. zum Kommandierenden General des VII. Armeekorps in Münster ernannt; nach seinem Abschied von diesem Posten im Jahre 1907 widmete er sich als Mitglied der konservativen Fraktion des preußischen Herrenhauses vornehmlich der Wohlfahrts- und Jugendpflege.

Der Ausbruch des Krieges führte ihn zunächst auf seinen alten Dienstort in Münster zurück, nun als stellvertretender Kommandierender General, bevor er am 27. Nov. als Nachfolger von der Goltz' zum Generalgouverneur in Belgien ernannt wurde (Dez. 1914 Beförderung zum Generaloberst); auf diesem Posten verblieb er bis zu seinem Tod. In seiner exponierten Stellung war B. allein dem Kaiser verantwortlich und schnitt den Verwaltungsapparat ganz auf seine eigene Person zu, um alle wichtigen Entscheidungen kontrollieren zu können. Ziel seiner Besatzungspolitik war weniger die Vorbereitung einer späteren Annexion Belgiens (wie sie von einigen Interessenverbänden gefordert wurde) als vielmehr eine kulturelle Angliederung des flämischen Bevölkerungsteils an Deutschland. Ein Ergebnis dieser in Übereinstimmung mit dem Reichskanzler verfolgten Politik war u. a. die Gründung der Flämischen Hochschule in Gent im Okt. 1916 und schließlich die formelle Verwaltungstrennung der flämischen und wallonischen Landesteile im März 1917.

Infolge seines leidenschaftlichen Temperaments und herrischen Auftretens kam es über Verwaltungsfragen immer wieder zu Streitigkeiten mit der Reichsregierung und der OHL, so auch bei den völkerrechtswidrigen Deportationen belgischer Zwangsarbeiter in das Deutsche Reich ab Nov. 1916. Diese standen im Widerspruch zu seiner Ansicht, daß die Besatzungsmacht eher eine rationale Verwaltungs- als eine kurzfristige Ausbeutungspolitik zu betreiben habe, die dem Ansehen des Reiches letztlich nur schaden könne. Trotzdem stimmte er schließlich den Deportationsplänen zu, zumal es stets seine Absicht blieb, das ihm anvertraute Gebiet »in irgendeiner Form zur Machterweiterung Deutschlands« zu nutzen.

THOMAS GERHARDS

Bliss, Tasker Howard, *Lewisburg (Pennsylvania) 31.12.1853, †Washington D. C. 9.11.1930, US-amerikanischer General. – B. war weder ein Troupier noch ein theoretischer Kopf. Er verdankte seine Ernennung zum amtierenden Stabschef der US-Armee im Mai 1917 einer erfolgreichen Karriere als militärischer Verwaltungsbeamter. Dies entsprach einem amerikanischen Muster, das mehr die Grundlegung und Vorausplanung militärischer Stärke als deren Einsatz betonte.

Am 22. Sept. 1917 als Stabschef bestätigt, zeigte B. großes Verständnis für die Bedürfnisse einer nationalen Massenarmee. Unerwartet erfolgreich erwies sich seine Zusammenarbeit mit Industriellen, Politikern und sowohl amerikanischen als auch alliierten Offizieren. Sein ausgeprägtes diplomatisches Geschick, das bei höheren US-Offizieren selten war, führte im Nov. 1917 zu seiner Ernennung zum US-Delegierten bei dem neugeschaffenen Inter-Allied Supreme War Council (Oberster Kriegsrat der Alliierten). B. benötigte all sein Verhandlungsgeschick, da er für zwei Dinge zugleich eintrat: die Schaffung eines vereinigten Oberkommandos und den Erhalt der weitgehenden Selbständigkeit der American Expeditionary Force (AEF) – keine dieser Forderungen war unter seinen

Gegenspielern sonderlich beliebt. Jedoch konnte sich B. der Unterstützung von Präsident Wilson und General Pershing sicher sein. Aus Altersgründen trat B. im Febr. 1918 von seinem Posten zurück, sein Nachfolger war Peyton Conway March.

Obwohl er fest davon überzeugt war, daß das Deutsche Reich und seine Armee zerschlagen werden müßten, setzte sich B. als Mitglied der US-Delegation in Versailles dafür ein, der neuen deutschen Regierung moderate Friedensbedingungen zu stellen. Auch unterstützte er Wilsons Pläne eines Völkerbunds.

B. ist der Prototyp jener Diplomaten in Uniform, die in der US-amerikanischen Diplomatie des 20. Jahrhunderts eine bedeutende Rolle gespielt haben.

DENNIS E. SHOWALTER (Ü: M. P.)

Bloch, Iwan Stanislawowitsch, * Radom 24.8.1836, † Warschau 6.1.1902, polnischer Volkswirt. – Aus bürgerlicher Familie stammend, widmete sich der Warschauer Bankier der Finanzierung des russischen Eisenbahnbaus zwischen Ostsee und Schwarzem Meer. Er wurde dadurch sehr wohlhabend und publizierte mehrere Bände zu allgemeinen Aspekten dieser Tätigkeit. Als ein zum Calvinismus konvertierter Jude trat B. nachdrücklich für die Juden im Zarenreich ein und schrieb hierüber auch mehrere Bücher. Im Alter beschäftigte er sich seit den 1890er Jahren verstärkt mit Fragen von Krieg und Frieden.

1898 publizierte B. in russischer Sprache ein sechsbändiges Werk über den Krieg der Zukunft, das zugleich in englischer, französischer und deutscher Sprache (*Der Krieg*, Berlin 1899) erschien. Durch das Beweismaterial zahlreicher Statistiken und Schaubilder abgesichert, suchte B. die Sinnlosigkeit eines modernen allgemeinen Krieges nachzuweisen: Er ging davon aus, daß die Feuerkraft der Waffen immer mehr zunehme, weshalb der (geschützte) Verteidiger den (vorrückenden) Gegner immer wirkungsvoller bekämpfen könne. So komme es zum Einsatz immer neuer personeller und materieller Ressourcen, welcher die Volkswirtschaften ruinieren und letztlich zum Zusammenbruch der kriegführenden Gesellschaften führen würde. Krieg sei auf diese Art und Weise kein Instrument der Politik mehr und werde obsolet. Diese Erkenntnisse suchte B. mit dem Einsatz beträchtlicher finanzieller Werbemittel öffentlich zu propagieren; er hielt Vorträge in mehreren westeuropäischen Ländern, auch vor britischen Militärs, und veröffentlichte mehrere einschlägige Broschüren. Vor allem gelang es ihm, dem russischen Zaren Nikolaj II. in persönlichen Gesprächen seinen Standpunkt nahezubringen. Inwieweit B.s Ideen 1898 ausschlaggebend für die Zareninitiative zur Einberufung der ersten Haager Friedenskonferenz waren, läßt sich im einzelnen nicht mehr klären. Bemerkenswert war jedoch, daß der russische Staatsrat B. während der Friedenskonferenz im Frühjahr 1899 in der niederländischen Hauptstadt einen großen Salon unterhielt. B.s Einsichten wurden später von Publizisten wie William T. Stead und Norman Angell weiterentwickelt und popularisiert. Rückblickend erscheint B. als weitsichtiger Analytiker der Materialschlachten des Weltkriegs, als ein Mann, der zur richtigen Zeit die richtigen Einsichten hatte, aber keinen Einfluß auf die praktische Politik der Staaten gewann.

JOST DÜLFFER

Bloy, Léon, * Périgueux 11.7.1846, † Bourg-la-Reine (bei Paris) 3.11.1917, französischer Schriftsteller. – Als der Krieg ausbrach, stand B. bereits am Ende seines Lebens. Der Schriftsteller war auf der Suche nach dem Absoluten zum katholischen Glauben konvertiert und kämpfte in seinen Büchern und in seinen Tagebüchern (1892-1917) gegen die »Mittelmäßigen«, die Christus, die Jungfrau Maria und die Menschheit verraten hätten; der Krieg war für ihn eine neue Quelle der Inspiration. Tatsächlich war er mit seiner apokalyptischen Denkweise einer der ersten, die den Krieg als einen unerbittlichen Kreuzzug des Guten gegen das Böse, der Zivilisation gegen die Barbaren lasen: »Hier platzt endlich das lutherische Geschwür auf, das vier Jahrhunderte lang gereift ist.« Die räumliche Distanz von den Menschen, die ihm nahestanden, machte dem bereits alten und kranken B. während des Krieges zusätzlich zu schaffen.

Vehement klagte B. den deutschen Kaiser der »Morde« an. Aber der große nonkonformistische Christ, der stets die Aufhebung des Verbots kritisierte, wonach Priester keine Waffen tragen durften, empfand zugleich den Krieg als einen spirituellen Einbruch, dessen Auswirkungen er für höchst beklagenswert erachtete: »Wann wird er sich denn endlich zeigen, der lebendige Gott, der anbetungswürdige Gott der Krippe und des Kalvarienberges, der Gott der armen Soldaten, die unter Qualen leiden und die niemand mehr vermißt?«

Annette Becker (Ü: G. K.)

Boelcke, Oswald, * Giebichenstein (heute zu Halle/Saale) 19.5.1891, † bei Bapaume (Somme) 28.10.1916, deutscher Jagdflieger. – Ursprünglich Offizier in einem preußischen Telegrafenbataillon, wurde B. 1914 Militärflugzeugführer und bei einer zur Aufklärung bestimmten Feldfliegerabteilung an der Westfront eingesetzt. Als Pilot in einem speziell für die Bekämpfung gegnerischer Flugzeuge entwickelten Jagdeinsitzer errang er ab 1915 insgesamt 40 Luftsiege. Für diese Form des Luftkrieges entwickelte er grundlegende offensive und defensive Kampftechniken sowie neue Organisationselemente, die auch von den Fliegerkräften der Entente übernommen wurden. So faßte er 1916 zum ersten Mal auf deutscher Seite die bisher einzeln kämpfenden Jagdflieger zu einer geschlossenen Kampfeinheit (Jasta 2) zusammen. Die aus zwölf Flugzeugen bestehende Jagdstaffel erbrachte einen besseren Eigenschutz, führte zu erhöhter Durchsetzungskraft und gewährleistete zeitweise die deutsche Luftüberlegenheit im Westen. Als Begründer, Lehrer und erfolgreicher Pilot der deutschen Jagdfliegerkräfte wurde der unter anderem mit dem Orden »Pour le mérite« ausgezeichnete jüngste Hauptmann des Heeres von der Propaganda zum Nationalhelden gemacht und auf Vortragsreisen zur Hebung der Kampfmoral eingesetzt. Am 28. Okt. 1916 kam B. nach Kollision mit einem anderen Flugzeug aus seiner Staffel bei Bapaume ums Leben.

Wolfgang Schmidt

Boroević von Bojna, Svetozar Freiherr, * Umetić (Kroatien) 13.12.1856, † Klagenfurt 23.5.1920, österreichisch-ungarischer Feldmarschall. – Nach der Kadettenschule trat B. in die Armee ein und nahm 1878 an der Besetzung Bosniens teil. Von 1881 bis 1883 besuchte er die Kriegsakademie. Danach diente er in verschiedenen Stabsfunktionen. 1908 wurde er, inzwischen nobilitiert, General der Infanterie und kommandierte seit 1912 das VI. Armeekorps in Kaschau.

B. führte bei Ausbruch des Krieges das VI. Armeekorps; kurze Zeit später wurde ihm das Kommando über die in Galizien kämpfende 3. Armee übertragen. Diese verteidigte im Winter 1914/15 die Karpatenpässe gegen schwere russische Angriffe. Bei Italiens Kriegseintritt im Mai 1915 hatte er das Kommando über die neugebildete k. u. k. 5. Armee inne, die die Isonzofront halten sollte. Die den Italienern zahlenmäßig unterlegene, aber durch das Gelände in der Verteidigung begünstigte Armee stand elf Isonzo-Schlachten durch; B. erhielt den Beinamen »Löwe vom Isonzo«. Im Okt. 1917 bekam die 5. Armee schließlich die Gelegenheit zum Gegenangriff. Mit massiver deutscher Unterstützung gelang der Durchbruch von Caporetto (Karfreit). Am 1. Febr. 1918 wurde B. zum Feldmarschall befördert. Er widersetzte sich allen ungarischen Plänen einer separaten Armee, und er war auch ein Gegner der letzten großen österreichisch-ungarischen Offensive an der Piave im Sommer 1918, die fehlschlug.

B. stand als Symbol für die Reichstreue der Kroaten und den energischen Widerstand, den gerade diese Nationalität des Vielvölkerstaats den italienischen Ambitionen entgegensetzte. Noch im Nov. 1918 drängte B. Kaiser Karl, die Monarchie unter Einsatz der Armee zu erhalten, was dieser jedoch ablehnte. Nach dem Krieg lebte B. in ökonomisch bescheidenen Verhältnissen. Sein Vermögen war in der Tschechoslowakei eingefroren. Und er war Persona ingrata in Kroatien, gleichzeitig aber Ausländer in Österreich und Ungarn. Somit war dieser kroatische Offizier als hervorstechender Angehöriger der alten habsburgischen Elite heimatlos geworden.

Holger Afflerbach

Botha, Louis, * Greytown (Natal) 27.9.1862, † Rusthof (Transvaal) 28.8.1919, südafrikanischer General und Politiker. – B. war der vielleicht begabteste burische Militär und einer der führenden Politiker Südafrikas. Am Burenkrieg gegen Großbritannien (1899–1902) nahm B. als General teil, wo er seine herausragenden taktischen Fähigkeiten unter Beweis stellen konnte. 1907 wurde er Premierminister des Transvaal, wobei er sich für eine Aussöhnung zwischen Buren und Engländern einsetzte. Nach der Gründung der Südafrikanischen Union 1910 wurde er deren Regierungschef. Bei Kriegsausbruch 1914 setzte er sich für die Unterstützung Großbritanniens ein und befürwortete einen Angriff auf Deutsch-Südwestafrika, auch wenn er dafür die Rebellion eines Teils der burischen Bevölkerung in Kauf nehmen mußte. Den Aufstand ließ er militärisch niederschlagen, allerdings gelang es ihm, durch eine vergleichsweise milde Politik gegenüber den Aufständischen eine weitere Spaltung der weißen südafrikanischen Gesellschaft zu vermeiden. Anschließend übernahm er selbst das Oberkommando über den Feldzug in Deutsch-Südwestafrika, den er im Mai 1915 siegreich beenden konnte. Die darauffolgende Kampagne in Deutsch-Ostafrika führte B. nicht selbst, sondern überließ das Oberkommando seinem engen Mitarbeiter Jan Smuts. Er selbst widmete sich nun der Innenpolitik Südafrikas und stellte so eine kontinuierliche Unterstützung Großbritanniens im Krieg sicher. Bereits erkrankt, nahm B. neben Smuts als Vertreter Südafrikas an der Pariser Friedenskonferenz teil, wo er sich für eine versöhnlichere Haltung gegenüber den Verlierern einsetzte. Unmittelbar nach seiner Rückkehr starb er im Aug. 1919.

JÜRGEN ZIMMERER

Brändström, Elsa, * St. Petersburg 26.3.1888, † Cambridge (Massachusetts) 4.3.1948, schwedische Philanthropin und Krankenpflegerin. – B., die Tochter des schwedischen Gesandten in St. Petersburg, war lange über ihren Tod hinaus in ganz Europa bekannt, in Deutschland wurde sie als »Engel von Sibirien« regelrecht verehrt. Diese Verehrung wurde ihr für ihren engagierten Einsatz zugunsten deutscher und österreichischer Kriegsgefangener in Rußland entgegengebracht, vor allem für ihre persönliche humanitäre Arbeit in russischen Lagern zwischen 1915 und 1920.

Schockiert von der völlig unzureichenden Versorgung von Kriegsgefangenen in Petersburger und Moskauer Lazaretten, organisierte die bei Kriegsbeginn in St. Petersburg lebende B. ab Ende 1914 zunächst privat, seit 1915 als Delegierte des Schwedischen Roten Kreuzes, Hilfsgüter für deutsche und österreichische Soldaten in russischer Gefangenschaft. Zusammen mit einer schwedischen Delegation begleitete sie mehrfach Hilfstransporte bis zu den Gefangenenlagern in Sibirien. Während ihrer Aufenthalte lebte und arbeitete sie als Krankenpflegerin in verschiedenen Lagern, wobei sie selbst am lebensgefährlichen Fleckfieber erkrankte.

Nach dem Frieden von Brest-Litowsk zwischen den Mittelmächten und Rußland engagierte sich B. bei der Organisation der ersten Rücktransporte Gefangener aus Sibirien. Während der Oktoberrevolution 1918 zeitweilig in Omsk inhaftiert, blieb sie auch nach ihrer Freilassung in der Region, leistete dort und ab Sommer 1919 in Krasnojarsk aktive Hilfe in den durch den russischen Bürgerkrieg abgeschnittenen Kriegsgefangenenlagern. Noch während ihrer Rückreise nach Schweden formulierte sie im Frühjahr 1920 einen Aufruf an das Internationale Rote Kreuz, in dem sie die sofortige Rückführung aller noch in Rußland befindlichen Kriegsgefangenen forderte.

Ihre Hilfe für (ehemalige) Kriegsgefangene und deren Familien setzte B. in den 20er Jahren in Deutschland fort, wo sie von 1922 bis 1934 lebte. Finanziert durch den Erlös ihres 1921 erschienenen Bestsellers *Unter Kriegsgefangenen in Rußland und Sibirien 1914-1920*, gründete sie ab 1922 mehrere Stiftungen zugunsten ehemaliger Kriegsgefangener und deren Kriegswaisen. Erst nach ihrer Heirat mit dem Dresdener Professor für Pädagogik Robert Ulich 1929 zog sie sich aus diesen Projekten zurück und emigrierte schließlich im Jan. 1934 mit ihrem Mann in die USA.

UTA HINZ

Briand, Aristide, * Nantes 28.3.1862, † Paris 7.3.1932, französischer Politiker (Ministerpräsident). – B. zählte mehr als 30 Jahre lang zu den einflußreichsten Parlamentariern Frankreichs; seit 1902 war er ohne Unterbrechung Abgeordneter, er gehörte (auf unterschiedlichen Posten) 25 Regierungen an und bekleidete mehrfach (u. a. zwischen Okt. 1915 und März 1917 in zwei Regierungen der »Union sacrée«) das Amt des Ministerpräsidenten. B. begann seine Karriere in den 1890er Jahren als sozialistischer Journalist und Anwalt. Nationale Bekanntheit und Anerkennung erreichte er, als er 1904/05 maßgeblich an der Formulierung und parlamentarischen Durchsetzung des Gesetzes zur Trennung von Staat und Kirche beteiligt war. Seine Berufung zum Kultusminister der Regierung Jean Marie Ferdinand Sarrien (1906) markierte den Bruch B.s mit dem organisierten Sozialismus. Als »républicain socialiste« nahm er fortan eine vermittelnde Position innerhalb des französischen Parteienspektrums ein, die ihn nach links und rechts gleichermaßen koalitionsfähig machte.

Im Aug. 1914 trat B. als Justizminister in die Regierung der »Union sacrée« ein. Im Okt. 1915 übernahm er selbst das Amt des Ministerpräsidenten, das er bis März 1917 innehatte. Ursache für seinen Sturz war der militärische Mißerfolg des Saloniki-Unternehmens. B.s auf Ausgleich bedachter Regierungsstil, der darauf abzielte, die parlamentarischen Gepflogenheiten der Vorkriegszeit auch unter den Bedingungen des Krieges zu erhalten, konstrastierte stark mit dem autoritären Kriegskurs seines späteren Nachfolgers Georges Clemenceau. Von diesem unterschied sich B. auch insofern, als er einen »Verhandlungsfrieden« nicht grundsätzlich ausschloß, obwohl er an den wesentlichen Kriegszielen Frankreichs festhielt und sich nicht auf die Formel »keine Annexionen« festlegen ließ. So kam es, daß er 1917, nach seinem Ausscheiden aus der Regierung, an inoffiziellen (und erfolglosen) Verhandlungen mit deutschen Emissären (u. a. Baron von der Lancken) beteiligt war.

B., der sich bis 1914 vor allem mit der Innenpolitik beschäftigt hatte und der in die Friedensverhandlungen von Versailles nicht einbezogen war, wurde in der Zwischenkriegszeit zum dominierenden Außenpolitiker Frankreichs: 1921/22 und erneut von 1925 bis 1932 leitete er das Außenministerium. Sein Name bleibt seitdem untrennbar verbunden mit der deutsch-französischen Annäherung und Entspannung, dem Pakt von Locarno (1925), in dem Deutschland seine Westgrenze definitiv akzeptierte, und dem Briand-Kellogg-Pakt (1928), in dem das Gewaltverbot zum Bestandteil des Völkerrechts wurde. Gemeinsam mit Gustav Stresemann und Austin Chamberlain erhielt B. 1926 den Friedensnobelpreis.

DANIEL MOLLENHAUER

Brittain, Vera, * Newcastle-under-Lyme 29.12.1893, † London 29.3.1970, englische Schriftstellerin. – B. wurde besonders durch ihr Buch *Testament of Youth* (1933) bekannt. Darin verarbeitete sie den Briefwechsel mit ihrem jüngeren Bruder Edward, mit ihrem Verlobten Roland Leighton und weiteren Freunden sowie ihre eigenen Tagebücher aus der Zeit des Ersten Weltkriegs. B. hatte bei Kriegsbeginn bereits einen Studienplatz am Somerville College (Oxford), diente dann aber zunächst als Hilfskrankenschwester in Frankreich, Malta und London. Bei Kriegsende waren ihr Bruder, ihr Verlobter und fast alle ihre weiteren männlichen Freunde gefallen. B. verstand ihr erstes, außerordentlich erfolgreiches Buch als Denkmal für eine im Krieg vernichtete Generation (lost generation). Zusätzlich zu ihrem feministischen und sozialistischen Engagement war sie seit 1936 aktives Mitglied der Peace Pledge Union und eine gefragte Rednerin auf pazifistischen Versammlungen. Während des Zweiten Weltkriegs erregte ihre öffentliche Kritik an den alliierten Bombenangriffen auf Deutschland großes Aufsehen.

ARIBERT REIMANN

Brockdorff-Rantzau, Ulrich Graf von, * Schleswig 29.5.1869, † Berlin 8.9.1928, deutscher Diplomat. – Der erste Außenminister der Weimarer Republik entstammte dem alteingesessenen holsteinischen Adel. Nach dem Erwerb des Dr. jur. wählte B. die diplomatische Laufbahn, die ihn von Brüssel über St. Petersburg nach Wien führte, wo er 1901 Botschaftssekretär und der einflußreiche deutsche Botschafter Graf Carl von Wedel sein Mentor wurde. Dessen Protektion verdankte er 1912 auch seine Berufung zum deutschen Gesandten in Kopenhagen. Mit dem Ersten Weltkrieg gewann er im neutralen Dänemark eine Schlüsselstellung, bemühte er sich doch von diesem »Horchposten« aus um die Anbahnung eines Sonderfriedens mit Rußland und, als dies mißlang, um die Revolutionierung des Zarenreiches. Sein Mittelsmann wurde der russische Sozialist Parvus Helphand. Da die russische Februarrevolution nicht zu dem erhofften Ausscheiden Rußlands aus der Entente führte, setzte er auf Lenin. B. sah in England den Hauptgegner Deutschlands, billigte auch annexionistische Kriegsziele, verwarf aber unter anderem aus Rücksicht auf die dänische Neutralität den 1917 proklamierten uneingeschränkten U-Boot-Krieg.

Nach der deutschen Novemberrevolution empfahlen ihn seine Kontakte zu Helphand und dänischen Sozialisten im Febr. 1919 als neuen Außenminister. B. führte die deutsche Delegation bei den Pariser Friedensverhandlungen. Trotz der deutschen Niederlage hoffte er, das neue Deutschland zum Wortführer einer neuartigen Außen- und Verständigungspolitik zu machen, die sich an den Idealen des amerikanischen Präsidenten Woodrow Wilson orientierte und sich auch auf die Arbeiterschaft – wenn nötig unter Einschluß der USPD – stützte. Der Friedensvertragsentwurf, der Deutschland am 7. Mai 1919 in Versailles vorgelegt wurde, zerstörte diese Illusion. B. löste jetzt eine Propagandakampagne aus, die die internationale Linke mit antiimperialistischen Schlagworten gegen die Ententeregierungen mobilisieren und diese so zu einer gründlichen Änderung dieses »Schandfriedens« veranlassen sollte. Das erwartete Echo blieb weitgehend aus. B. forderte deshalb unter Androhung seines Rücktritts die Nichtunterzeichnung des Versailler Vertrages. Die deutsche Heeresleitung und die Mehrheit des Reichstags folgten dieser Aufforderung jedoch nicht. B. betrachtete die schließliche Annahme des Friedensvertrages als schwerste Niederlage seines Lebens. Schließlich trat er am 21. Juni 1919 zurück.

Als »Wahrer nationaler Ehre« in der deutschen Öffentlichkeit zu Ansehen gelangt, drängte er auf engere Beziehungen zu Sowjetrußland, um so ein Gegengewicht gegen die Westmächte zu schaffen. Nach der Aufnahme diplomatischer Beziehungen zwischen Deutschland und der Sowjetunion durch den Vertrag von Rapallo (1922) wurde B. Eberts Kandidat für den Posten des deutschen Botschafters in Moskau. Die Wahrung erträglicher Beziehungen zu dem neuen Rußland, trotz Stresemanns westlich orientierter Politik, war mit sein Verdienst.

B. starb in dem Bewußtsein, als Außenpolitiker gescheitert zu sein. Diese Tragik war teilweise selbst verschuldet: Von maßlosem Ehrgeiz getrieben, persönlich mißtrauisch und empfindlich, ließ er immer wieder das richtige Augenmaß für eine realitätsnahe Außenpolitik vermissen. Die hohen Ideale, die er nach der deutschen Niederlage verkündete, mußten aus dem Munde des Machtpolitikers, der er war, unwahrhaftig klingen. Sein Propagandafeldzug gegen den Versailler Vertrag lieferte zudem der Rechten die Parolen, die sich bald gegen die Republik richteten. Als ein Aristokrat mit einem wachen Gespür für die Umwälzungen, die der Erste Weltkrieg ausgelöst hat – vor allem den gesellschaftlich-politischen Aufstieg der Arbeiterschaft –, bleibt er dennoch ein bedeutender Zeitzeuge.

Lit.: C. Scheidemann, Ulrich Graf von Brockdorff-Rantzau (1869-1928). Eine politische Biographie, Frankfurt a. M. 1998.

KLAUS SCHWABE

Brooke, Rupert Chawner, * Rugby (Warwickshire) 3.8.1887, † vor Skyros (Griechenland) 23.4.1915, englischer Lyriker. – Während seiner Studienzeit am King's College (Cambridge) 1906-09 war B. aktives Mitglied der Fabian Society (eine dem Sozialismus nahestehende Vereinigung britischer Intellektueller) und wurde zum populären Mittelpunkt eines jugendbewegten Freundeskreises von Naturliebhabern (»Neo-Pagans«). Nach Reisen durch Europa und Nordamerika hielt er sich vorwiegend in Grantchester (nahe Cambridge) auf und stand in engem Kontakt zum literarisch-ästhetischen Zirkel der Bloomsbury Group um Virginia Woolf, Lytton Stratchey und Bertrand Russel. 1911 erschien ein erster Gedichtband B.s mit naturalistisch-idealistischer Lyrik. Sein Gedicht *The Old Vicarage – Grantchester* (1912) wurde mit seiner rustikalen Natursymbolik zu einem Schlüsseltext der britischen Reformkultur der Vorkriegszeit. Bei Kriegsausbruch trat B. in den Dienst der Royal Navy ein, erlebte das hinhaltende Rückzugsgefecht um Antwerpen und war schließlich Mitglied des britischen Expeditionskorps zu den Dardanellen, die B. selbst jedoch nie erreichte – er starb an Bord eines Lazarettschiffes vor Skyros an Blutvergiftung. Sein 1915 erschienener Gedichtband *1914* mit Kriegssonetten machte B. zum gefeierten Lyriker der ersten Kriegsphase. Sein nationalistisch orientierter Idealismus, seine Naturmetaphorik und nicht zuletzt die als klassisch empfundene Attraktivität seiner persönlichen Erscheinung veranlaßten Zeitgenossen zu Vergleichen mit Lord Byron und führten zu einer Idealisierung seiner Person in der Zwischenkriegszeit. Die ersten Zeilen seines Gedichts *The Soldier* gehören zum festen Bestand der britischen Erinnerungskultur des Ersten Weltkriegs:

»If I should die, think only this of me: / That there's some corner of a foreign field / That is forever England.«

ARIBERT REIMANN

Brussilow, Alexej Alexejewitsch, * Tiflis 31.8.1853, † Moskau 17.3.1926, russischer General und Oberbefehlshaber der russischen Armee. – B. entstammte einer alten russischen Adelsfamilie mit langer soldatischer Tradition. Nach Absolvierung einer militärischen Vorausbildung im kaiserlichen Pagenkorps trat er den Dragonern des Twerschen Regiments im Kaukasus bei. Er nahm am Russisch-Türki-

Alexej A. Brussilow

schen Krieg 1877/78 teil und wurde mehrfach ausgezeichnet. In der Eliteschule für Kavallerieoffiziere stieg B. zu einem der führenden Kavallerieexperten auf. Zu Beginn des Weltkriegs führte er das Kommando über die 8. Armee an der Südwestfront, die Mitte Aug. 1914 die österreichischen Linien durchbrach und nach schweren Kämpfen Lemberg eroberte. In der Truppe und der Bevölkerung genoß B. aufgrund seiner militärischen Begabung und seiner Führungsqualitäten große Popularität. Im März 1916 zum Oberbefehlshaber der Südwestfront ernannt, befehligte er im Sommer 1916 zunächst erfolgreich die Offensive gegen die österreichisch-ungarischen Verbände in Galizien und Wolhynien (Brussilow-Offensive). B. war überzeugter Monarchist und großrussischer Nationalist, das militärische Versagen der zarischen Regierung ließ ihn jedoch früh auf Distanz zur eigenen Führung gehen. Im Mai 1917 zum Oberbefehlshaber der russischen Armee ernannt, wurde er nach dem Fehlschlag der im Juli von Alexander Kerenski angeordneten Offensive durch General Lew Kornilow ersetzt. Während des russischen Bürgerkriegs trat B. freiwillig in den Dienst der Roten Armee ein, um das Land gegen die äußere Bedrohung zu verteidigen und seinen drohenden Zerfall zu verhindern.

HILDEGARD KOCHANEK

Brussilow-Offensive. Unter der B. versteht man allgemein die letzte große militärische Anstrengung des russischen Heeres im Sommer 1916. Benannt war sie nach dem Oberbefehlshaber der russischen Südwestfront (Heeresgruppe Brussilow), General A. A. Brussilow, durch dessen Offensive in den ersten Junitagen 1916 zwei österreichisch-ungarische Armeen vernichtet und zwei weitere schwer angeschlagen wurden. Es war einer der größten russischen Siege des Krieges, der sich dennoch in Frontalangriffen totlief.

Der aus einer adligen Familie stammende Brussilow hatte sich als kompetenter Oberbefehlshaber einen Namen gemacht und unter sich einen guten Stab aufgebaut. Dort hatte man die operativen Probleme des Krieges durchdacht und war zu neuen Schlußfolgerungen gelangt. Statt konzentrierter Angriffe auf engen Frontabschnitten, wie sie von anderen Oberbefehlshabern vorgeschlagen wurden, entschied sich der Stab nun für eine breite Front, wobei die Vorbereitungen ausreichend und der Überraschungseffekt sichergestellt sein mußten. So würde der Verteidiger nicht in der Lage sein, seine Truppen zu konzentrieren. Würden darüber hinaus an anderen Stellen ähnliche Angriffe auf breiter Front eingeleitet, so würden die feindlichen Reserven zersplittert werden. So würde es nicht zu dem üblichen Verlauf kommen, daß ausgeruhte Reserven per Bahntransport auf dem Schlachtfeld einträfen, während selbst erfolgreiche Angreifer zu Fuß vorstoßen mußten und sich erschöpften. Mitte April trug Brussilow seinen Plan bei einer Besprechung mit den anderen Befehlshabern vor, verkündete dabei seine Bereitschaft zu einem solchen Angriff und erklärte, daß er nur geringe Verstärkung benötige. Die anderen Führer waren durch vorhergegangene Rückschläge paralysiert und verweigerten ihre Mitwirkung.

Brussilows Tag kam am 4. Juni 1916. Sowohl das deutsche als auch das k. u. k. Oberkommando hatten ihre eigenen Offensiven im Auge – erstere Verdun, letztere Tirol – und zudem waren deutsche, und auch einige bessere österreichische Divisionen aus der österreichisch-ungarischen Ostfront herausgezogen worden. Brussilows Überlegenheit war nicht groß: 600.000 Mann eigene Truppe gegenüber 500.000 Mann beim Gegner, 1.770 Feldgeschütze gegenüber 1.301 sowie 168 schwere Geschütze gegenüber 545. Die bedrängten Franzosen und Italiener forderten

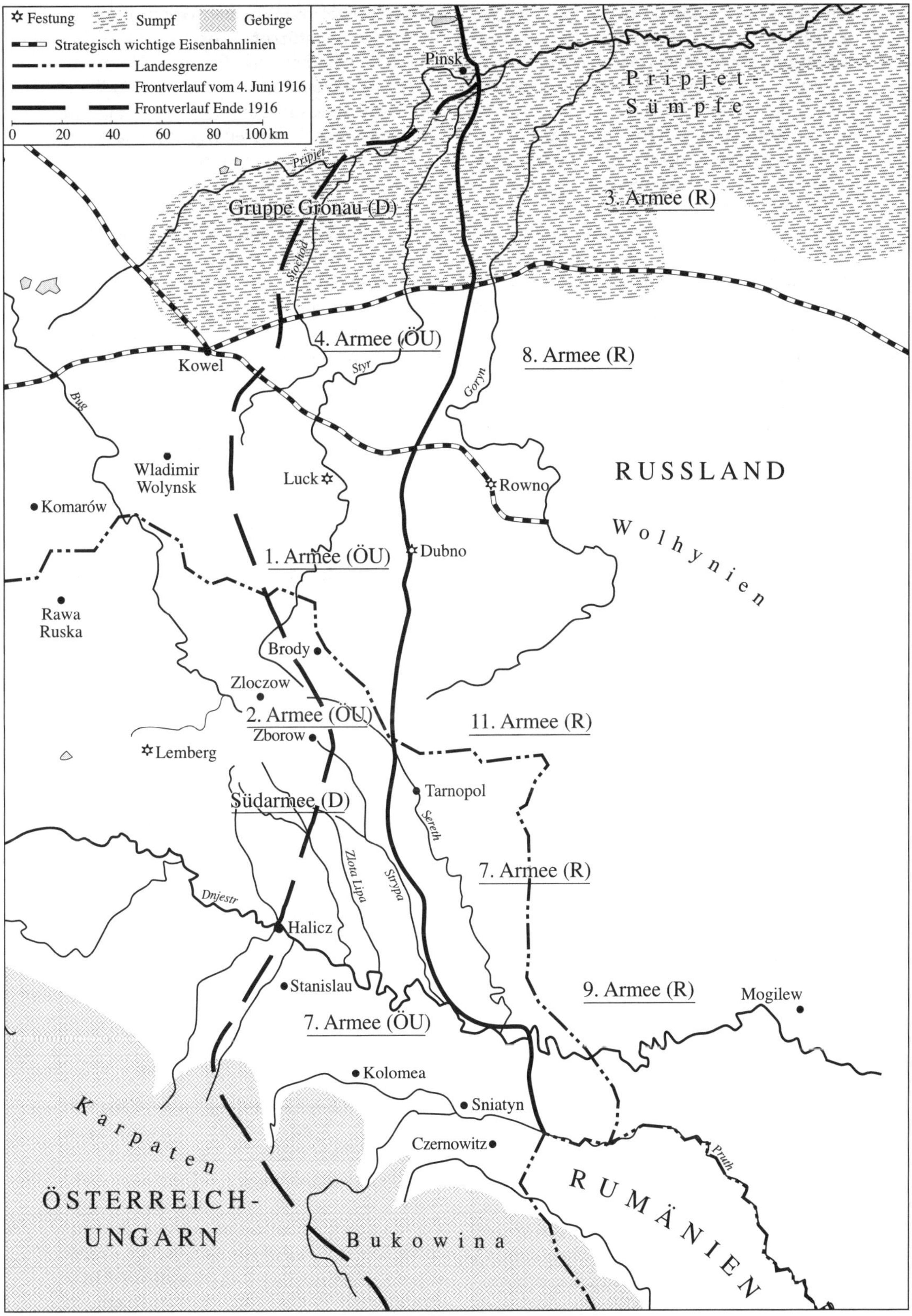

Brussilow-Offensive (1916)

Entlastungsangriffe; die russischen Oberbefehlshaber nördlich des Pripjet, die den Deutschen gegenüberlagen, verweigerten ihre Unterstützung, solange ihnen nicht unrealistisch hohe materielle Überlegenheit zugesichert würde; Brussilow griff trotzdem an.

Seine Vorbereitungen waren besser als je zuvor – große, gedeckte Sturmausgangsstellungen für die Reserven, wenige hundert Meter vom Feind entfernt. Seine Geschütze waren gut eingeschossen. Der Artillerieschlag traf österreichische Stellungen, die sich in der trockenen Hitze zu Staub verwandelten und so die Artilleriebeobachtung einschränkten. Man hatte die gegnerischen Positionen für sehr stark gehalten, doch in Wirklichkeit waren sie so nah an der Frontlinie gelegen, daß die russische Infanterie sie so schnell überwinden konnte, daß ganze Bataillone noch in ihren Unterständen gefangen genommen wurden. Bis zum 8. Juni war die komplette k. u. k. 4. Armee von der russischen 8. Armee im Raum Luck zerschlagen.

Doch Brussilow hatte mit Bedacht weitere Angriffe der drei südlichen Armeen bis an die rumänische Grenze organisiert. Im Zentrum hatten die Angriffe begrenzten Erfolg, aber im Süden wurde die österreichische 7. Armee des Generalobersten von Pflanzer-Baltin – immerhin ein General mit gutem Ruf – fast so vollständig geschlagen wie die 4. Armee. Die russische 9. Armee (Letschitski) hatte dabei nicht nur die neuen Angriffsgrundsätze angewandt und so die gegnerischen Reserven zersplittert, sondern sie hatte sich bei Okna auch die Trennung der feindlichen Stellungen durch den breiten Dnjestr zunutze gemacht. Bis zum 12. Juni hatten die Russen fast 200.000 Gefangene gemacht und 216 Geschütze erbeutet. In Verbindung mit anderen Verlusten reduzierte dies die Stärke der österreichischen Streitkräfte praktisch um die Hälfte.

Gleichwohl stellten sich nun die üblichen Probleme dieses Krieges wieder ein. Brussilows Versorgungslinien verlängerten sich, seine Truppen ermüdeten, und es dauerte zwangsläufig zu lange, bis die Reserven der anderen beiden Heeresgruppen eintrafen. Eine deutsch-österreichische Gegenoffensive (16. Juni) scheiterte, als die Reserven eintrafen, doch konnte Brussilow in dem sumpfigen Terrain nicht über den Frontbogen hinaus vorstoßen, den er nordöstlich von Luck zwischen den Flüssen Styr und Stochod geschaffen hatte. Sein Ziel waren die Bahnknotenpunkte Kowel und Wladimir Wolynsk, und er forderte Unterstützung von General Ewert an, dem Oberbefehlshaber der Westfront. Dieser griff tatsächlich Anfang Juli bei Baranowitschi an – auf sehr enger Front und mit unzureichender Vorbereitung. Innerhalb von vier Tagen verloren die Russen 80.000 Mann, die Deutschen 16.000.

Im Süden, in Ostgalizien und der Bukowina, reihte sich ein Vorstoß an den nächsten, doch war Brussilow nun entschlossen, noch eine Großoffensive auf Kowel zu unternehmen. Hierzu zog er umfangreiche Reserven zusammen, unter anderem die sog. Besondere Armee, die größtenteils aus dem Garde-Kavalleriekorps und den zwei Gardekorps bestand. Zwischen Ende Juli und Anfang Okt. gingen die Schläge auf Kowel nieder, in der Regel im zweiwöchigen Rhythmus und mit einem Materialverbrauch, der für die Ostfront außergewöhnlich war. Inzwischen trafen deutsche und österreichische Reserven ein, nachdem die Österreicher schließlich ihre Angriffe an der Front in Tirol eingestellt hatten. Deutsche und österreichische Truppen wurden nun stark gemischt, manchmal bis auf Bataillonsebene, und die alten Grundsätze des Krieges traten wieder in Geltung: Die Frontalangriffe drangen nur noch sehr begrenzt durch. In Ostgalizien konnte die russische 9. Armee im Juli die Initiative bewahren und stieß sogar bis auf die nach Ungarn führenden Karpatenpässe vor. Doch auch hier gelang es den Reserven der Mittelmächte (darunter befand sich auch ein türkisches Korps) bis Ende Aug., die Front zu stabilisieren, als die Russen im südöstlichen Galizien in schwierige Bergregionen kamen. Am 27. Aug. erklärte Rumänien schließlich Österreich-Ungarn den Krieg.

Lit.: N. Stone, The Eastern Front 1914-1917, London 1998.

Norman Stone (Ü: M. P.)

Bülow, Bernhard Heinrich Martin, Fürst von (seit 1905), * Klein-Flottbek (heute zu Hamburg) 3.5.1849, † Rom 28.10.1929, deutscher Politiker (Reichskanzler). – Der Sohn eines hohen Diplomaten und einer Hamburger Großbürgerstochter trat nach einem Jurastudium 25jährig in den diplomatischen Dienst ein, in dem er rasch Karriere machte. Seit 1897 leitete er als Staatssekretär des Auswärtigen Amtes die Außenpolitik und ab 1900 bis zu seinem Sturz 1909 als Reichskanzler auch die

Gesamtpolitik des Reiches. Deutschland sollte unter ihm zur Weltmacht aufsteigen. Mit seiner Politik der »freien Hand« suchte B. zunächst die Spannungen zwischen den Weltmächten zu fördern. Als diese sich jedoch unter dem Eindruck des deutschen Weltmachtstrebens annäherten, begann er diesen Tendenzen sowohl durch Verständigungssignale als auch durch eine Politik der Stärke gegenzusteuern. Beide Strategien blieben erfolglos.

Im Innern vermochte er der Staatsmacht durch manchen Interessenausgleich mehr Homogenität zu sichern, scheiterte jedoch zuletzt an den Konservativen im Reichstag und an Kaiser Wilhelm II., der sich nach der »Daily-Telegraph-Affäre« von ihm verraten fühlte. Zu seinem Nachfolger Theobald von Bethmann Hollweg wahrte B. kritische Distanz, die sich noch verstärkte als 1914 der Krieg ausbrach. Seiner Meinung nach war der neue Reichskanzler dafür verantwortlich, in der Julikrise das österreichische Ultimatum an Serbien nicht verhindert zu haben, durch das der große Krieg unvermeidlich geworden sei. Zugleich signalisierte B. jedoch der Reichsführung seine Bereitschaft, mit der Regierung in Rom über die fortdauernde Neutralität Italiens zu verhandeln. Erst als dieses Ansinnen nach der Marne-Schlacht in der deutschen Öffentlichkeit breite Unterstützung fand, ließen der Kaiser und Bethmann Hollweg B. Ende 1914 als außerordentlichen Gesandten nach Rom reisen. Doch nur ein umgehendes Angebot Österreichs, das Trentino Italien zu überlassen, hätte die Position der Neutralisten in der italienischen Führung stärken können. B. drängte deshalb in Berlin und Wien auf eine solche Zusage. Das starke österreichische Mißtrauen sowie Intrigen deutscher Diplomaten gegen B. ließen die von Anfang an geringe Erfolgschance verstreichen. Am 23. Mai 1915 trat Italien auf Seiten der Ententemächte in den Krieg ein.

In den folgenden Jahren plädierte B. mit sicherheitspolitischen und wirtschaftlichen Argumenten dafür, das belgisch-französische Kohlebecken und baltische Territorien als deutsche Kriegsziele ins Auge zu fassen. Als 1917 Bethmann Hollweg und bald darauf sein Nachfolger Georg Michaelis entlassen wurden, hoffte B., trotz zeitweiliger Fürsprache der OHL vergeblich, noch einmal Reichskanzler zu werden. Da er sich allen politischen Richtungen als Kandidat anbot, war sein innenpolitisches Programm entsprechend diffus. Allerdings sprach er sich dann für einen Verständigungsfrieden aus.

Nach dem Krieg hielt sich B. von der Politik fern. Er verfaßte Memoiren, die kurz nach seinem Tod erschienen.

Lit.: G. Fesser, Reichskanzler Bernhard Fürst von Bülow. Eine Biographie, Berlin 1991.

Konrad Canis

Bülow, Karl von, * Berlin 24.3.1846, † Berlin 31.8.1921, preußischer Generalfeldmarschall. – B., Sohn eines preußischen Oberstleutnants, nahm an den Kriegen von 1866 und 1870/71 teil. 1877 wechselte er als Hauptmann in den Generalstab, 1894 wurde er als Kommandeur zum 4. Garderegiment zu Fuß versetzt. 1897 wurde er Generalmajor und Direktor des Zentral-Departments des preußischen Kriegsministeriums. 1902 berief man B. zum stellvertretenden Chef des Generalstabs. 1903 wurde er Kommandierender General des III. Armeekorps und in dieser Stellung ein Jahr später zum General der Infanterie befördert. 1912 wechselte er, zum Generaloberst ernannt, als Inspekteur der III. Armeeinspektion nach Hannover.

Bei Kriegsbeginn führte B. die 2. Armee, der unter anderem die Eroberung von Lüttich und Namur gelang. Für kurze Zeit wurde ihm auch die 1. Armee (Kluck) unterstellt, um das koordinierte Vorgehen des rechten deutschen Flügels zu gewährleisten. Meinungsverschiedenheiten zwischen dem als vorsichtig geltenden B. und dem aggressiveren Kluck führten jedoch bereits am 17. Aug. 1914 wieder zur Aufhebung des Unterstellungsverhältnisses. Die Überschreitung der Sambre und der Sieg bei St. Quentin durch die 2. Armee warfen die französische 5. Armee zurück. Am 4. Sept. wurde die Marne überschritten. Da große Truppenteile durch die Belagerung von Festungen hinter der Front gebunden waren und Kluck seine 1. Armee umgruppierte, um Angriffen begegnen zu können, entstand zwischen den beiden Armeen eine etwa 40 km breite Lücke, die nur mit schwachen Verbänden gedeckt war. Als in diese Lücke britische und französische Truppen vorstießen, verlor B. die Hoffnung auf einen Sieg. Der am 8. Sept. von der Obersten Heeresleitung entsandte Oberstleutnant Richard Hentsch sah den Ausweg in einem sofortigen Rückzug hinter die Marne. In der folgenden Verteidigung entlang der Aisne kommandierte B. den gesamten aus der 1., 7. und

2. Armee bestehenden rechten Flügel. Am 10. Okt. 1914 übernahm er den Befehl über die neugebildete 2. Armee und wurde im Jan. 1915 zum Feldmarschall befördert. Aufgrund einer schweren Erkrankung schied er im März 1915 aus dem Dienst aus und wurde im Juni 1916 in den Ruhestand versetzt. Durch den Rückzug an der Marne hatte B. die in ihn gesetzten Hoffnungen nicht erfüllt. Der deutsche Mißerfolg wurde ihm angelastet.

ERIK KLEINE VENNEKATE

Bug-Offensive. Am 22. Juni 1915 eroberte die österreichisch-ungarische 2. Armee Lemberg, die seit Sept. des Vorjahres von den Russen besetzte Hauptstadt Galiziens, zurück. Dies bildete für die Mittelmächte den Höhepunkt einer wichtigen Erfolgsserie, die im Mai mit dem Durchbruch von Gorlice-Tarnów ihren Ausgang genommen hatte. Die Abschnürung des Frontbogens in Russisch-Polen schien greifbar; mit Angriffen von Norden und Süden her sollten sich starke russische Verbände dort einschließen lassen. Einen derartigen Erfolg vor Augen, stellte das deutsche Oberkommando Angriffe an anderen Fronten zurück.

Zur selben Zeit mangelte es der russischen Armee an Gewehren und Munition. Aufgrund der unzureichenden Durchführung der Wehrpflicht fehlte es sogar an Rekruten. Die strategische Lage war schlecht, besonders da die Deutschen erfolgreich eine Ablenkungsoffensive nach Kurland unternommen hatten, die Riga bedrohte und nun weitere Truppenverschiebungen erforderlich machte. Ein Rückzug wäre sinnvoll gewesen, doch kam diese Option, vornehmlich aus technischen Gründen, nicht in Frage. Vor dem Krieg hatte man gerade für eine derartige Lage Festungen gebaut – die größte davon war Nowogeorgiewsk bei Warschau mit 1.680 Geschützen und einem Munitionsvorrat von einer Mio. Granaten. Doch hätte die Aufgabe dieser Festung Transportkapazitäten erfordert, die die russischen Behörden nicht glaubten bereitstellen zu können. Dazu kam, daß Italien die Österreicher und zeitgleich Briten und Franzosen die türkischen Positionen an den Dardanellen angriffen. Das russische Oberkommando traf daher die Entscheidung, den Frontbogen in Polen zu verteidigen.

Am 2. Juli hatten sich die Mittelmächte auf einen Operationsplan geeinigt: Es sollte nicht die von Ludendorff vorgeschlagene riesige Umfassungsbewegung werden, die Generalstabschef von Falkenhayn für zu ambitioniert hielt, sondern ein aus Galizien und Ostpreußen heraus geführter, beschränkter Vorstoß auf Warschau. Die deutschen und österreichisch-ungarischen Verbände in Galizien bildeten mit 33 1/2 Infanteriedivisionen und zwei Kavalleriedivisionen die Heeresgruppe Mackensen; ihr wichtigster Verband war die Bug-Armee unter General von der Marwitz. An der rechten Flanke standen weitere acht k. u. k. Infanterie- und drei Kavalleriedivisionen. Auf der russischen Seite standen 33 Infanterie- und 6 1/2 Kavalleriedivisionen, darunter viele, die gerade von der ruhigeren Front im Norden herangeführt worden waren. Mackensen hielt nicht viel von ausgeklügelten Manövern, er wollte die zahlenmäßige Überlegenheit ausspielen und die Hauptmasse einem Rammbock gleich durchbrechen lassen. Die russischen Gräben waren in der Regel nicht sehr tief und unzweckmäßig gebaut, so daß die Wirkung der deutschen Artillerie ziemlich vernichtend sein konnte – so sehr, daß die russischen Soldaten mitunter aus den Gräben flüchteten und dann im offenen Feld von Schrapnellfeuer niedergemäht wurden. Nach der Abwehr einer russischen Gegenoffensive bei Krasnik Anfang Juli stieß Mackensen Mitte des Monats nach Norden vor. Bei Krasnostaw brach die Heeresgruppe durch und eroberte Ende Juli Lublin und Cholm. Der Chef des k. u. k. Generalstabs Conrad von Hötzendorf drängte auf eine Ausweitung des Angriffs nach Nordosten, doch kamen Mackensen und der deutsche Generalstabschef Falkenhayn überein, daß logistische Probleme dem entgegenstanden; Lublin etwa ließ sich Mitte Aug. nur durch eine Feldeisenbahn-Linie erreichen. Gereizt wischte Falkenhayn die Pläne Conrads beiseite: »Es ist unendlich weniger wichtig, wo die Bug-Armee durchbricht, als daß sie überhaupt durchbricht«.

Die Schläge, die den schlecht vorbereiteten russischen Armeen südlich von Lublin zugefügt wurden, waren vernichtend. Ende Juli mußte General Alexejew, der Oberbefehlshaber der Nordwestfront, dem Höchstkommandierenden Großfürst Nikolaj melden, daß manche Armeekorps auf etwa 4.000 Mann zusammengeschmolzen waren. Mackensen hatte eine Position erreicht, von der er ohne größere Schwierigkeiten die gesamte russische Front in Polen bedrohen konnte. Dazu kam nun, daß Mitte Juni auf der Nordseite des polnischen Frontbogens, am Narew, die zweite Zangenbewegung einsetzte. → *Narew-Offensive*

Lit.: N. Stone, The Eastern Front 1914-1917, London 1998.

NORMAN STONE (Ü: M. P.)

Bukarest, Hauptstadt Rumäniens. – Am 27. Aug. 1916 trat Rumänien in den Krieg gegen die Mittelmächte ein. Schon am nächsten Tag erfolgte als Antwort der Angriff eines deutschen Zeppelins auf B. Weitere Angriffe durch Luftschiffe erfolgten am 4., 5. und 24. Sept. Am 25. Sept. griffen erstmals auch Schlachtflugzeuge des Kampfgeschwaders 1 an, bis zum 20. Nov. erfolgten weitere sieben Luftangriffe auf B., teils durch Zeppeline, teils durch Schlachtflugzeuge, in einigen Fällen auch kombiniert. Nach dem am 23. Nov. 1916 durch die vom Deutschen Reich und Österreich-Ungarn gebildete »Donauarmee«, kommandiert vom deutschen General Kosch, erfolgten Übergang über die Donau war der baldige Fall der Hauptstadt nicht mehr zu verhindern. In rasch aufeinanderfolgenden Gefechten drangen die bulgarischen, deutschen und türkischen Verbände der Donauarmee nach Nordosten vor, während sich von Westen bereits die deutsche 9. Armee unter Falkenhayn, welche die Karpaten in südlicher Richtung überschritten hatte, näherte. Deren deutschen und österreichisch-ungarischen Truppen gelang es kurz vor B., mit der Donauarmee eine geschlossene Front zu bilden und damit die Heeresgruppe Mackensen zu vereinigen. B. war zwar vor dem Krieg als gewaltige Gürtelfestung ausgebaut worden, doch hatte man bei Kriegsbeginn den größten Teil der Geschütze dem Feldheer zugeführt, so daß der rumänischen Führung keine andere Wahl blieb, als die entwaffnete Festung zur offenen Stadt zu erklären. Nach einem letzten Luftangriff konnte die Stadt schließlich am 6. Dez. 1916 weitgehend kampflos von den Truppen der Mittelmächte besetzt werden. Auch eine funktionstüchtige Gürtelfestung hätte B., dem »Paris des Balkans«, keineswegs eine den Kriegsverlauf in irgendeiner Weise beeinflussende Funktion verliehen, die Bedeutung der Hauptstadt blieb eine rein symbolische.

Lit.: E. Bornemann, Der Frieden von Bukarest 1918, Frankfurt a. M. u. a. 1978.

RUDOLF JERABÉK

Bulgarien. In den Balkankriegen von 1912/13 hatte B. seine Hoffnungen auf ein Makedonien, Teile Thrakiens und die Dobrudscha umfassendes »ethnisches B.« nicht realisieren können. Im Frieden von Bukarest 1913 wurde es schließlich gezwungen, praktisch alle im 1. Balkankrieg 1912 gemachten Eroberungen an seine Nachbarn wieder abzutreten. Der Ausbruch des Weltkriegs schien eine neue Chance zur kriegerischen Verwirklichung des seit der Staatsgründung 1878 verfolgten »groß-bulgarischen« Traums zu bieten. Angesichts der Folgewirkungen der Balkankriege verbot sich aber zunächst eine Beteiligung am Krieg. Die seit Juli 1913 im Amt befindliche Regierung Radoslavov verkündete am 1. Aug. 1914 die »strikte Neutralität« des Landes.

Sowohl die Mittelmächte als auch die Entente bemühten sich in der Folgezeit jedoch darum, B. auf ihre Seite zu ziehen. Die bulgarische Regierung konnte die Frage einer Kriegsbeteiligung, an der beide Kriegskoalitionen ein gesteigertes strategisches Interesse hatten, vom jeweils »besten Angebot« abhängig machen. In dem zwischen Kriegsausbruch 1914 und Kriegseintritt B. im Okt. 1915 gespielten »Poker« um die bulgarische Kriegsbeteiligung waren die Mittelmächte letztendlich in einer vorteilhafteren Lage. Deutschland hatte mit einem im Juli 1914 gewährten Kredit dem Land aus seinen großen Finanznöten geholfen. Zudem konnten die Mittelmächte den territorialen Interessen Sofias leichter entgegenkommen, als dies den Ententemächten möglich war. Die Rücksichtnahme auf den Verbündeten Serbien hinsichtlich der bulgarischen Anwartschaften auf Makedonien ließen, ebenso wie die griechische Neutralität, territoriale Avancen in Thrakien und in Richtung auf die Ägäis kaum zu. Demgegenüber konnten die Mittelmächte Sofia ungleich großzügiger mit Gebietsversprechen auf Kosten des serbischen Kriegsgegners locken. Mit der Zusicherung, B. werde Makedonien und einen ost-serbischen Grenzsteifen östlich des Flusses Morava erhalten sowie – für den Fall eines griechischen bzw. rumänischen Kriegseintritts auf seiten der Entente – auch der Aussicht auf Erfüllung bulgarischer Ansprüche in Thrakien und der Dobrudscha, kamen die Mittelmächte den Maximalerwartungen Sofias daher in nahezu allen Punkten entgegen.

In der Erwartung eines baldigen Sieges der Mittelmächte erteilte B. diesen daher im

Herbst 1915 den Zuschlag. Am 6. Sept. schloß B. mit Deutschland und Österreich-Ungarn einen Bündnisvertrag sowie mehrere Geheimabkommen, die das Land zum sofortigen Kriegseintritt an der Seite der Mittelmächte unter dem Oberbefehl des deutschen Generalfeldmarschalls Mackensen verpflichteten. Im Gegenzug wurde Sofia die sofortige Inbesitznahme Makedoniens gewährt; die Übernahme Thrakiens wurde mit Rücksicht auf die griechische Neutralität noch bis in das Frühjahr 1916 hinein dilatorisch behandelt. Anders als in den Balkankriegen 1912/13 war eine Kriegsbeteiligung 1915 in der politischen Öffentlichkeit B. äußerst umstritten. Für die immer noch stark russophil eingestellte Bevölkerung war – trotz der Enttäuschung, über Rußlands Option im 2. Balkankrieg 1913 zugunsten Serbiens und Rumäniens sowie die neue Kriegsallianz Moskaus mit Belgrad – ein Krieg an der Seite der Mittelmächte gegen Rußland durchaus nicht populär. Nachdem aber die Regierung den Kriegseintritt einmal beschlossen hatte, trugen auch die Oppositionsparteien – mit Ausnahme des linken Flügels der Sozialdemokratie, den sog. Eng-Sozialisten – diesen de facto mit. An der Legitimität der territorialen Ansprüche B.s hatte auch die Opposition keinen Zweifel.

Militärisch konnte die bulgarische Armee ihre Ziele schnell erreichen. Bis zum Spätsommer des Jahres 1916 wurden die beanspruchten Gebiete besetzt. Doch bald danach mußten die Bulgaren erste militärische Rückschläge, vor allem in Westmakedonien, hinnehmen. Insbesondere aber die erheblichen wirtschaftlichen Belastungen des Krieges ließen die Zustimmung zum Krieg immer weiter erodieren. Teile der Bevölkerung drängten auf einen Separatfrieden, zumal die ursprünglichen Kriegsziele ohnehin erreicht seien. Auch die oppositionelle Bauernpartei und deren im Kriege inhaftierter Führer Aleksandăr Stambolijski forderten ein sofortiges Ausscheiden aus dem Kriege. Nicht nur der Regierungschef, sondern vor allem auch der Zar Ferdinand I. verweigerten sich jedoch einer solchen Idee und pochten auf die Einhaltung der Bündnisverpflichtungen. Nach den revolutionären Ereignissen in Rußland im Febr. 1917 und angesichts einer sich zunehmend verschlechternden militärischen Situation brach die innenpolitische Unterstützung für die Regierung Radoslavov immer mehr zusammen. Als im Frühherbst die Armeeführung den Rückzug aus den besetzten Gebieten befahl, löste dies innerhalb der Truppen Verweigerungen und Meutereien aus. Im Juni 1918 trat die Regierung Radoslavov zurück. Die Nachfolgeregierung Malinov bemühte sich zwar um ein breites politisches Fundament unter Einschluß der Oppositionsparteien, da aber auch sie auf Drängen Ferdinands an der Kriegskoalition festhielt, gelang ihr eine Stabilisierung der Situation in der Endphase des Krieges nicht mehr. Am 29. Sept. willigte Malinov in einen Waffenstillstand ein; zugleich drohte im Inneren das monarchische System in sozialen und politischen Unruhen unterzugehen, die vor allem von der Bauernpartei ausgingen. Im Angesicht der militärischen Niederlage und der völligen Erodierung seiner innenpolitischen Position dankte Ferdinand am 3. Okt. zugunsten seines Sohnes Boris III. ab und verließ das Land.

Die schon bald als »nationale Katastrophe« bezeichnete Beteiligung am Ersten Weltkrieg hatte 133.000 Menschen das Leben gekostet, weitere 100.000 waren verwundet worden. Im Frieden von Neuilly 1919 mußte das Land seine Hoffnungen auf ein ethnisch homogenes B. ein weiteres Mal aufgeben. Wie schon im Balkankrieg 1913 büßte das Land die im Kriege gemachten Eroberungen wieder ein. Die darüber hinausgehenden territorialen Verluste blieben allerdings gering. Gravierender, nicht nur wirtschaftlich, sondern vor allem auch psychologisch, waren indessen die unerträglich hohen Reparationszahlungen, die erst im Verlauf der Weltwirtschaftskrise reduziert und schließlich hinfällig werden sollten. Auch die beträchtlichen Souveränitätsbeschränkungen des Landes hinsichtlich der Stärke und der Organisation seiner Armee lösten erhebliche Irritationen in der Bevölkerung aus. Der Friedensvertrag von Neuilly provozierte schon bald einen Revisionismus, der alte territoriale Anwartschaften in Richtung auf Makedonien, Thrakien und die Dobrudscha wiederbelebte und auf eine Korrektur der Vertragsbestimmungen von 1919 drängte.

Lit.: R. J. Crampton, Bulgaria 1878-1918, New York 1983; W.-U. Friedrich, Bulgarien und die Mächte 1913-1915. Ein Beitrag zur Weltkriegs- und Imperialismusgeschichte, Wiesbaden 1985.

WOLFGANG HÖPKEN

Burgfrieden. Am 1. Aug. 1914 sprach Kaiser Wilhelm II. vom Balkon seines Berliner

Schlosses jene Worte, die am Beginn des propagierten innergesellschaftlichen Friedenszustands stehen, für den der Begriff B. konstitutiv wurde: »Wenn es zum Kampfe kommt, hört jede Partei auf. Wir sind nur noch deutsche Brüder«. Er wiederholte diese Sätze dann am 4. Aug., leicht verändert, in der Rede, mit der er den Reichstag eröffnete: »Ich kenne keine Parteien mehr, ich kenne nur noch Deutsche«. Damit brachte er zum Ausdruck, daß die Parteien, als Repräsentanten des Volkes, mit ihm einen Pakt geschlossen hatten, dem kurz darauf der historisch klingende Name B. verliehen wurde. Am Nachmittag des 4. Aug. wurde zudem eine analoge Vereinbarung zwischen den politischen Parteien geschlossen, als alle Fraktionen ohne Gegenstimme die von der Regierung vorgelegte Kriegskreditvorlage sowie weitere Kriegsgesetze verabschiedeten. Besondere Begeisterung löste dabei die Zustimmung der SPD-Fraktion aus, die von vielen angesichts tiefgehender Zerwürfnisse zwischen monarchischem Staat und sozialdemokratischer Arbeiterbewegung nicht erwartet worden war.

Im Aug. 1914 kam es in allen kriegführenden Nationen unter dem Eindruck der äußeren Bedrohung zur Bildung mehr oder weniger umfassender nationaler Einheitsfronten, in die sich überwiegend auch die sozialistischen Parteien integrierten. In Frankreich wurde ebenfalls am 4. Aug. im Zuge der parlamentarischen Bewilligung von Kriegskrediten und Kriegsgesetzen die »Union sacrée« begründet. Sie führte schon drei Wochen später zu einer Beteiligung der Sozialistischen Partei an der Regierung. In keiner Nation wurde die Debatte um den innenpolitischen Frieden jedoch so intensiv geführt wie in Deutschland.

In Deutschland gab es zwei unterschiedliche Interpretationen des B. Zum einen versprachen sich viele Zeitgenossen eine gesellschaftliche Erneuerung Deutschlands, eine einheitliche nationale politische Kultur. Monarchistisch gesinnte Konservative sahen im B. die gesellschaftliche Anerkennung des bestehenden Gesellschaftssystems, die Zustimmung zu einem starken Staat, der rücksichtslos jede Innen- und Parteipolitik auszuschalten in der Lage war. Radikale Nationalisten um den Alldeutschen Verband behaupteten, das »Augusterlebnis« sei ein Gemeinschaftserlebnis, das politische Identitäten ändere: Im B. gäbe es keine Sozialdemokraten mehr, da alle Deutschen Alldeutsche geworden seien.

Aber das tatsächlich erlebte Gemeinschaftsgefühl am Anfang des Krieges – insoweit es überhaupt allgemein empfunden wurde – war kein »Wir-Erlebnis« im Sinne einer echten persönlichen Verbundenheit, sondern eine Not- oder Solidaritätsgemeinschaft, die, wie der Soziologe Emil Lederer sie zutreffend beschrieb, darin bestand, »daß alle gruppenbildenden Einflüsse suspendiert und alles Interesse, aller Wille und alle Taten auf ein Gemeinsames gerichtet werden«. Dieses gemeinsame Ziel war, den Krieg schnell zu gewinnen. Sehr bald stellte sich heraus, daß die politischen Gegensätze der Vorkriegszeit auch im Zeichen des B. fortwirkten und nur mühsam verdeckt werden konnten. Spätestens 1916, vor dem Hintergrund wachsender Auseinandersetzungen über die Kriegsziele, das preußische Wahlrecht sowie die Organisation der Heimatfront begann der Konsens zu bröckeln. In den letzten zwei Jahren des Krieges wurden die politischen Debatten mit einer Härte geführt, die die Diskussionen vor dem Krieg übertraf.

Das zweite Verständnis des B. war in seiner Tendenz liberal. Hiernach handelte es sich um eine Vereinbarung, alle schwierigen innenpolitischen Probleme auf die Zeit nach dem Krieg zu verschieben, oder, wenn das nicht möglich wäre, wenigstens die Gleichberechtigung aller Deutschen in den innenpolitischen Diskussionen anzuerkennen sowie die jeweiligen politischen Einstellungen zu respektieren. Es sollte niemand mehr als »vaterlandsloser Geselle« aus der Nation ausgeschlossen werden. Die Breite der gesellschaftlichen Anerkennung dieser neuen Regel der politischen Kultur sollte nicht unterschätzt werden. Kanzler Bethmann Hollweg hoffte, durch eine Neuorientierung der Regierungspolitik die Arbeiterbewegung zu integrieren. Das Vereinsgesetz wurde geändert, um das Gesetz tatsächlich überparteilich zu machen. Dieses Verständnis war die Grundlage für die Zensur, und die Zensoren haben zum größten Teil auch versucht, hiernach zu handeln. Die sozialdemokratische Parteizeitung *Vorwärts* durfte ab Aug. 1914 auf preußischen Bahnhöfen verkauft werden. Diese Konzession fand auch Zustimmung in unterschiedlichen politischen Gremien, wie etwa den Sozialfürsorgeausschüssen, aber auch im Reichstag selbst. In den letzten Jahren des Krieges haben die meisten Parteien jedoch eher versucht, den B. durch die Erfindung eines Volksgemeinschaftsmythos um den »Geist von 1914« zu erhalten als durch die Anerkennung der Gleichberechtigung des politischen Gegners. Der B. existierte nur noch als Mahnung und in dem immer wieder geäußerten Vorwurf, der jeweils andere habe den B. gebrochen. → *Augusterlebnis* → *Ideen von 1914* → *Sozialdemokratie*

Lit.: W. Kruse, Krieg und nationale Integration: Eine Neuinterpretation des sozialdemokratischen Burgfriedensschlusses 1914/1915, Essen 1993; J. Verhey, Der »Geist von 1914« und die Erfindung der Volksgemeinschaft, Hamburg 2000.

JEFFREY VERHEY

Burián von Rajecz, István Stephan Graf (seit 1918), * Stampfen (heute Stupuva bei Preßburg) 16.1.1851, † Wien 20.10.1922, ungarischer Politiker (Außenminister). – B. war der Abkömmling einer alten ungarischen Familie. Nachdem er zunächst im diplomatischen Dienst gearbeitet und unter anderem in Alexandria, Bukarest, Belgrad, Sofia, Moskau, Stuttgart und Athen gedient hatte, wurde er 1903 Finanzminister Österreich-Ungarns. Als solcher war er auch zuständig für die Verwaltung des besetzten Bosnien-Herzegowina. Im Sommer 1908 gehörte er zu dem kleinen Personenkreis innerhalb der habsburgischen Führung, der die bosnische Annexion vorbereitete und durchführte. Es war sein Bestreben, die zuerst besetzten und dann annektierten Provinzen mit der österreichischen Herrschaft auszusöhnen.

Im Jan. 1915 wurde er, als Nachfolger Berchtolds, österreichisch-ungarischer Außenminister; gewissermaßen stellvertretend für den ungarischen Ministerpräsidenten Tisza, der sich in Budapest für unabkömmlich erklärte. Berchtold wollte zuletzt durch Gebietsabtretungen an Italien dessen Neutralität sichern. B.s Aufgabe und Anliegen war es hingegen, diese Abtretungen zu vermeiden. Die schwierigen und für die Monarchie lebenswichtigen Verhandlungen führte B. aber – nach dem Urteil seiner eigenen Mitarbeiter – nicht sehr geschickt. Im wesentlichen setzte er auf eine Hinhalte- und Verschleppungstaktik in der Hoffnung, in der Zwischenzeit reifende große militärische Erfolge der Mittelmächte würden die Italiener vom Kriegseintritt abhalten. Doch die Erfolge blieben aus, und Italien unterzeichnete am 26. April 1915 den Vertrag mit der Entente. B. blieb trotzdem bis Ende Dez. 1916 Außenminister, obwohl er auch den Kriegseintritt Rumäniens im Aug. 1916 nicht verhindern konnte. Im letzten Kriegsjahr war er erneut von April bis Okt. 1918 Außenminister. B. trat zurück, weil er sich weigerte, einen separaten Friedensvorstoß zu unternehmen.

HOLGER AFFLERBACH

Cadorna, Luigi Graf von, * Pallanza (heute zu Verbania) 4.9.1850, † Bordighera 23.12.1928, italienischer General und Chef des Generalstabs. – Als Sohn eines prominenten Generals trat C. mit zehn Jahren in das Kadettenkorps ein. 1870 Leutnant, wurde er 1898 Generalmajor, 1905 Generalleutnant. 1910 beförderte man ihn zum Kommandierenden General des Armeekorps Genua. 1914 wurde C. zum Nachfolger des verstorbenen Generalstabschefs Alberto Pollio berufen. Während der zehnmonatigen Phase der italienischen Neutralität versuchte C. die durch den Libyenkrieg von 1911/12 geschwächte Armee zu reorganisieren. Die mit dem Kriegseintritt auf seiten der Entente im Mai 1915 aufgenommenen Offensiven blieben zwar hinter den Erwartungen zurück, trugen jedoch den Krieg zunächst auf österreichisches Gebiet. C.s weitere strategischen Pläne manifestierten sich im wesentlichen in elf blutigen Offensiven am Isonzo. Auflösungserscheinungen bei der Truppe begegnete er mit summarischen Erschießungen. Der deutsch-österreichische Durchbruch bei Caporetto (Karfreit) führte die italienische Armee im Okt. 1917 an den Rand des Zusammenbruchs. C. gelang es zwar, die Front an der Piave zu stabilisieren, doch führten diese Ereignisse am 9. Nov. 1917 zu seiner Ablösung. 1919 belastete eine staatliche Untersuchungskommission zu Caporetto ihn noch einmal schwer, was zu heftigen öffentlichen Debatten führte. 1924 befahl jedoch Benito Mussolini die Rehabilitierung C.s und seine Ernennung zum Marschall.

MARKUS PÖHLMANN

Caillaux, Joseph, * Le Mans 30.3.1863, † Mamers (Département Sarthe) 22.11.1944, französischer Politiker. – Als ältester Sohn eines ehemaligen Ministers der konservativen Republik wählte C. nach einer polytechnischen Ausbildung den Beruf des Finanzinspektors, den er bis zu seiner Wahl zum Abgeordneten von Mamers 1898 ausübte. Dort wurde er bis 1914 regelmäßig mit absoluter Mehrheit wiedergewählt. Ohne jemals eine Funktion auf Gemeindeebene ausgeübt zu haben, war er Generalrat (1904) und stand der Départements-Vertretung von 1909 bis 1917 vor. Seine außerordentliche Qualifikation als Steuerfachmann beförderte seine Nominierung für das Amt des Finanzministers (1899-1902), das er von 1906 bis 1909, von März bis Juni 1911 und von Dez. 1913 bis März 1914 erneut ausübte. Dieses technisch orientierte Ministerium verlieh ihm im Laufe der Zeit immer mehr politisches Gewicht, vor allem weil er sich hier für sein Lebensprojekt einer allgemeinen und progressiven Einkommenssteuer einsetzte. Das bereits 1909 von der Chambre des Députés (Deputiertenkammer) angenommene Gesetz wurde vom Senat nach heftigen Debatten im Parlament und in der Presse erst im Juli 1914 und auch nur zu Teilen gebilligt. Die Steuerreform war der Hauptgrund für die zahlreichen Anfeindungen C.s, dessen Unbeliebtheit durch sein Verhalten als Ministerpräsident (Juni 1911 bis Jan. 1912) während der 2. Marokkokrise noch verstärkt wurde. Nach einer Pressekampagne von *Le Figaro* gegen C. erschoß seine Frau dessen Chefredakteur (16. März 1914), woraufhin C. zurücktreten mußte.

Zunächst Kriegsfreiwilliger und Finanzbeauftragter der Armee (Aug. bis Nov. 1914), dann beauftragt mit einer Wirtschaftsmission in Südamerika (Nov. 1914 bis Febr. 1915), blieb er während des Krieges auf Distanz zur Regierung. Als vermeintlicher Anhänger eines Verhandlungsfriedens wurde er von den Nationalisten angegriffen, während gleichzeitig französische Pazifisten und – wenig loyale – Repräsentanten der Mittelmächte seine Nähe suchten. Aufgrund dieser diffusen Verbindungen wurde im Dez. 1917 seine parlamentarische Immunität aufgehoben. C. wurde inhaftiert (Jan. 1918 bis Sept. 1919), zunächst einem Kriegsgerichtsverfahren überstellt (Jan. bis Juli 1918), dann vom Senat in seiner Funktion als Staatsgerichtshof verfolgt (Okt. 1918 bis Aug. 1919). Im April 1920 wurde er wegen angeblicher »Feindkontakte« zum Verlust der bürgerlichen Ehrenrechte für die Dauer von zehn Jahren verurteilt.

Nach seiner Begnadigung im Dez. 1924 gelang ihm eine zweite politische Karriere. Als Präsident der Senatskommission für Finanzen (1931-40) und aktiver Publizist in der politischen und Finanzpresse, wo er eine Politik der Sparsamkeit predigte, übte er einen großen Einfluß auf Regierung und öffentliche Meinung aus und trug so zum Sturz der beiden Kabinette von Léon Blum (1937 und 1938) bei. Nach seiner Zustimmung zum Gesetz vom 10. Juli 1940, das die Bildung des Vichy-Regimes ermöglichte, zog sich C. ins Privatleben zurück.

JEAN-CLAUDE ALLAIN (Ü: G. K.)

Cambrai, nordfranzösische Stadt am Schelde (L'Escaut)-Kanal. – In der »Tankschlacht bei C.« kam es im Nov. 1917 zum ersten operativen, massierten Einsatz von britischen Panzerkräften – gleichsam eine Revolution auf dem Schlachtfeld. Ohne die übliche tagelange Artillerievorbereitung durchbrachen am 20. Nov. nach einem kurzen Feuerschlag rund 400 gepanzerte Kettenfahrzeuge des neu aufgestellten britischen Tank Corps die deutschen Verteidigungslinien der Siegfried-Stellung im Bereich von Havrincourt. Sie wurden von sechs Infanterie- und drei Kavalleriedivisionen sowie 400 Flugzeugen unterstützt. Der auf einer 15 km breiten Front vorgetragene Angriff stieß 7 km tief in das gegnerische Stellungssystem vor.

Die deutsche Führung wurde durch das völlig neuartige Angriffsverfahren überrascht, da sie im Hinblick auf die starken Hindernisse der tiefgegliederten Stellungen ein aufwendiges Zerstörungsfeuer bei Angriffsabsichten voraussetzte. Auch das bewaldete Gelände sowie schlechte Fliegersicht hatten keinen Einblick in den Aufmarsch erlaubt. Den Briten gelang es jedoch nicht, C. zu erobern und den Einbruch in die deutsche Front zu einem Durchbruch auszuweiten. Das britische Oberkommando unter Douglas Haig hatte nicht mit einem großen Erfolg gerechnet und die entstandenen Lücken in der deutschen Front wurden nicht ausgenutzt. Nur Spitzen der Kavallerie erreichten unter hohen Verlusten C. Nach einem weiteren Geländegewinn lief sich dann am 21. Nov. der Angriff bei Bourlon fest, da es der deutschen 2. Armee schnell gelang, Reserven heranzuführen.

Nach fünftägigen schweren Kämpfen stellten die Briten die Offensive am 29. Nov. ein und befahlen am Tag darauf den Rückzug aus Bourlon, da sich durch die deutsche Gegenoffensive (Zangenoperationen an den Einbruchsflanken) die Gefahr einer Abriegelung abzeichnete. Diese Gegenoffensive, in deren Verlauf die Deutschen den größten Teil des verlorengegangenen Geländes zurückerobern konnten, endete am 6. Dez. Auf britischer Seite fielen 45.000 Mann, und 11.000 wurden gefangengenommen; die Deutschen erbeuteten 140 Geschütze und 350 Maschinengewehre. Auf deutscher Seite starben 41.000 Soldaten, 9.000 gerieten in britische Gefangenschaft; die Briten erbeuteten 165 Geschütze und 600 Maschinengewehre.

Der Abwehrerfolg, die Vernichtung von rund einem Drittel der gegnerischen Panzer sowie die geglückte Gegenoffensive verschleierten in der Obersten Heeresleitung (OHL) die Tatsache, daß sie nur knapp einer Katastrophe entgangen war. Zudem bestärkte sie die gelungene Abwehr in der Überzeugung, auf den Aufbau einer eigenen Panzerwaffe verzichten zu können. Die »Tankschlacht von C.« bestätigte die Erfahrungen vom April 1917, als bei Arras ein kleiner Panzerangriff abgewehrt werden konnte. Nach Ansicht der OHL galt damit der sog. Tankschreck, d. h. die Gefahr einer Panik unter der Infanterie, als überwunden; die Zuversicht in die Wirksamkeit der deutschen Abwehrmittel hingegen war gestiegen. In London wurde das Gesamtergebnis der Schlacht mit Bestürzung quittiert. Der Großeinsatz von Tanks, ihre Serienproduktion und Weiterentwicklung waren jedoch nicht mehr aufzuhalten. → *Siegfried-Stellung* → *Tank*

Lit.: A. J. Smithers, Cambrai. The Great Tank Battle, London 1992.

GERMAN WERTH

Camouflage (Tarnung), Maßnahmen, die dem Zweck dienen, das Wahrnehmen und Erkennen von Zielen zu verhindern oder zumindest zu erschweren, wobei die Ziele optisch möglichst dem umliegenden Gelände angepaßt werden. – Im Ersten Weltkrieg kam der Tarnung wegen der sich rasant entwickelnden Möglichkeiten der Luftaufklärung besondere Bedeutung zu. Es galt, vor dem Gegner große, unbewegliche Geschütze ebenso zu verstecken wie Material- und Vorratslager, deren Zerstörung die Schlagkraft der eigenen Armee empfindlich treffen konnte. So sollte die Tarnung dem Schutz der Soldaten dienen und gleichzeitig eigene Truppenkonzentrationen verbergen.

Die C. versuchte vor allem, auffallend scharfe Linien und Schlagschatten zu vermeiden und dafür zu sorgen, daß sich Gegenstände nicht durch ihre Farbe von der Umgebung abhoben. Geschütze konnten auf diese

Getarnte Straße in Südtirol

Weise »eingegraben« bzw. zusätzlich durch flache Dächer der Fliegerbeobachtung entzogen werden. Netze, die mit laubähnlichen Stoffstücken besetzt waren, oder die direkte Bemalung von Geschützen mit unregelmäßigen Mehrfarbanstrichen dienten einem ähnlichen Zweck. Zur C. konnten ebenfalls vorhandene Objekte wie Bäume oder Gebäude genutzt werden. Auch die Uniformen der Soldaten veränderten sich unter dem Einfluß der neuen Kriegführung: Statt der bunten und mit glänzenden und reflektierenden Zierstücken besetzten Uniformen wurden nun solche getragen, die sich farblich der Umgebung anpaßten: feldgrau, oliv oder sandfarben, im Schnee streifte man weiße Overalls über.

Zu den zahlreichen Maßnahmen der C. gehörte auch das Verdunkeln bzw. das Ausnutzen der Nacht sowie das chemisch erzeugte Vernebeln der Landschaft. Außerdem entstanden schon im Weltkrieg – als komplementäre Maßnahme der direkten Tarnung – sog. Scheinanlagen, d. h. Häfen, Fabriken, Krankenhäuser, die lediglich Kulissen waren.

Der Maler Paul Klee war an der Umsetzung von Tarnmaßnahmen beteiligt. Nach seinem eigenen Zeugnis hat diese Erfahrung Einfluß auf seine spätere Malerei gehabt.

Susanne Brandt

Capelle, Eduard von, *Celle 10.10.1855, † Wiesbaden 23.2.1931, deutscher Admiral. – C. trat mit 16 Jahren als Seekadett in die Marine ein. Anschließend übernahm er mehrere Bordkommandos, bis er in die militärische Abteilung des Reichsmarineamtes wechselte. Dort arbeitete er seit 1897 an der Erstellung der verschiedenen Flottengesetze und -novellen mit und avancierte bald zu einem der engsten Mitarbeiter des Staatssekretärs des Reichsmarineamtes, Admiral Alfred von Tirpitz. 1904 wurde er zum Chef der Verwaltungsabteilung im Reichsmarineamt berufen, der er bis 1914 vorstand. Nachdem er 1912 in den Adelsstand erhoben und ein Jahr später zum Admiral befördert worden war, arbeitete er 1914/15 als Unterstaatssekretär im Reichsmarineamt. Seine Einsicht, daß politische Belange über militärische Bedürfnisse zu stellen seien, hatte bald die Entfremdung von Tirpitz zur Folge. Wegen der immer größer werdenden Differenzen ersuchte er Ende 1915 um seinen Abschied.

Die Entlassung von Tirpitz im März 1916 führte zu C.s Reaktivierung. Am 15. März 1916 übernahm er als dessen Nachfolger das Amt des Staatssekretärs des Reichsmarineamtes. C.s zögernde Haltung hinsichtlich der Eröffnung des uneingeschränkten U-Boot-Krieges brachte ihn bald in Gegensatz zum Generalstabschef Erich von Falkenhayn, genauso wie seine Bereitschaft, auf politische Erfordernisse Rücksicht zu nehmen. Trotz der Kritik an seiner Person gelang es C., sich mehr als zwei Jahre lang auf seinem Posten zu behaupten. Nach der Einrichtung des U-Boot-Amtes im Aug. 1918 unter der Seekriegsleitung von Reinhard Scheer legte er sein Amt nieder. Sein Nachfolger wurde Vizeadmiral Paul Behncke.

Friederike Krüger

Caporetto (Karfreit), Ort am Isonzo. – In der zwischen 24. Okt. und 9. Nov. 1917 in den Julischen Alpen geschlagenen Schlacht brachten k. u. k. sowie deutsche Verbände die italienische Front am oberen Isonzo zum Zusammenbruch und erzwangen den Rückzug der Italiener hinter die Piave. Die C.-Schlacht wird auch als 12. Isonzo-Schlacht bezeichnet.

Im Aug./Sept. 1917 hatte die 11. Isonzo-Schlacht und die Eroberung der Bainsizza-Hochebene durch die italienische 2. Armee die k. u. k. Streitkräfte in eine schwere Krise geführt. Da das Oberkommando fürchtete, die Front im Falle eines erneuten Großangriffs nicht halten zu können, hatte es sich an die deutschen Verbündeten zwecks Unterstützung gewandt. Die Oberste Heeresleitung entsandte daraufhin die 14. Armee (Otto von Below). Man kam überein, dem befürchteten Angriff der Italiener mit einer eigenen Offensive zuvorzukommen. Der Plan sah vor, am oberen Isonzolauf, zwischen Flitsch und Tolmein, die Gebirgsfront zu durchbrechen und nach Möglichkeit bis zum Tagliamento vorzustoßen.

Auf italienischer Seite hatte Oberbefehlshaber Cadorna nach der vorangegangenen Ausblutung der 2. und 3. Armee befohlen, in die Defensive überzugehen. Doch hielt namentlich die 2. Armee (Luigi Capello) an offensiven Operationen fest. Dem Nachrichtendienst waren die gegnerischen Absichten zwar in groben Zügen bekannt, doch schenkte Cadorna der Warnung vor einer großangelegten Operation am oberen Isonzo keinen Glauben. Am 24. Okt. begann um 2.00 Uhr morgens das sechsstündige Trommelfeuer. Der Angriff der 14. Armee wurde vom

Brückenkopf bei Tolmein in Richtung auf Karfreit (ital.: Caporetto) geführt, weiter nördlich griff das k. u. k. I. Korps unter General Alfred Krauß von Flitsch aus an. Der Angriff wurde durch schlechtes Wetter und massiven Gasbeschuß begünstigt. So wurde etwa die Artillerie des italienischen XXVII. Korps vor Tolmein weitgehend niedergekämpft.

Das Alpenkorps und die preußische 200. Division eroberten vor Tolmein die wichtigen Höhenstellungen am Kolovrat und an der Jeza. Die 12. Division stieß im Tal unter dem Schutz des Nebels auf Karfreit vor, das sie um 16.00 Uhr einnahm. Gegen Abend war Staro Stelo erreicht, die italienischen Verbände gerieten in Unordnung und schließlich in Panik. Gleichzeitig stieß das Korps Krauß von Flitsch auf die Talenge von Saga vor, die von der italienischen 50. Division geräumt wurde.

Die Geschwindigkeit der Offensive überraschte das italienische Oberkommando. Alle Reserven waren gebunden und konnten somit nicht an den Einbruchstellen zusammengezogen werden. Befehle waren meist schon beim Eintreffen von den Ereignissen überholt. Der Erfolg des Angriffs ließ sich auf das Überraschungselement, den starken Artillerieeinsatz und die Infiltrationstaktik der Angreifer zurückführen, denn diese kümmerten sich oft nicht um die italienischen Höhenstellungen, sondern brachen im Tal durch und bedrohten so die Verbindungen der Verteidiger zum Hinterland. Die Niederlage der Italiener war also entscheidend auf die gute Vorbereitung des Angriffs und die neuartige Taktik zurückzuführen, weniger auf die Ermüdung der Armee oder gar Verrat und Feigheit, wie Cadorna und andere ohne Kenntnis aller Fakten bald glauben zu machen suchten.

Am 25. Okt. eroberten die Angreifer die Riegelstellung am Stol, einen Tag später den Monte Maggiore, der von Cadorna zur letzten Verteidigungslinie erklärt worden war. Das Oberkommando befahl am Abend den Rückzug hinter den Tagliamento. Es gelang, die 3. Armee über den Fluß zurückzuführen, dafür opferte Cadorna allerdings die Reste der mittlerweile zerschlagenen 2. Armee; eine sehr schwierige Entscheidung, die aber letztlich das italienische Heer retten sollte. Um der drohenden Einkesselung zu entgehen, mußten nun auch die in den Dolomiten stehende 4. Armee und die Karnische Gruppe an der Nordflanke zurückgenommen werden. Doch schon am 3. Nov. bezwang die k. u. k. 55. Division bei Cornino den Tagliamento, so daß die Piave zwischen Monte Grappa und der Mündung als neue Widerstandslinie befohlen wurde. Bis zum 8. Nov. hatten sich die italienischen Verbände dort zur Verteidigung eingerichtet. Die neue Front hatte sich somit von 650 auf 400 km verkürzt.

Nach den Erkenntnissen der nach dem Krieg eingesetzten Untersuchungskommission zu C. hatte das italienische Heer bis zum 10. Nov. 305.000 Mann Verluste zu beklagen (10.000 Tote, 30.000 Verwundete und 265.000 Gefangene). Dazu kam der Verlust von 3.512 der 6.918 Geschütze und großer Mengen an Kriegsmaterial. Die Angreifer verloren demgegenüber 70.000 Mann.

Bereits am 26. Okt. rief Cadorna die Alliierten zu Hilfe. Die schickten sofort fünf britische und sechs französische Divisionen, die zwischen Brescia und Vicenza als Heeresreserve Stellung bezogen. Foch und Robertson, die sich vor Ort ein Bild von der Lage machten, kamen aber überein, daß die italienische Armee trotz der schweren Verluste der 2. Armee die Front halten könne.

Am 9. Nov. wurde Cadorna durch General Armando Diaz abgelöst. Dieser leitete die Abwehrschlachten an der Piave, am Monte Grappa und auf der Hochebene der Sieben Gemeinden (Asiago), in deren Verlauf bis Mitte Nov. die letzten Angriffe abgewehrt wurden. → *Isonzo*

Lit.: A. Monticone, La battaglia di Caporetto, Udine 1999.

ALESSANDRO MASSIGNANI (Ü: C. Z. / M. P.)

Caritasverband. 1897 entstand aus den verschiedenen karitativen Diensten der katholischen Kirche ein organisatorischer Zusammenschluß unter der Bezeichnung Caritasverband für das katholische Deutschland (seit 1921 Deutscher Caritasverband). Hauptzweck des Verbandes war eine in Friedenszeiten christlich begründete Wohlfahrtspflege.

Im Weltkrieg engagierte sich der C. vor allem für die deutschen Kriegsgefangenen und Heimkehrer. In Zusammenarbeit mit dem Kriegsministerium wurde in den Heimkehrer-Durchgangslagern die Seelsorge (Gottesdienste, Sakramente, Krankenseelsorge) durch einen dem jeweiligen Gruppenstab zugeteilten C.vertreter gewährleistet. Daneben half der C. bei der Gründung, Einrichtung und dem Unterhalt von Soldatenheimen. Urlauber und Heimkehrer wurden in den Durchgangslagern versorgt und in Fragen von Entlohnung, Urlaubs- und etwaigen Entschädigungsansprüchen sowie in Hinblick auf Versorgungsansprüche nach dem Mannschaftsversorgungsgesetz beraten. Außerdem bot man den Heimkehrern Berufsberatung und -vermittlung an und gab Hilfestellung im Bereich der Vermißten-Nachforschung.

Der C. beriet darüber hinaus auch die Angehörigen und Familien von Soldaten in Rechts- und allen sonstigen mit dem Krieg in Beziehung stehenden Problemen. Der gesamte Bereich dieser Kriegshilfe des C. war zu Kriegsbeginn nur sehr improvisiert; er ging vor allem von der Zentrale in Freiburg aus. Erst allmählich wurden mit der immer längeren Kriegsdauer flächendeckend spezielle Kriegshilfebüros errichtet: Rechtshilfestellen und Bücherstellen, Vermißten- oder Fürsorgestellen für die katholischen Auslandsdeutschen.

Wie verschiedene evangelische Hilfsstellen und auch die Deutsche Kriegsgefangenenhilfe des Roten Kreuzes in Frankfurt unterstützte der C. auch alliierte Kriegsgefangene im deutschen Reichsgebiet. Darüber hinaus war er Teil eines auch grenzübergreifenden Netzes nichtstaatlicher Auskunftsstellen über Kriegsgefangene und Vermißte. Für Auslandskontakte nutzte der C. seine Zweigstelle in Genf. Der C. arbeitete auch mit anderen Hilfsstellen in Deutschland und der neutralen Schweiz eng zusammen (neben dem Roten Kreuz und der katholischen Kriegshilfestelle in Paderborn insbesondere mit der Ermittlungsstelle für Vermißte in Zürich, der »Mission catholique suisse«). Wie andere kirchliche Hilfsstellen (und auch das Rote Kreuz) nutzte der C. darüber hinaus bestehende Kontakte zu Einzelpersonen in verschiedenen Staaten. Der C. entwickelte sich zu einer wichtigen zentralen Einrichtung für kirchliche und private Hilfsorganisationen.

Bei Kriegsende, mit der Heimkehr der letzten Kriegsgefangenen und der Versorgung der letzten Kriegsopfer, löste sich das mittlerweile dichte Netz von Büros und Vertretungen des C. allmählich auf.

ROLAND HAIDL

Carol I. (eigentlich Karl Eitel Friedrich Zephyrin von Hohenzollern), * Sigmaringen 20.4.1839, † Schloß Peleş (bei Sinaia) 10.10.1914, rumänischer Fürst (1866-1881), seit 1881 König von Rumänien. – Nachdem der erste Fürst des 1859 aus der Vereinigung der Fürstentümer Moldau und Walachei entstandenen rumänischen Staats, Alexandru Cuza, im April 1866 gestürzt worden war, wählte das Parlament den aus dem Hause Hohenzollern-Sigmaringen stammenden C. zum neuen rumänischen Fürsten. Nach anfänglichem Zögern vor allem Österreichs fand C. die Anerkennung aller Schutzmächte Rumäniens. Einen ersten großen außenpolitischen Erfolg verbuchte der neue Fürst 1877/78, als er nach der Beteiligung am Russisch-Türkischen Krieg auf seiten Rußlands die volle Unabhängigkeit Rumäniens vom Osmanischen Reich sichern konnte. Von allen Hoheitsrechten seitens der Hohen Pforte befreit, nahm C. 1881 den Titel eines rumänischen Königs an. In der weiteren Außenpolitik orientierte er sich seit den 1880er Jahren an den Mittelmächten Deutschland und Österreich-Ungarn, mit denen Rumänien 1883 einen bis zum Weltkrieg gültigen Bündnisvertrag schloß. Gegen den ausdrücklichen Wunsch des Königs erklärte der Kronrat auf Drängen des einflußreichen liberalen Politikers Ion Braţianu und der Mehrheit der rumänischen Politiker am 3. Aug. 1914 die Neutralität des Landes, das dann 1916 sogar auf seiten der Entente in den Krieg eintrat. C. starb bereits knapp zwei Monate nach Kriegsausbruch.

WOLFGANG HÖPKEN

Carson, Sir Edward Henry (seit 1921 Baron C. of Duncairn), * 9.2.1854 Dublin, † 22.10.1935 Minster (Grafschaft Kent), britisch-irischer Politiker (Marineminister). – Der Protestant C. war sein Leben lang ein engagierter Verfechter der Union Irlands mit Großbritannien. Er begann seine Karriere als Rechtsanwalt und wurde schließlich ein führender Politiker der englischen Konservativen. Während der Irland-Krise (1912) führte C. die Unionisten im Norden Irlands und unterstützte deren Drohung, sich der nationalen Selbständigkeit Irlands im Rahmen des britischen Empires (Home Rule) notfalls auch bewaffnet zu widersetzen. Als das Gesetz über die Home Rule während des Krieges suspendiert wurde, trat C. der Regierung Asquith im Mai 1915 bei. Er kritisierte die Führungsrolle des Premierministers jedoch als zu schwach und trat im Okt. 1916 zurück. Zwei Monate später unterstützte er Lloyd George beim Sturz von Asquith. 1917 wurde C. zum Marineminister ernannt. Seine

Amtsführung wurde heftig kritisiert, vor allem wegen der späten Einführung des Konvoi-Systems zur Abwehr deutscher U-Boote. Im Juli 1917 wurde C. durch Sir Eric Geddes ersetzt; er blieb jedoch als Minister ohne Geschäftsbereich im Kabinett.

Nach den Osterunruhen (1916) in Dublin hatte C. im Parlament erneut die Rolle des Führers der Unionisten übernommen. Im Jan. 1918 verließ er die Regierung, doch wurde er bei den Khaki-Wahlen im Dez. für den Belfaster Arbeiterwahlkreis Duncairn wieder ins Parlament gewählt. C. drängte die nordirischen Unionisten 1920 nunmehr dazu, die Politik der Home Rule zu akzeptieren; dafür sollte ein protestantisches, aus sechs Grafschaften bestehendes Nordirland geschaffen werden. Verbittert über die Anerkennung eines »Irischen Freistaates« in Südirland durch die Regierung Lloyd George zog sich C. 1921 aus der Politik zurück.

JOHN HORNE (Ü: O. H.)

Casement, Sir Roger, * Kingstown (heute Dun Laoghaire, bei Dublin) 1.9.1864, † (hingerichtet) London 3.8.1916, irischer Nationalist. – Der irische Protestant war britischer Diplomat und diente als Konsul in einer Anzahl afrikanischer Länder unter europäischer Kolonialherrschaft sowie in Brasilien; berühmt wurde er durch die Aufdeckung des brutalen Vorgehens der Kolonialherren im Freistaat Kongo. Immer mehr verschrieb er sich zugleich der radikal-nationalistischen Politik in Irland. Im Juli 1914 ging er in die USA und arbeitete für Clan-na-Gael, eine irisch-amerikanische Organisation, die nach militärischer Rückendeckung der Deutschen für ihr Vorgehen gegen die britische Herrschaft suchte. Im Okt. 1914 reiste C. daher nach Deutschland. In Gesprächen mit dem deutschen Auswärtigen Amt erreichte er eine Erklärung, daß Deutschland kein Interesse daran habe, Irland zu erobern, sondern vielmehr helfen werde, dessen »nationale Freiheit« zu sichern. Jedoch wollte die deutsche Regierung nur wenig in den irischen Nationalismus investieren. Aber dies erlaubte C. immerhin, unter irischen Kriegsgefangenen eine »Irische Brigade« aufzustellen, die allerdings nur 50 Mann zählte. Für die irischen Osterunruhen 1916 lieferte ein deutsches U-Boot nur eine Handvoll Waffen. Daher bestand C. darauf, nach Irland zurückgebracht zu werden, um die Aufständischen vor einem weiteren Vorgehen zu warnen. C. wurde bei seiner Rückkehr nach Irland gefangengenommen und in ein Londoner Gefängnis überstellt; die britische Regierung sah in ihm den Anführer einer von den Deutschen organisierten Verschwörung. C. wurde vor Gericht gestellt und hingerichtet. Um eine Kampagne für ein Gnadengesuch zu verhindern, brachte man angebliche »Tagebücher« in Umlauf, die seine, keineswegs bestrittene, Homosexualität aufdecken sollten; ihre Authentizität ist allerdings bis heute nicht geklärt.

JOHN HORNE (Ü: O. H.)

Castelnau, Noël Marie Joseph Edouard Vicomte de Curières de, * Saint-Affrique (Département Aveyron) 24.12.1851, † Montastruc-la-Conseillère (Département Haute-Garonne) 19.3.1944, französischer General. – Nach Teilnahme am Deutsch-Französischen Krieg 1870/71 und Tätigkeit an der École Supérieure de Guerre war C. ab 1900 Generalstabsoffizier. Er war führend an der Erarbeitung des offensiven Aufmarschplans von 1914 (Plan XVII) beteiligt. C. war Mitglied des Obersten Kriegsrates und Oberbefehlshaber der 2. Armee, die im Aug. 1914 kurzfristig ins Elsaß vorstieß. Er organisierte den anschließenden Rückzug und verteidigte Nancy. Ab Juni 1915 kommandierte C. die Heeresgruppe (Groupe d'armées) Centre während der Champagne-Schlacht. Anschließend nahm er wieder im Kriegsministerium eine Tätigkeit als engster Mitarbeiter Joffres auf. Nach dem deutschen Angriff auf Verdun organisierte C. die Verteidigung des rechten Maas-Ufers bis zur Übernahme des Sektors durch Pétain.

Nach dem Krieg wurde C., der Anhänger des Bloc national war, Abgeordneter des Départements Aveyron in der Nationalversammlung. Streng konservativ-katholisch ausgerichtet, war er bis zum Zweiten Weltkrieg Präsident katholischer und nationalistischer Vereine, insbesondere der Ligue des Patriotes.

GERD KRUMEICH

Cavell, Edith Louisa, * Swardeston (Grafschaft Norfolk) 4.12.1865, † (hingerichtet) Brüssel 12.10.1915, britische Krankenschwester. – Von 1907 bis 1915 leitete C. die Schwesternschule (École Belge d'Infirmières Diplomées) von Berkendael am Stadtrand von Brüssel. Im Herbst 1914 begegnete sie Herman Capiau, einem belgischen Ingenieur und Fluchthelfer für alliierte Soldaten, die nach der Niederlage von Mons hinter die deutschen Linien geraten waren. Capiau bat sie, zwei britische Soldaten aufzunehmen, die sich als belgische Arbeiter verkleidet hatten. Diese beiden waren die ersten von mehr als 200 belgischen, britischen und französischen Soldaten, denen C. Unterkunft bot und zur Flucht verhalf.

Mit der deutschen Besetzung Belgiens wurde C.s Schule in ein von ihr geführtes Rotkreuz-Lazarett für deutsche Verwundete umgewandelt. Gleichzeitig beherbergte und versorgte sie dort aber auch flüchtige alliierte Soldaten, die entweder als Patienten getarnt oder von ihr versteckt wurden. Sie sorgte für deren Unterschlupf, medizinische Betreuung und auch – sofern nötig – für Geld und falsche Papiere. Bis 1915 half sie auf diese Weise mehr als 100 britischen und mindestens 100 französischen Soldaten. Zeitweise betreute C. bis zu 35 alliierte Soldaten gleichzeitig, so daß das ständige Kommen und Gehen im Krankenhaus das Mißtrauen der deutschen Besatzungsorgane weckte. Nachdem Inspektionen und Beobachtungen der Einrichtung zunächst ohne Ergebnis geblieben waren, führten schließlich Gerüchte und zunehmende Verdächtigungen zu C.s Festnahme am 5. Aug. 1915. Nachdem sie sich zu einem Geständnis verleiten ließ und niederländische Behörden die Durchreise alliierter Soldaten in ihre Heimat einräumten, wurde C. gemeinsam mit weiteren 34 Personen wegen Fluchthilfe angeklagt. Nach zweitägiger Verhandlung wurde sie (gemeinsam mit einem belgischen Helfer Philippe Baucq) im Okt. 1915 durch ein deutsches Militärgericht zum Tod durch Erschießen verurteilt und kurz darauf hingerichtet.

Der Fall fand international – besonders in den USA – große Beachtung und wurde fester Bestandteil der alliierten Propaganda, die die Brutalität des deutschen Besatzungsregimes in Belgien anprangerte. C.s Leichnam wurde zunächst in Belgien bestattet, im Mai 1919 jedoch exhumiert und endgültig in der Kathedrale von Norwich, unweit ihres Heimatortes Swardeston, beigesetzt. Ein Gedenkgottesdienst, bei dem auch der englische König Georg V. anwesend war, fand in der Westminster Abbey statt, und auf dem St. Martin's Place wurde ein Denkmal errichtet. Seine Inschrift zitiert aus C.s letztem Brief: »Patriotismus allein genügt nicht. Man soll niemandem gegenüber Haß oder Verbitterung empfinden«.

JAY WINTER (Ü: A. R.)

Cecil (of Chelwood), Edgar Algernon Robert (seit 1923 Erster Viscount), * London 14.9.1864, † Turnbridge Wells 24.11.1958, britischer Politiker. – C. gehörte zu den Architekten und langjährigen Verfechtern des Völkerbunds. Nach einer Ausbildung als Jurist begann er seine politische Karriere 1906 als konservativer Abgeordneter für East Marylebone. Bei Ausbruch des Kriegs engagierte er sich zunächst für das Rote Kreuz und wurde in der konservativ-liberalen Koalitionsregierung von 1915 Unterstaatssekretär im Auswärtigen Amt. Zwischen 1916 und 1918 bekleidete C. das Amt des Ministers für Blockade-Angelegenheiten und kehrte 1918 ins Außenamt zurück.

Seit 1916 hatte er Konzeptionen für eine neue internationale Friedensordnung entworfen und wurde so 1919 in Paris britischer Vertreter bei den Verhandlungen zur Etablierung des Völkerbunds. Von 1920 bis 1922 vertrat er Südafrika im Völkerbund und setzte sich gemeinsam mit General Jan Christiaan Smuts erfolgreich für eine europaorientierte Auslegung des Völkerbundskonzeptes ein. Als britischer Verhandlungsleiter nahm er 1926/27 an der Abrüstungskonferenz von Genf teil, zog sich nach Differenzen wegen Premierminister Stanley Baldwins Verhandlungskurs aber ganz auf seine Völkerbundsaktivitäten zurück.

1930 gehörte er zu den Befürwortern von internationalen Sanktionen als Reaktion auf die Aggression Japans in der Mandschurei und Italiens in Äthiopien. 1937 wurde C. für sein Engagement schließlich mit dem Friedensnobelpreis ausgezeichnet, und ein Jahr später zählte er zu den wenigen Gegnern des Münchner Abkommens.

JAY WINTER (Ü: A. R.)

Champagne, nach Beginn des Stellungskriegs wurde 1915 die Front zwischen Reims und den Argonnen zum Schauplatz von zwei französischen Großoffensiven. – In den C.-Schlachten bildete sich der Typus der Materialschlacht heraus. Ihr Hauptmerkmal war tagelanger Artilleriebeschuß, der sich zum »Trommelfeuer« steigerte, mit der Absicht der massiven Demoralisierung und materiellen Abnutzung des Gegners, worauf der massierte Sturmangriff der eigenen Infanterie folgte. Ziel der Offensiven war ein allgemeiner Massendurchbruch auf der gesamten Angriffsfront, die Rückkehr zum Bewegungskrieg und damit die Vertreibung der Deutschen.

Schlachtfeld in der Champagne nach Artilleriebeschuß. 1915

Die erste C.-Schlacht (8. Dez. 1914 bis 17. März 1915), auf deutscher Seite als »Winterschlacht in der C.« bezeichnet, stand im Zusammenhang mit der allgemeinen Offensive der Alliierten an der Westfront und entwickelte sich aus örtlichen Angriffsoperationen der französischen 4. Armee (unter General de Langle de Cary), der die deutsche 3. Armee (unter General von Einem) gegenüberstand. Nach allmählicher Verstärkung des französischen Artilleriefeuers seit dem 8. Dez. 1914 kam es am 20. Dez. zu einem ersten Sturmangriff zwischen Perthes und Massiges, wobei die erste deutsche Verteidigungsstellung teilweise eingenommen wurde. Die Angriffe wurden mit wechselnden Schwerpunkten über Weihnachten und Neujahr fortgesetzt, weiterhin vom 8. bis 13. Jan. und vom 1. bis 5. Febr. 1915. Ein deutscher Entlastungsvorstoß brachte die Rückeroberung verlorener Stellungen bei Massiges.

Ziel der von General Joffre beabsichtigten Großoffensive war zunächst der strategische Durchbruch Richtung Attigny, durch den die gesamte deutsche Front zum Einsturz gebracht werden sollte. Da nach den damaligen Erkenntnissen der Durchbruch nicht in einem einzigen Zug zu erzwingen war, wurde vom französischen Hauptquartier nun die Schlacht unter dem bisher größten Materialeinsatz nach der Methode des systematischen Vorarbeitens (»Anknabbern«) geplant.

Den massierten Infanterieangriffen ab dem 18. Febr. zwischen Souain und Massiges ging ein einwöchiges Vorbereitungsfeuer voraus, das sich zum »Trommelfeuer« steigerte. Das Ergebnis der Offensive war ein Einbruch der deutschen Linien auf einer Breite von 8 km und in einer Tiefe von 2 km, der jedoch vom Verteidiger zum Teil durch Gegenstöße abgeriegelt werden konnte. Danach trat weitgehende Ruhe an der C.front ein.

Die zweite C.-Schlacht (22. Sept. bis 14. Okt. 1915, auf deutscher Seite Datierung auf 7. Dez.), auch »Herbstschlacht in der C.« genannt, wurde von Joffre zugleich mit der Offensive im Artois als Doppeloffensive geplant. Die beiden räumlich getrennten Offensiven setzten zangenartig an dem zwischen Reims und Lille stark nach Westen vorspringenden deutschen Frontbogen an, um die gesamte deutsche Front zu sprengen. Nach der Auswertung der jüngsten Erfahrungen in der C. und der ebenfalls mißlungenen Offensive bei Arras im Mai 1915 war Joffre nunmehr der Ansicht, daß nur dann Aussicht auf einen Durchbruch bestünde, wenn der erste Angriff erfolgreich sein würde und der Gegner durch die Ausdehnung der Offensive gehindert werde, seine Reserven konzentriert einzusetzen. Nach Joffres Informationen war die deutsche Front durch die Abgabe von Truppen an die Ostfront ohnehin geschwächt.

Wiederum übertraf der Materialeinsatz alle bisherigen Offensiven, was in der dünn besiedelten Region der C. zu umfangreichen Vorbereitungen führte (Straßen- und Eisenbahnbau), die der deutschen 3. Armee nicht verborgen blieben. Trotz Bombardierungen des deutschen Hinterlandes durch Flugzeugverbände in Geschwadergröße und Einschießen der Artillerie ab Mitte Aug. stellte Falkenhayn keine zusätzlichen Truppen zur Verfügung, so daß am Angriffstag (dem 25. Sept.) auf 32 km Frontbreite nur neun deutsche den insgesamt 30 französischen Divisionen gegenüberstanden. Die französischen Truppen waren, um sie zu motivieren, völlig neu eingekleidet worden und rückten erst im letzten Augenblick in ihre Ausgangsstellungen ein.

Nach 72stündigem Vorbereitungsfeuer gelang der französischen 2. Armee unter General Pétain, der 4. Armee (unter General de Langle de Cary) und Teilen der 3. Armee, zusammengefaßt zur Heeresgruppe (Groupe d'armées) Centre unter General Castelnau, nach dem Infanterieangriff zwischen Aubérive und Ville sur Tourbe der Einbruch in die deutsche Front – stellenweise bis in die 2. Verteidigungsstellung (R-Stellung) vor Somme-Py und bei Tahure sowie nördlich von Massiges.

Die französische Führung der vorderen Truppen war jedoch nicht in der Lage, den Einbruch auszuweiten, da eine einheitliche Führung im aufgewühlten Gelände nicht möglich war. Zudem führten die Deutschen rechtzeitig Reserven nach, und der zweite Angriffstag konnte wegen Dauerregens nicht zum Umbau der Artillerie genutzt werden.

Nach dem Festlaufen des Angriffs Ende Sept. befahl Joffre nach längerer Vorbereitungspause für den 6. Okt. einen zweiten Anlauf nahe der Einbruchstelle von Souain. Dieser brachte nach 48stündigem Trommelfeuer zwar die Einnahme von Tahure, doch blieb er ebenfalls unter hohen Verlusten stecken. Doch auch der Angriff des Gegners lief sich in der während der Kämpfe entstandenen labyrinthischen Tiefe des Stellungssystems tot. Angriffe und deutsche Gegenstöße wechselten sich ab, bis die Schlacht schließlich abflaute. Der deutsche Abwehrerfolg bestärkte Falkenhayn, der zu seiner Entlastung die 3. und 5. Armee zur Heeresgruppe Deutscher Kronprinz zusammengefaßt hatte, in seiner Ansicht von der Richtigkeit des »grundsätzlichen Haltens der vordersten Grabenlinie« ohne Ausweichen in die Tiefe. Die französischen Verluste beliefen sich auf 144.000 Mann, die der deutschen auf 97.000.

Zur dritten C.-Schlacht (16. April bis 25. Mai 1917) kam es während der französischen Doppeloffensive in der C. und am Chemin des Dames (Nivelle-Offensive). Zur Abwehr der erwarteten großen Durchbruchsoffensive wurde von der OHL eine Neugliederung der deutschen Westfront vorgenommen: Zwischen der 7. Armee (Aisnefront) und der 3. Armee (C.front) wurde zwischen Brimont und Aubérive die neugebildete 1. Armee eingeschoben, weiterhin wurden alle drei Armeen der Heeresgruppe Deutscher Kronprinz unterstellt. Trotz des zehntägigen Vorbereitungsfeuers scheiterte die Offensive, woraufhin Nivelle am 15. Mai nach Meutereien in der französischen Armee abgelöst wurde. Einziger französischer Erfolg in der westlichen C. war die Einnahme der wichtigen Höhenkette von Moronvilliers westlich von Aubérive durch die 4. Armee.

Die vierte C.-Schlacht (15./16. Juli 1918) steht im Zusammenhang mit den Frühjahrsoffensiven von 1918. Die deutsche Absicht, unter anderem das vier Jahre lang unerreichte Reims einzunehmen, wurde nicht eingelöst. Die Höhen von Moronvilliers wurden zwar zurückerobert, doch dann scheiterte die Offensive, da die Franzosen planmäßig ausgewichen waren und eine unüberwindbare Verteidigung aufgebaut hatten. Bereits am 16. Juli versuchte General von Einem bei Ludendorff den Abbruch der Schlacht zu erreichen. Die Entscheidung im Weltkrieg begann sich abzuzeichnen. → *Michael-Offensive* → *Nivelle-Offensive*

Lit.: A. Laurent, La Grande Guerre en Champagne et la deuxième victoire de la Marne, Lyon 1994.

GERMAN WERTH

Chemin des Dames, Höhenzug nördlich der Aisne zwischen Vailly und Craonne (Département Aisne) mit einer seit dem 18. Jahrhundert befestigten Promenade. – Seit dem Eintritt des Stellungskrieges hatten die deutschen Truppen den C. besetzt gehalten und sich in dem teilweise steilen und von zahlreichen Höhlen durchzogenen Höhenzug zur Verteidigung eingerichtet. Zu einem militärischen Brennpunkt sollte der C. erst 1917 im Verlauf der Nivelle-Offensive werden. Ab Mitte April suchten hier die Franzosen mit der 6. Armee (Mangin) den Durchbruch zu erzwingen, was aber bereits nach wenigen Ta-

Deutsche Hinterhangstellungen bei Berry-au-Bac am Chemin des Dames. 1917

gen unter großen Verlusten scheiterte. Die in der Folge in diesem Frontabschnitt ausbrechenden Meutereien gerieten zur gefährlichsten Krise der französischen Armee. Nach der Reorganisation der Truppen suchte General Pétain an genau derselben Stelle am 25. Okt. mit einem begrenzten Angriff die Kampfkraft der Armee zu testen. Die Kämpfe um die Laffaux-Ecke – in Frankreich als Schlacht von La Malmaison bekannt – zwangen die deutsche 7. Armee (von Boehn) tatsächlich am 1. Nov. zur Räumung des C., was für die Franzosen einen wichtigen moralischen Erfolg darstellte. Noch einmal flammten die Kämpfe im Verlauf der deutschen Frühjahrsoffensiven auf, als die 7. Armee am 27. Mai 1918 die gegnerischen Linien am C. überrannte und bis auf Château-Thierry an der Marne vorstieß. Im Zuge der allgemeinen Rückzugsbewegung räumten die deutschen Truppen den C. am 10. Okt. 1918 endgültig. → *Meutereien* → *Nivelle-Offensive*

MARKUS PÖHLMANN

China, bevölkerungsreichster und flächenmäßig größter Staat in Ostasien, von 1911 bis 1949 Republik. – Wiewohl militärisch kaum involviert, stellt der Erste Weltkrieg für C. doch eine tiefe Zäsur dar. Die Folgen des Krieges veränderten sowohl die Stellung des Landes in der internationalen Politik als auch die inneren politischen und gesellschaftlichen Verhältnisse grundlegend.

C. Involvierung in den Weltkrieg war ein langfristiges Ergebnis der Expansion des europäischen Imperialismus. Die gesteigerte Rivalität der Großmächte im Kampf um Einflußsphären und Stützpunkte in Asien machte das Land seit 1840 zum Objekt europäischer machtpolitischer Interessen. Die politische und wirtschaftliche Expansion der Großmächte offenbarte eine grundlegende militärische Schwäche des Qing-Reiches (1644-1911). Die gewaltsame Öffnung durch die Opiumkriege (1840 und 1860), die Etablierung fremdbestimmter Einflußsphären in wohlhabenden chinesischen Provinzen, das Abtreten kolonialer Stützpunkte (Hongkong, Tsingtau, Port Arthur) und exterritorialer ausländischer Niederlassungen (Shanghai, Hankou, Tianjin) wurden gegen chinesischen Widerstand und unter massiver Gewaltanwendung durchgesetzt. Aber auch der Sturz der Monarchie 1911 und die Ausrufung der Republik durch Sun Yatsen (1855-1925) konnten keines der drängenden inneren und äußeren Probleme C. lösen. Als weiterhin informell von außen dominiertes Land wurde C. daher zwangsläufig in den Weltkrieg involviert.

1914 definierten sich die ausländischen Machtinteressen folgendermaßen: die seit 1902 bestehende Allianz von Japan und Großbritannien, mit der durch Übereinkünfte auch Frankreich und Rußland verbunden waren; sodann Deutschland, dessen gesellschaftliche Ordnung in den letzten Jahren der Qing-Dynastie vielfach als Vorbild für C. angesehen wurde, und die USA, die sich um Distanz zu den imperialistischen Großmächten bemühten und eine Kooperation suchten. Die englisch-japanische Allianz ermöglichte Japan die Durchführung seiner Expansionspolitik, in deren Mittelpunkt die Bodenschätze in der Mandschurei standen.

Die Kriegserklärungen in Europa zogen alsbald militärische Auseinandersetzungen auf chinesischem Territorium nach sich. Japan nutzte die Umstände, um seine Pläne für ein weiteres gewaltsames Vordringen in C. zu verwirklichen. Am 15. Aug. 1914 stellte Japan dem Deutschen Reich das Ultimatum, die deutsche Kolonie Kiautschou bis zum 15. Sept. zu räumen. Am 23. Aug. erfolgte die Kriegserklärung Japans an Deutschland. Wenige Tage später begannen japanische und britische Schiffe mit einer Seeblockade gegen Kiautschou. Die ersten japanischen Einheiten landeten im Sept. bei Longkou und rückten von dort nach Kiautschou vor. Zwei Wochen später, am 17. Sept., begannen die Kämpfe an der Grenze des Schutzgebietes. Am 7. Nov. 1914 kapitulierte der Festungskommandant Alfred Meyer-Waldeck. Auf deutscher Seite waren 224 Tote und 400 Verletzte gezählt worden. Nach deutschen Angaben betrugen die japanischen Verluste 12.000 Mann. Die überlebende Besatzung geriet in japanische Gefangenschaft, aus der ein Teil erst 1919 entlassen wurde.

Bereits unmittelbar nach Kriegsausbruch gab die chinesische Regierung am 6. Aug. 1914 eine Erklärung ab, in der sie die Neutralität des Landes proklamierte und den kriegführenden Staaten militärische Aktionen auf chinesischem Boden untersagte. Bei den Kämpfen um Tsingtau protestierte C. zunächst gegen die japanischen Kriegshandlungen. Angesichts des bereits begonnenen japanischen Angriffes mußte es jedoch Präsident Yuan Shikai (1859-1916) mit diesem Protest bewenden lassen. Die Kämpfe um die Einnahme Kiautschous blieben die einzigen Kriegshandlungen auf chinesischem Hoheitsgebiet während des Weltkrieges.

Die europäischen Großmächte waren durch den Krieg völlig in Anspruch genommen. Dies gab Japan die Möglichkeit, die Mandschurei und Nord-C. de facto zu einem japanischen Protektorat zu machen. Am 18. Jan. 1915 stellte die japanische Regierung an C. die »Einundzwanzig Forderungen«, die vor allem in der Mandschurei und in der Mongolei, aber auch am Unterlauf des Yangtse und in der Provinz Fujian politische Vorrechte sowie bedeutende wirtschaftliche Privilegien für Japan vorsahen. Präsident Yuan Shikai gab am 25. Mai 1915 widerstrebend den japanischen Forderungen nach; in Verhandlungen konnte er lediglich geringe Modifikationen erreichen. Der 25. Mai wurde später zum »Tag der nationalen Erniedrigung« erklärt und jährlich begangen. In den Augen chinesischer Nationalisten markierte dieser Tag einen historischen Tiefpunkt, denn erstmals war ein erheblicher Teil chinesischen Kernlands unter ausländische Oberhoheit geraten.

Im Febr. 1917 entsprach C. der infolge der deutschen Erklärung des uneingeschränkten U-Boot-Kriegs ergangenen amerikanischen Aufforderung, ebenfalls die Beziehungen zu Deutschland abzubrechen. Japan, das einen solchen Schritt C. zuvor stets abgelehnt hatte, änderte seine Haltung in dieser Frage erst aufgrund englischen Drucks und der Zusicherung mehrerer alliierter Mächte, auch nach Kriegsende die erlangten Vorrechte in Nord-C. behalten zu können. Für den Fall des Abbruchs der Beziehungen und des Kriegseintritts stellte Japan der seit 1916 amtierenden Regierung von Duan Qirui dringend benötigte Finanzhilfe in Aussicht (Nishihara-Kredite). Außerdem wurde Ende Febr. 1917 die Versenkung eines Schiffes mit chinesischen Arbeitern, das auf dem Weg nach Frankreich war, durch ein deutsches U-Boot bekannt, wobei über 500 Chinesen ums Leben kamen. Der Bruch internationalen Rechts, den der unbeschränkte U-Boot-Krieg Deutschlands darstellte, beschädigte das bis dahin positive Deutschlandbild in C. Der Angriff stellte für C. zugleich einen unbegründeten aggressiven Akt dar. Im März 1917 brach C. die diplomatischen Beziehungen zu Deutschland ab. Jedoch genossen die dort lebenden Deutschen noch weitgehende Freizügigkeit.

Über die nun anstehende Frage des Kriegseintritts kam es zu einer intensiven öffentlichen Debatte, ging es doch um einen in der chinesischen Geschichte präzedenzlosen Vorgang. Noch nie hatte C. in einem globalen Ereignis, das zudem weit von den eigenen Staatsgrenzen entfernt stattfand, eine aktive Rolle übernommen. Die Regierung hoffte, durch die Teilnahme am Krieg im Falle einer deutschen Niederlage die Souveränitätsrechte in der Provinz Shandong wiederzugewinnen. Ähnlich realpolitische Argumente vertraten einflußreiche konservative Abgeordnete der Nationalversammlung wie Liang Qichao (1873-1929). Liang kritisierte den deutschen Militarismus und hielt einen Sieg Deutschlands für ausgeschlossen. Zur Verbesserung seiner internationalen Position solle C. Anschluß an die vermeintlichen Sieger suchen. Gegen einen Kriegseintritt auf seiten der alliierten Mächte sprachen sich Sun Yatsen sowie der Präsident Li Yuanhong aus. Der Frage des Kriegseintritts maß Sun Yatsen höchste Bedeutung bei, er schätze sie als »Existenzfrage für C.« (so auch der Titel einer von ihm veröffentlichten Broschüre) ein. Sun sah in Deutschland einen künftigen Bündnispartner vor allem gegen Großbritannien und Rußland; das deutsche Kaiserreich habe C. in der Vergangenheit den geringsten Schaden zugefügt. Vom englischen und russischen Imperialismus ginge hingegen die größte Bedrohung für C. aus.

Aufgrund des anhaltenden innenpolitischen Widerstands gelang es Duan Qirui daher erst im Aug. 1917, die Kriegserklärung an Deutschland in der Nationalversammlung durchzusetzen. Mitglieder in der Nationalversammlung, die der nationalistischen Partei angehörten und die Kriegserklärung an Deutschland ablehnten, versammelten sich daraufhin im Aug. 1917 in Kanton und wählten Sun Yatsen zum Generalissimus einer Militärregierung. Die Kluft zwischen Duan Qirui im Norden und der Militärregierung im Süden vertiefte sich weiter, als Duan Qirui im Mai 1918 ein streng geheimes Abkommen mit Japan schloß, das eine enge militärische Kooperation beider Länder in Nord-C. gegenüber dem russischen Bolschewismus vorsah. Im Friedensschluß Rußlands mit den Mittelmächten sah Japan, das C. Kredite in einer Höhe von 72,5 Mio. US Dollar gewährt hatte, den Anfang einer russisch-deutschen Allianz. Die Regierung Duan wiederum fürchtete sich vor einem Übergreifen der Revolution auf Nord-C. Tatsächlich hoffte Sun Yatsen in Kanton zeitweilig auf einen Einsatz russisch-deutscher Truppenkontingente gegen Duan Qirui im Norden. Schon der Kriegseintritt C. geriet somit zu einem Faktor der innenpolitischen Auseinandersetzung mit dem Ziel, ausländische Unterstützung für die jeweils eigene Machtposition zu gewinnen.

Der eigentliche Beitrag C. zum Krieg in Europa bestand in der Entsendung von Arbeitern nach Westeuropa. Bereits seit Sommer 1916 wurde darüber mit Frankreich und England verhandelt. Chinesische Beamte erhofften sich, daß die Arbeiter wertvolle technische Fertigkeiten erlernen könnten. Mit Zustimmung der Behörden wurden daher Rekrutierungszentren in Tianjin, Pukou, Tsingtau, im britisch verwalteten Weihaiwei sowie in der französischen Niederlassung in Shanghai errichtet. Insgesamt warben Großbritannien ca. 100.000 Arbeiter, Frankreich 35.000 Arbeiter und Rußland 50.000 Arbeiter an. Die aus Nord-C. stammenden Arbeitskräfte hatten keinen Kombattantenstatus. Sie waren zwar hinter der Front tätig, aber durchaus nahe am Kriegsgeschehen. Ihre Aufgaben bestanden in der Löschung militärischer Güter in Häfen und Bahnhöfen, dem Ausheben von Schützengräben, dem Bau von Baracken und Feldlazaretten, der Bestattung der Kriegsopfer und der Arbeit in Rüstungsfabriken. Ihre Arbeitszeit betrug an sieben Tagen in der Woche zehn Stunden täglich. Die Tätigkeit war nicht ungefährlich. In Frankreich kamen insgesamt ca. 2.000 Arbeiter ums Leben. Mitglieder des chinesischen YMCA sowie chinesische Auslandsstudenten betreuten die Werktätigen, in Abendkursen wurden Schriftkenntnisse und Allgemeinbildung vermittelt. Ab 1918 erschien eine eigene Zeitschrift. Ca. 50.000 Briefe wurden Monat für Monat von Frankreich nach C. gesandt, wo sie in den Dörfern verlesen wurden. Die eingesetzten Arbeiter entwickelten mit der Zeit ein politisches und nationales Bewußtsein. Von 1920 bis 1922 wurden sie schließlich repatriiert. Zurück in C. wurden diese Arbeiter mit ihren Kenntnissen und Fertigkeiten, ihrem politischen Bewußtsein und ihren Ersparnissen zum Rückgrat eines sich herausbildenden chinesischen Proletariats.

Auch in wirtschaftlicher Hinsicht zeigte der Weltkrieg Wirkungen. Die Rückwendung der Großmächte nach Europa und der kriegsbedingte Rückgang europäischer Importe eröffneten chinesischen Händlern und Unternehmern einige Freiräume, die sie zur Errichtung eigener Industrien und Unternehmen nutzten. Das Steigen des Silberpreises erhöhte zudem die Rentabilität chinesischer Betriebe. Auch der durch den Krieg ausgelöste, steigende Bedarf an Rohstoffen und Nahrungsmitteln trug zu dem schnell wachsenden Anteil chinesischer Produkte am Welthandel bei. Der Weltkrieg führte somit zu einer Minderung der ökonomischen Wirkungen des Imperialismus und eröffnete der chinesischen Wirtschaft neue Perspektiven. Die ausbleibenden europäischen Kapitalströme wurden durch amerikanische Finanzhäuser kompensiert. Entsprechend konnten die USA ihren Anteil am C.handel beträchtlich steigern, bei Kriegsende betrug dieser rund 20 %. Der Wirtschaftsaufschwung (13,8 % p. a.), der mit dem Krieg einsetzte und auch durch die Weltwirtschaftskrise in den 20er Jahren nicht wesentlich eingetrübt wurde, hatte gesellschaftliche Konsequenzen. Innerhalb weniger Jahre formierte sich in den urbanen Zentren an der Küste eine chinesische Bourgeoisie, die in modernen Wirtschaftssektoren tätig war, nach außen hin Autonomie erstrebte und auch nach innen selbstbewußt Mitsprache bei politischen Entscheidungsprozessen forderte.

Welche einschneidenden Veränderungen in Politik und Kultur aus diesen sozialen Prozessen hervorgingen, wurde 1918/19 deutlich. Nach der Niederlage Deutschlands gab es hohe Erwartungen in C. Triumphparaden fanden statt, und der Ehrenbogen, der an die Ermordung des deutschen Gesandten Ketteler im Boxeraufstand von 1900 erinnerte, wurde zerstört. Die Regierung entsandte eine eigene Delegation, geleitet von fünf angesehenen Diplomaten, zu den Pariser Friedenskonferenzen nach Versailles, an der C. als Siegermacht teilnahm. Die Delegationen von Großbritannien, Italien und Frankreich, mit denen sich Japan bereits im Vorfeld verständigt hatte, setzten Ende April 1919 auf der Friedenskonferenz durch, das von Japanern im Krieg besetzte ehemals deutsche Einflußgebiet Shandong und das deutsche Pachtgebiet Tsingtau Japan zuzusprechen und die japanischen Vorrechte in C. zu bestätigen. Als dies publik wurde, reagierte die öffentliche Meinung in C. aufgebracht. Die Delegation wurde mit zahlreichen Petitionen und Aufrufen überflutet. Am 1. Mai wurde weiter bekannt, daß die chinesischen Delegierten angesichts ihrer Isolation auf der Konferenz den Widerstand gegen die Beschlüsse aufgegeben hatten. Chinesische Arbeiter und Studenten in Frankreich hinderten die Delegation daran, ihr Hotel zu verlassen. Am Morgen des 4. Mai trafen sich in Peking Abgesandte verschiedener Universitäten und Oberschulen und verabschiedeten gemeinsam eine Resolution. Darin wurde zum landesweiten Protest gegen die Shandong-Lösung auf der Pariser Friedenskonferenz aufgefordert. Es kam landesweit zu Demonstrationen, Streiks und Boykotten. Die gesamte Protestwelle wird bis heute als »Vierte-Mai-Bewegung« bezeichnet.

Die Vierte-Mai-Bewegung markierte in dreierlei Hinsicht einen wichtigen Wendepunkt in der chinesischen Geschichte: Erstens formierte sich 1919 im Gegensatz zur republikanischen Revolution von 1911, die damals nur von wenigen Gruppen der Bevölkerung getragen wurde, erstmals eine breitere politische Allianz. Den Studenten schlossen sich Arbeiter, Handwerker sowie öffentlich Bedienstete an. Es begann auch in C. die Ära der Mobilisierung der Öffentlichkeit als einer modernen Politikform. Zweitens geriet 1919 der Nationalismus von einer geistigen Haltung zu einer politischen Kraft. Ein antiimperialistischer Nationalismus stellte die ideologische Klammer für die breite politische Allianz zur »Rettung des Landes« dar. Drittens eröffnete sich eine neue Perspektive auf die internationale Weltordnung. C. begann drei Blöcke zu unterscheiden: den europäisch-japanischen Imperialismus, die Sowjetunion sowie die benachteiligten, rückständigen ehemaligen und noch bestehenden Kolonien. Die Allianz der sog. revolutionären Kräfte in C. trat für ein enges Bündnis mit der sozialistischen Sowjetunion ein. Im Sommer 1919 kündigte die Sowjetregierung überdies an, sukzessive alle ungleichen Verträge der zarischen Regierung mit C. annullieren zu wollen (Karachan-Manifest).

Wie in Europa trugen somit auch in C. die Folgen des Ersten Weltkriegs zu einer Umwälzung der bestehenden außen- und innenpolitischen Verhältnisse bei. Während sich im Kriegsverlauf die europäischen Großmächte allmählich zurückzogen, gewannen die neuen Mächte Japan und USA rasch an Einfluß. Japan konnte seine Position zu einer imperialen Vormachtstellung ausbauen. Amerikas zunehmend bedeutender C.handel und die einflußreichen Aktivitäten im Bildungswesen führten zu einer wachsenden politischen und kulturellen Präsenz in C. Zugleich machte die Erfahrung von Versailles deutlich, daß es notwendig war, neue Partner zu suchen, die nicht Teil der bisherigen Mächteordnung waren. Für die radikalen und revolutionären Kräfte bot sich die Sowjetunion an, eine eher liberale und pragmatische Gruppe um Hu Shi (1859-1952) orientierte sich an den USA. Der Eintritt in den Weltkrieg markierte aber auch deshalb ein wichtiges Datum der Beziehungen zum Ausland, weil C. nun erstmals als aktives Mitglied der internationalen Staatengemeinschaft in Erscheinung trat. So war das Land auch an der Gründung des Völkerbundes beteiligt. Nach innen waren die Folgen des Krieges nicht weniger gravierend. Der Weltkrieg und Versailles wurden zum Auslöser einer schweren politischen und kulturellen Krise. Große Teile der Intelligenz waren der Auffassung, daß die Existenz C. nur durch kulturelle Aufklärung und vollständigen Neubeginn gerettet werden könne. Forderungen nach einer neuen Kultur, einer neuen Gesellschaftsordnung und letztlich auch nach einem »neuen Menschen« bahnten den Weg zur sozialistischen Revolution. → *Tsingtau*

Lit.: Cambridge History of China, Bd. 13: 1912-1949, hg. v. J. K. Fairbank, Cambridge 1986; O. Weggel, Geschichte Chinas im 20. Jahrhundert, Stuttgart 1989.

KLAUS MÜHLHAHN

Churchill, Winston Leonard Spencer, * Blenheim Palace 30.11.1874, † London 24.1.1965, britischer Politiker. – Die politische Entwicklung C.s in den Jahren vor Ausbruch des Weltkriegs war maßgeblich durch die Vorgänge der Marokkokrise 1911 bestimmt, in deren Gefolge er zum Ersten Lord der Admiralität ernannt wurde. C. hatte zuvor, nachdem er 1904 von den Konservativen zu den Liberalen gewechselt hatte, verschiedene Staatsämter innegehabt: 1905-08 amtierte er als Unterstaatssekretär im Kolonialministerium, 1908-10 als Handelsminister und 1910-11 als Innenminister. In diesen Funktionen machte sich C. zunächst einen Namen als Gegner einer aufwendigen Rüstungspolitik. Vor dem Hintergrund der deutschen Marokkopolitik 1911 aber wandelte er sich zu einem erklärten »Navalisten« und zu einem Befürworter der Entsendung eines britischen Expeditionskorps auf den Kontinent.

In seinem neuen Amt als Marineminister ab Okt. 1911 ergriff C. zunächst organisatorische Maßnahmen zur Koordination der Kriegsplanung mit der Armee. Er gehörte neben Herbert Asquith und Edward Grey zu den Politikern, die die Flottenvereinbarungen mit Frankreich aus der unmittelbaren Vorkriegszeit politisch durchsetzten. In technischer Hinsicht sorgte er vor Kriegsausbruch dafür, daß die britische Flotte von Kohle auf Öl umgestellt wurde. In der Julikrise 1914 bereitete C. konsequent einen Kriegseinsatz der Flotte vor.

Die ersten Kriegsmonate wirkten sich jedoch nicht so erfolgreich auf seine Karriere aus, wie der Marineminister dies erwartet hatte, nachdem der rasche Transport des Expeditionskorps auf den Kontinent Anfang Aug. erfolgreich durchgeführt worden war. Verschiedene militärische Auseinandersetzungen mit ungünstigem Ausgang für die englische Seite führten zu internem und öffentlichem Protest gegen die teilweise erratischen Entscheidungen C.s. Insbesondere seine persönliche Intervention bei der erfolglosen Entsetzung Antwerpens im Okt. 1914 beschädigte seinen Ruf erheblich. Dies sollte sich für C. zu einem Fiasko ausweiten, als der Angriff alliierter Truppen auf die Gallipoli-Halbinsel (Febr. 1915 bis Jan. 1916), der nicht zuletzt auf sein Drängen eingeleitet worden war, unter großen Verlusten scheiterte.

Bereits bei der Bildung der ersten Koalitionsregierung im Mai 1915 wurde C. gezwungen, sein Amt mit einem untergeordneten Kabinettsposten zu vertauschen. Nach seinem Rücktritt im Nov. 1915 ging C. für ein halbes Jahr als Soldat nach Frankreich. Daß er bei der Umstrukturierung der Regierung nach dem Rücktritt Asquiths am 5. Dez. 1916 vor allem wegen des Widerstands gegen ihn aus den Reihen der Konservativen Partei keine Berücksichtigung fand, empfand C. als eine schwere Zurücksetzung. Mit seiner Ernennung zum Rüstungsminister im Kabinett des Kriegspremiers Lloyd George (Juli 1917), eröffnete sich für ihn eine zweite politische Karriere. In das Zentrum der politischen Entscheidungsfindung kehrte C. jedoch erst nach seiner Berufung zum Kriegsminister im Jan. 1919 zurück.

Als Grundproblem des Politikers C. erwies sich, daß er parteipolitisch als unzuverlässig galt. In den Jahren ab 1911 verlor er allmählich seine politische Basis bei den Liberalen, ohne daß es ihm gleichzeitig gelang, eine dauerhafte Unterstützung von anderer Seite zu gewinnen.

Lit.: M. Gilbert, Churchill. A Life, London 1991; E. E. Beiriger, Churchill, Munitions and Mechanical Warfare. The Politics of Supply and Strategy, Frankfurt a. M. u. a. 1997.

CHRISTOPH CORNELISSEN

Claß, Heinrich, * Alzey 29.2.1868, † Jena 16.4.1953, deutscher Publizist und Politiker. – Nach juristischem Studium ließ sich C. 1895 in Mainz als Rechtsanwalt nieder. Unter dem Einfluß des Historikers Heinrich von Treitschke wie auch der Familientradition wandte er sich früh dem völkischen Lager des Kaiserreiches zu. 1894 trat er als Gründungsmitglied dem völkisch-antisemitischen Deutschbund sowie 1897 dem Alldeutschen Verband bei. Seit 1904 Stellvertreter des ersten Vorsitzenden Ernst Hasse, wurde C. nach dessen Tod 1908 Verbandsvorsitzender und blieb es bis zur Auflösung des Verbandes im März 1939. Unter seiner Führung geriet der Alldeutsche Verband immer stärker ins Fahrwasser einer völkisch-biologistischen Ideologie und verstand sich als »nationale Opposition« zur Politik der Reichsleitung. 1912 erschien unter dem Pseudonym Daniel Frymann C.s Buch *Wenn ich der Kaiser wär'*, welches bis zum Jahre 1914 fünf Auflagen erfuhr und zu einem der populärsten politischen Bücher der Vorkriegszeit avancierte. In ihm skizzierte C. die Perspektive einer »Revolution von rechts«, die unter anderem eine extrem imperialistische Politik des Deutschen Reiches, scharfe Ausnahmegesetze gegen alles »Fremdvölkische« (vor allem Juden und Polen) sowie eine rigorose Abgrenzung gegenüber der SPD verlangte.

Der Kriegsausbruch 1914 wurde von C. mit den Worten: »Ich betrachte den Ausbruch des Krieges für das größte Glück, das uns widerfahren konnte« begeistert begrüßt. Im Sept. 1914 verfaßte C. eine umfangreiche *Denkschrift betreffend die national-, wirtschafts- und sozial-politischen Ziele des deutschen Volkes im gegenwärtigen Kriege*. In ihr verlangte er umfassende Annexionen des Deutschen Reiches nach Westen und Osten, die Errichtung eines mitteleuropäischen Wirtschaftsverbandes unter deutscher Führung, den Aufbau eines mittelafrikanischen Kolonialreiches sowie den Erwerb zahlreicher überseeischer Stützpunkte mit dem Endziel, die Weltstellung Großbritanniens zu brechen. Mit seiner Denkschrift setzte sich C. rasch an die Spitze der radikalen Kriegszielbewegung. Während des Krieges arbeitete C. auf eine immer engere Zusammenarbeit der nationalen Verbände hin und hoffte, eines Tages als Führer der »nationalen Opposition« selbst den Posten des Reichskanzlers zu übernehmen. Nach dem Krieg proklamierte C. bereits im Frühjahr 1919 in der *Bamberger Erklärung* des Alldeutschen Verbandes die unversöhnliche Gegnerschaft zur Weimarer Republik. Von 1920-23 gehörte er zu den engen Förderern der NSDAP und Adolf Hitlers. Er wirkte in zahllosen antirepublikanischen Organisationen und Veranstaltungen hinter den Kulissen mit, so etwa bei dem Volksbegehren gegen den Young-Plan von 1926 oder der Harzburger Front von 1931. Sein vor allem während des Krieges erheblicher politischer Einfluß sank jedoch seit Beginn der 1930er Jahre rapide. Ab 1933 war C. »Hospitant« der nationalsozialistischen Fraktion im Deutschen Reichstag, blieb jedoch ohne jeden Einfluß.

Lit.: H. Hagenlücke, Deutsche Vaterlandspartei. Die nationale Rechte am Ende des Kaiserreiches, Düsseldorf 1997.

HEINZ HAGENLÜCKE

Clemenceau, Georges Benjamin, * Mouilleron-en-Pareds (Département Vendée) 28.9.1841, † Paris 24.11.1929, französischer Politiker (Ministerpräsident). – Wenn die französische Zeitgeschichte sich zweier außergewöhnlicher Persönlichkeiten besonders erinnert, dann sind dies Charles de Gaulle und C. Der »Tiger« (ein Spitzname, der teilweise seinen Gesichtszügen zuzuschreiben ist), der Père-la-Victoire (Vater des Sieges), erfreut sich noch heute in Frankreich einer immensen Popularität, weil er derjenige gewesen war, der es im kritischsten Augenblick des Krieges geschafft hatte, die Franzosen mitzureißen und Frankreich zum Sieg zu führen.

C. war bereits 65 Jahre alt, als er 1906 Ministerpräsident wurde, ein Amt, das der Führer der »Radikalen« bis 1909 ausübte. Aus heutiger Perspektive ist immer noch schwer zu verstehen, daß er, den die soziale Frage immer sehr beschäftigt hatte, als Ministerpräsident vor allem danach strebte, soziale Protestbewegungen zu bekämpfen. Seine Regierung, auf die so große Hoffnung gesetzt worden war, enttäuschte hierbei. Es muß aber nachdrücklich darauf hingewiesen werden, daß während seiner Regierungszeit die Beziehungen zu Deutschland so entspannt waren wie noch nie. Nach dem Sturz seines Kabinetts 1909 spielte C. in den Vorkriegsjahren nur noch eine unbedeutende Rolle.

Der Weltkrieg, den er nicht gewollt hatte, bot ihm die Gelegenheit zu einer zweiten Karriere und bescherte ihm in seinem Verlauf einen zuvor nie erreichten Ruhm. Als er im

Aug. 1914 aufgefordert wurde, in die Regierung der »Union sacrée« einzutreten, lehnte er ab, weil er diese für zu schwach befand. Von Beginn des Krieges an zeigte er sich als äußerst energischer Kritiker der Zensur. Seine Zeitung *L'Homme libre* benannte er wegen der vielen Eingriffe in *L'Homme enchaîné* um. Auch wenn er zunächst keine herausragende Rolle spielte, übte er aber als Präsident der beiden mächtigen Senatskommissionen für Auswärtige Angelegenheiten und für die Armee eine nicht unbedeutende Macht aus.

Entscheidend in den Vordergrund trat er jedoch erst 1917. Frankreich befand sich in einer vielschichtigen Krise: einer sozialen Krise (Streiks), einer militärischen Krise (Meutereien), einer politischen Krise (Instabilität der Regierung) sowie einer Krise der öffentlichen Meinung (Entwicklung einer pazifistischen Strömung). Unter diesen Voraussetzungen hielt C. am 22. Juli 1917 vor dem Senat eine große Rede, in der er die Kompetenz des Innenministers Jean-Louis Malvy wegen angeblichen Versagens im Kampf gegen den Pazifismus in Frage stellte. Er beschuldigte ihn, die Interessen des Landes zu verraten. Damit hatte C. seine eigenen Führungsambitionen offengelegt. Er war der Ansicht, daß in dieser tragischen Phase der Moment gekommen sei, wo man ihn darum bitten müsse, das Land zu führen. Einige Monate später mußte sich auch Staatspräsident Raymond Poincaré, der C. verachtete – was auf Gegenseitigkeit beruhte –, dieser Einsicht beugen. Am 16. Nov. 1917 wurde C. Regierungschef. Er demonstrierte seine Entschlossenheit, das Versprechen seiner Antrittsrede vom 20. Nov. zu erfüllen: »Keine pazifistischen Kampagnen, keine deutschen Intrigen mehr. Weder Verrat noch Halb-Verrat: Krieg, nur noch Krieg.« Die große Mehrheit der Franzosen folgte ihm in dieser entschlossenen Haltung. Er hatte sie davon überzeugt, daß man kämpfen müsse bis zum Ende.

Als C. am 11. Nov. 1918 vor die Abgeordnetenkammer trat, um den Waffenstillstand bekanntzugeben, wurde er von einer Woge der Begeisterung und Anerkennung getragen, wie es sie im Parlament wohl kaum einmal zuvor gegeben hatte.

C. mußte nun mit den Problemen zurechtkommen, die der Friede mit sich brachte. Ein Teil der öffentlichen Meinung glaubte, der »Tiger im Krieg« würde nun zum »Tiger im Frieden« werden. In Wirklichkeit war er jedoch davon überzeugt, daß der Schutz Frankreichs im wesentlichen davon abhinge, die Entente mit den USA und Großbritannien

Georges Clemenceau (in Zivilkleidung) bei einem Frontbesuch

aufrechtzuerhalten. Dies veranlaßte ihn auch dazu, auf die Abtrennung des linken Rheinufers von Deutschland zu verzichten, weil der amerikanische Präsident eine solche Maßnahme nicht zulassen wollte. Das hatte die Konsequenz, daß er hierfür sowohl massiv von seiten der Rechten attackiert wurde, wo man den Versailler Vertrag zu lasch fand, als auch von seiten der Linken, die den Vertrag als zu hart einstufte. Als letzten politischen Akt führte C. eine Mitte-Rechts-Koalition, den Bloc national, im Nov. 1919 zum Wahlsieg. Der ehemalige Kopf der extremen Linken schien zum Anführer der Rechten geworden zu sein.

C. kandidierte 1920 für das Amt des Präsidenten der Republik. Wäre damals bereits der Präsident in Direktwahl gewählt worden, hätte der äußerst populäre Père-la-Victoire zweifellos Erfolg gehabt. Aber in Parlament und Senat – der Assemblée Nationale – überwogen Skepsis und Mißtrauen gegenüber seiner möglichen Machtfülle. Er unterlag dem unbedeutenden Gegenkandidaten Paul Deschanel.

Seine letzten Lebensjahre verbrachte er auf Reisen, entweder als Tourist oder aber um die Umsetzung der Bestimmungen des Versailler Vertrags zu verteidigen. Darüber hinaus war er publizistisch tätig. Sein letztes Werk *Grandeurs et misères d'une victoire* (dt. *Größe und Tragik eines Sieges*), welches 1930 erschien, diente dazu, den – auch posthumen – Angriffen seiner Kritiker (u. a. Marschall Foch) zu begegnen.

Lit.: J.-J. Becker, Clemenceau: l'intraitable, Paris 1998; J.-B. Duroselle, Clemenceau, Paris 1988.

Jean-Jacques Becker (Ü: G. K.)

Compiègne, französische Stadt an der Oise ca. 60 km nordöstlich von Paris, Eisenbahnknotenpunkt, seit 1917 Sitz des französischen Hauptquartiers (GQG), Ort des Waffenstillstands von 1918. – In einem Waldstück bei C., einer aufgelassenen Eisenbahngeschützstellung, wurde in einem Bahnwaggon am 11. Nov. 1918 gegen 5.20 Uhr morgens das Waffenstillstandsabkommen zwischen der Entente (Verhandlungsführung Marschall Foch) und dem Deutschen Reich unterzeichnet. Die deutsche Waffenstillstandskommission wurde vom Zentrumsabgeordneten Matthias Erzberger geleitet, ihr gehörten zudem Alfred Graf von Oberndorff, Generalmajor von Winterfeldt und Kapitän zur See Vanselow an. Das Abkommen trat am 11. Nov. um 11.00 Uhr in Kraft. Eine Verhandlung fand bis auf geringfügige Änderungen nicht statt. Fochs abweisende Haltung und seine Arroganz wurden in Deutschland sprichwörtlich.

Die deutsche Kommission war nach Übertritt der Feindlinie bei La Capelle bereits am 8. Nov. in C. eingetroffen. Über den Stand der Absprachen wurden die OHL in Spa und die Reichsregierung in Berlin durch zur Delegation gehörende Nachrichtenoffiziere per Funk informiert, wobei die Sendestation des Eiffelturms als Relais fungierte. Dies ermöglichte dem alliierten Dechiffrierdienst das Mitlesen der Telegramme aus Berlin, so z. B. Eberts Anweisung, die Bedingungen des Abkommens zu akzeptieren.

Die Symbolträchtigkeit des Ortes erfuhr im Zweiten Weltkrieg eine Neuauflage, als Hitler C. und den Salonwagen von 1918 zur Kulisse der Unterzeichnung der Waffenstillstandsvereinbarung zwischen dem besiegten Frankreich und dem Deutschen Reich am 21. Juni 1940 bestimmte. Der Eisenbahnwaggon wurde anschließend als Beutestück abtransportiert, die französische Gedenkstätte des Ersten Weltkriegs zerstört.

German Werth

Conrad von Hötzendorf, Franz Freiherr (seit 1910, 1918 Graf) * Penzing (bei Wien) 11.11.1852, † Bad Mergentheim 25.8.1925, österreichisch-ungarischer Feldmarschall. – C. durchlief nicht nur eine typische Generalstabskarriere, die ihn für spätere höhere Aufgaben prädestinierte, sondern verfügte durch seine Teilnahme an den Feldzügen in Bosnien, der Herzegowina und in Dalmatien 1878/79 und 1882 über unmittelbare Kriegserfahrung. Sein Dienst in den Büros des Generalstabs erweiterte seine operativen Kenntnisse, während er als Taktiklehrer an der Kriegsschule (Generalstabsakademie) seine Kriegserfahrungen einbringen konnte. Die von C. verfaßten Taktiklehrbücher machten ihn schließlich in der Armee bekannt und lenkten die Aufmerksamkeit der Vorgesetzten auf ihn. Seine späteren Erfahrungen als Brigade- bzw. Divisionskommandeur in Triest und Innsbruck sowie die Beschäftigung mit der politischen Entwicklung führten ihn zu der Anschauung, daß vor allem ein Krieg gegen den Bündnispartner Italien unausweichlich und am besten präventiv zu führen sei.

Franz Freiherr Conrad von Hötzendorf (Mitte) beim Besuch des k. u. k. 51. Infanterieregiments an der Front

Vom 18. Nov. 1906 bis 3. Dez. 1911 und vom 12. Dez. 1912 bis 1. März 1917 war C. Chef des k. u. k. Generalstabs und damit im Weltkrieg de facto Oberbefehlshaber der österreichisch-ungarischen Truppen.

Die Bedeutung des befähigten Strategen und durchaus kaltblütigen, seine Machtmittel aber stets überschätzenden C. liegt vor allem in seiner Vorkriegstätigkeit begründet. Die gegen alle berechtigten und wohlbegründeten Warnungen bewiesene Widerstandskraft der Donaumonarchie geht auf militärischem Gebiet zunächst auf das Heer von 1914 zurück, das als eine vor allem C. zu verdankende Schöpfung zu betrachten ist. Ob er als »Kriegshetzer« zu gelten hat, sei dahingestellt, doch betrachtete er den kommenden Krieg als unausweichlich und richtete sein Verhalten danach ein. Seine Gegner im Kampf um die Modernisierung der Armee waren seiner Meinung nach jene, die den Untergang des Reiches, wenn sie diesen schon nicht wünschten, so doch für unabwendbar hielten, wie auch jene, welche die Augen vor dem drohenden Krieg verschlossen. Trotz der stets ungenügenden Budgetmittel war es C. gelungen, teilweise schon eingeleitete Modernisierungen und Truppenvermehrungen beschleunigt durchzuführen und zahlreiche eigene Ideen und Forderungen durchzusetzen, auch wenn dies eine dauernde Konfrontation mit den der Tagespolitik mehr ausgesetzten Ministern bedeutete.

Den Tendenzen zu größerer militärischer Verselbständigung der ungarischen Reichshälfte stemmte er sich mit aller Macht entgegen, indem die Landwehren beider Reichshälften zu Truppen der 1. Linie aufgerüstet wurden. Vor allem an den Krieg gegen Italien dachte C. bei dem von ihm betriebenen Ausbau der Befestigungen im Tiroler Hochgebirge und bei der Schaffung mobiler schwerster Artillerie. Die Aufstellung von Gebirgsformationen, welche an allen Fronten des Reiches nützlich sein konnten, wurde ebenso vorangetrieben wie der Aufbau von Luftstreitkräften.

In taktischer und strategischer Hinsicht war C. ein absoluter Anhänger des Offensivgedankens, führte die »freien« Manöver ein und ließ aufgrund seiner allerdings häufig mißverstandenen Erfahrungen der modernen Kriege den Angriff als wichtigstes Mittel zur Erreichung taktischer Ziele vorschreiben.

Dementsprechend war auch die strategische Führung C.s 1914 von bedingungsloser Offensive geprägt. Doch der verunglückte Aufmarsch und die Niederlage General Potioreks in Serbien ließen ihm im weiteren Verlauf des Krieges nur noch selten Spielraum für strategische Finessen. Zu gering waren die eigenen Kräfte, zu lang die Fronten und zunehmend unzuverlässig die Soldaten mancher Völker des Habsburgerreiches. C., der im Bewegungskrieg des Jahres 1914 eine entscheidende Niederlage gegen Rußland hatte vermeiden können, blieb zunehmend auf die Hilfe des deutschen Verbündeten angewiesen, zumal Italien im Mai 1915 eine neue Front eröffnete. Nur mit deutscher Hilfe konnten 1915 erfolgreiche Offensiven gegen Rußland und Serbien und 1916 gegen Rumänien durchgeführt werden.

Nachdem sich die Lage im Osten und am Balkan stabilisiert hatte, scheiterte C. im Mai 1916 mit seinem im Alleingang realisierten Lieblingsprojekt, der Offensive aus Südtirol in den Rücken der italienischen Armeen am Isonzo. Der im Juni 1916 von Brussilow herbeigeführte Zusammenbruch der österreichisch-ungarischen Ostfront zementierte die Abhängigkeit von der deutschen Obersten Heeresleitung. So kam es, daß C., der den Gedanken an einen »Siegfrieden« nicht aufgeben wollte, am 1. März 1917 von Kaiser Karl seines Amtes enthoben und als Oberbefehlshaber der Heeresgruppe Conrad nach Tirol berufen wurde. Dort scheiterte er im Nov. 1917 und im Juni 1918 bei dem Versuch, mit seinen Truppen den Austritt aus dem Gebirge und damit den Einbruch in die oberitalienische Ebene zu erzwingen. Am 15. Juli 1918 erfolgte die endgültige Abberufung des glücklos gebliebenen Feldherrn.

RUDOLF JERABÉK

Curzon-Linie, Demarkationslinie zwischen Polen und Sowjetrußland, die von der britischen Regierung am 11. Juli 1920 namens der Interalliierten Konferenz von Spa im Zusammenhang mit den Bemühungen um einen Waffenstillstand im polnisch-sowjetischen Krieg vorgeschlagen wurde. – Benannt nach dem damaligen britischen Außenminister Lord Curzon, ging sie auf die Empfehlung der Pariser »Kommission für polnische Angelegenheiten« der Ententemächte vom 8. Dez. 1919 zurück. Die als Ostgrenze der Zweiten Polnischen Republik gedachte Linie stellte mit ihrem Verlauf Dünaburg – Grodno – Brest-Litowsk – Sokoły – Przemyśl (in Galizien zwei Varianten) den Versuch dar, in Anbetracht der schwierigen ethnisch-nationalen Verhältnisse in Ostmitteleuropa der Forderung Präsident Wilsons (Punkt 13 der Vierzehn Punkte) nach einem polnischen Staat, »der die von unbestritten polnischer Bevölkerung bewohnten Gebiete einschließen soll«, Rechnung zu tragen. Dank des Erfolges Piłsudskis gegen die Rote Armee konnte Polen im Frieden von Riga (18. März 1921) jedoch eine wesentlich weiter ostwärts verlaufende Grenze durchsetzen; dadurch gewann Polen weitere 1,5 Mio. polnische, aber auch ca. 6 Mio. russische und ukrainische sowie 1,4 Mio. sonstige, vor allem jüdische, Bevölkerungen. Die C. bildete auch die Grundlage für die Grenzziehung zwischen der Sowjetunion und Polen am Ende des Zweiten Weltkrieges.

HANS HECKER

Czernin von und zu Chudenitz, Ottokar Graf, * Dimokur (Böhmen) 26.9.1872, † Wien 4.4.1932, österreichischer Diplomat und Politiker (Außenminister). – C. galt als besonderer Vertrauensmann des Thronfolgers Erzherzog Franz Ferdinand. Als er 1913, nach nur sporadischer Dienstzeit im diplomatischen Korps, k. u. k. Gesandter in Bukarest wurde, sprach man bereits davon, daß er als erster Außenminister des nächsten Kaisers ausersehen sei. Nach dem Tod des Thronfolgers in Sarajevo verblieb C. auf dem Bukarester Posten, um nach dem Kriegseintritt Rumäniens von Kaiser Karl am 23. Dez. 1916 schließlich doch zum Außenminister ernannt zu werden. Die militärische Lage hatte dem jungen Kaiser in personeller Hinsicht Anlaß zu grundlegendem Wandel gegeben: Auftrag und erklärtes Ziel C.s waren es, durch einen erträglichen Frieden den Weg aus der aussichtslos scheinenden Lage zu finden. Doch seine teilweise erratischen Aktionen, den kriegführenden Mächten einen Status-quo-ante-Frieden zu vermitteln oder gar Berlin zur Preisgabe Elsaß-Lothringens zu bewegen, waren zum Scheitern verurteilt. C. stellte sich zunehmend auf die Seite der deutschen »Siegfrieden«-Lobby, behinderte »private« Friedensinitiativen mehr als er sie förderte und wollte schließlich auch den Kaiser völlig aus der Politik ausschalten. Höhepunkt und Abschluß von C.s Tätigkeit als Außenminister war die sog. Sixtus-Affäre, das Bekanntwerden der geheimen Friedensverhandlungen von Kaiser Karl mit Frankreich, von denen C. nichts gewußt hatte. In der Folge wurde dadurch die Absicht der Entente, die Donaumonarchie aufzulösen, nur weiter zementiert.

Die einzige Alternative dazu schien die militärische Unterordnung Österreich-Ungarns unter das Deutsche Reich zu sein. C. trat am 14. April 1918 zurück.

RUDOLF JERABÉK

Dadaismus. Eine von Künstlern, Schriftstellern und Intellektuellen ausgehende Protestbewegung, die sich 1916 im Schweizer Exil mit der Gründung des »Cabaret Voltaire« in Zürich erstmals zu Wort meldete. »Dada« nannte sich, was mit dem Weltkrieg und seinen verheerenden Folgen sowie mit einer Kunst und Kultur, die das Desaster nicht hatte verhindern können, nichts mehr zu tun haben wollte. Hugo Ball, Hans Arp, Marcel Janco, Tristan Tzara, Richard Huelsenbeck, Hans Richter agierten neben anderen als Wegbereiter des D. in Zürich. Als Sammelbecken für Emigranten und Pazifisten zeichnete sich die frühe Dada-Bewegung durch vielfältige Aktivitäten aus, die von Anfang an auf ein breites künstlerisches Spektrum und auf internationale Verbreitung zielten. Gemeinsam war diesen Aktivitäten die Verachtung des Krieges, den die Dadaisten als mörderische Bankrotterklärung einer abgewirtschafteten Bourgeoisie begriffen. Der »Spießbürger« wurde zur Zielscheibe ihres Zorns; an ihm befriedigte sich die Lust an der Provokation und am Skandal. Das rebellische Bedürfnis, ein bürgerliches Publikum zu schockieren, blieb ein Kennzeichen der sich von Zürich über die Metropolen Paris und Berlin bis nach New York verbreitenden Bewegung.

Der kritische Blick auf den Weltkrieg gehörte auch nach 1918 zu den unterschiedlichen Dada-Aktivitäten. Nur selten aber wurde der Krieg direkt zum Thema oder Sujet künstlerischer und antikünstlerischer Darstellungen, am ehesten noch in dem stark politisierten Berlin. In besonderem Maße konfrontiert mit den krisenhaften gesellschaftlichen Verhältnissen am Ende des Krieges und mit den Auswirkungen der Novemberrevolution, verstanden sich die Berliner Dadaisten nicht nur als künstlerische Avantgarde, die nach neuen ästhetischen Maßstäben suchte und mit neuen Formen experimentierte, sondern auch als politische Bewegung. Die »Erste Internationale Dada-Messe« 1920 in Berlin gab davon eine Vorstellung. Unter den Aktivisten George Grosz, John Heartfield, Richard Huelsenbeck, Raoul Hausmann und Johannes Baader waren es vor allem Grosz und Heartfield, die das Thema Krieg immer wieder aufgriffen. Ein von Heartfield und Rudolf Schlichter montiertes Dada-Objekt, ein 180 cm großer *Preußischer Erzengel* in Reichswehruniform mit einem Schweinekopf und dekoriert mit dem Eisernen Kreuz, der in der Ersten Internationalen Dada-Messe unter der Decke hing, sowie Grosz' antimilitaristische Zeichnungen in der Bildmappe *Gott mit uns*, sorgten für eine Klage wegen Beleidigung der Reichswehr und brachten Grosz und Heartfield Geldstrafen ein. Es gehörte zu den besonderen Wirkungen der dadaistischen Bilder, Objekte und Aktionen, daß sie zur Wut und zum Lachen gleichermaßen herausforderten.

Lit.: A. Jürgens-Kirchhoff, Schreckensbilder: Krieg und Kunst im 20. Jahrhundert, Berlin 1993.

ANNEGRET JÜRGENS-KIRCHHOFF

Dänemark, konstitutionelles Königreich, Regent Christian X. (reg. 1912-1947). – Die Stimmung in D. war seit der Annexion Schleswig-Holsteins (1864) durch den preußischen Staat und den Eindeutschungsmaßnahmen in Nordschleswig dezidiert antideutsch. Bei Kriegsausbruch wurden Heer und Flotte mobilisiert, denn man befürchtete, daß das Land wegen der Kontrolle der Zufahrtswege in die Ostsee Ziel britischer oder deutscher Militäroperationen werden könnte. Doch die Royal Navy hielt sich zurück. Deutscherseits ließ man es mit der Forderung nach Verminung des Großen Belts, der D. sofort nachkam, bewenden. Im übrigen war man in Berlin mit der positiven Antwort der dänischen Regierung auf die Anfrage in den Mobilmachungstagen vollauf zufrieden, ob D. gegenüber Deutschland eine wohlwollende Neutralität einnehmen werde: Es war dies die von allen politischen Parteien getragene Einsicht der dänischen Führung in das Unausweichliche angesichts der geographischen Lage. Von der sozialliberalen Regierung (Radikale Venstre) unter C. Th. Zahle wurden auch alle antideutschen Demonstrationen unterbunden, um den übermächtigen Nachbarn im Süden nicht zu verstimmen. Auch die Nordschleswigfrage sollte nicht debattiert werden.

Außenpolitische Absicherung suchte D. bei den skandinavischen Nachbarn, indem es sich deren Neutralitätsproklamationen anschloß. Es kam zu einer Wiederannäherung an Schweden, nachdem das Verhältnis wegen Schwedens deutschfreundlicher Haltung einige Zeit gestört gewesen war. Sichtbarer

Ausdruck des interskandinavischen neutralen Schulterschlusses waren die Dreikönigstreffen in Malmö im Dez. 1914 und in Oslo im Nov. 1917. D. unterhielt während des ganzen Krieges Handelsverbindungen zu beiden kriegführenden Seiten, was von Deutschland und Großbritannien stillschweigend geduldet wurde. Allerdings war die dänische Handelsflotte zunächst der Minengefahr und später dem deutschen U-Boot-Krieg ausgesetzt, was sich in entsprechenden Verlustziffern widerspiegelte: Etwa 700 Seeleute verloren ihr Leben. Die Nachfrage nach dänischen Waren (insbesondere Agrarprodukten) führte im Lande in der ersten Kriegshälfte zu einer Hochkonjunktur, die aber von Anfang an einvernehmlich von einer Regierungskommission reguliert wurde, damit bei den üblichen Marktmechanismen nicht nur wenige davon profitieren und die Schlechtergestellten noch mehr verlören. In den Jahren des Krieges wurden solchermaßen die Fundamente des Wohlfahrtsstaates gelegt. Zunächst aber litten weite Bevölkerungskreise in der zweiten Kriegshälfte infolge von Rohstoffmangel (vor allem Brennstoff) immer größere Not. Die Arbeiterbewegung wuchs und wurde radikaler, insbesondere ihr syndikalistischer Flügel. Das förderte die Bereitschaft der politischen Elite, die »gemäßigte« Sozialdemokratie in die politische Verantwortung zu integrieren.

Gegen Kriegsende schöpfte die dänische Volksgruppe in Nordschleswig neue Hoffnung auf eine Wiedervereinigung mit dem Mutterland. Um irredentistische Bewegungen zu verhindern, war hier das Dänentum von der preußischen Obrigkeit starken kulturellen und politischen Einschränkungen unterworfen worden. Die wehrpflichtigen Dänen in Nordschleswig mußten gleichwohl als preußische Staatsangehörige in der Armee dienen, rund 6.000 von ihnen fielen. Der politische Vertreter des Dänentums im Berliner Reichstag, H. P. Hansen, pochte gegen Kriegsende immer lauter auf dessen Selbstbestimmungsrecht und fühlte sich im Einklang mit den entsprechenden Erklärungen des US-Präsidenten Wilson. Die Forderungen der dänischen Volksgruppe fanden schließlich Berücksichtigung im Versailler Vertrag, wo zwecks neuer Grenzziehung in Schleswig eine Volksabstimmung festgelegt wurde. → *Versailler Vertrag*

Lit.: R. Bohn, Dänische Geschichte, München 2001.

ROBERT BOHN

Daniels, Josephus, * Washington (North Carolina) 18.5.1862, † Raleigh (North Carolina) 15.1.1948, US-amerikanischer Marineminister und Diplomat. – D. wurde 1913 zum US-Marineminister ernannt. Als Journalist besaß D. weder Hintergrundwissen noch ein besonderes Interesse an Marine-Angelegenheiten. Seine hauptsächliche Qualifikation für diese Aufgabe war sein Beitrag zur Wahl von Woodrow Wilson. D. hegte eine Abneigung gegenüber Marineoffizieren, zudem war er gleichgültig gegenüber Marinetraditionen, und die Verbannung von Alkohol aus Schiffsmessen trug nicht zu seinem Ansehen bei. Doch D., ein ausgesprochener Anhänger des Fortschrittsgedankens, öffnete die Marine-Akademie für Marineangehörige, die sich dort akademisch qualifizieren konnten. Er machte den aktiven Dienst zur See zu einer zentralen Bedingung für jede Beförderung. Da er selber ohne Fachkenntnisse im Bereich der Planung war, berief er einen Chef für Marineoperationen, um die operative Seite zu gestalten.

D. war ein Gegner des Krieges, aber kein Pazifist. Er hatte eine einseitig ausgestattete Flotte übernommen – überwiegend Schlachtschiffe und wenig anderes. Seine Versuche, die Situation zu verbessern, wurden nach 1914 durch Wilsons Bestimmung konterkarriert, alles zu unterlassen, was als Verlassen der Neutralitätspolitik aufgefaßt werden könnte. So legte D. 1916 ein Konstruktionsprogramm zu den Akten, das den Bau von Eskorteschiffen vorsah und damit eine Entwicklung hin zu einer stärker intervenierenden Seemacht bedeutet hätte.

D. zögerte, seine Autorität zu delegieren, und zeigte wenig Verständnis für Stabsprozeduren, die er als unamerikanisch ansah. Seine Interventionen in operativen Fragen wie bei der Verminung der Nordsee und der Adria führten dazu, daß er von den Militärs als Amateur bezeichnet wurde. 1920 verließ D. das Kabinett, 1933 ernannte ihn Präsident Roosevelt zum US-Botschafter in Mexiko.

DENNIS E. SHOWALTER (Ü: M. P.)

Danilow, Jurij Nikiforowitsch, * 25.8.1866, † 3.11.1937, russischer General und Militärhistoriker. – 1886 Absolvent der Artillerieschule von Michajlowskoe und 1892 der Akademie des Generalstabes; 1908/09 Oberquartiermeister, dann Generaloberquartiermeister; seit 1914 General der Infanterie. D. entwarf als

Hauptverfasser den als »Plan 19« bezeichneten Angriffsplan der russischen Armee für den Kriegsfall. Der Plan sah eine Konzentration der russischen Streitkräfte für einen Angriff auf das Deutsche Reich in Ostpreußen vor; im weiteren sollte die Armee dann bis Berlin vorstoßen. Aufgrund der im Oberkommando der russischen Armee bestehenden Uneinigkeit – ein Teil der militärischen Führung betrachtete, im Unterschied zu D., die österreichisch-ungarische Armee als Hauptfeind – wurden die geplanten vier Armeen geteilt. Zwei waren für den Angriff gegen das Deutsche Reich vorgesehen, zwei weitere sollten Angriffe der österreichisch-ungarischen Streitkräfte abwehren.

Nach Ausbruch des Krieges wurde D. Generalquartiermeister beim Oberkommandierenden, Großfürst Nikolaj Nikolajewitsch. Im wesentlichen übernahm er aufgrund der Unfähigkeit des Stabschefs, General N. N. Januschkewitsch, dessen Position. Nach der Ablösung des Großfürsten Nikolaj Nikolajewitsch im Aug. 1915 und der Übernahme des Oberkommandos durch Nikolaj II. wurde D. auf Wunsch des neuen Stabschefs Alexejew von seinem Posten abgelöst und zum Kommandeur des XXV. Armeekorps ernannt; im Aug. 1916 wurde er Stabschef der Nordfront; ab Mai 1917 Oberbefehlshaber der 5. Armee. Nach der Oktoberrevolution 1917 emigrierte D. nach Frankreich; 1924 erschien sein Buch *Rossija v pervoj mirovoj vojny 1914-1915 gg* (dt. *Rußland im Weltkriege 1914-1915)* in Berlin, dem weitere militärhistorische Arbeiten folgten.

DITTMAR DAHLMANN

D'Annunzio, Gabriele (seit 1924 Fürst von Montenevoso), * Pescara 12.3.1863, † Cargnacco (Gardasee) 1.3.1938, italienischer Schriftsteller. – Der Chefkorrespondent der Zeitung *Corriere della Sera* war eine bedeutende Persönlichkeit des öffentlichen Lebens in Italien. Im Mai 1915 wurde er von seinen Anhängern als wichtigster Exponent der interventionistischen »Spektakel-Politik« gefeiert, als er mehrere Kriegsaufrufe an nationalen »Erinnerungsorten« Italiens hielt, unter anderem auf dem Kapitol in Rom. Dabei wurden seine Reden immer aggressiver und trugen – wie es später manche Historiker interpretierten – bereits präfaschistische Züge.

Mit 52 Jahren meldete sich D'A. 1915 als Freiwilliger zu den Fliegern. Er veröffentlichte mehrere Kriegserzählungen, in denen er selbst als Protagonist auftritt. Bis dahin war vor allem der Futurist Marinetti als künstlerischer Propagandist des Krieges hervorgetreten, nun übernahm D'A. diese Rolle. Futuristisch zeigte er sich dabei vor allem in der Ästhetisierung der Politik. Einen Namen machte sich D'A. durch seine wagemutigen Propagandaflüge über österreichische Städte, so über Triest, wo er am 7. Aug. 1915 Flugblätter mit der italienischen Trikolore abwarf. Mit seiner Staffel »Serenissima« sollte er später bis nach Wien fliegen. Auch nahm D'A. an nächtlichen Angriffen mit Torpedoschnellbooten teil. Durch einen Flugunfall verlor er ein Auge. Die Wirkung dieses Ereignisses läßt sich vor allem in seinem nach dem Krieg entstandenen Werk *Notturno* festmachen: Der Held seiner früheren Kriegsromane reift hier zum »Commandante« in einer Nachkriegszeit, die sich durch den Mythos des Großen Krieges legitimiert. Noch einmal trat D'A. 1919/20 als Anführer eines später nach ihm benannten Freikorps in Erscheinung, das die istrische Hafenstadt Fiume (Rijeka) besetzt hielt. Doch mit dem Übergang von der alten italienischen Elitengesellschaft zur Massengesellschaft der Nachkriegszeit sank der Stern von D'A. Benito Mussolini sollte ihn bald in seiner Rolle als politischer Publizist und Aktivist beerben.

Lit.: Der Dichter als Kommandant. D'Annunzio erobert Fiume, hg. v. H. U. Gumbrecht u. a., München 1996.

MARIO ISNENGHI (Ü: C. Z. / M. P.)

Dardanellen, Meerenge zwischen dem Ägäischen Meer und dem Marmerameer. – Seit dem Kriegsausbruch in Europa hatte die jungtürkische Regierung im Osmanischen Reich einen Beitritt auf Seiten der Mittelmächte ins Auge gefaßt. Die Ankunft der beiden deutschen Kriegsschiffe *Goeben* und *Breslau* vor Konstantinopel am 10. Aug. 1914 beförderten diese Entscheidung. Ein Kriegsbeitritt verhieß der Türkei territoriale Gewinne auf Kosten Rußlands und der Briten im Kaukasus bzw. in Ägypten. Am 20. Aug. lief die türkische Flotte gegen die russischen Schwarzmeerhäfen aus und löste so den Krieg mit der Entente aus.

Zur gleichen Zeit stellte sich an der Westfront ein militärisches Patt ein. Dies führte dazu, daß innerhalb der britischen Führung eine alternative Strategie erwogen wurde, in deren Mittelpunkt die Royal Navy stehen sollte. Der wichtigste Verfechter einer Strategie gegen die Türkei war der Erste Lord der Admiralität, Winston Churchill. Er ging davon aus, daß das Osmanische Reich umgehend kapitulieren würde, sobald ein britischer Flottenverband die Meerenge durchbrechen und vor Konstantinopel einlaufen würde. Eine Kapitulation der Türkei wiederum würde weitreichende Konsequenzen haben: Die schlecht ausgerüsteten Russen könnten dann von den Briten mit großen Mengen an Waffen versorgt werden, um so das Blatt an der Ostfront zu wenden. Die zögernden Balkanstaaten – so Churchills Überlegungen – würden sich daraufhin einem von den Briten angeführten Vorstoß entlang der Donau in Richtung Österreich-Ungarn anschließen, um so das Deutsche Reich gleichsam durch die Hintertür zu schlagen.

Churchill sicherte sich hierfür rasch die Unterstützung seiner Kollegen im War Council. Die Sache schien ohne Risiko: Es würden keine Truppen und nur alte Schiffe zum Einsatz kommen, die ohnehin für die Seeherrschaft ohne Bedeutung waren. Und, so hieß es immer wieder im War Council, hätte die Operation keinen Erfolg, so ließe sie sich jederzeit problemlos abblasen. Diese Überlegungen trugen in keiner Weise den Schwierigkeiten Rechnung, die ein Durchbruch der D. aufwerfen mußte. Das enge und mitunter sehr unruhige Gewässer war durch die türkischen Befestigungen am Kap Helles und an den Engstellen gut verteidigt, auch durch Minen. Diese wiederum waren an beiden Ufern der Meerenge wirksam durch mobile Feldhaubitzenabteilungen geschützt. Die Zuversicht der Briten war gleichwohl groß und schien sich durch Anfangserfolge vor Kap Helles zu bestätigen. Der Angriff von See her begann am 19. Febr. 1915. Innerhalb von sieben Tagen gelang es, die Kanonen an der Einfahrt zu den D. außer Gefecht zu setzen und in die Meerenge einzudringen.

Die nächste Phase zerschlug die anfänglichen Hoffnungen. Die Minen hinderten die Schlachtschiffe daran, nahe genug an die Küstenbefestigungen heranzukommen, um diese niederzukämpfen. Auf die Minenräumung hatte man wenig Gedanken verwendet. Fischerboote mit ziviler Besatzung war das einzige, was man dagegen aufgeboten hatte, und diese erwiesen sich als wenig effektiv, weil sie vom Feuer der Feldhaubitzen vertrieben wurden. Diese befanden sich in gedeckten Stellungen und waren somit für die Flachbahngeschütze der Schiffe praktisch unerreichbar. Auch ihre Infanterie konnten die Briten inzwischen nicht mehr ohne weiteres landen lassen, da die Türken mittlerweile ihre Truppen verstärkt hatten.

Im Verlauf der folgenden zwei Wochen kämpfte die Flotte planlos gegen die Probleme an: Jeden Tag liefen einige Schiffe in die Meerenge ein, beschossen die Forts oder versuchten die Haubitzen niederzukämpfen. Diese Angriffe blieben weitgehend erfolglos, die gesamte Operation hatte sich festgefahren. Von London aus drängte Churchill auf energisches Vorgehen. Also lief der gesamte britische Verband zusammen mit einigen französischen Einheiten am 18. März aus. 16 Schlachtschiffe stießen in die Meerenge vor, nahmen die Forts und die Batterien unter Feuer. Unter ihrem Schutz machte sich ein neu zusammengesetzter Minensuchverband daran, die Seeminen zu beseitigen. Bereits am Abend des Tages war klar, daß die Operation vollständig gescheitert war. Zwar hatten die Schlachtschiffe den Forts schwer zugesetzt, doch hatten sie selbst stark unter dem gegnerischen Artilleriefeuer gelitten, und – was schlimmer war – der Verband war in ein bislang unentdecktes Minenfeld geraten. Die Küstenartillerie und Minen hatten drei Schlachtschiffe versenkt, drei waren nicht mehr einsatzfähig, vier weitere hatten erheblichen Schaden genommen. Nicht eine Mine war beseitigt worden.

In London trat der War Council zu einer Krisensitzung zusammen. Churchill forderte, den Angriff wieder aufzunehmen. Nach seinen Informationen, die sich als nicht zutreffend erweisen sollten, ging den türkischen Forts bereits die Munition aus. Seine Ministerkollegen und die Militärs waren aber nicht zu überzeugen. Der Angriff von See her wurde aufgegeben und in zwei Phasen aufgegliedert. Zuerst sollte durch eine Landung die Halbinsel Gallipoli besetzt werden, um dort die Verteidigungsanlagen niederzukämpfen. Danach sollte die Operation der Flotte wieder aufgenommen werden. So endete die britische D.-Operation gegen die Türkei mit einem militärischen Fehlschlag. Doch die Unzulänglichkeit des ganzen Unternehmens ging tiefer. Niemand hatte die eigentlich entscheidende Frage gestellt: Würde die Türkei auf die wahrlich drakonischen Friedensbedingungen, auf die sich ihre Gegner bereits verständigt hatten, eingehen, nur weil ein britischer Flottenverband (ohne jede weitere Truppenunterstützung) vor Konstantinopel auftauchte? Eine derartige Vorstellung paßte nicht mehr in den ersten weltweiten Konflikt des 20. Jahrhunderts. Sie gehörte einem mittlerweile vergangenen Zeitalter an, einer Epoche, in der ein Kanonenboot (oder eine Flottille veralteter Schiffe) ausgereicht hatte, um die Autorität Großbritanniens in jedem Winkel der Erde zu garantieren. → *Gallipoli* → *Osmanisches Reich*

Lit.: C. Mühlmann, Der Kampf um die Dardanellen 1915, Oldenburg 1927; F. R. van Hartesveldt, The Dardanelles Campaign 1915: Historiography and Annotated Bibliography, Westport, Conn. 1997.

Robin Prior / Trevor Wilson (Ü: M. P.)

Dehmel, Richard, * Wendisch-Hermsdorf (bei Sagan) 18.11.1863, † Blankenese (heute zu Hamburg) 8.2.1920, deutscher Schriftsteller. – Der Lyriker und Dramatiker D. zählte zu den einflußreichsten deutschsprachigen Autoren der Jahrhundertwende. Als Antinaturalist und Antipode von Stefan George und Arno Holz sahen die Zeitgenossen in ihm jenen Autor, der als einziger Nietzsches Lebensphilosophie adäquat in Lyrik transformierte und die Konventionen der verkrusteten wilhelminischen Vorkriegsgesellschaft mit der Betonung menschlicher Sinnlichkeit und männlicher Freiheit zu kritisieren vermochte. Als Beiträger zu bedeutenden literarischen Zeitschriften der Zeit (*Hyperion*, *Jugend*, *Simplicissimus*), als Begründer des *Pan* und Mitinitiator des Kleist-Preises übte D. große Wirkung auch auf die expressionistische Avantgarde der Vorkriegszeit aus.

Der 51jährige meldete sich im Aug. 1914 freiwillig zum Kriegsdienst aus der Überzeugung heraus, für einen Frieden zu kämpfen, dessen Hauptziel »herrlich und heilig« sei. D. – weiterhin überaus einflußreich und während des gesamten Krieges mit nationalistischen Beiträgen aktiv – gab mit diesem Schritt ein patriotisches Beispiel, das unter anderem Thomas Mann anregte, mit *Gedanken im Krieg* »wenigstens meinen Kopf einmal unmittelbar in den Dienst der deutschen Sache zu stellen«, aber auch engagierte Kriegsgegner wie Käthe Kollwitz zu Widerspruch provozierte.

Auch mit seiner Lyrik reihte sich D. ab 1914 mit einer Vehemenz in die vorderste Reihe der nationalistischen Kriegsbefürworter ein – so mit dem *Lied an alle* – und befremdete damit manche seiner Anhänger, die ihn als Vertreter allgemein menschlicher Werte interpretiert hatten. Mit Fortgang des Krieges wurde der Ton seiner Lyrik moderater. 1917 erschienen seine gesammelten Kriegsgedichte in der Insel-Bücherei im Band *Kriegs-Brevier*, der 1918 und 1920 in die Neuauflagen des Bandes *Schöne wilde Welt* (zuerst 1913) integriert wurde.

Als Infanterist an der Westfront, in den Vogesen und Litauen eingesetzt, zog sich D. ein Venenleiden zu, an dem er zwei Jahre nach Kriegsende starb. Sein Kriegstagebuch erschien 1919 unter dem programmatischen Titel *Zwischen Volk und Menschhei*t – der Autor hatte sich nunmehr zumindest teilweise von seiner Kriegsbegeisterung distanziert und immerhin einen Widerspruch zwischen beiden Begriffen erkannt.

Lit.: H. Fries, Die große Katharsis. Der Erste Weltkrieg in der Sicht deutscher Dichter und Gelehrter, 2 Bde., Konstanz 1994.

Thomas F. Schneider

Delbrück, Hans, * Bergen (Rügen) 11.11.1848, † Berlin 14.7.1929, deutscher Historiker und Publizist. – Vor 1914 war der politisch freikonservative Historiker als ein Anhänger der deutschen Weltpolitik und zugleich als Befürworter eines innen- und sozialpolitischen Reformkurses bekannt geworden. 1896 als Nachfolger Heinrich von Treitschkes an die Berliner Universität berufen, trat er vor allem mit seiner vierbändigen *Geschichte der Kriegskunst im Rahmen der politischen Geschichte* (1900-20) hervor.

Im Weltkrieg entfaltete D. seine größte Wirkung als Herausgeber der *Preußischen Jahrbücher* (seit 1883). Im Gefolge seiner Vorkriegsanschauungen blieb er bis Ende 1918 von der überlegenen Funktionstüchtigkeit des preußisch-deutschen Konstitutionalismus überzeugt, auch wenn er für die Abschaffung des Dreiklassenwahlrechts plädierte. Gegenüber weitreichenden Annexionsforderungen entwickelte sich D. zu einem der führenden Befürworter eines »Verständigungsfriedens«. So gehörte er 1915 zu den Initiatoren einer Gegendenkschrift auf die annexionistische »Intellektuelleneingabe« deutscher Professoren (Juni 1915) und auch den Übergang zum uneingeschränkten U-Boot-Krieg lehnte er ab. Auch D. erwartete allerdings Kompensationen für die Freigabe des besetzten Belgien. Den Friedensvertrag von Brest-Litowsk kommentierte er zustimmend. In seiner insgesamt jedoch moderaten Kriegspublizistik drängte er wiederholt auf einen Verhandlungsfrieden. Nach dem Kriegsende wandte er sich mit gleicher Entschiedenheit gegen den Versailler Friedensvertrag wie gegen die Dolchstoßlegende und trat als Gutachter im Parlamentarischen Untersuchungsausschuß zu den Ursachen der deutschen Niederlage auf.

CHRISTOPH CORNELISSEN

Delcassé, Théophile, * Pamiers (Département Ariège) 1.3.1852, † Nizza 22.2.1923, französischer Politiker (Außenminister). – D. war Journalist, der im Kielwasser Léon Gambettas in die Politik ging und von 1889 bis 1919 Abgeordneter seines Heimatdepartements Ariège blieb. Seine siebenjährige, ununterbrochene Amtszeit als Außenminister von 1898 bis 1905 war die wichtigste Periode seiner politischen Karriere. Obwohl er lange Zeit eher antibritisch als antideutsch eingestellt war, vollzog sich doch während seiner Amtszeit die britisch-französische Annäherung. In der Folge rühmte sich D. damit, eine systematische Einkreisungspolitik betrieben zu haben, dies ist jedoch weit von der Realität entfernt. 1905, während der 1. Marokkokrise, forderte Deutschland seinen Rücktritt. Selbst als er später wichtige Positionen innehatte (Marineminister von 1911 bis 1913, Botschafter in St. Petersburg ab 1913), verzieh er Deutschland nicht, daß es seine geplante Karriere zerstört hatte, und als 1914 der Krieg ausbrach, betrachtete er diesen als seine persönliche Revanche.

Als er im Aug. 1914 gebeten wurde, als Außenminister in die Regierung der »Union sacrée« einzutreten, forderte er mit Nachdruck die Wiederherstellung einer entschlossenen Außenpolitik. Aber Diplomatie stand in Kriegszeiten nicht mehr an erster Stelle, und seine Führungsqualitäten waren zudem umstritten. Er wandte sich vehement gegen eine Landung der Alliierten in Saloniki, die dann letztlich doch stattfand. Der Eintritt Italiens in den Krieg auf seiten der Entente kann als sein letzter diplomatischer Erfolg gewertet werden, aber D. verlor sich in den Balkanfragen, weil er alles daran setzte, Bulgarien ins alliierte Lager zu bringen, in dem Serbien sich längst befand. Er hatte nicht verstanden, daß die serbischen und bulgarischen Nationalinteressen unversöhnlich gegeneinanderstanden. Der Kriegseintritt Bulgariens auf seiten der Mittelmächte besiegelte seine Niederlage. Nervenkrank, deprimiert und in Sorge um seinen gefangenen Sohn, der tatsächlich noch vor Kriegsende in deutscher Gefangenschaft starb, sah er sich außerdem den Feindseligkeiten seiner Kollegen ausgesetzt. Dies alles veranlaßte ihn, am 13. Okt. 1915 seinen Rücktritt einzureichen. Von diesem Zeitpunkt an spielte er keine Rolle mehr. D. konnte sich nur schwer damit abfinden, daß die Regierung ihn nicht einmal zu einer Aussprache über die Friedensverträge hinzuzog. Er war einer der 74 Abgeordneten, die sich bei der Abstimmung über die Unterzeichnung des Versailler Vertrags der Stimme enthielten. Anschließend zog er sich aus dem politischen Leben zurück.

JEAN-JACQUES BECKER (Ü: G. K.)

Demobilmachung. Die Überführung einer Gesellschaft aus dem Kriegszustand in Friedensverhältnisse ist ein ungleich schwierigeres Unternehmen als die Entlassung von Soldaten aus dem Kriegsdienst. Für beides wird der Begriff D. verwandt. – Als der Waffenstillstand am 11. Nov. 1918 in Kraft trat, standen noch etwa 6 Mio. deutsche Soldaten unter Waffen. Die deutsche Wirtschaft war fast völlig auf die Bedürfnisse des Krieges eingestellt; nun mußte man inmitten einer politischen Revolution, die Deutschland nach einem verloren gegangenen Weltkrieg erschütterte, die D. durchführen.

Keine militärische Macht plant für den Fall der eigenen Niederlage. Während des Krieges ging die deutsche Führung von einem Sieg aus; demzufolge hatte man Pläne für eine langsame D. der deutschen Streitkräfte entwickelt. Die Heeresleitung ging davon aus, daß ausreichend Zeit sein werde, die deutschen Soldaten etappenweise und in guter Ordnung in das zivile Leben zu entlassen.

Die Planung für die militärische D. nahm während der zweiten Hälfte des Krieges konkrete Form an. 1916 wurde der erste D.-Plan für die Marine, Anfang 1918 ein solcher für das Heer intern in Umlauf gebracht. Die Hauptsorge bei der Planung für die D. war der Arbeitsmarkt: Wie konnte man die Millionen von heimkehrenden Soldaten wieder in die zivile Wirtschaft integrieren, ohne daß es zu einer Krise auf dem Arbeitsmarkt und zu Massenarbeitslosigkeit kommen würde? Diese Planung der D. während des Krieges war von allgemeinem Optimismus gekennzeichnet: Man ging davon aus, daß die Frauen, die während des Krieges in die Kriegswirtschaft und somit in »Männerberufe« geströmt waren, diese Stellen aufgeben würden, um Platz für die zurückkehrenden Männer zu schaffen. Gemeinhin galt es als Selbstverständlichkeit und patriotische Pflicht, die zurückkehrenden Soldaten in ihren alten Arbeitsstellen wieder einzustellen; die wirtschaftlichen Planer gingen noch davon aus, daß man nach dem Krieg zu einem sozialen Status quo ante zurückkehren könnte.

Erst im Aug. 1916, als das Reichskommissariat für die Übergangswirtschaft ins Leben gerufen und dem Reichsamt des Inneren unterstellt wurde, gab es eine Institution, deren Zweck es war, die Planungen für eine wirtschaftliche D. zu koordinieren. Allerdings sollte das Reichskommissariat nur beratend tätig sein, und es hat in der Tat fast keine Rolle gespielt. Auch nach der Schaffung des Reichswirtschaftsamtes im Jahre 1917, dem die Aufgabe zufiel, die D. und den wirtschaftlichen Übergang nach dem Krieg vorzubereiten, gab es keine klaren Richtlinien für die Umsetzung. Die Frage des Umfangs einer staatlichen Lenkung der Nachkriegswirtschaft blieb also bis zum Zeitpunkt der deutschen Niederlage offen.

Die Aufgaben, die mit der D. konkret verbunden waren, waren enorm. Während des Ersten Weltkrieges dienten ca. 13,2 Mio. Männer in deutscher Uniform. Diese Zahl entsprach ungefähr einem Fünftel der Gesamtbevölkerung des Kaiserreichs im Jahre 1914 und etwa 85 % der Männer im wehrpflichtigen Alter. Von diesen Männern fielen etwa 2 Mio. im Krieg. Demnach hatten also ungefähr 11 Mio. deutscher Soldaten den Krieg überlebt. Indessen wäre es verfehlt anzunehmen, daß die D. der großen Mehrheit der deutschen Soldaten erst nach dem Nov. 1918 stattgefunden habe. Viele Soldaten trugen schon vor Ende des Krieges wieder Zivil, als Folge von Verletzungen, Krankheit oder Rückversetzungen in wichtige Kriegsindustrien. Statistisch waren es im Okt. 1918 etwa 6 Mio. Soldaten, die noch in den deutschen Streitkräften dienten und demobil gemacht werden mußten.

Da das Deutsche Reich den Krieg verloren hatte, galt es – auch wegen der Bestimmungen des Waffenstillstandes – die militärische und wirtschaftliche D. in aller Eile durchzuführen. Die siegreichen Alliierten verlangten, daß die von Deutschland noch besetzten Gebiete sofort geräumt würden und daß die militärische D. innerhalb weniger Wochen durchzuführen sei. Überdies führte der »verdeckte Militärstreik« (Wilhelm Deist) im deutschen Heer während der letzten Monate des Krieges dazu, daß viele Soldaten ihren Einheiten einfach davonliefen: Anfang Dez. 1918 berichtete das Oberkommando des Westheeres, daß von den etwa 3,2 Mio. Soldaten, die dem Westheer noch angehörten, etwa 1 Mio. auf eigene Initiative nach Hause unterwegs sei. Auch als die zurückkehrenden Regimenter den Rhein erreichten, liefen noch zahlreiche Mannschaften einfach weg. Allein schon wegen dieser eigenmächtigen Selbst-D. wurde der allgemeine D.befehl erst zum 31. Dez. 1918 erlassen, damit »größere Unordnung« vermieden werde. Die D. mußte also praktisch ohne Rücksicht auf die ausführliche Planung für eine langsame und sorgfältige D. durchgeführt werden.

Tatsächlich jedoch wurde die eigentliche militärische D. sehr rasch umgesetzt: Innerhalb von weniger als zwei Monaten halbierte sich die Zahl der deutschen Männer in Uniform. Am schnellsten kehrten die Soldaten, die zu Kriegsende noch an der Westfront oder in deren Etappe standen, zurück. Schon Anfang Jan. 1919 zählte das Festheer nur noch etwa 300.000 Mann (und 200.000 Pferde). Bereits zum 18. Jan. 1919 befanden sich sämtliche Soldaten des Westheeres wieder innerhalb der Reichsgrenzen.

Die Rückkehr der Soldaten aus dem Osten dauerte etwas länger, insbesondere auch wegen der erheblichen Transportprobleme. Gleichwohl waren auch diese Truppen bereits im März 1919 in Deutschland angelangt. Insgesamt wurde also die militärische D. der deutschen Streitkräfte innerhalb von knapp vier Monaten durchgeführt – und dies inmitten einer politischen Revolution. Nur eine große Gruppe deutscher Soldaten mußte warten, nämlich die etwa 800.000 Männer, die sich in alliierter Kriegsgefangenschaft befanden. Die meisten deutschen Kriegsgefangenen kehrten erst während der zweiten Hälfte des Jahres 1919 oder im Jahre 1920 nach Deutschland zurück.

Das Reichsamt für Wirtschaftliche D., das im Nov. 1918 ins Leben gerufen wurde und bis April 1919 die D. in Deutschland leitete, spielte die Schlüsselrolle während der Übergangsphase zwischen Krieg und Frieden. Der Leiter des Amtes, Joseph Koeth, der seit 1915 als Nachfolger von Walther Rathenau die Kriegsrohstoffabteilung des Kriegsamtes geleitet hatte, verfolgte die durch seine Erfahrung während des Krieges gestützte Taktik, bei der wirtschaftlichen D. sich so weit wie

Rückmarsch deutscher Truppen am Deutschen Eck in Koblenz. November 1918

möglich auf die existierenden Arbeitgeber- und Arbeitnehmerorganisationen zu stützen. Die Notsituation des militärischen Zusammenbruchs bedeutete nach seiner Überzeugung nicht den richtigen Moment, staatliche Kontrolle auszudehnen oder umfassende wirtschaftspolitische Neuerungen durchzuführen. Koeth bezeichnete seine Politik als absichtsvolles »Lavieren«. Koeth und sein Reichsamt verließen sich auf kurzfristige Maßnahmen, um »von einem Tag auf den anderen« zu kommen. Sehr wichtig hierbei war die konkrete Verteilung von Subventionen für Notstandsarbeiten, allein um die erwartete hohe Nachkriegsarbeitslosigkeit während der Übergangszeit zu bekämpfen. Die für diese Subventionen notwendigen großen Geldsummen wurden zwischen Reichsregierung, den Regierungen der Länder und den Kommunen aufgeteilt.

Die Verwaltung der wirtschaftlichen D. war im wesentlichen auf drei Ebenen angesiedelt. An ihrer Spitze stand die Zentralbehörde unter der Leitung von Koeth, der das Reichsamt leitete und zugleich als Staatskommissar für die D. in Preußen fungierte. Auf der mittleren Ebene befanden sich die D.-Kommissare, die in den einzelnen Regionen für die D. zuständig waren; in Preußen übten die Regierungspräsidenten diese Funktion aus, während es in den Kleinstaaten wie Hamburg jeweils einen D.-Kommissar für das gesamte Staatsgebiet gab. Auf der unteren Ebene, der Kreisebene, gab es örtliche D.-Ausschüsse, die paritätisch mit Arbeitgebern und Gewerkschaftsfunktionären besetzt waren und die unter Vorsitz des jeweiligen Bürgermeisters (auf dem Lande unter Vorsitz des Landrats) arbeiteten. Während das Reichsamt (später Reichsministerium) für wirtschaftliche D. im April 1919 aufgelöst wurde, bestanden die örtlichen D.-Ausschüsse bis März 1921 fort. Die Stelle des regionalen D.-Kommissars wurde erst im April 1924 abgeschafft.

Die Hauptaufgabe der D.-Kommissare und der D.-Ausschüsse war, das Wirtschaftsleben in Gang zu halten, die Auflösung ehemaliger Rüstungsbetriebe zu organisieren, die Entlassungen durchzuführen und den Soldaten gleichzeitig Arbeit zu verschaffen. Die D.-Ausschüsse arbeiteten parallel zu den Arbeitsämtern und den örtlichen Industrie- und Handelskammern. Sie organisierten die Notstandsarbeiten, intervenierten bei den Arbeitgebern (u. a. um arbeitende Frauen zu entlassen und Arbeit für die zurückkehrenden Soldaten zu sichern); sie organisierten die Verteilung knapp gewordener Rohstoffe und schlichteten Konflikte. Die Mitglieder der D.-Ausschüsse waren keine Regierungsbeamte, sondern örtliche Vertreter wirtschaftlicher Interessensverbände; sie waren also bereits ein Ausdruck des Korporatismus, der die deutsche Wirtschaftspolitik der Weimarer Republik insgesamt charakterisierte.

Lit.: R. Bessel, Germany after the First World War, Oxford 1993; E. F. Schwarz, Vom Krieg zum Frieden: Demobilmachung in Zeiten des politischen und sozialen Umbruchs im Ruhrgebiet, Frankfurt a. M. u. a. 1995.

RICHARD BESSEL

Denikin, Anton Iwanowitsch, * bei Warschau 16.12.1872, † Ann Arbor (USA) 8.8.1947, russischer General. – D. erhielt ab 1895 eine Ausbildung zum Offizier an der Akademie des Generalstabes in St. Petersburg und wurde 1902 in den Generalstab übernommen. Nach Ausbruch des Weltkriegs diente er an der Südwestfront. Er war zwei Jahre lang Kommandeur der 4. Schützenbrigade (»Eiserne Brigade«, seit 1915 Division). Seit Sept. 1916 war er Kommandierender General des VIII. Armeekorps. Von der Provisorischen Regierung, die sich nach der Februarrevolution gebildet hatte, wurde er zum Chef des Hauptquartierstabes und dann zum Oberbefehlshaber der West- bzw. Südfront ernannt. Weil er den gegen die Regierung Kerenski gerichteten Putsch unterstützte, ließ ihn Alexander Kerenski verhaften, er konnte jedoch nach der Oktoberrevolution nach Südrußland (Nowotscherkassk) fliehen. Dort baute er die Freiwilligenarmee mit auf, deren militärisches Kommando er nach Lew Kornilows Tod übernahm. Im Sept. 1918 wurde der politisch unerfahrene D. zu einem der Führer der Weißen Bewegung während des Bürgerkrieges in Rußland. D. eroberte das Kuban-Gebiet, stieß im Frühjahr 1919 als Oberbefehlshaber der Streitkräfte Südrußlands weit in von der Roten Armee besetzte Gebiete der Ukraine vor und nahm Kursk und Orel ein. Er unterstellte sich im Juni Alexander Koltschak, dessen Nachfolger als »Oberster Regent des russischen Staates« er ab Dez. 1919 wurde. Die Gegenoffensive der Roten Armee im Spätsommer 1919 warf die Truppen D.s weit zurück und gipfelte in deren völliger Zerschlagung nördlich des Kaukasus. D. gab im April 1920 das Kommando an General Peter Wrangel ab und ging in die Emigration. Er lebte zunächst in Frankreich und seit 1945 in den USA.

BETTINA BRAND

Denkmal. Krieger-D. fungieren sowohl als Erinnerungsobjekte an die Kriegstoten als auch zur »Identitätsstiftung der Überlebenden« (Reinhart Koselleck). Sie konstruieren die Vergangenheit zur Bewältigung der Gegenwart. Krieger-D. sagen deshalb mehr über ihre Erbauer als über die Gefallenen und Kriege aus, an die sie erinnern sollen.

Im Zeitalter der Söldnerheere fanden gemeine Soldaten keine Verewigung auf dem D.sockel, diese Ehre blieb Offizieren und Feldherrn vorbehalten. Zu Beginn des 19. Jahrhunderts, mit der Einführung der allgemeinen Wehrpflicht, bürgerte sich in Preußen der Brauch ein, die Namen aller gefallenen Soldaten auf Namenstafeln zu bewahren, die in Kirchen oder auf Friedhöfen Aufstellung fanden. Im Zuge der sog. Einigungskriege wurden die Namen der Gefallenen und Kriegsteilnehmer im Rahmen einer D.anlage in den profanen Raum eines zentralen Platzes versetzt. Der Erste Weltkrieg brachte aufgrund der neuartigen Kriegführung und Waffensysteme sowie wegen der enormen Verluste zahlreiche Veränderungen in der Entwicklung der Krieger-D.

Bereits 1915 begannen die ersten Planungen zur Errichtung von Ehrenfriedhöfen und Krieger-D. Nahezu jede Ortsgemeinde des Deutschen Reichs bemühte sich darum, ein plastisches D. oder eine Gedenktafel mit den Namen der Gefallenen zu installieren, um die Erinnerung an Angehörige und an die »große Zeit« festzuhalten. Meist bildeten städtische Honoratioren eine D.kommission und betrauten einen ihnen bekannten Künstler mit der Ausführung. Da man in der ersten Zeit fest mit einem deutschen Sieg rechnete, orientierte man sich bei der Gestaltung häufig am Vorbild der zahlreichen D. für die Gefallenen des Deutsch-Französischen Krieges 1870/71.

Im Laufe des Krieges mehrten sich kritische Stimmen, die dem wiederauflebenden »Hurrakitsch« zugunsten künstlerischer Qualität entgegenwirken wollten. Eine Gefahr sahen sie vor allem in der industriellen Massenfertigung von D., die per Katalog vertrieben wurden. Bereits im ersten Kriegswinter 1914/15 wurden gußeiserne »Helden-D.«

mit aufschraubbaren Reitern (wahlweise die Gestalt des Kaisers, Kronprinzen oder Hindenburgs) angeboten, weiterhin gab es Kanonenrohre, Granatennachbildungen und andere Waffenteile zur Auswahl, um solche Standbilder würdig einzurahmen. Die Königliche Akademie der Künste warnte in der Presse eindringlich alle Städte und Gemeinden vor dem Ankauf und der Aufstellung künstlerisch minderwertiger »Dutzend-D.«. Ein Erlaß von 1917 verfügte schließlich den vorläufigen Aufschub großer D.anlagen. Kritiker wiesen darauf hin, daß es verfrüht sei, die Aufstellung von Mahnmalen mit Hochdruck zu betreiben, solange viele Künstler noch im Felde stünden. Denn diese seien nicht nur ideell zur Übernahme dieser Aufgabe besonders geeignet, sondern hätten auch materiell ein Anrecht auf Mitwirkung erworben.

Nach Kriegsende änderte sich die Motivation und damit auch die Ikonographie: Nicht mehr Zeugen des »großen weltgeschichtlichen Ringens«, sondern trauernde Angehörige, desillusioniert angesichts der Niederlage, rangen nun um eine Sinngebung für den Tod ihrer Männer, Väter und Söhne. Weil diese vielfach weit entfernt von der Heimat ihr Grab gefunden hatten, wurden in den Heimatgemeinden ersatzweise Gedächtniszeichen für die Verstorbenen geschaffen. Finanziert wurden die meisten dieser Anlagen durch Spendensammlungen.

Als Kunst im öffentlichen Raum war die Gestaltung der D. keineswegs nur in das Gutdünken der Bildhauer und Architekten oder deren Auftraggeber gestellt. Vielmehr nahmen verschiedene Institutionen darauf Einfluß. Zwar erließ die Reichsregierung keine gesetzliche Regelung, und auch der Versailler Vertrag bezog sich nur auf die Gestaltung deutscher Soldatenfriedhöfe im Ausland. Allerdings entstanden in den ersten Nachkriegsjahren mehrere Landesberatungsstellen (in Preußen, Bayern, Sachsen und Württemberg) und überregionale Institutionen wie die »Vaterländische Bauhütte«. Reichsbauverwaltung und staatliche Denkmalpflege unterstützten eine schlichte und künstlerisch anspruchsvolle Gestaltung der D. Zahlreiche Bildhauer, die sich angesichts der skrupellosen Kommerzialisierung der Kunstindustrie um ihre Existenz sorgten, publizierten entsprechende Aufrufe. Auch von seiten des Militärs war man bemüht, dem D.kitsch der Vorkriegs- und Kriegszeit eine programmatische

Einweihung eines Kriegerdenkmals in Karlshorst (Berlin). Vermutlich 1916

Absage zu erteilen und statt dessen eine würdige und schlichte Gestaltung der Gedenkstätten zu erreichen.

Trotz dieser Anstrengungen waren die D. der Nachkriegszeit geprägt von einer großen typologischen und stilistischen Bandbreite. Die Zersplitterung der politischen Kultur Weimars fand darin ebenso einen Niederschlag wie die fundamentale Verunsicherung der Gesellschaft angesichts der Erfahrung eines totalen Kriegs. Massensterben und Niederlage stellten die überkommenen Vorstellungen von einem sinnvollen Sterben und symbolischer Unsterblichkeit in Frage. Die mühsame Entwicklung neuer Deutungsmuster zum Sinn des Kriegstods brachte verschiedene neue Bildmotive hervor. Bei der Gestaltung sind zudem verschiedene Phasen zu unterscheiden, in denen einzelne Gestaltungsformen Konjunktur hatten.

Unmittelbar nach Kriegsende bis etwa 1924 setzte eine wahre Flut von D.bauten im Reichsgebiet ein. So wurden allein für den Raum Hamburg bis 1921 insgesamt 203 »Kriegerehrungen« ausgeführt. Aber auch im ländlichen Raum wurden zahllose Ehrenmale errichtet. Bei diesen frühen D. handelte es sich hauptsächlich um kleine, schlichte Gedenkzeichen, was jedoch nur zum Teil auf die wirtschaftliche Notsituation zurückzuführen ist. Zwischen 1920 und 1926 waren nur schlichte Gedenkzeichen von der Luxussteuer befreit. Diese Gesetzgebung entsprang der sozialdemokratischen Auffassung, der beste Dank an die Gefallenen sei eine ausreichende Versorgung ihrer Hinterbliebenen und Fürsorge für die Kriegsversehrten.

Ein sehr beliebtes Gestaltungselement kommunaler D. war der preiswerte Findling. In seiner Härte und Urtümlichkeit verwies er auf die verbreitete Vorstellung vom Krieg als elementarer Naturgewalt, die keine Sinngebung erfordere. Durch den Naturstein wurde der Tod im Krieg als Schicksal gedeutet, in das man sich nur fatalistisch ergeben könne. Andere Architekturformen wie Stelen, Quader, Kuben, Pfeiler, Säulen und Obelisken bildeten ästhetische Signale ohne politische Rechtfertigung des Kriegstodes. Viele kommunale D. begnügten sich mit Attributen des Soldaten wie dem Stahlhelm, Waffen oder dem Eisernen Kreuz. Der Niederlage zum Trotz wurden auch Siegessymbole wie Eichenlaub und Lorbeerkranz eingesetzt. Häufig griffen die Auftraggeber auf Zeichen des zivilen Totenkultes wie gesenkte Fackeln und geknickte Eichen zurück. Die Inschriften dieser Gedenkzeichen beschränkten sich zumeist auf die Eckdaten des Krieges und waren seinen Opfern gewidmet.

Neben solchen abstrakten D. waren besonders Gedenkzeichen verbreitet, die Trauer und Schmerz der Hinterbliebenen in den Vordergrund stellten. Sie entstanden gehäuft unmittelbar nach Kriegsende unter dem frischen Eindruck der Verlusterfahrungen, wurden aber noch bis Anfang der 30er Jahre errichtet. Die meisten dieser Trauermale wiesen christliche Motive auf oder waren in Kirchenbau und Friedhof integriert. Im Vordergrund stand die Tröstung der Angehörigen. Schon aufgrund ihrer oft geringen Ausmaße eigneten sich diese Erinnerungszeichen kaum als Orte der nationalen Sammlung und Ästhetisierung des Krieges. Sie dienten selten einer Heroisierung der Gefallenen, doch mit der Übernahme zahlreicher Motive aus der christlichen Ikonographie unterstützten sie visuell die Sakralisierung des Kriegstodes. In Parallele zum Kreuzestod Jesu wurde dem Opfer der Soldaten heilsstiftende Wirkung zugesprochen. In profaner Form sollte aus dem Opfer auch die geheimnisvolle Wiederauferstehung des Reiches hervorgehen. Auch in den nichtfigürlichen D.formen drückte sich dieser Sakralisierungsvorgang des Kriegstodes aus. Anklänge an Tempel- und Kirchenarchitektur bis hinein in die Material- und Formensprache sollten das Opfer auf dem »Altar des Vaterlandes« veranschaulichen.

Acht bis zehn Jahre nach Kriegsende tauchten vermehrt heroisierende D.formen auf. Zu diesem Zeitpunkt waren die akuten Trauergefühle der Hinterbliebenen abgeklungen, zugleich gewannen konservative und rechte Gruppierungen seit der Wahl Hindenburgs zum Reichspräsidenten 1925 zunehmend an Einfluß. Die D.anlagen dieser Zeit waren pompöser angelegt und wesentlich größer dimensioniert als in den ersten Nachkriegsjahren. Initiiert und vorangetrieben wurden sie im allgemeinen von Regiments- und Veteranenvereinen. Die realistische Darstellung wurde meist zugunsten einer stark stilisierten Erscheinungsform aufgegeben. Allerdings trugen diese Kriegerfiguren noch Uniform. Erst nach 1933 bevölkerten vorwiegend nackte Körper in neoklassizistischem Stil und mit archaischen Waffen die D.sockel und zeigten Kämpfer in einer überzeitlichen, enthistorisierten Form.

Sehr selten sind in Deutschland nach 1918 eindeutige Antikriegs-D. zu finden. Konsequenter Pazifismus war in Deutschland keine mehrheitsfähige Haltung. Heftige Auseinandersetzungen lösten Werke aus, die die Schrecken des Kriegs darstellten, da sie nicht der Glorifizierung der Toten dienen und den Betrachtern keine Erhebung bieten konnten. Sie wurden nach der Machtübernahme der Nationalsozialisten meist zerstört.

Erst 1924 wurde der Bau eines nationalen D. für alle Kriegstoten erwogen. Zum 10. Jahrestag des Kriegsbeginns, am 3. Aug. 1924, rief Reichspräsident Friedrich Ebert zur Sammlung für den Bau eines »Reichsehrenmals« auf. Aus der zunächst vorgesehenen schlichten Gedenksäule auf dem Platz vor dem Brandenburger Tor wurde jedoch ein umstrittenes Projekt, das die Öffentlichkeit bis zum Ende der Weimarer Republik beschäftigte und zu keinem Abschluß kam.

Unmittelbar nach dem Spendenaufruf erschienen weit über 200 Vorschläge zur Gestaltung des Reichsehrenmals. Dabei dominierten Projekte von gewaltigen Ausmaßen, die entweder ein monumentales Gebäude in der Reichshauptstadt, eine unterirdische Ruhmeshalle in Anbindung an ein bestehendes National-D. oder ein Ehrenmal in der freien Landschaft, überragt von einem Berg und umgeben von einem »Heiligen Hain«, vorsahen. Sehr populär war auch die Idee, einen unbekannten Gefallenen im Rhein zur ewigen Ruhe zu betten.

Letztendlich wurde keines der vorgeschlagenen Projekte ausgeführt. Die Reichsregierung zeigte sich außerstande, die widersprüchlichen gesellschaftlichen und politischen Interessen in ein konsensfähiges Sinnbild des nationalen Totengedenkens zusammenzufassen. Statt dessen wurde 1931 Schinkels Neue Wache unter den Linden zum preußischen Ehrenmal umgebaut und vom Protokoll auch als nationale Gedenkstätte benutzt. Nach dem Tod Hindenburgs 1934 und seiner Beisetzung im umgebauten Tannenberg-D. in Ostpreußen erklärte Adolf Hitler dieses 1935 kurzerhand zum Reichsehrenmal.

Krieger-D. entstanden während und nach dem Krieg in einer international einzigartigen »D.welle«. Ob Sieg oder Niederlage: in jedem Land mußte der massenhafte Kriegstod in erträglicher Form betrauert und verarbeitet werden, durften die Opfer »nicht umsonst gestorben sein«. So erhielt beispielsweise Anfang der 1920er Jahre nahezu jede französische Gemeinde ihr »monument aux morts«: Es stand zumeist an exponierter Stelle zwischen Kirche und Rathaus. Auch im siegreichen Frankreich ging es dabei nicht um die Glorifizierung des Sieges, sondern um das Gedenken an die Toten und die Sinngebung ihres Opfers, die erfolgreiche Verteidigung Frankreichs. Diese Deutung des Soldatentodes drückt besonders die am häufigsten gewählte Inschrift aus: »morts pour la France« (gestorben für Frankreich). Aus finanziellen Gründen verzichteten viele der von Gemeinden und Veteranenverbänden (anciens combattants) getragenen D.ausschüsse auf Bildmotive zugunsten schlichter Stelen oder Obelisken. Wo die finanziellen Mittel dazu ausreichten, stand der einzelne Soldat im Zentrum der bildlichen Darstellung. Die Kommunen entschieden sich mit Vorliebe für das Symbol des aufrechten »poilu« – auch wenn es ein industriell gefertigter »Vaterlandsverteidiger« war. Verbreitet waren auf französischen Monumenten ferner allegorische, häufig trauernd oder auch tröstend dargestellte Frauengestalten (La France, La Patrie, La République, La Victoire). Zur national begründeten Sinngebung trat in Frankreich – wie in anderen Staaten – darüber hinaus eine stark religiös geprägte Sinngebung des Todes: die christliche Mystik von Opfertod und Auferstehung bildete ein gesamteuropäisches Leitmotiv.

Zentral für die Funktionen der D. war auch das – in Frankreich jeweils am 11. Nov. – am Monument durchgeführte Gedenken. Hier wurden Krieg und Tod gedeutet, der Sinn des Opfers in Worten definiert. Unabhängig von der in den Reden formulierten politisch-gesellschaftlichen Botschaft fand im Kern in solchen Zeremonien in allen Staaten eine Verpflichtung der Überlebenden statt, fungierten die Kriegstoten als gesellschaftliches Vorbild. In Frankreich wurde z. B. in vielen Gemeinden am 11. Nov. der Name jedes einzelnen Toten verlesen, ergänzt durch den (oft von Kindern gesprochenen) Zusatz: »mort pour la France«. → *Heldenhaine*

Lit.: S. Behrenbeck, Zwischen Trauer und Heroisierung. Vom Umgang mit Kriegstod und Niederlage nach 1918, in: Kriegsende 1918. Ereignis, Wirkung, Nachwirkung, hg. v. J. Duppler/G. P. Groß, München 1999, S. 315-339; R. Koselleck, Kriegerdenkmale als Identitätsstiftungen der Überlebenden, in: Identität, hg. v. O. Marquard/K. Stierle, München 1979; M. Lurz, Kriegerdenkmäler in Deutschland, Bd. 3: 1. Weltkrieg, Bd. 4: Weimarer Republik, Heidelberg 1985; J. Winter, Sites of Memory, Sites of Mourning. The Great War in European Cultural History, Cambridge 1995.

SABINE BEHRENBECK

Deportationen. Zwangsverschickungen wurden während des Ersten Weltkriegs aus unterschiedlichen Gründen und auf allen Seiten praktiziert. Sie waren zunächst ein Mittel zur Sicherung des Kampf- oder Besatzungsgebiets. Bereits während der deutschen Invasion im Westen wurden mindestens 10.000 Franzosen nach Deutschland deportiert und in nunmehr leerstehenden Kasernen interniert; die Zahl der 1914 deportierten Belgier ist nicht bekannt, dürfte aber ebenfalls mehrere tausend betragen haben. Diese ersten D., denen auch Frauen und Kinder zum Opfer fielen, waren als Kollektivstrafe bei Widerstand und unbotmäßigem Verhalten gedacht; Nicht selten wurden Honoratioren deportiert, um potentielle Rädelsführer eines Volksaufstands auszuschalten. D. geschahen auch auf Grund von Verdacht der Auflehnung gegen die Besatzung (so im Falle des Brüsseler Bürgermeisters Adolphe Max im Sept. 1914) und dienten somit als ein ständiges Drohmittel zur Disziplinierung der belgischen Beamten. Planmäßig oder für die Effizienz der Besatzung sinnvoll waren diese ersten D. nicht: Die belgischen Eisenbahnbetriebsarbeiter, die 1914 wegen »Unbotmäßigkeit« deportiert wurden, mußten auf Antrag des Generalgouverneurs von Bissing bald wieder freigelassen werden, da das für die Versorgung des Heeres lebenswichtige belgische Eisenbahnnetz sonst nicht unterhalten werden konnte.

Die Gesamtzahl der 1914 durch die russische Armee aus Ostpreußen deportierten Deutschen bezifferte die amtliche deutsche Kriegsgeschichte auf über 10.000. Inwieweit die französische Armee bei ihrer kurzen Offensive ins Oberelsaß (im Aug. 1914) Deutsche verschleppte, ist nicht bekannt.

Im Zusammenhang mit dem Hindenburg-Programm forderte die OHL (auf Verlangen der deutschen Industrie) im Sept. 1916 dringend die D. belgischer und polnischer Arbeiter für den Einsatz in der unter akutem Arbeitskräftemangel leidenden deutschen Kriegswirtschaft. In der Tat waren in Belgien von 1915 bis Kriegsende im Durchschnitt 650.000 Arbeiter ohne Beschäftigung. Trotzdem hatten sich bis Mitte 1916 erst 21.000 Belgier für die Arbeit in Deutschland freiwillig gemeldet. Bei der Ausnutzung der Arbeitskräfte überging die OHL bewußt alle sozialen und völkerrechtlichen Bedenken, da für sie nach eigenem Bekunden »unter Umständen geradezu der Ausgang des Krieges« davon abhing. Bissing widersetzte sich der geforderten D. von 400.000 Belgiern, konnte die Maßnahme aber nur leicht abmildern. Die Zahl der sog. arbeitsscheuen Belgier, die nach Deutschland verschickt wurden, betrug ca. 60.000. Weitere 62.155 Belgier wurden zudem zur Zwangsarbeit hinter der Front in Frankreich deportiert. Nicht alle Deportierten waren Arbeitslose. Manch anderer wurde einfach zur Kommandantur zitiert und ohne Angabe von Gründen deportiert, wie der berühmte belgische Historiker Henri Pirenne.

Besonderes Aufsehen erregte die Deportation von ca. 30.000 belgischen Frauen und Mädchen um Ostern 1916. Sie wurden allerdings nicht – wie es in der alliierten Propaganda verlautete – in deutsche Soldatenbordelle verschleppt, sondern als »unnütze Esser« aus dem frontnahen Gebiet deportiert. Diese ebenso brutale wie überflüssige Maßnahme schadete dem deutschen Ansehen vor allem bei den Neutralen stark.

Diese D. war nicht nur im Sinne der wirtschaftlichen Mobilisierung ein Fehlschlag, sondern war von allen Maßnahmen der deutschen Besatzung in Belgien diejenige, die am stärksten Protest und Widerstand provozierte. Generalgouverneur Bissing sowie Reichskanzler Bethmann Hollweg waren sich bewußt, daß die D. gegen die Haager Landkriegsordnung verstießen. Bürgermeister verweigerten ihre Kooperation, Politiker aller Parteien und die Gewerkschaften protestierten und der belgische Kardinal Mercier forderte den Generalgouverneur auf, das Versprechen seines Vorgängers von der Goltz einzuhalten, die bürgerlichen Freiheiten und die Unverletzlichkeit der Familie nicht anzutasten. Wie schon im Falle der D. von Frauen und Mädchen aus Lille 1916 legten die Regierungen neutraler Länder Einspruch gegen diesen offenkundigen Völkerrechtsbruch ein. In Zusammenarbeit mit dem Chef der Zivilverwaltung, von der Lancken, richteten führende belgische Persönlichkeiten aus Politik, Industrie und Kirche im Febr. 1917 einen Bittbrief an den Kaiser. Dieser gab schließlich im März 1917 das Ende der D. bekannt. Der erzwungene Arbeitseinsatz hatte sich zudem als unproduktiv erwiesen, und im Juni 1917 erlaubte daher die OHL den meisten belgischen Deportierten, nach Hause zurückzukehren. Im Etappengebiet wurden die D. jedoch bis Kriegsende fortgeführt. Die Bedingungen für die Deportierten waren vielfach hart: Der Abtransport erfolgte zumeist in Viehwaggons, und die Deportierten waren oft lange in Sammellagern untergebracht. Insgesamt starben 2.614 Belgier und Franzosen (2,17 %), die man aus Besatzungs- und Etappengebiet deportiert hatte.

An der Ostfront deportierte die russische Armee bei ihrem Rückzug 1915 große Teile der einheimischen Bevölkerung Osteuropas, vorwiegend Männer. Diese D. übertrafen bei weitem das Ausmaß an Leid und Verwüstung, das die deutschen D. in Frankreich und Belgien verursachten. Mindestens 300.000 Litauer, 250.000 Letten, 350.000 Juden und 743.000 Polen wurden ins russische Kernland verschleppt. Die Motivation war Furcht vor Verrat und Übertritt zur gegnerischen Armee dieser vermeintlich inneren Feinde des Zarenreichs.

Die D. stellten wie andere Verbrechen gegen die Zivilbevölkerung zwar keine neuartige Entwicklung in der Kriegsgeschichte dar. Jedoch haben die D. vor allem des Zweiten Weltkrieges, die oft Vorstufe zu Zwangsarbeit und Massenmord waren, den Blick für die außerordentliche Bedeutung des Themas im Ersten Weltkrieg verstellt. Diese kann daraus ersichtlich werden, daß die Beteiligung an D.maßnahmen nach 1920 von den Alliierten als zweithäufigste Begründung für die Einleitung von Kriegsverbrecherprozessen angegeben wurde. → *Hindenburg-Programm* → *Besatzung* → *Zwangsarbeit*

Lit.: L. Elsner, Ausländerbeschäftigung und Zwangsarbeitspolitik in Deutschland während des Ersten Weltkrieges, in: Auswanderer – Wanderarbeiter – Gastarbeiter. Bevölkerung, Arbeitsmarkt und Wanderung in Deutschland seit der Mitte des 19. Jahrhunderts, hg. v. K. J. Bade, Bd. 2, Ostfildern 1984, S. 527-557; U. Herbert, Geschichte der Ausländerpolitik in Deutschland. Saisonarbeiter, Zwangsarbeiter, Gastarbeiter, Flüchtlinge, München 2001.

ALAN KRAMER

Desertion, bzw. Fahnenflucht bedeutet die eigenmächtige Entfernung eines Soldaten von seiner Einheit ohne Genehmigung seiner Vorgesetzten. Verwandte Straftatbestände sind die »Unerlaubte Entfernung« und das »Überlaufen zum Feind«. – Wie alle Straftatbestände spiegelt auch die D. nicht ohne weiteres objektive Gegebenheiten wider, sondern ist abhängig von den nationalen juristischen Regelungen und ihrer jeweiligen Interpretation bzw. ihrer praktischen Anwendung. Insbesondere ist die Abgrenzung zwischen D., Unerlaubter Entfernung, Überlaufen und Kriegsdienstverweigerung derart durchlässig, daß sich scharfe Grenzen kaum ziehen lassen. In einigen Ländern galt ein Soldat nach einer bestimmten Abwesenheitsdauer automatisch als Deserteur (z. B. Italien und Frankreich). In Deutschland hingegen ist das Kriterium der *Absicht* des dauernden Dienstentzuges entscheidend, unabhängig von der tatsächlichen Abwesenheitsdauer. Weil Absichten jedoch selten juristisch beweisbar sind, konnten in den deutschen Streitkräften nur wenige Urteile wegen D. gefällt werden; zumeist mußte man es bei einer Verurteilung wegen Unerlaubter Entfernung bewenden lassen. Im britischen Militärstrafrecht, das ebenfalls die Absicht dauernder Dienstentziehung voraussetzte, bediente man sich eines restriktiven Passus, der eine D. dann als gegeben ansah, wenn ein Soldat sich »einer besonders wichtigen Dienstpflicht« (»some particular important service«) entzogen hatte. Aufgrund dieser unterschiedlichen Gesetzesregelungen ist es für den Vergleich zwischen den verschiedenen Armeen sinnvoll, die Delikte D., Unerlaubte Entfernung und Überlaufen zusammen zu betrachten.

Die D. wurde, weil sie die Disziplin der Truppe gefährdete, durchgehend nicht nur mit sehr hohen Strafen bedroht – bei wiederholter oder gemeinschaftlicher D. oder D. aus der Frontlinie bzw. durch Überlaufen meist mit dem Tod –, sondern auch als besonders ehrloses Verhalten gebrandmarkt, was durch Ehrenstrafen (z. B. Degradierungen) zum Ausdruck gebracht wurde. Die umfangreiche zeitgenössische Fachliteratur zeichnete vorherrschend ein Bild vom Deserteur als psychisch instabile, vom sozialen Rand der Gesellschaft stammende Person, die durchweg Nähe zu kriminellem Verhalten im zivilen Bereich kennzeichnet. Eine sachliche Betrachtung des Verhaltens der Deserteure läßt diese pauschale Wertung jedoch als ungerechtfertigt erscheinen.

Die Bedingungen der Kriegführung im Ersten Weltkrieg bestimmten und grenzten auf allen Seiten der Front gleichermaßen die Möglichkeiten ein, unter denen eine D. überhaupt aussichtsreich war. Im Stellungskrieg an der Westfront gab es kaum Gelegenheit, aus der Frontlinie zu desertieren. Die meisten D. fanden daher beim Vormarsch in die Stellung, beim Aufenthalt in rückwärtigen Stellungen bzw. in der Etappe oder während des Heimaturlaubs statt. Soldaten, die aus dem neutralen Ausland trotz eines Gestellungsbefehls nicht in ihr Heimatland zurückkehrten, bezeichnete man als »Refraktäre«. Bemerkenswert ist es auch, daß die Zahl der D. bei den Heimattruppenteilen wesentlich über der bei den Fronttruppenteilen lag. Aufgrund der zahlreichen Kontrollen im Etappengebiet, auf Bahnhöfen, Häfen usw., war es für eine erfolgreiche D. notwendig, sich mit gefälschten Dokumenten zu versorgen. Ein weiteres Problem war, Unterkunft und Verpflegung sicherzustellen, zumal für diejenigen Soldaten, die in einem fremden Land stationiert waren, dessen Sprache sie zumeist nicht beherrschten. Waren Soldaten eine geraume Zeit abwesend, wurden sie für »fahnenflüchtig« erklärt und zur Fahndung an der Front oder in der Heimat ausgeschrieben. Für die Kontrollen im Etappengebiet war die Militärpolizei zuständig.

Die Gründe für D. sind nur schwer zu ermitteln. Das Vertuschen der wahren Motive gehörte zu den Überlebensstrategien eines Deserteurs, weil ein Verweis auf private Ursachen mehr Milde seitens der Militärrichter versprach als etwa die Angabe politischer Motive. Allerdings scheinen die Motive tatsächlich überwiegend im privaten Bereich gelegen zu haben. Vorherrschend waren die Sehnsucht nach der eigenen Familie, aber auch die Unzufriedenheit mit dem Kriegsdienst, Ärger über Vorgesetzte und Kameraden oder nicht gewährter Urlaub. Oft waren plötzliche Ereignisse der Auslöser dieses spontanen, aber folgenschweren Schrittes. Während die allgemeine Kriegsmüdigkeit ebenfalls eine große Rolle spielte, sind im engeren Sinn politische Motive nur selten anzutreffen. Auch die Wirkung gegnerischer Propaganda, die zum Überlaufen aufrief, sollte nicht überschätzt werden, denn sie vermochte in der Regel erst dann einen letzten Anstoß zur D. zu geben, wenn der Kampfwille des Soldaten bereits gebrochen war. Von seiten der Militärführung wurde D. jedoch meist nicht als privater Akt wahrgenommen, sondern als eine politische Handlung, die entweder Kriegsmüdigkeit oder Illoyalität ausdrückte. Daher wurden gesellschaftliche »Randgruppen« stets besonders argwöhnisch beobachtet. Dies galt für die vermeintlich »marxistische« Industriearbeiterschaft, viel mehr aber noch für die Angehörigen nationaler Minderheiten, wie die Elsaß-Lothringer im deutschen Heer, die slawischen Völker der Habsburgermonarchie oder die katholischen Iren in der britischen Armee. Diese Gruppen wurden daher schärfer überwacht und auch härter bestraft. Neben der disziplinarischen und juristischen Verfolgung der D. begann auch die vor 1914 sich langsam etablierende Militärpsychiatrie, sich mit diesem Problem auseinanderzusetzen. D. wurde wie andere Formen soldatischen Ungehorsams im Verlauf des Krieges zunehmend psychiatrisiert.

Die Entwicklung der D.rate im Kriegsverlauf ist aufgrund zahlreicher Quellenprobleme, der divergierenden Kampfbedingungen an den verschiedenen Fronten sowie der bereits erwähnten juristischen Unterschiede nur annäherungsweise beschreibbar. Weiterhin gab es eine große Grauzone disziplinarischer Ahndung sowie eine aus Opportunitätsgründen erfolgende Verschärfung oder Abschwächung der Verfolgung des Deliktes. Im allgemeinen war die Zahl der D. in der ersten Phase des Bewegungskrieges relativ hoch, um mit der Herausbildung des Stellungskrieges deutlich abzusinken, nicht zuletzt, weil sich kaum noch die Gelegenheit zur D. ergab. Im weiteren Kriegsverlauf stiegen die Zahlen wieder an, doch scheint dieser Prozeß im deutschen Heer eine besondere Dynamik gewonnen zu haben. Von 1916 auf 1917 verdoppelten bis verdreifachten sich die Zahlen juristisch verfolgter Fälle von D. Dieser Trend setzte sich 1918 fort. Maximalschätzungen, die großzügig Grenzfälle und Dunkelziffern miteinrechnen, gehen für das deutsche Front- und Heimatheer von bis zu 100.000 Fällen von D. aus. Weitergehende Schätzungen über die Größenordnung der nicht aktenkundig gewordenen Fälle müssen notwendigerweise spekulativ bleiben. Da die empirische Basis hierzu unzureichend ist, lassen sich auch vergleichende Aussagen nur schwer treffen. Mit aller Vorsicht kann aber festgestellt werden, daß sich zumindest in den Armeen moderner Nationalstaaten (Deutschland, Frankreich, Großbritannien) die Verurteilungsziffern für D. und Unerlaubte Entfernung bei den Feldtruppen bis 1916/17 in ähnlicher Größenordnung bewegten, nämlich bei ca. ein bis drei Soldaten auf tausend pro Jahr.

Es stellt sich folglich die Frage, ob D. einen nennenswerten Einfluß auf den Kriegsverlauf hatte. Eine gewisse Rolle hat sie unzweifelhaft beim Zerfall der multinationalen Großreiche gespielt. Die Auflösung der Armee Österreich-Ungarns im Herbst 1918 wurde von D. in der Größenordnung von mehreren hunderttausend Mann begleitet, vor allem von den Angehörigen slawischer Völker. Genaue Zahlen sind jedoch schwer ermittelbar, genauso wenig wie für Rußland, wo die Fortführung des Krieges 1917 auch durch die massenweise D. der Soldaten vom Lande unmöglich gemacht wurde.

Kontrovers diskutiert wird dagegen, ob die D. einen Beitrag zur militärischen Niederlage Deutschlands und zur Novemberrevolution geleistet habe. Dies wurde in der Nachkriegszeit von den Verfechtern der Dolchstoßlegende, aber auch von der kommunistischen Linken entschieden bejaht. Während die Rechte eine »zersetzende Wühlarbeit« der Linken unterstellte, suchte die KPD nach Beweisen für die Revolutionierung der deutschen Armee als Folge bolschewistischer Agitation und einer Sogwirkung der Oktoberrevolution. Einige neuere Forschungen betonen diesen Aspekt wieder stärker, indem sie darauf verweisen, daß die Formen soldatischer Verweigerung, tatsächlich sehr weit verbreitet waren und ihre Anzahl im Herbst 1918 sprunghaft anstieg. Trotzdem erscheint eine zurückhaltende Interpretation angebracht, denn bei insgesamt 13,2 Mio. mobilisierten deutschen Soldaten stellt selbst die Maximalzahl von 100.000 Deserteuren während des gesamten Krieges nur eine verschwindende Minderheit dar, zumal die anderen Armeen ebenfalls mit dem Problem in ähnlicher Größenordnung zu kämpfen hatten. Massenhafte, die Kampfkraft der deutschen Armee ernsthaft schwächende D. gab es dagegen erst in den letzten Kriegswochen, als die Niederlage militärisch und politisch bereits besiegelt war. Gleichwohl spielte die D. im Weltkrieg in der antidemokratischen Agitation der Rechten, insbesondere der NSDAP, eine wichtige Rolle, indem sie als Erfolg einer systematischen pazifistischen und »marxistischen Wühlarbeit« dargestellt wurde. Im Zweiten Weltkrieg war das Vorgehen gegen Deserteure daher extrem hart, so daß von der deutschen Militärjustiz schätzungsweise 15.000 von ihnen hingerichtet wurden.

Lit.: C. Jahr, Gewöhnliche Soldaten. Desertion und Deserteure im deutschen und britischen Heer 1914-1918, Göttingen 1998; B. Ziemann, Fahnenflucht im deutschen Heer 1914-1918, in: Militärgeschichtliche Mitteilungen, 55 (1996), S. 93-130.

CHRISTOPH JAHR

Deutsche Vaterlandspartei (DVLP), annexionistisch ausgerichtete Sammelbewegung nationalistisch-konservativer Kreise in Deutschland. – Die DVLP wurde offiziell am 2. Sept. 1917 (»Sedanstag«) in Königsberg gegründet. Ehrenvorsitzender war Herzog Johann Albrecht von Mecklenburg-Schwerin, Erster Vorsitzender war Großadmiral Alfred von Tirpitz. Spiritus rector und Motor der Partei war der ehemalige Generallandschaftsdirektor Wolfgang Kapp, der als Reaktion auf die Friedensresolution des Reichstages vom 19. Juli 1917 beschlossen hatte, eine politische Bewegung gegen die Mehrheitsparteien und die Forderung nach einem Kompromißfrieden ins Leben zu rufen. Die DVLP verstand sich als eine überparteiliche Bewegung, die nur das Ziel eines »Siegfriedens« kannte. Sie stellte keine eigenen Kandidaten für den Reichstag auf und versprach, sich mit Kriegsende aufzulösen.

Die offizielle Programmatik war vage und verlangte hauptsächlich »Sicherungen« für das Reich nach Ost und West. Zu innenpolitischen Fragen wollte die Partei vorgeblich keine Stellung beziehen. Sie gab sich öffentlich sogar gemäßigt, um die Unterstützung des verunsicherten Bürgertums zu gewinnen. Intern wurden jedoch viel radikalere Ziele proklamiert. Neben der Rücknahme der Friedensresolution des Reichstags und der Forderung nach großen territorialen Annexionen und Zugewinnen für das Reich sollte der Kaiser durch eine starke außerparlamentarische Agitation veranlaßt werden, Alfred von Tirpitz zum Reichskanzler zu ernennen und damit einen grundsätzlichen Politikwechsel einzuleiten. Mit dieser Forderung scheiterte die Partei jedoch ebenso wie mit der angestrebten Verbreiterung ihrer sozialen Basis in der deutschen Arbeiterschaft.

Ihren regionalen Schwerpunkt hatte die DVLP in den ostelbischen Gebieten Preußens, in Norddeutschland sowie im mitteldeutschen Raum Thüringens und Sachsens. Die meisten Mitglieder entstammten dem protestantischen Milieu des Bildungs- und Besitzbürgertums und kennzeichneten das Bild der Partei als das eines typisch wilhelminischen Honoratiorenverbandes. Die DVLP umfaßte rund 450.000 Einzelmitglieder, jedoch wurden auch die Anhänger anderer nationalistischer Organisationen korporativ hinzugezählt. Sie war in 32 Landesverbände sowie 237 Kreis- und 2.536 Ortsvereine gegliedert. Von 1917 bis 1918 gab die Partei zwei Korrespondenzblätter heraus.

Größere Unterstützung erfuhr die DVLP vor allem seitens der Militärs und durch Teile der niederen preußischen Beamtenschaft. Die Reichstagsparteien mit Ausnahme der Konservativen sowie die höhere Bürokratie standen ihr jedoch ablehnend gegenüber, ebenso wie die Masse der Soldaten. 1918 gründete sich eine Gegenbewegung zur DVLP, der Volksbund für Freiheit und Vaterland, welcher jedoch wenig erfolgreich war. In den letzten Wochen des Kaiserreiches propagierte die Partei vergeblich eine »nationale Verteidigung«. Die Partei wurde offiziell am 1. Febr. 1919 aufgelöst.

Lit.: H. Hagenlücke, Deutsche Vaterlandspartei. Die nationale Rechte am Ende des Kaiserreiches, Düsseldorf 1997.

HEINZ HAGENLÜCKE

Deutsch-Ostafrika, an der Küste des Indischen Ozeans zwischen dem portugiesischen Mosambik im Süden, Britisch-Ostafrika im Norden und dem belgischen Kongo im Westen gelegen, umfaßte D. die heutigen Staaten Tansania, Ruanda und Burundi. – 1885 zum Schutzgebiet des deutschen Reiches erklärt, war das Land mit 7,5 Mio. Einwohnern die bevölkerungsreichste und mit 995.000 km^2 auch die größte deutsche Kolonie. 1914 lebten in der Plantagenkolonie etwa 5.300 Europäer. Bereits im Aug. 1914 beschloß die britische Regierung die Eroberung von D. Wie auch bei den übrigen deutschen Kolonien waren vor allem strategische Ziele ausschlaggebend. Durch die Besetzung der Häfen Tanga und Daressalam und die Zerstörung der Funkstationen Daressalam, Bukoba und Mwanza sollten die Stützpunkte und Kommunikationsmöglichkeiten der deutschen Marine blockiert werden. Unter dem Kommando von General Aitken begannen die Briten mit Hilfe indischer Truppen den Angriff am 3. Nov. 1914, mußten ihn jedoch nach kurzer Zeit abbrechen, da der deutschen Schutztruppe bei Tanga ein erster Sieg gelang. Das Jahr 1915 verstrich ohne einen größeren britischen Angriff, während sich die Schutztruppe unter Paul von Lettow-Vorbeck weit ins Landesinnere zurückzog.

Erst im Febr. 1916 begannen mit der Ankunft südafrikanischer Truppen unter dem neu ernannten Oberkommandierenden Jan Smuts größere Offensivhandlungen, während belgische Einheiten aus dem Kongo Ruanda und Burundi besetzten. Lettow-Vorbeck vermied erfolgreich jede größere Entscheidungsschlacht und führte mit seiner zum überwiegenden Teil aus afrikanischen Askaris bestehenden Truppe von 15.000 Mann einen langwierigen Guerillakrieg. Erst nachdem Smuts dazu überging, ebenfalls verstärkt eingeborene Truppen einzusetzen, gelang es ihm, Lettow-Vorbeck in den Süden des Landes abzudrängen. Ein entscheidender Sieg blieb jedoch weiterhin aus.

Das änderte sich auch nicht, nachdem Smuts im Jan. 1917 abgelöst und als Vertreter Südafrikas nach Großbritannien berufen wurde. Weder sein Nachfolger Hoskins noch der ihn nach nur drei Monaten ersetzende Deventer erzielten einen entscheidenden Erfolg. Zwar kam es bei Mahiwa noch zu einem größeren Gefecht, jedoch blieb auch hier ein britischer Sieg aus. Die deutsche Schutztruppe verlor zwar ein Drittel ihrer ca. 1.500 eingesetzten Mann, jedoch fielen etwa 2.500 der insgesamt 4.900 Soldaten der englisch-nigerianischen Brigade. Lettow-Vorbeck mußte sich mit seiner Truppe weiter zurückziehen und fiel schließlich in Mosambik ein. Nach kurzer Zeit überschritt er zwar wieder die Grenze nach D., nur um schließlich nach Rhodesien auszuweichen, wo er am 25. Nov. 1918 bei Abercorn kapitulierte.

Eine eindeutige Bilanz der Kämpfe um D. ist nicht möglich. Von einer rein militärischen Warte aus betrachtet, gelang es Lettow-Vorbeck, eine Niederlage seiner Truppen zu vermeiden. Er konnte jedoch D. nicht gegen den britischen Angriff verteidigen. Die Häfen und Funkanlagen wurden erobert, das vorrangige britische Kriegsziel erreicht. Zwar band Lettow-Vorbeck durch den von ihm geführten Guerillakrieg eine größere Anzahl gegnerischer Truppen und hielt sie so von einem eventuellen Einsatz in Europa ab, eine kriegsentscheidende Bedeutung kam dem jedoch nicht zu. Dafür waren die eingesetzten Truppen im Vergleich zu den in Europa kämpfenden Armeen zu unbedeutend. Dieser Abnutzungskrieg forderte jedoch vor allem auf Grund der strapaziösen klimatischen Bedingungen und der schlechten Gesundheitsversorgung zahlreiche Opfer. Von den insgesamt eingesetzten 160.000 Soldaten des Empires und den etwa 1 Mio. afrikanischen Trägern fanden über 10.000 Soldaten und 100.000 Träger den Tod. Insgesamt wurden die Kolonie und auch die angrenzenden britischen Besitzungen schwer geschädigt. Da der Feldzug von beiden Seiten hohe Mobilität bei gleichzeitiger schlechter Infrastruktur verlangte, kam vor allem den Trägern eine enorme Bedeutung zu. Ohne Rücksicht auf die indigene Bevölkerung wurden diese deshalb sowohl von deutscher wie von britischer Seite in D. wie in den benachbarten Kolonien zwangsweise rekrutiert. Dadurch wurde die indigene Landwirtschaft zerrüttet. Hungersnöte waren auch über das Kriegsende hinaus die Folge.

Im Frieden von Versailles wurde D. als B-Mandat des Völkerbundes zur Verwaltung an die Mandatsmacht Großbritannien übergeben, Ruanda und Burundi an Belgien. → *Kolonialkrieg* → *Schwarzafrika* → *Südafrika*

Lit.: Africa and the First World War, hg. v. M. E. Page, London 1987; H. Krech, Die Kampfhandlungen in den ehemaligen deutschen Kolonien in Afrika während des Ersten Weltkrieges (1914-1918), Berlin 1999.

JÜRGEN ZIMMERER

Deutsch-Südwestafrika, deutsche Kolonie an der Atlantikküste im Süden Afrikas zwischen Angola im Norden, Südafrika im Süden und Botswana im Osten gelegen, heute Namibia. – 1884 von Bismarck unter den Schutz des Deutschen Reiches gestellt, war D. als einzige deutsche Kolonie in Afrika für eine umfangreichere Besiedlung mit Europäern geeignet. Der Zuzug deutscher Auswanderer wurde deshalb bewußt intensiviert.

Das Verhältnis zur afrikanischen Bevölkerung war durch ein hohes Maß an staatlicher Willkür und Grausamkeit gekennzeichnet. So fiel dem von 1904 bis 1907 dauernden genozidalen Krieg gegen die Herero und Nama ein Großteil der beiden Völker zum Opfer. Am Vorabend des Weltkrieges lebten in D. 15.000 Europäer und 150.000 bis 200.000 Afrikaner. Zur Verteidigung der Kolonie stand 1914 eine um Reservisten, Freiwillige und Polizeieinheiten erweiterte Schutztruppe von 5.000 Mann unter dem Kommando von Oberstleutnant von Heydebreck zur Verfügung. Strategische Erwägungen führten dazu, daß die britische Regierung bereits im Aug. 1914 Südafrika den Auftrag erteilte, D. zu erobern. Durch die Besetzung der beiden Häfen Swakopmund und Lüderitzbucht und die Zerstörung der Großfunkstation bei Windhuk sollten der deutschen Marine ihre Stützpunkte genommen und das weltumspannende Kommunikationsnetz gestört werden. Auf südafrikanischer Seite ging die Regierung unter Louis Botha und Jan Smuts bereitwillig darauf ein, entsprach eine Besetzung doch den eigenen subimperialistischen Plänen, wonach D. als Bestandteil eines das ganze südliche Afrika umfassenden »Greater South Africa« angesehen wurde.

Eine bereits im Herbst 1914 versuchte Invasion über den Oranjefluß konnte von der Schutztruppe zwar abgewehrt werden, die Besetzung des Caprivi-Streifens im Nordosten war jedoch ebenso erfolgreich wie die Eroberung Swakopmunds durch die Royal Navy und die Anlandung von 1.800 Soldaten in Lüderitzbucht. Die Eroberung von D. mußte im Herbst 1914 jedoch unterbrochen werden, da in Südafrika burische Soldaten rebellierten, die es ablehnten, für das britische Empire, ihrem Gegner während des Burenkrieges (1899-1902), zu kämpfen. Auch Sympathien für Deutschland, in dem immer noch der Vertreter burischer Interessen gesehen wurde, spielten eine Rolle. Insgesamt erhoben sich 11.500 Mann, mit General Beyers, Jacobus de la Rey und Christian de Wet an der Spitze gegen die eigene Regierung. Ein Teil von ihnen schloß sich unter Leitung von Andries de Wet und Solomon Maritz den Deutschen an.

Nach der Niederschlagung des Aufstandes im Winter 1914/15 konnte der Feldzug in D. fortgesetzt werden. Botha übernahm nun selbst das Oberkommando. Im Süden vereinigten sich unter dem Kommando von Jan Smuts die von Lüderitzbucht und dem Oranjefluß aus angreifenden Verbände mit Einheiten, die vom Südosten kamen, und begannen ihren Marsch auf Windhuk, während Botha von Swakopmund aus ebenfalls Truppen nach Windhuk führte. Den insgesamt 50.000 südafrikanischen Soldaten hatte D. wenig entgegenzusetzen. Bereits am 13. Mai 1915 wurde Windhuk, die Hauptstadt des Schutzgebietes, kampflos besetzt, da sich die deutschen Truppen weiter nach Norden zurückgezogen hatten. Dort kapitulierte der deutsche Gouverneur Theodor Seitz am 9. Juli 1915. Während auf deutscher Seite 1.300 Tote zu beklagen waren, beliefen sich die südafrikanischen Verluste auf 250.

Neben den Kämpfen im Zentrum und Süden des Landes zwischen der Schutztruppe und dem südafrikanischen Expeditionskorps, gab es auch im Norden des Landes vereinzelte Gefechte mit portugiesischen Truppen. Dabei überschritten deutsche Truppen wiederholt die Grenze zum portugiesischen Angola. Im Zusammenhang mit dem Vormarsch der südafrikanischen Truppen auf

Windhuk stand auch der Aufstand der Rehobother Bastards, einer 3.000 bis 4.000 Menschen umfassenden Ethnie, die vor allem in Rehoboth südlich von Windhuk lebte. 1895 hatte sie einen Wehrvertrag mit dem Deutschen Reich geschlossen, demgemäß ihre jungen Männer von der Schutztruppe ausgebildet wurden und in dem sie sich bereit erklärten, diese militärisch zu unterstützen. Eine Verpflichtung, der sie auch in allen Kolonialkriegen gegen andere Afrikaner nachkamen. Anfang 1915 weigerten sie sich jedoch, sich an der deutschen Auseinandersetzung mit der südafrikanischen Armee zu beteiligen, da sie diesen Krieg als reine Angelegenheit der Weißen betrachteten, worauf es zu mehreren Scharmützeln mit deutschen Einheiten kam.

Gleich nach der Eroberung übernahm Südafrika die Verwaltung des Schutzgebietes. Zwar wurden einige der rigiden Bestimmungen zur Kontrolle der afrikanischen Bevölkerung gelockert, im Grundsatz blieb die Politik gegenüber der afrikanischen Bevölkerung jedoch unverändert. Ein Teil der deutschen Bevölkerung im wehrfähigen Alter wurde für die Dauer des Krieges interniert, nach Kriegsende wurden 6.400 deutsche Staatsbürger des Landes verwiesen. Auf der Pariser Friedenskonferenz konnte sich Südafrika mit seinem Wunsch nach einer formalen Annexion nicht durchsetzen. Jan Smuts erreichte jedoch, daß D. als C-Mandat des Völkerbundes eingestuft und auf unbestimmte Zeit Südafrika zur Verwaltung überwiesen wurde. Erst im Jahre 1990 erlangte Namibia seine Unabhängigkeit von Südafrika. → *Kolonialkrieg* → *Südafrika*

Lit.: Cambridge History of Africa, Bd. 7: from 1905 to 1940, hg. v. A. D. Roberts, Cambridge 1986; H. Krech, Die Kampfhandlungen in den ehemaligen deutschen Kolonien in Afrika während des Ersten Weltkrieges (1914-1918), Berlin 1999; J. Zimmerer, Deutsche Herrschaft über Afrikaner. Staatlicher Machtanspruch und Wirklichkeit im kolonialen Namibia, Münster 2001.

JÜRGEN ZIMMERER

Diaz, Armando, * Neapel 5.12.1861, † Rom 29.2.1928, italienischer Marschall und Generalstabschef. – D. nahm als Regimentskommandeur 1911/12 am Libyenkrieg teil. Bei Ausbruch des Weltkriegs war er Chef der Operationsabteilung des italienischen Generalstabs und damit einer der engsten Mitarbeiter des Generalstabschefs Cadorna. Ende 1915 erhielt er das Kommando über eine Division und zeichnete sich im Aug. 1916 beim Angriff auf Görz aus. Im Sommer 1917 war er bereits Kommandierender General und befehligte einen erfolgreichen Angriff an der Isonzofront.

Im Okt. 1917 wurde die italienische Front durch den deutsch-österreichischen Angriff bei Caporetto (Karfreit) durchbrochen. Cadorna als Hauptverantwortlicher für das Desaster wurde abgelöst und durch D. ersetzt. Die Hauptaufgabe des neuen Generalstabschefs war es, die Front an der Piave zu stabilisieren und den völligen Zusammenbruch der italienischen Armee zu vermeiden. Dies gelang ihm schon deshalb, weil die deutsch-österreichische Angriffsarmee nicht ausreichend stark war, ihren Vorstoß fortzusetzen. Verstärkt durch britische und französische Divisionen, stabilisierte D. die Front immer weiter. Er mußte auf eigene Angriffe allerdings weitgehend verzichten. Im Sommer 1918 gelang es ihm, den letzten österreichischen Großangriff an der Piave zurückzuschlagen. In den letzten Tagen des Krieges befahl er den Vorstoß auf Vittorio Veneto, in den Rücken der sich auflösenden österreichisch-ungarischen Armee. D. sympathisierte nach dem Krieg mit dem Faschismus und wurde schließlich Kriegsminister im ersten Kabinett Mussolini.

HOLGER AFFLERBACH

Dicke Bertha, volkstümliche Bezeichnung des von der Firma Krupp entwickelten 42-cm-Mörsers in Räderlafette, benannt nach der ältesten Tochter Friedrich Alfred Krupps. – Im Auftrag des preußischen Generalstabes als Steilfeuergeschütz entwickelt, um die entlang der geplanten Vormarschroute liegenden modernen Festungswerke in Belgien und Frankreich zu zerstören. 1909 stellte Krupp die 42-cm-Kurze-Marine-Kanone 12/16 mit dem Decknamen »Gamma-Gerät« vor, die des öfteren ebenfalls als D. bezeichnet wird. Dieses Bettungsgeschütz wurde per Eisenbahn transportiert. Es verschoß 930 kg schwere Geschosse bis zu 14.200 m. Die mangelnde Mobilität des Geschützes und die Abhängigkeit von der Schiene veranlaßte Krupp zur Entwicklung der 42-cm-Kurze-Marine-Kanone 14 L/12 in Räderlafette, offiziell »M-Gerät« genannt. Dieses 42,6 t schwere Geschütz wurde in fünf Teile zerlegt, auf Spezialwagen im Straßentransport bewegt und war ohne besondere Bettung innerhalb von vier Stunden feuerbereit. Es verschoß 800 kg schwere Granaten über eine Entfernung von 9.300 m. Bei Kriegsbeginn standen nur zwei

42-cm-Mörser (Dicke Bertha)

»M-Geräte« zur Verfügung, die sehr erfolgreich bei der Zerstörung der belgischen und französischen Festungen eingesetzt wurden. Im weiteren Kriegsverlauf verloren sie aber an Bedeutung. Insgesamt wurden bis 1918 zehn »M-Geräte« gebaut. → *Artillerie*

GERHARD P. GROSS

Dix, Otto, * Untermhaus (heute zu Gera) 2.12.1891, † Singen (Hohentwiel) 25.7.1969, deutscher Maler und Graphiker. – Länger als jeder andere deutsche Künstler setzte sich D. mit seiner Kriegserfahrung auseinander. D., ausgebildet als MG-Schütze, war während der gesamten Kriegsjahre als Soldat an den Kampfhandlungen beteiligt. Noch bevor er sich freiwillig an die Front meldete, malte er 1914 ein *Selbstbildnis als Soldat* und 1915 ein *Selbstbildnis als Mars*. D. ähnelt hier stark dem vom frühen Expressionismus beschworenen radikalistischen, alle Ordnungen sprengenden Aufrührer und Kämpfer. »Das mußte ich alles ganz genau erleben. Das wollte ich«, berichtete er später. Erlebnishungrig wie viele ging D. in den Krieg; aber wie nur wenigen gelang es ihm, künstlerisch produktiv zu bleiben.

Es entstanden Hunderte von Zeichnungen und Gouachen, die stilistisch nicht homogen sind, sondern zeigen, daß D. lange nach einer angemessenen Formensprache suchte. Es überwiegen allerdings Blätter, in denen sich die Erfahrung eines »modernen«, totalen Kriegs in abstrahierenden, dynamisch-expressiven Kompositionen formuliert findet. Die Herkunft dieser Formensprache aus den Richtungen der Moderne, die 1914 kurz vor Ausbruch des Krieges in der großen Ausstellung »Expressionismus, Kubismus und Futurismus« in Berlin zu sehen waren, ist offensichtlich. Auf diese expressionistischen Kriegszeichnungen, die D. erst 1961 veröffentlichte, folgten nach 1918 veristisch-realistische Darstellungen, die ein ganz anderes Bild von den Schrecken des Krieges vermitteln: 1923 das große, heute verschollene Gemälde *Schützengraben*, 1924 der 50 Blätter umfassende Radier-Zyklus *Der Krieg* und 1929-32 das Triptychon *Der Krieg*, das heute zu den großen Werken der Antikriegskunst des 20. Jahrhunderts gezählt wird. Das letzte große Gemälde zum Ersten Weltkrieg, *Flandern*, wurde 1936 beendet; es hatte im nationalsozialistischen Deutschland keine Gelegenheit mehr, an Vergangenes zu erinnern.

Lit.: A. Jürgens-Kirchhoff, Schreckensbilder: Krieg und Kunst im 20. Jahrhundert, Berlin 1993; D. Schubert, Otto Dix zeichnet im Ersten Weltkrieg, in: Kultur und Krieg. Die Rolle der Intellektuellen, Künstler und Schriftsteller im Ersten Weltkrieg, hg. v. W. J. Mommsen, München 1996, S. 179-193.

ANNEGRET JÜRGENS-KIRCHHOFF

Djemal Pascha, Ahmed, * Konstantinopel 6.5.1872, † (ermordet) Tiflis 21.7.1922, osmanischer General und Politiker. – D. wurde in Militärschulen erzogen; seine Ausbildung schloß er 1895 an der Generalstabsakademie ab. Er war Mitglied des Komitees für Einheit und Fortschritt und nutzte seine Position als Inspekteur des Eisenbahnwesens, um dessen Netzwerk auszubauen. Nach der konstitutionellen Revolution von 1908 galt das Mitglied des Zentralkomitees als einer der einflußreichsten Offiziere der Jungtürken. Als diese im Jan. 1913 einen Staatsstreich ausführten, wurde er zum Militärgouverneur der Hauptstadt Istanbul ernannt. In dieser Funktion spielte er eine bedeutende Rolle bei der Konsolidierung des jungtürkischen Regimes. D. wurde als einer der einflußreichsten Jungtürken angesehen (zusammen mit Enver Pascha und Talat Pascha).

Im Febr. 1914 wurde D. zum Marineminister ernannt. Er war als Bewunderer Frankreichs bekannt, akzeptierte jedoch widerwillig die Allianz mit dem Deutschen Reich. Von Nov. 1914 bis Dez. 1917 kommandierte er die 4. Armee an der Sinaifront und war zugleich Gouverneur von Syrien. Unter seinem Kommando griffen Truppen zweimal den Suezkanal an (1915 und 1916), beide Angriffe scheiterten. In seinen Zuständigkeitsbereich fielen auch die zahlreichen Deportationen von Armeniern nach 1915.

D. wurde genau zu dem Zeitpunkt nach Konstantinopel zurückberufen, als die Briten die osmanischen Streitkräfte in Palästina zurückschlugen. In der Hauptstadt nahm er seine (größtenteils jedoch rein nominelle) Funktion als Marineminister wieder auf. Er floh am 2. Nov. 1918 aus dem Osmanischen Reich und lebte in Deutschland und der Schweiz, später in Moskau. Mit russischer Unterstützung ging er 1920 als Chef einer Delegation nach Afghanistan, die dessen Armee modernisieren sollte. Nach Konsultationen in Moskau wurde D. auf dem Rückweg nach Afghanistan von Armeniern ermordet.

C. CEM OGUZ (Ü: O. H.)

Dmowski, Roman, * Kamionek (bei Warschau) 9.8.1864, † Drozdowo (bei Łomża) 2.1.1939, polnischer Politiker und Publizist. – Der Führer der rechtsgerichteten nationaldemokratischen Partei (Narodowa Demokracja – ND) und Abgeordneter der russischen Duma propagierte ein zukünftiges Polen als zentralistisch-demokratischen, mit einem liberal-demokratischen Rußland eng verbundenen Nationalstaat, der große Teile der Ostgebiete des Deutschen Reiches einbeziehen sollte. Sein Eintreten für eine polnische Staatsbildung verband er mit einer entschieden antideutschen Haltung (»piastische Idee«). Trotz seines Protestes gegen die Unterdrückungspolitik der zarischen Regierung veranlaßte D. am 8. Aug. 1914 polnische Loyalitätserklärungen in der Duma. Seit Nov. 1915 warb D. in Westeuropa für die Wiedererrichtung Polens und betonte dessen Bedeutung für das europäische Gleichgewicht. Das von ihm am 15. Aug. 1917 in Lausanne gegründete Polnische Nationalkomitee (Komitet Narodowy Polski – KNP) wirkte von Paris aus als Zentrum der polnischen Auslandsaktion. Als Leiter der polnischen Delegation bei den Pariser Friedensverhandlungen beeinflußte D. maßgeblich die Grenzziehung gegenüber Deutschland. Der Gegner Piłsudskis wurde kurzzeitig Außenminister (27. Okt. bis 19. Dez. 1923); 1926-32 organisierte er die konservativ-nationalistische Opposition im Großpolnischen Lager (Obóz Wielopolski – OWP).

HANS HECKER

Doberdó, Ort im slowenischen Karst. Die Hochebene von D. ist eine Hochregion mit durchschnittlicher Höhe von 100 m und einer höchsten Erhebung von 275 m, dem Monte San Michele, der die Ebene Friauls im Westen beherrscht. Das Plateau wird von der Stadt Görz im Norden und vom Isonzo-Tal im Westen begrenzt. – Die Hochfläche von D. stellte das erste wichtige Hindernis im Plan des italienischen Generalstabschefs Cadorna dar, dessen strategisches Ziel die Eroberung der Städte Laibach/Ljubljana und Triest war. Hierfür waren sechs Schlachten notwendig, die in die Geschichte als die ersten sechs Isonzo-Schlachten eingingen.

Auf Grund einer verspäteten Mobilmachung und einem vorsichtigen Vorrücken vom Fluß Torre hin zu den Bergen begann die italienische 3. Armee unter dem Kommando des Herzogs von Aosta (di Savoia) die erste Offensive am 23. Juni 1915, einen Monat nach der Kriegserklärung. Die ersten Ziele, die von der 5. Armee des Generals Boroević von Bojna verteidigt wurden, waren die Hochebene von D. und der Brückenkopf von Görz sowie die niedrigen Berge um die Stadt. Die Operationen dauerten bis zum 7. Juli und verursachten, bevor sie abgebrochen wurden, 15.000 Mann Verluste auf italienischer sowie 10.000 auf österreichisch-ungarischer Seite. Diese Gefechte wurden zu einer Art Feuertaufe der Italiener, eine erste brutale Begegnung mit einem neuen Typus des Krieges, dem Stellungskrieg. Der einzige Erfolg der Angreifer war das Sich-Festkrallen vor den Schützengräben der österreichischen Verteidiger. Am 18. Juli verzeichnete die italienische Offensive einige Erfolge wie die Eroberung des Monte San Michele, der aber bald von den Verteidigern wieder zurückerobert wurde. Die Offensive wurde am 10. Aug. erneut unterbrochen, da sie keine nennenswerten Ergebnisse gezeitigt hatte. Hierfür waren 42.000 Italiener und 46.000 Angehörige der österreichisch-ungarischen Armee gefallen.

Die von den italienischen Angreifern angewandte Taktik sah den Angriff der Infanterie in aufeinanderfolgenden Wellen vor. Die Infanterie erhielt hierbei Unterstützung von leichter Artillerie und verfügte selbst über keine schweren Waffen. Sie sollte den Stacheldrahtverhau überwinden und die schwach verteidigten österreichischen Schützengräben erobern. Die Offensiven begannen auf enger Front, um sie dann zu streuen, in der Hoffnung, den Feind an einer Stelle zurückzudrängen. Zwischen dem 18. Okt. und dem 5. Nov. fand die 3. Isonzo-Schlacht statt, die von der 3. Armee und von der 2. Armee geschlagen wurde. Die Schlacht fand zwischen den Bergen vor Görz und der Karst-Hochebene statt. Auch diese Schlacht brachte keinen Erfolg, dafür aber hohe Verluste: 42.000 Mann auf österreichischer und 67.000 Mann auf italienischer Seite.

Ähnlich schlimm war die Verlustbilanz der 4. Isonzo-Schlacht, die am 10. Nov. nach lediglich fünftägiger Pause einsetzte (49.000 Italiener und 25.000 Österreicher). Die Schlacht begann mit einem langen Bombardement und anschließenden Infanterie-Angriffen, die erst nach der Erschöpfung der Kräfte und aufgrund der winterlichen Bodenbeschaffenheit am 11. Dez. beendet wurden. Auch bei diesem Angriff waren die wenigen Erfolge der Italiener bald durch die Gegenangriffe der Verteidiger zunichte gemacht, die Unterstützung von der eigenen Artillerie jenseits des Flusses Isonzo erhielten. Als Beispiel hierfür steht die taktische Erfahrenheit der k. u. k. 5. Armee, die nach einem italienischen Vorstoß im Jan. Boden verlor, am 24. Jan. 1916 aber nach einer Gegenoffensive in der Gegend von Oslavia die 1915 verlorene Position wieder zurückgewann.

In allen diesen Schlachten blieb der 5. Armee (später Isonzo-Armee genannt) nur die Taktik einer strikten Verteidigung, die durch die Beschaffenheit der Gegend und die größere Erfahrung im Stellungskrieg, stand sie doch bereits seit einem Jahr im Krieg, ermöglicht wurde. Die Verteidiger zeichnete aber auch ein unglaublicher Widerstandswillen aus. Manche von ihnen, die slowenischer Abstammung waren, kämpften gegen die ihr Land angreifenden Italiener.

Gegen Ende 1915 geriet das italienische Heer in eine Krisensituation, da (wie ein Jahr zuvor bei den anderen europäischen Armeen auch) die Verluste von ausgebildeten Soldaten sehr hoch gewesen waren. Auch waren Ausrüstung und militärische Strukturen veraltet. In den ersten Monaten des Jahres 1916 gab es eine Aufstockung der Armee, neue Einheiten wurden aufgestellt und neue Batterien von Artilleriegeschützen in Dienst gestellt.

In dieser Phase der Neustrukturierung kam es zu keinen Schlachten. Auf französischen Druck startete Cadorna am 1. März eine Offensive, die bis zum 15. März dauerte: die 5. Isonzo-Schlacht. Diese hatte kein klar definiertes Ziel, sie sollte die Österreicher binden, um zu verhindern, daß k. u. k. Truppen nach Verdun entsandt werden konnten. Dabei sollten neue Positionen gewonnen werden, um die spätere Offensive gegen Görz vorzubereiten.

Die Front am Isonzo blieb bis zum Sommer ruhig, da vom 15. Mai bis zum Juli die österreichisch-ungarische Offensive in Südtirol sowie der italienische Gegenangriff stattfanden. Viele Einheiten der 5. Armee waren an die Front in Tirol verlegt worden. Cadorna hatte mit Truppen aus der Isonzofront eine neu formierte 5. Armee zusammengestellt, die als Reserve in der venetischen Ebene den möglichen Durchbruch in den Bergen nördlich von Vicenza erwartete.

In dieser Situation, in der die Aufmerksamkeit der obersten Heeresleitung völlig auf die Gegenoffensive in der Trienter Gegend gerichtet war, fand auf der Hochebene von D.

der erste Gasangriff an der italienischen Front statt. Am 29. Juni 1916 verursachte der Gasangriff am Monte San Michele 6.000 Mann Verluste. Die zweite Attacke konnte abgewehrt werden. Dabei wurden der mangelhafte Zustand der italienischen Gasmasken, aber auch die Unerfahrenheit der österreichisch-ungarischen Truppen deutlich, die ihren Vorteil nicht zu nutzen wußten.

Cadorna begann die Offensive der 3. Armee am Monte San Michele und bei Görz (zur 3. Armee zählte auch das VI. Korps des Generals Luigi Capello, das sich bei Görz befand). Er verfügte über Einheiten, die von der Südtiroler Front stammten, und die er in letzter Minute und unter äußerster Geheimhaltung auch per Eisenbahn verlegt hatte. Dieses Manöver erlaubte den Italienern, am 4. Aug. die 6. Isonzo-Schlacht zu eröffnen. Zum Einsatz kamen 1.200 Geschütze, die besonders geeignet waren, Lücken in Drahtverhaue zu reißen.

Die k. u. k. 5. Armee hatte keine Informationen über die italienischen Absichten und wurde von der schnellen Bewegung der italienischen Einheiten sowie deren Unterstützung über die Artillerie überrascht. Die Italiener eroberten den Monte Sabotino nördlich von Görz und den Monte San Michele. Damit waren Görz und die Hochebene von D. gefallen. Mit der Ankunft weiterer Reserveeinheiten von der Südtiroler Front wurde es dem General Boroević möglich, die Verteidigung auf eine zweite Linie zu festigen und die Situation zu retten. Die italienische Artillerie konnte die italienischen Angriffe nicht unterstützen, da sie nicht nachgerückt war. Am 16. Aug. unterbrachen die Italiener ihre Offensive, die in dieser zweiten Phase unnötige Verluste verursacht hatte: Insgesamt waren 51.200 Italiener und 37.500 Soldaten Österreich-Ungarns gefallen.

Dieser nach einem ganzen Kriegsjahr eingeschränkte Erfolg zeigte, daß die italienische Armee begonnen hatte, sich auf den Stellungskrieg einzurichten und die hierfür geeigneten Mittel einzusetzen (Mörser und Kanonen mittleren und großen Kalibers). Cadorna konnte endlich einen Erfolg vorweisen, der die Kritik an ihm zum Schweigen brachte, die auf Grund seiner Fehleinschätzung der Lage während der österreichisch-ungarischen Offensive in Südtirol aufgekommen war. → *Alpenkrieg* → *Isonzo* → *Südtirol*

ALESSANDRO MASSIGNANI (Ü: C. Z./M. P.)

Dolchstoßlegende, Behauptung, daß die militärische Niederlage Deutschlands im Jahre 1918 nicht oder nicht in erster Linie dem Versagen der Armeeführung oder der Erschöpfung der Soldaten zuzuschreiben war, sondern dem Versagen bzw. dem Verrat von bestimmten Personen oder Gruppen in der Heimat. – Es hat eine Reihe zum Teil ganz unterschiedlicher Varianten der D. gegeben. So ist beispielsweise bereits der mangelnde Nachschub in den Kämpfen um Verdun im Jahre 1916 in der soldatischen Literatur als »Dolchstoß« bezeichnet worden. Bereits im Juli 1917 formulierte General von Seeckt den archetypischen Vorwurf: »Wozu fechten wir noch? Die Heimat ist uns in den Rücken gefallen, und damit ist der Sieg verloren«. Durch Streikaktivitäten und Anti-Kriegsagitation, z. B. des Spartakusbundes im Frühjahr 1918, wurde dieser Vorwurf zunehmend nachdrücklicher. Auch die Tatsache, daß den heimkehrenden Soldaten ab Nov. 1918 immer wieder in öffentlicher Rede bestätigt wurde, sie seien »im Felde unbesiegt« geblieben, festigte vielfach die Überzeugung, daß die Niederlage nicht militärische Gründe gehabt hatte, sondern von »den Zivilisten«, »den Arbeitern«, »den Juden« usw. zu verantworten sei.

Die D. fand ihre klassische Form in dem zuerst von dem englischen General Sir Frederic Maurice in der *Neuen Zürcher Zeitung* vom 17. Dez. 1918 berichteten Ausspruch, daß »die deutsche Armee [...] von der Zivilbevölkerung von hinten erdolcht« worden sei. Diese Meldung wurde in der deutschen Presse vielfältig kolportiert und transformiert. Sie stellte die D. in ihrer einfachsten und zugleich allgemeinsten Form dar. Hindenburg hatte am 18. Nov. 1919 in seiner Stellungnahme vor dem zur Klärung der »Ursachen des deutschen Zusammenbruchs im Jahre 1918« eingesetzten parlamentarischen Untersuchungsausschuß der Nationalversammlung von »der revolutionären Zermürbung« gesprochen, weshalb es zum Zusammenbruch habe kommen müssen. Hindenburg fuhr fort, in Anspielung auf den noch nicht allgemein bekannten Zeitungsartikel des General Maurice: »Ein englischer General sagte mit Recht: ›Die deutsche Armee ist von hinten erdolcht worden‹ [...] Wo die Schuld liegt, ist klar erwiesen. Bedürfte es noch eines Beweises, so liegt er in dem angeführten Ausspruch des englischen Generals und in dem maßlosen Staunen unserer Feinde über ihren Sieg.« In seinen 1920 erschienenen Erinnerungen (*Aus meinem Leben*), welche massenhaft verbreitet wurden, drückte Hindenburg denselben Vorwurf noch krasser aus: »Wir waren am Ende! Wie Siegfried unter dem Speerwurf des grimmen Hagen, so stürzte unsere ermattete Front«.

Im Rahmen der innenpolitischen Auseinandersetzungen wurde in den Jahren bis 1924 die D. in vielen Varianten vertreten. Eine der hauptsächlichen Fragen war, ob die gesamte Linke einschließlich der Mehrheitssozialdemokratie an der Anti-Kriegs-Kampagne beteiligt gewesen sei oder ob man der USPD und Spartakus den »Dolchstoß« allein anlasten könne.

Im Jahre 1924 wurde die Frage des »Dolchstoßes« im Rahmen des sog. Münchner Dolchstoß-Prozesses neu und vehement aufgeworfen. Nachdem der Herausgeber der *Süddeutschen Monatshefte*, Paul Nikolaus Cossmann, im Frühjahr 1924 in einem Artikel behauptet hatte, daß die Sozialdemokratie insgesamt am »Dolchstoß« beteiligt gewesen sei, kam es zu heftigen Repliken gegen die sich Cossmann mit einem Beleidigungsprozeß (Okt./Nov. 1925), zur Wehr setzte. Dieser stieß auf ein großes öffentliches Interesse. Das Ergebnis des Prozesses war, daß die Mehrheitssozialdemokratie der Kriegszeit vom Vorwurf entlastet wurde, sich am »Dolchstoß« beteiligt zu haben. Es bestand aber für das Gericht kein Zweifel daran, daß erhebliche Versuche unternommen worden waren, die Front zu destabilisieren. Der Dolchstoß-Prozeß schuf insgesamt eine eindeutig parteipolitische Ausrichtung der Frage nach den Gründen des deutschen Zusammenbruchs von 1918, wobei wohl das wichtigste historische Ergebnis der gesamten Experten- und Gerichtsdiskussion über das Weltkriegsende die Tatsache war, daß der Vorwurf des »Dolchstoß« nicht mehr generell erhoben wurde, sondern auf die Umstände zu beziehen war. Groener, Kuhl und sogar Hindenburg hatten betont, daß das deutsche Heer im Spätherbst 1918 keineswegs mehr an »allen Fronten siegte« und daß es sich seit den militärischen Katastrophen des Juli/Aug. 1918 nur noch darum habe handeln können, einen »anständigen Frieden« zu erreichen – was indessen durch die revolutionäre Entwicklung unmöglich geworden sei.

Die nationalsozialistische Agitation brachte im Zusammenhang der D. insofern etwas grundsätzlich Neues, als sich Hitler schon in *Mein Kampf* auf keine der zu diesem Zeitpunkt üblichen Differenzierungen einließ. Für ihn waren die Ereignisse des Spätherbstes 1918 insgesamt und pauschal den »Novemberverbrechern« und »Marxisten« anzulasten.

Nach der Machtergreifung von 1933 wurde die Formel vom »Dolchstoß von Judentum und Marxismus« zur offiziellen Doktrin. Das Wort D. selbst wurde aus dem politischen Vokabular getilgt, sogar in den großen Lexika tauchte es nach 1935 nicht mehr auf. → *Heeresmißstände* → *Untersuchungsausschuß*

Lit.: G. Krumeich, Die Dolchstoß-Legende, in: Deutsche Erinnerungsorte, hg. v. E. François/H. Schulze, Bd. 1, München 2001, S. 585-599.

GERD KRUMEICH

Douaumont, Fort und Dorf im Norden der Festung Verdun. – Die Festung Verdun war durch zahlreiche Forts auf den umgebenden Höhenzügen noch einmal abgesichert worden. Das größte und wichtigste dieser Sperrforts war das Fort D. Die seit 1885 bestehende Anlage war in den 1890er Jahren kontinuierlich verstärkt worden, etwa durch zusätzliche Betondecken, die bis zu 2,50 m stark waren. Das Fort verfügte über einen Geschützturm für eine 15,5-cm-Kanone mit versenkbarem Beobachtungsturm. Unmittelbar vor dem Ersten Weltkrieg war die Anlage noch durch zwei Kanonen vom Kaliber 7,5 cm verstärkt worden. Allerdings waren in den Jahren 1914/15 einige Geschütze demontiert und anderweitig verwendet worden, da ein deutscher Angriff auf den Festungsgürtel um Verdun nicht vermutet wurde.

Kurioserweise war das Fort auch nur schwach besetzt, als nach den Angriffen der deutschen Truppen auf Verdun (21. Febr. 1916) sich die deutsche Infanterie auch dem Fort D. näherte. Angehörige des brandenburgischen Infanterieregiments Nr. 24, die eigentlich einen anderslautenden Befehl hatten, entschlossen sich am 25. Febr., das Fort zu besetzen, was tatsächlich ohne großen Widerstand gelang. Bereits ab dem 26. Febr. versuchten die Franzosen, dieses Fort, das den Deutschen hervorragende Möglichkeiten eröffnete, um die Frontlinie zu beobachten und zu beschießen, wieder in ihren Besitz zu bringen. Bis Anfang Mai lag Fort D. von nun an unter schwerstem französischen Artilleriebeschuß. Von deutscher Seite wurde das Fort, welches für den Notfall bis zu 8.000 Personen in seinem weitverzweigten unterirdischen Gänge- und Kammersystem aufnehmen konnte, mit einer Besatzung von bis zu 1.000 Mann versehen. Der schwerste Zwischenfall

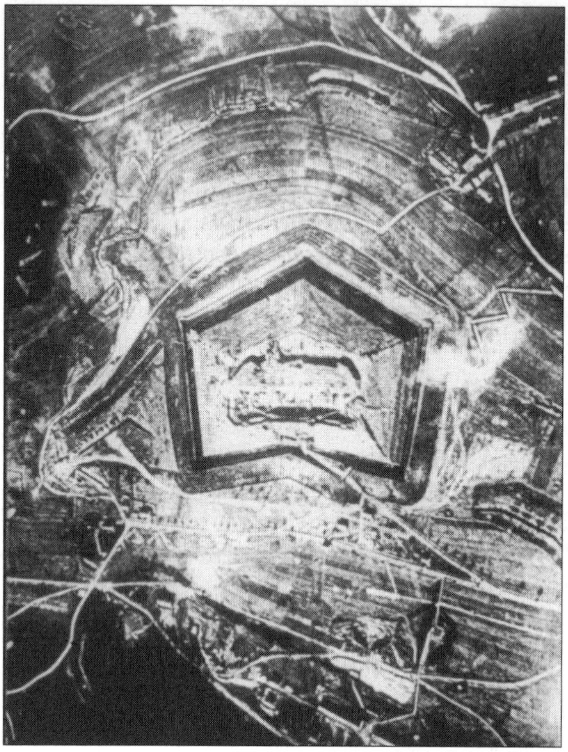
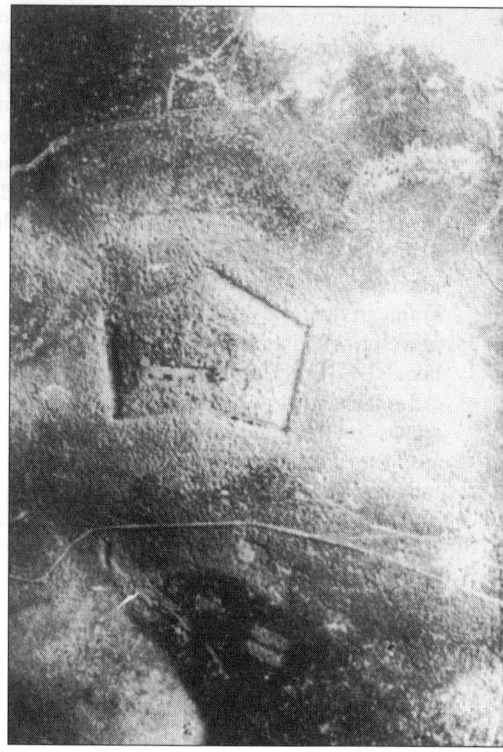

Fort Douaumont bei Verdun vor und nach der Zerstörung

ereignete sich hier, als am 8. Mai 1916 ein Handgranatendepot explodierte, wobei ca. 600 im Fort anwesende Soldaten umkamen. Trotz heftigster Angriffe konnten die Franzosen das Fort erst im Okt. 1916 wieder in Besitz nehmen, in der Zwischenzeit diente es der deutschen Infanterie als Raststelle auf dem Weg in die vorderste Stellung.

Die deutsche Propaganda hatte die »Erstürmung« des Forts D. seit Ende Febr. 1916 um so mehr gefeiert und medial ausgestaltet, als weitere Erfolge vor Verdun auf sich warten ließen. Auf Dauer wurde dieser Erfolg geradezu zu einem Ersatz für den gründlich mißlungenen Angriff auf Verdun. Die skurrilen Begleitumstände der Besetzung des Forts gaben Anlaß für immer wieder erneuerte Darstellungen. Es kam insbesondere zu einem auch schriftstellerischen Wettstreit um die Ehre, das Fort als erster betreten zu haben. Hier wetteiferten ein Hauptmann Radtke und ein Hauptmann Cordt von Brandis miteinander. Letzterer siegte publizistisch und wurde noch in der NS-Propaganda zum Helden von D.« stilisiert.

Heute ist D. der sicherlich wichtigste Erinnerungsort für die Schlacht von Verdun. Seine zerstörte Außenstruktur ist wie ein Sinnbild für die damalige systematische Beschießung. Im Inneren hat sich gegenüber dem damaligen Zustand wenig verändert, die vielen tausend Besucher, die sich jedes Jahr hier einfinden, lassen sich vor allem von der Atmosphäre der unterirdischen Gänge und Aufenthaltsräume beeindrucken. → *Verdun*

Lit.: M. Brown, Verdun 1916, Stroud 1999; G. Werth, Verdun. Die Schlacht und der Mythos, 2. Aufl., Bergisch Gladbach 1986.

Gerd Krumeich

Dreadnought (dt.: Fürchtenichts), britisches Linienschiff und Bezeichnung für die gleichnamige Klasse moderner Großkampfschiffe. – Durch den sog. D.-Sprung – Übertrumpfen durch Feuerkraft, Schutz und Geschwindigkeit – deklassierte die Royal Navy sämtliche zuvor gebauten großen Kampfschiffe. Die von Admiral Sir John Fisher eingeführte qualitative Steigerung der britischen Seerüstung war die Folge militärischer Notwendigkeit. Nach der Seeschlacht von Tsushima am 27./28. Mai 1905, in der die japanische Flotte drei russische Kriegsschiffe aus einer Entfernung von 6.500 m vernichtete, entschied sich die Admiralität in London für die Aufspaltung der Linienschiffe in zwei Komponenten von gleicher Größe und gleichem Einheitskaliber: das gleichnamige Schlachtschiff *D.* ausgestattet mit besonderer Panzerung und den überaus schnellen Schlachtkreuzer *Invincible*. H.M.S. *D.* wurde im Herbst 1905 unter äußerster Geheimhaltung auf Stapel gelegt; der Stapellauf erfolgte im Febr. und die Indienststellung im Dez. 1906. Angetrieben von vier Parsons-Turbinen, erreichte die *D.* eine Geschwindigkeit von 21 kn. Die Bewaffnung des 18.000 t schweren Schiffes bestand aus 10 x 30,5-cm-Schnellfeuerkanonen in fünf Doppeltürmen (einer vorn, zwei achtern hintereinander auf gleicher Ebene, zwei seitlich); die Panzerstärke betrug maximal 279 mm. H.M.S. *Invincible* lief im März 1908 vom Stapel. Der Schlachtkreuzer verdrängte 17.400 t und erreichte eine Geschwindigkeit von 25 kn; die maximal 159 mm starke Seitenpanzerung war unzureichend. Die Bewaffnung bestand aus 8 x 30,5-cm-Schnellfeuerkanonen in je einem Turm vorn und achtern sowie zwei diagonal versetzten. Der D.-Typ war dazu bestimmt, im Gefecht die gegnerische Linie auf Parallelkurs zu überholen und sich anschließend quer davor zu setzen (»crossing the T«), um damit die Umzingelung einzuleiten. Deutschland folgte dem D.-Bau mit den Schiffen der »Nassau«-Klasse (18.840 t und 12 x 28-cm-Schnellfeuerkanonen) sowie mit dem Schlachtkreuzer *Von der Tann* (19.370 t und 8 x 28-cm-Schnellfeuerkanonen). Im März 1915 rammte H.M.S. *D.* das deutsche U-29; *Invincible* wurde am 31. Mai 1916 im Skagerrak von S.M.S. *Derfflinger* vernichtet.

HOLGER H. HERWIG

Dreibund, Bündnis zwischen dem Deutschen Reich, Italien und Österreich-Ungarn vom 20. Mai 1882. – Vom Vertragsinhalt her war der D. im wesentlichen ein Defensivbündnis gegen Frankreich. Die Existenz dieses Geheimbündnisses wurde im Frühjahr 1883 bekannt, die Vertragsbestimmungen aber erst nach dem Ersten Weltkrieg vollständig veröffentlicht. Der D. wurde 1886/87, 1892, 1902 und 1911/12 neu verhandelt und der Vertragstext jeweils modifiziert. Bis zum Ausbruch des Weltkrieges war der D. in Europa die »mitteleuropäische Machtgruppe«, mit deren Zusammenhalt im Fall eines europäischen Krieges gerechnet wurde, trotz latenter Zweifel an Italiens Bündnistreue. Dem D. stand der sich zu Beginn der 1890er Jahre herausbildende russisch-französische Zweibund gegenüber. Über die Entente cordiale von 1904 und das russisch-britische Abkommen von 1907 wurde Großbritannien in vielerlei Hinsicht – machtpolitisch und militärisch – ein Mitglied dieser Gruppierung, was gerade, wegen der britischen Seeherrschaft im Mittelmeer, für Italien fatal war. Für Italien war der D. eine politische Tatsache von gewaltiger außen- und innenpolitischer Tragweite. Bei Kriegsausbruch 1914 erklärte sich Italien neutral – dies konform mit den Allianzbestimmungen, da Österreich international als Aggressor angesehen wurde. Nachdem sich Italien in den darauffolgenden Verhandlungen mit der Entente geeinigt hatte, kündigte es am 3. Mai 1915 das Bündnis mit Österreich-Ungarn, nicht aber mit dem Deutschen Reich. Dieser Schritt war ein klarer Vertragsbruch, da der D. frühestens 1920 hätte gekündigt werden können. Am 23. Mai 1915 erfolgte die italienische Kriegserklärung an die Donaumonarchie; das Deutsche Reich brach daraufhin die Beziehungen zu Italien ab. Der D. hatte endgültig zu bestehen aufgehört. Trotzdem erklärte Italien erst im Aug. 1916, auf Druck seiner Bündnispartner, auch dem Deutschen Reich den Krieg. → *Entente cordiale* → *Kriegskoalitionen*

Lit.: H. Afflerbach, Der Dreibund: Europäische Großmacht und Allianzpolitik vor dem Ersten Weltkrieg, Wien u. a. 2002.

HOLGER AFFLERBACH

Dreißig-fünf-Zehntel-Mörser, 30,5-cm-Mörser M. 11 der österreichisch-ungarischen Armee; Spezialwaffe zur Zerstörung modernster Befestigungsanlagen (Abb. S. 333). – Konstruiert und hergestellt von der Firma Škoda, besaß die k. u. k. Armee bei Kriegsbeginn 24 Steilfeuergeschütze dieses Typs. Der D. war in drei Teile zerlegbar und wurde von einer Motorzugmaschine transportiert, was diesem »Wundergeschütz« (so das österreichische Generalstabswerk) eine Beweglichkeit verlieh, die 1914 von keiner anderen Waffe dieser Leistungsklasse erreicht wurde. Ab 1916 in einer verbesserten Ausführung hergestellt, verfügte die Armee im Frühjahr 1918 über 72 solcher Mörser.

Entwicklung und Einführung dieser Waffe beleuchten zugleich die inneren Widersprüche des Dreibundes. Der österreichische Generalstabschef Franz Conrad von Hötzendorf war davon überzeugt, daß der italienische Irredentismus auf einen Krieg mit der Donaumonarchie zusteuerte, und er wollte diesen Krieg bei einer günstigen Gelegenheit selbst präventiv führen. Er beobachtete aufmerksam die Rüstungen Italiens, das an seiner Nordgrenze mit hohem Aufwand moderne Panzerwerke errichtete. Diese verringerten den militärischen Spielraum Österreichs in einem möglichen Krieg erheblich, so daß Conrad bestrebt war, seine Armee mit Geschützen auszustatten, die solche Anlagen zerstören konnten: Dieses Geschütz war der D. Seine Beschaffung erfolgte 1911 während der Amtszeit des Kriegsministers General von Auffenberg, der über die Schwäche der österreichischen Artillerie äußerst beunruhigt war. Für seine Pläne zur Verstärkung dieser Waffe fand er aber weder bei den Regierungen noch bei den Vertretungskörperschaften des Doppelstaates Unterstützung. Auffenberg hielt die Lage schließlich für so bedrohlich, daß er die Beschaffung der D. auf eigene Verantwortung anordnete. Einer Ministeranklage entging er, weil der Ausbruch des Balkankrieges zeigte, wie sehr sich das Kräfteverhältnis zuungunsten der Monarchie verschoben hatte.

Nach Beginn des Weltkrieges schien die Handlungsweise des Generals vollends gerechtfertigt: 1914 befand sich die Artillerie Österreich-Ungarns nicht nur in einer Situation zahlenmäßiger, sondern auch qualitativer Unterlegenheit. Eine Ausnahme machte allein der D., der zum populärsten Geschütz der Monarchie im Weltkrieg wurde. Sein spektakuläres Auftreten demonstrierte die technisch-industrielle Leistungsfähigkeit des Landes und bekräftigte so dessen Großmachtstatus. Selbst das Deutsche Reich entlieh bei Kriegsbeginn zur Niederkämpfung der modernen Panzerwerke in Belgien und Nordfrankreich eine Batterie mit zwei Mörsern.

Auch als Ikone der Propaganda spielten Abbildungen des D. eine wichtige Rolle. Seine gedrungene Silhouette mit drohend emporgerecktem Rohr wurde geradezu zum Symbol für die Habsburgermonarchie in ihrem letzten Krieg. Schließlich fand der D. sogar Eingang in Karl Kraus' *Die letzten Tage der Menschheit* (II. Akt, 28. Szene).

DIETER STORZ

Driant, Emile, * Neufchâtel-sur-Aisne 11.9.1855, † Verdun 22.2.1916, französischer Schriftsteller und Offizier. – Als Schwager von General Boulanger und mit Paul Déroulède sowie Maurice Barrès befreundet, stand D. inmitten aller Kämpfe des französischen Nationalismus, allerdings ohne sich besonders aktiv zu engagieren. Er begann seine politische Karriere erst, nachdem er 1906 auf eigenen Wunsch aus dem Militär ausgeschieden war. Gleichzeitig arbeitete er unter dem Pseudonym Danrit weiterhin an seinen den Krieg vorwegnehmenden Romanen. Nach seiner Wahl zum Abgeordneten von Nancy im Jahre 1910 vertrat er im Parlament unnachgiebig die Interessen der Armee und eine Politik der Härte gegenüber Deutschland.

1914 strebte er trotz seines Alters von 59 Jahren zurück in den aktiven Militärdienst und erhielt das Kommando über zwei Jägerbataillone. Im Herbst 1915 lag er im Abschnitt Caures-Wald vor Verdun und war überzeugt, daß der nächste deutsche Vorstoß an diesem Frontabschnitt stattfinden würde. Er versuchte in seiner Eigenschaft als Mitglied der parlamentarischen Armeekommission, die Armeeführung auf die Schwäche der Verteidigung in diesem Sektor aufmerksam zu machen. Der tatsächlich dort erfolgende deutsche Angriff wurde am 21. Febr. von D. und seinen Jägern zunächst aufgehalten. Beim Versuch, der drohenden Umzingelung zu entkommen, fiel er einen Tag später. Maurice Barrès hatte in der Folgezeit entscheidenden Anteil an der Schaffung eines »D.-Mythos« in Frankreich.

STÉPHANE AUDOIN-ROUZEAU (Ü: D. A.)

Drina, Grenzfluß zwischen Bosnien-Herzegowina und Serbien. – Die D.-Schlacht (12.-21. Aug. 1914) war für Österreich-Ungarn der denkbar ungünstigste Auftakt des Krieges gegen Serbien. Ausgangspunkt bildete die Unvollkommenheit des österreichisch-ungarischen Gesamtaufmarsches, denn gegen Serbien marschierten nicht nur die 4. und 5. Armee auf, sondern auch die 2. Armee, welche im Fall eines Zweifrontenkrieges für Galizien zum Einsatz gegen die russische Armee bestimmt gewesen war. Der Oberbefehlshaber der gegen Serbien operierenden k. u. k. Truppen, Feldzeugmeister Oskar Potiorek, wollte die 2. Armee aber noch vor deren Abtransport nach Norden zu einem kräftigen Schlag gegen die Serben nützen, was schließlich die bedingte Billigung des Generalstabschefs Conrad von Hötzendorf fand, der auf einen propagandistisch wertvollen Sieg, die rasche Ausschaltung der serbischen Armee und die daraus folgende Möglichkeit der Konzentrierung der eigenen Kräfte gegen Rußland hoffte.

Potioreks eigentliche Streitkräfte waren an der nördlichen Drina die 5. Armee und südlich davon die 6. Armee mit insgesamt etwa 285.000 Mann, die Festungsbesatzungen mitgerechnet. Nördlich der Save befand sich die etwa 85.000 Mann starke 2. Armee, die nach Conrads Befehl ab 18. Aug. 1914 nach Nordosten abrollen und sich bis dahin an der Offensive Potioreks, vor allem durch »Demonstrationen« beteiligen sollte. Potiorek aber war fest entschlossen, die Anwesenheit der 2. Armee möglichst weitgehend auszunützen, wozu ein rasch erfolgender Angriff gegen die 210.000 bis 350.000 Mann starken serbischen Verbände (einschließlich Reservetruppen) am besten geeignet erschien. So ließ Potiorek die 5. Armee entgegen den Bedenken ihres Oberkommandierenden am 12. Aug. angreifen, obwohl noch nicht einmal alle Truppen ihre Bereitstellungsräume erreicht hatten. Munitionskolonnen und Versorgungseinheiten konnten zu den Kampftruppen kaum aufschließen. Auch diese waren bereits erschöpft in die ersten Gefechte eingetreten.

Die 5. Armee, welche auf diese Weise die Hauptlast der Offensive zu tragen hatte, traf auf einen nicht nur kriegserfahrenen und fanatischen, sondern auch zahlenmäßig überlegenen Gegner, so daß das Kräfteverhältnis mindestens 1 : 1,5 betrug. Der serbischen Führung Putniks gelang es meisterhaft, ein Schwergewicht gegenüber der k. u. k. 5. Armee herzustellen. Die bei einer österreichisch-ungarischen Division (k. k. 21. Landwehrinfanteriedivision) am 16. Aug. 1914 eingetretene Panik blieb vorentscheidend für den Ausgang der D.-Schlacht. Die 6. Armee, von Potiorek persönlich kommandiert, hatte sich erst am 20. Aug. dem Angriff angeschlossen und konnte gegen die serbischen Truppen selbst in dem sehr schweren Gebirgsterrain gute offensive Erfolge erzielen. Potiorek hatte damit immerhin einen propagandistisch verwertbaren serbischen Einbruch nach Bosnien-Herzegowina verhindert. Aus den der 2. Armee zugedachten »Demonstrationen« wurde nach dem Übergang der k. u. k. 29. Infanteriedivision bei Sabac sehr bald ein intensives Engagement, das schließlich dazu führte, daß diese Division auf dem Balkan verbleiben mußte und für den Einsatz gegen Rußland verlorenging. So blieben nicht nur die Hoffnungen unerfüllt, durch eine rasche Niederwerfung Serbiens große Truppenkräfte für den Kampf gegen Rußland freizubekommen, sondern es war eine zusätzliche Schwächung am Hauptkriegsschauplatz eingetreten.

Die Ursachen für die empfindliche Niederlage waren auf mehreren Ebenen zu suchen. Einerseits hatte es die schrittweise Entwicklung des Konfliktes zwischen Österreich-Ungarn und Serbien zum europäischen Krieg mit sich gebracht, daß ein Teil der für den Krieg gegen Rußland bestimmten Kräfte auf dem Balkan aufmarschiert war. Eine zumindest vorübergehende Mitwirkung dieser Truppen (2. Armee) wurde nachdrücklich von der Diplomatie und der öffentlichen Meinung, welche eine rasche »Bestrafung« Serbiens verlangte, aber auch vom siegeshungrigen Feldzeugmeister Potiorek gefordert. Das Zugeständnis der Heeresleitung zur vorübergehenden Mitwirkung der 2. Armee resultierte in einem völligen Fehlschlag. Die strategische Konzeption Potioreks war von Beginn an zweifelhaft. Er ließ seine beiden Armeen weit voneinander getrennt operieren und war geleitet vom Bestreben, einerseits keinen feindlichen Einbruch in Bosnien-Herzegowina zuzulassen und andererseits der von ihm unmittelbar geführten 6. Armee die Lorbeeren zu sichern. Der unterstützende Angriff der 2. Armee erfolgte viel zu nahe am linken Flügel der 5. Armee. Weder zwang er die Serben zur Teilung ihrer Kräfte noch gewann er den Charakter der Einkreisung. Im Gegenteil, es wurde der serbischen Führung Gelegenheit gegeben, die Offensive der 5. Armee mit Übermacht zu empfangen und gleichzeitig dem Nebenangriff der 2. Armee zu begegnen. In taktischer Hinsicht zeigten sich die kriegsunerfahrenen Truppen und Führer dem serbischen Gegner unterlegen. Generale versagten unter dem Eindruck des Krieges ebenso wie es bei den durch den überhasteten Aufmarsch bereits erschöpften Truppen zu panikartigen Erscheinungen kam. Die Folge war nicht nur eine demoralisierende Niederlage, sondern auch eine negative Rückwirkung sowohl auf die Nordostfront als auch auf die Haltung der neutralen Staaten.

Lit.: R. Jerabék, Potiorek. General im Schatten von Sarajewo, Graz 1991.

RUDOLF JERABÉK

Duchonin, Nikolaj Nikolajewitsch, * Gouvernement Smolensk 13.12.1876, † Mogilew 3.12.1917, russischer General. – D. stammte aus einer Adelsfamilie im Gouvernement Smolensk. Er absolvierte die Alexander-Militärschule 1896 und 1902 die Akademie des Generalstabes. Während des Weltkriegs war er zunächst Regimentskommandeur, dann ab Juni 1916 Generalquartiermeister der Südwestfront. Von Juni bis Aug. 1917 war er als Chef des Stabes der Südwestfront, im Aug. und Sept. an allen Fronten des Südens tätig. Im Sept. 1917 wurde er Chef des Stabes des Oberkommandierenden Alexander Kerenski; nach dessen Flucht bei Ausbruch der Oktoberrevolution nahm D. kurzfristig den Posten des Oberkommandierenden der Armee wahr. Doch bald schon wurde er von den Bolschewiki wegen konterrevolutionärer Aktivitäten verhaftet, da er sich weigerte, in Waffenstillstandsverhandlungen mit den Österreichern einzutreten. Auf dem Bahnhof von Mogilew wurde D. von revolutionären Soldaten und Matrosen gelyncht.

DITTMAR DAHLMANN

Dumdumgeschosse, Geschosse mit an der Spitze frei liegendem Bleikern (Teilmantelgeschoß) oder mit ummantelter, aber zylindrisch aufgebohrter Spitze (Hohlspitzgeschoß). – Aufgrund der Konstruktion haben die Geschosse eine weniger leichte Eindringfähigkeit. Auf kurze Entfernung verursachen sie jedoch große, kaum heilbare Wunden. Die Geschosse werden nach der indischen Stadt Dum Dum genannt, wo in den neunziger Jahren des 19. Jahrhunderts in einer Munitionsfabrik zum ersten Mal für die britischen Streitkräfte Teilmantelgeschosse hergestellt worden waren. Die britische Armee setzte sowohl bei Omdurman im Sudan 1898 als auch in Indien D. ein. Während der ersten Haager Friedenskonferenz wurde in einer Erklärung vom 29. Juli 1899, »betreffend das Verbot von Geschossen, die sich leicht im menschlichen Körper ausdehnen oder platt drücken«, der Einsatz von D. verboten. Großbritannien, Portugal und die USA haben diese Erklärung nicht unterzeichnet. Von deutscher Seite wurde während des Weltkrieges wiederholt der Vorwurf geäußert, daß die britische Armee völkerrechtswidrig D. einsetze. Dies konnte jedoch niemals nachgewiesen werden.

GERHARD P. GROSS

Durazzo (Durrës), Hauptstadt (bis 1921) des im Jahre 1912 auf Initiative der europäischen Großmächte gegründeten Staates Albanien und strategisch wichtiger Adria-Hafen. – Während der Anfangsphase des Weltkrieges waren serbische Truppen wieder in das von Serbien beanspruchte Albanien eingedrungen; sie mußten sich im Zuge der Rückeroberung durch österreichisch-ungarische, deutsche und bulgarische Truppen im Okt. 1915 wieder zurückziehen. Teile der zerschlagenen serbischen Armee flüchteten in die Hafenstadt D., wohin die italienische Regierung – gegen den Willen der Armeeführung – im Dez. 1915 ein Expeditionskorps entsandte. Der Druck der österreichisch-ungarischen Truppen auf die Hafenstadt nahm kontinuierlich zu, und Ende Febr. 1916 waren die Italiener gezwungen, sich zurückzuziehen. In einer großen Aktion wurden Anfang März 1916 ca. 260.000 Menschen evakuiert, dazu 10.000 Tiere und 68 Geschütze. Unter den Evakuierten befanden sich 140.000 serbische Soldaten, die größtenteils auf der Insel Korfu untergebracht und militärisch reorganisiert wurden. Nach italienischen Angaben wurde auch das Gros der österreichisch-ungarischen Gefangenen der serbischen Armee auf diese Weise nach Italien verbracht. Im Verlauf der gesamten Absetzbewegung wurden 322 Fahrten von italienischen, französischen und britischen Schiffen unternommen, wobei die italienischen Verbände die Hauptlast trugen. Von den Kriegsgefangenen, die die Märsche durch Montenegro oder Albanien überlebt hatten, wurden 24.000 auf die sardische Insel Asinara verbracht. Da keine ausreichende Infrastruktur vorhanden war, kam es zu nahezu 500 Todesfällen und 15.000 schweren Erkrankungen, insbesondere an Cholera.

Zwar wurde in Italien diese einmalige Rückhol- bzw. Entlastungsaktion als großer Erfolg gefeiert und von Regierungsseite betont, daß D. ohnehin nicht auf Dauer habe besetzt werden sollen. Gleichwohl drängte die italienische Regierung nach diesem offensichtlichen Rückschlag, die Besetzung des benachbarten Valona auf Armeestärke aufzustocken, um weiterhin die italienische Präsenz in Albanien garantieren zu können. Da die Mittelmächte Valona in der Folgezeit aber nicht angriffen, konnten die Italiener ihr Machtgebiet nach Südalbanien ausweiten und dort griechischen Übergriffen entgegentreten. Auch griffen in der Folgezeit wiederholt italienische Torpedoschnellboote den Hafen von D. an. Dabei wurde am 7. Juni 1916 ein Dampfer versenkt; am 3. Mai 1918 gelang es, ein weiteres Transportschiff der österreichisch-ungarischen Armee, die *Bregenz*, mit 3.905 BRT zu versenken. Im Zuge der alliierten Schlußoffensive wurde D. am 14. Okt. 1918 erneut von italienischen Truppen besetzt, die dort bis zur wiederhergestellten Unabhängigkeit Albaniens 1920 verblieben. → *Albanien* → *Serbien*

ALEXANDRE MASSIGNANI (Ü: C. Z./M. P.)

Ebert, Friedrich, * Heidelberg 4.2.1871, † Berlin 28.2.1925, deutscher Politiker, zuletzt Reichspräsident. – E., seit 1913 neben Hugo Haase einer der beiden SPD-Vorsitzenden, verteidigte die Politik des »Burgfriedens« seiner Partei gegen eine wachsende innerparteiliche Opposition und versuchte gleichzeitig, die Einheit der Partei zu wahren. So wies er das frühzeitige Drängen des rechten Flügels auf Ausschluß der Oppositionellen zurück. Doch das erneute öffentliche Auftreten der Opposition im März 1916 war für ihn, seit Jan. 1916 zugleich einer der drei Fraktionsvorsitzenden, ein unentschuldbarer Disziplinbruch. Die nun auch von ihm als unausweichlich angesehene Spaltung der SPD stärkte die innerparteiliche Position E.s, der die Partei auf dem eingeschlagenen Kurs halten wollte, dabei stets von der Reichsleitung Reformen forderte und die Kooperation mit den bürgerlichen Parteien suchte. Er wirkte an der Friedensresolution von SPD, Zentrum und Liberalen mit (19. Juli 1917) und sprach sich gegen eine Annexionspolitik aus. Sein Eintreten in die Streikleitung bei den Ausständen im Jan. 1918 mit dem Ziel, zwischen den Streikenden und der Regierung zu vermitteln – was jedoch an der unnachgiebigen Haltung der Reichsleitung scheiterte – brandmarkte ihn für die radikale Linke zum »Arbeiterverräter«, für die antidemokratische Rechte zum »Landesverräter« – Vorwürfe, die ihn auch später noch als Reichspräsident begleiteten. Im Herbst 1918 drängte E., dessen Einfluß und Bedeutung auch über die Partei hinaus gewachsen war, die SPD gegen Widerstände aus den eigenen Reihen zielstrebig zum Eintritt in die Regierung Max von Baden, der ihm am 9. Nov. 1918 die Reichskanzlerschaft übertrug. Er war zusammen mit Hugo Haase Vorsitzender des am folgenden Tag aus SPD und USPD gebildeten »Rat der Volksbeauftragten« und wurde schließlich am 11. Febr. 1919 zum Reichspräsidenten gewählt. Der Reichstag verlängerte 1922 seine Amtszeit um weitere drei Jahre. Unberechtigte öffentliche Vorwürfe und ein höchst problematisches Gerichtsurteil, demzufolge er im Jan. 1918 beim Munitionsarbeiterstreik Landesverrat begangen habe, verletzten ihn persönlich tief und trugen zu seinem plötzlichen Tod bei.

Lit.: P.-C. Witt, Friedrich Ebert – Parteiführer, Reichskanzler, Volksbeauftragter, Reichspräsident, Bonn 1987.

WALTER MÜHLHAUSEN

Eichhorn, Hermann von, * Breslau 13.2.1848, † Kiew 30.7.1918, preußischer Generalfeldmarschall. – Nach seiner Teilnahme an den Kriegen 1866 und 1870/71 besuchte E. die Kriegsakademie und kam 1883 zum Generalstab. 1904 wurde er Kommandierender General des XVIII. Armeekorps in Frankfurt am Main und wechselte 1912 als Generalinspekteur der 7. Armeeinspektion nach Saarbrücken, wo er 1913 zum Generalobersten befördert wurde. Im Mobilmachungsfall sollte E. den Oberbefehl über die 5. Armee in Metz übernehmen, aber ein Reitunfall hinderte ihn schließlich daran.

Nach seiner Genesung im Jan. 1915 nahm er als Oberbefehlshaber der neugebildeten 10. Armee an der Winterschlacht in Masuren teil. Seine Armee eroberte im Aug. 1915 die Festung Kowno, wofür E. den Orden »Pour le mérite« bekam, und einen Monat später Wilna. Nach der Änderung der Kommandostruktur im Aug. 1916 übernahm er eine Heeresgruppe in Kurland und Litauen, die Anfang 1918 auch Livland und Estland besetzte. Am 18. Dez. 1917 wurde E. zum Feldmarschall befördert. Nach dem Friedensschluß von Brest-Litowsk führte er von Kiew aus den Befehl über die Besatzungstruppen in der Ukraine und auf der Krim. E. war verantwortlich für die ökonomische Ausbeutung der gesamten Region, besonders ihres Getreidereichtums. Seine strengen Anordnungen und Maßnahmen brachten viele Ukrainer gegen die deutsche Besatzung auf. 1918 wurde E. von der Bombe eines russischen Sozialrevolutionärs getötet.

ERIK KLEINE VENNEKATE

Einem genannt von Rothmaler, Karl von, * Herzberg (Harz) 1.1.1853, † Mülheim an der

Ruhr 7.4.1934, preußischer Generaloberst. – Nach der Erziehung im Kadettenkorps trat E. 1870 in das Ulanenregiment Nr. 14 ein, mit dem er am Krieg gegen Frankreich teilnahm. Ohne je die Kriegsakademie besucht zu haben, wurde E. bereits als Oberleutnant in den Großen Generalstab kommandiert. 1898 wurde er als Oberst ins preußische Kriegsministerium versetzt (ab 1900 dort Direktor des Allgemeinen Kriegsdepartements). 1903 schließlich wurde Generalleutnant von E. zum Kriegsminister ernannt. Seine Dienstzeit war geprägt vom Bemühen, Truppe und Offizierskorps sozial homogen und damit innenpolitisch verläßlich zu halten. Dazu kamen eine rigide Sparpolitik und hohe Aufwendungen für die Flottenrüstung, wodurch dem personellen Ausbau des Heeres enge Grenzen gesetzt waren. 1909 trat E. von seinem Posten zurück und wurde Kommandierender General des VII. Armeekorps (Münster), mit dem er 1914 in den Krieg zog.

Bereits am 12. Sept. 1914 löste er den erkrankten Generaloberst von Hausen als Oberkommandierender der 3. Armee ab. Für den Rest des Krieges standen E. und die 3. Armee in der Champagne. In der Winterschlacht zu Beginn des Jahres 1915 und in der Herbstschlacht im selben Jahr wehrte die Armee zwei französische Großoffensiven ab. Danach blieb die Champagne ein vergleichsweise ruhiger Abschnitt der Westfront. Erst mit dem deutschen Angriff beiderseits Reims am 15. Juli 1918 trat die 3. Armee unter E. zum Angriff an – der jedoch rasch zusammenbrach. Im Herbst 1918 führte E. die Armee nach Deutschland zurück, am 18. Jan. 1919 wurde er aus dem aktiven Dienst entlassen.

MARKUS PÖHLMANN

Einjährig-Freiwillige, Militärdienstpflichtige, die als Freiwillige ihre aktive Dienstpflicht in einem Dienstjahr (statt zwei) ableisten konnten. – Die Regelung war im Zuge der Heeresreformen im Königreich Preußen schon 1814 eingeführt worden, um das Bildungs- und Besitzbürgertum für den Militärdienst zu gewinnen. Seit der Gründung des Norddeutschen Bundes 1866 bzw. der Reichsgründung 1871 wurde das Institut der E. schrittweise bei allen deutschen Länderkontingenten eingeführt. Als Voraussetzung galt das Zeugnis der Sekundarreife eines Gymnasiums (das »Einjährige«) oder ein entsprechender Bildungsnachweis vor einer Prüfungskommission. Die E. waren dazu verpflichtet, sich selbst einzukleiden, auszurüsten und zu verpflegen. Sie konnten am Ende ihrer Dienstzeit eine Eignungsprüfung als Offiziersaspiranten ablegen und in späteren Wehrübungen bis zum Leutnant der Reserve avancieren. Die Erfahrungen aus den Einigungskriegen (1864-1871) zeigten, daß damit ein zahlenmäßig starkes Reserveoffizierskorps heranwuchs, das im Krieg eine rasche Eingliederung der Reservetruppenteile ermöglichte. Wegen der extremen Verluste des aktiven Offizierskorps zu Kriegsbeginn lag die Hauptlast der Führung an der Front im weiteren Verlauf des Ersten Weltkrieges auf den Schultern der aus den E. hervorgegangenen Reserveoffiziere. Wegen ihrer verkürzten Dienstzeit brachten sie dafür freilich wesentlich geringere Diensterfahrung mit als ihre Unteroffiziere und Mannschaften. Trotz unbestrittener militärischer Leistungen führte mangelnde Erfahrung in der Menschenführung daher zu Belastungen in den Einheiten. Das Ende des Kaiserreichs entzog dem Institut des E. seine gesellschaftlichen wie militärischen Grundlagen.

BRUNO THOSS

Einkreisung. Der Begriff der E. wurde von Reichskanzler Bülow in einer Reichstagsrede am 14. Nov. 1906 geprägt bzw. auf die Situation der internationalen Beziehungen angewendet. Angesichts der gerade abgeschlossenen Entente cordiale zwischen England und Frankreich warnte Bülow in dieser Rede davor, das Deutsche Reich einzukreisen »wie das Tier im Walde«.

Im Vorkriegs-Deutschland ist wohl keine andere politische Vorstellung so allgemein rezipiert worden wie die der E. Das Schlagwort war nicht allein bei Nationalisten, sondern auch in der systemkritischen Presse (z. B. *Simplicissimus*) und der Sozialdemokratie im Umlauf. Mit der englisch-russischen Annäherung von 1907 und der auch militärischen Konsolidierung der englisch-französischen Beziehungen infolge der zweiten Marokkokrise von 1911 schien sich für viele Zeitgenossen der »Ring der Einkreisung« endgültig zu schließen. Tatsächlich hatte die deutsche Außenpolitik, die zu Beginn des Jahrhunderts noch von einer möglichen »Politik der freien Hand« (Reichskanzler Bülow) ausging, da die Großmächte Großbritannien, Frankreich und Rußland kolonialpolitisch zerstritten waren, durch diese politischen und militärischen Annäherungen viel Spielraum verloren. Man versuchte, ihn durch eine »Bluff-Politik«, wie es der Staatssekretär des Äußeren, Kiderlen-Waechter, nannte, bzw. durch eine Erpressungspolitik wiederzugewinnen wie sie insbesondere in der zweiten Marokkokrise offen zutage trat. Auch das deutsche Verhalten in der Julikrise 1914 ist von der Vorstellung einer kontinuierlichen E. und dem Verlangen bestimmt, die Solidität des gegnerischen Bündnisses zu testen.

Während des Weltkriegs und in der öffentlich geführten Kriegsschuld-Diskussion der Nachkriegszeit blieb die Behauptung einer Vorkriegs-E. das Hauptargument der deutschen Politiker, Historiker und Publizisten. In der historischen Forschung ist verschiedentlich der Begriff der E. durch »Auskreisung« bzw. »Selbstauskreisung« (Volker R. Berghahn) ersetzt worden, was auch eine zutreffende Charakterisierung der wilhelminischen »Weltpolitik« darstellt. Mentalitätshistorisch allerdings ist entscheidend, daß in einer immer stärker verfeindeten Konstellation der internationalen Beziehungen in der Vorkriegszeit ein derart phobisch besetztes Schlagwort das politische Handeln und die Massenemotionen tatsächlich hat bestimmen können. → *Entente* → *Julikrise* → *Kriegsschuldfrage*

GERD KRUMEICH

Eisenbahn, im 19. Jahrhundert entwickeltes Massentransportmittel zur Personen- und Güterbeförderung, das nach der Jahrhundertmitte auch für militärische Zwecke nutzbar gemacht wurde. – In den Kriegen von 1866 und 1870/71 wurden E.transporte größerer Truppenkörper erstmals großräumig und operativ wirksam eingeplant und durchgeführt. Von nun an stellten alle Generalstäbe die E. in ihre Operationsplanungen ein und schufen Spezialtruppenteile für den Bau, die Sicherung und den Betrieb von E. im Krieg. Strategische Linienführungen fanden Eingang in den E.bau während seiner Hochphase zwischen 1870 und 1910. Die frühzeitige Verstaatlichung der E. in Deutschland erleichterte die militärische Transportplanung im Frieden durch zivil-militärisch besetzte E.-Kommandanturen (ein Offizier, ein höherer E.beamter). Im Krieg wurde dann das gesamte deutsche E.wesen dem Chef des Feldeisenbahnwesens mit nahezu unbeschränkter Anordnungsbefugnis unterstellt. 1914 ver-

Deutsche Feldbahn hinter der Front

fügten die kriegführenden Hauptmächte über hinreichend dichte E.netze, die eine unterschiedlich effiziente Mobilisierung, einen raschen Aufmarsch der Armeen und deren Versorgung mit Massengütern ermöglichten. Die Streckennetze variierten zwischen 38.000 km in Großbritannien, 40.000 km in Frankreich, 61.500 km im Deutschen Reich, 45.000 km in Österreich-Ungarn und 74.000 km in Rußland. Schon in der Mobilisierungs- und Aufmarschphase erwiesen sich die E. im Deutschen Reich als besonders leistungsstark: Innerhalb von zwei Wochen konnten über annähernd 30.000 E.transporte abgeschlossen werden. Gute E.verbindungen im gesamten mitteleuropäischen Raum verschafften den Mittelmächten auch während des Krieges Vorteile der militärischen Transportführung auf der strategisch günstigen inneren Linie, die rasche Schwerpunktverlagerungen zwischen den Hauptfronten im Westen, Osten und Süden erlaubten. Personelle und materielle Unterlegenheit konnte somit immer wieder durch größere Beweglichkeit in der Verschiebung von Ressourcen ausgeglichen werden. Unterschiedliche Spurbreiten der deutsch-österreichischen E. gegenüber den russischen Breitspurbahnen schränkten allerdings die operative Beweglichkeit der Mittelmächte auf dem östlichen Kriegsschauplatz aufgrund der notwendigen Umspurungen für weitere raumgreifende Operationen in Westrußland zwischen 1915 und 1917 erheblich ein. Aber auch die einspurigen E. im Osmanischen Reich mit jeweils nur einer E.linie (Hedschas- bzw. Bagdadbahn) zu den Hauptfronten in Palästina und Mesopotamien verschafften der Entente im Nahen Osten operative und versorgungsmäßige Vorteile. Mitbedingt durch den Personalbedarf an den Fronten ging während des Krieges auf allen Seiten die Kohleförderung und damit die Einsatzfähigkeit der E. zurück. Die extreme militärische Transportbelastung erschwerte zudem die zivile Versorgung der Metropolen und Ballungsgebiete; wachsende Engpässe bei der Lebensmittelversorgung erhöhten wiederum seit der Kriegsmitte die sozialen Spannungen in allen kriegführenden Staaten.

Bruno Thoss

Elsaß-Lothringen, seit 1871 als »Reichsland« zum Deutschen Reich gehörend. – Der Wunsch Frankreichs, Revanche für die Niederlage im Deutsch-Französischen Krieg von 1870/71 zu üben und die im Frankfurter Friedensvertrag festgelegte Annexion von E.-L. durch das neugegründete Deutsche Reich rückgängig zu machen, ist – gerade von deutscher Seite – vielfach als ein wichtiger Faktor in der Entstehungsgeschichte des Weltkrieges angesehen worden. Dieses Bild ist jedoch von der neueren Forschung stark nuanciert worden: Trotz der bleibenden Überzeugung, daß die Annexion Unrecht darstelle, hatte eine militärische »Revanche« in Frankreich nur wenige – wenn auch lautstarke – Anhänger, und in weiten Teilen der französischen Öffentlichkeit war das Interesse für die verlorenen Provinzen seit der Jahrhundertwende stark gesunken. Dies änderte sich jedoch unmittelbar nach Kriegsausbruch, auch wenn in großen Teilen der Bevölkerung vor allem in der zweiten Kriegshälfte weiterhin wenig Begeisterung für einen Krieg um das Elsaß vorhanden war: Militär, Regierung und Parteien legten sich früh auf das Kriegsziel der Wiedergewinnung von E.-L. fest. Das Gebiet sollte möglichst in den Grenzen von 1814 und ohne Plebiszit zu Frankreich zurückkehren, und es gelang der französischen Diplomatie, auch die zunächst zögernden Alliierten auf diese Forderung zu verpflichten. Während dies im Falle Rußlands und mit Abstrichen auch mit Großbritannien unproblematisch war, mußten in den USA erhebliche Widerstände überwunden werden, bis auch hier als Punkt 8 der Vierzehn Punkte Präsident Wilsons die französischen Vorstellungen unterstützt wurden. Da auf der anderen Seite das Deutsche Reich Verhandlungen über das Reichsland kategorisch ausschloß, gehörte die E.-L.-Frage über die gesamte Kriegsdauer zu den umstrittensten Problemkomplexen zwischen den Kriegsparteien.

Innerhalb des Deutschen Reiches war das Elsaß das einzige Gebiet, auf dessen Boden während des gesamten Krieges gekämpft wurde. Die Lebensbedingungen der Bevölkerung wurden von dieser ständigen Nähe der Front stark geprägt: Zahlreiche Ortschaften im Oberelsaß wurden Ende 1914 geräumt, die Bewohner im Reichsgebiet untergebracht. Das Operationsgebiet, abgegrenzt durch eine Drahtsperre, erstreckte sich von der Schweizer Grenze bis auf die Höhe von Markolsheim (Marckolsheim) im Unterelsaß; große Teile des übrigen Reichslandes waren Etappengebiet. Daß hier gekämpft wurde, hatte weniger strategische als vielmehr politische

Gründe: Mit der Besetzung bzw. Verteidigung der 1871 annektierten Gebiete war vor allem innenpolitisches Prestige verbunden, dem beide Seiten große Bedeutung beimaßen. Der militärische Verlauf des Krieges kann grob in zwei Phasen eingeteilt werden: Vom 7. Aug. 1914 an rückten französische Verbände im Oberelsaß vor und konnten das Gebiet bis Colmar besetzen. Größere Kämpfe fanden außerdem bei Saarburg in Lothringen (20.-22. Aug.) sowie in den Tälern der Nordvogesen (Breusch, Weiler, Leber) statt. Ende Aug. wurde die französische »Armée d'Alsace« angesichts des bis dahin fatalen Kriegsverlaufs nach Norden verlegt und das Elsaß zunächst aufgegeben. Neben dem Tal von Thann, in dem bereits mit dem Aufbau einer französischen Verwaltung begonnen wurde, konnten die Franzosen auch den Vogesenhauptkamm halten, dessen Ausbau und Befestigung den Beginn der zweiten Phase markierte. Bis Ende 1915 fanden hier am Hartmannsweiler Kopf, am Hilsenfirst oder am Lingekopf außerordentlich heftige Gefechte statt, die zwar auf beiden Seiten mehrere zehntausend Opfer forderten, militärisch aber unbedeutend waren und den Frontverlauf kaum veränderten.

Etwa 400.000 Elsässer und Lothringer erlebten den Weltkrieg als Soldaten; 50.000 von ihnen fielen. Die meisten kämpften in den Armeen des Deutschen Reiches. Etwa 220.000 Männer waren am 1. Aug. 1914 von der Generalmobilmachung betroffen, die Zahl der Kriegsfreiwilligen wird auf 8.000 geschätzt, die übrigen wurden im weiteren Kriegsverlauf zu den Waffen gerufen. Aber auch in den Armeen der Gegenseite standen Bürger des Reichslandes; ein spezielles französisches Gesetz erlaubte es ihnen, in der regulären französischen Armee und nicht in der Fremdenlegion zu kämpfen. Neben den Franzosen elsässischer und lothringischer Herkunft bildeten etwa 12.000 Männer mit deutschem Paß, die bereits vor 1914 in Frankreich lebten und den Kriegsdienst der Internierung vorzogen, das Gros der Elsässer und Lothringer in der französischen Armee; hinzu kamen etwa 3.000 Flüchtlinge, die unmittelbar vor Beginn der Feindseligkeiten das Reichsland verlassen hatten, sowie 1.650 Kriegsgefangene. Alle diese Zahlen waren keine nüchterne Statistik, sondern eminent politisch: So kursierten zu Beginn des Krieges astronomisch hohe Freiwilligenzahlen, mit denen die deutsche Gesinnung der Elsässer und Lothringer bewiesen werden sollte. Später wurde auf die Überläufer und die »freiwilligen« Kriegsgefangenen hingewiesen mit der Absicht, Belege für die angebliche Unzuverlässigkeit der Soldaten aus dem Reichsland zu liefern; umgekehrt konnten diese Zahlen nach Kriegsende auch dazu verwendet werden, die Treue der Elsässer und Lothringer zu Frankreich zu bezeugen.

Gegenüber diesen politisch motivierten Interpretationen ist festzuhalten, daß sich die reichsländischen Soldaten in ihrer großen Mehrheit im Krieg kaum anders verhalten haben als ihre Kameraden aus anderen Gebieten des Deutschen Reiches. Auf zwei Unterschiede ist allerdings hinzuweisen: Kriegsbegeisterung war bei ihnen wie bei der elsaß-lothringischen Öffentlichkeit wohl noch weniger verbreitet als im Heer insgesamt. Der Krieg wurde als Bruderkampf empfunden (und tatsächlich gab es Familien, deren Angehörige auf verschiedenen Seiten kämpften), Haß gegenüber Frankreich war hier unbekannt. Die aus dem Reichsland stammenden Soldaten (Spitzname: Wackes) galten bei der deutschen militärischen Führung bald als »unsichere Kantonisten« und wurden häufig diskriminiert. Dieses Mißtrauen war, wie schon die Zabern-Affäre von 1913 gezeigt hatte, im deutschen Militär tief verwurzelt; verschiedene Vorfälle aus den ersten Kriegswochen – die Berichte über die prominenten Flüchtlinge Wetterlé und Hansi (Jean-Jacques) Waltz, die angebliche Begeisterung der Oberelsässer über die französische Besetzung von Mühlhausen, die Gerüchte über elsässische Franctireurs – verstärkten noch das Gefühl, man befinde sich im Reichsland E.-L. bereits in »Feindesland«. So ordnete das preußische Kriegsministerium am 15. März 1915 an, daß alle politisch verdächtigen Elsaß-Lothringer von der West- an die Ostfront zu versetzen seien; die Briefzensur und die Gewährung von Heimaturlaub wurde bei ihnen besonders restriktiv gehandhabt. In Frankreich gab es – allen patriotischen Bekundungen zum Trotz – ähnliche Vorbehalte gegen die »boches« in den eigenen Reihen, die häufig der Spionage verdächtigt wurden.

Das Mißtrauen der reichsdeutschen Obrigkeit gegenüber den Elsaß-Lothringern zeigte sich auch im Verhalten gegenüber der Zivilbevölkerung und in der Debatte über die Zukunft des Reichslandes. Weit verbreitet war im Militär und in der Regierung die Hoffnung, daß der Krieg ein »Aufräumen« im

Reichsland und eine forcierte Germanisierungspolitik erlauben würde. So wurde die 1911 gewährte Verfassung, die dem Land zumindest eine Teilautonomie gebracht hatte, durch das Kriegsrecht praktisch außer Kraft gesetzt. Politische Diskussionen im E.-L.-Landtag und in den Bezirkstagen, die so selten wie möglich zusammengerufen wurden, waren bis 1916 ganz, dann in allen öffentlichen Sitzungen verboten. Zahlreiche Personen, die als politisch unzuverlässig galten, wurden in »Schutzhaft« genommen oder außer Landes verwiesen. Kulturpolitische und wirtschaftliche Maßnahmen (so das Verbot der Verwendung der französischen Sprache in der Öffentlichkeit) oder die Enteignung ausländischen Grundbesitzes sowie ein gezieltes Siedlungsprogramm für den französischsprachigen Teil Lothringens, sollten die Germanisierung des Reichslandes beschleunigen. Gleichzeitig wurde über den zukünftigen Status von E.-L. im Deutschen Reich diskutiert, wobei den Betroffenen selbst eine öffentliche Mitwirkung aufgrund der Pressezensur verwehrt blieb. Einflußreiche Stimmen vor allem in Militär und Verwaltung sprachen sich für eine Angliederung an Preußen aus, aber auch Teilungspläne zwischen Preußen, Baden und Bayern wurden diskutiert. Nur vereinzelt, vor allem von der SPD sowie Teilen des Zentrums und zunächst ohne Aussicht auf Erfolg, wurde der Ausbau der Autonomie bis hin zur Schaffung eines eigenen elsaß-lothringischen Bundesstaates gefordert.

In der Bevölkerung des Reichslandes, die in ihrer großen Mehrheit 1914 loyal zum Deutschen Reich gestanden hatte, rief diese Politik große Verbitterung hervor. Bis zum Kriegsende waren die Sympathien, die sich das Reich bis 1914 hatte erwerben können, endgültig verspielt. Daran konnten auch die hektischen Reformbestrebungen der letzten Kriegswochen, als die militärische Niederlage sichtbar wurde, nichts mehr ändern. Angesichts der Entschlossenheit Frankreichs, die deutsche Annexion für nichtig zu erklären, angesichts auch der eindeutig pro-französischen Stimmung in der elsaß-lothringischen Bevölkerung, die sich Ende Nov. 1918 in dem begeisterten Empfang der französischen Truppen manifestierte, konnte an der Rückkehr der Provinzen zu Frankreich kein Zweifel bestehen. Das Reichsland E.-L. – so bestimmte es später der Versailler Vertrag – hörte am 11. Nov. 1918 auf zu existieren.

Die Reintegration der wiederhergestellten Départements Haut-Rhin, Bas-Rhin und Moselle in die französische Republik erwies sich jedoch trotz des Anfangskredits, den die Sieger bei der Bevölkerung besaßen, als außerordentlich schwierig. In der Kirchen-, Schul- und Sozialgesetzgebung hatten sich Frankreich und E.-L. auseinanderentwickelt. Auch für die hart erkämpfte politische Autonomie, die das Reichsland seit 1911 genossen hatte, gab es im Verfassungsgefüge der Dritten Republik keinen Platz, und in »Innerfrankreich« herrschte wenig Verständnis für eine kulturelle Eigenständigkeit in den deutschsprachigen Gebieten der drei Départements. Aus diesen Ursachen entwickelte sich in den 1920er Jahren eine »malaise alsacien«, die mehrere Jahre andauernde tiefgreifende Krise in den Beziehungen zwischen dem Elsaß und Frankreich. Der Krieg stellte dabei eine schwere Hypothek dar, denn die Elsässer und Lothringer hatten ja auf der »falschen Seite« gekämpft. In den offiziellen Gedenkzeremonien konnten sie sich kaum wiederfinden. Auf der anderen Seite blieben sie vielen Franzosen als »boches« suspekt. Auch für E.-L. gilt daher, daß der Erste Weltkrieg mit dem Friedensschluß 1918 keineswegs zu Ende war. → *Grenzschlachten* → *Hartmannsweiler Kopf*

Lit.: Das Elsass von 1870-1932, Bd. 1: Politische Geschichte, hg. v. J. Rossé u. a., Colmar 1936; F. Roth, La Lorraine annexée (1870-1918), Nancy 1976.

Daniel Mollenhauer

Entente, auch Tripel-E. genannt, war eines der großen Bündnisse, welche sich Ende des 19. und Anfang des 20. Jahrhunderts in Europa gebildet hatten. – Diesen Bündnissen wird eine gewisse Verantwortung für den Ausbruch des Ersten Weltkrieges zugeschrieben, obwohl sie weit weniger stabil und systematisch waren, als später behauptet wurde.

Das von Reichkanzler Bismarck nach dem Krieg von 1870/71 geschaffene Bündnissystem hatte eine Isolierung Frankreichs in Europa zum Ziel, und hierfür mußten gute Beziehungen zu Österreich-Ungarn und Rußland aufrechterhalten werden. Doch der neue Kaiser Wilhelm II. (seit 1888) lehnte die Erneuerung eines deutsch-russischen Geheimvertrages ab. Bismarck mußte 1890 zurücktreten. Wilhelm II. war ohnehin der Überzeugung, daß Deutschland seinen Blick nicht mehr nur auf Europa, sondern auf die ganze Welt richten sollte.

Das Ende des bismarckschen Systems und eine immer stärkere Überlagerung der diplomatischen Beziehungen durch nationale Präferenzen haben zu einer Umgestaltung Europas geführt. In einem ersten Schritt, und allen Unterschieden ihrer gesellschaftlichen Systeme zum Trotz, näherten sich Frankreich und Rußland einander an. Die führenden russischen Kreise empfanden zwar wenig Affinität zum republikanischen Frankreich, doch der russische Finanzbedarf sowie die Bereitschaft Frankreichs, Abhilfe zu schaffen, beseitigten viele Hemmnisse. 1891 schlossen Frankreich und Rußland ein erstes, noch recht vages Abkommen, das 1892 durch eine Militär-Konvention ergänzt wurde; 1894 wurde das Bündnis von Zar Alexander III. ratifiziert.

Dann folgte eine eher konfuse Periode. Großbritannien, das sich bis dahin in seiner »splendid isolation« gefallen hatte, arbeitete nun auf eine kontinentale Allianz mit Deutschland hin, und auf die deutsch-französische Konfrontation folgte nach dem Faschoda-Konflikt eine heftige englisch-französische Konfrontation. Die lange Amtszeit Delcassés im französischen Außenministerium von 1898 bis 1905 hat zu der Vermutung geführt, es habe sich um eine kohärente Politik gehandelt, doch war Delcassés Politik eher den Umständen angepaßt. Er hatte sich bemüht, die substanzlos gebliebene russisch-französische Allianz zu beleben, und trotz der Widerstände in der französischen Öffentlichkeit nach den erfolglosen Kontakten zwischen England und Deutschland vor allem eine Politik der Annäherung an Großbritannien betrieben. Koloniale Reibungsflächen wurden in einem 1904 unterzeichneten Abkommen beseitigt, welches zwar nicht in eine Allianz mündete, jedoch die zwischen beiden Staaten nun entstandene »E. cordiale« symbolisierte.

In der Marokkokrise von 1905 zwischen Frankreich und Deutschland sah sich Delcassé starkem Druck durch Deutschland ausgesetzt und mußte zurücktreten. Großbritannien, das angesichts der Fortschritte Deutschlands beim Flottenbau zunehmend besorgt war, unterstützte hingegen während der Konferenz von Algeciras (1906) Frankreich mit aller Kraft. Diese Haltung hat das Bündnis zwischen Frankreich und England gefestigt und zugleich bei den Deutschen das Gefühl der »Einkreisung«, aus welcher sie sich lösen wollten, verstärkt; zweifellos wurde die »Einkreisung« nach der Konferenz von Algeciras immer konkreter: Großbritannien und Rußland, die bis dahin heftige koloniale Interessenkonflikte ausgetragen hatten, bewegten sich nun aufeinander zu. Mit Unterstützung Frankreichs wurde in einer am 31. Aug. 1907 unterzeichneten Konvention eine Lösung gefunden.

Doch der Zusammenhalt der nun entstandenen sog. Tripel-E. sollte nicht überbewertet werden: Zwischen Frankreich und Rußland bestand zwar eine Allianz, aber nicht mit England, das seine Entscheidungsfreiheit behalten wollte. Und auch zwischen Frankreich und Rußland stellte sich die Situation nicht grundlegend anders dar: Jede Seite war darauf bedacht, nicht zum Werkzeug der Interessen der anderen Seite zu werden, Rußland durch die marokkanische Frage und Frankreich durch die Balkanfrage. Dies war dann aber der Fall, als Österreich-Ungarn 1908 Bosnien und die Herzegowina annektierte. Weder Frankreich noch Großbritannien waren bereit, Rußland militärisch zu unterstützen, Rußland waren die Hände gebunden. Das Nebeneinander von Tripel-E. und Dreibund mußte, auch wenn die Allianz zwischen Österreich-Ungarn und Italien überaus fragil war, unweigerlich zu Feindseligkeiten zwischen den verschiedenen Mächten führen und war trotz allem wie geschaffen, um die Staaten in eine Richtung zu treiben, in die sie nicht unbedingt gehen wollten. Die 2. Marokkokrise von 1911 löste einen heftigen Gegensatz zwischen der französischen und der deutschen Öffentlichkeit aus und hat die französische Regierung nach der Abkühlung von 1908 veranlaßt, eine Festigung des Bündnisses mit Rußland anzustreben.

Für Raymond Poincaré, der 1912 französischer Premierminister wurde, stellte die Stabilität des französisch-russischen Verhältnisses einen wesentlichen Aspekt der internationalen Beziehungen dar, und in dieser Vorstellung blieb er gefangen. 1913 war ihm bewußt, daß der unter der Ägide russischer Diplomaten geschaffene Balkanbund dem Zweck diente, dem Osmanischen Reich die letzten europäischen Territorien zu entreißen. Der Balkanbund war also keineswegs ein Verteidigungspakt, sondern ein System der Aggression, das den europäischen Frieden gefährdete. Poincaré protestierte und redete eindringlich auf die russischen Verantwortlichen ein, doch das Risiko eines Bruches der russisch-französischen Allianz wollte er nicht eingehen.

Großbritannien hat stets auf einen gewissen Abstand geachtet – in der Julikrise von 1914 war die deutsche Regierung überzeugt, London würde nicht einschreiten, und die französische Regierung war über das britische Verhalten sehr besorgt. Aber die Existenz der Tripel-E. hat zweifellos die durch das Attentat von Sarajevo entstandene Gefahr eines internationalen Konflikts erheblich verstärkt. → *Julikrise* → *Kriegskoalitionen* → *Marokkokrise* → *Entente cordiale* → *Einkreisung*

Lit.: P. M. H. Bell, France and Britain, 1900-1940. Entente and Estrangement, London 1996; K. M. Wilson, The Policy of the Entente, Cambridge 1985.

JEAN-JAQUES BECKER (Ü: D. A.)

Entente cordiale (dt.: herzliches Einvernehmen), Vereinbarung vom 8. April 1904 zwischen Großbritannien und Frankreich, mit der eine Anzahl kolonialer Kontroversen beigelegt wurden. – Die E. bildete den Abschluß der Politik des französischen Außenministers Delcassé. Er glaubte, Frankreich durch ein Einvernehmen mit England am besten gegenüber dem Deutschen Reich abzusichern. Hierzu mußte der Antagonismus beider Mächte außerhalb Europas überwunden werden. Wie gefährlich die Interessensgegensätze eskalieren konnten, hatte ihre Konfrontation im sudanesischen Faschoda 1898 gezeigt. Während des Burenkriegs hatte sich für Großbritannien erwiesen, daß Deutschland als Allianzpartner nicht in Frage kam. Die Neuorientierung der britischen Politik nach dem Scheitern einer Option für das Deutsche Reich und das französische Sicherheitsbedürfnis bildeten die Basis gemeinsamer Verhandlungen. Wesentlichen Anteil an deren Erfolg hatten der französische Diplomat Paul Cambon und der britische Außenstaatssekretär Lord Lansdowne. Der Thronwechsel von Königin Victoria zu dem frankophilen König Edward VII., der 1903 spektakulär Paris besuchte, hatte unterstützende Wirkung.

In mehreren Konventionen grenzten die Partner ihre gegenseitigen Interessenssphären ab. Kernstück war eine Erklärung, in der Großbritannien Frankreich Handlungsfreiheit in Marokko gewährte, die es seinerseits in Ägypten erhielt. Zugleich trat London die Los-Inseln vor Französisch-Guinea ab, stimmte der französischen Kontrolle am Oberlauf des Gambia zu und korrigierte Nigerias Grenze zugunsten Frankreichs. Dafür gab Paris bestimmte exklusive Fischereirechte vor Neufundland auf. Zudem wurden Einflußzonen durch Siam gezogen, eine westliche, die Großbritannien von Burma aus beanspruchte, und eine östliche, auf die Frankreich von Indochina aus Anspruch erhob. Schließlich traf man Absprachen zur Beendigung von Siedlerrivalitäten auf den Neuen Hebriden.

Die englisch-französische Bereitschaft zur Zusammenarbeit auf kolonialem Gebiet bedeutete eine grundlegende Veränderung der internationalen Beziehungen. Die deutsche Außenpolitik war von der Annahme eines unüberbrückbaren Gegensatzes der beiden Mächte ausgegangen. Insofern stellte sich die E. als Niederlage für das Deutsche Reich dar. Ursprünglich hatte ihr zwar keine antideutsche Ausrichtung zugrundegelegen, überdies handelte es sich nicht um einen förmlichen Bündnisvertrag, doch aus dem kolonialen Ausgleich erwuchs eine Kooperation auch auf militärischem Gebiet. 1907 wurde die E. um Rußland zur Tripel-Entente erweitert. → *Kriegskoalitionen* → *Entente*

Lit.: C. Andrew, Théophile Delcassé and the Making of the Entente Cordiale. A Reappraisal of French Foreign Policy, 1898-1905, London 1968.

MARTIN KRÖGER

Enver Pascha, Ismail, * Konstantinopel 22.11.1881, † bei Baldschuan (Tadschikistan) 4.8.1922, osmanischer General und Politiker (Kriegsminister). – E. stammte aus Makedonien, sein Vater war ein kleiner Beamter. E. besuchte verschiedene Militärakademien und machte 1902 seinen Abschluß an der Generalstabsakademie in Konstantinopel. E. gehörte zu den Initiatoren des jungtürkischen Staatsstreichs im Jan. 1913. Im Jan. 1914 wurde er schließlich zum Kriegsminister ernannt. Unverzüglich nahm er weitreichende Reformen in der Armee in Angriff, indem er alte und unqualifizierte Führer aus dem Offizierskorps entfernte.

E. befürwortete den Kriegseintritt an der Seite des Deutschen Reichs und wies Admiral Souchon, den Oberbefehlshaber der osmanischen Marine, im Okt. 1914 an, die russische Flotte anzugreifen. Während des gesamten Krieges kooperierte er eng mit den Deutschen und übertrug deutschen Offizieren wichtige Stabsstellen und Truppenkommandos. Charakteristisch für seine Strategie waren die ständige Bereitschaft zum Angriff sowie sein Glaube an großangelegte pantürkische Entwürfe. Seine militärischen Ambitionen überforderten jedoch oftmals die Möglichkeiten der osmanischen Armee, am deutlichsten während seines Versuchs, die russische Armee bei Sarikamisch im Jan. 1915 einzukreisen. Dabei unterschätzte er vollkommen die Probleme, die sich daraus ergeben, wenn eine Armee im tiefsten Winter über Gebirgspässe angreift.

Als deutlich wurde, daß der Krieg unwiderruflich verloren war, traten die jungtürkischen Führer am 15. Okt. 1918 von ihren Kabinettsposten zurück. Am 2. Nov. verließen E. und andere führende jungtürkische Politiker und Militärs heimlich Konstantinopel an Bord eines deutschen Schiffs, das sie nach Odessa brachte. E. wollte ursprünglich von dort aus in den Kaukasus reisen, statt dessen ging er nach Berlin. Inzwischen wurde gegen ihn zuhause ein Kriegsgerichtsverfahren eröffnet; am 5. Juli 1919 wurde E. in Abwesenheit zum Tode verurteilt, vor allem wegen seiner Mitverantwortung für die Massaker an den Armeniern.

In Allianz mit den Bolschewiki versuchte E. eine gegen die türkische Nachkriegsregierung unter Kemal Pascha gerichtete revolutionäre Bewegung in der islamischen Welt zu gründen. Er wurde daher bolschewistischer Agent in Turkestan. Einmal dort, wechselte er jedoch die Seiten und trat der moslemischen Guerillabewegung der Basmatschi bei, die die Rote Armee bekämpfte. E. wurde in einem Gefecht mit sowjetischen Truppen an der afghanischen Grenze getötet.

ERIC N. ZÜRCHER (Ü: O. H.)

Epidemien. Der Weltkrieg wies keine der klassischen Kriegsseuchen in ihrer früheren Bedeutung mehr auf. Mit Ausnahme der großen Influenza-E. des letzten Kriegsjahres, gab es zwar eine Reihe bedeutender epidemischer Erkrankungen, die als stark gehäufte, jedoch örtlich und zeitlich begrenzte Infektionskrankheiten auf den Kriegsschauplätzen auftraten. Für das deutsche Feld- und Besatzungsheer vermitteln die folgenden Absolutzahlen zumindest einen Eindruck vom Infektionsgeschehen. Es wurden behandelt oder erkrankten zwischen 1914 und 1918 an Grippe 1,54 Mio. Soldaten, an allen Formen von Wechselfiebern (meist Malaria) 90.630, an Ruhr 63.532, an Tuberkulose 55.551, an Typhus 28.705, an Diphtherie 26.040, an Scharlach ca. 8.000, an Fleckfieber und Masern je ca. 3.000, an asiatischer Cholera ca. 2.400 und an Pocken 242. Besonders der Typhus konnte nach hohen Erkrankungszahlen in den ersten Kriegsmonaten durch konsequente Schutzimpfungen seit Okt. 1914 unter Kontrolle gebracht werden, Wechselfieber ließen sich trotz knapper werdender Ressourcen durch Chiningaben in malariabedrohten Gebieten auf einem vergleichbaren Niveau halten, Ruhr spielte allenfalls in den Sommermonaten – im Osten wesentlich stärker als im Westen – eine Rolle, zu regelrechten E. kam es jedoch nicht.

Zu den gefürchtetsten Infektionskrankheiten gehörte zweifellos Typhus exanthematicus (Fleckfieber), der in den ost- und südosteuropäischen Kampf- und Besatzungsgebieten, beim deutschen Feld- und Besatzungsheer aber auch in russischen Truppenteilen und bei Kriegsgefangenen beider Seiten auftrat. Fleckfieber, verursacht durch den Erreger Rickettsia prowazeki, der durch Läuse von Mensch zu Mensch übertragen wird, weist unbehandelt eine hohe Sterblichkeit auf. Bei Kriegsbeginn war die Epidemiologie der Krankheit bereits bekannt. Die Erkrankungszahlen im deutschen Heer stiegen stetig. 1914/15 waren es bei der Truppe und in den Lazaretten zusammen 929, 1915/16 schon 1.262, im nächsten Berichtszeitraum 2.633 und 1917/18 schließlich 3.900. Von den insgesamt 5.982 in Lazarette aufgenommenen Fieberkranken, starben 1.345 (22,5 %). Die Fleckfiebersterblichkeit aller Behandelten in Feld- und Besatzungsheer belief sich in den vier Kriegsjahren auf 14,8 % (1914/15 und 1915/16), 24,7 % (1916/17) und 20,7 % (1917/18). Dramatischer war die Situation in den Kriegsgefangenenlagern. Genaue Zahlen sind bislang aber nur aus den deutschen Kriegsgefangenenlagern bekannt. So erkrankten in der Frühjahrs-E. 1915 in den elf am meisten betroffenen mitteldeutschen Kriegsgefangenenlagern von insgesamt 127.700 russischen Gefangenen 44.185 (34,6 %), 3.650 starben. Eine besonders schwere E. brach im Jan. 1917 in Rumänien aus. Zwischen März und Juni 1917 starben im Lager Rimnicul Sarat insgesamt 1.559 Gefangene, davon sicher 325 an Fleckfieber; im Lager Buzau erkrankten 1.500 Kriegsgefangene, 1.000 verstarben. Das Kaiserreich selbst blieb durch massive Entlausungsmaßnahmen in den besetzten Gebieten und an der Ostgrenze von einer Ausbreitung des Fleckfiebers verschont. Im Reichsgesundheitsamt wurden zwischen 1914 und 1918 nur 1.279 Fleckfieberfälle registriert. Im Zusammenhang mit der Fleckfieber-E. war antisemitisches Gedankengut in den besetzten russischen Territorien bei deutschen Ärzten verbreitet, waren diese doch der Ansicht, Hauptträgergruppe der Krankheit seien die jüdischen Bevölkerungsgruppen.

Eine Infektionskrankheit, deren Erforschung durch den Krieg erforderlich wurde, war der durch Spirochäten verursachte Infektiöse Ikterus. Die Ursache der von A. Weil 1886 beschriebenen Infektionskrankheit (Weilsche Krankheit) konnten P. Uhlenhuth und W. Fromme im Okt. 1915 im Operationsgebiet der 7. Armee in Nordfrankreich klären. Ferner gelang es, den Übertragungsweg des Erregers über die Ratte (Kot, Urin, Biß) auf den Menschen nachzuweisen und ein Heilserum zu entwickeln. Bei der Weilschen Krankheit handelte es sich um eine typische Grabenkrankheit in feuchten oder sumpfigen Gebieten. Das Auftreten der Krankheit wurde im Sommer 1915 zuerst an der Westfront beobachtet und zwar besonders im Stellungskriegsgebiet an der Aisne und Maas, wo in Höhlen und Stollen »die Mannschaften dauernd mit den Ratten in innigster Berührung lebten, wo diese Tiere [...] in dem aufgewühlten Boden einen besonders günstigen Unterschlupf und an den Lebensmitteln der lebenden und gefallenen Soldaten« – und wohl auch an den gefallenen Soldaten selbst – »willkommene Nahrung fanden«. Von größerer numerischer Bedeutung war die Krankheit nicht; insgesamt erkrankten an ihr 1916/17 nur 905 Soldaten.

Mit Ausnahme von Typhus ist kaum einer anderen Infektionserkrankung während des Weltkrieges nach anfänglich hohen Erkrankungszahlen so gründlich durch Serumgaben vorgebeugt worden wie dem gefürchteten Wundstarrkrampf. Bei kaum einer anderen Erkrankung war aber auch die Erkenntnislage bereits vor Kriegsbeginn so umfassend wie bei der durch Emil von Behring entwickelten Serumtherapie und Prophylaxe dieser schwerwiegenden Wundkomplikation. Den soliden experimentell-therapeutischen Grundlagen folgten jedoch, trotz vorsichtiger Einsatzversuche beim deutschen Expeditionskorps in Ostasien 1900/01, keine klinischen Erfahrungen in breitem Umfang. In der Heeressanitätsausrüstung wurde Serum antitetanicum nur im Güterdepot der Sammelstationen mit 800 Flaschen zu 20 Einheiten vorgesehen. Bereits in den ersten Kriegsmonaten zeigte sich, daß diese Zurückhaltung besonders auf dem westlichen Kriegsschauplatz zu hohen Verlusten mit Todesziffern um 70 % führte. Von Aug. bis Dez. 1914 erkrankten von 431.726 verwundeten deutschen Soldaten 1.656 an Wundstarrkrampf. Dieses Verhältnis entsprach etwa dem des Deutsch-Französischen Krieges 1870/71. Bereits am 5. Sept. ordnete O. von Schjerning, der Generalarzt des deutschen Heeres, eine vermehrte Beschaffung und Anwendung von Tetanusantitoxin und die Verteilung des Serums bis hin in die Feldlazarette und Sanitätskompanien an. Tatsächlich erwies sich in wiederholten Versuchen eine Dosierung von 0,20 Einheiten zur Vorbeugung als ausreichend. Erst Ende März 1915 gelang es, die sich daraus ergebenden Versorgungsprobleme annähernd zu bewältigen. Seit April 1915 konnte auch die prinzipielle Verabreichung angeordnet werden. Tatsächlich fielen die Erkrankungszahlen danach dramatisch. Während sich bei Fleckfieber, Morbus Weil und auch bei der Gasödemforschung Prophylaxeerfolge erst gegen Kriegsende abzeichneten, waren die Impferfolge beim Wundstarrkrampf durchschlagend. Prophylaktische Serumeinspritzungen dürften spätestens seit Spätsommer 1916 in millionenfacher Höhe vorgenommen worden sein. Während die Lazarettzugangszahlen im deutschen Heer für Tetanuserkrankungen im ersten Kriegsjahr noch bei 2.247 lagen, waren es in den folgenden Kriegsjahren signifikant weniger Fälle (1915/16: 405; 1916/17: 440; 1917/18: 508).

Hilflos standen deutsche Hygieniker und Bakteriologen hingegen der wohl größten Pandemie des 20. Jahrhunderts, der sog. Spanischen Influenza, im Sommer 1918 gegenüber. Weltweit starben wesentlich mehr Menschen an der Grippe als an den Kriegsfolgen. Von Aug. 1917 bis Juli 1918 erkrankten allein in den deutschen Armeen 708.306 Soldaten. Besonders auf den amerikanischen Truppentransportern nach Europa wütete die Grippe wild und forderte letztlich an die 30.000 Opfer. Weltweit wird die Zahl der Grippeopfer bis Ende 1918 inzwischen auf weit mehr als 35 Mio. geschätzt. → *Sanitätswesen*

Lit.: Die Medizin und der Erste Weltkrieg, hg. v. W. U. Eckart/C. Gradmann, Pfaffenweiler 1996; G. Kolata, Influenza. Die Jagd nach dem Virus, Frankfurt a. M. 2001.

WOLFGANG U. ECKART

Ernährung. Die E. sowohl der Zivilbevölkerung als auch der Streitkräfte zählt in jedem Krieg zu den wichtigsten Faktoren der Kriegführung. Das gilt insbesondere für den Ersten Weltkrieg, in dem die E. von Millionen Menschen sicherzustellen war, und dies angesichts von gegenseitigen Blockaden, die die Handelsrouten stark gefährdeten.

In allen kriegführenden Ländern sowie in den besetzten Gebieten kam es im Verlauf des Krieges zu einer Verschlechterung der E.lage. Daher mußten die Regierungen ihre ernährungspolitischen Konzeptionen wiederholt revidieren und modifizieren. Alle beteiligten Staaten waren unvorbereitet in einen Krieg eingetreten, dessen Dauer völlig unterschätzt wurde.

Länder wie Großbritannien hatten ihre E. vor dem Krieg vor allem aus Importen aus Übersee bezogen. Die Regierung und Experten waren sicher, daß auch im Falle eines Krieges die britische Flotte die Sicherheit der Handelsrouten gewährleisten könne. Im Deutschen Reich war dagegen schon seit Jahrzehnten eine protektionistische Politik betrieben worden; diese hatte einen Anstieg der Binnenproduktion zur Folge. Allerdings mußte das Reich vor 1914 ca. 30 % seines Nahrungsmittelbedarfs importieren, vor allem Futtermittel und tierische Fette. Auch Österreich-Ungarn betrieb eine protektionistische Politik, die auf dem Grundsatz des Ausgleichs zwischen Ungarn, das einen agrarischen Überschuß erzeugte, und Österreich beruhte. Länder wie Frankreich und Italien produzierten und exportierten bedeutende Mengen an Lebensmitteln, waren in wichtigen Sektoren aber auf Importe angewiesen (z. B. Italien beim Getreide). Keines der kriegführenden Länder entwickelte vor 1914 eine an den neuen Erfordernissen orientierte E.politik; in allen Fällen mußten sich die Regierungen so rasch wie möglich an die Kriegssituation anpassen.

Das Deutsche Reich war stark von Lebensmittelimporten aus dem Ausland abhängig. Diese Situation, in der die Produzenten gegenüber den Verbrauchern eine starke Stellung einnahmen, verunsicherte und schwächte die Regierungspolitik. Die Regierung beabsichtigte zunächst in den einzelnen Sektoren Höchstpreise einzuführen, um so die Spekulation kontrollieren zu können. Dies geschah aber völlig unkoordiniert und hatte zur Folge, daß sich die Produzenten jeweils dem Sektor zuwandten, in dem die Preisgestaltung für sie am günstigsten ausfiel. Erst am 22. Mai 1916 wurde ein eigenes Kriegsernährungsamt eingerichtet. Es sollte Höchstpreise und Ablieferungsvorschriften für die wichtigsten Lebensmittel und für landwirtschaftliche Rohstoffe einführen. Nach seinem Programm sollte das von Freiherr von Batocki-Friebe geleitete Amt eine »erzeugerfreundliche, behutsame Produktionspolitik« betreiben und endlich den (vor allem von den Konsumenten) lange ersehnten »Lebensmitteldiktator« verkörpern. Es war aber nicht in der Lage, die wirklichen Produktionsprobleme zu lösen: das Fehlen hunderttausender junger Arbeitskräfte, den Verlust eines Großteils der Zugpferde sowie die Unzulänglichkeit in der Lieferung von chemischen Düngemitteln und Maschinen. Auch die »Produzentenmoral« war derart tief gesunken, daß die Landwirte mehrheitlich den staatlichen Verordnungen und Verboten (z. B. Verbot der Verfütterung von Brotgetreide) nicht mehr Folge leisteten.

Ungeachtet der tatsächlichen Ursachen der Produktionskrise kritisierten die Landwirte die Politik Batocki-Friebes und beschuldigten ihn, eine »kalte Sozialisierung« betreiben zu wollen. Auf der anderen Seite setzten sich die Gewerkschaften und die Sozialdemokraten für eine Sozialisierung der Kosten sowie eine Rationalisierung und Lenkung der Verbraucherpreise zugunsten der armen Bevölkerung ein. Ergebnis dieser unzulänglichen und unkoordinierten E.politik war das Schrumpfen der Agrarproduktion in allen Sektoren um etwa 20 bis 25 %. Das hatte schwerwiegende Folgen für den Lebensmittelverbrauch der Zivilbevölkerung.

Die Reichsregierung versuchte der Situation Herr zu werden, indem sie einerseits Rationierungen anordnete, andererseits auf eine zunehmende Ausbeutung der Ressourcen in den besetzten Territorien im Osten setzte; letzteres gelang aber nur in sehr begrenztem Ausmaß, da die Landwirtschaft dort im allgemeinen schlecht organisiert war. Rumänien, ein bedeutender Getreideexporteur, wandte sich gegen einseitige Lieferungen an Österreich-Ungarn und das Deutsche Reich. Auch die Erwartungen, die man an eine Neuordnung Westrußlands nach dem Frieden von Brest-Litowsk knüpfte, schlugen weitgehend fehl. Selbst die Ukraine war im Sommer 1918 nicht in der Lage, mehr als 400.000 t Getreide zu liefern.

Batocki-Friebes Kriegsernährungsamt gelang es nicht, die Konkurrenz zwischen den

Deutsche Postkarte. 1916/17

verschiedenen zivilen und militärischen Stellen zu beseitigen, die sich um direkte Einkäufe von Lebensmitteln auf dem Markt bemühten. Die Militärbehörden behielten bis zum Ende des Kriegs ihre absolute Hoheit in diesem Bereich; die zahlreichen Industrieunternehmen und Kommunalbehörden wandten sich wiederum direkt an die Erzeuger, oftmals ohne die ergangenen Verordnungen über Höchstpreise zu berücksichtigen.

In Österreich-Ungarn verschärfte sich im Laufe des unerwartet langen und harten Krieges die Rivalität zwischen dem österreichischen und dem ungarischen Teil. An die Stelle des Ausgleichs trat ein bitterer Egoismus. Der ungarische Teil erwirtschaftete einen Überschuß und weigerte sich im Laufe des Kriegs immer konsequenter, die vereinbarten Vorräte zu stellen. 1916 lieferte Budapest an Wien nur 100.000 t Weizen – vor dem Krieg hatte das Kontingent bei mehr als 2 Mio. t gelegen. Die Budapester Regierung rechtfertigte diese Politik, indem sie die unterdurchschnittlichen Ergebnisse der Kriegsernten 1915 und 1916 hervorhob. Beide Regierungen folgten einer E.politik, die dem deutschen Modell sehr ähnlich war: die unkoordinierte Festsetzung von Höchstpreisen (die in Ungarn weitaus höher lagen), die Rationierung von einigen Haupterzeugnissen sowie Einkäufe staatlicher und ziviler Stellen auf dem freien Markt, um die Zivilbevölkerung und vor allem das Militär zu beliefern.

Auf der Basis der engen Beziehungen mit den Kolonien und den Commonwealth-Staaten sowie der Stärke seiner Hochseeflotte, betrieb Großbritannien anfänglich eine E.politik, die auf einer liberalen Wirtschaftstradition gründete. Bis Ende 1916 blieb die Lage der Lebensmittelversorgung im allgemeinen stabil. Trotz der deutschen Blockade vermochte man die Lieferungen aus Übersee, die etwa 60 % des Binnenbedarfs ausmachten, aufrechtzuerhalten. Auch die heimische Agrarproduktion erlebte keine bedeutenden Schwankungen. Die Konsumenten litten jedoch unter einer ständigen Erhöhung der Preise. Im Juni 1916 war der Generalindex der Lebensmittelpreise um 61 % gegenüber Aug. 1914 gestiegen, wobei die Löhne im gleichen Zeitraum nur um 15 bis 20 % stiegen.

Wegen der schlechten Ernte berief die Regierung im Okt. 1916 eine Royal Commission on Wheat Supplies (Königliche Kommission für Getreideversorgung), die aber nur die Importe regulieren sollte. Mit der Umgestaltung der von Lloyd George geleiteten Regierung, entschied man sich im Dez. für eine zentral gelenkte Politik, die zugleich die Importe, die Produktion und die Verteilung der Lebensmittel regeln sollte. Zu diesem Zweck wurde ein eigenes Ministerium gegründet. Um den zunehmenden Rückgang der Agrarimporte – infolge des uneingeschränkten deutschen U-Boot-Kriegs – aufzufangen (im Jahr 1918 waren sie auf ein Drittel des Vorkriegsstandes gesunken), wurde auch eine massive Umwandlung des Weidelands in Ackerland betrieben; insgesamt etwa 3 Mio. Hektar wurden 1918 wieder als Ackerland genutzt. Im letzten Kriegsjahr stieg die Produktion von Kartoffeln und Fleisch in Großbritannien um rund 40 % über den Vorkriegsstand (im Durchschnitt der Jahre 1904-1913).

Die britische Regierung weigerte sich zudem, Rationierungsmaßnahmen zwangsweise festzulegen. Statt dessen wurden Rationierungs-Richtlinien eingeführt, die man den Verbrauchern durch gezielte Informationen nahezubringen suchte. Beabsichtigt war, den Verbrauch von Getreide (das man importieren mußte) allmählich durch Fleischprodukte zu ersetzen. Dies wiederum warf für die unteren sozialen Schichten erhebliche Probleme auf, da Fleisch für sie viel zu teuer war. Die Schwierigkeit, ein auf dem Entgegenkommen der Verbraucher basierendes Rationierungssystem in Gang zu halten, zwang die Regierung im Sommer 1917, eine Reihe von Höchstpreisen für die wichtigsten Lebensmittel einzuführen. Jeder Verkäufer war berechtigt, bestimmte Rationen nur an jene Kunden zu verkaufen, die bei ihm registriert waren. Das System wurde allmählich auf alle wichtigen Lebensmittel ausgedehnt, bis man im Juli 1918 ein sog. ration book für alle Verbraucher und alle Lebensmittel einführte.

In Frankreich ging die einheimische Produktion mit Kriegsbeginn stark zurück. Ursachen dafür waren die feindliche Besetzung eines bedeutenden Teils der nordöstlichen Ackerbaufläche sowie die Engpässe in der Beschaffung von Produktionsmitteln (Arbeitskräfte, Düngemittel, Landmaschinen, Zugvieh). Die Getreideernte sank um 40 % gegenüber den Vorkriegsjahren. Noch stärker betroffen war der Zuckerrübenanbau, der gerade im Nordosten konzentriert war. Die Pariser Regierung war deswegen auf den Import von Lebensmitteln aus Übersee angewiesen. Aufgrund des interalliierten Abkommens bekam Frankreich jeden Monat von den USA und Kanada 639.000 t Lebensmittel geliefert, von denen mehr als ein Drittel die Lieferung von Getreide umfaßte. Trotzdem sank die Beschaffung von Lebensmitteln vor allem für die Zivilbevölkerung, während zugleich die Verbraucherpreise anstiegen. Ab April 1916 wurden Höchstpreise festgesetzt, die im Laufe der Zeit an den Produktionspreis angepaßt werden sollten. So stieg der staatlich festgelegte Höchstpreis für Brotgetreide (vor dem Krieg um 23-25 Francs pro Doppelzentner) bereits 1915 auf 30 Francs und bis 1918 auf 75 Francs. Nur Zucker und Brotmehl unterlagen einer Rationierung.

Der lange und wirtschaftlich anstrengende Krieg wirkte sich vor allem auf diejenigen Länder aus, die einen schlecht funktionierenden Staatsapparat besaßen, wie etwa Rußland. Die Unfähigkeit des Staates, dem Militär und der arbeitenden Stadtbevölkerung eine ausreichende E. zu sichern, war bekanntlich eines der Hauptmotive für den Ausbruch der Revolution im März 1917. Im Bereich der E. war das Land auf einen Krieg völlig unvorbereitet. Immerhin gelang es der Regierung im ersten Kriegsjahr, das Heer mit ausreichenden Lebensmitteln zu versorgen, indem die Militärbehörden auf dem freien Markt so viel Getreideankäufe wie nur möglich tätigten (fast die Hälfte der vermarkteten Menge). Die Zivilbevölkerung war dagegen gezwungen, den Rest zu steigenden Preisen einzukaufen. Dieser Zwiespalt wurde noch verstärkt durch die Bereitschaft der Behörden, den Herstellern höhere Preise zu zahlen als dies die privaten Verbraucher tun konnten. Ferner entstand eine gefährliche Spannung zwischen den Verkaufspreisen (die auf lokaler Ebene festgelegt wurden) und den Großhandelspreisen, die keiner Höchstgrenze unterstanden. Hinzu kamen Engpässe im Transportsystem (Kanalschiffahrt und Eisenbahnen), die die Verteilung der Lebensmittel noch erschwerten.

Während der gesamten Kriegszeit diskutierte man innerhalb der Regierung darüber, welche E.politik am ehesten in der Lage war, diese Probleme und Widersprüche zu lösen, ohne sich jedoch einigen zu können. Im Febr. 1916 entschloß sich die russische Regierung, Höchstpreise auch für den Großhandel einzuführen, und erreichte damit nur weitere Unstimmigkeiten. Die Großproduzenten und -händler konnten ihre Interessen gegenüber denen der Verbraucher weiterhin behaupten. Durch diese Ungleichheiten und die zunehmende Spekulation machte sich der Staat weiter unglaubwürdig.

Mit einem Anfang 1917 vorgeschlagenen Gesamtplan versuchte die Regierung eine genaue und ausgewogene Verteilung der Zwangslieferungen für jede einzelne Region mit entsprechenden Höchstpreisen zu erreichen. Es war der erste Versuch des Staates, durch eine Neuorganisation der E. die wachsenden Schwierigkeiten und die sich verschärfenden sozialen Gegensätze zu meistern. Der Plan kam aber zu spät, in wenigen Wochen sollte die soziale Revolution das Zarenreich endgültig zerstören.

Auch die italienische Regierung ließ anfänglich zu, daß der Lebensmittelmarkt von seinen üblichen, auf dem freien Markt beruhenden Regeln bestimmt wurde. Angesichts einer steigenden Tendenz der Verbraucherpreise sah sich die Regierung jedoch gezwungen, ab März 1916 eine Reihe von Höchstpreisen für die wichtigsten Agrarprodukte einzuführen. In den darauffolgenden Monaten wurde die staatliche Intervention noch vertieft, indem die Behörden Zuständigkeiten erhielten, um direkt in die Produktion einzugreifen. Die einheimische Produktion, vor allem von Getreide, blieb unzureichend, so daß der Regierung nur der Ausweg blieb, die Einfuhr von Lieferungen aus Übersee zu erhöhen. Um diese Einfuhren zu realisieren, war Italien andererseits auf englische Kredite angewiesen.

Im Sommer 1917, und unter dem Eindruck einer besonders schlechten Ernte, sah sich die Regierung gezwungen, ein allgemeines Lebensmittelkartensystem einzuführen. Diese Neuerung erzeugte allgemeines Unbehagen und Proteste unter den ärmeren sozialen Schichten. Der soziale Protest kulminierte im Aug. 1917 in öffentlichen Unruhen in Turin, einer der wichtigsten Industriestädte. Vor allem die Frauen nahmen an den Straßenprotesten teil, die durch die fehlende Lieferung von Brotmehl ausgelöst worden waren. Aus dem sozialen Protest entwickelte sich rasch ein politischer, in dem Forderungen laut wurden, daß Italien unbedingt aus dem Krieg austreten solle. Polizei und Heer unterdrückten die bald offene Revolte mit härtesten Mitteln: man zählte insgesamt 50 Tote.

Ende Okt. 1917, nach der Niederlage von Caporetto (Karfreit), die die gesamte militärische Lage Italiens zu gefährden schien, ordnete die Regierung neue, weitreichende Maßnahmen zur E.politik an. Kommissar für die Lebensmittellieferungen wurde Silvio Crespi, der aus einer prominenten Unternehmerfamilie der Lombardei stammte. Crespi veranlaßte im April 1918 ein dichtes Netz von Kontrollen über Produktion und Verteilung der wichtigsten Lebensmittel. Auf diese Weise gelang es, die Schwankungen des freien Marktes besser zu kontrollieren und deren Rückwirkungen aufzufangen, d. h. die Spekulation in Grenzen zu halten. Zugleich begann eine wirksame Propagandaaktion, um Spekulanten und Schwarzhändler als Anti-Patrioten bloßzustellen. Im Mai 1918 wurde das Kommissariat sogar in ein eigenes Ministerium umgewandelt. Bis zum Ende des Kriegs blieb der Lebensmittelmarkt in Italien fortan von gravierenden Unruhen verschont, und die soziale Lage verbesserte sich zusehends. Dieses positive Ergebnis wurde nicht zuletzt auch durch verstärkte Lieferungen von Lebensmitteln aus den USA ermöglicht.

Noch schlimmer als in den kriegführenden Ländern gestaltete sich die E.lage in den besetzten Gebieten, sowohl im Westen (Belgien, Nordfrankreich) als auch im Osten (Polen) sowie im Nordosten Italiens im letzten Kriegsjahr. Überall betrieben die Besatzungsmächte eine Politik, die sich in erster Linie um die Verpflegung der stationierten Truppen kümmerte; dies führte zu einer dramatischen Verschlechterung der E.lage der heimischen Zivilbevölkerung.

Der Weltkrieg hatte schwerwiegende Folgen für die E. in ganz Europa. Die zum größten Teil widerwillig eingeführten und von der Bevölkerung teilweise erheblich kritisierten staatlichen Interventionsmaßnahmen wurden nach Ende des Kriegs rasch abgesetzt, blieben aber ein warnendes Beispiel sowohl für die Agrarkrisen der späten 20er Jahre wie auch für jene im Verlauf des Zweiten Weltkriegs. Auch der internationale Agrarmarkt erlitt infolge des Krieges tiefgehende Erschütterungen. 1919 produzierten die Länder Kontinentaleuropas (das revolutionäre Rußland nicht berücksichtigt) insgesamt ein Drittel weniger Getreide als vor dem Krieg. Ein ähnlicher Rückgang um 20 % kann für die Viehwirtschaft geschätzt werden. Dagegen stieg die Getreideproduktion der beiden großen nordamerikanischen Produzenten USA und Kanada von rund 120 Mio. t in den unmittelbaren Vorkriegsjahren auf 133 Mio. im Jahre 1918 – eine Tendenz, die auch nach dem Ende des Kriegs anhielt. → *Kriegsernährungsamt* → *Rationierung*

Lit.: A. Roerkohl, Hungerblockade und Heimatfront. Die kommunale Lebensmittelversorgung in Westfalen während des Ersten Weltkriegs, Stuttgart 1991; Capital Cities at War. Paris, London, Berlin 1914-1919, hg. v. J. Winter/J.-L. Robert, Cambridge 1997.

GUSTAVO CORNI

Erzberger, Matthias, * Buttenhausen (heute zu Münsingen) 20.9.1875, † (ermordet) bei Bad Griesbach (heute Bad Peterstal-Griesbach) 26.8.1921, deutscher Politiker. – Seit 1903 war E. als Zentrums-Abgeordneter Mitglied des Reichstags. Durch den süddeutschen Katholizismus geprägt, setzte er sich vor dem Weltkrieg für grundlegende Reformen des Staates ein; eine Kooperation mit der Sozialdemokratie lehnte er entschieden ab. Nach Kriegsausbruch organisierte E. aufgrund seiner guten Beziehungen (unter anderem zur römischen Kurie) im Auftrag Bethmann Hollwegs die deutsche katholische Propaganda im Ausland und übernahm einige diplomatische Missionen. Sein Bemühen, zusammen mit Fürst Bernhard von Bülow, Italien 1915 vom Kriegseintritt auf seiten der Alliierten abzuhalten, blieb erfolglos. Zu Kriegsbeginn noch von nationaler Begeisterung fortgerissen und Befürworter von Annexionen, änderte E. seine Haltung während des Krieges deutlich, lehnte den uneingeschränkten U-Boot-Krieg ab und wurde zu einem kompromißlosen Verfechter eines Verständigungsfriedens.

1917 griff er die irreführende Informationspolitik der Marineführung scharf an; er beteiligte sich am Sturz Bethmann Hollwegs, konnte jedoch nicht verhindern, daß Ludendorff weiter an Einfluß gewann. Die von ihm mitinitiierte Friedensresolution des Reichstags blieb wirkungslos. E.s Einflußmöglichkeiten wurden immer geringer. In der Debatte über den Friedensvertrag von Brest-Litowsk setzte er sich für das Selbstbestimmungsrecht der Völker im Osten ein. Seit Okt. 1918 Staatssekretär unter Max von Baden, wurde er Mitglied der Waffenstillstandskommission und unterzeichnete am 11. Nov. 1918 in Compiègne den Waffenstillstand. Als Befürworter einer Annahme des Versailler Vertrages rückte der Minister ohne Geschäftsbereich in scharfen Gegensatz zu Außenminister Ulrich Graf von Brockdorff-Rantzau und der sog. nationalen Rechten. E. war überzeugt, daß ohne diesen Vertrag die Reichseinheit in Gefahr sei. Im neuen Kabinett Bauer (Juni 1919 bis März 1920) wurde E. Vizekanzler und Finanzminister. Mit der Einführung einer reichseigenen Steuerverwaltung gelang ihm die völlige Neuordnung und Stärkung der Finanzhoheit des Reiches. Die Inflation und die Reparationsforderungen der Alliierten verhinderten allerdings eine solide Finanzwirtschaft. Durch seine nach ihm benannte Finanzreform geriet er noch weiter in Gegensatz zur Rechten und war 1920 nicht länger als Finanzminister zu halten. Die Vorwürfe der Vermengung politischer und privater Interessen, die gegen ihn erhoben wurden, ließen sich jedoch nicht erhärten. Im Juni 1920 wieder in den Reichstag gewählt, wurde E. im Aug. von zwei ehemaligen Marineoffizieren ermordet. Mit E., der von der politischen Rechten der »Erfüllungspolitik« beschuldigt wurde, sollte einer der wichtigsten Politiker der Weimarer Republik getroffen werden.

Lit.: M. Epstein, Matthias Erzberger und das Dilemma der deutschen Demokratie, Berlin 1962.

ROLAND HAIDL

Etappe, ursprünglicher Begriff für den Stapelplatz militärischer Güter hinter der Front, der sich vom französischen Wort »étape« ableitet. – Bedingt durch die gesteigerten Versorgungsbedürfnisse moderner Massenheere entwickelte sich daraus die Verbindungszone zwischen kämpfender Truppe und Heimat. Sie war nach vorn abgegrenzt vom Operationsgebiet des Feldheeres und ging in ihrem rückwärtigen Teil in die unmittelbar angrenzenden Heimatgebiete bzw. die besetzten Gebiete über, die unter Militärverwaltung standen. Über die E. lief die Zuführung des personellen und materiellen Nachschubs, die Nutzung von Hilfsmitteln und Vorräten aus besetzten Gebieten und der Abtransport von allem, was das Feldheer in seiner Verwendungs- und Bewegungsfähigkeit behinderte. Die Ententestaaten, auf deren Territorien sich die Kampfhandlungen größtenteils abspielten, konnten sich dafür weitgehend auf die Verwaltungs- und Versorgungseinrichtungen im eigenen Lande stützen. Die Mittelmächte mußten hingegen eine auf gegnerisches Gebiet vorgeschobene E.organisation aufbauen und unterhalten. Diese basierte meist auf nicht voll kriegsverwendungsfähigen Soldaten des Landsturms, geführt durch den Generalquartiermeister im Großen Hauptquartier und gegliedert in E.inspektionen der Armeen und E.kommandanturen. Neben dem Zu- und Abschub von Truppen und Gütern bestand ihre Hauptaufgabe in der Sicherung der Verbindungswege und -mittel sowie in der Verwaltung der besetzten Gebiete. Extrem unterschiedliche Einsatzbedingungen schufen im Laufe des Krieges eine tiefe psychologische Entfremdung zwischen Front und E.

BRUNO THOSS

Etappenhelferinnen, Bezeichnung für Frauen, die als Schreibkräfte oder Küchenpersonal im Etappen- und Besatzungsgebiet eingesetzt wurden, um so Soldaten für den Frontdienst freizumachen. – In den deutschen Armeen arbeiteten von April 1917 bis Nov. 1918 mehr als 20.000 E., zum größten Teil im Bereich der Westfront. Auch in den Armeen Großbritanniens (ca. 10.000), Österreich-Ungarns (ca. 36.000) und der USA (ca. 6.000) wurden ab 1917 E. im Felde eingestellt. Der Militarisierungsgrad der E.-Dienste unterschied sich ganz erheblich: Während die E. in den britischen und amerikanischen Streitkräften uniformiert waren und in den meisten Fällen eine quasi-militärische Ausbildung genossen hatten, wurden die deutschen und österreichisch-ungarischen E. ohne Uniform und vorhergehende militärische Einweisung an die Front und in die Etappe geschickt. Allen gemeinsam aber war der Status als Zivilistin und damit Nicht-Kombattantin.

In Deutschland waren fast ausschließlich Mitglieder der bürgerlichen Frauenbewegung mit der Organisation des E.-Dienstes betraut. Koordiniert wurde der Einsatz von den bekannten Funktionärinnen der Frauenbewegung Marie Elisabeth Lüders und Agnes von Harnack. Auch für die Mobilisierung vor Ort, d. h. für die Zusammenarbeit zwischen dem Bund Deutscher Frauenvereine und den lokalen Kriegsamtsstellen bei den Stellvertretenden Generalkommandos zeichneten führende Mitglieder der Frauenvereine verantwortlich.

Die deutschen und amerikanischen E. kamen überwiegend aus dem unteren Mittelstand, hingegen stammte in Großbritannien die Mehrzahl der E. aus der Arbeiterschicht. Mit Ausnahme der USA genossen die E. in allen Armeen einen eher zweifelhaften Ruf. Obwohl ihre eigentliche Arbeit – Bürodienst und Küchenarbeit – keineswegs »unweiblich« war, kritisierten die Medien wie auch die Öffentlichkeit ihren Vorstoß in die militärische Sphäre hinter der Front als Angriff auf die Geschlechterordnung. Die zwangsläufig enge Zusammenarbeit von Frauen, insbesondere auch der unteren Bevölkerungsschichten, mit den Soldaten rief häufig negative Assoziationen hervor, welche die Moral der E. insgesamt in Frage stellten. Im Gegensatz zu den britischen und amerikanischen E. blieben die deutschen E. von der kollektiven Kriegserinnerung nach 1918 weitgehend ausgeschlossen, und ihr Einsatz geriet somit rasch in Vergessenheit.

Lit.: B. Schönberger, Mütterliche Heldinnen und abenteuerlustige Mädchen. Rotkreuz-Schwestern und Etappenhelferinnen im Ersten Weltkrieg, in: Heimat-Front. Militär und Geschlechterverhältnisse im Zeitalter der Weltkriege, hg. v. K. Hagemann/S. Schüler-Springorum, Frankfurt a. M. u. a. 2002, S. 108-127.

BIANCA SCHÖNBERGER

Eugen, * Groß-Seelowitz (Mähren) 21.5.1863, † Meran 30.12.1954, Erzherzog von Österreich und österreichisch-ungarischer Generalfeldmarschall. – E. war der Sohn von Erzherzog Karl Ferdinand und Erzherzogin Elisabeth und der Bruder des Armeeoberkommandanten Erzherzog Friedrich. Nach der Ausbildung im Tiroler Kaiserjäger-Regiment und im Generalstab reüssierte er als Kommandierender u. a. des 13. Infanterieregiments. 1900 folgte die Ernennung zum Kommandierenden General des XIV. Korps in Innsbruck, 1908 wurde er Landesverteidigungskommandant von Tirol. Im Dez. 1914 übernahm E. als Nachfolger des glücklosen Generals Oskar Potiorek das Kommando über die Balkanstreitkräfte, wurde aber nach der Kriegserklärung Italiens Oberbefehlshaber der gesamten Südwestfront. E., der in Österreich bis zu seinem späten Tod der populärste kaiserliche Prinz bleiben sollte, wurde dabei die Last der strategischen Entscheidungen von seinem überaus fähigen Generalstabschef Alfred Krauss abgenommen. Für die Südtirol-Offensive im Mai 1916 übernahm er die nach ihm benannte Heeresgruppe und erzielte einen beachtlichen, doch nicht den erhofften entscheidenden Erfolg. Am 23. Nov. 1916 zum Feldmarschall befördert, wurde der Erzherzog im März 1917 wieder Oberbefehlshaber der Südwestfront. Nach der Auflösung dieses Kommandos schied E. am 11. Jan. 1918 aus dem aktiven Dienst aus und galt fortan als der einzige ungeschlagene österreichisch-ungarische Feldherr des Weltkriegs.

RUDOLF JERABÉK

Expressionismus, in Deutschland vor dem Ersten Weltkrieg in Literatur und Kunst (mit den Künstlergruppierungen Die Brücke und Der Blaue Reiter) vorherrschende Richtung der Moderne. – Obwohl die deutschen Expressionisten ihr künstlerisches Selbstverständnis vor 1914 in kritischem Widerspruch zur wilhelminischen Gesellschaft formuliert hatten, begrüßten sie mehrheitlich den Ausbruch des Weltkrieges. Sie teilten die vielerorts anzutreffende »Augustbegeisterung« und erhofften sich vom Krieg, daß er den »Stall des Augias, das alte Europa« (Franz Marc) reinigen werde. Der Krieg erschien ihnen – unabhängig von politischen und ökonomischen Interessen – als »heiliger Krieg«, als schicksalhafter Durchgang und Übergang zu einer neuen Zeit. Mit einer Mischung aus Faszination und Grauen beschworen die Expressionisten in ihren gemalten Kriegsvisionen den Krieg als »Weltengewitter« und »Weltbrand«, als Apokalypse und Revolution, als ein höchst ambivalentes Ereignis, dem man gleichwohl die Überwindung der alten überlebten Verhältnisse zutraute. Ludwig Meidners *Apokalyptische Landschaften* und seine von Naturkatastrophen heimgesuchten Städtebilder verdeutlichen exemplarisch (neben Arbeiten von Ernst Barlach, Franz Marc, Wassily Kandinsky u. a.), wie sehr die expressionistischen Vorstellungen vom Krieg der pathetischen, oft religiös motivierten Idee eines »Schicksalskriegs« verpflichtet waren. Zu politischen Einsichten gelangten die meisten Künstler erst in den Nachkriegsjahren. Die Ernüchterung setzte allerdings erheblich früher ein; die Konfrontation mit der Realität des Weltkriegs, die schockierende Erfahrung der konkreten Schrecken eines modernen, totalen Krieges machte den expressionistischen »Visionen« und »Gesichten«, in denen Untergang und Erlösung als unauflösbarer Zusammenhang erschienen, bald ein Ende. Franz Marc und August Macke fielen.

Zunehmend wurden die künstlerischen Mittel des E. fragwürdig, die Vorliebe für kräftige, kontrastreiche Farben, für vereinfachte, auf gesteigerten Ausdruck setzende Formen, für die Subjektivierung des Pinselduktus. Selbst wo Künstler wie Otto Dix zunächst der Überzeugung waren, die expressionistische Formulierung entspreche am ehesten der extremen Erfahrung des Krieges, war das emphatische Bild vom Weltkrieg nicht zu halten. Empörung und Protest gegen den Tod von Hunderttausenden durch eine barbarische Kriegsmaschine wurden allerdings erst in den Nachkriegsjahren auf breiterer Ebene formulierbar. Sie prägten den nüchterneren Nachkriegs-E., der jedoch zunehmend von einem kritischen Realismus und den unterschiedlichen Ansätzen einer Neuen Sachlichkeit abgelöst wurde.

Lit.: A. Jürgens-Kirchhoff, Schreckensbilder: Krieg und Kunst im 20. Jahrhundert, Berlin 1993.

ANNEGRET JÜRGENS-KIRCHHOFF

Falkenhausen, Ludwig Alexander Freiherr von, * Guben 13.9.1844, † Görlitz 4.5.1936, preußischer General. – F. war seit 1862 Soldat und hatte an den Kriegen von 1866 und 1870/71 teilgenommen. Als Kommandierender General des XIII. Armeekorps war er 1902 zur Disposition gestellt worden. 1914 auf eigenen Wunsch reaktiviert, übernahm er am 15. Sept. die Armeeabteilung Falkenhausen (ab April 1916: Armeeabteilung A), die seit dem Ende der Grenzschlachten zwischen Metz und den Vogesen mit der Sicherung des Reichslandes Elsaß-Lothringen betraut war. Am 15. April 1916 wurde F. zum Oberbefehlshaber der Küstenverteidigung in Hamburg ernannt, mit der er eventuelle britische Landungsunternehmen abwehren sollte. Als im Aug. die Heeresgruppe Kronprinz Rupprecht gebildet wurde, erhielt F. das nun frei werdende Kommando über die 6. Armee. Nach der Schlacht von Arras gab F. die Führung der Armee wieder ab und wurde am 22. April 1917 als Nachfolger des verstorbenen Freiherrn von Bissing Generalgouverneur von Belgien. In dieser Stellung, in der er bis Kriegsende verblieb, zeichnete er sich durch vergleichsweise gemäßigte Ansichten aus. Allerdings hielt er am Ziel der Erringung wirtschaftlicher Vorteile für Deutschland in Belgien und an der Flamenpolitik fest. Gegen Kriegsende genoß F. bei maßgeblichen zivilen und militärischen Stellen großes Vertrauen und wurde sogar – unter anderem von Wilhelm II. – als Kanzlerkandidat gehandelt.

HOLGER AFFLERBACH

Falkenhayn, Erich von, * Burg Belchau (Kreis Graudenz) 11.9.1861, † Schloß Lindstedt (bei Potsdam) 8.4.1922, preußischer General und Chef des Generalstabs des Feldheeres. – F. entstammte einer westpreußischen »Junker«-Familie, in der das Militärische stark dominierte. Schon als Zehnjähriger kam er in die Kadettenanstalt. Er durchlief als junger Offizier eine erfolgreiche Laufbahn und besuchte die Kriegsakademie. Sein Leben nahm eine ungewöhnliche Wendung, als er sich 1896 beurlauben ließ und aus finanziellen und Karrieregründen als Militärberater nach China ging. 1899 arbeitete F. in Kiautschou, 1900 wurde er Generalstabsoffizier im Ostasiatischen Expeditionskorps und dann in der Besatzungsbrigade. Im Zusammenhang mit seiner Tätigkeit in China fiel er dem Prinzen Heinrich und dem Kaiser auf. Beiden hatte F. neben seiner unbestrittenen soldatischen Tüchtigkeit seine rasche und erfolgreiche Karriere zu verdanken. Diese erreichte einen vorläufigen Höhepunkt, als er im Juli 1913 zum preußischen Kriegsminister ernannt wurde. Sein Debüt hatte er in der Zabern-Affäre, zu deren parlamentarischer Eskalation er entscheidend beitrug.

F. war ein ausgesprochener Chauvinist und ersehnte sich, nicht zuletzt aus soldatischem Betätigungsdrang, einen europäischen Krieg. Während der Julikrise 1914 nahm er in seiner Eigenschaft als Kriegsminister an den entscheidenden Beratungen der deutschen Regierung teil, und im Großen Hauptquartier wurde er vom Militärkabinett schon ab Aug. 1914 zum Nachfolger des labilen Generalstabschefs Helmuth von Moltke aufgebaut. Im Sept. 1914, nach der Marne-Schlacht, übernahm er die Führung des Heeres. Zunächst versuchte er, den Westangriff doch noch zum Erfolg zu führen, was jedoch in der 1. Flandern-Schlacht blutig scheiterte. F. sah nun ein, daß ein entscheidender Sieg weder im Osten noch im Westen zu erwarten war, und stellte seine Strategie darauf ab, so lange durchzuhalten, bis ein Verhandlungsfriede erzielt werden konnte. Mit einem solchen wollten sich jedoch weder Reichskanzler Bethmann Hollweg noch die Sieger von Tannenberg, Hindenburg und Ludendorff, anfreunden. Die beiden Militärs intrigierten ab Herbst 1914 gemeinsam gegen F. und suchten seinen Sturz herbeizuführen. Dabei ging es neben persönlichen Motiven auch um die große Linie der Kriegführung: Hindenburg und Ludendorff waren von der Unmöglichkeit eines Verhandlungsfriedens überzeugt, da sie vom unbeirrbaren Vernichtungswillen der Feindmächte ausgingen. Sie wollten zuerst Rußland, dann die Westmächte schlagen und so den Sieg erringen. F. hingegen unterstellte zwar Großbritannien auch diesen Vernichtungswillen, war aber der Meinung, Deutschland habe nicht genug Kräfte, um den Sieg im Osten herbeiführen zu können; die Westfront dürfe nicht übermäßig geschwächt werden, und die Russen könnten sich immer in die Weite ihres Raumes zurückziehen. F. empfahl Verhandlungen mit Frankreich, vor allem aber mit Rußland, auch unter Verzicht auf Annexionen. Bethmann Hollweg stand zwischen den Fronten, war aber von F.s Strategie und auch von seinen soldatischen Fähigkeiten nicht hinreichend überzeugt, um mit ihm rückhaltlos zusammenzuarbeiten.

Im Frühjahr 1915 engagierte sich F. energisch, wenn auch letztlich erfolglos für den Erhalt der italienischen Neutralität. Nicht zuletzt deshalb plante er auch einen Entlastungsangriff an der Ostfront, um die Österreicher gegen die Russen zu stützen und Italien abzuschrecken. Dieser Angriff bei Gorlice-Tarnów am 2. Mai 1915 wurde der wahrscheinlich erfolgreichste militärische Durchbruch des Weltkrieges; die russischen Truppen mußten sich unter gewaltigen Verlusten zurückziehen und in der Folge ganz Russisch-Polen aufgeben. Wenn es ihnen auch gelang, sich noch einmal zu stabilisieren und im Sommer 1916 erneut erfolgreich anzugreifen, hatten sie doch im Mai 1915 die entscheidende Niederlage erfahren. F. befürwortete trotzdem, unter Verzicht auf Kriegsentschädigung und Annexionen, die Fühler nach einem Separatfrieden auszustrecken, den die zarische Regierung aber ablehnte. Im Herbst 1915 unternahm F. den Angriff auf Serbien, der zu einem vollen Erfolg führte; das Land wurde besetzt, die Reste der serbischen Armee wurden von den Alliierten nach Korfu evakuiert und später an die Salonikifront verlegt. Die insgesamt günstige militärische Lage im Spätherbst 1915 verführte F. zu dem Gedanken, die Westgegner – Rußland hielt er nunmehr für offensivunfähig – zu schwächen und zum Frieden zu bringen. Die Engländer wollte er durch den uneingeschränkten U-Boot-Krieg treffen, die Franzosen durch den Angriff auf Verdun. Ziel beider Operationen war, die Gegner friedensbereit zu machen; einen klassischen Entscheidungssieg hielt F. nach wie vor für unmöglich. Während der U-Boot-Krieg vom Reichskanzler mit Rücksicht auf die USA verhindert wurde, begann der Angriff auf Verdun am 21. Febr. 1916. Das Unternehmen lief sich schon bald fest, doch konnte sich F. nicht zu einem Abbruch entschließen. Sein Prestige sank, vor allem als die Alliierten im Juli 1916 den im Herbst 1915 abgesprochenen Allfrontenangriff begannen (Brussilow-Offensive, Somme-Schlacht und Isonzo-Angriff) und die Mittelmächte daraufhin in äußerste Bedrängnis gerieten. Zwar war F.s Abwehrstrategie, ebenso wie seine Kräfteverteilung, insgesamt erfolgreich, denn die alliierten Angriffe konnten nirgends wirklich durchdringen. Doch als Rumänien Ende Aug. 1916 den Krieg erklärte, wurde F. abgelöst und durch Hindenburg und Ludendorff ersetzt.

F. hatte eine insgesamt vorsichtige, den Kräften der Mittelmächte angepaßte »Ermattungsstrategie« verfolgt und unter Verzicht auf uferlose Annexionspläne ein politisches Kriegsende befürwortet. Dies bleibt der positive Aspekt seiner Amtszeit; hingegen muß seine grundverkehrte Strategie vor Verdun aufs schärfste kritisiert werden.

Im Sept. 1916 erhielt F. das Kommando über die 9. Armee, die gegen Rumänien eingesetzt wurde. Hier gab er eine glänzende Probe seines soldatischen Könnens ab. Wenig erfolgreich verlief hingegen die anschließende Abkommandierung in die Türkei, als Oberbefehlshaber der Heeresgruppe F. Ein Kommando in Weißrußland schließlich umfaßte, nach dem Frieden von Brest-Litowsk, vorwiegend Verwaltungsaufgaben. Nach dem Krieg verfaßte F. seine Memoiren (*Die Oberste Heeresleitung 1914-1916 in ihren wichtigsten Entschließungen*, Berlin 1920). 1922 starb er an Nierenversagen.

Lit.: H. Afflerbach: Falkenhayn. Politisches Denken und Handeln im Kaiserreich, München 1996.

HOLGER AFFLERBACH

Falkland, Inselgruppe in der westlichen Antarktis; britische Kronkolonie seit 1843. – Am 8. Dez. 1914 kam es bei den F.-Inseln zu einem Gefecht zwischen dem deutschen Ostasiengeschwader unter Vizeadmiral Maximilian Graf von Spee und den von Vizeadmiral Sir Frederick Doveton Sturdee befehligten britischen Streitkräften. Nach einer rund fünf Stunden währenden Seeschlacht konnte vom deutschen Geschwader nur ein Leichter Kreuzer entkommen; vier Schiffe sanken, von rund 2.200 Mann Besatzung und Offizieren fanden 1.985 den Tod. Die Verluste auf britischer Seite waren weit geringer: keines der Schiffe war schwer getroffen, nur sechs Mann starben, 15 wurden verwundet.

Nach der britischen Niederlage vor der chilenischen Küste bei Coronel am 1. Nov. 1914, bei der zwei Panzerkreuzer durch das Geschwader Spee versenkt worden waren, erließ die britische Admiralität umfangreiche Gegenmaßnahmen, um das deutsche Geschwader ausfindig zu machen und zu zerstören. Unter dem Kommando von Vizeadmiral Sturdee wurden zwei Schlachtkreuzer, *Invincible* und *Inflexible*, von der Grand Fleet in den Südatlantik detachiert. Sie vereinigten sich bei den Abrolhos-Inseln vor der brasilianischen Küste mit den Kreuzern *Carnavon*, *Cornwall*, *Kent*, *Glasgow* und *Bristol* sowie den Hilfskreuzern *Macedonia* und *Otranto*. Am 7. Dez. 1914 lief das Geschwader den Stützpunkt Port Stanley auf den F.-Inseln an, um vor der Weiterfahrt zur Westküste Kohle zu bunkern. Nur einen Tag zuvor hatte Vizeadmiral von Spee auf einer Sitzung mit seinen Kommandanten entschieden, die Inseln anzugreifen, um die dortige Funkstation und die Kohlebasen zu zerstören. Infolge des fehlenden Funkkontakts mit deutschen Nachrichtendiensten hatte Spee von den herannahenden britischen Einheiten keine Kenntnis. Statt dessen ging er aufgrund unbestätigter Nachrichten davon aus, daß die Basis unverteidigt sei.

Am frühen Morgen des 8. Dez. 1914 näherten sich der Panzerkreuzer *Gneisenau* und der Leichte Kreuzer *Nürnberg* dem Hafen, um die Zerstörung vorzunehmen. Als sie der britischen Schlachtkreuzer gewahr wurden, drehten sie sofort ab. Sturdee nahm wenig später mit dem Großteil seiner Schiffe die Verfolgung auf. Durch klare Sicht begünstigt, gelang es den schnelleren englischen Schlachtkreuzern bis 12.50 Uhr, das deutsche Geschwader so weit einzuholen, daß sie das Feuer eröffnen konnten. Die größere Reichweite der britischen Geschütze machte es den deutschen Schiffen unmöglich, den Kampf mit Aussicht auf Erfolg aufzunehmen. Spee gab um 13.20 Uhr den langsameren Leichten Kreuzern den Befehl abzudrehen, während er mit seinen Panzerkreuzern die britischen Schiffe auf sich ziehen wollte. Sturdee hatte dieses Manöver erwartet: Ohne ein Signal des Flaggschiffes nahmen die britischen Leichten Kreuzer die Verfolgung der nach Südwesten drehenden *Leipzig*, *Dresden* und *Nürnberg* auf. Der schnellste britische Kreuzer, *Kent*, versenkte nach einem kurzen Artillerieduell um 19.27 Uhr die *Nürnberg*. Nur acht Mann überlebten, während auf britischer Seite vier Tote und zwölf Verwundete zu beklagen waren. Die *Leipzig* wurde um 21.21 Uhr von der *Cornwall* und der *Glasgow* nach längerem Kampf versenkt. Von mehr als 300 Mann Besatzung kamen nur 18 mit dem Leben davon. Die *Cornwall* hatte keine Verluste, die *Glasgow* einen Toten und vier Verwundete. Allein der *Dresden* gelang es, vorerst zu entkommen. Unterdessen hatte das Gefecht zwischen den

»Der letzte Mann«. Deutsche Postkarte zur Falkland-Schlacht nach einem Gemälde von Hans Bohrdt. 1915

Panzerkreuzern Spees und den britischen Schlachtkreuzern unter hohen deutschen Verlusten sein Ende gefunden. Sturdee hatte während des Kampfes das Feuer in einer Distanz gehalten, die die deutschen Granaten nicht zu überwinden vermochten. Um 16.17 Uhr war die *Scharnhorst* ohne Überlebende untergegangen. Die *Gneisenau* setzte das Gefecht noch rund anderthalb Stunden fort. Um 17.45 Uhr sank auch sie, von 764 Mann konnten nur 187 gerettet werden.

Mit ihrem Erfolg bei den F.-Inseln hatte die britische Seemacht ihre militärische Überlegenheit auf den internationalen Ozeanen deutlich gemacht. Die deutsche Seekriegführung beschränkte sich (mit Ausnahme des U-Boot-Krieges) im wesentlichen fortan auf die europäischen Meere (Nordsee, Ostsee, Mittelmeer).

Lit.: G. Bennet, Coronel and the Falklands, New York 1962; P. G. Halpern, A Naval History of World War I, London 1994.

FRIEDERIKE KRÜGER

Farbbücher, ad hoc erscheinende amtliche Druckschriften bzw. Sammlungen diplomatischer Aktenstücke zu bestimmten, vornehmlich außenpolitischen Fragen. – F. wurden von einer Regierung – häufig während oder nach einer internationalen Krise – veröffentlicht, um die (parlamentarische) Öffentlichkeit zu informieren sowie die eigene Politik zu legitimieren oder die eines fremden Staates zu kritisieren. Ihren Namen verdanken sie den Farben der Einbände, welche die verschiedenen Regierungen nach konsistenter Praxis anwandten: Großbritannien blau; Deutschland weiß; Frankreich gelb; Italien grün; Rußland orange; Österreich-Ungarn rot; Belgien grau. Herausgegeben wurden F. von anonym bleibenden Beamten im Namen der Regierung oder des Außenministeriums. F. wurden für eine klar definierte politische Funktion konzipiert und tagespolitisch bedingten Motivationen und Zwängen unterstellt. Quellenkritisch ergeben sich daher die heiklen Problemfelder der Zensur (eigene oder von anderen Regierungen verlangte einseitige Dokumentenauswahl, Unterdrückung unerwünschter Passagen etc.), der entstellenden Edition (Paraphrasierung von Telegrammen zur Geheimhaltung der Chiffrierung, sinnentfremdende Umschreibung, Manipulation der Chronologie, geschicktes Zusammenmischen von Aktenstücken) und der Fälschung. Als Folge des allgemeinen Parlamentarisierungsprozesses entstanden, gehört die Publikation von F. zu den innen- und außenpolitischen Instrumenten der zweiten Hälfte des 19. Jahrhunderts. Ihren Höhepunkt erlebten die F. in der Zeit des Hochimperialismus. Danach begann ihr Niedergang, der durch eine kurze Renaissance in den beiden Weltkriegen unterbrochen wurde.

Die Serie von F. zum Ausbruch des Ersten Weltkrieges eröffnete das deutsche Weißbuch, das dem Reichstag bereits am 4. Aug. 1914 vorlag. Neben der Unterdrückung entscheidender Dokumente und verschiedener Verfälschungen enthielt das Weißbuch nur eine sehr kleine und einseitige Auswahl. Am 6. Aug. 1914 folgte das englische Blaubuch. Tags darauf erschien auch das russische Orangebuch, während sich die Franzosen für die Herausgabe ihres Gelbbuches bis zum 1. Dez. 1914 Zeit ließen. Im Nov. war das Blaubuch der serbischen Regierung erschienen, und Mitte Febr. 1915 folgte das österreichisch-ungarische Rotbuch. Als allerdings nach der Oktoberrevolution 1917 die Bolschewiki Dokumente aus den zarischen Archiven veröffentlichten, wurde auch bei diesen Editionen eine massive Tendenz und eine Vielzahl von regelrechten Fälschungen ersichtlich. Die deutsche Kriegsschuldforschung konnte aufzeigen, wie das russische Orangebuch durch verschiedene Manipulationen etwa zu einem Viertel verfälscht und eine große Anzahl von Dokumenten »in einer für Deutschland nachteiligen Weise gekürzt« worden war. Eifrig wies sie auch auf Fälschungen im französischen Gelbbuch hin, so z. B. bei einem Telegramm vom 31. Juli 1914, das so entstellt wurde, daß die russische Mobilmachung als Antwort auf österreichische Maßnahmen und deutsche Vorbereitungen dargestellt werden konnte. 1926 gab die deutsche Zentralstelle für die Erforschung der Kriegsursachen sogar eine eigene Ausgabe des französischen Gelbbuches heraus, in welcher »die nachweisbaren Fälschungen im einzelnen ersichtlich« wurden. Auch das englische Blaubuch wurde vor allem in Deutschland heftig kritisiert: Von den 169 darin abgedruckten Dokumenten seien etwa 100 gekürzt oder anderweitig bearbeitet worden. → *Militärgeschichtsschreibung* → *Kriegsschuldfrage*

Lit.: S. Zala, Geschichte unter der Schere politischer Zensur. Amtliche Aktensammlungen im internationalen Vergleich, München 2001.

SACHA ZALA

Farbige Truppen. Die im Weltkrieg eingesetzten nichtweißen Kolonialtruppen der Ententemächte wurden in der deutschen Kriegspublizistik im allgemeinen als »farbige Hilfsvölker« bezeichnet. Vor allem der Einsatz solcher Einheiten in Europa erregte erhebliches Aufsehen. Insgesamt kämpften auf dem europäischen Kriegsschauplatz in den Reihen der Ententemächte etwa 485.000 nichtweiße Soldaten aus den französischen und 160.000 aus den britischen Kolonien. Wesentliche Kontingente kamen aus Algerien (173.000 Mann), Indien (153.000), Französisch-Westafrika (134.000), Tunesien (60.000), Indochina (43.000), Marokko (37.000) und Madagaskar (34.000).

Nachdem bei Kriegsausbruch das Auftauchen »Farbiger« an der Westfront zunächst eher belächelt worden war – etwa als »Völkerschau« –, wurde der Einsatz von F. zu einem Topos der deutschen Kulturdebatte während des Krieges (»Aufruf der 93«) sowie vor allem der Kriegspublizistik. Im Sommer 1915 setzte das Auswärtige Amt eine Denkschrift mit dem Titel *Völkerrechtswidrige Verwendung farbiger Truppen auf dem europäischen Kriegsschauplatz durch England und Frankreich* in Umlauf, in der den Kolonialsoldaten zahlreiche Greueltaten zur Last gelegt wurden. Im selben Jahr erschien die Broschüre *Die farbigen Hilfsvölker der Engländer und Franzosen* des Juristen Hans Belius. Wichtigste Argumentationsfiguren waren die Vorwürfe, die F. mißachteten die Normen des Kriegsvölkerrechts, sie würden von den Ententemächten als Kanonenfutter mißbraucht und ihre Ausbildung an modernen Waffen und der das Ansehen der »weißen Rasse« insgesamt untergrabende Einsatz gegen die Deutschen werde nach dem Krieg zu Aufständen in den Kolonien führen, die das Ende der weißen Vorherrschaft zur Folge haben könnten. Zudem wurde der Kampf gegen Angehörige »niederer Rassen« als eine Beleidigung für die deutschen Soldaten dargestellt. Die in der deutschen Publizistik zutage tretenden Rassestereotypen finden sich nur wenig modifiziert teilweise auch im die Kolonialtruppen betreffenden Schrifttum der Ententemächte und der neutralen Staaten. Die Kolonialtruppendiskussion spiegelt insofern gesamteuropäisch-nordamerikanische rassistische Denkmuster wider.

Eine Steigerung erfuhr die deutsche Propaganda gegen die Verwendung von Kolonialtruppen in Europa nach dem Krieg, als von 1919 bis 1930 in der französischen Besatzungs-

Afrikanische Soldaten einer französischen Einheit an der Marne

zone im Rheinland auch nichtweiße Soldaten stationiert wurden. Die vor allem in den Jahren 1920 bis 1923 unter den Schlagworten »Schwarze Schmach« beziehungsweise »Schwarze Schande« insbesondere mit Vergewaltigungsvorwürfen geführte Kampagne erregte großes internationales Aufsehen.

Lit.: C. Koller, »Von Wilden aller Rassen niedergemetzelt«. Die Diskussion um die Verwendung von Kolonialtruppen in Europa zwischen Rassismus, Kolonial- und Militärpolitik (1914-1930), Stuttgart 2001.

CHRISTIAN KOLLER

Fayolle, Marie Émile, * Le Puy 14.5.1852, † Paris 27.8.1928, französischer General. – Während der Somme-Kämpfe des Jahres 1916 erhielt F. das Oberkommando über die französische 6. Armee, die sich dort besonders auszeichnete. Ende 1917 übernahm er das Oberkommando über fünf britische und sechs französische Divisionen, die nach der italienischen Niederlage von Caporetto (Karfreit) die italienische Front stabilisieren sollten. Seine letzte große Bewährungsprobe während des Krieges legte er als Führer der französischen Heeresreserve ab, die wegen der deutschen Frühjahrsoffensive des Jahres 1918 benötigt wurde. Der von ihm geführte Gegenangriff von Villers-Cotterêts wurde zum Auftakt der in Frankreich heute noch stark beachteten 2. Marne-Schlacht vom Juli 1918.

Nach dem Waffenstillstand wurde F. zum Oberbefehlshaber der französischen Besatzungstruppen in Mainz ernannt und war bis 1920 Vorsitzender der alliierten Kontrollkommission. 1921 wurde er zum Maréchal de France erhoben.

GERD KRUMEICH

Feldgrau, Farbe der deutschen Felduniform. – F. wurde ab 1907 schrittweise in allen Armeen des Deutschen Reichs eingeführt, zunächst bei der Infanterie und der Artillerie. Kavallerie und Offiziere folgten zwischen 1908 und 1910. Jäger- und Schützeneinheiten trugen graugrün. Diese Entscheidung war eine Reaktion auf Erfahrungen aus dem Burenkrieg und dem Russisch-Japanischen Krieg, wo farbige Uniformen für einen mit modernen Waffen ausgestatteten Gegner stets ein gutes Ziel geboten hatten. Funktionale Aspekte überwogen nun repräsentative. Während des Krieges wurde F. zum farblichen Symbol schlechthin für das soldatische Leben im Schützengraben. In der Wahrnehmung der Öffentlichkeit verband sich das Grau der Uniform mit dem Grau des Schlamms aus den

Deutsche Infanteristen beim Ausmarsch 1914

Schützengräben zum prägenden Bild des Krieges, F. wurde damit auch zum Symbol des Kriegstodes.

In Rußland war die Uniformfarbe seit 1907 feldbraun, in England seit 1902 khaki. Das französische Heer rückte 1914 teilweise noch mit den traditionellen roten Hosen ins Feld, kleidete seine Truppen aber schon bald in graublau um. F. als Uniformfarbe wurde in Deutschland auch nach 1918 in der Reichswehr beibehalten. → *Camouflage*

MANFRED HETTLING

Feldpost, bezeichnet sowohl die Einrichtungen der zivilen und militärischen Behörden, die mit dem Postverkehr zwischen Front und Heimat, aber auch innerhalb der Armee befaßt waren, als auch die Postsendungen selbst: Postkarten, Briefe, Päckchen, Pakete, Zeitungen und andere Druckschriften, schließlich auch den schriftlichen Nachrichtenaustausch zwischen den militärischen Kommandostellen und Behörden. – Im Zeitalter der modernen Massenheere besaß die F. eine besondere Bedeutung. Die Totalisierung der Kriegführung erforderte nicht nur die umfassende Ausschöpfung der materiellen und personellen Ressourcen der kriegführenden Nationen, sondern auch deren mentale Mobilisierung. Diese aber war ohne die permanente Verbindung zwischen den Soldaten und ihren Angehörigen in der Heimat nicht herzustellen. Die wichtigste Aufgabe der F. war es, diese Verbindung zu ermöglichen, aber auch zu kontrollieren.

Im Weltkrieg beförderte die deutsche F. ca. 11 Mrd. Sendungen von der Front in Richtung Heimat, etwa 17,7 Mrd. in der Gegenrichtung; im Tagesdurchschnitt lauten die entsprechenden Zahlen 6,8 beziehungsweise 9,9 Mio. (Zum Vergleich: für Frankreich werden insgesamt rund 10 Mrd., täglich durchschnittlich 4 Mio. Sendungen genannt). Den weitaus größten Anteil an diesem Postverkehr hatten die portofreien Postkarten und Briefe.

Um das immense Postaufkommen zu bewältigen, standen Mitte 1918 über 8.000 Beamte und über 5.000 militärische Hilfskräfte im Dienst der deutschen F. Die F.behörden waren postfachlich dem Reichs-Postamt (in Koordination mit den damals noch selbständigen Postverwaltungen Bayerns und Württembergs) unterstellt, in allen übrigen Belangen waren sie Heeresbehörden. An ihrer Spitze stand der dem Generalquartiermeister zu-

Feinsortierraum der deutschen Feldpost

geordnete Feldoberpostmeister, ihm unterstanden die Armeepostdirektoren als Vorgesetzte der F.anstalten.

Jeder Brief aus der Heimat nahm seinen Weg vom Aufgabepostamt zunächst zu einer der 23 Postsammelstellen. Deren Aufgabe bestand in der Sortierung der F.sendungen nach den einzelnen Truppenverbänden bis hinab zu den kleinsten Einheiten auf Grundlage der ständig aktualisierten F.übersicht, die Kriegsgliederung von bis zu 30.000 militärischen Verbänden verzeichnete. Von den Postsammelstellen ging es weiter zu den Postleitpunkten der einzelnen Armeen. Dort wurden die Sendungen auf F.anstalten (F.ämter, F.expeditionen, F.stationen) verteilt und schließlich an die Postabholer der Truppe ausgegeben. Die Sendungen von der Front in Richtung Heimat liefen über die F.anstalten zu Postverteilungsstellen, anschließend zu Sortierstellen, die den Provinzen und Ländern zugeordnet waren, und schließlich zu deren einzelnen Postämtern.

Von Beginn des Krieges an kam es immer wieder zu Problemen bei der Beförderung. Falsch adressierte Sendungen, mangelnde Informationen über Veränderungen in der Kriegsgliederung der Armeen, häufige Neubezeichnung von Verbänden und Mangel an Transportfahrzeugen führten zu erheblich verlängerten Laufzeiten. Zusätzlich wurde der Postverkehr von insgesamt etwa 600 F.-sperren unterbrochen, für die es unterschiedliche Gründe gab: die Geheimhaltung von Truppenverlegungen, Aufmärschen und Rückzugsbewegungen, die exzessive Nutzung der Gebührenfreiheit für Karten und Briefe sowie die schiere Menge der Pakete mit »Liebesgaben« an die Front oder mit »Beutewaren« in die Heimat, die die Kapazitäten oft überlastete.

Das immense Briefaufkommen wurde von der militärischen Führung schnell sowohl als Quelle für die Stimmungslage der Briefschreiber wie auch als Problem der Kontrolle mißliebiger Äußerungen erkannt. Die Überwachung und Zensur der F. konnte nur stichprobenartig erfolgen. Eine gesetzliche Grundlage für den Bruch des Briefgeheimnisses gab es nicht, statt dessen berief man sich auf den »übergesetzlichen Staatsnotstand«. Bis Frühjahr 1916 war den Armeekorps und Armeeabteilungen die Entscheidung überlassen, welche Stellen nach welchen Kriterien die Zensur ausübten. Geprüft wurde zunächst auf Kompanie- bzw. Regimentsebene vom nächsten Disziplinarvorgesetzten, zum Teil mußten die Briefe offen abgegeben werden, was immer wieder zu Unmut und Beschwerden der Soldaten führte. Aus diesem Grunde und um angesichts der Ende 1915 in der Heimat vorherrschenden Mißstimmungen bis hin zu offenen Bekundungen des Unmuts und des 1916 endgültig festgefahrenen Stellungskrieges die Stimmungsüberwachung zu koordinieren, wurde eine einheitliche Regelung der Zensurpraxis eingeführt. Eine Verfügung des Chefs des Generalstabs des Heeres vom 29. April 1916 führte zur Einrichtung von Postüberwachungsstellen bei jedem Armeeoberkommando, zu denen besonders verpflichtete Offiziere abkommandiert wurden, zum Teil wurden auch Postüberwachungshilfsdienststellen auf Divisionsebene eingerichtet. Den Soldaten war die mögliche Kontrolle ihrer Briefe bekanntzugeben. Die Zensur durch die unmittelbaren Disziplinarvorgesetzten war damit abgeschafft. Das Interesse der Zensoren richtete sich auf die verbotene Übermittlung militärischer Nachrichten, auf »Schädigungen der Dienstinteressen, schwere Verstöße gegen die Mannszucht« sowie »aufreizende und in hohem Grade entmutigende Kundgebungen«, so ein geheimer Erlaß des Generalquartiermeisters vom März 1917. Mit Hilfe der von den Überwachungsstellen in unregelmäßigen Abständen verfaßten Berichte und den beigefügten Briefauszügen wurde die Stimmung der Truppe nun systematisch observiert.

Lit.: H.-J. Anderson, Die deutsche Feldpost im Ersten Weltkrieg: Handbuch und Katalog, hg. v. der Arbeitsgemeinschaft Deutsche Feldpost 1914-1918 e. V., Münster 2000; B. Ulrich, Die Augenzeugen. Deutsche Feldpostbriefe in Kriegs- und Nachkriegszeit 1914-1933, Essen 1997.

KLAUS LATZEL

Ferdinand I., * Wien 26.2.1861, † Coburg 10.9.1948, Zar von Bulgarien. – In der Staats- und Verfassungskrise, welche die von Rußland erzwungene Abdankung des Fürsten Alexander von Battenberg 1886 ausgelöst hatte, wurde der aus dem Hause Sachsen-Coburg-Koháry stammende F. 1887 gegen den erbitterten Widerstand Rußlands und auch unter Mißbilligung Bismarcks zum bulgarischen Fürsten gewählt. Sein innen- wie außenpolitisches Gewicht blieb jedoch zunächst gering. Der Fürst hatte dem die Geschicke Bulgariens autoritär lenkenden Regierungschef Stefan Stambolow nichts entgegenzusetzen. Erst nach dem Sturz Stambolows 1894 konnte F. an politischer Statur gewinnen. In den Folgejahren gelang es ihm in ebenso geschickter wie bisweilen auch intriganter Weise, die politischen Parteien gegeneinander auszuspielen und seinem Willen unterzuordnen (»persönliches Regiment«). Nun erst erhielt er die Anerkennung Rußlands, die ihm aufgrund der Umstände seiner Inthronisation und der antirussischen Außenpolitik Stambolows zunächst verweigert worden war. Außenpolitisch war F.s Wirken zunächst auf das Ziel einer vollständigen Souveränität des formell noch unter osmanischer Oberhoheit stehenden Landes gerichtet. Am Vorabend der k. u. k. Annexion Bosnien-Herzegowinas 1908 ertrotzte er von dem durch die jungtürkische Revolution geschwächten Osmanischen Reich die Unabhängigkeit. Darüber hinaus wollte er Bulgarien zu einer Führungsmacht auf dem Balkan machen – ein Ziel, das sich bisweilen in diffusen Vorstellungen eines »bulgarischen Byzanz« unter Einschluß Konstantinopels ausdrückte. Wie praktisch alle Parteien verfolgte F. zudem das Ziel eines »Groß-Bulgarien« unter Einschluß Makedoniens und von Teilen Thrakiens, weshalb er 1912/13 und 1915 nicht nur den Kriegseintritt auf der Seite der Mittelmächte befürwortete, sondern auch die an die Kriege geknüpften expansiven territorialen Zielvorstellungen teilte. Selbst angesichts der drohenden militärischen Niederlage hielt er am Kriegsbündnis mit den Mittelmächten fest. Mit dem Zusammenbruch 1918 verlor F. auch die Grundlagen seiner innen- und außenpolitischen Position. Von der Bevölkerung, die ihm gegenüber stets etwas distanziert blieb, für die »nationale Katastrophe« der Kriege von 1912 bis 1918 verantwortlich gemacht, dankte F. am 3. Okt. 1918 ab und verließ verbittert das Land, um auf den Familienstammsitz in Coburg zurückzukehren.

WOLFGANG HÖPKEN

Ferdinand I., * Sigmaringen 24.8.1865, † Sinaia 20.7.1927, König von Rumänien (seit 1914). – Mit der Adoption durch den kinderlosen König Carol I. wurde der aus dem Hause Hohenzollern-Sigmaringen stammende F. rumänischer Thronerbe. Bis zum Tode seines Adoptivvaters im Okt. 1914 durchlief F. eine militärische Karriere, die ihn im Balkankrieg 1913 als Oberbefehlshaber an die Spitze der rumänischen Truppen führte. In der Politik gewann er nach der Übernahme der Krone nur wenig eigene Statur und folgte vor allem in der Außenpolitik weithin dem dominierenden Ministerpräsidenten Ionel Brătianu. F. trug trotz seiner deutschen Abstammung den Entschluß zum Kriegseintritt Rumäniens im Aug. 1916 auf seiten der Entente mit. Nach vielen Niederlagen, die zur Besetzung weiter Teile Rumäniens führten und das Land im Mai 1918 auch zur Annahme eines Friedensvertrages mit den Mittelmächten zwangen, beendete Rumänien den Krieg letztendlich doch siegreich. F. konnte so immerhin den Triumph genießen, die »Vereinigung aller Rumänen« als König zu vollziehen: Nachdem die Pariser Vorortverträge dem Land Siebenbürgen, die Bukowina, Bessarabien und die Dobrudscha zugesprochen hatten, ließ sich F. am 15. Okt. 1922 in einer Art zweitem Krönungsakt im siebenbürgischen Alba Iulia (Karlsburg) zum »König aller Rumänen« krönen. Zu seinen bedeutendsten Aktivitäten nach dem Krieg gehörte die Einführung der schon im Kriege versprochenen Agrarreform und die Abschaffung des Zensuswahlrechts. Ansonsten jedoch blieb seine politische Rolle weiterhin beschränkt und von den Vorstellungen Brătianus beeinflußt. Dessen Druck folgend, setzte F. 1926 seinen Enkel Michael als Thronfolger ein, nachdem sein Sohn Carol wegen der in der Öffentlichkeit heftig umstrittenen Verbindung mit der geschiedenen Elena Lupescu zunächst auf den Thron verzichten mußte.

WOLFGANG HÖPKEN

Ferry, Abel, * Paris 26.5.1881, † Jaulzy (Aisne) 15.9.1918, französischer Politiker. – Als Neffe von Jules F., des dominierenden französischen Staatsmannes der 1880er Jahre, und als Sohn des Parlamentariers Charles F. entstammte F. einer hochangesehenen Politikerfamilie. Nach dem Jurastudium in Paris wurde er 1909 als Abgeordneter von Epinal (Département Vosges) in die Kammer gewählt, wo er sich der gemäßigten Linken anschloß. 1914 wurde F. bei der Bildung des Kabinetts René Viviani Unterstaatssekretär im Außenministerium, zuständig für Nordafrika. Nach Kriegsausbruch engagierte er sich als Freiwilliger in der Armee, blieb jedoch bis zum Sturz Vivianis 1915 Mitglied des Kabinetts in unterschiedlichen Funktionen. Ein Jahr später wurde F. als Angehöriger der Armeekommission »Delegierter der parlamentarischen Kontrolle« (»délégué au contrôle parlementaire«) und besetzte somit die wichtige Stelle eines Vermittlers zwischen Regierung und Armee. Während einer Frontbesichtigung wurde er von einer deutschen Granate getroffen und erlag wenige Tage später seinen Verletzungen. Sein postum publiziertes Kriegstagebuch (*Les Carnets secrets d'Abel Ferry*, 1957) stellt eine zentrale Quelle für die parlamentarische Vorgeschichte und Geschichte des Ersten Weltkriegs in Frankreich dar.

DANIEL MOLLENHAUER

Festungen, Plätze, die durch künstliche permanente Geländeverstärkungen geschützt sind, so daß sie mit den Mitteln des Feldkrieges nicht eingenommen werden können. Deshalb wurde der Kampf um F. stets als besondere Kampfform, als »F.krieg«, vom Kampf der beweglichen Feldtruppen, dem »Feldkrieg«, unterschieden. – Die technische Ausgestaltung der F. stand in enger Wechselwirkung mit der Entwicklung der Artillerie, die im 19. Jahrhundert rasante Fortschritte machte (Einführung der Geschütze aus gezogenem Stahl, Einführung weittragender Steilfeuergeschütze, Panzersprenggranate). Dies zwang zu räumlicher Zerlegung der herkömmlichen kompakten Polygonalbefestigung in einzelne, baulich getrennte Forts. Diese Anlagen mußten zunehmend verkleinert und immer tiefer in den Boden verlegt werden. Stahlbeton und Panzerstahl für besonders exponierte Punkte verdrängten Naturstein und Ziegel als Baumaterial. F. verloren so ihre architektonische Konzentration und vervielfachten dafür ihre räumliche Ausdehnung.

Dadurch, daß F. besonders wichtige geographische Punkte sicherten, konnten sie auf die Kampfhandlungen auch der Feldarmeen einen Einfluß ausüben, der weit über die Kontrolle eines fest umschriebenen Raumes hinausreichte. Es war der starke Ausbau der F. an der französischen Ostgrenze, der den deutschen Generalstab dazu veranlaßte, eine Offensive gegen Frankreich auf dem Umweg über das neutrale Belgien zu führen. Trotzdem waren Bau und Unterhaltung moderner F. vor dem Krieg nicht unumstritten: Sie verschlangen enorme Geldmittel; die mit großem Aufwand errichteten Anlagen waren der Gefahr ausgesetzt, durch neuartige artilleristische Kampfmittel rasch ihren Wert zu verlieren. In einer Zeit, die der angriffsweisen Kriegführung das Wort redete, wollte ein großer Teil der Fachwelt alle Rüstungsmittel auf Feldtruppen konzentrieren.

Zur raschen Zerstörung auch moderner Panzer-F. entstanden noch vor dem Krieg schwere Steilfeuergeschütze, deren bekannteste der österreichische 30,5-cm-Automörser und die deutschen 42-cm-Mörser waren (»Gamma-Gerät« und »M-Gerät«, letzteres als »Dicke Bertha« bekannt geworden). Mit solchen Waffen gelang es in den ersten Kriegsmonaten, eine ganze Reihe moderner F. an der Westfront in kurzer Zeit zu zerstören bzw. zur Übergabe zu zwingen (z. B. Lüttich, Namur, Manonviller, Antwerpen). Dies wiederholte sich 1915 an der Ostfront (z. B. Nowogeorgiewsk, Kowno, Grodno). Die österreichische F. Przemyśl vermochte im Winter 1914/15 zwar mehrere Monate, russischer Belagerung zu widerstehen, bevor sie nach dem Verbrauch aller Vorräte übergeben werden mußte, doch hatten die Russen keine Spezialgeschütze der erwähnten Art einsetzen können. Den österreichischen Sperrforts auf der Hochfläche der Sieben Gemeinden (Asiago) gelang es dagegen 1915, einer schweren Beschießung durch italienische Artillerie standzuhalten, während die ihnen gegenüber liegenden italienischen Fortanlagen im folgenden Jahr von österreichischen Mörsern rasch zerstört wurden. Insgesamt führten die Erfahrungen der ersten Kriegshälfte dazu, den Wert von F. im modernen Krieg nur noch gering einzuschätzen. Die Kämpfe um die französische Maas-F. Verdun im Jahr 1916 korrigierten diese Auffassung nachdrücklich. Die bis zuletzt modernisierten Panzerungen alter Forts wie des Douaumont vermochten zwar den Durchschlag schwerster Kaliber nicht zu verhindern. Trotzdem boten die zahlreichen Hohlräume, welche die Auswirkungen einzelner Volltreffer begrenzten, wertvolle Stützpunkte für die eingesetzte Truppe. Kleine, aber mit stärksten Betonauflagen versehene Unterstände erlaubten der Infanterie ein Ausharren und Überleben auch unter schwersten Artilleriebeschießungen. Auffinden und Treffen solch kleiner Ziele mit Spezialmörsern erwies sich als äußerst schwierig.

Der Weltkrieg hat den alten »Wettlauf zwischen Ingenieur und Artillerist« nicht eindeutig entschieden. Er unterstrich jedoch die Bedeutung eines modernisierten, wenn auch sehr teuren F.baus, der bei äußerster Steigerung des Schutzes unter gleichzeitiger Minimierung der Zielflächen große Widerstandsfähigkeit gegen stärkste konventionelle Kampfmittel bot. Dem Verteidiger eröffnete sich so die Aussicht, seine Aufgabe, die ihm der Weltkrieg abverlangt hatte, unter Vermeidung der schwersten Verluste zu erfüllen. Ihre Verwirklichung sollte diese Konzeption in der französischen Maginot-Linie finden. → *Dicke Bertha* → *Douaumont* → *Lüttich* → *Przemyśl* → *Dreißig-fünf-zehntel-Mörser*

DIETER STORZ

Feuerwalze, von Artillerie gebildeter beweglicher Feuerstreifen, welcher der angreifenden Infanterie voranlief und den Verteidiger, v. a. dessen Infanterie, an der rechtzeitigen Abwehr und der Durchführung von Gegenangriffen hindern sollte. Deshalb mußte die stürmende Infanterie der F. möglichst dicht folgen, selbst unter Inkaufnahme von Verlusten durch Kurzschüsse. – Die F. wurde erstmals 1916 von der deutschen Armee an der Ostfront angewandt und bildete seitdem einen wichtigen Bestandteil der Angriffstaktik. Nachteilig war, daß sie einem vorher festgelegten Schema folgen mußte. Bei besonders hartnäckigem Widerstand des Verteidigers enteilte sie der Angriffsinfanterie (»Davonlaufen« der F.), die dadurch diesen Schutz verlor, während sie andererseits das Ausnützen günstiger Gefechtsmomente verhinderte, weil sie dem Angreifer den Weg nach vorne versperrte bzw. diesen nur im Rahmen ihrer zuvor festgelegten Geschwindigkeit freigab. Es gelang nicht, ein Verfahren zur Anpassung der F. an das tatsächliche Fortschreiten des Infanteriegefechts zu entwickeln, weil die damals zur Verfügung stehenden Fernmeldemittel keine hinreichend rasche und zuverlässige Übermittlung von Informationen erlaubten. Außerdem begrenzte die Tragweite der Geschütze die mögliche Tiefe eines von der F. begleiteten Infanterieangriffs (»Ausschießen« der F.). → *Artillerie*

Lit.: H. Linnenkohl, Vom Einzelschuß zur Feuerwalze. Der Wettlauf zwischen Technik und Taktik im Ersten Weltkrieg, Bonn 1996.

DIETER STORZ

Film (1914-18). Mit den ersten F.vorführungen in Paris und Berlin im Jahre 1895 begann der Siegeszug des F. Allein in Berlin gab es 1914 bereits mehr als 200 F.theater mit einer Kapazität von 120.000 Plätzen. Auch die Zahl der Besucher stieg ständig: Nach zeitgenössischen Schätzungen gingen in den Jahren vor dem Weltkrieg in Deutschland jeden Tag zwi-

Soldatenkino der Württembergischen Armee in Villers-le-Sec (Nordfrankreich)

schen 1 Mio. und 1,5 Mio. Menschen ins Kino. Viele Besucher waren regelmäßige Kinobesucher, ein Drittel von ihnen sah einmal pro Woche eine Vorstellung. Das urbane Stammpublikum bildeten vor allem Arbeiter, so daß es in Hafen- oder Industriestädten und in den dichtbesiedelten Arbeiterstadtteilen Berlins eine überdurchschnittlich hohe Zahl von F.theatern gab. Selbst im Krieg stieg die Anzahl der neueröffneten Lichtspielhäuser und der Zuschauer weiter an.

Unmittelbar nach Kriegsbeginn waren die meisten Lichtspielhäuser zunächst geschlossen worden, weil die Behörden eine derartige Zerstreuung in diesen »ernsten Zeiten« für unangebracht hielten. Darüber hinaus wurde das Kino, insbesondere in bürgerlichen Kreisen, mit Mißtrauen betrachtet, weil man fürchtete, das einfachere Publikum könne die F.szenen nicht von der Wirklichkeit unterscheiden. Doch schon in den ersten Kriegswochen erkannten die Verantwortlichen, daß gerade die bereits vor dem Krieg etablierten Wochenschauen dem offenbar kaum stillbaren Bedürfnis der Öffentlichkeit nach Neuigkeiten entgegenkamen. Waren die Wochenschauen zu Beginn des Krieges beim Publikum noch überaus beliebt, so ließ deren Popularität bald nach, denn die meisten waren weder aktuell noch unterhaltsam. Zu den eher seltenen aktuellen deutschen F. gehörten die »Dokumentation« *Landung auf Ösel* (1917) sowie ein Beitrag über die 12. Isonzo-Schlacht (1917), der bereits wenige Tage nach dem Ereignis in den Kinos vorgestellt wurde. Insgesamt waren Spiel-F. ein sehr viel erfolgreicheres Medium zur sog. patriotischen Mobilisierung. Im Verlauf des Krieges wurden F. auch zur Unterhaltung der Soldaten an der Front und in der Etappe eingesetzt; es gab zahlreiche Frontkinos und sogar Kinofahrzeuge. Selbst wenn den Soldaten bewußt war, daß die meisten Kriegsszenen nachgestellt waren, boten die gezeigten F. doch eine willkommene Entspannung nach einem Fronteinsatz. Auch die Arbeiter der deutschen Industrieregionen sollten vom Kriegsalltag abgelenkt werden. Ab 1917 wurde der Beginn von F.vorführungen sogar auf das Schichtende in den Fabriken abgestimmt. Vor allem nach den Streiks der Industriearbeiter 1917 setzte die 3. OHL verstärkt auf das Medium F., um die Arbeiter von der Notwendigkeit der Fortsetzung des Krieges zu überzeugen. Der Spiel-F. *Unsühnbar* (R.: Georg Jacoby, 1917) ist ein Beispiel für eine Auftragsarbeit des Bild- und

Filmamtes. Die Handlung greift die Themen Sabotage und Arbeitsniederlegung auf und führt das Argument, daß jeder Streik in der Heimat das Leben der Soldaten gefährdet, die Dolchstoßlegende wird somit vorbereitet.

In rascher Folge wurden zahlreiche »feldgraue« Melodramen, vor allem aber Komödien und Liebes-F. produziert. *Wie Max sich das Eiserne Kreuz erwarb* (Messter-Film 1914) gehört zu den frühen Komödien, *Weihnachtsglocken 1914* (R.: Franz Hofer, 1914) zu den Tragödien, bei denen der Krieg lediglich als Hintergrundhandlung vorkommt. Doch diesen »feldgrauen Kriegsdramen« war nur ein kurzes Publikumsinteresse beschieden. Weitaus attraktiver waren die bereits vor dem Weltkrieg in Mode gekommenen Detektiv-F. In den wenigen Spiel-F. der Jahre 1917/18 wird der Krieg nur am Rande thematisiert, zum Beispiel in dem F. *Das Opfer* (R.: Joe May, 1918), der Geschichte eines aus der Gefangenschaft heimkehrenden, totgeglaubten Soldaten.

Unterschiedlich erfolgreich waren die Werbe.-F. zur Zeichnung von Kriegsanleihen. Der Star Henny Porten verhalf mit *Hann, Hein und Henny* (1917) der siebten Kriegsanleihe der OHL zu großem Erfolg. Der mit Tricktechniken arbeitende F. *Das Säugetier* (L. Robert Leonard, 1916) zeigt England als den Ausbeuter der Welt. Einige der im Weltkrieg produzierten F. zählen bis heute zu den Klassikern der Kinogeschichte, so zum Beispiel *Der Golem* (R.: Heinrich/Henryk Galeen, 1914). *Die Rache des Homunculus* (R.: Otto Rippert, 1916) handelt von einem Maschinenmenschen und gilt als Vorläufer von Fritz Langs *Metropolis* (1927). Der Regisseur Richard Oswald produzierte ab 1917 (*Es werde Licht*) seine umstrittenen Aufklärungs-F., die sich u. a. mit Geschlechtskrankheiten auseinandersetzten.

Vor dem Haupt-F. sahen die Zuschauer im allgemeinen sog. dokumentarische Berichte von den Kriegsschauplätzen, aus Lazaretten oder Rüstungsbetrieben. Die Beiträge waren eine Mischung aus authentischem Material und nachgestellten Sequenzen, denn die damalige Technik erlaubte keine Aufnahmen an vorderster Front. Zu leicht hätte der hinter dem Stativ stehende Kameramann ein Ziel für gegnerische Scharfschützen abgeben können.

Ob allein die Tatsache, daß einzelne Sequenzen nachgestellt wurden, der Glaubwürdigkeit dieser »Dokumentar-F.« Abbruch tat, ist fraglich. Vermutlich ermöglichten selbst nachgestellte Kampfszenen immer noch eine visuelle Vorstellung vom Kampf an der Front, die Texte oder Fotografien nicht bieten konnten. Unter dem Eindruck eines immer entbehrungsreicher werdenden Kriegsalltags verloren schließlich auch die visuellen Propagandaargumente an Überzeugungskraft. Nach dem Krieg wurden, zum Teil mit dem in den Jahren zwischen 1914 und 1918 hergestellten filmischen Material, zahlreiche Dokumentar-F. gleichsam nachgedreht.

Lit.: H. Barkhausen, Filmpropaganda für Deutschland im Ersten und Zweiten Weltkrieg. Hildesheim u. a. 1982; Film and the First World War, hg. v. K. Dibbets, Amsterdam 1995; U. Oppelt, Film und Propaganda im Ersten Weltkrieg, Stuttgart 2002.

SUSANNE BRANDT

Film (nach 1918). Gegenüber den bis 1918 weitgehend propagandistisch geprägten F. unterschied sich der F. der Nachkriegszeit in Stoffwahl und Erzählweise durch die Reflexion der immensen Zerstörungen und Kosten des Krieges. Mit Ausnahme einer in den USA noch geraume Zeit über den Waffenstillstand hinaus reichenden Konjunktur von explizit antideutschen F. (am bedeutendsten wohl *The Four Horsemen of the Apocalypse* (R.: Rex Ingram, 1921) nahm der F. stärker Erfahrungen von Verlust, Leid und Tod auf. Als erster dieser F. kann *J'accuse* (R.: Abel Gance, Frankreich 1919) mit seiner pazifistischen Tendenz gelten.

In größerer Zahl entstanden Produktionen über den gerade überstandenen Krieg jedoch erst ab Mitte der zwanziger Jahre. In ihnen nahm die negative Zeichnung des Feindes nur selten größeren Raum ein (eher am Rande z. B. in *Wings*, R.: William Wellman, USA 1927 oder *Morgenrot*, R.: Gustav Ucicky, Deutschland 1933). Statt dessen dominierte die Perspektive auf eine kleine Gruppe von Handlungsträgern, deren Kriegserfahrung kaum noch Raum für einen patriotischen Sinn des Kampfes ließ. Mit dem international sehr erfolgreichen *The Big Parade* (R.: King Vidor, USA 1925) erschien erstmals ein fortan für einen Großteil der Produktionen typischer F.-typ. Der Krieg wurde hier für die Figuren zu einer individuellen, der heroisierenden Sinngebung nicht zugänglichen Prüfung. Die exemplarische kleine Gruppe, deren Mitglieder im Verlauf der Handlung dezimiert werden und deren Überlebende vom Krieg gezeichnet bleiben, verdeutlichte erzählerisch die neue Sichtweise: Der Weltkrieg erschien in vielen F. der zwanziger Jahre zunehmend als sinnlos. Die Unterscheidung zwischen Freund und Feind wurde konsequenterweise unwichtiger: *All Quiet on the Western Front* (R.: Lewis Milestone, USA 1930) griff mit Erich Maria Remarques Vorlage einen Roman aus dem Land des ehemaligen Kriegsgegners auf. Die »Kriegserfahrung« war in dieser Perspektive weniger national als existentiell bestimmt, wie auch in *Die andere Seite* (R.: Heinz Paul, Deutschland 1931), der auf dem Stück *Journey´s End* des englischen Dramatikers R. C. Sheriff basierte.

In Deutschland wirkten vor allem *Westfront 1918* (R.: G. W. Pabst, 1930) und *Niemandsland* (R.: V. Trivas, 1931) als filmische Anklagen gegen den Krieg. Sie zielten nicht auf die Ursachen des Kriegsausbruchs oder die Gründe für seine Dauer; ihre Erzählungen konzentrieren sich in kritischer Absicht auf die unbarmherzige Abnutzungslogik im Stellungskrieg mit ihren Folgen für die Kriegserfahrung der Frontsoldaten. Auch in vielen »nationalen« deutschen F. der Weimarer Republik lag der Akzent auf dem notwendigen Ausharren und allenfalls Überleben im als Schicksal aufgefaßten Krieg (neben *Morgenrot* auch *Berge in Flammen*, R.: Karl Hartl/Luis Trenker, 1931; *Douaumont*, R.: Heinz Paul, 1931).

Dagegen suchten Kompilations-F., meist Mischungen aus frei montiertem dokumentarischen Material und nachträglichen Spielszenen, eine patriotische Sinngebung. *Der Weltkrieg* (R.: Leo Lasko, 1927), mit Unterstützung des deutschen Reichsarchivs hergestellt, kann als Vorbild z. B. für die italienische Produktion *Gloria* (1932) gelten, in der allerdings die inszenierten Szenen deutlicher dramatisierende Funktion besaßen.

Außer den Kompilations-F. und einigen auf Randereignisse beschränkten Fiktionalisierungen (z. B. *Unsere Emden*, R.: Louis Ralph, 1926) dominierte bis zur Machtübernahme der Nationalsozialisten die Darstellung des Krieges als menschliches Desaster. Der nationalsozialistische F., teilweise Fortführung der Tradition »nationaler« F. mit ihrer Auffassung des Krieges als Prüfung, verknüpfte die Handlung oft mit einer Denunziation im Sinne der Dolchstoßlegende (*Urlaub auf Ehrenwort*, R.: Karl Ritter, 1937). Die hier gezogene »Lehre des Weltkrieges« basierte selten auf einem expliziten Feindbild, dagegen meist auf der Abgrenzung von der als »Systemzeit« bezeichneten Demokratie sowie auf der propagierten Aufrüstung (*Pour le mérite*, R.: Karl Ritter, 1938).

Mit der neuerlichen Instrumentalisierung des Ersten Weltkriegs für militärische Propaganda unterschied sich der nationalsozialistische F. vollständig von der internationalen Produktion. Erst nach dem Ausbruch des Zweiten Weltkriegs entstanden in den USA (*Sergeant York*, R.: Howard Hawks, 1941) und Großbritannien (*The First of the Few*, R.: Leslie Howard, 1942; *The Life and Death of Colonel Blimp*, R.: M. Powel/E. Pressburger, 1943) Produktionen, in denen der Weltkrieg seinen Sinn durch die Abwehr der nun wieder aufgetauchten deutschen Bedrohung gewann.

Der Sieg der Alliierten über den Nationalsozialismus begründete, zumindest im Westen, einen erneuten Perspektivwechsel. In Deutschland wurde der Erste Weltkrieg selten zu einem F.-Thema (*Das Mädchen aus Flandern*, R.: Helmut Käutner, 1955/56); statt dessen wurde der Zweite Weltkrieg unter der Formel des »sinnlosen Krieges« filmisch aufbereitet. Dagegen radikalisierten F. aus den USA, Großbritannien, Frankreich und Italien diese Formel mit Bezug auf den Ersten Weltkrieg. Klassische Beispiele des Antikriegs-F. entstammen dieser Periode und dieser Intention: *Paths of Glory* (R.: Stanley Kubrick, USA 1957), *King and Country* (R.: Joseph Losey, GB 1964), *Uomini contro* (R.: Francesco Rosi, I 1970), *Johnny Got his Gun* (R.: Dalton Trumbo, USA 1971) und *Gallipoli* (R.: Peter Weir, Australien 1981). Die Schlachten, in denen eine alte Weltordnung unterging und die Weise, in der sie gefochten wurden, finden daher heute ihre populärste Erinnerungsform und zugleich Kritik in Kino und Fernsehen.

Lit.: H. Barkhausen, Filmpropaganda für Deutschland im Ersten und Zweiten Weltkrieg. Hildesheim u. a. 1982; The First World War and Popular Cinema. 1914 to the Present, hg. v. M. Paris, New Brunswick, NJ 2000; Hollywood's World War I: Motion Picture Images, hg. v. P. C. Rollins/J. E. O'Connor, Bowling Green, Ohio 1997.

RAINER ROTHER

Der Erste Weltkrieg im Film. Dokumentar- und Spielfilme 1914-1943 (in Auswahl)

1914-1918

England Expects (R.: G. L. Tucker, England 1914)
The German Spy Peril (R.: W. Barker, England 1914)
The Great European War (R.: G. Pearson/G. B. Samuelson, England 1914)
It's a Long Way to Tipperary (England 1914)
Saving the Colours (England 1914)
Bout-de-Zan pacifiste (R.: L. Feuillade, Frankreich 1914)
Slava nam – smert vragam (R.: E. Bauer, Rußland 1914)
Tommy Atkins (England 1915)
The Coward (R.: T. Ince, USA 1915)
Liliia Belgii (R.: W. Starewicz, Rußland 1915)
The Battle of the Somme (England 1916)
L'offensive française sur la Somme, juillet 1916 (Frankreich 1916)
La défense de Verdun (Frankreich 1916)
Murphy of Anzac (Australien 1916)
Der Heimat Schützengraben (Deutschland 1916)
Das Tagebuch des Dr. Hart (R.: P. Leni, Deutschland 1916)
War Brides (R.: H. Brenon, USA 1916)
Civilization (R.: T. Ince, USA 1916)
La revanche des Français devant Verdun (Frankreich 1917)
Verdun (Frankreich 1917)
Debout les morts (R.: A. Heuze, Frankreich 1917)
The Murder of Captain Fryatt (Australien 1917)
Bei unseren Helden an der Somme (Deutschland 1917)
The Battle of Arras (England 1917)
The Battle of the Ancre and the Advance of the Tanks (England 1917)
St. Quentin (England 1917)
Der magische Gürtel. Deutsche U-Boote wider England (Deutschland 1917)
Woevre-Städte als Opfer der französischen Artillerie (Deutschland 1917)
Unsühnbar (R.: G. Jacoby, Deutschland 1917)
The Little American (R.: C. B. De Mille, USA 1917)
Joan the Woman (R.: C. B. De Mille, USA 1917)
The Kaiser: The Beast from Berlin (R.: R. Julian, USA 1918)
The Hun Within (R.: C. Withey, USA 1918)
My Four Years in Germany (R.: W. Nigh, USA 1918)
The Prussian Cur (R.: R. Walsh, USA 1918)
The Woman the Germans Shot (R.: J. Adolfi, USA 1918)
Hearts of the World (R.: D. W. Griffith, USA 1918)
Shoulder Arms (R.: C. Chaplin, USA 1918)
The Invasion of Britain (R.: H. Brenon, USA 1918)
Rentier Kulickes Flug zur Front (Deutschland 1918)
Ils ne passeront pas! (R.: E. Dede, Frankreich 1918)
The Better 'Ole (R.: T. Welsh/G. Pearson, England 1918)

1919-1943

J'accuse (R.: A. Gance, Frankreich 1919)
Chignole (R.: R. Plaissetty, Frankreich 1919)
Rose France (R.: M. L'Herbier, Frankreich 1919)
The Exploits of a German Submarine (U35) Operating in the Mediterranean (England 1919)
Comradeship (R.: M. Elvey, England 1919)
Behind the Door (USA 1919)
Ginger Mick (R.: R. Longford, Australien 1920)
J'accuse (Frankreich 1921)
The Four Horsemen of the Apocalypse (R.: R. Ingram, USA 1921)
Battle of Jutland (R.: H. B. Woolfe, England 1921)
Armageddon (R.. H. B. Woolfe, England 1923)
The Hero (R.: L. Gasnier, England 1923)
Woman to Woman (England 1923)
Zeebrugge (R.: H. B. Woolfe, England 1924)
Reveille (R.: G. Pearson, England 1924)
Sideshow of Life (England 1924)
Daughter of the East/The Boy of the Dardanelles (Australien 1924)
The Digger Earl (Australien 1924)
The Spirit of Gallipoli (Australien 1924)
Isn't Life Wonderful? (R.: D. W. Griffith, USA 1924)
Die freudlose Gasse (R.: G. W. Pabst, Deutschland 1925)
The Big Parade (R.: K. Vidor, USA 1925)
Ypres (R.: W. Summers, England 1925)
Mons: The Story of an Immortal Retreat (R.: W. Summers, England 1926)
Behind the Front (R.: E. Sutherland, USA 1926)

Mare Nostrum (R.: R. Ingram, USA 1926)
Mademoiselle from Armentières (R.: M. Elvey, England 1926)
Roses of Picardy (R.: M. Elvey, England 1926)
Unsere Emden (R.: L. Ralph, Deutschland 1926)
What Price Glory? (R.: R. Walsh, USA 1926)
Standschütze Bruggler (R.: W. Klinger, Deutschland 1926)
Blighty (R.: A. Brunel, England 1927)
The Battles of Coronel and the Falkland Islands (R.: W. Summers, England 1927)
The Somme (R.: M. A. Wetherell, England 1927)
Die Somme (R.: H. Paul, Deutschland 1927)
Wings (R.: W. Wellman, USA 1927)
Der Weltkrieg (R.: L. Lasko, Deutschland 1927)
Am Rande der Welt (R.: K. Grune, Deutschland 1927)
Pour la paix du monde (Frankreich 1927)
Le film du poilu (R.: H. Desfontaines, Frankreich 1927)
Verdun, tel que le poilu l'a vécu (R.: E. M. Buhot, Frankreich 1927)
Heimkehr (R.: J. May, Deutschland 1928)
Q-Ships (R.: G. Barkas/M. Barringer, England 1928)
Dawn/Execution of Edith Cavell (R.: H. Wilcox, England 1928)
Guns of Loos (R.: S. Hill, England 1928)
Mademoiselle Parlay-Voo? (R.: M. Elvey, England 1928)
Poppies of Flanders (R.: A. Maude, England 1928)
Verdun, visions d'histoire (R.: L. Poirer, Frankreich 1928)
L'Équipage (R.: M. Tourneur, Frankreich 1928)
La grande épreuve (R.: A. Ryder/A. Duges, Frankreich 1928)
The Exploits of the Emden (Australien 1928)
Carry on Sergeant! (R.: B. Bairnsfather, Kanada 1928)
Lilac Time (R.: G. Fitzmaurice, USA 1928)
Captain Swagger (R.: E. H. Griffith, USA 1928)
Legion of the Condemned (R.: W. Wellman, USA 1928)
Noah's Arc (R.: M. Curtiz, USA 1928)
Four Sons (R.: J. Ford, USA 1928)
The Legion of the Condemned (USA 1928)
Arsenal (R.: A. Dowshenko, UdSSR 1928)
Burgomaster of Stilemonde (England 1929)
The Lost Patrol (England 1929)
The Cock-Eyed World (R.: R. Walsh, USA 1929)
The Case of Sergeant Grischa (R.: H. Brenon, USA 1930)
All Quiet on the Western Front (R.: L. Milestone, USA 1930)
Hell's Angels (R.: H. Hughes/J. Whale, USA 1930)
Dawn Patrol (R.: H. Hawks, USA 1930)
Journey's End (R.: J. Whale, England/USA, 1930)
»East Lynne« on the Western Front (R.: G. Pearson, England 1930)
Suspense (R.: W. Summers, England 1930)
W Plan (R.: V. Saville, England 1930)
Splinters (England 1930)
Fellers (R.: A. Higgins, Australien 1930)
Westfront 1918 (R.: G. W. Pabst, Deutschland 1930)
Two Worlds (R.: E. A. Dupont, Frankreich 1930)
Tell England (R.: A. Asquith, England 1931)
Diggers (R.: F. W. Thring, Australien 1931)
Surrender (USA 1931)
Die andere Seite (R.: H. Paul, Deutschland 1931)
Niemandsland (R.: V. Trivas, Deutschland 1931)
Berge in Flammen (R.: K. Hartl/L. Trenker, Deutschland 1931)
Die Nacht der Entscheidung (R.: D. Buchowetzki, Deutschland 1931)
1914 – Die letzen Tage vor dem Weltbrand (R.: R. Oswald, Deutschland 1931)
Douaumont/Die Hölle vor Verdun (R.: H. Paul, Deutschland 1931)
Kameradschaft (R.: G. W. Pabst, Deutschland 1931)
La fin du monde (R.: A. Gance, Frankreich 1931)
Blockade (England 1932)
Verdun, souvenirs d'histoire (Frankreich 1932)
Tannenberg (Deutschland 1932)
Die unsichtbare Front (R.: R. Eichberg, Deutschland 1932)
Unter falscher Flagge (R.: J. Meyer, Germany 1932)
Les croix de bois (R.: R. Bemard, Frankreich 1932)
A Farewell to Arms (R.: F. Borzage, USA 1932)
The Man I Killed (R.: E. Lubitsch, USA 1932)
Sky Devils (R.: E. Sutherland, USA 1932)
Pack Up Your Troubles (R.: G. Marshall, USA 1932)
The Lost Squadron (R.: G. Archainbaud, USA 1932)
Kreuzer Emden (Deutschland 1932)

Gloria (Italien 1932)
Morgenrot (R.: G. Ucicky, Deutschland 1933)
Diggers in Blighty (R.: A. Higgins, Australien 1933)
Two Minutes Silence (R.: P. McDonagh, Australien 1933)
Waltzing Matilda (R.: P. Hanna, Australien 1933)
I was a Spy (R.: V. Saville, England 1933)
Cavalcade (England 1933)
The Eagle and the Hawk (R.: S. Walker, USA 1933)
Ace of Aces (R.: J. W. Ruben, USA 1933)
Forgotten Gold Diggers of 1933 (R.: M. LeRoy, USA 1933)
Ukraina (R.: B. Barnet, UdSSR 1933)
Those Splendid Fellows (R.: B. Smith, Australia 1934)
Forgotten Men (R.: N. Lee, England 1934)
Forgotten Men (R.: S. Cummins, USA 1934)
The Lost Patrol (R.: J. Ford, USA 1934)
Stoßtrupp 1917 (R.: H. Zoeberlein, Deutschland 1934)
Heldenkampf und Todesmut unserer Emden (Deutschland 1934)
Die Reiter von Deutsch-Ostafrika (R.: H. Selpin, Deutschland 1934)
Forever England (R.: W. Forde, England 1935)
Secret Agent (R.: A. Hitchcock, England 1935)
Lest We Forget (Kanada 1935)
Les hommes oubliés (Frankreich 1935)
Cessez le feu! (Frankreich 1935)
The Road to Glory (R.: H. Hawks, USA 1936)
Things to Come (England 1936)
Trommelfeuer der Westfront (R.: C. W. Kayser, Deutschland 1936)
Unternehmen Michael (R.: K. Ritter, Deutschland 1936)
Urlaub auf Ehrenwort (R.: K. Ritter, Deutschland 1937)
Patrioten (R.: K. Ritter, Deutschland 1937)
The Road Back (R.: J. Whale, USA 1937)
La grande illusion (R.: J. Renoir, Frankreich 1937)
Mademoiselle Docteur (R.: E. Greville, England/Frankreich 1937)
Salute to Valour (R.: W. S. Van Dyke, Kanada 1937)
Marthe Richard au service de la France (R.: R. Bernard, Frankreich 1937)
Dawn Patrol (R.: E. Goulding, USA 1938)
Submarine Patrol (R.: J. Ford, USA 1938)
J'accuse (R.: A. Gance, Frankreich 1938)
Les héros de la Marne (R.: A. Hugon, Frankreich 1938)
Paix sur le Rhin (R.: I. Choux, Frankreich 1938)
Ultimatum (R.: R. Siodmak Frankreich 1938)
Pour le mérite (R.: K. Ritter, Deutschland 1938)
Les otages (R.: R. Bernard, Frankreich 1939)
Deuxième Bureau contre Kommandantur (Frankreich 1939)
Nurse Edith Cavell (R.: H. Wilcox, England 1939)
Spy in Black (R.: M. Powell, England 1939)
Aufruhr in Damaskus (R.: G. Ucicky, Deutschland 1939)
Lost Paradise (Frankreich 1939)
We're in the Army Now (R.: T. Morse, England 1939)
Enemy Agent (R.: T. Morse, England 1939)
Forty Thousand Horsemen (R.: C. Chauvel, Australien 1940)
Fighting 69th (R.: W. Keighley, USA 1940)
Sergeant York (R.: H. Hawks, USA 1941)
The First of the Few (R.: L. Howard, England 1942)
The Life and Death of Colonel Blimp (R.: M. Powell/E. Pressburger, England 1943)

JOHN W. CHAMBERS II. / RAINER ROTHER

Finnland. Der an der nordöstlichen Peripherie Europas gelegene Kleinstaat (1910: 2,94 Mio. Einwohner) trat in den Weltkrieg als autonomes Großfürstentum im Verbande des Russischen Reiches ein und beendete ihn als unabhängige Republik demokratisch-parlamentarischer Prägung. Diese Entwicklung war nicht vorhersehbar und verlief keineswegs gradlinig. Sie war – von den letzten Monaten des Bürgerkriegs abgesehen – in erster Linie das Ergebnis externer Ereignisse (Oktoberrevolution, Frieden von Brest-Litowsk), basierte lang- und mittelfristig jedoch auch auf Voraussetzungen im Lande selbst. Hierzu zählte zum einen die erfolgreiche Herausbildung einer nationalen Identität im Laufe des 19. Jahrhunderts, zum anderen deren Infragestellung durch die vom Zaren (seit 1809 in Personalunion zugleich Großfürst von F.) von 1898 an mit nur kurzer Unterbrechung (1905-1907) gegen starken finnischen Widerstand betriebene Politik der Russifizierung. Diese auf Beseitigung des Autonomiestatus zielende Politik hatte nicht nur die traditionell starke Loyalität der Finnen gegenüber der Person des Zaren auf eine harte Probe gestellt, sondern auch zur politischen Partizipationsbereitschaft breiter Kreise der finnischen

Gesellschaft beigetragen und das Land erstmals in das Bewußtsein einer größeren europäischen Öffentlichkeit gehoben.

Der Kriegsausbruch berührte F. zunächst nur wenig, da dem Land die Teilnahme an militärischen Auseinandersetzungen erspart blieb und die russische Armee von Rekrutierungsmaßnahmen absah. Die Verhängung des Kriegszustandes Ende Juli und die Veröffentlichung neuer Russifizierungspläne im Nov. 1914 schürten gleichwohl Befürchtungen vor einer weiteren Aushöhlung der finnischen Autonomie durch die russischen Zentralinstanzen. In dieser Situation waren es drei unterschiedliche Entwicklungsmöglichkeiten, auf welche finnische Aktivistenkreise je nach politischer Orientierung ihre Hoffnung setzten: Erstens die Wiederherstellung der Autonomie innerhalb des Russischen Reiches im Rahmen eines allgemeinen bzw. eines deutsch-russischen Friedensschlusses; zweitens eine Liberalisierung der finnischen Verhältnisse als Folge einer militärischen Niederlage Rußlands und/oder revolutionärer Unruhen im Lande; drittens die Erringung völliger staatlicher Unabhängigkeit infolge eines durch fremde Intervention unterstützten Aufstandes in F. selber.

Die letztgenannte Option fand ihre Anhänger insbesondere unter jungen Studenten und Akademikern, ohne je eine Mehrheitsmeinung zu repräsentieren. Die seit den Wahlen von 1916 im finnischen Parlament, der Eduskunta, mit absoluter Mehrheit vertretenen Sozialdemokraten z. B. setzten überwiegend auf Veränderungen in Rußland selbst, während finnische Finanz- und Industriekreise schon aus ökonomischen Gründen bis zur russischen Revolution 1917 an der Verbindung mit dem Zarenreich festhielten. Ein Aufstand in F., für den es an Waffen, militärischer Ausbildung und wohl auch politischer Entschlossenheit fehlte, erschien den meisten Beobachtern angesichts von ca. 40.000 im Lande stationierten russischen Soldaten aussichtslos. Auch Bemühungen um ausländische Unterstützung erwiesen sich zunächst als wenig erfolgreich. Während die demokratische Opposition in Rußland jeglichen finnischen Separatismus ablehnte und Schweden vor allem auf die Bewahrung seiner Neutralität bedacht war, zeigten die Ententemächte wenig Neigung, ihren russischen Verbündeten wegen der für sie zweitrangigen finnischen Frage zu verprellen. Positiver waren die Reaktionen in Berlin. Reichskanzler Bethmann Hollweg und das Auswärtige Amt erkannten sehr bald die Möglichkeiten, die sich aus einer geschickten Handhabung des Finnlandproblems für die eigenen Interessen im Ostseeraum ergaben. Jede Aufwiegelung sog. separatistischer Fremdvölker versprach eine Destabilisierung des russischen Gegners, ein Aufstand in F. zudem eine antirussische Intervention Schwedens. So begann man im Febr. 1915 im Lockstedter Lager nahe Hamburg mit der militärischen Ausbildung von zunächst 200 finnischen Freiwilligen. Als »kgl. preuß. Jägerbataillon Nr. 27«, seit 1916 auch an der baltischen Front im Raum Riga und Libau (Liepaja) eingesetzt, bildeten sie den Kern einer schon bald fast 2.000 Mann umfassenden Jägerbewegung, aus der sich im Zweiten Weltkrieg die Masse der finnischen Generalität rekrutieren sollte. Zunächst freilich herrschte über die mögliche Funktion der Jägerbewegung allseits Unklarheit. Dies um so mehr als die deutsche Seite in Hinblick auf einen möglichen Separatfrieden mit Rußland jegliche Festlegungen vermied, die finnischen Aktivisten aber feste deutsche Zusicherungen hinsichtlich der Zukunft ihres Landes zur unabdingbaren Voraussetzung eigener Aktionen machten.

In dieser Situation waren es die revolutionären Ereignisse in Petrograd 1917, welche die Ereignisse auch in F. vorantrieben. Schon die Februarrevolution stellte die verfassungsrechtlichen Grundlagen des Landes insofern in Frage, als mit dem Zaren auch der Großfürst von F. abdankte, ohne daß klar war, auf wen die von diesem ausgeübte höchste Gewalt übergehen sollte. Nach russischer und »altfinnischer« Auffassung war die Provisorische Regierung in Petrograd die legitime Erbin der monarchischen Gewalt über F.; nach Meinung von Jungfinnen, Konstitutionellen und Sozialisten konnten diese nur die eigenen Staatsorgane in Helsinki, d. h. das Parlament bzw. der Senat sein. Dessen ungeachtet vermochte die Provisorische Regierung um den Preis einer umgehenden Suspendierung der meisten Russifizierungsgesetze ihre Autorität gegenüber Helsinki noch für einige Monate zu wahren. Zur entscheidenden Kraftprobe kam es erst, als der nun mehrheitlich sozialdemokratische Senat unter Oskar Tokoi – die erste sozialistisch geprägte Regierung der Welt – in einem »Ermächtigungsgesetz« die fast völlige Unabhängigkeit F. (mit Ausnahme militärischer und außenpolitischer Belange) durchzusetzen suchte. Unter-

Finnland/Baltikum (1914-1919)

stützt von Teilen der bürgerlichen Opposition in F. löste die Provisorische Regierung daraufhin am 31. Juli 1917 die Eduskunta auf; wie sich bald zeigte, war dies die letzte bedeutende Machtdemonstration der russischen Zentralgewalt in F.

Die sich in den folgenden Monaten weiter destabilisierende Lage in Rußland führte bald auch in F. zu einem Machtvakuum, in dem sich die politischen Kräfte rasch neu formierten und polarisierten. Den Hintergrund hierzu bildete die kriegsbedingte Verschärfung der ökonomischen und sozialen Probleme des Landes. Obwohl weit überwiegend ein Agrarstaat, hatte F. bei Kriegsbeginn nur etwa 40 % seines Bedarfs an Brotgetreide selbst decken können und war daher auf russische Importe angewiesen. In dem Maße, wie diese im Gefolge der Revolutionswirren ausblieben, kam es auch in finnischen Städten zu Hungerkrisen. Zwischen 1913 und 1917 stiegen die Lebenshaltungskosten um etwa das Vierfache, während die finnische Mark gleichzeitig dramatisch an Wert verlor. Auch die Industrie erlebte schwere Einbußen. Eine Welle von Arbeitskämpfen, wachsende Arbeitslosigkeit und Massenverelendung sowie die Präsenz der bis zum Herbst 1917 auf zeitweise etwa 100.000 Mann angewachsenen Zahl zunehmend politisierter russischer Soldaten bildeten den Rahmen für die sich nun sukzessive in den außerparlamentarischen Raum verlagernden politischen Konflikte.

Nach den Parlamentsneuwahlen im Okt., die mit Stimmenverlusten für die Sozialdemokratie und der Bildung eines rein bürgerlichen Senats unter Pehr Svinhufvud endeten, vor allem aber nach Beginn der Oktoberrevolution in Petrograd, überschlugen sich die Ereignisse. Am 15. Nov., während eines vom starken finnischen Gewerkschaftsverband ausgerufenen Generalstreiks, erklärte sich die Eduskunta selbst zum Inhaber der höchsten Gewalt; drei Wochen später, am 6. Dez. (heute Nationalfeiertag), billigte das Parlament eine vom neuen Senat vorgelegte Selbständigkeitserklärung. Unverkennbar waren es jetzt die früher eher zögerlichen bürgerlichen Kräfte, die – nicht zuletzt aus Revolutionsangst – rasch vollendete Tatsachen schaffen wollten. Demgegenüber setzten die Sozialisten auf einen im Einvernehmen mit der neuen russischen Revolutionsregierung vertraglich geregelten Übergang zur Unabhängigkeit; tatsächlich waren die Bolschewiki zu deren Anerkennung umgehend bereit. Die Legitimität der Parlamentswahlen vom Oktober und der aus ihnen hervorgegangenen neuen Regierung im Lande war keineswegs unumstritten. Die Aufstellung bewaffneter Schutzkorps zur Entwaffnung der noch in F. befindlichen russischen Truppen rief den Argwohn der Linksopposition um so mehr hervor, als die neue Ordnungsmacht Carl Gustav Emil Mannerheim unterstellt wurde, der, aus F. stammend und in der zarischen Armee zum Generalleutnant aufgestiegen, mit der Gegenrevolution in Rußland sympathisierte. Gestützt auf die als Gegengewicht gegründeten und mit russischer Hilfe spärlich bewaffneten Roten Garden bildete sich daraufhin am 28. Jan. 1918 in Helsinki eine Revolutionsregierung (Volkskommissariat) unter Führung des früheren Parlamentspräsidenten Kullervo Manner, deren offizielles Ziel zwar eine sozialistische Umgestaltung F., nicht aber eine proletarische Diktatur im Sinne Lenins war. Binnen kürzester Zeit kontrollierten die Revolutionäre weite Teile Süd-F. – insbesondere die Zentren Helsinki und Tampere – und damit die hinsichtlich Industrie und Infrastruktur am weitesten entwickelten Teile des Landes. Gleichwohl gelang es den im Raum Vaasa (Ostbottnien) versammelten weißen Truppen, bei denen auch ein Teil der Regierung Svinhufvud Zuflucht gefunden hatte, in wenigen Wochen das Blatt zu wenden; seit der erfolgreichen Rückeroberung Tamperes (6. April 1918) ließ der Widerstand der Aufständischen rasch nach und brach Anfang Mai vollends zusammen. Diese Entwicklung erklärt sich zum einen daraus, daß die Revolutionsregierung weder die Verwaltung des Landes noch die eigenen bewaffneten Kräfte wirksam zu disziplinieren und zu koordinieren verstand und von der selbst noch schwachen Sowjetregierung in Petrograd nur bescheidene Unterstützung erfuhr. Andererseits verfügten die weißen Verbände mit Mannerheim über einen operativ geschulten Truppenführer und seit Rückkehr des Hauptkontingents der in Deutschland ausgebildeten Jäger (25. Febr. 1918) zudem über einen Stamm professioneller Soldaten.

Auch die Intervention deutscher Truppen unter General Rüdiger Graf von der Goltz trug zur baldigen Beendigung des Bürgerkrieges bei. Die am 3. April bei Hanko gelandete Ostseedivision (ca. 11.000 Mann) konnte bereits am 12./13. April in Helsinki einmarschieren, während eine zweite Abteilung, die am 7. April bei Loviisa an Land gegangen war, zwei Wochen später Lahti eroberte. Dem von Svinhufvud und anderen deutschfreundlichen Kreisen gewünschten, von Mannerheim selbst aber ursprünglich abgelehnten deutschen Eingreifen waren Geheimverhandlungen in Berlin vorangegangen, die in ihren vertraglichen Konsequenzen (Friedensvertrag, Handels- und Schiffahrtsabkommen) auf eine enge Anbindung an das Deutsche Reich hinausliefen. Nach Ende des Bürgerkriegs und der Wahl Svinhufvuds zum Reichsverweser Mitte Mai wurde entgegen den Vorstellungen Mannerheims, der daraufhin seinen Abschied nahm, auch der Aufbau des finnischen Heeres deutschen Offizieren anvertraut. Seinen äußerlichen Höhepunkt erlebte der deutsche Einfluß, als das von Sozialdemokraten gesäuberte Rumpfparlament nach heftigen Auseinandersetzungen zwischen Republikanern und Monarchisten am 9. Okt. Prinz Friederich Karl von Hessen, einen Schwager des deutschen Kaisers, zum finnischen König wählte. Nach dem Zusammenbruch des deutschen Kaiserreichs war jedoch bereits wenige Wochen später jeder deutschlandorientierten Politik der Boden entzogen. Statt dessen vermochte sich nun mit den erneuten Parlamentswahlen vom März 1919, der Verabschiedung der Verfassung (21. Juni 1919) und der Wahl K. J. Ståhlbergs, eines überzeugten Republikaners, zum ersten Präsidenten (25. Juli 1919) die demokratische Republik dauerhaft zu konsolidieren. Auch in außenpolitischer Hinsicht konnte trotz weiterhin schwelender Konflikte mit Schweden und Sowjetrußland über die Zugehörigkeit der Åland-Inseln bzw. Ostkareliens zu F. durch den finnisch-sowjetischen Frieden von Tartu (14. Okt. 1920) eine vorübergehende Beruhigung der Lage erreicht werden.

So kurz der Bürgerkrieg gewesen war, so blutig war seine Bilanz: Auf roter Seite hatten an ihm etwa 100.000, auf weißer ca. 70.000 Menschen teilgenommen. Von den insgesamt etwa 29.000 Todesopfern war nur der kleinere Teil (6.800) im Zuge der eigentlichen Kampfhandlungen ums Leben gekommen. Größer war die Zahl derjenigen, die dem »Roten Terror« (ca. 1.600) bzw. den von weißer Seite vorgenommenen Massenliquidierungen (ca. 8.400) zum Opfer fielen. Damit nicht genug: Nach Ende des Krieges wurden etwa 80.000 »rote« Gefangene interniert, von denen infolge der Haftbedingungen in den Lagern annähernd 12.000 umkamen. Die Führer der Revolution und etwa 5.000 ihrer Anhänger waren nach Rußland geflohen.

Die Ereignisse der Jahre 1917-1919 stellen eine der großen Zäsuren in der finnischen Geschichte dar und haben als solche sehr unterschiedliche historiographische Interpretationen erfahren. Die schließlich siegreiche weiße Republik sah in ihnen einen um die Unabhängigkeit des Landes gegen Russen und finnische Aufständische geführten Freiheitskrieg (vapaussota), während auf der Linken eher von Klassenkrieg oder Revolution gesprochen wurde. Tatsächlich flossen in den blutigen Auseinandersetzungen jener Monate das Bemühen um nationale Selbstfindung, der Kampf um gesellschaftliche Neuorientierung und ausländische Interventionsinteressen unauflöslich zusammen und schufen eine für F. spezifische Gemengelage. Der jungen Republik erwuchs daraus ein doppeltes Erbe: einerseits – als traumatische Folge des Bürgerkrieges – eine innere Spaltung der Gesellschaft, die endgültig erst unter dem Eindruck einer noch blutigeren Katastrophe, nämlich des »Winterkrieges« von 1939/40, überwunden wurde; andererseits eine der modernsten und stabilsten Demokratien des Kontinents. Zurückgehend auf Reformen des Jahres 1906 (durch die u. a. erstmals in Europa das aktive und passive Frauenwahlrecht eingeführt worden war), entstand eine Verfassungsordnung, die historisch nahezu einzigartig bis zum Ende des Jahrhunderts Bestand haben sollte. Die daraus erwachsene Stabilität der politischen Kultur F. wurde zur wichtigsten Voraussetzung für den späteren Aufstieg des Landes zu einem (post-)industriellen Wohlfahrtsstaat.

Lit.: A. Upton, The Finnish Revolution 1917-1918, Minneapolis 1982; O. Jussila/S. Hentilä/J. Nevakivi, Politische Geschichte Finnlands seit 1809. Vom Großfürstentum zur Europäischen Union, Berlin 1999.

BERND WEGNER

Fisher, John Arbuthnot (seit 1908 Baron F. of Kilverstone), * Ramboda (Ceylon) 25.1.1841, † London 10.7.1920, britischer Admiral. – F. trat 1854 in die Royal Navy ein und begann 1882 nach verschiedenen Borddiensten eine 14jährige Dienstzeit an Land. 1899 vertrat er England bei der 1. Haager Friedenskonferenz. Danach wurde ihm die Führung der Mittelmeerflotte anvertraut. Als Second Sea Lord (1901) unternahm F. eine intensive personelle und organisatorische Neuordnung der Royal Navy (Selborne Scheme). Am 21. Okt. 1904 (dem Jahrestag der Schlacht von Trafalgar) wurde er First Sea Lord. Bereits im folgenden Jahr, nach der radikalen Ausmusterung von 150 älteren Kriegsschiffen, löste er mit dem Bau der H.M.S. *Dreadnought* und der H.M.S. *Invincible* eine Revolution der damaligen Marineausrüstung aus. F. nahm 1910 seinen Abschied, kam aber im Okt. 1914 als First Sea Lord zurück. Seine erste Aufgabe bestand darin, der Niederlage eines englischen Geschwaders bei Coronel einen Erfolg entgegenzusetzen. Dazu entsandte F. Sir Doveton Sturdee mit zwei neuen Schlachtkreuzern, die mithalfen, das deutsche Kreuzergeschwader unter Graf Maximilian von Spee bei den Falkland-Inseln zu vernichten. Nach verschiedenen Überlegungen, in die Ostsee einzubrechen und ein britisches Expeditionskorps in Pommern zu landen, fühlte sich F. mehr und mehr den weitreichenden Plänen des Marineministers Winston Churchill verbunden. Dieser wollte die Dardanellen mit einer alliierten Flotte angreifen und britische und australische Truppen auf der Halbinsel Gallipoli landen. F., der das riskante Unternehmen von Anfang an weniger optimistisch sah als sein Vorgesetzter, wurde jedoch durch die schweren Schiffsverluste im Frühjahr 1915 stark ernüchtert. Im Kriegsrat vom 14. Mai 1915 distanzierte er sich von Churchills Plänen, wodurch eine weitere Zusammenarbeit unmöglich wurde und F. als First Sea Lord zurücktrat. Kurz danach stürzte die liberale Regierung Herbert Henry Asquiths, und Churchill wurde durch Arthur James Balfour ersetzt. Die Dardanellen-Operation endete im Dez. 1915 mit der Räumung Gallipolis durch die Alliierten. Nach einer kurzen Dienstzeit als Direktor der Entwicklungsabteilung der Admiralität nahm F. schließlich seinen Abschied.

Holger H. Herwig

Flammenwerfer, Kampfmittel, mit dem militärische Ziele auf kurze Distanz mit Hilfe eines Flammenstrahls bekämpft werden können. – In einem Behälter unter Druck stehendes Flammenöl wird durch ein Rohr verspritzt und beim Verlassen desselben durch eine Zündvorrichtung entzündet. – Die Entwicklung der F. begann in Deutschland kurz vor Kriegsbeginn. Auf deutscher Seite produzierte man schwere stationäre F. mit einem Flammenölvorrat von 100 l und einer Reichweite von ca. 50 m und kleine tragbare F. mit einem Ölvorrat von 10 l und einer Reichweite von 25-30 m. Während der schwere F. für

Flammenwerferübung deutscher Soldaten

Dauerfeuer ausgelegt war, konnten mit dem leichten F. bis zu 18 Flammenstöße abgegeben werden. Der sich abzeichnende Stellungskrieg führte Ende 1914 bei der Pioniertruppe zur Aufstellung der F.-Abteilung Reddemann. Ihr erster Einsatz fand am 26. Febr. 1916 vor Verdun statt. Völlig entsetzt flohen die französischen Soldaten und gaben ihr Stellungssystem in einer Tiefe bis zu 600 m auf. Dieser Erfolg führte zur Bildung eines F.-Bataillons und später eines F.-Regiments, des Garde-Reserve-Pionierregiments. Seit Juli 1916 durfte die F.truppe als besondere Auszeichnung den Totenkopf auf dem Ärmel tragen. Ein F.trupp bestand aus vier Mann, dem Truppführer, dem Tornisterträger, dem Strahlrohrführer und einem Helfer. Der leichte F. war eine wirksame und gefürchtete Hilfswaffe im Infanteriekampf und war taktisch sowohl defensiv als auch offensiv einzusetzen. Besonders geeignet erwies sich der Einsatz im Angriff zum Niederkämpfen gegnerischer Stützpunkte und beim Aufrollen feindlicher Grabensysteme. Der F. bewirkte erhebliche Verbrennungen und schwere Verletzungen der Atmungsorgane. Sehr oft führte gerade die demoralisierende Wirkung zum sofortigen Zusammenbruch des Widerstandes und zur Aufgabe feindlicher Stellungen. Der Infanterie wurden so Lücken im feindlichen Stellungssystem für den weiteren Angriff geöffnet. Die Sturmbataillone verfügten etatmäßig über F.züge, denen eine wichtige Aufgabe im Stoßtruppverfahren zukam. Das Auftreten deutscher F. führte zur Entwicklung vergleichbarer Modelle in Frankreich und England. Während die britische Armee F. nur selten einsetzte, nutzte die französische Armee F. bei ihren Angriffen in den Jahren 1917-1918. → *Stoßtrupp*

GERHARD P. GROSS

Flandern, Provinz im Nordwesten Belgiens. – West-F. bildete 1914, 1915 und 1917 den Schauplatz für drei große Schlachten; dazu kamen die Kämpfe im Verlauf der deutschen Frühjahrsoffensive von 1918. Für die Briten sind diese Schlachten untrennbar mit dem Namen der Marktstadt Ypern verbunden. So verwundert es kaum, daß nach dem Krieg die mit der Benennung der Schlachten und Gefechte beauftragte britische Kommission die Kämpfe in F. als 1., 2. und 3. »Battle of Ypres« bezeichnete, während man in Deutschland in der Regel von den drei »F.-Schlachten« spricht. Gleichwohl unterschieden sich diese drei Schlachten sehr.

Die 1. F.-Schlacht war eine sog. Begegnungsschlacht. Sie entwickelte sich aus dem Versuch von Briten und Deutschen, sich ab Okt. 1914 im Verlauf des »Wettlaufes zum Meer« jeweils gegenseitig zu umfassen. Wenn auch diese Schlacht in der englischen Kriegsliteratur und -erinnerung überwiegend als britische Schlacht wahrgenommen wird, so wurde sie doch in viel größerer Zahl von französischen Truppen gekämpft, und die bestimmende Persönlichkeit auf alliierter Seite war zweifellos General Foch.

Das Eingreifen der Briten hatte sich als Folge einer Eigeninitiative des britischen Oberbefehlshabers, Feldmarschall Sir John French, ergeben. Bei Kriegsbeginn war das britische Expeditionskorps (British Expeditionary Force, BEF) an der linken Flanke der französischen Armee eingesetzt gewesen. Nach dem Rückzug bei Mons, nach den Kämpfen an der Marne und Aisne fand es sich eingeklemmt in der französischen Mitte wieder. Die Erfahrungen von French in der Kooperation mit seinen Verbündeten waren nicht sonderlich erfreulich gewesen. Die Größe seines Verbandes ließ ihn eher als den Juniorpartner in dieser Allianz erscheinen, während die Befehle von Kriegsminister Kitchener dahingehend lauteten, daß er persönlich für die Erhaltung der Unabhängigkeit seines Kommandos verantwortlich war. Für French war es eine alarmierende Vorstellung, die BEF nur auf eine Hilfstruppe der Franzosen reduziert zu sehen. Also überzeugte er General Joffre – was an sich schon nicht einfach war –, die BEF doch an die linke Flanke zu verlegen, wodurch sie näher an ihren an der Kanalküste gelegenen Versorgungsbasen zum Einsatz käme (im Falle eines Desasters natürlich auch näher an ihren Einschiffungshäfen Richtung England). Auf längere Sicht war diese Entscheidung sehr bedeutend, denn sie sicherte der BEF eine operative Unabhängigkeit, die sie andernfalls nicht erreicht hätte. Zunächst bedeutete es aber, daß die kleine Berufsarmee erneut in den Weg einer größeren Offensive der Deutschen geriet.

Die Kämpfe um Ypern im Okt./Nov. 1914 stellten den letzten Versuch des deutschen Oberkommandos dar, noch vor Weihnachten einen entscheidenden Sieg im Westen zu erringen. Sie waren gekennzeichnet von Falkenhayns bekannter operativer Rücksichtslosigkeit und seiner Bereitschaft, hohe Verluste in Kauf zu nehmen. Ungeachtet dieser höheren strategischen Überlegungen entschied sich die 1. F.-Schlacht dennoch an den taktischen Gegebenheiten vor Ort. Auf beiden Seiten wurden frische Formationen ins Gefecht geworfen, sobald diese auf dem Schlachtfeld ankamen. Die Kämpfe konzentrierten sich vor allem auf taktisch wichtige Positionen, wie die flache Hügelkette und die Plateaus um Ypern. Angriffe wie auch Verteidigung wurden meist Stück für Stück geführt und blieben unkoordiniert. In der Schlacht zeigte sich vor allem der tödliche Effekt des britischen Gewehrfeuers gegen die Massenangriffe unerfahrener deutscher Reservekorps, die hier in einer für deutsche Verhältnisse ungeheuren taktischen Naivität eingesetzt wurden. Namentlich der Angriff bei Langemarck wurde von der deutschen Kriegspropaganda rasch aufgegriffen und setzte sich bald als »Opfergang der kriegsfreiwilligen Jugend« in der deutschen Kriegserinnerung fest. Für die höheren Führer bedeutete die Schlacht eine ungeheure Nervenanspannung. Der entscheidende Moment war wahrscheinlich der 31. Okt. bei Gheluvelt, als ein Gegenangriff des 2. Bataillons des Worcestershire-Regiments den unmittelbar bevorstehenden deutschen Durchbruch vereitelte. Die dünne Linie hielt stand und das Einsetzen des Winters brachte die Kämpfe zum Erliegen. Die Verluste des kleinen britischen Kontingents waren schwer und auf kurze Sicht lähmend. Für Falkenhayn bedeutete das Ausbleiben des Erfolgs im Westen eine schwere Niederlage, denn nun erhielten diejenigen unter seinen Kritikern Auftrieb, die eine Kriegsentscheidung im Osten favorisierten.

Die 1. F.-Schlacht wurde im wesentlichen von Truppen der deutschen 4. und 6. Armee und dem britischen II. Korps unter Sir Douglas Haig geschlagen. Sein hier erworbener Ruf sollte dazu führen, daß Haig 1915 mit dem Oberbefehl für weitere Operationen betraut wurde. Doch zunächst verlagerte sich das Schwergewicht der Kämpfe nach Süden, nach dem Artois. In F. richtete sich die neu aufgestellte britische 2. Armee unter Sir Horace Smith-Dorrien zur Verteidigung ein. Von allen Heeren an der Westfront war wohl das britische am schlechtesten auf die Bedingungen des Stellungskrieges vorbereitet – gerade vor Ypern, mit seinem feuchten Klima und dem sumpfigen Terrain. Bei den beteiligten Soldaten sollte der Winter 1914/15 auf beiden Seiten als einer der schlimmsten in Erinnerung bleiben.

Die Kriegsmoral der britischen Truppen wurde im Frühjahr 1915 durch den berüchtigten deutschen Gasangriff bei Ypern auf die Probe gestellt. Dieser leitete die 2. F.-Schlacht ein (April/Mai 1915). Am 22. April wurde gegen 17.30 Uhr Ortszeit im Vorfeld des XXIII. und XXVI. Reservekorps (4. Armee) erstmals Chlorgas aus Zylindern abgeblasen. Die Wirkung war dramatisch. Die ersten Einheiten, die diesem chemischen Krieg zum Opfer fielen, waren eine Division algerischer Kolonialtruppen und eine französische Territorialdivision. Von der völlig unerwarteten und bislang unbekannten Wirkung des Gases überwältigt, brach Panik unter den Franzosen aus. Diese hinterließen eine über 6 km breite Lücke in der Front. Doch das Ergebnis war für die Deutschen beinahe ebenso überraschend. Es waren keine entsprechenden Reserven bereitgestellt worden, um den Erfolg auszunützen. Der Vorstoß der deutschen Formationen blieb zögerlich, zumal das Gas nun auch die Angreifer beeinträchtigte.

In die Lücke der alliierten Front wurde nun die britische 2. Armee geworfen. Smith-Dorrien setzte hier die völlig unerfahrene kanadische 1. Division ein. Deren Leistung war außergewöhnlich, vor allem ein Gegenangriff vom 23. April, der beim deutschen Befehlshaber erhebliche Wirkung hinterließ und so dessen weitere Lagebeurteilung beeinflußte. Bis zum 24. hatten sich die Kanadier gut eingegraben und waren bereits mit primitiven Atemschutzgeräten ausgerüstet, so daß sie einem zweiten Gasüberfall standhielten. Smith-Dorrien stellte nun den Antrag, die eigene Linie in eine besser zu verteidigende Position 5 km zurück verlegen zu dürfen. Taktisch gesehen war diese Überlegung völlig korrekt, sie resultierte aber in der sofortigen und unter unehrenhaften Bedingungen vollzogenen Enthebung von seinem Kommando durch den Oberbefehlshaber. Smith-Dorrien und French waren alte Feinde; letzterer war der Meinung, daß Smith-Dorrien im Jahr zuvor mit der auf eigene Faust unternommenen Abwehrschlacht bei Le Cateau (26. Aug. 1914) leichtfertig die Vernichtung der BEF riskiert habe. Die neuerliche Brüskierung lieferte French nun einen idealen Vorwand. Smith-Dorrien wurde durch Sir Herbert Plumer ersetzt, die Entlassung ebnete aber auch Sir Douglas Haig den Weg zum Oberkommando. Fünf Tage nach der Kommandoübernahme Plumers wurde dessen Armee in der exponierten Stellung von einem erneuten

Flandern (1914-1918)

deutschen Angriff getroffen, der sie genau auf die Linie zurückwarf, die Smith-Dorrien vorher empfohlen hatte. Die Kämpfe hielten an, bis sie die Deutschen am 25. Mai angesichts der wachsenden britischen (und nun auch indischen) Verstärkungen einstellten.

Der erste Gasangriff der Deutschen war ein verheerender Fehler gewesen. In der britischen Berufsarmee, die bislang eine bemerkenswert pragmatische Organisation gewesen war, begann man nun, eine ausgesprochene Antipathie gegen den Feind zu entwickeln. Der Angriff war natürlich auch ein Geschenk für die alliierten Propagandisten, die die Auseinandersetzung gerne mit hehren moralischen Argumenten zu führen suchten. Und er ermöglichte es Briten und Franzosen, jetzt ihrerseits mit chemischen Waffen aufzurüsten, ohne die moralischen Verdammungen fürchten zu müssen, die den deutschen Ersteinsatz begleitet hatten.

Die 3. F.-Schlacht (Juli-Nov. 1917) ist vielleicht die umstrittenste Schlacht der britischen Militärgeschichte, für die deutsche ist es diejenige, die wohl am wenigsten als eine Schlacht im klassischen militärischen Verständnis in Erinnerung geblieben ist. Es war das erste Schlachtfeld an der Westfront, das die Briten aus eigener Entscheidung gewählt hatten. Nach dem Sturz des Zaren war Feldmarschall Haig zu dem Schluß gekommen, daß die Entente nun den Druck auf die deutsche Front im Westen aufrecht erhalten mußte, um nicht eine Niederlage zu riskieren. Nach den französischen Meutereien im Gefolge der Nivelle-Offensive an der Aisne war ihm klar, daß es vornehmlich die britische Armee sein würde, die diese Aufgabe zu übernehmen hatte. F. bot sich als Schlachtfeld in mehrerer Hinsicht an: Es lag logistisch günstig in der Nähe der Kanalhäfen, über die die Versorgung aus Großbritannien lief. Jeder britische Vorstoß mußte somit die Sicherheit der Operationsbasis der BEF verbessern. Ein weitergehender Vorstoß würde überdies die Deutschen zur Aufgabe ihrer U-Boot-Basen an der belgischen Küste zwingen, was ein Schlag gegen den vor allem für Großbritannien verhängnisvollen U-Boot-Krieg wäre. Die strategische Beschaffenheit des Geländes würde es den Deutschen unmöglich machen, sich dem alliierten Angriff durch taktische Rückzüge zu entziehen, wie sie es zu Anfang des Jahres so überaus erfolgreich an der Somme getan hatten. In F. konnte das deutsche Heer entweder in der Verteidigung bleiben und dort massive Verluste erleiden, oder es konnte einen Rückzug antreten, der die gesamte Front im Westen gefährden würde.

Haigs Einschätzung war im Grundsatz richtig. Doch entscheidend blieb in diesem Krieg letztlich nicht, was strategisch wünschenswert, sondern was operativ möglich war. In dieser Hinsicht war F. weniger attraktiv. Die deutschen Stellungen um Ypern waren stark und lehnten sich an die umliegenden Hügelketten an. Die deutsche Artillerie konnte hier ihr Feuer gut zusammenfassen und lag zudem in Hinterhangstellungen, was ihre Bekämpfung erschwerte. Die wachsende Stärke und Präzision der britischen Artillerie wurde dagegen durch den Umstand aufgewogen, daß sie aus dem Ypern-Bogen heraus exzentrisch kämpfen mußte und so ihre Wirkung zerstreute; zur selben Zeit war die angreifende Infanterie dem Flankenfeuer der deutschen MGs und Geschütze ausgesetzt. Die örtlichen Besonderheiten des Ypern-Bogens legten nahe, daß die Armee für den Angriff eingesetzt würde, die den Abschnitt auch schon aus der Verteidigung kannte. Haig aber übertrug die Aufgabe der 5. Armee unter Sir Hubert Gough und nicht Plumers 2. Armee. Die somit notwendig werdende Ablösung führte auch dazu, daß zwischen Plumers Eroberung des Messines-Höhenzugs am 7. Juni und dem Beginn von Goughs Offensive (31. Juli) mehrere Wochen vorteilhaften Sommerwetters vertan wurden. Goughs erster Angriff war durchaus erfolgreich und, gemessen an den Maßstäben damaliger Schlachten, nicht einmal sehr verlustreich. Er war eigentlich der einzige und der beeindruckendste Angriff der Briten im Verlauf der 3. F.-Schlacht. Doch gelang es der 5. Armee nicht, das Gheluvelt-Plateau auf Dauer zu halten, wodurch Goughs Truppen ständig unter Flankenfeuer lagen. Der Schwung des Angriffs ging daher schnell verloren.

Angesichts des ausbleibenden Erfolgs und steigender Verluste teilte Haig Ende Aug. den wichtigsten, südlichen Abschnitt der F.front der 2. Armee zu. Wieder verstrichen drei Wochen, bevor Plumer einsatzbereit war.

Plumers operatives Vorgehen unterschied sich von dem Goughs. Im Stab der 2. Armee hatte man aufmerksam die elastische Verteidigung in der Tiefe studiert, wie sie die Deutschen praktizierten. Man war zu dem Schluß gekommen, daß Angriffe nur erfolgreich sein konnten, wenn man auf eng begrenztem Ab-

Versumpftes Trichtergelände im Ypern-Bogen (bei Gheluvelt)

Passchendaele. Oktober 1917

schnitt angriff, massive Artillerieunterstützung einbringen konnte und sich beschränkte Ziele setzte. Die britische Infanterie sollte nur soweit vorstoßen, wie sie im Bereich der eigenen Artillerie blieb. Am Ziel angekommen, hatte sie sich einzugraben und dann den zu erwartenden feindlichen Gegenstoß abzuwehren. Zunächst war diese Taktik erfolgreich: An der Straße nach Menin (20. Sept.), beim Polygon-Wald (26. Sept.) und bei Broodseinde, östl. Zonnebeke, (4. Okt.) fügte die 2. Armee dem Gegner schwere Verluste zu. Doch mit jedem der Angriffe hatten die Briten weniger Raum bei gleichzeitig steigenden Verlusten gewonnen. Der letzte Angriff bei Poelkapelle (9. Okt.) endete in einem Desaster.

Von den Verdammungsurteilen über das britische Oberkommando blieb Plumer später in der Regel ausgenommen. Er galt als vorsichtiger und realistischer Planer, der sich um das Leben seiner Soldaten sorgte. Doch waren es seine Offensiven, die das örtliche Kanalsystem zerstörten und so die Wildnis aus Schlamm und Wasser schufen, die als Alptraum in der britischen Kriegserinnerung überaus präsent blieb. Seine operativen Methoden fügten den deutschen Truppen zweifellos schweren Schaden zu, aber dies geschah zu einem hohen Preis. Der Okt. 1917 sollte nach dem Juli 1916 und dem April 1917 der verlustreichste Monat des Krieges werden.

Auf deutscher Seite stand die 4. Armee (General Sixt von Armin) im Mittelpunkt der Kämpfe. Die Front zwischen der belgischen Küste und der Oise war seit März 1917 unter dem Kommando der Heeresgruppe Kronprinz Rupprecht von Bayern. Rupprecht war unter den dynastischen Oberbefehlshabern sicher der beeindruckendste. Im Verlauf der 3. F.-Schlacht erwies er sich als tüchtiger und mutiger Gegner. Eine elastische Verteidigung in der Tiefe war auf flandrischem Terrain schwerer zu bewerkstelligen als an der Somme oder in der Champagne. Bei dem hohen Grundwasserstand konnten sich die Truppen auch nicht tief genug eingraben. Beton hieß die Antwort der Deutschen, die nun Tausende von verstärkten MG- und Artilleriestellungen bauten. Diese ließen sich nur durch direkte Treffer zerstören, doch gerade die hierfür notwendige Zielaufklärung wurde durch niedrige Bewölkung, Nebel und Regen immer wieder behindert. Die Briten gingen also zu einer flexibleren Infanterietaktik über und bildeten sog. all-arms platoons, d. h. Züge, in denen sie Schützen mit Gewehrgranaten, MG-Trupps und Sprengmittelexperten zusammenfaßten. So wurden die deutschen MG-Nester immer öfter von Schutzorten zu Fallen. Diese Erkenntnisse blieben der Obersten Heeresleitung nicht verborgen, die in derart mörderischen Abwehrschlachten keinen Sinn mehr sah. Nur die Offensive konnte den Deutschen den Sieg bringen.

Nach dem Mißerfolg bei Poelkapelle reduzierte Haig die Aktivitäten der britischen Armee in F. Das einzige verbliebene Korps war das kanadische, das am 6. Nov. schließlich die Ruinen des Dorfs Passchendaele eroberte. Zwar konnten die britischen Truppen auf den Höhenzügen überwintern, doch waren diese extrem naß und schlammig. Im April 1918 vermochten die Briten hier dem deutschen Angriff nichts entgegenzusetzen. Die grandiosen Ziele ihrer Offensive – die Einnahme des deutschen Eisenbahnknotenpunkts von Roulers, die Befreiung der belgischen Küste und das Aufrollen der deutschen Flanke im Westen – waren niemals auch nur annähernd in Reichweite gerückt. → *Gaskrieg* → *Langemarck-Mythos* → *Wettlauf zum Meer* → *Ypern*

Lit.: L. Wolff, In Flanders Fields, London 1958.

JOHN M. BOURNE (Ü: M. P.)

Flex, Walter, * Eisenach 6.7.1887, † (gefallen) auf Ösel (Estland) 16.10.1917, deutscher Schriftsteller. – F., Sohn eines Lehrers, war nach Studium und Promotion (1910) als Hauslehrer tätig, unter anderem für die Familie von Bismarck. 1914 Kriegsfreiwilliger, wurde er zunächst in den Argonnen eingesetzt, 1915 dann bei Posen zum Offizier ausgebildet. Anschließend kam er in Litauen zum Einsatz, 1917 erneut an der Westfront. Ab Juli 1917 war F. kurze Zeit in Berlin als Bearbeiter des Bandes *Die russische Frühjahrsoffensive 1916* in der vom Generalstab herausgegebenen Reihe *Der Große Krieg in Einzeldarstellungen* tätig. Ende Aug. 1917 kehrte er wieder an die Ostfront zurück.

F. begann seine literarische Karriere als Dramatiker; seit Kriegsbeginn publizierte er jedoch verstärkt Lyrik in verschiedenen Zeitschriften, die bereits 1914 zunächst im Band *Volk in Eisen*, 1915 in *Sonne und Schild* gesammelt veröffentlicht wurden und sein Renommee als patriotischer Autor begründeten. Ebenfalls 1915 erschien der Band *Vom großen Abendmahl. Verse und Gedanken aus dem Feld,* darin das mit dem Roten Adlerorden mit Krone prämierte *Das Weihnachtsmärchen des fünfzigsten Regiments*. Die Erlebnisse im Warthelager bei Posen und insbesondere die Freundschaft zu dem »Wandervogel« Ernst Wurche verarbeitete F. in seinem zuerst 1917 publizierten überaus erfolgreichen Buch *Der Wanderer zwischen beiden Welten. Ein Kriegserlebnis*. Er schildert vor dem Hintergrund der gemeinsamen Erlebnisse in Ausbildung und Fronteinsatz die Freundschaft mit Wurche, der als Protagonist eines neuen, durch den Krieg beförderten Idealismus im Sinne der Wandervogel-Bewegung gezeichnet wird. Obwohl F. sich noch von einer derartigen Interpretation distanzierte, wurde der Text umgehend als nationalpatriotische Verherrlichung des Krieges verstanden. Der »Heldentod« des Autors im Jahr 1917 und die scheinbare Übereinstimmung mit kriegsbejahenden Positionen machten die Novelle noch im Krieg zum Bestseller. Auch eine bereits 1925 publizierte zweibändige Ausgabe *Gesammelte Werke*, die auch die Fragment gebliebene autobiographische Novelle über das Kriegserlebnis von F., *Wolf Eschenlohr*, enthielt und auch nach 1933 weitgehend unverändert publiziert wurde, trug zur Instrumentalisierung des Autors als Prototyp eines nationalkonservativen, den Krieg befürwortenden Autors durch die Nationalsozialisten bei. Mit einer Gesamtauflage von 682.000 Exemplaren (bis 1939) war F.s *Wanderer zwischen beiden Welten* nach Remarques *Im Westen nichts Neues* und Manfred von Richthofens *Der rote Kampfflieger* der erfolgreichste und wohl auch einflußreichste Text über den Ersten Weltkrieg in der Zwischenkriegszeit.

THOMAS F. SCHNEIDER

Flottenrüstung. Als Kaiser Wilhelm II. 1888 den Thron bestieg, war er entschlossen, »Weltpolitik« zu betreiben. Das Mittel, dessen er sich zur Erreichung seines Zieles bedienen wollte, war eine starke Schlachtflotte. Mit der Berufung des Admirals Alfred von Tirpitz 1897 zum Staatssekretär des Reichsmarineamtes fand der Kaiser einen Offizier, der willens war, unter Ausnutzung der öffentlichen Meinung die ehrgeizigen Ziele des Monarchen umzusetzen. Schon in den Jahren vor seiner Berufung hatte Tirpitz in mehreren Denkschriften seine strategischen und marinepolitischen Anschauungen formuliert. Neben einer innenpolitischen Stabilisierungs- und Integrationsmöglichkeit – so sollte durch F. ein wachsender Wohlstand für alle Bevölkerungsschichten erreicht und die Arbeiterschaft näher an den Staat herangeführt werden – sah auch er in dem Aufbau einer Schlachtflotte die notwendige Voraussetzung, um deutsche Interessen weltweit vertreten zu können. Den gefährlichsten maritimen Gegner erblickte Tirpitz in Großbritannien. Dieser sollte durch eine starke Flotte vom Krieg mit dem Deutschen Reich abgeschreckt werden. Auf lange Sicht hegte Tirpitz jedoch die Hoffnung, spätestens ab 1920 England in einer Seeschlacht besiegen zu können. Dabei stand die Überlegung im Vordergrund, daß trotz eines Verhältnisses von 2:3 der schwächere Part eine reelle Siegeschance besaß, sofern Material, Führung und Taktik überlegen waren. Gleichzeitig ging er davon aus, daß England aufgrund seiner überseeischen Verpflichtungen seine Flottenmacht nicht in der Nordsee konzentrieren könnte, im Gegensatz zu Deutschland. Auf diesen Grundlagen schlug Tirpitz den Bau von zwei Geschwadern zu insgesamt 16 Linienschiffen vor. Erweitert durch Flottenflaggschiffe, Aufklärungsschiffe und einer Materialreserve, hatten sie einen einheitlichen Schlachtkörper in der Nordsee zu bilden. Insgesamt sollte sich bis 1920 die Zahl der Großkampfschiffe von 19 auf 61 steigern. Großbritannien hätte im selben Zeitraum mindestens 90 Schiffe bauen müssen, was man seiner Finanzkraft nicht zutraute. Zur langfristigen Absicherung des Programmes plante man die sog. Äternisierung des Flottenbaus, d. h. die praktische Beseitigung des parlamentarischen Bewilligungsrechts für den Marineetat.

Am 10. April 1898 verabschiedete der Reichstag mit deutlicher Mehrheit – 212 zu 139 Stimmen – das erste Flottengesetz. Es sah den Bau von sieben Linienschiffen, zwei großen Kreuzern und 17 kleinen bis Ende 1903 vor. Die Gesamtkosten beliefen sich auf 409 Mio. Mark. Ein Jahr später erwirkte Tirpitz die kaiserliche Genehmigung für den Bau von insgesamt 45 Linienschiffen und 15 großen Kreuzern bis 1920. Der Ausbruch des Burenkrieges und die in diesem Zusammenhang erfolgte Beschlagnahmung eines deutschen Postdampfers der Ostafrika-Linie durch britische Seestreitkräfte boten den außenpolitischen Anlaß, eine weitere Flottenvermehrung voranzubringen. Am 14. Juni 1900 wurde, wiederum mit großer Mehrheit, das zweite Flottengesetz im Reichstag angenommen. Geplant waren zwei Flottenflaggschiffe, vier Geschwader zu acht Linienschiffen, acht große und 24 kleine Kreuzer. Insgesamt vergrößerte sich die deutsche Seemacht damit auf 38 Linienschiffe, 14 große und 38 kleine Kreuzer und verkürzte damit den quantitativen Abstand zu England von 1:2 auf 2:3. Die sprunghafte Vergrößerung der deutschen Flotte schürte das Mißtrauen der britischen Regierung. Großbritannien rückte von seiner Politik der »Splendid Isolation« ab und begann, seine bis dahin nicht unproblematischen Beziehungen zu den späteren Ententepartnern zu verbessern. Am 30. Jan. 1902 schlossen England und Japan einen Vertrag, der Großbritannien seiner Schutzaufgaben im Fernen Osten enthob. Am 8. April 1904 folgte eine Übereinkunft mit Frankreich, drei Jahre später mit Rußland. Die Bildung der Entente cordiale ermöglichte es Großbritannien, seine Präsenz im Mittelmeer zugunsten eines verstärkten Engagements in der Nordsee zu vermindern. Die britisch-französische Marine-Vereinbarung von 1912 besiegelte die Konzentration der englischen Flotte in der Nordsee und der französischen im Mittelmeer.

Angeheizt durch aggressive Pressefehden, initiiert von den verschiedenen Agitationsvereinen sowohl auf britischer als auch deutscher Seite, begann die Rüstungsspirale sich seit der Jahrhundertwende immer schneller zu drehen. 1904 entschied die Admiralität unter der Führung von Admiral Sir John Fisher den Bau einer neuen Klasse von Großkampfschiffen (Dreadnoughts). Wollte das Kaiserreich diesem Rüstungssprung gewachsen bleiben, so mußte die Planung umgestellt werden. Die Kosten für die neuen Schlachtschiffe und -kreuzer überstiegen die der bisherigen Linienschiffe um ein Dreifaches. Damit wurde der Finanzrahmen des Reiches wesentlich überspannt. Die allgemeine öffentliche Erregung im Zuge der verfehlten deutschen Marokko-Aktion und der Besuch des Kaisers in Tanger bildeten jedoch den Hintergrund für die Entscheidung des Reichstages, trotz der angespannten Finanzlage am 19. Mai 1906 der Ersten Flottennovelle zuzustimmen. Mit einem Mehrbedarf von rund 940 Mio. Mark sollte die Schlachtflotte um weitere sechs Großkampfschiffe vermehrt werden. Zwei Jahre später wurde die Zweite Flottennovelle eingebracht. Sie reduzierte das Lebensalter der Linienschiffe von 25 auf 20 Jahre. Zusammen mit der vorherigen Novelle war jetzt für den Zeitraum 1908-1912 das Vierertempo festgelegt, von dem man glaubte, daß Großbritannien es finanziell nicht mithalten könne und sich deswegen nun diplomatisch dem Reich nähern müsse. Beide Hoffnungen erwiesen sich als verfehlt. Statt dessen schlug England das Fünfertempo an. Im Zuge der aufgeheizten öffentlichen Meinung genehmigte das Parlament in London 1909 den Bau von weiteren acht Dreadnoughts. Obwohl das deutsche Weltmachtkonzept offensichtlich gescheitert war und eine Rückbesinnung auf die Kontinentalpolitik sowie eine Umorientierung auf den Primat der Heeresrüstung als politische Konzepte in den Vordergrund rückten, gelang es der Marineleitung, die erneuten außenpolitischen Querelen im Rahmen der 2. Marokkokrise zu nutzen, um eine weitere Flottennovelle einzubringen. Unter dem Druck einer massiv chauvinistisch geprägten Öffentlichkeit genehmigten die Abgeordneten 1912 die Absicherung des geplanten Sollbestandes von 60 Großkampfschiffen.

Damit war das Tirpitzsche Ziel einer Unabhängigkeit des Flottenbaus vom Parlament erreicht. Tatsächlich war das Konzept jedoch vollständig gescheitert. Weder wirtschafts- noch systempolitisch war eine Stabilisierung eingetreten, das Reich war hoch verschuldet, außenpolitisch stand es weitgehend isoliert da. Der Flottenbau hatte mit der von der Marineleitung geförderten aggressiven Flottenpropaganda das außenpolitische Klima spürbar verschlechtert. Auch strategisch erwiesen sich die Überlegungen als verfehlt. Als Reaktion auf die Konzentration der deutschen Flotte in der Nordsee ging England im Ersten Weltkrieg zu dem Prinzip der »weiten Blockade« über und entzog damit der Hoffnung von Tirpitz den Boden, Großbritannien zu einer Entscheidungsschlacht nötigen zu können. → *Dreadnought* → *Marokkokrise* → *Seekrieg*

Lit.: V. R. Berghahn, Der Tirpitz-Plan, Düsseldorf 1971; M. Epkenhans, Die wilhelminische Flottenrüstung 1908-1914, München 1991.

FRIEDERIKE KRÜGER

Flugblatt, Einzelblatt, das ein- oder beidseitig bedruckt ist und eine politische, soziale, gewerbliche oder sonstige aktuelle Botschaft enthält, die an ein breites Publikum gratis verteilt wird. – Zu den F. können auch Extrablätter von Zeitungen gerechnet werden, auf denen aktuelle Meldungen, die nach Redaktionsschluß eintreffen, bekannt gemacht werden. Solche Extrablätter waren im Weltkrieg häufiger, da die Aktualität der Zeitungen, trotz mehrfacher täglicher Ausgaben, hinter dem Tempo der Ereignisse zurückblieb. Eine genaue Abgrenzung der Zielgruppe fand selten statt oder wurde durch die Orte der Verteilung bestimmt. Eine verwandte Form stellen Flugschriften dar. Als Flugschrift werden mehr als ein Blatt umfassende Druckschriften bezeichnet, die meist von Institutionen herausgegeben werden und, obwohl sie gelegentlich einen Abgabepreis (oder eine Schutzgebühr) nennen, fast immer außerhalb des Buchhandels erscheinen. Zeiten politischer und gesellschaftlicher Umwälzung haben – beginnend mit der protestantischen Reformation – regelmäßig eine Fülle von F. hervorgebracht. Ein großer Teil der während des Weltkriegs verbreiteten F. war an die gegnerischen Truppen adressiert und somit Mittel der psychologischen Kriegführung. Die Soldaten sollten im Glauben an den Sieg erschüttert, zur Aufgabe oder zum Überlaufen bewegt werden. F. und Flugschriften wurden in Deutschland ab 1918 vor allem durch die Zentralstelle für Heimataufklärung, einer Abteilung des Auswärtigen Amtes, produziert, in Großbritannien wurde im War Office eine Abteilung für die britische Propaganda an der Westfront eingerichtet. In Frankreich entstand im August 1915 der Service de la propagande aérienne zu dessen Mitarbeitern auch der Elsässer Karikaturist Hansi gehörte. Die F. wurden hinter den feindlichen Linien von Freiballonen und teilweise auch bereits von Flugzeugen abgeworfen. Die Lektüre und die Weitergabe des Inhalts standen oft unter Strafe, die Ablieferung war Pflicht und wurde durch die Aussetzung von Belohnungen gefördert. Noch in seinen Memoiren (1919) beklagte Ludendorff dennoch die Wirkungslosigkeit der deutschen Abwehrmaßnahmen gegen die Feindpropaganda, die er selbst an der Ostfront mit Aufklärungsschriften bekämpft hatte. → *Zentralstelle für Heimataufklärung*

HANS BOHRMANN

Flugzeug. Nachdem den Gebrüdern Wright die Auftriebserzeugung durch von Verbrennungsmotoren angetriebene Luftschrauben und 1903 somit der erste Motorflug gelungen war, setzte bei den meisten Industrienationen eine rasante Entwicklung der F. im Hinblick auf technische Zuverlässigkeit, Flugdauer und Reichweite ein. Während das in Europa im F.-Bau führende Frankreich bereits 1911 über 100 Militär-F. verfügte, hatte man in Deutschland erst 1910 mit der Ausbildung von Militärflugzeugführern auf angekauften Privatmaschinen begonnen. 1912 erhob der preußische Große Generalstab gegenüber den F.-Herstellern erstmals Forderungen, die von einem für mehrere Aufgaben ausgelegten militärischen Einheits-F. verlangt wurden: mehrstündiger Dauerflug bei mittlerem Wind, Betriebssicherheit durch einen zuverlässigen Motor und Tragfähigkeit von minde-

Deutscher Kampfeinsitzer der Fima Fokker

stens 350 kg. Die Fertigung der Maschine und aller Einzelteile mußte in Deutschland erfolgen.

Den durch Flugwettbewerbe und Manövererfahrungen weiter präzisierten militärischen Erwartungen schien am besten die Etrich-Rumpler-Taube zu entsprechen, ein zweisitziger Eindecker, den ein 100 PS-Motor eine Steighöhe von bis zu 1.500 m und eine Höchstgeschwindigkeit von 100 km/h erreichen ließ und bis zu fünf Stunden in der Luft hielt. Obwohl das F. den für Aufklärungszwecke gestellten Bedingungen entsprach und mit 270 Exemplaren zum Standardmodell der preußischen Fliegertruppe wurde, war es den Erfordernissen des Luftkrieges nicht gewachsen. Weil die feindliche Luftabwehr die F. zu mehr Manövrierfähigkeit und in größere Höhen zwangen, wurde der mit dem Buchstaben A klassifizierte Typ im Herbst 1914 an der Westfront zu Gunsten eines ebenfalls schon vor Kriegsbeginn entwickelten, aber stärker motorisierten, wendigeren und bis auf 3.000 m steigfähigen unbewaffneten Doppeldeckers mit vorne liegendem Motor abgelöst. Als wehrloses Opfer französischer Jagd-F. mußte auch die B-Klasse im Frühjahr 1915 aus der Front genommen und von einem mit Maschinengewehren bewaffneten zweisitzigen C-Klasse-Doppeldecker ersetzt werden. Dieser bis 1918 von verschiedenen Firmen in mehreren technisch verbesserten Versionen 25.057 mal vornehmlich als Aufklärungs- und Schlacht -F. gebaute Typ wurde aber auch zum Ausgangsmodell für die als E- und D-Klasse bezeichneten und ab dem Frühjahr 1915 verwendeten Jagdeinsitzer.

Eine den Luftkriegserfordernissen gerechte Spezialisierung und Leistungssteigerung der F. im Hinblick auf Geschwindigkeit, Dienstgipfelhöhe, Reichweite, Nutzlast und Wendigkeit hing entscheidend von zwei sich ergänzenden Komponenten ab: starken Motoren und funktionsgerechter Aerodynamik. Dabei wurden während des Krieges erhebliche Fortschritte erzielt. Die Motorleistung eines Flugmotors konnte bis 1918 auf bis zu 260 PS gesteigert werden. So waren Dienstgipfelhöhen von 6.500 m bei Bomben-, 8.500 m bei Jagd- und 9.000 m bei Aufklärungs-F. möglich. Verfügten die F. der Klassifikation C zunächst über eine Reichweite von 350 km, so lag diese 1918 bei über 750 km. Auch die Verminderung des Luftwiderstandes durch den Bau günstiger Flächenprofile wirkte sich leistungssteigernd aus. Zugleich war man vom stoffbespannten Rohr- oder Drahtgestell über die Sperrholz-Bauweise bis zum selbstragenden Ganzmetall-F. vorgedrungen. Am ausgereiftesten unter den einmotorigen F. war die von Hugo Junkers 1918 konstruierte CL I, mit der die Entwicklung des freitragenden Ganzmetalleindeckers im Ersten Weltkrieg nicht nur ihren technischen Höhepunkt erreichte, sondern deren Konstruktionsmerkmale auch den zivilen Nachkriegsflugzeugbau nachhaltig beeinflussen sollten. Zur Beplankung der in Spanten- und Fachwerkbauweise ausgeführten Konstruktion diente ausschließlich eine Dural-Wellblechhaut, die als mittragende Abdeckung die Festigkeit der Struktur erheblich erhöhte und Verspannungsdrähte überflüssig machte. Zudem war dieser Werkstoff unempfindlich gegenüber Witterungseinflüssen. Obwohl relativ groß und schwer, übertraf die 47 mal produzierte, aber nur während der Baltikum-Kämpfe 1919 eingesetzte Maschine leistungsmäßig nahezu alle anderen F.

Eine technische Herausforderung eigener Art wurde der Groß- und Riesenflugzeugbau (Typ G und R). Die vornehmlich für den strategischen Bombenkrieg erforderliche hohe Nutzlast und Reichweite konnte nur durch mehrmotorige F. erbracht werden. Während bei der zweimotorigen, von drei Besatzungsmitgliedern geflogenen G-Klasse nach der Überwindung erster Schwierigkeiten zwischen 1916 und 1918 bei der Bombenlast eine Steigerung von 160 auf 1.000 kg erzielt werden konnte, verlangten die bis zu 14 t schweren und 4,2 t Bomben tragenden F. der Klasse R nach äußerst komplexen technischen Lösungen. Der Auftrieb etwa konnte nur durch bis zu 6, teilweise in Reihe geschaltete Motoren erzielt werden. Flugbetrieb und Gewährleistung der Betriebssicherheit durch unumgängliche Motorenwartung auch während des Fluges erforderten eine vielköpfige Besatzung (acht Personen). Wegen der ökonomischen Schwäche der deutschen Kriegswirtschaft kam eine Serienbauweise von R-Typen aber nicht mehr in Betracht. Insgesamt sind während des Krieges in Deutschland von 35 Firmen 150 F.-Typen konstruiert und 47.637 Maschinen produziert worden. → *Luftkrieg*

Lit.: Ein Jahrhundert Flugzeuge. Geschichte und Technik des Fliegens, hg. v. L. Bölkow, Düsseldorf 1990; E. Hauke/W. Achroeder/B. Tötschinger, Die Flugzeuge der k. u. k. Luftfahrtruppe und Seeflieger 1914-1918, Graz 1988; Weltenzyklopädie der

Flugzeuge, Bd. 1: Militärflugzeuge von 1914 bis heute, hg. v. E. Angelucci u. a., München 1981.

WOLFGANG SCHMIDT

Foch, Ferdinand, * Tarbes 2.10.1851, † Paris 20.3.1929, französischer Marschall. – Den Alliierten wurde während der großen deutschen Offensive im März 1918 bewußt, daß das Fehlen einer zentralen militärischen Führung an der Westfront zu einer Niederlage führen könnte. Bis dahin hatten sich die britischen Generale (von Ausnahmen abgesehen) kategorisch geweigert, sich französischem Kommando zu unterstellen. Nunmehr jedoch wurde General F. mit der Koordinierung der Operationen der französischen und britischen Armeen beauftragt, später erhielt er die strategische Führung dieser Armeen. Am 14. April 1918 schließlich wurde F. zum Oberbefehlshaber der alliierten Streitkräfte ernannt; seine Befehlsgewalt wurde später auf die italienischen und auch die belgischen Streitkräfte ausgeweitet.

Diese Verantwortung wurde F. übertragen, obwohl er eigentlich nach dem Mißerfolg der Somme-Schlacht Ende 1916 mehr oder weniger in Ungnade gefallen war. Immer wieder waren ihm übertriebene Sturheit sowie rücksichtsloser Umgang mit dem Leben der Soldaten vorgehalten worden.

Bereits vor dem Krieg hatte F. zu den angesehensten Generalen der französischen Armee gehört. Er war von 1907 bis 1911 Leiter der Militärakademie. In dieser Stellung hat F. die Erarbeitung der zu Kriegsbeginn maßgeblichen Militärdoktrin, die auf absoluter Offensive und unbedingtem Siegeswillen basierte, stark beeinflußt. Seine Karriere nahm im Verlauf des Krieges einen steilen Aufstieg: Zu Beginn befehligte er das XX. Armeekorps in Lothringen, leitete dann an der Spitze der 9. Armee die schweren Kämpfe in den Sümpfen von Saint-Gond während der Marne-Schlacht; 1915 übte er während der Artois-Offensive das Kommando über die Heeresgruppe (Groupe d'armées) Nord und 1916 über alle an der Somme-Offensive beteiligten französischen Truppen aus.

Trotz der Tatsache, daß er von der deutschen Offensive am Chemin des Dames (27. Mai 1918) überrascht wurde, schenkte ihm Clemenceau weiterhin Vertrauen, so daß F. auch in den darauffolgenden Monaten die alliierte Gegenoffensive bis zum deutschen Waffenstillstandsangebot leitete. Er war gewiß kein begnadeter Stratege, doch durch seine Energie und Begeisterungsfähigkeit vermochte er dieses Manko wettzumachen. Am 6. Aug. 1918 wurde für ihn sogar der Ehrentitel »Marschall von Frankreich« wiedereingeführt.

F. führte die alliierte Delegation bei den Waffenstillstandsverhandlungen von Compiègne sowie bei der Unterzeichnung des Waffenstillstands am 11. Nov. 1918 an, doch blieb er während der Versailler Konferenz und bis zu seinem Tode in Opposition zu Clemenceau. Diesem warf F. vor, hinsichtlich des linken Rheinufers zu kompromißbereit gewesen zu sein.

Mit Ehrungen überhäuft und in die Académie Française gewählt, führte F. die Siegesparade der alliierten Armeen am 14. Juli 1919 an. Doch in der Folgezeit konnte der sieben Jahre jüngere Marschall Pétain, mit dem eine heftige Rivalität bestand, innerhalb der französischen Armee zu Lasten von F. an Einfluß gewinnen.

Lit.: J. Autin, Foch ou le triomphe de la volonté, Paris 1987; B. H. Liddell Hart, Foch: The Man of Orleans, London 1933.

JEAN-JACQUES BECKER (Ü: G.K.)

Fotografie. Nachdem bereits im Krimkrieg und wenig später im Amerikanischen Bürgerkrieg fotografische Kameras benutzt und Alben mit Kriegsfotos kommerziell vertrieben worden waren, wurde der Krieg ab 1914 zum erstenmal umfassend im Foto abgebildet sowie die F. für militärische Zwecke (Aufklärung) eingesetzt. F. veränderte das Bild vom Krieg grundlegend. In Deutschland wie auch in anderen kriegführenden Ländern gibt es seither unüberschaubare, teilweise weit verstreute Bildbestände, die erst spät als genuine historische Quelle entdeckt wurden. Ihre Urheber können in drei Gruppen eingeteilt werden: Ausgesuchte professionelle Fotografen in offiziellen Positionen fotografierten im Auftrag von Heeresleitungen und Regierungsstellen; professionelle Fotografen in Uniform oder als kurzfristige Frontbesucher fotografierten als freie Unternehmer mit kommerziellem Interesse; Soldaten und Offiziere fotografierten – an der Front, in der Etappe oder in der Heimat – als Amateure *ihren* Krieg.

Die Amateur-F. wurde im Krieg äußerst populär, und die Fotoindustrie nahm einen beachtlichen Aufschwung. Handliche Rollfilmkameras (unter ihnen die beliebte Kodak Vest Pocket), machten das Fotografieren einfach; Fachzeitschriften publizierten Anleitungen zum Fotografieren und Entwickeln im Schützengraben. Viele der professionellen Bilder waren von hoher Qualität aber gestellt oder gar Fälschungen, die den propagandistischen Wünschen der Auftraggeber nachkamen, während die Amateuraufnahmen, die technisch oft mangelhaft, unscharf, falsch belichtet oder aus ungeschicktem Ausschnitt aufgenommen waren, jedoch den Erwartungen nach Authentizität eher entgegenkamen. Die Motive dieser Fotos entsprachen den persönlichen Interessen und Bewertungen der Fotografen und vermittelten ein weitgespanntes Bild vom Krieg aus der Sicht der direkt Betroffenen. Sie entgingen aber oftmals nicht den Gefahren von Banalität oder Wiederholungszwang. Motivation war der Wunsch nach Dokumentation für Verwandte und Bekannte sowie für die spätere Erinnerung, ferner Kommunikation durch das Bild statt durch Briefe und mündliche Berichte aber auch Emotionsabfuhr nach psychischen Erschütterungen. Amateurfotos wurden nach Kriegsende in der Regel gesammelt, zu Alben zusammengestellt und oft auch von offiziellen Stellen angekauft. Sie dienten als Illustrationen in Geschichtsbüchern und in Regimentsgeschichten oder wurden in Fotobänden publiziert. Während es nie zuvor eine vergleichbar umfassende bildliche Repräsentation von Krieg gegeben hatte und sich ein neues Bildgedächtnis ausbildete, gab es auch wichtige Bereiche des Krieges, die sich der fotografischen Abbildung entzogen. An die Grenze des Abbildbaren stieß etwa die Luftbild-F. vor. Im Vergleich zur Malerei erwies sich die F. insgesamt jedoch weniger geeignet zur Monumentalisierung des Krieges. Ernst Friedrichs Sammlung mit Fotos von Verstümmelten und Kriegsgreueln, *Krieg dem Kriege* (als Buch herausgegeben 1924), in seinem 1925 eröffneten und 1933 zerstörten Berliner Anti-Kriegsmuseum war ein frühes Beispiel für die Perspektive *von unten,* in der die F. in pazifistischer Absicht zur öffentlichen Erziehung gegen den Krieg eingesetzt wurde. → *Ikonographie*

Lit.: B. von Dewitz, So wird bei uns Krieg geführt. Amateurfotografie im Ersten Weltkrieg, München 1989; B. Hüppauf, Kriegsfotografie, in: Der Erste Weltkrieg. Wirkung, Wahrnehmung, Analyse, hg. v. W. Michalka, München 1994.

BERND HÜPPAUF

Frank, Ludwig, * Nonnenweier (heute zu Schwanau, Ortenaukreis), 23.5.1874, † (gefallen) in Nossoncourt (Département Vosges) 3.9.1914, deutscher Rechtsanwalt, sozialdemokratischer Politiker und Mitglied des Reichstags. – F. war zunächst Stadtverordneter in Mannheim, später badischer Landtagsabgeordneter. 1904 begründete er die sozialistische Arbeiterjugendbewegung, deren prominentester Vertreter er zeitlebens blieb. Von 1907 bis zu seinem Tod war er, politisch dem rechten Flügel der Partei angehörend, Mitglied der sozialdemokratischen Fraktion des deutschen Reichstags. In der Abstimmung des Reichstags am 4. Aug. 1914 über die von der Regierung beantragten Kriegskredite zählte F., gemeinsam mit Eduard David, zu den engagiertesten Befürwortern einer »Burgfriedenspolitik« der SPD. Durchdrungen von einem tief empfundenen, wenngleich schwärmerischen Patriotismus (»Ich bin froh darüber: das Blut für das Vaterland fließen zu lassen ist nicht schwer und umgeben von Romantik und Heldentum«), meldete er sich bereits wenige Tage nach Kriegsbeginn freiwillig zur Badischen Armee (Grenadierregiment Nr. 110), um als jüdischer Bürger wie als Sozialdemokrat ein Zeichen zu setzen. Sein früher Tod bereits am dritten Tag seines Einsatzes löste weit über die politische und literarische Öffentlichkeit hinaus Betroffenheit aus. Theodor Heuss schrieb am 17. Sept. 1914 in einem Nachruf auf F., daß die »deutsche Volkszukunft« einen ihrer »stärksten und notwendigsten Führer« verloren habe.

GERHARD HIRSCHFELD

Franktireur (frz.: franc-tireur = Freischärler), erstmals 1792 belegter Begriff. – Im Deutsch-Französischen Krieg 1870/71 wurden die Mitglieder der freiwilligen französischen Verbände, die sich im Okt. 1870 formierten, und in der revolutionären Tradition der »levée en masse« als Grundlage der neuen republikanischen Armee offiziell konstituierten, als F. bezeichnet. Da die F. nach deutscher Auffassung als illegal galten (weil sie keine kompletten Uniformen trugen), wurden gefangene F. in der Regel exekutiert und gegen die Bevölkerung der Dörfer, die den F. Zuflucht gewährten, Kollektivstrafen verhängt.

Die Erinnerung an den F.krieg von 1870/71 prägte die Erwartung der deutschen Truppen 1914 bei der Invasion im Westen. Die verbreitete Annahme, daß belgische und französische Zivilisten bewaffneten Widerstand leisteten, entstammte nicht nur dieser mentalen Prädisposition, sondern auch den Bedingungen des modernen Krieges: d. h. Infanteriewaffen mit einer Reichweite von 1.500 m, die eine Identifizierung des Schützen unmöglich machten, und die geschickte Rückzugstaktik der französischen und belgischen Truppen. Anders als 1870/71 gab es 1914 jedoch keine F. Sie existierten vielmehr als Vorstellung unter den deutschen Truppen, die deshalb gegen wehrlose Zivilisten massive Gewalttaten verübten, etwa im belgischen Löwen oder Nomény in Frankreich, obwohl es nirgendwo gelang, einen F. zu überführen. Diese Massaker wurden auf alliierter Seite als Kriegsgreuel verurteilt, auf deutscher Seite jedoch als gerechtfertigte Repressalien gegen einen illegalen Volkskrieg angesehen. In der Folge erschien in Deutschland ein ganzes Subgenre an amtlicher und belletristischer F.literatur, z. T. als Erwiderung auf die alliierte Greuelpropaganda. Die Erinnerung an das F.phänomen von 1914 prägte noch im Zweiten Weltkrieg die deutsche Kriegführung vor allem in Osteuropa gegen tatsächliche oder vermeintliche Partisanen.

Lit.: J. Horne/A. Kramer, German Atrocities 1914. A History of Denial, New Haven/London 2001.

ALAN KRAMER

Franz Ferdinand, * Graz 18.12.1863, † (ermordet) Sarajevo 28.6.1914, Erzherzog von Österreich-Este. – F. durchlief die für Erzherzöge obligatorische militärische Laufbahn und rückte nach dem Selbstmord des Kronprinzen Rudolf (1889) bald zum Thronfolger auf. Da er davon überzeugt war, daß die Selbständigkeitsbestrebungen der magyarischen politischen Eliten das Habsburgerreich in kürzester Zeit zerstören würden, bekämpfte F. kompromißlos jedes Zugeständnis an Ungarn. Statt dessen setzte er auf eine verfassungspolitische Umgestaltung der Donaumonarchie, um die Rechte der Krone zu stärken. Die Armee sah F. – seit 1913 Generalinspektor für alle Streitkräfte Österreich-Ungarns – als Bollwerk der Reichseinheit und setzte sich für die Erhöhung ihrer Schlagkraft ein; seine besondere Unterstützung galt jedoch der Marinerüstung. Er betrieb 1906 und dann nochmals 1912 die Berufung Conrad von Hötzendorfs zum Chef des Generalstabs, enttäuschte aber in der bosnischen Annexionskrise 1908/09 und während der Balkankriege 1912/13 die Kriegsbefürworter um Conrad. Als Anhänger eines Bündnisses der großen konservativen Monarchien (Dreikaiserbündnis) wollte er auf keinen Fall einen Konflikt mit dem Zarenreich riskieren. Die Ermordung F.s und seiner Frau durch einen bosnisch-serbischen Terroristen am 28. Juni 1914 in Sarajevo löste die Julikrise aus.

GÜNTHER KRONENBITTER

Franz Joseph I., * Schönbrunn (heute zu Wien) 18.8.1830, † Wien 21.11.1916, Kaiser von Österreich (seit 1848) und König von Ungarn (seit 1867). – F. bestieg 1848 den Thron inmitten eines die Existenz der Monarchie bedrohenden Krieges. 1916 starb er während eines ebensolchen Krieges, der allerdings in seinen Ausmaßen und Formen jede frühere Vorstellung von einem modernen Krieg übertraf. Im Hinblick auf die Möglichkeit, Krieg als Fortsetzung der Politik mit anderen Mitteln einzusetzen, war F. jeweils von seinen eigenen Erfahrungen geprägt. Den siegreichen Kriegen von 1848 und 1849 folgten die bitteren Niederlagen von 1859 und 1866, welche Österreichs Vorherrschaft in Oberitalien beendeten und den Kampf um die Vorherrschaft in Deutschland zugunsten Preußens entschieden. Fortan hatte der Kaiser eine tiefe Abneigung gegen die Möglichkeit eines Krieges und die damit verbundenen Risiken. Trotzdem blieb er ein fanatischer Freund des Militärs, das er als erste Stütze der Dynastie und Klammer des auseinanderstrebenden Reiches betrachtete. Auch nach 1866 betrachtete er sich als »deutschen Fürsten« und schwankte nie in seiner Treue zum Bündnispartner. Nach dem Attentat von Sarajevo sah der Kaiser selbst keine Notwendigkeit zur Entfesselung eines Krieges, doch ließ es sich sehr rasch von jener überwiegenden Mehrheit seiner Berater umstimmen, welche die Gelegenheit zur Abrechnung mit dem unbequemen Nachbarn Serbien nützen wollte. Möglicherweise geschah dies auch unter falschen Annahmen und auch Täuschungen, etwa der möglichen Begrenzbarkeit des Krieges und bereits im Gang befindlicher serbischer Angriffshandlungen. Den Oberbefehl nahm der Kaiser praktisch nicht wahr, vielmehr überließ er die Führung ganz dem Generalstabschef Conrad von Hötzendorf. Nach 68 Regierungsjahren ersparte es ihm sein 1916 erfolgtes Ableben, den völligen politischen und militärischen Bankrott und die Vernichtung seines Reiches miterleben zu müssen.

RUDOLF JERABÉK

Frauenbewegung. Die F. im Weltkrieg umfaßte eine Vielzahl von Bestrebungen, die auf eine Verbesserung der ökonomischen, sozialen oder politischen Stellung der Frauen hinarbeiteten. Zu unterscheiden sind die gemäßigte und die radikale bürgerliche, die proletarische und die konfessionelle F. Während vor dem Krieg die Konfliktlinien vor allem zwischen bürgerlicher und proletarischer F. verliefen, teilte sich die F. während des Krieges in die große Mehrheit der Kriegsbefürworterinnen und die kleine Minderheit der Kriegsgegnerinnen.

Bei Kriegsbeginn schloß sich die Mehrheit der F. dem allgemeinen politischen »Burgfrieden« an. Die Auseinandersetzung zwischen Klassen, Geschlechtern und Konfessionen sollten angesichts der gemeinsamen nationalen Herausforderung des Krieges ruhen. Im Nationalen Frauendienst, in dem es erstmals zu einer Kooperation von bürgerlichen und proletarischen Frauen kam, stellte die kriegsbefürwortende F. ihr soziales Engagement in den Dienst der Kriegswohlfahrt. Die F. hoffte, daß sich das Kriegsgeschehen innovativ auf die Sozialordnung auswirken und die Anerkennung von Frauen als vollwertige Staatsbürgerinnen mit sich bringen würde. Sie verstand sich nicht mehr als Vertreterin von Interessen, die gegen die herrschende politische Ordnung durchgesetzt werden sollten, sondern wollte ihre nationale Zuverlässigkeit unter Beweis stellen. Ihre konkreten Forderungen nach Gleichberechtigung stellte sie deshalb zurück und verfolgte nur noch die Anliegen auf sozial- und bevölkerungspolitischem Gebiet, die im Interesse der Kriegsgesellschaft lagen. Erst Ende 1917 machte der Bund deutscher Frauenvereine, der Dachverband der gemäßigten bürgerlichen F., seine politischen Ansprüche für die Nachkriegszeit deutlich und forderte das aktive und passive Wahlrecht sowie die Zulassung von Frauen zur öffentlichen Verwaltung. Wenn sich auch die F. mehrheitlich nicht der »Siegfrieden«-Bewegung anschloß, verfochten ihre maßgeblichen Vertreterinnen doch bis Kriegsende das Prinzip nationaler Selbstbehauptung.

Die Kriegsgegnerinnen innerhalb der F. versuchten, trotz vollständiger politischer Isolation ihre Ideale von Völkerverständigung und internationaler Frauensolidarität aufrechtzuerhalten. Auf der bürgerlichen Seite organisierte der Deutsche Frauenstimmrechtsbund um Lida Gustava Heymann und Anita Augspurg im April 1915 einen internationalen Frauenfriedenskongreß in Den Haag. Auf der Seite der proletarischen F. veranstaltete eine kleine Gruppe um Clara Zetkin, welche die Zustimmung der SPD zu den Kriegskrediten nicht mittrug, eine internationale sozialistische Frauenkonferenz im März 1915 in Bern. Beide Konferenzen riefen die Frauen der kriegführenden Länder dazu auf, sich für das sofortige Ende der Kämpfe zu engagieren. Alle großen internationalen wie nationalen Frauenorganisationen gingen öffentlich auf Distanz zu diesen Konferenzen. Die Mehrheit der F. erstrebte die nationale Integration der Frauen und sorgte so für eine verstärkte Mobilisierung von Frauen für den Krieg.

Lit.: B. Greven-Aschoff, Die bürgerliche Frauenbewegung 1894-1933, Göttingen 1981; S. Rouette, Frauenarbeit, Geschlechterverhältnisse und staatliche Politik, in: Eine Welt von Feinden. Der Große Krieg 1914-1918, hg. v. W. Kruse, Frankfurt a. M. 1997.

ANDREA SÜCHTING-HÄNGER

Frauenvereine. Zu den F. zählen hier alle Organisationen, die sich im Kriegseinsatz und in der sozialen Hilfsarbeit von Frauen engagierten. An erster Stelle sind die Landesfrauenvereine vom Roten Kreuz zu nennen. Hierzu gehörten der 1866 gegründete Vaterländische Frauenverein für das Gebiet des Norddeutschen Bundes sowie die Landesfrauenvereine vom Roten Kreuz in Baden, Bayern, Hessen, Sachsen und Württemberg. Ihre Aufgabe war die Förderung und Organisation der Verwundetenpflege im Krieg. Sie standen unter dem Protektorat der Kaiserin bzw. der jeweiligen Landesfürstinnen und wurden vom Kaiserlichen Commissar und Militärinspekteur der freiwilligen Krankenpflege angeleitet. Zusammen verfügten sie 1914 über 1 Mio. Mitglieder aus der bürgerlichen Mittel- und Oberschicht sowie aus dem Adel. Neben der Ausbildung von Krankenschwestern organisierten sie ehrenamtliche Kriegskrankenpflege- und Lazarettverwaltungskurse. Darüber hinaus übernahmen die Vereine ein breites Tätigkeitsspektrum in der allgemeinen Wohlfahrtspflege.

Mit ihren Aktivitäten bereiteten die F. Frauen gezielt auf einen möglichen Krieg vor. Die

Fünfuhrtee des Frauenbundes im Hotel Adlon in Berlin

langjährige Mobilisierungsarbeit erwies sich bei Kriegsausbruch als außerordentlich erfolgreich, da weit mehr freiwillige Helferinnen zur Verfügung standen, als tatsächlich eingesetzt werden konnten. Durch die Gründung des Nationalen Frauendienstes, der die Organisation der Kriegswohlfahrtspflege übernahm, sahen sich die Vereine im Krieg jedoch überwiegend auf die Unterstützung des Kriegssanitätsdienstes reduziert. 118.000 Frauen, davon 19.000 im Kriegsgebiet selbst, arbeiteten im Krieg für das Rote Kreuz in der Verwundetenpflege. Sehr viel höher war jedoch die Zahl derjenigen, die ehrenamtlich in der Heimat Erfrischungsstationen an Bahnhöfen betreuten, in Lazaretten aushalfen, Nähstuben einrichteten oder die sog. Liebesgaben-Päckchen für die Soldaten an der Front versandten.

Als zweite Gruppe sind die konfessionellen F. hervorzuheben, die im Rahmen der Diakonie Kriegsarbeit leisteten. Während sich die katholischen F. in der Regel dem Nationalen Frauendienst anschlossen, organisierte zum Beispiel der größte evangelische F., die Frauenhilfe, eine eigene Hilfstätigkeit. Der Schwerpunkt des 1899 von Kaiserin Auguste Viktoria gegründeten Vereins lag auf der Fürsorge für Kriegerfrauen und -kinder. Er unterhielt eigene Lazarette und bildete Schwestern für den Feldsanitätsdienst aus. In den Motivierungsstrategien verschmolzen der Appell an patriotisches Pflichtgefühl und das Gebot christlicher Nächstenliebe miteinander. Die Förderung durch Herrscherhaus und Amtskirche, straffe Organisation und vielfältige Hilfsangebote machten ihn in Preußen zu einer wichtigen Stütze der Kriegswohlfahrt. Eine dritte Gruppe bildeten die lokalen F., die mit privater Wohltätigkeit auf vielfältige Weise die Lücken der staatlichen Fürsorge schließen halfen.

Lit.: A. Süchting-Hänger, »Das Gewissen der Nation«. Nationales Engagement und politisches Handeln konservativer Frauenorganisationen 1900-1937, Düsseldorf 2002; D. Riesenberger, Das deutsche Rote Kreuz. Eine Geschichte 1864-1990, Paderborn 2002. → *Kriegsfürsorge* → *Rotes Kreuz*

ANDREA SÜCHTING-HÄNGER

Freikorps, aus Freiwilligen gebildete militärische Verbände; im engeren Sinn diejenigen Einheiten, die 1918-1921 in Deutschland zu gegenrevolutionären Zwecken und für den

»Grenzschutz Ost« gegen Polen und das von den Bolschewiki regierte Rußland gebildet und eingesetzt wurden. – Mit der Bildung von F. reagierten einzelne Truppenbefehlshaber, bald dann auch die Oberste Heeresleitung unter Hindenburg/Groener auf den Zerfall der Kommandoautorität im kaiserlichen Heer seit dem Waffenstillstand. Der Oberbefehlshaber Ost hatte bereits am 15. Nov. 1918 um die Erlaubnis zur Bildung von Freiwilligenverbänden nachgesucht, um den Rückzug trotz der eigenmächtigen Demobilmachung vieler Truppenteile sichern zu können. Zur Sicherung von »Ruhe und Ordnung« gegen revolutionäre Bestrebungen und zum Schutz der Regierung in Berlin wurden im Reich vereinzelt seit Nov., verstärkt seit Dez. 1918 F. gebildet. Die endgültige Entscheidung der Reichsregierung für die F. und gegen republikanische Volkswehren fiel Anfang Jan. 1919 unter dem Eindruck des Aufstandes linksgerichteter Berliner Arbeiter. Danach entstanden rasch zahlreiche F., insgesamt 100 bis 120 Verbände mit einer Gesamtzahl von ca. 400.000 Angehörigen. Aufgrund der hohen Fluktuation betrug die Zahl der zugleich mobilen F.-Angehörigen maximal 250.000 (März 1919).

F. entstanden vor allem durch die Umbildung alter Verbände des Heeres zu Freiwilligeneinheiten. Insbesondere ehemalige Sturmbataillone bildeten den Grundstock. Ein anderer Weg war die Unterstellung von Freiwilligen unter einen Führer, in der Regel einen höheren Frontoffizier. Die Größe der F. reichte von wenigen Dutzend Mann bis zu Verbänden von Armeekorpsstärke mit ca. 30-40.000 Mann. Die Werbung von Freiwilligen geschah durch Anzeigen und Werbebüros. Viele der F.-Angehörigen waren junge Frontoffiziere und -unteroffiziere. Daneben meldeten sich zahlreiche Studenten und Schüler höherer Schulen. Somit waren bei weitem nicht alle F.-Kämpfer ehemalige Frontsoldaten. F. in ländlichen Gegenden waren oftmals nach der Region benannt, aus der sie rekrutiert wurden (»Schwaben«, »Werdenfels« u. a.), und zählten viele Bauernsöhne und Landarbeiter in ihren Reihen. Industriearbeiter, insbesondere der Arbeiterbewegung nahestehende, gab es in den F. kaum. Der Typus eines durch die Kriegserlebnisse aus der Lebensbahn geworfenen, Niederlage, Revolution und Demobilisierung als Verlust prägender Werte erlebenden »militärischen Desperados« (W. Sauer) war vor allem in der Gruppe der Frontoffiziere vertreten.

Außer bei der Niederschlagung des Berliner Januaraufstandes waren F. vor allem im Ruhrgebiet, in Bayern und in den mitteldeutschen Industrierevieren bei der gewaltsamen Niederschlagung von Räteorganisationen der Arbeiterbewegung bzw. der kommunistischen Räterepublik in München im April 1919 beteiligt. Dabei kam es zu zahlreichen Gewaltexzessen und willkürlichen Tötungen von linksgerichteten Arbeitern sowie auch unbeteiligter Personen. Mitglieder der F. waren zudem für zahlreiche politische Morde verantwortlich. Streiks ostelbischer Landarbeiter wurden – etwa von der Sturmabteilung Roßbach in Pommern – brutal niedergeschlagen. Die hohe Gewaltbereitschaft der F.-Mitglieder beruhte auf einem durch den Krieg geprägten Denken in den Kategorien der strikten Entgegensetzung von »Freund« und »Feind«, einem entschiedenen Antibolschewismus und dem Haß gegen Republik und Demokratie. Die F.-Leute waren ihrem Selbstverständnis nach »politische Soldaten« in einer als permanenter Bürgerkrieg interpretierten Situation.

Die angeordnete Auflösung der Marinebrigade Ehrhardt bildete den Anlaß für den Kapp-Putsch im März 1920. Den Entwaffnungsbestimmungen des Versailler Vertrages folgend, mußten die F. nach der Niederschlagung des Putsches aufgelöst werden. Einige der Verbände bildeten sich jedoch mit Unterstützung der Reichswehrführung in Wehrverbände wie den Jungdeutschen Orden, den Bund Wiking oder den Bund Oberland um. Letzterer beteiligte sich mit anderen Wehrverbänden im Mai 1921 an der Niederschlagung des polnischen Aufstandes in Oberschlesien. Die Kämpfe führten in der für den F.-Mythos bedeutenden Schlacht am Annaberg zu einem Sieg der Freiwilligenverbände. Viele F.-Kämpfer waren später führende SA- und NSDAP-Mitglieder. Über diese personelle Kontinuität hinaus war die mythologisch überhöhte und literarisch stilisierte (Ernst von Salomon, Arnold Bronnen) Figur des gewaltbereiten, sich als politischer Soldat verstehenden F.-Kämpfers von großer Bedeutung für das ideologische Selbstbild der NS-Massenbewegung, vor allem der SA.

Ein Pendant zu den F. bilden die 1917 in Italien als Stoßtrupps für den Stellungskrieg geschaffenen Arditi, wo sich ähnlich wie in den deutschen Sturmtrupps der Typus eines Spezialisten für extreme Gewaltanwendung ausbildete. Ca. 10.000 frühere Arditi wurden seit Anfang 1919 Mitglied des politischen Kampfverbandes Associazione fra gli Arditi d'Italia. Dieser beteiligte sich 1919/20 an zahlreichen Gewaltakten gegen sozialistische Arbeiter und bildete personell und ideologisch einen wichtigen Grundstock der faschistischen Gewaltmobilisierung im Squadrismo. Mitglieder der Arditi zählten auch zu den freiwilligen »Legionari«, die unter Gabriele d'Annunzio 1919 die Stadt Fiume militärisch besetzten.

Lit.: F. Cordova, Arditi e legionari dannunziani, Padova 1969; H. Schulze, Freikorps und Republik, 1918-1920, Boppard am Rhein 1969.

BENJAMIN ZIEMANN

French, Sir John, * Ripple Vale (Grafschaft Kent) 28.9.1852, † Deal 21.5.1925, britischer Generalfeldmarschall und Oberbefehlshaber an der Westfront 1914/15. – F. durchlief im Verlauf seiner frühen Karriere die üblichen Kolonialverwendungen in Ägypten und Indien. Im Burenkrieg (1899-1902) erwarb er sich als Kommandeur einer Kavalleriedivision erstmals den Ruf eines mutigen und energischen Offiziers. Weitere Schlüsselpositionen ergaben sich im Anschluß an den Krieg, nicht zuletzt, weil sich F. im Umgang mit Politikern, namentlich liberalen Tories, leicht tat. 1913 wurde er Chef des Imperial General Staff und zum Feldmarschall ernannt. Sein Rücktritt infolge der sog. Curragh-Meuterei im März 1914 (als britische Offiziere mit irischen Bindungen sich weigerten, an Strafaktionen in Irland teilzunehmen) sollte sich nicht als hinderlich dafür erweisen, daß F. bei Kriegsbeginn zum Oberbefehlshaber des britischen Expeditionskorps (BEF) ernannt wurde. Seine Führungsleistung wird allgemein als unbefriedigend beurteilt. Er war sich nur allzu bewußt, daß die BEF alles an Landstreitmacht darstellte, was Großbritannien aufzubieten hatte. Dieses Bewußtsein machte ihn vorsichtig und gelegentlich sogar pessimistisch, etwa beim Rückzug von Mons oder während der 1. Flandern-Schlacht. Doch wechselten diese Stimmungen immer wieder mit Phasen von unrealistischem Optimismus, weshalb seine Befähigung zum Oberkommandierenden auch in Frage gestellt wurde. Die unbefriedigenden Leistungen seines kleinen und ärmlich ausgerüsteten Heeres in den frühen Schlachten des Stellungskriegs ließen seinen Stern 1915 weiter sinken. Sein ungeschickter Einsatz der Reserven bei Loos während der Herbstschlacht in der Champagne im Sept./Okt. 1915 führte nach einer Intrige seiner Untergebenen – vor allem Douglas Haigs – schließlich zu seiner Ablösung. F. kehrte nach England zurück und fand als Oberbefehlshaber der Heimatstreitkräfte (1916-18) und als Vertreter der Krone in Irland (Lord-Lieutenant 1918-21) wichtige Verwendungen. In Anerkennung seiner Verdienste wurde er 1922 zum Earl of Ypres geadelt.

J. M. BOURNE (Ü: M. P.)

Freud, Sigmund, * Freiberg (heute Příbor/Tschechische Republik) 6.5.1856, † London 23.9.1939, österreichischer Nervenarzt, Begründer der Psychoanalyse. – Die Einstellung F.s zum Weltkrieg unterschied sich zunächst kaum von jener der meisten Intellektuellen zu dieser Zeit. Überliefert ist die Bemerkung F.s in der Phase des Kriegsbeginns, seine »ganze Libido« gehöre Österreich-Ungarn (1915). Wann sich diese Haltung änderte und einer eher kriegskritischen wich, ist umstritten. Angesichts der Kriegsschrecken und »Rechtsverletzungen« bestätigten sich für F. vor allem zwei Einsichten der Psychoanalyse: zum einen, »daß die primitiven, wilden und bösen Impulse der Menschheit bei keinem einzelnen verschwunden sind«, zum anderen, »daß unser Intellekt ein schwächliches und abhängiges Ding ist, ein Spielball und Werkzeug unserer Triebregungen und Affekte« (Brief vom 28. Dez. 1914).

Das waren Einsichten, die F. in seinem vielleicht bekanntesten Werk über den Krieg in den Jahren 1914 bis 1918, dem knappen Essay *Zeitgemäßes über Krieg und Tod* (1915), ausführlicher entwickelte. Zugleich wurde in solchen Äußerungen aber auch schon die Desillusionierung und tiefe Resignation F.s angesichts des Krieges und seines Verlaufs sichtbar; sie zeigte sich ebenfalls in seinen während des Kriegs gehaltenen *Vorlesungen zur Einführung in die Psychoanalyse* (1916/17).

Die Isolation F.s und der Psychoanalyse vor 1914 verhinderte nicht, daß psychoanalytisch geschulte oder sich psychoanalytische Methoden im Selbststudium aneignende Ärzte mit Beginn des Krieges in der Militärmedizin tätig waren. Insgesamt jedoch spielte die Psychoanalyse bei der Behandlung von Kriegsneurotikern lange Zeit kaum eine Rolle. In der umfangreichen Fachliteratur wurde sie nicht oder nur indirekt erwähnt.

Allerdings waren bereits frühzeitig psychoanalytisch inspirierte Ansätze in die Therapie der Kriegsneurosen eingeflossen. Das lag vor allem an den Bemühungen der Militärpsychiatrie, organische Ursachen für die Kriegsneurose als Erklärungsmodell zugunsten der psychogenen Verursachung zurückzudrängen. Letztere hatte den Vorteil, daß mit ihr eventuelle Rentenansprüche der Opfer verhindert oder gemindert werden konnten.

Zugleich bemühten sich internationale Psychoanalytiker darum, einen Kongreß zur Behandlung der Kriegsneurosen durchzuführen. Er wurde schließlich am 28./29. Sept. 1918 mit Unterstützung staatlicher und städtischer Behörden und im Beisein F.s in Budapest durchgeführt. Auf dem Kongreß, den F. auch als persönlichen Sieg empfand, wurde insbesondere deutlich, mit welchem neu erwachten Selbstbewußtsein die Psychoanalyse mittlerweile ihre Rolle bei der Behandlung von Kriegsneurosen begründeten.

Erst nach dem Krieg gab F. selbst eine Erklärung über den Konflikt ab, dem sich jeder Arzt im Krieg gegenübersah, ob in der Behandlung von Kriegsneurotikern oder körperlich verletzten Soldaten: »Den Ärzten ist etwas wie die Rolle von Maschinengewehren hinter der Front zugefallen, die Rolle, die Flüchtigen zurückzutreiben. [...] Wie der Arzt in den Dienst eines anderen tritt, ist seine Funktion gestört, und in dem Moment, wo der Auftrag käme, die Leute möglichst bald für den Kriegsdienst wieder tüchtig zu machen, mußte sich ein Konflikt ergeben, für den man den ärztlichen Stand unmöglich verantwortlich machen kann. Zwischen der Unterordnung unter die Humanität und der allgemeinen Wehrpflicht läßt sich ein Kompromiß nicht herstellen.«

Lit.: P. Büttner, Freud und der Erste Weltkrieg, Heidelberg 1975; P. Gay, Freud. Eine Biographie für unsere Zeit, Frankfurt a. M. 1989.

BERND ULRICH

Friede von Brest-Litowsk, am 3. März 1918 unterzeichneter Friedensvertrag zwischen Deutschland, Österreich-Ungarn, der Türkei, Bulgarien und Sowjetrußland. – Nach dem Oktoberumsturz in Rußland eröffneten die programmatischen Forderungen der Bolschewiki nach einem sofortigen Ende des Krieges die Aussicht auf einen Seperatfrieden zwischen Rußland und den Mittelmächten. Bereits am 8. Nov. 1917, einen Tag nach dem Sturz der Provisorischen Regierung, verabschiedete der 2. Gesamtrussische Rätekongreß auf Vorschlag Lenins das *Dekret über den Frieden*, in dem alle kriegführenden Staaten zu einem sofortigen »Frieden ohne Annexionen und Kontributionen« und die internationale Arbeiterschaft zu solidarischen Friedensbemühungen aufgefordert wurden. Am 21. Nov. appellierte die sowjetische Regierung an die westlichen Verbündeten, sich zu einem sofortigen Waffenstillstand und zur Aufnahme von Friedensgesprächen bereit zu finden. Am 26. nahm die Sowjetregierung Kontakte mit den Mittelmächten auf, um deren Verhandlungsbereitschaft zu sondieren. Nachdem die deutsche Oberste Heeresleitung Zustimmung signalisiert hatte, ließ Außenkommissar Trotzki bei den Ententemächten nachfragen, ob sie an den Verhandlungen teilzunehmen wünschten. Eine Reaktion blieb aus. Am 3. Dez. nahmen Vertreter Sowjetrußlands und der Mittelmächte separate Waffenstillstandsverhandlungen auf. Am 5. Dez. wurde ein zehntägiger Waffenstillstand unterzeichnet, der am 15. um 28 Tage verlängert wurde. Vom 22. bis 28. Dez. dauerte die erste Runde der offiziellen Friedensverhandlungen in Brest-Litowsk, dem Sitz des deutschen Oberbefehlshabers im Osten. Verhandlungsleiter waren auf sowjetischer Seite zunächst A. A. Joffe, auf deutscher Richard von Kühlmann, auf österreichisch-ungarischer Ottokar Graf Czernin. Die Mittelmächte verhandelten ohne einheitliches Programm. Trotzkis Forderungen nach einem Verzicht auf Annexionen und Kriegsentschädigungen, nach Räumung der besetzten Gebiete und nach Achtung des Selbstbestimmungsrechts der Völker wurden von den Mittelmächten abgelehnt.

Die Verhandlungen wurden daraufhin vertagt und am 9. Jan. wieder aufgenommen, wobei die sowjetische Delegation nun von Trotzki angeführt wurde. Nachdem die deutsche Seite am 19. Jan. in ultimativer Form einen Verzicht Rußlands auf Polen, Litauen und das westliche Lettland gefordert hatte, erwirkte Trotzki eine Verhandlungspause, um sich in Petrograd Rückendeckung für sein weiteres Vorgehen zu verschaffen. Auf sowjetischer Seite führte die Frage, ob man den Krieg fortsetzen oder sich einem annexioni-

Die russische Delegation bei den Friedensverhandlungen von Brest-Litowsk. Zweiter von rechts stehend L. Trotzki, sitzend Mitte A. A. Joffe. März 1918

stischen Frieden unterwerfen solle, zu heftigen Auseinandersetzungen. Während Trotzki in Erwartung einer baldigen Erhebung des westeuropäischen Proletariats dafür plädierte, die Verhandlungen zu verzögern und einen Schwebezustand herbeizuführen, der »weder Krieg noch Frieden« war und die Linken Kommunisten um N. Bucharin für einen »revolutionären Krieg« gegen den deutschen Imperialismus plädierten, hielt Lenin die Annahme des Ultimatums für unumgänglich. Weder Lenin noch Bucharin konnten sich im Zentralkomitee durchsetzen; Trotzki dagegen erhielt für seinen Vorschlag die meiste Unterstützung.

Den Fortgang der Verhandlungen, die am 30. Jan. wieder aufgenommen wurden, bestimmte der Konflikt um die Ukraine, die am 25. von der (nichtbolschewistischen) Ukrainischen Zentralrada (Rat) für unabhängig erklärt worden war und deren Vertreter nun ebenfalls am Verhandlungstisch saßen. Am 9. Febr. unterzeichneten die Mittelmächte und die Türkei einen Seperatfrieden mit der Ukraine. Darin wurde die Rada als einzig legitime Vertretung des ukrainischen Staates anerkannt. Als Gegenleistung für die Zusage einer großzügigen Grenzziehung im Westen der Ukraine verlangten die Mittelmächte von der ukrainischen Regierung umfangreiche Getreidelieferungen. Nach dem Abschluß des Separatfriedens mit der Ukraine stellten die Mittelmächte Rußland ein Ultimatum zur Annahme der Friedensbedingungen. Trotzki unterbrach daraufhin die Friedensverhandlungen und erklärte einseitig die Beendigung des Kriegszustandes und die russische Demobilisierung. Die deutsche Seite antwortete am 18. Febr. mit der Fortsetzung des Krieges und einem militärischen Vormarsch, der zu einer erheblichen Ausweitung der von ihr okkupierten Gebiete führte und die sowjetische Regierung zur vollständigen Kapitulation zwang. Ohne in erneute Verhandlungen einzutreten, akzeptierte die sowjetische Delegation die nun erheblich verschärften deutschen Bedingungen.

Mit dem am 3. März 1918 unterzeichneten Frieden verpflichteten sich die Mittelmächte zur Räumung der besetzten Gebiete mit Ausnahme von Estland und Livland, die vorläufig von Deutschland besetzt blieben. Rußland verzichtete auf territoriale Ansprüche in Polen, Litauen und Kurland, auf die von der Türkei beanspruchten Gebiete im Kaukasus, durch einen am 27. Aug. unterzeichneten Ergänzungsvertrag auch auf Estland und Livland und erkannte die Selbständigkeit Finnlands und der Ukraine an. Rußland gab damit ein Drittel seiner Bevölkerung und den größten Teil seines Rohstoff- und Industriepotentials preis. Gerechtfertigt wurde die auf sowjetischer Seite höchst umstrittene Entscheidung für die Unterzeichnung des Diktatfriedens damit, daß sich die Sowjetmacht in Rußland ohne die hierdurch gewonnene »Atempause« nicht hätte behaupten können. In Deutschland löste der Frieden euphorische Reaktionen und neue Siegeszuversicht aus. Doch brachte der Vertrag für die Mittelmächte bei weitem nicht den wirtschaftlichen, militärischen und politischen Nutzen, den man sich vor allem auf deutscher Seite erhofft hatte. Überdies stärkte die Maßlosigkeit des den Russen auferlegten deutschen Diktats den Widerstandswillen der Entente-Regierungen, die den Kontrast zwischen dem Vierzehn-Punkte-Programm Woodrow Wilsons und den Bedingungen von Brest-Litowsk auch propagandistisch zu nutzen verstanden. Der F. wurde durch den Waffenstillstand von Compiègne am 11. Nov. 1918 und durch ein Dekret der Sowjetregierung vom 18. Nov. 1918 annulliert. → *Waffenstillstand*

Lit.: W. Baumgart, Deutsche Ostpolitik 1918. Von Brest-Litovsk bis zum Ende des Ersten Weltkrieges, Wien/München 1966.

HILDEGARD KOCHANEK

Friedensbewegungen, anfangs nur im Bürgertum verankerte soziale und politische Bewegungen, die seit dem frühen 19. Jahrhundert auftraten. – »Pazifismus« wurde in der Gestalt von Friedensgesellschaften und -vereinen auf nationaler bzw. lokaler Ebene organisiert (in Deutschland: Deutsche Friedensgesellschaft – DFG, gegründet 1892). Man strebte die Zusammenarbeit mit Friedensorganisationen anderer Länder an, zunächst mittels internationaler Friedenskongresse, seit dem Ende des 19. Jahrhunderts auch im Rahmen des 1894 gegründeten Internationalen Friedensbüros (IFB) in Bern.

Die Erwartung des sog. organisatorischen Pazifismus, demzufolge der Weltfriede durch die bereits praktizierten Formen mondialer Kooperation immer sicherer werde (A. H. Fried), das Kalkül, seine ökonomische Sinnlosigkeit werde einen großen Krieg verhindern (Norman Angell), aber auch pazifistische Hoffnungen auf das bisher überwiegend erfolgreiche Krisenmanagement der Regierungen der Großmächte erwiesen sich mit dem Ersten Weltkrieg als Wunschdenken. Die vor dem Krieg entwickelte internationale Zusammenarbeit der Friedensgesellschaften fand mit Kriegsbeginn ein jähes Ende. Jetzt enthüllte sich die Ohnmacht der pazifistischen Internationale. Die nationalen Friedensgesellschaften in allen kriegführenden Ländern zeigten sich bereit, Beweise ihrer nationalen Loyalität zu erbringen. Eine Frontlinie verlief jetzt auch zwischen den F. in den Ländern der Entente und Italiens einerseits und jenen der Mittelmächte andererseits. Daß sich die DFG mit Ludwig Quidde an der Spitze nicht bereit fand, die Verletzung der belgischen und luxemburgischen Neutralität zu verurteilen, belastete die Arbeit des IFB so sehr, daß nach der nahezu ergebnislosen Sitzung des Rates des IFB am 6. und 7. Jan. 1915 während des Krieges keine weitere Beratung mehr möglich war. Die französische F., die sich mit dem Kriegsziel Frankreichs – Niederringung des deutschen Militarismus – identifizierte, schloß jede Mitarbeit aus.

Von Anfang an war die Tätigkeit aller nationalen F. den von den Militärbehörden verhängten Beschränkungen unterworfen. In Deutschland kam es zu vielfältigen Repressionen, zu Presse- und Briefzensur, Bespitzelung, Versammlungsverboten, Wohnungsdurchsuchungen, Verhaftungen, Aufenthaltsbeschränkungen oder Paßverweigerung, die allerdings nur infolge unterschiedlicher Praxis der Stellvertretenden Generalkommandos hier und da Milderung erfuhren. Nach einer durch Ratlosigkeit, bei manchen durch Anpassung an den Kriegschauvinismus gekennzeichneten Anfangsphase führten die Erfahrungen des Krieges schließlich jedoch zu einer Erneuerung pazifistischer Programmatik und Praxis. Die militärische Repression förderte pazifistische Radikalisierung: Die Pazifisten gaben die bisher geübte Zurückhaltung in der Kritik an der inneren Politik auf und betonten deren Zusammenhang mit der äußeren Politik. Die Distanz zwischen dem bürgerlichen Pazifismus der Vorkriegszeit und sozialistischer Kriegsgegnerschaft schwand, wodurch der Pazifismus eine breitere soziale Basis gewann. Die radikale bürgerliche Frauenbewegung wurde integraler Bestandteil der F. und entwickelte darüber hinaus ein eigenes pazifistisches Selbstverständnis und eigene organisatorische Formen. Der Übergang zu konspirativer

Praxis wurde als legitime Reaktion auf militärische Repression vollzogen. Auslandskontakte wurden auch unter Erschwernissen auf dem Umweg über neutrale Staaten hergestellt. Die innerpazifistische Kritik am herkömmlichen Verständnis pazifistischer Arbeit ließ in allen Staaten Friedensorganisationen neuer Art entstehen, die das Bedürfnis eines entschiedenen neuen Pazifismus nach energischer Friedenstätigkeit und nach zukunftsweisenden politischen Konzepten widerspiegelten. Den Neugründungen gemeinsam war die Überzeugung, daß nach dem Ende des Krieges nicht umstandslos an die Vorkriegssituation angeknüpft werden könne und daß dieser Krieg zu fundamentalen Veränderungen im internationalen Mächtesystem führen müsse.

In Großbritannien löste der Kriegsbeginn die Gründung der Union of Democratic Control aus, in der sich Linksliberale in der Tradition des bürgerlichen Radikalismus und Nonkonformismus Politikern der Independent Labour Party an die Seite stellten. Sie führte die Kritik an der Außenpolitik zusammen, deren Neigung zur Geheimdiplomatie der Friedenssicherung geschadet habe und die deshalb durch eine parlamentarisch und demokratisch kontrollierte Außenpolitik abgelöst werden müsse. Entschiedener Pazifismus formierte sich in den Niederlanden im Nederlandsche Anti-Oorlogs-Raad (NAOR), in der Schweiz im Komitee zum Studium der Grundlagen eines dauernden Friedens und in den USA in der League to Enforce Peace. In Frankreich blieb eine entsprechende Neugründung aus. Hier erfüllte die Ligue des Droits de l'Homme einen wesentlichen Teil der Forderungen eines Pazifismus neuer Orientierung.

In Deutschland entsprach solchen Entwicklungen der im Nov. 1914 gegründete Bund Neues Vaterland (BNV). Die Organisation signalisierte mit ihrem Namen sowohl die Forderung nach inneren Reformen wie einen europäisch-kulturellen Begriff von Nation als Absage an deutschen Nationalismus. In ihr sammelten sich neben den bekannten Pazifisten alter Orientierung Persönlichkeiten verschiedener politisch-ideologischer Orientierung, gemäßigte Konservative wie Sozialdemokraten aller Richtungen, auch hochrangige ehemalige Diplomaten sowie namhafte Soziologen und Nationalökonomen. Daraus ergab sich eine mit vielfältigen Kompetenzen auftretende Gruppierung, die hoffen konnte, mit Kontakten zum Auswärtigen Amt Einfluß auf einen baldigen Friedensschluß der Vernunft zu nehmen. Mit der Thematisierung wirtschaftlicher Kriegsfolgen und mit der Kritik an der Versorgungspolitik der Reichsregierung wie an der Begünstigung von Produzenteninteressen wagte sich der BNV – mit Anklängen antikapitalistischer Systemkritik – auch auf das Feld der Kriegswirtschaft vor. Während sich die Hoffnungen, im neutralen und gegnerischen Ausland wahrgenommen zu werden, weitgehend erfüllten, zerschlugen sich die Erwartungen, das Auswärtige Amt als Gegengewicht zur Politik der Obersten Heeresleitung nutzen zu können.

Als Ausdruck neuen Selbstvertrauens erschien der vom NAOR organisierte Pazifistenkongreß in Den Haag vom 7. bis 10. April 1915. Dem Vorgang kam vor allem Bedeutung zu wegen der Teilnahme belgischer Vertreter wie auch von Repräsentanten aus weiteren neutralen Staaten, aus England sowie einer aus Vertretern des »alten« und »neuen« Pazifismus zusammengesetzten deutschen Delegation und schließlich der Interparlamentarischen Union und des IFB. Das wichtigste Ergebnis war ein Minimalprogramm für einen dauernden Frieden, das den Ausschluß von Annexionen ohne Zustimmung der betroffenen Bevölkerung, die Liberalisierung des Kolonialhandels, die Weiterentwicklung des Werkes der Haager Friedenskonferenzen von 1899 und 1907, Vereinbarungen über Rüstungsabbau und parlamentarische Kontrolle der Außenpolitik forderte. Die Aufgabe der Verbreitung und Ausgestaltung des Minimalprogramms wurde der Zentralorganisation für einen dauernden Frieden übertragen. Die Tatsache, daß sich das Auswärtige Amt von den Ergebnissen vertraulicher deutsch-britischer Gespräche am Rande der Konferenz distanzierte, die die Zukunft Belgiens betrafen, kündigte das vorläufige Ende des leisen Einverständnisses zwischen dem BNV und den deutschen Diplomaten an.

Die neue Situation stimulierte den Übergang des BNV zu entschiedenerem Auftreten in der Öffentlichkeit. Beispielgebend war der internationale Kongreß zahlreicher Kriegsgegnerinnen aus der radikalen bürgerlichen Frauenbewegung Ende April 1915, ebenfalls in Den Haag, mit der Teilnahme führender Vertreterinnen des deutschen Bundes für Frauenstimmrecht. Im Auftrag des auf dem Kongreß gegründeten Internationalen Frauenausschusses für einen dauernden Frieden, reisten Delegierte anschließend in die Hauptstädte zahlreicher Länder Europas, um deren Regierungen die Forderungen des Kongresses zu erläutern. Unter dem Eindruck der Kriegszieldiskussion in Deutschland wandte sich die deutsche F. unter führender Beteiligung des BNV seit dem Sommer 1915 in mehreren Denkschriften an Regierung und Öffentlichkeit. Diese Aktivitäten, die auch im neutralen Ausland und in den Ententestaaten Beachtung fanden, lösten neue Maßnahmen der Militärbehörden zur Unterdrückung pazifistischer Kritik aus und trugen dem BNV im Febr. 1916 das Verbot jeglicher Tätigkeit für die Dauer des Krieges ein. Die Gründung der Zentralstelle Völkerrecht (ZV) im Dez. 1916 in Frankfurt am Main war der Versuch, den Repressionsmaßnahmen mit einer vom Vereinsrecht nicht erfaßten Organisationsform zu begegnen. Doch bereits Anfang 1917 reagierte die militärische Führung mit dem Verbot öffentlicher Werbung und Kundgebungen für die ZV. Mit ihrer Denkschrift *Pazifismus und Belagerungszustand* leiteten DFG, BNV, Frauenausschuß für einen dauernden Frieden und ZV ab Sommer 1917 ihre Beschwerden über die behördlichen Übergriffe dem Reichstag zu.

Seit der Einführung der allgemeinen Wehrpflicht in Großbritannien 1916 setzte auch dort im Zusammenhang mit der erstmals organisiert auftretenden massenhaften Kriegsdienstverweigerung, der No Conscription Fellowship, starker staatlicher Gegendruck ein. Die Ereignisse des Jahres 1917, das Friedensprogramm des US-Präsidenten Woodrow Wilson, der Friedensappell von Papst Benedikt XV., wie auch die Friedensresolution des Reichstages ermutigten die pazifistischen Organisationen, der Propaganda für ein »Siegfriedensprogramm« mit einer Eingabe an den Reichstag scharf entgegenzutreten. Zugleich sah sich die deutsche F. zu verstärkten Initiativen zugunsten eines baldigen Verständigungsfriedens veranlaßt. Da Bemühungen um einen direkten Gedankenaustausch mit Pazifisten des gegnerischen Auslandes keinen Erfolg versprachen, boten sich indirekte Kontakte im neutralen Ausland an. Dementsprechend diskutierte die von der Zentralorganisation für einen dauernden Frieden nach Bern einberufene Studienkonferenz vom 19. bis 22. Nov. 1917 die Grundlagen eines »Völkerbundes«. Ähnliche pazifistische Aktivitäten nahmen im letzten Kriegsjahr zu, jetzt auch im Umkreis der österreichischen und ungarischen F. Fortan richtete sich der Blick der deutschen F. auf die Zeit nach dem Krieg. Wenn mit Wilsons Vierzehn Punkten wesentliche Forderungen des internationalen Pazifismus erstmals die Gestalt eines regierungsoffiziellen Programms angenommen hatten und die Reichsregierung einzelne Elemente daraus aufgriff, bestätigte sich darin die realpolitische Qualität solcher Forderungen. Deren Erfüllung würde aber, das war der deutschen F. bewußt, an die Voraussetzung gebunden sein, daß in Deutschland eine neue politische Ordnung im Zeichen der Demokratie errichtet würde.

Lit.: F. L. Carsten, War Against War. British and German Radical Movements in the First World War, London 1982; W. Eisenbeiß, Die bürgerliche Friedensbewegung in Deutschland während des Ersten Weltkrieges, Frankfurt a. M. u. a. 1980; K. Holl, Pazifismus in Deutschland, Frankfurt a. M. 1988.

KARL HOLL

Friedensinitiativen. Im Verlauf des Weltkrieges kam es immer wieder zu Versuchen, die Kriegshandlungen zu beenden. Allerdings waren bis zuletzt die Kriegsziele beider Seiten unvereinbar, so daß die Chancen für einen Erfolg von F. stets gering blieben.

Erste ernsthafte Versuche, die europäischen Kriegsparteien zu Verhandlungen zu bewegen, unternahm US-Präsident Woodrow Wilson, der seinen außenpolitischen Vertrauten »Oberst« Edward M. House im Frühjahr 1915 zu Sondierungsgesprächen nach London, Berlin und Paris entsandte. Die Reise scheiterte an der Ablehnung des Deutschen Reiches, die von Wilson und House als Grundlage für Verhandlungen vorgesehene Wiederherstellung Belgiens zuzulassen. Weitere Vermittlungsbemühungen Wilsons im Herbst 1916 wurden durch die Präsidentschaftswahlen im Nov. beeinträchtigt. Gleichzeitig suchte Reichskanzler Bethmann Hollweg, die Initiative zu übernehmen. Nach der Einnahme von Bukarest durch die Mittelmächte rief der Kanzler am 12. Dez. vor dem Reichstag die Alliierten auf, in Friedensverhandlungen einzutreten, ohne jedoch deutsche Kriegsziele öffentlich zu machen. In Berlin wurde von vornherein kaum mit einer Annahme des Angebots gerechnet. Die Initiative diente vor allem dazu, den seit Febr. 1917 geführten uneingeschränkten U-Boot-Krieg zu rechtfertigen. Tatsächlich lehnte die Entente die deutsche Initiative in scharfen Worten ab.

Wilson hatte bereits zuvor, am 18. Dez. 1916, mit einer Note reagiert, in der er die Kriegsparteien zur Offenlegung ihrer Kriegsziele aufforderte und inhaltlich die Konzeption eines »Friedens ohne Sieg« vorwegnahm (Rede vor dem Kongreß am 22. Jan. 1917). Die amerikanische Note wurde von den Mittelmächten zurückgewiesen, von der Entente am 10. Jan. 1917 verhalten begrüßt, nicht zuletzt, um sich die USA gewogen zu halten.

Trotz der festgefahrenen Situation und des amerikanischen Kriegseintritts bot die Zeit zwischen der russischen Februar- und der Oktoberrevolution 1917 neue Möglichkeiten für einen Kompromiß. Die Thronbesteigung Karls I. als Nachfolger des verstorbenen österreichisch-ungarischen Kaisers Franz Josef I. (21. Nov. 1916) und die Berufung Graf Czernins zum Außenminister von Österreich (14. Dez. 1916) verstärkten Tendenzen in der österreichischen Außenpolitik zum Abschluß eines Sonderfriedens mit der Entente. Czernin, der sich bemühte, auf die Kriegszielpolitik der deutschen Regierung mäßigend einzuwirken, entsandte den ehemaligen österreichischen Botschafter in London, Graf Mensdorff, nach Skandinavien, um Möglichkeiten eines Vermittlungsfriedens auszuloten. Doch kam ein Treffen mit dem britischen Emissär Sir Francis Hopwood nicht zustande. In London war man zudem davon ausgegangen, Österreich habe um einen Sonderfrieden nachsuchen wollen. In einem Akt persönlicher Diplomatie nutzte Karl I. seinen Schwager Prinz Sixtus de Bourbon, Mitglied der ehemaligen französischen Königsfamilie, als Mittler zur französischen Regierung, doch die Sondierungen endeten im Sommer 1917 ohne Ergebnis. Weder die österreichische Regierung noch der deutsche Verbündete waren eingeweiht, noch waren Karls Bedingungen mit den territorialen Forderungen Italiens vereinbar.

Infolge der Februarrevolution rückte zudem ein Separatfrieden der Mittelmächte mit Rußland in den Bereich des Möglichen. Erste Kontakte fanden im März und April 1917 in Stockholm statt. Am 14. Mai folgten Gespräche an der Ostfront mit dem russischen General Dragomirow, dem deutsche Forderungen wie ein an die Mittelmächte »angelehntes« Polen und die faktische Annexion Kurlands und Litauens übermittelt wurden. In der »Grimm-Hoffmann-Mission« beauftragte die russische Provisorische Regierung den Schweizer Sozialisten Grimm, eine autorisierte Stellungnahme zu den deutschen Forderungen einzuholen, die der Schweizer Außenminister Hoffmann bei seinem deutschen Kollegen Unterstaatssekretär Zimmermann erfragte. Diese waren identisch mit denen vom 14. Mai und für die russische Führung inakzeptabel. Einen anderen Versuch stellte die Stockholmer Konferenz der II. Sozialistischen Internationale vom Sommer 1917 dar, die jedoch daran scheiterte, daß die USA, Frankreich und Großbritannien Vertretern der jeweiligen sozialistischen Parteien die Ausreise verweigerten.

Eine weitere F. ging von Papst Benedikt XV. aus: Am 16. Aug. 1917 forderte er die kriegführenden Mächte zu einem Frieden ohne Annexionen und Reparationen auf (ein Vorschlag, der fast identisch war mit der Friedensresolution des Deutschen Reichstags vom 19. Juli). Obwohl die Note auf eine Anregung Wilhelms II. bei einem Treffen mit dem päpstlichen Nuntius in München, Pacelli, im Juni zurückging, wurde sie von der deutschen Reichsleitung dilatorisch behandelt, während die britische und französische Antwort die Intention hatten, »die Tür nicht völlig zuzuschlagen«. Wilson lehnte die päpstliche Note jedoch am 27. Aug. mit deutlichen Worten ab und forderte zuerst eine Demokratisierung in den Staaten der Kriegsgegner. Die amerikanische Außenpolitik betrieb danach immer deutlicher eine Politik, die darauf abzielte, zunächst den Krieg zu gewinnen, um danach unter Ausnutzung der finanziellen Abhängigkeiten die eigenen Vorstellungen durchzusetzen, was wiederum die Erfolgschancen möglicher Friedensinitiativen minderte.

Im Fahrwasser der päpstlichen Friedensnote kam es zu weiteren Kontakten zwischen Mittelmächten und Entente: Graf Revertera, Mitglied des österreichischen Hofes, traf mit dem französischen Geheimdienst-Angehörigen Armand am 7. und 22. Aug. 1917 in der Schweiz zusammen. Letzterer bot Österreich die Oberhoheit über Schlesien, Bayern und Polen gegen einen Separatfrieden an, ein Vorschlag, der zumindest teilweise von dem französischen Kriegsminister Painlevé autorisiert war. Der deutsche Außenminister Kühlmann hielt dies für einen geschickten Versuch, einen Keil zwischen die Mittelmächte zu treiben und nahm nun, wie im Kronrat vom 11. Sept. gebilligt, Fühlung mit Großbritannien auf. Die Kontaktaufnahme erfolgte über den spanischen Gesandten in Brüssel, Villalobar. Die britische Antwort, die Regierung sei gewillt, jede Mitteilung der deutschen Regierung entgegenzunehmen und sie mit ihren Verbündeten zu beraten, lief jedoch der deutschen Konzeption eines Sonderfriedens mit Großbritannien zuwider.

Nach der russischen Oktoberrevolution und dem Frieden von Brest-Litowsk kam es bis zum deutschen Waffenstillstandsgesuch zu keiner bemerkenswerten F. mehr. → *Vierzehn Punkte*

Lit.: L. L. Farrar, Divide and Conquer. German Efforts to Conclude a Separate Peace, 1914-1918, New York 1978.

HENNING HOFF

Friedrich, * Groß-Seelowitz (bei Brünn) 4.6.1856, † Ungarisch-Altenburg 30.12.1936, Erzherzog von Österreich. – F.s Offizierslaufbahn blieb vor 1914 weitestgehend im Rahmen der kaiserlichen Prinzenerziehung. Er wurde 1905 Generaltruppeninspektor, und damit Anwärter auf ein Armeekommando im Kriegsfall. Nach 1907 hatte F. als Oberkommandant der k. u. k. Landwehr immerhin Anteil an dem durch Generalstabschef Conrad von Hötzendorf betriebenen rasanten Ausbau dieses Armeeteiles zu Truppen erster Linie. Nur dadurch wurde die Monarchie in die Lage versetzt, 1914 ein letztes Mal als Großmacht aufzutreten. Schon während der europäischen Krisen 1908-13 war vorgesehen, daß nicht der Kaiser, sondern der Thronfolger Erzherzog Franz Ferdinand im Kriegsfall Oberbefehlshaber der Armee sein würde. Sollte dies, etwa aus politischen Gründen, unmöglich sein, galt F. als erster Stellvertreter, der dem Generalstabschef Conrad um so genehmer war, als dieser wußte, daß der Erzherzog keinerlei Mitspracherecht beanspruchen würde. Also wurde F. infolge der Ermordung von Franz Ferdinand am 28. Juni 1914 k. u. k. Armeeoberkommandant. Tatsächlich übte F. den Oberbefehl nur formal aus, die wirklichen Entscheidungsträger fanden sich im Generalstab, im Kriegsministerium sowie in der Militärkanzlei des Kaisers. F. beschränkte sich auf repräsentative Aufgaben und ließ sich auch nur selten für Intrigen in Personalangelegenheiten gewinnen. Der Großgrundbesitzer F. zählte dabei zu den bedeutendsten Armeelieferanten und Kriegsgewinnlern. Nach der Thronbesteigung Kaiser Karls (21. Nov. 1916) und dessen im Dez. 1916 erfolgten Übernahme des Armeeoberbefehls verschwand F. fast völlig aus dem politischen und militärischen Blickfeld.

RUDOLF JERABÉK

Friedrich August III., * Dresden 25.5.1865, † Sibyllenort (Kreis Oels) 18.2.1932, König von Sachsen. – Nach dem Studium in Straßburg und Leipzig und der militärischen Prinzenerziehung wurde F. 1898 Generalleutnant. 1902 wurde der Kronprinz dann zum Kommandierenden General des XII. (sächsischen) Armeekorps ernannt. Nach dem Tod seines Vaters Georg schließlich krönte man ihn am 15. Okt. 1904 zum König von Sachsen. 1909 Generaloberst, wurde er 1912 preußischer Generalfeldmarschall. Durch die Militärkonvention mit Preußen (1867) und die Reichsverfassung (1871) hatte der König allerdings militär- und außenpolitische Kompetenzen einschließlich der Kommandogewalt verloren. Bei Kriegsausbruch übernahm Kriegsminister Freiherr von Hausen den Oberbefehl über die im Verband der 3. Armee zusammengefaßten sächsischen Truppen, F. blieb in der Heimat und bereiste mehrfach die Front. Letzte, ergebnislose außenpolitische Aspirationen entwickelte er 1917, als er nach dem Zusammenbruch Rußlands Ansprüche auf Litauen geltend machte. 1918 begegnete er dem Ausbruch der Revolution in Sachsen mit der Bildung eines neuen Kabinetts, die militärische Niederschlagung der Unruhen lehnte er ab. Anekdotische Berühmtheit erlangte seine Reaktion auf die Forderung nach Thronverzicht (»Na da machd doch eiern Drägg alleene!«). Am 8. Nov. 1918 verließ F. Dresden, fünf Tage später legte er die Krone nieder. Der letzte Wettinerkönig verstarb 1932 im schlesischen Sibyllenort.

Lit.: W. Fellmann, Sachsens letzter König. Friedrich August III., Berlin/Leipzig 1992.

MARKUS PÖHLMANN

Friedrich, Ernst, * Breslau 25.2.1894, † Le Perreux sur Marne 2.5.1967, deutscher Pazifist. – 1924 publizierte das SPD-Mitglied F. den bis heute bekannten Fotoband *Krieg dem Kriege*. Seine mehrsprachigen Erläuterungen belegen, daß F. für ein internationales Publikum schrieb. 1925 eröffnete er in Berlin das Erste Internationale Anti-Kriegs-Museum. Sein Engagement gegen Militarismus und Krieg wurzelte in der Überzeugung, daß Friedens-Erziehung schon auf dem Spielplatz einsetzen müsse. Folgerichtig vertrieb er pazifistische Spielwaren. Für F. war es unverständlich, daß bald nach den Schrecken des mehr als vierjährigen Krieges patriotische Denkmäler errichtet wurden. »Die Menschen sind Vergeßmaschinen!« lautete sein Fazit, und so versuchte er entschieden, dem Vergessen und der Verherrlichung des Krieges entgegenzuwirken. In seinem Museum dokumentierte er unter anderem Waffen und ihre Wirkungsweisen, welche die Brutalität des Tötens und Sterbens verdeutlichen sollten. So zeigte er auch Fotografien von durch Granatsplitter zerfetzten Gesichtern. Doch F. und die pazifistische Bewegung besaßen in Deutschland nur geringen politischen Einfluß, zu dominant war in der deutschen Öffentlichkeit die weitverbreitete Einstellung, auch nach dem Waffenstillstand weiterhin vom Ausland bedroht zu sein. Vor allem der sog. Kriegsschuldartikel des Versailler Vertrags wurde als bittere Demütigung empfunden, der die Friedensbewegung nicht wirksam entgegenzutreten vermochte.

1933 wurde das Anti-Kriegs-Museum von einem SA-Trupp zerstört. F. floh zunächst nach Belgien, später nach Frankreich. Bis zu seinem Tod setzte er sich aktiv für Frieden und Völkerverständigung ein. 1982 wurde das Anti-Kriegs-Museum von seinem Enkel Tommy Spree im Berliner Stadtteil Wedding wiedereröffnet.

Lit.: Ernst Friedrich, Krieg dem Kriege! / Guerre à la Guerre / War against War! / Oorlog aan den Oorlog!, Reprint der Ausgabe von 1924, Berlin 1998.

SUSANNE BRANDT

Fronttheater, Theater- und verwandte Darbietungen von bzw. für Soldaten in der Etappe, in besetzten Gebieten und dicht hinter den Frontlinien. – F. umfaßt eine Vielfalt von Situationen und Praktiken, die durch sehr unterschiedliche Voraussetzungen bedingt werden. Theaterspiel von und für Heeresangehörige in Zeiten von Krieg und Frieden verfügt über eine lange historische Tradition. In der Vorkriegszeit hatten sich militärische Experten zunehmend für das Problem der Truppenunterhaltung interessiert. Entscheidend für den Weltkrieg wurden jedoch v. a. der Entwicklungsstand und die jeweiligen nationalen Ausprägungen der Unterhaltungsindustrie sowie die Bedingungen der modernen Kriegführung mit Massenheeren, der langjährigen Verfestigung der Fronten und der Tendenz zur Totalisierung.

Man kann verschiedene Ausprägungen des F. nach Organisatoren und Auftretenden, nach Ort und Publikum sowie nach dem Programm unterscheiden. Jedoch sind gerade Mischformen und Übergänge wie diejenigen zwischen »offiziellem« und »informellem«, »hohem« und »populärem« Repertoire, professionellem und Amateurtheater, Musik- und Sprechtheater, stehenden und wandernden Theatertruppen kennzeichnend für das F. Unmittelbar nach dem Ende des Bewegungskrieges kam es im Winter 1914/15 zu ersten Initiativen. Sie gingen in der Regel auf professionelle Theaterleute und Unterhaltungskünstler im Heeresdienst zurück, die die Förderung wohlwollender Kommandeure und das Interesse einzelner Truppenteile gewinnen konnten. Unter anderem erwuchsen sie aus dem Bemühen von Mitgliedern kämpfender Einheiten im Rahmen informeller soldatischer Geselligkeit in der Ruhestellung an improvisierten Spielstätten; z. T. handelte es sich um Unternehmungen von Soldaten in der Etappe und im Garnisonsdienst, die Veranstaltungen im Kriegsgebiet organisierten. Auch zivile Künstler und Künstlerinnen zeigten auf Gastspielen oder mit eigens zusammengestellten Wandertruppen ihr Können. Die Haltung der militärischen Führung war sehr unterschiedlich und zunächst häufig von Gleichgültigkeit, oft auch offener Ablehnung »unmilitärischer« oder nicht respektabler Unterhaltung geprägt. In der zweiten Kriegshälfte kam es jedoch verstärkt zu Versuchen, Theaterspiel und andere Freizeitaktivitäten offiziell in den militärischen Apparat einzubinden.

Die französische Armee zeigte sich besonders aktiv. Bereits zu Beginn des Jahres 1915 wurde ein großer Unterhaltungskomplex in Commercy an der Maas eingerichtet. »Parc du Poilu« umfaßte einen Saal mit 2.500 Plätzen für Film- und Varieté-Aufführungen und großzügige Sportanlagen und wurde bis zu seiner Auflösung 1919 von etwa 4 Mio. Soldaten besucht. Der »Parc« mit seinen unterschiedlichen Freizeitangeboten blieb zwar ein Einzelfall, seit Anfang 1916 übernahmen jedoch zwei Organisationen die Versorgung der Truppen mit Theater- und Musikaufführungen mit Hilfe von Wandertruppen. Das Théâtre aux armées brachte namhafte Künstlerinnen und Künstler renommierter Kulturbühnen wie großer Varietés zu Auftritten in die Etappe und verfolgte das Ziel, den Militärs Hochleistungen der Pariser Kultur zu bieten. Bis Nov. 1918 wurden ca. 1.000 Veranstaltungen für 2 Mio. Soldaten abgehalten. Während das Théâtre aux armées die professionelle Elite der Hauptstadt repräsentierte, griff das parallel operierende Théâtre du front auf Soldaten mit und ohne professionelle Erfahrungen als Akteure zurück, die in Wandertruppen die kämpfenden Einheiten an der Front besuchten. Bis zum Kriegsende veranstaltete es fast 6.000 Vorstellungen für 4 Mio. Zuschauer. Trotz seiner festen Einbindung in den militärischen Apparat vertrat es den Anspruch, mit beschränkten künstlerischen Mitteln ein Unternehmen »von und für den Poilu« darzustellen.

In der britischen Armee unterblieben Versuche der Zentralisierung des F. weitgehend. 1917 verfügte jede Division an der Westfront über mindestens eine Theatertruppe, die ihre Auftritte jedoch mit ihren normalen Dienstpflichten vereinbaren mußte. Erst im Frühjahr 1918 wurden in Einzelfällen kleine Künstlertruppen ausschließlich für die Unterhaltung der Soldaten freigestellt. Die umfassendste Initiative zur Versorgung der kämpfenden Truppen mit Bühnenunterhaltung ging auf die Schauspielerin und Theatermanagerin Lena Ashwell zurück. 1915 startete sie mit der organisatorischen Unterstützung des YMCA eine Kampagne »Concert at the front«, die sie mit Wander- aber auch festen Ensembles durchführte. Bei Kriegsende unterhielt Lena Ashwell elf stehende Ensembles an der Westfront.

Auf deutscher Seite sind knapp 110 Theatergruppen im Dienst militärischer Einheiten bekannt, davon mehr als die Hälfte auf Armee- und Divisionsebene, die an ca. 760 Spielstätten, 520 davon an der Westfront, auftraten. Aus den Bemühungen der 3. Obersten Heeresleitung um die Stimmungsbeeinflussung im Heer, die seit Sept. 1917 unter dem Dach des »Vaterländischen Unterrichts« betrieben wurde, bildete sich ein neuer organisatorischer Rahmen für die militärischen Theatergruppen; dieser brachte jedoch keine grundlegenden Veränderungen für deren Repertoire oder Auftreten, zumal dem Theaterspiel im Bereich der »Truppenaufklärung« nur wenig Gewicht beigemessen wurde und die einzelnen Armeen Versuche einer weitergehenden Zentralisierung abwehrten. Eine besondere Rolle erhielten Theateraktivitäten im Kontext der deutschen Kulturpropaganda. In einer spektakulären Aktion wurde das unvollendete neue Opernhaus im nordfranzösischen Lille von deutschen Truppen fertiggestellt und seit Ende 1915 als »Deutsches Theater Lille« zur Demonstration »deutscher Kultur« nur wenige Kilometer hinter den Frontlinien betrieben. In besetzten Gebieten wie in Belgien, wo die deutschen Militärs die Oper und das »Théâtre du Parc« in Brüssel in Beschlag genommen hatten, oder in Ober-Ost, wo in Kowno und Wilna »Deutsche Theater« von professionellen Pächtern in Abhängigkeit von den Militärs geführt wurden, klafften hochgreifende propagandistische Ansprüche und die tatsächliche Theaterpraxis weit auseinander.

Im Repertoire und im Selbstverständnis der F. zeichnen sich durchaus nationale Besonderheiten ab. Auf deutscher Seite genoß das Kulturtheater einen vergleichsweise hohen Stellenwert, während reine Unterhaltung häufig auf Vorbehalte stieß. Dies konnte nicht verhindern, daß sich im Kriegsgebiet alle Formen des Amüsiertheaters größter Beliebtheit erfreuten. Die britischen Truppen vergnügten sich v. a. mit »concert parties« im Stil der Music Halls, eine Form, die auch die Verbündeten in spezifisch französischen Ausprägungen, in Revuen und in Chansons in der Tradition der Café Concerts, bevorzugten. Im F. waren zivile und militärische Welt verbunden, damit war es ein Medium nationaler Identität, es trug in sich aber auch die Spannungen zwischen zivilem und militärischem Bereich, zwischen Front und Etappe, zwischen Besatzern und einheimischer Bevölkerung. Es brachte »andere« Welten in das Kriegsgebiet und schuf gleichsam eine Gegenwelt zur Todeszone. Als Element soldatischer Geselligkeit bot es eine einfache, expressive Sprache zur Artikulation einer extremen Erfahrung. Insgesamt dokumentiert das F. die Bedeutung von Hochkultur und populären Künsten im modernen Krieg.

Lit.: M. Baumeister, Spielen in ernsten Zeiten. Theater und Krieg 1914 bis 1918, Essen 2004; L. J. Collins, Theatre at War, 1914-18, Basingstoke/London 1998; J. G. Fuller, Troop Morale and Popular Culture in the British and Dominion Armies 1914-1918, Oxford 1990; R. M. Sweeney, Singing our Way to Victory. French Cultural Politics and Music during the Great War, Middletown, Conn. 2001.

MARTIN BAUMEISTER

Fuller, John Frederick Charles, * Chichester 1.9.1878, † 10.2.1966 Falmouth, britischer General. – F. war voller Ideen und energisch, aber stets kontrovers und Widerspruch herausfordernd. Die Armee langweilte ihn, und so fand er Trost in Büchern, vornehmlich zur Militärgeschichte, und in einem ausgeprägten Interesse an östlicher Mystik und dem Okkulten. Nur langsam begann er seinen Beruf ernst zu nehmen, und 1913 gelang ihm, nach einem fehlgeschlagenen Versuch, die Aufnahme in die Kriegsakademie. Nach mehreren Stabsverwendungen an der Westfront nahm seine Karriere im Dez. 1916 mit seiner Ernennung zum Stabschef des späteren Tank Corps eine dramatische Wendung. F. verfügte über keinerlei Kenntnisse der Panzerwaffe, doch hatte er zum damaligen Zeitpunkt bereits eine waffenzentrierte Sicht der Taktik entwickelt, bei welcher der Feuerkraft die entscheidende Bedeutung zukam. Diese neue Waffe regte seine Vorstellungskraft an. Schnell wurde er zu einem der wichtigsten Verfechter des Panzers und entwickelte zahlreiche Entwürfe zu seiner Verwendung. Bei den Planungen zum Panzerangriff bei Cambrai im Nov. 1917 spielte F. eine Schlüsselrolle, später entwarf er einen phantastischen Operationsplan (Plan 1919), der eine massenhafte und in die Tiefe des gegnerischen Raums geführte Luft-Panzer-Offensive vorsah. Als Journalist und Militärhistoriker stellte er nach dem Krieg die Entwicklung der britischen Panzerwaffe als ein Ringen zwischen prophetischen Neuerern und einem reaktionären Establishment dar, ein Ringen, in dem er sich selbst natürlich eine heroische Rolle zuschrieb. Diese Deutung hatte eine tiefgehende und unheilvolle Wirkung auf das britische Verständnis des Krieges und auf die Funktion, die dabei dem Panzer zukam.

Lit.: A. J. Trythall, »Boney Fuller«. The Intellectual General, 1878-1966, London 1977.

J. M. BOURNE (Ü: M. P.)

Futurismus, dem Kubismus und Konstruktivismus sowie den expressionistischen Strömungen vor 1914 nahestehende italienische künstlerische Avantgarde, die ihre Verherrlichung des modernen Lebens mit einer radikalen Absage an die Tradition verband. – Den Ausbruch des Weltkriegs feierten die italienischen Futuristen ähnlich emphatisch wie die deutschen Expressionisten. Wo es zu den Interessen der Kunst gehörte, »tabula rasa mit der Vergangenheit [zu] machen« (Giovanni Papini), wo den tradierten Formen und den Errungenschaften der Zivilisation der Kampf angesagt wurde, wo die Museen und Bibliotheken verbrannt, die Werke der Alten vernichtet, die »Wilden hoch leben« sollten, erschien der Krieg, wie es im Gründungsmanifest des F. von 1909 heißt, als »einzige Hygiene der Welt«. Mit dem an Friedrich Nietzsche und lebensphilosophischen Vorstellungen orientierten Bild eines natürlichen Kreislaufs von Werden und Vergehen, von Zerstörung und Aufbau gelangten die Futuristen zu einer Auffassung des Krieges, die diesen als eine über Tod und Leben verfügende »natürliche Gewalt« akzeptierte und von einer »Ästhetik des Krieges« (Filippo T. Marinetti) die Verwirklichung der futuristischen Ziele erwartete. Der Krieg schien wie kein anderes Ereignis der rücksichtslosen Hinwendung der Futuristen zum Neuen, zu einem universalen Dynamismus, zu den simultanen, von Kraft und Geschwindigkeit, Kampf und Gewalt, Schrei und Ekstase geprägten Erscheinungen des industriellen Zeitalters zu entsprechen.

Das künstlerische Interesse an einem ästhetischen Aktionismus manifestierte sich auch politisch. Die italienischen Futuristen unterstützten den Aufstieg des Faschismus in Italien. Die frühe Verherrlichung des Krieges erfuhr durch die Kriegserfahrung selbst, glaubt man dem Wortführer der futuristischen Bewegung Filippo Tommaso Marinetti, kaum eine Veränderung. Noch 1936 pries dieser in einem Manifest zur Eroberung Äthiopiens durch Italien die Schönheit des Krieges, der die Gewehrfeuer, die Kanonaden und die Verwesungsgerüche zu einer Symphonie vereinige und mit den großen Tanks, den geometrischen Fliegergeschwadern, den Rauchspiralen aus brennenden Dörfern »neue Architekturen [...], eine neue Poesie und eine neue Plastik« schaffe. Einer solchen »Ästhetisierung der Politik« (Walter Benjamin) folgten jedoch nicht alle Futuristen. Wie Arbeiten zum Thema Krieg zeigen, z. B. Carlo Carràs Collage von 1914 *Manifest für die Intervention* (auch *Patriotisches Fest*) oder Umberto Boccionis Collage *Der Kavallerieangriff,* ging es hier wie in anderen Werken des F. vor allem um die Darstellung von innerer und äußerer Bewegung, von Geschwindigkeit und Dynamik, für die ein besonderes, stark abstrahierendes Formenvokabular entwickelt wurde.

Die Gruppe der Futuristen war nach dem Weltkrieg nicht mehr dieselbe. Boccioni und

Antonio Sant'Elia, die zu den größten künstlerischen Hoffnungen gehörten, waren gefallen; einige Künstler wie Carrà und Gino Severini zogen sich vom F. zurück. Die sich nach 1918 neu konstituierende futuristische Bewegung genoß die Sympathie und Unterstützung Mussolinis, der anders als Hitler lange Zeit in der Kunst der Avantgarde eine seiner Politik angemessene Darstellungsform sah.

Lit.: P. Demetz, Worte in Freiheit. Der italienische Futurismus und die deutsche literarische Avantgarde 1912-1934, München/Zürich 1990; D. Eimert, Der Einfluß des Futurismus auf die deutsche Malerei, Köln 1974.

ANNEGRET JÜRGENS-KIRCHHOFF

Galizien. Zum größten Teil bereits durch die erste Teilung Polens (1772) zu Österreich gekommen, wurde diese Provinz den Ruf einer sich nur langsam entwickelnden Region niemals los. Verantwortlich dafür waren der weitaus überwiegend agrarische Charakter und die überkommenen sozialen und nationalen Strukturen: Einem fast ausschließlich polnischen niederen Landadel als Inhaber enormer Landflächen stand vielleicht noch die polnische Bevölkerung einigermaßen nahe, während die über weite Landstrecken dominierende ukrainische Landbevölkerung (in Österreich »Ruthenen« genannt) von einem nationalen Befreiungskampf immer mehr auch die Erlangung einer sozialen Gleichstellung erhoffte. Besonders markant war der hohe jüdische Bevölkerungsanteil. Die Juden aber zogen im Verlauf der Landflucht – wie auch viele Ukrainer – den polnisch dominierten Städten häufig die Auswanderung nach Übersee vor, andere wiederum suchten ihr Glück im Westen Österreich-Ungarns. Die bedeutende deutsche Minderheit in G. bildete gewiß eine Stütze des Habsburgerreiches, während die 1908 erfolgte Ermordung des Statthalters Graf Potocky durch einen ruthenischen Studenten als Symptom für den sich intensivierenden nationalen Kampf der Ukrainer zu werten ist.

Die geographische Lage G. forderte von Österreich-Ungarn einen nach Norden, Nordosten und Osten sichernden Aufmarsch. Obwohl sich die k. u. k. Truppen auf der inneren Linie befanden, bestand stets die Gefahr einer Umfassung. Dem stand als Vorteil nur der vermeintlich langsame Aufmarsch der Russen gegenüber. Die russischen Armeen aber konnten in die Weite des Raumes zurückweichen, den k. u. k. Truppen blieb dies durch die in ihrem Rücken befindlichen Karpaten verwehrt, wollte man nicht einen kriegsentscheidenden Einbruch in das ungarische Becken riskieren.

Zwei große, 1914 technologisch nicht mehr auf der Höhe der Zeit befindliche Lagerfestungen sollten diesen schwierigen Aufmarsch- und Operationsraum sichern helfen: Krakau und vor allem Przemyśl. Hinreichend überschaubar schien dieses Gebiet, um der k. u. k. Armee Zeit zu lassen, sich nach entscheidenden Schlägen an den anderen Fronten (Balkan und Italien) nun dem russischen Gegner zuzuwenden. Dessen zwischenzeitliche Paralysierung erhoffte man sich durch die beinahe ins mythische erhobene Armee des deutschen Verbündeten.

Tatsächlich hatte man sich – nicht ganz unbewußt – jener Erkenntnis, welche durch nachrichtendienstliche Informationen bestätigt wurde, verschlossen, daß das Zarenreich nach der Niederlage gegen Japan 1905 seine Anstrengungen in Europa konzentrierte. Den enormen Fortschritt der russischen Aufmarschbahnen gegen Österreich und den damit verbundenen Zeitgewinn der Russen klammerte man – bewußt und aufgrund von Fehleinschätzung – aus den Aufmarschplanungen weitgehend aus. Österreich-Ungarns Generalstab hätte sonst die Aussichtslosigkeit eines Krieges mit russischer Beteiligung eingestehen müssen. Die rasche Entwicklung der Lage nach Kriegsausbruch Juli 1914 war immerhin weniger verblüffend als die spätere Erkenntnis (Feldzug von Rowno im Herbst 1915), daß es den Russen gelungen war, durch Bahnbauten und fortschreitende Entsumpfung des berüchtigten Pripjetgebietes die strategischen Verhältnisse völlig zu verändern.

So konnte es nicht ausbleiben, daß 1914 der nach Polen gerichtete Nordstoß der k. u. k. 2. und 4. Armee bald durch die Niederlage der 3. Armee bei Lemberg beendet wurde. Tatsächlich war dies nur eine auf Zeitgewinn abzielende strategische Demonstration des Generalstabschefs Conrad von Hötzendorf, um zuerst in Serbien populäre Erfolge zu erreichen, ehe man sich mit dem – in Frankreich zweifellos siegreichen – Partner dem russischen Gegner zuwenden konnte.

Die unausweichliche Folge war der mächtige Einbruch des Zarenheeres in G. Es war ein Einbruch, der erst durch die improvisierte, in ihrer Bedeutung bis heute unterschätzte Schlacht von Limanowa-Lapanóv, durch den, keine Entbehrungen ersparenden Karpatenwinter 1914/15 und die Durchbruchsschlacht von Gorlice (ab 2. Mai 1915) aufgehalten und beendet wurde. Inzwischen aber hatte die (zweite) Belagerung von Przemyśl und dessen Fall die Gefangennahme von 120.000 Soldaten mit sich gebracht, während die russische Besetzung G. eine ebenso gewaltige wie vor allem für die Juden mit Schrecken verbundene Verschärfung der nationalen Gegensätze bedeutete. Nach dem Durchbruch bei Gorlice wurde die galizische Hauptstadt Lemberg am 22. Juni 1915 befreit und in der Folge G. bis auf den östlichsten Teil wieder in Besitz genommen. Diese vorerst stabile Front geriet durch die Brussilow-Offensive im Juni 1916 ins Wanken, und es gelang den Russen anläßlich der Eroberung der Bukowina die Frontlinie etwas nach Westen vorzutreiben. Dem Scheitern der Kerenski-Offensive folgte Juli/Aug. 1917 ein Gegenstoß der Mittelmächte, durch welchen die endgültige Verdrängung der Zarenarmee aus G. gelang. → *Brussilow-Offensive* → *Gorlice-Tarnów* → *Kerenski-Offensive*→ *Przemyśl*

Lit.: N. Stone, The Eastern Front 1914-1917, London 1998.

RUDOLF JERABÉK

Gallieni, Joseph-Simon, *Saint-Béat (Département Haute-Garonne) 24.4.1849, † Versailles 27.5.1916, französischer General und Politiker. – Zu Beginn des Weltkriegs hatte G. bereits eine lange und glänzende militärische Karriere hinter sich. Nach der Teilnahme am Deutsch-Französischen Krieg 1870/71 wurde er bald darauf zum wohl renommiertesten Kolonial-Militär Frankreichs. 1886 zum Oberkommandierenden des französischen Sudan ernannt, war er 1896 zur Befriedung von Madagaskar eingesetzt. Zurück in Frankreich übte der Brigadegeneral G. das Amt des Generalinspekteurs der Kolonialtruppen sowie des Militärgouverneurs von Lyon aus. Er war seit 1908 Mitglied des Obersten Kriegsrats (Conseil supérieur de la guerre) gewesen und wurde am 24. April 1914 verabschiedet.

Seine Bekanntheit und sein militärisches Charisma waren so groß, daß sich eine Ernennung zum Militärgouverneur von Paris anbot, als die deutsche Armee die Hauptstadt unmittelbar bedrohte. Die Ernennung erfolgte am 26. Aug. 1914. Als die Regierung am 2. Sept. nach Bordeaux auswich, war G. allein für die Verteidigung von Paris verantwortlich. Nachrichten vom Einschwenken der deutschen 1. Armee (Kluck) veranlaßten ihn, die französische 6. Armee (Maunoury) unter anderem mit Hilfe von eilig beschlagnahmten Pariser Taxis gegen die rechte Flanke der Deutschen zu werfen und am Fluß Ourcq zum Angriff überzugehen. Auf diese Weise wurde der deutsche Vormarsch erstmals aufgehalten. Die Bewegung mündete in die Marne-Schlacht – weshalb die von G. requirierten Taxis heute noch »Les Taxis de la Marne« heißen.

Wegen des Erfolges bei der Verteidigung von Paris hoffte G., mit einem Heeresgruppenkommando betraut zu werden; er mußte sich allerdings wegen seines chronisch schlechten Gesundheitszustandes – und wohl auch wegen seines Rufes, ein »Klerikaler« zu sein – mit dem Posten des Kriegsministers begnügen (29. Okt. 1915 bis 16. März 1916). Im Jahre 1921 erhielt G. posthum den Titel Marschall von Frankreich.

GERD KRUMEICH

Gallipoli, an die Dardanellen angrenzende Halbinsel. – Die militärische Auseinandersetzung bei G. ergab sich unmittelbar aus der fehlgeschlagenen Marineoperation an den Dardanellen. Die britische Führung wollte diese mit einem Landungsunternehmen an der türkischen Nordküste wettmachen. Das war insofern merkwürdig, als sie gegenüber dem War Council stets argumentiert hatte, der große Vorteil der Dardanellen-Operation läge darin, daß man sie im Falle eines Mißerfolges problemlos abblasen könne. Nun hieß es, daß das britische Prestige »im Osten« eine derartige Blamage nicht erlaube. Daß das britische Prestige durch eine zweite, ebenso schlecht vorbereitete und ausgestattete Operation – diesmal zu Land – noch größeren Schaden nehmen könnte, daran hatte niemand gedacht.

Dem britischen Kriegsminister Lord Kitchener war die Aufgabe zugefallen, den Verband zusammenzustellen, der auf der G.-Halbinsel landen sollte. Dieser setzte sich schließlich aus der britischen 29. Infanteriedivision, der Marinedivision, einer französischen Division und dem Australian and New Zealand Army Corps (ANZAC) zusammen. Obschon Kitchener früher eine Größenordnung von 150.000 Mann als Voraussetzung für einen Erfolg benannt hatte, belief sich jetzt die Stärke des Verbandes nur auf 70.000 Mann.

Der Hauptschlag sollte durch die 29. Division gegen das südliche Ende der Halbinsel, bei Kap Helles, geführt werden. Nördlich davon sollten die ANZAC-Truppen bei Gaba

Tepe angelandet werden, mit dem Ziel, die Halbinsel zu überqueren. Dadurch sollte den türkischen Verstärkungen der Weg zum Kap gesperrt werden. Daneben waren zwei Scheinangriffe angesetzt: der eine durch die Marinedivision bei Bulair, der andere durch die Franzosen auf der asiatischen Seite der Meerenge bei Kum Kale. Der Termin der Landung (ursprünglich der 23. April 1915) verzögerte sich aufgrund von schlechtem Wetter bis zum 25. April.

An diesem Tag lief fast alles schief. Bei Kap Helles war der Widerstand hartnäckig und verursachte bei den Angreifern hohe Verluste schon bevor sie gelandet waren. Bis zum Einbruch der Dunkelheit hatte die 29. Division lediglich einen Brückenkopf bilden können. Die Verluste waren derart hoch, daß ein weiterer Vorstoß ins Landesinnere unterblieb.

Bei den ANZAC-Truppen waren die Bedingungen zwar anders, das Ergebnis aber dasselbe. Die Australier und Neuseeländer waren an einer falschen Stelle abgesetzt worden und fanden sich hier vor einem steil ansteigenden Terrain wieder. Eher das schwierige Gelände als die nur etwa 250 türkischen Verteidiger in diesen Abschnitten stellten also für ANZAC das Hindernis dar. Die Einheiten gerieten durcheinander, die Karten waren nutzlos, und die Zeit verstrich bevor ein gemeinsamer Vormarsch befohlen werden konnte. Ein resoluter türkischer Kommandeur vor Ort, der später unter dem Namen Kemal Atatürk berühmt werden sollte, faßte seine Einheiten zusammen und warf den Angriff zurück. Zeitweise sah es so aus, als würde ANZAC ins Meer zurückgedrängt, was nur durch verzweifelte Abwehr verhindert werden konnte. Schließlich konnte auch hier nur ein kleiner Brückenkopf gebildet werden.

Im folgenden Monat konzentrierte die britische Führung Verstärkungen und Aktionen auf Kap Helles. In drei Gefechten bei Krithia wurde zwar geringfügig Boden gewonnen, doch die Verluste waren zu hoch, um die Erfolge ausnutzen zu können. Am 19. Mai wehrten die ANZAC-Truppen einen massierten türkischen Angriff ab, durch den sie von der Halbinsel vertrieben werden sollten. Dieser kostete die Türken 10.000 Mann Verluste, ANZAC konnte sich zwar halten, doch die Invasion kam nicht voran.

Der folgende Sommer war für die Invasionstruppen eine Qual: Wasser war knapp, die Verpflegung fürchterlich und die sanitären Bedingungen derart primitiv, daß Ruhr und Fieber ausbrachen. Im War Council, das nach den politischen Auseinandersetzungen vom Mai, die zur Bildung einer Koalitionsregierung geführt hatten, in Dardanellen-Komitee umbenannt worden war, wog man die Möglichkeiten ab. Nach längeren Beratungen wurde entschieden, einen weiteren Angriff zu unternehmen, diesmal mit Schwerpunkt im ANZAC-Sektor. Nördlich davon sollten Truppen an der Suvla-Bucht gelandet werden, um hier eine Nachschubbasis zu errichten.

Der Angriff begann am 6. Aug. Die Landung bei Suvla gelang, doch ein weiterer Vorstoß zur Unterstützung der Hauptoperation war nicht möglich. Letztere schlug fehl, trotz aller Tapferkeit (auf beiden Seiten). Die Ziele des bei Nacht eingeleiteten Angriffs waren zu ehrgeizig angelegt, die zu stürmenden Stellungen lagen zu steil und ausgedehnt und die gegnerische Verteidigung war zu stark. Dieser Rückschlag hatte Folgen. Emissäre wurden von London aus in Marsch gesetzt, um die Lage einigermaßen zu stabilisieren. Die Verantwortlichen kamen zu dem Schluß, das Unternehmen abzubrechen.

G. war für beide Seiten ein verlustreiches Unternehmen. Die Alliierten verloren 180.000 Mann, die Türken erlitten doppelt so viele Verluste. Tatsächlich hatte die gesamte Operation den Krieg nicht um einen Tag verkürzt. Ihre Voraussetzungen waren ebenso zweifelhaft gewesen wie die Wahrscheinlichkeit ihr Ziel zu erreichen gering war. Die Briten hatten angenommen, daß sich die Türken einer Invasion ihrer Heimat nicht sonderlich erwehren würden. Zudem hatten sie bei ihren Planungen nicht berücksichtigt, daß das Terrain auf G. zur Verteidigung ideal war und den Angreifer vor unüberwindliche Probleme stellte. Auch war dem Umstand kaum Beachtung geschenkt worden, daß ein Angriff auf die Türkei den strategischen Zielen der Entente nur wenig diente. Das Osmanische Reich war wohl ein Verbündeter Deutschlands, doch hing davon nicht das Überleben der Deutschen ab; diese stützten die Türkei – und nicht umgekehrt. Britische Kräfte an Fronten zu verschwenden, wo keine deutschen Truppen standen, bedeutete für Großbritannien, die Kosten und die Dauer des eigenen Einsatzes unangemessen zu erhöhen.
→ *Dardanellen*

Lit.: J. Robertson, Anzac and Empire: the Tragedy and Glory of Gallipoli, London 1990.

ROBIN PRIOR / TREVOR WILSON (Ü: M. P.)

Gallwitz, Max von, * Breslau 2.5.1852, † Neapel 18.4.1937, preußischer General. – Der Sohn eines Feldwebels nahm am Deutsch-Französischen Krieg als Freiwilliger teil. Später machte G. Karriere im Generalstab und im Preußischen Kriegsministerium. 1905 wurde er Divisionskommandeur, 1911 Inspekteur der Feldartillerie. 1913 wurde G. geadelt.

Bei Ausbruch des Krieges war er Kommandeur des Gardereservekorps; eine seiner ersten Aufgaben war die Einnahme der Festung Namur. Noch im Aug. wurde das Korps an die Ostfront verlegt. Es kam zwar zu spät, um noch in die Schlacht von Tannenberg einzugreifen, wurde dann aber in den weiteren Kämpfen gegen die russische 2. Armee eingesetzt. Weitere Einsätze befehligte G. im Herbst 1914 in Russisch-Polen, in Schlesien und in Galizien. Am 9. Febr. 1915 wurde er Oberbefehlshaber der nach ihm benannten Armeegruppe in Südpolen. Im Juli unterstützte G. Mackensens Vormarsch durch Galizien. Dann erhielt er das Kommando über die neugebildete 12. Armee, der es gelang, beim weiteren Vormarsch über 110.000 russische Soldaten gefangenzunehmen. Am Vorabend der deutsch-österreichisch-bulgarischen Offensive gegen Serbien wurde G. am 30. Sept. 1915 Oberbefehlshaber der 11. Armee. Im März 1916 wurde er schließlich an die Westfront versetzt und übernahm dort das Kommando über die Angriffskräfte auf dem Westufer der Maas vor Verdun. Anschließend wurde G. Oberbefehlshaber der 2. Armee und der Heeresgruppe Gallwitz (1. und 2. Armee). Sie hatte die Aufgabe, die Angriffe an der Somme abzuwehren. Die 3. OHL übertrug ihm dann, nach der Bildung der Heeresgruppe Deutscher Kronprinz, den Oberbefehl über die 5. Armee vor Verdun. In dieser Funktion blieb er bis zum Ende des Krieges. Von Interesse ist, daß G. den Rückzug 1917 an der Frankreichfront und die deutsche Taktik der »verbrannten Erde« (Unternehmen Alberich) aus ethischen Gründen ablehnte. G. wurde als einer der fähigsten militärischen Führer des Weltkriegs angesehen. In der Geschichtsschreibung gilt er als der ewige Kandidat für verschiedene hohe Ämter. Mehrfach wurde er als Kriegsminister genannt; auch handelte man ihn als möglichen Generalstabschef und sogar als Kandidaten für den Reichskanzlerposten.

Nach dem Krieg engagierte sich G. politisch bei der DNVP. Als Vertreter eines politischen Katholizismus rechts vom Zentrum war er zugleich ein ausgeprägter Antisemit.

Lit.: J. Jung, Max von Gallwitz (1852-1937). General und Politiker, Osnabrück 1995.

HOLGER AFFLERBACH

Gaskrieg. Mit dem massenhaften Einsatz von giftigen Chlorgasen am 22. April 1915 bei Ypern eröffneten die Deutschen ein neues Kapitel in der Geschichte der Kriegführung. Es war die Geburtsstunde von modernen Massenvernichtungswaffen, die Krieg und Frieden im 20. Jahrhundert entscheidend geprägt haben. Der Gaseinsatz wurde zu einer der markantesten Erscheinungen im Ersten Weltkrieg, weil er das Bild des Soldaten und des »ritterlichen Kampfes« viel radikaler veränderte als andere moderne Kampfmittel, die parallel dazu eingeführt wurden.

Die vor 80 Jahren zwischen den Kriegsparteien heftig diskutierte Schuldfrage wird heute differenziert beantwortet. Tatsächlich stellte der Einsatz von Chemikalien auf dem Gefechtsfeld keine Neuigkeit dar. Schon vor 1914 waren in Frankreich »cartouches suffocantes« (Erstickungspatronen) entwickelt worden. Die ursprünglich für den Polizeieinsatz erprobten Zylinder, von einer Leuchtpistole abzufeuern und mit 200 gr. Äthylbromacetat gefüllt, waren im offenen Gelände nahezu wirkungslos. Dieses Tränengas erwies sich aber als nützlich beim Angriff auf Befestigungen und im Häuserkampf. Seit Aug. 1914 militärisch verwendet, wurde das chemische Sortiment der französischen Armee im April 1915 durch mit Chloraceton gefüllte Handgranaten ergänzt. Diese Stoffe hielt man für konform mit der Bestimmung der Haager Konvention, die die Benutzung tödlicher chemischer Substanzen verbot. Es war aber insofern der erste Schritt zum G., als diese Kampfmittel hier zum ersten Mal zu militärischen Zwecken benutzt wurden.

In Deutschland hatten die Versuche mit Gaswaffen ebenfalls im Aug. 1914 begonnen. Dank der führenden Position der deutschen Chemieindustrie schritt die Forschung wesentlich schneller voran. Am 27. Okt. 1914 wurden 3.000 Granaten vom Kaliber 105 mm, gefüllt mit Dianisidin-Chlorsulfat-Pulver, bei Neuve Chapelle eingesetzt. Die starke Reizung der Schleimhäute und oberen Atemwege durch diese Art von Juckpulver erwies sich als unzulänglich und blieb beim Gegner praktisch unbemerkt. Auf Vorschlag von Fritz

Haber, Direktor des Kaiser-Wilhelm-Instituts für Physikalische Chemie und Elektrochemie in Berlin-Dahlem, wurde dann mit Luftdruckzylindern das Abblasen einer Gaswolke erprobt, die vom Wind auf die feindlichen Stellungen getrieben werden sollte.

Das Scheitern der offensiven Kriegführung und die zermürbende Steigerung des Grabenkrieges machte, zusammen mit der deutschen Munitionskrise – Salpeter konnte aus Übersee nicht mehr eingeführt werden und wurde später durch das Habersche Verfahren der Ammoniaksynthese ersetzt –, die Suche nach einem Ausweg dringlich. Der Generalstab entschied sich für einen ersten Masseneinsatz von Gas im Norden von Ypern. Man erwartete im Rahmen einer Ablenkungsoperation einen örtlich begrenzten Erfolg, jedoch keinen strategischen Durchbruch. Der von eigens ausgebildeten Gaspionieren vorbereitete Angriff sollte dem XV. Armeekorps einen Einbruch in das feindliche Stellungssystem ermöglichen. Deshalb waren keine zusätzlichen Verstärkungen bereitgestellt worden. Haber hat später beklagt, daß wegen des zu geringen Kräfteansatzes die Chance vertan wurde, dem Krieg eine entscheidende Wende zu geben.

Tatsächlich war die militärische Führung von der Wirkung des Angriffs völlig überrascht. Die Chlorwolke löste bei den ungeschützten und mental auf diese Art von Krieg nicht eingestellten französischen Truppen eine Panik aus. Die Zahl der Toten wurde mit bis zu 5.000 angegeben, heute schätzt man die Opfer auf bis zu 1.200 Tote und 3.000 Verwundete.

Der Beginn des G. löste im alliierten Lager heftige Reaktionen aus. Der massive Einsatz tödlich wirkender Gase wurde als eindeutiger Verstoß gegen die Haager Landkriegsordnung und als Barbarei verstanden. Die britische Regierung billigte sofort die Benutzung solcher Mittel als Vergeltungsmaßnahme und sorgte zunächst für einen, wenn auch anfangs noch primitiven Schutz der Truppen. Die Nutzung der industriellen Chlorproduktion erwies sich als schwierig, erst im Sept. 1915 waren 6.000 Zylinder mit 180 t Chlor in Frontnähe bereitgestellt. Auch die Franzosen rüsteten umgehend nach, sahen die Zukunft aber in der Entwicklung von Gasgranaten. Die Benutzung von Tränengas-Geschossen erwies sich aber unverändert als nahezu wirkungslos. Am 25. Sept. 1915 eröffneten die Briten die erste alliierte Offensive im G. bei

Deutsche Soldaten mit Gasmaske in einem Schützengraben bei Neuve Chapelle (Artois). Juli 1916

Loos. Auf 5 km Breite wurde eine Chlorgaswolke erzeugt. Sie ermöglichte ebenfalls einen Einbruch in die feindlichen Stellungen, die Panik auf deutscher Seite war ähnlich wie in Ypern, und die Briten nahmen über 3.000 Gefangene. Doch die dritte deutsche Linie stoppte den Angriff und der Stellungskrieg nahm seinen Fortgang. Bis 1918 wurden insgesamt 408 Operationen mit flüssigen Gasen (Chlor und Phosgen) durchgeführt, die aus Luftdruckzylindern und mit Hilfe des Blasverfahrens zum Einsatz kamen. Die Mehrzahl (352) unternahmen die Briten und Franzosen an der Westfront, wo sie von den meteorologischen Verhältnissen begünstigt wurden. Die Abhängigkeit von den Windströmungen, der enorme Aufwand – pro Frontkilometer mußten rund 200 t Material bis in die vordersten Stellungen gebracht werden – und die Gefahren für die Angreifer selbst machten die Technik der »abdriftenden Gaswolken« problematisch. Zuletzt benutzte man wegen der Fortschritte beim Atemschutz (Gasmaske) das Verfahren nur noch zur Demoralisierung des Gegners.

Der G. entwickelte sich rasch in zwei Richtungen weiter. Die Verbesserung der Einsatzmittel versprach zunächst den schnellsten Erfolg. Das geeignete Mittel schien die Artillerie zu sein. Mit dem Livens Projector brachten die Briten als erste eine wirksame Innovation. Das einfache Stahlrohr, eine Art von Granatwerfer, verschoß Projektile mit 13,6 kg reinem Phosgen. Es erlaubte, ein bestimmtes Ziel überraschend im Gas verschwinden zu lassen. Im Juli 1916 wurde das in großer Stückzahl gebaute Gerät in der Schlacht von Pozières erfolgreich eingesetzt. Im März 1918 verfügte die britische Armee über mehr als 200.000 Exemplare. Vergleichbare deutsche Geräte wurden erst im Dez. 1917 eingesetzt, die Franzosen stellten im Frühjahr 1918 ein eigenes Modell her. Das Geschütz revolutionierte den G., weil es fast unmöglich war, sich gegen die Angriffstechnik zu verteidigen, denn es gab – anders als bei den Gaswolken – keine rechtzeitige Alarmierung der Truppen. Mehr als durch jede andere Waffe wurden die Bedingungen im Grabenkrieg durch die Aussicht, jederzeit ohne Vorwarnung durch eine enorme Gasmenge getroffen zu werden, verschärft. Schlachten wurden dadurch nicht entschieden, aber durch eine Vielzahl einzelner Attacken konnten große Verluste entstehen und die Kampffähigkeit erheblich reduziert werden.

Der Einsatz von Gasgranaten durch spezielle Werfer und herkömmliche Geschütze wurde ständig gesteigert und die Schießverfahren optimiert. Dazu gehörten überraschende Mischungen von Spreng- und Gasgranaten und die Herstellung von »Gassümpfen«, etwa durch konzentrierten Beschuß feindlicher Artilleriestellungen, deren Mannschaften unter der Gasmaske kaum noch einsatzfähig waren.

Eine anderes Ziel war die Entwicklung neuer und wirksamerer Kampfstoffe. Die im Herbst 1914 entwickelte Tränengasgranate erhielt bei den Deutschen durch die Füllung mit Mono- und Dichlormethylchloroformiat unter der Bezeichnung K-Stoff eine bei entsprechender Konzentration tödliche Wirkung. Die so freigesetzte Gasmischung war zweimal giftiger als Chlor. Die erste wirklich tödliche chemische Munition wurde im Jan. 1916 auf französischer Seite entwickelt, mit einer extrem wirksamen Menge von Phosgen. Der Wettlauf um die Steigerung der Wirksamkeit, vor allem der Beständigkeit, sowie neue Versionen führten zu einer ganzen Palette verschiedener Gasgranaten, die auf deutscher Seite nach ihrer farblichen Markierung als Grünkreuz, Gelbkreuz etc. bezeichnet wurden. Eine immer größere Rolle spielte der Versuch, die jeweils neuesten Atemschutzgeräte wirkungslos zu machen. Die deutschen Chemiker suchten daher nach einem neuen Gift mit einer möglichst extremen Dauerhaftigkeit, das über die Haut einwirken konnte. Steinkopf und Lommel entwickelten mit Dichlordiäthylsulfid einen solchen Stoff, der als Lost bezeichnet wurde, wegen seines Geruchs auch als Senfgas. Der erste Einsatz dieser teuflischen Substanz fand in der Nacht zum 13. Juli 1917 wiederum in der Nähe von Ypern statt. Der Beschuß durch 50.000 Granaten wurde von den Briten zunächst nicht als chemischer Angriff gewertet. Stunden später bemerkten sie die Blasenbildung auf der Haut, den Augen und die inneren Verätzungen. Man registrierte in den ersten drei Wochen 14.200 Verletzte, 489 davon starben. Die Alliierten verfügten zunächst über keine Anlage, um den Stoff ebenfalls herstellen zu können. Erst im Sommer 1918 kam entsprechende Munition bei ihnen zum Einsatz. Der Vorteil von Lost zeigte sich vor allem in der Defensive und zur Absicherung von Flanken, da weite Flächen durch die Vergiftung praktisch unbenutzbar wurden. Der seßhafte Stoff gefror im Winter zu großen, gelblichen Pfützen, die bei Tauwetter eine extrem tödliche Wirkung entwickelten. Nicht die Tötung des Gegners wurde zum eigentlichen Ziel, sondern die unerträgliche Erschwerung der Kampf- und Lebensbedingungen.

Insgesamt wurden im Weltkrieg von allen Kriegsparteien ca. 112.000 t Gas eingesetzt. Auf Deutschland entfiel fast die Hälfte dieser Menge (52.000 t). Mit dem Fortschreiten des Krieges steigerte sich auch der Einsatz von Gas. Machten chemische Substanzen 1915 lediglich vier Prozent der Gesamtmunition aus, so erhöhte sich der Anteil 1917/18 auf über 30 %. Der Einsatz blieb auf den Frontbereich beschränkt. Vor einem strategischen Einsatz durch Bombenflugzeuge und Zeppeline gegen die feindliche Zivilbevölkerung schreckten alle kriegführenden Mächte zurück.

Auf dem westlichen Kriegsschauplatz sind nach zuverlässigen Schätzungen rund 3,4 % der Kriegsopfer auf den Einsatz von Gas zurückzuführen (rd. 500.000 Verletzte und 20.000 Tote). Für die Ostfront und insbesondere für die russische Armee sind keine präzisen Zahlen verfügbar, doch läßt sich vermuten, daß die unter günstigeren Bedingungen vorgetragenen deutschen Gasangriffe in erheblichem Ausmaß zur Demoralisierung der Zarenarmee beigetragen haben. Obwohl der Versailler Vertrag den Deutschen den Besitz von Gaswaffen verbot und Fritz Haber als Kriegsverbrecher öffentlich gebrandmarkt wurde, blieben chemische Kampfstoffe im Arsenal aller Großmächte. → *Gasmaske*

Lit.: O. Lepick, La Grande Guerre Chimique 1914-1918, Paris 1998; D. Martinetz, Der Gaskrieg 1914-1918. Entwicklung, Herstellung und Einsatz chemischer Kampfstoffe, Bonn 1996.

ROLF-DIETER MÜLLER

Gasmaske. Mit dem Einsatz chemischer Kampfstoffe seit 1915 wurde die Ausrüstung des Soldaten durch eine neuentwickelte G. lebensnotwendig. Erfolg oder Mißerfolg des militärischen Einsatzes von Giftgasen blieben davon abhängig, daß die angreifende Truppe selbst gegen mögliche Vergiftungen geschützt war und der Verteidiger rechtzeitig alarmiert, ausreichend ausgebildet und ausgerüstet Gelegenheit hatte, seine G. aufzusetzen. Jeder einzelne Soldat benötigte eine persönliche Schutzausrüstung, die ihn beim Kampf möglichst wenig behinderte, leicht und schnell angelegt werden konnte und vor allen Gasen schützte. Die erste improvisierte Lösung für die Truppen, die der deutsche Chemiker Fritz Haber für den Chlorgas-Angriff in Ypern 1915 vorgeschlagen hatte, ein getränkter Putzwollbausch, war nicht lange brauchbar. Für seine Gaspioniere hatte Haber Sauerstoff-Selbstrettungsgeräte aus dem Bergbau beschafft. Der nächste Schritt war die Entwicklung einer leichten Gesichtsmaske mit einem Blechbehälter, der Chlor absorbierende Stoffe enthielt. Im Sept. 1915 führten die Deutschen als erste eine G. aus gummiertem Stoff ein, die der heutigen bereits sehr ähnlich war. Mit einem abschraubbaren Filter, hauptsächlich mit Aktivkohle gefüllt, konnte sich der Soldat relativ rasch auf veränderte Gasarten einstellen bzw. bei einem Dauerbeschuß verbrauchte Filter auswechseln. 1916 wurden in Deutschland täglich 120.000 Atemschutzfilter hergestellt. Die Briten entwickelten demgegenüber eine mit Chemikalien imprägnierte Kopfhaube. Geatmet wurde mit der gesamten Fläche der Haube, die nicht nur unbequem war, sondern auch schnell ihre Haltbarkeit verlor. Im Herbst 1916 wurde sie durch eine Maske nach deutschem Vorbild ersetzt. Maske und Filter waren hier durch einen langen Schlauch verbunden. Die Filterbox wurde in einer Tasche getragen, die der Soldat um den Hals hängte. Da die Amerikaner mit ihren Modellen schlechte Erfahrungen machten, beschafften sie für ihre Truppen das britische Modell. Die Franzosen fanden während des ganzen Krieges keine überzeugende Lösung. Sie benutzten lange Zeit ebenfalls eine imprägnierte Haube, dann eine Maske – aber ohne Filter. Eine Anpassung an neue Erfordernisse war damit nur schwer möglich. Die Maske konnte insbesondere bei hohen Gaskonzentrationen schnell durchschlagen werden. Gasschutzgeräte für Pferde und Hunde, die an der Front verwendet wurden, mußten ebenfalls entwickelt werden. Für Unterstände, in denen die meisten Soldaten ihre Zeit verbrachten, gab es lediglich Alarmsysteme, keinen Raumschutz. → *Gaskrieg*

Lit.: D. Martinetz, Der Gaskrieg 1914-1918. Entwicklung, Herstellung und Einsatz chemischer Kampfstoffe, Bonn 1996.

ROLF-DIETER MÜLLER

Gaulle, Charles de, * Lille 22.11.1890, † Colombey-les-deux-Églises (Département Haute-Marne) 9.11.1970, französischer Offizier und Politiker. – Als junger Offizier zeichnete sich G. unter anderem vor Verdun aus, geriet in deutsche Gefangenschaft und unternahm mehrere spektakuläre Fluchtversuche. Eine zentrale Bedeutung gewann der Weltkrieg allerdings für seine politisch-historische Bewußtseinsbildung und weltanschauliche Prägung: Die im Krieg erzielte »Union sacrée« blieb für ihn lebenslang das Leitbild einer geglückten innenpolitischen Ordnung des von ideologisch-gesellschaftlichen Gegensätzen zerrissenen Frankreich. Während des Zweiten Weltkriegs appellierte G. unermüdlich an die Franzosen, sich an die innere Einmütigkeit der »Grande Guerre« zu erinnern und diese im Abwehrkampf gegen die deutschen Besatzer erneut herbeizuführen. Überzeugt von seiner historischen Mission, scheute G. nicht davor zurück, sich gleichsam als die Reinkarnation der großen Weltkriegshelden (Clemenceau, Foch) und den Widerstand als das Symbol der neuen »Union sacrée« zu präsentieren. In seinem militärhistorischen schriftstellerischen Schaffen der Zwischenkriegszeit hatte G. sich leitmotivisch mit dem Ersten Weltkrieg befaßt: So analysierte er etwa in seiner 1924 erschienenen Schrift *La discorde chez l'ennemi* die inneren Unstimmigkeiten, die zu Deutschlands Niederlage geführt hatten. Vehement bekämpfte er jegliche Revision des Versailler Vertrags. Die französische Präsenz auf dem linken Rheinufer erschien ihm als unverzichtbare Garantie für die Sicherheit Frankreichs angesichts eines zwangsläufig wiedererstarkenden und eine Revanche herbeisehnenden Deutschland. Aus dieser Perspektive interpretierte er den erneuten Waffengang seit 1939 als eine bloße Fortsetzung der 1918 nur vorläufig beendeten säkularen deutsch-französischen Auseinandersetzung – als den letzten Akt eines »30jährigen Kriegs«.

Lit.: Charles de Gaulle Soldat, 1914-1918. Catalogue de l'exposition tenue à l'Historial de la Grande Guerre à Péronne, Paris 1999.

MATTHIAS WAECHTER

Gaza, Ort im südwestlichen Palästina. – Nach dem Scheitern ihrer Vorstöße gegen den Suezkanal 1916 hatten sich die türkischen Streitkräfte auf die Linie Gaza – Tell Scheria – Beerscheba, zurückgezogen. Diese sperrte den Weg nach Palästina und Jerusalem. Im Frühjahr 1917 griffen britische Truppen unter General Sir Archibald Murray überraschend aus dem Sinai die Linie an. In dieser 1. G.-Schlacht vom 26./27. März wurden die Briten aber rasch zurückgeschlagen. Der am 17. April erneuerte Angriff (2. G.-Schlacht) stieß auf ein in der Zwischenzeit stark ausgebautes Stellungssystem und scheiterte ebenfalls, trotz des Einsatzes von Giftgas und Tanks. Am 20. April wurde der Angriff abgebrochen, beide Seiten gingen für den Sommer in den Stellungskrieg über und Murray wurde durch Sir Edmund Allenby ersetzt.

Auf türkischer Seite wurde die 50 km lange Linie von neun türkischen Divisionen der 7. (Mustafa Kemal) und 8. Armee (Freiherr Friedrich Kreß von Kressenstein) gehalten, die jedoch insgesamt nur über rund 23.000 Mann Infanterie und 1.000 Mann Kavallerie sowie 200 Geschütze verfügten. Sie wurden von 3.000 Deutschen und wenigen k. u. k. Artilleriebatterien unterstützt.

Diesen gegenüber standen rund 60.000 Infanteristen (und 20.000 Mann Reserve) der Egyptian Expeditionary Force (EEF), 12.000 Mann australische Kavallerie, ein kleiner französischer Verband von 3.000 Mann sowie 400 Geschütze. Die türkische Führung erwartete erneut einen Angriff auf G. Tatsächlich ließ Allenby am 31. Okt. morgens, nach massiver Artillerievorbereitung und einem Scheinan-

Türkische Infanterie in der Wüste bei Beerscheba. 1917

griff auf G., Beerscheba, den östlichen Eckpfeiler der Linie, durch australische Reiterei angreifen. Die dort liegende 27. (türkisch-arabische) Division wurde rasch überwältigt und Beerscheba eingenommen; G. drohte nun die Umfassung. Den Türken gelang zunächst die Errichtung einer Auffangstellung auf der Linie Tell Scheria – Abu Chuff – Daharije, da die Briten ihren Erfolg wegen Wassermangels nicht ausnutzen konnten. Ein schweres und von See aus unterstütztes Bombardement bereitete den Angriff auf G. vor, der am 1. Nov. begann. Es war der bisher massivste Artillerieeinsatz außerhalb des europäischen Kriegsschauplatzes. Unterstützt von sechs Tanks drangen die Truppen der EEF in die gegnerische Linie ein, doch blieben die Türken überwiegend im Besitz der Hauptverteidigungslinie. Als am 4. Nov. deutlich wurde, daß die Briten mit starken Kräften den Angriff auf Tell Scheria erneuerten, beantragte Kreß beim Heeresgruppenkommando (Falkenhayn) die Räumung von G. Die Evakuierung der Garnison erfolgte in der Nacht vom 6. auf den 7. Nov. Noch am selben Tag gelang es der EEF, die Front bei Tell Scheria in einer Breite von 15 km zu durchstoßen. Damit war die Schlacht für die Türken verloren, doch Allenby versäumte es, seine Truppen durch die Lücke rasch nach Norden vorstoßen zu lassen und damit die 8. Armee einzuschließen. Die osmanischen Verbände bezogen zunächst zwischen Jaffa und Ludd eine Auffangstellung. Falkenhayn nahm die Niederlage in der 3. G.-Schlacht zum Anlaß, Kreß von Kressenstein abzulösen und durch einen türkischen General zu ersetzen. Ab Anfang Nov. befanden sich die osmanischen Verbände in Palästina in Auflösung, am 9. Dez. 1917 nahmen die Briten schließlich Jerusalem ein. → *Palästinafront*

Lit.: A. Bruce, The Palestine Campaign in the First World War, London 2002; H. W. Neulen, Feldgrau in Jerusalem: das Levantekorps des kaiserlichen Deutschland, München 1991.

HANS WERNER NEULEN

Generalgouvernement, im Weltkrieg ein unter dem Oberbefehl eines Generalgouverneurs stehendes erobertes Gebiet, das zu einer eigenen Verwaltungseinheit zusammengefaßt wurde und gegenüber den Front- sowie Etappengebieten abgegrenzt war. – Der Generalgouverneur besaß die höchste gesetzgebende, verordnende und vollziehende Gewalt, der auch die in seinem Befehlsbereich stationierten Truppen unterstellt waren. Er hatte die Aufgabe, das öffentliche Leben unter vorrangiger Wahrung der Interessen der Besatzungsmacht zu organisieren, insbesondere für Ruhe und Ordnung zu sorgen sowie zu einer organisierten Ausnutzung der Ressourcen für die Kriegführung beizutragen. Im Weltkrieg gab es deutsche und österreichisch-ungarische G., wobei die deutschen Generalgouverneure allein dem Kaiser unterstanden und sowohl mit der OHL als auch der Reichsleitung, mit denen sie ihre Tätigkeit abstimmen mußten, als Gleichberechtigte verkehrten, während in Österreich-Ungarn zwischen dem Kaiser und den Generalgouverneuren das ihnen unmittelbar übergeordnete Armeeoberkommando stand.

Mit der Errichtung eines G. in Belgien (26. Aug. 1914), das aus großen Teilen des Landes sowie einem französischen Landstrich bestand, knüpfte Deutschland an Traditionen aus dem Krieg von 1870/71 an. Erster Gouverneur war Generalfeldmarschall Colmar Freiherr von der Goltz, der bereits im Nov. von Moritz Ferdinand Freiherr von Bissing abgelöst wurde. Nach dessen Tod (18. April 1917) erfolgte die Ernennung von Generaloberst Ludwig Freiherr von Falkenhausen, der dieses Amt bis zum deutschen Rückzug ausübte. Neben der eigentlichen Militärverwaltung aus den deutschen Militärgouverneuren der belgischen Provinzen mit ihren Kreischefs und (Orts-) Kommandanten wurde eine Zivilverwaltung unter Maximilian von Sandt aufgebaut. Sie übernahm die allgemeine Verwaltung, wobei sie die bisherigen Zuständigkeiten der belgischen Ministerien des Innern, der Finanzen und öffentlichen Arbeiten, für Landwirtschaft, Kultus, Justiz sowie Gewerbe und Arbeit vereinigte, aus der aber bald einzelne Ressorts wie die Politische Abteilung und die Bankenaufsicht ausgegliedert und direkt dem Generalgouverneur unterstellt wurden. Bei ihm ressortierten ebenfalls der Vorsitzende der Zentral-Ernte-Kommission, der Kommissar des Reichskolonialamtes sowie andere zentrale Dienststellen. Mit der Trennung von Flandern und Wallonien (21. März 1917) wurden eigene Zivilverwaltungen gebildet, wobei viele Stellen in Personalunion von den bisher zuständigen Beamten weitergeführt wurden. Als gemeinsame Behörden bestanden neben der Politischen und der Bankabteilung noch je eine für Handel und Gewerbe sowie für Finanzen.

Mit dem deutschen und österreichischen Vormarsch im Osten ab Anfang 1915 begannen die Verbündeten mit dem Aufbau separater, verschieden strukturierter Verwaltungen. Das von deutscher Seite am 24. Aug. 1915 gegründete G. Warschau (Generalgouverneur Gen. d. Inf. Hans H. von Beseler) entsprach im wesentlichen der nördlichen Hälfte Kongreß-Polens (mit Ausnahme eines Teils, der mit Kurland und Litauen der Militärverwaltung des »Oberbefehlshabers der gesamten deutschen Streitkräfte im Osten« – Ober-Ost – unterstellt war), während das am 25. Aug. gegründete österreichisch-ungarische G. Kielce (ab 1. Okt. 1915 G. Lublin; Generalmajor Erich Freiherr von Diller, ab 21. April 1916 Feldzeugmeister Karl Kuk, ab April 1917 Generalmajor Stanislaus Graf Szeptycki und ab 1. März 1918 Gen. d. Inf. Anton Liposzak) die südlicheren Weichseldepartements des Zarenreiches umfaßte. Im Gefolge der Proklamation des Königreichs Polen (5. Nov. 1916) sollte die Verwaltung schrittweise in polnische Hände übergehen. Ziel war hier die Schaffung eines Pufferstaates gegenüber Rußland. Die sich mit der militärischen Gesamtlage verändernden strategischen Konzeptionen zur Zukunft Polens, die permanenten Spannungen zwischen den Verbündeten, die Probleme, die aus den unterschiedlichen Politikansätzen in beiden G. resultierten, sowie die polnischen Unabhängigkeitsbestrebungen waren Ursachen dafür, daß der Aufbau der Staatsorgane nur sehr stockend vorankam. Als erste Bereiche wurden im Sommer 1917 Teile der Justiz sowie das Unterrichtswesen aus der direkten Leitung der Besatzungsverwaltungen entlassen, ohne daß die Oberaufsicht der Generalgouverneure aufgegeben wurde. Tatsächlich fanden Eingriffe von ihrer Seite statt.

Während Deutschland keine weiteren G. errichtete (in Rumänien blieb es bei einer deutsch-österreichischen Militärverwaltung unter Mitwirkung Bulgariens und der Türkei), wurden von der Donaumonarchie G. in Serbien und Montenegro aufgebaut. Die Belgrader Behörde bestand ab 1. Jan. 1916 (Feldmarschalleutnant Graf Salis-Seewies, ab 7. Juli 1916 Gen. d. Inf. Adolf Freiherr von Rhemen zu Barensfeld), und das G. in Montenegro wurde am 1. März 1916 eingerichtet (Feldmarschalleutnant Victor Freiherr von Weber, ab Juli 1917 Generalmajor Heinrich Graf Clam-Martinic). Die im Nov. 1917, nach der 12. Isonzo-Schlacht begonnenen Planungen für ein G. in Italien wurden bereits einen Monat später wieder aufgegeben.

Die G. stellten gegenüber den unmittelbar militärischen Regimen in den Etappengebieten bzw. den direkten Militärverwaltungen ein etwas zivileres Element dar, ohne ihr Wesen als eine Form von Besatzung zu verlieren. Sie bildeten insoweit staatsrechtliche Ausnahmestrukturen. Der höhere Einfluß der zivilen Behörden der Okkupanten hatte vor allem zur Folge, daß die Ressourcen der G. nicht zuletzt aufgrund der Mitwirkung geschulter Beamter systematischer ausgebeutet und teilweise auch in höherem Maße als bei den direkten Militärverwaltungen üblich für die jeweiligen Besatzungsländer nutzbar gemacht wurden. → *Besatzung (Osten)* → *Besatzung (Westen)*

Lit.: V. G. Liulevicius, War Land on the Eastern Front. Culture, National Identity and German Occupation in World War I, Cambridge 2000; R. Zilch, Okkupation und Währung im Ersten Weltkrieg. Die deutsche Besatzungspolitik in Belgien und Russisch-Polen 1914-1918, Goldbach 1994.

REINHOLD ZILCH

Generalkommando, Stellvertretendes, militärische Kommandobehörde. – Bei der Mobilmachung der 25 aktiven Armeekorps ließen diese je ein G. im Heimatgebiet zurück. Der an dessen Spitze stehende stellvertretende Kommandierende General bekam als Militärbefehlshaber bei Kriegsausbruch die vollziehende Gewalt in seinem Territorialbereich übertragen und war unmittelbar dem Kaiser verantwortlich. Stärke und Geschäftsumfang der G. wuchsen im Verlauf des Krieges beachtlich. So bestand z. B. das XIII. (Königl. Württ.) G. bei Kriegsbeginn aus sieben Offizieren und 14 Unterbeamten, 1917 waren dort 134 Offiziere etatisiert. Zu den militärischen Aufgaben der Behörde gehörten die Sicherstellung des Mannschafts- und Pferdeersatzes, die Kriegsmaterialversorgung für das jeweilige im Feld stehende Armeekorps sowie das Kommando über die zurückbleibenden Besatzungen, Ersatz- und Garnisonstruppen. Dazu kamen Spionageabwehr und die Überwachung des öffentlichen Lebens (vor allem durch Pressezensur und Postüberwachung), die Unterbringung, Versorgung und der Arbeitseinsatz der Kriegsgefangenen und ggf. der Grenzschutz. Seit 1916 waren die G. verstärkt in kriegswirtschaftliche Steuerungsmaßnahmen eingebunden, so etwa in die Zuweisung von Arbeitskräften, die Sicherstellung von Roh- und Ersatzstoffversorgung und die Ernährungswirtschaft. Die direkte Unterstellung der Militärbefehlshaber resultierte zum Teil aus einer uneinheitlichen Handhabung der vollziehenden Gewalt im Reich. Erst langsam und auf indirektem Wege begann die Oberste Heeresleitung, ihren Einfluß auf die Kompetenzbereiche der G. auszudehnen. Dies geschah etwa durch die Errichtung des Kriegspresseamtes (1915) in Fragen der Propaganda und Zensur, durch das dem preußischen Kriegsministerium nachgeordnete Kriegsamt (1916) in Kriegswirtschaftsfragen und durch die Einrichtung der koordinierenden Stelle eines Obermilitärbefehlshabers (1916). Erst im Okt. 1918 verloren die Militärbefehlshaber formell ihre Immediatstellung.

Lit.: W. Deist, Voraussetzungen innenpolitischen Handelns des Militärs im Ersten Weltkrieg, in: W. Deist, Militär, Staat und Gesellschaft. Studien zur preußisch-deutschen Militärgeschichte, München 1991, S. 126-138.

MARKUS PÖHLMANN

Genevoix, Maurice, * Decize (Département Nièvre) 29.11.1890, † Alicante 8.9.1980, französischer Schriftsteller. – G., seit 1946 Mitglied der Académie française und von 1958 bis 1974 ihr Sekretär, war einer der berühmtesten französischen Autoren des 20. Jahrhunderts. Er betrachtete sich zeitlebens als einen »Überlebenden« des Weltkriegs.

Bei Kriegsausbruch 1914 war G. Student an der École normale supérieure, wo er als Erster seines Jahrgangs zugelassen worden war. Im folgenden Jahr erhielt er die »Agrégation des Lettres«, die Eintrittskarte für eine Universitätskarriere. Statt dessen wurde er jedoch als »sous-lieutenant« eines Infanterieregiments zum Kriegsdienst einberufen; sein Regiment gehörte zu den Verstärkungstruppen, die nach den blutigen »Grenzschlachten« des Aug. 1914 die Front verstärkten und die numerische Überlegenheit der Alliierten bei der Marne-Schlacht ermöglichten. G. nahm an der Marne-Schlacht teil sowie anschließend beim Zurückdrängen der deutschen Armee westlich von Verdun.

Ab Ende Sept. wurde er mit seiner Division in den Osten von Verdun verlegt, wo die französischen Truppen versuchten, sich dem deutschen Vorstoß auf St. Mihiel entgegenzustemmen. In der Schlacht von Les Éparges wurde er am 25. April 1915 dreifach verwundet. Nach langen Krankenhausaufenthalten entließ man ihn als nahezu hundertprozentigen Invaliden.

Nach seiner Rückkehr ins Zivilleben – mit dem er nicht zurechtkam, weil er befürchtete, für einen »Drückeberger« gehalten zu werden – engagierte er sich bis Kriegsende im Verband der Fraternité franco-américaine. Er verzichtete auf eine Universitätskarriere und zog sich aufs Land zurück, wo er sich fortan literarisch betätigte.

Über seine Kriegserfahrungen veröffentlichte er insgesamt fünf Bücher: *Sous Verdun* (1916), *Nuits de guerre* (1917), *Au seuil des guitounes* (1918), *La boue* (1921), *Les Éparges* (1923), die später zusammen unter dem Titel *Ceux de 14* veröffentlicht wurden. 1925 erhielt G. den Prix Goncourt für seinen Roman *Raboliot*.

Die solide Dokumentation des Lebens an der Front, die er in den während seines achtmonatigen Frontaufenthaltes geführten Tagebuch-Heften vornahm, sein Talent und seine außerordentlich feine Beobachtungsgabe machen G. zu einem vorzüglichen literarischen Zeugen des Krieges auf französischer Seite, vor allem für die frühe Phase des Krieges.

JEAN-JACQUES BECKER (Ü: S. P.)

Genfer Konvention. Die »Konvention, die Linderung des Loses der im Felddienste verwundeten Militärpersonen betreffend« vom 22. Aug. 1864 wurde eine der wichtigsten völkerrechtlichen Vereinbarungen, deren Wirkung bis in die Gegenwart reicht. An die Stelle von in neuzeitlichen Kriegen fallweise vereinbarten Regelungen trat ein permanentes Abkommen. Es ging zurück auf die Erfahrungen des Krim-Krieges (1854-1856) und des italienischen Krieges (1859), in denen eine große Anzahl von Verwundeten aufgrund schlechter medizinischer Versorgung erst nach den Schlachten starben. Der Genfer Kaufmann Henri Dunant erreichte 1863 zum einen die Gründung eines Internationalen Komitees vom Roten Kreuz und zum anderen eine von der Schweizer Regierung einberufene Konferenz, welche die G. annahm. Erste Versuche zur Erweiterung dieser Konvention scheiterten zwischen 1864 und 1874. Auf der ersten Haager Friedenskonferenz wurde am 29. Juli 1899 die Erweiterung der G. auf den Seekrieg beschlossen, modifiziert wurde die Vereinbarung in der X. Haager Konvention des Jahres 1907. Zwischen diesen beiden Konferenzen vereinbarte eine diplomatische Konferenz in Genf am 6. Juli 1906 eine Erweiterung der bisherigen G. um 33 Artikel.

Die G. von 1874 bezog sich auf verwundete und erkrankte Soldaten, auf Ärzte und Hilfspersonal sowie auf Krankenhäuser und deren Ausstattung. Es ging im Grundsatz darum, die Beeinträchtigung der Pflege, Hilfeleistung und Evakuierung verwundeter Soldaten durch Kampfhandlungen zu verhindern. Als Zeichen für Ärzte und Hilfspersonal wurde das Rote Kreuz eingeführt, das Neutralität gewährleistet. Neben der Erweiterung auf den Seekrieg durch die Haager Konferenzen (u. a. Lazarett-Schiffe) wurden in Genf 1906 die nationalen Rot-Kreuz-Gesellschaften als Organe etabliert.

Die Erfahrungen des Ersten Weltkrieges führten 1929 zur internationalen Behandlung und Regelung des Kriegsgefangenenrechtes sowie der Probleme der Luftschiffahrt. Hinzu kam die Frage des Schutzes der Zivilbevölkerung vor Kriegsgefahren. Nach dem Zweiten Weltkrieg tagte erneut eine allgemeine Staatenkonferenz in Genf, die am 12. Aug. 1949 vier (erweiterte) Genfer Abkommen verabschiedete. Diese erweiterten die alte G. von 1864 noch einmal beträchtlich (Zusatzprotokolle vom 10. Juni 1977). Die neuen G. bilden im Zusammenhang mit der Haager Landkriegsordnung und der UN-Menschenrechtsdeklaration gemeinsam die Grundlage des gegenwärtigen humanitären Völkerrechtes.

JOST DÜLFFER

George V., * London 3.6.1865, † Sandringham 20.1.1936, König von Großbritannien und Irland (seit 1910, seit 1921 von Nordirland, seit 1911 auch Kaiser von Indien). – Der Enkel Königin Victorias, ursprünglich an dritter Stelle in der Thronfolge, absolvierte eine militärische Ausbildung in der Navy bevor er 1910 seinem Vater Edward VII. auf den Thron folgte. Nach dem Ausbruch des Weltkriegs erreichte G. durch mehrere Frontbesuche (einige davon gemeinsam mit Queen Mary) sowie das öffentliche soziale Engagement der königlichen Familie große Popularität. Die Anwesenheit der königlichen Familie bei den Gedenkfeiern der Nachkriegsjahre (insbesondere am Armistice Day) etablierte die britische Monarchie in der englischen Kriegserinnerungskultur. Auf große Zustimmung in der Bevölkerung stieß auch die von G. 1917 getroffene Entscheidung, sämtliche deutsche Titel abzulegen und den königlichen Familiennamen Sachsen-Coburg-Gotha durch Windsor zu ersetzen. Mit seiner Entscheidung, Stanley Baldwin statt Lord Curzon zum Premierminister zu ernennen, begründete G. 1923 die Tradition, daß der britische Regierungschef stets Mitglied des Unterhauses sein sollte, und 1924 ernannte er mit Ramsay MacDonald auch den ersten Labour-Premier Großbritanniens. 1931 war G. schließlich unter dem Eindruck der Weltwirtschaftskrise an der Etablierung eines Kabinetts der »Nationalen Koalition« aus Konservativen und Liberalen unter Einschluß führender Politiker der Labour-Partei beteiligt. Seine Regierungszeit – geprägt von tiefgreifenden innenpolitischen Transformationsprozessen, Krisen und Reformen sowie von der außenpolitischen Herausforderung des Weltkriegs – gilt als eine der erfolgreichsten und populärsten der modernen britischen Monarchie.

ARIBERT REIMANN

Gerlach, Hellmut von, * Mönchmotzelnitz (bei Wohlau, Schlesien) 2.2.1866, † Paris 1.8.1935, deutscher Publizist, Jurist und Politiker. – Als Hospitant der Freisinnigen Vereinigung Mitglied des Deutschen Reichstages von 1903 bis 1907 und seit der Jahrhundertwende Mitarbeiter, später Chefredakteur der *Welt am Montag*, wandelte sich G. vom Gefolgsmann Adolf Stöckers unter dem Einfluß Friedrich Naumanns zum Befürworter eines sozialliberal-demokratisch orientierten Machtstaates. Er hatte sich von Theodor Barth, dem er 1908 die Demokratische Vereinigung gründen half, auf den Weg eines gemäßigten Pazifismus führen lassen. Während des Krieges erwies sich G. als skeptischer, von der Kriegsbegeisterung unberührter Beobachter, auch im Gegensatz zu seiner Partei, an deren Spitze er nach dem Tode Barths (1909) gelangt war. Gleich zu Anfang des Krieges, in dem sich seine Gewißheit von der deutschen Kriegsschuld festigte und den er in der Rückschau als »die große Zeit der Lüge« empfand, trat er der Deutschen Friedensgesellschaft bei, zu deren führenden Mitgliedern er bald gehörte. An Gründung und Arbeit des Bundes Neues Vaterland war er maßgeblich beteiligt. Nach dessen endgültigem Verbot gehörte er zu den Initiatoren der Zentralstelle Völkerrecht, deren Gründungsversammlung ihn zum Vorsitzenden der Geschäftsleitung wählte. Ständiger Zensur und Bespitzelung durch die Militärbehörden ausgesetzt, richtete er seine Kritik besonders gegen die deutsche Annexionspolitik. In seinem häufig vom Verbot bedrohten Blatt, in dem er über die Ernährungslage in Deutschland kritisch berichtete, trat er seit 1917 für einen baldigen Verständigungsfrieden und für einen Regierungswechsel in Deutschland ein, der tiefgreifende Reformen mit demokratischer Zielsetzung vorbereiten sollte.

1919 wurde er zum Unterstaatssekretär im preußischen Innenministerium berufen, wo er die Leitung des Polen-Dezernats innehatte. Sein aktives und publizistisches Engagement in der deutschen Friedensbewegung für eine deutsch-französische Verständigung und die Erfüllung des Versailler Vertrags trugen ihm die erbitterte Feindschaft der politischen Rechten ein. 1932 übernahm G. für den inhaftierten Carl von Ossietzky die Leitung der *Weltbühne*. Im März 1933 emigrierte er nach Frankreich, wo er bis zu seinem Tod vor der Bedrohung des internationalen Friedens durch das NS-Regime warnte.

Lit.: F. G. Schulte, Der Publizist Hellmut von Gerlach, München 1988.

KARL HOLL

Gerücht. Die soziale Kultur des Weltkrieges war in allen kriegführenden Gesellschaften durch Medien »informeller Kommunikation« geprägt. Neben Feldpostbriefen, Schützengrabenzeitungen und inoffiziellen Flugblättern und Pamphleten bediente eine Vielzahl von G. das gesellschaftliche Informationsbedürfnis, nachdem die öffentlichen Medien durch die Zensur an Glaubwürdigkeit verloren hatten. Dabei war vielerorts eine Vermischung von Propaganda, volkskulturellen Mythenbildungen, panikartigen Angstvisionen und – allerdings eher selten – echter Information zu beobachten.

Im Umfeld der öffentlichen Erregung bei Kriegsausbruch läßt sich ein erster Höhepunkt der Kriegs-G. feststellen. Die politische und lebensweltliche Brisanz des historischen Augenblicks kontrastierte mit dem weitgehenden Informationsmangel. G. konzentrierten sich auf angebliche Überraschungsangriffe oder Invasionen. Von besonderer Bedeutung waren dabei G. von Angriffen der neuartigen Kampfflieger auf unverteidigte Städte im Hinterland. Gleichzeitig wurde auch die Spionagehysterie der ersten Kriegswochen durch G. über ausländische Agenten angeheizt, was nicht selten zu gewalttätigen Ausschreitungen gegen unbeteiligte Zivilisten führte.

Unter den Soldaten kursierten regelmäßig G., die sich vornehmlich auf das angeblich bevorstehende Kriegsende bezogen. Die Gründe hierfür reichten von Schwächen der gegnerischen Kampfkraft, bevorstehenden Meutereien, Revolten oder Revolutionen im feindlichen Lager, über spektakuläre eigene Erfolge an anderen Frontabschnitten bis hin zu Hoffnungen auf überraschend einberufene internationale Friedenskonferenzen. Unregelmäßigkeiten im Postverkehr und bei der Urlaubserteilung sorgten oft für G. über bevorstehende militärische Aktionen oder politische Umbrüche. Mit zunehmender Kriegsdauer nahmen auch die G. zu, die im eigenen Hinterland kriegstreibende oder defaitistische Verschwörungen ausmachten. Über die Feldpost bestand gleichzeitig eine Verbindung mit der G.-Kultur in der Heimat.

An der Heimatfront stand die Lebensmittelversorgung im Mittelpunkt der kursierenden G. Insbesondere Verteilungsungerechtigkeiten und schwer zu erklärende Ausfälle der Versorgung sorgten in Deutschland mit zunehmender Kriegsdauer für G. über im Geheimen gehortete Bestände von Versorgungsgütern oder die gezielte Veruntreuung von Nahrungsmitteln. Viele dieser G. zeichneten sich durch eine deutliche antikapitalistische Tendenz aus und zielten auf die Profitinteressen und die Illoyalität der ökonomischen Eliten, denen zuweilen sogar illegaler Handel mit dem feindlichen Ausland vorgeworfen wurde. Ein anderer Typus des Kriegs-G. an der Heimatfront entzündete sich an der im Krieg erhöhten sozialen Mobilität sowie der Faszination, aber auch Bedrohlichkeit von Fremden. Eine Variante war das britische Russen-G., demzufolge russische Truppen über Archangelsk in Schottland gelandet seien und auf ihrem Weg zur Westfront in den englischen Kanalhäfen noch »sibirischen Schnee« an ihren Stiefeln getragen hätten.

Neben der Propaganda trugen auch G. dazu bei, Geschichten von feindlichen Kriegsgreueln in der Bevölkerung bekannt zu machen. Kriegsverbrechen wurden häufig auf informellen Wegen kolportiert und dabei oft überzeichnet oder entstellt. In diesen Kontext gehören die britischen und französischen Berichte, daß deutsche Soldaten belgischen Kindern die Hände abgeschnitten hätten oder daß die deutsche Kriegswirtschaft systematisch menschliche Leichname zur Fettgewinnung verwerte. Ein anderes G. dieser Art berichtet der englische Schriftsteller Robert Graves in seiner Autobiographie *Goodbye to All That*: Die Tatsache, daß nach dem Fall von Antwerpen in Deutschland die Kirchenglocken läuteten, erreichte die englische Öffentlichkeit in der Form, daß die deutschen Militärs in Antwerpen belgische Einwohner kopfüber als menschliche Klöppel in die Glocken gehängt hätten.

Im Kontext volkskultureller Sinnstiftungsversuche spielten außerdem G. über Kriegswunder und spirituell-nationalistische Ausnahmeerscheinungen eine wichtige Rolle. G. wollten wissen, daß das britische Expeditionskorps im Aug. 1914 die schweren Rückzugsgefechte bei Mons nur durch das Eingreifen von himmlischen Engeln überstanden habe – und daher auch weiterhin des göttlichen Beistandes gewiß sein dürfe. Diese Berichte wurden in der britischen Presse bisweilen durchaus ernsthaft diskutiert. Zugleich bestand eine enge Verbindung zwischen der G.-Kultur und den zeitgenössischen Formen des Aberglaubens. → *Aberglaube* → *Spionage*

Aribert Reimann

Gewerkschaften. 1914 bestanden im Deutschen Reich sozialdemokratische (auch »freie« G. genannt), christlich-katholische und liberale Richtungs-G., die in Fachverbände untergliedert waren und 2,53, 0,35 bzw. 0,11 Mio. Mitglieder organisierten. Der Verzicht auf Lohnstreiks Mitte Aug. 1914, der Einzug zum Militärdienst und Arbeitslosigkeit führten zu einem starken Mitgliederschwund; bis 1916 sank die Zahl der Mitglieder der freien G. auf unter 1 Mio., die der anderen Richtungen halbierte sich fast. Im Zeichen des Hilfsdienstgesetzes stiegen die Zahlen wieder an; 1918 lagen sie über denen bei Kriegsbeginn. Im Internationalen Gewerkschaftsbund, dem 19 nationale Verbände angehörten, stellten die freien G. 1913 ein Drittel der 7,7 Mio. Mitglieder, 24 der 28 internationalen Berufssekretariate hatten ihren Sitz in Deutschland.

Während die christlichen und liberalen G. uneingeschränkte Loyalität zeigten, standen die freien G. dem Kaiserreich distanziert gegenüber, waren aber bereit, im Interesse von Arbeit und Beschäftigung weitreichende Kompromisse einzugehen. Eher pragmatisch als ideologisch orientiert, waren sie zumeist dem reformistischen Flügel der SPD verbunden. Die katholische und die liberale Richtung standen auf dem linken Flügel ihrer Parteien (Zentrum bzw. Fortschrittliche Volkspartei). Alle drei Richtungen entschlossen sich früh zur Unterstützung der Kriegsanstrengungen. Während Carl Legien am 29. Juli 1914 in Brüssel noch einer Resolution zur Kriegsverhinderung zustimmte, legte sich eine Vorständekonferenz, nach Geheimkontakten zur Regierung, am 2. Aug. auf die »Burgfriedenspolitik« fest, ohne das Votum der SPD abzuwarten. Von den 110 Reichstagsabgeordneten der SPD hatten 46 eine direkte Bindung an die freien G.; nur zwei votierten intern gegen die Bewilligung der Kriegskredite. Die Motive waren vielfältig: nationale Euphorie, Kampf gegen den Zarismus, Verhinderung der »wirtschaftlichen Erdrosselung« durch England, Furcht vor einem Verbot der Organisationen, Hoffnung auf politische Anerkennung und Integration.

Die »Burgfriedenspolitik« wurde honoriert, indem die G. von den zivilen und militärischen Behörden anerkannt und in die Kriegsausschüsse der Metallindustrie paritätisch einbezogen wurden. Kriegsarbeitsgemeinschaften mit den Arbeitgebern in den traditionellen Tarifvertragsbranchen und den von der Kriegswirtschaft benachteiligten Branchen verfestigten sich in den ersten Kriegsjahren. Das Hilfsdienstgesetz, das die Vertreter der drei Richtungen maßgeblich vorbereitet hatten, erzwang die Anerkennung der G. gegen die Arbeitgeber auch in sich bisher verweigernden Branchen. Die aktive Unterstützung der Kriegspolitik sowie die steigende institutionelle und personale Integration in die Kriegsbürokratie belastete besonders die freien G. mit der Verantwortung für die kriegswirtschaftlichen (»kriegssozialistischen«) Maßnahmen, von der Lebensmittelzuteilung über die Arbeitsmarktlenkung bis zu den Arbeitsbedingungen (Löhne, Arbeitszeiten, Sozialpolitik), indirekt auch für die Frage von Krieg und Frieden.

Die ideologischen Gegensätze zwischen den gewerkschaftlichen Richtungen schliffen sich zunehmend ab – besonders bei gemeinsamen Vorstößen zu Heimarbeiterschutz und Kriegsversehrtenfürsorge, später zu Friedensfrage und Übergangswirtschaft sowie zur Aufhebung der Bestimmungen, die sie als »politische Vereine« in ihrer Koalitionsfreiheit einschränkten. Zugleich wurden die freien G. in die Konflikte in der SPD über die Haltung zum Krieg hineingezogen. Die Opposition erstarkte, in den Reihen der Mitglieder wuchs die Kritik. Der Wille der Führung zur Kooperation mit Regierung und Militär führte 1916 zu der Drohung, eine G.partei zu gründen, sollte die SPD unter den Einfluß der Linken geraten. Zwar folgte der Parteispaltung keine G.spaltung, doch die Flügelkämpfe setzten sich in den G. fort. 1917 stellte die Opposition auf der Generalversammlung des stärksten Einzelverbandes, des Deutschen Metallarbeiterverbandes, zwei Fünftel der Delegierten. Nachdem es seit 1915 zunehmend zu kleineren Lohnstreiks gekommen war, entlud sich die Unzufriedenheit der Arbeiterschaft von Jan. bis April 1917 und im Jan. 1918 in dem radikal-spontanen Aktivismus der Massenstreiks für »Frieden und Brot«, an denen sich – gegen den Willen der G.führung – vor allem in der Rüstungsindustrie 1917 bereits Hunderttausende, 1918 über 1 Mio. beteiligten. Die sich hier abzeichnende Entmachtung der G. durch Betriebsorganisationen (die Arbeiterausschüsse des Hilfsdienstgesetzes, Arbeiterräte nach russischem Vorbild, Berliner Revolutionäre Obleute) leitete die Bildung basisautonomer Organisationsformen ein, die 1918/19 die revolutionäre Bewegung prägten. Obwohl ihre Autorität zunehmend erschüttert und ihre von der Regierung gezielt geförderte Fähigkeit zur Disziplinierung der Arbeiterschaft geschwächt wurde, hielten die Führer an ihrer ambivalenten Kriegspolitik fest. Sie scheuten auch vor einer Beteiligung an der Durchhaltepropaganda nicht zurück.

Zur Wahrung ihrer im Kriege gewonnenen Positionen setzten die freien G. die kooperative Politik in der Revolution fort; mit der Zentralarbeitsgemeinschaft wurde den Unternehmern Besitzstandswahrung gegen die Sozialisierungsbestrebungen zugestanden. Mit dem Demobilmachungsrecht sollten die nur für die Kriegszeit geltenden sozialpolitischen Regelungen des Hilfsdienstgesetzes in die Friedenszeit hinübergerettet werden. Es zeigte sich zu Beginn der Revolution, daß ihr Einfluß in der Mitgliedschaft noch immer stark war. Trotz der Organisationserfolge (1919: 7,34 Mio. Mitglieder) konnten sie aber die Radikalisierung der Basis und einzelner Verbände Anfang 1919 nicht mehr verhindern. → *Burgfrieden* → *Hilfsdienstgesetz* → *Januarstreiks*

Lit.: Arbeiterschaft 1914-1918 in Deutschland, hg. v. G. Mai, Düsseldorf 1985; H.-J. Bieber, Gewerkschaften in Krieg und Revolution. Arbeiterbewegung, Industrie, Staat und Militär in Deutschland 1914-1920, 2 Bde., Hamburg 1981; G. Mai, Kriegswirtschaft und Arbeiterbewegung in Württemberg 1914-1918, Stuttgart 1983.

Gunther Mai

Göring, Hermann, * Rosenheim 12.1.1893, † (Selbstmord) Nürnberg 15.10.1946, deutscher Jagdflieger und Politiker (von 1935-45 Oberbefehlshaber der Luftwaffe). – Der »erste Paladin des Führers« und »zweite Mann im Reich« galt – worauf vor allem die nationalsozialistische Propaganda nicht müde wurde hinzuweisen – als ein sog. Flieger-As des Weltkrieges. G. nahm zunächst als Leutnant des (4. Badischen) Infanterieregiments Nr. 112 an den ersten Kämpfen im Elsaß teil. Nach einem Lazarettaufenthalt im Dez. 1914 wechselte er 1915 zu der in den Anfängen befindlichen Militärfliegerei. Nach ersten Einsätzen in Verdun und der Ausbildung zum Jagdflieger im Herbst 1915 erhielt G. im Mai 1917 das Kommando über die Jagdstaffel 27. Als hochdekorierter Oberstleutnant – er war Träger des Eisernen Kreuzes I. Klasse und des Ordens »Pour le mérite« – wurde G. am 11. Juli 1918 der letzte Kommandeur des berühmten Richthofen-Geschwaders. G. werden 22 Abschüsse alliierter Flugzeuge zugeschrieben.

Lit.: S. Martens, Hermann Göring, Paderborn 1985.

Gerhard Hirschfeld

Goltz, Colmar Freiherr von der, * Bielkenfeld (bei Labiau) 12.8.1843, † Bagdad 19.4.1916, preußischer und osmanischer Generalfeldmarschall. – G. trat 1861 nach der Kadettenschule als Leutnant in das Infanterieregiment Nr. 41 ein. Seine sich an die Kriegsteilnahmen von 1866 und 1870/71 anschließende Laufbahn war von einer langjährigen Lehrtätigkeit an Kriegsschule und -akademie geprägt. Seine schriftstellerische Begabung ließ ihn zu einem der beachtetsten Militärpublizisten seiner Zeit aufsteigen: In *Léon Gambetta und seine Armee* (1877) und *Das Volk in Waffen* (1883) zeichnete er den Wandel des Krieges zum Volkskrieg. Seine scharfen und teilweise öffentlich vorgetragenen militär- und rüstungspolitischen Forderungen brachten ihn in Konflikt mit dem Kriegsministerium und später mit dem einflußreichen Generalstabschef von Schlieffen. 1883 trat G. als Oberstleutnant in das osmanische Heer über und war maßgeblich an dessen Reorganisation beteiligt. 1896 trat er – nunmehr als Generalleutnant – wieder in preußische Dienste und fand Verwendungen als Chef des Ingenieur- und Pionierkorps und Generalinspekteur der Festungen (1898-1902), als Kommandierender General des I. Armeekorps (1902-07) und als Generalinspekteur der 6. Armeeinspektion (1907-13). 1913 wurde G. – seit 1911 Generalfeldmarschall – verabschiedet.

Auf eigenes Drängen wurde er bei Kriegsausbruch reaktiviert und am 23. Aug. 1914 zum Generalgouverneur in Belgien ernannt, ein Posten, den er bis Nov. versah. Nach dem Kriegsbeitritt der Türkei wurde G. im April 1915 zunächst der Oberbefehl über die türkische 1. Armee (Bosporus) übertragen. Im Okt. 1915 übernahm der mittlerweile 72jährige die Führung der türkischen 6. Armee in Mesopotamien, der die Einschließung der Briten in Kut al-Amara gelungen war. Kurz vor dem Fall der Stadt verstarb »G. Pascha«, der mittlerweile im Nahen Osten fast legendären Ruf genoß, an Fleckfieber.

MARKUS PÖHLMANN

Goltz, Rüdiger Graf von der, * Züllichau 8.12.1865, † Kinsegg (heute zu Bernbeuren) 4.11.1946, preußischer General. – Als Sohn eines hohen preußischen Beamten 1885 in die Armee eingetreten, war G. bei Ausbruch des Weltkriegs Oberst und Kommandeur des Hamburger Infanterieregiments Nr. 76. Nach weiteren Verwendungen als Brigade- und Divisionskommandeur (37. Infanteriedivision) übernahm er am 26. Febr. 1918 die zur Intervention im finnischen Bürgerkrieg bestimmte 12. Landwehrdivision (seit März 1918 »Ostsee-Division«). Er landete am 3. April mit 11.000 Mann im südfinnischen Hanko und konnte bereits zehn Tage später Helsinki einnehmen. Obwohl das deutsche Eingreifen den Ausgang des Bürgerkriegs nicht eigentlich entschied, sondern nur beschleunigte, sah G. sich als »Finnlands deutscher Befreier« und blieb auch für viele Finnen jahrzehntelang eine Symbolfigur deutsch-finnischer Waffenbrüderschaft. Noch bis Dez. 1918 als Militärberater (»Deutscher General in Finnland«) tätig, hoffte der Träger des Ordens »Pour le mérite« vergeblich auf die Möglichkeit einer Operation gegen Petrograd. Seit Anfang 1919 Abschnittskommandeur im Grenzschutz Ost und Gouverneur von Libau, führte er das VI. Reservekorps erfolgreich in den Kämpfen um das Baltikum. Nach seiner Verabschiedung im Okt. 1919 agitierte er – unter anderem als Vorsitzender der Vereinigten Vaterländischen Verbände (seit 1924) – gegen die Weimarer Demokratie und wurde 1934 zum Führer des Reichsverbandes Deutscher Offiziere. In seinem 1920 erschienenen Buch *Meine Sendung in Finnland und im Baltikum* (überarbeitete Neuausgabe 1936 unter dem Titel: *Als politischer General im Osten*) schildert G. seine Kriegserlebnisse aus völkisch-nationalistischer Perspektive.

BERND WEGNER

Goremykin, Iwan Logginowitsch, * Nowgorod 8.11.1839, † (ermordet) im Kaukasus 24.12.1917, russischer Politiker. – G. stammte aus einer Adelsfamilie des Gouvernements Nowgorod. Er war Jurist und von 1895 bis 1899 Innenminister, schließlich von Mai bis Juli 1906 und erneut von Jan. 1914 bis Jan. 1916 Ministerpräsident. Seit 1899 Mitglied des Reichsrates, galt G. als eine politisch schwache Figur, Vertreter der Reaktion und vor allem während des Weltkriegs als Marionette der Hofclique um Grigori Rasputin und die Zarin Alexandra Fjodorowna. Er verweigerte sich einer Zusammenarbeit mit dem sog. Progressiven Block und der Reichsduma; schließlich ersetzte ihn der Zar auf Anraten der Zarin im Febr. 1916 durch den noch weitaus reaktionäreren Politiker Boris Stürmer.

DITTMAR DAHLMANN

Gorlice-Tarnów, Orte in Galizien. – Obschon das deutsche Oberkommando grundsätzlich eine Kriegsentscheidung im Westen anstrebte, erzwangen die Ereignisse Anfang 1915 die Aufmerksamkeit im Osten. Je schwächer die österreichisch-ungarische Armee wurde, desto mehr sahen sich die deutschen Verbündeten zu direkter Unterstützung veranlaßt. Die Situation verschärfte sich, als Italien in der Hoffnung auf territoriale Gewinne der Donaumonarchie mit Krieg drohte. Nun wurde die deutsche 11. Armee (Mackensen) in den Raum südlich von Krakau verlegt. Ein Durchbruch in Westgalizien, der hügeligen Landschaft nördlich der Karpaten, konnte – sofern die Mittelmächte den Fluß San erreichten – die russischen Verbände zum Rückzug aus den Bergen zwingen, wo sie ansonsten die Einschließung fürchten mußten. Das Ziel war also eigentlich beschränkt: Es galt, die Russen aus ihrer bedrohlichen Stellung in den

Karpaten zu vertreiben, um der k. u. k. Armee Handlungsspielraum gegenüber Italien zu verschaffen. Im weiteren Verlauf sollte die Offensive aber alle Erwartungen übertreffen.

Der Durchbruch der deutschen 11. Armee und der österreichischen 4. Armee sollte bei den Orten Gorlice und Tarnów eingeleitet werden. Zu dieser Zeit litt das russische Heer ernstlich an Munitionsmangel, zudem lag die 3. Armee unter dem Bulgaren Radko-Dimitrijew den gegnerischen Verbänden in isolierter Stellung gegenüber. Im russischen Hauptquartier (Stawka) hatte man eine neue Offensive in Ostpreußen oder den Karpaten ins Auge gefaßt. Um hierfür Truppen freizumachen, mußte Radko-Dimitrijew einen Teil der Karpatenfront mit übernehmen. Gleichzeitig stand die Masse der russischen Truppen, fast 60 Divisionen, an der Front gegen Deutschland, während Österreich-Ungarn gegenüber 41 standen, das Gros davon weiter südöstlich. Die rechte Flanke der russischen 3. Armee zwischen Dunajec und Biala bestand aus zwei Korps mit 5 1/2 Divisionen. Diesen lagen nun die zehn Divisionen der 11. Armee und die acht der 4. Armee gegenüber. Die Mittelmächte verfügten somit vor Ort über eine Überlegenheit an Truppen von über zwei zu eins, bei der Artillerie sogar von fünf zu eins. Dazu kam, daß das russische Armeeoberkommando, da man sich nur in einer vorübergehenden Stellung wähnte, kein richtiges Stellungssystem hatte anlegen lassen. Auch bestand die 3. Armee zum guten Teil aus weniger kampfkräftigen Reserve- und Ersatzverbänden.

Die vierstündige Beschießung am 2. Mai verwandelte die russischen Stellungen in Trümmer, besonders die Minenwerfer zeitigten hier furchtbare Wirkung. Viele der Verteidiger irrten geschockt umher, ein Drittel wurde getötet. Der Angriff zielte auf die Schnittstelle zwischen den beiden russischen Korps, die sich aufgrund der Zerstörung ihrer Kommunikationslinien nicht abstimmen konnten. Eine Lücke von etwa 8 km tat sich auf, in welche die Deutschen am 3. und 4. Mai 12 km tief hineinstießen. Die russischen Reserven, die hastig in die Einbruchsstelle geworfen wurden, wurden fast alle schnell aufgerieben. Der einzige Lichtblick für Stawka blieb der Umstand, daß der gegnerische Vormarsch unter den üblichen Versorgungsengpässen litt, so daß sich die meisten russischen Verbände rechtzeitig durch Rückzug einer Einschließung in den Karpaten entziehen konnten. Das Oberkommando, das weiterhin mit dem italienischen Kriegseintritt rechnete (der dann am 23. Mai tatsächlich erklärt wurde), untersagte der 3. Armee den Rückzug, so daß die Kämpfe westlich des San bis zum 10. Mai fortgesetzt wurden. Dort, in der offenen Ebene, geriet der Krieg in Bewegung, ohne Stellungen und ohne ausreichende Reserven an Granaten und Gewehren. 40.000 Mann suchten sich hinter den San abzusetzen, innerhalb einer Woche hatte die 3. Armee 140.000 Mann an Gefangenen, 70.000 Mann an sonstigen Verlusten sowie rund 200 Geschütze eingebüßt. Die Mitte der russischen Front schien in Auflösung begriffen.

Mackensen erreichte den San Mitte des Monats. Die dortigen russischen Verteidigungslinien waren schlecht vorbereitet, doch stellte die Festung Przemyśl ein Hindernis dar; zudem waren mittlerweile zehn russische Divisionen zur Verstärkung eingetroffen. Zwischen dem 16. und 19. Mai eroberte die deutsche 11. Armee den San und errichtete einen Brückenkopf, von dem aus sie die Festung im Rücken bedrohen konnte. Ein zunächst erfolgreicher russischer Gegenangriff gegen die Österreicher war bis zum 25. Mai abgewehrt. Am 4. Juni wurde Przemyśl wieder von den k. u. k. Truppen eingenommen.

Das russische Heeresgruppenkommando unter General Iwanow sah sich einem Desaster gegenüber. Alle Reserven waren verbraucht. Westgalizien wurde in die Nordwestfront eingegliedert, die noch über Reserven verfügte. Doch dauerte es, diese heranzuführen. Inzwischen hatten sich die Mittelmächte auf die Fortsetzung der Offensive ab Mitte Juni verständigt. Mackensen meldete, er stünde einer geschlagenen Armee gegenüber. Bei 500.000 Mann unter Sollstärke und nur 40 % der benötigten Munitionsreserven dürfte das russische Oberkommando diese Einschätzung wohl geteilt haben. Am 22. Juni marschierte die k. u. k. 2. Armee (Böhm-Ermolli) in Lemberg ein, das neun Monate zuvor verloren gegangen war. Die sechswöchige Operation von G. wurde so zu einem der größten Siege des Krieges. Darüber hinaus war nun sicher, daß der Eintritt Italiens nicht unmittelbar den Krieg entscheiden würde, und die Tage Österreich-Ungarns militärisch noch nicht gezählt waren. → *Przemyśl*

Lit.: N. Stone, The Eastern Front, 1914-1917, London 1998.

NORMAN STONE (Ü: M. P.)

Graves, Robert (von Ranke), * Wimbledon (heute zu London) 26.7.1895, † Deyá (Mallorca) 7.12.1985, britischer Schriftsteller und Literaturwissenschaftler. – G.s Vorkriegswerk wird der sog. Georgianischen Schule zugerechnet, einer Gruppe von Dichtern, die einen spätromantischen Stil pflegten. Der Krieg übte auf ihn wie auf den mit ihm befreundeten Schriftsteller und ebenfalls als Offizier bei den Royal Welch Fusiliers dienenden Siegfried Sassoon einen tiefgreifenden Einfluß aus. 1916 wurde G. während der Somme-Schlacht verwundet. Seine zahlreichen Verletzungen waren so schwer, daß man ihn zunächst für tot hielt. Er hatte sogar das zweifelhafte Vergnügen, in der Zeitung einen Nachruf auf sich selbst lesen zu können.

Seit der Somme-Schlacht änderte sich sein literarischer Stil, und er begann vor allem die Realitätsferne der Zivilisten anzuprangern. In den ersten Nachkriegsjahren weigerte er sich, sich wegen seines erlittenen schweren Kriegstraumas psychiatrisch behandeln zu lassen, weil er fürchtete, daß die Schärfe und Intensität seiner Lyrik dadurch geschwächt werden könnte. In seinen lyrischen Werken nähert sich G. dem Krieg in einem unheroischen und antiromantischen Stil. Die Kritik bemerkte aber auch viel Charme und Heiterkeit, besonders im Vergleich mit den bitteren Anklagen Sassoons und Wilfred Owens, die die Verantwortlichen für die Katastrophe ihrer Generation offen verdammten. Die typischen Motive von G.s Lyrik kreisen um militärische Traditionen und die Vision des Friedens. Am bekanntesten wurde er jedoch für seine Autobiographie *Goodbye to All That*, die 1929 im Zuge der Kriegsliteratur-Welle Ende der 20er Jahre erschien. G.s Kriegserinnerungen prägten – gemeinsam mit denen seiner literarischen Kollegen Erich Maria Remarque und Ernest Hemingway – das öffentliche Bild vom Ersten Weltkrieg nachhaltiger, als es Historikern möglich war.

Durch die Werke von G. und seiner Generation wurde der einfache Soldat zum Helden eines Krieges, der als soziale und politische Katastrophe und als ein großes Unrecht charakterisiert wurde. Der Anti-Held ersetzte nun den herkömmlichen Kriegshelden. Ironie wurde dabei von G. als ein literarisches Stilmittel eingesetzt, mit dem die Unzulänglichkeit traditioneller Erzählformen gegenüber der Kriegsrealität zum Ausdruck gebracht werden konnte.

JAY WINTER (Ü: A. R.)

Grenzschlachten, im Zuge des deutschen Einmarsches zwischen 20. und 24. Aug. 1914 in Belgien und Frankreich stattfindende Schlachten. – Der deutsche Operationsplan hatte die Umfassung der französischen, britischen und belgischen Hauptkräfte in Nordfrankreich durch einen starken rechten Heeresflügel vorgesehen. Nach dem gelungenen Handstreich gegen Lüttich rückte nun dieser aus der 1., 2. und 3. Armee bestehende Flügel durch Belgien gegen die französische Grenze vor. Die 4. und 5. Armee stießen über Luxemburg und die Ardennen vor. Die 6. und 7. Armee sollten in Lothringen und im Elsaß Feindkräfte binden und bei günstiger Lage selber offensiv werden.

Die Alliierten wurden zunächst vom Tempo des deutschen Angriffs und der Ausdehnung des rechten Flügels völlig überrascht, die befohlenen Gegenoffensiven scheiterten, so etwa der Vorstoß nach Lothringen hinein. Dieser traf zwischen 20. und 22. Aug. auf den gleichzeitig von den Deutschen angesetzten Angriff und resultierte in einer frontalen Niederlage der französischen 1. und 2. Armee, die sich daraufhin hinter die Meurthe und in den Festungsgürtel von Nancy zurückzogen (Schlacht in Lothringen).

Ebenso frontal wurden im Zentrum bei Charleroi die französische 3. und 4. Armee am 22./23. Aug. von der deutschen 4. und 5. Armee geschlagen. Doch auch hier gelang es den Franzosen, sich hinter die Maas zurückzuziehen (Schlacht von Neufchâteau und Longwy). Dabei konnten sie die schwach besetzte Festung Verdun halten, die im weiteren Kriegsverlauf zu einem wichtigen Pfeiler der Verteidigung werden sollte.

Am rechten deutschen Flügel gipfelten die Kämpfe zunächst am 23./24. Aug. in der Schlacht von Mons und Namur. Bei Mons warf die deutsche 1. Armee das frisch eingetroffene britische Expeditionskorps zurück. Der Vorstoß der deutschen 2. Armee über die Sambre und der schnelle Fall der belgischen Festung Namur ermöglichten den Deutschen die rasche Fortsetzung des Angriffs an diesem Flügel. Im Anschluß an die G. setzte der rechte deutsche Flügel in Nordfrankreich die Verfolgung der Gegner fort, am linken Flügel in Lothringen wurden die Kräfte nach einem vergeblichen Durchbruchsversuch abgebaut und teilweise nach Flandern verschoben.

Im Ergebnis zeigte sich in den G. die anfängliche Dynamik des deutschen Angriffsstoßes. Doch so erfolgreich sich die Schlachten auf der taktischen Ebene entwickelten, es gelang nirgends, die gegnerischen Hauptkräfte zu umfassen. Nachdem die französischen Angriffe allesamt zusammengebrochen waren, gelang es dem Oberkommandierenden, General Joffre, seine teilweise schwer angeschlagenen Armeen kämpfend und geordnet zurückzuziehen. Je länger nun der deutsche Vorstoß dauerte, desto mehr verlängerten sich die Marsch- und Versorgungswege. Die Verbindungen zwischen den Armeen und zur Heeresleitung fielen aus. Die Kampfkraft der Truppe litt unter ständigen Gefechten und der Hochsommerhitze. Anfang Sept. traf sie der Gegenangriff der Franzosen an der Marne.

Markus Pöhlmann

Grey, Sir Edward (seit 1916 1st Viscount G. of Fallodon), * Fallodon (Grafschaft Northumberland) 25.4.1862, † Fallodon 7.9.1933, britischer Politiker. – G. war von 1905 bis 1916 Außenminister und der Hauptarchitekt der britischen Außenpolitik vor dem Weltkrieg. Nach dem Studium am Balliol College, Oxford, wurde er 1885 als liberaler Abgeordneter des Wahlkreises Berwick-on-Tweed ins Unterhaus gewählt. G. behauptete diesen Sitz während seiner gesamten politischen Karriere. Als parlamentarischer Staatssekretär im Auswärtigen Amt entwickelte er bald eine klare diplomatische Linie, und während der außenpolitischen Isolation, die in der Faschoda-Krise gipfelte, machte sich G. einen Namen als kompetenter Politiker. Allerdings zog er es vor, seine diplomatischen Initiativen häufig hinter verschlossenen Türen abzuwickeln. Damit war ein möglicher Abschreckungseffekt (vor allem gegenüber Deutschland) nicht immer gegeben.

In der Julikrise von 1914 bestand G. darauf, daß eine Unterstützung und Verteidigung Frankreichs auch im britischen Interesse liege. Auf der Grundlage eines Kabinettsbeschlusses vom 31. Juli forderte er die Regierungen in Paris und Berlin auf, die belgische Neutralität zu garantieren. Die französische Regierung stimmte ohne Zögern zu, die deutsche nicht. Darauf gelang es ihm mit seiner berühmten Rede vor dem Unterhaus am 3. Aug. 1914 aus der das bekannte Zitat stammt »The lamps are going out all over Europe; we shall not see them lit again in our lifetime« (»In ganz Europa gehen nun die Lichter aus; wir werden sie nicht wieder leuchten sehen«) die parlamentarische Grundlage für die Verteidigung Belgiens zu schaffen.

Doch der Ausbruch des Kriegs war für ihn ein schwerer Schlag, von dem er sich nicht mehr erholen sollte. G. geriet politisch zunehmend in die Isolation; sein schwindender Einfluß wurde zudem durch gesundheitliche Probleme beeinträchtigt. Bis Kriegsende war er nahezu erblindet. Im Juli 1916 wurde er nobilitiert und bezog einen Sitz im Oberhaus. Als dann David Lloyd George am 7. Dez. 1916 Herbert Asquith als Premierminister ablöste, wurde G. durch den Konservativen Arthur Balfour als Außenminister ersetzt. In seiner letzten offiziellen Mission für Großbritannien reiste G. im Sept. 1919 nach Washington, um den Versailler Frieden und den Völkerbund zu diskutieren. Doch Präsident Wilson empfing ihn nicht einmal mehr.

Jay Winter (Ü: A. R.)

Griechenland. Während sich die eigentliche Tragödie des Weltkrieges auf den Schlachtfeldern Europas abspielte, blieb G. bis zum Jahr 1917 neutral. Diese Neutralität war vor allem wohlwollend gegenüber den Mittelmächten – zumindest was das Staatsoberhaupt, König Konstantin, betraf. Der Monarch bewunderte seinen Schwager, Kaiser Wilhelm II., und den von diesem verkörperten deutschen Militärgeist und lehnte es daher ab, gegen die Mittelmächte in den Krieg zu ziehen. Demgegenüber vertrat der griechische Premier Eleftherios Venizelos klar die Position der Entente. Er tat dies nicht allein aufgrund seiner liberalen Einstellung, sondern auch weil er überzeugt war, daß seine Vision von einem »Großgriechenland« nur durch ein Bündnis mit den Westmächten zu verwirklichen war. Interessanterweise traf sich seine Argumentation mit der deutschen Einschätzung, nach der G. aufgrund seiner geostrategischen Lage, d. h. der zahlreichen Küsten und Inseln, sich kaum gegen das die Meere beherrschende Großbritannien würde verteidigen können.

Der unüberwindliche Gegensatz zwischen den zwei die politische Szene beherrschenden Machtpolen prägte zutiefst die Entwicklung des Landes, auch noch über den Ersten Weltkrieg hinaus. Er erscheint in der neugriechischen Historiographie als die »Nationale Spaltung«, d. h. die Spaltung in zwei Lager: Venizelisten und Royalisten (Antivenizelisten).

Es wäre freilich allzu einfach, wollte man diesen Bruch allein aus den politischen und strategischen Differenzen zwischen Konstantin und Venizelos ableiten. Die tieferen Ursachen lagen in dem seit längerem andauernden Streit zwischen dem liberal-bürgerlichen Lager des Premiers und den oligarchisch inspirierten Kräften um Konstantin. Mit Rücksicht auf Konstantins anglophilen Vater Georg I. und dessen enges Verhältnis zu Venizelos, hatten letztere zunächst keine offene Konfrontation gewagt. Doch die Situation änderte sich bald nach der Ermordung Georgs im Frühjahr 1913. Unter der Federführung des neuen Königs Konstantin begannen sie schon im Herbst 1913 damit, Venizelos' Außenpolitik zu unterminieren. Der König und sein Gefolge – der Generalstabschef, der spätere Diktator Ioannis Metaxas sowie konservative Politiker und Persönlichkeiten des öffentlichen Lebens – versuchten, das Land hinter dem Rücken des Ministerpräsidenten ins deutsche Fahrwasser zu führen. Der Plan scheiterte aber wegen der ökonomischen und strategischen Abhängigkeit G. von Frankreich und Großbritannien, wie auch an der Zurückhaltung der deutschen Führung.

Vor der Julikrise 1914 war G. auf dem Balkan mit zwei feindlich gesonnenen Mächten konfrontiert, den Unterlegenen der Balkankriege, Bulgarien und der Türkei – wohingegen es mit Serbien und Rumänien verbündet war. Als die Kriegsabsichten Österreich-Ungarns gegen Serbien bekannt wurden, stand die griechische Staatsführung vor dem Dilemma, entweder Serbien aufgrund des griechisch-serbischen Abkommens von 1913 militärisch zu unterstützen oder neutral zu bleiben.

Venizelos drängte darauf, der Bündnisverpflichtung nachzukommen und sich den Ententemächten anzuschließen. Doch diese zeigten zunächst wenig Interesse, da sie noch mit Bulgarien und auch mit der Türkei über deren Kriegseintritt verhandelten und hierzu sogar bereit waren, territoriale Zugeständnisse zum Nachteil G. zu machen. Dies wiederum beunruhigte Venizelos, so daß er sogar die Abtretung der nordgriechischen Hafenstadt Kavala an Bulgarien gegen Gebietserweiterungen in Kleinasien in Erwägung zog.

Den Mittelmächten hingegen genügte schon die Neutralität G., die Bulgarien von einer griechischen Bedrohung freihalten und damit Bulgariens Anschluß ermöglichen würde. Eben deshalb bestand Konstantin auf der Einhaltung einer Neutralitätspolitik, die angesichts der Kriegsmüdigkeit nach den Balkankriegen im Lande auch außerhalb des royalistischen Lagers Verständnis fand.

Erst der Eintritt der Türkei in den Krieg auf der Seite der Mittelmächte im Herbst 1914 und die anschließende Beschießung der Meerengen durch die Ententeflotte gab der Politik Venizelos' neuen Auftrieb, zumal in Athen ein baldiger Zusammenbruch der Türkei erwartet wurde. Infolgedessen drängte Venizelos darauf, das britische Bündnisangebot vom Jan. 1915 anzunehmen – umso mehr als Gerüchte kursierten, die Westmächte hätten Italien Einflußsphären in Kleinasien eingeräumt, was wiederum die griechischen Ansprüche im gleichen Raum gefährdete. Konsequent schlug Venizelos dem Kronrat die Teilnahme griechischer Streitkräfte am Meerengenunternehmen der Entente vor, wurde aber mit dem demonstrativen Rücktritt von Generalstabschef Metaxas und der Ablehnung Konstantins konfrontiert.

Unter diesen Umständen sah er sich im Frühjahr 1915 gezwungen, seinen Abschied zu nehmen. Sein Nachfolger wurde der Royalist D. Gounaris. Die Wahlen im Frühsommer gewann jedoch erneut die Liberale Partei und Venizelos übernahm im Aug. wieder die Regierung. Immerhin war es Konstantin mit seiner Obstruktionstaktik gelungen, nicht nur die Entscheidung hinauszuzögern, sondern auch unter propagandistischer Ausnutzung der vermutlichen Zugeständnisse der Entente an Bulgarien die Staatsbürokratie und Teile der Öffentlichkeit gegen Venizelos zu wenden, da sogar manche seiner Anhänger aus patriotischen Erwägungen eine Neutralität für die bessere Lösung hielten. Als dann im Sept. Venizelos wegen der bulgarischen Mobilisierung den Bündnisfall mit Serbien gegeben sah und den Einsatz von 150.000 alliierten Soldaten vorschlug, kam es zum endgültigen Bruch.

Als Konstantin sich – verfassungswidrig – weigerte, das Votum der venizelistischen Parlamentsmehrheit zu akzeptieren, leitete er eine unheilvolle Periode der inneren Zerrissenheit ein. Zum zweiten Mal innerhalb weniger Monate wurde Venizelos zur Demission gezwungen. Die nahezu gleichzeitige Landung von Ententetruppen im Hafen von Saloniki machte das Paradox perfekt: G. wurde vom sog. germanophilen Lager regiert, aber im Land lagen Ententetruppen.

Durch diese Entwicklung begünstigt erklärte Bulgarien Serbien den Krieg, das unter dem doppelten österreichisch-bulgarischen Druck Ende 1915 zusammenbrach, womit der ursprüngliche Grund für die Anwesenheit der Ententetruppen wegfiel.

Dies aber hinderte die britische und französische Regierung nicht daran, die Sicherheit ihrer Truppen als Vorwand zu benutzen, um oft gewaltsam in die inneren Angelegenheiten G. zu intervenieren. Die Situation komplizierte sich weiter, als die royalistische Regierung erklärte, daß ihre Neutralität gebiete, die Ententetruppen im Falle eines Zurückweichens nach Süden zu entwaffnen. Die daraufhin einsetzende Periode der Souveränitätsbeschränkungen G. durch die kriegführenden Mächte dauerte bis zum Sommer 1917.

Einerseits besetzten die Ententetruppen strategisch neuralgische Positionen und demütigten die Athener Regierung durch kurzfristige Ultimaten und andere Demonstrationen ihrer Macht. Andererseits gestattete Konstantins »Neutralitätspolitik« im Juli 1916 nicht nur die Besetzung Ostmakedoniens durch Truppen der Mittelmächte, sondern führte auch zur »ehrlosen« Übergabe des griechischen 4. Armeekorps an bulgarische und deutsche Truppen und zu seiner späteren Internierung in Deutschland.

Dieser als Verrat empfundene Akt lieferte im Aug. 1916 einer Gruppe hoher venizelistischer Offiziere in Saloniki den Anlaß, gegen die royalistische Regierung zu putschen. Ende Sept. setzte sich Venizelos heimlich nach Saloniki ab und bildete dort eine provisorische Gegenregierung. Fast gleichzeitig verlangten die Westmächte ultimativ von Konstantin, seine Thessalienarmee abzuziehen und einen großen Teil ihrer Ausrüstung abzuliefern. Ihr gleichzeitiges Handelsembargo sollte einen eventuellen Doppelangriff royalistischer und deutsch-bulgarischer Truppen verhindern.

Die Krise spitzte sich gefährlich zu, als im Nov. 1916 alliierte Truppen in Piräus landeten, um die Annahme des Ultimatums zu erzwingen. Daraufhin kam es in Athen zu Straßenkämpfen. Die alliierte Flotte beschoß die Stadt, worauf die Royalisten mit blutigen Verfolgungen gegen die Venizelisten reagierten.

Die Regierungen der Entente hatten bis dahin eine ambivalente Politik verfolgt, die primär aus ihren divergierenden eigenen Interessen resultierte. Während die Franzosen Venizelos voll unterstützten, übten die Briten Zurückhaltung. Russen und Italiener standen ihm feindselig gegenüber. Nach den »Novemberereignissen« aber gaben die Westmächte die Idee einer Kompromißlösung auf und besetzten Thessalien, die Landenge von Korinth, Piräus und schließlich Athen, wodurch sie im Juni 1917 Konstantins Abdankung zu Gunsten seines zweitgeborenen Sohnes Alexander erzwangen.

Nach seiner Rückkehr nach Athen rief Venizelos das 1915 gewählte Parlament zusammen, in welchem die Liberalen die Mehrheit besaßen, und bildete eine Regierung. Deren erste Entscheidung war es, den Mittelmächten am 29. Juni 1917 den Krieg zu erklären.

Die Beteiligung griechischer Truppen, die sich 1917/18 an der Balkanfront auszeichneten, trug entscheidend zur Wende des Krieges in Südosteuropa bei und gab somit Griechenland die Möglichkeit, bei den Pariser Friedensverhandlungen im Lager der Sieger zu stehen. Das Ergebnis waren weitere territoriale Gewinne in Thrakien und die Möglichkeit, in Kleinasien Venizelos' großgriechischer Vision näherzukommen. Der Konflikt zwischen der aufkommenden liberal-bürgerlichen Schicht und der traditionellen Oligarchie spiegelte während des Weltkriegs zugleich die beiden Varianten des griechischen Nationalismus wider.

Der royalistische Nationalismus, von byzantinistischer Romantik um Konstantin geprägt, drückte sich in einem geradezu esoterischen Patriotismus des »Alten G.« aus, der sich spezifisch auf den kleinen Staat der Zeit vor den Balkankriegen bezog. Dieser weigerte sich, die Befreiungspolitik fortzusetzen und stellte dem venizelistischen »G. der zwei Kontinente und der fünf Meere« das Motto vom »kleinen, aber ehrenhaften G.« entgegen. Auf der anderen Seite erwies sich der venizelistische Nationalismus als der einzig konsequent weitblickende Träger der nationalen Integration. Er bezog sich auf die Nation als Ganzes, d. h. er schloß neben dem »Alten G.«, die »Neuen Länder« und auch die Irredenta mit ein.

Die Periode der »Nationalen Spaltung« war eine der tragischsten der hellenischen Geschichte. Über den Bruch von 1915 und die bürgerkriegsähnlichen Umstände von 1916/17 fand sie ihre Fortsetzung in der kleinasiatischen Katastrophe von 1922, mit radikalen Staats- und Verfassungsänderungen, mit einigen Militärputschen sowie der faschistoiden Diktatur von I. Metaxas in der Zwischenkriegszeit. Sie endete schließlich mit einem blutigen Bürgerkrieg zwischen 1946 und 1949.

Lit.: G. B. Leontaritis, Greece and the First World War. From Neutrality to Intervention 1917-1918, New York 1990; G. B. Leontaritis, Greece and the Great Powers, 1914-1917, Thessaloniki 1974.

KONSTANTIN LOULOS

Grigorowitsch, Iwan Konstantinowitsch, *St. Petersburg 7.2.1853, † Menton 3.3.1930, russischer Admiral und Marineminister. – G. absolvierte die Marineschule 1874, diente 1877/78 im Krieg gegen die Türkei und wurde 1896–98 als Marineattaché nach London versetzt. 1903 Kommandant des Schlachtschiffes *Zarewitsch*, war er 1904 während des Krieges mit Japan Hafenkommandant von Port Arthur. Nach der Tätigkeit als Stabschef der Schwarzmeerflotte (1905) wurde er 1906 Kommandant von Libau und 1908 von Kronstadt. Mit der Beförderung zum Admiral erfolgte 1911 seine Ernennung zum Marineminister. Er setzte sofort ein Flottenvermehrungsprogramm in der Duma durch (vier Großkampfschiffe für das Baltische Meer und drei für das Schwarze Meer). Im April 1914, nachdem die Türkei eine Bestellung von Großkampfschiffen in Großbritannien getätigt hatte, autorisierte G. den Bau von weiteren elf Kriegsschiffen für das Schwarze Meer (darunter ein Dreadnought).

Bei Ausbruch des Ersten Weltkriegs wurde er in eine Nebenrolle gedrängt: Großfürst Nikolaj Nikolajewitsch, Rußlands Höchstkommandierender, übernahm auch das Kommando über die russische Marine, die Baltische Flotte wurde der 6. Armee unterstellt, und die Schwarzmeerflotte wurde durch die deutschen Kreuzer *Goeben* und *Breslau* (unter türkischer Flagge) bedrängt. Der Versuch der Oktobristen-Partei, G. im Okt. 1916 für das Amt des Ministerpräsidenten vorzuschlagen, scheiterte aber wegen seines liberalen Rufes an der Gegnerschaft der Zarin Alexandra Fjodorowna. G. war im folgenden Febr. außerstande, der Unruhen Herr zu werden und schied aus der Marine aus. Er überlebte die Oktoberrevolution und emigrierte 1923 nach Frankreich.

HOLGER H. HERWIG

Groener, Wilhelm, * Ludwigsburg 22.11.1867, † Bornstedt (heute zu Potsdam) 3.5.1939, württembergischer General und Erster Generalquartiermeister im Generalstab des Feldheeres. – Der Sohn eines württembergischen Unteroffiziers verdankte seine Karriere in der preußisch-deutschen Armee einzig seinen außerordentlichen Fähigkeiten und war einer der führenden »Techniker«, die zunehmend den Ton im Generalstab angaben. G. war ein kultivierter und liberaler Mann, wenngleich auch er für den gerade in Offizierskreisen gepflegten Antisemitismus seiner Zeit empfänglich war. Vor dem Krieg war er als Chef der Eisenbahnabteilung des Großen Generalstabs verantwortlich für die Durchführung des Aufmarsches zu einem Krieg, dem er und seine Kameraden ungeduldig entgegensahen.

Als Hindenburg und Ludendorff 1916 die Oberste Heeresleitung (OHL) übernahmen, strebten sie die Bildung einer ihnen direkt unterstellten Behörde an, in der alle kriegswichtigen Wirtschaftsbereiche kontrolliert werden sollten. Mit seinem außergewöhnlichen Organisationstalent und seinem Verhandlungsgeschick bot sich G. als ideale Besetzung für die Leitung dieser bald Kriegsamt getauften Behörde an. Im Umgang mit den Gewerkschaften setzte G. auf Ausgleich statt auf Konfron-

Wilhelm Groener

tation, eine Haltung, die bei der OHL und einer Reihe konservativer Bankiers und Industrieführer keineswegs auf Zustimmung stieß. G. versicherte sich so der Kooperation der Gewerkschaften, doch für Männer wie Oberst Bauer, Helfferich, Krupp, Hugenberg und Stinnes grenzte es beinahe an Hochverrat, mit den Gewerkschaften überhaupt zu verhandeln. G. ignorierte die zahlreichen Angriffe auf seine gemäßigte Politik und argumentierte, daß Zwangsmaßnahmen kontraproduktiv seien. Doch auch er mußte bald frustriert feststellen, daß sich mit schwäbischem Charme allein die Unruhe in den Betrieben und Streiks nicht verhindern ließen. Am 27. April 1917 machte er die vielzitierte Bemerkung, jeder Streikende sei ein »Hundsfott«. Doch stand G. den Industrieführern, die aus dem Krieg maßlose Profite zogen, ebenso kritisch gegenüber.

Ein Memorandum seines Adjutanten, des Stahlbarons Richard Merton, das sich für staatliche Preiskontrollen aussprach, unterstützte G. enthusiastisch. Damit erregte er den Zorn von Wirtschaftsliberalen wie Helfferich, die in dem »roten General« eine Gefahr für den freien Markt sahen und ihn – trotz der Hundsfott-Rede – als zu nachgiebig gegenüber den Arbeitern und deren Interessen kritisierten. Am 16. Aug. 1917 wurde G. von der 3. OHL abgelöst und zum Kommandeur der 33. Infanteriedivision ernannt. Anschließend führte er das I. Armeekorps, bis er zum Stabschef der Heeresgruppe Eichhorn (Kiew) ernannt wurde. In dieser Position herrschte er in der Ukraine praktisch als Militärgouverneur. Die Besatzungsverwaltung wurde dort mit derartiger Härte praktiziert, daß der Haß auf die Deutschen schnell anwuchs und G.s Vorgesetzter, Generalfeldmarschall von Eichhorn, im Juli 1918 von einem Sozialrevolutionär ermordet wurde.

Als der Erste Generalquartiermeister Ludendorff am 26. Okt. 1918 entlassen wurde, wurde G. zu seinem Nachfolger ernannt. Er meisterte seine Aufgabe auf bemerkenswerte Weise, indem es ihm gelang, im wesentlichen die Einheit des Offizierskorps und die Disziplin der geschlagenen Armee zu retten. Es war G., der dem Kaiser die Abdankung nahelegte und der später mit Friedrich Eberts Sozialdemokraten die Absprachen traf, die die Armee in ihrer alten Struktur in das neue System hinüberretteten. Nach dem Krieg überwachte G. die Demobilmachung der Armee und versah später als Parteiloser den Posten des Reichsverkehrsministers (1920-23), des Reichswehrministers (1928-32) und des Reichsinnenministers (1932).

Lit.: W. Groener, Lebenserinnerungen. Jugend, Generalstab, Weltkrieg, hg. v. F. Freiherr Hiller von Gaertringen, Göttingen 1957; G. D. Feldman, Armee, Industrie und Arbeiterschaft in Deutschland 1914 bis 1918, Berlin/Bonn 1985.

Martin Kitchen (Ü: M. P.)

Grosz, George (eigentlich Georg Ehrenfried G.), * Berlin 26.7.1893, † Berlin (West) 6.7.1959, deutscher Graphiker und Maler. – Wie so viele meldete sich der junge G. im Nov. 1914 freiwillig zum Kriegsdienst. Nicht Begeisterung bewog ihn dazu, wie er später schrieb, sondern vermutlich die damit verbundene Möglichkeit der Wahl eines Regiments. Bereits im Mai 1915 wurde er aus gesundheitlichen Gründen als untauglich entlassen. Die Angst vor einer erneuten Einberufung, die im Jan. 1917 schließlich erfolgte, lähmte G.s künstlerische Arbeit. Gleichwohl blieb er produktiv: 1917 erschienen die *Erste George Grosz-Mappe* und die *Kleine Grosz-Mappe*, Lithographien mit überwiegend Großstadt-, Caféhaus- und Kneipenmotiven, in denen bereits der fortan für G. charakteristische, von ihm selbst so genannte »messerharte Stil« zu beobachten ist, mit dem er »drastisch und unverblümt« ein Bild des Gesehenen zu vermitteln suchte. Auf die Wiedereinberufung 1917 reagierte G. panisch; er wurde im Jan. 1917 in das Lazarett Kronprinz in Guben bei Berlin eingeliefert und im Febr. in die Nervenheilanstalt Görden bei Brandenburg/Havel überführt. Im April kehrte er nach Berlin zurück, im Mai 1917 wurde er als dauernd dienstunfähig aus dem Heer entlassen.

Der Haß auf das Militär motivierte nach 1918 seine künstlerische Arbeit. G. trat für eine politisch engagierte »Tendenzkunst« ein und verfolgte als Mitbegründer von Dada Berlin die Prinzipien einer kunst- und kulturkritischen Anti-Kunst. Seine Abrechnung mit dem deutschen Militarismus in der 1920 während der Ersten Internationalen Dada-Messe erstmals gezeigten Mappe *Gott mit uns* brachte ihm eine Klage und eine Geldstrafe wegen Beleidigung der Reichswehr ein. Der scharfe satirische, im Wortsinn »treffende« Ton seiner Zeichnungen findet sich auch in den Gemälden dieser Zeit: Das 1919 beendete *Deutschland, ein Wintermärchen* (der Titel zitiert Heinrich Heine) läßt erkennen, daß G. nicht nur *Das Gesicht der herrschenden Klasse* (1921) haßte, sondern auch den Untertan, den deutschen »Spießbürger«. Dieser sitzt im Zentrum des Bildes, während am unteren Bildrand die Vertreter von Militär, Kirche und Schule als groteske Figuren ihren fragwürdigen Geschäften nachgehen.

Lit.: A. Jürgens-Kirchhoff, Schreckensbilder. Krieg und Kunst im 20. Jahrhundert, Berlin 1993.

ANNEGRET JÜRGENS-KIRCHHOFF

Gutschkow, Alexander Iwanowitsch, *Moskau 13./26.10.1862, †Paris 14.2.1936, russischer Industrieller und Politiker. – G. stammte aus einer Moskauer Unternehmerfamilie. Im Verlauf der ersten russischen Revolution im Nov. 1905 war er Gründer und Führer der Union des 17. Oktober. 1906 wurde er Mitglied des Reichsrates, 1907 Mitglied der Reichsduma und deren Vorsitzender 1910-11. Seit Ende 1906 war G. Herausgeber der Zeitung *Golos Moskwy* (Stimme Moskaus), seit 1915 Vorsitzender des Zentralen Kriegsindustriekomitees und Mitglied der Besonderen Versammlung zur Verteidigung; zudem gehörte er dem Progressiven Block an. Nach der Februarrevolution war er Kriegs- und Marineminister im ersten Kabinett der Provisorischen Regierung (März bis Mai 1917). Nach öffentlichen Demonstrationen gegen seine Politik der bedingungslosen Fortsetzung des Krieges mußte G. zurücktreten; er emigrierte 1918 zunächst nach Berlin, später nach Frankreich.

DITTMAR DAHLMANN

Haager Landkriegsordnung, Bezeichnung für die Anlage zum Abkommen betreffend die Gesetze und Gebräuche des Landkrieges (HLKO). – Das Abkommen wurde als viertes von insgesamt dreizehn Abkommen und einer Schlußakte am 18. Okt. 1907 auf der 2. internationalen Friedenskonferenz in Den Haag unterzeichnet. 44 Staaten hatten an der auf Anregung von Nikolaj II. einberufenen Konferenz teilgenommen. Die HLKO war von den meisten kriegführenden Ländern des Ersten Weltkriegs ratifiziert worden. Im Dez. 1911 wurde die Anlage zum Abkommen betreffend die Gesetze und Gebräuche des Landkrieges in die für das deutsche Heer gültige Felddienstordnung aufgenommen.

Der erste Teil definiert den Begriff des Kriegführenden im Gegensatz zu den Nicht-Kombattanten und regelt die Rechtsstellung der Kriegsgefangenen. Im zweiten Teil wird bestimmt, daß die Kriegführenden kein unbeschränktes Recht auf die Wahl der Mittel zur Schädigung des Feindes haben. Dementsprechend ist die Tötung von Verwundeten, Waffen- oder Wehrloser sowie die Verwendung von Gift und Plünderung verboten. Zudem wird die Rechtsstellung der Spione und Parlamentäre festgelegt und der Waffenstillstand behandelt. Der dritte Teil über militärische Gewalt auf besetztem Territorium regelt die Rechte der Bevölkerung, z. B. den Schutz des Privateigentums. → *Genfer Konvention*

IRINA RENZ

Haase, Hugo, * Allenstein 29.9.1863, † (ermordet) Berlin 7.11.1919, deutscher Politiker. – H., seit 1911 einer der beiden SPD-Vorsitzenden, lehnte die von der Mehrheit seiner Partei beschlossene Politik des »Burgfriedens« ab. Dennoch unterwarf er sich der Parteidisziplin und verlas am 4. Aug. 1914 im Reichstag – gegen seine eigene Überzeugung – die Erklärung, mit der die SPD den Kriegskrediten zustimmte. Bis zuletzt versuchte H. die Einheit der Partei aufrechtzuerhalten und zugleich eine Mehrheit für seine Ablehnung der Kriegskredite zu gewinnen. Angesichts der 1915 zunehmenden öffentlichen Kriegszieldiskussion forderte er gemeinsam mit Karl Kautsky und Eduard Bernstein in dem Aufruf *Das Gebot der Stunde* (Juni 1915) eine Abkehr von der »Burgfriedenspolitik« und distanzierte sich zugleich von den Kriegszielen der Regierung. Nachdem die Aussichten, die Mehrheit der Partei für seine oppositionelle Politik zu gewinnen, jedoch endgültig geschwunden waren, begründete H. am 24. März 1916 für eine SPD-Minderheit die Ablehnung der sozialdemokratischen Unterstützungspolitik. Die Trennung von der SPD-Fraktion und der Rücktritt vom Parteivorsitz waren die logische Konsequenz seines ausgeprägten pazifistischen Engagements. Gemeinsam mit Georg Ledebour übernahm H. die Führung der im April 1917 gegründeten USPD. Nach der Novemberrevolution gehörte er als einer von drei USPD-Vertretern bis Ende Dez. 1918 dem Rat der Volksbeauftragten an. Ein knappes Jahr später fiel er dem Attentat eines geistig Gestörten zum Opfer.

Lit.: K. R. Calkins, Hugo Haase. Demokrat und Revolutionär, Berlin 1976.

WALTER MÜHLHAUSEN

Haber, Fritz, * Breslau 9.12.1868, † Basel 29.1.1934, deutscher Chemiker. – H. schuf vor dem Weltkrieg die wissenschaftlichen Grundlagen zur Fixierung des Luftstickstoffes in Form von Ammoniak (NH_3), die von Carl Bosch technisch umgesetzt wurden (Haber-Bosch-Verfahren). Ammoniak diente allerdings nicht nur als Grundstoff zur Herstellung stickstoffhaltigen Kunstdüngers, sondern auch zur Sprengstofferzeugung und war somit von wesentlicher Bedeutung für die Kriegswirtschaft.

1911 wurde H. zum Direktor des neugegründeten Kaiser-Wilhelm-Instituts für Physikalische Chemie und Elektrochemie ernannt. Von dieser Position aus betrieb er nach Kriegsausbruch auch den Einsatz chemischer Kampfstoffe. H. war Initiator und zugleich Organisator des chemischen Kriegs auf deutscher Seite; der Chlorgasangriff bei Ypern am 22. April 1915 ging wesentlich auf seine Anregung zurück. Seit 1916 arbeitete sein Institut dann nur noch für militärische Zwecke und wurde am Ende dieses Jahres der Chemischen Abteilung des Kriegsministeriums unterstellt. 1918 schließlich wurde H. für die Synthese von Ammoniak der Nobelpreis für Chemie zugesprochen. Dies war auch der Grund, warum die Ententemächte nach dem Krieg auf eine Anklage H.s als Kriegsverbrecher (»Vater des Gaskriegs«) verzichteten. H. widmete sich in den folgenden Jahren verstärkt der Förderung von Wissenschaft und Forschung (Notgemeinschaft der Deutschen Wissenschaft). Nach 1933 protestierte er gegen die Entlassung seiner jüdischen Mitarbeiter und emigrierte schließlich selbst.

Lit.: M. Szöllosi-Janze, Fritz Haber 1868–1934. Eine Biographie, München 1998.

DIETER STORZ

Sir Douglas Haig

Haig, Sir Douglas (seit 1917 Count), * Edinburgh 19.6.1861, † London 29.1.1928, britischer Generalfeldmarschall (Oberbefehlshaber an der Westfront 1915-1918). – Im Verlauf einer glänzenden Vorkriegskarriere, die er hauptsächlich in Stabsverwendungen durchlief, machte sich H. einen Ruf als einer der fähigsten Offiziere des britischen Heeres. Bereits mit 44 Jahren wurde er zum Generalmajor ernannt. Eine seiner wichtigsten Verwendungen war 1906-09 der Posten des Chefs der Ausbildungsabteilung des Kriegsministeriums, wo H. eng mit dem reformwilligen liberalen Kriegsminister R. B. Haldane zusammenarbeitete. Den gesamten Weltkrieg über diente H. an der Westfront: zunächst als Kommandierender General des I. Korps, dann als Oberbefehlshaber der 1. Armee und von Dez. 1915 an als Oberbefehlshaber des britischen Expeditionskorps (BEF). An der Somme (1916), bei Arras und in der 3. Flandern-Schlacht (1917) sowie im Verlauf der langwierigen Kämpfe des Jahres 1918 führte er die größte Armee, die Großbritannien je aufgeboten hatte, in den größten und verlustreichsten Schlachten, die dieses Land je schlug. Die Erbitterung über die Verluste an Menschenleben, die in den Nachkriegsjahren wachsende Desillusionierung über das durch den Krieg Erreichte und die giftigen Angriffe auf H.s menschliche wie professionelle Qualitäten in den Kriegserinnerungen von Premierminister Lloyd George machten den General zu einer der umstrittensten und zugleich geschmähtesten Persönlichkeiten der neueren britischen Geschichte. Noch am 6. Nov. 1998 brandmarkte die rechtsgerichtete britische Zeitung *The Express* auf ihrer Titelseite H. als den Mann, »der Millionen in den Tod führte«, und forderte den Abriß seiner Statue in London.

Seine Kritiker beschreiben ihn als stupiden Metzger, der auf verhängnisvolle Weise an unzeitgemäßen Gefechtsformen festhielt, die auf Masse und Moral fixiert blieben, anstatt auf der Basis neuer militärischer Technologien eine stärker waffenzentrierte Taktik zu entwickeln. Doch macht die Kritik hier noch nicht halt, sondern sie nimmt auch H.s Charakter ins Visier. Er wird als neurotischer Hypochonder porträtiert, der seine Zeit mit kleinlichen Details vertat, sich mit einem Kreis von mittelmäßigen, kriecherischen Untergebenen umgab und für die Bedingungen, unter denen seine Soldaten lebten, kämpften und starben, kein Auge hatte.

Nach dem Krieg wurde H. vorgeworfen, vorsätzlich Akten manipuliert zu haben, um seine persönliche Verantwortung für die hohen Verluste der BEF und die verfahrene Entwicklung des Krieges zu verschleiern. Die kleinere Schar seiner Bewunderer, angeführt von dem Historiker John Terraine, weist dagegen auf seine immensen Erfolge bei der Organisation, Ausbildung und Versorgung der britischen Streitkräfte in einer bis dahin ungekannten Größe hin, während diese noch dazu in einem komplizierten Koalitionskrieg gegen die Hauptmacht eines starken Gegners standen. Die Fürsprecher von H. unterstreichen auch seine Offenheit für neue Ideen, besonders den Tank, seinen Mut in kritischen Situationen und sein Nachkriegsengagement für die Veteranenfürsorge. Die neueren Forschungen zur Kriegführung der BEF an der Westfront haben viel dazu beigetragen, den Ruf der Armee zu verbessern; für den Ruf ihres Oberkommandierenden läßt sich dies dagegen nicht sagen. Die öffentliche Meinung sieht in H. weiterhin den Verantwortlichen für Großbritanniens beispiellose und einzigartig hohen Verluste, während ihm eine revisionistische Historikerschule wenig Anteil an den späteren Erfolgen der BEF bescheinigt.

Lit.: G. de Groot, Douglas Haig, London 1988; Haig: A Reappraisal 70 Years on, hg. v. B. Bond/N. Cave, Barnsley 1999; D. Winter, Haig's Command, London 1991.

J. M. BOURNE (Ü: M. P.)

Haller de Hallenburg, Józef, * Jurczyce (Galizien) 13.8.1873, † London 4.6.1960, polnischer General und Politiker. – Zu den polnischen Kräften, die Anfang 1918 angesichts der Polenpolitik der Mittelmächte ihre Kooperationsbereitschaft aufgaben, gehörten auch die den österreichisch-ungarischen Streitkräften zugehörigen Legionen.

Unter ihrem Kommandeur Oberst H. gelang es der 2. Brigade in Ostgalizien, sich in der Nacht vom 15. zum 16. Febr. 1918 zu den in der Ukraine stehenden polnischen Truppen durchzuschlagen. Über Murmansk nach Paris gelangt, übernahm H. am 21. Sept. 1918 als General das Oberkommando über die in Frankreich aufgestellte polnische Blaue Armee (20.000 Mann), der die in Rußland operierenden polnischen Verbände unterstanden. Ihre Anerkennung als »alliierte und kriegführende Armee« (28. Sept. 1918) war für die Rolle Polens bei der Pariser Friedenskonferenz von Bedeutung. Im April 1919 leitete H. die Überführung seiner Armee nach Polen, wo er zum Aufbau der polnischen Streitkräfte beitrug. Er übernahm Kommandos in den Kämpfen um die Ukraine und im Polnisch-Sowjetischen Krieg 1919/20 (Nordostfront). Nach seinem politischen Zerwürfnis mit Staatschef Piłsudski 1926 in den Ruhestand versetzt, engagierte er sich 1937 in der konservativen Opposition, nach 1939 in der Londoner Exilregierung als Erziehungsminister.

HANS HECKER

Hamilton, Sir Ian, * Korfu 16.1.1853, † London 12.10.1947, britischer General. – Nach dem Besuch einer Privatschule und der Absolvierung der Kriegsschule in Sandhurst trat H. 1873 in die Armee ein. Seine frühe Laufbahn war von der Teilnahme an Kolonialkriegen bestimmt, unter anderem dem Krieg in Afghanistan (1878-80), dem Burenkrieg von 1881, der Nil-Expedition (1884/85), der Burma-Expedition (1886/87), dem Entsatz von Chitral (1895) und dem Tirah-Feldzug (1897/98). In diesen Kriegen gewann er nicht nur Kampferfahrung, sondern auch die Aufmerksamkeit des einflußreichen Lord Roberts, dem er zwischen 1882 und 1890 als Adjutant zugeteilt wurde. Im Burenkrieg von 1899 bis 1902 wurde nun auch ein anderer mächtiger Förderer, Lord Kitchener, auf ihn aufmerksam, dessen Stabschef H. 1901/02 wurde. Zwei Jahre später bekam er Gelegenheit, aus nächster Nähe einen modernen Großkrieg zwischen konventionellen Streitkräften beobachten zu können, als er 1904/05 zum indischen Militärbeobachter bei der japanischen Armee in der Mandschurei ernannt wurde. Über seine Erlebnisse dort verfaßte er 1905-07 einen zweibändigen Bericht (*A Staff Officer's Scrapbook*). Es folgten Verwendungen als Oberbefehlshaber Southern Command (1905-09), als Generaladjutant

(1909/10) sowie als Oberbefehlshaber im Mittelmeerraum und Generalinspekteur der Überseetruppen (1910-14). Im März 1915 wurde er von seinem alten Förderer Kitchener ausgewählt, das britisch-französische Landungsunternehmen an der Gallipoli-Halbinsel zu befehligen.

H. war ein intelligenter, belesener und mutiger Offizier. Er hatte umfangreiche und vielfältige Kampferfahrung und war mit dem östlichen Mittelmeerraum gut vertraut. Im nachhinein besehen war Gallipoli eine übereilt entworfene Operation, nachdem es der Marine nicht gelungen war, die Passage durch die Dardanellen zu forcieren. Kitcheners Instruktionen waren vage. Die personellen und materiellen Ressourcen, die H. zur Verfügung standen, waren vollkommen unzureichend, und auch die nachrichtendienstlichen Informationsquellen waren mehr als dürftig. Doch zeigte H.s Führung der Operation, daß es ihm auch an der notwendigen Energie, Rücksichtslosigkeit und Entschlußfreudigkeit fehlte, um die schwerwiegenden Nachteile wettzumachen, die er mit dem Kommando übernommen hatte. Die sechs Wochen dauernde Sammlung der Truppen zum Angriff erlaubte es den Türken, sich von der Beschießung durch die Marine zu erholen und ihre Verteidigungsanlagen instandzusetzen. Als es im Verlauf der ersten Landung am 25. April 1915 nur gelang, Brückenköpfe zu bilden, versäumte es H., die untergebenen, mehrheitlich alten und inkompetenten Kommandeure zu führen, sie mitzureißen, anzutreiben oder zu ersetzen. Sowohl physisch als auch geistig blieb er dem Schlachtfeld fern, und sein Optimismus verflüchtigte sich angesichts der Realität. Eine zweite Landung am 7. Aug. an der Suvla-Bucht scheiterte ebenfalls. Nun hatte sich die Situation festgefahren, und die Lebens- und Kampfbedingungen der alliierten Truppen verschlechterten sich zusehends. Die Verluste durch Gefechtshandlungen und Krankheiten stiegen, und da keine Aussicht auf Erfolg bestand, wurde H. am 15. Okt. abgelöst. Er sollte kein neues Kommando mehr erhalten.

Lit.: J. Lee, A Soldier's Life. General Sir Ian Hamilton, 1853-1947, London 2000.

J. M. BOURNE (Ü: M. P.)

Handgranate, sprengstoffgefüllter Wurfkörper, der mittels Aufschlag- oder Zeitzünder zur Detonation gebracht wird. Zeitzünder setzten sich aufgrund ihrer größeren Zuverlässigkeit durch. – H. waren das wichtigste Nahkampfmittel der Infanterie im Ersten Weltkrieg. Bis zur Jahrhundertwende galten sie als archaische Instrumente früherer Kriege und erregten vor allem als beliebte Anarchistenwaffe Aufmerksamkeit. Seit dem Russisch-Japanischen Krieg (1904/05) fanden sie bei modernen Armeen Verbreitung, zunächst allerdings nur als Spezialkampfmittel für den Kampf um Befestigungen. In den deutschen Armeen beschränkte sich der Umgang mit H. deshalb bis zum Kriegsausbruch auf die Pioniertruppe. Im Stellungskrieg verwendete aber sehr bald die gesamte Infanterie H. Die herkömmliche Nahkampfwaffe, das Bajonett, trat dagegen in den Hintergrund. H. stellte man in einer großen Formenvielfalt her, wobei gestielte und kugelig-längliche Modelle dominierten. Sie wurden gleichsam zu einem Massenverbrauchsgut: In Deutschland erreichte die Erzeugung im Winter 1916/17 mit 9 Mio. Stück pro Monat ihren Höhepunkt. Eine im Großkampf stehende Division verbrauchte durchschnittlich 30.000 H. täglich. → *Infanteriewaffen*

DIETER STORZ

Deutsche Soldaten posieren im Schützengraben mit Handgranaten

Harbord, James Guthrie, * bei Bloomington (Illinois) 1866, † Rye (New York) 20.8.1947, US-amerikanischer General. – H. hatte vor dem Krieg im selben Regiment wie General Pershing gedient, was wohl das entscheidende Kriterium für seine Ernennung zum Stabschef des amerikanischen Expeditionskorps (AEF) am 15. Mai 1917 war. Pershing brauchte einen Mann, dem er vertrauen konnte, und Loyalität war H.s herausragende Charaktereigenschaft. So fungierte er mehr als Echo von Pershings Vorstellungen vom Bewegungskrieg, als daß er diese analysierte. Zugleich aber nährte er den Argwohn seines Vorgesetzten gegenüber Peyton March, dem Stabschef der US-Armee.

Seine Loyalität wurde im Mai 1918 mit dem Kommando über zwei Eliteformationen der AEF belohnt, zunächst die 4. Marineinfanteriebrigade und ab Juli die 2. Division. Wenn seine Führungsqualitäten auch unstet waren, so hätten sie ihm angesichts Pershings Gunst dennoch das Kommando über ein Korps oder vielleicht eine Armee gebracht. Doch als Pershing erfuhr, daß March in den USA die Entsendung eines Generals plante, der den desorganisierten Nachschubdienst (Service of Supply) übernehmen sollte, kam er dieser Entscheidung zuvor, indem er H. am 28. Juli diesen Posten übertrug. H. seinerseits fand sich in dieser neuen Funktion sehr gut zurecht. Er übernahm den Organisationsplan seines Vorgängers, Generalmajor Francis Kernan, und profitierte von fähigen Untergebenen, die sich die Grundlagen moderner Logistik gerade zu dem Zeitpunkt erarbeitet hatten, als er das Kommando übernahm. Seine Energie und Härte mochten während H.s Divisionskommandos dort zu hohen Verlustraten geführt haben, jetzt förderten diese Eigenschaften aber höhere Leistungen bei seinen Etappenoffizieren, denen die Bedeutung des Nachschubs für die Fronttruppe bewußt wurde. Der Grund für den Zusammenbruch der Logistik während der Maas-Argonnen-Offensive war mehr bei Pershings Hauptquartier zu suchen als beim Service of Supply, der unter H. bis Nov. nicht nur professionell zu funktionieren gelernt hatte, sondern sogar eine eigene Identität ausbilden konnte. 1921 schied H. als Generalmajor und stellvertretender Chef des Generalstabs der US-Armee aus dem Militärdienst.

DENNIS E. SHOWALTER (Ü.: M. P.)

Hartmannsweiler Kopf, Berg im Oberelsaß (956 m), am Ostrand der Vogesen gelegen.

Deutsche Stellungen auf dem Hartmannsweiler Kopf

Der sog. Aussichtsfelsen des Gipfelbereichs bietet einen beherrschenden Ausblick über die Oberrheinebene. – Im Bereich des H. schloß sich die Front erst um die Jahreswende 1914/15. Der Gipfel geriet dabei in deutsche Hand. Im Frühjahr 1915 gelang französischen Truppen vorübergehend die Einnahme der Bergkuppe. Nach dem erfolgreichen Gegenangriff verzichtete man deutscherseits bewußt darauf, die Stellungen in klassischer Manier auf die dem Feind zugewandte Hangseite vorzuschieben, weil sie dort dem konzentrischen Artilleriefeuer von den umliegenden Vogesenbergen ausgesetzt gewesen wären. Die Frontlinie verlief nun über die Bergkuppe und zwar so, daß von dort kein Einblick in die Ebene vorhanden war: Der »Aussichtsfelsen« befand sich hinter den deutschen Stellungen.

Nach kurzer, intensiver Artillerievorbereitung eroberten französische Truppen den Berg am 21. Dez. 1915 erneut. Bis zum 8. Jan. 1916 gelang es den Deutschen in heftigen Kämpfen, die Ausgangslage vor der französischen Offensive wiederherzustellen. Der Wiederaufbau der zerschossenen Verteidigungsanlagen vollzog sich nach Grundsätzen, die später an der ganzen Westfront zur Anwendung gelangten. Der vorderste Graben wurde nur noch als Vorpostenstellung verteidigt, die eigentliche Hauptwiderstandslinie weiter rückwärts angelegt, dem raschen Zugriff von Sturmtruppen und der gegnerischen Bodenbeobachtung entzogen. Der festungsartige Ausbau der Bergstellung ließ künftige Angriffe als wenig aussichtsreich erscheinen, so daß die französische Armee auf weitere Offensiven verzichtete. Der Bereich des H. wurde zu dem, was im Rahmen des Weltkrieges als ruhige Front galt. Artilleriebeschießungen und Stoßtruppunternehmungen fanden gleichwohl bis zum Kriegsende statt.

Die genaue Zahl der Opfer, welche die Kämpfe um den H. gefordert haben, ist nicht bekannt. Die Zahl von 60.000 Gefallenen, die sich in der älteren Literatur findet, ist sicher weit überhöht.

DIETER STORZ

Hauptquartiere, für die Dauer des Krieges im Felde eingerichtete Zentralen der obersten militärischen und mitunter auch politischen Führung. Zusammensetzung, Standort und Funktion der H. ergaben sich aus der jeweiligen verfassungsmäßigen Stellung des militärischen Oberbefehls und den Anforderungen des modernen Massen- und Koalitionskrieges. – Das mit Abstand umfassendste H. stellte bei Kriegsbeginn das deutsche »Große H.« dar. Neben dem deutschen Kaiser als nominellem Obersten Kriegsherrn bestand es 1914 aus dem Reichskanzler, der Obersten Heeresleitung (OHL), dem Chef des Admiralstabes, den Chefs von Zivil-, Militär- und Marinekabinett, dem preußischen Kriegsminister, den ständigen Vertretern des Auswärtigen Amtes und des Reichsmarineamtes, den Militärbevollmächtigten von Bayern, Württemberg und Sachsen sowie Verbindungsoffizieren der verbündeten Mächte. Dazu traten die kaiserliche Entourage, die für den Dienstbetrieb erforderlichen Versorgungs- und Nachrichtenformationen sowie die Stabswache. Da die ständige Abwesenheit des Reichskanzlers und des Kriegsministers von Berlin mit der Fortdauer des Krieges nicht länger möglich war, ließen sich diese bald ebenfalls vertreten und reisten nur noch zu wichtigen Entscheidungen an. Auch Kaiser Wilhelm II. kehrte zeitweise in die Hauptstadt zurück. Seine Anwesenheit im H. begründete sich vornehmlich in seinem monarchischen Pflichtverständnis gegenüber der Armee, denn von der praktischen Kriegsleitung war er rasch durch die OHL verdrängt worden. Neben dem belgischen König Albert I., der mit seiner Armee in Flandern kämpfte, war Wilhelm der einzige Souverän, der sich für die Dauer des Krieges im H. seiner Armee aufhielt. Für die militärische Führung bedeutete die Anwesenheit des Kaisers die Möglichkeit unmittelbarer Einflußnahme – bald auch in politischen Fragen.

Vom 16. bis 30. Aug. befand sich das »Große H.« in Koblenz, um dann im Zuge des deutschen Vormarsches nach Luxemburg verlegt zu werden. Ende Sept. wechselte es hinter die Mitte der deutschen Westfront nach Charleville-Mézières. Zwischen April 1915 und Febr. 1916 war es im schlesischen Schloß Pleß eingerichtet, zur Leitung der Offensive gegen Rußland und weil sich von hier die Zusammenarbeit mit der österreichisch-ungarischen Heeresleitung im nahen Teschen leichter gestaltete. Anschließend ging es bis Aug. 1916 wieder nach Charleville, danach wieder nach Pleß. Von Ende Jan. 1917 bis März 1918 siedelte das deutsche H. nach Bad Kreuznach über. Die Vorbereitungen der Frühjahrsoffensive machte im März 1918 die Verlegung nach dem belgischen Spa notwendig, die Operationsabteilung der OHL aber richtete sich zur Leitung der Offensive im französischen Avesnes ein. Beim Ausbruch der Revolution trat Kaiser Wilhelm von Spa aus seinen Weg ins holländische Exil an, die Heeresleitung verlegte sich nach Kassel.

Die Heeresleitung des österreichisch-ungarischen Bündnispartners lag nominell beim Erzherzog Friedrich. Dem H.-Armeeoberkommando (AOK) – stand der Chef des Generalstabes vor. Kaiser Franz Joseph und die Regierungsstellen verblieben in Wien. Das AOK ging bei Kriegsbeginn in die galizische Festung Przemyśl, im Dez. 1914 nach Teschen an der Grenze zu Schlesien und im Jan. 1917 nach Baden bei Wien. Nach dem Tod von Franz Joseph übernahm der neue Kaiser Karl I. im Febr. 1917 selbst die Heeresleitung.

In Rußland war Großfürst Nikolaj Nikolajewitsch Höchstkommandierender aller russischen Land- und Seestreitkräfte. Sein H. (Stawka) trat bei Kriegbeginn in St. Petersburg zusammen und verlegte sich dann nach dem weißrussischen Baranowitschi. Vor der Eroberung der Stadt durch die Deutschen ging Stawka 1915 nach Mogilew am Dnjepr zurück, wo es bis 1917 verblieb. Anfang Sept. 1915 hatte der Zar selbst das Oberkommando übernommen, zwischen März und Okt. 1917 folgten ihm die Generale Alexejew, Brussilow und Kornilow.

Die Strukturen der obersten militärischen Führung im Vereinigten Königreich waren geprägt durch die Gleichzeitigkeit des Krieges auf dem europäischen Kontinent und im Empire. Regierung, Admiralität und der Reichsgeneralstab (Imperial General Staff) blieben in London. Der Oberbefehlshaber des britischen Expeditionskorps Sir John French (ab Dez. 1915: Sir Douglas Haig) ging mit dem General Headquarters (GHQ) nach Nordfrankreich. Das GHQ wechselte seinen Stand ort entsprechend der operativen Lage, blieb aber für die längste Zeit des Krieges in örtlicher Nähe zur Kanalküste (1914-16: Le Cateau und St. Omer, 1916-18: Montreuil).

Das H. des Oberbefehlshabers der französischen Armee befand sich im Laufe des Krieges in verschiedenen Pariser Vororten (u. a. Romilly, Compiègne, Provins). Hierdurch war für die Oberbefehlshaber Joseph Joffre (1914-16), Robert Nivelle (1917) und Philippe Pétain (1917/18) stets ein enger Kontakt zu den Regierungsstellen in der Hauptstadt gegeben.

Die zentralen Führungsprobleme stellten sich in allen H. auf ähnliche Weise. Da war zunächst das Problem, mit den zur Verfügung stehenden Kommunikationsmitteln Verbände von bis dahin ungekannter Größe zu führen: Zu Beginn der Marne-Schlacht im Sept. 1914 befand sich das deutsche H. rund 175 km Luftlinie entfernt in Luxemburg und hatte Mühe, die Lage zu erfassen und Verbindung mit den Armeen zu halten. Mit dem Einsetzen des Stellungskrieges verringerte der Aufbau bodenständiger Nachrichtenmittel dieses Manko beträchtlich. Allerdings mußte dies nicht zwangsläufig positive Auswirkungen auf die oberste Führung haben, wie dies Haigs Leitung der Somme-Offensive im Juni 1916 zeigte, wo sich dieser 75 km entfernt im H. in Montreuil befand. Delegation von Verantwortung war eine weitere Antwort auf das Problem der Entfernungen. Doch verhieß dies nur Erfolg, wenn die traditionelle Führungskultur im Offizierskorps derartige Selbstverantwortung förderte. So war die Bildung von zwischengeschalteten Heeresgruppenkommandos (Fronten) für die russische Armee bei den gegebenen geographischen Distanzen eine zwingende Notwendigkeit, die bald von allen großen Armeen nachvollzogen wurde. Bei der deutschen Armee zeigte die Einrichtung der Stelle eines Oberbefehlshabers Ost (Ober-Ost) im Nov. 1914, daß derartige nachgeordnete H. durchaus auch riskante Eigendynamik im Kampf um militärische Ressourcen und strategische Konzepte entwickeln konnten.

Ein dauerhaftes Problem blieb die Organisation der Führung im Koalitionskrieg. Auf Seiten der Mittelmächte kam es zwar zu multinationalen Großverbänden, die Einrichtung eines gemeinsamen Oberbefehls mit einem entsprechenden H. gelang aber nie. Bei der Entente waren die politisch-strategischen Konsultationen von Briten, Franzosen, Italienern und Amerikanern durch die Bildung eines Obersten Kriegsrats, des Conseil suprême de guerre interallié (Inter-Allied Supreme War Council), ab Nov. 1917 vertieft worden. Dieser schlug sein H. in Versailles auf, hatte jedoch keinerlei Kommandogewalt inne. Erst unter dem Schock der deutschen Frühjahrsoffensive einigten sich die Ententemächte im April 1918 auf die Berufung von Ferdinand Foch zum Oberbefehlshaber der Alliierten Streitkräfte, dessen Kompetenzen zunächst auf die Westfront beschränkt blieben. Ab Aug. 1918 wurden diese auf alle Kriegsschauplätze erweitert, Foch nahm sein H. ebenfalls nahe Paris (Bréau).

MARKUS PÖHLMANN

Haus, Anton Freiherr von, * Tolmein 13.6.1851, † Pola 8.2.1917, österreichisch-ungarischer Großadmiral. – H. trat 1869 in die österreichisch-ungarische Kriegsmarine ein und nahm 1901 als Kommandant des Kreuzers *Maria Theresia* an der Niederschlagung des Boxeraufstandes teil. 1902-05 diente er als Vorstand der Präsidialkanzlei bei der Marinesektion des Kriegsministeriums, wurde 1905 Konteradmiral, 1906 Kommandant der 2. Division und 1907 Delegierter bei der 2. Friedenskonferenz in Den Haag. 1910 Vizeadmiral und 1912 k. u. k. Flotteninspekteur, folgte H. 1913 Rudolf von Montecuccoli als Marinekommandant und Chef der Marinesektion im Kriegsministerium. Bei Kriegsausbruch ließ er, der wie so viele mit einem kurzen Krieg rechnete, alle Schiffsbauarbeiten abbrechen und entsandte die Werftarbeiter zur Armee. Am 23. Mai 1915, nach dem Kriegseintritt Italiens, griff H. mit zehn Kriegsschiffen überraschend die italienische Ostküste von der Po-Mündung bis südlich von Ancona an, in der Hoffnung, hierdurch eine mehrwöchige Verzögerung des italienischen Aufmarsches in Venetien herbeizuführen. Im Dez. 1915 verlor er allerdings zwei Zerstörer durch Minentreffer vor dem Hafen von Durazzo. 1916 wurde H. als einziger k. u. k. Offizier Großadmiral. Zuerst Gegner des uneingeschränkten U-Boot-Krieges, sprach er sich bei der entscheidenden Sitzung des Kronrates am 20. Jan. 1917 zusammen mit Generalstabschef Conrad von Hötzendorf aber doch dafür aus. H. starb kurz danach an Bord der S.M.S. *Viribus Unitis* an den Folgen einer Lungenentzündung. Vizeadmiral Maximilian Njegovan wurde sein Nachfolger als Marinekommandant.

HOLGER H. HERWIG

Hausen, Max Klemens Lothar Freiherr von, * Dresden 17.12.1846, † Dresden 19.3.1922, sächsischer General. – Nach der Kadettenschule trat H. 1863 in das 3. Jägerbataillon in Dresden ein. Er nahm an den Kriegen 1866 in Böhmen und 1870/71 in Frankreich teil und wurde 1871 Hauptmann. Vier Jahre später kommandierte man ihn erstmals zum Großen Generalstab. 1881 Major, wurde er 1893 zum Generalmajor ernannt. Von 1895 bis 1897 kehrte er als Oberquartiermeister in den Generalstab zurück. Wenige Jahre später, von 1900 bis 1902, fungierte H. als Kommandierender General des XII. (königlich sächsischen) Armeekorps in Dresden. Danach erfolgte seine Ernennung zum sächsischen Kriegsminister, eine Stellung, die H. bis zu seiner Verabschiedung im Mai 1914 innehatte. Anläßlich der Kriegsmobilmachung wurde Generaloberst von H., inzwischen 68 Jahre alt, reaktiviert und zum Oberkommandierenden der 3. Armee ernannt, die sich aus dem sächsischen Truppenkontingent zusammensetzte. Nach ersten schweren Kämpfen beim Maasübergang bei Dinant ging die Armee im Rahmen des deutschen Schwenkungsflügels Anfang Sept. gegen die Champagne vor. Während der Schlacht an der Marne erkrankte H. an Typhus, so daß er schon am 12. Sept. 1914 wieder abgelöst und durch den preußischen General Karl von Einem ersetzt wurde. Spätere Bemühungen des letzten Oberbefehlshabers einer sächsischen Armee um ein neues Kommando blieben ohne Erfolg.

MARKUS PÖHLMANN

Hedschasbahn, Bahnlinie zwischen Damaskus und Medina. – Sultan Abdul Hamid II. gab 1900 den Auftrag zum Bau einer Bahnlinie, die Damaskus mit Mekka verbinden sollte. Die H. sollte zur Erschließung der abgelegenen arabischen Provinzen beitragen, die Heiligen Stätten enger an Konstantinopel anbinden und den Pilgern die Wallfahrt (»Hadsch«) nach Mekka erleichtern. Zudem ermöglichte sie aber einen raschen Truppentransport zur Bekämpfung von abtrünnigen Beduinenstämmen in Arabien. Mit der Bauleitung wurde der deutsche Ingenieur Heinrich August Meißner beauftragt. Bei der Streckenführung folgte Meißner der alten Karawanen-Pilgerstraße von Damaskus in den Hedschas. Trotz vieler technischer und geländebedingter Schwierigkeiten konnte der Abschnitt Damaskus-Maan mit einer Gesamtlänge von 459 km bereits am 1. Sept. 1904 dem Verkehr übergeben werden. Von Deraa nach Haifa wurde eine Zweigbahn gebaut und damit eine Verbindung zum Mittelmeer eröffnet. Der Versuch, auch Akaba am Roten Meer in das Schienennetz mit einzubeziehen und mit Maan zu verbinden, scheiterte am Widerstand Großbritanniens. Bis zum 1. Sept. 1908 wurde die eingleisige H. (Spurbreite: 1.050 mm) bis Medina fertiggestellt. Ein Weiterbau bis Mekka scheiterte am Desinteresse der Jungtürken. Im Jahr 1913 nutzten 230.000 Passagiere die H., unter ihnen 30.000 Pilger und 40.000 Soldaten. Da die letzten Streckenabschnitte nur feldbahnmäßig ausgebaut waren, lag die Durchschnittsgeschwindigkeit der Züge bei nur 23,5 km/h. Während des Weltkrieges waren die Bahnlinien – neben der H. die Anatolische Bahn und die unfertige Bagdadbahn – das Rückgrat des türkischen Transportwesens. Die Bahnen trugen die Hauptlast des Nachschubes für die in Syrien, Palästina und Arabien eingesetzten Armeen. Wegen mangelnder Kohlezufuhr mußte die H. bereits 1915 auf Holzfeuerung übergehen, eine Maßnahme, die die Zugleistung um 30 % verringerte. Die H. war besonders zur Versorgung des türkischen Hedschas-Expeditionskorps in Medina unter Führung von General Fakhri Din Pascha unverzichtbar. 1917 begannen die aufständischen Araber mit Angriffen und Anschlägen auf die Bahn. Der britische Hauptmann T. E. Lawrence (»Lawrence von Arabien«) beanspruchte für sich und seine Kämpfer die Zerstörung von insgesamt 79 Eisenbahnbrücken. Diese Aktionen konnten den Betrieb der H. jedoch zunächst nicht wirksam unterbinden. Bis Frühjahr 1918 rollten pro Woche zwei türkische Züge von Damaskus nach Medina, der zivile Passagierverkehr mußte jedoch bereits im Jan. 1917 eingestellt werden. Erst ein Angriff von Teilen des Egyptian Camel Corps und arabischer Aufständischer zwischen Maan und Mudewwere (80 km südlich von Maan) im April 1918 unterbrach die H. und damit die Versorgung von Medina. Fakhri Din Pascha kapitulierte allerdings erst im Jan. 1919. Heute ist von der alten H. nur noch die Linie Damaskus – Amman – Maan in Betrieb.

Lit.: U. Fiedler, Der Bedeutungswandel der Hedschasbahn. eine historisch geographische Untersuchung, Berlin 1984.

HANS WERNER NEULEN

Heeresbericht, amtlicher Bericht über die Kriegsereignisse zur Unterrichtung der Öffentlichkeit in knapper Form, der täglich von den Oberkommandos der Teilnehmerstaaten am Weltkrieg herausgegeben wurde. – Die in den H. aufzunehmenden Ereignisse wurden auf deutscher Seite zunächst vom Generalquartiermeister, später von der Abteilung III B bzw. von der Operationsabteilung der Obersten Heeresleitung zusammengestellt. Neben der Pressezensur im Kriege war damit ein weiteres Mittel zur militärischen Kontrolle der Nachrichtenübermittlung an die Heimat bereitgestellt. Die Ausgabe der H. erfolgte 1914/15 über den stellvertretenden Generalstab, ab 1915 über das Kriegspresseamt in Berlin. Dabei genoß das Wolff'sche Telegraphenbureau eine Vorzugsstellung, da es den H. jeweils gegen 11 Uhr vormittags direkt erhielt und an die Presse weitergab für die Abendzeitungen. Der deutsche H. war weniger detailliert als die alliierten Berichte, die bis zu dreimal täglich erschienen. Da deren Abdruck in deutschen Zeitungen erlaubt war, konnte der Leser durch Vergleiche zurückgehaltene oder relativierende eigene Darstellungen aus den gegnerischen H. erschließen. Ein zeitweilig erwogenes Verbot des Wiederabdrucks ausländischer H. wurde verworfen, da diese über die Presse des neutralen Auslands zugänglich waren.

BRUNO THOSS

Heeresmißstände. Der Beginn des Weltkrieges förderte Gemeinschaftssehnsüchte und steigerte ganz unterschiedliche Hoffnungen auf Gleichheit und Gleichstellung innerhalb der Nation. Diese Erwartung erhöhte zwar den politischen und nationalen Konsens bei Kriegsbeginn; langfristig aber führte sie zu erheblichen Differenzen innerhalb der deutschen Gesellschaft. Insbesondere die soziale Ungleichheit wurde mit zunehmender Kriegsdauer zu einem gravierenden Problem für die politische Ordnung des deutschen Kaiserreichs. Bezeichnenderweise entzündete sich dieser Konflikt zunächst innerhalb des Militärs.

Im einzelnen faßt man unter H. strukturelle Ungerechtigkeiten, die im Heer permanent vorhanden waren: vor allem die ungleiche Verpflegung, ungleiche Beförderungspraxis, die krassen Unterschiede in der Besoldung (ein einfacher Soldat erhielt pro Monat 15,90 Mark ausbezahlt, ein Leutnant 310 Mark) sowie die ungerechte Verteilung von Orden und Auszeichnungen.

Hinzu kam das Fehlverhalten von Offizieren, wenn diese ihren Dienstgrad dazu ausnutzten, um sich Privilegien zu sichern (Verpflegung, Quartier, Urlaub) oder um sich aus Gefahrensituationen fernzuhalten, wenn Vorgesetzte willkürliche Befehle gaben oder überharte Strafen verhängten. Detaillierte Erhebungen über derartige Vorfälle existieren

Deutscher Offiziersunterstand im Wald bei Heidweiler (Vogesen). 1915

nicht. Während des Krieges urteilte die Militärjustiz ganz im Geiste des ständischen Ehrbegriffen verpflichteten Militärapparates. Außerdem konnten die Offiziere Beschwerdeversuche vielfach unterbinden. Die militärische Führung versuchte jede öffentliche Auseinandersetzung über diese Themen zu verhindern. Die Zensur registrierte sorgsam entsprechende Hinweise in Feldpostbriefen und griff hart ein.

Erst nach Kriegsende gerieten die H. zum Gegenstand öffentlicher Debatten. Der Begriff erlangte eine erhebliche politische Bedeutung in der Kontroverse über die Dolchstoßlegende. Die Konservativen verteidigten das Bild eines bis zuletzt intakten Heeres und wollten die Niederlage in die Verantwortung der Revolution delegieren; demgegenüber versuchte eine links-liberale Minderheit, die sozialen und sozialpsychischen Ursachen des Erosionsprozesses innerhalb des Heeres zu untersuchen und Gründe für die Niederlage in der inneren Verfassung der Streitkräfte zu finden. In der Diskussion über die H. ging es damit um die brisante Frage, inwiefern die deutsche Niederlage auch eine Folge der inneren Verfassung des Reiches gewesen war.

Neben der publizistischen Diskussion direkt nach Kriegsende wurden die H. zum zentralen Streitpunkt in einem parlamentarischen Untersuchungsausschuß. 1919 noch von der Verfassunggebenden Nationalversammlung gegründet, wurde in diesem Ausschuß rund zehn Jahre lang über die Ursachen des Zusammenbruchs diskutiert. Hier prallten die politischen Lager über die Beurteilung der H. heftig aufeinander. Der Streit geriet somit auch zur Auseinandersetzung über das politische Selbstverständnis der Republik. Im Interesse des Parteienproporzes im Ausschuß wurden zwei gegensätzliche Gutachter berufen: Der linksliberale Historiker Martin Hobohm verfaßte ein kritisches Gutachten, in welchem er einzelne Mißstände detailliert beschrieb. Veröffentlichen konnte er dieses Gutachten jedoch nur nach großen Mühen. Der Ausschuß stützte sich in seiner Interpretation mehrheitlich auf die Expertise des konservativen und armeenahen Gutachters Erich Otto Volkmann und kam zu dem Urteil, daß die militärische Führung von »jedem Vorwurf pflichtwidrigen Verhaltens« freizusprechen sei. Dies bedeutete nichts anderes als die offizielle Bestätigung, daß es keine H. gegeben habe. → *Dolchstoßlegende* → *Untersuchungsausschuß*

Lit.: Die Ursachen des Deutschen Zusammenbruchs im Jahre 1918. Vierte Reihe im Werk des Parlamentarischen Untersuchungsausschusses, hg. v. A. Philipp, 12 Bde., Berlin 1925-29 (Abt. II, Bd. 11/1: Gutachten Martin Hobohm; Bd. 11/2: Gutachten Erich Otto Volkmann).

MANFRED HETTLING

Heinrich, Prinz von Preußen, * Potsdam 14.8.1862, † Hemmelmark (heute zu Barkelsby) 20.4.1929, deutscher Großadmiral. – H. wurde 1862 als zweiter Sohn des späteren Kaisers Friedrich III. geboren. Mit 15 Jahren begann er als einziger preußischer Prinz eine militärische Laufbahn in der kaiserlichen Marine; nach der Marineschule avancierte er 1882 zum Kapitänleutnant. Auf seinen ersten Befehl über ein Torpedoboot Ende 1886 folgte eine Reihe weiterer Schiffskommandos. 1897 wurde H. zum deutschen Ostasiengeschwader befohlen, dessen Führung er 1899 übernahm. Im darauffolgenden Jahr war er dabei für die Beförderung deutscher Truppen zur Strafexpedition nach dem »Boxeraufstand« in China verantwortlich.

Nach einer USA-Reise wurde H. 1903 Chef des 1. Geschwaders der Flotte, 1906 dann Befehlshaber der aktiven Schlachtflotte. Aufgrund von Auseinandersetzungen mit Admiral Alfred von Tirpitz über die weitere Marinestrategie schied er 1909 aus diesem Amt wieder aus und wurde bis 1914 auf das rein repräsentative Amt des Generalinspekteurs der Marine abgeschoben. Mit Kriegsbeginn wurde dann eigens für H. die Stellung eines Oberbefehlshabers der Ostseestreitkräfte geschaffen. Fernab der Hauptseekriegsschauplätze führte er dort einen teilweise verlustreichen Kleinkrieg gegen die russische Ostseeflotte und britische U-Boote. Er trat nachdrücklich für eine deutsche Besetzung Dänemarks ein.

Als Anhänger der neuen U-Boot-Waffe geriet er, insbesondere durch sein frühes Eintreten für einen uneingeschränkten U-Boot-Krieg, in Widerspruch zum Admiralstab und zur Reichsregierung. Von einigen Vertretungsverpflichtungen für seinen Bruder, Kaiser Wilhelm II., abgesehen, hatte H. jedoch keinen politischen Einfluß.

Da mit der russischen Oktoberrevolution der Hauptzweck seines Kommandos erloschen war, schied er bereits vor dem Friedensvertrag von Brest-Litowsk aus dem aktiven Dienst aus und zog sich auf sein Gut Hemmelmark zurück.

DANIEL SCHRANZ

Heldenhaine. Am 8. Dez. 1914 erschien in der Unterhaltungsbeilage der *Täglichen Rundschau* der Artikel des Berliner Gartenbaudirektors Willy Lange *Heldeneichen und Friedenslinden*, in dem Lange vorschlug, in jeder deutschen Gemeinde H. anzulegen und dort für jeden Gefallenen der Gemeinde eine Eiche in regelmäßiger Reihenstellung zu pflanzen: »Jedem, der sein Leben ließ für Deutschlands Freiheit, für die Idee des Deutschtums ohne Unterschied von Rasse und Glauben, jedem solchen, der so zum Helden Deutschlands ward, pflanzt eine Eiche in unserer Heimat!« Eine Friedenslinde sollte den kreisförmigen, freien Platz im Zentrum des Hains schmücken. Dort könnten auch sog. Weihefeste stattfinden. Der vielfach nachgedruckte Artikel und weitere Schriften Langes (*Deutsche Heldenhaine*, Leipzig 1915) lösten in ganz Deutschland ein starkes Echo aus und führten, auch in Verbindung mit Aktivitäten der neugegründeten Arbeitsgemeinschaft für Deutschlands H., in vielen Gemeinden noch im Krieg, teilweise aber auch erst nach Kriegsende zu Planungen solcher Gedächtnisanlagen. Das preußische Innenministerium, das am 1. Juli 1915 einen Erlaß zur Förderung der H. hatte ergehen lassen (Ministerien anderer deutscher Staaten folgten mit vergleichbaren Verlautbarungen), sah in den H. nicht nur einen Akt zur Pflege des Gedächtnisses der Gefallenen, sondern auch eine Maßnahme »zur Belebung des Dorf- und Stadtbildes, zur Pflege der Heimatsliebe und zur gesundheitlichen Erstarkung des Nachwuchses«. Die Idee Langes knüpfte an den von Tacitus überlieferten Brauch der Germanen an, wonach diese ihren Göttern Haine und Gehölze geweiht hätten. Von hier aus reichte eine Traditionslinie nationaler Selbstfindung über die Befreiungskriege 1813-15 und das Jahr 1871 mit seinen »Kaisereichen« bis zum Weltkrieg. Haben spätere Ehrenhaine und Totenburgen die Tendenz, die Kriegsgefallenen zu entindividualisieren und zu anonymisieren, so ist die Idee der H. dem Ziel verpflichtet, daß jeder Kriegstote Anspruch auf ein eigenes Gedächtnismal habe. Kritik blieb nicht aus, doch richtete sich diese nur selten gegen die völkisch-rassische Ideologie Langes (»Was sich der germanischen Rassengemeinschaft anschließt, wird siegen: das will deutsche Idee, der deutsche Gott«), als vielmehr gegen den hohen Landverbrauch, den die H. zur Folge gehabt hätten, wenn tatsächlich jedem Gefallenen eine Eiche gepflanzt worden wäre. So sind nur wenige H. verwirklicht worden und bis heute erhalten geblieben. → *Heldenkult*

Lit.: S. Behrenbeck, Der Kult um die toten Helden. Nationalsozialistische Mythen, Riten und Symbole 1923-1945, Vierow 1996.

GERHARD SCHNEIDER

Heldenkult. Der Erste Weltkrieg war der letzte Krieg, der einen ausgeprägten, bis fast zum Kriegsende fortdauernden H. kannte. Tagtäglich – und zwar mit der Verschärfung der Kriegslage in zunehmendem Maße – wurden der Bevölkerung aus der nationalen Tradition stammende, noch lebende oder bereits gefallene, kollektive und individuelle Kriegshelden präsentiert, an deren vorbildlicher Willenskraft, Kampf-, Durchhalte- und Opferbereitschaft sie sich orientieren sollte.

Der Weltkrieg mit seinen neuen Waffensystemen, die anonym zu töten in der Lage waren, bot eigentlich keine Basis mehr für einen H., der bewiesenes individuelles Heldentum zur Voraussetzung hatte. Auch war eine zunehmend egalitäre Gesellschaft der Ausbildung eines H., der auf individuellem Heldentum basierte, eigentlich abhold. Der Soldat als individualistischer Einzelkämpfer im Massen- und Maschinenkrieg war kaum noch gefragt. Dennoch schufen die Medien sowie die öffentlichen Verlautbarungen fortlaufend neue »Helden«. Vor allem Repräsentanten der neuen Waffensysteme, insbesondere Kampfflieger und U-Boot-Kommandanten, waren bevorzugte Subjekte massenhafter Verehrung. Daneben wurden militärische Führer als Helden verherrlicht (z. B. General Otto von Emmich: »Der Eroberer von Lüttich«; Feldmarschall Colmar von der Goltz: »Löwe von Gallipoli«), ohne daß dies zur Ausbildung eines H., oft sogar nicht einmal zu einer dauerhafteren Popularisierung dieser Personen in der Bevölkerung geführt hätte. Auch die Regenten, soweit sie als Armeeführer an der Front standen, wurden als Helden präsentiert. Aber auch daraus resultierte kein wirklicher Kult; vielmehr blieb es bei einer regional begrenzten Verehrung, wie sie dem Monarchen eines Staates des Deutschen Reiches üblicherweise von seinen Bürgern entgegengebracht wurde.

Ein Kriegsheld erschien als in besonderem Maße »kultfähig«, wenn er beim Vollbringen einer »Heldentat« noch jung den »Heldentod« fand. Auf denjenigen aber, der unter-

Deutsche Postkarte. 1917

schiedslos von fast allen Deutschen gleichsam als politischer Heiliger verehrt wurde, Generalfeldmarschall von Hindenburg, trifft dies alles nicht zu: Er war bereits sehr alt, als er »kultfähig« wurde, er überlebte seine »Heldentaten«. Ihm ging alles Spektakuläre ab, was die jungen Kriegshelden zu Wasser und in der Luft auszeichnete. Und dennoch war Hindenburg jene Symbolgestalt des Weltkrieges, die der kämpfenden Truppe an der Front wie der Bevölkerung in der Heimat in gleichem Maße Vertrauen in den Kriegsausgang und immer wieder von neuem Siegeszuversicht einflößte.

Neben diesen populären Kriegshelden, die zum Ausgangspunkt eines individuellen H. wurden, entstand im Weltkrieg ein neuer H., der sich auf Kollektive gründete. Im Jahr 1916 waren es nicht mehr allein der Einzelne, der große Schlachtenlenker wie Hindenburg, die einsamen Sieger in unzähligen Luftschlachten wie Immelmann und Richthofen oder wie jene mutigen Offiziere der Blockadebrecher und Kreuzer, die verherrlicht wurden; an ihre Seite traten der »namenlose Held« an vorderster Front und die verschworene Schützengrabengemeinschaft, die der Heimat als vorbildliche Kämpfer präsentiert wurden. Dieser H. schuf, so scheint es, ein kollektives Hochgefühl, gerade weil er sich auf kollektive Helden gründete. Im Kult des namenlosen Helden brachte der Weltkrieg einen Heldentypus hervor, den es so in der Vergangenheit noch nicht gab und der sich in erster Linie aus der neuen Art der Kriegführung erklärte. Die Kampf- und Todesbereitschaft dieses Helden sollte der Heimat die Gewißheit geben, daß ein Krieg, der solches Heldentum hervorbringt, nicht verloren gehen kann. Zugleich war es Ansporn für die Heimat, es den Helden an den Fronten gleich zu tun. Der »namenlose Held« war der allzeit loyale, persönlich bedürfnislose Soldat, der im Kampf eine große militärische Leistung für das Vaterland vollbrachte. Dabei bewies er durchaus die Bereitschaft, sein Leben zu opfern. Seine Auszeichnung war in der Regel das Eiserne Kreuz II. Klasse, was angesichts der großzügigen Verleihung dieses Ordens bereits im Weltkrieg häufig ironisch kommentiert wurde.

Der Feldherr Hindenburg, der U-Bootkommandant Weddigen, die Kampfflieger Richthofen, Immelmann und Boelcke handelten als große Einzelne in herausgehobener Position; sie waren Gegenstand ehrfurchtsvoller, d. h. distanzierter Verehrung der Frontsoldaten wie der Menschen in der Heimat. Der anonyme Held hingegen, der den »Heldentod« starb, war einer von ihnen, ihr Kamerad; mit ihm konnten sich die vielen einfachen und namenlosen Frontsoldaten leicht identifizieren. Er lieferte zudem das Vorbild für jene jungen Männer, die noch nicht zum Kriegsdienst eingezogen worden waren und die ihre Pflicht dem Vaterland gegenüber noch zu erbringen hatten.

Propagandisten des H. waren neben staatlichen Stellen, die nationalen Verbände und halboffizielle Vereine (z. B. Ostpreußenhilfe, Deutscher Luftflotten-Verein, Kolonialkriegerdank, Invalidendank). Ein wesentliches Vehikel des H. waren Zeitungen, Zeitschriften, Gedichte, Lieder, Kriegspostkarten, Propagandaschriften, Theaterstücke, Reden, auch Predigten, aber auch Todesfeiern für Gefallene. Während öffentliche Feiern der politischen und dynastischen Feste (Sedanstag, Kaisergeburtstag) für die Dauer des Krieges unterblieben, wurden sie an Schulen jedoch in vertrauter Weise begangen. Auf sog. vaterländischen Volksabenden, die meist während der Wintermonate selbst in den kleinsten Gemeinden veranstaltet wurden, berichteten reisende Volksredner, nicht selten Offiziere, die auf Urlaub in der Heimat weilten, ferner lokale Pastoren und Lehrer über die allgemeine Kriegslage, vor allem aber über die Situation an der Front. Auch die Nagelungen sog. Kriegswahrzeichen, von denen einige Exemplare Symbole des H. waren, boten ein Forum zur Propagierung des H.

Auch der Gefallenenkult trug Züge heldischer Verklärung. In Dörfern und Kleinstädten fanden unter großer Anteilnahme der Bevölkerung besondere Trauergottesdienste statt, in denen anfänglich noch ein individuelles Bild des Gefallenen gezeichnet wurde. Wer sein Leben »auf dem Altar des Vaterlandes« geopfert hatte, war ein Held, vorbildlich für jene, die noch »hinausziehen« würden. Später, als die Zahl der Gefallenen zunahm und Einzelgedenkfeiern nicht mehr möglich waren, wurden Überlegungen angestellt, wie man den Gefallenen ein ehrendes Gedenken bewahren könnte. Obwohl die ab 1916 eingerichteten »Beratungsstellen für Kriegerehrungen« die Errichtung von Kriegerdenkmälern für die Dauer des Krieges zu verhindern suchten, kam es in nicht wenigen Städten zu solchen Denkmalsstiftungen wie auch zur Anlage von Ehrenfriedhöfen.

Noch heute lassen sich Spuren dieses H. nachweisen: Kasernen tragen die Namen von Helden des Weltkrieges (Emmich-Cambrai-Kaserne; Hannover; Lettow-Vorbeck-Kaserne, Leer; Hindenburg-Kaserne, Munster; Mudra-Kaserne, Köln; Uffz. Krüger-Kaserne, Kusel); es gibt in der Bundeswehr Geschwader, die an Fliegerhelden dieses Krieges erinnern (Richthofen, Boelcke, Immelmann); neuerdings gedenkt man wieder zweier jüdischer Fliegerhelden, deren ehrendes Gedächtnis in der Zeit des Nationalsozialismus unterbrochen war (Frankl, Voß); noch immer gibt es zahlreiche Straßen und Plätze, deren Namen an Helden des Ersten Weltkriegs erinnern.
→ *Denkmal* → *Nagelungen*

Lit.: S. Behrenbeck, Der Kult um die toten Helden. Nationalsozialistische Mythen, Riten und Symbole 1923 bis 1945, Vierow 1996; R. Schilling, »Kriegshelden«. Deutungsmuster heroischer Männlichkeit in Deutschland 1813-1945, Paderborn 2002.

GERHARD SCHNEIDER

Hentsch, Richard, * Köln 18.12.1869, † Bukarest 13.2.1918, preußischer Offizier. – Nach einer Privaterziehung in Berlin trat H. 1888 in das Infanterieregiment Nr. 103 (4. sächsisches) in Bautzen ein. 1899 wurde er zunächst für zwei Jahre in den Großen Generalstab kommandiert, 1902 dorthin versetzt. Am 20. April 1914 wurde H. zum Oberstleutnant ernannt, bei Kriegsausbruch trat er die Stelle des Chefs der Nachrichtenabteilung beim Chef des Generalstabs des Feldheeres an. In dieser Stellung gehörte H. während des Aufmarsches und der ersten Operationen zu den engsten Beratern von Generalstabschef von Moltke.

Auf dem Höhepunkt der Krise an der Marne trat H. am Morgen des 8. Sept. 1914 eine Autofahrt zu den Armeeoberkommandos (AOKs) des deutschen Schwenkungsflügels an. Ziel der Mission war es, für die in Luxemburg weilende Heeresleitung Klarheit über die Lage zu gewinnen. Seine Reise führte ihn zunächst von den AOKs 5, 4 und 3 bis nach Montmort, wo sich das AOK 2 (Bülow) befand. Im Verlauf der dortigen Besprechung sowie auf der am folgenden Morgen unternommenen Weiterfahrt zum AOK 1 (Kluck) in Mareuil gewann H. den Eindruck, daß die 2. Armee stark abgekämpft war und dem erwarteten französischen Gegenangriff nicht standhalten würde. Auch sah er, daß die 1. Armee am Ourq isoliert in schweren Kämpfen stand, wodurch die rechte deutsche Flanke gefährdet schien. Unter dem Eindruck der Lageschilderung von H. und ohne Verbindung zu den jeweiligen Nachbararmeen bzw. zur OHL aufzunehmen, ordneten die Oberbefehlshaber der 1. und 2. Armee am 9. Sept. den Abbruch der Kämpfe und den Rückzug ihrer Armeen an. Damit war der deutsche Operationsplan im Westen zunächst gescheitert.

Nach einer vorübergehenden Kommandierung zum k. u. k. Generalstab (Juli bis Sept. 1915) wurde H. am 12. Sept. 1915 Oberquartiermeister bei der Heeresgruppe Mackensen, seine Ernennung zum Oberst erfolgte am 17. Jan. 1916. Am 1. März 1917 wurde H. Chef des Generalstabs der Militärverwaltung Rumänien. Dort verstarb er an den Folgen einer Gallenoperation.

Kritik an der »Sendung H.« während der Marne-Schlacht wurde schon während des Krieges laut, woraufhin H. 1917 eine Untersuchung gegen sich selbst anstrengte, die ihn zunächst entlastete. Nach der Niederlage von 1918 begann sich die Militärpublizistik auf den mittlerweile verstorbenen H. zu konzentrieren. Umstritten war vor allem die Frage, ob H. von Moltke autorisiert worden war, den AOKs im Namen der OHL den Rückzug zu befehlen, und ob dies notwendig gewesen sei. In der popularisierten Version der Kritik wurde H. so zum Sündenbock für den Abbruch der Schlacht an der Marne aufgebaut, eine Einschätzung, die im Hinblick auf die Rolle der Oberbefehlshaber eine stark apologetische Tendenz hatte und die prinzipiellen Mängel des Operationsplans unterschätzte bzw. zu negieren suchte.

Markus Pöhlmann

Hertling, Georg Graf von, * Darmstadt 31.8.1843, † Ruhpolding 4.1.1919, deutscher Politiker (Reichskanzler). – Aus einer alteingesessenen hessischen, katholischen Beamtenfamilie stammend, wollte H. ursprünglich Geistlicher werden, promovierte jedoch 1864 in Philosophie und habilitierte sich 1867 in Bonn. 1875 wurde er für die Zentrumspartei in den Reichstag gewählt, dem er bis 1890 und dann noch einmal von 1896 bis 1912 angehörte. Dort engagierte er sich vor allem auf sozialpolitischem Gebiet gemäß den Vorgaben der katholischen Soziallehre. Von 1898 bis 1902 führte er im Auftrag der Reichsregierung die Verhandlungen mit dem Vatikan über die Errichtung einer katholischen theologischen Fakultät in Straßburg. 1909 wurde H. dann Fraktionsvorsitzender des Zentrums im Reichstag, wo er maßgeblich zur Beilegung des Kulturkampfes beitrug. 1912 wurde er zum bayerischen Ministerpräsidenten ernannt.

Während des Weltkrieges war H. Sprecher des christlich-konservativen Flügels seiner Partei. Nachdem sein Name schon im Juli 1917 im Zusammenhang mit der Nachfolge des Reichskanzlers Theobald von Bethmann Hollweg genannt worden war, H. aber vor allem unter Hinweis auf seine angegriffene Gesundheit das Amt abgelehnt hatte, ernannte ihn der Kaiser nach langen und schwierigen Beratungen am 1. Nov. 1917 schließlich doch zum Reichskanzler und preußischen Ministerpräsidenten. Der 74 Jahre alte H. war ein Kompromißkandidat, von dem erwartet wurde, einen Ausgleich zwischen der Obersten Heeresleitung, den Reichstagsparteien und der Krone zu suchen. Dennoch konnte er seine gemäßigten Vorstellungen, etwa bei den Friedensverträgen von Brest-Litowsk und Bukarest gegenüber den Militärs nicht durchsetzen. H. verstand sich keinesfalls als Wegbereiter hin zu einer Parlamentarisierung des Deutschen Reiches; er selber bezeichnete sich stets als überzeugten Monarchisten. Entsprechend gingen von ihm in der Frage der Reform des preußischen Wahlrechts oder der Parlamentarisierung der Reichsverfassung keine Impulse aus.

Im Reichstag fand er wenig Unterstützung; nicht einmal seine eigene Partei stand geschlossen hinter ihm. Nach dem Zusammenbruch Bulgariens im Sept. 1918 mehrten sich aus den Kreisen des Interfraktionellen Ausschusses die Stimmen, die auf eine sofortige Ablösung des offensichtlich überforderten Reichskanzlers drängten. Nachdem schließlich die OHL den Krieg verloren gegeben und auf einen sofortigen Waffenstillstand gedrängt hatte, gelangte H. zu der Einsicht, für diese schwierigen Zeiten nicht der richtige Mann zu sein. Konsequent bot er daher seinen Rücktritt an, welchen der Kaiser am 30. Sept. 1918 annahm.

Lit.: W. J. Mommsen, Die Urkatastrophe Deutschlands: Der Erste Weltkrieg 1914-1918, Stuttgart 2002.

HEINZ HAGENLÜCKE

Hervé, Gustave, * Brest 2.1.1871, † Paris 25.10.1944, französischer Politiker und Publizist. – H. machte in den Jahren 1901-05 als radikal antimilitaristischer Journalist auf sich aufmerksam; durch seine Empfehlung an die Arbeiter, sie sollten »die nationale Flagge auf dem Misthaufen hissen« (»planter le drapeau sur le fumier«), wurde er zu einer nationalen Berühmtheit. In der 1906 von ihm gegründeten Zeitung *La Guerre sociale* vertrat H., der seine Artikel konsequent mit »un sans-patrie« (ein Vaterlandsloser) signierte, mit außerordentlicher Vehemenz die These, daß die Arbeiter kein Vaterland besäßen; die Idee der Vaterlandsverteidigung lehnte er ab. Auf den nationalen und internationalen Sozialistenkongressen forderte H., auf die drohende Kriegsgefahr mit Generalstreik, Desertion und Revolution zu antworten. 1911/12 änderte er jedoch seine politische Linie und näherte sich dem gemäßigt-pazifistischen, parlamentarischen Kurs von Jean Jaurès an. Bei Kriegsausbruch unterstützte H. mit großer Entschiedenheit die »Union sacrée«: Er wurde zu einem der effizientesten Kriegspropagandisten und nahm dabei zunehmend chauvinistische Positionen ein. 1916 paßte er dann den Titel seiner Zeitung seinem neuen Kurs an und nannte sie fortan (bis 1940) *La Victoire*. Bereit, alle anderen Ziele den Kriegsanstrengungen unterzuordnen, entfernte sich H. im Laufe des Krieges immer mehr von der sozialistischen Partei, aus der er schließlich 1918 ausgeschlossen wurde. Nach dem Krieg setzte er seine Hoffnungen in einen erneuerten, »nationalen« Sozialismus und sympathisierte mit diversen faschistischen und autoritären Strömungen der Zwischenkriegszeit. Seinen politischen Einfluß jedoch hatte er zu diesem Zeitpunkt bereits verloren.

Lit.: G. Heuré, Gustave Hervé: itinéraire d'un provocateur. De l'antipatriotisme au pétainisme, Paris 1997.

DANIEL MOLLENHAUER

Hilfsdienstgesetz, das Gesetz über den Vaterländischen Hilfsdienst vom 5. Dez. 1916 führte die Arbeitspflicht für alle männlichen Deutschen vom 17. bis 60. Lebensjahr in kriegswichtigen Betrieben ein; dazu rechneten auch die Landwirtschaft, die Krankenpflege und Behörden. – Ursprünglich von der 3. Obersten Heeresleitung (OHL) als Erweiterung der Wehrpflicht gefordert, sollten die Arbeitskräfte – auch die weiblichen – in der Rüstungsproduktion (Hindenburg-Programm) eingesetzt werden. Da die OHL diese Maßnahme nicht auf der Grundlage des Ermächtigungs- oder des Belagerungszustandsgesetzes einführen wollte, erhielten Reichsregierung, Militärbehörden und Reichstag Einfluß auf die Ausgestaltung des H. Die Vertreter der bürgerlichen Sozialreform im Preußischen Kriegsministerium, Wilhelm Groener, Reichskanzler Bethmann Hollweg und die auf Unabhängigkeit bedachten süddeutschen Bundesstaaten sahen das H. als unvermeidliches Zugeständnis an SPD, Gewerkschaften und Arbeiterschaft sowie als Chance, den »Burgfrieden« zu erneuern. Sie lehnten offenen Zwang ab zugunsten gelenkter Freiwilligkeit.

Die ursprüngliche Konzeption blieb in den weisungsgebundenen und dem Kriegsamt bzw. den militärischen Ersatzbehörden unterstellten Feststellungs- und Einberufungsausschüssen erhalten, welche nicht kriegswichtige Branchen, Betriebe und Berufe ermittelten und mit Hilfe der Arbeitsnachweise die Heranziehung an kriegswichtige Betriebe vornahmen. Um die Fluktuation einzudämmen, durften Hilfsdienstpflichtige den Arbeitsplatz nur noch mit Zustimmung des Arbeitgebers wechseln. Nicht eingezogene Wehrpflichtige bedurften hierfür der Zustimmung der zuständigen Militärbehörde. Doch die linke Reichstagsmehrheit setzte wesentliche Lockerungen durch. Wurde der »Abkehrschein« zum Wechsel des Arbeitsplatzes verweigert, konnte der Hilfsdienstpflichtige Beschwerde bei einem Schlichtungsausschuß einlegen; als »wichtiger Grund« galt die »angemessene Verbesserung der Arbeitsbedingungen«. Darunter fiel ausdrücklich auch ein höherer Lohn, aber auch gesundheitliche Beeinträchtigung oder Trennung von der Familie. Ein Arbeitsplatzwechsel war innerhalb einer Karenzzeit von zwei Wochen (statt sechs wie im britischen War Munitions Act, 1915) ohne Genehmigung möglich, doch durfte in dieser Zeit kein Betrieb den Hilfsdienstpflichtigen einstellen. Ein weiteres Zugeständnis an die Gewerkschaften war, daß Betriebe mit mehr als 50 Beschäftigten Arbeiter- und Angestelltenausschüsse einrichten mußten, die das Recht zur Kollektivbeschwerde bei den Schlichtungsausschüssen hatten. In letzteren waren Arbeitgeber und Gewerkschaften paritätisch vertreten, wie schon in den seit 1915 in verschiedenen Gebieten eingerichteten Kriegsausschüssen für die Metallindustrie, welche ähnliche Aufgaben erfüllt hatten. Für die Hilfsdienstpflichtigen blieb das Vereins- und Versammlungsrecht gewährleistet. Der Reichstag behielt sich ein Kontrollrecht durch einen Ausschuß beim Kriegsamt vor.

Das H. war ein politischer Kompromiß, der vor allem den Gewerkschaften nützte. Sie wurden von der Regierung anerkannt, mußten von den Arbeitgebern akzeptiert werden, hatten den Arbeitszwang verhindert, fanden Zugang zu den ihnen bis dahin weitgehend verschlossenen Großbetrieben vor allem der Schwerindustrie und entsandten mit Alexander Schlicke einen Vertreter in das Kriegsamt. Die Schwerindustrie und die OHL hatten weitreichende Zugeständnisse machen müssen. Sie begannen deshalb unmittelbar nach Verabschiedung des Gesetzes, auf dessen Revision hinzuarbeiten. Eine solche Revision scheiterte am Zaudern der OHL, die vor dem Griff nach der wirtschaftlichen Militärdiktatur zurückschreckte.

Die arbeitsmarktlenkende Wirkung des H. blieb begrenzt. Die Sanktionen des H. waren faktisch gering, so daß sich Arbeitsunwillige erfolgreich ihrer Heranziehung entziehen konnten. Die anhaltend hohe Fluktuation zwischen den Betrieben ließ sich nachträglich nur wenig begrenzen, da die Betriebe sich die Arbeitskräfte durch »Locklöhne« gegenseitig abwarben. 1918 stieg die Tätigkeit der Schlichtungsausschüsse sprunghaft an, wobei eine deutliche Verschiebung von Einzel- zu Kollektivbeschwerden zu beobachten ist – ein Hinweis auf die wachsende Bedeutung der Arbeiterausschüsse in den Großbetrieben der Rüstungsindustrie.

In Württemberg, das 248.000 Mann im Feldheer und 98.000 im Besatzungsheer (Nov. 1918) stellte, wurden von Jan. 1917 bis Okt. 1918 116.000 Männer aus der Kriegswirtschaft herausgezogen und durch 125.000 Personen ersetzt, von denen 24 % Hilfsdienstpflichtige, 6 % Jugendliche und Männer über 60 Jahren sowie 70 % Frauen waren. Von den 160.000 Hilfsdienstpflichtigen im Juni 1918 wurden 66.000 in der Landwirtschaft, 67.000 in der Industrie und 27.000 »anderweitig« beschäftigt. Zur gleichen Zeit waren – mit wachsender Tendenz – 110.000 männliche Arbeitskräfte vom Wehrdienst zurückgestellt (im Status von Hilfsdienstpflichtigen) oder zur Arbeit kommandiert (Reich: 2,4 Mio.). Im gewerblichen Sektor waren von den 250.000 männlichen Beschäftigten etwa die Hälfte derart an den Arbeitplatz gebunden, in der Landwirtschaft über 40 %. Bei der großen Mehrheit der Erfaßten dürfte es sich um Umsetzungen zwischen den Betrieben bzw. die nachträgliche Bindung an den Arbeitsplatz gehandelt haben, nicht aber um die Erschließung von Arbeitsmarktreserven, vor allem bei den benötigten Facharbeitern.

Das H. bedeutete keine Militarisierung der Arbeitsverhältnisse, sondern beschränkte die zivilrechtliche Stellung der Arbeitskräfte, die zugleich zusätzliche Rechte erhielten. Es begründete, wenngleich nicht flächendeckend, ein Kooperationsverhältnis zwischen Staat, Militärbehörden und Gewerkschaften, verschärfte indes die Konflikte zwischen Reichsregierung und OHL, zwischen konservativer Unternehmerschaft und Gewerkschaften. Es konnte die Verteilungskonflikte zwischen Feldheer und Industrie ebensowenig überwinden wie die Engpässe in der Rüstungsproduktion. Weiterwirkende Bedeutung gewann es im Arbeitsrecht der Weimarer Republik. → *Hindenburg-Programm* → *Kriegsamt*

Lit.: G. Mai, Arbeiterschaft in Deutschland 1914-1918. Studien zu Arbeitskampf und Arbeitsmarkt im Ersten Weltkrieg, Düsseldorf 1985.

GUNTHER MAI

Hindenburg, Paul von Beneckendorff und von, * Posen 2.10.1847, † Neudeck (Westpreußen) 2.8.1934, preußischer Generalfeldmarschall (Chef des Generalstabs des Feldheeres). – H.s militärische Karriere begann mit seinem Eintritt in die Kriegsschule Wahlstatt im Alter von zwölf Jahren. Er war ein Produkt der Armee König Wilhelms I. von Preußen. Seine Sozialisierung und intellektuelle Entwicklung spielten sich in den engen Grenzen dieser Institution ab. H.s politische Loyalitäten waren bedingungslos an den Monarchen geknüpft, sein Pflichtverständnis entwickelte sich entlang den Führungsstrukturen der Armee. Nachdem er als junger Offizier an den Kriegen gegen Österreich und Frankreich teilgenommen hatte, durchlief er schnell die üblichen Stabs- und Frontverwendungen, die eine Karriere in der preußischen Armee kennzeichneten – der Armee, die nun das Herzstück der neuen deutschen Streitkräfte bilden sollte. Nach dem Studium an der Kriegsakademie tat er Dienst in Stabsstellen in Stettin, Königsberg und Koblenz; in Berlin diente er Mitte der 1880er Jahre im Großen Generalstab. Am Ende des Jahrzehnts wurde er ins Kriegsministerium abkommandiert. Seine Truppenverwendungen führten ihn schließlich 1903 an die Spitze des IV. Armeekorps in Magdeburg, wo seine Laufbahn acht Jahre später, im Alter von 63 Jahren, mit seiner Verabschiedung ihr – wie es schien – Ende fand.

H.s Karriere wurde gleichermaßen gefördert und begrenzt durch Persönlichkeitszüge, die um so deutlicher zutage traten, je höher er in der militärischen Hierarchie aufstieg. Früh zeichnete er sich durch kriegsgeschichtliche Kenntnisse und taktische Fähigkeiten aus. Bei seiner eher praktischen Veranlagung galt er bald als ein verläßlicher Mann für technische Aufgaben. Er war ein unkomplizierter Charakter, wenn auch mit begrenzter Phantasie, und es gelang ihm problemlos, sich dem eng umrissenen Umfeld, in dem er zu agieren hatte, anzupassen. Im Verlauf seines Aufstiegs in höhere Führungspositionen stützte er sich zusehends auf seine jüngeren Stabsoffiziere. Diese wiederum reagierten auf diesen Vertrauensbeweis – wohl auch unter dem Eindruck der Aura von wohlwollender Unerschütterlichkeit, die von seiner massiven Gestalt ausging – mit großer Anhänglichkeit und Respekt. Gleichzeitig verbauten ihm jedoch seine mangelnde Gewandtheit in den Ritualen des höfischen Lebens und sein Unbehagen bei weitergehenden Fragen der Militärpolitik den letzten Durchbruch an die Spitze der Armee.

H.s Interesse am eigenen Aufstieg hatte längst ein Ende gefunden, als er 1911 pensioniert wurde. Seine Rolle im Weltkrieg erklärt sich weniger aus den verhängnisvollen militärischen wie politischen Entscheidungen heraus, die seine Unterschrift trugen, als vielmehr aus der Aura von Vertrauen und ruhiger Autorität, die er seinem Umfeld vermittelte. Seine große und mit steigendem Alter noch zunehmende Abhängigkeit von Untergebenen ließ ihn für eben dieses Umfeld zu einer strategischen Größe werden, die es zu beherrschen galt, ein Objekt der politischen Begierde für denjenigen, der hierdurch seinen faktischen Anspruch auf die oberste Leitung im Kriege begründen konnte. Diese Dynamik entwickelte sich bereits – mit Unterstützung der Obersten Heeresleitung (OHL) – in den ersten Kriegswochen. Als der 66jährige General am 22. Aug. 1914 an die Spitze der 8. Armee berufen wurde, konnte niemand davon ausgehen, daß H.s schlichtes Talent die Krise an der Ostfront meistern würde. Statt dessen war seine Rolle von Anfang an darauf zugeschnitten, seinem designierten Stabschef Autorität und Freiraum in der Führung der Armee zu verschaffen. Dieser Stabschef war Erich Ludendorff, der in seinen Charaktereigenschaften das genaue Gegenteil von H. verkörperte. Ludendorff war ein kühner, impulsiver militärischer Handwerker, der wenig auf Konventionen und Höflichkeiten gab und sich so schnell Feinde machte. H. stellte sich jedoch rasch auf den Einfluß seines Stabschefs ein und begnügte sich für die Dauer des Krieges damit, dessen Initiativen zu fördern. Die Früchte dieses Arrangements zeigten sich an der Ostfront bald in einer Abfolge von deutschen Siegen, die im Sommer 1914 mit den Schlachten bei Tannenberg und an den Masurischen Seen begannen und bis Ende 1915 in der Eroberung großer Teile von Russisch-Polen und des Baltikums gipfelten. Beobachter begannen, vom Oberkommando im Osten nur noch im Singular zu sprechen: von der »HL«. Wenn die treibende Kraft dieses Duos auch Ludendorff war, so war sein Erfolg ohne die Nähe zu H. nicht denkbar. Dessen stabilisierender Einfluß war bereits während der kritischen Stunden von Tannenberg offenbar geworden, und er verlieh Ludendorff mehr militärische Führerschaft, als dieser sie sonst jemals erreicht hätte.

H.s bedingungslose Unterstützung, aber auch seine größere diplomatische Geschicklichkeit ließen Ludendorff zu einem noch gewichtigeren Gegner in den Auseinandersetzungen mit dem Chef des Generalstabs Erich

Hindenburg wird an seinem 70. Geburtstag von einer Menschenmenge begrüßt. Bad Kreuznach 1917

von Falkenhayn werden. Diese entzündeten sich ab Ende 1914 an der Frage nach der weiteren strategischen Planung und der Verteilung der militärischen Ressourcen zwischen West- und Ostfront. Seit Nov. 1914 Oberbefehlshaber Ost (Ober-Ost), war H. die Verkörperung des dortigen Kriegstheaters. Die Siege vom Sommer machten ihn zum Volkshelden, einem Sinnbild für deutsche Erfolge in einem ansonsten niederdrückenden Krieg. Am 27. Nov. zum Generalfeldmarschall ernannt, wurde H. zur volkstümlichen Ikone für Gottvertrauen und unerschütterliche Standfestigkeit, und seine Popularität begann derjenigen des Kaisers Konkurrenz zu machen. Sein großväterliches Bild war an der Heimatfront bald allgegenwärtig: auf Postkarten, Plakaten und Medaillons, in der Presse, in Schaufenstern und in Form hölzerner Statuen, in die im Rahmen von Rotkreuz-Sammelaktionen von den Spendern Nägel eingeschlagen wurden.

H. folgte Falkenhayn am 29. Aug. 1916, inmitten der Krise an der Westfront, als Chef des Generalstabs des Feldheeres nach. Die Ernennung des Volkshelden zum Oberbefehlshaber stellte den Wendepunkt des Krieges dar. Praktisch ebnete nun H.s Aura den Weg für Ludendorffs erweiterten Machtbereich. Dieser begann sich auf die gesamte Kriegsanstrengung auszudehnen, auf die Leitung der militärischen Operationen in West und Ost ebenso wie auf die Lenkung der Heimatfront. Dabei änderte sich am Verhältnis der beiden Militärs wenig. Ludendorff, zum Ersten Generalquartiermeister ernannt, blieb die treibende Kraft, doch das symbolische Kapital H.s blieb letztlich die unverzichtbare Quelle seiner eigenen Macht. Diese Dynamik schlug sich auch in der Rhetorik des Krieges nieder. Die rücksichtslose Reorganisation der Kriegswirtschaft, die Ludendorff ab Herbst 1916 betrieb, wurde zum »Hindenburg-Programm«. Den Frontsektor des strategischen Rückzugs der deutschen Armee im Westen Anfang 1917, von Ludendorff erdacht und durchgeführt, taufte man die »Hindenburg-Linie«. Die atemberaubenden Annexionspläne, die Ludendorff und seinen Verbündeten auf der politischen Rechten als Preis des Sieges vorschwebten, wurden als »Hindenburg-Frieden« propagiert.

Die ungeheure Machtfülle der OHL untergrub so auf fundamentale Weise die verfassungsmäßigen Machtstrukturen des Kaiserreichs, vorneweg die Position des Kaisers selbst. Die Folgen dieser von ihm nominell zu verantwortenden Entwicklung, vor allem seine Erhebung zu einem regelrechten »Ersatzkaiser«, vermochte H. bei seinem schlichten Gemüt und seiner begrenzten politischen Erfahrung nie völlig zu erfassen. Problemlos argumentierte Ludendorff in der für H. verständlichen Sprache militärischer Sachzwänge, und seine Empfehlungen führten die Zustimmung des Marschalls zu radikalen Unternehmungen herbei, die wiederum gerade jene Autoritäten untergruben, denen H.s ureigene Loyalität galt. Die einseitige Ausrufung des Königreichs Polen, die Erklärung des uneingeschränkten U-Boot-Krieges und die Intrigen gegen Reichskanzler und Staatssekretäre stellten sich immer mehr wie Handlungen eines Souveräns dar. Der schwierigste Moment seines ganzen Lebens stellte sich für H. am Ende des Krieges ein, als er half, seinen Monarchen zum Verzicht auf den Thron zu überreden; ein Thron, der – nicht zuletzt aufgrund der von H. zu verantwortenden Politik – ohnehin schon fast vakant gewesen war.

Im Gefolge der deutschen Niederlage wuchs H.s Ansehen noch weiter. Diese bemerkenswerte Entwicklung war nicht zuletzt das Ergebnis einer nun einsetzenden Dämonisierung Ludendorffs, der problemlos für die militärischen und politischen Fehlurteile verantwortlich gemacht werden konnte. Sie war aber auch das Ergebnis einer allerletzten Zusammenarbeit zwischen Ludendorff und seinem Vorgesetzten, als beide im Nov. 1919 vor dem Parlamentarischen Untersuchungsausschuß aussagten. Wahrscheinlich glaubte H. sogar an das Wort vom »Dolchstoß«, auf das ihn Ludendorff vor dem Auftritt eingeschworen hatte. Diese Erklärung erlaubte es jedenfalls, die Armeeführung von allen Verantwortlichkeiten für den verlorenen Krieg reinzuwaschen. Ohne daß sein Ansehen Schaden genommen hatte, nahm nun H. Ende Juni 1919 im Alter von 71 Jahren ein zweites Mal seinen Abschied, jetzt als Symbol für einen Krieg, der hätte gewonnen werden müssen. Im April 1925 wurde er erneut aus dem Ruhestand zurückgerufen, diesmal um Präsident der deutschen Republik zu werden, eine Rolle, die viele seiner Unterstützer wieder als die eines »Ersatzkaisers« interpretierten. Wie ehedem ein Gefangener seiner Berater, folgte der 85jährige im Jan. 1933 deren Empfehlung und ernannte Hitler zum Reichskanzler.

Lit.: W. Rauscher, Hindenburg. Feldmarschall und Reichspräsident, Wien 1997; J. W. Wheeler-Bennett, Der hölzerne Titan. Paul von Hindenburg, Tübingen 1969.

ROGER CHICKERING (Ü: M. P.)

Hindenburg-Programm, Rüstungs- und Wirtschaftsprogramm der Obersten Heeresleitung. – Zwei Tage nach Übertragung der militärischen Führung an die 3. OHL (Hindenburg/Ludendorff) legte diese am 31. Aug. 1916 dem Preußischen Kriegsministerium umfangreiche Forderungen nach einer umfassenden Heranziehung aller wirtschaftlichen Ressourcen für die Kriegsanstrengungen und einer erheblichen Ausweitung der Rüstungsproduktion vor. Bald war es üblich, vom H. zu sprechen. Entwickelt wurde das Rüstungsprogramm von Oberstleutnant (später Oberst) Max Bauer, einem engen Vertrauten Erich Ludendorffs, der zugleich enge Verbindungen zu schwerindustriellen Kreisen pflegte, die kurz zuvor ein in dieselbe Richtung zielendes Programm vorgelegt hatten. Auch im Kriegsministerium lagen zu dieser Zeit konkrete Pläne zur Ausweitung der Kriegsproduktion vor. Begründet waren alle diese Initiativen in der desolaten militärischen Lage des Reichs: Die Schlacht bei Verdun hatte enorme Ressourcen verschlungen und die Ende Juni 1916 einsetzende Somme-Schlacht kam nicht zum »Ausbrennen« (Wilhelm Groener).

Kriegsminister Wild von Hohenborn umriß das neue Rüstungsprogramm, das er am 16. Sept. einer Runde von Industriellen vorstellte, folgendermaßen: »Je mehr wir mit unserem Menschenmaterial schließlich einmal in die Hinterhand kommen, desto mehr muß die Maschine, das Geschütz, das Maschinengewehr, die Granate usw. an die Stelle der Menschen treten und daraus folgt, daß wir nicht nur mit unseren Gegnern mindestens Schritt halten müssen, sondern daß wir sie überflügeln müssen.« Binnen eines halben Jahres, nämlich bis zum Frühjahr 1917, sollte die deutsche Rüstungsproduktion erheblich gesteigert werden. Die Produktion von Munition und Minenwerfern sollte verdoppelt, diejenige von Geschützen und Maschinengewehren gar verdreifacht werden; dazu sollte zum einen die Pulverproduktion von monatlich 6.000 t auf 12.000 t, als auch die Eisenerz- und Kohlenförderung erheblich erhöht werden.

Zur Sicherstellung dieser Produktionssteigerung war erstens eine umfassende Mobilisierung der knappen Arbeitskräfte vorgesehen. Bauer forderte ein Kriegsleistungsgesetz, das einen allgemeinen Arbeitszwang der gesamten arbeitsfähigen Bevölkerung für den Staat vorsah. Die Rekrutierung von belgischen Zivilarbeitern sollte forciert werden, notfalls auch durch Zwang. Ferner war vorgesehen, die Freizügigkeit der Arbeiter bei der Wahl ihres Arbeitsplatzes drastisch einzuschränken. Das hierzu erlassene Hilfsdienstgesetz vom 5. Dez. 1916 erfüllte die Erwartungen der OHL und der Wirtschaft nicht. Weiterhin sollte die Wirtschaft umfassend auf Kriegsproduktion umgestellt werden, indem nicht kriegswichtige Betriebe, vor allem aber auch weniger leistungsfähige Kleinbetriebe auf die Rüstungsproduktion umzustellen oder stillzulegen waren. Eine dritte Änderung betraf die Schaffung eines Kriegsamtes, das die Steigerung der Rüstungsproduktion in die Hand nehmen sollte. Nicht nur die Rüstungsindustriellen, auch ein Teil der militärischen Führung warfen der preußischen Militärbürokratie vor, nicht »Produktionspolitik«, sondern »Preispolitik« zu betreiben, die eine effiziente Produktion behindere. Diese vermeintlich zu engen Fesseln galt es zu sprengen. Wie sich schnell zeigte, entsprach die Politik des neuen Leiters des Kriegsamtes, Wilhelm Groener, nicht den von der OHL in sie gesetzten Erwartungen, da er keineswegs bereit war, die Kontrolle über die Rüstungspreise ohne weiteres an die Industriellen zu übertragen.

Tatsächlich wurde noch im Herbst 1916 der Bau von neuen Fertigungs- und Fabrikanlagen in Angriff genommen. Schnell stieß man an Grenzen; denn wie Groener rückblickend urteilte, lag dem H. kein »eingehend ausgearbeiteter, Übersicht gewährender Plan« zugrunde. Vielmehr handelte es sich um pauschale und globale Forderungen, die von der militärischen Führung unter dem Druck der komplizierten Situation an den Fronten aus rein militärischen Erwägungen an den Staatsapparat und die Wirtschaft gerichtet worden waren. Das H. verschärfte die schon früher einsetzende Transport- und Kohlenkrise, so daß bereits in den ersten Monaten die Produktion in fast allen Bereichen weit hinter den gesteckten Zielen zurückblieb, in einigen Bereichen sogar rückläufig war. Schon im Febr. 1917 sah sich die OHL gezwungen, neue Richtlinien auszugeben, die darauf abzielten, die bereits vorhandenen Fabrikanlagen voll auszulasten; nur solche Neu- und Erweiterungsbauten, insbesondere für Pulver-, Spreng- und Gaskampfstoffe, sollten betrieben werden, die im Frühjahr in Betrieb genommen werden konnten. Damit erreichte man im April zwar die angestrebte Pulverproduktion, deren Soll zwischenzeitlich aber nochmals erhöht worden war. Aber erst im Herbst 1917 wurde die für das Frühjahr geplante Produktion von Maschinengewehren und leichter Artillerie erreicht. Daher läßt sich annehmen, daß seit dem Winter 1917/18 die umfassende Umstellung auf die Kriegsproduktion die ersten Erfolge zeigte und die Produktionsziele damit weitgehend erreicht wurden.

Schon zeitgenössische Kritiker argumentierten, daß die Rüstungsproduktion schneller gestiegen wäre, wenn die vom Kriegsministerium angestrebte, schrittweise Erhöhung der Rüstungsproduktion verfolgt worden wäre. Auch in der wissenschaftlichen Literatur wird das H. weitgehend negativ beurteilt als ein bis zur »Utopie ehrgeiziges Programm« (Hans Herzfeld), und als ein »gamble in which the the nation's finances and ressources were recklessly exposed« (Gerald D. Feldman). Verwiesen wird in diesem Zusammenhang auf die Überspannung der Kräfte und auf die Versuche einer umfassenden Mobilisierung von Wirtschaft und Gesellschaft, die in den von Ludendorff später popularisierten Vorstellungen des »totalen Krieges« wieder auftauchten. → *Hilfsdienstgesetz* → *Kriegsamt* → *Kriegsleistungsgesetz*

Lit.: G. D. Feldman, Armee, Industrie und Arbeiterschaft in Deutschland 1914-1918, Berlin 1985; G. Mai, Arbeiterschaft in Deutschland 1914-1918. Studien zu Arbeitskampf und Arbeitsmarkt im Ersten Weltkrieg, Düsseldorf 1985.

MARTIN H. GEYER

Hipper, Franz Ritter von, * Weilheim (Oberbayern) 13.9.1863, † Altona-Othmarschen (heute zu Hamburg) 25.5.1932, deutscher Admiral. – H. trat 1881 in die Kaiserliche Marine ein und diente zunächst als Kommandant und Flottillenchef von Torpedobooten. Seit 1903 hatte er mehrere Kreuzerkommandos inne. 1912 erfolgte seine Ernennung zum Befehlshaber der Aufklärungsstreitkräfte. In dieser Funktion kommandierte H. die unglücklichen Kreuzeraktionen von 1914, die bereits am 28. Aug. zum Verlust der Kleinen Kreuzer *Ariadne*, *Mainz* und *Köln* in der Deutschen Bucht führten. Noch schlechter verlief das von H. und seinem Stabschef Erich Raeder am 24. Jan. 1915 geleitete Gefecht auf der Doggerbank, welches den Verlust des Panzerkreuzers *Blücher* mit sich brachte. In der Seeschlacht vor dem Skagerrak am 31. Mai 1916 bewies Vizeadmiral H. erneut seine persönliche Einsatzbereitschaft, aber auch seine nur durchschnittliche operative Begabung und Führungskraft. Nach der Versenkung der britischen Schlachtkreuzer *Queen Mary* und *Invincible*, deren Munitionsaufzüge nur mangelhaften Brandschutz besaßen, wurden H.s Schlachtkreuzer *Derfflinger*, *Seydlitz* und *Von der Tann* durch die Grand Fleet beinahe vernichtet; H. mußte seine Flagge von der schwer beschädigten (und später versenkten) *Lützow* auf die *Moltke* retten. Für seine Verdienste in der Skagerrak-Schlacht erhielt er den preußischen Orden »Pour le mérite« und wurde in den bayerischen Adelsstand erhoben. Seit Aug. 1918 Nachfolger von Reinhard Scheer als Chef der Hochseestreitkräfte, verfaßte H. den Oberbefehl Nr. 19, wonach sich die gesamte deutsche Hochseeflotte der britischen Grand Fleet, verstärkt durch fünf amerikanische Großkampfschiffe, in den Hoofden, dem südlichen Teil der Nordsee, stellen sollte. Doch legten die Matrosen auf den Schlachtschiffen des 1. und 3. Geschwaders am 29. Okt. die Kesselfeuer still. Mit den Worten »Unsere Leute haben gestreikt« entließ H. die meuternden Schiffe nach Brunsbüttel, Wilhelmshaven und Kiel, wodurch sich die revolutionäre Bewegung auch an Land ausbreiten konnte. Am 9. Nov. hißten die Matrosen seines Flaggschiffs *Friedrich der Große* die rote Fahne; daraufhin nahm am 13. Dez. 1918 der letzte kaiserliche Flottenchef seinen Abschied.

HOLGER H. HERWIG

Hirschfeld, Magnus, * Kolberg 14.5.1868, † Nizza 15.5.1935, deutscher Arzt und Sexualforscher. – H. gilt als Pionier der deutschen Sexualwissenschaft – er entwarf unter anderem eine biologische Theorie der Homosexualität – und engagierter Verfechter der gesellschaftlichen Gleichstellung der Homosexuellen. H. war 1897 Mitbegründer und erster Präsident des Wissenschaftlichen Komitees für Abolition des Strafgesetzes gegen Homosexualität. 1907 wurde er Gutachter im Prozeß gegen den Journalisten Maximilian Harden. 1913 gründete er gemeinsam mit Albert Eulenburg und Iwan Bloch die Ärztliche Gesellschaft für Sexualwissenschaft und Eugenik. H. gehörte im Weltkrieg dem linksgerichteten Bund Neues Vaterland an (gegründet 1914, weitere Mitglieder waren Eduard Bernstein, Albert Einstein, Kurt Eisner und Helene Stöcker), der für einen baldigen, gerechten Frieden eintrat. Auf Anordnung der OHL wurde der Bund 1916 verboten. 1919 gründete H. in Berlin das bekannte Institut für Sexualwissenschaften; es wurde nach H.s Emigration 1933 von den Nationalsozialisten zerstört. Die 1930 unter seinem Namen erschienene zweibändige *Sittengeschichte des Weltkrieges* war als ein Institutsprojekt konzipiert und wurde von zehn Autoren verfaßt (Redaktion Andreas Casper). Das Werk gehört bis heute zu den populären (allerdings nicht immer zuverlässig edierten) Quellensammlungen einer Alltagsgeschichte des Weltkrieges.

Lit.: C. Wolff, Magnus Hirschfeld, London 1986; M. Herzer, Magnus Hirschfeld. Leben und Werk eines jüdischen, schwulen und sozialistischen Sexologen, 2. überarb. Aufl., Hamburg 2001.

GERHARD HIRSCHFELD

Hitler, Adolf, * Braunau am Inn 20.4.1889, † (Selbstmord) Berlin 30.4.1945, Gefreiter, später Politiker (1933-1945 deutscher Reichskanzler). – Für H. war der Weltkrieg nach eigenem Bekunden »die unvergeßlichste und größte Zeit meines irdischen Lebens« (*Mein Kampf*, 1925). Noch während des Zweiten Weltkrieges erinnerte er seine Umgebung wiederholt an seine Militärzeit von 1914 bis 1918, »in der ich keine Sorgen hatte«; er sei »leidenschaftlich gern Soldat« gewesen (*Monologe im Führerhauptquartier*, 1941).

Der bei Kriegsausbruch in München lebende Kunstmaler H. meldete sich bereits am 5. Aug. 1914 als Kriegsfreiwilliger beim 1. Bayerischen Infanterieregiment. Die Zulassung des österreichischen Staatsbürgers zur bayerischen Armee beruhte vermutlich auf einem Irrtum der Behörden. Ausgerüstet am 16. Aug. vom 2. Ersatzbataillon des 2. Infanterieregiments, wurde H. am 1. Sept. dem neugebildeten Reserveinfanterieregiment Nr. 16 (»Regiment List« nach seinem Kommandeur Oberst Julius List) zugewiesen. Die kurze Rekrutenausbildung leistete er in München und in Lechfeld bei Augsburg ab. Seine »Feuertaufe« empfing H. Ende Okt. in Flandern an der Straße nach Menin bei Ypern. Das bayerische Regiment erlitt bei diesen Kämpfen Verluste von fast 70 %. H. wurde am 3. Nov. (rückwirkend zum 1. Nov.) zum Gefreiten befördert – es blieb seine einzige militärische Beförderung im Weltkrieg – und am 9. Nov. als Ordonnanz und Meldegänger dem Regimentsstab zugeteilt.

H. galt bei seinen Kameraden und Vorgesetzten als verschlossen und humorlos, aber auch als pflichtbewußt und tapfer. Nach schweren Gefechten bei Messines und Wytschaete erhielt H. Anfang Dez. 1914 das Eiserne Kreuz II. Klasse. Später kamen das Militärverdienstkreuz III. Klasse (17. Sept. 1917), das Verwundetenabzeichen (18. Mai 1918) sowie das Eiserne Kreuz I. Klasse »für Tapferkeit vor dem Feind und persönliche Verdienste« (4. Aug. 1918, auf Vorschlag des jüdischen Leutnants Hugo Gutmann) hinzu.

Das Regiment List nahm an weiteren verlustreichen Flandern-Schlachten teil sowie zwischen März 1915 und Sept. 1916 auch am Stellungskrieg im Frontabschnitt bei Fromelles. Anschließend wurde die Einheit an die Somme verlegt, wo H. Anfang Okt. 1916 zum ersten Mal verwundet wurde. Ein zweimonatiger Aufenthalt im Lazarett Beelitz (bei Berlin) und ein anschließender Besuch in München und Berlin, wo ihm nach eigener Feststellung massive Unzufriedenheit in der Bevölkerung über den Kriegsverlauf begegnete, übten auf H. offenbar nachhaltige Wirkung aus. Vermutlich unter dem Eindruck der von der 3. OHL angeordneten »Judenzählung« im deutschen Heer bezichtigte H. wiederholt in seiner Feldpost die Juden, für die schlechte Stimmung verantwortlich zu sein.

Am 5. März 1917 kehrte H. an die Front zurück; es folgten Einsätze in Nordfrankreich, in Flandern und schließlich im Elsaß. Bei der Frühjahrsoffensive 1918 kam H.s Einheit in Gefechten an der Somme, an der Aisne und schließlich an der Marne (2. Marne-Schlacht) zum Einsatz. In der Nacht vom 13. auf den 14. Okt. wurde das Regiment in der Nähe von Ypern Opfer eines britischen Gasangriffs. H. erblindete vorübergehend und kam am 21. Okt. in das preußische Reserve-Lazarett in Pasewalk bei Stettin. Dort erfuhr er vom Waffenstillstand und dem Ausbruch der Revolution, für die er die Sozialdemokraten und erneut die Juden verantwortlich machte: »Ich aber beschloß, nun Politiker zu werden«.

Zweifellos übten der Weltkrieg und vor allem die Niederlage von 1918 auf H.s politische Mission und Ideologie entscheidende Wirkung aus. Die Beschwörungen des Kriegs- und Fronterlebnisses und der stilisierten Kameradschaftserfahrung des Schützengrabens wurden zu emotiven Stereotypen seiner Reden als »Trommler« der NSDAP vor 1933 und fanden später Eingang in die Durchhalteparolen des »Führers« während des Zweiten Weltkriegs. Im Zusammenhang mit H.s elementarer Erfahrung des Ersten Weltkriegs müssen aber auch einige seiner späteren sozialpolitischen Entscheidungen, wie etwa die demonstrative Sicherstellung von Kriegsversehrten oder die lange hinausgezögerte massenhafte Beschäftigung deutscher Frauen in der Kriegswirtschaft, gesehen werden.

Lit.: J. C. Fest, Hitler. Eine Biographie, Frankfurt a. M. u. a. 1973; I. Kershaw, Hitler, 1889-1936, Stuttgart 1998.

GERHARD HIRSCHFELD

Hochspannungszaun. Anfang 1915 begannen die deutschen Besatzungsbehörden in Belgien mit dem Bau eines 180 km langen H. entlang der belgisch-niederländischen Grenze. Das Projekt war eine vor allem von sicherheitspolitischen Erwägungen geleitete Reaktion auf die anhaltende Flucht von über 800.000 Belgiern nach Holland und Großbritannien infolge der deutschen Besetzung des Landes. Hinzu kam die Furcht der deutschen Besatzungsbehörden vor feindlicher Spionage und Schmuggel. Der mit rund 2.000 Volt geladene, zwei Meter hohe Stacheldrahtzaun, zwangsfinanziert durch belgische Kommunen und errichtet durch Zwangsarbeiter, schloß Belgien ab Sept. 1915 bis Kriegsende vollständig von den neutralen Niederlanden ab. Bis Okt. 1918 starben am H. mehrere hundert, zumeist belgische Flüchtlinge. Hinzu kamen Personen, die von den deutschen Posten beim Grenzübertritt gefaßt und standrechtlich erschossen wurden. Trotz des ständigen Ausbaus und einer beinahe lückenlosen Bewachung des H. durch Landwehrtruppen und mit Scheinwerfern und Alarmdrähten, gelang es den Besatzungsbehörden nicht, den belgischen Flüchtlingsstrom völlig einzudämmen. Den im Volksmund »Todeszaun« genannten H. überwanden schätzungsweise mehr als 20.000 Flüchtlinge, aber auch professionelle Schmuggler und vermutlich auch alliierte Spione. Sie taten dies durch Bestechung der Posten oder auf mechanischem Wege, mit

Hochspannungszaun an der Grenze zwischen Belgien und den Niederlanden

Hilfe von Gummianzügen und Fässern, mit Drahtschneidezangen und sogar per Stabhochsprung. Ein Denkmal in Sippenaeken am Dreiländereck erinnert seit 1920 an die Opfer des H.

Lit.: A. Vanneste, Het eerste »Jjzeren Gordijn«? De elektrische draadversperring aan de Belgisch-Nederlandse grens tijdens de Eerste Wereldoorlog, in: Het Tijdschrift van Dexia Bank, H. 4 (2000), S. 39-82.

CHRISTOPH ROOLF

Hoeppner, Ernst von, * Tonnin auf Wollin 14.1.1860, † Groß-Mockratz 27.9.1922, preußischer General. – Im Kadettenkorps erzogen, war H. 1879 in das Dragonerregiment Nr. 6 eingetreten und 1912 zum Generalmajor ernannt worden. Mit der Mobilmachung wurde er Chef des Generalstabs der 3. Armee und leitete deren Operationen während der Grenzschlachten und an der Marne, bis die Armee in den Stellungskrieg überging. Am 14. Febr. 1915 übernahm H. die 17. Reservedivision, um dann am 1. Juni als Chef des Generalstabs zur 2. Armee zu wechseln (Ernennung zum Generalleutnant am 18. Juni). Die Westfront verließ H. mit seiner Ernennung zum Kommandeur der 75. Reservedivision, mit der er ab April 1916 in Galizien und Wolhynien kämpfte.

Am 15. Nov. 1916 wurde er ins Große Hauptquartier versetzt und dort mit der Führung der neu errichteten Stelle eines Kommandierenden Generals der Luftstreitkräfte (Kogenluft) betraut. Unter dieser waren Flieger- und Luftschiffertruppe, Wetterdienst sowie Fliegerabwehrwaffe und der Heimatluftschutz zusammengefaßt worden. Spätestens seit der Somme-Schlacht desselben Jahres war die Bedeutung der Luftwaffe für die kommenden Kämpfe evident geworden, und H. sowie sein Stabschef Oberstleutnant von der Lieth-Thomsen, der als der eigentliche Fachmann beim Kogenluft galt, sahen sich bis zum Ende des Krieges mit einer zunehmend erdrückenden Überlegenheit der gegnerischen Luftwaffen konfrontiert.

Nach der Auflösung der Dienststelle im Jan. 1919 übernahm H. noch im April das XVIII. Armeekorps und schied am 30. Sept. als General der Kavallerie aus der Armee aus.

MARKUS PÖHLMANN

Hoffmann, Max, * Homberg (bei Kassel) 25.1.1869, † Bad Reichenhall 8.7.1927, preußischer General. – H., Sohn eines Richters, wurde erstmals 1899 in die Russische Abteilung des Generalstabs kommandiert und gehörte ihr fest seit 1901 an. 1904/05 reiste er als Beobachter zum Krieg in die Mandschurei, den er auf japanischer Seite miterlebte. 1914 Oberstleutnant, wurde er dem Oberkommando der 8. Armee unter Maximilian von Prittwitz und

Gaffron zugeteilt, die die preußische Ostgrenze gegen die russische Armee verteidigen sollte. Noch bevor Prittwitz durch Hindenburg und Ludendorff ersetzt wurde, hatten die Offiziere des Stabes, vor allem H., die Operationen vorbereitet, die dann Ende Aug. 1914 zum Erfolg von Tannenberg führten. H., ein sehr intelligenter, zynischer Offizier, war eine der führenden Persönlichkeiten im Stab des Oberbefehlshabers Ost (Ober-Ost) und vertrat, anders als Falkenhayn und ebenso wie Hindenburg und Ludendorff, die »Siegfriedens«-Strategie: Er glaubte, die Russen könnten durch einen wuchtigen Entscheidungsschlag aus dem Feld geschlagen und dann alle Kräfte nach Westen gebracht werden. Als Hindenburg und Ludendorff im Aug. 1916 Falkenhayn ablösten, wurde H. Stabschef des neuen Ober-Ost, Prinz Leopold von Bayern. Ihm gelang es, die russischen Offensiven des Jahres 1917 zu stoppen. 1917/18 führte H. die Friedensverhandlungen mit Rußland, die schließlich am 3. März 1918 zum Vertrag von Brest-Litowsk führten. H. hatte dabei zwar mehr Augenmaß und politisches Verständnis als Ludendorff gezeigt, trotzdem wurde seine harte Verhandlungsführung sprichwörtlich. Um den russischen Widerstand gegen die harten Friedensbedingungen zu brechen, nahmen die deutschen Armeen den Angriff gegen Rußland wieder auf. Nach dem Waffenstillstand sorgte er für die Rückführung des deutschen Ostheeres und zog sich 1920 ins Privatleben zurück. In seinen Nachkriegsschriften, vor allem in seinen Memoiren mit dem Titel *Der Krieg der versäumten Gelegenheiten* ging H. gnadenlos mit der deutschen Führung und besonders mit Falkenhayn und Ludendorff ins Gericht; Hindenburg schilderte er als unfähig. Vor allem strich er seinen eigenen Anteil am Sieg von Tannenberg heraus.

HOLGER AFFLERBACH

Holtzendorff, Henning von, * Prenzlau 9.1.1853, † Jagow (Uckermark) 7.6.1919, deutscher Großadmiral. – H. trat 1869 in die Marine ein, nahm am Krieg 1870/71 teil und diente 1900 als Linienschiffskommandant während des Boxeraufstandes. Nach verschiedenen Landkommandos (Oberkommando der Marine, Stabschef der Ostseedivision, Oberwerftdirektor von Danzig) war er 1906-09 Chef des 1. Geschwaders und wurde 1910 Chef der Hochseeflotte; im Jan. 1913 nahm er seinen Abschied. Der Sept. 1915 brachte jedoch H.s Reaktivierung als Chef des Admiralstabs, nachdem unlösbare politische Differenzen mit der Reichsleitung die Verabschiedung des Admirals Gustav Bachmann erzwungen hatten. H. wurde wegen seiner ablehnenden Einstellung zum uneingeschränkten U-Boot-Krieg seitens der Unterstützer von Admiral Alfred von Tirpitz als »Vater der Lüge« denunziert. Doch bald setzte sich auch H. für die umstrittene Seekriegsstrategie ein: Am 22. Dez. 1916 präsentierte er seine berühmte Denkschrift zum uneingeschränkten U-Boot-Krieg, worin er die Friedensbereitschaft des britischen Königreichs innerhalb von sechs Monaten versprach – sofern die deutschen U-Boote monatlich 600.000 BRT in den ersten zwei und 500.000 BRT in den folgenden vier Monaten versenken würden. Der uneingeschränkte U-Boot-Krieg, am 1. Febr. 1917 proklamiert, erreichte und übertraf zwar die von H. prognostizierten Versenkungszahlen, brachte aber keine britische Kapitulation. Statt dessen erklärten die USA Deutschland am 6. April 1917 den Krieg. Bereits von tödlicher Krankheit gezeichnet, schied H. im Rang eines Großadmirals am 27. Aug. 1918 aus dem Dienst aus und machte damit den Weg für Scheers Einrichtung einer neuen Seekriegsleitung frei.

HOLGER H. HERWIG

Hood, Sir Horace, * Tunbridge Wells 2.10.1870, † vor dem Skagerrak 31.5.1916, britischer Admiral. – H. trat 1882 als Seekadett in die Royal Navy ein. Er nahm an verschiedenen militärischen Operationen des Empires teil, so 1897 an Bord eines Kanonenbootes auf dem Nil, 1898-1900 am Burenkrieg und 1904 gegen die Derwische in Somalia. 1910-13 war er Kommandant der Marineschule in Osborne, danach wurde er Kapitän der H.M.S. *Centurion* und im Juni 1914 Marinesekretär des First Lord of the Admiralty, Winston Churchill. Im Okt. 1914 kommandierte H. eine Flottille von Küstenstreitkräften, die ihren Stützpunkt in Dover hatte. Er sollte mit ihr die Verbindung zur belgischen Armee aufrechterhalten. Im Mai 1915 hißte H. seine Flagge auf der H.M.S *Invincible* als Kommandant des 3. Schlachtkreuzer-Geschwaders der Grand Fleet. Am 30. Mai verließ er Scapa Flow, und am nächsten Tag befanden sich die *Invincible* sowie die Schlachtkreuzer *Inflexible* und *Indomitable* 25 Seemeilen vor der Grand Fleet. Als um 16.40 Uhr die Nachricht kam, daß Admiral Beattys

Schlachtkreuzer sich im Kampf mit dem deutschen Vizeadmiral Franz Hipper und seinen 1. und 2. Aufklärungsgruppen befanden, eilte H. dem Gefecht Richtung Ost-Südost unter Volldampf entgegen. Zwei Stunden später kam er rechtzeitig zur Unterstützung des bedrängten Kleinen Kreuzers *Chester*. Inzwischen drehte Hipper, der sich der gesamten Grand Fleet gegenüber glaubte, nach Westen ab. H. verfolgte Hipper, und es entwickelte sich ein schweres Artilleriegefecht zwischen *Invincible* und *Derfflinger*. Um 18.34 Uhr traf eine Sprenggranate den »Q«-Turm der *Invincible*. Die Granate durchschlug die Wand und explodierte in der Munitionskammer des Schlachtkreuzers. H. und die gesamte Schiffsbesatzung bis auf sechs Matrosen (von 1.026 Mann) wurden sofort getötet. Die Royal Navy ehrte die traditionsreiche Familie H., indem sie 1918 einen neuen Schlachtkreuzer auf den Namen des Flottenkommandanten taufte.

HOLGER H. HERWIG

Hoover, Herbert Clark, * West Branch (Iowa) 10.8.1874, † New York 20.10.1964, US-Politiker, (1929-33 Präsident der USA). – In den Vereinigten Staaten ist H. vor allem als glückloser Präsident der krisenhaften Jahre 1929-33 in Erinnerung geblieben, dessen Wirken ganz von den Erfolgen seines glanzvollen Nachfolgers Franklin D. Roosevelt überschattet wird. Vor diesem Hintergrund ist seine höchst bemerkenswerte Tätigkeit während des Weltkrieges vielfach in Vergessenheit geraten. H., der aus einer einfachen Quäkerfamilie stammte, hatte sich an der Stanford University zum Bergbauingenieur ausbilden lassen. Als der Krieg ausbrach, befand er sich in London, wo er auf Anfragen der amerikanischen Botschaft sogleich eine ehrenamtliche Tätigkeit übernahm, nämlich die Organisation der Rückführung amerikanischer Staatsbürger in die USA. Dies bereitete ihn auf eine humanitäre Aufgabe von ungleich größeren Dimensionen vor: Als es 1914 nach dem deutschen Angriff auf Belgien und der britischen Blockade der kontinentalen Häfen dort zu schweren Ernährungskrisen kam, übernahm H. die Leitung der Commission for Relief in Belgium (CRB). Die Organisation verfolgte das Ziel, die Ernährung einer 10 Mio. Menschen umfassenden Bevölkerung mitten im Krieg sicherzustellen – womit verschiedenste Aufgabenstellungen verbunden waren: Spendengelder mußten weltweit eingeworben werden, die kriegführenden Mächte zur Hinnahme der Aktionen bewogen, die Verteilung der Nahrungsmittel durch amerikanische Freiwillige organisiert werden. Die Erfolge des CRB empfahlen H. für eine Tätigkeit in der amerikanischen Administration, als es zum Kriegseintritt der USA kam. Präsident Wilson berief ihn 1917 zum U.S. Food Administrator mit der Aufgabe, die Nahrungsmittelversorgung der Armee, der amerikanischen Zivilbevölkerung ebenso wie die der Alliierten zu sichern. Unter dem Slogan »Food Will Win the War« vertraute H. stärker auf die freiwillige Kooperation der Bevölkerung als auf rigide Rationierungsmaßnahmen. Nach dem Waffenstillstand übernahm er die Leitung der American Relief Administration, die sich um die Lebensmittelversorgung der hungernden Bevölkerung Mitteleuropas kümmerte. Mit diesen humanitären Leistungen verschaffte sich H. weltweiten Ruhm.

MATTHIAS WAECHTER

House, Edward Mandell (»Colonel«), * Houston (Texas) 26.7.1858, † New York 28.3. 1938, US-amerikanischer Diplomat. – Dieser texanische Geschäftsmann, der zum Politiker wurde, spielte eine Hauptrolle in Woodrow Wilsons erstem Präsidentschaftswahlkampf 1911: er mobilisierte die Unterstützung für Wilson aus der Demokratischen Partei. Beeindruckt von H.s Menschenkenntnis und Organisationsfähigkeit, machte ihn der Präsident immer mehr zu seinem Vertrauten. Im Weltkrieg trat er anfänglich für die Neutralität der USA ein, forderte aber zugleich, daß das Land sich militärisch auf einen Krieg vorbereiten müsse. Diese Ansicht vertrat er immer energischer, nachdem er 1915 und 1916 auf zwei Besuchen in Europa vergeblich versucht hatte, Friedensverhandlungen zu vermitteln – besonders, nachdem die Briten einen entsprechenden Vermittlungsversuch zurückgewiesen hatten. Zugleich drohte er den Mittelmächten damit, daß die USA auf alliierter Seite in den Krieg eintreten würden, wenn die Mittelmächte eine Kooperation ablehnen sollten.

Nach dem Kriegseintritt der USA blieb H. Wilsons wichtigster Verhandlungsführer mit den Alliierten. Der Präsident wies ihm auch bei der Einrichtung der »Inquiry« eine führende Rolle zu: Dies war eine ad hoc geschaffene Agentur, Vorgängerin des modernen Beraterstabs, die Fakten sammelte und Vorgehensweisen entwickelte, die zu einer Friedensschließung und dem Wiederaufbau Europas nach dem Krieg beitragen sollten. Es war die »Inquiry«, welche die Vierzehn Punkte entwarf, auf denen die Politik des Präsidenten basierte, und H. war auch dafür verantwortlich, daß Wilson ein Konzept für den Völkerbund entwickelte.

Auch während der Friedenskonferenzen 1919 fungierte H. als rechte Hand von Präsident Wilson. Trotz einiger spektakulärer Auseinandersetzungen mit den Franzosen und Briten, und auch angesichts eines allgemeinen und wachsenden Argwohns gegenüber den Motiven und Moralvorstellungen der Europäer blieb H. ein Verfechter von Kompromissen – mit den Alliierten und mit einem zunehmend feindlich gesonnenen US-Senat. Seine Bewunderung für Wilson überlebte dessen Unnachgiebigkeit. »Colonel« H.s Karriere ist der Beweis, daß auch diplomatische Autodidakten sich zu geschickten Diplomaten entwickeln können.

Dennis E. Showalter (Ü: O. H.)

Hoyos, Alexander Graf, * Fiume 13.5.1876, † Schwertberg 20.10.1937, österreichisch-ungarischer Politiker. – H. trat 1900 in den diplomatischen Dienst Österreich-Ungarns ein, der ihn auf zahlreiche Auslandsvertretungen führte. Im April 1912 wurde er Kabinettschef des Außenministers Leopold Graf Berchtold. Nach der Ermordung des Thronfolgers Franz Ferdinand am 28. Juni 1914 sollte die Haltung Deutschlands zu einem möglichen Krieg der Donaumonarchie gegen Serbien, der eventuell Rußland zum Eingreifen veranlassen könnte, sondiert werden. H. hatte gute Verbindungen zu deutschen Diplomaten, genoß das Vertrauen Berchtolds und gehörte zu einer Gruppe jüngerer Mitarbeiter des Außenministeriums, die eine aktivere Großmachtpolitik Österreich-Ungarns forderten. Daher eignete er sich besonders dazu, ein schon zuvor ausgearbeitetes Memorandum zur Balkanpolitik und ein Handschreiben Kaiser Franz Josephs an Wilhelm II., das die Rückendeckung Deutschlands erbat, nach Berlin zu bringen. Die Reaktion der Reichsleitung in Berlin am 5. und 6. Juli 1914 war wunschgemäß und gab Österreich-Ungarn weitgehend freie Hand. Die »Hoyos-Mission« ebnete damit den Weg zum Ultimatum an Serbien und zur Kriegserklärung. H. kehrte nach einem kurzen militärischen Kriegseinsatz im Jahr 1915 zunächst auf seinen Posten zurück und war 1917/18 österreichisch-ungarischer Geschäftsträger in Norwegen.

Günther Kronenbitter

Hugenberg, Alfred, * Hannover 19.6.1865, † Kükenbruch (heute zu Extertal, Kreis Lippe) 12.3.1951, deutscher Wirtschaftsführer und Politiker. – Nach dem Studium von Jura und Volkswirtschaft arbeitete H. von 1894 bis 1899 bei der preußischen Ansiedlungskommission in Posen und tat sich besonders als rigoroser Verfechter der Germanisierungspolitik hervor. Er zählte 1890 zu den Gründungsmitgliedern des rechtsextremen Alldeutschen Verbandes und blieb auch in der Folgezeit, wenngleich häufiger hinter den Kulissen, für die Alldeutschen tätig.

1909 wurde H. Vorsitzender des Krupp-Direktoriums und leitete dort die industrielle Spendentätigkeit für die verschiedenen nationalen Verbände. Darüber hinaus bekleidete er zahlreiche Aufsichtsratssitze und Führungsposten bei verschiedenen westdeutschen Wirtschaftsverbänden. Beim Ausbruch des Weltkriegs setzte sich H. mit an die Spitze der annexionistischen Kriegszielbewegung, die er auch finanziell tatkräftig unterstützte. Da er überzeugt war, daß die deutsche Arbeiterbewegung gestärkt aus dem Krieg hervorgehen werde, sollten Annexionen und die Vorherrschaft des Reiches in Europa für die erlittenen Entbehrungen entschädigen: es gelte – so H. – »die Aufmerksamkeit des Volkes abzulenken und der Phantasie Spielraum zu geben«. Die gesellschaftspolitischen Motive der annexionistischen Zielsetzungen von »wahrlich imperialer Größenordnung« (Wolfgang J. Mommsen) traten auch in der von ihm und anderen Wirtschaftsführern vorgelegten *Denkschrift der Fünf Verbände* vom 10. März 1915 hervor, des Centralverbandes deutscher Industrieller, des Bundes der Industriellen, des Deutschen Bauernbundes, des Bundes der Landwirte sowie des Reichsdeutschen Mittelstandsverbandes. Hinzu kamen im Mai noch die Christlichen Deutschen Bauernvereine. Die Annexionen im Osten – so H. in einer den Forderungskatalog der sechs Verbände ergänzenden Denkschrift, seien auch deshalb notwendig, um zu verhindern, daß die Deutschen »ein ungesundes, einseitig industrielles Volk würden, in dem Masseninstinkte alles beherrschen, das keine natürliche Volksvermehrung mehr besitzt, das rassisch zurückgeht und dessen Wehrkraft sinkt.« 1916 erwarb und sanierte er die A. Scherl-Verlags GmbH, später die VERA Verlagsanstalt mit 14 Provinzzeitungen sowie die Telegraphenunion und legte somit den Grundstein für ein deutschnationales Pressewesen. Nach dem Krieg setzte H. seine Unterstützung rechter Verbände und Parteien fort, vor allem der Deutschnationalen Volkspartei (DNVP), deren Vorsitz (mit »diktatorischen« Vollmachten) er 1928 übernahm. 1927 erwarb er die Stimmrechtsmehrheit der Universum Film AG (UFA) und avancierte zum eigentlichen Presse- und Medienzaren der Weimarer Republik. Nachdem er die DNVP über die Beteiligung an der Harzburger Front sowie durch außerparlamentarische Kampagnen (Young-Plan) auf einen Annäherungskurs an die Nationalsozialisten geführt hatte, wurde er im 1. Kabinett Hitler kurzzeitig Reichs- sowie preußischer Wirtschafts-, Landwirtschafts- und Ernährungsminister. Im Juni 1933 wurde er von Hitler zum Rücktritt gezwungen, seine Partei wurde aufgelöst, H. blieb jedoch (bis 1945) Abgeordneter des Reichstags. Unter Druck der NSDAP war H. in der Folgezeit gezwungen, große Teile seines Konzerns zu verkaufen. 1946 wurde er zunächst von der britischen Militärverwaltung interniert, 1951 jedoch als »entlastet« eingestuft und freigelassen.

Lit.: H. Holzbach, Das »System Hugenberg«, Stuttgart 1981; J. A. Leopold, Alfred Hugenberg, London 1977.

HEINZ HAGENLÜCKE

Hunger. Die lange Dauer des Krieges, die gegenseitigen Blockaden der Lebensmittelimporte und die Ausbeutung der von den Mittelmächten besetzten Gebiete – all dies verursachte zeitweise dramatische Erscheinungen von H. Besonders im Deutschen Reich und in Österreich war die Ernährungslage in der zweiten Kriegshälfte katastrophal.

Da sich die deutsche Ernährungspolitik nicht auf den Kriegsfall vorbereitet hatte, war sie mitverantwortlich für den Rückgang des quantitativen und qualitativen Standards im Lebensmittelkonsum einer großen Mehrheit der Zivilbevölkerung. Die wöchentliche Mehlration fiel von 1.575 gr. im Jahr 1915 auf 1.400 gr. im letzten Kriegsjahr, die Fettration im gleichen Zeitraum von 100 auf 70 gr. Im Winter 1917/18 sank der durchschnittliche Kalorienwert einer Tagesration auf weniger als 1.000 Kalorien, also die Hälfte des Mindestbedarfs. Parallel dazu sank die Qualität der zur Verfügung stehenden Produkte.

Schon zu Beginn des Jahres 1915 wurde zwangsweise ein sog. Kriegsbrot eingeführt, das mit Kartoffelmehl und anderen minderwertigen Mehlsorten gemischt war. Milch wurde in der Regel mit Wasser verdünnt. Findige Produzenten bemühten sich, Surrogate für die knappen Produkte zu erzeugen. In den meisten Fällen hatte dieser »Ersatz« jedoch nur eine äußerliche Ähnlichkeit mit dem Original und besaß keinen entsprechenden Nährwert. Bis Anfang 1918 konnten sich Produzenten, Erfinder und Spekulanten auf diesem Gebiet frei betätigen. Als die Regierung dann Regelungen einführen wollte, wurden mehr als 11.000 solcher Surrogate gezählt.

Die Unfähigkeit des Staates, den Bürgern eine angemessene Nahrung zu sichern, hatte schwerwiegende Folgen. Zum einen bemühten sich Kommunalbehörden und die lokale Industrie darum, die Produzenten direkt zu erreichen, um auf dem Markt die nötigen Einkäufe realisieren zu können. Dabei folgten sie dem Beispiel der Militärbehörden, die bis zum Ende des Krieges ihre Unabhängigkeit auf dem Agrarmarkt beibehielten. Zum anderen bemühten sich zahlreiche Bürger um direkte Einkäufe bei den Produzenten. Nur auf diese Weise war es möglich, die qualitativ und quantitativ unzureichende Rationierung zu umgehen. Das sog. Hamstern verbreitete sich schnell und massenhaft; dabei wurde auf mehr oder minder offensichtliche Weise gegen alle Verordnungen der staatlichen Behörden verstoßen.

Die abrupt sinkende Wirtschaftsmoral erfaßte Produzenten und Konsumenten zugleich. Selbst die Behörden konnten diese Entwicklung nicht stoppen – im Gegenteil, häufig begünstigten sie diese sogar. So organisierten viele Kommunen sog. Hamsterzüge, die die hungernde Stadtbevölkerung auf nahegelegene Felder brachten. Dort konnte man in Tauschgeschäften Nahrungsmittel erwerben. Es gab aber auch zahlreiche öffentliche Proteste, insbesondere im Frühling 1917 und im Jan. 1918. In Berlin und Leipzig fanden zahlreiche Streiks und Demonstrationen statt, bei denen vor allem Angehörige der Arbeiterschichten ihren Wunsch nach Frieden und einer besseren Verpflegung äußerten.

Der H. fand seinen Höhepunkt im Winter 1916/17, dem berüchtigten »Kohlrübenwinter«. Aber auch gegen Ende des Krieges hatte sich die Ernährungslage nicht gebessert, so daß der H. zusammen mit Kriegsmüdigkeit zu einer Schwächung der »inneren Front« führte. Die Alliierten erkannten dies und nutzten in den ersten Monaten nach Abschluß des Waffenstillstands die H.blockade als eine gezielte Waffe, um die neue demokratische Regierung zu einer Unterzeichnung des Versailler Vertrags zu zwingen. Nach heutigen Schätzungen starben im Verlauf des Krieges in Deutschland über 800.000 Menschen – vor allem Frauen, Kinder und Greise – an den Folgen von Unterernährung.

Auch in der habsburgischen Doppelmonarchie verschlechterte sich die Lage im Laufe des Krieges zunehmend. Doch traf dies Österreich und Ungarn ganz unterschiedlich. Ungarn verhielt sich sehr zurückhaltend bei der Abgabe von Produkten an Österreich, wo – vor allem in Wien – die Industriearbeiterschaft konzentriert war. Dadurch ergab sich eine deutliche Benachteiligung Österreichs. Im Winter 1917/18 verschlechterte sich die Lage insbesondere in Wien dramatisch. In allen größeren Städten der Doppelmonarchie kam es daraufhin zu Streiks und Massendemonstrationen. Die Lage spitzte sich dermaßen zu, daß Kaiser Karl deutsche Schiffe auf der Donau requirieren ließ, die Getreide aus Rumänien ins Deutsche Reich transportieren sollten. Im Sommer 1918 wurden hauptsächlich in Wien sog. Kriegsküchen eingerichtet, in denen Suppen zu ermäßigten Preisen verteilt wurden. Die kaiserliche Familie besuchte mehrmals demonstrativ diese Küchen. Am Ende des Krieges war die Ernährungslage, vor allem im westlichen Teil Österreich-Ungarns, dennoch katastrophal.

Eine Folge dieser schwierigen Lage war, daß die Militärbehörden in den besetzten Gebieten (Serbien, Nordost-Italien, Galizien) dazu gezwungen waren, nur mit den örtlichen Ressourcen auszukommen. So wurde dort im letzten Kriegsjahr eine rücksichtslose Ausbeutungspolitik durchgeführt, die ihrerseits die einheimische Zivilbevölkerung einer dramatischen H.not aussetzte. Dies gilt auch für die von deutschen Truppen besetzten Gebiete, vor allem im Westen. Belgien war schon vor dem Krieg stark von Agrarimporten abhängig. Der Krieg und die Requirierung von Zwangsarbeitern für die deutsche Industrie verursachten die totale Lahmlegung der Agrarproduktion. Die deutsche Regierung teilte offiziell mit, daß sie sich in keiner Weise für die Ernährung der belgischen und nordfranzösischen Zivilbevölkerung verantwortlich fühle; alle Schuld am dortigen H. wurde der Blockade durch die Alliierten zugeschoben. Schließlich organisierte eine Gruppe von belgischen Industriellen, Bankiers und Gewerkschaftlern ein Comité National, das sich mit der Lieferung von Lebensmitteln beschäftigte. Gleichzeitig wurde in den USA eine Commission for Relief in Belgium unter der Leitung von Herbert Hoover gegründet.

Ende 1914 begannen die Lieferungen von Lebensmitteln, die den Freihafen von Antwerpen erreichten. Insgesamt wurde die belgische Zivilbevölkerung bis Ende des Krieges mit mehr als 3 Mio. t Lebensmitteln aus Übersee versorgt. Im Inland organisierte das Comité National eine Kette von Volksküchen, die die Armen mit Suppe, Brot und anderen Grundnahrungsmitteln belieferten. Für stillende Frauen und kleine Kinder wurden besondere Kantinen gegründet, bekannt als »goutte de lait« (Milchtropfen). Bis 1918 waren 768 solcher Küchen in Betrieb, die insgesamt ca. 86.000 Mütter und Kinder ernährten. Doch trotz der Bemühungen des Nationalkomitees und der US-Kommission verschlechterte sich die allgemeine Ernährungslage rapide, vor allem ab 1917. Eine der Folgen war eine um ca. 30 % steigende Sterberate bei Kindern.

Zu Streiks und Protesten kam es vornehmlich im Winter 1916/17. Diese wurden aber von den deutschen Behörden unterdrückt. Am Ende des Krieges mußte sich die Monarchie und die politische Führung Belgiens mit den weitreichenden Nachwirkungen der H.erscheinungen beschäftigen, um den sozialen Frieden zu bewahren. So kam es zu einer Reihe von Maßnahmen, die den von Industrie und Gewerkschaften gemeinsam getragenen Wohlfahrtsstaat Belgien schufen. Dank der Importe von Lebensmitteln aus Übersee, aber auch dank einer besseren Organisation der Produktion und Verteilung von Nahrungsmitteln vermochte die englische und französische Zivilbevölkerung den schlimmsten Mangelerscheinungen und dem H. zu entgehen. In Großbritannien verteuerten sich zwar die Hauptlebensmittel bis 1917, auch wuchsen die Schlangen vor den Geschäften und Verteilungszentren während des Winters 1917/18 stark an. Aber insgesamt blieb die Verteilung der Lebensmittel bis zum Kriegsende weitgehend stabil, und an die Stelle des offiziellen Markts traten keine schwarzen oder illegalen Märkte, wie es im Deutschen Reich und in Österreich-Ungarn geschah. Wenngleich die Quantität und Qualität der Ernährung in einigen wichtigen Sektoren sank, konnten schwere Mangelerscheinungen und deren soziale Folgen (Spekulationen, Schleichhandel) doch weitgehend verhindert werden. Diese Feststellung gilt auch für Frankreich und Italien, die in ähnlicher Weise von den Lieferungen aus Übersee, vor allem auch den USA, profitieren konnten. → *Ernährung* → *Kohlrübenwinter* → *Rationierung*

Lit.: Capital Cities at War. Paris, London, Berlin 1914-1919, hg. v. J. Winter/J.-L. Robert, Cambridge 1997; A. Offner, The First World War. An Agrarian Interpretation, Oxford 1989; C. P. Vincent, The Politics of Hunger. The Allied Blockade of Germany, 1915-1919, Athens, OH 1985.

GUSTAVO CORNI

Husain I. Ibn Ali, * Konstantinopel 1853, † Amman 4.6.1931, König des Hedschas. – H. war als »Hüter der Heiligen Stätten des Islam« und mutmaßlicher Anwärter auf den Titel des Kalifen von 1891 bis 1908 Staatsgefangener von Sultan Abdul Hamid II. in Konstantinopel. Nach dessen Sturz ernannten die Jungtürken H. 1908 zum Emir von Mekka. Doch die arabischen Unabhängigkeitsbestrebungen – auch genährt von der Furcht, die Hedschasbahn könne H.s Autonomie gefährden und sich wirtschaftlich negativ auf die Einnahmen aus Kameltransporten auswirken – und der jungtürkische Nationalismus erwiesen sich als unvereinbar. So nahm bereits 1914 H.s zweiter Sohn Abdullah Kontakt zu den Engländern auf. H.s Ersuchen um britische Unterstützung war gleichzeitig ein Versuch, seine Stellung gegenüber den arabischen Nachbarn zu stärken. Feisal, ein weiterer Sohn, knüpfte später Verbindungen zu nationalistischen arabischen Geheimorganisationen in Damaskus.

Im Juli 1915 begann H. seine berühmte Korrespondenz mit dem britischen Hochkommissar in Ägypten, Henry McMahon, der in einem Schreiben vom 24. Okt. 1915 die britische Anerkennung der arabischen Unabhängigkeit in Aussicht stellte. Daß England auch Frankreich große Einflußzonen im Mittleren Osten einräumte, wußte H. jedoch nicht. Am 5. Juni 1916 löste er den arabischen Aufstand gegen die Türken aus, der rasch Erfolge zeigte. H. ernannte sich im Nov. 1916 zum »König von Arabien«, wurde von den Alliierten aber nur als »König des Hedschas« anerkannt. Die großarabischen Träume H.s fanden dementsprechend im Friedensvertrag von Sèvres (10. Aug. 1920) keine Berücksichtigung. Im März 1924 beanspruchte H. in Mekka den Titel des Kalifen, wurde jedoch vom wahabitischen Sultan Ibn Saud angegriffen und vertrieben. Er dankte zugunsten seines Sohnes Ali ab und ging nach Zypern, später nach Transjordanien ins Exil.

HANS WERNER NEULEN

Hutier, Oskar von, * Erfurt 27.8.1857, † Berlin 5.12.1934, preußischer General. – H. wurde im Kadettenkorps erzogen. 1875 trat er als Leutnant in das Infanterieregiment Nr. 88 ein. Nach einer erfolgreichen Karriere in Stäben und Truppe wurde H. 1910 zum Generalmajor ernannt und ein Jahr später Oberquartiermeister im Großen Generalstab. 1912 übernahm er – als Generalleutnant – das Kommando über die 1. Gardedivision, mit der er 1914 in den Krieg zog. Im Verband der 2. Armee führte er die Division bei St. Quentin, an der Marne und bei Arras. Im April 1915 ging er als Kommandierender General des XXI. Armeekorps an die Ostfront, wo er das Korps bei Wilna und Kowno führte. Im Jan. 1917 zunächst zum Generalleutnant ernannt und Oberbefehlshaber der Armeeabteilung D, übernahm H., der ein Schwager von Erich Ludendorff war, im März die 8. Armee. Die von ihm geleitete Überschreitung der Düna und die Einnahme von Riga im Sept. 1917 bedeuteten einen schweren Schlag für die russische Armee. Die anschließende Eroberung der baltischen Inseln stellte die erfolgreichste amphibische Operation im Krieg dar.

Im Dez. wurde H. zum Oberbefehlshaber der 18. Armee ernannt, die für die Frühjahrsoffensive im Westen vorgesehen war. Im Verlauf der am 21. März 1918 losbrechenden Offensive gelang der 18. Armee ein Durchbruch von bis zu 60 km Tiefe und die Zerschlagung der britischen 5. Armee; doch erschöpfte sich die Angriffskraft bereits Anfang April. Im Herbst führte H. die Armee nach Deutschland zurück und nahm im Jan. 1919 seinen Abschied. Zwischen 1919 und 1934 spielte H. als Präsident des Deutschen Offizierbundes eine einflußreiche politische Rolle als Lobbyist der »alten Armee«.

MARKUS PÖHLMANN

Ideen von 1914. Das Konzept der »I.« verweist auf zwei unterschiedliche, wenngleich verwandte Phänomene. Zunächst sind alle diskursiven Überlegungen, die die Intellektuellen 1914 aufstellten und veröffentlichten, alle Versuche, den Sinn des Krieges zu deuten, gemeint. In einer zweiten Variante geht es um eine besondere Gruppe von »Ideen«, die von den Zeitgenossen unter dem Begriff »I.« gefaßt wurde.

Zu Beginn des Krieges unterstützte die überwiegende Mehrheit der deutschen Intellektuellen nahezu vorbehaltlos die deutschen Kriegsanstrengungen, wobei sie sich bemühten, die Kriegführung des eigenen Landes durch den Rückgriff auf kulturelle Werte und kulturelle Traditionen zu rechtfertigen. Aus dem Kampf zwischen zwei politischen Mächtegruppen wurde ein »Krieg der Kulturen«, ein Kampf um die Behauptung der besonderen Eigenart einer deutschen Kultur gegenüber der westlichen »Zivilisation«. Der deutsche »Militarismus« stelle einen unverzichtbaren Schutzwall für die deutsch bestimmte Kultur Mitteleuropas dar.

Ungewöhnlich an der Kriegspublizistik war nicht die geistige Mobilmachung selbst, sondern die Tatsache, daß die überwiegende Mehrheit der deutschen Intellektuellen den Krieg an sich begrüßte. Die Gründe hierfür waren unterschiedlich. Idealisten hofften, der Krieg würde der deutschen Gesellschaft mehr Mitmenschlichkeit, Brüderlichkeit, Mut und Demut bringen. Theologen sahen im Krieg ein transzendentales Erlebnis, das das Bewußtsein eines umfassenden Allgemeinen sowie einen neuen Geist des Gottvertrauens festigen würde. »National-soziale« Journalisten und Politiker begrüßten den Krieg als ein Mittel, das die Gesellschaft zwang, sich auf soziale Werte zu besinnen, etwa auf die höchste soziale Tugend: die edle Aufopferung für ein großes gemeinsames Ziel. Kulturkonservative empfanden den Krieg als Befreiung von der »Dekadenz« der Vorkriegszeit, als Mittel zur Erneuerung des vorgeblich in einem schalen Materialismus und zur Routine erstarrten kulturellen Lebens. Expressionisten nahmen den Krieg als ein zwar schreckliches, aber in gewissem Sinne gleichwohl großartiges Geschehen wahr, das eine außerordentliche Erweiterung des Horizonts der künstlerischen Erfahrung bot.

Viele Intellektuelle und Künstler waren der Meinung, daß die nationale Begeisterung der Augusttage von nahezu allen Schichten des Volkes geteilt wurde und daß der ideelle Inhalt der Begeisterung eine Rückbesinnung auf die eigentlichen deutschen Tugenden und Denkhaltungen war. In diesem Sinne waren die »I.« ein Diskurs um das Deutschtum, mit dem die nationalen Errungenschaften des Aug. 1914 auf Dauer gesichert werden sollten.

1914 erschien eine große Anzahl von Büchern, Broschüren und Flugblättern, die sich mit derartigen Themen befaßten. Zu den bedeutsamsten Zeugnissen dieser Ideologieproduktion gehören die Werke von Paul Rohrbach, Werner Sombart und Thomas Mann. Der Journalist Rohrbach kündigte schon im Aug. 1914 die Schriftenreihe *Der deutsche Krieg* an. Dieser Krieg sei der »deutsche Krieg«, weil er ein Krieg für die »deutsche« Idee in der Welt sei, ein Krieg für »deutsche« Brüderlichkeit, Ehrlichkeit, Gutmütigkeit und Selbstlosigkeit gegen den »englischen« Materialismus, Individualismus und die englische Dekadenz. Solche Versuche, die eigene Identität durch völkerpsychologische Vergleiche zu umschreiben, fanden ihre krasseste Ausprägung in der im Febr. 1915 fertiggestellten Schrift *Händler und Helden* des Berliner Sozialwissenschaftlers Werner Sombart. In dieser Schrift denunzierte dieser die pragmatische Philosophie und liberale Sozialethik der Engländer als »Händlergesinnung«. Er warf der englischen Gesellschaft vor, die niedrigen und egoistischen Bestrebungen der Individuen ungehemmt zum Zuge kommen zu lassen. Ihr stellte er eine »Heldengesinnung« Deutschlands gegenüber. Deutschland, so Sombart, sei der letzte Damm gegen die Schlammflut des Kommerzialismus, die letzte Gesellschaft, die nicht auf Gewinn, sondern auf große Ideale ausgerichtet sei. Es überrascht nicht, daß viele Intellektuelle und Künstler die übersteigerte Zuspitzung Sombarts nicht akzeptabel fanden. Aber im Grundsatz bewegte sich ihr Denken auf derselben Linie, nämlich der Überzeugung, daß dieser Krieg um der Verteidigung der deutschen Kultur gegenüber der westlichen materialistischen und formalistischen Zivilisation willen geführt werde. Selbst der Schriftsteller Thomas Mann verteidigte in seinen *Gedanken im Kriege* (1914) sowie noch 1918 in den *Betrachtungen eines Unpolitischen* die Position einer besonderen deutschbestimmten Kultur gegen die alliierte Propaganda ebenso wie gegen die »Zivilisationsliteraten« im Innern.

Johann Plenge, Professor für Staatswissenschaften an der Universität Münster, bemühte sich in seiner Vortragsreihe *Der Krieg und die Volkswirtschaft*, die er im Herbst 1914 gehalten hatte und 1915 veröffentlichte, den Begriff I. einzuengen. Plenge interpretierte die Weltgeschichte als stufenförmige Abfolge von Epochen, in denen konkurrierende soziale oder individualistische Grundideen einander folgten. Die Ideen von 1789 hätten die kapitalistischen Wirtschaftskräfte entfesselt. Die »neue Idee von 1914«, nämlich »die Volksgenossenschaft des nationalen Sozialismus«, stelle Deutschland auf eine neue Stufe der gesellschaftlichen Entwicklung. »In uns«, stand für Plenge fest, »ist das 20. Jahrhundert. Wir sind das vorbildliche Volk. Unsere Ideen werden die Lebensziele der Menschheit bestimmen«.

Der von Plenge geprägte Begriff der I. fand rasch breiten Anklang. Der schwedische Staatsrechtler Rudolf Kjellén nahm 1915 die Stichworte Sombarts und Plenges auf und gab den I. (Pflicht, Ordnung, Gerechtigkeit) eine klare politische Ausrichtung. Er sah den Sinn des Krieges in der Überwindung der Ideen von 1789 durch die I., in der Umkehr des seit der Französischen Revolution entwurzelten und atomisierten Individuums zu neuen Bindungen, zur Selbstaufopferung für Staat und Volk. Der Berliner Religionsphilosoph Ernst Troeltsch stellte dem westlichen Demokratiemodell den Gedanken eines national-spezifischen Freiheitsverständnisses, das er die »deutsche Freiheit« nannte, entgegen. Diese beinhalte eine Kombination von aufgeklärter Beamtenherrschaft und parlamentarischer Kontrolle sowie die selbständige und bewußte Bejahung eines überindividuellen Gemeingeistes. Erst die deutsche Freiheit befähige die Deutschen zu ihrem großen Organisationstalent.

Die Wirkungsgeschichte der I. blieb widersprüchlich. Nach dem Krieg gerieten die Kriegsdeutungen von 1914 schnell in Vergessenheit. Wie Karl Kraus 1925 schrieb, könne »keine größere Tortur« für die Künder des deutschen Wesens von 1914 ausgedacht werden »als wenn man heute Satz für Satz abdruckte«, was sie damals veröffentlichten. Auch die I. im engeren Sinne hatten keine größeren Auswirkungen. Als Plenge 1933 in einem pathetischen Brief an die Nationalsozialisten seine Urheberschaft für die nationalsozialistische Idee hervorhob, wiesen ihn die Nationalsozialisten schroff ab. Die Unterschiede waren in der Tat auch prinzipieller Natur. Dennoch liegen die Verbindungen zwischen den I. und der Ideologie des Nationalsozialismus auf der Hand: »Volksgemeinschaft« gegen »Klassengesellschaft«, »Organisation« als Grundprinzip der sozialen Beziehungen gegen »westliche Zivilisation« – das waren Wert- und Zielvorstellungen, an die der Nationalsozialismus anknüpfen konnte. → *Aufruf der 93* → *Augusterlebnis* → *Kriegsdeutungen*

Lit.: K. Flasch, Die geistige Mobilmachung. Die deutschen Intellektuellen und der Erste Weltkrieg. Ein Versuch, Berlin 2000; K. von See, Die Ideen von 1789 und die Ideen von 1914. Völkisches Denken in Deutschland zwischen Französischer Revolution und Erstem Weltkrieg, Frankfurt a. M. 1975.

JEFFREY VERHEY

Ikonographie. Die Inhalte der bildlichen Repräsentation von Kriegen veränderten sich über Jahrhunderte hinweg nur unwesentlich. Einzelne Kriege ließen sich lediglich an bildlichen Details unterscheiden: Uniformen, Waffen, Gesichter von bekannten Heerführern oder Landschaften machten Datierungen möglich. Das Bild vom Krieg selbst blieb jedoch über einen langen Zeitraum hinweg identisch. Vereinfachend lassen sich zwei Bildtraditionen unterscheiden: die Schlachtenmalerei, die sich auf Gemälde der frühen Neuzeit, und die Druckgraphik, die sich auf den Dreißigjährigen Krieg zurückführen läßt. In der I. der farbenprächtigen und monumentalisierenden Schlachtengemälde herrschte die Ordnung des verstehenden Überblicks. Heilsgeschichtliche, weltgeschichtliche oder nationalgeschichtliche Zusammenhänge organisierten die Bildinhalte und stifteten Sinn. Heeresformationen, dicht gedrängte und uniformierte Körper waren in bedeutenden Handlungen vorgestellt. Der Tod auf dem Schlachtfeld visualisierte höchste Sinnsteigerung und überführte das Schlachtfeld in die Transzendenz. Die dargestellten Szenen waren komponiert, faßten oft zeitlich oder räumlich getrennte Ereignisse in einem Rahmen zusammen und belehrten den Betrachter darüber, wie und wo Geschichte entstand. Davon unterscheidet sich die I. der Graphiken. Auch sie stellten Heere, Flotten oder Schlachtenszenen dar. Aber die eigentliche Stärke der Holzschnitte, Kupferstiche oder Lithographien lag im repräsentativen Ausschnitt aus dem großen Geschehen, in den Details, der Abbildung einzelner Soldaten, Offiziere und konkreter Situationen. Sie zeigten den Krieg aus der Perspektive der beteiligten Kämpfer oder Opfer und entwickelten eine Bildsprache der Beteiligung, die das Heldische und den glorifizierten Opfertod ebenso aussprechen konnte wie Moral, Klage und Anklage.

Diese beiden Linien lassen sich in die I. des Weltkriegs verfolgen. In Bildern der frühen Kämpfe in Belgien und Frankreich sowie im Osten wirkt die I. des Monumentalen und des Heroischen weiter. Später kamen Bilder der Klage, der Anklage und des gequälten Leibes hinzu. Mit den Veränderungen des Schlachtfelds, der Kampftechniken und der Einbeziehung der Heimat in den Krieg veränderten sich jedoch auch die abgebildeten Objekte grundlegend. Es entstand eine neue I., die aber nicht allein als Folge der Modernisierung des Kriegs zu verstehen ist, sondern ebenso aus den Mitteln und Techniken der Abbildung selbst entsprang. Die Modernisierung des Kriegs führte nicht nur zu einer Technisierung der Bildinhalte, zum Auftauchen neuer Waffen, Panzer, Gasmasken, Stahlhelme und anderer Ausrüstungsstücke, Munitionsfabriken, Frauen bei kriegswichtigen Arbeiten im Bild. Vielmehr veränderte die Einführung neuer Medien (Fotografie, Film, massenhaft reproduzierte Plakate) die I. des Krieges fundamental. Die Bildwelt verlor ihre Exklusivität, und der visuelle Zugang zum Krieg wurde durch die Massenmedien egalisiert.

In Tausenden von Fotos, aus der Sicht der Soldaten aufgenommen, nahm nun das Bild vom Krieg Aspekte auf, die zuvor ausgeschlossen waren: Alltag, Kommunikation zwischen Front und Heimat, Tatenlosigkeit und Langeweile, Leere, die Banalität des Soldatenlebens, Dreck und Elend. Über die bloße Veränderung der abgebildeten Objekte hinaus veränderten sich die Bildinhalte. Die Fotos bildeten ab, was zuvor nicht wahrgenommen wurde, aber diese Bilder sprachen nicht für sich selbst. Sie blieben für den uninformierten Betrachter stumm und benötigten erklärende Texte. Kommentare der Soldaten-Fotografen für die ihnen bekannten Empfänger oder erklärende Bildunterschriften für die veröffentlichten Fotos wurden unentbehrlich. Sprache wurde in das Sehen der »demokratisierten« Bildwelt integriert. Das neue Bild-Text Verhältnis betraf die I. im Innersten: Das Kriegsbild wurde zunehmend versprachlicht und intellektualisiert. Ohne das durch Text hinzugefügte Wissen blieben die Bilder leer und inhaltslos, waren sie beliebig zu interpretieren. In der I. des Krieges radikalisierte sich eine Tendenz zur Intellektualisierung der Bildwelt, die bereits vor dem Krieg eingesetzt hatte. Das vorgeblich realistische Medium Fotografie drängte stärker als andere Medien, auch stärker als der Film, in diese Richtung. In der Kriegsfotografie ist einer der Ursprünge des Neuen Sehens, von dem die Theorie und Praxis der Nachkriegsjahre fasziniert war, zu suchen. Die Intellektualisierung zersetzte die Grenzen der Bilder und öffnete die Bildwelt über die Ränder des Abgebildeten sowie über den Rahmen der Sinnkonstruktion im konventionellen Kriegsbild hinaus. Die Kriegsfotografien stellen keine bildlichen oder moralischen Zusammenhänge her. Sie sind die Produkte des Augenblicks, der Kürze und einschneidenden Plötzlichkeit. Sie bilden nichts ab als eine momentane Ansicht, einen Aspekt einer komplizierten Konstellation, von der das meiste unsichtbar bleibt.

Die Luftaufnahmen von Schlachtfeldern bilden die größte Steigerung dieser Tendenz zum Einschluß des Unsichtbaren, der nach Sprache verlangt, zur Intellektualisierung und Öffnung der Bilder gegenüber dem Nicht-Abgebildeten und Nicht-Abbildbaren. Sie sind hoch abstrakt und fordern Techniken und Kommunikation, um gelesen zu werden. Sie haben keine abschließenden Ränder, sondern lassen sich endlos fortsetzen, wie ein Leporello. Auf ihnen sind Soldaten meist nicht zu erkennen, ihre Schlachtfelder sind leer und von wirren Linien und abstrakten Mustern durchzogen. Das leere Schlachtfeld ist mit den Mitteln der hergebrachten Schlachtenmalerei oder der Graphik nicht abzubilden. In der neuen I. dagegen bildet dieser leere Raum das ideelle Zentrum einer nicht reproduzierbaren Wirklichkeit, deren Bild nur in einem komplizierten Prozeß des Sehens, Auslegens und Kommunizierens hergestellt werden kann. Der Futurismus hatte unmittelbar vor Kriegsausbruch über diese Veränderungen im Sehen und in den Bildern gesprochen. Die I. der Kriegsbilder verwirklichte eine Ästhetik der nichtmimetischen Ansichten, die auch enthielten, was nicht zu sehen war, eine Ästhetik der Fragmentierung aller Zusammenhänge und der Beteiligung eines Betrachters mit ausgeprägtem Wissen, und verbreitete sie durch die Massenware Fotografie. → *Fotografie* → *Futurismus*

BERND HÜPPAUF

Immelmann, Max, * Dresden 21.9.1890, † (Absturz) in Nordfrankreich 18.6.1916, deutscher Offizier. – Nach Reifeprüfung im sächsischen Kadettenkorps und Reserveoffiziers-Ausbildung in einem preußischen Eisenbahnregiment studierte I. von 1912 bis 1914 Maschinenbau an der Technischen Hochschule Dresden. Bei Kriegsbeginn zur Eisenbahntruppe eingezogen, stand er nach der Flugzeugführerschulung ab 1915 als Aufklärungs-, dann als Jagdflieger im Einsatz an der Westfront. Zusammen mit Oswald Boelcke optimierte er Anwendung und Taktik des neuen einsitzigen Jagdflugzeugs, das mit Maschinengewehren durch den Propellerdrehkreis in Flugrichtung feuerte. So bezeichnete man das von ihm zum Übersteigen und Abschütteln eines von hinten aus größerer Höhe angreifenden Gegners entwickelte Flugmanöver als »Immelmann«. Der mit 15 Luftsiegen erfolgreiche und unter anderem mit dem Orden »Pour le mérite« ausgezeichnete Oberleutnant war angesichts der entscheidungslosen Materialschlachten auch ein nützliches Propagandamedium. Genoß er unter dem Beinamen »Adler von Lille« schon zu Lebzeiten heldische Verehrung, so wurde I. nach seinem tödlichen Absturz als vorbildhafter Typus instrumentalisiert. Beginnend mit einem 1916 posthum aus Briefen an seine Mutter produzierten Buch (*Meine Kampfflüge. Selbsterlebt und selbsterzählt*), reicht diese vor allem in der NS-Zeit durch die Verleihung seines Namens an ein Jagdgeschwader verstärkte Stilisierung bis zur heutigen Luftwaffe der Bundeswehr.

WOLFGANG SCHMIDT

Indien. Der indische Subkontinent bildete im Aug. 1914 den wichtigsten kolonialen Eckpfeiler des britischen Empires. Das zeigte sich nach Ausbruch des Weltkriegs zunächst anhand der beträchtlichen Zahlen indischer Soldaten, die auf seiten der alliierten Truppen an den Fronten in Europa, Afrika und Asien zum Einsatz kamen. Bis Ende 1918 wurden rund 1,5 Mio. Inder für den Kriegseinsatz mobilisiert, von denen knapp 900.000 zu den kämpfenden Einheiten gezählt werden können. Über 60.000 indische Soldaten kamen im Krieg um, ungefähr die gleiche Zahl wurde verwundet.

Ursprünglich war der Einsatz indischer Soldaten nur in beschränktem Maße vorgesehen, vor allem in Ägypten, wo sie die britische Garnison für einen Einsatz in Frankreich entsetzen sollten. Angesichts der geringen Zahl britischer Verwaltungs- und Ordnungskräfte in I. bei einer Bevölkerung von rund 300 Mio. Menschen, blieb die britische Machtausübung in einer prekären Abhängigkeit von der Mitwirkung der einheimischen Bevölkerungsgruppen. Jede Änderung der Machtbalance konnte dieses Gebäude zum Einsturz bringen, was dazu führte, daß die britische Kolonialregierung in I. hauptsächlich regionale Sicherheitsbedürfnisse im Auge hatte. Aus diesem Grunde zeigte sie sich bis zum Kriegsausbruch eher reserviert bezüglich eines eigenständigen militärischen Beitrags außerhalb des indischen Kolonialreichs. Am 30. Juli 1914 unterbreitete der Vizekönig von I., Lord Hardinge, nach Verhandlungen mit Vertretern des Londoner Kriegsministeriums, das Angebot eines indischen Expeditionsheeres.

Da die indischen Soldaten jedoch innerhalb des Empires bei Kriegsbeginn die einzige sofort verfügbare Reserve bildeten, wurden sie rasch auch auf dem französischen Kriegsschauplatz eingesetzt (ca. 150.000), von wo ein Großteil allerdings im Herbst 1915 wieder abgezogen und nach Mesopotamien und Ägypten verlegt wurde. Außerdem wurden indische Soldaten in Palästina, Ostafrika, auf der Halbinsel Gallipoli, in Aden und am Persischen Golf eingesetzt. Daß sie relativ früh von den europäischen Schlachtfeldern abgezogen wurden, hing mit einer negativen Bewertung ihrer Kampfkraft durch die britische Militärführung zusammen. Diese geringe Kampfkraft ergab sich jedoch vor allem aus der mangelnden Ausrüstung und fehlender Ausbildung für den Grabenkrieg. Zum anderen aber wurde die Entscheidung zur Verlagerung der indischen Truppen durch den Kriegseintritt des Osmanischen Reiches Ende Okt. 1914 bewirkt. Im Gefolge dieser Entwicklung drängte die Kolonialregierung in Delhi darauf, die Entsendung von Soldaten aus I. zu überseeischen Einsatzorten einzuschränken. Der in Delhi residierende Vizekönig forderte dagegen, einen Feldzug unter Beteiligung indischer Kontingente gegen die Mittelmächte in Mesopotamien zu führen, um auf diese Weise sowohl einen »Heiligen Krieg«, den man von der Türkei aus erwartete, als auch deutsche Aufwiegelungsversuche in Persien, Afghanistan und in I. zu unterbinden. Mit dem Defence of India Act erhielt der britische Vizekönig 1915 außerdem über die bereits bestehenden rechtlichen Bestimmungen hinaus weitreichende Kompetenzen für Eingriffe in die Pressefreiheit. Auf diesem Wege wurden revolutionäre Umsturzversuche und die propagandistische Beeinflussung der Mittelmächte in I. erfolgreich bekämpft.

Die Mehrzahl der Inder aber erfuhr den Weltkrieg nur indirekt vermittelt, über die politischen und wirtschaftlichen Maßnahmen der Kolonialregierung und deren sozioökonomische Folgen. Darunter ist erstens der finanzielle Beitrag aus den öffentlichen Haushalten zu verstehen. Rund 146 Mio. Pfund sind aus diesen Quellen zwischen 1914 und 1920 bereitgestellt worden, in großen Teilen als Kriegsanleihen. Zweitens stiegen die Militärausgaben der britischen Regierung in I. während des Krieges massiv an. Die direkten Folgen waren höhere Steuern und steigende Preise. Der Weltkrieg bewirkte aber drittens Veränderungen, vor allem im Hinblick auf das politische Verhältnis von Kolonialherren und Untertanen.

Vor 1914 hatte die britische Kolonialherrschaft auf einem System direkter und indirekter Herrschaftsmethoden beruht. Eine Beteiligung indischer Kräfte an der Herrschaftsausübung wurde erstmals mit der Reform des gesetzgebenden Rates 1892 begründet. Die damals zum Vorschein tretende Strategie der Kolonialmacht, politische Reformen zum Zweck kolonialen Machterhalts einzusetzen, wurde im Ersten Weltkrieg fortgesetzt.

Von herausragender Bedeutung ist in diesem Zusammenhang die Erklärung des britischen I.ministers, Edwin S. Montagu, vom 20. Aug. 1917, in der dieser den Indern eine zunehmende Teilhabe an der Verwaltung ihres Landes in Aussicht stellte. Die Erklärung war ohne Zweifel durch die Verschlechterung der ökonomischen Entwicklung in I., die kritische militärische Lage Großbritanniens sowie die Ausstrahlungen der russischen Februarrevolution von 1917 motiviert. Der entscheidende Anstoß hierzu kam jedoch aus den Reihen der Kolonialverwaltung, die mit dem Reformversprechen den Übergang moderater politischer Kräfte in eine entschiedene Opposition verhindern wollte. Zu den wichtigsten politischen Bewegungen in I. zählte zu diesem Zeitpunkt der Indian National Congress (INC), der seit 1885 einen höheren Anteil der Einheimischen in der Gesetzgebung und im höheren Verwaltungsdienst anstrebte. Schon in einer frühen Phase des Krieges wurde aus seinen Reihen die Forderung nach einer indischen Selbstverwaltung lauter. Seit 1906 bestand außerdem mit der All-Muslim League ein Pendant auf muslimischer Seite, das allerdings hauptsächlich auf den Nordwesten beschränkt blieb und keineswegs ein Monopol auf die Vertretung muslimischer Interessen beanspruchen konnte.

Diese Bewegungen verstanden es, den politischen Druck auf die Kolonialregierung in Delhi und in den Provinzen zu erhöhen. Eine wesentliche Voraussetzung bestand in der Versöhnung der miteinander konkurrierenden Flügel des INC, deren Auseinandersetzungen 1907 zur Abspaltung einer radikaleren Gruppe unter der Führung Bal Gangadhar Tilaks geführt hatten, dessen Anhänger aber ab 1916 wieder in die Reihen des INC integriert wurden. Außerdem gelang es den Vertretern der Hindus und Moslems im Pakt von Lucknow aus dem gleichen Jahre, ein gemeinsames Programm zu verabschieden, in dem die Forderung nach gewählten indigenen Mehrheiten in den legislativen Kammern erhoben wurde. Darüber hinaus verlangte der INC auf seiner Jahreskonferenz im Dez. 1918, daß I. auf der Pariser Friedenskonferenz als eine »fortgeschrittene Nation« anerkannt und dementsprechend durch eigene Vertreter bei den Verhandlungen vertreten sein müsse.

Soweit wollte die britische Kolonialmacht weder im noch nach dem Weltkrieg gehen. Die Montagu-Erklärung war bewußt vage gehalten, besonders was ihren Zeitplan anging, aber doch war in ihr erstmals das Ziel der Selbstverwaltung für eine nichtweiße Kolonie explizit aufgestellt worden. Aus diesem Grunde wurden der neue Vizekönig Chelmsford und I.minister Montagu 1917/18 auf eine Inspektionsreise beordert, in deren Anschluß sie im Juli 1918 einen Bericht mit konkreten Reformvorschlägen vorlegten. Diese wurden 1919 in einem neuen I.gesetz kodifiziert, mit dem das System einer Dyarchie (Doppelherrschaft) in den indischen Provinzen etabliert wurde. Das Hauptmerkmal dieser Regelung war die Übertragung einzelner Ressorts, wie beispielsweise Erziehung und Lokalverwaltung, in die indische Verantwortung.

Neben und eng verbunden mit diesem Verfassungswandel erweiterte sich im Weltkrieg das Spektrum der indischen Politik. So kam es 1916 zur Gründung zweier Home Rule Leagues: eine unter der Führung von Tilak im westlichen I. und eine weitere in den restlichen Gebieten unter der englischen Bildungsexpertin und Anhängerin der Theosophie, Annie Besant. Die eigentliche Bedeutung dieser Bewegungen ist darin zu sehen, daß ihre politische Propaganda bisher unerreichte Gebiete, neue soziale Gruppen und auch eine neue Generation indischer Politiker erreichte. Vor diesem Hintergrund vollzog sich der allmähliche Aufstieg Gandhis zur neuen Leitfigur eines gesamtindischen Nationalismus. Gandhi war erst 1914 aus Südafrika zurückgekehrt, wo er seine Idee der Überwindung von Unrecht durch gewaltlosen Widerstand (»Satyagraha« – Seelenkraft) entwickelt hatte. Eine größere politische Bedeutung haben die von ihm bereits im Krieg initiierten Protestbewegungen allerdings erst nach den sog. Rowlatt-Gesetzen im Febr. 1919 gewonnen. Darüber sollte jedoch nicht vergessen werden, daß die Mehrheit der indischen Führungsschichten, darunter auch Tilak und Gandhi, bis zum Ende des Krieges die britische Seite aktiv unterstützt oder sich zumindest loyal gegenüber der Kolonialmacht verhalten haben.

In Verbindung mit diesen Entwicklungen vollzogen sich im indischen Imperium einschneidende ökonomische und soziale Veränderungen. Der Ausbruch des Krieges zog zunächst Störungen im Handel und in der Produktion nach sich. Danach aber wurde die noch rudimentäre Industrie vom Anstieg der Nachfrage nach kriegswichtigen Produkten und der gleichzeitigen Einschränkung der ausländischen Konkurrenz begünstigt. Schon vor dem Krieg hatten sich erste indische Unternehmer in der Baumwoll- und Juteindustrie, in geringem Maße auch in der Papier- und Wollindustrie etablieren können. Im Krieg erfuhren diese Branchen, teilweise auch die chemische Industrie, einen allmählichen Aufschwung. Diese in den Kriegsjahren feststellbare wirtschaftliche Expansion fand allerdings ihre Grenzen in einer Reihe gegenläufiger Tendenzen, wie u. a. der Verteuerung von Importen oder dem Abzug des europäischen Personals mit technischem Know-how. Auf der gesamtindischen Ebene vermochte die industrielle Produktion ihren Anteil an der Wertschöpfung zwar zu erhöhen, aber der Übergang zu einer Wirtschaft mit ausgebautem industriellen Sektor gelang während des Krieges nicht.

Für die zunehmend schwierige soziale Lage großer Bevölkerungsteile waren vor allem die steigenden Preise ursächlich. Dies gilt vornehmlich für die Importpreise. Der generelle Preisindex weist für die Jahre 1914-20 fast eine Verdopplung auf, während die Exporterlöse indischer Güter nicht im gleichen Ausmaß anstiegen. Das führte ab 1916 zu lokalen Unruhen, die sich jedoch bis zum Ende des Krieges nicht zu einer gesamtindischen Protestbewegung erweitert haben.

Versucht man eine Gesamtbilanz der Rückwirkungen des Ersten Weltkrieges auf dem indischen Subkontinent zu ziehen, so verweisen die Ergebnisse in unterschiedliche Richtungen: Zum einen sind im Krieg unverkennbar Entwicklungen auszumachen, die zu einer Schwächung der britischen Kolonialherrschaft geführt und damit den Weg zur politischen Unabhängigkeit I. bereitet haben. Zum anderen aber ist nicht zu übersehen, daß trotz des politischen, wirtschaftlichen und gesellschaftlichen Wandels die Zeichen der Kontinuität, zumal in den ländlichen Regionen, überwogen.

Lit.: J. M. Brown, Modern India. The Origins of an Asian Democracy, 2. Aufl. Oxford 1994; India and World War I, hg. v. D. C. Ellinwood/C. Pradhan, New Delhi 1978; Indien. Kultur, Geschichte, Politik, Wirtschaft, Umwelt. Ein Handbuch, hg. v. D. Rothermund, München 1995.

CHRISTOPH CORNELISSEN

Infanterie, Waffengattung der Landstreitkräfte. Bezeichnung für deren Fußtruppen. – Die I. galt vor dem Weltkrieg als Hauptwaffe des Krieges. Das Kriegsbild der europäischen Armeen ging trotz gesteigerter Feuerkraft der I. vom Dogma der Überlegenheit der Offensive über die Defensive aus. Der in deckungslosem Gelände gelockert vorgeführte, dichte und kampfkräftige Schützenschwarm bildete bei der deutschen I. die Grundlage des forcierten Angriffsverfahrens. Nach Erreichen der infanteristischen Feuerüberlegenheit sollte der Sieg dann im Sturmlauf errungen werden. Als kampfentscheidend wurden Feuerwirkung und Kampfgeist angesehen. Mit Ausnahme der französischen Armee traten die europäischen Heere mit für die damalige Zeit modernen Tarnuniformen und ähnlicher Ausrüstung und Bewaffnung in den Weltkrieg ein. Die Bewaffnung der I. mit Gewehr und Maschinengewehr war 1914 bei allen europäischen Heeren einheitlich. Die deutsche I. war mit dem Gewehr 98 und dem MG 08/15 ausgerüstet. Der deutsche Infanterist trug eine feldgraue bzw. graugrüne Uniform, seine Ausrüstung bestand aus Koppel, tragbarer Zeltausrüstung, Spaten, Tornister

Französische Infanteristen. 1914

und Mantel. Die I.bataillone verfügten über fahrbare Feldküchen. Ebenso wie bei der Ausrüstung, der Uniformierung und der Bewaffnung waren sich die europäischen I. ähnlich in der Gliederung. Im deutschen Kaiserreich bildeten die Schützen- und Jägerbataillone die einzigen Ausnahmen. Ein I.regiment mit einer Kriegsstärke von 3.000 Mann gliederte sich in drei Bataillone mit je vier Kompanien. Jeweils zwei Regimenter bildeten eine I.brigade, zwei I.brigaden eine I.division. Bei Kriegsbeginn mobilisierte das Deutsche Reich 406 I.regimenter. Zusammen mit den Truppen des Ersatzheeres waren dies über 1,1 Mio. Soldaten und damit ca. 55 % der Personalstärke des Heeres.

Der Stellungskrieg an der Westfront bewirkte tiefgreifende Veränderungen in Organisation, Ausrüstung, Bewaffnung und Kampfweise der I. Die hohen Verluste zwangen zu einer Herabsetzung der Etatstärke eines I.bataillones von 1.000 auf 650 Mann. Gleichzeitig wurde die Anzahl der MGs auf bis zu zwölf pro Bataillon erhöht. Sonderformationen mit zusätzlicher Ausbildung und Ausrüstung wie Jäger-, Radfahr- und Sturmbataillone und Gebirgsformationen gewannen an Bedeutung. Die persönliche Ausrüstung wurde 1915 durch die Gasmaske und 1916 durch den Stahlhelm erweitert. Die Feuerkraft der I. erfuhr durch leichte und schwere MGs, Granatwerfer, Minenwerfer und ab 1918 I.begleitgeschütze eine vielfache Steigerung. Das MG avancierte zum Hauptträger des Feuerkampfes. Im Nahkampf kämpfte der Infanterist mit Gewehr, Bajonett, Spaten, Pistole, Handgranate und Gewehrgranate. Die zu Kriegsbeginn praktizierten Massenangriffe führten im Abwehrfeuer der gegnerischen MGs zu hohen Verlusten. Ein enges Zusammenwirken von Artillerie und I. wurde bald zwingend notwendig, um den eingegrabenen Verteidiger zu überwinden.

Der Masseneinsatz von Artillerie, Gas, Flugzeugen und Tanks stellte die I. sowohl in der Verteidigung als auch im Angriff vor große Probleme. In der Verteidigung entwickelte die deutsche I. ein elastisches Kampfverfahren, das, unter Schonung der eigenen Kräfte, die größtmögliche Schädigung des Gegners und nicht das Halten bestimmter Linien zum Ziel hatte. Die I. verteidigte nunmehr einen Raum und besetzte die vordersten, dem feindlichen Artilleriefeuer ausgesetzten Linien nur mit schwachen Kräften. Die Verteidigung wurde in der Tiefe des Raumes in Trichterstellungen mit verstreuten MG-Nestern geführt. Sie war offensiv ausgerichtet. Der sofortige Gegenstoß war von entscheidender Bedeutung. Dies stellte hohe Anforderungen an die Initiative und die Führung der kleinen Kampfgruppen und führte zu größerer Verantwortung und Selbständigkeit der Unterführer. Die Grundlage des deutschen Führungsstils bildete die Auftragstaktik. Das neue Verteidigungsverfahren wurde auf deutscher Seite erstmalig 1917 an der Westfront erfolgreich praktiziert. Aus den Erfahrungen der ersten Kriegsjahre entwickelte man ein neues Angriffsverfahren – das Stoßtruppverfahren. Kleine Kampfgruppen, ausgerüstet mit leichten MGs, Granatwerfern, Flammenwerfern und Handgranaten, griffen tiefgegliedert die schwächste Stelle des feindlichen Stellungssystems an. Dabei umgingen sie feindliche Stützpunkte, um das Stellungssystem zu durchbrechen. Voraussetzung für den Angriffserfolg war eine exakte Abstimmung mit der Artillerie. Im Schwerpunkt des Angriffs wurden Sturmbataillone eingesetzt. Dieses neue Angriffsverfahren wurde von deutscher Seite u. a. während der Offensiven in Italien und Rußland 1917 und an der Westfront 1918 erfolgreich angewandt.

Die Kriegserfahrungen und die neuen Kampfverfahren, Kampfmittel und Waffensysteme bestimmten die Weiterentwicklung der I. auch nach dem Weltkrieg, die I. blieb die Hauptwaffengattung. Andere Waffengattungen und Spezialtruppen hatten aber an Bedeutung gewonnen. → *Infanteriewaffen* → *Stoßtrupp* → *Streitkräfte*

Lit.: H.-L. Borgert, Grundzüge der Landkriegführung von Schlieffen bis Guderian, in: Handbuch zur deutschen Militärgeschichte 1648-1939, hg. v. Militärgeschichtlichen Forschungsamt, 6 Bde., Bd. 5, Abschnitt 9, München 1979.

GERHARD P. GROSS

Infanteriewaffen. Waffentechnisch war der Erste Weltkrieg an seinen Hauptfronten landkriegsdominiert, getragen von den traditionellen Waffengattungen Infanterie und Artillerie und einer bei Kriegsbeginn immer noch relativ starken Kavallerie, die aber keine schlachtentscheidende Funktion mehr hatte. Die Kampftruppen stützten sich zu Kriegsbeginn in ihrer Ausrüstung vorrangig auf Handfeuerwaffen (Gewehr, Karabiner, Maschinengewehr, Pistole), Hieb- und Stichwaffen (Bajonett, Säbel, Lanze) und Kampfmittel (Handgranaten, Minen). Moderne integrierte Waffensysteme waren dagegen zunächst auf die See- und Luftstreitkräfte beschränkt, während sie für den Landkrieg erst ab der Kriegsmitte entwickelt und ab 1916 auf alliierter Seite zunehmend in das Gefechtsgeschehen eingeführt wurden (Tanks). Was zu einer Revolutionierung der Kriegführung schon in den Anfangsschlachten des Weltkrieges führen sollte, waren mithin an den Landfronten nicht neue Waffentypen, sondern deren extrem gesteigerte Waffenwirkung. Dies hatte 1884 mit der Erfindung von rauchschwachem Pulver begonnen, das durch seine größere Treibleistung höhere Reichweiten und durch seine verminderte Rauchentwicklung höhere Treffgenauigkeit ermöglichte. Zeitgleich war in allen Armeen die Entwicklung von Mehrladegewehren mit Patronenmagazinen vorangetrieben worden, die eine wesentlich höhere Feuergeschwindigkeit erlaubten. Den eigentlichen waffentechnischen Durchbruch leitete schließlich in den 1880er Jahren der amerikanische Gewehrkonstrukteur Hiram Maxim mit seinen erfolgreichen Versuchen zu automatischen Handfeuerwaffen ein, deren Ergebnisse in ganz Europa rasch nachvollzogen wurden. Durch den Gasdruck bei der Schußabgabe wurde der Verschluß automatisch für die erneute Patronenzuführung geöffnet. Die daraus entwickelten Selbstladegewehre fanden zwar erst im Verlauf des Weltkrieges vollen Eingang in die Waffenausstattung der Infanterie. Durch die Kombination von Selbst- und Mehrladetechnik mit zusätzlicher Kühlung durch Wasser bzw. Luft gelang aber bereits 1885 die Konstruktion eines ersten Maschinengewehrs. Die gefechtsmäßige Erprobung durch die Briten bei Kolonialkämpfen in Südafrika (1893/94) und im Sudan (1898) machten erstmals die ungeheuere Wirkung der neuen Waffen gegen ungeschützt angreifende Fußtruppen deutlich. Zusätzlich gesteigert wurde die Waffenwirkung auf dem Gefechtsfeld durch Fortschritte in der Geschütz-, Granaten- und Richtmittelentwicklung bei der Artillerie. Schon im Burenkrieg (1899-1902) und verstärkt im Russisch-Japanischen Krieg (1904/05) schränkte die Feuerwirkung von Maschinengewehren und Artillerie daher das angriffsweise geführte Infanteriegefecht in seiner Bewegung nachhaltig ein. Die Erfahrungen daraus fanden durchaus Eingang in die Auswertung der europäischen Generalstäbe. Die Notwendigkeit zur Koordination von Infanterieangriff und Artilleriefeuer im Gefecht der verbundenen Waffen wurde erkannt, aber bis 1914 wegen des entgegenstehenden Partikularismus der Waffengattungen nicht in gemeinsame Ausbildung umgesetzt. Immer noch in zu geringen Zahlen wurden außerdem Maschinengewehre eingeführt. Die drohende Lähmung der Bewegung auf dem Gefechtsfeld durch das neue Massenfeuer glaubte man dagegen durch gesteigerten Angriffsschwung unterlaufen zu können. Die Gefechtstaktik richtete sich nicht vorrangig an den verbesserten Waffen und Kampfmitteln, sondern an operativen Wunschvorstellungen aus. Ziel blieb es, durch immer noch zu dicht zusammengehaltene Schützenlinien möglichst viele Gewehre zum Einsatz zu bringen, deren Feuer den Gegner niederhalten sollte, um die eigene Truppe in zügiger Annäherung auf Nahkampfweite heranzubringen.

Als Hauptwaffe dafür verfügten alle Armeen 1914 über mehrschüssige Gewehre, die im Kaliber zwischen 6,5 und 8 mm schwankten und über eine Schußweite für gezieltes Feuer von 400-600 m verfügten. Als Standardwaffe war bei der deutschen Infanterie das fünfschüssige Mauser-Gewehr Modell 1898 (M 98) mit einem Kaliber von 7,92 mm, einer Länge von 1,25 m und einem Gewicht von 4,2 kg eingeführt. Die Kavallerie war mit der Karabinerversion K 98 ausgestattet, bei der die Rohrlänge des M 98 um 14 cm verkürzt war, was die Handlichkeit erhöhte, die Schußleistungen jedoch verminderte. Landwehr und Landsturm blieben häufig noch mit den älteren Modellen M 88 und M 88/5 ausgestattet. Die Verwendung älterer Gewehrtypen findet man durchgängig auch bei den Reservetruppenteilen der anderen Armeen. Ein ähnliches Leistungsprofil wie das deutsche M 98 wies das fünfschüssige Mannlicher-Gewehr M 95 (Kal. 8 mm) als Hauptwaffe der österreichisch-ungarischen Armee auf. Die französische Armee war zunächst mit dem dreischüssigen Lebel M 86 (Kal. 8 mm) ausgestattet, stellte aber im Krieg um auf ein Mannlicher-Gewehr in der französischen Version des dreischüssigen Berthier 07/15 (Kal. 8 mm), das als Modell 1916 fünfschüssig erweitert wurde. Die britische Armee trat mit der zehnschüssigen Lee-Enfield No. 1 Mark III von 1907 (Kal. 7,6 mm) in den Krieg ein und behielt dieses Gewehr mit geringfügigen Veränderungen bis 1918 bei. Rußland hatte seine Infanterie mit dem fünfschüssigen Mosin-Nagant M 91 (Kal. 7,65 mm) ausgerüstet. Italien hatte als veränderte Mannlicher-Mauser-Version das Mannlicher-Carcano M 91 entwickelt (Kal. 6,5 mm). Die amerikanische Armee hatte in Weiterentwicklung des deutschen M 98 seit 1903 die Springfield 1903 A 1 (Kal. 7,62 mm) eingeführt. Alle Gewehrtypen des Weltkrieges besaßen Vorrichtungen, um Bajonette direkt auf den Lauf aufzusetzen oder in einer Halterung daneben einrasten zu lassen. Im Vergleich zur Feuerwirkung spielte jedoch der in allen Gefechtsvorschriften noch vorgesehene Einbruch mit aufgepflanztem Seitengewehr im Krieg keine entscheidende Rolle mehr. Das galt in verstärktem Maße für die weiterhin mitgeführten Säbel und Lanzen bei der Kavallerie, da die gesteigerte Feuerwirkung Attacken geschlossener Verbände mit blanker Waffe kaum noch zuließ. Wenn die Kavallerie in Gefechte verwickelt wurde, setzte sie je nach Situation im auf- oder abgesessenen Kampf ihre kurzläufigen Karabiner ein.

Gänzlich uneinheitlich war die Ausstattung in allen Armeen mit Pistolen. Sie stellten die Standardwaffen für Offiziere dar, die sich häufig im Rahmen einer erheblichen Typenvielfalt selbst ausstatteten. Aus Armeebeständen wurden dagegen die Bedienungsmannschaften schwerer Waffen, Flugzeug- und Tankbesatzungen mit Pistolen zur Selbstverteidigung ausgerüstet. Die bekanntesten Modelle waren bei den Mittelmächten die deutsche achtschüssige Luger Parabellum 08 (Kal. 9 mm) und die österreichische achtschüssige Steyr-Hahn Modell 1912 (Kal. 9 mm), auf seiten der Entente die englische sechsschüssige Webley Mark IV und der amerikanische sechsschüssige Colt New Service Revolver (beide Kal. 0,455 inch) sowie der französische Armeerevolver Modell 1892 (Kal. 8 mm).

Nach den Erfahrungen aus den vorangegangenen Kriegen hatten zwar alle Armeen Maschinengewehre (MG) eingeführt. Die verschiedenen Versionen waren freilich durchgängig für den Infanterieangriff noch zu schwerfällig und außerdem in zu geringer Stückzahl vorhanden. Die MG des Jahres 1914 leiteten sich von drei Grundmodellen ab: dem amerikanischen Maxim-, dem englischen Vickers- und dem französischen Hotchkiss-System. Ihr Hauptvorteil gegenüber herkömmlichen Gewehren lag in ihrer hohen Feuergeschwindigkeit von 400-600 Schuß pro Minute bei einer drei bis vier Mann starken Bedienung. Die Munitionszuführung erfolgte entweder über Magazine zu 30 Schuß oder über Gurte zu 250 Schuß. Um ein Heißlaufen der Rohre zu verhindern, waren Kühlsysteme durch Wasser oder Luft entwickelt worden. Zur Stabilisierung bei der Schußabgabe hatte man die MG auf Dreibeine oder Schlitten montiert und zusätzlich gegen Beschuß und Splitterwirkung durch leichte Panzerschilde geschützt. Bisher waren die MG freilich wesentlich in der Verteidigung eingesetzt worden, da sie wegen ihres Gewichts zwischen 40 und 60 kg zu schwerfällig und wegen ihres hohen Aufbaues leicht aufzuklären und zu bekämpfen waren. Zusätzliche Schwierigkeiten traten bei der Bedienung auf, da die Verschlüsse häufig wegen unsachgemäßer Bedienung verklemmten. Hinzu kam die Notwendigkeit zu ständig erhöhter Munitionszufuhr. Um das Nachschubproblem zu verringern, hatte man allgemein auf Sondermunition für MG verzichtet, statt dessen die Kaliber an die Gewehre angepaßt.

Insgesamt waren mithin bei Kriegsbeginn alle Armeen vom Typus her mit schweren MG (sMG) ausgerüstet, deren Beweglichkeit man durch fahrbare Untergestelle oder durch Tragtiere (Maultiere, Hunde) zu erhöhen suchte. Das Deutsche Reich verfügte 1914 pro Infanteriedivision über 24, pro Kavalleriedivision über sechs sMG, ausgerüstet mit dem 1908 eingeführten Maxim-Modell MG 08 (Kal. 7,92 mm; Gurt zu 250 Schuß; Gesamtgewicht 62 kg). Ähnlich lagen die Verhältnisse in Österreich-Ungarn mit 24 sMG pro Infanteriedivision und gestützt auf das 1907 eingeführte Schwarzlose-MG in seiner verbesserten Version 07/12 von 1912 (Kal. 8 mm; Gurt zu 250 Schuß; Gesamtgewicht 41,4 kg), wobei die Kavallerie keine MG mitführte. Auch Frankreich und England gingen mit 24 sMG pro Infanteriedivision in den Krieg; dabei war die französische Kavallerie mit sechs, die britische dagegen bereits mit 30 sMG ausgerüstet. Die französische Armee hatte das aus einem tschechischen Modell weiterentwickelte Hotchkiss-MG in seiner luftgekühlten Version von 1914 (Kal. 8 mm; wahlweise mit Ladestreifen zu 24 oder Patronengurt zu 250 Schuß; Gesamtgewicht 47 kg) eingeführt. Aus Mangel an sMG des Modells 1914 wurde bis 1915 außerdem das technisch nicht ausgereifte, sich ständig überhitzende Modell Saint-Étienne von 1907 benutzt, das erst 1916 komplett aus den Verbänden zurückgezogen wurde. Als Modifikation des Maxim-MGs war die britische Armee seit 1912 mit dem wassergekühlten Vickers-Maxim Mark II (Kal. 7,6 mm; Gurt zu 250 Schuß; Gesamtgewicht 54 kg) ausgestattet. Ein ähnliches wassergekühltes Maxim-MG (Kal. 7,62 mm; Gurt zu 250 Schuß; Gesamtgewicht 55 kg) benutzte die russische Armee, wobei sie aus ihren Kriegserfahrungen von 1904/05 bereits über eine höhere Zahl von 32 sMG pro Infanteriedivision verfügte, während ihre Kavallerie acht sMG mitführte.

Trotz aller Mängel an Beweglichkeit, Stückzahl, Ausbildungs- und Einsatzgrundsätzen veränderte die extrem gesteigerte Waffenwirkung aus MG- und Artilleriefeuer das Gefechtsgeschehen bereits in den ersten Kriegswochen dramatisch. Der Angriffsschwung wurde nach operativen Anfangserfolgen an allen Fronten schon im Herbst 1914 im Feuer erstickt. Die anstürmenden Verbände konnten die Feuerzonen vor dem Gegner selbst unter überhöhten Verlusten kaum noch überwinden. Auch durch den Einsatz von Gas als Kampfmittel war das Infanteriegefecht letztlich nicht wieder beweglich zu machen. Um die untragbaren Verlustraten zu vermindern, mußte sich die Infanterie zunächst provisorisch eingraben und schließlich dauerhaft in immer stärker befestigten Stellungssystemen festsetzen. Das Festlaufen im Stellungskrieg verlangte ab Ende 1914 aber nach neuen Kampfverfahren, vergleichbar dem früheren Belagerungskrieg, und damit auch nach einer Anpassung von Waffen und Kampfmitteln.

Das betraf zunächst einmal die Munition. Zur Bekämpfung von Zielen hinter verstärkten Deckungen aus Brustwehren, Sandsäcken und Holzbohlen, schließlich hinter Schutzschilden aus Metall, reichte die Durchschlagskraft der bisherigen Geschosse nicht mehr aus. Der Bleikern der herkömmlichen Patrone wurde deshalb durch einen Stahlkern ersetzt. Für die Bekämpfung von Flugzeugen, aber auch für den Kampf bei Nacht oder schlechter Sicht wurde Leuchtspurmunition entwickelt, um die Geschoßbahn bis ins Ziel verfolgen zu können. Daneben benötigte man für den Nachtkampf Leuchtpatronen, um das Vorfeld vor den eigenen Stellungen ausleuchten zu können. Um Hüllen und Füllungen von Luftschiffen und Ballonen, aber auch die Tanks von Flugzeugen in Brand zu schießen, setzte man außerdem besondere Brandmunition mit einer leicht entzündlichen Phosphorfüllung ein. Schließlich entwickelte die deutsche Seite ein spezifisches Tank-Gewehr mit überschwerem Kaliber von 13 mm und einem eigenen T-Geschoß zur Bekämpfung gepanzerter Gefechtsfahrzeuge.

Zur Hauptwaffe im Stellungskrieg wurde neben der Artillerie das MG, das freilich in seiner schweren Version zu unhandlich ge-

Deutsches schweres MG in Feuerstellung. Flandern 1918

worden war. Beim Angriff im feindlichen Feuer konnte es der eigenen Infanterie nicht schnell genug nachgeführt, bei einem feindlichen Einbruch in die eigenen Stellungen dagegen nicht rechtzeitig zurückgezogen werden. Das sMG eignete sich wegen seines Gewichts und seiner Unhandlichkeit aber auch nicht für den Einbau in Flugzeuge. Deshalb setzte in allen Armeen seit 1915 eine Umrüstung auf ein bedienungssicheres und tragbares leichtes MG (lMG) ein. Dabei hatte Frankreich mit seinem 1907 entwickelten und 1915 modifizierten Fusil mitrailleuse, dem lMG Chauchat (Kal. 8 mm; Magazin zu 20 Schuß; Gesamtgewicht 9 kg) einen Entwicklungsvorsprung, gefolgt von dem in den USA entwickelten lMG Lewis, Modell 1915 (Kal. 7,7 mm; Trommelmagazin zu 47 Schuß; Gesamtgewicht 13,8 kg) und dem ebenfalls 1915 eingeführten deutschen MG 15 Bergmann (Kal. 7,92 mm; Patronengurt zu 250 Schuß; Gesamtgewicht 13 kg), das aber technisch nicht voll überzeugte. Mit dem Maxim-Modell MG 08/15 (Kal. 7,92 mm; Gurt bzw. Gurttrommel zu 100 und 250 Schuß; Gesamtgewicht 13,2 kg) war ab der Kriegsmitte jedoch auch hier eine leistungsstarke Waffe gefunden, die in verbesserten Versionen noch im Zweiten Weltkrieg und noch nach 1945 Verwendung fand. Für die Bekämpfung von Luftzielen wurde das MG 08/15 auf eine um 360° schwenkbare Lafette aufgesetzt und mit einem eigenen Fliegervisier versehen.

Eine Sonderentwicklung stellte schließlich die Maschinenpistole (MP) dar. Erstmals entwickelten die Italiener 1916 als handliche automatische Waffe für den Gebirgskrieg die zweiläufige, 25schüssige MP Villar Perosa (Kal. 9 mm), auch MP Revelli genannt, die ergänzt wurde durch die Beretta Modell 1918. Eine Gegenentwicklung der Österreicher kam bis Kriegsende nicht mehr zur Serienreife. Dagegen führten die Deutschen für ihre Sturmtruppen 1918 die 32schüssige Bergmann MP 18 und MP 18 I (Kal. 9 mm) mit guten Erfolgen in den Frühjahrsoffensiven ein. Die amerikanische Pedersen Device oder Automatic Pistol Cal. 30 Modell 1918 kam im Kriege nicht mehr zum Einsatz. Wesentlicher noch als technische Verbesserungen war die Erweiterung der MG-Stückzahlen in den Infanteriedivisionen nahezu aller Kriegführenden zwischen 1914 und 1918 um ein Vielfaches: bei den Deutschen von 24 sMG auf 108 sMG und 216 lMG; bei den Österreichern von 24 sMG auf 80 sMG; bei den Franzosen von 24 sMG auf 108 sMG und 576 lMG; bei den Briten von 24 sMG auf 64 sMG und 336 lMG. Allein bei den Russen stagnierte die Ausstattung beinahe (1914: 32 sMG; 1917: 36 sMG).

Für den Stellungskrieg als besonders geeignet erwiesen sich Nahkampfwaffen, die es zwar schon vor 1914 in allen Armeen gab, die aber erst im Weltkrieg massenhaft eingesetzt wurden. Im Kampf um befestigte Stellungen und MG-Nester wurde insbesondere die Handgranate zur gleichberechtigten Waffe neben der Schußwaffe. Zu Kriegsbeginn behalf man sich noch mit Sprengladungen und einer einfachen Zündschnur, die bei der Truppe selbst hergestellt wurden. Der Prototyp einer maschinell gefertigten Kugelhandgranate – eine gußeiserne Hohlkugel mit Pulverfüllung und Reibzündung – war noch zu empfindlich gegen Nässe, wenig transportsicher und für größere Wurfweiten zu schwer. Sie wurde daher von den handlicheren Eier- und Stielhandgranaten abgelöst. Ihre Wirkung beruhte auf dem Doppeleffekt von Explosionsdruck und Splitterstreuung. Zum Schutz des Werfers vor verfrühter Explosion waren Sicherungen als Zeit- oder Bruchzünder eingebaut. Zusätzlich bündelte man mehrere Stielhandgranaten, um sie als Panzerabwehrwaffe gegen die Ketten der Tanks einzusetzen oder aus Flugzeugen abzuwerfen. Weniger effizient war der Einsatz von Gewehrgranaten, die über einen Schießbecher auf die Gewehrmündung aufgesetzt und mittels einer Patrone verschossen wurden. Ihr hoher Rückschlag, die geringe Zielgenauigkeit und die erhebliche Abnutzung der Gewehre beeinträchtigten ihren Einsatz jedoch stark.

Um Wurfweiten und -gewicht der Handgranaten zu steigern, wurden im Laufe des Krieges verschiedene Typen von Granatwerfern entwickelt. Dabei wurden anfänglich von einem auf eine Bodenplatte aufgesetzten Schießstock mit Schlagvorrichtung Granaten bis 250 m weit verschossen. Später umgab man den Schießstock mit einem auf die Bodenplatte aufgesetzten Rohr, das zusätzlich durch einen Rohrrücklauf stabilisiert wurde. Zur Beseitigung der Drahthindernisse und zur Zerstörung von Gräben und Stützpunkten kamen außerdem bereits vor 1914 in der deutschen Armee entwickelte Minenwerfer zum Einsatz. Dabei handelte es sich um mörserartige Steilfeuerwaffen, die – als Vorderlader ausgebildet – mit einer Rohrerhöhung von 45° bis 70° schossen. Eine Stabilisierung der Flugbahn erreichte man durch gezogene Rohre. Rohr und Rohrrücklauf waren auf eine Bodenplatte aufgesetzt und konnten je nach Typus (schwere, mittlere und leichte Werfer) Geschosse zwischen 0,5 und 100 kg von 200 bis 1.000 m (später auf 2.000 m gesteigert) verschießen. Die Zündung der Sprengladung in der Mine erfolgte beim Aufschlag im Ziel. Schwere und mittlere Werfer waren auf einer Protze oder einem vierrädrigen Wagen, leichte Werfer auf Tragtieren zu bewegen. Für den Transport in die Stellungen ließen sie sich in tragbare Teile zerlegen. Ihr Vorteil lag mithin neben der Wirkung im Ziel in ihrer größeren Beweglichkeit im Vergleich zur Artillerie. Das machte sie zu einer für die Verteidigung wie für den Angriff gleichermaßen geeigneten Unterstützungswaffe der Infanterie. Wegen ihrer Schockwirkung besonders gefürchtet waren schließlich die Flammenwerfer als deutsche Waffenneuerung, die kurz vor dem Krieg als Zwei-Mann-Waffen entwickelt und seit Mitte 1915 generell im Grabenkrieg eingesetzt wurden. → *Flammenwerfer* → *Handgranate* → *Infanterie* → *Null-Acht-Fünfzehn*

Lit.: H. Linnenkohl, Vom Einzelschuß zur Feuerwalze. Der Wettlauf zwischen Technik und Taktik im Ersten Weltkrieg, Bonn 1996; Die Technik im Weltkriege, hg. v. M. Schwarte, Berlin 1920.

BRUNO THOSS

Inflation, Aufblähung der Geldmenge und damit verbundener Anstieg der monetären Nachfrage, der kein entsprechendes Güterangebot gegenübersteht. – Bis weit nach Kriegsende war es in der Bevölkerung üblich, von »Teuerung« und nicht von I. oder Geldentwertung zu sprechen. Die neuere Forschung versteht unter der »I.zeit« die Zeit des Krieges bis zum Beginn der Währungsstabilisierung im Nov. 1923, wobei die aus der Geldentwertung resultierenden wirtschaftlichen, politischen, sozialen und kulturellen Veränderungen sowie die Strategien der Anpassung an die I. thematisiert werden.

Die I. der Kriegszeit ist auf Gesetzesänderungen von 1914 und auf die Art der Finanzierung des Krieges zurückzuführen. Mit der Aufhebung der Goldeinlösung der Banknoten in Rußland (27. Juli 1914), Deutschland (4. Aug. 1914), Frankreich (5. Aug. 1914) und vielen neutralen Staaten wurden die bestehenden Währungsordnungen fundamental verändert. In Großbritannien und den USA hielt man zwar an der Einlösbarkeit von Papiergeld in Gold fest, de facto wurde dieses Privileg jedoch in den ersten Kriegsjahren schnell und wirksam eingeschränkt. Goldmünzen, die in Deutschland vor dem Krieg ca. 40 % der Geldbasis ausgemacht hatten, wurden eingezogen und Gold im Privatbesitz der Bevölkerung eingesammelt. Die nationalen Goldhorte galten als Garanten einer Golddeckung der nun reinen Papierwährungen. Parallel zum Übergang zu reinen Papierwährungen wurden in allen Ländern die Voraussetzungen zur Ausweitung der Geldmenge geschaffen, indem sich die Staaten bei ihren Notenbanken gegen Herausgabe von Schuldtiteln (Schatzscheine, Bons de Trésor und Bons de la Défense Nationale) Geld beschafften: In Deutschland dienten Schatzscheine und Schatzwechsel der Sekundärdeckung des Notenumlaufs, was von Anfang an gleichbedeutend mit einer inflationären Ausweitung der Geldmenge war. Den selben Effekt hatte die Schaffung sog. Darlehenskassenscheine, die von den neugegründeten Darlehenskassen (gegen Lombardierung von Waren, Wertpapieren, aber auch Kriegsanleihen) ausgegeben wurden und den anderen Zahlungsmitteln gleichgestellt waren. In Großbritannien wurde die Bank von England gleich zu Kriegsbeginn ermächtigt, das durch Bankgesetz festgelegte Notenkontingent zu überschreiben; neben Schatzwechseln wurde durch das Schatzamt bald Staatspapiergeld (currency notes) in kleinen Stückelungen ausgegeben.

In allen Staaten kam es zu einer explosionsartigen Zunahme der öffentlichen Verschuldung, die nach einem ersten Anstieg 1914/15 vor allem mit der Forcierung der Kriegs- und Rüstungsanstrengungen im Jahr 1917 stark anstieg. Nur durch die radikale Abschöpfung von Kaufkraft konnte man den Nachfrageüberhang einschränken, der die Konjunktur außerordentlich stimulierte und Friedens- und Kriegsproduktion einerseits und die Produktion für den Export und für den heimischen Markt andererseits in einen teilweise scharfen Wettbewerb brachte. Neben der Erhöhung und Neuschaffung von Steuern (Einkommenssteuer, indirekte Steuern, Umsatzsteuer und Kriegsgewinnsteuer), setzten alle Staaten auf Kriegsanleihen und den öffentlichen Verkauf von Staatspapieren, mit denen Kaufkraft aufgesaugt und die kurzfristigen Schulden konsolidiert werden sollten. Das gelang selbst in Großbritannien, das mit ca. 25 % eine vergleichsweise hohe Steuerfinanzierungsquote aufwies, nur in beschränktem Umfang. In Staaten wie Frankreich, Deutschland und Rußland, mit ihren antiquierten Steuersystemen und massiven inneren Widerständen gegen Finanzreformen, lag diese Quote bei wenigen Prozenten und reichte bald nicht einmal mehr zur Deckung des Zinsendienstes aus. Frankreich und England setzten neben der inneren Verschuldung stark auf den internationalen Kreditmarkt: Großbritannien schuldete bei Kriegsende den USA über 4 Mrd. Dollar und hatte fast die doppelte Summe anderen alliierten Regierungen vorgestreckt.

Es gibt mehrere Indikatoren, mit denen die Entwicklung der I. gemessen wird. Die Entwicklung der Wechselkurse mißt den Außenhandelswert der Währungen: So sank der Kurswert der Mark gegenüber dem Dollar von 1913 4,20 Mark auf 6,60 Mark im Durchschnitt des Jahres 1917 und 6 Mark im Durchschnitt des Jahres 1918 bzw. 8,50 in der zweiten Jahreshälfte 1918. Staatliche Interventionen oder zwischenstaatliche Abmachungen zielten auf eine Festsetzung des Außenhandelskurses der Währungen, so daß diese Zahlen jedoch nicht sehr aussagekräftig sind: Frankreich versuchte Ende 1918 den Preis des englischen Pfundes bei 27 Franc zu halten, bei freiem Kurs wäre er wohl bei 50 Franc gelegen. Die Großhandelspreise sind ein anderer Indikator für die I. Sie stiegen in Deutschland bis Ende 1917 um 179 % bzw. Ende 1918 um 217 %, in Frankreich dagegen um 262 % bzw. 340 %, in Großbritannien um 206 % bzw. 227 %, in den USA um 177 % bzw. 194 %. Die Einzelhandelspreise stiegen noch stärker, auch wenn für die Kriegszeit keine verläßlichen Zahlen vorliegen. Der sog. Calwersche Index, dem der Warenkorb der wöchentlichen Nahrungsmittelration eines deutschen Marinesoldaten aus der Vorkriegszeit zugrunde lag, maß im Durchschnitt der Jahre 1917 und 1918 Preissteigerungen von 213 % bzw. 229 %. Die Aussagekraft auch dieser Zahlen ist sehr eingeschränkt, denn insbesondere die Mittelmächte führten im Rahmen der Kriegswirtschaft Preiskontrollen ein. Diese staatlichen Interventionen in das Preissystem führten zu einem Rückstau der I.; man spricht von einer »zurückgestauten I.«, im Gegensatz zu einer »offenen«. Ein Indiz dafür sind die Schwarzmarktpreise für bewirtschaftete Güter, die in Deutschland etwa das doppelte der offiziellen Preise betrugen. Die Debatte über die Folgen der I. war damit während des Krieges vor allem eine Debatte über die Kriegswirtschaft. Erst seit dem Winter 1917/18 begann man öffentlich das Phänomen der Geldentwertung zu thematisieren.

Die I. hatte schon während des Krieges weitreichende Verteilungswirkungen, deren Folgen durch die Kriegswirtschaft vielfach verschärft, teilweise aber auch verschleiert wurden. Dazu zählt die nachweisbare Entschuldung z. B. der agrarischen Grundbesitzer, die sich jedoch durch die staatlich festgesetzten Abnahmepreise und den Mangel etwa an Düngemitteln in der Landwirtschaft belastet sahen. Arbeiterinnen und Arbeiter der Rüstungsindustrien profitierten von der Kriegskonjunktur. In den alliierten Staaten konnten einzelne Arbeitergruppen dank gestiegener Reallöhne ihre Lebenshaltung sogar verbessern, während in Deutschland die Realeinkommen auch der hochbezahlten Rüstungsarbeiter vor allem in der zweiten Kriegshälfte sanken. Weitaus schlechter stellten sich in allen Ländern diejenigen, die auf feste Gehälter und Bezüge (Angestellte, Beamte, Rentner) angewiesen waren. Die Folge der I. war eine Verschärfung der Verteilungskonflikte. Neben der durch Streiks und Protest erzwungenen Verbesserung der Einkommen gab es einen massiven Druck seitens der Vertreter von Konsumenten auf die staatliche Preisgestaltung. Dazu zählen die Debatten über »Kriegsgewinne«, »Kriegsgewinnlerei«, »Preistreiberei« und »Wucher«. Die Unfähigkeit des Staates, die Folgen der zurückgestauten I., d. h. des Schwarzhandels, zu bekämpfen, wurde als Schwäche und Versagen des Staates thematisiert.

Die I. der Kriegszeit ging nahtlos in die der Nachkriegszeit über. Die Aufhebung der Kriegszwangswirtschaft verwandelte die zurückgestaute zunächst überall in eine offene I. Die Rückkehr zu geordneten Währungsverhältnissen galt in allen Staaten als »Rückkehr zur Normalität«. Voraussetzung dafür waren massive Einschränkungen der staatlichen Ausgaben, die Konsolidierung der Staatsschulden, das Vertrauen der Bevölkerung in eine Währungsstabilisierung und die Existenz eines starken Staates, der die harten Bedingungen einer Stabilisierung gegen widerstreitende Interessen durchsetzen konnte. Alle Verliererstaaten erlebten nach dem Weltkrieg Hyper-I. Viele Zeitgenossen sahen erst in der Stabilisierung der Währungen, die in Deutschland im Nov. 1923 einsetzte, eine Rückkehr zur Normalität und das Ende eines Jahrzehnts der Krisen.

Lit.: G. D. Feldman, The Great Disorder: Politics, Economics and Society in the German Inflation, 1914-1924, New York 1993.

MARTIN H. GEYER

Interfraktioneller Ausschuß, eine Art Koalitionsausschuß der Fraktionen der Reichstagsmehrheit von Zentrum, Fortschrittlicher Volkspartei und SPD, zeitweise um die Nationalliberalen ergänzt. – Der I. wurde zu einem informellen, aber politisch einflußreichen und von der Regierung anerkannten Machtfaktor. Er konstituierte sich am 6. Juli 1917 inmitten der Krise über Verfassungs- und Wahlrechtsreform, über Kriegsziele und Friedensinitiativen. Zwar waren sich die Fraktionen einig, die Krise zum Vorantreiben der Parlamentarisierung zu nutzen, aber in den Verhandlungen des Hauptausschusses und des Verfassungsausschusses des Reichstages verhinderten die unterschiedlichen Standpunkte wiederholt ein geschlossenes Auftreten gegenüber der Regierung.

Der I. bestand anfangs aus 17, nach dem Ausscheiden der Nationalliberalen aus 13 Mitgliedern: fünf des Zentrums, je vier der Fortschrittlichen und der MSPD. Doch nahmen an den Sitzungen bis zu acht Mitglieder einzelner Fraktionen teil; Angehörige anderer Fraktionen wurden ad hoc hinzugezogen. Vorsitzende waren Spahn (Zentrum), Payer (Fortschritt), Fehrenbach (Zentrum) und Fischbeck (Fortschritt). Der I. traf sich zu über 100 Sitzungen, in Krisenzeiten (Herbst 1917; Friedensvertrag von Brest-Litowsk März 1918; Waffenstillstand und Parlamentarisierung Sept. 1918) fast täglich.

Die Friedensresolution des Reichstags vom Juli 1917 war der erste greifbare Erfolg. In der Folge verhinderte nicht nur die Haltung der Nationalliberalen in der Kriegszielfrage ein entschiedeneres Auftreten des I., auch die MSPD stimmte punktuell mit der äußersten Linken gegen ihre Partner. Die im I. vereinten

Fraktionen verfügten nur über einen brüchigen Minimalkonsens über Ausmaß und Tempo der Parlamentarisierung; als Forum tagespolitischer Koordination wurde er gleichwohl zum entscheidenden Instrument des »stillen« Verfassungswandels. Wegen der Beteiligung der MSPD am Januarstreik 1918 zogen sich die Nationalliberalen endgültig aus dem I. zurück; das neu erwachte Mißtrauen der beiden anderen Parteien ließ geschlossenes Handeln in der Friedensfrage (Brest-Litowsk) nicht zu. In der finalen Krise des Reiches im Sept./Okt. 1918 entschloß sich der I. erst relativ spät zur Initiative.

Der I. als Klammer der Reichstagslinken und der -mitte prägte die Weimarer Koalition vor. Die schwankende Haltung der Nationalliberalen, zwar in innenpolitischen Fragen (Parlamentarisierung) mitzuarbeiten, bei außenpolitischen Fragen (Kriegsziele) aber auszuscheren, deutete die brüchigen Konstellationen der Großen Koalition in der Weimarer Republik an.

GUNTHER MAI

Internierung. Im Weltkrieg bezeichnete der Begriff I. sowohl die Unterbringung kranker oder invalider Kriegsgefangener in neutralen Staaten als auch Zwangsmaßnahmen gegen sog. feindliche Ausländer (enemy aliens). Die begriffliche Unklarheit resultiert daraus, daß die von 1914-1918 in großem Umfang durchgeführten Repressionsmaßnahmen gegen zivile Staatsangehörige des Kriegsgegners eine relativ neue Erscheinung waren. Ursache war eine grundsätzliche Neudefinition des »Feindes«, die weit über einen militärischen Begriff hinausging. Als Konsequenz wurden in den kriegführenden Staaten im Land befindliche »feindliche« Staatsangehörige nicht mehr einfach geduldet oder ausgewiesen, sondern statt dessen ihre Kontrolle, Überwachung und selbst I. zur üblichen Praxis. Mindestens 400.000 Zivilpersonen, darunter auch Frauen und Kinder, wurden allein in Europa in Lager verbracht.

Die repressiven Maßnahmen gegen »feindliche Ausländer« hatten mehrere Ursachen. Die Armee des Gegners sollte geschwächt werden, indem man seine im Ausland befindlichen männlichen Staatsangehörigen an der Ausübung ihrer Wehrpflicht hinderte. Überwachung und »Sicherheitsgewahrsam« nicht wehrpflichtiger Zivilisten waren dagegen ein Resultat der seit Kriegsbeginn überall herrschenden, fast panischen Angst vor feindlichen Anschlägen und vor Spionage. Gefördert wurden solche intoleranten Praktiken durch das Fehlen präziser völkerrechtlicher Bestimmungen zum Status von Zivilpersonen im Krieg. Die Folge war, daß zahlreiche Staaten Maßnahmen zur Freiheitsbeschränkung gegenüber »feindlichen Ausländern« trafen, zugleich aber die »barbarische und völkerrechtswidrige Behandlung« der eigenen Staatsangehörigen durch Feindstaaten anprangerten. Es entwickelte sich in der Folge eine regelrechte Propagandaschlacht um die I. von Zivilisten.

Unter dem Eindruck der bedrohlichen militärischen Lage und der Anwesenheit einer großen Zahl »feindlicher Ausländer« in der Hauptstadt Paris begann die französische Regierung unmittelbar nach Kriegsbeginn, vor allem männliche Staatsbürger aus Deutschland und Österreich-Ungarn in besonderen Lagern im Westen Frankreichs zu internieren. Großbritannien und Deutschland, die es zunächst bei der Überwachung, regelmäßigen Meldepflicht und gesetzlichen Einschränkung der Bewegungsfreiheit beließen, folgten dieser Maßnahme ab Herbst 1914. Von der I. betroffen waren Männer im wehrpflichtigen Alter sowie besonders »verdächtige« Personen. Viele Frauen und auch ganze Familien folgten jedoch ihren Männern freiwillig in die Lager, um nicht von ihnen getrennt zu werden. Die Dauer der I. hing von der unterschiedlichen innerstaatlichen Gesetzgebung gegenüber »feindlichen Ausländern« sowie von Verhandlungen zwischen den kriegführenden Ländern ab. Im Okt. 1914 trafen z. B. Frankreich und Deutschland Abmachungen, nach denen Frauen und Kindern die Ausreise erlaubt wurde; auch Deutschland und Großbritannien realisierten ab 1915 einen solchen Austausch. Weitaus länger mußten männliche Zivilisten auf ihren Austausch warten. Nachweislich kranke sowie männliche Inhaftierte im Alter unter 17 Jahren und über 55 Jahren wurden nach einem Abkommen von 1916 zwischen Deutschland und Frankreich entlassen. Erst 1917 vereinbarten dagegen Großbritannien und Deutschland Entlassung und Austausch internierter männlicher Zivilpersonen über 45 Jahren. In allen Staaten zog sich die Durchführung dieser Vereinbarungen aber bis zum Kriegsende 1918 hin. Auch nach dem Waffenstillstand befanden sich noch Zivilinternierte in Lagern.

Ungeregelt und zunächst sehr provisorisch war auch die Organisation der I.lager. Mancherorts wurden in der ersten Kriegszeit Zelte oder unbeheizte Stallgebäude für I. ausgewiesen, oft dienten ebenfalls improvisierte Kriegsgefangenenlager der Unterbringung von Zivilinternierten.

In Großbritannien befanden sich die größten I.lager auf der Isle of Man. Hinter Stacheldraht entstanden dort mehrere Barackenlager, in denen die Internierten – häufig nach sozialem Status getrennt – untergebracht wurden. Die relativ gute medizinische Kontrolle und Betreuung übernahm das Militär ebenso wie die Versorgung mit Nahrungsmitteln. Da die Möglichkeit zum Kauf zusätzlicher Lebensmittel bestand und den Internierten Pakete geschickt werden konnten, waren Klagen über die Ernährung eher selten. Problematischer war der Mangel an Beschäftigung. Es entstanden daher Werkstätten, und zunehmend wurden Internierte gegen Vergütung in der Landwirtschaft eingesetzt. Darüber hinaus gab es einige von den Internierten selbst organisierte Bildungs- und Kultureinrichtungen. Dennoch blieb die dauernde Festsetzung nicht nur in den britischen Lagern ein großes, vor allem psychologisches Problem für die Betroffenen.

Die 52 französischen I.lager (vor allem im Westen Frankreichs) unterschieden sich nicht fundamental von den britischen, auch wenn es zwischen den Lagern hinsichtlich ihrer Ausstattung und Versorgung größere Unterschiede gab. Anders als in Großbritannien waren die Männer gezwungen, dort sieben Stunden pro Tag zu arbeiten, durften sich aber zwei Stunden pro Tag außerhalb des Lagers bewegen.

In Deutschland dienten zunächst Kriegsgefangenenlager der Unterbringung internierter »Feindstaatenausländer«. Ab 1915 entstanden über das ganze Reichsgebiet verteilte »Zivilgefangenenlager«, in denen bis 1918 insgesamt ca. 100.000, großteils männliche Zivilpersonen zusammengefaßt worden waren. Mitte 1918 sollen sich nach deutschen Statistiken noch 20.000 Internierte in den Lagern befunden haben, u. a. in Holzminden, Ruhleben, Rastatt, Celle, Havelberg, Senne und Limburg. Unterbringung und Lagereinrichtungen entsprachen auch hier in etwa dem Standard der britischen Lager. Gleiches galt für die medizinische Versorgung sowie das sich entwickelnde Lagerleben. In Deutschland waren die internierten »Zivilgefangenen« bei Kriegsbeginn offiziell ebenfalls nicht zur Arbeit verpflichtet. Einige nahmen jedoch unter Druck oder freiwillig eine Beschäftigung an. So entkamen sie der belastenden Monotonie der Lager wenigstens zeitweilig und konnten die in Deutschland zunehmend karge Lagerkost aufbessern.

Das bekannteste deutsche Zivilgefangenenlager war das sog. Engländerlager Ruhleben bei Berlin. Dort waren von Nov. 1914 bis Nov. 1918 zwischen 2.300 und 4.200 britische Staatsbürger auf dem Gelände der Berliner Pferderennbahn interniert. Aus den provisorischen Unterkünften (Stallgebäuden) entwickelte sich eine regelrechte Kleinstadt mit partieller Selbstverwaltung und eigener Infrastruktur: Verwaltungsgebäuden und Kaufläden, Werkstätten, Kultur- und Bildungseinrichtungen. Es existierten mehrere Lagerzeitungen; sportliche Aktivitäten waren möglich. Trotz derartiger Erleichterungen und der seitens der Internierten selbst oft positiv geschilderten »Lagergemeinschaft« hatte die Solidarität aber auch Grenzen. Die lange Dauer der I. führte zu sozialen Spannungen und Konflikten. Soziale, religiöse und kulturelle Gegensätze bestanden innerhalb der heterogenen Lagergesellschaft fort.

Über die zahlreichen weiteren Lager im Deutschen Reich ist nahezu nichts bekannt, ebensowenig über die deutsche I.politik insgesamt. Daß diese 1914-1918 in Deutschland über militärische und »sicherheitspolitische« Zwecke hinausging, deutet aber die für einzelne Lager nachweisbare I. von Frauen aus Frankreich und Belgien noch nach 1914/15 an. Einige waren aufgrund von »Vergeltungsmaßnahmen« oder als Geiseln nach Deutschland verschleppt worden, andere hatten sich in den besetzten Gebieten verdächtig gemacht oder den Besatzungsbestimmungen widersetzt. 400 solcher Frauen befanden sich im Frühjahr 1918 im Zivilgefangenenlager Holzminden, einige »moralisch Verdächtige« unter ihnen waren sogar in einer besonders schlechten Baracke getrennt untergebracht. Auch wenn Hintergründe und Ausmaß solcher I.praktiken im Kontext deutscher Besatzungspolitik noch weitgehend im Dunkeln liegen, so verweisen sie doch auf eine fortschreitende Radikalisierung der Behandlung von Zivilisten im Verlauf des Krieges.

Lit.: J. C. Farcy, Les camps de concentration français de la Première guerre mondiale (1914-1920), Paris 1995; Minorities in Wartime. The Experience of National and Racial Groupings in Europe, North America and Australia during the two World Wars, hg. v. Panikos Panayi, Providence, RI/Oxford 1993; R. B. Speed, Prisoners, Diplomats and the Great War. A Study in the Diplomacy of Captivity, New York 1990.

UTA HINZ

Invalidität. Der *Sanitätsbericht über das Deutsche Heer* bilanzierte 1934 die Anzahl der durch Verwundung, Unfall, Selbstmord und Krankheit zwischen dem 2. Aug. 1914 und dem 31. Juli 1918 verstorbenen Soldaten auf 1.202.042; dieser Zahl, die nach Abbruch der Truppenkrankenrapporte im Juli 1918 bis zum Kriegsende noch erheblich anwuchs, stand für den gleichen Berichtszeitraum die der insgesamt 702.778 aus dem Heer als »dienstunbrauchbar« Entlassenen (503.713 mit, 199.065 ohne Versorgung) gegenüber. Von der Gesamtzahl der »Dienstunbrauchbaren« mit Versorgung wiederum waren 89.760 als »Verstümmelte« mit Ansprüchen auf eine »Verstümmelungszulage« anerkannt. Zu jener Gruppe gehörte der überwiegende Teil der schwer- und schwerstbeschädigten Kriegsinvaliden der Nachkriegszeit. Hinter dem Begriff »Verstümmelte« verbargen sich 15.503 Arm- (383 beidseitig) und 24.145 Beinamputierte (862 beidseitig), 34.972 deren ein- oder beidseitige Funktionsstörung der oberen oder unteren Extremität einer Amputation gleichkam. Ihre Sprache hatten 230 verloren, ihr Gehör auf beiden Ohren 1.058, das Augenlicht beidseitig 1.445, einseitig 3.408. Als geisteskrank mit Versorgungsansprüchen wurden 3.955 und »wegen schwerer Gesundheitsstörungen« mit Pflege- und Wartungsbedürftigkeit weitere 5.034 Soldaten entlassen. Auch wenn diese Zahlen nur den Stand vom 1. Aug. 1918 spiegeln, so wird doch auch ohne die zwingend notwendige Korrektur nach oben klar: Der Weltkrieg hinterließ ein Heer der Versehrten, der Blinden, der Amputierten, der an Körper und Seele Zerschmetterten und Entstellten, wie sie die Straßenbilder aller Kriegsparteien nur allzu bald beherrschten. Bereits in den ersten Kriegsmonaten zeichnete sich ab, mit welchen Invalidenzahlen bei einer Fortdauer des Krieges zu rechnen sein würde. Anfang 1915, noch vor den Materialschlachten im Westen, schätzte der Orthopäde Konrad Biesalski die Zahl der bereits verstümmelten deutschen Soldaten auf etwa 30.000. Seine Befürchtungen sollten bei weitem übertroffen werden.

Der Krieg hatte auch hinsichtlich Verwundung und Überleben sein Gesicht gewandelt. Einerseits steigerte die höhere Durchschlagskraft und der vermehrte Einsatz von Explosivgeschossen die Zahl der Verwundeten ins bis dahin Unvorstellbare, andererseits überlebten aufgrund verbesserter und aseptischer Wundbehandlung weit mehr Verwundete. 1870/71 waren noch 80-90 % aller »Schußbrüche« verstorben, nun überlebten viele der so verletzten Soldaten und wurden zu »Krüppeln« bzw. »Kriegsinvaliden« (seit Mai 1915 in Preußen offizieller Begriff) oder »Kriegsbeschädigten«. Die sozial-karitative Mobilmachung kam zunächst nur schleppend in Gang. Im Nov. 1914 standen erst 2.357 zusätzliche Betten in »Krüppelheimen« für die Nachbehandlung Schwerverwundeter zur Verfügung. Mit dem Ersatz des Begriffs »Krüppel«, der in der Nachkriegszeit ungebrochen wieder auflebte, glaubte man, einen verächtlichen Beigeschmack der Kriegsinvalidität zu beseitigen. Andererseits sollte, um »Rentenpsychosen« zu vermeiden, das sog. Krüppeltum durch »eisernen Willen« und eine unnachgiebige Disziplinierung des Kriegsbeschädigten unter Beibehaltung des Soldatenstandes bis unmittelbar vor Vermittlung an eine neue Arbeitsstelle überwunden werden. Einer schnellen Reintegration in die Arbeitswelt schließlich dachte man, würden Versehrtenrenten in der Nähe oder unterhalb des Existenzminimums dienen. Auch sollten die herzlose Aufforderung zur Leistungssteigerung, die Warnung vor der »Verhätschelung« der Zermalmten – selbst durch die eigene Ehefrau – die hysterische Jagd auf vermeintliche »Rentenbetrüger«, die den sozialpolitischen Diskurs während der Weimarer Republik nachhaltig vergiftetete, hierzu beitragen.

Medizinische Wissenschaft und medizinische Technik reagierten schnell auf die Bedürfnisse des Krieges und besonders auf die der zahllosen Schwerstbeschädigungen. Die orthopädische Prothetik vervollkommnete die Technik des künstlichen Gliederersatzes bis zur Perfektion, schuf »Schmuck«- und »Ersatzarme« mit berufsbezogenen »Arbeitsansätzen« (Zangen-, Haken-, Messer-, Bürsten- Nähnadel-, Bügeleisenhalter etc.), wenig ästhetisch aber außerordentlich praktisch. Ein abstruses Panoptikum der Ersatzgliedertechnik entfaltete sich. Herausragend war die Beinprothetik, deren Perfektion von den harten Erfordernissen des Krieges erheblich profitiert hatte. Ferdinand Sauerbruch, Ober-

Kriegsverletzter mit Armprothese

stabsarzt und Beratender Chirurg des XV. Armeekorps, entwickelte seine »kinematischen Prothesen« (Sauerbruch-Hand). Die Psychiatrie widmete sich der Kriegsneurotikerproblematik (Kriegszitterer) und trug erheblich zur zynischen Debatte um den unterstellten »Rentenbetrug« bei. Gesichts- und Kieferchirurgen nahmen sich der Gesichtsdeformierten an, um die sich während des Krieges und noch lange danach geheimnisvolle Mythen rankten. Und die Neurologen entdeckten im Krieg die sprach- und wortverständnisaktiven Hirnareale der Kopfschußverletzten (Aphasieforschung). Ernst Friedrich hat mit seinem pazifistischen Bildband *Krieg dem Kriege* (1924) der Öffentlichkeit nicht nur die grausam verstümmelte ›Fratze‹ des Krieges, sondern auch die nackte Realität des erlittenen Krieges mit seiner monströsen ›Gesichtslosigkeit‹ der Fazialverletzten und -verstümmelten, dem schreienden Leid der stummen Sprach- und Wortverständnislosen und der verzweifelten Lichtsuche tausender Kriegsblinder in brutaler Anschaulichkeit nahegebracht.

Angesichts der gewaltigen Problematik, mit der die Kriegsbeschädigten- und Kriegshinterbliebenenversorgung durch die unerwartet große Zahl der Invaliden, Witwen und Waisen bereits 1915/16 konfrontiert wurde, erwies sich die Gesetzeslage der Vorkriegszeit bald als ungenügend. Besonders eklatant waren die prinzipielle Ungleichbehandlung von Mannschaften und Offizieren, die Bemessung der Renten und Pensionen ausschließlich nach Dienstgrad ohne Rücksicht auf den zivilen Beruf sowie die erhebliche Schlechterstellung der nichtverwundeten Kranken gegenüber Verletzten, denen im Anerkennungsfall Verstümmelungszulage zustand; festgeschrieben hatten dies das Mannschaftsversorgungsgesetz und das Offizierspensionsgesetz (beide 31. Mai 1906) sowie das Militärhinterbliebenengesetz (17. Mai 1907). Eine geordnete staatliche Fürsorge für den Kriegsfall mit dem Ziel einer beruflichen Wiedereingliederung der Kriegsinvaliden existierte nicht. Statt dessen verwirrte die Vielfalt privater und kommunaler Hilfsangebote mit geringer Effektivität und oft umstrittener Seriosität. Als Reaktion auf diese Mißstände organisierte sich seit Dez. 1914 eine »bürgerliche Kriegsbeschädigtenfürsorge« in den Ländern, deren Organe sich im Sept. 1915 im Reichsausschuß der Kriegsbeschädigtenfürsorge zusammenschlossen. Sie verwaltete für Fürsorgezwecke über die gesetzliche Versorgung hinaus verfügbar gemachte Reichsmittel und Sammelgelder in der Nationalstiftung für die Hinterbliebenen der im Kriege Gefallenen (seit Aug. 1914) sowie die Volksspende für Kriegsbeschädigte (1918) in Höhe von 1,6 Mio. Mark (Ludendorff-Spende). Seit 1915 im Reichstag (Reichsausschuß für die Kriegsbeschädigtenfürsorge) anhängig, kam es zu einer grundsätzlichen Änderung der Situation erst nach dem Krieg durch das Reichsversorgungsgesetz (12. Mai 1920, Neufassung 22. Dez. 1927), nachdem bereits durch die Versicherungsordnung vom 8. Febr. 1919 die gesamte Kriegsbeschädigten- und Kriegshinterbliebenenfürsorge unter Mitwirkung der Länder vom Reich übernommen worden war. Das Gesetz sicherte die Versorgung – ein Euphemismus, denn die »Versorgten« blieben ohne Nebeneinkünfte prinzipiell mit ihren schmalen Finanzzuwendungen unterhalb des äußersten Existenzminimums – bei Vorliegen einer Dienstbeschädigung über den Kreis der Kriegsbeschädigten und Kriegshinterbliebenen hinaus für alle Soldaten (Stichtag 31. Juli 1914) sowie für Militärbeamte und das Personal der freiwilligen Krankenpflege (Rotes Kreuz). Für den nach Rückkehr der

Kriegsgefangenen nun wesentlich weiter zu fassenden Kreis der versorgungsberechtigten Kriegsbeschädigten – 1924 im Deutschen Reich insgesamt 663.726 (neben 1.597.125 Kriegshinterbliebenen) – erstreckte sich die Versorgung auf Rente, Heilbehandlung und soziale Fürsorge (Neuregelung durch die Reichsverordnung über die Fürsorgepflicht vom 13. Febr. 1924) besonders hinsichtlich Arbeitsvermittlung, Berufsberatung und -ausbildung. Ein Unterschied zwischen der Versorgung von Offizieren und Mannschaften bestand grundsätzlich nicht mehr; die Höhe des Versorgungsanspruchs bemaß sich am Grad der Minderung der Erwerbstätigkeit. Die Versorgung Schwerbeschädigter regelten die Verordnung des Demobilmachungsamtes vom 9. Jan. 1919 (Einstellungszwang, Kündigungsverbot), sowie das Gesetz über die Beschäftigung Schwerbeschädigter (6. April 1920) und dessen Novelle vom 23. Dez. 1923. Schwerbeschädigte mit über 50 % Minderung der Erwerbsfähigkeit hatten bei Eignung für die Beamtenlaufbahn Anspruch auf einen »Beamtenschein«, der ihnen die Anwartschaft auf eine entsprechende beamtete Anstellung sichern sollte.

Mit der dritten Steuernotverordnung vom 14. Febr. 1924 wurde die gesamte Kriegsbeschädigtenfürsorge unter Anwendung reichsrechtlicher Vorschriften (Fürsorgepflichtverordnung) den Ländern übertragen und mit der allgemeinen Fürsorge (bisherige Armenpflege) vereinigt. An die Stelle der bis dahin zuständigen Fürsorge- und Hauptstellen traten nun Bezirksfürsorgestellen, also die Wohlfahrtsämter. Die Neuregelung erstreckte sich auch auf die Beschwerdeverfahren, bei denen nun Vertreter der Versorgten mitwirken mußten. Unter diesen, meist von den Organisationen der Versorgten gestellt, wies die größte Mitgliederzahl der Verband der Kriegsbeschädigten und Kriegshinterbliebenen des Deutschen Reichskriegerbundes Kyffhäuser auf.

In Österreich regelte das Invalidenentschädigungsgesetz vom 25. April 1919 den Gesamtkomplex von Heilbehandlung, Berufswiedereingliederung, Berentung und Krankengeld. Die Durchführung des Gesetzes oblag in jedem Bundesland einer Invalidenentschädigungskommission. Darüber hinaus dienten die Erträge des Kriegsbeschädigtenfonds als Unterstützungsgelder. Er wurde nach dem Gesetz vom 18. Dez. 1919 aus dem Hofschatz sowie aus dem für das Haus Habsburg gebundenen Vermögen (Kronfideikommiß) gebildet. Beratend stand dem Bundesministerium für soziale Verwaltung in Fragen der Kriegsbeschädigtenfürsorge eine ständige Invalidenfürsorgekommission zur Seite.

→ *Kriegsfürsorge* → *Nerven*

Lit.: M. Geyer, Ein Vorbote des Wohlfahrtsstaates. Die Kriegsopferversorgung in Frankreich, Deutschland und Großbritannien nach dem Ersten Weltkrieg, in: Geschichte und Gesellschaft, 9 (1983), S. 230-277; B. Ulrich, »... als wenn nichts geschehen wäre«. Anmerkungen zur Behandlung der Kriegsopfer während des Ersten Weltkriegs, in: »Keiner fühlt sich hier mehr als Mensch...«. Erlebnis und Wirkung des Ersten Weltkriegs, hg. v. G. Hirschfeld/G. Krumeich/I. Renz, Essen 1993, S. 115-129; R. W. Whalen, Bitter Wounds. German Victims of the Great War, 1914-1939, Ithaca/London 1984.

WOLFGANG U. ECKART

Irland. Das große Thema der britischen Innenpolitik im Sommer 1914 war die irische Krise. Seit 1910 stützte sich die liberale Regierung Asquith auf die Stimmen der irischen Nationalisten, die für Irland eine Autonomie (Home Rule) anstrebten. Das dritte Autonomie-Gesetz sollte 1914 in Kraft treten, was von der katholischen und nationalistischen Öffentlichkeit im irischen Süden begrüßt wurde. Die protestantische Mehrheit in Nordirland lehnte die Einbeziehung der Provinz Ulster in die irische Autonomie ab und bereitete eine paramilitärische Mobilisierung vor, um die Union mit Großbritannien aufrechtzuerhalten. Dazu gehörte die Aufstellung und illegale Bewaffnung der Ulster Volunteer Force (UVF) unter Sir Edward Carson. Die Nationalisten reagierten darauf mit der Aufstellung eigener paramilitärischer Freiwilligenverbände, um das Inkrafttreten der Autonomie sicherzustellen. Der Weltkrieg veränderte einige grundlegende Faktoren dieser Krise und war daher mehr als nur ein Katalysator für die weitere Entwicklung. Doch das Ergebnis von 1922, das die englisch-irischen Beziehungen und die irische Politik selbst neu gestaltete, war nicht nur durch den Krieg bestimmt. Die Vorstellungen und Organisationen, die den Konflikt prägten, hatten ihre Wurzeln in der irischen Geschichte. Zunächst schien der Konflikt beigelegt, als im Mai 1914 die irische Autonomie verabschiedet wurde, deren Umsetzung allerdings bis zum Ende des Krieges ausgesetzt werden sollte. Für die Nationalisten unter John Redmond war das nur ein nomineller Erfolg, während die Unionisten die Aussetzung der beschlossenen

Autonomie begrüßten. Die Frage, was bei einer Autonomie mit der nordirischen Provinz Ulster geschehen sollte, blieb ungelöst. Beide Seiten, Unionisten wie Nationalisten, unterstützten im Hinblick auf ihre jeweiligen Ziele den Krieg und die Mobilisierung eines Massenheeres auf der Basis der Freiwilligkeit (Kitchener's New Armies). Die Rollen waren dabei jedoch ungleich verteilt: Die Ulster Volunteers durften selbst die 36. Division ausrüsten, während den nationalistischen Irish Volunteers die Organisation der vorwiegend im national-katholischen Süden rekrutierten 10. und 16. Division verweigert wurde. Während Carson im Mai 1915 in das von Liberalen dominierte Kriegskabinett eintrat, setzte Redmond seine Weigerung, britische Ämter zu übernehmen, fort.

Etwa 200.000 Iren meldeten sich freiwillig zur Armee, unter ihnen beinahe 60 % Katholiken. Die 10. Division mußte an den Dardanellen bei der Landung in der Suvla-Bucht im Aug. 1915 schwere Verluste hinnehmen und wurde für den Rest des Krieges in Saloniki und in Palästina eingesetzt. Die 16. und 36. Division kämpften 1916 an der Somme, bei den Messines-Höhen (Wytschaete-Bogen) und 1917 vor Ypern und schließlich 1918 gegen die deutsche Frühjahrsoffensive. Mehr als ein Viertel der irischen Soldaten gehörte der britischen Berufsarmee oder nichtirischen Einheiten an. Mit 25.000 bis 30.000 Gefallenen waren die Verlustzahlen mindestens ebenso hoch wie in der gesamten britischen Armee. Daß die Mobilisierungsquote der erwachsenen männlichen irischen Bevölkerung niedriger lag als in Großbritannien oder in anderen kriegführenden Staaten, war auf die Aussetzung der 1916 in England eingeführten Wehrpflicht für Irland zurückzuführen. Der Weltkrieg war dennoch die größte militärische Mobilisierungsleistung in der irischen Geschichte.

Trotz einer oppositionellen Minderheit sorgten die sowohl nationalistische als auch unionistische Unterstützung des Krieges, die militärische Mobilisierung und die günstige ökonomische Situation dafür, daß die politische Situation in Irland bis 1916 ruhig blieb. Das änderte sich schlagartig mit dem Oster-Aufstand vom April 1916. Radikale Nationalisten wie der Führer der Irisch-Republikanischen Bruderschaft, Patrick Pearse, oder der linkssozialistische Gewerkschafter James Conolly organisierten einen bewaffneten Aufstand, der der irischen Loyalität ein Ende setzen, eine britische Überreaktion provozieren und das Bündnis zwischen irischem Nationalismus und britischem Liberalismus beenden sollte. Sie erhielten Unterstützung von irisch-nationalistischen Organisationen in den USA und dem Diplomaten Sir Roger Casement, der sich vergeblich um ein Bündnis mit den Deutschen bemühte. Obwohl es britischen Behörden gelang, eine kleinere deutsche Waffenlieferung abzufangen, riefen Pearse und einige radikale Nationalisten am 24. April 1916 (Ostermontag) die Irische Republik aus und besetzten in einem aussichtslosen Unternehmen mit 1.600 Gefolgsleuten mehrere Gebäude in der Dubliner Innenstadt. In den folgenden sechstägigen Kämpfen starben etwa 450 Menschen (mehr als die Hälfte davon unbeteiligte Passanten), und die Innenstadt wurde durch britische Artillerie schwer beschädigt, bevor Pearse schließlich kapitulieren mußte. Die Vergeltung der Briten unter General Sir John Maxwell endete mit der Hinrichtung von 15 Führern des Aufstandes, unter ihnen Pearse und Conolly.

Mit dem Aufstand begann sich die britische Regierung von der irischen Mehrheitsmeinung im Süden Irlands zu entfernen, und gleichzeitig gingen die nationalistischen und unionistischen Lager auf Konfrontationskurs. Obwohl die Opfer und die Zerstörung in Dublin im Verlauf des Krieges eher gering erschienen, spielten sie doch eine gewichtige Rolle für den irischen Nationalismus, der sich auf eine Tradition der Gewaltanwendung und die Verehrung nationaler Märtyrer stützte. Aus dem Mythos der Opfer des Oster-Aufstands, älteren Traditionen der gewaltbereiten Nationalbewegung und dem kulturellen Nationalismus der 1890er Jahre entstand im Weltkrieg eine radikale Variante des irischen Nationalismus, die sich unter Eamon de Valera, einem überlebenden Anführer des Aufstandes, formierte. Das britische Vorgehen mit zahlreichen Festnahmen und anderen repressiven Maßnahmen spielte ihnen offen in die Hände. Die Regierung Lloyd George versuchte zwischen 1917/18 die Autonomieverhandlungen durch eine »Irische Versammlung« im Trinity College Dublin wiederzubeleben. Im Okt. 1917 organisierten sich die Nationalisten unter dem Vorsitz de Valeras als politische Kraft mit dem Namen Sinn Féin und entwickelten ein Programm der antibritischen Propaganda und des zivilen Widerstands gegen den Krieg und die britische Herrschaft. In der Gewaltfrage herrschte Uneinigkeit, und schließlich entstand eine doppelte, politische und militärische, Strategie, indem auch die Irish Volunteers neu formiert wurden. Sinn Féin versuchte durch öffentliche Propaganda den Mythos des Aufstandes wachzuhalten und den Einfluß derjenigen Nationalisten zurückzudrängen, die weiterhin auf eine irische Autonomie unter britischer Herrschaft hofften.

Sinn Féin konnte bemerkenswerte Erfolge verbuchen. Die Partei gewann 1917 eine Reihe von Unterhaus-Nachwahlen, u. a. durch de Valera in East Clare, doch die Kandidaten weigerten sich, ihre Mandate wahrzunehmen. Wiederum hatte der Krieg Einfluß auf die Situation, als die britische Regierung wegen des Mangels an Rekruten angesichts der deutschen Frühjahrsoffensive im April 1918 versuchte, die Wehrpflicht nun auch in Irland durchzusetzen. Damit wurde Sinn Féin endgültig zum Bannerträger des irischen Nationalismus. Mit Unterstützung sowohl der südirischen Arbeiterbewegung als auch der katholischen Kirche gelang es einer zivilen Widerstandsbewegung, die allgemeine Wehrpflicht in Irland zu Fall zu bringen. Die erstarkte Position von Sinn Féin zeigte sich bei den Unterhauswahlen vom Dez. 1918. In Irland wurden nur noch sechs nationalistische Kandidaten gewählt, die die vorgesehene Autonomieregelung befürworteten, während sich die 73 gewählten Abgeordneten Sinn Féins in Dublin als unabhängiges irisches Parlament konstituierten. Allerdings waren auch 26 Unionisten gewählt worden – bis auf drei alle im protestantischen Norden Irlands, und damit zeichnete sich eine tiefe Spaltung der politischen Landschaft ab. Kurz nach dem Oster-Aufstand hatte die 36. Division bei Thiepval in den ersten beiden Tagen der Somme-Schlacht 2.000 Gefallene zu beklagen gehabt. Dieser Blutzoll wurde zu einem Mythos der Unionisten im Norden. Carson hatte 1916 erreicht, daß sechs der neun Bezirke Ulsters aus einer irischen Autonomieregelung ausgenommen würden. Die Unionisten widersetzten sich dem Republikanismus Sinn Féins – die das wiederum in ihrer antibritischen Ausrichtung nicht wahrhaben wollten – und verweigerten sich der Kampagne gegen die Wehrpflicht. Damit standen sich in Irland zwei verfeindete Nationalismen, ein loyalistisch-britischer und ein republikanisch-irischer, unversöhnlich gegenüber.

Doch der Nationalismus war nicht die einzige Quelle politischer Spannungen. Arbeitskräftemangel und Inflation führten zu einer verstärkten Streikaktivität. Der pragmatische irische Syndikalismus unter der Führung von James Larkin und der Irish Transport and General Workers' Union (ITGWU) hatte vor dem Krieg unter den ungelernten Arbeitern in Belfast und Dublin Anklang gefunden und dehnte sich nun auch auf die kleineren Städte und die Landarbeiter aus. Facharbeiter im Belfaster Maschinenbau engagierten sich 1919 in der britischen Streikbewegung für einen Acht-Stunden-Tag. Die nationalen Loyalitäten überschatteten allerdings die Gemeinsamkeiten der gewerkschaftlichen Interessen. Die protestantischen Arbeiter gestalteten die unionistische Politik mit, während die Militanz der ITGWU in den Republikanismus einging. Connolly hatte am Oster-Aufstand 1916 als irischer Nationalist und nicht als Sozialist teilgenommen, und obwohl die Politik Sinn Féins von radikal-sozialistischen Elementen eingefärbt war, blieb eine unabhängige Arbeiterbewegung oder gar der Sozialismus die Sache einer Minderheit.

Sinn Féins Kampagne wirkte sich auch auf dem internationalen Parkett aus. Bei der Pariser Friedenskonferenz von 1919 gelang es jedoch nicht, eine gesamtirische Republik zu erreichen. Weder die französische noch die amerikanische Regierung konnten es sich leisten, die britischen Alliierten durch die Anwendung des Selbstbestimmungsrechts der Völker auf Irland vor den Kopf zu stoßen. Ohne gemäßigte Verhandlungspartner auf der irischen Seite, die ein Autonomieabkommen hätten aushandeln können, und unter dem Eindruck zunehmender Gewalt wandte die britische Regierung im Süden Irlands verstärkt repressive Maßnahmen an. Die Unionisten im Norden reorganisierten die Ulster Voluntary Force, um sich gegen die doppelte Bedrohung durch die irische Autonomie und die aufständische Republik zu verteidigen. 1920 kam es zu schweren Auseinandersetzungen. Das Ergebnis war 1922 paradoxerweise einerseits eine beschränkte Unabhängigkeit der 26 südlichen Bezirke innerhalb des britischen Empire – was dort zur Spaltung der Republikaner und einem erbitterten Bürgerkrieg führte – und andererseits eine unionistische Variante der Autonomie für die sechs Bezirke Nordirlands.

Diese Vereinbarung spiegelte sich in den unterschiedlichen offiziellen Erinnerungskulturen des Weltkriegs: Im irischen Freistaat wurde der Krieg mit dem diskreditierten konstitutionellen Nationalismus in Verbindung gebracht. Nachdem die politische Kultur des Republikanismus bestimmend geworden war, trat die Erinnerung an den Krieg gegenüber der Erinnerung an den Oster-Aufstand in den Hintergrund. Das nationale irische Kriegerdenkmal wurde nach einem Entwurf Sir Edward Lutyens zwanzig Jahre nach Kriegsende in einem abgelegenen Dubliner Park vollendet und seine offizielle Einweihung fand erst 1988 statt. Umgekehrt manifestierte sich die Legitimation der nordirischen Provinz in zahlreichen Kriegerdenkmälern und Gedenkveranstaltungen, bei denen Katholiken zwar nicht ausgeschlossen, aber doch marginalisiert wurden. Die Auswirkungen des Krieges auf die irische Kultur müssen weiter erforscht werden. Es ist aber jetzt schon deutlich, daß in einer zwar spiegelbildlichen, aber dennoch parallelen Weise der Krieg in beiden Teilen des Landes nicht nur die Politik, sondern auch die kollektiven Identitäten geprägt hat.

Lit.: D. Fitzpatrick, The Two Irelands 1912-1939, Oxford 1998; K. Jeffery, Ireland and the Great War, Cambridge 2000.

JOHN HORNE (Ü: A. R.)

Isonzo, Fluß in Slowenien. – Neben der Front in den Alpen standen sich italienische und österreichisch-ungarische Truppen zwischen 1915 und 1917 vor allem entlang der an das slowenische Karstgebiet grenzenden Front gegenüber. Schon kurz nach dem Kriegseintritt Italiens im Mai 1915 hatte Generalstabschef Luigi Graf Cadorna über den I. den Stoß ins österreichische Herzland unternehmen wollen. Die k. u. k. Truppen konnten sich jedoch in ihren Defensivstellungen behaupten. Der Krieg, der im hochalpinen Raum in Einzelaktionen zerfiel, zementierte sich hier am I. entlang einer statischen Linie zwischen Tolmein und der Adria im unwirtlichen Karstgelände.

Zunächst zogen die Italiener 14 Divisionen am I. zusammen. Die erste von insgesamt elf Offensiven brach im Juni 1915 los, im Juli, Okt. und im Nov. desselben Jahres folgten weitere. Aufgrund der ungenügenden Artillerieunterstützung brachen die Angriffe der italienischen Infanterie im Abwehrfeuer der Verteidiger zusammen. Minimalen Gebietsgewinnen standen Verluste in Höhe von Zehntausenden auf beiden Seiten gegenüber, wobei die auf italienischer Seite ungleich höher ausfielen. Der vermeintlichen Logik der »Abnutzungsschlacht« folgend, wurden die Durchbruchsversuche jedoch fortgesetzt. Am Beispiel der Brigade »Casale« lassen sich die Verluste an Menschenleben exemplarisch festmachen: Bis Ende 1915 hatte die Einheit sieben Monate im Schützengraben verbracht, davon war sie neun Tage in Ruhe gelegen; 154 Offiziere sowie 4.276 Soldaten waren gefallen.

Im folgenden Jahr wurden Bewaffnung und Ausrüstung der am I. liegenden Verbände qualitativ und quantitativ verbessert. Die 5. I.-Schlacht (März 1916) wurde von Frankreich gefordert, um eine Verlegung von österreichischen Truppen nach Verdun zu verhindern. Nach einer vorübergehenden, durch die österreichische Offensive in Südtirol hervorgerufenen Krise im Mai/Juni 1916 gingen die Italiener ihrerseits wieder im Karst zum Angriff über: Nach blutigen Kämpfen um die Anhöhen von Sabotino und San Michele führte diese, mittlerweile 6. I.-Schlacht schließlich zur Einnahme der Stadt Görz. Der für die Italiener wichtige moralische Erfolg ließ sich jedoch militärisch nicht weiter ausnutzen. Im Herbst setzte der Abnutzungskrieg erneut ein, die 7., 8. und 9. I.-Schlacht schlossen sich an.

Während des Jahres 1917 stieg die Zahl der dort eingesetzten italienischen Infanteriedivisionen auf 65, bedeutender aber war die Aufstockung der Bewaffnung mit Maschinengewehren und die Verstärkung der Artillerie. Im Mai desselben Jahres folgte die 10. I.-Schlacht dem Muster der vorangegangenen. Erste Zerwürfnisse zwischen Generalstabschef Cadorna und dem Oberbefehlshaber der am I. liegenden 2. Armee, Luigi Capello, machten sich bemerkbar. Auch der zehnte Angriff endete ohne nennenswerte Resultate: 112.000 Toten, Verwundeten und Vermißten auf italienischer Seite standen 76.000 auf österreichischer Seite gegenüber.

Noch einmal wurden im Sommer 1917 etwa 600 italienische Bataillone für die 11. I.-Schlacht mobilisiert, die »Bainsizza-Schlacht«, benannt nach der gleichnamigen Hochebene nördlich von Görz. Die Italiener verfügten zu diesem Zeitpunkt nicht nur über mehr Soldaten – wie schon zu Beginn der militärischen Operationen –, sondern auch über mehr Waffen. Zwischen Aug. und Sept. 1917 entgingen die k. u. k. Truppen nur knapp einer schweren Niederlage. Die Verluste waren auf beiden Seiten enorm, ein großer Teil der Bataillone verlor 50 bis 75 % der Mannschaftsstärke. In der Erkenntnis, daß dem nächsten italienischen Angriff nichts mehr entgegen zu

Deutsche Truppen im oberen Isonzotal. 1917

setzen wäre, forderte das österreichische Armeeoberkommando im Herbst von seinen deutschen Alliierten Unterstützung an. Zunächst als lokale Entlastungsoffensive geplant, dann aber schrittweise erweitert, brach am 24. Okt. 1917 weiter nördlich zwischen Flitsch und Tolmein die Gegenoffensive der Mittelmächte los, die die über drei Jahre verfestigte Front am I. zum Einsturz und Italien fast an den Rand der Niederlage bringen sollte. Deswegen wird diese bei den Italienern unter dem Namen »Caporetto« bekannt gewordene Schlacht vielfach auch als die 12. und letzte I.-Schlacht bezeichnet. → *Alpenkrieg* → *Caporetto* → *Doberdó* → *Piave*

Lit.: H. von Lichem, Krieg in den Alpen: 1915-1918, 3. Bde., Augsburg 1993; J. R. Schindler, Isonzo: the Forgotten Sacrifice of the Great War, Westport, Conn. 2000.

MARIO ISNENGHI (Ü: C. Z./M. P.)

Iwanow, Nikolaj Judowitsch, * 22.7.1851, † (ermordet) Kiew 27.2.1919, russischer General. – I. war Absolvent der Michailowskojer Artillerieschule (1869). Im Russisch-Japanischen Krieg 1904/05 wurde er Kommandierender General des sibirischen III. Armeekorps, 1906-08 Generalgouverneur der Festung Kronstadt. In dieser Stellung schlug er 1906 den Aufstand der Kronstädter Matrosen nieder. Seit 1907 Generaladjutant und 1908 General der Artillerie, war I. 1908-14 als Gouverneur des Militärbezirks Kiew tätig. Von Sept. 1915 bis März 1916 war er Oberbefehlshaber der Südwestfront. Seine Entbindung von dieser Aufgabe und die Ersetzung durch Alexej Brussilow war die (verspätete) Folge der schweren russischen Niederlage bei Gorlice-Tarnów; danach gehörte er zum Stab des Zaren. Am 12. März 1917 wurde I. von Nikolaj II. zum Befehlshaber der Truppen des Petrograder Militärbezirkes ernannt und mit der Niederschlagung der revolutionären Erhebung in der Hauptstadt beauftragt. Diese schlug bekanntlich fehl.

DITTMAR DAHLMANN

Jackson, Sir Henry Bradwardine, * Bansley 21.1.1855, † Hayling Island 14.12.1929, britischer Admiral. – J. trat 1868 in die Royal Navy ein und nahm 1878/79 an Bord der *Active* am Zulukrieg teil. Seit 1890 beschäftigte er sich mit dem Funkwesen, sechs Jahre später traf er sein Idol, den italienischen Physiker Guglielmo Marconi. 1897 Marineattaché in Washington, wurde J. 1905 Third Sea Lord und erlebte in dieser Position den Rüstungssprung hin zu den Großkampfschiffen (Dreadnought). 1908 vertraute man ihm die Führung des 3. Kreuzer-Geschwaders im Mittelmeer an; drei Jahre später wurde ihm die Leitung der neuen Marineschule in Portsmouth übertragen. Im Febr. 1913 Chef des Kriegsstabes der Admiralität, sollte J. im Aug. 1914 die Führung aller britischen Streitkräfte im Mittelmeer übernehmen, blieb aber angesichts des Ernstes der Kriegslage in London.

Als Mitglied des Committee of Imperial Defence entwarf er die Pläne zur Eroberung der deutschen Kolonien. Im Mai 1915 wurde er nach dem Abschied von Sir John Fisher dessen Nachfolger als First Sea Lord. In diese Amtszeit fiel die einzige große Seeschlacht des Weltkriegs, die Schlacht vor dem Skagerrak am 31. Mai 1916. Als Pionier des Funkwesens war J. stolz auf die Tatsache, daß das Auslaufen der deutschen Hochseeflotte durch Funkpeilung entdeckt wurde. Er war allerdings danach außerstande, die akute Bedrohung Großbritanniens durch die deutschen U-Boote zu meistern, und wurde im Dez. 1916 als Präsident der Königlichen Kriegsakademie nach Greenwich versetzt. Von 1917-19 Flügeladjutant des Königs Georg V. nahm J. im Juli 1924 seinen Abschied.

HOLGER H. HERWIG

Jagow, Gottlieb von, * Berlin 22.6.1863, † Potsdam 11.1.1935, deutscher Diplomat. – J. entstammte einer märkischen Adelsfamilie; nach Jurastudium und Dienst in der preußischen Verwaltung gelang ihm 1895, vom späteren Reichskanzler Bernhard von Bülow protegiert, der Einstieg in die diplomatische Laufbahn. Er war an verschiedenen Auslandsvertretungen tätig; einen ersten Höhepunkt erfuhr seine Karriere mit der Ernennung zum Botschafter in Rom am 28. März 1909. Hier gelang ihm 1912 mit der Verlängerung des Dreibundvertrags ein diplomatischer Erfolg. Am 11. Jan. 1913 trat er die Nachfolge Alfred von Kiderlen-Waechters als Staatssekretär des Auswärtigen Amts an.

Von der Sorge vor einer Einkreisung des Deutschen Reichs innerhalb des europäischen Mächtesystems geleitet, suchte J. die Annäherung an England. Erfolge seiner Politik waren die Verhinderung einer Ausweitung des 2. Balkankriegs von einem lokalen zu einem europäischen Konflikt sowie die Verständigung mit England über den portugiesischen Kolonialbesitz und die Bagdadbahn. Daß Flottenrüstung und Schlieffen-Plan sich nicht mit seiner außenpolitischen Grundausrichtung vertrugen, hat J. zwar erkannt, dem Auseinanderlaufen der politischen und militärischen Konzepte vermochte er sich aber nicht zu widersetzen. In der Julikrise glaubte er bis zuletzt an die Steuerbarkeit der Ereignisse und die Möglichkeit der Deeskalation durch ein Nachgeben Rußlands.

Die Kriegsaussichten beurteilte J. pessimistisch. Er erhoffte sich einen Sieg über Rußland nach einer Revolution und, als Konsequenz daraus, die Chance auf einen Verständigungsfrieden im Westen. Er warnte daher intern vor den Folgen extremer Annexionspläne und des uneingeschränkten U-Boot-Kriegs, was die Gegnerschaft der Militärs zu seiner Politik verstärkte. Am 22. Nov. 1916 trat er daraufhin vom Amt des Staatssekretärs zurück.

MARTIN KRÖGER

Januarstreiks. Zwischen dem 28. Jan. und dem 2. Febr. 1918 kam es in Berlin und anderen industriellen und Wirtschaftszentren (Kiel, Hamburg, sowie im rheinisch-westfälischen Industriegebiet) zu Massenprotesten und Streikaktionen, an denen sich zwischen 200.000 und 500.000 Arbeiter beteiligten. Anders als die vor allem als sozialer Protest zu verstehenden Streiks des Jahres 1917 waren die J. größtenteils direkt politisch motiviert. Angesichts des Friedensangebots der Sowjetregierung und des brutalen und ultra-annexionistischen Vorgehens der deutschen Obersten Heeresleitung bei den seit dem 9. Jan. wieder aufgenommenen Friedensverhandlungen von Brest-Litowsk erneuerte sich auch die Forderung der politischen Linken nach einem Frieden »ohne Annexionen und Kontributionen«. Vor allem die USPD und die Spartakusgruppe, aber auch Teile der MSPD, traten scharf gegen den annexionistischen Kurs der OHL und der diesen unterstützenden Gruppen, insbesondere die 1917 gegründete Deutsche Vaterlandspartei, auf.

Zu ersten größeren Streikbewegungen (»Jännerstreik«) kam es bereits ab dem 14. Jan. in den Rüstungsbetrieben bei Wiener Neustadt. Der Streik bewirkte die Aufnahme von Verhandlungen zwischen der Regierung und den sozialistischen Funktionären, die immerhin einige, wenn auch begrenzte Zugeständnisse durchsetzen konnten. Erst unter dem Eindruck massiver militärischer Gewalt bröckelte die Streikfront ab. Am 23. Jan. wurde die Arbeit in den Wiener Betrieben wieder aufgenommen. Zur Eindämmung der Streikbewegung, an der sich bis zu 700.000 Arbeiter beteiligt hatten und die sich auf die gesamte Donaumonarchie ausdehnte, sah sich die Militärführung sogar genötigt, Truppen aus der Front zurückzunehmen, um für Ordnung zu sorgen.

Regionale Untersuchungen der J. zeigen, daß das Initial der österreichischen Streiks in Südwestdeutschland rasch aufgegriffen wurde und noch ganz ohne Zutun zentraler politischer Kräfte sich spontan nach Norden hin ausbreitete. Mit ihren Berliner Genossen hatten die Österreichischen Sozialisten direkten Kontakt aufgenommen. Die Streikbewegung im rheinisch-westfälischen Industriegebiet begann bereits am 20. Jan. auf den Zechen Waltrop und Victoria Lünen; sie dehnte sich bis zum 26. Jan. auf die anderen großen Zechen aus. Ab dem 26. Jan. wurden die Ereignisse auch durch Reichstagsresolutionen der linken Parlamentsgruppen sowie von Flugblattaktionen der USPD und des Spartakus zentral begleitet. Am 28. Jan. setzte dann der von der Spartakusgruppe sowie den »revolutionären Obleuten« und der USPD organisierte politische Massenstreik für die sofortige Herstellung eines allgemeinen Friedens »ohne Annexionen und Kontributionen« ein. Höhepunkt dieses Streiks waren der 29./30. Jan., als die Arbeit nahezu im gesamten östlichen Ruhrgebiet stillstand. Insgesamt dürften sich im rheinisch-westfälischen Industriegebiet ca. 200.000 Arbeiter an den Ausständen beteiligt haben. Eine zentrale Streikleitung gab es nicht, es kam auch nicht zur Bildung von Arbeiterräten oder Aktionsausschüssen.

Die radikalsten Formen mit größtem Massenzuspruch nahmen die J. jedoch in Berlin an. Nachdem es bereits seit dem 10. Jan. 1918 (einen Tag nach der Wiederaufnahme der Friedensverhandlungen in Brest-Litowsk) zu Protest- und Plakataktionen namentlich der USPD gekommen war, wurden ab dem 27. Jan. Streik- und Protestaktionen in sämtlichen Berliner Rüstungsbetrieben durchgeführt. An diesem Tag versammelten sich ca. 1.500 Munitionsarbeiter (»Dreher«) und beschlossen, in den Ausstand zu treten. Es wurde eine elfköpfige Streikleitung gebildet, die zumeist aus USPD-Politikern bestand. Die Spartakusbewegung war nur mit einem Aktivisten vertreten. Die MSPD entsandte – nach einigem Zögern – Friedrich Ebert, Otto Braun und Philipp Scheidemann in den Aktionsausschuß, um, wie es in einer Resolution des Parteivorstandes hieß, »die Bewegung in geordneten Bahnen zu halten«. Am 28. Jan. befanden sich zwischen 200.000 und 400.000 Arbeiter in Berlin im Ausstand. Insbesondere Friedrich Ebert bemühte sich, die Streikenden von radikalen Forderungen und Vorgehensweisen abzubringen und beschwor sie, vor allem keinen Zustand herbeizuführen, der zur Waffen- und Munitionsknappheit bei ihren Kameraden in den Schützengräben führen würde. Diese gemäßigte Linie zeigte aber nirgends Erfolg. Wenn der Streik trotzdem bereits nach einer Woche zusammenbrach, so lag dies vor allem an den mit exemplarischer Brutalität durchgeführten Repressionen seitens der militärischen Behörden. Der Ausrufung des verschärften Belagerungszustandes über Berlin (31. Jan.) folgten die Auflösung von Großveranstaltungen, die Verhaftung von Mitgliedern der Streikleitung sowie die – besonders wirksame – »Frontverschickung« zahlreicher für die Rüstungsbetriebe bislang freigestellter kriegsverpflichteter Arbeiter. Mehr als 50.000 Arbeiter erhielten jetzt die (bereits seit den Unruhen von 1917 von den Behörden vorbereiteten) Gestellungsbefehle. Am 4. Febr. wurde der Streik deshalb vom Aktionskomitee beendet, dessen Mitglieder zum Teil ebenfalls verhaftet wurden.

Die Nachwirkungen der J. waren erheblich: Einerseits begann die MSPD angesichts des offensichtlichen Vertrauensverlustes der Massen, sich stärker in den Betrieben zu engagieren, was in der Novemberrevolution 1918 erhebliche Auswirkungen haben sollte; andererseits waren die J. trotz ihres Scheiterns langfristig ein Erfolg der USPD. Doch hatten die J. auch eine Bedeutung in der »Dolchstoß«-Polemik, vor allem mit der Behauptung, die »Heimat« sei dem siegreichen Heer in den Rücken gefallen. Besonders Friedrich Ebert sah sich noch als Reichspräsident Anwürfen der politischen Rechten wegen seiner Teilnahme an den J. ausgesetzt. Allen (zutreffenden) Beteuerungen zum Trotz, er habe den Streik durch Eintritt in das Streikkomitee »abwürgen« wollen, wurde er des Landesverrats beschuldigt. In einem deshalb von Ebert angestrengten Beleidigungsprozeß Ende 1924 vor dem Braunschweiger Landgericht wurde dieser Vorwurf in einem politischen Skandalurteil aufrechterhalten. Eberts plötzlicher Tod im Alter von 56 Jahren, nur einen Monat später, wurde von Zeitgenossen und auch den Historikern mit seiner Erregung über den Prozeß und die fortwährende politische Diffamierung wegen der J. in Verbindung gebracht. → *Sozialdemokratie*

Lit.: D. Engelmann, Der Januarstreik 1918 im rheinisch-westfälischen Industriegebiet, in: Jahrbuch für Regionalgeschichte, 9 (1982), S. 95-104; S. Miller, Burgfrieden und Klassenkampf, Düsseldorf 1974; V. Ullrich, Der Januarstreik 1918 in Hamburg, Kiel und Bremen, in: Zeitschrift des Vereins für Hamburgische Geschichte, 71 (1985), S. 45-74.

GERD KRUMEICH

Januschkewitsch, Nikolaj Nikolajewitsch, * 13.5.1868, † Tiflis 18.10.1918, russischer General. – J. war Absolvent der Michailowskojer Artillerieschule (1888) und der Akademie des Generalstabes (1896). 1913-14 war er als Chef der Kaiserlichen Nikolaj-Kriegsakademie tätig. Seit 1914 General der Infanterie, war J. von März bis Juli 1914 Chef des Generalstabes; dann, nach Ausbruch des Ersten Weltkriegs, Stabschef des Höchstkommandierenden, Großfürst Nikolaj Nikolajewitsch. Die operativen Planungen überließ er Generalquartiermeister Danilow, während er sich vor allem mit administrativen und politischen Fragen beschäftigte. J. galt als ausgesprochen konservativ; 1915-17 war er Stellvertreter von Nikolaj Nikolajewitsch als Oberbefehlshaber der Kaukasusfront und Statthalter im Kaukasus. Nach der Februarrevolution nahm er seinen Abschied.

DITTMAR DAHLMANN

Japan. In den beiden Jahrzehnten vor 1914 stieg J. zur neuen Großmacht in Ostasien auf. War das Kaiserreich in der zweiten Hälfte des 19. Jahrhunderts Objekt des westlichen Imperialismus gewesen und hatte dabei gleichwohl allen Versuchen einer Kolonisierung widerstanden, trat J. nach den siegreichen Kriegen gegen China 1894/95 und Rußland 1904/05 selbst als neue Kolonialmacht in die imperialistische Arena in Ostasien ein. Dabei vollzog sich die japanische Expansion auf dem asiatischen Kontinent vor 1914 noch im Rahmen der Kooperation mit den westlichen Mächten. Diese setzten der japanischen Annexion Koreas im Jahre 1910 keinerlei Widerstand entgegen, weil umgekehrt J. die imperialen Interessen der westlichen Mächte in Ostasien anerkannte.

Kernstück dieser Politik der gegenseitigen Interessenwahrung war die Anglo-Japanische Allianz von 1902, die 1905 erweitert und 1911 neu aufgelegt wurde und bis zur Washingtoner Konferenz von 1922 Bestand haben sollte. Dieses Bündnis war gegen die russischen Expansionsbestrebungen in Asien gerichtet und garantierte dem einen Vertragspartner im Falle eines Krieges mit einer dritten Macht die Neutralität des anderen und verpflichtete beide Signatarmächte bei einem größeren militärischen Konflikt zur Teilnahme an der Seite des jeweils anderen. Auf diese Allianz berief sich Großbritannien auch im Aug. 1914. Bei Ausbruch des Kriegs hatte J. zunächst seine Neutralität erklärt, war aber am 7. Aug. von Großbritannien um Mithilfe dabei gebeten worden, deutsche Schiffe im nördlichen Pazifik aufzubringen. In einer Sitzung des Kabinetts wurde am 8. Aug. Übereinstimmung darüber erzielt, an der Seite der alliierten Mächte in den Krieg einzutreten. Die deutsche Reichsregierung wurde am 15. Aug. ultimativ aufgefordert, binnen einer Woche ihre Bereitschaft zu erklären, alle Soldaten und Schiffe aus den japanischen und chinesischen Gewässern abzuziehen und die deutschen Pachtgebiete um Tsingtau J. zu übertragen. Als dieses Ultimatum unbeantwortet blieb, erklärte J. dem Deutschen Reich am 23. Aug. den Krieg.

Die militärischen Auseinandersetzungen konzentrierten sich in den folgenden Wochen auf die Shantung-Halbinsel und die deutschen Besitzungen im Pazifik. Nach einer gemeinsamen Blockade Tsingtaus durch japanische und britische Schiffe erreichten japanische Truppen am 2. Sept. das deutsche Pachtgebiet an der chinesischen Küste. Vor der japanischen Übermacht kapitulierten die 3.000 deutschen Soldaten am 7. Nov. und begaben sich in japanische Kriegsgefangenschaft. Keinerlei Widerstand wurde den japanischen Marineeinheiten in Mikronesien entgegengebracht. Noch im Okt. 1914 wurden Teile der Marianen, Karolinen sowie der Marshall-Inseln besetzt. J. kam damit Australien zuvor, das im Sept. 1914 Deutsch-Neuguinea übernahm. Die deutschen Kolonialbeamten, Missionare, Kaufleute und Siedler wurden teils interniert, teils abgeschoben und nach Europa zurückgeschickt. Bereits Ende 1914 war damit für J. der Weltkrieg zu Ende. Das Land hatte ca. 2.000 Soldaten verloren und kontrollierte die ehemaligen deutschen Besitzungen auf der Shantung-Halbinsel und im Pazifik. Alle Versuche der deutschen Regierung, mit J. doch noch zu einem Verständigungsfrieden zu kommen, entpuppten sich als Illusion.

Die japanischen Kriegsziele waren damit aber Ende 1914 noch keineswegs erreicht. Nur vordergründig zielten die militärischen Aktionen der japanischen Armee auf das Deutsche Reich. Vielmehr ging es der politischen und militärischen Führung um eine Ausdehnung des japanischen Einflußbereichs in China. Der Kriegsausbruch in Europa hatte in Ostasien ein politisches und militärisches Vakuum entstehen lassen, das sich J. zunutze machen wollte. Am Krieg an der »Peripherie Europa« nahmen sowohl die herrschenden Eliten als auch die breite Öffentlichkeit nur geringen Anteil, obgleich die japanischen Zeitungen regelmäßig über den Kriegsverlauf berichteten. Nur auf politischen Druck der Alliierten hin entschloß sich die Marine zur Entsendung von begleitenden Zerstörern ins Mittelmeer, die sich an Kampfhandlungen aber nicht beteiligen sollten. Das Kalkül war vielmehr, so Ministerpräsident Hata, gleichzeitig sowohl die Vorteile eines neutralen wie die eines kriegführenden Landes für sich auszuschlachten.

Im Jan. 1915 konfrontierte das neue Kabinett Ôkuma, u. a. getrieben von nationalistischen Agitationsverbänden wie der Kokuryûkai, den chinesischen Präsidenten Yuan Shikai, der sich nach dem Sturz der Qing-Dynastie 1911 an die Spitze des Landes gesetzt hatte, mit den sog. Einundzwanzig Forderungen. Dieses als Vertragsentwurf zur Regelung der bilateralen Beziehungen getarnte Diktat zielte im wesentlichen auf die formelle Übertragung der älteren Rechte des Deutschen Reichs in China auf Japan, auf die Ausdehnung der japanischen Einflußzonen in der südlichen Mandschurei und der inneren Mongolei, auf die Beteiligung japanischer Unternehmen bei der Ausbeutung von Eisenerzminen in Zentralchina sowie auf die Begrenzung der territorialen Souveränität Chinas, insbesondere mit Blick auf die Abtretung oder Verpachtung von Häfen oder Inseln an dritte Mächte. Besonders umstritten war der fünfte Punkt, der China dazu gezwungen hätte, japanische Berater in höheren militärischen Dienststellen und Regierungsämtern zu beschäftigen. Einer diplomatischen Intervention seitens der USA war es zu verdanken, daß dieser Punkt, der China faktisch zu einem japanischen Protektorat gemacht hätte, in den endgültigen Verträgen vom Mai 1915 keine Berücksichtigung mehr fand. Gleichwohl führten diese im Ergebnis zu einer beträchtlichen Ausdehnung des japanischen Einflusses in China, namentlich in der Mandschurei.

In den verbleibenden Kriegsjahren war die japanische Regierung damit beschäftigt, die Vorteile, die sich aus den China-Verträgen und der Entwicklung des Kriegs in Europa ergaben, ökonomisch, politisch und militärisch umzusetzen. Im Vordergrund stand dabei das Bestreben, sich uneingeschränkten Zugang zu wichtigen Rohstoffen wie Kohle und Erz zu sichern. Darüber hinaus profitierte die japanische Wirtschaft von den veränderten ökonomischen Bedingungen infolge der Kriegsereignisse in Europa. Sowohl für den Handel als auch für den Finanzmarkt bedeutete der Krieg einen Wendepunkt. Wo die europäischen Wirtschaften als Produzenten und Lieferanten von Konsumgütern ausfielen, sprang die japanische Industrie ein. Darüber hinaus belieferte sie die alliierten Mächte selbst mit kriegswichtigen Gütern, vor allem mit Munition, und stellte mit ihrer Handelsflotte den Transport von und nach Europa sicher. Dem Aufbau eines Kollaborationsregimes sollten 1917/18 die sog. Nishihara-Anleihen, benannt nach einem Emissär des japanischen Ministerpräsidenten Terauchi, dienen. Mit ihnen unterstützte J. durch die Bereitstellung von ca. 140 Mio. Yen das japanfreundliche Regime des Generals Duan Qirui in China, ohne allerdings den gewünschten Effekt zu erzielen. Gleichzeitig bemühte sich die japanische Regierung bei den Alliierten um Anerkennung ihrer besonderen Interessen auf dem asiatischen Kontinent. Vor allem die USA widersetzten sich einer Ausweitung der japanischen Einflußsphäre und bestanden auf der Politik der »open door« sowie auf der territorialen Integrität Chinas. Da J. und die USA seit dem Kriegseintritt der Amerikaner 1917 formell Verbündete waren, strebten beide Regierungen im sog. Lansing-Ishii-Abkommen vom 2. Nov. 1917 eine gegenseitige Anerkennung ihrer Interessen bezüglich Chinas an.

Ähnliche Abkommen schloß die japanische Regierung im Febr. und März 1917 auch mit Großbritannien, Frankreich und Italien ab. Anfang 1918 kam es aber in der Frage der militärischen Intervention in Sibirien zum Zweck der Eindämmung der Revolution in Rußland zu einem neuerlichen Dissens zwischen J. und den USA. Vor allem die japanische Armee wollte sich das Machtvakuum, das im Osten Rußlands als Folge der Oktoberrevolution entstanden war, zunutze machen. Überdies befürchtete man ein Überspringen der Revolution auf J. und seine Kolonien. Im April 1918 landeten deshalb japanische Truppen in Wladiwostok. Einen Monat später schloß die japanische Regierung mit China ein »Militärabkommen zur gemeinsamen Abwehr des Feindes«, das der japanischen Armee durch den Transport und die Stationierung von Truppen auf chinesischem Territorium den Einfall in Sibirien erleichterte. Zur Einhegung der japanischen Expansion im Nordosten Asiens schlugen die USA im Juli 1918 eine gemeinsame Intervention gegen das revolutionäre Rußland vor, an der sich auch britische und französische Truppenkontingente beteiligen sollten. Hingegen hielt sich die japanische Militärführung nicht an die vereinbarte Kontingentierung und fiel mit 73.000 Soldaten (statt der vereinbarten 12.000) in Sibirien ein und besetzte das Land bis östlich des Baikalsees.

Eine unmittelbare Folge der sibirischen Intervention und der durch die kriegsbedingte Konjunktur stimulierten Inflation waren seit Juli 1918 Massenproteste im Innern. Der Anlaß für die Unruhen war die Verdoppelung der Preise beim Hauptnahrungsmittel Reis, verursacht durch eine schlechte Ernte, Spekulationsaufkäufe und die Hortung von Reis durch das Militär. Die sog. Reisunruhen erfaßten vom Spätsommer 1918 an das gesamte Land und führten am 23. Sept. zum Rücktritt des Kabinetts Terauchi. Nach dem Einsatz von Polizei und Armee zur Bekämpfung der Unruhen, verbunden mit einer rigiden Notstandsgesetzgebung, wurde zu Kriegsende auch in Japan der Ruf nach einer Demokratisierung des politischen Systems laut, mit der Maßgabe, künftig die politischen Parteien stärker als bislang an der Regierung zu beteiligen. Vor diesem Hintergrund kam es am 29. Sept. 1918 unter der Ägide des neuen Ministerpräsidenten Hara zu Bildung des ersten Parteienkabinetts, das eine Phase der innenpolitischen Liberalisierung einleitete.

An der Pariser Friedenskonferenz nahm J. zum ersten Mal als gleichgestellte Großmacht neben den USA, Großbritannien, Frankreich und Italien teil. Die japanischen Interessen konzentrierten sich aber weniger auf die Friedensregelungen mit den Mittelmächten, als im wesentlichen auf die völkerrechtliche Anerkennung seiner Kriegserwerbungen und die Verabschiedung einer Klausel über die Gleichstellung der Rassen. Für den Pazifik wurde J. das Mandat des Völkerbunds über die Marianen, Karolinen und Marshall-Inseln zuerkannt. Was die ehemaligen Besitzungen des Deutschen Reichs in China betraf, konnte sich die japanische Delegation gegen chinesische und amerikanische Widerstände nur zum Teil durchsetzen: die Oberhoheit über die Halbinsel Shantung fiel an China zurück, J. blieben die materiellen Residuen wie Bergwerke, Eisenbahnen und baumwollverarbeitende Betriebe und damit eine ökonomische Enklave. Die vor allem unter innenpolitischem Druck in den Vordergrund gestellte Forderung nach Gleichstellung der Rassen, die in den Vorkriegsjahren vor allem in der Frage der Einwanderungspolitik zu schweren Zerwürfnissen mit den USA geführt hatte, blieb infolge der Ablehnung durch die Amerikaner, Briten und Australier in Paris auf der Strecke.

Wichtiger als die Pariser Friedenskonferenz war für die Neuordnung der politischen Kräfteverhältnisse in Ostasien nach dem Weltkrieg die Konferenz von Washington 1921/22. Sie bedeutete im Ergebnis eine vorübergehende Einhegung der japanischen Großmachtpolitik und hob den »informellen Imperialismus in generalüberholter Nachkriegsgestalt« (Jürgen Osterhammel) aus der Taufe. Drei Ergebnisse standen dabei im Vordergrund: Die USA, Großbritannien und J. einigten sich auf eine Begrenzung ihrer Flottenstärke im Verhältnis 5:5:3; die globale Präsenz der westlichen Mächte und die regionale Konzentration der japanischen Marine auf die asiatischen Meere sicherten J. hingegen de facto die militärische Dominanz in Ostasien; die Aufhebung der Anglo-Japanischen Allianz wurde unter Einbeziehung der USA und Frankreichs in ein kollektives Sicherheitssystem für Ostasien überführt. Der Neun-Mächte-Vertrag über China vom 6. Febr. 1922 sicherte diesem Land territoriale Integrität und politische Unabhängigkeit zu und bekräftigte die ältere Doktrin der »Open-Door«-Politik, womit dem japanischen Hegemonialstreben deutliche Grenzen gesetzt waren. Gleichzeitig kam es am Rande der Washingtoner Konferenz zu einer chinesisch-japanischen Vereinbarung über den Rückzug der japanischen Truppen aus der Provinz Shantung.

Die Beurteilung der Rolle J. im Weltkrieg durch die internationale Geschichtswissenschaft hat sich in den vergangenen Jahren grundlegend verändert. Im Unterschied zu Europa galt der Erste Weltkrieg in J. lange Zeit nicht als eine epochale Zäsur. Eine Ausnahme stellten die japanischen Wirtschaftshistoriker marxistischer Provenienz dar, die seit den 1920er Jahren die Katalysatorfunktion des Krieges für die Herausbildung eines monopolkapitalistischen Systems hervorgehoben haben. Heute bezeichnen auch Politik- und Sozialhistoriker den Weltkrieg mit Blick auf Ostasien als einen »Schnittpunkt, von dem aus sich das innere und äußere System, in das Japan eingebunden war, zu verändern begann« (Fumitaka Kurozawa). Verwiesen wird in diesem Zusammenhang auf die nach Kriegsende einsetzende Demokratisierung des politischen Systems nach dem Vorbild der westlichen Siegermächte, zum anderen auf die Neuordnung der internationalen Beziehungen zwischen 1918 und 1922 im sog. Washingtoner System. Dieses führte bis zu den Wirtschaftskrisen von 1927/29 zu einem fragilen Interessenausgleich zwischen den USA und Großbritannien auf der einen Seite und J. auf der anderen, was diesem ermöglichte, seine formalen Herrschaftsansprüche auf Taiwan und in Korea zu sichern und gleichzeitig seine informellen Einflußzonen in China sukzessive auszubauen. → *Tsingtau*

Lit.: F. R. Dickinson, War and National Reinvention: Japan in the Great War, 1914-1919, Cambridge, Mass. 1999; A. Hayashima, Die Illusion des Sonderfriedens. Deutsche Verständigungspolitik mit Japan im Ersten Weltkrieg, München/Wien 1982.

Wolfgang Schwentker

Jaurès, Jean, * Castres 3.9.1859, † (ermordet) Paris 31.7.1914, französischer Politiker und Publizist. – Der aus einer bürgerlichen südwestfranzösischen Familie stammende J. war der wohl bedeutendste französische Sozialist der Vorkriegszeit. Ursprünglich Professor für Philosophie in Toulouse, wirkte er nicht nur als Parlamentarier, Parteiführer und Publizist; auch als Theoretiker und Historiker gelang es ihm, die sozialistische Bewegung in Frankreich programmatisch wie kein zweiter zu prägen.

Republikanischer Staat und sozialistische Arbeiterbewegung: Diese Pole bestimmten J.s Denken und Handeln. Für ihn bestand zwischen beiden kein Widerspruch, im Gegenteil, die sozialistische Gesellschaft der Zukunft sollte evolutionär aus der demokratisch verfaßten Republik hervorgehen. Motor einer solchen Entwicklung aber konnte für ihn nur eine starke und organisierte Arbeiterbewegung sein. So war es nur konsequent, wenn sich J. in der Dreyfus-Affäre energisch für die Verteidigung der Republik einsetzte. Zudem war die Regierungsbeteiligung der Sozialisten für J. kein Selbstzweck.

In den Jahren nach der Jahrhundertwende nahm die Antikriegspolitik in seinem politischen Wirken einen immer größeren Raum ein. J. engagierte sich für eine Entspannung in den deutsch-französischen Beziehungen, für Abrüstung und den sukzessiven Ausbau der internationalen Schiedsgerichte. Innenpolitisch stritt er für eine demokratische Reform des Verteidigungswesens im Sinne eines nur noch defensiv einsetzbaren Milizsystems nach Schweizer Vorbild. Die größten Hoffnungen aber setzte J. in die Fähigkeit der internationalen Arbeiterbewegung, durch Druck auf die eigenen Regierungen – zur Not durch Massenstreik und die Androhung eines revolutionären Aufstandes – diese zu einer Friedenspolitik zu zwingen. Mit diesen Positionen zog sich J. den Haß der französischen Nationalisten zu, der ihn schließlich das Leben kosten sollte: Am Abend des 31. Juli 1914, unmittelbar vor Kriegsausbruch, wurde er in Paris von einem nationalistischen Fanatiker erschossen. »Qu'aurait fait Jaurès« – die Frage, ob sich J., wäre er am Leben geblieben, der »Union sacrée« angeschlossen hätte, ist erbittert debattiert worden. Vieles spricht aber dafür, daß J., der nie an der Legitimität der Vaterlandsverteidigung gezweifelt hatte und in der Julikrise trotz aller Kritik auf den Friedenswillen der eigenen Regierung vertraute, sich nicht anders verhalten hätte als die Mehrheit seiner Parteifreunde.

Lit.: U. Brummert, Jean Jaurès. Frankreich, Deutschland und die Zweite Internationale am Vorabend des Ersten Weltkrieges, Tübingen 1989; M. Gallo, Le grand Jaurès, Paris 1984.

Daniel Mollenhauer

Jellicoe, John Rushworth (seit 1918 Viscount J. of Scapa; seit 1925 Earl J.), * Southampton 5.12.1859, † London 20.11.1935, britischer Admiral. – J. trat 1872 in die Royal Navy ein und nahm am Russisch-Türkischen Krieg 1877 sowie 1900 an der Niederschlagung des

Boxeraufstands teil. Als Direktor der Marineartillerie war er 1905 für die Bestückung der H.M.S. *Dreadnought* mit schwerer Artillerie zuständig gewesen. 1907 Konteradmiral, wurde J. im folgenden Jahr Third Sea Lord und überwachte den Bau von 90 Kriegsschiffen, darunter allein im Marineetat 1909/10 acht Dreadnoughts. Im Dez. 1910 wurde Vizeadmiral J. die Atlantische Flotte anvertraut; zwei Jahre später kehrte er als Second Sea Lord nach London zurück. Am 4. Aug. 1914 schließlich wurde er zum Flottenchef der Grand Fleet ernannt. J. entschloß sich sofort für eine lockere Blockade Deutschlands vom Ärmelkanal sowie von Scapa Flow aus. Während diese Defensivstrategie weder in der Bevölkerung noch bei der Massenpresse Anklang fand, würdigte sie Winston Churchill mit der Bemerkung, J. sei der einzige Mann gewesen, der den Weltkrieg an einem Nachmittag hätte verlieren können.

Nach verschiedenen kleineren Aktionen gegen deutsche Aufklärungsgruppen entlang der englischen Ostküste kam J.s große Stunde Ende Mai 1916. Am 30. Mai fing der Nachrichtendienst der Royal Navy Admiral Reinhard Scheers Befehl zum Auslaufen der deutschen Hochseeflotte Richtung Norden ab, und so konnte J. mit dem Gros der Grand Fleet Scapa Flow bereits verlassen, ehe Scheer am 31. um 3.30 Uhr von Wilhelmshaven aus in See stieß. Um 18.14 Uhr erspähte J. die deutsche Hochseeflotte am westlichen Horizont und stellte seine Großkampfschiffe sofort in Einzellinie Richtung Westen auf. Das erlaubte ihm, die Grand Fleet quer vor Scheers Hochseeflotte zu setzen (»Crossing the T«). Um 18.23 Uhr eröffneten neun Dreadnoughts der Royal Navy das Feuer; Scheer konnte sich einer völligen Vernichtung seiner Flotte nur durch eine radikale Gefechtskehrtwendung nach Steuerbord entziehen. Um 19.55 Uhr befahl Scheer die Hochseeflotte jedoch erneut auf Gegenkurs und lief wieder auf den Feind zu; innerhalb von 20 Minuten mußte er aber von neuem eine Kehrtwendung unternehmen, da J. sich wieder quer vor die deutsche Flotte gesetzt hatte. Dadurch verlor die britische Grand Fleet den Gegner mit einbrechender Dunkelheit aus den Augen. Die Schlacht vor dem Skagerrak (engl.: Battle of Jutland) brachte J. in Großbritannien Spott und Hohn ein: Nelson hätte den Gegner nicht bei Nacht entkommen lassen, meinten seine Kritiker.

Im Nov. 1916 wurde J. First Sea Lord und mit der dringenden Aufgabe betraut, die U-Boot-Gefahr zu bannen. Er erfaßte und bekämpfte die Gefahr allerdings nur langsam und tastend. Angesichts der Gegnerschaft des Premierministers David Lloyd George sowie des neuen First Lord of the Admiralty, Sir Eric Geddes, fühlte J. sich dabei in seiner Kompetenz beeinträchtigt. Am Weihnachtsabend 1917 entließ ihn Geddes. 1920 wurde er Gouverneur von Neuseeland, im Dez. 1924 nahm J. seinen Abschied.

HOLGER H. HERWIG

Joffre, Joseph Jacques Césaire, * Rivesaltes (Département Pyrénées-Orientales) 12.1.1852, † Paris 3.1.1931, französischer Marschall. – J. stammte aus einer wohlhabenden südfranzösischen Weinbauernfamilie. Im Alter von 17 Jahren wurde er in die École Polytechnique aufgenommen. Wie viele Offiziere seiner Generation verbrachte er einen Großteil seiner Karriere in den Kolonien, hauptsächlich in Tongking, im Sudan und auf Madagaskar. Als er 1905 mit 53 Jahren zum Divisionsgeneral ernannt wurde, ohne das dazugehörige Diplom erworben zu haben, war dies bereits eine ziemlich brillante Karriere.

1911 wurde J. zum Chef des Generalstabs berufen. Er trat die Nachfolge des als zu defensiv geltenden Generals Michel an und wurde dabei zwei anderen Kandidaten vorgezogen: General Gallieni, sein früherer Vorgesetzter auf Madagaskar und lediglich drei Jahre älter als J., hielt sich selbst für zu alt, allerdings war sein Gesundheitszustand auch nicht sehr gut; General Pau wurde als zu »klerikal« eingeschätzt, während J. früher Freimaurer gewesen war. Unter J.s Führung wurde der von unbedingtem Offensivgeist geprägte und 1914 von der französischen Armee durchgeführte Operationsplan XVII erarbeitet.

J. war ein korpulenter, bewundernswert ruhiger Mann, nach außen hin bescheiden, aber sehr selbstbewußt. Er war überzeugt, den Krieg gegen Deutschland führen zu müssen und ihn auch gewinnen zu können. Beim für Frankreich katastrophalen Beginn des Krieges blieb er sehr beherrscht, obwohl er selber den Umfang des deutschen Vormarsches sowie die Notwendigkeit einer rechtzeitigen Einbeziehung der Reserven falsch eingeschätzt hatte.

Nachdem es unter seiner Führung in der Marne-Schlacht gelungen war, die deutsche

Armee aufzuhalten, behauptete er bis Dez. 1916 seine Position als oberster Stabschef der französischen Streitkräfte. Sein Nachfolger wurde der später glücklose Robert Nivelle. Wegen der Verachtung, die J. den zivilen Instanzen entgegenbrachte, und noch mehr wegen der von ihm initiierten, ebenso blutigen wie nutzlosen Offensiven, vor allem in der Champagne, geriet er zunehmend in die Kritik. Auch die Verkennung der deutschen Angriffsabsichten vor Verdun und der Mißerfolg in der Somme-Schlacht wurden ihm angelastet. J. hat fortan keine bedeutende Rolle mehr spielen können – außer 1917, als er als Leiter der französischen Militärmission eine Abordnung in die USA führte, wo ihm ein triumphaler Empfang bereitet wurde.

Schon 1917 war J. mit dem Rang »Marschall von Frankreich« geehrt worden; bei Kriegsende wurde er mit Ehrungen überschüttet und 1919 in die Académie Française aufgenommen. Bei der Siegesparade am 14. Juli 1919 führte er an der Seite von Marschall Foch die alliierten Truppen an. Nach seinem Tod wurde J. mit einem großen Staatsbegräbnis geehrt, und unzählige Straßen erhielten seinen Namen.

J. war kompetent und solide, aber eher einfallslos. Er fand keine Antworten auf die Probleme, welche durch den rasanten Wandel des Krieges aufgeworfen worden waren; er war damit repräsentativ für die französische Führung im Ersten Weltkrieg.

Lit.: A. Conte, Joffre, Paris 1991.

JEAN-JACQUES BECKER (Ü: G. K.)

Titelblatt der englischen Zeitschrift vom 3. Oktober 1914

John Bull, satirischer Prototyp des englischen Nationalcharakters in Literatur und politischer Karikatur. – J. wurde 1712 von dem schottischen Mathematiker und Arzt John Arbuthnot für eine politische Allegorie unter dem Titel *The History of John Bull* ins Leben gerufen, in welcher der englische Tuchhändler J. gemeinsam mit dem holländischen Wäschehändler Nicholas Frog einen Handelskonflikt gegen den französischen Lewis Baboon (Ludwig XIV.) austrägt. J. entwickelte sich rasch zu einer populären Symbolfigur englischer Außenpolitik und Wirtschaftsinteressen. Seit den Napoleonischen Kriegen verwandelte er sich insbesondere durch die Neugestaltung John Doyles von einem etwas beschränkten, steuergepreßten Kleinhändler in einen wohlhabenden und politisch aktiven Großbürger oder Grundbesitzer. Die größte Verbreitung erfuhr J. gegen Ende des 19. Jahrhunderts durch das satirische Magazin *Punch* und seine Zeichner John Leech und Sir John Tenniel, die die visuellen Attribute durch den Westenanzug (die Weste gelegentlich in den britischen Nationalfarben des Union Jack) und die Bulldogge an seiner Seite vervollständigten. Während des Weltkriegs diente J. in der deutschen Karikatur als negativ konnotierte Personifizierung des westlichen Kapitalismus, angeblicher materieller Interessen Großbritanniens am Weltkrieg bzw. eines zynischen Opportunismus und erschien daher häufig auch in Verbindung mit dem Propagandatopos des »perfiden Albions«. → *Albion*

ARIBERT REIMANN

Judenitsch, Nikolaj Nikolajewitsch, * 30.7.1862, † 5.10.1933, russischer General. – J. trat 1879 in die Armee ein, absolvierte die Aleksandrowsker Militärschule und die Militärakademie des Generalstabs; bis 1902 war J. im Generalstab tätig. Teilnehmer des Russisch-Japanischen Krieges von 1904/05; 1905 zum General ernannt; seit 1913 war er Generalstabschef der russischen Streitkräfte im Kaukasus; nach Kriegsbeginn zunächst Kommandeur des turkestanischen II. Korps, dann Oberkommandierender im Kaukasus, errang er zahlreiche Siege gegen die türkischen Truppen; nominell ab Aug. 1915 dem Großfürsten Nikolaj Nikolajewitsch unterstellt, der nach seiner Ablösung als Höchstkommandierender der russischen Streitkräfte, den Oberbefehl der Kaukasusfront innehatte. Im März und April 1917 Oberkommandierender der russischen Streitkräfte, danach von der Provisorischen Regierung entlassen, lebte J. bis zur Oktoberrevolution in Petrograd und flüchtete im Herbst 1918 nach Finnland, dann nach Estland. Seit Juli 1919 diente er als Kommandeur der Weißen Truppen an der Nordfront; sein Angriff auf Petrograd scheiterte jedoch an der Überlegenheit der Roten Armee, und er mußte sich nach Estland zurückziehen. Von dort ging er nach Frankreich ins Exil.

DITTMAR DAHLMANN

Judentum. In allen kriegführenden Nationen bemühten sich die Juden darum, ihre Loyalität gegenüber dem jeweiligen Staat unter Beweis zu stellen. Dennoch ist Vorsicht bei der Herausstellung eines besonderen jüdischen Patriotismus angebracht. Das westeuropäische J. war bereits vor 1914 in hohem Maße integriert, so daß sein nationales Engagement naheliegend und keineswegs eine Form der »totalen Assimilation« war. Erst vor dem in einigen Ländern anzutreffenden gesellschaftlichen Konformitäts- und Loyalitätsdruck werden jene Verlautbarungen jüdischer Organisationen verständlich, die zumeist als Ausdruck jüdischen »Hyperpatriotismus« gedeutet wurden. Dies gilt insbesondere in Deutschland, wo man sich durch ein »Heer von Feinden« umzingelt glaubte und homogene Nationsvorstellungen hegte.

Die in den westlichen Ländern der Alliierten lebenden Juden standen vor dem Problem, die antisemitische Haltung der zarischen Autokratie rechtfertigen zu müssen. Zwar dienten mehr als eine halbe Million Juden in der russischen Armee, doch führte dies nicht zur Aufweichung tiefsitzender Vorurteile. Nach den schweren militärischen Niederlagen in Ostpreußen suchten viele Russen in der jüdischen Bevölkerung die Schuldigen. Unter dem Vorwurf der Kollaboration mit dem Feind siedelte die russische Regierung etwa 600.000 Juden, vor allem aus Russisch-Polen, gewaltsam um. Insbesondere Hilfeleistungen des amerikanischen J. linderten das daraus entstehende Elend. Deutsche Juden gründeten im Nov. 1914 das Komitee für den Osten, das für die Mittelmächte warb und die ideologische Führung des polnischen J. anstrebte. Diese paternalistische Politik scheiterte an der rigiden Haltung des deutschen Militärs in den besetzten Gebieten.

Die internationalen jüdischen Organisationen verfolgten einen strikten Neutralitätskurs. Dies brachte sie zwar immer wieder in Gegensatz zur jüdischen Bevölkerung, war aber für ihren politischen Handlungsspielraum unabdingbar. Die am 2. Nov. 1917 vom britischen Außenminister Lord Balfour abgegebene Erklärung, die dem jüdischen Volk eine »nationale Heimstätte« in Palästina in Aussicht stellte, führte zu einer Aufwertung des Zionismus, der nach der militärischen Niederlage der Türkei noch an Bedeutung gewann.

Trotz des plakativ verkündeten »Burgfriedens« hatte das deutsche J. bei steigender Kriegsdauer vermehrt unter der antisemitischen Hetze zu leiden. Die am 1. Nov. 1916 durchgeführte »Judenzählung« deuteten die betroffenen Soldaten und ihre Familien als ehrenrührige Kränkung. Zunehmend hilflos kämpften die »Abwehrorganisationen« gegen die Verbreitung herabsetzender judenfeindlicher Stereotype, in deren Erfolg sich auch die brutalisierende Wirkung des Krieges zeigt. Die von der OHL verbreitete Dolchstoßlegende transportierte auch antisemitische Inhalte und zählte zu den stärksten Belastungen der Weimarer Republik. → *Antisemitismus* → *Balfour Declaration* → *Judenzählung*

Lit.: Ph.-E. Landau, Les juifs de France et la Grande Guerre. Un patriotisme républicain, 1914-1941, Paris 1999; D. Rechter, The Jews of Vienna and the First World War, London 2001; U. Sieg, Jüdische Intellektuelle im Ersten Weltkrieg: Kriegserfahrungen, weltanschauliche Debatten und kulturelle Neuentwürfe, Berlin 2001.

ULRICH SIEG

Judenzählung, vom preußischen Kriegsminister Wild von Hohenborn im Okt. 1916 anberaumte und am 1. Nov. 1916 durchgeführte Zählung der Juden bei Feldheer, Etappe und Besatzungsheer sowie der zwischenzeitlich Ausgemusterten und Zurückgestellten. – Aufgrund fehlender Militärakten liegt die administrative Vorgeschichte der J. weitgehend im dunkeln. Sie fällt in eine durch gravierende Verluste, schwindende Siegesaussichten und eine desolate Versorgungslage charakterisierte Kriegssituation. Politische Konflikte wurden mit großer Erbitterung geführt und begünstigten das Anwachsen des Antisemitismus. Nach internen Diskussionen der OHL leitete der preußische Kriegsminister am 11. Okt. die Erhebung ein und entsprach damit Vorwürfen völkischer Organisationen sowie vermutlich auch einem Drängen aus Kreisen des höheren Offizierskorps.

Die Durchführung der J. war von Unruhen und Übergriffen begleitet. Nicht nur in Offizierskasinos waren verstärkt antisemitische Parolen zu hören; völkisches Propagandamaterial fand dankbare Abnehmer. Die Betroffenen empfanden die J. als tiefe Kränkung und fühlten sich in der Ansicht bestätigt, man betrachte sie als »Soldaten zweiter Klasse«. Aufgrund zahlreicher Beschwerden erklärte General Groener am 30. Dez. 1916, daß eine »Untersuchung [...] auf Kriegsverwendungsfähigkeit« nicht beabsichtigt sei. Der neue Kriegsminister von Stein ließ im Febr. 1917 die Erhebung einstellen, verzichtete aber auf die geforderte unmißverständliche Anerkennung der jüdischen Kriegsleistung. Die erhobenen Daten wurden nur unvollständig veröffentlicht.

Die Ablehnung der »Konfessionsstatistik« war im deutschen Judentum einmütig. Bereits im Febr. 1915 war in Berlin ein »Büro für Statistik der Juden« eingerichtet worden, dessen Erhebungen dem »Abwehrkampf« dienen sollten. Liberaljüdische und zionistische Organisationen kritisierten den diskriminierenden Charakter der J. gleichermaßen. Unterstützung erhielten sie durch den Verein zur Abwehr des Antisemitismus, dessen Vorsitzender, Georg Gothein, die Angelegenheit im Reichstag zur Sprache brachte. Neben Oscar Cassel, der die Interessen des Verbands der deutschen Juden artikulierte, gehörte der Bankier Paul Warburg zu den energischsten Anwälten des jüdischen Protests.

Die J. bot die Möglichkeit zu wilder Spekulation und stärkte den Antisemitismus noch nach dem Krieg. Die insgesamt zuverlässige Erhebung des Ausschusses für Kriegsstatistik weist aus, daß der Anteil der jüdischen Kriegsteilnehmer (ca. 96.000) bezogen auf die jüdische Bevölkerung (ca. 550.000) etwa dem der nichtjüdischen Gesamtbevölkerung entsprach bzw. (bedingt durch eine unterschiedliche Alterspyramide) nur knapp darunter lag. 12 % der jüdischen Soldaten waren Kriegsfreiwillige und über 77 % standen an der Front – was von antisemitischer Seite stets bestritten worden war. Auch die Höhe der Verluste unter den jüdischen Soldaten (ca. 12 %) entsprach der der übrigen nichtjüdischen deutschen Bevölkerung.

In der Geschichte des deutsch-jüdischen Zusammenlebens markiert die J. eine tiefe Zäsur. Sie erinnert an die voremanzipatorische Judengesetzgebung und kündigt das Gleichheitsversprechen des modernen Staates auf. Die in der öffentlichen Auseinandersetzung vorgebrachten Anschuldigungen belegen die völkische Radikalisierung des Kriegsnationalismus. → *Antisemitismus*

Lit.: W. Angress, Das deutsche Militär und die Juden im Ersten Weltkrieg, in: Militärgeschichtliche Mitteilungen, 19 (1976), S. 98-105; M. Messerschmidt, Juden im preußisch-deutschen Heer, in: Deutsche jüdische Soldaten. Von der Epoche der Emanzipation bis zum Zeitalter der Weltkriege, Hamburg u. a. 1996, S. 39-62; E. Zechlin, Die deutsche Politik und die Juden im Ersten Weltkrieg, Göttingen 1969.

ULRICH SIEG

Jünger, Ernst, * Heidelberg 29.3.1895, † Wilflingen 17.2.1998, deutscher Schriftsteller. – Kurz nach Ausbruch des Weltkriegs meldete sich J. als Freiwilliger, diente zunächst als gemeiner Soldat, dann als Leutnant und Kompanieführer der Infanterie, wurde mehrfach verwundet und 1918 mit dem Orden »Pour le mérite« ausgezeichnet. 1919 wurde er in die Reichswehr übernommen und war bei der Heeresvorschriftenkommission tätig, wo er seine Erfahrungen mit der Stoßtrupptaktik verarbeitete. Ab 1923 studierte er Biologie und Philosophie, seit 1925 lebte er als freier Schriftsteller.

J.s Frühwerk ist von der Erfahrung des Weltkriegs geprägt und bildet einen der ersten Versuche zu dessen literarischer Verarbeitung. Die Grundlage seines ersten Werks *In Stahlgewittern. Aus dem Tagebuch eines Stoßtruppführers* (1920) sind Tagebuchaufzeichnungen, die bis Anfang 1915 zurückgehen. Der Text wurde später mehrfach überarbeitet, wobei sich die einzelnen Fassungen teilweise erheblich voneinander unterscheiden. Inhalt ist die Beschreibung des Kriegserlebnisses aus der direkten Frontperspektive, wobei der Krieg als ein Elementarereignis erscheint. Der Essay *Der Kampf als inneres Erlebnis* (1922) schildert in expressionistischer Manier die kriegerische Situation als eine Extremerfahrung der Selbstbehauptung in Todesnähe, die auch unter den Bedingungen der Materialschlacht zu machen sei. Die darauf folgenden Kriegsschriften sind *Sturm* (1923), *Das Wäldchen 125. Eine Chronik aus den Grabenkämpfen 1918* (1924/25) sowie *Feuer und Blut. Ein kleiner Ausschnitt aus einer großen Schlacht* (1925). Die Darstellung wird zunehmend verdichtet: Umfaßt *In Stahlgewittern* noch den gesamten Krieg, so konzentriert sich *Feuer und Blut* nur noch auf einen einzigen Tag.

J. bezweifelt in seinen Frühschriften niemals, daß der Weltkrieg einen »Sinn« hat, sei es für die individuelle existentielle Erfahrung, sei es politisch für die Selbstbehauptung der Nation. Im Zuge seiner Reflexion verschieben sich jedoch die Akzente. Der Krieg mit seiner übermenschlichen Zerstörungsgewalt wird zunehmend als Verdichtungsraum von Zügen der industriellen Zivilisation überhaupt gedeutet, so daß die Eigenschaften der Unerschütterlichkeit, der technischen Präzision und des Standhaltens, die der Soldat im Schützengraben entwickelt, zur Bewältigung einer modernen Welt tauglich machen sollen, die sich wie ein Naturereignis vollzieht.

Diese Akzentverlagerung findet ihre politische Entsprechung darin, daß sich J. Ende der 20er Jahre von einem engagierten Vertreter des soldatischen bzw. revolutionären Nationalismus zu einem Betrachter wandelte, der einen kalten »teleskopischen Blick« auf die Wirklichkeit einnehmen wollte. In den Essays *Die totale Mobilmachung* (1930) und *Der Arbeiter. Herrschaft und Gestalt* (1932) löst sich J. von der Politik des radikalen Nationalismus und entwirft eine »planetarische« Vision. Seine literarischen Arbeiten *Das abenteuerliche Herz* (1929) oder *Blätter und Steine* (1934) entwickeln zugleich einen »magischen Realismus«, in den Elemente des Surrealismus aufgenommen werden. J.s Beschäftigung mit dem Ersten Weltkrieg war damit abgeschlossen.

Lit.: P. Noack, Ernst Jünger. Eine Biographie, Berlin 1998; R. P. Sieferle, Die konservative Revolution. Fünf biographische Skizzen, Frankfurt a. M. 1995.

ROLF PETER SIEFERLE

Julikrise. Kaum ein Thema der Geschichte des Weltkriegs dürfte von den Historikern wie auch in der Öffentlichkeit intensiver diskutiert worden sein als die J. 1914. Bis in die 1930er Jahre stand in Deutschland die Frage nach der Berechtigung des »Kriegsschuld«-Vorwurfes gemäß Art. 231 des Versailler Vertrages im Vordergrund. Dabei überwog zunächst, auch noch nach dem Zweiten Weltkrieg, die Meinung, daß alle Mächte in den Krieg »hineingeschlittert« seien. Seit Beginn der 1960er Jahre wurde durch Fritz Fischer die These von einer zielbewußten Auslösung des Krieges durch Deutschland in das Zentrum der internationalen Diskussion gerückt. Heute scheint die besondere Dynamik des deutschen (und österreichischen) Krisenverhaltens festzustehen, wobei jedoch die Frage nach den Motiven für die Krisenbeschleunigung weiterhin strittig bleibt.

Die J. begann am 28. Juni 1914 mit der Ermordung des österreichisch-ungarischen Thronfolgers Franz Ferdinand und seiner Gattin in Sarajevo. Die k. u. k. Regierung machte für dieses Attentat die serbische Regierung verantwortlich und erwog, den serbischen Nationalismus nunmehr durch einen Krieg einzugrenzen. Die deutsche Regierung hatte bereits seit Anfang Juli den Standpunkt vertreten, daß dies der geeignete Moment sei, sowohl Serbien zu disziplinieren als auch herauszufinden, ob Rußland eine Demütigung Serbiens hinnehmen würde. Hieraus ergab sich das weitergehende Kalkül, bei dieser Gelegenheit die »Festigkeit« des gegnerischen Bündnisses zwischen England, Rußland und Frankreich insgesamt zu testen: durch die Ende Mai 1914 der Reichsleitung bekannt gewordenen britisch-russischen Marinegespräche schien sich der »Ring der Einkreisung« unheilvoll zuzuziehen. Da auch die deutsche Heeresleitung der Auffassung war, daß ein Krieg wegen des drohenden Rüstungsvorsprungs der Entente »je eher desto besser« geführt werden müsse, versteifte sich die deutsche Reichsleitung in der Folge auf eine Politik der sog. Lokalisierung des Konflikts. Deutschland verlangte also de facto, daß die europäischen Mächte eine Unterdrückung Serbiens durch Österreich-Ungarn zuließen.

Die Situation eskalierte zum Weltkrieg, nachdem am 23. Juli die k. u. k. Regierung Serbien ein Ultimatum stellte, das absichtsvoll so formuliert war, daß Serbien es ohne Gesichtsverlust nicht akzeptieren konnte. Trotz der überaus konzilianten Antwort Serbiens erklärte Österreich-Ungarn den Krieg (28.7.). Die deutsche »Lokalisierungs«-Strategie war gescheitert. Verspätet einsetzende Bemühungen Deutschlands, Österreich-Ungarn zum Zurückstecken zu bewegen, blieben halbherzig, zumal die deutsche militärische Führung nun auf die Mobilmachung drängte. Ab dem 28. Juli beschränkte sich die Krisenstrategie der Reichsleitung darauf, die deutsche Öffentlichkeit – insbesondere die Sozialdemokratie – vom Verteidigungscharakter des Krieges zu überzeugen. Dies wurde erleichtert durch die tatsächlich der deutschen Mobilmachung (1.8.) vorausgehende russische Generalmobilmachung (30.7.). Das deutsche Kalkül, daß England im Konfliktfall neutral bleiben werde, wurde nur zeitweilig durch die unschlüssige britische Diplomatie gestützt, lief aber fehl, als Deutschland gemäß dem modifizierten Schlieffen-Plan durch seinen Einmarsch in Belgien dessen Neutralität verletzte (4.8.).

Frankreich blieb fest an seinen russischen Alliierten gebunden, zumal das deutsche Verhalten in der J. in Paris die (zutreffende) Auffassung stärkte, daß Deutschland zum Krieg treibe, um die Allianz mit Rußland zu sprengen. Grundsätzlich hat zwar keine der europäischen Großmächte den Krieg in der Form gewollt, die er dann annehmen sollte, doch wollte auch niemand »Frieden um jeden Preis«. Anzulasten ist die Eskalation der J. in erster Linie dem sowohl ambitiösen wie widersprüchlichen Verhalten der deutschen Regierung. → *Entente cordiale* → *Mittelmächte*

Lit.: A. Mombauer, The Origins of the First World War: Controversies and Consensus, London 2002.

GERD KRUMEICH

Kameradschaft. K. gehört zu den schillerndsten Deutungskategorien, die die Kriegserfahrungen der Soldaten des Weltkrieges und die öffentliche Erinnerung an den Krieg geordnet haben. Als Bestandteil des militärischen Tugendkataloges und Leitbild des sozialen Zusammenhalts der Soldaten im und außerhalb des Gefechts ist sie seit dem 17. Jahrhundert belegt: die Etymologie des Wortes verweist auf die Stubengemeinschaft. Mit dem Beginn der Volkskriege und der Einführung der Allgemeinen Wehrpflicht im 19. Jahrhundert, vor allem aber im Zuge einer totalen Kriegführung 1914-18 wurde K. zu einem Leitbegriff der Neudefinition des Verhältnisses von ziviler und militärischer Gesellschaft.

K. ist ein schwer faßbarer Begriff, weil er Widersprüchliches harmonisiert und äußerst unterschiedliche Sozialpraktiken umfaßt. Dazu gehört erstens der Gegensatz zwischen Tod und Leben, den die K. der (über)lebenden mit den gefallenen Soldaten symbolisch überwindet (paradigmatisch ästhetisiert in Uhlands

Postkarte mit einem Vers aus »Der gute Kamerad« von Ludwig Uhland

Gedicht *Der gute Kamerad*); zweitens der Gegensatz zwischen »gut« und »böse«, denn K. manifestierte sich in der selbstlosen, sakralisierten, auf die Auslöschung des Ich zielenden Gruppenkohäsion der Soldaten als Täter wie als Opfer der kriegerischen Aggression: Kameradschaft war das Leitbild der »Zwangs«-, »Leidens«-, »Opfer«-, »Schicksals«- und »Kampfgemeinschaft« der Soldaten; drittens der Gegensatz zwischen »weichen«, weiblich konnotierten und »harten«, martialischen Männlichkeitsbildern und -praktiken (faßbar u. a. in Formeln wie der von der »rauhen Geborgenheit« im Militär). Weiterhin gehören hierzu viertens Gegensätze zwischen zivilgesellschaftlichen, insbesondere regionalen und klassenmäßigen Bindungen, die angeblich durch den kameradschaftlichen Zusammenhalt bedeutungslos würden; fünftens Gegensätze zwischen den Rang- und Hierarchieebenen des Militärs, die durch die Gleichheit vor dem Tod faktisch oder durch einen egalitären, fürsorglichen Umgangsstil der Offiziere symbolisch aufgehoben würden; sechstens schließlich der Gegensatz zwischen vertrauter »Gemeinschaft« und anonymer »Gesellschaft«, indem die K.erfahrung von der kleinen Soldatengruppe auf imaginäre Großgruppen, zunächst das Militär insgesamt (»Waffen-K.«) und schließlich die Nation übertragen wird.

Ansätze zu dieser symbolischen Überhöhung einer – freilich stets auch im zivilen Bereich wirksam gewesenen – militärischen Tugend finden sich bereits vor dem Weltkrieg. Aber erst während des Weltkrieges und vor allem nach seinem Ende, also im Zuge der Arbeit an der kollektiven Kriegserinnerung, wurden die vielfältigen Harmonisierungsfunktionen dieses Leitbildes ausgeschöpft. Mythisch verfestigt, antwortete es auf vielfältige Gegenwartsprobleme der Zeit nach 1918, insbesondere auf die Wahrnehmung gesellschaftlicher Risse und Atomisierungstendenzen (Klassenkampf, Parteienstreit, Geschlechterkrieg u. a.). Primär im bürgerlich-nationalistischen Milieu angesiedelt, entfaltete das Konstrukt der K. gleichwohl eine beträchtliche Ausstrahlungskraft auf andere Gesellschaftssegmente. Als militärische Tugend war das Leitbild der K. kein deutsches Spezifikum, sondern findet sich in analoger Form auch in den Armeen der anderen Länder. Allerdings wurde K. nur im Nationalsozialismus zum offiziellen, nahezu alle staatlichen, gesellschaftlichen und sogar privaten Bereiche durchdringenden Ordnungsprinzip erkoren.

Lit.: Männergeschichte – Geschlechtergeschichte: Männlichkeit im Wandel der Moderne, hg. v. Thomas Kühne, Frankfurt a. M. 1996.

THOMAS KÜHNE

Kanada. K. war im Aug. 1914 schlecht auf einen Krieg vorbereitet. Wer wohlhabend war, genoß die Bank Holiday-Feiertage vom 1. bis 3. Aug. in seinem Landhaus. Wer weniger gut verdiente, litt an den Folgen der schlimmsten wirtschaftlichen Depression seit den frühen 1890er Jahren. Nur Sam Hughes, der energische, aber leicht wankelmütige Minister für das Milizwesen (Minister of Militia and Defence), war von der Aussicht auf einen Krieg begeistert. Seine einzige Sorge war, daß die Briten »die Sache in den Sand setzen« würden. Unter seinem Kommando waren 1913 rund 55.000 Milizionäre und 44.000 Kadetten trainiert worden. Sie sollten das Gros der Canadian Expeditionary Force (CEF) bilden.

Zunächst verliefen die Rekrutierungen problemlos. Zwei Drittel der Freiwilligen waren Briten von Geburt, der Rest bestand in der Mehrzahl aus Arbeitslosen in den englischsprachigen Landesteilen. Nur wenige Frankokanadier folgten dem Ruf, unter einer Flagge zu dienen, die sie nicht als die ihre betrachteten. Weder Asiaten noch Schwarze waren bei der Armee willkommen. Erst 1916 wurden sie schließlich als Hilfskräfte eingesetzt. Im Gegensatz zu einem weit verbreiteten Mythos bestand die kanadische Armee nicht aus kräftigen Männern vom Land. Drei Viertel der Rekruten waren Angestellte und Fabrikarbeiter.

Die ersten kanadischen Einheiten, das Princess Patricia's Canadian Light Infantry Regiment, kamen im Dez. 1914 in Frankreich an, nachdem sie in der Salisbury Ebene eine kurze Ausbildungsphase durchlaufen und sich bei dieser Gelegenheit ihrer unbrauchbaren kanadischen Ausrüstung entledigt hatten – mit Ausnahme des notorisch unzuverlässigen Ross-Gewehrs. Bei Armentières unternahmen sie im Febr. 1915 eines der ersten Stoßtruppunternehmen im Grabenkrieg.

Die kanadische 1. Division kam im März 1915 bei Neuve Chapelle offiziell erstmals zum Einsatz. Sie wurde daraufhin im April in den Ypern-Bogen verlegt und erlitt im Verlauf der mörderischen 2. Flandern-Schlacht große Verluste. Das Kampfgas geriet dort zur Tortur (was indirekt auch mit der seltsamen Vorliebe der Kanadier für den Kilt zusammenhängt), die Ross-Gewehre hatten ständig Ladehemmungen, aber die Kanadier hielten durch und verdienten sich für ihre Tapferkeit vier Victoria-Kreuze. Im Mai erging es ihnen bei dem fehlgeschlagenen Angriff bei Festubert noch schlimmer.

Die 2. Division erreichte Frankreich im Mai 1915. Beide Verbände bildeten jetzt unter dem Kommando von Sir Edwin Alderson das kanadische Korps, das die Südflanke des Ypern-Bogens zu decken hatte. Die 3. Division, ein etwas zusammengewürfelter Haufen, war noch in Aufstellung begriffen, eine 4. Division sollte bald folgen.

Alderson wurde nach dem verheerenden Angriff bei St. Eloi (Flandern) im Mai 1916 seines Postens enthoben und durch Sir Julian »Bungo« Byng ersetzt, einen kühlen und effizienten britischen Kavalleristen, der die erfolgreiche Evakuierung der Gallipoli-Halbinsel organisiert hatte. Sein erstes Unternehmen, der Angriff am Mont Sorrel, nördlich der Straße Ypern-Menin im Juni 1916, schlug fehl, doch Byng behielt seinen Posten.

Im Aug. wurden die Kanadier – inzwischen immerhin mit dem verläßlicheren Lee-Enfield-Gewehr ausgerüstet – an die Somme verlegt, wo sie bei Courcelette sogleich fürchterliche Verluste erlitten. Im Nov. wurde das Korps durch die 4. Division verstärkt, nur um dann in der Schlacht von Thiepval am Regina Graben ein neuerliches Desaster zu erleben.

An der Somme verloren die Kanadier 24.029 Mann, doch Byng und seine Untergebenen vermochten aus den Fehlern zu lernen. Dies sollte sich im April 1917 beim Angriff auf die Vimy-Höhen zeigen, einer der erfolgreichsten Operationen des gesamten Krieges. Byng hatte die Bedeutung minutiöser Stabsarbeit und sorgfältiger Artillerievorbereitung erfaßt. Dabei halfen ihm die artilleristischen Fähigkeiten von Oberstleutnant Andrew McNaughton beim Niederkämpfen der feindlichen Artillerie. Vor allem aber war es die von General Arthur Currie praktizierte flexible Infanterietaktik, die in diesem vertrackten Unternehmen den Erfolg sichern sollte. Currie war vor seiner Zeit in der Armee ein nicht ganz seriöser Grundstücksmakler in Victoria (British Columbia) gewesen. Doch er war auch einer der innovativsten und erfolgreichsten Generäle des Weltkriegs. Entschlossen widersetzte er sich Haigs Obsession für Stoßtruppunternehmen und für die unbedingte Herrschaft über das Niemandsland, was Currie als eine sinnlose Verschwendung von Menschenleben erachtete. Auch rückte er davon ab, die Infanterie in geordneten Wellen angreifen zu lassen.

Der Stolz über den Erfolg von Vimy bildete ein bedeutendes Element bei der Ausbildung einer eigenständigen kanadischen Identität, und er manifestiert sich in einer beeindruckenden, rund 100 Hektar großen Gedenkstätte auf der Höhe 145, die den Kanadiern von der dankbaren französischen Nation auf Dauer überlassen wurde.

Im Juni 1917 löste Byng Allenby als Oberbefehlshaber der 3. Armee ab und Currie übernahm das kanadische Korps. Im Aug. konnten die Kanadier mit der Eroberung der hartnäckig verteidigten Höhe 70, die Lens dominierte, einen weiteren herausragenden Erfolg verbuchen. Currie widersetzte sich weitsichtig den Bestrebungen, die Kanadier in der 3. Flandern-Schlacht unter Gough einzusetzen, und beharrte vielmehr auf der Unterstellung unter Plumers 2. Armee. Im Verlauf dieser schlecht geplanten Offensive kämpften die Kanadier widerstrebend aber tapfer; sie verloren 15.654 Mann. Sie spielten eine wichtige Rolle beim erfolgreich verlaufenden Durchbruch bei Cambrai, waren aber nicht in der Lage, den verheerenden deutschen Gegenangriff abzuwehren.

Im März 1918 gelang es Currie zwar, die von Haig angestrebte Auflösung des Korps zu verhindern, doch mußte er die 2. Division abgeben. Von Mai bis Juli wurde das Korps aus der Front genommen, um dann zusammen mit den Australiern eine Schlüsselrolle in der erfolgreichen Offensive bei Amiens zu spielen, durch die den Deutschen die Initiative endgültig entrissen wurde. Gegen deren entschlossenen Widerstand stießen sie im Aug. und Sept. südlich der Scarpe in Richtung auf den Canal du Nord vor. Im Sept. deutete Kriegsminister Milner an, daß Haig möglicherweise durch Currie ersetzt werden könne, falls sich der Krieg bis 1919 hinzöge. Noch einmal bewies Currie Innovationsgeist und Wagemut, als er den Canal du Nord über einen engen Brückenkopf bezwang und dann einen breitgefächerten Angriff auf die stark verteidigte Marquion-Linie führte. Im Vorfeld der Deutschen erlitten die Kanadier schreckliche Verluste, doch setzten sie den Angriff Richtung Cambrai und Valenciennes fort. Am 10. Nov. nahmen sie Mons ein und beendeten so den Krieg an dem Ort, an dem das britische Heer 1914 seine erste schmachvolle Niederlage erlitten hatte.

Aus einer Gesamtbevölkerung von 8 Mio. dienten 619.636 Kanadier in der CEF, 59.544 fielen, 172.950 wurden verwundet. Im Aug.

1917 war die Wehrpflicht gegen erbitterten Widerstand der Franko-Kanadier in Quebec eingeführt worden, wodurch das Verhältnis zwischen den englisch- und französischsprachigen Landesteilen weiter belastet wurde.

Auch an der kanadischen »Heimatfront« hinterließ der Weltkrieg seine Spuren. Vor allem die Wirtschaft des Landes profitierte von der kriegsbedingten Inlandsnachfrage sowie insbesondere von den stark gestiegenen Auslandsaufträgen. Gefragt waren kanadische Agrarprodukte, die einen wesentlichen Teil der Lebensmittelversorgung der Alliierten ausmachten, aber ebenso auch dringend benötigte Metalle wie Nickel, Kupfer, Zink und Blei.

Mit der Errichtung von Waffen- und Munitionsfabriken unter Aufsicht des Imperial Munitions Board vollzog sich ein Teil jener Transformation K. von einer Landwirtschafts- zu einer Industrienation. Doch die ökonomische Expansion hatte auch ihre Schattenseiten: Steigende Preise und Versorgungsengpässe – und dies trotz der in diesen Bereichen neu geschaffenen staatlichen Kontrollbehörden. Die allgemeine Unzufriedenheit wurde zusätzlich genährt durch die Wehrpflicht-Krise von 1917. Das Ergebnis war eine starke politische Radikalisierung bereits während des Krieges, die sich in zahlreichen Streikaktionen unmittelbar nach Kriegsende entlud.

Als britisches Dominion konnte K. 1914 keine unabhängige Außenpolitik betreiben und trat deshalb automatisch an der Seite Großbritanniens in den Krieg ein. 1919 erkannte das Mutterland jedoch bereits das Recht K. auf selbständige Unterzeichnung des Versailler Vertrags an. Bereits 1916 hatte der Kriegspremier Sir Robert Borden einen Sitz im britischen Imperial War Cabinet erhalten, auf der Imperial War Conference 1917 war Borden die treibende Kraft hinter der Entschließung IX, die eine Anerkennung der Dominions als selbständige Nationen nach dem Ende des Krieges festlegte.

Der Weltkrieg teilte K. und seine Bevölkerung in vieler Hinsicht: sprachlich, kulturell, regional und wirtschaftlich. Aber er stärkte zugleich das nationale Empfinden und das Selbstbewußtsein der Kanadier, die sich nicht länger mit einer Großbritannien untergeordneten Rolle innerhalb des Commonwealth zufrieden geben mochten. → *Streitkräfte (Dominions)*

Lit.: D. Morton/J. L. Granatstein, Marching to Armageddon. Canadians and the Great War 1914-1919, Toronto 1989; D. Morton, When Your Number's Up. The Canadian Soldier in the First World War, Toronto 1993.

Martin Kitchen (Ü: M. P.)

Karl I., * Persenbeug (Niederösterreich) 17.8.1887, † Quinta do Monte (Madeira) 1.4.1922, Kaiser von Österreich, König von Ungarn (Karl IV.). – Durch den Tod des Thronfolgers Erzherzog Franz Ferdinand am 28. Juni 1914 mußte Erzherzog K. unvermittelt, ohne eingehende Vorbereitung und damit zu früh die Rolle des Thronfolgers übernehmen. Angesichts der kurzen Lebensspanne, die Kaiser Franz Joseph noch zuzumessen war, diente der militärische Einsatz des jungen K. vor allem der Popularisierung seiner Person und dem Ausgleich von Interessenskonflikten mit dem Deutschen Reich. Vorerst nur für repräsentative Aufgaben eingesetzt, führte Erzherzog K. während der Südtiroler Offensive 1916 das XX. Korps. Die Absicht, auf diese Weise den Namen des künftigen Kaisers mit einem siegbringenden Stoß gegen Italien zu verknüpfen, war zum Scheitern verurteilt, nachdem die Pläne der österreichisch-ungarischen Heeresführung durch die erfolgreiche russische Offensive Brussilows durchkreuzt wurden. In der Folge wurde an der österreichisch-ungarischen Nordostfront ein immer massiverer Einsatz deutscher Truppen notwendig. Daneben zeigte sich das Bestreben der deutschen OHL, die Führung auch an dieser Front in die eigenen Hände zu bekommen. Als Resultat wurde Mitte Okt. 1916 die Heeresfront Erzherzog K. gebildet. K. konnte zwar damit einen Anteil an der Eroberung Rumäniens beanspruchen, doch bildete er nur die Galionsfigur neben seinem deutschen Generalstabschef von Seeckt.

Nach der Thronbesteigung am 21. Nov. 1916 betrachtete es der junge Monarch als sein primäres Ziel, den Bestand der Monarchie zu retten und als »Volkskaiser« integrierend zu wirken. Dies hieß aber nicht nur, den Krieg möglichst unbeschadet zu überstehen, sondern gleichzeitig die innenpolitische Ausnahmesituation der Monarchie für politische und soziale Reformen zu nützen. Bei der Auswahl seiner engsten Mitarbeiter bewies K. nicht immer eine glückliche Hand. Als weitaus schwerwiegender aber noch erwiesen sich die erhebliche industrielle und agrarische Entkräftung Österreich-Ungarns und die wachsende Unterstützung, welche die zentrifugalen nationalen Kräfte von außen erhielten. Die Befürchtung, daß ein Sieg der Mittelmächte eine dauernde Bevormundung durch das Deutsche Reich nach sich ziehen würde, führte schließlich zu einer tiefgehenden Entfremdung zwischen Wien und Berlin. Eine geheime Initiative der k. u. k. Monarchie, mit Frankreich einen Sonderfrieden zu erreichen, wurde durch Indiskretion unterlaufen (Sixtus-Affäre) und hatte ebenfalls das Mißtrauen verschärft. Daneben vergrößerte sich trotz aller Bemühungen die Distanz der Völker Österreich-Ungarns zu Reichsidee und Herrscherhaus zusehends. So kam es zum unspektakulären Ende Kaiser K.s: Am 11. Nov. 1918 verzichtete er auf die Ausübung der Regierung in Österreich, zwei Tage später auch für die in Ungarn. Im März 1919 emigrierte er in die Schweiz. Wegen seiner wiederholten dilettantischen Restaurationsversuche, wenigstens die Monarchie wieder einzuführen, wurde er von den Alliierten auf die Insel Madeira verbannt, wo er ein Jahr später, politisch isoliert, starb.

RUDOLF JERABÉK

Karpaten, Gebirgszug zwischen Ungarn und Galizien, Schauplatz einer Reihe von Schlachten zwischen Jan. und April 1915. – Der strategischen Bedeutung der K. war man sich im k. u. k. Generalstab bewußt: Ein Gebirgszug, der den allseits umfaßten österreichisch-ungarischen Truppen in Galizien nur wenig Ausweichmöglichkeiten ließ, der vom Gegner aber auch nicht überwunden werden durfte, der zudem – vor allem im Winter – auf weite Strecken zwar gebirgsgewohnte oder gar dafür ausgerüstete Truppen begünstigte, der zugleich aber auch durch gewöhnliche Truppen überwindbar war. Und ein Gebirgszug, der dem Verteidiger den Vorteil bot, seine Kräfte vor allem auf die wenigen Paßübergänge konzentrieren zu können, wo aber der gegnerische Durchbruch an auch nur einem einzigen dieser Punkte die Gefahr der völligen Niederlage Österreich-Ungarns in sich barg. Zumindest aber mußte nach einem Einbruch in das ungarische Becken der auch nur teilweise Wegfall der landwirtschaftlichen Erträge Ungarns die Donaumonarchie in absehbarer Frist zur Aufgabe zwingen.

Die von den Russen eingeschlossene Festung Przemyśl konnte durch den Gegenangriff der Mittelmächte am 12. Okt. 1914 zwar wieder entsetzt werden, doch eine neuerliche russische Offensive im Nov. 1914 führte nicht nur zur abermaligen Belagerung Przemyśls, sondern warf auch die k. u. k. 4. Armee, welche den rechten Flügel der deutsch-österreichischen Front in Galizien bildete, bis vor die Tore Krakaus zurück. Damit war der Großteil Galiziens in der Hand des Gegners. Die nunmehr überaus kritische Lage konnte durch den deutsch-österreichischen Angriff bei Limanowa-Lapanów (1.-12. Dez. 1914) bereinigt werden. Von diesem örtlich beschränkten Sieg mit seinem keineswegs ins Auge stechenden Raumgewinn sollte sich erst später herausstellen, daß er der »russischen Dampfwalze« in vorerst entscheidender Weise den Schwung genommen hatte. Doch die Schlacht bot auch schon einen Vorgeschmack auf den nun folgenden »K.winter«: Operationen oft isolierter Kolonnen im tief verschneiten, bewaldeten Bergland, später auch in einem Terrain, das die Bezeichnung »Gebirge« jedenfalls verdiente, wenn es auch mit dem späteren hochalpinen Krieg an der italienischen Front nicht vergleichbar war. Nur zum geringsten Teil verfügten die Truppen über eine diesem Kampfgebiet adäquate Ausrüstung, d. h. eine auf Tragtieren beförderte oder zumindest schmalspurige Artillerie. Die übrigen Fuhrwerke und Geschütze waren im winterlichen Gelände nur unter größter Kraftanstrengung von Mensch und Tier zu bewegen und jeder Raumgewinn wurde mit der Verlängerung der dünnen und unwegsamen Nachschublinien bestraft. Daneben fehlte es, entsprechend der ursprünglichen Erwartung einer raschen Feldzugsentscheidung, an Winterkleidung und Kälteschutzmitteln, so daß die Zahl der Erfrierungen jene der Verwundungen durch Kampfeinwirkung häufig überstieg.

Seit 8. Nov. 1914 war Przemyśl wieder von den Russen eingeschlossen. Der k. u. k. Generalstabschef Conrad von Hötzendorf entwickelte ab Jahresbeginn 1915 den Plan, durch eine große Offensive aus den K. nicht nur die Festung zu befreien, sondern den russischen Armeen einen derart wirksamen Flankenstoß zu versetzen, daß diese gezwungen sein würden, ihre Front wesentlich nach Osten zurückzunehmen. Doch der russische General Brussilow hatte parallel, nicht nur aus der Notwendigkeit der Verteidigung, einen Angriffsplan entworfen, der über die K. in das Kerngebiet Ungarns und damit der Donaumonarchie stoßen sollte. In offensiver Hinsicht erfolglos für beide Seiten blieb schließlich die vier Monate dauernde gewaltige Abfolge von Schlachten. Der erste Stoß der verbündeten Armeen ab 23. Jan. 1915 zerschellte an Brussilows Offensive ab 27. Jan. 1915. Lediglich am äußersten rechten Flügel konnten die österreichisch-ungarischen Truppen in der Bukowina ins Gewicht fallenden und bleibenden Raumgewinn verzeichnen. Alle Anstrengungen, Przemyśl zu entsetzen, waren mit der Übergabe der Festung am 22. März 1915 vergeblich geblieben. Die Offensivaktionen Conrads trafen nun in noch verstärktem Maße frontal auf russische Angriffe, so daß nur die stete Zufuhr eigener und deutscher Verbände die Lage ausgewogen erhalten konnte. Häufige Meinungsverschiedenheiten zwischen Conrad und dem deutschen Befehlshaber erleichterten die Lage keineswegs. Zwischen Ende März und Mitte April standen die verbündeten Truppen mehrfach am Rand einer Niederlage, ehe sich die russische Angriffskraft erschöpft hatte und in der zweiten Aprilhälfte die Kämpfe abflauten.

Hatten zu Jahresbeginn zwischen Gorlice und der Bukowina ca. 18 Infanterie- und sechs Kavalleriedivisionen der Verbündeten 20 russischen Infanterie- und elf Kavalleriedivisionen gegenübergestanden, so hatte sich der Kräfteeinsatz bis 24. April 1915 auf 46:38 Infanterie- und 8,5:14 Kavalleriedivisionen vermehrt. Allein die k. u. k. Truppen an der russischen Front erlitten zwischen dem 1. Jan. und dem 30. April 1915 einen Verlust von 793.000 Mann an Toten, Verwundeten, Kranken, Vermißten und Gefangenen, wobei die Besatzung der Festung Przemyśl mitgerechnet ist. → *Brussilow-Offensive* → *Przemyśl*

Lit.: N. Stone, The Eastern Front, 1914-1917, London 1998.

RUDOLF JERABÉK

Katholizismus, Anschauung und Haltung, die von der katholischen Kirche beeinflußt ist, sich an ihr orientiert, jedoch nicht unbedingt mit der katholischen Kirche als Institution gleichzusetzen ist. – Innerhalb des Deutschen Reiches bildete die katholische Kirche vor 1914 mit einem Anteil von knapp 40 % aller christlichen Gläubigen eine politisch vor allem über die Zentrumspartei einflußreiche Minderheit innerhalb der Gesellschaft des deutschen Kaiserreichs.

Der Weltkrieg stürzte den K. in den kriegführenden europäischen Staaten in ein unlösbares Dilemma. Einerseits blieb der universalkirchliche Anspruch der katholischen Kirche erhalten, die sich während des Krieges nachhaltig aber letztlich vergeblich um Friedensverhandlungen bemühte (etwa die Friedensinitiative 1917 Papst Benedikts XV. unter Vermittlung von Eugenio Pacelli mit der Friedensnote an die kriegführenden Mächte vom 1. Aug. 1917). Dagegen stand das nationale Interesse der Kontrahenten auf beiden Seiten, die sich, obwohl gleichermaßen Katholiken, nicht nur auf dem Schlachtfeld, sondern auch in der Propaganda der Heimatfront erbittert bekämpften. Dieser national ausgerichtete K. der kriegführenden Nationen war einerseits Selbstbehauptung einer konfessionell geprägten Gemeinschaft, andererseits verfolgte er aber auch die gesellschaftliche Mobilisierung und Sammlung der Katholiken für die Nation. Insofern verlief die Front 1914-1918 auch quer durch den europäischen Katholizismus, der in Gefahr war, durch die entstandenen Feindseligkeiten des Weltkrieges international gespalten zu werden. Hier traf traditioneller, an Rom orientierter Ultramontanismus unmittelbar und heftig auf das neue Nationalbewußtsein katholischer Gemeinschaften in den kriegführenden Ländern.

In Deutschland wie in Frankreich waren die Katholiken überzeugt, durch einen Sieg die Rolle ihrer Kirche im Staat noch auszubauen. Diese Haltung verstärkte vor allem im deutschen Kaiserreich den Gegensatz zwischen der starken ultramontanistischen Strömung, die einen freien, selbständigen Anspruch auch gegenüber dem Staat vertrat (Piusvereine, Zentralkomitee der Katholiken), und dem – relativ neuen – Bestreben nach Einsatz für die Nation. Ein Stillhalten zwischen Staat und Kirche wie in Frankreich gab es in Deutschland nicht. Dies führte dazu, daß die Katholiken in Deutschland einen um so nachhaltigeren Beweis für ihre Staatstreue erbringen wollten. Katholische Verbände und Vereinigungen schrieben sich die nationalen Interessen und Kriegsziele auf die Fahnen; die katholische Presse, etwa die weitverbreiteten *Stimmen der Zeit* oder *Hochland,* stellte sich ganz in den Dienst der amtlichen Kriegspropaganda und trug damit ihren Teil zur Stützung und Stabilisierung des Systems bei.

Diese Allianz erwies sich bei Kriegsende als fatal: Nichts belegt den Mißerfolg des K. in seinem Bestreben um Anerkennung in Staat und Nation besser als seine Position zu Kriegsende, als auch die Kirchen und Konfessionen um so desillusionierter und verzweifelter dastanden, weil die bestehende Ordnung und das bislang bestehende Weltbild erschüttert waren. Der Katholizismus mußte befürchten, mit dem von der Bevölkerung inzwischen abgelehnten Kaiserreich gleichgesetzt zu werden und mit diesem unterzugehen.

Letztlich gelang dem K. in Deutschland nach 1918 jedoch die Distanzierung vom System des Kaiserreichs und die Neuorientierung seiner gesellschaftlichen Stellung durch die Konzentration auf einen neuen Feind: auf den atheistischen Kommunismus.

Lit.: H. Hürten, Die katholische Kirche im Ersten Weltkrieg, in: Der Erste Weltkrieg. Wirkung, Wahrnehmung, Analyse, hg. v. W. Michalka, München 1994.

ROLAND HAIDL

Kaukasusfront. 1914-18 kämpfte das Osmanische Reich an über einem halben Dutzend weit auseinanderliegenden Fronten. Dennoch besaß die K. in den Planungen von Kriegsminister Enver Pascha große Priorität, was man daran sehen kann, daß er dort bei Kriegsbeginn die Truppen verstärkte und selbst den Oberbefehl über die in Ostanatolien liegende 3. Armee übernahm. Diese wurde entgegen dem ursprünglichen Plan durch Verbände aus Thrakien unterstützt. Die dem Kommando von Envers Onkel Halil unterstellte Division setzte man nach Dagestan in Marsch, um die dort lebenden Türken und Moslems zum Aufstand gegen Rußland zu bewegen.

Am 3. Okt. 1914 überschritt die russische Kaukasische Armee die Grenze. Die ersten Monate an der K. verliefen als ein intensiv, aber entscheidungslos geführter Bewegungskrieg. Zum Jahresende beschloß Enver, zum entscheidenden Schlag gegen die Russen anzusetzen. Das X. Armeekorps sollte das Allahükber-Gebirge überschreiten und so den Gegner umfassen. Die Anfangserfolge der Türken waren immerhin so beeindruckend, daß die russische Regierung ihre Verbündeten aufforderte, eine neue Front gegen das Osmanische Reich zu eröffnen, um so die Türken zum Abzug einiger Divisionen zu zwingen. Doch schon bald führte Envers Offensive die 3. Armee in ein Desaster. Anfang Jan. mußten die von Frost, Hunger und Krankheiten dezimierten türkischen Truppen den Rückzug antreten. Die Verluste der 3. Armee beliefen sich auf rund 90.000 Mann, nur 10 % bis 20 % von ihnen überlebten den Feldzug. 1916 stieß die russische Armee, ohne auf nennenswerten Widerstand zu stoßen, tief auf osmanisches Territorium vor und eroberte dabei die anatolischen Provinzen Ağri, Erzurum, Erzincan, Van und Trabzon. Dabei kam es unter der örtlichen armenischen Bevölkerung zu Aufständen, in deren Folge die gesamte Bevölkerung unter hohen Verlusten von der türkischen Armee nach Syrien deportiert wurde. Die Umstände dieser Deportationen und die Zahl der Todesopfer sind noch immer umstritten.

Erst mit dem Ausbruch der Revolution in Rußland 1917 sollte die K. wieder in Bewegung geraten. Nun war das Hauptziel der osmanischen Regierung die Wiederherstellung der Vorkriegsgrenze zu Rußland. Gleichwohl erfolgte im Vertrag von Erzincan (18. Dez. 1918) keine Übereinkunft über den Status dieser Gebiete. Die laufenden Friedensgespräche in Brest-Litowsk und entsprechender Druck seitens Deutschlands zwangen die Türken zum Verzicht auf militärische Operationen im Kaukasus. Zwischenzeitlich entwickelte sich dort eine Parallelherrschaft. Nach der Auflösung der Allrussischen Verfassunggebenden Versammlung hatten Kaukasier, die den Putsch der Bolschewiki nicht anerkannten, ein sog. Transkaukasisches Kommissariat gegründet. Obwohl dieses offiziell die Zugehörigkeit zu Rußland deklarierte, verfolgte es de facto eine kaukasische Unabhängigkeitspolitik. Nach dem Zusammenbruch der zarischen Armee im Kaukasus begann das Kommissariat mit dem Aufbau eigener Streitkräfte. Da dieser Schritt von Übergriffen der armenischen Volksgruppe begleitet war, schien die Lage für die Türken beunruhigend. So beschloß die osmanische Regierung, die Situation zum Ausgleich von Gebietsverlusten und zur Verfolgung der alten Kriegsziele auszunutzen. Dabei verfolgte ihre Politik 1917/18 gegenüber Rußland zwei grundlegende Ziele: auf kurze Sicht, so viel als möglich Territorium im Transkaukasus zu erobern; und auf lange Sicht die Abtrennung des Transkaukasus von Rußland und die Schaffung von abhängigen Pufferstaaten zur Eindämmung zukünftiger russischer Aggression.

Mit dem Scheitern der Brester Verhandlungen und der deutschen Offensive nach Rußland entschied sich auch der osmanische Generalstab zur Wiederaufnahme der militärischen Operationen. Der Vorstoß der 3. Armee in die besetzten Gebiete begann am

12. Febr. 1918. Nach der Eroberung von Erzincan (13. Febr.) stieß die türkische Armee auf ganzer Front rasch ostwärts vor und eroberte am 24. Trabzon zurück. Dabei traf sie nur auf sporadischen Widerstand armenischer Einheiten. Am 3. März 1918 unterzeichneten die Bolschewiki den Friedensvertrag von Brest-Litowsk. Artikel 4 schrieb den russischen Rückzug aus den anatolischen Provinzen vor sowie die Rückgabe der 1878 vom Osmanischen Reich abgetretenen Distrikte Kars, Ardahan und Batum (Batumi). Der Rückgabe der drei Distrikte verweigerte sich jedoch das Transkaukasische Kommissariat. Eine nach Trabzon einberufene Konferenz zwischen Türken und transkaukasischen Delegierten, die den Streitfall friedlich beilegen sollte, scheiterte. Gleichzeitig stieß die 3. Armee weiter vor; Ende März hatten die Truppen an mehreren Stellen die Vorkriegsgrenze erreicht. Anfang April baute die osmanische Armee, nunmehr durch Verbände von der rumänischen Front verstärkt, weiteren Druck auf. Von der Entente im Stich gelassen, hatten die Kaukasier keine andere Option, als mit den Türken in Verhandlungen einzutreten. Die Batum-Konferenz begann am 11. Mai 1918. Bei der ersten Sitzung wurden die transkaukasischen Vertreter mit der unangenehmen Neuigkeit konfrontiert, daß sich die Türken nicht länger mit dem Vertrag von Brest-Litowsk zufrieden gaben, sondern nun zusätzliche Gebiete jenseits der Grenze von 1877 forderten. Am folgenden Tag brachen die Türken den Waffenstillstand und marschierten in diese Gebiete ein. Am 15. Mai eroberten sie Gümrü und stießen auf Lori und Tiflis vor – das neue Ziel hieß Baku.

Angesichts seiner militärischen Machtlosigkeit gab das Kommissariat den türkischen Forderungen nach. Am 26. Mai veröffentlichte der Georgische Nationalrat eine Unabhängigkeitserklärung, zwei Tage später folgten Armenier und Aserbaidschaner. Am 4. Juni wurden Verträge mit den Georgiern und den Armeniern unterzeichnet, die diesen Nationen große territoriale Verluste abverlangten. Einen dritten Vertrag schlossen die Türken mit Aserbaidschan. Das Abkommen sah osmanische Militärhilfe zur Wiederherstellung von Ruhe und Ordnung vor, eine Bestimmung, die offensichtlich die Inbesitznahme von Baku vorbereiten sollte. Nun begann ein Wettlauf um die Erdölstadt, der bis zum Okt. andauern sollte. Diesmal stellten sich die Türken selbst gegen ihren Verbündeten, das Deutsche Reich. Dieses hatte am 27. Aug. mit dem bolschewistischen Rußland eine Zusatzvereinbarung geschlossen, in der Deutschland die Souveränität Rußlands im Kaukasus – mit Ausnahme Georgiens – anerkannte und zusicherte, in der Region keine Militärhilfe an Dritte zu leisten. Die Deutschen gaben damit Baku auf, die bolschewistische Regierung versorgte im Gegenzug Deutschland mit einem Viertel der jährlichen Ölproduktion aus Baku.

Da jedoch keine der Mächte entsprechende Machtmittel ins Feld führen konnte, marschierten osmanische Truppen, die »Armee des Islam«, am 16. Sept. in Baku ein und stießen anschließend entlang der Eisenbahnlinie nach Derbent tief in den nördlichen Kaukasus vor.

Im Zuge der sich anbahnenden Niederlage der Mittelmächte löste sich die K. zwar im Okt. 1918 auf, doch führte der am 10. Aug. 1920 in Sèvres unterzeichnete Friedensvertrag zu neuen Kämpfen. Artikel 89 versprach sowohl Armenien als auch den türkischen Provinzen Erzurum, Trabzon, Van und Bitlis die Unabhängigkeit. Doch schon nach dem Waffenstillstand von Mudros (31. Okt. 1918) hatte sich eine starke Nationalbewegung unter der Führung von Mustafa Kemal Pascha gebildet, die den Frieden von Sèvres ablehnte. Zwischen Sept. und Nov. 1920 besetzten die Türken Kars und Gümrü. Die Rote Armee unterstützte den Angriff auf die Sozialistische Republik Armenien. Schon bald kapitulierte Armenien und verzichtete im Frieden von Gümrü am 3. Dez. 1920 auf alle Gebiete, die bis 1914 türkisch gewesen waren, sowie auf Kars und Ardahan. Auch anerkannte es die Errichtung eines autonomen türkischen Staates Nahçivan. Die Annäherung zwischen Türken und Bolschewiki, die beide britische Ambitionen in der Region fürchteten, mündete schließlich in den Vertrag von Moskau (16. März 1921), mit dem Kars und Ardahan an die Türkei und Batum an die UdSSR fielen. Darüber hinaus erkannten die Bolschewiki die Nationalisten unter Mustafa Kemal als alleinige türkische Regierung an.

Lit.: W. Bihl, Die Kaukasus-Politik der Mittelmächte, Bd. 1: Ihre Basis in der Orient-Politik und ihre Aktionen 1914-1917, Wien u. a. 1975, Bd. 2: Die Zeit der versuchten kaukasischen Staatlichkeit: 1917-1918, Wien u. a. 1992.

C. CEM OGUZ (Ü: M. P.)

Kavallerie, Waffengattung der Landstreitkräfte, die Kampfhandlungen vorwiegend zu Pferd durchführt. – Die erhöhte Feuerkraft der Infanterie führte seit der Mitte des 19. Jahrhunderts zu einem Bedeutungsverlust der K. Trotzdem erhöhte sich die Anzahl der K.regimenter in den europäischen Armeen kontinuierlich. Anfang des 20. Jahrhunderts glichen fast alle Staaten Taktik und Bewaffnung an und schufen so eine Einheits-K. Obwohl die Bedeutung des Gefechtes zu Fuß erkannt worden war, sah die K. in der schlachtentscheidenden Attacke noch immer eine wichtige Aufgabe. 1914 traten alle kriegführenden Parteien mit großen K.kontingenten in den Krieg ein. Auf deutscher Seite rückten 110 aktive K.regimenter mit einer Kriegsstärke von ca. 700 Mann und 36 Reserve-K.regimenter ins Feld. Mit der Mobilmachung bildete man elf K.divisionen zu je sechs Regimentern. Jeweils zwei oder drei Divisionen wurden zu einem K.korps zusammengefaßt. Die so entstandenen vier K.korps bildeten die Heeres-K. Die übrigen Regimenter traten als Divisions-K. zu den Infanteriedivisionen. Während letztere zur Nahaufklärung dienten, hatte die Heeres-K. die Aufgabe, den gegnerischen Aufmarsch aufzuklären und den eigenen zu verschleiern. In der Schlacht sollte sie nach Umfassung der feindlichen Flügel im Rücken des Gegners operieren und die Verfolgung der geschlagenen Armeen durchführen. Ausgerüstet war die deutsche K. mit Lanze, Säbel und Karabiner, seit 1916 auch mit dem Stahlhelm. Während des Krieges verlor die K. in allen europäischen Armeen kontinuierlich an Bedeutung. Abgesehen von den Anfangsoperationen im Westen 1914, den Operationen in Kurland 1915, der Offensive gegen Rumänien 1916 und dem Vormarsch in der Ukraine 1918 führten die deutschen K.divisionen keine herkömmlichen kavalleristischen Aufgaben durch. Die Pferdeknappheit führte dazu, daß ab Okt. 1916 der größte Teil der K. ihre Pferde abgeben mußte. Vier K.divisionen wurden seit 1916 aufgelöst und drei K.divisionen zu K.-Schützendivisionen umgewandelt, die infanteristisch kämpften. Bei Kriegsende verfügte das deutsche Heer nur noch über 22 berittene K.regimenter und etwa 250 berittene Einzeleskadrons als Divisions-K. Die K. hatte im Verlauf des Stellungskrieges aufgehört, eine Hauptwaffengattung der europäischen Armeen zu sein. Flugzeuge übernahmen nun die Aufklärung und Sturmtruppen oder Tanks führten die schlachtentscheidenden Durchbrüche herbei.

GERHARD P. GROSS

Kemal Pascha, Mustafa (seit 1934 Atatürk), * Saloniki 12.3.1881, † Istanbul 10.11.1938, osmanischer General und türkischer Politiker (Staatspräsident). – Nach der Ausbildung auf

Deutsche Husaren beim Überqueren der Drina

der Kriegsakademie (1902) betätigte sich K. als junger Offizier aktiv im Widerstand gegen das Regime von Sultan Abdul Hamid II. 1905 gründete er einen militärischen Geheimbund, der sich später der sog. patriotischen Bewegung der Jungtürken unter Enver Pascha anschloß. 1908/09 nahm K. am erfolgreichen Aufstand der Jungtürken teil. 1912 kämpfte er in Nordafrika und auf dem Balkan gegen italienische Truppen.

Nach dem Kriegseintritt des Osmanischen Reichs am 29. Okt. 1914 drängte er auf eine rasche militärische Verwendung. Er übernahm im Febr. 1915 das Kommando über die 19. Division der 5. Armee unter dem deutschen General Liman von Sanders, die den Auftrag erhielt, die Dardanellen zu verteidigen. Als die Ententemächte ab März 1915 die Gallipoli-Halbinsel einzunehmen suchten, griff K. ohne Rücksprache mit seinen Vorgesetzten die gegnerischen Truppen an und konnte sie erfolgreich zurückschlagen. Daraufhin wurde er zum Oberst befördert, sein Kommando wurde ausgedehnt.

Im Jan. 1916 erhielt K. den Befehl über das XVI. Armeekorps. Mit diesem kämpfte er bald darauf an der kaukasischen Front gegen russische Truppen. Inzwischen zum Generalmajor ernannt, wurde er im März 1916 stellvertretender Befehlshaber der 2. Armee. Als sich die russischen Kräfte nach der Februarrevolution zurückzogen, wurde K. nach Damaskus versetzt. Seine Empfehlung, die arabische Halbinsel zugunsten einer militärischen Sicherung Syriens aufzugeben, beschied die Armeeführung abschlägig.

Mustafa Kemal Pascha

Im Juli 1917 übernahm K. das Kommando über die 7. Armee, die der Heeresgruppe F unter dem deutschen General Erich von Falkenhayn zugeteilt war. Aus Protest über die unzureichende Ausstattung der Armee und die sinnlose Opferung türkischer Soldaten unter deutschen Befehlshabern gab er sein Kommando im Okt. 1917 zurück. Im Aug. 1918 erhielt K. erneut das Kommando über die 7. Armee in Syrien, später auch über die 5. und die 8. Armee. Um Anatolien, das Kernland des Osmanischen Reichs, ausreichend verteidigen zu können, entschloß sich K. dazu, die arabischen Provinzen den britischen Truppen zu überlassen. Seine Armeen konnten bis zur Unterzeichnung des Waffenstillstands am 30. Okt. 1918 einen Vormarsch der Alliierten verhindern; damit war K. der einzige osmanische Kommandeur, der während des Weltkriegs keine Niederlage erlitten hatte.

Nach dem Zusammenbruch des Osmanischen Reichs und der Besetzung weiter Gebiete durch die Ententemächte schied K. aus der Armee aus. Aufgrund der während des Krieges ausgetragenen Meinungsverschiedenheiten mit deutschen Befehlshabern und seiner Ablehnung panislamischer Ideen galt er jedoch bei den Alliierten als unverdächtig und durfte bald wieder politisch tätig werden. 1919 errichtete K. eine sog. provisorische nationale Gegenregierung. Seine Ablehnung der Friedensbedingungen von Sèvres, die bei den Türken für Empörung gesorgt hatten, verschaffte ihm rasche Akzeptanz in der Bevölkerung. K. führte einen erfolgreichen Guerillakampf gegen den Versuch der griechischen Armee, sich in Kleinasien festzusetzen, und war an der nachfolgenden Vertreibung der auf türkischem Boden lebenden Griechen beteiligt. 1923 schaffte er das Sultanat und später das Kalifat ab. Im Okt. 1923 wurde er zum ersten Präsidenten der türkischen Republik gewählt (Wiederwahlen 1927, 1931, 1935). Dieses Amt bekleidete K., der als

Schöpfer der modernen Türkei gilt, bis zu seinem Lebensende.

Lit.: D. Gronau, Mustafa Kemal Atatürk oder Die Geburt der Republik, Frankfurt a. M. 1994; A. L. Macfie, Atatürk, London 1994.

OLIVER HEBESTREIT

Kerenski, Alexander Fjodorowitsch, * Simbirsk (Uljanowsk) 4.5.1881, † New York 11.6.1970, russischer Politiker (Ministerpräsident der Provisorischen Regierung). – Der Sohn eines Schuldirektors studierte in St. Petersburg Jura und war zunächst als Rechtsanwalt tätig, bevor er sich politisch engagierte. 1912 für die sozialistische Partei der Trudowiki in die vierte Staatsduma gewählt, trat er später als einer der schärfsten Kritiker der Regierung in Erscheinung.

K. zählte zu den zentralen Figuren der Februarrevolution. Er gehörte sowohl dem Exekutivkomitee des Petrograder Rats (Sowjet) der Arbeiter- und Soldatendeputierten an als auch dem Dumakomitee und der Provisorischen Regierung unter Ministerpräsident Georgi Lwow, in der er das Justizressort übernahm. Als Kriegs- und Marineminister in der am 19. Mai 1917 gebildeten ersten Koalitionsregierung schuf er die Voraussetzungen für die den Alliierten zugesicherte russische Offensive im Westen. Ausgestattet mit doppelter Autorität – gegenüber der militärischen Führung als weisungsbefugter Kriegsminister, gegenüber den Soldaten als stellvertretender Vorsitzender des Arbeiter- und Soldatensowjets – glaubte K. die Moral und Kampfkraft der Streitkräfte wiederherstellen zu können. Er besaß eine große rhetorische Begabung, jedoch nur geringes politisches Talent, war ungemein ehrgeizig und neigte zur Selbstüberschätzung. Die nach ihm benannte K.-Offensive, die am 1. Juli 1917 begann, endete bereits nach wenigen Tagen mit einem völligen Fehlschlag. Eine weitere Destabilisierung der inneren Lage und Radikalisierung der politischen Kräfte waren die Folge. Seit dem 21. Juli Nachfolger von Lwow im Amt des Ministerpräsidenten, gelang es K. nicht, die wachsende Polarisierung der politischen Lager zu überbrücken. Als Reaktion auf die von bolschewistischen Parolen inspirierten Juli-Unruhen wies er den Höchstkommandierenden der Streitkräfte, General Lew Kornilow, an, regierungstreue Truppen zum Sowjet nach Petrograd zu entsenden. Als der General diktatorische Vollmachten zur Wiederherstellung der Ordnung verlangte und daraufhin von K. abgesetzt wurde, rief er die Bevölkerung zum bewaffneten Widerstand gegen die Provisorische Regierung auf. Aus Furcht vor einem Militärputsch suchte K. nun Rückhalt bei den linken Gruppierungen, vor allem den Sowjets, in denen die Bolschewiki zunehmend an Einfluß gewannen. Das Ansehen und die Autorität K.s und der Provisorischen Regierung wurden durch den »Kornilow-Putsch« vollständig untergraben. K. selbst gelang es in den Augen der Bevölkerung nicht, sich von dem Verdacht einer geheimen Komplizenschaft mit dem General zu befreien. Der weiteren politischen Entwicklung stand die Regierung hilflos gegenüber. Nach der Machtergreifung der Bolschewiki gelang es K., sich der drohenden Verhaftung zu entziehen. Er verließ Rußland im Mai 1918; nach mehreren Stationen des Exils übersiedelte er 1940 in die USA.

Lit.: R. Abraham, Alexander Kerensky. The First Love of the Revolution, New York 1987.

HILDEGARD KOCHANEK

Kerenski-Offensive. Die russische Februarrevolution brachte entgegen den Erwartungen und Hoffnungen der Mittelmächte zunächst eine erhebliche Steigerung der politischen und militärischen Kampfmoral Rußlands mit sich. Alexander Kerenski, seit dem 19. Mai 1917 Kriegsminister, verfolgte die Devise, daß Rußland zwar insgesamt für einen »Frieden ohne Annexionen und Kontributionen« eintrete, aber ggf. auch für einen »Frieden ohne Niederlage« zu kämpfen bereit sei. Zur Vorbereitung einer Großoffensive bereiste Kerenski im Juli 1917 die Front. Er versuchte, die russischen Soldaten für die Idee einer Befreiung des nicht mehr autokratischen, sondern national orientierten neuen Rußlands zu gewinnen. Wie weit die durch die revolutionären Ereignisse zutiefst verunsicherten und seit März 1917 unter dem Einfluß eines Arbeiter- und Soldatenrates stehenden Soldaten erneut für den Krieg zu begeistern sein könnten, blieb jedoch unsicher. Die am 1. Juli 1917 beginnende K. war somit auch ein Test auf die Bannkraft der Idee des revolutionären Patriotismus.

Nach den Vorstellungen des bis zum 3. Juni 1917 amtierenden Oberbefehlshabers General Alexejew beabsichtigte die russische Armee, einen entscheidenden Angriff an der Südwestfront in Richtung auf Lemberg zu führen.

Gleichzeitig versuchte sie in Form von Nebenangriffen an der West- und Nordfront sowie gegen Rumänien vorzugehen. Das Schwergewicht der Operation lag bei General Gutor, dem die 1., 7., 8., 11. sowie eine sog. Besondere Armee mit insgesamt 90 Infanteriedivisionen und 17 Kavalleriedivisionen unterstanden. Der Angriff wurde ab 29. Juni mit Artilleriebeschuß vorbereitet, welcher eine bislang an der Ostfront noch nie erreichte Intensität aufwies. Am 1. Juli 1917 begann der Angriff zunächst gegen die türkischen Stellungen beim wichtigen Verkehrsknotenpunkt Brzezany. Anfangserfolge konnten aber nicht ausgebaut werden. Dasselbe galt für den nördlichen Frontabschnitt im Kampf gegen vier österreichisch-ungarische Divisionen bis zum Abend des 2. Juli, obwohl das IX. Korps der k. u. k. 2. Armee bei diesen Kämpfen ca. 10.000 Mann verlor und anschließend aus der Front genommen werden mußte. Es zeigte sich schon am 3. Juli, daß die neue Begeisterung des russischen Heeres nur ein Strohfeuer gewesen war. Auch letzte Versuche der russischen 8. Armee unter General Kornilow, ab dem 6. Juli bei Stanislau gegen die österreichisch-ungarische Stellungen vorzugehen, scheiterten bald, obwohl sie die Österreicher zwangen, den linken Flügel der Südarmee hinter dem Fluß Lomnica zurückzuziehen (9. Juli 1917). Die deutsche OHL konnte aber einen weiteren Einbruch an dieser Front durch die improvisierte Umleitung von vier bayerischen Divisionen verhindern, obwohl Kornilow noch am 11. Juli der Übergang über die Lomnica und die Einnahme der wichtigen Stadt Kalusz gelang. Allerdings hatten die Russen zu diesem Zeitpunkt so hohe Verluste aufzuweisen (ca. 40.000 Mann), daß die Angriffe trotz heftiger Ermahnungen Kerenskis nicht kontinuierlich fortgesetzt werden konnten.

Auch der Angriff an der Nordwestfront sowie gegen die rumänische Front ab dem 22. Juli brachte nicht den erhofften Durchbruch. Ziel der Offensive war vor allem die Einnahme von Wilna. Zwar gelang zunächst ein Einbruch auf einer Länge von 4 km in 2 km Tiefe; bis zum 25. Juli hatte die deutsche 10. Armee unter Generaloberst von Eichhorn jedoch soviel Verstärkung heranführen können (insbesondere die 75. Reservedivision aus Galizien), daß die Front trotz hoher Verluste (ca. 7.000 Mann) wieder gefestigt werden konnte. Am 25. Juli wurden auf Anweisung des Kriegsministers Kerenski alle Angriffsoperationen eingestellt, da man die noch verfügbaren Kräfte zur Abwehr der deutschen Gegenoffensive in Ostgalizien benötigte. Das Scheitern der K. führte dazu, daß sich der Prozeß der Auflösung des russischen Heeres weiter verstärkte. Nicht nur finnische, polnische oder ukrainische Verbände kündigten den Gehorsam auf, auch russische Soldaten desertierten in großer Zahl.

GERD KRUMEICH

Khaki-Wahlen 1918. Die allgemeinen Wahlen zum britischen Unterhaus im Dez. 1918 sicherten dem liberalen britischen Premierminister David Lloyd George und seiner Koalitionsregierung aus Konservativen (Parteiführer Andrew Bonar Law) und Liberalen eine arbeitsfähige Mehrheit im Parlament. Die Koalition regierte bis 1922. Die sandbraun-gelbe Farbe der zahlreichen Uniformierten, d. h. die zu diesem Zeitpunkt noch nicht demobilisierten Soldaten, unter den Wahlberechtigten gaben dieser Parlamentswahl ihren Namen. Dieser ist jedoch in Großbritannien seither allgemein für Wahlen in oder unmittelbar nach einem Krieg gebräuchlich.

Politisch führten die K. zur Spaltung und damit zum Niedergang der liberalen Partei, vor allem durch die Niederlage des konservativen Asquith-Flügels, und zur Herausbildung des die britische Politik bis heute dominierenden Antagonismus von Konservativen und Sozialdemokraten (Labour Party). Trotz der im Wahlkampf noch von ihm dezidiert vertretenen populistischen Forderungen (»I will make the Germans pay«) nahm Lloyd George später eine vergleichsweise moderate Haltung gegenüber Deutschland, etwa in der Reparationsfrage, ein.

MANDY LETHO (Ü: G. H.)

Kiggell, Sir Launcelot Edward, * Ballingarry (Limerick) 2.10.1862, † Felixstowe (Suffolk) 23.2.1954, britischer General. – K., ein General traditionellen Zuschnitts und Vertrauter von Sir Douglas Haig, wurde 1914 zum Generalmajor befördert und diente bis Nov. 1915 im Kriegsministerium, bevor er im Dez. von Haig nach Frankreich geholt und zum Chef des Generalstabs des Expeditionskorps ernannt wurde. Allerdings hatte der in Sandhurst geschulte K. bis dahin keinerlei praktische Führungserfahrung sammeln können.

Dies erwies sich als verhängnisvoll, als K. Haig im Juli 1916 dazu drängte, in der Somme-Schlacht am schematischen Angriffsverfahren in aufeinanderfolgenden Wellen festzuhalten. Als kompromißloser Befürworter einer Durchbruchsvorstellung hatte der 1917 zum Generalleutnant ernannte K. maßgeblich Anteil an der Fortführung der 3. Flandern-Schlacht und zog sich damit wachsende Kritik eines großen Teils der Stabsoffiziere zu. Nach Beendigung der Kämpfe im Ypern-Bogen besuchte K. im Spätherbst 1917 die Front, woraufhin er einen Nervenzusammenbruch erlitt. Im Frühjahr 1918 wurde K. ein Kommando als Vizegouverneur und Militärbefehlshaber auf der Kanalinsel Guernsey übertragen.

MARCUS A. TIEFEL

Kipling, Rudyard, *Bombay 30.12.1865, †London 18.1.1936, englischer Schriftsteller. – Der äußerst erfolgreiche und weit gelesene Autor war zeitlebens ein prominenter Vertreter der Ideale des britischen Imperialismus. Vor allem liberale Kritiker rechnen ihn der viktorianischen bzw. edwardianischen Kultur des imperialen »Jingoismus« (kriegerischer Nationalismus) zu. Seine Kindheit verbrachte K. (bis 1871) als Sohn eines Museumskurators in Lahore (Indien), bevor er in englischen Internaten erzogen wurde. Seine Kindheits- und Jugenderlebnisse prägten einen Teil seines literarischen Werks, in dem K. die viktorianische Erziehungspraxis zwar schonungslos schildert, gleichzeitig aber eine jugendlich-lebenskräftige Begeisterung der britischen Nachwuchseliten für imperiale und kolonialistische Ziele einfordert. 1882 kehrte er nach Indien zurück, wo er zunächst als Journalist tätig war; zugleich verarbeitete er seine Eindrücke in zahlreichen Kurzgeschichten, die seinen literarischen Erfolg begründeten. Während eines vorübergehenden Aufenthaltes in den USA begann K. mit der Abfassung von Romanen: (*The Light that Failed*, 1891; *The Jungle Book*, 1894; *Captain Courageous*, 1896; *Kim*, 1901). Nach seiner Rückkehr nach England und Übersiedlung nach Sussex 1902 wandte er sich vor allem historischen Stoffen zu (*Puck of Pook's Hill*, 1906; *Rewards and Fairies*, 1910). Bereits 1907 wurde er für sein Werk mit dem Literaturnobelpreis ausgezeichnet.

Als engagierter Vertreter einer historischen Sendung der »weißen Rasse« zur Zivilisierung der außereuropäischen Welt pflegte K. eine enge Freundschaft mit Cecil Rhodes, der ihm ein koloniales Anwesen in Afrika zum Geschenk machte. Bereits vor dem Weltkrieg hatten sich außerdem K.s chauvinistische Überzeugungen von der Höherwertigkeit der britischen Kultur gegenüber allen anderen europäischen Nationen verfestigt, und auch die während des Krieges verfaßten Werke (*Sea Warfare*, 1916 und *A Diversity of Creatures*, 1917) spiegeln diese Annahmen wieder. Der Tod seines Sohnes im Weltkrieg (1915) veranlaßte ihn, die offizielle Kriegs-Chronik von dessen Regiment (*The Irish Guards in the Great War*, 1923) zu verfassen. Zudem gehen die Inschriften auf britischen Soldatenfriedhöfen auf einen Vorschlag K.s an die Imperial War Graves Commission zurück: »Their name liveth for evermore«. (»Ihre Namen werden ewig leben«) oder der Hinweis auf einen unbekannten Soldaten: »A soldier known unto God« (»Ein Soldat, den nur Gott kennt«). In der Zeit nach dem Weltkrieg geriet K. aufgrund seiner politischen Überzeugungen zunehmend in die gesellschaftliche Isolation.

Lit.: D. Gilmour, The Long Recessional: the Imperial Life of Rudyard Kipling, London 2002; A. Lycett, Rudyard Kipling, London 1999.

ARIBERT REIMANN

Kitchener, Horatio Herbert (seit 1914 1st Earl K. of Khartoum and of Broome), * Crotter House bei Listowel (Grafschaft Kerry, Irland) 24.6.1850, † vor den Orkney-Inseln 5.6.1916, britischer Feldmarschall (Kriegsminister). – K.s frühe militärische Karriere führte ihn überwiegend in den Nahen Osten, wo er 1892 Sirdar (Oberbefehlshaber) der ägyptischen Armee wurde. In dieser Funktion eroberte er den Sudan und führte 1898 die erfolgreiche Militärexpedition nach Khartum (Schlacht von Omdurman). So wurde K. in Großbritannien zum Nationalhelden. Während des Burenkriegs (1899-1902) diente er zuerst als Stabschef von Lord Roberts, später (Nov. 1900) als Oberbefehlshaber der britischen Truppen in Südafrika. Die Einführung von Konzentrationslagern stieß auf Kritik, doch seine Zermürbungspolitik brach allmählich den Widerstand der Buren.

Während er 1902 bis 1909 Oberbefehlshaber in Indien war, führte K. in der indischen Armee eine Reihe von militärischen Reformen durch. 1911 kehrte er als britischer Generalkonsul nach Ägypten zurück. Bei Ausbruch des Krieges übernahm er auf Wunsch

Britisches Rekrutierungsplakat. 1915

von Premierminister Asquith den Posten des Kriegsministers.

K. war (neben Haig) einer der wenigen britischen Politiker und Militärs, die einen langen und kostspieligen Krieg gegen die Mittelmächte voraussagten. Um sich dementsprechend verteidigen zu können, entschied er sich dazu, die erste britische Massenarmee aufzubauen. Er sorgte dafür, daß bereits vor 1916 annähernd 2,5 Mio. freiwillige Rekruten ausgehoben wurden und vergrößerte die britische Armee dadurch auf über 70 Divisionen. Da ein korrespondierender Plan zur gleichzeitigen Mobilisierung der industriellen Ressourcen Großbritanniens fehlte, hätte K. gut daran getan, auch die Rüstungsproduktion auf neue Grundlagen zu stellen, für die später Lloyd George viel Anerkennung erhielt. Doch die britische Industrie konnte sich den neuen Erfordernissen nicht entsprechend anpassen, da K. jede Intervention in die Angelegenheiten des Kriegsministeriums ablehnte. Sein Konzept, uneingeschränkt Arbeiter für die Armee anwerben zu dürfen, stellte ebenfalls ein Problem dar. Im Mai 1915 wurde K. wegen der gravierenden Munitionsknappheit des britischen Expeditionskorps scharf kritisiert. Nach der Schaffung eines Rüstungsministeriums unter Lloyd George verlor das Kriegsministerium in diesem Bereich stark an Einfluß.

Der Soldat K. mißtraute Politikern, er fühlte sich im Kabinett nicht wohl. Zudem schwächte sein Widerwillen, Befehlsgewalt an untergeordnete Stellen abzugeben, zeitweise den Armeerat und den Generalstab. Er hielt die Westfront für den entscheidenden Kriegsschauplatz, verstand aber dennoch die Gegebenheiten eines Koalitionskrieges und unterstützte die mißglückte Landung bei den Dardanellen 1915. Allerdings handelte er zunehmend unentschlossen. So verstand er es auch nicht, eine klare Linie bei der Frage der Wehrpflicht einzunehmen, als die Zahl der Freiwilligen zurückging. Die Ernennung von Generalleutnant Sir William Robertson zum Chef des Generalstabs im Dez. 1915 schwächte K.s Einfluß im Kabinett und in der Armee weiter. Dennoch blieb er in der Öffentlichkeit beliebt. K. ertrank im Juni 1916, als die H.M.S. *Hampshire*, die ihn mit einer Gesandtschaft nach Rußland bringen sollte, auf eine Mine lief und vor den Orkney-Inseln sank.

PETER SIMKINS (Ü: G. H.)

Kluck, Alexander von, * Münster 20.5.1846, † Berlin 19.10.1934, preußischer General. – K. trat 1865 in die preußische Armee ein und nahm an den Kriegen 1866 und 1870/71 teil. 1881-89 war er im Bereich der Unteroffiziersausbildung tätig. Anschließend blieb er bis 1896 beim Magdeburger Infanterieregiment Nr. 66. Der Dienst als Kommandeur des Landwehrbezirks Berlin I (1896-98) und die damit verbundene Beförderung zum Oberst beschleunigten seine Karriere. Er befehligte nacheinander verschiedene Verbände an der Ostgrenze, darunter das V. Armeekorps in Posen, wo er auch zum General befördert wurde, und das I. Armeekorps in Königsberg. K. legte in der Ausbildung seiner Truppen stets großes Augenmerk auf den Kampf in der Verteidigung. 1913 wurde er als Generalinspekteur der 8. Armeeinspektion in Berlin zum Generaloberst ernannt.

Trotz seiner langen Dienstzeit an der Ostgrenze wurde K. bei Kriegsbeginn Oberbefehlshaber der 1. Armee, die den rechten Flügel des Westheeres bildete. Ihre Aufgabe war die Offensive durch Belgien und die Umfassung der Franzosen über Paris. Brüssel wurde eingeschlossen, die Briten bei Mons und Le Château besiegt. Nun wich K. vom Operationsplan ab und verfolgte den Gegner, wodurch die Umfassung hinter Paris fehlschlug, die 2. Armee unter General Karl von Bülow in Bedrängnis geriet und schließlich die deutsche Anfangsoffensive durch den Rückzug hinter die Aisne beendet wurde. K. führte die 1. Armee bis zu seiner schweren Verwundung am 27. März 1915 weiter. Im Okt. 1916 schied er 70jährig aus der Armee aus. Bemerkenswert ist, daß K., ohne je auf der Kriegsakademie oder im Generalstab gewesen zu sein, bis zum Armeeführer aufsteigen konnte.

ERIK KLEINE VENNEKATE

Kohlrübenwinter. Als K. oder auch Steckrübenwinter wird eine der schlimmsten Ernährungssituationen während des Krieges in Deutschland bezeichnet. Im Winter 1916/17 kamen mehrere Entwicklungen zusammen, unter anderem eine wetterbedingt besonders schlechte Ernte. Das gesamte Preisgefüge war derart gestaltet, daß es für die Produzenten profitabler war, Kartoffeln als Futtermittel zu verwenden oder an Brennereien zu verkaufen, als sie den Konsumenten anzubieten. Gleiches gilt für das Brotgetreide. Im Winter 1916/17 verschlechterte sich die Ernährungslage dramatisch, so daß viele Menschen aus unteren sozialen Schichten Kohlrüben als Hauptnahrungsmittel verwenden mußten. Im Sommer 1917 war die Lage dann auf einem Tiefpunkt angelangt: Die meisten Konsumenten verfügten über weniger als 1.000 Kalorien pro Tag.

Der K. bedeutete zugleich einen Einschnitt in der kollektiven Wahrnehmung des Krieges großer Teile der deutschen Gesellschaft; zwischen Produzenten und Verbrauchern öffnete sich eine Kluft, die in den folgenden Jahren – gekoppelt mit der militärischen und politischen Niederlage sowie der darauffolgenden Hyperinflation – schwerwiegende und dauernde Folgen haben sollte. Die Konsumenten kritisierten die Bauern und Landwirte wegen ihrer vorgeblichen Hartherzigkeit und ihres reinen Profitinteresses. Man sprach sogar davon, daß die deutschen Bauern ihr Getreide und ihre Kartoffeln lieber als Futter an ihre Tiere verteilen als an ihre Mitbürger verkaufen würden. Die landwirtschaftlichen Produzenten kritisierten ihrerseits den Staat wegen einer einseitigen Bevorzugung der Verbraucherinteressen. → *Hunger*

GUSTAVO CORNI

Kollwitz, Käthe, * Königsberg (Preußen) 8.7.1867, † Moritzburg (bei Dresden) 22.4.1945, deutsche Graphikerin, Malerin und Bildhauerin. – Die Künstlerin setzte sich über einen langen Zeitraum hinweg mit dem Weltkrieg auseinander. Der Krieg war für sie als Thema nicht neu; schon in dem 1897/98 entstandenen graphischen Zyklus *Ein Weberaufstand* (1897/98) und in der Radierfolge *Bauernkrieg* (1903-08) war K. dem Thema nachgegangen. Anders als diese Arbeiten wurden die zum Ersten Weltkrieg entstandenen Werke jedoch zu Zeugnissen eigener Erfahrung. Die beiden Söhne K.s meldeten sich mit Einverständnis der Eltern freiwillig; der jüngere 18jährige Sohn Peter fiel noch 1914. Dieser Verlust war eine unerträgliche Erfahrung und bestimmte K.s künstlerische und politische Orientierung in den Jahren danach: Versuchte sie auf der einen Seite unter Hinweis auf eigene Überzeugungen und die vorbehaltlose Hingabe- und Opferbereitschaft der Söhne an ihrem Einverständnis mit dem Krieg festzuhalten, sah sie sich auf der anderen Seite genötigt, sich gegen die Überzeugung des gefallenen Sohnes auf die Seite derer zu begeben, die den Krieg ablehnten und bekämpften.

Ihre künstlerischen Arbeiten zum Weltkrieg lassen ihre Schwierigkeiten erkennen, zu einer klaren pazifistischen Position zu gelangen und für die Kriegserfahrungen eine neue künstlerische Form zu finden. Dem bekannten Plakat *Nie wieder Krieg!*, 1924 für den Mitteldeutschen Jugendtag in Leipzig gefertigt, gingen Jahre voraus, in denen die künstlerische Arbeit von Zeiten der Unproduktivität und der deprimierenden Erfahrung des Scheiterns begleitet war. Die 1924 veröffentlichte Holzschnittfolge *Krieg* gibt wie kaum eine andere Arbeit aus dieser Zeit eine Vorstellung von dem schmerzhaften Reflexions- und Klärungsprozeß, in dem Bilder *vom* Krieg zu Bildern *gegen* den Krieg wurden. An ihrem Denkmal der trauernden Eltern, das 1932 vollendet und im selben Jahr auf dem Soldatenfriedhof Roggevelde in Belgien aufgestellt wurde, arbeitete K. mit Unterbrechungen 17 Jahre lang. Der Titel ihrer letzten, 1942 entstandenen Lithographie zitiert einen Ausspruch Goethes: »Saatfrüchte sollen nicht vermahlen werden«.

Lit.: A. Jürgens-Kirchhoff, Schreckensbilder: Krieg und Kunst im 20. Jahrhundert, Berlin 1993; I. Kleberger, Käthe Kollwitz. Eine Biographie, Leipzig 1999.

ANNEGRET JÜRGENS-KIRCHHOFF

Kolonialkrieg, Krieg um die deutschen Kolonien in Afrika, Asien und im Pazifik, den Truppen aus Japan, Großbritannien, Frankreich, Belgien und aus den jeweiligen Kolonialreichen führten. – Die Ausweitung des Krieges auf die Kolonien erfolgte durch Großbritannien und Frankreich primär aus strategischen Gründen. Durch die Besetzung der Kolonien sollten die jeweiligen Häfen für die deutsche Marine blockiert und das von den dort errichteten Funkstationen abhängige weltumspannende Kommunikationsnetz gestört werden. Die an der Eroberung beteiligten britischen Dominions Australien, Neuseeland und Südafrika verbanden mit der Eroberung der deutschen Kolonien eigene imperialistische Ziele, lagen die deutschen Kolonien im Pazifik und im südlichen Afrika doch in Gebieten, welche die Dominions als ihre Einflußzonen reklamierten. Ähnliches galt auch für Japan. Schon seit der Beteiligung Deutschlands an der Tripelintervention im Chinesisch-Japanischen Krieg von 1894/95 hatte sich eine Verschlechterung der gegenseitigen Beziehungen abgezeichnet, die durch das in Deutschland umgehende Schlagwort von der »gelben Gefahr« noch weiter belastet wurden. Ein konkreter Interessengegensatz ergab sich, als Deutschland 1897 das Pachtgebiet Kiautschou an der Nordostküste Chinas in Besitz nahm, ein Gebiet, dem auch das japanische Interesse galt. Das britisch-japanische Bündnis von 1902 legte schließlich den außenpolitischen Kurs gegen Deutschland fest. Japan verpflichtete sich darin, bei einem Krieg zwischen Großbritannien und Deutschland auf britischer Seite daran teilzunehmen. Als dieser Fall 1914 eintrat, bot sich für Japan die Gelegenheit, einen Konkurrenten um Einfluß in China auszuschalten und Kiautschou dem eigenen Einflußgebiet einzuverleiben.

Nach wochenlanger Belagerung nahmen zahlenmäßig weit überlegene japanische Truppen Tsingtau am 7. Nov. ein. Etwa 5.000 deutsche Soldaten und Einwohner der Kolonie gerieten in Kriegsgefangenschaft oder wurden interniert. Japans territoriale Ziele richteten sich jedoch auch auf das deutsche Mikronesien. In nur fünf Tagen, vom 9. bis zum 14. Okt. 1914, besetzten japanische Truppen auch die wichtigsten Inseln Mikronesiens.

Ebenso widerstandslos wurden die übrigen deutschen Besitzungen im Pazifik erobert. Als im Aug. 1914 Großbritannien Australien und Neuseeland aufforderte, die deutschen Kolonien zu besetzen, gingen die Regierungen beider Länder bereitwillig darauf ein. Ihre eigene imperialistische Politik zielte seit längerem in diese Richtung. So hatten sich Vertreter beider Länder schon 1912 auf die Aufteilung der deutschen Besitzungen im Pazifik geeinigt. Die Gebiete westlich des 170. Längengrades sollten an Australien, die östlich davon an Neuseeland fallen. Zwischen Aug. und Nov. 1914 wurden, da es keine deutschen Schutztruppen gab, die deutschen Territorien auf Samoa und Neuguinea sowie die Inseln des Bismarck-Archipels im wesentlichen widerstandslos besetzt.

Während es in den pazifischen Kolonien Deutschlands mit Ausnahme Kiautschous kaum zu Kämpfen kam, war dies in Afrika anders, da das Deutsche Reich in Kamerun, Deutsch-Ostafrika und Deutsch-Südwestafrika über eigene Schutztruppen verfügte. Bereits im Aug. 1914 begannen Großbritannien und Frankreich mit ihren Feldzügen gegen die deutschen Kolonien. Noch im gleichen Monat eroberten britische und französische Truppen Togo. Etwas schwieriger gestaltete sich die Eroberung von Kamerun, das am Vorabend der Eroberung über eine Schutztruppe von ca. 600-700 deutschen und 6.000-7.000 afrikanischen Soldaten verfügte. Ihnen standen auf alliierter Seite etwa 19.000 Soldaten und 30.000 Träger gegenüber. Auf Grund der klimatischen Verhältnisse fiel ein Großteil der insgesamt 4.000 Toten auf alliierter Seite tropischen Krankheiten zum Opfer. Im Jan. 1916 war auch dieser Kampf entschieden. 550 deutsche und 5.000 afrikanische Soldaten zogen sich ins benachbarte spanische Rio Muni zurück, wo sie entwaffnet wurden.

Als der bei weitem längste und verlustreichste Feldzug erwies sich die Eroberung Deutsch-Ostafrikas. Da die aus ca. 7.500 Mann, zum größten Teil afrikanische Askaris, bestehende deutsche Schutztruppe unter dem Kommando des Oberstleutnants Paul von Lettow-Vorbeck bald zum Guerillakrieg überging, gelang es ihr, einer aus 160.000 englischen, indischen, »weißen« südafrikanischen und afrikanischen Soldaten und ca. 1 Mio. Trägern bestehenden, weit überlegenen britischen Streitmacht bis 1918 Widerstand zu leisten. Allerdings forderte der von Lettow-Vorbeck geführte Abnutzungskrieg hohe Opfer. Auf britischer Seite kamen etwa 10.000 Soldaten und fast 100.000 Träger ums Leben, auf deutscher Seite ca. 11.500. Die indigene Wirtschaft Deutsch-Ostafrikas und der umliegenden britischen Territorien wurde zudem durch die umfangreichen Zwangsrekrutierungen beider kriegführender Parteien stark in Mitleidenschaft gezogen. Hungersnöte und Seuchen waren die Folge. An den Kämpfen um Deutsch-Ostafrika waren auch belgische Truppen beteiligt, die 1916 Ruanda und Burundi besetzten. Da sich Lettow-Vorbeck gegen Ende des Krieges zeitweilig nach Mosambik zurückzog, kam es auch zu Gefechten mit portugiesischen Einheiten.

Den Auftrag der Entente zur Eroberung Deutsch-Südwestafrikas erhielt Südafrika. Die dortige Regierung unter Louis Botha und Jan Smuts ging bereitwillig darauf ein, entsprach eine Besetzung von Deutsch-Südwestafrika doch den eigenen Plänen, wonach es als Bestandteil eines das ganze südliche Afrika umfassenden »Greater South Africa« angesehen wurde. Innenpolitisch verursachte diese Entscheidung jedoch Probleme, da die burischen Soldaten der südafrikanischen Streitkräfte, insgesamt ca. 11.500 Mann, rebellierten. Sie lehnten es ab, für das britische Empire, ihrem Gegner während des Burenkrieges (1899-1902), zu kämpfen. Aber auch Sympathien für Deutschland, das immer noch als Vertreter burischer Interessen angesehen wurde, spielten eine Rolle. Ein Teil der Buren schloß sich deshalb offen den Deutschen an. Den insgesamt 50.000 südafrikanischen Soldaten hatte die um Freiwillige und Reservisten auf 5.000 Mann erweiterte Schutztruppe nur wenig entgegenzusetzen. Bereits am 13. Mai 1915 wurde Windhuk, die Hauptstadt des Schutzgebietes, kampflos besetzt, da sich die deutschen Truppen weiter nach Norden zurückgezogen hatten. Dort kapitulierte der deutsche Gouverneur Theodor Seitz am 9. Juli 1915. Während auf deutscher Seite 1.300 Tote zu beklagen waren, beliefen sich die südafrikanischen Verluste lediglich auf 250 Mann. Im Gegensatz zu den Feldzügen in Togo, Kamerun und Deutsch-Ostafrika wurden auf beiden Seiten keine afrikanischen »farbigen« Soldaten eingesetzt.

Die Pariser Friedenskonferenz brachte dann das offizielle Ende der deutschen Kolonialherrschaft. Allerdings konnte eine formale Annexion der eroberten Schutzgebiete durch die Sieger nicht durchgesetzt werden. Vor allem der amerikanische Präsident Wilson trat für eine Internationalisierung der Kolonien und deren Unterstellung unter den Völkerbund ein. Schließlich einigten sich die Siegerstaaten auf einen formalen Kompromiß. Die deutschen Territorien wurden – wie auch die osmanischen – zu Mandaten des Völkerbundes erklärt, ihre Verwaltung allerdings einzelnen Mitgliedsstaaten übertragen. Ausgehend von einem angenommenen unterschiedlichen zivilisatorischen Entwicklungsstand der jeweiligen kolonialen Bevölkerung, der die Dauer bis zum Erlangen der vollständigen Unabhängigkeit bestimmen sollte, teilte man die dem Völkerbund übertragenen Gebiete in drei Kategorien ein. Die A-Mandate bildeten die ehemaligen osmanischen Gebiete, zu B-Mandaten wurden Togo, Kamerun, Ostafrika und Samoa erklärt, während Südwestafrika und die deutschen Kolonien im Pazifik die C-Mandate bildeten. Da die Bevölkerung der letzteren als völlig unfähig zu einer eigenständigen Regierung betrachtet wurde, wurde deren Entlassung in die Unabhängigkeit auf unbestimmte Zeit verschoben. Das kam de facto einer Annexion gleich. Kiautschou blieb zunächst unter japanischer Verwaltung und wurde 1922 an China zurückgegeben. Mandatsmacht für die Marshall-Inseln, die Karolinen und die Marianen wurde Japan, für Westsamoa Neuseeland, für

Kolonialkrieg in Afrika (1914-1918)

Neuguinea, den Bismarck-Archipel und einige südlich des Äquators gelegene Inseln Australien, für Deutsch-Südwestafrika Südafrika, für Deutsch-Ostafrika Großbritannien, wobei Ruanda und Burundi Belgien übertragen wurden. Togo und Kamerun fielen nach einigen Gebietsabtretungen an die benachbarten britischen Besitzungen unter die Verwaltung Frankreichs. → *Deutsch-Ostafrika* → *Deutsch-Südwestafrika* → *Südafrika* → *Tsingtau*

Lit.: B. Digre, Imperialism's New Clothes – The Repartition of Tropical Africa, 1914-1919, New York u. a. 1990; D. Omissi, The Sepoy and the Raj, London 1994; W. Petter, Der Kampf um die deutschen Kolonien, in: Der Erste Weltkrieg. Wirkung, Wahrnehmung, Analyse, hg. v. W. Michalka, München 1994, S. 392-411.

JÜRGEN ZIMMERER

Koltschak, Alexander Wassiljewitsch, * St. Petersburg 16.11.1874, † Irkutsk 7.2.1920, russischer Admiral. – K. nahm 1900-03 und 1908 bis 1911 an Polarexpeditionen teil und machte sich als Hydrologe einen Namen. Im Russisch-Japanischen Krieg kommandierte er einen Minenleger und geriet in Gefangenschaft. Auch nach Kriegsbeginn 1914 leitete er zunächst Minenoperationen in der Ostsee. Als Vizeadmiral wurde K. dann im Juli 1916 zum Chef der Schwarzmeerflotte ernannt. Nach der Februarrevolution rief die Provisorische Regierung ihn nach Petrograd zurück und kommandierte ihn als Minenspezialist in die USA ab. Er befand sich wieder auf dem Rückweg nach Rußland, als er in Japan von der Oktoberrevolution und der Absicht der Sowjets erfuhr, Frieden mit Deutschland zu schließen. Daraufhin trat er im Frühjahr 1918 in britische Dienste ein und kehrte bald darauf nach Sibirien zurück. K. wurde Kriegs- und Marineminister im Kabinett des von Sozialrevolutionären und Konstitutionellen Demokraten dominierten Direktoriums in Omsk, an dessen Sturz am 18. Nov. 1918 er wesentlich beteiligt war. K. führte als »Oberster Regent des russischen Staates« eine von den alliierten Interventionsmächten begrenzt unterstützte antibolschwistische Militärdiktatur aus. Nachdem die Rote Armee allerdings im Nov. 1919 Omsk eroberte und weiter nach Osten vorstieß, lieferte die Tschechoslowakische Legion K. im Jan. 1920 dem »Politischen Zentrum« in Irkutsk aus, das ihn auf Geheiß der Moskauer Regierung ohne Gerichtsverhandlung erschießen ließ.

BETTINA BRAND

Komarów, Ort in Russisch-Polen. – Der Krieg an der österreichisch-russischen Front begann mit einer Offensive der Russen. Vier Armeen sollten konzentrisch auf Galizien vorstoßen. Ihnen standen zunächst drei, später vier k. u. k. Armeen gegenüber, die ihrerseits die Abwehr auf jeden Fall offensiv organisieren sollten.

Östlich von Krakau trafen im Spätsommer 1914 die 1. und 4. Armee (Dankl und Auffenberg) auf die russische 4. (Ewert) und 5. (Plehwe). Die Gegner waren etwa gleich stark, doch befanden sich die Russen im Angriff. Ihre 4. Armee sollte die Eisenbahnverbindungen östlich von Krakau – und damit den österreichischen Nachschub nach Ostgalizien – unterbinden. Dort standen 39 russische Divisionen neun österreichisch-ungarischen gegenüber, doch der Aufmarsch der russischen 3. und 8. Armee vollzog sich nur schleppend; erst am 21. Aug. 1914 war die Grenze überschritten.

Das erste Aufeinandertreffen ereignete sich daher westlich von K. Bei Krasnik erzielte Dankl einen Anfangserfolg gegen die russische 4. Armee, die hier rund 6.000 Mann an Gefangenen und 28 Geschütze verlor. Die Niederlage vor Augen forderte man Unterstützung vom östlichen Nachbarn, der 5. Armee (Plehwe), an. Diese stieß nun im Verlauf ihres Marsches nach Südwesten auf die etwa gleich starke k. u. k. 4. Armee und wurde in Kämpfe verwickelt. Auf der anderen, der östlichen Flanke tat sich eine Lücke auf, da sich die 3. Armee fernab befand und auch nicht sonderlich in Eile schien. In diese Lücke stieß nun der rechte Flügel der k. u. k. 4. Armee. Generalstabschef Conrad von Hötzendorf verschob nun auch die linke Flanke der 3. Armee nach Osten, um dort Auffenberg zu unterstützen. Am 29. und 30. Aug. stieß hier das XIV. Korps unter Erzherzog Joseph Ferdinand erfolgreich in die offene Flanke der Russen, bis Plehwe am 30. den Rückzug befahl. Doch operierten die beiden österreichischen Verbände an den Flanken zögerlich, weil sie zu Recht das Eingreifen von russischen Reserven befürchteten. Der Rückzug der russischen 5. Armee im Verlauf des 31. Aug. bedeutete für die Österreicher einen Sieg, den sie die Schlacht von K. tauften und der ihnen rund 20.000 Gefangene und fast 100 Geschütze einbrachte. Plehwes Armee hatte 40 % ihrer Stärke eingebüßt. Auffenberg war der Ansicht, daß man einen großen Sieg errungen habe, den man nun durch einen Vorstoß auf Russisch-Polen ausbeuten müsse.

Tatsächlich ließ sich dieser Sieg nur mit dem Verlust Ostgaliziens erkaufen. Denn hier standen der russischen 3. und 8. Armee nur neun k. u. k. Divisionen der 3. Armee (Brudermann) gegenüber. Die Ursache hierfür waren schwere Pannen bei der Mobilmachung gewesen, die dazu geführt hatten, daß die 2. Armee (Böhm-Ermolli) auf den Balkan geschickt worden war statt nach Ostgalizien. Trotzdem griff die dort verbliebene 3. Armee nach Plan an – nun aber in Unterzahl – und wurde geschlagen. Am 2. Sept. marschierten die Russen in Lemberg ein, der Hauptstadt Galiziens. Erst am 8. traf erschöpft die vom Balkan herangeführte 2. Armee ein, um die Lage zu stabilisieren.

In dieser kritischen Lage fällte Conrad eine sehr gewagte Entscheidung: Er drehte die siegreiche 4. Armee nach Südosten ab mit dem Ziel, diese bei Rawa Ruska, nordwestlich von Lemberg, in die Flanke der russischen 3. Armee zu führen. Er ging davon aus, daß die bei K. geschlagenen Gegner eine Schlacht nicht mehr aufnehmen würden. Diese Erwartung erwies sich als unzutreffend. Der österreichische Flankenstoß hatte keinen Erfolg, statt dessen setzte Plehwe die Verfolgung der geschlagenen 2. und 3. Armee fort und bedrohte nun seinerseits die österreichische Flanke im Norden. Am 11. Sept. 1914 mußte Conrad den Rückzug hinter den San und die Karpaten befehlen, was die Preisgabe von zwei Dritteln Galiziens bedeutete. → *Lemberg*

Lit.: N. Stone, The Eastern Front 1914-1917, London 1998.

NORMAN STONE (Ü: M. P.)

Kommunikationstechnik, dient dazu, Informationen über räumliche Distanz zu transportieren. – Wie in manchen anderen Bereichen sollte auch in der K. der Russisch-Japanische Krieg 1904/05 wegweisend für die Entwicklungen im Weltkrieg sein. Mit seiner Schlachtführung bei Mukden erlangte der japanische Marshall Oyama den Ruf, erstmals den Typus des Feldherrn mit moderner K. verkörpert zu haben: 20 km hinter der Frontlinie dirigierte er seine Einheiten mit Hilfe von Telefonleitungen, die über das ganze Gefechtsfeld bis in die vorderste Linie installiert worden waren.

Telefonverbindungen stellten im Weltkrieg in allen europäischen Armeen sowohl im operativen als auch im taktischen Bereich die wichtigste K. dar. Die operativen Nachrichtenverbindungen von der Heeresleitung bis hin zu den Divisionen wurden bei der deutschen Armee bereits 1912 von elektrischer Telegrafie gänzlich auf das Telefon umgestellt. Mit dieser Umorganisation wurde dem Großen Hauptquartier eine eigene Nachrichtenabteilung sowie jeder Armee ein Nachrichtenbataillon und jedem Armeekorps eine Nachrichtenkompanie zugeordnet. Auch im taktischen Bereich vollzog sich seit den 1880er Jahren von den Divisionen bis zum Bataillon eine allmähliche mediale Aufrüstung. Die Notwendigkeit, Kampftruppen immer weiter auseinander zu ziehen, oder die Trennung von Feuer- und Beobachterstellung bei der Artillerie hatten den Informationsbedarf erhöht und zur Ergänzung bzw. zum Ersatz von Meldereitern und Meldegängern durch Telefonleitungen geführt. Diese telefontechnische Aufrüstung war nicht unumstritten, da das Melde- und Befehlswesen der europäischen Armeen auf Schriftlichkeit und persönliche Berichterstattung fixiert war, in die man nicht zuletzt wegen der besseren Kontrollmöglichkeiten gegenüber (fern)mündlicher Kommunikation größeres Vertrauen setzte. Mit dem Telefon zog ein Element ins Heer ein, das Hierarchien und traditionelles Selbstverständnis militärischer Führerschaft untergraben konnte. Tatsächlich etablierte sich denn auch seit der faktischen Übernahme der Heeresleitung durch General Ludendorff ab Sommer 1916 über den Telefonverkehr eine informelle Herrschaft der Stabsstellen, die unter Umgehung der formalen Zuständigkeiten Entscheidungen am Telefon aushandelten und sich im Konflikt per telefonischer Unterstützung aus dem Hauptquartier gegen Kommandeure vor Ort durchsetzen konnten. Im Vorfeld und im Verlauf des Weltkriegs jedenfalls überzeugte letztlich die Funktionalität des Telefons, das u. a. weniger störungsanfällig war als die Telegrafie. Der erleichterte Bau und der Betrieb ohne ausgebildete Morsespezialisten sollten es überhaupt erst ermöglichen, daß die Truppen selbst Leitungen bis zur Frontlinie installierten und diese auch eigenständig betrieben.

Auf seiten der Alliierten verlief die Einführung des Telefons etwas zögerlicher. So war etwa bei der britischen Armee der Fernsprecher 1914 lediglich bei der Artillerie Standard; trotz telefonischer Aufrüstung verzichtete sie im taktischen Bereich nicht gänzlich auf tele-

Deutsches Feldtelefon. 1914

grafischen Verkehr, da sie mit dem »Fullerphone« über eine relativ abhörsichere Morseverbindung verfügte.

Die zweite bis 1914 bei allen europäischen Streitkräften eingeführte K. war der Funkverkehr. Dieser hatte v. a. für Deutschland angesichts der wenigen zur Verfügung stehenden Überseekabel, die überdies leicht gekappt werden konnten, eine strategische Bedeutung, um nicht in nachrichtentechnisch bedingte Isolation zu geraten. Über die kurz vor dem Weltkrieg errichteten Großfunkstationen – die Station Nauen, die der Generalstab der Armee in Zusammenarbeit mit Telefunken vorantrieb, und die Station Eilvese, welche die Marine in Kooperation mit der Firma Lorenz betrieb – konnten denn auch zumindest bis zum Kriegseintritt der USA die Verbindungen nach Amerika und nach Afrika aufrechterhalten werden. War es die US-Navy, die die ersten funktechnischen Entwicklungen massiv unterstützte, um ihre Schiffe auch auf hoher See zu erreichen, so sollte im Weltkrieg in allen Marinen operativer und taktischer Funkverkehr Standard werden, wobei die US-amerikanische und britische Seite bereits 1917 zur Funktelefonie überging. Schwieriger gestalteten sich die Dinge bei den Landstreitkräften: Die Leistungsfähigkeit der fahrbaren Funkstationen, von denen auf deutscher Seite zu Kriegsbeginn 36 zur Verfügung standen, war nicht allzu hoch. Ihre Geländegängigkeit war ebenso wie die Reichweite begrenzt (je nach Stationsgröße lag diese zwischen 50 und 300 km), ein Betrieb während der Fahrt war nicht möglich und die Übertragung der chiffrierten Telegramme gestaltete sich sehr zeitaufwendig (bis zu 24 Stunden).

Während für die Aufmarschphase auf eigenem Terrain die Kommunikationsnetze schon lange für den Fall eines Krieges vorbereitet waren, erwies es sich im Krieg als schwierig, den Nachrichtenfluß während des Bewegungskrieges auf gegnerischem Gelände in Gang zu halten. Exemplarisch anführen läßt sich die Lage beim deutschen Vormarsch an die Marne, als sich die Heeresleitung in Luxemburg mangels telefonischer oder funktechnischer Verbindungen gezwungen sah, einen Generalstabsoffizier (Richard Hentsch) mit einem PKW zum rechten Flügel zu senden.

Ging es zu Beginn des Weltkriegs noch im wesentlichen um die Schwierigkeiten operativer Verbindungen, so ergaben sich während des Stellungskriegs enorme kommunikationstechnische Probleme auf der Ebene taktischer Führung, d. h. der Vernetzung der Gefechtsfelder. Einem erhöhten Bedarf an Information stand zunehmend die Schwierigkeit gegenüber, stabile Verbindungen aufrechtzuerhalten. Die Ausdifferenzierung der Aufklärung, neue Kampfverfahren und logistische Erfordernisse ließen den Nachrichtenverkehr und die Kommunikationsnetze auf allen militärischen Ebenen stark expandieren. Auf Armee-, Korps- und Divisionsebene wurden die Kommunikationsnetze in verschiedene Bereiche geteilt. In der Regel unterschied man zwischen einem operativen Fernsprechnetz, einem Infanterie-, einem Artillerie- und einem Minenwerferfernsprechnetz sowie Fernsprechnetzen für die Flugabwehr, die Artilleriemeßtrupps und zum Teil auch für die Fesselballone. Die Netze waren überlagernd angelegt, d. h. daß telefonische Verbindungen auf verschiedenen Wegen dieselben Stabsstellen verbanden, um bei Unterbrechungen über Ersatzleitungen zu verfügen. Vom Regiment abwärts setzten die taktischen Netze an, die aus Sicherheitsgründen nicht mit den operativen Netzen verbunden wurden. War das Telefon ein Medium, das seinen Aufstieg den zunehmenden Vernetzungen städtischer Verkehrsverhältnisse verdankte, so nahm es mit den militärischen Verflechtungen im Stellungskrieg eine ähnliche Entwicklung: So gingen etwa bei einem Armeekorps im Tagesdurchschnitt ca. 5.000 Anrufe ein, bei Armeeoberkommandos an Großkampftagen mehr als doppelt so viele, und 1917 schätzte man die Ausdehnung des deutschen Feldfernsprechnetzes auf 920.000 km.

Dennoch stellte sich im Grabenkrieg schnell heraus, daß nicht ausschließlich auf Telefonverbindungen gesetzt werden konnte. Alle Versuche, die Telefonleitungen durch Eingraben und Einbetonieren vor Zerstörung zu schützen, waren vergebens – gerade bei schweren Kämpfen, wenn die Verbindungen am dringendsten gebraucht wurden, rissen die Drähte. Die Bemühungen, Ersatz zu finden, liefen in zwei Richtungen: Zum einen griff man wieder auf traditionelle bzw. bereits vor dem Krieg entwickelte K. zurück, zum anderen wurden technische Neuentwicklungen forciert. Da keine dieser K. sichere Verbindungen garantieren konnte, wurden sie überlagernd verwendet. Neben Meldegängern wurden in vorderster Linie Meldehunde und Brieftauben eingesetzt. Letztere waren resistent gegen Gas, mußten sich drei bis fünf Tage auf ihren Schlag einfliegen, konnten aber auch im Falle von Stellungswechseln (in Käfigen mit Fallschirmen) bei vorderen Stäben abgeworfen werden, um deren Nachrichten nach hinten zu befördern.

Besonders problematisch gestaltete sich bei Offensiven die Verbindung zwischen vorderster Infanterielinie und Artillerie. Alle Seiten verwendeten Leuchtsignale – unterschiedliche Farben, Schußfolgen oder auch Explosionsformen –, die aber bei massivem Artilleriefeuer kaum zu erkennen waren. Außerdem blieb häufig unklar, wem die Signale galten, und überdies spielten sie auch dem Gegner Informationen zu. Optotelegraphische Techniken, wie Blinkzeichen mit Taschenlampen oder Scheinwerfern, kamen zunächst ad hoc zum Einsatz, bis schließlich standardisierte Blinklampen entwickelt wurden. Die strombetriebenen Geräte mit ausgetüftelten Spiegelkonstruktionen, die teils im Infrarotbereich arbeiteten, stellten ein stark modernisiertes System der alten optischen Telegraphie dar, hatten aber wie diese den Nachteil, daß die Stellen auf Sichtverbindung angewiesen waren. Auf deutscher Seite wurden allein 1917 1.000 große, 22.000 mittlere und 52.000 kleine Blinkgeräte ausgeliefert und mehr als 700 Blinktrupps aufgestellt. Weniger aufwendig, aber auch unsicherer, war das aus dem Bergbau stammende Verfahren der Erdtelegraphie, das die Leitfähigkeit der Erde nutzte und auf Entfernungen von 2-5 km Anwendung fand.

Zukunftsweisende Bedeutung kam der Entwicklung im funktechnischen Bereich zu. Funkgeräte, mit relativ geringem Gewicht (zwei Kisten à 25 kg) und Akku-Batterien, wurden für den Einsatz in vorderster Linie, in der Regel zur Verbindung vom Bataillon zum Regiment, konstruiert. Weitere, größere Stationen stellten von dort die Verbindungen zu Divisions- und Korpsstellen her. Im Stellungskrieg ließen sich auch mit relativ geringen Energiemengen und Stationsgrößen durch exakte Senderabstimmungen mehrere Stationen nebeneinander betreiben, was im Bewegungskrieg nicht möglich war. Seit 1917 wurden funktechnische Versuche durchgeführt, in deren Rahmen es zwar zu ersten Radioübertragungen von Unterhaltungssendungen kam, aber schnelle Verbindungen in der Bewegung herzustellen, blieb ein nahezu unlösbares Problem. Selbst bei kommunikationstechnisch hervorragend vorbereiteten Offensiven an der Westfront, ob seitens der Entente oder der Mittelmächte, sollte es nur selten in ausreichendem Maße gelingen, die

Kommunikation mit den vorderen Truppen während der Vorwärtsbewegung aufrecht zu erhalten. Auf beiden Seiten kam auch 1918 – nicht anders als zu Beginn des Krieges – eine Verbindung zu vordersten Stellungen nicht selten einzig durch Meldegänger, Meldereiter oder Kradfahrer, oder auch durch Luftbeobachtung zustande.

Im Bereich der Aufklärung hingegen waren Funkverbindungen zwischen Flugzeugen und Bodenstellen inzwischen zur Regel geworden. Wurden Anfang 1915 die ersten Flugzeuge mit Funk ausgestattet, um im Einwegeverkehr ihre Meldungen an die Bodenstationen abzugeben, so war 1918 wechselseitiger Morseverkehr vom Flugzeug unmittelbar zu einzelnen Leitstellen möglich. Auf britischer und amerikanischer Seite ermöglichte die forcierte Entwicklung von Elektronenröhren bereits Sprechfunk zwischen Flugzeug und Bodenstationen. Trotz allem wurden Leuchtsignale oder Abwurfpatronen beibehalten, da die Funkverbindungen häufig abrissen. Bei der Aufklärung entwickelte sich mit der Zunahme technischer Nachrichtenverbindungen ein neuer Bereich: die systematische Überwachung und Auswertung des gegnerischen Nachrichtenverkehrs, der nun unmittelbar »angezapft« werden konnte.

Die zunehmende Bedeutung kommunikationstechnischer Vernetzung führte insbesondere bei Telefon und Funk zu einer Standardisierung von Geräten sowie einer Zentralisierung des Nachschubs innerhalb des Heeres. Darüber hinaus wurden nachrichtentechnische Entwicklungen von neu geschaffenen militärischen Organisationen gezielt vorangetrieben und im Rahmen einer nationalstaatlichen Gesamtökonomie mit staatlichen und industriellen Stellen koordiniert. Abstimmungen mit zivilen Stellen erforderte auch der Personalbedarf im Bereich des Nachrichtenwesens. Die Nachrichtenformationen aller Armeen wuchsen seit Kriegsbeginn von etwa 800 Offizieren und 25.000 Mann auf ca. 4.400 Offiziere und 185.000 Mann an, zu denen nochmals etwa 180.000 Mann an Nachrichtenpersonal bei den Kampftruppen hinzuzurechnen sind.

Lit.: S. Kaufmann, Kommunikationstechnik und Kriegführung 1815-1945. Stufen telemedialer Rüstung, München 1996.

Stefan Kaufmann

Konferenz von Chantilly, zweite Konferenz der Alliierten 1915 im französischen Hauptquartier, nördlich von Paris. – Seit Beginn des Krieges hatten die Alliierten gekämpft, ohne wirklich den Versuch zu unternehmen, ihre Operationen zu koordinieren. Diese Haltung kam den Interessen der Mittelmächte entgegen, die dank ihrer geographischen Lage je nach Bedarf die Truppen dort verstärken konnten, wo sich dies als notwendig erwies. Insgesamt sah die Lage für die Mittelmächte in den ersten beiden Kriegsjahren recht günstig aus, auch wenn sie keinen entscheidenden Sieg für sich verbuchen konnten.

Die Alliierten waren also bemüht, diese Situation zu ihren Gunsten zu verbessern. Vom 6. bis 8. Dez. 1915 versammelte General Joffre, der seit Anfang Dez. nicht mehr allein das Kommando über die französischen Truppen im Nordosten hatte, sondern zugleich Oberbefehlshaber aller französischen Truppen war, die Vertreter der anderen alliierten Armeen in Chantilly, seit dem 1. Okt. 1914 Sitz des Großen Hauptquartiers, um gemeinsam über die militärischen Operationen im Jahr 1916 zu beraten.

Es wurde beschlossen, daß die Entscheidung auf einem der Hauptkriegsschauplätze gesucht werden müsse, d. h. an der russischen, britisch-französischen und an der italienischen Front; daß die Angriffe zeitlich aufeinander abgestimmt werden und diese so bald wie möglich stattfinden sollten. Aber man beschloß auch, die unterschiedlichen klimatischen Bedingungen zu berücksichtigen, ebenso wie den jeweiligen Stand der Vorbereitung der Armeen. Dies bedeutete, daß angesichts des Reorganisationsbedarfs der russischen Armee nach ihren schweren Niederlagen im Jahr 1915 diese Pläne erst in mehreren Monaten verwirklicht werden würden.

Das vereinbarte Vorgehen blieb allerdings wenig verbindlich, da die meisten Delegierten auf der Konferenz keine große Autorität besaßen. Der Oberbefehlshaber des britischen Expeditionskorps, General French, nahm zwar noch an der Konferenz teil, stand aber kurz vor seiner Ablösung. Knapp zwei Wochen später übergab er den Oberbefehl an General Douglas Haig. Die russische Armee wurde von General Shilinski repräsentiert, dem Chef der russischen Militärmission in Frankreich, der nach Haigs Ansicht vollkommen unfähig war. Italien war durch General Porro vertreten, den stellvertretenden Chef des Generalstabs des italienischen Heeres, der wenig Entscheidungskompetenz hatte. Weitere Teilnehmer waren General Wilmans, der Oberkommandierende der belgischen Armee, sowie der serbische Militärattaché, Oberst Stéphanovic, dessen Einfluß zwangsläufig äußerst beschränkt war.

Die Überlegungen auf der Konferenz führten gleichwohl zu praktischen Maßnahmen, welche jedoch nach den deutsch-österreichischen Offensiven modifiziert werden mußten. Der deutsche Angriff auf Verdun am 21. Febr. 1916 brachte Briten und Franzosen zwar nicht von der Vorbereitung ihrer Offensive an der Somme ab (Haig hätte eine Schlacht in Flandern vorgezogen), aber der Anteil der hierfür vorgesehenen französischen Streitkräfte mußte verringert werden. Die Italiener waren ihrerseits im Mai durch eine österreichische Offensive in Tirol überrascht worden; die russische Offensive des General Brussilow, die am 4. Juni 1916 begann, war vorgezogen worden, um sie zu entlasten.

JEAN-JACQUES BECKER (Ü: S. P.)

Konstantin I., * Athen 2.8.1868, † Palermo 11.2.1923, König von Griechenland. – Als erstgeborener Sohn Georgs I. und der russischen Großfürstin Olga heiratete K. 1889 Prinzessin Sophia von Preußen und wurde so ein Schwager Kaiser Wilhelms II., den er persönlich ebenso wie dessen autoritäres Regierungssystem bewunderte. Als Oberbefehlshaber der griechischen Armee hatte er dann im Griechisch-Türkischen Krieg 1896/97 eine schwere Niederlage mitzuverantworten. Nach einem gegen das Herrscherhaus gerichteten Militäraufstand (1909) floh K., dem man Vetternwirtschaft nachsagte, nach Deutschland. Doch dank der versöhnlichen Politik des liberalen Premiers, Eleftherios Venizelos, konnte er 1910 zurückkehren und wurde sogar zum Generalinspekteur des Heeres ernannt. Als Oberbefehlshaber in den siegreichen Balkankriegen (1912/13) gewann K. erneut große Popularität und folgte am 5. März 1913 seinem ermordeten Vater auf den Thron.

Bei Ausbruch des Weltkriegs entschied sich K. im Einvernehmen mit dem deutschen Kaiser für eine Neutralitätspolitik, während Venizelos für den Anschluß an die Entente eintrat. Das verfassungswidrige Bestehen K.s auf seiner Politik und die darauf folgende Konfrontation mit Venizelos, zwangen den Premier 1915 zum Rücktritt und lösten eine verhängnisvolle politische Krise aus.

Die griechische Neutralitätspolitik erlaubte es 1916 den Mittelmächten und Bulgarien, nordgriechisches Territorium zu besetzen. Ministerpräsident Venizelos, im Zusammenspiel mit den Ententemächten, erzwang daraufhin die Abdankung des Königs (11. Juni 1917) zugunsten von K.s zweitem Sohn Alexander. Nach dem Krieg gewannen die Royalisten 1920 mit Friedensparolen die Wahlen, und K. wurde durch eine eindrucksvolle Volksabstimmung aus dem Exil zurückgerufen. Statt den Kleinasienfeldzug zu beenden, setzten der König und die neue Regierung den ohne genügende Vorbereitung begonnenen Vormarsch auf Ankara fort, was zu der verhängnisvollen Niederlage von 1922 und schließlich zur blutigen Vertreibung von 1,5 Mio. Griechen aus Kleinasien führte. Eine erneute Militärrevolte erzwang die Abdankung K.s, der 1923 im Exil auf Sizilien starb.

KONSTANTIN LOULOS

Krafft von Dellmensingen, Konrad, * Laufen (Oberbayern) 24.11.1862, † Seeshaupt 22.2.1953, bayerischer General. – 1881 trat K. in die bayerische Armee als Portepeefähnrich (Feldartillerie) ein, 1891-94 besuchte er die Kriegsakademie. 1908-11 war er als Oberstleutnant Abteilungschef im Münchner Kriegsministerium. Seit 1912 Generalmajor und Chef des Generalstabes, wurde K. bei Kriegsbeginn Stabschef der 6. Armee (Kronprinz Rupprecht von Bayern). Von Mai 1915 bis März 1917 war er als Führer des Alpenkorps in Tirol und Serbien, vor Verdun und in Rumänien. Danach wurde K. Stabschef der Heeresgruppe Herzog Albrecht von Württemberg an der Westfront. Im Herbst 1917 versetzte man ihn zur 14. Armee, wo K. als Stabschef maßgeblich an der Planung und Durchführung des Durchbruchs am Isonzo (Caporetto) beteiligt war. Bald darauf, im März 1918, fungierte er als Stabschef der bei der Michael-Offensive eingesetzten 17. Armee; von April 1918 bis Kriegsende war er Kommandierender General des II. bayerischen Armeekorps. Am 4. Dez. 1918 wurde er schließlich verabschiedet. K. war ein enger Vertrauter des Kronprinzen Rupprecht und engagierte sich während der 1920er Jahre als Funktionär im Bayerischen Heimat- und Königsbund. Mit Wilhelm Groener führte er eine scharfe militärpublizistische Auseinandersetzung über die Leistungen der 6. Armee in Lothringen 1914.

Lit.: T. Müller, Konrad Krafft von Dellmensingen (1862-1953). Portrait eines bayerischen Offiziers, München 2002.

MARKUS PÖHLMANN

Kraftfahrzeug. Die K.-Technik war vor dem Ausbruch des Krieges in stürmischer Entwicklung begriffen. Die Armeen, unzufrieden mit ihren schwerfälligen pferdebespannten Nachschubkolonnen, interessierten sich vor allem für Lastkraftwagen. Der rasche technische Fortschritt ließ solche Fahrzeuge allerdings schnell veralten, was gegen ihre Beschaffung für das Heer sprach. Statt dessen unterstützten die meisten Staaten die Privatwirtschaft beim Kauf von LKWs gegen die Verpflichtung, diese im Mobilmachungsfall den Streitkräften zur Verfügung zu stellen (Subventionsverfahren).

Während des Krieges spielten motorisierte Nachschubkolonnen an allen Fronten eine unentbehrliche Rolle im Versorgungsdienst, und dies nicht nur auf dem gut ausgebauten Straßennetz Westeuropas, sondern auch in den unwegsamen Gebieten Osteuropas und des Nahen Ostens. Die weitaus meisten K. kamen allerdings an der Westfront zum Einsatz. Mit 12.000 LKWs betrieb Frankreich 1916 die Versorgung der Festung Verdun und die Ablösung der dort eingesetzten Truppen. LKWs dienten aber nicht nur der Bewältigung laufender Transportaufgaben, sondern ermöglichten auch die schnelle Reaktion auf Gefechtskrisen. Nach dem überraschenden englischen Tankangriff bei Cambrai im Nov. 1917 führte die deutsche Armee mittels K.-Transport Truppen an die Einbruchsstelle. K. trugen also entscheidend dazu bei, den äußerlich starren Kampffronten jene innere Elastizität zu verleihen, die zu ihrer Behauptung nötig war. Ihre Verwendung erreichte bereits im Sept. 1914 eine operative Dimension, als Frankreich mehrere Divisionen durch K. an bedrohte Frontabschnitte führte. Seinen Höhepunkt erreichte der K.-Einsatz bei der Abwehr der deutschen Frühjahrsoffensiven im Jahr 1918, deren Dynamik durch die ungenügende Leistungsfähigkeit des Nachschubwesens entscheidend begrenzt wurde. Der französischen Armee gelang es dagegen, vom 27. Mai bis zum 2. Juni die Infanterie von 33 Divisionen und die Artillerie von drei Divisionen an den überraschend in großem Stil angegriffenen Chemin des Dames zu schaffen. Nach dem Zerreißen der Stellungsfront liefen diese Transporte teilweise unmittelbar auf das Gefechtsfeld. Der Übergang zum Bewegungskrieg vollzog sich also bereits ansatzweise in den Formen motorisierter Kriegführung.

Die materielle Unterlegenheit, welche die Kriegführung Deutschlands allgemein charakterisierte, zeigte sich im K.-Wesen besonders deutlich. Im Nov. 1918 verfügte die deutsche Armee über 25.000 LKW (immerhin 15.000 mehr, als das Land bei Kriegsbeginn überhaupt besessen hatte) und 20.000 sonstige K., während die Ententeheere zu diesem Zeitpunkt 180.000 K. aller Art (ohne Tanks) einsetzen konnten, deren Wirkungsgrad noch dazu weit höher war, weil dort kein Mangel an Kraftstoff und Kautschuk herrschte. Dieser zwang die deutsche Seite, den größten Teil der LKWs auf eisenbereiften Rädern fahren zu lassen, was ihre Fahrgeschwindigkeit und Geländetauglichkeit drastisch einschränkte und die Fahrwege zerstörte. Die gesamte schwere Artillerie Großbritanniens und der USA sowie 900 französische Geschütze dieser Art wurden 1918 motorisiert, wodurch sich die Bildung von Feuerschwerpunkten erheblich beschleunigte. Die deutsche Armee konnte bei Kriegsende nur 441 schwere Geschütze in dieser Weise bewegen, was ihre Fähigkeit, Krisen zu begegnen, ernsthaft begrenzte.

DIETER STORZ

Kriegerwitwen. K. waren mehrheitlich jüngere Frauen mit Kindern. Nach Schätzungen, die auf der Basis des Rentenaufkommens der Nachkriegszeit beruhten, gab es in Deutschland 1924, nachdem rund 200.000 K. wegen Wiederverheiratung aus der staatlichen Versorgung ausgeschieden waren, noch rund 372.000 Frauen, die eine Witwenrente erhielten; in Frankreich waren es über 700.000, in Großbritannien 1925 rund 248.000 Frauen. Während des Krieges existierten in allen Ländern nur unzureichende Notprogramme für K.: die Höhe ihrer Renten wurde nach den älteren Militärversorgungsgesetzen am militärischen Dienstgrad und nicht an der früheren Einkommenssituation des Ehemannes bemessen, so daß K. teilweise erhebliche Einkommensverluste hinnehmen mußten. Beratungsangebote und Fürsorgemaßnahmen wurden während des Krieges überwiegend von privater Seite, von Vereinen und Verbänden betrieben und konnten nur unter Zuhilfenahme erheblicher privater Spendenmittel aufrechterhalten werden. Trotz der von Land zu Land stark variierenden gesetzlichen Neuregelung der Kriegsopferversorgung in den Jahren 1919/20 blieb die ökonomische Lage der Mehrheit der K. schlecht; viele Frauen waren erheblichem Verelendungsrisiko ausgesetzt und sehr häufig ungeachtet ihrer sonstigen Lebensumstände (Kinder, pflegebedürftige Angehörige) gezwungen, ihr Einkommen durch Erwerbstätigkeit aufzubessern. Generell wurden die Renten von K. niedriger bemessen als die von kriegsbeschädigten Männern. Je nachdem, ob sie erwerbsunfähig waren oder nicht, erhielten etwa K. ohne Kinder zwischen 40 % (Frankreich) und 69 % (Großbritannien) der vollen Grundrente eines kriegsbeschädigten Mannes, pro Kind wurden diese Sätze im Schnitt um 10 % erhöht. Durch die enge Verzahnung von staatlicher Versorgung und lokal organisierter Fürsorge waren K. in Deutschland – noch stärker aber in Großbritannien – erheblicher sozialer Kontrolle ausgesetzt, die im britischen Fall bis hin zur Verweigerung von Leistungen führen konnte. Der während des Kriegs versprochene »Dank des Vaterlandes« blieb letztlich rhetorischer und symbolischer Natur, in der öffentlichen Wahrnehmung spielten K. eine deutlich geringere Rolle als andere Kriegsopfergruppen. Es gelang ihnen nicht, abgesehen von einer ersten Phase der eigenständigen Organisierung in den ersten Nachkriegsjahren, ihre Interessen politisch zu artikulieren; auch in den Kriegsopferverbänden spielten sie meist nur eine untergeordnete Rolle.

Lit.: U. Daniel, Arbeiterfrauen in der Kriegsgesellschaft. Beruf, Familie und Politik im Ersten Weltkrieg, Göttingen 1989; S. Rouette, Frauenarbeit, Geschlechterverhältnisse und staatliche Politik, in: Eine Welt von Feinden. Der Große Krieg 1914-1918, hg. v. W. Kruse, Frankfurt a. M. 1997.

SUSANNE ROUETTE

Kriegsamt. Das K. wurde durch Kabinettsorder vom 1. Nov. 1916 zum Ziel der Zentralisierung der kriegswirtschaftlichen Maßnahmen im Rahmen des von der 3. OHL initiierten Hindenburg-Programmes und als Durchführungsbehörde für das Gesetz über den Vaterländischen Hilfsdienst (Hilfsdienstgesetz) gegründet. Formal dem preußischen Kriegsministerium nachgeordnet, war es eine eigentümliche Mischform aus militärischem Kriegswirtschaftsstab und ziviler Verwaltungsbehörde. Zum ersten Leiter wurde Generalleutnant Wilhelm Groener ernannt. Das K. nahm bestehende Abteilungen des Ministeriums in sich auf und gliederte sich fortan in das Kriegsersatz- und Arbeitsdepartement, das aus der Feldzeugmeisterei hervorgegangene Waffen- und Munitionsbeschaffungsamt (WUMBA), die Kriegsrohstoffabteilung (KRA), das Bekleidungsbeschaffungsamt, die Abteilung für Aus- und Einfuhr sowie die Abteilung für Volksernährung. Die Tätigkeit des Amtes wurde von Beginn an durch die komplizierte kriegswirtschaftliche Behördenorganisation und die Verschärfung der wirtschaftlichen und militärischen Versorgungslage (Kohlen- und Transportkrisen) im »Steckrübenwinter« 1916/17 beeinträchtigt. Konflikte ergaben sich bald mit dem Reichsamt des Innern, den Kriegsministerien der Bundesstaaten und den Militärbefehlshabern, die ihre Kompetenzen im Hinblick auf Ersatz, Verwendung der immobilen Formationen, kriegswirtschaftliche Angelegenheiten und Arbeiterfragen durch das K. beschnitten sahen. Zur regionalen Umsetzung wurden bei den Stellvertretenden Generalkommandos insgesamt 27 Kriegsamtsstellen eingerichtet. Groeners Versuche, die Gewerkschaften in sozial- und arbeitsmarktpolitische Entscheidungsprozesse einzubinden, stießen in konservativen Kreisen von Wirtschaft und Politik auf Widerstand. Als auch die Kriegsmaterialproduktion und die Ersatzlage weiter hinter den Erwartungen der Heeresleitung zurückblieben, verschlechterte sich Groeners Verhältnis zu General Ludendorff im Sommer 1917 zusehends. Überlegungen aus den Reihen des K., die Kriegsgewinne der Schwerindustrie über das Hilfsdienstgesetz abzuschöpfen, führten schließlich zur Entlassung Groeners am 15. Aug. 1917. Die Kompetenzen des Amtes wurden daraufhin stark eingeschränkt. Nachfolger Groeners wurde Generalmajor Heinrich Scheüch, der wiederum am 9. Okt. 1918 das preußische Kriegsministerium übernahm. Unter seinem Nachfolger Generalmajor Ulrich Hoffmann war das K. bis zur Auflösung am 1. Okt. 1919 mit Demobilmachungsaufgaben betraut. → *Hilfsdienstgesetz* → *Hindenburg-Programm* → *Rohstoffbewirtschaftung*

Lit.: G. D. Feldman, Armee, Industrie und Arbeiterschaft in Deutschland 1914 bis 1918, Berlin/Bonn 1985; R. Roth, Staat und Wirtschaft im Ersten Weltkrieg. Kriegsgesellschaften als kriegswirtschaftliche Steuerungselemente, Berlin 1997.

MARKUS PÖHLMANN

Kriegsanleihen, Form der Staatsanleihe zur Deckung von Kriegskosten. – Im Weltkrieg wurden von den kriegführenden Staaten K. aufgelegt, wodurch bedeutende Teile des gesellschaftlichen Reichtums mobilisiert werden konnten. Sowohl die Ausstattung mit oftmals günstigeren Konditionen als im Frieden

Werbung für eine russische Kriegsanleihe. Postkarte. 1916

wie auch eine massive Propaganda sorgten dafür, daß zumindest die ersten K. bedeutende Erträge brachten. Dabei war eine breite Streuung der Anteilseigner aus nahezu allen Schichten der Bevölkerung typisch. Der Ertrag der K. hing sehr von der militärischen und politischen Gesamtlage ab, denn Motive für den Erwerb von K. waren Patriotismus ebenso wie die hohe Verzinsung oder die Spekulation auf ein gutes Geschäft im Falle eines Sieges.

In Deutschland erbrachten neun K. die riesige Summe von 97 Mrd. M; dabei gelang es mit den seit Sept. 1914 im halbjährlichen Rhythmus aufgelegten K. nur bis Mitte des Krieges, die schwebende Schuld jeweils abzubauen, wobei ein gewisser, wegen zunehmender Geldflüssigkeit jedoch sinkender Teil der Anleiheerlöse lediglich aus der Lombardierung früherer Reichsanleihen resultierte. Wesentlichen Anteil am Erfolg hatten Werbekampagnen, die in Umfang und Intensität alle Vorgänger weit übertrafen. Während sich die Reichsbank bei der 1. Anleihe auf Inserate in 2.800 Zeitungen sowie einen Muster-Aufruf beschränkte und weitere Veröffentlichungen privater Initiative entsprangen, wurden bei der 4. Anleihe März 1916 rund 5.000 Zeitungen und Zeitschriften erfaßt. Ab Nov. 1916 arbeitete ein eigenes Nachrichtenbüro für K.; sogar das neue Massenmedium Film wurde eingesetzt.

Den 35 Mrd. Kronen (Kr) der K. in Österreich-Ungarn standen Kriegsausgaben von 80 bis 90 Mrd. Kr gegenüber, wobei der Realertrag der späteren Anleihen aufgrund der beginnenden Inflation relativ gering war. Im Vertrauen auf die Wirtschafts- und Finanzkraft Großbritanniens wurde bei der 1. War Loan Nov. 1914 bei relativ schlechten Bedingungen noch eine Mindestbeteiligung von 100 £ verlangt, was dann auch nur ein knappes Ergebnis von 331 Mio. £ zur Folge hatte. Aug. 1915 brachte die 2. Anleihe, die schon ab 5 £ zu haben war, immerhin 590 Mio. £. Davon waren aber 348 Mio. £ Konvertierungen aus früheren, meist schlechter verzinsten Staatspapieren. Die 3., die erst eineinhalb Jahre später aufgelegte sog. Victoria Loan, brachte mit 2.121 Mio. £ das auch international größte Anleiheergebnis, wobei wiederum sich rund 50 % auf frühere Schulden gründeten.

Frankreich schrieb erst nach 16 Kriegsmonaten die erste von vier Emprunts de la Défense Nationale aus, deren Gesamtertrag 53 Mrd. Francs betrug. Auch hier basierte ungefähr die Hälfte der Zeichnungen auf Altschulden. Die USA brachten von Mai 1917 bis Mai 1919 insgesamt 5 K. über insgesamt 20, 5 Mrd. $ heraus, deren erste, die Liberty Loan über 2 Mrd. $ mit mehr als 3 Mrd. $ überzeichnet wurde. Die 5. US-amerikanische Anleihe, die Victory Loan, war wie ihre drei Vorgänger nicht limitiert und erbrachte 4,5 Mrd. $. → *Kriegskredite*

REINHOLD ZILCH

Kriegsausstellungen. In einer Reihe kriegführender Länder wurden bereits während des Krieges öffentliche Zurschaustellungen von Kriegsobjekten organisiert, die das Ziel hatten, die zivile Bevölkerung über militärische Aspekte des Krieges zu informieren und sie zugleich propagandistisch einzustimmen.

Die ersten K. zeigten bereits während des Krieges als Zeichen der Überlegenheit der eigenen Armeen die eroberten Geschütze der Feinde. In Berlin standen Beutegeschütze entlang der Siegesallee und im Innenhof des Zeughauses, dessen Bestimmung seit 1731 die Sammlung von Kriegswerkzeugen, Beute und Trophäen war. In Düsseldorf flankierten Beutewaffen das Moltke-, Bismarck-, und

Kaiser-Wilhelm-Denkmal. Obwohl die Ausstellung von Beutegeschützen im Verlauf des gesamten Krieges eine akzeptierte Form der Kriegs- vor allem aber der Siegesdarstellung blieb, wurde bald deutlich, daß die Kriegführung sich derart grundlegend gewandelt hatte, daß es neuer und erweiterter Darstellungsformen bedurfte, um auch Zivilisten den fernen Krieg nahezubringen. Eine Reihe von K. wurde im Verlauf des Krieges organisiert: Musterschützengräben, in zahlreichen deutschen Städten ausgehoben, sollten ein realitätsnahes Bild der neuen Kriegführung vermitteln und die Besucher mit der komplexen Anlage der Schützengräben, mit Stacheldrahthindernissen, Unterständen und Spanischen Reitern vertraut machen; Gemälde-Ausstellungen zeigten vor allem zerstörte belgische und französische Ortschaften, Kriegsgefangene und Verwundete sowie die Schlachtfelder des Krieges; spezielle Ausstellungen widmeten sich Denk- und Grabmal-Entwürfen. Weitere Sonderausstellungen befaßten sich mit dem Thema der Kriegsversehrung. Dort wurden von den Firmen neu- bzw. weiterentwickelte Produkte vorgeführt: Arm- und Beinprothesen, Handprothesen, mit denen die unterschiedlichsten Arbeiten verrichtet werden konnten oder Hilfsmittel, wie z. B. Schreibgeräte, Bestecke, Hosenverschlüsse, die den Alltag der Versehrten erleichtern sollten.

Am populärsten waren jedoch die großen K., die, häufig vom Roten Kreuz organisiert, in allen größeren deutschen Städten gezeigt wurden. Ein breites Themenspektrum verdeutlichte den Besuchern – zumeist Zivilisten, darunter häufig Schulklassen, sowie Soldaten auf Urlaub –, in welchem Umfang der Krieg bereits das Leben verändert hatte: Waffen, Uniformen, Plakate, Lebensmittelmarken, Beispiele der gegnerischen und eigenen Propaganda, Feldpostkarten waren nur einige der ausgestellten Objekte. Die Besucher konnten Granatsplitter mit Echtheitszertifikat erwerben, Filme ansehen und bombensichere Räume besichtigen. Die K. waren zunächst sehr erfolgreich. Ein wesentliches Ziel der K. war es, den Regimentern Mittel für die Unterstützung der Hinterbliebenen und dem deutschen Roten Kreuz Geld für die Durchführung seiner vielfältigen Aufgaben zuzuführen. Dabei wurden Kriegsfolgekosten in der Regel nicht aus staatlichen Mitteln gedeckt, sondern blieben der Wohlfahrt überlassen.

Präsentation eines 42-cm-Geschosses in einer Ausstellung über Lazarettwesen und Feldbedarf im Berliner Reichstagsgebäude. 1914

Eine weitere wichtige Funktion der K. war jedoch zweifellos die »geistige Mobilmachung« der Besucher: Diese sollten überzeugt werden, daß Deutschland einen gerechten Krieg führe, weil es von aggressiven Gegnern bedroht und eingekreist worden sei. Nach 1917, als der Krieg bereits tief in den Alltag der Deutschen eingedrungen war und auch der Wunsch nach einem Verständigungsfrieden zunehmend stärker wurde, ließ die Popularität der K. merklich nach. Lediglich sog. Luftkriegsbeute-Ausstellungen, die die (noch bestehende) deutsche Überlegenheit auf diesem Gebiet ebenso wie die potentielle Bedrohung der Deutschen durch feindliche Bombenangriffe dokumentieren sollten, waren auch jetzt noch erfolgreich.

K. wurden auch in anderen Ländern organisiert. Sie ähnelten in Bezug auf die Themenvielfalt und gezeigten Objekte im wesentlichen den deutschen Ausstellungen. In den Ländern, die gegen Deutschland kämpften, konzentrierten sich die K. vor allem darauf, die tatsächlich oder angeblich von den deutschen Truppen verursachten Verwüstungen und die gegenüber der Zivilbevölkerung in den besetzten Gebieten verübten Übergriffe darzustellen. Die Ausstellungsstücke wurden später meist in die Bestände der Kriegsmuseen überführt. → *Kriegssammlungen*

Lit.: C. Beil, Der ausgestellte Krieg. Die Präsentation des Ersten Weltkrieges in deutschen Museen und Ausstellungen zwischen 1914 und 1939, Tübingen 2002; S. Brandt, Vom Kriegsschauplatz zum Gedächtnisraum. Die Westfront 1914-1940, Baden-Baden 2000.

Susanne Brandt

Kriegsbegeisterung. Im Aug. 1914 zogen die Deutschen begeistert in den Krieg: So konnte man es bis vor kurzem in allen Schulbüchern aber auch in einigen repräsentativen Werken der deutschen Geschichtswissenschaft lesen.

Diese zum Klischee erstarrte Vorstellung ist inzwischen zunehmend in Frage gestellt und in entscheidenden Punkten korrigiert worden. Danach steht fest, daß es ein »Augusterlebnis« im Sinne einer alle Bevölkerungsschichten gleichermaßen erfassenden und mobilisierenden, begeisterten Zustimmung zum Krieg nicht gegeben hat. Es war ein Wunschbild, das in der zeitgenössischen Rhetorik der Kriegsapologeten beschworen, in der revisionistischen Nachkriegsliteratur ausgemalt und von der konservativen Geschichtsschreibung gern und ungeprüft übernommen wurde. In Wirklichkeit waren die Reaktionen auf die drohende Kriegsgefahr Ende Juli 1914 und auf den Beginn des Krieges Anfang Aug. sehr viel komplizierter und widersprüchlicher.

Am ehesten trifft die Vorstellung von der allgemeinen K. auf die bürgerlich-akademischen Schichten zu. Hier war auch der gesellschaftliche Druck auf junge Männer am größten, sich als Kriegsfreiwillige zu melden. Allerdings war die Zahl der Kriegsfreiwilligen wesentlich geringer, als es die amtliche Propaganda verlauten ließ. Besonders empfänglich zeigten sich Intellektuelle, Schriftsteller und Künstler. Mehrere Motive kamen hier zusammen: die Unzufriedenheit mit den verkrusteten Verhältnissen der wilhelminischen Gesellschaft, der Überdruß an bürgerlicher Saturiertheit und dem Komfort einer langen Friedenszeit. »Wie hätte der Künstler nicht Gott loben sollen für den Zusammenbruch einer Friedenswelt, die er so satt, so überaus satt hatte«, schrieb Thomas Mann, einer der Wortführer der geistigen Mobilmachung von 1914.

Ganz anders wurde der Beginn des Krieges in ländlichen Regionen erlebt. Hier war von Kriegsenthusiasmus wenig zu spüren – im Gegenteil: Vielerorts herrschte eine ausgesprochen niedergeschlagene und pessimistische Stimmung. Viele Bauern fürchteten die Konsequenzen, die eine längere Abwesenheit der männlichen Arbeitskräfte für die Bewirtschaftung der Höfe mit sich bringen würde. Bei den Bäuerinnen stand die Sorge im Vordergrund, nun allein die Erntearbeiten bewältigen zu müssen.

Ähnlich verhaltene bis gedrückte Reaktionen sind auch für die Arbeiterschaft in den Industriezentren überliefert. Noch Ende Juli 1914 hatten Hunderttausende Anhänger der Sozialdemokratie gegen die drohende Kriegsgefahr demonstriert – eine Protestbewegung, wie sie es in dieser Breite im Kaiserreich noch nicht gegeben hatte. Die Desinformationspolitik der deutschen Reichsleitung unter Reichskanzler Theobald von Bethmann Hollweg, die es geschickt verstand, Rußland als vermeintlichen Aggressor darzustellen, sorgte dann allerdings für eine nachhaltige Irritation der sozialdemokratischen Antikriegsbewegung. Allerdings war auch nach dem 4. Aug. 1914, dem Tag der Zustimmung der SPD-Reichstagsfraktion zu den Kriegskrediten, bei vielen SPD-Mitgliedern wenig Begeisterung, eher Resignation und Verzweiflung zu bemerken. Erst seit Mitte Aug., offenbar unter dem Eindruck der ersten Siegesmeldungen aus dem Westen, schlug die Stimmung um. Jetzt wurden auch Teile der sozialdemokratisch orientierten Arbeiterschaft in den Strudel eines zunehmenden Chauvinismus hineingerissen.

Vergleichende Studien mit anderen Ländern fehlen. Allerdings ist für Frankreich ein ganz ähnlicher Befund festzustellen, wie die Arbeiten von Jean-Jacques Becker gezeigt haben. Mangels anderer großer städtischer Zentren beschränkte sich die K. als Massenphänomen auf Paris, wo es auch am ehesten zu den »hysterischen« Begleiterscheinungen (wie etwa der »Spionen«-Jagd) kam. Der »begeisterte« Empfang der aus ganz Frankreich eintreffenden Regimenter konnte jedoch nie die Trauer und Sorge überdecken. Nicht Begeisterung als oberflächlicher Kriegsenthusiasmus kennzeichnet die französische Gesellschaft zu Kriegsbeginn, sondern die fraglose Entschlossenheit, jedes Opfer zu akzeptieren, um das französische Territorium zu verteidigen. → *Augusterlebnis* → *Burgfrieden*

Lit.: J.-J. Becker, 1914. Comment les Français sont entrés dans la guerre. Contribution à l'étude de l'opinion publique printemps-été 1914, Paris 1977; C. Geinitz, Kriegsfurcht und Kampfbereitschaft. Das Augusterlebnis in Freiburg. Eine Studie zum Kriegsbeginn 1914, Essen 1998; V. Ullrich, Kriegsalltag. Hamburg im Ersten Weltkrieg, Köln 1982; B. Ziemann, Front und Heimat. Ländliche Kriegserfahrungen im südlichen Bayern 1914-1923, Essen 1997.

VOLKER ULLRICH

Kriegsberichterstattung. Ausgewählte in- und ausländische Journalisten und Kameramänner, aber auch Politiker, Schriftsteller und andere Multiplikatoren erhielten im Weltkrieg die offizielle Erlaubnis oder sogar eine ausdrückliche Einladung, das jeweilige Kriegsgebiet zu bereisen, um über ihre Eindrücke zu berichten. Das geschah in Zeitungsartikeln, in Wochenschauen, aber auch in Vorträgen und Büchern.

Alle Fahrten zur Front mußten von militärischer Seite genehmigt werden. Für Deutschland bedurfte es eines vom Stellvertretenden Generalstab der Armee, Abteilung III B für Presse, oder von den Oberkommandos ausgestellten Passierscheins. Dieser legte den Aufenthaltsort des Berichterstatters ebenso fest wie dessen Route. Die Passierscheine wurden ständig von Soldaten, die die Zufahrtsstraßen zur Front abriegelten, kontrolliert, und konnten jederzeit für ungültig erklärt werden. Außerdem wurden den Truppenkommandeuren der bevorstehende (und genehmigte) Besuch eines Frontberichterstatters angekündigt; ein selbständiges Reisen an die Front ohne Erlaubnis des Generalstabes oder der Armeeoberkommandos war nicht möglich.

Der deutsche Generalstab versuchte darüber hinaus, die Berichterstattung vom Kriegsschauplatz durch gezielte Informationsvergabe in seinem Sinn zu steuern. So wurden regelmäßig – zusätzlich zu den zehn Kriegsberichterstattern (v. a. Vertreter deutscher, österreichischer und ungarischer Zeitungen), die zum Großen Hauptquartier zugelassen worden waren – Einladungen zu fünf- bis achttägigen Reisen an die Front ausgesprochen. Es waren meist Journalisten renommierter Zeitungen, die hierzu eingeladen wurden. 1917 fanden zudem – vor dem Hintergrund der Friedensresolution des Reichstages – vom Generalstab organisierte Reisen von Abgeordneten an die Front statt, um deren Haltung zugunsten eines »Siegfriedens« zu beeinflussen. Der Erfolg dieser Frontbesuche war jedoch sehr gering, da die propagandistische Absicht zu offensichtlich war; so wurde z. B. jeder Kontakt zu den Frontsoldaten unterbunden.

Alle wichtigen Informationen über den Kriegsverlauf und die Front konnten Verlage und Redakteure nur von den militärischen Stellen erhalten. Die Berichterstatter leugneten gegenüber ihren Lesern zwar im allgemeinen nicht die existierenden Zensurbestimmungen, begründeten deren Notwendigkeit jedoch mit der Sicherheit der Soldaten. Auch Filmberichterstatter und Fotografen unterlagen vergleichbar eingeschränkten Arbeitsbedingungen, die auch ganz ähnlich für die Pressevertreter der anderen am Krieg beteiligten Länder galten.

Journalisten aus den gegnerischen Staaten durften selbstverständlich nicht einreisen und die Front besuchen. In der Presse wurden jedoch häufig Artikel von Berichterstattern aus neutralen Ländern veröffentlicht. Ihr positives Urteil wurde besonders hoch geschätzt, denn sie galten allgemein als objektiver. Nicht selten jedoch nahmen die sog. neutralen Kriegsberichterstatter, wie etwa der schwedische Bestsellerautor Sven Hedin, dessen Beiträge Deutschland in einem überaus positiven Licht erscheinen ließen, eine einseitige Haltung ein. → *Heeresbericht*

SUSANNE BRANDT

Kriegsbriefe. K. von Soldaten wurden bereits während des Krieges aber auch in der Nachkriegszeit in großer Zahl veröffentlicht. Bereits mit Beginn der Kampfhandlungen erschienen in allen kriegführenden Staaten innerhalb kürzester Zeit K. zunächst in Zeitungen und später in Buchform. Anfangs dienten diese vor allem dazu, dem Verlangen der Bevölkerung nach Erlebnisberichten beizukommen, aber auch, um das öffentliche Bild der kriegsbegeisterten Nation und der erfolgreichen Kriegführung propagandistisch zu stützen. K. wurden – trotz ihrer Einschränkungen durch militärische und politische Zensur, sowie der Selbstzensur der Briefschreiber – als repräsentative und authentische Dokumente des Kriegserlebnisses betrachtet. Die Augenzeugenschaft des »kleinen Mannes« sollte das wahre Gesicht und die Bedeutung des Krieges offenbaren, wobei die Opferbereitschaft des Soldaten als zentrales Element wiederkehrte.

Die erfolgreicheren Editionen beinhalteten jedoch meist die Zeugnisse von gebildeten Eliten oder Offizieren und verkörperten somit ein nicht repräsentatives und konstruiertes Bild des allgemeinen Kriegserlebnisses. Trotzdem dienten sie während der späten 1920er Jahre oft als Maßstab, an dem die Wahrhaftigkeit der Darstellung des Kriegserlebnisses in Romanen gemessen wurde.

In der Form von Gedächtnisausgaben wurden K. vor allem in Großbritannien aber auch in Deutschland und Frankreich als literarischer Nachlaß sog. Frühvollendeter ein wichtiger Bestandteil des Trauerprozesses. In Deutschland und Österreich-Ungarn erhoffte man sich zudem von Sammlungen, die sich auf eine ethnische oder religiöse Minderheit konzentrierten (etwa auf die jüdische Bevölkerung), eine integrative Wirkung aufgrund ihres Beitrags zum Krieg. Während der NS-Zeit wurden in Deutschland, oft mit der Unterstützung staatlicher Stellen, K. veröffentlicht, um die Bevölkerung im Sinne der nationalsozialistischen Ideologie zu remilitarisieren bzw. sie (nach 1939) auf einen weiteren Krieg einzustimmen. Diese Veröffentlichungen betonten vor allem den regenerativen Wert des Kriegserlebnisses sowohl für das Individuum als auch für das deutsche Volk insgesamt. Die in Großbritannien und Frankreich zu dieser Zeit veröffentlichten Sammlungen hatten andererseits in der Regel eine pazifistische Tendenz, welche insbesondere die zerstörerische Wirkung des Krieges betonte.

Die erfolgreichste und bekannteste Sammlung von K. war die von dem Freiburger Germanisten Philipp Witkop herausgegebene Edition *Kriegsbriefe deutscher Studenten* (1916), die später mehrfach erweitert und als *Kriegsbriefe gefallener Studenten* auch inhaltlich verändert wurde. Vergleichbar einfluß- und erfolgreiche Editionen gab es in anderen Ländern nicht; am ehesten mit Witkops Edition läßt sich die von Laurence Housman herausgegebene Edition *War Letters of Fallen Englishmen* (1930) vergleichen.

Veröffentlichte K. des Ersten Weltkrieges waren ein integraler Bestandteil der Kriegsliteratur zwischen 1914 und 1940, erhoben aber gleichzeitig den Anspruch, authentischer und somit für das Verständnis des Kriegserlebnisses elementarer zu sein.

Lit.: M. Hettling/M. Jeismann, Der Weltkrieg als Epos. Philipp Witkops »Kriegsbriefe gefallener Studenten«, in: »Keiner fühlt sich hier mehr als Mensch...«. Erlebnis und Wirkung des Ersten Weltkriegs, hg. v. G. Hirschfeld/G. Krumeich/I. Renz, Essen 1993, S. 175-198; B. Ulrich, Die Augenzeugen. Deutsche Feldpostbriefe in Kriegs- und Nachkriegszeit 1914-1933, Essen 1997.

NEIL JAKOB

Kriegschroniken. Die K. waren Ausdruck einer gewandelten publizistischen Öffentlichkeit. Schon der Deutsch-Französische Krieg von 1870/71 hatte zu einem regelrechten Boom populärer Militärliteratur geführt. Mit der seit der Jahrhundertwende verstärkten Agitation der Kolonial-, Flotten- und Wehrvereine gewannen militärische Themen im Deutschen Reich weitere Breitenwirksamkeit. Mit Ausbruch des Weltkrieges erschienen die ersten K., in der Regel von Buchverlagen (Beck, Franck, Insel) oder regionalen Zeitungsverlagen herausgegeben. Aufmachung und Preisgestaltung zielten auf einen Massenmarkt ab, viele K. erschienen als Abonnementhefte. Mit den *Kriegsberichten aus dem Großen Hauptquartier* suchte der Generalstab ab 1915 Anschluß an die Entwicklung zu finden. Echte Dokumenteneditionen wie der von Friedrich Purlitz herausgegebene *Europäische Krieg in aktenmäßiger Darstellung* oder die 28bändige Reihe *Der Völkerkrieg* (Herausgeber C. H. Baer) blieben dabei die Ausnahme, statt dessen bestimmten Kriegsillustrierte wie *Habbels Kriegschronik* oder die 224 Hefte erreichende großformatige *Illustrierte Geschichte des Weltkrieges* den Markt. Neben der eigentlichen Chronik fanden sich dort Teilnehmergeschichten, Lebensbilder prominenter Politiker und Heerführer, Karten und Illustrationen vom Kriegsschauplatz. In den meisten kriegsteilnehmenden Ländern erschienen ähnliche Periodika, in Frankreich etwa *La Guerre documentée* und in Großbritannien *Nelson's History of the War*.

MARKUS PÖHLMANN

Kriegsdeutungen. Bereits in den ersten Tagen des Weltkrieges entstand die Ahnung, daß dies kein gewöhnlicher Krieg war, der sich als Fortsetzung der europäischen Kriege des 19. Jahrhunderts verstehen ließ. Diese Ahnung verlangte nach Deutung. In allen am Krieg beteiligten Nationen waren Schriftsteller, Intellektuelle, Philosophen und Wissenschaftler hierzu bereit. Die Männer (kaum Frauen) des öffentlichen Lebens aller Großmächte und ihrer früheren Kolonien zeigten sich begierig, Worte als eigenen Beitrag zum Krieg zu verstehen oder, wie es oft bedeutsam archaisierend hieß, »mit der Feder« zu kämpfen. Von wenigen bemerkenswerten Ausnahmen abgesehen (unter ihnen G. B. Shaw, R. Rolland, H. Mann) machten sich Individuen und ganze akademische Disziplinen aus eigener Initiative zu Sprechern ihrer Nation und zu Sinnsuchern des Krieges, den sie stets als Kampf um Ideen, Werte und Prinzipien interpretierten, um ihn zu rechtfertigen.

Die willfährigen und distanzlosen Deutungen lassen sich daher nicht angemessen verstehen, solange sie als Verfehlungen einzelner Personen, Disziplinen oder Nationen aufgefaßt werden. Die Motive müssen auf andere, tiefer liegende Ursachen zurückgeführt werden. Die Frage nach den K. stellt notwendig die Frage nach dem Verhältnis der fundamentalen Positionen, die die europäische Kultur seit ihren Anfängen entwickelt hat, und diesem besonderen Krieg.

Sigmund Freud vermutete früh, daß der Krieg und seine Deutungen nicht aus den Argumenten selbst, sondern aus dem Wesen der (europäischen) Kultur zu verstehen seien. Die von ihm postulierte enge Beziehung einer auf Triebunterdrückung aufgebauten Kultur zum Krieg führte ihn zu einer pessimistischen Einschätzung der Möglichkeit einer friedlichen Zukunft. Es war nicht zuletzt die Erfahrung des Kriegs und der traumatisierten Heimkehrer, die ihn seine Theorie vom Todestrieb ausarbeiten ließ. In einem späteren Briefwechsel über die Frage »Warum Krieg?« widersprach Albert Einstein. Er verstand den Krieg als einen vermeidbaren Irrtum und hielt am aufklärerischen Ideal einer Gesellschaft im ewigen Frieden, dem er eine reale Chance in der absehbaren Zukunft einräumte, unbeirrt fest.

In der frühen Kriegsphase zeugte eine rasch wachsende Welle an Essays, Reden, Predigten, knappen Broschüren und umfangreichen Traktaten von dem geradezu zwanghaften Versuch, den Sinn des Krieges in der Verteidigung von Werten zu finden. Er verlor in den Deutungen bald gänzlich seinen Ereignischarakter und wurde zu einer Zeit, deren Bedeutung das Militärische, Politische oder Ökonomische weit hinter sich ließ. Das Besondere wurde lange Zeit nicht darin gesehen, was den Krieg tatsächlich sehr bald von früheren Kriegen unterschied: Massenschlachten und Massengräber, Technisierung, das leere Schlachtfeld, Abstraktion und die Tendenz zur Totalisierung. Im Gegenteil: Es herrschte Begeisterung, weil ein bewaffneter Konflikt um hohe Ideale, um die Verteidigung der *Kultur* oder der *Zivilisation* (endlich) ausgebrochen war, ein Kampf »um die höchsten Güter«, wie es im deutschen Propagandajargon hieß.

So wurde dem Krieg von Anfang an das Beiwort »groß« angeheftet. In Deutschland war die Rede von der »großen Zeit«. In öffentlichen Verlautbarungen wie in privaten Tagebüchern kreisten die Gedanken um eine Deutung der Größe. Parallelen zu den für die europäische Geschichte entscheidenden Schlachten seit den griechischen Perserkriegen wurden gezogen. »Groß« bezog sich auf die Zeit einer weltgeschichtlichen Entscheidung und des Heldentums. Die kriegskritische Literatur vermied das Attribut *groß*, um jedwede positive Konnotation von Krieg auszuschließen. Wurde es dennoch gebraucht, dann war die Absicht, das Feld der öffentlichen Definitionen nicht dem politischen Gegner zu überlassen, sondern dessen Idee von Größe als Perversion zu entlarven. In der Zeitschrift *Die Fackel* deutete Karl Kraus den Krieg als eine Umkehrung: Die Kleingeister in Politik und Wirtschaft konnten sich plötzlich groß aufführen und führten in die große Katastrophe. Weniger satirisch, sondern in didaktischer, moralisch-kritischer Absicht stellte Arnold Zweig seinen Romanzyklus unter den Titel *Der große Krieg der weißen Männer.* Sein Gebrauch von *groß* signalisiert eine deutliche Distanz zur Rhetorik der Größe. Der Titel verweist auf eine Außenperspektive, die er einmal (*Erziehung vor Verdun*) als eine kosmische Sicht einführt. Von einem fernen Stern betrachtet, erscheint der Kampf auf der Erde als Verwirrung oder Zusammenbruch von großem Ausmaß, ohne daß Hoffnung aber ganz ausgeschlossen wäre.

Die Diskussion in Deutschland orientierte sich an einem Komplex aus Kulturtheorie, Geschichtsspekulation, Phantasien und bloßem Wunschdenken unter dem Titel »Ideen von 1914«. Zunächst von Johann Plenge, Rudolf Kjellén und anderen als Theorie einer konsistent organisierten Gesellschaft entworfen, wurden sie sehr bald generalisiert und als Gegenmodell zu den Ideen von 1789 ausgelegt. In deutlicher Opposition zur europäischen Aufklärung und Französischen Revolution wurde der Versuch unternommen, eine spezifisch deutsche Freiheit zu definieren. Sie sollte sich im Rahmen einer gesellschaftlichen Ordnung entwickeln, die Einordnung als eine eigene Form der Freiheit verstand. Eine Fülle von verwandten Ideen über Politik, Ethik,

Kunst und Religion, die das Authentische und die Tiefe der deutschen Kultur im Gegensatz zur politisierten und polierten Oberflächlichkeit der westlichen Zivilisation betonten, rankten sich um die Grundformeln der deutschen Freiheit. Vitalismus, Deutschland und Krieg bilden einen unlösbaren Zusammenhang in diesem Denken. Die deutsche Lebensphilosophie erschien hier als eine Theorie des Spezifischen und der Unordnung des Lebens gegen die Abstraktion der Ideen und Ideale. Der Vorwurf des Barbarischen und Unzivilisierten, den die westlichen Gesellschaften gegen Deutschland erhoben, wurde geradezu ins Positive umgebogen und als die besondere und zu bewahrende Qualität der deutschen Kultur gepriesen.

Zum beredten Sprecher dieser Ideen machte sich seit dem Herbst 1914 Thomas Mann (*Gedanken im Kriege*). In einem umfangreichen Essay mit dem programmatischen Titel *Betrachtungen eines Unpolitischen* (1918) konstruierte er in offensiver Argumentation eine spezifisch deutsche Geistesgeschichte, Romantik, Schopenhauer, Wagner, Nietzsche hervorhebend, um den Krieg als Verteidigung dieses Geistes zu rechtfertigen. Damit erhob er ihn gleichzeitig als die Verwirklichung des von Deutschland repräsentierten Widerspruchsprinzips, ohne das die europäische Kultur ihr vital-dynamisches Bewegungsprinzip verlieren müßte, zu einem existentiellen Prinzip.

In deutlicher Gegnerschaft zur Friedensutopie der Aufklärung und zur marxistischen Deutung von Krieg als Fortsetzung des Klassenkampfs mit gesteigerter Todesrate entwickelten auch deutsche Politologen, Soziologen und Historiker Varianten einer Theorie, in der das Entstehen und die Mannigfaltigkeit der modernen Welt als eine Folge von Konflikten verstanden wurde. In diesem Konfliktdenken hat der Krieg zwischen rivalisierenden Nationen einen *natürlichen* Platz. Er gehört zu den erneuernden und dynamisierenden Kräften der Moderne, und seine Abschaffung käme einer Sterilisierung des Lebens und der Welt gleich. Den Weltkrieg verstand etwa Werner Sombart als ein Beispiel dieser Konfliktgeschichte. Er unterschied sich von früheren Kriegen durch seine Totalisierungstendenz: Es ging in ihm ums Überleben der deutschen Kultur gegen die Egalisierung der imperialistischen englischen Zivilisation im Sinn eines Religionskrieges, an dessen Ende der Sieger auf dem Schlachtfeld entschied, welcher Glaube richtig und welcher falsch und daher auszumerzen war. Sombarts Formel vom Kampf zwischen der Nation der *Helden* und der Nation der *Händler* gab dieser Idee einer ausschließenden Konfrontation zweier Grundprinzipien eine populäre Metaphorik. Der deutsche Krieg war gerechtfertigt, da er für das Überleben des spezifisch deutschen Nationalcharakters, der sich vom englischen und damit vom Kapitalismus unterschied, geführt wurde. Mit dem Aufbruch des 4. Aug. behauptete, laut dieser Kriegsdeutung, die faustische Suche ihr Recht gegenüber dem Kommerziellen.

Diese pauschalisierenden Deutungen verbreiteten sich rasch und fanden zahlreiche Anhänger. Sie wurden noch während des Krieges durch eine sozialpsychologische Deutung ergänzt, für die Karl Jaspers nach dem Krieg den Begriff der »Grenzsituation« erfand. Der Krieg werfe den Menschen aus der Monotonie und Ereignislosigkeit der flachen Gegenwart in eine lebensbedrohende Lage und gebe dem Leben eine existentielle Tiefe. In diesem Sinn und mit ähnlicher Intention wie Sombart argumentierte Georg Simmel, indem er den Krieg als eine Situation der »geistigen Entscheidung« interpretierte. Max Schelers Kriegsdeutung *Der Genius des Krieges und der deutsche Krieg* (1915) enthielt eine Huldigung des Krieges als Verwirklichung des vitalistischen Lebensprinzips. Diese Spekulationen führten die Kriegsbejahung auf anthropologische Grundprinzipien und die Geistesgeschichte Europas seit dem frühen Griechenland zurück. Simmel und Scheler vertraten nicht die verbreitete Anschauung von der Unvermeidbarkeit des Krieges aus praktisch-politischen Gründen. Im Krieg sahen sie die einzig ehrliche Lösung der Krise der Moderne. Selbst der moderate Historiker Friedrich Meinecke folgte der These, daß der deutsche Militarismus nicht als ein unter den Umständen der deutschen Geschichte leider notwendiges Übel angesehen werden müsse, sondern vielmehr ein höheres Ideal gesellschaftlicher Ordnung und individueller Sinnfindung bilde. Mit der These, die erneuernde Kraft von Gewalt sei für die moderne Gesellschaft lebensnotwendig, standen diese Intellektuellen nicht allein. In Frankreich hatte etwa der Sozialphilosoph Georges Sorel in seiner Theorie des Generalstreiks die Position vertreten, die Geknechteten könnten sich nur durch Akte der Gewalt befreien und zu sich selbst finden.

Wichtige Beiträge zur Kriegsdeutung lieferte auch der Soziologe Max Weber. Er war von den »Ideen von 1914« weniger beeindruckt und sah in ihnen nicht eine spezifisch deutsche Definition von Freiheit, sondern einen weiteren Schub an Bürokratisierung, die auf das Ende von Spontaneität und Selbstbestimmung in Freiheit zulaufe. Auch Weber interpretierte den Krieg zunächst positiv, nämlich als einen Bruch in der Tendenz der Moderne zur Rationalisierung. Krieg halte die fortschreitende Entzauberung der Welt an oder halte sie wenigstens eine Zeitlang auf. Mit Deutungen des Krieges, die seine Wirkung auf ekstatische und mystische Zustände des Lebens betonten, korrespondierte Webers Begriff des Charismatischen, das unter den Rationalisierungen der Moderne absterbe, sich aber unter den Bedingungen des Kriegs erhalten lasse.

Die Idee, daß alle diese K. ohne Folgen für die Kämpfe auf den Schlachtfeldern bleiben könnten, lag den Autoren fern. Für sie war der Krieg stets ein Krieg in den Köpfen der beteiligten Nationen, als deren Sprecher sie sich verstanden. Die Deutungen entwirklichten die Schlachtfelder zu einer Art praktisch-bildlicher Illustration des eigentlichen Kampfes, und der fand in der Sprache statt und ging um Werte. Auch die literarischen Avantgarden verstanden den Krieg als Katharsis und Aufbruch in eine neue Kunst und eine neue Welt. Im Zeitalter der Technik, breche das Ende der bürgerlichen Werte, des Mitleidens und des Humanismus an, und aus diesem Ende werde eine neue Kunst geboren. Das Verhältnis zwischen Kunst und Leben, Kunst und Gesellschaft müsse folglich neu gedacht werden. Die Geburt der Visionen vom »Neuen Menschen« läßt sich in den Krieg verfolgen.

Die Deutungen dieses Krieges ließen das folgende Jahrhundert nicht los. Die Erneuerung des Krieges im Gedächtnis europäischer Gesellschaften verlief jedoch nicht konstant, vielmehr lassen sich Zeiten der erhöhten Beschäftigung mit diesem Krieg beobachten. Um 1930 war von einer »Wiederkehr« des Weltkriegs die Rede. Wenig später wurde seine Größe vom Zweiten Weltkrieg weit übertroffen. Für einige Jahre trat die Erinnerung des Ersten Weltkriegs in den Schatten dieses neuen Kriegs. In der These von einem Dreißigjährigen Krieg des 20. Jahrhunderts (1914-1945) schrumpfte die Bedeutung des Ersten Weltkriegs zu einer Vorbereitung auf die eigentlichen Jahre der Verheerung Europas nach 1939. Aber bald löste er sich aus dem Schatten des Zweiten Weltkriegs. Neue Fragestellungen in der Geschichte von Literatur und Kunst, in Medientheorien sowie in der Geschichte der europäischen Zivilisation und nationalen Kulturen führten zu einem Bild, das den Ersten Weltkrieg wieder zu einer der großen Herausforderungen für das Verständnis der Moderne und zu einer konstitutiven Phase der Kulturgeschichte des 20. Jahrhunderts werden ließ. Die Frage nach dem Sinn dieses Krieges war zur Frage nach dem Wesen der Moderne geworden. Gegen Ende des 20. Jahrhunderts führte ein veränderter Blick auf die Interpretationen des Krieges zu der Bewertung, er sei der entscheidende Bruch in der Geschichte der modernen Zivilisation oder, wie Historiker (mit George F. Kennan) es formulieren, die »Urkatastrophe« des Jahrhunderts gewesen. → *Ideen von 1914*

Lit.: Ansichten vom Krieg. Vergleichende Studien zum Ersten Weltkrieg in Literatur und Gesellschaft, hg. v. B. Hüppauf, Königstein/Ts. 1984; K. Flasch, Die geistige Mobilmachung. Die deutschen Intellektuellen und der Erste Weltkrieg. Ein Versuch, Berlin 2000; Kultur und Krieg. Die Rolle der Intellektuellen, Künstler und Schriftsteller im Ersten Weltkrieg, hg. v. W. J. Mommsen, München 1996.

BERND HÜPPAUF

Kriegsdichtung. Seit dem Beginn des Jahrhunderts waren Prophezeiungen eines *kommenden Krieges* ein Thema in der deutschen Lyrik. Dichter des Expressionismus beschworen den Krieg in apokalyptischen Bildern zwischen Furcht vor seiner Gewalt und Sehnsucht nach seiner reinigenden und erneuernden Kraft. Gefühle von Überdruß an einem langen und »faulen« Frieden führten zu Phantasien eines Krieges als ersehnte Erneuerung, oft in theologischer Sprache als Jüngster Tag, Gericht oder Menschheitsdämmerung bezeichnet. Der Futurismus feierte den Krieg als die ersehnte Zerstörung einer obsoleten bürgerlichen Gesellschaft und Verwirklichung eines Zeitalters der Moderne und Technik. So konnte der Kriegsausbruch als die Verwirklichung eines kollektiven Traums begrüßt werden: »und dann war Krieg. Die Träume sind aus uns getreten« (René Schickele). Die ersten Kriegsmonate wurden von einer Welle an Gedichten begleitet, die den Krieg feierten. Der Schriftsteller Julius Bab schätzte, daß in dieser Zeit etwa 50.000 Gedichte pro Tag an Zeitungen und Zeitschriften eingesandt wurden. Bei Jahresende waren mehr als 200 Bände Kriegslyrik publiziert. Die meisten Autoren hatten die Kämpfe nicht mitgemacht. Es sollte nicht überraschen, daß Inhalte und Formen dieser Gedichte die Vorbilder aus der Zeit der Befreiungskriege und des Deutsch-Französischen Krieges von 1870/71 variierten. Die älteren Dichter (Liliencron, Geibel, Dehmel, Wildenbruch) setzten ihre lyrische Produktion aus den Jahren des friedlichen Kaiserreichs unverändert fort und fielen mit ihren Bildern von feschen Uniformen und todesfrohen Leutnants nicht aus dem Rahmen. August Stramm bezeichnete diese Lyrik als »Quatsch«, »Schleim«, »Jauche«.

Patriotische, nationalistische und offen militaristische Töne dominierten. Romantische Bilder wie »Das Schwert zur Hand« oder »Wir tragen Eichenkränze auf blinkendem Gewehr« standen in schroffem Kontrast zu den riesigen Armeen, die, in die neue feldgraue Uniform gekleidet, mit der Eisenbahn nach Belgien gebracht wurden und mit modernsten Geschützen Festungen zerschossen. Andere Themen kamen aus der Tradition der Kriegslyrik: Heldenmut, der heilige Krieg, Pflicht und Opfer für das Vaterland. Stereotype Feindbilder waren verbreitet, die sich in erster Linie auf England richteten. Große Verbreitung erzielte Ernst Lissauers berüchtigter *Haßgesang gegen England*. Ein spezifisches Thema bildete ein heterogener Komplex aus Emotionen des Gemeinschaftserlebnisses beim Kriegsausbruch und emphatischer Zukunftserwartung, der unter dem Wort »Augusterlebnis« zusammengefaßt wurde. Gedichte von Walter Flex erfaßten diese Stimmung in einer Mischung aus Naturbildern und Gemeinschaftserlebnissen. Das Gedicht *Wildgänse rauschen durch die Nacht...* aus seinem Kriegsroman *Der Wanderer zwischen beiden Welten* (1917) wurde vertont und zu einem der meist gesungenen Lieder des 20. Jahrhunderts. Bei allen denkbaren Anlässen und von allen Gruppierungen der Jugendbewegung gesungen, erlöste es aus der Einsamkeit des Gedichtlesens und schuf ersehnte Gemeinschaft. Auch Arbeiterdichter (Gerrit Engelke, Heinrich Lersch) ließen sich in den Enthusiasmus hineinziehen. Mit der Zeile »Deutschland muß leben, und wenn wir sterben müssen« dichtete Lersch eines der populärsten Zitate der Kriegsfreunde. Unpolitische Dichter, einmal von Leidenschaft erfaßt, stürzten sich geradezu in die Öffentlichkeit und machten sich zum Sprachrohr einer oft maßlosen Machtpolitik. Namhafte Autoren wie Gerhart Hauptmann, Hugo von Hofmannsthal oder Rainer Maria Rilke schrieben formal ambitionierte Gedichte im hohen Ton der Kriegsbegeisterung. »Heil mir, daß ich Ergriffene sehe« pries Rilke in seinen *Fünf Gesängen* (1914).

1915/16 veränderte sich der Krieg und mit ihm die K. Der hohe Ton des Heldischen und des Patriotismus verlor sich. Klabund sprach für viele, als er eine *Bußpredigt* (1917) verfaßte und seiner früheren Begeisterung abschwor. Die Kriegserfahrung gab auch den Avantgarden neue Anstöße. Die Zeitschriften *Der Sturm* und *Die Aktion* publizierten (unter den Augen der strengen Zensur) Gedichte der Ernüchterung, der Opposition und der Suche nach einer vom Krieg nicht kontaminierten Sprache. Die bedeutenden avantgardistischen Gedichte August Stramms, in denen die Destruktion der Schlachtfelder zum poetischen Prinzip gemacht wurde, die Struktur des Gedichts gesprengt und Grammatik und Wortschatz zertrümmert wurden, erschienen in Herwarth Waldens *Sturm*. Andere Zeitschriften verlegten ihren Erscheinungsort in die Schweiz. Die Zeitschriften einiger wagemutiger Herausgeber waren die wenigen Publikationsorte einer Lyrik, die weder für noch gegen den Krieg Position bezog, sondern seine destruktive Gewalt in der Sprache repräsentierte. Vor dem Hintergrund der Emotionalisierung und (offiziellen) Sinnstiftung gewann die kompromißlose Absage an jeden Sinn auch eine politische und moralische Dimension. Ein Krieg der Sinnlosigkeit konnte nicht an Opferbereitschaft appellieren. Die radikalen Sprachzerstörungen von Dada und frühem Surrealismus waren Reflexionen der Schlachtfelder mit politischen Folgen und wurden von empörten Bürgern so verstanden.

Nach 1918 wurde Kriegslyrik selten. Statt dessen dominierten Gedichte, die politische Auffassungen von Militär und Krieg aussprachen (Kurt Tucholsky, Erich Kästner) und deren Pazifismus nicht immer frei von hohlem Pathos war, sowie aggressive Satire (Bertolt Brecht). Das Jahr 1933 setzte dieser engagierten Lyrik ein Ende. Eine der englischen Kriegslyrik (Wilfried Owen, Isaac Rosenberg, Siegfried Sassoon, Edmund Blunden) vergleichbare Dichtung, in der seelische Erschütterung, Mitleid und Trauer über den Verlust einer Generation und einer Welt zu den wesentlichen Themen gehören, entwickelte sich in Deutschland nicht. → *Dadaismus* → *Expressionismus* → *Futurismus*

Lit.: H. Fries, Die große Katharsis. Der Erste Weltkrieg in der Sicht deutscher Dichter und Gelehrter, 2 Bde., Konstanz 1994/95.

BERND HÜPPAUF

Kriegsdienstverweigerung, Ablehnung der gesetzlichen Pflicht zur Ableistung des Kriegsdienstes. Zu unterscheiden ist zwischen der K. im engeren Sinne und anderen Formen sich dem Kriegsdienst zu entziehen. – Traditionell wurde die K., die im 18. und 19. Jahrhundert auch ein wichtiges Motiv für die Auswanderung aus Europa war, von einigen religiösen Gemeinschaften praktiziert, z. B. von Quäkern und Mennoniten. Die K. war 1914 jedoch in keinem Land mit einer Wehrpflichtarmee vorgesehen. Obwohl vor 1914 in der Arbeiterbewegung der Generalstreik im Falle eines Krieges heftig diskutiert wurde, kam es nach Kriegsausbruch in keinem Land in nennenswertem Umfang zur K. Auch im Krieg blieb die förmliche K. ein Randphänomen. In Rußland gab es 837 offiziell registrierte Fälle, in den Niederlanden etwa 500. In den übrigen Ländern kam es jeweils nur zu wenigen Einzelfällen. In Deutschland entschieden sich etwa 50 Adventisten für die K. Größeren Umfang hatten jedoch andere Formen des Wehrdienstentzugs, neben der Desertion v. a. die Flucht ins neutrale Ausland (Schweiz, Niederlande, Spanien und Dänemark), wo zehntausende Wehrpflichtige aller Länder Unterschlupf fanden, bzw. einem Gestellungsbefehl ihres Heimatlandes nicht Folge leisteten (sog. Refraktäre).

Eine Sonderrolle spielten Großbritannien und die USA. Dort nahm die organisierte K. nicht nur nennenswerten Umfang an, sondern war auch inhaltlich wie personell eng mit dem Pazifismus verknüpft. Beide Länder besaßen bei Kriegseintritt eine Freiwilligenarmee und hatten zugleich eine starke Tradition des religiösen Nonkonformismus. Bereits im Herbst 1914 wurde in Großbritannien die No Conscription Fellowship gegründet, um gegen die bevorstehende Einführung der Wehrpflicht zu agitieren. Der Military Service Act (27. Jan. 1916) sah die Befreiung vom Kriegsdienst nach der Anerkennung von Gewissensgründen durch ein Tribunal vor. Von ca. 16.000 Verweigerern akzeptierten ca. 10.000 den waffenlosen Armeedienst. 6.000 jedoch (unter ihnen etwa 1.500 Totalverweigerer) wurden zu teils hohen Gefängnisstrafen verurteilt; 10 starben in der Haft, 59 an den Haftfolgen. Nur etwa 350 Personen (fast ausschließlich Quäker) wurden von jeglichem Militärdienst freigestellt. In den USA gewährte der Selective Service Act (18. Mai 1917) nur den Mitgliedern einiger, für ihren Pazifismus bekannten Sekten die K., für die im Dez. 1917 Gewissensgründe allgemein anerkannt wurden. Von ca. 65.000 Anträgen auf K. wurden 88 % gewährt. Während sich in Großbritannien und den USA das Problem der K. nach Kriegsende mit der Rückkehr zur Freiwilligenarmee und in Deutschland durch die erzwungene Abschaffung der Wehrpflicht in Folge des Versailler Vertrages vorerst erledigte, wurde eine K. auf gesetzlicher Basis erstmals 1917 in Dänemark eingeführt. Es folgten Schweden 1920, Norwegen 1922, die Niederlande 1923 und Finnland 1931.

Lit.: F. Goodall, A Question of Conscience: Conscientious Objection in the two World Wars, Stroud 1997; C. Jahr, Gewöhnliche Soldaten. Desertion und Deserteure im deutschen und britischen Heer 1914-1918, Göttingen 1998.

CHRISTOPH JAHR

Kriegserklärungen

1914

28.7.	Österreich-Ungarn an Serbien
1.8.	Deutsches Reich an Rußland
2.8.	Deutscher Einmarsch in Luxemburg*
3.8.	Deutsches Reich an Frankreich
4.8.	Deutscher Einmarsch in Belgien*
4.8.	Kriegseintritt Großbritanniens*
6.8.	Serbien an Deutsches Reich
6.8.	Österreich-Ungarn an Rußland
7.8.	Montenegro an Österreich-Ungarn
11.8.	Frankreich an Österreich-Ungarn
12.8.	Großbritannien an Österreich-Ungarn
12.8.	Montenegro an Deutsches Reich
23.8.	Japan an Deutsches Reich
23.8.	Österreich-Ungarn an Japan
28.8.	Österreich-Ungarn an Belgien
15.10.	Montenegro an Bulgarien
29.10.	Osmanisches Reich an Rußland und Frankreich
29.10.	Serbien an Osmanisches Reich
2.11.	Rußland an Osmanisches Reich
5.11.	Großbritannien an Osmanisches Reich
6.11.	Frankreich an Osmanisches Reich

* ohne formelle Kriegserklärung

1915
23.5. Italien an Österreich-Ungarn
21.8. Italien an Osmanisches Reich
14.10. Bulgarien an Serbien
15.10. Großbritannien an Bulgarien
16.10. Frankreich an Bulgarien

1916
9.3. Deutsches Reich an Portugal
27.8. Rumänien an Österreich-Ungarn
28.8. Deutsches Reich, Bulgarien und Osmanisches Reich an Rumänien
28.8. Italien an Deutsches Reich

1917
6.4. USA an Deutsches Reich
29.6. Griechenland an Deutsches Reich, Österreich-Ungarn, Osmanisches Reich und Bulgarien
14.8. China an Deutsches Reich und Österreich-Ungarn
7.12. USA an Österreich-Ungarn

MARKUS PÖHLMANN

Kriegserlebnis. Das Erlebnis war eine Entdeckung der Jahrhundertwende. Autoren wie Wilhelm Dilthey und Georg Simmel popularisierten den Begriff, der eine Sehnsucht nach Ganzheit und ein Bedürfnis nach Totalität zum Ausdruck brachte. Im Erlebnis sollten Unterscheidungen aufgehoben sein wie etwa die von Reflexion und Sinnlichkeit oder von Denken und Handeln. Simmel spitzte diesen Gedanken zu, indem er das Erlebnis mit dem Abenteuer verglich. Erlebnis bezeichnete damit das unmittelbare Erfassen von Wirklichkeit. Erleben wurde aber auch als Voraussetzung für Erinnerung angesehen. Der Erlebnisbegriff wurde populär in einer Zeit, die affektive Stimmungslagen ausdifferenzierte und zu besonderen Qualitäten stilisierte. Vor allem in bürgerlichen Kreisen war der Wunsch nach emotionaler Stimulierung damals weit verbreitet – Max Weber spottete 1913 über das Erlebnis als »den eigentlichen Modewert der deutschen Gegenwart«.

Mit dem Kriegsausbruch schien dieses Bedürfnis dann seine Erfüllung zu finden. Neben dem »Augusterlebnis« von 1914 war es vor allem das K., das die zeitgenössischen Erwartungen und die Deutungen des Krieges mit dem bereits zuvor popularisierten Bedeutungsgehalt von Erlebnis verband und weiterentwickelte.

Das K. bezeichnet die besondere Qualität jener Eindrücke, Reize und Wahrnehmungen, denen die Soldaten des Weltkrieges ausgesetzt waren. Zuerst bezogen auf den siegesgewissen Vormarsch, dann auf die Situation des Stellungskrieges in den Schützengräben bezeichnete es bald die besondere Qualität eines neuartigen kriegerischen Alltags und speiste dann auch die Aura einer vermeintlichen Authentizität derjenigen, die die »Stahlgewitter« (Ernst Jünger) überlebt hatten. Das, was vor 1914 im Erlebnisbegriff das Muster einer mystischen Situation in die zivile Alltagswelt des späten 19. Jahrhunderts übertragen hatte, wurde nun im K. zu einer besonderen Qualität stilisiert, die die Kriegsteilnehmer auszeichnete. Vier Merkmale lassen sich benennen, die das K. als analoge Erfahrung zu der des Mystikers bestimmen lassen. Es wird zum paradigmatischen Beispiel für das, was Georg Simmel nach Kriegsausbruch freudig als »absolute Situation« begrüßt hatte:

1. Erkenntnisstiftung: Das K. habe den Beteiligten zu einer besonderen Einsicht verholfen, das hebe sie aus der Masse der anderen hervor.
2. Unaussprechbarkeit: Das Wesen des Erlebnisses ist nicht mitteilbar; man muß es selber erfahren haben. Darauf beriefen sich die Kriegsteilnehmer später immer wieder und leiteten eine spezifische Legitimität ab.
3. Flüchtigkeit: Das K. blieb an den Schützengraben gebunden und war nicht nachträglich reproduzierbar.
4. Passivität: Das Erlebnis ist nicht bewußt herbeizuführen, statt dessen widerfährt es dem einzelnen.

Von der vermeintlichen Aura des K. zehrten nach 1918 nicht nur viele historische und literarische Veröffentlichungen. Die Soldatenverbände etwa versuchten, gerade durch Verweis auf die besondere Qualität des von ihren Mitgliedern erfahrenen K. einen herausgehobenen politischen Gestaltungsanspruch abzuleiten. Unabhängig von dieser politischen Instrumentalisierung kann man jedoch auch fragen, inwiefern die Männer, die zum Teil monate- und jahrelang immer wieder in jene außeralltägliche Situationen der Materialschlacht gerieten, dadurch langfristig folgenreiche psychische Veränderungen oder gar seelische Zerstörungen erlitten.

Lit.: Frontalltag im Ersten Weltkrieg. Wahn und Wirklichkeit, hg. v. B. Ulrich/B. Ziemann, Frankfurt a. M. 1994; »Keiner fühlt sich hier mehr als Mensch...«. Erlebnis und Wirkung des

Ersten Weltkriegs, hg. v. G. Hirschfeld/G. Krumeich/I. Renz, Essen 1993.

MANFRED HETTLING

Kriegsernährungsamt, zentrale, dem Reichskanzler unterstellte Behörde im Deutschen Reich zur Bewirtschaftung von Lebens- und Futtermitteln zur Sicherung der Volksernährung. – Das K. wurde gemäß Bekanntmachung vom 22. Mai 1916 geschaffen, um angesichts der sich dramatisch verschärfenden Versorgungsprobleme die bis dahin zersplitterte und unübersichtliche Bewirtschaftung zu verbessern. Zu diesem Zweck wurde dem K. als einem Reichsamt – gegen den Widerstand der Bundesstaaten und des preußischen Landwirtschaftsministers – das Recht verliehen, gemäß Ermächtigungsgesetz vom 4. Aug. 1914 Bundesratsverordnungen zu erlassen, die erst nachträglich zu sanktionieren waren, um auch zivilen Behörden Anweisungen erteilen zu können.

Zum ersten Präsidenten wurde Adolf von Batocki-Friebe ernannt, dem im Aug. 1917 Wilhelm von Waldow (Reitzenstein) in Personalunion als preußischer Staatskommissar für Volksernährung folgte. Nach Kriegsende wurde das K. in das Reichsernährungsamt umgewandelt, das mit Erlaß vom 21. März 1919 als Reichsernährungsministerium firmierte. Ein Teil der Kriegsvorschriften blieb bis 1924 in Kraft, und die mit Verordnung vom 18. Mai 1917/3. Juni 1918 gegründete Überwachungsstelle für Ammoniakdünger und phosphorhaltige Düngemittel war sogar noch in den 1930er Jahren tätig.

Das K. konnte die Effektivität der Bewirtschaftung verbessern, vermochte aber insgesamt und auf Dauer den Mangel nicht zu beheben, der zu einer schweren Ernährungskrise führte. Hauptursache für das Scheitern war die Unmöglichkeit, mittels eines ausufernden bürokratischen Systems die bis 1914 importabhängige Versorgung autark zu machen. Die Auswirkungen der Wirtschaftsblockade, gepaart mit dem Niedergang der Produktion, konnten nicht kompensiert werden. Für die Arbeit des K. kam erschwerend hinzu, daß ihm kein Weisungsrecht gegenüber militärischen Dienststellen zustand und auf diese Weise wesentliche Teile der erzeugten Nahrungs- und Futtermittel seinem Zugriff entzogen waren. → *Ernährung*

REINHOLD ZILCH

Kriegsfreiwillige, im engeren Sinne diejenigen Männer, die sich im Zuge der Mobilmachung zum Militärdienst meldeten, ohne der Wehrpflicht zu unterliegen bzw. ohne bereits als Wehrpflichtige einberufen worden zu sein. Dies konnten in Deutschland Männer im nicht wehrpflichtigen Alter von unter 18 oder über 45 Jahren sein, aber auch jene Männer im wehrpflichtigen Alter, die bei Kriegsbeginn noch keinen Gestellungsbefehl erhalten hatten. K. waren darüber hinaus all jene, die sich im weiteren Kriegsverlauf noch freiwillig meldeten. – In den deutschen Zeitungen kursierten nach Kriegsbeginn Berichte über eine immens hohe, zwischen ein und zwei Mio. liegende Zahl an K. Tatsächlich meldeten sich in Preußen in den ersten zehn Mobilmachungstagen rund 260.000 K., von denen nur etwa 143.000 effektiv in die Armee eingestellt wurden. Über den gesamten Aug. 1914 läßt sich für Preußen eine Zahl von ca. 185.000 eingestellten K. schätzen. Schätzungen über die Zahl der K. in Frankreich liegen nicht vor. In Großbritannien leitete Kriegsminister Lord Kitchener am 7. Aug. eine Rekrutierungskampagne großen Ausmaßes für eine Freiwilligenarmee ein. Sein Aufruf richtete sich an Männer zwischen 19 und 30 Jahren, die sich für einen dreijährigen Dienst melden sollten. Bis Mitte Sept. meldeten sich bis zu 500.000 K. in den Rekrutierungsbüros. Für Deutschland gibt die Analyse der Stammrollen von vorwiegend aus K. gebildeten Reserveregimentern Anhaltspunkte über deren soziale Zusammensetzung. Demnach überwogen Angehörige der bürgerlichen Ober- und Mittelschichten im Alter von 18 bis 30 Jahren. Insbesondere Gymnasiasten und Studenten waren weit überproportional, Industriearbeiter dagegen unterproportional zu ihrem Bevölkerungsanteil vertreten.

In Großbritannien waren unter den K. viele im Dienstleistungssektor (Finanzwesen, Handel, freie Berufe) beschäftigte Männer und zahlreiche Bergarbeiter. Die Hintergründe der Meldung als K. sind bis heute Gegenstand kontroverser Debatten. Ein Bündel von Motiven ist zu differenzieren. Für Großbritannien ist zunächst die starke Mobilisierungswirkung der suggestiven Rekrutierungskampagne für »Kitchener's Army« zu bedenken, die vor allem ab Ende Aug. mit zahlreichen öffentlichen Veranstaltungen, Plakaten und Broschüren das Land überzog. In Großbritannien wie in Deutschland war ferner sozialer Konformitätsdruck von sehr großer Bedeutung. Als Gruppendruck war er in den sog. pals battalions wirksam, in denen sich Freunde, Männer eines Wohnviertels, Arbeitskollegen oder Mitglieder eines Clubs gemeinsam meldeten und später auch gemeinsam dienten. Diese Organisation von Kriegsfreiwilligkeit in einem überschaubaren sozialen Umfeld forcierte mit starker Ausstrahlung eine ideelle Verpflichtung als K.

Auch in Deutschland motivierte die Furcht vor sozialer Stigmatisierung die K. Wegen Untauglichkeit abgewiesene oder zurückgestellte K. durchlebten vereinzelt schwere psychische Krisen. Der soziale Druck zur Meldung war ferner stark durch das Geschlechterverhältnis bestimmt. In Großbritannien überreichten Frauen nach der Mobilmachung weiße Federn als Symbol der Feigheit an Männer, die in der Öffentlichkeit keine Uniform trugen. Schamgefühle und das Bewußtsein, sich gegenüber der Ehefrau oder den männlichen Altersgenossen als »Mann« bewähren zu müssen, spielten auch in Deutschland eine große Rolle. Dies gilt zumal bei den K. im jugendlichen Alter, bei denen die männliche Identitätsbildung noch nicht abgeschlossen war. Ökonomische Motive waren in Großbritannien und Deutschland vor allem bei einem erheblichen Teil der K. aus der Arbeiterschaft dominant. In beiden Ländern schnellte im Aug. 1914 die Arbeitslosenquote in die Höhe. Angesichts einer fehlenden sozialen Sicherung für Arbeitslose erschien der Militärdienst mit geregeltem Sold, zumal angesichts der Erwartung eines kurzen Feldzuges, als ein Ausweg zur Sicherung des Lebensunterhaltes.

Die Frage nach den Motiven der K. hat sich lange auf die Angehörigen der bürgerlich-akademischen Schichten, besonders die Exponenten der künstlerischen und wissenschaftlichen Intelligenz konzentriert. Darin spiegelt sich primär die symbolische Bedeutung der K. wider. Diese verkörperten den Krieg als ein mit Enthusiasmus begrüßtes, nationales und gemeinschaftliches Projekt. Damit verbunden war die Stilisierung von Gefühlen des Überdrusses und der Langeweile durch die an Sicherheit orientierte bürgerliche Zivilisation als treibendes Motiv der K. Dies gilt jedoch vor allem für jene zahlenmäßig kleine, wirkungsgeschichtlich aber bedeutsame Gruppe der K., zu der z. B. Wilfred Owen und Siegfried Sassoon in Großbritannien, Otto Dix, Ernst Jünger und Walter Flex in Deutschland zu zählen sind. In Deutschland war für die historische Tradierung des Bildes der studentischen K. der Langemarck-Mythos von besonderer Bedeutung. → *Langemarck-Mythos*

Lit.: P. Simkins, Kitchener's Army, 1914-1916, Manchester/New York 1988; B. Ulrich, Die Desillusionierung der Kriegsfreiwilligen von 1914, in: Der Krieg des kleinen Mannes, hg. v. W. Wette, München 1992, S. 110-126.

BENJAMIN ZIEMANN

Kriegsfürsorge. Durch den Krieg waren breite Bevölkerungsschichten auf Fürsorge angewiesen, die nie zuvor zur Klientel der Armenpflege gezählt hatten. Zu Anfang des Krieges wurden viele berufstätige Frauen entlassen. Dazu kamen die Familien von Soldaten und die Hinterbliebenen der Gefallenen. Die in Deutschland, Frankreich und Großbritannien bestehenden Gesetze, aber auch die ersten im Krieg erlassenen Verordnungen zur Hinterbliebenenfürsorge gingen allesamt an der Wirklichkeit des Krieges vorbei. Mit den vorgesehenen finanziellen Mitteln konnte die K. nicht ausreichend abgesichert werden.

Die K. in Deutschland war, wie in früheren Kriegen, weitgehend lokal organisiert. Im Gegensatz zum Krieg von 1870/71, als die städtische Verwaltung die meisten Maßnahmen der Initiative privater Vereinigungen überlassen hatte, bestand im Weltkrieg in fast jeder Kommune ein K.ausschuß, in dem die privaten Vereine eng mit der öffentlichen Fürsorge zusammenarbeiteten. Überall fand der »Burgfrieden« in diesen Ausschüssen seine erste organisatorische Realität. Neben Vertretern der Stadtregierung, der bürgerlichen Frauenvereine wie etwa des Roten Kreuzes und dem ihm angeschlossenen Vaterländischen Frauenverein, gehörten hierzu auch Vertreterinnen der vor 1914 von der Mitwirkung an städtischen Angelegenheiten weithin ferngehaltenen Sozialdemokratie. In diesen Ausschüssen fanden vor allem bürgerliche Frauen eine angemessene Tätigkeit in einer als »männlich« empfundenen Zeit.

Die Grundlage für die Arbeit der K.ausschüsse bildete eine rege Spendentätigkeit. In den ersten Jahren wurde viel Bargeld gespendet: allein in Berlin im Aug. 1914 etwa 1 Mio. M. Doch reichte dieses Geld nicht aus, und die Städte und Kommunen übernahmen selber den größten Teil der Kosten. Sie finanzierten Sachbeihilfen und eine Reihe von Projekten, die weit über den Rahmen der Vorkriegsarmenfürsorge hinausgingen. Für die erwerbslosen Frauen wurden Beschäftigungsmöglichkeiten geschaffen, etwa in Strick- und Nähstuben, wo die Frauen »Liebesgaben« für die Soldaten anfertigten. Bedürftige Familien erhielten Miethilfe, Geld-, Lebensmittel- und Kleiderspenden, Mahlzeiten in Volks- und Kriegsküchen und für die Kinder eine Schulspeisung. Es gab Kinderbetreuung für Familien, deren Väter eingezogen und deren Mütter außer Haus erwerbstätig waren.

Die Fürsorge für Verwundete galt seit 1916 als Vaterländischer Hilfsdienst, der in diesem Bereich durch das Rote Kreuz organisiert wurde. Die Fürsorge für Kriegsbeschädigte, die aus den Lazaretten entlassen wurden, erwies sich in dem neuen Ausmaß als ein besonders schwieriges Problem. Da das Reich die Verantwortung nicht übernehmen wollte, sprangen die Bundesstaaten ein. In Sachsen z. B. gab es das Programm Heimatdank. Eine an die Behörden der inneren Verwaltung angelehnte Vereinsorganisation sollte das ganze Land erfassen, Spenden sammeln und gleichzeitig fürsorgerisches Fachwissen, verbunden mit nachbarschaftlicher Solidarität, in jedem Ort organisieren. Auf diese Weise konnte die private Wohltätigkeit einbezogen werden, ohne den staatlichen Führungsanspruch aus der Hand zu geben. Ziel der Beschädigtenfürsorge war es, die Beschädigten in ihr früheres Lebens- und Arbeitsumfeld zu reintegrieren. »Kriegsbeschädigung« als Kriterium der eigenen Identität sollte es nicht geben – und erst recht nicht als Eigenschaft einer Gruppe. Doch viele Kriegsversehrte verstanden die Forderung, die vor dem Krieg behauptete Position ohne Inanspruchnahme von Sonderrechten und Privilegien wieder einnehmen zu müssen, als einen nur allzu durchsichtigen Versuch der Gesellschaft, ihr Kriegsschicksal nicht wahrnehmen zu wollen, ihr Opfer nicht gebührend zu würdigen. Je länger der Krieg dauerte, desto weniger waren sie bereit, die fehlende gesellschaftliche Anerkennung hinzunehmen. So kam es zur Gründung von Kriegsbeschädigtenverbänden.

Die von der K. an bestimmten Brennpunkten bereitgestellten Hilfen waren ein zwar bescheidener, aber in seiner Wirkung nicht zu unterschätzender Beitrag zur Linderung der schlimmsten Härten. Die Entwicklung der Fürsorge im Weltkrieg über ihre traditionellen Grenzen hinaus geriet zum Vorboten des Wohlfahrtsstaates. Die wachsende Not und die Verringerung der finanziellen Ressourcen des Einzelnen setzten allerdings immer stärkere Grenzen für die private Fürsorgetätigkeit. Die dadurch bedingte Zunahme der Verpflichtungen der öffentlichen Hand veranlaßte diese, ihren Wunsch nach größerem Gewicht in der städtischen K. deutlicher zu artikulieren. Die fortschreitende Organisation hatte allerdings ihren Preis. Die Herrschaft der Sozialexperten und Verwaltungstechniker führte zu einer bürokratischen Gängelung der Betroffenen. Diese subjektiv erlebte Entmündigung war somit eine mögliche Erklärung dafür, daß die Integration der Kriegsopfer in Deutschland nach 1918 schlechter als in England und in Frankreich gelang, trotz vergleichsweise großzügig bemessener Versorgungs- und Fürsorgeleistungen. → *Frauenvereine* → *Invalidität* → *Rotes Kreuz* → *Sozialpolitik*

Lit.: M. Geyer, Die Vorboten des Wohlfahrtsstaates. Die Kriegsopferversorgung in Frankreich, Deutschland und Großbritannien nach dem Ersten Weltkrieg, in: Geschichte und Gesellschaft, 9 (1983), S. 230-277; R. Whalen, Bitter Wounds. German Victims of the Great War, 1914-1939, Ithaca 1984.

JEFFREY VERHEY

Kriegsgefangene, während des Krieges in Feindeshand geratene Personen mit Kombattantenstatus. – Die Gesamtzahl aller K. des Weltkriegs kann heute nur grob geschätzt werden. Auszugehen ist von etwa 6,6 bis 8 Mio., was bei insgesamt ca. 60 Mio. Soldaten einem Anteil von mindestens 10 % aller Mobilisierten entspricht. Nach Statistiken aus der Zwischenkriegszeit waren Ende 1918 328.000 Soldaten in britische, 350.000 in französische und 916.000 Soldaten in österreichisch-ungarische Gefangenschaft geraten. Allein 2,25 Mio. Soldaten befanden sich in russischer Gefangenschaft und das Deutsche Reich hatte im Okt. 1918 sogar 2,4 Mio. Soldaten aus insgesamt 13 Staaten in seinem Gewahrsam. Unter diesen bildeten die Angehörigen der russischen Armee (1918 ca. 1,4 Mio.) sowie Franzosen (1918 ca. 500.000) die größten Kontingente. Ebensowenig wie die Gesamtzahl der K. ist auch die Zahl der Todesfälle in Gefangenschaft 1914-1918 exakt zu beziffern. Statistiken, wie sie zum Beispiel in Deutschland nach dem Krieg veröffentlicht wurden, die Todesraten zwischen 3-3,5 % (für französische und britische Gefangene) und 5,4-6,5 % (für russische, italienische und serbische Gefangene) angaben, sind nur als Näherungswert zu betrachten. Jede Nation hatte ein ausgeprägtes Interesse daran, die Todesrate in ihren Lagern als möglichst niedrig darzustellen.

Völkerrechtlich war die Behandlung K. vor 1914 bereits in Ansätzen geregelt. Zentral waren hier – neben der Genfer Konvention zum Schutz verwundeter und kranker Soldaten sowie des Sanitätspersonals (1864/1906) – die 1907 ergänzten Bestimmungen der Haager Landkriegsordnung (HLKO) von 1899. Die HLKO definierte Gefangenschaft als reinen Sicherheitsgewahrsam feindlicher Militärangehöriger, deren Zweck ausschließlich darin bestehen sollte, den entwaffneten Kriegsgegner dauerhaft an der Wiederaufnahme des Kampfes zu hindern. Entsprechend waren nach der HLKO K. nicht mehr als Feinde, sondern »mit Menschlichkeit« zu behandeln. Das Abkommen legte erstmals, international verbindlich, allgemeine Richtlinien zum militärrechtlichen Status, zur Fürsorge und auch zum Arbeitseinsatz von K. fest, welche durch die Unterzeichner in nationales Recht und Militärreglements umzusetzen waren. Alle großen kriegführenden Mächte hatten zumindest das (1907 hinsichtlich der K.frage kaum veränderte) Haager Abkommen von 1899 unterzeichnet und ratifiziert, wodurch Gefangenschaft im Ersten Weltkrieg klarer geregelt war als andere Bereiche des Kriegsvölkerrechts.

Dennoch sicherte diese Rechtslage weder eine einheitliche Umsetzung des Haager Reglements noch verhinderte sie Verstöße gegen das K.recht. Dessen Umsetzung nach jeweiligem nationalen Recht führte zu Uneinheitlichkeit und somit zu Konflikten. Da keine übergeordnete Kontroll- oder Sanktionsinstanz bestand, die Haager Grundsätze allein durch das Prinzip der »Gegenseitigkeit« durchgesetzt werden konnten, blieb ihre Durchführung abhängig von den Entscheidungen und jeweiligen Eigeninteressen der kriegführenden Staaten. Ein zusätzliches gravierendes Problem war die Tatsache, daß die Frage der K.behandlung sofort nach Kriegsbeginn (und bis über das Kriegsende hinaus) zum propagandistisch ausgeschlachteten internationalen Streitthema wurde. In allen Staaten war das Schicksal der K. Gegenstand von Spekulationen und Ängsten, welche durch gegenseitige Schuldvorwürfe und zahlreiche Greuelmeldungen noch geschürt wurden. Der Weltkrieg war auch in dieser Hinsicht ein totaler Krieg: dem jeweiligen Kriegsgegner wurde jede erdenkliche Barbarei an wehrlosen Gefangenen unterstellt. Dies führte dazu, daß in umstrittenen Fragen des K.reglements häufig erst die Androhung oder gar Durchführung von Repressalien Anlaß zu Kompromissen zwischen den Konfliktparteien gab. Die Leidtragenden solcher, stets als notwendige Reaktion auf völkerrechtswidriges Verhalten des Gegners legitimierter »Gegenseitigkeitsmaßnahmen« waren die K. Die angewandten Repressionen reichten von zeitweiligem Post- und Nahrungsentzug bis hin zur Einrichtung von speziellen Repressalienlagern. Solche Straf-Arbeitslager existierten bis 1918 in den verschiedenen Gewahrsamsstaaten sowohl im Etappengebiet als auch in der Kampfzone. Obgleich nach der HLKO ein Einsatz von K., der in direkter Beziehung zu den Kriegsunternehmungen (»opérations de guerre«) stand, eindeutig völkerrechtswidrig war, einigten sich Deutschland und Frankreich beispielsweise erst im April 1918 in den »Berner Vereinbarungen über Kriegsgefangene und über Zivilpersonen« hinsichtlich der Behandlung dieser Frage.

Die von Mißtrauen und Haß geprägte Atmosphäre des Weltkriegs war sicherlich der Hauptgrund für die zahlreichen Verstöße gegen die Grundsätze einer »menschlichen Gefangenenbehandlung« (HLKO), doch lag ein weiterer zentraler Faktor auch in der ständigen Intensivierung der militärischen und ökonomischen Kriegführung, der Mobilisierung aller materiellen und menschlichen Ressourcen. Dies betrifft in erster Linie den Bereich der K.arbeit. Die Feststellung der HLKO, K. dürften keinesfalls zu Arbeiten mit direkter Beziehung zu Kriegsunternehmungen herangezogen werden, war angesichts der Industrialisierung des Krieges zunehmend fragwürdiger geworden. In Deutschland wurde die Bestimmung durch die zuständigen militärischen Behörden entsprechend dem ökonomischen Nutzen ausgelegt und von der Kriegsindustrie vielfach unterlaufen. Im direkten Befehlsbereich der deutschen Heeresleitung war die Gleichgültigkeit gegenüber völkerrechtlichen Vereinbarungen der Vorkriegszeit noch ausgeprägter: Schon 1915 wurden K. aus militärischen Gründen auch zum Arbeitseinsatz im Etappen- und Frontgebiet gezwungen.

Unter solchen Umständen war die Durchsetzung rechtlicher und humanitärer Standards extrem schwierig. Dennoch setzten sich verschiedene Institutionen zumindest ansatzweise erfolgreich für eine generelle Verbesserung der Lage von K. ein: zu nennen sind hier das Internationale Rote Kreuz, der Vatikan und besonders die Diplomatie einiger neutraler Staaten (Spanien, die Niederlande, die Schweiz und bis 1917 die USA fungierten als sog. Schutzmächte der K.). Fortschritte erzielte man insbesondere auf dem Gebiet des Auskunfts- und Fürsorgewesens. Wegweisend war dabei ein seit 1915 durch Botschafter neutraler Staaten sowie Delegationen des Roten Kreuzes etabliertes (wenn auch häufig eingeschränktes) System von Lagerbesuchen. Einen rechtlichen Anspruch zur Durchführung von Hilfsmaßnahmen und Kontrollbesuchen besaßen neutrale Beobachter jedoch ebensowenig wie eine Sanktionsgewalt im Fall festgestellter Mißstände. Die neutrale Vermittlungstätigkeit stieß besonders dort an ihre Grenzen, wo militärische Interessen gefährdet schienen. Dies zeigte sich z. B. in der Frage des Gefangenenaustauschs, einer in früheren militärischen Konflikten durchaus üblichen Praxis. Aus Sorge, dem jeweiligen Gegner einen militärischen oder ökonomischen Vorteil zu verschaffen, waren im Weltkrieg hierzu kaum umfassende Vereinbarungen möglich. Alle (ab 1915) erreichten Regelungen hinsichtlich eines Austausches bzw. der Internierung von K. in neutralen Staaten betrafen ausschließlich invalide oder schwerverwundete Soldaten. Erst im letzten Kriegsjahr wurden diese Vereinbarungen auf ältere, bereits lange Zeit in Gefangenschaft befindliche Familienväter ausgedehnt.

Für viele Soldaten dauerte das Gefangenendasein selbst nach Kriegsende an. Eine Rückführung der nach dem Separatfrieden im Osten 1918 auch weiterhin zum Arbeitseinsatz in Deutschland festgehaltenen russischen K. konnte aufgrund von Revolution und Bürgerkrieg erst 1922 abgeschlossen werden. Gleiches galt für gefangene Soldaten der deutschen und österreichisch-ungarischen Armee, die sich in russischen Lagern befanden. Nur mit Hilfe des Völkerbundes und des Internationalen Roten Kreuzes gelang schließlich ihre Rückführung. Deutsche K. in alliiertem Gewahrsam blieben nach dem Waffenstillstand im Westen ebenfalls bis zur Ratifizierung des Versailler Friedensvertrages (Jan. 1920) in Gefangenschaft. Ihr Einsatz beim Wiederaufbau kriegszerstörter Gebiete erzeugte in Deutschland sofort eine neue Welle propagandistisch aufgeladener Proteste, welche die auf allen Seiten praktizierte Instrumentalisierung der K.problematik bis weit in die Nachkriegszeit fortsetzte.

Wie in allen kriegführenden Staaten mußten auch die deutschen Militärverwaltungen eine umfassende Organisationsstruktur für die schon 1914 zahlreich eintreffenden K. erst entwickeln. Angesichts der unzureichenden Vorbereitung und der unerwartet hohen K.zahlen schon nach wenigen Kriegswochen zeigten sich die Verantwortlichen völlig überfordert. Bedingt durch improvisierte Unterbringung sowie mangelhafte sanitäre und medizinische Einrichtungen starben in deutschen Lagern bis Frühjahr 1915 mindestens 4.000 K. an epidemischen Krankheiten. Erst nach und nach schuf der deutsche Verwaltungsapparat ein zunehmend durchorganisiertes System der Ernährung, Unterbringung und der medizinisch-sanitären Fürsorge für die K. Eigens gebaute Barackenlager entwickelten sich schließlich zu regelrechten stacheldrahtumzäunten Kleinstädten mit Verwaltung, medizinischen und sanitären Einrichtungen, Poststellen und Großküchen, kulturellen Einrichtungen und Werkstätten, Verkaufsstellen und Gemüsegärten. Über das gesamte Reichsgebiet verteilt breitete sich in Deutschland bereits 1915 ein Netz von mehr als 100 Mannschaftslagern und zusätzlich (v. a. in den letzten Kriegsjahren) ungezählten Arbeitslagern und -kommandos aus.

Rechtlich behielten alle Offiziere und Mannschaften nach der Gefangennahme ihren militärischen Status und Rang. Offiziere wurden entsprechend der HLKO in gesonderten Offizierslagern untergebracht. Innerhalb der Lager waren alle K. weiterhin in militärischer Ordnung, nach nationalen Kontingenten aufgeteilt. Im Fall von Ungehorsam drohten Disziplinarstrafen, die von Arrest über Post- und Paketentzug bis zur Verlegung in ein Straflager reichten. Insbesondere in den Offizierslagern stellte die Disziplin ein Dauerproblem dar. Gefangene Offiziere genossen im Vergleich zu den K. im Mannschaftsgrad erhebliche Privilegien hinsichtlich Unterbringung, Ernährung und Behandlung. Sie erhielten einen festgelegten Sold, waren vom Arbeitszwang befreit und konnten (u. a. in lagereigenen Bibliotheken, Musikzimmern und Sporteinrichtungen) über ihre Zeit weitgehend frei verfügen. Allerdings standen sie, im Gegensatz zu früheren Kriegen, jetzt dauerhaft unter militärischer Bewachung. Vor allem jüngere Offiziere wollten sich dieser Demütigung nicht beugen. Gezielter Ungehorsam und Fluchtversuche gefan-

Sammelstelle für französische Kriegsgefangene in Laon. Juni 1918

gener Offiziere sind nicht allein Gegenstand einer regelrechten Flut von zeitgenössischer Erinnerungsliteratur, nachweislich waren sie in den Lagern des Weltkriegs ein alltägliches Phänomen. Das Problem von Ungehorsam und Flucht stellte sich mit zunehmender Kriegsdauer allerdings nicht ausschließlich in Offizierslagern, sondern auch in den Lagern und Arbeitskommandos der Mannschaftsgefangenen.

Der Alltag der Mannschaftsgefangenen (einschließlich der Unteroffiziersränge) unterschied sich wesentlich von dem der Offiziere. Die meisten Gefangenen waren in großen, meist nur mit Holzpritschen, Strohsäcken und Sitzmöbeln spärlich ausgestatteten Baracken untergebracht; ihre Verpflegung erhielten sie aus der Lagerküche. Gleichermaßen litten Offiziere und Soldaten unter der Dauer und Monotonie des Gefangenendaseins, die teilweise zu schweren Depressionen führen konnte. In allen Nationen war die sog. Stacheldrahtkrankheit (frz. »cafard« oder engl. »barbed wire desease«) als Krankheitsbild ein gängiger Begriff. Ihre abgeschwächten alltäglichen Erscheinungsformen von Selbstrückzug und Apathie waren auch – wie das stets präsente Heimweh – Gegenstand einer intensiven Auseinandersetzung, z. B. in den zahlreichen von K. verfaßten Lagerzeitungen. Die teilweise jahrelange Ein- und Abgeschlossenheit, in der Briefe oder Pakete aus der Heimat die einzige Verbindung zu den Angehörigen darstellten, war zugleich Triebfeder für eine in fast jedem größeren Lager entwickelte eigenständige Lagerkultur. Es bildeten sich Theater- und Sportgruppen, Chöre und selbst Orchester, handwerkliche und weiterbildende Einrichtungen (Schulen und in einigen Lagern sogar kleine Universitäten). Die mit viel Phantasie organisierten Konzert- und Theaterveranstaltungen waren häufig Höhepunkte des Lagerlebens.

In den Mannschaftslagern endete aber die Blütephase dieser Lagerkultur mit dem 1915 begonnenen und bis Ende 1916 erheblich erweiterten Arbeitseinsatz von K. Angesichts des zunehmenden Mangels an Arbeitskräften wurden alliierte K. in immer mehr Bereichen der deutschen Kriegswirtschaft eingesetzt. Bereits in der zweiten Jahreshälfte 1916 arbeiteten mehr als 80 % aller Mannschaftsgefangenen außerhalb der Stammlager: die meisten von ihnen in der Landwirtschaft, aber auch in Bergwerken und in industriellen Betrieben. Seit dem Jahr 1916 wurde der Einsatz K. in den kriegswichtigen Industrien forciert und zugleich die restriktiven Bestimmungen der HLKO zur Beschäftigung von K. vielfach zugunsten der militärischen und wirtschaftlichen Kriegführung unterlaufen.

Die verschiedenen Formen der Außenarbeit änderten das Gesamtsystem der Gefangenschaft schließlich fundamental. Für die große Mehrheit prägte nun harte Arbeit den Alltag, wenn auch unter höchst unterschiedlichen Bedingungen. Vor allem auf dem Land konnte die Außenarbeit den K. durchaus einen gewissen Grad an Freizügigkeit und eine Verbesserung ihrer materiellen Versorgung bringen. Andererseits verschärfte der Arbeitszwang den Alltag jener K., die in der Industrie oder im Bergbau unter weit strengerer Bewachung Schwerstarbeit leisten mußten. Generelle Aussagen hinsichtlich des Arbeitsalltags und der physischen Belastung der K. sind, bedingt durch die Vielfalt und Unterschiedlichkeit der Kommandos und Tätigkeiten, kaum zu treffen. Aufgrund zeitgenössischer Berichte ist allerdings davon auszugehen, daß die Lebens- und Arbeitsverhältnisse in der Landwirtschaft dauerhaft am besten, in Bergwerkskommandos am schlechtesten waren. Feststellbar ist ferner, daß in den letzten Kriegsjahren auf die individuelle Belastungsfähigkeit zunehmend weniger Rücksicht genommen und die Strafmaßnahmen gegen sog. Arbeitsverweigerer drastisch verschärft wurden.

Die Ernährungssituation wurde in allen kriegführenden Staaten nicht nur von der Versorgungslage im Unterkunftsland, sondern auch vom Umfang an Hilfslieferungen aus ihrem Herkunftsland bestimmt. Internationale Hilfsorganisationen konnten angesichts der enormen Gefangenenzahlen zwar begrenzt helfen, waren jedoch auf Hilfsgüter aus den jeweiligen Heimatstaaten der Soldaten angewiesen. Wie auch in Rußland war in Deutschland die Ernährungslage insgesamt schlecht, was zu einer regelrechten Zweiklassengesellschaft unter den K. führte. Die Versorgung der K. aus Frankreich oder Großbritannien war durch staatliche und private Nahrungsmittellieferungen aus ihren Heimatstaaten relativ gesichert. Die Ernährung der weitgehend auf die deutsche Lagerration angewiesenen russischen K. war (wie später insbesondere auch die der rumänischen K.) dagegen spätestens ab Ende 1916 quantitativ wie qualitativ unzureichend. Die für K. durch die Heeresverwaltung gestellte Kost bestand zu diesem Zeitpunkt weitgehend aus schrumpfenden Brotrationen, einem Einheitsbrei aus Kohlrüben, Dörrgemüse, Ersatzstoffen und Kleinstportionen an Fisch oder Fleisch schlechtester Qualität. Sofern sie nicht durch private Arbeitgeber (oder Hilfspakete) zusätzliche Nahrungsmittel erhielten, stellte diese Ernährungsweise ein gesundheitliches Problem dar. Nachweisbar ist eine höhere Anfälligkeit z. B. russischer K. gegenüber bestimmten Erkrankungen wie Tuberkulose.

Die Todesrate rumänischer K. in Deutschland lag 1917 bei signifikant hohen 29 %. Selbst die deutschen Militärbehörden bezeichneten die Ernährung der K. angesichts der geforderten Arbeitsleistung in den letzten beiden Kriegsjahren als unzureichend und versuchten Abhilfe zu schaffen. Unterprivilegiert blieben jedoch im gesamten Kriegsverlauf diejenigen K., die in den Front- und Etappengebieten untergebracht waren. Neutrale Ärzte stellten bei diesen, von jeglichen Hilfslieferungen abgeschnittenen Rückkehrern bei Kriegsende erhebliche Anzeichen von körperlicher Schwäche und Mangelernährung fest.

Im Vergleich mit dem Zweiten Weltkrieg blieb die Praxis der Gefangenenbehandlung 1914-1918 insgesamt sicherlich in vielen Bereichen militärischen Traditionen, damaligen humanitären Standards und auch internationalen Rechtsgrundlagen verhaftet. Dennoch verweisen gerade die Aspekte von Arbeit und Ernährung auf einen fundamentalen Wandel der Kriegsgefangenschaft: K. galten nicht mehr in erster Linie als ein militärisches Sicherheitsproblem. Im industrialisierten Massenkrieg entwickelte sich Gefangenschaft zu einer Frage der ökonomischen Kriegsressourcen. → *Rotes Kreuz* → *Genfer Konvention* → *Haager Landkriegsordnung*

Lit.: U. Hinz, Gefangen im Großen Krieg. Kriegsgefangenschaft in Deutschland 1914-1921, Essen 2004; R. B. Speed, Prisoners, Diplomats and the Great War. A Study in the Diplomacy of Captivity, New York 1990.

UTA HINZ

Kriegsgesellschaften. Unter K. werden die in den kriegführenden Staaten wirkenden, meist halbstaatlichen Gesellschaften bzw. Firmen verstanden, die ordnungspolitische Aufgaben im Rahmen der Kriegswirtschaft ausübten. Als K. im engeren Sinne bezeichnet man die in Deutschland vor allem zur Rohstoffbewirtschaftung geschaffenen Gesellschaften, die auf gemeinnütziger Basis und mit staatlichen Machtbefugnissen in den Wirtschaftskreislauf eingriffen und Marktmechanismen durch eine wirtschaftliche Reglementierung ersetzten. Dabei unterstanden K. direkter oder indirekter Kontrolle vor allem durch die Kriegsrohstoffabteilung (KRA) bzw. das Kriegsamt, das Reichsamt des Innern bzw. das Reichswirtschaftsministerium, die Handelspolitische Abteilung des Auswärtigen Amtes, das preußische Innen- und Handelsministerium sowie andere oberste Behörden des Reichs und Preußens.

Kurze Zeit nach Errichtung der KRA wurden die ersten K. als ihr unterstellte, aber juristisch selbständige Gesellschaften von Unternehmen, Unternehmensvereinigungen und Industriellen gemeinsam mit Vertretern der KRA zur technisch-kaufmännischen Abwicklung der Bewirtschaftung von Rohstoffen gegründet. Von den Staatsorganen wurde vor allem die Möglichkeit gesehen, Einfluß auf einzelne Unternehmen gewinnen zu können, wobei zivile Behörden seitens der KRA aus den Gründungsverhandlungen zu den ersten K. weitgehend herausgehalten wurden. Von einzelnen Verantwortlichen insbesondere im Umfeld von Walther Rathenau wurden die K. als Keimzellen einer visionären, mehr gemeinwirtschaftlich geregelten Wirtschaftsordnung (»neue Wirtschaft«) gesehen, für deren Einführung die Ausnahmesituation des Krieges eine entscheidende Möglichkeit bot. Widerstand gegen die Schaffung der K. bestand vor allem zu Kriegsbeginn in den obersten Behörden. Auf der Seite der Unternehmer herrschte eine allgemeine Furcht vor Eingriffen in ihre Dispositionsfreiheit und vor der Preisgabe von Produktionsgeheimnissen. Kleinere Betriebe sorgten sich, daß K. von den Marktführern instrumentalisiert werden würden. Dennoch gelang es der KRA, anfänglich unter wesentlicher Mitwirkung von Rathenau, wichtige K. zu gründen, auch wenn im Einzelfall selbst Branchenführer abseits standen. Allein schon diese sehr verschiedenen Interessenslagen machen deutlich, daß die K. Kompromißcharakter hatten und von begrenzter Wirksamkeit waren.

Der Totalitätsanspruch einer gesamtstaatlichen Rohstoffbewirtschaftung hatte zur Folge, daß die K. häufig Zwangssyndikaten ähnelten, und selbst außerhalb stehende Unternehmen oft gezwungen waren, mit den K. zusammenzuarbeiten. Die K. entstanden bevorzugt als Aktiengesellschaften aber auch als Gesellschaften mit beschränkter Haftung. Aktionäre bzw. Teilhaber waren wichtige Firmen der Branchen, aber in der Regel keineswegs alle. Die behördliche Aufsicht wurde durch Kommissare oberster Behörden mit Vetorecht ausgeübt. Mit der Gemeinnützigkeit war verbunden, daß entweder keine Verzinsung des Kapitals erfolgte oder diese auf 4-5 % limitiert war; Liquidationsgewinne verfielen zugunsten des Staates. Neben Vorstand und Aufsichtsrat besaßen die K. als weitere

Leitungsorgane vom Aufsichtsrat offiziell unabhängige Überwachungs-, Schätzungs- und Verteilungskommissionen.

Im Verlauf des Krieges wurde das Wirken der K. durch staatliche Interventionen teilweise wieder erheblich beschränkt. Es bestand ein fortgesetztes Mißtrauen der Bürokraten gegen die neuen ordnungspolitischen Faktoren. Auch war der Ruf der K. teilweise nicht der beste wegen angeblicher oder tatsächlicher Bevorzugung der Gesellschafter. Deshalb wurden den K. ab 1915 Aufgaben wieder abgenommen und anderen kriegswirtschaftlichen Organisationen übertragen. Die anfänglich nur formal gehandhabte Genehmigungspraxis wurde zu einem tatsächlichen Kontroll- und Steuerungsinstrument ausgebaut.

Die K. waren eine der wesentlichen Organisationsformen der deutschen Kriegswirtschaft. Die Widersprüche zwischen ihnen und den Unternehmen, den zivilen und militärischen Behörden sowie anderen Kriegswirtschaftsorganisationen mit sich überschneidenden Arbeitsgebieten und -kompetenzen sowie auch die Interessensgegensätze der in den K. selbst zusammenarbeitenden Unternehmen und Behörden beschränkten letztlich ihre Wirksamkeit erheblich. → *Kriegsamt* → *Rohstoffbewirtschaftung*

Lit.: R. Roth, Staat und Wirtschaft im Ersten Weltkrieg. Kriegsgesellschaften als kriegswirtschaftliche Steuerungsinstrumente, Berlin 1997.

REINHOLD ZILCH

Kriegsgreuel. K. können direkt völkerrechtswidrig sein oder gegen die allgemein akzeptierten Gebräuche des Krieges verstoßen, oder völkerrechtskonform aber dennoch verabscheuenswert sein. Die Grundannahme besteht in der besonderen Grausamkeit der Art der Kriegführung oder in der Wahl der Opfer. Wenn Wehrlose absichtlich zum Ziel kriegerischer Handlungen gemacht werden (Zivilisten, Schiffbrüchige, kriegsgefangene Soldaten oder Verwundete), liegen in der Wahrnehmung der Opferseite K. vor. Dazu gehörten zahlreiche Fälle zu Beginn des Weltkrieges, in denen französische und belgische Zivilisten als »menschliche Schutzschilde« vor deutschen Truppen hergetrieben wurden, sowie Geiselnahmen und -tötungen, Deportationen, Plünderung und Brandstiftung. Vor allem die Tötungen von ca. 6.400 Zivilisten während der Invasion Frankreichs und Belgiens 1914 wurden sofort als »deutsche K.« bezeichnet. Sie galten bis Kriegsende und darüber hinaus als Sinnbild für die Grausamkeit der deutschen Kriegführung; die alliierte Anklage kam einer moralischen Verurteilung nicht nur einzelner Täter gleich, sondern der deutschen Armee insgesamt und letztlich sogar der ganzen Nation. Es folgten weitere Kriegshandlungen, die ebenfalls von den Alliierten als »K.« bezeichnet wurden: die »Kulturgreuel«, d. h. die Zerstörung von Kulturdenkmälern wie der Bibliothek von Löwen und der Kathedrale von Reims, die Torpedierung von Lazarettschiffen oder der Einsatz von Giftgas.

Die deutsche politische und militärische Führung konnte die Taten nicht bestreiten, sondern nur mit Hinweis auf K. der Feinde rechtfertigen: Im Falle der Tötung von Zivilisten während der Invasion 1914 verwies man auf den »Franktireurkrieg«, in dem Zivilisten deutsche Soldaten heimtückisch überfallen und grausam ermordet hätten; im Fall des Giftgaseinsatzes auf das fehlende Verbot im Kriegsrecht; beim U-Boot-Krieg auf die britische Hungerblockade, die das »größte Greuel«, nämlich einen Krieg gegen die deutsche Zivilbevölkerung, darstelle. Andere K.berichte stammten aus der Zeit der russischen Invasion Ostpreußens, wo die deutsche Bevölkerung durch Morde und Vergewaltigungen terrorisiert worden sei.

Zwischen K. und Propaganda bestand also ein komplexes, sich gegenseitig beeinflussendes Verhältnis. Die »deutschen K.« von 1914 eigneten sich ohne Ausschmückung zu Propagandazwecken. Daneben kursierten unkontrollierte Gerüchte, nach denen deutsche Truppen die Hände belgischer Kinder abhackten oder gefangene Soldaten folterten. Solche Erzählungen, die meist in der Wahrnehmung traumatisierter Augenzeugen entstanden, wurden als nichtamtliche Zeitungsmeldungen kolportiert. Nach dem Kriege führte die Entlarvung mancher Berichte als Phantasmagorien dazu, daß die K. schlechthin als zynische Propagandamanipulation angesehen wurden.

Als weiteres K. galt während des Weltkrieges auch der türkische Genozid an den Armeniern. Er spielte in der alliierten Wahrnehmung jedoch eine untergeordnete Rolle, auch wenn er zahlenmäßig ungleich bedeutender war.

Andererseits war nicht alles, was Zeitgenossen als K. galt, ein Kriegsverbrechen. Die Hinrichtung der britischen Krankenschwe-

Französische Postkarte. Vermutlich 1915

ster Edith Cavell, die große Entrüstung hervorrief, war nicht völkerrechtswidrig. Der deutsche Vorwurf, der alliierte Einsatz farbiger Kolonialtruppen, stelle einen »Greuel« dar, war ebenfalls gegenstandslos.

Die K. beschäftigten nicht nur die Bevölkerung und die öffentliche Meinung, sondern auch die Regierungen, die jeweils Untersuchungskommissionen ins Leben riefen und eine fast unübersehbare Flut von amtlichen Berichten veröffentlichten. Diese wurden in alle wichtigen Sprachen übersetzt und weltweit verbreitet, darunter die französischen in zwölf Heften und die belgischen in 23 Heften. Am bekanntesten war der Bericht des britischen Bryce Committee vom Mai 1915 *(Report of the Committee on Alleged German Outrages)*, vor allem wegen seiner durchschlagenden Wirkung in den USA. Auf die alliierte These, daß die deutschen K. eine Politik des systematischen Terrors gegen die Bevölkerung darstellten, antwortete das deutsche Auswärtige Amt mit dem im Mai 1915 veröffentlichten Bericht *Die völkerrechtswidrige Führung des belgischen Volkskriegs*, der die Maßnahmen als gerechtfertigte Strafe für einen illegalen Franktireurkrieg erklärte.

Da das Thema K. Fragen des Völkerrechts, der Moral und der Quelleninterpretation aufwarf und da es sich für die Diffamierung des Feindes besonders eignete, wurde es bald zum bevorzugten Kampfplatz der Intellektuellen bei der geistigen Mobilisierung für ihre jeweilige Nation, an der sich u. a. Fritz Haber, Gerhart Hauptmann, Emile Durkheim, Ernest Lavisse, Romain Rolland und H. G. Wells beteiligten. Die K.frage trug entscheidend dazu bei, den Weltkrieg in einen totalen Krieg zu verwandeln, in dem die Werte der feindlichen Kultur verdammt und wodurch die Friedensfindung nach 1918 erschwert wurde. → *Armenier* → *Deportationen* → *Franktireur*

Lit.: J. Horne/A. Kramer, German Atrocities 1914. A History of Denial, New Haven/London 2001.

Alan Kramer

Kriegskoalitionen. Vor dem Weltkrieg hatte sich das europäische Staatensystem stark polarisiert. Auf der einen Seite standen seit 1879 die *Mittelmächte*, d. h. der Zweibund Deutsches Reich – Österreich-Ungarn sowie der (unabhängig davon existierende) Dreibund Deutsches Reich – Österreich-Ungarn – Italien; letzteres erklärte jedoch zu Kriegsbeginn seine Neutralität. Auf der anderen Seite standen die *Ententemächte*, unter denen Frankreich und Rußland seit 1893/94 durch ein Militärbündnis verbunden waren, während zwischen Frankreich und Großbritannien militärische Absprachen für die Kriegführung zu Lande (1905) und zur See (1911) bestanden. Eine britisch-russische Marine-Konvention stand 1914 vor dem Abschluß.

Die Mittelmächte

Im Vertrauen auf den Zweibund erklärte Österreich-Ungarn am 28. Juli 1914 Serbien den Krieg; deutsche Kriegserklärungen an Rußland und Frankreich folgten ebenso wie eine britische Kriegserklärung an das Deutsche Reich bis 4. Aug. Österreich-Ungarn erklärte Rußland den Krieg am 6. Aug., es folgten französische und britische Kriegserklärungen am 11. und 12. Aug. Ein erweitertes formales Kriegsbündnis kam bis Kriegsende nicht zustande. Es bedurfte weiterer Absprachen auf den unterschiedlichen Ebenen des zwischen Monarchen, Militärs und Außenämtern wenig koordinierten Bündnisses. Bereits seit 1909 hatten sich Generalstabsbesprechungen als schwierig erwiesen; sie führten jedoch zur Zusage einer frühen deutschen Ostkriegsführung zur Entlastung einer österreichischen Offensive gegenüber Rußland. Mangelnde deutsche Erfolge im Westen, ausbleibende österreichisch-ungarische Bestätigungen gegenüber Serbien, dann gegenüber Rußland führten zu wechselseitiger Kritik. Besprechungen über einen gemeinsamen Oberbefehl im Osten unter Erzherzog Friedrich von Österreich mit dem deutschen Stabschef Generalquartiermeister Ludendorff scheiterten jedoch im Okt./Nov. 1914. Obwohl beide Seiten zunehmend erkannten, daß sie aufeinander angewiesen waren, blieben die Spannungen bestehen. Ab 1915, verstärkt seit Aug. 1916, übten deutsche Militärs unter Wahrung des österreichisch-ungarischen Prestiges die operative Leitung auf dem Balkan und dann auch im Osmanischen Reich aus. Eine verbindliche allgemeine Militärkonvention kam jedoch entgegen deutschen Wünschen nicht zustande. Das Osmanische Reich war zwar mit dem Deutschen Reich seit dem 2. Aug. 1914 durch ein Bündnis gegen Rußland verbunden; es bedurfte jedoch der Provokation deutscher, unter türkischer Flagge fahrender Kriegsschiffe (Kreuzer *Goeben* und *Breslau*), bis Rußland dem Osmanischen Reich am 2. Nov. 1914 den Krieg erklärte, dem sich die Westmächte anschlossen. Ohne daß es zu grundlegenden Verträgen kam, benötigte das Osmanische Reich deutsche (und österreichisch-ungarische) Hilfe, sei es zur Verteidigung der Meerengen, sei es zur Kriegführung im Kaukasus oder später auf der Arabischen Halbinsel. Das Deutsche Reich, Österreich-Ungarn und Bulgarien, später auch das Osmanische Reich schlossen am 6. Sept. 1915 eine spezielle Militärkonvention und einen Freundschaftsvertrag, der Bulgarien am 14. Okt. 1915 zu einer Kriegserklärung an Serbien veranlaßte. Ausschlaggebend war die Aussicht auf die Eroberung von serbischem und zum Teil auch türkischem sowie rumänischem und griechischem Territorium. Angesichts der strategischen Lage mit überlegenen britisch-französischen Flotten im Mittelmeer war ein Kriegseintritt Italiens auf seiten der Mittelmächte von vornherein unwahrscheinlich. Im Gegenteil vereinbarten die Mittelmächte sogar untereinander Konzessionen, um Italiens Neutralität zu sichern. Die schließlich als Preis dafür im April 1915 zugesagte Abtretung Südtirols an Italien sowie eines Sonderstatus für Triest, die durch deutsche Gebietsabtretungen an Österreich-Ungarn in Russisch-Polen sowie Oberschlesien kompensiert werden sollten, verhinderten jedoch einen Kriegseintritt Italiens auf seiten der Entente nicht.

Die Koordinierung gemeinsamer Kriegsziele des Deutschen Reiches und Österreich-Ungarns unterblieb jedoch zunächst ebenso wie eine Absprache über Friedensinitiativen zur Abspaltung einzelner Gegner. Erst die gemeinsame Friedensnote der Mittelmächte vom 12. Dez. 1916 schuf hier eine formale Basis, die sich aber aufgrund weit gesteckter Annexionspläne nur als taktische Geste erwies. Insbesondere gehörte hierzu die bereits am 5. Nov. 1916 erlassene Proklamation eines »Königreichs Polen« auf Kosten russischer Besitzungen, die jedoch ohne die Nennung konkreter Grenzen erfolgte. So konnte man keinen neuen Verbündeten gegen Rußland gewinnen. Weitere gemeinsame Kriegszielbesprechungen von monarchischer, militärischer und diplomatischer Seite blieben unverbindlich. Die Friedensverhandlungen mit dem (bolschewistischen) Rußland ab 22. Dez. 1917 in Brest-Litowsk wurden gemeinsam vom Deutschen Reich, Österreich-Ungarn, Bulgarien und dem Osmanischen Reich geführt und sahen im deutsch-österreichischen Einvernehmen die Schaffung eines Gürtels unabhängiger Staaten (Cordon sanitaire) an der Westgrenze Rußlands vor, die in den Einflußbereich der Mittelmächte geraten sollten. Der Zerfall der Koalition geschah aufgrund militärischer Niederlagen, als die Verbündeten nicht mehr helfen konnten: Am 30. Sept. 1918 schloß Bulgarien ohne vorherige Rücksprache mit den Mittelmächten einen Waffenstillstand, das Osmanische Reich folgte am 31. Okt. Dem deutschen Waffenstillstandsangebot an die USA vom 4./5. Okt. 1918 schloß sich Österreich-Ungarn an. Während der Waffenstillstand Österreich-Ungarns und der Alliierten bereits am 3. Nov. unterzeichnet wurde, folgte das Deutsche Reich erst am 11. Nov. 1918.

Die Entente

Auf seiten der Ententemächte stand am Anfang die Vereinbarung zwischen Großbritannien, Frankreich und Rußland vom 5. Sept. 1914, keinen Sonderfrieden zu schließen. Diese Abmachung überdauerte den Krieg bis zur Russischen Revolution von 1917. Die Entente-Koalition wies zunächst wenig gemeinsame Wertvorstellungen auf, da insbesondere zwischen westeuropäischen Demokratien und russischer Autokratie große Gegensätze bestanden. Nach dem amerikanischen Kriegseintritt (April 1917) und dem russischen Ausscheiden wirkten die positiv besetzten Wertvorstellungen von Demokratie und freier Gesellschaftsordnung innerhalb des Bündnisses verbindender. Die Entente-Koalition suchte sich anfangs vor allem durch die Aussicht auf territoriale Erwerbungen zu erweitern. In diesem Sinne trat auch Japan trotz britischer Skepsis am 23. Aug. 1914 in den Krieg ein, um sich vor allem der deutschen Besitzungen in China (Kiautschou) und im Pazifischen Ozean zu bemächtigen.

Eine koordinierte Kriegführung zwischen den Westmächten einerseits, Rußland andererseits wurde erst seit Herbst 1915 durch gemeinsame interalliierte Konferenzen hergestellt. Jedoch sollte u. a. bereits seit Anfang 1915 der britische Angriff auf die Dardanellen die russische Position stärken. Dazu gehörte auch das britische (nicht aber französische) Versprechen auf künftigen russischen Besitz der Meerengen gegen Konzessionen in Persien. Das Dringen der Entente auf den italienischen Kriegseintritt kulminierte im Geheimvertrag von London (26. April 1915), aufgrund dessen Italien am 23. Mai 1915 Österreich-Ungarn den Krieg erklärte. Es sollte dafür Südtirol bis zum Brenner erhalten, darüber hinaus wurde ihm die Vorherrschaft über die Adria mit Territorialbesitz inklusive Dalmatien zugestanden. Nicht zuletzt wurden Italien eine Zone in der Südtürkei (Antalya) sowie koloniale Erweiterungen in Afrika versprochen – solch umfangreiche Zugeständnisse hatten die Mittelmächte nicht bieten können.

Widersprüchlich gestalteten sich vor allem die Koalitionsabsprachen über die Zukunft des Osmanischen Reiches. 1916 schlossen die britischen und französischen Unterhändler Sykes und Picot ein nach ihnen benanntes Abkommen, welches die künftige Kontrolle der arabischen Gebiete zwischen den beiden Staaten regelte. Rußland (1916) und Italien (1917) erhielten im Zuge dieser Abmachungen Zusagen auf Armenien bzw. Westanatolien. Bereits am 24. Okt. 1915 hatte jedoch der britische Hochkommissar in Ägypten, Henry McMahon, mit dem Scherif Husain von Mekka eine briefliche (nach beiden Personen dann benannte) Abmachung getroffen, in welcher eine Arabische Kontrolle der entsprechenden arabischen Gebiete zwischen der Türkei und der Arabischen Halbinsel vorgesehen war. Ein informeller Brief des britischen Außenministers Lord Balfour vom 2. Nov. 1917 an den britischen Zionistenführer Chaim Weizman versprach den Zionisten eine Heimstatt (home) in Palästina. Diese Koalitionsabsprachen der europäischen Großmächte untereinander sowie der Briten gegenüber Arabern und Zionisten beinhalteten in einer auf nationale Eigenständigkeit drängenden Nachkriegssituation zugleich den Keim für künftige internationale Konflikte. Anders als im Falle Italiens hatten die Mittelmächte Bulgarien größere Erwerbungen bieten können als die Entente. Rumänien erklärte den Mittelmächten am 27./28. Aug. 1916 den Krieg, nachdem es Territorialerweiterungen in Transsilvanien, der Bukowina und dem Banat zugesichert bekommen hatte. Griechenland folgte am 25. Nov. 1916 mit Zusicherungen von Gebietserwerbungen auf Kosten der Türkei. Das waren riskante Schritte, die Friedensverhandlungen unterhalb der Schwelle des völligen Sieges erschweren mußten.

In der gemeinsamen Kriegsziel-Deklaration der Entente vom 10. Jan. 1917, die vor allem auf eine US-Unterstützung abzielte, wurden neben der Wiederherstellung Belgiens, Serbiens und der Befreiung besetzter Gebiete in Rumänien, Rußland und Nordfrankreich zugleich Befreiungspläne für (Nord-)Italiener, Slawen, Rumänen und Tschechen gefordert. Um Rußland länger im Krieg zu halten, versuchte Frankreich darüber hinaus im Febr. 1917, eine Politik zwischen beiden Staaten für die Nachkriegszeit zu vereinbaren, die auf eine Aufteilung Deutschlands hinauslief, wie sie fast drei Jahrzehnte später von den Siegermächten des Zweiten Weltkrieges zwischen Teheran 1943 und Jalta 1945 diskutiert wurde. Beide Seiten versicherten sich bei politischen Gesprächen wechselseitig eine freie Hand in der künftigen Grenzziehung. Damit erhielt Rußland Freiheit in der Gestaltung der polnischen Frage und damit der Abtretung von (auch weiteren) Gebieten im Osten, während Frankreich die Rheingrenze im Westen zugestanden wurde – Mit der ersten russischen Revolution im März 1917 und dem Sturz der Zarendynastie wurden diese Verabredungen jedoch hinfällig. Die USA traten nur als »assoziierte Macht« am 6. April 1917 in den Krieg ein, da Präsident Woodrow Wilson doch nicht bereit war, offen als Verbündeter aufzutreten geschweige denn sein Land offen an die Kriegszielabsprachen der Entente zu binden. Rußland schied mit dem Waffenstillstand vom 15. Dez. 1917 nach der bolschewistischen Revolution aus der Entente aus. Kurz zuvor hatten die Westmächte aufgrund der mangelnden Kriegserfolge und fehlender Koordination am 7. Nov. 1917 in Rapallo einen Obersten Kriegsrat gegründet. Ratstreffen, üblicherweise in Versailles, führten jedoch erst nach militärischen Rückschlägen im März 1918 zur Schaffung eines einheitlichen Oberkommandos unter dem Oberkommandierenden der alliierten Armeen Ferdinand Foch. Dieser behielt seine Funktion für die Friedensverhandlungen und die Nachkriegsintervention in Rußland über den Waffenstillstand hinaus bei. → *Entente* → *Konferenz von Chantilly*

Lit.: A. Mayer, The Political Origins of the New Diplomacy, New Haven 1959; D. Stevenson, The First World War and International Politics, Oxford 1988.

JOST DÜLFFER

Kriegskochbuch. Rezeptbücher aus Zeiten, in denen kriegsbedingter Mangel an Lebensmitteln herrschte, sind heute überwiegend skurrile Fundstücke auf Flohmärkten. Tatsächlich sind K. Ausdruck eines bedeutenden Problems im Weltkrieg. Im Verlauf des Krieges wurden in den meisten Ländern alle wichtigen Lebensmittel rationiert. Nahrungsmittel wurden gestreckt, so z. B. Brotteig durch einen Anteil Kartoffeln. Das mit einem hohen Kartoffelanteil hergestellte Brot war bei den Verbrauchern verhaßt. Vorschläge, wie Lebensmittel gestreckt werden konnten, und der Einsatz von Substituten – Zichorie als Kaffee-Ersatz – führten zu einem zunehmenden Verdruß in der Öffentlichkeit. Unübersehbar war, daß der Mangel nicht alle Bürger gleichermaßen hart traf: Selbstversorger und Wohlhabende, die auf dem florierenden Schwarzmarkt sämtliche Güter kaufen konnten, waren vom Hunger und den Anstrengungen der Beschaffung von Lebensmitteln in der Regel weitaus weniger betroffen.

Im Jahr 1915 wurden in Deutschland 69 K. veröffentlicht, in den folgenden Jahren waren es erheblich weniger: 1916: 26, 1917: 29 und 1918: 18. Durch die sich ausweitende Lebensmittelknappheit mußten die Themenschwerpunkte hin zu einer größeren Spezialisierung verändert werden: Während 1915 noch die Hälfte aller Rezepte allgemeine Kochanweisungen enthielten, nahmen in den folgenden Jahren Anleitungen für die Verwendung von Ersatzlebensmitteln einen immer breiteren Raum ein. Besonders erfolgreich erwies sich die Propagierung von wildwachsenden Pflanzen, Obst- und Gemüsesorten für die menschliche Ernährung. Auch das vor dem Krieg weithin unpopuläre Pferdefleisch wurde zu einem wichtigen Nahrungsmittel, für das die K. Zubereitungsvorschläge boten. → *Hunger*

SUSANNE BRANDT

Kriegskredite. K. waren eines der entscheidenden Mittel zur Finanzierung des Krieges. Sie wurden von allen kriegführenden Staaten im Inland und teilweise auch im Ausland in unterschiedlichen Formen, Methoden und Größenordnungen aufgenommen. K. waren notwendig, weil sich einerseits die traditionellen Staatseinnahmen mit Kriegsausbruch teilweise radikal verminderten und andererseits sich der Finanzbedarf sprunghaft vervielfachte. K. wurden im Inland in Form von kurz- bzw. mittelfristigen Schatzwechseln oder durch Ausdehnung des Papiergeldumlaufs aufgenommen. Das geschah sowohl regulär und auf gesetzlicher Basis als auch durch geheime Schuldverschreibungen bzw. durch die Aufblähung der Banknoten- bzw. Staatspapiergeldemission. In jedem Fall erhöhte sich die sog. Schwebende Schuld. Deren Abbau wurde sowohl mit Hilfe vermehrter regulärer Einnahmen als auch mittels Kriegsanleihen versucht. Ausländische K. wurden innerhalb der Bündnisse oder von neutralen Staaten gewährt – eine Sonderform waren okkupierten Territorien aufgezwungene K. Zwischenstaatlich waren sowohl direkte Zahlungen als auch die Verrechnung von Waffen- und Warenlieferungen oder Dienstleistungen möglich.

In Deutschland genehmigte der Reichstag während des Krieges K. in Höhe von 148,6 Mrd. M. Die aus Reichsbanknoten, Darlehnskassenscheinen sowie dem Buchgeld bestehende Geldmenge vermehrte sich durch diese regulären K. sowie die ebenfalls praktizierten verdeckten Formen von knapp 9 Mrd. M im Aug. 1914 auf mehr als 60 Mrd. Ende 1918, da der Abbau der Schwebenden Schuld nur sehr begrenzt gelang. Das war eine wesentliche Ursache für die beginnende Inflation.

Die österreichisch-ungarische Bank gewährte während des Krieges Kredite von 35 Mrd. Kr an die beiden Staatsverwaltungen als Konsortial- und Lombarddarlehn, Solawechsel sowie Schuld- bzw. Kassenscheine, zu deren Fundierung Kriegsanleihen aufgelegt wurden. Deren unzureichender Ertrag zwang ab Herbst 1917 zu verstärkter Schuldenaufnahme bei der Notenbank, so vom 20. März bis zum 14. Okt. 1918 in Höhe von 10,5 Mrd. Kr. Vom britischen Staat wurde die Bank of England in geringerem Maße in Anspruch genommen. Ihr Bestand an Regierungspapieren stieg von 31,6 auf 89,5 Mio. £. Die Regierung gab aber selbst Currency Notes als Staatspapiergeld aus; hinzu kamen z. B. Postal Orders als Papiergeldsorte.

Auch Auslandskredite gewannen im Krieg eine höhere politische Bedeutung als zuvor. Die 200 Mio. M eines Konsortiums unter Führung der deutschen Disconto-Gesellschaft an Bulgarien waren ebenso ein wesentlicher Grund für den Kriegseintritt des Balkanlandes auf Seiten der Mittelmächte, wie die 5 Mio. £ der Bank of England an Rumänien, das sich der Entente anschloß. Eine 300-Mio.-$-Anleihe der USA an Großbritannien im Okt. 1916 sowie eine weitere über 250 Mio. $ im Jan. 1917 waren für die britische Kriegswirtschaft von eminenter Bedeutung, banden zugleich das nordamerikanische ökonomische Potential eng an sie und wogen schwer bei der Entscheidung über eine Kriegserklärung an Deutschland.

Alle kriegführenden Staaten hofften angesichts der gewaltigen Haushaltsdefizite auf einen Sieg, um in Friedensverhandlungen die Rechnung in Form bedeutender Reparationen zur Sanierung der eigenen Finanzen präsentieren zu können. Dieses Kalkül ging selbst für die Ententestaaten, insbesondere Frankreich, nicht auf, die auf der Grundlage des Versailler Vertrages vor allem von Deutschland enorme Sachlieferungen und Geldzahlungen forderten. Angesichts der Veränderungen der weltpolitischen Lage nach 1918 schlugen die Siegermächte, nach einer anfänglichen Periode harter Reparationspolitik, einen Deutschland entgegenkommenderen Kurs ein. → *Kriegsanleihen*

Lit.: M. Zeidler, Die deutsche Kriegsfinanzierung 1914 bis 1918 und ihre Folgen, in: Der Erste Weltkrieg. Wirkung, Wahrnehmung, Analyse, hg. v. W. Michalka, München 1994, S. 415-433.

REINHOLD ZILCH

Kriegsleistungsgesetz. Das Gesetz über Kriegsleistungen vom 13. Juni 1873, das in der Folgezeit durch zahlreiche Ausführungsbestimmungen ausgestaltet wurde, regelte für das Deutsche Reich »Verpflichtungen des Bundesgebietes zu allen Leistungen«, namentlich Spanndienste, Einquartierung, Naturalleistungen und Naturallieferungen an die Militärmacht durch Gemeinden, Individuen und wirtschaftliche Unternehmen, darunter auch der Eisenbahnen, die die Beförderung von Mannschaften und Material zu bestimmten Preisen sicherzustellen hatten. Diese Leistungen sollten nur dann in Anspruch genommen werden, wenn sie nicht anderweitig auf dem freien Markt und durch Barzahlung erhältlich waren. Der rechtlichen Systematik nach zählt zum K. auch die Versorgungspflicht der Gemeinden für die Familien von Mannschaften (Kriegsunterstützung), die durch ein eigenes Gesetz vom 28. Febr. 1888 geregelt wurde. Im Gegensatz zum Deutschen Reich hatte Österreich-Ungarn mit dem K. von 1912 die Möglichkeit einer umfassenden Militarisierung der Wirtschaft eröffnet.

Das K. spielte während des gesamten Krieges in mehrfacher Hinsicht eine wichtige Rolle. Einquartierungen und Verpflegung der Truppen waren genau geregelt. Frühzeitig wurde die Möglichkeit des Zusammenschlusses von Gemeinden zu Lieferungsverbänden durch Bundesratsverordnung realisiert. Sie dienten nicht nur der Sicherstellung des militärischen Bedarfs an Pferden, Vieh, und Nahrungsmitteln, sondern später auch für die Ernährung der Zivilbevölkerung.

Die Festsetzung von Höchstpreisen zu Beginn des Krieges, mehr noch die Schaffung von Einrichtungen wie der Reichsgetreidestelle mit ihren weitreichenden Befugnissen, über die Ernten von 1917 und 1918 zu verfügen, sind auch als eine Ergänzung des K. zu verstehen; mit den Höchstpreisgesetzen wurde auch versucht, die im Gesetz offene Frage der Entschädigung für Lieferungen an das Militär zu regeln. Wie Juristen betonten, hatten die so festgesetzten »Übernahmepreise« von Anfang an den Charakter einer »öffentlich-rechtlichen« Entschädigung. Nur ausnahmsweise sollten einzelne Personen direkt zu Kriegsleistungen herangezogen werden. Dazu zählten z. B. die Besitzer von Fahrzeugen, besonders aber die Eigner von Schiffen, die ihren Besitz gegen Vergütung dem Militär zur Verfügung stellen mußten. Konkret bedeutete dies, daß gleich zu Beginn des Krieges die Handelsmarine Schiffe an die Kriegsmarine abgeben mußte, wobei die Frage der Entschädigungen umstritten blieb.

Während des Weltkrieges gab es immer wieder Überlegungen, das K. zur umfassenden Mobilisierung und Militarisierung der Arbeit auszuweiten. So plädierte die 3. OHL unter dem maßgeblichen Einfluß des Oberstleutnant Max Bauer, der sich seinerseits auf Überlegungen des damaligen Reichskommissars für Reichsstickstoffwerke, Wichard von Moellendorf, stützte, im Zusammenhang mit der Durchführung des Hindenburg-Programms für ein verschärftes K.: Arbeit für das Allgemeinwohl sei jetzt Pflicht für alle, so Bauer. Der Grundsatz »Wer nicht arbeitet, soll auch nicht essen« sei mehr denn je berechtigt, auch den Frauen gegenüber. Mit der Ausdehnung der Dienstpflicht auf alle arbeitsfähigen Männer zwischen 17 und 60, der Schließung von Universitäten und der Heranziehung von Versorgungsempfängern sollte eine umfassende Mobilisierung der vorhandenen Arbeitskräfte sichergestellt werden. Ferner wollte man die bislang freie Wahl des Arbeitsplatzes drastisch einschränken. Als Vorbild diente wahrscheinlich auch das K. Österreich-Ungarns: Dort wurden gleich nach Kriegsbeginn Waffen- und Munitionsfabriken unter militärische Kontrolle gestellt. Konkret bedeutete dies nicht nur von Anfang an einen weitgehenden Einfluß auf die Preisgestaltung bei Rüstungsgütern, sondern vor allem auch, daß die Arbeiter eines militarisierten Betriebs nicht nur an ihren Arbeitsplatz gebunden, sondern auch der militärischen Disziplin und Gerichtsbarkeit unterstellt waren.

Mit Blick auf die erwarteten politischen Kontroversen sprach sich Bauer vehement gegen die Behandlung des Gesetzes durch den Reichstag aus, im Gegensatz zu Ludendorff und Hindenburg, die den Reichstag in die Pflicht nehmen wollten. Der Leiter des Kriegsamtes, Wilhelm Groener, meinte, daß sich das K. ebensowenig wie das Belagerungszustandsgesetz für die Regelung der Arbeiterfrage eigne, weil diese Gesetze nur zur Regelung eines akuten Zustandes dienten, während es sich beim Hilfsdienstgesetz um eine auf lange Zeit berechnete und systematisch zu entwickelnde organisatorische Tätigkeit handele. Das Gesetz über den Vaterländischen Hilfsdienst vom 5. Dez. 1916 konnte diese weitreichenden Erwartungen, die die OHL und die Rüstungsindustrie an dieses Gesetz legten, nicht erfüllen, nicht zuletzt weil sie es immer nach den Kategorien des K. bewerteten. → *Hilfsdienstgesetz* → *Hindenburg-Programm*

Lit.: G. D. Feldman, Armee, Industrie und Arbeiterschaft in Deutschland 1914-1918, Bonn/Berlin 1985; G. Mai, Das Ende des Kaiserreichs. Politik und Kriegführung im Ersten Weltkrieg, München 1987.

MARTIN H. GEYER

Kriegsmaler, Maler, die im offiziellen Auftrag das jeweilige Kriegsgeschehen in Zeichnungen, Gemälden etc. festhalten. – Die Werke der K. stehen in der Regel in der Tradition der historischen und zudem überwiegend apologetischen Schlachtenmalerei, d. h. sie haben vor allem heroisierende und dokumentierende Funktion. Es finden sich jedoch im 19. Jahrhundert und zunehmend im 20. Jahrhundert auch Beispiele für ein kritisch resümierendes Interesse. Dieses war allerdings fast ausschließlich den frei arbeitenden Künstlern vorbehalten. Die noch wenig erforschte Arbeit der K. läßt sich wohl nur mit dem Blick auf den jeweiligen historischen Kontext, auf die Erwartungen der Auftraggeber und auf die Intentionen und Spielräume des Künstlers genauer einschätzen. Der Personenkreis der K. umfaßt neben den zahlreichen, meist unbekannten Militärmalern, die auf das Kriegsgenre spezialisiert waren und im Dienst militärischer Einrichtungen standen, auch Soldaten und Offiziere, die ein Interesse daran hatten, ihre Kriegserfahrungen in Bildern zu deuten, und – wenn auch eher selten und von Land zu Land verschieden – bekannte Künstler, die sich für einige Zeit als K. engagieren ließen. So arbeitete während des Weltkriegs in England z. B. Paul Nash im Auftrag der Regierung als Official War Artist; in Deutschland zeichnete und malte Max Slevogt für die Armee des bayerischen Kronprinzen Rupprecht.

Die Darstellung des modernen totalen Krieges wurde vielen der als K. sich zur Verfügung stellenden Künstler jedoch bald zum Problem; nicht selten gerieten sie dabei in Konflikt mit ihren Auftraggebern. Ihre die Schrecken des Krieges nicht aussparenden Werke wurden abgelehnt, Ausstellungen wurden zensiert oder geschlossen. Das für heroische Schlachtenbilder, eindrucksvolle Kriegspanoramen und dramatische Nahkampfszenen nicht länger geeignete Kriegsgeschehen des Weltkriegs, die neuen Kriegstechniken und die Erfahrungen eines gründlich veränderten Schlachtfeldes schärften den Blick für die Auswirkungen einer mörderischen Kriegsmaschinerie und das Kriegserlebnis des einfachen Soldaten. Wie etwa an den Kriegsdarstellungen des Franzosen Alphonse Lalauze, des Engländers Christopher R. W. Nevinson oder des Deutschen Franz Eichhorst zu beobachten ist, galt das Interesse zunehmend nicht nur der Dokumentation herausragender militärischer Ereignisse, sondern auch dem Kriegsalltag und der subjektiven Erfahrung der Soldaten. Gemeinsam war den K. – bei allen Unterschieden in bezug auf das künstlerische Umfeld, nationale Traditionen, persönliche Umstände und Interessen –, daß mit der Beobachtung des Kriegsalltags und dem aus der Nähe gesehenen Horror eines massenhaften Sterbens die kritische Distanz zum Kriegsgeschehen zunahm. Die Kriege des 20. Jahrhunderts, aber auch die neuen Bildmedien, die verstärkt den Fotografen übertragene Abbildung kriegerischer Ereignisse und die von der Kunst der Moderne aufgeworfenen Probleme der Darstellung ließen die Tätigkeit der K. zunehmend obsolet erscheinen. Dennoch ist das Interesse an einer offiziellen Kriegsmalerei – etwa in Großbritannien – bis heute nicht erloschen: Einer Tradition folgend, waren noch während des Falkland-Krieges und des zweiten Golfkrieges K. in diesen Kampfgebieten aktiv.

Lit.: F. Robichon, Ästhetik der Sublimierung. Die französische Kriegsmalerei, in: Die letzten Tage der Menschheit. Bilder des Ersten Weltkrieges, Berlin 1994, S. 285-300; R. Cork, Das Elend des Krieges. Die Kunst der Avantgarde und der Erste Weltkrieg, ebenda, S. 301-396.

ANNEGRET JÜRGENS-KIRCHHOFF

Kriegsneurosen, im Ersten Weltkrieg sich durchsetzende Bezeichnung für psychopathologisch bedingte Erkrankungen, die infolge des Kampfeinsatzes bei Soldaten auftraten. – Man sprach in der Fachliteratur auch von traumatischer Neurose, Zweckneurose, Schreckneurose, Granat- und Nervenschock, Kriegshysterie oder einfach von Nervenerkrankungen. Die Patienten wurden aufgrund des vorherrschenden Symptoms umgangssprachlich »Kriegszitterer« oder »Schüttler« genannt. Allein für Deutschland wird nach vorsichtigen Schätzungen von mindestens 200.000 Kriegsneurotikern ausgegangen.

Die Geschichte der K. gehört zu jener der traumatischen Neurose und der unter diesem Oberbegriff versammelten Krankheitsbilder Neurasthenie, Hysterie und der auch alltagssprachlich manifesten Nervosität. Ursächlich steht die traumatische Neurose mit zwei Entwicklungen in engem Zusammenhang: zum einen mit der Zunahme von spezifischen, aus der rasanten Beschleunigung der industriellen Revolution resultierenden Unfällen und deren versicherungstechnischer Entschädigung. Zum anderen muß sie im Kontext der vor allem in der zweiten Hälfte des 19. Jahrhunderts forcierten Ätiologieforschung (Erforschung der Krankheitsursachen) gesehen werden. Gerade die zunächst allgemein mangelnde Kenntnis über die Ursachen für seelische Erkrankungen führte zur Prägung und Erforschung der traumatischen Neurose.

Das Ausmaß und die Intensität der K. praktisch von Kriegsbeginn an überraschte zunächst die damit befaßten Ärzte. Bereits im unmittelbaren Anschluß an die großen, in außerordentlicher Hitze zurückgelegten Märsche in Belgien kam es unter den Truppen zu »Krampfleiden, traumatischen Psychosen im Gefolge seelischer Erschütterung« in großer Zahl. Die »Kriegszitterer«, so der Arzt und Politiker Willy Hellpach, wurden rasch »zu einem grausigen Straßenschauspiel, das die Bevölkerung fast mehr noch als die Amputierten, die Blinden und die im Antlitz Entstellten erregte.« Daß sie in der Heimat überhaupt wahrgenommen werden konnten, verdankte sich indessen in der ersten Kriegsphase noch einem relativ milden Umgang mit den »Kriegszitterern«, denen ein »Granatschock« oder eben eine K. attestiert worden war. Frontferne Ruhepausen, Dienstbefreiungen oder Wasserkuren gehörten zur Therapie, die sich mehrheitlich noch an der Auffassung einer organischen Verursachung der K. orientierte.

Doch erforderte die stetige Zunahme der Erkrankungen aufgrund der Materialschlachten schnell ein anderes Vorgehen. Es war im wesentlichen abhängig von den folgenden Prämissen: 1. die schnelle Wiederverwendungsfähigkeit der Soldaten für den Front- oder Garnisonsdienst bzw. in ihrem Zivilberuf herzustellen und 2., wenn dies nicht oder nur eingeschränkt gelang, eine parallel zum erwünschten Therapieerfolg so knapp wie möglich bemessene Rente zuzubilligen. Die Methoden, die in Verfolgung dieses Ziels zum Einsatz kamen, konnten von ausgesuchter Brutalität sein: Elektroschocks, wobei es zu Todesfällen kam, Kehlkopfsonden, die bei stumm gewordenen Kriegsneurotikern Erstickungsanfälle hervorrufen und dadurch die Stimme wiedererwecken sollten, »Hungerkuren« und völlige Isolation der Kranken, nur unterbrochen vom »Zwangs- oder Gewaltexerzieren«, gehörten dazu. Es ging insbesondere darum, den »Willen« des Erkrankten zur Gesundung neu oder wieder zu entfachen. In diesem Kontext wurde mitunter die Therapie als eine Art Willenskampf zwischen Arzt und Patient verstanden.

Auf der Kriegstagung des Deutschen Vereins für Psychiatrie und der Gesellschaft deutscher Nervenärzte in München (Sept. 1916) setzten sich Auffassungen durch, die ein solches Vorgehen medizinisch zu begründen vorgaben: Der Schreck oder die Erschütterung nach Granatenexplosionen etwa oder nach Verschüttungen – also das eigentlich die Neurose auslösende Trauma – wurden als Ursachen für die Neurose verworfen oder nur noch eingeschränkt anerkannt; man sprach statt dessen von einer »neurotischen Fixierung«. Diese aber wäre durch gewisse Prädispositionen der Erkrankten schon von vornherein gegeben. Vor diesem Hintergrund überrascht es nicht, daß nun vermehrt rassistische, klassen- oder auch nur regionaltypische Zuschreibungen Eingang in die Beurteilung der K. fanden. Sie sollten belegen, daß die Patienten anlagebedingte »haltlose Affektmenschen«, »Kriminelle«, »Entartete«, »reizbare Querulierer und Hetzer« waren. Nach dieser Deutung schienen Polen und Juden leichter zu erkranken als Deutsche; Rheinländer häufiger als Pommern; Soldaten häufiger und auffälliger als Offiziere. Neben solchen Einlassungen gab es allerdings auch viele Beispiele eines humanen Umgangs mit Kriegsneurotikern, die sich nicht zuletzt im internationalen Vergleich um so positiver von den üblichen Therapien abhoben. Tendenziell aber, über den Krieg hinaus und immer mehr durchsetzt mit rassehygienischen Vorstellungen, gewannen jene Therapien die Oberhand, in denen der »innere Kampf des Ichs um seine Selbsterhaltung« als Kernkonflikt der K. dem »Kampf um das nationale Überleben« antipodisch gegenüberstand.

In der britischen und französischen Armee gestaltete sich die Situation grundsätzlich ähnlich. Das Spektrum der diagnostischen Sichtweisen und therapeutischen Möglichkeiten in der Behandlung der K. bzw. des »shell-shock« oder des »choc traumatique« bzw. der »hystérie de guerre« glichen denen in Deutschland. Auffällig, besonders in England, ist die früher und massiver einsetzende Anwendung der Freudschen Psychoanalyse bei der Behandlung. Bekannte Militärärzte wie W. H. R. Rivers oder Charles Myers griffen bereits seit Mitte des Krieges und gegen den Widerstand der bis 1916 – bis zur Einführung der allgemeinen Wehrpflicht in England – das Feld beherrschenden traditionellen Psychiatrie auf sie zurück.

Allerdings war es auch weiterhin unter britischen Militärärzten üblich, die Opfer als besonders disponiert für einen psychischen Zusammenbruch zu betrachten, weil sie etwa den unteren Klassen angehörten, eher »artistic types« verkörperten oder auch »Jews and Irishmen« waren. Und auch der Ehrgeiz, den »nervösen Klimbim« als Simulation zu überführen, findet sich bei manchen Militärärzten. Ein französischer Arzt unterschied z. B. zwischen der »milden Methode« – Appelle an den Stolz, den Patriotismus des vorgeblich Kranken, die Ankündigung, ihn vor versammelter Mannschaft als Simulanten zu enttarnen – und der »harten Methode«, die sich gemeinhin in der Androhung bzw. Praktizierung mehr oder weniger brutaler Therapien oder der Überstellung an ein Kriegsgericht erschöpfte. Insbesondere in Großbritannien kam dem »Willen«, dessen Schwäche in der »Feigheit« endete, eine überragende Bedeutung zu. Soldaten, die nach tagelangem Trommelfeuer ihre Nerven verloren und womöglich in diesem Zustand einen Befehl verweigerten, wurden oftmals nicht als »shellshocked« anerkannt und behandelt, sondern galten als Feiglinge, denen der feste Wille zum Weiterkämpfen fehlte. Damit unterlagen sie jedoch den strengen Gesetzen der Militärgerichtsbarkeit. In englischen Kriegsgerichtsprozessen war indessen ein psychiatrischer Gutachter – wie zumeist in Deutschland – in der Regel nicht vorgesehen. Die Urteile fielen ungleich härter aus als in der deutschen Armee. Erst nach dem Krieg und mit der Etablierung des War Office Committee of Enquiry into »Shell-Shock« wurde der Zusammenhang zwischen »Feigheit« und K. neu bewertet und künftig in Zweifelsfällen eine medizinische Begutachtung vorgeschrieben.

Lit.: E. Fischer-Homberger, Die traumatische Neurose. Vom somatischen zum sozialen Leiden, Bern u. a. 1975; P. Lerner, »Ein Sieg deutschen Willens«. Wille und Gemeinschaft in der deutschen Kriegspsychiatrie, in: Die Medizin und der Erste Weltkrieg, hg. v. W. U. Eckart/C. Gradmann, Pfaffenweiler 1996, S. 85-108.

BERND ULRICH

Kriegspresseamt, Dienststelle zur Lenkung und Zensur der Presse. – Nach der Gründung der Oberzensurstelle im Febr. 1915 konzentrierten sich Oberste Heeresleitung und Kriegsministerium verstärkt auf die »positive« Beeinflussung der Presse. Äußerer Ausdruck dieser Politik war die Einrichtung des direkt der OHL unterstellten K. am 14. Okt. 1915. Die Oberzensurstelle ging im K. auf. Die neue Institution bekam ihre Weisungen von dem Chef der Abteilung III B (Nachrichtendienst) der OHL, Oberstleutnant Walther Nicolai, für den ein besonderes Referat für das K. und die Presse geschaffen wurde.

Das K. sollte die Stimmung im Deutschen Reich, an der Front und in den verbündeten Staaten mit militärischer Berichterstattung und Propaganda fördern, die Zensur vereinheitlichen und die OHL laufend über die Entwicklung der öffentlichen Meinung informieren. Abteilung I wies die deutsche Presse an und erstellte für die OHL einen täglichen Pressespiegel in- und ausländischer Zeitungen. Die Oberzensurstelle bildete die Abteilung II, die mit den lokalen Zensurstellen in Verbindung stand. Abteilung III betreute die ausländische Presse. Erst am 18. Okt. 1916 kam die Abteilung IV hinzu, die Propaganda für die deutschen Truppen trieb – seit Sept. 1917 »Vaterländischer Unterricht« genannt. Zu den weiteren Sektionen zählten die Abteilung Feldpresse, die Armeezeitungen mit Informationen versorgte, das Neutrale und Verbündete Pressequartier für die in Berlin akkreditierten Korrespondenten ausländischer Zeitungen sowie die Abteilung Generalstabsoffizier, die zusammen mit der OHL-Abteilung III B den Chef des K. über die militärische Lage informierte. Das K. gab eine steigende Zahl von Flugblättern und Broschüren heraus. Zu den wichtigsten Publikationen zählte die Zeitungskorrespondenz *Deutsche Kriegsnachrichten*, die seit 1. Nov. 1916 erschien. Die Leiter des K. waren die Majore Deutelmoser (bis 1. Nov. 1916), Stotten (bis 1. Aug. 1917) und Würz (bis zur Auflösung im Okt. 1918). Seit Deutelmosers Ablösung kurz nach der Berufung der 3. OHL im Aug. 1916 baute Nicolai mit der Freigabe der Kriegszielerörterung das K. systematisch zur Zentrale der von Ludendorff gewünschten Propaganda aus.

Der Erfolg der Propaganda des K. war vermutlich nicht allzu groß. Im Frühjahr 1918 konstatierten verantwortliche Offiziere des öfteren, daß diese Propaganda an die Masse der Soldaten nicht einmal herangekommen sei. Der »Vaterländische Unterricht« galt nicht selten nur als langweilige Instruktionsstunde, die mit der Wirklichkeit wenig zu tun hatte. Tatsächlich hatte es die deutsche Propaganda insbesondere in der zweiten Kriegshälfte schwer, als die Kriegsmüdigkeit angesichts der hohen Verluste und der schlechten Versorgungslage zunahm. Hinzu kam das Chaos der teils gegeneinander arbeitenden Propagandastellen: Die OHL unterhielt noch 1918 bei den verschiedenen Reichsämtern und Kriegsgesellschaften 22 Pressereferate.

Lit.: M. Creutz, Die Pressepolitik der kaiserlichen Regierung während des Ersten Weltkriegs, Frankfurt a. M. 1996; K. Koszyk, Deutsche Pressepolitik im Ersten Weltkrieg, Düsseldorf 1968.

JENS ALBES

Kriegspsychologie. Bereits die zeitgenössische Publizistik subsumierte unter dem Begriff K. ganz unterschiedliche Einlassungen von Journalisten, Schriftstellern, Geisteswissenschaftlern – darunter auch Psychologen – und Theologen zum Krieg. Ihnen gemeinsam war das Interesse an den seelischen Vorgängen an der Front und in der Heimat. Hiervon getrennt gesehen werden muß eine spezifische Militärpsychologie, die teilweise selbst wiederum K. genannt wurde. Sie beschäftigte sich während des Krieges in erster Linie mit Eignungsprüfungen. Im strengen Sinne entstand eine eigenständige K. – als Psychologie anormaler, nur im Kriege vorkommender Situationen – erst nach dem Weltkrieg und auch da nur ansatzweise.

Schon bald nach Beginn des Weltkrieges richtete sich innerhalb der blühenden Artikel- und Broschürenliteratur das Interesse auf den Soldaten und seine besondere Situation im Schützengraben. Die Verengung des Blickwinkels auf den Soldaten an der Front vollzog sich in drei Stufen: Von der völkerpsychologisch motivierten Frage *Warum hassen uns die Völker?* (M. Hirschfeld, 1915), über den schon Wechselwirkungen anzeigenden Titel *Der Krieg und die Seele* (G. Traub, 1914) zu der ganz spezifischen Absicht, *Von der Seele des Soldaten im Felde* (E. Everth, 1915) zu berichten. Im Vordergrund dieser Literatur stand die Betonung der freiwilligen Unterordnung in der von Befehl und Gehorsam bestimmten militärischen »Organisation«, der »Triumph der Tat über die Ohnmacht des Wortes« – ein angeblicher Vorzug des Krieges, den insbesondere Intellektuelle immer wieder hervorhoben. Vor diesem Hintergrund kam es auch zu Versuchen, etwa eine besondere K. der Gewerkschaften zu konzipieren, mit der der Sozialdemokrat Adolf Braun 1915 an die Öffentlichkeit trat. Vor allem aber war es immer wieder – und parallel zur Behandlung von Kriegsneurotikern – der »Primat des Willens«, der als zentrale Bewältigungskategorie für alle Schrecken und Entbehrungen des Krieges empfohlen wurde.

In der späteren Eignungsdiagnostik der Wehrmachtspsychologie sollte der »Wille« dann zur zentralen, freilich nur schwer nachprüfbaren »Charakterinstanz« werden. Vorerst aber beschäftigten sich die Vorläufer der späteren »Psychotechnik«, die in militärischen Diensten stehenden oder für das Militär arbeitenden Psychologen, in erster Linie mit der Entwicklung von Eignungstests, die es erlauben sollten, aus der Masse der Soldaten etwa besondere Fähigkeiten für das Führen von Kraftfahrzeugen, für das Funken und Entfernungsmessen oder für die Pilotenausbildung herauszufiltern. Darüber hinaus entstanden Untersuchungen über die psychische Lage von Kopfschußverletzten oder Amputierten.

Noch während des Krieges gab es darüber hinaus erste Ansätze einer speziellen K. Hier ist vor allem Kurt Lewin zu nennen. Bereits im Kontext seiner späteren, im amerikanischen Exil durchgeführten Forschungen zu einer »Topologischen Psychologie« schied er den psychologischen vom geographischen Raum. »Kriegs- und Friedenslandschaft« sind die Schlüsselbegriffe seiner »Phänomenologie der Landschaft« im Krieg; in ihr sehe sich auch der Soldat als »Gefechts- oder Kriegsgebilde«.

Der Psychologe und Arzt Paul Plaut versuchte nach 1918 eine eigenständige K. zu etablieren. Schon während des Krieges war Plaut in Kontakt mit dem Psychologen Otto Lipmann gekommen, dem Leiter des Institutes für angewandte Psychologie in Berlin. Dieser hatte 1914 ein Frageschema entwickelt, mit dem eine breit angelegte, psychologisch motivierte Erhebung unter ausziehenden Soldaten vorgenommen werden sollte. Eine abschließende Durchführung der Befragung und Publikation verbot die Zensur. Doch konnte Plaut auf der Grundlage des bis zum Verbot gesammelten Materials, eigener Aufzeichnungen und der bis dahin vorliegenden Literatur eine Studie zur *Psychographie des Kriegers* erstellen (1920). Als hervorstechend an dieser Arbeit seien nur die differenzierten und auf reichhaltigem Material basierenden Ergebnisse zur Kriegsbegeisterung und zur Frontkameradschaft hervorgehoben. Ende der 1920er Jahre flossen sie ein in einen umfangreichen Artikel für Emil Abderhaldens *Handbuch der biologischen Arbeitsmethoden*.

Lit.: U. Geuter, Polemos panton pater – Militär und Psychologie im Deutschen Reich 1914-1945, in: Geschichte der deutschen Psychologie im 20. Jahrhundert. Ein Überblick, hg. v. U. Geuter/M. G. Ash, Opladen 1985, S. 146-171.

BERND ULRICH

Kriegssammlungen. Bereits in den ersten Kriegswochen wurden in vielen kriegsbeteiligten Ländern sog. K. ins Leben gerufen. Die meisten Menschen waren davon überzeugt, Zeugen eines umwälzenden Ereignisses zu sein. Sie strebten daher danach, möglichst viele Dinge aus dieser »großen Zeit« zu sammeln, um zukünftigen Generationen von dem großen Krieg berichten zu können. Unter den Sammlern waren Museen, Bibliotheken, Archive, aber auch Privatpersonen. Im Jahr 1917 wurden allein in Deutschland mehr als 200 solcher Sammlungen bekannt. Manche Sammler waren der Ansicht, daß nicht nur seltene und kostbare Objekte aufbewahrt werden sollten, sondern ebenfalls damals massenhaft vorhandene »Denkwürdigkeiten« wie Extrablätter, Plakate, Flugblätter oder Lebensmittelmarken. Einige Kuratoren planten auch, Feldpostbriefe, Tagebücher und sogar schriftliche Interviews mit Soldaten zu sammeln. Sie waren davon überzeugt, daß dieser Krieg alle Bereiche des Lebens beeinflußte und sich diese Einbeziehung aller Lebensbereiche auch in einer erweiterten Sammeltätigkeit ausdrücken müsse. Viele Gegenstände des privaten Alltags wurden daher für wert befunden, in Museen und Sammlungen bewahrt zu werden.

In Deutschland wurden aufgrund der Niederlage die meisten dieser Sammlungen nicht oder erst sehr viel später weitergeführt. Zu sehr war die Errichtung eines Museums oder einer Ausstellung mit dem Stolz verknüpft, den nur ein Sieg zu verleihen schien. 1925 eröffnete der Pazifist Ernst Friedrich in Berlin sein Anti-Kriegs-Museum, das vor allem die Schrecken des Krieges dokumentierte. In Stuttgart entstand 1933 aus den bereits 1915 begonnenen Sammlungen der Weltkriegsbücherei ein »Weltkriegsmuseum«, das – ganz im Sinn der nationalsozialistischen Machthaber – die Kriegsschuldfrage thematisierte und der historischen Legitimation eines künftigen Krieges diente. Mitte der 30er Jahre fanden auch einige Ausstellungen statt, die an die bedeutendsten Schlachten des Weltkriegs erinnerten, so z. B. die große Schlachten-Serie des Berliner Zeughauses zwischen 1934 und 1938. Auch hier wurde die Weltkriegserinnerung propagandistisch zur Vorbereitung auf einen neuen Krieg genutzt.

Einige heute noch bestehende große und renommierte Museen und Bibliotheken gehen auf private Initiativen und Sammlungen aus den Weltkriegsjahren zurück, so zum Beispiel das Imperial War Museum, die Bibliothèque de Documentation Internationale Contemporaine in Paris, die Hoover Library in Stanford oder die Bibliothek für Zeitgeschichte in Stuttgart. → *Kriegsausstellungen*

Susanne Brandt

Kriegsschäden, Schäden und Kosten, die während des Krieges an Kriegsgerät und Wehrmaterial sowie als Sachschäden in den vom Krieg unmittelbar betroffenen Regionen aufgetreten sind. Sie stellen damit den engeren materiellen Teil der Kriegskosten dar. – Bei der Berechnung von Kriegskosten im weiteren wie von Materialverlusten im engeren Sinne treten freilich so erhebliche Probleme auf, daß alle Zahlenangaben nur schätzungsweise Annäherungen darstellen. Das zeigte sich bereits bei einer ersten umfassenden Wertermittlung unmittelbar nach Kriegsende für die amerikanische Carnegie-Stiftung. Darin wurden sechs Kostenelemente unterschieden, ausgewiesen zum einen als »direkte« Kosten: staatliche Kriegsausgaben der Kriegführenden. Zum anderen als »indirekte« Kosten: Verluste an Menschen, in Geldwert umgerechnet nach ihrer durchschnittlich zu erwartenden Produktionsleistung; Zerstörung von Sachwerten zu Lande und zur See; Produktionsausfall durch den Kriegsdienst der Soldaten; Unterstützungen für die Versorgung von Kriegsopfern und Hinterbliebenen; Kriegskosten der Neutralen. Zusammen ergab dies eine Schätzung von $ 186 Mrd. an »direkten« und $ 152 Mrd. an »indirekten« oder $ 338 Mrd. als Gesamtkosten. Die neuere ökonomische Bilanzierung folgt diesem Weg allerdings nicht, da zu viele Vorbehalte gegen die Ermittlung der Einzeldaten bestehen. Im Zentrum wirtschaftshistorischer Analysen stehen vielmehr die strukturellen Veränderungen in der Weltwirtschaft, die – so der generelle Befund – zu einer durchgängigen und weitreichenden ökonomischen Gewichtsverschiebung von den europäischen zu den außereuropäischen Industriestaaten USA und Japan führten.

Ähnliche Schwierigkeiten wie bei den makroökonomischen Verlustrechnungen treten bei der Ermittlung von K. im engeren Sinne auf. Nicht überzeugend zu berechnen waren bisher wegen der enormen Schwierigkeiten bei der Ermittlung verläßlicher Daten die Verluste an Waffen und Gerät im Landkrieg. So betrug etwa in Deutschland die Gesamtproduktion an Maschinengewehren, Gewehren, Karabinern und Pistolen über 10 Mio. Stück. Wie viele dieser Handfeuerwaffen durch unmittelbare Kampfeinwirkung, Gefangenschaft oder Desertion schon im Kriege verlorengingen, ist nie festgestellt worden. Aufgrund der Versailler Entwaffnungsbestimmungen mußten aber nach 1918 über 130.000 Maschinengewehre und ca. 6 Mio. Gewehre, Karabiner und Pistolen vernichtet werden. Vergleichbares gilt für die schweren Waffen. Auch hier sind keine verwertbaren Übersichten über Materialverluste im Krieg zu gewinnen. Nach den Entwaffnungsbestimmungen mußte das Deutsche Reich aber 59 Tanks, annähernd 60.000 Geschütze und über 30.000 Minenwerfer zerstören.

Günstiger stellen sich demgegenüber Berechnungen für den Luftkrieg dar, der wegen seiner Abhängigkeit von technischem Großgerät zahlenmäßig leichter zu erfassen ist. Dennoch schwanken auch hier die Angaben erheblich. Das Deutsche Reich verfügte insgesamt über 123 Luftschiffe, von denen 49 im Kampf verlorengingen; die Masse fiel dagegen durch Unfälle oder Witterungseinflüsse aus bzw. mußte nach den Entwaffnungsbestimmungen verschrottet oder an die Ententemächte ausgeliefert werden. Von den 1.870 Ballonen erlitten 546 Totalschaden, 505 wurden durch Beschädigungen unbrauchbar. Das eigentliche Kampfmittel im Luftkrieg stellten aber die Flugzeuge dar, von denen auf deutscher Seite nach eigenen Berechnungen 26.000 Maschinen »verbraucht« wurden. Dabei gingen zwischen 2.000 und 3.000 Flugzeuge im Luftkampf verloren, wobei sich das Verhältnis von direkten Abschüssen zu Flakbeschuß bei allen Kriegführenden bei 4 : 1 bewegte. Die Masse der technisch noch sehr anfälligen Maschinen ist jedoch nicht dem unmittelbaren Beschuß, sondern dem Materialverschleiß durch Einsatz und Witterung zum Opfer gefallen. 1.700 Flugzeuge mußten nach dem Waffenstillstand an die Entente abgeliefert, 3.000 beim Rückzug an den Fronten zurückgelassen werden. Nach den Bestimmungen des Versailler Vertrags waren weitere 14.000 Flugzeuge abzuliefern bzw. zu zerstören. Nach deutschen Angaben wurden im Vergleich zu den 2.000-3.000 eigenen Verlusten 6.800 Flugzeuge der Entente abgeschossen. Der strategische Luftkrieg spielte demgegenüber zwar eine wachsende, aber in seinen Schadenswirkungen noch vergleichsweise nachrangige Rolle. Das lag wesentlich an der begrenzten Reichweite und Bombenlast (300 bis 1.000 kg), die von den Luftschiffen – ab 1917 zunehmend von Bombern – ins Ziel gebracht werden konnte. Die Hauptzielgebiete der Deutschen beschränkten sich deshalb im wesentlichen auf die englischen Kanalhäfen und die Hauptstädte London und Paris; die Bombenangriffe der Entente richteten sich im Schwerpunkt gegen das lothringisch-luxemburgische Industriegebiet sowie auf deutsche Städte bis zur Rheinlinie. Die Schadenswirkung des Bombenkrieges auf das Deutsche Reich schätzte das Preußische Kriegsministerium auf insgesamt 23,5 Mio. Mark ein. Bei allgemeinen deutschen Kriegskosten von 180 Mio. Mark täglich im Kriegsjahr 1918 war ihr Anteil mithin verschwindend gering. Das gilt umgekehrt auch für die durch deutsche Angriffe angerichteten Sachschäden in England von schätzungsweise 3 Mio. Pfund Sterling, denen tägliche allgemeine Kriegskosten der Briten für das Jahr 1918 von 7 Mio. Pfund Sterling gegenüberstanden.

Bei den K. im Seekrieg sind die Schiffe, die im Überwasser- und Minenkrieg versenkt wurden, von den Verlusten im Handelskrieg mit U-Booten zu unterscheiden, wie ihn vorwiegend die Mittelmächte führten. Die Hauptlast im Überwasserkrieg trugen die beiden konkurrierenden Seemächte Großbritannien und das Deutsche Reich. Dabei verloren die Briten von ihren Hauptkampfschiffen drei Schlachtkreuzer, 13 Linienschiffe, 13 Panzerkreuzer, 12 Kleine Kreuzer und 79 Zerstörer und Torpedoboote. Die deutschen Verluste beliefen sich auf einen Schlachtkreuzer, zwei Linienschiffe, sechs Panzerkreuzer, 18 Kleine Kreuzer und 112 Zerstörer und Torpedoboote. Zu diesen Verlusten trug wesentlich auch der Minenkrieg bei, in dem die Entente über 250.000, die Mittelmächte über 50.000 Seeminen verlegten. Im U-Boot-Krieg setzten die Mittelmächte über 400 U-Boote ein, die nach deutschen Berechnungen über 5.800 Schiffe mit einer Gesamttonnage von 12,28 Mio. BRT versenkten, während die britische Admiralität über 5.300 versenkte Schiffe mit einer Gesamttonnage von 12,18 Mio. BRT errechnete. Dabei verloren die Mittelmächte über 200 Boote gegenüber Verlusten von über 100 bei der Entente; 150 deutsche und österreichische Boote mußten an die Entente ausgeliefert werden, der Rest ging durch Unfälle oder Seeuntüchtigkeit verloren. Insgesamt verlor die Entente über 380 Kriegsschiffe; bei den Mittelmächten gingen zusammen etwa 500 Kriegsschiffe (jeweils ohne Hilfskriegsschiffe) verloren.

Den Hauptanteil an den K. machten aber in diesem ersten »industrialisierten Krieg« die Schäden in den besetzten Gebieten und den unmittelbaren Kampfzonen aus. Zur ihrer Ermittlung wurde im Jan. 1920 eine alliierte Reparationskommission eingesetzt, deren deutsches Pendant die Kriegslastenkommission darstellte. Der Schadensbericht der Reparationskommission sollte zur Grundlage der endgültigen Festlegung alliierten Reparationsforderungen an Deutschland als Hauptverantwortlichen gemacht werden. Die Schadensermittlung durch nationale Wiederaufbaubehörden seit Kriegsende wurden damit auf interalliierter Ebene koordiniert und bis Febr. 1921 abgeschlossen. Da der Schlußbericht der Reparationskommission vom 12. Febr. 1921 die detailliierteste und umfangreichste Schadenserhebung darstellt, beziehen sich auch alle seitherigen Angaben zu den K. im Weltkrieg auf ihn. Durch die Verquickung von Schadenserhebung und -ersatz wurden seine Zahlen allerdings für die Verliererstaaten zu Maximalangaben. Neben den Sachschäden waren zudem auch die wesentlich umfangreicheren Personenschäden (Pensionen, Unterstützungen für Familien, Hinterbliebene und Kriegsgefangene u. ä.) eingerechnet. Außerdem konnten bis 1921 noch nicht alle Schadensmeldungen geprüft werden, so daß vielfach Schätzungen an die Stelle vollständiger Einzelprüfungen traten. Schließlich waren die Schäden nach ihrem Geldwert (Stand: 1914) ausgewiesen und zusätzlich mit Koeffizienten über Wertminderung sowie Produktions- und Nutzungsausfälle multipliziert worden.

In den Verhandlungen der interalliierten und der deutschen Seite waren die Einzelwie die Gesamtschäden denn auch Gegenstand harter Auseinandersetzungen um nahezu jede Position. Im Endergebnis legte die Reparationskommission schließlich am 27. April 1921 die deutsche Gesamtschuld auf 132 Mrd. Goldmark fest. Dabei lassen sich zumindest für Frankreich und Belgien aus den Einzelaufschlüsselungen im Anhang zum Schlußbericht von 1921 durchaus Zahlen über die Kriegsschäden in den zehn nord- und ostfranzösischen Departments sowie auf dem gesamten belgischen Staatsgebiet herausfiltern, die über die reine geldwerte Schadenserhebung hinausgehen. In Nord- und Ostfrankreich waren danach über 4,2 Mio. ha Landes zeitweilig oder dauerhaft besetzt bzw. in Kampfhandlungen einbezogen. Die Ertragsfähigkeit der Böden konnte erst einige Jahre später wiederhergestellt werden; die Verluste durch Requirierung von Ernten, Vorräten und Viehbestand waren auszugleichen. Von den über 600.000 ha geschädigten Waldes waren 166.000 ha derart nachhaltig zerstört und durch Rückstände im Boden vergiftet, daß der volle Ertrag an Nutzholz erst nach 60 Jahren wieder erreicht werden konnte. Schwerste Schädigungen von Wäldern, Flüssen und Teichen hatten die Jagd- und Fischereinutzung teilweise oder gänzlich zum Erliegen gebracht. Über 480.000 Häuser, darunter 750 historische Bauwerke waren ganz oder teilweise zerstört, Inventar, Vorräte, Kunst- und Ziergegenstände entwendet oder beschädigt. Straßen, Eisenbahnen und Kanäle im Kampfgebiet waren vollständig zerstört, im besetzten Hinterland durch Übernutzung und Requirierungen in ihrem Nutzwert nachhaltig beeinträchtigt. Das galt insbesondere für die Masse der verkehrstechnischen Bauwerke wie Brücken, Übergänge und ähnliches, von denen über 2.000 vollständig ausgefallen waren. Die Kohlegruben in Nordfrankreich wiesen durchgängig schwere Beschädigungen durch Sprengungen und Überflutungen auf. In der metallverarbeitenden Industrie waren 70 Hochofenbetriebe, annähernd 300 Eisen- und Stahlgießereien sowie über 3.600 Kleinbetriebe schwer oder erheblich beschädigt. Dazu kamen über 340 zerstörte Betriebe der chemischen Industrie.

Für die wirtschaftliche Substanz noch gravierender fielen die K. im kleineren, aber vollständig als Kampf- bzw. Besatzungsgebiet involvierten Belgien aus. Für die südbelgischen Regionen galten bei der überwiegenden Industrie- bzw. Bergbaunutzung vergleichbare Totalschäden und Nutzungsausfälle wie für Nordfrankreich. Insgesamt waren über 70.000 Häuser ganz, fast 12.000 teilweise und weitere 200.000 leicht beschädigt. Die Stadt Ypern etwa war so nachhaltig zerstört, daß man zeitweilig an ihre Aufgabe dachte; der von der Bevölkerung erzwungene Wiederaufbau konnte erst in den 1960er Jahren abgeschlossen werden. 2.600 km Eisenbahnstrecken, über 7.000 km Straßen und über 1.400 km Kanäle waren ganz oder teilweise zerstört, über 2.500 Lokomotiven und über 120.000 Eisenbahnwaggons waren requiriert worden und durch militärische Überbeanspruchung ausgefallen. In Flandern waren 46.000 Nutzbäume gefällt, der belgische Gesamtbestand an Großwild auf ein Drittel, bei Niederwild auf 10 % geschrumpft.

Schwere Schäden traten schließlich in den Kampfgebieten Ostpolens und Westrußlands auf, wo allein in Galizien und der Bukowina 124.000 Wohn- und 220.000 Bauernhäuser zerstört waren. In Serbien hatten die Kriegseinwirkungen fast alle Fabriken und Industrieeinrichtungen unbenutzbar gemacht; der Viehbestand war zu 80 % aufgebraucht. Hier wie für Norditalien wurden aber keine Detailübersichten an die Reparationskommission

abgegeben, sondern lediglich geldwerte Forderungen aufgestellt, bei denen sich Personen- und Sachschäden nicht trennen lassen.
→ *Kriegsverluste* → *Reparationen*

Lit.: Die deutschen Luftstreitkräfte im Weltkriege, hg. v. G. P. Neumann, Berlin 1920. Die Kriegsschädenrechnungen der alliierten und assoziierten Mächte (Artikel 232 des Friedensvertrages von Versailles), Berlin 1922; G. Hardach, Der Erste Weltkrieg, München 1973; J. Rehder, Die Verluste der Kriegsflotten 1914-1918, München 1969.

BRUNO THOSS

Kriegsschuldfrage. Die Frage nach der Schuld am Weltkrieg ist eigentlich schon vor dessen Ausbruch, während der Julikrise 1914, kontrovers diskutiert oder auch zu apologetischen Zwecken propagandistisch beantwortet worden. In den Proklamationen zu Kriegsbeginn, etwa Wilhelms II. »Balkon-Rede« vom 4. Aug. (»Uns treibt nicht Eroberungssucht...«) oder Poincarés »Union sacrée«-Ansprache vom 4. Aug. (»In dem Krieg, der jetzt entbrennt, hat Frankreich das Recht für sich«) wird jeweils der Verteidigungscharakter des Krieges betont. Die Festlegung der K. hatte insbesondere das Ziel, die Massen »zur Verteidigung des Vaterlandes« gegen einen aufgezwungenen Krieg oder gegen einen manifesten »Überfall« zu mobilisieren. »Burgfrieden«, »Union sacrée« oder »holy truce« waren formelhafte Wendungen, die diesem Verteidigungskonsens Dauer verleihen sollten.

Der Selbstrechtfertigung und Schuldzuweisung an den Gegner dienten auch die zahlreichen »Farbbücher«, die in den ersten Kriegsmonaten von den verschiedenen Regierungen herausgebracht wurden. Während des Krieges hat sich die Feindpropaganda immer stärker auf die Frage der Greuel und der Schuld *im* Kriege zugespitzt, während die K. in den Hintergrund trat. Allerdings zeugt der erstaunlich lang anhaltende »Verteidigungs«-Konsens in den kriegführenden Nationen von der Tatsache, daß die Schuld am Kriege klar definiert blieb.

Unmittelbar nach Kriegsende erhielt die K. neuen Auftrieb und eine neue Dimension. Bereits in der Eröffnungsversammlung der Versailler Friedenskonferenz schlug deren Vorsitzender, der französische Staatspräsident Poincaré, die auch die weitere Diskussion bestimmende Tonart an, indem er die Deutschen bezichtigte, »das größte Verbrechen der Geschichte« begangen zu haben. Der Artikel 231 des Versailler Vertrages enthielt den eigentlichen »Kriegsschuld«-Vorwurf in der folgenden Formulierung: »Die alliierten und assoziierten Regierungen erklären und Deutschland erkennt an, daß Deutschland und seine Verbündeten als Urheber für alle Verluste und Schäden verantwortlich sind, die die alliierten und assoziierten Regierungen und Staatsangehörigen infolge des Krieges, der ihnen durch den Angriff Deutschlands und seiner Verbündeten aufgezwungen wurde, erlitten haben.«

Es ist später bemerkt worden, daß der sog. Kriegsschuldartikel 231 nicht die moralische Verurteilung Deutschlands beabsichtigt, sondern allein der Abstützung der nachfolgend formulierten Reparationsforderungen gegolten habe. Indessen bleibt kein Zweifel, daß sowohl im Kontext der Versailler Konferenz wie insbesondere angesichts der innenpolitischen Radikalisierung in der Weimarer Republik die K. überwiegend moralisch interpretiert wurde. Die als krasse Ungerechtigkeit empfundene Schuldzuweisung galt dadurch noch als unerträglicher, da sie gleichsam die Begründung der Reparationszahlungen lieferte. Die Behauptung einer deutschen Alleinschuld am Kriege führte in Deutschland, wo die K. zumeist als »Kriegsschuldlüge« bezeichnet wurde, zu vielfältigen Aktionen von seiten der Regierungen wie zahlreicher gesellschaftlicher Gruppen.

Die deutsche Kriegsschuldforschung in den 1920er Jahren war begleitet von einer ungewöhnlich offensiv betriebenen Veröffentlichung der deutschen diplomatischen Dokumente. Die hierbei zutage geförderten Archivalien sowie insbesondere auch die von der Sowjetregierung bereits seit 1918 veröffentlichten diplomatischen Korrespondenzen der zarischen Vorkriegszeit schufen, neben einer Vielzahl seit Kriegsende kontinuierlich erscheinender Publikationen zumeist memoirenhafter Natur, für die K.-Forschung eine unvergleichliche Quellengrundlage. Es dürfte heute kein Zweifel daran bestehen, daß das Deutsche Reich durch seine unbedingte Unterstützung Österreich-Ungarns bei dessen Vorgehen gegenüber Serbien und durch seine Strategie, die Kriegsbereitschaft der Alliierten und insbesondere Rußlands durch Starrheit in den Verhandlungen auszuloten, alle Bemühungen um eine diplomatische Deeskalation (wie sie insbesondere von England unternommen wurden) sabotiert hat. Die Verantwortlichen in Berlin waren bereit zum »Sprung ins Dunkle« des Krieges (Bethmann Hollweg). So gesehen trug Deutschland zweifellos große Schuld am Kriegsausbruch. Heutige Forschung zur K. interessiert sich jenseits der diplomatischen Verwicklungen vor allem für die Frage, wie es zu einer derart phobisch aufgeladenen Wahrnehmung der internationalen Beziehungen im Juli 1914 kommen konnte. → *Farbbücher* → *Julikrise* → *Reparationen* → *Untersuchungsausschuß* → *Versailler Vertrag*

Lit.: Bereit zum Krieg. Kriegsmentalität im wilhelminischen Deutschland 1890-1914, hg. v. J. Dülffer/K. Holl, Göttingen 1986; U. Heinemann, Die verdrängte Niederlage. Politische Öffentlichkeit und Kriegsschuldfrage in der Weimarer Republik, Göttingen 1983.

GERD KRUMEICH

Kriegsspielzeug. Während des Krieges veränderten sich die Freizeitbeschäftigungen der Kinder entsprechend den Propaganda-Interessen. Sie hatten sich den Gesetzen des Marktes für eine Jugendkultur in Kriegszeiten anzupassen. Den kindlichen Erwartungen (bzw. den Erwartungen des familiären Umfelds) sollte durch eine kommerzielle Produktion von Spielzeugen, Spielen und Kinderbüchern entsprochen werden.

Über das Spielzeug hatte die Politik in Europa schon lange vor dem Krieg von 1914 Eingang ins Kinderzimmer gefunden. Patriotische und militärische Spielzeuge hatten bereits Tradition, und deren Produktion scheint in den 20 Jahren vor dem Krieg nicht unerheblich gesteigert worden zu sein. Gleichwohl ist der durch den Kriegsbeginn bedingte riesige Ausstoß an neuem K. frappierend. Das Spielzeug wurde sehr bald zur patriotischen Angelegenheit, und sei es nur, weil der Krieg – zum Beispiel in Frankreich – es ermöglichte, sich einer gewissen Vormacht der deutschen Industrie auf diesem Gebiet zu entledigen.

Ein Teil des neuen Spielzeugs war nach wie vor »klassischer« Machart, wie die miniaturisierten Waffen oder die patriotischen Puppen. Diese wurden oft dem neuen kriegerischen Kontext angepaßt, wie etwa die »poilu«-Puppen, deren Bekleidung in hellblauer Farbe (»bleu-horizon«) den Uniformen der französischen Soldaten nachempfunden war. Deutschland produzierte Kriegs-Puzzles in großer Zahl. Und auch die beliebten Brettspiele wurden zu »Siegesspielen«.

Bis dahin eher unbekannt waren neue Wurfspiele, bei denen mit Bällen insbesondere auf Gesichter von politischen oder militärischen Führern des Gegners gezielt wurde. Die zahlreichen »strategischen« Spiele stellten noch eine andere Form der Übertragung des Krieges dar. Im deutschen Spiel *Die Dardanellen-Passage* sollte in einem Kampf mit Spielsteinen die berüchtigte Meerenge durchquert werden. Im ausgefeilteren Spiel *Unsere Feldgrauen* wurden auf einem Spielbrett französische und deutsche Spielsteine samt ihrer Bewaffnung einander gegenüber aufgestellt, getrennt durch die blaue Linie der Vogesen. In Frankreich folgten die strategischen Spiele in veränderter Form auf jene, die es bereits seit 1850, der Periode des Second Empire gab: so wurde auf dem Umschlag des *Jeu des quatrearmes* (»Vierwaffenspiel«) jetzt General Joseph Joffre dargestellt, wie er sichtlich zufrieden einen traurigen Kronprinzen schlägt.

Angesichts der in spezialisierten französischen, deutschen und britischen Museen zahlreich erhaltenen K. lassen sich noch viele Beispiele anführen. Dadurch kann allerdings weder die Frage nach der Repräsentativität solchen K. noch die nicht minder schwierige Frage nach dessen quantitativer Verbreitung beantwortet werden. Vor allem auf dem Land, aber auch grundsätzlich bei den unteren sozialen Schichten, waren zu Beginn des 20. Jahrhunderts Spiele und Spielzeuge aus kommerzieller Produktion nur in Ausnahmefällen anzutreffen.

Lit.: S. Audoin-Rouzeau, La guerre des enfants, Paris 1997; H. Hoffmann, »Schwarzer Peter im Weltkrieg?« Die deutsche Spielwarenindustrie 1914-1918, in: Kriegserfahrungen. Studien zur Sozial- und Mentalitätsgeschichte des Ersten Weltkriegs, hg. v. G. Hirschfeld u. a., Essen 1997.

STÉPHANE AUDOIN-ROUZEAU (Ü: D. A.)

Kriegstrauung, Eheschließungen, die wegen der Kriegsumstände mit verkürzter Aufgebotsfrist oder unter gänzlicher Befreiung vom Aufgebot stattfanden. – Umfassende Zahlen liegen nicht vor, es scheint, daß K. insbesondere in Deutschland verbreitet waren, weil hier getrennt lebende oder nicht mit dem Eingezogenen verheiratete Frauen, anders als in Großbritannien oder Frankreich, keine Familienunterstützungsleistungen erhielten; die Welle von K. im Aug. 1914 war offenbar vor allem ein städtisches Phänomen. Unter der ländlichen, insbesondere der bäuerlichen Bevölkerung wurden dagegen zahlreiche Eheschließungen aufgeschoben und erst in den Nachkriegsjahren vollzogen. Die Lebensumstände der meisten kriegsgetrauten Frauen änderten sich mit der Eheschließung nur wenig; vielfach wohnten sie weiter bei Eltern oder Verwandten und waren auch häufig weiterhin ökonomisch von ihnen abhängig. In den meisten Städten des Deutschen Reiches konnten kriegsgetraute Frauen nur nach einer restriktiven Bedürftigkeitsprüfung und wenn sie (infolge von Schwangerschaft oder Krankheit) Erwerbsunfähigkeit nachweisen konnten, einen Unterstützungsanspruch durchsetzen. Zuweilen wurde gar der Nachweis gefordert, daß die Ehe nicht allein deshalb eingegangen worden war, um die verheirateten Frauen zustehende Familienunterstützung zu erhalten. Insgesamt sahen sich kriegsgetraute Ehefrauen im Deutschen Reich mit erheblichem Mißtrauen konfrontiert. Ihnen wurden in Politik und Publizistik häufig unlautere wirtschaftliche Motive, teilweise auch eine mangelnde Einsicht in die sittliche Bedeutung von Ehe und Familie unterstellt. Emotionale und sexuelle Bedürfnisse wurden kriegsgetrauten Männern, d. h. den Soldaten, weit eher zugestanden. Nach Kriegsende galten angeblich übereilt geschlossene Kriegsehen als eine wichtige Ursache für den Anstieg der Scheidungsziffern in den Nachkriegsjahren.

SUSANNE ROUETTE

Kriegsverluste. Über die K. der am Weltkrieg beteiligten Staaten herrscht in der Literatur wenig Übereinstimmung. Die Angaben schwanken zwischen ca. 6-13 Mio. Ein Hauptgrund für die Differenzen in den Schätzungen ist darin zu sehen, daß »Verluste« höchst unterschiedlich definiert werden. Im damaligen engen militärischen Sprachgebrauch sowie in der militärischen Fachliteratur wurden häufig unter »Verluste« alle Soldaten gezählt, die den kämpfenden Einheiten nicht mehr zur Verfügung standen, sei es, daß sie gefallen, verwundet oder in Gefangenschaft geraten waren. Die folgenden Berechnungen der militärischen K. beziehen sich jedoch ausschließlich auf die Todesfälle von Soldaten während des Krieges und in der Gefangenschaft. Im weltweiten Maßstab waren insgesamt mehr als 60 Mio. Soldaten eingesetzt. Insgesamt kamen nahezu 9 Mio., das heißt ca. 14 % von ihnen, ums Leben, pro Tag gerechnet waren dies etwa 6.000 Soldaten.

Die Mittelmächte setzten mit ca. 25 Mio. Mann insgesamt weniger Soldaten ein als die Entente mit mehr als 40 Mio. Auf Seiten der Mittelmächte sind ca. 3,5 Mio. Todesfälle zu verzeichnen, wohingegen die »Verluste« auf Seiten der Entente auf mehr als 5 Mio. zu beziffern sind. In absoluten Zahlen wies Deutschland die meisten Toten auf, aber bezogen auf die Bevölkerungsgrößen wiegen die französischen Verluste schwerer.

Die sog. Todesquote, das heißt der Anteil der im Krieg oder in Gefangenschaft ums Leben gekommenen Soldaten, war bei allen Armeen keineswegs gleich hoch, sondern schwankte zwischen 6 % und 30 %, wobei es nicht die Staaten mit den absolut größten Verlusten sind, die die höchsten Todesquoten aufweisen, sondern eher die südosteuropäischen Länder wie Serbien und Montenegro oder das Osmanische Reich. Dies liegt im wesentlichen daran, daß in den hochgerüsteten westlichen Armeen die Soldaten beispielsweise gegen Wundstarrkrampf, Typhus, Cholera und Pocken geimpft wurden, so daß es – mit Ausnahme der Grippeepidemie im Jahre 1918 – kaum mehr zu tödlich verlaufenden Seuchen unter den Soldaten kam. Der medizinische Fortschritt sowie die Verbesserungen der Transportmittel bei der Infrastruktur der hochentwickelten Armeen hat also dazu geführt, daß die Todesquote relativ gering blieb. Selbstverständlich wirkte sich die unterschiedliche Intensität der Kriegführung deutlich auf die Verluste der einzelnen Staaten aus. Die großen Schlachten an der Westfront – Verdun, Flandern und die Somme – trugen wesentlich dazu bei, daß Deutschland und Frankreich zu den Staaten mit den höchsten Todeszahlen gehören. Der Hauptgrund für die wesentliche Zunahme der tödlichen Verwundungen gegenüber früheren Kriegen waren die Artilleriegeschosse mit Sprengwirkung. Die Sterberate der Kriegsgefangenen blieb insgesamt mit 5-10 % weitaus niedriger, als sie in früheren Kriegen gewesen war.

Mit ca. 6 Mio. Toten liegen die zivilen Verluste scheinbar deutlich unter den militärischen; allerdings sind im Hinblick auf die zivilen Gesamtverluste nur Annäherungswerte möglich, da für eine Reihe von Ländern keine gesicherten Daten vorliegen. Beispielhaft sei hier auf Rußland verwiesen, wo kaum zu trennen ist zwischen den zivilen Toten als Folge des Krieges und den Opfern von Revolution und Bürgerkrieg. Die überaus großen zivilen Verluste sind insbesondere der Tatsache zuzuschreiben, daß der Einsatz umfangreicher Ressourcen (Nahrungsmittel) für den Krieg eine generell schlechtere Versorgung der Zivilbevölkerung zur Folge hatte. Ver-

Militärische und zivile Verluste der am Ersten Weltkrieg beteiligten Staaten

Staaten	Bevölkerung in Mio.	wehrfähige Männer[a]	Streitkräfte		
			eingesetzt	insgesamt	in % der wehrfähigen Männer
Mittelmächte					
Bulgarien	4,7	1.100.000	600.000	600.000 ?	55%
Deutschland	67,8	16.300.000	13.200.000	13.200.000	81%
Österreich-Ungarn	52,6	11.600.000	9.000.000	9.000.000	78%
Türkei	17,0	5.400.000	1.600.000	3.000.000	30%
Summe Mittelmächte	142,1	34.400.000	24.400.000	25.800.000	71%
Entente					
Belgien	7,6	1.900.000	292.000	292.000	15%
Frankreich	39,0	10.000.000	8.100.000	8.100.000	81%
Französische Kolonien	52,7	13.200.000	449.000	449.000	3%
Griechenland	4,9	700.000	230.000	355.000	33%
Großbritannien und Irland	46,1	11.500.000	6.100.000	6.100.000	53%
Britische Kolonien	342,2	88.300.000	2.800.000	2.800.000	3%
Italien	36,0	7.800.000	4.300.000	5.600.000	55%
Japan	53,0	13.000.000	30.000	800.000	0%
Montenegro	0,2	50.000	50.000	50.000	100%
Portugal	6,1	1.300.000	100.000	>100.000	8%
Rumänien	7,6	1.900.000	750.000	750.000	39%
Rußland	164,0[b]	40.100.000	15.800.000	15.800.000 ?	39%
Serbien	3,1	1.200.000	750.000	750.000 ?	63%
USA	98,8	25.500.000	2.100.000	4.750.000	8%
Summe Entente	861,3	216.450.000	41.851.000	46.596.000	19%
Summe Entente ohne Kolonien	466,4	114.950.000	38.602.000	43.347.000	34%
Gesamt	1.003,4	251.450.000	66.251.000	72.396.000	26%
Gesamt ohne Kolonien	661,2	163.150.000	63.451.000	69.596.000	39%

a = geschätzter Anteil der wehrfähigen Männer im Alter von 15 bis 49 Jahren, d.h. der Männer unter 50 Jahren, die bei Kriegsbeginn 18 Jahre alt waren oder dieses Alter im Laufe des Krieges erreichten.
b = ohne Finnland.
c = Nach Urlanis war die krankheitsbedingte Sterblichkeit so groß, daß die tatsächlichen Gesamtverluste mit 800.000 Toten anzusetzen seien.
d = Davon ca. die Hälfte vorwiegend grippebedingte Krankheitsverluste.
? = Angaben zweifelhaft, bzw. nicht vorhanden, obwohl es in nennenswertem Umfang zu Todesfällen gekommen sein muß.

Militärische Todesfälle			Zivile Todesfälle		Bemerkungen zu den zivilen Todesfällen	Staaten
absolut	in % der eingesetzten Streitkräfte	in % der wehrfähigen Männer	absolut	in % der Bevölkerung		
						Mittelmächte
88.000	15%	8%	300.000 ?	6%		**Bulgarien**
2.037.000	15%	12%	700.000 ?	1%	v. a. Hungertote	**Deutschland**
1.460.000	16%	13%	400.000 ?	1%	v. a. in Polen	**Österreich-Ungarn**
325.000[c]	20%	6%	2.000.000	12%	v. a. Vertreibung der Armenier	**Türkei**
3.550.000	15%	10%	3.400.000	2%		*Summe Mittelmächte*
						Entente
38.000	13%	2%	50.000	1%		**Belgien**
1.327.000	16%	13%	600.000	2%		**Frankreich**
78.000	17%	1%	–			**Französische Kolonien**
25.000	11%	4%				**Griechenland**
750.000	12%	7%	600.000	1%		**Großbritannien und Irland**
180.000	6%	0%	–			**Britische Kolonien**
460.000	11%	6%	700.000 ?	2%		**Italien**
1.000	3%	0%	–			**Japan**
13.000	26%	26%	?			**Montenegro**
7.000	7%	1%	–			**Portugal**
250.000	33%	13%	300.000 ?	4%	v. a. Hungertote	**Rumänien**
1.800.000 ?	11%	4%	?			**Rußland**
250.000 ?	33%	21%	300.000 ?	10%		**Serbien**
117.000[d]	6%	0%	–			**USA**
5.296.000	13%	2%	2.550.000	0%		*Summe Entente*
5.038.000	13%	4%	2.550.000	1%		*Summe Entente ohne Kolonien*
8.846.000	13%	4%	5.950.000	1%		*Gesamt*
8.666.000	14%	5%	5.950.000	1%		*Gesamt ohne Kolonien*

Britische Kriegsgefangene begraben deutsche Gefallene auf einem Schlachtfeld bei Bus. März 1918

stärkt wurde diese extreme Mangelversorgung im deutschen Fall noch durch die Blockade der Entente, die in Deutschland und in den deutschsprachigen Landesteilen Österreich-Ungarns im Hungerwinter 1916/17 zu Hunderttausenden von Todesfällen führte. Waren es im Jahre 1917 vor allem die Alten, die den Hungertod starben, raffte die Grippeepidemie von 1918 Menschen aller Altersklassen und in allen Ländern gleichermaßen hin.

Zu den Verlusten, die der Weltkrieg auf indirekte Weise verursachte, wird von einigen Demographen auch die kraß sinkende Geburtenrate gezählt. Im Fall Frankreichs führten die – bezogen auf die Bevölkerung – ohnehin stärkeren prozentualen Verluste dazu, daß die Zahlen der Eheschließungen und Geburten in weitaus stärkerem Maße sanken als in Deutschland, das neben den relativ gesehen geringeren Verlusten auch noch über nachrückende geburtenstarke Jahrgänge verfügte. → *Epidemien* → *Ernährung*

Lit.: Bevölkerungs-Ploetz. Bevölkerung und Raum in Neuerer und Neuester Zeit, Teil 3: Raum und Bevölkerung in der Weltgeschichte, hg. v. W. Köllmann, Würzburg 1955; M. Clodfelter, Warfare and Armed Conflicts. A Statistical Reference, Jefferson, NC 1992; T. Hardier/J.-F. Jagielski, Combattre et mourir pendant la Grande Guerre (1914-1925), Paris 2002; La population dans la Grande Guerre, hg. v. P. Bourdelais, Paris 2002; B. Z. Urlanis, Bilanz der Kriege. Die Menschenverluste Europas vom 17. Jahrhundert bis zur Gegenwart, Berlin 1965.

RÜDIGER OVERMANS

Kriegsziele. Keine der europäischen Mächte verfocht vor Kriegsbeginn konkrete territoriale Annexionsziele, welche ihre Entscheidung, zu den Waffen zu greifen, maßgeblich beeinflußt haben. Doch schon bald nach Kriegsbeginn setzte in allen Ländern eine zunächst überwiegend intern geführte Debatte über die K. ein. Dem britischen Außenminister Sir Edward Grey gelang es, eine öffentliche Erörterung der britischen K. zu verhindern. Großbritannien forderte mit einigem Nachdruck die Wiederherstellung der Selbständigkeit der kleineren europäischen Nationen, die durch den Angriff der Mittelmächte widerrechtlich zerstört worden sei, insbesondere die Wiederherstellung Belgiens. Auch in Frankreich hielten sich die Begehrlichkeiten der K. anfänglich in engen Grenzen; zunächst stand die Rückgewinnung des Elsaß und Lothringens im Vordergrund. Erst im weiteren Verlauf des Weltkrieges wurde dann die Forderung der Annexion des Saarbeckens und der Rheingrenze laut, um später zu einem offiziellen, wenn auch öffentlich zunächst nur verhalten proklamierten K. zu werden. Im Deutschen Reich kam es hingegen bereits unmittelbar nach Kriegsausbruch zu einer massiven Kampagne für weitreichende Annexionen in Ost und West. Den Anfang machte eine in Stil und Inhalt gleich maßlose Denkschrift von Heinrich Claß, dem Vorsitzenden des Alldeutschen Verbandes, gefolgt von einer Reihe von Denkschriften aus dem schwerindustriellen Lager, insbesondere einer von August Thyssen verfaßten und von Matthias Erzberger in die Hände des Reichskanzlers lancierten K.-Denkschrift. Hauptforderungen waren in allen Fällen die projektierte Annexion des Erzgebiets von Longwy-Briey sowie die Annexion bzw. zumindest die dauernde Beherrschung Belgiens, darüber hinaus von Siedlungsland für die Landwirtschaft im Osten. Diese Bewegung erreichte ihren ersten Kulminationspunkt mit der Denkschrift der fünf, später sechs großen Wirtschaftsverbände vom März bzw. Mai 1915.

Der deutschen Reichsleitung kam diese unter dem Deckmantel des »Burgfriedens« geführte Agitation, die sich nicht zuletzt gegen den angeblich »schlappen« Reichskanzler Bethmann Hollweg richtete, höchst ungelegen. Doch auch die Regierung hatte, besonders während der Sommermonate 1914 noch für den unmittelbar bevorstehend gehaltenen Sieg über Frankreich, umfangreiche Planungen über mögliche K. betrieben – unter Konsultation zahlreicher Persönlichkeiten des öffentlichen Lebens und im Widerspruch zu den eigenen öffentlichen Verlautbarungen. Die Planungen der Reichsleitung bewegten sich auf der Linie einer »elastischen« Strategie, welche die angestrebte Hegemonialstellung der Mittelmächte auf dem europäischen Kontinent, unter anderem auf Anraten Walther Rathenaus, in erster Linie mit indirekten Methoden erreichen wollte. Dies sollte insbesondere mit der Gründung eines mitteleuropäischen Wirtschaftsverbandes unter deutscher Führung, dem gegebenenfalls alle kontinentaleuropäischen Mächte beitreten sollten, geschehen. Die solcherart erstellten »Richtlinien über die deutsche Politik bei Friedensschluß«, das sog. Septemberprogramm, wurden allerdings schon bald Makulatur, zumal sich die Schwierigkeiten eines Zollbündnisses mit Österreich-Ungarn als zunächst unüberwindlich herausstellten. Dennoch wurden, ungeachtet des öffentlichen Bekenntnisses zu einem Verteidigungskrieg, unverändert umfangreiche Planungen für territoriale Erwerbungen in West und Ost, insbesondere für die dauernde Kontrolle Belgiens, fortgeführt. Diese nahmen in der Folge immer uferlosere Formen an.

Die Ententemächte ihrerseits fanden sich rasch bereit, dem seit dem Durchbruchssieg bei Gorlice-Tarnów im Juni 1915 schwer bedrängten zarischen Rußland, das von Seiten der Mittelmächte mit »Sonderfriedensfühlern« umgarnt wurde, die Fortführung des Krieges moralisch zu erleichtern. So wurde dem zarischen Rußland bereits vorab der Erwerb der Meerengen sowie Konstantinopels, einem Jahrhundertziel der russischen Diplomatie, in aller Form bei Kriegsende in Aussicht gestellt. Im übrigen verhandelten die alliierten Mächte auf der Interalliierten Wirtschaftskonferenz in Paris vom 14.-17. Juni 1916 über eine Nachkriegsordnung, durch welche die deutsche Stellung im Welthandel auf Dauer niedergehalten werden sollte. Im übrigen konzentrierten sich die K.bestrebungen der Alliierten einstweilen darauf, die deutschen Kolonien unter sich aufzuteilen, unter dem Vorwand, daß die Deutschen wegen ihrer angeblich besonders brutalen Kolonialpolitik das Recht verwirkt hätten, weiterhin Kolonien zu besitzen. Im Fernen Osten beteiligte sich dann auch Japan an der Verteilung der Beute. Im übrigen verlagerten sich die Bestrebungen Großbritanniens und Frankreichs, und später auch des Juniorpartners Italien auf das Ziel, das Osmanische Reich zu zerschlagen und die arabischen Territorien unter sich aufzuteilen. In diesem Zusammenhang kam es überdies zur Gründung eines sog. Jewish National Home in Palästina, dem Ausgang des späteren Israel, auf arabischem Territorium. Ihren Höhepunkt erreichten diese Bestrebungen mit dem Sykes-Picot-Abkommen vom 16. Mai 1916, dem später auch Italien beitrat, das faktisch eine indirekte Herrschaft der Westmächte im Nahen Osten auf Dauer sichern sollte und die territorialen Regelungen im Nahen Osten nach dem Ende des Weltkrieges weitgehend vorweggenommen hat.

Seit 1917 verhärteten sich in allen Lagern, insbesondere aber im Deutschen Reich, die Forderungen der K. immer stärker, und diese wurden nun vollends zu einem mit größter Schärfe durchgefochtenen innenpolitischen Streitgegenstand. Auf einer K.konferenz in Bad Kreuznach im April 1917 verständigten sich die Mittelmächte unter dem Druck der deutschen Obersten Heeresleitung entgegen den Protesten der österreichisch-ungarischen Diplomatie auf extrem weitreichende K. in Ost und West. Diese Vereinbarungen hatten einen derart utopischen Zuschnitt, daß Bethmann Hollweg insgeheim seine Zuflucht zu einer vertraulichen Aktennotiz nahm, in der er festhielt, daß er sich an die Beschlüsse von Kreuznach, sofern es zu ernsthaften Friedensverhandlungen kommen sollte, nicht gebunden fühle. Hauptstreitpunkt war nach wie vor die Zukunft Belgiens, dessen Wiederherstellung von alliierter Seite als unabdingbar angesehen wurde, während die deutsche Seite nach wie vor eine zumindest indirekte Kontrolle Belgiens auch nach Kriegsende forderte. In Frankreich formierte sich nun eine massive Bewegung mit dem Ziel der Wiedergewinnung der Rheingrenze vom Jahre 1792, und in Italien wurde jetzt die Erlangung der Brennergrenze mehr denn je zu einer conditio sine qua non erklärt, obschon das Land sich am Rande der völligen Erschöpfung befand. Bedeutsamer war, daß mehr und mehr auch rassistische, insbesondere antisemitische, Gesichtspunkte in die K.debatte eingebracht wurden. Auch die Idee ethnischer Säuberungen, d. h. die Annexion von Territorien unter Aussiedlung der fremdstämmigen Bevölkerungsgruppen, welche im Osmanischen Reich durch die massenhafte Deportation und Vernichtung der Armenier vorexerziert worden war, tauchte nun vielfach in den Denkschriften auf, auch wenn sie einstweilen keinen Eingang in die offiziellen Planungen fand.

In der russischen Oktoberrevolution warf der Petrograder Arbeiter- und Soldatenrat erstmals das Stichwort eines künftigen allgemeinen Friedens »ohne Annexionen und Kontributionen« in die internationale Debatte. Die Regierungen sämtlicher kriegführender Staaten mußten sich dazu stellen, doch fanden sie Argumente und Winkelzüge genug, um den Konsequenzen einer Politik des Verzichts auf die K. und die K.verträge aus dem Wege zu gehen. Allerdings griff der amerikanische Präsident Woodrow Wilson jetzt seinerseits diese Parole auf und proklamierte in seinen Vierzehn Punkten einen Frieden »ohne Sieger und Besiegte«. Umgekehrt verlangte Lenin an der Spitze der bolschewistischen Regierung einen von den Völkern erzwungenen Frieden »ohne Annexionen und Kontributionen«, um die Konsequenzen des militärischen Zusammenbruchs des Zarenreiches abzufangen, freilich mit geringem Erfolg. Am Ende blieb ihm nichts anderes übrig, als sich dem Gewaltfrieden von Brest-Litowsk zumindest vorläufig zu beugen, der den radikalen K.planungen der 3. OHL unter Hindenburg und Ludendorff ungebremst freie Bahn gab. Im Deutschen Reich selbst vermochte niemand den bis zum Ural sich erstreckenden Annexionsbestrebungen Ludendorffs wirksam entgegenzutreten. Im Lager der Entente hingegen gewannen die unter aktiver Beteiligung britischer und französischer Intellektueller seit längerem verfolgten Bestrebungen immer stärker an Boden, den »Völkerkerker Österreich-Ungarn« zu sprengen und in Südosteuropa einen Cordon sanitaire von Frankreich und Großbritannien abhängiger Staaten zu schaffen, die stark genug sein würden, dem deutschen Druck zu widerstehen. Auf diese Weise wurde den neuen, großenteils künstlichen sowie ethnisch bzw. kulturell inhomogenen Staatsschöpfungen der Tschechoslowakei und Jugoslawiens auf dem Balkan die Bahn bereitet. Dazu gehört schließlich auch die Gründung eines auf Kosten deutscher Territorien erheblich vergrößerten polnischen Staates. Alle diese Bestrebungen mündeten am Ende ein in die Beschlüsse der Pariser Vorortverträge, aus denen eine höchst instabile europäische Staatenordnung hervorgehen sollte, in der angesichts der Ohnmacht des Völkerbundes einige K. in neuer Gestalt weiterverfolgt wurden. → *Friede von Brest-Litowsk* → *Septemberprogramm* → *Sykes-Picot-Abkommen* → *Versailler Vertrag* → *Vierzehn Punkte*

Lit.: K. J. Calder, Britain and the Origins of the New Europe: 1914 – 1918, Cambridge 1976; F. Fischer, Griff nach der Weltmacht. Die Kriegszielpolitik des kaiserlichen Deutschland, Düsseldorf 1961; V. H. Rothwell, British War Aims and Peace Diplomacy. 1914-1918, Oxford 1971; G.-H. Soutou, L'or et le sang. Les buts de guerre économiques de la Première Guerre Mondiale, Paris 1989; W. Steglich, Die Friedenspolitik der Mittelmächte 1917/18, Wiesbaden 1964.

WOLFGANG J. MOMMSEN

Kriegszustand. Der »Zustand der drohenden Kriegsgefahr« wurde am 31. Juli 1914 (13.00 Uhr) durch den deutschen Kaiser verkündet, die Mobilmachung von Heer und Flotte erfolgte am 1. Aug. Verfassungsrechtliche Grundlage bildete Art. 68 der Reichsverfassung von 1871. Zwar war für die Form der Verkündung und die Wirkung des K. ein Reichsgesetz in Aussicht genommen, doch ist dieses bis 1914 nie mehr zustande gekommen. Damit galt weiterhin das aus dem Jahr 1851 stammende preußische Gesetz über den Belagerungszustand. Die Ausrufung des K. im Königreich Bayern war, davon abweichend, durch ein eigenes Gesetz geregelt. Mit der Ausrufung folgte die Aufnahme des militärischen Bahn- und Grenzschutzes, die Personen- und Postüberwachung im Grenzverkehr sowie die Unterbrechung des internationalen Güterverkehrs. Gleichzeitig ging die vollziehende Gewalt im Reich auf die 57 Militärbefehlshaber (Kommandierende Generale, Gouverneure und Kommandanten der Festungen) über. Neben den militärischen Aufgaben oblag diesen damit auch die Aufrechterhaltung der inneren Sicherheit. Die gesetzliche Grundlage gab ihnen hierfür ein umfangreiches Instrumentarium zur Einschränkung der bürgerlichen Freiheiten an die Hand. Die Ausrufung des K. bedeutete jedoch noch nicht die Aufnahme von Kampfhandlungen.

Lit.: W. Deist, Voraussetzungen innenpolitischen Handelns des Militärs im Ersten Weltkrieg, in: W. Deist, Militär, Staat und Gesellschaft. München 1991, S. 117-126.

MARKUS PÖHLMANN

Krobatin, Alexander Freiherr von, * Olmütz 12.9.1849, † Wien 27.12.1933, österreichischer General (Kriegsminister). – K. empfahl sich als Offizier des Artilleriestabes mit einer Hochschulausbildung in technischer Chemie früh für höhere Aufgaben. Als Fachmann für artillerietechnische Fragen wurde er 1896 in das Reichskriegsministerium berufen, wo er ab 1904 als Sektionschef für Waffen- und Munitionsfragen sowie für die Reichsbefestigung zuständig war. Vom 12. Dez. 1912 bis 10. April 1917 amtierte K. als k. u. k. Kriegsminister. Er hatte entscheidenden Anteil an der Umrüstung der Feldartillerie und an der Ausgestaltung der Reichsbefestigung (Südtiroler Sperren). Dem Offensivgedanken Conrads von Hötzendorf folgend, war K. führend beteiligt an der Schaffung schwerer Feldartillerie und an der Entwicklung richtungsweisender schwerster und doch höchst mobiler Belagerungsartillerie, deren fahrende Teile von Ferdinand Porsche konstruiert wurden. Wirkung und Mobilität dieser Geschütze waren so verblüffend, daß sie 1914 an der Westfront beachtlichen Anteil an der Niederkämpfung der belgischen Forts hatten und sich anläßlich der Südtirol-Offensive 1916 den Ruf als »schwerste Gebirgsgeschütze« erwarben.

Nach Kriegsbeginn 1914 war es vor allem K. zuzuschreiben, daß – wenn auch immer in einem den Bedürfnissen der Front nicht gerecht werdenden Ausmaß – die personellen und materiellen Ressourcen der Monarchie in einer vorher nicht für möglich gehaltenen Weise ausgeschöpft wurden. Bis zum Frühjahr 1917 blieben der menschliche und materielle Nachschub an die Front auf einer soweit hinreichenden Höhe, daß sich alle Voraussagen vom Zusammenbruch der Donaumonarchie nach den verlorenen Anfangsschlachten nicht verwirklichten.

Die durch Kaiser Karl in den Führungsebenen des Reichs vorgenommenen Umbesetzungen brachten schließlich auch die Ablösung K.s als Kriegsminister. Er wurde nun Oberbefehlshaber der 10. Armee an der Kärntner Front. Im Verlauf der siegreichen Offensive der Mittelmächte gegen Italien im Okt. 1917 gelang es seiner Armee, zwei italienische Divisionen einzukesseln und gefangenzunehmen. Danach übernahm er die Aufgabe, die Tiroler West- und Südfront zu verteidigen. Im Okt. 1918 wurde die zum Teil meuternde, zum Teil gefangengenommene Heeresgruppe Tirol aufgelöst.

RUDOLF JERABÉK

Kronstadt, Stadt in der ungarischen Provinz Siebenbürgen. – Mit ihrer Offensive nach Siebenbürgen ab 27. Aug. 1916 hatten die rumänischen Streitkräfte einen gewaltigen Einbruch nach Ungarn erzielen können. Das Blatt begann sich aber zu wenden, als infolge der ungünstigen Entwicklung in der Dobrudscha und der notwendigen Verstärkung der rumänischen Truppen an der Donaufront insgesamt drei Divisionen von der Siebenbürger Front abgezogen wurden, nachdem bereits die strategische Reserve (zwei Divisionen), welche man für den weiteren Angriff nach Ungarn vorgesehen hatte, weggefallen war. So konnte General Falkenhayn, der am 19. Sept. 1916 die 9. Armee übernommen hatte, seinen Aufmarsch weitgehend ungestört vollziehen. Einschließlich der k. u. k. 1. Armee verfügten die Mittelmächte nun über etwa 110.000 Mann, welche in Siebenbürgen die Offensive gegen die numerisch immer noch weit überlegenen Rumänen ergreifen sollten. Nach der siegreichen Schlacht von Hermannstadt (22.-29. Sept. 1916) wendete die 9. Armee Falkenhayns ihre

Front gegen die rumänische 2. Armee. Diese versuchte erfolgreich, sich einer drohenden Einkreisung durch Verschiebung nach Osten zu entziehen. Dabei lieferte sie teils schwere Rückzugsgefechte, so daß auch der Geisterwald nördlich von Kronstadt als Sprungbrett für den weiteren Angriff am 5. Okt. erst erobert werden mußte. Falkenhayn hatte nun allerdings den Eindruck gewonnen, daß sich die Rumänen inmitten Siebenbürgens nicht mehr stellen, sondern sich auf die Verteidigung der umgebenden Gebirgspässe beschränken würden. Der am 7. Okt. 1916 begonnene Angriff auf Kronstadt zeigte jedoch, daß die rumänische 2. Armee nach Eintreffen von Verstärkungen entschlossen war, eine entscheidende Schlacht zu liefern. Die deutschen Truppen, welche geglaubt hatten, Kronstadt nur noch besetzen zu müssen, wurden in einen bis in die Nacht zum 8. Okt. andauernden Häuserkampf verwickelt. Bereits besetzte Positionen im Umland gingen wieder an die Rumänen verloren. Erst ein am gleichen Tag angesetzter Angriff zweier Divisionen konnte die Inbesitznahme Kronstadts und die Abwehr der heftigen, wenn auch überhasteten Angriffe der Rumänen sicherstellen. Die ungarische 51. Infanteriedivision und die deutsche 187. Infanteriedivision hatten, was im Weltkrieg eher selten war, großflächig einen Häuserkampf im Stadtgebiet zu bestehen gehabt. Die eingetretene Ermattung der verbündeten Truppen machte die von Falkenhayn angestrebte Einkesselung der Rumänen allerdings zunichte. Die Rumänen vermochten, wenn auch durch die Niederlage in ihrer Kampfmoral tief getroffen, sich über die Siebenbürgen umgebenden Gebirgspässe zurückzuziehen.

Rudolf Jerabék

Kühlmann, Richard von, * Konstantinopel 3.5.1873, † Ohlstadt 6.2.1948, deutscher Diplomat und Politiker. – Der Sohn des Generaldirektors der anatolischen Eisenbahn studierte Jura und trat nach der Promotion 1898 in den diplomatischen Dienst ein. Nach zahlreichen Stationen war er von 1909 bis 1914 als Botschaftsrat in London tätig. Dort setzte er sich für eine deutsch-englische Verständigung ein und bereitete in diesem Zusammenhang verschiedene Abkommen vor. Nach Kriegsbeginn führten ihn Sondermissionen nach Stockholm und Konstantinopel. 1915 war er Gesandter in Den Haag, 1916 Botschafter in Konstantinopel. Am 7. Aug. 1917 wurde er zum Staatssekretär des Auswärtigen Amtes ernannt. K. hatte Verdienste an der Bildung der neuen Reichsleitung unter Reichskanzler Hertling, der auch Vertreter der Mehrheitsparteien des Reichstags angehörten. Mehrere Versuche K.s, durch geheime Kontakte mit Großbritannien zu einem Verständigungsfrieden zu kommen, scheiterten. Sein Kurs einer behutsamen Friedensanbahnung führte jedoch zu einem ständigen Konflikt mit der Obersten Heeresleitung. Als deutscher Vertreter bei den Friedensverhandlungen von Brest-Litowsk und später mit Rumänien war K. unter dem Druck der OHL an der Formulierung der harten Friedensbedingungen beteiligt. Als er am 24. Juni 1918 in einer Reichstagsrede einen militärischen Sieg Deutschlands für unmöglich erklärte, zwang ihn Ludendorff zum Rücktritt – sein Versuch, einen Verständigungsfrieden anzubahnen, war gescheitert. Nach dem Ausscheiden aus dem diplomatischen Dienst war K. bis zu seinem Tod in der Stahlindustrie tätig.

Thomas Beckers

Kuhl, Hermann von, * Koblenz 2.11.1856, † Frankfurt am Main 4.11.1958, preußischer General. – 1878 promovierte K. in Tübingen über salisches Liedgut. Im selben Jahr trat er in das preußische Infanterieregiment Nr. 53 ein. 1893 wurde er Hauptmann, 1899 Major. Seit 1898 Lehrer an der Kriegsakademie, leitete er ab 1906 die Kriegsgeschichtliche Abteilung des Generalstabes. 1912 wurde K. Generalmajor und ein Jahr darauf in den erblichen Adelstand erhoben. 1913/14 war er Oberquartiermeister und zuständig für die Kriegsgeschichte; bereits zu diesem Zeitpunkt galt K. als intellektueller Kopf und »graue Eminenz« des Großen Generalstabes. Bei Kriegsausbruch wurde er als Chef des Generalstabs der 1. Armee am Brennpunkt der Marne-Schlacht eingesetzt. 1915 Generalleutnant, wurde K. Ende Nov. des Jahres als Stabschef zur 6. Armee versetzt; seit Juni 1916 diente er in derselben Funktion bei der Heeresgruppe Kronprinz Rupprecht von Bayern. Dort war er ab Sommer 1916 mit der Abwehr der Somme-Offensive befaßt. Seinen Abschied nahm er im Jan. 1919. Nach dem Krieg war K. als Militärschriftsteller und Funktionär des Deutschen Offizierbundes tätig. Durch seine Tätigkeit als Gutachter im Parlamentarischen Untersuchungsausschuß des Reichstages zu den Ursachen des Zusammenbruchs (1920-

25) und als Mitglied der Historischen Kommission für das Reichsarchiv wurde K. zum einflußreichsten deutschen Militärpublizisten der Zwischenkriegszeit. Er war zudem Träger des Ordens »Pour le mérite« beider Klassen.

MARKUS PÖHLMANN

Lamszus, Wilhelm *Altona (heute zu Hamburg) 13.7.1881, † Hamburg 18.1.1965, deutscher Volksschullehrer und Schriftsteller. – L. veröffentlichte 1912 den ursprünglich für Jugendliche verfaßten Roman *Das Menschenschlachthaus*, der bis heute als eine der wenigen vor 1914 erschienenen Thematisierungen eines künftigen Krieges gilt, die Ausmaß und Brutalität der bevorstehenden Kampfhandlungen unheroisch und desillusionierend beschreiben. L. demontierte vollständig sämtliche damals gültigen Heldenklischees und schuf eine Gegenfigur, die auf ihrer humanen Identität besteht und schließlich offen gegen den Krieg rebelliert.

Der den Sozialdemokraten nahestehende, später jedoch (von 1919 bis 1927) der KPD angehörende Lehrer hatte zuvor in reformpädagogischen Schriften gegen die Einengung der kindlichen Phantasie gestritten. Auch damit stellte er sich grundsätzlich gegen die herrschenden wilhelminischen Erziehungsvorstellungen.

Das *Menschenschlachthaus* provozierte bereits unmittelbar nach seinem Erscheinen einen Skandal; es wurde 1915 verboten. 1919 publizierte L. das Buch erneut, zugleich mit der Fortsetzung *Das Irrenhaus*. Das Vorwort verfaßte Carl von Ossietzky. Schon bald nach seinem Erscheinen erreichte das Buch in wenigen Monaten 70 Auflagen und Übersetzungen in zahlreiche Sprachen. Nach 1933 erhielt L. Schreibverbot und wurde als Lehrer in den Ruhestand versetzt. Die Antikriegsschrift *Das Menschenschlachthaus* gilt als Vorläufer von Remarques *Im Westen nichts Neues*, vor allem weil das Argumentationsgerüst gegen den Krieg schon hier fast vollständig vorliegt.

Lit.: M. Christadler, Kriegserziehung im Jugendbuch. Literarische Mobilmachung in Deutschland und Frankreich vor 1914, Frankfurt a. M. 1979.

SUSANNE BRANDT

Werbepostkarte der Langemarck-Spende. 1931

Langemarck-Mythos. Zu den Besonderheiten des Weltkriegs gehörte die Mythisierung von Orten und Gegenden, an denen strategisch entscheidende oder besonders verlustreiche Schlachten gekämpft worden waren. Diese Mythen verbanden Fakten, Interpretation und Phantasien zu kollektiven Erinnerungen, in denen die militärischen Ereignisse und die zeitliche und räumliche Begrenzung der Schlachtfelder transzendiert werden. Unter den drei Schlachtenmythen, die in Deutschland über Jahrzehnte hinweg eine herausragende Stellung einnahmen, Langemarck, Tannenberg und Verdun, bildet der L. eine Ausnahme. Anders als die Schlacht in Ostpreußen war der Kampf ohne strategische Bedeutung, und im Vergleich mit den Opfern vor Verdun waren die Zahlen kaum nennenswert. Die Details der militärisch unbedeutenden Kämpfe bei Langemarck sind schwer zu rekonstruieren. Auf die große Zahl an Kriegsfreiwilligen im Herbst 1914 war die Heeresleitung nicht vorbereitet, und so wurden nach einer kurzen und unzureichenden Ausbildung und mit unzulänglicher Ausrüstung ausgestattet, diese Freiwilligen eilig zu sechs Reservekorps zusammengestellt und nach Flandern geschickt, wo nach dem Mißerfolg des Operationsplans an der Marne der »Wettlauf zum Meer« stattfand. Bis heute hält sich die unzutreffende Ansicht, die sechs Reservekorps seien ausschließlich oder überwiegend aus Studenten zusammengesetzt gewesen. Von den sechs neuen Korps wurden vier an der flandrischen Front eingesetzt. Diesen »Freiwilligenregimentern« standen erfahrene Soldaten des kleinen britischen Expeditionsheers gegenüber. Das Gelände zu ihrer Deckung ausnutzend, waren diese Truppen den meist ohne Artillerieunterstützung stürmenden deutschen Truppen in jeder Hinsicht überlegen. Die Reihen der von den staunenden britischen Soldaten als »schoolboy corps« bezeichneten Regimenter waren in wenigen Tagen dezimiert. Das Ende der Kämpfe gab die OHL mit dem wohl bekanntesten Heeresbericht dieses Krieges vom 11. Nov. 1914 bekannt: »...Westlich Langemarck brachen junge Regimenter unter dem Gesange ›Deutschland, Deutschland über alles‹ gegen die erste Linie der feindlichen Stellungen vor und nahmen sie...« An jedes Wort dieses Satzes knüpften sich sehr schnell phantastische Vorstellungen. Die einfache und ergreifende Legende einer sich dem Vaterland opfernden Generation von heldischen Studenten, patriotische Lieder auf den Lippen vorwärts stürmend, entstand und verdichtete sich schnell zu einem haltbaren Mythos. Er entsprach dem emotionalen Bedürfnis der Zeit und hielt sich über die kommenden Kriegsjahre und nach 1918 lebendig. Für die national gestimmte Jugend, konservativ aber ohne parteipolitische Bindungen, stiftete der L. das vereinigende Generationserlebnis. Bedingungslose Opferbereitschaft, heldenhafter Mut und Enthusiasmus wurden als die Werte einer jungen Generation verklärt, der die Zukunft gehöre. Jährliche Langemarckfeiern, öffentliche Zeremonien, ein Langemarckpfennig, Bau und Weihe einer Gedenkstätte sorgten für die beständige Erneuerung des profanen Kultes. Dieser Mythos der nationalen bürgerlichen Jugend wurde vom Nationalsozialismus zunächst aufgenommen und opportunistisch zur Mobilisierung von Emotionen für die Innenpolitik genutzt. In *Mein Kampf* stilisierte sich Adolf Hitler als einer der Langemarckkämpfer, distanzierte sich jedoch vom unsinnigen Menschenopfer und der Verbindung des L. mit vorgeblich rein »studentischen Regimentern«. Durch seine politische Instrumentalisierung im Dritten Reich verlor der idealistische und elitäre L. seinen Nimbus. Er wurde vom militaristischen Denken absorbiert und von der Dramatik des Zweiten Weltkriegs überschattet. Nach 1945 konnte er trotz einiger Versuche nicht wiederbelebt werden.

Lit.: B. Hüppauf, Schlachtenmythen und die Konstruktion des »Neuen Menschen«, in: »Keiner fühlt sich hier mehr als Mensch...«. Erlebnis und Wirkung des Ersten Weltkriegs, hg. v. G. Hirschfeld/G. Krumeich/I. Renz, Essen 1993; G. Krumeich, Langemarck, in: Deutsche Erinnerungsorte, hg. v. E. François/H. Schulze, Bd. 3, München 2001, S. 292-309.

BERND HÜPPAUF

Lanrezac, Charles Louis Marie, * Guadeloupe 31.7.1852, † Neuilly-sur-Seine 18.1.1925, französischer General. – Im Jahr 1905 wurde der als Taktikexperte bekannte L. Professor an der École de guerre, eine Funktion, die er bis 1914 beibehielt, als er im Alter von 62 Jahren zum Oberkommandierenden der 5. Armee ernannt wurde. In dieser Position war er an der Anfangsoffensive in Lothringen beteiligt und den umfassenden deutschen Gegenangriffen bei Charleroi (22./23. Aug. 1914) ausgesetzt. Seine Armee behauptete sich zwar in der Serie von Rückzugsgefechten, die erst mit dem »Marne-Wunder« Anfang Sept. zu Ende gingen. Doch trotz einiger Erfolge wurde er von Generalstabschef Joffre seiner Stellung enthoben, ebenso wie auch eine Reihe anderer Armee- und Divisionskommandeure. L. ist immer wieder die Schuld an dem Fiasko der sog. Grenzschlachten des Aug. 1914 zugewiesen worden, wiewohl er bereits am 14. Aug. Joffre vor der Gefahr einer Umfassung gewarnt hatte. Trotz seiner vehementen Verteidigung (u. a. in seinem 1920 erschienenen Buch *Le plan de campagne français et le premier mois de la guerre)* bleibt der Name von L. in Frankreich mit den traumatischen Niederlagen in den Anfangsschlachten des Weltkriegs verbunden.

GERD KRUMEICH

Lansing-Note, nach dem damaligen amerikanischen Außenminister Robert Lansing in Deutschland so benannte diplomatische Note, die von den USA, Frankreich und Großbritannien der deutschen Reichsleitung am 5. Nov. 1918 übermittelt wurde. – Darin erklärten die Alliierten, daß sie das Wilsonsche Programm der Vierzehn Punkte als gemeinsame Grundlage für die Friedensverhandlungen akzeptierten. Dieser Erklärung war ein mehrwöchiger deutsch-amerikanischer Notenaustausch über Waffenstillstands- und Friedensbedingungen vorausgegangen. Am 3. Okt. 1918 hatte sich die Reichsleitung an Wilson gewandt, um einen Waffenstillstand und die Anbahnung von Friedensverhandlungen nachgesucht und sich mit den Vierzehn Punkten einverstanden erklärt. Die amerikanische Administration war auf dieses Angebot nur sehr abwartend eingegangen: Sie hatte deutlich gemacht, daß die USA und ihre Alliierten nur einen Waffenstillstand akzeptieren konnten, der die Niederlage der Mittelmächte unzweifelhaft feststellte. Wilson hatte von Deutschland insbesondere die entschlossene Umsetzung parlamentarisch-demokratisierender Reformen eingefordert. Erst als die Reichsleitung sich diesen Forderungen gebeugt hatte, erklärte der amerikanische Präsident am 23. Okt. 1918 seine Bereitschaft, das Waffenstillstandsgesuch an seine Verbündeten weiterzuleiten. Ein weiteres diplomatisches Ringen hatte sich im Vorfeld der L. zwischen den USA und ihren Alliierten abgespielt: Wilson verfolgte vorrangig das Ziel, Großbritannien und Frankreich auf die Vierzehn Punkte als Grundlage der Friedensverhandlungen festzulegen, während die Verbündeten wichtige Modifikationen des betont liberalen Friedensprogramms wünschten. Insbesondere sollte die deutsche Verpflichtung zur Wiedergutmachung von Kriegsschäden möglichst weitgehend definiert werden; der britische Premier Lloyd George wünschte eine Aufweichung des in den Vierzehn Punkten festgeschriebenen Grundsatzes der »Freiheit der Meere«. Die L. präzisierte auf diese Weise den alliierten Kompromiß über die Vierzehn Punkte: Großbritannien und Frankreich erklärten sich formal mit ihnen einverstanden, Wilson mußte hingegen eine ausgreifende Definition der deutschen Reparationsverpflichtungen akzeptieren. Dem deutschen Ersuchen, die Vierzehn Punkte als verbindliche Grundlage des Friedensschlusses zu akzeptieren, kam die Note auf diese Weise nur formal entgegen. Die faktische Ausgestaltung des Friedens (mitsamt der Regelung der Reparationsfrage) oblag ganz den kommenden Verhandlungen. In der Nachkriegszeit spielte die L. stets eine wichtige Rolle in der Polemik um den Versailler Vertrag. Auf deutscher Seite berief man sich auf die Note als eine verbindliche Festlegung der Alliierten auf die ursprünglichen Vierzehn Punkte und bezichtigte die Westmächte, dieses Friedensversprechen mit dem Versailler Vertrag gebrochen zu haben. → *Reparationen* → *Vierzehn Punkte* → *Waffenstillstand*

Lit.: K. Schwabe, Deutsche Revolution und Wilson-Frieden. Die amerikanische und deutsche Friedensstrategie zwischen Ideologie und Machtpolitik, 1918/1919, Düsseldorf 1971.

Matthias Waechter

Lavisse, Ernest, * Le Nouvion-en-Thiérache (Département Aisne) 17.12.1842, † Paris 18.8.1922, französischer Historiker. – L., seit 1870/71 »Vernunftrepublikaner« und Verfechter einer erneuerten Nationalerziehung, wurde 1888 Professor an der Sorbonne, bevor ihn dann seine steile Karriere 1892 in die Académie française führte und er 1904 zum Direktor der École normale supérieure ernannt wurde. Als Herausgeber verschiedener Geschichtswerke und mit seinen Beiträgen zum Geschichtsunterricht für die Volksschule entwickelte er sich zum allgegenwärtigen Nationalerzieher und geistigen Mentor der bürgerlichen Republik.

In der französischen Propaganda des Weltkriegs spielte L. eine tonangebende Rolle: Er »mobilisierte« die Geschichte im Dienste eines strikt republikanischen Patriotismus. Als Ursache für den deutschen Anspruch auf Weltherrschaft sah er übersteigerten Nationalstolz in Verbindung mit preußischem Militarismus und der wirtschaftlichen Dynamik der Reichsgründung. Deutschland sei alleinverantwortlich für den Ausbruch des Kriegs, der Schaden müsse von ihm ersetzt, Elsaß-Lothringen zurückgegeben werden.

Gegenüber seiner früheren, kritisch-positiven Einschätzung der deutschen Geschichte machte ihn sein kämpferischer Patriotismus im Krieg zum kompromißlosen Kritiker einer vorgeblich traditionellen deutschen Kultur. Diese sei seit Luther geprägt von Etatismus, Hochmut und Selbstüberschätzung und münde in den zeitgenössischen Pangermanismus. So definierte L., Repräsentant der Intellektuellen Frankreichs im Krieg, seine Rolle denn auch als Kampf der französischen »Zivilisation« (Freiheit und Demokratie) gegen die deutsche »Kultur« der Unterwerfung und Despotie.

In seinen Artikeln und Reden distanzierte sich L. vom aggressiven Stil deutscher Intellektueller; statt dessen suchte er mit Rationalität und Mäßigung seine Gegenpropaganda glaubwürdig und berechtigt wirken zu lassen. In der Gewißheit, mit der französischen Zivilisation auch die universalen Prinzipien der Menschlichkeit zu verteidigen, wies er den vorgeblichen deutschen Anspruch, eine höherwertige Kultur und ein Herrenvolk zu sein, zurück. L. bestand auf einem »Siegfrieden« mit »Restitutionen, Reparationen, Garantien« zur Beendigung des Kriegs.

MANFRED WÜSTEMEYER

Lawrence, Thomas Edward (L. of Arabia), * Tremadoc (Wales) 15.8.1888, † Moreton (Grafschaft Dorset) 19.5.1935, englischer Archäologe, Schriftsteller und Abenteurer. – L. hatte an Ausgrabungen in Syrien und Anatolien teilgenommen, bevor er im Weltkrieg in den Dienst des britischen Arab Bureau in Kairo trat. Aufgrund seiner seit 1916 bestehenden Kontakte zu Husain Ibn Ali, dem Emir von Mekka, wurde er von der britischen Regierung mit der Organisation des Aufstands der Araber gegen die Türken betraut. Unterstützung fand er vor allem bei Husains Sohn Feisal, dem späteren König Feisal I. von Irak. Der größte Erfolg des Aufstands war die teilweise Zerstörung der Hedschasbahn und die vor-übergehende Bindung einiger türkischer Truppen. Der hierbei mehrfach verwundete L. spielte schließlich eine wichtige Rolle bei der Einnahme der Hafenstadt Akaba im Juli 1917. Bei den Versailler Friedensverhandlungen trat L. als Sachverständiger zusammen mit Feisal erfolglos für die den Arabern in Aussicht gestellte Unabhängigkeit ein (Sykes-Picot-Abkommen). Er arbeitete danach im Kolonialamt, geriet jedoch immer mehr in Gegensatz zur britischen Orientpolitik. L. galt schon während des Krieges als eine exzentrische, eigenwillige Persönlichkeit. Dieser Wesenszug zog sich auch durch sein weiteres Leben: Von 1922 bis 1929 trat er unter den Namen Ross und Shaw als einfacher Soldat erneut in den Militärdienst ein.

L. wurde vor allem durch seine autobiographischen Darstellungen des Araberaufstandes *The Seven Pillars of Wisdom: A Triumph*, 1927 (dt. *Die sieben Säulen der Weisheit*) sowie seine Erlebnisse als einfacher Soldat *The Mint* (dt. *Unter dem Prägestock*) einer großen Öffentlichkeit bekannt. Durch einen Motorradunfall starb er im Alter von 47 Jahren, ohne den Erfolg seiner schriftstellerischen Tätigkeit noch zu erleben.

Lit.: J. Wilson, Lawrence of Arabia: the Authorised Biography of T. E. Lawrence, London 1989.

ROLAND HAIDL

Lazarette. Für jedes deutsche Armeekorps standen bei Kriegsbeginn zwölf Feld-L., für jedes Reservekorps vier bis acht Reserve-Feld-L. zur Verfügung. Den Ersatzdivisionen wurden zwei Ersatz-Feld-L. zugewiesen, den Landwehrbrigaden im Winter 1914/15 zwei Landwehr-Feld-L. Insgesamt kamen in allen Kriegsjahren (1918 keine Neuaufstellungen) 461 preußische, 64 bayerische, 44 sächsische und 23 württembergische Feld-L. zur Aufstellung. Daneben existierten Kriegslazarettabteilungen, die von einem dem jeweiligen Etappenarzt unterstellten Kriegslazarettdirektor (im Range eines Generalober- oder Oberstabsarztes) geleitet wurden. Im Durchschnitt fiel je eine Kriegslazarettabteilung auf zwei bis drei Divisionen. Die Aufgabe des Kriegslazarettdirektors, dem jeweils ein Delegierter der Freiwilligen Krankenpflege beigegeben war, bestand in der rechtzeitigen Ablösung der Feld-L., die Einrichtung von Kriegs- und Etappen-L. vorzubereiten und zu leiten, in diesen und in den Leichtkrankenabteilungen den ärztlichen Dienst zu überwachen, die Krankenverteilung zu koordinieren und die »allmähliche Räumung« der L. im Etappengebiet zu betreiben. Bei längerem Bestehen erweiterten sich die Kriegs-L. zu größeren Krankenhauskomplexen. In Erwartung größerer Kampfhandlungen mußten Räume, Lager- und Bettstellen für die dreifache Belegungsstärke vorgehalten werden. Unter den Krankenabteilungen dominierten die chirurgischen. Es existierten daneben aber auch internistische Abteilungen, Isolierstationen oder Seuchen-L. sowie besondere Abteilungen etwa für Haut- und Geschlechtskranke, für Augen-, Ohren- und Zahnkranke. Bei Bedarf wurden auch Sonder-L. für Malaria-, Typhus-, Fleckfieberpatienten eingerichtet. Der ärztliche Dienst in den Kriegslazarettabteilungen wurde von aktiven Sanitätsoffizieren und solchen des Friedens- und Beurlaubtenstandes und gelegentlich von vertraglich gebundenen Zivilärzten versehen. Ärztinnen waren nur zu Beginn des Krieges und in geringer Zahl eingesetzt. Am 11. Aug. 1914 genehmigte die Medizinal-Abteilung des Kriegsministeriums ausnahmsweise, weibliche Ärzte für Reserve-L. zu verpflichten, falls im Korpsbereich Mangel an männlichen Ärzten herrsche. Im Mai 1915 waren 46 Ärztinnen in Reserve- (25) und Vereins-L. (21) vertraglich verpflichtet. Ihnen standen in Heer, Marine und Schutztruppe zwischen 1914 und 1918 insgesamt 26.292 männliche Kollegen gegenüber. Die Verträge mit Ärztinnen wurden aufgrund einer prinzipiellen Entscheidung des Kriegsministeriums, keine Ärztinnen im Heeresdienst mehr zu verwenden, noch im Mai 1915 »nach Möglichkeit« wieder aufgelöst. Als im Sept. 1918 weibliche Nachrichtenkorps aufgestellt wurden, verfügte der Chef der Feldsanität, daß den Nachrichtenschulen je eine Ärztin für je 400 Anwärterinnen zuzuweisen sei. Jede amtliche Tätigkeit blieb diesen jedoch untersagt. Bei Kriegsende setzte sich das Stammpersonal einer Kriegslazarettabteilung aus einem Oberstabsarzt (Chef), 29 Oberstabs- und Stabsärzten, zehn Ober- und Assistenzärzten, fünf Zahnärzten, drei Oberapothekern, neun Feldlazarettinspektoren, zwölf Schreibern, Hilfsschreibern, Köchen und Sanitätsfeldwebeln, ca. 100 Militärkrankenwärtern und ca. 50 Trainsoldaten zusammen. Hinzu trat je ein L.trupp der Freiwilligen Krankenpflege, meist des Roten Kreuzes. Genesene Soldaten, die noch nicht feldverwendungsfähig waren, wurden in Genesungsabteilungen bzw. -kompanien zusammengefaßt und in entsprechenden Heimen untergebracht. Den Kriegs-L. fiel auch die Aufgabe zu, Kriegsgefangenen-L. und im Bedarfsfall Krankenhäuser für Zivilpersonen in den besetzten Gebieten einzurichten.

Lit.: Sanitätsbericht über das Deutsche Heer (Deutsches Feld- und Besatzungsheer) im Weltkriege 1914/1918 (Deutscher Kriegssanitätsbericht 1914/18). Bearbeitet in der Heeres-Sanitätsinspektion des Reichskriegsministeriums, 3 Bde., Berlin 1934-38.

WOLFGANG U. ECKART

Lemberg, Hauptstadt des österreichisch-ungarischen Kronlands Galizien. – Der Raum um das ostgalizische L. wurde im Spätsommer 1914 zum Brennpunkt der Kämpfe zwischen russischen und österreichisch-ungarischen Truppen. Während die Planung auf russischer Seite eine Offensive zur doppelten Umfassung der gegnerischen Streitkräfte in Ostgalizien vorsah, setzte der österreichisch-ungarische Generalstabschef Conrad von Hötzendorf auf einen Vorstoß nach Norden zwischen Weichsel und Bug mit Schwerpunkt auf dem linken Flügel als erste große Angriffsoperation. Die verspätete Truppenverschiebung vom Balkankriegsschauplatz und die Rückverlegung des Aufmarschs an San und Dnjestr änderten daran nichts. Inwieweit Conrad dabei auf ein Zusammenwirken mit deutschen Streitkräften baute, die aus Ostpreußen Richtung Siedlce operieren sollten, wurde in der Zwischenkriegszeit kontrovers diskutiert. Es ist anzunehmen, daß der Nordstoß nicht im Hinblick auf die ohnehin schwer kalkulierbare deutsche Unterstützung angesetzt wurde, sondern den strategischen Erfordernissen in Galizien entsprang. Nach einer verlustreichen und wenig ergiebigen Fernaufklärung durch Kavallerie rückten die 1. Armee unter dem Kommando des Generals der Kavallerie Dankl und die unmittelbar rechts von ihr bei Jaroslau (Jarosław) und Przemyśl aufmarschierte 4. Armee unter General von Auffenberg westlich der Weichsel Richtung Norden vor. Nach verlustreichen Kämpfen besiegten die Truppen Dankls zunächst bei Krasnik zwischen dem 23. und 25. Aug. die von Salza – später Ewert – geführte russische 4. Armee, während Auffenberg in der vom 26. Aug. bis zum 31. Aug. dauernden Schlacht bei Komarów einen Sieg über die russische 5. Armee unter Plehwe erkämpfte, ohne diese allerdings einkreisen und vernichten zu können. An den weiter östlich gelegenen Frontabschnitten gelang es jedoch weder der Armeegruppe Kövess, die später in der 2. Armee aufging, noch der nordwestlich an sie anschließenden 3. Armee unter Brudermann, den Vormarsch der russischen Truppen aufzuhalten. Die russische 3. Armee unter Russki hatte den Auftrag, L. einzunehmen, während die von Brussilow befehligte 8. Armee zwischen L. und dem Dnjestr vorstoßen sollte. Hohe Verluste erlitt das III. Korps am 26. Aug. bei Gołogóry und an der Zlota Lipa, während am nächsten Tag das XI. Korps bei Krasne geschlagen wurde, wobei sich zeigte, daß noch unerfahrene Landsturm- und Marschbrigaden modernen Kampfformen in keiner Weise gewachsen waren. In der Schlacht an der Gnila Lipa am 29. und 30. Aug. wurde neben der 3. auch die 2. Armee unter dem Kommando des Generals von Böhm-Ermolli geschlagen, deren XII. Korps teilweise überrannt wurde. Eine Verteidigung L. war damit kaum mehr möglich, und so räumten die österreichisch-ungarischen Truppen die Stadt am 2. Sept. Der Oberkommandierende der russischen Südwestfront Iwanow zog nun die 3. Armee Russkis nach Nordwesten, um gegen die Armeen Dankls und Auffenbergs erfolgreich operieren zu können. Conrad hatte aber inzwischen den Nordstoß abgebrochen und ließ Auffenberg die 4. Armee kehrt machen, um in die Kämpfe bei L. eingreifen zu können. Nach dem Schwenk der 4. Armee am 6. Sept. entwickelte sich bei Rawa Ruska statt des ge-

planten Flankenstoßes ein frontales Aufeinandertreffen mit Russkis Truppen. Parallel zu den tagelangen Kämpfen mißlang der 2. und der inzwischen von Boroević geführten 3. Armee ein Angriff über die Wereszyca, vor allem aber mußte Dankls 1. Armee südlich Lublin den Rückzug antreten. Conrad wollte trotz der Gefährdung der linken Flanke der 4. Armee und der Verbindungswege, die durch den Stoß russischer Truppen in eine Lücke zwischen 1. und 4. Armee zu befürchten war, die Schlacht bei Rawa Ruska/L. nicht abbrechen, um die Wiedereroberung der Stadt zu erzwingen. Die Angriffe der k. u. k. Truppen am 10. und 11. Sept. hatten aber keinen entscheidenden Erfolg. Eine Gruppe unter dem Befehl des Erzherzogs Joseph Ferdinand deckte der 4. Armee den Rücken gegen ein russisches Korps. Als sich aber Plehwe anschickte, die Armee Auffenbergs durch zwei Korps abzuschneiden, entschloß sich Conrad am Nachmittag des 11. Sept. zum Rückzug an den San, bei dem sich die 4. Armee nur mühsam einer Umfassung entziehen konnte. Die Russen hatten rund eine Viertelmillion Mann verloren, den Feldzug aber eindeutig für sich entschieden. Die Verluste Österreich-Ungarns beliefen sich auf mehr als ein Drittel der eingesetzten 900.000 Mann. Sie waren nicht zuletzt die Folge einer den neuen Kampfmitteln nicht angepaßten Kriegführung. Allen Beobachtern fiel die Tendenz der österreichisch-ungarischen Offiziere auf, auch ohne ausreichende Klärung der Feindlage und ohne angemessene Artillerievorbereitung angreifen zu lassen. Der hohe Stellenwert, den persönliche Tapferkeit im Gefecht für die Offiziere hatte, begünstigte solches Verhalten ebenso wie die Manöverpraxis der Friedenszeit. Die russische Seite konnte hier von den Erfahrungen des Krieges in der Mandschurei 1904/05 profitieren, vor allem aber auch von ihrer besseren Ausstattung mit moderner Feldartillerie. Fehler der operativen Führung besiegelten schließlich das Scheitern der k. u. k. Armee und führten zu einer regelrechten Säuberungswelle in den Reihen der Generale.
→ *Galizien* → *Komarów*

GÜNTHER KRONENBITTER

Lenin, Wladimir Iljitsch (eigentlich W. I. Uljanow), * Simbirsk (seit 1924 Uljanowsk) 22.4.1870, † Gorki (bei Moskau) 21.1.1924, russischer Revolutionär und Politiker. – L. stammte aus einer bürgerlichen Familie. Einschneidend in seiner Jugend waren die Verurteilung und Hinrichtung (1887) seines älteren Bruders Alexander, der sich an einem Anschlag auf den Zaren beteiligt hatte. Nach dem Studium der Rechtswissenschaften an der Universität von Kasan wurde L. als Rechtsanwalt zugelassen. Er siedelte 1893 nach St. Petersburg über, wo er sich neben seiner anwaltlichen Tätigkeit in revolutionären Kreisen betätigte. 1895 unternahm L. seine erste Reise nach Westeuropa, wobei er Kontakte zu russischen Emigrantengruppen und internationalen marxistischen Bewegungen knüpfte. Gemeinsam mit anderen Revolutionären organisierte er in St. Petersburg den Zusammenschluß verschiedener marxistischer Gruppen zum Kampfbund zur Befreiung der Arbeiterklasse. Wegen politischer Agitation verhaftet, befand sich L. ab 1897 für drei Jahre in der Verbannung in Sibirien. 1898 heiratete er Nadeschda Krupskaja, die ihn fortan auch bei seinen revolutionären Aktivitäten unterstützte. 1899 trat er der ein Jahr zuvor gegründeten Russischen Sozialdemokratischen Arbeiterpartei (RSDRP) bei. Nach der Rückkehr aus der Verbannung lebte er von 1900 an als Emigrant u. a. in London, München und Genf und gab die Zeitschrift *Iskra* (*Der Funke*) heraus. In dieser Zeit entwickelte und propagierte er seine Überlegungen von Aufgaben und Zielen einer revolutionären Partei und vom Proletariat als der eigentlichen Basis der Revolution. Die Revolution von 1905 erlebte L. in Petersburg, danach folgte die zweite Emigrationszeit (1907-17), die er in Frankreich, Polen und der Schweiz verbrachte.

Während des Weltkriegs befand sich L. in Bern und Zürich. Er argumentierte leidenschaftlich gegen den Krieg und führte eine erbitterte Polemik gegen die sozialdemokratischen Parteien, die »Sozialchauvinisten« in der sozialistischen Internationale. Auf den Konferenzen von Zimmerwald (1915) und Kiental (1916) forderte er die Umwandlung des Krieges in einen Bürgerkrieg. L. gelangte nach der Februarrevolution in Rußland mit Unterstützung der deutschen OHL im »plombierten Eisenbahnwagen« über Schweden nach Petrograd. Dort angekommen, verwarf er in seinen radikalen Aprilthesen unter der Losung »Frieden, Land und Brot« jeden Kompromiß mit der Provisorischen Regierung und jegliche Mithilfe bei der militärischen Bekämpfung der Mittelmächte. Die wachsende Kriegsmüdigkeit und Friedenssehnsucht der

Massen sah L. als wichtige Sprengkraft, die er vergrößern und für die Revolution nutzen wollte.

Nach dem gescheiterten Juli-Aufstand der Bolschewiki mußte L. nach Finnland fliehen und kehrte erst zu Beginn der für die Bolschewiken erfolgreichen Oktoberrevolution 1917 nach Rußland zurück. Er wurde mit der Konstituierung der ersten Sowjetregierung zum Vorsitzenden des Rates der Volkskommissare gewählt. Seine Führungsstellung auch im ZK der Kommunistischen Partei/Bolschewiki und im sechsköpfigen Rat der Arbeiter- und Bauernverteidigung sicherten ihm einen entscheidenden Einfluß auf die sowjetische Innen- und Außenpolitik während der Zeit des Kriegskommunismus und zu Beginn der Neuen Ökonomischen Politik (seit 1921). L. starb, nachdem er mehrere Schlaganfälle erlitten und sich weitgehend aus der aktiven Politik zurückgezogen hatte, im Jan. 1924.

Lit.: H. Carrère D'Encausse, Lenin, München/Zürich 2000; R. Service, Lenin. Eine Biographie, München 2000.

BETTINA BRAND

Leopold, Prinz von Bayern, * München 9.2.1846, † München 28.9.1930, preußischer und bayerischer Generalfeldmarschall. – L., zweiter Sohn des späteren Prinzregenten Luitpold, gehörte seit 1861 dem bayerischen Heer an und beteiligte sich an den Feldzügen 1866 und 1870/71. 1871 wurde er zum Oberstleutnant ernannt, 1887 war er General des I. bayerischen Armeekorps und von 1891 bis 1913 Generalinspekteur der 4. Armeeinspektion (1896 Generaloberst, 1905 Generalfeldmarschall). In dieser Position intensivierten sich die Beziehungen L.s zu Preußen und den Hohenzollern. 1915 reaktivierte man ihn und übertrug L. den Oberbefehl über die 9. Armee, mit der er am 5. Aug. 1915 Warschau eroberte. Die Heeresgruppe Prinz Leopold von Bayern trug ihre Offensive bis zur Beresina vor; im nachfolgenden Stellungskrieg im Sommer und Herbst 1916 wurden die russischen Angriffe zurückgeschlagen. Am 1. Aug. 1916 wurde er preußischer Generalfeldmarschall und am 29. Aug. 1916 übernahm er die Nachfolge Hindenburgs als Oberbefehlshaber Ost. Nach den militärischen Erfolgen in Galizien, der Bukowina, Kurland und auf den baltischen Inseln schloß L. im Dez. 1917 den Waffenstillstand mit Rußland. Aufgrund erfolgloser Friedensverhandlungen wurden die Kampfhandlungen im Febr. 1918 wieder aufgenommen. L.s Truppen drängten die Bolschewiki aus Livland und Estland zurück und stießen bis Gomel und Narwa sowie über Minsk nach Orscha vor und besetzten die Ukraine und die Krim. Am 3. März 1918 kam es in Brest-Litowsk zur Unterzeichnung des Friedensvertrages mit Rußland. Von Juni 1919 bis zu seinem Tod lebte L. zurückgezogen in München.

ROLAND HAIDL

Lersch, Heinrich, * Mönchengladbach 12.9.1889, † Remagen 18.6.1936, deutscher Schriftsteller. – Als Sohn eines Kesselschmieds besuchte L. zunächst die Volksschule, machte dann eine Lehre im Betrieb des Vaters, ging auf Wanderschaft und wurde schließlich ebenfalls Kesselschmied. 1914 Kriegsfreiwilliger, nahm er 1914/15 an der Champagne-Schlacht teil, wurde verschüttet und verwundet und daher 1916 als dienstuntauglich entlassen. Nach dem Krieg betätigte er sich zunächst in seinem erlernten Beruf, wurde dann freier Schriftsteller.

L. begann seine schriftstellerische Arbeit als Mitglied des Bundes der Werkleute auf Haus Nyland mit Gedichten aus dem Arbeitsalltag. Es war jedoch seine seit Kriegsbeginn erscheinende Kriegslyrik, die sein Renommee begründete. In den Bänden *Herz! Aufglühe dein Blut* (1916) und *Deutschland* (1917) sowie zahlreichen Einzelveröffentlichungen publizierte L. eine überaus erfolgreiche Lyrik. Die in den Texten zum Ausdruck kommende Haltung zum Krieg ist sehr heterogen: ein von religiöser Heilserwartung getragener Wunsch nach einem baldigen Kriegsende steht unvermittelt neben nationalistischen Rechtfertigungen des Krieges (»Deutschland muß leben, und wenn wir sterben müssen«, aus *Soldatenabschied*) und des Tötens (in *Im Schützengraben*). Der Krieg galt ihm als ein quasi naturgegebener Konflikt zwischen unvereinbaren Nationen und Kulturen, dem der einzelne Soldat auf beiden Seiten der Front sich unterzuordnen habe. Zur Popularität, Bedeutung und zum Erfolg der von Walt Whitman beeinflußten Lyrik L.s trugen nicht zuletzt Julius Babs Bewertung des Autors als »der Sänger des deutschen Krieges« (1916) sowie die Instrumentalisierung des Refrains aus *Soldatenabschied* bei.

Nach dem Krieg kehrte L. in zahlreichen Prosa- und Lyrikpublikationen zum Thema Arbeitswelt zurück und vertrat zunehmend nationalsozialistische Positionen. Nach 1933 war er Mitglied der Deutschen Akademie der Dichtung und 1935 Träger des Rheinischen Literaturpreises. Nach seinem Tod 1936 erhielt er ein Ehrenbegräbnis in Mönchengladbach.

Thomas F. Schneider

Lettow-Vorbeck, Paul von, * Saarlouis 20.3.1870, † Hamburg 9.3.1964, preußischer General. – Der Kommandeur der deutschen Schutztruppe L. wurde im Weltkrieg als Verteidiger Deutsch-Ostafrikas berühmt. 1881 begann er seine militärische Laufbahn, die ihn 1900/01 zur Niederschlagung des Boxeraufstands nach China und 1904-07 als Hauptmann im Krieg gegen die Herero und Nama nach Deutsch-Südwestafrika führte. 1914 wurde L. als Oberstleutnant Kommandeur der Schutztruppe in Deutsch-Ostafrika. Zwar gelang es ihm nicht, die Kolonie gegen die britischen Angriffe zu verteidigen, doch konnte er eine endgültige Niederlage verhindern: In einem konsequent geführten Guerillakrieg entzog sich L. immer wieder dem Gegner. Unter eigenen wie gegnerischen Truppen forderte dieser Abnutzungskrieg, der darauf gerichtet war, möglichst starke feindliche Truppen in Deutsch-Ostafrika zu binden und so vom Einsatz in Europa abzuhalten, enorme Opfer. Erst am 25. Nov. 1918 kapitulierte L. im rhodesischen Abercorn. Aufgrund seiner Beteiligung am Kapp-Putsch erhielt er schließlich 1920 seinen Abschied aus der Reichswehr. Seine militärischen Erfolge brachten ihm nach dem Krieg enorme Popularität und machten ihn zu einem der bekanntesten Vertreter des deutschen Kolonialrevisionismus.

Jürgen Zimmerer

Die letzten Tage der Menschheit, Drama von Karl Kraus. – Die im Mai 1922 erschienene erste Buchausgabe des, wie ihr Verfasser meinte, einem »Marstheater« vorbehaltenen Bühnenwerks, war zuvor in vier Sonderheften der Zeitschrift *Die Fackel* (1918/19) gedruckt worden, im Dez. 1922 und 1926, jeweils überarbeitet, mit insgesamt 23.000 Exemplaren auf dem Markt. Bis heute ist diese Tragödie das meistgedruckte Werk des österreichischen Schriftstellers Karl Kraus (1874-1936).

Das Kriegsbuch gegen den Krieg, die sprachliche Dokumentation dessen, »was sie«, die Kriegführenden, »nur taten«, markierte im Werk von Karl Kraus einen Wendepunkt: Der Herausgeber der *Fackel* wurde zum Schriftsteller, der die Tagesthemen nicht nur inhaltlich widerlegte; sein Widerspruch war nicht ausschließlich durch die sprachliche Form legitimiert, sondern gewann eine eigene, bis in die Gegenwart vielfach kopierte und abgewandelte Kunstform.

Dies gelang durch das Dokumentartheater, das die Stimmen der Zeit im Wortlaut zum Sprechen bringt, durch ihre Auswahl, durch Gruppierung und Gliederung aber Einsichten ermöglicht, die über ihre konkreten politischen Veranlassungen hinausweisen. Zwei Figuren, Optimist und Nörgler, in denen man das alter ego des Autors sehen kann, kommentieren die Vorgänge auf der Bühne aus der Perspektive des »normalen Menschenverstands« im Krieg und davor.

Das Drama, entstanden aus dem Schockerlebnis des Weltkrieges und der Leichtfertigkeit, mit der dieser Krieg provoziert wurde, liest sich heute wie ein Erfahrungsbericht aus unserer unmittelbaren Gegenwart. Kraus nimmt die Militärs auf den Kriegsschauplätzen beim Wort, an der Front und in der Heimat, in der Schlacht und in der Etappe, im Heimkehrerlager und in den Gefangenenlagern: In diesem enzyklopädisch angelegten Großgemälde reden sich seine Figuren um Kopf und Kragen.

Kraus' Schreibtechnik war damals neu. Mit seiner Erfindung des Collagierens und Montierens von Textbelegen zur kommentierenden Entlarvung ihrer eigentlichen Inhalte aus der Zeitung, aus Anzeigen, Heeresberichten, Predigten oder privaten Briefen, stand Kraus am Anfang eines Prozesses, der heute viele Namen hat: Was bei den Malern (Kurt Schwitters, John Heartfield u. a.) zum Mittel wurde, eine zerbrochene Welt aus ihren Einzelteilen wieder zusammenzufügen – und damit möglicherweise neuen Sinn zu stiften –, entschlüsselte Kraus aus dem Kontext, im wortwörtlichen Sinn. Er bediente sich dabei einer Technik der Bilderzählung durch das *objet trouvé*.

Der Autor der *Letzten Tage der Menschheit* war sich der Wirkung seines Werks gewiß. So heißt es 1917 in der letzten Strophe eines Gedichts, das die Zensur verbot: »Nie wird bis auf den Grund meiner Erscheinung / der kühnste Rotstift eines Zensors dringen. / Verzichtend auf die Freiheit einer Meinung, / will ich die Dinge nur zu Sprache bringen.« (*Gebet während der Schlacht*).

Lit.: Karl Kraus. Katalog, bearb. v. F. Pfäfflin, 2. Aufl., Marbach a. N. 1999.

Friedrich Pfäfflin

Lichnowsky, Karl Max Fürst, * Kreuzenort (bei Ratibor/Oberschlesien) 8.3.1860, † Berlin 27.2.1928, deutscher Diplomat. – Als typischer Vertreter der Diplomatenkaste des Kaiserreichs, die noch ganz überwiegend aus Adeligen bestand, war L. gleichwohl eine unabhängige und kritische Persönlichkeit. Im Herbst 1912 wurde er von Wilhelm II. gegen den Rat des Reichskanzlers Bethmann Hollweg und gegen den Willen der Spitze des Auswärtigen Amtes zum Botschafter in London ernannt.

Die Hoffnung des Kaisers, durch Ernennung eines englandfreundlichen Vertreters auch im Falle eines deutschen Konflikts mit Frankreich und Rußland Englands Neutralität zu erreichen, erfüllte sich jedoch nicht. Zudem war L.s eigenwillige Position kontraproduktiv; er machte englische Interessen gegen die deutsche Flottenpolitik geltend und riet zum Verzicht auf einen deutschen Angriff auf Frankreich – als Gegenleistung für die Anerkennung einer Großmachtstellung Deutschlands durch England. Diese Haltung beschränkte L.s politischen Einfluß in der Julikrise 1914, in der er »Gefühls-, nicht Realpolitik« am Werk sah. Seine deutlichen Warnungen vor einer zu engen Bindung der deutschen Politik an Österreich-Ungarn und vor einer Fehleinschätzung der englischen Entschlossenheit, im Konflikt an der Seite Frankreichs zu stehen, drangen nicht durch.

Schon zu Beginn des Krieges sah sich L. mit Schuld- und Versagensvorwürfen von nationalistischer Seite konfrontiert, gegen die er sich mit amtlichen Eingaben, aber auch mit gezielter Herausgabe von Hintergrundinformationen an die Presse verteidigte. Wegen des darin deutlich werdenden Vorwurfs einer selbstverschuldeten Ausgrenzung der deutschen Politik wurde ihm untersagt, die Frage der Kriegsursachen zu erörtern. Seine Denkschrift *Meine Londoner Mission 1912-1914* gelangte, von ihm selbst angeblich unbeabsichtigt, noch im Kriegsjahr 1918 an die Öffentlichkeit. L. wurde dafür mit dem Ausschluß aus dem Preußischen Herrenhaus bestraft; er war trotz Avancen von linksliberaler Seite zu politischer Wirkungslosigkeit verurteilt und blieb auch in der nachfolgenden Kriegsschulddebatte heftig umstritten. Unter dem öffentlichen Druck milderte L. in seiner Publikation *Auf dem Wege zum Abgrund* (1927) frühere Berichte und Denkschriften erkennbar ab. Heute indes gelten die Analysen L.s, mit denen er die Risiken und Folgen der deutschen Politik vor 1914 eingeschätzt hatte, als ein Beispiel für eine zur Zeit des Kaiserreichs seltene Weitsicht und Nüchternheit.

MANFRED WÜSTEMEYER

Liebesgaben, Geschenke der Heimat an die Soldaten wie selbstgestrickte Wollsachen und selbstgenähte Wäsche, Lebensmittel und Süßwaren, Handarbeiten und Tabakwaren, die im Ersten Weltkrieg millionenfach von der Feldpost an die Front befördert wurden. – Zugleich verweist der Begriff L. auf die Einbindung insbesondere der weiblichen Bevölkerung in ein umfassendes System von Kriegsfürsorge, »freiwilliger Liebestätigkeit«, wodurch hinter die »Armee der Waffen« die »Armee der Liebe« treten sollte. Organisiert von städtischen Behörden, dem Roten Kreuz, gemeinnützigen Einrichtungen sowie Vereinigungen wie dem Nationalen Frauendienst und dem Vaterländischen Frauenverein, sollten L. mehrere Aufgaben erfüllen: die Ergänzung und Sicherung der materiellen Versorgung der Soldaten, die Stiftung einer Heimat und Front verbindenden »Opfergemeinschaft« und die praktische Einübung der weiblichen Bevölkerung in den ihr in dieser Gemeinschaft zugedachten Teil. Schon im März 1914 hatte das Rote Kreuz propagiert: »Das Vaterland fordert [...] von seinen Frauen Opfermut und Opfersinn, es fordert hingebende Vaterlandsliebe, welche uns fähig macht zu allen Opfern an Gut und Blut. Es fordert von uns Müttern tüchtige, leistungsfähige Kinder, als Helferinnen in Not und Wunden. Es verlangt von uns tapfere Selbstverleugnung und darum sollten wir unsere Kinder so erziehen, daß sie dieser Selbstaufopferung fähig sind, in Stunden, da Christenpflicht und Vaterland sie fordern«. Der Appell an die Frauen versuchte, Liebe und Opferbereitschaft gleichzusetzen und die Aufopferung für die Familie auf den Staat bzw. die Soldaten zu übertragen. Die gemeinsame Herstellung und Verpackung von L. in Vereinen, Büros und Schulen, das Verfassen von Briefen, die den Paketen an die den Absendern unbekannten Soldaten beigelegt wurden, erfaßten alle Altersgruppen und erfreuten sich insbesondere in den ersten Kriegsjahren einer hohen Popularität, die durch die intensive Berichterstattung in der Presse noch gefördert wurde. Firmen aus der Lebensmittelbranche versuchten, diese Popularität auszunutzen und durch die Deklaration ihrer

Produkte als L. deren Absatz zu steigern, wodurch der Kauf gleichsam zur vaterländischen Handlung wurde. Ein aufwendiger Apparat sorgte über die Einrichtung von Sammelstellen für die Verteilung der L. an die Soldaten, per Feldpost oder durch die direkte Ausgabe etwa auf Bahnhöfen an durchziehende Soldatentransporte.

Lit.: U. von Gersdorff, Frauen im Kriegsdienst, Stuttgart 1969; C. Ehrmann-Hämmerle, »Habt Dank, Ihr Wiener Mägdelein...«. Soldaten und weibliche Liebesgaben im Ersten Weltkrieg, in: L'Homme. Zeitschrift für Feministische Geschichtswissenschaft, 1 (1997), S. 132-154.

KLAUS LATZEL

Liebknecht, Karl, * Leipzig 13.8.1871, † (ermordet) Berlin 15.1.1919, deutscher Politiker. – L., der Sohn des sozialdemokratischen Parteigründers Wilhelm L., war Jurist und Mitglied der SPD-Fraktion im Preußischen Abgeordnetenhaus sowie später im Reichstag. Er machte sich zudem einen Namen als Verfasser soziologischer und agitatorischer Literatur. 1907 wurde L. vom Reichsgericht wegen antimilitaristischer Propaganda zu einer eineinhalbjährigen Festungshaft verurteilt. Er symbolisierte wie kein zweiter die radikale kriegsoppositionelle Linke in der SPD. Hatte er sich am 4. Aug. 1914 noch der Fraktionsdisziplin gebeugt und im Reichstag für die Kriegskredite gestimmt, so lehnte er am 2. Dez. 1914 unter Abgabe einer Erklärung als erster und einziger die Kredite ab. L. blieb zwar Mitglied der Fraktion, weil Anträge auf Ausschluß zunächst keine Mehrheit fanden, doch stand er mit seinem Sondervotum von nun an außerhalb der Partei. L. blieb in seinem politischen Rigorismus jedoch zunächst ein Einzelkämpfer ohne den erhofften Einfluß auf die sozialdemokratische Basis. Im Febr. 1915 wurde er als Armierungssoldat zum Militärdienst eingezogen, dem jede politische Betätigung außerhalb des Parlaments untersagt war. Im Mai 1915 veröffentlichte er sein Flugblatt *Der Hauptfeind steht im eigenen Land*, in dem er revolutionäre Aktionen (»Burgkrieg statt Burgfrieden«) forderte. Anfang 1916 erschienen die von L. gemeinsam mit Rosa Luxemburg herausgegebenen *Spartakusbriefe*, Vorboten des Spartakusbundes, aus dem später die Kommunistische Partei Deutschlands (KPD) hervorging. Nachdem er dann im Jan. 1916 aus der Fraktion ausgetreten war, wurde er nach einer im wesentlichen von ihm organisierten illegalen Antikriegsdemonstration (am 1. Mai 1916 in Berlin) zu einer mehrjährigen Zuchthausstrafe verurteilt. Am 23. Okt. 1918 wurde L. durch eine Amnestie aus der Haft entlassen. Er rief am 9. Nov. 1918 in Berlin die »Freie Sozialistische Republik Deutschland« aus und wurde Mitbegründer des Kampfblattes *Rote Fahne* und der KPD; nach dem Januaraufstand 1919 wurde L. gemeinsam mit Rosa Luxemburg von Freikorpssoldaten ermordet.

Lit.: H. Trotnow, Karl Liebknecht. Eine politische Biographie, Köln 1980.

WALTER MÜHLHAUSEN

Liman von Sanders, Otto Karl Viktor, * Schwessin bei Stolp (Pommern) 17.2.1855, † München 22.8.1929, preußischer General und osmanischer Marschall. – Der Sohn eines Kaufmanns und Rittergutbesitzers schlug früh die militärische Laufbahn ein. Bekannt wurde L., als er am 8. Dez. 1913 als Chef der deutschen Militärmission nach Konstantinopel geschickt und mit der Reorganisation der türkischen Armee beauftragt wurde; aufgrund ernsthafter Proteste v. a. Rußlands verzichtete das Deutsche Reich schließlich auf diesen Plan. Anfang 1914 zum preußischen General der Kavallerie und zum osmanischen Marschall befördert, wurde L. Generalinspekteur der türkischen Armee. Nach dem Kriegseintritt des Osmanischen Reiches auf der Seite der Mittelmächte im Nov. 1914 erhielt L. zunächst den Oberbefehl über die 1., im März 1915 dann über die türkische 5. Armee auf der Halbinsel Gallipoli, die zwischen April und Dez. 1915 der Invasion der zahlenmäßig weit überlegenen Entente-Streitkräfte standhielt. L. war an diesem Erfolg maßgeblich beteiligt. Im Febr. 1918 (bis zum türkischen Waffenstillstand am 31. Okt. 1918) wurde er – als Nachfolger Falkenhayns – Oberbefehlshaber der Heeresgruppe F in Palästina. Nach anfänglichen Abwehrerfolgen konnte L. im Sept. nur knapp einer Gefangennahme entkommen. Nach Kriegsende auf Malta interniert (bis Aug. 1919), schrieb er dort seine Kriegserinnerungen.

Erwähnenswert bleibt, daß L. sich 1916 zwar energisch, letztlich jedoch erfolglos bemühte, die Deportationen von Armeniern nach Smyrna zu stoppen.

THOMAS GERHARDS

Lloyd George, David (seit 1945 1st Earl of Dwyfor), * Manchester 17.1.1863, † Llanystumdwy (Grafschaft Gwynedd) 26.3.1945, britischer Staatsmann. – Der walisische Politiker gehörte im Weltkrieg zu den dominierenden Figuren der politischen Szene Großbritanniens. Dank seines ausgesprochen rhetorischen Talents hatte sich L. seit seinem ersten Unterhausmandat 1890 rasch einen Namen als einer der Führer des radikalen Flügels der Liberalen Partei gemacht. 1905-08 amtierte er als Präsident des Handelsministeriums, seit 1908 als Chancellor of the Exchequer (Schatzkanzler). Im Mai 1915 wechselte er an die Spitze des neu eingerichteten Ministry of Munitions (Rüstungsministerium). Im Anschluß daran war er für fünf Monate (Juli bis Dez. 1916) Kriegsminister. Jedoch erst nachdem L. am 7. Dez. 1916 als Nachfolger Herbert Asquiths zum Premierminister ernannt wurde, gelang es ihm endgültig, dem britischen Kriegseinsatz seinen Stempel aufzudrücken.

Der Finanzminister, der vor dem Krieg vor allem als Sozial- und Steuerreformer bekannt war, trat erstmals während der Agadirkrise 1911 als ein entschiedener Kritiker der deutschen Außenpolitik hervor. 1914 zeigte er sich in der Frage des britischen Kriegseintritts jedoch zunächst unentschlossen. Erst nach der Verletzung der belgischen Neutralität durch deutsche Truppen optierte er zugunsten einer Kriegserklärung an das Deutsche Reich. In den ersten Kriegsmonaten stellte L. vor allem die Funktionsfähigkeit des öffentlichen Finanzwesens sicher. Außerdem befürwortete er in dieser Zeit vehement zusätzliche Rüstungsanstrengungen. Ab 1915 trat er auch zugunsten der Einführung der allgemeinen Wehrpflicht auf. Nach seiner Ernennung zum Rüstungsminister verfolgte L. einen unorthodoxen Organisationsstil, indem er Großunternehmer in die staatliche Bürokratie integrierte. Außerdem wandte er sich gegen restriktive Praktiken der Gewerkschaften. Angesichts wiederholt aufflammender Differenzen mit der britischen Heerführung über strategische Fragen und vor dem Hintergrund von Erwägungen über einen Verhandlungsfrieden nach der Somme-Schlacht setzte L. im Sept. 1916 auf einen »knock-out blow« (K.-o.-Schlag) gegen die Mittelmächte. Zusammen mit einer Gruppe konservativer Politiker, liberaler Dissidenten und mächtiger Zeitungsverleger gelang es ihm, den Sturz von Premierminister Asquith im Dez. 1916

David Lloyd George

herbeizuführen, was eine Spaltung der Liberalen Partei zur Folge hatte.

Die Jahre zwischen 1916 und 1922 zeigen L. auf der Höhe seiner Macht. Zunächst richtete er ein auf fünf Mitglieder verkleinertes Kriegskabinett ein, das eine raschere Entscheidungsfindung als zuvor ermöglichte. Einer unwilligen Admiralität zwang er das Konvoi-System auf. Zusätzlich betrieb er eine effizientere Produktion, Verteilung und Rationierung von Nahrungsmitteln. Sein Verhältnis zu den britischen Armeeführern blieb wegen anhaltender Differenzen über militärstrategische Fragen angespannt.

Innenpolitisch allerdings erfreute sich L., trotz seiner geradezu machiavellistisch anmutenden Herrschaftstechnik, einer großen Popularität. Im Dez. 1918 (Khaki-Wahlen) erzielte er einen massiven Wahlsieg, den er jedoch nicht zuletzt der fortdauernden Kooperation mit der Konservativen Partei unter Andrew Bonar Law zu verdanken hatte. Während L. im Wahlkampf verschiedentlich für harte Friedensbedingungen gegenüber dem Deutschen Reich aufgetreten war, modifizierte er diese Einstellung auf der Pariser Friedenskonferenz.

Als sich im Okt. 1922 die Möglichkeit eines Krieges mit der Türkei abzeichnete, wurde L. von der Mehrheit der konservativen Parlamentsabgeordneten gestürzt. Im Gefolge des weiteren Wandels im britischen Parteienwesen hat er es nicht mehr verstanden, einen Weg aus dem politischen Abseits zu finden.

Lit.: J. Grigg, Lloyd George: from Peace to War, 1912-1916, Berkley, Calif. 1985; J. Grigg, Lloyd George: War Leader, 1916-1918, London 2002.

Christoph Cornelissen

Löns, Hermann, * Culm 29.8.1866, † (gefallen) Loivre bei Reims 26.9.1914, deutscher Schriftsteller und Journalist. – L.s Bedeutung für die Literatur- und Kulturgeschichte des Ersten Weltkriegs liegt insbesondere in den zahlreichen Versuchen Dritter, das vor Kriegsbeginn publizierte Werk nach seinem Tod zu instrumentalisieren. Zwar meldete sich L. bereits am 24. Aug. 1914 freiwillig, doch reichen die Interpretationen seiner Beweggründe von patriotischer Kriegsbegeisterung und kultureller »Erlösung« durch den Krieg nach einer von ihm als zu lang empfundenen Friedensperiode bis hin zum bewußt einkalkulierten Tod als Lösung privater Probleme. Nach nur dreiwöchiger Ausbildung wurde der 48jährige an die Westfront verlegt und fiel bei seinem ersten Kampf in der Nähe von Reims.

L.s später von den Nationalsozialisten instrumentalisierte *Soldatenlieder* (1910) – darunter das bekannte *Matrosenlied* –, die zum Teil von sozialdarwinistischen und nationalistischen, aber auch weitgehend unpolitischen Überzeugungen geprägt waren, sowie der im Dreißigjährigen Krieg angesiedelte Roman *Der Wehrwolf* (1910) waren bereits vor Kriegsbeginn erschienen. Ein Romanprojekt L.s über einen zukünftigen Dreifrontenkrieg Deutschlands wurde nicht realisiert.

L.s umfangreiches literarisches und journalistisches Werk wurde von den Nationalsozialisten sehr rasch vereinnahmt, der Autor selbst als Vorläufer nationalsozialistischer Ideologie heroisiert, bis hin zur heute als Kuriosum erscheinenden zweimaligen Exhumierung und Beisetzung seiner angeblichen Gebeine 1934/35. Erst 1986 erschien das bereits seit Kriegsende bekannte, nur einen Monat umfassende Kriegstagebuch vollständig in einer kommentierten kritischen Ausgabe unter dem Titel *Leben ist Sterben, Werden, Verderben*. L.s Beschreibung der Ausbildungs- und Kriegsereignisse wurden nach der Publikation, die sich um eine Rehabilitation und Neubewertung des Autors bemühte, kontrovers diskutiert (eine Dokumentation erschien 1987). Während die journalistische Darstellung der Kriegsschrecken einerseits als kriegskritische Haltung gewertet wurde, wies man andererseits darauf hin, daß auch im Tagebuch die aus dem übrigen Werk bekannten sozialdarwinistischen Positionen vertreten werden.

Lit.: T. Dupka, Hermann Löns. Mythos und Wirklichkeit. Eine Biographie, Hildesheim 1994.

Thomas F. Schneider

Löwen (fläm.: Leuven; frz.: Louvain), belgische Universitätsstadt östlich von Brüssel, berühmt wegen ihrer Universität und prachtvollen gotischen Bauten. – Vom 25. bis 28. Aug. 1914 wurden dort von deutschen Truppen 248 Zivilisten getötet und ein Sechstel der Gebäude zerstört. Die Universitätsbibliothek mit ihrer wertvollen Sammlung von Handschriften aus dem Mittelalter brannte nahezu völlig nieder. Wie kaum ein anderes Ereignis im Krieg wurde L. als Symbol der deutschen Kriegsgreuel weltweit bekannt.

Die deutsche Heeresleitung erklärte die Zerstörung von L. als gerechtfertigte Strafmaßnahme für einen Überfall belgischer Freischärler; der Brand in der Bibliothek sei nicht absichtlich gelegt worden, sondern habe von benachbarten Häusern aus übergegriffen. Die belgische Seite warf den Deutschen vor, L. mit Vorbedacht zerstört zu haben. Der Vorwurf trifft nicht zu: Die deutschen Truppen waren davon überzeugt, daß sie von »Franktireurs« angegriffen worden seien. Was auch immer der Auslöser war, das Ergebnis war eine panikartige Schießerei, der nicht nur Zivilisten, sondern auch deutsche Soldaten zum Opfer fielen, die aufeinander schossen.

Die wahre Ursache lag in der durch die kriegerische Entwicklung ausgelösten Spannungssituation. L. war am 19. Aug. zunächst kampflos eingenommen worden. Die Hauptmasse der 1. Armee befand sich am 25. Aug. bereits 70 bis 80 km weiter westlich an der französischen Grenze, als die noch weitgehend intakte belgische Armee aus Antwerpen einen Ausfall auf die schwach besetzte Flanke einleitete. Mehrere belgische Divisionen brachen nördlich von L. durch. Gegen Abend wurden deutsche Truppen aus dem nur 8 km entfernten Tildonk auf L. zurückgedrängt; wahrscheinlich wurden sie in der Dämmerung für anrückende Feinde gehalten und von anderen deutschen Einheiten beschossen. Schüsse im Dunkeln auf Fenster und Dächer, wo Freischärler vermutet wurden, verursachten Funkenbildung, die den Soldaten als Beweis für das Schießen aus Häusern diente.

Die Franktireur-Angst hatte jedoch eine weitere Dimension, die das Besondere am Fall L. erklärt: der Antikatholizismus und die Furcht der Truppen vor den belgischen Geistlichen als vermeintlichen Rädelsführern des »Volkskrieges«. Die Universität L., eine katholische Einrichtung, war Bildungsort der geistlichen und weltlichen belgischen Elite. Bereits vor dem 25. Aug. hatten Offiziere und Truppen in L. aus ihrem Haß gegen die belgischen »Pfaffen« kein Hehl gemacht, da sie das Volk gegen die Deutschen »aufwiegelten«.

So wurde die Bibliothek, die irrtümlicherweise für die Universität gehalten wurde, vorsätzlich mittels Benzin und Brandsätzen zerstört; Löschversuche verhinderten die Truppen. Ähnlich verhielt es sich beim Brand der Kirche St. Petri und anderen öffentlichen und universitären Bauten. Die Brandschatzungen und Hinrichtungen von Bürgern setzten sich am 26. Aug. fort; am 27. wurde die verbliebene Bevölkerung (10.000 Menschen) aus der Stadt vertrieben. Etwa 1.500 Bürger wurden in Viehwaggons nach Deutschland deportiert und bis Jan. 1915 im Lager Munster interniert, darunter 150 Frauen und Kinder.

Zwar forderte die Zerstörung von Dinant eine höhere Anzahl von Opfern, L. dagegen fand als »Kulturgreuel« eine ungleich stärkere Resonanz in der Weltöffentlichkeit. In der britischen Presse war seinerzeit vom »Holocaust of Louvain« die Rede; in Frankreich sah man den Topos der barbarischen Hunnen bestätigt, die unter der Führung Kaiser Wilhelms, des neuzeitlichen Etzel, die zivilisierte Welt bedrohten. Auf die öffentliche Meinung in den neutralen USA, der Schweiz und Italien hatte die Zerstörung L. eine verheerende Wirkung, auf die deutsche Intellektuelle mit dem »Aufruf der 93« vergeblich eine Erwiderung zu finden suchten.

Auch nach 1918 hatte L. seine Bedeutung als Ort der Erinnerung an den Krieg. Deutschland verpflichtete sich im Friedensvertrag zum Ersatz der verbrannten Bibliotheksbestände. Diese Verpflichtung wurde eingehalten. Gleichwohl erwies es sich im Deutschland der Weimarer Zeit als unmöglich, sich von der offiziellen These des Franktireurüberfalls zu lösen. → *Aufruf der 93* → *Deportationen* → *Franktireur* → *Kriegsgreuel*

Lit.: J. Horne/A. Kramer, German Atrocities 1914. A History of Denial, New Haven/London 2001; P. Schöller, Der Fall Löwen und das Weißbuch. Eine kritische Untersuchung der deutschen Dokumentation über die Vorgänge in Löwen vom 25. bis 28. August 1914, Köln/Graz 1958.

Alan Kramer

Loos, französische Ortschaft nordwestlich von Lens im Artois. – Während der Herbstschlacht 1915 (britische und französische Doppeloffensive im Artois und in der Champagne) zwischen Arras und dem La Bassée-Kanal vom 22. Sept. bis 11. Okt. 1915 war L. im Zentrum der Kämpfe. Für den Angriff im Artois wies Joffre der britischen Armee (General Haig) die Front zwischen Lens und La Bassée zu, der französischen 10. Armee (General d'Urbal) die südliche Front zwischen Lens und Arras. Marschall French und General Haig waren jedoch nicht mit Joffres Einteilung einverstanden, da ihrer Meinung nach die dichte Besiedlung dem Gegner einen zu starken Rückhalt bot, auch die Artilleriebeobachtung nicht ausreichend möglich war. Erst durch politischen Druck aus London und der Zusicherung von ausreichenden Mengen Kampfgas konnten sie zur Teilnahme bewegt werden. Auch wurde die Luftüberlegenheit hergestellt und während der Offensive die Bombardierung von Bahnhofs- und Gleisanlagen angeordnet, um Truppenverschiebungen des Gegners zu erschweren.

Die 6. Armee unter Kronprinz Rupprecht von Bayern, noch am 20. Sept. durch Abgabe von Truppen an die Front in Serbien geschwächt, wurde nach dem 21. Sept. durch das zunehmende gegnerische Vorbereitungsfeuer auf bevorstehende Angriffsabsichten aufmerksam. Trotzdem wurde sie beim Beginn der Offensive am 25. Sept. durch den Einsatz von Gas überrascht, so daß sie einen Zusammenbruch der Verteidigung bei L. befürchtete. Trotz erdrückender Überlegenheit hielt die Front südlich von Lens. Da Joffre die Entwicklung in der Champagne positiv beurteilte, ordnete er am 26. für die französische 10. Armee die Einstellung der Offensive an, um notfalls Munition und Truppen für die operative Ausnutzung eines Erfolgs in der Champagne zu dislozieren. Da die britische Armee inzwischen durch deutsche Gegenstöße in eine kritische Lage geriet, drohte French mit der Einstellung der Offensive, falls die 10. Armee den Angriff nicht sofort wieder aufnehme. Der Angriff der Franzosen südlich von Lens (Höhen bei Souchez und Vimy) führte zu einer kriti-

schen Lage auf dem linken Flügel der 6. Armee. Obwohl French und Foch am 29. Sept. ein neues gemeinsames Vorgehen verabredeten, ließ der Druck auf die deutschen Linien nach. Die Angriffe nach dem 10. Okt. brachten keinen weiteren Geländegewinn. Die Verluste beliefen sich auf 170.000 Mann auf alliierter sowie 51.000 auf deutscher Seite. Während der Schlacht kam es zu Differenzen zwischen French und Haig, der seinem Vorgesetzten vorwarf, Reserven zu spät freigegeben und damit den Sieg verschenkt zu haben. Der Streit führte zur Ablösung des »kriegsmüden« French als Oberbefehlshaber des britischen Expeditionskorps und zu seiner Ersetzung durch Haig. Für die britischen Soldaten blieb L. ein Trauma, da das Gas durch starken Wind in die eigenen Linien zurückgetrieben wurde.
→ *Artois* → *Gaskrieg*

GERMAN WERTH

Lost Generation, Sammelbezeichnung der anglo-amerikanischen Nachkriegskultur für eine Gruppe amerikanischer Schriftsteller der Weltkriegsgeneration. – Die Formulierung geht auf eine Bemerkung Gertrude Steins gegenüber Ernest Hemingway zurück (»You are all a lost generation«). Hemingway selbst benutzte die Wendung als Epitaph in seinem Roman *The Sun Also Rises* (1926). Kennzeichnend für die literarische Strömung der L. war ein empfundener Werteverlust, eine existentielle Desorientierung und die Opposition zur Nachkriegsnormalität – besonders zum bürgerlich-zivilen Habitus und zum amerikanischen Isolationismus gegenüber den politisch-ideologischen Konflikten im Europa der Nachkriegszeit. In der literarischen Gestaltung herrschten dabei lakonische Nüchternheit und reduzierte Syntax vor. Das ästhetische Ziel bestand in unmittelbarer und ungekünstelter Wiedergabe einer entmythologisierten Erlebniswirklichkeit, in der die Grundelemente der sinnlichen Wahrnehmung und Motive der Sexualität, des Alkoholismus, des Kampfes und der Gewalt bestimmend waren. Zur L. werden neben Hemingway auch F. Scott Fitzgerald, John Dos Passos, Edward Estlin Cummings, Archibald MacLeish und Hart Crane gerechnet. Zentrum der Strömung war Paris, die L. trat aber nie als geschlossene Gruppierung in Erscheinung. Parallelen bestanden auch zur europäischen Weltkriegsliteratur, so z. B. Robert Graves und Erich Maria Remarque, der seinen Roman *Im Westen nichts Neues* (1929) einer Generation widmete, »die vom Kriege zerstört wurde, auch wenn sie seinen Granaten entkam.« Die literarische Strömung der L. wird Mitte der 1930er Jahre mit F. Scott Fitzgeralds *Tender is the Night* (1934) und John Dos Passos' *The Big Money* (1936) als beendet angesehen.

Als rhetorischer Topos diente L. in den englischen gesellschaftspolitischen Diskussionen der Nachkriegszeit als Kurzformel für die Befürchtung, daß in den verlustreichen Materialschlachten der Jahre 1916/17 mit den Söhnen der britischen Mittelschichten der Elitennachwuchs des Empires verlorengegangen sei. Die überproportional hohen demographischen Verluste des gebildeten Mittelstandes – besonders bei den Frontoffizieren – gaben unter dem Eindruck des allmählichen relativen wirtschaftlichen und politischen Abstiegs des Empires dem Nachkriegs-Mythos Auftrieb, daß die größten wissenschaftlichen, kulturellen und politischen Talente Großbritanniens im Weltkrieg gefallen seien.

Lit.: P. Fussell, The Great War and Modern Memory, Oxford 1975; The Lost Voices of World War I, hg. v. T. Cross, London 1988.

ARIBERT REIMANN

Luckner, Felix Graf von, * Dresden 9.6.1881, † Malmö 13.4.1966, deutscher Seeoffizier. – L. verließ als 13jähriger das Gymnasium und fuhr als Schiffsjunge auf dem Dampfer *Niobe* nach Australien, wo er sich als Tellerwäscher, Fakirgehilfe, Heilsarmeemissionar und Preisboxer durchschlug. Um sein Idol Buffalo Bill persönlich kennenzulernen, fuhr L. als Matrose auf einem Viermastschoner nach San Francisco, von wo aus er quer durch den Kontinent trampte – ohne jedoch dem Wildwesthelden zu begegnen. Nach weiteren Weltreisen kehrte L. 1906 nach Deutschland zurück, wo er zunächst als Einjährig-Freiwilliger in der Kaiserlichen Marine diente und dann zur Hamburg-Amerika-Linie wechselte. Kurz vor dem Ausbruch des Weltkriegs legte er das Kapitänsexamen in Papenburg (Ostfriesland) ab.

Am 31. Mai 1916 nahm L. als Artillerieoffizier auf dem Großkampfschiff *Kronprinz* an der Schlacht vor dem Skagerrak teil. Als Kommandant des Segelschiffes *Seeadler* (eines getarnten 1.571-Tonnen-Hilfskreuzers) durchbrach L. Ende Dez. 1916 die britische Blockade und legte bis Juli 1917 insgesamt 35.000 Seemeilen zurück. In dieser Zeit kaperte er mit seinem Dreimaster 16 alliierte Schiffe mit insgesamt 30.099 BRT und machte 400 Gefangene. Am 2. Aug. 1917 zerschellte die *Seeadler* an einem Korallenriff der Südseeinsel Mopiha. L. versuchte danach mit fünf Mann der Besatzung und einem kleinen, selbstgezimmerten Segler einen Schoner aufzubringen, wobei er aber bei den Wakaya-Inseln der Fidschi-Gruppe in britische Kriegsgefangenschaft geriet. L. kam erst im Juni 1919 wieder frei und schied 1922 als Korvettenkapitän aus der Marine aus.

HOLGER H. HERWIG

Ludendorff, Erich, * Kruszewnia (bei Posen) 9.4.1865, † Tutzing 20.12.1937, preußischer General und Erster Generalquartiermeister im Generalstab des Feldheeres. – Obwohl er oft als Archetyp des bürgerlichen Technokraten präsentiert wird, entstammte L. dem landadeligen Umfeld. Der Sohn eines Offiziers und Rittergutbesitzers wurde auf einer Kadettenschule erzogen. 1881 erhielt er das Offizierspatent, 1894 wurde er in den Großen Generalstab versetzt. Seine taktische Begabung und militärgeschichtlichen Kenntnisse führten ihn in die Aufmarschabteilung, zu deren Chef er 1908 ernannt wurde.

L. war ein vehementer Verfechter eines modern ausgerüsteten Massenheeres und der weitgehenden Durchführung der allgemeinen Wehrpflicht. Diese Position kollidierte aber mit der des preußischen Kriegsministeriums und des Militärkabinetts, wo man sehr um die politische Verläßlichkeit des Offizierskorps besorgt war. Um diese Loyalität zu gewährleisten, befürworteten die Vertreter dieser Behörden lieber eine zahlenmäßig kleinere, aber verläßliche Armee. 1913 wurde der unbequeme L. deshalb als Brigadekommandeur nach Straßburg versetzt.

Mit dem Kriegsausbruch stieg sein Stern schnell. Für seine Rolle beim deutschen Handstreich auf Lüttich am 6. Aug. 1914 erhielt er den Orden »Pour le mérite«. Kurz darauf wurde er von Hindenburg als dessen Stabschef nach Ostpreußen geschickt. Der später geradezu mythisch verklärte Sieg in der Schlacht bei Tannenberg (26.-30. Aug. 1914) schuf die Grundlage für den weiteren Aufstieg der beiden fortan miteinander verbundenen Militärs. Anschließend leitete L. eine scharfe Kampagne gegen den Chef des Generalstabs Falkenhayn ein, dem er Inaktivität vorwarf.

Als Hindenburg im Aug. 1916 zum Chef der Obersten Heeresleitung (OHL) ernannt wurde, folgte ihm L. mit dem eigens hierfür geschaffenen Titel eines Ersten Generalquartiermeisters (3. OHL). Der »heimliche Diktator« war an einer Serie von Intrigen gegen zahlreiche führende Politiker beteiligt. So betrieb er erfolgreich die Entlassungen der Reichskanzler Bethmann Hollweg, Michaelis, Hertling sowie des Kabinettschefs Valentini und des Außenministers Kühlmann. L. war es auch, der Lenins Rückkehr nach Rußland befürwortete. Der Anhänger umfangreicher Annexionen war auch die treibende Kraft hinter der deutschen Politik bei den Friedensschlüssen von Brest-Litowsk und Bukarest und der hierauf eingeleiteten Ostexpansion.

Als Soldat war L. ein herausragender Taktiker, die operative und die strategische Ebene kamen aber völlig zu kurz. Er glaubte, die einzige Möglichkeit, den Gegner im Stellungskrieg niederzukämpfen, bestehe darin, mächtige Schläge gegen seine Front zu führen, dabei die schwächste Stelle herauszufinden, dort eine Bresche zu schlagen und die weitere Entwicklung abzuwarten. Stärken und Schwächen dieses manchmal als »Büffelstrategie« charakterisierten Vorgehens traten anläßlich der von ihm weitgehend zu verantwortenden großen Frühjahrsoffensive von 1918 deutlich zutage. Die Deutschen zerschlugen die britische 5. Armee, und ihnen gelang der bis dahin tiefste Einbruch in die gegnerische Front. Doch ohne ein dahinterstehendes strategisches Konzept war auch kein strategischer Vorteil gewonnen. Wie ein Boxer hatte Deutschland eine Reihe schwerer Schläge ausgeteilt, nun waren die Kräfte erschöpft.

L. war ein Mann von unglaublicher Willensstärke und Energie, doch im Aug. 1918 erlitt er einen schweren Zusammenbruch, der schließlich im Okt. nach einer Auseinandersetzung mit dem Kaiser zu seinem Abschied führte. Nach dem Krieg engagierte er sich stark für die Sache der Kriegsveteranen, was ihm weitere Popularität sicherte. Bald verwandte er seine Energie aber auf den Tannenberg-Bund, eine bizarre völkisch-rassistische Vereinigung, die auf den abstrusen Ideen seiner zweiten Frau, Mathilde von Kemnitz, basierte. Er entzweite sich mit den meisten führenden Persönlichkeiten seiner Zeit, einschließlich Hindenburg und Hitler, und starb als ein isolierter und verbitterter Mann.

Lit.: D. J. Goodspeed, Ludendorff. Soldier, Dictator, Revolutionary, London 1966; M. Kitchen, The Silent Dictatorship. The Politics of the German High Command under Hindenburg and Ludendorff, 1916-1918, London 1976.

MARTIN KITCHEN (Ü: M. P.)

Ludwig III., * München 7.1.1845, † Schloß Sárvár (Ungarn) 18.10.1921, König von Bayern. – Als Neffe von König Max II. bestand für L. keine Aussicht auf den bayerischen Thron. Die Anwartschaft auf den griechischen Thron entfiel zudem 1862. Als Oberleutnant im Infanterieleibregiment wurde er 1866 bei Helmstedt schwer verwundet. Trotz Aufgabe seiner aktiven Laufbahn blieb er jedoch Generaloberst im bayerischen Heer. Sein Interesse konzentrierte sich im weiteren vor allem auf die Landesentwicklung; 1871 kandidierte er bei der Reichstagswahl ohne Erfolg für die Patriotenpartei (das spätere Zentrum). Der Tod Ludwigs II. und die Regierungsunfähigkeit von Otto I. deuteten seit 1886 auf eine Nachfolge als Prinzregent hin, die L. nach dem Tode seines Vaters Luitpold 1912 antrat. 1913 wurde er auf Betreiben der Regierung Hertling zum König proklamiert. 1915 zum preußischen Generalfeldmarschall ernannt, wollte er die bayerische Pfalz um Teile des Elsaß (Unterelsaß und Straßburg) vergrößern. Diese Expansions- und Annexionspläne gab L. unter dem Einfluß seines Sohnes Rupprecht jedoch bald auf.

Die Kanzlerkrise 1917 trug ihm aufgrund seiner Unterstützung der Deutschen Vaterlandspartei den Ruf der Preußenhörigkeit ein. Im Okt. 1918 weigerte er sich, Wilhelm II. zur Abdankung zu überreden. Der Kriegsaustritt des österreichischen Kaisers Karl I. brachte für L. den Konflikt zwischen Reichstreue und Rettung der bayerischen Monarchie. Der Münchener Umsturz und der von Kurt Eisner verkündete Kriegsaustritt Bayerns im Nov. 1918 kamen einer geplanten innenpolitischen Liberalisierung zuvor. L. floh zusammen mit seiner Familie – er war mit Erzherzogin Maria Therese von Österreich-Este verheiratet – nach Salzburg, wo er am 13. Nov. 1918 Beamte, Offiziere und Soldaten von ihrem Eid entband, ohne jedoch selbst abzudanken.

ROLAND HAIDL

Lüttich (franz.: Liège), Industrie- und Handelsknotenpunkt im Osten Belgiens (Wallonien), zur Zeit des Ersten Weltkriegs über 150.000 Einwohner; die Stadt war mit ihren zwölf Forts Schauplatz der ersten größeren Kriegshandlung. – Die Einnahme der Festung L. war für den Vormarsch der 1. und 2. deutschen Armee äußerst wichtig. Geplant war ein Handstreich unter Führung des Generals Emmich, der jedoch die Besatzung der Festung unterschätzte: statt der erwarteten 10.000 waren es ca. 30.000 Mann, die sich den deutschen Truppen entgegenstellten. Am 4. Aug. 1914 begann der Angriff von sechs Infanteriebrigaden; nachdem letzte Verhandlungen über eine Kapitulation mit dem Festungskommandanten gescheitert waren, versuchten in der Nacht vom 5. zum 6. Aug. die Einheiten unter schweren Verlusten die Fortlinie zu durchbrechen. Lediglich die 14. Brigade stand am Morgen des 6. Aug. innerhalb des Festungsgürtels. Am 7. Aug. gelang es dem neu ernannten Chef der Brigade, Erich Ludendorff, mit seiner auf ca. 1.500 Mann zusammengeschrumpften Einheit, die vom belgischen Militär nahezu vollständig verlassene Stadt und die Zitadelle ohne nennenswerte Gegenwehr einzunehmen. König Albert I. hatte kurz zuvor seine Truppen in die Festung Antwerpen geführt, der Festungskommandant von L. hatte sich in eines der Forts im Westen zurückgezogen. Nun trat die paradoxe Situation ein, daß die Stadt zwar eingenommen war, die Forts um die Zitadelle aber weiter verteidigt wurden. So begann am 8. Aug. unter Leitung des Generals von Einem der Angriff auf die Forts, der bis zum 16. Aug. dauerte. Im Zuge dieser Belagerung wurde erstmalig schwerste Artillerie (Minenwerfer, 21-cm- und 42-cm-Mörser) eingesetzt. In der Nacht vom 5. auf den 6. Aug. kam es auch zum Einsatz eines Luftschiffes: der Zeppelin *Cöln* warf Bomben über der Stadt L. ab. Militärisch verzögerte der unerwartete belgische Widerstand den deutschen Aufmarschplan lediglich um zwei Tage. Bedeutungsvoller erscheint in der Rückschau die Rolle Ludendorffs, der für die Einnahme der Stadt zusammen mit General Emmich den Orden »Pour le mérite« erhielt und so seinen militärischen Ruhm begründete; zudem gab der Einsatz der bis dahin weitgehend unbekannten 42-cm-Mörser (»Dicke Bertha«) einen Eindruck von der Zerstörungskraft eines mit modernen Waffen geführten Krieges. Erwähnenswert ist auch, daß es bereits im Rahmen der Eroberung L. zur Erschießung von Zivilisten kam. Diese Kriegsverbrechen wurden sofort von der alliierten Propaganda aufgenommen und spielten später eine wichtige Rolle bei der Frage nach den deutschen Völkerrechtsverletzungen im Krieg.

THOMAS GERHARDS

Luftkrieg, Kriegführung in und aus der Luft durch boden- oder luftgestützte Kriegsmittel gegen kriegswichtige Ziele und die Luftmacht des Gegners sowie zur mittel- und unmittelbaren Unterstützung der Land- oder Seekriegführung. – Diese in den Jahren vor dem Weltkrieg angedachten und teils ausgeführten, im wesentlichen aber zwischen 1914 bis 1918 im Kampf zwischen den Luftmächten entwickelten Merkmale und Formen des L. setzten Bedingungen voraus, wie sie in den hochentwickelten und arbeitsteilig angelegten Industrienationen mit ihren technischen Innovationen spätestens seit dem Ende des 19. Jahrhunderts vorlagen. Die zentrale Plattform für diese Form der Kriegführung lieferte, nach ersten Ansätzen mit dem seit dem Ende des 18. Jahrhunderts militärisch genutzten Ballon und dem daraus entwickelten Zeppelin, das 1903 von den Gebrüdern Wright in den USA erfundene motorisierte Flugzeug. Rasch wurde es auf seine militärische Verwendbarkeit überprüft und in unterschiedlicher Zahl und Organisationsform auch in die Armeen oder Marinen eingeführt: USA und Frankreich 1908, Italien 1909, Deutschland 1910, England 1911. Hinsichtlich der Anzahl sowie der Qualität der Flugzeuge und Piloten war Frankreich 1914 die bedeutendste Luftmacht.

Generell standen, wie bei kaum einem anderen Kriegsmittel, technischer Fortschritt, industrielle Kapazitäten, militärische Forderungen sowie organisatorische Rahmenbedingungen in einem intensiven gegenseitigen Abhängigkeitsverhältnis. Die völlig andersartige räumliche Dimension führte zu einem neuen, über die bisherigen Land- und Seekriegserfahrungen hinausweisenden strategischen, operativen und taktischen Denken. Dieses erforderte und erbrachte notwendigerweise der jeweiligen Aufgabe angepaßte Flugzeuge sowie neuartige Einsatzprinzipen, Führungsverfahren und Kommunikationstechniken. Die sowohl in futuristischen Romanen als auch bei den Haager Konferenzen theoretisch antizipierten Einsätze von Flugzeugen und deren Folgen wurden während des Libyen-Feldzuges 1912 und in den Balkankriegen bis 1913 Realität. Zur Aufklärung feindlicher Stellungen und Truppenbewegungen sowie zu deren Bombardierung eingesetzt, bestimmten die dabei gesammelten Erfahrungen Struktur und Doktrin der kriegführenden Luftmächte, die bei Kriegsbeginn 1914 insgesamt etwa 1.000 Flugzeuge zum Einsatz brachten. Davon verfügte Deutschland über 232, die in 33 Feldflieger- und zehn Festungsfliegerabteilungen zu je sechs Flugzeugen organisiert und im wesentlichen den Armeekorps für die Aufklärung zugeteilt worden waren. Die Stärke des deutschen fliegenden Personals belief sich auf etwa 500 Flugzeugführer und Beobachter. Neben die für die Lagefeststellung und operativen Entscheidungen der Land- und Seekriegführung vor allem nach dem Übergang zum Stellungskrieg stark an Bedeutung zunehmende Luftaufklärung als erster zentraler Einsatzart trat bald die Nutzung des Flugzeugbeobachters als Artilleriebeobachter. Bis zum April 1916 wurden für den im Rahmen der Materialschlacht wesentlichen Artillerieeinsatz auf deutscher Seite 27 spezielle Artilleriefliegerabteilungen für die Zielerkundung, Schußund Wirkungsbeobachtung aufgestellt.

Zeitgleich zu dieser eng an die Heeresoperationen und deren taktische Erfordernisse gebundene Unterstützungsrolle fand das Flugzeug als eigenständige Waffenplattform zur offensiven Bekämpfung des Feindes aus der Luft Verwendung. Schon vor 1914 waren von den kriegführenden Parteien dafür zwei Optionen angedacht und ansatzweise materiell umgesetzt worden. Der strategische L. richtete sich gegen das feindliche Hinterland mit dem Ziel, dessen Infrastruktur und Rüstungspotential zu schädigen, um damit seine Fähigkeit zur Kriegführung zu mindern. Angriffsfahrten deutscher Zeppeline gegen Häfen in Frankreich und England beantworteten die britischen Luftstreitkräfte im Nov. 1914 mit der Bombardierung von Zeppelinhallen in Köln und Düsseldorf sowie der Zeppelinfabrik am Bodensee. Nach dem Ersteinsatz von Chlorgas 1915 waren die BASF in Ludwigshafen Ziel britischer Bombenfliegerkräfte sowie die Mauser-Waffenwerke in Oberndorf. Fähigkeiten und Zahl der eingesetzten L.mittel bestimmten den Zerstörungsgrad. Trotz gezielter Weiterentwicklungen blieben, weil die Massenbasis an Flugzeugen und die für den exakten Bombenwurf notwendigen technischen Fähigkeiten fehlten, entscheidende Auswirkungen auf den

Ein Flugzeug eines deutschen Schlachtgeschwaders wird mit Wurfminen beladen

Kriegsverlauf aus. Immerhin waren die dagegen installierten umfangreichen Luftverteidigungseinrichtungen wie Ballonsperren, Flugabwehrgeschütze und Jagdfliegerkräfte in Südostengland gebunden und standen an der Front nicht zur Verfügung. Die auf England bis 1918 abgeworfenen 300 t deutscher Bomben kosteten 1.400 Zivilisten das Leben, knapp 5.000 wurden verwundet. Mit 660 t Bomben bekämpfte das Royal Flying Corps deutsche Ziele. Über die materielle Wirkung zielte der strategische L. von Anbeginn darauf ab, Moral und Kampfbereitschaft der Zivilbevölkerung zu treffen. So verband man die 1914 während der Marne-Schlacht auf Paris abgeworfenen Bomben mit der Aufforderung zur Kapitulation. In Ergänzung zum uneingeschränkten U-Boot-Krieg, von dessen Auswirkungen man auch eine Beeinträchtigung der Kampfbereitschaft der englischen Bevölkerung erwartete, initiierte die OHL im Frühjahr 1917 eine mit Riesenflugzeugen bis in das Frühjahr 1918 durchgeführte Luftoffensive, deren 27 Angriffe sich vornehmlich gegen London richteten. Der erhoffte Sturz der britischen Regierung und das Zerbrechen der Entente blieben zwar aus, doch konnte sich diese einer weiteren Unterstützung durch die Bevölkerung im Falle fortdauernder Luftangriffe nicht mehr sicher sein. Unter Hinweis auf den Vergeltungscharakter fielen in England daher die Hemmnisse gegenüber eigenen Luftangriffen auf Städte an Rhein und Ruhr. Das für 1918 projektierte strategische Bombardierungsprogramm – insbesondere gegen Berlin – scheiterte indes an der großen Entfernung und der unzureichenden Eindringtiefe der Flugzeuge.

Der taktische L. zielte auf die Unterstützung der eigenen Land- und Seestreitkräfte und richtete sich unmittelbar gegen die feindlichen Truppen im Kampfgebiet. Während das Royal Flying Corps dies als Nebenaufgabe der Jagdfliegerkräfte betrachtete und wegen der hohen Gefährdung durch die Bodenluftabwehr nur sporadisch anwandte – etwa während der Somme-Schlacht 1916 –, entwickelten die deutschen Luftstreitkräfte hierfür spezielle Einsatzverfahren und Flugzeugmuster. Mit den sog. Schutzfliegern bei den Schlachten von Verdun und an der Somme war versucht worden, Luftsperren über einem bestimmten Frontabschnitt gegenüber feindlichen Aufklärungs- und Artilleriefliegern einzurichten. Im Erfolg mäßig, verliehen die Schutzflieger immerhin der eigenen Infanterie ein Gefühl erhöhter Sicherheit. Für die Frühjahrsoffensive 1918 (Michael-Offensive) schuf man 38 spezielle Schlachtstaffeln, die, massiert auf eng umgrenzte Ziele, im

Tiefflug feindliche Gräben mit Maschinengewehren, Bomben und Handgranaten angreifen sollten. Als Element der Durchbruchsschlacht mußten Schlachtflugzeuge die Zeit zwischen dem Vorverlegen des Artilleriefeuers auf weiter hinten liegende Gräben und dem Vorstürmen der Sturmtruppen überbrücken, indem sie die gegnerische Infanterie in Deckung zwangen. Außerdem waren feindliche Sperrfeuerartillerie niederzuhalten und Reserven zu bekämpfen. Während der Abwehrkämpfe im Sommer 1918 zur Abriegelung aus der Luft eingesetzt, galt es die bereitstehende Infanterie des Gegners zu erfassen, um so den Angriff zu verzögern oder zu verhindern sowie ein Absetzen der eigenen Truppen zu erleichtern.

Der Erfolg der Aufklärer, Artillerieflieger, Bomber und Schlachtflugzeuge hing, neben der technischen Zuverlässigkeit der Flugapparate und den Wetterbedingungen, entscheidend davon ab, inwieweit sie ihren Auftrag ungestört erfüllen konnten. Weil das bodengestützte Störpotential wie Infanterie- und Artilleriewaffen dagegen nur bedingt wirksam war, bewaffnete man konsequenterweise die bei Kriegsbeginn in der Regel unbewaffneten Flugzeuge selbst. Dazu eignete sich am besten das Maschinengewehr, mit dem binnen kurzer Zeit alle kriegführenden Parteien ihre Flugzeuge ausrüsteten. Bevor das feindliche L.mittel im Rahmen des Land- oder Seekrieges seine Wirkung entfalten konnte, sollte es im Luftkampf daran gehindert werden. Erstmals gelang französischen Fliegern im Okt. 1914 der Abschuß eines deutschen Flugzeuges. Nachdem durch den in deutschen Diensten stehenden holländischen Ingenieur Antony Fokker das technische Problem des Schießens in Flugrichtung mit entlang der Flugzeugachse montierten Maschinengewehren durch den Propellerdrehkreis gelöst worden war, konnten die deutschen Luftstreitkräfte ab Aug. 1915 mit speziell für den Luftkampf entwickelten Jagdeinsitzern für acht Monate die Luftüberlegenheit an der Westfront erzielen. Die alliierten Luftstreitkräfte waren in dieser Zeit dazu gezwungen, eine große Anzahl von Jagdflugzeugen für den Begleitschutz der Aufklärer und Bomber einzusetzen, womit diese für den Kampf um die Luftüberlegenheit nicht zur Verfügung standen. Sollten im weiteren Verlauf des Krieges insbesondere auch aus der Luft wesentliche Anstöße zum Durchbruch im Bodenkampf geliefert werden, dann war das Erreichen von Luftüberlegenheit oder gar -herrschaft durch koordinierten und massierten Einsatz von Jagdflugzeugen nicht nur der erste Schritt, sondern die entscheidende Voraussetzung dafür. Zur Vorbereitung des Angriffs auf Verdun, der ersten planmäßigen deutschen L.operation, standen 170 Flugzeuge, darunter 40 Jagdeinsitzer zur Verfügung. Die Alliierten leiteten die Somme- und Flandern-Schlachten 1916/17, die Deutschen das Unternehmen Michael im Frühjahr 1918 mit dem Kampf um die Erringung der Luftüberlegenheit ein. Von den 1918 im Frontbogen von St. Mihiel eingesetzten 1.500 alliierten Flugzeugen erkämpften 700 Jäger die absolute Luftherrschaft.

Aus den 1914 als Hilfswaffe für begrenzte Heeresoperationen in geringer Stückzahl eingesetzten Flugzeugen waren vier Jahre später bei allen kriegführenden Nationen umfängliche und spezialisierte Luftstreitkräfte mit eigenen Einsatzgrundsätzen geworden. Während die Emanzipation von Heer und Marine in England konsequenterweise bis zur Gründung einer eigenen selbständigen Teilstreitkraft, der 1917 gegründeten Royal Air Force, durchgeführt worden war, blieb dies in Deutschland im Planungsstadium stecken. Hier verfügten die Heeresluftstreitkräfte 1918 über 145 Fliegerabteilungen, acht Bombengeschwader, zwei Riesenflugzeugabteilungen, 65 Jagdstaffeln und 38 Schlachtstaffeln mit 5.000 Flugzeugen sowie einer Personalstärke von 6.100 Offizieren und 55.000 Unteroffizieren und Mannschaften. → *Ballon* → *Flugzeug* → *Zeppelin*

Lit.: L. Kennett, The First Air War 1914-1918, New York u. a. 1991; P. Kilduff, Germany's First Air Force, 1914-1918, London 1991; J. H. Morrow, The Great War in the Air. Military Aviation from 1909 to 1921, Washington/London 1993; D. Winter, The First of the Few. Fighter Pilots of the First World War, London 1982.

WOLFGANG SCHMIDT

Lusitania, britischer Luxusdampfer, der am 7. Mai 1915 auf der Fahrt von New York nach Liverpool vor der Südküste Irlands von dem deutschen U-Boot *U 20* torpediert wurde. – 1.198 Passagiere (nach anderer Schätzung 1.201), darunter 127 Amerikaner, kamen ums Leben. Der Vorfall ereignete sich in der Phase des eingeschränkten U-Boot-Krieges, in der die deutsche Marineleitung verstärkt auf die Versenkung britischer Handelsschiffe setzte, um die britische Wirtschaft zu blockieren.

Lange wurde die Frage kontrovers diskutiert, ob die *L.* Munition an Bord hatte. Dem Einschlag des Torpedos folgte eine zweite Explosion, die das Schiff binnen achtzehn Minuten sinken ließ. Nach Darstellung der britischen Behörden war ein zweiter Torpedo abgefeuert worden, was die besondere Brutalität des deutschen Vorgehens belegt hätte. In Deutschland galt es als sicher, daß das Schiff insgeheim bewaffnet war und Munition geladen hatte. In der Tat hatte die *L.* in ihrer Fracht 4,2 Mio. Schuß Gewehrmunition, die jedoch keine Explosion verursachen konnten, und 5.000 Schrapnellgeschosse, die nicht mit Sprengstoff gefüllt waren und folglich nicht detonierten. Möglicherweise erfuhren deutsche Agenten in New York durch Einblick in die Ladepapiere von der Munitionsfracht. Der Kommandant der *U 20*, Kapitän Schwieger, erhielt jedoch weder einen Befehl zur Versenkung der *L.*, noch kann er von deren Ladung in Kenntnis gesetzt worden sein. Sein Boot war zufällig auf die *L.* getroffen. Erst 1995 gelang es einer Tauchexpedition zu dem in etwa 100 m Tiefe liegenden Wrack der *L.* vorzudringen und die These von einem zweiten Torpedoeinschlag wie auch von der Explosion der an Bord befindlichen Munition zweifelsfrei zu widerlegen.

Offene Fragen bestehen hingegen noch in Bezug auf die Politik der britischen Marineführung unter Minister Churchill. Es war der Admiralität bekannt, daß deutsche U-Boote vor der Südküste Irlands operierten, jedoch gelangte keine ausdrückliche Warnung an die *L.* Nach deutscher Auffassung benutzte Churchill die Passagiere als menschliche Schutzschilde für die Munition; manche Autoren behaupten, Churchill habe die Versenkung der *L.* mit ihren 2.000 Passagieren zynisch in Kauf genommen, um die USA in den Krieg zu ziehen. Der Untergang der *L.* entfachte tatsächlich heftige antideutsche Reaktionen in den USA. Die meisten Zeitungen sahen darin eine Parallele zu den bereits durch die Presse bekanntgemachten deutschen Kriegsgreueln in Belgien, zumal nur eine Woche später der Bericht des britischen Bryce Committee erschien, in dem die deutsche Kriegführung in Belgien scharf kritisiert wurde. Die amerikanische Regierung legte in Berlin energischen Protest ein, jedoch entschied sich Präsident Wilson entgegen den Forderungen mehrerer Berater und den Erwartungen vieler Beobachter gegen den Kriegseintritt. Viel spricht für die weniger spektakuläre Erklärung, daß die bürokratische Schwerfälligkeit der britischen Admiralität für die fehlende U-Boot-Warnung verantwortlich war.

Zweifellos kam die *L.*-Katastrophe der britischen Propaganda gelegen. In Deutschland war die wegen der Versenkung der *L.* ausgebrochene Siegesstimmung u. a. Anlaß für die Prägung einer Medaille, auf der eine mit Munition und Waffen gefüllte, sinkende *L.* abgebildet war. Die Medaille war von einem Privatunternehmer in 180 Exemplaren geprägt worden, bevor die Produktion aufgrund des negativen Presseechos im Ausland verboten wurde.

Lit.: P. O'Sullivan, Die Lusitania. Mythos und Wirklichkeit. Hamburg 1999.

ALAN KRAMER

Luxemburg. Der Erste Weltkrieg ist im kollektiven Gedächtnis der Luxemburger kaum präsent, und auch die Geschichtsschreibung des Landes hat sich bisher nur wenig für diese Zeit interessiert.

Mit dem Eintritt L. in den Zollverein (1842) war es zu einer sehr engen Verflechtung des wirtschaftlichen Lebens zwischen dem Großherzogtum und den angrenzenden deutschen Territorien gekommen. 1872 gelangte die luxemburgische Eisenbahn in reichsdeutsche Hände. Der Aufschwung der Eisenindustrie wurde sowohl durch deutsches Kapital (z. B. Gelsenkirchener Bergwerk AG) als auch durch deutsche Arbeitskräfte (über die Hälfte der 1910 in L. lebenden Ausländer) ermöglicht. Am Vorabend des Weltkrieges befand sich das Großherzogtum ökonomisch bereits im Einflußbereich des Kaiserreichs.

L. wurde in den Morgenstunden des 2. Aug. 1914 besetzt, da es galt, diesen wichtigen Verkehrspunkt vor dem eigentlichen Kriegsbeginn als Aufmarschgebiet zu sichern. Die Regierung protestierte noch am selben Tag gegen die Verletzung der Neutralität. Am 4. Aug. erklärte Reichskanzler Bethmann Hollweg, daß Deutschland gezwungen sei, sich »über den berechtigten Protest Luxemburgs und der belgischen Regierung hinwegzusetzen«, um einem französischen Einfall zuvorzukommen.

Unter der Leitung von Staatsminister Paul Eyschen, der die Geschicke des Landes schon seit 1888 leitete, versuchten die politischen und wirtschaftlichen Eliten, das Land weiter zu regieren: L. sei auch jetzt noch neutral und souverän, lautete ihre Argumentation. Doch die auch in anderen Ländern vielbeschworene nationale Einheit war sehr brüchig. Vor dem Krieg existierende Spannungen zwischen der Blockmehrheit, bestehend aus Liberalen und Sozialisten, und den Rechten kamen schnell wieder zum Vorschein. Dabei wurde die Person der Großherzogin, zumindest unterschwellig, schnell zum Kristallisationspunkt der Auseinandersetzungen. Marie Adelheid (reg. 1912-1919) hatte schon in der Vorkriegszeit Kritik auf sich gezogen, indem sie sich gegen ein liberales Schulgesetz ausgesprochen und somit Stellung in einer parteipolitischen Auseinandersetzung bezogen hatte. Diese Politik setzte sie teilweise noch im Kriege fort, was 1915 sogar zu Neuwahlen führte. Des weiteren warf man ihr eine deutschfreundliche Haltung vor. Ihr Hofstaat bestehe größtenteils aus deutschen Persönlichkeiten und sie unterhalte zu enge Verbindungen mit der Besatzungsmacht, so z. B. bei einem Empfang des deutschen Kaisers im Aug. 1914. Die am 26. Aug. 1918 angekündigte Heirat von Prinzessin Marie Antonia mit dem bayerischen Kronprinzen Rupprecht wurde von der politischen Klasse des Landes als ein unkluger Schritt angesehen.

Zwischen Kriegsanfang und -ende gab es in L. fünf Regierungen: die Kabinette Eyschen (bis Okt. 1915), Loutsch (Nov. 1915 - Febr. 1916), Thorn (Febr. 1916-April 1917), Kauffmann (Juni 1917-Sept. 1918) und Reuter (ab Sept. 1918). Die luxemburgische Regierung sah sich zwei großen Schwierigkeiten gegenübergestellt. Einerseits galt es, schnell die Versorgung der Bevölkerung zu sichern. Andererseits versuchte sie, die Unabhängigkeit des Landes aufrechtzuerhalten. Die durch den Kriegsausbruch verursachte Verlangsamung des wirtschaftlichen Lebens traf zunächst vor allem die ausländischen Arbeiter, die zuerst entlassen wurden. Versuche, über die Commission for Relief in Belgium die Versorgung von L. zu gewährleisten, scheiterten am Widerstand Großbritanniens, das erklärte, daß die Verantwortung bei Deutschland liege. Das Kaiserreich weigerte sich jedoch, der großherzoglichen Regierung eine eigene Versorgungspolitik zu gestatten. Am 3. Nov. 1916 erklärte sich diese schließlich bereit, Einkäufe im neutralen Ausland künftig »den deutschen Einkaufsorganisationen zu überlassen«. Auf der wirtschaftlichen Ebene wurde L. in die deutsche Kriegswirtschaft integriert. Die Eisen- und Montanindustrie unterstützte indirekt die deutschen Kriegsbemühungen. Ein im Mai/Juni 1917 ausgebrochener Streik brach zusammen, als sich herausstellte, daß die deutschen Besatzungstruppen diese Unterbrechung des Wirtschaftslebens nicht länger dulden würden. 1918 wurden luxemburgische Arbeiter von deutschen Firmen angeworben, um den Arbeitermangel im Kaiserreich zu beheben, ohne daß es der Regierung gelang, wirkungsvolle Maßnahmen dagegen durchzusetzen. Sowohl das Post- als auch das Pressewesen standen unter deutscher Aufsicht. Der Spionage verdächtigte Luxemburger wurden von deutschen Kriegsgerichten verurteilt.

Während das Land selbst im Krieg nur sehr schwer eine eigene Außenpolitik verfolgen konnte, wurden in einigen der kriegführenden Länder bereits weitreichende Pläne für die Nachkriegszeit erörtert. Nach Bethmann Hollwegs Septemberprogramm sollte das Großherzogtum ein deutscher Bundesstaat werden. Vier Jahre später, auf der Konferenz in Spa, hatten sich diese Entwürfe nur geringfügig verändert. Aber auch in den alliierten Ländern, in denen man den Kurs des luxemburgischen Hofes und der Regierung teilweise heftig kritisierte, gab es Pläne, der Unabhängigkeit des Landes ein Ende zu setzen. Nach der Niederlage Deutschlands ging jedoch die größte Gefahr für die luxemburgische Souveränität von Belgien aus. Das Nachbarland betrachtete das Großherzogtum als ein verlorenes Kernland, das es, nach den Ereignissen von 1830-1839, wieder zurückzugewinnen galt. Trotz vielfältiger diplomatischer Bemühungen während des Krieges gelang es der belgischen Regierung nicht, dieses Ziel nach Kriegsende zu verwirklichen. Das lag einerseits am Einspruch Frankreichs, andererseits an der Politik Wilsons, die auch für kleine Länder ein politisches Selbstbestimmungsrecht forderte.

Die Nachkriegszeit war außenpolitisch eine für den Fortbestand des Großherzogtums sehr ungewisse Zeit, aber auch innenpolitisch kamen die Spannungen aus den Kriegsjahren nun voll zur Geltung. Nachdem L. im Nov. 1918 zum Durchmarschgebiet der heimkehrenden deutschen Soldaten geworden war und ein am 10. Nov. ausgerufener Sozialistischer Rat keinen Widerhall fand, trafen am 21. Nov. 1918 die ersten amerikanischen Truppen unter der Leitung von John Pershing ein. Danach kam es zu einer Doppelverwaltung des Landes durch die amerikanische und französische Armee, ohne daß das politische Leben allerdings zum Erliegen kam. Der Versuch, im Jan. 1919 eine Republik auszurufen, scheiterte vor allem an der Präsenz französischer Truppen. Die Großherzogin Marie Adelheid konnte sich nicht mehr halten; ihre Schwester Charlotte wurde als ihre Nachfolgerin eingesetzt. In einem Referendum sprachen sich rund 80 % der Wahlbeteiligten für den Fortbestand der Monarchie unter der neuen Regentin aus. Das Land trat aus dem Zollverein aus und schloß 1922 einen Zollbund mit Belgien.

Eine wichtige Rolle im Selbstverständnis der Luxemburger in der Nachkriegszeit spielten die Emigranten, die in einer der alliierten Armeen als Soldat gekämpft hatten. Der größte Teil dieser Freiwilligen hatte sich der französischen Fremdenlegion angeschlossen, andere kämpften auf Seiten der belgischen und amerikanischen Armee. Sowohl in Frankreich als auch in Großbritannien kam es aber auch zu Inhaftierungen von Luxemburgern, die der Deutschfreundlichkeit verdächtigt wurden. Die genaue Anzahl dieser Freiwilligen in den alliierten Armeen ist bis heute unbekannt; sie dürfte sicherlich unter der oft zitierten Zahl von 3.000 liegen. Aus einem Sample von 956 Soldaten hat der Historiker Gilbert Trausch eine Verlustrate errechnet, die zwischen 29 und 40 % liegt, ein Prozentsatz, der im Vergleich zu anderen Ländern sehr hoch ist, jedoch weit unter den 90 % liegt, die immer wieder genannt werden. Dieses Engagement von im Ausland lebenden Luxemburgern erlaubte es dem Land, sich nach 1918 auf der Seite der siegreichen Alliierten zu sehen. Am 16. März 1919 bereitete die Bevölkerung diesen Soldaten einen begeisterten Empfang in der Hauptstadt. Vier Jahre später wurde ein Denkmal (Gëlle Fra) errichtet, das der im Weltkrieg gefallenen Soldaten gedachte. In der Zwischenkriegszeit wurde dieses Monument zu einer Gedenkstätte, an der bei offiziellen Staatsbesuchen Blumen niedergelegt werden. Der Versuch der Nationalsozialisten, die Skulptur im Okt. 1940 von ihrem Sockel zu reißen, führte zu den ersten öffentlichen Demonstrationen gegen die Besatzer. → *Septemberprogramm*

Lit.: J.-M. Kreins, Histoire du Luxembourg des origines à nos jours, Paris 1996; G. Trausch, Histoire du Luxembourg, Paris 1992.

BENOÎT MAJERUS

Luxemburg, Rosa, * Zamość 5.3.1870, † (ermordet) Berlin 15.1.1919, deutsche Politikerin und Publizistin. – L. stammte ursprünglich aus Polen; nach Studium der Nationalökonomie und Promotion in Zürich wurde sie, seit 1898 deutsche Staatsangehörige, Mitglied der SPD und Dozentin an der Zentralen Parteischule. Als führende Vertreterin der sozialdemokratischen Linken bekämpfte sie nach Kriegsausbruch entschieden die »Burgfriedenspolitik« der SPD-Mehrheit. Die überwiegende Zeit des Krieges verbrachte L. im Gefängnis (März 1915 bis Febr. 1916 und Juli 1916 bis Nov. 1918). Die glänzende Rednerin und Journalistin organisierte gemeinsam mit Karl Liebknecht die radikale Linke in der Gruppe Internationale (später Spartakusgruppe). In der Haft verfaßte sie die (im Frühjahr 1916 unter dem Pseudonym »Junius« illegal verbreitete) Schrift über *Die Krise der deutschen Sozialdemokratie* und gab mit den dort veröffentlichten *Leitsätzen über die Aufgaben der internationalen Sozialdemokratie* sowie den *Spartakusbriefen* der Spartakusgruppe die programmatische Grundlage. Am 8. Nov. 1918 aus der Haft entlassen, gründete sie mit Karl Liebknecht das Kampfblatt *Die Rote Fahne*.

In ihrem beharrlichen Kampf gegen den Krieg setzte sie ihre Hoffnungen auf eine internationale Verständigung der sozialistischen Parteien und auf eine Mobilisierung der »Massen« zur Revolution. Der eigene Anspruch, eine führende Rolle in der deutschen Arbeiterbewegung einzunehmen, und die tatsächliche Wirkung auf die sozialdemokratische Anhängerschaft klafften jedoch weit auseinander; L.s Einfluß blieb begrenzt. Nach enttäuschenden Erfahrungen mit den Berliner Arbeiter- und Soldatenräten und dem Reichsrätekongreß gehörte sie Ende Dez. 1918 zu den Mitbegründern der KPD; L. wurde ebenso wie Liebknecht nach dem von ihr nicht gebilligten kommunistischen Januaraufstand 1919 von Freikorpsoffizieren ermordet.

Lit.: P. Nettl, Rosa Luxemburg, 2. Aufl., Köln/Berlin 1968.

WALTER MÜHLHAUSEN

Lyautey, Louis Hubert Gonzalve, * Nancy 17.11.1854, † Thorey (Département Meurthe-et-Moselle) 21.7.1934, französischer General und Politiker (Kriegsminister). – L., der als Kavallerieoffizier ab 1873 an der Militärakademie von Saint-Cyr tätig war, war politisch rechtsgerichtet, doch blieb er stets um die soziale Frage bemüht. In den 1890er Jahren trat L. mit Reformschriften über die gesellschaftliche Rolle des Offiziers hervor. In den 1890er Jahren war er vielfach in den französischen Kolonien sowie in Algerien engagiert. Ab 1912 war er der erste Generalbevollmächtigte Frankreichs in Marokko. Zu Beginn des Krieges organisierte er den Einsatz marokkanischer Truppen an der Westfront, wobei er äußerst erfolgreich agierte. Daher konnten mehr als doppelt so viele marokkanische Einheiten wie ursprünglich geplant (nämlich 37 Bataillone und eine Kavalleriebrigade) aufgestellt werden. Als enger Vertrauter von Gallieni wurde L. nach dessen Tod im Dez. 1916 zum Kriegsminister berufen. Er konnte sich aber in dieser Position zunächst nur schwer gegen den einflußreichen Oberkommandierenden Joffre durchsetzen. Bereits im März 1917 demissionierte er, nachdem von ihm vorgenommene Umstrukturierungen im Bereich der Luftwaffe im Parlament zum Gegenstand heftiger Auseinandersetzungen geworden waren. Der Rücktritt von L. zog kurz darauf den Rücktritt des gesamten Kabinetts Briand nach sich. Ab April 1917 wurde L. wieder in seine alte Funktion als Repräsentant Frankreichs in Marokko versetzt. Im Jahr 1921 wurde er in den Rang eines Maréchal de France erhoben.

GERD KRUMEICH

Maas-Argonnen-Offensive. Im Rahmen der alliierten Schlußoffensive an der Westfront war dem amerikanischen Expeditionskorps (AEF) im Sept. 1918 ein Angriff gegen die Front der deutschen 5. Armee (von der Marwitz) zwischen den Argonnen und der Maas in Richtung auf Mézières übertragen worden. Oberbefehlshaber der AEF war General John Pershing, der zugleich auch die Führung der 1. US-Armee innehatte. Nach einem ersten geschlossenen Einsatz im St. Mihiel-Bogen sollte die M. für die US-Truppen die erste Großoffensive bringen. Pershings Kalkül beruhte auf Überraschung und starker numerischer Überlegenheit – neun US-Divisionen (mit doppelter Truppenzahl) gegenüber fünf deutschen, deren Ist-Stärke auf 30 % geschätzt wurde. Allerdings hatten nur vier der neun US-Divisionen Kampferfahrung, die Mehrzahl der Soldaten war unmittelbar aus der Grundausbildung heraus nach Europa verschifft und an die Front transportiert worden. Artillerie, Luftwaffe und Tanks stammten in der Masse aus alliierter Produktion und wurden mehrheitlich von französischen Mannschaften bedient. Pershing wurde außerdem das französische XVII. Korps unterstellt.

Das Gelände bot den Verteidigern große Vorteile: Der Angriff in den Argonnen führte durch unübersichtliches Waldgelände, der sich östlich anschließende Angriffsabschnitt war hügelig und wurde durch den Maas-Verlauf begrenzt. Die deutschen Truppen waren zwar stark abgekämpft, hatten aber Kampferfahrung und lagen überdies in einem gut ausgebauten, tief gegliederten Stellungssystem.

Am 26. Sept. begann die M. Vor allem in den Argonnen und beim Kampf um das befestigte Montfaucon stockte der Angriff und die US-Truppen erlitten hohe Verluste. Die sehr optimistisch gesetzten Angriffsziele wurden nicht erreicht und es gelang nicht, die Artillerie nachzuziehen. So stürmten schließlich Massen von unerfahrenen Gewehrträgern in unübersichtlichem Gelände gegen gedeckte Maschinengewehrstellungen. Am 30. Sept. mußte die Offensive gestoppt werden.

Am 4. Okt. wurde der Angriff wieder aufgenommen, östlich der Maas griff nun auch das französische XVI. Korps an. Bis zum 14. Okt. wurden Granpré sowie die taktisch wichtigen Höhen von Romagne und Cunel erobert. Zwei Tage später war die deutsche Kriemhild-Stellung durchbrochen. Des offenkundig gewordenen Führungsproblems suchten die Amerikaner mit einer Umgliederung Herr zu werden: Pershing gab das Kommando über die 1. Armee an General Liggett ab, gleichzeitig wurde die 2. Armee unter General Bullard gebildet. Nach der Einnahme der Höhen begann sich die erdrückende Übermacht bemerkbar zu machen, der deutsche Widerstand brach zusammen. Mit dem Waffenstillstand vom 11. Nov. kam auch die M. zu Ende.

Lit.: D. F. Trask, The AEF and Coalition Warmaking, 1917-1918, Lawrence 1993.

MARKUS PÖHLMANN

Mackensen, August von, * Haus Leipnitz (Kreis Wittenberg) 6.12.1849, † Burghorn (heute zu Habighorst, Kreis Celle) 8.11.1945, preußischer Generalfeldmarschall. – M., Sohn eines Gutsverwalters, nahm am Krieg 1870/71 teil, studierte anschließend zwei Jahre lang in Halle und ging dann zur Armee zurück. Dort machte er als Kavallerist eine rasche und glänzende Karriere, obwohl er die Kriegsakademie nicht durchlaufen hatte. Unter seinen Verwendungen ist besonders die Adjutantenstellung bei Alfred von Schlieffen (1891) zu erwähnen. Wesentlichen Einfluß auf seine Laufbahn nahm Wilhelm II., der ihn 1891 kennengelernt hatte. M. wurde 1899 geadelt und dann zum Kommandierenden General des XVII. Armeekorps ernannt. Bei Kriegsausbruch 1914 wurde sein Korps in Ostpreußen eingesetzt und nahm an der Schlacht von Tannenberg sowie an den folgenden Operationen in Russisch-Polen teil. Am 16. April 1915 wurde M. von Falkenhayn und Conrad von Hötzendorf zum Oberbefehlshaber der 11. Armee eingesetzt, die ab dem 2. Mai 1915 bei Gorlice-Tarnów einen der größten militärischen Siege des Weltkriegs errang. Innerhalb von drei Monaten wurde Russisch-Polen von M.s Armee erobert. Anschließend erhielt er den Oberbefehl über die auf Serbien angesetzte Heeresgruppe Mackensen. Auch diese Offensive, die am 6. Okt. 1916 begann, wurde ein großer Erfolg; sie endete mit der serbischen Niederlage und der Abdrängung der alliierten Truppen auf Saloniki. Nach dem Kriegseintritt Rumäniens Ende Aug. 1916 wurde M. die Führung der deutsch-österreichisch-bulgarisch-türkischen Heeresgruppe übertragen, die an der Eroberung von Rumänien beteiligt war. M. erlebte das Kriegsende als Befehlshaber der Besatzungsarmee in Rumänien. Auf dem Rückmarsch in Ungarn interniert, wurde er Ende 1919 in die Heimat entlassen.

Zu den Vorwürfen, die M. nach dem Krieg gemacht wurden, gehörte, er sei ein »Hofgeneral« gewesen, der seine Karriere weniger seinen soldatischen Qualitäten als vielmehr seinem angenehmen Charakter und seinem Geschick im Umgang mit Menschen zu verdanken gehabt habe. Seine militärischen Erfolge gegen Rußland und Serbien gingen, wie er selbst freimütig einräumte, vor allem auf seinen Stabschef Hans von Seeckt zurück. Als militärischer Führer ist M. mit Hindenburg zu vergleichen; bei beiden ist schwer zu sagen, welche ihrer Erfolge sie ihren Stabschefs schuldeten und wie groß ihr eigener Anteil war. Immerhin wurde M.s Popularität in Deutschland nur von der Hindenburgs übertroffen, und ebenso wie dieser spielte M. auch nach dem Weltkrieg eine wichtige Rolle. In der Weimarer Republik war M. weiterhin sehr beliebt; er befürwortete eine Restauration der Monarchie. Nach 1933 ließ er sich von den Nationalsozialisten instrumentalisieren. Bereits sehr betagt, erschien er in seiner charakteristischen Uniform als Totenkopfhusar bei vielen öffentlichen Anlässen, so beim Tag von Potsdam 1933 oder in Hitlers Begleitung während der Olympiade 1936.

Lit.: T. Schwarzmüller, Zwischen Kaiser und Führer. Generalfeldmarschall August von Mackensen, Paderborn u. a. 1996.

HOLGER AFFLERBACH

Makedonien. Mit dem Ausbruch des Weltkrieges wurde das multinationale M. zum Kriegsschauplatz der Großmächte. Das strategische Ziel Deutschlands, nach Osten vorzudringen und die Verbindung mit der Türkei offen zu halten, schuf dort die Balkanfront.

Für die Balkanvölker bedeutete dies zugleich die Fortsetzung des Kampfes um M. Dieser Kampf resultierte aus dem Aufkommen der Nationalismen des 19. Jahrhunderts, der Gründung von Nationalstaaten und der allzu verspäteten und halbherzigen Reformversuche des Osmanischen Reiches. Der erwartete Zusammenbruch der osmanischen Herrschaft hatte bereits zu Beginn des Jahrhunderts einen blutigen Partisanenkampf zwischen Griechen, Bulgaren, Serben und Koutsowlachen (Aromunen) um Einfluß auf die dortigen ethnischen Gruppen ausgelöst. Dieser Kampf wurde nicht zuletzt von den Antagonismen der Großmächte beeinflußt und mit unterschiedlicher Intensität und abwechselndem Erfolg bis zu den Balkankriegen 1912/13 geführt. Mit dem Bukarester Frieden (1913), der den Status quo auf dem Balkan bestimmte, schien er zunächst beendet. Die allseitigen Bemühungen um nationalstaatliche Souveränität fanden jedoch ihre Grenzen mit der Aufteilung M. unter Serbien, Griechenland und Bulgarien und der daraus resultierenden Zersplitterung seiner geographischen und ökonomischen Einheit. Damit fand auch der zwischenzeitlich begonnene Modernisierungsprozeß zum Nachteil aller Balkanstaaten ein jähes Ende. Daraus ergaben sich ernsthafte Konsequenzen für die soziale Versorgung und den weiteren Ausbau der dringend erforderlichen, öffentlichen Aufgaben vor allem auch für die Lösung des Agrarproblems, d. h. die Verteilung der neuen Gebiete unter die besitzlosen Bauern. Die Situation verschlechterte sich weiter während des

Weltkriegs, wenn man berücksichtigt, daß ganz M. zum Kriegsgebiet wurde und der größte Teil der männlichen Bevölkerung in den Krieg ziehen mußte.

Mit dem Ausbruch des Krieges begann eine neue Runde im Kampf um M. Die Türkei sowie insbesondere Bulgarien als Verlierer der Balkankriege witterten ihre Chance auf Revanche gegen Serbien, Griechenland und Rumänien und hofften auf eine Revision des Bukarester Friedens. Aus diesem Grund stellten sie sich 1914 bzw. 1915 auf die Seite der Mittelmächte, da Serbien sich der Entente angeschlossen hatte und Griechenland wie Rumänien zunächst neutral blieben.

Die Entscheidung des griechischen Königs Konstantin, entgegen den Vertragsvereinbarungen Serbien keine Militärhilfe zu leisten, erleichterte es Bulgarien, im Okt. 1915 gegen Serbien vorzugehen. Unter dem doppelten Druck des österreichisch-deutschen Angriffs an seiner Nordgrenze brach Serbiens Widerstand bald zusammen, so daß die bulgarischen Truppen Serbisch-M. besetzen konnten.

Die Tatsache, daß inzwischen Ententetruppen in Saloniki gelandet waren, gab den Mittelmächten und Bulgarien einen Vorwand, um im Einvernehmen mit Konstantin im Frühjahr 1916 in Griechisch-M. einzudringen und bis zum Sommer ganz Ost-M. mit der strategisch wichtigen Hafenstadt Kavala zu besetzen.

Entgegen den Versicherungen der Mittelmächte an Konstantin, die territoriale Integrität Griechenlands zu respektieren, begannen die Bulgaren unverzüglich mit Verfolgungen der dortigen Griechen (wie auch der Serben in Serbisch-M.) mit dem Ziel, die Bevölkerung M. mit Gewalt zu »bulgarisieren«. Diese Maßnahmen lösten eine gewaltige Fluchtbewegung nach Griechenland aus. Es wurde klar, daß das Schicksal M. eng mit dem Ausgang des Krieges verbunden war. Währenddessen verlegte die Entente die Reste der serbischen Armee nach Korfu, um sie dann – nach erfolgter Reorganisation – an der M.front einzusetzen. Parallel dazu unterstützte namentlich der französische Befehlshaber des Balkanunternehmens, General Maurice Sarrail, die Bewegung republikanischer Griechen in Saloniki gegen die royalistische Regierung Athens und die »neutrale« Politik Konstantins. Angesichts des Verlustes Ost-M. revoltierten sie im Aug. 1916 und öffneten damit den Weg für Venizelos, der sich im Sept. heimlich nach Saloniki absetzte, sich an die Spitze dieser Bewegung stellte und eine provisorische Regierung bildete. Das Land spaltete sich endgültig in zwei Lager, in Venizelisten und Royalisten. Venizelos begann unverzüglich mit der Aufstellung einer Armee, um die Ententetruppen der M.front zu verstärken. Sie nahm schon 1916 an Kriegshandlungen teil, aber erst 1917 konnte sie erfolgreich gegen die Armeen der Mittelmächte mitkämpfen und trug schließlich 1918 entscheidend zum Sieg der Entente in M. bei.

Bei den Pariser Friedensverhandlungen verzichtete Bulgarien als Verlierer des Krieges auf seine Besitzungen in M. und mußte auch noch Westthrakien an Griechenland abtreten. Im Vertrag von Neuilly im Nov. 1919 vereinbarten Griechenland und Bulgarien einen freiwilligen Bevölkerungsaustausch, dessen Durchführung in den 1920er Jahren entscheidend zur ethnischen Homogenität im griechischen Teil von M. beitrug.

Lit.: G. B. Leontaritis, Greece and the First World War: From Neutrality to Intervention, 1917-1918, New York 1990.

Konstantin Loulos

Malvy, Louis-Jean, * Figeac (Département Lot) 1.12.1875, † Paris 9.6.1949, französischer Politiker. – Der Radikalsozialist (Abgeordneter seit 1906) und Freund von Joseph Caillaux war vom Ausbruch des Krieges bis zum 31. Aug. 1917 Innenminister, nachdem er bereits in René Vivianis Vorkriegsregierung dieses Amt innehatte. Mehrfach zeigte er sein Vertrauen in den Patriotismus der Arbeiterbewegung, etwa indem er es im Aug. 1914 ablehnte, die militanten Kriegsgegner, die in einem offiziellen Register (Carnet B) erfaßt waren, festnehmen zu lassen. Auch billigte er den Gewerkschaften relative Handlungsfreiheit zu. Die politische Rechte (u. a. Action Française) jedoch machte M. für die Meutereien im Mai/Juni 1917 verantwortlich, die sie eher einer pazifistischen Unterwanderung der Truppe als dem taktischen und logistischen Versagen der Armeeführung zuschrieb. M. wurde zur Zielscheibe politischer Verdächtigungen und Intrigen sowie der grassierenden Spionenfurcht.

Der *Bonnet Rouge*-Skandal im Juli 1917 machte M. besonders angreifbar. Diese Zeitschrift wurde wie viele andere vom Innenministerium subventioniert, um auf diese Weise ihre Unterstützung des Krieges zu erreichen. Die Subventionen hörten auf, als *Le Bon-*

net Rouge, angeblich von Deutschland finanziert, eine stärker pazifistische Ausrichtung einnahm. Der Herausgeber des Blattes wurde wegen Kontakts mit dem Feind festgenommen und starb in Haft. M. war kompromittiert und wurde öffentlich u. a. von der Action Française und innerhalb der Regierung von Premierminister Clemenceau scharf angegriffen. Er trat am 31. Aug. 1917 zurück, um sich zu rehabilitieren, und ersuchte darum, vor das Hohe Gericht des Senats gestellt zu werden. Obwohl von der politischen Linken unterstützt, wurde M. 1918 wegen Verstoßes gegen die nationale Sicherheit (aber nicht des Hochverrats) für schuldig befunden. Nach der Rückkehr aus einer fünf Jahre währenden Verbannung in Spanien nahm M. 1924 seine politische Karriere wieder auf.

Lit.: G. Bavendamm, Spionage und Verrat. Konspirative Kriegserzählungen und französische Innenpolitik, 1914-1917, Essen 2003.

John Horne (Ü: O. H.)

March, Peyton Conway, * Easton (Pennsylvania) 27.12.1864, † Washington D.C., 13.4.1955, US-amerikanischer Stabschef. – Der Artillerist M. war talentiert und ehrgeizig. Ihm eilte wegen seiner vielfältigen Verwendungen auf dem Schlachtfeld und im Stab ein hervorragender Ruf voraus. Daher wählte ihn der Oberbefehlshaber der American Expeditionary Force (AEF), General Pershing, 1917 aus, um zuerst eine Artilleriebrigade, dann die gesamte Artillerie der AEF zu kommandieren. M. galt als herrisch und arrogant, aber als Kriegsminister Newton Baker im Febr. 1918 einen Nachfolger für Tasker Bliss als Stabschef der Armee benötigte, suchte er nach jemandem, der bereit war, Verantwortung zu übernehmen und sie auch durchzusetzen.

M., am 4. März 1918 zunächst zum kommissarischen Stabschef ernannt, von Mai 1918 – Juli 1921 Kommandierender Stabschef, erwies sich M. in Washington als genauso rücksichtslos wie Pershing in Frankreich. Er reorganisierte das starre Dienststellensystem und machte sich dadurch deren Leiter zu Feinden. Dabei versammelte er immer mehr Macht in den Händen des Generalstabs. Diese Gruppe wuchs am Ende des Krieges auf über 1.000 Offiziere an, von denen die meisten keine einschlägige Erfahrung für ihre Aufgabe besaßen. Entsprechend schwierig gestaltete sich M.s Stellung, da er trotz der ständig notwendigen Kontrollen die Eigeninitiativen seiner Untergebenen nicht ersticken wollte. Selten bot er eine zweite Chance an, stützte aber fähige Untergebene so weit wie möglich. Dies brachte ihm häufig Konflikte mit widerstrebenden Industriellen und Politikern ein, die eine Vorzugsbehandlung beanspruchten. Trotz seiner mangelnden Sensibilität für kritische Einwände schätzte Kriegsminister Baker jedoch M.s Intellekt und Charakter derart, daß er ihm nahezu freie Hand bei der Leitung seines Amtes ließ.

Pershing hingegen betrachtete M. als einen Schreibtischgeneral, der seine Macht auf Kosten der Feldkommandeure zu steigern suchte. Er nahm M. insbesondere übel, daß dieser alle Ernennungen zum Generalstab zu kontrollieren suchte. Auch fürchtete er, daß M. ihn als Oberbefehlshaber der AEF ablösen wollte. Der daraus resultierende Streit trug viel dazu bei, die Bedeutung des Generalstabs in der Nachkriegszeit in einer von Pershings Anhängern dominierten US-Armee wieder zu verringern.

Dennis E. Showalter (Ü: G. H.)

Marinekabinett. Das M. wurde am 1. April 1889 unter Leitung des Kapitäns zur See Freiherr Gustav von Senden-Bibran als Parallelinstanz zu den Militär- und Zivilkabinetten gebildet und mit Personalangelegenheiten des Seeoffizierskorps betraut. Auf Vortrag des Chefs des M., der direkten Zugang zum Kaiser genoß, wurden die höchsten Stellen der Marine vom Kaiser unmittelbar besetzt. Entsprechend trug der Kabinettschef die Verantwortung für alle Stellenbesetzungen; die Basis dafür boten die alljährlich verfaßten und vom M. herangezogenen Qualifikationsberichte aller Seeoffiziere. Ferner unterstanden dem Kabinettschef die Vorträge beim Kaiser über den Gerichtsbefund der Kriegsgerichtsurteile, die Durcharbeitung der Ehrengerichtssprüche, die Behandlung interner Beschwerden und außerordentlicher Beförderungen sowie Ordensverleihungen und schließlich die Ausbildung des Offiziersersatzes. Die »Kabinettsregierung« bei der Marine spielte sich jeden Sonnabendvormittag beim Thronvortrag unter vier Augen ab, was des öfteren zu dem Vorwurf einer unsachgemäßen Beeinflussung des Kaisers führte. Im Weltkrieg wurde dem Kabinettschef, Admiral Georg Alexander von Müller, öfters seitens der Seekriegsführung sowie des Reichsmarineamtes vorgeworfen, er habe den Kaiser mit einer »chinesischen Mauer« von anderen Einflüssen abgeschirmt. Müller selbst gab offen zu, daß der Kabinettschef mehr Berührung mit der Front hätte einnehmen können und sollen. Das M. wurde durch kaiserlichen Erlaß bei Kriegsende aufgelöst. → *Militärkabinett*

Lit.: J.-U. Fischer, Admiral des Kaisers. Georg Alexander von Müller als Chef des Marinekabinetts Wilhelms II., Frankfurt a. M. u. a. 1992.

HOLGER H. HERWIG

Marne, Fluß in Frankreich. – Zwei Schlachten an der M. waren für den Krieg von einschneidender Bedeutung. Im Sept. 1914 griffen die französische Armee und das britische Expeditionskorps nach einer langen Rückzugsbewegung erneut an und zwangen die deutsche Armee zum Rückzug, womit der ursprüngliche deutsche Operationsplan gescheitert war. Frankreich war nicht innerhalb von sechs Wochen besiegt worden, und dies eröffnete die Möglichkeit eines langen Krieges. Das war die 1. M.-Schlacht. Im Juli 1918 machte eine französisch-amerikanische Gegenoffensive einer Serie von deutschen Frühjahrs- und Frühsommeroffensiven ein Ende. Sie markierte das Scheitern von Ludendorffs Plan zur siegreichen Beendigung des Krieges und machte den Weg frei für den Erfolg der Alliierten. Dies war die 2. M.-Schlacht. Zwischen den beiden militärischen Konfrontationen lagen vier Jahre und mehr als 1 Mio. Tote auf beiden Seiten.

1. M.-Schlacht: In den ersten Septembertagen 1914 konnten Generaloberst Helmuth von Moltke und die Oberste Heeresleitung zu Recht davon ausgehen, daß die erste Phase des Krieges mit der Vernichtung der französischen Armee bald beendet sein würde. Dies hätte den Übergang zur zweiten Phase, der Konzentration aller Kräfte gegen die Russen, erlaubt. Bei der Verfolgung der französischen Armee, die sich auf der gesamten Frontlänge von der Oise bis nach Verdun auf dem Rückzug befand, waren die am weitesten vorgedrungenen Teile des rechten deutschen Flügels, die 1. Armee des Generals von Kluck, bis zu den Vororten von Paris vorgedrungen. Die Soldaten Klucks waren zu einer gewaltigen Kraftanstrengung gezwungen gewesen, weil sie 40 km pro Tag zurücklegen und dabei auch noch kämpfen mußten – und sie hatten bei ihrem Durchmarsch Angst und Schrecken verbreitet. Doch infolge der drückenden Augusthitze hatte die Armee zahlreiche Nachzügler hinter sich gelassen, ganz zu schweigen von den Soldaten, welche die Sicherheit der Verkehrswege gewährleisten sollten. Außerdem fehlten jene Truppen, die zur Belagerung von Antwerpen und Maubeuge abgestellt worden waren, und die Truppen, welche zur Eindämmung des russischen Vormarsches in den Osten verschoben worden waren. Entgegen einem Axiom des Operationsplans war der rechte deutsche Flügel beträchtlich geschwächt worden. Unter diesen Bedingungen verfügten die deutschen Armeen nicht mehr über ausreichende Mittel, um Paris einzukreisen und zugleich die französischen Truppen nach Osten abzudrängen. Der Operationsplan wurde daher abgeändert. Statt südlich an Paris vorbeizugehen, bog die Armee von Kluck südöstlich ab und ließ die französische Hauptstadt zu ihrer Rechten liegen. Diese Konstellation ermöglichte einen französischen Gegenangriff in die Flanke der deutschen Flügelarmee.

Das Blatt hatte sich damit zugunsten der alliierten Kräfte gewendet. Die französische Infanterie war durch 100.000 Soldaten verstärkt worden, während die deutschen Armeen ihre Verluste nicht hatten ausgleichen können. Insgesamt standen mehr als 1 Mio. französisch-britischer Infanteristen nur noch wenig mehr als 750.000 deutschen Infanteristen gegenüber.

Die Schlacht spielte sich auf einer Front von mehr als 300 km Länge von Meaux bis zur Region um Verdun ab. Im Osten, in der Umgebung Verduns, fanden äußerst blutige Gefechte statt, die aber ohne großen Einfluß auf das Gesamtgeschehen blieben. Im zentralen Frontabschnitt hielt die neue, von General Foch kommandierte 9. Armee nur unter großen Schwierigkeiten den heftigen Angriffen stand, besonders im Moor von Saint-Gond. Die deutsche OHL hatte ihre Umfassungspläne mittlerweile durch eine Strategie des Durchbruchs in der Mitte der Front ersetzt. Die entscheidenden Ereignisse fanden dennoch westlich von dem von den Deutschen favorisierten Gelände statt. Dort hatte die neu aufgestellte französische 6. Armee unter General Maunoury, deren Truppen teilweise durch requirierte Pariser Taxis an die Front transportiert wurden, Klucks Armee in der Flanke angegriffen. Letzterer reagierte mit einem Umschwenken seiner Truppen und wehrte die Franzosen zunächst erfolgreich ab. Dabei hatte sich zwischen der deutschen

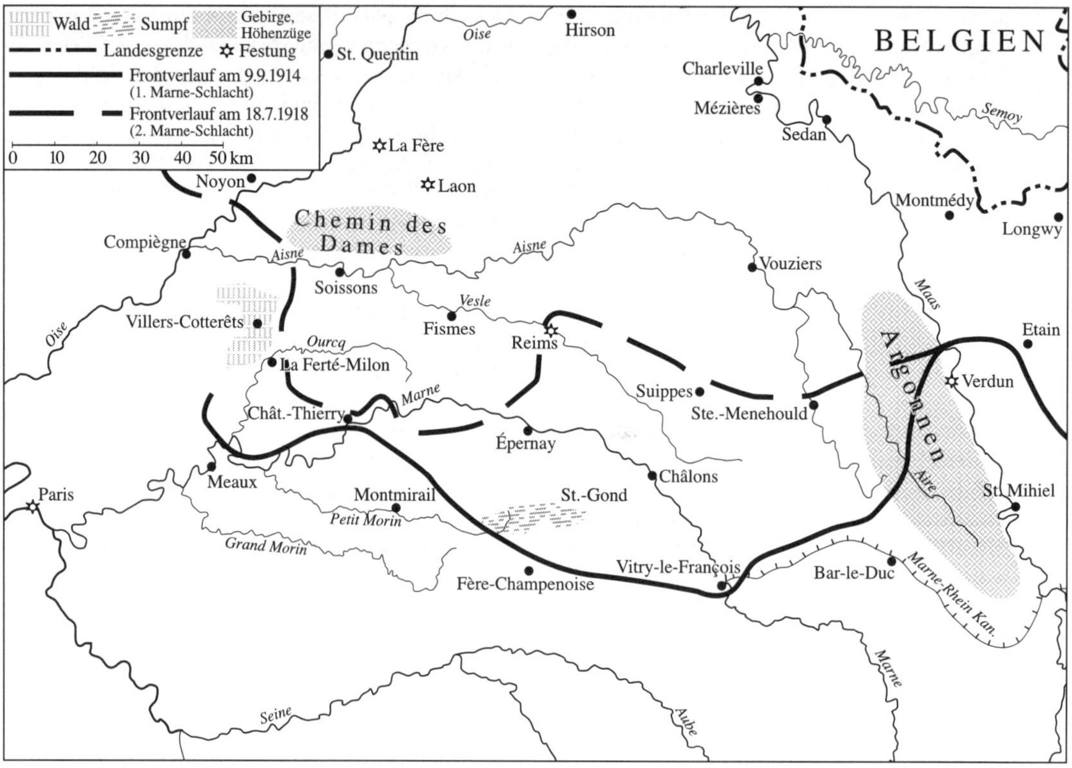

Marne-Schlachten (1914 und 1918)

Französische Artillerie an der Marnefront

1. Armee, die nach Westen vorstieß, und der 2. Armee des Generals von Bülow, der im Süden Widerstand leistete, eine Lücke von nahezu 40 km Länge aufgetan. Ohne sich dessen wirklich bewußt zu sein, stießen das britische Expeditionskorps und der linke Flügel der französischen 5. Armee unter dem Kommando von General Franchet d'Esperey in diese Lücke vor und bedrohten damit gleichzeitig die Flanke der Armee von Bülow sowie den Rücken der Armee von Kluck. Moltke, der in seinem Hauptquartier in Luxemburg zu weit von den Geschehnissen entfernt war und zu dem nur unzureichende Informationen durchdrangen, schickte einen seiner Mitarbeiter, Oberstleutnant Hentsch, an Ort und Stelle. Dieser beurteilte die Lage als extrem gefährlich und befahl am 9. Sept. die Einstellung des Angriffs der 1. Armee, die sich siegreich wähnte, sowie der Armee von Bülow, was die Einstellung der Offensive auf dem gesamten rechten Flügel zur Folge hatte.

Die Verfolgung durch französische und britische Truppen war zögerlich, die Truppen waren erschöpft, und Mitte Sept. kamen die deutschen Armeen an einer Linie Noyon – Soissons – Reims – Verdun zum Stehen.

2. M.-Schlacht: Anfang 1918 war für die deutsche OHL, jetzt geführt von Hindenburg und Ludendorff, klar, daß sie dem Sieg im Westen durch die russische Kapitulation und die Verlegung von Truppen aus dem Osten ein großes Stück näher gerückt waren. Ein rascher Sieg war um so notwendiger, bevor große amerikanische Truppenkontingente gelandet waren. Die deutschen Truppen führten eine Reihe von Angriffen durch – die erste am 21. März in der Picardie –, bei der sie große Erfolge errangen, aber sie erlitten hierbei nicht mehr auszugleichende Verluste. Dennoch war für den 15. Juli ein weiterer Angriff in der Champagne beiderseits Reims geplant (Codenamen: »Reims« und »M.schutz«). Der Vormarsch stockte jedoch bald, nur im westlichen Sektor gelang es den deutschen Truppen, die M. zu erreichen und einen wichtigen Brückenkopf zu errichten. Zum zweiten Mal entschied sich somit das Schicksal an den Ufern dieses Flusses.

Der deutsche Vorstoß war derart beunruhigend, daß der französische Oberbefehlshaber (General Pétain) die Ansicht vertrat, die geplante Gegenoffensive auf die Flanke der deutschen Frontlücke bei Château-Thierry vom Wald von Villers-Cotterêts ausfallen zu lassen. General Foch hingegen, Oberkommandierender der alliierten Truppen, befahl, an den Angriffsplänen festzuhalten. Am 18. Juli wurden die Deutschen von dieser französisch-amerikanischen Gegenoffensive überrascht (16 Divisionen, davon drei amerikanische). Die Offensive wurde von den Generalen Mangin und Degoutte durchgeführt, unter Einsatz von mehr als 1.000 Panzern und unterstützt durch einen umfassenden Einsatz der Luftwaffe. Die Überraschung fiel um so größer aus, als dem Angriff der im Wald von Villers-Cotterêts zusammengezogenen Truppen keine Vorbereitung durch die Artillerie vorangegangen war. Für die deutschen Truppen, die sich bis südlich der M. vorgewagt hatten, gab es keine andere Möglichkeit, als sich kämpfend zurückzuziehen und sich an der Aisne nahezu in denselben Positionen zu verschanzen wie im Sept. 1914. Für die Alliierten war dies der zweite Sieg an der M.

Auch wenn die alliierten Truppen nach einem langen Festsitzen in den Gräben eine gewisse Unbeweglichkeit an den Tag legten und der Vormarsch nur langsam vor sich gegangen war, so behielten sie dennoch die Initiative. Die letzte deutsche Offensive scheiterte, weil Deutschland weder über die nötigen Soldaten noch über ausreichend materielle Ressourcen verfügte.

Die deutschen Niederlagen an der M. hatten gewiß komplexere Ursachen als nur das reine Kampfgeschehen. Dennoch nehmen die M.-Schlachten in der französischen Erinnerung einen besonderen Platz ein. → *Aufmarschpläne* → *Westfront*

Lit.: H. Contamine, La victoire de la Marne, 9 septembre 1914, Paris 1970; F. Gambiez/M. Suire, Histoire de la Première Guerre Mondiale. 2 Bde., Paris 1968.

JEAN-JACQUES BECKER (Ü: S. P.)

Marokkokrisen, zwei internationale Spannungszustände (1905, 1911), ausgelöst durch die Rivalität des Deutschen Reiches und Frankreichs um Einfluß in Marokko. – Für Frankreich ergab sich das Interesse an Marokko aus der Nachbarschaft zu Algerien. Ziel war ein französisch beherrschter Maghreb. Durch zweiseitige Arrangements mit Italien (1902), England (Entente Cordiale) und Spanien (1904) sowie die Aufweichung der marokkanischen Herrschaft im Grenzgebiet zu Algerien, versuchte sich Frankreich als bestimmende Kraft zu etablieren.

Dagegen bestand das Deutsche Reich darauf, daß allen interessierten Mächten der Zugang zu Marokko offenstehen müsse (»Politik der offenen Tür«). Hinter wirtschaftlichen Argumenten (Erzgruben) standen strategische Notwendigkeiten, wenn das Reich sich als weltweit operierende Großmacht beweisen wollte. Mit dem spektakulären Besuch Wilhelms II. in Tanger (31. März 1905), bei dem er Marokkos Unabhängigkeit bekräftigte, ging die deutsche Politik in die diplomatische Offensive (1. Marokkokrise). Es gelang dem Deutschen Reich, eine internationale Konferenz in Algeciras durchzusetzen, deren Schlußakte (7. April 1906) die allgemeine Handelsfreiheit in Marokko und dessen Souveränität festschrieb. Doch wurde die einheimische Polizei fortan von Frankreich und Spanien organisiert und auch die marokkanische Staatsbank geriet unter französische Kontrolle (Schuldenverwaltung).

In der ersten M. stand das Reich im Kreis der Großmächte isoliert, die Entente cordiale zeigte sich dagegen gefestigt. Obwohl ein Vertrag mit Frankreich (9. Febr. 1909) die deutschen wirtschaftlichen Interessen sicherte, hatte Frankreich faktisch den Vorteil aus der Krise gezogen und verfolgte weiter sein Ziel des Kolonialerwerbs in Marokko.

Die französische Besetzung von Fès zur Eindämmung einer indigenen Aufstandsbewegung im Frühjahr 1911 beantwortete die deutsche Reichsleitung mit der Entsendung des Kanonenboots *Panther* nach Agadir (1. Juli 1911). Der »Panthersprung« oder »coup d'Agadir«, wie dieser Vorgang in Frankreich bezeichnet wird, zielte darauf ab, den Weg zu einer Kompensation Deutschlands mit Gebieten in Äquatorialafrika zu öffnen, wie er seit 1905 ins Auge gefaßt und am 9. Juli 1911 erstmals formuliert wurde. Frankreich sah in dem deutschen Vorgehen allerdings eine ungerechtfertigte und erpresserische Provokation. Das Risiko eines Krieges, das man seitens der deutschen Regierung letztlich in Kauf nahm, wurde durch den französischen Regierungschef Joseph Caillaux ausgeräumt, der Verhandlungen auf allen Ebenen eröffnen wollte: Auf diplomatischem Wege, auf ökonomischer Ebene mit den Unternehmen, die mit Deutschland in Marokko kooperierten, sowie durch (im Kongo angeheuerte) Mittelsmänner (was allerdings zum innenpolitischen Streitfall geriet und seinen Rücktritt im Jan. 1912 nach sich zog).

Nach einleitenden Verhandlungen vom 9. Juli bis zum 17. Aug., auf die eine Sommerpause folgte, wurde über den Status von Marokko verhandelt (4. Sept. bis 14. Okt.), anschließend über die Größenordnung des Gebietsaustausches in Afrika. Der deutsch-französische Vertrag vom 4. Nov. 1911 (Marokko-Kongo-Vertrag) sicherte Frankreich in Marokko volle politische Handlungsfreiheit zu; darüber hinaus legte er einen umfangreichen territorialen Tausch in Äquatorialafrika fest. Anschließend wurde das Abkommen den Signatarmächten der Algeciras-Akte von 1906 zur Zustimmung vorgelegt. Deren Billigung erfolgte umgehend bzw. in Verbindung mit dem französisch-spanischen Vertrag von Fès vom 30. März 1912, der ein französisches Protektorat in Marokko errichtete. Die Krise verschärfte das konfliktgeladene Klima des »bewaffneten Friedens«. Daher stellte die zweite M. einen Schritt in Richtung eines Krieges der europäischen Mächte dar. → *Entente cordiale*

Lit.: J.-C. Allain, Agadir 1911: une crise impérialiste en Europe pour la conquête du Maroc, Paris 1976; G. Barraclough, From Agadir to Armageddon: Anatomy of a Crisis, London 1982; E. Oncken, Panthersprung nach Agadir: die deutsche Politik während der zweiten Marokkokrise 1911, Düsseldorf 1981.

MARTIN KRÖGER / JEAN-CLAUDE ALLAIN

Marwitz, Georg von der, * Klein-Nossin (Kreis Stolp) 3.7.1856, † Wundichow (Kreis Stolp) 28.10.1929, preußischer General. – 1875 trat M. in das 2. Gardeulanenregiment ein. Nun begann er seine Laufbahn bei der Gardekavallerie und im Generalstab: 1894 wurde er Major, 1904 Oberst, 1908 Generalmajor und 1911 Generalleutnant und Kommandeur der 2. Division. 1913 wurde M. zum Generalinspekteur der Kavallerie ernannt. Bei Kriegsausbruch mit der Aufklärung und Verschleierung vor den beiden rechten Flügelarmeen im Westen beauftragt, fand sich sein Kavalleriekorps bald in der Verteidigung der zwischen 1. und 2. Armee entstandenen, kritischen Lücke an der Marne; nach dem Eintritt des Stellungskrieges wurde der Verband aufgelöst. Von Ende 1914 bis Juni 1916 war M. als Kommandierender General in Polen, Ungarn (»Beskidenkorps«), an der Somme und in der Ukraine eingesetzt. Für seine Verdienste in der Winterschlacht in Masuren im Febr. 1915 erhielt er den Orden »Pour le mérite«. Nach längerer Krankheit übernahm er Ende 1916 das Kommando über die 2. Armee im Westen, mit der er den Rückzug auf die Siegfried-Stellung durchführte und am 20. Nov. 1917 den britischen Durchbruchsversuch bei Cambrai abwehrte. Im März 1918 griff die 2. Armee im Rahmen der Michael-Offensive an. Wenige Monate später wurde M.s Armee am 8. Aug. von der alliierten Offensive östlich von Amiens überrascht und erlitt dort eine schwere Niederlage. M. wurde daraufhin Ende Sept. als Führer zur 5. Armee versetzt und schließlich am 13. Dez. 1918 verabschiedet.

MARKUS PÖHLMANN

Masaryk, Tomáš Garrigue, * Hodonín (Göding) 7.3.1850, † Schloß Lány (bei Prag) 14.9.1937, tschechischer Politiker (Staatspräsident). – M. studierte in Wien und Leipzig. Nach Promotion und Habilitation übersiedelte er 1882 von Wien nach Prag, wo er als Philosophieprofessor an der neuen Tschechischen Universität wirkte und als Abgeordneter des Böhmischen Landtages sowie des Österreichischen Reichsrates (1891-93, 1907-14) in die Politik eintrat. Nach Kriegsbeginn beteiligte er sich führend am Aufbau einer später »Maffie« genannten antiösterreichischen Geheimorganisation. Finanziert von den politischen Organisationen der in Amerika lebenden Tschechen und Slowaken (Bohemian National Alliance und Slovak League), betrieb er zunächst von Genf und dann von London aus den Aufbau einer »Auslandsaktion«, die auf die Schaffung eines selbständigen tschechoslowakischen Staates zielte. Mit Auftritten anläßlich der 500. Wiederkehr der Verbrennung von Jan Hus im Juli 1915 oder der Herausgabe des als tschechische Kriegserklärung an Österreich betrachteten Manifestes des Tschechischen Auslandskomitees am 14. Nov. 1915 trat er an die Öffentlichkeit. Nach einem von dem Slowaken Milan Štefánik vorbereiteten Besuch beim französischen Ministerpräsidenten Aristide Briand Anfang 1916 schuf M. mit Unterstützung des in Paris agierenden Edvard Beneš den Tschechoslowakischen Nationalrat. An dessen Spitze stehend, verfaßte und verbreitete M. Memoranden über die europäische Nachkriegsordnung, mit denen er die Kriegszielplanung der alliierten Regierungen zu beeinflussen suchte. Nach der russischen Februarrevolution von 1917 organisierte er in Rußland die aus Freiwilligen und Kriegsgefangenen zusammengestellten »Tschechoslowakischen Legionen«. Die im Mai 1918 begonnenen Kampfhandlungen dieser Verbände in Sibirien liefen der Neutralitätsanweisung M.s zuwider, entsprachen gleichwohl dem militärischen Interesse der Alliierten und beschleunigten so den politischen Erfolg der Auslandsaktion. In den USA, wo er in Pittsburgh eine Übereinkunft (Pittsburgher Vertrag) zum staatlichen Zusammenschluß der Tschechen und Slowaken unterzeichnete (30. Mai 1918) und mehrfach mit Präsident Woodrow Wilson zusammentraf, veröffentlichte M. am 18. Okt. 1918 die Tschechoslowakische Unabhängigkeitserklärung. In Abwesenheit zum Präsidenten der am 28. Okt. 1918 ausgerufenen Tschechoslowakei gewählt, kehrte er am 21. Dez. 1918 nach vierjährigem Exil nach Prag zurück. Als »Präsident-Befreier« wurde er dreimal wiedergewählt (1920, 1927, 1934). Mit seiner in Rußland konzipierten und in den USA fertiggestellten Streitschrift *Nová Europa* (*Das Neue Europa*, 1920) lieferte er der Pariser Friedenskonferenz Argumente für die Anerkennung der neuen Grenzen in Ostmitteleuropa. Seine Weltkriegserinnerungen *Světová revoluce* (*Die Weltrevolution. Erinnerungen und Betrachtungen 1914-1918*) erschienen 1925 auch in deutscher Übersetzung.

Lit.: Weg von Österreich! Das Weltkriegsexil von Masaryk und Beneš im Spiegel ihrer Briefe und Aufzeichnungen aus den Jahren 1914-1918. Eine Quellensammlung, ausgewählt, übersetzt und hg. v. F. Hadler, Berlin 1995.

FRANK HADLER

Masuren, der südöstliche Teil der deutschen Provinz Ostpreußen und somit jener Teil des Reiches, der am ehesten einer russischen Bedrohung ausgesetzt war. Hier und unmittelbar jenseits der Grenze in Russisch-Polen fanden 1914/15 zwei große Schlachten statt. – Zu Beginn des Krieges besetzte die russische Armee M., bis sie Ende Aug. bei Tannenberg besiegt wurde. Nach dieser Schlacht zogen sich die Reste der von Süden her eingedrungenen russischen 2. Armee über die Grenze nach Polen zurück. Hierdurch geriet die 1. Armee unter General Rennenkampf im Norden zwischen Königsberg und der Angerapp-Linie in eine exponierte Stellung, wobei die linke Flanke isoliert inmitten eines von Seen und Wäldern beherrschten Geländes stand. Das dortige deutsche Armeeoberkommando unter Hindenburg und Ludendorff war voller

Tatendrang, zumal inzwischen mit dem XI. Armeekorps, dem Gardereservekorps und einer Kavalleriedivision Verstärkung aus dem Westen eingetroffen war. Die 8. Armee verfügte damit über 18 1/2 Infanterie- und zwei Kavalleriedivisionen. Ludendorff beabsichtigte, die isolierten Russen auf ihrer Linken anzugreifen und zu umfassen.

Doch erholten sich diese schneller als erwartet. Eine neue, 10. Armee wurde aufgestellt, um die linke Flanke der 1. Armee zu decken, doch war sie noch nicht voll einsatzbereit. Rennenkampf war seit seinem Einmarsch in Ostpreußen von der fixen Idee beherrscht, die Deutschen würden ihn aus Königsberg heraus angreifen, weswegen er seine linke Flanke nicht verstärkte, was ratsam gewesen wäre. So hatte denn auch der deutsche General von François mit seinem I. Korps zunächst leichtes Spiel, als er am 7. Sept. mit drei Divisionen (40 Bataillone und 200 Geschütze) die 16 Bataillone und 30 Geschütze der Russen angriff und bei Lötzen 30 Geschütze erbeutete. Trotzdem blieb es zunächst bei diesem taktischen Erfolg.

François' Kavallerie war nicht viel effektiver gewesen, als es die russische vorher bei Tannenberg gewesen war – sie konnte sogar von zurückgehender Truppe auf Abstand gehalten werden, solange diese nicht in Panik verfiel. Frontalangriffe auf die rechte Flanke von Rennenkampf scheiterten, zumal dieser hier ohnehin viel stärker war als auf seiner linken. Als seine linke Flanke nachgab, wiederholte Rennenkampf nicht den Fehler von Tannenberg, den Vormarsch fortzusetzen, sondern er zog sich zurück. Mit der so eingenommenen halbkreisförmigen Front fiel es ihm leichter, Truppen nach dem Süden zu verschieben als den deutschen Verbänden, die hierzu auf der äußeren Linie die weiteren Wege hatten. So gelang es Rennenkampf, sich bis zum 13. Sept. ohne weitere Verluste auf die russische Grenze zurückzuziehen. Die Deutschen nahmen 30.000 Gefangene, die meisten im Verlauf von François' Anfangserfolg, doch sie verloren gleichzeitig 100.000 von insgesamt 250.000 Mann. So endete die Schlacht an den Masurischen Seen in einer prekären Pattsituation.

Trotzdem war Ludendorff davon überzeugt, daß eine energische Offensive in dieser Region erfolgreich sein würde, auf jeden Fall stärker, als dies im Westen möglich war. Er erhielt vier neue Korps und konnte nun seine Kräfte auf zwei Armeen aufteilen, die 10. (Eichhorn) und die 8. (Otto von Below). Diese sollten eine Zangenbewegung – die 10. nördlich der Angerapp-Linie, die 8. südlich davon – durchführen. Ende Jan. verlegte man das Oberkommando nach Insterburg, um diese Operation zu leiten. Dazu standen 15 Infanterie- und zwei Kavalleriedivisionen zur Verfügung (rund 150.000 Mann) gegenüber den elf Infanterie- und zwei Kavalleriedivisionen auf russischer Seite. Doch verfügten die Deutschen über doppelt soviel Artillerie. Das Ziel war, die russische Armee zum Rückzug aus Polen zu zwingen. Hierzu wurde die Ludendorffsche Offensive mit einer österreichisch-ungarischen in den Karpaten koordiniert.

Die Offensive (Winterschlacht in M.) lief am 7. Febr. 1915 gut an, abgesehen vom Wetter, das gelegentlich in Schneestürme überging. Die russische 10. Armee war strategisch isoliert. Weiter im Südosten wurde gerade eine neue 12. Armee mit sechs Korps aufgestellt, um von Süden nach M. vorzustoßen. Doch waren bislang nur zwei der sechs Korps einsatzbereit und der Nachrichtendienst rechnete nicht mit einer Bedrohung aus M. Darüber hinaus hatte man sich bei der 10. Armee kaum um einen Ausbau der Stellungen gekümmert und die Hälfte der Truppen waren ohnehin Reserveeinheiten. Ohnedies war ihre Front stark überdehnt, da die 10. Armee die 12. bei ihrer bevorstehenden Offensive im Südosten unterstützen sollte. Tatsächlich hatte ihr Oberkommandierender, General Siewers, das Heeresgruppenkommando unter Russki gewarnt, daß er – falls er angegriffen würde – M. räumen müßte, so wie dies bei der 1. Armee im Sept. geschehen war. Doch wurde diese Warnung verworfen. Als der Angriff am 7. Febr. erfolgte, sah er wegen des Wetters zunächst wenig systematisch und ungefährlich aus. Er begann zunächst am südlichen Flügel und eskalierte nach Anfangserfolgen bis zum 10. Febr. in blutigen Begegnungsgefechten, bei denen sich die 10. und 12. Armee im Osten und Süden der Deutschen erwehrten. Doch im Norden brach die deutsche 8. Armee überraschend aus den Wäldern hervor und zerschlug zwei Kavalleriedivisionen und drei Reservedivisionen, die dort im Biwak froren. Der russische Kommandeur vor Ort war der Meinung, sein Hauptauftrag bestünde im Schutz der Festung Kowno (Kaunas) und zog sich folgerichtig in diese Richtung zurück. Dabei lösten sich seine Divisionen auf, während sich die Artillerie retten konnte. Bis zum 11. Febr. war die russische rechte Flanke in Auflösung begriffen, die deutschen Truppen begannen dort, drei Korps der 10. Armee zu umfassen. Das mittlere, Bulgakows XX. Korps, war faktisch eingekesselt, da seine Rückzugswege bereits von anderen Verbänden blockiert waren. Bis Mitte Febr. kontrollierten die Deutschen die Ausgänge des Augustower Waldes, die anderen beiden russischen Korps befanden sich auf dem Rückzug, wobei ihre Führer weiterhin von der Annahme ausgingen, daß sich der deutsche Hauptstoß gegen die südliche Front richten müsse. Am 21. Febr. kapitulierte Bulgakow mit rund 12.000 Mann, die meisten davon Verwundete: Das war bei weitem keine Neuauflage von Tannenberg, wie es sich Ludendorff erhofft hatte. Dieser griff nun weiter nach Südost, in Richtung auf das Fort Osowjec, an, doch dieses war gut verteidigt. Am 24. Febr. erfolgte ein gut vorbereiteter Angriff auf die Stadt Przasnysz, gegen die sich dort neu formierende 12. Armee; hier gerieten 30.000 Russen in Gefangenschaft. Ein sofort eingeleiteter Gegenangriff führte zur Gefangennahme von 30.000 Deutschen und der Erbeutung von 60 Geschützen. Bereits Anfang März 1915 war der Druck seitens der 12. und der neugebildeten 10. Armee derart angewachsen, daß sich die deutschen Armeen auf die Grenze zurückziehen mußten. → *Ostpreußen* → *Tannenberg*

Lit.: N. Stone, The Eastern Front 1914-1917, London 1998.

NORMAN STONE (Ü: M. P.)

Mata Hari (eigentlich Margaretha Geertruida MacLeod geb. Zelle), * Leeuwarden 7.8.1876, † (hingerichtet) Vincennes 15.10.1917, niederländische Tänzerin und Spionin. – Die Tochter eines Hutmachers bestritt ihren Lebensunterhalt als Tänzerin, Gelegenheitsprostituierte und Doppelagentin. Bis heute zählt M. zu den bekanntesten Personen der Spionagegeschichte des 20. Jahrhunderts. Nach einer gescheiterten Ehe mit einem niederländischen Kolonialoffizier (1895-1902) ging sie nach Paris. Zwischen 1905 und 1913 machte M. in mehreren europäischen Städten mit pseudo-orientalischen Tanzdarbietungen von sich reden und avancierte zum Sex-Symbol ihrer Zeit. Aus Geldnot ließ sie sich im Weltkrieg auf eine Mitarbeit sowohl beim deutschen als auch beim französischen Geheimdienst ein. Ihre dilettantischen Spionageversuche in Paris (1915, 1916 als »H21«) und Madrid (1916) blieben erfolglos. Vom deutschen Geheimdienst fallengelassen, verhaftete man M. in Paris, wo sie ein Kriegsgericht nach einem juristisch zweifelhaften Prozeß im Juli 1917 wegen Spionage für Deutschland zum Tode verurteilte. Um ihre Person entstand in den 1920er und 30er Jahren aufgrund zahlreicher Bücher sowie mehrerer (vor allem amerikanischer) Spielfilme die Legende von einer gefährlichen erotischen Spionin. Diese Legende war Teil einer populären, von Verschwörungsängsten durchsetzten Wahrnehmung des Weltkriegsgeschehens. Sie schrieb der Spionage im Rücken der Front und insbesondere der Spionage durch Frauen eine Bedeutung für den Kriegsverlauf zu, die nicht der Realität entsprach.

Lit.: G. Hirschfeld, Mata Hari: Die größte Spionin des 20. Jahrhunderts?, in: Geheimdienste in der Weltgeschichte, hg. v. W. Krieger, München 2003, S. 151-169.

GUNDULA BAVENDAMM

Materialschlacht, charakteristische Erscheinungsform des Stellungskrieges, insbesondere an der Westfront. – In mehrmonatigen Kampfhandlungen wurde dabei unter umfassendem Einsatz schwerer Waffen die völlige Zerstörung der gegnerischen Stellungssysteme und der darin kämpfenden Truppen angestrebt. Das Endziel war ein Durchbruch durch die gegnerische Front und der Übergang zum Raumgewinn in die Tiefe. Herausragende Beispiele dafür sind die Schlachten um Verdun (Febr.-Dez. 1916), an der Somme (Juli-Nov. 1916) und in Flandern (Juli-Nov. 1917). In monatelanger Vorbereitung wurden hinter den vorgesehenen Frontabschnitten riesige Munitionsmengen bereitgestellt, tiefgestaffelte Artilleriestellungen angelegt und die für die Nutzung des Artilleriefeuers vorgesehenen Truppen personell wie materiell verstärkt. Strengste Geheimhaltung und Ablenkungsoperationen an anderen Frontabschnitten sollten das Moment der Überraschung sichern und den Gegner zur Vernachlässigung des eigentlichen Angriffsabschnitts verleiten. Die Auswertung der eigenen »Aufklärung« aufgrund der Aussagen von Überläufern und Gefangenen ließ den Gegner jedoch in aller Regel den Schwerpunkt des Angriffs erkennen und rechtzeitig Maßnahmen zur Verstärkung der eigenen Stellungen wie zur Heranführung von Verstärkungen

Österreichische Soldaten durchsuchen ein gesprengtes italienisches Munitionslager am Monte Croce (Dolomiten). 1915

treffen. Die M. begann mit einem tagelangen Trommelfeuer auf die feindlichen Stellungen, verdichtet auf den Schwerpunkt des geplanten Durchbruchs (bei Verdun: 21stündige Artillerievorbereitung mit 1.500-2.000 Geschützen; an der Somme: 7tägig mit 1.500 Geschützen; in Flandern: 10tägig mit 3.000 Geschützen). An der Somme 1916 wurden in diesen ersten Tagen über 1,6 Mio., in Flandern 1917 über 4 Mio. Granaten verschossen. Die folgenden Massenangriffe der Infanterie überwanden zwar die schwächer besetzten vorderen Stellungen des Gegners, blieben aber regelmäßig im Feuer gut plazierter Maschinengewehre und Artillerie liegen oder wurden im Gegenstoß wieder aus den gewonnenen Positionen geworfen. Nach wochenlanger Auffrischung der Kräfte und dem Nachführen von Artillerie und Munition über pioniermäßig angelegte Behelfswege wurden die Angriffe in mehreren Phasen erneuert, um die minimalen Geländegewinne in die Tiefe zu erweitern. Im Ergebnis konnten um den Preis extrem überhöhter Verluste in der Regel nur Bodengewinne von wenigen Kilometern und ohne operative Wirkung erzielt werden. Die beiderseitigen Verluste erreichten bei Verdun nach verläßlichen Schätzungen über eine halbe Mio. (davon etwa die Hälfte Gefallene), an der Somme über 1,1 Mio., in Flandern während der 3. Flandern-Schlacht etwa 600.000. Im Erleben der Betroffenen standen diese M. synonym für ein sinnloses Massenschlachten. Das Auseinanderklaffen von Kräfteeinsatz und operativem Ertrag ließ daher die militärischen Stäbe nach 1918 für einen künftigen Krieg verstärkte Befestigungslinien planen, personalsparendere »indirekte« Strategien entwickeln oder versuchen, das Kampfgeschehen durch Motorisierung und Mechanisierung wieder beweglich zu machen.

Lit.: V. Mollin, Auf dem Weg zur »Materialschlacht«: Vorgeschichte und Funktionieren des Artillerie-Industrie-Komplexes im Deutschen Kaiserreich, Pfaffenweiler 1986.

BRUNO THOSS

Matrosenaufstand. Der M. ab Ende Okt. 1918 leitete das Ende des kaiserlichen Deutschlands ein. Innerhalb weniger Tage breitete sich dieser von Kiel über das ganze Deutsche

Reich aus. Aufständische Matrosen, Angehörige der in der Heimat stationierten Truppen und Arbeiter verbündeten sich und stürzten die überlebte alte Ordnung.

Bereits im Sommer 1917 hatte es Unruhen in der Hochseeflotte gegeben. Verantwortlich dafür waren eintöniger Borddienst, schlechte und ungleiche Verpflegung, die latenten sozialen Spannungen zwischen Mannschaften und Deckoffizieren einerseits, und den höhergestellten Seeoffizieren andererseits sowie eine zunehmende Politisierung der vielfach aus der Industriearbeiterschaft stammenden Mannschaften. Der Flottenchef Admiral Scheer, der hinter den Unruhen – ohne konkrete Beweise – eine politisch gesteuerte Bewegung vermutete, ließ daraufhin fünf sog. Rädelsführer von Kriegsgerichten zum Tode verurteilen, von denen zwei – Albin Köbis und Max Reichpietsch – am 5. Sept. 1917 hingerichtet wurden. Zahlreiche weitere Matrosen erhielten hohe Zuchthausstrafen.

Dieses harte Vorgehen löste die Probleme in der Hochseeflotte jedoch nicht. Als besonders schwerwiegend erwies sich die Kommandierung jüngerer Seeoffiziere auf die U-Boote und Torpedoboote. Diese Offiziere fehlten nunmehr als vertrauensbildendes Bindeglied zwischen den Kommandanten und Mannschaften. Die Neubesetzung der Hälfte der Stellen der Kommandanten und 1. Offiziere bei den Geschwadern im Herbst 1918 verschlechterte die Stimmung in der Flotte weiter.

Im Okt. 1918, während der Verhandlungen über einen Waffenstillstand, beschloß die Seekriegsleitung unter Admiral Scheer einen letzten Vorstoß der Hochseeflotte in den Hoofden (Nordsee). Angesichts der Verfassungsänderungen vom 26. Okt. und der Lage an den Fronten wie auch auf See war dieser Vorstoß, über den die neue Reichsregierung allenfalls sehr vage unterrichtet war, politisch illoyal und militärisch sinnlos. Es handelte sich insofern um eine »Todesfahrt«, die die Ehre des Seeoffizierskorps retten und die Zukunft der Marine sichern helfen sollte.

Während die Flottenführung unter Admiral Ritter von Hipper am 29. Okt. letzte Vorbereitungen für den für den 30. Okt. geplanten Vorstoß traf, wurden erste Unruhen unter den Mannschaften der auf der Schillig-Reede bei Wilhelmshaven liegenden Einheiten gemeldet, die sich rasch ausbreiteten. Auf mehreren Schiffen der I. Aufklärungsgruppe, des I., III. und IV. Geschwaders traten Heizer und Matrosen ihren Dienst nicht an bzw. verweigerten die Ausführung von Befehlen, da das geplante Vorhaben die Aussicht auf den ersehnten Frieden gefährdete und mit der neuen Ordnung nicht vereinbar erschien. Allein auf den Torpedo- und U-Booten, auf denen das Verhältnis zwischen Seeoffizieren und Mannschaften stets besser gewesen war, blieb es ruhig.

Der Flottenchef gab den Vorstoß daher auf. Zugleich befahl er die Verhaftung von mehr als 1.000 Mann und die Verlegung des I. Geschwaders in die Elbemündung und des III. nach Kiel. Diese Entscheidung erwies sich als verhängnisvoll, da sie die Ausbreitung des M. erheblich begünstigte. Die Verhaftungswelle schürte die Unruhe unter den Mannschaften, die Erschießungen wie 1917 befürchteten. Angehörige des nach Kiel verlegten III. Geschwaders versuchten daher seit dem 1. Nov., die Befreiung der festgenommenen Kameraden durch Verweigerung des Dienstes und Demonstrationen zu erzwingen. Am 3. Nov. kam es im Laufe einer dieser Demonstrationen zu einem Schußwechsel, bei dem acht Mann getötet und 29 verwundet wurden. Dieser Zwischenfall radikalisierte die Matrosen: Aus einer Bewegung zur Befreiung von Gefangenen wurde endgültig eine Umsturzbewegung. Am 4. Nov. wählten die Matrosen, die sich inzwischen bewaffnet hatten, einen Soldatenrat und verbündeten sich mit den ebenfalls unzufriedenen Arbeitern in Kiel, die in einen Sympathiestreik getreten waren. Gleichzeitig nahmen sie Verbindung zur SPD wie auch USPD auf.

Noch am 4. Nov. entsandte die Reichsregierung ihrerseits den SPD-Abgeordneten Gustav Noske und Staatssekretär Conrad Haussmann (DVP) nach Kiel. Durch Verhandlungen mit regionalen SPD-Führern, Gewerkschaften und Unteroffiziersorganisationen gelang es Noske, der Lage in Kiel Herr zu werden. Die Marineführung und der Stationskommandant, Vizeadmiral von Souchon, gaben unter dem Druck der Ereignisse weitgehend nach und verzichteten auf Versuche, den M. gewaltsam niederzuschlagen.

Inzwischen hatte der M. jedoch begonnen, sich von Kiel aus auf andere Marinestandorte auszubreiten: Am 5. Nov. revoltierten die Mannschaften in Brunsbüttel, Cuxhaven, Lübeck und Hamburg. Am 6. Nov. wurde der M. endgültig zu einer überregionalen Bewegung. Zusammen mit Arbeitern griffen Matrosen die bestehende Ordnung in Schwerin,

Wismar, Rostock und Warnemünde an; in Bremen und Wilhelmshaven befreiten Marinesoldaten inhaftierte Kameraden. Am 6., 7. und 8. Nov. beteiligten sich Matrosen maßgeblich am Umsturz in Hannover, Köln, Braunschweig und anderen Städten; gewählte Soldaten- und Arbeiterräte übernahmen die Macht von den alten Gewalten, die sich nahezu widerstandslos ergaben.

Die Forderungen der Matrosen, deren Symbol die auf den Schiffen gehißte und bei Demonstrationen mitgeführte rote Fahne war, hatten sich zunächst auf Freilassung der festgenommenen Kameraden, Reformen des inneren Dienstbetriebes und größere Mitspracherechte durch gewählte Soldatenräte beschränkt. Bereits zu Beginn wurden vereinzelt aber auch schon die Abdankung des Kaisers und mehr politische Rechte verlangt. Mit der Ausbreitung des M. und der Verbindung mit der Arbeiterschaft, die sich in Arbeiterräten organisierte, wurden der Sturz des bisherigen Systems und die Errichtung einer neuen demokratischen Ordnung jedoch das eigentliche Ziel. → *Novemberrevolution*

Lit.: D. Dähnhardt, Revolution in Kiel. Der Übergang vom Kaiserreich zur Weimarer Republik 1918/19, 2. Aufl., Neumünster 1984; W. Deist, Die Politik der Seekriegsleitung und die Rebellion der Flotte Ende Oktober 1918, in: Vierteljahrshefte für Zeitgeschichte, 12 (1966), S. 341-368; U. Kluge, Die deutsche Revolution: 1918/19. Staat, Politik und Gesellschaft zwischen Weltkrieg und Kapp-Putsch, Darmstadt 1997.

MICHAEL EPKENHANS

Maurras, Charles, * Martigues (Département Bouches-du-Rhône) 20.4.1868, † Tours 16.11.1952, französischer Politiker. – M. gilt als der einflußreichste Theoretiker und Impulsgeber des französischen Konservativismus in der ersten Hälfte des 20. Jahrhunderts. Sein Einfluß ging weit über die von ihm über 40 Jahre lang geleitete neoroyalistische Organisation Action française und die gleichnamige Zeitung hinaus. Die Anziehungskraft der Ideen M.s lag in einer originellen Zusammenziehung royalistischer und nationalistischer Theorieelemente zu einem geschlossenen Gedankengebäude (»nationalisme intégral«). Angesichts der Orientierungslosigkeit der französischen Rechten nach der Dreyfus-Affäre fielen seine Idden auf fruchtbaren Boden. Nur die Restauration der erblichen Monarchie, einer Monarchie, die antiparlamentarisch, föderalistisch, korporatistisch und katholisch sein sollte, könne – so M. – Frankreichs »materielle und moralische Dekadenz« seit Revolution und Romantik umkehren. Gleichzeitig forderte er, die vorgeblich miteinander verbundenen »inneren Feinde« Frankreichs – nämlich Juden, Protestanten, Freimaurer und in Frankreich ansässige Ausländer – konsequent zu bekämpfen.

1914 schloß sich M. zunächst der »Union sacrée« an, nahm jedoch bald in einer großangelegten Anti-Spionage-Kampagne den Kampf gegen den »inneren Feind« wieder auf, den er in allen friedens- und verhandlungsbereiten Kräften erkannte. Auch wenn der direkte politische Einfluß M.s und der Action française vor und nach dem Krieg begrenzt blieb, so darf doch seine intellektuelle Ausstrahlung nicht unterschätzt werden: Zahlreiche nationalistische und rechtsextreme Intellektuelle und Politiker der Zwischenkriegszeit gingen durch seine Schule, und viele seiner Ideen inspirierten nach 1940 die Politik der Vichy-Regierung. Im Zuge der »Säuberungen« nach dem Zweiten Weltkrieg wurde M. als geistiger Wegbereiter der Kollaboration zu lebenslanger Haft verurteilt.

Lit.: Y. Chiron, La vie de Maurras, Paris 1991; B. Goyet, Charles Maurras, Paris 2000.

DANIEL MOLLENHAUER

Max, Prinz von Baden (eigentlich Maximilian Alexander Friedrich Wilhelm), * Baden-Baden 10.7.1867, † Salem 6.11.1925, deutscher Reichskanzler. – Der Sohn des Prinzen Wilhelm von Baden, letzter deutscher Reichskanzler vor dem Zusammenbruch des Wilhelminischen Reichs, wurde 1907 zum Nachfolger seines kinderlosen Vetters, des Großherzogs Friedrich II. von Baden, bestimmt. Nach dem Besuch des humanistischen Gymnasiums und einem juristischen Studium schlug der Prinz die Offizierslaufbahn ein, aus der er bereits 1911 ausschied, lagen die eigentlichen Interessen dieses hochgebildeten Aristokraten doch eher auf schöngeistigem Gebiet. Mit führenden Intellektuellen seiner Zeit in Verbindung, lernte er das politische Leben zunächst nur als Präsident der Ersten Badischen Kammer kennen. Nach dem Ausbruch des Weltkriegs wurde er als Ehrenvorsitzender des badischen Roten Kreuzes für die Kriegsgefangenenfürsorge – so für den Austausch Schwerverwundeter über die Schweiz – verantwortlich. Die Auslandskontakte, die er dabei knüpfte, verleiteten ihn zu vergeblichen Versuchen, über

Schweden einen Sonderfrieden mit dem ihm verwandten Zaren zu vermitteln. Danach setzte er auf einen Verständigungsfrieden mit Großbritannien. Obwohl er deutsche Annexionen nicht grundsätzlich verwarf und mit den Reformforderungen der Linken keineswegs sympathisierte, distanzierte er sich doch von dem Chauvinismus der Rechten. Als Gegner eines uneingeschränkten U-Boot-Krieges gewann er bei der gemäßigten Linken Vertrauen. Zusammen mit seinem jungen Berater Kurt Hahn stieß er in Berlin zu einem Kreis liberal gesonnener, zum Teil auch der SPD angehörender Politiker und Journalisten, der auf einen Verständigungsfrieden mit dem Westen hinarbeitete.

Als Verkörperung eines Ausgleichs zwischen Tradition und Reform schon nach dem Sturz des Reichskanzlers Georg Michaelis Ende Okt. 1917 als dessen Nachfolger im Gespräch, wurde M. die Kanzlerschaft erst angeboten, nachdem Ende Sept. 1918 die OHL die deutsche Niederlage hatte einräumen müssen. Dem neuen Kanzler wurden von der OHL und dem Auswärtigen Amt drei Aufgaben gestellt: der Abschluß eines Waffenstillstands, die Anbahnung von Friedensverhandlungen mit Hilfe der USA auf der Grundlage der Vierzehn Punkte Wilsons und eine »Revolution von oben«, die das Reich in eine parlamentarische Monarchie verwandeln sollte.

Die von der OHL geforderte Koppelung der Bitte um einen Waffenstillstand mit der Aufforderung zu Friedensverhandlungen hielt M. – als Eingeständnis der deutschen Niederlage – für falsch. Dem Waffenstillstandsersuchen wollte er statt dessen eine psychologische Kampagne vorausgehen lassen, die die Gegner friedensbereiter machen sollte.

Die unter seinem Namen am 4. Okt. 1918 an den amerikanischen Präsidenten Woodrow Wilson gerichtete öffentliche Note, die ganz im Sinne der OHL um die Vermittlung eines Waffenstillstands und die Anbahnung von Friedensverhandlungen ersuchte, wurde von Wilson in einer Weise beantwortet, die seinen Handlungsspielraum noch weiter einengte. Der US-Präsident forderte die Entmachtung der traditionellen monarchisch-militärischen Führung Deutschlands und zugleich Waffenstillstandsbedingungen, die Deutschland eine Wiederaufnahme der Kampfhandlungen unmöglich machten. Für die deutsche Öffentlichkeit stellte sich damit die Frage einer Abdankung des Kaisers.

M. und sein Kabinett parierten den Druck Wilsons durch die Ausarbeitung von Verfassungsänderungen, die aus Deutschland eine parlamentarische Monarchie machten. Der Reichstag billigte diese sog. Oktoberverfassung am 28. Okt. 1918. Als Ludendorff, mit den amerikanischen Bedingungen konfrontiert, die von ihm selbst eingeleitete Friedensaktion abbrechen wollte, erzwang der Kanzler seinen Rücktritt (26. Okt.).

Machtlos war M. indessen gegenüber einem anderen Querschuß gegen seine Friedenspolitik: dem Vorstoß der deutschen Hochseeflotte gegen England, wie er von der erst kürzlich geschaffenen Seekriegsleitung hinter seinem Rücken beschlossen wurde. In den letzten Tagen des Kaiserreichs fehlte ihm, dem Nichtpolitiker, zudem die Durchsetzungskraft, um den Zusammenbruch der monarchischen Ordnung zu verhindern, die er in seiner eigenen Person verkörperte. Entscheidend war die Haltung Wilhelms II. Statt sich dem wachsenden Drängen der sozialistischen und bürgerlichen Linken zu beugen und abzudanken, beharrte Wilhelm II. auf einer Niederwerfung der Revolutionsbewegung durch Fronttruppen. Unter dem Eindruck der sich ausbreitenden Rebellion von Soldaten und Arbeitern gab die SPD ihrem Wunsch nach Abdankung des Kaisers am 7. Nov. eine ultimative Form, um unverzüglich den Weg zu einer Regentschaft freizumachen und so die monarchische Staatsform zu erhalten. Der Reichskanzler machte sich dieses Ziel zu eigen.

Um einen Bürgerkrieg bzw. eine weitere Radikalisierung der Aufständischen zu vermeiden, gab der Kanzler am 9. Nov. gegen Mittag Wilhelms II. Abdankung bekannt, obwohl er über dessen Entschlüsse noch nicht genau informiert war. Er setzte sich formell über die geltende Verfassung auch hinweg, indem er das Amt des Reichskanzlers an Friedrich Ebert übergab. Angesichts des Drucks der radikalen Linken war die Monarchie nicht mehr zu retten. Welche Waffenstillstands- und Friedensbedingungen Deutschland erwarteten, blieb weitgehend offen, wenn sich die Kriegsgegner auch im Prinzip zu dem maßvollen Vierzehn-Punkte-Programm Wilsons bekannt hatten. Trotzdem hatte M. das Ziel, mit dem er sein Amt angetreten hatte, verfehlt.

Nach seinem Rücktritt bemühte er sich im Rahmen einer »Heidelberger Arbeitsgemeinschaft für eine Politik des Rechtes« zusammen mit Kurt Hahn, Max Weber und weiteren Gesinnungsgenossen um eine publizistische Untermauerung der deutschen Auffassung von einem Frieden, der auf dem Völkerrecht und einem Völkerbund beruhte. Der Versailler Vertrag bewies in seinen Augen die Zwecklosigkeit seiner Bemühungen. In den folgenden Jahren wurde er von der Rechten als Totengräber der Monarchie verunglimpft. Er rechtfertigte sich, von Kurt Hahn unterstützt, in einem weit ausholenden Erinnerungswerk, das zu den besten Zeugnissen der Memoirenliteratur des Ersten Weltkriegs gehört.

Lit.: Prinz Max von Baden, Erinnerungen und Dokumente, hg. v. G. Mann/A. Burckhardt, Stuttgart 1968.

Klaus Schwabe

Mercier, Désiré Joseph, * Eigenbrakel (Braine-l'Alleud bei Brüssel) 21.11.1851, † Brüssel 23.1.1926, belgischer Kardinal. – 1874 zum Priester geweiht, lehrte M. seit 1882 mit großem Erfolg Philosophie und Theologie an der katholischen Universität Löwen. 1906 wurde er zum Erzbischof der größten belgischen Diözese in Mecheln und 1907 zum Kardinal ernannt. Mit dem Kriegsausbruch 1914 avancierte der Primas der katholischen Kirche in Belgien nach der Besetzung des Landes sowie der Flucht des Königs Albert I. und der belgischen Regierung rasch zum anerkannten Sprecher aller Belgier in den besetzten Gebieten. In zahlreichen Hirtenbriefen und Predigten appellierte M. an den patriotischen Durchhalte- und Widerstandswillen der belgischen Bevölkerung und kritisierte deutsche Anordnungen und Maßnahmen (wie die Deportation belgischer Arbeiter ins Reich). Die mit dem Kardinal im Dauerkonflikt stehenden Besatzungsbehörden planten während der vierjährigen Besatzungszeit mehrmals seine Internierung, schreckten aber aus Furcht vor Loyalitätseinbußen bei der deutschen katholischen Bevölkerung sowie weiteren Sympathieverlusten im neutralen Ausland und beim Heiligen Stuhl vor diesem Zwangsmittel zurück. Insbesondere in den Beziehungen zum Vatikan kam M. eine schwierige Vermittlerrolle zu: Einerseits rief ihn Papst Benedikt XV. auf deutsches Drängen hin zur Mäßigung seiner Propaganda auf, andererseits versuchten die deutschen Besatzungsbehörden, ihn als Vermittler für ihre Friedensangebote an die Alliierten zu gewinnen. Wegen seines engagierten Wirkens im Weltkrieg genießt M. in Belgien seither gleichsam den Ruf eines Kriegshelden.

Christoph Roolf

Merrheim, Alphonse, * La Madeleine (Département Nord) 7.5.1871, † (unbekannt) 22.10.1925, französischer Gewerkschaftsführer. – M. entstammte einer Arbeiterfamilie aus dem nordfranzösischen Industriegebiet. In den 1890er Jahren schloß er sich dem gewerkschaftlichen Bestreben nach Übernahme der Produktionsmittel durch autonome Gewerkschaften an, wie es die Confédération générale du Travail (CGT) vertrat, in der er selbst nach der Jahrhundertwende eine Führungsrolle übernahm.

Im Gegensatz zur Führung der CGT unter Léon Jouhaux lehnte M. bei Kriegsausbruch die »Union sacrée« ab, jedoch sah auch er keine Möglichkeit für einen »revolutionären Generalstreik« gegen den Krieg. M. bemühte sich in der Folgezeit, die Antikriegsbewegung in Frankreich zu organisieren; 1915 nahm er an der Zimmerwalder Konferenz teil. Er war jedoch kein Anhänger einer »Frieden um jeden Preis«-Politik; auch hielt er, anders als Lenin, an der Einheit der Arbeiterbewegung fest und ließ den Kontakt zur Führung der CGT nie abreißen. Auf der Grundlage der Forderungen des amerikanischen Präsidenten Wilson näherte sich M. 1917, zusammen mit dem gemäßigten Flügel der Antikriegsfraktion wieder der Mehrheit an; das Ausscheiden der Sozialisten aus der Regierung und die fortdauernde Skepsis M.s gegenüber der Oktoberrevolution in Rußland erleichterten diese Entwicklung.

Nach Kriegsende setzte sich seine Tendenz zu reformistischen Positionen fort. 1923 beendete ein schwerer Nervenzusammenbruch M.s politische Karriere; er starb zwei Jahre später.

Daniel Mollenhauer

Mesopotamien, das heute im Irak gelegene Gebiet zwischen Euphrat und Tigris gehörte seit dem 16. Jahrhundert zum Osmanischen Reich. – Für die Briten war die Inbesitznahme des unwirtlichen, abgelegenen Territoriums, das von den Türken nur schwach verteidigt wurde, aus mehreren Gründen interessant: Wirtschaftlich bot sich die Ausnutzung der dortigen Ölquellen an, politisch-strategisch stellte M. ein wichtiges Bindeglied innerhalb einer Landbrücke Indien – Südpersien – Bagdad – Ägypten dar. In Konkurrenz zu Großbritannien stand das Deutsche Kaiserreich, das beabsichtigte, die Bagdadbahn bis zur Hafenstadt Basra voranzutreiben. Das Empire ging im Nov. 1914 zur Offensive über, als indische Truppen am Schatt al-Arab landeten. Bereits am 22. Nov. besetzten sie Basra und rückten weiter in Richtung Bagdad vor. Ein türkischer Versuch, am 16. April 1915 mit einem schwachen Korps Basra zurückzuerobern, scheiterte. Im Herbst 1915 wurde die osmanische 6. Armee zur Verteidigung des Iraks und zur Invasion Persiens aufgestellt, deren Führung der 72jährige deutsche Generalfeldmarschall Colmar von der Goltz übernahm. Im Nov. gelang es dem britischen General Townshend nicht, die türkische Verteidigungslinie bei Ktesiphon zu durchbrechen. Er zog sich in den in einem Tigrisbogen gelegenen Ort Kut al-Amara zurück, wo ihn die Türken einschlossen. Zwischen von der Goltz, der die Gegner aushungern und dem örtlichen Befehlshaber Oberst Nureddin, der Kut al-Amara im Sturm nehmen wollte, kam es zu einer Kontroverse über die Belagerungstaktik. Nachdem Nureddin die eingeschlossenen Feindkräfte mehrfach vergeblich angegriffen hatte, setzte sich von der Goltz mit seiner Taktik durch. Zwischenzeitlich versuchte General Aylmer – später abgelöst von General Gorringe – mit einem Entsatzkorps nach Kut al-Amara durchzubrechen. Südlich von Kut mußten die Türken daher eine Riegelstellung aufbauen. Ende 1915 verfügte die gesamte 6. osmanische Armee nur über 25.656 Mann, darunter 20.000 Kombattanten. Die Verstärkung und Versorgung aus dem türkischen Kernland war schwierig und zeitraubend. Ersatztruppen mußten entweder von der Gleisspitze der Bagdadbahn Ras ul Ain 800 km zu Fuß bis Bagdad zurücklegen oder ab Mosul den Tigris befahren bzw. ab Djerabulus den Euphrat. Trotz der prekären Ersatzlage behaupteten sich die Einheiten der osmanischen Armee. Britische Entsatzangriffe im Jan. und März 1917 scheiterten, wobei die Angreifer jeweils 4.000 Mann Verluste hinnehmen mußten. Der Versuch, die eingeschlossenen Briten und Inder aus der Luft zu versorgen, brachte ebenfalls keinen Erfolg. Nachdem im April zwei erneute Angriffsoperationen mit dem Ziel, Kut al-Amara zu erreichen, nicht durchschlugen, kapitulierte General Townshend am 29. April 1916 mit 13.330 Mann. Marschall von der Goltz konnte diesen Triumph nicht mehr erleben, er war am 19. April an Fleckfieber verstorben. Der Sieg von Kut al-Amara brachte an der M.front jedoch keine dauerhafte Entlastung und Beruhigung. Die Engländer verstärkten kontinuierlich ihre Kräfte, während die Kampfkraft der osmanischen Verbände abnahm. Im Sommer 1916 wurde ein deutsches Irakkorps geschaffen, das allerdings kaum Bataillonsstärke erreichte. Im Jahr 1917 erneuerten die Briten ihre Offensive in Richtung Bagdad mit überlegenen Kräften. Bereits am 24. Febr. mußten die Türken Kut al-Amara aufgeben, am 11. März rückten die Briten unter General Maude in Bagdad ein. Dies war ein schwerer Schlag für das türkische Prestige. Mit dem Unternehmen »Jildirim« (»Blitz«) sollte die alte Kalifenstadt wiedererobert werden. Dafür wurde die Heeresgruppe F aufgestellt, deren Kern das deutsche Asienkorps bilden sollte. Türkischerseits wurde für die Operation die 7. Armee gebildet, für die Divisionen, die sich an der Front in Galizien oder Rumänien befanden, von dort zurückgerufen werden mußten. Besonders die deutsche Führung verkannte die technischen und logistischen Schwierigkeiten des gesamten Unternehmens. Zudem drohte in Palästina eine britische Großoffensive und die Verteidigungskräfte dort waren sehr schwach. So wurde die osmanische 7. Armee schließlich im Sept. 1917 an die Palästinafront umdirigiert. Die Engländer nutzten deren offenkundige Unterlegenheit an der M.front zum weiteren Vorrücken. Bis Anfang Mai war das osmanische XVIII. Korps bis nach Tikrit am Tigris zurückgedrängt, das XIII. Korps bis Kifri. Im Sommer 1917 fanden kaum Kampfhandlungen statt, aber General Maude besetzte Ende Sept. Ramadi, wo 3.500 Soldaten der osmanischen Armee kapitulierten. Zur Sicherung des Nachschubs bildete das deutsche Flottenkommando eine Euphrat-Flußabteilung und, im Jan. 1918, eine Flußkampfgruppe, die Euphrat-Flottille. Diese wurde im März 1918 durch einen britischen Angriff vernichtet. Im Winter 1917/18 starben Tausende Soldaten der osmanischen 6. Armee an Hunger und infolge mangelnder Versorgung. Die gut ausgerüsteten Briten eroberten am 9. März die Stadt Hit am Euphrat und machten dort 5.000 Gefangene. Im Juli 1918 besaß die gesamte osmanische 6. Armee noch eine Kampfstärke von 3.500 Mann. Kriegsminister Enver Pascha hatte die M.front längst abgeschrieben. Mitte Okt. 1918 versuchten osmanische Truppen bei Kirkuk noch einmal einen Gegenangriff, dann erlosch der organisierte Widerstand an der M.front.

Lit.: A. J. Barker, The Bastard War. The Mesopotamian Campaign of 1914-1918, New York 1967; H. W. Neulen, Adler und Halbmond. Das deutsch-türkische Bündnis 1914-1918, Frankfurt a. M. u.a. 1994.

HANS WERNER NEULEN

Meutereien in der französischen Armee 1917. Am 16. April 1917 begann General Nivelle, der im Dez. 1916 General Joffre an der Spitze der französischen Armee abgelöst hatte, die große Offensive am Chemin des Dames (Nivelle-Offensive). In der Armee (wie im Land selbst) war die Überzeugung weit verbreitet, daß diese Offensive kriegsentscheidend sein werde. Die Enttäuschung war ungeheuer groß, als sich bereits in den ersten Stunden herausstellte, daß dieser Angriff, der auf sehr schwierigem Gelände und unter verheerenden Wetterbedingungen stattfand, gescheitert war. Die Verluste – 147.000 Mann in zwei Wochen – waren zwar nicht höher als bei vergleichbaren anderen Offensiven, aber sie erschienen um so unerträglicher, als die Hoffnungen sehr hoch gesteckt waren.

Seit Beginn des Krieges gab es in der französischen Armee vereinzelt Anzeichen von Gehorsamsverweigerung, die streng geahndet wurden. Im Durchschnitt hatten die Militärgerichte monatlich 20 bis 23 Todesurteile ausgesprochen, von denen die allermeisten allerdings in Haftstrafen umgewandelt wurden. Nach der Offensive am Chemin des Dames wurde die Befehlsverweigerung zu einem allgemein bedeutsamen Phänomen, das die Armeeführung jedoch immer noch als »crise d'indiscipline« zu bemänteln suchte. Zum ersten Mal – und das ist vielleicht das Erstaunlichste angesichts der Lebens- und Kampfbedingungen, unter denen die Soldaten lebten –, verweigerten nun Einheiten kollektiv den Gehorsam.

Die Liste der M. umfaßt 250 Fälle, die in 68 Divisionen auftraten, also zwei Drittel der Armee betrafen, aber fast ausschließlich auf die Infanterie beschränkt blieben. Die M. nahmen sehr unterschiedliche Ausmaße an. Man zählte zwischen 30.000 und 40.000 Befehlsverweigerer. Die Zahlen sind allerdings mit Vorsicht zu handhaben. Viele Proteste begrenzten Ausmaßes gingen nicht in die Statistik ein, und wiederum andere – relativ bedeutungslose – M. wurden hierbei mitgezählt. Nur fünf Divisionen waren ernsthaft betroffen; diese lagen direkt im Süden der Angriffszone der Offensive am Chemin des Dames, zwischen Soissons und Reims. Es gab aber auch einige Unruheherde westlich von Soissons und östlich von Reims bis nach Lothringen. Die Verweigerungen hatten ihren Höhepunkt zwischen Mai und Juni 1917. Sie begannen aber bereits im April und erreichten bestimmte Einheiten erst sehr viel später, teilweise erst im Jan. 1918.

Die M. begann in der Regel – abgesehen von einem Fall – nicht bei den Truppen in vorderster Front, sondern bei jenen, die sich gerade in einer Kampfpause befanden. Sie brachen häufig zu dem Zeitpunkt aus, als diese Soldaten den Befehl zur Rückkehr an die Front erhielten. M. konnten sich in einer schlichten Verweigerung des Gehorsams, die nur einige Stunden oder mehrere Tage dauern konnte, manifestieren, in einigen Fällen nahm die Befehlsverweigerung allerdings bereits revolutionäre Ausmaße an – einschließlich dem Absingen der »Internationale« und dem offenen Zeigen roter Fahnen. In mindestens einem Fall erwogen die Aufständischen den Marsch auf Paris. Es kam zu Gewalttätigkeiten, die sich insbesondere gegen Offiziere richteten und in mindestens einem Fall einen General betrafen, der sogar um sein Leben fürchten mußte: General Bulot, Kommandeur einer Brigade der 2. Division, der von seinen Soldaten besonders verachtet wurde. Häufig geschahen Gewalttaten unter Alkoholeinfluß. Dies war auch bei Übergriffen der Fronturlauber in Zügen und Bahnhöfen der Fall. Zahlreiche Generale behaupteten, diese M. seien von revolutionären Rädelsführern angestachelt worden. Die historische Forschung hat aber erwiesen, daß dies nicht zutraf. Die Befehlsverweigerungen waren lediglich ein Ausdruck der tiefen Unzufriedenheit der Soldaten, die gegen Methoden einer Kriegführung protestierten, deren Opfer sie selbst waren. Die Soldaten begehrten zudem gegen die Lebensbedingungen an der Front und – mehr noch – in den Ruhestellungen auf. Auch die äußerst schlechte Organisation des Fronturlaubs rief Proteste hervor.

General Pétain, der eilig zum Nachfolger von Nivelle ernannt worden war, hatte Verständnis für die Mißstimmung. Die Ahndung der Vergehen war angesichts der Umstände moderat, aber sie wurde für notwendig erachtet, um einer Ausbreitung der Proteste entgegenzuwirken: Etwa 10 % der Meuterer wurden vor Gericht gestellt, 3.427 Soldaten verurteilt, davon 554 zum Tode – aber nur 49 Exekutionen wurden tatsächlich ausgeführt. Allerdings erhielten mehr als 1.300 Verweigerer schwere Strafen etwa in Form von

Zwangsarbeit. In der späteren öffentlichen Diskussion standen vor allem die Todesstrafen. Doch die Meuterer, die zu Zwangsarbeit verurteilt worden waren, wurden zumeist erst nach vielen Jahren begnadigt. Die Verurteilten gehörten unterschiedlichen sozialen Gruppen an, aber die meisten von ihnen waren Bauern oder stammten aus der unteren Mittelschicht; somit entsprach ihre Herkunft der Zusammensetzung der Infanterie. General Pétain bemühte sich, die Unterbringung der Soldaten und die Qualität des Essens ebenso wie das System des Fronturlaubs zu verbessern. Er war im übrigen davon überzeugt, daß man so lange auf große Offensiven verzichten müsse, bis man über neue Waffentechniken (Panzer) und – durch die Hilfe der Amerikaner – über erheblich verstärkte Truppen verfüge.

Die Lage in der französischen Armee entspannte sich in den folgenden Monaten, doch die M. blieben in Frankreich noch lange ein Thema der öffentlichen Auseinandersetzung.
→ *Nivelle-Offensive*

Lit.: G. Pedroncini, Les mutineries de 1917, Paris 1967; L. Smith, Between Munity and Obedience: the case of the French Fifth Infantry Division during World War I, Princeton, NJ 1994.

JEAN-JACQUES BECKER (Ü: S. P.)

Michaelis, Georg, * Haynau (Schlesien) 8.9.1857, † Bad Saarow (Kreis Fürstenwalde) 24.7.1936, deutscher Politiker (Reichskanzler und preußischer Ministerpräsident). – Der junge M. war als promovierter Volljurist rasch in der preußischen Verwaltungsbürokratie aufgestiegen. 1902-09 war er als stellvertretender Regierungspräsident im niederschlesischen Liegnitz tätig gewesen, um dann zum Unterstaatssekretär im preußischen Finanzministerium ernannt zu werden.

Nach Kriegsausbruch wurde er zunächst Aufsichtsratsvorsitzender der Kriegsgetreide-Gesellschaft. Im März 1915 wurde diese zur Reichsgetreidestelle aufgewertet und M. in den Rang eines Staatskommissars erhoben. Schon bald machte er sich in dem zunehmend problematischer werdenden Bereich der zwangsverwalteten Lebensmittelversorgung einen Namen als fähiger Organisator. Anfang 1917 erfolgte seine Ernennung zum preußischen Staatskommissar für Volksernährung.

Die Umstände, die am 14. Juli 1917 zu seiner Ernennung zum Reichskanzler und preußischen Ministerpräsidenten führten, sind für den seinerzeitigen Zustand des politischen und Verfassungssystems im Deutschen Reich bezeichnend. Die Oberste Heeresleitung (OHL) hatte zwar mit allen Mitteln die Demontage von Reichskanzler Bethmann Hollweg betrieben, konnte aber nach dessen Sturz keinen konsensfähigen Nachfolger anbieten. Kaiser Wilhelm nahm seine verfassungsmäßigen Kompetenzen ohnehin kaum noch wahr; bei der nun einsetzenden Kandidatenkür spielte allenfalls seine erklärte Ablehnung gegen den wieder ins Spiel gebrachten Altkanzler Bernhard von Bülow eine Rolle.

In dieser Situation war M. ein ausgesprochener Verlegenheitskandidat, den die preußische Ministerialbürokratie gleichsam »aus dem Hut gezaubert« hatte. Sowohl dem Kaiser als auch dem Chef der OHL war M. völlig unbekannt. Weniger die in der damaligen Situation nicht gering zu erachtende Fachkompetenz in Kriegswirtschaftsfragen als vielmehr die Profillosigkeit des Kandidaten gab für die OHL letztlich den Ausschlag – erhoffte sich Ludendorff doch, einen gefügigen Kanzler ohne politische Hausmacht besser gegen den immer bestimmter auftretenden Reichstag instrumentalisieren zu können. M. erfüllte diese Erwartungen wohl im Hinblick auf das Fehlen einer eigenen politischen Vision, nicht aber im Hinblick auf seine Durchsetzungskraft gegenüber dem Parlament.

Schon anläßlich der Friedensresolution der Mehrheitsparteien im Juli und der päpstlichen Friedensnote im Aug. 1917 zeigte sich der unerfahrene M. äußerst unentschlossen. Den immer exzessiver werdenden Forderungen der OHL, etwa bei der Verstärkung der Heimatpropaganda und bei der Forcierung der Kriegswirtschaft, hatte M. nichts entgegenzustellen. Auf der anderen Seite verbaute ihm sein Festhalten am preußischen Dreiklassenwahlrecht die Unterstützung der Reichstagsmehrheit. Derart zwischen allen Stühlen, und angesichts wachsender Probleme eines militärisch und wirtschaftlich immer totaler werdenden und die innenpolitischen Verhältnisse polarisierenden Krieges, war sein Scheitern absehbar. Am 31. Okt. 1917 reichte der Reichskanzler seinen Rücktritt ein.

Von April 1918 bis Ende März 1919 war M. als Oberpräsident von Pommern tätig. Nach seiner Verabschiedung war er politisch in der DNVP aktiv und widmete sich seiner

Verbandstätigkeit in der Deutschen Christlichen Studentenvereinigung.

Lit.: C. Regulski, Die Reichskanzlerschaft von Georg Michaelis 1917, Marburg 2003.

MARKUS PÖHLMANN

Michael-Offensive, offizielle Bezeichnung der deutschen Offensive im März 1918, auch »Große Schlacht in Frankreich« genannt. – Die Planungen begannen bereits im Okt. 1917, als der von Ludendorff zum Chef der Operationsabteilung der Obersten Heeresleitung (OHL) bestimmte Major Wetzell eine Reihe von Sondierungsangriffen in Flandern vorschlug. Ziel der Angriffe sollte es sein, die Schwachpunkte in den britischen Linien herauszufinden, die sich für eine Großoffensive eigneten. Im folgenden Monat gab Kronprinz Rupprecht von Bayern, der Oberkommandierende der zwischen Kanal und Somme-Gebiet eingesetzten gleichnamigen Heeresgruppe, zu verstehen, daß die Deutschen in Flandern allenfalls einen erneuten »großen Schlag« der Briten vereiteln könnten. Wetzell entschied nun, daß eine Entscheidungsschlacht gegen die Franzosen im Verdun-Bogen geschlagen werden könne. Oberst Graf von der Schulenburg, der Stabschef der Heeresgruppe Deutscher Kronprinz, in dessen Sektor diese Schlacht stattfinden sollte, unterstützte den Plan enthusiastisch.

Werbeplakat für die 8. deutsche Kriegsanleihe nach einem Entwurf von Paul Neumann. 1918

Kronprinz Rupprecht war hingegen davon überzeugt, daß die von den demoralisierten Portugiesen gehaltene Lys-Front die besten Erfolgsaussichten bot. Sein Stabschef von Kuhl erarbeitete von dieser Idee ausgehend den Plan für eine Großoffensive (Codename »St. Georg«), die die Briten an die Kanalküste zurückdrängen sollte. Ludendorff entschied sich für keinen dieser Pläne. Er befürchtete, daß ein Angriff bei Verdun die Briten zu einem Angriff gegen die geschwächten deutschen Positionen in Flandern herausfordern würde. Dort wiederum gestalteten sich die Wetterbedingungen so, daß eine Offensive vor April nicht möglich war, was Ludendorff für zu spät hielt. Er schlug daher eine Offensive (»Michael«) bei St. Quentin vor, die entlang der Somme geführt, dann nach Nordwest schwenken sollte, um damit die gesamte britische Armee zu umfassen und sie so zum Rückzug auf die Kanalhäfen zu zwingen. Rupprecht und von Kuhl favorisierten weiterhin »St. Georg« und fürchteten, daß Ludendorffs Plan mehr Truppen und Material erfordere, als man möglicherweise aufbringen konnte. Auch die vorgeschlagene Angriffsbewegung – zunächst der Stoß in südwestliche Richtung gegen die Somme, dann die 90 Grad-Schwenkung nach Nordwesten gegen den Kanal – ließ Schwierigkeiten aller Art befürchten. Kronprinz Wilhelm und von der Schulenburg argumentierten weiterhin für einen Angriff bei Verdun.

Bis zum 21. Dez. hatte Rupprecht die M. im Prinzip akzeptiert, war aber unsicher, ob der Angriff vor oder nach »St. Georg« stattfinden solle. Ende des Jahres ordnete die OHL die Ausarbeitung von mehreren Plänen an: »St. Georg I« gegen die Portugiesen bei Armentières; »St. Georg II«, um den Ypern-Bogen abzuschnüren; »Mars« an der Loretto-Höhe; »Walkürenritt« bei Vimy; »Michael I« bei Bapaume; »Michael II« zwischen St. Quentin und Péronne; »Michael III« südlich von Péronne sowie »Castor« und »Pollux« gegen den Verdun-Bogen. Das Ergebnis war ein heilloses Durcheinander: Jeder Oberbefehlshaber argumentierte für »seine« Strategie, und Ludendorff, der noch mit politischen Fragen in Rußland beschäftigt war, gab keine klaren Leitlinien vor.

Am 21. Jan. entschied sich Ludendorff schließlich für die M. Der linke Flügel sollte

Michael/deutsche Frühjahrsoffensiven (1918)

von General von Hutier geführt werden, einem Angriffsfachmann, dessen 18. Armee der Heeresgruppe Deutscher Kronprinz unterstellt wurde, und die für ihren eigentlichen Auftrag, die linke Flanke der Offensive zu decken, viel zu stark gemacht wurde. Rupprecht gewann den Eindruck, daß Ludendorffs Plan viel zu vage war, da er nur begrenzte taktische Ziele setzte. Auch fürchtete er, daß der Stoß nach Südwesten zu stark sei, daß dadurch die rechte Flanke gefährlich exponiert würde und daß der Offensive ein eigentlicher Schwerpunkt fehle. Auch verhinderten Ludendorffs weitreichende Kriegsziele die Möglichkeit, einen begrenzten deutschen Erfolg für Friedensgespräche zu nutzen.

Am 21. März um 4.40 Uhr lief »Michael« mit einem von Oberst Bruchmüller, dem Artillerieoffizier von Hutier, mustergültig orchestrierten Artillerieschlag an. Die britische 5. Armee (Gough) wurde vollständig überrascht und befand sich bald in völliger Unordnung. Auf dem rechten Flügel gelang es der 17. Armee (Otto von Below) am ersten Tag nicht, den Bogen von Flesquières zu nehmen. Auf der Linken verfolgte Hutier Goughs fliehende Armee und stieß dabei, ohne auf nennenswerten Widerstand zu stoßen, anfangs durchschnittlich 15 km am Tage vor. Im Zentrum machte die 2. Armee (von der Marwitz) im alten Somme-Kampfgebiet bemerkenswerte Fortschritte. Doch schon bald ergaben sich hier logistische Probleme, denn es gelang nicht, die Artillerie rasch genug nachzuführen.

Hutiers Erfolg ließ nun Ludendorff dem Ersuchen von Kronprinz Wilhelm um eine Verstärkung der linken Flanke nachgeben, so daß der Schwerpunkt innerhalb von 24 Stunden von der rechten auf die linke Flanke wechselte. Am 23. März befahl Ludendorff einen weiteren Richtungswechsel. Das Ziel war jetzt ein Stoß in westlicher Richtung entlang der Somme Richtung Amiens, um Briten und Franzosen zu trennen. Die 17. Armee sollte also nach Nordwest, West und Südwest angreifen, wodurch ihre unzureichenden Kräfte zersplittert wurden. Innerhalb von drei Tagen wuchs Belows Front von 25 auf 40 km an. Die Befehle für die 2. Armee lauteten jetzt auf Unterstützung der 18. Armee im Süden anstatt der 17. im Norden. Am 27. März war Kronprinz Rupprecht der Verzweiflung nahe, als klar wurde, daß Ludendorff keine Anstalten machte, die 17. Armee zu unterstützen, sondern sich auf Hutiers strategisch sinnlosen Stoß südlich der Oise konzentrierte. 40 % der »Michael«-Divisionen waren jetzt zu Hutiers Unterstützung eingesetzt.

Am 28. März begannen die Angriffe »Mars Nord und Süd«, womit die Angriffsrichtung erneut auf Nordwest wechselte. Sie blieben bald stecken. Die Erzwingung des Avre-Übergangs wurde von den Franzosen abgewehrt und Ludendorff kam sofort auf den Südweststoß zurück, trotz aller Einwände von Rupprecht und Kuhl, am ursprünglichen Plan mit einer neuen »Mars«-Operation und dem »Walkürenritt« festzuhalten. Nun begannen mit enthusiastischer Unterstützung Wetzells Planungen für einen weitgehend modifizierten »St. Georg«-Angriff (nunmehr umgetauft in »Georgette«).

Am 31. März mußte Ludendorff eingestehen, daß sich die Offensive erschöpft hatte und Hutiers triumphaler Marsch zum Ende gekommen war. Er behauptete jetzt, »Michael« sei ohnehin nur als vorbereitende Operation gedacht gewesen für die, wie er es nannte, »Große Schlacht in Frankreich«. Am 5. April schrieb General von Kuhl: »Die Truppe schafft es nicht mehr weiter, wir sind auf dem Punkt, wo man anhalten muß (Truppe, Versorgung, Munitionierung, schlechtes Wetter)«. Für Kronprinz Rupprecht lebte Ludendorffs Strategie von kurzfristigen Erfolgen, sie war ohne klare Ziele und letztlich nur auf bloßen Geländegewinn aus. Von Rupprecht darauf angesprochen, was denn sein operatives Ziel sei, habe Ludendorff geantwortet: »Das Wort ›Operation‹ verbitte ich mir. Wir hauen ein Loch hinein. Das Weitere findet sich. So haben wir es in Rußland auch gemacht.« Am 5. April ließ er den Angriff einstellen.

Bis dahin hatten die Deutschen allerdings bemerkenswerte Resultate erzielt. Die 2. Armee war von ihrer Ausgangsstellung 45 km vorangekommen, die 18. Armee bis zu 60 km. Sie hatten die britische 5. Armee geschlagen und insgesamt 90.000 Gefangene gemacht, davon 75.000 Briten. 1.300 feindliche Geschütze wurden erbeutet. Doch die eigenen Verluste waren hoch. In diesen zwei Wochen verloren die Deutschen ca. 230.000 Mann, die Alliierten etwa 212.000. Während die Deutschen sich derartige Verluste nicht leisten konnten, konnten die Alliierten sie mit frischen amerikanischen Truppen ausgleichen. Wichtiger noch war die Tatsache, daß die Deutschen ihr eigentliches Ziel, die britischen

Verbände von den französischen zu trennen, nicht erreicht hatten, so daß nun deren Kampagne, die den Krieg entscheiden sollte, anlaufen konnte.

Die folgenden Monate brachten den Deutschen zwar eine Serie bemerkenswerter taktischer Vorteile, die aber Deutschlands strategische Situation insgesamt nicht verbesserten und den großen alliierten Erfolg im Zuge der »100 Tage Kampagne« zwischen Aug. und Nov. einläuteten. Ludendorff, der die Taktik über die Strategie gestellt hatte, vermochte schließlich nicht mehr, als wilde Schläge gegen die alliierte Front zu führen. Die Alliierten ihrerseits ernteten – trotz Panik verbreitender Rückschläge und auch heftiger Niederlagen – letztlich den Sieg, indem sie aushielten.

Mit dem Scheitern der deutschen »Frühjahrsoffensive« 1918 zerschlugen sich aber auch die letzten Hoffnungen in der deutschen Bevölkerung auf ein siegreiches Ende des Krieges. Vor allem die Soldaten, die dem Beginn der Offensive mit großen Erwartungen begegnet waren, fühlten sich durch das »Versanden des Angriffs« in einem ebenso hohen Maße demoralisiert und enttäuscht.

Lit.: M. Kitchen, The German Offensives of 1918, Stroud 2001; T. L. Lupfer, The Dynamics of Doctrine: The Changes in German Tactical Doctrine during the First World War, Fort Leavenworth 1981; M. Middlebrook, Der 21. März 1918. Die Kaiserschlacht, Berlin 1979.

MARTIN KITCHEN (Ü: M. P.)

Militärgerichtsbarkeit. Die M. ist ihrem Wesen nach eine Form der Sondergerichtsbarkeit, da sie erstens nur für Militärpersonen zuständig ist und zweitens zahlreiche Straftatbestände kennt, die im zivilen Strafrecht nicht vorgesehen sind. Zu beachten ist, wie im zivilen Bereich, weiterhin die Trennung von materiellem Strafrecht und formalem Prozeßrecht. Eine umfassende Modernisierung des Militärstrafrechts erfolgte in zahlreichen Ländern im letzten Drittel des 19. Jahrhunderts. Im Weltkrieg galten in den wichtigsten kriegführenden Staaten folgende Regelungen:
Deutschland: Militärstrafgesetzbuch von 1872 und Militärstrafprozeßordnung von 1898; Frankreich: Code de Justice Militaire von 1857 und ergänzende Gesetze von 1871 bis 1895; Großbritannien: Der Army Act von 1881 zusammen mit dem Manual of Military Law in der Neuauflage von 1914 sowie den King's Regulations in der novellierten Fassung von 1912; Italien: Codice penale per l'esercito von 1869; Österreich-Ungarn: Militärstrafgesetzbuch von 1855 und Militärstrafprozeßordnung von 1912; Rußland: Militärstrafgesetze und Militärstrafgerichtsordnung von 1867 mit Ergänzungen von 1883, 1884, 1885; USA: Articles of War von 1776 in der novellierten Fassung von 1806 sowie umfassende Modernisierung 1916.

Allen Straf- und Prozeßnormen gemeinsam war: erstens die Unterscheidung zwischen Verfahren in Friedenszeiten (bzw. in der Heimat) und im Krieg (bzw. an der Front), wobei die Verfahren »im Feld« vereinfacht und beschleunigt und die Strafandrohungen erheblich erhöht waren; zweitens die Ungleichheit des Verfahrens (und teilweise auch der Strafen) für Offiziere, Unteroffiziere und Mannschaften; drittens die formellen und informellen Möglichkeiten der Armeeführung, in die Verfahren einzugreifen, vor allem durch den das Verfahren lenkenden »Gerichtsherrn« (meist der Divisions- oder Korpskommandeur). Die M. ist daher ein Abbild der militärischen Hierarchie. Viertens die Janusgesichtigkeit der M. insgesamt, die einer-

Militärstrafe in der österreichisch-ungarischen Armee: »Anbinden«

seits die militärische Aufgabe hatte, die Armee als Werkzeug der Führung einsatzbereit zu halten, andererseits die Forderungen nach Gerechtigkeit nicht ignorieren konnte. Die Anforderungen an die Wahrung der Disziplin und die Eigengesetzlichkeiten der Justizausübung standen daher in einem latenten Gegensatz, dessen Ausprägung allerdings je nach Armee und auch im Kriegsverlauf differierte.

Wie viele andere Bereiche des Militärwesens war auch die M. am Kriegsbild des 19. Jahrhunderts orientiert, d. h. an der Vorstellung eines kurzen, sich in wenigen großen Schlachten entscheidenden Krieges. In dem sich statt dessen entwickelnden jahrelangen Stellungskrieg mußte daher erst ein langsamer Anpassungsprozeß an die veränderte Realität stattfinden. Die erstmals massenhaft auftretenden psychischen Verwundungen der Soldaten stellten die M. vor bis dahin kaum bzw. nicht gekannte Probleme. Ein weiteres Problem entstand durch die Tatsache, daß eine Haftstrafe einen Schutz vor den Gefahren der Front bedeutete. Daher wurde die Möglichkeit geschaffen, den Vollzug von Haftstrafen auch auszusetzen. Aus demselben Grund wurden Militärstrafgefangenenkompanien errichtet, in denen eine Strafe in Frontnähe verbüßt werden mußte. Für die deutsche, französische und britische Armee läßt sich feststellen, daß die Handhabung der M. im Kriegsverlauf milder wurde. In Deutschland wurde diese Entwicklung sogar durch zwei Gesetzesänderungen kodifiziert: Im April 1917 und Juli 1918 wurden die Mindeststrafen für einige Delikte reduziert. Wie die offiziellen Zahlen *vollstreckter* Todesurteile erkennen lassen, war die Handhabung der M. in den verschiedenen Armeen sehr unterschiedlich: USA 10, Deutschland 48, Großbritannien 346, Frankreich ca. 600, Italien ca. 750. Für Österreich-Ungarn sind keine exakten Zahlen ermittelbar, aber allein von den Feldstandgerichten wurden 737 Todesurteile vollstreckt. Die Zahlen für Rußland sind unbekannt, dürften jedoch ebenfalls sehr hoch liegen.

Die Handhabung der M. war auch ein politisches Thema, das in den Medien und Parlamenten aller Länder zur Sprache kam. Insbesondere in der Nachkriegszeit geriet sie wegen ihrer Härte in die Kritik. In Frankreich fand 1928 eine Gesetzesnovellierung statt und in Großbritannien wurde 1930 die Todesstrafe für die meisten militärischen Delikte abgeschafft. In Deutschland und Österreich wurde sogar die M. im Jahre 1920 gänzlich abgeschafft. Ungeachtet der Tatsache, daß die Milderung der M. im Krieg vom Preußischen Kriegsministerium mitgetragen wurde, richtete sich die Dolchstoßlegende auch gegen die M., die wegen ihrer vermeintlichen Milde für Deutschlands Kriegsniederlage mitverantwortlich gemacht wurde. Diese Umdeutung war nicht ohne Folgen für eine extreme Verschärfung der M. im Zweiten Weltkrieg, in dem die Wehrmachtjustiz integraler Bestandteil des NS-Terrorregimes war, so daß etwa 15.000 Todesurteile an deutschen Soldaten vollstreckt wurden. → *Desertion* → *Dolchstoßlegende*

Lit.: C. Jahr, Gewöhnliche Soldaten. Desertion und Deserteure im deutschen und britischen Heer 1914-1918, Göttingen 1998.

CHRISTOPH JAHR

Militärgeschichtsschreibung, amtliche. Unmittelbar nach dem Ende des Weltkrieges setzte bei nahezu allen kriegsteilnehmenden Staaten die M. ein. Die frühen Bemühungen um eine amtliche Leitpublikation erklärten sich dabei nicht allein aus dem historischen Interesse oder dem Wunsch, den Leistungen der jeweiligen Armee ein publizistisches Denkmal zu setzen, sondern sie waren in enger Verbindung mit Aspekten der seit dem Versailler Vertrag einsetzenden internationalen Kriegsschulddebatte zu sehen. Damit erfüllte die internationale M. ähnliche Funktionen wie die diplomatischen Akteneditionen (Farbbücher). Träger der M. waren in der Regel die historischen Dienste der Streitkräfte. In Deutschland ging die Aufgabe nach der Auflösung des Grossen Generalstabes an das am 1. Okt. 1919 gegründete Reichsarchiv in Potsdam über. Erstmals seit seiner Gründung erhielt das Deutsche Reich damit ein Nationalarchiv, obschon die eigentliche Gründungsinitiative auf die Sicherung der Aktenbestände des Weltkrieges und die Übernahme des zur Entlassung anstehenden Generalstabspersonals abgezielt hatte. Die Behörde gliederte sich in eine Archiv- und eine Forschungsabteilung. Das Personal der letzteren rekrutierte sich zum größten Teil aus ehemaligen Offizieren. Die Einbindung ziviler Historiker wurde in der Folgezeit durch die Archivleitung erfolgreich verhindert. Zu Beginn der deutschen Wiederaufrüstung trat die Forschungsabteilung als Kriegsgeschichtliche Forschungsanstalt des Heeres wieder unter den Generalstab, wo sie bis 1945 die Arbeit an der M. fortsetzte. Die Seekriegsgeschichte verfaßten aktive und verabschiedete Offiziere unter Leitung des Vizeadmirals a. D. Eberhard von Mantey zeitgleich am Marinearchiv. Die M. stellte ein internationales Phänomen dar, wobei sich die Publikationen sehr ähnlich waren. Als die wichtigsten Reihenwerke sind zu nennen: *Der Weltkrieg 1914-1918* (1925-1956), *Der Krieg zur See* (1920-1966), *Les Armées françaises dans la Grande Guerre* (1922-37), *History of the Great War* (1920-61), *Österreich-Ungarns letzter Krieg 1914-1918* (1930-38) und *The United States Army in the World War, 1917-1919* (1948).

Im Zentrum aller Darstellungen stand die Geschichte der militärischen Operationen. Politische Aspekte, wie die diplomatische Vorgeschichte des Krieges, die innenpolitische, soziale und kulturelle Entwicklung der Staaten blieben weitgehend ausgeklammert. Dagegen wurden die Themen Kriegswirtschaft und -finanzen nun erstmals von der Generalstabshistoriographie aufgegriffen. Wirtschafts- und sozialgeschichtliche Aspekte des Krieges wurden darüber hinaus in einer umfangreichen und international angelegten Forschungsreihe der amerikanischen Carnegie-Stiftung behandelt.

In der seit 1925 herausgegebenen deutschen Publikation *Der Weltkrieg 1914-1918* stieß die Praxis der Führung der ersten beiden Obersten Heeresleitungen (OHL) zwischen 1914 und 1916 auf teilweise scharfe und personalisierende Kritik. So wurde Generaloberst Helmuth von Moltke für die Niederlage an der Marne Anfang Sept. 1914 verantwortlich gemacht. Die M. machte sich von Beginn an zur wichtigsten Stütze der sog. Schlieffen-Schule innerhalb der deutschen Militärpublizistik, nach deren Ansicht der Krieg hätte gewonnen werden können, wenn Moltke an dem Kriegsplan seines Vorgängers Alfred von Schlieffen festgehalten hätte. Generaloberst Erich von Falkenhayn, dem Chef der 2. OHL, warfen die (anonym schreibenden) Autoren eine entscheidungsschwache Kriegführung vor. Er habe es nach dem Eintritt des Stellungskrieges versäumt, die Kriegsentscheidung an der Ostfront zu suchen, wo sie leichter zu erkämpfen gewesen wäre. Die Darstellung der militärischen Leistungen der 3. OHL trug dagegen deutlich apologetische Züge. Als Ursachen der Niederlage führte das Weltkriegswerk die materielle Überlegenheit der gegnerischen Allianz, vor allem seit dem Kriegseintritt der USA 1917, sowie die unzureichende Unterstützung durch die eigene politische Führung (U-Boot-Krieg, Friedensresolution) an. Methodisch setzte sich die M. durch ihre Kritik von der bisherigen Praxis der Generalstabshistoriographie ab. Das Reichsarchiv führte zudem erstmals in großem Umfang Befragungen von Kriegsteilnehmern durch und suchte durch die Publikation von Ergänzungsbänden, so zu den Themen Feldeisenbahnwesen, Rüstung und Kriegswirtschaft, den traditionellen Rahmen der M. zu sprengen. Weitere geplante Themenbände konnten bis 1945 nicht mehr verwirklicht werden. Der fehlenden publizistischen Breitenwirksamkeit des amtlichen Kriegswerkes sollte durch die Herausgabe von Regimentsgeschichten und einer volkstümlichen 36 bändigen Reihe *Schlachten des Weltkrieges* entgegengewirkt werden. Angehörige des Archivs waren darüber hinaus auch als Gutachter für den Parlamentarischen Untersuchungsausschuß des Reichstages sowie für den Münchner Dolchstoßprozeß von 1925 tätig. Mit der ab 1936 erscheinenden Reihe *Darstellungen aus den Nachkriegskämpfen deutscher Truppen und Freikorps* schilderte die Kriegsgeschichtliche Forschungsanstalt die revolutionären und ethnischen Konflikte in Deutschland, dem Baltikum, der Ukraine und Rußland sowie in Deutsch-Österreich. Dabei stellte sich die M. bereitwillig in den Dienst der Propaganda des nationalsozialistischen Regimes. In der heutigen deutschen Weltkriegsforschung kommt den Veröffentlichungen der M. aufgrund der weitestgehenden Zerstörung der Militäraktenbestände im Zweiten Weltkrieg weiterhin eine wichtige Bedeutung als Quelle zu. → *Farbbücher* → *Kriegsschuldfrage*

Lit.: R. Brühl, Militärgeschichte und Kriegspolitik. Zur Militärgeschichtsschreibung des preußisch-deutschen Generalstabes 1816-1945, Berlin 1973; M. Pöhlmann, Kriegsgeschichte und Geschichtspolitik: Der Erste Weltkrieg. Die amtliche deutsche Militärgeschichtsschreibung, 1914-1956, Paderborn u. a. 2002.

MARKUS PÖHLMANN

Militärkabinett, Dienststelle zur Bearbeitung der Personalangelegenheiten des preußischen Heeres. – Das M. war aus der Generaladjutantur des preußischen Königs hervorgegangen und hatte 1883 das Recht auf direkten Vortrag beim Kaiser (Immediatstellung) erhalten. Verfassungsmäßig stellte es eine der letzten Bastionen des preußischen Militärabsolutismus dar. Neben den Personalfragen bearbeitete es Ehrengerichts- und Ordensangelegenheiten; darüber hinaus fungierte der Chef des M. als militärischer Berater des Kaisers. Seit 1908 stand dem M. Generaloberst Moritz Freiherr von Lyncker vor, Ende Juli 1918 folgte ihm Generalmajor Ulrich Freiherr von Marschall gen. Greiff nach. Im Zuge der Verdrängung des Kaisers aus dem militärischen Entscheidungsprozeß nahm auch der Einfluß des M. zugunsten des Generalstabs ab. Dennoch konnte Lyncker gerade in Personalentscheidungen weiter Einfluß beim Kaiser geltend machen (z. B. hielt das M. an Falkenhayn fest). Im Reichstag geriet das M. wegen der fehlenden Ministerverantwortlichkeit in die Kritik, in Offizierkreisen wurde ihm nach dem Krieg mangelnde Transparenz in Personalentscheidungen sowie die Bevorzugung adeliger Offiziere, namentlich der Angehörigen der preußischen Garderegimenter, vorgeworfen. Am 28. Okt. 1918 wurde das M. schließlich dem preußischen Kriegsministerium unterstellt. → *Marinekabinett*

Lit.: R. Schmidt-Bückeburg, Das Militärkabinett der preußischen Könige und deutschen Kaiser. Seine geschichtliche Entwicklung und staatsrechtliche Stellung. 1787-1918, Berlin 1933.

MARKUS PÖHLMANN

Militärseelsorge, Gruppenseelsorge für Soldaten und übrige Angehörige von Streitkräften. – Beide christlichen Konfessionen und die Jüdischen Gemeinschaften organisierten im Weltkrieg auf der Basis der beiden preußischen militärkirchlichen Dienstordnungen von 1902 eine eigene M. Dabei erreichte die deutsche M. die größte Entfaltung ihrer ganzen Geschichte. Die M. bildete eine höhere, dem Kriegsminister unterstellte Behörde unter der Leitung eines Feldpropstes (kath.: capellanus maior). Auf evangelischer Seite waren Militäroberpfarrer für jeweils ein Korps, ihre katholischen Amtsbrüder für ein bis drei Korps zuständig. Bei den Divisionen gab es zu Kriegsbeginn regelmäßig einen evangelischen und einen katholischen Divisionspfarrer. Die Feldgeistlichen trugen feldgraue Uniformen, eine Armbinde und ein silbernes Kreuz vor der Brust. Der katholische Feldpropst hatte die Würde eines Titularbischofs, die sechs ältesten katholischen Divisionspfarrer zu Kriegsbeginn Rang und Gehalt, nicht aber den Titel eines Militäroberpfarrers. Unter der Leitung des preußischen evangelischen Feldpropstes standen zuletzt 1.400 Feldgeistliche; dazu kamen noch 279 bayerische, 74 sächsische und 42 württembergische Pfarrer. Insgesamt hat sich die Zahl der Feldgeistlichen während des Krieges etwa verdreißigfacht.

In der bayerischen Armee gab es keine eigentlichen Militärgeistlichen, hier hatte man mit den Zivilgeistlichen eine Vereinbarung getroffen, der Erzbischof von München-Freising war gleichzeitig der Armeebischof und Feldpropst für die bayerischen Truppen. In der Regel nannte man evangelische Feldgeistliche Feldprediger, katholische Geistliche Feld- oder Militärkapläne.

In den 15 M.bezirken Österreichs waren Militärpfarrer, Militärkuraten und Militärkapläne (apostolische Feldvikare) mit der Seelsorge betraut.

Größtes Manko war für die M. zu Kriegsbeginn die fehlende einheitliche Leitung und der spürbare Personalmangel, dem man mit der Einführung freiwilliger Feldgeistlicher und Hilfsprediger, die vor allem in Lazaretten und in der Etappe eingesetzt wurden, abzuhelfen suchte. Erst ab 1917 gab es eine den Bedürfnissen angepaßte Struktur und konkrete Anweisungen und Handbücher für die Militärgeistlichen. Der administrative Rahmen war den Anforderungen bis in das Jahr 1918 hinein nicht angepaßt. Allerdings wurden immer wieder Strukturverbesserungen versucht, bis schließlich auch militärgeistliche Referenten bei den Etappeninspektionen, den Armeen und den General- und Gruppenkommandos sowie auf katholischer Seite ein Feldoberpfarrer jeweils für die West- und Ostfront installiert wurden.

Um die Anliegen und religiösen Bedürfnisse jüdischer Soldaten kümmerten sich ca. 30 Feldrabbiner. Die Besoldung der Rabbiner hatte zunächst der Verband Deutscher Juden übernommen, der sich von der Institution des Feldrabbinats eine verstärkte Anerkennung der jüdischen Religion und des Judentums in Deutschland erhoffte. Große Aufmerksamkeit widmeten die jüdischen Feldgeistlichen, insbesondere nach 1916, der Bekämpfung des Antisemitismus im Heer.

Die Feldgeistlichen bildeten Schlüsselfiguren der M. Die Feldgeistlichen übernahmen außerhalb der eigentlichen, religiösen Seelsorge (Gottesdienste, Beichten, Sakramentenspendung, Begräbnisse, Andachten) im Rahmen der Gesamtpastoration Aufgaben, die nicht primär konfessionellen Charakter hat-

Feldgottesdienst bei den deutschen Truppen an der Front am Aisnekanal. 1914

ten und im wesentlichen eine Vorform der heutigen Truppenbetreuung darstellten. Bereits seit Frühjahr 1915 zeichnete sich ab, daß die herkömmlichen Methoden kirchlicher Seelsorge die Soldaten des immer »totaleren« Krieges nicht mehr uneingeschränkt ansprachen, weshalb die Feldgeistlichen sich umorientierten. Auch die *cura animarum* veränderte sich unter den Bedingungen des Krieges. In den rückwärtigen Gebieten des Operationsgebietes wandelte sich die M. zu einer allgemeinen Truppenbetreuung, die sich nun auch auf profane Kulturveranstaltungen und die Freizeitbetreuung erstreckte. Hierzu zählten die Versorgung mit Lektüre und den sog. Liebesgaben, die Veranstaltung von Unterhaltungsabenden und Vorträgen, wozu ab Ende 1916 auch noch der »Vaterländische Unterricht« kam. Zivilseelsorge und Religionsunterricht in den besetzten Gebieten und im Operationsgebiet sowie die Gründung von Soldatenheimen gehörten zu den weiteren Aufgaben. Viele Militärseelsorger versuchten, über diese Bereiche wieder Zugang zu den Soldaten zu finden und deren religiöse Empfindungen zu wecken.

Lit.: A. Vogt, Religion im Militär. Seelsorge zwischen Kriegsverherrlichung und Humanität. Eine militärgeschichtliche Studie, Frankfurt a. M u. a. 1984.

ROLAND HAIDL

Millerand, Alexandre Etienne, * Paris 10.2.1859, † Versailles 6.4.1943, französischer Politiker. – Über 40 Jahre lang gehörte M. unbestritten zum politischen Führungspersonal der französischen Dritten Republik. Er kam zu Beginn der 1890er Jahre als Führer des reformorientierten Flügels der Sozialisten zu nationaler Bekanntheit. 1899, auf dem Höhepunkt der Dreyfus-Affäre, trat er in das »gouvernement de défense républicaine« (Regierung zur Verteidigung der Republik) Pierre Waldeck-Rousseaus ein. Als Handelsminister entfremdete sich M. dann allerdings rasch von seiner Partei, die ihn daraufhin 1903 ausschloß. M., der sich stets als »Vaterlandsverteidiger« zu »nationalen« Werten bekannt und den Abschluß der franko-russischen Allianz begrüßt hatte, wurde nach 1905 zu einem der Repräsentanten des »nationalist revival« (Eugene Weber) in Frankreich: Als Parlamentarier und als Kriegsminister (1912/13) trat er für verstärkte Wehranstrengungen des Landes, Reformen in der militärischen Führungsstruktur und eine »harte« außenpolitische Linie gegenüber Deutschland ein.

Nach Kriegsausbruch wurde M. wiederum als Kriegsminister in die Regierung der »Union sacrée« aufgenommen. Er forderte eine weitgehende Handlungsfreiheit der militärischen Führung und versuchte, diese gegenüber den Abgeordnetenkammern so effizient wie möglich abzuschirmen. Mit zunehmender Dauer des Krieges stieß seine Politik jedoch auf wachsende Kritik bei den Parlamentariern: Im Okt. 1915 schied er daher aus dem Kabinett aus.

Nach Kriegsende setzte M. seine Karriere zunächst als Generalkommissar Elsaß-Lothringens fort (1919/20). Auch als Ministerpräsident und später als Staatspräsident (1920-1924) war er unmittelbar mit den Kriegsfolgen konfrontiert und befürwortete – wie schon vor 1914 – eine unnachgiebige Haltung gegenüber Deutschland.

Lit.: L. Derfler, Alexandre Millerand. The Socialist Years, Den Haag 1977.

DANIEL MOLLENHAUER

Milner, Alfred Viscount (seit 1902), * Gießen 23.3.1854, † Sturry Court (Grafschaft Kent) 13.5.1925, britischer Politiker. – M. wurde am King's College (London) und Balliol College (Oxford) ausgebildet. Nach kurzer journalistischer Betätigung und vergeblicher Kandidatur als liberaler Abgeordneter (1885) strebte er schließlich eine Karriere im Kolonialdienst an. Als überzeugter Imperialist begann er seine eigentliche Laufbahn mit der Organisation des wirtschaftlichen Wiederaufbaus Südafrikas nach dem Burenkrieg. Aufgrund dieser Erfahrungen berief man M. 1914 aus der Privatwirtschaft in die regierungsamtliche Organisation der Nahrungsmittel- und Kohleproduktion.

Am 9. Dez. 1916 wurde er in der Regierung Lloyd George Mitglied des fünfköpfigen War Council. Nachdem M. den Premierminister im Jan. 1917 nach Rom begleitet hatte, spielte er bei der Schaffung des Obersten Alliierten Kriegsrates eine entscheidende Rolle. Einen Monat darauf reiste M. nach St. Petersburg, um Munitionslieferungen an Rußland zu vereinbaren, wobei seine Bemühungen allerdings wegen der Februarrevolution scheiterten. Er war außerdem maßgeblich an der Ernennung von Marschall Ferdinand Foch zum Oberbefehlshaber der alliierten Streitkräfte in Frankreich durch den mit ihm befreundeten französischen Premier Georges Clemenceau beteiligt. M. hatte sich 1917 gegen die von General Douglas Haig in Flandern praktizierte Abnutzungstaktik ausgesprochen, und die Ernennung von Foch sollte M.s letzte große Tat als Mitglied des War Council sein.

Am 19. April 1918 trat er als Nachfolger von Lord Derby das Amt des Kriegsministers an und setzte sich für eine alliierte Intervention in Rußland ein, um zu verhindern, daß Deutschland Rußland vereinnahmte. Als sich im Westen das Ende des Krieges abzeichnete, forderte M. die Absetzung der Hohenzollern-Dynastie und ein Ende des preußischen Militarismus. Gleichzeitig warnte er allerdings davor, der gesamten deutschen Nation die Schuld am Krieg zuzuschreiben. Nach den Wahlen vom Dez. 1918 übernahm M. das Kolonialministerium, bis er 1921 aus der aktiven Politik ausschied.

JAY WINTER (Ü: A. R.)

Mine, unbewegliches Kampfmittel der defensiven Kriegführung. – Es handelt sich um ein mit Sprengstoff gefülltes und einem Zünder versehenes Behältnis, das zur Vernichtung von Personen und Material verlegt wird. Prinzipiell wird zwischen Land- und See-M. unterschieden. Anfang des 20. Jahrhunderts begann die Entwicklung von transportablen M. Im Weltkrieg gewann die M. schnell eine größere Bedeutung für die Verteidigung. Verlegt in M.feldern, als Einzel-M. oder Schein-M. verstärkte sie das Schützengrabensystem und schränkte die Handlungsmöglichkeiten eines Gegners erheblich ein. Neben Tret-M. und die durch Berühren eines Drahtes ausgelösten Stolper-M. kamen gegen die Infanterie besonders Schrapnell- und Kartäschen-M. zum Einsatz. Während letztere im Boden vergrabene Bleikugeln in die Luft schleuderten, wurde die im Boden an einer Kette verankerte Schrapnell-M. bei der Zündung hochgeschleudert und detonierte, sobald sich die Kette über dem Boden straffte. Gegen die Tanks setzten die Deutschen Tank-M. ein. Diese wurden erst durch das Gewicht eines Tanks (mindestens 6,5 t) ausgelöst.

GERHARD P. GROSS

Minenkrieg, Kampfführung mittels unterirdischer Zerstörungsladungen. – Mit dem Stellungskrieg setzte vornehmlich an der Westfront und in den Alpen bald auch der M.

Eine amerikanische Mission besichtigt einen Minentrichter in Ham (Somme). März 1917

ein. Dabei ist zwischen Minenangriff und Minenverteidigung zu unterscheiden. Der Minenangriff hatte die Zerstörung von Schlüsselstellungen oder ganzen Grabenabschnitten der feindlichen Linie unmittelbar vor einem eigenen Infanterieangriff durch Zündung von Trichterminen zum Ziel. Minenverteidigung konnte zum einen in der Zündung von vorbereiteten Minen im Niemandsland bestehen, um feindliche Infanterieangriffe abzuwehren. Doch in der Regel bestand der Zweck hier in der unterirdischen Abwehr des ebenfalls Minenstollen vorantreibenden Gegners. Dabei konnte sich ein regelrechter unterirdischer Wettlauf zwischen den Miniertrupps entwickeln, die versuchten, durch Einbruch in den Stollen oder durch Ansatz von Quetschminen den gegnerischen Minenangriff zu vereiteln. Es entstanden mitunter mehrstöckige Minensysteme mit Angriffstollen und quer verlaufenden Galerien, die bis zu 50 m unter der Erdoberfläche verliefen. Der M. wurde in der Regel durch Pioniere geführt, die dabei durch Soldaten mit bergbautechnischen Vorkenntnissen ergänzt wurden. Umfang und Tempo der körperlich äußerst anstrengenden und gefährlichen Minierarbeit hingen vor allem von den geologischen Gegebenheiten vor Ort ab. Wichtige Elemente des M. waren die Aufklärung der Minenzugänge durch Luftbilder, um diese dann artilleristisch zu bekämpfen, sowie der akustische Horchdienst, der den Miniertrupps Aufschluß über Fortschritt und Richtung der Arbeiten des unterirdischen Feindes gab. Als bekanntestes Ereignis an der italienisch-österreichischen Hochgebirgsfront in Südtirol gilt die italienische Sprengung des Berggipfels des Col di Lana mitsamt der österreichischen Kaiserjäger-Besatzung am 17. April 1916. Im Kampf um den Pasubio unternahmen die Österreicher wenigstens zehn Minensprengungen, an der Marmolatagruppe wurde der M. teilweise im Eis des Gletschers geführt. Längere Minenkämpfe ereigneten sich in Frankreich unter anderem um die Combres-Höhe und am Chemin des Dames. Berühmt geworden – und heute noch zu besichtigen – sind die Stollensysteme des Vauquois-Hügels, westlich von Verdun. Die größten Sprengungen des Krieges wurden allerdings durch die Briten in Flandern ausgeführt. In eineinhalbjähriger Vorbereitung waren dort 19 Minen unter den vordersten Linien der deutschen 4. Armee angelegt worden, deren Zündung am Morgen des 7. Juni

1917 den britischen Angriff auf den Wytschaete-Bogen einleitete. → *Alpenkrieg* → *Argonnen* → *Chemin des Dames*

MARKUS PÖHLMANN

Minenwerfer, Steilfeuergeschütz von kurzer Reichweite; unter einer »Mine« verstand man in diesem Zusammenhang ein dünnwandiges, besonders sprengkräftiges Explosivgeschoß. – Deutschland entwickelte solche Waffen kurz vor dem Krieg als Pionierspezialwaffe für den Festungskrieg. Sie sollten gegen Hindernisse und kleine, widerstandsfähige Ziele eingesetzt werden, die von der weitab stehenden Belagerungsartillerie nicht mehr wirksam erfaßt werden konnten. Damit eigneten sich die M. natürlich auch gut für die Aufgaben des Stellungskrieges. Die Verbindung zwischen Grabeninfanterie und Artillerie riß dort oft ab; für die M., nahe der vordersten Linie aufgestellt, war es eher möglich, das Bedürfnis der Infanterie nach Unterstützung durch schwere Waffen zu erkennen und zu erfüllen. Der organisatorische Rahmen der Pioniertruppe reichte schließlich nicht mehr aus, die in großer Zahl hergestellten M. aufzunehmen. Sie wurden deshalb auch zu einem strukturmäßigen Teil der Infanteriebewaffnung. Besaß Deutschland bei Kriegsbeginn 70 schwere (Kaliber 250 mm) und 116 mittlere (Kaliber 170 mm) M., waren es bei Kriegsende 1.200 bzw. 2.400, zu denen noch 12.400 leichte (Kaliber 75,85 mm) kamen, von denen 1914 erst Prototypen existiert hatten. Neben diesen aufwendig konstruierten Waffen mit gezogenem Rohr und Rohrrücklaufvorrichtung gab es noch zahlreiche einfacher aufgebaute Werfer, die während des Krieges neu konstruiert worden waren.

Die anderen Kriegsteilnehmer entwickelten eine vergleichbare Nahkampfartillerie erst während des Krieges, ohne den deutschen Vorsprung in diesem Bereich einholen zu können. Der französische 240-mm-Flügel-M. vermochte es allerdings, noch 10 m tief gelegene Unterstände zu zerstören und beeindruckte die deutsche Seite so sehr, daß man ihn dort einfach nachbaute. In Großbritannien entstand durch private Initiative der sehr einfach konstruierte Stokes-Grabenmörser von 76,2, später 81,4 mm Kaliber. Stokes-Mörser waren die Urform der im Zweiten Weltkrieg Granatwerfer und heute Mörser ge-

Deutscher leichter Minenwerfer an der Westfront

nannten glattläufigen Waffen, die nach wie vor im Gebrauch sind.

Als »Granatwerfer« bezeichnete man in Deutschland während des Ersten Weltkrieges kleine Steilfeuerwaffen von geringer ballistischer Leistungsfähigkeit, die Wurfgranaten von nur 2 kg Gewicht (leichter M.: 4,6 kg) auf Entfernungen bis zu 250 m verschossen. Sie waren keine Rohrwaffen, sondern besaßen einen verstellbaren Stock, auf den das Geschoß mit einem Hohlschaft aufgesteckt und mittels einer Gewehrpatrone abgefeuert wurde. Billig in der Herstellung und von geringem Gewicht, konnte sie die Infanterie in jedem Gelände mitführen. Erfinder dieser Geräte war ein Geistlicher, der ungarische Seminardirektor Vécer, weshalb sie auch unter dem Namen »Priesterwerfer« bekannt wurden. → *Infanteriewaffen*

DIETER STORZ

Mitchell, William Lendrum, * Nizza 29.12.1879, † New York 19.2.1936, US-amerikanischer General. – Früh erkannte M. das Potential der Luftwaffe und trat, seit er 1916 Chef der Heeresluftstreitkräfte geworden war, vehement für ihre Selbständigkeit als Teilstreitkraft ein. Nach dem Kriegseintritt der USA 1917 machte er sich für den Ausbau der Luftstreitkräfte nach britischem Vorbild stark und beeinflußte im Mai 1917 das formelle Ersuchen des französischen Ministerpräsidenten Ribot an Präsident Wilson um die Entsendung von 4.500 amerikanischen Flugzeugen. 1918 zum Brigadegeneral befördert, befehligte er die US-Luftoperationen während der St. Mihiel-Offensive und der Maas-Argonnen-Offensive. Der Einsatz von etwa 1.500 alliierten Flugzeugen in der St. Mihiel-Offensive war die bis dahin größte Konzentration von fliegerischem Personal und Maschinen.

Nach dem Krieg entwickelte M. als Chef der Luftstreitkräfte seine strategische Luftkriegsdoktrin in Richtung auf Flächenbombardements und großangelegte Luftlandeunternehmen weiter. Durch seine anhaltende und zunehmend auch die Öffentlichkeit suchende Kritik am US-Kriegsministerium und der Marineführung geriet er bald in Konflikt mit seinen Vorgesetzten. 1925 wurde er in einem Militärgerichtsverfahren der Insubordination für schuldig befunden und für fünf Jahre vom Dienst und von der Beförderung ausgeschlossen. »Wild Bill« M. nahm daraufhin am 1. Febr. 1926 seinen Abschied.

MARCUS A. TIEFEL

Mittelmächte, zeitgenössische Bezeichnung für das deutsch-österreichisch-ungarische Bündnis, dem sich 1914 das Osmanische Reich, 1915 Bulgarien hinzugesellten. – Vor Kriegsausbruch 1914 wurde diese Bezeichnung selten verwendet. Meist wurde vom »Dreibund« zwischen Deutschland, Österreich-Ungarn und Italien gesprochen. Der im Jahre 1879 abgeschlossene deutsch-österreichisch-ungarische »Zweibundvertrag« existierte zwar neben dem Dreibundvertrag von 1882 weiter. Den Zeitgenossen war auch präsent, daß diese Verbindung enger war als die beider Mächte mit Italien. Trotzdem beherrschte der »Dreibund« die politische Rhetorik. Erst nach der italienischen Neutralitätserklärung im Aug. 1914, vollends dann nach dem Kriegseintritt Italiens im Mai 1915 auf seiten der Entente, kam die bis heute gebräuchliche Bezeichnung M. oder »Zentralmächte« endgültig in Gebrauch. Parallel dazu entstand die Mitteleuropaidee, die Vorstellung, diese Machtgruppe mit staatlichen und ökonomischen Strukturen zu versehen und in einen Staatenbund oder sogar Bundesstaat zu verwandeln. Einen öffentlichen Niederschlag fanden diese Vorstellungen in Friedrich Naumanns Buch *Mitteleuropa* von 1915. → *Dreibund* → *Kriegskoalitionen*

HOLGER AFFLERBACH

Mobilmachung, die Überführung der Streitkräfte eines Landes in den Kriegszustand (militärische M.) und die Umstellung seiner Staatsverwaltung und Volkswirtschaft auf die Erfordernisse des Krieges (wirtschaftliche M.). – Die militärische M. für den Weltkrieg stützte sich auf detailliert geplante Maßnahmen schon im Frieden zur Auffüllung der Verbände mit Personal, Bekleidung und Ausrüstung, um sie rasch auf Kriegsstärke zu bringen. Bei Kriegsbeginn wurden die Grenzsicherungskräfte verstärkt und die Kontrollen an den Übergängen verschärft. Zur Vorbereitung des Aufmarsches gingen dafür vorgemerkte Teile des Verkehrswesens in militärische Verfügung über. In den Verwaltungsbehörden wurden Maßnahmen zur Ausfuhrkontrolle und Zwangsbewirtschaftung kriegswichtiger Güter, zur Regelung der

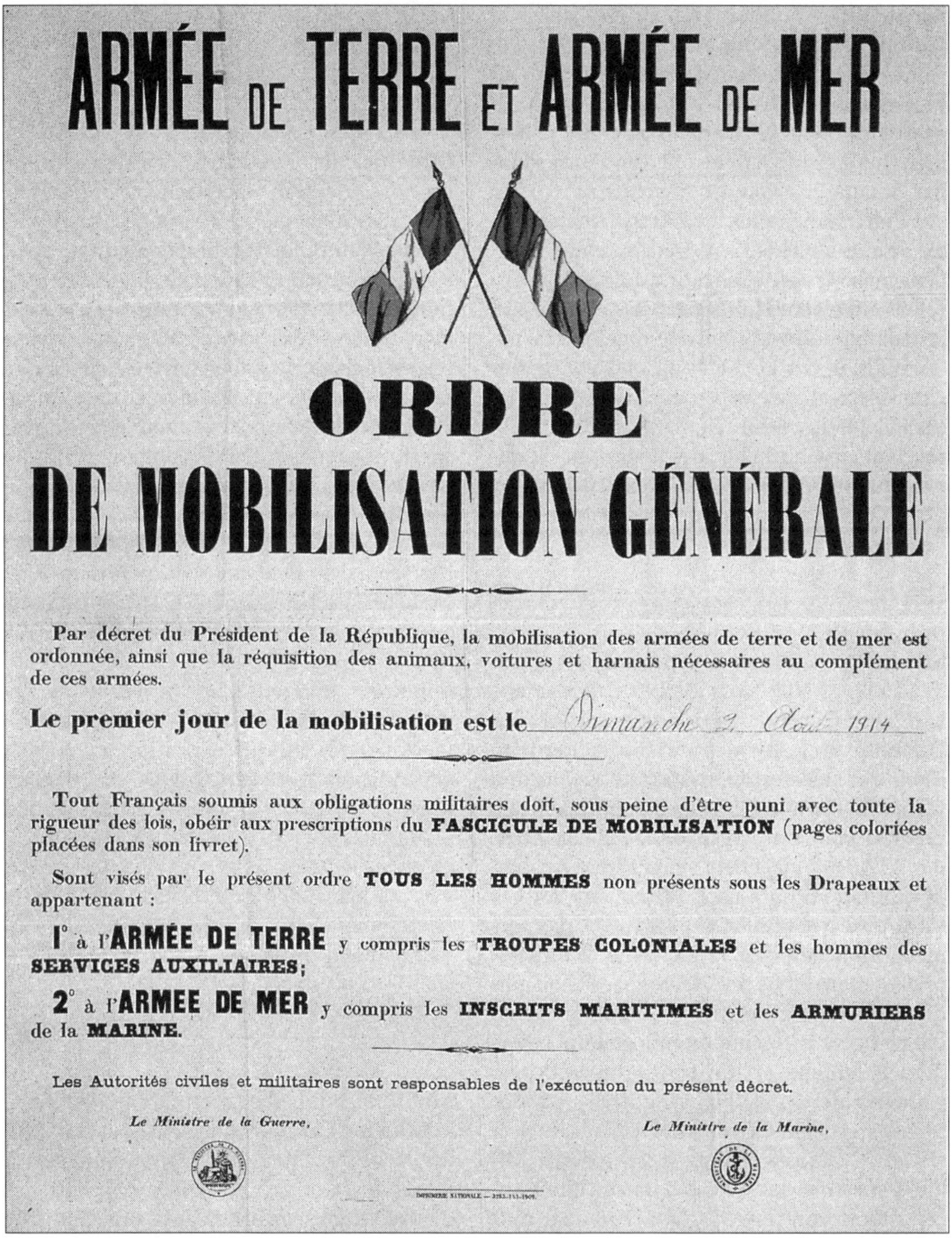

Französisches Mobilmachungsplakat. August 1914

Lebensmittelversorgung der Bevölkerung und zur Lenkung und Kontrolle der Presse eingeleitet. Ausgelöst wurden diese Umstellungsvorgänge mit dem öffentlich bekanntgemachten M.befehl des Obersten Kriegsherrn. Die Abläufe im Sommer 1914 waren von der wechselseitigen Absicht bestimmt, sich durch frühzeitige M. einen feldzugsentscheidenden Vorsprung bei der Kriegsbereitschaft und beim Aufmarsch zu verschaffen. Dies galt insbesondere für das Deutsche Reich, dessen Planungen für einen Zweifrontenkrieg davon abhingen, daß die deutschen Truppen aus einem rasch vollzogenen Aufmarsch zur entscheidungssuchenden Offensive im Westen antraten, bevor das volle Gewicht der russischen Massenarmeen im Osten wirksam wurde. Daraus resultierte jene charakteristische M.automatik zwischen dem 25. Juli und 3. Aug. 1914, die verbleibende Spielräume für ein politisches Krisenmanagement von vornherein erheblich einengte. Serbien leitete noch vor Ablauf des österreichischen Ultimatums am 25. Juli nachmittags seine Gesamt-M. ein, auf die Österreich-Ungarn wenige Stunden nach Ablauf des Ultimatums mit der Teil-M. seiner Verbände gegen Serbien antwortete. Am 26. Juli machte daraufhin das eng mit Serbien verbundene Montenegro mobil, während Rußland eine Verordnung über Kriegsvorbereitungen gegen Österreich-Ungarn in Kraft setzte. Der österreichischen Kriegserklärung an Serbien am 28. Juli folgte am 29. Juli die Bombardierung Belgrads und die Teil-M. Rußlands an der österreichisch-ungarischen Grenze. Am 30. Juli befahl Zar Nikolaj II. die Gesamt-M. in Rußland, woraufhin Kaiser Franz Joseph seinerseits am 31. Juli den Befehl zur Gesamt-M. Österreich-Ungarns erließ, während im Deutschen Reich der »Zustand drohender Kriegsgefahr« verkündet wurde. Dies wiederum veranlaßte das von einem deutschen Angriff bedrohte Belgien, noch am selben Tag die M. einzuleiten. Da letzte diplomatische Kontakte zwischen den Großmächten ergebnislos blieben, leiteten am 1. Aug. Frankreich und das Deutsche Reich die Gesamt-M. ein, während Großbritannien zunächst nur seine Flotte mobilisierte. Nach dem deutschen Einmarsch in das neutrale Belgien brach Großbritannien am 4. Aug. seine Beziehungen zu Deutschland ab, womit der Kriegszustand eingetreten war.

Lit.: W. J. Mommsen, Die Urkatastrophe Deutschlands. Der Erste Weltkrieg, 1914-1918 (Gebhardt Handbuch der deutschen Geschichte, Bd. 17), Stuttgart 2002.

Bruno Thoss

Mohnblume (engl.: poppy flower), auf den Schlachtfeldern der Westfront verbreitete Feldblume, deren Samen jahrelang unter bewirtschafteten Böden ruhen kann, während der Brache keimt und daher als eine der ersten Pflanzen auf den vegetationslosen Flächen im Niemandsland blühte. – Die M. wurde noch während des Krieges vornehmlich in der britischen Kriegs- und Erinnerungskultur durch ihre rote Farbe zum Symbol des massenhaften Soldatensterbens und des vergossenen Blutes. Gleichzeitig entwickelte sich die M. auch als Zeichen neuen Lebens auf den »blutdurchtränkten« Schlachtfeldern zu einem Hoffnungs- und Auferstehungssymbol. Vor dem Hintergrund antiurbaner Vorgaben einer rustikalen britischen Reformkultur der Vorkriegszeit (vgl. das Gedicht von Rupert Brooke: *The Old Vicarage – Grantchester*, 1912) entstand außerdem eine enge Assoziation der M. mit der naturalistischen Symbolsprache des Nationalismus. In der Kriegsdichtung Großbritanniens und des Empires erscheint die M. auch als mahnendes Symbol, das den Soldatentod in einen Auftrag für die Überlebenden und die Heimatgesellschaft übersetzt: »In Flanders fields the poppies blow / between the crosses, row on row [...] If ye break faith with us who die / We shall not sleep, though poppies grow / In Flanders fields.« (John McCrae: *In Flanders Fields*). Bis heute dient die M. als Emblem der britischen Veteranenvereinigung British Legion, die alljährlich zum Jahrestag des Waffenstillstandes zu wohltätigen Zwecken Anstecknadeln in Form der M. verkauft. In weißer Farbe dient die M. inzwischen auch als konkurrierendes Emblem des britischen Pazifismus.

Lit.: P. Alter, Der Erste Weltkrieg in der englischen Erinnerungskultur, in: Krieg und Erinnerung, hg. v. H. Berding u. a., Göttingen 2000, S. 113-125.

Aribert Reimann

Moltke, Helmuth Johannes Ludwig von (der Jüngere), * Gersdorff (Mecklenburg) 25.5.1848, † Berlin 18.6.1916, preußischer General (Chef des Generalstabs des Feldheeres). – M., der Neffe des gleichnamigen Generalfeldmarschalls, trat 1869 in das Füsilierregiment Nr. 86 ein und nahm als Leutnant am Deutsch-Französischen Krieg teil. 1872 erfolgte die Versetzung zum 1. Garderegiment zu Fuß. M.s weitere militärische Laufbahn war von der Nähe zu seinem berühmten Onkel – er war sein Adjutant bis zu dessen Tode 1891 – sowie später von der Protektion durch den jungen Kaiser Wilhelm II. gekennzeichnet. 1881 wurde er Hauptmann, 1888 Major. Seit 1891 Flügeladjutant des Kaisers, führten ihn mehrere Gardekommandos sowie Liaisonmissionen an den Hof des russischen Zaren. 1899 ernannte man ihn zum Generalmajor, 1904 zum Generalquartiermeister im Großen Generalstab. 1906 wurde er auf Wunsch des Kaisers Nachfolger Alfred von Schlieffens als Chef des Generalstabs. Noch im selben Jahr wurde er General der Infanterie, 1914 Generaloberst. Während seiner Amtszeit sah sich M. vor allem mit dem übermächtigen militärischen Erbe seines Vorgängers konfrontiert, das einen minutiösen Operationsplan, gleichwohl aber keine hierfür ausreichenden militärischen Mittel beinhaltete. Unter dem Eindruck der krisenhaften Entwicklung der letzten Friedensjahre forderte er daher eine Verstärkung der personellen Heeresrüstung. Zum strategischen Dilemma M.s geriet der Zweifrontenkrieg gegen Frankreich und Rußland, eine Zwangslage, aus der sich der Generalstabschef mehrfach auch mit Präventivkriegsüberlegungen zu befreien gedachte.

Mit der Mobilmachung im Aug. 1914 wurde M. Chef des Generalstabs des Feldheeres. Als die schnelle strategische Umfassung der französischen und britischen Armeen Anfang Sept. an der Marne scheiterte, brach M. gesundheitlich zusammen; ab dem 14. Sept. 1914 war er de facto durch General Erich von Falkenhayn ersetzt. Nach seiner Genesung auf den vergleichsweise unbedeutenden Posten des Chefs des Stellvertretenden Generalstabs in Berlin abgeschoben, entwickelte der vermeintlich »weiche« M. gleichwohl wieder ungeahnte politische Energien, so etwa im Verlauf einer Ende 1914 eingeleiteten Hofintrige gegen seinen Nachfolger Falkenhayn.

Ohne Aussicht auf ein militärisches Kommando und mit dem Stigma der Niederlage an der Marne behaftet, verstarb M. am 18. Juni 1916, unmittelbar im Anschluß an die Trauerfeier für Generalfeldmarschall Colmar Freiherr von der Goltz. Die Praxis seiner Führung geriet nach 1918 unter dem publizistischen Wirken der »Schlieffen-Schule« zum Gegenstand schärfster Kritik, die M. zum Sündenbock für die Kriegsniederlage zu machen suchte. Erst Mitte der 1930er Jahre wurde diese Position in der Militärliteratur teilweise revidiert.

Lit.: Helmuth von Moltke 1848–1916. Dokumente zu seinem Leben und Wirken. Bd. 1, hg. v. T. Meyer, Basel 1993; A. Mombauer, Helmuth von Moltke and the Origins of the First World War, Cambridge 2000.

MARKUS PÖHLMANN

Montenegro. Als kleinster der Balkanstaaten war M. strategische Lage durch die Grenzen zu Österreich-Ungarn und Serbien vorgezeichnet. Im Süden grenzte das Königreich an Albanien, von dem es im Verlauf des 2. Balkankriegs Gebiete mit albanischer Bevölkerung dazugewonnen hatte. Die montenegrinische Bevölkerung selbst war mehrheitlich ethnisch serbisch, woraus sich im Verlauf der Krise von 1914 die Unterstützung für den serbischen Nachbarn ergab. Seit 1860 wurde das Land von Nikola I. (Petrović) regiert, der sich 1910 zum König gekrönt hatte. Die Wehrverfassung beruhte auf einem Milizsystem mit einem kleinen Kader an aktiven Offizieren und Unteroffizieren. Die Kriegsstärke der montenegrinischen Armee lag bei rund 38.000 Mann (Linie und Reserve). Ausbildung und Ausrüstung befanden sich auf niedrigem Niveau, einzig die Verbreitung von Handfeuerwaffen in der Gesamtbevölkerung lag über europäischen Vergleichszahlen.

Am 7. Aug. 1914 erklärte M. Österreich-Ungarn den Krieg, am 12. Aug. dem Deutschen Reich; zum Chef des Generalstabs wurde der serbische General Yanković ernannt. Zunächst blieb die Situation an den Grenzen des Landes ruhig, erst mit dem Angriff der Mittelmächte auf Serbien im Herbst 1915 kam der Krieg nach M. Die Reste der geschlagenen serbischen Armee zogen sich bald über M. und Albanien Richtung Adriaküste zurück, um dort von den Alliierten auf dem Seeweg evakuiert zu werden. Am 4. Jan. 1916 griffen österreichische Verbände schließlich M. an, dessen Armee rasch geschlagen und gefangen gesetzt war. Am 23. Jan. kapitulierte König Nikola; er verließ die Hauptstadt Cetinje und begab sich ins französische Exil. Im März wurde ein k. u. k. Militärgouvernement unter Feldmarschalleutnant Freiherr von Weber eingerichtet, das bis zum Rückzug der Österreicher im Okt. 1918 das Land kontrollierte. Bereits während des Krieges zeichnete sich für die Nachkriegszeit das Ende des Königreichs M. ab: In Wien schwankten die Überlegungen zwischen vollständiger Annexion und territorialer Verkleinerung auf einen Vasallenstaat. Doch auch auf Seiten des slawischen Alliierten bot sich mit der Flucht des Königs die Gelegenheit zur Eingliederung in den von Serben, Kroaten und Slowenen ins Auge gefaßten Nachfolgestaat unter einem serbischen König. Am 26. Nov. 1918 beschloß eine in Abwesenheit des Königs gewählte Nationalversammlung dessen Absetzung und den Anschluß an das südslawische Königreich. → *Durazzo*

Lit.: H. Kerchnawe u. a., Die Militärverwaltung in den von den österreichisch-ungarischen Truppen besetzten Gebieten, Wien 1928; D. Zhivkovich, Serbia and Montenegro. The Home Front, 1914-18, in: East Central European Society in World War I, hg. v. B. K. Kiraly/N. F. Dreisziger, Boulder 1985, S. 239-259.

MARKUS PÖHLMANN

Müller, Georg Alexander von, * Chemnitz 24.3.1854, † Hangelsberg/Spree 18.4.1940, deutscher Admiral. – M. trat 1871 in die Kaiserliche Marine ein und diente danach in verschiedenen Land- sowie Bordstellungen, darunter bei der Torpedowaffe und im Oberkommando der Marine. Als persönlicher Adjutant begleitete er 1897/98 den Prinzen Heinrich von Preußen nach Ostasien. Nach seiner Verwendung als Kommandant des Linienschiffes *Wettin* und anschließendem Dienst im militärischen Gefolge Kaiser Wilhelms II. übernahm M. am 8. Juli 1906 die Leitung des Marinekabinetts, dessen Chef er bis Kriegsende blieb. In dieser Funktion war er für alle Personalangelegenheiten der Marine verantwortlich und hatte den Kaiser in allen Marinefragen zu beraten. In seiner Stellung unmittelbar Wilhelm II. verantwortlich, übte der gebildete und gewissenhafte Kabinettschef sein Amt in ausgleichender Weise aus. Vor dem Weltkrieg Anhänger der kaiserlichen Weltpolitik sowie der Tirpitzschen Flottenpolitik, geriet M. dann allerdings 1914-16 durch seine mäßigende Stellung zum U-Boot-Krieg und seine Opposition zu marineinternen Bestrebungen, Tirpitz mit dem Oberbefehl über die Marine zu betrauen, in eine Außenseiterposition. Ihm wurde vorgehalten, er habe den Kaiser durch eine »chinesische Mauer« isoliert. Die neue Garde um die Admirale Reinhard Scheer, Adolf von Trotha und Magnus von Levetzow sah in ihm schlichtweg den »Rasputin« der Marine wegen seiner Rolle bei der Entlassung von Tirpitz im Frühjahr 1916. Auch kritisierten sie seine Unterstützung der zivilen Reichsleitung, die Gegnerschaft zum abenteuerlichen Einsatz der Hochseeflotte und die resolute Verteidigung der kaiserlichen Kommandogewalt. Überzeugt von der Unhaltbarkeit seiner Position, nahm M. am 29. Okt. 1918 seinen Abschied.

Lit.: J.-U. Fischer, Admiral des Kaisers. Georg Alexander von Müller als Chef des Marinekabinetts Wilhelms II., Frankfurt a. M. u. a. 1992.

HOLGER H. HERWIG

Munitionskrise, krisenhafte Zuspitzung des Muntitionsmangels bei allen Kriegführenden zwischen Herbst 1914 und Frühjahr 1915. – Unzureichende organisatorische Mobilisierung der Wirtschaft für den Krieg, mangelnde Bevorratung kriegswichtiger Rohstoffe und rasch wirksam werdender Arbeitskräftemangel wegen des Personalbedarfs der Armeen führten schon im Herbst 1914 zu einer ernsten Verknappung bei der Munitionsversorgung. Diese steigerte sich bis Ende 1914 zu einer einschneidenden M., da in allen Armeen große Munition, insbesondere Artilleriegranaten, nur noch für wenige Kampftage ausreichten. Zusätzlich verschärft wurde die Situation, weil Rußland über keine hinreichende Rüstungsbasis verfügte, Frankreich schon in den ersten Kriegswochen über die Hälfte seiner nordfranzösischen Schwerindustrie an die Deutschen verlor und dem Deutschen Reich durch die alliierte Seeblockade die Zufuhr von chilenischem Salpeter für die Pulvererzeugung abgeschnitten wurde. Die Kriegführenden reagierten auf die M. mit einer nachgeholten wirtschaftlichen Mobilisierung, bei der zentrale staatliche Lenkung und eine Ausweitung privatwirtschaftlicher Kapazitäten für Rüstungszwecke ineinandergriffen. Im preußischen Kriegsministerium wurde auf Vorschlag von und unter Leitung Walther Rathenaus eine eigene Kriegsrohstoffabteilung (KRA) für die Erfassung, Lagerung und Verteilung kriegswichtiger Rohstoffe errichtet. Salpeter für die Pulverherstellung wurde durch die Gewinnung von Stickstoff aus der Luft nach dem Haber-Bosch-Verfahren ersetzt. In Zusammenarbeit von Militärbehörden und Privatwirtschaft gelang außerdem die Umstellung auf eine standardisierte Massenproduktion und die Freistellung unentbehrlicher Facharbeiter vom Militärdienst. In Österreich-Ungarn war schon mit Kriegsbeginn eine strikte Kontrolle der Rüstungswirtschaft durch die Militärbehörden verfügt worden. In der Bewirtschaftung kriegswichtiger Rohstoffe schloß man sich Ende 1914 dem deutschen Vorbild an. In Frankreich hatten vor 1914 staatliche Artilleriewerkstätten und Munitionsfabriken dominiert. Ihrer Überlastung durch den unvorhergesehen hohen Munitionsverbrauch und den Ausfall Nordfrankreichs wirkte man jetzt durch Mobilisierung der Privatwirtschaft für die Rüstungsproduktion entgegen. In Großbritannien löste die Armeeführung nach den militärischen Mißerfolgen an der Westfront und an den Dardanellen mit ihrer Kritik an mangelnder Munitionsversorgung im Mai 1915 einen öffentlichen Skandal (»shell scandal«) aus, über den das zweite Kabinett Asquith stürzte. Der neue Rüstungsminister Lloyd George bereinigte die M. durch ein System direkter staatlicher Anweisungen an die Industrie – bei grundsätzlicher Beibehaltung privatwirtschaftlicher Strukturen – und die Etablierung eines wirtschaftlichen »Burgfriedens« mit den Gewerkschaften. → *Rohstoffbewirtschaftung*

BRUNO THOSS

Mussolini, Benito, * Dovia di Predappio (Provinz Forli) 29.7.1883, † (hingerichtet) Giulino di Mezzegra (Provinz Como) 28.4.1945, italienischer Publizist und Politiker. – Bei Ausbruch des Weltkrieges gehörte der spätere Begründer des Faschismus noch zu den Befürwortern einer neutralen, internationalistisch orientierten Politik Italiens. Doch bereits nach wenigen Wochen überwarf sich der ehemals revolutionär-sozialistische Politiker und Journalist mit der Parteiführung des Partito Socialista Italiano (Sozialistische Partei Italiens) und forderte den Eintritt seines Landes in den Krieg. Einen Tag nach seiner Entlassung als Chefredakteur des Parteiorgans *Avanti* am 14. Nov. 1914 gründete M. seine eigene Tageszeitung *Il Popolo d'Italia*, die fortan vehement für einen Kriegsbeitritt Italiens auf seiten der alliierten Mächte agitierte. Trotz seiner sozialistischen Ausrichtung erhielt das Blatt finanzielle Zuwendungen von wichtigen Industrieunternehmen, die – wie die norditalienische Firma Fiat – ein unmittelbares Interesse an staatlichen Rüstungsaufträgen hatten. *Il Popolo* wurde zum Sprachrohr der militärischen Interventionisten und hatte Anteil an dem unter öffentlichem Druck zustande gekommenen Kriegseintritt Italiens im Mai 1915. Nach M.s Einberufung zum Militärdienst im Sept. 1915 – er bekleidete bis zu seiner Entlassung aus der Armee nach einem Unfall 1917 den Rang eines Gefreiten – sank die Bedeutung der Zeitung. Für die vernichtende Niederlage der italienischen Armee bei Caporetto (Karfreit) im Spätherbst 1917 machte der alte und neue Chefredakteur die Unfähigkeit und Zögerlichkeit der Regierung in Rom verantwortlich. M. nutzte geschickt die massive Enttäuschung der vom Krieg besonders hart getroffenen ländlichen und kleinbürgerlichen Unterschichten und plädierte nun für eine politische Verbindung von radikalem Nationalismus und sozialen Reformen. Die weitverbreitete Frustration in der Bevölkerung über Italiens »verstümmelten Sieg« (Gabriele D'Annunzio) von 1918/19 verschaffte M. ein weiteres agitatorisches Arsenal für seine widersprüchlichen, aber schließlich erfolgreichen Parolen. Mit der 1919 erfolgten Gründung seiner »fasci di combattimento«, der faschistischen Kampfverbände, deren revolutionär-syndikalistische Wurzeln bis in das erste Kriegsjahr zurückreichen, erhielt M. eine Kampftruppe, die sich als skrupellose und gewalttätige Avantgarde beim Aufstieg des Faschismus in Italien erweisen sollte.

Lit.: D. M. Smith, Mussolini. Eine Biographie, München/Wien 1983.

GERHARD HIRSCHFELD

Nachrichtendienste, staatliche Organisationen, auch Geheimdienste genannt, die sich unter Einsatz nachrichtendienstlicher Mittel mit dem Sammeln und Auswerten militärischer, politischer, wirtschaftlicher und wissenschaftlicher Informationen über einen anderen Staat befassen. N. erhalten auch Aufträge zur Sabotage und zur Diversion und haben den Schutz der eigenen Staatsgeheimnisse gegen die Feindspionage zu gewährleisten. – In der Epoche des Nationalismus kam es zwischen 1860 und 1914 in den meisten Staaten zur Einrichtung von N. Der Weltkrieg trieb den Ausbau, die Spezialisierung und die Professionalisierung des Nachrichtenwesens weiter voran. Zu den N. der Ententemächte zählten in Großbritannien der Secret Intelligence Service (SIS), die Naval Intelligence Division (NID) sowie Scotland Yard; in Frankreich das Deuxième Bureau sowie die Sûreté Générale (S.G.); in Rußland der politische N. Ochrana; in den USA die Military Intelligence Division (MID) und das Federal Bureau of Investigation (FBI). Seit 1915 bestand zudem ein interalliierter N. Zu den N. der Mittelmächte zählte in Deutschland die Abteilung III B des Generalstabes und die Geheime Feldpolizei, in Österreich-Ungarn das Evidenzbüro des k. u. k. Generalstabes. Parallel zu den N. der Generalstäbe unterhielten alle Heere eigene N. zu Aufklärungszwecken. Diese Doppelstruktur, aber auch das traditionelle Mißtrauen der Operationsabteilungen gegenüber den N. erschwerte eine effiziente Tätigkeit der einzelnen Organe. An der Front gehörte es zu den Aufgaben der N., Kriegsgefangene und Deserteure zu befragen und Beutedokumente auszuwerten. Gleichzeitig kamen neue Aufklärungstechniken zum Einsatz, beispielsweise die Luftbildfotografie oder die Licht- und Schallmessung. Sowohl an der Front als auch bei den N. der Generalstäbe entwickelte sich das Abhören und Entschlüsseln des gegnerischen Telegramm- und Funkverkehrs zu einer der wichtigsten Informationsquellen über den Feind überhaupt. Ein wichtiger Erfolg gelang beispielsweise dem N. der englischen Marine unter Admiral William R. Hall durch die Entschlüsselung eines Telegramms, in dem das Auswärtige Amt Mexiko zu einer Kriegserklärung an die USA aufforderte und dafür die Herausgabe amerikanischer Territorien in Aussicht stellte. Die Wilson-Administration setzte die Veröffentlichung des sog. Zimmermann-Telegramms vom Jan. 1917 als Druckmittel ein und erreichte im April 1917, daß der Kongreß einem Kriegseintritt Amerikas zustimmte. In der Zwischenkriegszeit förderte die populäre Spionageliteratur eine spezielle Verklärung der Rolle der Nachrichtenoffiziere und Kryptologen im Ersten Weltkrieg. → *Sabotage* → *Zimmermann-Telegramm*

GUNDULA BAVENDAMM

Der »Eiserne Hindenburg« von Berlin. Postkarte. 1917

Nagelungen. Ausgehend von der N. eines »Eisernen Wehrmanns« in Wien am 6. März 1915 wurden bis Mitte 1916, dann bis zum Ende des Krieges stark nachlassend, überall in Deutschland und Österreich-Ungarn, vereinzelt auch an den Fronten (»Adler der Champagne« in Reims), von der Bevölkerung hölzerne Symbolfiguren mit Nägeln, gelegentlich auch mit Metallschildern benagelt. N. von Schilden wurden parallel hierzu ab 1916 auf Initiative des Vereins »Jugendspende für Kriegerwaisen« auch in Schulen durchgeführt. Je nach Material der Nägel (Kupfer, Messing, Eisen) mußte eine bestimmte Geldsumme gezahlt werden; der Erlös sollte den Kriegshinterbliebenen der eigenen Gemeinde zukommen. Der Versuch der »Nationalgabe Nagelung von Kriegswahrzeichen zu Gunsten der Nationalstiftung für die Hinterbliebenen der im Kriege Gefallenen«, den Erlös der N. zu $^3/_4$ für die Nationalstiftung zu vereinnahmen und $^1/_4$ den örtlichen Wohlfahrtseinrichtungen zu belassen, konnte nicht durchgesetzt werden. Die lokalen Komitees entschieden eigenständig über die Verteilung der Gelder. In manchen Großstädten erbrachten die N. über 500.000 M (Köln, Düsseldorf, Hamburg, Berlin). Das am häufigsten genagelte Symbol war das Eiserne Kreuz. Weitere N.symbole waren: Stadtwappen und heraldische Zeichen; nationale und lokale Helden und Symbolgestalten (»Isern Hinnerk« in Altona, »de Kölsche Boor« in Köln, »Heinrich der Löwe« in Braunschweig); mythologische Figuren (St. Michael in Hamburg, Würzburg, Bad Pyrmont; »Jung-Germane« in Münster, Siegfried in Mülheim/Ruhr und Wiesbaden); Wehrmänner (Augsburg, Erfurt, Halberstadt, Metz, Stuttgart), Ritter (Bamberg, Frankfurt/O., Heilbronn), Rolande (Magdeburg, Mannheim, Prenzlau); Figuren, die für typische Berufe der Region standen (Schmied in Bochum, Essen und Hagen; Bergmann in Recklinghausen); aktuelle Kriegswaffen (U-Boot in Kiel, »Gotha-Taube« [=Flugzeug] in Gotha); »Eisernes Buch« (Diepholz, Verden); (Kirchen-)Türen (Arolsen, Borna, Eichstätt); die seltenen N. des Ebenbilds noch lebender Personen (Hindenburg in Berlin, Tirpitz in Wilhelmshaven) wurden im In- und Ausland als barbarischer, heidnischer Akt kritisiert. Vollständig benagelte Symbole wurden in Kirchen aufgehängt oder an zentralem Ort als Kriegserinnerungszeichen aufgestellt. Auch wenn bestritten wurde, das Nageln habe etwas mit dem seit der Antike bekannten Brauchnageln zu tun bzw. sei ein Relikt alten

Aberglaubens, lassen zeitgenössische Äußerungen erkennen, daß N. mehr waren als gemeinschaftsstiftende Akte der Solidarität: Sie waren immer auch Vehikel patriotischer Gesinnungsbildung, Objekte der Kraftübertragung zwischen Heimat und Front, Akte der Selbstbeschwörung, gelegentlich auch vorweggenommenes Kriegerdenkmal. Zahlreiche Kriegswahrzeichen wurden nach Kriegsende zerstört oder zerfielen infolge von Natureinwirkungen. Im Zweiten Weltkrieg kam es nur zu ganz wenigen Geldsammelaktionen im Anschluß an N. (U-Boot in Hannover, Stuka in Hamburg). Die Nationalsozialistische Volkswohlfahrt (NSV) und das Winterhilfswerk verfügten über ein Sammelmonopol, das N. ausschloß.

Lit.: G. Schneider, Zur Mobilisierung der »Heimatfront«. Das Nageln sog. Kriegswahrzeichen im Ersten Weltkrieg, in: Zeitschrift für Volkskunde, 95 (1999), S. 32-62.

Gerhard Schneider

Narew-Offensive. Mitte Juni 1915 faßte eine Konferenz des russischen Oberkommandos (Stawka) in Cholm die Lage zusammen. Das Heer war, hauptsächlich aufgrund der Niederlage in Galizien, rund eine halbe Mio. Mann unter Sollstärke. Im Norden, in Kurland, hatte sich die deutsche Armeegruppe Lauenstein (Njemen-Armee) in einer vorteilhaften Position festsetzen können, von der aus sie sowohl Riga, den wichtigsten Ostseehafen, als auch die Festung Kowno bedrohen konnte, um so zwei russische Armeen zu binden. Der Oberbefehlshaber der Nordwestfront, Alexejew, hatte nur zwölf Divisionen zur Stützung der Südwestfront zur Verfügung, während sich jetzt gleichzeitig die Gefahr abzeichnete, daß die Deutschen aus Ostpreußen in Russisch-Polen über den Narew auf Warschau vorstoßen würden. In der Vorkriegszeit hatte man mit einer derartigen Lage gerechnet, dabei aber ganz auf die Festungen vertraut. Kowno, Nowogeorgiewsk, Iwangorod und eine Reihe kleinerer Anlagen sollten einen Angriff der deutschen Verbände aufhalten und diese zu langwierigen Belagerungen veranlassen. Die Festungen, vor allem Nowogeorgiewsk, waren gut bestückt mit Artillerie und Munitionsreserven, die man der Fronttruppe vorenthalten hatte.

Alexejew erwog den Rückzug bis wenigstens an die Weichsel, was durchaus sinnvoll war. Die Stawka empfahl dagegen den Ausbau eines Stellungssystems. Doch stand hierfür weder ausreichend Zeit zur Verfügung, noch konnte Einigung erzielt werden, wo diese Stellung verlaufen sollte.

Ludendorff, Stabschef beim Oberbefehlshaber Ost, hatte einen gewagten Stoß in Richtung Nordosten über Kurland vorgeschlagen, der Aussicht auf einen russischen Zusammenbruch bot. Hierüber geriet er in einen scharfen Konflikt mit Generalstabschef Falkenhayn, der den begrenzteren Plan favorisierte, die russische Armee aus Polen zu vertreiben. Falkenhayn beharrte auf seinem Plan, der eine doppelte Umfassungsoperation mit dem Ziel Warschau vorsah. Die eine Zangenbewegung sollte von Norden über den Narew geführt werden, die andere von Süden, aus Galizien heraus. Nordwestlich des Narew griffen am 13. Juli auf einer Breite von 40 km elfeinhalb deutsche Infanterie-Divisionen an. Diesen standen nur sieben russische Divisionen gegenüber und ihre Reserven waren von Kurland über Zentralpolen bis an die Südwestfront zersplittert. Bei Przasnysz brachen die deutschen Verbände unter General von Gallwitz durch. Bis zum 17. hatten sie zwar nur 8 km zurückgelegt, dabei aber zwei Drittel der Verteidiger ausgeschaltet und etwa 24.000 Gefangene gemacht. Doch am Narew selbst kam der weitere deutsche Vorstoß auf Warschau zum Erliegen.

Doch für Stawka stellten sich weitere Probleme ein: im Süden, wo General Mackensen der Durchbruch gelungen war, und im Nordosten, wo sich die deutschen Truppen im Vormarsch auf die wichtige Festung Kowno befanden. Auch östlich der Weichsel liefen die Operationen gegen die deutsche 9. Armee aus dem Ruder. Im russischen Oberkommando verlor man den Kopf und beschloß am 22. Juli die Evakuierung von Warschau. Die Verbände zogen sich verhältnismäßig geordnet zurück, und am 4. Aug. marschierten deutsche Truppen in Warschau ein. Doch das Streckennetz der russischen Eisenbahn war zu dünn, um den Abtransport des gesamten Kriegsmaterials leisten zu können. Auch die Einschätzung, die große Festung Nowogeorgiewsk könne einer Belagerung standhalten, erwies sich als falsch. Die Zitadelle war das Symbol der russischen Herrschaft in Polen, doch lag sie im Feuerbereich der modernen deutschen Ferngeschütze. Die Außenwerke, die die Einnahme verhindern sollten, waren für diese Aufgabe zu veraltet. General von Beseler, der 1914 bereits Antwerpen eingenommen hatte, leitete die Beschießung, und am 19. Aug. fiel die Festung.

Der russische Rückzug ging weiter, begleitet von teilweise grausam durchgeführten Zwangsevakuierungen der örtlichen jüdischen Bevölkerung. Mackensen und Gallwitz bahnten sich mit ihren 33 bzw. 20 Divisionen mühsam ihren Weg, bei Tagesleistungen von rund 5 km. In der sumpfigen Pripjet-Region angekommen, die Ausladebahnhöfe mehr als 100 km hinter sich, ging den deutschen Truppen der Nachschub aus. In der Sommerhitze nahmen die Ausfälle an Kranken zu. Bis zum 20. Aug. hatte Gallwitz rund ein Drittel seines Verbandes verloren. Am Ende des Monats verlief die Front von Osowiec im Norden über Brest-Litowsk und Kowel im Zentrum; die Österreicher standen im Süden bei Tarnopol in Ostgalizien. Die N. endete am 24. Aug. mit der Eroberung von Kowno durch die deutsche 10. Armee.

Lit.: N. Stone, The Eastern Front 1914-1917, London 1998.

NORMAN STONE (Ü: M. P.)

Nationaler Frauendienst, Organisation der deutschen Frauenbewegung. – Der N. regelte während des Krieges die vielfältigen sozialen Hilfsangebote von und für Frauen, die zur politischen und ökonomischen Absicherung der Kriegführung in der Heimat nötig waren. Bereits am 1. Aug. 1914 legten das preußische Innenministerium und der Bund deutscher Frauenvereine, der schon im Juli einen provisorischen Entwurf für den Kriegsfall erstellt hatte, die Zuständigkeiten des N. in der Kriegsfürsorge und der -wohlfahrtspflege fest. In der Folge schlossen sich auch die katholischen ebenso wie die sozialdemokratischen und gewerkschaftlichen Frauenorganisationen dem N. an. Angesichts des hohen Verwaltungsaufwandes im Zuge der Mobilmachung überließen die Behörden bereitwillig einen Teil der Fürsorgearbeit den Frauen. Zudem war die zivile Mobilmachung kaum vorbereitet. Von staatlicher Seite gab es lediglich das »Gesetz betreffend die Unterstützung von Familien der in den Dienst eingetretenen Mannschaften« von 1888, das der Reichstag nur zögerlich und unvollständig den veränderten wirtschaftlichen Bedingungen anpaßte. Weitere Pläne zu Organisation und Leistungen der Kriegsfürsorge lagen nicht vor. Grund dafür war vor allem die Annahme, daß der Krieg schnell beendet sein würde und private Wohltätigkeit in der kurzen Zeit die notwendigen Leistungen übernehmen könnte, die aber weder gesetzlich geregelt noch sichergestellt waren. Diese Planungslücke füllte der N., dessen Aufgaben sich in vier Hauptgebiete unterteilen lassen. Eine wichtige Aufgabe bestand in der Arbeitsvermittlung, da die Arbeitslosigkeit von Frauen schon im Aug. 1914 um das zehnfache auf 32,4 % stieg. Geregelte Erwerbslosenunterstützung gab es nicht, der Staat verwies diese Aufgabe in den Verantwortungsbereich der Kommunen, die aber nur in Ausnahmefällen handelten. Der N. organisierte Stellenvermittlungen oder fungierte mit der Einrichtung von Strick- und Nähstuben oder Großküchen selbst als Arbeitgeber. Die zweite Hauptaufgabe lag in der Mitarbeit an der Lebensmittelversorgung. Hierzu gehörte nicht nur die Ausgabe von Lebensmittelanweisungen, die zunächst aus Spenden, später auch staatlich finanziert wurden, und die Einrichtung von Volksküchen, sondern vor allem auch die hauswirtschaftliche Beratung und ein umfangreiches Kursangebot für Frauen, die hier lernen sollten, mit der eingeschränkten Grundversorgung zu wirtschaften.

Ein drittes Aufgabengebiet bestand in der Informationsvermittlung. Der N. bot Rechtsberatungen an und gab Auskunft über die bestehenden staatlichen und privaten Hilfsangebote. Das vierte Aufgabenfeld betraf den engeren Bereich der Kriegsfürsorge für in Not geratene Familien, dessen Ausgestaltung von den jeweiligen Befugnissen des N. abhing.

Die Organisationsformen des N. unterschieden sich regional sehr stark voneinander. In Berlin bildete er ein eigenständiges Organ der Kommunalverwaltung, stellte das zunächst rein ehrenamtliche Personal für die Kriegsfürsorgestellen, die ohne die Frauen nicht funktionsfähig gewesen wären, übernahm im Laufe des Krieges die Ermittlungsarbeit, um die Berechtigung der gestellten Anträge auf Kriegsunterstützung zu prüfen, und organisierte die Mietunterstützung. In anderen Städten, wo er zum Teil auch unter einer anderen Bezeichnung auftrat, mußte sich der N. dem kommunalen Fürsorgeapparat unterordnen oder gründete eigene Organisationen, die parallel zu den staatlichen Stellen arbeiteten, teilweise gab es auch Mischformen aus staatlicher und selbstständiger Tätigkeit. Einflußmöglichkeiten und Entscheidungsbefugnisse hingen von der Aufgeschlossenheit der für die Kriegsfürsorge zuständigen Kommunalbeamten ab. Generell mußte bei der Arbeit des N. größtenteils improvisiert werden, auch die fehlende Ausbildung vieler Frauen erwies sich als hinderlich.

Als im Herbst 1916 die dritte Phase der Kriegswirtschaft begann, war vorgesehen, die provisorischen Einrichtungen des N. durch eine straffere Organisation zu ersetzen. Die 3. OHL erachtete die weitgehende Unterordnung gesellschaftlicher und wirtschaftlicher Belange unter die Erfordernisse des Krieges für notwendig und plante auch eine zwangsweise Dienstverpflichtung vor allem kinderloser Kriegerfrauen in der Rüstungsindustrie. Das am 5. Dez. 1916 verabschiedete Gesetz über den Vaterländischen Hilfsdienst enthielt jedoch entgegen dem Willen der OHL keine Bestimmungen für Frauen. Statt dessen wurde am 17. Nov. 1916 eine Frauenarbeitszentrale und ein Frauenreferat im Kriegsamt eingerichtet. Die Leitung übernahm Marie-Elisabeth Lüders, die auch die weiteren Führungsposten mit profilierten Vertreterinnen der Frauenbewegung besetzte. Oberstes Ziel war die Eingliederung möglichst vieler Frauen in die Kriegswirtschaft, um die Produktion zu steigern, vor allem aber um männliche Arbeitskräfte zu ersetzen, damit diese an der Front eingesetzt werden konnten. Die Frauenarbeitszentrale war primär für eine frauen- und familienspezifische Sozialpolitik zuständig. Schwerpunkte bildeten die Sicherstellung der Kinderbetreuung sowie die Schaffung von frauengerechteren Arbeitsbedingungen. Die Frauenreferate sollten die Mobilisierungsarbeit vor Ort leisten. 1917 wurden beide Stellen zusammengelegt. Als flankierende Maßnahme wurde der Frauenarbeitszentrale ein »Nationaler Ausschuß für Frauenarbeit im Kriege« zur Seite gestellt, um auch die großen sozialpolitischen Organisationen einzubeziehen. Auf lokaler Ebene sorgten mehr als 400 ehrenamtliche Vermittlungsstellen für die Einbindung der nicht amtlichen Fürsorgebestrebungen. Damit stellte der N. eine große, wenn auch heterogene Organisation dar, die einen bedeutenden Beitrag zur zivilen Mobilmachung im Weltkrieg leistete. → *Kriegsfürsorge*

Lit.: U. von Gersdorff, Frauen im Kriegsdienst 1914-1945, Stuttgart 1969; A. Süchting-Hänger, »Das Gewissen der Nation«. Nationales Engagement und politisches Handeln konservativer Frauenorganisationen 1900-1937, Düsseldorf 2002.

ANDREA SÜCHTING-HÄNGER

Nationalitätenfrage. Die N. im östlichen und südöstlichen Europa ergab sich im Laufe des 19. Jahrhunderts aus der starken Mischung verschiedener Nationalitäten mit ihren unterschiedlichen Sprachen, Religionen, Kulturen und Interessen, die in Rußland, Österreich-Ungarn, dem Osmanischen Reich und Preußen bzw. dem Deutschen Reich sowie in den unabhängig werdenden Staaten Rumänien, Serbien, Montenegro, Albanien, Bulgarien und Griechenland lebten. Wenn auch der Mord an dem österreichischen Thronfolger, der den Weltkrieg auslöste, nationalistischen Motiven entsprang, so war die N. nicht der alleinige und entscheidende Kriegsgrund. Erst die Überlagerung der machtpolitischen Bestrebungen der Großmächte und der N. führte wiederholt zu schweren internationalen Krisen. Während des Weltkrieges waren zahlreiche nationale Minderheiten unter dem Vorwurf der Kollaboration mit dem Feind Diskriminierungen sowie z. T. schweren Verfolgungen ausgesetzt; häufig standen sich Angehörige derselben Nationalität als Gegner gegenüber.

In den ethnischen Mischgebieten fiel die Unterscheidung der Nationalitäten vom jeweiligen Selbstverständnis her stets schärfer aus als dies auf Grund objektiver Kriterien möglich war, da die Zurechnung zu einer Nationalität sehr häufig zu einer Bekenntnisfrage wurde. Bei statistischen Erhebungen (Volkszählungen) sind daher neben der subjektiven Selbstzurechnung auch Merkmale wie die Umgangssprache oder die Religionszugehörigkeit zu Grunde gelegt worden. Vor dem Weltkrieg stellte sich die N. für die drei »Ostmächte« sehr unterschiedlich dar: Preußen-Deutschland hatte es im Osten allein mit Polen zu tun, wobei das Verhältnis zwischen deutscher und polnischer Bevölkerung stark variierte (1910): Provinz Posen: Deutsche 0,8 Mio. (38,4 %), Polen 1, 3 Mio. (61 %); Westpreußen: Deutsche 1,1 Mio. (65 %), Polen 0,5 Mio. (28 %); Oberschlesien: Deutsche 0,9 Mio. (40 %), Polen 1,2 Mio. (53 %). In Österreich-Ungarn mit insgesamt 51 Mio. Einwohnern standen 12 Mio. (24 %) Deutsche und 10 Mio. (20 %) Ungarn 6,43 Mio. (12,6 %) Tschechen, 1,94 Mio. (3,8 %) Slowaken, 5,3 Mio. (10,3 %) »Serbokroaten« (nur sprachliche Verwandtschaft der orthodoxen Serben, katholischen Kroaten, muslimischen Bosnier), 5,1 Mio. (10 %) Polen, 4,03 Mio. (7,9 %) Ukrainern/Ruthenen, 1,3 Mio. (2,6 %) Slowenen, 3,3 Mio. (6,4 %) Rumänen und 1,02 Mio. (2 %)

Italienern gegenüber. Das Russische Reich wies 1897 bei einer Gesamtbevölkerung von 126 Mio. und 56 Mio. (44,3 %) Russen in seinen Westgebieten 22,4 Mio. (17,8 %) Ukrainer, 5,9 Mio. (4,7 %) Weißrussen, 1 Mio. (0,8 %) Esten, 1,4 Mio. (1,14 %) Letten, 1,7 Mio. (1,32 %) Litauer, 0,14 Mio. (0,1 %) Finnen, 7,9 Mio. (6,3 %) Polen und 5,1 Mio. (4 %) Juden auf.

In Österreich-Ungarn wie im Russischen Reich befanden sich die Titularnationen nicht in der Mehrheit. Im Falle der Donaumonarchie galt dies sowohl insgesamt wie für die beiden Reichsteile, wobei das Verhältnis sowohl zwischen Deutschen und Ungarn als auch zwischen den jeweils zugeordneten Nationalitäten deutliche, wenn auch nicht überall gleich intensive Spannungen aufwies. Die nationalen Gegensätze traten besonders in den Bereichen Sprachenpolitik (Amts-, Unterrichts-, und militärische Kommandosprache), Verwaltung (Grad der Selbstverwaltung bzw. Autonomie) und politisch-parlamentarische Vertretung (Wahlmodus) auf.

Bei den slawischen Völkern hatte der Panslawismus wesentlich zur Herausbildung der N. beigetragen. Ursprünglich eine sprachlich-historisch fundierte Idee, die insbesondere Herders volksgeschichtlicher Konzeption wesentliche Anregung und Verbreitung verdankte, wurde er als aggressive politische Ideologie nur von sehr kleinen russischen Gruppierungen, die sich vor allem gegen das Osmanische Reich richteten, sowie von rußlandfeindlichen Kreisen in Mittel- und Westeuropa gedeutet. Er führte nicht zu einem wirklichen gemeinschaftsbezogenen Denken und Verhalten bei den slawischen Völkern, sondern regte hauptsächlich die nationale Identitätsbildung an. Auch bei den nichtslawischen Völkern förderten die Ideen der Aufklärung sowie des romantischen Volksbegriffes die Besinnung auf das nationalkulturelle Erbe und die Ausbildung nationalen Denkens. Politische Schärfe erhielten die nationalen Bewegungen durch die mit der 1848er Revolution eingeleitete Entwicklung. In der Vorgeschichte des Weltkrieges erfaßte die »nationalstaatliche Revolutionierung« (Theodor Schieder) nicht alle staatenlosen Nationalitäten gleichermaßen. Abgesehen von dem Sonderfall des geteilten Polens (»negative Polenpolitik«, so Klaus Zernack) betraf sie seit der 2. Hälfte des 19. Jahrhunderts insbesondere die Entwicklung auf dem Balkan. In den unabhängig werdenden Balkanstaaten verschärften sich nicht nur die Gegensätze zwischen den Titularnationen und den jeweils eingegliederten anderen Nationalitäten, sondern diese gerieten auch untereinander mit ihren Großreichskonzeptionen und Gebietsansprüchen in wachsende Spannungen, die nur zeitweise überdeckt werden konnten. Das Osmanische Reich spielte in der europäischen N. keine wichtige Rolle mehr, nachdem sein europäischer Anteil in den beiden Balkankriegen auf ein Minimum reduziert worden war.

Wenn auch viele staatenlose Völker in einem großen Krieg die einzige Chance zur Lösung der N. gesehen hatten, traf der Ausbruch dieses Krieges sie unvorbereitet. Eine anfangs weit verbreitete Loyalität gegenüber der jeweiligen Staatsführung wich wachsender Skepsis und einer Besinnung auf die nationalen Interessen, wobei es allerdings fast überall an weiterreichenden, tragfähigen Konzeptionen fehlte. Dachte man zunächst, abgesehen von Polen, an eine Föderalisierungs- und Autonomiepolitik, so legte die militärische und politische Entwicklung des Krieges das Streben nach staatlicher Selbständigkeit, d. h. nach Auflösung der Vielvölkerreiche Österreich-Ungarn und Rußland, nahe. Dabei traten unterschiedliche Interessen in Konkurrenz zueinander: Während z. B. weißrussische und litauische Gruppierungen auf das frühere Großfürstentum Litauen zurückgriffen, planten andere Litauer einen modernen Nationalstaat. Die Polen wollten ihren Staat wiederaufleben lassen, ohne sich jedoch über dessen Gestaltung einigen zu können. Vertreter im europäischen Teil Rußlands lebender Nationalitäten wurden von den Mittelmächten gefördert, so etwa der Bund zur Befreiung der Ukraine oder die Liga der Fremdvölker Rußlands. Andererseits flohen ca. hunderttausend Letten vor der deutschen Besetzung Kurlands ins Russische Reich; aus ihnen rekrutierten sich die auf russischer Seite kämpfenden »Lettischen Schützen«. Polnische und tschechische Verbände kämpften auf beiden Seiten.

Das Osmanische Reich förderte antirussische Bewegungen der Muslime und Turkvölker in Rußland und ging massiv gegen die Armenier vor. In Rußland wurden viele Deutsche, Juden und Polen aus den westlichen Grenzgebieten ausgesiedelt, im zeitweise russisch besetzten, fälschlich »als altes russisches Land« reklamierten Galizien Ukrainer und Juden drangsaliert. Wenn die Wiener Nationalitätenpolitik stärker zu flexibel-pragmatischen Lösungen neigte, so verfolgte man in Budapest eine härtere, auf Magyarisierung ausgerichtete Linie; auch die Berliner Polenpolitik ließ kaum irgendwelche Zeichen von Verständnis oder Elastizität erkennen. Daher gelang es den Mittelmächten auch unter den Bedingungen des Krieges nicht, eine gemeinsame Politik tragfähiger Lösungen in der N. zu entwickeln.

Das aus dem Weltkrieg hervorgehende ostmittel- und südosteuropäische Staatensystem war weiterhin mit der N. belastet; in den Mehrvölkerstaaten gelang der Ausgleich zwischen ihren Nationalitäten nicht oder nur unzureichend, oder es blieben national-territoriale Fragen offen. So führte der Erste Weltkrieg nicht zu einer Lösung der N., sondern er verlagerte sie nur auf eine andere Ebene.

Lit.: Recherches sur la France et le problème des Nationalités pendant la Première Guerre Mondiale (Pologne, Ukraine, Lithuanie), hg. v. G.-H. Soutou, Paris 1995; Nationalitätenkonflikte im 20. Jahrhundert: Ursachen von inter-ethnischer Gewalt im Vergleich, Wiesbaden 2001.

HANS HECKER

Naumann, Friedrich, * Störmthal (bei Leipzig) 25.3.1860, † Travemünde 24.8.1919, deutscher Politiker und Publizist. – Auf dem Rauhen Haus, einer Kinder- und Jugendhilfeeinrichtung bei Hamburg, sammelte N. nach dem Theologiestudium prägende Erfahrungen mit den sozialen Problemen im Zeitalter der Hochindustrialisierung. Er wurde zum Wortführer der jüngeren Christlich-Sozialen auf dem 1890 gegründeten Evangelisch-sozialen Kongreß und trat für eine gesellschaftliche Erneuerung des deutschen Protestantismus ein. Unter dem Einfluß Max Webers wandelte sich N.s christlicher Sozialismus zu einem nationalen. Der von N. 1896 gegründete Nationalsoziale Verein und die Zeitschrift *Die Hilfe* sollten einer Verständigung von Arbeiterschaft und Bürgertum den Boden bereiten. N. vertrat fortan einen nationalen Imperialismus mit sozialen Forderungen als Hebel politischer Modernisierung des Kaiserreichs. Der Nationalsoziale Verein scheiterte 1898 und 1903 bei den Reichstagswahlen. N. löste die Gruppierung auf und schloß sich dem Linksliberalismus an.

Gemeinsam mit Theodor Barth verfolgte N. in der Freisinnigen Vereinigung das Programm eines »Gesamtliberalismus«: Reform des Reichstagswahlrechts und des preußischen Dreiklassenwahlrechts, die Zusammenarbeit von Bürgertum und Sozialdemokratie sowie die Einigung der linksliberalen Splitterparteien. 1910 erreichte N. die Gründung der Fortschrittlichen Volkspartei als Zusammenschluß der linksliberalen Splitterparteien. Bei den Reichstagswahlen 1912 gewann die Möglichkeit einer Großblockpolitik »von Bassermann bis Bebel« in einem Stichwahlbündnis der Linksliberalen mit der Sozialdemokratie erste Umrisse.

Der nationalimperialistische Tenor von N.s Publizistik schwächte sich vor dem Weltkrieg deutlich ab. N. warb jetzt für einen friedlichen Wettbewerb der Staaten. Im Krieg trat er für einen »Burgfrieden« unter der Kanzlerschaft Theobald von Bethmann Hollwegs ein. Zugleich wandte er sich gegen aggressive Annexionspropaganda und eine Eskalation des U-Boot-Krieges.

Mit seinem erfolgreichsten Buch *Mitteleuropa* (1915) vertrat N. in der Kriegszielfrage eine mittlere Linie. Er plädierte für ein dauerhaftes Bündnis mit Österreich-Ungarn und den Zusammenschluß mit weiteren Staaten in Ost- und Südosteuropa im Rahmen eines kontinentalen, föderativ geprägten Imperialismus. An den offiziellen Kriegszielplanungen wurde N. freilich nicht beteiligt.

1917 rückte die Verfassungspolitik wieder stärker in den Vordergrund von N.s politischer Publizistik. Er förderte die Bildung des Interfraktionellen Ausschusses aus Sozialdemokratie, Zentrum und Liberalen und damit die Vorform der Weimarer Koalition. Zudem ging es N. um zügige Verfassungsreformen und die Demokratisierung des preußischen Wahlrechts noch im Krieg. Nach der Novemberrevolution wurde N. zum Vorsitzenden der von ihm mitgegründeten Deutschen Demokratischen Partei gewählt und vertrat die Linksliberalen im Verfassungsausschuß der Nationalversammlung von Weimar. In seiner Partei wie auch in der Öffentlichkeit kämpfte er leidenschaftlich gegen eine Unterzeichnung des Versailler Vertrages.

N. war einer der einflußreichsten politischen Publizisten des Kaiserreichs, ein bedeutender parlamentarischer Debattenredner; zugleich verstand er sich als politischer Erzieher, der für aktive politische Beteiligung und gesellschaftliche Reformen eintrat.

Lit.: P. Theiner, Sozialer Liberalismus und deutsche Weltpolitik. Friedrich Naumann im Wilhelminischen Deutschland, Baden-Baden 1983.

PETER THEINER

Nerven. Die mentale Geschichte der wilhelminischen Epoche ist von dem Phänomen »Nervosität« geprägt. Geistige wie körperliche Überanstrengungen, Sorgen, Schrecken, »sexuelle Excesse und Verirrungen«, Tempo, Lärm, aber auch der übermäßige Genuß von Kaffee, Alkohol, Tabak, Morphinismus sowie »heftige Körpererschütterungen etwa durch Eisenbahnunfälle«, – das waren Ursachen, die neben der vermuteten Vererbbarkeit der Nervosität dem »Kulturfortschritt« des 19. Jahrhunderts zugeschrieben wurden. Im semantischen Gewand der »Neurasthenie« erschien die Nervosität als alles beherrschendes Stigma der Moderne, als »Modekrankheit unserer Zeit«, wie es ein Zeitgenosse formulierte.

Die »N. zu behalten« in einer Phase zunehmender Geschwindigkeiten, Reizüberflutungen und Zukunftsängste – das war eine Forderung, die im Vorfeld und mit Beginn des Weltkriegs nochmals an Gewicht gewann. Als Gradmesser psychischer Gesundheit waren die N. nach 1914 in allen Medien anzutreffen, von Feldpostbriefen und Zeitungen bis hin zur Sprache medizinischer Krankenakten und militärischer Befehle. Besonders die ab Ende Sept. 1914 im Stellungskrieg verharrende Westfront verlangte eine Einstellung der Kämpfenden, in der der »passive Mut der N.« den »aktiven Mut der Muskeln« ablösen sollte. Ebenso wie der Zivilbevölkerung empfahl man auch den Soldaten »eiserne N.«, oder »wie der Laienmund sagt: am besten gar keine«. Es galt, ruhig, kaltblütig und vor allem willensstark inmitten der Schlacht, d. h., trotz eigener Angst handlungsfähig zu bleiben. Darin verbarg sich zugleich auch eine Befürchtung: Wie stand es um die »moralische Gesundheit des deutschen Volkes«? War es möglich, mit diesem »nervenschlappen« Volk Krieg zu führen? Eine Befürchtung, die gerade bei Kriegsbeginn neue Nahrung erhalten hatte, etwa durch die so verbreitete wie planlose Jagd nach Spionen (»Spionitis«) als Ausdruck höchster Nervosität oder – im Gegensatz dazu – durch die mitunter massive Niedergeschlagenheit der Bevölkerung angesichts des ausgebrochenen Krieges.

Der Begriff N. durfte deshalb hohe Plausibilität beanspruchen, weil er längst Eingang in die Alltagssprache gefunden hatte. In der politischen und militärischen Sprache zumal spielte er schnell eine größere Rolle als in der Medizin. Zeitungen und Magazine nahmen die Charakterisierung des Krieges an den Fronten als reinen »N.kampf« begierig auf. Ungezählte Artikel variierten und ergänzten das Thema. Ihre Botschaft war immer die eine: der Krieg als ein mit »fast allmächtiger Heilkraft ausgerüstetes Stahlbad für die im Staub langer Friedensjahre und einförmiger Berufstätigkeit verdorrenden und verschmachtenden Nerven«. Rissen die »Kriegs-N.« doch einmal, so gab es alte Hausmittel, die »immer noch lebendig und wirksam sind, nämlich Ergebenheit, Selbstlosigkeit, Pflichttreue und rastlose Arbeit«. Auf Grund ihrer Allgemeinverständlichkeit und im Kontext der bald einsetzenden Durchhalteideologie konnten die N. in Verbindung mit dem »Willen« ihre propagandistischen Potenzen entfalten.

Allerdings darf über diese rasch voranschreitende Instrumentalisierung nicht vergessen werden, daß der Diskurs über die N. – selbst noch in seiner propagandistischen Variante – durchaus auch den Ausdruck einer zumindest ansatzweise noch vorhandenen humanen Auseinandersetzung mit den psychischen Auswirkungen des Krieges darstellte. Die Gefahr lag nicht so sehr darin, daß unablässig über die N. geredet wurde – weshalb sich nach und nach kaum mehr verhehlen ließ, in welchem Ausmaß man sie verlor –, sondern vielmehr in den tendenziell immer intensiver werdenden Versuchen, »schlechte N.« zu pathologisieren und mit den denkbar brutalsten Methoden zu »überwinden«.

Überdies blieben die N. in ihrer medizinisch-physiologischen Gestalt weiterhin auch Gegenstand der Militärchirurgie und Neurologie. Schwächungen des N.systems, die aus Infektionskrankheiten resultierten oder, vor allem während des Stellungskrieges, durch rheumatische Neuralgien hervorgerufen wurden sowie N.verletzungen nach Schußwunden, durch Artilleriesplitter oder Bajonettstiche standen hier im Mittelpunkt.

Lit.: J. Radkau, Das Zeitalter der Nervosität. Deutschland zwischen Bismarck und Hitler, München/Wien 1998; B. Ulrich, Nerven und Krieg – Skizzierung einer Beziehung, in: Geschichte und Psychologie. Annäherungsversuche, hg. v. B. Loewenstein , Pfaffenweiler 1992, S. 163-192.

BERND ULRICH

Neuseeland. N. teilte viele Weltkriegserfahrungen mit seinem größeren pazifischen Nachbarn Australien. Doch existierten ebensoviele Unterschiede, die sich auch nicht durch die Tatsache verwischen lassen, daß die Truppen beider Staaten für die meiste Zeit des Krieges in gemeinsamen Kontingenten, wie dem Australian and New Zealand Army Corps (ANZAC), kämpften. Die Militärverfassung der Vorkriegszeit beruhte auf einer 1909 aufgestellten Territorialmiliz mit einer Gesamtstärke von 25.000 Mann, wobei das Wehrgesetz den Einsatz der Soldaten in Übersee (mit Ausnahme von Freiwilligen) untersagte. Bei Kriegsausbruch meldeten sich genügend Freiwillige, um das erste Kontingent zusammenzustellen. Es bestand aus einer Infanterie-, einer Artillerie- und einer berittenen Schützenbrigade und umfaßte rund 8.500 Mann. Für die folgenden 18 Monate konnte diese Stärke gehalten werden.

Neuseeländische Einheiten besetzten Ende Aug. 1914 zunächst kampflos die deutsche Kolonie Samoa, danach kamen die Truppen auf Gallipoli (1915), auf der Halbinsel Sinai und in Palästina (1916-18) sowie an der Westfront (1916-18) zum Einsatz. Ein bemerkenswerter neuseeländischer Erfolg war die Einnahme und Verteidigung der Höhe Chunuck Bair im Verlauf der Augustoffensive auf Gallipoli; von 760 Mann des Wellington-Regiments überstanden nur 70 diese Aktion unverwundet. Insgesamt verloren die Neuseeländer an den Dardanellen von ihren rund 11.600 Mann 2.721 an Gefallenen und 4.752 Verwundete. Die berittene Schützenbrigade verblieb auch nach dem Abzug im Nahen Osten und wurde mit australischen Einheiten zur ANZAC-Mounted Division zusammengefaßt, um auf Sinai und in Palästina gegen die Türken zu kämpfen. Dort kämpften insgesamt mehr als 17.000 Neuseeländer, von denen 640 fielen und 1.146 verwundet wurden. Die Infanteriebrigade wurde Anfang 1916 in Ägypten zur neuseeländischen 1. Division aufgestockt, um dann als Teil des II. ANZAC-Korps nach Frankreich verschifft zu werden. Die erste größere Offensive erlebte die Division im Sept. an der Somme, wo innerhalb von 23 Tagen 1.560 Mann getötet und 5.440 verwundet wurden. Die Division nahm 1917 an der Schlacht bei Messines (Wytschaete-Bogen) und an der 3. Flandern-Schlacht teil und wurde mit der Bildung des australischen Korps im Nov. in das britische XXII. Korps überführt. Im Verlauf der deutschen Frühjahrsoffensive von 1918 wurden die Neuseeländer in die Lücke zwischen dem britischen IV. und V. Korps vor Amiens geworfen und nahmen im Verlauf der Ententeoffensive im Aug. an den Kämpfen um Bapaume teil. Die letzte größere Aktion der Division war die Einnahme von Le Quesnoy am 4. Nov., wobei die mittelalterlichen Stadtwälle mit Sturmleitern überwunden wurden. Zum Zeitpunkt des Waffenstillstands befanden sich 58.129 Neuseeländer unter Waffen. Über 100.000 hatten insgesamt gedient, 16.697 Tote und 41.317 Verwundete waren zu beklagen, woraus sich eine Verlustrate von 58 % ergibt. Aus einer Gesamtbevölkerung von gut einer Million hatten 40 % aller Männer im Alter zwischen 20 und 45 am Krieg teilgenommen.

N. führte im Aug. 1916 die Wehrpflicht für den Überseedienst ein, wobei die Einberufungen durch ein Losverfahren bestimmt wurden. Das Gesetz wurde zwar mit großer Mehrheit im Parlament angenommen, führte aber zu Streiks und einiger Ablehnung in der Öffentlichkeit. Die Ureinwohner (Maori) konnten sich von Beginn an freiwillig melden und kämpften zunächst auf Gallipoli auf einzelne Einheiten aufgeteilt. Sie wurden dann in einem Pionierbataillon an der Westfront zusammengefaßt, ab Juni 1917 unterlagen auch die Maori der Wehrpflicht. Die Einführung der Wehrpflicht ermöglichte es N., seine Division auf voller Sollstärke zu halten. 1918 war es die einzige Formation des Empires (abgesehen vom kanadischen Korps), in der eine Brigade aus vier statt drei Bataillonen bestand. → *ANZAC*

Lit.: D. Denoon/Ph. Mein-Smith, A History of Australia, New Zealand and the Pacific, Malden, Mass. 2000; I. McGibbon, New Zealand's Battlefields and Memorials of the Western Front, Oxford 2001; C. Pugsley, Gallipoli. The New Zealand Story, Auckland 1984.

Jeffrey Grey (Ü: M. P.)

Neutrale Staaten, Staaten die nicht an einem Krieg beteiligt sind. – Aus dem Rechtszustand »neutral« werden das Recht und die Pflicht zu einer entsprechenden Politik abgeleitet. Hieraus ergibt sich eine Außenpolitik, die schon im Frieden eine mehr oder weniger direkte Parteinahme in Staatenkonflikten vermeidet. Über die gesamte Dauer des Weltkriegs verhielten sich in Europa sechs Staaten in unterschiedlicher Ausprägung neutral. Die Monarchen der skandinavischen Staaten Dänemark (Christian X.) – zu dessen Hoheitsgebiet auch Island und Grönland gehörten –, Norwegen (Håkon VII.) und Schweden (Gustav V.), deren Königshäuser sowohl mit Großbritannien als auch mit den Mittelmächten dynastisch verbunden waren, erklärten im Dez. 1914 in Malmö ihre strikte bewaffnete Neutralität, die jedoch innenpolitisch umstritten war und zudem durch wirtschaftliche Abhängigkeiten unter Druck geriet. So verminte Dänemark zu Beginn des Krieges auf deutschen Wunsch hin den Großen Belt, während in der Öffentlichkeit Spekulationen über territoriale Gewinne in Schleswig im Fall einer deutschen Niederlage angestellt wurden. Norwegen mit seinen traditionell engen Wirtschaftsverbindungen nach Großbritannien wurde immer mehr gezwungen, seinen Handel mit Deutschland einzuschränken. Der schwedische König Gustav V. und nationale Parteien standen Angeboten von Prinz Max von Baden, der im Nov. 1915 Schweden besuchte und im Fall eines schwedischen Kriegseintritts die Autonomie Finnlands und die Annexion der Ålandinseln in Aussicht stellte, wohlwollend gegenüber. Der von Deutschland seit Febr. 1917 geführte uneingeschränkte U-Boot-Krieg führte in allen skandinavischen Ländern zu wirtschaftlichen Problemen und Versorgungsengpässen. Norwegen verlor mit rund 829 Schiffen (ca. 1,2 Mio. BRT) fast die Hälfte seiner Handelstonnage.

Die Neutralität der Niederlande, in Moltkes Revision des Schlieffen-Plans in Erwartung einer Küstenblockade als »Luftröhre« zur Versorgung Deutschlands gedacht, blieb zunächst durch Konzessionen an beide Seiten gewahrt. Ab Febr. 1917 gerieten die Niederlande allerdings so stark unter deutschen Druck, daß die Außenpolitik gelähmt wurde. Die seit Sommer 1917 nun auch von den USA betriebenen Handelsbeschränkungen bedeuteten faktisch ein Handelsembargo der Entente gegenüber den Niederlanden.

Die Schweiz erklärte am 4. Aug. 1914 ihre Neutralität und mobilisierte zunächst zur Grenzwacht eine Armee von 220.000 Mann, die jedoch bald auf ein Viertel reduziert wurde. Wirtschaftlich litt die Schweiz unter Inflation und Güterverknappung, so daß schließlich Lebensmittel rationiert werden mußten. Innenpolitisch verschärfte sich der Gegensatz zwischen Welsch- und Deutschschweizern. Neben den handelspolitischen Zwängen wurde die Schweizer Neutralität beispielsweise durch die stillschweigende Zusammenarbeit mit deutschen Stellen bei der Ausreise Lenins beeinträchtigt.

Spanien wies im Okt. 1914 ein informelles Bündnisangebot Deutschlands zurück. Dennoch gab es in Regierung und Öffentlichkeit anhaltende Diskussionen über eine Kriegsbeteiligung auf einer der beiden Seiten. Die seit Dez. 1915 im Amt befindliche Rechtsregierung unter de Figueroa neigte zu einer wohlwollenden Neutralität gegenüber der Entente, zu der auch engere wirtschaftliche Beziehungen bestanden. Die Versenkung der »Sussex«, bei der auch Spanier ums Leben kamen, sowie der unbeschränkte U-Boot-Krieg brachten die Stimmung gegen Deutschland auf.

Trotz ähnlicher Interessenlagen kam es nicht zu einer effektiven politischen Kooperation der N. weder in Europa noch in der übrigen Welt, wo sich während des Weltkrieges außerdem Mexiko, Venezuela, Kolumbien, Chile, Argentinien, Äthiopien, Persien, Afghanistan, Tibet und die Mongolei neutral verhielten. → *Dänemark* → *Kriegskoalitionen* → *Niederlande* → *Norwegen* → *Schweden* → *Schweiz* → *Spanien*

HENNING HOFF

Nibelungentreue, Bezeichnung für die Bündnistreue zwischen dem Deutschen Reich und Österreich-Ungarn. – Der Begriff der N. wurde von Reichskanzler Bülow in einer Reichstagsrede vom 29. März 1909 geprägt. Er illustrierte damit die gleichsam unverbrüchliche Treue, in der die Mittelmächte politisch und militärisch zusammenstünden. Gemeint war die gespannte politische Lage nach der bosnischen Annexionskrise, in der sich die Beziehung zwischen dem Deutschen Reich und Österreich-Ungarn deutlich verändert hatte. Das Deutsche Reich hatte sich erstmals zum unbedingten Verfechter österreichischer Balkaninteressen gemacht, obwohl man in Berlin keineswegs mit der plötzlichen Annexion Bosniens und der Herzegowina durch Österreich einverstanden war. Ursache für das Nachgeben war das deutsche Gefühl zunehmender Isolation (»Einkreisung«), was zu der Überzeugung führte, jetzt müsse Österreich um jeden Preis gestützt werden, sonst werde sich auch der letzte verläßliche Bundesgenosse von Deutschland abwenden. Die bosnische Krise verstärkte somit in den Mittelmächten das Gefühl, eine »Schicksalsgemeinschaft« zu sein. Das Wort N. wurde rasch aufgegriffen und diente auch während des Weltkriegs als Ausdruck für die vorgeblich unverbrüchliche Partnerschaft der Mittelmächte.

HOLGER AFFLERBACH

Nicolai, Georg Wilhelm (bis 1897 Georg Lewinstein),* Berlin 6.2.1874, † Santiago de Chile 8.10.1964, deutscher Mediziner. – N. studierte Medizin, wurde zum Spezialisten für Elektrokardiologie und war bereits vor dem Weltkrieg in Berlin als Oberarzt an der Charité bzw. in seiner Privatpraxis ein angesehener Arzt. Als Kriegsfreiwilliger wurde er 1914 Chefarzt des Kriegslazaretts in Tempelhof, trat jedoch von Anfang an scharf gegen den Krieg ein. Mit anderen Intellektuellen unterzeichnete er im Okt. 1914 den kriegskritischen *Aufruf an die Europäer*, protestierte aber – auch in Vorlesungen – primär gegen die deutsche Kriegführung. N.s Protest richtete sich gegen die Besetzung Belgiens, den Einsatz von Giftgas und die Versenkung von Passagierschiffen (Lusitania). Seine ärztlichen Fähigkeiten schützten ihn einige Zeit vor Verfolgung. Dennoch wurde er wegen seines pazifistischen Engagements zum Militärkrankenwärter und nach Verweigerung des Fahneneides zum einfachen Soldaten degradiert. Im Juni 1918 floh er per Flugzeug nach Kopenhagen und gründete dort mit anderen die internationale Zeitschrift *Das Werdende Europa*.

Sein Hauptwerk *Die Biologie des Krieges* erschien erstmals 1917 und wurde in alle wichtigen europäischen Sprachen übersetzt. Darin wandte N. sich gegen die biologische Determiniertheit von Krieg und prognostizierte künftige Entwicklungen der Kriegführung. Neben der Erkenntnis positiver Möglichkeiten der Nutzung von Sonnenenergie warnte er vor Massenvernichtungsmitteln wie dem Einsatz von Bakterien und forderte europäische Institutionen zum Eintreten gegen den Krieg auf. Als er nach Kriegsende gegen die Proteste von Studenten, Fakultät und Senat zum Professor für Physiologie an der Universität Berlin ernannt wurde, versuchten die akademischen Organe, ihn wegen Fahnenflucht zu entlassen, was allerdings vom preußischen Kultusminister nicht akzeptiert wurde.

N. engagierte sich seit 1918 in der deutschen Friedensbewegung (als Vorstandsmitglied der Deutschen Friedensgesellschaft) sowie für die Deutsche Liga für Menschenrechte. Er nahm jedoch bereits 1922 (zunächst auf Zeit) einen Ruf als Professor der Physiologie nach Argentinien an und blieb fortan beruflich in Südamerika, wo er als Soziologe und später als Physiologe in Chile tätig war.

Lit.: W. Zuelzer, Der Fall Nicolai, München 1981.

JOST DÜLFFER

Nicolai, Walter, * Braunschweig 1.8.1873, † Moskau 4.5.1947, preußischer Offizier und Leiter des militärischen Nachrichtendienstes der Obersten Heeresleitung. – N. trat 1893 in das Infanterieregiment Nr. 82 ein. 1907 wurde er Hauptmann, 1912 Major und mit der Führung der Geschäfte der Sektion III B (Nachrichtendienst) beim Generalstab betraut. Anfang Aug. 1914 ernannte man ihn zum Chef dieser Sektion. Die Arbeit von III B während des Weltkriegs war gekennzeichnet von einer unzureichenden Friedensorganisation und einer Vielzahl unterschiedlicher Aufgabenbereiche, vom geheimen Nachrichtendienst und Spionageabwehr über Pressezensur bis hin zur innenpolitischen Propaganda. Im Juni 1915 wurde die Sektion zur Abteilung aufgewertet. Trotz seiner Loyalität zu Erich von Falkenhayn gewann N. das Vertrauen von Erich Ludendorff. Doch ab Ende 1916 zog sich N. weitgehend aus der unmittelbaren Führung des Nachrichtendienstes zurück und konzentrierte sich auf die Propagandaarbeit (ab 1917: Organisation des Vaterländischen Unterrichts). Innerhalb des Machtgefüges der Obersten Heeresleitung nahm sein Einfluß schließlich gegenüber den Abteilungsleitern Max Bauer und Hans von Haeften zusehends ab. Im Nov. 1918 beurlaubt, wurde N. im Feb. 1920 als Oberst verabschiedet. In den 1930er Jahren war er zeitweise als Referent am (1935 gegründeten) nationalsozialistischen Reichsinstitut für Geschichte des neuen Deutschlands tätig. Nach dem Einmarsch der Roten Armee 1945 wurde er durch den sowjetischen Geheimdienst NKWD nach Moskau verschleppt, wo er am 4. Mai 1947 verstarb.

MARKUS PÖHLMANN

Niederlande. Am Vorabend des Weltkrieges nahmen die N. schon seit einem Dreivierteljahrhundert eine neutrale Haltung in den internationalen Beziehungen ein. Sie standen somit außerhalb der internationalen Allianzen. Diese Entscheidung fußte sowohl auf der Wahrnehmung wirtschaftlicher und militärisch-politischer Interessen als auch auf völkerrechtlichen und ethischen Erwägungen. Die entscheidende Frage lautete jedoch, ob die Großmächte im Falle eines Krieges die Neutralität der N. respektieren würden. Ein weiteres Problem bestand – auch für die eigene Verteidigungspolitik – darin, ob und wie sich die N. im Falle eines unerwarteten Angriffs seitens einer Macht einer automatischen

Einverleibung durch das andere Lager würden entziehen können. Die Landesverteidigung ging unter anderem auch von der Annahme aus, daß bei einem Angriff die jeweils andere Partei militärisch zu Hilfe eilen würde.

Geographisch eingeklemmt zwischen Deutschland und Großbritannien, befanden sich die N. an einer strategisch wichtigen Stelle Europas. Als die internationalen Spannungen zunahmen, hing fast alles davon ab, wie die beiden militärischen, politischen und wirtschaftlichen Rivalen auf die niederländische Neutralität reagieren würden. Gute Beziehungen zu beiden Ländern waren für die N. daher unerläßlich. Deutschland war für die seit dem Ende des 19. Jahrhunderts stark expandierende niederländische Wirtschaft außerordentlich wichtig. Zu Großbritannien bestanden seit jeher intensive ökonomische Beziehungen. Außerdem war Englands Vorherrschaft zur See – ohne daß es darüber explizite Vereinbarungen gab – im Grunde eine Sicherheitsgarantie für die Verbindung zum großen niederländischen Kolonialreich.

In Deutschland bestanden vor dem Weltkrieg durchaus gewisse Hegemonialansprüche gegenüber den N., ohne daß diese gleich in Angriffspläne oder Annexionsabsichten umgesetzt wurden. 1905 hatte der Chef des Generalstabs von Schlieffen noch einen Aufmarschplan aufgestellt, der eine Verletzung der niederländischen Neutralität vorsah. Sein Nachfolger von Moltke sah im Respektieren dieser Neutralität jedoch mehr Vor- als Nachteile, insbesondere in wirtschaftlicher Hinsicht. Die Einfuhr von Gütern und Nahrungsmitteln aus den N. bzw. über deren Gebiet würde Deutschland indirekt helfen können, den industriellen Krieg durchzuhalten und die zu erwartende englische Blockade zu umgehen. England, das ein strategisches Interesse an der Aufrechterhaltung der niederländischen Neutralität hatte, entwarf dagegen eine Blockade. Allerdings sollte diese in einiger Entfernung von der deutschen Küste errichtet werden, was die N. in die Blockade miteinbezogen und es möglich gemacht hätte, niederländische Schiffe auf Konterbande zu kontrollieren.

Nach Kriegsbeginn suchten die N., ihre politisch-militärische und wirtschaftliche Neutralität aufrechtzuerhalten. In der Praxis war das mühselig und gelang auch nur, indem man äußerst zurückhaltend auf die zahlreichen Zwischenfälle und die (meist geringfügigen) Verletzungen der Neutralität durch die kriegführenden Parteien reagierte. Daß die N. in militärischer Hinsicht tatsächlich nicht ins Kriegsgeschehen verwickelt wurden, lag vor allem an der Entscheidung Deutschlands und Großbritanniens, nicht in das Land einzufallen. Allerdings sollten keineswegs die Rolle und Bedeutung des niederländischen Militärs und der Diplomatie unterschätzt werden. Während des gesamten Krieges unterhielten die N. eine durchaus schlagkräftige Armee mit ca. 200.000 Mann, die innerhalb weniger Tage noch einmal durch 250.000 Reservisten verstärkt werden konnte. Mit großem Geschick operierten die Diplomaten des Landes unter Anleitung von Außenminister John Loudon in einer Reihe schwieriger Situationen. Trotzdem herrschte jedesmal, wenn niederländische Schiffe von deutschen Unterseebooten torpediert wurden oder auf englische Minen liefen, in der Bevölkerung große Aufregung.

Durch die Errichtung des Niederländischen Übersee Trust (NOT) im Herbst 1914 konnte wirtschaftliches Einvernehmen mit Großbritannien erzielt werden. Die niederländische Regierung mußte auch in diesem Zusammenhang streng neutral bleiben. Daher erhielt der NOT die Form einer privaten Organisation, der unter der Leitung von C. J. K. van Aalst (Präsident und Direktor der Niederländischen Handelsgesellschaft) bedeutende Wirtschaftsvertreter angehörten. Natürlich gab es dennoch zahlreiche, meist informelle Kontakte zwischen dem NOT und der niederländischen Regierung. Der NOT traf mit den Alliierten, insbesondere mit England, Abmachungen, die darauf hinausliefen, daß die für die N. notwendige Anfuhr von Gütern aus Übersee fortgesetzt werden durfte, wenn man dafür den Alliierten garantierte, daß kein Weitertransport nach Deutschland erfolgen würde. Nach Deutschland lieferte man indessen – abgesehen vom florierenden Schmuggelgeschäft – große Mengen einheimischer Agrarprodukte, wofür man wiederum die für die N. so unentbehrliche Steinkohle erhielt.

1917 wurde die Situation in jeder Hinsicht schwieriger. Nachdem Deutschland die Niederlande im Osten und Süden eingeschlossen hatte (in Belgien war sogar ein elektrischer Sperrzaun entlang der niederländischen Grenze angelegt worden, um Desertionen und Grenzgängerei vorzubeugen), begann die deutsche Marine mit dem uneingeschränkten U-Boot-Krieg, dem auch zahlreiche niederländische Schiffe zum Opfer fielen. Im Gegenzug intensivierten die Alliierten ihre Blockade, wodurch nicht nur die Einfuhr aus Übersee immer mehr ins Stocken geriet. Im März 1918 wurden zudem in den Häfen Englands und der USA, die sich inzwischen der Entente angeschlossen hatten, auch niederländische Schiffe beschlagnahmt. Die Gefahr einer militärischen Invasion Deutschlands in die N. wuchs ständig. Nur auf Kosten erheblicher, manchmal geheimer Konzessionen an das Deutsche Reich konnte diese Gefahr abgewendet werden. In der Praxis tolerierten die N., daß die niederländische Binnenschiffahrt Deutschland logistische Unterstützung gewährte und daß Deutschland immer mehr Sand und Kies durch die Provinz Limburg zur Westfront transportierte. Auch eine Verproviantierung der deutschen Truppen über eine strategisch wichtige Eisenbahnlinie durch die N. wurde erlaubt. Die niederländische Regierung sagte Deutschland außerdem zu, keine weiteren Vereinbarungen mit England und Amerika zu treffen.

Militärisch und politisch blieben die N. trotz aller Probleme und Zwischenfälle tatsächlich bis Kriegsende neutral. Allerdings hatten die Konzessionen an Deutschland erheblich zugenommen. In London und Washington sah man die N. folglich zunehmend als einen deutschen Vasallen. Ministerpräsident P. W. A. Cort van der Linden erhielt in London den Beinamen »Caught unter den Linden«. Infolge dessen befanden sich die N. nach dem Sieg der Entente natürlich in einer schwierigen Lage. Die Tatsache, daß die niederländische Regierung dem deutschen Kaiser nach seiner Flucht in die N. im Nov. 1918 Gastfreundschaft gewährte und nicht auf die alliierten Auslieferungsforderungen einging, machte die Sache nicht leichter.

Belgien, das nach dem Krieg ebenfalls zu den Siegern gehörte, versuchte, die schwache Position der N. auszunutzen und auf den Friedenskonferenzen einige alte territoriale Wünsche (in bezug auf die Küstengewässer, den seeländischen Teil von Flandern und Südlimburg) durchzusetzen. Diese Ansinnen scheiterten vor allem am Widerstand der Amerikaner sowie am kompetenten Auftreten des niederländischen Außenministers H. A. van Karnebeek. Die N. griffen nach 1918 ganz selbstverständlich ihre traditionelle Neutralitätspolitik bzw. ihre »Selbständigkeitspolitik« wieder auf. Gleichwohl trat das Land in der Hoffnung auf einen dauerhaften Frieden in den Völkerbund ein und trug – hauptsächlich aus ökonomischen Erwägungen – mit verschiedenen Aktionen zur wirtschaftlichen Erholung Deutschlands bei.

Die Neutralitätspolitik der Regierung fand zunächst breite Unterstützung in der Bevölkerung, obwohl bestimmte Gruppen oder Individuen mehr oder weniger Sympathien für einen der beiden Kriegsgegner hegten. Viele Sozialdemokraten und die konservative Partei der »Antirevolutionäre« waren beispielsweise seit jeher stark an Deutschland orientiert.

Der Kriegsausbruch selbst ging mit Panikreaktionen wie Hamstern, Abheben der Bankguthaben, allgemeinen Ängsten vor dem Zusammenbruch des wirtschaftlichen und finanziellen Lebens einher. Der Staat bekämpfte diese Reaktionen, indem er schon früh kräftig in das wirtschaftliche und gesellschaftliche Leben eingriff. Damit brach er mit der bisherigen, überwiegend liberalen Organisationsform im sozialökonomischen Bereich. Das 1913 gebildete außerparlamentarische Kabinett, das hauptsächlich liberale Minister umfaßte und unter der Leitung des parteilosen Liberalen Cort van der Linden stand, zeigte sich dieser Aufgabe gewachsen. Das 1914 gegründete Königlich Nationale Unterstützungskomitee (KNS), in dem Vertreter aller gesellschaftlichen Gruppen zusammenarbeiteten, versuchte die sozialen Auswirkungen des Krieges abzuschwächen, wo es nötig war.

Was die Wirtschaft und die entsprechenden sozialen Auswirkungen angeht, hielt sich der Schaden in den ersten Kriegsjahren in Grenzen. In einigen Sektoren der Industrie verdiente man sogar beträchtlich. Das quantitativ größte soziale Problem bestand im Herbst 1914, nach dem Fall von Antwerpen, in der Ankunft hunderttausender Flüchtlinge (darunter viele Soldaten) aus Belgien. Die meisten von ihnen gingen nach kurzer Zeit zurück, aber ein erheblicher Teil blieb den ganzen Krieg über in den N.

Die größten Probleme für die Bevölkerung ergaben sich natürlich aus der Verfügbarkeit und den Preisen von Lebensmitteln und anderen Dingen des täglichen Gebrauchs. Das leidlich funktionierende Distributionssystem konnte nicht verhindern, daß es insbesondere im späteren Stadium des Krieges zu akuten Versorgungsproblemen in den Großstädten kam. Dies führte zu sozialen Unruhen, die von den linkssozialistischen Gruppen noch geschürt wurden. Im Nov. 1918 kam es im Nachbarland Deutschland zu einer Entladung der zunehmenden sozialen Spannungen und der revolutionären Situation. In den N. eröffneten Soldatenkrawalle, die im Okt. im Armeelager De Harskamp stattfanden und kaum politischen Einschlag hatten, eine Reihe von Zwischenfällen. Der sozialdemokratische Parteiführer Troelstra, der sich im Sommer 1914 noch hinter die Regierung gestellt hatte, war jetzt der Ansicht, daß »die Revolution nicht bei Zevenaar Halt machen würde«. Mit dieser Einschätzung stand er nicht allein.

Obwohl es gelegentlich zu Panikreaktionen des Staates kam – so entwaffnete man die Flotte, weil man nicht wußte, ob man den Matrosen noch vertrauen konnte –, erwies sich die Furcht vor der Revolution als ungerechtfertigt. Ganz im Gegenteil, in Den Haag entlud sich die politische Spannung in einer übrigens sorgfältig gesteuerten Massendemonstration, die ein Treuebekenntnis zu Königin Wilhelmina darstellte. Troelstra mußte sich zurückziehen und zugeben, daß er sich geirrt hatte. Der Zwischenfall sollte die Position der Sozialdemokraten in der nationalen Politik anhaltend schwächen. Die Kriegsumstände und das von ihnen geförderte Gefühl der nationalen Zusammengehörigkeit trugen dagegen in einem anderen Bereich dazu bei, daß man eine endgültige Lösung für zwei drängende Fragen der vergangenen Jahrzehnte fand: für den seit Jahrzehnten währenden Schulstreit und das Wahlrecht. 1917 kam es nach sorgfältiger Vorbereitung in Kommissionen zur sog. Pazifizierung, die sich in erster Instanz auf den Schulstreit bezog, dann aber auch auf das Wahlrecht ausgeweitet wurde.

Die »Pazifizierung« der konfessionellen mit den liberalen sozialistischen Parteien legte im Verein mit der gewachsenen Zusammenarbeit zwischen Arbeitgeber- und Arbeitnehmerverbänden, in die häufig auch der Staat einbezogen wurde, den Grundstein für die relative Stabilität der niederländischen Gesellschaft nach dem Ersten Weltkrieg. Das kleine Land behauptete sich als westeuropäischer Nationalstaat mit einer parlamentarischen Demokratie und einer konstitutionellen Monarchie. Seine im Vergleich zur internationalen Praxis auffallend starke und breitgefächerte religiöse und politisch-ideologische Segmentierung (auch metaphorisch als »Versäulung« bezeichnet) wurde mit Hilfe einer ausgeklügelten Kompromißpolitik in ein relativ friedliches Zusammenleben umgesetzt.

Die Tatsache, daß die N. am Weltkrieg keinen militärischen Anteil gehabt hatten, hob das Land deutlich von den Nachbarstaaten ab. Den Kriegsfolgen konnten sich die N. trotzdem nicht entziehen, aber sie litten vermutlich weniger darunter als andere Länder. Möglicherweise war es daher für sie ein viel größerer Schock als für andere Länder, als sie im Zweiten Weltkrieg von Deutschland besetzt wurden. Vielleicht hängt der besondere Stellenwert, den diese Erfahrung seit 1945 in der niederländischen Gesellschaft hat, auch damit zusammen, daß ihr die historische Erfahrung des Ersten Weltkrieges fehlte. → *Hochspannungszaun* → *Neutrale Staaten* → *Schlieffen-Plan*

Lit.: M. Frey, Der Erste Weltkrieg und die Niederlande. Ein neutrales Land im politischen und wirtschaftlichen Kalkül der Kriegsgegner, Berlin 1998; P. Moeyes, Buiten schot. Nederland tijdens de Eerste Wereldoorlog 1914-1918, Amsterdam/Antwerpen 2001; C. Smit, Nederland in de Eerste Wereldoorlog, 3 Bde., Groningen 1971-1973; H. P. van Tuyll van Serooskerken, The Netherlands and World War I: Espionage, Diplomacy and Survival, Leiden u. a. 2001.

J.H.C. BLOM

Nietzsche, Friedrich Wilhelm, * Röcken 15.10.1844, † Weimar 25.8.1900, deutscher Altphilologe und Philosoph. – Mit N.s *Also sprach Zarathustra* im Tornister, so wurde kolportiert, seien deutsche Soldaten ins Feld gezogen. N. galt als *der* Repräsentant der neuen deutschen Philosophie und Begründer der Lebensphilosophie, in der die kriegsbegeisterte Jugend nach Ideen und Formulierungen zur Bestätigung ihres Kriegsbildes suchte. Die meisten Rechtfertigungen des Krieges bezogen sich, wenn auch nicht immer explizit, auf N. Sein Einfluß auf Thomas Mann, Max Scheler, Georg Simmel oder Max Weber ist vielfach belegt. Auch die literarischen Kriegsbilder Robert Musils, Ernst Jüngers, Alfred Döblins und anderer Autoren der Moderne waren von N.s Denken tief beeinflußt. Kein Autor wurde in der Literatur, in akademischen Diskursen und öffentlichen Debatten so uneingeschränkt zur Rechtfertigung des Krieges und insbesondere der deutschen Position in diesem Krieg herangezogen wie N. Sätze wie »Der freie Mensch ist Krieger« schienen die Autorität des philosophischen Gedankens für die Ideologie vom deutschen Krieg zu sichern. Es ist allerdings fragwürdig, ob aus N.s Vorliebe für die Wörter »Krieg und Krieger« und deren ausnahmslos positiven Konnotationen eine Rechtfertigung des Weltkrieges abgeleitet werden kann. »Krieg« dient N. als ein Oppositionsbegriff. Unter dem generalisierenden Namen »Krieg« entwickelt er seinen Angriff auf Gesellschaften, die aus den Werten des christlichen und humanistischen Denkens und der philosophischen Ethik die Friedfertigkeit als höchstes Ideal postulierten. In seinen frühen Schriften betont N. einen engen Zusammenhang von Krieg und dem Entstehen des Staates. Krieg sei das »Urbild« des Staates, und erst aus der staatlichen Organisation des Lebens habe die Größe und Würde des Menschen entstehen können. Später verschiebt sich die Bedeutung von »Krieg«, und N. erklärt seine Philosophie zu einer Kriegserklärung an die (dekadente) Gegenwart und die tradierte Moral. Mit »Krieg« charakterisiert N. seine Opposition gegen die Ideale Mitleid, Egalität, Demokratie und Liberalismus. Als zentraler Gedanke seiner Philosophie der Umwertung kann der Satz gelten: »Krieg hat größeres geleistet als Nächstenliebe.« N. bewertet den Krieg als eine kreative und lebensnotwendige Kraft, ohne die das »Höhere, Stärkere, Sieghaftere, Wohlgemutere« nicht entstehen könne. Mit Bezug auf Heraklit preist N. schon früh (*Die Geburt der Tragödie*) den Krieg als die Verwirklichung des Denkens aus dem »Gegensatz«, das allein in der Lage sei, die *décadence* zu überwinden, denn das Leben bestehe aus Gegensätzen und sei »eine Folge des Kriegs«. »Krieg« ist N.s Bezeichnung für eine Philosophie der Kreativität und Rastlosigkeit, die er an die Stelle der Teleologie von Harmonie und ewigem Frieden setzt.

BERND HÜPPAUF

Nikolaj II. Alexandrowitsch, * Zarskoje Selo (Puschkin) 18.5.1868, † (ermordet) Jekaterinburg 16./17.7.1918, Zar von Rußland (reg. 1894-1917). – N. sah seine Hauptaufgabe zeitlebens darin, die ihm »von Gott gegebene« autokratische Macht zu bewahren und ungeschmälert an seinen Nachfolger weiterzugeben. In dieser Auffassung von Zarin Alexandra Fjodorowna bestärkt, glaubte er sich nicht befugt, den Forderungen gesellschaftlicher Eliten nach Mitsprache und Einbeziehung in die politische Verantwortung nachzugeben. Für die Notwendigkeit zur Modernisierung von Wirtschaft und Gesellschaft und die Reformwünsche breiter Kreise zeigte N. kein Verständnis. Er setzte die repressive Politik seines Vaters fort und verlor damit den Einfluß auf die politische Öffentlichkeit. Dem einfachen, bäuerlichen russischen Volk fühlte sich N. in der orthodoxen Religion auf gleichsam mystische Weise verbunden, ohne klare Vorstellungen von den sozialen und wirtschaftlichen Problemen gerade der Bauern zu haben. Die Agrarreform von 1906 kam zu spät, um bis zum Kriegsbeginn voll wirksam werden und den Zündstoff der Agrarfrage entschärfen zu können. Die Niederlage im Krieg gegen Japan 1904/05 verschärfte die politische Krisensituation. Die auf den »Blutsonntag« folgende Revolution von 1905 zwang N. zur Zulassung eines gesetzgebenden Parlaments, der Staatsduma. Das Wahlgesetz von 1907 schränkte das zunächst allgemeine Wahlrecht allerdings wieder ein und stellte eine konservative Mehrheit in der Duma sicher.

Breite Zustimmung fand der Zar mit der Anordnung vom 30. Juli 1914 zur allgemeinen Mobilmachung, die Rußland in den Krieg führte. Im Glauben, die russischen Truppen im Kampf führen zu müssen, übernahm N. gegen den Rat der Minister am 5. Sept. 1915 selbst das Oberkommando. Durch die Abwesenheit von der Hauptstadt war er jedoch über die innenpolitische Situation und die zum Erlahmen der Kriegsbegeisterung führenden Versorgungsprobleme nur unzureichend informiert. Bei politischen Entscheidungen verließ er sich häufig auf Berichte und Empfehlungen der unter dem Einfluß des am Hofe weilenden Mönches und Wunderheilers Rasputin stehenden Zarin Alexandra. Die Einsetzung willfähriger Minister anstelle der von den bürgerlichen Parteien in der Duma geforderten Regierung des allgemeinen Vertrauens, die eigene Entscheidungsschwäche und die Unfähigkeit, drängende Probleme wie das der Versorgung der Truppen und der Zivilbevölkerung zu lösen, diskreditierten den Zaren; militärische Mißerfolge kamen hinzu. Nach der Februarrevolution und der Proklamation der Provisorischen Regierung dankte N. am 15. März 1917 zugunsten seines Bruders Michail ab. Zusammen mit seiner Familie wurde er in Zarskoje Selo interniert, Anfang Aug. 1917 nach Tobolsk, im April 1918 nach Jekaterinburg verbracht und dort in der Nacht vom 16./17. Juli 1918 von den Bolschewiki ermordet.

Lit.: H. Carrère D'Encausse, Nicolas II. La transition interrompue: une biographie politique, Paris 1997; D. Lieven, Nicholas II. Emperor of all the Russians, London 1993.

MECHTHILD LINDEMANN

Nikolaj Nikolajewitsch (der Jüngere), * St. Petersburg 18.11.1856, † Antibes 5.1.1929, Großfürst von Rußland und Höchstkommandierender. – N. war Sohn des Großfürsten N. (des Älteren). Er absolvierte 1873 die Nikolajewsker Militärschule, 1876 die Generalstabsakademie und nahm am Russisch-Türkischen Krieg von 1877/78 teil, in dem sein Vater den Oberbefehl innehatte. Seit 1901 General der Kavallerie, führte er 1905-08 den Vorsitz im neu geschaffenen Reichsverteidigungsrat. 1905-14 war N. zudem Oberkommandierender der Garde und Befehlshaber des St. Petersburger Militärbezirks.

Mit Kriegsausbruch 1914 wurde N. vom Zar überraschend zum Höchstkommandierenden aller russischen Land- und Seestreitkräfte ernannt. In dieser Funktion war N. wie alle dynastischen Heerführer weitgehend auf die Zuarbeit seines Stabes angewiesen. Das völlig unzureichend entwickelte Kommunikationssystem innerhalb der russischen Streitkräfte erwies sich auch für N. als verhängnisvoll: obgleich für die militärischen Entscheidungen seiner Generale verantwortlich, war er über deren Tätigkeit kaum oder nur sehr unzulänglich informiert. Die wenig erfolgreiche Führung der Operationen (Ostpreußen, Gorlice-Tarnów) und Widerstände gegen seine Person seitens der Hofclique um Zarin Alexandra Fjodorowna führten schließlich am 23. Aug. 1915 zu seiner Ablösung. Bis März 1917 leitete N. als Oberbefehlshaber der Kaukasusfront die Kämpfe gegen die Türken. Der Plan des Zaren, N. nach der Februarrevolution erneut zum Höchstkommandierenden zu berufen, scheiterte jedoch am Einspruch der Provisorischen Regierung. 1919 emigrierte N., zunächst nach Italien, dann nach Frankreich; unter zarentreuen Emigranten galt er bis zu seinem Tode als Thronprätendent.

DITTMAR DAHLMANN

Nivelle, Georges Robert, * Tulle 15.10.1856, † Paris 23.3.1924, französischer General und Chef des Generalstabs. – N., ein Absolvent

Zar Nikolaj II. (Mitte) mit den Militärbevollmächtigten der Verbündeten. Hinten rechts Generalstabschef Alexejew. Mogilew, Januar 1916

der École Polytechnique, war Artillerist. Als der Krieg 1914 ausbrach, war er 58 Jahre alt und bekleidete den Rang eines Oberst. Bereits in den ersten Kriegswochen stellte er seine militärischen Fähigkeiten unter Beweis: Die von ihm in der Marne-Schlacht vorexerzierte Artillerietaktik war neu und erfolgreich. Seine Karriere nahm einen steilen Aufstieg. Im Okt. 1914 wurde er Brigadegeneral und bereits im Febr. 1915 Divisionsgeneral. In der Verdun-Schlacht erwies er sich als eine der brillantesten und einfallsreichsten Führerpersönlichkeiten der französischen Armee. Im April 1916 wurde ihm die Leitung der 2. Armee vor Verdun anvertraut – er ersetzte General Philippe Pétain, der das Kommando über die Heeresgruppe (Groupe d'armées) Centre übernahm – und wurde zum eigentlichen Sieger der Schlacht. Die von ihm entwickelte Taktik der Feuerwalze (barrage roulant) erlaubte eine bessere Koordinierung von Artillerie und Infanterie. Nach der Wiedereinnahme der Forts von Vaux und Douaumont stieg N.s Ansehen derart an, daß ihm allgemein zugetraut wurde, den Krieg zu gewinnen. Im Dez. 1916 trat er an der Spitze der französischen Armee die Nachfolge von Joseph Joffre an; er wurde Pétain vorgezogen, der als zu defensiv galt.

Obwohl die meisten alliierten Generale bezweifelten, daß die in Verdun an begrenzten Abschnitten erfolgreichen Gefechtsgrundsätze auch auf breiter Front angewandt werden könnten, gelang es N., das Vertrauen von Raymond Poincaré und Aristide Briand zu gewinnen; ebenso genoß er das Vertrauen des britischen Premierministers David Lloyd George, der erstmals einwilligte, britische Truppen französischem Kommando zu unterstellen (allerdings hatte Nivelle eine englische Mutter und war des Englischen mächtig!).

Für das Frühjahr 1917 hatte N. eine alliierte Großoffensive ins Auge gefaßt. Obwohl sich Ort und Zeitpunkt des Angriffs nicht lange geheimhalten ließen, hielt N. an seinem Plan fest, da er auf den Elan der französischen Truppen vertraute. Diese am 16. April 1917 bei sehr schlechtem Wetter und auf besonders schwerem Gelände begonnene sog. N.-Offensive wurde zu einem Mißerfolg und verursachte erhebliche Verluste: Innerhalb von zwei Wochen hatte die französische Armee 35.000 Tote zu beklagen. Die gesamten Verluste (Tote, Verwundete, Gefangene) beliefen sich auf 271.000 Mann. Andere Schlachten hatten zwar ebenso hohe Opfer verursacht, doch die Enttäuschung war angesichts der hohen Erwartungen hier besonders groß und führte bei einem Teil der französischen Armee zu Meutereien. Schon am 15. Mai 1917 wurde N. seines Kommandos enthoben und durch General Pétain ersetzt. Er hatte sich im Okt. 1917 sogar vor einer Untersuchungskommission zu verantworten, die ihn allerdings freisprach.

N. war, trotz des Desasters am Chemin des Dames, mutmaßlich einer der besten französischen Generale. Letztlich fiel er aber seinem übergroßen Ehrgeiz und seiner Überheblichkeit zum Opfer.

JEAN-JACQUES BECKER (Ü: G. K.)

Nivelle-Offensive. Im Winter 1916/17 begann der neue französische Oberkommandierende Georges Robert Nivelle mit seinen Planungen zu einer großangelegten Offensive im kommenden Frühjahr im Artois und im Raum Aisne/Champagne. Diese sah zeitgleiche Angriffe von Briten und Franzosen auf fast den gesamten deutschen Frontbogen zwischen Arras und Reims vor. Nivelle setzte dabei vor allem auf die im Herbst 1916 vor Verdun gemachten Erfahrungen und wollte der Gefahr einer Zermürbungsschlacht durch überfallartige artilleristische Eröffnung und verbesserte Infanterietaktik entgegenwirken. Die Vorbereitungen wurden allerdings bereits im Febr. durch die überraschende Rücknahme der deutschen Front auf die Siegfried-Stellung erheblich gestört. Der daraufhin überarbeitete Plan sah einen britischen Teilangriff im Artois vor, sowie zwei französische an der Aisne, gegen den Chemin des Dames sowie östlich von Reims. Durch diese Zangenbewegung sollte die gegnerische Front zum Einsturz gebracht werden. Schlechtes Wetter brachte aber weitere Verzögerungen und die Angriffsvorbereitungen blieben den Deutschen nicht verborgen.

Am 9. April 1917 schließlich wurde die N. mit dem Angriff der britischen 1. und 3. Armee (Horne bzw. Allenby) beiderseits Arras eingeleitet, Schwerpunkt der Kämpfe war hier der Höhenzug von Vimy. Die deutsche 6. Armee (Falkenhausen) geriet vorübergehend in eine sehr kritische Lage, erst am 13. war die Gefahr eines Durchbruchs gebannt. Der Angriff der französischen 6. Armee (Mangin) gegen den Chemin des Dames setzte am 16. April ein. Doch konnte die deutsche 7. Armee (Boehn) die strategisch wichtige Höhenstellung weitgehend behaupten. Schon zwei Tage später war klar, daß der Durchbruch auch hier – trotz des erstmaligen Einsatzes von Tanks auf Seiten der Franzosen – unter hohen Verlusten gescheitert war. Dennoch wurden die Angriffe erneuert und bis in den Mai hinein ohne Erfolg fortgesetzt. Schon am 4. Mai hatte eine französische Kompanie bei Laffaux das Einrücken in die Sturmausgangsstellung verweigert, nun schlossen sich immer mehr Soldaten der Meuterei an. Die französische Armee steuerte einer ernsten Moralkrise entgegen, eine Entwicklung, die der deutschen Aufklärung aber entging. Am 15. Mai wurde Nivelle seines Kommandos enthoben und durch General Pétain ersetzt. Die N. hatte in einem völligen Fehlschlag geendet, die französische Armee blieb infolge der Verluste und der Meutereien bis in den Spätsommer hinein paralysiert. → *Champagne* → *Chemin des Dames* → *Meutereien*

MARKUS PÖHLMANN

Nordafrika, geographischer Raum von der Atlantikküste des heutigen Marokko im Westen bis zum Suezkanal und dem Roten Meer im Osten. – Die entsprechenden Territorien sind vor Ausbruch des Weltkrieges von den europäischen Kolonialmächten in verschiedenen Phasen mit divergierenden außen- wie innenpolitischen Konstellationen politisch-militärisch unterworfen und im Anschluß daran unter Einsatz von direkten und indirekten Herrschaftsformen verwaltet worden. In Algerien beanspruchte Frankreich einen formalen Herrschaftsanspruch bereits seit dem Jahre 1830, in Tunesien seit 1881 und in Marokko seit 1912. Staatsrechtlich jedoch stellte sich die Ausgangslage im Jahre 1914 in den drei Gebieten unterschiedlich dar: Algerien, das zugleich das wichtigste Zuwanderungsgebiet für europäische Siedler in N. darstellte, galt seit der Mitte des 19. Jahrhunderts administrativ als Teil des nationalfranzösischen Territoriums. Marokko und Tunesien hingegen blieben bis zum Kriegsausbruch Protektorate, formal betrachtet also selbständige Gebiete. Ähnliches gilt für die spanisch beherrschten Gebiete. 1886 hatten die Spanier ein Protektorat in den Küstengebieten des heutigen Mauretanien etabliert, 1912 in Teilen des nördlichen Marokko. Italien wiederum beanspruchte im Gefolge des Italienisch-Türkischen Krieges (1911/12) die Oberherrschaft in Tripolitanien, der Cyrenaika und im Fezzan, die alle drei zusammen die Provinz Libyen im Osmanischen Reich gebildet hatten. In den Verträgen von Lausanne vom 15. und 18. Okt. 1912 wurde Libyen formal die Unabhängigkeit zugestanden, aber faktisch stand es seitdem unter italienischer Oberherrschaft. Die Senussi, die sich seit den 1840er Jahren in der Cyrenaika als beherrschende Ethnie durchgesetzt hatten, zeigten sich danach bereit, mit den Italienern einen Modus vivendi zu finden und stellten den Widerstand gegen sie ein. Die städtischen Nationalisten in Tripolis hingegen versuchten schon vor dem Kriegsausbruch 1914, eine vom Osmanischen Reich wie von Italien unabhängige Staatlichkeit einzurichten.

Die britische Kolonialherrschaft in Ägypten stellte nach dem Aufbau einer Art Zwangsverschuldung ab 1882 bis zum Ausbruch des Weltkriegs ein »verschleiertes Protektorat« dar. Dieses Herrschaftssystem bildete insofern einen Sonderfall, als weder die osmanische Souveränität noch die Stellung des Khediven und seiner Regierung formal angetastet wurden, obwohl die eigentliche Herrschaftsgewalt in den Händen des britischen Generalkonsuls lag. Auf das Aufkommen erster nationalistischer Bewegungen vor 1914 reagierten die Briten mit vorsichtigen politischen Reformen. Nach dem Kriegsausbruch proklamierten sie am 18. Dez. 1914 die faktische Unabhängigkeit des Landes vom Osmanischen Reich. Am folgenden Tag wurde der deutschfreundliche Khedive Abbas Hilmi II., der gerade Konstantinopel besuchte, abgesetzt und sein Onkel Husain Kamil Pascha zum Nachfolger ernannt, wobei ihm zur Rangerhöhung der Titel eines Sultans verliehen wurde. Vor Ort amtierte Henry McMahon als Hochkommissar, der neben den zivilen Behörden eine zweite militärische Verwaltung aufbaute. Hierüber wurde erstmals eine weitgehende Zentralisierung des Landes erreicht, welche die politische Identität der einheimischen Eliten förderte.

In den Jahren zwischen 1914 und 1918 wurden die Bevölkerungen N. weitgehend reibungslos in die Kriegspolitik der sie beherrschenden europäischen Mächte eingebunden. Der Aufruf zu einem islamischen »Heiligen Krieg«, der am 14. Nov. 1914 von Konstantinopel aus verkündet wurde, fand jedoch mit ganz wenigen Ausnahmen kein Echo. N. wurde nur an vereinzelten Orten und in verschiedenen Phasen des Weltkriegs zu einem Kriegsschauplatz. Dies bezieht sich auf Kämpfe um die Kontrolle über den Suezkanal, bei denen im Febr. 1915 ein türkischer Angriff unter der Führung von Djemal Pascha durch britische Truppen abgewehrt wurde. Weiterhin gelang es den Briten im Nov. 1915 erfolgreich, Anhänger der Senussi-Bruderschaft aus der Cyrenaika, die mit türkischer Unterstützung ins westliche Ägypten eingefallen waren, abzuwehren. In Tripolitanien wiederum erhielten die Stammesfürsten türkische Unterstützung für den Kampf gegen die Italiener, die danach auf ihre Küstenstationen zurückgedrängt wurden. Aber andauernde interne militärische Kämpfe und die Abwehr einer Invasion der Senussi nach Tripolitanien 1916 verhinderten eine konzertierte Aktion. Auch in Marokko kam es fast kontinuierlich zu Aufständen verschiedener Stämme. Die Pazifizierung des Landes war vor Kriegsausbruch alles andere als abgeschlossen, und der Chef der französischen Protektoratsverwaltung, Louis Hubert Lyautey, weigerte sich daher auch, die Hälfte der rund 70.000 Mann starken französischen Truppen nach Europa zurückzuschicken, wie ihm ursprünglich bei Kriegsbeginn befohlen worden war. Gleichermaßen lehnte er den angeordneten Rückzug aus den Städten im Inneren des Landes an die Atlantikküste ab. Trotzdem kam es im Verlauf der ersten Kriegsmonate zu Kampfhandlungen. Obwohl die Franzosen zahlreiche Angriffe unabhängiger Stämme abwehren konnten, dauerten die Aufstände in einzelnen Gebieten Marokkos bis zum Kriegsende an. Dies gilt insbesondere für die Kämpfe mit den von El-Hiba angeführten Stämmen im Süden von Marrakesch sowie im Norden Marokkos mit den Abteilungen Abd el-Maliks. Auch im Gebiet des Mittleren Atlas gab es Widerstand gegen die Franzosen. Die Revolten standen teilweise unter dem Einfluß deutscher Propaganda, und wiederholt gelangten auch militärische Güter und Gelder aus Deutschland nach Marokko, die bedingt durch die französisch-spanischen Gegensätze leicht ihren Weg dorthin fanden. Insgesamt jedoch sind diese Kämpfe eher als eine Fortsetzung des indigenen Widerstandes gegen die Durchsetzung der französischen und spanischen Kolonialherrschaft einzustufen denn als Teil der militärischen Auseinandersetzungen im Ersten Weltkrieg.

Trotz der politisch angespannten Ausgangslage in den einzelnen Territorien N. verlief die Entwicklung nach Kriegsausbruch zunächst in vergleichsweise ruhigen Bahnen. Obwohl es in fast allen Gebieten vereinzelte Aufstandsversuche gegen die Kolonialmächte gegeben hat, blieben diese lokal begrenzt und erfolgten meist in Gebieten, die zuvor von den Europäern noch nicht regelrecht durchdrungen worden waren. Die militärischen Aushebungen in den französischen Kolonialgebieten, zumal in Algerien, verliefen zu Beginn des Krieges sogar recht erfolgreich, ungeachtet der Tatsache, daß die Wehrpflicht sukzessive immer mehr ausgeweitet wurde. Die ersten Rekrutierungen führten sogar unter Beteiligung der einheimischen Bevölkerung zu feierlichen Verabschiedungen, die entsprechenden Vorgängen in Europa vergleichbar waren. Es gab allerdings ebenfalls schon 1914 erste Aufstände bzw. Fluchtbewegungen, teilweise auch Selbstverstümmelungen mit dem Ziel, den Zwangsrekrutierungen zu entgehen. Der tatsächliche Erfolg der Aushebungen ist jedoch nicht zuletzt mit materiellen Gründen zu erklären, da den Familienangehörigen eine soziale Unterstützung angeboten wurde, die insbesondere für die Mitglieder ärmerer Schichten von großer Bedeutung war. Darüber hinaus erließ der Generalgouverneur in Algerien am 31. Dez. 1914 eine Verfügung, mit der die Freiwilligen und ihre Väter aus dem Indigénat – einem diskriminierenden Statut nur für Moslems, das eine Sondergerichtsbarkeit der Verwaltung vorsah – entlassen wurden. Wohlhabenderen Einheimischen wurde in Algerien außerdem die Möglichkeit der Stellung eines Ersatzmannes eingeräumt, jedenfalls bis zum Anfang des Jahres 1918.

Insgesamt kamen aus ganz Afrika im Ersten Weltkrieg auf französischer Seite ca. 485.000 Soldaten zum Einsatz. Die Zahlen der Soldaten und Arbeiter, die im einzelnen umstritten sind, verhielten sich in den französisch-beherrschten Gebieten N. wie folgt: In Algerien bestand im Aug. 1914 eine Armee aus rund 27.000 einheimischen Soldaten, für die ursprünglich keine weiteren Aushebungen vorgesehen waren. Im Laufe des Krieges wurden dann jedoch insgesamt 173.000 muslimische Soldaten rekrutiert, von denen rund 160.000 in Kampfeinheiten eingesetzt wurden. Ungefähr 70.000 Soldaten von diesen waren Wehrpflichtige, die restlichen wurden als »Freiwillige« rekrutiert, obwohl ein Großteil auch unter ihnen zwangsweise nach Frankreich gebracht worden war. In Tunesien erfaßten die militärischen Aushebungen insgesamt ca. 60.000 Einheimische, während in Marokko rund 12.500 Freiwillige angeworben wurden. Zusätzlich zu den indigenen Truppenverbänden wurden 73.000 Algerienfranzosen mobilisiert. Außerdem kam es zu einem beträchtlichen Exodus des europäischen Personals in den Kolonien. In einzelnen Berufsgruppen, insbesondere aber unter den Ärzten und Lehrern, gingen die Zahlen der Abwanderer in die Höhe, wodurch die physische Präsenz der Kolonialmacht vor Ort teilweise dramatisch abnahm. Im Krieg fielen 25.000 Algerier bzw. 36.000 aus dem französisch beherrschten Maghreb insgesamt. Das gleiche Schicksal ereilte rund 22.000 Algerienfranzosen.

Die ersten Kriegsmonate in Europa brachten für die Mehrheit der in dieser Phase eingesetzten nordafrikanischen Soldaten eine äußerst prekäre Fronterfahrung. Viele von ihnen wurden in den ersten Kämpfen mit den deutschen Truppen regelrecht von der eigenen Führung »verheizt«. Nachdem es im Gefolge dieser Vorgänge an verschiedenen Frontabschnitten im Nordosten Frankreichs zu Befehlsverweigerungen, teilweise auch Fluchtbewegungen nordafrikanischer Soldaten kam, die mit härtesten Repressionen bestraft wurden, ergriff die französische Armee ab 1915 Maßnahmen, die eine Verbesserung der Lage der nordafrikanischen Truppen in Europa nach sich zog. Das Kommando erhielten jetzt Offiziere, die zumindest mit den Truppen kommunizieren konnten. Darüber hinaus wurden muslimische Feste und auch die besonderen Ansprüche an die Versorgung der Truppen respektiert. Zur Aufrechterhaltung der Kampfmoral dienten auch Imame und Würdenträger verschiedener religiöser Bruderschaften, die an die Front gebracht wurden.

Neben der Rekrutierung von Soldaten kam es ab 1914 zum Abzug von rund 75.000 Arbeitern aus Algerien, die im Rahmen staatlich organisierter Programme vor allem in Bergwerks- und anderen kriegswichtigen Betrieben in Frankreich eingesetzt wurden. Wenn man zu diesen die sog. freien Arbeiter hinzurechnet, die aus eigenen Stücken ihren Weg nach Frankreich fanden, belaufen sich die Gesamtzahlen aus Algerien auf insgesamt ca. 119.000 Personen. Aus Tunesien kamen weitere 30.000 Arbeiter und aus Marokko sogar über 35.000 Arbeiter für einen Arbeitseinsatz nach Frankreich. Theoretisch sollten sie dort einer scharfen Kontrolle unterliegen, die aber faktisch nicht umgesetzt werden konnte. Die Rekrutierungen für den Kriegseinsatz in Europa entsprachen rund vier Prozent der algerischen Gesamtbevölkerung bzw. 20 Prozent der erwerbstätigen Bevölkerung. Auch für die Zivilbevölkerung Ägyptens stellte der Krieg eine große Belastung dar, denn zwischen 1914 und 1918 fand etwa jeder dritte Mann als Transportarbeiter oder in Baueinheiten eine Verwendung. Da Ägypten zur Basis für große alliierte Truppenverbände aus Indien, Neuseeland und Australien gemacht wurde, die dort oftmals auch den Abschluß ihrer militärischen Ausbildung erfuhren, machte dies die massive Rekrutierung von Ägyptern als Hilfspersonal notwendig, die vornehmlich als Fahrer und Arbeiter dienstverpflichtet wurden. 1918 waren immerhin 135.000 Ägypter im britischen Expeditionskorps im Einsatz.

Neben den Rekrutierungen zog die Einbeziehung der nordafrikanischen Gebiete in die Kriegswirtschaft der Metropolen eine weitreichende Reorganisation der kolonialen Verwaltung und Wirtschaft nach sich. Insgesamt betrachtet setzte der Weltkrieg in den Kolonialgebieten den Schub einer zweiten inneren Kolonisation in Gang, mit widersprüchlichen Folgen sowohl für die einheimischen Bevölkerungen als auch für die europäischen Siedler. Nachweislich führte die gestiegene Nachfrage nach Lebensmitteln zu einer ökonomischen Besserung in einzelnen Bereichen. In Algerien standen z. B. die Tabakanbauer, aber auch die Händler von Schafen und Weizen Ende 1918 besser da als vor dem Krieg. Verschiedenen Gruppen gelang es außerdem teilweise schon während des Krieges, Böden von europäischen Siedlern zurückzukaufen, wofür vor allem die Gelder der in Frankreich beschäftigten Arbeiter eingesetzt werden konnten. Auch in Ägypten erlaubte der starke Preisanstieg ab 1915 manchen Fellachen, sich ihrer Schulden zu entledigen. Wegen der Importbeschränkungen für zahlreiche Güter und der in Ägypten stationierten Truppen stiegen die Preise für Konsumwaren. Davon konnten die Händler, Militärlieferanten und Bauunternehmer vor Ort profitierten. Der Krieg eröffnete zusätzlich die Möglichkeit für eine industrielle Fertigung bisher importierter Waren und somit für die Entstehung einer ägyptischen Unternehmerschicht. Der Krieg bewirkte jedoch keinen nachhaltigen Industrialisierungsschub.

Auch in Algerien setzte sich die Industrialisierung des Landes im gleichen Zeitraum nicht durch. Die Ersatzindustrien, die im Laufe des Krieges aufgebaut wurden, mußten nach 1918 rasch wieder dem Druck der metropolitanen Konkurrenz nachgeben. Hochöfen, die während des Krieges fertiggestellt worden waren, wurden nie angefahren. Zusätzlich stagnierte das einheimische Handwerk und in den Dörfern stieg die Abhängigkeit von agrarischen Einkommen. Der Krieg zog außerdem vor Ort wegen der Verknappung der Verkehrskapazitäten eine allgemeine Transportkrise nach sich. Die kolonialen Märkte blieben in ihrer Gesamtheit sowohl vor als auch nach 1918 vornehmlich auf die »Mutterländer« ausgerichtet. Zusätzlich kam es 1917/18 sowohl in Algerien als auch in Tunesien zu sehr schlechten Ernteerträgen. Dies führte zu schweren Hungersnöten, die unter den gesundheitlich Geschwächten nach dem Krieg zahlreiche Grippeopfer forderten.

Die zweite Kolonisierungswelle gab aber unter den Mitgliedern der indigenen Eliten einem neuen Staatsbewußtsein Auftrieb, das insgesamt den Nationalismus der zwanziger Jahre vorbereitete. Schon die Verkündigung der Vierzehn Punkte Wilsons vom Jan. 1918 rief in fast allen Gebieten N. Hoffnungen auf die Verwirklichung des Rechtes auf Unabhängigkeit hervor. Im April 1919 erreichten den amerikanischen Präsidenten Manifeste aus Algerien und Marokko, mit denen die eigenständige Repräsentation dieser Territorien bei den Friedensverhandlungen in Paris durchgesetzt werden sollte. Diese Forderungen verhallten aber zunächst ungehört. In Ägypten äußerte sich das Bestreben nach politischer Selbstbestimmung unmittelbar nach Kriegsende im Aufkommen einer nationalistischen Bewegung. Deren Führung übernahm Saad Zaghul, der vor dem Krieg Unterrichtsminister gewesen war. Als er am 13. Nov. 1918 dem britischen Hochkommissar die Forderung nach Unabhängigkeit und den Wunsch mitteilte, eine ägyptische Delegation nach London und zu den Pariser Friedensverhandlungen zu entsenden, wurde er von den Briten inhaftiert und deportiert. Dies führte zu Unruhen im ganzen Lande.

Die demobilisierten Soldaten mußten nach ihrer Rückkehr in die einzelnen Territorien N. feststellen, daß sich ihre Heimatgesellschaften ökonomisch nach wie vor in einer schwierigen Lage befanden. Im Laufe des Krieges hatten die Kolonialmächte zwar wiederholt politische Reformversprechen abgegeben, die als Kompensation für den Einsatz von Soldaten und Arbeitern aus N. in Aussicht gestellt worden waren. Insbesondere in Algerien hatte sich aber bereits ab Nov. 1917, als der französische Ministerpräsident Georges Clemenceau eine Politik zur Verbesserung der politischen und rechtlichen Lage der Einheimischen in Gang brachte, gezeigt, daß dies auf den entschiedenen Widerstand der europäischen Siedler sowie der Kolonialverwaltung vor Ort traf. Mit der *Loi Jonnart* vom Febr. 1919 wurden zwar die Wahlrechte der algerischen Bevölkerung erweitert, aber die niedrigere Rechtsstellung der indigenen Gruppen wurde dadurch nicht wirklich beseitigt. In den kolonialen Metropolen war hingegen insgesamt während des Krieges der Wille gewachsen, die abhängigen Gebiete in N. nun politisch und ökonomisch noch effizienter als in der Vorkriegszeit in den jeweils eigenen Herrschaftsbereich einzugliedern.

Lit.: A. Bernard, L'Afrique du Nord pendant la guerre, Paris 1926; Cambridge History of Africa, Bd. 7: 1905-1940, hg. v. A. D. Roberts, Cambridge 1986; Fremdeinsätze: Afrikaner und Asiaten in europäischen Kriegen 1914-45, hg. v. G. Höpp/B. Reinwald, Berlin 2000; J. Thobie/G. Meynier, Histoire de la France coloniale, Bd. 2: L'apogée, Paris 1991.

Christoph Cornelissen

Norwegen, konstitutionelles Königreich, Regent Håkon VII. (reg. 1905-1957). – Die Haltung N. im Weltkrieg wird nur vor dem Hintergrund verständlich, daß das Land erst 1905 seine Selbständigkeit von Schweden errungen hatte und Großbritannien seine wichtigste Garantiemacht war. Dieser sicherheitspolitische Grundpfeiler der Außenpolitik wurde durch eine entsprechende handelspolitische Ausrichtung gestärkt. Nach Kriegsbeginn schloß sich N. zwar am 8. Aug. 1914 der von Schweden initiierten Neutralitätserklärung an, die von den kriegführenden Parteien anerkannt wurde. Doch faktisch wurde das Land in mehrerlei Hinsicht zum »neutral ally« (O. Riste) der Entente. Allein die geostrategische Lage implizierte, daß sich die Versorgung des Landes mit Rohstoffen und Lebensmitteln nur durch Gegenleistungen für die Entente aufrechterhalten ließ. Diese Leistungen erbrachte im wesentlichen die norwegische Handelsflotte, die zu den größten der Erde zählte, indem sie vor allem in der überseeischen Belieferung Großbritanniens Lücken füllte. Allerdings zahlte sie dafür einen hohen Preis: die Hälfte der Handelsflotte, rund 900 Schiffe (1,2 Mio. BRT), ging verloren, wobei etwa 2.000 Seeleute den Tod fanden.

Der deutsche Angriff auf das neutrale Belgien weckte in N. schon zu Beginn des Krieges antideutsche Stimmungen und bestärkte die politische Elite in ihrer Haltung. Diese Position der von der liberalen Partei (Venstre) getragenen Regierung unter Gunnar Knudsen wurde durch die Parlamentswahlen 1915 gestärkt, die den Liberalen einen leichten Zugewinn brachten. Offiziell blieb die Neutralität des Landes die bestimmende politische Doktrin. Um zu demonstrieren, daß diese notfalls auch militärisch verteidigt werden sollte, wurde noch im Spätsommer 1914 eine Mobilmachung durchgeführt und für die Dauer des Krieges die sog. Neutralitätswacht eingerichtet. Mit beiden kriegführenden Seiten wurden gleichwohl Geschäfte gemacht. N. gelang es, durch Verhandlungsgeschick gegenüber den Ententemächten seine Außenhandelssouveränität zu wahren und Handel auch mit den Mittelmächten zu treiben, wenngleich N. hier hartem Druck von seiten Englands ausgesetzt war. Vor allem Deutschland war wegen Abschnürens seiner Überseeverbindungen auf bestimmte norwegische bzw. über N. transportierte Rohstoffe angewiesen. Im Land herrschte eine Hochkonjunktur mit entsprechenden negativen Begleiterscheinungen: die Löhne hielten mit den steigenden Preisen nicht mit. In weiten Bevölkerungskreisen sank der Lebensstandard. Mit der Fortdauer des Krieges und der Verschärfung der maritimen Handelskriegführung kam es schließlich zu Versorgungsproblemen. Die Anpassung an die Entente wurde in dem Maße immer deutlicher, wie der Handel mit Deutschland eingeschränkt wurde. Das Verlegen von Minensperren in norwegischen Hoheitsgewässern auf Verlangen der Entente im Herbst 1918, durch die das letzte Schlupfloch für deutsche Schiffe und U-Boote geschlossen werden sollte, wurde zum Schlußpunkt der ententefreundlichen Haltung N.

Lit.: F. Petrick, Norwegen: von den Anfängen bis zur Gegenwart, Regensburg 2002; O. Riste, The Neutral Ally. Norway's Relation with Belligerent Powers in the First World War, London 1965.

Robert Bohn

Noske, Gustav, * Brandenburg/Havel 9.7.1868, † Hannover 30.11.1946, deutscher Politiker. – N., ein gelernter Korbmacher, schloß sich 1885 der Gewerkschaft und 1886 der SPD in Brandenburg an. 1897 übernahm er die Redaktion sozialdemokratischer Zeitungen in Königsberg und Chemnitz und sammelte auf kommunaler Ebene erste politische Erfahrungen. 1906 wurde er das erste Mal in den Reichstag gewählt und profilierte sich als Experte für Haushalts-, Kolonial- und Militärfragen.

N. gehörte zum rechten Flügel der SPD und vertrat eine patriotisch-integrative Politik. Bereits 1907 erregte er mit einem Bekenntnis zur Landesverteidigung Aufsehen. Während des Weltkriegs befürwortete er folgerichtig den nationalen »Burgfrieden« und die Kriegskredite. Als Berichterstatter für sozialdemokratische Zeitungen bereiste er außerdem einige Frontabschnitte. Er setzte sich für die Ausweitung parlamentarischer Kontrollbefugnisse ein und engagierte sich in der parlamentarischen Kommission für die Überprüfung der Kriegslieferungen. Vom Verteidigungskrieg überzeugt, unterstützte er die Durchhaltepolitik der Regierung.

In Kiel übernahm er 1918 den Vorsitz des Obersten Soldatenrates und im Nov./Dez. das Amt des Gouverneurs, anschließend war er als Volksbeauftragter für Heer und Marine in Berlin tätig. Aufgrund seines politischen Sachverstands sowie seiner rhetorischen und organisatorischen Fähigkeiten wurde er im Febr. 1919 zum ersten Reichswehrminister der Republik berufen. Seine kompromißlose Politik der »eisernen Faust«, mit der er die Aufstände und Streiks der revolutionären Arbeiterbewegung 1919 blutig niederschlagen ließ, machte ihn zu einer dezidierten Negativfigur der sozialistischen Bewegung. Der Kapp/Lüttwitz-Putsch im März 1920 offenbarte schließlich das Scheitern seiner Strategie einer loyalen Zusammenarbeit mit den alten Machteliten und zwang ihn zum Rücktritt. Bis 1933 amtierte er dann noch als Oberpräsident von Hannover; nach der Ernennung Hitlers zum Reichskanzler wurde er jedoch entlassen. Nach dem Attentat auf Hitler vom 20. Juli 1944 wurde er schließlich inhaftiert.

Lit.: W. Wette, Gustav Noske. Eine politische Biographie, Düsseldorf 1987.

Petra Schulz

Notgeld, zeitweilig in Umlauf gesetztes Geld, das die Geldzeichen ganz oder teilweise ersetzt, die vor seiner Emission die Währung repräsentierten und die vorübergehend ihre Funktion nicht oder nicht umfassend ausüben können. – N. wird zumeist von anderen als den Emittenten der regulären Währung ausgegeben. Während des Weltkrieges kam es in verschiedenen Staaten zur Ausgabe von N. bei starkem Zahlungsmittelmangel. Ursachen hierfür waren vor allem die Hortung von Münzen und Banknoten, der Zusammenbruch des Zahlungsverkehrs sowie die Ausweitung der Zirkulation der Währungen kriegführender Staaten bis an die Fronten und bis in die besetzten Territorien.

In Deutschland wurde N. im Aug./Sept. 1914 (rund 12 Mio. M vor allem in grenznahen Orten), 1916 (300 Mio. M)) sowie 1918 (1.500 Mio. M) und danach durch Kommunen und einzelne Großbetriebe ausgegeben. Gelang es anfänglich dem Staat, das N. bald wieder einzuziehen, mußte er es zum Kriegsende nicht nur tolerieren, sondern regte sogar Emissionen an, um dem immer stärker werdenden Zahlungsmittelmangel zu begegnen. N. wurde zu einer Dauererscheinung bis zur Währungsreform 1923/24. Ähnlich war die Entwicklung in Österreich-Ungarn. In Belgien wurde das kommunale Notgeld (Mitte 1915 für mehr als 50 Mio. bfrs), das wie ein zinsloser Kredit wirkte und für die Aufrechterhaltung des öffentlichen Lebens von Bedeutung war, unter dem Druck des Generalgouvernements weitgehend aus dem Verkehr genommen, als das Notenausgabe-Departement der Société Générale de Belgique Besatzungsgeld zur Verfügung stellte. Im besetzten Nordfrankreich hingegen blieben die sog. Stadtscheine im Umlauf, da das Territorium von der Bargeldversorgung durch die Banque Nationale de France abgeschnitten war und man sich deutscherseits nicht dazu entscheiden konnte, auch hier eine Besatzungswährung zu schaffen. In Russisch-Polen und im Baltikum gelang es den Okkupationsbehörden nur begrenzt, das N. zurückzudrängen. Der Kleingeldmangel führte in Rußland ab 1915 dazu, daß Briefmarken auf Kartonpapier gedruckt wurden und an Stelle von Münzen umliefen. Mit dem Zerfall des Zarenreiches kam es zu zahlreichen regionalen bzw. lokalen Geldemissionen, die z. T. als N. anzusehen sind, in anderen Fällen aber die oftmals nur kurzzeitig existierende Währung der rasant wechselnden staatlichen Machtstrukturen darstellten.

Auch wenn es N. schon früher gab und es bis in die Gegenwart immer wieder in einzelnen Staaten zu Emissionen kommt, ist N. geradezu ein Charakteristikum für die Zeit des Ersten Weltkrieges.

Lit.: R. Zilch, Okkupation und Währung im Ersten Weltkrieg. Die deutsche Besatzungspolitik in Belgien und Russisch-Polen 1914-1918, Goldbach 1994.

REINHOLD ZILCH

Novemberrevolution. Die N. machte aus dem Wilhelminischen Kaiserreich eine deutsche Republik. Die tieferen Wurzeln dieser Umwälzung lagen in der Kriegsmüdigkeit sowohl der unterversorgten und unterernährten Zivilbevölkerung als auch der überforderten Soldaten. Die N. war mehr ein Zusammenbruch der traditionellen Ordnung als eine militante Massenauflehnung. Sie ähnelte damit eher der russischen Februarrevolution von 1917 als etwa den Revolutionen von 1848. Für das Verhalten der Mehrheit der Deutschen lieferte die russische Oktoberrevolution mit der Ausrufung einer Diktatur des Proletariats durch Lenin den Vergleichsmaßstab. Nur für eine Minderheit innerhalb der deutschen Arbeiterschaft, die sich im Spartakusbund organisierte, wurde dieser »rote Oktober« Vorbild. Als revolutionäre aber doch von Lenin unabhängige Kraft verstand sich auch der linke Flügel der USPD, der in einzelnen Rüstungsbetrieben seit Ende 1917 durch revolutionäre Obleute vertreten war. Die Mehrheitssozialdemokratie verurteilte die bolschewistische Oktoberrevolution und erstrebte statt dessen die Parlamentarisierung der Reichsverfassung und die Demokratisierung des Wahlrechts, vor allem in Preußen.

Die entscheidende Krise der monarchischen Ordnung wurde am 29. Sept. 1918 durch die abrupte Forderung der OHL nach einem sofortigen Waffenstillstand ausgelöst. Das Eingeständnis der Unerreichbarkeit eines »Siegfriedens« bedeutete aus der Sicht der militärischen Führung jedoch noch nicht die Hinnahme einer totalen Niederlage. Vielmehr hoffte Ludendorff auf eine militärische »Waffenruhe«, nach welcher er den deutschen Abwehrkampf fortsetzen wollte. Der amerikanische Präsident Woodrow Wilson, an den die Reichsleitung unter dem neu ernannten Reichskanzler Prinz Max von Baden am 4. Okt. 1918 das Ersuchen um Waffenstillstand und Friedensverhandlungen richtete, durchkreuzte dieses Kalkül. In den drei Noten, die er der Reichsleitung im Okt. und Nov. 1918 übermittelte (Antwortnoten), bestand er auf

Fahrzeug des Arbeiter- und Soldatenrats am Brandenburger Tor in Berlin. November 1918

einem Waffenstillstand, der die dauernde militärische Unterlegenheit Deutschlands gewährleistete; darüber und über einen Frieden im Sinne seines relativ maßvollen Vierzehn-Punkte-Programms, wolle er nur mit einer deutschen Regierung verhandeln, die sich von allen monarchischen und militaristischen Einflüssen befreit hatte.

Die Noten des Präsidenten lieferten für Deutschland zweifachen innenpolitischen Zündstoff: Zum einen verlangte Wilson das Eingeständnis der militärischen Niederlage, zum anderen forderte er einen tiefgreifenden Wandel im politischen System und beim Führungspersonal.

In Deutschland erweckte Wilson mit seiner letzten Note (der sog. Lansing-Note, 5. Nov.), vor allem bei den Linksparteien, den Eindruck, daß er auf einer Abdankung Wilhelms II. als Voraussetzung für einen Frieden bestehe. Die Reichsleitung und die sie tragenden Parteien erwirkten am 28. Okt. eine grundlegende Verfassungsänderung, die die militärische Führung der politischen unterordnete und diese vom Vertrauen des Reichstages abhängig machte. Das Reich wurde durch diese »Oktoberverfassung« eine parlamentarische Monarchie.

Daß fast genau gleichzeitig dennoch ein revolutionärer Umsturz in Gang kam, hatten die Rechte und mehr noch die militärischen Gewalten – Seekriegsleitung (SKL) und OHL – zu verantworten. Aus deren Sicht disqualifizierten die amerikanischen Noten den US-Präsidenten als Vermittler einer ehrenvollen Waffenruhe. Insbesondere der von Wilson am 14. Okt. geäußerte Wunsch nach einer Einstellung des unbeschränkten U-Boot-Krieges bedeutete nach Auffassung der SKL den Verzicht auf die einzige noch zum Siege führende deutsche Waffe. Der von der Reichsleitung dennoch ausgesprochene Verzicht machte die deutsche Hochseeflotte, die den U-Boot-Krieg nicht mehr abzusichern brauchte, nach dem Urteil der SKL operativ »frei« für einen massierten Vorstoß zu einem »Endkampf« mit der britischen Flotte. Strategisch sinnlos, sollte diese Operation vor allem das Prestige der Flotte wahren. Die politische Führung blieb uninformiert.

Die SKL mußte ihr Vorhaben indessen schon in der Nacht vom 29. zum 30. Okt. wieder abbrechen, weil Meutereien ausgebrochen waren. Motiviert waren diese u. a. durch den berechtigten Verdacht, die SKL wolle die Friedenspolitik der Reichsleitung vereiteln und so den Krieg verlängern. Die Rebellion der Seeleute bildete ursprünglich also einen Protest gegen die SKL, der Illoyalität gegenüber der Reichsleitung unterstellt wurde, und gleichzeitig eine Solidaritätserklärung für die legitime politische Führung des Reiches, in der ja auch die SPD vertreten war. Sie machte damit einen Bruch zwischen militärischer und politischer Gewalt offenkundig und gab zugleich den Anstoß für die N. Von Kiel aus, wo sie schon am 4. Nov. die Oberhand gewann, breitete die Revolution sich über ganz Norddeutschland aus. Soldaten und Arbeiter solidarisierten sich und bildeten Räte. Von der Berliner Sowjetbotschaft unterstützt, schürte der Spartakusbund die Revolutionsstimmung. Offizierskorps und Ordnungskräfte wichen bis auf wenige Ausnahmen vor den Rebellen zurück.

Der Autoritätsverlust der traditionellen Kräfte zeigte sich in München, wo der Führer der bayerischen USPD, Kurt Eisner, am 7. Nov. an der Spitze einer erregten Menge die Abdankung des Königs erzwang und eine bayerische Republik proklamierte. Am selben Tag verlangte die SPD-Führung in Berlin die Abdankung Wilhelms II., die sofortige Einführung des allgemeinen und gleichen Wahlrechts in Preußen und Versammlungsfreiheit für die USPD. Als der Thronverzicht auf sich warten ließ, drohte sie ultimativ mit einem Ausscheiden aus der Regierung Max von Baden. Die SPD stand zwischen den aufrührerischen Soldaten und Arbeitern und den Gewalten des Kaiserreichs, die die Monarchie zu erhalten suchten. Ihr Hauptanliegen war, nicht die Kontrolle über die revoltierenden Massen und die politische Initiative an den radikalen Flügel der Arbeiterschaft zu verlieren.

Um Aktionen seitens radikalisierter Massen zuvorzukommen, verkündete die SPD am 9. Nov. in Berlin einen Generalstreik. Friedrich Ebert drängte auf sofortige Abdankung Wilhelms II. und die Übergabe der Regierungsgeschäfte an seine Partei. Unter dem Eindruck der offenbaren Bereitschaft des Kaisers zum Thronverzicht beugte sich der Reichskanzler diesem Druck und übertrug am Mittag des 9. Nov. sein Amt an Ebert. Dieser Bruch der Reichsverfassung wurde durch die (nicht abgesprochene) öffentliche Ausrufung einer deutschen Republik durch Eberts Parteifreund Philipp Scheidemann vor dem Reichstagsgebäude besiegelt. Zwei Stunden danach proklamierte der Führer des Spartakusbundes, Karl Liebknecht, vom Berliner Schloß herab die Sozialistische Deutsche Republik. Damit hatten sich auch von der SPD anfangs befürwortete Pläne zur Einrichtung einer Regentschaft erledigt. Deutschland war eine Republik geworden. Die vorläufige Entmachtung von Heer und Polizei durch die Aufständischen stieß auch in Berlin nur auf punktuellen Widerstand.

Um eine Radikalisierung nach bolschewistischem Vorbild und einen Bürgerkrieg zu vermeiden, bemühte sich Ebert um die Einbeziehung der USPD in die neu zu bildende Regierung. Am 10. Nov. konstituierte sich ein von beiden Arbeiterparteien paritätisch besetzter Rat der Volksbeauftragten mit Friedrich Ebert und Hugo Haase (USPD) an seiner Spitze. OHL, Beamtentum und Wirtschaft erkannten die neue Regierung an. Um einen gewaltfreien Übergang zu einem republikanisch verfaßten Deutschland sicherzustellen, strebten Ebert und die SPD schnellstmögliche Wahlen zu einer konstituierenden Nationalversammlung an. Den Ruf des Spartakusbundes nach der Errichtung einer Diktatur des Proletariats verwarfen sie ebenso wie die Forderung des radikal-sozialistischen Arbeiterflügels nach einem Aufschub der Wahlen, bis Deutschland ein Rätesystem und sozialistische Wirtschaftsstrukturen erhalten habe: Der politisch-soziale Umbau Deutschlands sollte einer aus allgemeinen Wahlen hervorgegangenen Nationalversammlung vorbehalten bleiben.

Für den Moment paßte sich Ebert dem Druck der entschiedenen Linken allerdings an, indem er einen Vollzugsrat, den eine im Berliner Zirkus Busch anberaumte Versammlung von Arbeiter- und Soldatenrats-Vertretern am 10. Nov. eingesetzt hatte, nominell als Kontrollorgan seiner Regierung anerkannte. Dort wie auch auf dem entscheidenden Ersten Allgemeinen Reichskongreß deutscher Arbeiter- und Soldatenräte besaß die SPD klare Mehrheiten und erwirkte am 19. Dez. auf dem Reichskongreß den Beschluß, eine Nationalversammlung zum frühestmöglichen Zeitpunkt (19. Jan. 1919) wählen zu lassen. Das Rätesystem hatte damit auf eine führende Rolle bei der Ausgestaltung der neuen Republik verzichtet.

Ein von untergeordneten Militärs Anfang Dez. 1918 geplanter Putsch wurde im Keime erstickt. Die Niederwerfung von Aufstandsversuchen von Arbeitern, die den revolutionären Parolen des Spartakusbundes bzw. der neu gegründeten KPD folgten, zog sich bis in den März 1919 hinein. Ebert erhielt dabei die Unterstützung der Heeresführung unter General Groener. Im Gegenzug erkannte Ebert die Aufrechterhaltung der Kommandogewalt der Offiziere an.

Teils aus eigenem Antrieb, teils unter dem Zwang der Umstände war es Ebert gelungen, die N. zu »bremsen«. Deutschland befand sich auf dem Wege zu einer bürgerlichen, nicht zu einer sozialistischen Republik. → *Arbeiter- und Soldatenrat* → *Matrosenaufstand*

Lit.: U. Kluge, Die deutsche Revolution: 1918/19, Darmstadt 1997; S. Miller, Die Bürde der Macht. Die deutsche Sozialdemokratie 1918-1920, Düsseldorf 1978; Vom Kaiserreich zur Weimarer Republik, hg. v. E. Kolb, Köln 1972.

KLAUS SCHWABE

Null-Acht-Fünfzehn, alltagssprachliche Redewendung. – Ursprünglich handelte es sich um die Typenbezeichnung der 1915 in das deutsche Heer eingeführten und kampfwertgesteigerten Version des Maxim-Maschinengewehrs Modell 08. Diese unterschied sich vom Vorgängermodell vor allem durch die Ersetzung des schweren Schlittens durch ein Zweibein, außerdem war die Waffe leichter und erstmals mit Schulterstütze und Pistolengriff ausgestattet. Dieses Maschinengewehr wurde in großer Stückzahl produziert, wobei es gelang, durch geringe Fertigungstoleranzen eine ungewöhnliche Dauerhaftigkeit auch bei extremer Belastung zu erzielen. Nicht zuletzt deshalb bürgerte sich im Soldatenjargon »08/15« bald als Idiom für standardisierte Produkte oder sinnentleerte, monotone Handlungsweisen ein. Nach dem Zweiten Weltkrieg erfuhr die Bezeichnung durch die gleichnamige Romantrilogie von Hans Hellmut Kirst weitere populäre Verbreitung. Die erfolgreiche Verfilmung von 1954 (Regie: Paul May, Drehbuch: Ernst von Salomon) bildete den Auftakt zu einem regelrechten Genre von Kriegsfilmen, die vor dem Hintergrund der westdeutschen Wiederbewaffnungsdebatte im filmischen Spannungsfeld von anekdotischem Kommißschwank und kritischem Kinodrama eine erste Auseinandersetzung mit den Themen Nationalsozialismus und Wehrmacht versuchten. → *Infanteriewaffen*

Lit.: D. Musgrave, Deutsche Maschinengewehre. Entwicklung, Technik, Typen, Stuttgart 1995.

MARKUS PÖHLMANN

Nungesser, Charles Eugene Jules Marie, * Paris 15.3.1892, † (vermißt über dem Nordatlantik) Mai 1927, französischer Jagdflieger. – N. war einer der bekanntesten französischen Jagdflieger des Weltkriegs. Bei Kriegsende lag er mit 45 Abschüssen hinter René Fonck (75) und George Guynemer (53) auf dem dritten Platz der französischen Abschußrangliste. Noch als Kavallerist erhielt N. 1914 die Médaille Militaire, bevor er 1915 zur Luftwaffe wechselte. Dort erwarb er sich aufgrund seines überragenden fliegerischen Könnens und seines Mutes die höchsten Auszeichnungen: Croix de Guerre (1915), Chevalier de la Légion d'Honneur (1915), Officier de la Légion d'Honneur (1918). Bei seinen Einsätzen wurde er mehrmals schwer verwundet und erlitt bleibende gesundheitliche Schäden, kehrte aber nach Lazarettaufenthalten immer wieder an die Front zurück. Seine militärischen Leistungen und zahlreiche legendäre Kriegserzählungen aber auch das schillernde Leben eines Bonvivants machten ihn in der französischen Bevölkerung populär. Im Mai 1927 rückte N. nochmals in den Blickpunkt der Öffentlichkeit, als er gemeinsam mit François Coli versuchte, den Atlantik in Ost-West-Richtung zu überqueren. Die beiden Flieger blieben auf ihrem Flug verschollen.

Lit.: M. Jullian, Le Chevalier du ciel. Charles Nungesser, Verviers 1957.

THOMAS BECKERS

Ober-Ost, ein »Militärstaat«, der unter der maßgeblichen Ägide von General Erich Ludendorff von deutschen Besatzungstruppen auf dem Gebiet des Russischen Reiches errichtet wurde. Zwischen 1915 und 1918 erstreckte er sich über das heutige Staatsgebiet von Estland, Lettland, Litauen und Teilen Weißrußlands. – Die Abkürzung O. stand für »Oberbefehlshaber der gesamten deutschen Streitkräfte im Osten«, eine Funktion, mit der seit Nov. 1914 Generalfeldmarschall von Hindenburg betraut war. Als Hindenburg und sein Stabschef Ludendorff im Aug. 1916 die Oberste Heeresleitung übernahmen, wurde Generalfeldmarschall Prinz Leopold von Bayern zum Oberbefehlshaber Ost ernannt.

Nach den großen deutschen Vorstößen des Jahres 1915 hatten die deutschen Armeen riesige Gebiete der »Nordwestlichen Territorien« Rußlands eingenommen, in denen nun eine Besatzungsherrschaft eingerichtet wurde. Hierfür lagen keinerlei Pläne vor, und das

Land und die unterschiedlichen Bevölkerungen waren vielen Deutschen fremd. Angesichts einer Bevölkerungszahl von etwa drei Millionen war die ethnische Vielfalt außerordentlich: Litauer, Letten, Esten, Weißrussen, Polen, Russen, Ukrainer, Baltendeutsche und Minderheiten wie die Tartaren. Besonders die Begegnung mit den sog. Ostjuden in den Ghettos und Landstädten rief bei den deutschen Soldaten und Beamten unterschiedliche Reaktionen hervor. Diese reichten von Sympathie und Respekt bis zu Ablehnung und Antisemitismus.

Im Verständnis der »Verwaltungsverordnung« von 1916 war O. ein Militärstaat, in dem die Interessen des Heeres die Politik diktierten – dies unterschied O. von der Zivilverwaltung in Russisch-Polen. In Kowno (Kaunas) wurde eine große Zentralverwaltung eingerichtet. Ziel war die intensive wirtschaftliche Ausbeutung des Landes und seiner personellen Ressourcen, und dies führte zu brutalen Requisitionen von Vieh und Ernteerträgen und der Zwangsrekrutierung von Arbeitern. Mittels ihrer »Verkehrspolitik« suchte die Verwaltung die Kontrolle über sämtliche Waren- und Personenbewegungen im Dienste von O. durchzusetzen. Im Endeffekt war diese Politik voller Widersprüche, auf lange Sicht entfremdete sie die Bevölkerung und behinderte den Wiederaufbau der Wirtschaft. Ludendorff verkündete darüber hinaus, in den besetzten Gebieten »Kulturarbeit« verrichten zu wollen, wozu er die einheimischen Bevölkerungen nicht fähig hielt. Angesichts des Krieges und der Ressourcenknappheit waren die Ziele dieser »Kulturarbeit« bemerkenswert weit gesteckt. Hierzu zählten u. a. die Publikation von Zeitungen in den Landessprachen, Schulpolitik, Theater sowie archäologische und andere wissenschaftliche Forschungen zur Geschichte der Region. Alles zielte auf die Disziplinierung und auch Manipulation der Bevölkerungsgruppen in O. hin, wodurch diese in ein direktes Abhängigkeitsverhältnis zur Besatzungsmacht gebracht werden sollten. Die politische Zukunft des Gebiets blieb vage und veränderlich. Die Hoffnungen und Projektionen reichten von einer regelrechten Annexion durch das Reich bis hin zur Schaffung von Pufferstaaten, die ein Gegengewicht zu dem wiedererrichteten polnischen Staat bilden sollten. 1917 stimmte O. der Errichtung eines litauischen Landesrates zu, der die deutschen Pläne absegnen sollte. Allerdings erwies sich dieses Gremium als nicht so gefügig wie erwartet. Obwohl Anfang 1918 der Friedensvertrag von Brest-Litowsk die deutsche Kontrolle über das Gebiet sanktionierte, leiteten die Niederlage an der Westfront und der Ausbruch der Revolution in Deutschland das Ende von O. ein und führten zum Rückzug der deutschen Truppen.

Die langfristige Bedeutung von O. lag in dem politischen Streben nach Kontrolle, das sich in diesen Jahren entwickelt hatte. In der deutschen Öffentlichkeit setzte sich die Vorstellung vom »kulturlosen Osten« fest. Und aus dem Scheitern der in der Propaganda vielbeschworenen Kulturmission ließ sich nun ableiten, daß sich »der Osten« eben nicht reformieren ließ. Dies ebnete der radikalen Ostpolitik und -expansion der Nationalsozialisten den Weg. → *Besatzung (Osten)*

Lit.: V. G. Liulevicius, Kriegsland im Osten. Eroberung, Kolonisierung und Militärherrschaft im Ersten Weltkrieg, Hamburg 2002; A. Strazhas, Deutsche Ostpolitik im Ersten Weltkrieg. Der Fall Ober-Ost, 1915-1917, Wiesbaden 1993.

VEJAS GABRIEL LIULEVICIUS (Ü: M. P.)

Oberste Heeresleitung (OHL). Mit der Mobilmachung wurde der Chef des preußischen Generalstabs der Armee zum Chef des Generalstabs des Feldheeres ernannt. Zwar lag gemäß Verfassung die oberste Kommandogewalt beim Kaiser, doch leitete der Chef des Generalstabs faktisch die militärischen Operationen. Die hierfür eingerichtete Dienststelle war die O., die wiederum im Großen Hauptquartier angesiedelt war. Bei Kriegsbeginn bestand die O. aus einer Zentralabteilung (Geschäftsangelegenheiten, Personalia des Generalstabs), der Operationsabteilung (Kriegsgliederungen, Planung und Führung der Operationen), der Nachrichtenabteilung (Aufklärung über feindliche und neutrale Heere; ab 1917: Abteilung Fremde Heere) und der (Militär-)Politischen Abteilung. Dazu trat der Generalquartiermeister, unter dessen Befehl die gesamte Heeresversorgung und bald die Verwaltung der besetzten Gebiete organisiert waren. Im Verlauf des Krieges entstanden weitere Abteilungen, so 1915 die Abteilung III B (Nachrichtendienst, Abwehr, Presse und Aufklärung) und die aus der 1916 gegründeten Militärischen Stelle des Auswärtigen Amtes hervorgegangene Auslandsabteilung der O., welche für die Propaganda im neutralen Ausland zuständig war. Die Operationsabteilung gliederte sich in drei Abteilungen um (Op. I: Operationen; Op. II:

Schwere Artillerie, Munition und Kriegswirtschaft; Op. B: Kriegsschauplatz Balkan). Die Chefs der obersten Waffenbehörden und des Ingenieur- und Pionierkorps, der Feldeisenbahnen, des Kraftfahrwesens, des Fernmeldewesens und der Luftstreitkräfte traten im Verlauf des Krieges direkt unter den Chef der O. Gerade hierin kam die zunehmende Industrialisierung und Technisierung des Weltkrieges deutlich zum Ausdruck.

Zwischen 1914 und 1918 wurden insgesamt vier O. gebildet: Von Kriegsbeginn bis zum 14. Sept. 1914 hatte Generaloberst Helmuth von Moltke die Führung inne. Dessen wichtigste Aufgabe war die Einleitung der Operationen gemäß dem Kriegsplan. Nach der Niederlage an der Marne wurde Moltke aus gesundheitlichen Gründen abgelöst. Zu seinem Nachfolger wurde General der Infanterie Erich von Falkenhayn ernannt, der die Position bis zum 29. Aug. 1916 ausfüllte. In seine Zeit fiel der Beginn des Stellungskrieges, die großen Materialschlachten im Westen 1916 sowie die Verstärkung der gegnerischen Allianz durch die Kriegseintritte Italiens und Rumäniens. Nach anhaltenden Auseinandersetzungen mit dem Reichskanzler und Teilen der militärischen Führung wurde Falkenhayn schließlich durch Generalfeldmarschall Paul von Hindenburg ersetzt, dem der General der Infanterie Erich Ludendorff als »Erster Generalquartiermeister« zur Seite gestellt wurde. Der Krieg nahm inzwischen gesamtgesellschaftliche Formen an. Auf Initiative von Ludendorff begann die Tätigkeit der O. massiv auf das kriegswirtschaftliche und innenpolitische Gebiet überzugreifen. Der Zusammenbruch Rußlands 1917 versprach eine Verbesserung der strategischen Lage, doch wurde diese durch den Kriegseintritt der USA und das Scheitern der deutschen Großoffensiven vom Frühjahr 1918 wieder zunichte gemacht. Im Zuge der Auseinandersetzung um den Waffenstillstand wurde Ludendorff am 26. Okt. 1918 vom Kaiser entlassen und durch Generalleutnant Wilhelm Groener ersetzt. Die Aufgaben dieser vierten und letzten O. beinhalteten vor allem die Rückführung und Demobilisierung des Heeres, die Bekämpfung der revolutionären Unruhen in Deutschland und die Organisation des Grenzschutzes gegen Rußland und Polen. Nach der Annahme des Versailler Vertrags trat Hindenburg am 25. Juni 1919 von seinem Posten zurück, während Groener die Leitung der O. (nun unter der Bezeichnung »Kommandostelle Kolberg«) bis zur Auflösung am 30. Sept. 1919 weiterführte.

Von Beginn an war die O. mit dem Problem der Führung von Massenheeren in bis dahin unbekannter Größe konfrontiert. Das Scheitern des ersten Operationsplans im Sept. 1914 kann als Zeichen eines weitgehenden Kontrollverlusts gedeutet werden. Eine erste Entlastung des Kommandobereichs der O. sollte im Nov. 1914 die Berufung eines »Oberbefehlshabers Ost« bringen, der mit der selbständigen Leitung der Operationen und der Verwaltung der besetzten Gebiete auf dem östlichen Kriegsschauplatz betraut wurde. Tatsächlich jedoch ergaben sich aus dieser Einrichtung zwischen 1914 und 1916 neue Konflikte. Mit der Bildung von Heeresgruppen wurde die Organisation der oberen Führung dagegen tatsächlich verbessert. Der wachsende Einfluß, den junge Generalstabsoffiziere, die sog. Halbgötter (z. B. Max Bauer, Wilhelm Heye oder Joachim von Stülpnagel), in der O. gewannen, wurde seitens der dienstälteren Truppenführer oft mit Argwohn beobachtet. Zu den Versäumnissen der O. gehörte die unzureichende Koordination der Kriegsanstrengungen mit der deutschen Marineführung und dem verbündeten österreichisch-ungarischen Armeeoberkommando. Während die Ententestaaten mit der Einrichtung eines Obersten Kriegsrats im Nov. 1917 und der im April des folgenden Jahres erfolgten Berufung von Ferdinand Foch zum »Chef du Commandement Unique« auf den gemeinsamen Oberbefehl hinarbeiteten, gelangen vergleichbare Maßnahmen auf Seiten der Mittelmächte nicht.

Die verfassungsmäßige Stellung des deutschen Kaisers als Inhaber der Kommandogewalt hatte schon bei Kriegsausbruch nicht mehr den Realitäten entsprochen. Spätestens mit der Berufung der dritten O. im Sommer 1916 war der Kaiser faktisch ausgeschaltet. Der Chef der O. Hindenburg wurde zur Identifikationsfigur des nationalen Kriegswillens stilisiert, während die Führung der Operationen in den Händen Ludendorffs lag. → *Ober-Ost*

Lit.: E. Graf von Matuschka, Organisationsgeschichte des Heeres 1890 bis 1918, in: Handbuch zur deutschen Militärgeschichte 1648-1939, hg. v. Militärgeschichtlichen Forschungsamt, 6 Bde., Bd. 3, Abschnitt 5, München 1979, S. 157-282; M. Kitchen, The Silent Dictatorship. The Politics of the German High Command under Hindenburg and Ludendorff, 1916-1918, New York 1976.

MARKUS PÖHLMANN

Oncken, Hermann, * Oldenburg (Oldenburg) 16.11.1869, † Göttingen 28.12.1945, deutscher Historiker. – Der bei Kriegsausbruch an der Universität Heidelberg lehrende Historiker gehörte in den Jahren vor 1914 zu den auch in der Öffentlichkeit bekannten Befürwortern des außen- wie innenpolitischen Kurses der Regierung Bethmann Hollweg. Das äußerte sich u. a. in seiner publizistischen Förderung der deutsch-englischen Ausgleichsbemühungen. Um so enttäuschter zeigte sich O. dann über die britische Kriegserklärung an das Deutsche Reich. In der Folge widmete er einen großen Teil seiner umfangreichen Kriegspublizistik dem Nachweis einer englischen Einkreisungspolitik, die im Vorkriegsjahrzehnt systematisch vorbereitet worden sei. Ausführlich hat O. diese Sichtweise in dem Sammelwerk *Deutschland und der Weltkrieg* (1915) dargelegt.

Nachdem im Nov. 1914 Versuche von offizieller Seite scheiterten, O. in die Vereinigten Staaten zu entsenden, um ihn dort zur Beeinflussung der amerikanischen Volksmeinung einzusetzen, gehörte der Heidelberger Professor zu den Meinungsführern im nunmehr öffentlich in Deutschland ausgetragenen Streit um einen »Siegfrieden«. O. blieb in diesem Zusammenhang weitgehend seiner gouvernementalen Linie treu. Bis in die letzten Kriegswochen hinein aber überschätzte er die der Reichsregierung verbliebenen Handlungsspielräume. Trotzdem hat O. es bereits Ende 1918 verstanden, in *Die inneren Ursachen der Revolution* eine noch heute bemerkenswerte Deutung der Ursachen der militärischen Niederlage und des sich daran anschließenden Verfassungswandels in Deutschland vorzulegen.

CHRISTOPH CORNELISSEN

Opfermythos. Das Wort Opfer wird in der deutschen Sprache in zwei unterschiedlichen Bedeutungen verwandt: Jemand kann (den Göttern) ein Opfer bringen, im Extremfall einen Menschen oder sich selbst opfern, oder aber jemand wird das passive Opfer des Schicksals, von Entscheidungen anderer oder anonymer Verhältnisse. In beiden Bedeutungen wurde das Wort in Literatur und öffentlichen Debatten des Weltkriegs extensiv verwandt. Es liegt nahe, daß das Wort in seiner ersten Bedeutung in patriotischen, nationalistischen oder kriegsbegeisterten Diskursen beliebt war, während das kritische und pazifistische Denken eine große Affinität zur zweiten Bedeutung zeigte. Zum Musterbeispiel einer Kombination von Idealisierung eines freiwillig gebrachten Opfers des eigenen Lebens und einer Mythenbildung wurde in der frühen Phase des Krieges auf deutscher Seite der Langemarck-Mythos. Das literarische Modell, nach dem dieser Mythos konstruiert und wiederholt wurde, kam aus der archaischen Antike. Sie gab dem Sterben eine über alle gegenwärtigen Interessen hinausreichende Würde und legitimierte durch eine Tiefe jenseits von Geschichte das Menschenopfer als heilige Handlung. Im beginnenden Zeitalter der Massenkommunikation wurde diese sakrale Überhöhung einer militärischen Niederlage im Kampf um die Flanke an der Westfront zum Kern eines profanen Kultes, der über Jahrzehnte hinweg immer wieder Anlässe bot, in öffentlichen Riten und mit archaisierender Sprache von der »Walstatt« und dem »Feld der Ehre« zu sprechen, an Sparta oder die Freiheitskriege gegen Napoleon zu erinnern und damit Gemeinschaft herzustellen und zu politischem Handeln zu motivieren. Der O. erwies sich als eine äußerst dynamische Kraft im gesellschaftlichen und politischen Leben der Kriegs- und Nachkriegszeit.

Ein Topos der englischen Kriegsliteratur war der Generationenkonflikt, in dem die »alten Männer« einen Krieg planten und ausfochten, auf dessen Schlachtfeldern sie die junge Generation opferten. Daraus entwickelte sich der Mythos der »verlorenen Generation«, der sich aller empirisch argumentierenden Kritik zum Trotz durchsetzte. In der australischen Populärkultur steht der Name der Halbinsel Gallipoli für das Opfer, das in einem aussichtslosen Kampf auf einem feindlichen Terrain und gegen die unbesiegbar positionierte türkische Armee von den jungen Soldaten des Expeditionskorps gebracht wurde. Das Blutopfer machte diese Soldaten zu Helden, und der Gründungsmythos der australischen Nation war geboren. Dies Beispiel macht die Ambivalenz des O. offensichtlich. Aus einer kritisch distanzierten Perspektive betrachtet, waren diese Soldaten die Opfer eines schlecht geplanten und fehlerhaft ausgeführten operativen Kalküls, in dem Offiziere der ehemaligen Kolonialmacht England keine Skrupel zeigten, die frischen Truppen aus Australien und Neuseeland in den Tod zu schicken.

Im antiheldischen Kriegsbild spielte die Rolle des Soldaten als hilfloses Opfer eine zentrale Rolle. In der sozialistischen Deutung des Krieges bildete das Schlachtfeld die logische Fortsetzung des Klassenkampfes. Der Soldat als unterdrückter Proletarier in Uniform ist das Opfer der unmenschlichen Bedingungen des Kapitalismus. Die Gefahr dieses O. lag darin, daß er in Mitleid und Selbstmitleid versank und in anklagender Tatenlosigkeit endete. Die Rolle des hilflosen Opfers durfte nicht absolut werden, und ein Rest an Selbstbestimmung und freiem Willen mußte erhalten bleiben. Damit entstand das Problem der partiellen Teilhabe am Unterdrückungssystem oder an der moralischen Schuld. Das extreme Bild des passiven Opfers stammt aus der US-amerikanischen Literatur zum Weltkrieg. In Dalton Trumbos Roman *Jonny Got His Gun* (1938) vegetiert ein Heimkehrer vom Schlachtfeld der Westfront ohne Gesicht, Arme und Beine, als bloßer Rumpf mit Kopf, in einem Klinikbett und reflektiert über das Leben und den Krieg. In völliger Bewegungs- und Hilflosigkeit und auf der Schwelle zwischen Leben und Tod rekonstruiert dieses Bewußtsein in einem inneren Monolog langsam die Vergangenheit und die eigene Situation und gewinnt damit ein Ich mit einem eigenen Willen zurück. Dies hilflose Ich versteht sich als das Opfer verantwortungsloser Politiker und Generale. Der archaische Gedanke eines freiwillig gebrachten Selbstopfers und der aus dem aufklärerischen Ideal der Selbstbestimmung geborene Widerstand gegen den Opfergedanken fließen im modernen O. ineinander. → *Langemarck-Mythos* → *Lost Generation*

BERND HÜPPAUF

Orden/militärische Auszeichnungen, äußerlich sichtbare Ehrenzeichen zur Würdigung besonderer Leistungen und Verdienste. – Ausgehend vom absolutistischen Frankreich wurden im 18. und 19. Jahrhundert in allen Staaten O. als Zeichen besonderer Bindung an das Herrscherhaus bzw. zur Belohnung für militärische Leistungen geschaffen. Ausstattung, Verteilung und Trageweise waren durch Gesetze, Statuten und Verordnungen genau festgelegt. Die O. wurden in der Regel in mehreren Klassen vergeben und waren in ihren höchsten Stufen mit Gratifikationen wie Ehrensold oder persönlicher bzw. erblicher Nobilitierung verbunden. Im militärischen Bereich wurden damit besondere Verdienste in der Führung, außergewöhnliche Einzeltaten und persönliche Tapferkeit gewürdigt. Ursprünglich als Auszeichnungen für Offiziere gestiftet, wurden im Zuge der Nationalisierung des Kriegs- und Militärwesens seit der Wende vom 18. zum 19. Jahrhundert zusätzliche Tapferkeits- und Verdienstmedaillen als militärischer Leistungsanreiz für alle Kriegsteilnehmer ohne Ansehen ihres sozialen Status geschaffen. Der Weltkrieg veränderte dies im Kern nicht. Bedingt durch Kriegsdauer und Massenaushebung für die unterschiedlichsten Aufgaben im Kriege stiegen aber bei den unteren O.klassen die Verleihungen extrem an. Außerdem wurde eine Fülle neuer Ehrenzeichen für Kriegsdienste, Kriegsfürsorge, Wohlfahrts-, Verwundeten- und Krankenpflege gestiftet; zusätzliche Waffen- und Verwundetenabzeichen waren den Kriegsauszeichnungen gleichgestellt.

Im Deutschen Reich waren die höchsten Tapferkeitsauszeichnungen an die Fürstenhäuser der Einzelstaaten gebunden und wurden nach strengen Auswahlkriterien verliehen. So erhielten den preußischen O. »Pour le mérite« (gestiftet 1740) im Weltkrieg nur 687 Offiziere (davon 122 mit Eichenlaub). Ähnliches galt für den bayerischen Militär-Max-Joseph-O. (gestiftet 1806) mit 265, für den sächsischen Militär-St.-Heinrichs-O. (gestiftet 1736) mit 179 und für den württembergischen Militär-Verdienst-O. (gestiftet 1759) mit 37 Verleihungen. Dem entsprach auch die Verleihungspraxis bei den höchsten Tapferkeitsabzeichen für Unteroffiziere und Mannschaften, von denen das preußische Goldene Militärverdienstkreuz 1.773 mal, die bayerische Goldene Tapferkeitsmedaille 998 mal, die sächsische Goldene Militär-St.-Heinrichs-Medaille 150 mal und die württembergische Goldene Militär-Verdienst-Medaille 4.234 mal verliehen wurden. Anders lag die Vergabepraxis bei dem an Offiziere wie auch Mannschaften verliehenen Eisernen Kreuz, das 1813 gestiftet und 1870 wie 1914 erneuert wurde. Der in drei Klassen verliehene O. (Großkreuz, E.K.I und E.K.II) wurde als E.K.II 1914-18 an 5,2 Mio. Soldaten (mit Nachverleihungen bis 1924: 5,4 Mio.), also bei 15 Mio. Kriegsteilnehmer an jeden dritten Soldaten vergeben. Ähnliches galt für die verschiedenen Militär-Verdienst-Medaillen der Einzelstaaten und die übrigen Auszeichnungen. Dabei unterschieden sich die Verhältnisse im Deutschen Reich kaum von der Praxis der übrigen kriegführenden Staaten.

BRUNO THOSS

Osmanisches Reich. Das O. trat dem Weltkrieg auf Seiten der Mittelmächte im Nov. 1914 bei. Die eigentliche Entscheidung zu diesem Schritt wurde nicht vom Kabinett, sondern von einem inneren Zirkel jungtürkischer Politiker am 25. Okt. gefällt. Zwei Tage später griff auf Befehl des Kriegsministers Enver Pascha ein türkischer Flottenverband unter dem Kommando des deutschen Admirals Souchon die russische Schwarzmeerflotte in ihren Basen an. Es handelte sich um einen unprovozierten Angriff ohne Kriegserklärung, wobei die Türken später angaben, daß ihr Verband zuerst von russischen Schiffen beschossen worden sei. Der Angriff führte am 2. Nov. zur russischen Kriegserklärung und wenige Tage später befand sich die Pforte offiziell im Kriegszustand mit der Entente.

Mehrere Gründe hatten die Jungtürken zum Kriegsbeitritt auf deutscher Seite bewogen: Zunächst einmal die verheerende Niederlage in den Balkankriegen von 1912/13, die ihnen vor Augen geführt hatte, daß das Reich auf sich gestellt nicht bestehen konnte. Neutralität sahen sie als keine Alternative, weil sie davon ausgingen, nach dem Krieg von den jeweiligen Siegermächten aufgeteilt zu werden. Also suchte das O. unter den großen europäischen Mächten nach einem Allianzpartner. Marineminister Djemal Pascha wandte sich an die französische Regierung, wurde dort aber abschlägig beschieden. Dann schlug Enver, der bereits am 28. Juli mit dem deutschen Botschafter eine Allianz ins Gespräch gebracht hatte, ein Verteidigungsbündnis mit dem Deutschen Reich vor.

Die Vereinbarung, die am 2. Aug. in der Residenz des Großwesirs geschlossen wurde, sah vor, daß Deutschland und die Türkei in einem Konflikt zwischen Österreich-Ungarn und Serbien neutral bleiben würden, daß aber das O. den Mittelmächten beitrete, falls Rußland in die Krieg eintrete. Die Deutschen verpflichteten sich zu militärischer Unterstützung, während die Türken ihrerseits der deutschen Militärmission die Einbindung in die Führung der türkischen Streitkräfte zusagten. Das Abkommen galt bis 31. Dez. 1918 und blieb geheim.

Den Deutschen war vollkommen klar, daß die Türkei nicht in der Lage war, tatsächlich über einen längeren Zeitraum Krieg zu führen. Es war zwar richtig, daß seitdem die Reorganisation der Streitkräfte unter dem neuen Kriegsminister Enver erfolgreich verlaufen war, doch mangelte es dem O. immer noch an der für einen modernen Großkrieg unentbehrlichen industriellen Basis: Das Land produzierte weder Verbandsmaterial noch Baumwolle, geschweige denn Lokomotiven, Kanonen oder Artilleriemunition. Die deutsche Regierung unter Bethmann Hollweg war also zurückhaltend, was eine Allianz anging, fürchtete man doch ein unverhältnismäßig hohes militärisches Engagement. Das Projekt genoß aber die persönliche Unterstützung des Kaisers, der davon ausging, daß die Stellung des Sultans in seiner Funktion als Kalif in der islamischen Welt derart gewichtig sei, daß das O. damit die russischen und britischen Besitzungen mit muslimischer Bevölkerung ernstlich gefährden könne.

In Konstantinopel war die Allianz nur wenigen bekannt, die öffentliche Meinung war geteilt, zumal Großbritannien und Frankreich unter der jungtürkischen Elite viele Bewunderer hatten. Doch wurde die deutsche Position durch zwei Ereignisse gestärkt: Zum ersten durch die Entscheidung Winston Churchills, damals First Lord of the Admiralty, am 1. Aug. zwei in Großbritannien auf Reede liegende türkische Kriegsschiffe zu beschlagnahmen. Der Bau der *Reshadiye* und der *Sultan Osman* war teilweise durch öffentliche Anleihen finanziert worden und eigentlich hätten beide Schiffe bald an das O. ausgeliefert werden sollen. Die vom rechtlichen Standpunkt her fragwürdige Beschlagnahme entfachte in der Türkei einen Sturm der Entrüstung, wovon wiederum die Deutschen profitieren, die nun ihre aus den Kreuzern *Goeben* und *Breslau* bestehende Mittelmeereinheit an die Dardanellen entsandten. Als die Briten auf eine Auslieferung drängten, wurden beide Kreuzer vom O. für eine nominelle Summe gekauft und mitsamt der Mannschaften in türkischen Dienst gestellt. Das zweite Ereignis, das die deutsche Position stärkte, war der sensationelle Sieg über die russischen Armeen in Ostpreußen. Ein russischer Zusammenbruch schien nahe, und das eröffnete dem O. die Möglichkeit, mindestens jene Territorien wieder zu erlangen, die es 1878 an Rußland verloren hatte.

Die Armee hatte bereits einen Tag nach Vertragsabschluß die Mobilmachung verkündet, doch zog sich diese endlos hin. Gleichzeitig wurde die osmanische Regierung in Berlin mit exorbitanten Forderungen nach finanzieller Unterstützung und Militärhilfe als Vorbedingung für einen Kriegsbeitritt vorstellig.

Naher Osten (1914-1918)

Selbst Enver Pascha, der Führer der deutschfreundlichen Fraktion im Komitee für Einheit und Fortschritt wollte die Kriegserklärung bis Frühjahr 1915 hinauszögern. Doch mit dem Beginn des Stellungs- und Zweifrontenkrieges begannen nun die Deutschen auf den Beitritt zu drängen. Bis zum 11. Nov. befand sich das O. im Krieg mit Rußland, Frankreich und Großbritannien. Am 14. Nov. erklärte der Kalif den islamischen Heiligen Krieg.

Die strategischen Entschlüsse faßten der Kriegsminister und formell als Vertreter des Sultans fungierende stellvertretenden Oberbefehlshaber Enver und sein deutscher Generalstabschef Bronsart von Schellendorf. Trotz der beschränkten militärischen Mittel entschieden sich diese für einleitende Offensiven gegen die russischen Kaukasusgebiete und in Richtung Suezkanal. An der Kaukasusfront kamen ihnen jedoch die Russen zuvor. Zwar wurde deren Offensive zum Stehen gebracht, aber die ambitionierte und schlecht vorbereitete Gegenoffensive, ein von Enver persönlich geplantes und im tiefsten Winter über Gebirgspässe geführtes Umfassungsmanöver, endete im Jan. 1915 bei Sarikamisch in einem Desaster. Von 90.000 Soldaten überlebten nur 12.000. Mit Beginn des Frühlings starteten die Russen ihren Vorstoß nach Anatolien, wobei sie von einigen armenischen Nationalisten unterstützt wurden. Die Jungtürkenregierung, den kürzlichen Verlust des Balkans noch vor Augen, befahl daraufhin die Deportation aller Armenier in die Syrische Wüste. Sie organisierte eine ethnische Säuberung, der mindestens 1 Mio. Armenier zum Opfer fielen – durch Mord oder Hunger und Erschöpfung im Verlauf des Marsches nach Syrien. Abgesehen von der menschlichen Katastrophe verlor das O. mit diesen Aktionen auch einen guten Teil seiner kriegswichtigen Händler- und Handwerkerschaft.

Ende Jan. 1915 wurde der erste Versuch unternommen, den Suezkanal zu nehmen und in Ägypten einen Aufstand auszulösen. 20.000 Mann durchquerten die Halbinsel Sinai in zehn Tagen, ihre Versuche, den Kanal zu überqueren wurden aber abgewiesen. Die türkische Armee zog sich auf das südliche Palästina, auf die Gaza-Beerscheba-Linie, zurück. Ein zweiter Versuch, 1916 auf den Kanal vorzustoßen, scheiterte ebenfalls. Seit 1915 befand sich das O. klar in der Defensive. Die Briten landeten zwei indische Divisionen am Nordufer des Persischen Golfs. Ihr Auftrag bestand im Schutz der britischen Ölförderungsanlagen bei Abadan und gewann an Bedeutung, da die Royal Navy begonnen hatte, von Kohlefeuerung auf Kraftstoff umzurüsten. Den Schwerpunkt der Ententeangriffe bildeten aber die Dardanellen. In London ging man davon aus, daß die Flotte allein die Meerenge kontrollieren und so Konstantinopel besetzen könne. Dadurch würde die Verbindung zwischen den europäischen Landesteilen (bzw. dem Deutschen Reich) und den asiatischen unterbrochen und gleichzeitig eine Nachschubroute nach Rußland geöffnet. Ein britisch-französischer Flottenverband griff die Dardanellen im Febr./März an, doch mußte die Operation nach schweren Verlusten am 18. März abgebrochen werden. Dies war ein erstaunlicher Sieg für das O. Im April versuchte es die Entente mit einer amphibischen Operation britischer, australischer und neuseeländischer Truppen. Inzwischen hatte General Liman von Sanders, der Chef der deutschen Militärmission, genug Zeit gehabt, die Halbinsel Gallipoli zur Verteidigung einzurichten, so daß der Angriff nicht über die unmittelbare Uferzone hinausgelangte. Die Brückenköpfe konnten auch durch erneute Landungen im Aug. nicht erweitert werden. Die Alliierten brachen daraufhin die Operation im Jan. 1916 ab und evakuierten ihre Truppen.

Einen weiteren Sieg der Armee des O. gelang 1916 über das britisch-indische Expeditionskorps in Mesopotamien. Eine ganze Division wurde südlich von Bagdad, in Kut al-Amara, eingekesselt und zur Kapitulation gezwungen. Die 13.000 Mann verbrachten den Rest des Krieges in Kriegsgefangenenlagern in Anatolien. Nachdem nun die unmittelbare Gefahr für das O. gebannt war und das Deutsche Reich Unterstützung für die Offensiven in Galizien, Rumänien sowie mit den Bulgaren in Makedonien anforderte, stimmten die Türken aus politischen Gründen zu. Doch rächte sich diese Großzügigkeit, als sich die Lage Ende 1916 an allen Fronten verschlechterte. Der russische Vorstoß nach Anatolien ging langsam aber stetig voran. Sie nahmen Trabzon und richteten dort ein Nachschubzentrum ein, Erzurum, Erzincan und Van folgten. Auf der Arabischen Halbinsel verbündete sich der Scherif von Mekka mit den Briten und entfachte im Juni 1916 einen Aufstand. Im März 1917 nahm das britische Expeditionskorps Bagdad und stieß stromaufwärts vor. Die Deutschen suchten dieser Bedrohung mit der Aufstellung der Heeresgruppe F »Jildirim« (»Blitz«) zu begegnen.

13.000 Mann wurden in Syrien bereitgestellt, doch bevor sie in Richtung auf Bagdad verlegt werden konnten, verschlechterte sich die Lage in Palästina derart, daß sie dorthin umgelenkt wurden. Ein britischer Versuch, die Sinaifront zu durchbrechen, scheiterte im Frühling 1917; im Dez. gelang er im zweiten Anlauf, und kurz vor Weihnachten war Jerusalem eingenommen. Das einzige für die Türken positive Ergebnis von 1917 war die Russische Revolution: Im Friedensvertrag von Brest-Litowsk sagten die Bolschewiki im darauf folgenden März die Räumung aller seit 1877 eroberten Gebiete zu.

Die Revolution stärkte bei Enver den Gedanken an die Errichtung eines pantürkischen Reiches im Osten, mit dem man die territorialen Verluste im Westen wettmachen konnte. Er schickte einige Divisionen in den Kaukasus und sein Bruder Nuri organisierte dort einen irregulären Verband, die »Armee des Islam«; noch im Sept. 1918 besetzten türkische Truppen die Ölfelder von Baku. Doch zu diesem Zeitpunkt war der Krieg schon verloren. Bereits am 20. Sept. war der britischen Armee in Palästina der entscheidende Durchbruch gelungen, nun trieb sie die Reste der osmanischen Armee nordwärts vor sich her. Das O. suchte daraufhin um einen Waffenstillstand nach, der am 31. Okt. an Bord des Flaggschiffs des britischen Schwarzmeergeschwaders im Hafen von Mudros geschlossen wurde. Obwohl dieser bereits am nächsten Tag in Kraft trat, stießen britische Truppen weiter vor und besetzten noch Iskenderun und Mosul.

Das Land hatte überdurchschnittliche Kriegsverluste erlitten. Die Armee, die zu Höchstzeiten 1916 etwa 800.000 Mann stark gewesen war, zählte bei Kriegsende nur noch 100.000 Mann unter Waffen. 325.000 Mann waren gefallen, 60.000 erlagen später ihren Verwundungen, noch mehr aber starben an Hunger und Krankheiten. Zwar war die Nahrungsproduktion während des Krieges zurückgegangen, doch die Hauptursache für den Hunger – sowohl in der Armee als auch in der Zivilbevölkerung – war der Transportmangel. Das Eisenbahnnetz bestand aus einspurigen Verbindungen, die zum Teil noch nicht fertiggestellt waren. Die Fronten im Kaukasus, in Mesopotamien und in Palästina etwa, hatten keine direkte Verbindung zur Hauptstadt. Wichtige Versorgungsgüter aus Deutschland mußten bis zu achtmal umgeladen werden, bevor sie die Sinaifront erreichten. Die von Hunger geschwächten Truppen erkrankten im Winter an Typhus, im Sommer vor allem an Malaria und Cholera. Aufgrund des Vitaminmangels war Skorbut weit verbreitet. Alles in allem starben rund 400.000 Mann an Krankheiten. Weit schlimmer noch war das Los der Zivilbevölkerung.

Desertion geriet zu einem chronischen Problem der Armee. Auf den Märschen an die Front, die oft sechs bis acht Wochen dauerten, desertierten die Soldaten in Massen. 1918 zog rund eine halbe Mio. Deserteure im Land umher. Gleichwohl gilt festzustellen, daß die Armee als Kampfverband intakt blieb. Die Kommandostruktur funktionierte, es gab keine größeren Meutereien und es bildeten sich auch keine Freischärlergruppen unter der Führung von sog. Warlords.

Wie in allen kriegführenden Staaten hatte der Weltkrieg auch für das O. wichtige soziale Veränderungen zur Folge. Die Industrie war klein, somit konnten Frauen auch nicht – mit Ausnahme der Musliminnen in den Städten – im großen Umfang in die beruflichen Domänen der Männer einbrechen. Entscheidender war die Entwicklung hin zu einer »nationalen Wirtschaft«. Bis 1914 hatte fast der gesamte moderne Handel und der industrielle Sektor in der Hand von ausländischen Eignern oder osmanischen Christen gelegen, die Extraterritorialität und Steuerprivilegien genossen. Am 1. Okt. 1914 schaffte die Regierung diese Privilegien ab und die Jungtürken begannen eine nationalistische Wirtschaftspolitik zu verfolgen. Sie drängten die griechischen und armenischen Unternehmer aus dem Geschäft – oftmals auch außer Landes – und setzten muslimische Beamte und Händler an ihre Stelle. Auch »aufgegebenes Eigentum« der Armenier wechselte auf diese Weise seine Besitzer. Zwischen 1916 und 1918 wurden mit Hilfe der Regierung insgesamt achtzig »nationale« Firmen gegründet und einige der erfolgreichsten türkischen Wirtschaftsunternehmen gehen auf diese Zeit zurück. Zur selben Zeit verlor die Stadtbevölkerung durch Inflation und Kriegsgewinnler 75 % ihrer Finanzkraft. → *Armenier* → *Dardanellen* → *Gallipoli* → *Kaukasusfront* → *Mesopotamien* → *Palästinafront* → *Suezkanal*

Lit.: E. J. Erickson, Ordered to Die. A History of the Ottoman Army in the First World War, Westport, CT 2001; Die Türkei im Ersten Weltkrieg, hg. v. G. Hagen, Frankfurt a. M. u. a 1990; J. L. Wallach, Anatomie einer Militärhilfe. Die preußisch-deutschen Militärmissionen in der Türkei 1835-1919, Düsseldorf 1976; E.-J. Zürcher, Between Death and Desertion. The Experience of the Ottoman Soldier in World War I, in: Turcica, 28 (1996), S. 235-260.

Erik-Jan Zürcher (Ü: M. P.)

Ostfront. Die Geographie der O. unterschied sich merklich von der der Westfront. Zunächst einmal war die O. zweimal so lang, sie erstreckte sich mit großen Ausbuchtungen von der südöstlichen Ecke des Baltikums bis hinunter zum Schwarzen Meer und – rechnet man die Front in Bulgarien dazu – bis an die Ägäis. Obwohl der größte Teil des Geländes leicht hügelig war, manchmal bewaldet und eben, konnten die Karpaten im Grenzgebiet von Polen und Ungarn doch beträchtliche Hindernisse für militärische Bewegungen bilden. Der mittlere Abschnitt der Ostfront schließlich war von den Pripjet-Sümpfen beherrscht. Für die meiste Zeit war der Stellungsbau aufgrund der Boden- und Witterungsverhältnisse beeinträchtigt, und es existierte keine durchgehende Frontlinie, wie dies im Westen der Fall war.

Auch war das Straßen- und Eisenbahnnetz weniger entwickelt als in Frankreich, und es wurden viel weniger Truppen eingesetzt. Weder Rußland (180 Mio. Einwohner) noch Österreich-Ungarn (50 Mio.) hatten die Wehrpflicht ihren Bevölkerungszahlen entsprechend ausgeschöpft, da die Verpflegung und Ausrüstung derart vieler junger Männer zu teuer gewesen wäre. Das bedeutete, daß die russische Armee von 1914 mit 5 Mio. Mann nicht größer war als die deutsche Armee, und daß die österreichisch-ungarische Armee, obschon die Bevölkerungszahl dort nicht viel geringer war als in Deutschland, nur halb so viele Divisionen aufstellte. An der O. waren etwa zwei Drittel weniger »Gewehre pro Meter« als im Westen zu finden, ein Durchbruch daher technisch eher möglich, und die Durchbruchsstellen konnten wegen der unzureichenden logistischen Möglichkeiten nicht ebenso rasch wie im Westen durch Reserven abgeriegelt werden. Die O. befand sich also viel mehr in Bewegung als dies an der Westfront der Fall war. Wo ein Durchbruch stattfand, resultierte dieser für den Verteidiger oft in einem umfangreichen Rückzug und hohen Verlusten an Gefangenen.

Der Krieg an der O. läßt sich in fünf Phasen einteilen. In der ersten Phase (Aug. und Sept. 1914) bestimmten die russischen Offensiven nach Ostpreußen und Galizien die Ausgangslage: An der deutschen Front wurde die russische Invasion in der Schlacht bei Tannenberg abgewehrt. An der österreichisch-ungarischen Front war sie mit der Schlacht bei Lemberg erfolgreich. Dort endete sie mit der russischen Besetzung des Großteils von Galizien. Dem schloß sich eine wirre Phase von sieben Monaten an (bis April 1915), in der beide Seiten Offensiven unternahmen: die Deutschen und Österreicher nach Russisch-Polen (Schlachten von Warschau und Lodz, Okt. bis Nov. 1914), die Deutschen nach Nordpolen (Winterschlacht in Masuren, Febr. 1915), die Österreicher (und ab Jan. 1915 auch die Deutschen) zur Wiedergewinnung Galiziens (Kämpfe in den Karpaten, Jan. bis März 1915), die Russen nach Ostpreußen (Przasnysz, Febr. und März 1915) und in Richtung Karpaten im April 1915. Alle diese Offensiven scheiterten, oft unter hohen Verlusten.

Eine dritte Phase von bemerkenswerter Dynamik begann im Mai 1915, als deutsche Verstärkung an der k. u. k. Front in Galizien eintraf. Die russische Front wurde durchbrochen und eine große Rückzugsbewegung setzte ein, in deren Verlauf es den Mittelmächten gelang, Galizien weitgehend zurückzuerobern und einen großen Teil Russisch-Polens, einschließlich der Hauptstadt Warschau zu besetzen. Ein Ablenkungsangriff in Kurland brachte den Deutschen Litauen mitsamt der Hauptstadt Wilna. Trotzdem kam die deutsch-österreichische Offensive im Sept. nach den Schlachten von Swenziany und Dubno-Luck in der Westukraine zum Stehen.

Als vierte Phase folgt eine längere Pause, die nur durch kurze und erfolglose russische Vorstöße im Dez. 1915 in Ostgalizien und im März 1916 am Naroch-See in Weißrußland unterbrochen wurde.

Die fünfte Phase war von einem außerordentlichen russischen Sieg an der österreichischen Front im Juni 1916 gekennzeichnet – der Brussilow-Offensive. Diese war nach dem Oberbefehlshaber der dortigen russischen Heeresgruppe benannt, und sie endete damit, daß die k. u. k. 4. Armee praktisch gefangengenommen wurde. Die 7. Armee wurde darüber hinaus im südlichen Sektor, nahe der rumänischen Grenze, schwer angeschlagen, ein umfassender Rückzug setzte ein. Es gelang, mit Verstärkungen die zahlreichen Lücken in der Front zu schließen und die nachfolgenden russischen Angriffe abzuweisen. Trotzdem beschloß die rumänische

Ostfront (1914-1919)

Regierung daraufhin Ende Aug. den Kriegseintritt gegen Österreich-Ungarn, in der Hoffnung, einen großen Teil des östlichen Ungarn, hauptsächlich Siebenbürgen, zu erobern. Die Rumänen stießen über die Pässe ins südliche Siebenbürgen vor, wurden dort aber gestoppt. Gleichzeitig griff ein gemischter deutsch-bulgarisch-türkischer Verband aus Bulgarien heraus an, so daß die Rumänen nun zwischen beide Fronten gerieten. Im Dez. marschierten die Mittelmächte in Bukarest ein und die rumänische Armee zog sich nach Moldawien zurück. Jetzt stabilisierte sich die O. Die Linie, die die Truppen der Mittelmächte hielten, verlief vom Baltikum (westlich von Riga) dem Verlauf des Flusses Sereth folgend bis ans Schwarze Meer bei Galatz. Daneben verlief eine zweite deutsch-bulgarische Front auf dem Balkan, wo die Ententemächte bei der Hafenstadt Saloniki eine beträchtliche, wenn auch weitgehend passive Streitmacht gelandet hatten. Diese griff erst im Sept. 1918 ins Geschehen ein.

Im Jahr 1917 blieb die O. weitgehend ruhig, seit im März die Russische Revolution ausgebrochen war. Im Juli begann mit der Kerenski-Offensive in Galizien der letzte russische Angriff, der nach Anfangserfolgen scheiterte und so die Vorstöße der Mittelmächte einläutete, sowohl im östlichen Galizien als auch im Baltikum, wo im Sept. Riga eingenommen wurde. Im Dez. wurden die Kämpfe mit dem Waffenstillstand von Brest-Litowsk eingestellt, die russische Armee löste sich auf. Um die neue bolschewistische Regierung zur Unterzeichnung eines förmlichen Friedensvertrags zu zwingen, besetzten die Mittelmächte ab Febr. 1918 weite Teile der bisherigen westlichen Grenzgebiete im Baltikum, in der Ukraine und in Weißrußland (Einnahme von Kiew). Die Mittelmächte setzten dort ihnen ergebene Regierungen ein, und noch im Aug. stießen deutsche und türkische Verbände im Kaukasus vor. Mit dem Waffenstillstand vom Nov. 1918 wurden die Truppen der Mittelmächte abgezogen.

Trotzdem setzten sich die Kämpfe dort fort, wo die Bolschewiki um die Kontrolle der westlichen Grenzgebiete und des Kaukasus kämpften. Erst 1921 wurden die Grenzen des neuerrichteten polnischen Staates nach Kämpfen zwischen Bolschewiki, Weißgardisten, ukrainischen Nationalisten und Polen im Frieden von Riga festgelegt. Auch im Kaukasus kam es zwischen Türken, diversen kaukasischen Nationalbewegungen und den Bolschewiki zu Kämpfen, bis die Bolschewiki 1921 das Gebiet weitgehend wiedererobert hatten und einen Teil des zarischen Staatsgebiets im Nordosten Anatoliens an die junge türkische Republik abtraten.

Lit.: N. Stone, The Eastern Front. 1914-1917, 2. Aufl., London 1998.

Norman Stone (Ü: M. P.)

Ostpreußen. Im Verlauf des Kriegsjahres 1914/15 hatten russische Truppen zwei Drittel der östlichsten Provinz des Deutschen Reiches überrannt. Es sollte die einzige bedeutende Besetzung von Reichsgebiet bleiben. Im Aug. war Deutschlands Ostgrenze – dem Kalkül des deutschen Operationsplans folgend – nur schwach verteidigt geblieben, um mit den Truppen zunächst im Westen einen entscheidenden Schlag gegen Frankreich führen zu können. Doch die russische Armee machte schneller mobil als von den deutschen Planern erwartet und stieß nach O. vor, um den französischen und britischen Alliierten zu Hilfe zu kommen (eine Episode, die Alexander Solschenizyn in seinem Roman *August 1914* schildert). Die deutschen Behörden gerieten angesichts des russischen Einmarsches in die Grenzgebiete in Panik, und eine unorganisierte Fluchtbewegung aus den bedrohten Gebieten setzte ein; auch ein Rückzug der deutschen Truppen hinter die Weichsel wurde vorübergehend erwogen. Doch schon bald ereilte die russischen Armeen das Verderben. In der Schlacht von Tannenberg (26.-30. Aug. 1914), die mit einem Seitenblick auf die Niederlage eines Heeres des Deutschen Ritterordens 1410 an gleicher Stelle so genannt wurde, und an den Masurischen Seen (7.-15. Sept.) erkämpften die Generale Hindenburg und Ludendorff zwei gewaltige Siege, die sie gleichsam zu Nationalhelden werden ließen und ihnen den Ruf der »Retter O.« einbrachten.

Doch trotz dieser Siege blieb die Gefahr für O. akut. Im Okt., als die deutschen Truppen auf Russisch-Polen vorstießen, drangen russische Verbände erneut in O. ein. Nach deutschen Angaben flüchteten nun 350.000 Menschen vor diesem neuerlichen Angriff nach Westen, diesmal im Rahmen eines gut organisierten Evakuierungsplans. In der Winterschlacht in Masuren (7.-21. Febr. 1915) wurden die Russen schließlich zurückgeschlagen. Spätere deutsche Darstellungen erkannten einerseits die gute Disziplin einiger russischer Truppenteile an, zeichneten aber andererseits Bil-

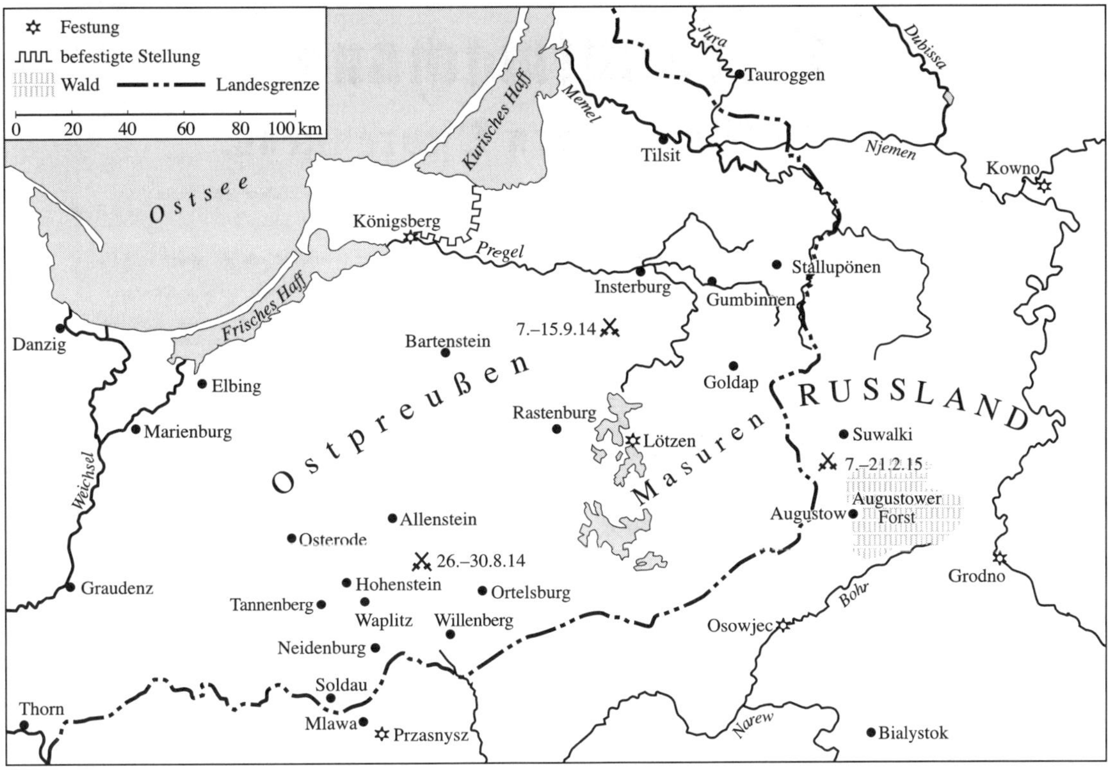

Ostpreußen (1914/15)

der von Übergriffen gegen die Zivilbevölkerung, bei denen unschuldige Zivilisten wegen Spionage angeklagt worden und fast 1.500 Menschen zu Tode gekommen seien. Dieselben Quellen schildern umfangreiche Deportationen im Verlauf des russischen Rückzugs, wobei 13.600 Deutsche nach Sibirien und an die Wolga verschleppt worden seien (einschließlich 4.000 Frauen und über 2.500 Kinder). 8.300 Überlebende seien nach dem Frieden von Brest-Litowsk nach Deutschland zurückgekehrt. Auch sei es zu Fällen von Plünderung und Brandstiftung gekommen, denen mutmaßlich 39 Städte und 1.900 Dörfer zum Opfer fielen.

O. geriet schon in der Anfangsphase des Krieges zu einem wichtigen Thema der deutschen Propaganda. Die tatsächlichen oder vorgeblichen Verwüstungen und Übergriffe gegenüber Zivilisten durch russische Soldaten wurden immer auch mit »Bilddokumenten« illustriert. Die gezeigten Opfer schienen die offizielle Version eines deutschen Verteidigungskrieges zu stützen, ein Argument, das für den Erhalt des innergesellschaftlichen »Burgfriedens« von großer Bedeutung war. Das Feindbild des zarischen Rußlands war für die Einbindung der Sozialdemokraten in die Kriegsanstrengungen geradezu essentiell. Diese ließen sich so in die Verteidigungsfront gegen das autokratische Regime einreihen, und ihre Interpretation von einem progressiven Befreiungskampf vermengte sich mit verwandten Allgemeinplätzen über Osteuropa und Rußland. Mit den Greuelberichten aus O. suchte man auch die alliierte Propaganda gegen deutsche Brutalitäten bei der Besetzung Belgiens und Frankreichs zu kontern.

Presseberichte, Zeichnungen, Gemälde, Postkarten und Fotografien zeichneten das Bild dieser Invasion in Szenen mit Flüchtlingstrecks, den Ruinen von Neidenburg oder der Parade russischer Truppen in Insterburg. In der Rhetorik der »Ideen von 1914« stand deutsche Kultur hier einer Welle slawischen Barbarentums gegenüber. Diese Bilder reicherten den in Deutschland seit über zwei Jahrzehnten etablierten Topos von der Russischen Dampfwalze an, der Schreckensbilder von blutrünstigen Kosaken und riesigen Bauernheeren beschwor, die nach Westen dräng-

Bekanntmachung.

Allen Einwohnern Ostpreußens.

Gestern den 4. — 17. August überschritt das Kaiserliche Russische Heer die Grenze Preußens und mit dem Deutschen Heere kämpfend, setzt es seinen Vormarsch fort.

Der Wille des Kaisers aller Reußen ist, die friedlichen Einwohner zu schonen.

Laut der mir Allerhöchst anvertrauten Vollmacht mache ich folgendes bekannt:

1. Jeder von seiten der Einwohner dem Kaiserlichen Russischen Heere geleistete Widerstand wird schonungslos und ohne Unterschied des Geschlechtes und des Alters bestraft werden.

2. Orte, in denen auch der kleinste Anschlag auf das Russische Heer verübt wird, oder in denen den Verfügungen desselben Widerstand geleistet wird, werden sofort niedergebrannt.

3. Falls die Einwohner Ostpreußens sich keine feindlichen Handlungen zuschulden kommen lassen, so wird auch der kleinste dem Russischen Heere erwiesene Dienst reichlich bezahlt und belohnt werden; die Ortschaften werden verschont und das Eigentumsrecht wird gewahrt bleiben.

Gezeichnet: **von Rennenkampf,**
General-Adjutant Seiner Kaiserlichen Majestät, General der Kavallerie.

Bescheinigung.

Die russische Militär-Obrigkeit bescheinigt hiermit, daß Herr

Dr. Max Bierfreund

zum Gouverneur der Stadt Insterburg

ernannt worden ist.

Insterburg, 24. August 1914.

General-Adjutant Seiner Kaiserlichen Majestät, General der Kavallerie.
von Rennenkampf.

An die Einwohner Insterburgs und die Flüchtlinge Ostpreußens!!

Wie ist unsere Lage?

Der Feind ist bis in unsere Stadt vorgedrungen und hält sie bis auf weiteres — unter Umständen bis zur Beendigung des Krieges — mit einem Obersten und einem Regiment dauernd besetzt. Jeder Widerstand gegen die obigen Bestimmungen hat die Ausführung der angedrohten Strafen durch den russischen Ortskommandanten zur unweigerlichen Folge. Außerdem müssen auch dafür die von unserer Bürgerschaft bis zur Beendigung des Krieges als Gewähr für die friedliche Haltung der Zivilbevölkerung zu stellenden **3 Geiseln oder Bürgen** für jeden von einer Zivilperson auf das russische Heer verübten Anschlag mit dem Leben büßen. Da diese drei Bürgen von uns bis zur Beendigung des Krieges gestellt werden müssen, bestimme ich, daß je drei Bürgen für die Dauer von 24 Stunden in fortlaufender Reihe sich zur Verfügung stellen. Da die Bürgschaft der drei, sich freiwillig gestellten Bürgen: Stadtrat **Keßler**, Architekt **Laurinat** und Oberkellner **Udau** mit dem 26. 8. von 10 Uhr abläuft, werden von da ab je drei weitere Bürgen von **mir** bestimmt werden. Wer meiner schriftlichen Aufforderung zur Uebernahme der Bürgschaftsleistung nicht pünktlich Folge leistet, wird durch die für die Bewachung der Bürgen bestimmte russische Militärwache zwangsweise herbeigeholt.

Ich fordere nun nochmals jedermann auf, **sofort** jede Art von Schußwaffen auf der Polizeiwache abzuliefern. Wer fortan im Besitze einer Schußwaffe betroffen wird, verfällt unbedingt den oben angedrohten Strafen, das heißt, er wird kurzerhand erschossen.

Ich ermächtige die Hausbesitzer, sofort die von den Mietern verlassenen Wohnungen zu öffnen, unter eigener Verantwortung auf das Vorhandensein von Schußwaffen zu durchsuchen und die gefundenen Waffen zur Polizeiwache zu bringen. Auch herrenlos vorgefundene Waffen, insbesondere etwa aufgefundene deutsche oder russische Militär-Gewehre, sind ebenfalls auf der Polizeiwache abzuliefern.

Außerdem warne ich jeden, etwa gefundene russische militärische Ausrüstungsgegenstände (Munition, Waffen, Achselklappen usw.) sich anzueignen, da beim Vorfinden solcher Gegenstände der Besitzer ebenfalls Gefahr läuft, in strengster Weise vom russischen Befehlshaber bestraft zu werden.

Insterburg, 25. August 1914.

Der Gouverneur
Dr. Bierfreund.

1.

Bekanntmachung nach dem Einmarsch des russischen Heeres in Ostpreußen. 25. August 1914

ten. Später konzentrierte sich die Propaganda auf die Wiederaufbauarbeit in O., die im Krieg einsetzte, aber erst 1925 völlig abgeschlossen war.

Am Ende des Krieges schien O. noch einmal durch den Vormarsch bolschewistischer Verbände aus dem Baltikum bedroht; im Winter 1918 wurden Truppen und Freikorps zum Schutz der Provinz aufgeboten. Im Versailler Vertrag wurde O. durch einen Korridor für den neu errichteten polnischen Staat vom restlichen deutschen Staatsgebiet abgetrennt. In den folgenden Jahren der unruhigen Weimarer Republik dienten die irredentistischen Parolen von »Deutschlands blutenden Grenzen« dazu, die nationalistischen Kräfte zu sammeln. → *Barbaren* → *Kriegsgreuel* → *Masuren* → *Tannenberg*

Lit.: D. E. Showalter, Tannenberg. Clash of Empires, Hamden, CT 1991.

VEJAS GABRIEL LIULEVICIUS (Ü: M. P.)

Owen, Wilfred Edward Salter, * Oswestry (Grafschaft Shropshire) 18.3.1893, † (gefallen) bei Landrecies (Département Nord) 4.11.1918, britischer Lyriker. – O. war Soldat des zweiten Bataillons des Manchester Regiments an der Westfront des Weltkriegs. Seine Erfahrungen im Grabenkrieg bilden das Material für eine eindringliche Lyrik, die seit seinem Tod zu den bedeutendsten englischsprachigen Zeugnissen der Kriegsgegnerschaft zählt.

O. hatte Frankreich schon bereist und dort als Sprachlehrer gearbeitet, bevor er 1915 nach England zurückkehrte und sich freiwillig als Soldat meldete. Nach seiner Ausbildung verpflichtete er sich im Juni 1916 beim Manchester Regiment. Im Dez. wurde sein Bataillon an die Somme verlegt, um die schweren Verluste der vorangegangenen Monate auszugleichen. Im Juni 1917 wurde der 24jährige Leutnant dann als dienstuntauglich entlassen und mit Symptomen von Verwirrung, Schwächeanfällen und Neurasthenie (shell-shock) in das Craiglockhart War Hospital in der Nähe von Edinburgh eingewiesen.

Hier begann O.s schriftstellerisches Talent aufzublühen. Er gab die *Hydra* heraus, das 14tägig erscheinende Journal des Sanatoriums. Von großem Einfluß war dort außerdem seine Begegnung mit dem sieben Jahre älteren und bereits bekannten Kriegsdichter Siegfried Sassoon, der O.s Gedichte kritisch las und zu dessen Mentor und Vorbild wurde. Das Schreiben ermöglichte ihm, seine Erlebnisse zu reflektieren und nach und nach sein Kriegstrauma zu bewältigen. Sassoon realisierte bald, daß O. eine große Begabung besaß. Robert Graves, ebenfalls Kriegsdichter und ein Freund Sassoons, stimmte ihm nach der Lektüre von O.s Gedichten zu. So wurden Sassoon und Graves in den Worten eines Biographen von O. dessen »literarische Paten«.

O.s erste große Veröffentlichung war ein Gedicht mit dem Titel *Miners* im liberalen Wochenblatt *Nation*. Sassoon war ein Dichter des Protests und drängte ihn, die gräßliche Welt des Grabenkriegs und sein eigenes Kriegstrauma in ein literarisches Bild der Schrecken des Krieges umzusetzen. Aber O.s eigener Stil zeichnete sich durch Mitgefühl aus. Er war kein Protestdichter wie Sassoon, seine Lyrik ist stiller und weniger scharf, dabei aber ebenso eindringlich und dauerhaft gültig. Im Sanatorium von Craiglockhart schrieb er sein Gedicht *Dulce Et Decorum Est*, das von den Gefühlen der Trauer und des Verlusts im modernen Krieg Zeugnis ablegt. Auf Sassoons Anregung hin beschäftigte sich O. in Gedichten wie *Disabled*, *The Dead Beat* oder *Mental Cases* mit Formen des Wahnsinns, mit Menschen, die ohne äußerlich sichtbare Verwundungen zerstört worden waren.

Nachdem er im Aug. 1918 wieder kriegstauglich erklärt worden war, kehrte O. an die Front nach Frankreich zurück. Bei den Kämpfen an der Hindenburg-Linie erhielt er für seine Tapferkeit beim Vorstoß auf die Beaurevoir-Fonsomme-Linie das Military Cross. Wenige Tage vor Kriegsende fiel O. Seine Lyrik – von Verlagen, die an patriotischen Texten interessiert waren, nach dem Krieg zunächst abgelehnt – bringt eine Desillusionierung und schonungslose Reflexion des Alltags in den Gräben zum Ausdruck, die großen Einfluß auf die literarische Verarbeitung des Krieges hatte.

Lit.: D. Hibberd, Wilfried Owen. A New Biography, London 2002.

JAY WINTER (Ü: A. R.)

Pacelli, Eugenio, später Pius XII., * Rom 2.3.1876, † Castel Gandolfo 9.10.1958, italienischer Geistlicher und päpstlicher Diplomat. – P. stammte aus einer römischen Familie aus dem niederen Adel, die in enger Verbindung zum Vatikan stand. Als Priester und Jurist stieg er rasch in hohe Ämter innerhalb der Verwaltung des Vatikans auf, bevor er schließlich 1939 zum Papst gewählt wurde.

1901 trat er in das Päpstliche Staatssekretariat/Kongregation für außerordentliche kirchliche Angelegenheiten ein und erklomm dort alle Sprossen der Karriereleiter; 1912 wurde er deren Sekretär. Während des Weltkriegs war er für Papst Benedikt XV. und dessen Staatssekretär Gasparri der wichtigste Mitarbeiter auf dem Gebiet der internationalen Beziehungen. Ihm oblag es u. a., den päpstlichen Hilfsdienst für die Verwundeten und Kriegsgefangenen aufzubauen. 1917 begann er seine Karriere als Nuntius in Deutschland, zunächst in München, der einzigen Repräsentanz des Papstes im Deutschen Kaiserreich. Seit 1920 als päpstlicher Nuntius in Berlin tätig, bestätigte P. nachdrücklich den Eindruck eines hervorragenden Beobachters und Kenners von Deutschland. Es gibt jedoch keinen Beweis für die gelegentlich angeführte Behauptung, P. habe seit Ausbruch des Weltkriegs eine besondere Sympathie für Deutschland an den Tag gelegt und gegen die päpstliche Neutralitätspolitik gearbeitet.

ANNETTE BECKER (Ü: S. P.)

Paderewski, Ignacy Jan, * Kuryłówka (Region Podolien) 18.11.1860, † New York 29.6.1941, polnischer Musiker und Politiker. – Der weltweit gefeierte Chopin-Interpret lebte seit 1913 in den USA, wo er sein künstlerisches Renommee für die Wiedererlangung eines selbständigen polnischen Staates einsetzte. Über Edward Mandell House und Robert Lansing vermochte er Präsident Wilsons Haltung zur Polenfrage zu beeinflussen. Als Mitglied des von Roman Dmowski 1917 in Lausanne gegründeten Polnischen Nationalkomitees/Komitet Narodowy Polski (KNP, polnische Auslandsaktion) stellte er die Verbindung zu dem in Chicago ansässigen Nationalausschuß der Amerika-Polen her. Nach seiner Rückkehr nach Polen im Dez. 1919 schloß sich P. zunächst Józef Piłsudski an. Als Ministerpräsident und kommissarischer Außenminister (16. Jan. bis 19. Dez. 1919) vertrat er am 12. April 1919 in Paris Pläne für eine Föderation Polens mit Weißrußland und Litauen, die jedoch nicht realisiert wurden. Auch gelang es ihm nicht, die gegensätzlichen Staatskonzeptionen Piłsudskis und Dmowskis miteinander zu verbinden. Nach Piłsudskis Staatsstreich von 1926 unterstützte er die liberale Opposition. Zuletzt übernahm er den Vorsitz des Nationalrates / Rada Narodowa, des am 9. Dez. 1939 in Frankreich nach der deutschen Besetzung Polens gebildeten polnischen Exilparlaments.

HANS HECKER

Painlevé, Paul, * Paris 5.12.1863, † Paris 29.10.1933, französischer Politiker (Kriegsminister/Ministerpräsident). – P. war nicht nur eine politisch prominente Persönlichkeit und Kriegsminister bzw. Ministerpräsident, sondern darüber hinaus auch ein renommierter Mathematiker.

P., seit 1887 Mathematikprofessor in Lille, fiel erstmals einer großen Öffentlichkeit auf, als er 1890 den Großen Preis der Mathematischen Wissenschaften von der Académie Française erhielt. Sein Hauptforschungsgebiet waren Probleme der Reibungsenergie. Darüber hinaus galt sein Interesse insbesondere der Luftfahrt und den weiterführenden Forschungen zum Problem der Aerodynamik. Ins politische Feld gelangte er durch die Dreyfus-Affäre. 1901 wurde er Deputierter des Fünften Arrondissements von Paris. In diese Position wurde er bis 1928 kontinuierlich wiedergewählt. Er war Mitglied der Républicain-Socialistes am äußersten linken Rand der nichtmarxistischen bürgerlichen Linken.

Als Berichterstatter für das Marinebudget im Parlament (1910 und 1914) und auch in der Militärgesetzgebung stark engagiert, wurde er am 29. Okt. 1915 zunächst Erziehungsminister und am 20. März 1917 zum Kriegsminister ernannt. In dieser Position oblag ihm die Bewältigung der Probleme, die sich aus der fehlgeschlagenen Nivelle-Offensive (April 1917) und den darauffolgenden Soldatenunruhen in der französischen Armee ergaben. Wegen des scharfen Widerstandes aus militärischen und politischen Kreisen entschloß sich P., den Generalstabschef Nivelle abzulösen, General Pétain als Oberkommandierenden zu berufen und gleichzeitig General Foch zum Leiter der militärischen Administration zu machen. P. gelang es zusammen mit Foch und Pétain, die Meutereien zu unterbinden. Darüber hinaus vermochte er, den Einsatz der amerikanischen Truppen in Frankreich zu beschleunigen und organisatorisch in den Griff zu bekommen.

Angesichts solcher Erfolge wurde P. am 12. Sept. 1917 zum Regierungschef ernannt, wobei er das Amt des Kriegsministers behielt. Er erreichte gegenüber den zögernden Alliierten die Ernennung General Fochs zum Generalstabschef der alliierten Truppen. Im Verlauf der Kampagne Clemenceaus gegen den »Defätismus« wurde auch P. im Nov. 1917 gestürzt.

Nach dem Krieg war P. ein führendes Mitglied des »Linkskartells« von 1924 und 1925 sogar noch einmal kurzfristig Ministerpräsident. Er blieb zudem zwischen 1925 und 1929 Kriegsminister und bestimmte damit wesentlich die Militärpolitik Frankreichs in den 20er Jahren. Auch die ersten Maßnahmen zum Bau der Maginotlinie gingen auf seine Initiative zurück.

GERD KRUMEICH

Palästinafront. Nachdem die beiden türkisch-deutschen Expeditionen gegen den Suezkanal – im Jan./Febr. 1915 mit 18.000 Mann und 5.000 Kamelen, im Juli/Aug. 1916 mit 16.000 Mann, darunter österreichisch-ungarische Kontingente, und wiederum 5.000 Kamelen – gescheitert waren, mußte das Osmanische Reich bis Anfang 1917 die Halbinsel Sinai räumen. Für die Verteidigung Palästinas wurde die Linie Gaza – Tell Scheria – Beerscheba bestimmt. Die Länge der Front, die unter dem Oberbefehl des bayerischen Oberstleutnant Freiherr Friedrich Kreß von Kressenstein stand, betrug 50 km. Den ersten Versuch eines Durchbruchs durch die P. unternahm die Egyptian Expeditionary Force (EEF) im März 1917. Am 23. März begannen die Briten, die über gut ausgebaute Versorgungs- und Nachschublinien verfügten und methodisch vorgingen, ihre Offensive mit Schwerpunkt im Raum Gaza. Aber die Türken, wirksam unterstützt von einer k. u. k. Gebirgshaubitzdivision, behaupteten ihre Stellungen. Am 27. März mußte die EEF die Schlacht nach Verlust von 4.000 Mann abbrechen. Die Engländer hielten jedoch an ihrem Ziel fest, Jerusalem zu erobern und dadurch die Türkei friedensbereit zu machen. Bereits am 17. April eröffneten sie die zweite Schlacht um Gaza mit einem massiven Artilleriefeuer, das von Schiffsgeschützen unterstützt wurde. Trotz des Einsatzes von acht schweren Tanks und Giftgas hielten die dünnen Linien der unterernährten und schlechtversorgten Türken. Die Angreifer büßten 6.444 Mann ein und hatten damit dreimal höhere Verluste als die erschöpften Verteidiger. Im Sept. 1917 wurde die ursprünglich für die Rückeroberung von Bagdad vorgesehene osmanische 7. Armee nach Palästina umdirigiert, die Kreß unterstehenden Kräfte zur 8. Armee umstrukturiert. Die türkische Verteidigungsfront in Palästina blieb jedoch bedenklich schwach. So brachte die dritte Schlacht um Gaza im Okt./Nov. 1917 General Allenby, der im Juni das Kommando über die EEF von General Murray übernommen hatte, den erhofften Durchbruch. Am 27./28. Nov. trat die osmanische 8. Armee zu einem Gegenangriff an, der unter anderem zum Ziel hatte, die osmanische 7. Armee bei der Verteidigung von Jerusalem zu entlasten. Die Offensive schlug jedoch fehl und die Briten zogen am 9. Dez. in Jerusalem ein. Der Versuch einer Rückeroberung Jerusalems am 27./28. Dez. scheiterte. Die neue türkische Abwehrfront verlief nun quer durch Palästina, beginnend östlich von Jaffa am Mittelmeer – eine Position, die die um das Asienkorps verstärkte 8. Armee deckte, während die 7. Armee die Front bis zum Toten Meer westlich Jericho hielt. Die EEF eroberte am 21. Febr. 1918 Jericho, aber ansonsten blieb die Front bis zum Sept. 1918 stabil, da beide Ostjordanschlachten (21.-31. März und 30. April-5. Mai) mit türkischen Abwehrerfolgen endeten, erkämpft durch halb verhungerte, vernachlässigte und unzulänglich bewaffnete osmanische Truppen. Erst die britische Großoffensive vom 19. Sept. führte zum endgültigen Zusammenbruch der P. Die osmanische 8. Armee wurde in ihrer Masse bereits in den ersten 48 Stunden der Schlacht zerschlagen. Die EEF eroberte am 21. Sept. Nazareth, zwei Tage später Haifa. Spätestens mit dem Verlust von Amman am 25. Sept. und Damaskus am 1. Okt. war die osmanische Machtposition im Nahen und Mittleren Osten beendet.

→ *Asienkorps* → *Gaza* → *Suezkanal*

Lit.: A. Bruce, The Palestine Campaign in the First World War, London 2002; H. W. Neulen, Feldgrau in Jerusalem: das Levantekorps des kaiserlichen Deutschland, München 1991.

HANS WERNER NEULEN

Pariser Friedenskonferenzen, in Paris stattfindende Friedensverhandlungen der Siegermächte des Ersten Weltkrieges, die vom 18. Jan. bis zum 28. Juni 1919 andauerten und alle zur vertraglichen Regelung anstehenden Fragen als letzte Instanz entschieden. Ferner die Ausarbeitung der sog. Vorortverträge, welche die Sieger mit den Verbündeten des deutschen Kaiserreichs nach der Unterzeichnung des Versailler Vertrages abschlossen. – Die allgemeinen P. waren bis auf die acht Plenarkonferenzen geheim und fanden bis zur Vorlage der Vertragsentwürfe in Abwesenheit von Bevollmächtigten der Besiegten sowie Rußlands statt. Bis zu diesem Zeitpunkt nannten sich diese deshalb offiziell »Präliminarfriedenskonferenz«, nach dem Eintritt in den ausschließlich schriftlichen Meinungsaustausch mit den Besiegten dann »Friedenskongreß«. Die interalliierten Verhandlungen gingen aus dem Alliierten Obersten Kriegsrat hervor, der sich aus den drei europäischen Hauptsiegermächten Großbritannien, Frankreich und Italien sowie der »assoziierten« Macht USA zusammensetzte und gleichzeitig für die Durchführung des Waffenstillstandes zuständig war. Noch vor der formellen Eröffnung der Konferenz konstituierte er sich durch Hinzutreten von zwei Vertretern Japans zum »Rat der Zehn«. Dieser wurde vor dem Eintritt in die entscheidenden Verhandlungen über die Friedensbedingungen für Deutschland am 24. März 1919 durch einen »Rat der Vier« ersetzt, dem nur noch die Ministerpräsidenten der drei europäischen Hauptsiegermächte (Lloyd George, Clemenceau und Orlando) und der Präsident der USA (Wilson) angehörten. Vertreter anderer zu den Siegermächten gezählter Staaten wie Belgien, Polen, Serbien (später: Serbisch-Kroatisch-Slowenisches Königreich) und der Tschechoslowakei wurden in den vom Zehnerrat eingesetzten Unterkommissionen vor allem zu strittigen Grenzfragen angehört. Eine Unterkommission arbeitete einen Satzungsentwurf für den Völkerbund aus. Ebenso wichtig waren die Vorarbeiten der Reparationskommission. Der Rat der Vier verabschiedete den Vertragsentwurf, der den deutschen Vertretern am 7. Mai 1919 überreicht, zwischen ihnen und den Siegermächten schriftlich erörtert und daraufhin leicht modifiziert wurde.

Die widersprüchlichen Interessen der Siegermächte brachten die P. mehrfach an den Rand des Scheiterns. Vom 21. April bis zum 7. Mai, dem Tag der Überreichung der Friedensbedingungen an die deutsche Delegation, boykottierte die italienische Regierung den Rat der Vier. In dem Wunsche, die militärische Niederlage Deutschlands, des aus alliierter Sicht Hauptkriegsschuldigen, vertraglich festzuschreiben, und aus Furcht vor einem Vordringen des Bolschewismus wurden schließlich doch immer wieder Kompromisse gefunden, die wie bei der Reparationsfrage vielfach zu Lasten des Besiegten gingen, sich bisweilen aber auch zu dessen Gunsten auswirkten (deutsche Westgrenze).

Die Vorortverträge, die mit den Nachfolgestaaten der Habsburgermonarchie sowie mit Bulgarien und der Türkei geschlossen wurden (am 10. Sept. 1919 mit Deutsch-Österreich in St. Germain, am 4. Juni 1920 mit Ungarn im Trianon Palast bei Versailles, am 27. Nov. 1919 mit Bulgarien in Neuilly und am 10. Aug. 1920 mit der Türkei in Sèvres, folgten in vielem dem Modell des Versailler Vertrages: Es gab keine mündlichen Verhandlungen, die Besiegten blieben zunächst aus dem Völkerbund ausgeschlossen und mußten hohe Wiedergutmachungsauflagen akzeptieren. Österreich wurde ein Anschluß an Deutschland nur mit Genehmigung des Völkerbundsrates gestattet. Die relativ größten Gebietsverluste erlitt Ungarn. Der Vertrag von Sèvres, der auf eine Aufteilung der Türkei hinauslief, trat nicht in Kraft, weil die türkische Regierung, die ihn unterzeichnet hatte, durch die nationalistische Revolutionsbewegung Mustafa Kemal (Atatürk) abgesetzt wurde. Der zuletzt unterzeichnete Frieden leitete so als erster die Revision des Pariser Friedensvertragswerkes ein. → *Versailler Vertrag*

Lit.: The Versailles Treaty. A Reassessment after 75 Years, hg. v. M. F. Boemeke u. a., Cambridge 1998; Versailles 1919. Ziele – Wirkung – Wahrnehmung, hg. v. G. Krumeich, Essen 2001.

KLAUS SCHWABE

Parlamentarisierung. Das Deutsche Reich war seit 1871 eine konstitutionelle Monarchie. Der Kaiser ernannte und entließ den Reichskanzler, der als einziges Mitglied der Reichsregierung dem Reichstag verantwortlich war, und ohne dessen Gegenzeichnung bzw. Billigung der Kaiser politisch nicht handeln konnte. Freilich vermochte der Kanzler nicht dauerhaft gegen eine Mehrheit des Reichstages zu regieren, da der Reichstag das Recht zur Verabschiedung des Budgets hatte. Bereits vor 1914 hatte sich die Verfassungswirklichkeit zugunsten der Stärkung des Reichstags verändert. Der Reichstag von 1912, der bereits eine Mitte-Links-Mehrheit aufwies, erkämpfte das informelle Mißbilligungsvotum (Interpellationsrecht). Der »Burgfriede« 1914 unterband weitere Vorstöße. Der Machtkampf zwischen ziviler und militärischer Führung, die innenpolitischen Konflikte, die russische Februarrevolution und die Kriegszieldebatte ließen 1916/17 die Frage einer »Neuorientierung« wieder akut werden. Darunter verstand man: Begrenzung der kaiserlichen Prärogative, Schwächung des Bundesrates und Brechung der auf dem Dreiklassenwahlrecht ruhenden Macht der Konservativen in Preußen. Gegen die Absicht der Reichsregierung, Reformen auf die Nachkriegszeit zu vertagen, drängte die Reichstagsmehrheit auf sofortiges Handeln.

Die Macht des Reichstags blieb lange »negativ«, doch beschleunigte sich seit 1916/17 der stille Verfassungswandel. Uneins über das Ziel, ob Modifikation oder Überwindung des Konstitutionalismus, weitete die Mehrheit ihre Machtpositionen schrittweise aus. Sie vermochte (mit Hilfe der 3. OHL) im Juli 1917 Reichskanzler Bethmann Hollweg und im Okt. 1917 dessen Nachfolger Michaelis zu stürzen, nahm aber keinen Einfluß auf die Ernennung der jeweiligen Nachfolger. Doch seit Sommer 1917 rückten Vertreter der Reichstagsmehrheit in Regierungsämter ein, im Herbst Friedrich von Payer als Vizekanzler. Im Rahmen des Hilfsdienstgesetzes gewann der Reichstag erstmals erweiterte Kontrollrechte, setzte die Friedensresolution durch und eroberte informellen Einfluß auf die Innen- und Außenpolitik.

Angesichts der nahenden Niederlage ergriff die Reichstagsmehrheit am 14. Sept. 1918 die Initiative. Am 30. Sept. mußte der Kaiser die P. einleiten. Die Versuche des letzten vom Kaiser ernannten Kanzlers, Max von Baden, das konstitutionelle System zu retten, vereitelten nicht zuletzt die auf taktischen Systemwechsel setzende OHL und die Politik des amerikanischen Präsidenten Wilson im Zuge des Notenwechsels zur Vorbereitung des Waffenstillstands. Am 26./28. Okt. nahmen Reichstag und Bundesrat die Reformgesetze an. Diese beseitigen die Inkompatibilitäten von Reichstagsmandat bzw. Staats- oder Reichsamt und Regierungsamt, nicht aber die von Reichstag und Bundesrat und banden Kriegserklärung und Friedensschluß an die Zustimmung von Reichstag und Bundesrat. Der Reichskanzler wurde offiziell vom Vertrauen der Reichstagsmehrheit abhängig, die militärische Kommandogewalt des Kaisers der Verantwortung des Kanzlers und damit des Reichstags unterworfen. Die Ernennung der Höchstkommandierenden wurde an die Gegenzeichnung des Kanzlers gebunden, die Kriegsminister in Militärverwaltungsangelegenheiten gegenüber Reichstag und Bundesrat verantwortlich. Die P. wurde nicht mehr wirksam, da der Reichstag bis zur Revolution nicht wieder zusammentrat. → *Burgfrieden* → *Hilfsdienstgesetz*

Lit.: D. Grosser, Vom monarchischen Konstitutionalismus zur parlamentarischen Demokratie. Die Verfassungspolitik der deutschen Parteien im letzten Jahrzehnt des Kaiserreiches, Den Haag 1970; T. Oppeland, Reichstag und Außenpolitik im Ersten Weltkrieg. Die deutschen Parteien und die Politik der USA 1914-1918, Düsseldorf 1995.

GUNTHER MAI

Pershing, John Joseph, * bei Laclede (Linn County, Missouri) 13.9.1860, † Washington D.C. 15.7.1948, US-amerikanischer General. – Als Oberbefehlshaber der American Expeditionary Force (AEF) wurde P.s Popularität in den USA eigentlich nur noch von der Präsident Woodrow Wilsons übertroffen. 1886 hatte er die Militärakademie von West Point absolviert und seitdem in einer Armee gedient, deren Rolle im wesentlichen auf Polizeiaufgaben beschränkt war. Immerhin war sein Einsatz gegen die Moros auf den Philippinen 1902/03 so beeindruckend gewesen, daß ihn Präsident Roosevelt vom Hauptmann zum Brigadegeneral befördern ließ. Nachdem P. 1916 die Strafexpedition nach Mexiko geführt hatte, ernannte ihn Wilson im Jahr darauf aufgrund seiner Qualifikation in Verwaltungsfragen zum Oberbefehlshaber der AEF. P.s Dienstzeit kennzeichnete vor allem seine Entschlossenheit, das Expeditionskorps als selbständigen nationalen Großverband zu erhalten; dazu kam die Überzeugung, daß die amerikanischen Soldaten für den Bewegungskrieg ausgebildet werden und auch einen solchen führen sollten; schließlich charakterisierte ihn sein Beharren auf militärischen Professionalismus auf allen Kommandoebenen. Obwohl er zunehmend an der Schlagkraft der alliierten Armeen zweifelte, bot er amerikanische Truppen im Verlauf der deutschen Frühjahrsoffensive von 1918 an, wo immer sie benötigt wurden. Im Sommer desselben Jahres griff er schnell durch, als es galt, das kollabierende Nachschubsystem zu reorganisieren. Gleichwohl hatte er keinen Blick für andere, vornehmlich institutionelle Mängel des improvisierten und unerfahrenen Expeditionskorps. Je stärker die AEF wuchs, desto mehr ließ ihre Leistungsfähigkeit nach, und desto mehr suchte P. diesen Verfall durch bloße Willensstärke auszugleichen. Am Ende der Maas-Argonnen-Offensive im Okt./Nov. war die Lage für die Masse der Truppen derart verfahren, daß nur das deutsche Waffenstillstandsersuchen P. vor der Ablösung bewahrte. Seine Nachfolger in späteren amerikanischen Kriegen sollten Verwaltungsaufgaben eine sehr viel höhere Priorität einräumen. 1921 wurde P. zum Generalstabschef der US-Armee ernannt, 1924 verabschiedet.

DENNIS E. SHOWALTER (Ü: M. P.)

Pétain, Henri Philippe, * Cauchy-la-Tour (Département Pas-de-Calais) 24.4.1856, † Port-Joinville (Île d'Yeu) 23.7.1951, französischer Marschall. – P. hatte 1876 die École de Guerre von Saint-Cyr absolviert. 1914 stand er als Oberst eigentlich am Ende seiner Karriere als Berufssoldat. Auch paßte seine defensive Orientierung nicht zur damals herrschenden Offensivdoktrin. Doch eröffnete ihm der Krieg einen rasanten Aufstieg: Brigadegeneral seit 31. Aug., zwei Wochen später Führer einer Division; schon am 20. Okt. übernahm P. das XXXIII. Armeekorps. Nach einem Erfolg im Verlauf der Artois-Offensive im Mai 1915 erfolgte im Juni seine Ernennung zum Oberbefehlshaber der 2. Armee. Aber erst seine Leistungen bei der Abwehr der deutschen Offensive vor Verdun ab Febr. 1916 machten ihn berühmt. Die von ihm organisierte Rotation der eingesetzten Verbände (Noria) brachte eine Wende in der bis dahin für Frankreich hoffnungslosen Lage. Am 1. Mai wurde P. zum Oberbefehlshaber der Heeresgruppe (Groupe d'armées) Centre ernannt.

Am 30. April 1917 trat P. die Nachfolge von Generalstabschef Nivelle an, nachdem dessen Offensive vom April in einem Desaster geendet hatte. P. mußte nun die durch Meutereien ausgelöste schwere Moralkrise bewältigen. Beinahe als einziger schätzte er die Situation richtig ein: Anstatt die Meutereien als eine durch bolschewistische Subversion angefachte politische Aktion zu werten, erkannte er, daß es sich um eine verzweifelte Reaktion der Soldaten auf die neuartige, furchtbare Form des Krieges handelte. Er begnügte sich mit vergleichsweise maßvollen Repressionen und suchte die Lebensbedingungen der Soldaten zu verbessern, etwa durch schnellere Ablösung der Einheiten und regelmäßigen Urlaub. Ferner baute er den militärischen Nachrichtendienst aus. Doch wurde die Krise vor allem durch sein Versprechen entschärft, in Zukunft auf ähnlich mörderische Großoffensiven zu verzichten.

P. gelang es, vom Prinzip der starren Linienverteidigung abzurücken und statt dessen zu einer tiefgestaffelten Defensivtaktik überzugehen. Allerdings konnte er diese Gedanken bei seinen untergebenen Führern nur mit Mühe durchsetzen. Mit dieser Doktrin und in Erwartung der anlaufenden amerikanischen Unterstützung und neuer Waffen (Panzer) sollte der Menschenmangel der französischen Armee kompensiert werden. Und so gelang es tatsächlich, das angesichts der letzten deutschen Offensiven im Frühjahr 1918 drohende Desaster abzuwenden. Die sich daraufhin bietende Chance zur kriegsentscheidenden Generaloffensive hat P. gleichwohl nicht so deutlich wahrgenommen wie sein persönlicher Rivale Foch. Dennoch kann er als einer der größten Generale des Weltkrieges gelten.

Von 1922-31 Generalinspekteur der Streitkräfte, trat der nationale Kriegsheld nach dem militärischen Zusammenbruch Frankreichs 1940 an die Spitze der mit den Deutschen kollaborierenden Vichy-Regierung. 1945 wegen Hochverrat zunächst zum Tode verurteilt, wurde die Strafe in eine Verbannung auf die Insel Yeu umgewandelt, wo P. schließlich starb und begraben ist.

Lit.: G. Pedroncini, Pétain, le soldat: 1856-1940, Paris 1998.

Jean-Jacques Becker (Ü: G. K.)

Petar I. Karadjordjević *Belgrad 11.7.1844, † Belgrad 16.8.1921, serbischer König (seit 1903), seit 1918 König des neu entstandenen »Königreiches der Serben, Kroaten und Slowenen«. – Nach dem Sturz seines Vaters Fürst Aleksandar Karadjordjević 1858 verbrachte P., der ein Enkel von Karadjordje Petrović war, des legendären Führers der serbischen Aufstände von 1804 bis 1813, seine zivile und militärische Ausbildungszeit in der Schweiz und in Frankreich. Versuche, sich in die politischen Geschicke seiner Heimat einzumischen und nach Möglichkeit auf den serbischen Thron zurückzukehren, blieben trotz russischer Unterstützung und Verbindungen zu inner-serbischen Gegnern der Dynastie Obrenović lange Zeit ohne Erfolg. Erst die Ermordung des serbischen Königs Aleksandar Obrenović 1903 eröffnete P. im Alter von 60 Jahren doch noch den Weg auf den angestrebten Thron. Sein größtes innenpolitisches Verdienst war sicherlich, daß er sich hinter eine parlamentarisch-konstitutionelle Verfassung stellte, die dem Parlament auch im europäischen Vergleich erhebliche Rechte gegenüber dem Monarchen einräumte. P.s eigene Vertrautheit mit »westlich«-liberalen Ideen – er hatte John Stuart Mill ins Serbische übersetzt – scheinen ihm die Vorzüge eines solchen Systems nahegelegt zu haben. In nationaler Hinsicht vertrat er pan-serbische Vorstellungen, in seiner außenpolitischen Orientierung fühlte er sich Rußland verbunden. Ansonsten überließ er die Politik jedoch weitgehend seinem Ministerpräsidenten Nikola Pašić. Nach der Niederlage den serbischen Armeen 1915 zog er sich gemeinsam mit den nach anfänglichen Erfolgen in schwere Bedrängnis geratenen Streitkräften nach Korfu zurück, von wo aus er erst im Sommer 1919 zurückkehrte. Die jugoslawische Einigung erlebte er zwar noch und wurde so zum ersten Monarchen des neuen jugoslawischen Staates. Politisch aber gestaltete er die Staatsgründung selbst nicht mehr mit, da er schon bei Ausbruch des Krieges aus gesundheitlichen Gründen und aufgerieben im Konflikt zwischen Pašić und Teilen der Armee um die Geheimorganisation Schwarze Hand die Regentschaft an seinen Sohn Aleksandar übergeben hatte.

WOLFGANG HÖPKEN

Piave, Fluß in Venetien. – Nach dem überraschenden Durchbruch der Mittelmächte in den Julischen Alpen Ende Okt. 1917 (Caporetto) befanden sich die geschlagenen italienischen Verbände auf dem Rückzug durch das Friaul auf Venetien. Die erste Widerstandslinie am Tagliamento war nach wenigen Tagen gefallen. Im italienischen Oberkommando unter Cadorna machten sich Pessimismus und Angst breit: Erste Überlegungen, die Front bis an den Po zurückzuverlegen, wurden angestellt. Doch die Lage entwickelte sich anders. Den Italienern gelang es, die Reste der zerschlagenen 2. Armee an der P. zu sammeln und dort neuen Widerstand zu formieren. Dabei kam ihnen zugute, daß sich ihre Frontlinie nun vorteilhaft verkürzt hatte. Auf der anderen Seite wurden die Angreifer (die deutsche 14. sowie die k. u. k. 1. und 2. Armee) Opfer des Tempos ihres eigenen Vorstoßes: Die Truppen waren völlig erschöpft und abgekämpft, die Verbindungswege wurden immer länger, der Nachschub knapp. Als der Angriff Ende Nov. an der P. zum Stehen kam, war das Ergebnis dennoch für Italien niederschmetternd. Die gesamte Isonzofront war innerhalb von Tagen zusammengebrochen, der Rückzug der Truppen war streckenweise zu einer Flucht ausgeartet. Das gesamte Friaul und die Hälfte Venetiens waren vom Feind besetzt, Görz – die Stadt, die man im Aug. 1916 unter hohen Verlusten erobert hatte – wieder verloren.

Obschon sich die Lage stabilisierte und Truppen und Hilfslieferungen der Entente eintrafen, befand sich Italien plötzlich in der Defensive. Bis zu diesem Zeitpunkt war der Krieg stets offensiv als Macht- und Befreiungskrieg geführt worden. Für viele Italiener bedeutete die Wende eine tiefe Demütigung und den Verlust ihrer Hoffnungen. Doch für andere war ein solcher Verteidigungskrieg einfacher zu akzeptieren und zu vermitteln. Die P. wurde bald zum Symbol des Widerstandes, wie der Monte Grappa oder die Montello-Hügel, die nun die Eckpfeiler der Verteidigung Italiens bildeten. Diese Schauplätze sollten bei den Militärs, aber auch an der Heimatfront, die Auffassung und das Denken über den Krieg wandeln.

Im Sommer 1918 setzten die Kämpfe wieder ein. Nach der Ablösung Cadornas als Generalstabschef in der Folge des Caporetto-Desasters war es seinem Nachfolger General Armando Diaz gelungen, das Heer erneut aufzubauen. Nun griffen die Österreicher am 15. Juni wieder an. Der Angriff – ursprünglich als Offensive zwischen der Brenta und dem Mittellauf der P. geplant – war nach Westen auf das Gebiet der Sieben Gemeinden (Asiago) erweitert worden, wodurch er nun ohne eigentlichen Schwerpunkt blieb. Bald schon war die letzte Offensive der k. u. k. Monarchie zusammengebrochen.

Die jetzt einsetzende Unruhe und die hohen Erwartungen in den kommenden Gegenschlag fanden auf italienischer Seite ihren Ausdruck in dem Lied *Legge del Piave* (Gesetz der P.) des Dichters E. A. Mario. Die italienische Propaganda konzentrierte sich auf die besetzten Gebiete Friauls und Venetiens. Hunderttausende von Flüchtlingen in den großen Zentren Italiens harrten ungeduldig der Rückkehr in die verlorenen Gebiete. Im Oberkommando Diaz bereitete man die entscheidende Offensive vor, zögerte aber, weitere Kräfte für das Frühjahr 1919 zu sammeln. Schließlich erzwang die Regierung das Losschlagen. Am 24. Okt. begann, ausgehend von der P. und vom Monte Grappa, die Schlacht von Vittorio Veneto, genannt nach einer kleinen Stadt bei Treviso, wo die 8. Armee unter General Caviglia operierte. Nach fünf Tagen endeten die Kämpfe. Am 29. Okt. kapitulierten die k. u. k. Truppen, doch erst am 3. Nov. wurde der Waffenstillstand in der Villa Giusti unterzeichnet. → *Alpenkrieg* → *Caporetto*

Lit.: H. von Lichem, Krieg in den Alpen, Bd. 3: Karnische und Julische Alpen, Monte Grappa, Piave, Isonzo, Augsburg 1993; P. Schubert, Piave 1918: Österreich-Ungarns letzte Schlacht, Klagenfurt u. a. 2000.

MARIO ISNENGHI (Ü: C. Z./M. P.)

Piłsudski, Józef Klemens, * Zułowo (heute Sulowo, bei Wilna) 5.12.1867, † Warschau 12.5.1935, polnischer Politiker und Marschall. – P., 1892 Mitbegründer der Polnischen Sozialistischen Partei (PPS), war ein entschiedener

Gegner Rußlands. Er verfolgte das Ziel einer in der Nachfolge des polnisch-litauischen Jagiellonenreiches stehenden, weit nach Osten ausgreifenden und nichtpolnische Nationalitäten einbeziehenden föderalen Republik Polen. Der nationalrevolutionäre Aktivist organisierte ab 1908 Freischärler, die er am 6. Aug. 1914 die Grenze zum russischen Teilgebiet überschreiten und die Stadt Kielce besetzen ließ. Nach dieser Demonstration nationaler Eigenständigkeit führte er seine Soldaten am 27. Aug. 1914 in das österreichisch-ungarische Heer (Polnische Legionen). Seit Dez. 1915 leitete P. das Zentrale Nationalkomitee (CKN) und die illegale Polnische Militärorganisation (POW). Als P. seinen Plan, Polen in Anlehnung an die Mittelmächte, jedoch aus eigener Kraft wiederzuerrichten, vor allem an der deutschen Politik scheitern sah, trat er am 2./3. Juli 1917 aus dem Provisorischen Staatsrat aus und veranlaßte die polnischen Truppen zur Verweigerung des geforderten Eides. Die anschließende deutsche Festungshaft (1917/18) erhöhte P.s Ansehen als nationaler Führer, das er in der Phase der Staatsbildung als Staatschef (ab 1920 Marschall) einsetzte. Im Krieg gegen Sowjetrußland (1919/20) erreichte er eine territoriale Ausweitung Polens nach Osten. Nach vorübergehendem Rückzug aus der aktiven Politik war er ab 1926 die zentrale Figur in dem von ihm geschaffenen autoritären Regime.

HANS HECKER

Pioniere, Waffengattung für die technische Sicherstellung der Kampfhandlungen der Landstreitkräfte. – Seit Mitte des 19. Jahrhunderts verfügten die europäischen Heere über Einheits-P., deren Hauptaufgaben Schanzarbeiten, Straßen- und Brückenbau waren.

Im Deutschen Reich wurden die P. ebenso wie die anderen Waffengattungen für den Bewegungskrieg ausgebildet. Ziel war die Schaffung einer modernen technischen Kampfunterstützungstruppe, die diese im Gefecht unmittelbar unterstützen sollte. Als Lehre aus dem Russisch-Japanischen Krieg 1904/05 wurden die P. bis 1914 kontinuierlich verstärkt und modernisiert. Für die zur Durchführung des Kriegsplans notwendige Eroberung der belgischen und französischen Forts stellte das Heer seit 1907 insgesamt neun Festungs-P.bataillone auf. Ab 1910 erhielten die P.bataillone Minenwerferzüge, ab 1911/12 Scheinwerferzüge. Vor 1914 unterstanden den sechs P.inspektionen neben 35 P.Bataillonen, mit je vier P.kompanien, vier Ingenieurinspektionen mit neun Festungsinspektionen für 38 Festungsbereiche, darunter fünf der Kaiserlichen Marine. Die Forderung, für jede Infanteriedivision ein P.bataillon aufzustellen, konnte bis 1914 nicht durchgesetzt werden. Mit Kriegsbeginn stellte jedes aktive P.bataillon zwei Feldbataillone zu je drei Kompanien auf. Diese wurden aber nicht geschlossen eingesetzt, sondern auf die Infanteriedivisionen verteilt, so daß diese ein bis zwei P.kompanien sowie einen Divisions-Brückentrain erhielten. Die neun Festungs-P.bataillone verdoppelten ihre Anzahl und bildeten neun P.regimenter, die als Armeetruppen für den Festungskrieg gedacht waren. Insgesamt mobilisierte das deutsche Heer 218 P.kompanien mit 80.000 Mann.

Bau der Generalfeldmarschall-Hindenburg-Brücke der Bahnstrecke Tilsit – Schaulen über das Dubissa-Tal. 1916

Damit war der Grundsatz des Einheits-P. wieder aufgegeben, denn das Heer trat mit Feld- und Festungs-P. in den Krieg ein. Noch stärker als bei den anderen Waffengattungen veränderten sich während des Krieges Anzahl, Aufgaben, Organisation und Kampfmittel der P. Die Ausstattung der Divisionen mit P. genügte den Anforderungen des Stellungskrieges nicht, so daß die Anzahl der P.kompanien bis Kriegsende auf 649 anstieg. Die Bedingungen des Stellungskrieges veränderten die Aufgaben der P. In den ersten Kriegswochen noch vornehmlich zum Brückenbau eingesetzt, traten (außer an der Ostfront) der Ausbau von Stellungssystemen und die Errichtung von Hindernissen in den Vordergrund. Gleichzeitig entwickelten die P. mit der Infanterie neue Verfahren für den Nahkampf und für den Angriff gegen befestigte Stellungen. Das gewandelte Aufgabenspektrum führte zur Bildung neuer Sonderformationen. Es entstanden Flammenwerfer- und Gasbataillone, Minenwerfer- und Mineurkompanien. Alle diese Formationen hatten die Aufgabe, die Infanterie im Angriff oder in der Verteidigung mit ihren technischen Kampfmitteln zu unterstützen. Unmittelbar der OHL unterstehend, wurde das Flammenwerferregiment der Infanterie je nach Lageentwicklung zur Verfügung gestellt. Nur die Sturmbataillone verfügten über dauernd unterstellte Flammenwerferzüge. Die Gas-P. verwendeten zunächst das sog. Blasverfahren, welches erstmalig 1915 nördlich von Ypern zur Anwendung kam. Seit 1917 verschossen sie mit speziellen Werfern Gasminen. Insgesamt verfügte das deutsche Heer 1918 über acht Gasbataillone. Der Stellungskrieg führte schon nach wenigen Monaten zu einer Renaissance des unterirdischen Minenkampfes. Bei Kriegsbeginn verfügten nur die deutschen P. über Minenwerfer. Diese Steilfeuerwaffe verschoß mit geringer Streuung im Bogenschuß Sprengminen. Sie war besonders für die Zerstörung von Unterständen und Schützengräben geeignet. Während die schweren Minenwerfer durch die 23 Minenwerferbataillone der P. eingesetzt wurden, übernahm die Infanterie Ende 1916 die leichten und Mitte 1918 die Masse der mittleren Minenwerfer. Die dritte OHL gliederte die P. im Jan. 1917 neu, um eine enge Zusammenarbeit zwischen P. und Infanterie sicherzustellen und die Trennung zwischen Divisions- und Armee-P. zu beenden. Die P.regimenter wurden aufgelöst. Nach der Neugliederung verfügte jede Infanteriedivision über ein P.bataillon mit zwei Kompanien, jede Kavalleriedivision über einen P.-Zug. Zu den Armeetruppen traten die Landwehr- und Landsturm-P.kompanien, die P.mineurkompanien, die Gasbataillone, das Flammenwerferregiment und die Brückentrains. Bei Kriegsende verfügte die P.-Truppe über insgesamt 170.000 Mann. Ihr Anteil an der Gesamtstärke des Feldheeres belief sich 1918 auf ca. 4 %. Dies zeigt ihre gewachsene Bedeutung für die Kriegführung im Ersten Weltkrieg. → *Flammenwerfer* → *Gaskrieg* → *Minenkrieg*

GERHARD P. GROSS

Poincaré, Raymond, * Bar-le-Duc 20.8.1860, † Paris 15.10.1934, französischer Politiker (Staatspräsident). – P. entstammte einer wohlhabenden Familie des französischen Bürgertums aus der Provinz. Seine Heimatstadt Bar-le-Duc (Hauptstadt des Départements Meuse) blieb für ihn, trotz einer vor allem in Paris stattfindenden politischen Karriere, stets soziales und politisches Auffangbecken. P. wurde zu einer der maßgeblichen Persönlichkeiten des gemäßigten Republikanismus. Von Beruf Rechtsanwalt, war er auch literarisch tätig und wurde zudem als Kulturkritiker geschätzt. Seit 1893 war er Unterrichts- und Finanzminister im Kabinett von Ministerpräsident Dupuy. 1885 zog er sich für einige Jahre in seine Anwaltspraxis zurück. P.s Rückkehr auf die nationale Bühne war stark verknüpft mit den internationalen Herausforderungen nach 1911. Er wurde zum

Raymond Poincaré in Uniform (rechts) bei einem Frontbesuch an der Somme. 17. Juli 1916

Vertreter der bedingungslosen Festigung der militärischen und politischen Allianz (Entente) mit Rußland und England gegen das als kriegslüstern angesehene Deutschland. P.s pessimistische Sicht der internationalen Beziehungen blieb bis zum Ausbruch des Kriegs bestimmt von der Überzeugung, daß die französische Politik vor allem die Aufgabe habe, das »von so starken bellizistischen Instinkten beherrschte« Deutschland durch das Spiel der Allianzen und mittels (Gegen-)Rüstung einzugrenzen. P. wurde im Jan. 1912 Regierungschef einer Regierung der nationalen Einheit, da insbesondere nach der zweiten Marokkokrise – trotz der vertraglichen Regelungen kolonialer Streitobjekte – die Stimmung in Frankreich gereizt blieb und die Gefahr eines Krieges mit Deutschland immer stärker ins öffentliche Bewußtsein trat. P. unternahm einige spektakuläre Aktionen zur Stärkung des öffentlichen Ansehens der Armee und zur Festigung des Bündnisses mit Rußland (Reise nach St. Petersburg im Herbst 1912), wodurch er zugleich jedoch immer stärker Träger nationalistischer Erwartungen wurde.

Auf der Welle dieser Straßen-Popularität gelang es ihm, im Jan. 1913 von der Nationalversammlung zum Präsidenten der Republik gewählt zu werden. Er trat stark aus der üblichen politischen Neutralität des Amtes heraus und bemühte sich vor allem im Zusammenhang mit der aufflammenden Rüstungsdiskussion energisch um eine Gegenrüstung gegen die deutsche Heeresvermehrung von 1913. Allerdings war das französische Wehrgesetz vom 18. Juli 1913 keineswegs populär, und nach den Balkankriegen – in einer Phase relativer internationaler Stabilität Ende 1913/Anfang 1914 – begann P.s Stern wieder zu sinken. Nach den Parlamentswahlen vom Mai 1914, in der die Linke deutlich gewann, war sein Charisma gebrochen und sein politischer Einfluß stark verkleinert. Um so verzweifelter bemühte er sich, die hauptsächlichen Prinzipien seiner Außenpolitik zu retten und Frankreich als kriegsbereit und allianzfähig erscheinen zu lassen. In der Julikrise 1914 versicherte P. der russischen Regierung (Besuch in St. Petersburg mit Ministerpräsident Viviani 21.-23. Juli) erneut die unbedingte Bündnistreue und militärische Präsenz Frankreichs. Das brachte ihm insbesondere von deutscher Seite den nachhaltigen Vorwurf ein, planmäßig einen Revanchekrieg vorbereitet zu haben. P.s neunbändige Nachkriegsmemoiren *Au service de la France* (1924-28) dienten nicht zuletzt der Selbstrechtfertigung eines Politikers, der unter dem Primat der Sicherung Frankreichs vor einem deutschen Angriff alles tat, um die französischen Allianzen und die Entente mit England zu stärken.

Mit Beginn des Krieges ließ der politische Einfluß P.s merklich nach. Bekannt ist vor allem der Aufruf vom 4. Aug. 1914, in dem er den Terminus der »union sacrée« aller Franzosen vor dem Feind prägte, eine Formulierung, die auch heute noch die französische Erinnerung an den Ersten Weltkrieg bestimmt. In seinem Bemühen, den Militärs weitestgehende Entscheidungs- und Aktionsfreiheit zu belassen und die von Generalstabschef Joffre durchgesetzte Beschränkung der zivilen Kontrolle hinzunehmen, entfremdete er sich aber auch der politischen Mehrheit im Parlament, die bis 1916 die Unterordnung des Militärs unter das Primat der Politik weitgehend wieder durchsetzte. Die größte Zurücksetzung P.s bestand jedoch in der erzwungenen Berufung seines politischen Erzfeindes Clemenceau zum Ministerpräsidenten 1917, der bis Kriegsende nahezu jegliche politische Aktivität des Staatspräsidenten unterband.

Nach Ende seiner Amtszeit 1920 erlangte P. im Rahmen der Nachkriegssammlung der politischen Mitte und der Rechten noch einige politische Erfolge: Er wurde zum Vorsitzenden der »Reparationskommission« gewählt und bemühte sich in dieser Funktion wie auch als Ministerpräsident (1922-24) um eine strikte Ausführung der Bestimmungen des Versailler Vertrages. In diesen Zusammenhang gehört auch die von ihm verantwortete Ruhr-Besetzung 1923, wobei in der Geschichtswissenschaft umstritten ist, ob P. über das offizielle französische Ziel hinaus – die Sicherung produktiver Pfänder zur Begleichung der Reparationen – auch das in Militär- und Regierungskreisen verbreitete Bestreben einer Zerschlagung des Deutschen Reiches weitertreiben wollte. Seit der Ruhr-Besetzung indessen war P. für die Deutschen und für die französische Linke gleichbedeutend mit Krieg und Nationalismus. Für die Mehrheit der Franzosen bleibt er bis heute ein ebenso zuverlässiger wie politisch farbloser Vertreter der Interessen Frankreichs in einer friedlosen Welt.

Lit.: J. F. V. Keiger, Raymond Poincaré, Cambridge 1997; F. Roth, Raymond Poincaré: un homme d'état républicain, Paris 2000.

Gerd Krumeich

Polen. P. existierte zu Beginn des Ersten Weltkriegs nur in Gestalt von drei Teilungsgebieten: der größte und zentrale Teil gehörte zum Russischen Reich (»Kongreß-P.«/Russisch-P.), der westliche und nordwestliche (Posen, Westpreußen) zu Preußen und damit dem Deutschen Reich, der südliche (»Galizien und Lodomerien«) zu Österreich-Ungarn. Da die Mittelmächte und Rußland auf polnischem Gebiet aneinandergrenzten, spielte sich das Kriegsgeschehen im Osten überwiegend dort ab. Es bildeten sich drei hauptsächliche Frontabschnitte: im Anschluß an Ostpreußen als mittlerer Bereich Kongreß-P., wo die deutschen Truppen standen, sowie im Süden Galizien, von wo aus das österreichisch-ungarische Heer operierte. Besonders hart umkämpft waren in Galizien die Hauptstadt Lemberg sowie die stark ausgebaute Festung Przemyśl und die Stadt Drohobycz mit ihren Ölfeldern, die Karpatenregion, Zentral-P. zwischen Warschau und Iwangorod sowie darüber hinaus die Gebiete bis Lodz (Łódź) und Schlesien. Ende 1914 teilte die 1.200 km lange Front vom Kurischen Haff bis zur Bukowina nach wechselndem Verlauf P. zwischen Rußland und den Mittelmächten auf. Nach zeitweiligem Übergang zum Stellungskrieg gelang es den Mittelmächten im weiteren Verlauf des Krieges, die russischen Truppen auf eine Linie ostwärts Kongreß-P. zurückzudrängen. Wenn auch der Kriegsaustritt der Regierung Lenin den Krieg der Mittelmächte mit Rußland früher beendete als mit den Westmächten, kam es noch bis zum Waffenstillstand im Polnisch-Sowjetischen Krieg (12. Okt. 1920) fortwährend zu weiteren Kampfhandlungen. P. erlitt gewaltige Schäden, da sich die Armeen überwiegend aus dem Land versorgten und das Prinzip der »verbrannten Erde« praktizierten; die feindlichen Fronten zogen mehrfach über das Land, wobei bestimmte wichtige Punkte wie z. B. Przemyśl immer wieder stark umkämpft waren und die Besatzungen mehrfach wechselten. Auf beiden Seiten standen sich insgesamt 1,5 Mio. polnische Soldaten gegenüber.

Wenn die Brisanz der polnischen Frage den Teilungsmächten auch allgemein bekannt war, so spielte sie doch für die Entstehung des Weltkriegs und auch für die längste Zeit seines Verlaufes keine entscheidende Rolle. Andererseits sahen viele Polen in einem großen Krieg den einzigen Weg, aus der erstarrten Teilungssituation herauszukommen, die internationale Politik für P. zu interessieren und die Wiedererrichtung eines polnischen Nationalstaates zu erreichen. Dieses Ziel war der einzige Punkt, auf den sich die vielfältigen und gegensätzlichen, z. T. verfeindeten politischen Strömungen in P. einigen konnten. Der Entstehungsprozeß der Zweiten Polnischen Republik, so wenig er vom Weltkrieg zu trennen ist, endete nicht mit den Pariser Friedensverhandlungen, sondern erst zwei Jahre später nach den Auseinandersetzungen um die polnischen Grenzen.

Zu Beginn des Weltkriegs besaßen die Teilungsmächte keine klare, tragfähige Konzeption für die künftige Entwicklung P. Wenn die Führung des Deutschen Reiches sich allenfalls einen territorial auf Kongreß-P. beschränkten Satellitenstaat vorstellte, so stieß schon diese höchst bescheidene Idee bei der auf Germanisierung bedachten Rechten auf Kritik. In der zarischen Regierung dachte man an ein um die österreichischen und preußischen Teilungsgebiete erweitertes, ebenfalls völlig abhängiges Staatswesen. So war in dem P.-Manifest des russischen Höchstkommandierenden Nikolaj Nikolajewitsch vom 15. Aug. 1914, in dem von Wiedervereinigung und Wahrung des Glaubens und der Sprache der P. die Rede war, das Versprechen von »Autonomie« durch »Selbstverwaltung« ersetzt worden. Im Vergleich dazu klarer, wenn auch nicht weniger egoistisch, nahmen sich die Pläne der Wiener Regierung für ein mit Kongreß-P. vereinigtes Galizien aus. Der ursprüngliche Gedanke eines österreich-ungarisch-polnischen »Trialismus« mußte freilich auf Druck aus Budapest auf eine Übertragung der galizischen Selbstverwaltung (»Subdualismus«) reduziert werden. Die Unvereinbarkeit einer »austropolnischen« Lösung, an der Wien im Prinzip stets festhielt, mit den deutschen Absichten verhinderte letztlich eine gemeinsame, realistische P.politik der Mittelmächte.

Am 16. Aug. 1914 trat in Lemberg das Oberste Nationalkomitee/Naczelny Komitet Narodowy (NKN) unter dem Krakauer Stadtpräsidenten Juliusz Leo und mit Władysław Sikorski als militärischem Leiter auf, mit der Absicht und ganz im Sinne eines austropolnischen Programms, Galizien zum »polnischen Piemont« zu machen. J. Piłsudski, der ebenfalls eine Anlehnung an die Mittelmächte vertrat, hatte schon am 6. Aug. einige seiner Schützeneinheiten die Grenze nach Kongreß-P. in der Nähe von Krakau überschreiten und gegen Kielce marschieren lassen. Mit dieser Aktion, die im angeblichen Auftrag einer fiktiven polnischen Nationalregierung erfolgte, sollte sein Anspruch auf Anerkennung P. als eigenständige politische und militärische Kraft im Kampf gegen Rußland und für den polnischen Staat demonstriert werden. Ein österreichisches Ultimatum vom 13. Aug. zwang ihn jedoch, seine Verbände innerhalb zweier Polnischer Legionen in das österreichisch-ungarische Heer einzugliedern; nach der Eroberung Ostgaliziens und Lembergs durch russische Truppen löste sich die »östliche« Legion auf. Piłsudski erwarb durch die Erfolge der von ihm kommandierten Brigade großes Ansehen, auf das er sich in seinen politischen Ambitionen stützen konnte. Roman Dmowski hingegen brachte seine deutschfeindliche, auf Zusammenarbeit mit Rußland abzielende Haltung in Loyalitätserklärungen, die er am 8. Aug. in der russischen Reichsduma abgeben ließ, sowie durch das am 25. Nov. 1914 von ihm in Warschau gegründete Polnische Nationalkomitee/Komitet Narodowy Polski (KNP) zum Ausdruck.

Nach der Eroberung Ostgaliziens und Lembergs sowie Kongreß-P. im Sommer 1915 (5. Aug. Warschau, 20. Aug. Festung Nowogeorgiewsk) richteten die Mittelmächte zwei Verwaltungsgebiete ein (24. Aug.): das »Kaiserlich-Deutsche Generalgouvernement Warschau« unter General Hans H. von Beseler und das »k. u. k. Militär-Generalgouvernement« in Kielce, ab 1. Okt. 1915 in Lublin unter General Baron Diller. In beiden Generalgouvernements ging es zunächst darum, eigene administrative Strukturen durchzusetzen und möglichst viel Kooperation mit P. zu erreichen, ohne der Unabhängigkeitsbewegung gegenüber Verpflichtungen einzugehen. Dmowski floh mit der Führung der Nationaldemokraten über St. Petersburg und Schweden nach Westeuropa, wo er am 15. Aug. 1917 in Lausanne erneut ein KNP gründete, in dem er zusammen mit Ignady Paderewski und den Amerika-Polen das Interesse der Westmächte an einem unabhängigen P. zu wecken versuchte (Auslandsaktion). Während die im Lande verbliebenen Nationaldemokraten sich jeglicher Zusammenarbeit mit den Mittelmächten verweigerten (»Passivisten«), waren die kleineren Unabhängigkeitsparteien gegen das Zugeständnis eines eigenen polnischen Heeres zum Bündnis bereit. Da man auf deutscher und österreichischer Seite nur in den Kategorien eigener Interessen dachte, d. h. für sie eine polnische Mitwirkung nur innerhalb der deutschen bzw. österreichisch-ungarischen Strukturen in Frage kam, stieß diese Bereitschaft auf kein echtes Entgegenkommen. Die nach dem Zusammenbruch der russischen Administration organisierte polnische Selbstverwaltung (»Zentral-Landeskomitee«) wurde im Sept. 1915 aufgelöst und verboten. Piłsudski ließ daraufhin das Kooperationsangebot zurückziehen und baute statt der regulären Truppe die geheime Polnische Militärorganisation/Polska Organizacja Wojskowa (POW) aus, die bei Kriegsbeginn im russisch besetzten Warschau eingerichtet worden war. Kontakte zwischen der Berliner und der Wiener Regierung im Nov. 1915 zeigten an, daß für sie die polnische Frage mit Fortdauer des Krieges erheblich an Bedeutung gewonnen hatte. In Warschau wurden am 15. Nov. 1915 zwei Hochschulen unter polnischer Ägide wieder eröffnet und eine polnische Miliz zugelassen. Am 17. Dez. schlossen sich mehrere Parteien und Komitees zum Zentralen Nationalkomitee/Centralny Komitet Narodowy (CKN) unter der inoffiziellen Führung Piłsudskis zusammen. Diese »Aktivisten« forderten in der auch von Nationaldemokraten stark unterstützten »Erklärung der Hundert« vom 22. Febr. 1916 ein unabhängiges P. mit eigenem Heer, ohne sich jedoch auf die Grenzen dieses Staates einigen zu können. Ebenfalls ohne territoriale Definition blieb auch das am 5. Nov. 1916 durch die beiden Generalgouverneure proklamierte »Königreich P.« mit konstitutioneller Verfassung und Erbmonarchie. Aus den Verhandlungen Beselers mit dem »Nationalrat«/Rada Narodowa, der vom CKN mit anderen Gruppierungen gebildet worden war, ging am 14. Jan. 1917 in Warschau der Provisorische Staatsrat hervor. Die enge Anbindung an die Mittelmächte zeigte sich am deutlichsten darin, daß polnische Streitkräfte nur als sog. Polnisches Hilfskorps innerhalb der verbündeten Heere zugelassen wurden. Piłsudski, der zwar dem Staatsrat beigetreten war, aber an seiner Forderung nach eigenem Heer und eigener Regierung festgehalten hatte, forderte die polnischen Soldaten auf, den von ihnen geforderten umstrittenen Eid auf den deutschen Kaiser zu verweigern, und legte am 2./3. Juli 1917 sein Mandat nieder. Er nutzte damit die Entwicklung, die sich dank der Februarrevolution in Rußland, des Kriegseintritts der USA und der ersten Erfolge der Auslandsaktion angebahnt hatte. In Rußland hatten sowohl der Petro-

grader Sowjet (14./30. März 1917) als auch die Provisorische Regierung (17./30. März 1917) Manifeste erlassen, in denen sie den P. einen unabhängigen Staat anboten. Diese Schritte, von der Regierung noch durch Ansätze zu einer Föderalisierung Rußlands und die Bildung polnischer Truppenkontingente unterstrichen, hatten jedoch nur deklamatorischen Charakter, weil Kongreß-P. nicht in russischer Hand war. Als bedeutsamer sollte sich die Bereitschaft der Westmächte erweisen, P. als künftigen Partner anzuerkennen und, vor allem im Vierzehn-Punkte-Programm des US-Präsidenten Wilson (8. Jan. 1918), die Wiedererrichtung P. als alliiertes Kriegsziel zu definieren. Die Regierungen der Mittelmächte, deren Bemühen um eine großzügigere Lösung an Ludendorffs Einspruch scheiterte, verstanden sich wenigstens darauf, mit der Einsetzung eines Regentschaftsrates (12. Sept. 1917), der Gesetzgebung, Verwaltung und Rechtsprechung eigenständig leiten sollte, dem Königreich P. eine nationale Regierung und Autonomie zuzubilligen. Die bolschewistische Oktoberrevolution führte einerseits zum Ausscheiden Rußlands aus dem Krieg, so daß die westlichen Verbündeten sich nicht mehr den russischen Interessen verpflichtet fühlen mußten und im Hinblick auf P. freier agieren konnten; andererseits kamen dadurch die Mittelmächte noch einmal in die Vorhand, zumal die besitzenden Schichten der polnischen Bevölkerung im westlichen Rußland unter dem Druck der radikalen Maßnahmen des Revolutionsregimes nur bei ihnen und den quasi verbündeten polnischen Truppen Schutz finden konnten. Die Mittelmächte, insbesondere die unflexible deutsche Reichsleitung, verspielten jedoch ihre Position wieder, indem sie die nationalstaatlichen Ambitionen in Litauen förderten, indem sie der selbständig gewordenen Ukraine große, ehemals litauische Gebiete zusprachen. Auch führten sie ihre Friedensverhandlungen in Brest-Litowsk ohne Zuziehung polnischer Vertreter, erwogen auf Druck Ludendorffs die Annexion eines sog. Schutzstreifens und lösten die im Osten stehenden polnischen Verbände gewaltsam auf. Die am 4. April 1918 gebildete Warschauer Regierung unter Jan Steczkowski, welcher auch der später von Wien als künftiger polnischer König ausgewählte Prinz Janusz Radziwiłł angehörte, vermochte ihre Kooperationsbereitschaft nur wenige Monate zu demonstrieren. Als die Niederlage der Mittelmächte unübersehbar wurde, erließ der Regentschaftsrat am 7. Okt. 1918 einen Aufruf »An das polnische Volk« zur Schaffung eines völlig unabhängigen polnischen Staates. Nach seiner Freilassung und Rückkehr übernahm Piłsudski, dessen Autorität als »Kommandant« sich durch seine Festungshaft noch gesteigert hatte, am 14. Nov. als »Vorläufiger Staatschef« mit diktatorischen Vollmachten die militärische (11. Okt.) und zivile Staatsgewalt in P. Zu seinen nächsten Aufgaben gehörten die Auflösung der verschiedenen regionalen »Regierungen«, eine Vereinheitlichung der Verwaltung sowie der erzwungene Abzug der deutschen Truppen. Wegen der internationalen Anerkennung und Vertretung der Zweiten Polnischen Republik bei den Westmächten und auf den Pariser Friedensverhandlungen setzte er sich mit seinem nationaldemokratischen Gegner Dmowski ins Benehmen, ohne sich jedoch mit ihm auf eine gemeinsame Staatskonzeption verständigen zu können. Die Klärung der Grenzfrage fand erst nach langwierigen Auseinandersetzungen und Kämpfen 1921 ihren Abschluß.
→ *Auslandsaktion* → *Generalgouvernment*

Lit.: J. K. Hoensch, Geschichte Polens, 3. Aufl., Stuttgart 1998; N. Davies, God's Playground. A History of Poland, Bd. 2: 1795 to the Present, New York 1982.

HANS HECKER

Poliwanow, Alexej Andrejewitsch, * 16.3.1855, † Riga 25.9.1920, russischer General (Kriegsminister). – P. war Absolvent der Nikolajewsker Ingenieurakademie (1880) und der Akademie des Generalstabes (1888). 1899-1904 war er im Generalstab tätig, wo er u. a. Chefredakteur der Zeitschrift *Woenny Sbornik* (Kriegssammlung) war. 1905/06 Chef des Hauptstabes und 1906-12 stellvertretender Kriegsminister, stand P. in jenen Jahren den bürgerlichen Parteien der Reichsduma nahe, was schließlich zu seiner Ablösung durch Wladimir Suchomlinow führte. 1912-15 war er Mitglied des Reichsrates, danach von Juni 1915 bis März 1916 Kriegsminister und Vorsitzender der »Besonderen Versammlung zur Verteidigung des Staates«. Anschließend nahm P. seinen Abschied; während des Bürgerkrieges war er als Berater auf seiten der Bolschewiki tätig und nahm 1920, nach dem Krieg mit Polen, an den Friedensverhandlungen in Riga teil.

DITTMAR DAHLMANN

Portugal. Als 1910 in P. eine der ersten parlamentarischen Republiken in Europa proklamiert wurde, war die einst reiche Kolonialmacht auf das Niveau eines unterentwickelten, vom Ausland weithin abhängigen Landes gesunken. Politisch erwies sich die Erste Republik als instabil: Bis zu ihrem Ende 1926 zählten die Portugiesen sieben Parlamentswahlen, 45 Kabinettsumbildungen, acht Staatspräsidenten, zwei Diktaturen, 20 Revolutionen und 518 Streiks. Während des Weltkrieges waren (bis 1917) meist Einparteienkabinette der Demokratischen Partei an der Macht. Die konservativ-republikanischen Parteien konnten jedoch einige unabhängige Regierungen bilden. In den ersten Monaten des Jahres 1915 und von Ende 1917 bis Ende 1918 beherrschte jeweils eine Diktatur das Land.

Zunächst blieb P. trotz seiner traditionell engen Bindung an England dem Krieg fern. In der Frage einer Intervention an der Seite der Alliierten war die Nation gespalten. Während vor allem die Republikaner einen Kriegseintritt befürworteten, votierten Monarchisten und der überwiegende Teil der Streitkräfte dagegen. Viele Kriegsgegner argumentierten, P. könne auch ohne aktive Teilnahme an einem militärischen Konflikt die Alliierten materiell und strategisch unterstützen. Für eine Intervention sei das Land ohnehin geographisch zu unbedeutend und politisch zu schwach. Andere Gruppierungen verwiesen darauf, daß P. gerade deshalb eine Chance habe, sich mit der Teilnahme am Krieg von der Abhängigkeit von England zu befreien und in Europa eine wichtigere Rolle zu spielen. Zudem müßten die Kolonien in Übersee verteidigt werden. Tatsächlich kam es schon Ende 1914 im südlichen Angola zu Kampfhandlungen zwischen deutschen Soldaten und portugiesischen Posten. 1915 lieferten sich in Afrika Truppen beider Länder immer wieder Scharmützel, ohne daß sich Berlin und Lissabon offiziell den Krieg erklärt hatten.

Ende 1915 verlangte England die Herausgabe aller in portugiesischen Häfen internierten deutschen Schiffe, deren Anzahl unterschiedlich zwischen 36 und 65 angegeben wird. Am 24. Febr. 1916 kam Lissabon dieser Aufforderung nach, weshalb Berlin am 9. März 1916 der Republik den Krieg erklärte. Die Regierung rekrutierte mehr als 200.000 Mann, was zwischen den politischen Parteien eine überaus heftige politische Diskussion auslöste. Es handelte sich dabei um die größte Mobilisierung in der Geschichte Portugals, auch wenn schließlich nur die Hälfte der Soldaten zum Einsatz kam: Ca. 65.000 Mann kämpften innerhalb Europas und ca. 34.000 in den afrikanischen Kolonien des Landes. Auf europäischen Kriegsschauplätzen fielen mehr als 1.900 portugiesische Soldaten, ca. 5.500 wurden verwundet und ca. 6.900 von den Deutschen gefangengenommen. In Afrika starben mindestens 1.800 Portugiesen, darunter viele an Tropenkrankheiten. Überdies sollen etwa 23.000 afrikanische Soldaten für P. gefallen sein. Die portugiesische Kriegsmarine schließlich verlor 142 Männer und zwei Schiffe bei Angriffen deutscher U-Boote.

Der Weltkrieg stärkte zwar das Ansehen und Selbstbewußtsein der Armee, führte zu einem kurzzeitigen Wirtschaftsaufschwung und verringerte sogar die traditionell hohe Auswanderungsquote des rückständigen Landes. Doch der Konflikt verursachte auch eine deutliche Verschlechterung der Lebensbedingungen, vor allem der Versorgung mit Grundnahrungsmitteln. Der Preis des Brotes stieg, seine Qualität sank. P. war gezwungen, mehr Weizen zu importieren. Unterdessen behinderte die deutsche Kriegsmarine den Seeverkehr. Bereits 1915 waren die Menschen in Lissabon und Porto einer Hungersnot nahe – es kam wiederholt zu sozialen Unruhen, denen allein 1917 eine dreistellige Zahl von Portugiesen zum Opfer fiel. Auch die finanziellen Kosten der portugiesischen Kriegsbeteiligung waren erheblich. Späteren Schätzungen zufolge lagen sie zwischen 60 und 80 Mio. englischen Pfund.

Lit.: R. Sänger, Portugals langer Weg nach »Europa«. Die Entwicklung von einem autoritär-korporativen Regime zu einer bürgerlich-parlamentarischen Demokratie, Frankfurt a. M. u. a. 1994; D. L. Wheeler, Republican Portugal. A Political History 1910-1926, Madison, Wis. 1978.

Jens Albes

Postkarte. Im Weltkrieg wurden fast 28 Mrd. Sendungen von der Feldpost an die Front bzw. in die Heimat befördert. Vor allem P. waren ein beliebtes Kommunikationsmittel, um den Kontakt aufrechtzuerhalten. Seit 1873 war das Porto für P. gegenüber den Briefen halbiert, und neben den staatlichen durften seither auch private Unternehmen P. herstellen. Sie ermöglichen einen kurzen und außerdem schnellen Gruß, denn in manchen Großstädten wurde die Post an einem Werktag bis zu elfmal ausgetragen bzw. durch die Rohrpost verschickt.

Bild-P. wurden darüber hinaus nicht nur wegen des Inhalts, sondern auch wegen der Motive versandt. Sie werden heute auch als Quelle zur Ikonographie des Krieges betrachtet. Ein überaus populäres Motiv waren der Kaiser und der Kronprinz, Generale oder die jungen Fliegerhelden. Ebenso wichtig waren Motive, die die Trennung vom Partner thematisierten. Für heutige Vorstellungen stark verkitscht, versinnbildlichten Liebespaare, Abschiedsszenen, aber auch eindeutigere Bettmotive die Entbehrung der langen Trennung. Die Motive konnten den auf der Rückseite geschriebenen Worten bildliche Nachrichten hinzufügen bzw. andeuten, was in Worte nicht gefaßt werden konnte. Auch das Militärische in allen Ausformungen war ein verbreitetes P.motiv ebenso wie derbe Karikaturen, die vor allem die Kriegsgegner Deutschlands verunglimpften. Ein deutlicher Hinweis für den ironischen Umgang mit den P. sind die vielen Ulkmotive und Reime, die sich über Mangel und Verknappung lustig machten.

SUSANNE BRANDT

Potiorek, Oskar, * Bleiburg (Kärnten) 20.11.1853, † Klagenfurt 17.12.1933, österreichischer General. – P. machte eine glänzende Generalstabskarriere. Seit 1892 Chef des Operationsbüros und 1902 offiziell zum Stellvertreter des Generalstabschefs ernannt, bedeutete es für ihn die größte Enttäuschung, als 1906 nicht er, sondern Conrad von Hötzendorf neuer k. u. k. Generalstabschef wurde. Trotzdem galt er als großes Talent und genoß das besondere Vertrauen des Hofes. Dementsprechend wurde er am 10. Mai 1911 als Generalinspekteur (Feldzeugmeister) auch zum Chef der Landesregierung von Bosnien-Herzegowina ernannt. Damit war auch die Rolle P.s im Kriegsfall vorbestimmt, galt er doch als *der* Spezialist für militärische Fragen, die den Balkan betrafen. Ebenso wie Conrad von Hötzendorf forderte er stets, die erste Gelegenheit zu einem Krieg gegen Serbien zu ergreifen. Realisiert wurde diese Forderung nach der Ermordung des Thronfolgers am 28. Juni 1914, wobei P. allerdings schwere Versäumnisse hinsichtlich der von ihm in Sarajevo zu verantwortenden und getroffenen Sicherheitsvorkehrungen vorgeworfen wurden. Zu einem raschen Erfolg gegen Serbien gedrängt, um den Rücken für den Krieg gegen Rußland freizumachen, scheiterten die beiden Offensiven der von P. geführten 5. und 6. Armee im Aug./Sept. 1914. Der verlustreiche Zusammenbruch der dritten Offensive gegen Serbien im Nov./Dez. 1914, welcher auch einen enormen Prestigeverlust Österreich-Ungarns mit sich brachte, bedeutete schließlich auch das Ende seiner Karriere.

Lit.: R. Jerabék, Potiorek. General im Schatten von Sarajewo, Graz 1991.

RUDOLF JERABÉK

Princip, Gavrilo, * Grahovo (Bosnien) 13.7.1894, † Theresienstadt 28.4.1918, bosnisch-serbischer Student und Attentäter. – Als Gymnasiast in Sarajevo kam P. zuerst 1911 mit der Bewegung Mlada Bosna (Junges Bosnien) in Berührung, die gegen die österreichisch-ungarische Herrschaft in Bosnien kämpfte. Wegen Teilnahme an antiösterreichischen Demonstrationen wurde er 1912 von der Schule verwiesen und mußte den Schulbesuch in Belgrad fortsetzen. Der Attentäter Bogdan Žerajić, der 1910 aus Protest gegen die Annexion Bosniens den Landeshauptmann Marijan Varešanin ermordet und sich anschließend selbst das Leben genommen hatte, wurde nun zum Vorbild für P. Im März 1914 kam der damals 19jährige daher zu dem Entschluß, gemeinsam mit anderen in Belgrad weilenden radikalen bosnischen Serben, den österreichischen Thronfolger Franz Ferdinand zu ermorden. Die Gelegenheit dazu wollten sie bei einem Heeres-Inspektionsbesuch des Erzherzogs in Sarajevo ergreifen; die Inspektion führte Franz Ferdinand ausgerechnet am 28. Juni, dem historischen St. Veitstag (Vidovdan) der Niederlage des serbischen Heeres gegen die osmanischen Truppen 1389, in die bosnische Landeshauptstadt. P. gelang es, den Thronfolger und seine Frau mit zwei Pistolenschüssen zu töten.

P. verstand seine Tat als Tyrannenmord und sah sich selbst in der Tradition des Miloš Obilić, welcher der Legende nach 1389 den osmanischen Sultan Murat in seinem Lager ermordet hatte. Vorbild für den Mordanschlag war auch der russische Anarchismus im 19. Jahrhundert, der häufig zum Mittel des Attentats gegriffen hatte. Politisch ging es P. um die Beendigung der österreichischen Herrschaft, nicht nur über Bosnien und die Herzegowina, sondern auch über die zur

Monarchie gehörenden Südslawen, und – als Anhänger der panslawischen Idee – um deren nationale Vereinigung. In dem nachfolgenden Prozeß wurde P. aufgrund seines Alters – das Gesetz sah die Verhängung der Todesstrafe nur bei über 20jährigen vor – zu 20 Jahren Festungshaft verurteilt. In der Haft erkrankte er an Tuberkulose. Noch vor dem Ende des durch seine Tat ausgelösten Weltkriegs starb P. Seine Leiche wurde am 22. Juli 1920 feierlich in Sarajevo bestattet.

WOLFGANG HÖPKEN

Prittwitz und Gaffron, Maximilian von, * Bernstadt 27.11.1848, † Berlin 29.3.1917, preußischer General. – P. entstammte einer alten Soldatenfamilie und machte im Frieden eine rasche und glänzende Karriere. Doch schon vor dem Krieg wurden an der militärischen Befähigung des »dicken Soldaten« (so sein Spitzname) Zweifel laut; neben seinen rauhen Umgangsformen wurde seine übertriebene Nervosität bemängelt, und ihm wurden deshalb als Kommandierendem General des XIV. Armeekorps in Metz ausgesucht tüchtige Stabschefs zur Seite gestellt. Bei Kriegsausbruch 1914 wurde ihm die Führung der 8. Armee anvertraut, die die Aufgabe hatte, Ostpreußen gegen russische Angriffe zu sichern, solange das Gros der deutschen Armee im Westen operierte. Das unerwartet rasche und massive russische Vordringen und die große zahlenmäßige Überlegenheit des Feindes brachten die Verteidigung bald schon in eine sehr schwierige Lage. P. verlangte Verstärkungen, wollte Ostpreußen aufgeben und sich hinter die Weichsel zurückziehen. Dies wurde im Großen Hauptquartier in Koblenz, obwohl mit Vorkriegsplanungen konform, als Zeichen vollkommener Kopflosigkeit interpretiert. P. und sein Stabschef Waldersee wurden sofort abgelöst und durch Hindenburg und Ludendorff ersetzt. Jedoch waren in P.s Stab, besonders auf Drängen des damaligen Oberstleutnants Max Hoffmann, Pläne entworfen worden, die die Abwehr der russischen Truppen zum Inhalt hatten; P. hatte sie gebilligt. Diese Operationen führten unter seinem Nachfolger zum Sieg von Tannenberg. P. fand danach keine neue Verwendung mehr.

HOLGER AFFLERBACH

Protestantismus. In den Jahren vor dem Kriegsausbruch kamen aus dem angelsächsischen P. immer wieder Bemühungen um internationale kirchliche Beziehungen. Der Weltbund für Internationale Freundschaftsarbeit der Kirchen (World Alliance for Promoting International Friendship through the Churches), finanziell unterstützt durch den amerikanischen Industriellen Andrew Carnegie und mit Friedrich Siegmund Schultze als deutschem Ansprechpartner, hatte seine Gründungsversammlung für den 3. und 4. Aug. 1914 nach Konstanz einberufen. Unmittelbar mit Kriegsbeginn stellten sich jedoch alle Kirchen hinter ihre Regierungen, getragen von der Überzeugung, einen gerechten Verteidigungskrieg zu führen. Der französische P., der sich Angriffen der mehrheitlich katholischen oder laizistischen Presse ausgesetzt sah und sich gegen den Vorwurf der Deutschfreundlichkeit wehren mußte, verkündete vehemente Auflehnung gegen den Überfall auf das eigene Land. Der britische P. nutzte mit seinen theologischen Wortführern die Situation, um sich in patriotischer Einheit zugleich gegen Modernismus und Liberalismus in den eigenen Reihen auszusprechen. Auch im Deutschen Kaiserreich, das von seinen Bildungseliten mehrheitlich nach wie vor als protestantische Gründung »durch Gottes Fügung« (Wilhelm I.) verstanden und im Sedanstag als nationalem Feiertag unter der zugespitzten Losung »durch Gottes Führung« gefeiert wurde, fand der Kriegsausbruch sofort seine theologische Rechtfertigung. Adolf von Harnack legitimierte die Neutralitätsverletzung Belgiens mit der Verletzung des Sabbatgebots durch Jesus, und für Ernst Troeltsch war der Krieg eine existentielle Notwendigkeit zur Sicherung der »deutschen Idee von der Freiheit«.

Vermittlungsversuche der Neutralen, an erster Stelle des Bischofs von Uppsala, Nathan Söderblom, blieben auf protestantischer Seite ebenso erfolglos wie die Friedensinitiativen Papst Benedikts XV. Zum unmittelbaren Konfliktgebiet der Kirchen wurden die Missionsgebiete in Afrika und die Verwaltung der Missionsgesellschaften. Eine konfessionelle Feldseelsorge mußte in allen Heeren erst systematisch aufgebaut werden.

In der Tradition der nationalprotestantischen Staatstreue haben die deutschen Landeskirchen die gesamte Dauer über und stärker als die übrigen großen Sozialmilieus die Kriegführung der Regierung und der Obersten Heeresleitung unterstützt. Als Motor kann die Massenorganisation des Evangelischen Bundes gelten. In seinen Presseorganen forderte er im Herbst 1917 zum Beitritt in die annexionistische Deutsche Vaterlandspartei auf, ein Appell, dem sich viele Synoden und Pfarrkonvente anschlossen. Die damit einhergehende konservative Parteinahme in sozial- und verfassungspolitischen Konflikten sprengte allerdings die protestantische Einheitsfront. Im Lutherjahr 1917 wurden Annexionen unter Berufung auf den »nationalen Mann« Luther nicht mehr von allen gefordert. Der liberale P. organisierte sich im Volksbund für Freiheit und Vaterland, schlug selbstkritischere Töne an und warb für einen Verständigungsfrieden ebenso wie für einen innenpolitischen Reformkurs. Auf der anderen Seite beargwöhnte die Innere Mission bereits die Osterbotschaft Wilhelms II. mit ihren vagen Versprechen einer Reform des undemokratischen preußischen Wahlrechts und fürchtete um den Erhalt ihrer konservativen Mehrheiten. Fürsprecher für ein allgemeines und gleiches Stimmrecht der »Feldgrauen« nach ihrer Rückkehr fanden sich nur in einer liberalen Minderheit wie im Kreis um Martin Rade, die dann zur protestantischen Trägerschicht der Weimarer Koalition von 1919 wurde.

Lit.: Die Geschichte des Christentums, Bd. 12: Erster und Zweiter Weltkrieg, hg. v. J.-M. Mayeur, Freiburg 1992; K. Hammer, Deutsche Kriegstheologie, 1870-1918, München 1971; J.-C. Kaiser, Sozialer Protestantismus im 20. Jahrhundert: Beiträge zur Geschichte der Inneren Mission 1914-1945, München 1989.

GANGOLF HÜBINGER

Przemyśl, österreichisch-ungarische Hauptfestung in Galizien, lag oberhalb des Flusses San, der eine einigermaßen vorteilhafte Verteidigungslinie in Mittelgalizien bildete. – Die Festung P. kontrollierte auch die Wege durch die karpatischen Vorgebirge nach Ungarn hinein, doch war sie vor dem Krieg nur unzureichend modernisiert worden. Beachtung fand sie zuerst Mitte Sept. 1914, als sich das k. u. k. Heer, im Osten und Norden geschlagen, nach P. rettete, um sich dann weiter nach Westen, auf eine Linie östlich von Krakau zurückzuziehen. Dabei wurde eine Garnison von ca. 120.000 Mann zurückgelassen, die P. in Erwartung eines raschen Entsatzes halten sollte.

Tatsächlich traf Hilfe sogar schon sehr bald ein. Das russische Hauptquartier (Stawka) faßte den Entschluß zu einer aus Zentralpo-

Das zerstörte Fort XI der Festung Przemyśl. Juni 1915

len heraus geführten Invasion Deutschlands und zog dazu seine Kräfte westlich des Sans hinter den Fluß zurück, um sie nach Norden zu verlegen. Als sich die k. u. k. 4. Armee durch den Herbstschlamm nach P. durchschlug, traf ihr Nachschub derart unvollständig ein, daß die Armee durch die Vorräte der Festung mitversorgt werden mußte. Ende Okt. 1914 wurde die 4. Armee dann im Norden umfaßt und mußte sich in Richtung auf Krakau zurückziehen. P. war nun auf sich gestellt und die russische 11. Armee unter Seliwanow richtete sich zur Belagerung ein, während die nächsten österreichischen Truppen rund 100 km entfernt in den Karpaten lagen.

P. ließ sich zum Teil deshalb verteidigen, weil die schlammigen Bodenverhältnisse den Antransport von Belagerungsartillerie behinderten; zudem verfügten die Russen nur über eine geringe Anzahl von Geschützen. Außerdem waren die Außenwerke von P. derart desolat, daß zur Verteidigung Erdwälle ausgehoben werden mußten, bei denen wiederum die Artillerie weniger Wirkung erzielte. Solange also die Vorräte ausreichten – und das war bis Ende März 1915 der Fall –, war die Festung zu halten; für ihren Kommandanten, General von Kusmanek, war P. »das Bollwerk am San«.

Doch konnte die Festung nie länger als einige Monate aushalten, die österreichisch-ungarische Strategie mußte also zunehmend in Abhängigkeit von der Frage des Entsatzes geraten; Stawka dagegen wußte immer, was zu erwarten war. Die k. u. k. Führung hatte den historisch fatalen Fehler begangen, ihre Strategie an eine einzige Festung zu binden.

Im Jan. 1915 traf die deutsche Südarmee unter General von Linsingen in den Zentralkarpaten ein, um die k. u. k. 3. Armee beim Entsatz der Festung zu unterstützen. Unter schrecklichen Wetterbedingungen im Gebirge begannen am 23. Jan. die Offensiven. Nachdem die Entsatzversuche gescheitert waren, unternahm die Besatzung von P. Mitte März noch einen Ausfall, der erwartungsgemäß scheiterte, woraufhin Kusmanek am 22. März kapitulierte. Durch die Erfolge über P. wurde die russische 11. Armee für die Teilnahme an einer Offensive in den Karpaten frei. Diese traf nun ihrerseits genau auf die geschwächten österreichisch-ungarischen Truppen, die bislang unter widrigsten Umständen versucht hatten, eine Festung zu entsetzen, die ihrerseits eigentlich die Karpatenfront hätte stärken sollen. Am 4. Juni 1915 wurde P. im Zuge des Sieges der Mittelmächte bei Gorlice-Tarnów zurückerobert. Die Stadt wurde nun zum Hauptgrenzort zwischen Polen und der Ukraine. → *Galizien* → *Gorlice-Tarnów* → *Karpaten*

NORMAN STONE (Ü: M. P.)

Psychiatrie, Lehre von der Erkennung und Behandlung von Erkrankungen des Gehirns und seinen funktionellen Störungen, die vor allem in psychischen Symptomen in Erscheinung treten. – Die P. ist ein bedeutsamer Teil der militärmedizinischen Beschäftigung und Auseinandersetzung mit den Auswirkungen des Weltkriegs. »Der Krieg bedeutet für die P. ein ins Riesenhafte gehendes Experiment in der Frage der Bedeutung der exogenen Schädigungen für die Entwicklung psychischer Störungen«, faßte 1916 der Tübinger Psychiater Robert Gaupp den wissenschaftlichen Erfahrungswert des Krieges für die P. zusammen. Er bezog sich vor allem auf die epidemisch anwachsenden Kriegsneurosen infolge allgemeiner seelischer Erschütterungen im Gefecht, nach Granatexplosionen, Verletzungen oder Verschüttungen. Ihrer Verortung in Körper und Seele, der Ursache der Erkrankung und Beschreibung ihrer diagnostischen Prämissen und Behandlungsmethoden war ein Großteil der Fachliteratur und der psychiatrischen Fachtagungen während des Krieges gewidmet.

Insbesondere bei der Überführung von »Simulanten« sowie in der Abwehr von Rentenansprüchen diagnostizierter Kriegsneurotiker konnte sich die P. bewähren. Über den dabei sichtbar werdenden Prozeß der Kontrolle und Demütigung von Patienten hinaus darf nicht übersehen werden, wie insgesamt umfassend die »Heilerfolge« der deutschen P. waren. Gelingen konnte dies nur aufgrund des im internationalen Vergleich hohen Standards der deutschen wissenschaftlichen P. und im engen »Zusammengehen von Ärzten, militärischen, gutachterlichen und richterlichen Instanzen«, wie es der Psychiater Max Nonne nach dem Krieg formulierte. Oberstes Ziel war es dabei, die erkrankten Soldaten als irgendwie arbeitsfähig in die nationale Gemeinschaft bzw. die Armee zu reintegrieren.

Die große Nähe psychiatrischen Handelns zu den Anforderungen des Staates ließ sich auch schon vor 1914 beobachten. In der Forschung sind die Absichten der P. in diesem

Prozeß mit den Leitsätzen »Bekehrung zu einem sozialen Lebenswandel, Erreichung völliger geistiger Gesundheit, Herstellung sozialer Brauchbarkeit« charakterisiert worden.

Während des Krieges zeigte sich dies nicht zuletzt in der Gründung der »Deutschen Forschungsanstalt für P.« (1917; ab 1924 Eingliederung in die Kaiser-Wilhelm-Gesellschaft zur Förderung der Wissenschaften) durch den Psychiater Emil Kraepelin in München. Neben dem Bemühen, die klinische P. forciert als eine medizinische Teildisziplin auf naturwissenschaftlich-experimenteller Basis zu profilieren, verband sich mit der Gründung die Absicht, die P. für die »Reinerhaltung des Volkskörpers« zu nutzen. Als Abteilungsleiter für Genealogie und Demographie in der Deutschen Forschungsanstalt fungierte Ernst Rüdin. Als bekannter »Rassehygieniker« beschäftigte er sich mit der »Empirischen Erbprognose«; Rüdin und seine Mitarbeiter gewannen während des Dritten Reiches eine verhängnisvolle Bedeutung für die »NS-Gesundheits- und Bevölkerungspolitik«.

Lit.: D. Blasius, »Einfache Seelenstörung«. Geschichte der deutschen Psychiatrie 1800-1945, Frankfurt a. M. 1994; M. Lengwiler, Zwischen Klinik und Kaserne. Die Geschichte der Militärpsychatrie in Deutschland und der Schweiz, 1870-1914, Zürich 2000; B. Shepard, A War of Nerves. Soldiers and Psychiatrists, 1914-1994, London 2000.

BERND ULRICH

Räterepublik, Staatsform, in der die gesamte exekutive, legislative und jurisdiktionelle Macht unter Ausschaltung des Parlaments ausschließlich in den Händen von gewählten Vertrauensmännern der Arbeiter und Soldaten liegt. – In Deutschland existierten zu Beginn des Jahres 1919 kurzfristig R. in Cuxhaven, Mannheim, Braunschweig, Bremen und München. Davon dauerten die R. in Bremen (25 Tage) und München (24 Tage) am längsten. Bremen war in den ersten Monaten nach der Revolution eine Hochburg der Spartakusbewegung. Zusammen mit der USPD hatten die Spartakisten eine deutliche Mehrheit in den Arbeiterräten der örtlichen Großbetriebe (Werften). Am 14. Nov. 1918 setzte der örtliche Arbeiter- und Soldatenrat (AuSR) Senat und Bürgerschaft als souveräne Gremien ab und schuf eine gemischte Kommission aus Mitgliedern des AuSR und des Senates, die die laufenden Geschäfte erledigen sollte. In der Folgezeit kam es zu immer größeren Spannungen zwischen SPD und Linksradikalen, in deren Verlauf die SPD aus dem Rat ausschied. Nach einem Zusammenstoß zwischen den Kommunisten und dem Senat sowie großen Demonstrationen wurde am 10. Jan. 1919 von der KPD und USPD die R. ausgerufen. Als höchstes Organ fungierte nun der aus etwa 200 Personen bestehende AuSR, welcher den Rat der Volksbeauftragten mit neun Mitgliedern und als dessen Kontrollorgan den 15köpfigen Vollzugsrat wählte. Die Gremien waren jedoch durch Meinungsverschiedenheiten zwischen USPD und KPD über politische Grundsatzfragen vom ersten Tage an gelähmt und entfalteten keine nennenswerte Tätigkeit.

Ende Jan. 1919 beauftragte die Reichsregierung General von Lüttwitz, die Ordnung in Bremen wiederherzustellen. Nach heftigen Kämpfen wurde Bremen am 4. Febr. 1919 durch Freikorpstruppen der Division Gerstenberg schließlich besetzt und die R. beseitigt. Auf Anordnung der Reichsregierung bildete sich eine aus fünf Mehrheitssozialisten bestehende provisorische Regierung; am 10. April 1919 wählte die Bremer Nationalversammlung eine vorläufige Regierung aus 18 Senatoren, welche der SPD und der DDP angehörten.

In Bayern radikalisierten sich nach der Ermordung des der USPD angehörenden Ministerpräsidenten Kurt Eisner am 21. Febr. 1919 große Teile der bis dahin gemäßigten Arbeiterschaft. Am 17. März 1919 wählte der Landtag den Mehrheitssozialisten Johannes Hoffmann zum Ministerpräsidenten. Nach der Proklamation der R. in Ungarn durch Béla Kun (21. März 1919) wurden auch in Bayern Forderungen nach der Errichtung einer R. laut. Am 7. April proklamierten schließlich Anarchisten und die inhomogene Gruppe der Münchener USPD die R., von der sich KPD und MSPD jedoch distanzierten. Am 7. April wurde ein Rat der Volksbeauftragten eingesetzt sowie ein Revolutionärer Bankrat erschaffen. Alle anderen angekündigten Maßnahmen wie sofortige Sozialisierung, Schaffung einer Roten Armee, Aufnahme von diplomatischen Beziehungen mit Sowjetrußland und Ungarn, blieben auf dem Papier. Auch auf dem Lande und in anderen Städten Bayerns bildeten sich kurzfristig örtliche und regionale AuSR. Die Regierung Hoffmann inszenierte am 12./13. April einen Putsch eines Teils der Münchener Garnison, welcher die Räteordnung und Regierung beseitigte.

Dieser Putsch wurde seinerseits am 13. April durch revolutionäre Arbeiter und Soldaten niedergeschlagen, und es kam zum Aufbau einer kommunistischen R. Die Regierung Hoffmann zog sich nach Bamberg zurück. Die AuSR wählten einen vierköpfigen Vollzugsrat unter Führung der Kommunisten Eugen Leviné und Max Levien sowie einen Aktionsausschuß bestehend aus 15 Mitgliedern. Die Betriebsräte fungierten nun als Parlament, der Aktionsausschuß bildete die eigentliche Regierung, an der Spitze der Organisation stand der Vollzugsrat. Die Polizei wurde entwaffnet, statt dessen übernahmen eine »Sicherheitswehr« den Schutz nach innen sowie eine sog. Rote Armee den Schutz nach außen. Arbeitsweise und Organisation der R. in München blieben jedoch ebenso wirkungslos wie in Bremen. Der Vollzugsrat amtierte bis zum 27. April, bis er von Münchener Betriebsräten abgesetzt wurde. An seine Stelle trat eine kurzfristige Herrschaft der bayerischen Roten Armee unter dem Matrosen Rudi Eglhofer. In der Zwischenzeit hatte Ministerpräsident Hoffmann eine bayerische Volkswehr aufgebaut und die Reichsregierung um Hilfe gebeten. Am 1./2. Mai 1919 besetzten regierungstreue Truppen und Freikorpseinheiten nach einem blutigen Kampf München und beendeten die R.; dabei waren mehr als 1.000 Tote zu beklagen. Über die Stadt wurde der Kriegszustand verhängt. Am 31. Mai 1919 wurde Johannes Hoffmann vom bayerischen Landtag erneut zum Ministerpräsidenten gewählt. Als Anführer der Münchener R. wurde Leviné zum Tode verurteilt und am 5. Juni 1919 hingerichtet. → *Arbeiter- und Soldatenrat*

Lit.: U. Kluge, Soldatenräte und Revolution. Göttingen 1975; E. Kolb, Die Arbeiterräte in der deutschen Innenpolitik 1918 bis 1919, 2. Aufl., Frankfurt a. M./Berlin 1978.

HEINZ HAGENLÜCKE

Rasputin, Grigori Jefimowitsch (eigentlich G. J. Nowych), * Pokrowskoje (bei Tjumen) vermutlich 1872, † (ermordet) St. Petersburg 30.12.1916, russischer Mönch. – R. war ein enger Vertrauter der Zarenfamilie, besonders der Zarin Alexandra, die in dem Sohn eines sibirischen Bauern den Repräsentanten des »wahren Rußland« und die Person sah, die den an der Bluterkrankheit leidenden Thronfolger Alexej heilen konnte. Aufenthalte in Klöstern und Pilgerfahrten unter anderem zum Berg Athos und ins Heilige Land hatten den »Gottesmann« R. in Kontakt zu wichtigen kirchlichen Würdenträgern gebracht. Im Nov. 1905 traf er erstmals mit Zar Nikolaj II. und Zarin Alexandra zusammen. 1906 zeigte sich, daß er einen akuten Krankheitszustand des Zarewitsch positiv beeinflussen konnte; R. machte sich damit am Zarenhof unentbehrlich. Durch seine charismatische Ausstrahlung fand er Eingang in höchste gesellschaftliche Kreise. Wegen seines ausschweifenden, skandalumwitterten Lebenswandels mußte R. zwischen 1911 und 1915 Petersburg mehrfach verlassen; der angebliche Wunderheiler wurde jedoch von der Zarin immer wieder zurückgerufen. Zunehmend gewann R. während des Weltkriegs auch einen gewissen Einfluß auf innenpolitische und personelle Entscheidungen des Zaren. 1915 bestärkte er Nikolaj II. in dem Entschluß, das Oberkommando über die russischen Truppen selbst zu übernehmen. Fernab des Zentrums stützte der Zar sein politisches Handeln häufig auf Informationen und Empfehlungen der Zarin, die sich wiederum von Visionen und Ratschlägen R.s beeinflussen ließ. Diese enge Beziehung zu dem in der politischen Öffentlichkeit verhaßten R. untergrub die Position der Zarenfamilie zusehends. Politisch rechtsstehende, monarchisch gesinnte Mitglieder des Reichsrats unter Führung des Adligen Felix Jusupow beschlossen daher seine Beseitigung; R. wurde in der Nacht vom 29./30. Dez. 1916 ermordet.

Lit.: H. Troyat, Rasputin. Eine Biographie, Berlin 1998.

MECHTHILD LINDEMANN

Rathenau, Walther, * Berlin 29.9.1867, † (ermordet) Berlin 24.6.1922, deutscher Industrieller und Politiker. – R., Sohn des späteren AEG-Gründers Emil R., durchlief im Kaiserreich eine Karriere als Unternehmer, die ihn in den Vorstand der AEG (1899), als Geschäftsinhaber zur Berliner Handels-Gesellschaft (1902) und anschließend in den Aufsichtsrat der AEG (1904) führte, dessen Vorsitz er 1912 übernahm. 1914 zählte R., der über 80 in- und ausländische Aufsichtsratsmandate innehatte, zu den einflußreichsten deutschen und europäischen Großindustriellen. Früh schon beschäftigte sich der studierte Naturwissenschaftler (Promotion in Physik) und Techniker außerdem mit wirtschaftlichen, sozialen und kulturkritischen Fragen, zu denen er auch – häufig unter einem Pseudonym – publizierte.

Bei Kriegsausbruch wurde der als Jude nach seiner Militärdienstzeit 1890/91 nicht zum Offiziersexamen zugelassene R. im Aug. 1914 zum Leiter der Kriegsrohstoffabteilung (KRA) des preußischen Kriegsministeriums ernannt. Zuvor hatte er in einer Denkschrift auf die infolge einer britischen Blockade drohende Rohstoffknappheit Deutschlands – besonders in bezug auf Salpeter, Metalle und Baumwolle – bei Ausbleiben eines schnellen Sieges hingewiesen und die Schaffung eines »Rohmaterialamtes« vorgeschlagen, das über die Erfassung der im Besetzungsgebiet erbeuteten Rohstoffe hinaus eine zentrale Bewirtschaftung kriegswichtiger Güter ermöglichen sollte. Unter R.s Leitung wuchs die KRA schnell zu einer ausgedehnten und vielverzweigten Behörde, die tief in das Wirtschaftsleben eingriff.

Als R. am 1. April 1915 auf eigenen Wunsch aus der KRA ausschied, übergab er seinem Nachfolger Major Joseph Koeth eine leistungskräftige und eingearbeitete Behörde, ohne deren Arbeit der militärischen Kriegführung die entscheidenden wirtschaftlichen Voraussetzungen entzogen worden wären. R.s Leistung wurde nach ihrem allmählichen Bekanntwerden in der deutschen Öffentlichkeit zunächst vorwiegend positiv als Schaffung eines »wirtschaftlichen Generalstabes« aufgenommen, aber mit wachsender Kriegsdauer zunehmend kritischer als unzulässige Vermischung von Privatwirtschaft und Staatsinteresse bewertet und in der antisemitischen Agitation als Beweis für eine jüdische Weltverschwörung ausgebeutet.

Nach seinem Rückzug aus der KRA übernahm R. bis zum Ende des Weltkriegs kein politisches Amt mehr. Wohl aber versuchte er durch mehrere Denkschriften Einfluß auf die deutsche Kriegführung zu nehmen. Nachdem der von ihm schon im Juli 1912 und im Aug. 1914 an Bethmann Hollweg herangetragene Gedanke einer mitteleuropäischen Zollunion mit Österreich-Ungarn abgelehnt worden war und er Österreichs militärische und politische Lage immer pessimistischer beurteilte, setzte er sich im Aug. 1915 in einer neuerlichen Denkschrift dafür ein, Rußland durch Eroberung und Besetzung in ein Bündnis zu zwingen, um im Kampf gegen England standhalten zu können. Dieses auch der OHL übersandte Memorandum führte zu einer zeitweiligen Verbindung mit Ludendorff, den R. einerseits vor der Wiederaufnahme des uneingeschränkten U-Boot-Krieges warnte, gleichzeitig aber in dessen Zielsetzung einer rücksichtslosen Mobilisierung der Heimat bestärkte. Der Kontakt brach 1917 wieder ab, als R. unter dem Eindruck der wachsenden Kriegsmüdigkeit in Deutschland und Österreich für einen Frieden ohne Annexionen und eine tiefgreifende Parlamentsreform eintrat.

Ungeachtet seines seit 1914 kontinuierlich gewachsenen Pessimismus über den Kriegsausgang verlangte R. in einem Presseaufruf am 7. Okt. 1918 nach der aus seiner Sicht überstürzten Forderung Ludendorffs nach Beendigung der Kampfhandlungen eine allgemeine Volkserhebung, die die Führung von Waffenstillstandsverhandlungen aus einer stärkeren Position heraus ermöglichen und die alliierten Friedensbedingungen mildern würde. Dieser von der neuen Regierung des Prinzen Max von Baden wie auch von Ludendorff abgelehnte Appell stempelte R. in den Augen der Öffentlichkeit zum Kriegsverlängerer und verhinderte zunächst seine Beteiligung an der Umgestaltung der Nachkriegswirtschaft. Erst im Juli 1920 wurde er als Sachverständiger für die Konferenz von Spa über deutsche Reparationsleistungen nominiert und entwickelte dort den Kern der sog. Erfüllungspolitik, die den Ausgleich mit den Alliierten über die Bereitschaft zu einer volkswirtschaftlich verträglichen Regulierung der Deutschland auferlegten Reparationsschuld suchte. In den Kabinetten von Reichskanzler Wirth wurde der international hoch angesehene R. zunächst Wiederaufbauminister und später Außenminister. Zwar scheiterte er in seinem Bemühen, die festgefahrene Reparationsfrage voranzubringen (Konferenz zu Genua), dafür erreichte er im Rapallo-Vertrag einen überraschenden Ausgleich mit Sowjetrußland (April 1922). Nur zwei Monate später wurde R. von Angehörigen der rechtsradikalen Organisation Consul ermordet.

Lit.: M. Sabrow, Die Macht der Mythen. Walther Rathenau im öffentlichen Gedächtnis. Sechs Essays, Berlin 1998; E. Schulin, Walther Rathenau. Repräsentant, Kritiker und Opfer seiner Zeit, 2. verb. Aufl., Göttingen 1992.

MARTIN SABROW

Rationierung bezeichnet die systematische Erfassung und Verteilung knapper Güter, um den vordringlichen Bedarf zu sichern. Das Ziel der R. besteht in einer möglichst gerechten bzw. der Kriegswirtschaft adäquaten Distribution. – Alle kriegführenden Nationen

Stadtgemeinde Freiburg i. Br.

Lebensmittel-Karte

für ....

Wohnung .... -Straße Nr. .....

Gültig vom 24. Juli bis mit 31. Aug. 1916

(für 1 Person)

Mit eingehefteten Einzelkarten für Eier, Speisefett, Haferflocken, Teigwaren und Zucker und mit Bezugsnachweis für andere Lebensmittel auf der Rückseite des Umschlages.

Eine neue Karte wird nur gegen Rückgabe dieses Umschlages verabfolgt.

Nicht übertragbar! Ohne Namenseintrag ungültig!

Rationierungskarte. 1916

Lebensmittelmarken. 1916

und selbst die neutralen Länder machten die Erfahrung, daß die Zerstörung der gewachsenen Strukturen der internationalen Arbeitsteilung, feindliche Blockademaßnahmen und der ungeheure Bedarf der Rüstungswirtschaft Knappheit an Rohstoffen und Nahrungsmitteln hervorriefen und marktwirtschaftliche Verteilungsmechanismen überforderten. Solange letztere in Kraft blieben, führte der Mangel zu stark steigenden Preisen und damit zu unsozialen bzw. kriegswirtschaftlich dysfunktionalen Verteilungsmustern.

Bei den Gebrauchsgütern bestand der erste Schritt zur Entschärfung dieser Situation in obrigkeitlichen Eingriffen in die Preisbildung, meist in Form von Höchstpreisverordnungen. Die nun zwangsläufig auftretende Kluft zwischen realen Markt- und administrierten Maximalpreisen führte – verstärkt durch inflationäre Tendenzen – zur Lähmung des Güterflusses, da Warenbesitzer nicht zu den staatlich vorgegebenen Preisen verkaufen wollten und statt dessen die Güter spekulativ horteten, illegal auf schwarzen Märkten absetzten oder sogar einer unerwünschten Verwertung zuführten, z. B. Agrarerzeugnisse an Vieh verfütterten.

Früher oder später wurde in allen europäischen Ländern die R. von Lebensmitteln eingeführt, d. h. die bei rüstungsrelevanten Rohstoffen häufig bereits 1914/15 begonnene staatliche Bewirtschaftung wurde auch auf zivile Konsumgüter ausgedehnt. In Deutschland, das aufgrund der alliierten Blockade und der Rückgänge der Agrarproduktion unter besonders ausgeprägten Engpässen litt, setzte die R. von Lebensmitteln wie in Frankreich bereits 1915 ein. Das vergleichsweise gut versorgte Großbritannien, das seine Agrarproduktion im Krieg um fast ein Viertel steigerte und auf die Ressourcen seines Empires und die der USA zurückgreifen konnte, vollzog diesen Schritt wie Italien erst 1917. Aufgrund der wirtschaftsliberalen Traditionen des Landes und massiver Widerstände des Handels hatte die britische Regierung bis dahin vor Zwangsmaßnahmen zurückgeschreckt und auf eine Art freiwillige R. gesetzt. Appelle zu »fleischfreien Tagen« und zur Beachtung von »Normalrationen«, die das Ernährungsministerium veröffentlichte, führten aber nicht zu den erwünschten Effekten. Die USA konnten sich aufgrund ihrer günstigen Versorgungslage weitgehend auf die Methode der Selbstbeschränkung aus patriotischem Idealismus verlassen.

Die obrigkeitliche R. nahm eine Kategorisierung der Konsumenten nach ihrem Bedarf vor, der sich aus den beruflichen Anforderungen, dem Lebensalter und dem Gesundheitszustand ergab. Die unterschiedlichen Gruppen erhielten gestufte Zuweisungen, deren Quantitäten je nach der aktuellen Versorgungslage variierten. Mit der Ausschaltung des Koordinationsmechanismus des Marktes mußten die Behörden die komplexe Aufgabe der Preisfestsetzung und Warendistribution übernehmen. Die dabei zwangsläufig notwendigen Eingriffe in die Sphären der Erzeuger und des Handels gestalteten sich spannungsreich, gerade weil die R. auf deren Kooperation angewiesen war, zugleich aber deren ureigenste Interessen verletzte. Zudem bot der Schwarzmarkt lukrativere Absatzkanäle an. Insgesamt waren die Behörden außerstande, eine ausreichende, gleichmäßige und als fair empfundene Lebensmittelzuweisung vorzunehmen. Die R. zermürbte alle, die Behörden, Erzeuger, Händler und vor allem die Endverbraucher, die zu den großen Verlierern des Krieges zählten. Konsumentenproteste nahmen daher in der zweiten Kriegshälfte allgemein zu. → *Ernährung* → *Hunger*

Lit.: Capital Cities at War. Paris, London, Berlin, 1914-1919, hg. v. J. Winter/J.-L. Robert, Cambridge 1997; A. Roerkohl, Hungerblockade und Heimatfront. Die kommunale Lebensmittelversorgung in Westfalen während des Ersten Weltkrieges, Stuttgart 1991.

HARTMUT BERGHOFF

Rawlinson, Sir Henry Seymour, * Trent Manor (Grafschaft Dorset) 20.2.1869, † Delhi 28.3.1925, britischer General. – R.s Vorkriegskarriere war bemerkenswert erfolgreich und beinhaltete das Kommando über eine mobile Kolonne im zweiten Burenkrieg (1899-1901), die Leitung der Militärakademie (1903-06) und die Führung der 3. Division (1910-14). Als Kommandierender General des IV. Korps spielte er in den Schlachten von 1915 eine wichtige Rolle. Im Febr. 1916 zum Oberbefehlshaber der 4. Armee ernannt, plante er den britischen Angriff an der Somme, dessen desaströser erster Tag (1. Juli 1916) R.s militärischen Ruf erheblich beschädigte. Die 4. Armee spielte in den Schlachten des Jahres 1917 nur eine untergeordnete Rolle, und im Febr. 1918 wurde R. Nachfolger von Sir Henry Wilson als britischer Repräsentant beim interalliierten Obersten Kriegsrat (Supreme War Council). Von diesem politischen Abstellgleis rettete ihn nur die Niederlage der 5. Armee im März 1918. Eine unter seinem Kommando aus den Resten der 5. Armee neuaufgestellte 4. Armee half, die Front im April zu stabilisieren, und bildete die Speerspitze beim britischen Vorstoß im Sommer und Herbst, in dessen Verlauf die 4. Armee beim Durchbruch von Amiens am 8. Aug. den Deutschen schwere Verluste beibrachte und im Sept. die Siegfried-Stellung durchbrach. Die während der letzten drei Kriegsmonate von R. praktizierte Operationsführung – sie beruhte auf planmäßigen Angriffen mit begrenzten Zielen und wirksamer Koordination aller Waffen – zeigte, daß er die wichtigen Lehren des Krieges durchaus verstanden hatte. R. starb als Oberbefehlshaber der britischen Streitkräfte in Indien an den Folgen einer Operation.

J. M. BOURNE (Ü: M. P.)

Regiment, höchste administrative Einheit einer Waffengattung, in der Regel unter Führung eines Oberst. – Die Infanterie gliederte sich seit dem ausgehenden 17. Jahrhundert bei allen europäischen Armeen in R. Um diese wirksam führen zu können, unterteilte man sie in Bataillone und Kompanien. Auch die anderen Hauptwaffengattungen (Kavallerie, Artillerie) bildeten R. Der administrativen Einheit entsprach eine taktische, was bei den R. von Spezialtruppen (Pioniere, Eisenbahntruppe), soweit sie bestanden, meist nicht der Fall war. Zusammengefaßt in Brigaden (meist paarweise) bildeten R. die Bausteine der Divisionen. Mobilgemachte Infanterie-R. zählten 1914 3.000-4.000 Soldaten. Die Personalstärke von Kavallerie- und Artillerie-R. war erheblich niedriger.

R. besaßen eine ausgeprägte Identität, die sich in eigenen Fahnen und Abzeichen (teilweise auch Uniformbesonderheiten) sowie in einer intensiven Traditionspflege ausdrückte. Dadurch entstand ein besonderer Korpsgeist, der sich auch mit Traditionen landsmannschaftlicher bzw. dynastischer Provenienz verband.

Bei der Mobilmachung und während des Krieges kam es zu zahlreichen Neuaufstellungen, von denen die weitaus meisten reine Kriegsbildungen waren, die nach dem Friedensschluß wieder aufgelöst werden sollten. In vielen Fällen erwies sich der R.-Rahmen allerdings als unzweckmäßig zur Aufnahme besonderer Neuformationen. Deren Einbindung in einen R.-Verband unterblieb deshalb (z. B. MG-Scharfschützenabteilungen, Spezialbatterien der Artillerie). Der Heeresaufbau gewann dadurch zwar an taktischer Anpassungsfähigkeit, wurde aber gleichzeitig unübersichtlicher.

Infanterie-R. erfuhren durch die taktischen und technischen Veränderungen des Krieges insofern einen qualitativen Wandel, als sie sich durch die Zuteilung teilweise neuartiger Hilfswaffen (MG, Minenwerfer, Infanteriegeschütze) zu gemischten Verbänden entwickelten. → *Artillerie* → *Infanterie* → *Kavallerie*

Dieter Storz

Reichsbund jüdischer Frontsoldaten, Anfang 1919 durch den Hauptmann Leo Löwenstein gegründeter Veteranenverband, der sich primär gegen die antisemitische Verunglimpfung des jüdischen Weltkriegspatriotismus wandte. – Der R. bestand aus Ortsgruppen, die rasch erheblichen Zulauf gewannen und sich mehrheitlich aus dem liberalen Judentum rekrutierten. Während des Kapp-Putsches 1920 und der Unruhen im Berliner Scheunenviertel 1923 verteidigten Angehörige des R. die jüdische Bevölkerung gegen antisemitische Übergriffe. 1925 zählte der R. zwischen 35.000 und 40.000 Mitglieder, eingebunden in ca. 500 Untergruppen, und war damit die zweitgrößte jüdische Organisation im Reich. Mitte der zwanziger Jahre erhöhten sich die gesellschaftlichen Aktivitäten des R. Er gründete die »Schild«-Sportvereine, engagierte sich in der »Berufsumschichtung« und förderte die Ansiedlung jüdischer Bauern in Deutschland. Als Kommunikationsforum diente die Zeitschrift *Der Schild*, die in politischen Fragen – nicht selten im deutschnationalen Sinn – Stellung bezog. Nach der nationalsozialistischen Machtergreifung stellte der R. den jüdischen »Blutzoll« im Weltkrieg vermehrt heraus und bekämpfte die »nationaljüdische« Haltung der Zionisten. Die Ausnahmeregelungen für Frontkämpfer im »Berufsbeamtengesetz« gehen vermutlich auf den Appell an den Reichspräsidenten und eine Intervention Hindenburgs zurück. Als Folge der Reichspogromnacht im Nov. 1938 stellte der R. seine Tätigkeit ein. → *Veteranenverbände*

Ulrich Sieg

Reims, Stadt im Norden des französischen Départements Marne gelegen. – Schon vor dem Krieg war R. ein bedeutender nationaler Erinnerungsort gewesen. Die im 13. Jahrhundert begonnene Kathedrale, ein Juwel der französischen Gotik, war Krönungsort der Könige, darunter des 1429 in Anwesenheit von Jeanne d'Arc gekrönten Charles VII. Zwischen dem 4. und 12. Sept. 1914 besetzte die deutsche 2. Armee die Stadt, ohne daß es zu Zerstörungen kam. Als sich die deutschen Truppen zurückzogen, nahmen sie unter der Stadtbevölkerung Geiseln, da sie, wie anderswo auch, Überfälle durch Freischärler fürchteten.

Die Frontlinie stabilisierte sich einige Kilometer nördlich von R. Am 19. Sept. beschoß deutsche Artillerie die Kathedrale. Gerüste an der Westfassade sowie das Dach fingen Feuer. Im Verlauf des Brandes wurden die mittelalterlichen Glasfenster und zahlreiche Skulpturen zerstört. Die deutschen Truppen behaupteten, daß französische Artillerie in der Umgebung die Kirche geschossen habe (was unzutreffend war) und daß die Türme als Beobachtungsposten gedient hätten. Letzteres mag zutreffend gewesen sei, zumindest könnte bei den Deutschen dieser Eindruck durch zivile Schaulustige auf den Türmen entstanden sein. In einer international verbreiteten Erklärung wies die französische Regierung die Vorwürfe zurück und warf den deutschen Truppen vor, willkürlich und »in einem verabscheuungswürdigen Akt von Vandalismus« ein »Heiligtum unserer Geschichte« attackiert zu haben. Die Schäden an der Kathedrale, die in französischen Berichten bis zur vollständigen Zerstörung aufgebauscht wurden, beschädigten das deutsche Ansehen international schwer, zumal sie mit dem Brand der Bibliothek von Löwen zusammenfielen. Beide Fälle erschienen als Kriegsverbrechen an Kulturgut. Die *New York Times* etwa gab unter Verurteilung des »Großen Verbrechens von R.« (22. Sept. 1914) ihre neutrale Haltung auf.

R. blieb bis Kriegsende im unmittelbaren Frontbereich. Die Kathedrale erlitt weitere Kriegsschäden und das städtische Leben existierte nur noch ansatzweise. Die Stadt wurde so zum Symbol nationalen Opfertums und Heldenmuts im Angesicht des Feindes. Erst 1938 wurde die Kathedrale wieder aufgebaut.
→ *Löwen*

Lit.: P. Hess, La vie à Reims pendant la guerre de 1914-1918. Notes et impressions d'un bombardé, Paris 1998.

JOHN HORNE (Ü: M. P.)

Remarque, Erich Maria (eigentlich Erich Paul Kramer), * Osnabrück 22.6.1898, † Locarno 25.9.1970, deutscher Schriftsteller. – R. entstammte einer Arbeiterfamilie und wurde in Osnabrück zum Volksschullehrer ausgebildet; 1916 zur Armee einberufen, absolvierte er zunächst eine militärische Ausbildung in Osnabrück und Celle. Ab Juni 1917 wurde er als Schanzsoldat an der Arras- und an der Ypernfront eingesetzt; am 31. Juli 1917 erlitt er eine schwere Verwundung bei Houthulst/Flandern, danach war er bis Kriegsende in einem Lazarett in Duisburg. 1919/20 arbeitete er zunächst als Volksschullehrer, kaufmännischer Angestellter und Journalist. Ab 1921 nahm er dann die Namensschreibung Erich Maria R. an, und ab 1922 arbeitete er als Redakteur und Schriftsteller in Hannover und Berlin. Weltruhm erlangte er 1928/29 mit dem Roman *Im Westen nichts Neues*, danach war er als freier Schriftsteller tätig. Ab 1932 lebte er im Exil, zunächst in der Schweiz und Frankreich, ab 1939 in den USA; 1938 wurde ihm die deutsche Staatsbürgerschaft aberkannt. Seit 1947 war er US-amerikanischer Staatsbürger, 1948 kehrte er in die Schweiz zurück; R. lebte bis zu seinem Tod abwechselnd in der Schweiz, den USA und Italien.

In seinem Roman *Im Westen nichts Neues* schildert R. aus der Perspektive des 20jährigen Paul Bäumer die Kriegserlebnisse einer Gruppe Soldaten an der Westfront, in der Heimat und im Lazarett. Obwohl sich die Handlung ausschließlich auf den Kriegseinsatz konzentriert, ist der Text vom Autor als Nachkriegstext intendiert, der »über eine Generation berichten [will], die vom Kriege zerstört wurde – auch wenn sie seinen Granaten entkam« (Motto). Im Mittelpunkt stehen daher unter anderem der Verlust der zivilisatorischen Werte und die Entmenschlichung durch den Krieg sowie die soziale Perspektivlosigkeit der Soldaten, die von der Schule direkt an die Front geschickt wurden.

Von R. als »Roman« intendiert, vermarktete der Ullstein-Konzern den Text 1928/29 als dokumentarischen, authentischen Kriegserinnerungsbericht, der auf eigenen Erlebnissen des Autors beruhe. Der überragende Erfolg von *Im Westen nichts Neues* (innerhalb eines Jahres erreichte der Text allein in Deutschland eine Auflagenhöhe von 1 Mio. Exemplaren), dessen Ursachen auch im geschickt gesteuerten Marketing des Konzerns zu sehen sind, führte bald zu einer heftigen Diskussion über die Darstellung der »Wahrheit« des Krieges in der Literatur, wobei das demokratische Feuilleton den Roman als Antikriegstext vereinnahmte, während sowohl die kommunistische als auch die deutschnationale und nationalsozialistische Kritik das Werk umso heftiger ablehnten, je größer der Erfolg war. Den Höhepunkt erreichte die Kontroverse während der deutschen Premiere der Verfilmung (USA 1930, Regie: Lewis Milestone) am 4. Dez. 1930 in Berlin mit von Joseph Goebbels organisierten Massendemonstrationen gegen die Aufführung und schließlich dem am 11. Dez. von der Filmoberprüfstelle erlassenen Aufführungsverbot. Folgerichtig wurden R.s Texte 1933 verboten und verbrannt. Dennoch gilt *Im Westen nichts Neues*, das in mehr als 50 Sprachen übersetzt wurde und eine geschätzte Gesamtauflage von 30 bis 40 Mio. Exemplaren erzielte, heute weltweit als einer der bedeutendsten kriegskritischen literarischen Texte zum Ersten Weltkrieg.

In den Jahren 1930/31 publizierte R. in dem US-amerikanischen Magazin *Collier's* (Spingfield/Ohio) insgesamt sechs Kurzgeschichten, die sich mit den Folgen des Kriegserlebnisses in der Nachkriegsgesellschaft anhand individueller Schicksale auseinandersetzen und erst 1993 unter dem Titel *Der Feind* in deutscher Rückübersetzung erschienen. Auch in den Romanen *Der Weg zurück* (1930/31), *Drei Kameraden* (1936/37) und schließlich *Der schwarze Obelisk* (1956) beschäftigte sich R. mit den Schwierigkeiten der ehemaligen Kriegsteilnehmer, sich in die Nachkriegsgesellschaft der Weimarer Republik wiedereinzugliedern.

Die Themen der weiteren Werke R. sind unter anderem das europäische und amerikanische Exil in den Romanen *Liebe Deinen Nächsten* (1939-41), *Arc de Triomphe* (1945), *Die Nacht von Lissabon* (1961/62) und *Das gelobte Land* (unvollendet, Erstausgabe 1998) sowie das nationalsozialistische Deutschland im Zweiten Weltkrieg in *Der Funke Leben* (1952), *Zeit zu leben und Zeit zu sterben* (1954), *Der letzte Akt* (Drehbuch, 1955) und *Die letzte Station* (Schauspiel, 1956).

Lit.: Erich Maria Remarque. Leben, Werk und weltweite Wirkung, hg. v. T. F. Schneider, Osnabrück 1998.

Thomas F. Schneider

Renn, Ludwig (eigentlich Arnold Friedrich Vieth von Golssenau), * Dresden 22.4.1889, † Berlin (Ost) 21.7.1979, deutscher Schriftsteller. – R. entstammte dem sächsischen Adel, sein Vater war Erzieher der königlich-sächsischen Prinzen. Nach dem Abitur schlug er die Offizierslaufbahn ein. Der Ausbruch des Weltkriegs wurde durch R., der als Leutnant in einer Infanterieeinheit eingesetzt wurde, zunächst begrüßt. Der Beginn des Stellungskrieges und seine Tätigkeit als Regimentsadjutant führten jedoch zu Zweifeln am moralischen und militärischen Sinn der Kriegführung. Mehrfach verwundet und ausgezeichnet, erlebte R. das Kriegsende als Hauptmann und blieb als Wahlführer eines Bataillons der Sicherheitstruppe und Mitglied der Sicherheitspolizei bis 1920 im Militärdienst. Es folgten Studium, Tätigkeit als Kunsthändler, ausgedehnte Reisen und erneutes Studium. 1928 trat er in die KPD ein.

Seit der Publikation des Romans *Krieg* (1928) war R. fast ausschließlich als freier Schriftsteller tätig, unter anderem als Herausgeber der *Linkskurve*. 1932 wurde er erstmals wegen »literarischen Hochverrats« verhaftet, worauf 1933 eine zweijährige Haftstrafe folgte. 1936 flüchtete er in die Schweiz und nahm als Kommandant des Thälmann-Bataillons am Spanischen Bürgerkrieg teil. Ab 1939 in mexikanischem Exil, kehrte er 1947 nach Dresden zurück, wonach er ab 1952 als freier Schriftsteller in Berlin (Ost) tätig war. 1955 und 1961 erhielt er den Nationalpreis der DDR.

In der Autobiographie *Anstöße in meinem Leben* (posthum 1980 erschienen) schildert R. unter anderem seinen Kriegseinsatz. Sein bedeutendster Text zum Ersten Weltkrieg ist jedoch der Roman *Krieg*, der – nach R.s Angaben auf der Grundlage von Aufzeichnungen aus dem Krieg bereits 1924/25 fertiggestellt – 1928 zunächst in der *Frankfurter Zeitung* und noch im selben Jahr als Buchausgabe im Frankfurter Societätsverlag erschien. *Krieg* schildert detailliert die Kriegserlebnisse des Gefreiten Ludwig Renn an der Westfront von Kriegsbeginn bis zum Zusammenbruch und die zunehmende Vereinzelung des einfachen Soldaten angesichts der Kriegserlebnisse, die in *Krieg* jedoch nicht zu einer explizit kriegskritischen Haltung führt. Obwohl in weiten Teilen nicht autobiographisch und bis in die Ortsangaben hinein fiktiv, vermarktete der Verlag den Text als authentischen Erlebnisbericht, und auf dessen Anregung hin änderte R. seinen adligen Namen in den des Protagonisten des Romans. *Krieg* wurde insbesondere von der deutsch-nationalen und nationalsozialistischen Kritik als »wahre« Schilderung des Kriegs begrüßt und in der Diskussion um Remarques *Im Westen nichts Neues* als positives Gegenbeispiel herausgestellt. Trotz der KPD-Mitgliedschaft R.s, der Publikation von *Nachkrieg* (1930), in dem nun weitgehend autobiographisch seine Nachkriegserlebnisse und seine Hinwendung zur Politik geschildert werden, und trotz der mehrfachen Verhaftung des Autors wurde *Krieg* auch nach dem 30. Jan. 1933 weiterhin von den Nationalsozialisten als »gültige« Kriegsbeschreibung akzeptiert und im Gegensatz zu den anderen Schriften R.s nicht verboten. Die heutige Einschätzung von *Krieg* als einem bedeutenden deutschsprachigen Antikriegstext ist im wesentlichen auf die Rezeption nach 1945 zurückzuführen.

Thomas F. Schneider

Rennenkampf, Paul Karlowitsch Edler von, * 29.4.1854, † Taganrog März 1918, russischer General. – Aus deutsch-baltischem Adel stammend, absolvierte R. 1873 die Helsingforser Junkerschule und 1882 die Generalstabsakademie. Im Russisch-Japanischen Krieg 1904/05 befehligte er eine Division. Während der darauf folgenden Revolution war er mit der Niederschlagung von Aufständen in Ostsibirien beauftragt. 1910 erfolgte seine Beförderung zum General der Kavallerie, 1913/14 war er Befehlshaber des Militärbezirks Wilna.

Bei Kriegsbeginn übernahm R. die 1. Armee, die über den Njemen nach Ostpreußen einmarschieren und dort zusammen mit der aus Polen operierenden 2. Armee die deutschen Verbände einkesseln sollte. Nach einem ersten Gefecht bei Gumbinnen (20. Aug.) und mit der Festung Königsberg im Rücken geriet der weitere Vormarsch der Armee R. aber derart langsam, daß es den Deutschen gelang, beide russischen Armeen in der Schlacht von Tannenberg Ende Aug. 1914 getrennt zu schlagen. Dieses Debakel wurde vielfach der zögerlichen Operationsführung R.s angelastet. Nach der Niederlage bei Lodz im Nov. von seinem Kommando enthoben, wurde gegen ihn zunächst ein Militärgerichtsverfahren eingeleitet, das aber niedergeschlagen wurde. Daraufhin nahm R., wegen seiner deutsch-baltischen Abstammung öffentlich zunehmend angefeindet, seinen Abschied. Von den Bolschewiki nach der Oktoberrevolution verhaftet, wurde R. in Taganrog erschossen.

DITTMAR DAHLMANN

Reparationen, seit dem Weltkrieg üblicher Begriff für eine Kriegsentschädigung, mit der einem Staat die Wiedergutmachung der von ihm unrechtmäßig angerichteten Schäden auf fremden Hoheitsgebiet auferlegt wird. – Im Gegensatz zur eingeübten Praxis der Auferlegung von finanziellen Verpflichtungen in der Form von Kontributionen durch die Sieger eines Krieges, unterliegt dem Begriff R. die neue Vorstellung, ein Staat müsse jene Schäden bezahlen, die er einem anderen Staat durch eine Rechtsverletzung zufügte. Erstmals wurde der Begriff »réparation des dommages«, (Wiedergutmachung der Schäden), der dem französischen Privatrecht entlehnt ist, in der am 11. Nov. 1918 vereinbarten Waffenstillstandsvereinbarung vertraglich fixiert. Schon die Haager Konventionen von 1899 und 1907 sahen Entschädigungen für Einzelpersonen vor, die Opfer ausländischer militärischer Aktionen geworden waren. Die Frage der R. war während des Weltkriegs untrennbar mit der Frage der Kriegsziele verknüpft und rückte nach dem Krieg im Zusammenhang mit dem Friedensvertrag ganz in den Vordergrund der öffentlichen Debatten wie der Politik. Umstritten war insbesondere, ob R. nur der Wiedergutmachung für Schäden der Zivilbevölkerung dienen sollten oder ob und ggf. in welchem Umfang ein weitgehender Ersatz der Kriegskosten angestrebt werden sollte, ganz im Sinne der tradierten Vorstellung von Kriegsentschädigungen, die nicht zuletzt politischen Zielen dienten.

In der deutschen Kriegszieldiskussion spielten hohe Kriegsentschädigungen seit Kriegsbeginn eine wichtige Rolle. Die Frankreich im Krieg 1870/71 auferlegten Kontributionen, die die deutschen Kosten des Krieges deckten, stellten einen wichtigen Präzedenzfall dar. Für Kriegsentschädigungen wurden politische, wirtschaftliche und soziale Argumente ins Feld geführt: Das politische und militärische Sicherheitsargument formulierte Reichskanzler Bethmann Hollweg im sog. Septemberprogramm aus dem Jahr 1914, in dem er schreibt, die Kriegsentschädigung müsse so hoch sein, daß Frankreich für achtzehn bis zwanzig Jahre nach dem Friedensschluß von großen Rüstungsinvestitionen abgehalten werde. Der frühere Direktor der Deutschen Bank und Staatssekretär im Reichsschatzamt Karl Helfferich forderte in einer Reichstagsrede im April 1915 die Bestrafung der »Anstifter des Krieges« durch das »Bleigewicht der Milliarden«, das sie und nicht Deutschland »durch Jahrzehnte« schleppen sollten, ein Argument, das auf der politischen Rechten immer wieder zu hören war und mit dem sich Helfferich, ein heftiger Kritiker des Versailler Vertrags, nach dem Krieg immer wieder konfrontiert sah.

Die geforderten Summen variierten und verdeutlichen mehr als alles andere die Eigendynamik der deutschen Kriegszieldebatte. Der AEG-Direktor Walther Rathenau forderte beispielsweise schon Ende Aug. 1914 40 Mrd. Francs, der Alldeutsche Verband unter der Parole »Die Lasten trägt der Feind« 1917 200 Mrd. Mark; Kaiser Wilhelm legte im Frühjahr 1917 dem Auswärtigen Amt einen von ihm selbst entworfenen Plan vor, nach dem den USA und England je 30 Mrd. Dollar, Frankreich 40 Mrd. Francs und Italien 10 Mrd. Lire zum einen in Geld, zum anderen in Sachleistungen abverlangt werden sollten. In amtlichen Friedensplänen sprach man im Frühjahr 1918 noch von 100 Mrd. Mark. Vereinzelt vorgebrachte Bedenken, daß bei solchen Zahlungen die Leistungsfähigkeit des Gegner berücksichtigt werden müsse und daß in Deutschland ein gefährlicher inflationärer Kaufkraftüberschuß erzeugt werden könnte, spielten in der öffentlichen Debatte nur eine untergeordnete Rolle. Für bedeutungsvoller hielt man die Begleichung der öffentlichen Kriegsschulden und der Folgekosten des Krieges, darunter die Versorgung der heimkehrenden und oft versehrten Soldaten einschließlich ihrer Angehörigen sowie die Stabilisierung der Wirtschaft nach dem Krieg.

Der Friede von Brest-Litowsk im Frühjahr 1918, mit dem Deutschland aus einer Position der Stärke dem bolschewistischen Rußland einen Frieden diktierte, illustriert zum einen, daß die maßlosen Kontributionsforderungen bei einem deutschen »Siegfrieden« tatsächlich auch realisiert worden wären, zum anderen aber auch, daß diese Kontributionen auf einem verzweigten System von Geld- und Sachlieferungen beruhen würden, die man durch die territoriale Reorganisation und direkte wie informelle Kontrollen über Gebiete sicherstellen wollte.

Innenpolitisch stießen diese weitreichenden Forderungen in Deutschland von Anfang an auf Widerstand. Die Forderung des Petrograder Arbeiter- und Soldatenrats nach »Frieden ohne Annexionen und Kontributionen« umschrieb die Position der Linksparteien und fand Eingang in die Friedensresolution des Reichstags vom 19. Juli 1917. Der Stockholmer Sozialistenkongreß formulierte bereits am 6. Juni in einem Memorandum die sozialistische Friedensposition: »Die ökonomische Versklavung eines Volkes durch das andere würde [...] einen dauernden Frieden unmöglich machen [...]. Eine einseitige Schadenverpflichtung wäre nichts anderes als eine Kriegsentschädigung in verschleierter Form.« Es gab Überlegungen, daß eine internationale Kommission, die von allen kriegführenden Staaten zu bilden sei, die R. für die Kriegsschäden unter anderem in Belgien regeln sollte. Stützen konnten sich solche Forderungen auch auf den amerikanischen Präsidenten Wilson, der in seinen Vierzehn Punkten ebenfalls für einen Frieden »ohne Annexionen und R.« eintrat, wobei auch Wilson die Beseitigung der Kriegsschäden in Belgien vorsah.

Die Debatte über R. verlief in Frankreich und Großbritannien anders als in Deutschland, nicht zuletzt weil radikale Forderungen, die es seit dem Herbst und Winter 1916/17 auch hier gab, zumindest bis Kriegsende auf wenig Resonanz stießen und nicht zur offiziellen Linie der Kriegskabinette wurden. Das heißt nicht, daß die R.frage in diesen Ländern keine Rolle gespielt hätte: Der Wiederaufbau der zerstörten Gebiete Belgiens und Frankreichs galt als selbstverständlich. Als im Okt. 1916 von der französischen Nationalversammlung ein Entschädigungsgesetz für diese Gruppe behandelt wurde, wies der Berichterstatter darauf hin, daß allein die Rechtsansprüche der Betroffenen gegenüber der Regierung geregelt würden, wenngleich Deutschland damit rechnen könne, eines Tages die Rechnung für diese Schäden präsentiert zu bekommen. Nicht zu übersehen ist, daß es bei dem französischen Kriegsziel der Annexion Elsaß-Lothringens und linksrheinischer Gebiete zumindest indirekt auch um den Wiederaufbau des verwüsteten Frankreichs ging.

Typisch für Großbritannien war das Argument, daß hohe R. kaum einzutreiben und nachteilig für den Handel seien; ein Argument das Norman Angell in seinem vielgelesenen Buch *The Great Illusion* (1910) entwickelt hatte. In Großbritannien standen dann Reparationsforderungen zunächst auch ganz im Hintergrund. Als 1917 der Finanzminister von Neuseeland Joseph Ward sich in dem vom Imperial Council etablierten Committee on Peace Terms für eine große Entschädigungssumme aussprach, hieß es abwiegelnd, die mögliche Summe würde abhängen von der »completeness of the victory gained and on the ability of the Enemy Power to pay.«

Diese Zurückhaltung Großbritanniens und Frankreichs hatte mehrere Gründe. Innenpolitisch war sie motiviert durch die Rücksichtnahme auf die Forderungen der politischen Linken ebenso wie durch nüchterne ökonomische Überlegungen. Nicht minder wichtig war der Druck, dem man sich seitens des wirtschaftlich so einflußreichen Militärpartners USA mit der Forderung nach einem Frieden ohne Annexionen ausgesetzt sah. Noch im Vorfeld der Waffenstillstandsvereinbarung ist dieser insgesamt noch gemäßigte Ton zu beobachten, wenngleich auch in der Lansing-Note vom 5. Nov. 1918 nochmals klar und deutlich zum Ausdruck gebracht wurde, daß die besetzten Gebiete nicht nur geräumt und wiederhergestellt werden müßten, sondern darüber hinaus bestimmt wurde, »that compensation will be made by Germany for all the damage done to the civilian population of the Allies and their property by the aggression of Germany by land, by sea, and from the air.« Auch wenn dies eine starke Ausdehnung der Haftung des Reiches bedeutete und die von Großbritannien durchgesetzte Ersetzung des Wortes »invasion« durch »aggression« auf das spätere Friedensvertragswerk in Versailles verweist, deutet nichts darauf hin, daß hier wie dann auch im Waffenstillstandsvertrag intendiert war, dem Deutschen Reich die gesamten Kriegskosten aufzubürden (wie schon 1919 gelegentlich argumentiert wurde).

Dennoch ist nicht zu übersehen, daß die letzten Kriegsmonate einen wichtigen Wendepunkt in der R.frage darstellten. Während sich in Deutschland seit der absehbaren Niederlage gerade auch diejenigen, die bisher nur Hohn und Spott für den amerikanischen Präsidenten übrig hatten, an einen milden »Wilson-Frieden« klammerten und dabei die früheren deutschen Forderungen nach einem »Siegfrieden« vergaßen, vollzog sich auf der Seite der Alliierten eine tiefgreifende und folgenreiche Kehrtwende, bei der schließlich jegliche ökonomische und politische Vernunft auf der Strecke blieb. Allerdings gab es nicht wenige, die warnend eine Beschränkung auf das für Deutschland Machbare forderten.

Die Gründe für diese sich bald gegenseitig überbietenden Forderungen sind vielfältig. Zu nennen ist zunächst der Druck der öffentlichen deutschlandfeindlichen Stimmung. Die Regierungschefs in Frankreich und Großbritannien, Georges Clemenceau und Lloyd George, gaben sehr opportunistisch und wohl auch wider besseres Wissen diesen Stimmungen nach. Die britischen Parlamentswahlen im Dez. 1918 (Khaki-Wahlen), bei denen Lloyd George die Agitation der Konservativen aufgriff und im Gegensatz zu früheren Positionen die gesamten Kriegskosten von Deutschland einforderte, sind dafür ein treffendes Beispiel. Nicht zu unterschätzen sind auch die interalliierten Kriegsschulden. Fast gleichzeitig mit dem Kriegsende stoppte Großbritannien die Kredite an Frankreich, die Importe und Währungsstabilität garantiert hatten. Zudem zeichnete sich Ende 1918 ab, daß die Vereinigten Staaten keineswegs bereit waren, den europäischen Gläubigern ihre Schulden zu erlassen. Wer seine Forderungen zu spät anmeldete, drohte gegenüber anderen Staaten ins Hintertreffen zu geraten. Ähnlich wie schon früher in Deutschland rückte damit auch in diesen Staaten die Frage ins Bewußtsein, wer die Kosten des Krieges tragen sollte. Innenpolitisch waren die hohen Schulden plötzlich ein Schreckgespenst: In allen Staaten waren drastische Steuererhöhungen zur Finanzierung der öffentlichen Schulden zu erwarten, wie sie insbesondere die Linksparteien forderten. In dieser Hinsicht ist es bezeichnend, daß in England insbesondere auch die Vertreter der Dominions sich für hohe R. aussprachen. Die Dominions hatten zwar kaum direkte Kriegsschäden aufzuweisen, wohl aber waren sie von den zu erwartenden hohen Steuern betroffen. So war es der Premier von Australien, William Hughes, der Deutschland lautstark wegen seiner »kriminellen Verstöße gegen die Zivilisation« zu R. herangezogen wissen wollte und gegen die seiner Meinung nach zu nachsichtige Lansing-Note vom 5. Nov. protestierte. Das nach Hughes benannte Committee on Indemnity berechnete eine Entschädigungssumme von 24 Mrd. Pfund – während zur gleichen Zeit der Ökonom John M. Keynes der Meinung war, daß Deutschland nicht einmal 100 Mio. im Jahr aufbringen könnte.

Auf die unrealistisch hohen Summen war es nicht zuletzt zurückzuführen, daß auf der Pariser Friedenskonferenz keine schnelle Lösung der R.frage gefunden werden konnte. Bis Mai 1921 hatte Deutschland Gold und vor allem Sachleistungen in Höhe von 20 Mrd. Mark zu leisten. Die endgültige Feststellung dieser Frage wurde einer R.kommission übertragen: Auf der Pariser Konferenz im Jan. 1921 wurden die deutschen R. auf 269 Mrd. Goldmark festgesetzt. Die Einbeziehung von Pensionen und Versorgungsansprüchen ohne zeitliche Befristung zeigt, wie die ursprünglichen Forderungen erweitert wurden. Der folgenreiche Artikel 231 des Versailler Vertrags, der sog. Kriegsschuldparagraph, sollte dazu die rechtliche Basis schaffen. Für Deutschland war gerade diese Regelung des Friedensvertrags nichts anderes als die Fortführung des Krieges mit anderen Mitteln. In der Praxis zeigte sich schnell, daß sich damit weder die wirtschaftlichen Folgen des Krieges noch die innenpolitischen Probleme der Alliierten lösen ließen.
→ *Kriegsschäden* → *Versailler Vertrag*

Lit.: R. E. Bunselmeyer, The Cost of the War 1914-1919. British Economic War Aims and the Origins of Reparation, Hamden, Conn. 1975; B. Kent, The Spoils of War: The Politics, Economics, and Diplomacy of Reparations 1918-1932, Oxford 1989; P. Krüger, Deutschland und die Reparationen 1918/19, Stuttgart 1973.

MARTIN H. GEYER

Requirierung, zwangsweise Anforderung und Beschlagnahme von Lebensmitteln und anderem Truppenbedarf im Feindesland, im deutschen militärischen Sprachgebrauch auch unter Beitreibung gefaßt. – Nach Art. 52 der Haager Landkriegsordnung von 1907 war es erlaubt, auf der Grundlage einer Ermächtigung durch den zuständigen Militärbefehlshaber Sach- und Dienstleistungen für die

Truppe von den Bewohnern eines kriegerisch besetzten Gebietes abzufordern und auch gegen Widerstand einzutreiben. Dabei mußte jedoch das Gebot der Verhältnismäßigkeit in der Anwendung der Zwangsmittel gewahrt werden. Beim Umfang der Entnahmen waren die Bedürfnisse der Zivilbevölkerung zu berücksichtigen. Außerdem hatten die Betroffenen einen Anspruch auf angemessene Entschädigung. Grundsätzlich oblag die R. den Intendanturen, konnte aber auch von der Truppe unter Führung eines Offiziers gegen Bezahlung und Empfangsbestätigung durchgeführt werden. Eigenmächtige R. durch Mannschaften oder dazu nicht ermächtigte Truppenführer wurde als Plünderung bewertet und unterlag der Strafandrohung der Militärgesetze. Vorwürfe, daß die deutsche Seite im Weltkrieg durch unerlaubte R. das Recht im Kriege massiv verletzt habe, waren Gegenstand der Untersuchungen einer Kommission zur Ermittlung von Kriegsrechtsverletzungen im Vorfeld der Versailler Konferenz 1919. Konkretere Einschränkungen und Festlegungen des R.rechts konnten aber erst in den Genfer Protokollen von 1949 getroffen werden.

BRUNO THOSS

Ribot, Alexandre, * Saint-Omer 7.2.1842, † Paris 14.1.1923, französischer Politiker (Ministerpräsident). – Der Anwalt R. gehörte seit Anfang der 1880er Jahre als Fachmann für Finanzfragen und Außenpolitik zum engeren parlamentarischen Führungspersonal Frankreichs, wobei er den rechten, liberalen Flügel der Republikanischen Partei repräsentierte (1878-1909 Abgeordneter, 1909-23 Senator). Zwischen 1890 und 1892 war er als Außenminister maßgeblich am Zustandekommen der französisch-russischen Allianz beteiligt – die internationalen Risiken dieser Allianz nahm er dabei bewußt in Kauf. Nach Kriegsausbruch fungierte R. als Finanzminister in den Kabinetten der »Union sacrée« (1914-17). Er bemühte sich darum, den Krieg primär durch Staatsanleihen (»bons de la défense nationale«) und ohne eine grundlegende Reform des französischen Steuerwesens, d.h. ohne Einführung der Einkommenssteuer, zu finanzieren. In der für Frankreich innenpolitisch wie militärisch schwierigen Situation des Frühjahrs 1917 wurde R. Ministerpräsident; er widersetzte sich konsequent allen Friedensbemühungen. Sein Kabinett trat jedoch bereits im Sept. zurück und machte damit den Weg frei für den Aufstieg Georges Clemenceaus an die Macht. R.s Finanzpolitik als sein wichtigster Beitrag zu den französischen Kriegsanstrengungen, war kurzfristig durchaus erfolgreich, langfristig jedoch stellte sie für Frankreichs Politik und Wirtschaft eine große Hypothek dar.

DANIEL MOLLENHAUER

Richthofen, Manfred Freiherr von, * Breslau 2.5.1892, † (gefallen) Vaux-sur-Somme (bei Amiens) 21.4.1918, deutscher Jagdflieger. – Als Absolvent des Kadettenkorps trat R. 1911 in ein preußisches Ulanenregiment ein. 1914 im Patrouillendienst, meldete er sich nach dem teilweisen Transfer der Kavallerie zur Infanterie 1915 zur neu gebildeten und noch weithin unerfahrenen Fliegertruppe. Erst Beobachter, dann Pilot in Aufklärungs- und Bombenflugzeugen, wurde er ab 1916 bis zum eigenen Abschuß bei Vaux-sur-Somme im April 1918 mit 80 Abschüssen der erfolgreichste deutsche Jagdflieger im Weltkrieg. Zu seinen Leistungen in der Weiterentwicklung von Taktik und Organisation der ab 1917 im Geschwaderverband (vier Staffeln zu 40 Flugzeugen) kämpfenden Jagdflugzeuge kam sein enormer Propagandawert. Entgegen der tatsächlichen Realität des Jagdkampfs und dem weitgehend von der Heeresunterstützung geprägten Luftkrieg schuf man aus dem jugendlichen Rittmeister und »Pour le mérite«-Ordensträger den Typus des sportlich-draufgängerisch, aber angeblich fair kämpfenden Fliegers. Das rot bemalte Flugzeug, das 1917 für die militärische Jugenderziehung produzierte Buch *Der rote Kampfflieger* sowie der Beiname »Roter Baron« sind Produktmerkmale eines instrumentalisierten ritterlichen Mythos von irrationaler, identitätsstiftender Wirkung, die bis heute reicht. Der 1925 im Beisein des Reichspräsidenten Paul von Hindenburg auf den Invalidenfriedhof in Berlin überführte Nationalheld diente ab 1935 als Namensgeber eines Jagdgeschwaders und wurde Symbol nationalsozialistischer Luftmacht. Für die Luftwaffe der Bundesrepublik gilt R., dem 1961 abermals ein Jagdgeschwader gewidmet wurde, als zeitloses und übernationales fliegerisches Vorbild.

WOLFGANG SCHMIDT

Riezler, Kurt, * München 11.2.1882, † München 6.9.1955, deutscher Diplomat. – Nach dem Studium von Philosophie und Klassischer Altertumswissenschaft in München und anschließender Promotion (1905) trat R. 1906 als Pressereferent ins Auswärtige Amt ein. Unter dem Pseudonym »Ruedörffer« verfaßte er ein aufsehenerregendes Buch über *Grundzüge der Weltpolitik der Gegenwart*, in welchem er sich für eine »Weltmachtpolitik« Deutschlands engagierte, die aber in relativ ausgeprägtem Gegensatz zu den Vorstellungen der »Alldeutschen« stand und den Kurs einer »mittleren Linie« zu steuern versuchte, wie ihn dann der Reichskanzler Theobald von Bethmann Hollweg tatsächlich unternahm. In den kritischen Monaten vor Ausbruch des Ersten Weltkriegs war R. ein enger Berater Bethmann Hollwegs und von 1915 bis 1917 offiziell als Legationsrat in der Reichskanzlei angestellt. Als der wohl engste Wegbegleiter Bethmann Hollwegs verfaßte R. in der Julikrise 1914 Tagebuchnotizen, die als eine der wichtigsten Quellen zur Vorgeschichte des Weltkrieges und zur deutschen Politik in dieser Zeit gelten dürfen. Das *Riezler-Tagebuch* hat seit der sog. Fischer-Kontroverse Anfang der 1960er Jahre in der historischen Forschung über die deutsche Politik im Juli 1914 eine bedeutende Rolle gespielt. Leider sind die Tagebücher nicht komplett und offensichtlich auch in entstellter Form ediert worden, so daß sie die Entscheidung des Reichskanzlers und seiner engsten Umgebung in den kritischen Tagen der Julikrise trotz einiger sehr plastischer und immer wieder zitierter Notizen doch nur recht umrißartig wiedergeben. R. war auch beteiligt am Entwurf des sog. Septemberprogramms des Reichskanzlers von 1914, welches weit ausufernde Kriegsziele vorsah.

Kurz vor Ende des Ersten Weltkrieges wurde R. Botschaftsrat in Moskau, anschließend Kabinettschef des Außenstaatssekretärs Wilhelm Heinrich Solf. Im Jahre 1919 war er Vertreter des Reiches bei der bayerischen Regierung, anschließend Leiter des Büros des Reichspräsidenten Friedrich Ebert (1919/20). 1938 emigrierte er mit seiner jüdischen Frau in die USA. Zwischen 1938 und 1952 hatte er eine Philosophie-Professur in New York inne, 1952 kehrte er nach Europa zurück und ließ sich in Rom und München nieder.

Lit.: Kurt Riezler, Tagebücher, Aufsätze, Dokumente, hg. von K. D. Erdmann, Göttingen 1972; B. Sösemann, Die Tagebücher Kurt Riezlers, in: Historische Zeitschrift, 236 (1983).

THOMAS BECKERS

Robertson, Sir William R., * Welbourn (Grafschaft Lincolnshire) 29.1.1860, † London 12.2.1933, britischer Generalfeldmarschall und Chef des Generalstabs. – R. trat 1877 als einfacher Soldat in die Armee ein: der erste Schritt zu einem einzigartigen Aufstieg bis zum Feldmarschall. Als ein Mann mit vortrefflichem Intellekt und ebensolcher Entschlußkraft sollte er der erste Offizier werden, der, aus dem Mannschaftsstand kommend, die Militärakademie absolvierte. Gerade als Stabsoffizier sollte er Zeichen setzen. Er fand Verwendung als Generalquartiermeister, dann als Stabschef des britischen Expeditionskorps (BEF), bevor er im Okt. 1915 nach England zurückbeordert wurde, um zum Chef des Imperial General Staff (CIGS) ernannt zu werden. Diese mit bis dahin ungekannten Kompetenzen ausgestattete Besetzung zielte vor allem darauf ab, den Einfluß des damaligen Kriegsministers Lord Kitchener zu beschränken.

Als CIGS spielte R. bei der Führung des Krieges eine wichtige Rolle. Er war nicht die schroffe und verstockte Witzfigur, als die ihn Premierminister Lloyd George in seinen Nachkriegsmemoiren zeichnete. Sein Festhalten an einer »Weststrategie« resultierte aus der klaren Einsicht in die strategischen Realitäten des Krieges: daß nämlich die britischen Interessen einen Sieg über die deutsche Armee erforderten und daß dies eben nur an der Westfront zu erreichen war. Sein Bemühen, hier alle Ressourcen zusammenzufassen, hieß nicht, daß R. für Großbritanniens Interessen im Empire oder für die Nachkriegsrolle des Landes kein Verständnis besaß – ganz im Gegenteil. Auch war ihm klar, daß es ein langwieriges und kostspieliges Unterfangen werden würde, einen derart mächtigen Gegner zu besiegen. Und gerade derartige Ratschläge wurden von seinem Premierminister immer weniger gerne vernommen, bis R. schließlich im Febr. 1918 aus dem Amt manövriert wurde.

J. M. BOURNE (Ü: M. P.)

Rohstoffbewirtschaftung. Schon bald nach Kriegsbeginn mangelte es an kriegswichtigen Roh- und Hilfsstoffen für den Bedarf der Massenheere, weshalb es zu staatlichen Eingriffen in die Wirtschaft kam, die unter dem Begriff der R. zusammengefaßt werden. Ziel war es, die Rohstoffressourcen eines Landes für die Zwecke der Kriegführung maximal zu nutzen, was mit weitestgehender Zurückdrängung des privaten Verbrauchs verbunden war. Dazu erfolgten Eingriffe des Staates in die Wirtschaft zur Beschlagnahme und Umverteilung der Vorräte bzw. zur Steigerung der Produktion oder zur Abgabe von aus bewirtschafteten Rohstoffen bestehenden Maschinen, Anlagen und Haushaltsgegenständen für eine sekundäre Rohstoffgewinnung. Handhabe boten größtenteils neu erlassene Rechtsvorschriften und Ermächtigungen sowohl von bereits bestehenden staatlichen Dienststellen oder militärischen Kommandobehörden als auch von neuen zivilen und militärischen Behörden oder halbstaatlichen, zivilen bzw. von der Wirtschaft getragenen und mit entsprechenden Befugnissen ausgestatteten Selbstverwaltungskörperschaften. Dabei ergaben sich zahlreiche Kompetenzkonflikte. Zudem traten schwerste Probleme bei der Abwägung zwischen militärischem und zivilem Verbrauch auf, denn mit der Existenz der Massenheere explodierte der Rohstoffbedarf geradezu. Abgaben an den zivilen Sektor wurden im Verlauf des Krieges weit zurückgedrängt, was die Lage der Bevölkerung teilweise dramatisch verschlechterte. Einige landwirtschaftliche Produkte wie tierische und pflanzliche Öle und Fette waren dabei sowohl Gegenstand der R. als auch einer Bewirtschaftung im Rahmen der Kriegsernährungswirtschaft, woraus ebenfalls Kompetenzkonflikte resultierten.

In Deutschland gab es vor dem Krieg – wie in anderen Staaten – keine konkreten Planungen für eine R. im Kriegsfall, die über die Anlage gewisser Vorräte z. B. an Kohle unmittelbar für Mobilmachung und strategischen Aufmarsch hinausgingen. Aber als sich schon in den ersten Kriegstagen Engpässe bei Kupfer und Sprengstoffen anbahnten, wurde der Großindustrielle Walther Rathenau von der AEG im Kriegsministerium vorstellig, mit dem Vorschlag, hier eine Kriegsrohstoffabteilung (KRA) zu gründen. Diese nahm bereits am 13. Aug. 1914 unter seiner Leitung ihre Tätigkeit als zentrale Lenkungs- und Entscheidungsstelle für alle Fragen zu kriegswichtigen Rohstoffen auf, indem sie Bestandserhebungen, Beschlagnahmungen und Enteignungen vorbereitete, durchführte und kontrollierte, Import und Produktion zu organisieren bzw. zu steigern suchte, Ersatzstoffe bereitstellte bzw. Freigaben erteilte. Dieser Totalitätsanspruch konnte jedoch von Anfang an nicht durchgesetzt werden.

Die KRA entwickelte sich aus bescheidenen Anfängen mit drei Mitarbeitern zu einer Behörde, die Mitte 1917 1.700 Beschäftigte (1918: 2.500) in fünf Unterabteilungen, der Chefsektion und 18 weiteren Sektionen (1918: 25) mit Abteilungen und Referaten, direkt zugehörigen Ämtern und Dienststellen sowie 3.000 Arbeitskräfte in ebenfalls unterstellten Kriegsgesellschaften umfaßte. Das erhebliche Warengeschäft der KRA machte ein eigenes Speditionsamt notwendig, das drei Hauptumladeplätze (Haspe bei Hagen, Frankfurt am Main und Mannheim) sowie über 200 Lager betrieb.

Die KRA als Teil des preußischen Kriegsministeriums stützte sich in ihrer Tätigkeit auf dessen Machtbefugnis als Ausfluß der Gesetze über den Belagerungszustand (Preußen 1851, Bayern 1912) und erließ auf dieser Basis Verfügungen. Außer mit direkten Enteignungen arbeitete die KRA bei der R. vor allem mit der Beschlagnahme, nach der eine Ware zwar im Eigentum des Besitzers verblieb, dessen Verfügungsgewalt aber dahin beschränkt wurde, daß sie nur für Zwecke der Kriegführung verwendet werden durfte bzw. beim Fehlen entsprechender Aufträge an andere Unternehmen verkauft werden mußte. Zur Kontrolle dienten monatliche Meldungen der Betriebe, und ab Okt. 1915 wurde eine Lagerbuchhaltung eingeführt. Nicht nur bei Beschlagnahmungen wurden die Stellvertretenden Generalkommandos in die Arbeit der KRA einbezogen. Mit der Beschlagnahme einher ging die Gründung von Kriegsgesellschaften.

Beschlagnahmungen und Enteignungen erstreckten sich auch auf Rohstoffe in Form von Teilen produzierender Maschinen und Anlagen sowie Haushaltsgegenständen. Buntmetalle, aber auch Gummi, bestimmte Textilien oder Transmissionsriemen unterlagen schon bald der Erfassung. Dadurch wurden zahlreiche Produktionsprozesse behindert, was aufgrund volkswirtschaftlicher Fernwirkungen sogar zu größeren Schädigungen der Kriegswirtschaft führen konnte als die Verwertung der meist geringen Rohstoffmengen einbrachte. Natürlich versuchte man auch in den besetzten Gebieten, die Rohstoffe in den Dienst der deutschen Kriegswirtschaft zu stellen. Demontagen von Buntmetallen erfolgten dabei oftmals rücksichtsloser als in Deutschland, wobei eine schwere Schädigung des ausländischen Industriepotentials häufig bewußt in Kauf genommen wurde. Dies stand oft im Widerspruch zu Bemühungen von anderen Teilen der Besatzungsbehörden, eine Rohstoffproduktion wieder aufzunehmen bzw. zu erhöhen. Demontagen von Kupferdächern, auch von Kirchen und Klöstern, führten im Generalgouvernement Belgien zu einem Konflikt mit der katholischen Kirche, was auch Auswirkungen auf die Beziehungen zum Vatikan hatte. Von großer Bedeutung für die R. waren auch die Holzvorräte in Russisch-Polen und das Erdöl in Rumänien. Ein Effekt der R. war neben der Entwicklung neuer Recycling-Kapazitäten und der Ausnutzung wenig ertragreicher Vorkommen wie z. B. die phosphatarmen Erze im Lahn-Dill-Gebiet, in Thüringen und im Harz, Molybdän in Werdenfelsen, Wolfram in Sachsen oder Graphit bei Passau auch der Einsatz sog. Ersatzstoffe. Auch wenn sie meistens die Erwartungen nicht erfüllen konnten und bald nach dem Krieg wieder verschwanden, wurden in einigen Fällen aber auch Grundlagen für neue Produktionszweige geschaffen. Basierend auf vor 1914 abgeschlossenen Forschungen konnten die Ammoniaksynthese (Haber-Bosch-Verfahren) sowie die Kalkstickstoffsynthese (Frank-Caro-Verfahren) unter Verwendung des Luftstickstoffs die bis dahin fast vollständig vom Chile-Salpeter abhängige Sprengstoff- und Stickstoffdüngemittelherstellung auf eine importunabhängige Basis stellen. Die großtechnische Gewinnung von Aluminium schuf die Möglichkeit, daß das Leichtmetall an der Stelle von Kupfer verwendet werden konnte und z. B. im Luftfahrzeugbau spezifische Einsatzgebiete fand.

Die R. blieb in Deutschland nicht auf die KRA beschränkt. Dabei ergaben sich Interessen- und Zielkonflikte durch den klassischen Gegensatz zwischen Militärischem und Zivilem, wobei sich die Trennlinien mit der zunehmenden Militarisierung der Gesellschaft im Krieg zu verschieben bzw. aufzulösen begannen. Die KRA war einerseits als Teil des Kriegsministeriums militärische Institution, andererseits waren eine Reihe ihrer Ämter sowie vor allem die Kriegsgesellschaften halbstaatliche, von der Wirtschaft getragene Selbstverwaltungskörperschaften und somit eher zivil.

Höchstpreise hatten für Rohstoffe im Gegensatz zum Nahrungsmittelsektor, wo sie sehr zahlreich erlassen wurden, geringere Bedeutung. Für Buntmetalle galten sie vom Ende 1914 bis Mitte 1915 und dann wieder ab Mitte 1916, während Chemikalien nur für zivile Zwecke einem Preislimit unterlagen. Allein für schwefelsaures Ammoniak galt ein Höchstpreis ab Ende 1914, für Salpeter nur während einiger Monate, und erst 1916 folgten künstliche Düngemittel und Schwefelsäuren. Die Juni 1917 eingeführten Höchstpreise für Eisen und Stahl wurden weitgehend vom Deutschen Stahlbund, einer industriellen Interessenvertretung, vorgeschrieben und waren zudem nicht mit Sanktionen gegen Überschreitungen gekoppelt, was die Wirkung fast paralysierte. Diese Höchstpreispolitik war auch Ausdruck der Tatsache, daß die R. seitens der Mehrzahl der Verantwortlichen von der Frage der Kriegsfinanzierung relativ losgelöst als rein materiell-stoffliches Problem gesehen und eine Kostenexplosion meist hingenommen wurde. Dies war eine der Ursachen für das Haushaltsdefizit mit seinen katastrophalen inflationären Wirkungen. Warnungen vor allem seitens des Reichsschatzamtes, des preußischen Finanzministeriums und der Reichsbank wurden gewöhnlich unter Hinweis auf die militärische Zwangslage entkräftet.

Mitte des Krieges kam es im Zusammenhang mit der Bildung der 3. OHL zur Formulierung des Hindenburg-Programms, das auch zu Veränderungen in der R. führte. Um die Forderung des Generalstabs nach einer maximalen Bereitstellung von Kriegsmaterial erfüllen zu können und angesichts des Kompetenzenwirrwars, wurde am 1. Nov. 1916 das Kriegsamt als zentrale, dem preußischen Kriegsminister unmittelbar unterstellte Behörde gegründet. Es umfaßte als dem Chef jeweils direkt zugeordnete Bereiche neben der KRA gleichrangig das Kriegsersatz- und Arbeitsdepartement, das Waffen- und Munitions-Beschaffungsamt (WUMBA), das Bekleidungsbeschaffungsamt, die Abteilung für Aus- und Einfuhr sowie die Abteilung für Volksernährung. Damit wurden die Säulen der Rüstungswirtschaft einschließlich der R. einer einheitlichen Aufsicht unterstellt. Doch auch die neue Behörde vermochte den permanenten Rohstoffmangel nicht zu beseitigen.

Mit Kriegsende wurde die R. nicht sofort beendet, sondern in einem komplizierten Prozeß im Zusammenhang mit der Demobilisierung nur schrittweise abgebaut. Die Produktionsschwierigkeiten im Inland bestanden weiter, durch die Revolutionskämpfe und den Krieg im Baltikum wurden mehr Waffen,

Munition und Ausrüstungen verbraucht als anfänglich durch die Auflösung des Feldheeres frei wurden. Zudem blieb die alliierte Blockade nicht nur bestehen, sondern wurde durch die Unterbrechung des Seeweges nach Skandinavien sowie das Verbot der Küstenschiffahrt noch verschärft. Im April 1919 erfolgte eine gewisse Lockerung, und erst mit der Unterzeichnung des Versailler Vertrages wurde die Blockade ganz aufgehoben. Mit den Währungsproblemen der Nachkriegszeit sowie der Deformierung der Außenwirtschaftsbeziehungen aufgrund der Reparationslieferungen bekam die Rohstoffproblematik dann eine neue Qualität.

Im Übergang von der Monarchie zur Weimarer Republik wurde Ende Dez. 1918 der Stab des Kriegsamtes aufgelöst. Die KRA fand eine gewisse organisatorische Fortsetzung unter ihrem ehemaligen Chef, Joseph Koeth, der als Leiter des am 12. Nov. 1918 gegründeten Reichsamtes für die wirtschaftliche Demobilmachung wesentliche Weichenstellungen für den Abbau der Kriegswirtschaftsstrukturen einschließlich der R. vornahm.

Die österreichisch-ungarische R. entwickelte sich nicht nur ähnlich der deutschen, sondern in direktem Zusammenhang aufgrund der Beziehungen zu dem Hauptverbündeten, wobei zusätzliche Probleme besonders durch den Dualismus bestanden. Das mit Kriegsbeginn erlassene Außenhandelsembargo betraf auch den Warenverkehr mit Deutschland. Auf einer Konferenz am 24. Sept. 1914 in Berlin wurde deshalb von Vertretern beider Staaten nicht nur die Aufhebung beschlossen, sondern auch festgelegt, daß in Österreich und Ungarn Rohstoffbezugsgesellschaften ins Leben zu rufen waren. Sie wurden in Form der sog. Zentralen größtenteils aus bestehenden industriellen Kartellvereinigungen in Form gemeinnütziger Aktiengesellschaften mit privatem Kapital bei Dividendenbeschränkung gebildet, in deren Aufsichtsräten das Kriegs- und Handelsministerium vertreten waren. Insgesamt gab es 16 industrielle Rohstoffzentralen und mehr als 50 weitere, neu gegründete Organisationen bis Kriegsende. Staatlicherseits wurden die Zentralen speziell vom Handelsministerium koordiniert. Nach einiger Zeit kam es hier zur Bildung des Generalkommissariats für Kriegs- und Übergangswirtschaft sowie der interministeriellen Kommission für Kriegs- und Übergangswirtschaft. Doch all diese Maßnahmen konnten nicht verhindern, daß Österreich-Ungarn 1918 in eine Rohstoffkrise stürzte, die seine militärischen Kräfte wesentlich schwächte und mit zu seinem Zusammenbruch beitrug.

In Großbritannien ging man im Aug. 1914 davon aus, daß der Krieg keine große Beeinträchtigung des Wirtschaftslebens bringen und sich alles durch Marktkräfte regeln werde. Die Regierung besaß mit dem aus viktorianischer Zeit stammenden Army Act die Möglichkeit der Requirierung von Vorräten, was auch die formale Basis für Eingriffe in die Wirtschaft bot. Das wurde ergänzt durch den neuen und mehrfach erweiterten Defence of the Realm Act, der Beschlagnahmungen von Waffen, Munition und anderen kriegswichtigen Produkten sanktionierte und später auch staatliche Produktionsbefehle möglich machte. Da aber der Bedarf nicht gedeckt werden konnte und auch der Seekrieg die Zufuhr zu beeinträchtigen begann, kam es 1915 zu weiterreichenden Maßnahmen. Im Juni wurde David Lloyd George erster Minister of Munitions; unter seiner Leitung begann man, die gesamte Industriekapazität unter Einschluß der R. in die Kriegswirtschaft einzubeziehen. Auf dem Gebiet der R. bedeutete das die Kontrolle privater Betriebe, Ausdehnung des staatlichen Sektors sowie Beschlagnahmungen, wobei letztere aufgrund der stark gestörten, aber nicht unterbrochenen weltwirtschaftlichen Beziehungen nie Umfang und Schärfe wie in Deutschland annahmen. Dasselbe gilt für Frankreich, wo angesichts des katastrophalen Mangels an Kriegsmaterial 1915 ein »Munitionsministerium« geschaffen wurde, welches unter der Leitung des sozialistischen Abgeordneten Albert Thomas stand. → *Hindenburg-Programm* → *Kriegsamt* → *Kriegsgesellschaften* → *Munitionskrise*

Lit.: O. Goebel, Deutsche Rohstoffwirtschaft im Weltkrieg, Stuttgart 1930; G. D. Feldman, Armee, Industrie und Arbeiterschaft in Deutschland 1914 bis 1918, Berlin/Bonn 1985.

REINHOLD ZILCH

Rolland, Romain, * Clamecy (Département Nièvre) 29.1.1866, † Vézelay (Département Nièvre) 30.12.1944, französischer Schriftsteller. – R. wurde als Sohn einer republikanisch gesinnten Notarsfamilie im Burgund geboren. Im Jahre 1886 bestand er die Aufnahmeprüfung für die École Normale Supérieure. Er absolvierte dort ein Studium der Geschichte und Geographie. 1889 ging er als Stipendiat an die École Française de Rome. Während seines zweijährigen Aufenthaltes in Rom lernte er Malwida von Meysenburg kennen, die ihm die deutsche Musik und Philosophie nahebrachte und sein Deutschlandbild nachhaltig prägte. 1895 wurde er in Paris im Fach Musikwissenschaften promoviert. Parallel zu seiner Lehrtätigkeit an der École Normale Supérieure und an der Sorbonne schrieb R. erste historische Dramen und literarische Künstlerbiographien, zunächst jedoch ohne großen Erfolg. Zwischen 1901 und 1914 verfaßte er neben mehreren Essays auch sein Hauptwerk, den zehnbändigen Bildungsroman *Jean-Christophe* (1904-1912), in dem er Europa als Synthese Frankreichs und Deutschlands darstellte. Der Roman wurde 1913 mit dem Preis der Académie française ausgezeichnet und stieß auf eine breite internationale Resonanz.

Seit Juni 1914 hielt sich R. in der Schweiz auf und entschied sich nach dem Kriegsausbruch, nicht nach Frankreich zurückzukehren, sondern in Genf zu bleiben, wo er für das Rote Kreuz arbeitete. Im Aug. und Sept. 1914 schrieb er für *Le Journal de Genève* Artikel zur europäischen Politik. So polemisierte er etwa Anfang Sept. gegen Gerhart Hauptmanns Unterstützung der deutschen Aggression und forderte von den deutschen Intellektuellen eine klare Verurteilung der völkerrechtswidrigen deutschen Kriegführung in Belgien. 1915 erschien eine Sammlung seiner Essays unter dem Titel seines berühmtesten Aufsatzes *Au-dessus de la mêlée*. Hierin würdigte R. den Opfermut der jüngeren Generation im Weltkrieg und prangerte zugleich den Verrat der älteren Generation an der Jugend sowie das Versagen der Sozialisten und der Kirchen an.

Mit seinen Artikeln im *Journal de Genève* tat R. sich als einer der wenigen Fürsprecher des Pazifismus während des Krieges hervor und wurde damit zu einem in Frankreich unter den Intellektuellen heftig kritisierten Außenseiter. Erst im Mai 1919 gestatteten ihm die Behörden die Rückkehr nach Paris. Sein Engagement für Frieden und Völkerverständigung hatte dem Autor des *Jean-Christophe* jedoch bereits 1915 den Literaturnobelpreis eingebracht.

Während seines Aufenthalts in der Schweiz trat R. mit zahlreichen Pazifisten anderer Länder in Kontakt; im Jahr 1916 gründete er gemeinsam mit Henri Guilbeaux die pazifistische Zeitschrift *Demain*. Sein Engagement als pazifistischer Intellektueller schildert R. in dem autobiographischen Roman *Clerambault* (1920).

Nach seiner Rückkehr nach Frankreich wurde er zur Identifikationsfigur des linken Pazifismus. Allerdings war er wegen seiner von vielen als »defätistisch« empfundenen »neutralen« Haltung während des Krieges und wegen seines selbstgewählten Exils weiterhin umstritten. Dies führte zu heftigen Auseinandersetzungen mit seinem größten literarischen Konkurrenten, dem Schriftsteller Henri Barbusse, über den Sinn und die Notwendigkeit der Gewaltanwendung als Mittel der Politik. Erst Ende der 1920er Jahre kam es unter dem Eindruck der politischen Auseinandersetzung mit dem Faschismus zu einer Annäherung zwischen den Positionen.

Lit.: M. Klepsch, Romain Rolland im Ersten Weltkrieg. Ein Intellektueller auf verlorenem Posten, Stuttgart 2000.

NICOLAS BEAUPRÉ

Rommel, Erwin, * Heidenheim an der Brenz 15.11.1891, † (erzwungener Selbstmord) Herrlingen (heute zu Blaustein) 14.10.1944, deutscher Offizier (seit 1942 Generalfeldmarschall). – Der Sohn eines Gymnasiallehrers avancierte 1911 zum Leutnant in einem württembergischen Infanterieregiment. Schon an der Westfront 1914/15 mehrfach wegen persönlicher Tapferkeit ausgezeichnet, erwarb er 1917 an der Isonzofront bei der Erstürmung des Monte Matajur die höchste deutsche Tapferkeitsauszeichnung, den Orden »Pour le mérite«, und wurde zum Hauptmann befördert. In die Reichswehr übernommen, durchlebte R. als Kompaniechef, dann als Taktiklehrer an der Infanterieschule Dresden den langen Verwendungs- und Beförderungsstau eines Berufsoffiziers in der Weimarer Republik. Seine Kriegserfahrungen verarbeitete er in dem Bestseller *Infanterie greift an* (1937), in dem er für eine bewegliche Gefechtsführung und dazu für eine Motorisierung des deutschen Heeres eintrat. Die Vorbehalte seiner Offiziersgeneration gegenüber einer politisch gespaltenen und militärisch schwachen Republik ließen auch ihn nach 1933 die vom Nationalsozialismus angestrebte geschlossene Volksgemeinschaft im Innern und die Rückgewinnung der militärischen Handlungsfähigkeit nach außen bejahen. Operative Begabung in der modernen Panzerkriegführung förderten im Frankreich- und Afrikafeldzug (1940-42) seinen Aufstieg zu einem der populärsten Generale des Zweiten Weltkriegs. Erst das militärische Scheitern des Reiches erschütterte schließlich das Vertrauen des altgedienten Soldaten in die politische Führung und öffnete den Weg zu einer Opposition aus militärischer Verantwortung heraus.

Lit.: D. Fraser, Rommel. Die Biographie, Berlin 1995.

BRUNO THOSS

Roques, Pierre Auguste, * Marseillan (Département Hérault) 20.12.1856, † St. Cloud (bei Paris) 26.2.1920, französischer General (Kriegsminister). – R. erwarb sich bei seiner Karriere in der Kolonialarmee erste große Verdienste als engster Mitarbeiter von General Gallieni bei der Befriedung und Erschließung Madagaskars in den 1890er Jahren. Hier war er für den Aufbau einer technischen Infrastruktur zuständig. Ab 1909 Divisionsgeneral und im Kriegsministerium für die technischen Truppen zuständig, spezialisierte er sich auf Fragen des militärischen Flugwesens. Er gilt in Frankreich als Schöpfer der Luftwaffe. Während des Krieges zunächst Kommandierender General (1915), erhielt R. schließlich 1916 das Kommando über die 1. Armee. Im selben Jahr wurde er Nachfolger Gallienis als Kriegsminister und vermittelte erfolgreich zwischen den Militärs und dem auf stärkere Kontrolle zielenden Parlament. Dies gelang, weil er den Ruf hatte, ein »guter Mensch« zu sein. 1917 noch mit der Führung der 4. Armee in Lothringen betraut, nahm er krankheitshalber Ende des Jahres seinen Abschied. R. erhielt die besondere Ehre einer Bestattung im Invalidendom in Paris.

GERD KRUMEICH

Rotes Kreuz. Das rote Kreuz auf weißem Grund ist im Kriege ein Neutralitäts- und damit ein Schutzzeichen. Moslemische Staaten führen den roten Halbmond auf weißem Grund anstelle des roten Kreuzes, um das christliche Symbol zu vermeiden. Das Osmanische Reich hatte den Roten Halbmond auf weißem Grund während des Russisch-Türkischen Krieges von 1877/78 eingeführt und verwendete dieses Zeichen auch während des Weltkrieges.

Unter der Sammelbezeichnung R. verstand man bis zum Ende des Weltkrieges auch allgemein die Vereinigungen, die sich der freiwilligen, d. h. vor allem der ehrenamtlichen, Krankenpflege im Kriege und deren Vorbereitung im Frieden als Aufgabe gestellt hatten. Die Vereine des R. verstanden sich im Falle eines Krieges als zivile Ergänzung und als Entlastung des militärischen Sanitätswesens. Zweck war es, durch die Delegation von Sanitätsdiensten an Zivilisten Soldaten für die Front freizubekommen. In Deutschland bestanden bis zum Ende des Krieges ver-

Deutsches Feldlazarett in Vigneulles (Maas)

schiedene Landesvereine vom R., die locker unter dem Dach des Zentralkomitees der Deutschen Vereine vom R. zusammengefaßt waren. Es gab gemischte wie getrennte Männer- und Frauenvereine vom R., Adel und Bürgertum waren die hauptsächlichen sozialen Träger. Die Schwesternschaften vom R. widmeten sich schon im Frieden hauptamtlich der Krankenpflege. Die Ritterorden wie die Malteser und Johanniter gehörten in einem weiteren Sinne gleichfalls zum R. Das R. unterhielt Sanitätskolonnen, die schon im Frieden im zivilen Krankentransport und Rettungswesen tätig waren und die im Krieg zum Verwundetentransport in der Heimat und im Etappengebiet eingesetzt wurden.

Am Beginn der Geschichte des R. steht der schweizerische Geschäftsmann Henry Dunant (1828-1910). Aus eigenem Erleben (Schlacht von Solferino, 1859) prangerte Dunant in seinem 1862 erschienen Buch *Un Souvenir de Solférino* die Mißstände im Militärsanitätswesen der Zeit an. Dunants Erinnerungen, die zahlreiche Auflagen und Übersetzungen erlebten, hatten eine nachhaltige öffentliche Wirkung. Es kam zur Gründung von privaten Hilfsvereinigungen und zum Abschluß von zwischenstaatlichen Verträgen mit dem Ziel, das Los der Kriegsopfer zu mildern. In der »Konvention, die Linderung des Loses der im Felddienste verwundeten Militärpersonen betreffend« (1. Genfer Konvention) wurde 1864 erstmals völkerrechtsverbindlich vereinbart, daß Personen, Sachen und Orte, die dem Sanitätswesen dienen, mit dem R. gekennzeichnet werden sollen. Das Sanitätswesen der verfeindeten Parteien sollte sich nun im Kriege allgemein um die Verwundeten und Kranken kümmern, seien sie Freund oder Feind. Mit der Genfer Konvention, der im Verlauf der Zeit fast alle Staaten der Welt beitraten, begann die Entwicklung eines universellen humanitären Völkerrechts. Die Konvention wurde in der Folge immer wieder durch Zusatzprotokolle ergänzt und neu gefaßt. Im Weltkrieg war die (2.) Genfer Konvention aus dem Jahre 1906 gültig. Diese ermöglichte etwa den Einsatz des R. neutraler Staaten auf dem Boden kriegführender Länder. Dem Amerikanischen R. wurde es damit bis zum Kriegseintritt der USA 1917 möglich, auf beiden Seiten der Front zu helfen.

Hauptzweck der deutschen R.-Vereinigungen war die Betreuung von Verwundeten und Kranken. Dies erfolgte in eigener Regie und unter Oberaufsicht der deutschen Militärbehörden. Dazu wurden schon im Frieden Mobilisierungspläne erstellt, die als organisatorische Grundlage für den Kriegseinsatz dienten. Nach Ausbruch des Krieges stiegen die Mitgliederzahlen drastisch an. Die verschiedenen R.-Vereinigungen betrieben Lazarettzüge, mit denen die Verwundeten und Kranken in die Heimat gebracht wurden, außerdem Vereinslazarette und Genesungsheime, in denen die Soldaten wiederhergestellt werden sollten. In den Lazaretten organisierte das R. Beschäftigungstherapie für Schwerbeschädigte. Damit bereitete man die Kriegsversehrten gleichzeitig auf ihre Übernahme in »Verwundetenschulen« vor, in denen dann eine berufliche Rehabilitation im Rahmen der Kriegsinvalidenfürsorge erfolgen sollte. Daneben gab es Fürsorgemaßnahmen für die aktiven Soldaten im Rahmen der Truppenbetreuung in Soldatenheimen. Solche Einrichtungen bestanden im Heimatgebiet, in der Etappe und in Frontnähe. Das R. unterhielt Verbandsstationen, Erfrischungsstellen und Übernachtungsheime an Bahnhöfen. Es leistete durch seine Sammeltätigkeit außerdem einen Beitrag zur Kriegswirtschaft. Das R. leistete gleichfalls im Zusammenwirken mit staatlichen und kommunalen Stellen im Rahmen der »Kriegswohlfahrtspflege« Sozialarbeit, indem es finanzielle und materielle Unterstützung für die Familien bereitstellte, deren Väter als Soldaten dienten. Es bemühte sich gleichfalls um Arbeitsbeschaffung für die Frauen eingezogener Männer. Im wesentlichen wurden in Heimarbeit Textilien, vor allem Unterwäsche und Socken, hergestellt. Das R. unterhielt Beratungsstellen für Kriegerwitwen. Die Linderung der sozialen Auswirkungen des Krieges betrachtete man aber von seiten des R. als staatliche Aufgabe. Die Arbeit im Rahmen des Sanitätsdienstes und der Truppenbetreuung wurden dagegen zu den eigentlichen Aufgaben der Organisation gerechnet. Zur Finanzierung seiner Tätigkeit verkaufte das R. u. a. »R.-Marken« und veranstaltete Nagelungen von Bildern und Holzskulpturen.

Durch die zahlreichen Aktivitäten gewann das Zeichen des R. eine bis dahin nicht bekannte Allgegenwärtigkeit und Bekanntheit. Zur Ikone des Weltkrieges wurden die sich für den verwundeten Krieger aufopfernden Helferinnen, die in der Tracht des R. ehrenamtlich wirkten. Das R. war in Deutschland bis zum Ende des Weltkrieges aufs engste mit den regierenden Fürstenhäusern verwoben. Im Rahmen ihres allgemeinen sozialen Engagements wirkten besonders deren weibliche Familienangehörige. Durch seine gesellschaftliche Nähe zum Adel und durch die Fixierung auf seine Rolle als faktischer Teil des militärischen Sanitätswesens geriet das R. in Deutschland nach dem Krieg allerdings in eine schwere Krise, durch die Revolution von 1918/19 brach die gesellschaftliche Grundlage des R. weg. Erst im Laufe der 1920er Jahre erholte sich das R. durch eine Neustrukturierung und durch Übernahme anderer Tätigkeitsfelder allmählich wieder. 1921 fand in ganz Deutschland eine Vereinheitlichung der Gesamtsstrukturen statt, das sich von da an Deutsches R. (DRK) nannte.

Das rein schweizerische Internationale Komitee vom Roten Kreuz (IKRK) mit Sitz in Genf wirkte während des Krieges als neutraler Vermittler zwischen den Kriegsparteien und deren nationalen Gesellschaften. Im Rahmen eines Suchdienstes für vermißte Soldaten und Zivilisten schuf das IKRK eine Auskunftsstelle in Genf, die für alle Fragen zuständig war, die Kriegsgefangene betrafen. Kriegsgefangenenfragen, soweit sie die deutsch-russische Front aufwarf, wurden von einer vom Dänischen R. in Kopenhagen aus betreuten Agentur bearbeitet. Das IKRK ermöglichte gleichfalls die Kriegsgefangenenfürsorge durch R.-Gesellschaften neutraler Staaten. Das Schwedische R. machte sich so besonders um die deutschen Kriegsgefangenen in Rußland verdient. Über das IKRK wurde auch der Austausch verwundeter Kriegsgefangener organisiert. Nach den Erfahrungen des Weltkrieges, der nur eine zwischenstaatliche Arbeit des R. mittels Einschaltung von R.-Gesellschaften neutraler Staaten kannte, begann man 1919 damit, parallel zum Völkerbund eine überstaatliche Organisationsstruktur zu schaffen (»Liga der R.-Gesellschaften« u. a.), die der Ausgangspunkt des sich von da entwickelnden Internationalen R. werden sollte. → *Genfer Konvention* → *Nagelungen* → *Sanitätswesen*

Lit.: D. Riesenberger, Für Humanität in Krieg und Frieden. Das Internationale Rote Kreuz 1863-1977, Göttingen 1992; D. Riesenberger, Das Deutsche Rote Kreuz. Eine Geschichte 1864-1990, Paderborn 2002.

WINFRIED MÖNCH

Rumänien. 1859 aus der Vereinigung der beiden Donaufürstentümer Moldau und Walachei entstanden – hatte sich R. aus den großen diplomatischen Krisen und kriegerischen Erschütterungen, die den Balkan seit dem Ende des 19. Jahrhunderts erfaßten, herauszuhalten versucht. Auch am Balkanbund Serbiens, Griechenlands, Bulgariens und Montenegros, der 1912 dem Osmanischen Reich den Krieg erklärte, beteiligte sich das Land nicht. Angesichts des bulgarischen Erfolges im Balkankrieg 1912, der zu einem erheblichen Gebietszuwachs des südlichen Nachbarn zu führen schien, verlangte Bukarest für die im Kriege bewahrte Neutralität allerdings eine territoriale Kompensation zu Lasten Bulgariens. Als die Verbündeten des Balkanbundes sich über die Aufteilung der dem Osmanischen Reich entrissenen Gebiete nicht einig werden konnten und es zum zweiten Balkankrieg Serbiens, Montenegros und Griechenlands gegen Bulgarien kam, schloß sich auch R. der antibulgarischen Koalition an. Im Frieden von Bukarest vom 19. Okt. 1913, in den Bulgarien nach der schnellen Niederlage gegen die Übermacht der einstigen Verbündeten einwilligen mußte, erhielt R. die geforderte territoriale Kompensation in Gestalt der (mehrheitlich von Bulgaren und Türken bewohnten) südlichen Dobrudscha zugesprochen.

In seiner außenpolitischen Orientierung blieb das Land auch nach dem Balkankrieg bei seiner Zugehörigkeit zum 1883 geschlossenen Dreibund mit Österreich und Deutschland. Allerdings verlor diese Bündnisorientierung in der Praxis zunehmend an Wert und schon vor dem Ausbruch des Weltkriegs hatten sich Akzentverlagerungen in der außenpolitischen Orientierung angedeutet. So verbesserten sich die Beziehungen zu Rußland, welches die antibulgarische Allianz im zweiten Balkankrieg unterstützt hatte, spürbar. Auf die österreichische Kriegserklärung an Serbien am 28. Juli 1914 antwortete Bukarest nicht, wie von den Mittelmächten erhofft, mit der Bereitschaft zur Kriegsallianz. In wortgetreuer Auslegung der Dreibund-Vereinbarungen, die eine Verpflichtung zur Hilfe nur für den Fall eines Angriffes Österreich-Ungarns nach sich gezogen hätte, blieb man vielmehr neutral. Die politischen Kräfte des Landes waren über die Frage der Haltung zum Krieg gespalten gewesen. Die Liberalen unter dem einflußreichen Ministerpräsidenten Ionel Brătianu favorisierten zwar die

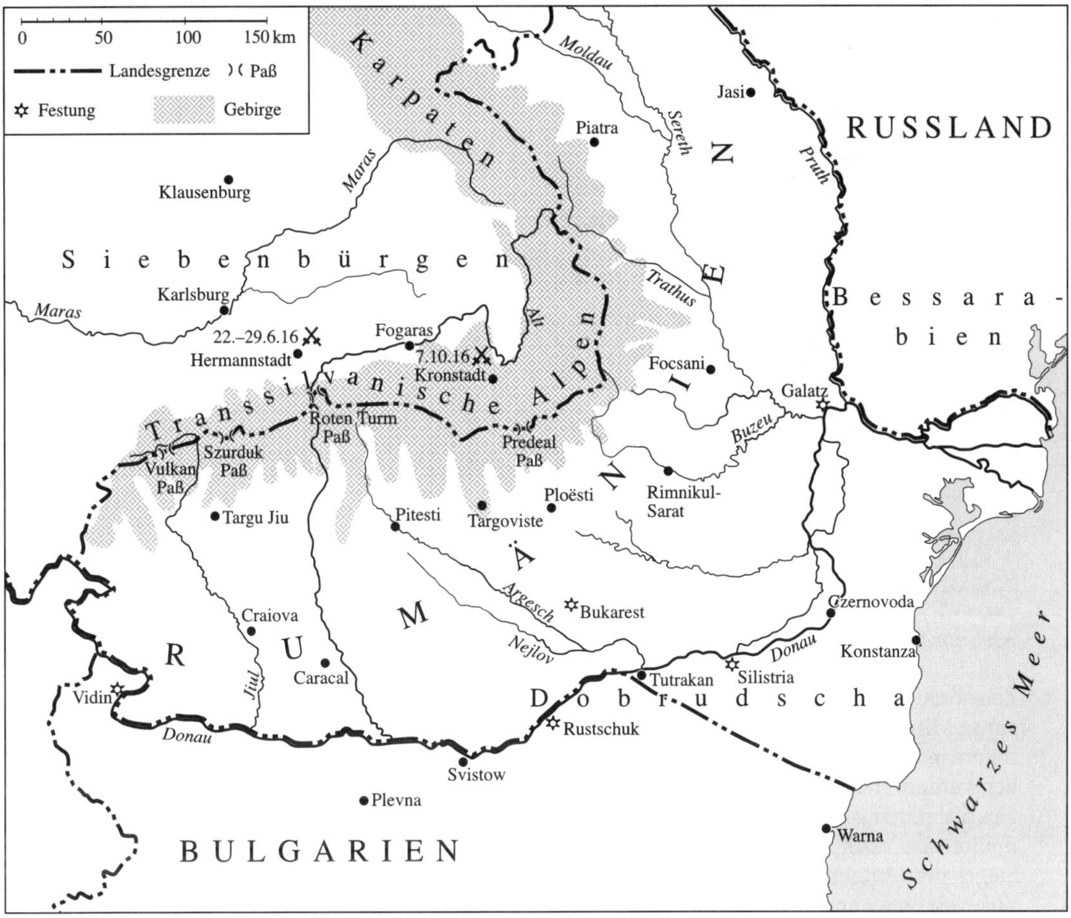

Rumänien (1916)

Annäherung an die Entente, hielten aber den Zeitpunkt für eine Kriegsbeteiligung noch nicht für gekommen. Innerhalb der zweiten großen Partei des Landes, den Konservativen, stand eine Minderheit, die zur Kriegsbeteiligung auf seiten der Entente riet, einem eher germanophilen Zentrum gegenüber, das ebenfalls der Neutralität zuneigte. Zu den wenigen Politikern, die für eine Kriegsbeteiligung auf seiten der Mittelmächte eintraten, gehörte auch der deutschfreundliche König Carol I., der sich jedoch nicht gegen die Neutralitätspolitik von Ministerpräsident Brătianu durchzusetzen vermochte.

Trotz der rumänischen Neutralitätserklärung suchten jedoch beide Kriegskoalitionen das Land auf ihre Seite zu ziehen. Die Mittelmächte setzten nicht nur auf die enge ökonomische Verflechtung des Landes mit Deutschland und Österreich. Sie hofften vor allem auf den Einfluß König Carols, drohten aber auch mit einer Unterstützung der bulgarischen Forderungen bezüglich der Dobrudscha. Auch die Entente suchte R. zur Aufgabe seiner Neutralität zu bewegen. Rußland sicherte Bukarest in einem am 1. Okt. 1914 geschlossenen Abkommen bereits für das Versprechen, auf keinen Fall auf seiten der Mittelmächte gegen Rußland in den Krieg zu ziehen, russische Unterstützung für seine Gebietsansprüche in Siebenbürgen (einschließlich dem Banat) sowie auf Teile der Bukowina zu. Insbesondere im Laufe des Frühjahrs 1916 wurde der Druck vor allem Frankreichs und Rußlands stärker. Dabei stellte man – wenn auch noch recht vage – eine Erfüllung der rumänischen Territorialerwartungen hinsichtlich Siebenbürgens und der Bukowina in Aussicht. Brătianu war nicht prinzipiell gegen eine rumänische Kriegsbeteiligung. Der Krieg bot R. auch die Chance zur »großrumänischen Einigung«, d. h. dem Einschluß der zu Österreich gehörenden Gebiete Siebenbürgens und der Bukowina, und dieses Ziel ließ sich nur im Kriegsbündnis mit der Entente gegen Wien erreichen. Mit seiner Politik der »abwartenden Neutralität« suchte Brătianu nach einem möglichst späten

Schlachtfeld vor Târgovişte (Rumänien). 1916

Zeitpunkt für einen rumänischen Waffengang. Mit dem Kriegseintritt Bulgariens auf seiten der Mittelmächte im Okt. 1915 schließlich veränderten sich die Rahmenbedingungen der rumänischen Neutralität nachhaltig, mußte man doch befürchten, im Falle eines Sieges der Mittelmächte der im Frieden von Bukarest gewonnenen Gebiete südlich der Donau wieder verlustig zu gehen. Aufgrund der veränderten Umstände und angesichts der territorialen Avancen, welche die Entente R. für eine Beteiligung am Kriege gegen die Mittelmächte machte, gab R. seine Neutralität schließlich auf und schloß sich am 17. Aug. 1916 der Entente an. Als Folge der rumänischen Kriegserklärung an Österreich-Ungarn am 27. Aug. 1916 folgten im Gegenzug, der Logik der Bündnisverträge folgend, die Kriegserklärungen Deutschlands, Bulgariens sowie des Osmanischen Reiches an R.

Gleichwohl war der Krieg für Bukarest ein militärisches Wagnis. Die Armee war nicht hinreichend vorbereitet. Ihre Ausrüstung und die Qualifikation der Offiziere ließen einen großen Krieg kaum zu. Die mangelhafte Infrastruktur, vor allem der Eisenbahn, erschwerte die Kriegsführung. Nach anfänglichen Erfolgen, die schnell zur Eroberung weiter Teile Siebenbürgens führten, geriet der Vorstoß der Armee schließlich ins Stocken. Die massive Gegenoffensive unter Falkenhayn in Siebenbürgen sowie der Vorstoß der verbündeten deutschen, österreichischen und bulgarischen Armeen in der Dobrudscha unter Mackensen drängten die rumänische Armee in die Defensive. Zum Jahresende 1916 hin war mehr als die Hälfte des Landes von den Truppen der Mittelmächte besetzt; auch die Hauptstadt Bukarest geriet unter deren Herrschaft. Ferdinand, der seinem (Adoptiv-)Vater Carol nach dessen Tod im Okt. 1914 auf dem Thron gefolgt war, mußte – ebenso wie die Regierung – die Hauptstadt verlassen und nach Iasi ausweichen. Zur Kapitulation allerdings vermochten die Mittelmächte das Land nicht zu zwingen. Im Gegenteil, trotz der schwierigen militärischen Lage gelang es der Regierung, die Rumänen noch einmal zu mobilisieren: zum einen kündigte Ferdinand im Frühjahr 1917 für die Zeit nach dem Krieg eine Agrarreform an und konnte so die bäuerliche Bevölkerung für eine Fortführung des Krieges einnehmen. Zum anderen wurde mit französischer Hilfe binnen kurzer Zeit die Armee reorganisiert und aufgerüstet. Im Sommer 1917 kam die Offensive Mackensens bei Mărăşesti zum Stehen. Obgleich dieser später heroisierte Erfolg des rumänischen Generals Averescu sicherlich ein wichtiger psychologischer Erfolg war, konnte er dennoch nicht die Wende des Krieges herbeiführen. Nach dem Ausscheiden Rußlands aus dem Krieg in Folge der Oktoberrevolution verschlechterte sich die Situation von R. weiter. Am 10. Nov. 1917 willigte R. in einen Waffenstillstand ein.

Der Friedensvertrag vom 7. Mai 1918 sah nicht nur territoriale Einbußen in der Dobrudscha und im Grenzgebiet zu Österreich-Ungarn vor, sondern er beließ das Land auch unter militärischer Verwaltung der Mittelmächte; zudem verlangte er von R. erhebliche wirtschaftliche Reparationen. Die sich im Herbst 1918 beschleunigende Niederlage der Mittelmächte ließ den Friedensvertrag jedoch hinfällig werden. Am 10. Nov. trat die bereits demobilisierte rumänische Armee erneut auf seiten der Entente in den Krieg ein, ohne jedoch bis zum endgültigen Abzug der deutschen Truppen Anfang Dez. 1918 noch einmal in größere Kampfhandlungen verwickelt zu werden. Nach Kapitulation, Besetzung des Landes und einem oktroyierten Friedensvertrag beendete das Land den Krieg schließlich doch noch auf seiten der siegreichen Entente. Die wichtige Position, welche R. in den Nachkriegsplanungen der Alliierten, vor allem Frankreichs, einnahm und seine zentrale strategische Lage für die in Gang befindliche Intervention gegen das bolschewistische Rußland ließen die Ententemächte selbst auf maximalistische Forderungen Bukarests eingehen. Beim Abschluß der Pariser Vorortverträge erhielt R. Siebenbürgen (einschließlich des Banats), die Bukowina, Bessarabien und die südliche Dobrudscha zugesprochen und hatte sich damit seinen Traum von einem »România Mare« (Groß-R.) erfüllt. Das Territorium des Staates hatte sich mehr als verdoppelt, seine Bevölkerung gar verdreifacht. Zugleich aber war aus dem vorher ethnisch weithin homogenen Königreich ein Vielvölkerstaat geworden, in dem mehr als 1/4 der Bevölkerung Minderheiten angehörte. Innenpolitische Integrationsprobleme und ein wachsender Revisionismus der Nachbarn Ungarn und Bulgarien sollten die Geschichte R. in der Zwischenkriegszeit bestimmen und ihre Wirkungen auch in der Vorgeschichte des Zweiten Weltkriegs entfalten. → *Bukarest* → *Kronstadt*

Lit.: E. Bornemann: Der Friede von Bukarest 1918, Frankfurt a. M. 1978; K. Hitchins, Rumania: 1866-1947, Oxford 1994; Géneral Henri Berthelot et Romania: mémoires et correspondance, 1916-1919, hg. v. G. E. Torrey, New York 1987.

WOLFGANG HÖPKEN

Rupprecht, * München 18.5.1869, † Leutstetten 2.8.1955, Kronprinz von Bayern, preußischer und bayerischer Generalfeldmarschall. – 1886 trat R. in das bayerische Infanterieleibregiment als Leutnant ein. Danach studierte er in München und Berlin, unter anderem bei Graf Hertling und Hans Delbrück. Die weitere militärische Ausbildung erfolgte im Rahmen der Prinzenerziehung. 1899 wurde er Oberst, 1906 General der Infanterie und Kommandierender General des I. bayerischen Armeekorps; 1913 wurde der nunmehrige Kronprinz zum Generalinspekteur der 4. Armeeinspektion ernannt. Am 2. Aug. 1914 übernahm er das Kommando über die in Lothringen aufmarschierende 6. Armee, die ab Sept. in Nordfrankreich kämpfte. 1916 stand sie in der Abwehr der Somme-Offensive. Im Aug. desselben Jahres wurde R. schließlich zum Generalfeldmarschall ernannt, und er übernahm die neugebildete Heeresgruppe Kronprinz R. von Bayern; diese trug die Hauptlast der Frühjahrsoffensive von 1918. Den Sturz der Wittelsbacher Dynastie in Bayern erlebte R. im Nov. 1918 im Hauptquartier. Nach dem Krieg Hoffnungsträger königstreuer und partikularistischer Kreise in Bayern, verhielt sich R. jedoch politisch zurückhaltend. Ab 1923 kam es zu einer scharfen ehrengerichtlichen Auseinandersetzung mit Erich Ludendorff, deren Hintergrund Kriegskontroversen und Ludendorffs politisches Agieren in Bayern waren. Nach Repressionen durch die Nationalsozialisten emigrierte R. schließlich von 1939 bis 1945 nach Italien.

MARKUS PÖHLMANN

Russische Revolution. Ursächlich für das Ende der Autokratie in Rußland war die Tatsache, daß Armee, Wirtschaft und politisches System des Landes den Anforderungen des Weltkrieges nicht gewachsen waren. Einer der wichtigsten unmittelbaren Gründe war der rapide Vertrauensverlust, den das Regime während der Kriegsjahre in allen Schichten der Bevölkerung hinzunehmen hatte. Während die Lage an der militärischen Front immer ernster wurde, ein tiefer Gegensatz zwischen Zar Nikolaj II. und der Staatsduma sich herausbildete und die kriegswirtschaftliche Versorgungskrise zu einer zunehmenden Verschärfung der langfristig angelegten sozialen Gegensätze führte, geriet die Politik unter den Einfluß der Zarin und ihrer Hofkamarilla. Trotz wachsender Unzufriedenheit in den Oberschichten und der zunehmenden Streikbereitschaft der Arbeiter kam der endgültige Sturz der Romanow-Dynastie durch das Petrograder Proletariat im März 1917 (nach dem in Rußland geltenden julianischen

Kalender im Febr.) für jedermann überraschend.

Am 8. März brachen in der Hauptstadt Streiks und Unruhen aus, die sich rasch zum Generalstreik ausweiteten und bereits am 11. März auf die Petrograder Garnisonstruppen übergriffen. Am folgenden Tag schlossen sich auch die Einheiten, die auf Befehl Nikolajs II. in die Hauptstadt entsandt worden waren, der Meuterei an. Die Entscheidung war damit bereits gefallen. Noch am selben Tag riefen sozialistische Politiker die Aufständischen zur Wahl von eigenen Delegierten auf und beraumten die erste Sitzung des Petrograder Rates (russ.: Sowjet) der Arbeiter- und Soldatendeputierten an. Ebenfalls am 12. März wurde ein Provisorisches Dumakomitee einberufen. Beide Seiten verständigten sich auf ein gemeinsames politisches Programm, u. a. auf eine vollständige politische Amnestie und die Einführung der bürgerlichen Freiheitsrechte. Am 15. März wurde eine provisorische Regierung gebildet, die bis zum Zusammentritt einer verfassunggebenden Versammlung die Amtsgeschäfte übernehmen sollte. Nikolaj II. erklärte seinen Rücktritt zugunsten seines Bruders Michail, der am 16. März ebenfalls auf den Thron verzichtete. Die Provisorischen Regierungen unter G. E. Lwow und A. F. Kerenski versuchten in der Folge, die weitere Teilnahme Rußlands am Krieg mit demokratischen Reformen im Innern zu kombinieren. Sie scheiterten vor allem daran, daß sie auf die beiden wichtigsten Probleme nicht adäquat reagierten: die Kriegsmüdigkeit der Bevölkerung und die ungelöst gebliebene Landfrage.

Die Handlungsfähigkeit der Provisorischen Regierung war von Anfang an in entscheidenden Fragen von der Zustimmung des Petrograder Sowjets abhängig, nach dessen Vorbild in allen größeren Städten Arbeiter- und Soldatenräte gebildet wurden, die ihrerseits den lokalen Selbstverwaltungsorganen gegenübertraten. Die von Sozialrevolutionären und Menschewiki dominierten Sowjets betrachteten sich als Kontrollorgan der Massen gegenüber der als »bürgerlich« begriffenen Regierung. Es kam zu einem als »Doppelherrschaft« bezeichneten Schwebezustand zwischen der Provisorischen Regierung und den Sowjets. Dem stellten die Bolschewiki seit der Rückkehr Lenins aus dem Schweizer Exil am 16. April die Forderung nach einem Bruch mit der Provisorischen Regierung und einer Machtübernahme durch die Sowjets entgegen. Der bolschewistische Slogan »Alle Macht den Räten« gewann immer mehr an Popularität, weshalb es Sozialrevolutionären und Menschewiki zunehmend schwer fiel, ihre Linie durchzusetzen. Das Scheitern der Kerenski-Offensive führte zu einer weiteren Destabilisierung der inneren Lage. In der Hauptstadt forderten bewaffnete Demonstranten Mitte Juli den Sturz der Provisorischen Regierung und die Machtübernahme durch den Petrograder Sowjet. Die Unruhen wurden blutig niedergeschlagen. Die Bolschewiki, die für die Protestaktion teilweise verantwortlich waren, erlitten eine schwere Niederlage. Viele ihrer Führer wurden verhaftet, Lenin floh nach Finnland. Die Provisorische Regierung wurde umgebildet und Kerenski zum Ministerpräsidenten ernannt. Der im Sept. unternommene Putschversuch des General Kornilow trieb Kerenski nach links und führte zur Rehabilitierung der Bolschewiki, die im Petrograder und Moskauer Sowjet erstmals die absolute Mehrheit errangen. Lenin hielt nun die Zeit für gekommen, im Namen der Sowjets die Macht zu ergreifen. Am 23. Okt. fiel im Zentralkomitee nach heftigen Debatten die Entscheidung für den bewaffneten Aufstand. In der Nacht vom 6. auf den 7. Nov. (nach russischem Kalender am 24./25. Okt.) besetzten Soldaten und bewaffnete Arbeiterbrigaden auf Befehl des Militärischen Revolutionskomitees des Petrograder Sowjets die strategischen Punkte der Stadt, ohne auf nennenswerten Widerstand zu stoßen. Die Mehrzahl der Regierungsmitglieder wurde verhaftet. Unter Protest verließen daraufhin Menschewiki und Sozialrevolutionäre am 8. Nov. den 2. Allrussischen Sowjetkongreß, der noch am selben Tag die Regierung dem neu konstituierten bolschewistischen Rat der Volkskommissare übertrug. Die Machtübernahme in Petrograd war damit vollzogen, in Moskau erfolgte sie nach einer Woche heftiger Kämpfe. In der Nacht vom 8. auf den 9. Nov. wurden die ersten Dekrete der Sowjetmacht erlassen. Im *Dekret über den Frieden* wurde der allgemeine Waffenstillstand, im *Dekret über den Boden* die Aufteilung des Großgrundbesitzes angekündigt. Ein ernsthaftes Hindernis auf dem Weg zur Alleinherrschaft beseitigten die Bolschewiki Anfang Jan. 1918 durch die Auflösung der demokratisch gewählten Konstituierenden Versammlung. Von einer stabilen Herrschaft waren die Bolschewiki jedoch vorerst weit entfernt. Im Frieden von Brest-Litowsk (3. März 1918) verzeichnete Rußland gewaltige Gebietsverluste, im anschließenden Bürgerkrieg geriet das

Land an den Rand des völligen Zusammenbruchs. → *Friede von Brest-Litowsk* → *Kerenski-Offensive*

Lit.: M. Hildermeier, Die russische Revolution: 1905-1921, Frankfurt a. M. 1989; R. Kowalski, The Russian Revolution: 1917-1921, London 1997; R. A. Wade, The Russian Revolution, 1917, Cambridge 2000.

Hildegard Kochanek

Sabotage (frz.: sabot: Holzschuh, Bremsklotz), im Kriege versteht man hierunter Aktionen, durch die ein Staat nachhaltig geschwächt werden soll. – Zu unterscheiden ist zwischen S. ausgeübt durch Angehörige von Feindmächten (Agenten, Kriegsgefangene usw.) und S. durch Personen der eigenen Nation. Im Weltkrieg wurde S. überwiegend durch feindliche Agenten ausgeführt. Für die Planung und Durchführung von S.aktionen waren in der Regel die Nachrichtendienste zuständig. Als technische S. galten Anschläge auf militärische, wirtschaftliche und industrielle Einrichtungen und Verkehrsknotenpunkte. Im Weltkrieg waren die meisten Nachrichtendienste an S.aktionen an der Front und im Heimatgebiet des Gegners beteiligt. Eine geheime Außenstelle des französischen »Deuxième Bureau« in Bern organisierte die S. in Deutschland. Vermutlich gingen die Explosionen im Sprengstoffwerk Griesheim-Elektron in Frankfurt am Main (1917) und in der Kartuschierfabrik Plauen auf das Konto der französischen S. Seit 1917 formulierten deutsche militärische Stellen immer wieder den Vorwurf, französische Kriegsgefangene würden gezielt von Paris aus zur S. angestiftet.

Die Engländer nutzten zu S.zwecken eine als Schiffahrtskontor getarnte Organisation, die ihren Sitz in Rotterdam hatte. Die deutschen Besatzungsbehörden in Belgien reagierten auf den dort von England und Frankreich organisierten Schmuggel wehrfähiger Männer mit drakonischer Härte. Die Militärgerichte verhängten zahlreiche Todesurteile. In dem Bestreben, die amerikanischen Rüstungslieferungen nach Europa zu behindern, führten deutsche Agenten in den USA S.aktionen durch. Unter anderem wegen des Verdachts der Paßfälschung und der Installation von Sprengstoff auf Frachtschiffen mußten Ende 1915 deutsche Diplomaten das Land verlassen. Die schweren Explosionen im Munitionsdepot Black Tom (1916) und in der Rüstungsfabrik Kingsland (1917), die man der deutschen S. zuschrieb, lösten in der amerikanischen Öffentlichkeit Empörung aus. Der Streit um eine angemessene Entschädigung für die letztlich ungeklärten Unglücksfälle kam nach Kriegsende vor die Mixed Claims Commission und belastete die deutsch-amerikanischen Beziehungen bis Ende der 30er Jahre. Die durch S. erzeugten materiellen Schäden – soweit überhaupt nachweisbar – waren weit weniger bedeutsam als die im Zuge der S.diskussionen in verschiedenen Ländern festzustellende Hysterie. S.gesetze, wie man sie in England (1914) und Amerika (1918) verabschiedete, dienten weniger der Bekämpfung der Feind-S., als vielmehr der Kontrolle und Bestrafung von mißliebigen Kriegs- und Regimegegnern.

Gundula Bavendamm

St. Mihiel-Bogen, Frontbogen südöstlich von Verdun, zwischen 12. und 15. Sept. 1918 Schauplatz der ersten selbständigen Offensive des amerikanischen Expeditionskorps (AEF). – Der von Combres über St. Mihiel nach Pont-à-Mousson verlaufende Bogen hatte seit Beginn des Stellungskrieges 1914 bestanden. Er unterbrach die von Süden nach Verdun verlaufenden französischen Verkehrsverbindungen und stellte eine ständige Flankenbedrohung für die Festung dar. Im Rahmen der alliierten Generaloffensive an der Westfront im Herbst 1918 wurde der 1. US-Armee unter General Pershing mit 18 Divisionen (darunter vier französische) die Wegnahme des St. M. übertragen. Hierzu sollten die den Bogen verteidigenden Verbände der Armeeabteilung C (Fuchs) durch eine Zangenbewegung von Westen und von Süden eingeschlossen werden. Die Amerikaner waren an Infanterie, Artillerie und Tanks zahlenmäßig weit überlegen, doch waren ihre Soldaten und Stäbe teilweise ohne jede Kampferfahrung.

Die deutsche Verteidigung war tief gestaffelt, doch wurde die Kampfkraft der sieben Divisionen (darunter eine österreichische) als gering eingeschätzt. Für den Fall eines drohenden Angriffs war deshalb eine Sehnenstellung in der Woëvre-Ebene (»Michel-Stellung«) angelegt worden, auf die sich die Armeeabteilung C zurückziehen sollte. Obwohl die amerikanischen Absichten erkannt wurden, verzögerte sich die Einleitung des Rückzugs. So wurde die Front am Morgen des 12. Sept. rasch durchbrochen und die deutschen Verbände mußten sich kämpfend zurückziehen. Lediglich auf der Combres-Höhe konnte die Linie zunächst gehalten werden. Schon am folgenden Tag gelang beiden amerikanischen Angriffskeilen die Vereinigung. Die deutschen Verluste beliefen sich auf 17.000 Mann (davon allein 13.000 Gefangene), bei der AEF auf rund 7.000 Mann. Die zunächst geplante Fortsetzung des Angriffs auf den M. kam nicht zustande, da die 1. US-Armee für die bevorstehende Maas-Argonnen-Offensive verlegt wurde. → *Maas-Argonnen-Offensive*

MARKUS PÖHLMANN

Salandra, Antonio, * Troia (Provinz Foggia) 13.8.1853, † Rom 9.12.1931, italienischer Politiker (Ministerpräsident). – Der aus Apulien stammende Rechtsanwalt und spätere Professor für Verwaltungswissenschaften und -recht war seit 1886 Abgeordneter der Rechtsliberalen unter Sidney Sonnino. S. bekleidete mehrfach das Amt eines Staatssekretärs bzw. Ministers und nahm stets für eine vermittelnde Rolle zwischen den Führern der Liberalen Partei, Sonnino und Giolitti, ein. So wurde er im März 1914 Ministerpräsident.

Seine Amtszeit stellte den Übergang zwischen Krieg und Frieden dar. S. war zusammen mit den Außenministern San Giuliano (bis Okt. 1914) und Sonnino ein Vertreter der liberalkonservativen Richtung und zeigte keine ideologischen Vorbehalte gegenüber Militär oder Politik. Im Bemühen, das Maximum an Vorteilen für Italien zu erreichen, ließ er sich allein von realpolitischen Erwägungen leiten.

S. war kein Interventionist, auch hegte er weder ausgesprochene Sympathien für die Entente noch Antipathien gegenüber Österreich-Ungarn. Einen gemeinsamen Kriegszug mit Österreich schloß er allerdings sofort aus, und so wägte er lange das Für und Wider von Neutralität und Intervention ab. Als Österreich-Ungarn nach langem Zögern endlich eine gewisse Bereitschaft zur Abtretung von italienischen Gebieten im Tausch für die erhoffte Neutralität zeigte, war es bereits zu spät: Am 26. April 1915 unterzeichnete die Regierung S. den Londoner Geheimvertrag. Am 3. Mai kündigte Italien den Dreibund auf und am 13. Mai kündigte S. seinen Rücktritt an, nachdem ein letzter Versuch Giolittis und der Neutralisten zur Friedenswahrung gescheitert war. Die Interventionisten hatten endgültig die Oberhand gewonnen.

Am 20. Mai wies der König das Rücktrittsgesuch S.s zurück, worauf das Parlament diesem die erbetenen Vollmachten übertrug. Schließlich erklärte Italien am 23. Mai 1915 Österreich-Ungarn den Krieg.

MARIO ISNENGHI (Ü: C. Z.)

Saloniki, Hafenstadt in Nordgriechenland. Seit Okt. 1915 Stützpunkt der sog. Orient-Armee der Entente. – Die multinationale Kampagne der Entente gegen Bulgarien wurde seit Ende 1915 in unwirtlichem Gelände gekämpft und verharrte über weite Strecken im Patt; die Soldaten litten vor allem an Krankheiten. Im Sept. 1918 gelang der Entente schließlich ein plötzlicher und entscheidender Durchbruch.

Nachdem Bulgarien Garantien über territoriale Gewinne im makedonischen Teil Serbiens erhalten hatte, unterzeichnete seine Regierung am 6. Sept. 1915 einen Bündnisvertrag mit den Mittelmächten und machte am 23. Sept. die Truppen mobil. Im Angesicht dieser Bedrohung wandte sich Serbien an Großbritannien und Frankreich mit dringender Bitte um militärische Unterstützung. Gleichzeitig appellierte auch der griechische Premierminister Eleutherios Venizelos – gegen den erklärten Willen seines prodeutschen Königs Konstantin – an die Alliierten, damit Griechenland seinen Vertragsverpflichtungen gegenüber Serbien nachkommen konnte. Hierauf entsandten Frankreich und Großbritannien ein gemeinsames Expeditionskorps (Orient-Armee) nach Griechisch-Makedonien. Doch schon am 5. Okt., dem Tag, an dem die ersten Einheiten in S. landeten, trat Venizelos von seinem Amt zurück.

Unmittelbar nachdem Großbritannien und Frankreich am 15./16. Okt. Bulgarien den Krieg erklärt hatten, machte der kleine alliierte Verband zwar einen begrenzten Vorstoß nach Serbien, doch konnte er keine wirkliche Unterstützung bieten. Die serbische Armee wurde von den Bulgaren im Osten und von österreichischen und deutschen Verbänden im Norden schwer bedrängt und mußte sich unter schrecklichen Bedingungen durch Albanien an die Adriaküste zurückziehen. Von hier wurden mehr als 200.000 Soldaten, Kriegsgefangene und Flüchtlinge im März 1916 von alliierten Schiffen nach Korfu evakuiert. Bis dahin hatte sich der französisch-britische Verband, der von General Maurice Sarrail befehligt wurde, auf eine ausgedehnte befestigte Stellung um S. zurückgezogen, die von den Deutschen spöttisch »das größte Interniergslager der Welt« genannt wurde.

Nachdem die Alliierten dort mehrere Monate in der Verteidigung verharrt hatten, stießen sie im April 1916 auf die serbische Grenze vor. Durch die Ankunft von italienischen, russischen und serbischen Kontingenten in der zweiten Jahreshälfte verbesserte sich ihre Lage zusehends. Im Okt. errichtete Venizelos in S. eine provisorische Regierung und bot weitere 23.000 Mann auf, wodurch sich die Gesamtstärke des Kontingents auf 350.000 Mann erhöhte. Den einzigen bedeutenden Erfolg erzielten die Serben, als sie mit französischer und russischer Unterstützung am 19. Nov. Monastir zurückeroberten. Damit verlief die Front von dort bis zum Strymonischen Golf (östlich von Chalkidike). Krankheiten, vor allem Malaria, setzten den Truppen schwer zu; beim britischen Kontingent etwa betrugen die Verluste durch Kampfhandlungen nur ca. 5 % der Ausfälle durch Krankheiten.

Eine weitere alliierte Offensive begann im Frühjahr 1917, erwies sich jedoch als kostspieliger Fehlschlag. König Konstantin dankte ab und noch im Juni desselben Jahres erklärte Griechenland den Mittelmächten den Krieg. Im Dez. wurde Sarrail durch Marie-Louis Guillaumat abgelöst, dem es gelang, die Moral der Truppen aufzurichten und die Verbindung zwischen den alliierten Kontingenten wiederherzustellen. Ihm folgte im Juni 1918 General Louis Franchet d'Esperey, ein Offizier mit Angriffsgeist und strategischer Befähigung. Nachdem es diesem endlich gelungen war, die Zustimmung der Entente-Regierungen zu erreichen, leitete er am 15. Sept. die entscheidende Offensive ein. Zwei Wochen später, am 30. Sept. 1918, unterzeichneten die Bulgaren einen Waffenstillstand – der erste von Deutschlands Verbündeten war aus dem Feld geschlagen. → *Bulgarien* → *Griechenland*

PETER SIMKINS (Ü: M. P.)

Samsonow, Alexander Wassiljewitsch, * 14.11.1859, † bei Neidenburg 30.8.1914, russischer General. – S. war Absolvent der Nikolajewsker Kavallerieschule (1877) und der Akademie des Generalstabs (1884). Im Russisch-Japanischen Krieg von 1904/05 wurde er Kommandeur einer Brigade, später einer Division der Sibirischen Kosaken. Von 1907-09 Ataman der Donkosaken, war er von 1909-14 Generalgouverneur von Turkestan und Kommandant des Turkestaner Militärbezirkes. Im Aug. 1914 befehligte S. die 2. Armee, die von Russisch-Polen aus gegen Ostpreußen vorstieß. Aufgrund der ungenügenden Abstimmung mit der Nachbararmee (Rennenkampf) gelang es der deutschen 8. Armee unter Hindenburg und Ludendorff Ende Aug., die Armee von S. bei Tannenberg einzuschließen und zu vernichten. Auf dem Höhepunkt der Schlacht verließ S. mit seinem Stab das russische Hauptquartier und erschoß sich in einem Wald bei Neidenburg.

DITTMAR DAHLMANN

San Giuliano, Antonino Paternò Castello Marchese di, * Catania 1852, † Rom 17.10.1914, italienischer Politiker (Außenminister). – S.s politische Laufbahn begann in den Reihen der Rechtsliberalen, als in Sizilien zahlreiche politische Persönlichkeiten von nationalem Rang hervortraten, unter ihnen Francesco Crispi. Seit 1882 Abgeordneter, wurde er 1892 Unterstaatssekretär, 1898 Minister der reaktionären Regierung des Generals Pelloux. S. war ein entschiedener Befürworter der italienischen Kolonialpolitik und einer möglichen Expansion auf dem Balkan. Außenpolitisch kompetent, war er 1905-06 zum ersten Mal Außenminister, dann vier Jahre lang Botschafter in London und Paris. Ab 1910 diente er unter verschiedenen Regierungen immer wieder als Außenminister.

S. erreichte eine Annäherung Italiens an Großbritannien und Frankreich, obwohl er noch 1912 den Dreibund mit Österreich-Ungarn und dem Deutschen Reich erneuert hatte. Die Expansion nach Afrika gelang mit dem siegreichen Krieg in Libyen (1911/12). Nach der Einnahme des Dodekanes brüskierte Italien Österreich durch seinen Vorstoß nach Albanien und in die untere Adria.

Nach Ausbruch des Weltkriegs riet S. der liberal-konservativen Regierung zunächst von einer Intervention ab. Er sah das Verhalten der Habsburgermonarchie als aggressiv und nicht abgesprochen an, so daß Italien nicht verpflichtet sei, sich an seine Bündnisverpflichtungen zu halten. Kurz vor seinem Tod suchte er noch nach Wegen, die für Italien vorteilhafte Lage auszunutzen: Für die Beibehaltung der Neutralität sollte Deutschland einer Kompensation Italiens in Gestalt von Territorien aus dem Besitz Österreich-Ungarns zustimmen. Zugleich sollten die Kontakte zu den Ententemächten jedoch nicht abgebrochen werden. S.s Nachfolger Sidney Sonnino folgte dieser Doppelstrategie.

MARIO ISNENGHI (Ü: C. Z.)

Sanitätswesen. Aus dem anfänglich lediglich für einen Bewegungskrieg geplanten S. entwickelte sich unter dem Druck der extrem hohen Verluste der ersten Kriegsmonate und der Erstarrung der Westfront mit der Zeit ein tief gestaffeltes System medizinischer Versorgung: Krankenträger brachten die Verwundeten zu frontnahen Verbandsplätzen, wo in der Regel nur eine einfache Wundversorgung stattfand. Von dort aus ging es in die Feldlazarette, die wichtigsten Institutionen der Krankenversorgung. Unter den Lazaretten gab es schließlich teilweise sehr spezialisierte Einrichtungen, so etwa für Gaskranke oder Kriegsneurotiker. Weiter entfernt von der Front lagen, in geringerer Zahl, die sog. Kriegslazarette. Dieses System war bei allen kriegführenden Staaten ähnlich organisiert, wobei mit der Verbreiterung der Fronten auch die Entfernung der Feldlazarette von der jeweiligen Front immer größer wurde.

Im Verlauf des Krieges kamen auf deutscher Seite rund 24.000 Ärzte zum Einsatz, denen auf alliierter Seite allein im Westen rund 30.000 Feldärzte gegenüberstanden. Dazu kam eine nicht quantifizierbare Zahl von Soldaten im Sanitätsdienst, freiwilligen Krankenpflegern (auf deutscher Seite gut 200.000, überwiegend Schwestern), Zahnärzten, Apothekern und Krankenträgern. Letztere wurden häufig im frontnahen Krankentransport ein bevorzugtes Ziel gegnerischer Scharfschützen und gehörten vermutlich zu den gefährdetsten Personengruppen im Heer überhaupt. Die hohe Zahl des mobilisierten medizinischen Personals ließ sich nur mit Hilfe der freiwilligen Krankenpflege, der Mobilisierung von Studenten (im deutsche Heer als »Feldunterärzte« ab dem 7. Semester) und auf Kosten der zivilen Krankenversorgung, die etwa in Frankreich praktisch zusammenbrach, realisieren. Nach Millionen zählten die im Verlauf des Krieges für den Krankentransport verwendeten Lasttiere, die um frontnahe Feldbahnen, Lazarettzüge für den Rücktransport und allmählich auch um Lastwagen ergänzt wurden.

Die Zahl der für die medizinische Versorgung zentralen Feldlazarette nahm zwar zu, allerdings weniger stark als die Stärke des Heeres: Standen auf deutscher Seite im Aug. 1914 den 79 Infanteriedivisionen 389 Feldlazarette gegenüber (1 : 4,9) so waren es 1918 235 Infanteriedivisionen zu 588 Lazaretten (1 : 2,5).

Entsprechend dem technologisierten Kampfgeschehen des Weltkrieges entwickelten sich auch neuartige medizinische Herausforderungen. Zunächst übertrafen, historisch ein Novum, dank moderner Hygiene und Therapeutik die Verluste durch Kampfhandlungen im Krieg die durch Kriegsseuchen hervorgerufenen Ausfälle. Allerdings waren die Kampfhandlungen selbst gefährlicher geworden: Gingen im Burenkrieg noch etwa 90 % der Verwundungen auf relativ gut therapierbare Schußverletzungen zurück, so waren im Weltkrieg 85 % der Verwundungen durch Artilleriegeschosse verursacht, die durch die weiträumigen Zerstörungen des Gewebes das Problem der Wundinfektionen radikalisierten. Diesen wiederum ließ sich durch die zunehmende Verwendung von Tetanus-Antitoxin begegnen. Insgesamt war das Verhältnis von Verwundungen zu Todesfällen, daß man für das 19. Jahrhundert mit etwa 4 : 1 ansetzen kann, im Weltkrieg mit 3 : 1 und darunter weitaus ungünstiger. Hinzu kamen neuartige Verletzungen, wie die durch Kampfgase. Zu bemerken ist auch, daß die für die Armee effektiven Methoden der Seuchenkontrolle beson-

Anhänger zur Kennzeichnung eines Verwundeten – »Handgranatenverletzung beider Beine«. 1916

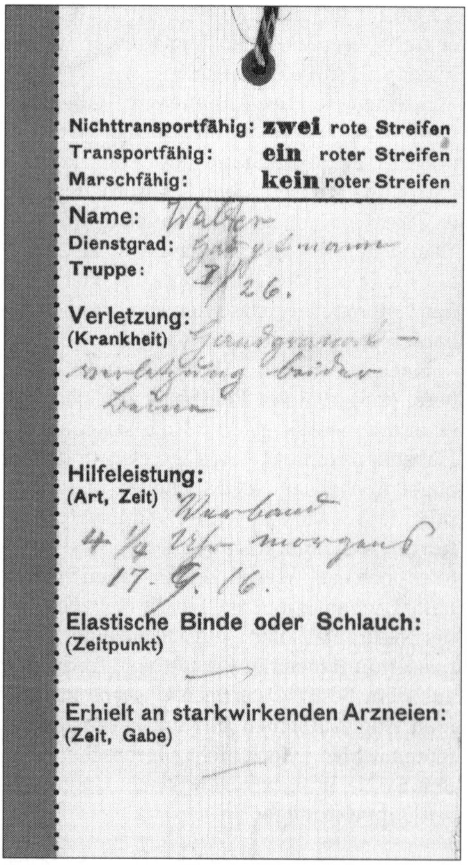

ders im von Deutschland besetzten Osten häufig zu Lasten der Zivilbevölkerung durchgeführt wurden. So zeigen sich etwa in der Fleckfieberbekämpfung bereits Charakteristika, wie sie später der nationalsozialistischen Gesundheits- und Bevölkerungspolitik zu eigen sein sollten. → *Epidemien* → *Rotes Kreuz*

Lit.: J. S. Haller, Farmcarts to Fords. A History of Military Ambulance 1790-1925, Carbondale 1992; Die Medizin und der Erste Weltkrieg, hg. v. W. U. Eckart/C. Gradmann, Pfaffenweiler 1996; I. R. Whitehead, Doctors in the Great War, Barnsley 1999.

CHRISTOPH GRADMANN

Sarajevo, Hauptstadt der k. u. k. Länder Bosnien und Herzegowina. – Die Annexion Bosnien-Herzegowinas 1908 durch Österreich-Ungarn hatte die Stimmung in Serbien wie auch in der serbischen Bevölkerungsgruppe in Bosnien stark gegen die Doppelmonarchie eingenommen. Die Radikalisierung hatte zur Bildung von gewaltbereiten Geheimgesellschaften wie der von serbischen Militärkreisen protegierten »Schwarzen Hand« geführt. Diese plante, den österreichischen Thronfolger, Erzherzog Franz Ferdinand, anläßlich seines Besuchs in S. am 28. Juni 1914 zu ermorden.

Anlaß für die Visite waren Korpsmanöver, die Franz Ferdinand für eine Huldigungsreise in die bosnische Hauptstadt nutzen wollte. Obwohl die Sicherheitslage als kritisch galt, waren die Maßnahmen zum Schutz des Erzherzogs und der ihn begleitenden Ehefrau Sophie Herzogin von Hohenberg ungenügend. Entlang der bekannt gewordenen Route durch die Stadt hatten sich insgesamt sechs Attentäter positioniert, die aus serbischen Beständen mit Pistolen bzw. Bomben ausgerüstet worden waren. Die Fahrt vom Bahnhof führte den Autokonvoi zunächst zum Rathaus; das Thronfolgerpaar fuhr dabei im offenen Wagen. Am Appelkai angelangt, passierte der Konvoi den Attentäter Nedeljko Cabrinović, der eine Bombe auf den Wagen des Thronfolgers schleuderte. Diese prallte allerdings am Fond ab und explodierte unter dem nachfolgenden Fahrzeug, wodurch drei der Insassen und Passanten verletzt wurden. Anstatt sich schnell vom Ort des Attentats zu entfernen, ließ Franz Ferdinand seinen Wagen stoppen, um sich nach den Opfern zu erkundigen. Auch das weitere Programm wurde nicht abgebrochen, sondern protokollgemäß durchgeführt. Die Sicherung des Konvois blieb unverändert, auch die Herzogin setzte die Fahrt an der Seite ihres Mannes im offenen Wagen fort. Die anderen Attentäter waren nach dem ersten Anschlag geflüchtet oder hatten das Opfer aus den Augen verloren. Aufgrund der veränderten Route verfuhr sich nun das erste Fahrzeug, so daß die Kolonne stoppen und rückwärts rangieren mußte. Dabei kam das Auto des Thronfolgers zufällig vor einem der verbliebenen Attentäter, dem Studenten Gavrilo Princip, zu stehen. Dieser zog sofort seinen Revolver und feuerte zwei Schüsse auf die Herzogin und den Erzherzog. Beide brachen getroffen zusammen und starben noch in derselben Stunde. Wie schon der erste Attentäter wurde auch Princip überwältigt, bevor er seine Absicht, sich mit einer mitgeführten Giftkapsel selbst zu töten, realisieren konnte.

Bei den politischen und militärischen Entscheidungsträgern in Wien wich der Schock bald dem Kalkül, die weltweite Erschütterung über den Mord diplomatisch gegen Serbien zu nutzen. Am 23. Juli wurde der Regierung in Belgrad ein Ultimatum gestellt, in dem sich die Serben unter anderem verpflichten sollten, gegen antiösterreichische Organisationen vorzugehen, belastete Staatsdiener zu entlassen und die gerichtlichen Untersuchungen unter Hinzuziehung österreichischer Regierungsvertreter zu führen. Nachdem Serbien das Ultimatum abgelehnt hatte, erklärte Österreich-Ungarn am 28. Juli den Krieg. Die weltpolitische Wirkung des Attentats war außerordentlich. Allerdings macht jede tiefergehende Beschäftigung mit der Geschichte des Ersten Weltkriegs deutlich, daß der Mord nicht die eigentliche Ursache des Krieges war, sondern vielmehr ein auslösendes Moment in einer ohnehin explosiven politischen Situation in Europa.

Im Zuge der österreichischen Ermittlungen wurden alle Verschwörer verhaftet. Dabei gelang es den Ermittlern zwar nicht, eine direkte Beteiligung der serbischen Regierung zu belegen. Eine Verwicklung des Chefs des serbischen Militärgeheimdienstes, Oberst Dragutin Dimitrijević (alias Apis), gilt aber als wahrscheinlich. Im Prozeß wurden schließlich 25 Männer angeklagt. Neben hohen Gefängnisstrafen wurden auch fünf Todesurteile verkündet, von denen drei vollstreckt wurden. Die beiden Attentäter Princip und Cabrinović wurden, da sie die Minderjährigkeit vor der Todesstrafe schützte, zu 20 Jahren Festungshaft verurteilt. Beide starben noch im Verlauf des Krieges in der Haft an Tuberkulose.

Lit.: V. R. Berghahn, Sarajewo, 28. Juni 1914: der Untergang des alten Europa, München 1997; L. Cassels, Der Erzherzog und sein Mörder. Sarajevo, 28. Juni 1914, Wien u. a. 1988.

MARKUS PÖHLMANN

Sarrail, Maurice, * Carcassonne 6.4.1856, † Paris 23.3.1929, französischer General. – S. war zeit seines Lebens ein politisch engagierter und der republikanischen Linken nahestehender Militär. Nach der Dreyfus-Affäre war er involviert in die »Republikanisierung der Armee«. In den Jahren nach 1905 war S. zunächst Direktor der Militärakademie von Saint-Maixent und von 1907 bis 1911 Leiter der Infanterieabteilung im Kriegsministerium. Zu Beginn des Weltkriegs erhielt er das Kommando über die 2. Armee, die für die Verteidigung von Verdun zuständig war. Einige Monate vor dem deutschen Angriff auf Verdun erhielt S. das Oberkommando über das französische Expeditionskorps in Saloniki (Sept. 1915). In dieser Funktion kam es immer wieder zu Auseinandersetzungen mit der griechischen Regierung aber auch mit dem französischen Generalstabschef Joseph Joffre, dessen Umgebung S.s. politische Einstellungen ablehnte. S. behielt aber nicht zuletzt dank seiner Verbindungen zu linken politischen Kammergruppen und zur Regierung Briand die Oberhand und konnte im Jahr 1917 auch die Interventionspolitik in Griechenland überwiegend ungestört durchführen. Sein Einfluß dort war derart groß, daß es ihm auch gelang, den griechischen König zur Abdankung und Griechenland zum Kriegseintritt auf seiten der Alliierten zu bewegen. Kurz darauf wurde S. von der Regierung zurückgerufen, wahrscheinlich weil sein politisches Profil nicht in den radikalen Kriegskurs der Regierung Clemenceau und zu dessen neuer Verbindung mit der Rechten paßte. Nach dem Krieg wurde S. 1924 Hoher Kommissar des Völkerbundes in Syrien. Nach scharfen militärischen Maßnahmen gegen den Versuch eines gewaltsamen Regimewechsels und einer in diesem Zusammenhang erfolgenden Bombardierung von Damaskus, die weltweit Proteste erregte, wurde S. durch die Regierung Painlevé 1925 entlassen.

GERD KRUMEICH

Sasonow, Sergej Dimitrijewitsch, * Gebiet Rjasan 10.8.1860, † Nizza 25.12.1927, russischer Politiker und Diplomat. – Seit 1883 im diplomatischen Dienst, wurde S. 1909 stellvertretender Außenminister. Nach seiner Ernennung zum Außenminister (1910) bemühte er sich um eine Intensivierung der Beziehungen zu Frankreich und besonders zu Großbritannien, um für den Kriegsfall die Unterstützung durch die britische Flotte sicherzustellen. S. verfolgte damit eine Politik der Konfliktvermeidung, zumal Rußland Zeit zur Verbesserung der militärischen Ausgangssituation benötigte. Um den russischen Einfluß auf dem Balkan zu wahren und die Großmachtrolle Rußlands zu stärken, trat S. in der Julikrise 1914 für eine feste Haltung der Regierung gegenüber dem Deutschen Reich ein. Trotz des Kriegsrisikos drängte er den Zar dazu, am 30. Juli 1914 den Befehl zur allgemeinen Mobilmachung zu erteilen.

Im März 1915 brachte S. eine Absprache mit Frankreich und Großbritannien zustande, wonach im Falle einer erfolgreichen Kriegführung die Dardanellen an Rußland fallen sollten. Der ansonsten eher zurückhaltende und integre Politiker erachtete zudem schon 1914 die Zeit reif für Zugeständnisse an die Autonomieforderungen der Polen, er fand aber weder im Kabinett noch in der Duma hierfür genügend Rückhalt. 1916 suchte er die Zustimmung des Zaren, um Polen die politische Selbstverwaltung innerhalb des Zarenreiches zu gewähren. Auf Betreiben der Zarin Alexandra und des Ministerpräsidenten Stürmer, die alle Zugeständnisse an Polen strikt ablehnten, wurde er daraufhin jedoch am 20. Juli 1916 entlassen. Im Jan. 1917 ernannte der Zar ihn noch zum Botschafter Rußlands in London. S. starb 1927 im französischen Exil.

MECHTHILD LINDEMANN

Sassoon, Siegfried Lorraine, * Weirleigh (Grafschaft Kent) 8.9.1886, † Heytesbury (Grafschaft Wiltshire) 1.9.1967, britischer Schriftsteller. – S. meldete sich 1914 zur Sussex Yeomanry und verpflichtete sich im folgenden Jahr bei den Royal Welch Fusiliers, einem britischen Eliteregiment. Ende Juni 1916 erhielt der Second Lieutenant S. das Military Cross für besondere Tapferkeit im Felde. Er galt als tollkühner Soldat (»Mad Jack«), der sich häufig zu nächtlichen Stoßtruppunternehmen freiwillig meldete. Wenige Wochen nach Beginn der Somme-Schlacht wurde S. mit der Diagnose eines schweren Kriegstraumas – oder »Graben-Fiebers« wie er es selbst nannte – auf Heimaturlaub geschickt, doch kehrte er bereits im Febr. 1917 zu seiner Einheit an der Somme zurück. Kurz darauf durch einen Schuß in die Schulter erneut verwundet, verbrachte er das Frühjahr in einem Londoner Hospital. Unter dem Einfluß prominenter englischer Pazifisten (Bertrand Russell und John Middleton Murry) begann er sich in dieser Zeit persönlich wie literarisch mit dem Krieg und seinen Begleiterscheinungen kritisch auseinanderzusetzen.

Anfang Juli 1917 teilte S. seinen militärischen Vorgesetzten mit, daß er den Krieg und die verlangten Opfer für sinnlos halte und eine weitere Fortsetzung ablehne (»Finished with the war«). Abschriften seiner »Erklärung« einer »vorsätzlichen Weigerung« schickte er an einen liberalen Unterhausabgeordneten (H. B. Lees-Smith), der sie im Parlament verlas, sowie an die Presse. Der Text wurde u. a. in der *Times* veröffentlicht. S. wußte, daß ihm dieser Schritt Schwierigkeiten verursachen würde. Seinem Vorgesetzten schrieb er: »Ich bin mir völlig im klaren, worauf ich mich einlasse«. Aber er hoffe, damit die Solidarität anderer Soldaten zu finden und angesichts der Kriegsleiden der Blindheit und den Selbsttäuschungen der Politiker ein Ende setzen zu können.

Der Schriftsteller Robert Graves, der ebenfalls im Regiment der Welch Fusiliers diente, bemühte sich, seinem Freund ein ärztliches Attest zu beschaffen, um ihn vor einem Militärgericht und dem unausweichlichen Vorwurf des Hochverrats zu bewahren. Nach einigem Zögern ließ S. sich untersuchen und wurde als kriegstraumatisiert (shell-shocked) diagnostiziert. Wie sein Dichterkollege Wilfried Owen wurde er in das Craiglockhart War Hospital nahe Edinburgh eingewiesen. Dort entwickelte sich eine enge Freundschaft zwischen S. und seinem behandelnden Arzt William Rivers, der zum Vertrauten und einer Art Beichtvater des Dichters wurde. Zahlreiche Gedichte, die S. während seines Aufenthaltes in Craiglockhart schrieb, wurden später in der Anthologie *Counter-Attack and Other Poems* veröffentlicht.

S.s Stärke lag in der Verwandlung der Gefühle des Schreckens und der Sinnlosigkeit des Kriegs in eine Sprache des Protests, die seine Dichtung mit einem unverwechselbaren, nahezu missionarischen Anspruch ausstattete. Gleichzeitig war er fähig zu Ironie und beißender Kritik vor allem an selbstgefälligen Politikern, Zensurbeamten, Kriegsgewinnlern und der chauvinistischen Presse. Es war seine Absicht, die britische Öffentlichkeit zu schockieren und über den Grabenkrieg aufzuklären, den er als »verrottet mit Toten« beschreibt. S. ging das Risiko ein, in aller Öffentlichkeit die Sinnlosigkeit der Kriegführung und die Selbstgefälligkeit der Heimatfront anzuprangern, weil es – wie er meinte – schließlich irgendjemand tun müsse. S. war ohne Zweifel ein Zivilist in Uniform, der in einer direkten und lebhaften Prosa seiner Meinung über die Sinnlosigkeit des Kriegs Ausdruck gab. Gleichzeitig fühlte er sich aber auch seinen untergebenen Soldaten gegenüber verpflichtet, was sich in der antiromantischen Lyrik gegen den Krieg zeigt, die auch die Wut und den Protest der einfachen Frontsoldaten ausdrücken sollte.

S. kehrte nach seinem Aufenthalt in Craiglockhart im Febr. 1918 an die Front zurück – nach einem dreimonatigen Einsatz in Palästina kam sein Regiment bei Mercatel und St. Floris erneut in Frankreich zum Einsatz – und überlebte den Krieg. Seine intensiven Reflexionen über das Leben und Sterben in den Gräben der Westfront gehören zu den eindrücklichsten englischsprachigen Zeugnissen des Weltkrieges.

Lit.: J. S. Roberts, Siegfried Sassoon (1886-1967), London 1999; J. M. Wilson, Siegfried Sassoon. The Making of a War Poet. A Biography, London 1998.

JAY WINTER (Ü: A. R.)

Savoia, Emanuele Filiberto di, Ducao d'Aosta, * Genua 13.1.1869, † Turin 4.7.1931, italienischer General. – S., ein Cousin des Königs Vittorio Emanuele III., trat 1884 in die Militärakademie in Turin ein. 1905-10 war er Kommandierender General in Neapel. Bei Kriegsausbruch wurde ihm die 3. Armee anvertraut, die im Karst kämpfte. Seiner Armee gelang im Sommer 1917 die Eroberung von Görz. Nach dem deutsch-österreichischen Durchbruch bei Caporetto (Karfreit) im Okt. 1917 glückte es S., die Reste seiner Armee an die Piave zurückzunehmen und sich dort wieder zur Verteidigung einzurichten. Zeitweise wurde er als Nachfolger von Generalstabschef Cadorna gehandelt; diese Funktion wurde dann aber von Armando Diaz übernommen. S. blieb jedoch bis Kriegsende Oberbefehlshaber seiner Armee. Von 1919 bis 1920 war er Generalinspekteur der Infanterie. Ihm wurden auch von Premierminister Nitti Ambitionen unterstellt, mit Hilfe hoher militärischer Führer den Thron an sich reißen zu wollen. S. engagierte sich in verschiedenen Veteranenorganisationen und Wohlfahrtsaktionen; dem Faschismus stand er wohlwollend gegenüber. 1926 wurde ihm der Titel eines »Maresciallo d'Italia« verliehen.

HOLGER AFFLERBACH

Scapa Flow, Bucht in den schottischen Orkney-Inseln. – Am 21. Juni 1919 gegen 11 Uhr erließ der deutsche Konteradmiral Ludwig von Reuter an die in der Bucht von S. liegenden 16 Großkampfschiffe, acht Kreuzer und 50 Zerstörer bzw. Torpedoboote den Befehl zur Selbstversenkung. Innerhalb weniger Stunden waren 64 Einheiten, insgesamt rund 400.000 Tonnen Schiffsmaterial, zerstört, acht weitere wurden von den Briten rechtzeitig an Land gezogen. Neun Deutsche wurden im Zusammenhang mit der Versenkung erschossen, neun verwundet. Mit der größten Selbstversenkung der Marinegeschichte fand nach rund einem halben Jahr Internierung der Großteil der deutschen Hochseeflotte sein Ende.

Am 13. Nov. 1918 hatte die britische Regierung auf der Grundlage des am 4. Nov. gefaßten Beschlusses über die Entwaffnung der deutschen Kriegsmarine (dem sich die deutsche Regierung im Waffenstillstandsabkommen vom 11. Nov. unterworfen hatte) die Internierung von 74 klassifizierten Schiffen in S. entschieden. Drei Tage später wurde angeordnet, diese Schiffe am 21. Nov. zur Entwaffnung zum Firth of Forth, dem Stützpunkt der Royal Navy, zu bringen. Während man von deutscher Seite glaubte, die Internierung sei lediglich als Garantie gedacht, um das deutsche Wohlverhalten zu sichern, war es für die britische Regierung der erste Schritt zur endgültigen Übereignung der Schiffe. Am 20. Nov. verließ die Hochseeflotte unter dem Kommando Reuters Wilhelmshaven und traf am frühen Morgen des 21. mit der Royal Navy zusammen. Nach gründlicher Kontrolle wurden die Schiffe über fünf Tage verteilt in acht Schüben zum Bestimmungsort S. eskortiert.

Zwischen den Alliierten spitzten sich die Differenzen über die Zukunft der deutschen Flotte zu. Die maritime Konkurrenz ließ Großbritannien und die USA unter verschiedenen Voraussetzungen eine Versenkung favorisieren, was jedoch auf den Widerstand Frankreichs stieß. Ohne zu einer Lösung gelangt zu sein, wurde der deutschen Regierung am 7. Mai mitgeteilt, daß bis auf eine geringe Zahl alle Kriegsschiffe in die Reserve überführt bzw. umgerüstet werden müßten und Unterseeboote verboten seien. Deutschland hatte bis zum 21. Juni, wenig später bis zum 23. verlängert, den Vertrag zu unterzeichnen, andernfalls würden die Kriegshandlungen wieder aufgenommen.

Zwei Tage nach Bekanntgabe der Friedensbedingungen erteilte der Chef der Admiralität, Konteradmiral Adolf von Trotha, schriftlich die Vollmacht zur Versenkung der Schiffe. Dem Verbandschef verbot allein sein Ehrenkodex die Auslieferung, entsprechend hatte er eine Versenkung schon seit mehreren Monaten als Ausweg erwogen. Mitte Juni erfolgte sein Befehl, die Zerstörung für den Fall vorzubereiten, daß Berlin nicht auf das Ultimatum eingehe. Den Briten schienen die Vorbereitungen auf den deutschen Schiffen nicht entgangen zu sein. Vizeadmiral Sir Sydney Fremantle, Chef des Wachgeschwaders, beschloß für die Nacht des 21. Juni die Besetzung, verschob den Plan jedoch aufgrund der

Versenkte deutsche Zerstörer. Scapa Flow, 21. Juni 1919

Verlängerung des Ultimatums auf den 23. Statt dessen wurde für den 21. eine Routineübung angesetzt, zu der ein Großteil des Geschwaders am Morgen planmäßig aufbrach. Wenige Minuten nach 12 Uhr erreichte Fremantle die Nachricht von den Ereignissen in der Bucht. Als das britische Geschwader um 14.30 Uhr in S. eintraf, war die Zerstörung jedoch nicht mehr aufzuhalten.

Lit.: A. Krause, Die Selbstversenkung der wilhelminischen Flotte, Berlin 1999.

FRIEDERIKE KRÜGER

Scheer, Reinhard, * Obernkirchen (Kreis Schaumburg) 30.9.1863, † Marktredwitz 26.11.1928, deutscher Admiral. – S. trat 1879 in die Marine ein und wurde nach mehreren Auslandsreisen seit 1890 bei der Torpedowaffe eingesetzt. 1903 in das Reichsmarineamt versetzt, wurde er 1907 Kommandant des Linienschiffes *Elsaß* und zwei Jahre später Stabschef der Hochseeflotte. 1911 Direktor des Allgemeinen Marinedepartements im Reichsmarineamt, kehrte S. 1913 zur Hochseeflotte zurück, zuerst als Chef des 2. und seit Ende 1914 des 3. Geschwaders. Am 15. Jan. 1916 wurde er Chef der Hochseeflotte. Von Anfang an trat er für den offensiven Einsatz der Flotte ein und erzielte am 31. Mai 1916 einen taktischen Sieg über die zahlenmäßig überlegene Grand Fleet der Briten in der Schlacht vor dem Skagerrak – der einzigen großen Seeschlacht des Weltkriegs. In seinem Gefechtsbericht an Kaiser Wilhelm II. stellte S. jedoch fest, daß selbst eine für Deutschland siegreiche Seeschlacht Großbritannien bei dessen vorteilhafter militärgeographischen Lage und materiellen Übermacht an Seestreitkräften nicht zu Friedensverhandlungen zwingen könne; dieses Ziel sei nur durch den uneingeschränkten U-Boot-Krieg zu erreichen. Am 8. Aug. 1918 wurde S. Chef des Admiralstabs und der neugegründeten Seekriegsleitung im Großen Hauptquartier. Das sog. Scheer-Programm vom 18. Sept. sollte die monatlich abzuliefernde Zahl von U-Booten von zwölf auf 36 pro Monat (im letzten Vierteljahr 1919) erhöhen. Am 16. Okt. entschied S., daß die Hochseeflotte zu einer letzten Schlacht auslaufen sollte, dies sei eine »Ehren- und Existenzfrage der Marine«. Der Befehl löste im Nov. 1918 den Matrosenaufstand aus.

HOLGER H. HERWIG

Scheidemann, Philipp, * Kassel 26.7.1865, † Kopenhagen 29.11.1939, deutscher Politiker. – S., seit 1911 Mitglied des SPD-Parteivorstandes und seit 1913 einer der drei Vorsitzenden der SPD-Reichstagsfraktion, war während des Weltkriegs der bekannteste Sozialdemokrat in der deutschen Öffentlichkeit. Als glänzender Redner verteidigte er die »Burgfriedenspolitik«, bemühte sich aber gleichzeitig um einen Ausgleich mit den kriegsoppositionellen Kräften in der Partei. Seine in unzähligen öffentlichen Auftritten proklamierte Forderung nach einem »Verständigungsfrieden« ohne Kriegsentschädigungen und Annexionen richtete sich vor allem gegen die alldeutsche Kriegszielpropaganda. S. wuchs allmählich von der Integrationsfigur der SPD zum Mittler zwischen kaiserlicher Reichsführung und Sozialdemokratie. Nach der Abspaltung der USPD war er seit dem Würzburger Parteitag im Okt. 1917 neben Friedrich Ebert Parteivorsitzender und trat im Okt. 1918 als Staatssekretär ohne Geschäftsbereich in die erste parlamentarische Reichsregierung unter Prinz Max von Baden ein. Im Zeichen der innenpolitischen Erosion und der militärischen Niederlage rief er am 9. Nov. 1918 vom Balkon des Reichstages die Republik aus. S. wurde danach Mitglied des Rates der Volksbeauftragten und erster Ministerpräsident der Weimarer Republik (Febr. bis Juni 1919). Aus Protest gegen die Bestimmungen des Versailler Friedensvertrags trat er als Regierungschef zurück, blieb aber Abgeordneter des Reichstages. S. war von 1919-1925 Oberbürgermeister von Kassel; anschließend betätigte er sich überwiegend als Publizist.

WALTER MÜHLHAUSEN

Scheler, Max Ferdinand, * München 22.8.1874, † Frankfurt am Main 19.5.1928, deutscher Philosoph. – S., ein Schüler Rudolf Euckens, lebte nach Verlust seiner Münchner Privatdozentur 1910-18 als Privatgelehrter und freier Autor in Göttingen und Berlin. Mit seinem Buch *Der Genius des Krieges und der deutsche Krieg* (1915) machte er sich zu einem der Protagonisten der »Ideen von 1914«. Gleichzeitig suchte der zum Katholizismus konvertierte S. im Auftrag des Auswärtigen Amtes auf Vortragsreisen in die Schweiz, die Niederlande und nach Österreich, eine internationale katholische Allianz für einen Friedensschluß zu gewinnen.

S.s Kriegspublizistik, zu der auch *Krieg und Aufbau* (1916) und *Die Ursachen des Deutschen-*

hasses (1917) zählten, stellt keinen radikalisierten Nationalismus dar, vielmehr steht sein »Gesinnungsmilitarismus« ganz im Kontext der komplexen Wertehierarchie seiner lebensphilosophischen Vorkriegsschriften. Das Wesen der Nationen zeige sich erst deutlich unter der existentiellen Probe des Krieges. Gegen den kapitalistischen Utilitarismus würden sich die den Deutschen eigenen moralischen und religiösen Werte bewähren.

S.s Kriegsphilosophie richtete sich ebenso entschieden gegen den westlichen Liberalismus wie gegen die russische Autokratie. Seine Kriegsrechtfertigung zur Durchsetzung der »deutschen Freiheit« kommt de facto einer Legitimation des Weltmachtstrebens der militärischen und politischen Eliten gleich, auch wenn seine politischen Ordnungsentwürfe nach 1917 eine zunehmend europäische Dimension gewannen. 1919 wurde S. auf Vorschlag von Konrad Adenauer, der auf seine Philosophie des christlichen Sozialismus aufmerksam geworden war, an die neugegründete Universität Köln berufen.

Lit.: K. Flasch, Die geistige Mobilmachung. Die deutschen Intellektuellen und der Erste Weltkrieg, Berlin 2000.

GANGOLF HÜBINGER

Schlachtfeldtourismus. Unter diesem Begriff werden Besuche sowohl der ehemaligen Kriegsorte und -landschaften als auch der Soldatenfriedhöfe des Weltkrieges verstanden. Die Mehrzahl der »Schlachtfeldreisenden« in den 20er und 30er Jahren waren Angehörige von Gefallenen. Beispielsweise erhielt jeder Franzose jährlich eine Gratis-Eisenbahnfahrt, um die Soldatenfriedhöfe zu besuchen. Das englische Reisebüro Thomas Cook spezialisierte sich auf die Begleitung von Engländern nach Belgien und Frankreich zu den Friedhöfen und Gedenkstätten, mit deren Bau bald nach Kriegsende begonnen worden war. Es war üblich, die Soldaten an dem Ort zu bestatten, an dem sie gefallen waren. So brachten etliche Besucher etwas Heimaterde oder heimische Pflanzen mit, um sie auf dem Grab niederzulegen, und nahmen ihrerseits Erde vom Friedhof mit, um so die Entfernung symbolisch zu verringern. Zahlreiche deutsche Reisende, die seit Mitte der 20er Jahre nach Belgien und Frankreich fahren konnten, fürchteten den Haß der ehemaligen Gegner. Um so überraschter waren sie, daß sich die Friedhofswärter – oft kriegsversehrte Veteranen – über die deutschen Besucher zu freuen schienen.

Für die trauenden Angehörigen war die – für manche nur einmal im Leben mögliche – Reise zu den ehemaligen Schlachtfeldern häufig ein großer Schock: Das Ausmaß der Zerstörung und die Zahl der Opfer wurden vielen von ihnen erst vor Ort bewußt. Endlose Reihen von Grabkreuzen – bei einem größeren Friedhof bis zu 30.000 – und die Vielzahl der Friedhöfe veranschaulichten, was vormals nüchterne Gefallenenstatistik gewesen war. Bis weit in die 30er Jahre dauerten die Aufräumarbeiten sowie der Aufbau der zerstörten Städte an: Leichen, Metall und Blindgänger mußten ausgegraben werden. Reisende, die noch viele Jahre nach Kriegsende überall Spuren sehen konnten, erhielten mit einem Mal eine Vorstellung vom Ausmaß des Krieges. Dieses Gedenken war nicht absichtslos: Bereits im Jahr 1921 war in Frankreich ein Gesetz verabschiedet worden, das festlegte, welche Spuren des Krieges – ein Unterstand, der größte Minentrichter, eine Anhöhe, ein Grabenabschnitt – in diesem Zustand erhalten werden sollten. Die Narben Frankreichs, so hieß es in der Begründung, sollten sichtbar bleiben und von der Größe des nationalen Opfers künden. In Deutschland war es vor allem der Volksbund Deutsche Kriegsgräberfürsorge, der Einfluß auf die Gestaltung der rund 200 deutschen Friedhöfe nahm. Bereits während des Krieges waren in Frankreich die ersten Michelin-Reiseführer zu einzelnen Frontabschnitten erschienen. Allerdings berichteten sie von Schauplätzen, an die nur wenige Menschen tatsächlich reisen konnten. Dafür schilderten die Schlachtfeldführer die vorgeblich oder tatsächlich von den Deutschen begangenen Greuel und Zerstörungen und versuchten, die französischen Leser zum Durchhalten bis zum Sieg zu motivieren. Nach dem Krieg erschienen die inzwischen (unter Auslassung der Kriegspropaganda) überarbeiteten Bücher auch in deutscher Sprache. Aber auch deutsche Verlage publizierten solche Führer, die in gewissem Maß den Blick der Reisenden lenkten und Interpretationen des zu Besichtigenden vorgaben.

Lit.: S. Brandt, Vom Kriegsschauplatz zum Gedächtnisraum: die Westfront 1914-1940, Baden-Baden 2000.

SUSANNE BRANDT

Schlieffen-Plan. Unter S. versteht man entweder – im engeren Sinn – die Denkschrift des deutschen Chefs des Generalstabes, Alfred Graf von Schlieffen, für einen Operationsplan vom Dez. 1905 oder – im weiteren Sinn – die hinter diesem Plan stehende operative Idee zur Führung eines Zweifrontenkrieges, die grundsätzlich seither allen deutschen Operationsplänen bis zum Ersten Weltkrieg innegewohnt hatte. Im Hinblick auf den deutschen Kriegsplan von 1914 ist die Bezeichnung S. also nur im weiteren Sinne zutreffend.

Die Denkschrift Schlieffens, der von 1891 bis Ende 1905 das Amt des Generalstabschefs bekleidete, ist von dem Grundgedanken bestimmt, daß das Deutsche Reich einen Zweifrontenkrieg gegen Rußland und Frankreich werde führen müssen. Vor diesem Hintergrund sah der S. eine rasche Entscheidungssuche im Westen vor. Angesichts des Ungleichgewichts der militärischen Stärkeverhältnisse der Heere der Mittelmächte sowie Frankreichs und Rußlands setzte der deutsche Generalstabschef auf eine große Westoffensive, die innerhalb kurzer Zeit im Rahmen einer Umfassungs- und Vernichtungsschlacht einen »Totalsieg auf dem westlichen Kriegsschauplatz« (Gerhard Ritter) erreichen sollte. Da ein Frontalangriff auf die stark befestigten französischen Stellungen entlang der Linie Belfort – Verdun wenig Aussicht auf Erfolg versprach, plante Schlieffen eine großangelegte Umfassungsoperation im Nordwesten, bei der er – seit 1897 – die Verletzung der Neutralität Luxemburgs, Belgiens und der Niederlande einkalkulierte. In diesem Zusammenhang sollte das deutsche Westheer innerhalb von fünf Wochen südöstlich an Paris vorbei vordringen, das gesamte französische Feldheer umfassen und vernichten, dessen Hauptkontingente in der Nähe des französischen Festungsgürtels vermutet wurden. Um dieses Ziel zu erreichen, legte Schlieffen ein Kräfteverhältnis von 7 : 1 zwischen dem rechten Umfassungsflügel und dem linken Defensivflügel im Westen vor, während die deutsche Ostfront und das Oberrheingebiet von deutschen Truppen weitgehend entblößt bleiben sollten. Auf diese Weise wollte er Frankreich besiegen noch bevor die russischen Streitkräfte voll einsatzfähig waren.

Helmuth von Moltke (der Jüngere), der Nachfolger Schlieffens, hat die Zielsetzungen des S. nur in wenigen Punkten geändert, so etwa durch den Verzicht auf den Durchmarsch durch die Niederlande, deren Neutralität vornehmlich aus wirtschaftlichen Gründen bewahrt bleiben sollte. Außerdem verstärkte Moltke den linken Flügel des deutschen Westaufmarsches, da der Generalstab inzwischen für den Kriegsfall mit einer französischen Anfangsoffensive nach Lothringen hinein rechnen mußte. Entscheidend aber war: Moltke hielt bis zum Kriegsausbruch an den Grundzügen des S. fest, obwohl sich die Prämissen für seine Durchführung erheblich verändert hatten. Zum einen stellte sich die außenpolitische Lage des Deutschen Reiches vor dem Hintergrund der britisch-russischen Interessenabgrenzung aus dem Jahre 1907 sowie der französisch-britischen und französisch-russischen Militärkonventionen und -vereinbarungen von 1911/12 in einem ungünstigeren Licht als in der Situation des Jahres 1905 dar. Zum anderen war durch den Bau der russischen Westbahnen der Zeitraum, der für die Bereitstellung schlagkräftiger russischer Armeen an den Grenzen des Deutschen Reiches beziehungsweise Österreich-Ungarns erforderlich war, erheblich verkürzt worden. Überhaupt mußte es zunehmend zweifelhaft erscheinen, ob im Zeitalter moderner Volkskriege eine definitive Ausschaltung Frankreichs militärisch überhaupt zu erreichen war.

Derartige Erwägungen, darunter vor allem auch die Frage des Bruches der belgischen Neutralität, sind in der Reichsleitung jedoch nicht angestellt worden. Eine förmliche Beratung zwischen politischen und militärischen Stellen über die Feldzugspläne hat es im Kaiserreich nicht gegeben. Die Reichskanzler Hohenlohe-Schillingsfürst, Bülow und Bethmann Hollweg haben vielmehr die Planungen Schlieffens und Moltkes jeweils zur Kenntnis genommen, ohne deren politische Implikationen eingehend zu ergründen. Sie unterwarfen sich auf diese Weise einer vom deutschen Generalstab rein militärtechnisch begründeten Logik, die sowohl auf den betonten Gegensatz zwischen Zivil und Militär im Kaiserreich als auch auf die Hypertrophie militärischen Denkens in der deutschen Gesellschaft insgesamt zurückverweisen. Der S. ist in diesem Sinne als ein herausragendes Beispiel »hilfloser Abhängigkeit der politischen Staatsleitung von den Planungen der Militärtechniker« (Gerhard Ritter) einzustufen. Darüber hinaus erweist sich der S. als der militärische Ausdruck eines Einkreisungskomplexes in der deutschen Außenpolitik. Das zeigte sich nicht zuletzt in der Julikrise 1914, in der die Entscheidungen der Reichsleitung und allgemein ihre Kriegsbereitschaft durch die zeitlichen Vorgaben der Mobilmachung und des S. maßgeblich beeinflußt worden sind.

Nach dem Kriegsausbruch erwies sich rasch, daß der nur mit Landstreitkräften operierende Kriegsplan, der die Handlungsmöglichkeiten der See- und Weltmacht Großbritannien fast vollständig ausgeblendet hatte, ein gigantisches Vabanquespiel darstellte. Wegen des unerwartet zähen Widerstandes belgischer und französischer Truppen und aufgrund zahlreicher Kommunikations- und Versorgungsprobleme der deutschen Armeen war der S. schon bald nach Kriegsbeginn gescheitert, zumal das Ziel des S., Frankreich innerhalb kurzer Zeit in einer Umfassungs- und Vernichtungsschlacht entscheidend zu schlagen, um sich dann nach Osten zu wenden, nicht realisiert werden konnte. → *Aufmarschpläne* → *Einkreisung* → *Grenzschlachten* → *Zweifrontenkrieg*

Lit.: G. Ritter, Der Schlieffenplan. Kritik eines Mythos, München 1956; T. Zuber, Inventing the Schlieffen Plan. German War Planning, 1871-1914, New York 2002.

Christoph Cornelissen

Schmidt von Knobelsdorf, Konstantin, * Frankfurt an der Oder 13.12.1860, † 1.9.1936, preußischer General. – S. trat 1878 in die Armee ein. Nach dem Besuch der Kriegsakademie hatte er verschiedene Dienststellungen in Generalstab und Truppe inne, unter anderem als Generalstabschef des X. Armeekorps (1904-08) und als Kommandeur des 4. Garderegiments zu Fuß (1908-11). 1911 wurde S. zum Generalmajor befördert, ein Jahr später zum Oberquartiermeister ernannt. Bei Kriegsbeginn wurde er dem militärisch unerfahrenen Oberbefehlshaber der 5. Armee, Kronprinz Wilhelm von Preußen, als Stabschef zur Seite gestellt. Seit Sept. 1915 stand S. dann als Stabschef der neuerrichteten Heeresgruppe Deutscher Kronprinz in der Abwehr der Herbstoffensive in der Champagne. Im Febr. 1916, begann der maßgeblich von S. vorbereitete Angriff der Heeresgruppe auf Verdun. Nach dem Scheitern der ursprünglichen Durchbruchsoperation entwickelten Erich von Falkenhayn und S. den Plan, die französische Armee vor Verdun »weißzubluten«. Beim Kronprinzen stieß die Operation angesichts der horrenden deutschen Verluste ab Mitte 1916 allerdings zunehmend auf Widerstand, was schließlich am 21. Aug. 1916 zur Versetzung von S. an die Spitze des X. Armeekorps führte. Mit diesem fand er sich noch im selben Jahr in der Abwehr der Brussilow-Offensive wieder. Im Okt. 1918 zum General der Infanterie befördert, wurde S. am 30. Sept. 1919 verabschiedet.

Markus Pöhlmann

Schrapnell, im 19. Jahrhundert eingeführtes Antipersonengeschoß der Artillerie. – Das S. bildete bei Kriegsausbruch den Hauptteil der Munitionsausstattung der Feldartillerie. Es war ein Streugeschoß, das man sich als fliegendes Schrotgewehr vorstellen kann. Ein Brenn(d. h. Zeit-)zünder brachte das S. in einem gewissen Abstand vor dem Ziel zur Detonation. Die Sprengladung war meist im Boden des S. untergebracht (Bodenkammer). Der Raum zwischen dieser Ladung und der Geschoßspitze war mit Hartbleikugeln ausgefüllt. Das Feld-S. 96 der deutschen 77-mm-Feldkanone enthielt 300 dieser Kugeln zu je zehn Gramm Gewicht. Die Sprengladung schleuderte die Bleikugeln in Flugrichtung. Beim Schießen mit S. kam es darauf an, Flugbahn und Zünderstellung so einzustellen, daß die Detonation an einem bestimmten Punkt vor dem Ziel erfolgte (Sprengpunkt). Um diesen Punkt auch aus großer Entfernung gut erkennen und gegebenenfalls korrigieren zu können, waren die Bleikugeln in eine rauchbildende Masse eingebettet (S.-Wölkchen). Diese Kugeln konnten sehr schwere, bei entsprechender Garbendichte auch mehrfache Verletzungen hervorrufen. Gegen feldmäßige Verschanzungen und stählerne Schutzschilde besaßen sie allerdings nur eine geringe Wirkung, so daß die Bedeutung des S. während des Stellungskrieges zugunsten von Sprenggranaten abnahm. → *Artillerie*

Dieter Storz

Schützengraben, Teil der Feldbefestigungsanlagen der Infanterie. – Schon vor dem Weltkrieg als provisorische, nur temporäre und dem Halten gewonnener Geländeabschnitte dienliche Befestigung, entwickelte sich der Graben nach der frühen Erstarrung der Fronten zum militärtechnisch und sozial vorherrschenden Symbol des Krieges. Vor allem an der Westfront prägten der Schützengraben und die aus ihm resultierende Kampfweise ab Okt./Nov. 1914 den Charakter des Weltkriegs.

Nach der strategischen Niederlage an der Marne und dem Bau erster S., begann zwischen Mitte Sept. und Anfang Nov. 1914 der sog. Wettlauf zum Meer, mithin zur belgischen Nordseeküste. In dem Bestreben, die Nordflanke des jeweiligen Gegners zu umfassen, verlängerte sich auf diese Weise die Frontlinie immer mehr. Am 15. Okt. erreichte die deutsche Armee bei Nieuport die Küste. Kurz darauf ordnete die 2. OHL unter Generalleutnant Erich von Falkenhayn neue Durchbruchsangriffe an, die sich zur 1. Flandern-Schlacht ausweiteten und scheiterten (20. Okt.-Mitte Nov. 1914). Entstandene S. mußten wieder aufgegeben werden, nachdem belgische Truppen die Seeschleusen bei Nieuport öffneten und das dahinter liegende Gebiet unter Wasser setzten. (29. Okt. 1914).

Aufgrund der Kriegsentwicklung an der Ostfront, spürbaren Munitionsmangels und der völligen Erschöpfung der Fronttruppe, ordnete die OHL Ende Nov. das vorläufige Ende der Offensive an. In seinen »Allgemeinen Bemerkungen« (vom 25. Nov. 1914) über den nun umfassend einsetzenden Stellungskrieg befahl Falkenhayn, »die gewonnene Linie unbedingt zu halten«. Überdies wurde angeordnet, »zunächst die vordersten Linien mit allen Mitteln weiter zu befestigen« sowie – gegen den Widerstand vieler im Geiste der Offensive erzogenen Offiziere – »gleichzeitig« den »Ausbau rückwärtiger Stellungen« zu betreiben, um eventuell durchbrechende Angriffe des Feindes aufzuhalten oder zu verzögern. Auch sog. Aufnahmestellungen für herangeführte Reserven waren vorzubereiten. Damit hatte aus deutscher Sicht der Stellungskrieg an der Westfront begonnen. Der S. wurde zum beherrschenden Signum der Westfront, während der Stellungsbau an der Ostfront erst nach einer längeren Phase des Bewegungskrieges begann und auch dann immer wieder von raumgreifenden Offensiven unterbrochen wurde. Dennoch betrachtete die OHL zu diesem Zeitpunkt den Bau von S. als bloß vorläufig und sprach ihm »für die nächste Zeit in gewissem Sinne den Charakter von Gefechtswinterquartieren« zu.

Bis zum Frühjahr 1918 änderte sich allerdings am rund 700 km langen, zwischen Schweizer Grenze und Nordsee sich hinziehenden Frontverlauf kaum etwas. Angriff und Gegenangriff bestimmten den Alltag. Ganze Divisionen brannten um kleinerer Geländegewinne willen »bis zur Schlacke aus«, so die bald dem industriellen Krieg angepaßte Sprachregelung. Die Stellungen wurden durch Artilleriebeschuß (Trommelfeuer), den Einsatz von Minenwerfern oder Handgranaten und Gasangriffen zerfurcht und entvölkert, ohne daß dadurch die Verteidigungsfähigkeit entscheidend geschwächt oder wesentliche Geländegewinne erreicht werden konnten.

Der Ausbau der S. begann als eine mehr oder weniger zusammenhängende Linie von Gräben, in der Regel zwischen 100 und 200 Meter vom gegnerischen S. entfernt. Sie wurden vertieft und verschalt, erhielten Unterstände und wurden oft in einer Zickzacklinie angelegt, damit durchgebrochene Truppen keine größeren Grabenstücke mit Maschinengewehren bestreichen konnten. Der Ausbau und die Einrichtung der S. gestalteten sich je nach den vorgefundenen Bedingungen unterschiedlich. Besonders an zeitweilig ruhigeren Frontabschnitten gelang es, die Gräben mit teils stark befestigten Unterständen zu versehen und die Grabenwände bzw. den Boden mit Holz (Holzlatten- und Knüppel), Faschinen (zumeist ein Reisiggeflecht) oder Wellblech zu verschalen. Auf den Schulterwehren (oberster Rand des Grabens) wurden, soweit vorhanden, Sandsäcke gestapelt. Eingelassen in die Grabenwände befanden sich Munitionsnischen, splittersichere Deckungen, Schießscharten, erhöhte Postenstände und auch Stollen, die Zufluchtsräume boten. Fotografien und Zeichnungen vermitteln einen Eindruck von der räumlichen Enge. In solchen Unterständen harrten die Grabenbesetzungen bei feindlichem Beschuß aus. Einem Volltreffer hielten diese mehr oder weniger tief in die Erde gegrabenen, allenfalls mit Kanthölzern verschalten, behelfsmäßigen Bunker nicht stand. Gefürchtet waren Nah- oder Volltreffer, die zum Einsturz dieser Stollen führten bzw. das stunden-, mitunter tagelang mit nur wenigen Unterbrechungen andauernde Trommelfeuer während der Materialschlachten. Wer nicht sofort getötet wurde, erstickte häufig qualvoll oder wurde physisch und/oder psychisch verletzt. Nicht umsonst bürgerte sich in der Soldatensprache für das Krankheitsbild der »Kriegsneurose« auch der Begriff »verschüttet« ein.

Nach und nach entstand ein ganzes, untereinander mit Stich- und Verbindungsgräben verbundenes Grabensystem. Reservegräben wurden angelegt, in die sich die Überlebenden des vordersten Grabens zurückziehen konnten, wenn ihr Graben gestürmt worden war. Von hier aus erfolgte dann der Gegenstoß. Vor dem vordersten Graben begann das sog. Niemandsland. Sappen (in Feindrichtung angelegte Stichgräben) reichten ins Niemandsland hinein, am Ende mitunter mit Horchposten oder Beobachtern besetzt; zugleich waren sie Ausgangspunkt für Patrouillen und Spähtrupps, die aufklären oder Gefangene einbringen mußten, um dadurch Informationen über die gegenüberliegenden Truppen zu erhalten. Im Vorfeld sicherte man die Gräben durch dichte Stacheldrahtverhaue und »Spanische Reiter«, also bewegliche Stacheldrahthindernisse, die bei einem Angriff, jedenfalls theoretisch, für die eigenen Sturmtruppen zu Sturmgassen geöffnet werden konnten und nach einem Trommelfeuer immer wieder ersetzt werden mußten. Daneben kamen Stolperdrähte und angespitzte Holz- oder Eisenpfähle zum Einsatz.

Das (Über-)Leben im S. wurde natürlich nicht permanent durch feindliche oder eigene Angriffe und Aktionen bedroht. Da solche Operationen jedoch zumeist in der Nacht oder bei einsetzender Dämmerung bzw. im Morgengrauen stattfanden, litten die Grabenbesatzungen oft an Schlafmangel. Seit den ersten Tagen des Stellungskrieges kam es zu mehr oder weniger vereinbarten Waffenruhen, dem darauf folgenden Austausch von Lebensmitteln oder dem Bergen von Toten und Verwundeten im Niemandsland; einen ersten Höhepunkt erreichte dieses Phänomen in den Weihnachtstagen 1914, in denen deutsche und englische Truppen sich im Niemandsland oder in den jeweils gegnerischen Gräben trafen. Besonders an ruhigeren Frontabschnitten, zum Beispiel in Lothringen, waren inoffizielle Waffenpausen durchaus üblich, wie sie etwa dann auftraten, wenn Dauerregen ganze Grabenabschnitte unter Wasser setzte und beide Parteien gezwungen waren, sich neue Stellungen einzurichten.

Ruhige Tage vergingen mit dem Ausbessern oder Erweitern der S., mit notdürftiger Körperpflege, möglichst aufmerksamem Postenstehen oder, wenn möglich, mit Schlafen oder Dösen. Ihre Notdurft verrichteten die Soldaten in Konservendosen oder in extra angelegten Gräben, die von Zeit zu Zeit mit Kalk bestreut und geschlossen wurden.

Regelrechte S. waren in der Schlußphase des Krieges im Westen kaum mehr vorhanden. Die Front wurde durch eine Vielzahl von »Schützennestern« in Granattrichtern oder alten bzw. provisorisch eingerichteten Gräben gebildet. Ein völlig zerstörtes Gelände – durchsetzt mit Leichen und Ausrüstungsgegenständen toter Soldaten – bestimmte das Bild. In dieser oft sumpfigen, in der Nacht allein von Lichtsignalen und den Explosionsblitzen einschlagender Granaten erhellten Kriegslandschaft, konnten sich angreifende oder verteidigende Soldaten allenfalls noch von Granattrichter zu Granattrichter bewegen. → *Soldatenverbrüderung* → *Stellungskrieg* → *Weihnachten 1914*

Lit.: T. Ashworth, Trench Warfare 1914-1918. The Live and Let Live System, London 1980; Frontalltag im Ersten Weltkrieg. Wahn und Wirklichkeit. Quellen und Dokumente, hg. v. B. Ulrich/B. Ziemann, Frankfurt a. M. 1994.

BERND ULRICH

Schulen. Mit dem Beginn der Feindseligkeiten veränderte sich auch der Schulalltag in allen kriegführenden Gesellschaften. So stellten beispielsweise die ersten preußischen Kriegserlasse Schüler im Bedarfsfall für Ernteeinsätze frei. Im Verlauf des Krieges rückten die deutschen Schulen immer mehr in die Rolle eines Arbeitskräftereservoirs, auf dessen Reserven die Behörden wie selbstverständlich zurückgriffen.

Die französischen Erziehungsminister betonten vor allem die Bedeutung des Schulunterrichts für die politisch-moralische Mobilisierung der Jugend. In ihren Erlassen und Reden gaben sie wiederholt exakte Unterrichtsentwürfe für sog. Kriegsstunden, die den Konflikt mit dem Deutschen Reich als Kampf zwischen Zivilisation und Barbarei in eine eschatologische Perspektive rückten: Indem die Französische Republik sich gegen das Deutsche Reich verteidige, verteidige sie auch den zivilisatorischen und politischen Fortschritt der Menschheit.

Demgegenüber war die deutsche Schulpolitik bei Kriegsbeginn von einer erstaunlichen Zurückhaltung gekennzeichnet. Im Amtsblatt des preußischen Kultusministers erschienen nach 1914 nicht einmal zehn Erlasse, die den Inhalt des Unterrichts während des Krieges betrafen. Von den Lehrern wurden keine Erklärungen verlangt, wofür oder wogegen Deutschland kämpfte. Vielmehr hatten sie »die Siegeszuversicht und das durch die bisherigen Erfolge gerechtfertigte Vertrauen in die Weisheit unserer Obersten Heeresleitung und die Gewalt der hinter ihr stehenden Machtmittel zu stärken«. Die vom Lehrplan seit 1901 geforderte »Darstellung der Verdienste unseres Herrscherhauses um die Förderung des Volkswohles« fand in den Kriegserlassen eine spezifische Aktualisierung. Wie im Frieden die Sozialgesetzgebung, dienten nun im Krieg die Kampfhandlungen dazu, die Verdienste der Obrigkeit herauszustellen.

Unter dem Eindruck des Krieges nahm die pädagogische Diskussion in Deutschland jedoch eine andere Richtung. Die Kultusbürokratien und die Pädagogen entwickelten im Angesicht des Krieges – im Gegensatz zu Frankreich – kein gemeinsames pädagogisches Projekt. Schon im Herbst 1914 wurde der positiv verstandene Begriff »Kriegspädagogik« geläufig. Die Kriegspädagogen übten scharfe Kritik an den Verhältnissen der Vorkriegszeit. Sie beklagten »gefährliche Zeitschäden« wie die »zersetzenden politischen Parteikämpfe« und das »rote und gelbe Weltbürgertum«. Zwar wurde zur Erklärung des Krieges auf die angebliche »Einkreisung« Deutschlands durch seine Nachbarn verwiesen, aber die Feindschaft der Gegner und außenpolitische Kriegsziele blieben nur Randthemen. Im Zentrum der kriegspädagogischen Überlegungen standen die inneren Verhältnisse des Deutschen Reichs. Was die Friedenszeit nicht zustande gebracht habe, leiste jetzt der Krieg: »Neuansätze einer inneren Wandlung und Erhebung des deutschen Volkes.« Der Krieg erschien als »Läuterungsfeuer«. Nach diesem Muster entwerteten die Kriegspädagogen die Normen der Friedenszeit. Der Krieg erschien als Retter aus einer tief empfundenen Gesellschafts- und Kulturkrise.

Die preußische Kultusbürokratie blieb von diesen kulturkritischen Diskussionen unberührt – auch dann, wenn sie Reformen einleitete wie 1915 mit dem neuen Lehrplan für Geschichte. Ihr ging es nicht um Erneuerung, sondern um die Festigung der gesellschaftlichen Verhältnisse. Als Zäsur der neuen deutschen Geschichte galt das Jahr 1861 – der Beginn der Herrschaft des preußischen Königs und späteren deutschen Kaisers Wilhelm I. und dessen ersten Ministers Otto von Bismarck. Somit wurden die Erfolge einer antiparlamentarischen und kriegerischen Politik betont und militärische Konflikte als Wege zu Deutschlands Einheit und Größe historisch legitimiert. Der gegenwärtige Weltkrieg wurde in die Tradition der Bismarckschen Einigungskriege gestellt und damit zum Instrument einer spezifisch deutschen Heilserwartung. Aber anders als in Frankreich konnte daraus keine weltgeschichtliche Mission entwickelt werden, weil es eben um die Bestätigung der Dynastie der Hohenzollern, um die Festigung der obrigkeitsstaatlichen Ordnung des Deutschen Reiches und den Ausbau seiner machtpolitischen Stellung ging.

Die Lehrplanreform stieß nicht auf ungeteilte Zustimmung. Im Laufe des Krieges wurden die kritischen Stimmen leiser, ohne allerdings ganz zu verstummen. Das zeigte sich nachdrücklich im Unterricht der modernen Fremdsprachen. Während in Frankreich der Deutschunterricht von der didaktischen Fachpresse nur noch mit dem Argument gerechtfertigt werden konnte, auch nach dem Krieg blieben die Deutschen die Feinde, deren Sprache und Kultur man verstehen müsse, um künftig deutsche Überfälle vorhersehen zu können, verteidigten deutsche Lehrer den Fremdsprachenunterricht durchaus mit dem Argument, man müsse nach dem Krieg die Brücken zwischen den Völkern wieder aufbauen.

Vor dem Hintergrund der tiefgreifenden Verfeindung überrascht es durchaus, daß deutsche wie französische Pädagogen während des Krieges auch Aufrufe gegen die Indoktrination der eigenen Jugend verfassen konnten. Ohne die militärischen Anstrengungen selbst in Frage zu stellen, wurde vor einer Erziehung zum Haß gewarnt, weil diese den Krieg perpetuiere. Zu Beginn der 1920er Jahre knüpfte in Frankreich die Gewerkschaft der Volksschullehrer an diese Bemühungen an und erreichte schließlich eine umfassende Überarbeitung der Geschichts- und Lesebücher, so daß viele der antideutschen und kriegsverherrlichenden Passagen allmählich verschwanden. In Deutschland blieben solche Bemühungen – trotz des Gebotes des Artikels 148 der Reichsverfassung, den Schulunterricht im Geiste der »Völkerversöhnung« zu erteilen – auf pazifistische Splittergruppen beschränkt und daher ohne Auswirkungen. Die Ablehnung des Friedensvertrages von Versailles aktualisierte hier die Feindbilder der Kriegszeit und schien nachträglich die Richtigkeit der Bedrohungsszenarien zu bestätigen. Der Weltkrieg markiert mithin einen fundamentalen Wendepunkt für die deutschen wie für die französischen Schulen, allerdings in entgegengesetzter Richtung. Hatte sich in Frankreich mit dem militärischen Sieg die Kriegspädagogik überlebt und erfüllt, machte aus deutscher Sicht der Friedensvertrag von Versailles friedenspädagogische Ansätze unmöglich.

Lit.: R. Bendick, Kriegserwartung und Kriegserfahrung. Der Erste Weltkrieg in deutschen und französischen Schulgeschichtsbüchern (1900-1939/45), Pfaffenweiler 1999.

RAINER BENDICK

Schulenburg, Friedrich Graf von der, * Bobitz 21.11.1865, † St. Blasien 20.5.1939, preußischer General. – Nach dem Abitur absolvierte S. ein Jurastudium in Heidelberg und schlug danach die militärische Laufbahn ein. 1888 wurde er Offizier im Regiment der Gardes du Corps in Potsdam, 1899 zum Großen Generalstab versetzt. Darauf folgte eine Verwendung als deutscher Militärattaché in London (1902-06). 1913 zum Kommandeur des Regiments der Gardes du Corps aufgestiegen, wurde S. mit Kriegsbeginn zum Chef des Generalstabs des Gardekorps ernannt. Im April 1916 wurde er 1. Generalstabsoffizier der 5. Armee vor Verdun. S. trat für einen Abbruch des festgefahrenen Angriffs ein, konnte sich aber nicht durchsetzen. Nach einem Zwischenspiel (Sept.-Nov. 1916) als Generalstabschef der 6. Armee übernahm er dieselbe Stellung bei der Heeresgruppe Deutscher Kronprinz (Nov. 1916 bis Kriegsende). Am 9. Nov. 1918 sprach er sich im deutschen Hauptquartier in Spa, gegen Wilhelm Groener und die Mehrheit der anwesenden Offiziere, für einen Verbleib des Kaisers in Deutschland aus. Im Mai 1919 wurde S. verabschiedet. In der Weimarer Republik war er zunächst als Reichstagsabgeordneter für die DNVP politisch aktiv. 1931 schloß er sich der NSDAP an, wurde 1933 SA-Mitglied, 1934 Reichstagsabgeordneter der NSDAP und 1936 SS-Mitglied.

THOMAS BECKERS

Schwarzafrika, d. h. Afrika ohne den arabischen Norden und ohne die Siedlerkolonien im Süden. – S. war im Weltkrieg sowohl Kriegsschauplatz als auch Rekrutierungsgebiet für Soldaten und Arbeiter. Kämpfe ereigneten sich vor allem um die deutschen Kolonien Togo, Kamerun und Deutsch-Ostafrika, da durch deren Eroberung die dortigen Funkanlagen zerstört und die Häfen als Stützpunkte für die deutsche Marine beseitigt werden sollten. Noch im Aug. 1914 besetzten deshalb britische und französische Truppen Togo, wobei die Deutschen vor ihrer Kapitulation am 25. Aug. selbst die koloniale Großfunkstelle Kamina, das Hauptziel des alliierten Angriffs, zerstörten. Etwas schwieriger gestaltete sich die Eroberung von Kamerun. Den 19.000 britischen, französischen und belgischen Soldaten stand eine Schutztruppe von 600-700 deutschen und 6.000-7.000 afrikanischen Soldaten gegenüber. Auf alliierter Seite waren ca. 30.000 Träger eingesetzt, entsprechende Zahlen für die deutsche Seite fehlen. Auf Grund der klimatischen Verhältnisse fiel der Großteil der Toten – allein auf alliierter Seite 4.000 – Krankheiten zum Opfer. Nachdem der Feldzug im Jan. 1916 entschieden war, zogen sich die deutschen Verteidiger ins benachbarte spanische Rio Muni zurück.

Als bei weitem längster und verlustreichster Feldzug in S. erwies sich die Eroberung Deutsch-Ostafrikas. Da die aus 7.500 Soldaten, zum größten Teil afrikanischen Askaris, sowie 45.000 Trägern bestehende Schutztruppe unter dem Kommando des Oberstleutnants von Lettow-Vorbeck bald zum Guerillakrieg überging, gelang es ihr, einer 160.000 Soldaten und nahezu 1 Mio. Träger umfassenden, weit überlegenen britischen Streitmacht bis Kriegsende Widerstand entgegenzusetzen. Allerdings forderte der von Lettow-Vorbeck geführte Abnützungskrieg hohe Opfer. Auf britischer Seite kamen etwa 10.000 Soldaten und 100.000 Träger ums Leben, auf deutscher Seite ca. 11.500 Männer. Die Wirtschaft Deutsch-Ostafrikas und der umliegenden britischen Territorien wurde zudem durch die umfangreichen Zwangsrekrutierungen beider kriegführenden Parteien stark in Mitleidenschaft gezogen. Hungersnöte waren die Folge.

Auch in Europa und im Mittleren Osten kämpften zwangsverpflichtete Afrikaner oder leisteten Arbeitsdienste. Am stärksten rekrutierte Frankreich in seinen Kolonien. Allein aus Französisch-Westafrika und Französisch-Äquatorialafrika wurden ca. 140.000 Afrikaner ausgehoben und nach Frankreich geschickt, von denen 35.000 umkamen. Großbritannien setzte Afrikaner dagegen vor allem als Arbeitskräfte ein. Zwar existieren keine genaue Zahlen für die am Ersten Weltkrieg beteiligten Afrikaner, allerdings gehen Schätzungen davon aus, daß bis zu 2 Mio. am Krieg als Soldaten oder Arbeiter teilnahmen, wovon ca. 200.000 bis 250.000 starben.

Dieser Einsatz hatte auch Rückwirkungen auf die betroffenen Bevölkerungen, stärkten die dabei gemachten Erfahrungen doch ihr Selbstbewußtsein. Der Glaube an die Unbesiegbarkeit der Europäer hatte eine deutliche Schwächung erfahren. Auf der Pariser Friedenskonferenz spielte das Schicksal von S. nur eine untergeordnete Rolle. Die wichtigsten Veränderungen betrafen das deutsche Kolonialreich: Togo, Kamerun und Deutsch-Ostafrika wurden zu Mandaten des Völkerbundes und der Verwaltung Frankreichs, Großbritanniens und Belgiens unterstellt. → *Deutsch-Ostafrika* → *Kolonialkrieg*

Lit.: B. Dijre, Imperialism's New Clothes. The Repartition of Tropical Africa, 1914-1919, New York 1990; G. Hodges, The Carrier Corps. Military Labor in the East African Campaign from 1914 to 1918, Westport, Con. 1986; W. R. Louis, Das Ende des deutschen Kolonialreiches. Britischer Imperialismus und die deutschen Kolonien, Düsseldorf 1971; W. Petter, Der Kampf um die deutschen Kolonien, in: Der Erste Weltkrieg. Wirkung, Wahrnehmung, Analyse, hg. v. W. Michalka, München 1994, S. 392-411.

JÜRGEN ZIMMERER

Schweden, konstitutionelles Königreich, König Gustav V. (reg. 1907-1950). – Die außen- und sicherheitspolitische Entwicklungslinie der schwedischen Regierungen und der politischen Eliten entwickelte sich 1914 bis 1918 von einer anfangs deutlichen Anlehnung an das Deutsche Reich zu einer allmählichen Hinwendung zu den Ententemächten, insbesondere Großbritannien. Während der gesamten vier Jahre lag über dem politischen Leben aber stets der Schatten Rußlands, des – wie man es in S. empfand – jahrhundertealten Erbfeindes. Der Verlust Finnlands 100 Jahre zuvor war für viele Schweden ein unbewältigtes Trauma. Vor allen in der Militärführung war bei Kriegsbeginn die Neigung zu einem Zusammengehen mit Deutschland spürbar mit dem Ziel, einen Präventivschlag gegen das Zarenreich zu führen. Schon vor dem Krieg waren, in einer nationalistisch und antirussisch geprägten Phase, die durch die Russifizierungsversuche in Finnland kräftig genährt wurde, Befestigungsanlagen und die Kriegsflotte ausgebaut worden. Diese antirussische Haltung und die Verbundenheit mit Deutschland wurden von einer breiten Strömung im schwedischen Geistesleben unterstützt, der auch das Königshaus zuneigte. Auch deutscherseits erhoffte man sich ein Bündnis mit S. und agierte in diese Richtung.

Um so überraschender muß Anfang Aug. 1914 die Entscheidung der von den Konservativen getragenen Regierung von Hjalmar Hammarskjöld für eine strikte Neutralität gewirkt haben. Bei dieser Entscheidung hat neben dem vorsichtigen Taktieren des Außenministers Knut Wallenberg die Furcht vor einem Stoß in das schwedische »Rückgrat« über Norwegen durch das mit dem Zarenreich verbündete Großbritannien beigetragen. Außerdem besann man sich auf die guten Erfahrungen schwedischer Neutralität in Großmachtkonflikten seit den Napoleonischen Kriegen. So konnte bereits am 8. Aug. Norwegen für eine gemeinsame Neutralitätsproklamation gewonnen werden, der sich kurz darauf auch Dänemark anschloß. Gleichwohl war in der Militärführung noch 1915 die Idee, gegen Rußland vorzugehen, virulent, auch in Kreisen der sog. politischen Aktivisten. Ohnehin erwartete man hier wie bei einflußreichen Wirtschaftsführern einen baldigen deutschen Sieg. Unverhohlenes Kriegsziel der Aktivisten war die Rückgewinnung der Ålandinseln und die »Befreiung« Finnlands. S. kam gleich nach Kriegsbeginn dem deutschen Wunsch nach Verminung des schwedischen Fahrwassers im Öresund nach. Der Stimmungsumschwung und die Hinwendung zur Entente setzten mit dem Ausbleiben des deutschen Sieges ein. Trotz des engen Handelsverkehrs mit dem Reich machte sich ab 1916 die Güterverknappung immer deutlicher bemerkbar, wozu das Aufbringen schwedischer Handelsschiffe durch die Royal Navy und Verluste durch Minen oder U-Boote beitrugen. In S. wurden kriegswirtschaftliche Regulierungsmaßnahmen eingeführt, z. B. Rationierung von Grundnahrungsmitteln und staatliche Festsetzung von Preisen. Es kam zu Hungerrevolten und einem Erstarken der Arbeiterbewegung. Das innenpolitische Klima verschärfte sich. Mit dem Beginn des uneingeschränkten U-Boot-Krieges und dem Eintritt der USA in den Krieg wuchs auch der äußere Druck auf die konservative Regierung, die schließlich Mitte Okt. 1917 nach starken Verlusten bei der Wahl zur Zweiten Kammer abgelöst wurde. Erstmalig wurde nun unter Führung der Liberalen die Arbeiterpartei an der Regierungsbildung beteiligt. Der politische Kurswechsel manifestierte sich in einer deutlichen Abkehr von den Mittelmächten und in Abkommen mit der Entente, unter anderem über die Nutzung schwedischer Schiffe gegen Lebensmittellieferungen. Die Oktoberrevolution in Rußland führte zu einer weiteren Radikalisierung des politischen Lebens, der allerdings durch politische Zugeständnisse (Wahlrechtsreform) an die Arbeiterbewegung und dem Zusammenwirken von Radikalliberalen und Reformsozialisten die Spitze genommen wurde. Dies war die Zeit des demokratischen Durchbruchs in S. → *Neutrale Staaten*

Lit.: J.-P. Mousson-Lestang, Le Parti social-démocratique et la politique étrangère de la Suède, 1914-1918, Paris 1989.

ROBERT BOHN

Schweiz. Die S. erlebte den Weltkrieg als Kleinstaat in exponierter geographischer Mittellage. Angesichts der europäischen Spannungen verkündete die Regierung am 1. Aug. 1914 die allgemeine Mobilmachung, drei Tage später die Neutralität der Eidgenossenschaft. Die traditionellen Säulen des staatlichen Selbstverständnisses wie der militärischen Landesverteidigung gleichermaßen waren die immerwährende Neutralität sowie die Bereitschaft zur bewaffneten Verteidigung derselben durch eine Milizarmee. Den militärischen Oberbefehl (General) übernahm Oberstkorpskommandant Ulrich Wille (1848-1925). Dessen staatsrechtliche Stellung war insofern einzigartig, als der Posten bei Kriegsausbruch durch Wahl der beiden Kammern des Parlaments besetzt wurde und nur für die Dauer des Krieges existierte. Mit der Mobilmachung bezogen die sechs Divisionen ein grenznahes Verteidigungsdispositiv mit Schwerpunkt entlang der Nordwestgrenze zu Frankreich und dem Deutschen Reich, außerdem wurden die Gebirgsfestungen St. Gotthard und St. Moritz besetzt. Das Truppenaufgebot richtete sich in der Folgezeit nach der aktuellen Bedrohungslage, wobei es mit 200.547 Mann im Aug. 1914 seinen höchsten, mit 20.124 Mann im Sept. 1918 seinen niedrigsten Stand erreichte. Als größte militärische Gefahr wurde eine über Schweizer Territorium durchgeführte Südumfassung der deutsch-französischen Front gesehen, seit dem Kriegseintritt Italiens 1915 bestand außerdem das Risiko eines erzwungenen Alpenübergangs.

Gegen einen Durchbruchsversuch über den Jura oder durch die Waadt wurden Feldstellungen angelegt und die Gebirgsfestungen ausgebaut. Gerüchte über deutsche Angriffsabsichten führten zur Jahreswende 1916/17 zu geheimen Konsultationen des Schweizer Generalstabes mit der französischen Militärführung, in deren Folge eine französische Heeresgruppe H (Helvétie) unter General Foch bereitgestellt wurde. Von den während des Krieges registrierten 1.004 Grenzverletzungen rührten 808 von Flugzeugen her. Die militärischen Gesamtverluste der Armee beliefen sich auf 2.035 Mann (einschließlich natürliche Todesfälle), von denen 90 % auf die Grippeepidemie von 1918 zurückzuführen waren. Erst am 1. Okt. 1920, nach Abschluß von Grenzschutz- und inneren Ordnungsdienstaufgaben, ging der Aktivdienst formell zu Ende.

Während des Krieges nahm die S. die diplomatische Vertretung von 25 Staaten wahr

Schweizer Grenzunterstand.

und unterstützte humanitäre Aktionen, wie die Heimattransporte von Evakuierten, Flüchtlingen und verwundeten Kriegsgefangenen. Daneben wurde das Land zur Drehscheibe gegnerischer Nachrichtendienste sowie zum Fluchtpunkt politischer, vor allem sozialistischer Emigranten (Lenins Aufenthalt in Zürich, Zimmerwalder-Konferenz 1915). Schließlich liefen auch Friedensbemühungen, wie die des österreichischen Außenministers Graf Czernin im Frühjahr 1917 oder die deutschen Antworten auf die Wilson-Noten 1918, über diplomatische Kreise in der S.

Die tatsächliche militärische Bedrohung des Landes kann rückblickend als vergleichsweise gering eingeschätzt werden, da alle Nachbarstaaten aus der Existenz einer wehrhaften S. für sich größere eigene Vorteile zogen als aus einem Neutralitätsbruch. Das Risiko des erzwungenen Übertritts eines geschlagenen Verbandes auf Schweizer Territorium, wie etwa im Falle der französischen Bourbaki-Armee 1871, war nach Eintritt des Stellungskrieges unwahrscheinlich geworden; die deutsch-französische Front im angrenzenden Oberelsaß blieb nach Anfangsgefechten im Sommer 1914 ein Nebenkriegsschauplatz. Die rasche militärische Entwicklung ließ die Aussichten einer militärischen Landesverteidigung jedoch weiter schrumpfen. Obschon der Generalstab die Weiterentwicklung der Kampfverfahren sorgfältig beobachtete, machten sich bald gefährliche Defizite in der wirtschaftlichen Kriegsvorbereitung, der Ausbildung von Truppe und Milizoffizierskorps, der Rüstung (Artillerie, Luftwaffe) und der Munitionsversorgung bemerkbar.

Die hohe Importabhängigkeit und die Tatsache, daß das Land ab 1915 von kriegführenden Staaten vollständig eingeschlossen war, führten zu einer Verschärfung der wirtschaftlichen Situation. Im Jan. 1915 sah sich der Bund zur Einführung eines Getreideeinfuhrmonopols gezwungen, im Okt. 1917 erfolgte die Rationierung von Brot und Mehl. Zur neutralitätskonformen Abwicklung des Außenhandels mit den Mittelmächten und der Entente entstanden privatrechtliche Kontrollgesellschaften (Schweizer Treuhandstelle und Société Suisse de Surveillance Économique). Kriegsgewinnlerei einerseits und das Fehlen eines zeitgemäßen Fürsorgesystems anderseits, so bei der Unterstützung der aufgebotenen Wehrmänner und ihrer Familien, sorgten für die Verschärfung sozialer Gegensätze. Innere Spannungen ergaben sich auch aus den gegensätzlichen politischen Sympathien in den romanischen und deutschsprachigen Landesteilen. Ab 1917 waren allgemeine Kriegsmüdigkeit und Pazifismus im Wachsen begriffen, in La Chaux-de-Fonds und Zürich mußten Truppen im Ordnungsdienst eingesetzt werden. Die militärische Niederschlagung des Landesstreiks im Nov. 1918 bedeutete für die traditionell konsensdemokratische Gesellschaft eine traumatische Erfahrung. Im Verlauf der europäischen Revolutionswirren wurde das Land noch einmal zum Anziehungspunkt für Flüchtlinge. Im Friedensvertrag von Versailles bekräftigten die Signatarstaaten die Neutralität der S. (Art. 435); gleichzeitig bedeutete der nach harten innenpolitischen Auseinandersetzungen beschlossene Beitritt zum Völkerbund eine Abkehr vom bisherigen Prinzip der integralen Neutralität. Diese Bereitschaft zur Mitarbeit in einem System kollektiver Sicherheit wurde gleichwohl bald relativiert durch die Londoner Erklärung vom 13. Febr. 1920, in der die S. von der Beteiligung an militärischen Sanktionsmaßnahmen des Völkerbundes befreit wurde. → *Neutrale Staaten* → *Zimmerwalder Bewegung*

Lit.: H. R. Fuhrer, Die Schweizer Armee im Ersten Weltkrieg. Bedrohung, Landesverteidigung und Landesbefestigung, Zürich 1999.

MARKUS PÖHLMANN

Seeckt, Hans von, * Schleswig 22.4.1866, † Berlin 27.12.1936, preußischer General. – Der Sohn eines Offiziers trat 1885 in die preußische Armee ein. Nach verschiedenen Verwendungen unter anderem im Großen Generalstab wurde er 1913 Stabschef des III. Armeekorps. In dieser Funktion war er maßgeblich für den deutschen Erfolg im Jan. 1915 bei Soissons verantwortlich. Im März 1915 wurde er Stabschef der in Galizien eingesetzten 11. Armee unter August von Mackensen und hatte wesentlichen Anteil an den Erfolgen in der Durchbruchsschlacht von Gorlice-Tarnów und im Feldzug gegen Serbien. Damit erwarb S. sich den Ruf eines brillanten Stabsoffiziers. 1916/17 diente er nacheinander als Stabschef der k. u. k. 7. Armee und der Heeresgruppen Erzherzog Karl und Erzherzog Joseph. Ende 1917 wurde S. Chef des Generalstabs des türkischen Feldheeres. Nach seiner Rückkehr war er militärischer Delegierter der deutschen Abordnung in Versailles und wurde im Nov. 1919 Chef des neugebildeten Truppenamtes, das die Nachfolgeinstitution des aufgrund der Versailler Bestimmungen abzuschaffenden Generalstabs war. Während des Kapp-Putsches im März 1920 verhielt sich die Reichswehr unter seiner Führung – S. hatte sie in den Wirren des Putsches übernommen – abwartend und neutral. Im Juni 1920 wurde er offiziell Chef der Heeresleitung, leitete die Umstrukturierung der Reichswehr, schottete sie weitgehend gegen die Politik ab und machte sie so zu einem »Staat im Staate«. 1926 wurde er nach einem Streit mit Reichswehrminister Otto Geßler verabschiedet. Neben einer Tätigkeit als Mitglied des Reichstages (DVP) wirkte S. danach noch als Militärberater Chiang Kai-sheks in China.

Lit.: H. Meier-Welcker, Seeckt, Frankfurt a. M. 1967.

THOMAS BECKERS

Seekrieg. In allen theoretischen Erörterungen über den kommenden Krieg wurde dem Krieg zur See eine große, wenn nicht entscheidende Rolle beigemessen. Aus diesem Grund hatten alle führenden Industrienationen seit Beginn der achtziger Jahre des 19. Jahrhunderts mit dem Bau großer homogener Schlachtflotten begonnen; der »Wettlauf zur See«, hatte vor allem in der Amtszeit des Staatssekretärs im Reichsmarineamt, Admiral von Tirpitz besonders das deutsch-englische Verhältnis schwer belastet. Die Entspannung auf dem maritimen Sektor, welche zwei Jahre vor Kriegsausbruch ansatzweise zu erkennen war, vermochte an den großen politischen Konstellationen nichts mehr zu ändern. So ist die Hochseeflotte nicht Anlaß, wohl aber eine der schwerwiegendsten Ursachen des Ersten Weltkrieges gewesen.

Die Prognosen der Tirpitzianer stellten sich als verfehlt heraus, die großen Entscheidungen fielen zu Lande: im Osten mit Brest-Litowsk 1918 zugunsten der Mittelmächte, im Westen mit dem Zusammenbruch des militärischen Widerstandes seit Aug. 1918 entscheidend zu ihren Ungunsten. Der Anteil des S.

Seekrieg in der Nordsee (1914-1918)

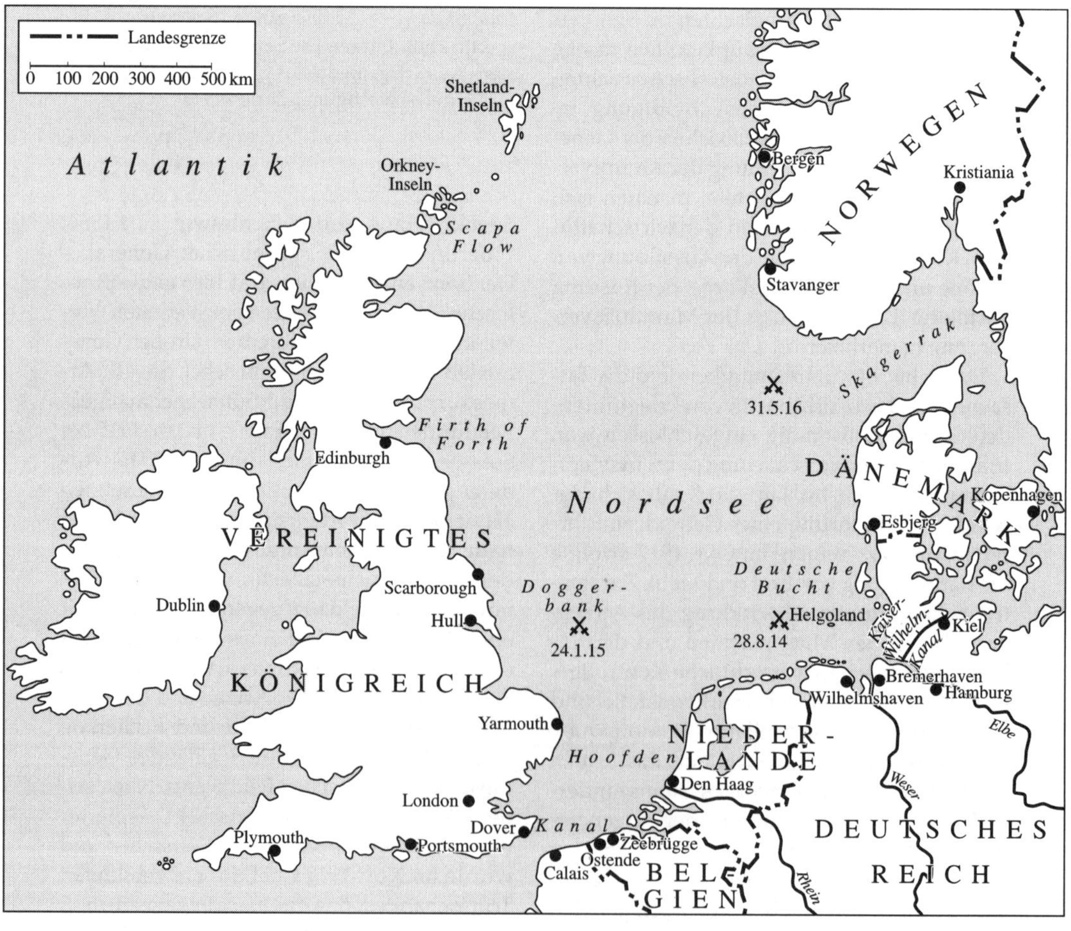

an der Niederringung Deutschlands blieb vergleichsweise gering. Zwar führte die britische Blockade zu Mangel- und Erschöpfungszuständen der Mittelmächte, wie umgekehrt die Erfolge des deutschen U-Boot-Krieges an der britischen Substanz zehrten; ausschlaggebend waren aber weder die Blockade noch der Handelskrieg mit U-Booten.

Gleichwohl muß der U-Boot-Krieg als bedeutendste Facette des gesamten S. angesehen werden, doch dies stellte sich erst im Verlauf des Krieges selbst heraus. Als dieser begann, hatte sich vielmehr das Tirpitzsche strategische Konzept durchgesetzt. Es basierte auf der Annahme, daß die Hochseeflotte in der Lage sein würde, die britische Seemacht im »nassen Dreieck« der Deutschen Bucht zu stellen und zu schlagen, freilich nur unter einer Voraussetzung und einer Bedingung: Zum einen mußte die erhoffte abschreckende Wirkung der Hochseeflotte wirkungslos geblieben, der Krieg also wirklich gekommen sein, zum anderen wurde erwartet, daß die britische Home Fleet nach alter Tradition den Gegner gleichsam in der eignen Höhle aufsuchen, ihn also in der Nordsee zur Schlacht zu stellen versuchen würde. Diese sollte von der Hochseeflotte aber nur nach einem zuvor erfolgten »Kräfteausgleich« angenommen werden. Den militärischen Gleichstand hoffte der Admiralstab durch gezielte Überwasseroperationen örtlich und zeitlich überlegener eigener Kräfte erreichen zu können. Bis zu diesem Zeitpunkt wurde der Flotte im Operationsbefehl Nr. 1 für die Nordsee Zurückhaltung auferlegt, was angesichts der Kräfteverhältnisse durchaus geboten war: Das Deutsche Reich verfügte bei Kriegsbeginn über 15 Schlachtschiffe, vier Schlachtkreuzer, 22 Linienschiffe, neun Panzerkreuzer, 41 geschützte Kreuzer, 149 Zerstörer aller Klassen und 28 U-Boote. Demgegenüber besaß England 20 Schlachtschiffe, neun Schlachtkreuzer und war in allen übrigen Schiffskategorien teilweise drückend überlegen. Hinzu kamen die Flotten der übrigen Ententemächte. Im Verlauf des Kriegs gestalteten sich die Kräfteverhältnisse zunehmend zu Ungunsten der Mittelmächte, und was als Kräfteausgleich gedacht war, erwies sich als zusätzlicher Kräfteverschleiß: Sowohl das Gefecht vor Helgoland (28. Aug. 1914) als auch das auf der Doggerbank (24. Jan. 1915) kostete die Deutschen mehr Verluste als die Engländer; gewiß errang das »heimatlose« Ostasiengeschwader des Grafen Spee (nach dem Fall von Tsingtau am 7. Nov. 1914) bei Coronel (1. Nov. 1914) einen Sieg über ein britisches Kreuzergeschwader unter Admiral Cradock, wurde jedoch am 8. Dez. 1914 in der Seeschlacht bei den Falklands von britischen Schlachtkreuzern unter Vizeadmiral Sturdee versenkt, nur der Kleine Kreuzer *Dresden* entkam. Fortan konnte der Überwasser-Kreuzerkrieg nur noch mit einzelnen Kreuzern und zu Handelsschutzkreuzern umgebauten zivilen Dampfern und Segelschiffen fortgeführt werden. Sie errangen einige spektakuläre Erfolge (*Emden* versenkte 23 Schiffe mit 101.182 BRT), und manche Kreuzerkommandanten wurden zur Legende (von Müller, Graf Luckner), zur eigentlichen Kriegsentscheidung trug diese Form des Krieges jedoch nicht bei. Insgesamt verloren die Alliierten durch den Überwasser-Handelskrieg etwa 620.000 BRT.

Die deutsche Seestrategie war schon mit Kriegsbeginn gescheitert, denn Großbritannien verzichtete auf eine enge Blockade, zog die weite vor und machte damit die Idee der Entscheidungsschlacht in der Deutschen Bucht zunichte. Obwohl der deutsche Admiralstab dies seit 1912 wußte, hielt man an der verfehlten strategischen Grundannahme nach dem Verfahren, daß nicht sein könne, was nicht sein dürfe, fest. Die Hochseeflotte aber war weder von ihrem Design (Bewaffnung, Reichweite) noch von der Anzahl ihrer Schiffe her in der Lage, die Blockade zwischen Schottland und Norwegen aufzubrechen. Die Grand Fleet, unter ihrem neuernannten Befehlshaber Lord John Jellicoe schwerpunktmäßig in Scapa Flow disloziert, funktionierte fortan allein durch ihr Bedrohungspotential (»fleet in being«). Eine ähnliche Aufgabe wuchs der in Wilhelmshaven auf Reede liegenden Hochseeflotte hinsichtlich des Kriegsschauplatzes Ostsee zu: Die Admiralty hat es nie gewagt, mit schweren Einheiten die Ostsee-Engen zu forcieren. Dies sollte den Deutschen die Seeherrschaft in der Ostsee ermöglichen, die beträchtlich zum Zusammenbruch Rußlands beitrug, nachdem alliierte Hilfe auf diesem Weg St. Petersburg nicht mehr erreichen konnte. Auch waren mit der Besetzung bzw. Eroberung der Ålandinseln, von Ösel und Dagö im März 1918 der kaiserlichen Marine die entscheidenden strategischen Stützpunkte im baltischen Meer zugefallen.

Rußland wurde auch vom Mittelmeer her von alliierter Hilfe abgeschnürt, nachdem es der *Goeben* und der *Breslau* unter Vizeadmiral

Souchon listenreich gelungen war, englischen und französischen Streitkräften zu entkommen und nach Konstantinopel durchzubrechen. Die beiden Schiffe wurden an die Türkei verkauft und Souchon zum türkischen Marinebefehlshaber ernannt. Die Türkei trat auf seiten der Mittelmächte in den Krieg ein. Es gelang der Türkei über die gesamte Zeit des Krieges, die Schwarzmeerengen zu sperren; vergeblich blieb 1915 ein von Churchill angeregtes großangelegtes Landungsunternehmen der Alliierten gegen die Dardanellen.

Schon vor der Skagerrak-Schlacht war deutlich geworden, daß das Deutsche Reich den weltweiten S. gegen die Entente nur dann mit Aussicht auf Erfolg bestehen konnte, wenn es nach den Lehren der »jeune école« gelang, die lebenswichtigen transatlantischen Verbindungen der auf Einfuhren zwingend angewiesenen britischen Inseln zu unterbrechen. Nach Lage der Dinge kamen dafür ausschließlich U-Boote in Betracht.

Dem U-Boot-Bau war vor dem Krieg in Deutschland nur wenig Aufmerksamkeit geschenkt worden, eine Folge der starren Schlachtflottendoktrin der Tirpitzschule. Vergeblich hatten weitsichtigere Offiziere die rechtzeitige Ankurbelung des U-Boot-Baues angemahnt, erst die spektakuläre Versenkung der drei älteren englischen Panzerkreuzer *Aboukir*, *Hogue* und *Cressy* am 22. Sept. 1914 durch *U 9* (Weddigen) löste eine Trendwende aus. Dabei war den Fachleuten klar, daß es weniger auf den Kampf U-Boot gegen Überwasserkriegsschiff, als vielmehr auf die Versenkung einer möglichst hohen Bruttoregistertonnage ankam. Seitdem wurde im Admiralstab, aber auch in der Öffentlichkeit die Frage diskutiert, ob sich der Handelskrieg mit U-Booten nicht wesentlich steigern ließe, wenn man die völkerrechtlichen Bestimmungen, denen diese Form der Kriegführung unterlag, negieren würde. Als sich die Waage in Berlin bereits zugunsten des unbeschränkten U-Boot-Kriegs zu neigen begann, wurde die Entwicklung durch die unglückliche Versenkung des Passagierschiffs *Lusitania*, bei der zahlreiche amerikanische Staatsbürger zu Tode kamen, aufgehalten. Washington machte unmißverständlich klar, daß die Aufnahme des uneingeschränkten U-Boot-Krieges den Casus belli für die Vereinigten Staaten darstellen würde.

Der Admiralstab beugte sich dieser Drohung und gab darüber hinaus im Sept. 1915 den U-Boot-Krieg in den britischen Gewässern praktisch ganz auf. Diese Trotzreaktion richtete sich in erster Linie gegen die politische Reichsleitung, die unter extremen Druck gesetzt werden sollte. Zunächst vergeblich: Unter dem neuernannten Chef der Hochseeflotte, Vizeadmiral Scheer, wurde der völkerrechtlich konforme U-Boot-Krieg im März 1916 wieder aufgenommen und dessen Erfolge ließen das Problem des unbeschränkten U-Boot-Krieges zunächst in den Hintergrund geraten. Mit der Entlassung des Chefs des Reichmarineamtes von Tirpitz, der zu den schärfsten Befürwortern des unbeschränkten Handelskrieges gehört hatte, setzte sich die Reichsleitung unter Bethmann Hollweg zum letzten Mal gegen den »Navalismus« des Admiralstabes durch. Die intransigente Haltung der USA, die nach dem *Sussex*-Zwischenfall erneut mit dem Krieg gegen Deutschland drohte, spielte dann allerdings in die Hände der hardliner, da das Reich nun erneut den U-Boot-Krieg gegen Großbritannien einstellte, was als politische Schwäche gedeutet wurde.

Die Stunde der strategischen Wahrheit kam mit der Schlacht vor dem Skagerrak. Diese größte Seeschlacht der Weltgeschichte, wenngleich von beiden Seiten eher unabsichtlich in Gang gesetzt, weckte auf Grund der höheren Schiffs- und Menschenverluste der Grand Fleet Stürme der Begeisterung in Deutschland und nagende Zweifel am britischen Anspruch auf die Suprematie zur See in England. Die Zweifel mündeten schließlich 1922 im Verzicht Londons auf die alleinige Vormacht zu See, vor allem aber führte sie den deutschen Admiralstab zu der Erkenntnis, daß der S. nicht mit Hilfe der Schlachtflotte, sondern wenn überhaupt nur mit den U-Booten noch zu gewinnen war. Der Chef der Hochseeflotte Scheer, strahlender »Sieger« vor dem Skagerrak, empfahl in einer programmatischen Denkschrift die Konzentration aller maritimen Kräfte auf den uneingeschränkten U-Boot-Krieg. Dieser begann am 1. Febr. 1917. Der Entschluß dazu muß auch vor dem Hintergrund der verlorenen Schlacht von Verdun und der daraus resultierenden Einsicht gesehen werden, daß eine Kriegsentscheidung im Westen nicht mehr zu erwarten war, falls sich England, und in seinem Gefolge die USA, behaupten würden. Im vollen Bewußtsein der Konsequenzen aus der zu erwartenden amerikanischen Kriegserklärung (6. April 1917) spielte der deutsche Admiralstab die vermeintlich letzte Trumpfkarte aus. Angebliche Fachleute hatten behauptet, der uneingeschränkte U-Boot-Krieg würde

England binnen sechs Monaten zum »Einlenken« bewegen. Die Entscheidung vom 1. Febr. gehorchte demnach dem gleichen Muster, das im Juli 1914 zum Entschluß geführt hatte, den großen Krieg zu riskieren.

Die Anfangserfolge des Handelskrieges mit U-Booten waren imponierend. 3.586 Mio. BRT Verluste im ersten Halbjahr 1917 ließen Churchill vorübergehend tatsächlich den Verlust des Krieges befürchten. In einer gewaltigen Kraftanstrengung der beiden angelsächsischen Mächte gelang es dann jedoch, wesentlich durch die Einführung des Konvoi-Systems, die Tonnagekrise zu überwinden. Insgesamt haben die deutschen U-Boote bei 178 eigenen Verlusten 5.554 alliierte und neutrale Schiffe mit mehr als 12 Mio. BRT versenkt. Mit geringen Schwankungen neigte sich die Kurve der Versenkungen seit Aug. 1917 aber ständig nach unten; seit dem Frühjahr 1918 war die U-Boot-Gefahr für die Entente endgültig gebannt, und damit die deutsche Seestrategie endgültig gescheitert, ohne daß die dafür Verantwortlichen bereit gewesen wären, hieraus die notwendigen Schlußfolgerungen zu ziehen.

Die Konzentration aller maritimen Kräfte auf den U-Boot-Krieg führte zu schwerwiegenden personellen Problemen, von denen die Schiffe der untätig auf Reede liegenden Hochseeflotte besonders hart betroffen waren. Um die ständig wachsende Zahl der U-Boote bemannen zu können, wurden gerade die jüngeren und tüchtigeren Offiziere und Unteroffiziere der Flotte zur U-Boot-Waffe abkommandiert. Das auf der Hochseeflotte verbleibende Offizierskorps war mit der Aufgabe einer kriegsgerechten Menschenführung an Bord überfordert; die wachsende Erbitterung über die unbefriedigenden Zustände verdichtete sich im Juli 1917 ansatzweise zu einer Meuterei auf Schiffen der Hochseeflotte, die mit der Verhängung zahlreicher Todesurteile zunächst unterdrückt werden konnte.

Im April 1918 unternahm die Hochseeflotte einen letzten Vorstoß in die nördliche Nordsee, er blieb ebenso ergebnislos wie Bemühungen von Teilen der Grand Fleet, die wichtigen U-Boot-Basen Ostende und Zeebrügge zu blockieren. Seit dem »schwarzen Tag« des Heeres (8. Aug. 1918) ging der Landkrieg im Westen sichtbar verloren, ohne daß seitens des Admiralstabes oder der endlich eingerichteten S.leitung unter Scheer ernsthafte Versuche zur Entlastung der schwerringenden Westfront unternommen worden wären. Als schwerstes Versäumnis kann das Stillhalten der Flotte in der Phase der Anlandung des britischen Expeditionskorps gewertet werden; weder General- noch Admiralstab hielten ein Zusammenwirken für nötig; die strategische Arroganz des deutschen Operationsplans mit der vermeintlichen Aussicht auf einen raschen Sieg im Westen hatte daran Anteil.

Mit dem deutschen Waffenstillstandsersuchen im Okt. 1918 war das Eingeständnis verbunden, den Weltkrieg definitiv verloren zu haben, doch der Chef der S.leitung, Admiral Scheer, erklärte, die Marine habe einen Waffenstillstand nicht nötig. Drastischer ließ sich die Diskrepanz zwischen den beiden Wehrmachtteilen, aber auch die Illusionspolitik der S.leitung nicht demonstrieren. Dennoch ist es umstritten, den letzten geplanten Vorstoß der Flotte, notfalls bis in die britischen Heimatgewässer mit dem Ziel, die Grand Fleet nun unter allen Umständen zur letzten und entscheidenden Schlacht zu stellen, als bloße verantwortungslose Götterdämmerungspathetik zu werten, zumal das beiderseitige Kräfteverhältnis für die Deutschen nie günstiger war. Vielleicht enthielt der Plan doch einen rationalen Kern, denn die »schwere Wunde«, die man der Grand Fleet zufügen wollte, hätte die politische Position der britischen Regierung sowohl in England selbst als auch im Lager der Entente erschüttern können, was vielleicht zu einer Verbesserung der deutschen Gesamtlage im Rahmen der Waffenstillstandsverhandlungen beitragen mochte. Die Äußerungen von Scheer und Trotha lassen jedoch keinen Zweifel daran, daß es in erster Linie um die »Ehre« der kaiserlichen Marine ging, die den Krieg nicht sang- und klanglos, dabei wesentlich intakt, beenden wollte. Da die Reichsleitung von diesem Plan eines letzten Flottenvorstoßes bewußt nicht unterrichtet wurde, läßt sich das Handeln der S.leitung tatsächlich als »Rebellion der Admirale« werten. Ihr folgte, binnenlogisch konsequent, die »Revolution der Matrosen«, die sich von Kiel und Wilhelmshaven aus schnell ausbreitete und in die Novemberrevolution mündete.

Das Ende der kaiserlichen Marine besiegelten Revolution und Siegermächte; mit der Auslieferung der Flotte und ihrer Internierung, schließlich Selbstversenkung in Scapa Flow ging für die deutsche Marine der Weltkrieg zu Ende.

Der S. des Weltkrieges forderte unter anderen das Leben von 34.836 deutschen und 34.654 britischen Soldaten. → *Dardanellen* →

Falkland → *Lusitania* → *Scapa Flow* → *Skagerrak* → *Tsingtau* → *U-Boot-Krieg*

Lit.: P. G. Halpern, A Naval History of World War I, Annapolis 1994; H. Herwig, »Luxury Fleet«. The Imperial German Navy, 1888-1918, London/Atlantic Highlands, NJ 1987; R. Hough, The Great War at Sea 1914-1918, Oxford 1983; Der Krieg zur See 1914-1918, 22 Bde. in 7 Reihen, Berlin/Frankfurt a. M. 1920-1966; A. J. Marder, From the Dreadnought to Scapa Flow. The Royal Navy in the Fisher Era, 5 Bde., London 1961-1970; B. Stegemann, Die deutsche Marinepolitik 1916-1918, Berlin 1970.

MICHAEL SALEWSKI

Sembat, Marcel, * Bonnières (Département Seine-et-Oise) 19.10.1862, † Chamonix 5.9.1922, französischer Politiker. – Der Anwalt und Journalist S. gehörte mit Jean Jaurès und Alexandre Millerand zu den bürgerlichen Intellektuellen, die das Gesicht des französischen Sozialismus maßgeblich geprägt haben. Nach Anfängen in der linksrepublikanischen und sozialistischen Presse gewann S. 1893 erstmals das Parlamentsmandat des Pariser Arbeiterbezirks Grandes-Carrières, das er bis 1919 verteidigen konnte. Er war trotz seiner Nähe zur Linksrepublikanismus (Freimaurerei, Menschenrechtsliga) ein Gegner des Reformismus Millerandscher Prägung und lehnte während der Dreyfus-Affäre eine sozialistische Beteiligung an einer bürgerlichen Regierung strikt ab. Nach der Vereinigung der verschiedenen sozialistischen Gruppierungen zum Parti Socialiste Unifié (PSU) im Jahre 1905 gehörte er von Beginn an zu deren Führungsriege. Mit der Publikation seines Buches *Faites un Roi, sinon faites la Paix* erregte S. 1913 Aufsehen über die Grenzen seiner eigenen Partei hinaus. Auch die von ihm öffentlich vertretene (nach 1914 widerlegte) These, die Republik sei strukturell nicht fähig zur Führung eines modernen Krieges, ebenso seine äußerst realistischen Einschätzungen der internationalen und militärischen Begebenheiten seiner Zeit sorgten für Furore.

Als der nach dem Tod von Jaurès wohl renommierteste sozialistische Politiker trat S. im Aug. 1914 in die Regierung der »Union sacrée« ein, in der er (mit Léon Blum als Kabinettschef) das Ministerium für öffentliche Arbeiten übernahm, das er bis Ende 1916 innehatte. Obwohl technisch-administrativen Fragen gegenüber aufgeschlossen, entfaltete S. in der Regierung keine bemerkenswerten Aktivitäten. Bis zum Kriegsende verteidigte er allerdings die Politik der »Union sacrée« auch gegen wachsende innerparteiliche Kritik. Es überrascht daher nicht, daß sich S. nach dem Parteitag von Tours (1920) bis zu seinem plötzlichen Tod 1922 der Unterordnung des PSU unter die kommunistische Internationale widersetzte und zu denjenigen gehörte, die sich – letztlich erfolgreich – bemühten, das »alte Haus« des französischen Sozialismus wieder aufzubauen.

DANIEL MOLLENHAUER

Septemberprogramm, Anfang der 1960er Jahre bekannt gewordenes vierseitiges Schriftstück aus der deutschen Reichskanzlei, das in seiner endgültigen Fassung auf den 9. Sept. 1914 datiert und mit dem unscheinbaren Titel *Vorläufige Richtlinien über unsere Politik bei Friedensschluß* überschrieben ist. – Das S. trägt die Unterschrift des Reichskanzlers Bethmann Hollweg. Es gilt als erstes umfassendes Kriegszielprogramm der deutschen Reichsleitung im Weltkrieg. Ihm vorausgegangen waren wochenlange Beratungen des Reichskanzlers mit verschiedenen Reichsbehörden (Auswärtiges Amt, Reichsamt des Innern, Reichsschatzamt, Reichskolonialamt) sowie mit den führenden Industriellen Rathenau und von Gwinner. Im S. wurde das Ziel einer »Sicherung des Deutschen Reiches nach West und Ost auf erdenkliche Zeit« durch die Schaffung eines ökonomisch und territorial neustrukturierten Mitteleuropas unter deutscher Hegemonie, territoriale Annexionen im Westen, die Herabwürdigung Belgiens zu einem »Vasallenstaat«, die Degradierung Frankreichs zu einer Mittelmacht und den Aufbau eines geschlossenen deutschen Kolonialreiches im mittleren Afrika skizziert. Die »Rußland gegenüber zu erreichenden Ziele« sollten »später geprüft« werden.

Das S. war in der historischen Forschung und im deutschen Geschichtsbild lange Zeit äußerst umstritten. Zu Beginn der sechziger Jahre machte der DDR-Historiker Werner Basler auf die *Vorläufigen Richtlinien* Bethmann Hollwegs im Zentralarchiv der DDR in Potsdam aufmerksam. Doch erst die Vehemenz, mit der der Hamburger Historiker Fritz Fischer in seinem aufsehenerregenden Buch *Griff nach der Weltmacht* (1961) die Denkschrift in den Rang eines Schlüsseldokuments der Geschichte des deutschen Imperialismus bis 1945 und der Kriegszielpolitik vor und im Weltkrieg erhob, erschütterte den Konsens der Historiker bezüglich eines allgemeinen

»Hineinschlitterns« in den Krieg. Die nachfolgende Diskussion über Fischers Thesen führte seit Mitte der 1960er Jahre zu einer umfassenden, kritischen Neubewertung der Geschichte des deutschen Kaiserreiches. Gleichwohl ist besonders Fischers Bewertung des S. als Resultat einer seit 1911/12 bewußt den Krieg herbeiführenden deutschen Politik in der Forschung strittig geblieben. Auch die Behauptung, daß das S. bis 1918 nur noch in Einzelfragen verändert und auf breite Zustimmung der politischen und militärischen Eliten gestoßen sei, ist nachhaltig bestritten worden. In dieser Hinsicht hat man auf die Unterschiede zwischen ökonomischen und territorialen Kriegszielen und ihre konkrete Abhängigkeit von Kriegsverlauf und alliierter Kriegszielplanung verwiesen. Neuere Überblicksdarstellungen bezeichnen das S. als nicht mehr handlungsleitenden »dilatorischen Formelkompromiß« (W. J. Mommsen) zwischen Militär, der extremen Rechten und der Sozialdemokratie. Mit der mentalitäts- und alltagsgeschichtlichen Wende der Weltkriegsforschung seit Ende der achtziger Jahre ist die Diskussion um das Dokument weitgehend verstummt. → *Fischer-Kontroverse* → *Kriegsziele*

Lit.: F. Fischer, Griff nach der Weltmacht. Die Kriegszielpolitik des kaiserlichen Deutschland 1914/1918, Düsseldorf 1961; W. J. Mommsen, Bürgerstolz und Weltmachtstreben. Deutschland unter Wilhelm II. 1890 bis 1918, Berlin 1995; G.-H. Soutou, L'or et le sang. Les buts de guerre économiques de la Première Guerre Mondiale, Paris 1989.

CHRISTOPH ROOLF

Serbien. Das 1882 gegründete südslawische Königreich S. wurde bis 1914 von dem 1903 durch eine Offiziersverschwörung zur Macht gelangten und anschließend von der serbischen Nationalversammlung gewählten König Petar I. Karadjordjević (1844-1921) regiert. Gestützt auf die Radikale Partei des Ministerpräsidenten Nikola Pašić (1846-1926) vertrat der König eine großserbische Politik, die sich insbesondere gegen die Interessen Österreich-Ungarns richtete. Dies führte 1906 zu einem (nur mit französischer Unterstützung durchgestandenen) Handelskrieg des wirtschaftlich unterentwickelten und auf den Export seiner agrarischen Produkte stark angewiesenen Landes mit der Donaumonarchie. Diesem folgte 1908 die österreichisch-ungarische Annexion Bosniens und der Herzegowina, auf die S. selbst Anspruch erhob: Das Ergebnis war eine gefährliche Irredenta, welche bald die gesamte Region erfaßte. Serbisch-nationalistische Organisationen wie die Narodna Odbrana und der terroristische Geheimbund Ujedinjenje ili Smrt (Union oder Tod, besser bekannt als Schwarze Hand) trugen ebenso zur Erschütterung der k. u. k. Herrschaft in den südslawischen Gebieten bei wie der Anspruch S. auf ein, auch die serbischen Ethnien in den Nachbarstaaten einbindendes, Großreich. Mit seinen überraschenden militärischen Erfolgen in den beiden Balkankriegen (1912/1913) gelang es S. im Frieden von Bukarest (10. Aug. 1913) sein Territorium durch die Annexion des nördlichen Makedoniens fast zu verdoppeln, zugleich wurde damit der Gegensatz zu Bulgarien nahezu irreversibel. Angesichts der unversöhnlichen Feindschaft zu Österreich-Ungarn und Bulgarien war die serbische Diplomatie bestrebt, die politischen und ökonomischen Bindungen des Landes zu Frankreich weiter zu vertiefen und zugleich Sicherheits- und Beistandsgarantien Rußlands zu erlangen. Am 24. Juni 1914, nur vier Tage vor dem Attentat von Sarajevo, übertrug der greise und kranke König Petar I. die Amtsgeschäfte seinem Sohn Kronprinz Aleksandar (1888-1934).

Eine Mittäterschaft des serbischen militärischen Geheimdienstes unter Oberst Dragutin Dimitrijević, Deckname »Apis« (der Bulle), an dem Anschlag auf den österreichisch-ungarischen Thronfolger durch die von ihm geführte Schwarze Hand steht heute außer Frage, dagegen läßt sich eine direkte Verantwortung der serbischen Regierung für die Aktion nicht nachweisen. Der glühende Nationalist Dimitrijević wurde im Juni 1917 in Saloniki wegen angeblicher Beteiligung an einer Verschwörung höherer serbischer Militärs gegen die königliche Familie zum Tode verurteilt und hingerichtet. Wahrscheinlicher ist, daß er und weitere Offiziere als eine Belastung für die politische Zukunft S. angesehen wurden, zumal zu diesem Zeitpunkt auch ein Separatfrieden mit Wien nicht mehr völlig ausgeschlossen wurde.

Der österreichischen Kriegserklärung an S. (28. Juli 1914) folgte nur zwei Wochen später (11. Aug.) eine Großinvasion von drei k. u. k. Armeen unter dem Kommando von General Oskar Potiorek, denen die gut ausgebildeten und technisch zufriedenstellend ausgerüsteten serbischen Verbände jedoch erfolgreich Widerstand entgegenzusetzen vermochten. Auch die beiden nachfolgenden Invasionen (im Sept. und Nov./Dez. 1914) wurden von den hoch motivierten serbischen Einheiten unter General, später Feldmarschall, Radomir Putnik zurückgeschlagen (Schlachten an den Flüssen Jadar und Drina). Allerdings gelang es den Österreichern am 2. Dez., die Hauptstadt Belgrad für wenige Tage zu besetzen, bevor sie von den Serben, die zuvor bereits am Fluß Kolubara (6. Dez.) einen wichtigen Sieg errungen hatten, wieder vertrieben wurden (15. Dez.). Der serbischen Armee gelang es sogar, einen Teil von Zentral-Albanien unter ihre Kontrolle zu bringen. Doch der serbische Erfolg war teuer erkauft: Ihre Verluste beliefen sich auf etwa 175.000 Mann sowie große Einbußen an Waffen und Gerät. Darüber hinaus forderte vor allem die erste österreichische Invasion zahlreiche Opfer unter der serbischen Zivilbevölkerung: Der zeitgenössische Bericht des Schweizer Juristen Rodolphe Archibald Reiss nennt eine Zahl von 3.500 bis 4.000 Zivilisten, die den von k. u. k. Truppen begangenen Gewalttaten und Plünderungen bereits im Aug. 1914 zum Opfer fielen. Selbst die österreichische Armeeführung gestand später die brutalen Übergriffe ihrer Truppen in S. gegen die serbische Zivilbevölkerung ein und sprach von »unorganisierten Requisitionen« und »sinnlosen Repressalien«.

Bei Kriegsbeginn hatte S. ca. 360.000 Soldaten mobilisiert, die in vier Armeen (mit einer Sollstärke von jeweils vier Divisionen) organisiert waren. Diese wurden ergänzt durch weitere militärische Formationen, die zumeist entlang der Grenzen des Landes stationiert waren. Zeitgenössische Militärexperten äußerten sich im allgemeinen anerkennend über die Führungsqualitäten der jüngeren Offiziere und den hohen Ausbildungsstand der kämpfenden Truppe, zugleich bezweifelten sie jedoch die logistischen Fähigkeiten und die Qualifikation der Stabsführungen. Obgleich der serbische Erfolg gegen die k. u. k. Armeen im ersten Kriegsjahr der Entente eine dringend benötigte Atempause auf dem südost- und auch auf dem osteuropäischem Kriegsschauplatz verschafft hatte, nutzten die Verbündeten die nachfolgenden Monate (mit Rücksicht auf das bislang neutrale Bulgarien) höchst unzureichend, um die serbische Armeen nach ihren schweren Verlusten im ersten Kriegsjahr erneut aufzurüsten. Dies ist um so erstaunlicher als S. nicht nur der wichtigste Bundesgenosse der Alliierten auf dem Balkan war, sondern auch geographisch und strategisch an der zentralen Versorgungsroute zwischen den Mittelmächten und dem mit ihnen verbündeten Osmanischen Reich lag. Somit konnte es nur eine Frage der Zeit sein bevor S. erneut zu einem Schauplatz des Krieges wurde.

Am 6. Okt. 1915 begann eine gemeinsame Offensive österreichischer und deutscher Truppen unter dem Kommando von General August von Mackensen gegen S. Wenige Tage später erklärte Bulgarien, das bereits einen Monat zuvor einen Bündnisvertrag mit Deutschland abgeschlossen hatte, S. den Krieg. Damit stand den Serben eine Übermacht von etwa 600.000 Soldaten gegenüber. Vergeblich bemühten sich die Franzosen und Briten mit einer Truppenlandung von ca. 45.000 zumeist französischen Soldaten nördlich von Saloniki, den militärischen Druck auf S. zu lockern. Griechenland, das sich 1913 im Vertrag von Bukarest zur militärischen Unterstützung S. verpflichtet hatte, lehnte trotz heftigen Drängens der Alliierten einen Kriegseintritt mit dem Hinweis auf unzureichende militärische Hilfe der Entente ab. Die von Typhusepidemien sowie Nachschubmangel stark geschwächten serbischen Einheiten vermochten trotz heftiger Gegenwehr dem Ansturm der numerisch wie waffentechnisch weit überlegenen Verbände der Mittelmächte kaum etwas entgegenzusetzen: nach dem Fall der Städte Belgrad (9. Okt.) und Niš (5. Nov.) zogen sich die Reste der serbischen Armee (ca. 150.000 Mann) sowie zahllose Zivilisten Ende Nov. 1915 unter der Führung des greisen Feldmarschalls Putnik in die albanischen und montenegrinischen Berge zurück. Der später oft episch verklärte »Große Rückzug« der vollkommen erschöpften, hungernden und kranken Soldaten und Zivilisten (einschließlich der etwa 20.000 mitgeführten österreichisch-ungarischen Kriegsgefangenen) endete in Durazzo und San Giovanna di Medusa am Adriatischen Meer. Die Mehrzahl der Einheiten wurde auf die von den Franzosen zuvor annektierte und geräumte Insel Korfu evakuiert, um sich dort physisch zu regenerieren und militärisch neu zu formieren.

Die Niederlage und nahezu völlige Besetzung S., die Kapitulation Montenegros (23. Jan. 1916) und der Rückzug der italienischen Armee aus Albanien eröffneten den Mittelmächten Aussichten auf weitere militärische Erfolge auf dem Balkan. Die Fronten stabilisierten sich erst wieder im Norden Albaniens und entlang der bulgarisch-griechischen Grenze. S. wurde zwischen Österreich-Ungarn und Bulgarien aufgeteilt und Militärverwaltungen unterworfen. Im Gefolge dieser

Serbien und Salonikifront (1914-1918)

äußerst rigiden Okkupationsregime kam es wiederholt zu Aufständen, die von den Besatzern häufig brutal und unter Anwendung schwerer Repressalien (Hinrichtungen, Internierungen) unterdrückt wurden: so etwa 1917 in Toplica, wobei mutmaßlich mehrere tausend Serben den Tod fanden.

Die Insel Korfu wurde auch der Sitz der serbischen Exil-Regierung unter dem langjährigen Ministerpräsidenten Pašić. Nachfolger des im Mai 1917 gestorbenen, schon zu Lebzeiten legendären obersten Militärchefs Putnik wurde der Stabschef Živojin Mišić (1855-1921). Zwischen Pašić und dem Kronprinzen und Regenten Aleksandar kam es in der Folgezeit zu divergierenden Ansichten und wachsenden Auseinandersetzungen über eine Nachkriegsordnung auf dem Balkan. Während der Ministerpräsident die großserbische Idee einer direkten Annexion von Nachbarterritorien favorisierte, sprach sich der Kronprinz für einen Staatenbund aller südslawischen Staaten aus. Unterstützung erhielt der Regent hierbei von dem in London ansässigen Jugoslawien-Kommittee unter seinem Vorsitzenden, dem Kroaten Ante Trumbić (1864-1938). Trotz fortbestehender gegensätzlicher Ansichten verständigten sich alle Beteiligten in der Erklärung von Korfu (20. Juli 1917) auf das Nachkriegsprojekt eines südslawischen Nationalstaates unter der serbischen Monarchie. Erleichtert wurde das Zusammengehen durch die sich 1917 rasch verändernde außenpolitische und militärische Lage: Mit dem Ausfall des zarischen Rußlands als Schutzmacht S. und angesichts wachsender und zudem offen postulierter Ansprüche Italiens auf Gebiete in der östlichen Adria bemühten sich die serbischen Politiker und Militärs einer möglichen Isolierung ihres Landes vorzubeugen.

Mit dem Zusammenbruch Bulgariens im Sept. 1918 begann sich das Kriegsglück für die Serben zu wenden. Die aus dem Süden zurückkehrenden Verbände fanden ein nahezu völlig verwüstetes Land vor, dessen Bevölkerung (vor allem die Altersgruppe der Männer zwischen 15 und 55 Jahren) durch Krieg und Besatzung um fast ein Viertel dezimiert war. Am 1. Dez. 1918 wurde das vereinigte Königreich der Serben, Kroaten und Slowenen ausgerufen, das sich am 3. Okt. 1929 in Jugoslawien umbenannte. Oberhaupt dieses neuen multiethnischen Staates war der am 16. Aug. 1921 (nach dem Tod Petars I.) zum König gekrönte vormalige serbische Kronprinz und Regent Aleksandar. Der König fiel im Okt. 1934 während eines Besuches in Marseille dem Attentat eines kroatischen Nationalisten zum Opfer. → *Bulgarien* → *Durazzo* → *Saloniki*

Lit.: M.-J. Calic, Sozialgeschichte Serbiens, 1815-1941. Der aufhaltsame Fortschritt während der Industrialisierung, München 1994; A. Holzer, Augenzeugen. Der Krieg gegen Zivilisten. Fotografien aus dem Ersten Weltkrieg, in: Fotogeschichte, 85/86 (2002), S. 45-74; M. B. Petrovich, A History of Modern Serbia 1804-1918, Oxford 1976, D. Zhivojinovich, Serbia and Montenegro: The Home Front, 1914-1918, in: East Central European Society in World War I, hg. v. B. K. Kiraly/N. F. Dreisziger, Boulder, Col. 1985, S. 239-259.

GERHARD HIRSCHFELD

Sexualität. Die krisenhaften Auswirkungen des Weltkriegs betrafen auch das Sexualleben der Menschen. Die Trennung von (Ehe- und Liebes-)Paaren wurde zu einem in diesem Ausmaße bisher unbekannten Massenphänomen. Außereheliche S. und Prostitution gewannen eine neue Dimension. Auch wenn nicht abgeschätzt werden kann, wie häufig Soldaten während des Krieges außereheliche Sexualkontakte suchten, gibt es eine Reihe von Hinweisen, daß sich Soldaten unter dem Eindruck des unmittelbaren Kriegserlebnisses und der direkten Todeserfahrung nicht mehr an die bürgerliche Sexualmoral gebunden fühlten.

Die bereits Ende des 19. Jahrhunderts begonnene Auseinandersetzung über Fragen der S. wurde während des Kriegs zu einem Thema von nationalem Belang. Zum einen ging es um den bevölkerungspolitischen Aspekt. Die anhaltende Sorge um die sinkenden Geburtenraten erhielt während des Krieges angesichts der erheblichen Menschenverluste eine neue Dimension. Mutterschutz und Säuglingsfürsorge rückten daher verstärkt in das Blickfeld staatlicher Gesundheitspolitik. Die Steigerung der Geburtenrate wurde zur nationalen Aufgabe.

Zum anderen richtete sich das Interesse auf Fragen von Sexualverhalten und -moral. In der Heimat wurde das Sexualverhalten der Kriegerfrauen einer weitreichenden öffentlichen Kontrolle unterworfen, um negative Auswirkungen auf die Stimmung ihrer an der Front dienenden Männer zu verhindern. In Großbritannien begannen eigene Frauenpatrouillen die öffentliche Sittlichkeit zu überwachen. Kriegerfrauen konnte die Trennungszulage und Sozialhilfe gestrichen werden, wenn sie des Ehebruchs für schuldig befunden worden waren. Die englische Polizei erhielt 1914 die Befugnis, Wohnungen von Kriegerfrauen zu inspizieren. Staatlicherseits wurde auf die Einhaltung von Sittlichkeit und Moral geachtet und die Unterhaltungsindustrie, Kunst und Literatur verstärkt kontrolliert und zensiert. In Deutschland ermahnte das preußische Kriegsministerium mittels Propagandaschriften die Kriegerfrauen zur ehelichen Treue. Der Entzug der finanziellen Unterstützung blieb im Gegensatz zu England allerdings die Ausnahme. Besondere Sanktionen hatten deutsche Frauen zu erwarten, wenn bekannt wurde, daß sie sexuelle Beziehungen zu Kriegsgefangenen unterhielten. Trotz strafrechtlicher Verfolgung durch die Behörden und gesellschaftlicher Sanktionen waren derartige Beziehungen nicht selten.

Auch das Sexualverhalten der Soldaten rückte in das Blickfeld des öffentlichen Interesses. Allerdings geschah dies weniger aus Sorge um die emotionalen Gefühlslagen der Frauen in der Heimat oder um die Sittlichkeit, als aufgrund der negativen Auswirkungen, die die Verbreitung von Geschlechtskrankheiten für die Wehrkraft bedeutete. Im deutschen Feldheer lag die Inzidenzrate für Geschlechtskrankheiten im ersten bis dritten Kriegsjahr zwischen 1,5 und 1,6 % der Iststärke und stieg dann auf 2,0 % an; im Besatzungsheer schwankte sie zwischen 2,9 und 2,5 %. Bei kanadischen Einheiten lag die Rate der Geschlechtskrankheiten 1915 bei 28,7 %, ging jedoch bis Kriegsende auf 15,8 % zurück. Bei den australischen Truppen bewegte sie sich zwischen 13 und 14,5 %, bei den neuseeländischen um die 13 %; im englischen Militär lag sie bei ca. 5 % und soll sich bis Kriegsende halbiert haben.

Die militärischen Führungen sahen sich mit dem Problem konfrontiert, ob und wie sie den sexuellen Bedürfnissen der Soldaten entsprechen und gleichzeitig die Verbreitung von Geschlechtskrankheiten eindämmen konnten. Zwei Positionen standen sich dabei gegenüber: Während die einen sich für die Einhaltung der sittlichen Normen auch unter Kriegsbedingungen einsetzten, ermöglichten andere ihren Soldaten heterosexuellen Verkehr oder duldeten ihn zumindest stillschweigend.

Im britischen und amerikanischen Militär spielte dabei die Überlegung eine Rolle, daß ein Verbot der Prostitution zu einer Zunahme von Homosexualität und Masturbation führen könnte. Homosexuelle Kontakte zwischen Soldaten wurden, neben den strafrechtlichen und sexualmoralischen Aspekten, als Bedrohung der hierarchischen militärischen Ordnung gewertet sowie als eine Gefahr für die nationale Sicherheit. Im deutschen Militär sind zwar ebenfalls homosexuelle Kontakte bestraft worden, aber als ein ernsthaftes Problem wurde Homosexualität offensichtlich nicht wahrgenommen.

Alle kriegführenden Mächte appellierten an die Sittlichkeit ihrer Soldaten und propagierten sexuelle Enthaltsamkeit. Während im deutschen Militär der Verzicht auf riskantes Sexualverhalten mit der Treue gegenüber dem Vaterland begründet wurde, verstand das britische Militär sexuelle Enthaltsamkeit als Bestandteil der soldatischen Ehre. Da die Propagierung von Enthaltsamkeit sich jedoch bereits in Friedenszeiten als weitgehend erfolglos erwiesen hatte, klärte man die Soldaten auch über Geschlechtskrankheiten auf.

Eine zweite Antwort auf das sexuelle Problem betraf die Kontrolle der Prostituierten. In Deutschland hatten die Militärbehörden bereits vor Kriegsausbruch gefordert, die sittenpolizeiliche Überwachung der Prostitution zu verschärfen. Die Militärführung war sich aus pragmatischen Überlegungen heraus weitgehend darüber einig, offiziell von Soldaten Enthaltsamkeit zu fordern, ihnen aber dennoch Gelegenheiten zum Geschlechtsverkehr zu bieten. Daher gab es in der Etappe geduldete, zum Teil von Militärärzten überwachte und vom Militär geleitete Bordelle. Durch eine umfassende Erfassung und gesundheitliche Kontrolle der Prostituierten wollten die Sanitätsbehörden das Risiko einer Infektion für die männliche Kundschaft auf ein Minimum reduzieren. Geschlechtskranke Prostituierte wurden entweder abgeschoben oder zwangsweise in Sonderkrankenabteilungen interniert. In Großbritannien hatte die Frauenbewegung im 19. Jahrhundert die Einführung einer staatlichen Überwachung der Prostitution erfolgreich verhindert. Trotz wachsenden Drucks seitens der Dominions rang sich das britische Kabinett erst im Febr. 1918 dazu durch, den Geschlechtsverkehr geschlechtskranker Frauen mit Angehörigen der Streitkräfte unter Strafe zu stellen. Gegen diese Bestimmung entbrannte sofort lautstarker Protest der Frauen- und Sittlichkeitsbewegung, und die Regierung hob diese Bestimmung gleich nach Unterzeichnung des Waffenstillstands wieder auf.

Auf dem französischen Kriegsschauplatz wurden die Truppen der Alliierten mit einer großen Anzahl von staatlich überwachten Bordellen, die es hinter der Front in fast allen größeren Städten gab, sowie einer Vielzahl von Prostituierten konfrontiert. Die USA erklärten, nachdem die Geschlechtskrankheitenrate bei den nach Frankreich entsandten Truppenkontingenten zunächst sprunghaft angestiegen war, die Bordelle für ihre Soldaten zu Sperrzonen. Die britische Armeeführung hielt ein derartiges Verbot für nicht durchführbar. Erst im März 1918 wurde britischen Soldaten der Besuch von Bordellen untersagt.

Eine dritte Antwort auf das sexuelle Problem war, Soldaten mit Schutzmitteln gegen eine Infektion mit Geschlechtskrankheiten zu versorgen. Es gab Kondome oder die preiswerteren chemischen Desinfektionslösungen und desinfizierende Salben, mit denen die Genitalien vor und nach dem Geschlechtsverkehr gereinigt werden konnten. In den deutschen Armeen standen den Soldaten bereits vor dem Weltkrieg Schutzmittel zur Verfügung. In England hatten dagegen nur einige wenige Militärärzte in den Kolonien Erfahrungen mit Schutzmitteln gesammelt. Die britische Regierung und Armeeführung fanden sich wieder erst auf Druck der um die Gesundheit ihrer Truppen besorgten Dominions und Amerikaner bereit, die Anwendung von Schutzmitteln in Erwägung zu ziehen. Die amerikanische und die neuseeländische Militärführung sowie einige der kanadischen Einheiten verteilten dagegen schon frühzeitig an ihre in Europa kämpfenden Soldaten Schutzmittel.

Insgesamt wurden während des Weltkrieges traditionelle sexualmoralische Normvorstellungen in Frage gestellt. Mit der Popularisierung von Schutzmitteln trugen die Streitkräfte wesentlich dazu bei, einen Teil der Ängste, die das Sexualverhalten eingrenzten, herabzusetzen oder zu beseitigen. Während außereheliche S. für die Soldaten weitgehend akzeptiert wurde und man bestrebt war, nur die gesundheitlichen Risiken möglichst gering zu halten, stand in der Heimat die Bekämpfung außerehelicher S. im Vordergrund. Damit führte der Weltkrieg auch zu einer Festigung der bürgerlichen Doppelmoral. Das entscheidende Phänomen war jedoch, daß die Diskussion über S. während des Krieges endgültig zum Thema der Medizin wurde.

Lit.: L. Sauerteig, Sex, Medicine and Morality during the First World War, in: War, Medicine and Modernity, hg. v. R. Cooter/M. Harrison/St. Sturdy, Stroud 1998, S. 167-188.

LUTZ SAUERTEIG

Siegfried-Stellung, deutsche Stellung an der Westfront 1917/18; in der britischen und französischen Literatur auch unter der Bezeichnung »Hindenburg-Linie« bekannt. – Nach dem Abschluß der verlustreichen Kämpfe des Jahres 1916 hatten sich die OHL und das zuständige Heeresgruppenkommando Kronprinz Rupprecht im Herbst zur Rücknahme der Front auf die Linie Arras – St. Quentin – Vailly entschlossen. Die Gründe hierfür waren strategischer und operativer Natur gewesen: Auf Erfolge an der Ostfront und im uneingeschränkten U-Boot-Krieg bauend, sollte der Krieg 1917 im Westen defensiv geführt werden. Eine Rücknahme der Front würde die befürchteten Angriffsplanungen der Entente für das kommende Frühjahr stören. Der Abzug aus der bisherigen exponierten Bogenstellung (Arras – Péronne – westlich Noyon – Soissons) bot die Möglichkeit, die Front erheblich zu verkürzen und ca. 20 Divisionen freizumachen. In dem aufgegebenen Gebiet sollten im Verlauf der Rückzugsbewegung zudem Ortschaften, Verteidigungsanlagen und die Infrastruktur planmäßig zerstört werden (Unternehmen »Alberich«).

Der zwischen dem 16. und 20. März 1917 durchgeführte Rückzug in die S. geriet für die Deutschen zu einem der größten operativen Erfolge im Krieg. Die Alliierten wurden von der Bewegung völlig überrascht. Die laufenden Planungen für die Frühjahrsoffensive mußten modifiziert und die Angriffe mehrfach verschoben werden, mit dem Ergebnis, daß sie im April/Mai schnell zusammenbrachen und eine ernste Krise des französischen Heeres zur Folge hatten. Für den Rest des Jahres 1917 konnten sich die Deutschen in der S. einrichten und diese weiter ausbauen.

Die S. bildete ab dem 21. März 1918 die Ausgangsstellung für die deutsche Frühjahrsoffensive, eine durchaus problematische Entscheidung, da der deutsche Angriff nun über die erst ein Jahr zuvor zerstörte »Somme-Wüste« führte. Nach dem Scheitern der deutschen Angriffe und dem Beginn der alliierten Gegenoffensive befahl die OHL am

2. Sept. erneut den Rückzug auf die S. Die sich daran anschließenden Kämpfe um die S. selbst dauerten bis Anfang Okt. an, bis die Deutschen die Stellung aufgaben. → *Alberich* → *Michael-Offensive*

Markus Pöhlmann

Sitwell, Sir Francis Osbert, * London 6.12.1892, † Florenz 4.5.1969, britischer Schriftsteller. – S. meldete sich im Dez. 1914 zum ersten Bataillon der Grenadier Guards. Seine Erfahrung des Grabenkriegs von 1914 bis 1917 rief in ihm ein tiefes Bewußtsein für die Sinnlosigkeit der Opfer wach, das er in seiner frühen Lyrik zu gestalten suchte. S. hatte gemeinsam mit seiner Schwester Edith, die ebenfalls als Dichterin und Schriftstellerin aktiv war, Einfluß auf die jüngere Schriftstellergeneration der 1920er Jahre, insbesondere durch ihre einfallsreiche und provokative Prosa. S. suchte mit seinen Texten die Konfrontation und war bereit, etablierte Werte in Frage zu stellen und die Meinungsführer der Presse sowie das Militär, die Kirche und das Bürgertum seiner Zeit anzugreifen. Als Pazifist und Zeitgenosse des Kriegsdichters Siegfried Sassoon, der ihn in seinen Überzeugungen bestärkte, machte S. aus seiner Verbitterung und seiner Verachtung der militärischen und politischen Eliten, Kriegsgewinnler und einer konformistischen Öffentlichkeit keinen Hehl.

Im Sommer 1917 veröffentlichte S. unter dem Pseudonym »Miles« (lat. Soldat) im *Spectator* und später in der liberalen Wochenzeitung *The Nation* eine Anzahl satirischer Gedichte. In vielen seiner Gedichte wird die Gesellschaft als von Geschäftsinteressen korrumpiert geschildert, denen gegenüber nur die Dichter die Wahrheit verteidigen können. In diesem Sinne bezichtigte er in einem Gedicht-Zyklus (*The Winstonburg Line*) im linksgerichteten *Daily Herald* Winston Churchill der schlimmsten Kriegshetzerei. S. wählte die Satire als Waffe gegen die Unsinnigkeit des Krieges. Gleichzeitig griff er den georgianischen Romantizismus der zeitgenössischen Lyrik an. S. war kein ausgesprochener literarischer Avantgardist des 20. Jahrhunderts, aber seine Antikriegslyrik stellt einen bedeutenden Beitrag zur literarischen Verarbeitung des Weltkriegs dar.

Jay Winter (Ü: A. R.)

Skagerrak, Meeresraum zwischen Jütland und Norwegen. – Am Mittag des 31. Mai 1916 stieß rund 80 Seemeilen westlich der Jammerbucht vor dem S. die Grand Fleet der Briten unter Kommando von Admiral Sir John Jellicoe auf die deutsche Hochseeflotte unter Admiral Reinhard Scheer (engl.: Battle of Jutland). 28 Schlachtschiffe, neun Schlacht- und acht Panzerkreuzer sowie 26 Kleine Kreuzer standen auf englischer Seite den 16 Schlacht-

Versenkung der *Queen Mary*. Skagerrak, 31. Mai 1916

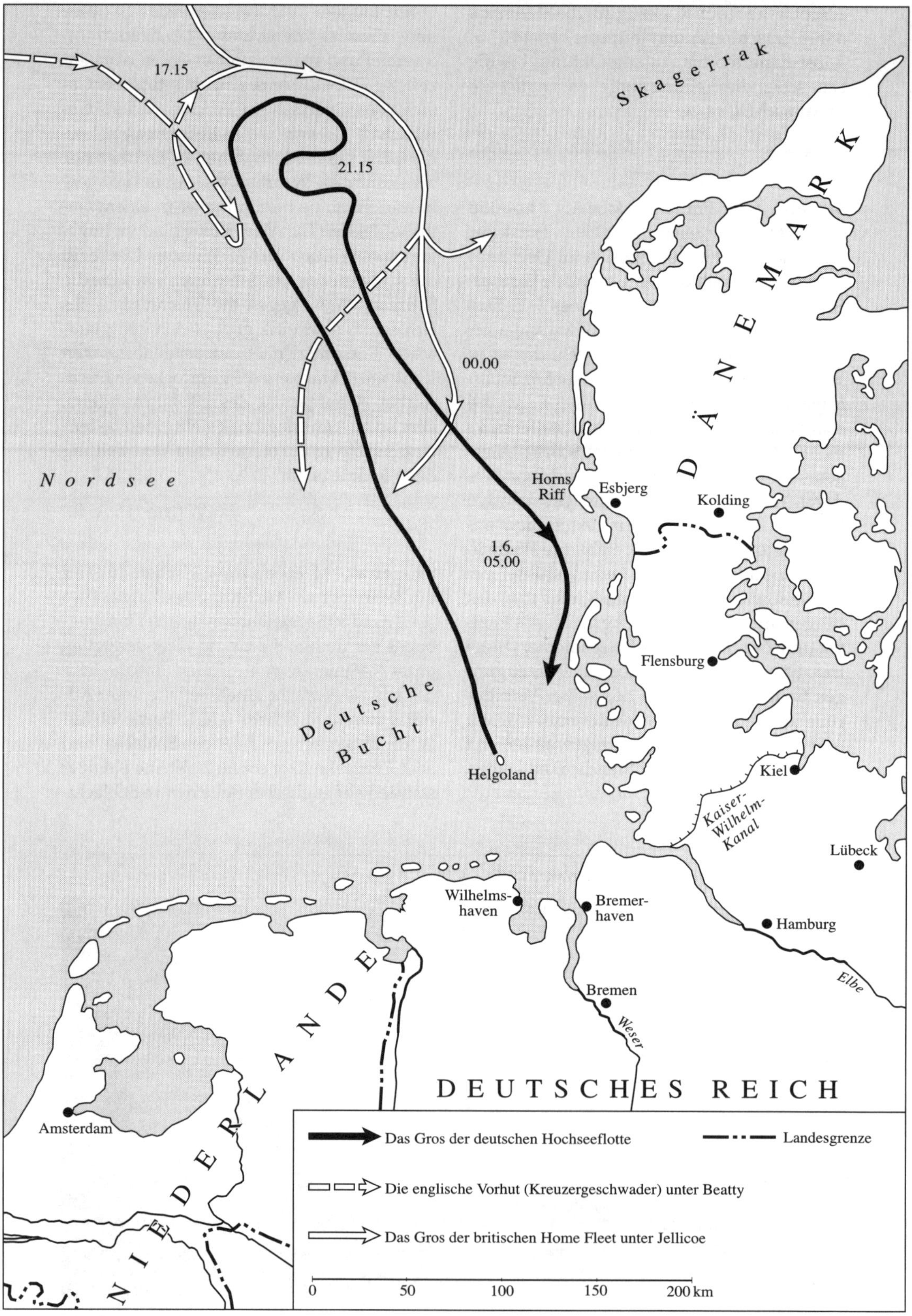

Seeschlacht vor dem Skagerrak (31. Mai 1916)

schiffen, sechs älteren Linienschiffen, fünf Schlachtkreuzern, elf Kleinen Kreuzern, 61 Torpedobooten und 79 Zerstörern der Deutschen gegenüber. Im Verlauf der folgenden 48 Stunden kam es zu mehreren Gefechten, an deren Ende die Deutschen 3.039, die Briten 6.784 Tote und Gefangene zu beklagen hatten. 27 deutsche und 19 britische Schiffe waren beschädigt. Ein Schlachtkreuzer, ein älteres Linienschiff, vier Kleine Kreuzer und fünf Torpedoboote waren von der Grand Fleet, drei englische Schlacht- sowie drei Panzerkreuzer und acht Torpedoboote von den Deutschen versenkt worden. Während die Grand Fleet jedoch mit 28 großen Schiffen gefechtsbereit blieb, war die deutsche Hochseeflotte für mehrere Monate nicht operationsfähig.

Zu Beginn des Jahres 1916 hatte sich Scheer entschlossen, Teile der britischen Schlachtgeschwader mit starken Kräften anzugreifen, um auf diese Weise ein Kräftegleichgewicht herzustellen. Im Rahmen dieses Planes setzte er für den 31. Mai einen Erkundungsvorstoß zum S. an. Das deutsche Funksignal, das am 30. Mai das Unternehmen einleitete, wurde von der gegnerischen Funkaufklärung erfaßt und teilweise entschlüsselt. Auf Befehl der Admiralität ließ Jellicoe noch vor Mitternacht desselben Tages die Grand Fleet aus den Flottenbasen auslaufen. Da eine Funkaufklärung auf beiden Seiten aufgrund der ungünstigen Wetterverhältnisse unmöglich war, wußten beide Admirale nicht, daß sie auf die gegnerische Hauptmacht gestoßen waren, als um 14.30 Uhr der erste Sichtkontakt erfolgte.

In der ersten Phase der Schlacht, dem Schlachtkreuzergefecht, versuchte Vizeadmiral Franz von Hipper, Führer der Aufklärungskräfte, den stärkeren englischen Verband auf die hinter ihm stehende Hochseeflotte zu ziehen. Um 15.48 Uhr eröffneten beide Seiten auf eine Entfernung von rund 13.000 m das Feuer. Innerhalb weniger Minuten sanken zwei englische Schlachtkreuzer, die *Indefatigable* und die *Queen Mary*. Um 16.42 Uhr erhielt der Chef der englischen Aufklärungskräfte, Vizeadmiral Sir David Beatty, Kenntnis, daß ihm die gesamte gegnerische Flotte gegenüberstand. Die zweite Phase der Schlacht kennzeichnete sein Bemühen, die Hochseeflotte in die Reichweite der Hauptkräfte der Grand Fleet zu locken. Schließlich war es Scheer nur durch eine Gefechtskehrtwendung um 180 Grad möglich, der drohenden Einkreisung zu entgehen. Jellicoe ging auf Südostkurs, um die deutschen Schlachtschiffe von ihren Stützpunkten abzuschneiden. Als er von einer erneuten Kehrtwendung Scheers informiert wurde, änderte auch er seinen Kurs. Erneut gelang es ihm, die Hochseeflotte einzuschließen, wiederum konnte Scheer nur durch eine Kehrtwendung die Schlachtkreuzer vor der Vernichtung retten. Als die dritte Phase um 21 Uhr ihr Ende fand, hatte die Grand Fleet den Verlust von zwei Panzerkreuzern, *Defence* und *Warrior*, sowie eines weiteren Schlachtkreuzers, der *Invincible*, zu beklagen, die Deutschen die Versenkung des Kleinen Kreuzers *Wiesbaden* und des Schlachtkreuzers *Lützow*. In der Nacht zum 1. Juni, der vierten Phase, folgten noch mehrere kürzere und verlustreiche Gefechte, in deren Verlauf fünf deutsche Zerstörer und ein Panzerkreuzer, ein englisches Linienschiff und drei Kleine Kreuzer vernichtet wurden, bis Scheer am frühen Morgen durch die Minenfelder zur Flottenbasis zurückkehrte. → *Seekrieg*

Lit.: A. Gordon, The Rules of the Game. Jutland and British Naval Command, London 1996; V. E. Tarrant, Jutland. The German Perspective, Annapolis, MD 1995.

FRIEDERIKE KRÜGER

Smuts, Jan Christiaan, * Bovenplaats (Kapprovinz) 24.5.1870, † Irene (bei Pretoria) 11.9.1950, südafrikanischer General und Politiker. – Als Sohn eines burischen Farmers geboren, wurde S. zu einem der bedeutendsten Politiker Südafrikas. Zwischen 1899 und 1902 beteiligte er sich als General am Burenkrieg gegen Großbritannien. 1907 trat er in das Kabinett von Louis Botha im Transvaal ein und wirkte unter diesem auch in der Regierung der 1910 gegründeten Südafrikanischen Union. Bei Kriegsausbruch 1914 gehörte S. zu den eifrigsten Befürwortern eines Angriffs auf Deutsch-Südwestafrika und war zusammen mit Botha maßgeblich für die Niederschlagung der Rebellion von Teilen der burischen Bevölkerung verantwortlich. 1915 nahm er an der Eroberung Deutsch-Südwestafrikas teil, um anschließend als Oberkommandierender das britische Expeditionskorps in Deutsch-Ostafrika zu führen. Darauf wurde er 1917 als Vertreter Südafrikas ins Imperial War Cabinet nach London entsandt. Als einer der beiden Vertreter Südafrikas nahm S. auch an der Pariser Friedenskonferenz teil, wo er die Idee des Völkerbunds und deutscher Reparationen vertrat. Auf seine Initiative ging die

Französisches 75-mm-Geschütz »Soixante-Quinze«

Schaffung abgestufter Völkerbundsmandate für die ehemaligen deutschen und osmanischen Gebiete zurück. 1919 wurde er nach dem Tod Bothas dessen Nachfolger als südafrikanischer Premierminister, ein Amt, das er bis 1924 und nochmals von 1939 bis 1948 innehatte. Wie bereits 1914, so setzte sich S. auch im Zweiten Weltkrieg für eine Kriegsteilnahme Südafrikas auf seiten der Alliierten ein.

JÜRGEN ZIMMERER

Soixante-Quinze (frz.: 75), Bezeichnung der 1897 als Einheitsgeschütz der französischen Feldartillerie eingeführten Kanone M 1897 vom Kaliber 75 mm. – Das Geschütz vereinte mehrere technische Neuerungen, deren bedeutendste der lange Rohrrücklauf war. Die Rückstoßenergie übertrug sich nicht mehr unmittelbar auf die Lafette; statt dessen glitt das Rohr auf einer Wiege, die mittels einer integrierten Bremsvorrichtung seine Rückwärtsbewegung hemmte und es nach dem Ende der Rücklaufstrecke wieder in die Ausgangsstellung vorbrachte. Im Gegensatz zu Feldkanonen konventioneller Bauart stand das Geschütz beim Feuern ruhig und mußte nicht mehr nach jedem Schuß neu eingerichtet werden, wodurch sich die Feuergeschwindigkeit erheblich steigerte. Ein neuartiges optisches Richtmittel, der sog. Collimateur, erleichterte das Zielen. Dieses Visier, um die Hochachse drehbar montiert, vereinfachte auch das Ausrichten der Geschütze einer Batterie nach einem Hilfsziel. Damit war eine wichtige Voraussetzung für das indirekte Schießen aus verdeckter Feuerstellung geschaffen, das die Artillerieverwendung im Weltkrieg prägte.

Das Geschütz besaß dabei eine vorzügliche ballistische Leistungsfähigkeit, die sich in hoher Mündungsgeschwindigkeit und entsprechend großer Reichweite (9.800 m mit eingegrabenem Lafettenschwanz) ausdrückte. Die »75« war die bedeutendste Einzelkonstruktion in der Entwicklung des Artilleriematerials überhaupt und beeinflußte alle späteren Geschützmodelle und die Kampftaktik der Artillerie entscheidend.

Die Vorzüglichkeit dieser Kanone führte dazu, daß die französische Armee alle Aufgaben, die der Feldkrieg der Artillerie stellte, mit diesem Modell lösen wollte. Den Kampf der Feldarmeen stellte man sich dort wie anderswo als dynamischen Bewegungskrieg vor, bei dem es für die Artillerie auf rasche Beweglichkeit ihrer Geschütze und ein reaktionsschnelles Schießverfahren ankam. Die französische Artillerie entwickelte in hohem Grad die Fähigkeit, mit schnell einsetzendem Massenfeuer ganze Geländeräume unter Inkaufnahme hohen Munitionsverbrauches mit Feuer zu bedecken. In den Sommerschlachten des Jahres 1914 spielte sie mit diesem Kampfverfahren eine bestimmende Rolle. Bis an die Schwelle des Kriegsausbruches unterblieb in Frankreich allerdings der Aufbau einer feldbeweglichen schweren Artillerie, wie er im Deutschen Reich stattfand. Dort erwartete man, daß der Kampf um befestigte Feldstellungen auch im Bewegungskrieg eine wichtige Rolle spielen werde. Zu deren Bekämpfung eigneten sich großkalibrige Steilfeuergeschütze besser als die verhältnismäßig kleinkalibrigen Feldkanonen mit ihrer gestreckten Flugbahn. Insofern stellte der Übergang zum Stellungskrieg die französische Artillerie vor eine Aufgabe, für die ihr Hauptgeschütz nicht gedacht war. Entsprechend trat die relative Bedeutung des Materials »75« während des Krieges zurück. Zwar stieg die Zahl dieser Geschütze von 1914 bis 1918 von 3.840 auf 5.484, die der schweren Feldgeschütze aber von 308 auf 5.000. Aufgrund ihrer großen Reichweite und hohen Feuergeschwindigkeit blieb die leichte Feldkanone jedoch auch im Grabenkrieg für viele Gefechtsaufgaben unentbehrlich. Noch 1939 bildeten Geschütze dieses Musters die Hauptausstattung der französischen leichten Artillerie. → *Artillerie*

DIETER STORZ

Soldatenbrief. Der durch die Feldpost beförderte S. stellte das einzige Kommunikationsmittel dar, das es den Soldaten der Weltkriegsarmeen erlaubte, den regelmäßigen Kontakt mit ihren Angehörigen, Freunden und Kollegen in der Heimat wenigstens schriftlich weiterzuführen. Im Zeitalter der modernen Massenheere ist der S. selbst zum Massenphänomen geworden. Für die Soldaten war der Kontakt per Brief psychisch ebenso überlebensnotwendig wie für ihre Angehörigen, für die militärische Führung darüber hinaus Objekt des Überwachungsinteresses. Für die Sinndeuter des Krieges in der Heimat avancierte der S. schnell zum scheinbar authentischen Zeugnis von Soldatentum und Opferbereitschaft, der S. des gefallenen Soldaten zu dessen vermeintlichem Vermächtnis; für die Kritiker des Krieges bot er eine ebensolche Auswahl an Stimmen, die von Schikane und Ungerechtigkeiten, von sinnlosem Leiden und Sterben zeugten. Er wurde zur Quelle für den nach dem Weltkrieg eingesetzten Untersuchungsausschuß der Verfassunggebenden Nationalversammlung und des Reichstages über die Ursachen des deutschen Zusammenbruchs im Jahre 1918 wie für eine ganze Reihe von Briefeditionen während und nach dem Kriege. Schließlich ist der S. seit Mitte der 1980er Jahre auch zu einer der bevorzugten Quellen für die Erforschung der Erfahrungsgeschichte der beiden Weltkriege geworden. → *Feldpost* → *Kriegsbriefe* → *Untersuchungsausschuß*

KLAUS LATZEL

Soldatenfriedhöfe. Die Gestaltung von Kriegsgräbern und S. wurde gesetzlich erstmals während des Weltkrieges geregelt. Zeitgleich mit dem ungeheuren Massensterben setzte sich paradoxerweise die Aufwertung des einzelnen Kriegstoten durch. Jeder Gefallene sollte von nun an möglichst ein Einzelgrab erhalten, das – analog zu zivilen Grabstätten – seinen Körper aufnehmen und seinen Namen verewigen sollte. Im 19. Jahrhundert waren üblicherweise nur Offiziere in Einzelgräbern beigesetzt worden, während die Mannschaftssoldaten anonym in Massengräbern beerdigt wurden. Doch die Einführung der allgemeinen Wehrpflicht hatte allmählich für eine Aufwertung des Soldatenstandes gesorgt. So erhielten nach dem Krieg gegen Frankreich 1870/71 die Gefallenen bereits das dauernde Ruherecht, ihre Beisetzung geschah allerdings zumeist noch in Sammelgräbern. Denkmäler in den Heimatgemeinden ersetzten den Angehörigen das Grab und verzeichneten die Namen der Toten.

Für die Anlage von S. waren nach Kriegsbeginn die Etappeninspektionen zuständig und damit das Kriegsministerium. Offiziere des Heeres übernahmen Anlage und Pflege der Begräbnisstätten im Feld. Die Gefallenen wurden gewöhnlich direkt auf dem Schlachtfeld beigesetzt, die Stelle mit einem einfachen Holzkreuz markiert und auf Landkarten verzeichnet.

Im ersten Kriegsjahr waren sich die zuständigen militärischen Dienststellen zunächst unsicher, ob Massen- oder Einzelgräber anzulegen seien. Auch stellte sie die sprunghaft ansteigende Zahl der Gefallenen vor große organisatorische Probleme. Zunächst einmal mußte eine Lösung zur Identifizierung der Toten gefunden werden. Dazu wurden Erkennungsmarken eingeführt, mit deren Hilfe das »Zentral-Nachweis-Bureau« als selbständige Abteilung des preußischen Kriegsministeriums in Zusammenarbeit mit den Etappeninspektionen möglichst vollständige Verlustlisten und Gräbernachweise führen konnte. Das Kriegsministerium verfügte daher im März 1915, daß einmal bestattete Tote möglichst nicht umgebettet werden sollten. Nach Kriegsende wollte man die Zusammenlegung einzelner Grabstellen zu S. und deren Ausgestaltung sowie den Bau von Denkmälern regeln.

Als sich der Krieg jedoch in die Länge zog, wurde das Problem der dauerhaften Erhaltung von Einzelgräbern und Gräberfeldern unaufschiebbar. Bei einer Informationsreise des Kriegsministeriums hatte man festgestellt, daß einige Truppenteile bereits dazu übergegangen waren, größere Denkmäler zu errichten. Daher wiederholte das Kriegsministerium zu Weihnachten 1915 noch einmal seine Aufforderung, mit dem Bau von Gedenkzeichen noch zu warten und »vorerst nur die würdige Herrichtung und Erhaltung der Grabstätten in Anlehnung an die Natur und mit den dort zu Gebote stehenden einfachen Mitteln als zunächst einziges Ziel« anzugehen.

Im Laufe des Jahres 1916 baute die Behörde den Gräbernachweis und die Angehörigenbetreuung aus. Dazu wurde eine besondere Dienststelle der »Kriegsgräberfürsorge« eingerichtet, die sich sowohl um die deutschen Kriegstoten als auch um die Gefallenen der Verbündeten und der gegnerischen Armeen kümmerte. Zu ihren Aufgaben gehörten neben dem Feststellen und Verzeichnen der Gräber auch ihre Erhaltung »durch feste Gestaltung und Umwehrung und dazu vielfach notwendige vorherige Verlegung« einzelner Gefallener sowie die »würdige Ausschmückung und Ausstattung mit dauerhaften Grabzeichen«. Um aufwendige Umbettungen und die Pflege einer Vielzahl verstreut liegender Grabstellen zu vermeiden, wurde nun bestimmt, daß die Soldaten nicht mehr am Ort ihres Todes zu beerdigen seien, sondern auf neu anzulegenden S. In jeder Division waren »Gräberoffiziere« dafür zuständig, »Abschnittsgräberlisten« über sämtliche Grabstellen zu führen.

Zur künstlerischen Gestaltung sollten jene Künstler, die als Frontkämpfer dienten, zu Beratungen herangezogen werden. Im Laufe des Jahres 1916 wurde eine Staatliche Beratungsstelle für die Kriegerehrungen eingerichtet sowie entsprechende Landesberatungsstellen für die Ortsgemeinden ins Leben gerufen. Verstorbene Soldaten an Lazarett-Standorten wurden auf den städtischen Friedhöfen beigesetzt, allerdings auf einem gesonderten Platz.

Die zentralen Denkmäler auf den S. an der Front wurden bevorzugt als christliches oder Eisernes Kreuz, aber auch in klassizistischer Manier als Pergola bzw. Ehrentempel gestaltet. Meist waren die architektonischen Denkmäler aus grob bossierten Werksteinen errichtet und wiesen einen Adler als Reichsemblem auf. Relativ selten waren Kriegstrophäen, Findlinge und Schwerter zu finden, ebensowenig figürliche Motive wie Symboltiere oder allegorische Gestalten, die wegen des »Denkmalskitsches« für die Toten von 1871 verpönt waren. Gräber des Gegners wurden vorwiegend mit christlichen Kreuzen geschmückt. Die Friedhöfe im Inland wiesen eine größere Gestaltungsvielfalt auf. Manche Gemeinden boten teilweise bis zu zwölf verschiedene Grabmalstypen zur Auswahl an.

Die volkspädagogische Absicht, die mit der Anlage solcher S. verfolgt wurde, richtete sich an die nachkommenden Generationen, die durch das Vorbild der gefallenen »Helden« zum Nacheifern angespornt werden sollten. Bei den Besuchern sollte vorrangig nicht Trauer um die Toten, sondern Ehrfurcht und Nationalstolz ausgelöst werden. Allerdings sprachen die Inschriften auf den zentralen Gedenkzeichen nur sehr selten vom Sieg, sondern vom Vaterland, das jedes Opfer wert sei. Auch von der Monarchie als zu schützendem Gut war auffallend wenig die Rede.

Nach Kriegsende übernahmen zunächst die jeweiligen Regierungen die Pflege der deutschen S. im Ausland. Im Versailler Vertrag war u.a. geregelt worden, daß jede Nation für die auf ihrem Territorium begrabenen Kriegstoten Sorge zu tragen hätte. Deutschland hatte jedoch in der wirtschaftlichen Krisensituation der Nachkriegszeit wenig Mittel zur Verfügung, um die Kriegsgräber gebührend zu pflegen. Anders als in den Siegerstaaten, wo staatliche Stellen die Grabpflege übernahmen, wurde daher im Reich 1919 ein privater Verein gegründet, der Volksbund Deutsche Kriegsgräberfürsorge e.V. Es entwickelte sich eine Arbeitsteilung: Der Volksbund war für die Anlage von Kriegsgräbern in Frankreich und Belgien, später auch in Italien zuständig, während der amtliche deutsche Gräberdienst, der seit 1923 dem Auswärtigen Amt unterstellt war, die Kriegsgräberfürsorge in den übrigen Ländern übernahm. In dem Gürtel des ehemaligen Frontgebietes von Lille bis Mühlhausen bestanden schließlich 209 endgültige deutsche S., aus denen der Volksbund »ein Stück Heimat in fremder Erde« zu machen suchte.

Architekt Robert Tischler, Bauleiter des Volksbundes, hielt sich zwar an die beiden Grundsätze der Dauer und der Gleichheit bei der Gestaltung der S., sorgte aber dennoch für eine vielgestaltige Form. Jeder Friedhof sollte zwar als ein deutscher zu erkennen sein, dennoch jeweils einer individuellen Gestaltung folgen und in die jeweilige Landschaft mit ihrer Oberflächenstruktur, ihrem Pflanzenbewuchs und ihrem Klima eingefügt sein. Tischler war bestrebt, Räume der »Geborgenheit« zu schaffen und den Besucher als Individuum den Toten gegenüberzustellen.

Die Mittel für die S. mußten durch Spenden aufgebracht werden. Die Verbände und Ortsgruppen des Volksbundes veranstalteten daher laufend Gedenkfeiern und ganze »Opferwochen für die Erhaltung unserer fernen Gräber«, wie z. B. 1922 in Frankfurt a. M. Unterstützt wurden sie dabei von Behörden, Konfessionen und Verbänden. Als Stätten nationaler Andacht wurden die S. nach dem Krieg häufig zu Wallfahrtsorten. → *Denkmal* → *Totenkult* → *Volksbund*

Lit.: G. Dyer, The missing of the Somme, London 1994; M. Lurz, Kriegerdenkmäler in Deutschland, Bd. 3: 1. Weltkrieg, Bd. 4: Weimarer Republik, Heidelberg 1985; A. Roze, Les lieux de la Grande Guerre, Paris 1996; J. Winter, Sites of Memory, Sites of Mourning. The Great War in European Cultural History, Cambridge 1995.

SABINE BEHRENBECK

Soldatenhumor. Die Kultur des populären Humors während des Weltkriegs folgte den Strukturmerkmalen ziviler Humorkulturen der Vorkriegszeit – neu waren nur die auf den Krieg bezogenen Inhalte. Im Mittelpunkt standen der Spott über die Kriegsgegner, gesellschaftliche Eliten, das Verhältnis zwischen Front und Heimat, Probleme innerhalb der Dienst- und Kameradschaftsverhältnisse sowie die Geschlechterbeziehungen. Mehrere situative Kontexte des S. lassen sich unterscheiden:

– Mündliche Erzählkultur: Im vertraulichen Weitererzählen von Witzen und Spottgeschichten eröffnete sich ein kommunikativer Raum, um soldatischen Unmut über Vorgesetzte oder Einsprüche gegen die politisch-militärischen Verhältnisse zu äußern, so daß sich die zivilen humoristischen Formen des sozialen und politischen Alltagsprotests an kriegsrelevanten Inhalten fortsetzten. In milderer Form äußerte sich diese Form des Humors »von unten« auch in bitteren Scherzen über Ausrüstung und Verpflegung.

– Truppenunterhaltung und soldatische Kleinkunst: Aus der Vorkriegszeit übernommene Formen der Unterhaltungskultur transportierten häufig auch humoristische Inhalte. Hier dominierten der Spott über die Kriegsgegner und Kommentare zur Front-Heimat-Problematik sowie zum Geschlechterverhältnis. In formaler Hinsicht wurden diese Inhalte in szenischen Inszenierungen aufgearbeitet, die unter Zuhilfenahme von sich ablagernden Vorurteilsstrukturen innerhalb sozialer Geltungskonflikte die soldatische Position stärken sollten. Je nach Qualität der Akteure schwankte das Niveau der Darbietungen zwischen raffinierter Kleinkunst, Laientheater oder derben Landsknechtsspäßen.

– Humoristische Flugblätter und Schützengrabenzeitungen: Die fliegenden Publikationen von militärischen Einheiten bedienten sich der Formen der humorvollen Anekdote, des Spottgedichts und der Zeichnung bzw. Karikatur, um soldatische Kritik am Front-Heimat-Verhältnis zu formulieren. Themen der sozialen Gerechtigkeit und der Wehrgerechtigkeit standen dabei zunehmend im Mittelpunkt, indem »Bierhausstrategen«, angeblich zu häufig von der Front beurlaubte Landwirte und die »Kriegsgewinnler« zur Zielscheibe der humoristischen Kritik wurden. Daneben gerieten auch Außenseitergruppen der »Schützengrabengemeinschaft« oder als unkameradschaftlich empfundene Karrieristen in den eigenen Reihen ins Visier. Der S. diente so zur Formulierung und symbolischen Austragung von sozialen Konflikten, die durch Mobilisierung und Kriegswirtschaft verursacht worden waren, lehnte sich in der Form aber an die vertrauten Muster des zivilen Vorkriegshumors an.

ARIBERT REIMANN

Soldatenjargon. In allen Weltkriegsarmeen entwickelte sich im Verlauf des Krieges ein gruppenspezifisches Vokabular. In erster Linie bezog sich der S. auf die unmittelbare soldatische Lebenswelt an der Front und in den Ruhelagern; im Zentrum standen Dienstabläufe, Ausrüstung und Waffen. Allgemein folgte der S. einer verniedlichenden Tendenz: z. B. in der Bezeichnung großkalibriger Granaten als »Kohlenkästen«, von Handgranaten als »Ananas« oder eines Artillerieangriffs als »Kattun« oder »Musik«. Lautmalerische Elemente spielten im englischen S. eine Rolle, indem z. B. einschlagende Granaten als »whizz-bangs« bezeichnet wurden. Gegen die Militarisierung des alltäglichen Habitus konnten Ausdrücke wie »den Affen machen« für das Strammstehen vor einem Vorgesetzten verwendet werden. Mit derartigen Vokabeln wurde eine ironisierende Distanzierung vom Kriegsgeschehen und vom militärischen Betrieb versucht.

Umgekehrt konnte die vergleichsweise zivile Atmosphäre der Etappe im S. mit militärischen Ausdrücken durchsetzt werden. Bekanntestes Beispiel ist die Bezeichnung der mobilen Feldküche als »Gulaschkanone«. Mängel in der Versorgung mit Nahrungsmitteln oder Ausrüstungsgegenständen wurden durch Unterschlagung oder Diebstahl ausgeglichen – eine Praxis, die als »organisieren« oder »requirieren« in den S. einging. Gleichzeitig breitete sich die militärische Vorliebe für Abkürzungen auch im zivilen Sprachgebrauch aus. Dies implizierte militärisches Standesbewußtsein und bewahrte unter den Veteranen auch über das Kriegsende hinaus den Anschein eines gruppenspezifischen Spezialidioms.

Einen Sonderfall stellten die Wortneuschöpfungen dar. Der englische S. entwickelte vor dem Hintergrund des soldatischen Heimwehs einen neuen Begriff für die »Heimat«, dessen Ursprünge auf die britischen Kolonialtruppen in Indien zurückverfolgt werden können. Kolonialsoldaten verballhornten ein den Einheimischen abgelauschtes Wort zu »Blighty« und führten im Weltkrieg diesen Ausdruck in die Armee an der Westfront ein, von wo aus er zeitweise in den allgemeinen Sprachgebrauch überging. Bis heute in der Umgangssprache präsent ist ein Ausdruck aus dem englischen S., der den Sturmangriff aus den Grabenstellungen über die eigenen Brustwehren bezeichnet: »going over the top«. In der ungefähren, gewandelten Bedeutung von »übertrieben, zu dick aufgetragen« transportiert das Fragment »over the top« inzwischen eine sarkastische Ironie aus dem S. des Ersten Weltkrieges in die Gegenwart.

ARIBERT REIMANN

Soldatenverbrüderung, spontanes und eigenmächtiges Beenden der Kampfhandlungen und Verlassen der eigenen Stellungen mit der Absicht einer direkten Kontaktaufnahme mit den gegnerischen Soldaten. – Exakte Angaben über den Umfang der S. sind naturgemäß nicht zu ermitteln. Die vorliegenden Quellen lassen aber erkennen, daß der Schwerpunkt der Ereignisse eindeutig in jenen Abschnitten der Westfront zu suchen ist, an denen sich deutsche und britische Soldaten gegenüberlagen. Vereinzelte Verbrüderungen an den Weihnachtstagen sowie andere informelle Waffenruhen wurden aber auch von deutsch-französischen Frontabschnitten sowie von der Ostfront berichtet.

Der spektakulärste Fall einer S. geschah an den Weihnachtstagen 1914, an denen es zu zahlreichen, spontanen Verbrüderungen, etwa zum gemeinsamen Singen von Weihnachtsliedern und Austauschen von kleinen Geschenken kam. Berichtet wurde auch von Fußballspielen, die Soldaten im Niemandsland zwischen den feindlichen Linien austrugen. Die Ereignisse wurden nicht nur durch Feldpostbriefe der Soldaten und ihre Erzählungen in der Heimat bekannt, sondern ebenso durch Zeitungsberichte und Fotos. Auch finden sich derartige, häufig bunt ausgeschmückte Erzählungen in einer Reihe von publizierten Kriegserinnerungen. Die militärischen Dienststellen reagierten auf die Ereignisse an Weihnachten 1914 mit einer verschärften Kontrolle. 1915 kam es nur noch ganz vereinzelt zu ähnlichen Ereignissen, später wird von ihnen überhaupt nicht mehr berichtet.

Großen Umfang nahmen die S. an der Ostfront im Zusammenhang mit der russischen Revolution von 1917 an. Nachdem die Februarrevolution nicht den erhofften sofortigen Austritt Rußlands aus dem Krieg gebracht hatte, verstärkten die Bolschewiki ihre Friedensagitation unter den russischen, aber auch den deutschen Soldaten an der Ostfront. Im Frühjahr 1917 kam es immer wieder zu einzelnen S., die an Ostern einen Hö-

Russische und deutsche Soldaten nach dem Waffenstillstand. 1917

hepunkt erreichten. Nach der Oktoberrevolution nahm die Zahl und Intensität der S. noch einmal stark zu. Daran dürfte die bolschewistische Agitation unter der eingängigen Formel »Frieden ohne Annexionen und Kontributionen« einen erheblichen Anteil gehabt haben.

Der tatsächliche Umfang und der Politisierungsgrad der S. sind in hohem Maße ideologiegeleiteter Deutung unterworfen. Insbesondere von der Geschichtswissenschaft der DDR und der UdSSR wurden die S. als Beweis der Massenwirksamkeit bolschewistischer Agitation bewertet. Wie eng die S. zu diesem Zeitpunkt von den spezifischen Bedingungen der Ostfront abhängig war, zeigt sich auch daran, daß die Meutereien im französischen Heer im Frühjahr 1917 nicht zu S. führten. Die Tatsache, daß die an die Front verlegten Truppen vor ihrem Einsatz einer oft mehrwöchigen politischen Erziehung (Vaterländischer Unterricht) unterzogen wurden, läßt aber erkennen, wie groß die Gefahr »revolutionärer Propaganda« auf dem Wege der S. von Seiten der deutschen Militärführung eingeschätzt wurde. → *Vaterländischer Unterricht* → *Weihnachten 1914*

CHRISTOPH JAHR

Soldatenvereine. Mit der Einführung der allgemeinen Wehrpflicht wurden Zusammenschlüsse von ehemaligen Soldaten, die es vorher nur als Berufsorganisationen gegeben hatte, zu gesellschaftlich einflußreichen Erscheinungen. Schon gegen Anfang des 19. Jahrhunderts entstanden die ersten Soldaten- bzw. Kriegervereine, doch erst nach den Einigungskriegen und der Reichsgründung von 1871 gewannen sie in Deutschland weite Verbreitung. Zunächst entstanden in allen Teilen des Kaiserreichs regionale Vereine zur Pflege der Erinnerung an die Kriege, zur Unterstützung bedürftiger Kameraden und deren Hinterbliebenen, sowie zur Bestattung und Grabpflege von verstorbenen Vereinsmitgliedern. Während des gesamten Kaiserreichs wahrten viele Vereine ihre Unabhängigkeit, doch es gab auch starke Bemühungen zur Schaffung einer übergreifenden Organisation. Von staatlicher Seite wurde dieser Wille zur Vereinigung des Kriegervereinswesens massiv unterstützt, um eine politische Kontrolle der Vereine zu erreichen. Doch der Einigungsprozeß war langwierig. 1873 wurde in Preußen der Deutsche Kriegerbund gegründet, der sich als Dachorganisation aller Kriegervereine im Deutschen Reich sah, aber es gab auch die stärker föderativ organisierte Allgemeine Kriegerkameradschaft und Landesverbände, die energisch ihre Unabhängigkeit verteidigten. Erst 1891 entstand das erste wirklich reichsweite Gremium, das den Bau eines Ehrendenkmals für Kaiser Wilhelm I. auf dem Kyffhäuserberg in Thüringen koordinierte. 1899 organisierten sich alle Landesverbände im Kyffhäuserbund. Insgesamt hat sich aber das föderative Prinzip durchgesetzt. Zwar gab es nun eine zentrale Dachorganisation, in der gemeinsame Resolutionen verabschiedet werden konnten, aber die Landesverbände blieben souverän, bewahrten ihr unabhängiges Unterstützungswesen und veröffentlichten ihre eigenen Zeitschriften.

Das Kriegervereinswesen war, selbst wenn man die nur schwer zu erfassenden unabhängigen Vereine nicht berücksichtigt, eine schnell wachsende Volksbewegung. 1900 umfaßte diese größte Massenorganisation des Kaiserreichs, die zunehmend neben Veteranen auch Reservisten aufnahm, über 1,8 Mio. Mitglieder, 1913 sogar über 2,8 Mio. 1900 waren in Preußen 14,7 % der wahlberechtigten Bevölkerung, in Bayern 16,6 % und in Baden sogar 27 % Mitglieder des Kyffhäuserbundes.

Die Sozialstruktur ist zwar nicht vollständig bekannt, doch stimmen die zeitgenössischen Meinungen mit den wenigen statistischen Angaben darin überein, daß vorwiegend Arbeiter, Landarbeiter und Kleinbürger in ihnen vertreten waren. Eine Statistik des Deutschen Kriegerbundes von 1911 besagt, daß 28,8 % der Mitglieder Landarbeiter und kleine Landbesitzer, 27,8 % gewerbliche Arbeiter, 24,9 % Gewerbetreibende und Handwerker und 18,5 % Beamte und Angestellte waren. Nur in den führenden Vereinspositionen setzten sich bis zum Ersten Weltkrieg immer stärker die »führenden Stände« – Reserveoffiziere, Landräte und Akademiker – durch. Sie versuchten die Kriegervereine in die Hand zu bekommen, um die nationalistisch gesinnten »kleinen Leute« auf eine konservative politische Linie festzulegen.

Neben der Verschärfung der parteipolitischen Orientierung, die das Kriegervereinswesen zum Sammelbecken aller bürgerlichen Kräfte machen sollte, radikalisierte sich auch die Einstellung zum Krieg: Eine rückwärtsgewandte Glorifizierung der Einigungskriege wandelte sich seit dem Ende des Jahrhunderts in einen zukunftsorientierten Militarismus, der auf Expansion und Krieg ausgerichtet war.

Mit diesem Wandel verband sich eine deutliche Ideologisierung. Je weiter der Krieg in die Vergangenheit rückte, um so größer wurde die Hoffnung auf einen neuen Krieg, in dem sich die Reservisten bewähren könnten. Die Zeitschriften der Kriegervereine unterstützten den neuen wilhelminischen Militarismus, der Deutschland zur Weltmacht machen wollte, und vollzogen auch ideologisch eine Wende. Der Kyffhäuserbund unterstellte nicht nur allen anderen Nationen aggressive Motive, um die eigenen militaristischen Vorstellungen zu rechtfertigen, er polemisierte nicht nur gegen die deutsche Friedensbewegung und die Haager Friedenskonferenzen, sondern öffnete sich gleichsam einer sozialdarwinistischen Interpretation der internationalen Beziehungen. Wenn das gesamte Leben vom »Kampf ums Dasein« bestimmt war, in dem nur der Stärkere überlebt, dann war auch der Krieg unausweichliche Realität. Die Hoffnung auf Frieden erschien als illusionär, der Kampf als entscheidende Grundlage menschlicher Existenz.

So legitimierten die deutschen S., ähnlich wie die »nationalen« Verbände, eine aggressive Außenpolitik. Die Deutschen müßten ihre Hoffnung auf Frieden aufgeben, die äußersten Rüstungsanstrengungen auf sich nehmen und einen günstigen Zeitpunkt zum Losschlagen wählen, da ein Hegemonialkonflikt zwischen den Großmächten ohnehin unvermeidlich sei. Daher begrüßten sie in ihren Zeitschriften begeistert den Ersten Weltkrieg: Sie akzeptierten die offizielle Version, daß Deutschland der Krieg aufgezwungen worden sei, jubelten aber darüber hinaus auch über die Gelegenheit zum Kriegsdienst und sahen den Krieg als günstige Gelegenheit, alle expansiven Träume zu verwirklichen. Bis zum Ende standen die S. auf der Seite derer, die die Fortsetzung des Krieges bis zum »Siegfrieden« forderten.

Mit Beginn des Krieges folgte der Kyffhäuserbund der offiziellen »Burgfriedenspolitik«

und setzte seine antisozialdemokratischen Bestimmungen außer Kraft. Ansonsten führte er mit seiner durch die Mobilisierung um 50 % reduzierten Mitgliedschaft vor allem seine Unterstützungstätigkeit fort. Im Vordergrund stand die Hilfe für die Kriegsinvaliden, auch um dem regierungskritischen Reichsbund der Kriegsbeschädigten, Kriegsteilnehmer und Kriegshinterbliebenen das Wasser abzugraben.

Während der Revolution betonte der Kyffhäuserbund seine Bereitschaft, der Nation auch in ihrer neuen Form zu dienen, wobei allerdings 1919 die Wahl Hindenburgs zum Ehrenvorsitzenden die durchgängig bestehenden konservativen Sympathien symbolisierte. Einige Kriegervereine engagierten sich in Einwohnerwehren, aber insgesamt hielt sich der Kyffhäuserbund von einem aktiven Engagement zurück.

Auch in der Weimarer Republik war der Kyffhäuserbund nicht unbedeutend, zumal er im Reichsausschuß der Kriegsbeschädigten-Fürsorge eine dominante Position innehatte, Antragsteller beriet und zudem über eigene Hilfsgelder verfügte. Seine Mitgliederzahl blieb mit 2,2 Mio. im Jahr 1922 und 2,8 Mio. acht Jahre später auf beeindruckender Höhe. Allerdings konnte er bei der Vielfalt von Veteranenorganisationen der verschiedensten politischen Ausrichtungen nie seine im Kaiserreich so dominante Stellung wiedergewinnen, und sein rückwärtsgewandter Konservatismus hatte ungleich weniger Einfluß auf die politische Entwicklung als die Politik der extremeren Wehrverbände und paramilitärischen Organisationen.

Lit.: C. Elliott, Kriegervereine in the Weimar Republik, in: Journal of Contemporary History, 10 (1975), S. 109 ff; T. Rohkrämer, Der Militarismus der »kleinen Leute«. Die Kriegervereine im Deutschen Kaiserreich 1871-1914, München 1990.

THOMAS ROHKRÄMER

Soldatenzeitungen, Sammelbegriff für Publikationen, die in unmittelbarer Nähe zur Front (Front- und Schützengrabenzeitungen) oder in der Etappe von offizieller militärischer Seite (Armee- und Korpszeitungen) hergestellt wurden. – Die Redaktionen der S. setzten sich zumeist aus Offizieren, aber auch aus Soldaten niederer Ränge zusammen. Viele S. druckten offizielle Kriegsberichte und zeitnahe, überwiegend von den Kriegsteilnehmern selbstverfaßte »Augenzeugenberichte«. Die Skizzen und Erlebnisberichte aus dem täglichen Leben im Schützengraben, Sportnachrichten sowie Unterhaltungs- und »Humorecken« wurden als willkommene Unterbrechung einer häufig unbeweglichen Kriegsführung geschätzt. Die Anzahl und Art der S. variierten für jedes Land teilweise erheblich. Das lag nicht allein an der unterschiedlichen Handhabung der Zensur in den einzelnen Armeen, sondern auch an den physischen Umständen und den kulturellen Bedingungen ihrer Herstellung. Insbesondere die jeweilige Tradition der nationalen Armeen hatte einen entscheidenden Einfluß darauf, welche Artikel auf welche Weise abgedruckt werden konnten.

Die Mehrzahl aller S. wurde entweder in der Etappe oder in Städten relativ nahe zur Front produziert. Mit wenigen Ausnahmen wurde dann das Manuskript in eine größere Stadt im Hinterland geschickt, oft sogar in entfernte Orte wie Paris, London oder Leipzig. Dort wurden die S. der Militärzensur unterzogen und dann in unterschiedlichen Auflagen gedruckt, bevor sie wieder an die Front zurückgeschickt, individuell von den Soldaten bezahlt und gelesen wurden.

Obwohl nur 200 französische S. noch bekannt sind, erschienen im Laufe des Krieges schätzungsweise insgesamt etwa 400 Publikationen. Diese hatten mit wenigen Ausnahmen jedoch eine relativ geringe Verbreitung: Nur eine Minderheit der französischen Soldaten bekam regelmäßig eine S. zu Gesicht. Durch die Nähe der Fronten zu Paris waren die meisten Soldaten ohnehin mit Zeitungen versorgt, die ihren Bedarf an Nachrichten von den Kriegsereignissen im Lande und in aller Welt zu decken schienen. Daher beziehen sich die französischen S. überwiegend auf die Begebenheiten vor Ort und befassen sich hauptsächlich mit den Interessen und Aktivitäten einer speziellen Einheit und deren militärischem Einsatz. Infolge der verzweifelten Verteidigung französischen Bodens ergab sich hierbei häufig ein ernster, ehrlicher Grundton dieser Journale. Französische S. kritisierten zugleich den Schlachtenpatriotismus mancher Zeitungen in der Heimat und deren überzogene Darstellungen des Heldentums der Frontkämpfer. Strategische und operative Entscheidungen, die zu sinnlosem Blutvergießen führten, wurden (besonders nach 1916) mit bitteren Kommentaren belegt, die gelegentlich an Insubordination grenzten. Dennoch geschah dies durchaus mit Respekt gegenüber Vorgesetzten und der

Armee. Die Tradition einer »Nation in Waffen« ist unübersehbar, und solange deutsche Truppen auf französischem Boden standen, fanden patriotische Themen und die Begründung von Opfern weitaus größere Resonanz als in den S. anderer Nationen.

Die ca. 100 britischen S. sowie jene der Dominions wurden an allen alliierten Kriegsschauplätzen, von der Westfront bis zu den Dardanellen, produziert. Der Respekt vor Autoritäten und die Ernsthaftigkeit des Krieges sind in diesen S. weit weniger ausgeprägt als im französischen Fall. Im Britischen Empire existierte eine lange Tradition der Respektlosigkeit gegenüber den eigenen Bodentruppen, hatten diese doch jahrhundertelang im Schatten der Royal Navy gestanden. Das in den S. offen zutage tretende Mißtrauen gegenüber unfähigen Offizieren und einem auf die Kriegführung nur schlecht vorbereiteten britischen Generalstab überrascht daher kaum. Ein nahezu unerschöpfliches Reservoir an Humor, Spott und Sarkasmen erlaubte niemals eine derart kritische, schonungslose Beurteilung der Lage, wie sie sich mitunter in den französischen S. findet. Das Ziel der militärischen Operationen blieb den auf fremdem Boden kämpfenden britischen Soldaten ohnehin häufig unklar. In den S. der Kanadier und Australier, also jener Verbände, die am weitesten von ihrer Heimat entfernt waren, finden sich ernsthafte Versuche – soweit dies die Zensur zuließ –, der Heimat ein ungeschminktes Bild vom Krieg zu liefern, sowie, besonders bei den Australiern, ein hohes Maß an Respektlosigkeit gegenüber den Vorgesetzten.

Die S. der deutschen Armeen differieren erheblich von denen der anderen kriegführenden Nationen. Bekannt sind ca. 110 unterschiedliche S., allerdings erschienen die meisten davon in hoher Auflage, was wiederum wenig Zweifel daran läßt, daß die große Mehrheit der deutschen Soldaten regelmäßigen Zugang zu ihnen hatte. Die Kriegführung der deutschen Soldaten auf belgischem und französischem Boden, aber auch im Osten bzw. Südosten Europas machte S. notwendig, die vor allem den Bedarf der Soldaten an regelmäßigen Informationen befriedigten. So findet sich, zumindest in den auflagenstärkeren S., eine Mischung aus örtlichen, militärischen, aber auch Weltnachrichten, Die Bandbreite der deutschen S. reicht von den streng zensierten und eine offizielle Linie vertretenden Zeitungen der Armeen bis hinunter zu den weniger zensierten, in den Einheiten selbst produzierten »Frontzeitungen«. Es gibt hier kaum Kritik an Vorgesetzten oder der militärischen Kriegführung, die Zurechtweisung sog. Feiglinge und undankbarer Zivilisten in der Heimat wird jedoch manchmal erlaubt. Dies reflektiert die militaristische Tradition in Deutschland aber auch die strenge Hand des deutschen Zensors. Eine Besonderheit der deutschen S. sind die detaillierten Darstellungen der Bevölkerungen in den besetzten Gebieten und des Umgangs der Deutschen mit diesen. Bemerkenswert ist auch der häufige Versuch, Kriegshandlungen gegenüber der jeweiligen gegnerischen Zivilbevölkerung zu erörtern und das deutsche Vorgehen zu rechtfertigen.

Lit.: S. Audoin-Rouzeau, Men at War 1914-1918: National Sentiment and Trench Journalism in France during the First World War, Providence, RI u. a. 1992; A. Lipp, Meinungslenkung im Krieg. Kriegserfahrungen deutscher Soldaten und ihre Deutung 1914-1918, Göttingen 2003.

ROBERT L. NELSON (Ü: S. H.)

Sombart, Werner, *Ermsleben 19.1.1863, † Berlin 18.5.1941, deutscher Volkswirtschaftler und Soziologe. – S. war im ersten Drittel des 20. Jahrhunderts der bekannteste deutsche Sozialwissenschaftler. Als Schüler Gustav Schmollers von der historischen Schule der Nationalökonomie kommend, zählte er zu den Begründern der Soziologie in Deutschland, zu der sein Hauptwerk *Der moderne Kapitalismus* (1902) einen bedeutenden Beitrag leistete. War S. in den 1890er Jahren noch als Sympathisant der marxistischen Arbeiterbewegung verdächtigt worden und als Vertreter der Sozialreform hervorgetreten, die die Integration der Arbeiterschaft in eine moderne Industriegesellschaft ins Zentrum ihrer Bemühungen rückte, so zeigte er sich nach der Jahrhundertwende zunehmend als Kritiker kapitalistischer »Unkultur«. Hieran knüpfte auch seine Kriegsschrift *Händler und Helden. Patriotische Besinnungen* (1915) an, die die materialistische Grundausrichtung der kapitalistischen Kultur nun als Ausdruck »der hohlen, englischen Krämerkultur« begriff. Ihr setzte S. ein vulgäres, an Nietzsche orientiertes Heldentum entgegen, das zusammen mit Deutschland den letzten »Damm gegen die Schlammflut des Kommerzialismus« verteidige. Dabei zeichnete er seinen »Heldenstaat« als einen wirtschaftlich autarken, autoritären Militärstaat, ein Bild, das er 1934 wieder aufgreifen sollte. Es war aber nicht in erster Linie diese politische Vision, die S. während des Weltkriegs politisch weitgehend isolierte. Vielmehr befremdete die völlige Lösung seines Chauvinismus von jeder Beschränkung die gemäßigteren Kollegen, während sein Autarkiedenken den Anschluß an die rechten Annexionisten erschwerte.

Lit.: F. Lenger, Werner Sombart (1863-1943). Eine Biographie, München 1994.

FRIEDRICH LENGER

Somme, Fluß in Nordfrankreich. – Die zwischen 1. Juli und 25. Nov. 1916 in der Picardie ablaufende Schlacht war die größte britisch-französische Offensive in diesem Jahr. Sie war auch die erste größere Offensive der britischen Freiwilligenarmee (Kitchener's Army); zudem kamen hier erstmals Panzer zum Einsatz.

Anfang Dez. 1915 hatten sich die Delegierten der Alliierten Mächte auf einer Konferenz in Chantilly darauf verständigt, im kommenden Jahr eine Generaloffensive durchzuführen. Durch diese koordinierte Aktion sollte den Mittelmächten die Möglichkeit genommen werden, ihre Truppen je nach Bedarf auf der inneren Linie hin und her zu schieben. Am 30. Dez. schlug der Oberbefehlshaber der französischen Truppen Joffre dem neuen Oberbefehlshaber des britischen Expeditionskorps (BEF), General Haig, einen Angriff nördlich der Somme vor, auf einer Frontlänge von rund 60 km zwischen Lassigny und Arras. Haig, der mit dem Gedanken an eine eigene Offensive in Flandern gespielt hatte, war sich bewußt, daß die Rolle der im Aufbau begriffenen aber unerfahrenen BEF gegenwärtig die eines Juniorpartners der Franzosen sein würde, und so einigte man sich am 14. Febr. auf eine gemeinsame Offensive an der S., die um den 1. Juli beginnen sollte.

Der deutsche Angriff auf Verdun im Febr. 1916 stellte jedoch den ganzen Plan in Frage. Die Zahl der für die S. in Aussicht genommenen französischen Divisionen wurde rasch von 40 auf 22 reduziert, für den ersten Angriff standen schließlich ganze elf zur Verfügung. Dies bedeutete, daß nun erstmals die Briten die Hauptanstrengung bei einer größeren Operation an der Westfront leisten würden. Haig suchte noch den Angriffsbeginn auf Mitte Aug. hinauszuzögern, um eine maximale Zahl an Truppen freimachen zu können und optimale Einsatzbereitschaft für die BEF zu erreichen. Doch Joffre drängte mit dem Argument, daß jede Verzögerung die Vernichtung der französischen Armee vor Verdun zur Folge haben könne. Der Angriff an der S., der ursprünglich als eine maßgeblich von den Franzosen geführte Entscheidungsoffensive mit britischer Unterstützung gedacht war, geriet so zu einem britischen Angriff mit französischer Unterstützung, der vor allem einer Entlastung der Franzosen vor Verdun diente sowie der allgemeinen Zermürbung der Deutschen vor einem auf später verschobenen Entscheidungsschlag.

Der Plan sah vor, daß die britische 4. Armee unter General Rawlinson am ersten Tag in die deutsche Front zwischen Serre und Montauban einbrechen und die Hauptverteidigungslinie bei Miraumont und entlang der Höhenlinie zwischen der Ancre und Pozières stürmen sollte. Nördlich davon sollten zwei Divisionen der 3. Armee einen Ablenkungsangriff gegen den Frontbogen bei Gommecourt führen. Falls diese Angriffe Erfolg hätten, wollte Haig weiter südlich zwischen Pozières und Guillemont durchbrechen. Gleichzeitig sollte die französische 6. Armee unter General Fayolle die britische Offensive durch einen Angriff zwischen Flaucourt und Maurepas unterstützen. In der nächsten Phase sollte der Angriff im britischen Sektor gegen die Linie Le Sars – Flers – Morval weitergeführt werden. Dort angekommen, sollte die Reservearmee unter General Gough in diese Lücke auf Bapaume und weiter auf Arras vorstoßen und so die deutsche Front nach Norden aufrollen. Auf deutscher Seite lag die 2. Armee unter General Fritz von Below (XIV. Reservekorps, XVII. Armeekorps und Gardekorps), die sich seit 1915 in ihren Stellungen zur Verteidigung hatte einrichten können.

Doch es gab einige Mängel in dem britischen Plan. Einmal unterschieden sich die taktischen Vorstellungen von Haig und Rawlinson sehr: Haig wollte den Durchbruch, während Rawlinson eher eine Folge von begrenzten Angriffen vorschwebte. Im Verlauf dieser Angriffe sollte das stückweise eroberte Gelände behauptet und deutsche Gegenstöße abgewehrt werden, bevor dann die eigene Artillerie für den folgenden Angriff nachgezogen würde. Das Hauptproblem bestand aber Mitte 1916 darin, daß die Artillerie nicht den taktischen Vorteil der Verteidiger wett-

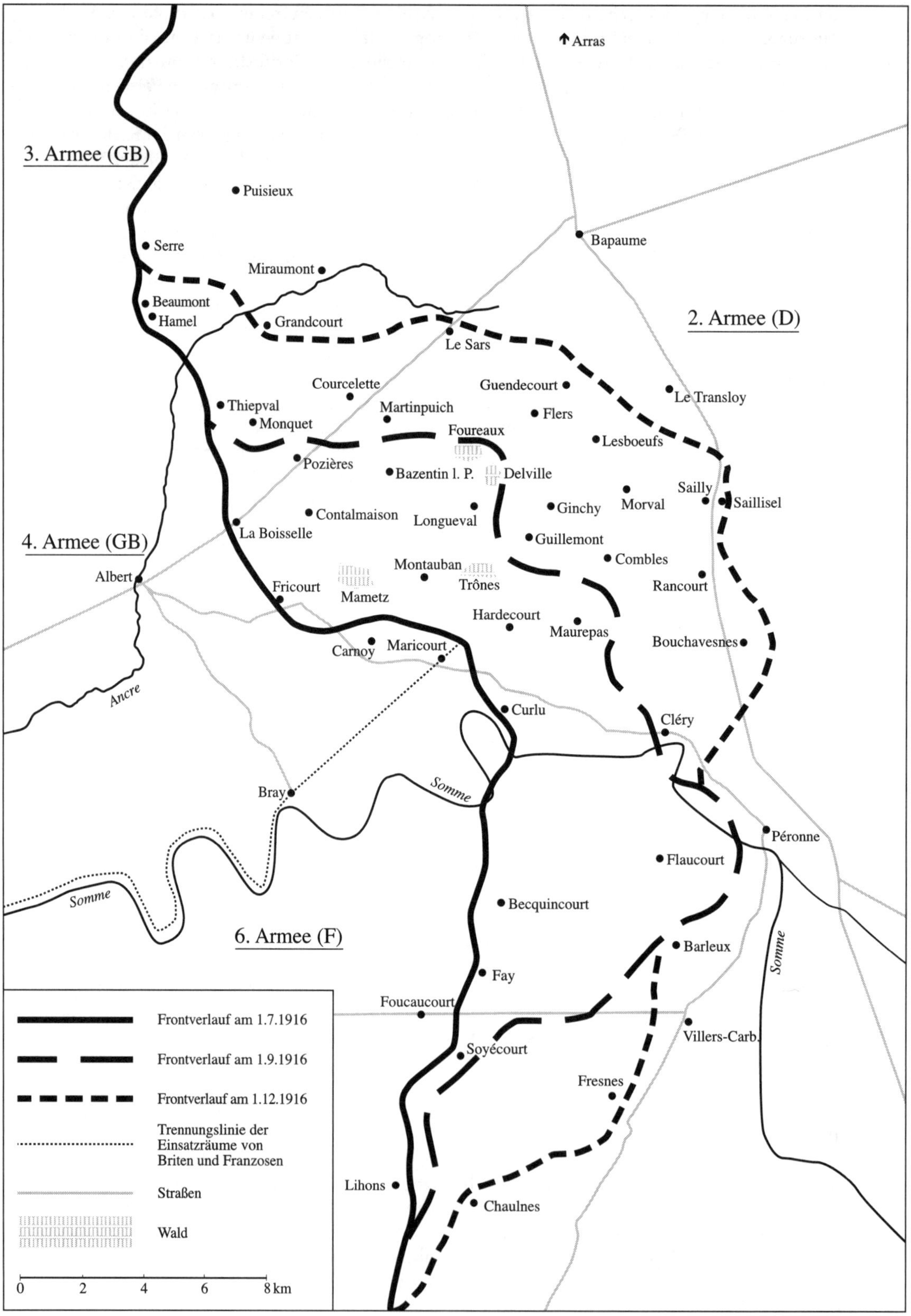
Arras
3. Armee (GB)
Puisieux
Serre
Miraumont
Bapaume
Beaumont
Hamel
Grandcourt
2. Armee (D)
Le Sars
Courcelette
Guendecourt
Le Transloy
Thiepval
Martinpuich
Flers
Monquet
Foureaux
Lesboeufs
Pozières
Bazentin l. P.
Delville
Sailly
Saillisel
Morval
Ginchy
Contalmaison
Longueval
La Boisselle
Guillemont
4. Armee (GB)
Combles
Montauban
Albert
Trônes
Rancourt
Fricourt
Mametz
Hardecourt
Maurepas
Bouchavesnes
Carnoy
Maricourt
Ancre
Curlu
Cléry
Bray
Somme
Péronne
Flaucourt
Somme
Becquincourt
6. Armee (F)
Barleux
Somme
Fay
Foucaucourt
Villers-Carb.
Soyécourt
Fresnes
Lihons
Chaulnes
Frontverlauf am 1.7.1916
Frontverlauf am 1.9.1916
Frontverlauf am 1.12.1916
Trennungslinie der Einsatzräume von Briten und Franzosen
Straßen
Wald
0 2 4 6 8 km

Somme (1916)

machen konnte. Die Briten gingen davon aus, daß ein einwöchiges Trommelfeuer aus 1.537 Geschützen genügen würde, die deutschen Verteidigungsanlagen zu pulverisieren und so der eigenen Infanterie einen ungehinderten Angriff zu ermöglichen. Tatsächlich war die Zahl der schweren Geschütze (467) zu gering und die Artillerie zu sehr entlang der Front verteilt.

Als der Angriff am 1. Juli um 7.30 Uhr auf einer Länge von 20 km losbrach, entwickelte er sich zu einem Desaster. Die BEF verlor 57.470 Mann, davon 19.240 an Toten und 35.493 an Verwundeten – der blutigste Tag in der britischen Militärgeschichte. Auf der linken Flanke erlitt das VIII. Korps schwere Verluste bei den erfolglosen Angriffen auf Serre und Beaumont Hamel. Bei Thiepval wurde die starke deutsche Verteidigungsstellung »Schwabenfeste« fast vollständig durch die 36. (Ulster) Division überrannt, doch mußten sich die Iren schon am selben Tag wieder zurückziehen, da die Nachbardivisionen den Anschluß nicht halten konnten. Ähnlich mißlich für die Briten war die Situation trotz anfänglicher Erfolge vor Gommecourt. Erfolg gab es nur an der rechten Flanke. Hier erreichten die britischen Divisionen, die an den französischen Sektor grenzten, alle gesetzten Tagesziele einschließlich Montauban, auch Mametz wurde eingenommen. Rawlinsons Truppen waren auf einer Länge von 6 km ganze 1,5 km tief vorgestoßen, die Geländegewinne waren minimal.

Die Franzosen dagegen schienen aus Verdun gelernt zu haben: Ihre Infanterie stieß in kleinen Kolonnen vor und nutzte dabei geschickt den Schutz des Geländes anstatt, wie die Briten, auf breiter Front und in enger Linienformation anzugreifen. Von der reichlich vorhandenen schweren Artillerie unterstützt, hatte Fayolles 6. Armee bis zum Abend alle Ziele erreicht und mehr als 4.000 Gefangene eingebracht. Südlich der S. lag das I. Kolonialkorps sogar schon vor der deutschen Hauptverteidigungslinie.

Trotz der erschreckenden Verluste am ersten Tag dachte angesichts der andauernden, harten Kämpfe bei Verdun niemand daran, die Offensive an der S. zu stoppen. Gleichwohl ergaben sich bald schon Differenzen über die weitere Richtung und die Ziele des Angriffs. Joffre und Rawlinson wollten die Anstrengungen im Zentrum und im Norden des britischen Sektors verstärken, Haig dagegen wollte die Erfolge an der rechten Flanke der 4. Armee bei Montauban ausbeuten. Am

Deutsche Truppen im zerstörten Bapaume. 1917

3. Juli machte Haig Joffre deutlich, daß er sich zwar nach dessen strategischen Plänen richten wolle, taktische Weisungen aber ablehne. Joffre seinerseits ging persönlichen Begegnungen mit Haig immer mehr aus dem Weg und ließ diesem größere Aktionsfreiheit. So führten Briten und Franzosen bald nebeneinander eigene Angriffe durch, anstatt eine koordinierte Offensive zu unternehmen.

In der ersten Julihälfte übernahm Goughs Reservearmee schrittweise den nördlichen Sektor, wobei die Grenze zur 4. Armee südlich der Straße Albert – Bapaume verlief. Gleichzeitig verlagerte sich der Schwerpunkt der Operationen auf Rawlinsons Sektor, wo die 4. Armee zwischen dem 2. und 13. Juli um Contalmaison und die Wäldchen von Mametz und Trônes kämpfte, um dort die Flanke für den geplanten Angriff auf die deutsche Linie zu sichern. Gleichzeitig wies Falkenhayn von Below an, verlorenes Gelände umgehend zurückzuerobern. Die Folge waren eine starre Linienverteidigung und kaum unterbrochene Gegenstöße, die die Kampfkraft der deutschen Truppen nicht weniger erschöpften als dies bei den Briten der Fall war.

Am 14. Juli befahl Rawlinson den Angriff auf die deutsche Hauptverteidigungslinie. Der 4. Armee gelang schon mit der ersten Welle die Eroberung eines fast 6 km breiten Abschnitts zwischen Bazentin le Petit und Longueval, was ein Zeichen für ihre steigernde Kampfkraft war. Doch rührte der britische Erfolg auch von der höheren Präzision und vom Umfang des vorbereitenden Artilleriefeuers her. Allerdings gelang den Briten die Einnahme der Wäldchen von Delville und von Foureaux (engl. »High Wood«) erst am 27. Aug. bzw. 15. Sept.

Die Phase zwischen dem 15. Juli und 14. Sept. wird in der amtlichen britischen Kriegsgeschichte als eine Zeit »schwerer Verluste, großer Mühen und enormer physischer und psychischer Belastungen« für alle beteiligten Armeen beschrieben. Falkenhayns Entscheidung vom 11. Sept., ab sofort bei Verdun in eine »strikte Defensive« überzugehen, deutete an, wie sehr die Offensive an der S. die deutsche Armee zu belasten begann. Am 19. Juli wurden dort die deutschen Verbände umgegliedert: Nördlich der S. stand nun die (neue) 1. Armee, deren Oberkommando General Fritz von Below übernahm, südlich des Flusses die (ebenfalls neugebildete) 2. Armee unter General Max von Gallwitz. Letzterer übernahm zusätzlich den Oberbefehl über die Heeresgruppe Gallwitz, der beide Armeen unterstanden. Am 28. Aug. kam die 6. Armee (Falkenhausen) dazu; alle drei Armeen unterstanden ab diesem Zeitpunkt der Heeresgruppe Kronprinz Rupprecht von Bayern. Auf der anderen Seite gab Haig seine Hoffnung auf einen schnellen Durchbruch auf. Statt dessen richtete er sich für Juli und Aug. auf Abnutzungskämpfe ein, die den für Mitte Sept. geplanten Angriff auf die dritte Linie der Deutschen einläuten sollten. In den folgenden Wochen griff die 4. Armee weiter die Waldstellungen bei Delville und Foureaux an und wurde bei Entlastungsunternehmen für die Franzosen bei den Orten Guillemont und Ginchy, die am 3. bzw. 9. Sept. erobert wurden, in heftige Gefechte verwickelt.

Zwischen dem 23. Juli und dem 5. Aug. nahm das I. ANZAC-Korps Pozières und die auf der Höhe darüber liegende Mühlenruine. Dieser Sieg war mit 23.000 australischen Verlusten teuer erkauft, doch hatte man so eine Stellung gewonnen, von der aus sich der mittlere Sektor des Schlachtfelds besser angreifen ließ.

Am 15. Sept. griffen BEF und die französische 6. Armee zeitgleich die dritte deutsche Linie an. Dieser Angriff ist deshalb erwähnenswert, weil hier erstmals eine neue Waffe zum Einsatz kam: der Tank. Trotz wachsendem Druck aus London, wo das British War Committee angesichts der steigenden Verluste die Ergebnisse der Offensive zu hinterfragen begann, zeigte sich Haig optimistisch, was einen Durchbruch anging, nicht zuletzt weil die Geschützzahlen doppelt so hoch waren wie noch am 1. Juli. Die 4. Armee sollte den Hauptstoß führen, ihre Ziele waren die deutschen Linien bei Flers und die Einnahme von Morval, Lesboeufs und Guendecourt. Das kanadische Korps der Reservearmee war auf Courcelette angesetzt.

Am Morgen des Angriffs gelangten nur 36 der 49 Tanks in ihre Ausgangsstellungen. Gleichwohl lösten sie unter den Truppen der deutschen 1. Armee Unruhe aus. Das XV. Korps nahm Flers, den Foureaux-Wald, Martinpuich und Courcelette ein. Am Ende war die BEF auf einer Länge von fast 5 km 2,5 km vorgedrungen. Das war doppelt so viel wie die Geländegewinne vom 1. Juli, und man hatte sie mit der Hälfte der Verluste erzielt. Dennoch: der erhoffte Durchbruch war ausgeblieben.

Mit einem erneuten Angriff am 25. Sept. sollten die bis dahin nicht erreichten Ziele genommen werden. Im Bereich des XIV. Korps wurden Lesboeufs und Morval erobert, am 26. Guendecourt und Combles. Am selben Tag begann Goughs Reservearmee (bald darauf umbenannt in 5. Armee) ihre bis dahin größte Operation, einen Angriff zwischen der »Schwabenfeste« und Courcelette. Zunächst kapitulierte die deutsche Besatzung der Mouquet-Ferme, Thiepval wurde eingenommen. Doch wie schon früher brach die Offensive ein. Die entschlossenen Verteidiger der »Schwabenfeste« (26. Reservedivision) hielten bis zum 14. Okt. aus.

Haig, dem der Durchbruch wieder nicht gelungen war, hätte vielleicht die Kämpfe zu diesem Zeitpunkt einstellen müssen. Daß er sie dennoch zwei Monate weiterführte, hat ihm viel Kritik eingebracht, auch wenn er sich zweifellos durch die überoptimistischen Berichte seines Chefs der Nachrichtenabteilung, Charteris, in dem Glauben befand, die Deutschen stünden kurz vor dem Zusammenbruch. In der Hoffnung, noch kurz vor dem Treffen der aliierten Militärspitzen in Chantilly am 15./16. Nov. einen Erfolg vermelden zu können, gestattete er der 5. Armee einen letzten Vorstoß entlang der Ancre. Diese letzte Phase begann am 13. Nov. und führte noch zur Eroberung von Beaumont Hamel und Beaucourt. Doch wieder verloren die Angriffe ihre Stoßkraft, am 25. Nov. mußten die Kämpfe eingestellt werden.

In knapp 150 Tagen hatte die BEF der deutschen Armee einen Streifen von etwa 10 km auf 35 km Breite abgerungen, Haigs Truppen waren noch immer 4 km von Bapaume entfernt. Der fürchterliche Preis, den britische und Dominion-Truppen hierfür bezahlten, waren 419.654 Tote und Verwundete. Die Franzosen gewannen doppelt so viel Gelände bei gerade mal halb so viel Verlusten (204.353), doch blieben auch sie trotz Anfangserfolgen kurz vor Péronne liegen. Die deutschen Verluste beliefen sich auf fast 500.000 Mann. Doch es steht außer Frage, daß sich die militärischen Gewichte am Ende der S. verschoben hatten. Trotz aller Verluste und schmerzlichen Rückschläge lag die Hauptlast von jetzt an bei der BEF, die zudem deutlich aus den Kämpfen gelernt hatte, vor allem in Hinblick auf Artillerietaktik und Infanterieorganisation. Nach Verdun bedeutete die S. für die Deutschen und Franzosen neues Leid und ein weiteres Ausbluten ihrer Armeen. Wenn das deutsche Heer auch gerade in der Verteidigung ein gefährlicher und äußerst fähiger Gegner blieb, so fand es sich doch an der S. schwer angeschlagen wieder.

Lit.: L. Macdonald, Somme, 4. Aufl., London 1983; M. Middlebrook, The First Day on the Somme. 1 July 1916, London 1971.

PETER SIMKINS (Ü: M. P.)

Sonnino, Georgio Sidney Baron, * Pisa 11.3.1847, † Rom 24.11.1922, italienischer Politiker (Außenminister). – Nach kurzer diplomatischer Karriere profilierte sich S. durch Studien über die Lage der italienischen Landbevölkerung auf Sizilien. Ab 1880 Abgeordneter, befürwortete er ein Bündnis mit den Zentralmächten und vertrat die Ansicht, die Freundschaft mit Österreich sei wichtiger als der Erwerb der italienischsprachigen, noch bei Österreich verbliebenen Provinz Trentino. Diese grundsätzliche Haltung behielt er auch in der Folgezeit bei. S. wurde 1893 Finanzminister unter Francesco Crispi und nach der Jahrhundertwende parlamentarischer Gegenspieler Giovanni Giolittis. Im Nov. 1914 wurde S., der bereits zweimal kurzzeitig Ministerpräsident gewesen war (1906 und 1909/10), als Nachfolger San Giulianos von Antonio Salandra zum Außenminister berufen. Der ehemalige Dreibundanhänger beeinflußte maßgeblich die Verhandlungen über die italienische Neutralität, die zwischen Nov. 1914 und Mai 1915 mit Österreich liefen. S. verlangte für diese Neutralität einen Preis, den die österreichische Regierung zunächst nicht zahlen wollte, nämlich Gebietsabtretungen im Trentino und am Isonzo. Er war dafür verantwortlich, daß die Verhandlungen scheiterten und die italienische Regierung spätestens ab März 1915 parallel mit den Dreibundpartnern und der Entente verhandelte und mit dieser dann am 26. April 1915 den Vertrag von London abschloß. Zum Schein verhandelte S. bis in den Mai 1915 hinein noch mit den Mittelmächten weiter. Auch die Mehrheit des italienischen Volkes und der Abgeordneten wollte die Neutralität. Salandras und S.s Politik hatte zur Folge, daß Italien als innerlich zerrissenes Land im Mai 1915 in den Weltkrieg eintrat.

S. hatte die auf Italien zukommenden Belastungen des Krieges vollkommen unterschätzt. Ihm schwebte ein Parallelkrieg vor, der dafür sorgen sollte, daß die Adria zum exklusiv beherrschten italienischen Meer werden würde. Die Donaumonarchie sollte nicht vernichtet, sondern nur geschwächt und verkleinert werden. Deshalb weigerte sich S.

auch lange, die nationalen Unabhängigkeitsbestrebungen der Südslawenvölker und der Tschechen zu unterstützen, konnte sich dazu auch erst nach der Niederlage von Caporetto (Karfreit) 1917 bereitfinden. Er blieb auch unter Salandras Nachfolgern Paolo Boselli und Vittorio Emanuele Orlando Außenminister. Da die Italien 1915 zugesicherten Kriegsgewinne dem von Wilson propagierten Nationalitätenprinzip widersprachen, bemühte sich S. nach dem Krieg in Versailles, von den zugesicherten Gewinnen für Italien so viel als möglich zu retten.

HOLGER AFFLERBACH

Sozialdemokratie, auf soziale und politische Emanzipation der Arbeiterschaft zielende politische Bewegung im deutschen Kaiserreich, die im Weltkrieg ihre schwerste Krise erlebte. Diese mündete 1917 in eine dauerhafte Spaltung. – Die Sozialdemokratische Partei Deutschlands (SPD) – am Vorabend des Weltkriegs mit ca. 1 Mio. Mitgliedern größte Partei im Deutschen Reich und mit 110 Abgeordneten stärkste Fraktion im Reichstag – zerbrach an der Frage der »Burgfriedenspolitik«. Obwohl die Parteiführung kurz vor Kriegsausbruch die Anhängerschaft zu Demonstrationen gegen den Krieg aufgerufen hatte, entschied sich die Fraktion am 3. Aug. 1914 mit deutlicher Mehrheit für die Bewilligung der Kriegskredite. Die damit eingeleitete »Burgfriedenspolitik«, der Verzicht auf den von ihr bis dahin propagierten Klassenkampf und auf Aktionen gegen die Regierung, wurde zum einen von der Überzeugung bestimmt, es handele sich um einen Verteidigungskrieg gegen das zarische Rußland, zum anderen von der Hoffnung, die lange versagte Anerkennung zu finden und mit der politischen und sozialen Reformierung des Kaiserreiches honoriert zu werden. Diese Politik stellte die SPD vor eine Zerreißprobe. Je länger der Krieg dauerte, desto brüchiger wurde das innerparteiliche Stillhalteabkommen. Die Mehrheit, angeführt von Friedrich Ebert, neben Hugo Haase einer der beiden Parteivorsitzenden, hielt trotz zunehmender Ablehnung an dem am 4. Aug. eingeschlagenen Kurs fest. Doch die Zahl der Abgeordneten, die sich in der Fraktion gegen die Annahme der Kriegskredite aussprach, wuchs ständig (Aug. 1914: 78 ja/14 nein; Nov. 1914: 82/17; März 1915: 77/23; Aug. 1915: 72/36; Dez. 1915: 66/44).

In der Opposition schälten sich zwei Linien heraus: Die radikale Linke umfaßte mehrere Gruppen (u. a. als wichtigste die Spartakusgruppe mit Karl Liebknecht), die den Krieg als imperialistischen Konflikt und die »Burgfriedenspolitik« als Verrat an der sozialistischen Internationale brandmarkten und am revolutionären Klassenkampf festhielten. Eine gemäßigte Minderheit um Hugo Haase lehnte ebenso die »Burgfriedenspolitik« ab, wollte aber grundsätzlich die Parteieinheit aufrechterhalten und dabei die Mehrheit in Fraktion und Partei für ihre Oppositionspolitik gewinnen. Die in der Öffentlichkeit sich ausweitende Kriegszieldiskussion veranlaßte im Juni 1915 die drei prominentesten Vertreter der gemäßigten Opposition – Hugo Haase, Karl Kautsky und Eduard Bernstein –, in der Proklamation *Das Gebot der Stunde* die Partei zur Aufgabe der »Burgfriedenspolitik« aufzurufen.

Die grundlegenden Meinungsverschiedenheiten wurden durch das Prinzip der Unterordnung der Minderheit unter die mit Mehrheit gefaßten Beschlüsse zum Sprengsatz. Nachdem im Dez. 1914 als erstes Karl Liebknecht im Parlament mit Nein votiert hatte, durchbrachen die Oppositionellen die von ihnen zunächst befolgte, aber immer mehr als Fessel empfundene innerparteiliche Disziplin: Im Dez. 1915 lehnten 20 SPD-Abgeordnete nach Abgabe einer Erklärung im Reichstag die Kriegskredite ab. Zwar gelang es der Parteiführung, den vom rechten Flügel geforderten sofortigen Ausschluß der Abweichler zunächst noch abzuwenden, doch konnten die Risse in der Fraktion nur noch notdürftig gekittet werden. Als sich am 24. März 1916 ein Teil der »Burgfriedens«-Gegner ohne Vorankündigung nach einer Rede von Hugo Haase wiederum öffentlich im Reichstag von dem Mehrheitsbeschluß distanzierte und den Notetat ablehnte, dessen Annahme die Fraktion zuvor mit knapper Mehrheit (44 zu 36) beschlossen hatte, war die Spaltung der Fraktion unausweichlich. Unter der Führung von Haase bildete die Minderheit im März 1916 mit der Sozialdemokratischen Arbeitsgemeinschaft eine eigene Fraktion. Der Fraktionsspaltung folgte ein erbitterter Kampf um die Zeitungen der Partei. Die Fronten verhärteten sich. Auch eine Reichskonferenz im Sept. 1916 brachte keine Entspannung. Die Oppositionellen gründeten schließlich am 6./7. April 1917 die Unabhängige Sozialdemokratische Partei Deutschlands (USPD), der sich zunächst als eigenständige Organisation die Spartakusgruppe anschloß. Die Spaltung vollzog sich nicht entlang der in der Vorkriegszeit herausgebildeten Scheidelinien zwischen revolutionären und reformistischen Kräften der Partei. So ging der marxistische Theoretiker Karl Kautsky ebenso zur USPD wie der führende Revisionist Eduard Bernstein, während einige Vorkriegsradikale bei der Mehrheit blieben.

Die USPD verweigerte sich konsequent dem bestehenden informellen Parteienbündnis der Kriegsjahre: sie stimmte weder der »Friedensresolution« der Mehrheitsparteien des Reichstags vom 19. Juli 1917 zu, weil diese nicht ein sofortiges Ende des Krieges verlangte, noch den diktatorischen Bestimmungen des Friedensvertrags von Brest-Litowsk – die Abgeordneten der Mehrheits-SPD (MSPD) reagierten hierauf mit Stimmenenthaltung.

Nach der Abspaltung forcierte die MSPD die Zusammenarbeit mit den anderen Parteien und bildete im Juni 1917 mit Zentrums- und Fortschrittspartei den Interfraktionellen Ausschuß. Die Isolation der MSPD war mit dem informellen Parlamentsgremium, das ein wichtiges Durchgangsstadium auf ihrem Weg zur Regierungspartei darstellte, zwar durchbrochen, doch trug die Zusammenarbeit mit den bürgerlichen Parteien kaum Früchte. Die mit zunehmender Kriegsdauer immer nachdrücklicher erhobenen Forderungen nach politischen und gesellschaftlichen Reformen blieben weitgehend unerfüllt. Allein die Parlamentarisierung gelang ansatzweise und die Abschaffung des preußischen Dreiklassenwahlrechts war bei Kriegsende auch spruchreif. Auf der anderen Seite verlor die MSPD in der Arbeiterschaft Einfluß an die USPD, die im Herbst 1917 ca. 120.000 Mitglieder besaß. Das ganze Dilemma offenbarte sich im großen Munitionsarbeiterstreik Ende Jan. 1918, als der Versuch, zwischen Streikenden und Reichsregierung zu vermitteln und die Bewegung ohne Schaden für das Reich und die Streikenden zu beenden, an der unnachgiebigen Haltung der Reichsleitung scheiterte. Im Okt. 1918 beteiligte sich die Mehrheits-SPD an der ersten parlamentarisch gebundenen Reichsregierung unter Max von Baden. Dabei gelang es der MSPD, gleichsam vor Toresschluß, noch eine Reihe von Verfassungsänderungen durchzusetzen, so die parlamentarische Kontrolle über die Außen- und Militärpolitik, die ministerielle Verantwortung sowie – eine alte sozialdemokratische Forderung – die Abschaffung des preußischen Dreiklassenwahlrechts zugunsten demokratischer und allgemeiner Wahlen.

Nach Ausbruch der Revolution kam es zur vorübergehenden Zusammenarbeit beider sozialdemokratischen Parteien im Rat der Volksbeauftragten, ehe grundlegende Divergenzen über die Gestaltung der Republik die alten Gräben wieder aufrissen und die USPD Ende Dez. 1918 die Revolutionsregierung verließ. Im Dez. 1920 schloß sich der linke Flügel mit der Ende 1918 aus dem Spartakusbund und weiteren radikalen Gruppierungen hervorgegangenen Kommunistischen Partei Deutschlands (KPD) zusammen, während der rechte USPD-Flügel sich im Sept. 1922 wieder mit der MSPD vereinigte. → *Burgfrieden* → *Interfraktioneller Ausschuß* → *Januarstreik* → *Kriegskredite*

Lit.: W. Kruse, Krieg und nationale Integration. Eine Neuinterpretation des sozialdemokratischen Burgfriedensschlusses 1914/25, Essen 1994; S. Miller, Burgfrieden und Klassenkampf. Die deutsche Sozialdemokratie im Ersten Weltkrieg, Düsseldorf 1974.

WALTER MÜHLHAUSEN

Sozialpolitik (Deutsches Reich). Unter S. sind in den Jahren 1914-18 alle gesetzlichen und administrativen Maßnahmen des Deutschen Reiches, der Bundesstaaten und der Kommunalverwaltungen zur Regelung des Arbeitsmarktes sowie zur Fürsorge für die Angehörigen der Soldaten, für die Kriegsopfer und die Kriegshinterbliebenen zu verstehen. Außerdem erstreckte sich die S. in den Kriegsjahren auf die Sicherstellung der Volksernährung, die Regelung des Wohnungsmarktes sowie auf Änderungen der bestehenden Sozialversicherungsbestimmungen. Nach Kriegsausbruch sahen sich die staatlichen Stellen mit sozialen Problemlagen konfrontiert, die weder in der Substanz noch in ihren quantitativen Dimensionen in diesem Maße erwartet worden waren: Insgesamt 13,2 Mio. Männer wurden einberufen; fast 2 Mio. von ihnen fielen im Krieg. Mehr als 4,2 Mio. Soldaten wurden verwundet, 25 % davon schwer. 1,5 Mio. Soldaten blieben dauerhaft kriegsbeschädigt. Die Zahl der Kriegerwitwen betrug mehr als vier Jahre nach dem Krieg 533.000, die der Kriegshalbwaisen 1,2 Mio. und die der Doppelwaisen 58.000. Während vor 1914 sozialpolitische Fortschritte vornehmlich auf dem Gebiet des Arbeiterschutzes und der Sozialversicherung erzielt worden waren, erwies sich die S. im Krieg wegen der bald einsetzenden intensiven Konkurrenz zwischen Armee und Industrie um Arbeitskräfte hauptsächlich als eine Funktion der Regelung der Kriegswirtschaft. Dies bezog sich vor allem auf Lohnfragen sowie den Arbeiterschutz und die Arbeitsrechtsregelungen. So wurden gleich zu Kriegbeginn die Arbeiterinnen- und Jugendschutzbestimmungen der Gewerbeordnung weitgehend außer Kraft gesetzt und dies blieb so während der gesamten Kriegszeit, obwohl die Militärverwaltung und die Gewerkschaften wiederholt Versuche zur Reetablierung der Bestimmungen unternahmen. Das Gebiet der im Krieg stark expandierenden Heimarbeit blieb praktisch fast ohne staatliche Kontrollen. Eine ursprünglich geplante Krankenversicherungspflicht der Hausgewerbetreibenden kam nicht zustande. Sozialpolitische Fortschritte hingegen bildeten ab Anfang 1917 die Herabsetzung des Bezugsalters für die Altersrente vom 70. auf das 65. Lebensjahr, die noch im gleichen Jahr durch die Einführung der Wochenhilfe und die Erhöhung der Waisenrente ergänzt wurde. Insbesondere dem Druck des preußischen Kriegsministeriums und der sozialpolitischen Initiative regionaler Militärbehörden war es außerdem zu verdanken, daß gegen den anhaltenden Widerstand der Unternehmerschaft ab 1915 zahlreiche tarifliche und sonstige freiwillige Schlichtungsstellen aufgebaut wurden. Auf diesem Schlichtungsapparat konnte das Hilfsdienstgesetz vom 5. Dez. 1916 aufbauen.

Das Gesetz, das wichtige sozialpolitische Folgen nach sich zog, ging zurück auf die Forderungen der 3. Obersten Heeresleitung nach einer umfassenden Mobilisierung aller Arbeitskraftreserven. Es verpflichtete alle männlichen Deutschen zwischen dem 17. und 60. Lebensjahr, die nicht zum Wehrdienst einberufen worden waren, zur Arbeit im »Vaterländischen Hilfsdienst«. Um die Zustimmung der Gewerkschaften zu diesem drastischen Eingriff in den Arbeitsmarkt zu erreichen, erhielten diese im Rahmen der parlamentarischen Beratungen weitreichende sozialpolitische Konzessionen zugesprochen. Sie führten im Ergebnis dazu, daß erstmals in der Reichsgesetzgebung die Gewerkschaften als Vertreter der Arbeiterschaft anerkannt wurden. Außerdem mußten nun in allen gewerblichen Betrieben mit mindestens 50 Beschäftigten Arbeiter- und Angestelltenausschüsse eingerichtet werden. Mit den Vereinbarungen sind wesentliche Voraussetzungen für das sog. Stinnes-Legien-Abkommen vom 15. Nov. 1918 geschaffen worden, das endgültig das Tarifvertragswesen in Deutschland verankerte und die Gewerkschaften als »berufene Vertretung der Arbeiterschaft« anerkannte.

Direkt nach Kriegsbeginn jedoch hatte sich zunächst die rasch auftretende Arbeitslosigkeit als das sozialpolitische Problem von größter Dringlichkeit erwiesen. Im Aug. 1914 schnellte die Quote auf über 22 % der Erwerbstätigen. Auch wenn sie bald danach wieder sank – bis Dez. 1914 auf rund 7 % – blieb die Arbeitslosigkeit in einzelnen Branchen weiterhin hoch. Insbesondere die Frauenarbeitslosigkeit verharrte noch im Jahre 1915 auf einem hohen Niveau. Um die dadurch entstandenen sozialen Mißstände zu mildern, zahlten die Unterstützungskassen der Gewerkschaften bis Ende Juli 1915 über 201 Mio. Mark aus, während die Nichtversicherten kommunale Fördermittel beanspruchen konnten. Ungeachtet dieser Lage blieb die Reichsregierung bei ihrer ablehnenden Haltung gegenüber der Einführung einer staatlichen Arbeitslosenversicherung. Allerdings stellten das Reich und die Bundesstaaten monatliche Zuschüsse für die Finanzierung der Erwerbslosenfürsorge bereit. Außerdem brachten sie zwischenzeitlich öffentliche Mittel zur Durchführung von Notstandsarbeiten auf. Zusätzlich wurde bereits am 5. Aug. 1914 vom Reichsamt des Innern eine »Reichszentrale für Arbeitsnachweise« eingerichtet, die jedoch erst ab Mitte 1916 einigermaßen effektiv wirken konnte.

Um die Familien der Soldaten im Falle der Bedürftigkeit zu unterstützen, wurde am 4. Aug. 1914 ein älteres Reichsgesetz aus dem Jahre 1888 novelliert, dessen Geltung im Laufe des Krieges auf immer mehr Personen erweitert wurde. Bei Vorliegen bestimmter Voraussetzungen hatten die engeren Angehören Anspruch auf öffentliche Leistungen. Die Familienunterstützung blieb jedoch in ihrem Umfang äußerst gering, so daß nicht wenige Betroffene der städtischen Fürsorge anheim fielen oder auf freiwillige Spenden angewiesen waren. Die Verteuerung der Lebenshaltungskosten im Kriege ließ sich über die Kriegsfürsorge nicht ausgleichen. In vielen Fällen war die Kriegsunterstützung sogar so gering, daß Familien ihre Miete nicht mehr zahlen konnten und obdachlos wurden. Um dem gegenzusteuern, hatte der Bundesrat bereits am 7./8.Aug. 1914 eine Verordnung erlassen, mit der die Gerichte dazu ermächtigt wurden, Schuldnern (nicht nur bei Mietrückständen) einen Zahlungsaufschub von drei Monaten zu gewähren. Insbesondere mit dem Instrument der Mieteinigungsämter versuchten die Gemeinden, Konflikte zwischen Vermietern und Mietern abzubauen, aber der zunehmende Mangel an kleinen Wohnungen ließ sich so nicht beheben. Auch im Hinblick auf die Kriegsopferfürsorge erwiesen sich die gesetzlichen Regelungen der Vorkriegsjahre rasch als unzulänglich. Für die eintretenden Notfälle wurde dennoch zunächst nur ein Härteausgleichsfond geschaffen; eine endgültige Regelung kam erst im Reichsversorgungsgesetz vom 12. Mai 1920 zustande.

In Fragen der Volksernährung war vor Kriegsbeginn keine angemessene Vorsorge für einen längeren Krieg getroffen worden. Obwohl ein Reichsgesetz vom 4. Aug. 1914 die Behörden dazu ermächtigte, gegebenenfalls Zwangskäufe vorzunehmen, konnte die verhängnisvolle Spirale von Preis- und Lohnerhöhungen tatsächlich nicht angehalten werden. Schon im Winter 1914/15 kam es zu ersten Versorgungsschwierigkeiten bei Brotgetreide und Kartoffeln. Um diese Lage zu bekämpfen, wurde Ende Juni 1915 eine eigene Reichsgetreidestelle geschaffen, nach deren Vorbild anschließend zahlreiche weitere Behörden zur Bewirtschaftung verschiedener Lebensmittel aufgebaut wurden. Die anhaltende Verknappung der Lebensmittel mündete jedoch vielerorts in Protestdemonstrationen und Hungerkrawalle, zumal selbst die bessergestellten Facharbeiter in den Kriegsindustrien Einbußen ihrer Reallöhne erfuhren. Diese Lage führte ab 1918 zu wachsenden Protesten der Arbeiterschaft, die sich zu einer grundsätzlichen Erbitterung über die ausgebliebene politische, wirtschaftliche und soziale Gleichstellung steigerte. → *Ernährung* → *Hilfsdienstgesetz* → *Kriegsfürsorge*

Lit.: R. W. Whalen, Bitter Wounds. German Victims of the Great War, 1914-1939, Ithaca 1984.

CHRISTOPH CORNELISSEN

Spanien. Das einstige Weltreich S., das seit dem 17. Jahrhundert zu einer zweitrangigen Macht an der europäischen Peripherie herabgesunken war, stieg während des Weltkrieges zum wichtigsten neutralen Staat Europas auf. Geostrategisch günstig gelegen – zwei Kontinente und zwei Meere treffen an der Straße von Gibraltar aufeinander – bildete es gleichsam eine neutrale Insel umgeben von den kriegführenden Mächten Frankreich mit Marokko, England mit Gibraltar und von März 1916 an auch Portugal. Daher rückte das Land auf der iberischen Halbinsel unverhofft in den Brennpunkt des internationalen Interesses.

Als S. im Sept. 1914 trotz seiner erheblichen diplomatischen und wirtschaftlichen Abhängigkeit von den Alliierten keineswegs auf deren Seite in den Krieg eintrat, versuchte Berlin wiederholt, Madrid zur Intervention an seiner Seite zu bewegen. Die deutsche Regierung bot für dieses Bündnis Unterstützung bei den spanischen Expansionsbestrebungen in Portugal, Gibraltar und Marokko an. Der Aufbau einer zweiten südlichen Front gegen Frankreich war für Deutschland ein verlockender Gedanke. S. lehnte dies jedoch aus Angst vor einer möglichen Vergeltung der Entente ab. Aber auch die Alliierten scheiterten wiederholt bei dem Versuch, das Land auf ihre Seite zu ziehen.

Das Königreich blieb aufgrund seiner isolationistischen Tradition, seiner militärischen Schwäche und fehlender genuiner Kriegsziele bis zum Friedensschluß 1918 neutral. Hinzu trat die innenpolitische Polarisierung zwischen progressiven Entente-Anhängern und traditionalistischen Sympathisanten der Mittelmächte. Wäre eine Kriegserklärung an die Alliierten aus geographischen Gründen zu riskant gewesen, hätte eine an Deutschland den Widerstand der überwiegend deutschfreundlichen und konservativen Machteliten Militär, Klerus und Adel nach sich gezogen – ein Bürgerkrieg wäre angesichts der brüchigen Monarchie nicht unwahrscheinlich gewesen. Die Parteien waren zersplittert und die Regierungen kurzlebig: Zwischen 1898 und 1923 zählte das Land 44 Kabinette mit einer durchschnittlichen Amtsdauer von nur sieben Monaten. Nach der Einführung der konstitutionellen Monarchie 1875 wechselten sich vier Jahrzehnte lang die Konservativen und die Liberalen in der Regierung ab. Ihren Erfolg stützten diese Parteien allerdings häufig genug auf manipulierte Wahlen und eine halbfeudale soziale und wirtschaftliche Ordnung.

S. profitierte von seiner Neutralität im Zentrum kriegführender Ententemächte. Vor allem der Handel mit ihnen nahm während des Krieges deutlich zu. Doch auch für die Mittelmächte war das neutrale Land von Vorteil:

als Versorgungslager und Koordinationsbasis für den Seekrieg sowie als Beobachtungsposten und Aktionsfeld für Diplomatie und Spionage. Um S. keinesfalls ins Lager der Alliierten treiben zu lassen, begann Deutschland damit, in S. ein erstaunlich umfangreiches und zugleich differenziertes Propagandanetz aufzuziehen. Die Entente reagierte verzögert mit entsprechenden Gegenmaßnahmen.

Erheblich belastet wurden die Beziehungen zwischen Berlin und Madrid dadurch, daß seit Febr. 1915 und vor allem seit Beginn des uneingeschränkten U-Boot-Krieges 1917 immer häufiger auch spanische Handelsschiffe deutschen U-Booten zum Opfer fielen. Insgesamt sollen es rund 140.000 t Schiffsraum gewesen sein, wofür S. gegen Ende des Weltkriegs als Kompensation sechs deutsche Dampfer erhielt.

Die Behinderung des internationalen Seeverkehrs führte in S. zu einer empfindlichen Verteuerung der Lebensmittel und verursachte eine Verknappung wichtiger Rohstoffe wie der dringend benötigten englischen Kohle. Die Auswirkungen waren um so gravierender als die spanische Industrialisierung während des Weltkrieges ihren ersten größeren Sprung nach vorn machte und das Land von 1915 bis 1919 im Außenhandel sogar einen Exportüberschuß registrierte. Schon bald kam es zu sozialen Unruhen, die im Aug. 1917 in einem vom Militär niedergeschlagenen Generalstreik mit rund 70 Toten und Hunderten von Verletzten gipfelten. Langfristig gesehen läuteten diese Unruhen das Ende der spanischen Restaurationsära ein, wozu auch die infolge der Unzufriedenheit unter den Militärs verstärkt eingegangenen Regierungsbündnisse zwischen Politik und Armee (juntas de defensa) und der wachsende Regionalismus im nordostspanischen Katalonien beitrugen. Die steigenden Preise zwangen das Königreich, sich noch stärker an seine wichtigsten Handelspartner, die führenden Ententemächte, anzulehnen. Um die Jahreswende 1917/18 schloß Madrid nacheinander mit London, Paris und Washington Handelsabkommen ab.

Nach 1918 verlor S. einen Gutteil des internationalen politischen Gewichts, das ihm seine wichtige geostrategische Lage im Weltkrieg beschert hatte.

Lit.: J. Albes, Worte wie Waffen. Die deutsche Propaganda in Spanien während des Ersten Weltkrieges, Essen 1996; F. J. Romero Salvadó, Spain 1914-1918. Between War and Revolution, London/New York 1999.

JENS ALBES

Spartakusgruppe, bedeutendste linksradikale Gruppierung in der SPD, benannt nach den von ihr seit 1916 illegal verbreiteten, mit »Spartakus« unterzeichneten *Politischen Briefen*, die die von der Mehrheit der Partei verfolgte »Burgfriedenspolitik« entschieden ablehnte. – Führende Köpfe der S. waren neben Karl Liebknecht und Rosa Luxemburg, Franz Mehring, Clara Zetkin, Julian Marschlewski, Käte und Hermann Duncker. Diese vornehmlich aus Intellektuellen bestehende Linke überwand bald den Schock der Zustimmung der SPD-Fraktion zu den ersten Kriegskrediten und formierte sich unter der Bezeichnung »Gruppe Internationale« nach der im April 1915 illegal verbreiteten Zeitschrift *Die Internationale*, deren erste und einzige Nummer sofort verboten wurde. Die Gruppe hielt kompromißlos am revolutionären Klassenkampf fest, brandmarkte den Krieg als imperialistischen Konflikt und strebte nach einer Neugründung der Internationale als einer straff zentralistisch aufgebauten Organisation. Eine Wiedergründung der Zweiten Internationale stand für die S., die sich international in der kriegsoppositionellen »Zimmerwalder Bewegung« engagierte, außer Frage. Programmatische Grundlage bildeten die von Rosa Luxemburg in Haft verfaßten *Leitsätze über die Aufgaben der internationalen Sozialdemokratie*, die nach der sog. 1. Reichskonferenz, zu der sich Anfang Jan. 1916 Vertreter oppositioneller Kreise in Berlin versammelt hatten, publiziert wurden. Das Ziel, alle kriegsoppositionellen Kräfte in einer festgefügten Organisation zu bündeln, wurde nicht erreicht, doch erregte die S. mit der von ihr am 1. Mai 1916 in Berlin organisierten Antikriegsdemonstration weites Aufsehen. In der Folge wurden ihre prominentesten Kräfte, darunter Karl Liebknecht und Rosa Luxemburg, verhaftet, so daß die Gruppe zeitweilig führerlos war. Die S. schloß sich unter Wahrung der organisatorischen Selbständigkeit der im April 1917 gegründeten oppositionellen USPD an, ohne aber auf diese wesentlichen Einfluß ausüben zu können.

Ohne eigentliche Massenbasis (Schätzungen gehen von etwa 1.000 bis 3.000 Mitgliedern aus), und ohne Massenwirkung, aber von den Gegnern in ihrer Wirksamkeit weit überschätzt, gewann die S. erst gegen Ende des Krieges an Bedeutung. Auch wenn Liebknecht mit der Ausrufung der sozialistischen Republik am 9. Nov. 1918 Anspruch auf eine Führungsrolle anmeldete, blieb der Einfluß der Gruppe (ab Nov. 1918 »Spartakusbund«) mit ihrer Forderung nach einem Rätesystem und einer »Diktatur des Proletariats« auf den weiteren Verlauf der Revolution weit hinter den eigenen Erwartungen zurück. Ende 1918 wurde der Bruch mit der USPD vollzogen und mit anderen linkssozialistischen Gruppen die Kommunistische Partei Deutschlands (KPD) gegründet, die sich entgegen der Auffassung von Rosa Luxemburg nicht an den Wahlen zur Nationalversammlung am 19. Jan. 1919 beteiligte. → *Sozialdemokratie* → *Zimmerwalder Bewegung* → *Zweite Internationale*

Lit.: D. Morgan, The Socialist Left and the German Revolution. A History of the German Independent Social Democratic Party, 1917-1922, Ithaca/London 1975; H. Wohlgemuth, Die Entstehung der Kommunistischen Partei Deutschlands 1914 bis 1918, Berlin (DDR) 1978.

Walter Mühlhausen

Spee, Maximilian Reichsgraf von, * Kopenhagen 22.6.1861, † bei den Falkland-Inseln 8.12.1914, deutscher Admiral. – S. trat 1878 in die Marine ein, wurde 1910 Konteradmiral und 1912 Chef des 1. Kreuzergeschwaders in Ostasien. Zu Beginn des Weltkriegs befand sich dieses Geschwader bei Ponape, der größten Insel der Ostkarolinen. Nachdem Japan Deutschland den Krieg erklärt hatte, entschloß sich S., mit den Großen Kreuzern *Scharnhorst* und *Gneisenau* sowie dem Kleinen Kreuzer *Nürnberg* den Marsch über den Stillen Ozean nach Chile anzutreten. Dort hoffte er, sich mit den Kleinen Kreuzern *Dresden* und *Leipzig* zu vereinigen, um gegen die britischen Seetransporte Handelskrieg zu führen. Die Admiralität in London entsandte ein Kreuzergeschwader, bestehend aus den Panzerkreuzern *Good Hope* und *Monmouth* sowie zwei Kleinen Kreuzern, unter Führung des Konteradmirals Sir Christopher Cradock in den Südatlantik, um S. zu stellen. Am 1. Nov. 1914 schlug S. Cradocks Kreuzergeschwader bei Coronel, wobei 1.600 britische Matrosen starben – der erste deutsche Seesieg über Großbritannien. Kaiser Wilhelm II. verlieh 300 Eiserne Kreuze an S.s Mannschaften. Doch innerhalb von sechs Stunden nach Coronel entsandte Admiral Sir John Fisher die modernen Schlachtkreuzer *Invincible* und *Inflexible* sowie vier Panzerkreuzer und zwei Kleine Kreuzer unter dem Kommando von Vizeadmiral Sir Doveton Sturdee, nun mit dem Auftrag, S. zu vernichten. Am 8. Dez. unterlag S. in der Seeschlacht bei den Falkland-Inseln Sturdees weit überlegenen Kräften und ging selbst mit seinen beiden Söhnen sowie weiteren 2.200 Offizieren und Matrosen unter.

Holger H. Herwig

Sperrfeuer, von Artillerie gebildeter »Feuerriegel«, d. i. ein intensiver konzentrierter Beschuß eines Geländeabschnitts, der angreifende Infanterie von der Annäherung an eine Verteidigungsstellung abhalten oder die Verbindung einer Stellung mit dem rückwärtigen Gebiet unterbrechen sollte. – S. richtete sich nicht gegen erkannte, beobachtete Ziele, sondern auf Geländeräume, deren Durchschreiten mit höchster Feuersteigerung verhindert werden sollte. Feuerverteilung und Einschießen der Batterien mußten rechtzeitig im Rahmen der Gefechtsvorbereitung erfolgen. Die Auslösung des S. erfolgte durch Fernsprecher (wenn die Leitungen nicht zerstört waren) oder durch Lichtsignale (wenn Sichtverbindung bestand). Um seinen Zweck zu erreichen, verlangte das S. eine möglichst dichte und lückenlose Beschießung der zu sperrenden Linie sowie den Einsatz großer Munitionsmengen. In Deutschland zweifelte man im letzten Kriegsjahr am Wert des S. Man hatte festgestellt, daß vom Anfordern des S. bis zum Einschlagen der ersten Granaten über 30 Sekunden vergingen. Einem entschlossenen Angreifer genügte diese Frist meist, die S.-Zone zu durcheilen. Der Feuerschlag ging dann ins Leere. → *Artillerie*

Dieter Storz

Spionage, heimliche Informationsbeschaffung über den militärischen Gegner gewöhnlich durch im Auftrag von Nachrichtendiensten handelnde Agenten. – Im Kriegsfall ist S. völkerrechtlich geregelt. Die Haager Landkriegsordnung (Art. 29, 30) erkannte die S. als legales Mittel der Kriegführung an und erklärte ein rechtskräftiges Urteil zur notwendigen Voraussetzung für die Bestrafung eines Spions. Im Weltkrieg rekrutierten die Nachrichtendienste aller kriegführenden Nationen Agenten, für den Einsatz in feindlichen und neutralen Ländern, darunter in größerem Umfang auch Frauen. Für die deutsche Seite war u. a. August Schluga Freiherr von Rastenfeld in Paris aktiv. Die durch Schlugas Tod entstandene Informationslücke konnte die selbststilisierte »Doppelagentin« Mata Hari nicht schließen. Der deutsche Spion Carl H. Lody bezahlte das Ausspähen der englischen Marine im Nov. 1914 als erster Agent während des Krieges überhaupt mit dem Tod. Erfolgreicher war Jules Crawford Silber, dessen S.tätigkeit in der englischen Postzensur bis Kriegsende unentdeckt blieb. Auf Seiten Großbritanniens machte sich Thomas E. Lawrence im Nahen Osten als Nachrichtenoffizier und Führer aufständischer Araber einen Namen. Für die Franzosen agierte Louise de Bettignies, die bis Herbst 1915 einen lokalen Agentenring im besetzten Nordfrankreich führte. Die Lothringerin Marthe Richer spähte einen deutschen Marineattaché im neutralen Spanien aus. Der als Kommissar der Feldpolizei getarnte Elsässer Waegele konnte unentdeckt Informationen aus dem deutschen Hauptquartier beschaffen.

Wegen der zunehmenden Verbesserung der Abwehrtechniken hatte die Tätigkeit von Agenten im Weltkrieg allerdings insgesamt nur geringen Erfolg zu verzeichnen. Ihr Einsatz spielte für den eigentlichen Kriegsverlauf selbst keine Rolle. Dessen ungeachtet war gerade für den Ersten Weltkrieg das Phänomen einer irrationalen S.furcht typisch. Die seit der Mobilmachung herrschende »Spionitis«, welche die Behörden teilweise gezielt förderten, ließ Ausländer, aber auch als Staatsfeinde geltende Pazifisten, Anarchisten und Sozialisten schnell in S.verdacht geraten. Die angebliche S.gefahr diente vielfach dazu, den Ausbau der Polizei- und Geheimdienstapparate und – besonders in den USA – die Verschärfung der Gesetzgebung während des Krieges zu rechtfertigen.

»Spionenjäger« der Freiwilligen Bürgerwehr von Lörrach

In der Zwischenkriegszeit wurde die Weltkriegs-S. zu einem beliebten Thema der populären Literatur und der Spielfilmindustrie. Es entstand das Bild eines ständigen Geheimkrieges im Rücken der Front, das mit der Realität des Krieges kaum etwas zu tun hatte.

Lit.: G. Bavendamm, Spionage und Verrat. Konspirative Kriegserzählungen und französische Innenpolitik, 1914-1917, Essen 2003.

GUNDULA BAVENDAMM

Sport. Mit Kriegsbeginn zerbrach in Deutschland der im Hinblick auf die Vergabe der Olympischen Spiele 1916 nach Berlin geschlossene »Burgfrieden« zwischen Turnen und S. Die Turnerschaft polemisierte gegen das »internationale Olympia« und lehnte den »englischen« S. als rekordsüchtig und undeutsch ab. Mit der Erkenntnis einer längeren Kriegsdauer verfestigte sich die Vorstellung von der Ersetzung der Olympiade durch »Deutsche Kampfspiele« als »nationale Olympien«. Der DRAfOS (Deutscher Reichsausschuß für die Olympischen Spiele) entledigte sich 1917 seiner ursprünglich internationalen Zweckbestimmung und konstituierte sich als nationaler Dachverband (DRA für Leibesübungen e.V.). Pierre de Coubertin, Begründer der modernen Olympischen Spiele und Präsident des Internationalen Olympischen Comités (IOC), trat in die französische Armee ein, verlegte den Sitz des IOC von Paris nach Lausanne, um so neben dem Roten Kreuz den neutralen Charakter der Organisation zu betonen, und überließ dem Schweizer G. de Blonay für die Zeit des Krieges die Präsidentschaft. Coubertin widersetzte sich der Forderung britischer und französischer Komiteemitglieder, die – ausfallenden – Spiele 1916 zu verlegen und Deutschland aus dem IOC auszuschließen.

Trotz des Kriegszustands, der Belegung von Turnhallen mit Lazaretten, Umwandlung von S.plätzen in Kartoffeläcker und Einberufung von Übungsleitern und Sportlern, nahmen S.- und Wettkampfbetrieb in Deutschland im Gegensatz zu Großbritannien und Frankreich einen ungeahnten Aufschwung. Leichtathleten, Schwimmer, Radfahrer veranstalteten alljährliche »Kriegsmeisterschaften«, wenn auch mit reduziertem Programm, die Turnerschaft traf sich zu regionalen Turnfesten. Auf »Kriegssportfesten« sollte die Verbundenheit der Heimat mit der Front betont und die Jugend für den Fronteinsatz vorbereitet werden (Stabhochsprung in feldmarschmäßiger Ausrüstung, Handgranatenweit- und Zielwurf, Hindernislauf über Schützengräben, 60-m-Lauf mit Sturmgepäck, Gepäckmärsche mit Gasmaske und ähnliche Wettkampfdisziplinen). 1915 veranstaltete der SCC Berlin den »Kronprinzen-Armee-Gepäckmarsch«, 1916 wurde in Berlin die erste militärische Hindernisstrecke eröffnet, anstelle der Olympiade fanden im Grunewaldstadion nationale Wettkämpfe statt. Hinter der Westfront wurden seit 1915 in der Etappe für die einzelnen Regimenter nach ihrer Verlegung aus der Stellung »in Ruhe« S.feste veranstaltet. Ihre eigentliche Bedeutung lag in der Entspannung der Soldaten, wobei auch Sackhüpfen und Tauziehen auf dem Programm standen. Für Wettkämpfe auf Armee-Ebene (Reims 1916, Lille 1917) vergab der DRA als Ersatz für die olympischen Medaillen die »Kaiser-Wilhelm-Plakette«. Dahinter stand jedoch noch keine planmäßige Förderung, sondern die Initiative einzelner höherer Offiziere. Im Offizierskorps wiederum galt leichte S.bekleidung als schwer vereinbar mit dem durch die Uniform ausgedrückten militärischen Rang.

In England wurde der Wettkampfbetrieb eingeschränkt zu Gunsten der vormilitärischen Ausbildung; Schulbehörden und Lehrerschaft wehrten sich jedoch teilweise gegen die Einführung des »military drill«. Fußball war in der britischen Armee die Hauptsportart, hinter der Front wurden Spielplätze angelegt und Turniere veranstaltet. Daß britische Soldaten des Bedfordshire Regiments während der Weihnachtsstage 1914 ein improvisiertes Fußballspiel mit deutschen Soldaten austrugen, ist vermutlich keine Legende ebenso wie der Bericht, daß z. B. mehrere Kompanien bei der Offensive auf Loos 1915 einen Ball vor sich her trieben.

Die Militarisierung des S. bestand in Deutschland bereits seit der Vorkriegszeit. Ein Erlaß des preußischen Kriegsministeriums von 1910 betraf die Förderung Jugendlicher durch Eintritt in Turnvereine und Betreuung bei militärischen Übungen. 1913 wurden vom Berliner Sportclub Gepäckmärsche gemeinsam von Infanterieregimentern und Leichtathletik-Vereinen veranstaltet. In der ersten *Turnvorschrift für die Infanterie* von 1910 wurde auf turnerische Übungen als wertvolle Hilfsmittel für die militärische Erziehung hingewiesen. Turnen und S. gehörten als »neuzeitliche Kriegsbeschädigten-Fürsorge« zur Rehabilitation von Kriegsversehrten. Ab 1919 wurde sportliche Betätigung gerade im Hinblick auf das Verbot der Wehrpflicht durch die Versailler Vertragsbestimmungen vom Kriegsministerium als Maßnahme zur Erhaltung der Wehrkraft gefördert. Auf internationaler Ebene fanden 1919 in Paris »Interalliierte Spiele« statt, auf denen sich die USA als neue Weltmacht des S. präsentierten. Deutschland nahm an den Olympischen Spielen 1920 in Antwerpen (Eröffnung durch eine Messe für die gefallenen Olympiakämpfer) und 1924 in Paris nicht teil.

Lit.: C. Eisenberg, ›English Sports‹ und Deutsche Bürger. Eine Gesellschaftsgeschichte, Paderborn 1999; J. G. Fuller, Troop Morale and Popular Culture in the British and Dominion Armies 1914-1918, Oxford 1990; Geschichte der Leibesübungen, hg. v. H. Überhorst, Bd. 3, Berlin 1981; K. Lennartz, Die VI. Olympischen Spiele Berlin 1916, Köln 1978.

GERMAN WERTH

Stahlhelm, metallene Kopfbedeckung der Soldaten zum Schutz gegen Schlag, Splitter und Handfeuerwaffengeschosse. – Der hohe Anteil an schweren Kopfverletzungen im Stellungskrieg führte in den europäischen Heeren seit 1915 zur Entwicklung des S. Die französische Armee rüstete 1915 ihre Soldaten mit einem aus leichtem Stahlblech gefertigten S., dem Adrian, aus, der nur geringen Schutz bot. Kurze Zeit später folgte die britische Armee mit dem Modell MK 1. Die für diesen S. charakteristische flache Form mit breiter Krempe bot vergleichsweise guten Schutz für Kopf und Schulter gegen Splitterwirkung. Ab 1917 übernahm die US-Army diesen Typ für ihre Truppen in Europa. Im Deutschen Kaiserreich entschloß man sich Ende 1915 zur Einführung des von Prof. Friedrich Schwerd entwickelten S. (Modell 16). Dieser erfüllte sowohl die medizinischen als auch die militärischen Vorgaben. Dank des Augenausschnittes und des vom Hinterkopf abstehenden Nackenschutzes war der erforderliche Gesichts-, Nacken- und Schläfenschutz sichergestellt, ohne daß der Soldat beim Hinlegen und beim Gewehranschlag behindert wurde. Der Helm bestand aus Chromnickelstahl und wog je nach Kopfgröße 1000-1300 g. Zur Belüftung waren seitlich zwei Belüftungsbolzen angebracht, an denen auch Stirnschilde zum Schutz gegen Scharfschützenbeschuß befestigt werden konnten. Wegen seines hohen Gewichtes bewährte sich dieser Zusatzschutz nicht und wurde nur in begrenzter Zahl ausgeliefert. Beginnend mit der Schlacht um Verdun im Febr. 1916 wurden die deutschen Truppen mit dem S. ausgerüstet, der die bis dahin im deutschen Heer übliche grau-grüne Pickelhaube (an der Front ohne Spitze) ablöste.

Aufgrund der nur langsam anlaufenden Produktion gehörte der S. zunächst zur stationären Ausstattung eines Grabenabschnittes. Erst Ende 1917 waren die Fronttruppen komplett ausgerüstet, so daß 1918 auch die Umrüstung der Ersatzmannschaften begann. Im Aug. 1918 erhielten einige deutsche Truppenteile versuchsweise das mit einem halbmondförmigen seitlichen Ausschnitt versehene Modell 18. Dieser wesentlich verbesserte S. gewährte bessere Höreigenschaften und sollte das Modell 16 ablösen. Dienstgradabzeichen, Truppenabzeichen oder Wappen wurden in der Regel am Helm nicht angebracht. Nach dem Krieg wurde der S. zum Symbol für den Frontkämpfer. Das Modell 16 wurde im deutschen Heer noch bis 1935 getragen, bevor es durch ein kleineres und leichteres Modell ersetzt wurde. Insgesamt wurden während des Krieges rund 7,5 Mio. an die Truppe ausgeliefert. Österreich-Ungarn erhielt 486.000, Bulgarien 170.000 und die Türkei 5.400 S.

Lit.: L. Bär, Vom Stahlhelm zum Gefechtshelm. Eine Entwicklungsgeschichte von 1915 bis 1993. 2 Bde., Bd. 1, Neu-Anspach 1994.

GERHARD P. GROSS

Stein, Hermann von, * Wedderstedt 13.9.1854, † Lehnin 26.5.1927, preußischer General und Politiker (Kriegsminister). – 1873 trat der Sohn eines Pfarrers als Fahnenjunker in die Armee ein. 1875 wurde er Leutnant, 1890 Hauptmann. Es folgten der Truppendienst bei der Feldartillerie sowie mehrere Kommandierungen zum Großen Generalstab. Dort wurde S. 1903 zum Chef der 2. (Aufmarsch-)Abteilung ernannt. 1905 Oberst, wurde er vier Jahre später Oberquartiermeister. 1912 zum Generalleutnant befördert, übernahm er das Kommando über die 41. Division. 1913 erfolgte seine Nobilitierung. Bei Kriegsbeginn 1914 war S. als Generalquartiermeister bei Generalstabschef Helmuth von Moltke eingeplant. Doch schon nach der Marne-Schlacht wurde er als Kommandierender General zum XIV. Reservekorps versetzt, mit dem er sich vor allem im Juli 1916 in den Abwehrkämpfen an der Somme hervortat. Am 29. Okt. 1916 wurde S. schließlich zum preußischen Kriegsminister ernannt. Während seiner Dienstzeit vollzog sich eine weitgehende Totalisierung des Krieges, wodurch sich die Behörde mit neuen innenpolitischen und kriegswirtschaftlichen Aufgaben konfrontiert sah (Hindenburg-Programm). Am 8. Okt. 1918 auf Druck des neuen Reichskanzlers Max von Baden seines Postens enthoben, wurde S. auf eigenen Wunsch am 17. Nov. 1918 verabschiedet.

MARKUS PÖHLMANN

Stellungskrieg, Kriegführung entlang permanenter und befestigter Frontlinien. – Der S. bildete die bestimmende Form des Weltkriegs. Alle großen Militärstaaten hatten vor 1914 ihren Kriegsplänen den Bewegungskrieg zu Grunde gelegt. Dabei war der S. kein unbekanntes Phänomen. In Gestalt des Festungskriegs war er im Mittelalter und der Frühen Neuzeit allgegenwärtig gewesen, noch der Russisch-Japanische Krieg von 1904/05 hatte die Effektivität befestigter Stellungen vor Augen geführt. Gerade deshalb hatten viele führende Militärtheoretiker die forcierte Rückkehr zu einer strikt offensiven Kriegführung vorgeschlagen, wie sie sich in den Aufmarschplänen vor 1914 auch manifestierte. Doch stellte sich der S. im Westen ab Anfang Nov. 1914 ein. Die Gründe hierfür waren erstens die militärtechnische Entwicklung, die den Verteidiger durch überlegene Feuerkraft begünstigte, zweitens der anfängliche Kontrollverlust in der operativen Führung moderner Massenheere, sowie drittens das Gleichgewicht der Kräfte der Kriegsparteien.

Die Anfänge des S. waren improvisiert. Die Armeen zwischen Kanalküste und schweizerischer Grenze gruben sich buchstäblich entlang einer Linie ein, um dem Feuer der Maschinengewehre und dem Artilleriebeschuß

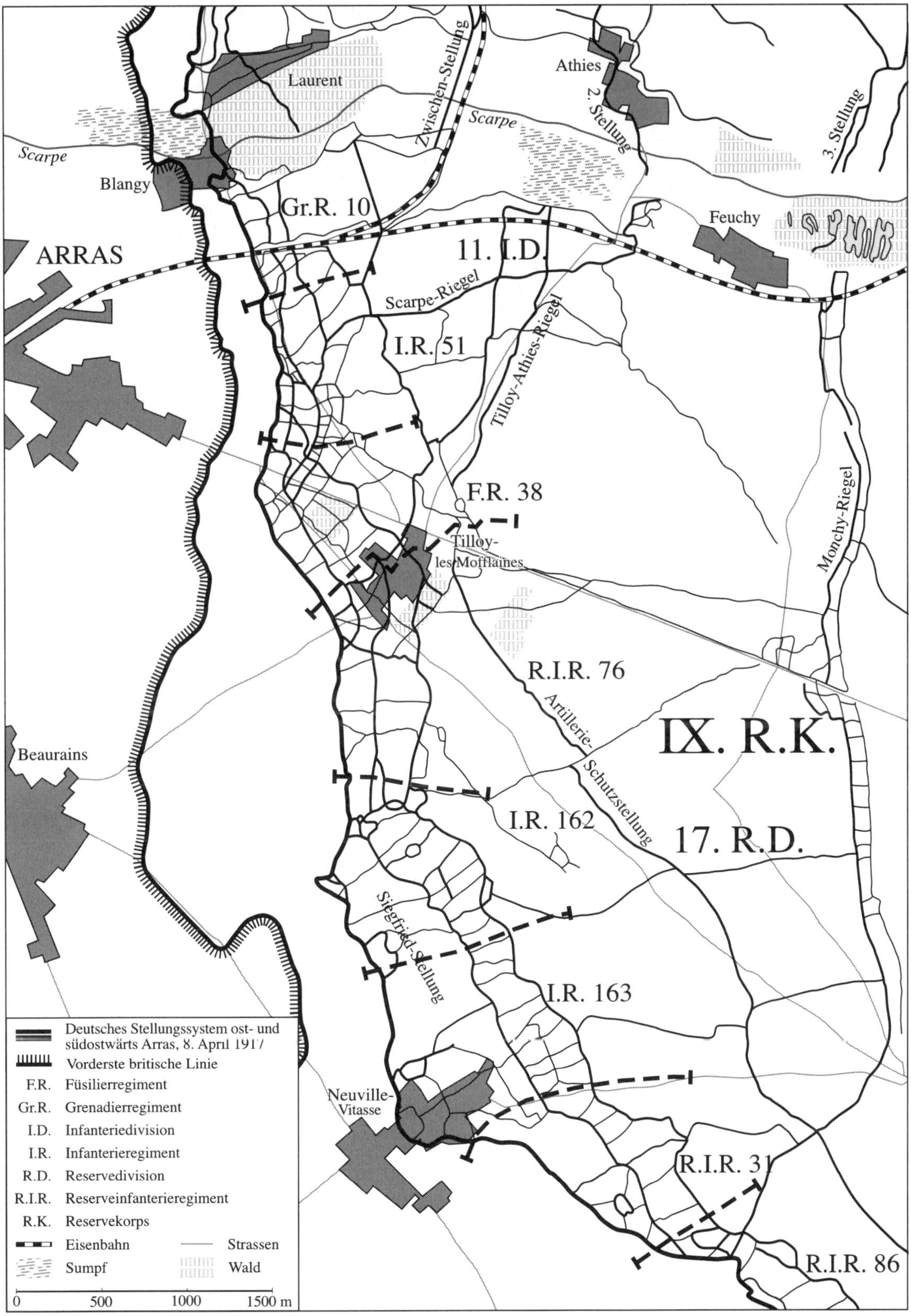

Stellungssystem (1917)

Französische Stellung in den Argonnen

zu entgehen. Bald wurde die Anlage von Unterständen, armierten Stützpunkten sowie Verbindungs- und Versorgungsgräben erforderlich. Erste Kampferfahrungen im Winter 1914/15 führten zur Verlegung der Linie – soweit wie irgend möglich – in eine Hinterhangstellung und zur Einführung einer parallel verlaufenden zweiten Linie. Spätestens Ende 1916 waren bei allen Kriegsparteien drei Schützengrabenlinien eingeführt. Die einstige Grabenlinie war nun zu einem tiefgestaffelten Stellungssystem mit Vorfeld, Hauptverteidigungszone und rückwärtiger Zone ausgebaut. Wegen der statischen Front konnten Truppenverschiebungen und Nachschub über ein hierfür gebautes Straßen- und Feldeisenbahnsystem abgewickelt werden. Auch die Führung wurde ab 1916 bodenständig: Die Korpsstäbe (Generalkommandos), die bislang mit ihren Truppen verlegt worden waren, verblieben nun oft als sog. Gruppe in festgelegten Sektoren und befehligten die jeweils dorthin verlegten Truppen.

Aufgabe der Verteidigung war es, gegnerischen Geländegewinn oder einen Durchbruch zu verhindern. Hierzu dienten der Kampf der Grabenbesatzung, Artillerieunterstützung (»Sperrfeuer«) sowie die Anlage von Drahthindernissen. Da in den Jahren 1916/17 die deutsche Armee im Westen am nachhaltigsten in die Defensive gedrängt worden war, gelang es ihr auch zuerst, ab Dez. 1916 neue Abwehrgrundsätze zu entwickeln. Diese verlangten nicht länger das Festhalten am Gelände um jeden Preis, sondern sahen eine elastische und sehr aggressiv geführte Zonenverteidigung vor. Hierfür wurde die erste Linie ausgedünnt, ein »schemenloses Schlachtfeld« sollte der feindlichen Artillerie keine Ziele bieten. Der Angreifer sollte sich in der tiefgestaffelten Verteidigung erschöpfen.

Der Angriff im S. erforderte Überlegenheit vor Ort und sorgfältige Koordinierung aller Waffen. 1915/16 gründete sich das Angriffsverfahren auf die Maximierung der oft mehrtägigen artilleristischen Vorbereitung und die Wucht des Infanterieangriffs. Da sich derartige Vorbereitungen selten verbergen ließen, konnte der Verteidiger in der Regel seine Reserven am bedrohten Punkt zusammenziehen, selbst bei extremer Beschießung (wie an der Somme, Ende Juni 1916) blieben immer Reste der Verteidigung erhalten. Die französische Armee suchte dieses Dilemma durch verbesserte Angriffsverfahren und durch Begrenzung der Ziele zu überwinden (Nivelle-Offensive, April 1917). Die Briten hielten lange am bisherigen Verfahren fest, suchten aber durch die Entwicklung des Tanks den Durchbruch zu erzwingen (Cambrai, Nov. 1917). Die Spitze der Angriffe bildeten ab 1916 hierfür ausgebildete Sturmtruppen. Überhaupt führte der S. zu einer merklichen Auflösung der schulmäßigen Truppengliederungen und Angriffsformationen. Die Deutschen legten ihre Erfahrung im Jan. 1918 in einem neuen Reglement fest. In der folgenden Frühjahrsoffensive (Michael-Offensive) stieß nun die erste Welle ohne Rücksicht auf verbleibende Widerstandspunkte in gelockerter Formation tief durch die Verteidigungszonen und suchte die gegnerische Artillerie und die Versorgungslinien anzugreifen. Auch konnte die deutsche Artillerie 1918 erstmals ein neues Schießverfahren zur Anwendung bringen.

Der S. brachte eine rasante Veränderung der Waffen und Kampfmittel mit sich. Bei der Infanterie machte sich die gesteigerte Feuerkraft und eine ungeheure Diversifizierung der Waffen bemerkbar, das Maschinengewehr wurde zum Hauptträger des Feuerkampfes. Bei der Artillerie konnte das Schießverfahren zwar stark verbessert werden, gleichwohl gelang es bei der Unzulänglichkeit der damaligen Nachrichtenmittel keiner Armee, die vor dem Infanterieangriff rollende »Feuerwalze« erfolgreich zu koordinieren. Der Einsatz von Gas wurde für die Soldaten zu einer neuen, bald alltäglichen Bedrohung. Der Tank (Panzer) hatte zwar ab 1916 nur kleinere Erfolge erbracht, im letzten Kriegsjahr war er aber in der Massenverwendung zu einem entscheidenden Kriegsmittel geworden.

Der Alltag der Soldaten im S. war von extremen Unterschieden gekennzeichnet. Lange Phasen vollständiger Untätigkeit und extreme Überlebenssituationen konnten rasch abwechseln. Krankheiten, Artilleriebeschuß und Scharfschützen stellten ständige Gefahren dar. In Ruhephasen war der Tagesablauf vom Postendienst und dem Unterhalt der Stellung gekennzeichnet. Nächtliche Patrouillen dienten der Nachrichtengewinnung über den Gegner. Die sozialen Beziehungen zwischen Soldaten und Offizieren veränderten sich unter dem Eindruck des gemeinsamen Kampferlebnisses, wenngleich auch oft nur vorübergehend. Die in den vom S. betroffenen Regionen verbliebene Zivilbevölkerung lebte unter denselben Bedrohungen, ihre Versorgungssituation hing völlig vom Wohlwollen der Militärbehörden ab.

Der S. an der Westfront bestimmte auch nach 1918 die Erinnerung an den Weltkrieg sehr weitgehend, wenngleich der Krieg an den übrigen Fronten oft ein ganz anderes Gesicht gezeigt hatte. Ab Mitte 1918 fand er im Westen aus denselben Gründen sein Ende, aus denen er entstanden war: Neue Infanterietaktik, verbesserte Artillerieschießverfahren, der wachsende Grad an Motorisierung (vor allem bei den Ententetruppen) und der Tank ermöglichten nun den Durchbruch; auch hatte sich das Gleichgewicht der Kräfte nach der Ankunft amerikanischer Truppen unaufhaltsam zugunsten der Entente gesenkt. → *Bewegungskrieg* → *Schützengraben*

Lit.: T. Ashworth, Trench Warfare 1914-1918. The Live and Let Live System, London/Basingstoke 1980.

MARKUS PÖHLMANN

Stereotypen. Die Selbst- und Feindwahrnehmung der Kriegsteilnehmer entwickelte sich entlang verfestigter nationaler S., die teilweise auf kulturelle Vorkriegsprägungen zurückgingen. Dabei handelte es sich häufig um eindeutig abwertende, teilweise rassistische Herabsetzungen des Gegners, gelegentlich aber auch um von der impliziten Wertung her oszillierende Typologien nationaler Charaktere, die gelegentlich über die Fronten des Krieges hinweg wirksam sein konnten.

Die älteste Typisierung stand mit der Figur des *Tommy Atkins* für die britischen Soldaten bereit. Diese Idealisierung des tapferen, aufrechten und national motivierten einfachen Soldaten geht auf die Napoleonischen Kriege zurück und wurde im Verlauf des 19. Jahrhunderts popularisiert. Seit 1894 erschien *Tommy Atkins* in nationalistischen Unterhaltungsprogrammen auf den Bühnen der Music Halls. Während des Weltkrieges zeichnete sich eine deutliche Sentimentalisierung des *Tommy* ab, auch komische Elemente konnten in den Typus integriert werden (z. B. durch die Cartoons von Bruce Bairnsfather). Bei den deutschen Kriegsgegnern war der *Tommy* ebenfalls ein gängiges S., das eher von Respekt oder echtem Haß als von Herablassung gekennzeichnet war.

Für die deutschen Soldaten existierte – abgesehen vom propagandistisch aufgeladenen Frontkämpfer – kein S. der Selbstwahrnehmung. In Großbritannien und Frankreich dominierten die Figuren des *Fritz*, des *Hun* bzw. des *Boche*. Der englische *Fritz* assoziierte auf volkstümlichem Niveau die Deutschen stark mit dem preußischen Militarismus, wobei die Aspekte der Disziplin, der Effizienz, der militärisch-technischen Kompetenz, aber auch der moralischen Defizite des Untertanengeistes angesprochen wurden. Die Bewertung schwankte dabei zwischen der Faszination militärisch-technischer Leistungen und der Ironie gegenüber einer bedauernswerten Provinzialität und Unselbständigkeit. Im Verlauf des Krieges entstand von konservativ-propagandistischer Seite im Rückgriff auf die berüchtigte »Hunnen«-Rede Wilhelms II. von 1900 das S. des *Hun*. Der *Hunne* symbolisierte eine stark moralisierte und abwertende Sichtweise auf die deutschen Kriegsgegner, die durch diesen Typus als Barbaren, Unmenschen, Kriegsverbrecher und Feinde jeglicher Zivilisation gebrandmarkt wurden. Dieser S. konnte sich jedoch nicht allgemein durchsetzen.

Auf französischer Seite herrschte in Bezug auf die deutschen Kriegsgegner die Terminologie des *Boche* vor. Die deutschen Invasoren erschienen in diesem S. als unzivilisierte, einfältige und brutale Typen, denen im Namen der Zivilisation, die mit dem französischen Abwehrkampf assoziiert wurde, äußerster Widerstand entgegengebracht werden müsse.

Die französischen Soldaten wurden in ihrer Selbstwahrnehmung durch das S. des *Poilu* (»der Haarige« bzw. »der Unrasierte«) gekennzeichnet. Dabei handelte es sich um den Typus eines an der Front verwahrlosten, aber rustikal-gutmütigen Landesverteidigers, der trotz aller Distanz zur Zivilgesellschaft eine tiefe Verbundenheit zum Heimatboden zum Ausdruck brachte. Auf deutscher Seite herrschte der Typus des *Franzmanns* vor, der eine Kontinuität des französischen Feindbildes implizierte. Eine historisierende Unterströmung der »Erbfeindschaft« assoziierte die Achtung vor dem traditionellen Gegner und ein gewisses Überlegenheitsgefühl, das seltener in offenen Haß umschlug als gegenüber den englischen *Tommies*. Bemerkenswert ist schließlich noch das englische S. des *Froggie*, der im soldatischen Sprachgebrauch mit einer Mischung aus Zuneigung und Herablassung auf die französischen Verbündeten angewandt wurde.

An der Ostfront entwickelten sich auf deutscher Seite stereotype Wahrnehmungen der russischen Kriegsgegner unter den Begriffen *Panje* oder *Russki*. Die Konnotationen waren dabei eindeutig abwertend und als Kollektivsingular noch stärker entindividualisiert. Das S. *Russki* implizierte stärker anti-russische Aggressionen, während sich mit dem S. *Panje* eine eher herablassende Haltung verknüpfte, die auch mit rassistischen Wertigkeitsvorstellungen einhergehen konnte. Gegen Kriegsende entstand in der deutschen Öffentlichkeit mit der begrifflichen Kombination »Rußland«, »Bolschewismus« und »asiatische Barbarei« ein integriertes S., das eindeutig rassistisch motiviert war und mit Hilfe der Metapher vom »Ungeziefer« mit pathologisierenden Vernichtungsphantasien verknüpft werden konnte.

Aribert Reimann

Stimmungsbericht, periodisch erstattete, oft systematisch gegliederte Berichtsform über die Einstellung verschiedener Bevölkerungsgruppen zu Politik, Kriegslage, -wirtschaft und anderem mehr mit dem Zweck der behördeninternen Information über die »Volksstimmung«. – Die Erhebung von S. knüpfte an unterschiedliche, im Zuge der Verwaltungsreform seit 1812 (»Zeitungsberichte« in Preußen) oder der Beobachtung der Arbeiterbewegung seit 1848 (»Wochenberichte« in Bayern) erhobene amtliche Berichtsformen an. S. lassen sich unterscheiden nach dem Gegenstand der Berichterstattung (Militär- oder Zivilpersonen), der ursprünglich berichtenden Stelle, dem stufenweisen Grad der Anhäufung der Information sowie dem Inhalt bzw. Berichtsschema. Über die Stimmung der Soldaten wurden in Frankreich ab Anfang 1915, systematisch dann seit Ende 1916, in Deutschland ab April 1916 S. auf der Basis einer stichprobenartigen Auswertung der Feldpostbriefe auf Divisionsebene erstellt und bei den Armeen zusammengefaßt. Neben statistischen Auswertungen (vor allem in Frankreich) enthielten sie zahlreiche, auf Repräsentativität zielende Briefauszüge. Über die Zivilbevölkerung lagen in Fortführung älterer Berichtspraktiken in Frankreich seit 1914 Berichte der Präfekten und der politischen Polizei an das Innenministerium, in Deutschland Berichte des Berliner Polizeipräsidiums an das Oberkommando in den Marken vor. In Deutschland berichteten die Stellvertretenden Generalkommandos seit Nov. 1915 monatlich an das preußische Kriegsministerium (ab Dez. 1916 an das Kriegsamt) über die Ernährungslage, seit März 1916 über die allgemeine Volksstimmung. In Frankreich fertigten zudem seit März 1917 militärische Überwachungsstellen in verschiedenen Städten S. auf der Basis kontrollierter Zivilpost an. In Großbritannien erstellten die regionalen Militärbefehlshaber von 1917 bis Anfang 1920 *weekly intelligence summaries* über die Stimmungslage sowie Streiks und Proteste in der Industrie. Dafür wertete man die lokale Presse, Spitzelberichte, Flugblätter, Pamphlete und Graffiti aus. Die inhaltliche Differenzierung und flächendeckende Erhebung der S. in der zweiten Kriegshälfte war eine Reaktion auf die insbesondere durch die Wechselwirkungen zwischen Front und Heimat rapide wachsende Kriegsmüdigkeit und ihre negativen Auswirkungen auf die Mobilisierung der Bevölkerung. Monatsberichte basierend auf den S. der Gemeinden und Gemeindeverbände (Preußen) bzw. der Bezirksämter und kreisfreien Städte (Bayern) wurden von den jeweiligen Stellvertretenden Generalkommandos an das Kriegsamt geliefert. Dort wurden die Monatsberichte zu einer thematisch geordneten »Zusammenstellung« verdichtet.

Insbesondere die archivalisch überlieferten S. der ursprünglich berichtenden Stellen bieten ein für die Sozial- und Mentalitätsgeschichte des Krieges ergiebiges Quellenmaterial.

Lit.: S. Audoin-Rouzeau, Men at War. National Sentiment and Trench Journalism in France during the First World War, Oxford 1992; D. Englander, Military Intelligence and the Defence of the Realm: the Surveillance of Soldiers and Civilians in Britain during the First World War, in: Bulletin of the Society for the Study of Labour History, 52 (1987), S. 24-32; Frontalltag im Ersten Weltkrieg. Wahn und Wirklichkeit, hg. v. B. Ulrich/B. Ziemann, Frankfurt a. M. 1994.

BENJAMIN ZIEMANN

Stinnes, Hugo, * Mülheim an der Ruhr 12.2.1870, † Berlin 10.4.1924, deutscher Großindustrieller. – S. gehörte zu den wirtschaftlich wie politisch einflußreichsten Industriellen des Wilhelminischen Kaiserreichs und der Weimarer Republik. Der einem Familienunternehmen im Ruhrgebiet (Kohlenbergbau und -handel, Schiffahrt) entstammende Unternehmer gründete 1901 die Deutsch-Luxemburgische Bergwerks- und Hütten-AG sowie bereits 1898 das Rheinisch-Westfälische Elektrizitätswerk in Essen (Aufsichtsratsvorsitzender seit 1902).

Während des Weltkriegs vertrat S. vehement die äußerst weitgehenden territorialen und wirtschaftlichen Kriegszielforderungen der deutschen Industrie (*Denkschrift der Sechs Verbände*, 1915), die sich gesellschaftspolitisch vor allem gegen die Sozialdemokratie und die Freien Gewerkschaften richteten. Zugleich waren die von S. geführten Unternehmen führend an der Ausbeutung von Rohstoffen in den besetzten Gebieten beteiligt. Nach dem Scheitern der deutschen Frühjahrsoffensive und angesichts der drohenden Niederlage plädierte S. seit Aug. 1918 für einen Verständigungsfrieden. Bei den Waffenstillstandsverhandlungen im Nov. in Spa vertrat S. das gemeinsam mit Walther Rathenau (sowie den Gewerkschaftsführern Carl Legien und Adam Stegerwald) neu errichtete Reichsamt für Wirtschaftliche Demobilmachung. Wegen seines früheren Engagements in der Kriegszielfrage wurde er jedoch alsbald wieder zurückgerufen. Die Zusammenarbeit mit den Gewerkschaftsführern bei Kriegsende führte am 15. Nov. zur Gründung der Zentralarbeitsgemeinschaft (ZAG) zwischen Unternehmerverbänden und Gewerkschaften mit der Absicht, wirtschafts- und sozialpolitische Probleme einvernehmlich zu lösen. Faktisch begünstigte das Abkommen jedoch die Unternehmer und beschränkte die gewerkschaftliche Handlungsfreiheit. Trotz seiner politischen Flexibilität war S. (seit 1920 Mitglied und Reichtagsabgeordneter der Deutschen Volkspartei) ein entschiedener Gegner des Versailler Vertrags, den er durch finanzielle Unterstützung des Ruhrkampfs, aber auch durch private Abkommen mit französischen Unternehmen im Interesse eines wirtschaftlichen Ausgleichs zwischen Deutschland und Frankreich zu unterlaufen suchte. S., der zu den Nutznießern der großen Inflation gehörte, hinterließ nach seinem Tod ein riesiges Firmenimperium (1.535 Unternehmen), das jedoch in der Folgezeit rasch zerfiel.

Lit.: G. D. Feldman, Hugo Stinnes. Biographie eines Industriellen, 1870-1924, München 1998.

GERHARD HIRSCHFELD

Stöger-Steiner von Steinstätten, Rudolf Freiherr, * Pernegg (Steiermark) 26.4.1861, † Graz 12.5.1921, österreichischer General und Politiker (Kriegsminister). – S. absolvierte eine Generalstabskarriere, die ihn verhältnismäßig früh (1910) in den Rang eines Generalmajors brachte. Die weitere nach Kriegsausbruch ebenfalls rasch durchmessene Karriere verdankte er nicht zuletzt beachtlichen Erfolgen als Divisionskommandeur an der russischen Front 1914/15 (Galizien) und seiner Beharrlichkeit als Kommandierender General des XV. Korps, mit dem er den oberen Isonzo während der 2. bis 9. Isonzo-Schlacht mit Erfolg verteidigte. Am 12. April 1917 erfolgte S.s Ernennung zum letzten k. u. k. Kriegsminister. Sein Ziel, die materielle und personelle Aufrechterhaltung des Heeres zu sichern, konnte angesichts der sich rasch verschlechternden Versorgungslage nur noch vorübergehend erreicht werden. Dennoch wurde ab Mai 1917 die letzte Heeresreform Österreich-Ungarns durchgeführt, die als zukünftige Friedensstärke der drei Armeeteile (gemeinsames Heer, österreichische und ungarische Landwehr) 60 Infanterie- und 12 Kavalleriedivisionen vorsah.

RUDOLF JERABÉK

Stoßtrupp, kleine, sehr gut ausgerüstete und bewaffnete Kampfgruppe meistens in Zugstärke. – Ein S. setzte sich aus verschiedenen zur Durchführung eines begrenzten Angriffs benötigten und qualifizierten Soldaten zusammen. Bewaffnet war der S. mit Gewehren, Handgranaten, leichten Granat- und Flammenwerfern und leichten Maschinengewehren. Sehr oft verstärkten zusätzliche Nachrichtenmittel und Pioniere die S. Geführt wurden die Trupps in der Regel von erfahrenen Offizieren. Schwere Waffen, wie Artillerie und Minenwerfer unterstützten den Angriff. Zudem wurde das S.unternehmen bis ins einzelne, teilweise sogar an Modellen, geübt, um einen reibungslosen Angriffsablauf zu gewährleisten. Während des Stellungskrieges entwickelte sich im deutschen Heer das S.verfahren, für das ab 1917 alle Soldaten ausgebildet werden sollten. Auf deutscher Seite entstanden die ersten Ansätze zur Bildung von S. während der Kämpfe in den Argonnen 1915, die dann in den Sturmbataillonen weiterentwickelt und gelehrt wurden. S. der Sturmbataillone bildeten bei größeren Angriffen die erste Angriffswelle. → *Argonnen* → *Infanterie* → *Sturmbataillon*

Gerhard P. Gross

Streitkräfte (Deutsches Reich). Das Heer des Kaiserreiches hatte im Juli 1914 eine Stärke von ca. 761.000 Mann erreicht, die in 25 Armeekorps organisiert waren. Dazu kamen 79.000 Angehörige der Marine und 9.000 Mann Schutztruppe in den deutschen Kolonien. Mit Kriegsbeginn wurden insgesamt 3.820 Mio. Mann mobil gemacht, von denen 2.086 Mio. das in 40 Armeekorps gegliederte Feldheer bildeten. Damit ist der Anfang einer Entwicklung bezeichnet, die in den folgenden Jahren zu einer allgemeinen, ausgedehnten Mobilisierung der personellen Ressourcen der Nation für den Krieg führte. Während des Krieges dienten ca. 13 Mio. Mann in den S. des Reiches.

Schon diese Zahlen verweisen auf die gesteigerte Verantwortung der führenden Militärs, auf die Bedeutung des Führungsorganisation im Kriege. An der Spitze der Pyramide stand der Kaiser als Oberster Kriegsherr, der nunmehr auch die volle Befehlsgewalt über die bayerischen, württembergischen und sächsischen Kontingente des Reichsheeres innehatte. Allein das Personalwesen blieb nominell in der Hand dieser Kontingentsherren. Wilhelm II. als Oberster Kriegsherr wurde der ihm allein zukommenden Rolle als Koordinator der Kriegsanstrengungen auf politischem und militärischem Gebiet im Sinne einer zielgerichteten, abgestimmten Kriegspolitik nicht gerecht, das gilt gerade auch mit Blick auf das von ihm geförderte System der militärischen Immediatstellen, d. h. des direkten Zugangs zum Kaiser. Dennoch blieben kaiserliche Entscheidungen für das monarchische System unverzichtbar. Die im wesentlichen dekorative, politisch und militärisch bedeutungslose Rolle des »Großen Hauptquartiers Seiner Majestät des Kaisers und Königs« spiegelt den Gegensatz zwischen nostalgisch gefärbtem Anspruch und der Wirklichkeit.

Im Namen des Kaisers übte der Chef des Generalstabes des Feldheeres die Befehlsgewalt über diesen Teil der bewaffneten Macht aus und traf die operativen Entscheidungen. Er stand an der Spitze einer sich ständig erweiternden Kommandobehörde, für die sich schon nach wenigen Wochen der Begriff Oberste Heeresleitung (OHL) einbürgerte. Chef des Generalstabes des Feldheeres waren Generaloberst Helmuth von Moltke (2. Aug. – 14. Sept. 1914), Generalleutnant (ab 20. Jan. 1915 General der Infanterie) Erich von Falkenhayn (14. Sept. 1914 – 29. Aug. 1916) und Generalfeldmarschall Paul von Hindenburg (29. Aug. 1916 – Ende des Krieges). Mit der Berufung Hindenburgs kreierte man die Stelle eines Ersten Generalquartiermeisters und besetzte sie mit dem seit Tannenberg für den Generalfeldmarschall unentbehrlichen General der Infanterie Erich Ludendorff (29. Aug. 1916 – 26. Okt. 1918), dem in dieser Funktion General Wilhelm Groener folgte. Der Erste Generalquartiermeister Ludendorff entwickelte sich sehr schnell zur zentralen Figur innerhalb des Generalstabes. Von ihm gingen die richtungsweisenden militärischen Entscheidungen aus und er dominierte, vor allem gestützt auf das Prestige des zum »Ersatzkaiser« stilisierten Hindenburg, wesentliche Bereiche der deutschen Kriegspolitik. Nicht zu Unrecht spricht man von der »silent dictatorship« (John W. Wheeler-Bennett) der 3. OHL. Es ist bezeichnend, daß es innerhalb der Marine nach dem Vorbild der OHL am 11. Aug. 1918 zur Bildung einer »Seekriegsleitung« kam.

Die OHL führte das Feldheer durch Weisungen an die Oberkommandos der Armeen. Zu Beginn des Krieges zählte man acht Armeen, wovon allein sieben im Westen des Reiches standen, während die achte Armee den Schutz Ostpreußens übernahm. Eine sog. Nordarmee hatte in Schleswig-Holstein

Deutsche Reserven auf dem Marsch durch St. Quentin. Frühjahr 1918

den Grenzschutz inne. Die Zahl der Armeen erhöhte sich während des Krieges beträchtlich. Den Armeeoberkommandos (AOK) unterstanden jeweils drei bis sechs Armee- bzw. Reservekorps sowie gegebenenfalls Kavalleriedivisionen und Landwehrbrigaden. Diese waren sowohl für die Gefechtsführung als auch für Verwaltungsaufgaben im Armeegebiet verantwortlich, das aus dem eigentlichen Operationsgebiet und der Etappe bestand. Für die Operationsführung im Osten stellte sich im Jahre 1915 die Notwendigkeit heraus, mehrere Armeen unter einem Heeresgruppen-Kommando zusammenzufassen, insbesondere um das Zusammenwirken von deutschen und k. u. k. Armeen sicherzustellen. So wurde für die Frühjahrsoffensive 1915 in Galizien die »Heeresgruppe Mackensen« gebildet, die in wechselnder Zusammensetzung auch an den Feldzügen gegen Serbien und Rumänien teilnahm. Unter dem Druck der Brussilow-Offensive 1916 wurde schließlich der Heeresfront Oberbefehlshaber Ost drei deutsche Heeresgruppen unterstellt, denen auch zwei k. u. k. Armeen angehörten. Die 3. OHL bildete für die Westfront vier Heeresgruppen: »Kronprinz Rupprecht«, »Deutscher Kronprinz«, »Gallwitz« und »Herzog Albrecht«. Innerhalb der Armeen konnten für bestimmte Aufgaben Armeegruppen gebildet werden, Armeeabteilungen waren dagegen selbständige Verbände, vornehmlich aus Landwehrverbänden zusammengesetzt.

Den Generalkommandos unterstanden zu Beginn des Krieges je zwei Divisionsverbände, die ein Korps bildeten. Im Stellungskrieg verfügten die Generalkommandos häufig über mehrere Divisionen und in den Materialschlachten, in denen die Ablösung abgekämpfter Divisionen zur zwingenden Notwendigkeit wurde, verblieben die Generalkommandos an Ort und Stelle und das Korps wurde zur Gruppe. In diesem Zusammenhang zu erwähnen ist das Marinekorps, dessen Divisionen sich aus der Marineinfanterie und überzähligen Reservisten der Marine zusammensetzten. Diese Verbände waren dem Heer vom Staatssekretär des Reichsmarineamtes, Großadmiral Alfred von Tirpitz, zur Verfügung gestellt worden. Vom Reichskolonialamt ressortierten die kaiserlichen Schutztruppen in den Kolonien, von denen allerdings nur die Schutztruppe für

Deutsch-Ostafrika sich gegen die Alliierten während der gesamten Dauer des Krieges halten konnte. Die Truppe unter dem Befehl des Oberstleutnants Paul von Lettow-Vorbeck bestand zum Zeitpunkt ihrer größten Stärke (1916) aus etwa 1.200 Europäern, 6.200 Askaris, 45.000 Trägern und 5.000 sog. Boys.

Die Etappe der einzelnen Armeen erstreckte sich von deren Operationsgebiet bis zur Reichsgrenze bzw. den Grenzen der Generalgouvernements im Osten. Der Etappeninspekteur und der ihm unterstellte Apparat war nicht nur für die umfassende Versorgung der kämpfenden Truppe mit allen erforderlichen Materialien und Dienstleistungen verantwortlich, er hatte auch die Aufsicht über das zivile Leben im Etappengebiet und betrieb die Nutzbarmachung der wirtschaftlichen Ressourcen des Gebiets für die Armee. Für die umfangreichen, für den Stellungskrieg typischen Bau- und Schanzarbeiten im Operations- und Etappengebiet wurde eine große Anzahl unterschiedlicher Formationen herangezogen: 217 Armierungsbataillone, 76 Straßenbau-Kompanien, 151 Kriegsgefangenen-Arbeiter-Bataillone, 78 Militär-Gefangenen-Kompanien, aber auch 34 Zivil-Arbeiter-Bataillone und 10 Zivil-Arbeiter-Kolonnen – die Organisationsgewalt der Militärs war grenzenlos. Auch an der Spitze der Generalgouvernements Belgien und Warschau stand jeweils ein hochrangiger General, der dem Kaiser direkt unterstellt war und seine Weisungen u. a. auch vom Reichskanzler erhielt. In den baltischen Provinzen und in Rumänien wurden dagegen Militärverwaltungen eingerichtet, die der zivilen Exekutive weitgehend entzogen waren.

Im Gegensatz zum Heer war die kaiserliche Marine eine Institution des Reiches. Sie stand ebenfalls unter dem Oberbefehl des Obersten Kriegsherrn, des Kaisers. Sie hatte unter Wilhelm II. eine enorme Aufwertung erfahren. Die von dem Staatssekretär des Reichsmarineamtes, Tirpitz, konzipierten Flottengesetze hatten dazu geführt, daß die kaiserliche Marine zu Kriegsbeginn über 15 Schlachtschiffe und vier Schlachtkreuzer verfügte, damit aber dem erklärten Gegner, Großbritannien, auch zahlenmäßig immer noch (19:29) unterlegen blieb. Ihre Personalstärke belief sich 1914 auf ca. 79.000 Offiziere und Mannschaften sowie auf 24.000 Arbeiter in den drei Staatswerften in Danzig, Kiel und Wilhelmshaven. Ihre Führungsorganisation glich der des Heeres mit einer größeren Anzahl von Immediatstellen, die eine einheitliche, konzentrierte und abgestimmte Verwendung der Marine im Kriege zumindest erschwerten. Gegenüber der machtvollen Stellung des Staatsekretärs des Reichsmarineamtes konnte sich der Chef des Admiralstabes auch im Kriege nicht durchsetzen. Erst mit der Entlassung von Tirpitz im März 1916 war der Weg frei für eine Neuorganisation der Marineführung, die allerdings erst im Aug. 1918 mit der Bildung der Seekriegsleitung unter dem Chef des Admiralstabes, Reinhard Scheer, konkrete Formen annahm. Der kaiserliche Oberbefehl blieb zwar nominell erhalten, aber die verbliebenen Immediatstellen verloren faktisch ihre Machtstellung und stellten sich in den Dienst der Seekriegsleitung.

Durch die hohen Verluste in den ersten Monaten des Krieges, die Munitionskrise und den Übergang zum Stellungskrieg war deutlich geworden, daß für den »langen« Krieg eine Mobilisierung der nationalen Ressourcen in einem bisher nicht gekannten Umfang notwendig werden würde. Das war die Aufgabe der bundesstaatlichen Kriegsministerien, in erster Linie des preußischen Kriegsministeriums, das schon bisher die Geschäfte als »faktisches Organ des Reiches« wahrgenommen hatte. An seiner Spitze stand seit dem 7. Juli 1913 Generalleutnant von Falkenhayn, der diese Position auch als Generalstabschef bis zum 20. Jan. 1915 beibehielt. Danach bekleidete Generalleutnant Adolf Wild von Hohenborn diese Position bis zum 29. Okt. 1916, er wurde von General der Artillerie Hermann von Stein abgelöst, der am 9. Okt. 1918 die Geschäfte an Generalleutnant Heinrich Scheüch übergab. Die erste Aufgabe des Kriegsministeriums war die umfassende Versorgung des Feldheeres, seine Abteilungen waren verantwortlich für das personelle Ersatzwesen, für die Ausrüstung und Bewaffnung der Waffengattungen, für die Verpflegung, Bekleidung, Unterkunft und medizinische Versorgung des Heeres in seiner Gesamtheit und schließlich für den Nachweis der Kriegsverluste, die Versorgung der Hinterbliebenen sowie die Aufsicht über das Militärgerichtswesen. Die Entwicklung des Krieges führte zu einer erheblichen Ausweitung der Tätigkeitsbereiche des Ministeriums. Bereits wenige Tage nach Kriegsbeginn wurde auf Initiative Walther Rathenaus und Wichard von Moellendorffs die Kriegsrohstoffabteilung eingerichtet, die mit der Erfassung und Verteilung der erreichbaren Rohstoffe einem durch die britische Blockadepolitik drohenden Rohstoffmangel vorbeugen sollte. Auf personellem Gebiet hatte das Kriegsministerium immer wieder bei dem nahezu unlösbaren Problem der Verteilung der Wehrpflichtigen, insbesondere von wehrpflichtigen Facharbeitern, zwischen der bewaffneten Macht und der Kriegsindustrie einzugreifen und zu vermitteln. Die Konsequenzen der verlustreichen Materialschlachten führten im Herbst 1916 zur Gründung des Kriegsamtes im Kriegsministerium unter Generalleutnant Groener, das mit Hilfe des Hilfsdienstgesetzes die Mobilisierung der personellen Ressourcen organisieren als auch im Zusammenwirken mit allen an der Kriegsproduktion Beteiligten, u. a. mit dem neugeschaffenen Waffen- und Munitions-Beschaffungsamt (WUMBA), die Mobilisierung der materiellen Ressourcen vorantreiben sollte. Kriegministerium und Kriegsamt kamen auf diese Weise in Kontakt mit den wirtschaftlichen und sozialen Gegebenheiten der Kriegsindustrie und bald auch in Konflikte mit den industriellen Arbeitgebern. Als deren Höhepunkt kann die Ablösung Groeners als Chef des Kriegsamtes am 16. Aug. 1917 auf Initiative der 3. OHL gelten.

Mit der Verkündung des Kriegszustandes nach Art. 68 der Reichsverfassung am 31. Juli 1914 übernahmen die Stellvertreter der Kommandierenden Generale in den 21 Armeekorpsbezirken deren Aufgaben, die nunmehr vornehmlich in der Rekrutierung, Ausrüstung und Versorgung des Ersatzes für das Feldheer bestanden. Gleichzeitig übernahmen sie – zusammen mit den Gouverneuren und Kommandanten der Festungen – als Militärbefehlshaber im Heimatgebiet die vollziehende Gewalt. Zu Beginn des Krieges zählte man insgesamt 57 Militärbefehlshaber, in Bayern übernahm das Kriegsministerium diese Funktion für die drei Stellvertretenden Generalkommandos. Während des Krieges verringerte sich diese Zahl dadurch, daß bestimmte Gebiete noch zum Operationsgebiet einzelner Armeen zählten bzw. Kommandanten kleinerer Festungen in ihrer Funktion als Militärbefehlshaber in die Stellvertretenden Generalkommandos integriert wurden.

Es ist charakteristisch, daß der preußische Kriegsminister von Stein als Obermilitärbefehlshaber von den ihm übertragenen Befugnissen nur sehr zurückhaltend Gebrauch gemacht hat. Mitte Okt. 1918 wurde durch kaiserliche Verordnung der Obermilitärbefehlshaber weisungsberechtigt gegenüber den Militärbefehlshabern und hatte seine entsprechenden Anordnungen und Entscheidungen im Einvernehmen mit dem Reichskanzler zu treffen. Die mit dem Krieg notwendigerweise verbundene Tendenz zur Militarisierung des öffentlichen und wirtschaftlichen Lebens erreichte mit dem Regime der Militärbefehlshaber einen Höhepunkt der Ineffektivität.

Die Bedeutung einer modernen Bewaffnung der S. des Reiches demonstrierte der für die weiteren Operationen gegen Frankreich entscheidend wichtige Angriff auf die belgische Festung Lüttich bereits in den ersten Tagen des Krieges. Die Forts der Festung konnten nur durch den Einsatz von Mörsern der Kaliber 30,5 und 42 cm überwunden werden, denen die Alliierten zunächst nichts entgegenzusetzen hatten. Die Artillerie insgesamt entwickelte sich während des Krieges neben dem Maschinengewehr zu der Hauptwaffe der S. sowohl für die Offensive als auch für die Defensive. Die Schwere Artillerie mit ihren schweren Feldhaubitzen (Kaliber 15 cm) und Kanonen (Kaliber 10 cm) sowie unterschiedlichen Eisenbahngeschützen wuchs von 148 Batterien im Juli 1914 auf 1.566 Batterien gegen Ende des Krieges. Die Feldartillerie war mit der Feldkanone (Kaliber 7,7 cm) und der leichten Feldhaubitze (Kaliber 10,5 cm) und deren Weiterentwickelungen ausgerüstet. Sie hatte 1914 eine Mobilmachungsstärke von 941 Batterien und beendete den Krieg mit immerhin 2.794 Batterien. Die Verwendung chemischer Kampfstoffe nahm bei der Artillerie ständig zu; in der zweiten Hälfte des Krieges machten die verschossenen Gasgranaten ca. 30 % des gesamten Munitionsverbrauches aus. Sowohl bei der Offensive als auch bei der Defensive entschied über den Erfolg die enge Kooperation zwischen Infanterie und Artillerie, die mit ihrer »Feuerwalze« der Infanterie den Weg bahnte und mit »Sperrfeuer« den feindlichen Angriff hemmte. Als Kampfmittel für kürzere Distanzen, unmittelbar vor der eigenen Linie, erwies sich der Minenwerfer als wirkungsvoll und unentbehrlich. Artillerie und Infanterie verfügten jeweils über unterschiedliche Versionen dieser Waffe. Die Hauptwaffen der Infanterie im Stellungskrieg waren das Maschinengewehr und die Handgranate. Die Armee zog mit dem zweispännig gefahrenen, schweren Maschinengewehr MG 08 in den Krieg, in dessen Verlauf auch eine leichte Version, das MG 08/15, eingeführt wurde. Die Handgranate, ursprünglich eine Pionierwaffe, wurde bereits Ende 1914 bei der Infanterie eingeführt. Eine Vorstellung über die sich während des Krieges steigernde Bedeutung des Maschinengewehrs, insbesondere für die Verteidigung, vermitteln die folgenden Zahlen: Zu Kriegsbeginn waren über 1.900 Maschinengewehre bei der Truppe, diese Zahl erhöhte sich im Jahre 1918 auf ca. 30.000.

Zu den im Kriege zum ersten Mal auftretenden Waffen gehörten vor allem der Tank, das Flugzeug und das U-Boot. In der Entwicklung des Flugwesens war das Reich bereits vor dem Krieg insbesondere gegenüber Frankreich in Rückstand geraten, auch weil zunächst die Aufmerksamkeit sich auf die Zeppeline konzentriert hatte. Dieser Rückstand konnte während des Krieges nicht mehr aufgeholt werden. Insbesondere in den Materialschlachten des Jahres 1917 sowie den Kämpfen des Jahres 1918 war die Überlegenheit der alliierten Luft-S. und ihre Bedeutung für die Landkriegführung unbestreitbar. Noch ungünstiger gestaltete sich die Entwicklung bei dem motorgetriebenen Kampfwagen, dem Tank, der von den Briten zum ersten Mal während der Somme-Schlacht im Sept. 1916 eingesetzt worden war und bei den zur deutschen Niederlage führenden alliierten Offensiven 1918 eine entscheidende Rolle spielte. Die deutsche militärische Führung konnte auf keine konzeptionelle, planerische Entwicklung zurückgreifen und die Industrie war neben den enormen Anforderungen des Hindenburg-Programms nicht in der Lage, das schließlich im Herbst 1917 zur Verfügung stehende Modell (A7V-Wagen) in einer ausreichenden Stückzahl zu produzieren. Bei den Offensiven im Frühjahr und Sommer 1918 wurden auf deutscher Seite mehr erbeutete britische als eigene Tanks eingesetzt. Im Gegensatz hierzu stand die Entwicklung der U-Boote. Obwohl die kaiserliche Marine im Zeichen des Schlachtflottenbaus sich erst relativ spät mit den Möglichkeiten des U-Bootes beschäftigt hatte, standen doch zu Beginn des Krieges bereits 28 Boote zur Verfügung, von denen allerdings nur wenige mit modernen Dieselmotoren ausgestattet waren. Der spektakuläre Erfolg des Kapitänleutnants Otto Weddigen, der am 23. Sept. 1914 drei britische Panzerkreuzer in der Nordsee versenkte, führte dazu, daß sich in der Öffentlichkeit hohe Erwartungen mit dieser Waffe verbanden. Diesen überzogenen Erwartungen konnte die U-Bootwaffe, auch wegen der zurückhaltenden Baupolitik des Reichsmarineamtes in den ersten Kriegsjahren, nicht entsprechen. Von den zu Kriegsbeginn vorhandenen und während des Krieges gebauten 321 U-Booten wurden 199 Boote versenkt und mit ihnen verloren 5.249 Seeleute ihr Leben.

So wichtig die Führungsorganisation und die Bewaffnung für die S. waren, entscheidend war die Verfassung der Soldaten, die führten und die Waffen bedienten. Im Frieden wurde das Bild der Armee geprägt von seinem Offizierskorps, das sich in dem, von der monarchischen Spitze geförderten Streben nach Homogenität und Exklusivität traditionell als erster Stand in Gesellschaft und Staat empfand und angesehen wurde, trotz deutlicher Veränderungen in beiden Bereichen. Im Krieg sollte sich das allerdings ändern: nicht länger der Offizier, sondern der Frontsoldat repräsentierte die Armee in der Öffentlichkeit. Schon für das mobilisierte Millionenheer bildeten die aktiven Offiziere, zu Kriegsbeginn ca. 29.000, nur den innersten Kern. Sie erlitten außerdem in den ersten Monaten des Krieges als Kommandeure und Chefs der Verbände und Einheiten der aktiven Truppe hohe Verluste, so daß sie in ganz erheblichem Umfang durch Reserveoffiziere ergänzt werden mußten. Im Verlauf des Krieges dienten insgesamt 226.000 Reserveoffiziere im Heer, in dem sie in einem immer stärkeren Maße Führungsfunktionen übernahmen, auch bei den Kampfverbänden meist bis zur Ebene des Bataillons. Die Ergänzung des aktiven Offizierskorps hielt sich jedoch, trotz der hohen Verluste, in Grenzen und folgte im wesentlichen den restriktiven Regelungen der Vorkriegszeit. Dieses Prinzip galt auch für die Beförderungen innerhalb des Korps, besondere Leistungen wurden durch militärische Auszeichnungen anerkannt. Das Unteroffizierskorps galt traditionell und erst recht im Kriege als das Rückgrat der Armee, ca. 300.000 Unteroffiziere verloren im Krieg ihr Leben. Ihre unbestrittenen Leistungen vermochten ihnen jedoch nicht, den Aufstieg zum Offizier zu ermöglichen. Um die gesellschaftliche Homogenität des Offizierskorps auch im Kriege zu erhalten, kreierte man die Dienstgrade des Offizierstellvertreters und des Feldwebelleutnants. Im preußischen

Kontingent wurden bis Ende Juli 1918 insgesamt 21.607 Unteroffiziere zu Feldwebelleutnants befördert, erhielten damit aber nicht einmal die Befähigung zum Reserveoffizier. Die Masse der Mannschaften diente entsprechend den Regelungen über die allgemeine Wehrpflicht in Reserve- und Landwehrformationen. Aber auch der Landsturm, der Wehrpflichtige bis zum vollendeten 45. Lebensjahr umfaßte und eigentlich nur für Wachaufgaben in der Heimat und in besetzten Gebieten vorgesehen war, wurde von Anfang an mobilisiert und auch zu Teilen in das Feldheer integriert. Zu Beginn des Krieges standen den Militärbehörden für die Aufstellung des Kriegsheeres neben den Wehrpflichtigen auch Kriegsfreiwillige zur Verfügung, die durch die Kämpfe in Flandern im Nov. 1914 zu tragischer Berühmtheit gelangten. Über die Zahl der Freiwilligenmeldungen ist viel spekuliert worden; gesichert ist nur, daß sich in Preußen in den ersten zehn Mobilmachungstagen 260.672 Freiwillige gemeldet hatten, davon aber nur 143.922 rekrutiert wurden.

Als die 3. OHL mit dem Gesetz über den Vaterländischen Hilfsdienst (5. Dez. 1916) die Mobilisierung der personellen Ressourcen der gesamten Nation durchzusetzen versuchte, gab es keine Freiwilligen mehr. Mit dem Waffenstillstand im Osten schien sich die Situation auf dem personellen Sektor der Kriegführung zu entspannen, aber im Jahre 1917 traten auch in der bewaffneten Macht Spannungen zutage, die in der allgemeinen Situation der Soldaten, aber auch in der Struktur des Militärs ihre Ursachen hatten. Seit dem Übergang zum Stellungskrieg und der damit verbundenen stationären Kriegführung verstärkte sich die seit jeher bestehende Spannung zwischen Front und Etappe. Die Lebensumstände der Frontsoldaten, jederzeit existentiell bedroht von dem gegenüberliegenden Gegner, ausgeliefert den extremen Witterungen und häufig nur mangelhaft versorgt, standen in einem sehr scharfen Kontrast zu den nahezu friedensmäßigen Verhältnissen bei den höheren Stäben und in der Etappe. Die Trennungslinie zwischen beiden Welten wurde nicht zuletzt durch die Grenze des Wirkungsbereiches der feindlichen Artillerie bezeichnet. Die militärische Führung tat wenig, um diese nicht zu vermeidenden Gegensätze zu mildern, die Spannungen abzubauen. Dieser Konfliktherd verband sich mit dem aus der Vorkriegszeit vertrauten, in der Struktur der Armee begründeten Gegensatz zwischen Offizier und Mannschaften. In einer nach Millionen zählenden, hierarchisch geordneten Organisation waren Konflikte, die sich aus diesem Gegensatz ergaben, gar nicht zu vermeiden. Allerdings war dieser Gegensatz auch kein allgemein gültiger, er richtete sich vor allem gegen Offiziere, die der Soldat für unhaltbare, der erfahrenen Kriegssituation nicht angepaßte Maßnahmen und Zustände verantwortlich machte. Der Frontoffizier, der unter den gleichen oder ähnlichen Lebensbedingungen wie seine Untergebenen seine Funktion erfüllte, diente als Maßstab und Vorbild. Paradigmatisch für diesen Konflikt ist die Entwicklung innerhalb der kaiserlichen Marine, die im Sommer 1917 einer Meuterei sehr nahe kam und im Herbst 1918 die Revolution beförderte. Am Anfang stand auch hier die »stationäre« Kriegführung der Hochseeflotte, die trotz einzelner Vorstöße in die Nordsee und gegen die britische Küste vornehmlich in den Häfen oder auf Reede lag. Die Lebensbedingungen auf den Großkampfschiffen waren für die Matrosen gekennzeichnet durch räumliche Enge, die monotone Gleichmäßigkeit des Dienstes ohne direkten Bezug zum Kriegsgeschehen, vor allem durch die sich verschlechternde Ernährungssituation, wobei die bessere Versorgung der Offiziere in den gesonderten Messen den Matrosen nicht verborgen bleiben konnte und einen ganz besonders gefährlichen Konfliktstoff darstellte. Überdies verlor das Seeoffizierskorps auf den »Dickschiffen« die Mehrzahl der jüngeren, engagierten Offiziere an die Verbände der kleineren Einheiten. Als während des innenpolitisch dramatischen Juli 1917 erste Anzeichen eines organisierten Aufbegehrens gegen die als unerträglich empfundenen Verhältnisse sich bemerkbar machten, reagierte die Marineführung ohne Umschweife mit harten Maßnahmen, bezeichnete die Vorgänge als eine politisch motivierte Bedrohung der Einsatzfähigkeit der Flotte, und diese Argumentation erlaubte es ihr, über die eigentlichen Ursachen hinwegzugehen. Auch bei der Armee vermehrten sich in dieser Zeit die Klagen über die »sozialen Mißstände«, aber es blieb bei spontanen, jedoch zum Teil erheblichen Disziplinwidrigkeiten und Befehlsverweigerungen, insbesondere bei den Truppentransporten von der Ost- zur Westfront. Die militärische Führung reagierte zögerlich und vornehmlich mit allgemeinen Appellen.

Zu Beginn des Jahres 1918 wurde die allgemeine Kriegsmüdigkeit, das Aufbegehren gegen Handlungen und Erscheinungsformen der militärischen Hierarchie überdeckt von den Hoffnungen auf den Erfolg der bevorstehenden Offensive, die – wie man erwartete – dem Krieg ein Ende bereiten würde. Zu dieser allgemein beobachteten »guten«, offenbar von den Januarstreiks im Reich gänzlich unberührten Stimmung der Truppe hat zweifellos die umfassende, präzise und auch die Bedürfnisse der Truppe berücksichtigende Vorbereitung dieser Offensive durch die 3. OHL und die ihr nachgeordnete Führung beigetragen. Dazu gehörte auch, daß man die weniger zuverlässigen, weniger kampfkräftigen Verbände als Stellungsdivisionen bezeichnete und die für die Offensive vorgesehenen Mob(ilen)- und Angriffsdivisionen besser versorgte und ausrüstete. Die Anfangserfolge der März-Offensive »Michael« waren beeindruckend und beispiellos. Die neue Angriffstaktik der Sturmbataillone in enger Kooperation mit der Artillerie bewährte sich. Aber nach wenigen Tagen erlahmte die Angriffskraft, die artilleristische Unterstützung blieb aus; die Truppe mußte zur improvisierten Verteidigung übergehen, die im Gegensatz stand zu allen seit 1917 eingeübten taktischen Grundsätzen. Die enttäuschten hohen Erwartungen schlugen häufig um in einen bitteren Fatalismus, wenn etwa deutsche Soldaten gut ausgestatteter britischer Depots ansichtig wurden, vor allem aber durch die hohen Verluste. Doch die 3. OHL hielt es für richtig, die Offensive an anderen Stellen der Front fortzusetzen, Anfang April kam es bereits zu Befehlsverweigerungen in Flandern. Die Erschöpfung der mehrfach eingesetzten Angriffsdivisionen nahm zu, ab Juni erreichte die erste Grippewelle das Feldheer, das durch die massenhaften Ausfälle erheblich geschwächt wurde. Trotz aller Erfolge wurde die Aussichtslosigkeit der militärischen Lage angesichts der wachsenden personellen und materiellen Überlegenheit der Alliierten immer deutlicher. Die Reaktion einer immer größeren Zahl von Soldaten auf diese Situation bestand in der »Drückebergerei«, wie der zeitgenössische Ausdruck für eine neue Form der Desertion lautete. Die »Drückeberger« versuchten sich auf jede nur denkbare Weise dem Frontdienst zu entziehen, indem sie die Möglichkeiten des riesenhaften, unübersichtlichen militärischen Apparates für ihre Zwecke nutzten. Gewalt war dabei selten im Spiel. Schätzungen beziffern die Zahl der »Drückeberger« im Sommer und Herbst 1918 auf 750.000 bis 1 Mio. Mann, die militärische Führung wurde dieses verdeckten Militärstreiks nicht mehr Herr. Die Ausdünnung der kämpfenden Truppe nahm katastrophale Formen an und trug zu der überfälligen Waffenstillstandsforderung der 3. OHL bei. Die Reaktion führender Offiziere der kaiserlichen Marine darauf und auf die Einstellung des U-Boot-Krieges bestand in der Planung eines Einsatzes der »Flotte zum Endkampf«, der »aus moralischen Gesichtspunkten Ehren- und Existenzfrage der Marine« sei. Die Mannschaften mehrerer Großkampfschiffe stemmten sich mit ihren Mitteln gegen diesen »Endkampf«. Der verdeckte Militärstreik, von dem auch die Marine erfaßt war, wurde zum offenen Militärstreik, dem die Marineführung hilflos gegenüberstand, zur Meuterei, die zum Ausgangspunkt der deutschen Revolution wurde.

Unter dem Druck des industrialisierten Volkskrieges und der militärischen Niederlage brach das Herrschaftssystem des preußisch-deutschen Reiches zusammen. Die S. waren vom Garanten zum Totengräber dieses monarchischen Systems geworden. → *Artillerie* → *Desertion* → *Heeresmißstände* → *Hilfsdienstgesetz* → *Infanterie* → *Infanteriewaffen* → *Januarstreiks* → *U-Boot-Krieg*

Lit.: W. Deist, Militär und Innenpolitik im Weltkrieg 1914-1918, 2 Bde., Düsseldorf 1970; H. H. Herwig, »Luxury Fleet«. The Imperial German Navy, 1988-1918, London/Atlantic Highlands, NJ 1987; P. Kilduff, Germany's First Air Force, 1914-1918, London 1991; Der Weltkrieg 1914 bis 1918, bearb. im Reichsarchiv, 14 Bde., 2 Sonderbde., Berlin 1925-1944, 1956.

WILHELM DEIST

Streitkräfte (Dominions). Die Siedlerkolonien des britischen Empires (Australien, Neuseeland, Kanada und Südafrika) hatten schon vor 1914 den Status von Dominions erhalten, was Teil einer auf die volle Unabhängigkeit abzielenden Verfassungsentwicklung war. Selbstbestimmung in innenpolitischen Angelegenheiten war Kanada bereits 1867, Australien 1901, Neuseeland 1907 und Südafrika 1910 zugestanden worden. 1914 waren zwar alle durch die britische Kriegserklärung an Deutschland gebunden, da London damals weiterhin die Verteidigungs- und Außenpolitik kontrollierte. Doch konnte London – wenn es zu den Absprachen der Imperial

Conference von 1911 stehen wollte – von keinem der Dominions die Entsendung von Truppen verlangen. Tatsächlich meldeten sich in den ersten Jahren des Krieges Freiwillige in großer Zahl, um für König und Empire zu kämpfen, so wie das die britische Regierung gehofft und erwartet hatte. In der unterschiedlichen Kriegserfahrung der Dominions, in den S., die sie aufstellten, und in der Art wie diese organisiert und geführt wurden, spiegelte sich die jeweilige Geschichte dieser Länder wider, und sie alle sahen sich beim Unterhalt ihrer Truppen mit ganz spezifischen Problemen konfrontiert. Zwar hatten alle Länder Kontingente für den Krieg in Südafrika (1899-1902) entsandt, aber ansonsten unterschieden sich ihre militärischen Traditionen erheblich.

Kanada, das älteste der Dominions, verfügte 1914 über ein dreigeteiltes Milizsystem bestehend aus den aktiven Verbänden (Permanent Force), der nicht ständig aufgebotenen Territorialmiliz (Non-Permanent Active Militia) und der Milizreserve (Reserve Militia), die dem Minister für das Milizwesen (Minister of Militia and Defence) unterstanden, der wiederum von einem Milizrat und dem Chef des Generalstabs beraten wurde. Die aktive Truppe war zahlenmäßig schwach, während der Milizreserve theoretisch alle Männer zwischen 18 und 60 Jahren angehörten. Die Territorialmiliz umfaßte 1914 59.000 Mann, ihr Auftrag war mit dem der britischen Territorial-S. vergleichbar. So durften ihre Angehörigen im Kriegsfall nicht in Übersee eingesetzt werden. Eine kanadische Marine existierte nicht.

Die Pläne zur Aufstellung des Expeditionskorps, die auf der bestehenden Struktur der Territorialmiliz aufbauten, wurden bei Kriegsausbruch durch die eigenwilligen Entscheidungen des Ministers für das Milizwesen, Brigadegeneral Sir Sam Hughes, über den Haufen geworfen. Für die Mobilmachung der Rekruten waren die Milizeinheiten selbst verantwortlich und die Einheiten wurden nach Provinzen aufgestellt. Früher geleisteter Militärdienst schien keine zwingende Voraussetzung für eine Einberufung gewesen zu sein, und die ersten Kontingente bestanden zum großen Teil aus Männern, die weder Kanadier von Geburt waren noch seit längerem im Land gelebt hatten. Das Kontingent wurde als eine in vier Brigaden gegliederte Division gebildet, und bis zum Beginn der Verschiffung war die Ausbildung nur zu einem geringen Teil abgeschlossen. Die Truppe befand sich zudem unter Sollstärke und war auf Hughes' Anweisung mit dem in Kanada hergestellten Ross-Gewehr statt dem Lee-Enfield Kaliber 303 ausgerüstet, das bei den Briten und allen anderen Dominonkontingenten die Standardbewaffnung darstellte. Die kanadische 1. Division landete im Febr. 1915 in Frankreich, gefolgt von einer Kavalleriebrigade. Die Art und Weise, wie die Überseeverbände aufgestellt wurden, war chaotisch, und das änderte sich auch nicht, bis Hughes im Nov. 1916 entlassen wurde. Die kanadische Regierung beschloß, 50.000 Mann als Reserve für die Canadian Expeditionary Force (CEF) in Kanada selbst zurückzuhalten, während hiervon unabhängig Ersatzbataillone aufgestellt und ausgebildet wurden. Dies führte dazu, daß geschlossene Einheiten von Kanada nach Großbritannien verschifft wurden, nur um dann dort oft als Ersatz auf bereits bestehende Einheiten verteilt zu werden. So wurden zwischen 1914 und 1917 insgesamt 258 Bataillone aufgestellt, ohne daß alle diese Truppen je in der CEF gedient hätten.

Als die kanadische 2. Division Frankreich im Okt. 1915 erreichte, wurden beide Verbände im kanadischen Korps zusammengefaßt, das von einem britischen Offizier, Generalleutnant E. A. H. Alderson, kommandiert wurde. Die 3. Division wurde in der zweiten Jahreshälfte 1915 aus bereits bestehenden Einheiten in Großbritannien gebildet und die 4. Division im April 1916. Überlegungen zur Bildung einer 5. Division wurden angestellt, doch wurden diese angesichts der hohen Verluste von 1916/17 wieder verworfen. Die Entscheidung, die Stärke des Korps zu begrenzen, und die Einführung der allgemeinen Wehrpflicht im Okt. 1917 führten dazu, daß das Korps im letzten Kriegsjahr volle Sollstärke erreicht hatte. Für britische Verhältnisse bedeutete dies sogar Überstärke, da jede Brigade aus vier statt drei Bataillonen zusammengesetzt war, wie dies bei Briten und Australiern aufgrund der hohen Verluste die Regel war. Probleme mit der Rekrutierung ergaben sich über die gesamte Kriegsdauer in den frankokanadischen Landesteilen.

Alderson wurde im April 1916 von Generalleutnant Sir Julian Byng abgelöst, und nach dem kanadischen Sieg bei Vimy (April 1917) folgte im Juni Generalleutnant Sir Arthur Currie, ein Kanadier. Byng strebte, wo immer dies möglich war, eine »Kanadisierung« des Korps an und befand sich damit in Übereinstimmung mit der kanadischen Regierung. Im Okt. 1916 schuf die Regierung in Ottawa den Posten eines Ministers für die kanadischen Überseetruppen, der sich in London einrichtete und dort die kanadischen Interessen vertreten sollte. Dieser Linie folgend widersetzte sich die kanadische Regierung hartnäckig jedem Versuch des britischen Oberkommandos, die Divisionen des kanadischen Korps auf unterschiedliche Sektoren der Front aufzuteilen, obgleich man hier während der Krise vom März 1918 Zugeständnisse machen mußte. Die Entwicklung der motorisierten MG-Brigaden war ein bedeutender Beitrag der CEF zur Weiterentwicklung der Doktrin und der Taktik der Armeen des Empires. Zum Zeitpunkt des Waffenstillstands zählte das kanadische Korps 98.000 Mann.

Australiens Militärverfassung basierte vor dem Krieg auf einer obligatorischen militärischen Ausbildung für alle Männer im Alter zwischen 18 und 25. Dabei besorgte eine kleine Truppe von Berufssoldaten die Verwaltungs- und Ausbildungsfunktionen für diese Bürgermiliz, und kleinere Kontingente der Artillerie- und Pioniertruppe versahen den Küstenschutz. Da das Wehrgesetz von 1903 die Verwendung australischer Truppen außerhalb des Landes verbot, mußte im Aug. 1914 eine Freiwilligentruppe für den zeitlich unbeschränkten Überseeinsatz gebildet werden. Die Königlich Australische Marine, die 1911 gebildet worden war, wurde für die Dauer des Krieges dem Kommando der britischen Admiralität unterstellt.

Die Australian Imperial Force (AIF) bestand zunächst aus einer Infanteriedivision und einer Brigade leichter Kavallerie, die Ende 1914 zur weiteren Ausbildung nach Ägypten in Marsch gesetzt worden waren. Diesen folgten weitere Infanterie- und Kavalleriebrigaden. Mitte 1915 wurde die australische 2. Division gebildet, die bei Gallipoli zum Einsatz kam. In gemischten Brigaden mit den Truppen der New Zealand Expeditionary Force zusammengefaßt, bildeten beide Kontingente das Australian and New Zealand Army Corps (ANZAC). Nach dem Rückzug von den Dardanellen Ende 1915 wurden die Australier wieder in Ägypten zusammengezogen, wo die AIF massiv aufgestockt und umfassend reorganisiert wurde. Die 2. Division blieb dabei geschlossen erhalten, da ihre Organisation noch nicht abgeschlossen war, doch die Brigaden der 1. Division wurden (zusammen mit der 4. Brigade) aufgeteilt und soweit verstärkt, daß sie nun vier zusätzliche Brigaden bildeten. Die neue 4. Division (4., 12. und 13. Brigade) und die 5. Division (8., 14. und 15. Brigade) setzten sich jetzt aus erfahrenen Veteranen und frischen Rekruten zusammen, während eine neue, 3. Division in Australien aufgestellt und im Juli 1916 nach Großbritannien in Marsch gesetzt wurde. Die Australier wurden wieder mit der neuseeländischen 1. Division zusammengefaßt, nun im I. und II. ANZAC-Korps. Die Kavalleriebrigade verblieb im Nahen Osten und wurde in das Desert Mounted Corps eingegliedert.

1916 wurde eine 6. Division in Planung genommen, doch auch hier vereitelten die Verluste von 1916/17 ihre Aufstellung. Australien hielt über die gesamte Dauer des Krieges an der Freiwilligenarmee fest, zweimal wurde die Wehrpflicht in Volksbegehren abgelehnt. 1918 entwickelte sich deshalb die Ersatzfrage zum dringendsten Problem für die AIF, da inzwischen die Rekrutierungen weit hinter den Verlustzahlen zurückblieben. Vorschläge, die Kavalleriebrigade aus dem Nahen Osten abzuziehen und die Soldaten als Infanterieersatz aufzuteilen, wurden verworfen. Im Mai 1918 wurde eine Anzahl Bataillone aufgelöst, als das australische Korps die Stärke der Brigaden von vier auf drei Bataillone reduzierte; weitere Auflösungen folgten im Sept., was zu einiger Unruhe in der Truppe führte. Durch Freiwilligenwerbung allein war Australien also nicht in der Lage gewesen, seine sieben Divisionen (fünf in Frankreich, zwei im Nahen Osten) zu erhalten.

Die AIF wurde zunächst von Generalmajor William Throsby Bridges kommandiert, dem bisherigen Generalinspekteur der australischen Armee. Als er im Mai 1915 bei Gallipoli fiel, übernahm ein britischer Offizier, Generalleutnant Sir William Birdwood, das Oberkommando über die AIF, das er auch bis Kriegsende behielt. Er kommandierte 1916/17 zudem das I. ANZAC-Korps sowie zwischen Nov. 1917 und Mai 1918 das australische Korps, wurde dann aber in dieser Stellung durch einen Australier, Generalleutnant Sir John Monash, ersetzt. Kommandierender General des Desert Mounted Corps in Palästina wurde im Mai 1917 Generalleutnant Sir Harry Chauvel. Als Oberkommandierender der AIF widersetzte sich Birdwood allen Bestrebungen, die Kommando- und Stabsstellen stärker mit Australiern zu besetzen, doch mußte er bei einer Reihe von Besetzungen dem Druck der australischen Regierung nachgeben. Zum Zeitpunkt des Waffenstillstands standen über 95.000 Australier in Frankreich, weitere 17.000 im Nahen Osten.

Auch in Neuseeland verbot das Wehrgesetz von 1909 die Entsendung der Territorial-S. außerhalb des Landes, doch bestand auch hier die Möglichkeit des freiwilligen Dienstes. Wie in Australien sorgte ein sehr kleines Kader von Berufssoldaten für die Verwaltung und Ausbildung der Bürgermiliz, in der alle wehrfähigen Männer im Alter zwischen 18 und 25 erfaßt waren. Zwar verfügte das Land 1914 über keine Marine, doch hatte sich die neuseeländische Regierung nach der Dreadnought-Krise von 1909 verpflichtet, die Kosten für einen Schlachtkreuzer der britischen Royal Navy, die H.M.S *New Zealand*, zu übernehmen.

Die Generalstabsplanungen von 1912 sahen für die neuseeländischen Kriegsanstrengungen eine enge Koordination mit den Australiern vor. Die New Zealand Expeditionary Force (NZEF) bestand zunächst aus einer Infanteriebrigade, einer berittenen Schützenbrigade sowie einer Feldartilleriebrigade, die aus den Territorial-S. organisiert wurden und dann Ende 1914, zusammen mit der AIF, zur weiteren Ausbildung und Festigung nach Ägypten gingen. Die Freiwilligenzahlen blieben 1915 anhaltend hoch, so daß weitere Einheiten aufgestellt und nach Ägypten in Marsch gesetzt werden konnten, darunter auch Maori-Kontingente. Nach dem Rückzug von Gallipoli wurden die Neuseeländer in Ägypten als neuseeländische 1. Division reorganisiert, um von dort an die Westfront zu gehen. Die berittene Schützenbrigade verblieb zusammen mit der australischen leichten Kavallerie im Nahen Osten. Im Gegensatz zu den Australiern verteilten die Neuseeländer keine Veteranen auf ihre neu aufgestellten Einheiten, sondern zogen es vor, ihre 1. Infanteriebrigade geschlossen zu erhalten. Die Erfahrungen, aber auch die Belastungen, blieben somit auf diese eine Brigade konzentriert, was dazu führte, daß sie nach

Neuseeländische Truppen in Nordfrankreich. 1916

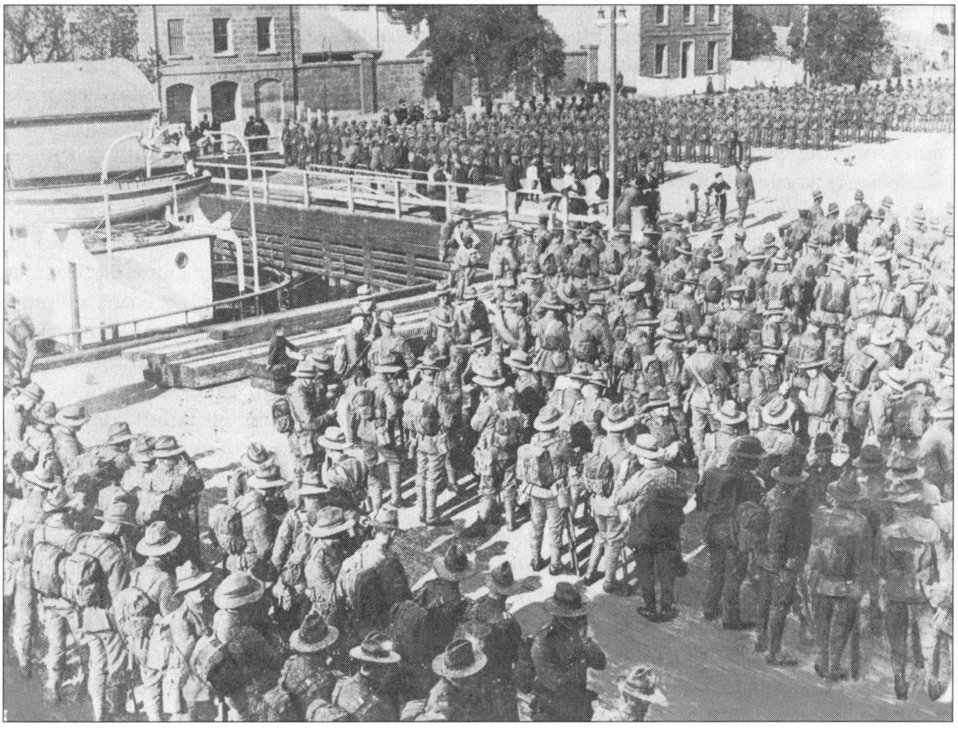

der Schlacht an der Somme neu aufgestellt werden mußte.

Die neuseeländische Division war 1916/17 Teil des II. ANZAC-Korps, bis sie mit der Bildung eines rein australischen Korps zum britischen XXII. Korps übertrat. Im Aug. 1916 führte die Regierung die allgemeine Wehrpflicht für den Dienst in Übersee ein, und im März 1917 wurde eine 4. Brigade aufgestellt, wodurch die neuseeländische Division zur einzigen aus vier Brigaden bestehenden Division unter allen Armeen des Empires wurde. Zwar wurde die Brigade im Febr. 1918 wieder aufgelöst, doch konnte in der Division aufgrund der vergleichsweise vorteilhaften Ersatzlage die Untergliederung in vier Bataillone aufrecht erhalten werden.

Oberkommandierender der NZEF war Generalleutnant Sir Alexander Godley, ein Brite, der 1910 nach Neuseeland geschickt worden war, um den Aufbau der Territorial-S. durchzuführen. Er kommandierte die neuseeländisch-australische Division bei Gallipoli und wurde dann mit der Führung des II. ANZAC-Korps betraut, nachdem dessen Reorganisation Anfang 1916 abgeschlossen war. Er behielt dieses Kommando, bis der Verband im Nov. 1917 aufgelöst wurde und übernahm dann bis zum Kriegsende das XXII. Korps. Die 1. Division wurde von einem fähigen neuseeländischen Offizier, Generalmajor Andrew Russell, befehligt. Die Gesamtstärke der an zwei Fronten eingesetzten NZEF lag bei Kriegsende bei über 63.000 Mann.

Südafrikas Beitrag zur Kriegsanstrengung des Empires war der problematischste. Die Minderheit der Buren, die erst 1902 militärisch besiegt worden war, hatte diese Niederlage noch nicht verwunden. Es gab seitens der burischen Nationalisten gegen einen für das britische Weltreich geführten Krieg erheblichen Widerstand, der sich zwischen Okt. und Dez. in einer Rebellion entlud. 1914 setzten sich die S. (Union Defence Force) aus fünf aktiven berittenen Schützenregimentern, der Küstenverteidigungstruppe, der freiwilligen Marinereserve, einer 35 Regimenter starken Bürgerwehr (Active Citizen Force) und der Armeespezialreserve zusammen. Alle Männer zwischen 17 und 25 Jahren unterlagen der Wehrpflicht in der Bürgerwehr, die – zusammen mit der Küstenschutztruppe – 25.000 Mann aufbieten konnte. Das Wehrgesetz von 1912 schränkte deren Verwendung auf die Landesverteidigung im südlichen Afrika ein. Aktive Truppe und Bürgerwehr wurden zunächst gegen die Deutschen in Südwestafrika eingesetzt, doch wurde die auf 70.000 Mann angewachsene Truppe nach dem Ende des Feldzugs im Juli 1915 aufgelöst. Darüber hinaus wurde ein 35.000 Mann starkes, aus Schwarzen gebildetes Kontingent an Arbeitstruppen (Native Labour Contingent) eingesetzt. Weitere Truppen wurden bis 1917 als Garnison nach Nyassaland (Malawi) abgestellt, ab Ende 1915 waren südafrikanische Truppen auch am Feldzug gegen Deutsch-Ostafrika beteiligt. Aus vier Brigaden wurden die 2. und 3. ostafrikanische Division gebildet, die an den bis Okt. 1917 dauernden Kämpfen teilnahmen.

Im Mai 1915 stellte die Südafrikanische Union eine Brigade für den Einsatz an der Westfront auf. Wie die Truppen in Ost- und Zentralafrika, so wurde auch diese Brigade von den Briten finanziert. Während alle anderen Dominions Truppen aufstellten, die letztlich das Überseekontingent ihrer bestehenden nationalen Armeen repräsentierten, war dies bei den Südafrikanern nur beim Feldzug gegen Deutsch-Südwest der Fall. Die Infanteriebrigade, die im April 1916 in Frankreich ankam, wurde in die 9. (schottische) Division eingegliedert. Sie erlitt während der ersten Monate der Somme-Offensive 1916 und im Verlauf der deutschen Frühjahrsoffensive 1918 schwere Verluste, so daß die Brigade zeitweise auf Bataillonsstärke zusammenschrumpfte. Die unzureichenden Rekrutierungszahlen gaben bis zum Kriegsende Anlaß zur Sorge. Eine substantielle Vergrößerung des südafrikanischen Kontingents für die Westfront kam aus politischen Gründen nie in Frage, da die Rekrutierung auf den angelsächsischen Bevölkerungsteil beschränkt blieb und auch die Gesamtzahl an Weißen im wehrdienstfähigen Alter ohnehin nur bei 244.000 Mann lag. Hinter der Front in Frankreich kamen zusätzlich zwei insgesamt 80.000 Mann starke Arbeitskorps zum Einsatz, die sich aus Schwarzen bzw. Mischlingen und Männern asiatischer Herkunft zusammensetzten, denen aber seitens der Regierung kein Kombattantenstatus zuerkannt wurde. Der südafrikanische Beitrag war also komplex und führte zu vier separaten Kriegserfahrungen, je nach Nationalität bzw. Bevölkerungsgruppe: So lehnten zahlreiche Buren die Teilnahme an einem Krieg für Großbritannien ab, während viele der aus Großbritannien eingewanderten Südafrikaner dies als illoyal ansahen. Nichtweiße Landsleute wurden zwar von der weißen Bevölkerungsgruppe für den Krieg in Anspruch genommen, die Anerkennung für ihren Einsatz und ihre Anstrengungen blieb diesen aber verwehrt. Die geringe Größe des Kontingents in Frankreich führte dazu, daß sich Kommandofragen, Fragen der Nationalisierung der Stäbe oder Auseinandersetzungen um die Verwendung des Kontingents im Falle von Südafrika nicht ergaben.

Der Weltkrieg forderte allen Dominions zum ersten Mal ein beträchtliches und dauerhaftes militärisches Engagement ab, obschon die Kanadier auf eine längere Periode der Verantwortung für Landesverteidigungsfragen zurückblicken konnten und die Neuseeländer in der zweiten Hälfte des 19. Jahrhunderts in großem Umfang Truppen mobilisiert hatten, um die Maori zu bekämpfen. Alle vier Dominionkontingente waren vor allem im Hinblick auf die Logistik in Übersee mehr oder weniger von der britischen Armee abhängig. Dies traf auch auf Waffen, Ausrüstung, Doktrin und Organisation zu. Bei Kriegsende hatten die Militärführungen der Dominions im Vergleich zu 1914 enorm an Erfahrung und Leistungsfähigkeit gewonnen, und ihre Regierungen machten nun stärker nationale Interessen beim Einsatz ihrer S. geltend. Hohe Offiziere aus den Dominions, wie Currie, Monash oder Chauvel, wurden nun im Vergleich mit britischen Berufsoffizieren als ebenbürtig, manchmal auch als überlegen beurteilt. Diese Anerkennung erstreckte sich manchmal auch auf die niederen Führungsebenen. Was alle Dominions darüber hinaus an Kriegserfahrung gemein hatten, waren die im Verhältnis zu den Bevölkerungszahlen sehr hohen Verluste. Diese Opfer waren es, die sich als Kriegsfolgen am offensichtlichsten bemerkbar machten und die noch lange vom militärischen Engagement der Dominions zeugten. → *Australien* → *Kanada* → *Neuseeland* → *Südafrika*

Lit.: F. W. Perry, The Commonwealth Armies. Organisation and Manpower in Two World Wars, Manchester 1988; B. Rawling, Surviving Trench Warfare. Technology and the Canadian Corps 1914-1918, Toronto 1992.

Jeffrey Grey (Ü: M. P.)

Streitkräfte (Frankreich). Die französischen S. standen im Weltkrieg vor einer außerordentlichen organisatorischen Herausforderung, hatten sie doch, einschließlich der ausländischen Freiwilligen und der Kolonialtruppen, insgesamt 8,7 Mio. Männer zu integrieren.

Bis zum Dez. 1916, dem Ende der Amtszeit von General Joffre, behielt das Hauptquartier (Grand Quartier Général, GQG) die oberste Kommandogewalt. Dagegen hatte der Erlaß vom 2. Dez. 1913 zur Kommandogewalt in Kriegszeiten noch eine Zuständigkeit des Oberbefehlshabers in der Armeezone (zone des armées) und des Kriegsministers, unter Zuhilfenahme der Militärverwaltungen, in der verbleibenden inneren Zone (zone de l'intérieur) vorgesehen. Mit dem Rückzug der Regierung Ende Aug. 1914 nach Bordeaux gab sie jedoch diese Vorrechte auf. Die Regierung vertrat die Ansicht, daß Frankreich an einer einzigen Front kämpfe und daß eine Aufsplitterung der Kräfte und der Kommandogewalt daher schädlich sei. Aufgrund der zur Neige gehenden militärischen Ressourcen vergrößerte sich seit der Marne-Schlacht die Position des GQG, da dieses immer stärker in die kriegswirtschaftliche Planung und Steuerung eingriff; seit Okt. 1915 verfügte das GQG über eine eigene Kriegswirtschaftsabteilung. Zwei Monate später, im Zuge der Errichtung der Saloniki-front, erhielt Joffre die Position eines Oberbefehlshabers. Um die Verbindung zu den britischen Einheiten zu verbessern, wurde ihm General de Castelnau als chef d'état-major de l'armée (Verwaltungschef des Heeres) zur Seite gestellt. Zusätzlich wurde das GQG um eine Abteilung für auswärtige Operationsgebiete (Théâtres d'Opérations Extérieurs, TOE) ergänzt.

Mit der Fortdauer des Krieges gewann das Kriegsministerium erneut an Einfluß. Im Herbst 1915 wurden Unterstaatssekretariate für die Luftwaffe, für das Sanitätswesen, für den Nachschub sowie für Artillerie und Munition (als Vorläufer des Ende 1916 geschaffenen Rüstungsministeriums) eingerichtet. Im Dez. 1915 schuf Kriegsminister General Gallieni mit der Fünften Abteilung ein zentrales Instrument zur ökonomischen Kriegführung.

Nach dem für die Ententemächte enttäuschenden Ausgang der Somme-Schlacht und den vergeblichen Hoffnungen, die Rumäniens Kriegseintritt geweckt hatte, waren Joffres Tage gezählt. Angesichts der fortdauernden Kritik aus dem Parlament sah er sich gezwungen, seinen Rücktritt einzureichen (Erlaß vom 13. Dez. 1916). Sein Nachfolger

General Nivelle wurde zum Oberbefehlshaber der französischen Armeen an der Westfront ernannt. Nur das Kommando über die Orient-Armee wurde ihm vorenthalten, sie wurde dem Kriegsminister direkt unterstellt. Dieser verfügte seit Dez. 1916 über einen Kriegsausschuß nach britischem Vorbild, der auch für die Vorbereitung der Kabinettsvorlagen zuständig war. Der Erlaß vom 28. Okt. 1913 sah eine Gesamtverantwortlichkeit des Ministers für die Kriegführung vor, doch bedurfte dieser dazu professioneller Unterstützung durch einen Militär. Nachdem General Nivelle nach der gescheiterten Offensive am Chemin des Dames in Ungnade gefallen war, wurde diese Aufgabe zunächst General Pétain übertragen; dieser wurde zum Chef des Generalstabs ernannt. Die ihn stützende Autorität des Kriegsministers erlaubte es Pétain, neue Vorstellungen zur Kriegführung, zur Kooperation der Verbündeten und zu den Rüstungsprogrammen zu formulieren. Seine Reformen betrafen ebenfalls das GQG; um dessen Effizienz zu erhöhen, wurden auch die Aufgabenbereiche neu festgelegt. Nach der Ernennung Pétains zum Oberbefehlshaber des französischen Heeres, bekleidete zunächst Foch das Amt des Generalstabschefs (16. Mai 1917 bis 25. März 1918). Als Foch im April 1918 zum Oberbefehlshaber der alliierten Armeen in Frankreich bestimmt wurde, gab er zugleich seinen Posten als Chef des Generalstabs ab. General Alby übernahm diese Funktion, wobei er in erster Linie dem Minister zuarbeitete und vor allem die Kommunikation mit den Verbündeten auf den verschiedenen Kriegsschauplätzen sicherstellte.

Wie war es um die militärische Organisation bestellt, und wie erfolgte die Umsetzung des Dekrets vom 28. Okt. 1913 über die Verwendung der Verbände im Felde, zu denen neben der kämpfenden Truppe auch Stäbe und Versorgungsdienste gehörten? Erst im Okt. 1914 wurde im Norden die erste Heeresgruppe, die Groupe d'armées du Nord, unter General Foch gebildet, um die nach der Marne-Schlacht getroffenen Maßnahmen zu koordinieren: 1915 folgte die Bildung von zwei weiteren Heeresgruppen im Zentrum und Nordosten Frankreichs. Darüber hinaus befehligte General Micheler eine strategische

Defilee französischer Infanterie

Heeresreserve, die noch einmal im Febr. 1918 unter General Fayolle aufgestellt wurde. Ihr Beitrag bei der Abwehr der deutschen Frühjahrsoffensiven 1918 erwies sich als sehr bedeutsam.

Als Pfeiler der strategischen Konzeption der S. hatte eine Armee die gemeinsamen Operationen von vier bis fünf Armeekorps und der zugeteilten Heereskavallerieverbände zu koordinieren. Armeen wurden in Frankreich nur in Kriegszeiten gebildet; sie waren nur zeitweise verwendete Organisationseinheiten, abhängig von den ihnen zugedachten Offensivaufgaben. Im Aug. 1914 wurden gemäß den Vorgaben des berühmten Aufmarschplans XVII fünf Armeen gebildet. Die zuerst gebildeten fünf Armeen sowie die 6., 7. und 10. Armee und die Orient-Armee blieben bis Kriegsende bestehen. Die 8. und die 9. Armee wurden zunächst aufgelöst, später jedoch erneut aufgestellt. Die Operationsgebiete wechselten, einzig die 4. und die Orient-Armee blieben stets im gleichen Sektor eingesetzt.

Im Juli 1914 bestand das französische Heer aus 22 Armeekorps (einschließlich des Kolonialkorps). Dies entsprach in etwa der Stärke des deutschen Heeres, dessen Kräfte noch zusätzlich im Osten gebunden waren. Angesichts eines im Vergleich zu Deutschland demographischen Defizits von 25 Mio. Einwohnern stellte eine derart umfassende Mobilisierung eine große Herausforderung für die französische Nation dar. Und die Herausforderungen bestanden fort: durch die Zusammenlegung von frisch aufgestellten Reservedivisionen und neugebildeten Divisionen wurden noch einmal zwölf Armeekorps und zwei Kavalleriekorps geschaffen. Als die Truppenstärke schließlich wieder abnahm, wurden zwei Korps und ein Kavalleriekorps aufgelöst.

Die Stärke der Armeekorps veränderte sich im Verlauf des Krieges erheblich. Abgesehen von den acht Divisionen der Orient-Armee bestanden am 11. Nov. 1918 zwölf der insgesamt 31 Armeekorps aus vier Divisionen, zwei aus drei, 15 aus zwei Divisionen und ein Korps aus lediglich einer Division. Aufgrund der hohen Verluste schwand allmählich die Korpsreserve. Ab Juli 1915 bestand diese lediglich noch aus ein oder zwei Territorialregimentern, die im Juli 1918 aufgelöst und durch ein Maschinengewehrbataillon ersetzt wurden. Ein anderer wesentlicher Bestandteil der Armeen war die Artilleriereserve, die ursprünglich mit Feldgeschützen vom Kaliber 75 mm (Soixante-Quinze) ausgestattet war; allerdings gewann die schwere Artillerie immer mehr an Bedeutung. Um aber die letzten deutschen Vorstöße aufhalten zu können, wurde den Armeen im Juni 1918 das gesamte 75er-Material entzogen und in einer Heeresartilleriereserve zusammengefaßt, auf deren Schaffung Joffre schon seit Aug. 1914 gedrängt hatte.

Auch die Divisionen wurden im Verlauf des Krieges immer wieder umgebildet. Zu Beginn bestand jede der 44 Infanteriedivisionen (die drei Kolonial- und die eine Gebirgsdivision eingerechnet) aus zwei Infanteriebrigaden zu jeweils zwei Regimentern und einem vom Korps zugeteilten Artillerieregiment (Kaliber 75), ferner einer Schwadron Reservekavallerie, einer Pionierkompanie sowie einer Sanitäts- und Nachschubkomponente. Diese Gliederung nach napoleonischem Schema ermöglichte einen flexiblen und vielfältigen Einsatz der jeweils etwa 16.000 Mann zählenden Divisionen. Es wurden insgesamt 25 Reservedivisionen und zwölf Territorialdivisionen gebildet, womit sich Ende 1914 der Bestand auf 72 aktive sowie Reservedivisionen erhöhte. Nachdem man die Unterscheidung zwischen aktiven und Reservedivisionen aufgegeben hatte, bestanden 1915 schließlich 98 Divisionen plus 13 Territorialdivisionen; 1916 waren es bereits 107. Die Spitze wurde 1917 erreicht, als die Franzosen gezwungen waren, den Ausfall des russischen Verbündeten auszugleichen: Durch Zusammenlegung mit den großen Einheiten der territorialen Ersatzreserve konnten nun 113 Divisionen gebildet werden; 1917/18 existierte nur noch eine Territorialdivision. Erst mit dem Eintreffen der US-Truppen konnte der französische Kräftemangel allmählich ausgeglichen und die Zahl von 109 Infanteriedivisionen festgeschrieben werden.

Um die Kampfkraft der Divisionen zu erhalten, mußten ab 1916 die beiden aus zwei Regimentern bestehenden Infanteriebrigaden nach und nach in drei Bataillone mit jeweils drei Regimentern umgebildet werden. Dieser Rückgang an Truppenstärke wurde allerdings durch eine größere Feuerkraft ausgeglichen: statt der 24 Maschinengewehre zum Zeitpunkt der Mobilmachung wurden für eine Division bis Nov. 1918 nunmehr 108 Maschinengewehre, neun Geschütze (Kaliber 37) und 18 Mörser (Kaliber 81) eingesetzt.

Auch die Divisionsartillerie erfuhr eine wesentliche Verstärkung: Um den Erfordernissen des Stellungskrieges zu genügen, wurden die Pionier-, Versorgungs- und Sanitätskomponenten einer Division verstärkt; die Kavalleriedivisionen wurden dagegen abgebaut. Ab Ende 1914 wurden erstmals »leichte Einheiten« der Kavallerie, die ihre Pferde abgegeben hatten, im Stellungskampf eingesetzt. Im Jan. 1918 bildete man zwei Kavalleriedivisionen zu Fuß, deren Aufbau dem der Infanteriedivisionen entsprach. Die verbleibenden Kavalleriedivisionen erhielten zur Verstärkung ihrer Feuerkraft eigene MG-Abteilungen.

Die Entwicklung der Artillerie wird aus der Anzahl der jeweils vorhandenen Geschütze ersichtlich: Am Vorabend des Krieges verfügten die französischen S. über 855 Batterien Feldartillerie des Kalibers 75. Nach der Mobilisierung waren es 1.019 Batterien vom Kaliber 75, ferner 30 Gebirgsbatterien sowie 67 schwere Batterien mit Rimailho-Haubitzen (benannt nach dem Hauptmann Rimailho, der eine Vorrichtung zur Verbesserung der 15,5-cm-Kanone erfunden hatte). Am 11. Nov. 1918 bestand die gesamte Artillerie aus 4.968 Geschützen vom Kaliber 75, ferner aus 112 Gebirgsgeschützen, 5.128 schweren Geschützen sowie 900 Flugabwehrgeschützen. Das Verhältnis hatte sich also zugunsten des schweren Materials umgekehrt.

Die Artillerie war zur entscheidenden Waffe geworden, seit der Krise vom Sept./Okt. 1914 wurde sie stetig weiterentwickelt. Aufgrund des Munitionsmangels hatte man zunächst auf altes Material zurückgegriffen, etwa die alten Geschütze vom Typ »de Bange« (Mod. 80 und 90) und »Lahitolle« (Mod. 95). Seit 1911 hatte General Joffre den Mangel an schwerer Artillerie beklagt, 1914 mußte er nun Geschütze aus den Festungen abziehen. Ab Juli 1915 standen an schwerer Artillerie zur Verfügung: 20 bespannte Regimenter, zehn motorisierte Regimenter, die nach und nach auf neues Material – etwa die Kanone Kaliber 155 lang – umgerüstet wurden, und fünf Eisenbahngeschützregimenter. War die Heeresartilleriereserve auch bereits im Febr. 1917 gut eingeführt, so sollte sie ihre höchste Leistungsfähigkeit doch erst ein Jahr darauf erreichen. Alle Einheiten, die nicht den Armeekorps angegliedert waren, wurden nun zusammengefügt, darunter zwei Regimenter mit schwerster Artillerie. Abgesehen von den Infanteriekanonen, Grabenmörsern und Flugabwehrgeschützen erwuchs der Artillerie seit Okt. 1916 eine weitere Steigerung ihrer Feuerkraft durch die Einführung der Sturmartillerie in Gestalt der Tanks, die unter dem Kommando von General Estienne standen. Die neun Kampfpanzerregimenter und die sieben Sturmartilleriegruppen (insgesamt 2.653 Tanks bei Kriegsende) spielten 1918 eine entscheidende Rolle. Sie verfügten über die leichten Panzer des Typs Renault FT 17, die – gegliedert in Kompanien mit jeweils drei Zügen à fünf Tanks – jedem Infanteriebataillon beim Angriff die erforderliche Unterstützung bieten konnten. Die mittleren Tanks vom Typ Schneider und Saint-Chamond) standen, operativ zusammengefaßt, den Heeresgruppen Nord und Ost zur Verfügung.

Die Steigerung der Kapazitäten – ähnliche Anstrengungen wurden auch im Pionierwesen und bei der Luftwaffe unternommen (die Ende 1918 über 2.639 Kampfflugzeuge verfügte) – belegen, daß die französischen S. im Weltkrieg bemüht waren, Menschen durch Material zu ersetzen. 1914 knirschte es noch merklich im Getriebe der Militärmaschinerie, die nur auf einen kurzen Krieg vorbereitet war. Die S. bewiesen jedoch nach und nach ihre Kriegstauglichkeit, nicht zuletzt durch die Steigerung ihrer Feuerkraft und eine wachsende Unterstützung durch die Verbündeten.

Lit.: P.-M. de la Gorce/G. Pedroncini, La Première Guerre mondiale, 2 Bde., Paris 1991; C. Carlier, Histoire militaire de France, Bd. 3: de 1871 à 1940, hg. v. A. Corvisier, Paris 1992.

JEAN-CHARLES JAUFFRET (Ü: G. K.)

Streitkräfte (Großbritannien). Der Erste Weltkrieg war für die Briten eine höchst unerfreuliche Erfahrung. Das öffentliche Meinungsbild zu diesem Krieg wurde einmal von dem Historiker A. J. P. Taylor mit den abfälligen Worten »tapfere, auf sich gestellte Soldaten, stümperhafte, verbohrte Generale und nichts erreicht« zusammengefaßt. Diese Ablehnung rührte vor allem von den Verlusten an Menschenleben her, denn die soldatischen Opfer waren in der Geschichte Großbritanniens ohnegleichen. Die Mehrzahl der Verluste hatte es auf den Schlachtfeldern der Westfront gegeben. Immer wenn die britischen Medien auf »Sinnlosigkeit«, auf »militärische Inkompetenz« oder »die Schrecken des modernen Krieges« abheben, dann illustrieren sie dies geradezu instinktiv mit den Schlachten von 1916/17, mit der Somme oder Passchendaele (Flandern). Wenn versucht wird, diese Ereignisse zu erklären, dann reicht eine solche Erklärung selten über die Anklage der britischen Generale, besonders der Heeresleitung, hinaus. Diese werden als dümmliche Schlächter verurteilt, deren Strategie, den Krieg zu gewinnen, sich darin erschöpfte, Leichen über Leichen anzuhäufen. Selbst innerhalb der britischen Armee erscheinen die rein britischen Verbände im Vergleich mit den unternehmungsfreudigen, aggressiveren, »demokratischeren« und körperlich tüchtigeren S. der Dominions, besonders den Australiern und Kanadiern, oft in wenig vorteilhaftem Licht. Hinter den Defiziten der Armee treten die Defizite der viktorianischen bzw. edwardianischen Gesellschaft hervor: in einer Klassengesellschaft verhaftet, hierarchisch, amateurhaft und versessen auf Form und Detail, unfähig, den Herausforderungen des modernen Krieges gerecht zu werden. Unter diesen Umständen ist es doch verwunderlich, wie es der britischen Armee gelang, im Kampf gegen derart mächtige Feinde zu bestehen, ja siegreich daraus hervorzugehen.

Die britische Armee von 1914 war für einen Krieg auf dem Kontinent schlecht gerüstet. Auf allen militärischen Führungsebenen, vielleicht mit Ausnahme der taktischen, hatten ihre institutionellen Rahmenbedingungen grundlegende Schwächen zur Folge gehabt.

Auf der politischen Ebene war es dem Empire nicht gelungen, ein klar gegliedertes System von Institutionen zur Führung eines Großkrieges auszubilden. Dem 1902 ins Leben gerufenen Committee of Imperial Defense (CID) gelang es offenkundig nicht, sich die zur Koordination einer effektiven strategischen Planung und Verteidigungspolitik notwendige Autorität und Legitimation zu verschaffen. Als der Krieg 1914 ausbrach, wurde das CID ignoriert. Statt dessen wurde der War Council (später umbenannt in Dardanellen-Kommitee) gegründet, eine neue und völlig ad hoc geschaffene Einrichtung mit wechselnder Besetzung und schlecht definierten Zuständigkeiten, die praktisch als Ausschuß des Kabinetts existierte und das Recht in Anspruch nahm, strategische Fragen neu aufzurollen und Entscheidungen umzustoßen. Die hierdurch garantierte Verwirrung legte sich nur teilweise, als Lloyd George bei seinem Amtsantritt als Premierminister im Dez. 1916 ein kleineres und auf die Verhältnisse besser zugeschnittenes Kriegskabinett mit exekutiven Machtbefugnissen berief. Die politische Maschinerie in Großbritannien erreichte nie derart klare Führungsstrukturen und den Grad an eleganter Kooperation zwischen politischer und militärischer Führung, zu dem sie es schließlich im Zweiten Weltkrieg bringen sollte. Hierdurch ergaben sich zahlreiche Unklarheiten sowohl auf der strategischen als auch auf der operativen Führungsebene.

Die Fähigkeit der Armee, strategisch zu denken und zu handeln, war nach dem Burenkrieg (1899-1902) Gegenstand zahlreicher Debatten gewesen. Wichtige Reformen wurden zweifellos durchgeführt, zu den wichtigsten gehörte etwa die 1904 erfolgte Einrichtung des Army Council und des Generalstabs. Im Army Council waren die politischen, zivilen und militärischen Schlüsselfiguren versammelt: der Kriegsminister, sein Sekretär und sein Finanzsekretär, der Chef des Generalstabs, der Generaladjutant; der Generalquartiermeister, der Oberquartiermeister für das Munitionswesen sowie der Parlamentarische Staatssekretär im Außenministerium. Die Hoffnungen der Gründungsväter des Army Council, vor allem Lord Esher, daß der Rat im Kriegsfall als ein informiertes und koordinierendes Element im Rahmen der britischen Strategie fungieren würde, waren allerdings im Aug. 1914 mit der Ernennung von Lord Kitchener zum Kriegsminister zum Scheitern verurteilt. Durch Kitcheners unklare Doppelstellung als aktiver Soldat und Chef der Behörde, die den Krieg zu führen hatte, gerieten die politischen, zivilen und militärischen Hierarchien durcheinander. Kitchener ignorierte den Army Council vollständig, der Chef des Imperial General Staff (CIGS), Sir James Wolfe-Murray, führte ein bloßes Schattendasein. Es bedurfte erst der Ernennung des vorzüglichen Sir William Robertson zum CIGS im Okt. 1915, damit überhaupt so etwas wie Kohärenz in die Heeresführung Einzug hielt. Robertsons Ernennung zielte bewußt darauf ab, Kitcheners Einfluß zu beschränken, doch der Preis hierfür war hoch. Robertson erhielt eine bis dahin ungekannte Machtfülle als Generalstabschef, einschließlich dem alleinigen Vortragsrecht vor der Regierung in strategischen Fragen. Die Gefahren einer derartigen Lösung wurden nur zu offensichtlich, als Lloyd George Premierminister wurde, denn dieser war bald schon überhaupt nicht mehr mit der Qualität der strategischen Empfehlungen zufrieden, die ihm gegeben wurden.

Bei all diesen Defiziten, die auch im Verlauf des Krieges nie wirklich behoben werden sollten, war doch die Strategie Großbritanniens ohnehin weniger Gegenstand schmerzhafter öffentlicher Auseinandersetzung gewesen als dies auf der operativen Ebene der Fall war, also der Planung und Durchführung der Schlachten. Die uralte Debatte zwischen denen, die eine »Westfrontstrategie« und denen, die eine »Ostfrontstrategie« favorisiert hätten, wurde durch die Forschungen des Historikers David French längst in den Mülleimer der Geschichte verfrachtet. Inzwischen ist allgemein anerkannt, daß es nie eine wirkliche Alternative zum Kampf an der Westfront gegeben hatte. Was heute zur Debatte steht, ist die Frage, wie gut (oder schlecht) der Krieg militärisch geführt wurde; das Forschungsinteresse gilt also primär der Armee selbst.

Zweifellos begann die britische Armee aus einer Position großer Schwäche heraus. Das stehende Heer (Regular Army) war konzipiert, ausgebildet und ausgerüstet für den Dienst als koloniale Gendarmerietruppe. Es war eine Freiwilligentruppe mit langer Verpflichtungsdauer, die ihr Personal in der Regel aus den eher bildungsfernen Schichten der britischen Gesellschaft, den städtischen und ländlichen Armen, rekrutierte. Die Truppe lag in Garnisonen über das gesamte Empire verteilt oder führte Ordnungsdienstaufgaben durch, in der Regel in geringer Einheitsstärke. Irgendwie schien diese britische Armee gar nicht zu existieren. Offiziere wie einfache Soldaten verspürten kaum persönliche Bindung zur Armee, wohl aber zum Regiment sowie zum Bataillon. Dieses »Regimentssystem« führte dazu, daß die Stabsstellen zu einer Schwachstelle der Armee wurden. Die Zugehörigkeit zu den Stäben strahlte nicht dieselbe soziale und berufliche Anziehungskraft aus wie dies etwa in den deutschen S. der Fall war. Die Gesamtzahl ausgebildeter Generalstabsoffiziere war in der britischen Armee dementsprechend gering, weniger als 1.000 standen 1914 im aktiven Dienst. Zu vielen war gestattet worden, Regimentsposten in Übersee anzunehmen, wo sie oft fielen oder dienstuntauglich wurden und sich so die Zahl weiter verringerte. Die Unzulänglichkeit des britischen Stabssystems spielte also für alle weiteren Schwierigkeiten, die die Armee zwischen 1915 und 1917 erfahren sollte, eine ganz fundamentale Rolle. Auch war die Armee nur unzureichend mit schwerer Artillerie ausgestattet, da diese in Kolonial- und Guerillakriegen einen teuren und entbehrlichen Luxus darstellte.

Die grundlegende Schwäche der Armee aber war ihre Größe. Nach kontinentaleuropäischen Maßstäben war sie im Aug. 1914 mit ihrer Kriegsstärke von knapp 250.000 Mann sehr klein. Dazu kam der Mangel an ausgebildeten Reservisten, ein Problem, das auch die Aufstellung der Territorialmiliz (Territorial Force) seit 1908 nicht hatte beheben können. Mit Ausnahme der USA gab es zwischen 1914 und 1918 keine Armee, die über einen derart großen Anteil an Soldaten verfügte, die erst im Verlauf des Krieges ausgebildet worden waren. Die Folgen waren gravierend. Die Vorkriegsarmee hatte ihren höheren Offizieren nur wenig Gelegenheit bieten können, in großen militärischen Dimensionen zu denken. Es gab keinerlei Erfahrungen darin, wie man etwa ein größeres Hauptquartier führt. Sir John Frenchs General Headquarters (GHQ) war für administrative Schlamperei geradezu berüchtigt, bis Robertson dort als Chef des Stabes einzog. Haig, ein ausgebildeter Stabsoffizier, war in dieser Hinsicht viel effektiver, seit er das Oberkommando im Dez. 1915 übernommen hatte; doch selbst in Haigs GHQ blieben größere strukturelle und personelle Defizite erhalten, wohl sogar bis Frühjahr 1918. Auch gelang es ihm oft nicht, Strategie und Operationen in Übereinstimmung zu bringen und Doktrin und Ausbildung zu vereinheitlichen. Nicht einmal die »Armee« als operative Führungsebene existierte bis Dez. 1914, um dann wiederum aus unerfahrenen oder Amateurstäben improvisiert zu werden. Bei Kriegsausbruch hatten nur drei aktive Offiziere jeweils ein Korps geführt, alle zudem in Friedenszeiten: French, Haig und Sir Horace Smith-Dorrien. Damit hatte das Heer bereits seinen Bestand an erfahrenen Kommandierenden Generalen aufgebraucht und ging, mit der Entsendung des III. Korps im Sept. 1914, dem Unkalkulierbaren entgegen. Ähnlich schlecht war die Situation auf der Divisionsebene, wo Operation und Taktik aufeinandertrafen. Nur zwei aktive Offiziere hatten je eine Division im Einsatz geführt (French und

George V. (vorne) bei der Auszeichnung von Soldaten im Hyde Park

Smith-Dorrien), weniger als 40 hatten es in Friedenszeiten getan – und das in einem Heer, das im Verlauf der nächsten zwei Jahre fast 60 Divisionen aufstellen sollte. All diese Schwächen wurden durch die rapide und ungeordnete Aufstockung der S. noch potenziert. Logisch wäre gewesen, die Regular Army als Kadertruppe für einen effizienten Ausbau der Armee heranzuziehen und so am besten von den bereits ausgebildeten Soldaten profitieren zu können. Die Entscheidung, die Masse des Heeres aber gleich 1914 nach Frankreich zu entsenden, bedeutete, daß dies nie eine Option sein konnte. Die Entscheidung verdammte das vergrößerte britische Expeditionskorps (British Expeditionary Force, BEF) zu einer verlängerten militärischen Jugend, die erst an der brutalen Realität der Somme ihr Ende fand. Statt dessen ging die Vergrößerung auf Kosten eines dramatischen Niedergangs der militärischen Kenntnisse auf allen Ebenen. 1916 verfügte die BEF über enorme personelle Stärke, aber es wurde Sommer 1917, bis sie auch ebensolche Schlagkraft entwickelt hatte. Von 1915 bis weit ins Jahr 1917 hinein wurden dürftig ausgebildete britische Truppen in unkoordinierten Angriffen gegen starke deutsche Verteidigungslinien geworfen, unterstützt von unzureichenden Mengen an unzuverlässiger Artilleriemunition, immer eine grandiose »Knock-Out«-Strategie vor Augen, die aber jenseits der eigenen Kräfte lag.

Allein auf der Ebene der Taktik ließen die Vorkriegserfahrungen hoffen. Die Armee hatte die Lehren aus dem Burenkrieg gut verarbeitet. Die Infanterie wurde mit einem neuen, hervorragenden Gewehr ausgestattet, dem Lee-Enfield Mark II. Die Schießausbildung wurde radikal verbessert, und 1914 war die BEF darin allen anderen Armeen überlegen. Eine neue Taktik, in deren Mittelpunkt das Prinzip von »Feuer und Bewegung« sowie gefechtsmäßiges Verhalten standen, wurde erstmals 1909 als offizielle Doktrin in den *Field Service Regulations. Part 1: Operations* niedergelegt. Durch die Wiederbesinnung auf diese taktischen Tugenden Ende 1917 sollten die britischen Siege von 1918 möglich werden. Eine praktische und ergonomische Felduniform wurde von Major A. R. Burrowes entwickelt und als Standard eingeführt. Ständige Einsätze in kleinen Kolonialkriegen und Polizeiaktionen, gerade in Indien und Westafrika, erwiesen nun ihre Bedeutung. Durch diese »Buschkriege« wurde einer Generation von jüngeren Offizieren Kampferfahrung und die Bedeutung von Initiative, Unternehmungsgeist, Plan und List im Kriege vermittelt. Sie sollte die angriffsfreudigen und gleichzeitig kalkulierenden Führer der Bataillone, Brigaden, Divisionen (und gelegentlich auch der Korps) von 1917/18 stellen.

Die ungenügende und kostspielige Leistung der BEF zwischen 1915 und 1917 hat bisweilen den Blick darauf verstellt, wie sehr sich die Armee zwischen Ende 1917 und dem Kriegsende noch gewandelt hat. In dieser Phase entstand eine Gefechtstaktik, die funktionierte und der das deutsche Heer letztendlich nichts entgegensetzen konnte. Sie beruhte auf dem Gefecht der verbundenen Waffen, einschließlich Panzer und Flugzeuge, das im Rahmen der sog. set piece battle geführt wurde, also dem Angriff mit begrenzten Zielen, Zeitplan und einer starken artilleristischen Feuerwalze. Dazu kam ein massiver Anstieg der materiellen Ressourcen, die nun den britischen Generalen zur Verfügung standen. Die Mobilmachung der britischen Industrie für den »totalen Krieg«, die mit Lloyd Georges Ernennung zum Munitionsminister im Mai 1915 eingeläutet worden war, machte sich an der Front eigentlich erst im Frühjahr 1917 bemerkbar. Aber seit diesem Zeitpunkt konnten die Briten militärisch zunehmend aus dem Vollen schöpfen. Alle Typen von Geschützen, einschließlich schwerer und Haubitzen sowie Explosivmunition mit effektiveren Aufschlagzündern (Nr. 106) waren nun in riesiger Anzahl verfügbar. Im Verlauf der Hundert-Tage-Kampagne ab dem 8. Aug. 1918 verfeuerten die britischen 18-Pfund-Feldkanonen im Durchschnitt täglich 100.000 Granaten. Beim Angriff auf die Siegfried-Stellung verschoß die BEF am 29. Sept. 1918 eine Rekordzahl von 945.052 Granaten, darunter – zum ersten Mal in großer Stückzahl – 30.000 Senfgasgranaten. Beim Angriff der 46. Division auf Bellenglise am St. Quentin-Kanal verfeuerte ihre Artillerie acht Stunden lang jede Minute 126 Granaten pro 500m der deutschen Linie – der Infanterieangriff war damit auf jedem Meter dieser 500 m langen Front mit 50.000 Granaten vorbereitet. Im Verlauf des Sturms des Mont Houy bei Valenciennes am 1. Nov. durch die 6. (kanadische) Brigade wurde der Infanterieangriff von 87.700 Granaten, also 2.150 t Sprengstoff, unterstützt – das waren 1,5 t pro Infanterist. Es war kein Wunder, daß sich so Verlustverhältnisse von 10 : 1 einstellten. Die Artillerie war nicht nur stärker, sondern sie war auch zielgenauer. Die wissenschaftlichen Entwicklungen in der Horchtechnik, der Lokalisierung von Mündungsfeuer, in der Vermessung und der Sprechfunkverbindung mit den Artilleriefliegern verbesserten die artilleristischen Möglichkeiten, die gegnerischen Ziele – vor allem die deutsche Artillerie – zu ermitteln, zu treffen und zu zerstören. Das war es, woran man 1915/16 auf so klägliche Weise gescheitert war.

Auch die Feuerkraft der Infanterie selbst wurde durch die großangelegte Beschaffung von leichten Lewis-MGs, Grabenmörsern, Hand- und Gewehrgranaten massiv gesteigert. Diese neuen Waffen, zusammen mit der Wiederbesinnung auf die individuelle Schießfertigkeit, erlaubten es der Infanterie, nun wieder die flexible Gefechtstaktik von Feuer und Bewegung aus der Vorkriegszeit anzuwenden. Das gab ihr die Feuerkraft, ihren Weg gegebenenfalls auch ohne Artillerieunterstützung durchzukämpfen. 1914 war der Infanterist wie ein Wildhüter mit Schlapphut ausgerüstet gewesen. Gewehr und Bajonett waren seine einzige Bewaffnung, zum Schlachtfeld marschierte er zu Fuß. Dort lieferten die Schrapnells der Feldartillerie die einzige Feuerunterstützung. 1918 dagegen glich der britische Infanterist einem Industriearbeiter. Er trug einen Stahlhelm und eine Gasmaske, zum Schlachtfeld fuhr er auf dem Lastwagen. Wenn er dort ankam, lief in der Regel bereits ein artilleristisches Sperrfeuer von ungeheurer Zerstörungsgewalt. Beim Angriff wurde er von Panzern und Flugzeugen sowie einem Täuschungsmanöver mit ausgeklügelten Funkspielen unterstützt. Dieser Wandel stellte eine regelrechte militärische Revolution dar.

Es war nicht nur die Quantität und Qualität der Kriegsmittel, die sich veränderte; auch die Art ihrer Verwendung wandelte sich. Eine der wichtigsten und längst überfälligen Veränderungen stellte sich auf der strategischen Ebene ein. Die strategische Großmannssucht, die für die im Grund genommen amateurhafte und schlecht ausgerüstete britische Armee in den früheren Schlachten, vor allem an der Somme und in der 3. Flandern-Schlacht, so verheerende Folgen gehabt hatte, war 1918 einer Strategie der begrenzten Ziele gewichen. Die Eroberung dieser Ziele wurde erst nach sorgfältiger Planung, Aufklärung und logistischer Vorbereitung in die Wege geleitet. Einmal festgelaufen, wurden die Angriffe eingestellt und an anderer Stelle fortgesetzt, eine Methode, die hochqualifizierte Stabsarbeit voraussetzte. Die Eroberung von Gelände und das Festhalten daran, unabhängig von dessen militärischem Wert, verlor seine mystische Bedeutung. Die Einheiten wurden nun auch ermutigt, ohne große Rücksicht auf den Schutz ihrer Flanken vorzugehen. Das deutsche Heer würde nicht durch einen einzigen, mächtigen K.-o.-Schlag, sondern nur durch eine unablässige Folge kräftiger Fausthiebe zu Boden gehen.

Am ehesten machte sich der Wandel aber auf der operativen und taktischen Ebene bemerkbar. Im Frühjahr 1918 war die Fähigkeit der BEF, Schlachten zu planen und durchzuführen, eine andere. Dies wird besonders ersichtlich, wenn man etwa die hoffnungslose Stabsarbeit, der die 21. und 24. Division bei Loos im Sept. 1915 zum Opfer fielen, vergleicht mit der brillanten und völlig überraschenden Verschiebung des kanadischen Korps an die Front bei Amiens im Aug. 1918. Die massive Feuerkraft der Artillerie wurde jetzt nicht mehr dazu verwendet, die Soldaten und die Verteidigungsanlagen des Gegners zu zerstören, sondern um sein Befehls- und Führungssystem zu neutralisieren und die Heranführung von Verstärkung zu verhindern: eine Schlacht in der Tiefe des Raumes. Das vorbereitende Trommelfeuer, das dem Feind oft einen bevorstehenden Angriff angekündigt hatte, wurde abgelöst von einem mathematisch vorausberechneten Schießverfahren, dem sog. Kartenschießen, das auf genaue und aktuelle Geländekarten aufbaute, eine Taktik, mit der die 3. Armee erstmals im Nov. 1917 bei Cambrai erfolgreich gewesen war. Hiermit kam die Überraschung in der Operationsführung wieder zur Geltung. Strategie der begrenzten Ziele hieß aber auch, daß die Artillerie schnell nachgezogen wurde, um einmal eingenommene Stellungen gegen deutsche Gegenstöße zu verteidigen, eine Methode, die General Plumers 2. Armee in den Flandernkämpfen von 1917 entwickelt hatte. Seit Herbst 1916 war die deutsche Armee im Westen immer mehr zu einer elastischen Verteidigung in der Tiefe übergegangen. Diese zielte darauf ab, die angreifende Infanterie weit in die deutsche Verteidigungszone und damit aus dem Bereich des Unterstützungsfeuers herauszulocken, wo sie dann der artilleristisch unterstützte Gegenstoß der deutschen Hauptkräfte traf. Die vom britischen Oberkommando 1916/17 verfochtene Durchbruchsstrategie hatte den Deutschen also in die Hände gespielt. Doch die neue Strategie der begrenzten Ziele erlaubte es der inzwischen viel stärker bewaffneten britischen Infanterie und Artillerie, der deutschen Methode etwas entgegenzusetzen. Die Gegenstöße der Deutschen gerieten nun zunehmend verlustreicher und weniger effektiv.

Auch die Infanterietaktik wandelte sich, ein Prozeß, der mit der Veröffentlichung der einflußreichen Ausbildungsvorschrift *SS 143: Instructions for the Training of Platoons for Offensive Action* im Febr. 1917 einsetzte. *SS 143* war das Resultat der Arbeit eines der besten Taktiker der britischen Armee, Generalmajor Arthur Solly-Flood. Sie markierte, wie dies der Historiker Paddy Griffith herausgearbeitet hat, den epochalen Wandel von einer Taktik der Angriffswellen, wie sie an der Somme so schlimm gescheitert war, hin zu einer Taktik der kleinen, eigeninitiativen Einheiten mit hoher Feuerkraft, für einen Krieg, den der spätere Feldmarschall Wavell einmal als den »Krieg der Zugführer« charakterisierte. In der überarbeiteten Form vom Febr. 1918 legte *SS 143* die Grundlagen für die Herbsterfolge der BEF, bei denen Flexibilität, Initiative und Manöver zu Schlüsselqualitäten wurden. Nun begann man auch die Bedeutung der Kooperation zwischen Infanterie und Panzer voll zu begreifen. Die Tanks des Weltkriegs blieben – trotz aller Verbesserungen – langsam, verwundbar und mechanisch unzuverlässig. Sie forderten ihrer Besatzung ein Höchstmaß an körperlicher Leistungsfähigkeit und Kampfmoral ab. Mit dem Verständnis, daß die Panzer in erster Linie eine Unterstützungswaffe für die Infanterie bildeten, waren die Briten ab 1918, als sie mit Panzern zum Angriff übergingen, hierin durchweg erfolgreich.

Trotz aller ernsten Schwächen in bezug auf Tradition, Doktrin, Ausrüstung, Organisation und Größe, mit denen die britische Armee in den Krieg zog, trotz aller, sich aus ihrer improvisierten Vergrößerung ergebenden massiven Erschütterungen und »Entprofessionalisierungen«, trotz der ständigen Konfrontation mit der Hauptmasse eines tüchtigen und mutigen Feindes unter den komplizierten Bedingungen eines Koalitionskriegs demonstrierte die Armee strategische, operative und taktische Entwicklungsfähigkeit. Diese Entwicklung vollzog sich zudem in vergleichsweise kurzer Zeit. Der Weltkrieg gilt für gewöhnlich als ein langer Krieg, aber nach den Maßstäben moderner Kriege war an seinen 52 Monaten Dauer nichts Außergewöhnliches. Die BEF trat gegen die Hauptmacht der Deutschen nicht vor dem 24. Monat (Juli 1916) an, und sie war erst ab dem 35. Monat (Juni 1917) deren Hauptkriegsgegner an der Westfront. Selbst die 52 Monate waren noch eine kurze Spanne, um eine kleine Berufsarmee, die eigentlich eine für den kontinentalen Krieg schlecht ausgerüstete koloniale Polizeitruppe war, in eine taktisch erfahrene Massen- und Wehrpflichtarmee zu verwandeln, die mit einem ganzen Arsenal neuer Waffen und Technologien ausgestattet war. Diese Armee war bemerkenswert innovativ, sie war führend bei der Entwicklung der Luftbildaufklärung, der Feuerwalze, der Kooperation zwischen Artillerie und Luftwaffe, des Artillerieschießverfahrens, der Luftversorgung von Bodentruppen, von Funkspielen, des Schlachtfliegers und des Panzers. Die Heeresleitung, namentlich unter Haig, war offen für neue Ideen, vor allem für neue Technologien. Haig war ein großer Befürworter von Panzer und Luftwaffe. Die meisten Historiker stimmen heute darin überein, daß die BEF eine Lernzeit durchlief, wobei es noch Debatten über deren Quellen, Geschwindigkeit und Qualität gibt. Das Ganze war sicherlich eine recht ungeordnete Entwicklung, mit Initiativen »von unten« wie »von oben«, eine Entwicklung, deren genaue Ursprünge sich oft schwer identifizieren lassen und die sicher das Ergebnis vieler Hände Arbeit war. Krieg ist die ultimative Freund-Feind-Beziehung, operative und taktische Entwicklungen verlaufen dabei unvermeidlich auf symbiotische Weise. Trotz aller Verluste erwuchs die BEF aus der Somme-Schlacht als eine realistischere, professionellere und stärkere Armee, die dann 1917 zum schwierigsten, unerbittlichsten und rücksichtslosesten Gegner der deutschen Armee erwachsen sollte.

Großbritanniens zweite Front verlief auf den Weltmeeren: Als der Krieg ausbrach, waren die britische Öffentlichkeit und die Politik (vorneweg Außenminister Sir Edward Grey) der Meinung, daß Großbritanniens Rolle vornehmlich eine maritime sein werde. Die Royal Navy selbst dachte ganz sicher so und ging davon aus, daß die Seemacht entscheidend zum Sieg der Entente beitragen würde. Ohnehin war man bei der Marine von der Unvermeidbarkeit eines Krieges mit Deutschland überzeugt gewesen. Jahrelang hatte etwa Admiral Lord Charles Beresford seine Offiziere beim Frühstück mit den Worten begrüßt: »Nun meine Herren, wieder ein Tag näher am Krieg mit Deutschland«. Unter der Führung des dynamischen Admirals John Fisher (First Sea Lord 1904-10) hatte die Navy mit der Entwicklung der Dreadnoughts den Kriegsschiffbau revolutioniert und einen Rüstungswettlauf mit dem Reich provoziert, den die Briten nach Meinung aller bis 1912 für sich entschieden hatten. Fisher wußte genau, wie er diese mächtige Waffe zum Einsatz bringen wollte: Ständiger Druck sollte das Kalkül seiner Strategie bilden. Die Seeblockade sollte dazu dienen, die Deutschen entweder wirtschaftlich zusammenbrechen zu lassen oder – was wahrscheinlicher schien – sie zu zwingen, in der Nordsee die Entscheidung gegen die Briten zu suchen. Fishers moderne Flotte aus Großkampfschiffen unter der Führung seines Protegés Admiral Sir John Jellicoe würde dann die deutsche Flotte in einer Vernichtungsschlacht zerschlagen, einem neuen Trafalgar. Dieser Sieg würde die entscheidende Wende im Krieg bringen, er sollte Neutralen wie Feinden gleichermaßen die Allmacht der britischen Flotte vor Augen führen. Er würde eine noch schärfere Blockade ermöglichen und vielleicht sogar den Weg für die Landung einer britischen – oder besser noch: einer russischen – Armee an der pommerschen Küste frei machen. Doch die Dinge entwickelten sich anders als von Fisher geplant.

Auf den Weltmeeren wurden zwar die deutschen Kreuzer gejagt und die Schiffe der Handelsmarine aufgebracht, aber die Blockade Deutschlands mußte aus Rücksicht auf die Neutralen, namentlich die USA, als Fernblockade im eisigen Dreieck zwischen Großbritannien, Grönland und Island durchgeführt werden. Deutschland zeigte keinerlei Anzeichen für einen wirtschaftlichen Zusammenbruch. Das Ausweichen des deutschen Schlachtkreuzers *Goeben* und des Kleinen Kreuzers *Breslau* in türkische Hoheitsgewässer und die Beschießung der britischen Küste durch deutsche Kriegsschiffe waren für die Royal Navy in dieser ersten Kriegsphase herbe Verluste. Auch die Bedrohung der Seeüberlegenheit durch die U-Boote führte bei höheren Seeoffizieren zu einiger Unruhe. Am meisten aber war es die offensichtliche Zurückhaltung des Kaisers, seine Flotte in einem Großkampf mit den Briten zu riskieren, die zu Frustration führte und die unangenehme Frage aufkommen lies, wofür die Navy denn eigentlich gut sei. Fisher aber hatte keine Zweifel, daß der Tag, für den er so lange geplant und von dem er so lange geträumt hatte, kommen würde. Als dieser Tag am 31. Mai 1916 kam, gelang es Jellicoe nicht, den erwarteten großen Schlag gegen die deutsche Flotte zu führen. Trotz höchsten seemännischen und taktischen Könnens machten ihm die Qualitäten und das Glück seines Gegners, das Versagen mehrerer untergebener Führer und die schlechtere Konstruktion seiner Schiffe einen Strich durch die Rechnung. Die Schlacht am Skagerrak (engl.: Battle of Jutland) war für das Überlegenheitsgefühl der Royal Navy ein schwerer Schlag – einer von dem sie sich vielleicht nie mehr erholt hat. Danach geriet der Seekrieg zu einem erbitterten Kampf gegen die U-Boote, die Großbritannien im April 1917 bis an den Rand einer landesweiten Hungersnot brachten. Der just in diesem Moment erfolgte Kriegseintritt der USA trug viel dazu bei, die britische Seeherrschaft im Nordatlantik wiederherzustellen. Trotz Niederlagen und Enttäuschungen besteht kein Zweifel, daß diese Fähigkeit, den weltweiten Zugang zu Nahrungsmitteln und Waffen offen zu halten und sichere Passage für die Verlegung britischer Truppen an die verschiedenen Fronten zu garantieren, letztlich eine kriegsentscheidende Waffe war.

Lit.: S. Bidwell/D. Graham, Fire-Power. British Army Weapons and Theories of War, 1904-1945, London 1982; M. Farndale, History of the Royal Regiment of Artillery. Western Front 1914-1918, London 1986; D. French, British Strategy and War Aims, 1914-16, London 1986; P. Griffith, Battle Tactics of the Western Front. The British Army's Art of Attack 1916-18, New Haven/London 1994; R. Hough, The Great War at Sea 1914-1918, Oxford 1983; A. J. Marder, From the Dreadnought to Scapa Flow. The Royal Navy in the Fisher Era, 5 Bde., London 1961-1970.

J. M. BOURNE (Ü: M. P.)

Streitkräfte (Italien). Die Verteidigung des am 18. Febr. 1861 konstituierten italienischen Königreichs oblag dem Königlichen Heer und der Königlichen Marine. Oberster Kriegsherr war der König, in Friedenszeiten fungierten die Minister der Teil-S. als Oberbefehlshaber. Im Krieg wurde die Kommandogewalt faktisch durch die Chefs des Generalstabes bzw. der Admiralität ausgeübt.

Das neue Heer war aus dem piemontesischen Heer der italienischen Einigungskriege hervorgegangen. Es durchlief schrittweisen Ausbau und Neustrukturierung, behielt aber Traditionen, insbesondere die Prägung durch das piemontesische Offizierskorps, bei. Italien war in zwölf Militärregionen unterteilt, denen je ein Armeekorps zugeordnet war. Jede Region war wiederum in Distrikte untergliedert, zu Beginn waren es 25, nach der Friedensgliederung von 1910 waren es 88. Die Distrikte waren oft mit den politischen Verwaltungsgliederungen, den Provinzen, identisch.

Grundlage der Wehrverfassung bildete die allgemeine Wehrpflicht. Die Rekrutierung erfolgte zu Beginn auf nationaler Ebene, d. h. die Rekruten eines Regiments setzten sich aus mindestens sechs Distrikten (aus insgesamt sechs Regionen) zusammen. Dieses Ersatzsystem hatte den Nachteil, daß die Mobilmachung nur sehr langsam von statten ging. Doch kamen so Soldaten aus verschiedenen Landesteilen zusammen, gleichzeitig wurde damit eine Bindung an die örtliche Zivilbevölkerung vermieden. Das Heer konnte damit einfacher für Polizeiaufgaben herangezogen werden. Bereits während der Einigung Italiens war die Armee zur Niederschlagung eines Aufstandes in Süditalien eingesetzt worden. Aber auch in der Po-Ebene waren kleinere Revolten unterdrückt worden, die wegen ungerechtfertigter Steuererhebungen ausgebrochen waren. Die einzige Ausnahme beim Ersatz bildeten die Gebirgstruppen (Alpini), die aus den Alpenregionen rekrutiert wurden, da hier Wert auf Ortskenntnis und Gebirgstauglichkeit gelegt wurde. Sie sollten bei Kriegsbeginn die Alpengrenze bis zum Abschluß der Mobilmachung sichern.

Die wehrpflichtigen Jahrgänge gliederten sich in drei Kategorien: Die Wehrpflichtigen 1. Kategorie erfüllten zunächst ihre zweijährige Dienstzeit, um dann in die Reserve überzutreten. Diejenigen der 2. Kategorie dienten drei bis sechs Monate aktiv, wurden danach aber entlassen und zu periodischen Übungen herangezogen. Im Alter von 29 bis 32 dienten alle Angehörigen beider Kategorien in der Mobilmiliz, vom 33. bis zum 39. Lebensjahr in der Territorialmiliz. In Kriegszeiten bildeten das stehende Heer und die Mobilmiliz das Feldheer, die Territorialmiliz übernahm Heimatschutzaufgaben. Die 3. Kategorie schließlich bildeten jene Wehrpflichtigen, die aus verschiedenen Gründen nicht zum aktiven Dienst herangezogen wurden. Nach dem Abschluß des Dreibundes mit Deutschland und Österreich-Ungarn (1882) wurde das Heer aus politischen Gründen vergrößert. Man wollte zeigen, daß das Königreich Italien über starke und verläßliche Streitkräfte verfügte. Die tatsächliche Kampfkraft entsprach dem aber in keiner Weise: Die Ausbildung von Mannschaften und Dienstgraden war ungenügend, die Einberufungen erfolgten verspätet, ganze Jahrgänge wurden vorzeitig entlassen. Zudem hatte der Italienisch-Türkische Krieg von 1911/12 das Heer geschwächt. Doch wird dieser Faktor als Erklärung für die schlechte Vorbereitung des Heeres auf einen europäischen Krieg oft überbewertet.

Zwischen dem Kriegsbeginn im Aug. 1914 und der italienischen Kriegserklärung vom 23. Mai 1915 wurde die Armee durch die Einberufung der Reservistenjahrgänge vergrößert: Im Aug. 1914 wurden die Jahrgänge 1889 und ein Teil der Entlassenen des Jahrgangs 1891 einberufen. Es folgten dann die 2. Kategorie des Jahrgangs 1893, und im Sept. der Jahrgang 1894. Die Rekrutierungen setzten sich bis zum Frühling 1915 fort. Die sog. Rote Mobilmachung vom März erlaubte die Zuteilung der Einberufenen auf die Friedensgarnisonen ohne vorherige Mobilmachung. Erst Anfang Mai begannen die Transporte in die Sammelräume.

Grundlage der Mobilmachung bildete die Kriegsgliederung aus der Amtszeit des Kriegsministers Spingardi von 1910. Diese sah vier Armeen vor, die sich in zwölf Armeekorps gliederten. Insgesamt standen 94 Infanterieregimenter, zwei Grenadierregimenter, zwölf Regimenter Elite-Jäger (Bersaglieri), acht Alpini-Regimenter und 29 Kavallerieregimenter unter Waffen. Die Artillerie bestand aus 36 Regimentern Feldartillerie, zwei Regimentern schwere Artillerie, einem Regiment reitende Artillerie, zwei Regimentern Gebirgs- und zehn Regimenter Festungsartillerie.

Aus der Mobilmiliz wurden 52 Infanterieregimenter gebildet, elf Bersaglieri-Bataillone, 38 Alpini-Kompanien und 23 Kavallerieschwadronen für die 1. Linie. Schließlich wurden auch die Reservisten der Territorialmiliz einberufen: Mit den Jahrgängen 1876-81 wurden weitere 344.000 Mann aufgeboten. Die 1. Linie (stehendes Heer und Reserve) zählte 1.050.000 Unteroffiziere und Soldaten, verfügte aber nur über 31.077 Offiziere, davon 13.991 Reserveoffiziere. Hinter dieser beträchtlichen personellen Aufstockung blieben Bewaffnung und Ausrüstung aber zurück. Das Feldheer verfügte lediglich über 760.000 Repetiergewehre M. 91 (Mannlicher) und 170.000 Karabiner M. 91. Deshalb kamen zusätzlich veraltete Einzellader M. 70/87 (Vetterli-Vitali) zur Ausgabe. Handgranaten waren zu diesem Zeitpunkt noch nicht vorhanden. Die gesamte Armee verfügte lediglich über 618 Maschinengewehre.

Nach dem Abschluß der Mobilmachung im Juli 1915 zählte das Heer insgesamt 14 Armeekorps mit 35 Infanteriedivisionen und vier Kavalleriedivisionen. Die Infanterie verfügte über 146 Regimenter, 58 Bersaglieri-Bataillone sowie 52 Gebirgsjägerbataillone. Die Divisionen gliederten sich in zwei Brigaden à zwei Regimenter. Jedes Regiment bestand aus drei Bataillonen mit vier Kompanien zu je etwa 200 Mann.

Die Artillerie zählte 49 Regimenter Feldartillerie mit insgesamt 363 Batterien und 37 berittenen Batterien. Insgesamt verfügte das Heer über 1.797 Geschütze, zum größten Teil 75-mm-Geschütze M. 1911 (Deport) bzw. M. 1906 und 1912 (Krupp) sowie 66-mm-Gebirgsgeschütze.

Die Erneuerung der italienischen Artillerie bezog sich aber nur auf die Feldartillerie. Die schwere Artillerie war ähnlich wie bei den meisten europäischen Mächten – mit Ausnahme Deutschlands – zu Kriegsbeginn schwach. Sie zählte nur 28 Batterien (196 Geschütze) mit 240-mm-Mörsern, 210-mm-Haubitzen sowie Kanonen vom Typ 149 A und 149 G. Die Pioniertruppe bestand aus Sappeuren, Mineuren, Brückenpionieren, Eisenbahn- und Fernmeldetruppen, die während des Krieges durch Militärarbeiterabteilungen unterstützt wurden.

Nie zuvor hatte das italienische Heer eine solche Streitmacht dargestellt. Ein Mangel machte sich allerdings sofort bemerkbar: Die knapp 1.000 Militärärzte reichten für die Versorgung der Truppe nicht aus. Doch wies das Heer auch fortschrittliche Seiten auf, etwa in der Motorisierung. Es verfügte – neben den

216.000 Trag- und Zugtieren – über 3.800 LKW, 150 Traktoren und 1.100 Motorräder.

Generalstabschef und Oberbefehlshaber des Heeres war seit dem 28. Juni 1914 General Luigi Graf von Cadorna. Sein Operationsplan sah die Offensive gegen Laibach und Triest vor, sowie einen daran anschließenden Vorstoß auf Wien durch die 2. und 3. Armee (15 Divisionen). An der Tiroler Front sollte die 1. Armee mit sechs Divisionen den gefährlichen Frontbogen zwischen Stilfser Joch und Sieben Gemeinden (Asiago) verteidigen. Die 4. Armee schließlich sollte an der Dolomitenfront mit fünf Divisionen ins Pustertal vorstoßen, was aber nie geschah. Ende 1915 hatte das Heer nach einer Serie von unnötigen und blutigen Schlachten am Isonzo (sowie kleineren Offensiven an anderen Fronten) 200.000 Mann an Toten und Verwundeten zu beklagen. Die Weiterführung des Krieges zwang zur Reorganisation, neue Rekruten wurden einberufen, die Industrie ebenfalls aufs Äußerste mobilisiert. Die Mobilmachung der Privatwirtschaft oblag einem Komitee, das vom Staatssekretär für Waffen und Munition im Kriegsministerium, General Alfredo Dallolio, geleitet wurde.

1916 wurden 800.000 Mann einberufen und 13 Divisionen aufgestellt. Dabei wurde vor allem die ungenügende Artillerie verstärkt und als neue Spezialtruppe Minenwerfer eingeführt, die erfolgreich gegen die österreichisch-ungarischen Stellungen eingesetzt wurden. Das Heer erhielt neue Maschinengewehre (bis Ende 1916 knapp 3.000 Stück), auch die Ausrüstung, z. B. Helme, wurde verbessert. Doch blieb die Ausbildung oberflächlich und ungenügend, sowohl für die 1915 mobilisierten Truppen als auch für die später einberufenen.

Angesichts der enormen Vermehrung, die das Heer erfahren hatte, wurde die Zahl der Reserveoffiziere erhöht. Nun qualifizierte schon die Sekundarschulreife für die Offizierslaufbahn. Während des gesamten Krieges wurden 147.000 Reserveoffiziere ernannt, das waren zehnmal so viele wie 1915 im Dienst gestanden hatten. Wenn sich die Ersatzfrage für Mannschaften für 1916 noch nicht gestellt hatte, wurde dieses Problem im folgenden Jahr akut. Das Oberkommando forderte monatlich durchschnittlich 100.000 Mann an Ersatz an. Die Verluste konnten jedoch nur zu einem Drittel ersetzt werden. Im Herbst 1916 wurde der Jahrgang 1897 einberufen, im darauf folgenden Frühling der Jahrgang 1898; alle älteren Jahrgänge bis 1873 wurden ebenfalls einberufen. Dies galt auch für die zuvor ausgemusterten Männer, auch wenn dies nicht in derart großem Umfang wie in Österreich-Ungarn betrieben wurde, wo das Fehlen von Mannschaftsersatz noch gravierender war.

Abfahrt italienischer Truppen zur Front

Diese Maßnahmen ermöglichten dem italienischen Heer eine noch nicht dagewesene Vermehrung: von ca. 60.000 Offizieren und 1.867.000 Soldaten zu Beginn des Jahres 1917, auf ca. 79.000 Offiziere und 2.352.000 Soldaten in 65 Divisionen im Okt. desselben Jahres. Diese Zahlen beziehen sich auf das Feldheer und beinhalten noch nicht die Angehörigen in der Territorialmiliz. Auch die Bewaffnung wurde stark vermehrt: Am Vorabend der 12. Isonzo-Schlacht (Caporetto) verfügte die Armee über 12.000 MGs, ferner 4.000 leichte, 3.000 mittlere und 157 schwere Geschütze. Diese Anstrengungen wurden durch die Aufnahme von Krediten ermöglicht, die Zugang zu den alliierten Märkten schufen. Die Entente kontrollierte die Meere und verfügte über Rohstoffe und Finanzkapital. Vor diesem Hintergrund traten die Politiker und die Militärführung entschieden für die Mobilisierung aller Ressourcen ein, um den Krieg fortzuführen.

Durch die Katastrophe von Caporetto wurde das Heer, das seit Januar 1918 mit der Rekrutierung des Jahrgangs 1899 über 71.000 Offiziere und 1.989.000 Soldaten sowie 4.000 Geschütze verfügte, auf einem Schlag um ein Drittel seiner Stärke reduziert. Der Jahrgang 1900 wurde einberufen, es kam aber glücklicherweise nicht mehr zum Einsatz der 18jährigen. Dies führte zu einem leichten Rückgang der Ist-Stärke des Heeres, das nach der Abwehrschlacht an der Piave 84.000 Offiziere und 2.200.000 Soldaten zählte. Der neue Generalstabschef Armando Diaz, der Cadorna am 9. Nov. 1917 abgelöst hatte, versuchte die Loyalität der Soldaten zurückzugewinnen und gleichzeitig, und sehr rigoros, die Disziplin aufrechtzuerhalten; Ausbildung und Ausrüstung wurden verbessert. Die Verpflegung, die vor Caporetto auf 2.700 Kalorien zurückgegangen war, wurde auf 3.580 Kalorien erhöht. Eine kostenlose Lebensversicherung wurde abgeschlossen, sog. P-Offiziere sorgten für effiziente Truppenpropaganda.

Auch wurden, nach dem Vorbild anderer Fronten, neue Gefechtsgrundsätze übernommen, wie die Verteidigung in der Tiefe, Stoßtrupptaktik sowie neue Schießverfahren für die Artillerie, deren Geschütze nun sowohl aus französisch-britischer als auch aus italienischer Produktion stammten.

Nun wurden auch effiziente Gasmasken eingeführt, deren Fehlen sich in der Vergangenheit, etwa am 29. Juni 1916 am Monte San Michele und am 24. Okt. bei Flitsch, katastrophal ausgewirkt hatte. Die Feuerkraft wurde ebenfalls gesteigert: Jedes Regiment zählte zwar gegenüber 1915 weniger Mann, verfügte jedoch über drei MG-Kompanien, zwölf Maschinenpistolenzüge, drei Granatwerferzüge, zwölf Flammenwerfer und einen Zug Infanteriekanonen. Auch der militärische Nachrichtendienst wurde reorganisiert. Er konzentrierte sich eher auf Nachrichtengewinnung durch Spione als auf die Funkaufklärung, wo man den Anschluß an die anderen kriegführenden Mächte verloren hatte. Ab 1918 brachte auch die Luftaufklärung wertvolle Informationen für die Operationsplanung ein.

Am Ende des Krieges standen 84.000 Offiziere und 2.207.000 Soldaten im Feld, die Gesamtsumme aller Mobilisierten lag bei 186.000 Offizieren und 2.941.000 Soldaten. Auch mit seinen 6.000 Geschützen stand diese Heeresstärke jener der Verbündeten in nichts nach. Über die gesamte Kriegsdauer waren fast 6 Mio. Mann mobilisiert worden. Die Zahl der Gefallenen betrug 650.000 Mann, einschließlich der 100.000, die durch Krankheit und in Gefangenschaft gestorben waren. Die Zahl der Verwundeten lag bei ca. 1 Mio., die Zahl der Invaliden bei 425.000.

Die Königliche Marine war nach der Einheit Italiens aus der Zusammenlegung der sardischen, der neapolitanischen und – nach dem Krieg gegen Österreich 1866 – der venezianischen Marine entstanden. Nach der Niederlage in der Seeschlacht von Lissa (1866) durchlebte die Marine sowohl eine moralische als auch eine Etatkrise. Der Anspruch der expansionistischen Außenpolitik und die Furcht vor einem französischen Angriff auf die lange schutzlose Tyrrhenische Küste führten zu einem Ausbau der See-S. – von 800 Offizieren, 15.000 Matrosen und 97 Schiffen (113.000 BRT) im Jahr 1861 auf 1.880 Offizieren, 28.500 Matrosen und 342 Schiffen (1.186.000 BRT). Diese Entwicklung geschah unter dem maßgeblichen Einfluß zweier Personen: Admiral Simone Pacoret di Saint Bon und General Benedetto Brin, die beide zwischen 1873 und 1900 Marineminister waren. Sowohl die politischen Expansionsinteressen als auch die wirtschaftlichen der italienischen Schwerindustrie – 1884 wurden die Stahlwerke von Terni eröffnet – beeinflußten die Entwicklung der Marine. Doch zwang der Zustand der jungen italienischen Industrie die See-S. bis zum Beginn des 20. Jahrhunderts, viele Schiffsteile, wie Artillerie und Motoren, im Ausland zu kaufen.

Ihr Ausbau machte die Marine in den 1880er Jahren zur drittgrößten nach der britischen und der französischen. Bald wurde sie aber von der außerordentlichen Entwicklung der deutschen Flotte, dann auch der amerikanischen und der japanischen überflügelt; diese konnten auf eine stärkere finanzielle und industrielle Basis gründen. Die Schiffe des Militäringenieurs Masdea waren gut, doch waren die Bauzeiten zu lang. So war die Schiffstechnik bereits zum Zeitpunkt ihrer Indienststellung teilweise wieder überholt. Ein Beispiel hierfür war die Vittorio-Emanuele-Klasse (vier Schiffe), die 1907/08 in Dienst gestellt wurde, und zwar nachdem die Dreadnought-Klasse bereits einen neuen Standard gesetzt hatte.

Charakteristisch für die italienischen Kriegsschiffe waren hohe Geschwindigkeit, schwere Bewaffnung und schwache Panzerung. Diese Eigenschaften zeichneten auch den ersten, 1913 in Dienst gestellten italienischen Dreadnought aus, die *Dante Alighieri* (20.000 BRT, 12-30,5 cm, 20-12 cm, 16-7,6 cm, 2 x 4 cm Geschütze, 21 Knoten). 1914/15 wurden drei weitere Großkampfschiffe in Dienst gestellt: Die *Conti di Cavour*, die *Guilio Cesare* und die *Leonardo da Vinci*, mit je etwa 22.000 BRT, bewaffnet mit 13-305-cm-Geschützen auf fünf Türmen. Einige waren Drillingstürme, eine technische Neuerung, die hier zum ersten Mal eingeführt wurde. Als Flaggschiffe wurden kurz vor dem Krieg die *Caio Duilio* und im März 1916 die *Andrea Doria* in Dienst gestellt. Diese Schiffe können nicht mit den britischen Schlachtschiffen der Queen-Elizabeth-Klasse verglichen werden, mit ihren 8-38,1-cm-Geschützen, einer Panzerung von 33 cm und einer Geschwindigkeit von 24 Knoten. Trotzdem sicherten sie die Seeherrschaft gegenüber der österreichisch-ungarischen Flotte. Bei der italienischen Kriegserklärung lag die Flotte in Brindisi, in Tarent und mit einigen Schiffen auch in Venedig. Sie zählte fünf Dreadnoughts (später sechs), sowie neun ältere Linienschiffe, acht Panzerkreuzer, sechs Kleine Kreuzer, 35 Zerstörer und 18 U-Boote. Die Flotte unterstand dem Kommando von Luigi di Savoia, Herzog der Abruzzen.

Die Eigenart des Seekrieges in der Adria zeigte aber bald die Nutzlosigkeit der großen Schiffe. Statt dessen kamen die kleinen Torpedoschnellboote (MAS: motoscafi antisommergibili) für Patrouillenfahrten und Überfälle auf die gegnerischen Häfen, sowie U-Boote und Wasserflugzeuge zum Einsatz. Zur Küstenverteidigung wurden im Abstand von 60 km Eisenbahngeschütze in Stellung gebracht.

Dem anfänglichen Offensivgeist fielen die Kreuzer *Amalfi* und *Garibaldi* zum Opfer, die von U-Booten versenkt wurden. Die *Benedetto Brin* und die *Leonardo da Vinci* wurden durch Sabotageaktionen im Hafen versenkt. Das Linienschiff *Regina Margherita* sank am 11. Dez. 1916, nachdem es auf eine Mine gelaufen war. Auf Grund dieser Mißerfolge wurde der Herzog der Abruzzen im Febr. 1917 durch Großadmiral Paolo Thaon di Revel ersetzt. Dieser bevorzugte Operationen mit kleinen Schiffen, die »Marine-Guerilla«. Neben den MAS, die die *Wien* und die *Szent István* versenkten, kamen auch Sprengboote und sog. mignatta (Blutegel) zum Einsatz, Vorläufer der Kleinst-U-Boote des Zweiten Weltkrieges. Von diesen wurde die *Viribus Unitis* versenkt. Zwischen Mitte 1916 und Kriegsende wurden 244 MAS in Dienst gestellt, nur zwölf waren mit Torpedos ausgerüstet.

Nach Caporetto (12. Isonzo-Schlacht) stimmten die Marine und das Heer teilweise ihre Operationen ab: So kämpfte das Marineinfanterieregiment an der Piavemündung, wobei es mit schwerer Artillerie bestückte Pontons einsetzte. Auch verfügte die Flotte seit 1913 über eine eigene Luftwaffe, die 1915 aus 14 Wasserflugzeugen und zwei Luftschiffen bestand. Sie wurde aber von Beginn an von französischen Wasserflugzeugen unterstützt, die in Venedig stationiert waren. Während des Krieges erhöhte die Marine die Zahl ihrer Basen, diese waren anfänglich in Ferrara, Jesi, Pontedera und Venedig. Die Marine-Luftwaffe erfuhr eine starke Entwicklung: 1.630 Flugzeuge und Wasserflugzeuge wurden in Dienst gestellt, im Jahre 1918 kamen 638 Flugzeuge hinzu. Die meisten Operationen der Wasserflugzeuge bestanden im Geleitschutz für die Handelsflotte, von der die Versorgung des Landes abhing. Während des Krieges mobilisierte die Marine bis zu 68.000 Mann. Die Verluste der Kriegsmarine lassen sich wie folgt aufschlüsseln: 3.169 Tote, 2.936 Verwundete und 108.000 BRT. Die Handelsmarine verlor durch österreichische und deutsche U-Boote ca. 50 % ihres Schiffsraumes (950.000 BRT).

Die Luftwaffe war 1912 bei der Generaldirektion für Artillerie und Pionierwesen aus der Taufe gehoben worden, wobei man auf Erfahrungen aus dem Italienisch-Türkischen Krieg baute, wo Flugzeuge, wenn auch noch im beschränkten Umfang, ihren militärischen Nutzen unter Beweis gestellt hatten. Mit dem königlichen Erlaß vom 7. Jan. 1915 wurde eine selbständige Luftwaffe gebildet, die aber, obschon sie über eigenes Personal verfügte, noch keine Teilstreitkraft war. Bei ihren Einsätzen blieb sie zunächst von Heer und Marine abhängig. Mit der Mobilmachung wurde die Luftwaffe dem Generalstab direkt unterstellt. Er verfügte damit über zwölf Staffeln zu je fünf Flugzeugen (einschließlich einem Reserveflugzeug) und vier Luftschiffe. Im ersten Kriegsjahr machten sich die Luftoperationen nicht sonderlich bemerkbar, die österreichisch-ungarische Luftwaffe übte die Luftherrschaft aus. Flugzeugproduktion und Pilotenausbildung machten aber relativ große Fortschritte. Gegenüber 382 im Jahre 1915 erbauten Flugzeugen standen 6.488 Maschinen im Jahr 1918. Insgesamt wurden während des Krieges 12.000 Flugzeuge und 24.000 Motoren gebaut. Die Luftwaffe des Heeres, die 1917 zur Teilstreitkraft aufgewertet wurde, verfügte 1918 über ca. 1.000 Flugzeuge, die Marine über 700. Sie errang damit schließlich die Lufthoheit, dank ihrer größeren Kriegsproduktion und der größeren Anzahl an ausgebildeten Piloten. Die italienische Industrie produzierte im allgemeinen Flugzeuge und Motoren nach französischer Lizenz (Henriot, Nieuport und Spad). Sie verfügte aber auch über eigene Entwicklungen wie die Caproni-Bomber und die SVA-Jäger, mit denen im Aug. 1918 ein Propagandaflug über Wien gemacht wurde. Neben ihrer hauptsächlichen Verwendung als Aufklärer wurden sie aber auch als Jäger eingesetzt oder um Agenten hinter den Linien abzusetzen. Die Verluste der Luftwaffe lagen bei etwa 1.000 Piloten und ca. 700 Pilotenschülern.

Zusammenfassend läßt sich feststellen, daß die italienischen S. in einem kritischen Zustand 1915 in den Krieg eingetreten waren. Aber in der zweiten Hälfte des Jahres 1917 waren sie dennoch gegenüber dem österreichisch-ungarischen Gegner in einer stärkeren Position. Diese verloren sie nach der Schlacht von Caporetto vorübergehend. Doch bald schon verbesserte sich die Kampfkraft des Heeres, trotz seines schlechten Rufes und vornehmlich aufgrund der beharrlichen Initiative von Politik, Militär und Industrie. Diese positive Entwicklung ging mit dem fortschreitenden Verfall des österreichisch-ungarischen Heeres einher, wodurch es dem italienischen Heer gelang, den Krieg siegreich zu beenden. Die italienische Kampfkraft war höher als erwartet und mit jener der anderen Ententemächte durchaus vergleichbar.

Lit.: L. Ceva, Le forze armate, Turin 1981; O. Bovio, Storia dell´esercito italiano (1861-1990), Rom 1996; M. Isnenghi/G. Rochat, La Grande Guerra 1914-1918, Florenz 2000.

ALESSANDRO MASSIGNANI (Ü: C. Z./ M. P.)

Streitkräfte (Österreich-Ungarn). Die österreichisch-ungarische Armee des Ersten Weltkriegs bekam ihre Gestalt durch den sog. Ausgleich im Jahre 1867, durch den die Habsburgermonarchie eine Struktur erhielt, die sie zwar als ein Reich mit zwei Hälften erscheinen ließ, aber doch ein Mindestmaß an Einheit und Interessenausgleich bewirkte. Die große Schwäche des Ausgleichs zwischen der ungarischen Reichshälfte und den übrigen Teilen der Monarchie bestand darin, daß den Slawen der Monarchie, die zum größeren Teil in der österreichischen Reichshälfte siedelten, eine ähnliche Berücksichtigung ihrer Wünsche und nationalen Hoffnungen verwehrt wurde. In politischer Hinsicht war der Ausgleich von 1867 bei weitem nicht das Ende, weil es zu weiteren Ausgleichen innerhalb der Reichshälften kam. Militärisch war er jedoch nicht fortzusetzen gewesen. Durch die Ausgleichsgesetze wurde ein gemeinsames Heer geschaffen, das als kaiserlich und königliche (k. u. k.) Armee und Kriegsmarine eine übernationale Gestalt und Funktion erhielt, während in der ungarischen Reichshälfte mit der Aufstellung der Honvéd (Heimwehr) und dann in der österreichischen Hälfte der Landwehr begonnen wurde, zwei weitere militärische Organisationen aufzubauen. Folglich zerfiel die österreichisch-ungarische Wehrmacht in die k. u. k. Armee und Kriegsmarine, die k. u. (königlich-ungarische) Honvéd und die k. k. (kaiserlich-königliche) Landwehr.

In Österreich-Ungarn galt bis 1912 die zwölfjährige Dienstzeit, von der drei Jahre aktiv und neun weitere Jahre in der Reserve zu dienen waren. Für Absolventen von Mittelschulen wurde 1868 das Institut der Einjährig-Freiwilligen geschaffen, mit dem die Reserveoffizierslaufbahn eröffnet wurde und de facto eine Dienstzeitverkürzung einherging. Mit der Wehrrechtsreform 1912 wurde die Dienstzeit auf zwei Jahre herabgesetzt, um eine Vermehrung des Reserveheeres zu erreichen. Gleichzeitig sollte es zu einer stärkeren Ausschöpfung der Wehrkraft und einer Steigerung der Wehrgerechtigkeit kommen, da der militärische Rahmen verhältnismäßig klein bemessen war und ein Teil der Tauglichen zwar gemustert, dann jedoch sofort in die Ersatzreserve entlassen wurde. Ersatzreservisten hatten nach einer Kurzausbildung während ihrer Dienstzeit lediglich eine jährliche Standeskontrolle im Ausmaß von ein bis zwei Tagen zu absolvieren.

Österreich-Ungarn war in 16 Korpskommandobereiche bzw. Militärterritorialbezirke aufgeteilt. Es gab 109 Heeres-, 59 Landwehr- und 47 Honvéd-Ergänzungsbezirkskommandos. Hiervon entfielen auf die Länder der böhmischen Krone, nämlich Böhmen, Mähren und Schlesien 24, auf Galizien 18, auf die Korpsbereiche Innsbruck und Graz elf, auf Niederösterreich mit Wien drei Heeres- und

Landwehrergänzungsbezirke, auf Dalmatien ein Heeres- und zwei Landwehrergänzungsbezirke und auf die Bukowina ein Heeres- und ein Landwehrergänzungsbezirk. Auf Bosnien und die Herzegowina entfielen vier Ergänzungsbezirke und auf die Länder der Stephanskrone (Ungarn) 47 Heeres- und Honvéd-Ergänzungsbezirke.

In der Friedensorganisation waren außer den 16 Korpsbereichen bzw. Kommanden des k. u. k. Heeres noch die Kader von 33 k. u. k. Infanterie-, acht k. k. Landwehr- und zwei k. u. Honvéd-Infanterietruppendivisionen enthalten. Mit Kriegsbeginn wurden weitere Divisionskommanden gebildet und Divisionen aufgestellt. Die Infanterietruppendivisionen führten die Nummern von 1 bis 49, von denen acht Honvéd Infanterietruppendivisionen und acht k. k. Landwehrinfanterietruppendivisionen waren. Ein Armeeoberkommando wurde erst im Kriegsfall gebildet. Chef des Generalstabs war vom 12. Dez. 1912 bis 1. März 1917 Feldmarschall Conrad Freiherr von Hötzendorf, dem bis Kriegsende Generaloberst Arz von Straußenberg nachfolgte.

Im Juli 1914 gliederte sich die k. u. k. Infanterie in 102 Infanterieregimenter, vier Regimenter bosnisch-herzegowinische Infanterie, vier Regimenter Tiroler Kaiserjäger, 30 Feldjägerbataillone. An k. u. k. Kavallerie kamen dazu: 15 Dragonerregimenter, 16 Husarenregimenter, elf Ulanenregimenter. Die k. u. k. Artillerie stellte 56 Feldartillerieregimenter, zehneinhalb Gebirgsartillerieregimenter, neun Regimenter reitende Artillerie, 14 schwere Haubitzdivisionen sowie Belagerungshaubitzdivisionen, Belagerungsartillerieparks und Bespannungsabteilungen für feste Plätze. Dazu kamen technische Stäbe, Truppen und Anstalten (Sappeure, Pioniere, Train etc.).

Die k. k. Landwehr bot auf: 36 Landwehrinfanterie- und zwei Landesschützenregimenter (in Tirol und Vorarlberg), sechs Landwehrulanenregimenter, acht Landwehrkanonendivisionen, acht Landwehrhaubitzdivisionen.

Aus der k. u. Honvéd kamen 32 Honvéd-Infanterieregimenter, zehn Honvéd-Husarenregimenter, acht Honvéd-Kanonenregimenter, eine reitende Artilleriedivision.

Die k. u. k. Kriegsmarine stütze sich organisatorisch auf die Seebezirkskommanden in Triest und Sebenico und ergänzte sich aus den dalmatinischen und istrianischen See-Ergänzungsbezirken. Bemannt wurden Ende Juli 1914: vier Geschwader Schlachtschiff-Flottille, eine Kreuzerflottille, zwei Torpedobootflottillen, zwei Divisionen zur Küstenverteidigung, die Unterseebootstation sowie die Einrichtungen und Hilfsschiffe zur lokalen und Küstenverteidigung, die Seefliegerstaffeln sowie die Donauflottille.

Die in der zweiten Kriegshälfte aufgebauten Luft-S. verfügten im Frühjahr 1917 (April 1917) über 46 Fliegerkompagnien, ein Fluggeschwader und 25 Ballonkompagnien. Bis zum Juni 1918 wurde die Luftmacht auf 77 Fliegerkompagnien, darunter 42 Divisionsfliegerkompagnien, neun Fernaufklärungskompagnien, 16 Jagdfliegerkompagnien, 11 Kompagnien ohne besondere Bezeichnung, 27 Ballonkompagnien sowie technische und Ausbildungseinheiten erweitert.

Der jährliche Ersatz belief sich im Frieden auf 159.500 Mann für das k. u. k. Heer, 7.260 Mann für die bosnisch-herzegowinischen Truppen, 24.717 Mann für die k. k. Landwehr und 25.000 Mann für die k. u. Honvéd. 50.000 bis 80.000 Taugliche wurden jährlich der Ersatzreserve zugeführt.

Alle wehrfähigen männlichen Staatsbürger Österreich-Ungarns, die weder dem Heer, noch der Kriegsmarine, den Landwehren oder der Ersatzreserve angehörten, zählten vom 19. bis zum vollendeten 42. Lebensjahr zum Landsturm. Offiziere und Militärbeamte, die nicht Heer, Landwehr oder Kriegsmarine angehörten, bis zum vollendeten 60. Lebensjahr. Ein Reserveheer bestand nicht, und an die Aufstellung von regelrechten Reserveformationen konnte in Friedenszeiten nicht gedacht werden. Daher wurden mit Kriegsbeginn sehr rasch Landsturmformationen aufgestellt und unter die Fronttruppen eingereiht, ebenso wie aus den Ersatzreservisten Marschformationen gebildet wurden, mit denen die Verluste auszugleichen begonnen wurde.

Ein besonderes Problem stellte die nationalitätenmäßige Zusammensetzung der österreichisch-ungarischen Streitmacht dar, da diese aus elf Nationalitäten gebildet wurde, die zehn Sprachen sprachen. Für das k. u. k. Heer und die k. k. Landwehr war Deutsch als Dienstsprache vorgeschrieben, während für die meisten Honvéd-Regimenter Ungarisch und einige wenige Kroatisch als Dienst- und Kommandosprachen vorgeschrieben waren. Daneben gab es die sog. Regimentssprachen, die dann als gegeben galten, wenn mindestens 20 % der Mannschaft sich dieser Sprache bedienten. So konnten in einigen Regimentern bis zu fünf Regimentssprachen Gebrauch finden.

Bei den Mannschaften wurden rund 25 % von den deutschen Österreichern gestellt, 22,5 % von den Ungarn, 13 % von den Tschechen, gefolgt von Kroaten und Serben, Polen, Ruthenen und Rumänen, schließlich Slowenen und Slowaken sowie 1,3 % Italienern. Bei den Offizieren des gemeinsamen Heeres war der Anteil der Deutschen Österreich-Ungarns noch viel markanter, da sie rund 3/4 der Offiziere stellten, gefolgt wieder von Ungarn und Tschechen. Bei den Landwehren galten andere Prozentsätze, da sich hier das Verhältnis zugunsten der nichtdeutschen Nationalitäten verschob.

Nach Einleitung der Mobilmachung am 25. Juli 1914 und schließlich mit der vollständigen Mobilmachung für die Kriegsfälle Balkan und Rußland wurden rund 1,5 Mio. Soldaten für die Front und über 1,2 Mio. im Hinterland verfügbar. Da zunächst geglaubt worden war, der Krieg gegen Serbien würde eine isolierte Kriegshandlung bleiben, wurde lediglich ein Balkanoberkommando gebildet. Mit Eintreten des Kriegsfalls Rußland mutierte das Balkanoberkommando zum Armeeoberkommando (AOK), dem vier Armeen für den russischen Kriegsschauplatz und zwei Armeen für den Balkan unterstellt wurden. Die Befehlsführung auf dem Balkan wurde bis Jahresende 1914 einem (neuen) Balkanoberkommando übertragen, das jedoch mit Jahresende seine Selbständigkeit einbüßte und aufgelöst wurde. Die von den k. u. k. Truppen geforderten Offensiven und die hohen Verluste, die der geringen Kriegserfahrung, Offensivgeist und rücksichtslosem Einsatz gleichermaßen zuzuschreiben sind, führten innerhalb kürzester Zeit zu sehr starken Veränderungen. Die sechs Armeen, die im Sommer 1914 an die Fronten abgingen, zählten rund 1,5 Mio. Soldaten. Bis Jahresende wurden 800.000 nachgeschoben. Dennoch betrug der Gesamtstand an Soldaten zum Jahresende 1914 weniger als 1 Mio. Mann, nämlich 680.000 an der russischen Front und 260.000 auf dem Balkan.

Eine deutlichere Sprache spricht noch die Gesamtzahl an Gewehren: Zum Jahresende 1914 waren an der Nordostfront nur mehr 254.000 Handfeuerwaffen vorhanden. Zusätzlich machte zu schaffen, daß die Zahl der

Tiroler Landesschützen

in russische Kriegsgefangenschaft geratenen Angehörigen der k. u. k. Armee zeitweilig die der Toten und Verwundeten überstieg und naturgemäß die Frage der Verläßlichkeit der Truppen und allenfalls die der Auflösung der k. u. k. Streitmacht schon in den ersten Monaten des Krieges aufwarf. Da es aber bei Kriegsbeginn und auch danach so gut wie keine Anzeichen dafür gab, daß sich einzelne Völker des Reiches dem Krieg entziehen wollten, wird die Ursache für die außerordentlichen Verluste durch Kriegsgefangenschaft nur teilweise an Desertionen liegen, vielmehr war dies auch eine Folge der unsinnigen Ersatzzuführung. Monat für Monat erhielt jedes Infanterieregiment ein Marschbataillon zugeschoben, womit der k. u. k. Streitmacht jeweils 220.000 bis 280.000 Mann zugeführt wurden. Damit konnten zwar die Abgänge rein rechnerisch ausgeglichen und die Stände aufgefüllt werden, in der Praxis sah es jedoch anders aus. Da die Marschbataillone unterschiedslos zugeschoben wurden, ob das Regiment große oder geringe Verluste gehabt hatte, ergaben sich an ruhigeren Frontabschnitten Überstände, während an den Brennpunkten ein entsetzlicher Mangel an Soldaten auftrat und die Ersatzmannschaften innerhalb kürzester Zeit ins Feuer geschickt wurden. Der Schock der Kämpfe wurde gerade im Winter 1914/15 noch durch die extreme Witterung sowie Versorgungsengpässe vermehrt, die eine rasche Demoralisierung bewirkten, die Bereitschaft, sich gefangennehmen zu lassen, steigerten und manchmal Massendesertionen auslösten. Diese Phase des Krieges an der Nordostfront endete erst mit der Durchbruchsschlacht von Gorlice-Tarnów im Mai 1915 und der Wende zum zeitweiligen Angriffs- bzw. Stellungskrieg.

Die Verhältnisse an der russischen Front lassen sich jedoch nicht auf die Balkanfront und nicht auf die italienische Front übertragen. Dort betrug das Verhältnis von Toten und Verwundeten einerseits und Kriegsgefangenen anderseits 10:1. Damit erwies sich ein weiteres Mal, daß es bei den Desertionen nicht so sehr um ein Nationalitätenproblem, sondern um ein Ausbildungs- und Führungsproblem ging. Gerade der neue Kriegsschauplatz im Südwesten zwang jedoch zu zusätzlichen Maßnahmen der Mannschaftsaufbringung, weshalb im Mai 1915 das Wehrgesetz abgeändert und die Landsturmpflicht neu geregelt wurde. Sie galt nun für die 18- bis 50jährigen, was frühere Musterungen erlaubte und zusätzlich Soldaten, die bis dahin im Hinterland eingesetzt gewesen waren, für die Front verfügbar machte. So wurden bis Jahresende 1915 fast 5,7 Mio. Mann aufgeboten und eingeteilt. Für die Fronten bedeutete dies, daß zu Jahresende 1915 rund 2,7 Mio. Soldaten gegen Rußland, auf dem Balkan und gegen Italien standen. Da sich zeitweilig an einigen Abschnitten gerade der Nordostfront zeigte, daß die Stände überkomplett waren und ein geringerer Bedarf an Ersatzmannschaften gegeben war, wurde dazu übergegangen, die Marschbataillone erst im Abstand von sechs Wochen bereitzustellen.

Der Kriegseintritt Italiens im Mai 1915 erfolgte zu einer Zeit, als sich die Rüstungsindustrie Österreich-Ungarns bereits voll auf den Krieg eingestellt hatte. Der Verlust an Kriegsmitteln, vor allem an Infanteriebewaffnung und Artillerie, war für die ersten Kriegsmonate und bis in den März/April 1915 nicht nur augenfällig, sondern erreichte zeitweilig katastrophale Ausmaße. Dies führte dazu, daß stellenweise unbewaffnete Ersatzmannschaften nahe hinter den Kampflinien aufgestellt wurden und sich der Waffe eines Gefallenen oder Verwundeten bemächtigen sollten, um überhaupt ein paar Schuß abgeben zu können. Bei der improvisierten Armeegruppe Pflanzer-Baltin (Karpaten) soll es im Winter 1914 nicht nur vorgekommen sein, daß Ersatzmannschaften, die keine Uniform mehr bekommen hatten, mit schwarz-gelben Armbinden in die Front gestellt wurden; es gab auch Bataillone, bei denen es zwei bis drei verschiedene Gewehrtypen gab, jedoch kaum Munition. Ähnlich mußte auch bei der Artillerie eine Zeitlang ein System der Aushilfen Platz greifen, ehe dann auf einheitliche Geschütztypen umgestellt und die Artillerie in der benötigten Stückzahl produziert wurde. Mit dem vollen Anlaufen der Rüstungsindustrie in Österreich-Ungarn, vor allem aber auch mit der Wende im Osten im Mai 1915 waren die größten Schwierigkeiten überwunden.

Die Kavallerie hatte sich schon in den Einleitungsfeldzügen als nicht mehr zeitgemäß herausgestellt, bestand zwar organisatorisch weiter, und bei der Honvéd wurden sogar Anfang 1915 noch zwei Landsturm-Husarenregimenter neu aufgestellt, doch kämpfte die Kavallerie zu diesem Zeitpunkt bereits mehrheitlich infanteristisch.

Im Frühjahr 1916 gliederte sich die Wehrmacht der österreichisch-ungarischen Monarchie in 26 Armeekorps und ein Kavalleriekorps mit 69 Infanteriedivisionen, 20 (selbständigen) Brigaden, elf Kavalleriedivisionen und drei (selbständigen) Kavalleriebrigaden.

Anfang Mai 1916 zählten die Streitkräfte der Habsburgermonarchie 150 Bataillone mehr als zu Kriegsbeginn, drei Mal so viele Maschinengewehre sowie doppelt so viel Geschütze und verfügten über ausreichend Munition. Die Brussilow-Offensive brachte jedoch eine überraschende Destabilisierung. Binnen weniger Wochen büßte die Nordostfront im Juni mehr als 300.000 Soldaten ein, im Juli 167.000 Mann, im August noch immer 138.000 Mann, womit sich abermals eine Krise bei der Aufbringung von Soldaten für die Front ergab. Für die Jahresbilanz 1916 ergab sich ein Abgang von 34.000 Offizieren und 1,7 Mio. Mann, die es auszugleichen galt. Im Laufe des Jahres 1916 verschob sich jedoch auch das Verhältnis der Kriegsschauplätze zueinander. Die Südwestfront wurde zur österreichisch-ungarischen Hauptfront, während man an der Nordostfront bereits mit weniger Truppen auskam und der Balkan nur mehr rund 74.000 Mann Besatzungstruppen forderte.

Entgegen den Befürchtungen zu Jahresende 1916, daß die Landsturmpflicht abermals ausgedehnt werden müßte, um auch die 17- und 51jährigen zu erfassen, waren dank der Abnahme der Kämpfe an der Nordostfront die bisherigen Maßnahmen ausreichend. Die Krise kündigte sich allerdings für 1918 an. Da bereits 70 % der Wehrpflichtigen aller Altersstufen einberufen worden waren, wurde errechnet, daß 1918 nur mehr die Hälfte des Ersatzbedarfs abzudecken wäre. Der Versuch, bis dahin vom Wehrdienst Enthobene einzuberufen, zeitigte kaum Konsequenzen, da sofort Auswirkungen auf die Rüstungsindustrie und die Landwirtschaft zu spüren waren, so daß die Maßnahme wieder rückgängig gemacht werden mußte. Und auch die 517.000 Heimkehrer aus russischer Kriegsgefangenschaft, die bis Juni 1918 in die Habsburgermonarchie zurückkehrten, stellten nur eine relativ geringe Vermehrung der Kampfstände dar. Da gleichzeitig die Geburtsjahrgänge 1867 bis 1869 – fast 300.000 Mann – beurlaubt bzw. entlassen wurden, hob sich auch das auf. Am 1. Jan. 1918 waren noch 4,41 Mio. Mann im Stande der k. u. k. Streitmacht, und zwar 2,85 Mio. bei der Armee im Felde sowie 1,56 Mio. bei den Ersatzkörpern, militärischen Behörden, Kommandos und Anstalten in der Heimat. Hinzu kamen weibliche Hilfskräfte und Kriegsgefangene. Die Marschbataillone zählten zusammen nur mehr rund 100.000 Mann, gegenüber 220.000 bis 280.000 in früheren Jahren. Die Armee im Felde aber zeigte die Tendenz, auch immer mehr Truppen nach hinten abgehen zu lassen, bzw. war sie gezwungen, sich einem Fluktuationsprozeß zu fügen, der Hand in Hand mit der Auflösung der Monarchie ging.

Schon Ende 1917 begann die Rüstungsindustrie zu kollabieren, was eine indirekte Folge der Durchbruchsschlacht von Flitsch und Tolmein (Caporetto) war. Die Kohlezuweisungen wurden zu diesem Zeitpunkt bis auf 40 % des Bedarfs gedrosselt, von 45 Hochöfen konnten nur mehr 24 betrieben werden. Das Problem der Rüstungsindustrie war jedoch nicht, daß es – wie bei Kriegsbeginn – einen zu geringen Ausstoß gegeben hätte, denn sowohl Gewehre als auch Geschütze, Munition und Flugzeuge waren in ausreichenden Mengen vorhanden. Wohl aber nahm die Qualität stetig und schließlich 1918 dramatisch ab, so daß die Artillerie häufig kurz schoß, Waffen versagten, Flugzeuge eine statistische Lebensdauer von vier Monaten aufwiesen und ab dem Sommer 1918 die Versorgung der Truppen das zentrale Problem wurde.

Die Lebensmittel waren verbraucht, die Uniformen ausgegeben und die Ersatzstoffe waren das, was ihr Name besagte. Für das Ende der k. u. k. Armee war aber auch ausschlaggebend, daß Kaiser Karl I. seit seinem Regierungsantritt im Nov. 1916 nach und nach Maßnahmen ergriffen hatte, die auf eine Reduktion der militärischen Anstrengungen hinausliefen und keinesfalls eine Art »letztes Aufgebot« voraussetzten. Im Okt. und Nov. 1918 hörte die k. u. k. Streitmacht zu bestehen auf. Die Gesamtverluste der österreichisch-ungarischen Armee 1914-1918 betrugen 8.349.231 Gefallene, Verwundete, Kranke, Kriegsgefangene und Vermißte.

Lit.: G. Kronenbitter, »Krieg im Frieden«. Die Führung der k. u. k. Armee und die Großmachtpolitik Österreich-Ungarns 1906-1914, München 2003; M. Rauchensteiner, Der Tod des Doppeladlers. Österreich-Ungarn und der Erste Weltkrieg, Graz u. a. 1994.

MANFRIED RAUCHENSTEINER

Streitkräfte (Rußland). Ein Jahr vor Ausbruch des Russisch-Japanischen Krieges 1904/05 bestand das stehende russische Heer aus ca. 41.000 Offizieren, 10.000 Militärbeamten, zu denen auch die Militärärzte zählten, sowie ca. 1 Mio. Unteroffizieren und Mannschaften. Als Reservisten waren rund 2 Mio. vorgesehen, also konnten im Kriegsfalle etwa 3 Mio. Unteroffiziere und Mannschaften mobilisiert werden.

Innerhalb der kaiserlichen Armee nahmen bis zum Ende des Weltkrieges die Garderegimenter eine besondere Rolle und Stellung ein. Sie hatten ihren Ursprung in den sog. Spielregimentern Peters I. Dazu gehörten zehn Infanterie- und zehn Kavallerieregimenter sowie Einheiten der Artillerie, der Pioniere und anderer Spezialeinheiten.

Die Erziehung der Gardeoffiziere, die fast durchweg dem hohen Adel entstammten, begann in der Regel im Pagenkorps, das seit den Militärreformen der 1870er Jahre durch die Einführung von Lehrplänen dem Kadettenkorps und den anderen Militärschulen angeglichen wurde. Neben diesen beiden Ausbildungsstätten bestanden als Eliteschulen des Militärs die Pawlowsker Militärschule für die Infanterie, die Nikolajewsker für die Kavallerie und die Konstantinowsker für die Artillerie. Daneben bestanden weitere Schulen für die einzelnen Waffengattungen sowie ferner die Junkerschulen, an denen zwar die Mehrheit der Schüler aus dem erblichen Adel stammte, aber immerhin auch ein gewisser Prozentsatz aus dem Bürgertum, der Priesterschaft und sogar dem Bauerntum kam. In der Amtszeit des Kriegsministers A. N. Kuropatkin (1898-1904) wurden die Junkerschulen den übrigen Militärschulen gleichgestellt, was zu einer gewissen Veränderung der sozialen Zusammensetzung des Offizierskorps führte.

Seit den Reformen der 1870er Jahre unter dem Kriegsminister D. Miljutin war die Generalstabsakademie eine wichtige Ausbildungsstätte der Armee, doch bildete der Generalstab in Rußland keine Einheit und entwickelte keine in sich geschlossene Militärdoktrin.

Nach den Erfahrungen von 1904/05 wurde ein Reichsverteidigungsrat (Sowjet gosudarstvennoi oborony) geschaffen, in dem Großfürst Nikolaj Nikolajewitsch, Generalinspekteur der Kavallerie, den Vorsitz übernahm. Er sollte das Konzept für die Militärpolitik entwickeln, dessen Umsetzung kontrollieren und eine Abstimmung der Ressorts übernehmen. Doch blieb dieses Leitungsgremium schwerfällig und konnte noch nicht einmal die Generalinspekteure der einzelnen Waffengattungen von Eigenmächtigkeiten abhalten. Nachdem Nikolaj Nikolajewitsch den Vorsitz aufgrund von öffentlicher Kritik an der Tätigkeit des Rates niedergelegt hatte, wurde dieser schließlich am 12./25. Aug. 1909 abgeschafft. Nach den jüngsten Kriegserfahrungen erhielt zunächst auch der Generalstabschef eine stärkere Stellung mit direktem Zugang zum Kaiser und damit Unabhängigkeit vom Kriegsminister. Dies allerdings wurde nach dem Amtsantritt des Kriegsministers W. A. Suchomlinow wieder abgeschafft.

Die russische Kriegsplanung in den letzten Jahren vor dem Weltkrieg, die sich teilweise an den Bedingungen der Militärkonvention mit Frankreich von 1892 orientierte, sah vor, daß Armeen von rund 800.000 Mann bereits zwei Wochen nach der Mobilmachung auf deutsches Gebiet vorstoßen sollten, um dort feindliche Kräfte zu binden. Dafür erhielt Rußland ab 1912 eine jährliche Anleihe von 500 Mio. Francs zur Verbesserung der Infrastruktur und sonstigen notwendigen Verwendung. Diese Konzeption war in der russischen Militärführung nicht unumstritten. So legte der spätere Generalstabschef M. W. Alexejew bei einem Treffen der Kommandeure der Militärbezirke eine Konzeption vor, die den militärischen Hauptschlag gegen Österreich-Ungarn richten und nur kleinere Aktionen in Ostpreußen unternehmen sollte. Zwar wurde der Vorschlag vom Generalstab zurückgewiesen, führte aber zur Modifizierung der bisherigen Planung. Die neue Konzeption bestand aus den Varianten G und A. Fassung G ließ den bisherigen Aufmarschplan weitgehend unberührt, während Fassung A, die dann 1914 auch durchgeführt wurde, vorsah, an der Nordwestfront 30 Infanteriedivisionen in zwei Armeen gegen das Deutsche Reich und an der Südwestfront 46 $^{1}/_{2}$ Divisionen gegen Österreich-Ungarn zu richten. Zwei Armeen, die 6. und die 7., sollten im Baltikum den Weg nach St. Petersburg verlegen bzw. an der rumänischen Grenze und am Schwarzen Meer stationiert werden.

Die Land-S. waren in zwei Heeresgruppen (Fronten) gegliedert, wobei die 1. und 2. Armee bei Kriegsbeginn 1914 die Nordwestfront unter General Yakow Zhilinski bildeten und vier weitere Armeen, die 3., die 8., die 4.

und die 5., unter dem Kommando von General N. Ju. Iwanow die Südwestfront ausmachten. Dort kam Anfang Sept. 1914 noch die neugebildete 9. Armee hinzu.

Die russische Flotte bestand aus der Baltischen, der Schwarzmeer-, der Pazifischen und der Kaspischen Flotte. Im Russisch-Japanischen Krieg waren die Pazifische und die Baltische Flotte fast komplett vernichtet worden. Der Wiederaufbau und die Reform der Flotte wurden nach langwierigen Auseinandersetzungen zwischen Duma und Regierung 1911 unter dem Flottenminister I. K. Grigorowitsch in einem militärischen Programm beschlossen, aber sie begannen im wesentlichen erst nach 1913. In den Jahren 1913-14 überbot Rußland die deutschen Flottenaufwendungen. Bei Kriegsausbruch hatten diese Investitionen allerdings erst wenig Ergebnisse gebracht, und von den gesteckten Zielen war Rußland weit entfernt. Tatsächlich waren neun Schlachtschiffe (keines davon vom Typ Dreadnought), 14 Kreuzer, 105 Zerstörer, 25 Torpedoboote und 25 U-Boote einsatzbereit. Im Bau befand sich ferner eine vergleichbare Anzahl von Schiffen. Das Zarenreich hatte somit viel Geld in die Hochseeflotte gesteckt, die sich dann jedoch als eine strategisch unbrauchbare Waffe erwies. Hauptproblem im Krieg war nicht der Mangel an Schiffen, sondern die Tatsache, daß die Land-S. – zum Teil aufgrund der hohen Flotteninvestitionen – rückständig waren. Der Krieg zeigte auch, daß der Bau leichter Kräfte der Flotte und von U-Booten wichtiger gewesen wäre.

Bei Kriegsausbruch besaß die russische Armee eine Friedensstärke von 1,34 Mio. Soldaten. Der Oberbefehl lag in den Händen des Höchstkommandierenden, Großfürst Nikolaj Nikolajewitsch, mit seinem Generalstabschef N. N. Januschkewitsch. Zur Stawka (Militärisches Hauptquartier), das sich zunächst in Baranowitschi (Weißrußland) befand, dann nach der Eroberung durch die Mittelmächte in der Offensive seit dem 1. Juli 1915 nach Mogilew verlegt wurde, gehörte zudem General J. N. Danilow, der Generalquartiermeister.

Nach der Generalmobilmachung erreichte die Kriegsstärke ca. 5 Mio. Mann. In den folgenden Jahren wurden aufgrund der hohen Verluste immer neue Reservisten eingezogen. Darüber hinaus rekrutierte man Milizeinheiten, wenn die Reserve erschöpft war. Im April und Sept. 1916 wurden die letzten Angehörigen der beiden Milizkategorien in einer Stärke von rund 1,57 Mio. Soldaten eingezogen, die jünger als 38 Jahre waren. In der Folgezeit

Russische Artillerie in Ostpreußen. 1914

konnten nur noch ältere Soldaten eingezogen werden, die zudem schlecht und unzureichend ausgebildet waren. Auch sie entstammten zumeist der russischen Bauernschaft.

Während des Krieges veränderte sich nicht nur das Sozialprofil der Mannschaften, sondern auch die Rekrutierungspraxis bei den niederen Offiziersrängen. Die Verluste waren derart hoch, daß im Jahre 1917 fast alle Offiziere unterhalb des Ranges eines Obersten erst im Kriegsverlauf ihre Ausbildung, zumeist in Kurzlehrgängen, erhalten hatten. Ende 1916 waren rund 145.000 Offiziere in der Armee aktiv, von diesen waren etwa 50.000 erst während des Krieges ausgebildet worden.

An der Bewaffnung der russischen S. änderte sich im Laufe des Krieges wenig. Seit den 1890er Jahren war die Infanterie mit dem Mosin-Gewehr bewaffnet, das mit den Gewehren der anderen europäischen Mächte durchaus konkurrieren konnte. Die russische Artillerie war fast ausschließlich mit den 76-mm-Schnellfeuergeschützen aus dem Jahre 1902 ausgerüstet. Jede Division verfügte über sechs Batterien (48 Geschütze) vom Kaliber 76 mm und jedes Korps zudem über zwei Batterien (zwölf Geschütze) von leichten Haubitzen (Kaliber 122 mm). Als schwere Artillerie gab es nur 164 Geschütze vom Kaliber 152 mm (schwere Haubitze), die als strategische Reserve für die gesamte Armee dienten. Insgesamt verfügten die russischen S. zu Kriegsbeginn über nicht mehr als 4.100 Maschinengewehre. Als grundsätzliches Problem erwies sich der Mangel an Munition und an Bewaffnung (Gewehre, Maschinengewehre und Geschütze), die weder in ausreichender Zahl produziert noch transportiert werden konnten.

Nach anfänglichen Erfolgen in Ostpreußen wurde die 2. Armee unter Samsonow in der Schlacht bei Tannenberg (26.-30. Aug. 1914) vernichtet, die 1. Armee unter Rennenkampf wurde in der Schlacht an den Masurischen Seen (7.-21. Sept. 1914) zurückgeschlagen. An der galizischen Front verlief die Entwicklung entgegengesetzt: Nach ersten Erfolgen der österreichisch-ungarischen Armee im Aug. und Sept. 1914 stießen die russischen S. bis Przemyśl am San vor.

Im Mai 1915 begannen deutsche und österreichisch-ungarische Truppen zunächst eine Offensive in Galizien und ab Juli auch in Polen und Kurland, die erst im Okt. zum Halten kam. Am 5. Sept. 1915, teilweise aufgrund der militärischen Niederlage, übernahm Zar Nikolaj II. selbst das Oberkommando mit General Michail W. Alexejew als Generalstabschef. Großfürst Nikolaj Nikolajewitsch und sein Generalstabschef Januschkewitsch erhielten das Kommando an der Kaukasusfront. Im Laufe des Jahres 1916 kam es an der Südwestfront unter dem Kommando des Generals A. A. Brussilow ab dem 4. Juni zu der nach ihm benannten Offensive, die zu erheblichen russischen Geländegewinnen, aber nicht zu einem entscheidenden Durchbruch führte und mit rund 500.000 Toten, Verwundeten und Gefangenen auf russischer Seite schwer erkauft war. Durch den Kriegseintritt Rumäniens auf seiten der Entente im Jahre 1916 verlängerte sich die russische Front noch, die nun bis zum Schwarzen Meer reichte.

Bis Jan. 1917 waren 14,6 Mio. Soldaten eingezogen worden. Dabei ist festzuhalten, daß zu dieser Zeit von den rund 9 Mio. Soldaten der russischen S. nur etwa 3,5 Mio. Fronttruppen waren und die übrigen im Hinterland standen. Die Zahl der Eingezogenen stieg bis zum Herbst 1917 auf 15,3 Mio.

Zur sozialen und nationalen Zusammensetzung der russischen Armee ist festzuhalten, daß sie im wesentlichen aus Bauern bestand und Arbeiter kaum mehr als 2 % ausmachten, die zudem in besonderen Einheiten, die eine technische Ausbildung erforderten, eingesetzten wurden: Maschinengewehrschützen, Automechaniker, Pioniere und Nachrichteneinheiten.

Die Matrosen waren im allgemeinen besser ausgebildet: 15 % hatten vorher in Fabriken gearbeitet (20 % der Land-S.), 70 % konnten lesen und schreiben (aber nur 53 % der Land-S.).

Über die nationale Ausrichtung liegen keinerlei offizielle Angaben vor, doch ist davon auszugehen, daß die meisten ethnischen Gruppen entsprechend ihrem prozentualen Anteil an der Gesamtbevölkerung des Russischen Reiches zur Armee eingezogen wurden. Besondere Einheiten bildeten traditionsgemäß die Kosaken. Die finnische Bevölkerung und die indigene Bevölkerung aus dem Kaukasus, Sibirien und Zentralasien waren generell vom Militärdienst befreit. National-ethnische Einheiten kamen nur in Lettland in einer Gesamtstärke von rund 40.000 Mann und in einer polnischen Division zustande.

Im Mai 1917 beliefen sich die Verluste nach amtlichen Angaben auf rund 6 Mio., davon waren 2,9 Mio. Kriegsgefangene, 2,4 Mio. Verwundete und rund 1 Mio. Tote und Vermißte. Neuere Berechnungen gehen hingegen von einer Zahl von 2,3 Mio. Toten aus. Im Jan. 1917 standen noch 6,9 Mio. russischer Soldaten im Feld und etwa 2 Mio. in der Etappe.

Nach der Februarrevolution 1917 begann eine schleichende Auflösung der russischen S. Erster Kriegsminister der Provisorischen Regierung wurde A. I. Gutschkow, Mitglied der rechtsliberalen Partei der Oktobristen, der im Mai 1917 durch den gemäßigten Sozialisten Alexander Kerenski abgelöst wurde. Dieser ersetzte am 22. Mai/4. Juni 1917 den bisherigen Generalstabschef Alexejew durch General Brussilow, der bis dahin die Südwestfront kommandiert hatte. Im Juli 1917 kam es dort noch einmal zu einer Offensive, die nach wenigen Tagen erfolglos abgebrochen werden mußte.

Im Herbst 1917 setzte eine immer stärker werdende Desertionsbewegung ein, auch kam es an der Front zu Fraternisierungen mit dem Gegner. Nach der Oktoberrevolution 1917 schloß die neue bolschewistische Regierung am 15. Dez. 1917 einen Waffenstillstand mit den Mittelmächten, dem am 3. März 1918 der Friedensvertrag von Brest-Litowsk folgte. Zu diesem Zeitpunkt befanden sich die russischen S. bereits in voller Auflösung.

Lit.: J. C. Bushnell, The Tsarist Officer Corps, 1881-1914: Customs, Duties, Inefficiency, in: American Historical Review, 86 (1981), S. 753-780; M. Mayzel, The Russian General Staff During the Revolution, Rochester 1975; D. W. Mitchell, A History of Russian and Soviet Sea Power, London 1974; C. Van Dyke, Russian Military Doctrine and Education, West Point 1990.

Bettina Brand / Dittmar Dahlmann

Streitkräfte (USA). Die S. der Vereinigten Staaten im Ersten Weltkrieg waren – mehr denn je in jenem Jahrhundert – ein Konstrukt der Staatspolitik. Die neue Provisorische Regierung in Rußland von 1917 hatte eine entschlossene Fortführung des Krieges im Osten versprochen. An der Westfront befanden sich die Deutschen eindeutig in der Defensive. Die USA selbst waren nirgends ernstlich und unmittelbar bedroht. Und doch sollte sich im Weltkrieg jenes Muster entwickeln, nach dem die Vereinigten Staaten im 20. Jahrhundert Kriege führen würden: Die Politik bestimmte die Strategie, sie bestimmte die Operationsführung und sie bestimmte die Taktik. Anfangs ein Verfechter der Neutralität, hatte Präsident Woodrow Wilson im Laufe des Krieges ein Eingreifen immer stärker befürwortet. Dies tat er nicht allein, um den Konflikt an sich zu beenden, sondern auch im Hinblick auf eine künftige Weltordnung, in der ähnliche Konflikte dadurch verhindert werden sollten, daß man die Welt für Demokratie und Handel sicher machte. Derart weitgehende Absichten hingen aber letztlich weniger von Bekundungen als vielmehr von Gewalt ab, mit anderen Worten: vom energischen und direkten militärischen Engagement der Amerikaner auf dem Hauptkriegsschauplatz. Zur Schaffung einer guten Kriegsmoral und um schon jetzt die ins Auge gefaßte Nachkriegsordnung abzustützen, rief Wilson nach einer nationalen Mobilmachung, wodurch Millionen Amerikaner schließlich »über den Teich« geschickt wurden.

Letzteres war leichter gesagt als getan. Der eigentliche Garant der nationalen Sicherheit des Landes und der wichtigste Schutz seiner Macht, die US-Navy, war 1917 nicht kriegstauglich. Mit ihrem Übergewicht an Großkampfschiffen zu Ungunsten kleinerer Schiffe war sie anfänglich kaum in der Lage, mehr als eine Notflottille aus Zerstörern für den Konvoi-Verkehr – diese mittlerweile entscheidend gewordene Dimension des Seekriegs – aufzubieten. Eine Serie von Notbauprogrammen schuf schließlich nicht weniger als 250 »Four Stack«-Zerstörer (mit einer Verdrängung von 1.100-1.200 t) und hunderte kleiner Schiffe zur U-Boot-Bekämpfung. Seemacht war für Wilson aber nicht der Preis des alliierten Sieges, sondern vielmehr die Voraussetzung für einen solchen. Um diesen Sieg zu erreichen, brauchten die Vereinigten Staaten vor allem ein Heer – und zwar ein Massenheer.

Eine solche Streitmacht zu schaffen schien eine derart undurchführbare Aufgabe, daß die Deutschen sie als schlicht unmöglich abtaten, die Verbündeten dagegen Schwierigkeiten hatten, diesen Erfolg entsprechend zu würdigen. Mit einer offiziellen Stärke von nur 108.000 Mann (halb soviel wie die britische Armee bei Kriegsausbruch) war das Potential für ein Kaderheer begrenzt, selbst wenn die einzelnen Bataillone und Batterien als Reservoir für neue, im Krieg aufgestellte Einheiten fungieren sollten. Da amerikanische Berufssoldaten in der Regel bis zum Ende ihrer phy-

Amerikanische Matrosen bei der Einschiffung nach Europa. 1917

sischen Tauglichkeit dienten, gab es auch wenige »Dugouts«, also reaktivierte Unteroffiziere und Offiziere, wie sie 1914-15 bei der britischen Armee das Rückgrat der Massenarmee gebildet hatten. Und was die Nationalgarde anging, diese oft mit der britischen Territorial Army verglichene Zeitfreiwilligentruppe aus Zivilisten, so variierte deren Stärke und Schlagkraft je nachdem, welcher Bundesstaat sie kontrollierte. Weil sie chronisch unterfinanziert waren, waren die lokalen Gardeeinheiten meist mit der Beschaffung von kommunalen und privaten Geldern beschäftigt, sie funktionierten somit gleichermaßen als Bürger- und Sportverein wie als militärische Organisation. Auch hatte der schon fast traditionelle Einsatz der Nationalgarde bei Arbeitskämpfen dazu beigetragen, die Truppe in den Augen vieler Amerikaner als ein Instrument des Klassenkampfes zu diskreditieren: Kleinbürgerliche Sonntagskrieger, die sich eher dazu eigneten, ihre Mitbürger niederzuschießen als gegen einen äußeren Feind zu kämpfen.

Zu den Personalproblemen gesellte sich in den USA ein umfassender Mangel an einschlägiger Infrastruktur. Für eine Massenarmee existierten weder die hierzu nötigen Liegenschaften noch die Ausrüstung. Die Lage der existierenden Standorte war oftmals von den Indianerkriegen oder politischen Einflüssen bestimmt. Sie befanden sich also auf eher abgelegenen Flecken in einem Land, dessen Verkehrsnetz ohnehin noch unterentwickelt war: Fort Huachuca (Arizona), Fort Bliss (Texas), Fort Russell (Wyoming) und all die anderen Standorte waren kaum die geeignete Wahl für Massenausbildungsstätten. Auch die Bewaffnung und die Ausrüstung wiesen gravierende Mängel auf: Noch im Jan. 1918 meldete eine Division das Fehlen von einem Drittel ihrer Gewehre sowie ihrer gesamten Bestände an Patronengurten und Brotbeuteln. Diese Division sollte neun Monate später an die Front geschickt werden.

Die dritte Stütze einer Mobilmachung war nicht weniger schwach. Die öffentliche Unterstützung für die Art von Krieg, wie sie Woodrow Wilson zu kämpfen vorschlug, konnte keineswegs als gesichert gelten. Er war 1916 mit dem Wahlkampfslogan »Er hat uns aus dem Krieg herausgehalten« wiedergewählt worden. Als Verfechter einer wachsamen Verteidigungspolitik zwischen 1914 und 1916 hatte Wilson sich dafür eingesetzt, Planungen für die Abwehr einer ausländischen Invasion zu fördern, mit der er am ehesten für die Zeit nach Ende des Krieges rechnete. Obschon die Kriegserklärung selbst überwältigende Zustimmung fand, war man sich auf seiten der Regierung der Nachhaltigkeit dieser Zustimmung offenbar nicht so sicher, da sofort mit der Umsetzung einer massiven Kriegspropagandakampagne begonnen wurde. Aber wie skeptisch das amerikanische Volk gegenüber hochgekochter patriotischer Rhetorik gewesen sein mochte (oder auch nicht), es bedurfte nun konkreter Maßnahmen, um die Voraussetzungen dafür zu schaffen, daß das Land den Krieg unterstützen konnte, der seinen politischen Entscheidungsträgern notwendig erschien.

Die USA waren der erste moderne Staat, der ein Massenheer nach industriellen Maßstäben gleichsam aus dem Nichts schuf. Deutschlands Mobilmachung für den Weltkrieg war eine bürokratische gewesen, das Ergebnis von vier Jahrzehnten administrativer Planungen. Die Großbritanniens war eine handwerkliche gewesen, das Ergebnis der Arbeit der kleinen Produktionseinheiten, die alle im Dienste der gemeinsamen Sache zusammengearbeitet hatten. Amerika hingegen griff auf das Fabriksystem zurück. Die US-Army war eine Wehrpflichtarmee, bei der von Beginn an in massenhaftem Umfang eingezogen, geprüft, verschickt und ausgebildet wurde. Zwischen Mai und Sept. 1917 wurde das gesamte Land in Wehrkreise aufgeteilt, von denen jeder rund 50.000 Mann erfaßte. Das waren die »Fabriken«, in denen auf institutionellen Fließbändern Divisionen und Regimenter produziert wurden. Die Rassentrennung schwarzer Soldaten ist so oft thematisiert worden, daß man dabei leicht die Integration von Soldaten mexikanischer, indianischer und asiatischer Abstammung in die Einheiten übersieht. Im Gegensatz zu den europäischen Heeren verfügten die »Grundkomponenten« dieser Armee über keine gewachsene territoriale Geschichte. Die Regimenter akzeptierten Rekruten, von wo diese auch immer kamen, und sie pflegten keine besonderen regionalen Bande. Einheiten der Nationalgarde wurden zusammengelegt, ihnen wurden neue Funktionen zugewiesen, ihre historischen Traditionen und lokalen Bindungen wurden ignoriert.

Dieser Amalgamierungsprozeß war zum Teil eine Antwort auf die neuen militärischen Organisationsformen, in denen sich die Anforderungen des modernen Krieges widerspiegelten, die dieser an die Belastungsfähigkeit der Verbände stellte. Er spiegelte aber auch das Bestreben von Teilen des Berufssoldatenstandes wider, lokale Loyalitäten und Bindungen aufzubrechen, wo sie als hinderlich für eine schnelle und effektive Kampfvorbereitung erachtet wurden. Die Rekruten der alten National Army waren ursprünglich entsprechend regionaler Herkunft verteilt worden: Männer aus Texas und Oklahoma in einer Division, Männer aus Neuengland und der Westküste in andere und so weiter. Doch brach dieses System schon bald zusammen, als nämlich Soldaten en bloc versetzt wurden, um Verbände aufzufüllen, die früh für den Übersee-Einsatz eingeplant waren, oder um durch Soldaten mit niedrigerem Ausbildungsstand bzw. durch frische Wellen neuer Rekruten ersetzt zu werden. Im Einsatzgebiet angekommen, wurde der Ersatz dann durch ein Depotsystem zugewiesen, eine Zuweisung, die keine Rücksicht auf regionale Herkunft oder frühere Einheitszugehörigkeit nahm.

Sogar die Bezeichnungen der Einheiten und Verbände waren unerbittlich anonym. Die Divisionen wurden von 1 bis 100 durchnumeriert. In den Einheiten der National Army und der Nationalgarde ergab sich die Regimentsnummer dadurch, daß man die Divisionsnummer einfach mal vier nahm: Zur 26. Division gehörten also die Infanterieregimenter 101 bis 104. Artillerie- und Pioniereinheiten sowie Fernmelde- und Versorgungstruppen wurden nach dem selben Prinzip numeriert: Die 26. Division verfügte also über die Feldartillerieregimenter 101 bis 103, das Pionierregiment 101 und so weiter. Insgesamt waren bis Kriegsende 43 Divisionen nach Frankreich verschifft worden. Davon wurden sechs als Depotdivisionen verwendet, bei weiteren sechs war das Personal nach der Ankunft als Ersatz auf andere Divisionen verteilt worden.

Zum Wehrpflichtsystem und zur Integration gesellte sich ein Ausbildungssystem hinzu, das auf Weisungen basierte, die der Eigeninitiative der Untergebenen und dem so oft gepriesenen amerikanischen Know-how wenig Spielraum ließen. Diese Entscheidung spiegelte den weitgehenden Mangel an militärischen Kenntnissen bei

Bürgersoldaten und Nationalgardisten wie auch bei den Wehrpflichtigen gleichermaßen wider. Einige Einheiten der Nationalgarde waren bereits 1916 für den Konflikt mit Mexiko aufgeboten worden, doch verbesserte die relativ kurze Dienstzeit entlang der Grenze nicht einmal ihre Fertigkeiten in administrativen Abläufen. Selbst die meisten der sog. aktiven Regimenter bestanden ab 1917 größtenteils aus Rekruten und Wehrpflichtigen. So waren sich denn auch viele Berufsoffiziere sicher, daß ihre Kenntnisse über den modernen Krieg – so begrenzt diese auch sein mochten – immer noch besser waren als die der Amateure von der Nationalgarde oder der Zivilisten, denen man nach ein paar Wochen auf der Kriegsschule die Schulterstücke verliehen hatte. Wenigstens hatten die Berufssoldaten ungefähre Kenntnisse davon, wie man große Massen auf engem Raum kontrollierte, unterbrachte und verpflegte, ohne daß dabei zwangsläufig Seuchen oder Meutereien ausbrechen mußten.

Kurzum, die USA versuchten, austauschbare militärische Formationen in Massenware zu produzieren, die aus einem Gemenge von spezifischen institutionellen Fähigkeiten und allgemeinen ideologischen Prinzipien (»Wir machen die Welt für die Demokratie sicher«) zusammengehalten wurden. Das war ein vielversprechendes Konzept – im Zweiten Weltkrieg sollte es gut funktionieren. Die Risiken und Defizite dieser Herangehensweise traten aber 1918 während der Krise bei den Ententemächten zutage. Schon vor Beginn der deutschen Offensiven verlangten Briten und Franzosen nach sofortiger und stärkerer amerikanischer Präsenz, wobei Quantität wichtiger war als Qualität. Auch Wilson war beunruhigt ob der Möglichkeit einer militärischen Niederlage oder eines Kompromißfriedens, wobei er letzteren als einer Niederlage gleichkommend betrachtete. In den USA wurden das Ausbildungssystem und die Truppentransporte auf Hochtouren gebracht. Wie immer, wenn von neu geschaffenen Systemen erhöhte Leistungsfähigkeit gefordert wird, erwuchs aus der Verwirrung bald Chaos. Die Einheitlichkeit von Verbänden ging verloren, als Soldaten massenhaft, augenscheinlich ohne irgendein System und ohne jede Rücksicht auf ihren Ausbildungsstand verschifft wurden. Am Ende des Jahres war eine wachsende Anzahl von Ersatztruppen an der Front nicht einmal in der Lage, ihre Gewehre zu laden.

Das Heer, das seit Juni 1917 nach Europa hineinwalzte, war in wachsendem Maße stark französisch orientiert. Trotz der gemeinsamen Sprache entwickelte sich das Verhältnis zwischen Amerikanern und Briten kaum über den Austausch unverbindlicher Höflichkeiten hinaus. Den Franzosen dagegen hing der Charme des Andersseins an. Und wenn sie auch unter sich nicht weniger scharf als die Briten über die Unzulänglichkeiten der Amerikaner wetterten, so trugen französische Höflichkeit und amerikanischer Mangel an Fremdsprachenkenntnissen doch viel dazu bei, den Schaden bei der Zusammenarbeit zu begrenzen. Darüber hinaus förderten vier Faktoren den französischen Einfluß auf die American Expeditionary Force (AEF). So waren die Franzosen mit Lothringen für den Sektor der Front zuständig, der sich am ehesten dazu eignete, die »grünen« Amerikaner mit dem Grabenkrieg vertraut zu machen. Dabei bot dieser auch die Möglichkeit für die Art von Bewegungskrieg, die sich das amerikanische Oberkommando wünschte. Die Häfen in Südwestfrankreich und die von dort nach Osten führenden Eisenbahnlinien waren weniger überlastet als die von den Briten belegten Kanalhäfen und Bahnlinien im Norden. Auch war Frankreich in der Lage, mit der Waffentechnologie auszuhelfen, die den Amerikanern fehlte: Flugzeuge, Panzer und vor allem Artillerie. Schließlich erwiesen sich die französischen Stabs- und Ausbildungsmethoden als einigermaßen effektiv und leicht zu übernehmen. Das war vor allem bei den technischen Waffengattungen wie Artillerie, Pionier- und Fernmeldetruppe der Fall.

Die Bereitschaft der AEF, von den Franzosen organisatorische und technische Grundsätze zu übernehmen, bedeutete noch lange nicht, auch deren Praxis der Gefechtsführung nachzuahmen. So verfocht John J. Pershing, der Oberbefehlshaber der AEF, stets die Bedeutung eines aggressiven Infanterieeinsatzes. Darin sah er den Schlüssel zur Überwindung des Patts an der Westfront. Dieser angebliche »Kult des Gewehrs« ist vielleicht ein wenig zu sehr ironisiert worden. Pershing glaubte in der Tat, die Amerikaner hätten eine »natürliche« Begabung als Schützen. Doch unterstrich er auch die Bedeutung sorgfältiger Ausbildung und effektiver Führung für den taktischen Erfolg. Im Okt. 1918 drohte er jedem Kommandeur Disziplinarmaßnahmen an, der sich nicht in der Lage zeigte, gegen

Maschinengewehrnester, die bei den amerikanischen Einheiten hohe Verluste erzeugten, seine Waffen im Verbund einzusetzen. Auch scheint es der Erwähnung wert, daß die vielgerühmte Sturmtruppentaktik des deutschen Heeres schließlich auch auf kleinen Gruppen von Infanterie mit taktischer Initiative beruhte. Auch war sich Pershing darüber im klaren, daß Schießfertigkeit sehr wohl durch Masseneinsatz ergänzt werden mußte. Eine US-Division war mit rund 28.000 Mann doppelt so groß wie irgendeine andere an der Westfront, mit einer binären Struktur, die ihr nicht so sehr Angriffskraft als vielmehr Standfähigkeit verleihen sollte. Sie war geschaffen, um in die Linien der Deutschen ein- und dann durchzubrechen. Im Anschluß daran sollte sie noch genügend Energie für einen Ausbruch besitzen, um in den Bewegungskrieg überzugehen, der nach Pershings Ansicht die Voraussetzung für einen Sieg bildete.

Diese Doktrin kann nicht als sonderlich einfallsreich bezeichnet werden, doch war sie auch nicht völlig verfehlt. Die Probleme lagen in der Umsetzung: Führung, Taktik und Verwaltung. Im Hinblick auf Ersteres waren Generale das geringste Problem der AEF. Divisions- und Korpsführer standen in ausreichender Zahl zur Verfügung, und Pershing war rücksichtslos genug, um die Dienstuntauglichen, die Leistungsschwachen und die Unfähigen schnell zu entlassen. Generale waren leicht zu ersetzen. Das galt nicht unbedingt für ihre Stäbe, war doch der Weltkrieg letztlich ein Managementkrieg. Die US-Armee verfügte über ein System von fortschrittlichen Ausbildungsstätten, in denen Stabsoffiziere herangezogen wurden, die mindestens so qualifiziert waren wie ihre europäischen Gegenüber von 1914. Doch waren 1917 nur rund 400 Absolventen verfügbar. Der AEF fehlte es also an professionell ausgebildeten Stabsoffizieren, und es gelang nicht, durch gezielte Beförderungsmaßnahmen auf die zivilen Fachleute zurückzugreifen, die zwar Kompetenz in Verwaltungs- und Managementfragen hatten, denen jedoch der militärische Hintergrund fehlte.

Eine noch stärkere Herausforderung als die Stabsstellen stellten die Regimentskommandos dar. Die Armee der Vorkriegszeit war eine Gendarmerietruppe gewesen, deren kämpfende Einheiten meist im Regiments- bzw. Bataillonsrahmen eingesetzt wurden. Brigaden oder Divisionen wurden ad hoc für Manöver oder für den Einsatz entlang der mexikanischen Grenze formiert, aber nur wenige unter den Offizieren, die bei der AEF ein Regiment kommandieren sollten, hatten je 5.000 Mann an einem Ort versammelt gesehen. Keiner von ihnen hatte Erfahrung darin, wie man die 3.500 Mann führte, die für eines der nach Frankreich entsandten Regimenter vorgesehen waren. Die frisch beförderten Majore und Hauptleute der Berufsarmee befanden sich im Hinblick auf ihre jeweiligen Kommandos in der gleichen Situation. Kompanien von 250 Mann und Züge von 60 Mann waren einfach zu groß, um so geführt zu werden, wie dies Pershings Gefechtsführung in geöffneter Ordnung erforderte. Bei dieser Größe wurde Standfestigkeit auf Kosten von Beweglichkeit geschaffen – gerade, wenn man sich die Beschaffenheit des jüngeren Offizierskorps der AEF vor Augen hält. Nur jeder sechste der 200.000 Offiziere, die im Verlauf des Krieges ihr Patent erhalten hatten, hatte schon vor Kriegsbeginn als Offizier Dienst getan, und eine große Zahl davon waren Nationalgardisten gewesen.

Ein einheitliches System von Ausbildungsstätten in den USA und in Frankreich sollte dieses Führungsdefizit verringern. Etwa die Hälfte aller Kandidaten fiel durch das dreimonatige Programm; »90-Tage-Wunder« wurde bald zum Synonym für einen dort ausgebildeten neuen Leutnant. Die Quote in Frankreich war niedriger, da hier die meisten der zukünftigen Offiziere bereits über Kampferfahrung verfügten. Doch alles in allem waren diese Männer bessere Führer als Taktiker. Die Konsequenz war, daß sie, einmal befördert, auch schon fielen oder verwundet wurden, bevor sie überhaupt selbst die taktischen Kenntnisse erlernen bzw. an die ihnen unterstehenden Einheiten weitergeben konnten.

Die Unteroffiziere der AEF waren nicht in der Position, daß sie die Unzulänglichkeiten ihrer Vorgesetzten hätten kompensieren können. Der amerikanische Unteroffizier der Vorkriegszeit war kein professioneller Unterführer wie sein britischer oder deutscher Gegenüber. In der Berufsarmee waren Feldwebel oder Unteroffiziere eher ad hoc-Ernennungen, die Männer gewannen und verloren ihre Streifen je nach eigener Leistung oder der Laune ihrer Vorgesetzten. Für die höheren Dienstgrade wurden Lese- und Schreibfähigkeit sowie technische Fertigkeiten als wichtiger erachtet als Führungsqualitäten. Auch war der amerikanische Unteroffizier nicht unbedingt ein Untergebener, auf den man vertraute. Die US-Armee des frühen 20. Jahrhunderts wies ein ausgesprochenes Kastensystem auf – in vieler Hinsicht war dieses stärker als in der Armee des deutschen Kaisers. Je mehr die Divisionen Kampferfahrung sammelten, desto mehr entwickelten sich die Unteroffiziere zu Männern, denen ihre Gruppen und Trupps im Kampf folgten. Sie blieben dabei meist mit dem Mannschaftsstand verwachsen und übten ihre Autorität zu einem guten Teil auf der Basis von Konsens aus. In einer erfahrenen, gut eingespielten Einheit war das eigentlich keine schlechte Sache. Doch in vielen Schützenkompanien endete das Ganze eher damit, daß der Einäugige den Blinden führte. Mut, solange er nicht mit taktischer Erfahrung und Menschenführung einherging, war nicht genug, um die Bewegungskriegsdoktrin der AEF bei der kämpfenden Truppe umzusetzen.

Auch konnte die AEF ihr Konzept von Masse nicht effektiv umsetzen. Trotz aller französischen Anstrengungen mangelte es den Amerikanern an Artillerie-, Panzer- und Luftwaffenkomponenten. 1918 war es der British Expeditionary Force (BEF) gelungen, diese Komponenten in gemischten Kampfgruppen zu integrieren, und damit war sie in der Lage gewesen, wieder halbwegs mobile Operationen einzuleiten. Bei der AEF kamen nie mehr als zwei Panzerbataillone an einer Stelle zum Einsatz. Die Praxis der Boden-Luft-Kooperation entbehrte jeglicher Systematik. Die Taktik beruhte auf einer relativ unausgereiften Zusammenarbeit von Infanterie und Artillerie, die mehr an die britische Taktik während der späteren Phase der Somme-Schlacht (1916) erinnerte als an die zur Perfektion entwickelten Einsatzgrundsätze, die die BEF während der »100-Tage-Kampagne« im Sommer und Herbst 1918 vorexerzierte. Auch die Nachrichtentechnik der Amerikaner hatte, sowohl auf taktischer als auch auf operativer Ebene, noch einen sehr langen Weg vor sich, bis sie die Standards der kriegserfahrenen Heere erreichte.

Die Forschung hat aufgezeigt, daß die einzelnen AEF-Divisionen generell sehr lernfähig waren, und schnell und wirkungsvoll auf Defizite reagierten, sobald diese ausgemacht waren. Doch die politisch bedingten Forderungen nach einer raschen Aufstockung der amerikanischen Truppenstärke hatte zur Folge, daß die an die Front geworfenen Divisionen nicht einmal mehr zweitrangigen Wert erreichen konnten. Im Hinblick auf Truppenverwaltung und Logistik verbesserte sich die AEF von hinten nach vorne. Dem anfänglichen Chaos entlang der Versorgungslinien wurde wirkungsvoll entgegengetreten, als Generalmajor James G. Harbord zum Chef der neugebildeten Abteilung Nachschubdienste (Services of Supplies) ernannte wurde. Auf der operativen Ebene erwiesen sich die logistischen Probleme allerdings als hartnäckiger. Das war nicht nur wegen der unmittelbaren Auswirkungen auf die Gefechtsführung von Bedeutung, sondern auch, weil der Weltkrieg letztlich von einer ganz spezifischen Kompetenzkultur getragen wurde. Für die meisten Verbände stellten Kampfhandlungen fast schon eine Unterbrechung ihrer alltäglichen Routine dar. Ein britisches, französisches oder deutsches Bataillon brachte viel mehr Zeit in der Reserve oder an ruhigen Frontabschnitten zu, als dies für die Einheiten im Zweiten Weltkrieg der Fall sein sollte. Für die Truppe entschied sich die Glaubwürdigkeit der Führung unter diesen Umständen daran, wie sorgfältig für die alltäglichen Grundbedürfnisse gesorgt war. Gerade an der Westfront war die Verpflegung warm und eßbar, Ablösungen waren absehbar, die Feldpost kam regelmäßig. Die medizinische Versorgung war hervorragend. Sobald diese »hauswirtschaftliche« Kompetenz Einbußen erlitt, wie dies in Rußland 1915/16 oder in der deutschen Etappe 1918 der Fall war, konnten die Folgen drastisch sein. Vergegenwärtigt man sich die infolge eines Wintereinbruchs ernster werdenden logistischen Probleme, so hätte die AEF wohl weit weniger vorteilhaft dagestanden, hätte sich der Krieg bis 1919 hingezogen.

Derartige Spekulationen galten wenig in einem Land und in einem Heer, das seinen Krieg mit großem Mut durchfocht. Die AEF entschied keine große Schlacht durch ihre Anwesenheit und ihre Leistung. Die Macht Amerikas erzwang nicht das Waffenstillstandsbegehren der deutschen Heeresleitung. Statt dessen nahm die AEF daran Schaden, daß sie portionsweise und zu früh eingesetzt wurde. Sie mußte ihr Handwerk im Kampf gegen einen Feind lernen, der kaum Fehler nachsah. Trotzdem erlitt der gutgelaunte Optimismus der Soldaten, der sich durchgehend in Briefen und Tagebuchaufzeichnungen niederschlug, niemals einen ernstlichen Einbruch. Die allgemeine Erschöpfung erreichte bei der AEF nie das Ausmaß der anderen Kombattanten, ob nun Entente oder Mittelmächte. Statt Traumata produzierte der Weltkrieg für Amerika Tropen: Bilder, die Ereignisse strukturierten. Die Amerikaner waren Touristen des Krieges, denen sich derart viele neue Erfahrungen erschlossen, daß die Erfahrung der Schlacht darin oft aufging.

Lit.: E. M. Coffman, The War to End All Wars. The American Military Experience in World War I, Lexington 1998; The United States in the First World War. An Encyclopedia, hg. v. A. C. Venzon, New York 1995.

Dennis E. Showalter (Ü: M. P.)

Studenten. S. waren unter den Kriegsteilnehmern des Weltkrieges eindeutig überrepräsentiert. Die in der Kriegs- und Nachkriegsliteratur auftauchenden Militäreinheiten, die angeblich ausschließlich oder überwiegend von S. gebildet wurden, hat es jedoch nicht gegeben. Ihr Ursprung ist in den häufig politisch motivierten epischen Überhöhungen in der Publizistik und bei den Gedenkfeiern zu suchen. Berühmtestes Beispiel auf deutscher Seite ist hier der Mythos, bei Langemarck seien »S.-regimenter« das Deutschlandlied singend, aufrecht in feindliche Maschinengewehrsalven hineingelaufen. Selbst die University & Public Schools Brigade in Großbritannien hatte zu dem Zeitpunkt, an dem sie an die Front geschickt wurde, ihren ausschließlichen S.- und Schülercharakter verloren. Tatsächlich wurden studentische Freiwillige in militärischen Schnellkursen notdürftig ausgebildet und dann auf existierende Truppenteile verteilt.

Zu Beginn des Krieges waren die Freiwilligenzahlen unter S. so groß, daß einige von ihnen zunächst abgelehnt wurden. Ende 1914 betrug die Zahl der S. in Frankreich nur noch etwa ein Viertel der Zahl vom Jan. Die Kriegsbeteiligung unter deutschen S. war in den ersten Kriegsmonaten relativ gesehen sogar deutlich geringer. Im ersten Kriegssemester waren noch beinahe die Hälfte der deutschen S. nicht im Kriegsdienst. An der Universität Oxford studierten im Vergleich zum Beginn des Jahres gegen Ende 1914 je nach College noch zwischen 12 % und etwa 50 %. Die Mehrheit unter den russischen S., die hinter der Märzrevolution von 1905 gestanden hatte und seitdem in Protesten und Streiks gegen das Regime vorgegangen war, unterstützte, ebenso wie ihre konservativen Kommilitonen, den russischen Kriegseintritt. Der Kriegsbeginn 1914 hatte zunächst wenig Auswirkungen auf die S. an den Hochschulen in den Vereinigten Staaten.

Ein beträchtlicher Teil der studentischen Freiwilligen kam aus einem universitären Umfeld, das in der Vorkriegszeit militärische und nationalistische Tugenden hochgehalten hatte. Studentische Verbindungen im Deutschen Reich sahen sich in der Tradition der Freiheitskriege und des Deutsch-Französischen Krieges. Die gefallenen Korporierten dieser Kriege wurden als Helden verehrt. Ein vergleichbares studentisches Milieu gab es in Österreich sowie im Baltikum. Deutsche S. als Einjährig-Freiwillige und französische S. unterlagen im Gegensatz zu den von der Einberufung zunächst ausgenommenen russischen S. prinzipiell der Wehrpflicht. Dies bedeutet jedoch nicht, daß die zu Kriegsbeginn einrückenden S. tatsächlich schon den Wehrdienst abgeleistet hatten. Ebenso wie in Deutschland war auch in Großbritannien der Bildungsweg der von Privatschulen und elitären Universitäten kommenden Soldaten militärisch geprägt gewesen. Absolventen, die sich in Kolonialkriegen ausgezeichnet hatten, wurden an britischen Hochschulen gefeiert. Obgleich es keine allgemeine Wehrpflicht gab, zogen vor allem die nach der Armeereform von 1907 gegründeten Officer Training Corps den britischen akademischen Nachwuchs an.

Wie dominant Militarismus und Nationalismus als Motive für die freiwillige Meldung waren, ist in der Forschung umstritten. Die jüngere Forschung hat einen allgemeinen Enthusiasmus in Frage gestellt und stärker als bisher auf Gruppenprozesse sowie eine Pflichterfüllungsmentalität und eher pragmatische Erwägungen hingewiesen.

Im Herbst 1915 betrug die Zahl der noch aktiven S. in Deutschland nur noch etwa 10 % der Zahl vom Aug. 1914. Die Sterblichkeit unter S. lag in der Regel über dem Durchschnitt. Knapp ein Drittel aller Kriegsteilnehmer unter den zwischen 1900 und 1914 immatrikulierten Oxforder S. und Graduierten fielen im Krieg, während die Todesrate in der britischen Armee insgesamt nur ca. 12 % betrug. Insgesamt lag diese bei studentischen Kriegsteilnehmern und Graduierten von 19 britischen Hochschulen bei etwa 16 % und damit um knapp 5 % über dem nationalen Durchschnitt. Auch in Frankreich war die Sterblichkeit unter Soldaten von Elitehochschulen besonders hoch. Die École Normale

Supérieure erreichte mit ca. 50 % unter den im Krieg kämpfenden zwischen 1910-13 immatrikulierten S. traurige Berühmtheit. Die Sterblichkeit unter deutschen S. lag mit 16.000 Toten, was etwa einer Rate von einem Viertel entspricht, knapp unter der Rate der britischen Eliteuniversitäten.

Die Universitäten versuchten durch Zeitschriften und Rundschreiben Kontakt mit ihren S. im Felde aufrechtzuerhalten. Im Mittelpunkt stand in allen Ländern vor allem jedoch der briefliche Kontakt zwischen S. und Dozenten.

Nach dem Kriegseintritt der Vereinigten Staaten 1917 traten Tausende von amerikanischen S. in die Streitkräfte ein. Die militärische Ausbildung wurde vor allem in den Student Army Training Corps forciert. Am 1. Okt. 1918 marschierten ca. 140.000 uniformierte S. gleichzeitig an 525 Hochschulen auf und wurden formell in die US-Armee aufgenommen.

Das Studium der zurückgebliebenen S. änderte sich während des Krieges grundlegend. Die auf den Krieg nicht vorbereiteten Universitäten entschlossen sich sämtlich gegen eine zunächst erwogene Schließung des Lehrbetriebs. Offizielles Verbindungsleben in Deutschland und studentisches Clubleben in Großbritannien kamen weithin zum Erliegen und setzten sich nur auf informeller Ebene fort. Zusätzlich zum Vorlesungsbetrieb arbeiteten S. oft in Lazaretten oder in der Landwirtschaft oder wurden militärisch ausgebildet.

Während des Krieges änderte sich die Zusammensetzung der S.schaft grundlegend. Vor dem Krieg war der Ausländeranteil an den Universitäten Europas, besonders in Deutschland (ca. 7.500), hoch gewesen. Den Kriegsausbruch erlebte die Mehrzahl ausländischer S. jedoch in der Heimat. Das Schicksal der übrigen S., die sich nun plötzlich im feindlichen Ausland befanden, war unterschiedlich. Ein Teil durfte noch in den Wirren der ersten Kriegstage ausreisen, ein anderer Teil wurde vorläufig interniert oder unter Arrest gestellt, durfte später allerdings ausreisen, während ein Teil den Krieg in Internierungslagern verbrachte. Das Studium von Ausländern aus befreundeten und neutralen Staaten war in der Regel keinen Einschränkungen unterworfen. Darüber hinaus ermutigten britische Universitäten S. aus von den Mittelmächten besetzten Staaten, besonders aus Belgien und Serbien, ihr Studium an britischen Hochschulen fortzusetzen. Dies wurde sowohl als humanitäre Geste als auch als Propagandaerfolg gewertet. Das Deutsche Reich erlaubte indischen S. im Gegensatz zu S. aus anderen britischen Kolonien und Dominions weiterhin an deutschen Hochschulen zu studieren, in der Hoffnung, hierdurch Friktionen zwischen Großbritannien und Indien hervorzurufen.

Der Krieg wirkte als Beschleuniger einer schon in den Vorkriegsjahrzehnten begonnenen Entwicklung der Studienmöglichkeiten von Frauen. Während des Krieges stieg die Zahl der Studentinnen erheblich an. So wuchs an russischen Hochschulen von 1906 bis 1916 die Zahl der Studentinnen von 10.493 auf 44.017. Während des Krieges leisteten Studentinnen an allen Fronten und in Lazaretten in der Heimat Dienst als Krankenschwestern oder übernahmen Aufgaben von im Kriegsdienst befindlichen Lehrern und anderweitig Beschäftigten.

Neben Frauen studierten vor allem verwundete Soldaten, Wehrdienstuntaugliche und noch nicht eingezogene S. Sowohl die Kriegserfahrung an der Front als auch die Kriegserfahrung an der »Heimatfront« radikalisierten und polarisierten das politische Klima an zahlreichen Hochschulen. Einerseits fand die radikale Rechte regen Zulauf. Im deutschen Fall hatte diese Bewegung zunehmend völkisch-antisemitischen Charakter. Andererseits wuchsen sozialistische und kommunistische universitäre Gruppierungen und lieferten die Protagonisten für sozialistische Erhebungen wie die Münchner Räterepublik. In Rußland war die Protestbewegung an den Hochschulen während des Krieges ab 1915 wieder angewachsen.

Während des Krieges wurden an britischen Universitäten Promotionen nach kontinentaleuropäischem Muster eingeführt. Wesentliches Ziel war, nach dem Krieg mehr S. aus den USA und den britischen Überseegebieten anzulocken. S., die im Krieg gedient hatten, wurde häufig ein Teil der für einen Universitätsabschluß notwendigen Leistungen erlassen. In Frankreich konnten ab 1917 S., die eingezogen wurden, durch Schnellprüfungen Abschlüsse erlangen. Einige deutsche Universitäten verliehen an gefallene S. posthum Doktorgrade.

Als sich nach dem Kriege die Universitäten mit Überlebenden des Krieges füllten, war vielen ehemaligen S. das oft als Idylle wahrgenommene Universitätsleben fremd geworden. Wie aus zahlreichen Beschreibungen hervorgeht, waren Hochschulen in der unmittelbaren Nachkriegszeit häufig durch eine Zweiteilung von ehemaligen Soldaten und Zivilisten geprägt. → *Langemarck-Mythos*

Lit.: K. Jarausch, Deutsche Studenten: 1800-1970, 2. Aufl., Frankfurt a. M. 1989; W. Rudy, Total War and Twentieth-Century Higher Learning: Universities of the Western World in the First and Second World Wars, London 1991; R. Wohl, The Generation of 1914, London 1980.

THOMAS WEBER

Stürgkh, Karl Graf von, * Graz 30.10.1859, † (ermordet) Wien 21.10.1916, österreichischer Politiker (Ministerpräsident). – Zwar war S. von 1908-11 k. u. k. Unterrichtsminister gewesen, doch vermochte er auch durch diesen vorläufigen Höhepunkt der Politikerkarriere nicht, seiner Persönlichkeit ein geschärftes Profil zu verleihen. Vielleicht war es gerade dieses Manko, was den Kaiser veranlaßte, S. am 3. Nov. 1911 zum Regierungschef Österreichs zu ernennen. Doch S. scheiterte beim Versuch, im Parlament der national und ideologisch völlig zerstrittenen Parteien Mehrheiten zu finden, welche die Regierungsarbeit erleichtert hätten. Er vertagte im März 1914 den Reichsrat, um – zunächst nicht ohne Erfolg – durch Notverordnungen autoritär zu regieren. Nach dem Attentat von Sarajevo forderte er rückhaltlos den Krieg gegen Serbien und blieb in der Folge ein treuer Verbündeter des Generalstabschefs Conrad von Hötzendorf. Doch die im Zusammenwirken mit dem Kaiser erfolgte Suspendierung der staatsbürgerlichen Rechte, die Aufhebung der Geschworenengerichtsbarkeit sowie die weitestgehende Unterordnung der Verwaltung unter das Militär genügten dem Armeeoberkommando nicht.

Das Ausbleiben des von der Armeeführung angestrebten baldigen Sieges hatte dem Irredentismus der nichtdeutschen Völker in der k. u. k. Monarchie, vor allem der Tschechen und Polen, neuen Auftrieb gegeben. Massendesertionen und standrechtliche Erschießungen im Kriegsgebiet häuften sich. Die vor und nach Kriegsausbruch geleisteten Beiträge S.s zu einer modernen Totalisierung des Krieges wurden vom Armeeoberkommando als ungenügend empfunden. Den militärischen Eliten wie auch dem deutschen Verbündeten galt er als Hemmnis für die weitere Militarisierung Österreichs. Auch betrachtete man ihn als einen Mann, der die Chancen, die sich in der Ausnahmesituation des Krieges für einen umfassenden Staatsumbau und für eine zukünftige enge Anlehnung an das Deutsche Reich ergaben, ungenützt verstreichen ließ. Den aufstrebenden Volksparteien galt er als Verursacher einer zunehmenden Ernährungskrise und als Verantwortlicher für alle kriegsbedingten repressiven und antidemokratischen Maßnahmen. Zuletzt hielt nur noch der Änderungen abgeneigte Kaiser Franz Joseph seinen Ministerpräsidenten. 1916 wurde S. in Wien Opfer eines Mordanschlags. Der Mörder Friedrich Adler, Sohn des sozialdemokratischen Parteiführers Viktor Adler, hatte ihn mit Bedacht als Symbol für das in Österreich herrschende Regime ausgewählt.

RUDOLF JERABÉK

Stürmer, Boris Wladimirowitsch, * Beschetzk 27.7.1848, † Petrograd 2.9.1917, russischer Politiker (Ministerpräsident). – S. trat 1872 in den Staatsdienst ein; er war unter anderem im Hof- und im Innenministerium sowie als Gouverneur von Nowgorod bzw. Jaroslawl tätig. 1904 wurde er Mitglied des Reichsrats. Am 2. Febr. 1916 ernannte ihn der Zar, auf Empfehlung der Zarin und vermutlich auch Rasputins, zum Vorsitzenden des Ministerrats. S. sah seine Aufgabe in der Ausführung des kaiserlichen Willens und der Bewahrung der Autokratie; die Entschlossenheit zu einem klaren Regierungsprogramm fehlte. Vage Reformversprechen konnten den Forderungen der politischen Öffentlichkeit nach grundlegenden Veränderungen kein Ventil schaffen und brachten der Regierung keinen Rückhalt in der Duma.

Als Gegner jeglicher Zugeständnisse an die Autonomiebestrebungen der Polen betrieb S. als Ministerpräsident, der zugleich das Innenministerium leitete, im Juli 1916 die Absetzung des Außenministers Sergej Sasonow. In dessen Nachfolge hielt er an der Zusammenarbeit mit Frankreich und Großbritannien fest, jedoch fehlte ihm das Vertrauen der Alliierten. Wegen seiner Verbindungen zu der deutschstämmigen Zarin Alexandra geriet der hoffnungslos überforderte und glücklose S. sogar in den Verdacht, geheime Friedensverhandlungen mit dem Deutschen Reich zu betreiben. Auch wurde er für die katastrophale Versorgungslage verantwortlich gemacht und so schließlich entlassen. Im März 1917, nach der Abdankung des Zaren, von der Provisorischen Regierung inhaftiert, verstarb S. am 2. Sept. 1917 in der Peter-und-Pauls-Festung.

MECHTHILD LINDEMANN

Sturmbataillon, speziell für den Stellungskampf und als Lehrtruppe aufgestellte Formation. – Auf deutscher Seite wurden die S. seit 1916 schwerpunktmäßig an der Westfront eingesetzt. In Frankreich, Rußland, und Österreich-Ungarn entstanden seit 1917 ebenfalls Sturmtruppen. 1915 wurde mit dem aus zwei Pionierkompanien bestehenden »S. Rohr« das erste deutsche S. aufgestellt. Dessen Erfolge führten zur Aufstellung von weiteren 16 S. Diese setzten sich besonders aus Infanteristen und Pionieren zusammen. Ein S. gliederte sich in zwei Sturmkompanien, eine MG-Kompanie, eine Minenwerferkompanie und einen Flammenwerferzug. Teilweise wurden zusätzliche Unterstützungswaffen, wie Infanteriegeschütze, zugeteilt. Die S. wurden der Infanterie für besonders schwierige Angriffe mit begrenzten Zielen zur Verfügung gestellt. Sie griffen in dem von ihnen wesentlich entwickelten Stoßtruppverfahren in engem Zusammenwirken mit der Artillerie schmal und tiefgegliedert an, rollten die Gräben auf und schlugen eine Bresche für nachrückende Infanterie. Neben ihren zeitlich begrenzten Fronteinsätzen hatten S. in erster Linie die Aufgabe, als Lehrtruppe die Infanterie in der Anwendung des Stoßtruppverfahrens auszubilden. → *Stoßtrupp* → *Infanterie*

GERHARD P. GROSS

Südafrika. Mit dem Inkrafttreten des »South Africa Act«, einer gemeinsamen Verfassung für die britische Kapkolonie, den Oranierfreistaat, für Nasal und Transvaal entstand am 31. Mai 1910 die Südafrikanische Union. Die von weißen Siedlern regierte Union erhielt den Status eines sich innerhalb von Großbritanniens afrikanischem Empire selbst verwaltenden Dominion zugestanden. Als Dominion war S. von der Verfassung her verpflichtet, sich der britischen Außenpolitik anzuschließen – auch im Fall eines Krieges. Obgleich die Frage eines Kriegsbeitritts des Landes zwischen den Parteien – der für das Empire agierenden Südafrikanischen Regierungspartei einerseits und der antibritischen, republikanisch eingestellten Nationalen Partei der Buren sowie den pazifistischen Gruppen der Labour Party andererseits – heftig umstritten war, setzte Premierminister Louis Botha (Regierungszeit 1910-18) die Teilnahme seines Landes am Weltkrieg auf britischer Seite durch. Am 8. Sept. 1914 erklärte die südafrikanische Regierung Deutschland den Krieg. Damit setzte sich die regierende weiße Minderheitspartei in einen eindeutigen Gegensatz zur Mehrheitsmeinung in der weißen Bevölkerung von S., die die britische Kriegspolitik entschieden ablehnte.

Auch innerhalb der mehrheitlich schwarzen Bevölkerung war der Kriegseintritt umstritten. Nur die zahlenmäßig kleine Mittelschicht und die Stammeshäuptlinge unterstützten die Regierung der Union. Sie taten dies vor allem in der fehlgeleiteten Annahme, daß man ihre patriotische Einstellung mit der Gewährung weiterer politischer und gesellschaftlicher Rechte künftig honorieren werde. Für die Masse der unterpriviligierten Arbeiter und Bauern hatte ein Krieg im fernen Europa kaum eine Bedeutung. Angesichts ihres täglichen Kampfes um Löhne, Farmland und Viehbestand besaß dieser Krieg sogar etwas Irreales. Aus diesem Grund reduzierte sich die Bereitschaft zur Unterstützung der britischen Kriegführung auf die Angehörigen der englischsprechenden weißen Bevölkerung, eine Minderheit loyal eingestellter Buren sowie Teile der afrikanischen, farbigen und indischen Eliten. Ansonsten herrschten ein ausgeprägter Antimilitarismus innerhalb der weißen Arbeiterschicht, eine ausgesprochene Distanz zum Krieg auf Seiten der schwarzen Bevölkerung sowie eine dezidiert prodeutsche Einstellung bei der Mehrheit der nationalistischen Buren. Letztere lehnten jede Unterstützung Großbritanniens seitens der Union vor allem wegen des Verlusts ihrer republikanischen Eigenständigkeit als Ergebnis des Burenkriegs (1899-1902) entschieden ab.

Angesichts einer derart schwierigen politischen Ausgangslage war es der Regierung nicht möglich, die Wehrpflicht einzuführen, d. h. alle südafrikanischen Soldaten des Weltkriegs waren Freiwillige. Doch ungeachtet der inneren Konflikte unterstützte die Union die alliierten Kriegsanstrengungen. Sie konnte dabei sowohl auf die administrativen als auch die industriellen Kapazitäten des Kolonialstaates bei der Mobilisierung von Soldaten und hilfswilligen Zivilarbeitern zurückgreifen und zudem bergbauliche und andere materielle Resourcen wie auch die entsprechende Infrastruktur für den Nachschub in die globale britische Kriegführung einbringen. Diese Aufgabenverteilung ging weit über die normale Verpflichtung eines Dominion für das Empire hinaus. Der Kriegseintritt schuf eine wesentliche Voraussetzung zur Erlangung einer größeren nationalen Selbständigkeit; zugleich verstärkte er die politischen Nachkriegsambitionen S. hin zu einer bedeutenden Mittelmacht südlich der Sahara.

Das bedeutendste militärische Unternehmen der Union war die Invasion und Eroberung der benachbarten deutschen Kolonie Deutsch-Südwestafrika 1914-15. Dies war ein Landungsunternehmen, das auf britische Anfrage hin durchgeführt wurde, um die deutschen Funkstationen und Nachschubbasen in den Häfen dieser Region, die der Versorgung feindlicher Kriegsschiffe im südlichen Atlantik dienten, auszuschalten. Die britische Unterstützung bei dieser Operation war der Regierung S. höchst willkommen, zumal sich auf diese Weise seit langem gehegte Absichten, die deutschen kolonialen Gebiete unter Kontrolle zu bringen, realisieren ließen. Die zahlenmäßig unterlegenen deutschen Kolonialtruppen kapitulierten im Juli 1915, nachdem ihnen jede weitere Rückzugsmöglichkeit versperrt war. Der deutsche Gouverneur und südafrikanische Militärs unterzeichneten den ersten Waffenstillstand des Weltkriegs. S., das seine Nachschub- und Versorgungslinien tief in feindliches Territorium vorgetrieben hatte, übernahm nun auch die Herrschaft über eine deutsche Kolonie.

Vor Beginn ihres afrikanischen Feldzugs hatte die südafrikanische Armee jedoch noch eine schwere Krise an der Heimatfront zu bestehen. Ende 1914 rebellierten etwa 12.000 republikanisch und zudem deutschfreundlich gesinnte Buren, unter ihnen auch fahnenflüchtig gewordene Offiziere der Unionsarmee, und drohten die Botha-Regierung zu stürzen. Es gelang den südafrikanischen Behörden, nachdem sie zuvor das Kriegsrecht ausgerufen hatten, die Rebellion der Buren niederzuschlagen; allerdings war dies nur möglich mit der Unterstützung loyaler Burenverbände aus der Bürgermiliz des Landes. Der fehlgeschlagene Aufstand vertiefte die Auseinandersetzung über den Weltkrieg und den dadurch ausgelösten Riß innerhalb der burischen Bevölkerung. Südafrikanische Kampf- und Versorgungseinheiten waren Teil der britischen Streitkräfte in Ostafrika und im Nahen Osten, einige unter ihnen hatten schwere Kämpfe zu bestehen, die bis zum Herbst 1918 andauerten. Wie schon in Südwestafrika setzten sich die Einheiten aus regulären weißen Regimentern, farbigen Korps sowie (nicht-waffentragenden) schwarzen Arbeitern, die beim Transport und sonstigen Hilfsdiensten eingesetzt wurden, zusammen. Im afrikanischen Kolonialkrieg kämpften über 114.000 weiße Infanteristen und Kavalleristen sowie 52.000 farbige Soldaten. Weitere 32.000 Angehörige weißer Infanteriebrigaden kamen von 1915 an auf europäischen Kriegsschauplätzen zum Einsatz, überwiegend an der Westfront. Die schweren Verluste, die südafrikanische Einheiten beim Kampf um den Delville-Wald im Juli 1916 an der Somme erlitten, wurden zum Symbol der nationalen Opferbereitschaft und des Patriotismus des weißen Afrikanertums. Ihnen ist die 1926 in Longueval angelegte Gedenkstätte und das 1986 eröffnete Museum des Bois Delville gewidmet.

Zur gleichen Zeit schufteten hinter der Front in Frankreich etwa 25.000 Schwarz-Afrikaner im South African Native Labour Contingent beim Nachschub für die Alliierten sowie beim Stellungsbau. 1917 belief sich der Anteil dieser aus S. stammenden Arbeiter auf ca. 23 % des alliierten Arbeitereinsatzes in Frankreich. Im Febr. 1917 ertranken 600 von ihnen, als der Truppentransporter *Mendi* vor der nordfranzösischen Küste im Ärmelkanal unterging. Auch diese Tragödie wurde zu einem Zeichen der afrikanischen Opferbereitschaft in einem weithin europäischen Krieg. In vieler Hinsicht war der Weltkrieg somit zur bitteren Gegenwart und Realität der Gesellschaft S. geworden.

Lit.: A. Grundlingh, Black Men in a White Man's War: South African Blacks and the First World War, Braamfontein 1986; T. R. H. Davenport, South Africa. A Modern History, 4. Aufl., London 1991.

BILL NASSON (Ü: G. H.)

Südtirol, südlich des Brenners gelegener Teil Tirols. – S. war von Aug. 1914 bis Mai 1915 Verhandlungsobjekt zwischen der italienischen Regierung einerseits, den Dreibundpartnern Österreich-Ungarn und Deutsches Reich andererseits. Hierbei ging es zunächst um das Trentino (nach der Volkszählung von

1910: 393.111 Einwohner, davon 366.844 Italienischsprachige und Ladiner, 13.893 Deutschsprachige, 2.666 Anderssprachige sowie 9.708 Ausländer, der größte Teil davon Reichsitaliener), ferner um das eigentliche Südtirol (242.702 Einwohner, davon 215.345 Deutschsprachige, 22.516 Italienischsprachige und Ladiner, Rest Anderssprachige und Ausländer) sowie um Triest (ca. 2/3 Italiener, 1/3 Slowenen) und die Gebiete am Isonzo und in Istrien, wo die italienischsprachige Bevölkerung in der Minderheit war. Das Trentino war schon während des Deutschen Krieges (zugleich Österreichisch-Italienischer Krieg) von 1866 Ziel italienischer Annexionswünsche gewesen; der Revolutionär Garibaldi hatte es kurzzeitig besetzt.

Schon während der Julikrise 1914 wurde durch die italienische Führung über eine Kompensation für die Neutralität Italiens verhandelt, die aus dem Trentino bestehen sollte. Begründet wurde dies mit Artikel VII des Dreibundvertrages, der eine Kompensation im Fall österreichischer Gebietsgewinne auf dem Balkan vorsah. Diese – eigentlich nicht mit dem Geist und Inhalt des Dreibundvertrags konforme – Deutung wurde aus Konvenienzgründen von der deutschen und schließlich auch von der österreichischen Diplomatie akzeptiert. Ab der Jahreswende 1914/15 verstärkte sich das italienische Drängen nach einer aus dem Trentino bestehenden Kompensation gewaltig; inzwischen wurde dieses offen als Preis für die italienische Neutralität gefordert. Die österreichische Diplomatie reagierte hinhaltend und konnte sich erst Anfang März 1915 unter dem Druck der sich verschlechternden militärischen Lage und auf das Drängen des deutschen Verbündeten hin entschließen, das Trentino an Italien abzutreten, um einen Kriegseintritt Italiens auf Seiten der Ententemächte zu verhindern. Innerhalb der deutschen Führung wurde die italienische Neutralität als so kriegsentscheidend eingeschätzt, daß erwogen wurde, Österreich-Ungarn einen Teil Schlesiens zu überlassen, um sich in gewisser Weise an den »Kosten« der Abtretung des Trentino zu beteiligen. Dies erwies sich als überflüssig, da sich die österreichische Führung mit dem Versprechen des bislang russisch-polnischen Kohlereviers von Sosnowice als Kompensation zufrieden gab. Allerdings erfolgte das österreichische Einlenken im März 1915 zu spät: Die italienische Führung hatte sich bereits an die Entente gewandt und von dieser, auf österreichische Kosten, weit umfangreichere Versprechungen erhalten. Zumal sich die Führung in Wien sehr lange weigerte, die Abtretung sofort vorzunehmen, da schwierige Fragen (wie beispielsweise die Frage der bereits eingezogenen Wehrpflichtigen der abzutretenden Gebiete) während des Krieges als kaum lösbar erschienen. Außerdem gingen die italienischen Forderungen inzwischen über die Sprachgrenze hinaus und umfaßten auch das deutschsprachige S.; dies wurde mit der strategisch günstigen Brennergrenze begründet. Die Verhandlungen waren spätestens zu dem Zeitpunkt gescheitert, als Italien am 26. April 1915 in London den Vertrag mit der Entente unterzeichnete und seinen Kriegseintritt innerhalb eines Monats zusagte. Zum Schein ließ Außenminister Sonnino die Verhandlungen mit Österreich-Ungarn trotzdem weiterlaufen. Die österreichischen Angebote wurden immer großzügiger und setzten die italienische Regierung immer deutlicher ins Unrecht. Dies erklärt die ungeheure Verbitterung, mit der die italienische Kriegserklärung in Österreich-Ungarn aber auch in Deutschland aufgenommen wurde.

Zwischen 1915 und 1918 wurde S. zum Schauplatz eines erbitterten und äußerst blutigen Hochgebirgskrieges, dessen Front von der Ortler-Gruppe über die Hochebene der Sieben Gemeinden (Asiago) bis nach Sexten verlief.

Die im Londoner Vertrag zugesicherten Gebiete, auch das deutschsprachige Südtirol, wurden Italien dann, entgegen dem Prinzip der Nationalitätengrenze, im Frieden von Saint Germain ohne große Diskussion überlassen. → *Alpenkrieg* → *Dreibund*

Lit.: H. Afflerbach, Bündnis für den Frieden. Der Dreibund zwischen dem Deutschen Reich, Italien und Österreich-Ungarn 1881-1915, Köln u. a. 2001; A. Monticone, Deutschland und die Neutralität Italiens 1914-1915, Wiesbaden 1982.

HOLGER AFFLERBACH

Suezkanal, Großschiffahrtsweg in Ägypten, der zwischen Port Said im Norden und Suez im Süden verläuft. Der S. verbindet das Mittelmeer über den Golf von Suez und das Rote Meer mit dem Indischen Ozean. – Der Kanal war 1915 und 1916 Ziel osmanisch-deutscher Offensiven, die von der Halbinsel Sinai ausgingen, und seit Anfang 1917 Basis britischer Operationen gegen Palästina. Für das britische Empire war der S. als kürzeste Verbindung zwischen dem Mutterland und den Kolonien in Ostafrika, Indien und Hinterindien von großer strategischer Bedeutung.

Nach dem Kriegseintritt des Osmanischen Reiches im Nov. 1914 hatten die Türken den »Heiligen Krieg« proklamiert. Mit ihrer ersten Unternehmung Ende Jan. 1915 gegen den S. hofften sie, einen Volksaufstand der mohammedanischen Bevölkerung Ägyptens gegen die britische Besatzung entfachen zu können. Der Angriff scheiterte allerdings. Die osmanische Armee kontrollierte aber nach wie vor die Halbinsel Sinai, die die Briten zu Beginn des Krieges geräumt hatten. Das britische Dardanellenunternehmen des Jahres 1915 sollte u. a. auch den osmanischen Druck auf den S. abschwächen, indem man das Osmanische Reich an anderer Stelle angriff. 1915 konnten die Türken nur vereinzelt Minen im S. verlegen, die kaum Schaden anrichteten. Ein zweiter osmanischer Vorstoß zum S., der unter Beteiligung starker deutscher und österreichisch-ungarischer Kontingente im Sommer 1916 erfolgte, scheiterte ebenfalls. Danach übernahmen die Briten die Initiative. Sie bauten Eisenbahnen und Wasserleitungen durch die Wüste und schufen so die logistischen Voraussetzungen für ihre Angriffe auf Palästina. In der zweiten Hälfte des Jahres 1916 besetzten sie Sinai. Zu Beginn des Jahres 1917 verlief die Front an der Grenze von Ägypten zu Palästina. Es folgten 1917 drei Schlachten um Gaza, die im Herbst des Jahres den Auftakt zur Eroberung Palästinas bilden sollten. → *Dardanellen* → *Gaza* → *Palästinafront*

Lit.: D. A. Farnie, East and West of Suez. The Suez Canal in History 1854-1956, Oxford 1969.

Winfried Mönch

Sykes-Picot-Abkommen. Im S. regelten Großbritannien und Frankreich die nach dem Krieg vorzunehmende Aufteilung der arabischen Provinzen des Osmanischen Reiches. 1915 waren beide Alliierte überein gekommen, ihre Kriegsziele im Nahen Osten zu formulieren. Nachdem man den russischen Verbündeten im Vertrag von Konstantinopel bedeutende territoriale Zugewinne in der Region zugestanden hatte, strebte man hierfür entsprechende Kompensationen an. Die Briten verhandelten mit dem Scherif von Mekka über ein arabisches Königreich und suchten herauszufinden, was dafür im Gegenzug geboten werden konnte. Die Verhandlungen zwischen Mark Sykes vom Arab Bureau in Kairo und dem französischen Diplomaten Charles François Georges-Picot fanden in der französischen Botschaft in London statt und wurden am 3. Jan. 1916 mit dem Abkommen abgeschlossen. Es garantierte Frankreich die syrische Küstenregion, einschließlich des Libanons, sowie eine exklusive Einflußzone bis einschließlich der ölreichen Provinz Mosul. Großbritannien erhielt die Provinzen Bagdad und Basra mit einer angrenzenden Einflußzone westlich davon sowie die Mittelmeer-Stützpunkte Akka und Jaffa. Mit Ausnahme dieser beiden Häfen sollte Palästina internationalisiert werden, wobei vage blieb, wie hier die Verwaltung zu organisieren war. Im Binnenland sollten ein oder mehrere arabische Königreiche gebildet werden, deren Territorien sich teilweise mit den jeweiligen Einflußzonen deckten. Das Abkommen wurde im Febr. 1916 von beiden Kabinetten ratifiziert und am 16. Mai in einem Notenwechsel zwischen dem britischen Außenminister und dem französischen Botschafter besiegelt; die russische Regierung stimmte später ebenfalls zu. Der Vertrag blieb zunächst geheim, bis er nach der Russischen Revolution durch die Bolschewiki publik gemacht wurde.

Lit.: D. Fromkin, A Peace to End all Peace. Creating the Modern Middle East 1914-1922, London 1989.

Erik Jan Zürcher (Ü: M. P.)

Szögyény-Marich, Graf László (Ladislaus) de, * Wien 12.11.1841, † Csór 11.6.1916, österreichisch-ungarischer Diplomat. – S. engagierte sich als Adliger zunächst in der ungarischen Politik. Ab 1883 arbeitete er im Außenministerium der Habsburgermonarchie, bevor er zwei Jahre lang Ungarn als Minister beim königlichen Hoflager (Vertreter der ungarischen Regierung in Wien) vertrat. 1892 wurde er zum Botschafter Österreich-Ungarns in Berlin ernannt, ein Posten, den er bis 1914 innehatte. Eigentlich hätte S. spätestens im Frühsommer 1914 in den Ruhestand gehen sollen, er wehrte sich aber beharrlich, um den unvermeidlichen Statusverlust hinauszuschieben. Deshalb war er noch im Amt, als nach der Ermordung des Erzherzogs Franz Ferdinand die Haltung Deutschlands bei einem eventuellen Krieg der Donaumonarchie gegen Serbien abgeklärt werden sollte. Am 5. Juli überreichte S. Wilhelm II. ein Handschreiben Kaiser Franz Josephs, mit dem Graf Alexander Hoyos, der Kabinettschef des österreichisch-ungarischen Außenministers, nach Berlin gekommen war. Die Zusicherung der deutschen Reichsleitung, die Habsburgermonarchie bei einem Krieg gegen Serbien auch im Fall eines Eingreifens von seiten Rußlands zu unterstützen, schuf die Voraussetzung für das weitere Vorgehen Österreich-Ungarns in der Julikrise. S. blieb auch in den folgenden Wochen eng an die Direktiven aus Wien gebunden und wurde nach Kriegsausbruch Anfang Aug. 1914 schließlich abberufen.

GÜNTHER KRONENBITTER

Talât Pascha, Mehmed, * Adrianopel (heute Edirne) 1.9.1874, † (ermordet) Berlin 15.3.1921, osmanischer Politiker. – Der Sohn einer armen Familie trat 1890 der Untergrundbewegung der Jungtürken bei. T. war einer der Gründer der Osmanischen Freiheits-Gesellschaft, die sich später mit dem Komitee für Einheit und Fortschritt zusammenschloß, um gemeinsam im Juli 1908 die konstitutionelle Revolution zu entfesseln. Nach der Revolution wurde T. zum bedeutendsten zivilen Mitglied des Komitees. Seine Macht basierte auf seiner integrierenden Fähigkeit, die verschiedenen Fraktionen im Komitee miteinander zu versöhnen. Als Abgeordneter vertrat er Edirne in allen Parlamenten zwischen 1908 und 1918 und diente als Innenminister (1913-17) und 1917/18 als Großwesir (Premierminister). T. gilt als einer der Initiatoren der Deportationen und der Massaker an Armeniern.

T. unterstützte Enver Paschas prodeutsche Politik, bewahrte zugleich aber immer Distanz und lehnte es ab, ein Werkzeug Deutschlands zu werden. 1918 leitete er die türkische Delegation bei den Verhandlungen von Brest-Litowsk. Dabei gelang ihm die Rückgewinnung aller Territorien, die das Osmanische Reich seit 1878 an Rußland verloren hatte. Am 2. Nov. 1918 floh er zusammen mit anderen führenden Jungtürken aus Konstantinopel an Bord eines deutschen Kriegsschiffs, das ihn nach Odessa brachte. 1921 wurde er in Berlin von einem armenischen Attentäter ermordet.

ERIK JAN ZÜRCHER (Ü: O. H.)

Tank, Tarnbezeichnung und in einigen Ländern noch heute übliche Bezeichnung für Panzerkampfwagen. – Schon vor Kriegsbeginn waren in Europa Pläne für die Entwicklung geländegängiger, gepanzerter und bewaffneter Kampffahrzeuge aufgestellt worden, die aber nicht zur Ausführung gelangten. Das Erstarren der Fronten im Stellungskrieg rückte die Frage des operativen Durchbruches in den Mittelpunkt aller Überlegungen der militärischen Führungsstäbe. Beide Seiten standen vor dem Dilemma, daß als Voraussetzung für einen erfolgreichen Durchbruch am ersten Angriffstag die feindlichen Artilleriestellungen erobert werden mußten, um das feindliche Stellungssystem ohne Stockung durchstoßen und den erneuten Aufbau von Stellungen verhindern zu können. Dies setzte eine hohe Beweglichkeit und Panzerung der Angriffsverbände voraus, über die weder die Infanterie noch die Kavallerie verfügten. Beide Seiten versuchten daher, den Durchbruch der Infanterie durch die massive Verstärkung des Artillerieeinsatzes zu erzwingen. Obwohl diese Versuche unter schwersten Verlusten scheiterten, hielten die kriegführenden Parteien am massierten Einsatz der Artillerie fest, indem sie ihn entweder weiter steigerten oder neue Einsatzgrundsätze für die Artillerie und Infanterie im Angriff einführten. Unabhängig voneinander begann man in Frankreich und Großbritannien zudem, geländegängige und gepanzerte Kampffahrzeuge zu entwickeln. Im Sept. 1915 war der erste englische Prototyp »Little Willie« fertiggestellt. Seine Ähnlichkeit mit großen Wassertanks führte zur Tarnbezeichnung T. Im Febr. 1916 ging der erste T. unter der Bezeichnung Mark I in Serienproduktion. Dieser Typ wurde als Kanonen-Panzer (28 t; zwei 57-mm-Kanonen) und als MG-Panzer (28 t, fünf MG) produziert. Der Kanonen-Panzer sollte der Infanterie den Weg durch das feindliche Stellungssystem bahnen, während der MG-Panzer vor feindlichen Nahkämpfern schützen sollte. Die Briten entwickelten neben den schweren T. der Baureihe Mark I-IV noch den leichteren T. der Baureihe Mark A (»Whippet«; 14 t; vier MG). Dieser sollte den Durchbruch in die Tiefe erweitern. Insgesamt produzierten die Briten 1.865 schwere und leichte T. In Frankreich begann die Produktion Mitte 1916. Die schweren T. Char Schneider (13,5 t; 75-mm-Kanone) und St. Chamond (23 t; 75-mm-Kanone) besaßen aber nur geringen Gefechtswert. Dagegen erwies sich der leichte Kampfpanzer Renault M17/18 (6,7 t; 37-mm-Kanone oder ein MG) als ein zukunftsträchtiges Modell. Sehr

Wilhelm II. (3. von rechts) bei der Besichtigung eines erbeuteten britischen Tanks in Cambrai

geländegängig, ausreichend gepanzert und gut bewaffnet wurde er in großen Stückzahlen gebaut. Insgesamt produzierte Frankreich 3.977 T.; davon allein 3.177 Renault M 17/18.

Auf deutscher Seite unterschätzte man den taktischen Wert eines Kampfpanzers. Erst als die Briten am 15. Sept. 1916 an der Somme heerstmals T. einsetzten, entschloß sich die Heeresleitung, einen deutschen Panzerkampfwagen zu entwickeln. Es begann die parallele Entwicklung von Versuchsfahrzeugen oder Kleinstserien. Die OHL war an einem groß angelegten Panzerbau nicht interessiert, weil sie wegen der anfänglich geringen Erfolge der britischen T., diese für ein verfehltes Kampfmittel hielt und alle Rüstungskapazitäten für den U-Boot-Bau benötigte. Erst die Schlacht von Cambrai am 20. Nov. 1917 bewirkte einen Gesinnungswandel. Der schwere Kampfwagen A7V (32 t; 57-mm-Kanone/sechs MG), benannt nach der mit seiner Entwicklung beauftragten Abteilung im Kriegsministerium, hatte Ende 1917 als einziges Modell Fertigungsreife erlangt. Trotzdem wurde er nicht in Serie produziert, sondern die Entwicklung weiterer Modelle vorangetrieben. So verfügte das deutsche Heer 1918 nur über 20 einsatzbereite A7V. Die Entente setzte T. anfänglich in kleinen Gruppen zur Unterstützung der Infanterie – und nicht wie vom britischen T.-Korps gefordert im Masseneinsatz – ein. Obwohl diese Einsatzform keinen Durchbruch herbeiführte, zeigte sie, daß die deutsche Infanterie über keine wirksamen Abwehrmittel verfügte. Trotzdem wurde in Großbritannien immer wieder die Auflösung des T.-Korps gefordert. Erst die Schlacht von Cambrai beendete diese Diskussion und zeigte, welche Erfolge ein taktisch richtig angesetzter Masseneinsatz von T. erzielen konnte. In den folgenden Monaten verbesserte die Entente ihre Einsatzgrundsätze. Unter Verzicht auf eine längere Artillerievorbereitung setzte man auf die Überraschung und die Stoßkraft der T. Die erfolgreichen Offensiven bei Soissons am 18. Juli 1918 und Amiens am 8. Aug. 1918 führten zwar zu keinem operativen Durchbruch, fügten aber der deutschen Armee die schwersten Niederlagen des Krieges zu. Der Einsatz von T. revolutionierte die Kriegführung. Auf seiten der Entente wurden im Jahr 1918 taktische Erfolge immer nur mit dem Einsatz von T. erzielt. Die in den letzten Kriegsjahren entwickelten taktischen Verfahren für den Einsatz von Panzern waren nicht der Abschluß, sondern der Beginn einer völligen Umgestaltung der Taktik zur Gewinnung der operativen Beweglichkeit mit Hilfe motorisierter Verbände. Im Zentrum dieser Entwicklung sollte in den folgenden Jahrzehnten der Einsatz von T. und Flugzeugen stehen. → *Cambrai*

Lit.: J. P. Harris, Men, Ideas and Tanks. British Military Thought and Armoured Forces, 1903-1939, Manchester/New York 1995; P. Wright, Tank: The Progress of a Monstrous War Machine, London 2000.

GERHARD P. GROSS

Tannenberg, Ort einer Schlacht in Ostpreußen vom 26. bis 30. Aug. 1914, die mit der Umfassung und Vernichtung der russischen 2. Armee durch die deutsche 8. Armee endete. – Da die russische Führung auf Drängen Frankreichs früher als erwartet mit der Offensive gegen Ostpreußen begann, erwies sich auch an der Ostfront der deutsche Kriegsplan als illusorisch. Der Plan der russischen Heeresgruppe der Nordwestfront unter Oberbefehlshaber General Schilinski sah einen doppelten Vorstoß vor: Nördlich der Festung Lötzen sollten die 1. Armee (die Njemen-Armee unter General Rennenkampf) und südwestlich die 2. Armee (die Narew-Armee unter General Samsonow) vorstoßen.

Die deutsche Führung hatte sich bereits vor dem Krieg auf diese Frontlage in Manöverszenarien vorbereitet und dabei vorgesehen, unter Ausnutzung der inneren Linie die beiden russischen Armeen nacheinander anzugreifen und zu schlagen. Diesen stand allein die 8. Armee unter Oberbefehlshaber General von Prittwitz und Gaffron gegenüber, die mit keiner Verstärkung rechnen konnte, solange nicht im Westen die Entscheidung gefallen war. Doch der Plan von Prittwitz, nach dessen Überzeugung die Njemen-Armee schneller vorrücken würde und daher zuerst geschlagen werden müßte, wurde durch das eigenmächtige Vorrücken von General Hermann von François durchkreuzt. Dieser bot der Njemen-Armee am 17. Aug. bei Stallupönen die Schlacht an, anstatt sie in das Land hereinzulocken, um sie dann um so leichter besiegen zu können.

Im Gegensatz zur Obersten Heeresleitung (OHL) war François als Kommandierender General des I. (ostpreußischen) Armeekorps bestrebt, das Land vor einer russischen Invasion zu bewahren. Tatsächlich wurden später vereinzelte Ausschreitungen russischer Soldaten sowie Übergriffe und Brandlegungen in den Grenzorten bekannt. Doch behinderte die mit dem Rückzug der eigenen Truppen zusammenhängende Massenflucht der Bevölkerung, für die keine Vorsorge getroffen worden war, die Truppenbewegungen; so mußte die Schlacht letztendlich abgebrochen werden.

Danach wartete Prittwitz die Entscheidung einer militärischen Auseinandersetzung vom 19./20. Aug. bei Gumbinnen ab. Doch unter dem Eindruck des unerwartet schnellen Vorrückens der Narew-Armee, der es gelungen war, mit Nachtmärschen ihr Herannahen zu verbergen, befahl Prittwitz auch den Abbruch dieser Schlacht. Zudem ordnete er den Rückzug der gesamten Armee hinter die Weichsel an, da nunmehr seiner Meinung nach die Gefahr einer Einkesselung der 8. Armee drohte.

Daraufhin beschloß die OHL am Abend des 21. Aug. seine Ablösung, obwohl Prittwitz bereits am selben Tag den Rückzugsbefehl zurückgenommen und die Umgruppierung der 8. Armee zum Angriff gegen die Narew-Armee angeordnet hatte – jedoch ohne dies der OHL zu melden. Zum neuen Oberbefehlshaber wurde der reaktivierte Generaloberst Paul von Beneckendorff und von Hindenburg ernannt, zum Chef des Generalstabs Generalmajor Erich Ludendorff. Beide trafen am 23. Aug. in Marienburg ein und billigten die bereits vom Armeeoberkommando unter dem 1. Generalstabsoffizier Hoffmann eingeleiteten Truppenverschiebungen. Darüber hinaus gingen sie jedoch durch den Abzug aller Truppen vor der Njemen-Armee ein sehr großes Risiko ein.

Die Beobachtung der Feindbewegungen durch Flugzeuge und einen Zeppelin sowie das Mitlesen der unverschlüsselten russischen Funksprüche erleichterten die folgenden Entscheidungen Ludendorffs, der das zögernde Nachrücken Rennenkampfs einkalkulierte. Seine Idee, die russische Armee durch Einkesselung zu vernichten, war dabei bereits von Prittwitz, der OHL und den Befehlshabern des XX. Armeekorps ins Auge gefaßt worden.

Wiederholt kam es dann jedoch zu kritischen Momenten, da sich General von François weigerte, ohne Artillerieunterstützung anzugreifen. Zudem bereitete das russische XXIII. Armeekorps dem deutschen XX. Armeekorps bei Waplitz eine schwere Niederlage.

Erst am 27. Aug. zeichnete sich bei Usdau mit dem Durchbruch des I. Armeekorps durch den linken Flügel der Narew-Armee in Richtung Neidenburg die Umfassung des Gegners ab. Währenddessen konnte die deutsche »Ostgruppe« (das XVII. Armeekorps unter Mackensen sowie das I. Reservekorps unter O. von Below und die Landwehrdivision unter Freiherr von der Goltz) den Gegner auf der Linie Hohenstein – Allenstein – Willenberg zurückdrängen. Am 30./31. Aug. gelang dann bei Neidenburg die Einschließung der Narew-Armee durch das I. Armeekorps. Halbherzige Entsatzversuche der Russen scheiterten, General Samsonow wählte schließlich den Freitod. Nach der Schlacht wurde die 8. Armee sofort zum Angriff gegen Rennenkampf umgruppiert.

Bei Tannenberg standen insgesamt 153.000 Mann auf dem Schlachtfeld; die deutsche Armee verfügte über 728 Geschütze und 296 Maschinengewehre, die russische Narew-Armee über 612 Geschütze und 384 Maschinengewehre. Auf deutscher Seite gab es Verluste von 13.000 Soldaten, auf russischer Seite wurden insgesamt 140.000 Mann getötet oder in die Gefangenschaft verbracht. → *Ostpreußen* → *Tannenberg-Mythos*

Lit.: D. E. Showalter, Tannenberg. Clash of Empires, Hamden, CT 1991; N. Stone, The Eastern Front 1914-1917, London 1998.

GERMAN WERTH

Tannenberg-Mythos. Als großer deutscher Sieg gleich zu Anfang des Weltkriegs umgab die Schlacht bei Tannenberg bald eine Aura des Außergewöhnlichen, deren propagandistische Ausnutzung ursächlich zur Entstehung des Hindenburg-Kults beitrug.

Die Schlacht, als »eine der größten Einkreisungsschlachten der Weltgeschichte« (nach Leipzig, Metz, Sedan) gerühmt und als »modernes Cannae« bezeichnet, wurde über das militärische Ereignis hinaus mit Legenden und Gerüchten umgeben. Angeblich hatte der russische General Rennenkampf absichtlich seinen Rivalen Samsonow im Stich gelassen, um sich zu rächen; hatte Hindenburg die russische Armee in eine bereits Jahrzehnte vorher angelegte Falle gelockt. Tatsächlich waren bei Generalstabsreisen Eventualitäten der Kriegführung in Ostpreußen durchgespielt worden, doch war der Gedanke der Umfassung operatives Allgemeingut der Generalstabsausbildung. Die Schlacht stellte einen Gegenmythos zu den verlustreichen Materialschlachten an der Westfront dar und begründete den verhängnisvollen Ruf der »Feldherrengemeinschaft« Hindenburg-Ludendorff als »Retter der Nation«.

Ludendorffs Nimbus war seit der Niederlage von 1918 beschädigt; er benutzte den völkischen »Tannenbergbund« (1925-1934) als Forum für seine Ausfälle gegen Juden, Freimaurer und Marxisten; seine Feldherrnrolle wurde durch die von dem Historiker Walter Elze ausgelöste Diskussion, ob Ludendorff in der Schlacht am 26. Aug. »geschwankt«, d. h. an Abbruch gedacht habe, weiterhin in Frage gestellt, während der Hindenburg-Kult bis in die Weimarer Republik seine Ausstrahlungskraft behielt. Die Tannenbergfeiern gerieten seit 1919 zu Demonstrationen gegen »Weimar« und »Versailles«. Ursprünglich als Erinnerung an die Schlacht gedacht, diente das im Sept. 1927 eingeweihte Tannenberg-Denkmal bei Hohenstein (nahe Allenstein) rechtsnationalen Kreisen als Mahnmal für die »geschichtliche Sendung Ostpreußens«, als »völkischer Vorposten«. Diese Sinnstiftung lag nahe, da bereits 1914 als Bezeichnung für die Schlacht der Name des Ortes Tannenberg (nahe dem Ort Grünfelde/Grunwald) als Revanche für die Niederlage des deutschen Ritterordens 1410 gewählt worden war. Da die preußische Regierung eine Finanzierung verweigerte, wurde das »Nationaldenkmal« vor allem durch Spenden aufgebracht. Nach einem Umbau im Sinn zusätzlicher Monumentalisierung (Aufmarschplatz im Innenraum anstelle des ursprünglichen Hochkreuzes über dem Grab von 20 unbekannten Soldaten) erklärte Hitler das Denkmal 1935 zum »Reichsehrenmal«; der Sarg Hindenburgs wurde ebenfalls dort, entgegen dem testamentarischen Willen, in einer neu geschaffenen Gruft beigesetzt.

Nach 1945 ließ der polnische Staat das nur teilweise zerstörte Denkmal abreißen und die Trümmer für die Errichtung eines eigenen neuen Nationaldenkmals im ehemaligen Allenstein (Olsztyn) verwenden.

Der Hindenburg-Kult wurde nach 1934 durch den propagandistisch forcierten Führer-Kult abgelöst, da Hitler in seiner Person Weltkriegsvermächtnis und Reichspräsidentenfunktion vereinte. Der Tannenberg-Mythos überdauerte (im Gegensatz zum Verdun-Mythos) nicht das Ende des Zweiten Weltkriegs. Allein Alexander Solschenizyn hat der Schlacht bei Tannenberg einen Roman gewidmet (*August 1914*), um der russischen Armee ein Denkmal zu setzen; der deutsche Sieg erscheint hier als das Resultat eines »simplen Kriegsspiels«, das keiner Feldherrngenialität bedurfte: »Die Karte flehte geradezu um ein Cannae«.

GERMAN WERTH

Thomas, Albert, * Champigny-sur-Marne 16.6.1878, † Paris 7.5.1932, französischer Politiker (Rüstungsminister). – Der aus kleinbürgerlichen Verhältnissen stammende T. schloß sich nach seinem Studium an der École Normale Supérieure in Paris der sozialistischen Bewegung an. Er trat in die Redaktion der *Humanité* ein, wurde 1910 Abgeordneter und gehörte bereits seit dem Einigungsparteitag von 1905 zur Führungsspitze der französischen sozialistischen Partei Section Française de l'Internationale Ouvrière (SFIO), in der er einen reformistischen Kurs vertrat.

Nach Kriegsausbruch wurde T., der von Anfang an für einen Eintritt seiner Partei in die »Union sacrée« plädiert hatte, von Marcel Sembat mit der Organisation der Kriegsgüterproduktion betraut. Im Mai 1915 wurde er Unterstaatssekretär mit Zuständigkeiten für die Artillerie, im Dez. 1916 schließlich Rüstungsminister mit Sitz im Conseil supérieur de la guerre (Oberster Kriegsrat). Von den drei sozialistischen Ministern der Kriegskabinette war T. der bei weitem aktivste und erfolgreichste. Es gelang ihm, bis 1917 den sozialen Frieden zu wahren, die notwendige Steigerung der Rüstungsproduktion sicherzustellen und diese mit einigen wegweisenden Sozialreformen (kollektiver Arbeitsvertrag, innerbetriebliche Mitbestimmung, obligatorische Schlichtung von Tarifkonflikten) zu verbinden. Er arbeitete dabei auch als Minister eng mit der Gewerkschaft CGT (Confédération générale du travail) zusammen, der er zu offizieller Anerkennung als Vertretung der Arbeiter verhalf.

Seine erfolgreiche Regierungstätigkeit brachte T. ein hohes Prestige ein; während der Regierungskrisen des Sommers 1917 war er sogar für das Amt des Außenministers im Gespräch. Angesichts der wachsenden Vorbehalte in der sozialistischen Partei gegen eine Regierungsbeteiligung schied er jedoch im Sept. 1917 beim Sturz der Regierung Alexandre Ribot aus dem Kabinett aus. T. blieb aber auch weiterhin ein Befürworter der »Union sacrée«, der sozialistischen Regierungsbeteiligung und der bisherigen, ganz auf einen »Siegfrieden« ausgerichteten Politik. Innerhalb der Partei geriet er mit dieser Position allerdings zunehmend ins Abseits. So zog sich T. nach Kriegsende aus der französischen Innenpolitik zurück und wandte sich einem neuen Aufgabenfeld zu: Er wurde Gründungsdirektor des Internationalen Arbeitsamtes in Genf.

DANIEL MOLLENHAUER

Tiere. Die Verwendung von T. zum Kriegsdienst ist schon aus der Antike bekannt. Elefanten, Bären, Bluthunde-Meuten wurden eingesetzt, um die feindlichen Kampflinien aufzureißen, Giftschlangen in Tonkrügen als Geschosse benutzt. Das am häufigsten als »Kriegsgerät« eingesetzte T. war das Pferd, im Gespann vor Kampfwagen und natürlich als Reittier.

Erstaunlicherweise gab es nicht im Ersten Weltkrieg, in dem die Motorisierung zunächst von geringer Bedeutung war, sondern im Zweiten Weltkrieg den zahlenmäßig größten Pferdeeinsatz. Trotz des Stellungskrieges behielten Franzosen und Briten ihre Kavallerie, um sie bei einem Durchbruch durch die Front zur Verfolgung des Gegners einzusetzen, während die Deutschen ihre Kavallerieverbände an der Westfront zum großen Teil bald auflösten, um die Reiter als abgesessene Kavallerie in die Schützengräben abzukommandieren (»Kavallerie-Schützen-Division«).

Abgesehen vom Train und von der Artillerie kam die fechtende Truppe eines Armeekorps mit den Munitionskolonnen auf 14.000 Pferde, eine Brigade der Feldartillerie mit 144 Geschützen auf 1.850 Pferde, allein der Stab einer Infanteriedivision auf 80. Die größte Rolle spielten Pferde als Zug-T. für die Geschütze und den Munitionstransport. Der Gesamtbestand belief sich auf deutscher Seite auf rund 1,5 Mio. T. In der Etappe gab es Pferde-Depots und -lazarette sowie »Erholungsstätten« für schonungsbedürftige Pferde. An der Front geschah der Einsatz von Gespannen unter brutalsten Bedingungen, um die T. zum Durchfahren von Feuerzonen und verschlammtem Trichtergelände sowie zum Überschreiten von Leichen und verendenden Pferden zu zwingen. Im Verlauf des Krieges litten die Pferde an Ernährungsmangel (u. a. wurde Hafer durch Stroh gestreckt, seit Febr. 1915 wurde je nach Ernteerträgen Hafer durch Hartfuttermittel und Strohkraftfutter ersetzt), es fehlte zudem an Fachkräften. Die älteren Jahrgänge, auf die sich die Versorgungskolonnen stützten, brachten keine Umgangsvertrautheit mit, so daß das Pferdesterben auch hinter der Front zunahm. Pferde krepierten massenhaft an Erschöpfung, Verletzungen, Räude und Rotzkrankheit; dem Beschuß waren sie schutzlos ausgeliefert. Frisch getötete Pferde waren immerhin als Fleischlieferanten nützlich. Zunehmend wurden Esel und Maultiere eingesetzt, da sie weniger panikanfällig waren; die Franzosen benutzten Ochsengespanne für Schwertransporte. Für das fehlende Motorisierungsbewußtsein Ludendorffs ist charakteristisch, daß seiner Meinung nach 1918 »das mangelhafte Pferdematerial« den Lastwagenbau »erzwang«.

Hunde und Brieftauben wurden ebenso auf Fronttauglichkeit überprüft wie Rekruten. Aufrufe appellierten an die Bevölkerung, ihre Haus-T. abzugeben, der Deutsche Verein für Sanitätshunde, ebenso eine Vorkriegsgründung wie die Société des chiens sanitaires, stellte abgerichtete Hunde kostenlos zur Verfügung; im Gegensatz zum Zweiten Weltkrieg gab es aber für die Bevölkerung keinen Abgabezwang; allerdings requirierten die deutschen Besatzungsbehörden in Belgien Hunde und Brieftauben.

Hunde dienten als Meldehunde, doch bereits während der Champagne-Schlachten wurde festgestellt, daß ihr Orientierungssinn im aufgewühlten Trichtergelände oft versagte, so daß auf Meldeläufer zurückgegriffen werden mußte. Das »Heerhundewesen« unterstand dem Chef des Nachrichtenwesens. Der Verlust an »Kriegshunden« wird auf 20.000 geschätzt, die Franzosen registrierten von 15.000 Hunden insgesamt 5.321 vermißte oder getötete Vierbeiner. Neben dem Deutschen Schäferhund wurden in der deutschen Armee auch der Dobermann und Airedaleterrier eingesetzt, was den Protest der Schäferhundezüchter auslöste, die den Airedale als englische Zucht abqualifizierten; gleichsam im Gegenzug wurde in Großbritannien der »German shepherd« in »Alsacian« umbenannt, da die Briten nicht auf seine Qualitäten zu verzichten gedachten. Hunde dienten bei allen Kriegsparteien als Patrouillenbegleiter und Spürhunde, um Verschüttete aufzufinden; sie zogen in der französischen Armee Telefondrähte (mit Rückentrommel) und wurden in der belgischen und russischen Armee als Zugtiere vor MG-Wagen und kleine Transportgefährte gespannt. Namen besonderer Sanitätshunde wurden berühmt, Hunde bekamen Orden und Denkmäler, zuletzt mit den Pferden zusammen sogar Gasmasken. Hunde waren Maskottchen, wurden mitunter gefangen und gegessen. Die französische Propaganda beschuldigte die deutschen Hundeausbilder besonders brutaler Methoden, während man auf alliierter Seite die Tiere »zu verstehen« vorgab, um sie zu erziehen.

Brieftauben fungierten als Nachrichtenüberbringer, insgesamt rechnete man auf deutscher Seite mit 120.000, auf der französischen Seite 1918 mit rund 30.000 Vögeln. Eine Brieftaube überbrachte am 9. Okt. 1914 in Paris die Meldung vom Fall Antwerpens; berühmt wurde die Taube, die am 4. Juni 1916

Brieftaubenfahrzeug der französischen Armee

Gedächtnisblatt des preußischen Kriegsministeriums für einen »Kriegshund«. 1. November 1918

die letzte Nachricht aus dem Fort Vaux (»la pigeon de Verdun«) zum Fort Souville übermittelte. Tauben wurden mit Kameras ausgestattet, um den Frontverlauf zu fotografieren. Obwohl die deutsche Armee fahrbare »Militärbrieftaubenschläge« mit sich führte, stand sie dem Einsatz skeptisch gegenüber. »Fremderkannte« Brieftauben sollten abgeschossen werden, Taubenhaltung war der Bevölkerung in den besetzten Gebieten wegen des Spionageverdachts strengstens untersagt. Einen Epilog auf die Weltkriegstaube schrieb Michel Tournier in seinem Roman *Le Roi des Aulnes* (1970), wo er die technische Rückständigkeit der französischen Armee und den Konservatismus Marschall Pétains satirisch glossiert.

Lit.: H. Barbusse, Der Hund, Dokumente, Leipzig 1974; J. Giono, Die große Herde, Berlin 1932; T. Goote, Wir fahren den Tod, Gütersloh 1930; E. Johannsen, Fronterinnerungen eines Pferdes, Hamburg-Bergedorf 1929; C. Malaparte, Kaputt, Karlsruhe 1961; F. Marc, Briefe aus dem Felde, München 1966; M. Monestier, Les Animaux-Soldats, Histoire Militaire des Animaux, Paris 1996;

German Werth

Tirpitz, Alfred von, * Küstrin 19.3.1849, † Ebenhausen 6.3.1930, deutscher Großadmiral und Politiker. – T. trat 1865 in die preußische, 1871 in die kaiserliche Marine ein. 1877-88 Organisator der Torpedowaffe, wurde er 1892 Chef des Stabes des Oberkommandos der Marine und 1896 Chef der Kreuzerdivision in Ostasien, wo er die Erwerbung von Kiautschou vorbereitete. Im Juni 1897 wurde T. Staatssekretär des Reichsmarineamtes und 1898 zusätzlich preußischer Staatsminister. 1900 wurde T. nobilitiert.

Bereits in seiner *Denkschrift IX* von 1894 hatte er der Flotte neue taktische Grundlinien gegeben. Nun strebte er in den Flottengesetzen von 1898 und 1900 sowie den Novellen von 1906, 1908 und 1912 danach, dem Kaiser eine vom Parlament unabhängige, der britischen Royal Navy kaum unterlegene Flotte zu verschaffen und so den »Neuen Kurs« der deutschen Weltpolitik zu ermöglichen. Mittels einer geschickten Propaganda (Deutscher Flottenverein, Nachrichtenbureau des Reichsmarineamtes, die Zeitschrift *Nauticus*) verstand er es, die öffentliche Meinung sowie den Reichstag für den Flottenbau zu gewinnen. Doch aufgrund der durch die forcierte Heeresrüstung verringerten Budgetmittel erlitt der »Tirpitz-Plan« bereits 1905/06 Schiffbruch: 1914 befand er sich mit acht Großkampfschiffen sowie 13 Kreuzern unter der gebilligten Aufrüstung.

T., 1911 Großadmiral und 1914 Gegner eines europäischen Krieges, spielte im Weltkrieg keine glückliche Rolle. Ohne unmittelbaren Einfluß auf die Seekriegsleitung bleibend, betrieb er hinter den Kulissen – jedoch letztlich erfolglos – seine Ernennung zum Oberbefehlshaber der Marine. T.s lavierende Forderungen nach dem sofortigen Einsatz der Hochseeflotte und dem uneingeschränkten U-Boot-Krieg brachten ihn in Gegensatz zum Kaiser sowie zum Chef des Marinekabinetts, Admiral Georg von Müller. Am 15. März 1916 nahm der Kaiser T.s Abschiedsgesuch mit den Worten »Er verläßt das sinkende Schiff!« an. Im Herbst 1917 gründete T. mit Wolfgang Kapp die Deutsche Vaterlandspartei als nationale Opposition zur Regierung und Reichstagsmehrheit. Nach dem Krieg wurde er als Deutschnationaler 1924-28 Mitglied des Reichstags und drängte Paul von Hindenburg 1925 dazu, die Kandidatur zur Reichspräsidentenwahl anzunehmen.

Lit.: M. Salewski, Tirpitz: Aufstieg, Macht, Scheitern, Göttingen 1979; R. Scheck, Alfred von Tirpitz and German Right-Wing Politics, 1914-1930, Atlantic Highlands, NJ, 1998.

Holger H. Herwig

Tisza, István Graf de Boros-Jeno, * Pest (heute zu Budapest) 22.4.1861, † (ermordet) Budapest 31.10.1918, ungarischer Politiker (Ministerpräsident). – T. war bereits zur Zeit seiner ersten Amtszeit als königlich ungarischer Ministerpräsident (1903-05) zu einem besonderen Vertrauensmann des Kaisers und Königs von Ungarn Franz Joseph geworden. Nicht nur war er ein überzeugter Anhänger des Bündnisses mit Deutschland, sondern er bekämpfte auch die Tendenzen in Ungarn, das Land auf lange Sicht aus dem Verband der Doppelmonarchie zu lösen. Als Präsident des ungarischen Abgeordnetenhauses gelang es T. 1912, wenn auch verspätet, endlich die militärisch bedeutsame Wehrvorlage zur Annahme zu bringen. 1913 wurde er zum zweiten Mal ungarischer Ministerpräsident. Nach dem Attentat von Sarajevo im Juni 1914 verschloß sich T. zuerst dem Drängen des Außenministers Berchtold und des Generalstabschefs Conrad von Hötzendorf, die Gelegenheit zu einem Krieg gegen Serbien zu ergreifen. Doch am 14. Juli 1914, im Gefolge neuerlicher Unterredungen mit diesen und dem deutschen Botschafter Tschirschky, änderte er seine Meinung und stimmte der Absendung eines Ultimatums an Serbien zu. Im Weltkrieg spielte T. die Rolle eines Staatsmannes, der vor allem fest auf das Bündnis mit Deutschland vertraute. Er unterstützte die Kriegsanstrengungen der k. u. k. Monarchie, wenn auch vor allem zugunsten Ungarns, und sprach sich für eine moderate Annexionspolitik aus. Vom reformwilligen Kaiser und König Karl im Mai 1917 entlassen, wurde T. Ende Okt. 1918 von ungarischen Revolutionären erschossen.

Rudolf Jerabék

Totaler Krieg. Der Begriff »la guerre totale« wurde seit 1917 zunächst in der französischen Presse verwendet, um die Franzosen zu letzten und noch radikaleren Kriegsanstrengungen aufzufordern. In der internationalen militärpolitischen Diskussion der 1920er und 1930er Jahre spielten dieser Begriff und ihm verwandte Formulierungen eine große Rolle. Besonders der italienische General Giulio Douhet und der deutsche General Erich Ludendorff propagierten den T. als eine Kampfform der Zukunft. Im Zweiten Weltkrieg wurde die Forderung nach dem T. zu einem gänzlich internationalen Phänomen. Joseph Goebbels' berühmt-berüchtigte Sportpalastrede vom 18. Febr. 1943 stellte hier nur einen propagandistischen Höhepunkt dar.

Die Forschung hat sich bis heute nicht auf eine allgemein akzeptierte Definition des T. einigen können. Für eine derartige Definition erscheint das Phänomen zu komplex. Immerhin gelang es, die vier wichtigsten Elemente zu identifizieren:

1. *Totale Mobilisierung*: Dieser Aspekt wird häufig mit dem T. gleichgesetzt. Es handelt sich hierbei um die vollständige Inanspruchnahme aller gesellschaftlichen und materiellen Ressourcen eines Staates zum Zwecke der Kriegführung. Über die allgemeine Wehrpflicht für waffenfähige Männer hinaus werden auch die Zivilisten, inklusive Frauen und sogar Kinder aktiv in die Kriegsanstrengungen involviert. Ebenso werden Wirtschaft und Finanzen ganz in den Dienst des Krieges gestellt. Im Idealfall verwandeln sich Gesellschaft und Wirtschaft in eine einzige Kriegsmaschine unter staatlicher Leitung.
2. *Totale Kriegsziele*: Die totale Mobilisierung durch staatliche Zwangsmaßnahmen und mit Hilfe von Massenpropaganda läßt sich kaum um begrenzter Kriegsziele willen durchführen. Sie ist nur vor dem Hintergrund einer existentiellen Bedrohung von außen glaubhaft zu propagieren. Derartige Bedrohungsszenarien bewirken jedoch die Formulierung totaler Kriegsziele, um die angebliche oder tatsächliche Existenzgefährdung durch den Feind ein für allemal zu beseitigen und die ungeheuren Kriegsanstrengungen zu rechtfertigen. Totale Kriegsziele variieren dabei von der Forderung nach bedingungsloser Unterwerfung des Feindes bis hin zu dessen physischer Ausrottung.
3. *Totale Kriegsmethoden*: Mit der Formulierung totaler Kriegsziele korrespondiert die Entgrenzung der Kriegsmittel. Die Regeln des Kriegsvölkerrechts werden zunehmend mißachtet. Kriegsgefangene werden mitunter massenweise ermordet. Alle vorhandenen waffentechnologischen Möglichkeiten werden rücksichtslos zum Einsatz gebracht. Besonders hervorstechend ist die zielbewußte und systematische Kriegführung gegen die feindliche Zivilbevölkerung. Auf diese Weise soll dem Widerstandswillen des Gegners das Rückgrat gebrochen werden.
4. *Totale Kontrolle*: Unter den Bedingungen arbeitsteiliger Gesellschaften und moderner Industriestaaten lassen sich totale Kriegsanstrengungen nur unter vollständiger Kontrolle durch die politischen und militärischen Behörden durchführen, da sie einen enormen organisatorischen Aufwand verlangen und keine zivilistischen Nischen mehr gestattet werden sollen. Der Staat greift deshalb in alle gesellschaftlichen und wirtschaftlichen Bereiche ein, um sie ausschließlich nach der von der Führung propagierten totalen Kriegsanstrengung auszurichten.

Die Forderung nach Vollständigkeit und die ihm innewohnenden Widersprüche lassen eine gänzliche Durchführung des T. jedoch unmöglich erscheinen. Deshalb handelt es sich beim T. nur um ein theoretisches Konzept.

Der Weltkrieg war insgesamt sicherlich kein T. Allerdings lassen sich auf verschiedenen Ebenen Tendenzen beobachten, die eindeutig in diese Richtung weisen. Das sog. Hindenburg-Programm und die innere Politik der Regierung Lloyd George etwa lassen bereits die Absicht einer totalen Mobilisierung erkennen. Wachsender gegenseitiger Haß und die Sorge um die Sicherheit zukünftiger Generationen angesichts der angeblich immerwährenden Bedrohung durch den aggressiven Gegner führten zu einer Entgrenzung der Kriegsziele. Vor allem im Deutschen Reich und in Frankreich wurde die Forderung nach dauerhafter Zerschlagung des Feindes geradezu zum Programm. Die britische Hungerblockade, der unbegrenzte U-Boot-Krieg, Bombardierungen feindlicher Städte durch Artillerie und Flugzeuge, sowie der Einsatz von Giftgas demonstrierten die zunehmende Entgrenzung der Kriegsmethoden. Die Quasi-Diktatur Ludendorffs ab 1916 galt dem Versuch, die gesamte deutsche Gesellschaft unter staatlich-militärische Kontrolle zu stellen.

Während der größte Teil dieser Tendenzen zum T. im Ersten Weltkrieg in Ansätzen stecken blieb, bzw. gänzlich scheiterte, traten sie im Zweiten Weltkrieg wesentlich stärker in Erscheinung – es waren nicht zufällig die Erfahrungen aus dem Ersten Weltkrieg, die zur Formulierung des Konzepts vom T. unter dem Nationalsozialismus führten. → *Hindenburg-Programm* → *Kriegsziele*

Lit.: Great War, Total War. Combat and Mobilization on the Western Front, 1914-1918, hg. v. R. Chickering/S. Förster, Cambridge 2000.

STIG FÖRSTER

Totenkult. Bestattungsrituale, als Begleiterscheinung des Todes, sowie die Trauerarbeit sind essentiell, um die Präsenz der Toten im kollektiven Gedächtnis, ihre dauernde »Rückkehr« während der 1920er und 30er Jahre zu verstehen. Vor allem nach Kriegsende wurde der Kriegstoten durch die ehemaligen Kriegsteilnehmer, die Familie, das Dorf, die Kirchengemeinde, die Arbeitsstelle und auch durch den Staat in Gestalt seiner lokalen Repräsentanten und durch nationale Feiern gedacht. Die bei den Feierlichkeiten gesprochenen Worte, die Inschriften und Mahnmale der Erinnerung in Form von Votivtafeln, Kirchenfenstern, Gräbern oder Beinhäusern sind bis auf den heutigen Tag erhalten und erlauben uns, die nie abreißende Kette von Erinnerungsfeiern nachzuvollziehen, bei denen sich politische Liturgie und private Trauer ergänzten.

An der Front versuchte man, die Toten so gut es ging zu bestatten. Dies galt als eine Aufgabe, an der alle Soldaten mitwirken sollten, denn die Toten verwandelten die Schlachtfelder gleichsam in geweihte Erde. Unmittelbar nach Kriegsende wurden Soldatenfriedhöfe angelegt und die wichtigsten Formen der Erinnerungskultur geschaffen, Gefallenendenkmäler und vielfältige andere Erinnerungsformen. Sieger und Besiegte mußten sich dabei mit demselben Problem auseinandersetzen: Die Erinnerungsorte wurden gleichzeitig auf den Schlachtfeldern und auf nationalem Territorium errichtet. Von der Zustimmung zum Krieg ging man über zur Zustimmung zum Erinnerungskult. Auf diese Weise gelang es symbolisch, die »Union sacrée« aus Stein und Bronze gleichsam zu genau dem Zeitpunkt wieder zu errichten, zu dem man die ganze tragische Bilanz des Krieges ermessen konnte. Wenn man zurückverfolgt, wie sich gesellschaftliche Kreise zur gemeinsamen Trauerarbeit und Erinnerung herausbildeten, welche Individuen diese einschloß, kann man feststellen, daß die lokalen Gefallenendenkmäler ein wesentliches Element dieser Kette waren, die Städte und Provinzen, Schlachtfelder und Hinterland miteinander verband.

Die Denkmäler kündeten als Orte der Identifikation mit den Toten und als Rechtfertigung ihrer Leiden vom Mut der Überlebenden des Krieges, aber sie waren auch Orte der Klage. Die Witwen, die Waisen und die Verwandten derjenigen, die nicht mehr aus dem Krieg zurückgekehrt waren, wurden dort in ihrer Trauer dargestellt. Auf den Denkmälern ebenso wie auf den Votivtäfelchen der Kirchen wird der christliche Soldat in einer Nachfolge Christi eins mit dessen Opfertod. Wenn die Mutter des Kämpfers als neue Jungfrau Maria ihren Sohn wiederfindet und ihn in ihren Armen hält, wird das Denkmal eine Pietà. Symbolisiert wurde die »Vereinigung mit dem Vaterland« durch die nationalen Bestattungszeremonien der »Unbekannten Soldaten«, die von den ehemaligen Frontkämpfern für jene Hunderttausende von Soldaten abgehalten wurden, die auf den Schlachtfeldern ihr Leben gelassen hatten.

Die unterschiedlichen Elemente des T. boten Raum für die verschiedenen Formen persönlicher Trauer, ob am Arc de Triomphe, an der Westminster Abbey, in Arlington oder vor dem örtlichen Soldaten- oder Gemeindefriedhof. → *Soldatenfriedhöfe*

Lit.: Der politische Totenkult. Kriegerdenkmäler in der Moderne, hg. v. R. Koselleck, München 1994; G. L. Mosse, Fallen Soldiers. Reshaping the Memory of the World Wars, Oxford 1990.

ANNETTE BECKER (Ü.: S. P.)

Troeltsch, Ernst * Haunstetten bei Augsburg 17.2.1865, † Berlin 1.2.1923, deutscher Theologe, Kulturphilosoph und Historiker. – In den ersten beiden Kriegsjahren hat T. mit der Autorität eines deutschen Theologieprofessors die öffentliche Debatte um den Weltkrieg als »Kulturkrieg« auf einflußreiche Weise gestaltet und ihr einprägsame Stichworte geliefert. Bereits am 2. Aug. 1914 hielt er eine überregional beachtete Rede vor der Stadt und Universität Heidelberg und kündigte sein Engagement für die Verteidigung spezifisch deutscher »Kulturwerte« an. T. zählte zwar nicht zu den Mitunterzeichnern des Aufrufs

An die Kulturwelt vom 4. Okt. 1914, gleichwohl galt seine Kriegspublizistik, vor allem in der französischen Wahrnehmung, als besonders nationalistische Legitimation der deutschen Kriegsführung. T. dramatisierte die kulturellen Gegensätze zu den östlichen und westlichen Kriegsgegnern und definierte »das Wesen der Deutschen« als religiöse »Metaphysiker und Grübler von Natur und Welt«. Entgegen seinen Vorkriegswerken zur Bedeutung des Protestantismus und der religiösen Soziallehren für die Gestaltung der europäischen Moderne konstruierte er in der ersten Kriegshälfte einen geistigen deutschen Sonderweg. Für die *Neue Rundschau* des S. Fischer Verlages bündelte T. seine historischen Deutungen unter der Formel *Die deutsche Idee von der Freiheit* (Berlin 1916).

Die militärische ebenso wie die innenpolitische Entwicklung veranlaßten T. seit Ende 1916 zu einer Selbstkorrektur. Der im Frühjahr 1915 von Heidelberg an die Berliner Universität berufene T. thematisierte den Weltkrieg mit neuem Wissen aus der »Deutschen Gesellschaft 1914« und der »Mittwochsgesellschaft« immer stärker als ökonomisch motivierten Krieg. Dem Kreis gehörten u. a. die Historiker Hans Delbrück und Friedrich Meinecke an; er übte zeitweise sogar einen gewissen Einfluß auf die Reichskanzler Bethmann Hollweg und Max von Baden aus. Gegen die Verfechter des »Siegfriedens« und den Annexionismus der Vaterlandspartei setzte er sich für eine gemäßigte Kriegszielpolitik ein und forderte Verfassungsreformen nach dem Krieg. Im Nov. 1917 stellte er sich an die Spitze des von ihm mitbegründeten Volksbund für Freiheit und Vaterland. Bei Kriegsniederlage und Ausbruch der Revolution ließ sich T. zum Vorsitzenden der Berliner Deutschen Demokratischen Partei (DDP) wählen, wurde Abgeordneter der preußischen Nationalversammlung und zeitweilig Unterstaatssekretär im preußischen Kultusministerium. Unter dem Pseudonym »Spectator« avancierte er zum führenden liberalen Kommentator der Neuordnung Deutschlands zwischen 1918 und 1922.

Lit.: E. Troeltsch, Schriften zur Politik 1914-1918, hg. v. G. Hübinger (Ernst Troeltsch – Kritische Gesamtausgabe, Bd. 12, in Vorbereitung); K. Flasch, Die geistige Mobilmachung. Die deutschen Intellektuellen und der Erste Weltkrieg, Berlin 2000.

GANGOLF HÜBINGER

Trotzki, Leo (Lew) Dawidowitsch (eigentlich Leib Bronschtein), * Janowka (Gebiet Cherson) 28.10.1879, † (ermordet) Coyoacán (bei Mexiko City) 21.8.1940, russischer Politiker. – Bereits gegen Ende seiner Schulzeit im Gouvernement Cherson schloß sich T. revolutionär-marxistischen Kreisen an. 1899 erstmals verbannt, gelang ihm 1902 die Flucht nach Westeuropa. 1903, auf dem 2. Parteitag der russischen Sozialdemokraten, führte er einen heftigen Angriff gegen Wladimir Iljitsch Lenin und dessen Parteiorganisationsmodell. In der Revolution von 1905 war T. Vorsitzender des Petersburger Sowjet, wurde 1906 erneut verbannt, konnte 1907 ins Ausland fliehen und kehrte im Mai 1917 nach Rußland zurück. Dort schloß er sich den Bolschewiki an, stieg rasch zum »zweiten Mann« der Partei nach Lenin auf und war Vorsitzender des Militärrevolutionären Komitees des Petrograder Sowjet, das die wichtigsten Vorbereitungen für die bolschewistische Machtergreifung traf. Als Volkskommissar des Äußeren und Leiter der sowjetischen Delegation bei den Friedensverhandlungen in Brest-Litowsk sprach er sich in Erwartung eines baldigen Ausbruchs der »Weltrevolution« für eine Taktik des Abwartens unter der Formel »weder Krieg noch Frieden« aus. Im März 1918 wechselte der glänzende Redner und Organisator an die Spitze des Kriegskommissariats. Er organisierte den Aufbau der Roten Armee und hatte im Bürgerkrieg entscheidenden Anteil am Sieg der Bolschewiki. Nach dem Tod Lenins geriet er mit seiner Kritik an dem von Stalin beherrschten Parteiapparat und an der sowjetischen Wirtschaftspolitik in zunehmenden Gegensatz zur Parteiführung. 1926 wurde er aus dem Politbüro, 1927 aus der Partei ausgeschlossen, 1929 schließlich des Landes verwiesen. Nach mehreren von Stalin veranlaßten Attentatsversuchen wurde T. 1940 durch einen Agenten der sowjetischen Geheimpolizei in Mexiko ermordet.

HILDEGARD KOCHANEK

Truppenstärken, Umfangszahlen der für den unmittelbaren Kriegsdienst mobilisierten Soldaten. – Die Basis der T. im Kriege gaben die Friedensstärken der einzelnen Armeen vor 1914 ab. In den Mobilmachungsplänen war eine Kaderung von Führungspersonal für die Reserveverbände und eine Zuordnung von Reservisten zu diesen Truppenteilen vorbereitet, die nach Auslösung der Mobilmachung die Auffüllung der Verbände auf Kriegsstärke ermöglichten. Dabei spiegeln die für den Kriegsfall vorgesehenen und im Sommer 1914 tatsächlich erreichten T. die ursprünglichen Illusionen auf allen Seiten von einem kurzen Krieg wider. Am exorbitanten Anstieg der T. ab 1914/15 läßt sich dann der Umschlag zu einem mehrjährigen personalintensiven Abnutzungskrieg ablesen.

Das Deutsche Reich verfügte 1914 über keine Einheitsarmee; seine Streitkräfte setzten sich aus regional gegliederten Kontingenten der großen Bundesstaaten zusammen (Preußen mit 78 % Anteil an den Gesamtstreitkräften, Bayern mit 11 %, Sachsen mit 7 % und Württemberg mit 4 %). Das in 25 aktive Armeekorps gegliederte Heer wuchs im Aug. 1914 von einer Friedensstärke von 761.000 Mann (mit 79.000 Marine- und 9.000 Kolonialsoldaten: insgesamt 847.000 Mann) innerhalb einer Woche auf 3,8 Mio. Mann (1914-18 insgesamt: ca. 13 Mio. Kriegsteilnehmer) an.

Auch Österreich-Ungarn zollte militärisch seiner komplizierten inneren Struktur seit dem Ausgleich mit Ungarn von 1867 Tribut. Der aus allen Reichsteilen rekrutierten kaiserlichen und königlichen (k. u. k.) Armee in einer Friedensstärke von 325.000 Mann standen für die beiden Reichsteile eine österreichische (40.000 Mann) und eine ungarische Landwehr (Honvéd, 30.000 Mann) zur Seite. Nach ihrer Mobilmachung konnte die Donaumonarchie bis Ende 1914 ein Feldheer von 2,3 Mio. Mann (1914-18: insgesamt etwa 8 Mio.) aufbieten.

Auf alliierter Seite trugen bei Kriegsausbruch Rußland, Großbritannien (einschl. des Empires) und Frankreich (einschl. seiner Kolonialtruppen) die personellen Hauptlasten des Krieges, denen sich mit Belgien, Serbien und Montenegro zunächst drei kleinere Verbündete anschlossen. Das zarische Rußland stützte sich auf eine Friedensarmee von 1,4 Mio. Mann, die im Sommer 1914 auf 4,5 Mio. Mann (1914-18: insgesamt 12-15 Mio.) erweitert wurde. Großbritannien trat 1914 mit einer kleingehaltenen Armee von Längerdienenden (Regular Army) in einer Stärke von gerade 250.000 Mann in den Krieg ein, von denen im Aug. 1914 120.000 Mann als British Expeditionary Force an der Westfront eingesetzt wurden und hier bis Jahresende bis zu 90 % Verluste verzeichneten. Den prozentual höchsten personellen Mobilisierungsgrad hatte mit 20 % seiner Gesamtbevölkerung das von den unmittelbaren Kriegseinwirkungen am härtesten betroffene Frankreich zu verzeichnen. Seine nach der Niederlage von 1871 modernisierte und vergrößerte Armee war in 21 regionale Korps gegliedert. Sie erhöhte im Aug. 1914 ihre Friedensstärke von 777.000 Franzosen und 46.000 Kolonialtruppen auf fast 3,8 Mio. Mann (1914-18: insgesamt 8,4 Mio.). Belgien, das erst 1913 die Wehrpflicht eingeführt hatte, verfügte im Aug. 1914 über eine Armee von 117.000 Mann, die durch den raschen deutschen Einmarsch wesentliche Teile ihrer ostbelgischen Mobilisierungsbasis verlor und deshalb 1914-18 insgesamt nur 267.000 Mann aufbot.

Serbien hatte nach den Balkankriegen (1912/13) seine ursprünglich 260.000 Mann starke Armee reorganisiert und konnte im Sommer 1914 immerhin 360.000 Mann (1914-18: insgesamt über 700.000) mobilisieren. Montenegro stellte sich sofort mit seiner milizartigen Armee von 40.000 Mann (1914-18: insgesamt 50.000) an die Seite Serbiens. Insgesamt standen sich die beiden Allianzen mithin bei Kriegsausbruch im Sommer 1914 mit T. von über 6 Mio. (Mittelmächte) bzw. 9 Mio. Mann (Entente) gegenüber.

Der weitere Kriegsverlauf war durch die beiderseitige Ausweitung der Allianzen, überhöhte Verluste und damit verbunden durch eine immer exzessivere Mobilisierung gekennzeichnet. Der Kriegseintritt Japans Ende Aug. 1914, das bis 1918 insgesamt 800.000 Mann mobilisierte, band auf seiten der Mittelmächte kurzzeitig bis zum Verlust der deutschen Besitzungen in Ostasien kleinere Kontingente. Von größerer Bedeutung war dagegen der Kriegseintritt der Türkei Ende Okt. 1914 zugunsten der Mittelmächte. Damit wurden gegenüber Rußland (Kaukasus) und Großbritannien (Dardanellen, Palästina, Mesopotamien) neue Fronten eröffnet. Bis 1918 taten schließlich zwischen 2,8 und 3,5 Mio. Mann Dienst in den türkischen Streitkräften. Der Personalbedarf an der Westfront und im Nahen Osten zwang 1916 auch die Engländer, auf der Basis einer allgemeinen Wehrpflicht eine Massenarmee zu schaffen, die bis zu ihrem Höhepunkt 1918 auf 4 Mio. Mann anwuchs. Zusätzlich wurden im gesamten Empire Truppen ausgehoben: in der Canadian Expeditionary Force 418.000 Mann, in den South African Forces 146.000 Weiße und 85.000 Farbige (in Arbeits- und Unterstützungseinheiten), in der Indian Army über 1,3 Mio. Mann, im Australian and New Zealand Army Corps (ANZAC) über

320.000 Mann. Insgesamt rekrutierten Großbritannien und das Empire während des Krieges 8,9 Mio. Mann.

Eine weitere Mobilisierung erfolgte durch die Kriegseintritte Italiens (1915), Portugals und Rumäniens (1916) sowie der USA und Griechenlands (1917) auf seiten der Entente und den Beitritt Bulgariens zu den Mittelmächten (Sept. 1915). Bulgarien erhöhte die Friedensstärke seiner Armee von 85.000 auf 650.000 Mann und rekrutierte insgesamt für die Mittelmächte ein zusätzliches Potential von 1,2 Mio. Mann. Demgegenüber stiegen die personellen Ressourcen der Entente 1915-1918 durch Italien um 5,6 Mio., durch Portugal um 100.000, durch Rumänien um 750.000, durch Griechenland um 230.000 und durch die USA um 4,3 Mio. Mann. Bei Kriegsende hatten nach variierenden Schätzungen auf allliierter Seite insgesamt über 42 Mio., auf seiten der Mittelmächte etwa 23 Mio. Soldaten am Weltkrieg teilgenommen. → *Streitkräfte* → *Kriegsverluste*

Lit.: The European Powers in the First World War. An Encyclopedia, ed. by S. C. Tucker, New York/London 1996.

BRUNO THOSS

Tschechoslowakei, einer der Nachfolgestaaten Österreich-Ungarns, dessen Territorium sich aus den zur österreichischen Reichshälfte gehörenden Ländern der böhmischen Krone (Böhmen, Mähren und Österreichisch-Schlesien) sowie den vormals ungarischen Gebieten der Slowakei und der Karpato-Ukraine zusammensetzte. – Die offizielle Bezeichnung des am 28. Okt. 1918 gegründeten Staates lautete »Republika Československá«. In der T. lebten 1921 auf 140.484 km^2 13.613.172 Einwohner, von denen 8,7 Mio. Tschechen und Slowaken waren, die laut Verfassung mit 66 % der Gesamtbevölkerung das »tschechoslowakische Staatsvolk« bildeten. Als nationale Minderheiten anerkannt waren 3,1 Mio. Deutsche (23 %), 754.000 Ungarn (5,6 %), 460.000 Ruthenen (3,5 %) und 76.000 Polen (0,6 %). Der Anteil der jüdischen Bevölkerung machte 1,35 % aus. Damit hatte die T. ca. ein Fünftel der Fläche und ein Viertel der Einwohner Österreich-Ungarns übernommen. Mit dem Erbe von 70 % der Industrieanlagen sowie 80 % der Steinkohlevorkommen konnte die T. in der Zwischenkriegszeit zum führenden Industriestaat Ostmitteleuropas werden. Hauptstadt und Regierungssitz der als parlamentarische Demokratie verfaßten und bis 1938 existierenden Ersten Tschechoslowakischen Republik war Prag, Staatssprache das »Tschechoslowakische«, Zahlungsmittel die Krone.

Die militärische Niederlage der Mittelmächte im Herbst 1918 war eine entscheidende Voraussetzung für die Entstehung der T. Die Vorgeschichte der Staatsgründung indessen setzte bereits unmittelbar nach Kriegsbeginn ein, als eine Handvoll tschechischer Politiker begann, die seit 1848 bestehende Tschechische Frage mit der Zukunft der in Oberungarn lebenden Slowaken zu verknüpfen. Mit Planungen, die eine radikale Änderung der europäischen Landkarte ohne Doppelmonarchie ins Kalkül zogen, verließ man nunmehr das Feld der traditionellen, auf Ausgleich mit Wien gerichteten tschechischen Vorkriegspolitik. Geführt von dem Ende 1914 exilierten Abgeordneten des Wiener Reichsrates Tomáš G. Masaryk und finanziert von den politischen Organisationen der in Amerika lebenden Tschechen und Slowaken formierte sich 1915 eine »Auslandsaktion«, deren organisatorische Fäden später im Tschechoslowakischen Nationalrat zusammenliefen. Die vor allem mit journalistischen Mitteln operierende und von Edvard Beneš in Paris geleitete Propaganda versuchte, die alliierten Kriegszielplanungen mit Argumenten für eine Neuordnung Zentraleuropas zu versorgen, die dem Nationalitätenprinzip folgen und dabei tschecho-slowakische Ansprüche berücksichtigen sollte. Von entscheidender Bedeutung für den letztlich erfolgreichen Ausgang der Aktion erwies sich die Stellung von militärischen Kampfverbänden, um die sich der slowakische General der französischen Armee Milan R. Štefánik (1880-1919) besonders verdient machte. Bis Kriegsende waren in Frankreich 11.000 Mann und in Italien 23.500 Mann unter Waffen, das größte aus Freiwilligen und Kriegsgefangenen zusammengesetzte Kontingent aber entstand in Rußland, wo insgesamt 76.832 Soldaten in den Tschechoslowakischen Legionen registriert wurden.

Noch bevor die USA in den Krieg eingetreten waren, hatte Präsident Wilson am 10. Jan. 1917 die »Liberation of Czecho-Slovaks« als Ziel der alliierten Kriegführung erwähnt, mit einer Kriegserklärung an Wien jedoch bis Dez. 1917 gewartet. Nachdem Rußland nach dem Frieden von Brest-Litowsk (3. März) aus dem Krieg ausgeschieden war, gewannen die dort verbliebenen, seit Mai 1918 gegen die Rote Armee kämpfenden Tschechoslowakischen Legionen plötzlich an strategischer Bedeutung für die Entente. Als zeitgleich die Separatfriedensverhandlungen mit Österreich-Ungarn endgültig scheiterten, wurde der Tschechoslowakische Nationalrat bzw. die von Masaryk, Beneš und Štefánik geschaffene Provisorische Regierung seit dem Sommer 1918 als Vertretung eines noch zu bildenden aber bereits kriegführenden Staates anerkannt. Inzwischen hatte die tschechische Politik innerhalb Österreichs ihren bis ins letzte Kriegsjahr vertretenen Loyalitätsstandpunkt verlassen und war dazu übergegangen, ebenfalls einen »tschechoslowakischen Staat« zu fordern – freilich im Rahmen der Habsburgermonarchie. Die Zusammenführung der seit Juli 1918 in einem Tschechoslowakischen Nationalausschuß organisierten Inlandsaktion mit der Auslandsaktion fand kurz vor der Kapitulation Wiens im neutralen Genf statt, wo sich die von Beneš und Karel Kramář (1860-1937) geführten Delegationen am 28. Okt. 1918, dem Tage der Ausrufung der T., zu Gesprächen trafen. Bereits am 18. Okt. hatte der spätere erste Staatspräsident Masaryk in Washington die Tschechoslowakische Unabhängigkeitserklärung verkündet. Mit der in Turčianský Sv. Martin am 30. Okt. angenommen Deklaration des Slowakischen Nationalrats hatte sich auch der »slowakische Zweig der einheitlichen tschechoslowakischen Nation« zum gemeinsamen Staat von Tschechen und Slowaken bekannt.

Die Pariser Friedenskonferenz legte dann in den Friedensverträgen von Versailles, St. Germain und Trianon nicht nur den territorialen Machtbereich der Prager Regierung fest (Grenzlänge nach allen Korrekturen von 4.125 km bei einer West-Ost-Ausdehung von über 900 km), sondern kodifizierte durch den Minderheitenschutzvertrag vom 10. Sept. 1919 auch den Status der T. als Nationalitätenstaat. Der neue Staat stand vor der Aufgabe, Minderheitenprobleme zu lösen, deren Sprengkraft sich größtenteils aus der Umkehrung von Nationalitätenproblemen ergeben hatte, die im alten Österreich ungelöst geblieben waren; die Außenpolitik stand vor dem Dilemma einer politischen Ausrichtung auf die geographisch entfernten Sieger des Weltkrieges bei gleichzeitiger Abhängigkeit von historisch gewachsen Wirtschaftsbeziehungen zu den Verlierer- und Nachbarstaaten Deutschland und Österreich.

Lit.: Der Erste Weltkrieg und die Beziehungen zwischen Tschechen, Slowaken und Deutschen, hg. v. H. Mommsen u. a., Essen 2001; W. V. Wallace, Czechoslovakia, Boulder, Colo. 1976.

FRANK HADLER

Tsingtau, Zentrum des 1897 in deutschen Besitz gelangten Pachtgebietes Kiautschou an der Nordostküste Chinas. – Von militärischer Bedeutung war T. vor allem als Stützpunkt für das ostasiatische Kreuzergeschwader. Im Unterschied zu den anderen deutschen Kolonien unterstand die Stadt nicht dem Reichskolonialamt, sondern dem Reichsmarineamt. Mit dem Wechsel in der Marinestrategie vom Kreuzerkrieg zum Schlachtflottenbau verlor T. an strategischer Bedeutung. Gleichzeitig wurde das 500 km^2 umfassende Schutzgebiet Kiautschou als Tor zur wirtschaftlichen und politischen Durchdringung der chinesischen Provinz Shantung wichtig. 1914 besaß Kiautschou 190.000 Einwohner, darunter 4.300 Europäer. Die Schutztruppe umfaßte 2.600 Mann.

Bereits durch die Gründung des Marinestützpunktes zeichneten sich Spannungen mit der aufstrebenden Macht in Ostasien, Japan, ab, deren Interesse ebenfalls diesem Gebiet galt. Zwei weitere Faktoren belasteten das deutsch-japanische Verhältnis: die Beteiligung Deutschlands an der Tripelintervention von 1895, die Japan zur Aufgabe von Port Arthur zwang, und die in Deutschland grassierende Hysterie, die im Schlagwort von der »gelben Gefahr« ihren Ausdruck fand. Mit dem Abschluß des britisch-japanischen Bündnisses im Jahr 1902 war eine Auseinandersetzung mit Japan bei einem Krieg zwischen Deutschland und Großbritannien wahrscheinlich geworden. 1914 trat dieser Fall ein.

Beim Ausbruch des Ersten Weltkrieges wurde in T. mobil gemacht, wobei sich die dortige deutsche Garnison bald durch das Eintreffen des ostasiatischen Marinedetachments aus Tiensin und Peking sowie durch Freiwillige auf insgesamt 180 Offiziere und 4.550 Soldaten verstärken konnte. Bereits am 15. Aug. 1914 forderte die japanische Regierung das deutsche Gouvernement in einem Ultimatum auf, alle Kriegsschiffe abzuziehen und das Schutzgebiet an Japan zu übergeben. Da das Gouvernement nicht darauf antwortete, blockierten am 27. Aug. 1914 japanische und britische Kriegsschiffe den Hafen. Sechs Tage später begann der Angriff mit der Anlandung japanischer Truppen. In den folgenden Wochen wurde T. belagert und von Land, von See sowie aus der Luft bombardiert. Japanische Truppen, insgesamt ca. 58.000 Mann, eroberten zudem die deutschen Bergwerke in der Provinz Shantung und besetzten die ins Landesinnere führende Eisenbahnlinie. Als alle Munitionsvorräte aufgebraucht waren, zerstörte die deutsche Besatzung die Verteidigungsanlagen, ehe T. am 7. Nov. fiel. 5.000 deutsche Staatsbürger (Soldaten und Zivilisten) gerieten in japanische Kriegsgefangenschaft oder wurden interniert. Nach dem Ende des Krieges verlor das Deutsche Reich das Schutzgebiet auch offiziell. T. blieb zunächst unter japanischer Besetzung und wurde 1922 an China übergeben. → *China* → *Japan* → *Kolonialkrieg*

Lit.: W. Bauer, Tsingtau 1914-1931. Japanische Herrschaft, wirtschaftliche Entwicklung und die Rückkehr der deutschen Kaufleute, München 2000; A. S. Biener, Das deutsche Pachtgebiet Tsingtau in Schantung, 1897-1914. Institutioneller Wandel durch Kolonialisierung, Bonn 2001.

Jürgen Zimmerer

U-Boot-Krieg. Der Staatssekretär des Reichsmarineamtes, Großadmiral Alfred von Tirpitz, war vor allem an der Schlachtflotte interessiert und hielt von U-Booten zunächst wenig. So begann der Bau von *U 1* erst 1904/05, und bis zum Kriegsbeginn waren erst 28 U-Boote in Dienst gestellt, von denen nur die letzten zehn mit den betriebssicheren Dieselmotoren für eine Überwasserfahrt ausgerüstet waren.

Bei Kriegsbeginn war es Tirpitz' Absicht, die U-Boote für die Aufklärung gegen die britische Grand Fleet und zur Unterstützung der eigenen Hochseeflotte einzusetzen. So liefen am 6. Aug. zehn U-Boote von Helgoland aus, um Verbände der Grand Fleet zu melden, was aber ohne Erfolg blieb, während zwei U-Boote nicht zurückkehrten. Aus Furcht vor deutschen U-Boot-Angriffen reagierte die britische Admiralität, indem sie ihre schweren Schiffe für einige Wochen in westschottische Häfen abzog.

Berichte über den Transport des britischen Expeditionskorps nach Frankreich veranlaßten die deutsche Führung, U-Boote in den Kanal zu entsenden und weitere zur Aufklärung gegen die englischen Blockadelinien einzusetzen. So waren am 28. Aug., als britische Schlachtkreuzer die deutschen Sicherungsstreitkräfte in der Helgoländer Bucht angriffen, keine U-Boote in der Nähe. Aber im Sept. erzielte *U 21* unter Kapitänleutnant Hersing den ersten Erfolg mit der Versenkung des Kleinen Kreuzers *Pathfinder* an der englischen Ostküste. *U 9* unter Kapitänleutnant Otto Weddigen hatte mit der Versenkung der drei Panzerkreuzer *Cressy*, *Hogue* and *Aboukir* im Eingang des Kanals einen spektakulären Erfolg. Diese Erfolge machten den Weg für eine offensivere Verwendung der U-Boote gegen die Schiffe der Grand Fleet frei. Im Okt. und Nov. 1914 versenkten U-Boote mehrere Kriegsschiffe und am Neujahrstag 1915 wurde das britische Linienschiff *Formidable* von *U 23* im Kanal torpediert.

Der Einsatz gegen Handelsschiffe hatte zunächst keinen Platz in den Plänen der deutschen Marine-Führungsstellen, denn U-Boote hielt man für kaum geeignet, einen Kreuzerkrieg dem Kriegsvölkerrecht gemäß nach den Regeln der internationalen Prisenordnung zu führen. Erst als *U 17* am 20. Okt. 1914 den kleinen englischen Dampfer *Glitra* (866 Bruttoregistertonnen – BRT) auf dem Wege nach Stavanger anhielt und das Schiff, nachdem die Besatzung in die Boote gegangen war, versenkt hatte, begann man sich Gedanken zu machen. Bis Ende Jan. 1915 waren sieben Schiffe auf diese Weise versenkt worden. Die inzwischen fühlbar gewordene britische Fernblockade veranlaßte Tirpitz zu der Forderung, als Vergeltung britische und französische Handelsschiffe anzugreifen. Am 4. Febr. wurde eine Kriegszone rund um die britischen Inseln erklärt. Ab 18. Febr. sollten die U-Boote ihre Angriffe nach der Prisenordnung beginnen, ihnen wurde jedoch erlaubt, in Gebieten mit stärkerer Abwehr auch ohne Warnung getaucht anzugreifen.

Nur 24 U-Boote waren zu dieser Zeit für einen Einsatz in der Nordsee und den westlichen Zugängen zu den britischen Inseln verfügbar. Im Febr. und März 1915 versenkten die U-Boote 38 Schiffe, im April 29 und im Mai 52. Aber am 7. Mai 1915 traf *U 20* südlich Irland auf den großen Passagierdampfer *Lusitania*, der nach nur einem Torpedotreffer in einer großen Explosion sank, die nach deutschen Angaben durch an Bord befindliche Munition ausgelöst wurde. Von den 1.959 Menschen an Bord gingen 1.198 mit dem Schiff unter, darunter 128 amerikanische Bürger. Nach einem scharfen Notenwechsel zwischen der amerikanischen und deutschen Regierung ordnete Kaiser Wilhelm II. an, keine weiteren Passagierschiffe mehr zu versenken.

Als bei der Versenkung des Dampfers *Arabic* am 19. Aug. 1915 durch *U 24* wieder drei Amerikaner unter den 44 Toten waren, führte ein neuer Protest der USA am 18. Sept. zu dem Befehl des Kaisers, den U. um die britischen Inseln einzustellen. Bis dahin hatten die U-Boote 379 Handelsschiffe mit 669.000 BRT versenkt.

Der Chef der Hochseeflotte, dem die meisten großen U-Boote unterstanden, wollte seine U-Boote künftig nur gegen die feindlichen Flotten und zur Unterstützung eigener Flottenoperationen verwenden. Die in die Häfen der flandrischen Küste verlegten kleinen UB (Küsten)- und UC (Minenlege)-Boote operierten weiter im Kanal und vor den südostenglischen Küsten. Ihre Angriffe richteten sich vor allem gegen den Nachschub für das britische Expeditionskorps in Frankreich, den man deshalb warnungslos angreifen konnte, weil sich viele Versenkungen auf die von den UC-Booten gelegten Minen zurückführen ließen.

Zur Unterstützung der österreichisch-ungarischen Marine wurden einige der kleinen Küsten-U-Boote zerlegt nach Pola transportiert und dort wieder zusammengebaut. Drei österreichische und ein deutsches U-Boot hatten von Dez. 1914 bis Juli 1915 das französische Flaggschiff *Jean Bart* torpediert und die französischen bzw. italienischen Panzerkreuzer *Léon Gambetta, Giuseppe Garibaldi* und *Amalfi* versenkt. Da zwar zwischen Italien und Österreich seit dem 23. Mai 1915 der Kriegszustand herrschte, nicht aber zwischen Deutschland und Italien, umging man dieses Problem, indem die deutsche Marineführung die ins Mittelmeer verlegten deutschen U-Boote teils an die österreichische Marine überstellte oder unter österreichischer Flagge, aber mit deutscher Besatzung operieren ließ. Um die türkischen und deutschen Verteidiger der Halbinsel Gallipoli und der Dardanellen nach den alliierten Landungen zu unterstützen, wurden von der Nordsee einige der großen U-Boote auf dem Seeweg durch die Gibraltar-Straße ins Mittelmeer verlegt, wo *U 21* am 25. und 27. Mai 1915 die beiden britischen Linienschiffe *Majestic* und *Triumph* versenkte, was die Briten zum Abzug ihrer schweren Schiffe von den Bombardements-Positionen zwang.

Im Aug. 1915 begann mit den ins Mittelmeer verlegten größeren U-Booten, die einer neuen U-Bootflottille Pola unterstellt wurden, ein U-Boot-Handelskrieg nach Prisenordnung, der zunehmende Erfolge brachte. Bis Ende 1915 versenkten die relativ wenigen deutschen U-Boote 102 Schiffe, 1916 415, und durch weitere Boote verstärkt, 1917 627 sowie 1918 325. Die österreichischen U-Boote versenkten weitere 94 Schiffe. Das erfolgreichste Boot war *U 35*, dem nicht weniger als 224 Schiffe mit 539.741 BRT zum Opfer fielen.

Während die dem Marinekorps in Flandern unterstehenden U-Boote ihre Torpedo- und Minen-Operationen im Kanal und an den südlichen Küsten Englands fortsetzten, sah das Kommando der Hochseeflotte angesichts der zunehmenden Bewaffnung der alliierten Handelsschiffe und des Einsatzes von getarnten U-Boot-Fallen für einen Handelskrieg nur Chancen bei einem uneingeschränkten U. Dies aber glaubte die Regierung nicht zulassen zu können. Tirpitz mußte daraufhin am 15. März 1916 von seinem Posten zurücktreten. So konnten die U-Boote im Herbst 1915 und im Jahr 1916 nur im Rahmen von Flottenoperationen verwendet werden. Als der neue Flottenchef Admiral Reinhard Scheer die Schlachtkreuzer der Hochseeflotte zu Beschießungen der englischen Ostküste einsetzte, wurden U-Boot-Linien aufgestellt, um auf die anmarschierende Grand Fleet zum Schuß zu kommen. Aber abgesehen von gelegentlichen Sichtmeldungen kam es zu keinen Angriffen. Erst gegen die von der Skagerrak-Schlacht zurückkehrenden britischen Schiffe erzielten *U 51* und *U 46* Torpedotreffer auf den Schlachtschiffen *Warspite* und *Marlborough*, die aber repariert werden konnten. Im Aug. 1916 versenkten *U 63* und *U 52* bei einem neuen Vorstoß der Hochseeflotte die britischen Leichten Kreuzer *Falmouth* und *Nottingham*. Ein besonderer Erfolg war einer von *U 75* gelegten Minensperre vor den Orkney-Inseln beschieden, auf der der Panzerkreuzer *Hampshire* mit dem Feldmarschall Lord Kitchener an Bord sank. Ein wesentlicher Grund für die geringen Ergebnisse der U-Boot-Operationen war die Fähigkeit des Nachrichtendienstes der britischen Admiralität (»Room 40«), die deutschen Funksignale zu entziffern und so Positionen der deutschen U-Boote herauszufinden.

1916 erregten zwei Frachtfahrten des Handels-U-Bootes *Deutschland* in die USA öffentliches Interesse. 1915 hatte die für diesen Zweck gegründete Deutsche Ozean-Reederei acht Fracht-U-Boote von 1512 t in Auftrag gegeben, um die britische Blockade zu durchbrechen und Güter in die USA zu bringen und wichtige benötigte Importe zurückzutransportieren. Um die amerikanische Öffentlichkeit zu beeindrucken, wurde das Flotten-U-Boot *U 53* in die USA entsandt, machte dort einen kurzen Hafenbesuch und führte dann Handelskrieg nach Prisenordnung außerhalb der amerikanischen Hoheitsgewässer. Doch das erwies sich als kontraproduktiv. Nach dem Febr. 1917 wurden die *Deutschland* und die sechs andere Fracht-U-Boote zu U-Kreuzern umgebaut. Sie unternahmen später lange Fahrten in entfernte Gewässer und versenkten insgesamt 215 Schiffe. Von den in Auftrag gegebenen speziellen großen U-Kreuzern wurden nur die ersten drei noch vor Kriegsende fertig und nahmen an Operationen teil.

Unter dem Druck der militärischen Lage ab Ende 1916 hatte der Admiralstab Berechnungen angestellt, nach denen bei einer monatlichen Versenkungsrate von mehr als 600.000 BRT England in etwa fünf Monaten in die Knie gezwungen werden könnte, bevor noch ein eventueller Kriegseintritt der USA das Kräfteverhältnis auf dem europäischen Kriegsschauplatz entscheidend verändern würde. Aufgrund dieser Berechnungen drängte nun die Oberste Heeresleitung die Regierung, als gleichsam letztes Mittel zu einem Sieg den uneingeschränkten U. zu eröffnen. Am 9. Jan. 1917 ordnete Kaiser Wilhelm II. schließlich an, den uneingeschränkten U. am 1. Febr. 1917 zu beginnen. Das veranlaßte den US-Präsidenten Woodrow Wilson am 3. Febr. zum Abbruch der diplomatischen Beziehungen. Nachdem bereits von deutschen Agenten organisierte Sabotageakte die US-Öffentlichkeit gegen Deutschland aufgebracht hatten, wurde kurz darauf das vom »Room 40« entzifferte »Zimmermann-Telegramm« bekannt, das die mexikanische Regierung im Falle eines amerikanischen Kriegseintritts zu Aktionen gegen die USA veranlassen sollte. Diese Vorfälle, zusammen mit der Versenkung amerikanischer Schiffe durch deutsche U-Boote, führten am 6. April 1917 zur amerikanischen Kriegserklärung gegen Deutschland.

Werbeplakat für die 6. deutsche Kriegsanleihe nach einem Entwurf von Lucian Bernhard. 1917

Vom 1. Febr. 1917 bis zum Ende des Jahres verfügten die fünf U-Boot-Flottillen der deutschen Hochseeflotte über 60 MS-, 25 UB- und 20 UC-U-Boote. Bis Ende 1917 versenkten diese Boote, zusätzlich zu den von den Flandern- und Mittelmeer-U-Booten versenkten Schiffen, über 1.000 alliierte Schiffe. Aber nur in den Monaten April und Juni 1917 erreichten die von allen U-Booten erzielten Versenkungen die anvisierten 600.000 BRT: Im April waren es 458 Schiffe mit 841.118 BRT und im Juni 352 Schiffe mit 669.218 BRT.

Die Alliierten trafen eine Reihe von Maßnahmen, um der U-Boot-Gefahr zu begegnen, die im Frühjahr 1917 tatsächlich höchst bedrohlich wurde. Zerstörer und andere Geleitfahrzeuge wurden mit neuen Horchgeräten zur Ortung getauchter U-Boote ausgerüstet und erhielten neue Wasserbomben. Britische U-Boote wurden in die Gewässer vor den deutschen Basen entsandt, um aus- und einlaufende U-Boote abzufangen. Ausgedehnte Minensperren wurden in der Nordsee und im Kanal gelegt, um die U-Boot-Routen zu blockieren. Trawler und kleine Handelsschiffe wurden mit getarnten Waffen ausgerüstet, um als U-Boot-Fallen (Q-ships) zu dienen.

Die Verbesserungen der Sensoren und der Bekämpfungsmittel verursachten steigende Verluste unter den U-Booten. Zugleich half die Massenproduktion von Handelsschiffen in England und vor allem auch in den USA, die Tonnageverluste zu reduzieren und später auszugleichen. Die Briten begannen Flugzeuge zur Bekämpfung der U-Boote einzusetzen. In den letzten sechs Monaten des Krieges wurden 565 Flugzeuge und Luftschiffe zur Unterstützung von Konvois verwendet. Sie sichteten 28 U-Boote und führten 19 Angriffe durch. Auch wenn die Flugzeuge die U-Boote nicht versenken konnten, war die neue Konvoi-Taktik erfolgreich. Unter den Hunderten von unterstützten Konvois wurden nur sechs von U-Booten angegriffen. Die Briten verloren nur fünf Schiffe.

Um die deutschen U-Boot-Basen in Flandern zu blockieren, unternahmen die Briten am 22. April 1918 Angriffe gegen Zeebrügge und Ostende, die jedoch nur in Zeebrügge teilweise erfolgreich waren, während der Angriff gegen Ostende fehlschlug. Nach einigen Bergungsarbeiten operierten die deutschen U-Boote weiter von den flandrischen Häfen aus.

Die bei weitem wichtigste und wirkungsvollste Gegenmaßnahme der Alliierten gegen den U. wurde das Konvoi-System. Nachdem auch der zur Untersuchung der Lage entsandte amerikanische Admiral Sims massiv Konvois befürwortet hatte, wurden diese eingeführt. Mit der Fähigkeit von »Room 40«, deutsche Funksignale an die U-Boote für ihre Operationsführung zu entziffern, erhielt die Admiralität die Möglichkeit, Konvois um erkannte U-Bootpositionen herumzuführen, was die Verluste zusätzlich drastisch reduzierte.

Im Winter 1917/18 legten die Alliierten dichte Minensperren im Kanal und verstärkten sie in den folgenden Monaten. So mußten die Deutschen im Aug. 1918, nach dem Verlust von zwölf Booten, die Passage des Kanals stoppen. Ermutigt durch diesen Erfolg begannen die britische und die US-Marine, zwischen den Orkney-Inseln und Norwegen eine große Minensperre zu legen, um den deutschen U-Booten diesen Weg in den Atlantik zu sperren. Aber wahrscheinlich ging nur ein U-Boot auf den mehr als 70.000 ausgelegten Minen verloren.

Als Ergebnis der alliierten Gegenmaßnahmen sanken die Versenkungszahlen von einem monatlichen Durchschnitt von 451.000 BRT im dritten Quartal 1917 auf 365.000 BRT im vierten Quartal 1917, auf 333.000 BRT im ersten Quartal 1918, 288.000 BRT im zweiten und auf 177.000 BRT in den letzten fünf Monaten 1918. Zur gleichen Zeit stiegen die Verluste an, 1917 gingen 61 von 231 U-Booten verloren, 1918 82 von 232. Insgesamt versenkten deutsche U-Boote neben vielen Kriegsschiffen 5.554 alliierte und neutrale Handelsschiffe mit 12.191.996 BRT. Von 380 in Dienst gestellten U-Booten gingen 187 U-Boote verloren.

Die Berechnungen des deutschen Admiralstabes gingen von viel zu optimistischen Voraussetzungen aus. Die für den erwarteten Erfolg angesetzte Zeit war zu kurz. Weder reichten die verfügbaren U-Boote für die angestrebten Ergebnisse aus noch wurden die zu erwartenden alliierten Gegenmaßnahmen einkalkuliert. Die Hoffnung, den U. vor einem Wirksamwerden des amerikanischen Eingreifens in den Krieg zum Erfolg führen zu können, hatte sich als Illusion erwiesen. → *Lusitania* → *Seekrieg* → *Zimmermann-Telegramm*

Lit.: P. G. Halpern, A Naval History of World War I, Annapolis 1994; P. Kemp, Die deutschen und österreichischen U-Bootverluste in beiden Weltkriegen, Gräfelfing 1998; H. H. Sokol, Österreich-Ungarns Seekrieg 1914-1918, 2 Bde., Graz 1967; B. Stegemann, Die deutsche Marinepolitik 1916-1918, Berlin 1970; J. Terraine, Business in Great Waters. The U-Boat Wars 1916-1945, London1989.

Jürgen Rohwer

Ukraine, »Grenzland« am Rand der Steppe nördlich des Schwarzen Meeres und östlich der Karpaten; seit dem 17. Jahrhundert gehörte die West-U. (Galizien) zum Königreich Polen bzw. seit 1772 zu Österreich, die Ost-U. zum Russischen Reich. – Der Kriegsbeginn 1914 führte zu einer Internationalisierung der ukrainischen Frage, brachte die U. aber zwischen die Fronten. Am 1. Aug. 1914 erklärte ein überparteilicher Oberster Ukrainischer Rat seine Loyalität zu Österreich, eine Freiwilligeneinheit wurde aufgestellt; dennoch wurden vermeintlich russophile Ukrainer interniert. Im Sept. 1914 eroberten russische Truppen Galizien; nationale Institutionen und die ukrainische Sprache wurden verboten. Dagegen setzte Berlin auf die Förderung der nationalen Bestrebungen als Kampfmittel gegen Rußland: Die Herrschaft des Zaren über die nichtrussischen Vasallenvölker sollte gebrochen und das Zarenreich dadurch territorial zurückgedrängt werden. Auch aus wirtschaftlichen Gründen wurde eine Annexion der U. erwogen. Emigrantenorganisationen wie der Bund zur Befreiung der U. fanden Unterstützung im Deutschen Reich, das auch Werbung unter Kriegsgefangenen betrieb. Vorsichtiger blieb Österreich-Ungarn, da die nationalen Bestrebungen der Polen und Ukrainer in Galizien miteinander unvereinbar waren und die Unterstützung der polnischen Eliten wichtiger schien. Nach der Februarrevolution 1917 bildete sich in Kiew eine ukrainische Zentralrada (Rat), die im Juni die Autonomie und am 20. Nov. 1917 die Volksrepublik U. als Teil einer russischen Föderation verkündete. Am 25. Jan. 1918 proklamierte die Rada die Unabhängigkeit und Souveränität der U. Während am 8. Febr. 1918 die Bolschewiki Kiew eroberten, schloß die Rada am 9. Febr. einen Separatfrieden mit den Mittelmächten, die die Unabhängigkeit anerkannten und militärische Hilfe versprachen; dafür sollte das Land Lebensmittel liefern. Am 1. März 1918 eroberten die Mittelmächte Kiew und setzten die Rada wieder ein; sie setzten durch, daß die Russische Sowjetrepublik im Frieden von Brest-Litowsk die U. anerkannte. Da die Rada die Forderungen der deutschen Militärverwaltung nach Lebensmitteln nicht erfüllen konnte, wurde sie am 29. April 1918 abgesetzt und eine Regierung unter Hetman P. P. Skoropadskij installiert. Gegen dessen Bestrebungen, das Land an die Gutsbesitzer zurückzugeben und die Getreidelieferungen an die Mittelmächte zu forcieren, erhoben sich Anhänger der Rada und die Masse der Bauern. Am 14. Nov. 1918 bildete sich aus oppositionellen Kreisen eine »Direktorium« genannte Exekutive. Ukrainische Verbände bedrohten Kiew, ließen aber die deutschen Truppen abziehen, denen sich Skoropadskij anschloß. Das Direktorium bildete am 14. Dez. 1918 in Kiew eine neue Regierung. Am 22. Jan. 1919 erfolgte die allerdings nur kurzlebige Vereinigung mit der am 13. Nov. 1918 proklamierten Westukrainischen Volksrepublik, die im Sommer 1919 wieder unter polnische Herrschaft fiel. Die Zugehörigkeit Galiziens zu Polen wurde – zunächst unter dem Vorbehalt der Gewährung der Autonomie, endgültig am 15. März 1923 – von der Pariser Botschafterkonferenz anerkannt. Weitere ukrainische Gebiete wie die Bukowina wurden Rumänien bzw. die Karpaten-U. der Tschechoslowakei zugesprochen. Kiew war 1919/20 Schauplatz der Kämpfe von »roten«, »weißen«, ukrainischen und polnischen Truppen, ehe eine ukrainische Sowjetregierung die Kontrolle gewinnen konnte. Die Grenzziehung zwischen Polen und der Sowjet-U. wurde abschließend im Frieden von Riga vom 18. März 1921 festgelegt.

Lit.: A. Kappeler, Kleine Geschichte der Ukraine, 2. Aufl., München 2000; C. Remer, Die Ukraine im Blickfeld deutscher Interessen: Ende des 19. Jahrhunderts bis 1917/18, Frankfurt a. M. u. a. 1997; A. Wilson, The Ukrainians: Unexpected Nation, New Haven/London 2002.

MECHTHILD LINDEMANN

Ungeziefer, tierische Schädlinge und Schmarotzer, die den Menschen direkt angreifen, als Erregerüberträger zur Verbreitung von Infektionskrankheiten beitragen oder Nahrungs- und Gebrauchsgegenstände in Stellungen und Unterkünften vernichten bzw. beschädigen. – Als U. in diesem Sinne galten besonders Wanzen, Läuse, Flöhe, Mäuse, Ratten, Haus- und Küchenschaben, Mehlwürmer und Speckkäfer. In den europäischen Kriegsgebieten spielten Bettwanzen als Krankheitsüberträger keine Rolle, wohl aber als lästige Quaddeln und Juckreiz verursachende Blutsauger. Die lichtscheuen Tiere halten sich bei Licht in Ritzen, Spalten, Bettstellen, Gebälk auf und suchen erst im Dunkeln ihre Opfer heim. Bekämpft wurden sie durch Fangen oder die Säuberung ihrer Verstecke mit heißem Seifenwasser und insektiziden Lösungen (Kresol, Karbol, Salmiakgeist, Petroleum). Bei den Läusen waren im Krieg ausschließlich Kleider- sowie die Kopfläuse von Bedeutung. Kleiderläuse, übertragen durch Kontakt mit bereits verlausten Personen, waren lästig und gefährlich: lästig durch den von ihnen ausgelösten Juckreiz und die durch Wundkratzen geschaffenen Eintrittspforten vieler Infektionskrankheiten, gefährlich als Überträger des Fleck-, Rückfall- und Fünftagefiebers. Als Verhütungsmaßnahmen dienten Reinlichkeit, häufiger Wäschewechsel und Absammeln. Die wärmeempfindlichen Läuse und ihre Eier (Nissen) wurden darüber hinaus durch Rasur der Körperbehaarung und durch heiße Gemeinschaftsbäder bekämpft. Als Körpermittel kamen Kresolseifen, Petroleum, Karbollösungen, Sabadillessig und »graue Salbe« (Quecksilbersalbe) zum Einsatz. Die Entlausung der Wäsche erfolgte durch Auskochen, trockene Hitze, Dampfdesinfektion, in Schwefelkammern oder durch Begasung mit Blausäure bzw. Zyklon (Blausäure mit 10 % Chlor- und Bromverbindungen). Die Produktion von »Zyklon flüssig« (Zyankohlensäuremethylester und Chlorsäuremethylester) wurde in Deutschland durch den Versailler Vertrag verboten, weil zu Recht die Möglichkeit einer Verbindung zwischen der Insektizid- und Gaskriegforschung vermutet wurde. Menschenflöhe waren im Ersten Weltkrieg als Pestüberträger unbedeutend. Einige Bedeutung kam allerdings der im Westen herrschenden Rattenplage bezüglich der Übertragung ansteckender Gelbsucht (Armeekrankheit, Weilsche Krankheit) durch Rattenbiß zu.

Lit.: Paul J. Weindling, Epidemics and Genocide in Eastern Europe, 1890-1945, Oxford 2000.

WOLFGANG U. ECKART

Uniform. Bei Kriegsausbruch verfügten die Armeen der meisten kriegführenden Staaten neben der farbigen Parade-U. über eine besondere Feld-U., die sich tarnend an das Gelände anpaßte. Die Notwendigkeit zu einer solchen Tarn-U., bedingt durch die moderne Waffentechnik und das rauchschwache Pulver, war bereits während des Burenkrieges und des Russisch-Japanischen Krieges erkannt worden. Ihre Ursprünge reichten jedoch bis zu den Kolonialkriegen des 19. Jahrhunderts zurück. Aufgrund entsprechender Erfahrungen in Indien konnte Großbritannien bereits 1902 eine khakifarbene Dienst-U. einführen. Gegenüber der farbigen Parade-U. besaß sie außer der Tarnwirkung noch den Vorzug einer für die Armee einheitlichen Form, die nur für Offiziere und Mannschaften verschieden war. Die praktische Verarbeitung des Rocks mit vier Taschen und die Ausstattung mit einer Schirmmütze erwiesen sich als so modern, daß sie später von vielen Staaten nachempfunden wurden. Auch die US-Streitkräfte verfügten seit 1902 über eine khakifarbene Feld-U., die große Ähnlichkeit mit der britischen aufwies.

Im Jahre 1907 führte Rußland eine olivgrüne Feld-U. ein, ebenfalls einheitlich gestaltet und mit einer Schirmmütze versehen. Ein charakteristisches Merkmal bildete im Sommer ein langes, über der Hose getragenes Hemd mit Stehkragen, das bei Offizieren mit Brusttaschen ausgestattet war. In Italien kam 1909 eine schlichte graugrüne U. zur Einführung, nur in unterschiedlicher Version für Berittene und Unberittene, wobei sich die Offiziersjacke auch hier durch Brusttaschen unterschied; dazu gehörte anfangs eine steife, später weiche graugrüne Feldmütze, in der Form dem französischen Képi ähnlich. Die 1909 in Österreich-Ungarn festgelegte Feld-U. von hechtgrauer Farbe lehnte sich im Schnitt eng an die bisherige blaue Dienst-U. mit Käppi an, kam aber nur für die Fußtruppen zur Ausgabe. Unter dem Druck der Tradition mußte dagegen die Kavallerie mit blauen Waffenröcken und krapproten Hosen in den Krieg ziehen. Erst als 1915 nach deutschem Vorbild für die gesamte Armee eine feldgraue U.farbe eingeführt wurde, erhielt auch die Kavallerie entsprechende Feld-U.

Trotz verschiedener Truppenversuche konnte sich die französische Armee nicht mehr rechtzeitig zu einer Feld-U. entschließen. Vielmehr mußten die Truppen mit ihren auffälligen Friedens-U. – überwiegend blaue Röcke oder Mäntel und rote Hosen – in den Krieg ziehen. Erst im Frühjahr 1915 kam eine horizontblaue Feld-U. zur Ausgabe, die sich an den Schnitt der bisherigen Friedenskleidung mit dem charakteristischen Képi anlehnte. Auch die belgische Armee kämpfte 1914 in ihrer farbigen U., an deren Stelle im Frühjahr 1915 eine khakifarbene Feldbekleidung trat. Von der serbischen Armee mußten bei Kriegsausbruch ebenfalls noch große Teile in farbige Friedens-U. eingekleidet werden.

In Deutschland wurde nach längeren Versuchen im Jahr 1907 eine feldgraue Feld-U. eingeführt, die für Jäger und MG-Truppen einen abweichenden graugrünen Farbton aufwies. Ihr Vorbild ging auf die Bekleidung der Ostasiatischen Besatzungsbrigade in China zurück. Sie besaß zwar einen bequemeren Schnitt als die farbige Friedens-U., lehnte sich aber in der Gestaltung stark an diese an und übernahm das komplizierte System der Unterscheidungszeichen in Form von farbigen Vorstößen, unterschiedlichen Ärmelaufschlägen, Abzeichen auf den Schulterklappen und weißen oder gelben Litzen für die Gardetruppen. Auch die 1908 festgelegte Feld-U. der Kavallerie bewahrte aus Traditionsgründen deren verschiedenartige U., so daß die einzelnen Gattungen (Kürassiere, Dragoner, Ulanen usw.) jeweils unterschiedlich geschnittene Feldröcke mit Stehkragen erhielten, die Husaren sogar mit aufwendigem grauem Schnurbesatz. Die von der Friedens-U. übernommenen Helme wurden durch einen grauen Stoffüberzug getarnt, während die ledernen Ausrüstungsteile (Stiefel und Trageriemen) in ungefärbtem, hellbraunem Zustand getragen werden sollten. Die Feld-U. wurde bis Kriegsausbruch planmäßig für alle aktiven Truppenteile beschafft, aber nur vereinzelt bei Manövern getragen. Seit 1910 hatten sich auch Offiziere auf eigene Kosten damit auszustatten.

Während des Krieges zeigte sich die Truppe mit der Tarnwirkung der neuen Feld-U.

durchaus zufrieden. Aus Geheimhaltungsgründen wurden jedoch bald die Regimentsnummern von den Helmüberzügen abgetrennt und die Schulterklappen bei Transporten gerollt getragen. Als unzureichend erwies sich nur der graue, wenig widerstandsfähige Mantel, bildete doch der Mantel monatelang das Hauptbekleidungsstück des Soldaten. Größere Mängel hafteten dagegen den leicht erkennbaren Offiziers-U. an, was anfangs zu großen Verlusten führten. Ihre weithin sichtbaren silbernen Schulterstücke, Feldbinden und Adjutantenschärpen verdeckte man schon bald durch Stoffüberzüge, doch hob sich ihr U.schnitt, besonders bei den Hosen, zu stark von den Mannschafts-U. ab. Dem Nachschub bereiteten zudem die vielfältigen U.schnitte der verschiedenen Truppengattungen erhebliche Schwierigkeiten. Hierin schuf die im Herbst 1915 eingeführte neue Feld-U. mit einer einheitlichen Bluse Abhilfe. Aufgrund der Manöver- und Kriegserfahrungen vollzog man eine radikale Abkehr von der differenzierten Friedens-U. und verzichtete auf alle schmückenden Elemente bis auf die Schulterklappen; diese boten nunmehr die einzige Unterscheidungsmöglichkeit der Truppenteile und wurden für die einzelnen Waffengattungen vereinheitlicht, z. B. Infanterie weiß, Feldartillerie rot, Fußartillerie goldgelb. Auch die auffälligen Gardelitzen waren jetzt verkürzt und mattgrau geworden. Die Bluse, von einem dunkleren feldgrauen Farbton, wurde in Verbindung mit einer grauen Hose von allen Truppengattungen und Dienstgraden gleichmäßig getragen. Die Mängel des bisherigen grauen Mantels beseitigte ein weit geschnittener feldgrauer Einheitsmantel mit breitem Kragen. Das Lederzeug sollte künftig geschwärzt werden. In ihrer schlichten, zweckmäßigen Form trat der Charakter der Einheits-U. als Kampf- und Arbeitsanzug besonders hervor. Aus Ersparnisgründen mußte die bisherige Feld-U. noch lange aufgetragen werden, so daß sich ein buntes Gemisch verschiedener U.arten ergab.

Eine wichtige Veränderung trat 1916 durch die Einführung des Stahlhelms ein, der den bisherigen Lederhelm ablöste und dem Soldaten erstmals einen Kopfschutz bot. In seiner charakteristischen Form verlieh er dem deutschen Soldaten ein neuartiges, unverwechselbares Erscheinungsbild, wie auch der bereits 1915 eingeführte französische und britische Stahlhelm für diese Armeen typisch wurden. Nach französischem und britischem Vorbild bürgerte es sich auch bei den deutschen Soldaten ein, die Stiefel durch die beliebteren Wickelgamaschen zu ersetzen.

Bei Kriegsbeginn konnten nicht sämtliche deutsche Truppen in Feld-U. eingekleidet werden. Landwehr- und Landsturmeinheiten mußten sich vielfach mit der Friedens-U. oder sogar mit zivilen Joppen zufriedengeben. Ersatztruppen in der Heimat trugen überhaupt nur die blaue Friedens-U. Infolge der begrenzten Woll- und Baumwollvorräte spielte während des Krieges die Suche nach Ersatzstoffen eine große Rolle. Während sich die Tuchqualität der U. durch Beimischungen von Kunstwolle ständig verschlechterte, mußten Riemen und Stoffe in der Ausrüstung zunehmend aus Papiergewebe hergestellt werden.

Bedingt durch die ausgedehnten Kriegsschauplätze entstanden auch neuartige Spezialbekleidungen. Hierzu gehörten eine besondere Gebirgsbekleidung mit Bergschuhen und lederverstärkter Hose, eine Schneeschuhbekleidung mit weißem Tarnanzug und ein khakifarbener Tropenanzug mit Tropenhelm. Ein besonderer Lederanzug für den technischen Dienst der Kraftfahrer war schon vor dem Krieg entwickelt worden. Dagegen erfuhr die Spezialkleidung für Flieger mit Sturzhelm, Kombination und gefütterter Schutzkleidung während des Krieges einen großen Aufschwung.

Eine ungeahnte symbolische Bedeutung hat die Feld-U. in Deutschland und Frankreich gewonnen: »Feldgrau« wurde nach kurzer Zeit über den Tarnbegriff hinaus zur Symbolfarbe des deutschen Heeres; der »Feldgraue« wurde zum Synonym für den deutschen Soldaten, genau wie »bleu-horizon« in Frankreich noch lange an den Krieg erinnerte und politisch konnotiert war. → *Feldgrau* → *Stahlhelm*

Lit.: A. Mollo/P. Turner, Armee-Uniformen des Ersten Weltkrieges, München 1978; J. Kraus, Die feldgraue Uniformierung des deutschen Heeres 1907-1918, 2 Bde., Osnabrück 1999.

JÜRGEN KRAUS

Union of Democratic Control, britische Vereinigung radikal-liberaler und sozialistischer Politiker und Intellektueller, die sich gegen Großmachtpolitik und annexionistische Kriegsziele und für eine demokratisch kontrollierte Außenpolitik aussprachen. – Gegründet wurde die U.D.C. am 5. Sept. 1914 (als Ausdruck offenen Protestes gegen die britische Politik während der Julikrise) durch James Ramsay Macdonald, Norman Angell, Arthur Ponsonby und Edmund Dene Morel. Zu den Mitinitiatoren zählten daneben u. a. auch Bertrand Russell, Charles P. Trevelyan, John Maynard Keynes und Arthur Henderson. Aus dem Kreis der anfangs 26 Initiatoren entwickelte sich schnell ein Massenverband mit ca. 300.000 (1915) bis 750.000 (1918) Mitgliedern und mehreren hundert korporativ angeschlossenen Vereinen und Initiativen. Die Forderungen der U.D.C. umfaßten die Herbeiführung eines Verständigungsfriedens, das Prinzip der territorialen Integrität, das nur durch Volksabstimmungen unter den betroffenen Bevölkerungen durchbrochen werden dürfe, die parlamentarische Kontrolle der Außenpolitik, die Schaffung eines Völkerbundes, die allseitige Abrüstung der kriegführenden Mächte und die unverzügliche Wiederherstellung des internationalen Freihandels nach Kriegsende. Große Hoffnungen setzte die U.D.C. auf das Engagement des amerikanischen Präsidenten Woodrow Wilson, wandte sich aber gegen die uneingeschränkte Anwendung des Selbstbestimmungsrechts der Völker, von dem – insbesondere in Südosteuropa – eine destabilisierende Wirkung befürchtet wurde. Seit Entstehen der großen liberal-konservativen Kriegskoalition 1915 distanzierte sich die U.D.C. zunehmend von der liberalen Partei und ging schließlich eine enge Verbindung mit der nach Kriegsende erstarkenden Labour-Party ein.

ARIBERT REIMANN

Unruh, Fritz von, * Koblenz 10.5.1885, † Diez/Lahn 28.11.1970, deutscher Schriftsteller und Politiker. – Der Sohn eines Generals wurde in der Kadettenanstalt Plön erzogen und schlug eine Offizierslaufbahn ein. 1911 schied er aus dem aktiven Militärdienst aus, um die Publikation des Dramas *Offiziere*, einer Kritik traditioneller militärischer Gehorsams- und Verantwortungsprinzipien, zu ermöglichen. Das thematisch weitgehend verwandte Drama *Louis Ferdinand Prinz von Preußen* wurde 1913 zunächst vom Kaiser verboten, 1914 jedoch mit dem Kleist-Preis ausgezeichnet. Nach Kriegsbeginn war U. Adjutant des Prinzen Oskar von Preußen an der Westfront. Das Erlebnis des Kriegs wandelte ihn zum entschiedenen Kriegsgegner; in den noch während des Kriegs fertiggestellten und konzipierten Texten thematisiert U. in expressionistischer Diktion seine patriotische und zugleich kriegskritische Haltung: Das Drama *Ein Geschlecht* wurde nach der Uraufführung 1914 für die gesamte Dauer des Kriegs verboten (publiziert 1917/18); die Novelle *Opfergang* – ursprünglich als offizielle Dokumentation der Kämpfe um Verdun im Frühjahr 1916 in Auftrag gegeben und noch im selben Jahr fertiggestellt und gesetzt – wurde erst 1918 publiziert. Für beide Texte drohte U. ein Kriegsgerichtsverfahren, vor dem ihn nur die Intervention seiner ehemaligen kaiserlichen Mitschüler bewahrte. *Opfergang* schildert das Schicksal einer Kompanie von Sturmtrupps vom Anmarsch bis zum Einsatz vor Verdun, wobei in zum Teil visionären, expressionistischen Bildern ein Spektrum von Motivationen, Zweifeln und Ängsten der einzelnen Soldaten vom Kompanieführer bis zum kriegsfreiwilligen Mannschaftssoldaten, von Patriotismus bis zu Wahnsinn angesichts der Kriegsgreuel gezeichnet wird.

Als freier Schriftsteller setzte sich U. nach Kriegsende als einer der bedeutendsten deutschsprachigen Pazifisten in zahlreichen Werken (unter anderem in der Fortsetzung der *Geschlecht*-Trilogie – *Platz*, 1920, und *Dietrich*, entstanden 1936, publiziert posthum 1973 –, den Dramen *Phea*, 1930, und *Zero*, 1932), in Reden und Essays (*Zwei Frontsoldaten*, 1936) und als Politiker (Reichstagskandidatur 1924) gegen Krieg, Faschismus, Intoleranz und für die Völkerversöhnung ein.

Seit 1932 im Schweizer Exil, wurde er 1940 in Frankreich interniert und flüchtete in die USA, wo er aktive publizistische Arbeit gegen den Nationalsozialismus (unter anderem mit dem Roman *The End is not yet*, 1947) betrieb. 1952 kehrte er erstmals nach Deutschland zurück, 1962 schließlich siedelte er sich in Diez/Lahn an. 1966 wurde U. für den (in diesem Jahr nicht verliehenen) Friedensnobelpreis vorgeschlagen.

THOMAS F. SCHNEIDER

Untersuchungsausschuß, parlamentarischer. Am 21. Aug. 1919 konstituierte die Verfassunggebende Deutsche Nationalversammlung den 15. Untersuchungsausschuß, der sich mit zentralen politischen und militärischen Fragen des Weltkrieges zu befassen hatte. Rechtliche Grundlage hierfür bildete

Art. 34 der Weimarer Reichsverfassung. Alle Amtsträger und Behörden waren zur Zusammenarbeit mit dem U. verpflichtet, dieser hatte darüber hinaus das Recht, Gutachter zu bestellen und Zeugen zu vernehmen. Während die sozialistische Linke den U. als Tribunal gegen die Exponenten des vergangenen Kaiserreichs ansah, wollten Sozialdemokraten, Demokraten, Zentrum und Volkspartei den U. lediglich zur Klärung von seinerzeitigen politischen Entscheidungsabläufen und Verantwortlichkeiten eingerichtet wissen. Im konservativen Lager wurde im Zuge der öffentlichen Diskussion um Auslieferungs- und Kriegsschuldfrage schon die Existenz des U. an sich heftig kritisiert.

Der 28köpfige Ausschuß gliederte sich in ein Generalsekretariat und vier Unterausschüsse, deren Vorsitze paritätisch besetzt waren. Nach Abschluß der Arbeiten wurden – mit Ausnahme des zweiten Unterausschusses – Gutachten und Entschließungen sowie ein Teil der Zeugenvernehmungen des U. veröffentlicht: *Das Werk des Untersuchungsausschusses der Deutschen Verfassunggebenden Nationalversammlung und des Deutschen Reichstages 1919-1930. Verhandlungen, Gutachten, Urkunden* (hg. im Auftrag des Reichstages, vier Reihen, 19 Bde., Berlin 1925-1930).

Der erste Unterausschuß befaßte sich mit der »Vorgeschichte des Weltkrieges« und behandelte hierfür die Rolle Deutschlands auf den Haager Konferenzen von 1899 und 1907 und in der Julikrise. Der zweite Unterausschuß untersuchte »Friedensmöglichkeiten während des Krieges«. Einen fragwürdigen Höhepunkt bildeten hier die einzigen Zeugenvernehmungen von Feldmarschall von Hindenburg und General Ludendorff am 18. Nov. 1919, während der der frühere Chef der Obersten Heeresleitung den Ausschuß durch das Verlesen einer Erklärung brüskierte, in der er offen die Dolchstoßthese propagierte. Aufgrund des außenpolitisch inopportunen Inhalts wurde später eine Veröffentlichung der Untersuchungsergebnisse seitens des Auswärtigen Amtes verhindert. Der dritte Unterausschuß stand unter dem Titel »Völkerrecht im Weltkrieg«. Er behandelte insgesamt 13 kriegsvölkerrechtliche Einzelvorwürfe. Diese reichten von der Deportation belgischer Zwangsarbeiter, der Verletzung der griechischen Neutralität durch die Entente, über Verletzungen des Kriegsgefangenenrechts bis hin zur juristischen Bewertung des uneingeschränkten U-Boot-Krieges. Die Auswahl der Gutachter, vor allem des Würzburger Völkerrechtlers Ch. Meurer und des Diplomaten J. Kriege, ließ hier in besonderer Weise eine apologetische Instrumentalisierung im Dienste der Unschuldspropaganda zutage treten. Die größte öffentliche Aufmerksamkeit erregte die Tätigkeit des vierten Unterausschusses. Diesem waren die »Ursachen des deutschen Zusammenbruchs im Jahre 1918« als Untersuchungsfeld zugewiesen worden. Hier prallten auch die gutachterlichen Stellungnahmen besonders scharf aufeinander, so etwa bei der Frage nach den politischen und militärischen Verantwortlichkeiten für die Offensive von 1918. Als Experten standen sich der Berliner Historiker Hans Delbrück und der Militärpublizist Bernhard Schwertfeger sowie der General a. D. Hermann von Kuhl gegenüber. Die anhaltende öffentliche Polemik um die Dolchstoßthese führte dazu, daß sich der Unterausschuß verstärkt mit Fragen des »inneren Zusammenbruchs« beschäftigte, so der Rolle des Reichstags, des Matrosenaufstandes von 1918, der alldeutschen Annexionspropaganda, sozialistischen Umsturzbestrebungen und sozialen Mißständen in der Armee.

Die parteiproportionale Struktur des U. brachte es mit sich, daß der Mehrheitswille schon bald auf Seiten der politischen Kräfte lag, die an einer rückhaltlosen und öffentlichen Aufklärung kein Interesse hatten. Zudem regte sich auch im Außenministerium einflußreicher Widerstand. Die Folge war, daß sich der U. von einer »parlamentarischen Untersuchung in eine kryptobürokratische Veranstaltung mit eindeutig funktionalem Charakter für die offizielle deutsche Außenpolitik« (U. Heinemann) zu wandeln begann. Dennoch kommt den im Werk des U. publizierten Quellen heute für die Geschichtswissenschaft besonderer Wert zu. In Gestalt einer vom Reichsarchiv aufbereiteten Sammlung von Feldpostbriefen oder dem Kriegstagebuch des Matrosen Richard Stumpf fanden erstmals auch Quellen in eine derartige Untersuchung Eingang, die das Kriegserlebnis »von unten« illustrierten. Mit den politischen Veränderungen von 1933 war das Schicksal des U. – und vieler seiner Mitglieder – jedoch endgültig besiegelt. → *Kriegsschuldfrage* → *Dolchstoßlegende*

Lit.: U. Heinemann, Die verdrängte Niederlage. Politische Öffentlichkeit und Kriegsschuldfrage in der Weimarer Republik, Göttingen 1983.

MARKUS PÖHLMANN

Vaterländische Vereine, Sammelbezeichnung der nationalen Verbände im deutschen Kaiserreich. – Im Zeichen des Imperialismus und Nationalismus entstanden seit Ende der 1880er Jahre zahlreiche nationale Verbände, die sich vorwiegend mit außenpolitischen Fragen beschäftigten, so etwa der Verband für das Deutschtum im Ausland (1881), die Deutsche Kolonialgesellschaft (1887), sowie der größte nationale Verband des Kaiserreiches, der Deutsche Flottenverein (1898). Diese drei Organisationen waren in der Regel ausgesprochen regierungskonform und konnten als Vorsitzende bzw. als führende Mitglieder hochgestellte Persönlichkeiten der regierenden Fürstenhäuser gewinnen. Im Laufe der Jahre traten als wichtigste Verbände der Deutsche Ostmarkenverein (1894), der Reichsverband gegen die Sozialdemokratie (1904) und schließlich der Deutsche Wehrverein (1912) hinzu. Diese später entstandenen Vereinigungen zeichneten sich durch eine zunehmend kritische Haltung gegenüber der Politik der Reichsleitung aus, wenngleich sie nicht wie der Alldeutsche Verband ins Lager der sog. nationalen Opposition wechselten. Allen gemeinsam war jedoch ihr Rückhalt im überwiegend protestantischen preußischen Bildungs- und Besitzbürgertum. Mit wenigen Ausnahmen konnten sie kaum Anhänger in katholisch geprägten Gegenden oder bei der Sozialdemokratie gewinnen.

Infolge des im Aug. 1914 proklamierten »Burgfriedens« stellten die genannten Verbände ihre Tätigkeit faktisch ein. Einige Organisationen wie der Reichsverband gegen die Sozialdemokratie wurden von Regierungsseite dazu angehalten, andere taten dies freiwillig. Viele der Mitglieder wurden zum Militär eingezogen. Während des Weltkrieges entstanden jedoch neue Gruppierungen, die sich ebenfalls den V. zurechnen lassen. Neben kleineren Verbänden wie dem Volksausschuß zur raschen Niederkämpfung Englands, dessen einziges Ziel darin bestand, den uneingeschränkten U-Boot-Krieg propagandistisch vorzubereiten, waren dies die Auskunftsstelle der Vereinigten Verbände (AVV) sowie der Unabhängige Ausschuß für einen Deutschen Frieden (UA). Die im Aug. 1915 auf Initiative nationalliberaler Reichstagsabgeordneter gegründete AVV war kein V. im eigentlichen Sinne, sondern sollte als zentrale Einrichtung aller nationalen Verbände vor allem publizistisches Material zur Unterstützung der Kriegspolitik liefern. Dazu wurden Druckschriften bereitgestellt sowie Redner vermittelt. Bis zum Jahre 1916 hatten sich insgesamt 24 Organisationen der AVV angeschlossen, darunter alle führenden Interessenverbände der Schwerindustrie, der Landwirtschaft und der christlichen Arbeiterverbände. Durch ihre umfangreiche publizistische Tätigkeit und die eigene Kriegszielpropaganda wurde mit der AVV eine wichtige Koordinationsstelle aller rechtsstehenden Verbände im Kaiserreich geschaffen.

Der UA entstand im Juli 1916 als Folge der »Intellektuelleneingabe« vom Juli 1915. Damals hatte sich ein informeller Kreis von Universitätsprofessoren um den Althistoriker Dietrich Schäfer und den Theologen Reinhold Seeberg zusammengetan, um die in der Eingabe vertretenen annexionistischen Zielsetzungen und politischen Forderungen auch weiterhin zu verbreiten. Zunächst blieb dieser Ausschuß ein nichtöffentliches Gremium, welches durch ein Netz von Vertrauensmännern die wichtigsten Personen aus Politik, Wirtschaft und Intelligenz beeinflussen wollte; im Jan. 1916 gab es solche Vertrauensleute in etwa 200 Orten des Reiches. Programmatisch ging es dem Ausschuß um die Freigabe der Kriegszieldiskussion sowie die Eröffnung des uneingeschränkten U-Boot-Krieges. An die Öffentlichkeit trat man erst im Juli 1916, als die Reichsleitung mit der letztlich gescheiterten Lancierung eines Deutschen Nationalausschusses für einen ehrenvollen Frieden versucht hatte, auf die Kriegszieldiskussion mäßigend einzuwirken. Vorsitzender des UA wurde Dietrich Schäfer, als Stellvertreter fungierten der nationalliberale Politiker Paul Fuhrmann sowie Paul Vogel, Präsident der zweiten sächsischen Kammer. Trotz der Konstituierung als Verein, welche jedoch offiziell erst im Nov. 1916 erfolgte, blieb der UA ein überaus lockerer Zusammenschluß Gleichgesinnter. Exakte Mitglieder-Zahlen liegen ebenfalls nicht vor; zeitgenössische Schätzungen sprechen von rund 150.000 Menschen, was jedoch überhöht sein dürfte. Substantiell sammelte sich im UA das gesamte Spektrum der Kriegszielbewegung aus Schwerindustrie und Landwirtschaft, Nationalliberalen und Konservativen sowie den Alldeutschen. Eine größere Massenbasis bis hinein in die Arbeiterschaft aufzubauen, wie ursprünglich geplant, scheiterte, obwohl der UA darauf verzichtet hatte, sich ein innenpolitisches Programm zu geben. Finanziert wurde der Verband hauptsächlich durch den Pressezaren Alfred Hugenberg und sympathisierende Schwerindustrielle. Der UA entfaltete vor allem im Sommer und Herbst 1916 eine rege öffentliche Tätigkeit mit mehreren großen Veranstaltungen in Berlin, auf denen sich die verschiedensten Redner hauptsächlich für die Proklamation des uneingeschränkten U-Boot-Krieges stark machten. Im Sept. 1916 kam es zu einer Unterredung zwischen Funktionären des UA und dem Reichskanzler, die jedoch ergebnislos verlief. Danach trat eine gewisse Abkühlung in den Beziehungen zur Reichsleitung ein, zumal der Verband publizistisch für sehr weitgehende Kriegsziele eintrat. Mit der Gründung der Deutschen Vaterlandspartei verlor der UA zunehmend an Bedeutung; am 17. Nov. 1918 löste er sich auf. → *Burgfrieden* → *Deutsche Vaterlandspartei*

Lit.: D. Stegmann, Die Erben Bismarcks. Parteien und Verbände in der Spätphase des Wilhelminischen Deutschlands, Köln 1970; R. Scheck, Alfred von Tirpitz and German Right-Wing Politics, 1914-1930, Atlantic Highlands, NJ 1997.

HEINZ HAGENLÜCKE

Vaterländischer Unterricht. Die Notwendigkeit einer planmäßigen propagandistischen Stärkung des Durchhaltewillens in Armee und Bevölkerung hatte sich für die deutsche Reichsleitung seit der Verschärfung der militärischen und wirtschaftlichen Lage im Jahr 1916 aufgedrängt. Unter dem Eindruck der Friedensresolution des Reichstags nahm die Heeresleitung die Federführung an sich. Am 29. Juli 1917 erließ der Chef des Generalstabs die *Leitsätze für die Aufklärungsarbeit unter den Truppen*, die fortan Organisation und Gegenstand des V. regelten (der Begriff wurde erst im Sept. eingeführt). Im Rahmen von Vorträgen und Filmvorführungen wurde die Truppe über die Ursachen und die Notwendigkeit einer Weiterführung des Krieges im Sinne der OHL belehrt. Die Durchführung der Propaganda oblag den militärischen Kommandobehörden, die dazu eigene Aufklärungsoffiziere beauftragten. Bald wurde der V. auf das Heimatgebiet ausgeweitet. Dieser Eingriff in die Innenpolitik und die Nähe der OHL zu annexionistischen Kreisen (Deutsche Vaterlandspartei) ließ den V. zur Zielscheibe der Kritik bei den Parteien des Interfraktionellen Ausschusses werden. Der gesellschaftspolitischen Spaltung und der zunehmenden Kriegsmüdigkeit konnte die militärisch verordnete Propaganda nichts entgegensetzen. Ende Okt. 1918 fand der V. mit der Einrichtung der Stelle eines Pressechefs beim Reichskanzler sein Ende. → *Deutsche Vaterlandspartei* → *Interfraktioneller Ausschuß*

Lit.: A. Lipp, Meinungslenkung im Krieg. Kriegserfahrungen deutscher Soldaten und ihre Deutung 1914-1918, Göttingen 2003.

MARKUS PÖHLMANN

Venizelos, Eleftherios Kyriakos, * Murnies (Kreta) 23.8.1864, † Paris 18.3.1936, griechischer Politiker. – V., der vielen Griechen als bedeutendster nationaler Politiker des 20. Jahrhunderts gilt, war Visionär und Realpolitiker zugleich. Zudem genießt er den Ruf, Schöpfer und Gestalter des modernen Griechenlands zu sein. Als Gründer und Führer der Liberalen Partei bestimmte er entscheidend die Entwicklung des Landes. Seine politische Karriere begann V., als er sich 1905 als Anführer der Bewegung für die Vereinigung Kretas mit Griechenland hervortat und deswegen 1909 von der aufständischen Militärliga nach Athen gerufen wurde. Als überzeugter Demokrat löste er die Liga auf und gewann mit großer Mehrheit die daraufhin ausgerufenen Wahlen (1910). Sein umfassendes Reformwerk stärkte Griechenland derart, daß das Land als Ergebnis der siegreichen Balkankriege 1912/13 sein Territorium fast verdoppeln konnte.

Beim Ausbruch des Weltkriegs drängte V. auf den Anschluß an die Entente, konnte sich aber aufgrund des hartnäckigen und verfassungswidrigen Widerstands des deutschfreundlichen Königs Konstantin I. nicht durchsetzen, so daß er 1915 zurücktrat. Daher bedurfte es 1916 erst eines Aufstandes und der massiven Intervention der Entente, um Konstantins Neutralitätspolitik, die die Mittelmächte begünstigte, zu beenden und Griechenland 1917 auf die Seite der Westmächte zu bringen. Nach dem Krieg sicherte V.s diplomatisches Geschick den Griechen auf der Friedenskonferenz in Paris beträchtliche territoriale Gewinne, doch endete der von ihm 1919 begonnene Kleinasienfeldzug – nach der verheerenden Wahlniederlage der Liberalen 1920 nun unter royalistischer Führung – mit einer Katastrophe: der Vertreibung des seit der Antike dort angesiedelten Griechentums (1922). V.s Konfrontation mit Konstantin und seinen Anhängern auch nach dem Weltkrieg führte zur nationalen Spaltung, die das Land in eine fortdauernde politische Krise stürzte. Mehrmals Opfer von Anschlägen, ging V. zweimal ins Exil (1920, 1924), konnte aber, wieder zurückgekehrt, vor allem in seiner längsten Regierungsperiode (1928-32) dem Land bemerkenswerte Stabilität und Reformen bescheren. In den 1930er Jahren flammte erneut der Streit zwischen Anhängern und Gegnern V.s auf, und so verließ er 1935 Griechenland endgültig.

KONSTANTIN LOULOS

Verdun, seit dem 1870er Krieg beständig ausgebaute französische Festung. – Mit ihren 20 Sperrforts und 40 Zwischenwerken war V. zweifellos die stärkste Verteidigungsanlage Frankreichs. Zu den wichtigsten Forts im Umkreis von V. gehörten Douaumont, Vaux, Souville und Tavannes. V. galt als nahezu uneinnehmbar. Beim deutschen Vormarsch im Aug. 1914 operierte im Sektor vor V. die deutsche 5. Armee (Kronprinz Wilhelm von Preußen). Ihr gegenüber stand die französische 3. Armee (General Sarrail). Gestützt auf die Festung konnte diese ein Durchbrechen des Gegners bis zum 11. Sept. verhindern, als auch die Armee des Kronprinzen vom allgemeinen Rückzug der Deutschen nach dem Marne-Debakel betroffen wurde und sich widerstrebend bis in die Argonnen zurückzog. Während des Jahres 1915 wurde vor Verdun erbittert gekämpft. Insgesamt ergab sich rund um V. eine charakteristische Ausbuchtung der Front, im Raum von St. Mihiel im Osten und Varennes im Westen. Die allgemeine Defensivsituation der deutschen Armee an der Westfront im Jahr 1915, das Erstarren der Front auch im Raum vor V. führte dazu, daß das französische Oberkommando sukzessive Geschütze aus diesen Sperrforts vor V. abziehen ließ, um sie an den Brennpunkten des Krieges, etwa im Artois, einzusetzen. V. geriet hierdurch in eine immer schlechtere Verteidigungsfähigkeit, was aber die deutsche Heeresleitung nicht erkannte. Noch Ende 1915, nach der interalliierten Konferenz von Chantilly, auf der das Somme-Unternehmen zur Durchbrechung der »eingefrorenen« Front im Westen geplant wurde, verlegten die Franzosen Material aus den Forts vom östlichen Teil der Westfront nach Westen.

Verdun (1916)

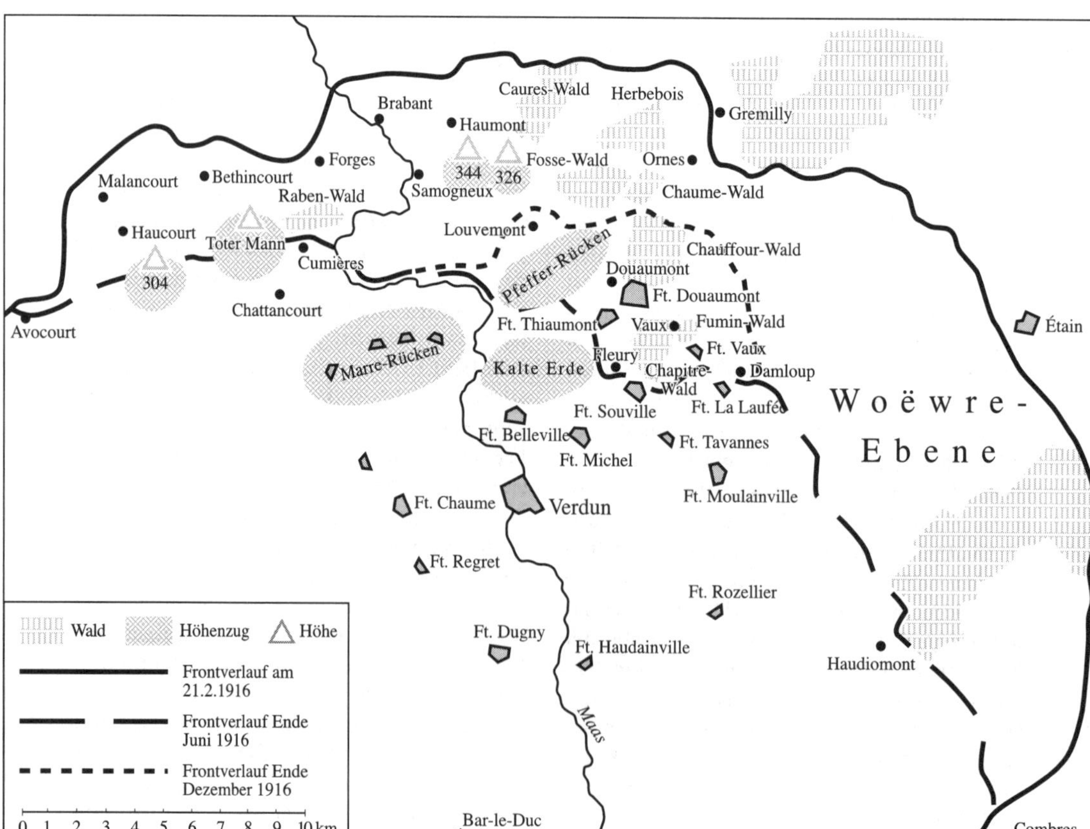

Ende 1915 allerdings faßte die deutsche Heeresführung unter General von Falkenhayn den Plan eines Großangriffs auf V., um ihrerseits an dieser Stelle den Krieg wieder in Bewegung zu bringen. In seinen Memoiren (*Die Oberste Heeresleitung 1914-1916 in ihren wichtigsten Entschließungen*, 1920) behauptet Falkenhayn, »um Weihnachten 1915« dem Kaiser eine präzise Denkschrift bezüglich des Angriffs gegen V. vorgelegt zu haben. In dieser sog. Weihnachtsdenkschrift wird ausgeführt, daß es nicht das Ziel der Operationen sei, die Festung selbst einzunehmen, sondern die französische Armee zum »Ausbluten« zu bringen. Die wenigen erhaltenen nachweislich zeitgenössischen Dokumente machen einen anderen Ablauf der Planung der Schlacht wahrscheinlich: Nach dem Tagebuch von Plessens, Adjutant des Kaisers, berichtete Falkenhayn dem Kaiser am 3. Dez. 1915 von einem ganz vagen Plan, an der Westfront die Initiative zurückzugewinnen. Ein genauer Angriffsort wurde noch nicht genannt. Mitte Dez. soll Falkenhayn – so die Memoiren des Kronprinzen Wilhelm, Oberkommandierender der 5. Armee – den im Sektor von V. stehenden Generalstabschef der 5. Armee, Schmidt von Knobelsdorf, gebeten haben, Vorschläge für einen präzisen Angriffsplan zu erarbeiten. Dem Kronprinzen zufolge entschieden er selber und Knobelsdorf sich für V., da die Festung als mögliches französisches Ausfalltor immer eine Gefahr für die deutsche Armee bedeutete. Einen Bericht Knobelsdorfs, der noch vor der Zerstörung des Reichsarchivs (im Jahr 1945) ausgewertet und transkribiert werden konnte, hatte Falkenhayn sogar ablehnend annotiert: V. würde nach seiner Auffassung eine zu große Menge an Truppen in Anspruch nehmen. Auch in mehreren Unterhaltungen mit Knobelsdorf zwischen dem 16. und 18. Dez. 1915 gab Falkenhayn nicht nach. Tatsächlich verweigerte Falkenhayn auch in der Folgezeit die vom AOK der 5. Armee geforderten Truppen, so daß der Angriff auf V. zunächst nur östlich der Maas unternommen werden konnte. Dieses große Versäumnis, zugleich die Höhen des Westufers einzunehmen, hatte für die Deutschen erhebliche Folgen. Da die Franzosen diese Stellungen nunmehr besetzten, konnte ihre Artillerie die deutsche Vorwärtsbewegung lange Zeit entscheidend eindämmen. Angesichts der fehlenden Truppen für einen konzentrischen Großangriff hat sich die Führung der 5. deutschen Armee offenbar zu einer Zwischenlösung entschieden. Eine Einnahme V. sei gleichbedeutend mit der Einnahme der großen Sperrforts, auf die sich der Angriff zu konzentrieren habe (Memorandum Knobelsdorf, 4. Jan. 1916). Kronprinz Rupprecht von Bayern, Oberbefehlshaber der 6. Armee, berichtete über ein Treffen der Truppenführer mit Falkenhayn am 11. Febr. 1916, dem Tag vor dem ursprünglichen Angriffstermin: Man habe nicht genug Truppen zur Verfügung, um einen Durchbruch vor V. zu erzwingen, aber man könne durch die Attacke den Krieg wieder in Bewegung setzen.

Die Vorbereitungen des deutschen Angriffs blieben in Frankreich nicht unbemerkt, die französischen Gegenmaßnahmen waren aber nur halbherzig. Man begnügte sich weitgehend mit der Verbesserung einiger Zwischenwerke – selbst das Fort Douaumont wurde nicht wirklich kriegsbereit gemacht – und auch die abgezogenen Geschütze wurden nur in geringem Umfang ersetzt. Nach ganztägiger Artillerievorbereitung griffen drei Korps der 5. Armee am 21. Febr. 1916 auf einer Breite von 13 km vor Ornes im Norden von V. an. Allerdings verfing sich der Angriff bald in der zweiten Linie der französischen Verteidigung, deren Feldstellungen im schwierigen Gelände kaum auszumachen waren. Entgegen aller Berechnungen der Deutschen entbrannte ein erbittertes Gefecht, Geländegewinne waren kaum zu verzeichnen. Vier Tage brauchten die Deutschen, bis sie am 25. Febr. Douaumont erreichten und im Handstreich nehmen konnten. Allerdings hatte die Einnahme des Forts kaum taktische Bedeutung, da sich das Fort von der Anlage her gegen Osten ausrichtete, eine Neuausrichtung der Geschütze gegen die französische Front im Süden war daher nur ganz beschränkt möglich. Allerdings veranlaßte der Verlust von Douaumont die anfänglich zögernde französische Heeresleitung, nunmehr V. zum zentralen Ort der französischen Verteidigungsanstrengung zu machen. Materiell und symbolisch – etwa durch mehrere Besuche des Staatspräsidenten Poincaré in V. – wurde die Verteidigung V. zur »Verteidigung Frankreichs« stilisiert und als solche tatsächlich von Soldaten und Zivilisten mit ungeheurem Einsatz betrieben. Im 24stündigen Rhythmus rollte fortan eine ununterbrochene Kette von für Nachschub sorgenden militärischen und privaten Kraftwagen auf der einzigen Verbindungsstraße zwischen Verdun und der Hauptstadt des Départements (und Bahnstation) Bar le Duc. Die sog. Noria (Paternoster) symbolisiert bis heute den nie nachlassenden Einsatz Frankreichs, um den deutschen Durchbruch bei V. zu stoppen.

Die Phasen der »totalen Schlacht« von V. lassen sich folgendermaßen beschreiben: Die erste Angriffsphase war mit dem 4. März beendet, als die Deutschen nach dem Fort Douaumont auch das Dorf Douaumont einnahmen. Vor allem wegen des französischen Artilleriebeschusses von den Höhen westlich der Maas stockte der weitere Vormarsch. Deshalb entschloß sich Falkenhayn jetzt (in einer zweiten Phase), dem Drängen des Oberkommandos der 5. Armee nachzugeben und Angriffe auch auf diese Höhenzüge zu unternehmen, deren Abwehrstellungen inzwischen allerdings von den Franzosen sehr stark ausgebaut worden waren. Vor allem die mörderischen Kämpfe um die Anhöhe Toter Mann, welche durch intensiven Beschuß 6 m an Höhe verlor (!), blieben in der Erinnerung beider Seiten. Den Deutschen gelang bis zum 20. Mai die Besetzung des Toten Manns, sie konnten aber unter ständigem Druck der erbittert nachsetzenden Franzosen die Stellung nicht strategisch nutzen. Statt dessen versuchten sie nunmehr (in der dritten Phase), doch noch das ursprüngliche Ziel, die Einnahme der Festung V. von Douaumont ausgehend, zu erreichen. Der letzte große deutsche Angriff erfolgte am 23. Juni mit ca. 78.000 Mann auf der Linie Vaux – Fleury. Der Ort Fleury wurde nach seiner vollständigen Zerstörung eingenommen. Nur kurzfristig gelang es deutschen Verbänden in einem letzten Anrennen (vierte Phase), bis zum 11. Juli darüber hinaus vorzustoßen.

15 km Bodengewinn für die deutsche und mehr als eine halbe Million toter und verwundeter Soldaten auf beiden Seiten waren das Ergebnis dieser totalen Schlacht. Wenn der deutsche Angriff ab Mitte Mai regelrecht versandete, so lag das vor allem daran, daß zu diesem Zeitpunkt bereits kontinuierlich Truppen abgezogen (bzw. nicht mehr ersetzt) wurden, da eine weitere Front und ein neuer entscheidender Kampf an anderer Stelle zu bestehen waren: die Offensive der Briten und Franzosen an der Somme.

Die Schlacht um V. 1916 ist sicherlich nicht die verlustreichste oder strategisch bedeutsamste Schlacht des Weltkrieges gewesen. In der deutschen und französischen Weltkriegserinnerung hatte und hat sie indessen einen überragenden Platz. Zur Lebendigkeit dieser Erinnerung gehört auch die Tatsache, daß ihre Spuren und Überreste bis in unsere Zeit sehr gut im Gelände erhalten sind: die Schützen-, Lauf- und Versorgungsgräben ebenso wie eine Reihe von Forts (Douaumont, Vaux, Souville), Zwischenwerke und Blockhäuser. Heute noch finden sich in den Knüppelwäldern, die das durch Beschuß dünenartig aufgeworfene Terrain bedecken, Reste von Waffen, Munition und Ausrüstung.

Der V.-Mythos wurde bereits während des Weltkrieges geschaffen. Die emblematische Situation eines rein deutsch-französischen Kampfes an einer Stelle, die seit mehr als tausend Jahren immer wieder als »Einfallstor« gedient hatte, führte zu einer ganz besonderen und – besonders auf französischer Seite – Mythen erzeugenden Bedeutung der Verteidigung von V. Aufgrund kurzfristiger Ablösungen und kontinuierlicher Truppentransporte wurden nahezu alle französischen Felddivisionen vor Verdun eingesetzt, so daß sich später fast alle französischen Soldaten als V.-Kämpfer bezeichnen konnten. Der Befehlshaber des V.-Sektors auf französischer Seite war General Pétain, der durch seine Verteidigungsmaßnahmen und Verlautbarungen an die Soldaten zum äußerst populären »Retter von V.« wurde. Dies wiederum war die Voraussetzung für das Vertrauen, das die Franzosen dem Marschall auch noch nach 1940 entgegenbrachten, als sich Pétain auf einen Kurs der Kollaboration mit dem nationalsozialistischen Deutschland einließ.

Auf der deutschen Seite war der V.-Mythos überwiegend eine Angelegenheit der in der »Blutmühle von V.« kämpfenden bzw. dort »geopferten« Soldaten. Die mangelhafte Ablösung führte zur »Ausblutung« bzw. »Skelettierung« der Kampfverbände und zum Vorwurf, von der »Heimat« alleingelassen worden zu sein. Dieser negative Mythos war bereits eine Vorform der späteren Dolchstoßlegende. In der soldatischen Literatur der Nachkriegszeit wurde der nur von seinen Schicksalskameraden verstandene und nur ihnen verantwortliche »V.-Kämpfer« ebenso stark mythologisiert. Bereits in den 1920er Jahren war V. der Zielort eines pietätvollen »Schlachtfeldtourismus« und sogar mehrfach Ort eines Treffens deutscher und französischer Veteranenverbände. Auf diesen Treffen wurde insbesondere die friedensstiftende Wirkung des ungeheuren Kampferlebnisses der Schlacht von V. betont. Auch nach dem Zweiten Weltkrieg blieb die soldatische Präsenz bis in die 1980er Jahre lebendig.

Im Jahre 1984 wurde im Rahmen einer Begegnung zwischen dem deutschen Bundeskanzler Helmut Kohl und dem französischen Staatspräsidenten François Mitterand am Gebeinhaus von Douaumont der V.-Mythos nachhaltig bestätigt: Der stumme Händedruck der beiden Politiker angesichts der dort bestatteten ca. 150.000 nicht identifizierten Opfer des Kampfes um V. ist als Symbol der Aussöhnung Deutschlands und Frankreichs für ein Europa des Friedens im Bewußtsein geblieben. → *Douaumont* → *Weihnachtsdenkschrift*

Lit.: H. Afflerbach, Falkenhayn. Politisches Denken und Handeln im Kaiserreich, München 1996; G. Canini, Combattre à Verdun, Nancy 1988; H. Rohde/R. Ostrovsky, Verdun. Militärgeschichtlicher Reiseführer, Herford/Bonn 1992; G. Werth, Verdun: Die Schlacht und der Mythos, 2. Aufl., Bergisch Gladbach 1986.

GERD KRUMEICH

Versailler Vertrag. Der V. wurde im Mai/Juni 1919 im gleichnamigen Pariser Vorort zwischen den Siegern und dem besiegten Deutschland verhandelt und unterzeichnet. Am 7. Mai legten die Siegermächte, vertreten durch den Präsidenten der USA, Woodrow Wilson, und die Ministerpräsidenten von Großbritannien, Frankreich und Italien, Georges Clemenceau, David Lloyd George bzw. Vittorio Emanuele Orlando, zusammen mit den Vertretern der übrigen Kriegsgegner Deutschlands der deutschen Friedensdelegation unter der Leitung des damaligen Außenministers, Ulrich Graf Brockdorff-Rantzau, im Hotel Trianon Palace einen Vertragsentwurf vor. Dieser durfte, unter Ausschluß von mündlichen Verhandlungen, nur in einem schriftlichen Notenaustausch erörtert werden.

Das umfangreiche Vertragswerk war seit dem Zusammentreten der Pariser Präliminarfriedenskonferenz am 18. Jan. 1919 in fast drei Monate umfassenden Geheimverhandlungen zwischen den vier Hauptsiegermächten fertiggestellt worden. Im Westen verlor Deutschland Elsaß-Lothringen, im Osten vor allem die Provinzen Posen und den größten Teil Westpreußens sowie Oberschlesien. Volksabstimmungen wurden für Eupen-Malmedy, Nordschleswig und Masuren angeordnet, nach einem Ablauf von 15 Jahren ebenfalls für das Saargebiet, das bis dahin wirtschaftlich zu Frankreich gehören und politisch einer Verwaltung des Völkerbundes unterstellt werden sollte. Ostpreußen wurde damit vom übrigen Deutschland durch einen Korridor abgetrennt, Danzig eine dem Völkerbund unterstellte Freie Stadt. Das Rheinland erhielt eine alliierte Besatzung. Es wurde in drei Zonen aufgeteilt, die in fünfjährigen Intervallen nacheinander zu räumen waren, die letzte nach 15 Jahren. Kam Deutschland seinen Abrüstungs- oder Reparationsverpflichtungen nicht nach, konnte die Besetzung verlängert werden. Bei vorzeitiger Erfüllung war eine Verkürzung möglich. Nach dem Abzug der Besatzung sollte das Rheinland eine entmilitarisierte Pufferzone bleiben. Ein Anschluß Österreichs an Deutschland bedurfte der Zustimmung des Völkerbundsrates. Als Kriegsschuldiger (der sog. Kriegsschuldparagraph § 231) wurde Deutschland für die den Siegern erwachsenen Kriegsschäden verantwortlich gemacht. Der Umfang der Schäden wurde nach Sachkategorien, noch nicht jedoch summenmäßig festgelegt. Bis dahin waren Vorauszahlungen in Höhe von 20 Mrd. Goldmark zu leisten. Die deutsche Armee mußte auf eine Berufsarmee von 115 000 Mann reduziert werden. Bis zu dem Beweis seiner Bereitschaft, die Friedensbedingungen zu erfüllen, blieb Deutschland vom Völkerbund ausgeschlossen. Den ehemaligen deutschen Kaiser und mutmaßliche Kriegsverbrecher hatte es einem alliierten Tribunal zur Aburteilung auszuliefern. Für fünf Jahre unterlag der deutsche Handel verschiedenartigen Diskriminierungen.

Die Härte dieses Vertragsentwurfes löste bei allen Parteien in Deutschland einen Sturm der Entrüstung aus. Vor allem die deutsche Öffentlichkeit, aber auch Regierung und Auswärtiges Amt hatten mildere Friedensbedingungen erhofft, die der deutschen Interpretation der Vierzehn Punkte eher entsprochen hätten, die der amerikanische Präsident Woodrow Wilson am 8. Jan. 1918 verkündet hatte. Aus der Sicht der deutschen Regierung sollte sich der Verlust an deutschen Staatsangehörigen gemäß dem Selbstbestimmungsrecht der Völker auf ein unvermeidliches und unstrittiges Minimum mit Gebieten mit nichtdeutschen Bevölkerungsmehrheiten beschränken. Konkret bedeutete dies, daß die Reichsregierung im Osten eine Volksabstimmung nur für die bereits polnisch besetzten Teile der Provinz Posen zugestehen wollte. Im Westen forderte sie eine Volksabstimmung ausschließlich für Elsaß-Lothringen, im Norden für Nordschleswig, und zwar nach Gemeinden. Deutsch-Österreich sollte Teil Deutschlands werden, wenn es dies wünschte. Deutsche Reparationszahlungen sollten sich auf eine Wiedergutmachung der durch den Krieg in Nordfrankreich und Belgien entstandenen Schäden beschränken und damit aus dem U-Boot-Krieg herrührende britische und amerikanische Verluste ausschließen. Darüber hinaus bestand das neue republikanische Deutschland auf seiner sofortigen Aufnahme in den Völkerbund. Die Auslieferung deutscher Staatsbürger an nichtdeutsche Gerichte wurde abgelehnt.

Die deutschen Änderungswünsche führten zu einer Vertrauenskrise unter den Siegern, die der deutschen Seite allerdings unbekannt blieb. Die Delegationen der USA und Großbritanniens waren von der Berechtigung einiger deutscher Gegenvorschläge so überzeugt, daß Lloyd George mit dem Fernbleiben britischer Truppen bei der Ausführung von gegen Deutschland verhängten Sanktionen drohte, falls die Sieger der deutschen Regierung nicht entgegenkamen. Die britischen Vorstellungen führten u. a. zur Gewährung einer Volksabstimmung für Oberschlesien und zu Erleichterungen für das Besatzungsregime im Rheinland. Indirekt profitierte Deutschland auch von dem Mustervertrag über die Behandlung von Minderheiten, den die Siegermächte auf Drängen Wilsons vereinbarten und am Tage der Unterzeichnung des V. zunächst dem neuen Polen auferlegten. Anders als die USA verteidigte Lloyd George dagegen die Reparationsartikel. Trotz dieser Kontroverse einigten sich die Siegermächte schließlich doch auf eine gemeinsame Antwort auf die deutschen Gegenvorschläge. Der fragile Charakter der Konzessionen, die sie sich bei der Ausarbeitung des V. gegenseitig gemacht hatten, setzten ihrer Bereitschaft, den deutschen Wünschen entgegenzukommen, Grenzen.

Brockdorff-Rantzau wußte aufgrund interner Vorarbeiten und vertraulicher Kontakte zu Emissären der Siegermächte, daß das deutsche Maximalprogramm an Vorschlägen nicht durchzusetzen war. Für diesen Fall drängte er auf eine Nichtunterzeichnung des V. Brockdorff-Rantzau erwartete bei einer Verweigerung der deutschen Unterschrift ein Zerwürfnis unter den Siegern, das von Protesten der internationalen Linken begleitet sein würde. Indem die deutsche Friedensdelegation bei der Entgegennahme des Vertragsentwurfs und im Notenaustausch über die Friedensbedingungen die »Ehrenpunkte« (Kriegsschuld und Zulassung zum Völkerbund) hervorkehrte und den Siegern die Mißachtung der Vierzehn Punkte Wilsons vorwarf, verschlechterte sie das Verhandlungsklima. Die vom deutschen Außenminister angestrebten mündlichen Verhandlungen kamen nicht zustande. Auch das Angebot einer zinsfreien Gesamtsumme von 100 Mrd. Goldmark als pauschaler deutscher Reparationsleistung im Austausch gegen ein Entgegenkommen der Sieger in Territorialfragen wurde abgewiesen. In aller denkbaren Schärfe und ohne Rücksicht auf den in Deutschland vollzogenen Regimewechsel wiederholten die Sieger ihren Schuldspruch (sog. Mantelnote Clemenceaus vom 16. Juni).

Nachdem die Antwort auf die deutschen Gegenvorschläge ultimativ eine fünftägige Frist für die deutsche Unterschrift gesetzt hatte, überwogen in Deutschland zunächst die Stimmen für eine Ablehnung. Ihnen widersprach Matthias Erzberger, der Führer der Zentrumspartei, der als Folge eines deutschen Nein einen Einmarsch der alliierten Truppen nach Deutschland, gesonderte Friedensverträge mit einzelnen deutschen Ländern und letztlich ein Auseinanderbrechen des Reiches befürchtete. Die heute bekannten Eventualplanungen der Sieger für den Fall einer deutschen Unterschriftsverweigerung geben ihm im wesentlichen recht. Die von Brockdorff-Rantzau erhofften Proteste der internationalen Linken blieben dagegen weitgehend aus. Vor dem Hintergrund der desolaten Ernährungslage Deutschlands und seiner militärischen Ohnmacht gab General Groener, Erster Generalquartiermeister in der Heeresleitung und faktisch Oberbefehlshaber der deutschen Truppen, schließlich den Ausschlag zugunsten einer Annahme des V.

Nach dem daraufhin erfolgenden Rücktritt Brockdorff-Rantzaus und des Kabinetts Scheidemann verlangte die Nachfolgeregierung, ein Zweiparteienkabinett aus SPD und Zentrum unter Gustav Bauer (SPD), zunächst die alliierte Zustimmung zu einem deutschen Vorbehalt gegenüber den »Ehrenpunkten« als Voraussetzung für die deutsche Unterschrift. Dies lehnten die Sieger ab. Vom Reichstag mit 237 gegen 138 Stimmen ermächtigt, mußte die Regierung Bauer den V. im Spiegelsaal des Versailler Schlosses am 28. Juni 1919 ohne Abstriche unterzeichnen.

Der V. setzte deutsche Gebietsabtretungen im Umfange von insgesamt 70.570 km^2 mit

7,3 Mio. Einwohnern fest, brandmarkte das besiegte Deutschland als kriegsschuldig und belastete es mit einer im Moment noch unbegrenzten Verpflichtung zu Reparationszahlungen. Er vergiftete die innenpolitische Atmosphäre der jungen Weimarer Republik, da die Rechte, unter Bruch einer in der Nationalversammlung eingegangenen Selbstverpflichtung, die Linke für »Versailles« verantwortlich machte. Ein Jahr nach Annahme des V. verlor die Weimarer Koalition bei den Wahlen vom 6. Juni 1920 ihre Mehrheit im Reichstag. Die Revision des V. wurde das außenpolitische Anliegen der gesamten deutschen Öffentlichkeit. Seine Nichtratifizierung durch die USA infolge der Opposition des Senates gegen die Völkerbundsakte ermutigte die deutsche Revisionspolitik.

Die national integrierte Linke ebenso wie die Rechte in Deutschland übersahen die Entwicklungsmöglichkeiten des V., die in Frankreich alsbald Kritik bei der Rechten auslösten und die deutschen Interessen begünstigten: Deutschland war von dem Doppeldruck einer französisch-russischen Allianz und der Abhängigkeit von der Habsburgermonarchie befreit, da das bolschewistische Rußland als französischer Bündnispartner ausgeschieden und die Habsburgermonarchie untergegangen war. Statt dessen war in Osteuropa eine Vielzahl von Mittelstaaten entstanden, deren wirtschaftliche Interessen eine Zusammenarbeit mit Deutschland nahelegten. Die verständliche Unfähigkeit, emotionsfrei die Chancen zu erkennen, die der V. für Deutschland schon mittelfristig bereithielt, begünstigte innenpolitisch die Destabilisierung der Weimarer Republik aufgrund des revisionistischen Versailles-Nationalismus. → *Pariser Friedenskonferenzen* → *Reparationen*

Lit.: P. Krüger, Versailles. Deutsche Außenpolitik zwischen Revisionismus und Friedenssicherung, München 1986; Quellen zum Friedensschluß von Versailles, hg. v. K. Schwabe, Darmstadt 1997; The Versailles Treaty. A Reassessment after 75 Years, hg. v. M. F. Boemeke/G. D. Feldman/E. Glaser, Cambridge 1998; Versailles 1919. Ziele – Wirkung – Wahrnehmung, hg. v. G. Krumeich, Essen 2001.

KLAUS SCHWABE

Veteranenverbände, Zusammenschlüsse von ehemaligen Kriegsteilnehmern und Soldatenvereinen zu sozialen Handlungseinheiten, die die sozialen, wirtschaftlichen, politischen und kulturellen Interessen ihrer Mitglieder organisierten und artikulierten. – Der Traditionsverband unter den V. war der 1900 als Dachverband der Deutschen Landeskriegervereine gegründete Kyffhäuserbund der Deutschen Landeskriegerverbände, eine der größten Massenorganisationen des Deutschen Kaiserreichs. Mit knapp 3 Mio. Mitgliedern in 27 Landesverbänden erreichte er vor dem Weltkrieg seine höchste Mitgliederzahl. 1,6 Mio. Mitglieder in 18.000 Ortsvereinen stellte allein der Preußische Landeskriegerverband und verfügte damit über das größte Gewicht im Bund. Die Sozialstruktur der Mitgliedschaft war bäuerlich und kleinbürgerlich dominiert; die Vereinsspitze wurde zumeist von Angehörigen des Bildungsbürgertums und ehemaligen Offizieren repräsentiert. Er verstand sich als Bollwerk gegenüber der Sozialdemokratie, übernahm aber im Weltkrieg die Politik des nationalen »Burgfriedens« und hob seine antisozialistischen Beschlüsse auf.

Gegen Ende des Krieges geriet der Traditionsverband in eine Krise; seine Mitgliederzahl sank spürbar und erreichte 1921 mit knapp 2,2 Mio. einen Tiefstand: Zum einen stieß seine monarchistische und aggressiv nationalistische Politik bei der kriegsmüden Bevölkerung auf Ablehnung, zum anderen verlor er seine staatlich unterstützte Monopolstellung. Dennoch blieb er auch in der Weimarer Republik der größte der V., er galt trotz seiner Sympathie für das rechte politische Spektrum als überparteilich und pflegte enge Kontakte zur Reichswehr.

Die schwindende Integrationskraft des »Burgfriedens« förderte die Bildung neuer, konkurrierender V. und damit den Prozeß ihrer funktionalen Ausdifferenzierung sowie politischen Fragmentierung. Zum einen gründeten sich Selbsthilfeverbände der Kriegsbeschädigten und Kriegshinterbliebenen, deren Arbeitsschwerpunkte auf der wirtschaftlichen Existenzsicherung ihrer Klientel lagen, zum anderen politisch orientierte V., die die kulturelle Repräsentation der »Frontsoldaten« betonten. Die Grenzen zwischen beiden Organisationsformen waren fließend; die politisch orientierten V. unterstützten mit verbandsinternen Regelungen die Kriegsbeschädigten, während sich in den wirtschaftlich orientierten V. zugleich die tiefen Gräben innerhalb der politischen Kultur der Weimarer Republik widerspiegelten, die einen Zusammenschluß der in gleicher Funktion tätigen Selbsthilfeverbände verhinderten.

Angesichts der staatlichen Misere in der Kriegsopferfürsorge und der Gründung der arbeitgebernahen Essener Wirtschaftlichen Vereinigung Kriegsbeschädigter konstituierte sich im Mai 1917 auf Initiative von Friedrich Stampfer und Erich Kuttner der sozialdemokratisch orientierte Reichsbund der Kriegsbeschädigten, Kriegsteilnehmer und Kriegshinterbliebenen, der einflußreichste der wirtschaftlich orientierten V. 1919 stieg seine Mitgliederzahl von 100.000 auf 500.000; 1921 vertrat er ca. 640.000 der insgesamt 1,4 Mio. organisierten Kriegsbeschädigten; weitere 225.000 waren im Kyffhäuserbund organisiert. Neben diesen entstanden der 1918 gegründete nationalbürgerliche Zentralverband Deutscher Kriegsbeschädigter und Kriegshinterbliebener, der Einheitsverband der Kriegsbeschädigten und Kriegshinterbliebenen Deutschlands als Nachfolger des Essener-Verbandes und der kommunistisch orientierte Internationale Bund der Opfer des Krieges und der Arbeit, der sich 1919 vom Reichsbund abgespalten hatte und 1921 ca. 25.000 Mitglieder zählte.

Nach 1918 bildete sich eine Reihe neuer V., die satzungsgemäß die Kriegserinnerung und -kameradschaft pflegten, die Interessen der Kriegsopfer vertraten und insofern traditionelle Funktionen der V. übernahmen. Historisch verkörperten sie jedoch einen neuen Organisationstypus, der die polarisierenden Erfahrungen von Niederlage, Revolution und Versailler Vertrag widerspiegelt. Es handelte sich um Zusammenschlüsse politisierter Frontsoldaten, die sich zunehmend auch für Nichtkriegsteilnehmer und Jugendliche öffneten. Die Grenzen zwischen V. und paramilitärischem Wehrverband wurden fließend.

Auf der antirepublikanischen Rechten war der 1918 gegründete Stahlhelm/Bund der Frontsoldaten der bedeutendste V.- und Wehrverband; ihm gehörten vor allem Angehörige bürgerlicher Mittelschichten in den protestantischen Gebieten Mittel-, Nord- und Ostdeutschlands an. Mitte der 1920er Jahre hatte er ca. 300.000 Mitglieder, davon waren etwa 50 % Weltkriegsveteranen. Er betrieb Wehrsport, Arbeitslager und »Stahlhelmküchen«. Politisch orientierte er sich an DVP und DNVP und vertrat ein breites Spektrum von national-konservativen bis hin zu rechtsextremen und völkisch-antisemitischen Positionen; er beteiligte sich an verschiedenen Volksbegehren der »nationalen Opposition«, scheiterte jedoch bei dem Versuch, sich zum Sammelbecken einer vereinigten Rechten zu machen.

Neben dem Stahlhelm gab es eine Reihe von Verbänden ehemaliger Offiziere. Der mitgliederstärkste war der am 28. Nov. 1918 gegründete Deutsche Offizierbund (DOB). Er umfaßte ca. 100.000 Mitglieder in Landesverbänden mit ca. 400 Ortsgruppen. Der DOB war in erster Linie ein wirtschaftlicher Interessensverband, der sich auf die Sicherung der materiellen Existenz seiner Mitglieder konzentrierte. 1923/24 gab er jedoch seine Zurückhaltung in politischen Fragen auf. Der Nationalverband Deutscher Offiziere (NDO) ging am 16. Dez. 1918 aus der Abspaltung einer radikalen Offiziersgruppe des DOB hervor, die den aktiven politischen Kampf gegen Revolution und Republik propagierte. Der NDO umfaßte etwa 8.000 bis 10.000 Mitglieder in verschiedenen Landesverbänden, Kreis- und Ortsgruppen. Mit diesen arbeiteten weitere kleinere Offiziersverbände wie der Reichsoffizierbund (ROB) ehemaliger aus dem Mannschaftsstand hervorgegangener Offiziere, gegründet am 10. Febr. 1919, ca. 8.000 Mitglieder, und der Marine-Offizier-Verband (MOV), gegründet am 12. Nov. 1918 mit ca. 4-5.000 Mitgliedern, eng zusammen.

Aus den Anhängern Hitlers und Ludendorffs im NDO bildete sich nach dem Hitler-Putsch vom 9. Nov. 1923 der Deutschvölkische Offizierbund mit insgesamt jedoch geringem Einfluß und geringer Mitgliederzahl. Er schloß sich dem 1925 gegründeten Tannenberg-Bund an, der Dachorganisation einer Reihe völkisch-antisemitischer Jugend-, V.- und Wehrverbände unter der Führung Ludendorffs. Mitte der 1920er Jahre hatte er ca. 40.000 Mitglieder. Zwischen den Offiziersverbänden und anderen antirepublikanischen V. gab es enge politische und personelle Verflechtungen. Im Febr. 1934 wurden alle Offiziersverbände im Reichsverband Deutscher Offiziere gleichgeschaltet.

Die V. der nationalen Rechten waren verstärkt auf dem Feld der symbolischen Politik tätig. Auf Frontsoldatentagen, durch Festveranstaltungen, Massenaufmärsche, Totengedenken und Denkmalseinweihungen versuchten sie, sich als legitime Vertreter der Frontsoldatengeneration zu präsentieren und aus diesem Status ihren gesellschaftlichen Führungsanspruch abzuleiten. Sie propagierten eine autoritäre Staatsform, den Kampf gegen den Versailler Vertrag, traten für die Wiederaufrüstung und einen Revanchekrieg ein. Sie sprachen ihren Gegnern den Frontsoldatenstatus ab und warfen ihnen nationalen Verrat vor.

Die Gründung der folgenden V. war eine je spezifische Selbstschutzreaktion auf die aggressive Propaganda der nationalen Rechten und zugleich der Versuch, eine Gegenöffentlichkeit zu etablieren. Der Reichsbund jüdischer Frontsoldaten (RjF) entstand am 8. Febr. 1919 auf Initiative des Hauptmanns d. R. Leo Löwenstein in Berlin. Der Aufruf, dem Bund beizutreten, erging an »jeden jüdischen Kriegsteilnehmer deutscher Reichsangehörigkeit, der zur kämpfenden Truppe gehört und in der Gefahrenzone Dienst getan« hatte. Politisch und in innerjüdischen Fragen gab er sich neutral. 1925/26 erreichte er mit ca. 40.000 Mitgliedern aus zumeist kaufmännischen oder freien Berufen und 500 Ortsgruppen in 16 Landesverbänden seinen höchsten Organisationsgrad. Zentrale Entscheidungsinstanz des RjF war die Bundesleitung. Der Bund versuchte, durch seine Existenz und durch publizistische Gegendarstellungen dem durch die »Judenzählung« vom Okt. 1916 erneut genährten, antisemitischen Vorwurf der »Drückebergerei« aufklärend entgegenzuwirken. Nachdrücklich verwies er auf seine vaterländische Gesinnung und Pflichterfüllung. Weitere Aktivitäten lagen in der Kameradschaftspflege, Vertretung der sozialen Interessen der Mitglieder und in einem landwirtschaftlichen Siedlungsprojekt. Die Hoffnungen des Bundes, nach 1933 durch den Beweis nationaler Zuverlässigkeit eine Integration in den NS-Staat zu erwirken, erwiesen sich als Illusion. Seine Arbeit litt zunehmend unter Repressionen. Nach der Pogromnacht vom 9./10. Nov. 1938 stellte der RjF seine Tätigkeit ein.

Im Jahre 1924 etablierte sich nach dem Scheitern des Republikanischen Führerbundes mit dem Reichsbanner Schwarz-Rot-Gold/Bund republikanischer Kriegsteilnehmer ein V. auf der Basis sozialdemokratischer Selbstschutzeinheiten. In den 1920er Jahren hatte er reichsweit bis zu 2 Mio. Mitglieder. Lag der Anteil der Kriegsteilnehmer in der Gründungsphase noch bei ca. 90 %, so sank er aufgrund der Aufnahme von Nichtkriegsteilnehmern und Jugendlichen 1925 auf ca. zwei Drittel. 80-90 % seiner Mitglieder entstammten der Arbeiterschaft und waren eng mit der Sozialdemokratie verbunden.

Die Gründung des Reichsbanners war eine Reaktion auf die Existenz des Stahlhelm und verfolgte das Ziel, zum Schutze der Demokratie republikanische Kräfte zusammenzufassen. Außerdem wollte es die Deutung des »Erbes der Front« nicht allein den republikfeindlichen V. überlassen. Es bot den von anderen V. geächteten sozialdemokratischen Kriegsteilnehmern darüber hinaus einen Raum, um ihre milieuspezifischen Kriegserinnerungen und -deutungen zu artikulieren. Das Reichsbanner verband die Kritik an der heroischen Kriegsinterpretation und die Mahnung, die Schrecken des Krieges und die sozialen Heeresmißstände nicht zu vergessen, mit dem Eintreten für eine Verständigung zwischen Deutschland und Frankreich und eine europäische Friedensordnung. Während die rechten V. Kontakte zu internationalen Kriegsteilnehmerverbänden strikt ablehnten, pflegte das Reichsbanner Verbindungen zu den V. der französischen Linken, der Union Fédérale des Anciens Combattants und der Fédération Nationale des Combattants Républicains sowie zur Ciamac (Conférence Internationale des Associations des Mutilés de Guerre et Anciens Combattants), der links orientierten Dachorganisation von Kriegsteilnehmerverbänden und zur bürgerlich-nationalen Kriegsteilnehmerorganisation der Ententeländer, der Fidac (Fédération Interalliée des Anciens Combattants). 1933 wurde das Reichsbanner von den Nationalsozialisten aufgelöst. → *Judenzählung* → *Reichsbund jüdischer Frontsoldaten*

Lit.: V. R. Berghahn, Der Stahlhelm. Bund der Frontsoldaten, 1918-1935, Düsseldorf 1966; U. Dunker, Der Reichsbund jüdischer Frontsoldaten 1919-1938, Düsseldorf 1977; H. G. W. Nusser, Konservative Wehrverbände in Bayern, Preußen und Österreich, 1918-1933, München 1973; A. Prost, Les anciens combattants et la societé française, 1914-1939, 3 Bde., Paris 1977; K. Rohe, Das Reichsbanner Schwarz-Rot-Gold, Düsseldorf 1966.

PETRA SCHULZ

Vierzehn Punkte. Der Begriff steht für die Friedensziele des amerikanischen Präsidenten Woodrow Wilson, die dieser am 8. Jan. 1918 in einer Rede vor dem Kongreß der USA publik machte. In ihren Grundlinien waren die Ziele der amerikanischen Kriegsbeteiligung schon vorher bekannt. Als Wilson im April 1917 den amerikanischen Kriegseintritt begründete, betonte er, daß es den USA im Weltkrieg nicht darum gehe, enge nationale Ansprüche zu verwirklichen: Vielmehr gelte es, freiheitliche politische Prinzipien global zu verwirklichen und auf diese Weise die

Welt »safe for democracy« zu machen. Der Krieg, der als ein Konflikt zwischen imperialistischen europäischen Großmächten begonnen hatte, sollte zu einem Kreuzzug für die Befreiung der Völker und die weltweite Etablierung liberaler politischer Systeme werden. Ausgehend von diesen Leitideen entwickelte seit dem Sommer 1917 eine Expertengruppe, die sog. *Inquiry*, konkretere politische Vorstellungen, auf deren Grundlage der künftige Weltfrieden geschlossen werden sollte. Die V. bezogen sich stark auf die Vorarbeiten der *Inquiry*; sie entwarfen Prinzipien einer künftigen Weltordnung ebenso wie sie Lösungsvorschläge für regionale politische Probleme unterbreiteten. Mehrere Forderungen gingen von Grundvorstellungen eines liberal-demokratischen Nationalismus aus.

Als vornehmstes Ziel proklamierte Wilson das Selbstbestimmungsrecht der Nationen; er verlangte, den Völkern des Habsburgerreichs – ebenso wie den unter türkischer Herrschaft lebenden Nationalitäten – die »freieste Möglichkeit autonomer Entwicklung« zu geben (Punkt X). Aus den von »unbestreitbar polnischer Bevölkerung« bewohnten Territorien sollte ein unabhängiger polnischer Staat gebildet werden (Punkt XIII). Künftig sollten Grenzverschiebungen stets unter Berücksichtigung nationaler Zugehörigkeiten vorgenommen werden. Bei der Lösung kolonialer Streitfragen sollten die Interessen der indigenen Bevölkerung gleichermaßen berücksichtigt werden wie die der betroffenen Regierungen. Weitere Punkte ergaben sich aus liberalen politischen Grundsätzen: Ungleiche Handelsbedingungen und wirtschaftliche Schranken sollten weltweit abgebaut, die »absolute Freiheit der Schiffahrt« garantiert werden. Der Geheimdiplomatie mußte ein Ende gesetzt werden; internationale Verträge sollten im Lichte der Öffentlichkeit geschlossen werden (Punkt I). An die Mittelmächte richtete der Präsident vor allem territoriale Forderungen: So sollte Deutschland die 1871 annektierten französischen Territorien (Elsaß-Lothringen) zurückgeben; Belgien sollte vollständig geräumt und wiederhergestellt werden, ebenso die von Deutschland besetzten nordfranzösischen und russischen Gebiete sowie Rumänien, Serbien und Montenegro (Punkte VII und XI). Im Hinblick auf die »Wiederherstellung« der belgischen und nordfranzösischen Territorien werfen mögliche Wiedergutmachungen (Reparationen) hier ihre Schatten voraus. Den Schlußstein der V. bildete der Aufruf, eine »allgemeine Gesellschaft der Nationen« auf vertraglicher Grundlage ins Leben zu rufen. Diesem Bund sollten die gemäß des Selbstbestimmungsrechts der Nationen demokratisch neuformierten Staaten beitreten, sich gegenseitig ihre territoriale Integrität garantieren und alle Konflikte friedlich beilegen (Punkt XIV).

Das Friedensprogramm Wilsons erfüllte in der politischen Situation des letzten Kriegsjahres verschiedene Funktionen: Es sollte der Weltgesellschaft ein liberal-demokratisches Gegenmodell zu der von Lenin propagierten bolschewistischen Revolution offerieren. Gegenüber dem von Großbritannien und Frankreich favorisierten »Vergeltungsfrieden« machte der Präsident die Alternative eines für alle Beteiligten akzeptablen »Friedens ohne Sieg« deutlich. Die gemäßigten politischen Kräfte in Deutschland und Österreich sollten durch dieses Friedensprogramm gewonnen und dazu motiviert werden, die autoritären Regierungen zu stürzen und demokratische Systeme an ihre Stelle zu setzen.

Wilsons Initiative hatte insofern beachtliche Erfolge, als sie in der deutschen Öffentlichkeit eine große – und angesichts der sich abzeichnenden Niederlage zunehmend positive – Resonanz fand. Ebenso akzeptierten Großbritannien und Frankreich die V. – allerdings mit einigen wichtigen Modifikationen – als Grundlage für die Friedensverhandlungen. Daher ist ihre spätere Bewertung stets von der Frage begleitet worden, inwiefern der Versailler Vertrag vom Geist des Wilsonschen Programms geprägt war.

In Deutschland fühlten sich viele Menschen vom amerikanischen Präsidenten getäuscht, empfand man doch den Friedensvertrag mit seinen hohen Reparationsforderungen und der Erklärung der einseitigen deutschen Kriegsschuld als eine zutiefst ungerechte Bestrafung. In den Vereinigten Staaten wandten sich ausgerechnet die reformerisch gesinnten Liberalen, die einst Wilsons Hausmacht gebildet hatten, von ihm ab, weil sie im Versailler Vertrag keine liberale Handschrift entdecken konnten. Wilsons größte Niederlage war jedoch die Ablehnung des Völkerbundvertrags durch den amerikanischen Senat, durch die die wichtigste Forderung der V. nur auf höchst unbefriedigende Weise verwirklicht werden konnte. Auch ließ sich das Prinzip des Selbstbestimmungsrechts der Völker unter den komplexen ethnisch-historischen Gegebenheiten besonders

Mittel- und Osteuropas nur schwer umsetzen. In ihrem Kern blieben die V. also eine uneingelöste Vision: Die Hoffnung auf eine Weltgemeinschaft aus demokratisch verfaßten Staaten, die dank allgemein akzeptierter Regeln friedlich nebeneinander leben.

Lit.: K. Schwabe, Deutsche Revolution und Wilson-Frieden. Die amerikanische und deutsche Friedensstrategie zwischen Ideologie und Machtpolitik 1918/1919, Düsseldorf 1971.

MATTHIAS WAECHTER

Vittorio Emanuele III., * Neapel 11.11.1869, † Alexandria (Ägypten) 28.12.1947, italienischer König. – Als Prinz machte V. die für Thronanwärter übliche Blitzkarriere in der italienischen Armee. 1896 heiratete er Helena, die Tochter des Fürsten von Montenegro; auch deshalb wurde ihm ein besonderes Interesse an der Balkanpolitik nachgesagt. Der auffallend kleinwüchsige V. galt als intelligent, reserviert und skeptisch. Nach der Ermordung seines Vaters, Umberto I., kam V. 1900 auf den Thron. Innenpolitisch vertrat er einen liberalen Kurs; außenpolitisch befürwortete er, unter Beibehaltung der bestehenden Allianzen, eine Annäherung an Rußland und Frankreich. Gegen das verbündete Österreich-Ungarn hegte er eine politische und persönliche Aversion. Auch für Wilhelm II. und das Deutsche Reich empfand er wenig Sympathien.

Schon bei den Zeitgenossen gingen die Meinungen darüber weit auseinander, wie groß der Einfluß war, den V. auf die Politik seines Landes ausübte. Das bezog sich vor allem auf die Außenpolitik, deren Gestaltung ein klassisches Vorrecht der italienischen Monarchie darstellte. Es ist jedoch unbestritten, daß V. mehrfach im Zentrum bedeutsamer Entscheidungsprozesse stand, die das politische Leben seines Landes auf Jahrzehnte prägen sollten. Dies zeigt sich beispielsweise an den Ereignissen im Vorfeld des italienischen Kriegseintritts 1915. Der König stützte das Kabinett Salandra/Sonnino, das am 13. Mai 1915 wegen der Opposition gegen seinen Kriegskurs zurückgetreten war. V. befürwortete eine Einhaltung der am 26. April 1915 in London gegenüber der Entente übernommenen Verpflichtungen. Sein Eingreifen war mitentscheidend für die Rückberufung Salandras und damit für den »Intervento« (Kriegseintritt) von 1915, der gegen den Willen der Mehrheit des italienischen Volkes und auch der Abgeordneten vollzogen wurde.

Während des Krieges war V. nomineller Oberbefehlshaber der italienischen Streitkräfte, ohne daß sich wesentliche Einflüsse auf die militärischen Operationen erkennen ließen. 1922, beim Marsch auf Rom und der Ernennung Benito Mussolinis zum Ministerpräsidenten, und 1943, bei dessen Absetzung und bei der Vorbereitung des italienischen Seitenwechsels im Zweiten Weltkrieg, stand V. erneut im Zentrum des politischen Geschehens. Infolge der Niederlage und wegen seiner langen Zusammenarbeit mit den Faschisten diskreditiert, dankte er 1946 zugunsten seines Sohnes Umberto II. ab, in der Hoffnung, damit das Referendum zur Beibehaltung der Monarchie positiv beeinflussen zu können. Als die italienischen Wähler sich für die Republik entschieden, ging V. ins Exil.

HOLGER AFFLERBACH

Vivat-Bänder, Widmungs- und Gedenkbänder, die, mit Geschichten versehen, zu besonderen familiären, höfischen, gesellschaftlichen oder militärischen Anlässen erschienen (Abb. S. 952). – Meistens waren die V. schmale Stoffstreifen mit einer Länge zwischen 30 cm und 2 bis 3 m sowie einer Breite zwischen 3 und 12 cm. Entstanden während des 18. Jahrhunderts in Preußen beschränkt sich die Ausbreitung von V. auf Deutschland und Österreich-Ungarn. Im Ersten Weltkrieg erschienene V. waren 40 x 6,5 cm groß und auf glänzender Halbseide bedruckt. Sie begannen mit dem Wort Vivat. Anschließend folgten Datum und Anlaß, eine bildliche Darstellung des siegreichen Feldherren und ein kurzes, meist literarisches Zitat. Den Abschluß bildet ein Verweis auf den entsprechenden Spendenzweck. Die V. waren im Weltkrieg von Beginn an als Sammelobjekte und als Gegengabe für eine Spende gedacht. Sie wurden vor allem von den Verlagen Amsler & Ruthardt und Kuno Bergmann in Berlin sowie Louis Pernitzsch in Leipzig produziert und vorzugsweise zugunsten des Roten Kreuzes verkauft. Neben diesen gab es noch eine Vielzahl einzeln herausgegebener V., so z. B. von der *Zeitung der 10. Armee*.

GERHARD P. GROSS

Viviani, René, * Sidi-bel-Abbès (Algerien) 8.11.1863, † Les-Plessis-Robinson (Département Hauts-de-Seine) 7.9.1925, französischer Politiker (Ministerpräsident). – V., ein Anwalt

Vivat-Band zur Schlacht von Verdun. 1916

und Journalist mit italienischen Vorfahren, begann seine politische Karriere als »unabhängiger Sozialist«; 1893 wurde er erstmals in die Abgeordnetenkammer gewählt. V. war überzeugter Reformist: Er entfernte sich von der sozialistischen Partei, als diese nach der Vereinigung von 1905 die Zusammenarbeit mit »bürgerlichen« Regierungen ablehnte. So war es nur konsequent, als V., der bereits 1906-10 unter Georges Clemenceau ein recht erfolgreicher Arbeitsminister war, im Juni 1914 als Chef einer Mitte-Links-Koalition das Amt des Ministerpräsidenten übernahm. Auf dem Höhepunkt der Julikrise befand er sich gemeinsam mit Raymond Poincaré auf Staatsbesuch in Rußland; entscheidenden Einfluß auf die Ereignisse, die zum Krieg führen sollten, konnte er dabei allerdings nicht ausüben. Sein bleibendes Prestige bei den ehemaligen Parteifreunden half jedoch, die sozialistische Linke von den defensiven Absichten der Regierung zu überzeugen und sie zum Eintritt in die »Union sacrée« zu bewegen.

V. blieb bis Okt. 1915 Ministerpräsident; seine ausgeprägt schwache Führungsrolle gegenüber dem Oberbefehlshaber der Armee, Joseph Joffre, rief die massive Kritik des Parlaments hervor und war schließlich für seinen Rücktritt verantwortlich. In den folgenden Kabinetten unter Aristide Briand und Alexandre Ribot amtierte er als Justizminister. Nach Kriegsende setzte V. seine Karriere als Parlamentarier und Diplomat fort, er konnte jedoch keinen prägenden Einfluß auf die französische Politik gewinnen.

DANIEL MOLLENHAUER

Völkerbund (engl.: League of Nations; frz.: Société des Nations). Nach der unzureichenden Absicherung des Friedens durch die Vorkehrungen der Haager Friedenskonferenzen 1899 und 1907 entwickelte sich im Weltkrieg in den Friedensbewegungen mehrerer Länder der Gedanke an eine neue Institution. Ab 1917/18 ließen sich in Großbritannien, Frankreich und den USA sowie im Deutschen Reich auch Regierungsvertreter zunehmend auf diese Möglichkeit ein. Für den US-Präsidenten Woodrow Wilson hatte ein V. hohe Priorität für eine Friedensordnung nach dem Weltkrieg. Eine konkrete V.-Satzung entstand aus britisch-US-amerikanischen Vorstellungen heraus, während französische Vorstellungen eines Friedens durch Recht mit entsprechenden Richtern und militärischer Sanktionsgewalt durch Streitkräfte des V. nicht verwirklicht wurden.

Die Verliererstaaten des Weltkrieges wurden zunächst vom V. ausgeschlossen, auch wenn seine Satzung Teil der Friedensverträge war. Die V.-Satzung wurde bereits in der ersten Phase der Pariser Friedenskonferenz am 28. April 1919 verabschiedet. Der V. trat am 10. Jan. 1920 formell ins Leben und wurde am 19. April 1946, ein Jahr nach Gründung der Vereinten Nationen, aufgelöst.

Der V. war ein freiwilliger Zusammenschluß der Mitgliedsstaaten und seine Organe waren das ständige Sekretariat mit Sitz in Genf, eine Bundesversammlung der Mitglieder und ein (kleinerer) Völkerbundrat. Dieser bestand aus ständigen Vertretern der Großmächte und wechselnder anderer Staaten. Als Ziel setzte sich der V. vornehmlich, äußeren Angriffen gegen territoriale Integrität und politische Unabhängigkeit mit kollektiven Mitteln zu begegnen. Neben Schieds-, Vermittlungs- und Rechtsprechungsverfahren gehörten hierzu wirtschaftliche und militärische Sanktionen gegen Aggressoren.

Der V. zählte anfangs 45 Staaten als potentielle Mitglieder. Tatsächlich traten die USA nach der Weigerung des Senats, die gesamte Friedensordnung zu ratifizieren, nicht bei; die Sowjetunion gehörte ihm von 1934-1940 an, das Deutsche Reich von 1926-1933, Japan von den Anfängen bis 1933, Italien bis 1937. Trotz der Arbeit des V. betrieben vor allem die europäischen Mächte weiterhin traditionelle Großmachtpolitik, so daß der V. insgesamt nur beschränkten Einfluß erlangte, der zudem seit den 1930er Jahren immer weiter abnahm.

Lit.: G. B. Ostrower, The League of Nations from 1919 to 1929, Garden City Park, NY 1996; G. Gill, The League of Nations from 1929 to 1946, Garden City Park, NY 1996.

Jost Dülffer

Volksbund Deutsche Kriegsgräberfürsorge. Der 1919 gegründete V. (VDK) war in der Zwischenkriegszeit die wichtigste private Organisation, die sich mit der Gestaltung und Instandhaltung deutscher Kriegsgräber befaßte. Offiziell war das dem Innenministerium zugeordnete Zentralnachweiseamt für Kriegerverluste und Kriegergräber (Z.A.K.) in Berlin zuständig für die vielfältigen Aufgaben der Kriegsgräber- und Angehörigenbetreuung bzw. ab 1923 zusätzlich noch das Auswärtige Amt. Da es jedoch zwischen der deutschen Seite und den französischen und belgischen Dienststellen in den Jahren nach 1918 erhebliche Differenzen in Bezug auf die Beteiligung des Deutschen Reiches an den Kosten für die Zusammenlegung der Friedhöfe und die Instandsetzung gab – Deutschland weigerte sich unter Bezugnahme auf die Artikel 225 und 226 des Versailler Vertrages, sich an den Kosten zu beteiligen –, erhielt der V. weitreichende Kompetenzen und großen Einfluß. Nach Abschluß der Umbettungsarbeiten begann der V. ab 1926 mit dem Ausbau der deutschen Soldatenfriedhöfe in Frankreich und Belgien. Die Mittel wurden durch Mitgliedsbeiträge sowie durch Straßensammlungen aufgebracht. Obwohl staatlicherseits weitaus höhere Mittel für die Ausgestaltung der deutschen Soldatenfriedhöfe aufgewandt wurden, blieb im Bewußtsein der Öffentlichkeit stets der Volksbund die maßgebliche Stelle. Das war das Ergebnis einer gezielten Öffentlichkeitsarbeit, bei der der V. systematisch Einfluß auf die öffentliche Erinnerung an den vergangenen Weltkrieg nahm. Das vom V. – vor allem durch den von ihm initiierten Volkstrauertag (eingeführt 1925) – organisierte Kriegsgedenken zielte wesentlich darauf ab, den kollektiven Schmerz über die Niederlage wachzuhalten und die Jugend zur Opferbereitschaft für einen zukünftigen Krieg zu erziehen.

An der ehemaligen Westfront betreute der V. gemeinsam mit dem Z.A.K. und dem Auswärtigen Amt, das für die übrigen Kriegsschauplätze allein zuständig war, mehr als 200 Friedhöfe für ca. 1 Mio. deutsche Gefallene, wobei nur etwa 500.000 in Einzelgräbern und weitere 250.000 in sog. Sammelgräbern bestattet waren. Die restlichen Gefallenen galten als verschollen. Im Gegensatz zu den Gedenkstätten der Alliierten, die eine einheitliche Gestaltung ihrer Friedhöfe anstrebten, wurden die deutschen Anlagen nach der Konzeption des V. jeweils individuell gestaltet. Es gab große Friedhöfe mit mehr als 30.000 Einzelgräbern, deren Ausgestaltung auch propagandistisch genutzt wurde, um die Größe des Opfers der Gefallenen zu betonen und mit der Forderung nach einer vergleichbaren Opferbereitschaft an die Überlebenden und Nachgeborenen zu verknüpfen. Eine weitere Besonderheit war die Patenschafts-Idee: Privatpersonen, Regimenter aber auch Städte oder Gemeinden konnten die Patenschaft für einen Friedhof übernehmen, um auf diese Weise die zur Instandhaltung notwendigen Mittel aufzubringen. Gleichzeitig war die Patenschaft aber eine Möglichkeit, die jeweilige Gruppe oder Institution eng an die vom Volksbund definierte Verpflichtung gegenüber den Toten zu binden. Und die lautete, in einem als unausweichlich dargestellten zukünftigen Krieg bereit zu sein, für Deutschland zu sterben. Damit befand sich der Volksbund durchaus in Übereinstimmung mit dem von anderen gesellschaftlichen Gruppen getragenen Weltkriegsgedenken. → *Soldatenfriedhöfe*

Lit.: S. Brandt, Vom Kriegsschauplatz zum Gedächtnisraum: die Westfront 1914-1940, Baden-Baden 2000; Dienst am Menschen, Dienst am Frieden. 75 Jahre Volksbund Deutsche Kriegsgräberfürsorge, Redaktion W. Kammerer, Gütersloh 1997.

SUSANNE BRANDT

Waffenstillstand. Unter diesem Begriff ist die Beendigung der Feindseligkeiten zwischen den Ententemächten und den Mittelmächten zu verstehen. Tatsächlich machten die W.abkommen, die die Sieger mit Bulgarien (am 30. Sept. in Saloniki), mit der Türkei (am 31. Okt. im Hafen Mudros auf der Insel Lemnos), mit dem Habsburgerreich (am 3. Nov. in der Villa Giusti bei Padua) und mit dem Deutschen Reich (am 11. Nov. 1918 in Compiègne-Rethondes) schlossen, den Mittelmächten die Wiederaufnahme von Feindseligkeiten unmöglich; sie kamen damit faktisch einer Kapitulation gleich.

Den entscheidenden Anstoß zum deutschen W. gab General Erich Ludendorff, der aus der Furcht vor einem Zusammenbruch der deutschen Westfront im Namen der Obersten Heeresleitung am 29. Sept. 1918 den sofortigen Abschluß eines W. und die Anbahnung von Friedensverhandlungen forderte.

Die deutsche Reichsleitung richtete daraufhin am 3. Okt. ihr Ersuchen um einen sofortigen W. und die Einleitung von Friedensverhandlungen an den US-Präsidenten Woodrow Wilson. Sie berief sich dabei auf das für Deutschland relativ günstige Friedensprogramm, das dieser am 8. Jan. 1918 in seinen Vierzehn Punkten verkündet hatte. Im Einklang mit der OHL hoffte sie, durch amerikanischen Einfluß einer totalen militärischen Niederlage Deutschlands entgehen zu können. Diese Erwartungen wurden enttäuscht. In seinem Notenwechsel mit der Reichsleitung unter dem neuen Kanzler Prinz Max von Baden bestand Wilson zwar nicht auf einer bedingungslosen Kapitulation, aber doch auf W.bedingungen, die die fortdauernde militärische Überlegenheit der Westmächte sicherstellten. Einen Frieden nach seinem Programm stellte er nur einer demokratisch und parlamentarisch legitimierten deutschen Regierung in Aussicht.

Der Entwurf der Bedingungen des W. stammte für die Landstreitkräfte vom alliierten Oberbefehlshaber Ferdinand Foch. Er erhielt seine endgültige Fassung durch die drei Regierungschefs der europäischen Alliierten. Der W. setzte u. a. die Räumung der noch von deutschen Truppen gehaltenen Gebiete Frankreichs und Belgiens und danach der linksrheinischen Teile Deutschlands mit mehreren Brückenköpfen rechts des Flusses fest, die Auslieferung umfangreicher Waffenbestände und rollenden Materials, »Schadensersatz« in noch nicht bestimmter Höhe, den sofortigen Abzug aus den von ihnen besetzten Gebieten Ost- und Südosteuropas – aus Rußland wegen des dort herrschenden Bürgerkrieges hingegen erst nach entsprechender Anordnung der Siegermächte. Die britischerseits ausgearbeiteten Bedingungen für die Marine sahen u. a. die Auslieferung und Internierung des Gros der deutschen Hoch- und Unterseeflotte und die Fortsetzung der Blockade vor.

Die deutsche W.delegation in Compiègne unter der Leitung des Zentrumspolitikers Matthias Erzberger und des Generals von Winterfeldt erreichte nur unwesentliche Änderungen dieser Bedingungen, darunter etwa die allerdings unverbindliche Inaussichtstellung einer Belieferung der deutschen Bevölkerung mit Lebensmitteln. Die Unterzeichnung erfolgte erst nach der Abdankung Wilhelms II. und wurde von der neuen Reichsregierung unter Friedrich Ebert autorisiert. Angesichts der sich zuspitzenden inneren Lage Deutschlands und des Auseinanderfallens der Habsburgermonarchie hatte sich die Heeresleitung schon wenige Tage zuvor mit der Möglichkeit einer bedingungslosen Kapitulation abgefunden.

Der W. von Compiègne war für Deutschland in dreifacher Hinsicht bedeutsam: Er machte jede Wiederaufnahme von Kampfhandlungen unmöglich; seine Bestimmungen für die Besetzung westdeutscher Gebiete nahmen die Erfüllung französischer Territorialforderungen für den Friedensvertrag vorweg;

die Vermittlung Wilsons verpflichtete die Siegermächte auf einen Friedensschluß im Sinne seiner Vierzehn Punkte mit zwei Vorbehalten, die die Auslegung der »Freiheit der Meere« betrafen und den Reparationsbegriff erweiterten. Aus deutscher und amerikanischer Sicht waren damit die Grundlagen des Friedensschlusses im Vorhinein festgelegt. Für die Interpretation der im Einzelfall vielfach unbestimmten Vierzehn Punkte besaßen die Sieger dennoch freie Hand.

Der W. von Compiègne wurde dreimal verlängert, zuletzt (am 16. Febr. 1919) auf unbestimmte Zeit. Bei den Verhandlungen um die Verlängerungen ging es einerseits um die Auslieferung der deutschen Handelsflotte als Gegenleistung für eine Lockerung der Blockade zur Versorgung der deutschen Bevölkerung mit Lebensmitteln, andererseits um eine Waffenstillstands- und Demarkationslinie, die zwischen den Truppen des neuen Polens und Deutschlands zu ziehen war.

Bei den mit den deutschen Verbündeten abgeschlossenen W. fehlte die Bindung an Wilsons Vierzehn Punkte. Die Habsburgermonarchie hatte Wilson in seiner Note vom 19. Okt. angesichts des Selbständigkeitswunsches der »Tschecho-Slowaken« und der »Jugo-Slawen« als zu Verhandlungen nicht mehr autorisiert erklärt. Der österreichisch-ungarischen Heeresführung blieb danach nichts anderes übrig, als einen W. mit dem italienischen Oberkommando zu vereinbaren. Dieser war nach außen hin rein militärischer Art. Mit seinen Räumungsbestimmungen bis zur Brennerlinie nahm er aber die später Deutsch-Österreich auferlegten territorialen Friedensbedingungen vorweg.

Der von der Türkei akzeptierte W. sah die sofortige alliierte Besetzung der Meerengen vor und räumte darüber hinaus den Siegern das Recht auf Besetzung beliebiger weiterer Teile der Türkei ein. Anders als gegenüber Deutschland verfügten die Siegermächte hier auch formell über ein unbegrenztes Interventionsrecht, das die im Frieden von Sèvres 1920 vorgenommene Aufteilung des ehemaligen Osmanischen Reiches voraussehen ließ.
→ *Compiègne* → *Vierzehn Punkte*

Lit.: K. Schwabe, Deutsche Revolution und Wilson-Frieden. Die amerikanische und deutsche Friedensstrategie zwischen Ideologie und Machtpolitik, Düsseldorf 1971; P. Renouvin, L'Armistice de Rethondes, Paris 1968.

KLAUS SCHWABE

Weber, Max, * Erfurt 21.4.1864, † München 14.6.1920, deutscher Nationalökonom und Sozialwissenschaftler. – Stationen seines wissenschaftlichen Werdegangs sind u. a. 1889 die jur. Dissertation, 1892 Habilitation, 1893 a. o. Prof. für Handelsrecht in Berlin, 1894 o. Prof. für Nationalökonomie in Freiburg i. Br. (1894-97) und 1897 in Heidelberg (bis 1903). Seit 1898 aus gesundheitlichen Gründen häufige Unterbrechungen und 1900 Einstellung der Lehrtätigkeit, die er erst 1918 in Wien bzw. seit 1919 in München wieder aufnahm; seit 1903 war W. Herausgeber des *Archiv für Sozialwissenschaft und Sozialpolitik*, daneben Mitarbeiter des Vereins für Sozialpolitik und schließlich Ende 1918 Mitbegründer der Deutschen Demokratischen Partei (DDP).

Sein soziologisches Werk entstand vor allem außerhalb des akademischen Lehrbetriebs und ist neben sozialhistorischen und religionssoziologischen Arbeiten ein systematischer Versuch, die Soziologie als eine eigenständige wissenschaftliche Disziplin zu etablieren. In seiner maßgeblichen Schaffensperiode (seit 1903) trat die Tagespolitik weitgehend in den Hintergrund. Dies änderte sich mit dem Beginn des Weltkriegs.

Im Aug. 1914 meldete sich W. freiwillig und diente als Reserveoffizier der Lazarettkommission in Heidelberg. Nach Beendigung des Militärdienstes am 30. Sept. 1915 suchte er vergeblich nach einer weiteren amtlichen Verwendung. Als eine politisch engagierte Persönlichkeit verlegte sich W. statt dessen auf Expertisen und publizistische Stellungnahmen. Mit der *Frankfurter Zeitung* oder Friedrich Naumanns Wochenschrift *Die Hilfe* standen ihm dabei einflußreiche Foren zur Verfügung.

Sein politisches Engagement war primär motiviert von der Sorge, die militärische Führung könnte die Möglichkeiten deutscher Machtpolitik leichtfertig verspielen. Im Mittelpunkt seiner Erwägungen stand die Frage der Kriegsziele und der realistischen Zielsetzungen einer deutschen Außenpolitik. Mit der im März 1916 entstandenen Denkschrift *Der verschärfte U-Boot-Krieg* – ein Gegenentwurf zur Agitation der alldeutsch-konservativen Kreise in der Öffentlichkeit für eine rücksichtslose Kriegführung – sowie der Ablehnung übersteigerter Annexionsforderungen im Westen vollzog auch W. die Schwenkung der »liberalen Imperialisten« hin zu einer auf Ostmitteleuropa ausgerichteten kontinentalen Hegemonialpolitik (Ludwig Dehio).

Auf der 1. Lauensteiner Kulturtagung (29. – 31. Mai 1917) sprach sich W. für den Parlamentarismus und gegen die reformbedürftige altpreußische Staatstradition aus. Eine breite Wirkung ging von W.s zahlreichen Beiträgen zur politischen Neuordnung Deutschlands aus, so von der Artikelserie in der *Frankfurter Zeitung* (Mai-Juni 1917) über *Parlament und Regierung im neugeordneten Deutschland*, die im Mai 1918 separat erschien und zentrale Elemente seiner Staatssoziologie enthielt. Die soziologische Analyse bürokratischer Herrschaftsstrukturen veranlaßte W. zu einem nachdrücklichen politischen Plädoyer für eine Durchsetzung demokratischer Herrschaft in Form einer parlamentarisch kontrollierten »plebiszitären Führerdemokratie«. Er plädierte für eine Reform des preußischen Dreiklassenwahlrechts, eine unverzügliche Parlamentarisierung der Reichsverfassung und gleichberechtigte Behandlung der Sozialdemokratie und damit für die Beseitigung des »persönlichen Regiments« des deutschen Kaisers.

Seit dem Herbst 1917 rechnete W. mit revolutionären Entwicklungen. Im letzten Kriegsjahr widmete er sich mit großer Energie der Frage der zukünftigen demokratischen Verfassung. Nur durch eine politische Mobilisierung des Bürgertums für eine fortschrittliche demokratische Politik waren die in seinen Augen verheerenden Auswirkungen einer sozialistischen Revolution noch abzuwenden. Als entschiedener Gegner der Revolution von 1918/19 trat er vor den Wahlen zur Nationalversammlung vielerorts als Redner für die DDP auf. Als Sachverständiger bei den Friedensverhandlungen in Versailles wandte er sich gegen den Vorwurf der deutschen Kriegsschuld. In dem großen Münchner Vortrag *Politik als Beruf* (28. Jan. 1919) verteidigte W. die Berechtigung zur Machtpolitik und bekannte sich nachdrücklich »zur Macht als Wesen und Voraussetzung aller Politik« (Wolfgang J. Mommsen).

Zu einer weiteren politischen Bestätigung kam es nicht mehr; W.s Bemühungen um eine DDP-Kandidatur für den Reichstag scheiterten. Allerdings fanden einige seiner Überlegungen durch seine Berufung in den Vorbereitenden Verfassungsausschuß Eingang in die Weimarer Reichsverfassung.

Lit.: W. J. Mommsen, Max Weber und die deutsche Politik 1890-1920, 2. Aufl., Tübingen 1974; Max Weber: Zur Politik im Weltkrieg, 1914-1918, hg. v. W. J. Mommsen/G. Hübinger, Tübingen 1988.

MARCUS A. TIEFEL

Weddigen, Otto, * Herford 15.9.1882, † in der Nordsee 18.3.1915, deutscher U-Boot-Kommandant. – W. gehörte zwar nicht zu den erfolgreichsten, wohl aber zu den bekanntesten U-Boot-Kommandanten. 1901 in die Marine eingetreten, wurde er nach seiner Rückkehr aus Ostasien im Herbst 1908 zur U-Boot-Waffe abgeordnet. Als Kommandant von *U 9* (seit 1911) versenkte er bei einem Unternehmen gegen britische Truppentransporte im Kanal am 22. Sept. 1914 vor Hoek van Holland die drei älteren Panzerkreuzer *Aboukir*, *Cressy* und *Hogue*. Leichtsinniges Verhalten der englischen Kommandanten trug zu diesem Erfolg erheblich bei. Psychologisch war dieser Sieg nach den schweren Verlusten der Marine im Gefecht bei Helgoland Ende Aug. von großer Bedeutung, hatte allerdings auch eine erhebliche Überschätzung der Einsatzmöglichkeiten von U-Booten zur Folge. W. und seine Mannschaft wurden als Seehelden gefeiert. Wilhelm II. zeichnete ihn als ersten Marineoffizier bereits am 24. Sept. 1914 mit dem Orden »Pour le mérite« aus.

Am 14. Okt. 1914 versenkte W. mit *U 9* bei einem Vorstoß gegen die englische Blockadelinie den Kleinen Kreuzer *Hawke*. Daraufhin versuchte er vor Scapa Flow Teile der Grand Fleet anzugreifen. Als Kommandant von *U 29* (seit dem 13. Febr. 1915) führte W. im März 1915 zunächst erfolgreich Handelskrieg im Kanal. Beim Rückweg über Schottland wurde *U 29* dann am 18. März 1915 bei einem Angriff auf die Grand Fleet in der mittleren Nordsee vom Linienschiff *Dreadnought* gerammt und versenkt.

MICHAEL EPKENHANS

Wehrpflicht, Verpflichtung der Staatsangehörigen zum Militärdienst. – In der Französischen Revolution entstand die W. im modernen Sinn: Der neue Staat, der sich auf den Willen des Volkes gründete, verlangte von seinen Bürgern den Militärdienst. Dies erlaubte eine gewaltige Vermehrung der Streitkräfte und eine entsprechende Intensivierung der kriegerischen Tätigkeit. Auch die monarchischen Staaten Europas mußten zu dieser Art der Heeresaufbringung greifen, wenn sie sich gegen Frankreich militärisch behaupten wollten. Nach der Niederringung Napoleons bildeten sich, abgesehen vom Milizsystem, zwei Arten der militärischen Dienstpflicht heraus: Die Konskription, bei der ein verhältnismäßig kleiner Teil der Dienstpflichtigen zu langjährigem Wehrdienst herangezogen wurde und bei der die Möglichkeit der Stellvertretung bestand, sowie die zeitlich kürzere, aber die Mehrzahl – dem Anspruch nach die Gesamtheit – der Dienstfähigen erfassende allgemeine W. Die Ausgebildeten standen der Armee wie bei der Konskription nach ihrer Entlassung noch mehrere Jahre für den Fall einer Mobilmachung zur Verfügung und ermöglichten so im Kriegsfall die Aufstellung eines zahlenmäßig starken Heeres gutgeschulter Soldaten. Dieses Modell wurde von Preußen verwirklicht. Es zeigte in den Einigungskriegen 1864-1870 seine Überlegenheit, wurde danach von allen großen Militärstaaten Kontinentaleuropas übernommen und führte zu einem stetigen Anwachsen der Heeresstärken. Am Vorabend des Weltkrieges hatte aber nur Frankreich, fixiert auf die demographische Überlegenheit Deutschlands, die diensttauglichen Männer des Landes nahezu vollständig zum Wehrdienst herangezogen, während in den übrigen Großmächten des Kontinents zahlreiche Dienstpflichtige unausgebildet blieben. Großbritannien und die USA, begünstigt durch ihre geographische Lage, hielten an der Ergänzung ihrer verhältnismäßig kleinen Heere durch Freiwilligenwerbung fest. Daneben besaßen diese Länder ein Milizsystem. Sie führten erst während des Krieges die W. ein (GB: 1916, USA: 1917).

Die Massenarmeen Europas sollten beim Ausbruch eines Krieges sofort ein Maximum militärischer Kraft erzeugen, um so eine rasche Entscheidung zu erzielen. Eine solche blieb 1914 aus. Die immer schärfer durchgeführte W. (Herabsetzung der Tauglichkeitsanforderungen) diente jetzt dazu, die kämpfenden Armeen nach Möglichkeit zu vergrößern und die laufenden hohen Verluste zu ersetzen: Soldaten wurden zu »Verbrauchsmaterial«. Der Menschenbedarf der Armee trat dabei in Konkurrenz zum Arbeitskräftebedarf der Industrie, so daß zahlreiche Wehrpflichtige, die in »kriegswichtigen« Bereichen beschäftigt waren (v. a. Industrie und Verkehr) vom Militärdienst freigestellt wurden. Zur Disziplinierung der Arbeiterschaft dehnte man das Modell der militärischen Dienstpflicht in einzelnen Fällen auch auf die zivile gewerbliche Produktion aus (Österreich). Schließlich fand die Mobilisierung der Massen ihre letzte Beschränkung an den Grenzen der demographischen Leistungsfähigkeit; seit der Kriegsmitte bereitete der Ersatz der Verluste wachsende Schwierigkeiten, was schließlich ein Schrumpfen der Armeen zur Folge hatte.

Lit.: Die Wehrpflicht. Entstehung, Erscheinungsformen und politisch-militärische Wirkung, hg. von R. G. Foerster, München 1994.

DIETER STORZ

Weihnachten 1914. Mit diesem Begriff verbindet sich neben der ersten »Kriegsweihnacht« v. a. die Erinnerung an massenweise Soldatenverbrüderung an allen Fronten, insbesondere zwischen deutschen und britischen Soldaten an der Westfront (engl.: Christmas truce).

Nachdem sich die von Regierungen und Militärs geschürten Hoffnungen auf einen kurzen, siegreichen Feldzug nach dem Motto »Weihnachten sind wir wieder zu Hause« mit dem endgültigen Erstarren der Fronten im Spätherbst 1914 zerschlagen hatten, mußten sich die kriegführenden Staaten auf die erste Kriegsweihnacht einrichten. Mit großem propagandistischen Aufwand wurde die Versendung von »Liebesgaben« an die Front betrieben und mit Herannahen des Weihnachtsfestes intensiviert. Darüber hinaus wurden sorgsam Truppenbesuche durch führende Staatsmänner und Regenten inszeniert.

Trotz dieser verstärkten Propagandabemühungen fanden bereits im Herbst 1914 einzelne Fraternisierungen zwischen gegnerischen Soldaten statt. In den Tagen ab dem 24. Dez. kam es dann zu zahlreichen, spontanen Verbrüderungen, gemeinsamem Singen von Weihnachtsliedern, Austausch von Geschenken etc. Zu den spektakulärsten Vorkommnissen zählten Fußballspiele zwischen britischen und deutschen Soldaten, die im Niemandsland zwischen den feindlichen Linien ausgetragen wurden. Die Kampfhandlungen kamen daher in vielen Frontabschnitten für Tage, vereinzelt sogar Wochen, weitgehend oder vollständig zum Erliegen. Diese Ereignisse wurden nicht nur durch die Feldpostbriefe der Soldaten und ihre Erzählungen in der Heimat bekannt, sondern ebenso durch Zeitungsberichte und Photos. Auch finden sich derartige, häufig bunt ausgeschmückte Berichte in vielen der während oder nach dem Krieg erschienenen Kriegserinnerungen.

Exakte Angaben über den Umfang der Soldatenverbrüderungen sind naturgemäß nicht zu ermitteln. Die vorliegenden Quellen lassen aber erkennen, daß der Schwerpunkt

Weihnachtsfest im deutschen Schützengraben bei Trakehnen. 1914

dieser Ereignisse eindeutig auf den Abschnitten der Westfront lag, an denen sich deutsche und britische Soldaten gegenüberlagen. Vereinzelte Verbrüderungen zu W. bzw. informelle Waffenruhen wurden aber auch von den deutsch-französischen Frontabschnitten sowie von der Ostfront berichtet.

Bei den hohen militärischen Dienststellen lösten diese Ereignisse hektische Aktivitäten aus, weil darin eine erhebliche Gefahr für die Kampfmoral und Disziplin der Truppe erblickt wurde. Daher wurde eine verschärfte und zentralisierte Kontrolle der Front eingerichtet. 1915 kam es folglich nur noch ganz vereinzelt zu ähnlichen Ereignissen wie 1914, später wird von ihnen überhaupt nicht mehr berichtet. Die Frontsoldaten fanden jedoch neue Formen der Gewaltdeeskalation. Während des gesamten Krieges gab es an allen Fronten informelle Vereinbarungen zwischen den Gegnern, nicht oder nur in ritualisierter und dadurch berechenbarer Form aufeinander zu schießen. Diese Verhaltensweise wurde von dem britischen Historiker Tony Ashworth als »live-and-let-live-system« bezeichnet. → *Soldatenverbrüderung*

Lit.: T. Ashworth, Trench Warfare 1914-1918. The Live and Let Live-System, London 1980.

CHRISTOPH JAHR

Weihnachtsdenkschrift (1915), angebliche Notizen Falkenhayns für einen Lagevortrag, den dieser »um Weihnachten 1915 herum« dem Kaiser vorgetragen haben will. – Das besagte Schriftstück ist allerdings lediglich in Falkenhayns Memoiren *Die Oberste Heeresleitung 1914-1916 in ihren wichtigsten Entschließungen* (1920) überliefert, weshalb erhebliche Zweifel an seiner Echtheit angebracht sind. Die W. beschäftigt sich mit den strategischen Festlegungen für 1916 und enthält einige grundsätzliche Feststellungen: England sei der Hauptfeind, dessen Siegeszuversicht es durch den U-Boot-Krieg zu schädigen gelte. Rußland sei durch die Kampfhandlungen von 1915 so geschwächt, daß es zu Angriffsoperationen nicht mehr befähigt sei. Es gelte nun, das bereits stark mitgenommene Frankreich, den britischen »Festlandsdegen«, so zu schwächen, daß es friedensbereit werde, und zwar nicht durch einen Durchbruchsversuch, der beim Stand der Waffentechnik und bei den bestehenden Kräfteverhältnissen unmöglich sei, sondern durch eine Zermürbungsoperation, für die ein Angriff auf den Festungsgürtel von Verdun am besten geeignet sei. Die entscheidenden Formulierungen der W. lauteten: »Hinter dem französischen Abschnitt der Westfront gibt es in Reichweite Ziele, für deren Behauptung die französische Führung gezwungen ist, den letzten Mann einzusetzen. Tut sie es, so werden sich Frankreichs Kräfte verbluten, da es ein Ausweichen nicht gibt, gleichgültig, ob wir das Ziel selbst erreichen oder nicht.« Diese Offensive könne Deutschland, je nach Bedarf, dann »schnell oder langsam« führen, sie zeitweise abbrechen oder verstärken.

Lange wurde diese Denkschrift – trotz Zweifeln, da in den Akten nicht auffindbar – in der Forschung für authentisch gehalten und diente zur Erklärung dafür, warum Falkenhayn den Angriff auf Verdun am 21. Febr. 1916 beginnen und trotz der ungeheuren Verluste bis in den Sommer 1916 hinein weiterlaufen ließ. Heute wird vermehrt die Auffassung geäußert, daß die W. zumindest in ihrer detaillierten Form erst nach dem Krieg verfaßt worden ist. Mit der W. wollte Falkenhayn 1919 den zahlreichen Kritikern der Verdun-Operation entgegentreten, überschätzte aber, wie schon während der Schlacht, bei weitem die französischen Verluste, die er für weit höher als die deutschen hielt, und zwar im Verhältnis 1:3 oder 2:5. Die W. muß als eine – allerdings extrem zynische und, sobald die tatsächlichen Verlustzahlen von 1:1,1 zu deutschen Gunsten bekannt wurden, auch sachlich vollkommen widerlegte – Rechtfertigungsstrategie Falkenhayns angesehen werden. → *Verdun*

Lit.: H. Afflerbach, Falkenhayn. Politisches Denken und Handeln im Kaiserreich, München 1996.

HOLGER AFFLERBACH

Werbung. W. als Instrument betrieblicher Absatzpolitik veränderte sich durch den Weltkrieg nachhaltig. Im Aug. 1914 brachen die Umsätze ein. Trotz einer gewissen Erholung erreichten sie bis 1918 nicht wieder das Vorkriegsniveau. Dieser Bedeutungsverlust besaß fünf Ursachen: Erstens trat die Rüstungsproduktion immer stärker in den Vordergrund und verdrängte werbeintensive Konsumgüter. Zweitens erübrigte sich Werbung für viele Produkte, da sie entweder aufgrund der allgemeinen Knappheit ohnehin reißenden Absatz fanden oder von staatlichen Beschaffungsstellen en gros aufgekauft wurden. Drittens kam es zu zahlreichen Einschränkungen der W. infolge von Zensur-, Verdunkelungs- und Rationierungsvorschriften. In Deutschland etwa wurden 1916 alle Anzeigen verboten, die sich auf kriegswichtige Produkte bezogen. Der Papiermangel schränkte in allen kriegführenden Ländern den Platz für W. ein. Viertens kam es überall zur Einberufung von Fachpersonal. Fünftens machte sich besonders in Deutschland die innere Distanz zur W. bemerkbar. Sie erschien selbst vielen Unternehmern als »überflüssiger Luxus«, auf den man besonders im Krieg verzichten könne.

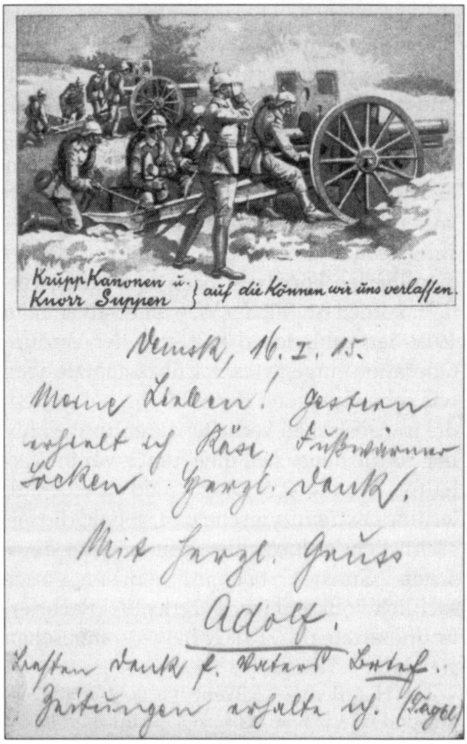

Werbung für Knorr-Suppen auf einer Feldpostkarte. 1915

Der Krieg rief auch inhaltliche Veränderungen der W. hervor. Die Branche versuchte vor allem ihre eigene Existenz zu sichern und die Neupositionierung von Unternehmen in der Kriegswirtschaft zu begleiten. Viele Hersteller nutzten die W., um die reale oder vermeintliche »Kriegswichtigkeit« ihrer Waren zu unterstreichen. Sie zielten dabei z. T. direkt auf die kämpfende Truppe ab, der eine breite Palette von Konsumgütern wie Schirme oder Brandwein, Musikinstrumente oder Zusatzverpflegung, Schlafmittel oder Bücher empfohlen wurde. An der Heimatfront galt es, Rechtfertigungsstrategien für den zivilen Dispositionskonsum zu entwerfen und ihn als essentiell für die Aufrechterhaltung des Durchhaltewillens der Bevölkerung darzustellen.

Die zunehmende Militarisierung der Sprache hinterließ auch in der W. unübersehbare Spuren. In Reih und Glied aufmarschierende, mit nationalen Symbolen versehene Produkte sollten tapfere Helden unbesiegbar machen. Waren des feindlichen Auslandes wurden diskreditiert und durch heimische ersetzt. Selbst traditionelle Produktbezeichnungen änderte man, wenn sie sog. Feindsprachen entstammten. Der 1915 gegründete Ausschuß für gute deutsche Werbesprache legte 1916 eine »Verdeutschungskarte« in einer Auflage von 50.000 Stück vor.

Der totale Krieg eröffnete der W. neue Aufgabenfelder wie die massenmediale Mobilisierung von Rekruten, Krankenschwestern und Munitionsarbeitern sowie von Spenden und ehrenamtlichen Tätigkeiten. Der ungeheure Finanzbedarf der öffentlichen Hand machte es unumgänglich, mit modernsten Methoden für die Zeichnung von Kriegsanleihen zu werben. Der Versuch, das Kaufverhalten auf die Versorgungslage abzustimmen und Verständnis für kriegswirtschaftliche Einschränkungen zu vermitteln, erforderte ebenfalls die Kompetenz von Werbefachleuten. Schließlich gewann die sich immer mehr den Methoden der W. bedienende politische Propaganda eine bislang unvorstellbare Bedeutung. Daher sicherten sich die Regierungen die Mitarbeit von Werbefachleuten, am intensivsten in Großbritannien, wo die Werbewirtschaft im Krieg große Fortschritte in Richtung allgemeiner Anerkennung und Professionalisierung erzielen konnte. 1917 entstand in Großbritannien ein erster nationaler Berufsverband, zwei Spitzenvertreter der britischen W. wurden nach 1918 für ihre Verdienste im Krieg geadelt. In Deutschland und Frankreich dagegen scheint der Krieg zu keiner dauerhaften gesellschaftlichen Aufwertung der W. geführt zu haben. Allerdings war am Ende des Krieges der Ausdruck »Propaganda«, welcher vor 1914 insbesondere auch die Produktwerbung bezeichnen konnte, in seiner Bedeutung ganz auf den politischen W.-Bereich eingeengt.

Lit.: T. R. Nevett, Advertising in Britain. A History, London 1982; D. Reinhardt, Von der Reklame zum Marketing. Geschichte der Wirtschaftswerbung in Deutschland, Berlin 1993.

Hartmut Berghoff

Westfront. Das bedeutendste Schlachtfeld des Weltkriegs in West- und Mitteleuropa war die W. Die umfang- und verlustreichsten Kämpfe ereigneten sich in Nordfrankreich und Belgien, hier ging die Masse der deutschen, französischen, britischen, belgischen, amerikanischen und portugiesischen Soldaten in den Tod.

Westlich war die Front aus der deutschen Perspektive, ein Indiz auf die zentrale Bedeutung der deutschen Armee für den Verlauf des Krieges. Es begann mit dem deutschen

Einmarsch in Belgien und Frankreich im Aug. 1914. Die Grenzschlachten verliefen so wie sich die militärischen Planer den Bewegungskrieg erträumt hatten; nach drei Wochen befanden sich die französische und die britische Armee auf dem Rückzug. Doch wurde der deutsche Sieg Anfang Sept. durch den französischen Gegenangriff an der Marne zunichte gemacht. Die Deutschen gingen auf die Höhen an der Aisne zurück, wo sie sich eingruben. In der Folge suchten beide Seiten sich in Richtung auf die Kanalküste zu umfassen (»Wettlauf zum Meer«), was schließlich in Flandern im Nov. in einem Patt endete.

Im Verlauf des Winters 1914/15 nahm die W. ihren charakteristischen Zustand an. Hastig wurden auf beiden Seiten Gräben ausgehoben. Diese verliefen von Nieuport an der belgischen Küste durch Flandern, das Artois und die Picardie, bevor sie in der Champagne scharf nach Osten abbogen in Richtung auf die Maas und dann weiter entlang der deutschen Grenze in Lothringen, um an der schweizerischen Grenze zu enden. In der Regel gliederte sich das Stellungssystem in drei hintereinander gestaffelte Linien. Die Gräben waren in Zickzack-Linie angelegt, um die Waffenwirkung zu mindern und dem eingedrungenen Feind das Aufrollen eines Grabens zu erschweren. Die Ausdehnung des Niemandslands zwischen beiden Seiten konnte unterschiedlich breit sein, von einigen Metern bis zu gut einem halben Kilometer.

Ein Charakteristikum des Krieges im Westen war, daß die deutsche Armee in der Regel die vorteilhaften erhöhten Positionen hielt, und dies sowohl im Angriff als auch in der Verteidigung. Die deutschen Verbände gingen zudem angesichts der materiellen Überlegenheit der Entente seit Dez. 1916 zu einer elastischen Verteidigung in der Tiefe über, die auf einer tiefer gestaffelten Front so wie Gegenstößen unter dem Schutz der eigenen Artillerie basierte. Der vorderste Graben wurde hierfür fast vollständig aufgegeben zugunsten von unregelmäßig angelegten MG-Nestern in Kratern, die schwerer aufzuklären und zu bekämpfen waren. Beschuß und planmäßige Zerstörungsmaßnahmen verwandelten das Gelände vielerorts in eine Mondlandschaft, entvölkert und ohne jede Vegetation.

Sieht man vom deutschen Rückzug in die Siegfried-Stellung ab (»Unternehmen Alberich«), der im März 1917 abgeschlossen war, so bewegte sich keine der beiden Seiten weit von ihren ursprünglichen Linien weg, bis mit der großen deutschen Offensive im März 1918 wieder eine Art halbmobile Kriegführung Einzug hielt.

Hinter der eigentlichen Front bildeten sich rückwärtige Gebiete, in denen – vor allem im französischen Fall – das Militär zunehmend autoritär die vollziehende Gewalt ausübte. Hinter der deutschen Front lagen wichtige französische und belgische Städte wie Lille oder Brüssel, in denen die Bevölkerung einem mitunter scharfen militärischen Regime ausgesetzt war.

Bei einem derart ausgedehnten Frontverlauf wechselten Topographie, Geologie und zu einem gewissen Maße auch das Klima, was wiederum bedeutende Auswirkungen auf die Kriegführung zeitigte. Hoch im Norden präsentierte sich das Land flach, manchmal sogar unter Meeresspiegel. Hier war der »Wettlauf zum Meer« Ende Okt. 1914 zu Ende gegangen, Franzosen und Belgier hatten die Stellungen entlang der Yser gehalten. Unter dem wachsenden Druck faßten die Belgier den Entschluß, die Schleusen bei Nieuport zu öffnen und ihr Vorfeld zu fluten. Für den Rest des Krieges lag die belgische Armee so in relativer Sicherheit und in bescheidenem Komfort hinter ihren Überschwemmungsgebieten, in der Gewißheit, daß vor allem die weitere Existenz der Armee für einen zukünftigen belgischen Staat von existentieller Bedeutung sein würde. Erst im Herbst 1918 sollte den belgischen Truppen im Rahmen der alliierten Generaloffensive auch eine signifikante *militärische* Bedeutung zuwachsen.

Weiter südlich lag Flandern, eines der wichtigsten Schlachtfelder des Krieges. Hier verteidigten die Briten einen exponierten Frontbogen um die alte Marktstadt Ypern – »den Bogen« in der britischen Kriegserinnerung. Das Terrain war in der Regel flaches Marschland, es wurde jedoch von einem Ring aus kleinen Hügeln, Höhenzügen und Plateaus mit bis zu 60 Metern Höhe dominiert, der in einem Bogen vor der britischen Front verlief. Diese Höhenzüge wurden von den Deutschen gehalten, die hier ihre Artillerie massierten und leicht gegen jeden englischen Vorstoß zusammenfassen konnten. Bewegungen bei Tageslicht waren kaum möglich. Die Kriegführung blieb zäh mit hohen Verlusten durch anhaltenden Beschuß, Scharfschützen und Minenkrieg. Die britischen Bemühungen im Minenkrieg gipfelten am

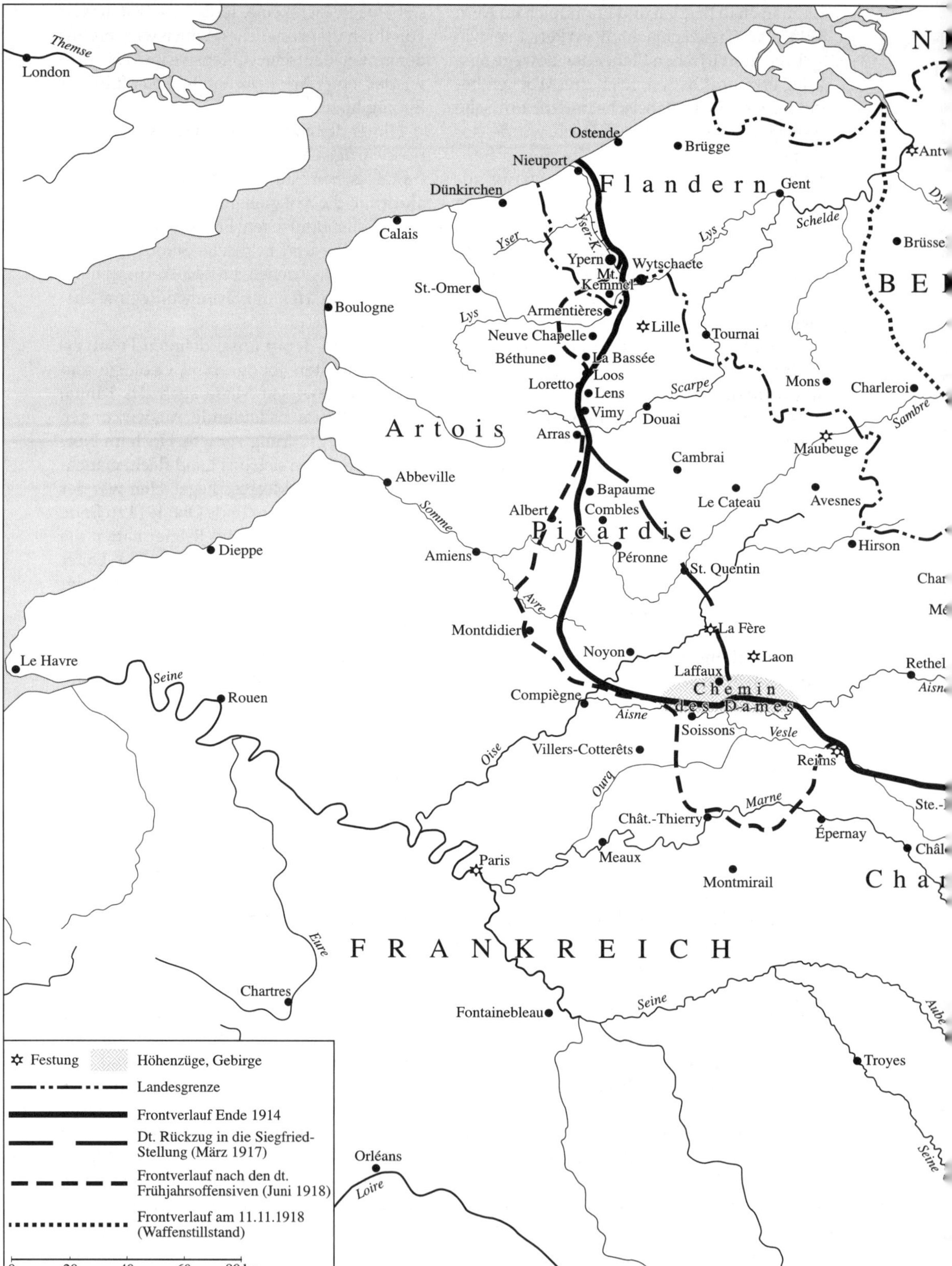

Westfront (1914-1918)

ERLANDE
EN
Essen
Ruhr
Kassel
Düsseldorf
Köln
Bonn
Aachen
Lüttich
Spa
Malmedy
Huy
Rhein
Koblenz
Mosel
Dinant
Wiesbaden
Frankfurt
Mainz
Ardennen
Neufchâteau
Semoy
LUXEM-
BURG
Luxemburg
Trier
Worms
DEUTSCHES
REICH
Montmédy
Longwy
Heidelberg
Neckar
Diedenhofen
Saar
Briey
Saarbrücken
Etain
Maas
Woëvre
Argonnen
Verdun
Metz
Landau
Karlsruhe
Lothringen
Aire
St. Mihiel
Pont-à-
Mousson
Hagenau
Rastatt
Stuttgart
Bar-le-Duc
Saarburg
Marne-Rhein Kan.
Nancy
Toul
Straßburg
Tübingen
Lunéville
Manonviller
Marne
Meurthe
Mortagne
Mosel
St. Dié
Vogesen
Elsaß
Schwarzwald
Maas
Épinal
Colmar
Donau
Gerardmer
Freiburg
Mülhausen
Belfort
Saône
Basel

7. Juni 1917 in der Zündung von 21 riesigen Minen mit insgesamt knapp 500 t Sprengstoff. 19 Minen explodierten, ihre Erschütterung soll noch in London spürbar gewesen sein. Dieser Angriff leitete die Wegnahme des Wytschaete-Bogens (engl: Messines Ridge) ein. Starke Regenfälle, niedrige Bewölkung und schlechte Sichtverhältnisse waren ein weiteres Charakteristikum des Ypern-Bogens. Es war dieser flandrische Morast, der sich in der Erinnerung der Soldaten für immer festsetzte.

Weiter im Süden beginnt eine öde, flache Industrielandschaft entlang der belgisch-französischen Grenze mit ihren Bergwerksdörfern, Abraumhalden, Fördertürmen und Kanälen. Hier war es, wo die Briten nach dem Eintritt des Grabenkrieges ihre ersten tastenden Offensivversuche unternahmen, bei Neuve Chapelle (10.-12. März 1915), Aubers (9. Mai), Festubert (15.-25. Mai) und der größeren Schlacht bei Loos (Sept.-Okt. 1915). Die Kämpfe waren hier gekennzeichnet durch eine geschickte Nutzung des zersiedelten Terrains durch den jeweiligen Verteidiger (1914 die Franzosen, 1915 die Deutschen). In dieser reizlosen Landschaft fanden selten größere Operationen statt, weswegen an dem »ruhigen« Frontabschnitt oft frische Truppen an die Bedingungen des Stellungskrieges gewöhnt wurden.

Die britischen Angriffe im Frühling und Frühsommer 1915 hatten vor allem der Unterstützung der großen französischen Offensive weiter südlich, im Artois, gegolten. Auf der Landkarte betrachtet, bildete die Front im Westen einen riesigen Bogen von Lille im Norden bis nach Verdun im Süden, an die sich ein kleinerer Bogen bei St. Mihiel anschloß. Die Strategie des französischen Oberbefehlshabers General Joffre zielte in klassischer Manier darauf ab, den großen deutschen Frontbogen durch Eindrücken der beiden Flanken abzuschnüren. Dies führte zu den beiden französischen Großoffensiven in der Champagne (Dez. 1914-März 1915 sowie Sept./Okt. 1915) und im Artois (Mai-Juli 1915). Trotz der immensen Anstrengungen erreichte das französische Heer wenig und verlor 240.000 Mann, während die Mittelmächte im Osten zur gleichen Zeit fast ganz Polen eroberten. Das Schlachtfeld im Artois wurde von der hartnäckig verteidigten Stadt Lens dominiert sowie vom Loretto-Höhenzug mit seinen imposanten Kalksteinausläufern bei Vimy, von dem aus man Arras überblickte. Alle Angriffe der Franzosen auf Vimy scheiterten, doch gelang es ihnen, ihre Linien so weit heranzuschieben, daß schließlich die Briten den Höhenzug einnehmen konnten.

In der Champagne erkannten einige scharfsinnige deutsche Offiziere, namentlich Oberst Fritz von Loßberg, ein neues Problem und zugleich eine Lösung dafür. Das neue Problem war das wachsende materielle Übergewicht der Alliierten, vor allem an Artillerie. Eine Verteidigung, die sich auf die bloße Massierung von Truppen in den Gräben verließ, mußte immer verlustreicher werden. Nach der herrschenden Doktrin waren die vordersten Gräben in einer Vorderhangstellung einzurichten, um so beste Übersicht und ein weites Schußfeld zu erreichen. Diese Position verschaffte anderseits aber auch der gegnerischen Artillerie exzellente Beobachtungsmöglichkeit. Gerade im Kalkstein waren die Gräben aus der Luft besonders gut auszumachen. Die weiten Felder und bewaldeten Hügel der Champagne ermöglichten eine Weiterentwicklung der Verteidigung, indem der vorderste Graben in die Hinterhangstellung verlegt wurde. Diese war für die gegnerische Beobachtung und seine Artillerie nicht mehr einzusehen.

Die Erfahrungen aus der Herbstschlacht in der Champagne 1915 sollten schon im folgenden Jahr die operative Praxis der Deutschen prägen: Die elastische Verteidigung in der Tiefe wurde im Dez. 1916 zur Doktrin der deutschen Armeen im Westen. Sie machte es möglich, daß die Deutschen 1917 trotz einer numerischen Unterlegenheit von 2:3 standhielten. Hier zeigt sich eines der besten Beispiele für den Einfluß des Terrains auf die Taktik.

Auch die Briten gingen im Frühjahr 1917 im Artois zum Angriff über. Widerstrebend hatte Haig einer Offensive bei Arras zugestimmt (Osterschlacht bei Arras), die deutsche Reserven von der Nivelle-Offensive an der Aisne abziehen sollte. Die Sache begann günstig, das kanadische Korps nahm den Vimy-Höhenzug ein. Doch blieb dieser ständig umkämpft, bis die alliierte Generaloffensive 1918 die Front nach Osten trug. In dem durchlässigen Kalkboden mit seinen bis ins Mittelalter zurückgehenden Labyrinthen aus Höhlen und Gängen entspannen sich außergewöhnlich harte Kämpfe auf naher Distanz. Die Truppen waren in diesen Höhlen vielfach vor Artillerieeinwirkung geschützt, um so stärker aber minierten sie gegeneinander.

Am Südende dieser Front, zwischen Canal du Nord und dem St. Quentin-Kanal, starteten die Briten am 20. Nov. 1917 den ersten größeren Panzerangriff der Geschichte, mit 476 Tanks. Für einen Moment schien der Durchbruch auf Cambrai in Reichweite, doch wieder einmal erwies sich die Kontrolle der Höhen als entscheidend. Der Angriff blieb stecken, die Verluste an Tanks waren immens. Die Deutschen führten ihre Reserven heran, die am 30. Nov. zum Gegenangriff übergingen und die Angreifer hinter ihre Ausgangsstellungen zurückschlugen.

Zwischen Artois und der Aisne liegt die Picardie und ihr wichtigster Fluß, die Somme. Das Schlachtfeld dort war eine Landschaft mit auslaufenden Kalkhügeln und durchschnitten von kleinen Flußläufen. Wenige Städte, kleine Dörfer, einzelne Gehöfte, tiefe Wälder, Hohlwege und schlechte Verkehrsverbindungen waren die Kennzeichen dieser Gegend. Als der Krieg Ende Juni 1916 diesen Landstrich erreichte, hatten die deutschen Besatzer über ein Jahr Zeit gehabt, sich dort zur Verteidigung einzurichten, wobei der Kalkboden den Bau von sehr tief gelegenen Unterständen erlaubte. Zwei britische und eine französische Armee wurden für den Angriff bereitgestellt. Als das einwöchige Trommelfeuer am 1. Juli 1916 endete, konnten die deutschen Maschinengewehrtrupps und Schützen oft unversehrt wieder ihre Gräben besetzen und die angreifende Infanterie niedermähen. Die Deutschen bauten auch Bauernhöfe und Häuser zu kleinen Festungen aus, die durch quer verlaufende Gräben verbunden waren. Der hartnäckige Kampf um kleine Wälder wie Bois de Foureaux (engl.: High Wood) oder Bois de Delville, einer Wüstenei aus zerfetzten Bäumen, verschlungenem Unterholz und umgepflügten Wurzeln, charakterisierte die erste Phase der Schlacht an der Somme. Gerade die Briten hätten schwerlich ein geeigneteres Schlachtfeld auswählen können, um ihre unersetzliche, aber ungenügend ausgebildete und schlecht ausgerüstete Freiwilligenarmee verbluten zu lassen. Falkenhayns Beharren auf der umgehenden Rückeroberung von verlorenem Gelände verlieh der Somme das, was der britische Historiker John Terraine ihre spezifische Textur als Abnutzungsschlacht nannte. Mit Falkenhayns Ablösung Ende Aug. 1916 nahm die Verteidigung bald umsichtigere Formen an, wie sie der Stabschef der 2. Armee, Fritz von Loßberg, und andere propagierten. Für die britische Armee wurde die Somme-Schlacht zur wirklichen Feuertaufe, und zwar einer, aus der sie, wenn auch zu einem hohen Preis, stärker, taktisch versierter und entschlossener heraustrat.

Das Jahr 1917 verlief an der Somme ruhig, schwere Kämpfe brachen hier noch einmal Anfang 1918 aus. Am 21. März traten zwischen den Flüssen Scarpe und Oise drei deutsche Armeen zur Frühjahrsoffensive an, die deutscherseits die Entscheidung im Westen erbringen sollte (Michael-Offensive). Der Schlag zielte gegen die Nahtstelle zwischen den britischen und französischen Sektoren und traf vor allem die britische 5. Armee (Gough), deren elf Divisionen (plus vier in Reserve) eine Front von 42 km Länge zu verteidigen hatte. Gough hatte – im Gegensatz zur mittlerweile geltenden Doktrin einer Verteidigung in der Tiefe des Raumes – auf einer starren Verteidigung bestanden. Unter diesen Umständen hatte die Armee dem Sperrfeuer der Deutschen und ihrer Stoßtrupptaktik wenig entgegenzusetzen; dazu kam der für diese Jahreszeit an der Somme typische Morgennebel. Innerhalb von sechs Tagen verlor die 5. Armee das gesamte Gelände, das sie 1916 in schweren Kämpfen erobert hatte, die Front mußte sogar noch hinter die Somme zurückgenommen werden. Doch gelang es den Deutschen nicht, den taktischen Erfolg in einen strategischen Vorteil umzumünzen. Der wichtige Ausladebahnhof bei Amiens, der den Knotenpunkt aller britischen Verbindungs- und Versorgungslinien bildete, konnte nicht eingenommen werden.

Im Sept. 1914 hatte der Stellungskrieg auf dem Nordufer des Flusses Aisne, einem Nebenfluß der Oise, seinen Ausgang genommen. Das Plateau über der Aisne war bekannt als Chemin des Dames (Damenweg), benannt nach der Straße von Craonne nach La Malmaison. Dort hatte der Rückzug der Deutschen von der Marne geendet; diese bauten den Abschnitt zwischen Laffaux und Craonne daraufhin zu einer regelrechten Festung aus. Den Anstieg auf den Chemin des Dames von der südlichen, französischen Seite kennzeichneten steile Schluchten, in deren Hängen die Deutschen ihre MG-Stellungen eingerichtet hatten. Es war also eine Position von hohem strategischen Wert, was dazu führte, daß sich hier fast ununterbrochen Kämpfe abspielten, auch ohne daß diese im Zusammenhang mit einer Offensive standen. Die größte dieser Art war die verheerende Nivelle-Offensive (Doppelschlacht an der Aisne und in der Champagne) im April 1917, welche zu Meutereien in der französischen Armee führte. Dennoch gelang es den Franzosen im Nov. 1917, die Straße und das Plateau zu erobern, wobei sie auch zum ersten Mal ihre Tanks zum Einsatz brachten. Doch schon im Zuge der folgenden deutschen Frühjahrsoffensive mußten sie den Abschnitt wieder aufgeben. Die Deutschen ihrerseits begannen am 27. Mai 1918 ihren letzten größeren Angriff auf dem Craonne-Plateau, wo sie fast einen strategischen Sieg gegen abgekämpfte französische und britische Divisionen erzielten, die an diesen vermeintlich uneinnehmbaren Abschnitt zur Erholung verlegt worden und vom Oberbefehlshaber der französischen 6. Armee, General Duchêne, in exponierter Stellung am Nordufer der Aisne belassen worden waren. Der Durchbruch brachte die deutschen Truppen noch einmal bis an die Marne, wo sie am 18. Juli bei Château-Thierry durch einen französisch-amerikanischen Gegenangriff überrascht und schwer geschlagen wurden.

Zwischen der Champagne und dem Maas-Tal liegen – nordwestlich von Verdun – die Argonnen, eine weitläufige und bewaldete Hügellandschaft mit zähem Lehmboden. Hier hatte sich die deutsche 5. Armee nach ihrem Rückzug von der Marne 1914 im Raum Varennes eingegraben. Die Front blieb ruhig bis zum Juni 1915, als die Deutschen mit einem Angriff die französischen Positionen an der Maas zu umfassen suchten. Die Franzosen entzogen sich diesem und das Ergebnis der Schlacht war ein Patt. Obwohl es in den Argonnen 1916/17 zu keinen Offensiven kam, war die Gegend doch Schauplatz ständiger Kampfhandlungen, vor allem kleiner Stoßtruppunternehmen und Miniertätigkeit. Im Aug. 1918 schließlich startete hier der alliierte Oberbefehlshaber Foch einen Großangriff mit amerikanischen Truppen gegen die hartnäckig verteidigten deutschen Stellungen (Maas-Argonnen-Offensive). Die schlecht ausgebildeten und unerfahrenen US-Divisionen erzielten am 26. Sept. einen bemerkenswerten Anfangserfolg, danach stockte der Angriff infolge außergewöhnlicher logistischer Planlosigkeit. Die Fronttruppe blieb über Tage ohne Verpflegung und Munition; Sedan fiel erst am 6. Nov.

Das letzte große Schlachtfeld an der W. lag an der Maas, nahe der Festung Verdun. Hier fand 1916 die längste und blutigste Schlacht des Weltkrieges statt. Das Gelände spielte in den Kämpfen eine wichtige Rolle: zunächst der Flußlauf selbst, die felsigen Steilhänge der Maas-Höhen und die Hügelkette östlich der Stadt, die vielfach von Forts dominiert waren. Diese hatten die Franzosen nach dem Krieg von 1870/71 als Teil einer ausgeklügelten Festungsanlage angelegt. Das Fehlen von Befestigungsanlagen auf dem westlichen Maas-Ufer verlieh hier den Höhenstellungen, etwa »Höhe 304« und »Toter Mann«, besondere Bedeutung, da sie für jeden deutschen Angriff ein natürliches Hindernis darstellten. Verdun lag im Mittelpunkt eines Frontbogens, was es den Deutschen ermöglichte, hier das Artilleriefeuer zusammenzufassen, während ihnen die bewaldete Hügellandschaft im Osten vorteilhafte Bereitstellungsräume für Infanterie und Artillerie bot. Die deutschen Linien lagen nahe am großen Eisenbahn-Knotenpunkt Metz, wodurch eine schnelle Bewegung von Truppen und Nachschub erleichtert wurde, während die Franzosen ihren Nachschub über weitere Distanz und die enge Straßenverbindung nach Bar-le-Duc heranführen mußten – die berühmt gewordene »Voie Sacrée«.

In der Schlacht wurde nun vor allem um diese Hügelkuppen, Höhenzüge und Forts gekämpft. Die Kämpfe gestalteten sich hier besonders wild, oftmals als Nahkämpfe in den kilometerlangen Tunnelsystemen, die Teil der französischen Verteidigungsanlage waren. Beide Seiten verschossen bis dahin unvorstellbare Mengen an Artilleriemunition. Aus der Notwendigkeit der Artilleriebeobachtung wiederum erwuchs die Bedeutung der Fliegerei und der Luftherrschaft, die die Franzosen schließlich für sich erkämpften. Vor Verdun ergänzten die Deutschen zudem ihr Arsenal um Flammenwerfer und Phosgen-Gas.

Die Franzosen, die ihre Forts nur leicht besetzt und vielfach Geschütze abgezogen hatten, wurden vom deutschen Angriff zwar überrascht, gleichwohl gelang der Durchbruch nie. Beide Seiten warfen immer mehr Soldaten in die Schlacht. Der bittere Abnutzungskrieg konzentrierte sich auf die Festungen ostwärts der Stadt, vor allem Fort Vaux und Douaumont, wo sich heute der französische Soldatenfriedhof und das eindrucksvolle Beinhaus befinden. Als die Kämpfe im Dez. 1916 abflauten, waren die Verluste kolossal: Deutsche und Franzosen hatten mehr als 500.000 Mann verloren. Wenn es im Verdun-

Sektor auch nie wirklich ruhig wurde, so kam es trotzdem bis Herbst 1917, als die Franzosen das Gelände um den »Toten Mann« zurückeroberten, zu keiner größeren Offensive mehr. Angesichts der außergewöhnlich starken deutschen Verteidigung war ein weiteres Vorrücken unmöglich, bis schließlich die Amerikaner im Sept. 1918 den St. Mihiel-Bogen eindrückten.

Weiter der Front folgend kam man in das deutsch-französische Grenzgebiet in Lothringen und im Elsaß, wo die feindlichen Armeen gleich im Aug. 1914 aufeinandergeprallt waren. In diesen Grenzschlachten hatte sich sofort die mörderische Wirkung moderner Artillerie bewiesen. Die Manövrierfähigkeit von Heereskörpern war zudem stark durch die auf beiden Seiten der Grenze angelegten Festungen eingeschränkt. Auf deutscher Seite drohten die Geschütze von Metz, auf französischer Seite die einer Kette von Werken beginnend mit Belfort im Süden, über Epinal, Nancy nach Toul. In den unwegsamen Bergwäldern der Vogesen stoppten die französischen Alpenjäger den deutschen Vormarsch. Schon im Sept. wurden die ersten Truppen an die heftig umkämpfte Front in Nordfrankreich abgezogen. Trotz der für beide Seiten enormen propagandistischen Bedeutung eines Anfangserfolges in Elsaß-Lothringen wurde die Front hier seit dem Ende der Grenzschlachten zum Nebenkriegsschauplatz. Die W., die in den gefluteten Marschlandschaften an der belgischen Küste ihren Ausgang genommen hatte, endete im Dreiländereck am Oberrhein an der Grenze zur Schweiz.

JOHN M. BOURNE (Ü: M. P.)

Wettlauf zum Meer, populäre Metapher für die militärischen Operationen am nördlichen Flügel der Westfront zwischen 15. Sept. und Ende Okt. 1914, die auf ein gegenseitiges Umfassen des Gegners abzielten und schließlich mit dem Eintreten des Stellungskampfes im Nov. 1914 ihr Ende fanden. – Nach dem deutschen Rückzug an der Marne beabsichtigte der neue Chef der OHL, General von Falkenhayn, den Angriff am rechten deutschen Flügel wieder aufzunehmen. Hierzu wurde die 6. Armee aus Lothringen in den Raum St. Quentin verschoben. Zunächst entwickelten sich bei Roye schwere Kämpfe mit der französischen 2. Armee, die hier den deutschen Angriff zwar abwehren, ihrerseits aber den Gegner nicht umfassen konnte. Beide Seiten versuchten nun, durch rasche Verschiebung von Verbänden nach Norden die Umfassung des jeweiligen gegnerischen Flügels zu erreichen. Dabei konnte das französische Oberkommando vom Eisenbahnnetz profitieren. Am 4. Okt. vereinheitlichte es mit der Bildung der Heeresgruppe Nord unter General Foch (Groupe provisoire du Nord) die Führung an dieser gefährdeten Front.

Den nächsten Höhepunkt erreichten die Kämpfe in der ersten Hälfte des Okt. im Raum Arras, wo sich allerdings dasselbe Ergebnis einstellte: Die Infanterieangriffe blieben im mörderischen Feuer der Verteidiger liegen, die Gegner gruben sich ein, erste Stellungssysteme entstanden.

Mit dem Fall der im Rücken der deutschen Front liegenden belgischen Festung Antwerpen (9. Okt.) und dem zeitgleichen Eintreffen von vier Reservekorps aus der Heimat bot sich für die deutsche Führung noch einmal die Gelegenheit, die Entscheidung – nun durch einen Angriff der neu gebildeten 4. Armee in Flandern – herbeizuführen (1. Flandern-Schlacht). Zwischen dem 20. Okt. und 3. Nov. konzentrierten sich die Kämpfe auf den Frontbogen bei Ypern, der vom britischen Expeditionskorps erfolgreich verteidigt wurde. Die von der belgischen Armee herbeigeführte Überschwemmung des Yser-Gebiets machte schließlich weitere Operationen zwischen Ypern-Bogen und Kanalküste unmöglich. Die Armeen hatten das Meer erreicht, eine entscheidende Umfassung war keiner Seite gelungen. Die Verbände hatten teilweise schwere Verluste erlitten und waren abgekämpft. Ersatz und Nachschub – vor allem an Artilleriemunition – gingen dem Ende zu. Das Einsetzen des Winters bedeutete für die mit unzureichender Ausrüstung in provisorischen Stellungen ausharrenden Truppen eine Tortur, es bedeutete aber auch das Ende aller Hoffnungen auf ein schnelles Kriegsende. → *Flandern* → *Westfront*

MARKUS PÖHLMANN

Weygand, Maxime, * Brüssel 21.1.1867, † Paris 28.1.1965, französischer General. – Die militärische Karriere W.s begann mit seinem Eintritt ins 4. Dragonerregiment von Chambéry im Jahre 1888. Ab 1900 war er in Lunéville stationiert und erwies sich als einer der fähigsten Offiziere. Ab 1902 war W. Ausbildungsoffizier an der Militärschule von Saumur. Im Jahr

1912 hatte er den Rang eines Oberstleutnants und kam als vielversprechendes Talent in die Umgebung des Oberkommandierenden Joffre. Den Kriegsbeginn erlebte W. beim Husarenregiment des XX. Armeekorps. Er zeichnete sich in den Kämpfen um Nancy aus. Ab Ende Aug. wurde er in den Generalstab dieses von Foch geführten Armeekorps berufen, aus dem dann die 9. Armee entstand. So war W. ab dem 4. Sept. 1914 Stabschef einer Armee. In der Organisation der Marne-Schlacht folgte W. seinem Oberbefehlshaber Foch, der den Auftrag hatte, die militärische Lage bei Nancy zu stabilisieren. Bei den Flandernkämpfen im Spätherbst 1914 übernahm W. Liaisonaufträge zwischen den alliierten Truppenkontingenten. In den folgenden Jahren blieb er immer die rechte Hand Fochs und folgte diesem auch, als er Ende 1916 zunächst ins Ministerium zurückberufen wurde, um dann von dem neuen Generalstabschef Nivelle eingesetzt zu werden. Im Rahmen der Reorganisation der Armeeführung und der operativen Neuausrichtung durch Regierungschef Clemenceau ab Ende 1917 wurde W. als militärischer Vertreter in den alliierten Obersten Kriegsrat berufen (Conseil suprême de guerre interallié). Die Verbindung zu Foch riß nicht ab. Als dieser am 16. April 1918 zum Oberkommandierenden der alliierten Armeen in Frankreich ernannt wurde, wurde W. sein wichtigster Mitarbeiter mit dem Titel eines »Major général des armeés alliées«. Nach dem Waffenstillstand vom 11. Nov. 1918 wurde W. im Rahmen der französischen Hilfe für die polnischen Truppen in deren Kampf gegen die in Ostpolen eindringenden bolschewistischen Truppen eingesetzt. Als militärischer Berater gelangte er am 21. Juli 1920 nach Warschau; die erfolgreiche Abwehr der Bolschewiki ging nicht zuletzt auf die militärische Organisationskraft von W. zurück. Konsequenterweise wurde er nach der definitiven Befreiung des polnischen Territoriums zum Ehrenbürger Polens ernannt. Auch nach seiner Rückkehr aus Polen blieb W. immer in der nächsten Umgebung von Marschall Foch und betätigte sich insbesondere als Experte für die Überwachung der deutschen Entwaffnung. 1923 wurde er im Rahmen eines Mandats des Völkerbundes nach Syrien und in den Libanon entsandt.

Nach Frankreich zurückgekehrt war W. zunächst Leiter des militärischen Ausbildungszentrums von Saumur, nach dem Tode Fochs im März 1929 wurde er im Dez. 1929 zum Generalstabschef ernannt. Obwohl 1935 in den Ruhestand verabschiedet, trat er 1940 wieder in den Militärdienst ein und amtierte nach der französischen Kapitulation als erster Kriegsminister von Vichy.

GERD KRUMEICH

Wild von Hohenborn, Adolf, * Kassel 8.7.1860, † Malsburg-Hohenborn (bei Kassel) 25.10.1925, preußischer General und Politiker (Kriegsminister). – W. war Schulkamerad und Duzfreund Kaiser Wilhelms II. 1877 trat er in das Infanterieregiment Nr. 83 ein. 1880 wurde er Leutnant. Seine weitere Karriere verlief bei der Garde und im Generalstab, 1900 wurde W. in den Adelsstand erhoben. 1906 bis 1909 war er Chef des Generalstabs des XIII. Armeekorps, danach Oberst und Kommandeur des 3. Gardegrenadierregiments 1912 Generalmajor, wurde W. 1913 zum Chef des Allgemeinen Kriegsdepartements im preußischen Kriegsministerium ernannt. Bei Kriegsausbruch war er zunächst Kommandeur der 30. Infanteriedivision, am 27. Nov. 1914 wurde er zum Generalquartiermeister ernannt. Am 20. Jan. 1915 folgte er – unter Ernennung zum Generalleutnant – Erich von Falkenhayn als Kriegsminister nach. Zu diesem in engem Vertrauensverhältnis stehend, verblieb er im Großen Hauptquartier. Nach der Entlassung Falkenhayns als Generalstabschef konnte auch W. seine Position nicht länger halten. Am 29. Okt. 1916 wurde W. mit der Führung des XVI. Armeekorps betraut, mit dem er bis Kriegsende in den Argonnen und in der Champagne stand. Am 3. April 1919 wurde W. verabschiedet, in der Folgezeit war er politisch in der DNVP aktiv.

Lit.: Adolf Wild von Hohenborn, Briefe und Tagebuchaufzeichnungen des preußischen Generals als Kriegsminister und Truppenführer, hg. v. H. Reichold, Boppard am Rhein 1986.

MARKUS PÖHLMANN

Wilhelm II., * Berlin 27.1.1859, † Doorn (Niederlande) 4.6.1941, deutscher Kaiser und König von Preußen. – Während des Weltkrieges wurde Kaiser W. von den Kriegsgegnern der Deutschen als ein aggressiver Kriegstreiber, als Inbegriff deutscher Eroberungslust beschimpft. Nicht nur in der von blutrünstigen Karikaturbildern und giftigen Propagandaschriften überschütteten alliierten Bevölkerung, sondern auch in den gut informierten

Kaiser Wilhelm II. (vorne) besichtigt einen Laufgraben an der Westfront. Frühjahr 1918

Regierungskanzleien (und nicht zuletzt im Weißen Haus) galt der Krieg geradezu als »der Krieg des Kaisers«, der nur mit der Abdankung W.s zum Abschluß gebracht werden könne. Artikel 227 des Versailler Vertrags sah die Auslieferung W.s und dessen Anklage vor, und auch die britischen Parlamentswahlen (Khaki-Wahlen) im Dez. 1918 wurden von Forderungen nach der Verurteilung und Hinrichtung des Kaisers als Kriegsverbrecher bestimmt. W. konnte dennoch bis 1941 unbehelligt im niederländischen Exil weiterleben und an seiner Selbstrechtfertigung arbeiten, doch als Hitler 1939 seinen Eroberungskrieg begann, war der Ex-Kaiser schnell dabei, dessen Siege für sich zu reklamieren. Hitlers Generale seien Offiziere in *seinem* Heer gewesen, insistierte er: »Von Schlieffen angelernt, praktizieren diese die Pläne, die er unter mir angefertigt hat, in der gleichen Weise, wie wir es 1914 taten.« (14. Sept. 1940).

Für die Verursachung des Weltkriegs im weitesten Sinne trägt W. eine schwere Verantwortung. Indem der Kaiser darauf bestand, die Bismarcksche Fiktion der »persönlichen Monarchie« in die Wirklichkeit umzusetzen und alle militärischen, außen- und personalpolitischen Entscheidungen selbst zu treffen, unterwanderte er nicht nur die überkommene Beamten- und Soldatentradition, sondern schuf neue »byzantinistische« Verhaltensweisen und Entscheidungsstrukturen, die in hohem Grade von ihm persönlich abhängig waren. Nicht nur waren alle Entscheidungsträger von ihm persönlich ausgewählt worden; indem er 1895 dem österreichischen Botschafter László Szögyény gegenüber feierlich erklärte (und dies 1908 bestätigte), »Kaiser Franz Joseph sei preußischer Feldmarschall und demzufolge habe er nur zu befehlen, die ganze preußische Armee werde seinem Kommando folgen«, hatte W. bereits zwei Jahrzehnte vor Kriegsausbruch den fatalen Blankoscheck an den Verbündeten an der Donau ausgestellt. Durch sein Festhalten an dem Tirpitzschen Schlachtflottenbau unterlief er zugleich alle Bemühungen des Reichskanzlers und des Auswärtigen Amtes um eine Verständigung mit England (z. B. in der Haldane-Mission 1912).

In seiner Empörung über die Ermordung Franz Ferdinands in Sarajevo gab er in forschen Randbemerkungen (»Jetzt oder nie. Mit den Serben muß aufgeräumt werden, und zwar *bald*.«) und persönlichen Zusicherungen an Botschafter Szögyény die bedingungslose

Unterstützung, ohne die die Wiener Regierung das Risiko eines Krieges gegen Serbien nicht hätte auf sich nehmen können. Ob sich W. dabei der gravierenden Folgen seiner Handlung vollauf bewußt war oder nur an eine »Strafexekution« gegen den »Lumpen- und Räuberstaat« Serbien dachte, ist nicht einwandfrei zu entscheiden.

Aus der entgegenkommenden serbischen Antwort auf das österreichische Ultimatum hatte W. gefolgert, jeder Kriegsgrund sei nunmehr fortgefallen. Am 27. Juli nachmittags wurde jedoch nach Beratungen des Kaisers mit der politischen und militärischen Führung beschlossen, »die Sache durchzufechten, koste es, was es wolle«. Schon am folgenden Tag mußte Falkenhayn bei einem Besuch im Neuen Palais feststellen, die Stimmung des Kaisers sei »völlig umgeschlagen«; er halte »wirre Reden, aus denen nur klar hervorgeht, daß er den Krieg jetzt nicht mehr will und entschlossen ist, um diesen Preis selbst Österreich sitzen zu lassen. Ich mache ihn darauf aufmerksam, daß er die Angelegenheiten nicht mehr in der Hand hat.« Am 29. Juli vermerkte der Kriegsminister, die Stimmung des Kaisers sei erneut umgeschlagen; jetzt sage er, die ins Rollen gekommene Kugel sei nicht mehr aufzuhalten. Nach der Übersiedlung W.s nach Berlin am 31. Juli fand zwischen 14.00 und 15.00 Uhr die entscheidende Sitzung statt, in der der Kaiser in einem Exposé Rußland »die ganze Schuld« für den bevorstehenden Krieg zuschob.

Nachdem W. am 4. Aug. bei der Eröffnung des Reichstags die berühmten Worte »Ich kenne keine Parteien mehr, ich kenne nur noch Deutsche!« ausgerufen hatte, verließ er am 16. Aug. in seinem Hofzug Berlin und fuhr nach Koblenz, wo sich das Hauptquartier – es zählte schon zu diesem Zeitpunkt insgesamt 5.000 Personen – bis zu seiner Übersiedlung nach Luxemburg am 1. Sept. und der Weiterreise nach Charleville-Mézières am 25. Sept. befand. Es kamen Könige, Staatsmänner, fremde Militärs zu Besuch, ansonsten aber verlief der kaiserliche Alltag eintönig. »Ich trinke Tee und säge Holz und gehe spazieren«, klagte er im Nov. 1914. Seine Stimmung war starken Schwankungen unterworfen, so daß seine Umgebung sich gezwungen sah, ihm schlechte Nachrichten vorzuenthalten. Bei Siegesmeldungen stellte sich dagegen euphorische Stimmung ein: Er umarmte dann seine Mitarbeiter, ordnete Sekt an, redete Stunden ohne Unterbrechung.

Die Entscheidung W.s, den ganzen Krieg hindurch bei der Obersten Heeresleitung zubringen, führte zu einem Kontaktverlust zur Heimat, der sich 1918 rächen sollte. Während des Krieges beteiligte er sich nicht mehr aktiv an der strategischen Planung. Vor allem die vor dem Krieg geäußerten Befürchtungen der Generalität, daß er als Oberster Kriegsherr die Armeeführung persönlich übernehmen würde, bewahrheiteten sich nicht. Freilich hingen auch im Krieg alle wichtigen Entscheidungen weiterhin von seiner Zustimmung ab, so daß der »Königsmechanismus« nach wie vor reibungslos funktionierte: Ob der Konflikt Bethmann Hollweg gegen Moltke, Moltke gegen Falkenhayn, Bethmann Hollweg gegen Tirpitz, Falkenhayn gegen Hindenburg und Ludendorff lautete, ob es um den uneingeschränkten U-Boot-Krieg oder die Entlassung Bethmann Hollwegs ging, stets fungierte der Kaiser als die höchste Instanz. Daran änderte auch die Machtübernahme der 3. OHL im Aug. 1916 wenig, die W. als Erleichterung begrüßte, auch wenn sie faktisch eine weitere Reduzierung seiner Stellung bedeutete.

Zunehmend flüchtete er sich in eine monarchisch-religiöse Fantasiewelt, in der er einen deutschen Sieg mit dem Sieg Gottes über die satanischen Kräfte der internationalen plutokratischen Demokratie gleichsetzte. Dem Rassenideologen Houston Steward Chamberlain schrieb W. am 15. Jan. 1917, drei Monate vor dem Kriegseintritt der USA, der Krieg sei »ein Kreuzzug gegen das *Böse* – Satan – in der Welt, von uns geführt als *Werkzeuge* des Herrn. [...] Wir *Gottesstreiter* schlagen bis das Mammonsdienende Räuberpack zusammenbricht und die *Feinde des Reiches Gottes* im Staube liegen! [...] Gott will diesen Kampf, wir sind seine Werkzeuge, Er wird ihn leiten, um den Ausgang brauchen wir nicht zu sorgen, wir werden leiden, fechten und siegen unter Seinem Zeichen! Dann kommt *der* Friede, der *deutsche*, der *Gottes*-Friede, in dem die ganze befreite Welt aufathmen wird.«

In der Nacht vom 9. zum 10. Nov. 1918 verließ W. in seinem Hofzug das Hauptquartier in Spa und überquerte bei Eijsden die deutsch-niederländische Grenze. Erst am 28. Nov. unterzeichnete W. seinen Verzicht auf die Krone Preußens und die damit verbundenen Rechte an der deutschen Kaiserkrone (Abdankung). Er starb am 4. Juni 1941 in seinem niederländischen Exil in Doorn, ohne Deutschland je wieder betreten zu haben.

Lit.: H. Afflerbach, Wilhelm II. as Supreme Warlord in the First World War, in: War and History, 5

(1998), S. 427-449; L. Cecil, Wilhelm II. Emperor and Exile, 1900-1941, Chapel Hill/London 1996; W. J. Mommsen, War der Kaiser an allem schuld? Wilhelm II. und die preußisch-deutschen Machteliten, Berlin 2002; J. C. G. Röhl, Kaiser, Hof und Staat. Wilhelm II. und die deutsche Politik, München 1987.

JOHN C. G. RÖHL

Wilhelm II., * Stuttgart 25.2.1848, † Schloß Bebenhausen 2.10.1921, König von Württemberg. – W., der 1891 den Thron bestiegen hatte, zeichnete sich durch einen zivilen, fast bürgerlichen Habitus und eine gleichsam präsidiale Amtsführung aus. Seine außenpolitischen und militärischen Einflußmöglichkeiten waren gering und verringerten sich im Verlauf des Krieges weiter.

1914 verabschiedete er die württembergischen Truppen ohne Pathos, im Verlauf des Krieges suchte er seine Verbundenheit durch 14 Frontreisen und zahlreiche Lazarettbesuche zu demonstrieren. Ein dynastischer Dauerkonflikt zwischen den deutschen Staaten blieb die Zukunft des Reichslandes Elsaß-Lothringen nach dem erwarteten Sieg. Schon 1914 war von bayerischer Seite eine Aufteilung auf Preußen, Bayern und Baden vorgeschlagen worden; Württemberg sollte hierfür mit der Annexion der burgundischen Grafschaft Mömpelgard (Montbéliard) kompensiert werden. W. widersprach dem Plan und favorisierte dagegen territoriale Entschädigungen innerhalb des Reichsgebiets. Sein Widerstand richtete sich weniger gegen die Annexionspläne an sich, vielmehr fürchtete er einen Machtverlust Württembergs gegenüber den von einer solchen Aufteilung profitierenden Bundesfürsten.

Der kriegsbedingten Verschlechterung der Versorgungslage in Württemberg vermochte auch W. kaum etwas entgegensetzen, in der Frage der Parlamentarisierung holte er am 8. Nov. 1918 mit der Berufung eines parlamentarischen Ministeriums die Entschlüsse auf Reichsebene nach. Doch auch dies konnte die revolutionären Ereignisse nicht mehr aufhalten. Am 9. Nov. drangen Demonstranten in das Stuttgarter Wilhelmspalais ein, die dort die Rote Fahne setzten, den König aber unbehelligt ließen. W. reiste daraufhin nach Bebenhausen ab und legte am 30. Nov. 1918 die Krone nieder. Der anhaltende Respekt von seiten der Bevölkerung für den Monarchen zeigt sich in dem eigenartigen Umstand, daß die Provisorische Regierung W.s am selben Tag in einer öffentlichen Erklärung für sein Wirken und den Rücktritt dankte.

Lit.: P. Sauer, Württembergs letzter König. Das Leben Wilhelms II., Stuttgart 1994.

WOLFGANG KRESS

Wilhelm, * Potsdam 6.5.1882, † Hechingen 20.7.1951, Kronprinz des Deutschen Reichs und von Preußen – W. wurde 1882 als erster Sohn des späteren Kaisers Wilhelm II. geboren. Im Alter von 14 Jahren begann seine militärische Laufbahn, die durch ein Studium der Staatswissenschaften in Bonn unterbrochen wurde; im Herbst 1911 wurde er zum Kommandeur des 1. Leibhusarenregiments in Danzig ernannt. Ende 1913 zum Großen Generalstab abgeordnet, übernahm W. nach Ausbruch des Kriegs noch im Aug. 1914, ohne hierfür allerdings hinreichend qualifiziert zu sein, das Kommando über die 5. Armee, die ab Febr. 1916 den Angriff auf die französische Festung Verdun führte. Als General der Infanterie erhielt er im Nov. 1916 den Oberbefehl über die neuerrichtete Heeresgruppe Deutscher Kronprinz, die zunächst im Raum Verdun, bei Laon und danach in der Champagne eingesetzt wurde.

Während W. politisch dem Alldeutschen Verband nahestand und zunächst auch expansionistische Kriegsziele vertrat, gehörte er ab 1915 dann zu den Befürwortern eines Verständigungsfriedens. In der Julikrise 1917 war er maßgeblich am Sturz seines langjährigen Gegners, des Reichskanzlers Bethmann Hollweg, beteiligt; ansonsten war sein politischer Einfluß jedoch äußerst gering.

Wie sein Vater ging W. nach dessen Thronverzicht im Nov. 1918 ins niederländische Exil, von wo er aber im Nov. 1923 wieder nach Deutschland zurückkehrte. Abgesehen von einer Mitgliedschaft im Wehrverband Stahlhelm hielt sich W. politisch zunächst zurück. Mit der Unterstützung Hitlers in der Stichwahl für das Reichspräsidentenamt begann dann 1932 jedoch seine öffentliche Förderung des Nationalsozialismus. Ohne selbst Mitglied der NSDAP zu werden, setzte W. diese bis zu seiner Abkehr von Hitler 1936 fort. Nach dem Zweiten Weltkrieg lebte W. zurückgezogen auf der Burg Hohenzollern bei Hechingen.

DANIEL SCHRANZ

Wilson, Woodrow, * Staunton (Virginia) 28.12.1856, † Washington D. C. 3.2.1924, Präsident der USA. – Wenig hatte W. in seiner

Karriere darauf vorbereitet, die Vereinigten Staaten in einem weltpolitischen Konflikt zu führen. Als Sohn eines presbyterianischen Pastors in Virginia geboren, hatte W. frühzeitig eine tiefprotestantische Lebensethik internalisiert und fühlte sich zum politischen Engagement berufen. Er war zunächst Professor der Politischen Wissenschaften an der Princeton University und wurde 1902 zum Universitätspräsidenten berufen – ein Posten, der ihm den Weg in die Politik ebnete. 1910 für die Demokratische Partei zum Gouverneur des Staates New Jersey gewählt, erwarb sich W. frühzeitig den Ruf eines entschlossenen Reformers: Er demokratisierte das Wahlrecht, bekämpfte korrupte Geschäftspraktiken und setzte die Arbeiter-Unfallversicherung durch. Eine solche Politik entsprach dem Geist des »Progressivismus« (Progressive Movement), der weitgefächerten zeitgenössischen Reformbewegung, die den traditionellen amerikanischen Laissez-faire-Liberalismus den Erfordernissen der industrialisierten Moderne anpassen wollte. Auf diese Weise empfahl er sich für die demokratische Präsidentschaftskandidatur im Jahre 1912, wobei er sowohl den republikanischen Amtsinhaber Taft wie den unabhängigen Reformer Theodore Roosevelt aus dem Feld schlug. Getreu seiner unter dem Titel »The New Freedom« (»Die neue Freiheit«) firmierenden Wahlagenda widmete sich W. als 28. Präsident zunächst vornehmlich innenpolitischen Reformprojekten, welche die ordnende Rolle der Bundesregierung im Wirtschaftsleben bekräftigten. Seine Sozialreformen reichten von einer Sicherung des Streikrechts bis zum Verbot der Kinderarbeit.

Mit dem Ausbruch des Weltkriegs gewann W.s Präsidentschaft zunehmend einen außenpolitischen Schwerpunkt. Der zutiefst pazifistisch gesinnte W. erklärte – ganz im Sinne traditioneller außenpolitischer Doktrinen der USA – die Neutralität des Landes; seine Sympathien galten jedoch unzweideutig den demokratischen Ententemächten. Mochten auch Handels- und Finanzbeziehungen die USA im Laufe des Krieges immer stärker an Großbritannien binden, blieb W. zunächst seinem Neutralitätskurs treu, der sich auch durch die Versenkung des Passagierschiffs *Lusitania* durch ein deutsches U-Boot im Mai 1915 (wobei 128 Amerikaner starben) nicht änderte. Den Wahlkampf des Jahres 1916 führte W. unter dem Slogan »He kept us out of war« (»er hat uns aus dem Krieg herausgehalten«); er ermahnte die Amerikaner, sich aber zugleich auf einen möglicherweise kommenden Krieg vorzubereiten. Die Lage spitzte sich durch die deutsche Erklärung des uneingeschränkten U-Boot-Krieges zu, die W. angesichts der Versenkung mehrerer amerikanischer Schiffe keine andere Wahl mehr ließ, als vom Kongreß den formellen Kriegsbeitritt zu fordern (2. April 1917). In seiner Rechtfertigung dieses Schritts übertrug W. die Prinzipien des amerikanischen Progressivismus auf die Weltpolitik: Er deutete den Krieg in einen Kreuzzug für die weltweite Verbreitung der liberalen Demokratie sowie für die Etablierung einer rationalen Friedensordnung um und versuchte so, dem amerikanischen Engagement – das fraglos auch von ökonomischen (Bezahlung der an die Entente gelieferten Sachleistungen) und machtpolitischen Motiven geleitet war – einen höheren Sinn zu verleihen. Die entscheidende Stunde des Weltkonflikts würde für ihn mithin erst kommen, wenn es einen Frieden zu schließen galt. So verkündete er im Jan. 1918 vor dem Kongreß seine in 14 Punkten zusammengefaßten Friedensziele (Vierzehn Punkte), welche unter anderem das Selbstbestimmungsrecht der Völker, Demokratie und Abrüstung einforderten und die Gründung eines Völkerbunds verhießen. An den Friedensverhandlungen in Versailles nahm W. persönlich teil, konnte aber seine Vorstellungen von einem gerechten Frieden nur unvollkommen umsetzen, was ihm viele amerikanische Liberale verübelten. Seinen letzten Kampf focht er für die Ratifizierung des Völkerbundvertrages im amerikanischen Kongreß, der seit den Wahlen vom Herbst 1918 von den Republikanern dominiert wurde. W. agierte wenig glücklich, indem er jegliche Kompromisse mit der Kongreßmehrheit ablehnte. Während einer Werbereise für den Völkerbundbeitritt im Sept. 1919 erlitt er einen Schlaganfall und war seitdem halbseitig gelähmt. Als der Völkerbundvertrag im März 1920 knapp die notwendige Zweidrittelmehrheit im Senat verfehlte, sah W. sein politisches Lebenswerk (ungeachtet der öffentlichen Anerkennung durch den Friedensnobelpreis) als gescheitert an. Die Leitlinien einer an friedlicher Kooperation und kollektiver Sicherheit orientierten Weltpolitik bleiben sein dauerhaftes Vermächtnis.

Lit. : K. Schwabe, Woodrow Wilson. Ein Staatsmann zwischen Puritanertum und Liberalismus, Göttingen 1971 ; R. H. Ferrell, Woodrow Wilson and World War I: 1917-1921, New York 1985.

MATTHIAS WAECHTER

Witkop, Philipp, * Kleinberg (Kreis Büren) 17.4.1880, † Freiburg im Breisgau 18.12.1942, deutscher Literaturwissenschaftler. – W. war Professor der Neueren Deutschen Literaturgeschichte und Herausgeber der wohl bekanntesten und in verschiedenen Ausgaben erschienenen Kriegsbrief-Edition *Kriegsbriefe gefallener Studenten* (zuerst 1916 als *Kriegsbriefe deutscher Studenten*). Nach der Promotion zum Doktor der Staatswissenschaften (Freiburg 1903) und der Philosophie (Heidelberg 1908) erhielt er 1910 einen Ruf nach Freiburg. W. wurde im April 1916 zum Militär eingezogen und wirkte nach kurzem Fronteinsatz (Munitionsträger) im Westen als Redakteur der *Kriegszeitung der 7. Armee*. Schon 1914 hatte W. mit dem Sammeln von Feldpostbriefen begonnen, die er zuerst über Bekannte und später mit Hilfe der deutschen Unterrichtsministerien erhielt. Bis zum Frühjahr 1918 hatte er ca. 20.000 Briefe gefallener Soldaten erhalten. Diese veröffentlichte er in mehrfach erweiterten und inhaltlich veränderten Editionen, von denen bis 1942 über 200.000 Exemplare gedruckt wurden. Der ursprünglich das »Massenopfer« des Weltkriegs beklagende Tenor der Nachkriegsausgaben seit 1918 wurde in der nationalsozialistisch beeinflußten Volksausgabe von 1933 wieder gestrichen. Dies geschah jedoch mehr aus Opportunismus denn aus Überzeugung. W. blieb vielmehr ein national-konservativer Idealist, der sich von den »Ideen von 1914«, wie er sie in den Briefen vermeintlich kriegsfreiwilliger Studenten verkörpert sah, eine erneuernde Wirkung auf den »Volkskörper« erhoffte. Gleichwohl wurden die *Kriegsbriefe* in zahlreiche Sprachen übersetzt und für unterschiedliche Interpretationen und Sinnstiftungen herangezogen.

Lit.: M. Hettling/M. Jeismann, Der Weltkrieg als Epos. Philipp Witkops ›Kriegsbriefe gefallener Studenten‹, in: »Keiner fühlt sich hier mehr als Mensch...«. Erlebnis und Wirkung des Ersten Weltkriegs, hg. v. G. Hirschfeld/G. Krumeich/I. Renz, Essen 1993.

Neil Jakob

Wolff, Theodor, * Berlin 2.8.1868, † Berlin 23.9.1943, deutscher Journalist und Politiker. – Der Berliner Journalist war über 25 Jahre lang Chefredakteur des *Berliner Tageblatts* (1906-33), dessen liberale Ausrichtung er maßgeblich prägte. Bereits vor 1914 zählte er zu den international renommiertesten Vertretern seines Berufes. Schon in seiner Zeit als Pariser Korrespondent der Zeitung (seit 1894) war W. als kenntnisreicher Kritiker des wilhelminischen politischen Systems hervorgetreten. Außenpolitisch setzte er sich insbesondere für eine deutsch-englische Annäherung sowie für Verbesserungen in den Beziehungen mit Frankreich ein.

Ab Juli 1914 unternahm W. wiederholt den Versuch, mäßigend auf Politiker im Reich und die deutsche Öffentlichkeit einzuwirken. Durch seine journalistische Tätigkeit, aber auch über seine Mitgliedschaft in informellen Gesprächsrunden wie der »Gesellschaft von 1914« war er in die Führungskreise des Reiches eingebunden. Während des Krieges blieb er seinen innenpolitisChen Reformforderungen treu. Daneben machte er Front gegen annexionistische Bestrebungen sowohl in der deutschen Regierung als auch in der Öffentlichkeit. In seinen Leitartikeln richtete er eine scharfzüngige Kritik gegen den Kurs der Reichsleitung. Das führte unter den Bedingungen der Zensur im Krieg zu mehreren Schreib- bzw. Zeitungsverboten.

Im Nov. 1918 gehörte W. zu den Mitbegründern der Deutschen Demokratischen Partei. Der Rätebewegung stand er kritisch gegenüber. Auch die Annahme des Versailler Vertrages lehnte er ab, weil er darin ein Todesurteil für die Republik zu erkennen meinte.

Lit.: Theodor Wolff: der Chronist. Krieg, Revolution und Frieden im Tagebuch 1914-1919, hg. v. B. Sösemann, Düsseldorf u. a. 1997.

Christoph Cornelissen

Ypern, belgische Stadt in Westflandern am Y.-Kanal, vier Jahre im Mittelpunkt des Stellungskrieges, völlige Zerstörung. – Nach dem Ende der 1. Schlacht um Flandern 1914 folgte die Wiederaufnahme der Offensive durch die deutsche 4. und 6. Armee (rechter Flügel) mit dem begrenzten Ziel der Wegnahme des Y.-Bogens und der Einnahme der Stadt (10.-18. Nov. 1914). Mit dieser Operation sollte der Feldzug von 1914 seinen Abschluß in einem sichtbaren Erfolg finden, bevor Truppen an die Ostfront verlegt wurden. Während General Foch (Oberbefehlshaber der Heeresgruppe Nord) offensive Gegenmaßnahmen befahl, bestand Feldmarschall French (Oberbefehlshaber des britischen Expeditionskorps, dem die Verteidigung von Y., verstärkt durch französische Einheiten, seit Okt. 1914 zugefallen war) auf der Defensive, setzte jedoch in der Zwischenzeit durch Gegenstöße die Kampftätigkeit fort (The first battle of Ypres).

Die deutsche Offensive wurde von den Befehlshabern der 4. Armee (Herzog Albrecht von Württemberg) und der 6. Armee (Kronprinz Rupprecht von Bayern) durchgesetzt, obwohl die neuaufgestellten Reservekorps abgekämpft waren, die Munitionskrise nicht überwunden war und Falkenhayn nur zwei zusätzliche Reservedivisionen zur Verfügung stellte.

Die Offensive scheiterte bei geringem Geländegewinn: Auf dem rechten Flügel der 4. Armee nördlich von Y., wo der Hauptstoß lag, wurden Dixmuide und Bixschoote eingenommen, bei Drie Grachten der Y.-Kanal überschritten; der 6. Reservedivision gelang es nicht, Langemarck einzunehmen; die neu eingesetzte 9. Reservedivision war nach dem Sturm auf Poelkapelle am 10. Nov. nicht mehr einsatzfähig. Auf dem rechten Flügel der 6. Armee südlich von Y. mißlang die Eroberung des für die Artilleriebeobachtung wichtigen Höhenzuges Kemmel, die Gruppe Fabcke nahm St. Eloi; der Geländegewinn beiderseits der Straße Menin – Y. wurde von der britischen Führung (I. Korps) vorübergehend als Krise bezeichnet, obwohl Schloß und Ort Hooge gehalten wurden. Die Verluste betrugen 23.500 Mann auf deutscher Seite (10.-18. Nov.) und 58.000 Soldaten auf britischer Seite (Mitte Okt.-Ende Nov.). → *Flandern* → *Langemarck-Mythos*

GERMAN WERTH

Zeitung, Printmedium, das »jüngstes Gegenwartsgeschehen in kürzester regelmäßiger Folge der breitesten Öffentlichkeit« (Emil Dovifat) bietet. – In der Phase der Industrialisierung wurde die Z. zum Massenprodukt. Erst nach dem Weltkrieg erhielt sie spürbare mediale Konkurrenz, insbesondere durch das Radio. Vor 1914 zählte man in Deutschland rund 4.200 Z., deren Zahl nahm im Krieg um knapp 1.000 ab. Durch den Rückgang des Anzeigengeschäfts, durch die Einberufung von Journalisten und technischem Personal und durch die zunehmende Papierknappheit ergab sich bald eine schwierige wirtschaftliche Lage. Hinzu kamen große redaktionelle Schwierigkeiten. Das Reich verhängte aufgrund des Belagerungszustandes zugleich die von den Stellvertretenden Generalkommandos ausgeübte Vorzensur für militärische Themen. Eine besondere politische Zensur wurde nicht eingeführt, wenn auch die Trennlinie zwischen beiden stets strittig blieb. Es fehlte an geeignetem militärischem Personal und bis zur Errichtung der Oberzensurstelle im Kriegspresseamt im Febr. 1915 auch an einer Einheitlichkeit der Handhabung. Die Grundregeln wurden erst 1917 in einem Zensurbuch kodifiziert. Die regelmäßig in der Hauptstadt abgehaltenen Pressekonferenzen konnten die gewünschte Einheitlichkeit und Siegesgewißheit als Grundstimmung der Berichterstattung trotz der Auflage, den Heeresbericht ungekürzt und unverändert abzudrucken, nicht gewährleisten. Der innenpolitische »Burgfrieden« ließ die Gegensätze nicht verschwinden. Kommunikationspolitisch mindestens ebenso wirksam war die Wahrnehmung der inneren Spannungen in der Politik der Reichsleitung in der Öffentlichkeit. Kristallisationspunkt der Kritik war die offiziöse Nachrichtenagentur (Wolff's Telegraphisches Bureau), die aufgrund der Zensurhandhabung und technischer Schwierigkeiten vielfach zu spät berichtete. Je länger aber der Krieg dauerte, desto mehr wirkten sich die Belastungen der Kommunikationspolitik auf das Vertrauenskapital der Presse aus. Da die 3. Oberste Heeresleitung erst im Spätsommer 1918, dann allerdings unerwartet schnell und durchschlagend, die Einsicht gewann, daß ein Sieg nicht mehr möglich war, traf das die Öffentlichkeit überraschend. Die Z. waren mit der Vermittlung dieser Abläufe überfordert. Die in Deutschland verbreitete Vorstellung der Z. als einem quasi mechanisch wirksamen Führungsmittel, reduzierte deutlich ihren Beitrag zur Krisenverarbeitung in der Öffentlichkeit. → *Zensur*

Lit.: M. Creutz, Die Pressepolitik der kaiserlichen Regierung während des Ersten Weltkriegs, Frankfurt a. M. u. a. 1996; K. Koszyk, Deutsche Pressepolitik im Ersten Weltkrieg, Düsseldorf 1968.

HANS BOHRMANN

Zensur. Mit umfangreichen Z.maßnahmen strebten alle am Weltkrieg beteiligten Mächte danach, eine jeweils möglichst geschlossene Meinungsfront zu schaffen, die sich mit der eigenen politischen und militärischen Führung so weit wie möglich identifizieren sollte. Diese Unterdrückung von unerwünschten Informationen war die Kehrseite der Propaganda, mit der jeder kriegführende Staat die jeweils eigene, die befreundete und die gegnerische Öffentlichkeit zu seinen Gunsten positiv zu beeinflussen suchte.

In Deutschland (mit Ausnahme Bayerns) trat bei Kriegseintritt das preußische Gesetz über den Belagerungszustand vom 4. Juni 1851 in Kraft, mit dem das Recht auf freie Meinungsäußerung aufgehoben wurde. Für Bayern wurde eine entsprechende Verordnung erlassen. Mit der Verhängung des Kriegszustands am 4. Aug. ging die vollziehende Gewalt auf die militärischen Befehlshaber über, die damit auch für die Z. zuständig waren. Auf regionaler Ebene waren im wesentlichen die Stellvertretenden Generalkommandos für die Z. zuständig. Auf Reichsebene richtete die OHL im Febr. 1915 eine Oberzensurstelle ein, die im Okt. 1915 als Abteilung II im neu geschaffenen Kriegspresseamt aufging. Die Militärbefehlshaber waren allerdings bei der Ausübung der Z. zunächst sehr eigenständig. Nach der Freigabe der Kriegszielerörterung stärkte die OHL jedoch 1916/17 die Position des Kriegspresseamts, um dem Ziel einer Vereinheitlichung der Z. näherzukommen.

Bereits am 31. Juli 1914 erhielt die Presse Anweisungen, wonach die Berichterstattung etwa über die Bewegungen von Truppen und Kriegsschiffen sowie über den Transport von Waffen und Munition untersagt war. Gegen politische Themen sollte die Z. nur bei Beeinträchtigung der Kriegführung einschreiten. Allerdings ließen sich diese kaum von den militärischen Themen trennen, so daß die Überwachungsorgane gegen nahezu jede politische Äußerung vorgehen konnten. Bis Ende 1916 existierten mehr als 2.000 Bestimmungen. Als Übersicht in diesem Dickicht gab die Oberzensurstelle des Kriegspresseamtes in numerierter Stückzahl ein sog. Z.buch für die deutsche Presse in Form eines Lexikons heraus (März 1917). Die Stellvertretenden Generalkommandos erstellten ähnliche Übersichten. Bei den Zeitungen unterlag selbst der Inseratenteil der Z. Beispielsweise durfte bei Todesanzeigen gefallener Soldaten keinesfalls der Kriegsschauplatz erwähnt werden. Bei Verstößen gegen die Bestimmungen der Z. stand den Überwachungsorganen eine Skala von Sanktionen zur Verfügung, die von mündlichen Mahnungen bis zum dauernden Erscheinungsverbot einer Zeitung reichte.

Allerdings zeigten sich sehr deutlich auch die Erfolgsgrenzen der Z. So standen der Bevölkerung nach wie vor auch andere Informationsquellen zur Verfügung, etwa die Soldaten auf Heimaturlaub oder die Presse der neutralen Länder. Auch in den anderen kriegführenden Staaten war Z. eine Angelegenheit der Militärführung. Unter den westlichen Alliierten galt vor allem Frankreich als auf diesem Gebiet sehr rigide. Ein »Bureau de Presse« in direkter Abhängigkeit vom Kriegsministerium kontrollierte die Presse seit Beginn des Kriegs. Das Militär hatte zudem das Recht, das Erscheinen jeder Zeitung im Land zu verbieten. Die offiziellen Meldungen von der Front wurden nach einer strengen Prüfung durch das Militär allein von der Nachrichtenagentur Havas an die Presse weitergeleitet. Einige Zeitungen zogen es daraufhin vor, mit weißen Zensurlücken anstatt mit zensierten Artikeln zu erscheinen.

Nur in Großbritannien wurde die Z. während des Krieges verhältnismäßig liberal gehandhabt. In der jahrhundertealten parlamentarischen Tradition des Landes hatten sich derart enge politische, berufliche und persönliche Verbindungen zwischen Politikern, Zeitungsherausgebern und Journalisten herausgebildet, daß sich unabhängig von den offiziellen Vorschriften, eine Art Selbst-Z. der Presse einstellte. → *Zeitung*

Lit.: W. Deist, Zensur und Propaganda in Deutschland während des Ersten Weltkrieges, in: W. Deist, Militär, Staat und Gesellschaft, Studien zur preußisch-deutschen Militärgeschichte, München 1991; Pressekonzentration und Zensurpraxis im Ersten Weltkrieg. Texte und Quellen, hg. v. H.-D. Fischer, Berlin 1973.

JENS ALBES

Zentralstelle für Heimataufklärung, Organisation für politische Meinungsbildung. – Die im März 1918 geschaffene Z. war dem Auswärtigen Amt angegliedert und damit formal unabhängig von militärischen Stellen. Die Gründung der Z. (ZfH, im Okt. 1918, nach der Unterstellung unter Staatssekretär Erzberger, umbenannt in Zentrale für Heimatdienst, im Nov. 1919 erneute Namensänderung in Reichszentrale für Heimatdienst) war Ausdruck für die sich verschärfenden Gegensätze zwischen OHL, dem Kaiser und der zivilen Reichsleitung. Schon lange wurde innerhalb der Reichsregierung diskutiert, welche Maßnahmen ergriffen werden könnten, um in der Öffentlichkeit die Unterstützung für den politischen Kurs der Regierung zu erhöhen und das Monopol der militärischen Propaganda zu brechen. Vor allem bei dem Votum für einen Verständigungsfrieden, für das allgemeine Wahlrecht und gegen übermäßige Annexionen sah sich die Z. in deutlicher Opposition zur OHL. Die Gründung der Z. trug den Forderungen nach einer eigenständigen Informationspolitik der Regierung Rechnung. Die Z. beabsichtigte durchaus, die öffentliche Meinung zu beeinflussen, wollte dies aber über die Parteigrenzen hinaus im sachlichen Wettstreit auch widerstreitender Meinungen geschehen lassen. Vorträge, Lehrgänge und Bildungstagungen richteten sich vor allem an sog. Multiplikatoren, die die Informationen weiterverbreiten sollten.

Da die Z. erst in den letzten Kriegsmonaten gegründet wurde, waren die Ergebnisse vor Nov. 1918 bescheiden. Erst in der Weimarer Republik bewährte sich das Konzept einer regierungsnahen Aufklärungsarbeit. Die Reichszentrale für Heimatdienst gilt als erste politische Bildungsstelle in Deutschland. Während der Zeit des Nationalsozialismus wurde die Arbeit nicht weitergeführt. 1952 nahm die Organisation als Bundeszentrale für Heimatdienst (seit 1963 Bundeszentrale für politische Bildung) ihre Tätigkeit wieder auf.

SUSANNE BRANDT

Zeppelin (Luftschiff), stromlinienförmiges Luftfahrzeug, das durch den aerostatischen Auftrieb einer aus Wasserstoff oder Helium bestehenden Gasfüllung getragen und von den außerhalb des Tragkörpers in Gondeln befestigten Propellermotoren angetrieben wird. – Benannt nach Ferdinand Graf von Zeppelin, der 1900 das erste brauchbare motorisierte und lenkbare Luftschiff in Starrbauweise entwickelt hatte, wurde der Name auch zum Synonym für andere technische Lösungen. In Deutschland forcierten militärische Forderungen nach strategischer Aufklärungs- und Bombenwurffähigkeit für einen eventuellen Krieg gegen England die Weiterentwicklung der Z. Ab 1910 rüstungspolitisch und finanziell gegenüber dem Flugzeug bevorzugt, standen 1914 im preußischen Heer 12, in der Kaiserlichen Marine ein Z. im Dienst. Wegen zu geringer Tragvolumen und Bombenlastkapazitäten, schwacher Motorisierung und mäßiger Steigfähigkeit waren die durch Beschuß vom Boden gefährdeten Z. bei Kriegsbeginn wenig fronttauglich. Selbst Bombenangriffe auf belgische Städte erbrachten, bei vier Totalverlusten im ersten Kriegsmonat, nur marginale Ergebnisse. Immerhin versuchte man ab 1915 mit den von Marine-Z. zumeist nachts durchgeführten 1.106 Aufklärungsfahrten über der Nordsee und 352 Angriffsfahrten gegen England und Frankreich, dieses Kriegsmittel gegen strategische Ziele zu nutzen. Um die Moral der Bevölkerung zu erschüttern, wurden auch Paris und London bombardiert. Trotz enormer Weiterentwicklung bei Fahrtzeit, Nutzlast, Größe und Steigfähigkeit blieben Z. durch die gegnerische Luftverteidigung höchst verwundbar. In immer größere Höhen gezwungen, verminderte sich das Leistungsvermögen der Motoren, die Zielgenauigkeit beim Bombenwurf nahm erheblich ab und die Höhenkrankheit machte die Besatzungen arbeitsunfähig. Die größte Gefahr drohte den schwerfälligen Z. von den technisch immer ausgereifteren, wendigen Jagdflugzeugen. Der Beschuß mit Brandmunition führte meist zur Explosion der Traggasfüllung und zum Absturz. Bis 1918 waren in Deutschland 123 Z. in Dienst gestellt worden. 40 wurden abgeschossen, 39 gingen ohne Feindeinwirkung verloren und 31 wurden als unbrauchbar verschrottet. Beim Waffenstillstand waren noch 16 im Dienst. In 51 Angriffsfahrten gegen England warfen Z. 5.800 Bomben, die 550 Zivilisten töteten und 1.350 verwundeten. Der materielle Schaden belief sich auf 1,5 Mio. Pfund Sterling (30 Mio. Mark). Erbrachten die Aufklärungsfahrten einen relativ hohen militärischen Nutzen, so stand das Ergebnis der Angriffsfahrten in keinem Verhältnis zum Aufwand. Die Kosten für Bau, Unterhalt und Infrastruktur dieses Waffensystems relativierten den Zerstörungserfolg erheblich. → *Luftkrieg*

Lit.: D. H. Robinson, The Zeppelin in Combat. A History of the German Naval Airship Division, 1912-1918, London 1962.

WOLFGANG SCHMIDT

Zetkin, Clara, * Wiederau (Kreis Rochlitz, Sachsen) 5.7.1857, † Schloß Archangelskoje (bei Moskau) 20.6.1933, deutsche Politikerin. – Z. war eine führende, auch in der internationalen Arbeiterbewegung engagierte Repräsentantin der sozialistischen Frauenbewegung in Deutschland und zugleich deren maßgebliche Theoretikerin. Seit 1892 leitete sie die Redaktion der sozialistischen Frauenzeitschrift *Die Gleichheit*. Innerhalb der SPD gehörte sie zum linken, antimilitaristischen Flügel. Bis in den Aug. 1914 hinein stark gegen Aufrüstung und Krieg aktiv, behielt Z. im Unterschied zur Parteimehrheit bei Kriegsbeginn ihre internationale Orientierung bei. Als konsequente Kriegsgegnerin schloß sie sich der innerparteilichen Opposition an und war 1915 an der Gründung der Gruppe Internationale beteiligt. Trotz erheblicher Eingriffe der Zensur gelang es Z., *Die Gleichheit*, zugleich das Organ der Sozialistischen Fraueninternationale, auch nach Kriegsbeginn weiterhin als Forum für die Antikriegsagitation zu nutzen.

Vom 26. bis 28. März 1915 fand, von Z. organisiert, die seit 1905 auch als Sekretärin der Sozialistischen Fraueninternationale fungierte, eine internationale sozialistische Frauenkonferenz in Bern statt. In dem dort verabschiedeten *Berner Appell* wurde der Krieg scharf verurteilt. Das auch in Deutschland als Flugblatt verteilte Manifest brachte Z. in Konflikt mit dem SPD-Parteivorstand, führte vor allem aber zu einem Strafverfahren wegen Landesverrats und einer mehrmonatigen Haft. Wegen ihrer angegriffenen Gesundheit und aufgrund polizeilicher Überwachung blieben ihre politischen Wirkungsmöglichkeiten in den letzten beiden Kriegsjahren eingeschränkt, doch gelang es Z., die *Gleichheit* weiterzuführen.

Den offenen Bruch mit der Mehrheits-SPD hatte sie lange zu vermeiden gesucht, um ihren Masseneinfluß nicht zu gefährden. Erst Anfang 1917, mit Gründung der USPD, vollzog sie die endgültige Trennung und trat der neuen Partei bei. Kurz darauf wurde sie als Redakteurin der *Gleichheit* entlassen und verlor damit ein wichtiges Forum. Die von ihr nun redigierte Frauenbeilage der *Leipziger Volkszeitung* sowie die Zeitschrift *Die Kommunistin* (seit Mai 1919) stellten keine gleichermaßen massenwirksame Plattform dar. Auch nach Kriegsende und ihrem Beitritt zur neugegründeten KPD, für die sie von 1920 bis 1933 Abgeordnete im Reichstag war, behielt Z. die Schwerpunkte ihrer politischen Arbeit bei. Zunehmend übernahm sie in der Zwischenkriegszeit auch Aufgaben innerhalb der Kommunistischen Internationale. Nach der Machtübernahme Hitlers, kurz vor ihrem Tod, ging Z. nach Rußland ins Exil, wo sie sich auch in den Jahren zuvor schon häufig aufgehalten hatte.

Lit.: G. Badia, Clara Zetkin. Eine neue Biographie, Berlin 1994.

SUSANNE ROUETTE

Zimmermann-Telegramm. Nach der Entscheidung der deutschen Regierung zur Wiederaufnahme des uneingeschränkten U-Boot-Krieges (ab 1. Febr. 1917) sandte der Staatssekretär im Auswärtigen Amt, Arthur Zimmermann, am 16. Jan. 1917 an den Botschafter in Washington, Johann Heinrich Graf von Bernstorff, ein verschlüsseltes Telegramm zur Weiterleitung an den deutschen Gesandten in Mexiko, Heinrich von Eckardt. Darin wurde dieser angewiesen, der mexikanischen Regierung ein gegen die Vereinigten Staaten gerichtetes Bündnisangebot zu unterbreiten. Hierfür wurde die deutsche Unterstützung bei der Rückeroberung früher verlorener Gebiete, namentlich der US-Bundesstaaten Texas, Arizona und New Mexiko, in Aussicht gestellt. Im Falle einer Zustimmung sollte der mexikanische Präsident Carranza außerdem um eine Vermittlung zum Zwecke des Kriegseintritts Japans auf seiten der Mittelmächte ersucht werden. Diese Nachricht, wie auch eine weitere von Bernstorff nach Mexiko übermittelte vom 19. Jan., wurde durch den britischen Marinenachrichtendienst aufgefangen und entschlüsselt. Die britische Regierung, die stark an einem Kriegseintritt der USA interessiert war, setzte nach Beratungen den amerikanischen Botschafter in London in Kenntnis. Die Lancierung des Telegrammtextes in der Presse am 1. März kam einer Sensation gleich und schwächte endgültig jene politischen Kreise in den USA, die bislang einen isolationistischen Kurs verfochten hatten. Unter dem Eindruck des wiederaufgenommen U-Boot-Krieges erklärten die Vereinigten Staaten schließlich am 6. April 1917 dem Deutschen Reich den Krieg. Die Entschlüsselung des Z. gilt seitdem als einer der bedeutendsten Einzelerfolge des Funknachrichtendienstes im 20. Jahrhundert.

Lit.: P. Beesly, Room 40. British naval intelligence 1914-18, London 1982; F. Koopmann, Diplomatie und Reichsinteresse. Das Geheimdienstkalkül in der deutschen Amerikapolitik 1914 bis 1917, Frankfurt a. M. u. a. 1990.

MARKUS PÖHLMANN

Zimmerwalder Bewegung, nach dem Ort der ersten Zusammenkunft (5.-8. Sept. 1915 in Zimmerwald bei Bern) benannter Zusammenschluß von kriegsoppositionellen Sozialisten der kriegführenden Länder. – Das Ziel der Bewegung, die zum Symbol des sozialistischen Pazifismus wurde, war eine Wiederbelebung der durch den Krieg zerbrochenen internationalen Zusammenarbeit. Auf der ersten, vom

Schweizer Sozialdemokraten Robert Grimm initiierten Konferenz, an der u. a. Lenin und Sinowjew für die russische sozialdemokratische Arbeiterpartei, Adolph Hoffmann und Georg Ledebour für die SPD teilnahmen, wurde ein Manifest *An die Proletarier Europas* verabschiedet, das den Krieg als Ausfluß des Imperialismus verdammte, die »Burgfriedenspolitik« der sozialistischen Parteien anprangerte und die Beendigung des Krieges durch einen Frieden ohne Annexionen auf der Basis des Selbstbestimmungsrechts der Völker forderte. Lenins Plan, die Konferenz für revolutionäre Aktionen zu gewinnen und so den »Burgfrieden« in einen Bürgerkrieg umzuwandeln, fand ebensowenig eine Mehrheit wie der von ihm verlangte vollständige Bruch mit der Zweiten Internationale, der den Weg für den Aufbau einer neuen Dritten Internationale freimachen sollte. Auf dem ersten Treffen wurde eine Koordinierungsstelle mit Sitz in Bern eingerichtet, die Internationale Sozialistische Kommission (ISK). Diese berief die Nachfolgekonferenz nach Kienthal bei Bern (24.-30. April 1916) ein. Dort konnte sich Lenin mit seiner Forderung, die Revolution zu entfesseln und die Internationale zu spalten, nicht durchsetzen, obwohl Mitglieder kleiner radikaler Gruppen in Kienthal dominierten. Wenngleich die hier verabschiedete Resolution jegliche Unterstützung der Kriegspolitik durch die sozialistischen Parteien verurteilte, waren die Gegensätze zwischen gemäßigten Vertretern und der von Lenin geführten »Zimmerwalder Linken« nicht mehr zu überbrücken. Die Konferenz von Kienthal markierte den Beginn des Zerfalls der Z.

Ohne wesentliches Ergebnis verliefen auch die Gespräche im Sept. 1917 in Stockholm, seit Frühjahr 1917 Sitz der ISK, an denen von deutscher Seite u. a. Hugo Haase und Georg Ledebour für die USPD und Käte Duncker für die Spartakusgruppe teilnahmen (sog. Dritte Zimmerwalder Konferenz). In einer geheimen Resolution wurde – gegen die Einwände von Haase – zu Massenstreiks in den kriegführenden Staaten aufgerufen, durch die man den Frieden zu erzwingen hoffte. Das blieb ohne Resonanz bei den in der Z. vertretenen Parteien. Immer mehr ein Anhängsel der Bolschewiki, wurde die längst schon zu Grabe getragene Z. schließlich am Vorabend der Gründungskonferenz der Kommunistischen Internationale im März 1919 durch die Bolschewiki offiziell für aufgelöst erklärt.

WALTER MÜHLHAUSEN

Zwangsarbeit. In Deutschland vollzog sich zwischen 1914 und 1918 eine Entwicklung staatlich organisierter Z., in der durchaus eine Art »Probelauf« für den Zweiten Weltkrieg gesehen werden kann (Ulrich Herbert). Zu unterscheiden ist dabei zunächst zwischen (nach damaligem Kriegsrecht) legitimen Formen von militärischem Arbeitszwang (für Kriegsgefangene) und ziviler Z. Letztere betraf auch zahlreiche zur Arbeit in Deutschland gezwungene, zu diesem Zweck auch völkerrechtswidrig nach Deutschland verschleppte Zivilisten.

Nach den Bestimmungen der Haager Landkriegsordnung (1899/1907) war der Arbeitseinsatz kriegsgefangener Mannschaftssoldaten erlaubt und er wurde in allen kriegführenden Staaten praktiziert. Soldaten des Mannschaftsgrades konnten zu Arbeiten, die nicht in direktem Bezug zu den »Kriegsunternehmungen« (»opérations de guerre«) standen und weder zu hart noch »entwürdigend« sein sollten, herangezogen werden. Sie erhielten dafür einen geringen Lohn.

Entsprechend wurde in Deutschland ab 1915 der Arbeitseinsatz der (im Sommer 1915) bereits mehr als 1 Mio. Kriegsgefangenen als Ausgleich für mobilisierte deutsche Arbeiter forciert. Waren Kriegsgefangene zuvor fast ausschließlich innerhalb der Gefangenenlager beschäftigt worden, verlangten militärische und zivile Stellen nun die Nutzung ihrer Arbeitskraft in besonders arbeitskräftebedürftigen Wirtschaftsbereichen, vor allem in der Landwirtschaft und im Bergbau. Mit der Bildung des Kriegsamtes Ende 1916 verlagerte sich der Schwerpunkt des Arbeitseinsatzes. Das Ziel war nun, die zum größten Teil bereits landwirtschaftlich arbeitenden Kriegsgefangenen in Betriebe kriegswichtiger Industriezweige zu verlegen. Diese Verlagerung scheiterte zwar weitgehend am Widerstand der bisherigen Arbeitgeber (so daß bis Kriegsende rund 2/3 aller arbeitsfähigen Kriegsgefangenen in der Landwirtschaft verblieben), eine umfassende Mobilisierung der »Kriegsgefangenenarbeitskraft« wurde dagegen konsequent umgesetzt. Bereits im Sommer/Herbst 1916 betrug der Anteil der außerhalb der Lager zur Arbeit eingesetzten Kriegsgefangenen über 80 %.

Mit der Ausdehnung des Arbeitseinsatzes entwickelte sich 1915/16 eine regelrechte Klassifizierung der Gefangenen nach zunehmend erweiterten Kategorien von »Arbeitsfähigkeit«. Die beruflichen und gesundheitlichen Anforderungen an »Schwerarbeiter« (im Bergbau und in Industriebetrieben) wurden ebenso gelockert wie zunächst noch bestehende Rücksichtnahmen auf den zivilen sozialen Status der Soldaten. Ab Frühjahr 1916 wiederholte das Berliner Kriegsministerium ständig die Weisung, alle irgend arbeitsfähigen Mannschaftssoldaten aus den Stammlagern in Arbeitskommandos zu bringen. Nur schwer Kranke und dauerhaft nicht Arbeitsfähige sollten (wie die Offiziere) in den Lagern zurückbleiben. Die »Ausnutzung der Arbeitskraft« wurde zum Kern der Gefangenenpolitik. Für die Gefangenen selbst bedeutete diese Entwicklung aus verschiedenen Gründen einen höchst unterschiedlichen Grad physischer Belastung: Die Einhaltung bestehender kriegsministerieller Schutzbestimmungen ließ sich angesichts der Vielzahl der Kommandos kaum flächendeckend überwachen; die Behandlung durch zivile Arbeitgeber und militärisches Bewachungspersonal vor Ort war entsprechend uneinheitlich. Die Art der Arbeit – die in einem Bergwerkskommando erheblich schwerer zu ertragen war als in der Landwirtschaft –, die Ernährung, aber auch die Konstitution und soziale Herkunft des Betroffenen waren weitere Einflußfaktoren. Der kriegswirtschaftliche Einsatz brachte den Gefangenen nicht nur Nachteile. Im Bereich der Ernährung z. B. waren außerhalb der Lager Arbeitende gegenüber »Nichtarbeitsfähigen« deutlich besser gestellt. Derartigen positiven Effekten standen jedoch zunehmend schärfere repressive Maßnahmen etwa wegen »Arbeitsverweigerung« gegenüber. Die Kriegsgefangenenbehandlung in Deutschland löste sich sukzessive von militärischen Wertmaßstäben und orientierte sich vor allem in den letzten beiden Kriegsjahren nahezu ausschließlich an kriegswirtschaftlichen Kriterien.

Wie die Kriegsgefangenenarbeit sich zu einem System militärischer Z. entwickelte, so entstand unter massivem Druck landwirtschaftlicher und industrieller Interessengruppen in Deutschland seit 1914 parallel ein System ziviler Z. Auch hier vollzog sich ein Prozeß der Radikalisierung. Dieser begann mit Maßnahmen, welche die vor Kriegsbeginn im Reich beschäftigten ausländischen Arbeitskräfte (vor allem die ca. 300.000 bis 350.000 polnischen landwirtschaftlichen Saisonarbeiter) an ihren Arbeitsstellen festhielten. Er setzte sich fort über die 1915 einsetzende zunächst »freiwillige Anwerbung« von Arbeitern aus den besetzten Gebieten Belgiens und Polens durch die deutsche Industrie, und er gipfelte 1916/17 in der Zwangsdeportation mehrerer zehntausend Menschen aus den beiden Generalgouvernements. Erst vehemente internationale Proteste gegen diese Deportationen, vor allem aber ihr offenkundiges ökonomisches Scheitern, führten ab 1917 zu einer Abkehr von offener Repression bei der Rekrutierung ausländischer »Ersatzarbeitskräfte«.

Nach dem Mißerfolg einer sog. freiwilligen Rekrutierung belgischer Arbeiter durch das Deutsche Industriebüro in Brüssel (trotz hoher Arbeitslosigkeit in Belgien waren bis Okt. 1916 nur 30.000 Arbeiter geworben worden), verstärkten 1916 Industrievertreter den Druck auf die Militärbehörden. Ihre Forderungen, das »große Menschenbassin Belgien« (Carl Duisberg) zu öffnen und mehrere hunderttausend Belgier in die deutsche Kriegsindustrie zu »überführen«, fanden schließlich die Unterstützung der 3. OHL. Einigkeit bestand in dieser Koalition von Industrie und Militär darüber, daß völkerrechtliche Bedenken vor den kriegswirtschaftlichen Interessen zurückzustehen hätten. Die zwischen Nov. 1916 und Febr. 1917 durchgeführten Deportationen straften auch alle anfänglichen Absichtserklärungen, *nur* Arbeitslose und sog. Arbeitsscheue unter Zwang nach Deutschland zu schaffen, Lügen. Unter den ca. 60.000, teilweise unter chaotischen Umständen nach Deutschland verschleppten Belgiern befanden sich keineswegs nur Arbeitslose; darunter waren zahlreiche Menschen, die zu den geforderten Arbeiten weder hinsichtlich ihrer beruflichen Qualifikation noch gesundheitlich in der Lage waren. Bis März 1917 war nur ein Bruchteil der Deportierten in Arbeitsstellen vermittelt worden, die Mehrheit befand sich unter desolaten Bedingungen in Sammellagern. Viele Belgier leisteten durch Verweigerung der Arbeit passiven Widerstand; die Kritik aus dem Ausland war massiv und selbst in Deutschland äußerten Vertreter des Reichstags und ziviler Ministerien Kritik an dieser Aktion. Die menschenverachtende Deportationspolitik erwies sich ökonomisch wie politisch als kontraproduktiv. Als Konsequenz kehrte man zu dem System »freiwilliger Anwerbung« zurück, welches zumindest ohne offene Gewaltanwendung 1917/18 etwa 100.000 zusätzliche belgische Arbeitskräfte nach Deutschland brachte. Für belgische Staatsangehörige, die zeitgleich zu den Deportationen nach Deutschland durch Anordnung der OHL zu Arbeiten ins Etappengebiet verschleppt worden waren, galt der Abbruch dieser völkerrechtswidrigen Aktion allerdings nicht. Ca. 60.000 Belgier leisteten 1917/18 unter direkter Befehlsgewalt der OHL weiterhin Z. in sog. Zivil-Arbeiter-Bataillonen.

Nicht rückgängig gemacht wurde auch eine gleichfalls 1916/17 durchgeführte Zwangsrekrutierung von Arbeitern aus dem polnischen Besatzungsgebiet. Diese vollzog sich unter weit weniger öffentlichem Aufsehen gleichsam im Windschatten der »Belgierfrage«, unterschied sich jedoch nicht in der Skrupellosigkeit der Durchführung. Schon die 1915 auch in Polen mit Hilfe der Deutschen Arbeiterzentrale begonnene »freiwillige Anwerbung« landwirtschaftlicher und industrieller Arbeiter (immerhin über 200.000 bis Febr. 1916) vollzog sich unter massivem ökonomischem Druck der Besatzungsbehörden. Trotz der – im Vergleich zu Belgien – in Polen weit erfolgreicheren Anwerbung wurden ab Okt. 1916 auf der Basis der sog. Verordnung zur Bekämpfung der Arbeitsscheu mindestens 5.000 zumeist jüdische Arbeiter aus dem Raum Lodz nach Deutschland verschleppt. Erst 1917 bewirkte der Widerstand deutscher ziviler Ministerien, daß von den ursprünglichen Planungen, weitere 30.000 Polen nach Deutschland zu deportieren, Abstand genommen wurde. Die schließlich auch hier vollzogene Rückkehr zu weniger gewaltsamen Rekrutierungspraktiken führte bis 1918 zu weiteren 140.000 Neuanwerbungen in Polen.

Polnischen Arbeitern wurde nun eine finanzielle Gleichstellung mit deutschen Arbeitern, bessere Arbeitsbedingungen und eine gewisse Freizügigkeit bei der Orts- und Arbeitsstellenwahl versprochen. Die Praxis in den Betrieben zeigte jedoch eine fortdauernde Diskriminierung polnischer Arbeiter. Im wörtlichen Sinne war bereits die mit Kriegsbeginn einsetzende rechtliche Beschränkung der Bewegungs- und Arbeitsfreiheit polnischer Saisonarbeiter eine Vorform von Z. – ein System, welches sukzessive noch ausgebaut wurde: Nach der erzwungenen Verlängerung ihrer Arbeitsverträge 1914 folgten ab 1915 das Verbot eines Orts- und Arbeitsstellenwechsels und schließlich Ende 1915 ein Verbot der Heimkehr (mit Ausnahme eines begrenzten Urlaubsanspruchs). Auch die im Krieg »freiwillig« rekrutierten polnischen Arbeiter unterlagen derartigen Beschränkungen, welche mit einem freien Arbeitsverhältnis unvereinbar waren, sich vielmehr der Behandlung der kriegsgefangenen Arbeitskräfte annäherte. Formen der Diskriminierung durch Arbeitgeber und lokale Verwaltungen wirkten an vielen Arbeitsstätten darüber hinaus bis 1918 fort. Mißhandlungen und nationalistisch-rassistische Vorurteile vor allem gegenüber polnischen Arbeitern waren ebenso verbreitet wie Beschränkungen der Bewegungsfreiheit, Einbehaltung von Lohnzahlungen bei Arbeitsunwilligkeit oder andere Strafmaßnahmen. Auch in der Phase einer »re-liberalisierten« Ausländerbeschäftigung entzogen sich daher mehrere Zehntausend polnische Arbeiter einer solchen Behandlung durch Flucht.

Praktiken der Z. im Zweiten Weltkrieg hatten somit Vorbilder in den Jahren zwischen 1914-1918. Die Z. im Ersten Weltkrieg unterlag aber in doppelter Hinsicht Grenzen: Aufgrund noch bestehender Skrupel der politischen Stellen wurden nicht alle verfügbaren Gewaltmittel eingesetzt, wie z. B. die 1917 vollzogene Abkehr von den Deportationen zeigt. Zugleich bestand ein bleibendes Interesse daran, die Arbeitsfähigkeit (und somit die Gesundheit) der fremden Arbeitskräfte zu erhalten: dies war der zentrale Unterschied zur Zwangsarbeiter-Politik der Jahre 1939-1945. → *Deportationen* → *Kriegsamt* → *Kriegsgefangene*

Lit.: U. Herbert, Zwangsarbeit als Lernprozeß. Zur Beschäftigung ausländischer Arbeiter in der westdeutschen Industrie im Ersten Weltkrieg, in: Archiv für Sozialgeschichte, 24 (1984), S. 285-304. U. Hinz, Gefangen im Großen Krieg. Kriegsgefangenschaft in Deutschland, 1914-1921, Essen 2004.

UTA HINZ

Zweifrontenkrieg, spezifische strategische Situation der Mittelmächte, die von dem »eisernen Ring« (W. Groener) der gegnerischen Koalition umgeben waren. Meist wurde dies als gravierender strategischer Nachteil gesehen, der vor 1914 maßgeblich zum Entstehen des riskanten Schlieffen-Plans führte: dem Versuch, durch rasches Schlagen an einer Front den Z. und damit eine Verzettelung der eigenen Kräfte vermeiden zu können. – Die deutsche Politik in der Julikrise 1914 wurde oftmals als das Bestreben interpretiert, der Zweifrontendrohung bzw. der »Einkreisung«, vor allem vor dem Hintergrund der kontinuierlichen russischen Aufrüstung, entgegentreten zu müssen, solange es noch ging. Doch schon Generalfeldmarschall von Moltke, Chef des Generalstabs von 1857 bis 1888, hatte angesichts der europäischen Stärkeverhältnisse einen Z. mit letztlich defensiver Taktik für unvermeidbar gehalten.

Während des Weltkriegs erwies sich dann, daß diese sich im Sept. 1914 herauskristallisierende Situation auch Vorteile für die Mittelmächte hatte, etwa den Vorteil der »inneren Linie«, das heißt weit günstigere Verbindungs- und Kommunikationswege. Dieser Begriff gehört korrespondierend zu dem des Z. Der Austausch von Truppen und Material der Ententemächte zwischen Westfront, Ostfront, Italien und Balkan wurde durch lange Verbindungswege erschwert. Der Entente blieb vor allem die Koordination gemeinsamer Angriffstermine als wichtigstes Mittel übrig, um die Mittelmächte daran zu hindern, nach Belieben eigene strategische Schwerpunkte zu bilden. Der wesentlichste Erfolg alliierter Angriffsabsprachen war der Allfrontenangriff im Sommer 1916 (Somme, Brussilow, Isonzo), der tatsächlich die Mittelmächte einem gewaltigen, aber letztlich die Entscheidung nicht herbeiführenden Druck aussetzte und klarstellte, daß die Kräfte der Entente nicht ausreichten, um die Mittelmächte zu erdrücken. Das Deutsche Reich konnte in verhältnismäßig kurzer Zeit Truppen von der West- an die Ostfront verlegen und überraschende Schwerpunkte bilden. Diese Strategie wurde vor allem im Jahr 1915 verfolgt – der Sieg von Gorlice-Tarnów war der wahrscheinlich größte Erfolg; ihm gesellten sich dann noch der deutsch-österreichisch-bulgarische Sieg über Serbien 1915, der Sieg über Rumänien im Herbst 1916 sowie 1917 der Durchbruch am Isonzo hinzu. Hingegen führte der auf mangelnde strategische Zusammenarbeit der Mittelmächte zurückgehende Verzicht auf den Vorteil der inneren Linie, wie etwa der Angriff auf Verdun und in Tirol 1916, desgleichen die getrennten Offensiven 1918, zu verhängnisvollen Fehlschlägen.

Insgesamt ist die Zweifrontensituation der Mittelmächte mit ihren Vor- und Nachteilen ambivalent zu bewerten, psychologisch nachteilig – wegen des Gefühls, »eingekreist« zu sein und von der Welt abgeschnitten und auf die Dauer erdrückt zu werden, was auch zu schweren strategischen Fehlern führte (z. B. der Erklärung des uneingeschränkten U-Boot-Krieges im Febr. 1917 durch Deutschland)–, aber rein militärisch gesehen eher positiv. Der Z. verhinderte sogar, daß sich die Überlegenheit der Entente an Menschen und Material so deutlich auswirkte, wie es bei einem Einfrontenkrieg wahrscheinlich der Fall gewesen wäre. → *Schlieffen-Plan* → *U-Boot-Krieg*

HOLGER AFFLERBACH

Zweig, Arnold, * Glogau 10.11.1887, † Berlin (Ost) 26.11.1968, deutscher Schriftsteller. – Der Sohn eines jüdischen Sattlermeisters studierte Germanistik, Kunstgeschichte und moderne Sprachen, um den Lehrerberuf zu ergreifen, entschloß sich dann aber freier Schriftsteller zu werden. Nach der Einberufung 1915 nahm er als Armierungssoldat an den Kämpfen in Belgien, Serbien und bei Verdun teil. 1917 wurde Z. Schreiber im Kriegspressehauptquartier der Heeresleitung Ober-Ost in Kowno / Litauen. Der Kontakt mit dem osteuropäischen Judentum beeinflußte ihn nachhaltig. Nach Kriegsende war Z. als freier Schriftsteller tätig, bevor er 1933 nach Palästina emigrierte. 1935 wurde er vom NS-Regime ausgebürgert. 1948 kehrte er nach Deutschland (Ost-Berlin) zurück. Bis zu seinem Tod erhielt er zahlreiche Auszeichnungen und war Präsident der Deutschen Akademie der Künste und des Deutschen P.E.N.-Zentrums Ost und West der DDR.

Mit dem Novellenband *Die Bestie* (1914) drückte Z. noch kurz nach Kriegsbeginn seine Kriegsbegeisterung aus, die sich jedoch angesichts der Fronterlebnisse zu einer entschiedenen Kriegskritik wandelte, die er in zahlreichen Publikationen zum Ausdruck brachte. Insbesondere der Roman *Der Streit um den Sergeanten Grischa* (1927; 1917 zunächst als Drama konzipiert, Publikation als *Das Spiel um den Sergeanten Grischa* 1921, Uraufführung 1930) begründete sein Renommee als kriegskritischer Autor, der in seinen vom Realismus beeinflußten Texten die politischen und gesellschaftlichen Ursachen und Folgen des Krieges darstellte. Ursprünglich als Teil der *Trilogie des Übergangs* geplant, ordnete Z. später den Roman dem Zyklus *Der große Krieg der weißen Männer* um die Hauptfigur des jüdischen, zunächst liberalen, dann sozialistischen Schriftstellers Werner Bertin zu, an dem er bis zu seinem Tod arbeitete. Dieser Zyklus sollte sämtliche gesellschaftlichen und politischen Aspekte des Weltkriegs und seiner Folgen kritisch beleuchten: die wilhelminische

Vorkriegsgesellschaft in *Die Zeit ist reif* (1957), Heimatfront und Umwertung der Werte durch den Krieg in *Junge Frau von 1914* (1931 und 1949), Fronterlebnis und »Erziehung« durch den Krieg weitgehend autobiographisch in *Erziehung vor Verdun* (1935 und 1949), das hilflose Individuum angesichts der Militärmaschinerie in *Der Streit um den Sergeanten Grischa* (1927), die Waffenstillstands- und Friedensverhandlungen von Brest-Litowsk in *Die Feuerpause* (1954), schließlich die Kriegsfolgen und das Zusammenspiel ökonomischer, politischer und gesellschaftlicher Interessen anhand der Vorgänge um die Besetzung des litauischen Throns 1918 in *Einsetzung eines Königs* (1937). Ein letzter Band *Das Eis bricht* wurde nicht fertiggestellt.

Lit.: J. Hermand, Arnold Zweig. Mit Selbstzeugnissen und Bilddokumenten, Reinbek bei Hamburg 1990.

THOMAS F. SCHNEIDER

Zweite Internationale, 1889 in Nachfolge der Ersten Internationale (1864-1876) gegründeter internationaler Zusammenschluß der nationalen sozialistischen Parteien, der im Ersten Weltkrieg zerbrach. – Obwohl auf den Vorkriegskonferenzen die Haltung der Z. zum Krieg stets debattiert und auf der Konferenz von Stuttgart 1907 eine Resolution beschlossen worden war, die die Sektionen in den einzelnen Ländern bei drohender Kriegsgefahr zu Gegenmaßnahmen aufrief, dabei allerdings den angeschlossenen Organisationen die Wahl der Mittel überließ, verfügte die Z. über keine tragfähigen Verhinderungsstrategien im Falle eines Krieges.

Das Internationale Sozialistische Büro (ISB) als gemeinsames Handlungsinstrument trat am 29./30. Juli 1914 in Brüssel zusammen und rief zu Antikriegsdemonstrationen auf; ohnmächtig mußte die Z. jedoch registrieren, daß sich die überwiegende Mehrheit der vom Kriegsausbruch überraschten sozialistischen Parteien – mit Ausnahme der serbischen und der russischen – hinter die jeweiligen Regierungen stellte und sich unter Verzicht auf Bekämpfung des politischen Gegners in die nationale Abwehrfront einreihte (»Burgfrieden«). Damit war die Z. als internationales Friedensinstrument zusammengebrochen. Das Sekretariat des ISB verlegte seinen Sitz von Brüssel nach Den Haag und versuchte über die Schützengräben hinweg eine Verständigung zwischen den Parteien in den verschiedenen Lagern herbeizuführen. Zu einer einheitlichen Aktion kam es während des Krieges nicht mehr. So fand lediglich eine Reihe von Sonderkonferenzen der sozialistischen Parteien aus den verfeindeten Lagern statt. Die kriegsoppositionelle Linke schloß sich in der »Zimmerwalder Bewegung« zusammen. Von den Sozialdemokraten der neutralen Länder ausgehende Versuche, die sozialistischen Parteien der Kriegsgegner an einen Tisch zu bringen, scheiterten angesichts des gegenseitigen Mißtrauens und gravierender Meinungsverschiedenheiten (Kriegsschuldfrage, Haltung der deutschen Sozialdemokratie zur Verletzung der belgischen Neutralität, Streit um die Zukunft Elsaß-Lothringens). Das ambitionierteste Projekt war die von einem niederländisch-skandinavischen Komitee geplante Konferenz der sozialistischen Parteien der kriegführenden und neutralen Staaten in Stockholm. Zwar reisten im Juni 1917 Delegationen von deutscher Mehrheits-SPD und USPD im Juni 1917 zu getrennten Vorgesprächen mit dem Organisationskomitee in die schwedische Hauptstadt, doch fand die eigentliche Konferenz nicht statt. Erst nach Kriegsende wurde die Z. wiederbelebt. Auf der ersten Nachkriegskonferenz in Bern im Febr. 1919, an der jedoch einige Parteien (u. a. aus Belgien aus Protest gegen die Teilnahme deutscher Vertreter) nicht teilnahmen, wurde die deutsche Sozialdemokratie wieder zur Z. zugelassen, die nun in Konkurrenz mit der von den russischen Bolschewiki dominierten Kommunistischen Dritten Internationale (Gründungskongreß am 2. März 1919) stand. 1923 schlossen sich die sozialistischen und sozialdemokratischen Parteien zur Sozialistischen Arbeiter-Internationale (SAI) zusammen. → *Sozialdemokratie* → *Zimmerwalder Bewegung*

Lit.: G. Haupt, Der Kongreß fand nicht statt. Die sozialistische Internationale, Wien 1967.

WALTER MÜHLHAUSEN

Chronik

1914-1918

1914

28. Juni	Ermordung des österr. Thronfolgers Franz Ferdinand und seiner Gattin in Sarajevo.
5. Juli	»Hoyos-Mission«: Kaiser Wilhelm II. sichert Österreich-Ungarn die dt. Unterstützung zu.
23. Juli	Österreich-Ungarn stellt Serbien ein Ultimatum.
25. Juli	Mobilmachung der serb. Armee. Der russ. Kronrat beschließt die Unterstützung Serbiens.
28. Juli	Österreich-Ungarn erklärt Serbien den Krieg.
30. Juli	Generalmobilmachung der russ. Armee.
31. Juli	Generalmobilmachung Österreich-Ungarns und Belgiens.
1. Aug.	Deutschland erklärt Rußland den Krieg. Generalmobilmachung Deutschlands und Frankreichs. Italien erklärt seine Neutralität.
2. Aug.	Dt. Einmarsch in Luxemburg. Deutschland richtet ein Ultimatum an Belgien mit der Forderung nach freiem Durchmarsch. Dt.-türk. Bündnisvertrag.
3. Aug.	Deutschland erklärt Frankreich den Krieg. Die brit. Armee macht mobil. Brit. Ultimatum an Deutschland. Rumänien erklärt seine Neutralität.
4. Aug.	Großbritannien bricht seine Beziehungen zu Deutschland ab (Kriegszustand). Die Parteien des dt. Reichstags bewilligen die Kriegskredite; Ermächtigung des Bundesrats zu Verordnungen. Ausrufung des »Burgfriedens« durch den Kaiser. Einmarsch dt. Truppen in Belgien.
6. Aug.	Kriegserklärung Österreich-Ungarns an Rußland. Serbien erklärt Deutschland den Krieg.
7. Aug.	Montenegro erklärt Österreich-Ungarn den Krieg.
9.-16. Aug.	Das brit. Expeditionskorps geht in Frankreich an Land.
10. Aug.	Schlacht von Mühlhausen: Frz. Verbände räumen die Stadt. Die dt. Kreuzer *Goeben* und *Breslau* erreichen Konstantinopel.
11. Aug.	Frankreich erklärt Österreich-Ungarn den Krieg. Einmarsch österr.-ungar. Truppen in Serbien.
12. Aug.	Großbritannien erklärt Österreich-Ungarn den Krieg. Kriegserklärung Montenegros an Deutschland.
12.-21. Aug.	Scheitern der österr.-ungar. Offensive gegen Serbien an der Drina.
13. Aug.	Die Kriegsrohstoffabteilung unter Walther Rathenau nimmt ihre Arbeit auf.
15. Aug.	Russ. Truppen marschieren in Ostpreußen ein.
16. Aug.	Die Festung Lüttich wird nach tagelangem Beschuß der dt. Artillerie endgültig zerstört.
17. Aug.	Heftige Kämpfe in Stallupönen (Ostpreußen).
19./20. Aug.	Dt. Truppen besetzen Brüssel: die belg. Armeeführung flieht nach Antwerpen. Schlacht bei Gumbinnen: die dt. 8. Armee räumt Teile Ostpreußens.
20.-22. Aug.	Schlacht in Lothringen: schwere frz. Verluste.
22. Aug.	Einmarsch russ. Truppen in Galizien. Schlacht bei Krasnik (23.-25.8.) und Komarów (26.-31.8.)
23. Aug.	Kriegserklärung Japans an Deutschland. Österreich-Ungarn erklärt Japan den Krieg. Hindenburg übernimmt die Führung der 8. Armee (Ostfront).
25. Aug.	Zerstörung der Bibliothek von Löwen durch dt. Truppen. Einnahme der Festung Namur.
26.-30. Aug.	Schlacht bei Tannenberg: Vernichtung der russ. Narew-Armee.
28. Aug.	Österreich-Ungarn erklärt Belgien den Krieg. Seegefecht nahe der Insel Helgoland. Die dt. Kolonie Togo wird an die Briten übergeben.
1.-10. Sept.	Schlacht bei Lemberg: Rückzug der österr.-ungar. Armee. Einschließung der Festung Przemyśl durch dt. Verbände.

2. Sept.	Dt. Truppen erreichen die Marne und bedrohen Paris. Die frz. Regierung zieht sich nach Bordeaux zurück. Russ. Truppen besetzen Lemberg.
5.-12. Sept.	1. Marne-Schlacht.
6. Sept.	Serb. Offensive an der unteren Save (bis Jan. 1915).
7.-15. Sept.	Schlacht an den Masurischen Seen.
12. Sept.	Beginn der 1. Schlacht an der Aisne (bis 24.10.): »Wettlauf zum Meer«.
14. Sept.	Ablösung Moltkes als Generalstabschef durch Falkenhayn (2. OHL).
18.-20. Sept.	Beschießung der Kathedrale von Reims durch dt. Verbände.
24. Sept. – 12. Okt.	Belagerung der Festung Przemyśl durch die Russen.
4. Okt.	»Aufruf an die Kulturwelt« von 93 dt. Wissenschaftlern, Schriftstellern und Künstlern.
9. Okt.	Einnahme Antwerpens. Flucht der belg. Regierung über Ostende nach Le Havre (13.10.).
15. Okt.	Montenegro erklärt Bulgarien den Krieg.
20. Okt.	Beginn der 1. Flandern-Schlacht (bis Mitte Nov.). Die türk. Flotte bombardiert russ. Häfen am Schwarzen Meer.
22. Okt.	Österr.-ungar. Truppen nehmen Czernowitz wieder ein.
28. Okt.	Flandrisches Küstengebiet wird von der belg. Armee geflutet.
29. Okt.	Serbien erklärt dem Osmanischen Reich den Krieg. Das Osmanische Reich erklärt Rußland und Frankreich den Krieg. Kreuzer *Goeben* beschießt russ. Häfen am Schwarzen Meer.
1. Nov.	Hindenburg und Ludendorff erhalten den Oberbefehl über die Ostfront. Sieg Admiral Spees bei Coronel.
2.-6. Nov.	Rußland (2.11.) Großbritannien (5.11.) und Frankreich (6.11.) erklären dem Osmanischen Reich den Krieg.
3.-5. Nov.	Lettow-Vorbecks Schutztruppe besiegt brit. Einheiten bei Tanga (Deutsch-Ostafrika).
7. Nov.	Der dt. Marinestützpunkt Tsingtau kapituliert vor den Japanern.
8. Nov. – 15. Dez.	Niederlagen und Rückzug der serb. Armee.
8. Nov.	Russ. Truppen belagern erneut die Festung Przemyśl (bis 22.3.1915).
14. Nov.	Ausrufung des Heiligen Krieges (jihad) gegen die Entente durch den Kalifen Mehmed V. Reshad in Konstantinopel.
Mitte Nov.	Verlustreiche Kämpfe in Flandern (Langemarck). Die gesamte Westfront geht zum Stellungskrieg über.
16. Nov.	Offensive der österr.-ungar. Armee in Galizien und Russisch-Polen. Papst Benedikt XV. erläßt eine »Friedensenzyklika«.
18. Nov.	Frz. Regierung kehrt nach Paris zurück.
27. Nov.	Czernowitz wird von österr.-ungar. Truppen geräumt.
2. Dez.	Belgrad wird von der österr.-ungar. Armee besetzt.
6. Dez.	Dt. Truppen nehmen Lodz ein.
8. Dez.	Dt. Kreuzergeschwader wird bei den Falkland-Inseln durch brit. Marine vernichtet. Beginn der 1. Champagne-Schlacht (bis 17.3.1915): »Winterschlacht in der Champagne«.
15. Dez.	Serb. Truppen erobern Belgrad zurück.
17. Dez.	Beginn der 1. Artois-Offensive (bis 20.12.).
20. Dez.	Türk. Truppen rücken bis zum Suezkanal vor.
21. Dez.	Brit. Truppen erobern Basra.

1915

Jan. – April	Karpatenkämpfe: die Offensive Conrad von Hötzendorfs führt zu einer Katastrophe für die österr.-ungar. Armee.
24. Jan.	Unentschiedenes Seegefecht zwischen der brit. und dt. Marine auf der Doggerbank.

25. Jan.	Einführung von Brotmarken in Deutschland: Rationierung von Lebensmitteln.
4. Febr.	Deutschland erklärt das Seegebiet um die brit. Inseln zum Sperrgebiet.
7.-21. Febr.	Winterschlacht in Masuren: 100.000 russ. Gefangene.
19. Febr.	Alliierter Flottenverband versucht Durchbruch durch die Dardanellen-Meerenge.
22. Febr.	Beginn des dt. uneingeschränkten U-Boot-Kriegs.
18. März	Scheitern des erneuten alliierten Angriffs gegen die Dardanellen.
April/Mai	2. Flandern-Schlacht, dt. Einsatz von Giftgas (22.4.).
25. April	Landung brit., ANZAC und frz. Truppen auf der Halbinsel Gallipoli.
26. April	»Londoner Vertrag«: Geheimabkommen der Entente mit der ital. Regierung führt zum Kriegseintritt Italiens. Dt. Offensive in Litauen und Kurland.
Anfang Mai	Schlacht von Gorlice-Tarnów: dt. und österr.-ungar. Truppen besetzen Gorlice (2.5.) und Tarnów (6.5.). Galizien weitgehend von russ. Truppen geräumt.
7. Mai	Versenkung des brit. Passagierdampfers *Lusitania* durch ein dt. U-Boot: Konflikt mit den USA.
9. Mai	Beginn der 2. Artois-Offensive der frz. Armee (bis 18.7.).
12.-20. Mai	Höhepunkt der Kriegszielagitation (Annexionen) in Deutschland: »Verbände-Denkschrift« der sechs großen Wirtschaftsverbände.
13. Mai	Die US-Regierung verlangt in einer Protestnote die Rückkehr zum U-Boot-Krieg nach Prisenordnung. Südafrikanische Truppen unter Louis Botha erobern Windhuk.
23. Mai	Italien erklärt Österreich-Ungarn den Krieg.
4. Juni	ANZAC-Truppen erleiden schwere Verluste auf Gallipoli. Die Festung Przemyśl wird von dt. und österr.-ungar. Truppen zurückerobert.
22. Juni	Österr.-ungar. Truppen erobern Lemberg zurück.
23. Juni	Beginn der 1. Isonzo-Schlacht (bis 7. 7.).
Anfang Juli	Dt. Offensive an Bug und Weichsel. Konferenz der alliierten Militärchefs in Chantilly: Abstimmung über Herbstoffensive.
9. Juli	Kapitulation der Kolonie Deutsch-Südwestafrika (Gouverneur T. Seitz). »Intellektuelleneingabe« für moderate Kriegsziele an den Reichskanzler.
13. Juli	Beginn der dt. Offensive am Narew (bis 24.8).
18. Juli	Beginn der 2. Isonzo-Schlacht (bis 10.8.).
4./5. Aug.	Einnahme von Warschau durch dt. Truppen.
19. Aug.	Versenkung des engl. Passagierdampfers *Arabic* durch dt. U-Boot.
21. Aug.	Italien erklärt dem Osmanischen Reich den Krieg.
26. Aug.	Dt. Bug-Armee erobert Brest-Litowsk.
6. Sept.	Bündnisvertrag Deutschlands und Österreich-Ungarns mit Bulgarien.
18. Sept.	Dt. Einschränkung des U-Boot-Handelskriegs als Antwort auf den drohenden Kriegseintritt der USA.
22. Sept.	Beginn der 2. Champagne-Schlacht (»Herbstschlacht in der Champagne«)
25. Sept.	Beginn der 3. frz. Artois-Offensive (bis 11.10.).
5. Okt.	Die ersten brit. und frz. Verbände landen in Saloniki.
6. Okt.	Beginn der Offensive der Mittelmächte gegen Serbien.
9. Okt.	Eroberung Belgrads durch die österr.-ungar. Armee.
14. Okt.	Kriegserklärung Bulgariens an Serbien.
15. Okt.	Großbritannien erklärt Bulgarien den Krieg.
16. Okt.	Frankreich erklärt Bulgarien den Krieg.
18. Okt.	Beginn der 3. Isonzo-Schlacht (bis 5.11.).
8. Nov.	Der ital. Dampfer *Ancona* wird von einem österr.-ungar. U-Boot versenkt.

10. Nov.	Beginn der 4. Isonzo-Schlacht (bis 11. 12.).
23. Nov.	Abschluß der k. u. k. Offensive gegen Serbien: Reste der serb. Armee ziehen sich an die adriatische Küste zurück.
6.-8. Dez.	2. Konferenz der Entente in Chantilly: Planung einer gemeinsamen Offensive.
20. Dez.	Größerer Rückzug britischer und ANZAC-Verbände von Gallipoli.
21. Dez.	Im Reichstag stimmen 20 SPD-Abgeordnete gegen die Bewilligung weiterer Kriegskredite.
29. Dez.	Rückzug der dt. Schutztruppen von Kamerun auf span. Kolonialgebiet.

1916

1. Jan.	Gründung der »Gruppe Internationale« durch Karl Liebknecht und Rosa Luxemburg: Anfänge des Spartakusbundes.
23. Jan.	Das Königreich Montenegro kapituliert nach einer dreiwöchigen Offensive der österr.-ungar. Armee.
27. Jan.	Im Vereinigten Königreich (mit Ausnahme Irlands) wird die Wehrpflicht für alle ledigen Männer zwischen 18 und 41 Jahren eingeführt (im Mai erweitert auf Verheiratete).
11. Febr.	Erklärung der Reichsleitung, daß bewaffnete feindliche Handelsschiffe künftig wie Kriegsschiffe behandelt werden.
21. Febr.	Beginn der Kämpfe um Verdun (bis Ende Juli).
25. Febr.	General Pétain übernimmt den Oberbefehl über die frz. Verbände bei Verdun. Dt. Truppen erobern das Fort Douaumont.
1. März	Beginn der 5. Isonzo-Schlacht (bis 15.3.).
4. März	Das Deutsche Reich setzt den uneingeschränkten U-Boot-Krieg vorübergehend aus: Rücktritt des Großadmirals Alfred von Tirpitz (15.3.).
9. März	Das Deutsche Reich erklärt Portugal den Krieg.
24. März	Versenkung des frz. Dampfers *Sussex*. Nach amerik. Protesten vorübergehende Einstellung des dt. U-Boot-Kriegs.
29. April	Kapitulation des brit. Expeditionskorps (ind. Division) bei Kut al-Amara vor den Türken.
15. Mai	Beginn der österr.-ungar. Offensive in Südtirol.
16. Mai	Sykes-Picot-Abkommen.
22. Mai	Die Reichsregierung errichtet ein Kriegsernährungsamt zur Sicherstellung der Lebensmittelversorgung.
27. Mai	Rede des amerik. Präsidenten Woodrow Wilson: »Frieden ohne Sieger und Besiegte«.
31. Mai	Seeschlacht am Skagerrak (bis 1. 6.).
4. Juni	Beginn der Brussilow-Offensive auf einer Frontlänge von 350 km von Wolhynien bis in die Bukowina (bis Ende Aug.).
5. Juni	Beginn des arabischen Aufstandes gegen die türk. Herrschaft.
7. Juni	Fort Vaux bei Verdun wird durch dt. Truppen erobert.
1. Juli	Beginn der Schlacht an der Somme (bis 25.11.).
4. Aug.	Beginn der 6. Isonzo-Schlacht (bis 16. 8.): Ital. Truppen erobern die Stadt Görz und die Hochfläche von Doberdó.
17. Aug.	Rumänien tritt der Entente bei.
27. Aug.	Rumänien erklärt Österreich-Ungarn den Krieg.
28. Aug.	Italien erklärt dem Deutschen Reich den Krieg. Das Deutsche Reich, Bulgarien und das Osmanische Reich erklären Rumänien den Krieg.
29. Aug.	Rücktritt Falkenhayns (28.8.): Hindenburg wird zum Chef des Generalstabs des Feldheeres und Ludendorff zum Ersten Generalquartiermeister ernannt (3. OHL).
3. Sept.	Feldzug der Mittelmächte gegen Rumänien (bis Dez.): Niederlagen der Rumänen bei Hermannstadt (26.9.) und Kronstadt (8.10.).

6. Sept.	Einsetzung eines gemeinsamen Oberkommandos der Mittelmächte.
13. Sept.	Monastir-Offensive der Entente in Makedonien (bis 15.12).
15. Sept.	Erster Einsatz brit. Tanks an der Somme-Front.
30. Sept.	Hindenburg-Programm: Mobilisierung zusätzlicher Arbeitskräfte und Steigerung der Rüstungsproduktion.
24. Okt.	Frz. Gegenoffensive bei Verdun (bis 3.11.: Fort Vaux).
5. Nov.	Proklamation eines von den Mittelmächten abhängigen »Königreich Polen«.
21. Nov.	Tod des Kaisers Franz Joseph von Österreich-Ungarn.
5. Dez.	Der Reichstag beschließt das Gesetz über den Vaterländischen Hilfsdienst.
6. Dez.	Dt. Truppen besetzen Bukarest.
12. Dez.	Friedensangebot der Mittelmächte an den amerik. Präsidenten.
Mitte Dez.	Ende der Kämpfe um Verdun: Frz. Truppen besetzen Fort Douaumont.
18. Dez.	Aufforderung des US-Präsidenten an die kriegführenden Mächte, ihre Friedensbedingungen und Forderungen offen zu erörtern.
26. Dez.	Das Deutsche Reich erklärt sich zur Teilnahme an einer Friedenskonferenz bereit, lehnt jedoch eine amerik. Vermittlung ab.
30. Dez.	Die Alliierten weisen die dt. Friedensinitiative zurück.

1917

10. Jan.	Die Ententemächte geben in einer gemeinsamen Note erstmals ihre Kriegsziele bekannt.
12. Jan.	Hungerprotest vor dem Rathaus in Hamburg. Es folgen weitere öffentliche Proteste im dt. »Steckrübenwinter«.
22. Jan.	In einer Rede vor dem US-Senat fordert Präsident Wilson einen »Frieden ohne Sieg« und ein Selbstbestimmungsrecht der Völker.
1. Febr.	Das Deutsche Reich erklärt den uneingeschränkten U-Boot-Krieg.
3. Febr.	Die USA brechen die diplomatischen Beziehungen zu Deutschland ab.
9. Febr.	Beginn des dt. »Unternehmen Alberich«: Rücknahme eines Frontbogens an der Westfront (dabei massive Zerstörungen).
8. März	Ausbruch der russ. Februarrevolution: Abdankung des Zaren (15.3.) und Bildung einer Provisorischen Regierung.
11. März	Brit. Truppen erobern Bagdad.
16.-19. März	Dt. Rückzug in die »Siegfried-Stellung«.
26./27. März	1. Schlacht um Gaza.
6. April	Die USA erklären Deutschland den Krieg.
7. April	»Osterbotschaft« Wilhelms II.: Der Kaiser verspricht die Aufhebung des preußischen Dreiklassenwahlrechts nach Kriegsende.
9. April	Angriff brit. Truppen (mit Tanks) bei Arras.
11. April	Gründung der USPD in Gotha.
Mitte April	»Hungerstreiks« in Berlin, Leipzig und anderen dt. Großstädten gegen die Verschlechterung der Lebensmittelversorgung. Die Proteste werden zunehmend politisch.
16. April	Beginn der 3. Champagne-Schlacht (bis 25.5.): und der Schlacht am Chemin des Dames (Nivelle-Offensive).
17. April	2. Schlacht um Gaza (bis 20. 4.).
23. April	Kriegszielkonferenz der Mittelmächte in Bad Kreuznach (»Kreuznacher Programm«).
29. April	Meutereien frz. Einheiten am Chemin des Dames (bis Anfang Juni).
4. Mai	Beginn der Beratungen des Verfassungsausschusses des Reichstags über Verfassungsreformen.
15. Mai	Pétain löst Nivelle als Oberbefehlshaber ab.

18. Mai	In den USA beginnt die Wehrerfassung aller Männer zwischen 21 und 30 Jahren.
7. Juni	Beginn der Schlacht am Wytschaete-Bogen (leitet über zur 3. Flandern-Schlacht).
27. Juni	Griechenland tritt der Entente bei.
29. Juni	Griechenland erklärt dem Deutschen Reich, Österreich-Ungarn, dem Osmanischen Reich und Bulgarien den Krieg.
1. Juli	Beginn der erfolglosen russ. Kerenski-Offensive (bis Ende Juli).
6. Juli	Matthias Erzberger (Zentrum) fordert im Reichstag einen Verständigungsfrieden ohne Annexionen. Bildung eines Interfraktionellen Ausschusses.
7. Juli	Der bislang größte dt. Luftangriff auf London fordert 54 Tote und 190 Verwundete.
14. Juli	Rücktritt Bethmann Hollwegs: Nachfolger wird Georg Michaelis.
19. Juli	»Friedensresolution« des Reichstags.
31. Juli	Beginn der 3. Flandern-Schlacht (bis Anfang Nov.).
1. Aug.	Friedensnote des Papstes Benedikt XV.
5. Aug.	Meutereien in der dt. Hochseeflotte.
14. Aug.	China erklärt dem Deutschen Reich und Österreich-Ungarn den Krieg.
26. Aug.	Pétains Offensive bei Verdun führt zur Rückeroberung der Höhe »Toter Mann«.
2. Sept.	Alfred von Tirpitz und Wolfgang Kapp gründen die Deutsche Vaterlandspartei.
3. Sept.	Dt. Truppen besetzen Riga.
23. Okt.	Dt. Verbände räumen den Chemin des Dames.
24. Okt.	Beginn der 12. Isonzo-Schlacht (Caporetto): Durchbruch der Mittelmächte bis zur Piave (bis 2.12.).
26. Okt.	Angriff kanad. Einheiten bei Passchendaele (Ypern-Bogen): Einnahme am 6. Nov.
31. Okt.	Gaza-Beerscheba-Schlacht (3. Schlacht um Gaza): brit. Durchbruch an der Sinai-Front.
1. Nov.	Reichskanzler Michaelis wird durch Graf Hertling abgelöst.
5. Nov.	Die dt.-österr. Kriegszielkonferenz in Berlin beschließt die Vereinigung des russ. Teils Polens und Galiziens mit dem Königreich Polen sowie die Angliederung von Litauen und Kurland an das Deutsche Reich (»Polen-Proklamation«).
7. Nov.	Oktoberrevolution (julianischer Kalender: 25. Okt.) in Rußland: Die bürgerliche Regierung wird durch die Bolschewiki unter Lenin gestürzt.
8. Nov.	»Dekret über den Frieden«: Internationaler Appell des russ. Kongresses der Arbeiter- und Soldatenräte zur Aufnahme von Friedensgesprächen (»Frieden ohne Annexionen und Kontributionen«).
20. Nov.	Beginn der Tank-Schlacht von Cambrai.
3. und 15. Dez.	Waffenstillstandsverhandlungen der Mittelmächte mit Rußland in Brest-Litowsk.
6. Dez.	Rußland proklamiert die Unabhängigkeit Finnlands.
7. Dez.	Kriegserklärung der USA an Österreich-Ungarn.
Mitte Dez.	Vollständige Besetzung Deutsch-Ostafrikas durch brit. Truppen.
22. Dez.	Aufnahme von Verhandlungen zwischen Rußland und den Mittelmächten über einen Separatfrieden (Brest-Litowsk).

1918

8. Jan.	Präsident Wilson legt sein Vierzehn-Punkte-Programm zur Herbeiführung eines allgemeinen Friedens vor.
Mitte Jan.	Ausbruch von Massenunruhen und Streiks in Österreich.
24. Jan.	Das Deutsche Reich und Österreich-Ungarn lehnen Wilsons Vierzehn-Punkte-Programm ab.

28. Jan.	Massenstreiks in Berlin und anderen dt. Städten: Gefordert werden u. a. ein rascher Friedensschluß in Brest-Litowsk (»ohne Annexionen und Kontributionen«), ein demokratisches Wahlrecht sowie eine bessere Lebensmittelversorgung.
9. Febr.	Abschluß eines Separatfriedens zwischen der Ukraine und den Mittelmächten in Brest-Litowsk (»Brotfrieden«).
10. Febr.	Abbruch der Friedensverhandlungen durch Trotzki: Wiederaufnahme der Kampfhandlungen (18.2.) und rascher dt. Vormarsch ohne russ. Gegenwehr.
24. Febr.	Rumänien verhandelt mit den Mittelmächten über einen Friedensschluß.
26. Febr.	Erneute Friedensverhandlungen in Brest-Litowsk.
3. März	Unterzeichnung des Friedens von Brest-Litowsk: Rußland tritt Polen, die balt. Staaten, Finnland und die Ukraine ab.
März/April	Vormarsch dt. Verbände im Kaukasus, auf der Krim sowie in Finnland.
21. März	Beginn der dt. Frühjahrsoffensiven an der Westfront (bis Mitte Juli; Michael-Offensive bis 5.4).
22./23. April	Brit. Flottenvorstoß gegen dt. U-Boot-Stützpunkte in Zeebrügge und Ostende.
7. Mai	Friede von Bukarest: Rumänien und die Mittelmächte unterzeichnen einen Friedensvertrag.
27. Mai	Dt. Offensive am Chemin des Dames (Aisne): Durchbruch bis zur Marne (30.5.).
14. Juni	Nach mißlungenen Angriffen bei Noyon und Compiègne ordnet Ludendorff die Einstellung der Offensive an.
15.-25. Juni	Die letzte Großoffensive österr.-ungar. Truppen in Italien bei Asiago und an der Piave scheitert.
9. Juli	Entlassung von Staatssekretär Kühlmann auf Druck der OHL nach dessen Erklärung über Friedensmöglichkeiten (24.6.).
16./17. Juli	Dt. Offensive an der Marne.
18. Juli	Beginn der alliierten Gegenoffensive zwischen Soissons und Reims: Angriff der Franzosen bei Villers-Cotterêts mit 400 Tanks.
8. Aug.	Brit.-franz. Offensive bei Amiens führt zu schweren dt. Verlusten.
12.-15. Sept.	Erfolgreiche Offensive des amerik. Expeditionskorps gemeinsam mit frz. Verbänden am St. Mihiel-Bogen.
26. Sept.	Offensive alliierter Verbände zwischen Maas und Argonnen.
29. Sept.	Die OHL fordert Aufnahme von Waffenstillstandsverhandlungen.
30. Sept.	Waffenstillstandsvertrag zwischen Bulgarien und der Entente.
1. Okt.	Nach der Schlacht von Megiddo erobern brit. und arab. Truppen unter Führung von T. E. Lawrence Damaskus.
3. Okt.	Nach dem Rücktritt von Graf Hertling (30.9.) wird Prinz Max von Baden zum Reichskanzler ernannt: Bildung einer parlamentarischen Regierung. Max von Baden ersucht die Alliierten um einen Waffenstillstand auf der Grundlage der Vierzehn Punkte (4./5.10.).
12. Okt.	2. dt. Note an USA (Regierung akzeptiert Wilsons Bedingungen).
14. Okt.	2. Wilson-Note präzisiert Bedingungen eines Waffenstillstands.
16. Okt.	»Völkermanifest« Kaiser Karls I.: Zusicherung der Gleichberechtigung der Nationen der Habsburgermonarchie im Rahmen eines föderativen Staates.
21. Okt.	Ausbruch revolutionärer Unruhen in Österreich.
24. Okt.	Hindenburg und Ludendorff verlangen die Wiederaufnahme der Kampfhandlungen.
26. Okt.	Entlassung Ludendorffs. Sein Nachfolger wird Wilhelm Groener (4. OHL).
27. Okt.	Österreich-Ungarn bietet den Alliierten Waffenstillstand und einen Sonderfrieden an.

28. Okt.	Ausrufung der Republik Tschechoslowakei durch den Nationalausschuß (30.10: Slowakischer Nationalrat stimmt dem »gemeinsamen Staat von Tschechen und Slowaken« zu).
29. Okt.	Einheiten der dt. Hochseeflotte in Wilhelmshaven weigern sich auszulaufen.
31. Okt.	Unterzeichnung eines Waffenstillstands zwischen der Entente und dem Osmanischen Reich.
3. Nov.	Matrosenaufstand in Kiel: Arbeiter- und Soldatenräte übernehmen die Macht (4.11.). Waffenstillstand zwischen Österreich-Ungarn und der Entente.
5. Nov.	Lansing-Note.
5.-8. Nov.	Ausbreitung der revolutionären Bewegungen von Kiel aus auf ganz Deutschland u. a. mit dem Ziel einer sofortigen Beendigung des Krieges.
7. Nov.	Bildung einer Revolutionsregierung in München unter Kurt Eisner (USPD): Proklamation eines »Freistaat Bayern«.
8. Nov.	Beginn der Waffenstillstandsverhandlungen in Compiègne.
9. Nov.	Abdankung Wilhelms II.: Ausrufung der Republik durch Philipp Scheidemann und kurz darauf (»Sozialistische Republik«) durch Karl Liebknecht in Berlin. Friedrich Ebert (SPD) wird Vorsitzender des Rates der Volksbeauftragten (10.11.).
11. Nov.	Matthias Erzberger (Zentrum) unterzeichnet für das Deutsche Reich den Waffenstillstandsvertrag im Wald von Compiègne.

SUSANNE FRANK

Autorenverzeichnis

Afflerbach, Holger, Prof. (Atlanta)
Albes, Jens, Dr. (Koblenz)
Allain, Jean-Claude, Prof. (Paris)
Audoin-Rouzeau, Stéphane, Prof. (Amiens)
Baumeister, Martin, Prof. (München)
Bavendamm, Gundula, Dr. (Berlin)
Beaupré, Nicolas, Dr. (Paris)
Becker, Annette, Prof. (Paris)
Becker, Jean-Jacques, Prof. (Paris)
Beckers, Thomas, M.A. (Düsseldorf)
Behrenbeck, Sabine, Dr. (Bonn)
Bendick, Rainer, Dr. (Friedrichsruh)
Berghoff, Hartmut, Prof. (Göttingen)
Bessel, Richard, Prof. (York)
Blom, J. H. C., Prof. (Amsterdam)
Bohn, Robert, Prof. (Kiel)
Bohrmann, Hans, Prof. (Dortmund)
Bourne, John, Dr. (Birmingham)
Brand, Bettina, M.A. (Bonn)
Brandt, Susanne, Dr. (Düsseldorf)
Canis, Konrad, Prof. (Berlin)
Chambers, John W. II., Prof. (New Brunswick, USA)
Chickering, Roger, Prof. (Washington, D.C.)
Cornelißen, Christoph, Prof. (Kiel)
Corni, Gustavo, Prof. (Trento)
Dahlmann, Dittmar, Prof. (Bonn)
Daniel, Ute, Prof. (Braunschweig)
Deist, Wilhelm, Prof. †
Dülffer, Jost, Prof. (Köln)
Eckart, Wolfgang U., Prof. (Heidelberg)
Epkenhans, Michael, Dr. (Friedrichsruh)
Förster, Stig, Prof. (Bern)
Frank, Susanne, M.A. (Stuttgart)
Geary, Dick, Prof. (Nottingham)
Gerhards, Thomas, M.A. (Düsseldorf)
Geyer, Martin H., Prof. (München)
Gradmann, Christoph, Dr. (Heidelberg)
Grey, Jeffrey, Dr. (Canberra)
Groß, Gerhard P., Dr. (Potsdam)
Gust, Wolfgang (Wentdorf)
Hadler, Frank, Dr. (Leipzig)
Hagenlücke, Heinz, Dr. (Düsseldorf)
Haidl, Roland, M.A. (Nürnberg)
Hebestreit, Oliver (Stuttgart)
Hecker, Hans, Prof. (Düsseldorf)
Herwig, Holger, Prof. (Calgary)
Hettling, Manfred, Prof. (Halle)
Hinz, Uta, Dr. (Düsseldorf)
Hirschfeld, Gerhard, Prof. (Stuttgart)
Höpken, Wolfgang, Prof. (Braunschweig/Leipzig)
Hoff, Henning, Dr. (Berlin)
Holl, Karl, Prof. (Bremen)
Horne, John, Prof. (Dublin)
Hübinger, Gangolf, Prof. (Frankfurt/Oder)
Hüppauf, Bernd, Prof. (New York)
Isnenghi, Mario, Prof. (Venedig)
Jahr, Christoph, Dr. (Berlin)
Jakob, Neil, M.A. (Dublin)
Jauffret, Jean Charles, Prof. (Aix-en-Provence)
Jeismann, Michael, PD Dr. (Frankfurt/Basel)
Jerabék, Rudolf, Dr. (Wien)
Jürgens-Kirchhoff, Annegret, Prof. (Tübingen)
Kaufmann, Stefan, Dr. (Freiburg i. Br.)
Kitchen, Martin, Prof. (Vancouver)
Klein, Fritz, Prof. (Berlin)
Kleine Vennekate, Erik (Düsseldorf)
Kochanek, Hildegard, Dr. (Bonn)
Koller, Christian, Dr. (Zürich)
Kramer, Alan, Dr. (Dublin)
Kraus, Jürgen, Dr. (Ingolstadt)
Kress, Wolfgang (Stuttgart)
Kröger, Martin, Dr. (Köln)
Kronenbitter, Günther, PD Dr. (Augsburg)
Krüger, Friederike, M.A. (Kiel)
Krumeich, Gerd, Prof. (Düsseldorf)
Kühne, Thomas, Dr. (Rottenburg)
Latzel, Klaus, Dr. (Bielefeld)
Lenger, Friedrich, Prof. (Giessen)
Letho, Mandy, M.A. (Cambridge)
Lindemann, Mechthild, Dr. (Berlin)
Liulevicius, Vejas Gabriel, Prof. (Knoxville, USA)
Loulos, Konstantin, Dr. (Athen)
Mai, Gunther, Prof. (Erfurt)
Majerus, Benoît, M.A. (Brüssel)
Massignani, Alessandro, Dr. (Valdagno, Italien)
Mönch, Winfried, Dr. (Stuttgart)
Mollenhauer, Daniel, Dr. (Erfurt)
Mommsen, Wolfgang J., Prof. (Düsseldorf)
Mühlhahn, Klaus, Dr. (Berlin)
Mühlhausen, Walter, Dr. (Heidelberg)
Müller, Rolf-Dieter, Prof. (Potsdam)
Nasson, W. R., Prof. (Rondebosch, Südafrika)
Nelson, Robert L., M.A. (Cambridge)
Neulen, Hans Werner, Dr. (Köln)
Oguz, C. Cem, Dr. (Ankara)

Overmans, Rüdiger, Dr. Dr. (Potsdam)
Pfäfflin, Friedrich, Dr. (Marbach a. N.)
Pöhlmann, Markus, Dr. (Stuttgart)
Rauchensteiner, Manfried, Prof. (Wien)
Reimann, Aribert, Dr. (Köln)
Renz, Irina (Stuttgart)
Röhl, John C. G., Prof. (Brighton)
Rohkrämer, Thomas, Prof. (Lancaster)
Rohwer, Jürgen, Prof. (Weinstadt)
Roolf, Christoph, M.A. (Düsseldorf)
Rother, Rainer, Dr. (Berlin)
Rouette, Susanne, Dr. (Bochum)
Sabrow, Martin, Dr. (Potsdam)
Salewski, Michael, Prof. (Kiel)
Sauerteig, Lutz, Dr. (Freiburg i. Br.)
Schaffer, Ronald, Prof. (Northridge, USA)
Schmidt, Wolfgang, Dr. (Potsdam)
Schneider, Gerhard, Prof. (Freiburg i. Br.)
Schneider, Thomas F., Dr. (Osnabrück)
Schönberger, Bianca, Dr. (Oxford)
Schranz, Daniel, M.A. (Düsseldorf)
Schulz, Petra, Dr. (Münster)
Schwabe, Klaus, Prof. (Aachen)
Schwentker, Wolfgang, Prof. (Osaka)
Showalter, Dennis E., Prof. (Colorado Springs)
Sieferle, Rolf Peter, Prof. (Mannheim)
Sieg, Ulrich, Dr. (Marburg)
Simkins, Peter, Prof. (Birmingham)
Stone, Norman, Prof. (Ankara)
Storz, Dieter, Dr. (Ingolstadt)
Strachan, Hew, Prof. (Oxford)
Süchting-Hänger, Andrea, Dr. (Köln)
Theiner, Peter, Dr. (Stuttgart)
Thoß, Bruno, Dr. (Potsdam)
Tiefel, Marcus, M.A. (Düsseldorf)
Ullmann, Hans-Peter, Prof. (Köln)
Ullrich, Volker, Dr. (Hamburg)
Ulrich, Bernd , Dr. (Berlin)
Ungern-Sternberg, Jürgen von, Prof. (Basel)
Verhey, Jeffrey, Dr. (Berlin)
Vom Bruch, Rüdiger, Prof. (Berlin)
Waechter, Matthias, Dr. (Freiburg i. Br.)
Weber, Thomas, M.A. (Oxford/Glasgow)
Wegner, Bernd, Prof. (Hamburg)
Werth, German †
Wilson, Trevor, Prof. (Adelaide)
Winter, Jay, Prof. (New Haven, USA)
Wüstemeyer, Manfred, Dr. (Düsseldorf)
Ypersele, Laurence van, Prof. (Louvain-la-Neuve, Belgien)
Zala, Sacha, Dr. (Bern)
Ziemann, Benjamin, Dr. (Bochum)
Zilch, Reinhard, Dr. (Berlin)
Zimmerer, Jürgen, Dr. (Coimbra, Portugal)
Zürcher, Erik Jan, Prof. (Leiden)

Übersetzungen:

David Artichouk (D. A.)
Christoph Cornelißen (C. C.)
Oliver Hebestreit (O. H.)
Gerhard Hirschfeld (G. H.)
Sibylle Hirschfeld (S. H.)
Gerd Krumeich (G. K.)
Sandra Pfister (S. P.)
Markus Pöhlmann (M. P.)
Aribert Reimann (A. R.)
Irina Renz (I. R.)
Claudia Zonta (C. Z.)

Stichwortverzeichnis

M

N

O

P

R

S

Bildquellen

Dr. Ernst Aichner, Ingolstadt: S. 542.
Historial de la Grande Guerre, Péronne: S. 323, 337, 372, 615, 921.
Imperial War Museum, London: S. 121, 127.
Stadtarchiv Lörrach, C/VIII/23: S. 862.

Nicht nachgewiesene Abbildungen entstammen den Archivalischen Sammlungen der Bibliothek für Zeitgeschichte in der Württembergischen Landesbibliothek, Stuttgart. Wir danken den Rechtsinhabern für die Genehmigung zum Abdruck.

Europa 1918 – 1937